Ami lecteur

Le présent volume représente la 84e édition du Guide Michelin France.

*Réalisée en toute indépendance,
sa sélection d'hôtels et de restaurants
est le fruit des recherches de ses inspecteurs,
que complètent
vos précieux courriers et commentaires.*

*Soucieuse d'apporter le meilleur service,
cette édition a mis l'accent
sur les bonnes adresses à prix modérés
(signalées par* **Repas** *ou par ◆).
Faites-nous connaître vos "découvertes"
... et merci de votre confiance.*

Bon voyage avec Michelin

Les cartes

AVEZ-VOUS PENSÉ

Vous souhaitez trouver une bonne adresse, par exemple, aux environs de Clermont-Ferrand ?

Consultez désormais la carte qui accompagne le plan de la ville.

La « carte de voisinage » (ci-contre) attire votre attention sur toutes les localités citées au Guide autour de la ville choisie, et particulièrement celles qui sont accessibles en automobile en moins de 30 minutes (limite de couleur).

Les « cartes de voisinage » vous permettent ainsi le repérage rapide de toutes les ressources proposées par le Guide autour des métropoles régionales.

NOTA : lorsqu'une localité est présente sur une « carte de voisinage », sa métropole de rattachement est imprimée en BLEU sur la ligne des distances de ville à ville.

Exemple :

CHÂTELGUYON **63140** P.-de-D. 73 ④ **G. Auvergne**
Voir Gorges d'Enval ★ 3 km par ③
Office de Tourisme parc E.-Clementel
Paris 375 ① – ◆Clermont-Fd 20 ② – Aubusson 99 ③

Vous trouverez CHATELGUYON sur la carte de voisinage de CLERMONT-FERRAND.

de voisinage

À LES CONSULTER ?

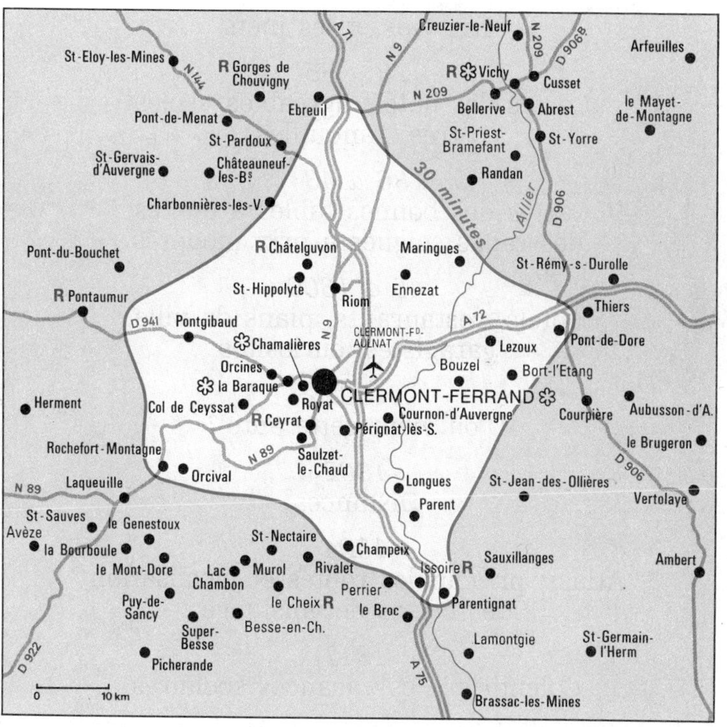

Toutes les « Cartes de voisinage » sont localisées sur l'Atlas en fin de Guide.

Sommaire

Le choix
d'un hôtel, d'un restaurant

Ce guide vous propose une sélection d'hôtels et restaurants établie à l'usage de l'automobiliste de passage. Les établissements, classés selon leur confort, sont cités par ordre de préférence dans chaque catégorie.

CATÉGORIES

	Grand luxe et tradition	XXXXX
	Grand confort	XXXX
	Très confortable	XXX
	De bon confort	XX
	Assez confortable	X
	Simple mais convenable	
M	Dans sa catégorie, hôtel d'équipement moderne	
sans rest.	L'hôtel n'a pas de restaurant	
	Le restaurant possède des chambres	avec ch.

AGRÉMENT ET TRANQUILLITÉ

Certains établissements se distinguent dans le guide par les symboles rouges indiqués ci-après. Le séjour dans ces hôtels se révèle particulièrement agréable ou reposant.
Cela peut tenir d'une part au caractère de l'édifice, au décor original, au site, à l'accueil et aux services qui sont proposés, d'autre part à la tranquillité des lieux.

à	Hôtels agréables
XXXXX à X	Restaurants agréables
« Parc fleuri »	Élément particulièrement agréable
	Hôtel très tranquille ou isolé et tranquille
	Hôtel tranquille
mer	Vue exceptionnelle
	Vue intéressante ou étendue.

Les localités possédant des établissements agréables ou très tranquilles sont repérées sur les cartes pages 28 à 35.

Consultez-les pour la préparation de vos voyages et donnez-nous vos appréciations à votre retour, vous faciliterez ainsi nos enquêtes.

L'installation

Les chambres des hôtels que nous recommandons possèdent, en général, des installations sanitaires complètes. Il est toutefois possible que dans les catégories 🏘, 🏠 et ⛱, certaines chambres en soient dépourvues.

30 ch	Nombre de chambres
	Ascenseur
	Air conditionné
TV	Télévision dans la chambre
	Établissement en partie réservé aux non-fumeurs
	Téléphone dans la chambre relié par standard
☎	Téléphone dans la chambre, direct avec l'extérieur
♿	Chambres accessibles aux handicapés physiques
	Repas servis au jardin ou en terrasse
	Salle de remise en forme
	Piscine : de plein air ou couverte
	Plage aménagée - Jardin de repos
	Tennis à l'hôtel
25 à 150	Salles de conférences : capacité des salles
	Garage dans l'hôtel (généralement payant)
P	Parking réservé à la clientèle
	Accès interdit aux chiens (dans tout ou partie de l'établissement)
Fax	Transmission de documents par télécopie
mai-oct.	Période d'ouverture, communiquée par l'hôtelier
sais.	Ouverture probable en saison mais dates non précisées. En l'absence de mention, l'établissement est ouvert toute l'année.

La table

LES ÉTOILES

Certains établissements méritent d'être signalés à votre attention pour la qualité de leur cuisine. Nous les distinguons par **les étoiles de bonne table**.
Nous indiquons, pour ces établissements, trois spécialités culinaires et des vins locaux qui pourront orienter votre choix.

✿✿✿ **19** — **Une des meilleures tables, vaut le voyage**
Table merveilleuse, grands vins, service impeccable, cadre élégant... Prix en conséquence.

✿✿ **84** — **Table excellente, mérite un détour**
Spécialités et vins de choix... Attendez-vous à une dépense en rapport.

✿ **488** — **Une très bonne table dans sa catégorie**
L'étoile marque une bonne étape sur votre itinéraire.
Mais ne comparez pas l'étoile d'un établissement de luxe à prix élevés avec celle d'une petite maison où à prix raisonnables, on sert également une cuisine de qualité.

REPAS SOIGNÉS A PRIX MODÉRÉS

Vous souhaitez parfois trouver des tables plus simples, à prix modérés ; c'est pourquoi nous avons sélectionné des restaurants proposant, pour un rapport qualité-prix particulièrement favorable, un repas soigné, souvent de type régional. Ces restaurants sont signalés par **Repas**. Ex. **Repas** 100/130.

Consultez les cartes des localités (étoiles de bonne table et **Repas**) *pages 36 à 43.*

Voir aussi ➔ *page suivante*

Les vins et les mets : voir p. 26 et 27

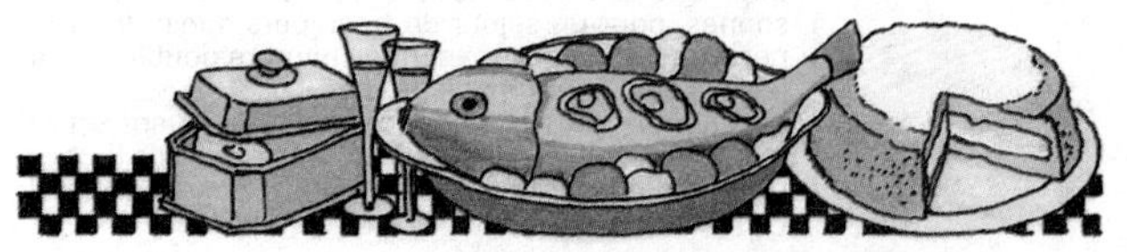

Les prix

Les prix que nous indiquons dans ce guide ont été établis en automne 1992. Ils sont susceptibles de modifications, notamment en cas de variations des prix des biens et services. Ils s'entendent taxes et services compris. Aucune majoration ne doit figurer sur votre note, sauf éventuellement la taxe de séjour.
Les hôtels et restaurants figurent en gros caractères lorsque les hôteliers nous ont donné tous leurs prix et se sont engagés, sous leur propre responsabilité, à les appliquer aux touristes de passage porteurs de notre guide.
Entrez à l'hôtel le guide à la main, vous montrerez ainsi qu'il vous conduit là en confiance.

REPAS

enf. 55	Prix du menu pour enfants
◆	Établissement proposant un menu simple à **moins de 75 F**
R 70/120	**Menus à prix fixe :** minimum 70 maximum 120
70/120	Menu à prix fixe minimum 70 non servi les fins de semaine et jours fériés
bc	Boisson comprise
🍶	vin de table en carafe
R carte 130 à 285	**Repas à la carte** – Le premier prix correspond à un repas normal comprenant : hors-d'œuvre, plat garni et dessert. Le 2e prix concerne un repas plus complet (avec spécialité) comprenant : deux plats, fromage et dessert
☕ 30	Prix du petit déjeuner (généralement servi dans la chambre)

CHAMBRES

ch 155/360	Prix minimum 155 pour une chambre d'une personne prix maximum 360 pour une chambre de deux personnes
29 ch ☕ 165/370	Prix des chambres petit déjeuner compris

DEMI-PENSION

1/2 P 165/350	Prix minimum et maximum de la demi-pension par personne et par jour, en saison ; ces prix s'entendent pour une chambre double occupée par deux personnes, pour un séjour de trois jours minimum. Une personne seule occupant une chambre double se voit parfois appliquer une majoration. La plupart des hôtels saisonniers pratiquent également, sur demande, la pension complète. Dans tous les cas, il est indispensable de s'entendre par avance avec l'hôtelier pour conclure un arrangement définitif.

LES ARRHES - CARTES DE CRÉDIT

Certains hôteliers demandent le versement d'arrhes. Il s'agit d'un dépôt-garantie qui engage l'hôtelier comme le client. Bien faire préciser les dispositions de cette garantie. Demandez à l'hôtelier de vous fournir dans sa lettre d'accord toutes précisions utiles sur la réservation et les conditions de séjour.

AE ⓓ GB JCB	Cartes de crédit acceptées par l'établissement American Express. Diners Club. Carte Bancaire (Visa, Eurocard, MasterCard). Japan Card Bank

Les villes

63300	Numéro de code postal de la localité (les deux premiers chiffres correspondent au numéro du département)
✉ 57130 Ars	Numéro de code postal et nom de la commune de destination
P SP	Préfecture - Sous-préfecture
80 ⑤	Numéro de la Carte Michelin et numéro du pli
G. Jura	Voir le Guide Vert Michelin Jura
1 057 h.	Population
alt. 75	Altitude de la localité
Stat. therm.	Station thermale
1 200/1 900	Altitude de la station et altitude maximum atteinte par les remontées mécaniques
2	Nombre de téléphériques ou télécabines
14	Nombre de remonte-pentes et télésièges
	Ski de fond
BY B	Lettres repérant un emplacement sur le plan
9	Golf et nombre de trous
	Panorama, point de vue
	Aéroport
	Localité desservie par train-auto. Renseignements au numéro de téléphone indiqué
	Transports maritimes
	Transports maritimes pour passagers seulement
A.C.	Information touristique - Automobile Club

Les curiosités

INTÉRÊT

★★★	Vaut le voyage
★★	Mérite un détour
★	Intéressant
	Les musées sont généralement fermés le mardi

SITUATION

Voir	Dans la ville
Env.	Aux environs de la ville
N, S, E, O	La curiosité est située : au Nord, au Sud, à l'Est, à l'Ouest
② ④	On s'y rend par la sortie ② ou ④ repérée par le même signe sur le plan du Guide et sur la carte
2 km	Distance en kilomètres

La voiture, les pneus

GARAGISTES, RÉPARATEURS FOURNISSEURS DE PNEUS MICHELIN

RENAULT	Concessionnaire (ou succursale) de la marque Renault.
PEUGEOT	Agent de la marque Peugeot.
Gar. de la Côte	Garagiste qui ne représente pas de marque de voiture.
(pneu)	Spécialistes du pneu.

Établissements généralement fermés samedi ou parfois lundi. Dans nos agences, nous nous faisons un plaisir de donner à nos clients tous conseils pour la meilleure utilisation de leurs pneus.

DÉPANNAGE

N	**La nuit** – Cette lettre désigne des garagistes qui assurent, la nuit, les réparations courantes.

Le dimanche – Il existe dans toutes les régions un service de dépannage le dimanche. La Police, la Gendarmerie peuvent en général indiquer le garagiste de service le plus proche ou le numéro téléphonique d'appel du groupement départemental d'assistance routière.

Les plans

Hôtels
Restaurants

Curiosités

Bâtiment intéressant et entrée principale
Édifice religieux intéressant :
Catholique – Protestant

Voirie

Autoroute, double chaussée de type autoroutier
Échangeurs numérotés : complet, partiels
Grande voie de circulation
Sens unique – Rue impraticable
Rue piétonne – Tramway
Pasteur Rue commerçante – Parc de stationnement
Porte – Passage sous voûte – Tunnel
Gare et voie ferrée
Funiculaire – Téléphérique, télécabine
Pont mobile – Bac pour autos

Signes divers

Information touristique
Mosquée – Synagogue
Tour – Ruines – Moulin à vent – Château d'eau
Jardin, parc, bois – Cimetière – Calvaire
Stade – Golf – Hippodrome – Patinoire
Piscine de plein air, couverte
Vue – Panorama – Table d'orientation
Monument – Fontaine – Usine – Centre commercial
Port de plaisance – Phare – Tour de télécommunications
Aéroport – Station de métro – Gare routière
Transport par bateau :
passagers et voitures, passagers seulement
③ Repère commun aux plans et aux cartes Michelin détaillées
Bureau principal de poste restante et Téléphone
Hôpital – Marché couvert – Caserne
Bâtiment public repéré par une lettre :
A C Chambre d'agriculture – Chambre de commerce
G H J Gendarmerie – Hôtel de ville – Palais de justice
M P T Musée – Préfecture, sous-préfecture – Théâtre
U Université, grande école
POL. Police (commissariat central)
4m4 18T ⑱ Passage bas (inf. à 4 m 50) – Charge limitée (inf. à 19 t)
Garage : Peugeot, Talbot, Citroën, Renault (Alpine)

Les plans de villes sont disposés le Nord en haut.

Dear Reader

The present volume is the 84rd edition of the Michelin Guide France.

The unbiased and independent selection of hotels and restaurants is the result of local visits and enquiries by our inspectors. In addition we receive considerable help from our readers' invaluable letters and comments.

In an effort to bring you the best service possible, this edition highlights good, moderately priced restaurants (indicated by **Repas** *or* ◆*).*

Let us know of your "discoveries"... and thank you for your trust in us.

Bon voyage

Local

MAY WE SUGGEST

Should you be looking for a hotel or restaurant not too far from Clermont-Ferrand, for example, you can now consult the map along with the town plan.

The local map (opposite) draws your attention to all places around the town or city selected, provided they are mentioned in the Guide. Places located within a thirty minute drive are clearly identified by the use of a different coloured background.

The various facilities recommended near the different regional capitals can be located quickly and easily.

NOTE : Entries in the Guide provide information on distances to nearby towns. Whenever a place appears on one of the local maps, the name of the town or city to which it is attached is printed in BLUE.

Example :

CHÂTELGUYON **63140** P.-de-D. 73 ④ **G. Auvergne**
Voir Gorges d'Enval ★ 3 km par ③
Office de Tourisme parc E.-Clementel
Paris 375 ① – ◆Clermont-Fd 20 ② – Aubusson 99 ③

CHATELGUYON is to be found on the local map CLERMONT-FERRAND.

maps

THAT YOU CONSULT THEM.

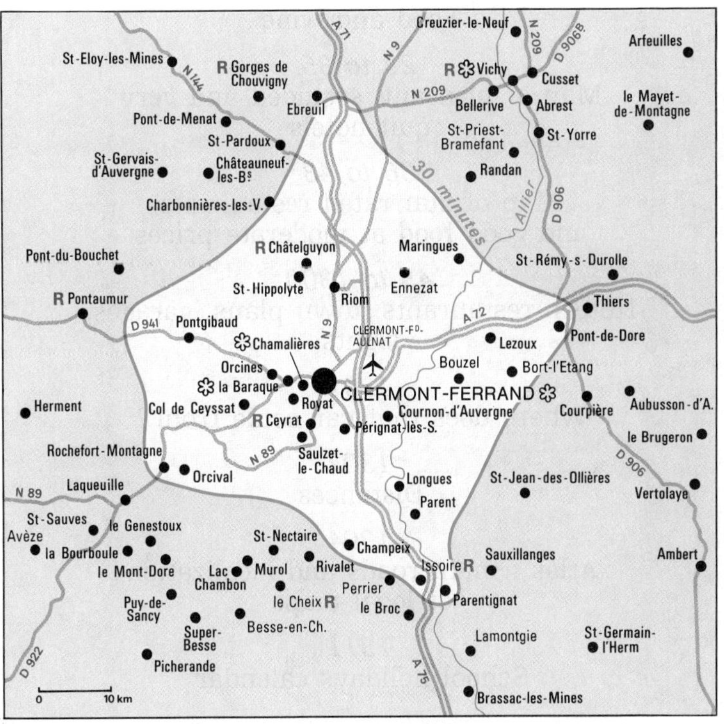

All local maps are positioned on the Atlas at the end of the Guide.

Contents

Choosing
a hotel or restaurant

This guide offers a selection of hotels and restaurants to help the motorist on his travels. In each category establishments are listed in order of preference according to the degree of comfort they offer.

CATEGORIES

	Luxury in the traditional style	XXXXX
	Top class comfort	XXXX
	Very comfortable	XXX
	Comfortable	XX
	Quite comfortable	X
	Simple comfort	
[M]	In its category, hotel with modern amenities	
sans rest.	The hotel has no restaurant	
	The restaurant also offers accommodation	avec ch.

PEACEFUL ATMOSPHERE AND SETTING

Certain establishments are distinguished in the guide by the red symbols shown below.
Your stay in such hotels will be particularly pleasant or restful, owing to the character of the building, its decor, the setting, the welcome and services offered, or simply the peace and quiet to be enjoyed there.

to	Pleasant hotels
XXXXX to X	Pleasant restaurants
« Parc fleuri »	Particularly attractive feature
	Very quiet or quiet, secluded hotel
	Quiet hotel
< mer	Exceptional view
<	Interesting or extensive view

The maps on pages 28 to 35 indicate places with such very peaceful, pleasant hotels and restaurants.
By consulting them before setting out and sending us your comments on your return you can help us with our enquiries.

Hotel facilities

In general the hotels we recommend have full bathroom and toilet facilities in each room. However, this may not be the case for certain rooms in categories 🏘, 🏠 and ⛱.

30 ch	Number of rooms
	Lift (elevator)
	Air conditioning
TV	Television in room
	Hotel partly reserved for non-smokers
	Telephone in room : outside calls connected by the operator
	Direct-dial phone in room
	Rooms accessible to disabled people
	Meals served in garden or on terrace
	Exercise room
	Outdoor or indoor swimming pool
	Beach with bathing facilities – Garden
	Hotel tennis court
25/150	Equipped conference hall (minimum and maximum capacity)
	Hotel garage (additional charge in most cases)
P	Car park for customers only
	Dogs are not allowed in all or part of the hotel
Fax	Telephone document transmission
mai-oct.	Dates when open, as indicated by the hotelier
sais.	Probably open for the season – precise dates not available. Where no date or season is shown, establishments are open all year round.

Cuisine

STARS

Certain establishments deserve to be brought to your attention for the particularly fine quality of their cooking. **Michelin stars** are awarded for the standard of meals served. For each of these restaurants we indicate three culinary specialities and a number of local wines to assist you in your choice.

✿✿✿ **19** | **Exceptional cuisine, worth a special journey**
Superb food, fine wines, faultless service, elegant surrondings. One will pay accordingly !

✿✿ **84** | **Excellent cooking, worth a detour**
Specialities and wines of first class quality. This will be reflected in the price.

✿ **488** | **A very good restaurant in its category**
The star indicates a good place to stop on your journey.
But beware of comparing the star given to an expensive « de luxe » establishment to that of a simple restaurant where you can appreciate fine cuisine at a reasonable price.

GOOD FOOD AT MODERATE PRICES

You may also like to know of other restaurants with less elaborate, moderately priced menus that offer good value for money and serve carefully prepared meals, often of regional cooking.
In the guide such establishments bear **Repas** just before the price of the menu, for example **Repas** 100/130.

Please refer to the map of star-rated restaurants and good food at moderate prices **Repas** *(pp 36 to 43).*

See also ➜ *on next page*

Food and wine : see pages 26 and 27

Prices

Prices quoted are valid for autumn 1992. Changes may arise if goods and service costs are revised. The rates include tax and service and no extra charge should appear on your bill, with the possible exception of visitors' tax.
Hotels and restaurants in bold type have supplied details of all their rates and have assumed responsibility for maintaining them for all travellers in possession of this guide.
Your recommendation is self-evident if you always walk into a hotel Guide in hand.

MEALS

enf. 55	Price of children's menu
◆	Establishment serving a simple menu **for less than 75 F**
R 70/120	**Set meals** – Lowest 70 and highest 120 prices for set meals
70/120	The cheapest set meal 70 is not served on Saturdays, Sundays or public holidays
bc	House wine included
🍷	Table wine available by the carafe
R carte 130 à 285	**« A la carte » meals** – The first figure is for a plain meal and includes hors-d'œuvre, main dish of the day with vegetables and dessert The second figure is for a fuller meal (with « spécialité ») and includes 2 main courses, cheese, and dessert
☕ 30	Price of continental breakfast (generally served in the bedroom)

ROOMS

ch 155/360	Lowest price 155 for a single room and highest price 360 for a double
29 ch ☕ 165/370	Price includes breakfast

HALF BOARD

1/2 P 165/350	Lowest and highest prices per person, per day in the season. These prices are valid for a double room occupied by two people for a minimum stay of three days. When a single person occupies a double room he may have to pay a supplement. Most of the hotels also offer full board terms on request. It is essential to agree on terms with the hotelier before making a firm reservation.

DEPOSITS - CREDIT CARDS

Some hotels will require a deposit, which confirms the commitment of customer and hotelier alike. Make sure the terms of the agreement are clear.
Ask the hotelier to provide you, in his letter of confirmation, with all terms and conditions applicable to your reservation.

AE ⓓ GB JCB	American Express - Diners Club - Eurocard, Access, MasterCard, Visa - Japan Card Bank

Towns

63300	Local postal number (the first two numbers represent the department number)
✉ **57130** Ars	Postal number and name of the postal area
P SP	Prefecture - Sub-prefecture
80 ⑤	Number of the appropriate sheet and section of the Michelin road map
G. Jura	See the Michelin Green Guide Jura
1 057 h.	Population
alt. 75	Altitude (in metres)
Stat. therm.	Spa
Sports d'hiver	Winter sports
1 200/1 900	Altitude (in metres) of resort and highest point reached by lifts
2	Number of cable-cars
14	Number of ski and chair-lifts
	Cross country skiing
BX B	Letters giving the location of a place on the town plan
9	Golf course and number of holes
	Panoramic view. Viewpoint
	Airport
	Places with motorail pick-up point. Further information from phone no. listed
	Shipping line
	Passenger transport only
A.C.	Tourist Information Centre - Automobile Club

Sights

STAR-RATING

★★★	Worth a journey
★★	Worth a detour
★	Interesting
	Museums and art galleries are generally closed on Tuesdays

LOCATION

Voir	Sights in town
Env.	On the outskirts
N, S, E, O	The sight lies north, south, east or west of the town
② ④	Sign on town plan and on the Michelin road map indicating the road leading to a place of interest
2 km	Distance in kilometres

Car, tyres

CAR DEALERS, REPAIRERS AND MICHELIN TYRE SUPPLIERS

RENAULT	Renault main agent
PEUGEOT	Peugeot dealer
Gar. de la Côte	General repair garage
ⓜ	Tyre specialist

These workshops are usually closed on Saturdays and occasionally on Mondays.
The staff at our depots will be pleased to give advice on the best way to look after your tyres.

BREAKDOWN SERVICE

N	At night – Symbol indicating garage offering night breakdown service.

On Sunday – Each town has a breakdown service available on Sunday. In any event, the Gendarmerie, Police, etc., should usually be able to give the address of the garage on duty.

Town plans

Hotels
Restaurants

Sights

Place of interest and its main entrance
Interesting place of worship :
Catholic – Protestant

Roads

Motorway, dual carriageway
Numbered junctions : complete, limited
Major through route
One-way street – Unsuitable for traffic
Pedestrian street – Tramway
Pasteur — Shopping street – Car park
Gateway – Street passing under arch – Tunnel
Station and railway
Funicular – Cable-car
Lever bridge – Car ferry

Various signs

Tourist information Centre
Mosque – Synagogue
Tower – Ruins – Windmill – Water tower
Garden, park, wood – Cemetery – Cross
Stadium – Golf course – Racecourse – Skating rink
Outdoor or indoor swimming pool
View – Panorama – Viewing table
Monument – Fountain – Factory – Shopping centre
Pleasure boat harbour – Lighthouse – Communications tower
Airport – Underground station – Coach station
Ferry services :
passengers and cars, passengers only
(3) Refence number common to town plans and Michelin maps
Main post office with poste restante and telephone
Hospital – Covered market – Barracks
Public buildings located by letter :
A C — Chamber of Agriculture – Chamber of Commerce
G H J — Gendarmerie – Town Hall – Law Courts
M P T — Museum – Prefecture or sub-prefecture – Theatre
U — University, College
POL. — Police (in large towns police headquarters)
4m4 18T (18) — Low headroom (15 ft. max.) – Load limit (under 19 t)
Garage: Peugeot, Talbot, Citroën, Renault (Alpine)

North is at the top on all town plans.

LES VINS
WINES

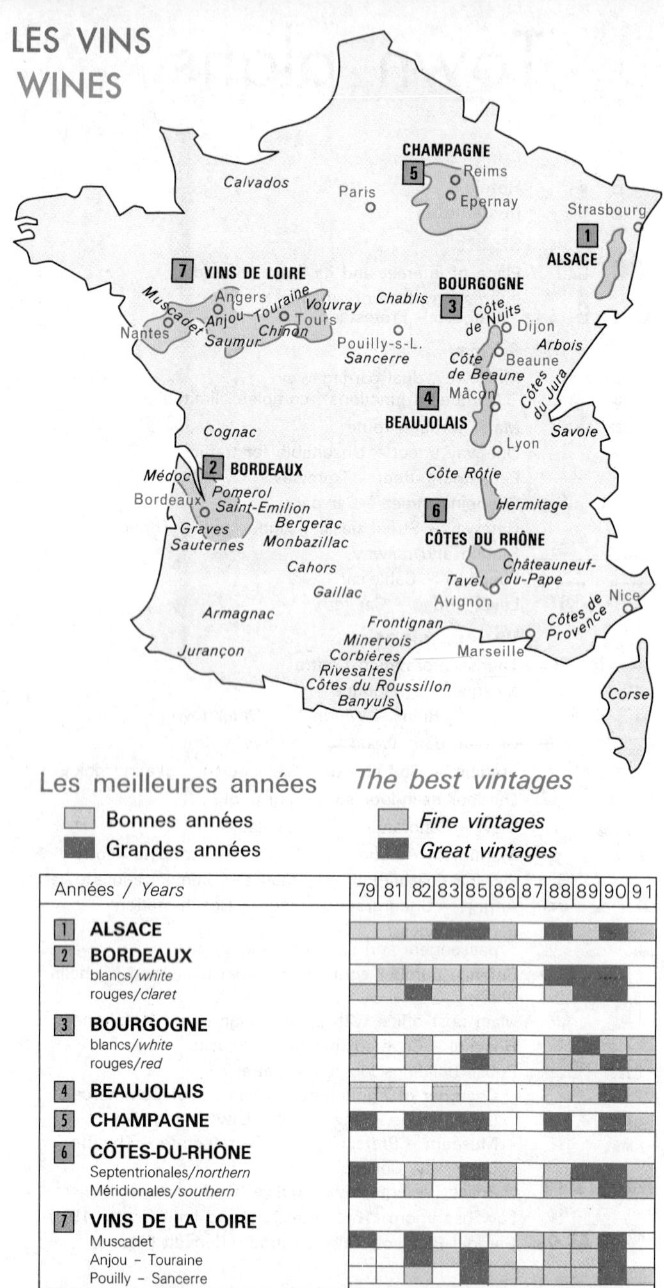

Les meilleures années — *The best vintages*

- Bonnes années — *Fine vintages*
- Grandes années — *Great vintages*

Années / *Years*	79	81	82	83	85	86	87	88	89	90	91
1 **ALSACE**	Bonne	Bonne	Bonne	Grande	Grande	Bonne		Grande	Bonne	Grande	Bonne
2 **BORDEAUX** blancs/*white*		Bonne	Bonne	Bonne	Bonne	Bonne		Grande	Grande	Grande	
rouges/*claret*	Bonne	Bonne	Grande	Bonne	Bonne	Bonne		Bonne	Grande	Grande	
3 **BOURGOGNE** blancs/*white*	Bonne		Bonne		Bonne	Bonne		Bonne	Grande	Bonne	Bonne
rouges/*red*	Bonne		Bonne		Grande	Bonne		Bonne	Bonne	Grande	Bonne
4 **BEAUJOLAIS**	Bonne	Bonne		Bonne				Bonne	Bonne	Grande	Bonne
5 **CHAMPAGNE**	Grande		Grande	Grande	Grande			Grande		Grande	Bonne
6 **CÔTES-DU-RHÔNE** Septentrionales/*northern*	Grande		Bonne	Bonne	Grande	Bonne		Bonne	Grande	Grande	Bonne
Méridionales/*southern*	Grande		Bonne		Bonne	Bonne		Bonne	Bonne	Grande	Bonne
7 **VINS DE LA LOIRE** Muscadet	Grande		Grande				Bonne	Bonne	Bonne	Grande	
Anjou - Touraine			Grande	Bonne	Grande	Bonne		Bonne	Bonne	Grande	
Pouilly - Sancerre			Bonne		Grande	Bonne	Bonne	Bonne	Bonne	Grande	Bonne

Rappel des « Grandes années du siècle »

1911 - 1921 - 1928 - 1929
1934 - 1945 - 1947 - 1949 - 1953 - 1955 - 1961

LES VINS et LES METS

FOOD and WINE

Quelques suggestions de vins selon les mets...
A few hints on selecting the right wine with the right dish...

Vins blancs secs
Dry white wines

- 1 Sylvaner, Riesling, Tokay, Pinot gris
- 2 Graves secs
- 3 Chablis, Meursault, Pouilly-Fuissé, Mâcon
- 5 Champagne (brut)
- 6 Condrieu, Hermitage, Provence
- 7 Muscadet, Pouilly-s.-L., Sancerre, Vouvray sec, Montlouis

Vins rouges légers
Light red wines

- 1 Pinot noir, Riesling (blanc)
- 2 Graves, Médoc
- 3 Côtes de Beaune, Mercurey
- 4 Beaujolais
- 5 Coteaux champenois
- 6 Tavel (rosé), Côtes de Provence
- 7 Bourgueil, Chinon

Vins rouges corsés
Full bodied red wines

- 2 Pomerol, St-Émilion
- 3 Chambertin, Côte-de-Nuits, Pommard...
- 6 Châteauneuf-du-Pape, Cornas, Côte-Rotie

Vins de dessert
Sweet wines

- 1 Muscat, Gewurztraminer (vins secs)
- 2 Sauternes, Monbazillac
- 5 Champagne (demi-sec)
- 6 Beaumes-de-Venise
- 7 Anjou, Vouvray (demi-sec)

Un mets préparé avec une sauce au vin s'accommode, si possible, du même vin. Vins et fromages d'une même région s'associent souvent avec succès.

En dehors des grands crus, il existe en maintes régions de France des vins locaux qui, bus sur place, vous réserveront d'heureuses surprises.

Dishes prepared with a wine sauce are best accompanied by the same kind of wine. Wines and cheeses from the same region usually go very well together.

In addition to the fine wines, there are many French wines, best drunk in their region of origin and which you will find extremely pleasant.

L'AGRÉMENT

PEACEFUL ATMOSPHERE AND SETTING

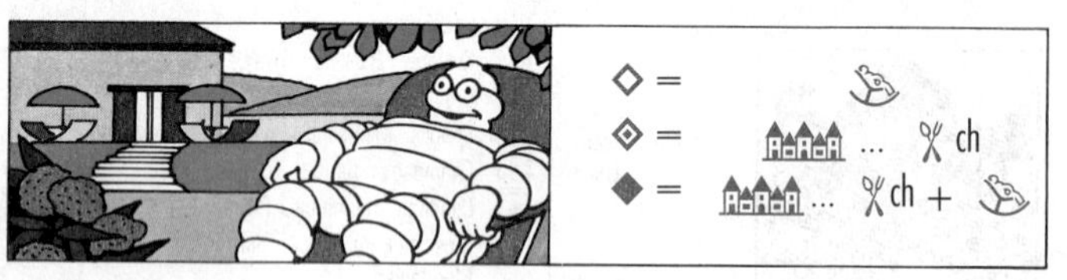

Omonville-la-Petite
Cherbourg
Trégastel
Perros-Guirec
Trébeurden
Tréguier
Roscoff
Brignogan-Plage
St-Antoine
St-Quay-Portrieux
Chausey (Ile)
Trelly
Cap Fréhel
Pointe de Grouin
Cancale
Dinard
N 12
Brest
Landerneau
St-Brieuc
la Poterie
Pléven
le Tronchet
N 165
Plomodiern
N 175
Trépassés (Baie des)
Ste-Anne-la-Palud
Locronan
N 12
Rennes
Concarneau
Pouldreuzic
la Forêt-Fouesnant
Trégunc
Bubry
Bénodet
Pont-Aven
N 24
Pont-l'Abbé
Mousterlin (Pte de)
Guidel
Hennebont
Raguenès-Plage
Riec-s-Bélon
Moëlan-s-Mer
Lorient
N 165
Auray
Questembert
Erdeven
Arradon (Pointe d')
Moines (Ile aux)
N 137
Quiberon
Missillac
Port-Navalo
Penvins
Pen-Lan (Pointe de)
Apothicairerie (Grotte de l')
Belle-Ile
N 165
Port de Goulphar
la Baule
Orvault
LOIRE
Pornic
Nantes
A 83
Bois-de-la-Chaize
Noirmoutier-en-l'Ile
l'Epine
N 137
Challans
N 160
la Roche-s-Yon

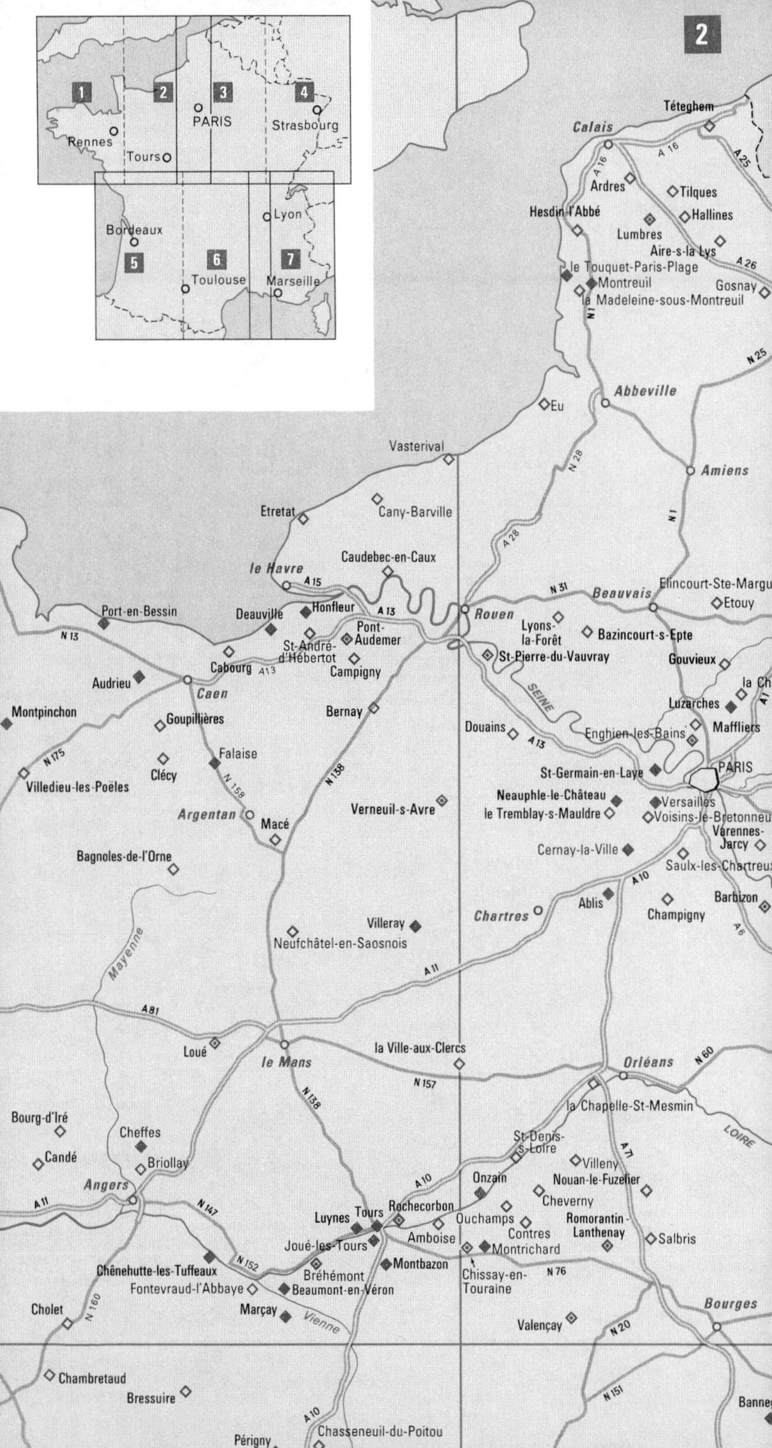
2
1
2
3
4
PARIS
Strasbourg
Rennes
Tours
Bordeaux
Lyon
5
6
7
Toulouse
Marseille
Téteghem
Calais
A 16
A 25
Ardres
Tilques
Hesdin-l'Abbé
Hallines
Lumbres
Aire-s-la Lys
A 26
le Touquet-Paris-Plage
Montreuil
Gosnay
la Madeleine-sous-Montreuil
N 1
N 25
Abbeville
Eu
Vasterival
N 28
Amiens
Etretat
Cany-Barville
A 28
Caudebec-en-Caux
le Havre
A 15
N 31
Beauvais
Elincourt-Ste-Margue
Etouy
Port-en-Bessin
Deauville
Honfleur
A 13
Rouen
Lyons-la-Forêt
Bazincourt-s-Epte
N 13
St-André-d'Hébertot
Pont-Audemer
St-Pierre-du-Vauvray
Gouvieux
Cabourg
Campigny
Audrieu
Caen
SEINE
la Cha
Luzarches
A 1
Montpinchon
Goupillières
Bernay
Douains
Enghien-les-Bains
Maffliers
N 175
Falaise
Clécy
N 158
N 138
St-Germain-en-Laye
PARIS
Villedieu-les-Poëles
Neauphle-le-Château
Versailles
Argentan
Verneuil-s-Avre
le Tremblay-s-Mauldre
Voisins-le-Bretonneux
Macé
Varennes-Jarcy
Cernay-la-Ville
Bagnoles-de-l'Orne
Saulx-les-Chartreux
A 10
Ablis
Barbizon
Chartres
Champigny
A 6
Villeray
Neufchâtel-en-Saosnois
Mayenne
A 11
A 81
Loué
le Mans
la Ville-aux-Clercs
N 157
Orléans
N 60
la Chapelle-St-Mesmin
Bourg-d'Iré
Cheffes
LOIRE
St-Denis-s-Loire
Candé
Briollay
Villeny
A 71
Onzain
Nouan-le-Fuzelier
Angers
Cheverny
Rochecorbon
Ouchamps
Luynes
Tours
Contres
Romorantin-Lanthenay
Joué-les-Tours
Amboise
Salbris
Montrichard
N 147
Montbazon
Chissay-en-Touraine
N 152
Chênehutte-les-Tuffeaux
Bréhémont
N 76
Fontevraud-l'Abbaye
Beaumont-en-Véron
Cholet
N 160
Marçay
Vienne
Bourges
Valençay
N 20
Chambretaud
Bressuire
N 151
Banne
A 10
Chasseneuil-du-Poitou
Périgny

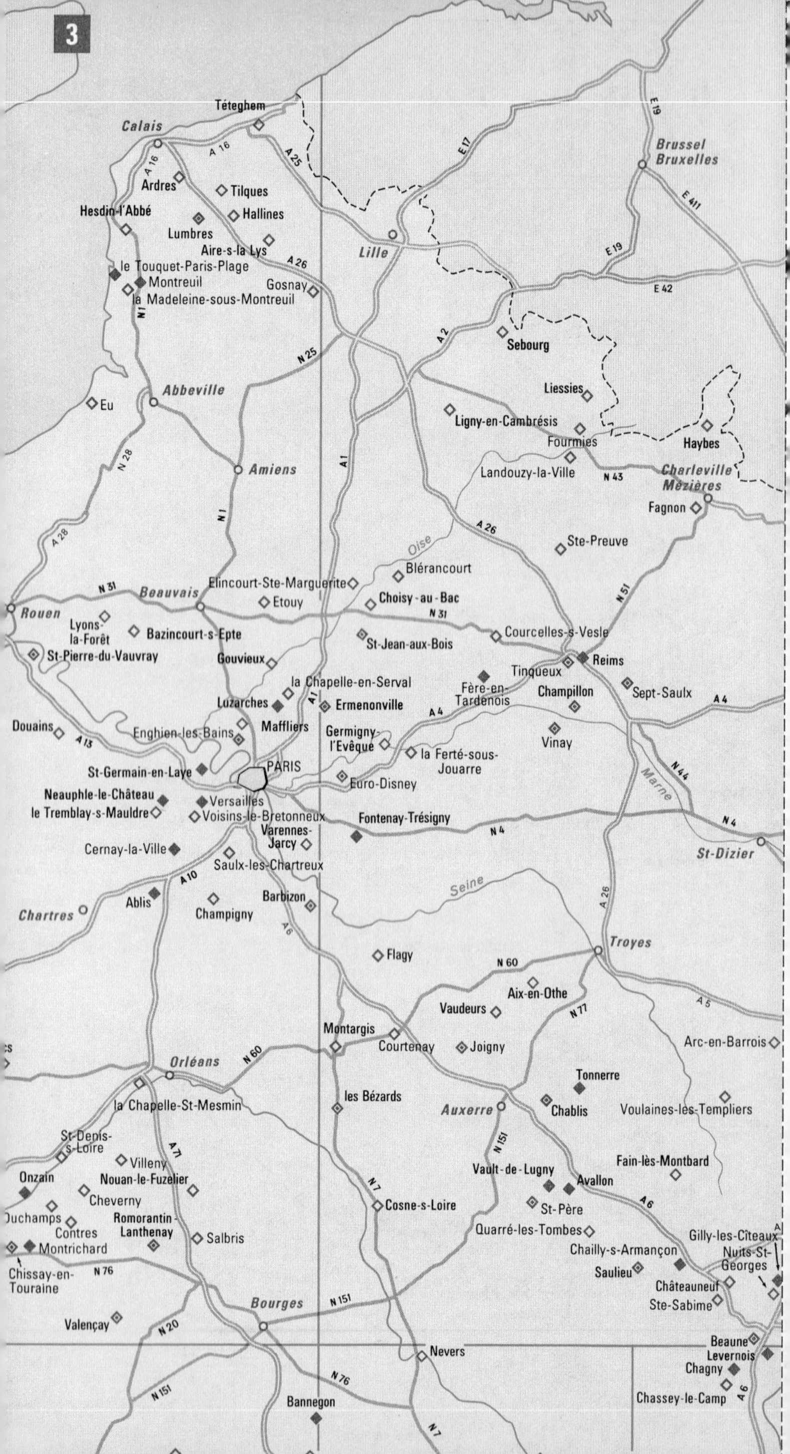
3
Téteghem
Calais
A 16
A 25
E 17
E 19
Brussel
Bruxelles
Ardres
Tilques
Hesdin-l'Abbé
Hallines
Lumbres
Aire-s-la Lys
Lille
E 411
A 26
le Touquet-Paris-Plage
Montreuil
Gosnay
la Madeleine-sous-Montreuil
E 42
N 1
A 2
Sebourg
N 25
Abbeville
Liessies
Eu
Ligny-en-Cambrésis
Fourmies
Haybes
N 28
Amiens
A 1
Landouzy-la-Ville
N 43
Charleville
Mézières
Fagnon
A 28
A 26
Ste-Preuve
Oise
Blérancourt
N 31
Beauvais
Elincourt-Ste-Marguerite
N 51
Etouy
Choisy-au-Bac
Rouen
Lyons-la-Forêt
Bazincourt-s-Epte
Courcelles-s-Vesle
St-Jean-aux-Bois
St-Pierre-du-Vauvray
Gouvieux
Reims
Tinqueux
la Chapelle-en-Serval
Sept-Saulx
Fère-en-Tardenois
Champillon
A 4
Luzarches
Ermenonville
Douains
Maffliers
Germigny-l'Evêque
Vinay
A 13
Enghien-les-Bains
la Ferté-sous-Jouarre
N 44
PARIS
St-Germain-en-Laye
Marne
Euro-Disney
Neauphle-le-Château
Versailles
le Tremblay-s-Mauldre
Voisins-le-Bretonneux
Fontenay-Trésigny
Varennes-Jarcy
N 4
Cernay-la-Ville
St-Dizier
Saulx-les-Chartreux
A 10
Seine
Ablis
Barbizon
Chartres
Champigny
A 6
Troyes
Flagy
N 60
Aix-en-Othe
Vaudeurs
N 77
A 5
Montargis
Courtenay
Joigny
Arc-en-Barrois
Orléans
N 60
Tonnerre
les Bézards
Auxerre
Chablis
Voulaines-les-Templiers
la Chapelle-St-Mesmin
St-Denis-s-Loire
N 151
A 71
Villeny
Fain-lès-Montbard
Onzain
Nouan-le-Fuzelier
Vault-de-Lugny
Avallon
Cheverny
N 7
Cosne-s-Loire
St-Père
A 6
Romorantin-Lanthenay
Contres
Salbris
Quarré-les-Tombes
Gilly-les-Cîteaux
Montrichard
Chailly-s-Armançon
Nuits-St-Georges
Chissay-en-Touraine
N 76
Saulieu
Châteauneuf
Bourges
N 151
Ste-Sabime
Valençay
N 20
Beaune
Levernois
Nevers
Chagny
N 76
N 151
Chassey-le-Camp
A 6
Bannegon
N 7

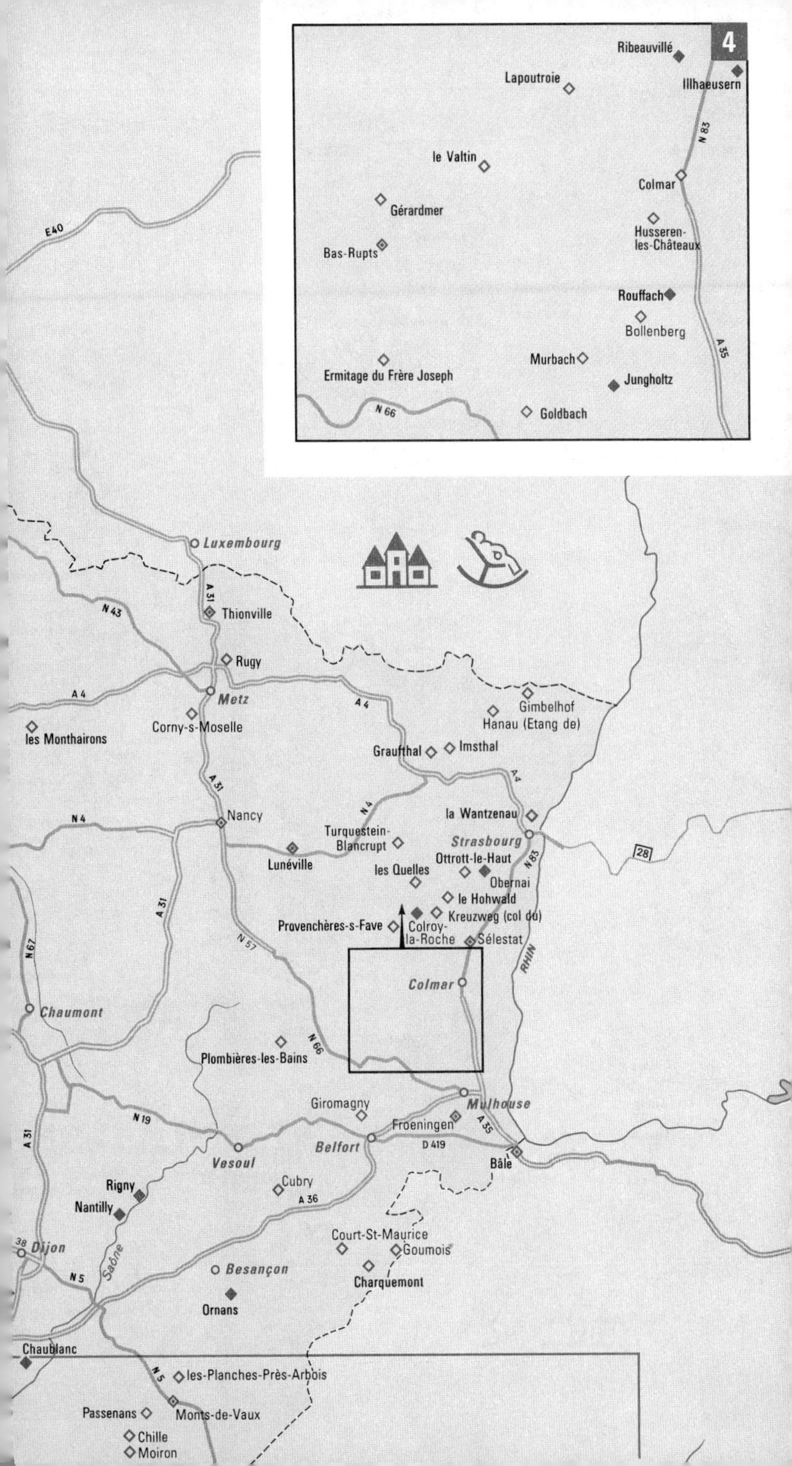
4
Ribeauvillé
Lapoutroie
Illhaeusern
N 83
le Valtin
Colmar
Gérardmer
Husseren-les-Châteaux
Bas-Rupts
Rouffach
Bollenberg
A 35
Murbach
Ermitage du Frère Joseph
Jungholtz
N 66
Goldbach
E40
Luxembourg
A 31
N 43
Thionville
Rugy
A 4
Metz
A 4
Gimbelhof
Corny-s-Moselle
Hanau (Etang de)
les Monthairons
Graufthal
Imsthal
A 31
A4
N 4
Nancy
la Wantzenau
Turquestein-Blancrupt
Strasbourg
28
Lunéville
Ottrott-le-Haut
N 83
les Quelles
Obernai
A 31
le Hohwald
Kreuzweg (col du)
Provenchères-s-Fave
Colroy-la-Roche
Sélestat
N 57
RHIN
N 67
Colmar
Chaumont
Plombières-les-Bains
N 66
Mulhouse
Giromagny
Froeningen
A 35
N 19
Belfort
D 419
A 31
Vesoul
Bâle
Cubry
Rigny
A 36
Nantilly
Court-St-Maurice
38
Dijon
Goumois
Saône
Besançon
Charquemont
N 5
Ornans
Chaublanc
N 5
les-Planches-Près-Arbois
Passenans
Monts-de-Vaux
Chille
Moiron

5

N 137
Chambretaud
Challans
Bressuire
N 160
la Roche-s-Yon
A 10
Chasseneuil-du-Poitou
Périgny
Poitiers
le Blanc
les Sables-d'Olonne
N 151
St-Maixent-l'École
N 148
Niort
Ré (Ile de)
la Flotte
N 11
la Rochelle
N 10
N 147
Oléron (Ile d')
Vienne
la Cotinière
la Remigeasse
St-Trojan-les-Bains
Nieuil
Mansle
N 141
Saintes
Cognac
N 141
Montbron
Nauzan
Angoulême
Cierzac
N 21
Mosnac
Champagnac-de-Belair
Mirambeau
Vieux-Mareuil
Brantôme
A 10
N 10
Gaillan-en-Médoc
Blaye
Pauillac
Périgueux
Razac-s-l'Isle
St-Ciers-de-Canesse
N 89
Margaux
Montignac
Lacanau-Océan
St-Julien-de-Crempse
Tamniès
N 89
Marquay
St-Emilion
Trémolat
Bordeaux
Dordogne
Pessac
Mauzac
Créon
St-Michel-de-Montaigne
le Buisson-Cussac
GARONNE
N 21
Montcabrier
Castelnaud-de-Gratecambe
Touzac
A 62
Pujols
Mauroux
Ruffiac
St-Sylvestre-s-Lot
St-Beauzeil
Agen
Puymirol
N 10
Poudenas
Gabarret
Barbotan
Labourgade
Mont-de-Marsan
Grenade-s-l'Adour
Eauze
Soustons
Magescq
N 124
Seignosse
Eugénie-les-Bains
N 124
Montaigut
Hossegor
A 63
St-Martin-d'Armagnac
Anglet
Auch
Lévignac
Biarritz
Port-de-Lanne
Segos
Gimont
N 124
St-Jean-de-Luz
Orthez
N 21
Ciboure
A 64
Col de St-Ignace
Cambo-les-Bains
Sare
Ainhoa
Tarbes
Col d'Osquich
N 117
St-Etienne-de-Baïgorry
Lestelle-Betharram
Villeneuve-de-Rivière
St-Jean-Pied-de-Port
Estérencuby
Bagnères-de-Bigorre
Beaucens
Lesponne
Sauveterre-de-Comminges
St-Savin
Beyrède (Col de)
Barbazan
Estaing
Cauterets
Bourg-d'Oueil
la Fruitière

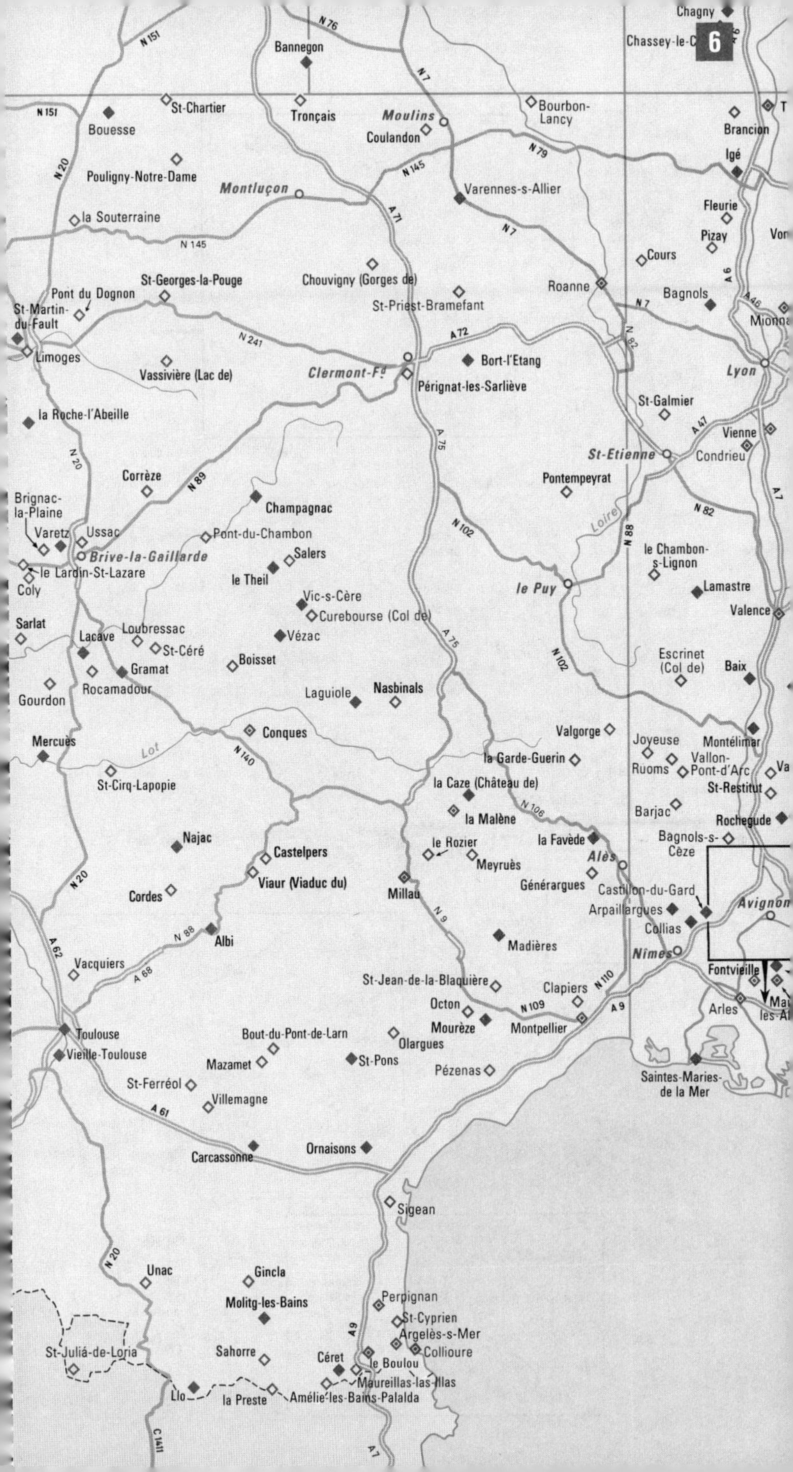
6
Chagny
Chassey-le-C
Bannegon
Tronçais
Moulins
Coulandon
Bourbon-Lancy
Brancion
Igé
St-Chartier
Bouesse
Pouligny-Notre-Dame
Montluçon
Varennes-s-Allier
la Souterraine
Fleurie
Pizay
Cours
Chouvigny (Gorges de)
St-Priest-Bramefant
Roanne
Bagnols
St-Georges-la-Pouge
Pont du Dognon
St-Martin-du-Fault
Limoges
Vassivière (Lac de)
Clermont-Fd
Pérignat-les-Sarliève
Bort-l'Etang
Lyon
St-Galmier
Vienne
Condrieu
St-Etienne
la Roche-l'Abeille
Corrèze
Champagnac
Pontempeyrat
Loire
Brignac-la-Plaine
Varetz
Ussac
Brive-la-Gaillarde
Pont-du-Chambon
Salers
le Theil
le Lardin-St-Lazare
Coly
le Chambon-s-Lignon
Lamastre
le Puy
Valence
Vic-s-Cère
Curebourse (Col de)
Sarlat
Lacave
Loubressac
St-Céré
Vézac
Boisset
Gramat
Rocamadour
Gourdon
Escrinet (Col de)
Baix
Laguiole
Nasbinals
Conques
Lot
Mercuès
Valgorge
Joyeuse
Montélimar
la Garde-Guerin
Ruoms
Vallon-Pont-d'Arc
St-Cirq-Lapopie
la Caze (Château de)
St-Restitut
Barjac
la Malène
Rochegude
Najac
la Favède
Bagnols-s-Cèze
le Rozier
Castelpers
Meyruès
Alès
Viaur (Viaduc du)
Millau
Générargues
Castillon-du-Gard
Cordes
Arpaillargues
Avignon
Collias
Albi
Madières
Nîmes
Vacquiers
Fontvieille
St-Jean-de-la-Blaquière
Clapiers
Octon
Mourèze
Montpellier
Arles
Toulouse
Vieille-Toulouse
Bout-du-Pont-de-Larn
Olargues
Mazamet
St-Pons
Pézenas
Saintes-Maries-de la Mer
St-Ferréol
Villemagne
Carcassonne
Ornaisons
Sigean
Unac
Gincla
Perpignan
Molitg-les-Bains
St-Cyprien
Argelès-s-Mer
St-Juliá-de-Loria
Sahorre
Céret
Collioure
le Boulou
Maureillas-las-Illas
Llo
la Preste
Amélie-les-Bains-Palalda
N 151
N 76
N 7
N 20
N 145
N 79
A 71
A 6
A 46
N 241
A 72
N 82
A 47
A 75
N 89
N 102
N 88
A 7
N 140
N 106
N 9
A 62
A 68
N 110
N 109
A 9
A 61
C 1411

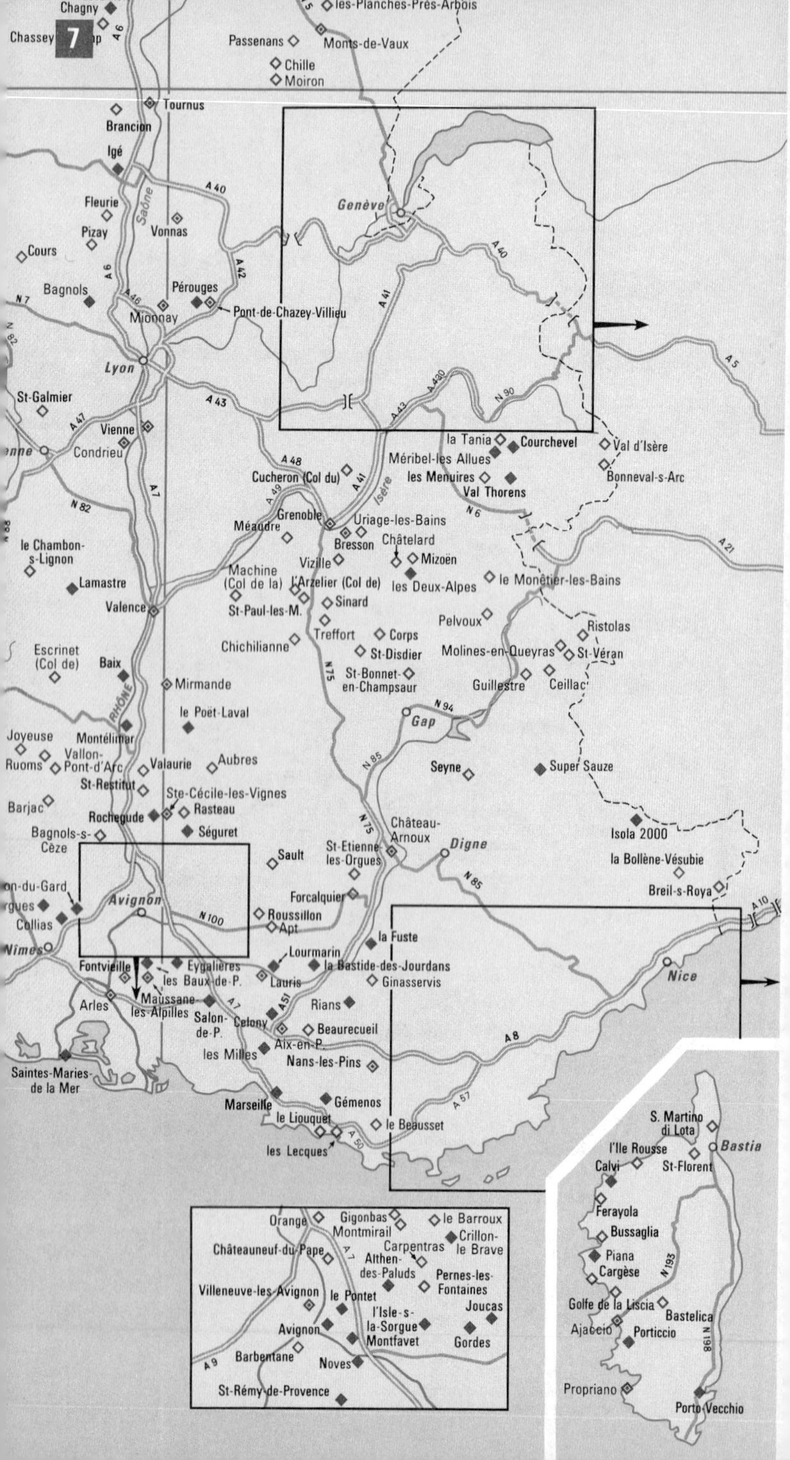
7
Chagny
Chassey
Passenans
les-Planches-Près-Arbois
Monts-de-Vaux
Chille
Moiron
Tournus
Brancion
Igé
Fleurie
Vonnas
Pizay
Cours
Bagnols
Pérouges
Pont-de-Chazey-Villieu
Mionnay
Lyon
St-Galmier
Vienne
Condrieu
Genève
A 40
A 41
A 42
A 43
A 430
A 5
N 90
la Tania
Courchevel
Val d'Isère
Méribel-les Allues
Bonneval-s-Arc
les Menuires
Val Thorens
Cucheron (Col du)
A 48
A 49
Isère
N 6
Grenoble
Méaudre
Uriage-les-Bains
Bresson
Châtelard
Mizoën
le Chambon-s-Lignon
Vizille
les Deux-Alpes
le Monêtier-les-Bains
A 21
Lamastre
Machine (Col de la)
L'Arzelier (Col de)
Sinard
Valence
St-Paul-les-M.
Treffort
Corps
Pelvoux
Ristolas
Chichilianne
St-Disdier
Molines-en-Queyras
St-Véran
Escrinet (Col de)
Baix
Mirmande
St-Bonnet-en-Champsaur
Guillestre
Ceillac
N 75
N 94
Gap
le Poët-Laval
Rhône
Montélimar
Joyeuse
Vallon-Pont-d'Arc
Ruoms
Valaurie
Aubres
N 85
Seyne
Super Sauze
St-Restitut
Ste-Cécile-les-Vignes
Barjac
Rochegude
Rasteau
Séguret
Château-Arnoux
Isola 2000
Bagnols-s-Cèze
Digne
Sault
St-Etienne-les-Orgues
la Bollène-Vésubie
Breil-s-Royaa
Forcalquier
Avignon
Collias
N 100
Roussillon
Apt
A 10
Nîmes
la Fuste
Nice
Lourmarin
Fontvieille
Eygalières
la Bastide-des-Jourdans
les Baux-de-P.
Lauris
Ginasservis
Arles
Maussane-les-Alpilles
Salon-de-P.
Celony
A 51
Rians
Beaurecueil
A 8
A 7
les Milles
Aix-en-P.
Nans-les-Pins
Saintes-Maries-de la Mer
Marseille
Gémenos
A 57
le Liouquet
le Beausset
les Lecques
A 50
S. Martino di Lota
Bastia
l'Ile Rousse
St-Florent
Calvi
Ferayola
Bussaglia
Piana
Cargèse
N 193
Golfe de la Liscia
Bastelica
Ajaccio
Porticcio
N 198
Propriano
Porto-Vecchio
Orange
Gigonbas
le Barroux
Montmirail
Crillon-le Brave
Châteauneuf-du-Pape
Carpentras
Althen-des-Paluds
Pernes-les-Fontaines
Villeneuve-les-Avignon
le Pontet
Joucas
l'Isle-s-la-Sorgue
Avignon
Montfavet
Gordes
Barbentane
Noves
A 9
St-Rémy-de-Provence

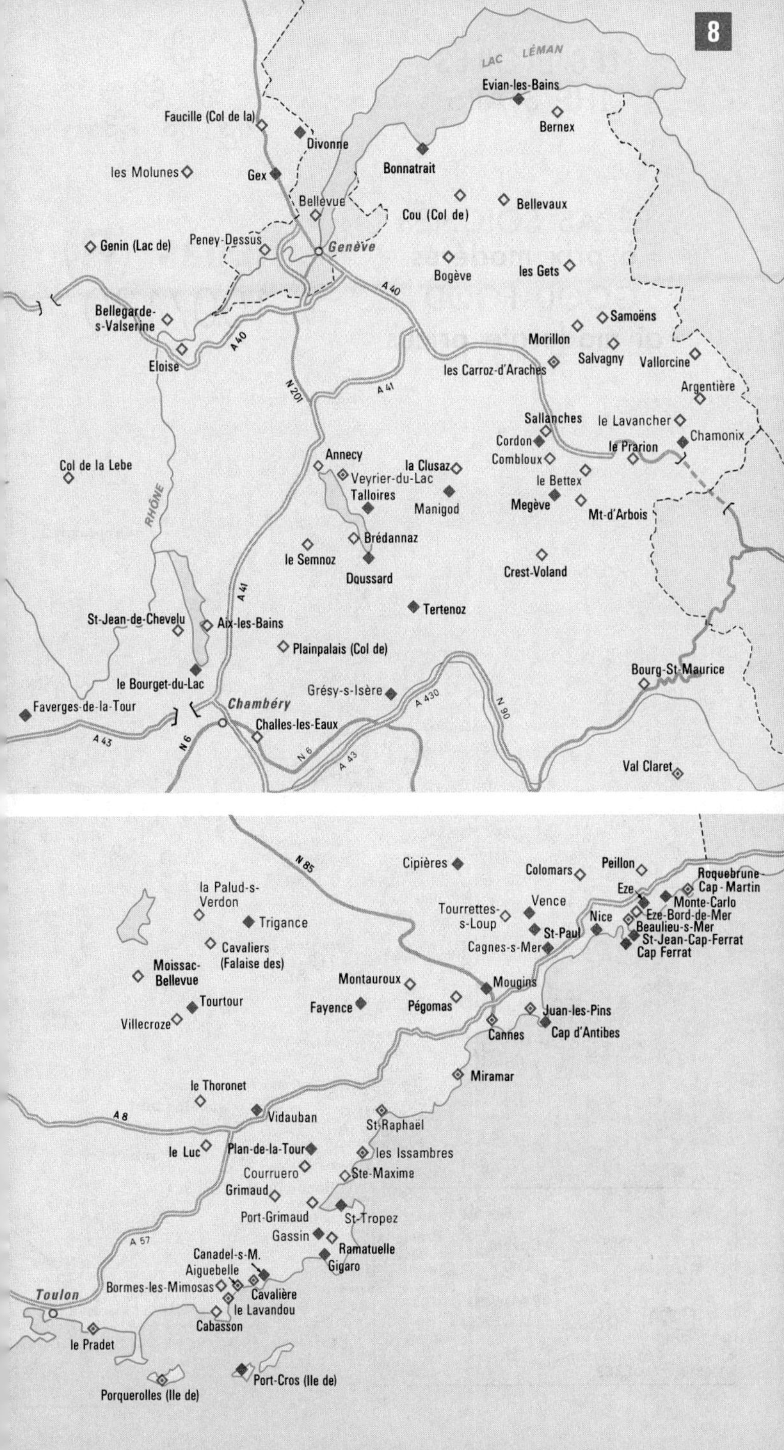

LAC LÉMAN
Evian-les-Bains
Bernex
Faucille (Col de la)
Divonne
Bonnatrait
les Molunes
Gex
Bellevue
Cou (Col de)
Bellevaux
Genin (Lac de)
Peney-Dessus
Genève
Bogève
les Gets
A 40
Bellegarde-s-Valserine
Samoëns
Morillon
Salvagny
Vallorcine
Eloise
les Carroz-d'Araches
N 201
A 41
Argentière
Sallanches
le Lavancher
Cordon
Chamonix
Combloux
le Prarion
Col de la Lebe
Annecy
la Clusaz
Veyrier-du-Lac
le Bettex
Talloires
Manigod
Megève
Mt-d'Arbois
RHÔNE
Brédannaz
le Semnoz
Doussard
Crest-Voland
Tertenoz
St-Jean-de-Chevelu
Aix-les-Bains
Plainpalais (Col de)
Bourg-St-Maurice
le Bourget-du-Lac
Grésy-s-Isère
A 430
N 90
Faverges-de-la-Tour
Chambéry
Challes-les-Eaux
A 43
N 6
Val Claret
N 85
Cipières
Colomars
Peillon
Roquebrune-Cap-Martin
la Palud-s-Verdon
Eze
Monte-Carlo
Trigance
Tourrettes-s-Loup
Vence
Nice
Eze-Bord-de-Mer
St-Paul
Beaulieu-s-Mer
Cavaliers (Falaise des)
Cagnes-s-Mer
St-Jean-Cap-Ferrat
Cap Ferrat
Moissac-Bellevue
Montauroux
Mougins
Tourtour
Fayence
Pégomas
Juan-les-Pins
Villecroze
Cannes
Cap d'Antibes
Miramar
le Thoronet
A 8
Vidauban
St-Raphaël
le Luc
Plan-de-la-Tour
les Issambres
Courruero
Ste-Maxime
Grimaud
Port-Grimaud
St-Tropez
A 57
Gassin
Ramatuelle
Canadel-s-M.
Gigaro
Aiguebelle
Bormes-les-Mimosas
Cavalière
Toulon
le Lavandou
Cabasson
le Pradet
Port-Cros (Ile de)
Porquerolles (Ile de)

LES ÉTOILES
THE STARS

REPAS SOIGNÉS
à prix modérés
GOOD FOOD
at moderate prices

Repas (R)
100/130

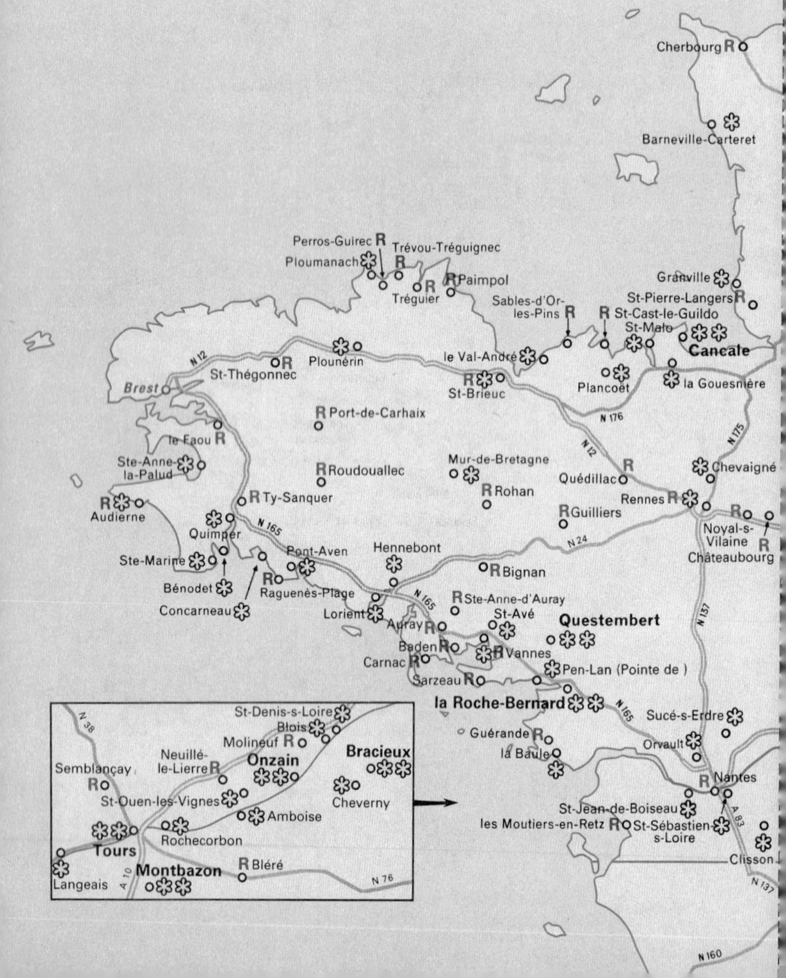

Cherbourg R
Barneville-Carteret
Perros-Guirec R
Trévou-Tréguignec
Ploumanach
R
Tréguier
R Paimpol
Granville
St-Pierre-Langers R
Sables-d'Or-les-Pins R
R St-Cast-le-Guildo
St-Malo
Cancale
N 12
St-Thégonnec
Plounérin
le Val-André
Plancoët
la Gouesnière
Brest
St-Brieuc
R Port-de-Carhaix
N 176
N 175
le Faou R
N 12
Ste-Anne-la-Palud
R Roudouallec
Mur-de-Bretagne
R
Quédillac
Chevaigné
R Audierne
R Ty-Sanquer
R Rohan
Rennes R
R
Quimper
N 165
R Guilliers
Noyal-s-Vilaine
R
Châteaubourg
N 24
Ste-Marine
Pont-Aven
Hennebont
R Bignan
Bénodet
R
Raguenès-Plage
N 165
R Ste-Anne-d'Auray
Concarneau
Lorient
Auray R
St-Avé
Questembert
N 137
Baden R
R Vannes
Carnac R
Pen-Lan (Pointe de)
Sarzeau R
la Roche-Bernard
N 165
Sucé-s-Erdre
Guérande R
Orvault
la Baule
R Nantes
St-Jean-de-Boiseau
les Moutiers-en-Retz R
St-Sébastien-s-Loire
A 83
Clisson
N 137
N 160

N 38
St-Denis-s-Loire
Blois
Molineuf R
Neuillé-le-Lierre R
Onzain
Bracieux
Semblançay
R
Cheverny
St-Ouen-les-Vignes
Amboise
Rochecorbon
Tours
Montbazon
R Bléré
Langeais
A 10
N 76

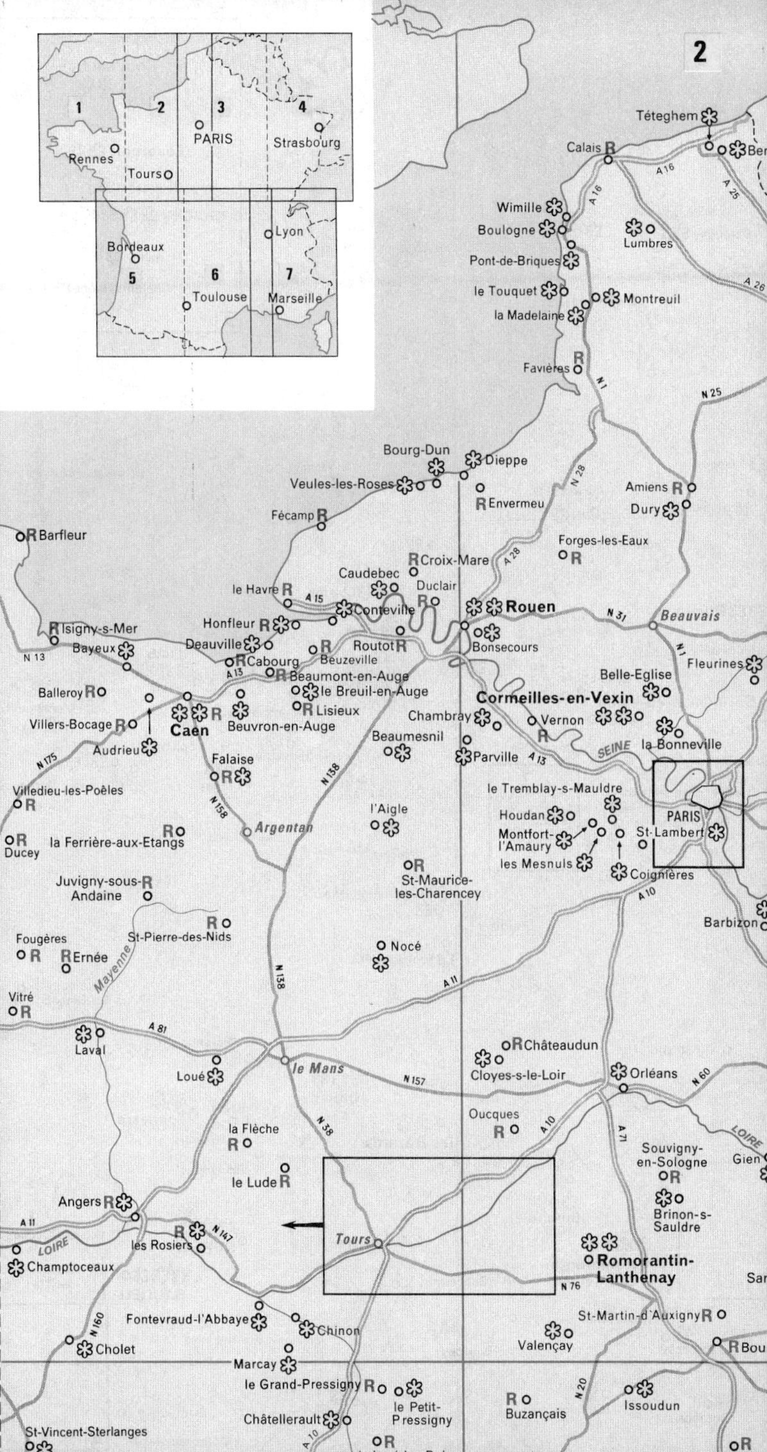

2
1
2
3
4
PARIS
Strasbourg
Rennes
Tours
Bordeaux
5
6
7
Lyon
Toulouse
Marseille
Téteghem
Calais
Ber
A 16
A 25
Wimille
Boulogne
Lumbres
Pont-de-Briques
A 26
le Touquet
Montreuil
la Madelaine
Favières
N 1
N 25
Bourg-Dun
Dieppe
Veules-les-Roses
Envermeu
N 28
Amiens
Dury
Fécamp
Barfleur
Forges-les-Eaux
Croix-Mare
A 28
Caudebec
Duclair
le Havre
A 15
Conteville
Rouen
N 31
Beauvais
Isigny-s-Mer
Honfleur
Bonsecours
Bayeux
Deauville
Routot
N 13
Cabourg
Beuzeville
N 1
Fleurines
A 13
Beaumont-en-Auge
Belle-Eglise
Balleroy
le Breuil-en-Auge
Cormeilles-en-Vexin
Lisieux
Villers-Bocage
Caen
Beuvron-en-Auge
Chambray
Vernon
Audrieu
Beaumesnil
la Bonneville
N 175
Falaise
Parville
SEINE
A 13
N 138
Villedieu-les-Poêles
le Tremblay-s-Mauldre
N 158
l'Aigle
Houdan
PARIS
Argentan
Montfort-l'Amaury
St-Lambert
Ducey
la Ferrière-aux-Etangs
les Mesnuls
Coignières
St-Maurice-les-Charencey
Juvigny-sous-Andaine
A 10
Barbizon
St-Pierre-des-Nids
Fougères
Ernée
Mayenne
Nocé
N 138
Vitré
A 11
A 81
Laval
Châteaudun
Loué
le Mans
Cloyes-s-le-Loir
Orléans
N 157
N 60
N 38
Oucques
A 10
la Flèche
A 71
LOIRE
Souvigny-en-Sologne
Gien
le Lude
Angers
Brinon-s-Sauldre
A 11
N 147
LOIRE
les Rosiers
Tours
Champtoceaux
Romorantin-Lanthenay
San
N 76
Fontevraud-l'Abbaye
St-Martin-d'Auxigny
Chinon
N 160
Valençay
Cholet
Bour
Marcay
le Grand-Pressigny
N 20
Issoudun
Buzançais
Châtellerault
le Petit-Pressigny
St-Vincent-Sterlanges
A 10

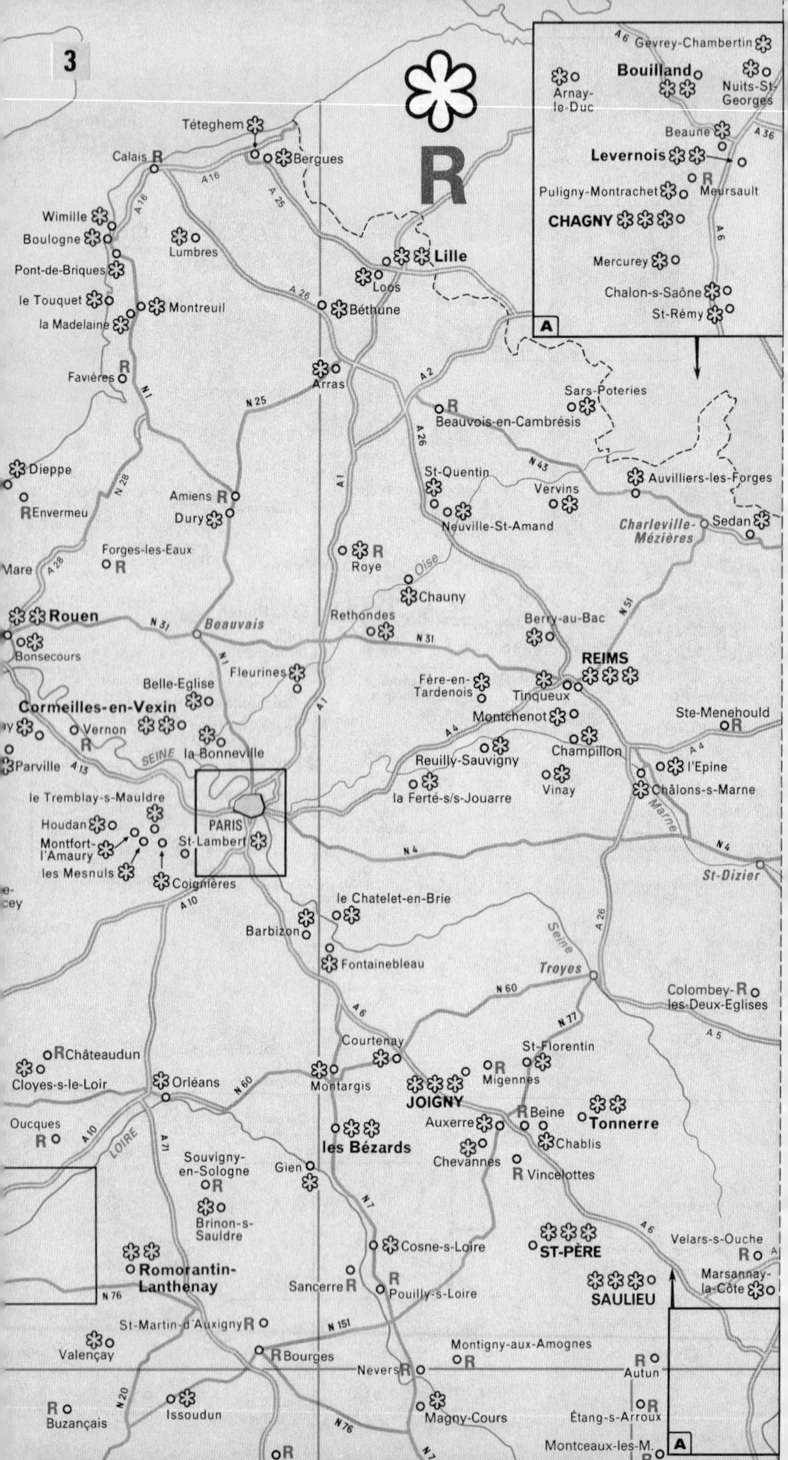
3
R
Téteghem
Calais
Bergues
Wimille
Boulogne
Pont-de-Briques
le Touquet
la Madelaine
Montreuil
Lumbres
Favières
Lille
Loos
Béthune
Arras
Beauvois-en-Cambrésis
Sars-Poteries
Dieppe
Envermeu
Amiens
Dury
Forges-les-Eaux
St-Quentin
Neuville-St-Amand
Vervins
Auvilliers-les-Forges
Charleville-Mézières
Sedan
Roye
Chauny
Rouen
Bonsecours
Beauvais
Rethondes
Berry-au-Bac
REIMS
Fleurines
Belle-Eglise
Cormeilles-en-Vexin
Vernon
la Bonneville
Parville
Fère-en-Tardenois
Tinqueux
Montchenot
Champillon
Ste-Menehould
Reuilly-Sauvigny
la Ferté-s/s-Jouarre
Vinay
l'Epine
Châlons-s-Marne
le Tremblay-s-Mauldre
Houdan
Montfort-l'Amaury
les Mesnuls
Coignières
PARIS
St-Lambert
St-Dizier
le Chatelet-en-Brie
Barbizon
Fontainebleau
Troyes
Colombey-les-Deux-Eglises
Courtenay
St-Florentin
Migennes
Châteaudun
Cloyes-s-le-Loir
Orléans
Montargis
JOIGNY
Beine
Tonnerre
Auxerre
Chablis
Oucques
les Bézards
Chevannes
Vincelottes
Souvigny-en-Sologne
Gien
Brinon-s-Sauldre
Cosne-s-Loire
ST-PÈRE
Velars-s-Ouche
Romorantin-Lanthenay
Sancerre
Pouilly-s-Loire
SAULIEU
Marsannay-la-Côte
St-Martin-d'Auxigny
Valençay
Bourges
Montigny-aux-Amognes
Nevers
Autun
Issoudun
Magny-Cours
Étang-s-Arroux
Buzançais
Montceaux-les-M.
Gevrey-Chambertin
Bouilland
Arnay-le-Duc
Nuits-St-Georges
Beaune
Levernois
Puligny-Montrachet
Meursault
CHAGNY
Mercurey
Chalon-s-Saône
St-Rémy
A

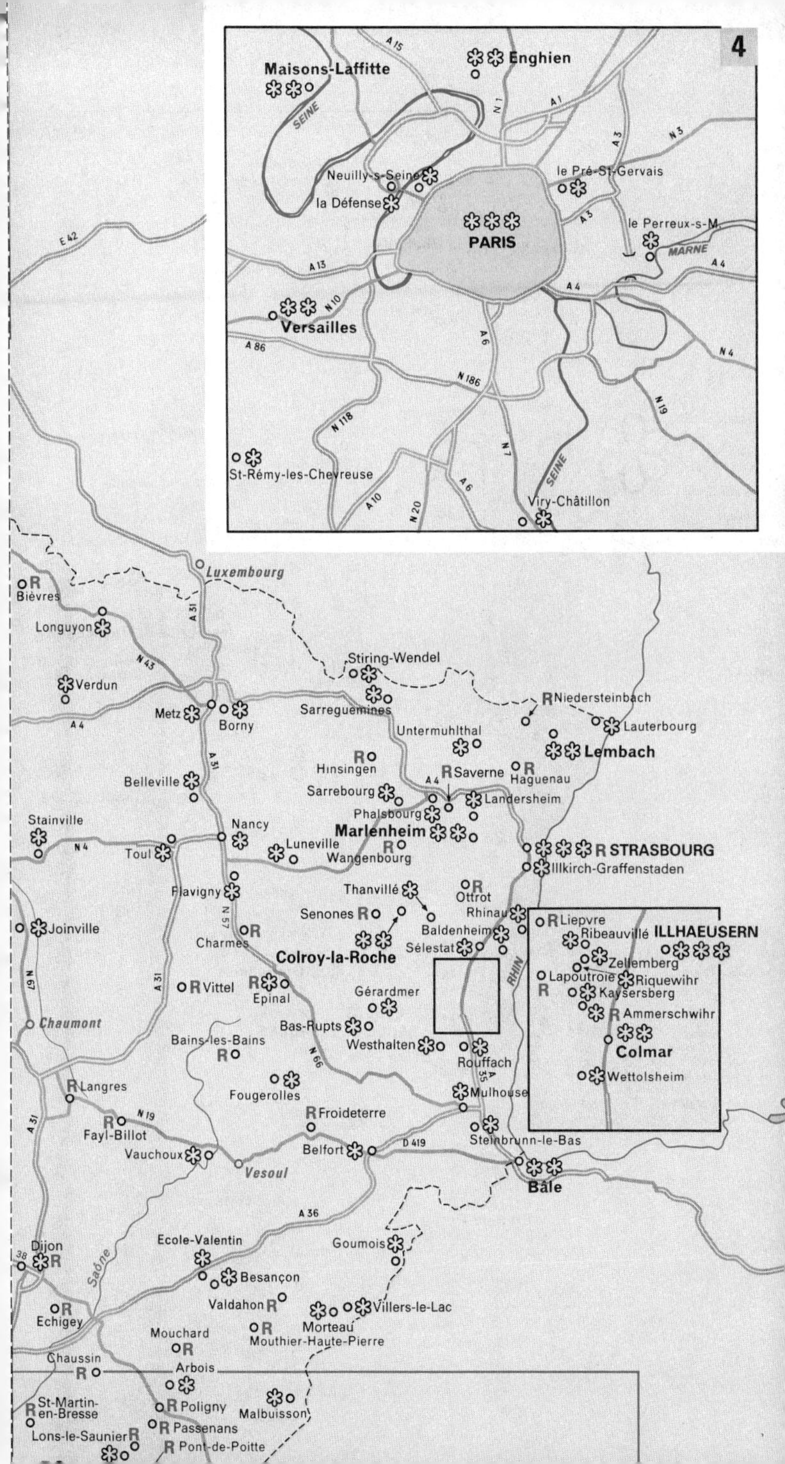
4
Maisons-Laffitte
Enghien
SEINE
A 15
N 1
A 1
A 3
N 3
Neuilly-s-Seine
le Pré-St-Gervais
la Défense
PARIS
le Perreux-s-M.
MARNE
A 13
A 4
Versailles
N 10
A 86
A 6
N 4
N 186
N 19
N 118
N 7
St-Rémy-les-Chevreuse
A 10
N 20
Viry-Châtillon
E 42
Luxembourg
Bièvres
Longuyon
A 31
N 43
Stiring-Wendel
Verdun
Metz
Borny
Sarreguemines
Niedersteinbach
Lauterbourg
Untermuhlthal
Lembach
Hinsingen
Saverne
Haguenau
Belleville
Sarrebourg
Landersheim
Phalsbourg
Stainville
Nancy
Marlenheim
Toul
Luneville
Wangenbourg
STRASBOURG
Illkirch-Graffenstaden
Flavigny
Thanvillé
Ottrot
Senones
Rhinau
Liepvre
Joinville
Baldenheim
Ribeauvillé
ILLHAEUSERN
Charmes
Sélestat
Zellenberg
Colroy-la-Roche
Lapoutroie
Riquewihr
Vittel
Epinal
Kaysersberg
Gérardmer
RHIN
Ammerschwihr
Chaumont
Bas-Rupts
Colmar
Bains-les-Bains
Westhalten
Rouffach
Wettolsheim
Fougerolles
Mulhouse
Langres
N 66
N 57
N 67
Froideterre
Fayl-Billot
Steinbrunn-le-Bas
Vauchoux
Belfort
D 419
Vesoul
Bâle
A 36
Goumois
Ecole-Valentin
Dijon
Besançon
Saône
Valdahon
Villers-le-Lac
Echigey
Morteau
Mouchard
Mouthier-Haute-Pierre
Chaussin
Arbois
St-Martin-en-Bresse
Poligny
Malbuisson
Passenans
Lons-le-Saunier
Pont-de-Poitte

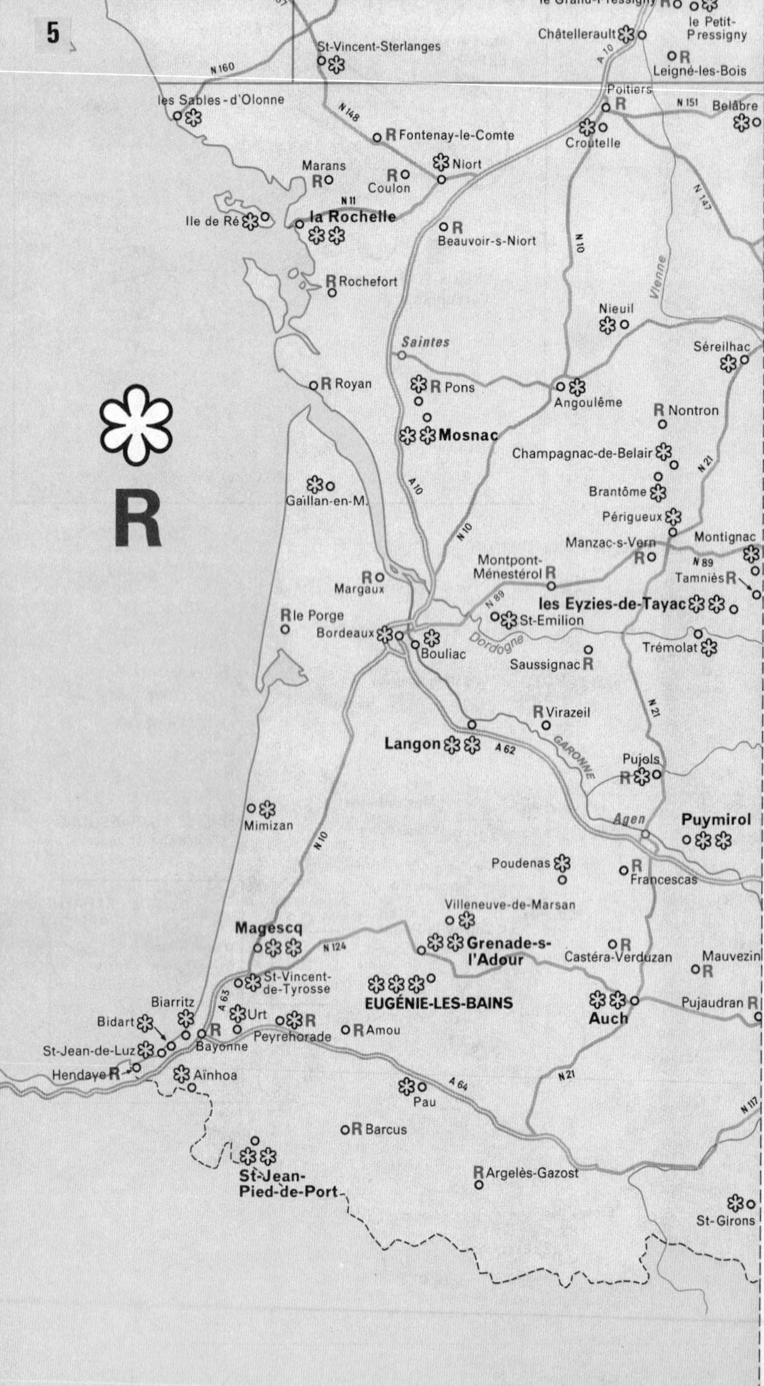

5
R
Marcay
le Grand-Pressigny R
le Petit-Pressigny
Châtellerault
Leigné-les-Bois R
St-Vincent-Sterlanges
N 137
N 160
A 10
Poitiers R
N 151
Belâbre
les Sables-d'Olonne
N 148
R Fontenay-le-Comte
Croutelle
Niort
Marans R
R Coulon
N 147
N 11
Ile de Ré
la Rochelle
R Beauvoir-s-Niort
N 10
Vienne
R Rochefort
Nieuil
Saintes
Séreilhac
R Royan
R Pons
Angoulême
R Nontron
Mosnac
Champagnac-de-Belair
N 21
Brantôme
Gaillan-en-M.
A 10
Périgueux
N 10
Manzac-s-Vern R
Montignac
Montpont-Ménestérol R
N 89
R Margaux
Tamniès R
N 89
les Eyzies-de-Tayac
R le Porge
St-Emilion
Bordeaux
Bouliac
Dordogne
Trémolat
Saussignac R
N 21
R Virazeil
Langon
A 62
GARONNE
Pujols R
Mimizan
Agen
Puymirol
N 10
Poudenas
R Francescas
Villeneuve-de-Marsan
Magescq
Grenade-s-l'Adour
R Castéra-Verduzan
N 124
Mauvezin R
St-Vincent-de-Tyrosse
A 63
EUGÉNIE-LES-BAINS
Auch
Pujaudran R
Biarritz
Bidart
Urt
R Peyrehorade
R Amou
Bayonne R
St-Jean-de-Luz
Hendaye R
Aïnhoa
A 64
N 21
Pau
N 117
R Barcus
St-Jean-Pied-de-Port
R Argelès-Gazost
St-Girons

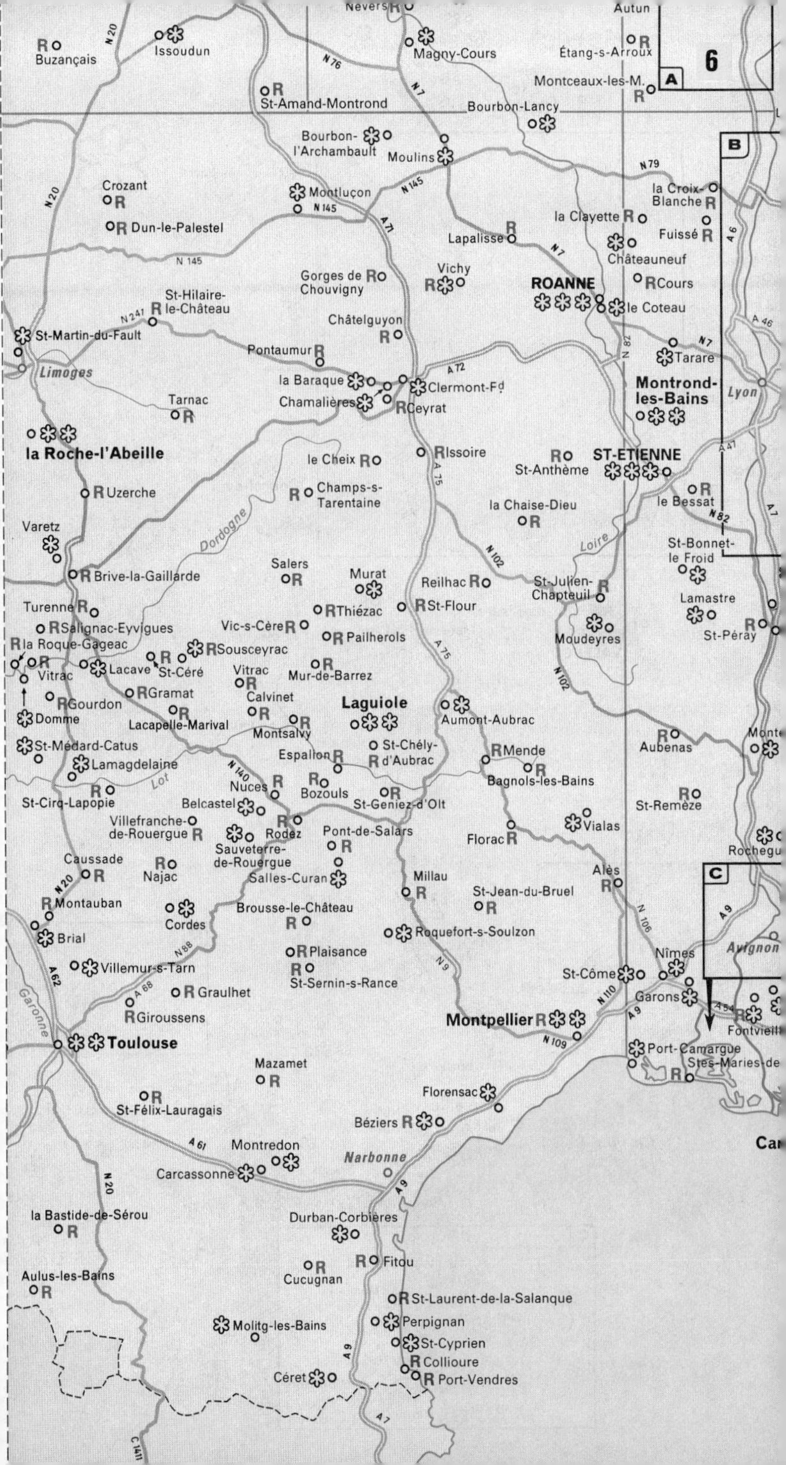

6
A
B
C
Nevers
Autun
Buzançais
Issoudun
Magny-Cours
Étang-s-Arroux
Montceaux-les-M.
St-Amand-Montrond
Bourbon-Lancy
Bourbon-l'Archambault
Moulins
Montluçon
Crozant
Dun-le-Palestel
la Croix-Blanche
la Clayette
Fuissé
Lapalisse
Châteauneuf
Vichy
Gorges de Chouvigny
ROANNE
Cours
le Coteau
St-Hilaire-le-Château
Châtelguyon
St-Martin-du-Fault
Limoges
Pontaumur
Tarare
la Baraque
Clermont-Fd
Montrond-les-Bains
Lyon
Chamalières
Ceyrat
Tarnac
la Roche-l'Abeille
le Cheix
Issoire
St-Anthème
ST-ETIENNE
Champs-s-Tarentaine
Uzerche
le Bessat
la Chaise-Dieu
Varetz
Dordogne
Loire
St-Bonnet-le Froid
Salers
Murat
Brive-la-Gaillarde
Reilhac
St-Julien-Chapteuil
Lamastre
Turenne
Thiézac
St-Flour
Salignac-Eyvigues
Vic-s-Cère
Pailherols
Moudeyres
St-Péray
la Roque-Gageac
Sousceyrac
Vitrac
Lacave
St-Céré
Mur-de-Barrez
Gramat
Calvinet
Gourdon
Laguiole
Aumont-Aubrac
Domme
Lacapelle-Marival
Montsalvy
St-Médard-Catus
St-Chély-d'Aubrac
Aubenas
Espalion
Mende
Lamagdelaine
Lot
Bagnols-les-Bains
Nuces
Bozouls
St-Cirq-Lapopie
St-Geniez-d'Olt
St-Remèze
Belcastel
Villefranche-de-Rouergue
Vialas
Rodez
Pont-de-Salars
Florac
Sauveterre-de-Rouergue
Caussade
Najac
Salles-Curan
Millau
Alès
St-Jean-du-Bruel
Montauban
Cordes
Brousse-le-Château
Brial
Roquefort-s-Soulzon
Plaisance
Villemur-s-Tarn
St-Sernin-s-Rance
Nîmes
St-Côme
Garons
Graulhet
Giroussens
Montpellier
Toulouse
Port-Camargue
Garonne
Mazamet
Florensac
St-Félix-Lauragais
Béziers
Montredon
Narbonne
Carcassonne
Durban-Corbières
la Bastide-de-Sérou
Fitou
Cucugnan
Aulus-les-Bains
St-Laurent-de-la-Salanque
Perpignan
Molitg-les-Bains
St-Cyprien
Collioure
Céret
Port-Vendres
N 20
N 76
N 7
N 79
N 145
A 71
A 6
A 46
N 241
A 72
N 82
A 47
A 75
A 7
N 102
N 140
N 88
A 68
A 62
N 9
N 110
N 106
A 9
A 54
N 109
A 61
A 7
C 1411

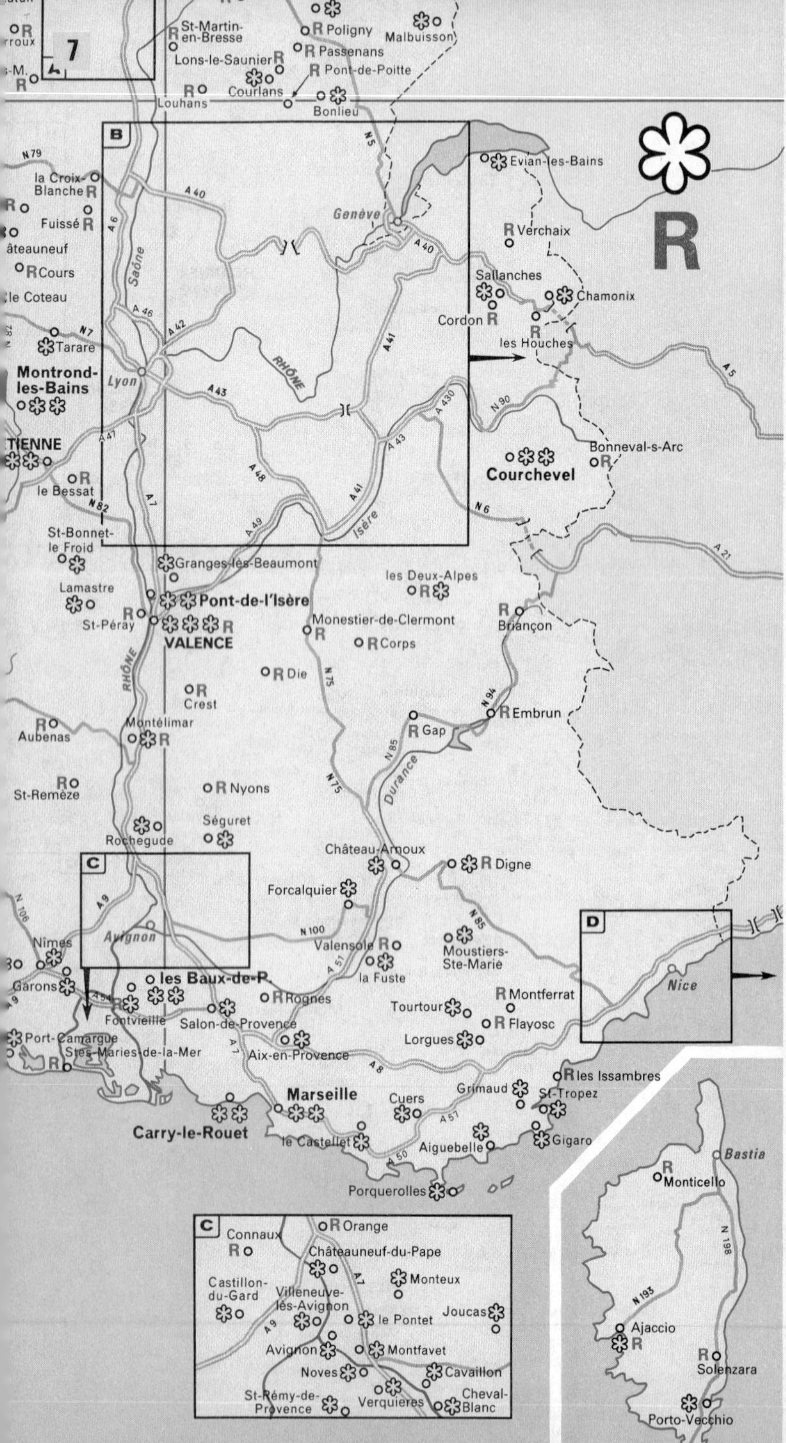

7
St-Martin-en-Bresse
Poligny
Malbuisson
Lons-le-Saunier
Passenans
Pont-de-Poitte
Courlans
Louhans
Bonlieu
B
Evian-les-Bains
R
la Croix-Blanche
Fuissé
Genève
Verchaix
Cours
le Coteau
Sallanches
Chamonix
Cordon
Tarare
les Houches
Montrond-les-Bains
Lyon
RHÔNE
Saône
Bonneval-s-Arc
Courchevel
le Bessat
Isère
St-Bonnet-le Froid
Granges-lès-Beaumont
les Deux-Alpes
Lamastre
Pont-de-l'Isère
St-Péray
VALENCE
Monestier-de-Clermont
Briançon
Corps
Die
Crest
Embrun
Aubenas
Montélimar
Gap
Durance
St-Remèze
Nyons
Séguret
Rochegude
Château-Arnoux
Digne
C
Forcalquier
Avignon
Nîmes
Valensole
Moustiers-Ste-Marie
D
Nice
Garons
les Baux-de-P.
la Fuste
Rognes
Montferrat
Fontvieille
Tourtour
Flayosc
Port-Camargue
Salon-de-Provence
Stes-Maries-de-la-Mer
Aix-en-Provence
Lorgues
les Issambres
Grimaud
St-Tropez
Marseille
Cuers
Carry-le-Rouet
le Castellet
Aiguebelle
Gigaro
Bastia
Porquerolles
Monticello
C
Orange
Connaux
Châteauneuf-du-Pape
Castillon-du-Gard
Monteux
Villeneuve-lès-Avignon
Joucas
le Pontet
Avignon
Montfavet
Ajaccio
Noves
Cavaillon
Solenzara
St-Rémy-de-Provence
Verquières
Cheval-Blanc
Porto-Vecchio

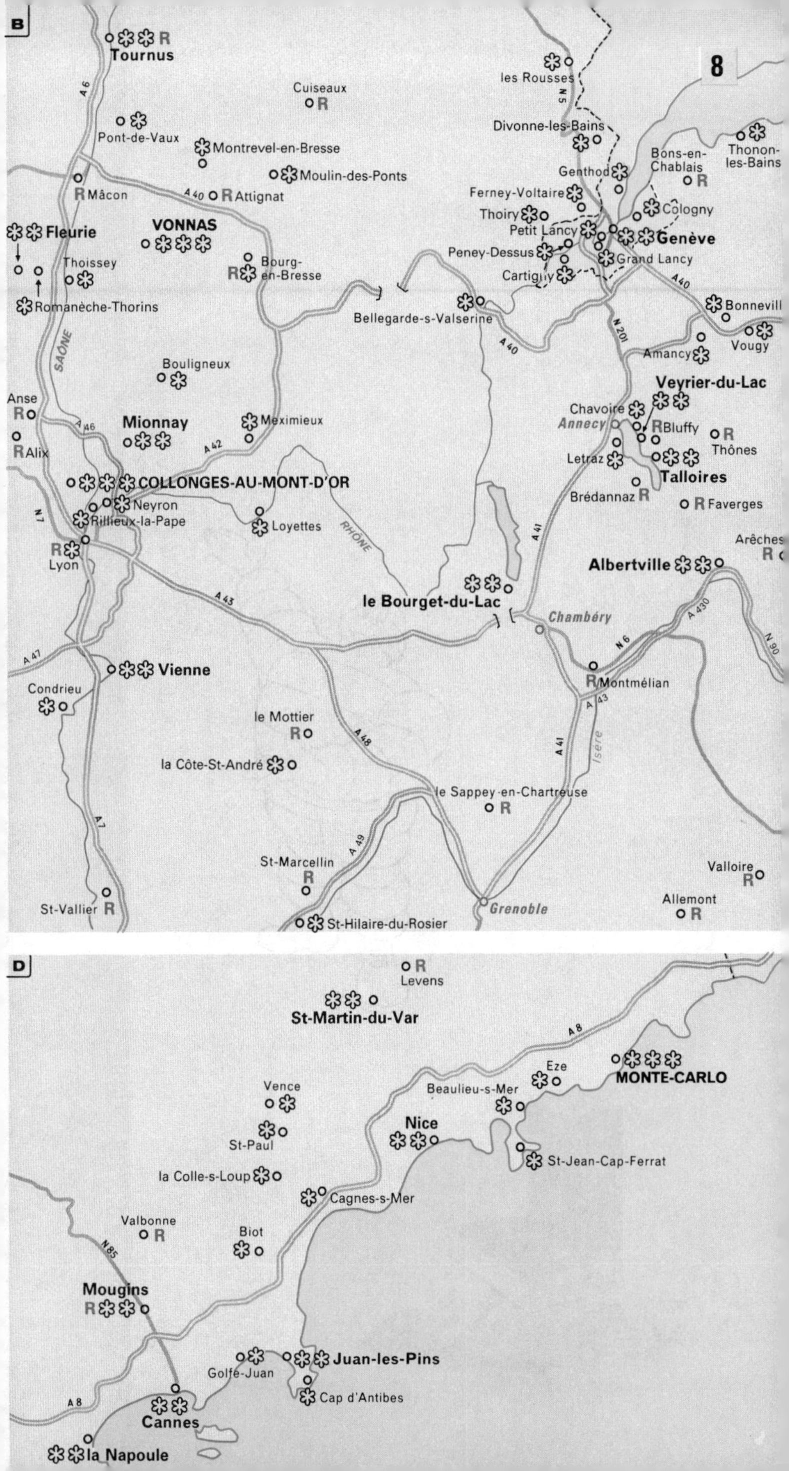

B
8
Tournus
Cuiseaux
les Rousses
Pont-de-Vaux
Montrevel-en-Bresse
Moulin-des-Ponts
Divonne-les-Bains
Thonon-les-Bains
Bons-en-Chablais
Genthod
Mâcon
Attignat
Ferney-Voltaire
Cologny
Thoiry
Petit Lancy
Genève
Fleurie
VONNAS
Peney-Dessus
Grand Lancy
Thoissey
Bourg-en-Bresse
Cartigny
Romanèche-Thorins
Bellegarde-s-Valserine
Bonneville
Vougy
Amancy
Bouligneux
Veyrier-du-Lac
Anse
Chavoire
Annecy
Bluffy
Mionnay
Meximieux
Thônes
Alix
Letraz
Talloires
COLLONGES-AU-MONT-D'OR
Neyron
Brédannaz
Faverges
Rillieux-la-Pape
Loyettes
Lyon
Arêches
Albertville
le Bourget-du-Lac
Chambéry
Vienne
Montmélian
Condrieu
le Mottier
la Côte-St-André
le Sappey-en-Chartreuse
St-Marcellin
Valloire
St-Vallier
Grenoble
Allemont
St-Hilaire-du-Rosier
D
Levens
St-Martin-du-Var
MONTE-CARLO
Eze
Beaulieu-s-Mer
Vence
Nice
St-Paul
St-Jean-Cap-Ferrat
la Colle-s-Loup
Cagnes-s-Mer
Valbonne
Biot
Mougins
Juan-les-Pins
Golfe-Juan
Cap d'Antibes
Cannes
la Napoule

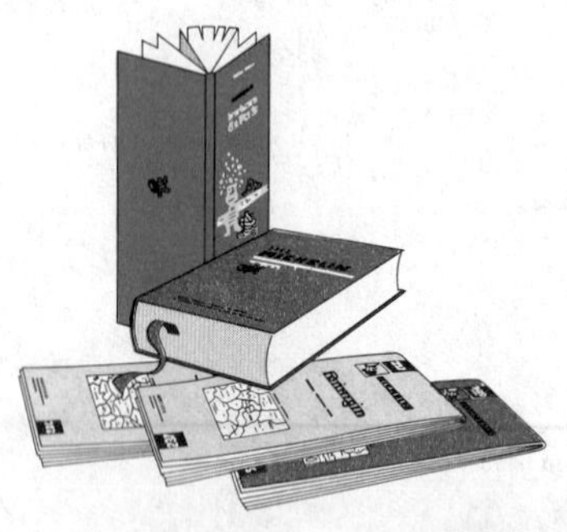

Localités
par ordre alphabétique
Places
in alphabetical order

ABBEVILLE 80100 Somme 52 ⑥ ⑦ G. Flandres Artois Picardie – 23 787 h. alt. 8.

Voir Château de Bagatelle★ BZ – Façade★ de l'église St-Vulfran AZ – Musée Boucher de Perthes★ BY **M**.

Env. St-Riquier : intérieur★★ de l'église★ 9 km par ② – Vallée de la Somme★ par ⑤.

Office de Tourisme 1 pl. Amiral Courbet ✆ 22 24 27 92, Télex 155881 et pl. Gén.-de-Gaulle (juil.-août).

Paris 194 ④ – ◆Amiens 44 ③ – Arras 77 ② – Beauvais 89 ④ – Béthune 85 ② – Boulogne-sur-Mer 79 ① – Dieppe 63 ⑥ – ◆Le Havre 161 ⑤ – ◆Rouen 97 ⑤ – St-Omer 87 ①.

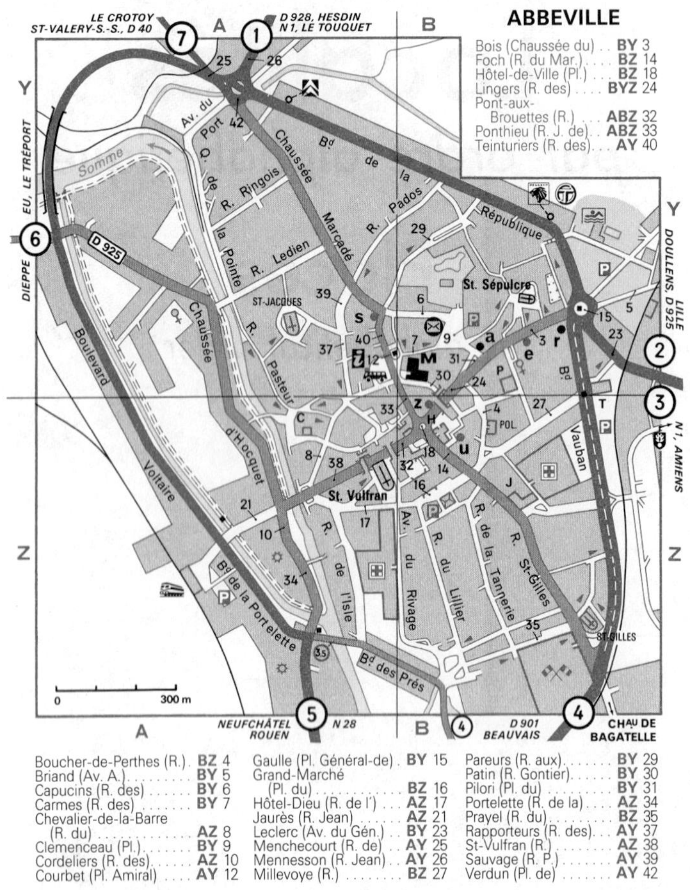

Boucher-de-Perthes (R.) . BZ 4	Gaulle (Pl. Général-de) . BY 15	Pareurs (R. aux) ...... BY 29
Briand (Av. A.) .... BY 5	Grand-Marché (Pl. du) .... BZ 16	Patin (R. Gontier) ...... BY 30
Capucins (R. des) ...... BY 6	Hôtel-Dieu (R. de l') ... AZ 17	Pilori (Pl. du) .... BY 31
Carmes (R. des) .... BY 7	Jaurès (R. Jean) ...... AZ 21	Portelette (R. de la) .... AZ 34
Chevalier-de-la-Barre (R. du) .... AZ 8	Leclerc (Av. du Gén.) .. BY 23	Prayel (R. du) .... BZ 35
Clemenceau (Pl.) .... BY 9	Menchecourt (R. de) .. AY 25	Rapporteurs (R. des) ... AY 37
Cordeliers (R. des) ..... AZ 10	Mennesson (R. Jean) .. AY 26	St-Vulfran (R.) .... AZ 38
Courbet (Pl. Amiral) .... AY 12	Millevoye (R.) .... BZ 27	Sauvage (R. P.) .... AY 39
		Verdun (Pl. de) .... AY 42

France sans rest, 19 pl. Pilori ✆ 22 24 00 42, Fax 22 24 26 15 – |♦| TV ☎ ♿ – 🏛 35 à 70. AE ⓓ GB — BY **a**
☕ 42 – **69 ch** 239/325.

Ibis 🐦, par ③ et rte d'Amiens : 2 km ✆ 22 24 80 80, Télex 145045, Fax 22 31 75 96 – ⚡ ch TV ☎ ♿ Ⓟ – 🏛 50. AE GB
R 80/95 🍷, enf. 39 – ☕ 33 – **45 ch** 250/309.

Relais Vauban Ⓜ sans rest, 4 bd Vauban ✆ 22 31 30 35, Fax 22 31 75 97 – TV ☎. GB. 🐕 — BY **r**
fermé dim. soir de nov. à fév. – ☕ 26 – **22 ch** 220/260.

XX **Aub. de la Corne**, 32 chaussée du Bois ✆ 22 24 06 34, Fax 22 24 03 65 – AE ⓓ GB — BY **e**
fermé 22 fév. au 10 mars, dim. soir et lundi – **R** 90/280.

XX **Au Châteaubriant**, 1 pl. Hôtel de Ville ✆ 22 24 08 23 – GB — BYZ **z**
fermé 1er au 21 juil., dim. soir et lundi – **R** 78/130 🍷, enf. 40.

XX **L'Escale en Picardie,** 15 r. Teinturiers ✆ 22 24 21 51 – AE ① GB. ✻ AY **s**
fermé 10 août au 5 sept., vacances de fév., dim. soir, fériés le soir et lundi – **R** poissons et coquillages 135/240.

X **Condé** avec ch, 14 pl. Libération ✆ 22 24 06 33 – GB BZ **u**
fermé 15 au 30 oct. et dim. – **R** 80/165 ♫ – ☐ 27 – **7 ch** 135/240 – ½ P 173.

ALFA-ROMEO Idéal Garage, 17 r. Schumann, ZI ✆ 22 24 57 77
CITROEN S.N.G.R., 214 bd République ✆ 22 24 30 80
FORD Abbeville-Autom., 29 chaussée Hocquet ✆ 22 24 08 54
PEUGEOT-TALBOT Les Gds Gar. de l'Avenir, 8 bd République ✆ 22 24 77 55
RENAULT Palais Autom., ZI, rte de Doullens par ② ✆ 22 24 29 80 N ✆ 22 31 52 23
VOLVO Picard Automobiles, 22 quai de la Pointe ✆ 22 31 22 11

Lagrange-Pneus, 76 rte de Doullens ✆ 22 24 14 72

L'ABER-WRAC'H 29 Finistère 58 ④ **G. Bretagne** – alt. 53 – ✉ **29214** Landéda.

Paris 607 – ◆Brest 28 – Landerneau 37 – Landivisiau 48 – Morlaix 69 – Quimper 96.

Baie des Anges ⛰ sans rest, ✆ 98 04 90 04, ≤ – ☎ P. GB
Pâques-vacances de nov. – ☐ 50 – **17 ch** 240/305.

ABLIS **78660** Yvelines 60 ⑨ 106 ㊵ – 2 033 h alt. 178.

Paris 63 – Chartres 31 – Étampes 29 – Mantes 61 – ◆Orléans 75 – Rambouillet 15 – Versailles 44.

XX **Croix Blanche,** ✆ (1) 30 59 10 31 – AE GB
fermé 20 au 26 déc. et fév. – **R** 130/240.

à l'Ouest : 6 km par D 168 – ✉ **28700** St-Symphorien-le-Château :

Château d'Esclimont ⛰, ✆ 37 31 15 15, Télex 780560, Fax 37 31 57 91, ≤, « Parc, étang, forêt », ☐, ✻ – ⛓ TV ☎ P – 🏛 130. GB. ✻ rest
R 320/495 – ☐ 85 – **47 ch** 550/1800, 6 appart. – ½ P 710/1295.

ABONDANCE **74360** H.-Savoie 70 ⑱ **G. Alpes du Nord** – 1 251 h alt. 930 – Sports d'hiver : 1 000/1 900 m ☐1 ☐14.

Voir Abbaye★ : Fresques★★ du cloître.

Office de Tourisme à la Mairie ✆ 50 73 02 90.

Paris 597 – Thonon-les-Bains 27 – Annecy 102 – Évian-les-Bains 28 – Morzine 25.

Les Touristes, ✆ 50 73 02 15, Fax 50 73 04 20, ☐, ☐ – ☎ P. GB. ✻ rest
1er juin-30 sept. et vacances de Noël-début avril – **R** 90/230, enf. 45 – ☐ 27 – **24 ch** 190/350 – ½ P 205/275.

CITROEN Trincaz, à Richebourg ✆ 50 73 03 16
RENAULT-TOYOTA Gar. des Alpes ✆ 50 73 01 41 N

ABREST 03 Allier 73 ⑤ – rattaché à Vichy.

Les ABRETS **38490** Isère 74 ⑭ – 2 804 h alt. 399.

Paris 518 – ◆Grenoble 49 – Aix-les-B. 43 – Belley 33 – Chambéry 38 – La Tour-du-Pin 12 – Voiron 22.

X **Savoy** avec ch, ✆ 76 32 03 54 – TV ☎. AE ① GB
R *(fermé 30 juin au 15 juil., 4 au 19 janv. et merc.)* 72/280 ♫, enf. 49 – ☐ 22 – **9 ch** 140/180 – ½ P 150/170.

FIAT-TOYOTA Gar. Moderne ✆ 76 32 04 13
PEUGEOT, TALBOT Bosse-Platière ✆ 76 32 06 77

ACCOLAY **89460** Yonne 65 ⑤ – 377 h alt. 125.

Paris 190 – Auxerre 21 – Avallon 29 – Tonnerre 35.

Host. de la Fontaine ⛰, ✆ 86 81 54 02, Fax 86 81 52 78, ☐ – ☎ P. AE GB
R 110/210 ♫ – ☐ 32 – **11 ch** 220/250 – ½ P 230.

ACQUIGNY 27 Eure 55 ⑰ – rattaché à Louviers.

ADÉ 65 H.-Pyr. 85 ⑧ – rattaché à Lourdes.

Les ADRETS-DE-L'ESTÉREL **83600** Var 84 ⑧ 115 ㉝ – 1 474 h alt. 300.

Env. Mt Vinaigre ✻★★★ S : 8 km puis 30 mn, **G. Côte d'Azur.**

Paris 886 – Fréjus 18 – Cannes 22 – Draguignan 43 – Grasse 29 – Mandelieu 15 – St-Raphaël 21.

Le Chrystalin ⛰, chemin des Philippons ✆ 94 40 97 56, Fax 94 40 94 66, ≤, ☐, ☐ – ☐ rest TV ☎ ♿ P. AE ① GB
fév.-oct. – **R** 110/170 ♫ – ☐ 40 – **15 ch** 480 – ½ P 390.

La Verrerie ⛰ sans rest, ✆ 94 40 93 51, ☐ – TV ☎ P. GB
1er avril-30 sept – ☐ 40 – **7 ch** 325.

SE : 3 km par D 237 et N 7 – ✉ **83600** Les Adrets-de-l'Esterel :

XXX **Aub. des Adrets,** ✆ 94 40 36 24, Fax 94 40 34 06, ☐, ☐, ☐ – GB
fermé 2 nov. au 9 déc., dim. soir du 11 oct. au 31 juin et lundi – **R** 205, enf. 80.

AGAY 83 Var 84 ⑧ 115 ㉝ ㉞ G. Côte d'Azur – ✉ 83700 St-Raphaël.

Office de Tourisme bd Plage N 98 ✆ 94 82 01 85.

Paris 886 – Fréjus 12 – Cannes 31 – Draguignan 41 – ♦Nice 63 – St-Raphaël 9.

France-Soleil sans rest, ✆ 94 82 01 93, Fax 94 82 73 95, ← – ch TV ☎ P. AE GB JCB
Pâques-oct. – ☕ 46 – **18 ch** 390/520.

Beau Site, à Camp Long SO : 1 km par N 98 ✆ 94 82 00 45, Fax 94 82 71 02, – ch TV ☎ P. AE O GB. rest
fermé 1er nov. au 15 déc. – **R** *(fermé mardi)* (dîner seul.) 127 ♁, enf. 70 – ☕ 39 – **20 ch** 220/470 – ½ P 262/315.

AGDE 34300 Hérault 83 ⑮ ⑯ G. Gorges du Tarn (plan) – 17 583 h alt. 15 – Casino.

Voir Ancienne cathédrale St-Étienne★.

Office de Tourisme espace Molière ✆ 67 94 29 68.

Paris 809 – ♦Montpellier 53 – Béziers 23 – Lodève 67 – Millau 122 – Sète 27.

à La Tamarissière SO : 4 km par D 32E – ✉ 34300 Agde :

La Tamarissière, ✆ 67 94 20 87, Fax 67 21 38 40, , « Jardin fleuri », – TV ☎ – 25. AE GB
1er avril-31 oct. – **R** *(fermé dim. soir sauf du 15 juin au 15 sept. et lundi sauf le soir du 15 juin au 15 sept.)* 140/315 – ☕ 60 – **27 ch** 490/620 – ½ P 530/550.

au Cap d'Agde SE : 5 km par D 32E – ✉ 34300 Agde :

du Golf M, Ile des Loisirs ✆ 67 26 87 03, Télex 480709, Fax 67 26 26 89, , , , – ch TV ☎ P – 70. AE O GB JCB
15 mars-11 nov. – **R** 140 – ☕ 45 – **50 ch** 530/640 – ½ P 455/495.

Capaô M, av. Corsaires ✆ 67 26 99 44, Télex 485414, Fax 67 26 67 72, , , , , – TV ☎ – 40 à 100. AE O GB. rest
23 mars-1er nov. – **R** 90/145, enf. 42 – ☕ 45 – **55 ch** 595/695 – ½ P 435/490.

St-Clair M sans rest, pl. St-Clair ✆ 67 26 36 44, Télex 480464, Fax 67 26 31 11, , – TV ☎ P – 100. AE O GB JCB
mi-mars-fin oct. – ☕ 25 – **64 ch** 535/565.

Les Pins M sans rest, Mont-St-Martin ✆ 67 26 00 11, Télex 480942, Fax 67 26 66 63, – TV ☎ ♿ P. AE O GB JCB
15 mars-15 oct. – ☕ 42 – **40 ch** 550.

Alizé M sans rest, av. Alizés ✆ 67 26 77 80, Fax 67 01 26 21, – cuisinette TV ☎ ♿ P. AE GB
4 avril-mi-oct. – ☕ 34 – **33 ch** 340/390.

Azur M sans rest, 18 av. Iles d'Amérique ✆ 67 26 98 22, Fax 67 26 48 14, – TV ☎ ♿ P – 25. AE GB
☕ 30 – **34 ch** 330/380.

XXX **Les Trois Sergents,** av. Sergents ✆ 67 26 73 13, – AE GB
avril-oct. et fermé lundi hors sais. – **R** 90/230, enf. 42.

CITROEN Agde-Auto, 21 rte de Bessan ✆ 67 94 24 84
CITROEN Gar. des Plages, rte de Sète ✆ 67 94 13 50
PEUGEOT Gar. Four, 12 av. Gén.-de-Gaulle ✆ 67 94 11 41
RENAULT Briffa, av. de Béziers à Vias ✆ 67 21 62 50 N
RENAULT Occitane Auto, Z.I. rte de Sète ✆ 67 94 22 81

Gautrand-Pneus, rte de Sète ✆ 67 94 30 60

AGEN P 47000 L.-et-G. 79 ⑮ G. Pyrénées Aquitaine – 30 553 h alt. 48.

Voir Musée★★ AYZ **M**.

Agen-Bon Encontre ✆ 53 96 95 78, par ③.

d'Agen-la-Garenne : ✆ 53 96 22 50, SO : 3 km.

Office de Tourisme 107 bd Carnot ✆ 53 47 36 09.

Paris 719 ① – Albi 157 ⑤ – Auch 72 ④ – ♦Bayonne 215 ⑥ – ♦Bordeaux 139 ⑤ – Brive-la-Gaillarde 173 ① – Pau 157 ⑥ – Périgueux 139 ① – Tarbes 147 ④ – ♦Toulouse 115 ⑤.

Plans pages suivantes

Host. des Jacobins sans rest, 1 ter pl. Jacobins ✆ 53 47 03 31, Fax 53 47 02 80 – ch TV ☎ P. AE GB JCB AZ **f**
☕ 60 – **15 ch** 280/600.

Provence M sans rest, 22 cours 14 Juillet ✆ 53 47 39 11, Fax 53 68 26 24 – TV ☎ – 25. AE GB BY **s**
☕ 32 – **23 ch** 275/360.

Atlantic H. sans rest, 133 av. J. Jaurès par ③ ✆ 53 96 16 56, Fax 53 98 34 80, – TV ☎ P. AE O GB
fermé 25 déc. au 1er janv. – ☕ 30 – **44 ch** 210/300.

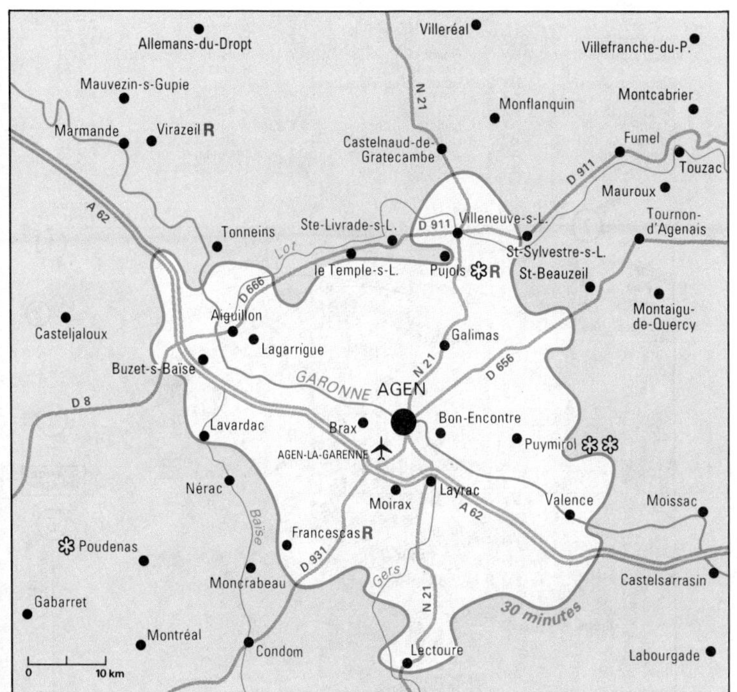

🏨 **Ibis** Ⓜ sans rest, 16 r. C. Desmoulins ✆ 53 47 43 43, Télex 573155, Fax 53 47 68 54 – |♦| ⚹ ch ▤ TV ☎ ♿ P. AE GB BY **b**
☕ 33 – **56 ch** 265/290.

🏨 **Stim'Otel** Ⓜ, 105 bd Carnot ✆ 53 47 31 23, Télex 541331, Fax 53 47 48 70 – |♦| ▤ TV ☎ ♿ – 🏛 30. AE GB BZ **a**
R *(fermé sam. midi et dim. midi)* 79/89 🍷, enf. 39 – ☕ 34 – **58 ch** 263/283.

🏨 **Campanile,** par ⑤ : 3 km ✆ 53 68 08 08, Télex 573118, Fax 53 98 32 46 – ▤ rest TV ☎ ♿ P – 🏛 25. AE GB
R 80 bc/102 bc, enf. 39 – ☕ 29 – **50 ch** 268.

XX **Lamanguié,** 66 r. C. Desmoulins ✆ 53 66 24 35 – ▤. AE GB BY **n**
fermé sam. midi et dim. – **R** 150/240.

à Galimas par ① : 11 km – ✉ **47340** Laroque-Timbaut :

🏨 **La Sauvagère,** ✆ 53 68 81 21, Fax 53 68 82 19, 🌳 – TV ☎ P. AE ⓓ GB
✈ *fermé dim. hors sais.* – **R** 75/168 – ☕ 35 – **12 ch** 228/368 – ½ P 228/290.

à Bon-Encontre par ③ : 5 km – 5 362 h. – ✉ **47240** :

XX **Parc** avec ch, r. République ✆ 53 96 17 75, 🌳 – ▤ rest TV ☎ P. AE ⓓ GB
fermé 2 au 12 janv. et dim. soir en hiver – **R** *(fermé dim. soir et lundi)* 95/235, enf. 60 – ☕ 28 – **10 ch** 190/250 – ½ P 240/295.

rte de Toulouse par ③ : 6 km sur N 113 – ✉ **47550** Boé :

🏰 **Château St Marcel** Ⓜ 🐦, ✆ 53 96 61 30, Fax 53 96 94 33, ←, 🌳, parc, « Demeure du 17e siècle, 🏊 », 🎾 – ▤ TV ☎ ♿ P – 🏛 60. AE ⓓ GB. ⚹ rest
R *(fermé dim. soir et lundi de déc. à avril)* 160/310 – ☕ 65 – **25 ch** 600/1000 – ½ P 525/975.

à Layrac par ④ et D 305 : 9 km – ✉ **47390** :

XX **La Terrasse** avec ch, ✆ 53 87 01 69, 🌳 – GB
fermé 15 janv. au 15 fév., dim. soir et lundi – **R** 90/210, enf. 45 – ☕ 30 – **5 ch** 150/165 – ½ P 200.

AGEN

Président-Carnot (Bd) **BYZ**
République (Bd de la) **ABY**

Barbusse (Av. H.) ..... **BY** 2
Banabéra (R.) .... **AY** 3
Beauville (R.) .... **AZ** 5
Chaudordy (R.) .... **AZ** 6
Colmar (Av. de) .... **BZ** 7
Cornières (R.) .... **AY** 8
Desmoulins (R. C.) .... **BY** 9
Docteur P. Esquirol (Pl.) **AZ** 10
Dolet (R. E.) .... **AZ** 13
Durand (Pl. J.-B.) ..... **AY** 14
Fallières (Pl. A.) .... **AZ** 15
Floirac (R.) .... **AY** 17
Garonne (R.) .... **AY** 18
Héros-de-la-Résistance
(R. des) .... **BY** 20
Jacquard (R.) .... **ABY** 21
Laitiers (Pl. des) ...... **AY** 22
Lattre-de-Tassigny
(R. Maréchal de) .... **AZ** 24
Leclerc (Av. Gén.) ..... **AZ** 25
Lomet (R.) .... **AZ** 27
Moncorny (R.) .... **AZ** 28
Monnet (Av. J.) .... **AZ** 29
Montesquieu (R.) .... **AYZ** 30
Puits-du-Saumon (R.) .. **AY** 31
Rabelais (Pl.) .... **BY** 32
Richard-Cœur-de-
Lion (R.) .... **AZ** 34
Voltaire (R.) .... **AY** 35
Washington (Cours) ... **BZ** 36
9e-de Ligne (Cours du) . **AZ** 38
14-Juillet (Cours du) ... **BY** 39
14-Juillet (Pl. du) ...... **BY** 41

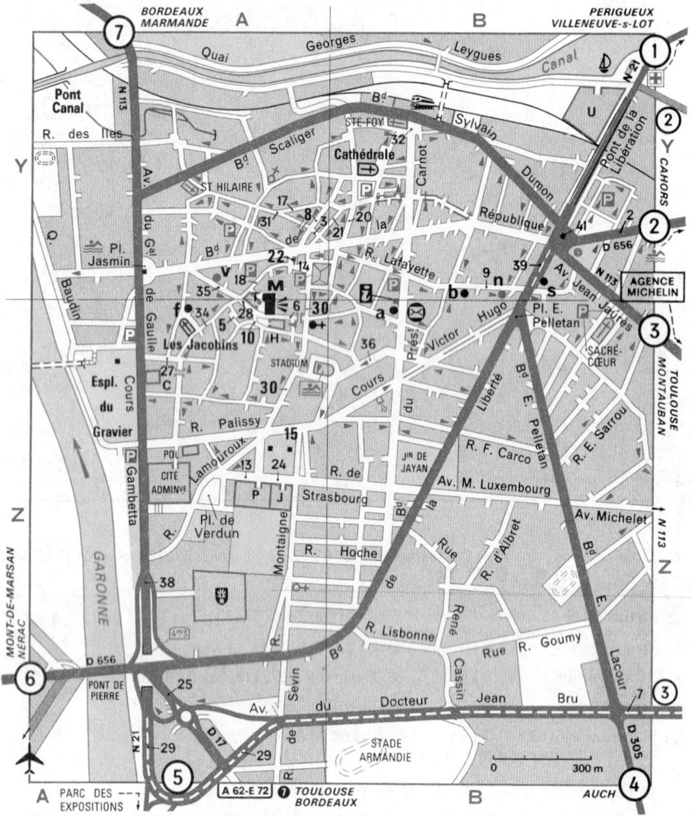

à l'Aéroport SO : 3 km – AZ – ✉ **47000** Agen :

XX **Aéroport,** ✆ 53 96 38 95, 余 – ▤ **P**. AE ⓓ GB
fermé août, dim. soir et sam. – **R** 155/175.

par ⑤ près échangeur A 62 : 6 km – ✉ **47520** Le Passage :

Primevère M, ✆ 53 96 36 35, Fax 53 96 37 36, 余 – TV ☎ ♿ **P** – 🏔 30. GB
R 75/99 ♁, enf. 39 – ☕ 30 – **42 ch** 260.

à Moirax par ⑤, N 21 et D 268 : 9 km – ✉ **47310** :
Voir Église★.

X **Aub. de Moirax,** ✆ 53 87 12 61 – GB
fermé 25 oct. au 15 nov., dim. soir et lundi – **R** 95/205 ♁, enf. 50.

à Brax par ⑥ et D 119 : 6 km – ✉ **47310** :

La Renaissance de l'Étoile, ✆ 53 68 69 23, Fax 53 68 62 89, 余, « Jardin fleuri » – TV ☎ **P**. GB
R *(fermé 19 au 27 fév., dim. soir, lundi midi et sam. midi)* 108/295 – ☕ 38 – **9 ch** 215/295 – ½ P 274/314.

rte Bordeaux par ⑦ :

XX **La Corne d'Or** avec ch, 1,5 km N 113 ✉ 47450 Colayrac ✆ 53 47 02 76, Fax 53 66 87 23 – ▤ rest TV ☎ P – 🏛 30. AE ⓞ GB
fermé dim. soir sauf fériés. – **R** 95/280 ♂ – ☕ 32 – **14 ch** 250/380 – ½ P 220/280.

XX **Host. La Rigalette** 🐌 avec ch, 2 km av. Véronne ✉ 47000 Agen ✆ 53 47 37 44, 🏡, « Parc fleuri » – TV ☎ P. AE ⓞ GB. ✂
R *(fermé lundi)* 130/250 – ☕ 25 – **7 ch** 250/310.

MICHELIN, Agence, 4 r. D.-Papin, ZI J.-Malèze à Bon-Encontre par ③ ✆ 53 96 28 47

FORD Malbet Autom. av. Gén. Leclerc ✆ 53 96 87 90 N
HONDA Boudou, av. Gén. Leclerc ✆ 53 68 34 34
JAGUAR Tastets, 182 bd Liberté ✆ 53 47 10 63
OPEL Palissy Garage, av. de Colmar ✆ 53 98 17 77 N ✆ 53 98 11 11
RENAULT S.A.V.R.A., r. du Midi Agen Sud par ⑤ ✆ 53 77 70 00 N ✆ 05 05 15 15

Périphérie et environs

ALFA ROMEO GSO 47, RN 113 Petit Colayrac à Boé ✆ 53 96 50 94
BMW, Gar. Chollet, rte de Toulouse à Boé ✆ 53 96 29 55
CITROEN S.A.G.G., bd E.-Lacour prolongé, Boé par ④ ✆ 53 77 55 55 N
FIAT Pradat-Auto, bd E.-Lacour prolongé, Boé ✆ 53 96 43 78
Ⓜ Euromaster Central Pneu Service, rte de Layrac, Boé ✆ 53 96 46 43
Faure-Pneu, ZI J.-Malèze, Bon-Encontre ✆ 53 96 08 63
Pneu-Service, ZI J.-Malèze, Bon-Encontre ✆ 53 96 38 13
Techni-Pneus, Lafon N 113, Bon-Encontre ✆ 53 98 28 18

Dans la liste des rues des plans de villes,
les noms en rouge indiquent les principales voies commerçantes.

AGON-COUTAINVILLE 50230 Manche 54 ⑫ **G. Normandie Cotentin** – 2 510 h alt. 35 – Casino.

⛳9 ✆ 33 47 03 31.

ℹ Office de Tourisme pl. 28 Juillet 1944 (saison) ✆ 33 47 01 46.

Paris 349 – Saint-Lô 44 – Barneville-Carteret 48 – Carentan 42 – Cherbourg 75 – Coutances 13.

🏨 **Neptune** sans rest, ✆ 33 47 07 66, ≤ – ☎. AE ⓞ GB JCB
avril-oct. – ☕ 45 – **11 ch** 340/400.

XX **Hardy** avec ch, ✆ 33 47 04 11, Fax 33 47 39 00 – TV ☎. AE ⓞ GB
fermé 10 janv. au 10 fév., dim. soir et lundi d'oct. à mars sauf vacances scolaires et fériés – **R** 100/350 ♂, enf. 65 – ☕ 45 – **17 ch** 240/380 – ½ P 285/400.

AGOS-VIDALOS 65 H.-Pyr. 85 ⑰ – rattaché à Argelès-Gazost.

AGUESSAC 12520 Aveyron 80 ⑭ – 811 h alt. 372.

Paris 635 – Mende 89 – Rodez 66 – Florac 76 – Millau 7 – Sévérac-le-Château 25.

🏠 **Le Rascalat,** NO : 2 km N 9 ✆ 65 59 80 43, Fax 65 59 73 90, 🏡, 🌳 – TV ☎ 🚗 P. GB
fermé 15 déc. au 31 janv., dim. soir et lundi d'oct. à mars – **R** 92/230 – ☕ 25 – **20 ch** 90/280 – ½ P 162/257.

L'AIGLE 61300 Orne 60 ⑤ **G. Normandie Vallée de la Seine** – 9 466 h alt. 209.

ℹ Office de Tourisme pl. F.-de-Beina (Rameaux-oct.) ✆ 33 24 12 40.

Paris 140 – Alençon 61 – Chartres 79 – Dreux 59 – Évreux 57 – Lisieux 57.

🏨 ✿ **Dauphin** (Bernard), pl. Halle ✆ 33 24 43 12, Télex 170979, Fax 33 34 09 28 – TV ☎ – 🏛 25 à 100. AE ⓞ GB JCB
R *(fermé 24 déc. au 1er janv.)* 123/260 et carte 200 à 300, enf. 68 - **La Renaissance** (brasserie) **R** 59/79 ♂, enf. 43 – ☕ 38 – **30 ch** 337/432 – ½ P 244/365
Spéc. Feuilleté d'oeufs brouillés aux escargots. Langouste de Bretagne. Coup de foudre au chocolat.

E : 3,5 km par rte Chartres – ✉ **61300** L'Aigle :

XX **Aub. St-Michel,** N 26 ✆ 33 24 20 12, 🏡 – P. ⓞ GB
✦ *fermé 5 au 20 janv., merc. soir et jeudi* – **R** 75/150 ♂, enf. 45.

à Chandai E : 8,5 km par rte Chartres – ✉ **61300** :

X **Le Trou Normand,** N 26 ✆ 33 24 08 54 – AE GB
fermé janv. – **R** 85/245, enf. 50.

PEUGEOT-TALBOT BG Autom., RN 26 à St-Sulpice-sur-Risle ✆ 33 24 14 66
RENAULT Pavard, rte de Paris à St-Sulpice-sur-Risle ✆ 33 24 18 99 N ✆ 33 24 51 50
RENAULT Gar. Dano, 4 r. L.-Pasteur ✆ 33 24 00 34
V.A.G Poirier, rte de Paris à St-Michel-Tuboeuf ✆ 33 24 02 43
Ⓜ Lallemand-Pneus, rte de Paris à St-Sulpice-sur-Riscle ✆ 33 24 48 24

AIGOUAL (Mont) 30 Gard 80 ⑯ **G. Gorges du Tarn** – alt. 1 567.

Voir Observatoire ✳★★★.

Accès par le col de la Séreyrède ≤★.

AIGUEBELETTE-LE-LAC 73 Savoie 74 ⑮ **G. Alpes du Nord** – 170 h alt. 417.

Voir Lac★ – Site★ de la Combe.

Paris 539 – ◆Grenoble 60 – Belley 36 – Chambéry 24 – Voiron 37.

à la Combe – ✉ **73610** Lépin-le-Lac :

XX **de la Combe " chez Michelon "** avec ch, ☎ 79 36 05 02, ←, – ☎ P. GB. ch
fermé 3 nov. au 2 déc., lundi soir et mardi – **R** 125/220, enf. 75 – ☐ 28 – **9 ch** 170/270 – ½ P 230/290.

à Lépin-le-Lac – ✉ **73610** :

Clos Savoyard , ☎ 79 36 00 15, ←, , – P. GB
15 mai-19 sept. – **R** 98/230, enf. 46 – ☐ 35 – **13 ch** 130/175 – ½ P 210.

à Novalaise-Lac – alt. 427 – ✉ **73470** :

Novalaise-Plage , ☎ 79 36 02 19, Fax 79 36 04 22, ← lac, , – ☎ P. GB.
4 avril-30 sept. et fermé mardi – **R** 90/280 – ☐ 30 – **12 ch** 150/350 – ½ P 270/320.

à St-Alban-de-Montbel – alt. 440 – ✉ **73610** :

St-Alban-Plage sans rest, NE : 1,5 km D 921 ☎ 79 36 02 05, ←, , – ☎ P. GB.
mai-oct. – ☐ 35 – **16 ch** 200/390.

à Attignat-Oncin – ✉ **73610** :

XX **Mont-Grêle** avec ch, ☎ 79 36 07 06, Fax 79 36 09 54, ←, , – ☎ P. GB
1er mars-30 nov. et fermé lundi soir et mardi sauf juil.-août – **R** 95/260 – ☐ 35 – **11 ch** 240/280 – ½ P 270/290.

AIGUEBELLE 83 Var 84 ⑰ – rattaché au Lavandou.

AIGUES-MORTES 30220 Gard 83 ⑧ **G. Provence** (plan) – 4 999 h alt. 3.

Voir Remparts★★ et tour de Constance★★ : ※★★ – Tour Carbonnière ※★ NE : 3,5 km.

ℹ Office de Tourisme porte de la Gardette ☎ 66 53 73 00.

Paris 750 – ◆Montpellier 29 – Arles 48 – Nîmes 37 – Sète 54.

St-Louis, r. Amiral Courbet ☎ 66 53 72 68, Télex 485465, Fax 66 53 75 92, – TV ☎ . AE GB
hôtel : 15 mars-31 déc. ; rest. : 15 avril-31 oct. et fermé le midi sauf dim. et fériés – **R** 100/180, enf. 65 – ☐ 45 – **22 ch** 380/450 – ½ P 355/380.

Croisades M sans rest, 2 r. Port ☎ 66 53 67 85, Fax 66 53 72 95 – TV ☎ ♿. GB.
fermé 15 nov. au 15 déc. et 15 janv. au 15 fév. – ☐ 32 – **14 ch** 240/300.

XX **Arcades** M avec ch, 23 bd Gambetta ☎ 66 53 81 13, Fax 66 53 75 46, , « Demeure du 16e siècle » – TV ☎. AE GB JCB. ch
fermé 15 fév. au 15 mars – **R** *(fermé lundi sauf le soir en juil.-août et fériés)* 120/190, enf. 60 – **6 ch** ☐ 480/550.

XX **La Goulue,** 2 ter r. Denfert-Rochereau ☎ 66 53 69 45,
3 avril-3 oct. – **R** 60/155.

rte de Nîmes NE : 1,5 km – ✉ **30220** Aigues-Mortes :

Royal H. M, ☎ 66 53 66 40, Fax 66 53 72 29, – ch TV ☎ ♿ P. GB
R 60/160, enf. 36 – ☐ 27 – **34 ch** 256/276 – ½ P 218.

RENAULT Gar. Guyon-Autom. ☎ 66 53 81 10 N

AIGUILLON 47190 L.-et-G. 79 ⑭ – 4 169 h alt. 35.

Paris 690 – Agen 30 – Houeillès 31 – Marmande 28 – Nérac 28 – Villeneuve-sur-Lot 33.

Terrasse de l'Étoile, cours A.-Lorraine ☎ 53 79 64 64, , – TV ☎. AE GB
R 69/170 , enf. 45 – ☐ 25 – **9 ch** 190/240 – ½ P 230.

à Lagarrigue E : 4,5 km par D 278 et VO – ✉ **47190** :

XX **Aub. des Quatre Vents,** ☎ 53 79 62 18, ← Aiguillon et environs, , – P. AE GB
fermé 15 janv. au 15 fév., dim. soir et lundi – **R** 100/190, enf. 60.

L'AIGUILLON-SUR-MER 85460 Vendée 71 ⑪ **G. Poitou Vendée Charentes** – 2 175 h alt. 4 – Casino à La Faute-sur-Mer.

Paris 453 – La Rochelle 49 – La Roche-sur-Yon 48 – Luçon 20 – La Tranche-sur-Mer 11,5.

à la Faute-sur-Mer O : 0,5 km – ✉ **85460** :

Voir Parc de Californie★ (parc ornithologique).

Les Chouans sans rest, ☎ 51 56 45 56 – ☎. GB
fermé 16 oct. au 20 déc. et lundi – ☐ 35 – **22 ch** 195/355.

AIGUINES 83630 Var 84 ⑥ G. Alpes du Sud – 207 h alt. 823.

Voir Cirque de Vaumale ≤** E : 4 km – Col d'Illoire ≤* E : 2 km.

Paris 789 – Digne-les-Bains 61 – Castellane 56 – Draguignan 49 – Manosque 61 – Moustiers-Ste-Marie 17.

- **Altitude 823** avec ch, ☎ 94 70 21 09, ≤, – GB
  1er avril-2 nov. et fermé vend. hors sais – **R** 79/189, enf. 48 – ☐ 32 – **13 ch** 95/260 – ½ P 195/255.

AIGURANDE 36140 Indre 68 ⑲ – 1 932 h alt. 425.

Paris 316 – Argenton-sur-C. 33 – Châteauroux 47 – La Châtre 26 – Guéret 36 – La Souterraine 41.

- **Berry et rest. La Gourmandière** avec ch, ☎ 54 06 30 38, , – P. GB
  fermé dim. soir et lundi sauf juil.-août – **R** 100/250 – ☐ 35 – **8 ch** 120/260.
- **Relais de la Marche** avec ch, ☎ 54 06 31 58 – ☎. GB
  R *(fermé 15 au 21 sept., 15 au 23 nov. et sam. hors sais.)* 60/195 – ☐ 30 – **7 ch** 210/273 – ½ P 290.

LANCIA, FIAT Guillebaud ☎ 54 06 31 12
PEUGEOT-TALBOT Buvat ☎ 54 06 33 15 N
RENAULT Yvernault, 38 r. Marche ☎ 54 06 30 59 N
Tisseron ☎ 54 06 30 54

AILEFROIDE 05 H.-Alpes 77 ⑰ – rattaché à Pelvoux (Commune de).

AIME 73210 Savoie 74 ⑱ G. Alpes du Nord – 2 963 h alt. 690.

Voir Ancienne basilique St-Martin*.

Office de Tourisme av. Tarentaise ☎ 79 09 79 79, Télex 980973.

Paris 622 – Albertville 40 – Bourg-Saint-Maurice 12 – Chambéry 87 – Moutiers 13.

- **La Tourmaline** M, av. de Tarentaise ☎ 79 55 62 93, Fax 79 55 52 48, , , – TV ☎ P – 40. GB
  R *(fermé 15 au 25 avril, 3 au 24 oct., sam. midi et dim. soir hors sais.)* 90/139 – ☐ 45 – **29 ch** 335/430 – ½ P 285/315.
- **Palanbo** sans rest, av. de Tarentaise ☎ 79 55 67 55, – TV ☎ P. AE GB
  ☐ 27 – **20 ch** 250/320.
- **du Cormet** sans rest, av. de Tarentaise ☎ 79 09 71 14 – TV ☎ P. GB.
  fermé 15 mai au 1er juin, dim. soir en juin et oct. – ☐ 30 – **14 ch** 240/280.
- **L'Atre,** Nouvelle avenue ☎ 79 09 75 93 – GB
  fermé 8 au 22 juin, 5 au 26 oct. et mardi – **R** 80/140.

AINAY-LE-VIEIL 18200 Cher 69 ⑪ G. Berry Limousin – 170 h alt. 160.

Voir Château*.

Paris 296 – La Châtre 49 – Montluçon 39 – Moulins 72 – St-Amand-Montrond 11.

- **Crémaillère** avec ch, ☎ 48 63 50 14, – GB
  R 95/225 – ☐ 30 – **8 ch** 140/250 – ½ P 250.

AINCILLE 64 Pyr.-Atl. 85 ③ – rattaché à St-Jean-Pied-de-Port.

AINGERAY 54 M.-et-M. 62 ④ – rattaché à Liverdun.

AINHOA 64250 Pyr.-Atl. 85 ② G. Pyrénées Aquitaine – 539 h alt. 124.

Voir Rue principale*.

Paris 797 – Biarritz 26 – Bayonne 25 – Cambo-les-Bains 11 – Pau 126 – St-Jean-de-Luz 22.

- **Argi-Eder** , ☎ 59 29 91 04, Télex 570067, Fax 59 29 74 33, ≤, , « Jardin », , – rest TV ☎ P – 35. AE GB JCB. ch
  2 avril-15 nov. et fermé dim. soir et merc. hors sais. – **R** (dim. prévenir) 135/250, enf. 75 – ☐ 48 – **30 ch** 650/750, 6 appart. – ½ P 600/650.
- ✿ **Ithurria** (Isabal), ☎ 59 29 92 11, Fax 59 29 81 28, « Joli décor rustique, jardin, », – rest TV ☎ P – 25. AE GB
  3 avril-11 nov. et fermé mardi soir et merc. de mi-sept. à juin sauf fériés – **R** (dim. prévenir) 160/280 et carte 235 à 350 – ☐ 45 – **27 ch** 450/600 – ½ P 520/550
  Spéc. Foie gras au naturel. Ragoût de queues de langoustines aux pâtes fraiches. Chartreuse d'agneau au coulis de tomate. **Vins** Jurançon, Madiran.
- **Oppoca,** ☎ 59 29 90 72, – ☎. AE GB
  mi-mars-mi-nov. – **R** *(fermé lundi hors sais.)* 120/250, enf. 60 – ☐ 40 – **12 ch** 280/400 – ½ P 350/390.

AIRAINES 80270 Somme 52 ⑦ G. Flandres Artois Picardie – 2 175 h alt. 49.

Paris 144 – Amiens 27 – Abbeville 21 – Beauvais 68 – Le Tréport 46.

- **Pont d'Hure,** O : 5 km sur D 936 (rte d'Oisemont) ☎ 22 29 42 10 – P. GB
  fermé 1er au 15 août, 1er au 15 janv. et mardi – **R** (déj. seul. sauf sam. : déj. et dîner) 78/175.

AIRE-SUR-L'ADOUR **40800** Landes 82 ① ②
G. Pyrénées Aquitaine – 6 205 h alt. 80.

Voir Sarcophage de Ste-Quitterie★ dans l'église Ste-Quitterie **B**.

Office de Tourisme ✆ 58 71 64 70.

Paris 724 ① – Mont-de-Marsan 31 ① – Auch 83 ② – Condom 67 ② – Dax 74 ① – Orthez 58 ③ – Pau 50 ③ – Tarbes 70 ②.

Carnot (R.)	2
Daugé (R. C.)	3
Despagnet (R. F.)	4
Duprat (R. P.)	6
Gambetta (R.)	8
Labeyrie (R. H.)	10
Mendès-France (R.)	11
Verdun (Av. de)	12

Adour H. M sans rest, 28 av. 4 Septembre **(b)** ✆ 58 71 66 17, Fax 58 71 87 66, – ch . GB
30 – **31 ch** 200/235.

Les Platanes, 2 pl. Liberté **(d)** ✆ 58 71 60 36 – . GB. ch
fermé 15 oct. au 12 nov. et vend. – **R** 63/200 , enf. 40 – 25 – **12 ch** 135/260 – ½ P 150/210.

Les Bruyères M avec ch, par ① : **1 km** ✆ 58 71 80 90, Fax 58 71 87 21, – . AE GB
fermé 15 au 30 oct. et dim. soir – **R** 60/195 , enf. 38 – 30 – **8 ch** 190/250 – ½ P 200/220.

Chez l'Ahumat avec ch, 2 r. Mendès-France **(e)** ✆ 58 71 82 61 – GB. ch
fermé 22 mars au 7 avril, 1er au 15 sept. et merc. – **R** 49/130 – 22 – **13 ch** 88/153 – ½ P 140/155.

à Ségos (32 Gers) par ③, N 134 rte Pau et D 260 : 9 km – ✉ **32400** :

Domaine de Bassibé M , ✆ 62 09 46 71, Fax 62 08 40 15, , parc, – . AE GB
fermé 2 janv. au 3 mars – **R** *(fermé merc. midi et mardi sauf de mai à oct.)* 170/325 – 75 – **12 ch** 550/790, 4 appart. – ½ P 650/790.

par ① : 4,5 km sur N 124 – ✉ **40270** Cazères-sur-l'Adour :

Airotel M sans rest, ✆ **58 71 72 72, Fax 58 71 81 94, parc,** , – ch – 25. GB
25 – **34 ch** 195/230.

FORD Gar. Daudon-Sadra, 52 av. 4-Septembre ✆ 58 71 60 64
PEUGEOT, TALBOT Labarthe, ZI Cap de la Coste, N 124 par ① ✆ 58 71 71 95
RENAULT SADIA, rte de Bordeaux par ① ✆ 58 71 60 01 N ✆ 58 06 73 20

V.A.G Perron, rte de Pau ✆ 58 71 61 62

Euromaster Central Pneu Service, 65 av. de Bordeaux ✆ 58 71 62 14

AIRE-SUR-LA-LYS **62120** P.-de-C. 51 ⑭ G. Flandres Artois Picardie – 9 529 h alt. 22.

Voir Bailliage★ **B** – Collégiale St-Pierre★ **E**.

Syndicat d'Initiative au Bailliage, Grand'Place (avril-nov.) ✆ 21 39 65 66.

Paris 239 ② – ◆Calais 61 ④ – Arras 58 ② – Béthune 24 ② – Boulogne-sur-Mer 66 ③ – ◆Lille 61 ① – Montreuil 55 ③.

Plan page suivante

Host. Trois Mousquetaires , Château de la Redoute **(a)** ✆ 21 39 01 11, Fax 21 39 50 10, <, « Parc avec pièce d'eau » – – 25. AE GB JCB.
fermé 20 déc. au 20 janv., dim. soir et lundi – **R** 105/325 , enf. 58 – 44 – **31 ch** 285/525 – ½ P 350/450.

Europ H. sans rest, 14 Gd'Place **(e)** ✆ 21 39 04 32, Fax 21 39 99 65 – . AE GB
25 – **14 ch** 140/200.

à la gare de Berguette SE : 6 km par D 187 – ✉ **62330** Isbergues :

Le Buffet avec ch, ✆ 21 25 82 40, , – . GB
fermé 1er au 21 août, Noël au Jour de l'An, sam. midi, dim. soir et lundi – **R** 72/190 , enf. 55 – 20 – **4 ch** 140/180 – ½ P 210/230.

ALFA Europe Auto, 3 pl. Castel ✆ 21 39 06 65
AUDI VOLKSWAGEN Inglard, RN 43 ✆ 21 38 00 11
CITROEN Warmé, 14 r. Lyderic ✆ 21 39 00 31

RENAULT Gar. Nöel Stéphane, 5 pl. Jéhan-d'Aire ✆ 21 39 02 98 N ✆ 21 38 34 00

Auto-Pneu, 1 r. Alsace-Lorraine ✆ 21 39 07 08

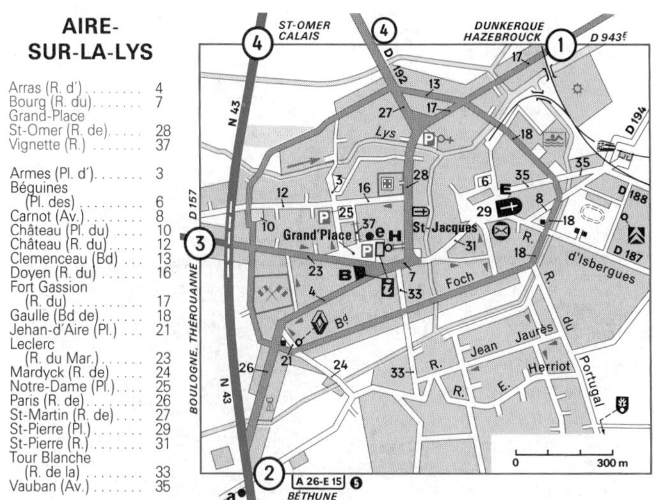

Découvrez la France avec les guides Verts Michelin :
24 titres illustrés en couleurs.

AISEY-SUR-SEINE 21400 Côte-d'Or 65 ⑧ – 172 h alt. 256.

Paris 252 – Chaumont 74 – Châtillon-sur-Seine 15 – ◆Dijon 69 – Montbard 27.

- **Roy** ⑤, ☎ 80 93 21 63, Fax 80 93 25 74, 🏞 – ☎ Ⓟ. AE GB
  fermé 1er déc. au 3 janv. et mardi sauf juil.-août – **R** 65/150 ♂ – ☕ 30 – **12 ch** 160/260 – ½ P 290.

AIX-EN-OTHE 10160 Aube 61 ⑯ G. Champagne – 2 260 h alt. 132.

Voir Jubé★ dans l'église de Villemaur-sur-Vanne N : 4,5 km.

Paris 155 – Troyes 32 – Nogent-sur-Seine 39 – St-Florentin 35 – Sens 35.

- **Aub. de la Scierie** ⑤, à la Vove S : 1,5 km ☎ 25 46 71 26, Fax 25 46 65 69, 🏞, « En bordure de rivière dans un parc », 🏊 – TV ☎ Ⓟ. AE ⓓ GB
  fermé fév., lundi soir et mardi du 15 oct. au 1er avril – **R** 120/210, enf. 60 – ☕ 40 – **14 ch** 350 – ½ P 480.

RENAULT Gar. Carton 1 av. Roger Bidaut ☎ 25 46 70 13 N ☎ 25 46 64 55

AIX-EN-PROVENCE SP 13100 B.-du-R. 84 ③ 93 ⑬ G. Provence – 123 842 h alt. 177 – Stat. therm. (fermé pour travaux) – Casino AY.

Voir Le Vieil Aix★★ BXY : Cours Mirabeau★★ BY, Cathédrale St-Sauveur★ BX (Triptyque du Buisson Ardent★★), Place de l'hôtel de ville★ BY 37, Cour★ de l'hôtel de ville BY **H**, Cloître St-Sauveur★ BX **N** – Quartier Mazarin★ BCY : fontaine des Quatre-Dauphins★ BY **S** – Musée Granet★ CY **M**4 – Musée des Tapisseries★ BX **M**2 – Fondation Vasarely★ AV **M**5 O : 2,5 km.

18 de Marseille-Aix ☎ 42 24 20 41, par ④ et D 9 : 8,5 km ; 18 du Château d'Arc à Fuveau ☎ 42 53 28 38, SE : 16 km par ② et D 6.

🅸 Office de Tourisme pl. Gén.-de-Gaulle ☎ 42 26 02 93, Télex 430466 – A.C. 7 bd J.-Jaurès ☎ 42 23 33 73.

Paris 759 ⑤ – ◆Marseille 31 ④ – Avignon 82 ⑤ – ◆Nice 176 ② – Sisteron 102 ① – ◆Toulon 81 ②.

Plan page suivante

- **Villa Gallici** M ⑤ sans rest, 18 bis av. Violettes ☎ 42 23 29 23, Fax 42 96 30 45, 🏊, 🏞 – ▤ TV ☎ ♿ Ⓟ. AE ⓓ GB BV **k**
  ☕ 90 – **14 ch** 700/1500, 3 appart.
- **Pullman Roi René** M, 24 bd Roi René ☎ 42 37 61 00, Télex 403328, Fax 42 37 61 11, 🏞, 🏊 – |♦| ⇆ ch ▤ TV ☎ ♿ 🚗 – 🏛 150. AE ⓓ GB BZ **b**
  R 150/360, enf. 100 – ☕ 70 – **131 ch** 780/1050, 3 appart.
- **Mercure Paul Cézanne** M sans rest, 40 av. V. Hugo ☎ 42 26 34 73, Télex 403158, Fax 42 27 20 95, « Bel aménagement intérieur », 🏊 – |♦| ⇆ ch ▤ TV ☎. AE ⓓ GB
  ☕ 50 – **55 ch** 480/780. BZ **h**
- **Le Pigonnet** ⑤, 5 av. Pigonnet ✉ 13090 ☎ 42 59 02 90, Télex 410629, Fax 42 59 47 77, 🏞, « Parc fleuri », 🏊 – |♦| ▤ ch TV ☎ Ⓟ – 🏛 60. AE ⓓ GB AV **a**
  fermé 1er nov. au 15 déc., sam. midi et dim. midi sauf juil. – **R** 300, enf. 150 – ☕ 85 – **52 ch** 650/1200 – ½ P 665/740.

AIX-EN-PROVENCE

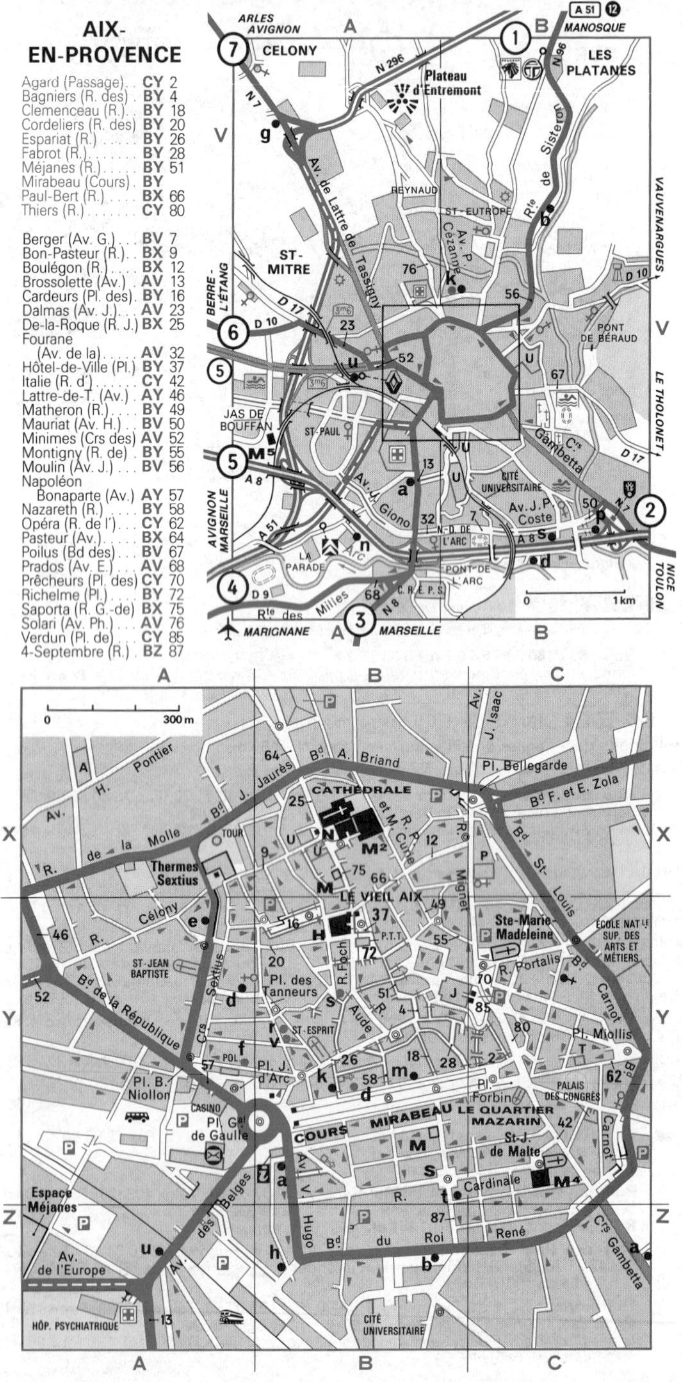

Augustins sans rest, 3 r. Masse ☎ 42 27 28 59, Télex 441052, Fax 42 26 74 87, « Ancien couvent du 15e siècle » – AE GB BY **k**
65 – **29 ch** 500/800.

Gd H. Nègre Coste sans rest, 33 cours Mirabeau ☎ 42 27 74 22, Télex 440184, Fax 42 26 80 93 – AE GB BY **m**
50 – **36 ch** 385/655.

Holiday Inn Garden Court M, 5 rte Galice ✉ 13090 ☎ 42 20 22 22, Fax 42 59 96 61, – ch – 150. AE GB JCB AV **u**
R 90/150 – 50 – **90 ch** 410.

Mozart M sans rest, 49 cours Gambetta ☎ 42 21 62 86, Fax 42 96 17 36 – . GB CZ **a**
– **48 ch** 283/366.

Mascotte M, av. Cible ☎ 42 37 58 58, Télex 403305, Fax 42 37 58 59, , – ch – 100. AE GB BV **s**
R 100 , enf. 42 – 45 – **93 ch** 380/440.

Résidence Rotonde sans rest, 15 av. Belges ☎ 42 26 29 88, Fax 42 38 66 98 – ch . AE GB AZ **u**
fermé 25 nov. au 5 janv. – 40 – **42 ch** 300/380.

St-Christophe, 2 av. V. Hugo ☎ 42 26 01 24, Télex 403608, Fax 42 38 53 17 – rest – 30. GB BY **a**
R brasserie 100/150 , enf. 45 – 35 – **56 ch** 280/400 – ½ P 295/315.

Le Manoir sans rest, 8 r. Entrecasteaux ☎ 42 26 27 20, Télex 441489, Fax 42 27 17 97 – . AE GB AY **d**
fermé 15 janv. au 15 fév. – 35 – **43 ch** 290/482.

Globe sans rest, 74 cours Sextius ☎ 42 26 03 58, Fax 42 26 13 68 – . AE GB
fermé 20 déc. au 1er fév. – 35 – **46 ch** 220/320. AY **e**

Campanile La Beauvalle, au Sud, par av. Pigonnet ✉ 13090 ☎ 42 26 35 24, Télex 403510, Fax 42 26 25 47, – – 80. AE GB AV **n**
R 81 bc/108 bc, enf. 39 – 29 – **116 ch** 290.

Quatre Dauphins sans rest, 54 r. Roux Alpheron ☎ 42 38 16 39, Fax 42 38 60 19 – . AE GB BY **t**
fermé du 1er au 7 mars – 35 – **12 ch** 280/360.

XXX ✿ **Clos de la Violette** (Banzo), 10 av. Violette ☎ 42 23 30 71, Fax 42 21 93 03, – . AE GB. BV **k**
fermé 10 au 30 janv., dim. (sauf le soir du 10 au 31 juil.) et lundi midi – **R** (nombre de couverts limité - prévenir) 190 (déj.)/430 et carte 355 à 460, enf. 120
Spéc. Petits farcis provençaux (juin à oct.). Rougets de roche et caillettes d'herbes. Fondant crémeux de chocolat noir. Vins Coteaux d'Aix-en-Provence, Palette.

XXX **Les Frères Lani,** 22 r. Leydet ☎ 42 27 76 16, Fax 42 22 68 67 – . AE GB JCB AY **f**
fermé 1er au 15 août, dim. (sauf fêtes le midi) et lundi midi – **R** 180/320, enf. 100.

XX **Bistro Latin,** 18 r. Couronne ☎ 42 38 22 88 – . AE GB BY **r**
fermé lundi midi et dim. – **R** 120/260, enf. 75.

XX **Les Bacchanales,** 10 r. Couronne ☎ 42 27 21 06 – . AE GB BY **v**
fermé 16 juil. au 12 août, vacances de fév., merc. midi et jeudi midi – **R** 115/164.

X **Côté Cour,** 19 cours Mirabeau ☎ 42 26 32 39, – AE GB JCB BY **d**
fermé 1er au 14 juin, 1er au 7 nov., dim. soir et lundi – **R** carte 160 à 250.

X **Chez Maxime,** 12 pl. Ramus ☎ 42 26 28 51, Fax 42 26 74 70, – GB. BY **s**
fermé 15 au 31 janv., lundi midi, fériés le midi et dim. – **R** 120/160 .

au Nord par ① : 3 km rte de Sisteron :

Le Prieuré sans rest, ☎ 42 21 05 23, ← – . BV **b**
35 – **23 ch** 290/395.

au Nord par ① et D 13 : 9 km – ✉ **13100** Aix-en-Provence :

XX **Puyfond,** rte St-Canadet, lieu-dit Rigoulon ☎ 42 92 13 77, – . GB.
fermé 15 août au 8 sept., 15 fév. au 21 mars, dim. soir et lundi – **R** 105/160, enf. 80.

à Le Canet par ② : 8 km sur N 7 – ✉ **13590** Meyreuil :

XX **Aub. Provençale,** ☎ 42 58 68 54, Fax 42 58 68 05, – . AE GB
fermé vacances de fév., mardi soir et merc. – **R** 120/225, enf. 70.

au Sud-Est 3 km ou par sortie d'autoroute Aix-Est-3 Sautets :

Novotel Beaumanoir M, ☎ 42 27 47 50, Télex 400244, Fax 42 38 46 41, , , – ch rest – 200. AE GB JCB BV **p**
R carte environ 160, enf. 50 – 48 – **102 ch** 400/430.

Novotel Aix Sud M, ☎ 42 16 09 09, Télex 420517, Fax 42 26 00 09, , , – ch – 80. AE GB BV **d**
R carte environ 160 , enf. 50 – 47 – **80 ch** 400/430.

aux Milles par ④, A 51 (sortie les Milles) : 5 km – ✉ **13290** :

Château de la Pioline Ⓜ, ✆ 42 20 07 81, Fax 42 59 96 12, parc, « Belle demeure dans un jardin à la française », – ch – **A** 40. AE GB
fermé fév. – **R** 215/340 – 75 – **18 ch** 850/1200, 3 appart. – ½ P 700/875.

Mas des Écureuils, chemin de Castel Blanc ✉ 13090 ✆ 42 24 40 48, Fax 42 39 24 57, parc, « Dans une pinède », – – **A** 30. AE GB
R *(fermé du 19 au 26 déc. et dim. sauf fêtes)* 125/280 – 50 – **19 ch** 380/760 – ½ P 405/545.

Host. La Bastide, rte Luynes par D 7 ✆ 42 24 48 50, Fax 42 60 01 36, ≤, – – **A** 30. AE GB
R *(fermé dim. soir et sam.)* 120/185 – 45 – **17 ch** 310/350 – ½ P 325.

à Celony par ⑦ : 3 km sur N 7 – ✉ **13090** Aix-en-Provence :

Mas d'Entremont, ✆ 42 23 45 32, Fax 42 21 15 83, ≤, « Demeure provençale avec terrasses dans un parc », – ch – **A** 70. GB AV **g**
15 mars-1er nov. – **R** *(fermé dim. soir et lundi midi sauf fériés)* 190/230 – 55 – **18 ch** 700/900 – ½ P 560/710.

Amadeus sans rest, montée d'Avignon ✆ 42 23 20 99, Fax 42 21 27 29 – AE GB JCB
35 – **32 ch** 290/390.

ALFA-ROMEO B + B, av. Club-Hippique, D 65 ✆ 42 59 01 32
CITROEN CNC, av. Club Hippique ✆ 42 17 22 22
FIAT Autorama, La Pioline, r. Boivoisin les Milles ✆ 42 59 52 52
FORD Novo, Zéda-la Pioline, les Milles ✆ 42 20 17 17
FORD Novo, 62 av. de Nice à Gardanne ✆ 42 51 02 84
FORD Novo, 39 bd Aristide Briand ✆ 42 23 16 20
HONDA Cogédis, av. Club-Hippique ✆ 42 20 15 35
LADA Arc Auto Racing, r. B.-Verdache la Pioline, les Milles ✆ 42 20 80 03
MERCEDES MASA, 40 r. Irma-Moreau ✆ 42 64 45 45
PEUGEOT Josserand Pneus, rte des Alpes les Platanes ✆ 42 21 17 55
PEUGEOT-TALBOT Gds Gar. de Provence, Zéda-La Pioline, rte des Milles AV ✆ 42 20 01 45 N ✆ 42 25 06 54
RENAULT Verdun-Aix, 5 rte Galice AV ✆ 42 17 26 26 N ✆ 91 97 08 15
SEAT Autos Nouveau Monde, La Pioline, les Milles ✆ 42 20 00 38
TOYOTA Gar. Bondil, av. Club-Hippique ✆ 42 59 59 34
V.A.G Touring-Autom., Zéda-la Pioline, les Milles ✆ 42 20 14 08

Cambi-Pneus, 9 r. Signoret ✆ 42 23 06 77
Euromaster Omnica, ZI des Milles, 128 av. Bessemer ✆ 42 24 46 56
Josserand Pneus, rte des Alpes les Platanes ✆ 42 21 17 55
Jules pneu, RN 96, Quart Barry à Venelles ✆ 42 61 19 13
Jules-Pneus, Pont de l'Arc, rte des Milles ✆ 42 27 67 02
Les Milles Pneus, chem. Valette, ZI les Milles ✆ 42 24 30 90
Provence Pneus Sces Rome Pneus, 13 bd J.-Jaurès ✆ 42 23 16 54
Pyrame, 66 cours Gambetta ✆ 42 21 49 16
Pyrame, r. A. Ampère, ZI les Milles ✆ 42 39 91 48
Sornin, 7 cours Gambetta ✆ 42 21 29 93
Station Pneumatic, 31 bd A.-Briand ✆ 42 23 32 28

AIX (Ile d') ★ 17123 Char.-Mar. 71 ⑬ G. Poitou Vendée Charentes – 199 h.

Accès par transports maritimes.

depuis la **Pointe de la Fumée** (2,5 km NO de Fouras). En 1992 : juin-sept. : services toutes les 1/2 heures, de 8 h 15 à 20 h ; hors saison, 6 services quotidiens - Traversée 25 mn 55 F (AR) - Renseignements et tarifs à Société Fouras-Aix, 14 bis cours des Dames (La Rochelle) ✆ 46 41 76 24.

depuis **La Rochelle.** En 1992 : juin-sept., 2 à 3 services quotidiens ; Pâques-fin mai, 4 services hebdomadaires - Traversée 1 h. Renseignements Croisières Inter Iles, 14 bis cours des Dames (La Rochelle) ✆ 46 50 51 88.

depuis **Boyardville** (Ile d'Oléron). En 1992 : en saison, 4 à 5 services quotidiens, selon marée : mai-juin, sept., 2 à 3 services quotidiens - Traversée 30 mn - Renseignements : Croisières Inter Iles ✆ 46 47 01 45 (Boyardville).

AIX-LES-BAINS 73100 Savoie 74 ⑮ G. Alpes du Nord – 24 683 h alt. 260 – Stat. therm. (6 janv.-15 déc.) et Marlioz – Casinos Grand Cercle CZ, Nouveau Casino BZ.

Voir Esplanade au bord du Lac★ AX – Escalier★ de l'Hôtel de Ville CZ **H** – Musée Faure★ CY.

Env. Le tour du lac du Bourget★★ 51 km, en bateau★ : 4 h – Abbaye de Hautecombe★★ (Chant Grégorien), en bateau : 2 h – Renseignements sur excursions en bateau : Cie Savoyarde de Navigation, Grand Port ✆ 79 61 42 40 – ≤★★ sur lac du Bourget, à la Chambotte par ① : 14 km.

18 ✆ 79 61 23 35, par ③ : 3 km.

de Chambéry-Aix-les-Bains : ✆ 79 54 49 54, au Bourget-du-Lac par ④ : 8 km.

Office de Tourisme pl. M.-Mollard ✆ 79 35 05 92, Télex 980015 et Résidence les Belles Rives au Grand Port (mai-sept.) ✆ 79 34 15 80.

Paris 540 ④ – Annecy 33 ① – Bourg-en-Bresse 109 ④ – Chambéry 18 ④ – ♦Lyon 106 ④.

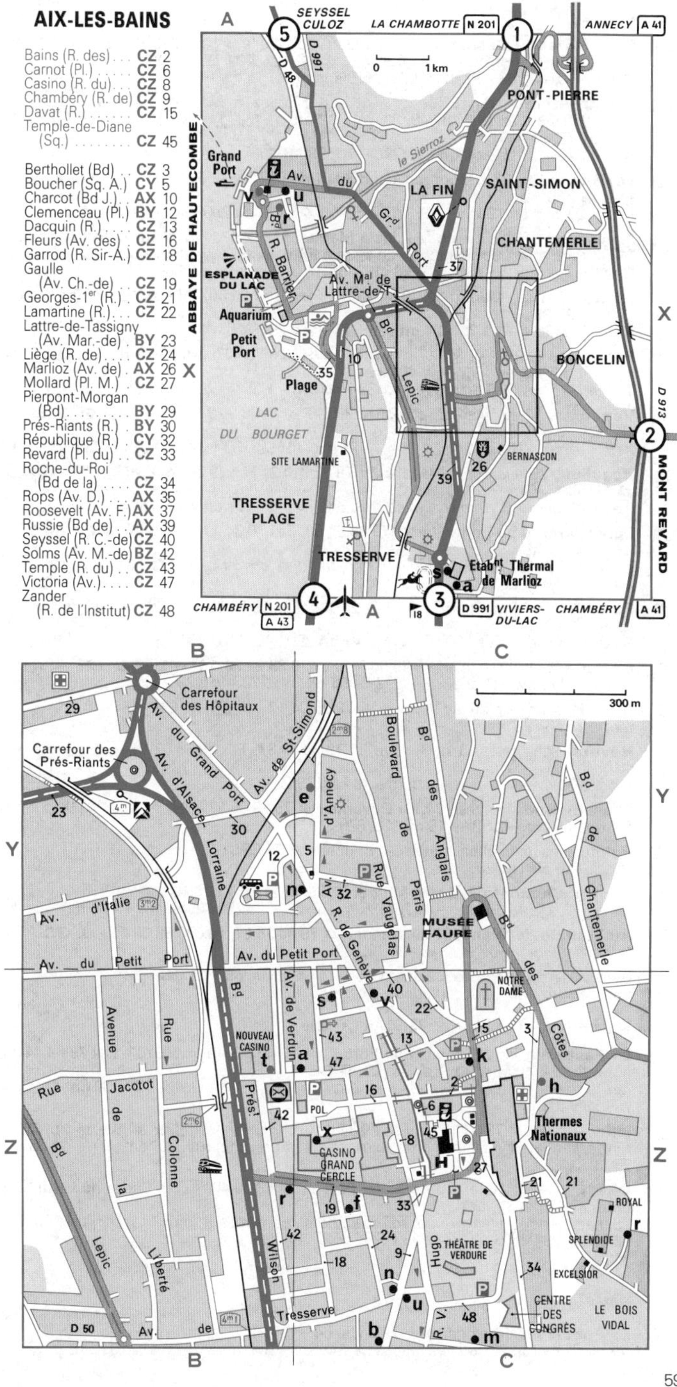
AIX-LES-BAINS
Bains (R. des) . . . CZ 2
Carnot (Pl.) . . . . . CZ 6
Casino (R. du) . . . CZ 8
Chambéry (R. de) CZ 9
Davat (R.) . . . . . . CZ 15
Temple-de-Diane (Sq.) . . . . CZ 45
Berthollet (Bd) . . CZ 3
Boucher (Sq. A.) CY 5
Charcot (Bd J.) . . AX 10
Clemenceau (Pl.) BY 12
Dacquin (R.) . . . . CZ 13
Fleurs (Av. des) . CZ 16
Garrod (R. Sir-A.) CZ 18
Gaulle (Av. Ch.-de) . . CZ 19
Georges-1er (R.) . CZ 21
Lamartine (R.) . . . CZ 22
Lattre-de-Tassigny (Av. Mar.-de) . BY 23
Liège (R. de) . . . . CZ 24
Marlioz (Av. de) . AX 26
Mollard (Pl. M.) . CZ 27
Pierpont-Morgan (Bd) . . . . BY 29
Prés-Riants (R.) . BY 30
République (R.) . CY 32
Revard (Pl. du) . . CZ 33
Roche-du-Roi (Bd de la) . . . . CZ 34
Rops (Av. D.) . . . AX 35
Roosevelt (Av. F.) AX 37
Russie (Bd de) . . . AX 39
Seyssel (R. C.-de) CZ 40
Solms (Av. M.-de) BZ 42
Temple (R. du) . . CZ 43
Victoria (Av.) . . . . CZ 47
Zander (R. de l'Institut) CZ 48
SEYSSEL CULOZ
LA CHAMBOTTE N 201
ANNECY A 41
PONT-PIERRE
SAINT-SIMON
LA FIN
CHANTEMERLE
BONCELIN
ABBAYE DE HAUTECOMBE
Grand Port
ESPLANADE DU LAC
Aquarium
Petit Port
Plage
LAC DU BOURGET
SITE LAMARTINE
TRESSERVE PLAGE
TRESSERVE
BERNASCON
Etabnt Thermal de Marlioz
MONT REVARD
D 913
CHAMBÉRY N 201 A 43
D 991 VIVIERS-DU-LAC
CHAMBÉRY A 41
Carrefour des Hôpitaux
Carrefour des Prés-Riants
Av. du Grand Port
Av. d'Alsace-Lorraine
Av. de St-Simond
Av. d'Annecy
Boulevard de Paris
Bd des Anglais
Bd de Chantemerle
Av. d'Italie
Av. du Petit Port
Av. R. de Genève
Rue Vaugelas
MUSÉE FAURE
Bd des Côtes
NOTRE DAME
Av. de Verdun
NOUVEAU CASINO
Avenue Jacotot
Rue de la Colonne
Bd Wilson
CASINO GRAND CERCLE
Thermes Nationaux
ROYAL
SPLENDIDE
EXCELSIOR
THÉATRE DE VERDURE
Hugo
CENTRE DES CONGRÈS
LE BOIS VIDAL
Bd Lepic
Rue de la Liberté
Av. de Tresserve
D 50
0 300 m

Park Hôtel du Casino M, av. Gén. de Gaulle ✆ 79 34 19 19, Fax 79 88 11 49, ... ch ... – 400. AE GB CZ **x**
R 170/250 – 68 – **92 ch** 610/810, 10 appart..

Ariana et rest. Adélaïde, av. de Marlioz à Marlioz : 1,5 km ✆ 79 88 08 00, Télex 980266, Fax 79 88 87 46, « Parc », ... ch ... ch ... – 150. AE GB AX **a**
R 160/370 – 65 – **60 ch** 550/780 – ½ P 580/610.

Le Manoir, 37 r. Georges-1er ✆ 79 61 44 00, Fax 79 35 67 67, ... – 150. GB CZ **r**
fermé 20 déc. au 12 janv. – **R** 135/245 – 48 – **73 ch** 295/545 – ½ P 320/450.

Acquaviva M, av. de Marlioz à Marlioz : 1,5 km ✆ 79 88 16 16, Fax 79 34 02 13, « Parc » – cuisinette ch rest ... – 250. AE GB AX **s**
R 105/180, enf. 55 – 38 – **58 ch** 345/410 - 42 studios – P 385/400.

Agora M, 1 av. Marlioz ✆ 79 34 20 20, Fax 79 34 20 30, ... rest ... – 50. GB CZ **u**
R grill 75/135 – 35 – **64 ch** 275/395 – ½ P 295/375.

Palais des Fleurs M, 17 r. Isaline ✆ 79 88 35 08, Fax 79 35 42 79, ... cuisinette ... – 40. GB. rest CZ **m**
1er mars-15 nov. – **R** 93/136 – 32 – **40 ch** 270/357 – ½ P 262/294.

Vendôme, 12 av. Marlioz ✆ 79 61 23 16, Fax 79 88 93 77, ... AE GB. rest CZ **b**
hôtel : 15 fév.-31 oct. ; rest. : 15 avril-31 oct. – **R** 98/180 – 38 – **32 ch** 250/360 – ½ P 280.

Beaulieu, 29 av. Ch. de Gaulle ✆ 79 35 01 02, Fax 79 34 04 82, ... – 25. GB JCB BZ **r**
2 avril-15 déc. – **R** *(fermé dim. soir)* 95/290 – 35 – **31 ch** 210/275 – ½ P 278/294.

Eglantiers, 20 bd Berthollet ✆ 79 88 04 38, Fax 79 34 17 33 – ... – 25. AE GB JCB. rest CZ **h**
Le Salon d'Elvire *(fermé 15 fév. au 15 mars, dim. soir et merc.)* **R** 140/400 – 31 – **29 ch** 230/240 – ½ P 280/290.

Parc, 28 r. Chambéry ✆ 79 61 29 11, Fax 79 88 33 49, ... GB. rest CZ **n**
28 mars-30 oct. – **R** 95/120 – 35 – **47 ch** 280 – ½ P 270/280.

Cottage H., 9 r. Davat ✆ 79 35 00 55, Fax 79 88 22 85, ... GB. rest CZ **k**
13 mars-11 nov. – **R** 88/98 – 27 – **55 ch** 240/270 – ½ P 230/305.

Cécil H. sans rest, 20 av. Victoria ✆ 79 35 04 12 – ... GB. CZ **a**
fermé 15 fév. au 15 mars – 27 – **21 ch** 120/280.

Revotel sans rest, 40 r. Genève ✆ 79 35 03 37, Fax 79 88 82 99 – ... GB. CZ **v**
fermé 27 nov. au 19 janv. – 25 – **18 ch** 185/225.

Croix du Sud sans rest, 3 r. Dr Duvernay ✆ 79 35 05 87 – CZ **f**
Pâques-fin oct. – 27 – **16 ch** 135/220.

Palma sans rest, 19 bis square A. Boucher ✆ 79 35 01 10 – GB BCY **n**
25 – **16 ch** 110/205.

Central Clémentine, 6 r. H. Murger ✆ 79 35 21 19 – GB. ch CZ **s**
fermé 30 nov. au 15 janv. – **R** 70/135, enf. 55 – 25 – **15 ch** 130 – ½ P 185.

XX **Au Temple de Diane**, 11 av. Annecy ✆ 79 88 16 61, Fax 79 88 38 45 – AE GB CY **e**
fermé août, dim. soir et lundi – **R** 105/210, enf. 60.

XX **Brasserie de la Poste**, 32 av. Victoria ✆ 79 35 00 65 – AE GB BZ **t**
fermé 15 nov. au 14 déc. et lundi – **R** 72/165, enf. 50.

au Grand Port : 3 km – ✉ 73100 Aix-les-Bains :

La Pastorale M, 221 av. Grand Port ✆ 79 63 40 60, Télex 309709, Fax 79 63 44 26, « Jardin » – ... – 30. AE GB AX **u**
fermé fév. – **R** *(fermé dim. soir et lundi de nov. à Pâques)* 90/220 – **30 ch** 320/400 – ½ P 395/405.

XXX **Lille** avec ch, ✆ 79 63 40 00, Fax 79 34 00 30, ... – 25. AE GB
fermé janv. – **R** *(fermé merc.)* (dim. et fêtes prévenir) 160/370, enf. 90 – 35 – **18 ch** 250/370. AX **v**

XX **Davat** avec ch, à 100 m Grand Port ✆ 79 63 40 40, « Cadre de verdure, jardin fleuri » – ... GB AX **r**
25 mars -2 nov. et fermé lundi soir (sauf hôtel) et mardi – **R** (dim. prévenir) 100/250, enf. 60 – **20 ch** 230/360 – ½ P 310/330.

par la sortie ① :

à Grésy-sur-Aix : 5 km – ✉ 73100 :

XX **Le Pont Neuf**, (près gare) ✆ 79 34 84 64 – GB
fermé 31 juil. au 22 août, vacances de fév., dim. soir et sam. – **R** 80/210.

par la sortie ② :

à Pugny-Chatenod : 4,5 km – ✉ 73100 :

Clairefontaine, ✆ 79 61 47 09, ≤, ☂, ⛱, ⚘, ✂ – cuisinette TV ☎ ♿ P. Ⓓ GB. ✗ rest
1er avril-15 oct. – **R** *(fermé lundi soir et mardi)* 110/190, enf. 52 – ☕ 31 – **29 ch** 160/430 – ½ P 286/398.

par la sortie ③ :

avenue du golf : 3 km :

Campanile ♨, ✆ 79 61 30 66, Télex 980090, Fax 79 61 18 26, ☂, ⚘ – TV ☎ ♿ P – 🏛 25. AE GB
R 80 bc/102 bc, enf. 39 – ☕ 29 – **60 ch** 268.

à Viviers-du-Lac : 5 km – ✉ 73420 :

Chambaix H. sans rest, D 991 ✆ 79 61 31 11, Fax 79 88 43 69, ⛱, ⚘, ✂ – ▮ TV ☎ P. AE Ⓓ GB
fermé 15 oct. au 5 nov. et 20 déc. au 5 janv. – ☕ 35 – **29 ch** 260/320.

par la sortie ④ :

sur N 201 : 5 km – ✉ 73420 Viviers-du-Lac :

Assinie M, ✆ 79 54 40 07, Fax 79 54 40 76 – ▤ ch TV ☎ ♿ P – 🏛 25. GB
R 89 ♖ – ☕ 32 – **41 ch** 270/300 – ½ P 245.

Week-end ♨ avec ch, ✆ **79 54 40 22, Fax 79 54 46 70,** ≤, ☂ – ▤ rest TV ☎. GB
fermé déc. et lundi – **R** 95/215, enf. 50 – ☕ 35 – **13 ch** 160/290 – P 325/335.

par la sortie ⑤ :

à Brison-les-Oliviers : 9 km sur D 991 – ✉ 73100 Aix-les-Bains :

Bocquin, ✆ 79 54 21 81, ☂ – P. GB
15 mars-1er oct. et fermé mardi – **R** 130/190, enf. 60.

ALFA-ROMEO-ROVER Gar. de Savoie, 7 bd de Russie ✆ 79 61 26 80
CITROEN Gar. Domenge, Les Prés Riants, 17 bd de Lattre-de-Tassigny ✆ 79 35 07 89
FORD Seigle, 41 av. Marlioz ✆ 79 61 09 55
LANCIA Coudurier-Curioz, 104 av. Marlioz ✆ 79 35 39 82
NISSAN-SEAT-VOLVO Perrel, 11 square A.-Boucher ✆ 79 35 01 66
OPEL Auto Sud, che. du Cores à Drumettaz ✆ 79 88 08 07

PEUGEOT-TALBOT Gar. du Golf, D 991 à Drumettaz par ③ ✆ 79 61 12 88
PORSCHE-MITSUBISHI Gar. du Mt-Blanc, 1 square A.-Boucher ✆ 79 35 22 60
RENAULT Sogaral, 42 av. F.-Roosevelt X ✆ 79 88 30 00
V.A.G Jean Lain Automobiles Nord ZAC à Grésy-sur-Aix ✆ 79 35 47 18

Ⓟ Aix Pneus, 205 av. de St-Simond ✆ 79 88 11 56

AJACCIO **2A** Corse-du-Sud 90 ⑰ – voir à Corse.

ALBERT 80300 Somme 52 ⑨ **G. Flandres Artois Picardie** – 10 010 h alt. 69.

Paris 151 – ♦Amiens 28 – Arras 39 – St-Quentin 56.

Basilique, 3 r. Gambetta ✆ **22 75 04 71, Fax 22 75 10 47** – TV ☎ – 🏛 25. GB. ✗
fermé 15 au 30 août, 20 déc. au 10 janv., sam. soir hors sais. et dim. – **R** 82 bc/210 ♖, enf. 48 – ☕ 30 – **10 ch** 190/280 – ½ P 250/300.

CITROEN Gges Richard, 41 av. Anatole-France ✆ 22 75 27 76

ALBERTVILLE ⟨SP⟩ 73200 Savoie 74 ⑰ **G. Alpes du Nord** – 17 411 h alt. 345.

Voir à Conflans : Bourg★, Porte de Savoie ≤★ Y B.

Env. Route du fort du Mont ≤★★ E : 11 km par D 105 Y.

ℹ Office de Tourisme 1 r. Bugeaud ✆ 79 32 04 22.

Paris 582 ① – Annecy 45 ① – Chambéry 50 ③ – Chamonix-Mont-Blanc 67 ① – ♦Grenoble 80 ③.

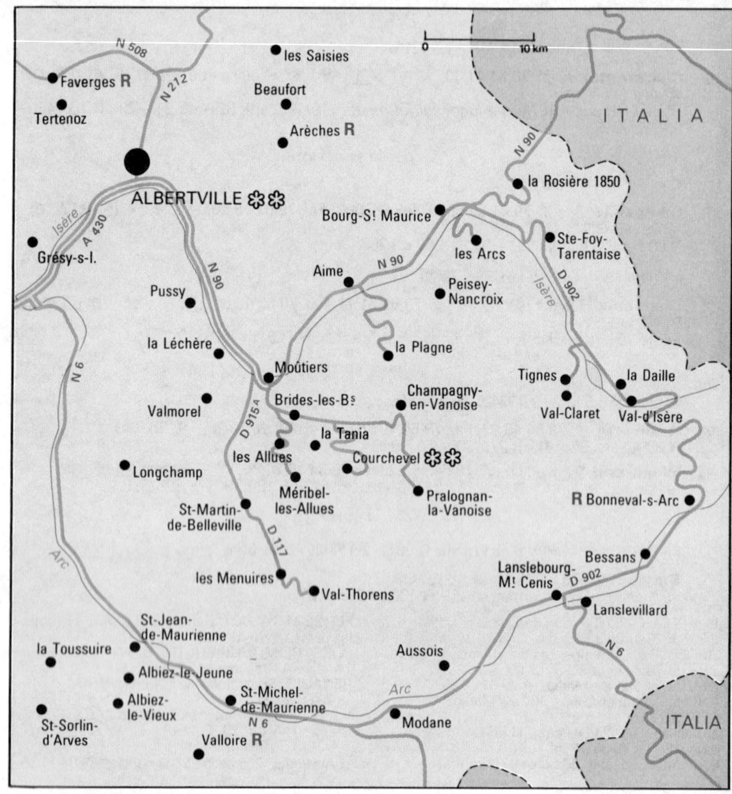

✿✿ **Million**, 8 pl. Liberté ℘ 79 32 25 15, Télex 306022, Fax 79 32 25 36, – 30. AE GB Y **a**
fermé 19 avril au 3 mai et 28 juin au 12 juil. – **R** *(fermé dim. soir et lundi)* 180/500 et carte 285 à 510 – ☕ 60 – **28 ch** 500/650
Spéc. Crabe, crevettes, langoustines en garniture de "mirmidons" (mai à nov.). Féra rôtie au Pinot noir de Savoie. Blanc de volaille de Bresse fourré, cuisse en polochon. **Vins** Roussette de Savoie, Pinot noir de Savoie.

Le Roma Ⓜ, rte Chambéry par ③ : 1 km ℘ 79 37 15 56, Télex 980140, Fax 79 37 01 31, – rest – 450. AE GB
La Mongolfière R 110/160 enf.48 – ☕ 50 – **140 ch** 260/500, 10 appart. – ½ P 285/375.

Albert 1er, 38 av. V. Hugo ℘ 79 37 77 33, Fax 79 37 89 01 – – 35. AE GB
R *(fermé merc. soir et dim. du 15 avril au 31 déc.)* 85/120 – ☕ 48 – **12 ch** 380/460 – ½ P 440/480. Y **n**

Ibis Ⓜ, rte Chambéry par ③ : 4 km ℘ 79 37 89 99, Télex 319194, Fax 79 37 89 98, – ch – 60. AE GB
R 79/95 , enf. 39 – **75 ch** ☕ 285/340.

XXX **Chez Uginet**, Pont des Adoubes ℘ 79 32 00 50, Fax 79 31 21 41, <, – AE GB JCB
fermé 25 juin au 5 juil., 12 nov. au 5 déc. et merc. – **R** 115/340, enf. 60. Y **d**

XX **L'Etrivier**, 17 av. Gén. de Gaulle ℘ 79 37 14 70 – AE GB Y **s**
fermé 3 au 10 mai, 20 au 30 nov., lundi de sept. à juin et dim. soir sauf fériés – **R** 99/296 , enf. 55.

CITROEN Albertville Auto Diffusion, 9 rte de Grignon, pt. Albertin par D 925 ℘ 79 32 47 37
FIAT, LANCIA S.A.V.A., rte de Moûtiers ℘ 79 32 06 82
FORD Tarentaise-Auto, 1 rte de Grignon, carr. Pierre-du-Roy ℘ 79 32 04 98
PEUGEOT-TALBOT Arly-Auto, 113 r. Pasteur ℘ 79 32 23 75 N ℘ 79 37 49 81

RENAULT S.A.G.A.M., N 90 ℘ 79 32 45 70 N
V.A.G Jean Lain Automobiles 1 r. R.-Piddat ℘ 79 32 31 97

Centrale du Pneu, ZI à La Bâthie ℘ 79 31 02 98
Euromaster Tessaro Pneus, ZI du Chiriac, 156 r. L.-Armand ℘ 79 32 04 60

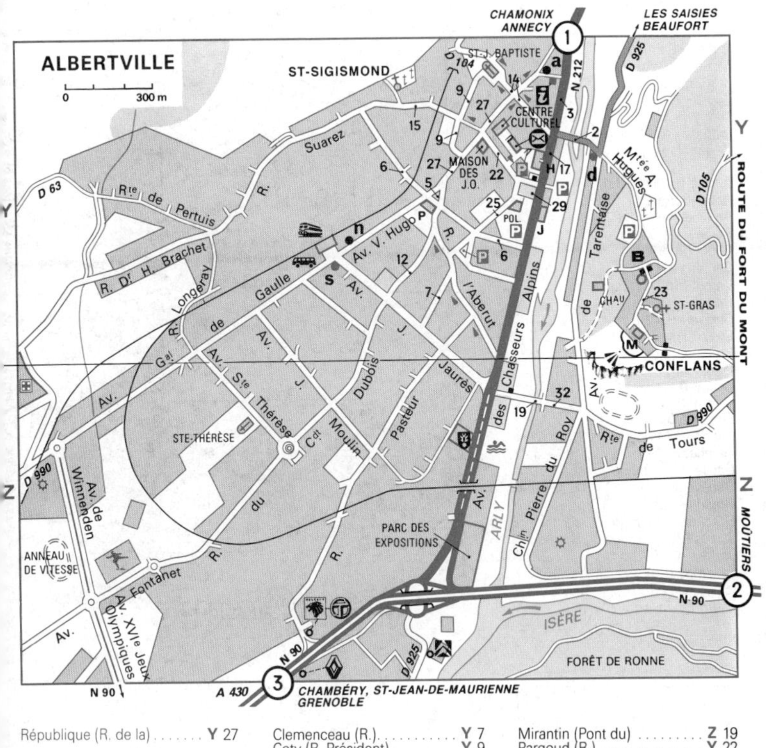

République (R. de la) . . . . Y 27

Adoubes (Pont des) . . . . Y 2
Allobroges (Quai des) . . . . . . Y 3
Bulle (Pl. Cdt) . . . . Y 5
Chautemps (R. F.) . . . . Y 6
Clemenceau (R.) . . . . Y 7
Coty (R. Président) . . . . Y 9
Docteur Mathias (R. J.-B.) . . . Y 12
Gambetta (R.) . . . . Y 14
Genoux (R. Cl.) . . . . Y 15
Hôtel-de-Ville (Crs) . . . . Y 17
Mirantin (Pont du) . . . . Z 19
Pargoud (R.) . . . . Y 22
Pérouse (R. G.) . . . . Y 23
Porraz (R. J.) . . . . Y 25
Soutiras (Square) . . . . Y 29
8 Mai 1945 (Av.) . . . . Z 32

ALBI P 81000 Tarn 82 ⑩ G. Pyrénées Roussillon – 46 579 h alt. 174.

Voir Cathédrale*** Y – Palais de la Berbie* : musée Toulouse-Lautrec** Y **M** – Le vieil Albi* YZ – Pont Vieux* Y.

Env. Église St-Michel de Lescure* 5,5 km par ①.

18 de Las Bordes ✆ 53 53 98 07, O : 4 km par r. de la Berchère.

Autodrome 2 km par ⑤.

Le Séquestre : T.A.T. ✆ 63 54 45 28, par ⑤.

Office de Tourisme et Accueil de France (Informations, change et réservations d'hôtels, pas plus de 5 jours à l'avance) avec A.C. Palais de la Berbie, pl. Ste-Cécile ✆ 63 54 22 30, Télex 533404.

Paris 710 ⑤ – ♦Toulouse 75 ⑤ – Béziers 144 ④ – ♦Clermont-Ferrand 292 ① – ♦Saint-Étienne 358 ①.

Plan page suivante

La Réserve M, rte Cordes par ⑥ : 3 km ✆ 63 47 60 22, Fax 63 47 63 60, ≤, « Dans un parc au bord du Tarn », – ch – 50. AE GB JCB *mai-oct.* – **R** 160/300 – 70 – **24 ch** 480/1000 – ½ P 580/900.

Host. St Antoine M, 17 r. St Antoine ✆ 63 54 04 04, Télex 520850, Fax 63 47 10 47, « Jardin, meubles anciens » – ch ch – 30 à 50. AE GB JCB
R *(fermé dim. sauf le soir d'avril à sept. et sam.)* 150/260 – 60 – **47 ch** 360/850 – ½ P 400/600. Z **d**

Chiffre, 50 r. Séré-de-Rivières ✆ 63 54 04 60, Fax 63 47 20 61 – – 25 à 100. AE GB Z **b**
R *(fermé dim. midi)* 95/250 – 38 – **40 ch** 260/450 – ½ P 320/380.

Mercure-Altéa M, 41 bis r. Porta ✆ 63 47 66 66, Télex 532596, Fax 63 46 18 40, ≤ le Tarn et la cathédrale, – ch . AE GB JCB Y **n**
R *(fermé dim. midi et sam.)* 120/170, enf. 55 – 55 – **56 ch** 375/580.

ALBI

Lices G.-Pompidou . . . . YZ
Malroux (R. A.) . . . . Y 25
Mariès (R.) . . . . Y
Ste-Cécile (R.) . . . . Z 47
Timbal (R.) . . . . Z 58
Verdusse (R. de) . . . . Z 64
Vigan (Pl. du) . . . . Z

Alsace-Lorraine (Bd) V
Andrieu (Bd Ed.) . . . . X 2
Archevêché (Pl. de l') . . . . Y 3
Berchère (R. de la) . . . . Z
Bodin (Bd P.) . . . . X 5
Cantepau (R.) V
Carnot (Bd) X
Castelviel (R. du) . . . . Y 7
Choiseul (Quai) . . . . Y 8
Croix-Blanche (R. de la) . . . . . . Z 9
Croix-Verte (R. de la) . . . . . . V, YZ 12
Dembourg (Av.) . . . . V 13
Dr-Camboulives (R. du) . . . . Z 14
Empeyralots (R. d') . . . . Z 15
Foch (Av. Mar.) X
Gambetta (Av.) X
Gaulle (Av. Gén. de) X
Genève (R. de) . . . . Z 18
Grand (R. E.) . . . . Y
Hôtel-de-Ville (R. de l') . . . . . . Z 19
Jaurès (Pl. J.) . . . . Z
Joffre (Av. Mar.) . . . . X 22
Lacombe (Bd) . . . . X 23
Lapérouse (Pl.) . . . . Z
Lattre-de-Tassigny (Av. de) . . . . . V 24

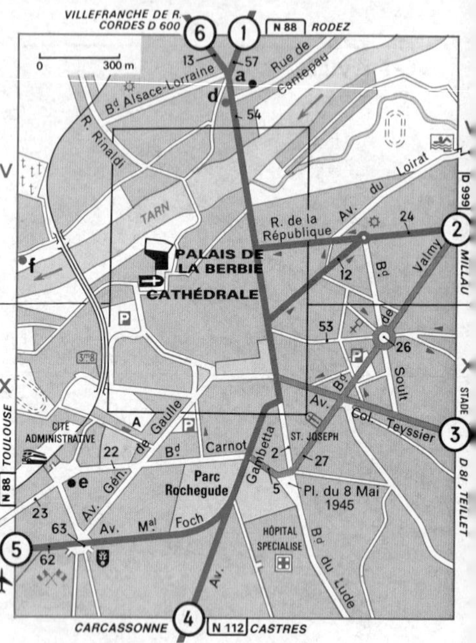

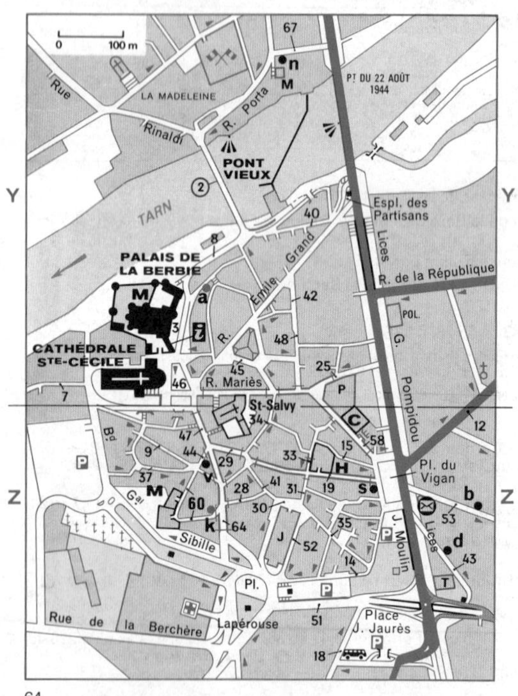

Lices Jean-Moulin . . . . Z
Loirat (Av. du) V
Lude (Bd du) X
Maquis (Pl. du) . . . . X 26
Montebello (Bd) . . . . X 27
Nobles (R. des) . . . . Z 28
Oulmet (R. de l') . . . . Z 29
Palais (Pl. du) . . . . Z 30
Palais (R. du) . . . . Z 31
Partisans (Espl. des) . . . . . Y
Pénitents (R. des) . . . . . . Z 33
Peyrolière (R.) . . . . YZ 34
Porta (R.) . . . . Y
Porte Neuve (R.) . . . . Z 35
Puech-Bérenguier (R.) . . . . Z 37
République (R. de la) . . V, Y
Rinaldi (R.) . . . . Y
Rivière (R. de la) . . . . . . Y 40
Roquelaure (R.) . . . . Z 41
St-Afric (R.) . . . . Y 42
St-Antoine (R.) . . . . Z 43
St-Clair (R.) . . . . Z 44
St-Julien (R.) . . . . Y 45
Ste-Cécile (Pl.) . . . . Y 46
Ste-Claire (R.) . . . . Y 48
Savary (R. H.) . . . . Z 51
Sel (R. du) . . . . Z 52
Séré-de-Rivière (R.) . . . . . Z 53
Sibille (Bd Gén.) . . . . Z
Soult (Bd) VX
Strasbourg (Bd de) . . . . . . V 54
Teyssier (Av. Col.) X
Thomas (Av. A.) . . . . V 57
Toulouse-Lautrec (R. H. de) . . . Z 60
Valmy (Bd. de) VX
Verdier (Av. F.) . . . . X 62
Verdun (Pl. de) . . . . X 63
Visitation (R. de la) . . . . . Y 67
8-Mai-1945 (Pl. du) X

Gd H. Orléans, pl. Gare ✆ 63 54 16 56, Télex 521605, Fax 63 54 43 41, 🏞, 🏊 – |♦| ▤ rest TV ☎ – 🏫 50. AE ⓓ GB X **e**
fermé 19 déc. au 3 janv., dim. (sauf hôtel du 15 mars au 30 oct.) et sam. midi – **R** 75/220 🍷 – ☕ 35 – **56 ch** 270/480 – ½ P 250/330.

Le Vigan, 16 pl. Vigan ✆ 63 54 01 23, Fax 63 47 05 42, 🏞 – |♦| ⇔ ch TV ☎ 🚗 – 🏫 35. AE ⓓ GB Z **s**
R 80/200 🍷, enf. 40 – ☕ 29 – **40 ch** 220/330 – ½ P 220/230.

Cantepau sans rest, 9 r. Cantepau ✆ 63 60 75 80, Fax 63 47 57 91 – |♦| TV ☎ Ⓟ. AE GB
fermé 18 déc. au 3 janv. – ☕ 27 – **33 ch** 215/230. V **a**

St Clair sans rest., r. St Clair ✆ 63 54 25 66 – ☎. GB Z **v**
fermé 20 au 28 déc., 26 janv. au 9 fév. et sam. de déc. à fév. – ☕ 28 – **11 ch** 180/280.

Moulin de la Mothe (chambres prévues), r. de la Mothe ✆ 63 60 38 15, Fax 63 47 68 84, ←, 🏞, parc, « Au bord du Tarn » – ▤ Ⓟ. AE ⓓ GB JCB V **f**
fermé vacances de nov., de fév., dim. soir (sauf juil.-août) et merc. – **R** 130/250, enf. 50.

Bateau Ivre, 17 r. Engueysses ✆ 63 38 08 06 – AE ⓓ GB Y **a**
fermé 14 au 28 oct., 14 au 28 janv. et jeudi – **R** 95/300, enf. 50.

Jardin des Quatre Saisons, 19 bd Strasbourg ✆ 63 60 77 76 – AE GB V **d**
fermé lundi – **R** 160.

Le Vieil Alby avec ch, 25 r. Toulouse-Lautrec ✆ 63 54 14 69, 🏞 – ▤ rest. AE GB. ✗ ch
fermé 19 juin au 4 juil., 1er au 24 janv., dim. (sauf le midi de sept. à juin) et lundi sauf juil.-août – **R** 75/210 🍷, enf. 50 – ☕ 26 – **9 ch** 140/230 – ½ P 180/220. Z **k**

ALFA-ROMEO-SEAT Mauries Autom., 101 av. Gambetta ✆ 63 54 06 75
CITROEN Gar. Marlaud, rte de Rodez, Lescure par ① ✆ 63 60 70 84
FIAT Caylus Autom., rte de Castres ✆ 63 54 03 02
FORD Albi Auto, 22 av. A.-Thomas ✆ 63 60 79 03 N ✆ 63 46 14 84
HONDA Gar. Auriol, 14 av. Gambetta ✆ 63 54 06 51
LADA, VOLVO Gar. Grimal, 128 av. A.-Thomas ✆ 63 60 72 05
MERCEDES Antras Auto Albi, Rond-Point du Sequestre, rte de Toulouse ✆ 63 47 19 40
NISSAN A.C.A., 174 av. de Lattre-de-Tassigny ✆ 63 60 35 00
PEUGEOT, TALBOT Gd Gar. Albigeois, 15 r. J.-Monod, Val de Caussels par ② ✆ 63 47 57 50
RENAULT Rossi Autom., 179 av. Gambetta par ④ ✆ 63 54 68 00 N ✆ 63 47 87 21

Bellet Pneus, rte de Castres ✆ 63 54 23 47
Escoffier-Pneus, 101 av. F.-Verdier ✆ 63 54 04 99
Euromaster Central Pneu Service, 30 r. Ampère, ZI de Jarlard ✆ 63 46 01 07
Pneus Service, 51 av. Albert Thomas ✆ 63 60 71 98

ALBIEZ-LE-JEUNE 73300 Savoie 77 ⑦ – 61 h alt. 1 350.

Paris 631 – Albertville 77 – Chambéry 87 – St-Jean-de-Maurienne 15 – St-Michel-de-Maurienne 22.

L'Escale 🐦, ✆ 79 59 85 08, ← – ☎. GB
fermé 15 nov. au 12 déc. et merc. hors sais. – **R** 80/250 – ☕ 27 – **12 ch** 150 – ½ P 190.

ALBIEZ-LE-VIEUX 73300 Savoie 77 ⑦ – 301 h alt. 1 522.

Voir Col du Mollard ←★ S : 3 km, **G. Alpes du Nord.**

Paris 635 – Albertville 81 – Chambéry 91 – St-Jean-de-Maurienne 17 – St-Sorlin-d'Arves 14.

La Rua 🐦, ✆ 79 59 30 76, ← – ☎ Ⓟ. GB. ✗ rest
15 juin-15 sept. et 15 déc.-20 avril – **R** 73/186, enf. 47 – ☕ 24 – **22 ch** 155/225 – ½ P 255.

ALBIGNY-SUR-SAONE 69 Rhône 74 ① – rattaché à Neuville-sur-Saône.

Les ALBRES 12220 Aveyron 80 ① – 342 h. alt. 470.

Paris 596 – Rodez 46 – Decazeville 10,5 – Figeac 19 – Villefranche-de-Rouergue 35.

Frechet 🐦, ✆ 65 80 42 46, 🏊 – TV ☎. GB
R 65/190 🍷 – ☕ 27 – **18 ch** 170/240 – ½ P 242.

ALBY-SUR-CHÉRAN 74540 H.-Savoie 74 ⑯ G. Alpes du Nord – 1 224 h alt. 399.

Paris 543 – Annecy 13 – Aix-les-Bains 20 – Chambéry 37.

Alb'H. M, ✆ 50 68 24 93, Fax 50 68 13 01, 🏞, 🏊, 🌳 – TV ☎ ♿ Ⓟ – 🏫 40. AE ⓓ GB
R grill *(fermé sam. midi et dim.)* 70/150 🍷, enf. 45 – ☕ 32 – **37 ch** 270/300 – ½ P 230.

ALENÇON P 61000 Orne 60 ③ G. Normandie Cotentin – 29 988 h alt. 135.

Voir Église N.-Dame★ (vitraux★) BZ – Musée des Beaux-Arts et de la Dentelle★ : collection de dentelles★★ AZ **M** – Musée de la Dentelle : collection de dentelles★★ BZ **M**[1].

Env. Forêt de Perseigne★ 9 km par ③.

Office de Tourisme Maison d'Ozé ✆ 33 26 11 36 – A.C. 2 cours Clemenceau ✆ 33 32 27 27.

Paris 192 ② – Chartres 119 ③ – Évreux 116 ② – Laval 92 ⑤ – ♦Le Mans 48 ④ – ♦Rouen 146 ①.

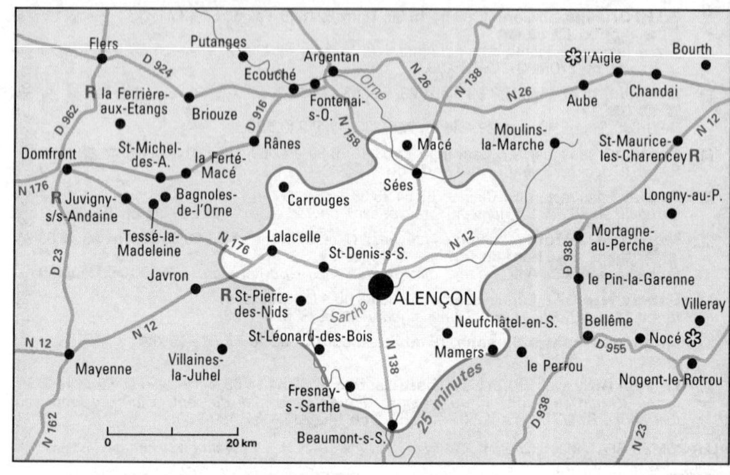

🏨 **Chapeau Rouge** sans rest, 1 bd Duchamp ✆ 33 26 20 23, Fax 33 26 54 05 – 📺 ☎. GB Y **v**
☕ 23 – **16 ch** 145/270.

🏨 **Arcade** Ⓜ sans rest, 187 av. Gén. Leclerc par ④ ✆ 33 28 64 64, Télex 772149, Fax 33 28 64 72 – 🛗 ⇆ ch 📺 ☎ ♿ 🅟 – 🏟 60. GB
☕ 32 – **55 ch** 250/275.

🏨 **Ibis** Ⓜ sans rest, 13 pl. Poulet-Malassis ✆ 33 26 55 55, Télex 772323, Fax 33 26 02 88 – 🛗 ⇆ ch 📺 ☎ ♿. AE ⓓ GB BZ **n**
☕ 32 – **52 ch** 240/265.

🏨 **Gd H. Gare,** 50 av. Wilson ✆ 33 29 03 93, Fax 33 29 28 59 – 📺 ☎ 🅟. AE GB Y **r**
fermé 20 déc. au 5 janv. – **R** *(fermé sam. de déc. à mai et dim.)* 58/125 🍷 – ☕ 25 – **22 ch** 160/270.

🏨 **Campanile,** rte Paris par ② : 2,5 km ✆ 33 29 53 85, Télex 171908, Fax 33 29 60 06, 🌳 – 📺 ☎ 🅟 – 🏟 25 à 50. AE GB
R 80 bc/102 bc, enf. 39 – ☕ 29 – **42 ch** 268.

🏨 **Marmotte,** rte de Rouen par ① : 2 km ✆ 33 27 42 64, Fax 33 27 52 62 – 📺 ☎ ♿ 🅟. GB
R 68/86 🍷 – ☕ 26 – **46 ch** 175/198.

XXX **Au Petit Vatel,** 72 pl. Cdt Desmeulles ✆ 33 26 23 78 – AE ⓓ GB AZ **s**
fermé 1er au 22 août, vacances de fév., dim. soir et merc. – **R** 118/228 🍷, enf. 58.

XX **Au Jardin Gourmand,** 14 r. Sarthe ✆ 33 32 22 56 – GB AZ **u**
fermé dim. soir et lundi – **R** 110/235.

XX **Escargot Doré,** 183 av. Gén. Leclerc par ④ ✆ 33 28 67 67, Fax 33 27 77 39 – 🅟. GB
fermé 20 juil. au 10 août, dim. soir et lundi – **R** 90/240, enf. 50.

XX **Grand St-Michel** avec ch, 7 r. Temple ✆ 33 26 04 77, Télex 772252, Fax 33 26 71 82 – 📺 ☎ 🚗. GB AZ **a**
fermé juil., vacances de fév., dim. soir (d'oct. à Pâques) et lundi – **R** 85/250, enf. 50 – ☕ 25 – **13 ch** 125/280 – ½ P 175/240.

XX **L'Inattendu,** 21 r. Sarthe ✆ 33 26 51 69 – AE GB AZ **b**
fermé 1er au 17 août; sam. midi et dim. – **R** 92/198, enf. 59.

AUSTIN, ROVER Gar. de Bretagne, 141 r. de Bretagne ✆ 33 26 08 27
CITROEN Roques, N 138 rte du Mans par ④ ✆ 33 28 10 20 N
FIAT, LANCIA Kosellek, 45 av. de Quakenbruck ✆ 33 29 40 67
FORD Legrand-Autos, 132 av. de Quakenbruck ✆ 33 29 45 61 N ✆ 33 28 21 86
NISSAN Guérin Autom., 21 r. Demées ✆ 33 29 06 15
OPEL Europe Automobile ZAT du Londeau ✆ 33 27 75 75
PEUGEOT, TALBOT Gds Gar. de l'Orne, 111 av. de Basingstoke par ① ✆ 33 29 22 22 N
RENAULT SODIAC, N 12, rte de Paris à Cerisé par ② ✆ 33 29 20 22 N ✆ 33 28 24 19
RENAULT Gar. Belloir 37 r. Marchant-Saillant par r. Cazault Y ✆ 33 29 21 60
TOYOTA Baroche, 136 av. Rhin-et-Danube ✆ 33 31 00 00
V.A.G Gar. Poirier, 36 r. Ampère, ZI Nord ✆ 33 31 10 74

Ⓜ Alençon-Pneus, 71 av. de Basingstoke ✆ 33 29 16 22
Marsat Pneus, ZI Nord, 26 r. Lazare Carnot ✆ 33 27 78 83

ALENÇON

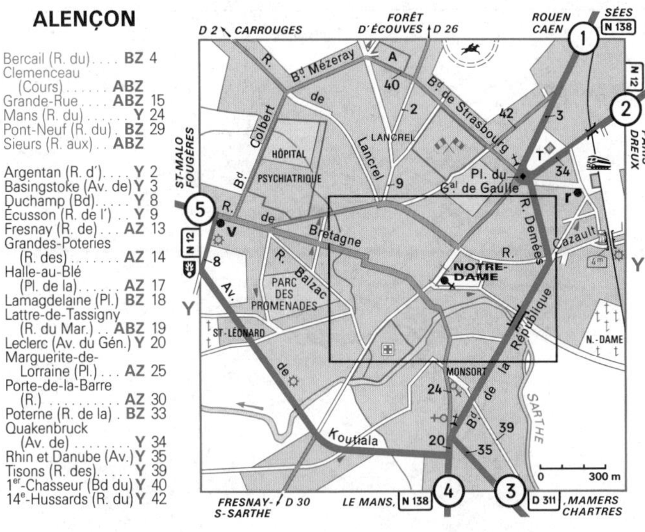

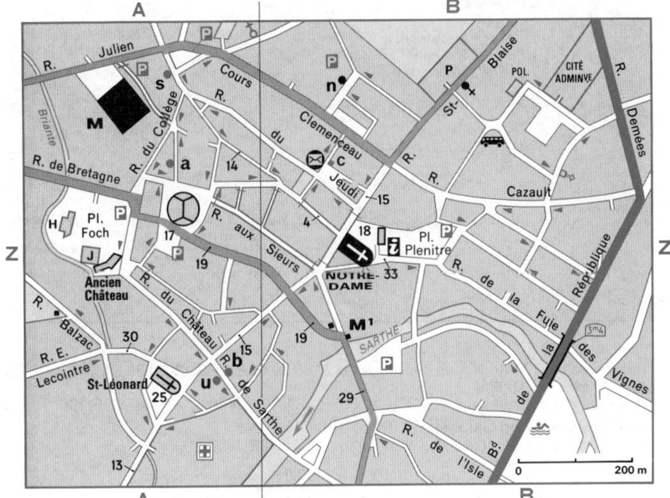

Entrez à l'hôtel ou au restaurant le Guide à la main, vous montrerez ainsi qu'il vous conduit là en confiance.

ALÈS <SP> **30100** Gard 80 ⑰ ⑱ **G. Gorges du Tarn** – 41 037 h alt. 140.

Voir Musée-bibliothèque Pierre-André-Benoit*, O : 2 km par le pont de Rochebelle.

Office de Tourisme 2 r. Michelet (Chambre de Commerce) ✆ 66 78 49 10, Télex 490855 et pl. G.-Péri (Pâques-Toussaint) ✆ 66 52 32 15 – A.C. quai J.-Jaurès ✆ 66 30 44 40.

Paris 708 ② – Albi 231 ④ – Avignon 73 ③ – ♦Montpellier 72 ④ – Nîmes 44 ③ – Valence 147 ②.

Plans pages suivantes

Mercure M, r. E. Quinet ✆ 66 52 27 07, Télex 480830, Fax 66 52 36 33 – ⎮♦⎮ ▤ TV ☎ – 🅟 – 30 à 100. AE ⓓ GB — B **e**
R *(fermé sam., dim. et fériés)* 85/130 ⅄, enf. 40 – ☐ 45 – **75 ch** 370.

Le Riche avec ch, 42 pl. Sémard ✆ 66 86 00 33, Fax 66 30 02 63, salle 1900 – ⇆ ch ▤ rest TV ☎. ⓓ GB — B **n**
fermé août – **Repas** 95/280 ⅄ – ☐ 35 – **20 ch** 220/320 – ½ P 220/260.

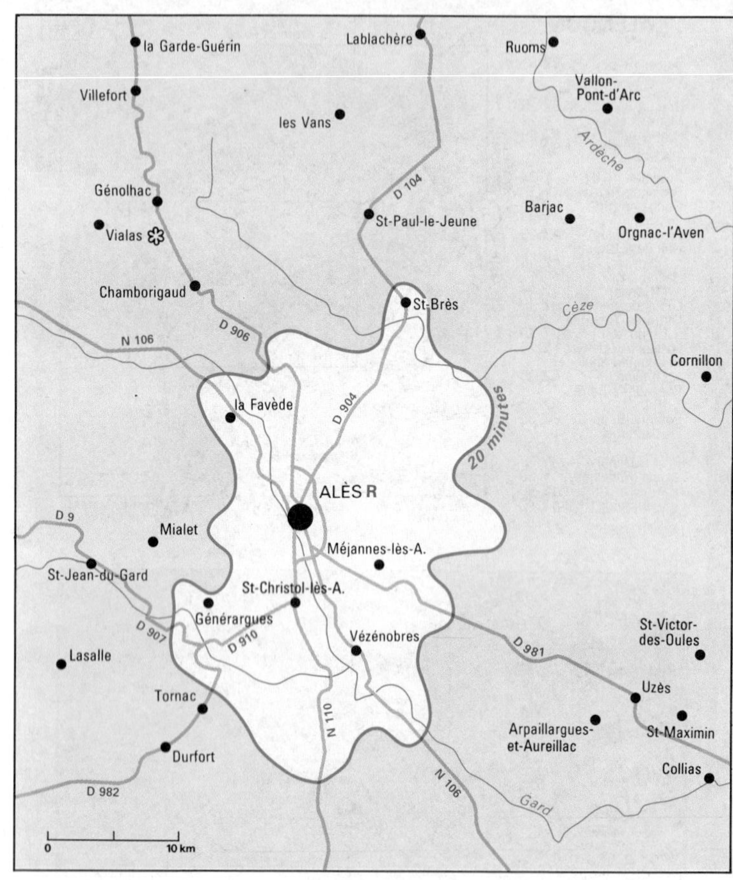

XX **Parc** avec ch, 174 rte Nîmes par ③ : 2 km ✆ 66 30 62 33, Fax 66 30 98 54, ☂, ♣ – TV ☎ 🅟 – 🏔 50 à 70. AE GB
R *(fermé dim. soir et lundi)* 90/230, enf. 60 – ☐ 28 – **5 ch** 180/270 – ½P 175/195.

X **Le Guévent,** 12 bd Gambetta ✆ 66 30 31 98 – ▤. GB B **a**
fermé août, sam. (sauf le soir d'août à juin) et dim. – **R** 125/220.

rte de Nîmes par ③ : 4 km sur N 106 – ✉ **30560** St-Hilaire-de-Brethmas :

XX **Aub. St-Hilaire,** ✆ 66 30 11 42, Fax 66 86 72 79 – ▤ 🅟. GB. ✂
fermé 25 août au 8 sept., dim. soir et lundi sauf fériés – **R** 150/380, enf. 70.

à Méjannes-lès-Alès par ③ et D 981 : 7,5 km – ✉ **30340** Salindres :

XX **Aub. des Voutins,** ✆ 66 61 38 03, ☂, ♣ – 🅟. AE ⓘ GB
fermé 30 août au 6 sept., 1er au 5 mars, dim. soir et lundi sauf fériés – **R** 150/300, enf. 70.

à St-Christol-lès-Alès par ④ : 5 km – 4 973 h. – ✉ **30380** :

🏨 **Ibis** M, rte Anduze ✆ 66 60 75 75, Télex 485748, Fax 66 60 94 78, ⛱ – ⇔ ch ▤ rest TV ☎ ♿ 🅟 – 🏔 40. AE GB – **R** 85 🍷, enf. 39 – ☐ 33 – **44 ch** 260/290.

ALFA-ROMEO Paszek, 30 bd Gambetta ✆ 66 30 07 66
BMW Méridional Autos, 571 chem. de la Tourtugue ✆ 66 30 14 14
CITROEN Rokad Auto, rte de Nîmes à St-Hilaire-de-Brethmas par ③ ✆ 66 86 25 25
FIAT Cévennes-Autom., rte d'Aubenas à St-Martin-de-Valgalgues ✆ 66 30 22 46
FORD Morel, 15 av. Gibertine ✆ 66 86 44 73
LADA Gar. Chauvet, 92 bis rte d'Alsace ✆ 66 30 13 80
LANCIA Sud Auto, rte d'Aubenas à St-Martin-de-Valgalgues ✆ 66 30 22 46
OPEL Gar. SOGIR, rte de Nîmes à St-Hilaire-de-Brethmas ✆ 66 61 32 97

ALÈS

Avéjan (R. d') . . . . B
Docteur-Serres (R.) . . . . . B
Edgar-Quinet (R.) . . . . . . B
Louis-Blanc (Bd) . . . . B
St-Vincent (R.) . . . . B 15
Taisson (R.) . . . . B 19

Albert-1er (R.) . . . . A 2
Audibert (R. Cdt) . . . . A 3
Barbusse (Pl. Henri) . . . . . B 4
Gaulle (Av. Gén. de) . . . . . B 6
Hôtel-de-Ville (Pl. de l') . . A 7
Leclerc (Pl. Gén.) . . . . B 8
Martyrs-de-la-Résistance (Pl.) . . . . . . B 9
Michelet (R.) . . . . B 10

Paul (R. Marcel) . . . . B 12
Péri (Pl. Gabriel) . . . . B 13
Rollin (R.) . . . . A 14
Sémard (Pl. Pierre) . . . . . . B 16
Soleil (R. du Faubourg-du) . . B 17
Stalingrad (Av. de) . . . . . . B 18
Talabot (Bd) . . . . B 20
Vauban (Bd) . . . . A 22

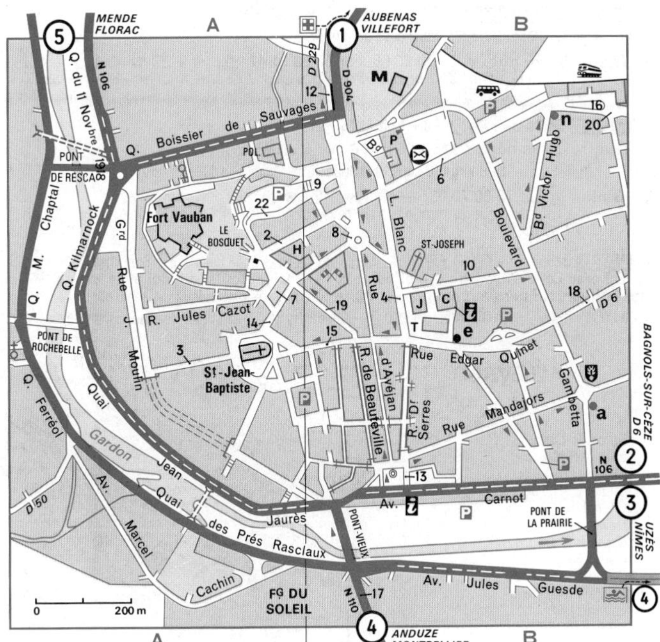

PEUGEOT-TALBOT Guiraud, 1 165 rte d'Uzès par ③ ℘ 66 86 41 87 **N** ℘ 66 78 01 15
RENAULT Auto Christol, Quai du Mas d'Howrs ℘ 66 56 22 00 **N** ℘ 05 05 15 15
V.A.G Provence-Auto, Km 3, rte de Nîmes à St-Hilaire-de-Brethmas ℘ 66 30 81 23

Ayme-Pneus, av. Rameau, ZI Croupillac ℘ 66 30 22 10
Escoffier Pneus, ZI av. Frères-Lumière ℘ 66 56 77 77
Rouveyran, rte de Nîmes à St-Hilaire-de-Brethmas ℘ 66 61 33 30

ALFORTVILLE **94** Val-de-Marne 61 ①, 101 ㉖ – voir à Paris, Environs.

ALISSAS **07** Ardèche 76 ⑲, 77 ⑪ – rattaché à Privas.

ALIX **69380** Rhône 73 ⑨ 74 ① – 665 h alt. 284.

Paris 447 – ♦Lyon 29 – L'Arbresle 12 – Villefranche-sur-Saône 13.

Le Vieux Moulin, ℘ 78 43 91 66, Fax 78 47 98 46, – **P**. GB
fermé 8 août au 8 sept., lundi et mardi sauf fériés – **Repas** 99/230.

ALLAIRE **56350** Morbihan 63 ⑤ – 2 990 h alt. 66.

Paris 421 – Ploermel 46 – Redon 9,5 – ♦Rennes 75 – La Roche-Bernard 26 – Vannes 48.

Gaudence sans rest, rte Redon ℘ 99 71 93 64 – TV ☎ **P**. GB
☐ 32 – **17 ch** 189/263.

ALLAS-LES-MINES **24** Dordogne 75 ⑰ – rattaché à St-Cyprien.

ALLASSAC **19240** Corrèze 75 ⑧ **G. Périgord Quercy** – 3 379 h alt. 170.

Paris 479 – Brive-la-Gaillarde 15 – ♦Limoges 82 – Tulle 35.

Midi, av. V. Hugo ℘ 55 84 90 35 – GB
fermé 20 déc. au 20 janv. et dim. soir d'oct. à avril – **R** 100/110 ♂, enf. 50 – ☐ 27 – **10 ch** 200/230 – ½ P 190/220.

ALLÈGRE 43270 H.-Loire 76 ⑥ G. Vallée du Rhône – 1 176 h alt. 1 021.
Voir Ruines du château ✻★.
Paris 527 – Le Puy-en-Velay 28 – Ambert 45 – Brioude 47 – Langeac 31.

Voyageurs, D 13 ☎ 71 00 70 12, Fax 71 00 20 67 – ☎ P. GB
15 mars-15 déc. – **R** 65/150 ♁, enf. 45 – ☕ 30 – **24 ch** 150/250 – ½ P 160/210.

PEUGEOT-TALBOT Gar. Marrel ☎ 71 00 70 62 **N**

ALLEMANS-DU-DROPT 47800 L.-et-G. 79 ④ – 455 h alt. 39.
Paris 586 – Agen 66 – Marmande 29 – Villeneuve-sur-Lot 47.

Étape Gasconne, ☎ 53 20 23 55, Fax 53 93 51 42, ⛱, 🌳 – TV ☎. GB
R *(fermé janv., vend. soir et dim. soir hors sais. et sam. midi)* 60/230 ♁ – ☕ 30 – **27 ch** 170/270 – ½ P 200/250.

ALLEMONT 38114 Isère 77 ⑥ – 600 h alt. 820.
Voir Traverse d'Allemont ✻★★ O : 6 km, G. Alpes du Nord.
Paris 615 – ◆Grenoble 45 – Le Bourg-d'Oisans 10 – St-Jean-de-Maurienne 60 – Vizille 27.

Giniès 🔇, ☎ 76 80 70 03, ←, 🏔, 🌳 – TV ☎ P. GB. ✻ rest
Repas *(2 mai-15 sept. et vacances de fév.-15 avril)* 90/145 ♁, enf. 65 – ☕ 35 – **28 ch** 200/280 – ½ P 220/270.

ALLEVARD 38580 Isère 74 ⑯ 77 ⑥ G. Alpes du Nord – 2 558 h alt. 475 – Stat. therm. (14 mai-25 sept.) – Sports d'hiver au Collet d'Allevard : 1 450/2 100 m ⛷13 – **Voir** Route du Collet★★ par ② – Route de Brame-Farine★ NE par Av. Louaraz – **i** Office de Tourisme pl. Résistance ☎ 76 45 10 11.
Paris 578 ① – ◆Grenoble 39 ③ – Albertville 50 ① – Chambéry 34 ① – St-Jean-de-Maurienne 68 ①.

ALLEVARD

Rues piétonnes en saison thermale

Baroz (R. Emma)	2
Bir-Hakeim (R. de)	3
Charamil (R.)	5
Chataing (R. Laurent)	6
Chenal (R.)	7
Davallet (Av.)	8
Docteur-Mansord (R.)	9
Gerin (Av. Louis)	15
Grand-Pont (R. du)	19
Libération (R. de la)	21
Louaraz (Av.)	22
Niepce (R. Bernard)	23
Ponsard (R.)	24
Rambaud (Pl. P.)	25
Résistance (Pl. de la)	27
Savoie (Av. de)	28
Thermes (R. des)	29
Verdun (Pl. de)	32
8-Mai-1945 (R. du)	34

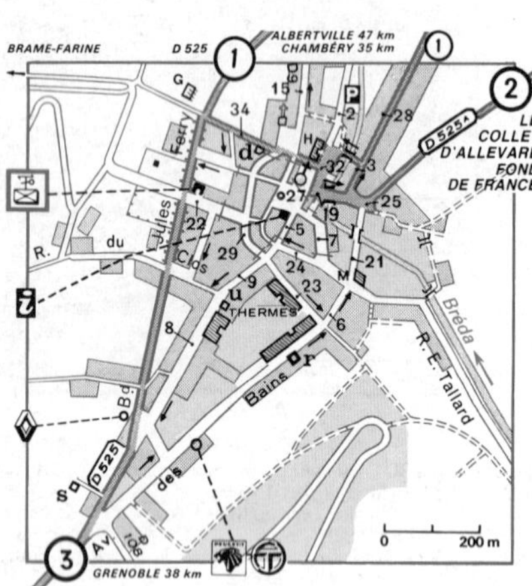

Les Pervenches 🔇, (s) ☎ 76 97 50 73, Fax 76 45 09 52, ←, parc, ⛱, 🎾 – TV ☎ P. AE ⓓ GB. ✻ rest
10 mai-15 oct. et 1er fév.-Pâques – **R** *(fermé midi sauf week-ends et vacances scolaires du 1er fév. à Pâques)* 110/230, enf. 52 – ☕ 36 – **30 ch** 246/340 – ½ P 270/310.

Parc 🔇 sans rest, (u) ☎ 76 97 54 22, ← – 🛗 TV ☎. GB
13 mai-25 sept. – ☕ 35 – **41 ch** 160/290.

Speranza 🔇, rte Moutaret par ① et D 9 : 1 km ☎ 76 97 50 56, ←, 🌳 – cuisinette ☎ P. GB. ✻ rest
15 mai-30 sept. et 1er fév.-14 mars – **R** 77/113 ♁ – ☕ 29 – **16 ch** 180/270 – ½ P 206/250.

Continental, (r) ☎ 76 45 03 25, Fax 76 45 16 80, 🌳 – 🛗 ☎ 🚗 P. GB. ✻
1er mai-30 sept. et vacances scolaires – **R** 88 – ☕ 26 – **40 ch** 139/268 – ½ P 235/255.

Alpes, (d) ☎ 76 97 51 18, Fax 76 45 80 81, 🌳 – ⇆ ch ☎. GB
fermé 21 au 30 avril, 2 nov. au 15 déc., dim. soir et lundi midi hors sais. – **R** 74/175 ♁, enf. 50 – ☕ 30 – **16 ch** 185/315 – ½ P 208/240.

à Pinsot S : 7 km par D 525 A – ✉ 38580 :

Pic Belle Étoile 🔇, ☎ 76 97 53 62, Fax 76 97 55 47, ←, 🏔, 🏋, ⛱, 🌳, 🎾 – 🛗 TV ☎ P – 🏛 30 à 100. GB. ✻ rest
15 mai-10 oct. et 21 déc.-15 avril – **R** 95/175, enf. 60 – ☕ 46 – **33 ch** 302/408 – ½ P 310/373.

CITROEN Auto B 2, par ① ☎ 76 45 09 28 **N** ☎ 76 45 08 31

PEUGEOT-TALBOT Gar. Tissot ☎ 76 97 50 62
RENAULT Gar. des Alpes ☎ 76 45 11 16 **N** ☎ 76 97 56 27

ALLIGNY-EN-MORVAN 58230 Nièvre 65 ⑰ – 679 h alt. 454.

Paris 261 – Autun 33 – Château-Chinon 32 – Clamecy 75 – Nevers 96 – Saulieu 11,5.

✕ **Aub. du Morvan** avec ch, ✆ 86 76 13 90 – GB. ✻ ch
1er mars-11 nov. et fermé jeudi et le soir sauf sam. hors sais. – **R** 74/195 ♁ – ☕ 24 – **5 ch** 127/167 – ½ P 173/185.

ALLONZIER-LA-CAILLE 74350 H.-Savoie 74 ⑥ – 851 h alt. 643.

Voir Ponts de la Caille★ N : 1,5 km, G. Alpes du Nord.

Paris 531 – Annecy 13 – Bellegarde-sur-Valserine 35 – Bonneville 31 – ◆Genève 30.

✕✕ **Manoir** ⛰ avec ch, ✆ 50 46 81 82, Fax 50 46 88 55, ≤, 🏡 – TV ☎ 🚗 P – 🏛 40. AE ⓓ GB – *fermé nov., déc. et lundi sauf de juin à sept.* – **R** 140/280, enf. 60 – ☕ 45 – **16 ch** 320/360 – ½ P 400/420.

ALLOS 04260 Alpes-de-H.-P. 81 ⑧ G. Alpes du Sud – 705 h alt. 1 425.

Env. ✻★★ du col d'Allos NO : 15 km.

Paris 773 – Digne-les-Bains 79 – Barcelonnette 35 – Colmars 8.

au Seignus O : 2 km par D 26 – alt. 1 500 – Sports d'hiver 1 400/2 426 m 🚡1 ⛷11 – ✉ 04260 Allos.

ℹ Office de Tourisme au Seignus ✆ 92 83 02 81, Télex 405945.

Altitude 1500 ⛰, ✆ 92 83 01 07, ≤, 🏡 – GB. ✻ ch
1er juil.-8 sept. et 20 déc.-15 avril – **R** 65/95, enf. 35 – ☕ 25 – **16 ch** 220/300 – ½ P 300/320.

à la Foux d'Allos NO : 9 km par D 908 – alt. 1 800 – Sports d'hiver 1 800/2 600 m 🚡3 ⛷20 – ✉ 04260 Allos.

ℹ Office de Tourisme ✆ 92 83 80 70, Télex 430684.

du Hameau M ⛰, ✆ 92 83 82 26, Fax 92 83 87 50, ≤, 🏡, ⚕, 🏊 – 🛗 TV ☎ ♿ P – 🏛 35. AE ⓓ GB
5 juin-26 sept. et 27 nov.-24 avril – **R** 88/160, enf. 50 – ☕ 34 – **36 ch** 325/480 – ½ P 330/360.

Les ALLUES 73 Savoie 74 ⑰ – rattaché à Méribel-les-Allues.

ALOTZ 64 Pyr.-Atl. 78 ⑱ – rattaché à Biarritz.

ALOXE-CORTON 21 Côte-d'Or 70 ① – rattaché à Beaune.

L'ALPE D'HUEZ 38750 Isère 77 ⑥ G. Alpes du Nord – alt. 1 860 – Sports d'hiver : 1 100/3 350 m 🚡14 ⛷73 ⛸ – **Voir** Pic du Lac Blanc ✻★★★ NE par téléphérique B – Route de Villars-Reculas★ 4 km par D 211B – **Altiport** ✆ **76 80 41 15, SE : 1,5 km.**

ℹ Office de Tourisme pl. Paganon ✆ 76 80 35 41, Télex 320892.

Paris 632 ① – ◆Grenoble 62 ① – Le Bourg-d'Oisans 13 ① – Briançon 71 ①.

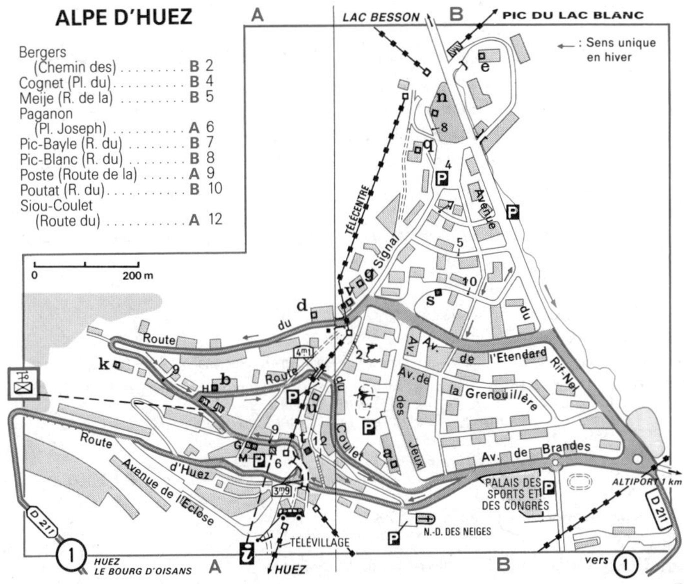

Royal Ours Blanc M, ☎ 76 80 35 50, Fax 76 80 34 50, ≤ massif de l'Oisans, 🏖, Ⅎ₆, ⊠ – |‡| TV ☎ ♿ 🚗 – 🏫 30 à 60. AE ⓓ GB. ✂ rest B a
20 déc.-31 mars – **R** 200 – ☐ 75 – **45 ch** 990/1250 – ½ P 900.

Au Chamois d'Or M 🐌, ☎ 76 80 31 32, Fax 76 80 34 90, ≤ pistes et montagnes, 🏖, Ⅎ₆, ⊠, ✂ – |‡| TV ☎ 🚗 P. GB. ✂ B e
18 déc.-2 mai – **R** 230/290 – ☐ 75 – **42 ch** 730/1160, 3 appart. – ½ P 640/860.

Petit Prince 🐌, rte Poste ☎ 76 80 33 51, Fax 76 80 41 45, ≤ massif de l'Oisans, 🏖 – |‡| TV ☎ P – 🏫 25. AE ⓓ GB. ✂ rest A k
Noël-10 avril – **R** 170/230 – ☐ 55 – **40 ch** 490/740 – ½ P 550/650.

Les Grandes Rousses, ☎ 76 80 33 11, Télex 308437, Fax 76 80 69 57, ≤ massif de l'Oisans, 🏖, ⛱, ✂ – |‡| TV ☎ – 🏫 30. AE GB A d
15 juin-15 sept. et 1er déc.-2 mai – **R** 170/200 – ☐ 65 – **45 ch** 610/750 – ½ P 680/800.

Le Christina M 🐌, ☎ 76 80 33 32, Fax 76 80 66 12, ≤ massif de l'Oisans, 🏖, ✂ – |‡| TV ☎ 🚗. AE GB. ✂ rest B n
3 juil.-20 août et 19 déc.-20 avril – **R** 85/160 – ☐ 55 – **27 ch** 630 – ½ P 525/674.

Le Dôme et rest Gd Tétras, ☎ 76 80 32 11, Fax 76 80 66 48, ≤ massif de l'Oisans, 🏖 – |‡| TV ☎ 🚗 P – 🏫 25. AE ⓓ GB. ✂ rest B q
juil.-août et déc.-avril – **R** 145/200 – ☐ 50 – **18 ch** 500/620 – ½ P 595/660.

Bel Alpe M 🐌 sans rest, ☎ 76 80 32 33, Fax 76 80 30 88 – |‡| TV ☎ ♿ 🚗. AE GB A u
4 juil.-22 août et 4 déc.-2 mai – ☐ 40 – **16 ch** 465/530.

Belle Aurore, ☎ 76 80 33 17, Fax 76 80 68 80, ≤ – |‡| TV ☎. GB. ✂ rest B g
15 déc.-20 avril – **R** 200 – ☐ 45 – **37 ch** 480/680 – ½ P 500/600.

Alp'Azur sans rest, ☎ 76 80 34 02, ≤ – ☎. GB B v
fermé 15 mai au 15 juin – ☐ 38 – **22 ch** 330/415.

XX **L'Outa** avec ch, ☎ 76 80 34 56, ≤, 🏖 – ☎. ⓓ GB. ✂ rest B s
18 déc.-31 mars – **R** 150, enf. 58 – ☐ 35 – **11 ch** 500/550 – ½ P 370/385.

XX **Le Lyonnais,** ☎ 76 80 68 92 – GB A b
juil.-août et déc.-mai – **R** 120/160.

X **Au P'tit Creux,** ☎ 76 80 62 80, Fax 76 80 39 37, ≤, 🏖 – ⓓ GB A t
20 juin-10 sept., 5 nov.-10 mai et fermé dim. soir et lundi en nov. – **R** 118/185, enf. 65.

ALTENSTADT **67** B.-Rhin 57 ⑲ – rattaché à Wissembourg.

ALTHEN-DES-PALUDS **84** Vaucluse 81 ⑫ – rattaché à Carpentras.

ALTKIRCH <SP> **68130** H.-Rhin 66 ⑨ **G. Alsace Lorraine** – 5 090 h alt. 312.
Paris 527 – ♦ Mulhouse 19 – ♦ Basel 31 – Belfort 32 – Montbéliard 51 – Thann 28.

à Hirtzbach S : 4 km – ✉ **68118** :

XX **Ottié-Baur** avec ch, à la bifurcation de D 432 et D 17 ☎ 89 40 93 22, 🏖, 🌳 – ☎ 🚗 P. GB
fermé 21 juin au 15 juil., 20 déc. au 8 janv., lundi soir (sauf août) et mardi – **R** 85/280 🍷 – ☐ 28 – **13 ch** 85/200 – ½ P 196/240.

à Wahlbach : E : 10 km par D 419 et D 19B – ✉ **68230** :

XX **Aub. de la Gloriette** avec ch, ☎ 89 07 81 49, Fax 89 07 40 56, 🏖, 🌳 – TV P. AE GB JCB
fermé 1er au 15 sept. et vacances de fév. – **R** *(fermé lundi et mardi)* 160/350 🍷 – ☐ 45 – **4 ch** 280/300 – ½ P 350.

PEUGEOT, TALBOT Maute gar. du Centre, 21 r. de l'Ill ☎ 89 40 01 15
RENAULT Gar. Fritsch, 29 r. 3e Zouaves ☎ 89 40 01 07 N ☎ 89 26 71 17

Altkirch Pneus, 50 fg de Belfort ☎ 89 40 95 26

ALVIGNAC **46500** Lot 75 ⑲ – 473 h alt. 390.
Bureau de Tourisme r. Centrale (juil.-août) ☎ 65 33 66 42.
Paris 536 – Brive-la-Gaillarde 51 – Cahors 60 – Figeac 42 – Gourdon 41 – Rocamadour 8,5 – Tulle 80.

Palladium (Hôtel d'Application Hôtelière), rte de St Céré ☎ 65 33 60 23, Fax 65 33 67 83, ≤, 🏖, ⛱, 🌳 – TV ☎ P. AE ⓓ GB
17 avril-3 oct. et fermé lundi (sauf rest.) du 15 sept. au 15 juin – **R** 85/275 – ☐ 40 – **20 ch** 260/365 – ½ P 275/285.

Nouvel H., ☎ 65 33 60 30, Fax 65 33 68 25, 🏖 – ☎ P. GB
fermé 15 déc. au 1er mars, vend. soir et sam. du 15 nov. à Pâques – **R** 60/160 🍷 – ☐ 25 – **13 ch** 200 – ½ P 165/210.

X **Aub. Madeleine,** pl. église ☎ 65 33 61 47, 🏖, 🌳
Pâques-fin sept. et fermé le soir sauf juil.-août – **R** 60/150.

AMANCY **74** H.-Savoie 74 ⑦ – rattaché à La Roche-sur-Foron.

AMBÉRIEU-EN-BUGEY 01500 Ain 74 ③ G. Jura – 10 455 h alt. 271.

Paris 461 – Belley 46 – Bourg-en-Bresse 34 – ♦Lyon 55 – Nantua 43.

✗ **Fontaine de Jouvence,** 13 r. A. Vingtrinier ✆ 74 34 06 66, 🏞 – GB
fermé 1er au 15/8, 22/12 au 3/1, vacances de fév., le midi du 1/10 au 1/7, sam. midi et dim. sauf fêtes – **R** 89/280.

CITROEN Gar. de La Gare, Savey-Moussier, 85 av. Roger-Salengro ✆ 74 38 00 15
RENAULT Gar. Arpin Gonnet, 25 r. A.-Bérard ✆ 74 38 00 60

Ⓜ Ayme Pneus, 64 r. A.-Bérard ✆ 74 34 62 66
Relais-Pneus, av. de la Libération ✆ 74 34 55 88

AMBÉRIEUX-EN-DOMBES 01330 Ain 74 ① ② – 1 156 h alt. 300.

Paris 438 – ♦ Lyon 37 – Bourg-en-Bresse 39 – Mâcon 42 – Villefranche-sur-Saône 16.

🏨 **Aub. des Bichonnières** 🐎, rte Ars-sur-Formans ✆ **74 00 82 07, Fax 74 00 89 61,** 🏞, « Ancienne ferme bressane », 🌳 – ☎ 🅟. AE GB
fermé 23 nov. au 5 déc., 25 janv. au 6 fév., lundi sauf le soir de juin à août et dim. soir sauf juil.-août – **R** 115/240, enf. 65 – ☕ 40 – **10 ch** 230/300 – ½ P 240.

PEUGEOT-TALBOT Butillon ✆ 74 00 84 02 N
RENAULT Vacheresse ✆ 74 00 83 46 N

AMBERT <SP> 63600 P.-de-D. 73 ⑯ G. Auvergne – 7 420 h alt. 537.

Voir Église St-Jean★ Y – Vallée de la Dore★ N et S.

Env. Moulin Richard-de-Bas★ 5,5 km par ②.

ℹ Office de Tourisme 4 pl. Hôtel de Ville ✆ 73 82 61 90 et pl. G.-Courtial (saison) ✆ 73 82 14 15.

Paris 492 ① – ♦ Clermont-Ferrand 75 ① – Brioude 60 ③ – Montbrison 46 ② – Le Puy-en-Velay 70 ③ – Thiers 55 ①.

AMBERT

Chabrier (Av. E.) . . . . Z
Château (R. du) . . . . Z 3
Cheix (Rue du Petit) . . . . . . Z
Clemenceau (Av. G.) . . . . . Y 4
Courtial (Pl. G.) . . . . Y 6
Croves du Mas (Av. des) . . Y
Filéterie (R. de la) . . . . Z 7
Foch (Av. du Mar.) . . . . Y 8
Gaulle (Pl. Ch.-de) . . . . Z 10
Goye (R. de) . . . . Y 12
Henri IV (Bd) . . . . Z
Livradois (Pl. du) . . . . Z
Lyon (Av. de) . . . . Z 13
Nord (Bd du) . . . . YZ
Pontel (Pl. du) . . . . Z 16
Portette (Bd de la) . . . . Y 17
République (R. de la) . . . . . Z 19
St-Jean (Pl.) . . . . Y 20
St-Joseph (R.) . . . . Z
Sully (Bd) . . . . Z 21
11 Novembre (Av. du) . . . . Z 23

Michelin n'accroche pas de panonceau aux hôtels et restaurants qu'il signale.

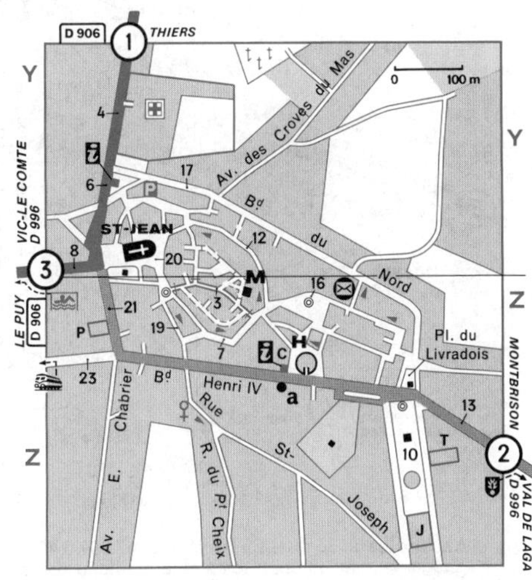

🏠 **Chaumière,** 41 av. Mar. Foch par ③ ✆ 73 82 14 94, Fax 73 82 33 52 – TV ☎ ♿ 🚗. AE Ⓓ GB JCB
fermé 24 déc. au 25 janv. et hôtel : fermé sam. d'oct à mai – **R** *(fermé sam. d'oct. à juin et dim. soir sauf fêtes)* 80/180 🍷, enf. 55 – ☕ 34 – **23 ch** 240/310 – ½ P 240/260.

🏠 **Copains,** 42 bd Henri IV ✆ 73 82 01 02, Fax 73 82 67 34 – ☎. GB. ✗ ch Z **a**
fermé sept., dim. soir et sam. sauf du 14 juil. à fin août – **R** 65/140 🍷 – ☕ 26 – **15 ch** 140/280 – ½ P 160/200.

CITROEN Rigaud, rte de Clermont par ① ✆ 73 82 01 57
FORD Autos Livradois, rte de Clermont ✆ 73 82 01 28

Ⓜ Arcis-Pneus, 34 av. Dore ✆ 73 82 02 69

AMBIALET 81340 Tarn 80 ⑫ G. Gorges du Tarn – 386 h alt. 200.

Voir Site★.

Paris 704 – Albi 22 – Castres 54 – Lacaune 52 – Rodez 71 – St-Affrique 62.

🏨 **Pont,** ✆ 63 55 32 07, Fax 63 55 37 21, ⩽, 🏞, 🏊, 🌳 – ▤ rest ☎ 🅟. AE Ⓓ GB
15 fév.-15 nov. et fermé lundi midi hors sais. – **R** 87/260, enf. 50 – ☕ 32 – **20 ch** 220/275 – ½ P 240/260.

AMBIERLE 42820 Loire 73 ⑦ G. Vallée du Rhône – 1 763 h alt. 467 – Voir Église★.

Paris 376 – Roanne 19 – Lapalisse 34 – Thiers 65 – Vichy 51.

XX **Le Prieuré,** ✆ 77 65 63 24 – GB
fermé 23 août au 8 sept., vacances de fév., mardi soir et merc. – **R** 80/280 ♀, enf. 55.

AMBLANS-ET-VELOTTE 70 H.-Saône 66 ⑥ – rattaché à Lure.

AMBOISE 37400 I.-et-L. 64 ⑯ G. Châteaux de la Loire – 10 982 h alt. 57.

Voir Château★★ B : ≤★★ de la Terrasse, ≤★★ de la tour des Minimes – Clos-Lucé★ B – Pagode de Chanteloup★ 3 km par ④.

ℹ Office de Tourisme quai Gén.-de-Gaulle ✆ 47 57 01 37.

Paris 222 ① – ♦Tours 24 ⑤ – Blois 34 ① – Loches 34 ④ – Vierzon 92 ③.

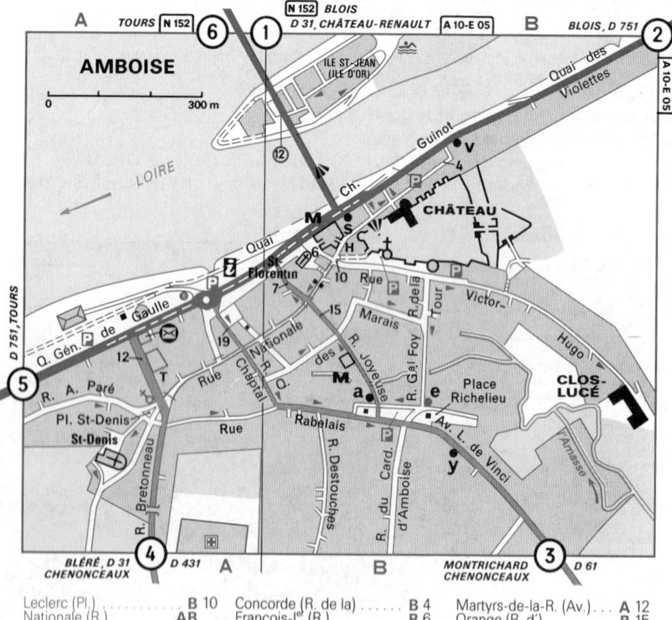

Leclerc (Pl.) . . . . **B** 10
Nationale (R.) . . . . **AB**
Victor-Hugo (R.) . . . . **B**
Concorde (R. de la) . . . . . . **B** 4
François-Ier (R.) . . . . **B** 6
J.-J. Rousseau (R.) . . . . **B** 7
Martyrs-de-la-R. (Av.) . . . **A** 12
Orange (R. d') . . . . **B** 15
Voltaire (R.) . . . . **A** 19

🏨 ✿ **Le Choiseul,** 36 quai Ch. Guinot ✆ 47 30 45 45, Télex 752068, Fax 47 30 46 10, ≤, ☂, « Élégante installation, piscine et jardin fleuri » – ▤ rest TV ☎ ⇔ Ⓟ – 🏛 80. GB
fermé 29 nov. au 16 janv. – **R** 200/380 et carte 230 à 370 – ☕ 75 – **28 ch** 520/900, 4 appart. – ½ P 635/825. B **v**
Spéc. Marbré de foie gras et ris de veau. Sandre poché au beurre blanc. Croquant aux griottines.

🏨 **Novotel** Ⓜ ♘, S : 2 km par ③ rte de Chenonceaux ✆ 47 57 42 07, Télex 751203, Fax 47 30 40 76, ≤, ☂, ⛱, ✗ – |♦| ✗ ch TV ☎ ♿ Ⓟ – 🏛 300. AE ⓞ GB
R carte environ 150, enf. 50 – ☕ 50 – **121 ch** 400/560.

🏨 **Belle Vue** sans rest, 12 quai Ch. Guinot ✆ 47 57 02 26 – |♦| TV ☎. GB. ✗ B **s**
20 mars-15 nov. – ☕ 32 – **33 ch** 250/300.

🏨 **Parc,** 8 av. L. de Vinci ✆ 47 57 06 93, Fax 47 30 52 06, ☂, parc – ☎ Ⓟ. AE GB. ✗ rest
hôtel : fermé 15/12 au 15/1 et dim. hors sais. ; rest. : fermé nov. à fév., dim. hors sais. et lundi midi – **R** 95/210, enf. 65 – ☕ 40 – **17 ch** 230/425 – ½ P 260/350. B **y**

🏨 **Ibis,** E : La Boitardière par ② et D 31 : 3 km ✆ 47 23 10 23, Télex 752414, Fax 47 57 31 41, ☂ – ✗ ch TV ☎ ♿ Ⓟ – 🏛 30 à 120. AE GB
R 98 ♀, enf. 39 – ☕ 33 – **70 ch** 270/330.

🏨 **La Brèche,** 26 r. J. Ferry par ① ✆ 47 57 00 79, ☂, ☂ – ☎ ⇔. GB. ✗ ch
◆ *fermé 24 déc. au 15 janv. et dim. soir hors sais.* – **R** 75/165 ♀, enf. 49 – ☕ 29 – **12 ch** 180/280 – ½ P 165/230.

🏨 **Blason,** 11 pl. Richelieu ✆ 47 23 22 41, Fax 47 57 56 18, ☂ – ▤ rest TV ☎ ♿. AE ⓞ GB
◆ *fermé fév. (sauf hôtel) et mars* – **R** *(fermé sam. midi et jeudi hors sais.)* 75/215 – ☕ 32 – **29 ch** 290/320 – ½ P 255. B **a**

XXX **Le Manoir Saint Thomas,** pl. Richelieu ✆ 47 57 22 52, Fax 47 30 44 71, « Elégant pavillon Renaissance, jardin » – AE ⓓ GB JCB B **e**
fermé 15 janv. au 15 mars, merc. soir hors sais. et lundi – **R** 195/310, enf. 90.

à St-Ouen-les-Vignes par ① et D 431 : 6,5 km – ✉ **37530** :

XX ❀ **L'Aubinière** (Arrayet), ✆ 47 30 15 29, Fax 47 30 02 44, – P. AE GB
fermé 31 août au 15 sept., 14 fév. au 9 mars, dim. soir du 15 oct. au 15 mai, mardi soir et merc. – **R** 110/350 et carte 230 à 330, enf. 90
Spéc. Dos de sandre rôti au Touraine Mesland. Effeuillé de lapereau à la gelée d'estragon. **Vins** Montlouis, Touraine.

au NE par ② – ✉ **37400** Amboise :

Château de Pray , à 3 km ✆ 47 57 23 67, Fax 47 57 32 50, ←, , « Terrasse dominant la vallée, parc » – ☎ P. AE ⓓ GB JCB. ✻ rest
fermé 2 janv. au 15 fév. – **R** 195/250 – ☐ 45 – **19 ch** 550/800 – ½ P 515/565.

XX **La Bonne Étape** avec ch, à 2,5 km ✆ 47 57 08 09, , – TV ☎ P. GB
fermé 22 fév. au 8 mars et 20 déc. au 3 janv. – **R** *(fermé dim. soir et lundi)* 85/250, enf. 65 – ☐ 34 – **7 ch** 230/290.

CITROEN Gar. Guérin, à Pocé-sur-Cisse ✆ 47 57 27 84
FORD-OPEL Gar. A.-France, 41 r. de Blois ✆ 47 57 11 30
PEUGEOT-TALBOT C.G.F., 108 r. St-Denis par D 83 ✆ 47 57 42 82
SEAT, V.A.G Gar. du Relais des Châteaux, rte de Chenonceaux, Rocade Sud ✆ 47 57 07 64 **N** ✆ 43 96 36 42

Super-Pneus, 25 quai Gén.-de-Gaulle ✆ 47 57 44 71

AMBONNAY 51150 Marne 56 ⑰ – 917 h alt. 102.

Paris 163 – ◆Reims 29 – Châlons-sur-Marne 22 – Épernay 19 – Vouziers 66.

Aub. St Vincent M, ✆ 26 57 01 98, Fax 26 57 81 48 – TV ☎. AE ⓓ GB. ✻ ch
fermé dim. soir et lundi – **R** 120/350, enf. 40 – ☐ 35 – **10 ch** 290/360 – ½ P 280/300.

CITROEN Mirbel, ✆ 26 57 01 71

AMBRAULT 36120 Indre 68 ⑨ – 669 h alt. 180.

Voir Bommiers : stalles★ de l'église St-Pierre NE : 2,5 km, G. Berry Limousin.

Paris 265 – Bourges 54 – Châteauroux 23 – La Châtre 24 – Issoudun 19 – St-Amand-Montrond 46.

X **Commerce,** ✆ 54 49 01 07 – P. GB. ✻
fermé 1er au 15 oct., 1er au 15 janv., dim. soir, fêtes le soir et lundi – **R** (dim. prévenir) 60/180 .

AMÉLIE-LES-BAINS-PALALDA 66110 Pyr.-Or. 86 ⑱ ⑲ G. Pyrénées Roussillon – 3 239 h alt. 230 – Stat. therm. (20 janv.-19 déc.) – Casino.

Voir Vallée du Mondony★ S : voir plan.

Office du Tourisme et du Thermalisme quai du 8 Mai 1945 ✆ 68 39 01 98.

Paris 944 ② – ◆Perpignan 38 ② – Céret 8 ② – Prats-de-Mollo-la-Preste 23 ③ – Quillan 105 ②.

Plan page suivante

Gd H. Reine-Amélie M, bd Petite Provence **(t)** ✆ 68 39 04 38, Fax 68 39 31 13, ← – TV ☎ P. AE ⓓ GB
R 105/180, enf. 60 – ☐ 35 – **69 ch** 325/410 – P 298/385.

Catalogne , 67 rte Vieux Pont **(a)** ✆ 68 39 80 31, Fax 68 39 20 23, ←, , – TV ☎ ♿ . GB
fermé 20 déc. au 31 janv. – **R** 105/140 – ☐ 37 – **38 ch** 280/340 – ½ P 245/255.

Castel Émeraude , par rte de la Corniche - ouest du plan ✆ 68 39 02 83, Télex 506260, Fax 68 39 03 09, ←, , – ☎ ♿ P. AE GB
fermé déc. et janv. – **R** 95/290, enf. 65 – ☐ 39 – **59 ch** 235/355 – P 310/350.

Palmarium H. M, av. Vallespir **(u)** ✆ 68 39 19 38, Fax 68 39 04 23, – TV ☎ . GB
fermé 15 déc. au 1er fév. – **R** 95/160 – ☐ 30 – **63 ch** 200/300 – P 275/300.

Martinet , r. Herma-Bessière **(d)** ✆ 68 39 00 64, ← – ☎. GB. ✻ ch
fermé 30 nov. au 20 janv. – **R** 90/120 – ☐ 28 – **42 ch** 210/240 – P 265/290.

Le Roussillon M, av. Beau Soleil ✆ 68 39 34 39, , , – TV ☎ ♿ P. GB. ✻ rest
fermé 1er janv. au 15 fév. – **R** 75/245, enf. 38 – ☐ 35 – **30 ch** 220/260 – P 275/295.

Gorges, pl. Arago **(y)** ✆ 68 39 29 02 – ☎. GB
1er mars-20 déc. – **R** 85/150 – ☐ 30 – **44 ch** 220/268 – P 234/255.

Palm Tech, quai G. Bosch **(v)** ✆ 68 83 98 00 – ☎ ♿ P. GB
fermé 15 déc. au 1er fév. – **R** 90/120 – ☐ 30 – **56 ch** 175/260 – P 280/300.

Host. Toque Blanche, av. Vallespir **(r)** ✆ 68 39 00 57 – ☎. GB. ✻ rest
fermé 15 déc. au 25 janv. – **R** 55/204 – ☐ 24 – **43 ch** 139/208 – P 210/240.

Ensoleillade et Rive sans rest, 70 r. J. Coste **(m)** ✆ 68 39 06 20, – cuisinette TV ☎ P. GB
1er avril-30 nov. – ☐ 25 – **19 ch** 175/210.

OPEL-TOYOTA Gar. Cédo ✆ 68 39 29 05
RENAULT Gar. du Vallespir ✆ 68 39 05 05

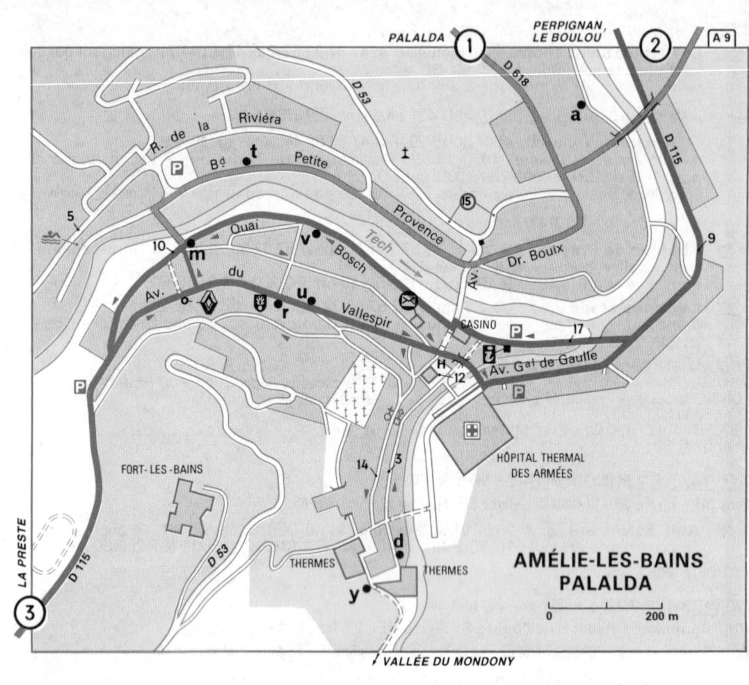

Vallespir (Av. du)	Corniche (Rte de la) 5	République (Pl. de la) 12
	Leclerc (Av. Gén.) 9	Thermes (R. des) 14
Castellane (R.) 3	Palmiers (Av. des) 10	8-Mai-1945 (Quai) 17

L'AMÉLIE-SUR-MER **33** Gironde **71** ⑯ – rattaché à Soulac-sur-Mer.

AMIENS **P** **80000** Somme **52** ⑧ **G. Flandres Artois Picardie** – 131 872 h alt. 27.

Voir **Cathédrale***** CY – **Hortillonnages*** DY – **Hôtel de Berny*** CY **M1** – **Musée de Picardie**** BZ.

Env. **Samara*** NO : 10 km par D191.

18 22 93 04 26, par ② : 7 km ; **9** de Salouël (privé) 22 95 40 49, S par D 210 : 4,5 km.

22 92 50 50.

Office de Tourisme r. J.-Catelas (transfert prévu) 22 91 79 28, Gare SNCF 22 92 65 04 et pl. Notre-Dame (mai-sept.) 22 91 16 16 A.C. de Picardie 472 av. 14 Juillet 1789 (ex. rte de Paris) 22 89 15 20.

Paris 150 ③ – ◆Lille 116 ② – ◆Reims 170 ③ – ◆Rouen 114 ⑤ – St-Quentin 74 ③.

Plans pages suivantes

Carlton M, 42 r. Noyon 22 97 72 22, Télex 155825, Fax 22 97 72 00 – 50. AE GB — CZ **s**
Le Baron (grill) **R** 100/220, enf. 60 – 45 – **23 ch** 400/600.

Postillon sans rest, 19 pl. au Feurre 22 91 46 17, Fax 22 91 86 57 – 80. AE GB — BY **u**
fermé 24 déc. au 2 janv. – 39 – **48 ch** 300/510.

Prieuré, 17 r. Porion 22 92 27 67, Fax 22 92 46 16 – AE GB — CY **d**
R *(fermé 15 au 31 août, dim. soir et lundi)* 95/195 – 34 – **21 ch** 240/400 – 1/2 P 255/335.

Gd. H. Univers sans rest, 2 r. Noyon 22 91 52 51, Fax 22 92 81 66 – 30. AE GB JCB — CZ **a**
50 – **41 ch** 345/550.

Ibis, 4 r. Mar. de-Lattre-de-Tassigny 22 92 57 33, Télex 140765, Fax 22 91 67 50 – ch 25. AE GB. ch — BY **e**
R 83, enf. 39 – 33 – **91 ch** 290/330.

Normandie sans rest, 1 bis r. Lamartine 22 91 74 99 – GB — CY **f**
25 – **27 ch** 145/270.

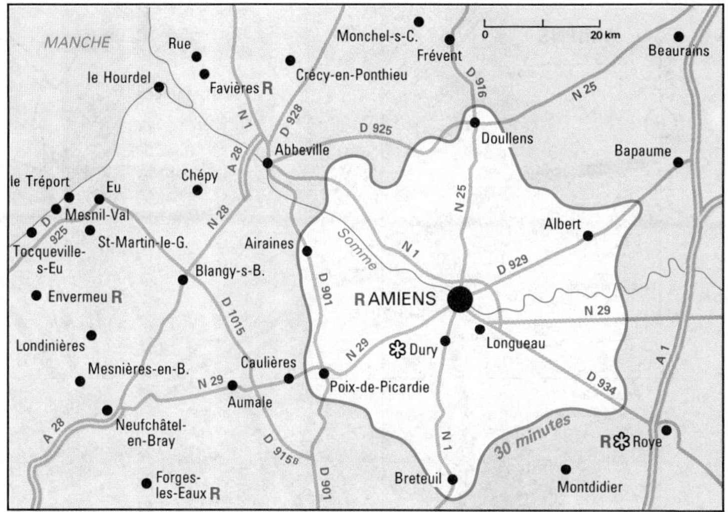

XXX **Les Marissons,** pont Dodane ℘ 22 92 96 66, – . AE D GB — CY **n**
fermé 2 au 10 janv., sam. midi, dim. soir et lundi – **R** 135/215.

XX **Le Vivier,** 593 rte Rouen ℘ 22 89 12 21 – P. AE D GB — AZ **d**
fermé 15 juil. au 15 août, 27 déc. au 2 janv., dim. et lundi – **R** produits de la mer 135/240.

XX **Aux As du Don,** 1 pl. Don ℘ 22 92 41 65, – AE D GB — CY **b**
fermé 1er au 8 mars, 16 au 29 août, 20 déc. au 27 déc., sam. midi, dim. soir et lundi – **R** 110/175, enf. 60.

XX **La Couronne,** 64 r. St Leu ℘ 22 91 88 57 – GB — CX **k**
fermé 15 juil. au 13 août, 2 au 10 janv., dim. soir et sam. – **Repas** 85/160.

à Longueau par ③ : 7 km – 4 940 h. – ✉ **80330** :

XX **La Potinière,** N 29 ℘ 22 46 22 83 – GB
fermé 13 au 20 avril, 2 au 30 août, jeudi soir, dim. soir et lundi – **R** 115/165, enf. 60.

par ③ et N 29 : 7 km – ✉ **80440** Boves :

Novotel M, ℘ 22 46 22 22, Télex 140731, Fax 22 53 94 75, , , – ch TV ☎ ♿ P – 25 à 150. AE D GB
R carte environ 160, enf. 50 – 50 – **94 ch** 420/475.

à Dury par ④ : 6 km – ✉ **80480** :

Bonne Étoile, N 1 ℘ 22 95 10 80, Fax 22 95 29 35, – TV ☎ ♿ P. GB
R *(fermé dim. soir)* 70/99 , enf. 36 – 27 – **40 ch** 190/220 – ½ P 215.

XXX ✿ **L'Aubergade** (Grandmougin), 78 rte Nationale ℘ 22 89 51 41 – AE GB
fermé 2 au 23 août, dim. soir et lundi – **R** 105/400 et carte 270 à 420, enf. 80
Spéc. Foie gras de canard poêlé au pain d'épices. Feuillantine de ris de veau braisé aux champignons. Nougat glacé au coulis de framboises.

XX **La Bonne Auberge,** 63 rte Nationale ℘ 22 95 03 33 – AE GB
fermé dim. soir et lundi sauf fériés – **R** 95/280, enf. 85.

MICHELIN, Agence régionale, 212 av. Défense-Passive, D 929 à Rivery par ② ℘ **22 92 47 28**

ALFA-ROMEO-HONDA-MITSUBISHI La Bretèche, 33 quai Charles-Tellier ℘ 22 52 04 61
BMW La Veillère, 12 r. Résistance ℘ 22 91 80 26
CITROEN Citroën Nord, 3 bd de Belfort CZ ℘ 22 91 57 45 N
CITROEN Fournier, r. d'Australie par ⑥ ℘ 22 43 01 16
FIAT Auto Picardie, 7 bd Beauville ℘ 22 44 53 12
FORD Éts Leroux, 92 r. Gaulthier-de-Rumilly ℘ 22 95 37 20
MERCEDES-BENZ-SEAT SAFI 80, 85 bd Alsace-Lorraine ℘ 22 91 28 63
OPEL-GM Renel, N 1, Dury ℘ 22 95 42 42
OPEL-GM SADRA, 33 av. Europe ℘ 22 43 58 15
PEUGEOT-TALBOT S.C.A. S.I.A.N., 35 N 1 Dury par ④ ℘ 22 45 33 88 N ℘ 05 44 24 24

RENAULT Gueudet Sarva, r. Paul Emile Victor - ZAC la Borne, CZ ℘ 22 97 70 00 N ℘ 22 45 76 71
RENAULT SARVA, 14 rte de Paris BZ ℘ 22 95 17 60 N ℘ 22 45 44 26
RENAULT Fleury, 654 r. de Paris, Dury par ④ ℘ 22 95 36 49
TOYOTA Gar. Pruvost, ZAC Haute borne - av. Défense Passive ℘ 22 44 86 20
V.A.G JPC Rivery Automobiles, 9 r. A. Bombard à Rivery ℘ 22 46 12 91
VOLVO Gar. Picard, 235 r. J.-Moulin ℘ 22 95 66 26

Euromaster Fischbach Pneu Service, 120 ch. J.-Ferry ℘ 22 53 95 50
Picardie-Pneus, 126 r. Gaulthier-de-Rumilly ℘ 22 95 33 89

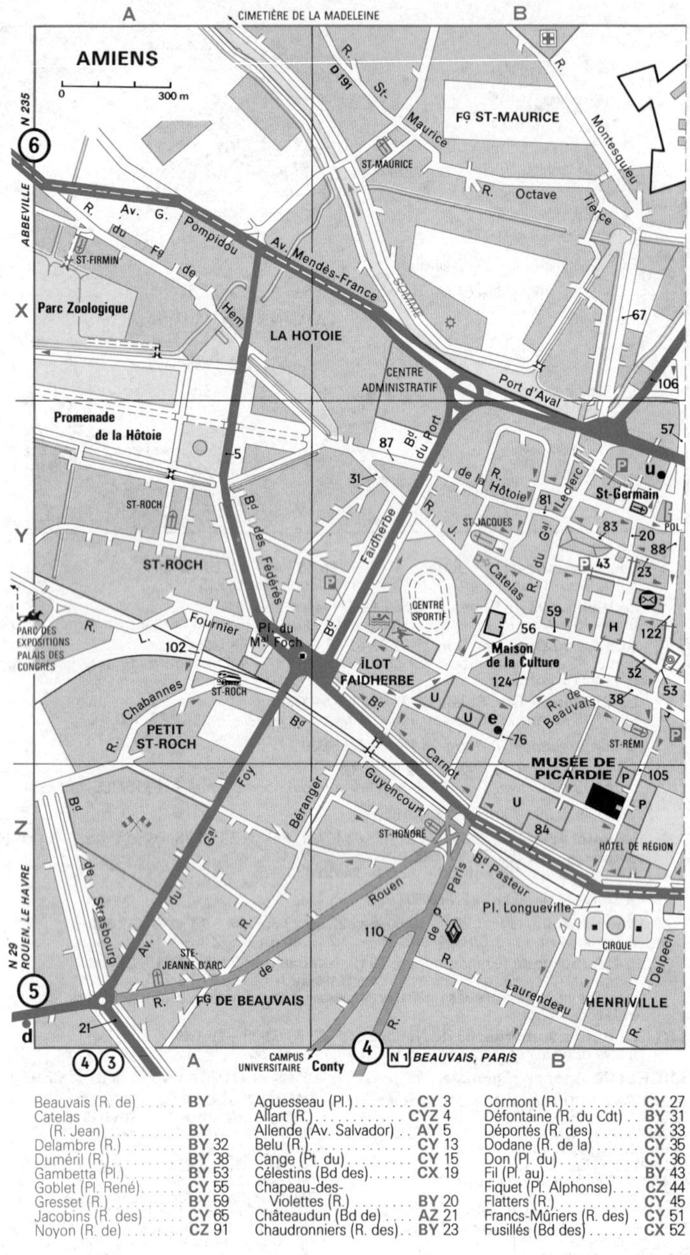

Beauvais (R. de) . . . . . . **BY**
Catelas (R. Jean) . . . . . . **BY**
Delambre (R.) . . . . **BY** 32
Duméril (R.) . . . . **BY** 38
Gambetta (Pl.) . . . . **BY** 53
Goblet (Pl. René) . . . . . . **CY** 55
Gresset (R.) . . . . **BY** 59
Jacobins (R. des) . . . . . **CY** 65
Noyon (R. de) . . . . **CZ** 91

Aguesseau (Pl.) . . . . **CY** 3
Allart (R.) . . . . **CYZ** 4
Allende (Av. Salvador) . . **AY** 5
Belu (R.) . . . . **CY** 13
Cange (Pt. du) . . . . **CY** 15
Célestins (Bd des) . . . . . . **CX** 19
Chapeau-des-Violettes (R.) . . . . **BY** 20
Châteaudun (Bd de) . . . . **AZ** 21
Chaudronniers (R. des) . . **BY** 23

Cormont (R.) . . . . **CY** 27
Défontaine (R. du Cdt) . . **BY** 31
Déportés (R. des) . . . . . . **CX** 33
Dodane (R. de la) . . . . . . **CY** 35
Don (Pl. du) . . . . **CY** 36
Fil (Pl. au) . . . . **BY** 43
Fiquet (Pl. Alphonse) . . . . **CZ** 44
Flatters (R.) . . . . **CY** 45
Francs-Mûriers (R. des) . **CY** 51
Fusillés (Bd des) . . . . **CX** 52

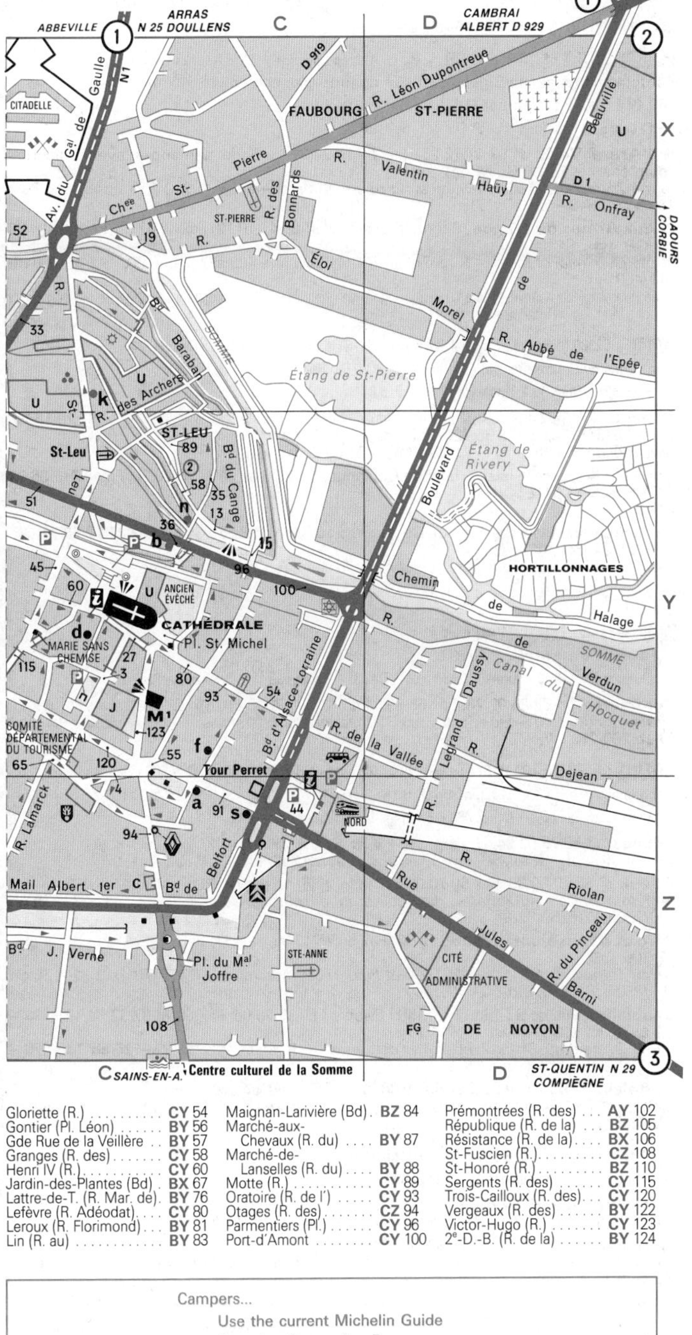

Gloriette (R.) . . . . **CY** 54
Gontier (Pl. Léon) . . . . . . **BY** 56
Gde Rue de la Veillère . . **BY** 57
Granges (R. des) . . . . **CY** 58
Henri IV (R.) . . . . **CY** 60
Jardin-des-Plantes (Bd) . **BX** 67
Lattre-de-T. (R. Mar. de) . **BY** 76
Lefèvre (R. Adéodat) . . . . **CY** 80
Leroux (R. Florimond) . . . **BY** 81
Lin (R. au) . . . . **BY** 83

Maignan-Larivière (Bd) . **BZ** 84
Marché-aux-Chevaux (R. du) . . . . **BY** 87
Marché-de-Lanselles (R. du) . . . . **BY** 88
Motte (R.) . . . . **CY** 89
Oratoire (R. de l') . . . . . **CY** 93
Otages (R. des) . . . . **CZ** 94
Parmentiers (Pl.) . . . . . . **CY** 96
Port-d'Amont . . . . **CY** 100

Prémontrées (R. des) . . . **AY** 102
République (R. de la) . . . **BZ** 105
Résistance (R. de la) . . . . **BX** 106
St-Fuscien (R.) . . . . **CZ** 108
St-Honoré (R.) . . . . **BZ** 110
Sergents (R. des) . . . . **CY** 115
Trois-Cailloux (R. des) . . . **CY** 120
Vergeaux (R. des) . . . . . . **BY** 122
Victor-Hugo (R.) . . . . **CY** 123
2e-D.-B. (R. de la) . . . . . . **BY** 124

Campers...
Use the current Michelin Guide
Camping Caravaning France.

AMILLY 45 Loiret 65 ② – rattaché à Montargis.

AMMERSCHWIHR 68770 H.-Rhin 62 ⑱ ⑲ **G. Alsace Lorraine** – 1 869 h alt. 230.

Voir Nécropole nationale de Sigolsheim ✵★ du terre-plein central N : 4 km.

9 18 ✆ 89 47 17 30, E : 2 km par D 11[1].

Paris 438 – Colmar 9 – Gérardmer 53 – St-Dié 48 – Sélestat 24.

A l'Arbre Vert, ✆ 89 47 12 23, Fax 89 78 27 21, « Salle à manger avec boiseries sculptées » – TV ☎. AE ① GB. ✗ ch
fermé 25 nov. au 6 déc., 10 fév. au 25 mars et mardi – **Repas** 70/210 ♁, enf. 45 – ☐ 35 – **17 ch** 190/340 – ½ P 250/330.

XXX ✿ **Aux Armes de France** (Gaertner) avec ch, ✆ 89 47 10 12, Fax 89 47 38 12 – ☎ P. AE ① GB JCB. ✗ ch
fermé jeudi midi et merc. – **R** (prévenir) 350/440 et carte 400 à 550, enf. 90 – ☐ 35 – **10 ch** 310/460
Spéc. Presskopf de homard et tête de veau. Ragoût de grenouilles et d'escargots à la crème de lentilles. Gibier (saison). **Vins** Tokay-Pinot gris, Riesling.

AMNÉVILLE 57360 Moselle 57 ③ – 8 926 h alt. 163 – Stat. therm. (fév.-déc.) – Casino.

Office de Tourisme Centre thermal et touristique ✆ 87 70 10 40.

Paris 318 – ◆Metz 21 – Briey 13 – Thionville 17 – Verdun 64.

Diane H. M ⛰ sans rest, Parc de loisirs, bois de Coulange S : 2,5 km ✆ 87 70 16 33, Télex 861308, Fax 87 72 36 72 – ⇅ TV ☎ ♿ P. AE ① GB
fermé 23 déc. au 10 janv. – ☐ 30 – **48 ch** 280/300, 4 appart.

Orion M ⛰, Parc de loisirs, bois de Coulange, S : 2,5 km ✆ 87 70 20 20, Fax 87 72 36 21 – TV ☎ ♿ – 🏛 30 à 50
44 ch.

XX **La Forêt,** Parc de loisirs, bois de Coulange S : 2,5 km ✆ 87 70 34 34, Fax 87 72 36 72, 🏖 – ▤. AE ① GB. ✗
fermé 24 déc. au 10 janv., dim. soir et fériés le soir – **R** 120/200, enf. 65.

CITROEN Gar. du Centre, 17 r. Clemenceau ✆ 87 71 35 52

AMOU 40330 Landes 78 ⑦ – 1 481 h alt. 41.

Syndicat d'Initiative à la Mairie ✆ 58 89 00 22.

Paris 769 – Mont-de-Marsan 46 – Aire-sur-l'Adour 51 – Dax 31 – Hagetmau 18 – Orthez 13 – Pau 49.

Commerce, ✆ 58 89 02 28, Fax 58 89 24 45, 🏖 – TV ☎ 🚗 P. AE ① GB
fermé 12 nov. au 1er déc., 15 fév. au 1er mars et lundi hors sais. – **Repas** 70/200 – ☐ 32 – **20 ch** 200/260 – ½ P 220.

AMPHION-LES-BAINS 74 H.-Savoie 70 ⑰ **G. Alpes du Nord** – alt. 375 – ✉ 74500 Évian-les-Bains.

Syndicat d'Initiative r. du Port (10 juin-sept.) ✆ 50 70 00 63.

Paris 575 – Thonon-les-Bains 5,5 – Annecy 80 – Évian-les-Bains 3,5 – ◆Genève 42.

Princes, ✆ 50 75 02 94, ←, ⛵, 🌳 – ⇅ ☎ P. ① GB
1er mai-30 sept. – **R** 80/250, enf. 50 – ☐ 30 – **35 ch** 250/450 – ½ P 350.

Tilleul, ✆ 50 70 00 39, Fax 50 70 05 57, 🌳 – ⇅ TV ☎ P. ① GB
R *(fermé 20 déc. au 26 janv., dim. soir et lundi sauf juil.-août)* 90/230 ♁ – ☐ 30 – **19 ch** 180/280 – ½ P 250/320.

Parc et Beauséjour, ✆ 50 75 14 52, Fax 50 75 42 36, ←, 🏖, parc, ⛵, 🎾 – ⇅ ☎ P – 🏛 100. GB
fermé 15 nov. au 31 janv., dim. soir et lundi d'oct. à fin avril – **R** 72/170 – ☐ 32 – **50 ch** 260/330 – ½ P 280/290.

Chablais, à Publier S : 1 km ✉ 74500 Évian ✆ 50 75 28 06, Fax 50 74 67 32, ←, 🏖, 🌳 – TV ☎ P. ① GB. ✗ rest
fermé 24 déc. au 24 janv. et dim. d'oct. à avril – **R** 76/160 ♁ – ☐ 29 – **25 ch** 145/270 – ½ P 200/260.

XX **Le Relais,** ✆ 50 70 00 21, Fax 50 70 88 02, ←, 🏖 – AE ① GB
fermé 22 déc. au 1er fév., mardi sauf juil.-août et lundi sauf le midi de sept. à juin – **R** 68/235 ♁.

AMPUS 83111 Var 84 ⑥ **G. Côte d'Azur** – 622 h alt. 585.

Paris 875 – Castellane 58 – Draguignan 14 – ◆Toulon 93.

XX **Roche Aiguille,** ✆ 94 70 97 24, 🏖 – GB
fermé 15 nov. au 10 déc., dim. soir et lundi sauf juil.-août – **R** 75/195.

X **Fontaine d'Ampus,** ✆ 94 70 97 74, 🏖 – GB
10 avril-15 nov. et fermé mardi sauf le soir en juil.-août et merc. midi – **R** (nombre de couverts limité, prévenir) 150/195.

ANCENIS 44150 Loire-Atl. 63 ⑱ G. Châteaux de la Loire – 6 896 h alt. 13.

Office de Tourisme pl. Millénaire ✆ 40 83 07 44.

Paris 347 – ◆ Nantes 48 – Angers 45 – Châteaubriant 43 – Cholet 47 – Laval 98 – La Roche-sur-Yon 114.

Akwaba M, bd Dr Moutel ✆ 40 83 30 30, Fax 40 83 25 10, – – 100. AE GB
R *(fermé dim.)* 70/175 – 30 – **51 ch** 260/330 – ½ P 210.

Val de Loire, E : 2 km par rte Angers ✆ 40 96 00 03, Télex 711592, Fax 40 83 17 30, – – 80. GB
fermé Noël au Jour de l'An – **R** *(fermé sam.)* 69/194, enf. 51 – 26 – **40 ch** 225/315 – ½ P 214/229.

Les Terrasses de Bel Air, E : 1 km rte Angers ✆ 40 83 02 87, , – GB
fermé 15 au 31 août, dim. soir et lundi – **R** 100/250, enf. 45.

CITROEN Gar. Moderne, 339 av. F.-Robert ✆ 40 83 28 06
RENAULT Gar. Leroux, ZI rte de Châteaubriant ✆ 40 83 23 20 N ✆ 40 09 92 45
Clinique du Pneu, 151 r. de Barème ✆ 40 83 27 73

ANCY-LE-FRANC 89160 Yonne 65 ⑦ G. Bourgogne – 1 174 h alt. 193.

Voir Château★★.

Paris 217 – Auxerre 54 – Châtillon-sur-Seine 37 – Montbard 27 – Tonnerre 19.

Centre, ✆ 86 75 15 11, Fax 86 75 14 13, – – 25. GB
fermé 19 déc. au 4 janv., 22 au 28 fév. et vend. soir hors sais. – **R** 78/270, enf. 48 – 35 – **18 ch** 175/330 – ½ P 200.

PEUGEOT Gar. Marquand ✆ 86 75 12 21
RENAULT Gar. Royer ✆ 86 75 15 29 N

ANDARD 49800 M.-et-L. 64 ⑪ – 2 085 h alt. 24.

Paris 288 – Angers 15 – Baugé 26 – La Flèche 46 – Saumur 40 – Seiches-sur-le-Loir 17.

Le Dauphin, ✆ 41 80 41 59 – . GB
fermé 4 au 24 août, lundi soir et mardi – **R** 65/160, enf. 45.

ANDELOT-EN-MONTAGNE 39110 Jura 70 ⑤ – 561 h alt. 604.

Voir Forêt de la Joux★★ : sapin Président★ E : 4 km, G. Jura.

Paris 416 – Arbois 18 – Champagnole 16 – Lons-le-Saunier 45 – Pontarlier 38 – Salins-les-Bains 14.

Bourgeois, ✆ 84 51 43 77 – .
fermé 15 nov. au 15 déc. – **R** 60/130 – 25 – **16 ch** 130/195 – ½ P 175/180.

Les ANDELYS 27700 Eure 55 ⑰ G. Normandie Vallée de la Seine – 8 455 h alt. 23.

Voir Ruines du Château Gaillard★★ A – Église N.-Dame★ B.

Syndicat d'Initiative 24 r. Ph.-Auguste (fermé matin hors saison) ✆ 32 54 41 93.

Paris 93 ② – ◆ Rouen 38 ① – Beauvais 64 ② – Évreux 37 ③ – Gisors 29 ② – Mantes-la-Jolie 53 ③.

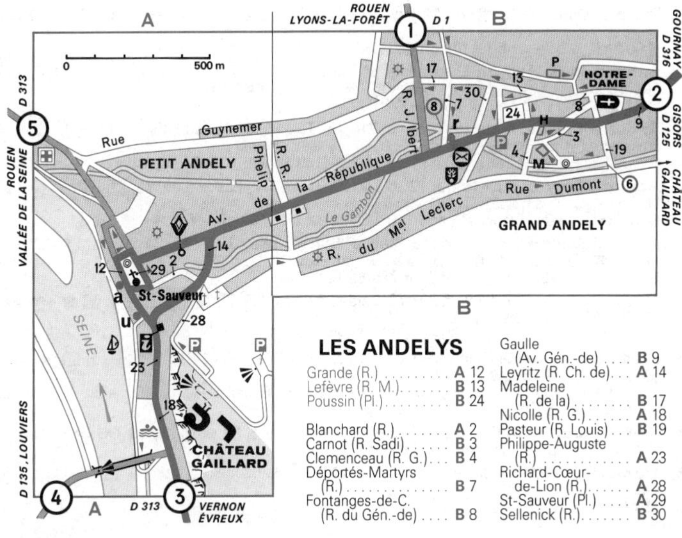

XXX **Chaîne d'Or** avec ch, 27 r. Grande 32 54 00 31, Fax 32 54 05 68, ← – TV ☎ P. AE GB. A **a**
fermé 1er janv. au 2 fév., dim. soir et lundi sauf hôtel d'avril à sept. – **R** 138/280 – 48 – **10 ch** 395/540.

XX **Normandie** avec ch, 1 r. Grande 32 54 10 52, Fax 32 54 25 84, , – TV ☎ P. GB
fermé déc., merc. soir et jeudi – **R** 100/250 – 32 – **10 ch** 190/400. A **u**

X **Paris** avec ch, 10 av. République 32 54 00 33, – ☎. GB B **r**
fermé 1er au 15 fév., merc. (sauf le midi du 15 oct. au 15 mars) et dim. du 15 oct. au 15 mars – **R** 70/168 – 30 – **8 ch** 160/240.

PEUGEOT, Gar. Berrier, 27 r. Rémy par ② 32 54 11 36
RENAULT Consortium Autom., 75 av. République 32 54 21 49 N 32 54 11 69
ROVER Gar. J.F.C., 44 av. République 32 54 12 80

ANDERNOS-LES-BAINS 33510 Gironde 78 ① G. Pyrénées Aquitaine – 7 176 h alt. 4 – Casino.

Office de Tourisme esplanade du Broustic 56 82 02 95.

Paris 628 – ◆Bordeaux 46 – Arcachon 40 – ◆Bayonne 178 – Mont-de-Marsan 125.

Aub. Le Coulin, 3 av. d'Arès 56 82 04 35, – ☎ P. GB. ch
fermé 20 déc. au 1er fév. et lundi hors sais. – **R** 60/170 – 35 – **11 ch** 280 – ½ P 250/280.

CITROEN Millot, 108 av. de Bordeaux 56 82 13 05
RENAULT Gar. Artis, 144 bd République 56 82 00 88

ANDLAU 67140 B.-Rhin 62 ⑨ G. Alsace Lorraine – 1 632 h alt. 246.

Voir Église★ : porche★★.

Paris 501 – ◆Strasbourg 39 – Erstein 22 – Le Hohwald 8 – Molsheim 24 – Sélestat 17.

Kastelberg, 88 08 97 83, Fax 88 08 48 34, – TV ☎ P – 30. GB
fermé 20 au 28 déc. – **R** (en sem. dîner seul.) 85/250 – 36 – **28 ch** 280/330 – ½ P 275/300.

XX **Boeuf Rouge**, 88 08 96 26, Fax 88 08 99 29 – AE GB
fermé 23 juin au 9 juil., 6 au 29 janv., merc. soir et jeudi – **R** 160/240, enf. 83.

En juin et en septembre,
les hôtels sont moins chers qu'en pleine saison, le service est plus soigné.

ANDOLSHEIM 68 H.-Rhin 62 ⑲ – rattaché à Colmar.

ANDORRE (Principauté d') ★★ 86 ⑭ ⑮ G. Pyrénées Roussillon – 628 interurbain avec la France.

Andorre-la-Vieille Capitale de la Principauté G. Pyrénées Roussillon (plan) – 50 588 h alt. 1029.

Voir Vallée du Valira del Orient★ NE – Vallée du Valira del Nord★ N.

Paris 885 – Carcassonne 168 – Foix 105 – ◆Perpignan 166.

Plaza, r. Maria Pla 19 644 44, Fax 217 21 – TV ☎ – 25 à 150. AE GB. rest
R 60 bc/130 bc – 60 – **101 ch** 680/850 – ½ P 600.

Andorra Park H., r. Les Canals 209 79, Télex 377, Fax 209 83, ←, , « Élégante décoration », , , – ch TV ☎ P. AE GB.
R 317 – 86 – **40 ch** 867/1078 – ½ P 942.

Andorra Palace, r. de la Roda 210 72, Télex 208, Fax 282 45, ←, , , – cuisinette TV ☎ P – 25 à 250. AE GB. rest
El Jardi del Palace R carte 120 à 210 – 55 – **140 ch** 475/575, 24 appart.

Andorra Center, r. Dr Nequi 12 248 00, Télex 377, Fax 286 06, , – rest TV ☎ – 25 à 50. AE GB.
R 175 bc **La Dama Blanca R** carte 110 à 210 – 52 – **150 ch** 485/594 – ½ P 528.

Novotel Andorra, r. Prat de la Creu 611 16, Télex 208, Fax 611 20, , , – ch TV ☎ P – 25 à 250. AE GB
R carte 135 à 230 – 55 – **102 ch** 725/850.

Mercure, av. Meritxell 58 207 73, Télex 208, Fax 285 52, , , – TV ☎ P – 25 à 80. AE GB. rest
La Brasserie R carte 115 à 185 – 55 – **70 ch** 575/675.

President, av. Santa Coloma 40 229 22, Télex 233, Fax 614 14, ←, – TV ☎ – 25 à 110. AE GB. rest
Brasserie La Nou R carte environ 165 – **Panoramic R** carte environ 165 – 47 – **88 ch** 530/820 – ½ P 570.

Eden Roc, av. Dr Mitjavila 1 210 00, Fax 603 19 – TV ☎ P. AE GB.
R 168/184 – 45 – **56 ch** 545/725 – ½ P 550.

Flora sans rest, Antic Carrer Major 25 215 08, Fax 620 85, , – TV ☎ . AE GB.
45 ch 315/525.

Pyrénées, av. Princep Benlloch 20 ✆ 600 06, Fax 202 65, ⛱, 🎾 – |♦| ▤ rest TV ☎ 🚗. ⓓ GB. ✱ rest
R 125 – **74 ch** ☐ 252/368 – ½ P 274.

Cassany sans rest, av. Meritxell 28 ✆ 206 36, Fax 636 09 – |♦| TV ☎. GB
☐ 40 – **54 ch** 300/370.

Sasplugas et rest. Metropol ⛰, r. La Creu Grossa 15 ✆ 203 11, Fax 286 98, ≤, – |♦| TV ☎ 🚗. AE GB. ✱ rest
R *(fermé 7 au 31 janv., dim. soir et lundi midi)* carte 145 à 220 ♁ – **26 ch** ☐ 340/500 – ½ P 350/400.

Florida sans rest, r. Llacuna 15 ✆ 201 05, Fax 619 25 – |♦| TV ☎. AE ⓓ GB
☐ 30 – **48 ch** 264/394.

de l'Isard, av. Meritxell 36 ✆ 200 96, Télex 377, Fax 283 29 – |♦| TV ☎ 🚗. AE ⓓ GB. ✱ rest
R 119 – ☐ 45 – **61 ch** 306/378.

Moli dels Fanals, r. Dr Vilanova - Borda Casadet ✆ 213 81, Fax 231 42, « Décor rustique » – Ⓟ. AE GB. ✱
fermé dim. du 15 juin au 15 sept. – **R** carte 180 à 235.

Borda Estevet, rte de La Comella 2 ✆ 640 26, Fax 231 42, « Décor rustique » – AE GB
R carte 110 à 160.

Celler d'En Toni avec ch, r. Verge del Pilar 4 ✆ 212 52, Fax 218 72 – |♦| TV ☎. AE ⓓ GB. ✱
R *(fermé 1er au 15 juil.)* carte 170 à 250 – ☐ 33 – **21 ch** 222/277.

Arinsal – alt. 1145 – Sports d'hiver 1550/2800 m. ⛷ 15.

Andorre-la-Vieille 12.

Solana, ✆ 351 27, Fax 373 95, ≤, ⛱ – |♦| ⊬ ch TV ☎ 🚗 – 🏛 25 à 40. AE ⓓ GB. ✱ rest
fermé 31 oct. au 15 nov. – **R** carte 140 à 185 – ☐ 40 – **75 ch** 300/400.

Poblado, ✆ 351 22, Fax 371 74, ≤ – AE ⓓ GB. ✱ rest
fermé 15 oct. au 30 nov. – **R** 72 – ☐ 28 – **30 ch** 130/255 – ½ P 185/235.

Janet sans rest, à Erts S : 1,5 km ✆ 350 88 – ⓓ GB. ✱
fermé 15 oct. au 1er déc. – ☐ 18 – **19 ch** 160/260.

Canillo – alt. 1531.

Voir Crucifixion★ dans l'église de Sant Joan de Caselles NE : 1 km.

Andorre-la-Vieille 12.

Bonavida, pl. Major ✆ 513 00, Fax 517 22, ≤ – |♦| TV ☎ 🚗. AE ⓓ GB. ✱
hôtel : fermé 13 oct. au 3 déc. ; rest. : fermé mai, juin et 13 oct. au 3 déc. – **R** (dîner seul.) 105 – **40 ch** ☐ 400/530 – ½ P 339.

Roc del Castell sans rest, carret. General ✆ 518 25, Fax 517 07 – |♦| TV ☎. AE GB. ✱
☐ 30 – **44 ch** 250/400.

Encamp – alt. 1313.

Voir Les Bons : site★ N : 1 km.

Andorre-la-Vieille 6.

Coray, chemin dels Caballers 38 ✆ 315 13, Fax 318 06, ≤ – |♦| ☎ 🚗. GB. ✱ ch
fermé 15 nov. au 1er déc. – **R** 55/75 – ☐ 17 – **85 ch** 190/270 – ½ P 165/185.

Univers, r. René Baulard 13 ✆ 310 05, Fax 319 70 – |♦| ☎ Ⓟ. AE GB. ✱
fermé nov. – **R** 65/70 – **36 ch** ☐ 190/250 – ½ P 185.

Les Escaldes-Engordany – alt. 1105.

Andorre-la-Vieille 2.

Roc de Caldes et rest. Els Jardins de Hoste ⛰, rte d'Engolasters ✆ 627 67, Télex 485, Fax 633 25, « A flanc de montagne, ≤ » – |♦| ▤ TV ☎ ♿ 🚗 Ⓟ – 🏛 25 à 120. AE ⓓ GB JCB. ✱ rest
R carte 250 à 335 – ☐ 97 – **45 ch** 1150/1300.

Roc Blanc, pl. dels Co-Princeps 5 ✆ 214 86, Télex 224, Fax 602 44, Fø, ⛱, ⛱ – |♦| TV ☎ 🚗 Ⓟ – 🏛 25 à 600. AE ⓓ GB. ✱ rest
El Pí R carte 170 à 260 – **L'Entrecôte** brasserie **R** carte 130 à 190 – ☐ 80 – **240 ch** 700/1025.

Altea H. Panorama, rte de l'Obac ✆ 618 61, Télex 478, Fax 617 42, « Terrasse avec ≤ vallée et montagnes », Fø, ⛱ – |♦| ▤ rest TV ☎ ♿ 🚗 – 🏛 25 à 600. AE ⓓ GB. ✱ rest
R 155 – ☐ 66 – **177 ch** 555/670 – ½ P 470.

Delfos, av. del Fener ✆ 246 42, Télex 242, Fax 616 42 – |♦| ▤ rest TV ☎ 🚗. AE ⓓ GB JCB. ✱ rest
R 136/146 – ☐ 37 – **200 ch** 394/506 – ½ P 379.

Comtes d'Urgell, av. Escoles 29 ☎ 206 21, Télex 226, Fax 204 65 – rest. AE GB JCB. rest
R 126 – 29 – **200 ch** 325/413.

Casa Canut, av. Carlemany 107 ☎ 213 42, Fax 609 96 – . AE GB
R voir rest. **Casa Canut** ci-après – 40 – **50 ch** 330/500.

Valira, av. Carlemany 37 ☎ 210 03, Télex 377, Fax 283 29 – . AE GB.
R 97/117 – 47 – **55 ch** 306/378 – ½ P 353.

Espel, pl. Creu Blanca 1 ☎ 208 55, Fax 280 56 – . AE GB.
fermé nov. – **R** 70/85 – 20 – **102 ch** 220/300 – ½ P 210/220.

Les Closes sans rest, av. Carlemany 93 ☎ 283 11, Fax 639 70 – . AE GB.
fermé 1er au 15 juin – **78 ch** 250/405.

Casa Canut, av. Carlemany 107 ☎ 213 42, Fax 609 96 – AE GB.
R carte 150 à 200.

Don Denis, r. Isabel Sandy 3 ☎ 206 92, Fax 631 30 – . AE GB JCB.
fermé 6 janv. au 2 fév. – **R** carte 145 à 230.

La Massana – alt. 1241.
Andorre-la-Vieille 5.

Xalet Ritz, rte de Sispony S : 1,8 km ☎ 378 77, Fax 377 20, ≤, « Belle décoration intérieure » – . AE GB.
R 167 – **47 ch** 767/1000 – ½ P 611.

Rutllan, rte d'Arinsal ☎ 350 00, Fax 351 80, ≤, – . AE GB.
rest
R 150/250 – 50 – **100 ch** 350/400 – ½ P 400/450.

El Rusc, rte d'Arinsal : 1 km ☎ 382 00, Fax 351 80, élégant décor rustique – . AE GB.
fermé lundi – **R** carte 250 à 325.

Xopluc, à Sispony S : 2,5 km ☎ 356 45, Fax 353 90, ≤ – . AE GB
R viandes carte 190 à 260.

La Borda de l'Avi, rte d'Arinsal ☎ 351 54, Fax 353 90 – . AE GB
R viandes carte 190 à 260.

Ordino – alt. 1304.
Andorre-la-Vieille 9.

Coma , ☎ 351 16, Fax 379 09, ≤, – . AE GB.
R 150 – **48 ch** 390/433 – ½ P 325.

Prats sans rest, rte Coll d'Ordino ☎ 374 37, Fax 379 09, ≤ – . AE GB.
fermé nov. – **36 ch** 310/350.

Sant Miquel sans rest, à Ansalonga NO : 1,8 km ☎ 377 70, ≤ – . AE GB.
19 ch 306/389.

Santa-Coloma – alt. 970.
Andorre-la-Vieille 4.

Cerqueda , r. Mossen Lluis Pujol ☎ 202 35, Fax 619 09, ≤, – . AE GB. rest
fermé 7 janv. au 1er mars – **R** 105/110 – 27 – **65 ch** 195/347 – ½ P 285/305.

Sant-Julià-de-Lòria – alt. 909.
Andorre-la-Vieille 7.

Pol, r. Verge de Canolich 52 ☎ 411 22, Télex 272, Fax 418 52 – rest . AE GB.
fermé 6 janv. au 6 fév. – **R** 134 – 31 – **80 ch** 491/522.

Coma Bella , SE : 7 km, alt. 1 300 ☎ 412 20, Fax 414 60, ≤, parc, « Dans la forêt de la Rabassa », – . AE GB
fermé 15 nov. au 20 déc. et 8 au 30 janv. – **R** 90 – 30 – **28 ch** 300/380 – ½ P 260/290.

Soldeu – alt. 1826 – Sports d'hiver 1700/2560 m. 16.
Env. Port d'Envalira ** SE : 7,5 km.
Andorre-la-Vieille 19.

Del Tarter, à El Tarter O : 3 km ☎ 511 65, Fax 514 74, ≤ – . AE GB.
fermé 15 oct. au 3 déc. – **R** *(fermé lundi du 1er mai au 15 juil. et du 15 sept. au 15 oct.)* 80/95 – 30 – **37 ch** 200/390 – ½ P 363.

Llop Gris , à El Tarter O : 3 km ☎ 515 59, Fax 512 29, ≤, – – 30 à 80. AE GB. rest
fermé 5 au 21 mai et 3 au 18 nov. – **R** carte 210 à 350 – **75 ch** 690/872 – ½ P 310/572.

Parador Canaro, à Incles O : 1,8 km ℘ 510 46, Fax 517 20, ≤ – TV. P. AE GB.
R 95/130 – 23 – **18 ch** 281 – ½ P 265.

Del Clos, à El Tarter O : 3 km ℘ 515 00, Fax 515 54, ≤ – TV ☎. AE GB.
R *(fermé 15 avril au 30 juin et 15 oct. au 30 nov.)* (dîner seul.) 100 – **20 ch** 400/550 – ½ P 300.

de Sant Pere avec ch, à El Tarter O : 3 km ℘ 510 87, Télex 234, Fax 247 32, ≤, – P. AE GB. rest
R *(fermé dim. soir et lundi en été)* carte 150 à 260 – **6 ch** 400/750.

ANDRÉSY 78570 Yvelines 55 ⑲ 106 ⑰ – 12 548 h.

Paris 40 – Mantes-la-Jolie 31 – Poissy 7 – Pontoise 10,5 – Saint-Germain-en-Laye 14 – Versailles 30.

Villa Hadrien, 75 r. Gén. Leclerc ℘ (1) 39 74 10 00, Fax (1) 39 70 87 07, – P. AE GB
fermé dim. soir et lundi – **R** 270, enf. 100.

ANDRÉZIEUX-BOUTHÉON 42160 Loire 73 ⑱ – 9 407 h. alt. 399.

Voir Lac de retenue de Grangent** S : 9 km, G. Vallée du Rhône.

Paris 511 – ◆Saint-Étienne 16 – ◆Lyon 76 – Montbrison 18 – Roanne 72.

Novotel M, Z.I. Centre-Vie ℘ 77 36 55 63, Télex 900722, Fax 77 55 09 05, –
ch rest TV ☎ & P – 150. AE GB
R carte environ 160, enf. 50 – 47 – **98 ch** 395.

ANDUZE 30140 Gard 80 ⑰ G. Gorges du Tarn – 2 913 h alt. 131.

Voir Bambouseraie de Prafrance* N : 3 km par D 129.

Syndicat d'Initiative plan de Brie ℘ 66 61 98 17.

Paris 730 – Alès 24 – ◆Montpellier 52 – Florac 78 – Lodève 75 – Nîmes 46 – Le Vigan 42.

au NO 3 km par D 907 – ✉ **30140** Anduze :

Porte des Cévennes M, ℘ 66 61 99 44, Fax 66 61 73 65, ≤, – ☎ P. AE GB.
1er avril-29 oct. – **R** (dîner seul.) 85/150 – 40 – **41 ch** 245/270 – ½ P 225.

à Générargues NO : 5,5 km par D 129 et D 50 – ✉ **30140** :

Trois Barbus, ℘ 66 61 72 12, Fax 66 61 72 74, ≤ vallée des Camisards, – TV ☎ P – 30. AE GB. rest
fermé 2 janv. au 30 mars, dim. soir, lundi et mardi du 1er nov. au 31 déc. – **R** 150/320, enf. 70 – 55 – **35 ch** 350/560 – ½ P 380/500.

à Tornac SE : 6 km par D 982 – ✉ **30140** :

Demeures du Ranquet M, ℘ 66 77 51 63, Fax 66 77 55 62, , parc, – ch
ch TV ☎ & P. GB. rest
1er mars-1er déc. et fermé mardi soir et merc. du 15 sept. au 15 juin – **R** 150/340, enf. 60 – 65 – **10 ch** 600/800 – ½ P 550/600.

à Mialet NO : 10 km par D 129 et D 50 – ✉ **30140** :

Voir Le Mas Soubeyran : musée du Désert* (souvenirs protestants 17e-18e s.) S : 3 km – Grotte de Trabuc* : les cent mille soldats** (concrétions) E : 6 km.

Grottes de Trabuc, sur D 50 ℘ 66 85 02 81, ≤, – ☎ P. rest
1er avril-5 oct. et fermé mardi – **R** 72/115 – 22 – **8 ch** 210 – ½ P 180/200.

Aub. du Fer à Cheval, ℘ 66 85 02 80, – GB
20 mars-30 sept., week-ends d'oct. à nov. et fermé dim. soir et lundi sauf juil.-août – **R** 80/120, enf. 45.

à Durfort SO : 12 km par D 982 – ✉ **30170** :

Le Real, rte St-Hippolyte-du-Fort ℘ 66 77 50 68, – P
fermé 28 juin au 7 juil., 15 au 20 nov., vacances de fév., dim. soir et lundi – **R** (déj. seul. d'oct. à juin) 95/220, enf. 50.

ANET 28260 E.-et-L. 55 ⑰ 106 ⑬ – 2 696 h alt. 71.

Voir Château*, G. Normandie Vallée de la Seine.

Paris 76 – Chartres 50 – Dreux 16 – Évreux 31 – Mantes-la-Jolie 27 – Versailles 56.

Dousseine sans rest, rte Sorel-Moussel ℘ 37 41 49 93, Fax 37 41 90 54, « Jardin fleuri », – TV ☎ P – 50. GB
40 – **20 ch** 280/320.

Manoir d'Anet, ℘ 37 41 91 05 – GB
fermé 2 au 21 janv., mardi soir, jeudi soir et merc. – **R** 125/205, enf. 60.

à Ézy-sur-Eure (27 Eure) NO : 2 km – ✉ **27530** :

Maître Corbeau, rte Ivry ℘ 37 64 73 29, Fax 37 64 68 98, – P. AE GB
fermé 1er août au 9 sept., 3 janv. au 3 fév., mardi soir et merc. sauf juil.-août – **R** 98/220, enf. 80.

PEUGEOT-TALBOT Dafeur ℘ 37 41 91 02 N
RENAULT Bonnin ℘ 37 41 90 51
RENAULT Ézy Auto, à Ézy-sur-Eure (27) ℘ 37 64 74 33

ANGERS P 49000 M.-et-L. 63 ⑳ G. Châteaux de la Loire – 141 404 h alt. 47.

Voir Château★★★ AYZ : tenture de l'Apocalypse★★★, tenture de la Passion et Tapisseries mille-fleurs★★ – Vieille ville★★ : cathédrale★★ BY, galerie romane★★ de la Préfecture★ BZ **P**, galerie David d'Angers★ BZ **E**, Maison d'Adam★ BYZ **D**, hôtel Pincé★ BY **M2** – Choeur★★ de l'église St-Serge★ CY – Musée Jean Lurçat et de la Tapisserie contemporaine★★ dans l'ancien hôpital St-Jean ABY – La Doutre★ AY.

18 ☎ 41 91 96 56, par ④ : 8 km.

Office de Tourisme pl. Kennedy ☎ 41 88 69 93, Télex 720930 – A.C. pl. République (près Halles) ☎ 41 88 40 22.

Paris 294 ① – ◆Caen 219 ⑤ – Laval 75 ⑤ – ◆Le Mans 95 ① – ◆Nantes 89 ⑤ – ◆Orléans 214 ① – Poitiers 132 ④ – ◆Rennes 119 ⑤ – Saumur 49 ② – ◆Tours 107 ①.

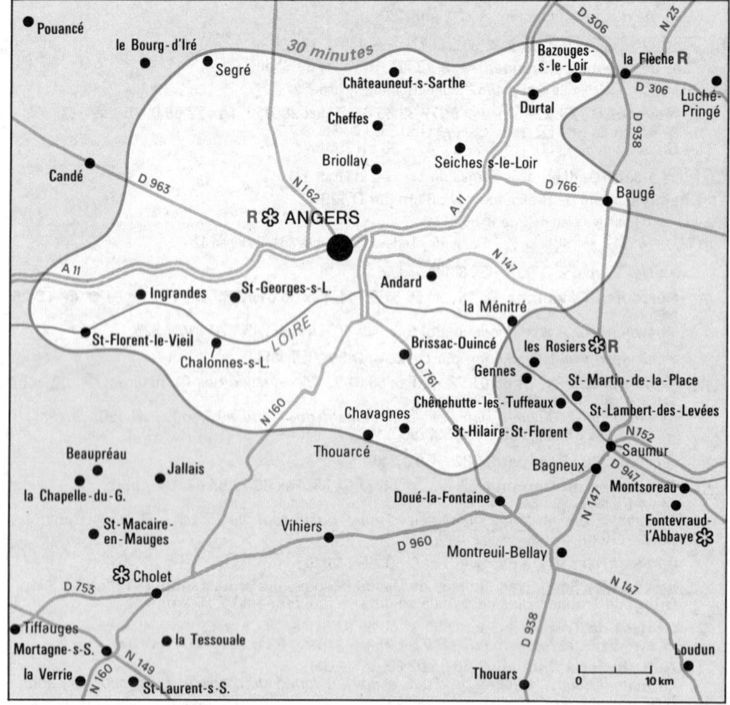

Anjou et rest. Salamandre, 1 bd Mar. Foch ✉ 49100 ☎ 41 88 24 82, Télex 720521, Fax 41 87 22 21, « Belle décoration intérieure » – 🛗 📺 ☎ 🚗 – 🏛 70. AE ⓓ GB JCB. ✻ rest — CZ **h**
R *(fermé dim.)* 115/210 – ☕ 50 – **53 ch** 390/550.

Concorde Ⓜ, 18 bd Mar. Foch ✉ 49100 ☎ 41 87 37 20, Télex 720923, Fax 41 87 49 54 – 🛗 ▤ rest 📺 ☎ – 🏛 25 à 200. AE ⓓ GB JCB — CZ **u**
R (brasserie) 110/140 🍷 – ☕ 50 – **72 ch** 490/600.

Mercure Ⓜ, pl. Mendès-France (Centre des Congrès) ✉ 49100 ☎ 41 60 34 81, Télex 722139, Fax 41 60 57 84 – 🛗 ⇆ ch ▤ 📺 ☎ ♿ 🚗. AE ⓓ GB — CY **a**
R carte environ 160 🍷, enf. 45 – ☕ 52 – **86 ch** 435/545.

France et rest. Plantagenets, 8 pl. Gare ✉ 49100 ☎ 41 88 49 42, Fax 41 86 76 70 – 🛗 ⇆ ch ▤ rest 📺 ☎ – 🏛 30. AE ⓓ GB JCB — AZ **t**
R *(fermé 23 déc. au 6 janv. et sam.)* 95/150 🍷, enf. 45 – ☕ 50 – **56 ch** 330/600.

Progrès sans rest, 26 r. D. Papin ✉ 49100 ☎ 41 88 10 14, Télex 720982, Fax 41 87 82 93 – 🛗 📺 ☎. AE ⓓ GB JCB — AZ **x**
fermé 18 déc. au 3 janv. – ☕ 38 – **41 ch** 280/350.

Univers sans rest, 16 r. Gare ✉ 49100 ☎ 41 88 43 58, Fax 41 86 97 28 – 🛗 📺 ☎. AE ⓓ GB — AZ **m**
☕ 25 – **45 ch** 190/270.

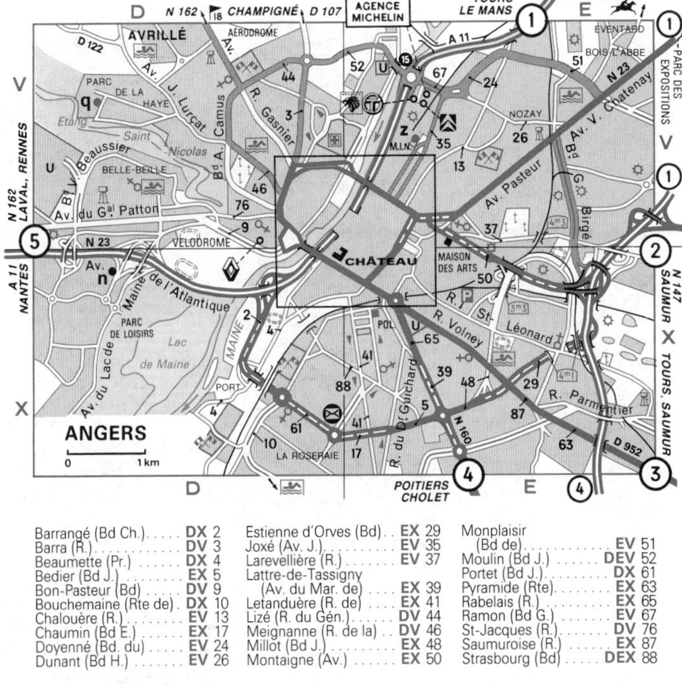

Barrangé (Bd Ch.) . . . . . **DX** 2
Barra (R.) . . . . **DV** 3
Beaumette (Pr.) . . . . . . **DX** 4
Bedier (Bd J.) . . . . **EX** 5
Bon-Pasteur (Bd) . . . . . **DV** 9
Bouchemaine (Rte de) . **DX** 10
Chalouère (R.) . . . . **EV** 13
Chaumin (Bd E.) . . . . . . **EX** 17
Doyenné (Bd. du) . . . . . **EV** 24
Dunant (Bd H.) . . . . **EV** 26
Estienne d'Orves (Bd) . . **EX** 29
Joxé (Av. J.) . . . . **EV** 35
Larevellière (R.) . . . . **EV** 37
Lattre-de-Tassigny (Av. du Mar. de) . . . . **EX** 39
Letanduère (R. de) . . . . **EX** 41
Lizé (R. du Gén.) . . . . . . **DV** 44
Meignanne (R. de la) . . **DV** 46
Millot (Bd J.) . . . . **EX** 48
Montaigne (Av.) . . . . . . **EX** 50
Monplaisir (Bd de) . . . . **EV** 51
Moulin (Bd J.) . . . . . . **DEV** 52
Portet (Bd J.) . . . . **DX** 61
Pyramide (Rte) . . . . **EX** 63
Rabelais (R.) . . . . **EX** 65
Ramon (Bd G.) . . . . **EV** 67
St-Jacques (R.) . . . . **DV** 76
Saumuroise (R.) . . . . . . **EX** 87
Strasbourg (Bd) . . . . . **DEX** 88

St Julien sans rest, 9 pl. Ralliement ✉ 49100 ☎ 41 88 41 62, Fax 41 20 95 19 – |‡| TV ☎. GB — CY **e**
☕ 28 – **34 ch** 230/320.

Champagne sans rest, 34 r. D. Papin ✉ 49100 ☎ 41 88 78 06, Fax 41 87 03 94 – |‡| TV ☎. AE ⓓ GB — AZ **x**
☕ 32 – **30 ch** 169/274.

Europe sans rest, 3 r. Château-Gontier ✉ 49100 ☎ 41 88 67 45, Télex 722125 – TV ☎. AE ⓓ GB — CZ **a**
☕ 27 – **29 ch** 180/230.

Ibis M, r. Poissonnerie ✉ 49100 ☎ 41 86 15 15, Télex 720916, Fax 41 87 10 41 – |‡| ⇎ ch TV ☎ ♿ – 🏛 40. AE GB — BY **b**
R 83 🍷, enf. 35 – ☕ 34 – **95 ch** 310/340.

Mail sans rest, 8 r. Ursules ✉ 49100 ☎ 41 88 56 22, Fax 41 86 91 20 – TV ☎ P. ⓓ GB — CY **b**
☕ 28 – **27 ch** 145/280.

Fimotel, 23 bis r. P. Bert ✉ 49100 ☎ 41 88 10 10, Fax 41 88 85 46 – |‡| TV ☎ ♿ P – 🏛 150. AE ⓓ GB — CZ **s**
R 75/89 🍷, enf. 36 – ☕ 35 – **50 ch** 275/295 – ½ P 230.

Continental sans rest, 12 r. L. de Romain ✉ 49100 ☎ 41 86 94 94, Télex 723042, Fax 41 86 96 60 – |‡| TV ☎. AE GB JCB — BYZ **n**
☕ 30 – **25 ch** 210/290.

Royalty M sans rest, 21 bd Ayrault ✉ 49100 ☎ 41 43 78 76, Fax 41 60 37 51 – |‡| TV. GB JCB — CY **z**
fermé 1er au 10 août – ☕ 24 – **20 ch** 230/250.

Royal sans rest, 8 bis pl. Visitation ✉ 49100 ☎ 41 88 30 25, Fax 41 81 05 75 – |‡| ☎. AE ⓓ GB — AZ **k**
fermé 24 déc. au 3 janv. – ☕ 28 – **40 ch** 100/205.

XXXX ✿ **Pavillon Le Quéré** M avec ch, 3 bd Mar. Foch ✉ 49100 ☎ 41 20 00 20, Fax 41 20 06 20, «Ancien hôtel particulier du 19e siècle» – |‡| ⇎ ch TV ☎ ♿ P. AE GB JCB — CZ **h**
R *(fermé dim. soir)* 220 bc/450 et carte 300 à 410 – ☕ 60 – **6 ch** 500/1200, 4 appart.
Spéc. Homard en nage aux Coteaux de l'Aubance. Sandre en écailles de pommes de terre à l'Anjou rouge. Fondant chocolat amer et griottines. **Vins** Anjou blanc. Savennières.

ANGERS

Alsace (R. d')	CZ	
Beaurepaire (R.)	AY	
Bressigny (R.)	CZ	
Chaperonnière (Rue)	BYZ	15
Foch (Bd Mar.)	BCZ	
Laiterie (Pl.)	AY	
Lenepveu (R.)	CY	40
Lices (R. des)	BZ	
Lionnaise (R.)	AY	
Plantagenêt (R.)	BY	56
Ralliement (Pl. du)	BY	66
Roë (R. de la)	BY	69
St-Aubin (R.)	BZ	73
St-Julien (R.)	BCZ	
Voltaire (R.)	BZ	93
Bichat (R.)	AY	7
Bon-Pasteur (Bd du)	AY	9
Bout-du-Monde (Prom. du)	AY	12
Commerce (R. du)	CY	19
David-d'Angers (Rue)	CY	21
Denis-Papin (R.)	BZ	22
Espine (R. de l')	BY	27
Freppel (Pl.)	BY	30
Gare (R. de la)	BZ	32
La Rochefoucauld-Liancourt (Pl.)	ABY	38
Lise (R. P.)	CY	43
Marceau (R.)	AZ	45
Mirault (Bd)	BY	49
Oisellerie (R.)	BY	53
Pasteur (Av.)	CY	54
Pilori (Pl. du)	CY	55
Pocquet-de-Livonnières (R.)	CY	57
Poëliers (R. des)	CY	58
Poissonnerie (Pl.)	BY	59
Prés.-Kennedy (Place du)	AZ	62
Résistance-et-de-la-Déport. (Bd)	CY	68
Ronceray (Bd du)	AY	70
St-Aignan (R.)	AY	72
St-Étienne (R.)	CY	75
St-Laud (R.)	BY	77
St-Lazare (R.)	AY	79
St-Martin (R.)	BZ	80
St-Maurice (Mtée)	BY	82
St-Maurille (R.)	CY	85
St-Michel (Bd)	CY	83
Ste-Croix (Pl.)	BZ	86
Talot (R.)	BZ	89
Tonneliers (Rue des)	AY	90

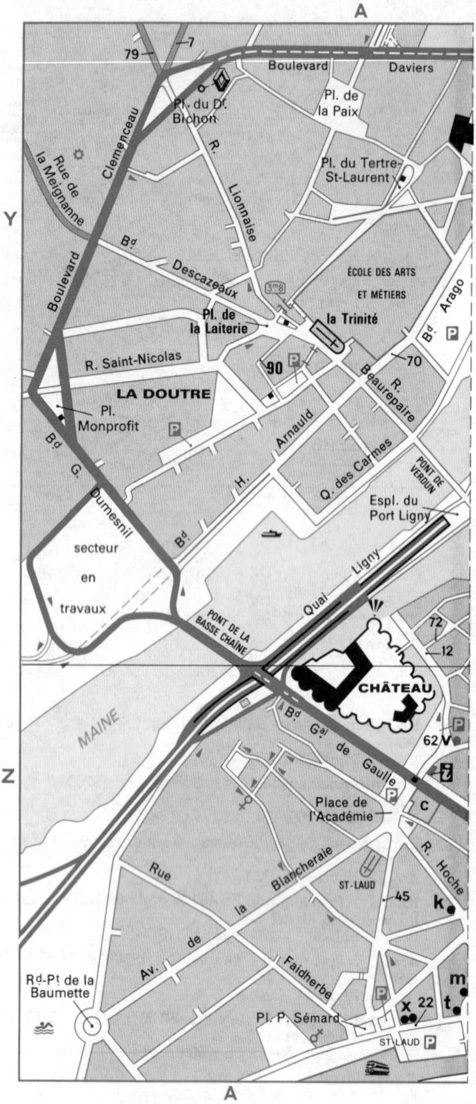

XXX **Le Toussaint,** 7 pl. Kennedy, 1er étage ✉ 49100 ✆ 41 87 46 20, Fax 41 87 96 64 – ▤. AE GB JCB – *fermé dim. soir et lundi* – **R** 120/280 ♁, enf. 65. AZ **v**

XXX **Le Logis,** 9 pl. Ralliement ✉ 49100 ✆ 41 87 44 15 – AE ⓓ GB CY **e**
fermé dim. soir et lundi – **R** produits de la mer 115/350.

XX **Le Méridor,** 4 r. de l'Espine ✉ 49100 ✆ 41 87 40 97 – AE GB BY **r**
fermé 14 juil. au 15 août, dim. soir et lundi – **R** 95/250, enf. 50.

XX **Rose d'Or,** 21 r. Delaage ✉ 49100 ✆ 41 88 38 38 – ▤. GB. ✻ BZ **v**
fermé 2 au 23 août, dim. soir et lundi – **R** 100/170, enf. 60.

X **L'Entrecôte,** av. Joxé (M.I.N.) par av. M. Talet et av. Besnardière ✉ 49100 ✆ 41 43 71 77, Fax 41 37 06 78 – ▤. GB EV **z**
fermé 1er au 21 août, sam. et dim. – **R** (déj. seul.) 72/150.

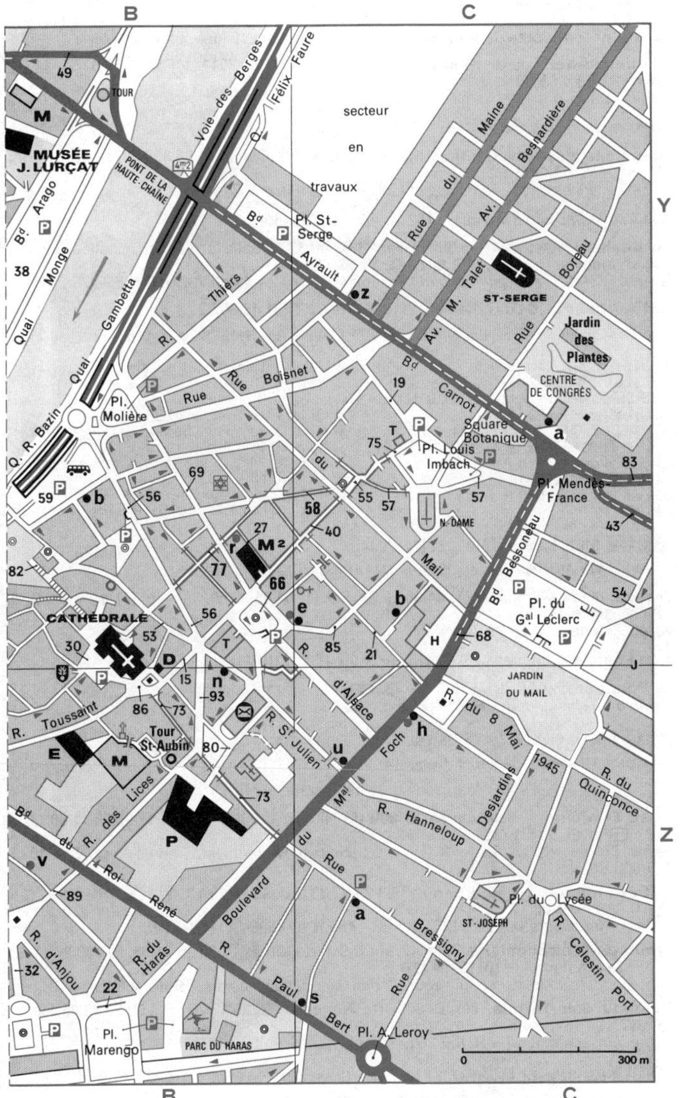

près du Parc des Expositions par ① N 23 : 6 km – ✉ **49480** St Sylvain d'Anjou :

🏨 **Acropole** Ⓜ sans rest, ☎ 41 60 87 88, Fax 41 60 30 03, ⛱, 🌳 – 🛗 📺 ☎ ♿ 🅟 – 🎤 50 à 100. AE GB
☕ 40 – **54 ch** 280/300.

XXX **Aub. d'Éventard,** ☎ 41 43 74 25, Fax 41 34 89 20, ☂, 🌳 – 🅟. AE ⓓ GB. 🚫
fermé dim. soir – **R** 180/380, enf. 100.

XX **Le Clafoutis,** ☎ 41 43 84 71, 🌳 – ▤ 🅟. GB
fermé 21 juil. au 19 août, vacances de fév., dim. soir, mardi soir et merc. – **Repas** 85/250, enf. 65.

vers ⑤ par autoroute de Nantes sortie Lac de Maine O : 2 km – ✉ **49000** Angers :

🏨 **Mercure-Altéa Lac de Maine** Ⓜ, ✆ 41 48 02 12, Télex 721111, Fax 41 48 57 51, – ch – 🅿 – 200. AE ⓓ GB DX **n**
R 148 bc/195, enf. 60 – ☕ 52 – **78 ch** 390/500.

au parc de la Haye NO : 4 km – ✉ **49240** Avrillé :

✗ **Aub. de la Haye,** av. Geoffroy-Martel, Parc de la Haye ✆ 41 69 33 58, Fax 41 69 66 74, – AE ⓓ GB DV **q**
fermé vacances de fév., dim. soir et lundi – **R** 85/180, enf. 35.

à la Croix-Cadeau 8 km par N 162 DV – ✉ **49240** Avrillé :

🏨 **Le Cavier** Ⓜ, ✆ 41 42 30 45, Fax 41 42 40 32, « Salle à manger installée dans un ancien moulin », – 🅿. AE ⓓ GB. rest
R *(fermé 24 déc. au 6 janv. et dim.)* 95, enf. 40 – ☕ 42 – **43 ch** 230/290 – ½ P 225/240.

MICHELIN, Agence, 18 bd G.-Ramon, ZI St-Serge EV ✆ **41 43 65 52**

BMW Guitteny Automobiles, 2 av. Besnardière ✆ 41 43 72 88
CITROEN SOVAM, 3 r. Vaucanson EV ✆ 41 43 16 24 **N** ✆ 41 66 82 66
MERCEDES-BENZ Gar. Bretagne, 107 bd Bedier ✆ 41 44 51 51 **N** ✆ 41 66 82 66
PEUGEOT-TALBOT SIAA, 9 quai F.-Faure, ZI St-Serge EV ✆ 41 60 56 05 **N** ✆ 41 95 05 74
RENAULT Succursale, bd Bon-Pasteur DVX ✆ 41 48 35 34 **N** ✆ 41 95 01 76
RENAULT Gar. Plessis, 5 pl. Dr Bichon AY ✆ 41 87 46 86
ROVER Gar. Rallye-Service, 4 bis r. St-Maurille ✆ 41 88 03 39
SAAB Gar. Lafayette, 21 pl. Lafayette ✆ 41 88 42 20

Ⓜ Cailleau, 9 r. Thiers ✆ 41 88 73 20
Euromaster Perry Pneu Service, Les Ponts de Cé ✆ 41 69 96 16
Euromaster Perry Pneu Service, 4 av. Besnardières ✆ 41 43 67 49
Rodier-Pneu, 7 bd Romanerie ✆ 41 43 95 14
Sofrap, Les Ponts de Cé ✆ 41 44 97 87

ANGERVILLE 91670 Essonne 60 ⑲ – 3 012 h alt. 141.

Paris 68 – Chartres 44 – Ablis 28 – Étampes 19 – Évry 54 – ♦Orléans 52 – Pithiviers 27.

🏨 **France,** pl. du Marché ✆ (1) 64 95 20 03, Fax (1) 64 95 39 59, – 30. AE ⓓ GB. rest
R 140 – ☕ 40 – **18 ch** 290/460.

à La Poste de Boisseaux S : 7 km sur N 20 – ✉ **28310** (E.-et-L.) Barmainville :

✗✗ **La Panetière,** ✆ 38 39 58 26, – 🅿. GB
fermé dim. soir et lundi – **R** 100/155, enf. 80.

Les ANGLES 30133 Gard 81 ⑪ – 6 838 h alt. 66.

Paris 683 – Avignon 7 – Alès 68 – Nîmes 39 – Remoulins 18.

Voir plan de Avignon agglomération.

🏨 **Host. Ermitage,** à Bellevue sur D 900 rte Nîmes ✆ 90 25 41 02, Fax 90 25 11 68, – ch 🅿. AE ⓓ GB
fermé 1er janv. au 28 fév. – **R** voir rest. **Ermitage Meissonnier** ci-après – ☕ 55 – **16 ch** 250/500 – ½ P 500.

🏨 **Le Petit Manoir**, av. J. Ferry ✆ 90 25 03 36, Fax 90 25 49 13, – 🅿 – 70. GB. rest AV **s**
R *(fermé lundi hors sais.)* 85/180 – ☕ 30 – **46 ch** 190/330 – ½ P 235/275.

✗✗✗ **Ermitage-Meissonnier,** à Bellevue sur D 900 rte Nîmes ✆ 90 25 41 68, Fax 90 25 11 68, « Jardin fleuri » – 🅿. AE ⓓ GB AV **r**
fermé lundi (sauf le soir en juil.-août) et dim. soir de nov. à mars – **R** 160/460, enf. 130.

✗✗ **Oustaou dou Terraie,** sur D 900, rte Nîmes ✆ 90 25 49 26, Fax 90 25 20 45, – 🅿. GB
fermé dim. soir et lundi – **R** 150/255, enf. 80.

Les ANGLES 66210 Pyr.-Or. 86 ⑯ – 528 h alt. 1 600 – Sports d'hiver : 1 600/2 400 m 2 18.

ℹ Office de Tourisme av. de l'Aude ✆ 68 04 32 76, Télex 506073.

Paris 881 – Font-Romeu 20 – Mont-Louis 10,5 – ♦Perpignan 90 – Quillan 59.

🏨 **Le Yaka,** ✆ 68 04 46 46, Fax 68 04 39 56, – 🅿. ⓓ GB. rest
1er juin-15 oct. et 1er déc.-30 avril – **R** 81/164, enf. 40 – ☕ 37 – **35 ch** 240/260 – ½ P 276.

ANGLET 64600 Pyr.-Atl. 78 ⑱ G. Pyrénées Aquitaine – 33 041 h alt. 28.

18 de Chiberta ✆ 59 63 83 20, N : 5 km.

✈ de Biarritz-Bayonne-Anglet ✆ 59 23 90 66, SO : 2 km.

ℹ Office de Tourisme 1 av. Chambre-d'Amour ✆ 59 03 77 01.

Paris 775 – Biarritz 4 – ♦Bayonne 3 – Cambo-les-Bains 19 – Pau 109 – St-Jean-de-Luz 20.

Plans : voir Biarritz-Anglet-Bayonne.

Atlanthal [M] ⛱, 153 bd Plages - ABX ✆ 59 52 75 75, Télex 573428, Fax 59 52 75 13, ≤, ☂, centre de thalassothérapie, ⚕, ⛱, ⬚, ✂ - |♦| ⇔ ch ≡ rest ▣ ☎ ♿ Ⓟ - ⚑ 110. AE ⓓ GB. ✗ rest
fermé vacances de Noël – **R** 195/225 – ⊏ 70 – **99 ch** 605/1245 – ½ P 758/1008.

Novotel Biarritz Aéroport [M], 64 av. Espagne, N 10 ✆ 59 58 50 50, Télex 572127, Fax 59 03 33 55, ☂, ⛱, ☀, ✂ - |♦| ⇔ ch ≡ ▣ ☎ ♿ Ⓟ - ⚑ 130. AE ⓓ GB
R carte environ 150, enf. 60 – ⊏ 55 – **121 ch** 475/555. BX **m**

Ibis [M], 64 av. Espagne, N 10 ✆ 59 03 45 45, Télex 560121, Fax 59 03 27 97 – |♦| ⇔ ch ▣ ☎ ♿ Ⓟ – ⚑ 50. AE GB. ✗ rest – **R** 95 ♁, enf. 39 – ⊏ 34 – **83 ch** 315/360. BX **m**

Climat de France, bd B.A.B. ✆ 59 52 99 00, Télex 572140, Fax 59 52 29 11, ☂ – ≡ rest ▣ ☎ ♿ Ⓟ – ⚑ 25. AE ⓓ GB – **R** 65/118 ♁, enf. 38 – ⊏ 30 – **74 ch** 180/300. BX **f**

au lac de Brindos SO : 3,5 km par N 10 - voir à Biarritz

CITROEN C et C, bd B.A.B. BX ✆ 59 63 89 85
FIAT Gar. Côte Basque, 44 av. de Bayonne ✆ 59 63 04 04
FORD Auto-Durruty, ZI des Pontots, bd B.A.B. ✆ 59 58 33 33
OPEL Gar. Lafontaine, BAB 2, les Pontots ✆ 59 52 26 46
RENAULT Gar. Aylies Fres, 54 av. d'Espagne BX ✆ 59 03 98 13

ANGOULÊME

ANGOULÊME [P] **16000** Charente 72 ⑬ ⑭ **G. Poitou Vendée Charentes** – 42 876 h alt. 72.

Voir La ville haute★★ – Site★ – Promenade des Remparts★★ YZ – Cathédrale★ : façade★★ Y **F** – C.N.B.D.I. (Centre national de la bande dessinée et de l'image)★ Y **M**[1].

⛳ de l'Hirondelle ✆ 45 61 16 94, S : 2 km X.

✈ d'Angoulême-Champniers, ✆ 45 66 88 09, par ① : 12 km.

ℹ Office de Tourisme 2 pl. St-Pierre ✆ 45 95 16 84, Télex 792215 A.C. de la Charente, 6 r. Marcel-Paul ✆ 45 25 22 28.

Paris 444 ① – Agen 228 ③ – ♦Bordeaux 114 ⑤ – Châteauroux 209 ② – ♦Limoges 103 ② – Niort 106 ① – Périgueux 87 ③ – Poitiers 108 ① – La Rochelle 141 ⑥ – Royan 110 ⑥.

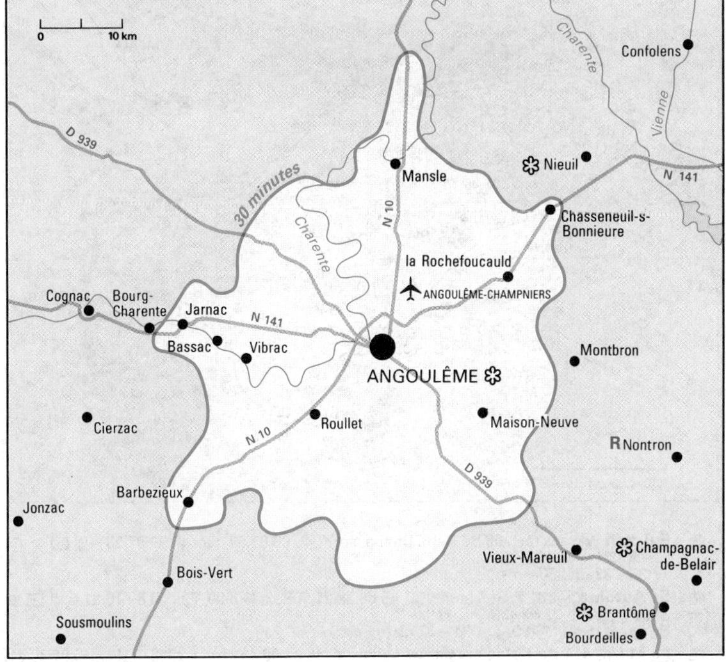

Mercure-Altéa H. de France [M], 1 pl. Halles ✆ 45 95 47 95, Télex 793191, Fax 45 92 02 70, ☂, ☀ – |♦| ⇔ ch ≡ rest ▣ ☎ ♿ ⇐. AE ⓓ GB. ✗ rest Y **e**
R *(fermé dim. du 1er oct. au 30 avril)* 150 – ⊏ 50 – **90 ch** 430/630.

Européen [M] sans rest, pl. G. Pérot ✆ 45 92 06 42, Fax 45 94 88 29 – |♦| ▣ ☎ ♿ ⇐ – ⚑ 25. AE ⓓ GB Y **a**
⊏ 40 – **32 ch** 320/400.

ANGOULÊME

Louvel (Pl. F.) . . . . Y 31
Marengo (R.) . . . . YZ 33
Monlogis (R.) . . . . X 35
Paris (R. de) . . . . Y
Périgueux (R. de) . . . . X, YZ
Postes (R. des) . . . . Y 39
St-Martial
(Esp. et R.) . . . . Z 45
Saintes (R. de) X

Aguesseau (Rampe) . . . . . Y 2
Anciens-Combattants
(Bd) . . . . Y 3
Barthou (R. L.) . . . . Y 4
Bouillaud (Pl.) . . . . Z 5
Briand (Bd A.) . . . . Y 6
Chabasse (Bd) . . . . X 8
Champs-de-Mars (Pl.) . . . . Y 9
Churchill (Bd W.) . . . . Z 10
Cloche-Verte (R.) . . . . Y 12
Denis-Papin (R.) . . . . Y 16
Desaix (Rempart) . . . . Z 20
Gambetta (Av.) . . . . Y 25
Gaulle (R. Gén.-de) . . . . . . Y 26
Halles (Pl. des) . . . . Y 27
La Rochefoucauld (R.) . . . . Y 29
Lattre-de-T. (Av. de) . . . X, Y 30
Midi (Rempart du) . . . . Y 34
Pasteur (Bd) . . . . Y 37
St-André (R.) . . . . Y 42
St-Antoine (R.) . . . . X 44
8-Mai-1945 (Bd du) . . . . . . X 55

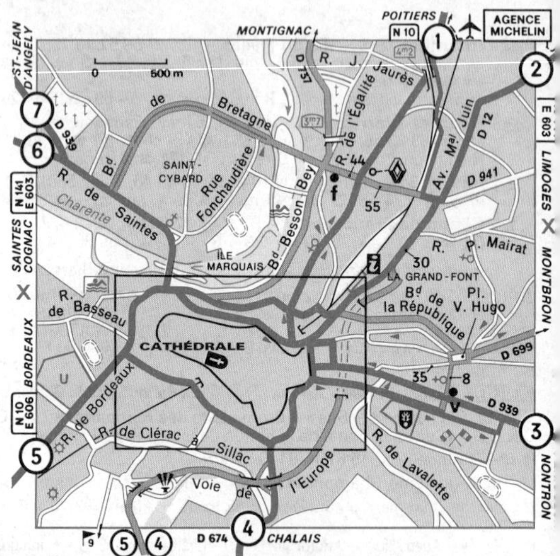

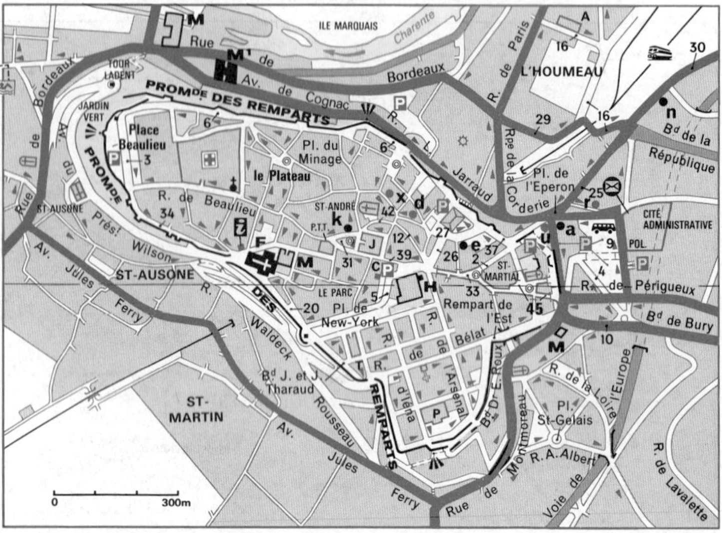

Épi d'Or [M] sans rest, 66 bd René Chabasse ☎ 45 95 67 64, Fax 45 92 97 23 – |♦| [TV] ☎ [P]. AE ① GB JCB X v
35 – **33 ch** 280.

St Antoine [M], 31 r. St Antoine ☎ 45 68 38 21, Télex 790909, Fax 45 69 10 31 – |♦| [TV] ☎ ♿ [P] – 25. AE ① GB X f
R *(fermé dim.)* 70/180 – 34 – **32 ch** 265/315 – ½ P 240.

Le Flore, 414 rte Bordeaux par ⑤ : 2 km ☎ 45 91 99 46, Télex 791573, Fax 45 91 40 71, – [TV] ☎ ♿ [P]. GB
R *(fermé sam. midi et dim. soir)* 120/160 – 25 – **38 ch** 200/255.

Palais sans rest, 4 pl. F. Louvel ☎ 45 92 54 11, Fax 45 92 01 83 – [TV] ☎. AE ① GB Y k
28 – **50 ch** 170/310.

H. Terminus sans rest, pl. Gare ☎ 45 92 39 00, Télex 790572, Fax 45 92 68 10 – |♦| [TV] ☎. AE GB Y n
25 – **34 ch** 160/250.

XX Le Margaux, 25 r. Genève ✆ 45 92 58 98 Y d

XX **La Ruelle,** 6 r. Trois Notre-Dame ✆ 45 95 15 19 – AE GB Y x
fermé 1er au 23 août, 20 fév. au 5 mars, sam. midi et dim. – **R** 140/250 ⅄, enf. 60.

XX **Le Palma,** 4 rampe d'Aguesseau ✆ 45 95 22 89, Fax 45 94 26 66 – GB Y u
fermé 25 déc. au 4 janv. et dim. – **R** 58/150 ⅄, enf. 45.

X **Rest. Terminus,** pl. Gare ✆ 45 95 27 13, Fax 45 94 04 09 – AE GB Y n
fermé sam. midi et dim. soir – **R** 75/145.

X **La Cité,** 28 r. St Roch ✆ 45 92 42 69 – GB Y r
fermé 1er au 15 août, vacances de fév., dim. et lundi – **R** 69/155 ⅄.

par la sortie ① :

rte de Poitiers – ✉ **16430** Champniers :

Novotel M, à 6 km près échangeur Nord ✆ 45 68 53 22, Télex 790153, Fax 45 68 33 83, , , – ch rest TV ☎ ♿ P – 150. AE GB
R carte environ 150, enf. 50 – ☕ 48 – **103 ch** 380/420.

Motel PM 16 M sans rest, à 8 km ✆ 45 68 03 22, Télex 790345, Fax 45 69 07 67, – TV ☎ P – 50. AE GB
fermé sam. soir de nov. à mars – **R** voir rest. **Feu de Bois** ci-après – ☕ 32 – **41 ch** 235/310.

Ibis M, à 6 km près échangeur Nord ✆ 45 69 16 16, Télex 793598, Fax 45 68 20 77 – ch TV ☎ ♿ P – 25. AE GB
R 100 ⅄, enf. 39 – ☕ 33 – **61 ch** 260/295.

XX **Le Feu de Bois,** à 8 km ✆ 45 68 69 96, Fax 45 69 07 67 – P. GB
fermé 11 janv. au 5 fév. et lundi soir – **R** 75/200 ⅄, enf. 45.

par la sortie ③ :

à Maison Neuve 17 km par D 939, D 4 et D 25 – ✉ **16410** Vouzan :

XXX **Orée des Bois** M avec ch, ✆ 45 24 94 38, – TV ☎ P. GB
fermé 2 au 20 nov., dim. soir et lundi du 15 sept. au 15 juin – **R** 95/250 – ☕ 30 – **7 ch** 200/260 – ½ P 240.

par la sortie ⑤ :

à Roullet : 14 km – 3 378 h. – ✉ **16440** Roullet-St-Estèphe :

Vieille Étable, rte Mouthiers ✆ 45 66 31 75, Fax 45 66 47 45, , « Parc », , – TV ☎ ♿ P – 25 à 80. GB. rest
fermé dim. soir de fin sept. à mi-mai – **R** 78/260 ⅄ – ☕ 32 – **29 ch** 270/350 – ½ P 316.

par la sortie ⑥ :

rte de Cognac par N 141 et D 120 : 10 km – ✉ **16290** Hiersac :

✿ **Host. du Moulin du Maine Brun** , ✆ 45 90 83 00, Télex 791053, Fax 45 96 91 14, ≤, , Parc animalier, « Beau mobilier », – TV ☎ P. AE GB
fermé 1er nov. au 30 déc. – **R** *(fermé dim. soir et lundi d'oct. à mars)* 175/370 et carte 250 à 335 – ☕ 60 – **18 ch** 450/750 – ½ P 630/730
Spéc. Carpaccio de foie gras séché à la fleur de sel. Grande Porée Charentaise. Effeuillé de poire et sorbet en croûte de chocolat blanc.

MICHELIN, Agence, r. S.-Allende, ZI n° 3, Isle-d'Espagnac, par ② ✆ 45 69 30 02

BMW Laujac Autom., 51 r. St-Antoine ✆ 45 69 38 88
RENAULT Succursale, 11 rte de Paris X ✆ 45 69 50 50 N ✆ 45 24 76 12
SEAT Espace Autos, ZI n° 3, Le Gond Pontouvre ✆ 45 68 70 55
TOYOTA TBS Autom., 137 r. de Basseau ✆ 45 91 89 12
VOLVO Gar. Bris, 340 rte de Bordeaux ✆ 45 91 59 60

Euromaster Piot Pneu, Port L'Houmeau, 37 bd Besson-Bey ✆ 45 92 06 04
Rogeon-Pneus, ZI de Rabion ✆ 45 91 35 36

Périphérie et environs

CITROEN Gar. Léger, rte de Bordeaux à La Couronne par ⑤ ✆ 45 67 26 03
CITROEN DAC, ZA les Montagnes à Champniers ✆ 45 69 44 00
MERCEDES-BENZ SAFI-16, ZI n° 3, Gond-Pontouvre ✆ 45 68 00 11
OPEL-GM Angoulême-Nord-Auto, Z.I. n° 3 à Isle d'Espagnac ✆ 45 68 74 33
PEUGEOT Perga, ZI à l'Isle-d'Espagnac par ② ✆ 45 68 78 33
PEUGEOT Gar. Bonetta, RN 10 à La Couronne par ⑤ ✆ 45 67 21 38
PEUGEOT Fetiveau, 250 bis av. République à l'Isle-d'Espagnac par ② ✆ 45 68 73 58

ANIANE 34 Hérault 83 ⑥ – rattaché à Gignac.

ANNEBAULT 14430 Calvados 54 ⑰ – 317 h alt. 146.

Paris 206 – ◆Caen 35 – Cabourg 15 – Pont-L'Evêque 11,5.

XX **Aub. Le Cardinal** avec ch, ✆ 31 64 81 96, Fax 31 64 64 65, ☂, ⛱ – TV ☎ P. GB
fermé janv., fév., mardi soir et merc. sauf juil.-août – **R** 90/225, enf. 58 – ☕ 32 – **7 ch** 230/320 – ½ P 300/350.

Un conseil Michelin :

pour réussir vos voyages, préparez-les à l'avance.

Les cartes et guides Michelin, vous donnent toutes indications utiles sur :

itinéraires, visite des curiosités, logement, prix, etc.

ANNECY P 74000 H.-Savoie 74 ⑥ **G. Alpes du Nord** – 49 644 h alt. 448.

Voir Le Vieil Annecy★★ : Descente de Croix★ dans l'église St-Maurice BY **B**, Palais de l'Isle★ BY **R**, rue Ste-Claire★ ABY, pont sur le Thiou ≤★ BY **N** – Château★ BY – Les Jardins de l'Europe★ CY – Forêt du crêt du Maure★ : ≤★★ 3 km par D 41 CV.

Env. Tour du lac★★★ 39 km (ou en bateau 1 h 30) – Gorges du Fier★★ : 11 km par ⑥ – Collections★ du château de Montrottier : 11 km par ⑥ – Crêt de Châtillon ※★★★ S : 18,5 km par D 41 puis 15 mn.

⛳18 du Lac d'Annecy ✆ 50 60 12 89, par ② : 10 km.

✈ d'Annecy-Haute-Savoie : T.A.T ✆ 50 27 30 30, par ⑥ et D 14 : 4 km.

🅸 Office de Tourisme clos Bonlieu 1 r. J.-Jaurès ✆ 50 45 00 33, Télex 309347 – A.C. 15 r. Préfecture ✆ 50 45 09 12.

Paris 536 ⑥ – Aix-les-Bains 33 ⑤ – ◆Genève 43 ① – ◆Lyon 137 ⑤ – ◆Saint-Étienne 191 ⑤.

Plans pages suivantes

🏨 **Imperial Palace** M, 32 av. Albigny ✆ 50 09 30 00, Fax 50 09 33 33, ≤, ☂, « Décor contemporain », 🏋 – 🛗 ▤ rest TV ☎ ♿ 🚗 P. AE ⓓ GB JCB — CV **s**
La Voile *(fermé 10 janv. au 17 fév. et lundi)* **R** 240/500 – **La Brasserie du Parc R** 130/170 🍷, enf. 80 – **La Pascaline R** (dîner seul.) 150/240 – ☕ 90 – **91 ch** 850/1200, 7 appart. – ½ P 620/680.

🏨 **L'Abbaye** 🐦, 15 chemin Abbaye à Annecy-le-Vieux ✉ 74940 ✆ 50 23 61 08, Fax 50 27 77 65, ☂, « Belle décoration intérieure », ⛱ – TV ☎ P. AE ⓓ GB JCB — CU **b**
R *(fermé lundi) (dîner seul)* carte 185 à 310 – ☕ 45 – **18 ch** 400/1250 – ½ P 395/520.

🏨 **Atria Novotel** M, 1 av. Berthollet ✆ 50 33 54 54, Télex 309351, Fax 50 45 50 68 – 🛗 ⚘ ch ▤ TV ☎ ♿ 🚗 – 🎤 140. AE ⓓ GB JCB — AX **h**
R carte environ 150, enf. 50 – ☕ 50 – **93 ch** 460/510.

🏨 **Carlton,** 5 r. Glières ✆ 50 45 47 75, Télex 309472, Fax 50 51 84 54 – 🛗 TV ☎ 🚗 – 🎤 35. AE ⓓ GB JCB — AY **g**
R *(fermé sam. midi et dim.)* 95/230, enf. 60 – ☕ 41 – **55 ch** 400/535 – ½ P 364/400.

🏨 **Mercure** M, rte Aix-les-Bains par ④ ✉ 74600 ✆ 50 52 09 66, Télex 385303, Fax 50 69 29 32, ☂, 🏊 – ⚘ ch ▤ rest TV ☎ ♿ P – 🎤 120. AE ⓓ GB JCB
R 130/150 🍷, enf. 45 – ☕ 52 – **69 ch** 415/520.

🏨 **Splendid H.** sans rest, 4 quai E. Chappuis ✆ 50 45 20 00, Télex 385233, Fax 50 51 26 23 – 🛗 TV ☎. AE GB JCB — BY **s**
fermé 18 déc. au 6 janv. – ☕ 45 – **51 ch** 450/510.

🏨 **Allobroges** sans rest, 11 r. Sommeiller ✆ 50 45 03 11, Télex 309268, Fax 50 51 88 32 – 🛗 cuisinette TV ☎ ♿ P. AE ⓓ GB — AY **n**
☕ 50 – **52 ch** 330/595.

🏨 **Faisan Doré,** 34 av. Albigny ✆ 50 23 02 46, Fax 50 23 11 10 – 🛗 TV ☎ – 🎤 50. GB
fermé 31 oct. au 7 nov. et 12 déc. au 24 janv. – **R** *(fermé dim. soir hors sais.)* 120/195 – ☕ 40 – **40 ch** 400/410 – ½ P 360/370. — CV **e**

🏨 **de la Mandallaz** M sans rest, 1 pl. Mandallaz ✆ 50 45 51 74, Fax 50 45 51 75 – 🛗 TV ☎ ♿. GB — BV **a**
☕ 35 – **75 ch** 295/340.

🏨 **Palais de l'Isle** M sans rest, 13 r. Perrière ✆ 50 45 86 87, Fax 50 51 87 15 – 🛗 TV ☎. AE ⓓ GB. ⚘ — BY **t**
☕ 40 – **26 ch** 330/445.

🏨 **Réserve,** 21 av. Albigny ✆ 50 23 50 24, Fax 50 23 51 17, ≤, ⛱ – TV ☎ P. ⓓ GB
fermé 25 juin au 8 juil. et 23 déc. au 22 janv. – **R** 115/260 – ☕ 38 – **12 ch** 300/420 – ½ P 330/360. — CV **v**

🏨 **Motel le Flamboyant** M sans rest, 52 r. Mouettes à Annecy-le-Vieux par av. d'Albigny et D 129 - CU - ✉ 74940 ✆ 50 23 61 69, Télex 309284, Fax 50 27 97 23 – cuisinette TV ☎ 🚗 P. AE ⓓ GB
☕ 40 – **32 ch** 360/380.

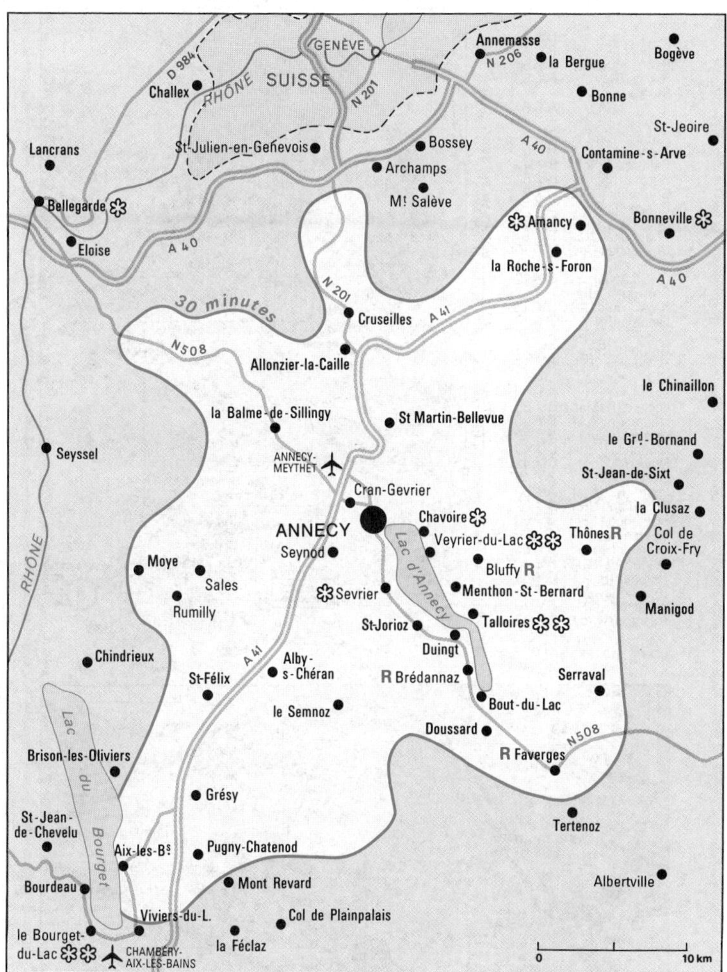

🏨 **De Bonlieu** Ⓜ sans rest, 5 r. Bonlieu ✆ 50 45 17 16, Fax 50 45 11 48 – 🛗 📺 ☎ ♿. AE ⓓ GB — BX **a**
☕ 33 – **35 ch** 290/350.

🏨 **Marquisats** 🐎 sans rest, 6 chemin Colmyr ✆ 50 51 52 34, Fax 50 51 89 42, ← – 🛗 📺 ☎ Ⓟ. AE ⓓ GB JCB — CV **n**
☕ 42 – **25 ch** 335/455.

🏨 **d'Aléry** sans rest, 5 av. d'Aléry ✆ 50 45 24 75, Fax 50 51 26 90 – 🚭 ch 📺 ☎. AE ⓓ GB
fermé 24 déc. au 11 janv. – ☕ 35 – **22 ch** 270/360. — AY **k**

🏨 **Nord** sans rest, 24 r. Sommeiller ✆ 50 45 08 78, Fax 50 51 22 04 – 🛗 📺 ☎. GB — AY **f**
☕ 32 – **33 ch** 250/300.

🏨 **Crystal H.** sans rest, 20 r. L. Chaumontel ✆ 50 57 33 90, Fax 50 67 86 43 – 🛗 📺 ☎ 🚗. AE GB — BV **e**
☕ 30 – **22 ch** 270/296.

🏨 **Parc** sans rest, 43 chemin des Fins, vers le parc des sports ✆ 50 57 02 98, 🪑 – 📺 ☎ Ⓟ. GB — BU **r**
fermé 6 au 21 juin et 29 nov. au 10 janv. – ☕ 27 – **23 ch** 135/220.

ANNECY

- Lac (R. du) . . . . . **BY** 31
- Pâquier (R. du) . . **BY** 44
- République (R.) . **AY** 56
- Royale (R.) . . . . . **AY** 58
- Ste-Claire (Fg et R.) . . . . . **AY** 64

- Abbaye (Ch.) . . . **CU** 2
- Aléry (Av. d') . . **BV** 3
- Balmettes (Fg) . . **BV** 4
- Bel-Air (Ch. du) . **BU** 5
- Bordeaux (R. H.) **CU** 6
- Boschetti (Av. L.) **BV** 7
- Chambéry (Av.) . . **BV** 8
- Chappuis (Q. E.) . **BY** 9
- Chevesnes (Av.) . **BV** 10
- Corniche (Bd de la) . . . . **CV** 12
- Crêt-du-Maure (Av. du) . . . . . **BV** 15
- Filaterie (R.) . . . . **BY** 16
- Fins (Ch. des) . . . **BU** 20
- Grenette (R.) . . . . **BY** 23
- H.-de-Ville (Pl.) . . **BY** 27
- J.-J.-Rousseau (R.) . . . . **AY** 30
- Leclerc (R. Mar.) **BU** 35
- Libération (Pl.) . . **BY** 36
- Loverchy (Av.) . . . **BV** 38
- Mouettes (R. des) **CU** 40
- Novel (Av. de) . . . **CU** 42
- Perrière (R.) . . . . **BY** 45
- Poste (R. de la) . **AY** 50
- Prés-Riants (R.) . **CU** 52
- St-François (Pl.) . **BY** 60
- St-François-de-Sales (R.) . . . . **AY** 61
- Stade (Av. du) . . **BU** 65
- Theuriet (R. A.) . **CV** 69
- Tour-de-la-Reine (Ch.) . . . **BY** 70
- Trésum (Av. de) . **CV** 72

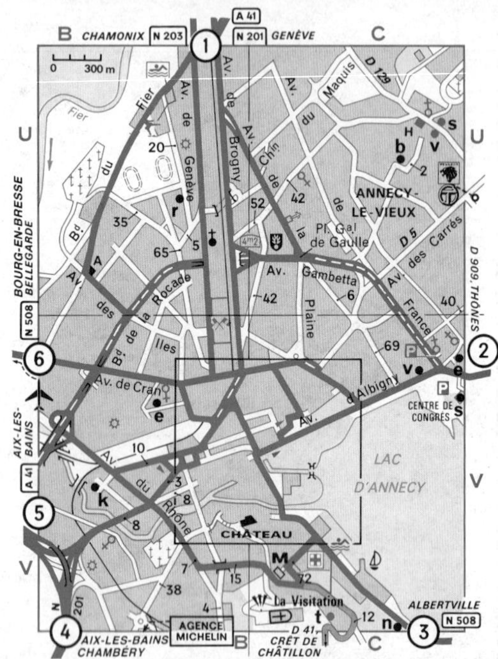

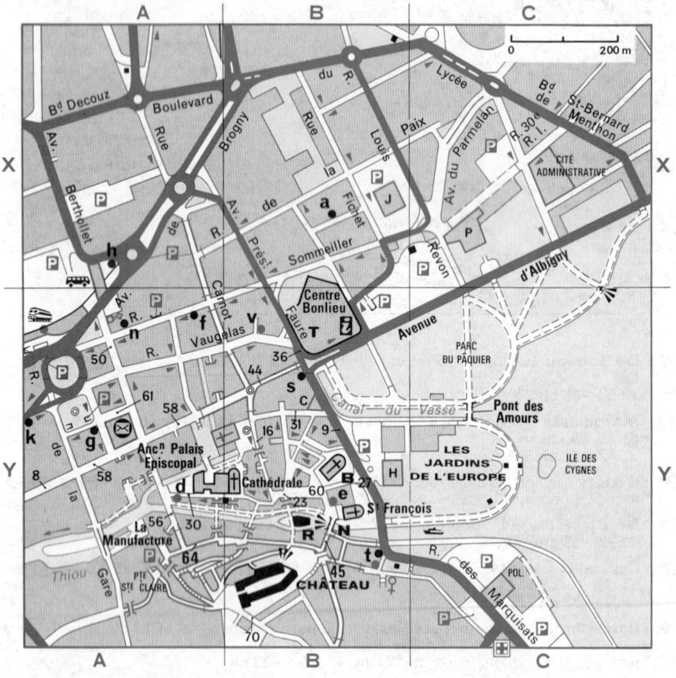

XXX **Belvédère** avec ch, rte du Semnoz par ④ : 2 km ✆ 50 45 04 90, Fax 50 45 67 25, ≤ Annecy et lac, – ☎ P. GB. CV **t**
fermé 14 au 22 avril, 24 oct. au 26 nov., dim. soir et lundi sauf hôtel – **R** 220 – ☕ 35 – **10 ch** 190/240 – ½ P 260/280.

XXX **Clos des Sens,** 13 r. J. Mermoz à Annecy-le-Vieux par av. France et rte Thônes ✉ 74940 ✆ 50 23 07 90, Fax 50 66 56 54, – GB CU **v**
fermé 15 au 31 janv. et lundi du 15 sept. au 15 juin – **R** 148/250, enf. 68.

XX **La Ciboulette,** 10 r. Vaugelas - impasse Pré Carré ✆ 50 45 74 57, Fax 50 45 76 75, – GB BY **v**
fermé 1er au 15 juil., dim. soir et lundi – **R** 130/185 bc.

XX **Aub. du Lyonnais** avec ch, 9 r. République ✆ 50 51 26 10, – TV ☎. AE GB AY **d**
fermé juin et janv. – **R** 105/375 – ☕ 30 – **10 ch** 200/360.

XX **Le Pré de la Danse,** 16 r. J. Mermoz à Annecy-le-Vieux, par av. France et rte Thônes ✉ 74940 ✆ 50 23 70 41, Fax 50 09 90 83, – P. GB CU **s**
fermé mardi soir et merc. – **R** 85/260, enf. 60.

XX **Le Grand Alexandre,** Fg des Annonciades ✆ 50 51 32 35, – AE GB BY **t**
fermé dim. soir et lundi du 15 sept. au 15 juin – **R** 95/450 bc, enf. 90.

XX **Le Boutaé,** 1 pl. St-François ✆ 50 45 03 05 – . GB BY **e**
fermé 11 au 28 juil., dim. soir et jeudi – **R** 100/200, enf. 60.

XX **Buffet Gare T.G.V.,** ✆ 50 45 42 24, Fax 50 45 48 26 – GB AY
R 80/130 ₰, enf. 38.

à St-Martin-Bellevue N : 11 km par ①, N 203, D 14 – ✉ **74370** :

Beau Séjour, à la gare : 1 km ✆ 50 60 30 32, Fax 50 60 38 44, ≤, , – ☎ P – 25 à 40. GB. rest
16 mars-10 déc. – **R** *(fermé dim. soir et lundi sauf juil.-août)* 88/225 ₰ – ☕ 45 – **32 ch** 240/340 – ½ P 265/310.

à Chavoires par ② : 4,5 km – ✉ **74290** Veyrier :

Demeure de Chavoire M sans rest, 71 rte Annecy ✆ 50 60 04 38, Fax 50 60 05 36, ≤, « Élégante installation » – TV ☎ P. AE GB
☕ 60 – **10 ch** 750/1000, 3 appart.

XXX ✿ **L'Amandier** (Cortési), 91 rte Annecy ✆ 50 60 01 22, Fax 50 60 03 25, ≤ lac, , – P. AE GB JCB
fermé dim. d'oct. à Pâques et dim. soir de Pâques à fin juin – **R** 190 (déj.)/370 et carte 310 à 475
Spéc. Farçon au reblochon. Farcettes anneciennes en ravioles. Poissons du lac (mars à déc.). **Vins** Chignin-Bergeron, Mondeuse.

à Veyrier-du-Lac par ② : 5,5 km – alt. 504 – ✉ **74290** :

i Syndicat d'Initiative, pl. Mairie ✆ 50 60 22 71.

XXXXX ✿✿ **Aub. de l'Éridan** (Veyrat) M avec ch, 13 Vieille rte des Pensières ✆ 50 60 24 00, Fax 50 60 23 63, ≤ lac, , – TV ☎ ♿ P. AE GB JCB
fermé 1er fév. au 7 mars – **R** *(fermé dim. soir et merc. sauf juil.-août)* 350 (déj.)/950 et carte 500 à 800 – ☕ 150 – **11 ch** 1500/4500
Spéc. Ravioli de légumes aux senteurs des alpages. Omble-chevalier des lacs savoyards. Côte de veau au café torréfié. **Vins** Roussette de Savoie, Mondeuse.

rte du Semnoz par D 41 CV : 3,5 km – ✉ **74000** Annecy :

X **Super Panorama** avec ch, ✆ 50 45 34 86, ≤ lac et montagnes, , – P. AE GB. rest
fermé 22 déc. au 27 janv., lundi soir et mardi – **R** 120/250 ₰ – ☕ 40 – **5 ch** 250.

à Seynod par ④ : 4 km – 14 764 h. alt. 530 – ✉ **74600** :

Altess M sans rest, 250 av. Aix-les-Bains (N 201) ✆ 50 69 11 05, Fax 50 69 20 13 – TV ☎ P – 40. AE GB
☕ 32 – **40 ch** 300/320.

à Cran-Gevrier par ⑥ : 2 km – 15 566 h. alt. 445 – ✉ **74960** :

Chorus, av. République ✆ 50 67 13 54, Fax 50 67 20 61 – cuisinette ch TV ☎ ♿ . GB
R 98/170 – ☕ 35 – **31 ch** 295/320, 9 studios – ½ P 300.

MICHELIN, Agence régionale, ZI de Vovray, 5 r. Sansy, Seynod par av. de Loverchy ✆ 50 51 59 70

FIAT Pont-Neuf Automobiles, 1 av. Pont-Neuf ✆ 50 51 40 30
LANCIA Astier Automobiles, rte d'Aix ✆ 50 69 22 54
OPEL Epagny Automobiles, rte de Bellegarde à Epagny ✆ 50 22 64 64

Bruyère, rte de Frangy ✆ 50 57 16 68
Dupanloup, 119 av. de Genève ✆ 50 57 03 81
Pneumatech, 3 r. de Rumilly ✆ 50 45 72 11

Périphérie et environs

BMW Aravis Automobile, 100 av. d'Aix, Seynod ☏ 50 52 02 71
CITROEN Dieu, rte d'Aix, Seynod par ④ ☏ 50 69 16 72
FORD S.A.E.M., 140 av. d'Aix, Seynod ☏ 50 69 15 04
JAGUAR Gar. Ducros, 72 av. d'Aix, Seynod ☏ 50 52 03 81
MAZDA Cochet, le Grand Epagny à Epagny ☏ 50 22 63 50
MERCEDES-BENZ SEVI 74, ZAE des Césardes, ch. Croix-Seynod ☏ 50 69 17 40
OPEL Gar. du Parmelan Bocquet, 33 av. Petit-Port, Annecy-le-Vieux ☏ 50 23 12 85
PEUGEOT-TALBOT Gar. Central, 28 av. Carrés, Annecy-le-Vieux CU ☏ 50 09 20 20 N ☏ 05 44 24 24
RENAULT Savoie-Automobile, av. d'Aix, Seynod par ④ ☏ 50 52 26 26 N ☏ 05 05 15 15
V.A.G SAT, ZI des Césardes, rte des Creuses à Seynod ☏ 50 69 06 79
VOLVO Cochet, Le Grand Epagny à Epagny ☏ 50 22 63 51

Euromaster Piot Pneu, 6 r. Césière, ZI de Vovray à Seynod ☏ 50 51 72 85

Évitez de fumer au cours du repas :
vous altérez votre goût et vous gênez vos voisins.

ANNEMASSE 74100 H.-Savoie 74 ⑥ **G. Alpes du Nord** – 27 669 h alt. 433.

Country Club de Bossey ☏ 50 43 75 25, par ③.

Office de Tourisme r. de la Gare ☏ 50 92 53 03.

Paris 540 ③ – Annecy 50 ③ – Thonon-les-Bains 29 ① – Bonneville 21 ③ – ♦Genève 8 ③ – St-Julien-en-Genevois 15 ③.

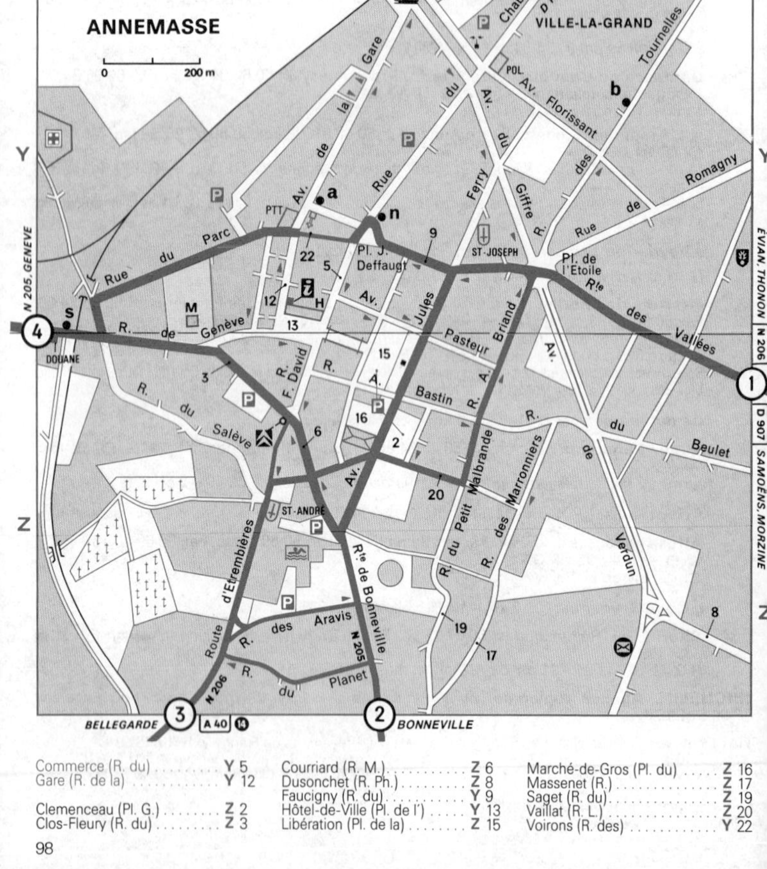

Commerce (R. du) . . . . Y 5
Gare (R. de la) . . . . Y 12
Clemenceau (Pl. G.) . . . . Z 2
Clos-Fleury (R. du) . . . . Z 3
Courriard (R. M.) . . . . Z 6
Dusonchet (R. Ph.) . . . . Z 8
Faucigny (R. du) . . . . Y 9
Hôtel-de-Ville (Pl. de l') . . . . . Y 13
Libération (Pl. de la) . . . . Z 15
Marché-de-Gros (Pl. du) . . . . . Z 16
Massenet (R.) . . . . Z 17
Saget (R. du) . . . . Z 19
Vaillat (R. L.) . . . . Z 20
Voirons (R. des) . . . . Y 22

Mercure M, au sud, par ③, r. des Jardins à Gaillard ✉ 74240 Gaillard ☎ 50 92 05 25, Télex 385815, Fax 50 87 14 57, ⛱, 🏊 – 🛗 ch ▤ 📺 ☎ ♿ 🅟 – 🏛 80. AE ⊙ GB
R carte 150 à 270 🍷, enf. 45 – ☕ 50 – **78 ch** 430/550.

Hague sans rest, 42 r. Genève ☎ 50 38 47 14, Fax 50 37 36 10 – 🛗 📺 ☎ 🅟. AE ⊙ GB Y s
☕ 35 – **23 ch** 220/290.

Arc-en-Ciel M sans rest, 21 r. Tournelles (à Ville-la-Grand) ☎ 50 92 66 00, Fax 50 87 06 88 – 🛗 ch 📺 ☎ ♿ 🅟 – 🏛 25. AE GB Y b
☕ 30 – **41 ch** 280/370.

National sans rest, pl. J. Deffaugt ☎ 50 92 06 44, Fax 50 87 07 45 – 🛗 📺 ☎ 🅟. AE ⊙ GB Y n
☕ 32 – **43 ch** 250/270.

Pax H. sans rest, 22 av. Gare ☎ 50 38 25 46 – 🛗 📺 ☎ 🚗. GB Y a
☕ 26 – **44 ch** 155/226.

Le Temps de Vivre, 47 chemin des Belosses à Ambilly par ④ et rte de Gaillard ☎ 50 92 36 06 – AE ⊙ GB
fermé 2 au 22 août, lundi midi, sam. midi et dim. – **R** (prévenir) 140/220 🍷, enf. 50.

Gourmandins, 2 km sur rte Thonon par ① ☎ 50 95 53 50, Fax 50 95 53 65, ⛱ – 🅟. AE ⊙ GB
fermé 23 déc. au 6 janv., dim. soir et lundi – **R** 100/320.

à La Bergue E : 6 km par ① – ✉ **74380** Bonne :

La Pergola, ☎ 50 39 30 27, ⛱ – 🅟. GB
fermé 9 au 28 janv., jeudi midi et merc. – **R** 92/250.

CITROEN SADAL, rte de Taninges à Vétraz-Monthoux par ① ☎ 50 36 78 78
CITROEN Gar. de Savoie, 4 r. Étrembières ☎ 50 92 11 75
NISSAN Borgel, r. de Montréal, ZI, Ville-la-Grand ☎ 50 37 07 60
PEUGEOT TALBOT Lemuet Genevois Faucigny, 57 rte de Thonon par ① ☎ 50 37 70 22
RENAULT Renault Annemasse, 2 av. du Léman par ② ☎ 50 92 05 11 N ☎ 50 87 52 86
V.A.G Gar. Duchamp, 36 r. Résistance, ZI ☎ 50 37 13 43

Euromaster Piot Pneu, 75 rte des Vallées ☎ 50 37 27 11

ANNONAY 07100 Ardèche 77 ① G. Vallée du Rhône – 18 525 h alt. 357.

⛳ de Gourdan ☎ 75 67 03 84, par ① : 6 km.

🅘 Office de Tourisme pl. des Cordeliers ☎ 75 33 24 51.

Paris 535 ① – ♦Saint-Étienne 43 ④ – Valence 66 ① – ♦Grenoble 101 ① – Tournon 35 ① – Vienne 44 ① – Yssingeaux 56 ③.

Midi sans rest, 17 pl. Cordeliers **(n)** ☎ 75 33 23 77, Fax 75 33 02 43 – 🛗 ☎ 🚗. AE ⊙ GB
☕ 30 – **40 ch** 115/235.

Marc et Christine, 29 av. Marc Seguin **(e)** ☎ 75 33 46 97, ⛱ – GB
fermé 16 au 30 août, 14 au 21 fév., dim. soir et lundi sauf fériés – **R** 95/290, enf. 60 - **Le Patio R** 92/120 🍷, enf. 48.

La Halle, pl. Grenette **(a)** ☎ 75 32 04 62 – GB
fermé 29 août au 6 sept., 22 au 28 fév., dim. soir et lundi – **R** 84/195, enf. 50.

au golf de Gourdan par ① et N 82 (rte St-Étienne) : 6,5 km – ✉ **07430** St-Clair :

d'Ay M 🐎 sans rest, ☎ 75 67 01 00, Fax 75 67 07 38 – 🛗 ▤ 📺 ☎ ♿ 🅟 – 🏛 30. AE GB
☕ 45 – **35 ch** 250/430.

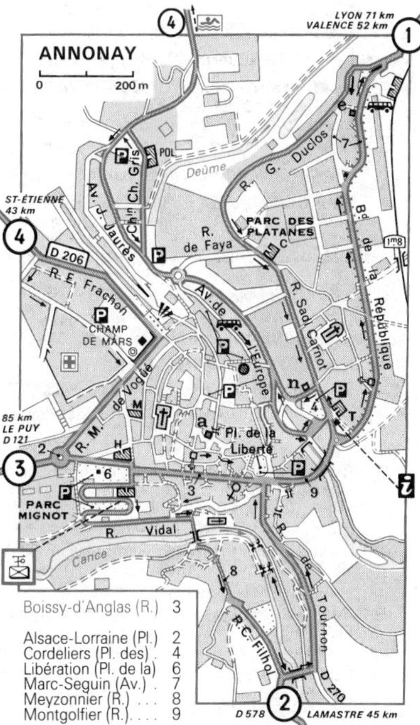

à Davézieux par ① : 4,5 km sur D 82 – ✉ **07100** :

Voir Safari-parc★ de Peaugres NE : 3 km.

Don Quichotte et Siesta, rte Valence ☎ 75 33 11 99, Télex 346380, Fax 75 67 57 19, , , – rest – 35 à 60. AE GB
R 94/185 , enf. 50 – 35 – **56 ch** 170/288 – ½ P 235.

CITROEN Gar. du Vivarais, ZI La Lombardière, à Davézieux par ① ☎ 75 33 26 32 **N** ☎ 75 33 42 27
FIAT Gar. Dhennin, 47 bd République ☎ 75 33 24 43
FORD Caule, rte de Lyon, à Davézieux ☎ 75 33 22 98
PEUGEOT-TALBOT Desruol, N 82, St-Clair par ① ☎ 75 33 10 98
RENAULT Automobiles du Limony rte de Lyon à Davézieux par ① ☎ 75 33 20 21
V.A.G Siterre, 33 bd République ☎ 75 33 42 10

Eyraud, Le Mas à Davezieux ☎ 75 33 42 19
Jurdit, 47 r. G.-Duclos ☎ 75 33 27 49
Technique Auto Service, 7 av. M.-Seguin ☎ 75 33 10 53

CONSTRUCTEUR : Renault Véhicules Industriels, rte de Roanne ☎ **75 33 11 11**

ANNOT 04240 Alpes-de-H.-P. 81 ⑱ 115 ⑫ G. Alpes du Sud – 1 053 h alt. 700.

Voir Vieille ville★ – Clue de Rouaine★ S : 4 km.

Syndicat d'Initiative pl. Mairie (saison) ☎ 92 83 23 03.

Paris 820 – Digne-les-Bains 70 – Castellane 32 – Manosque 128.

Avenue, ☎ 92 83 22 07, Fax 92 83 34 07 – . GB
1er avril-5 nov. – **R** 85/160, enf. 65 – 30 – **12 ch** 200/270 – ½ P 270/300.

ANOST 71550 S.-et-L. 69 ⑦ G. Bourgogne – 746 h alt. 550.

Voir ★ de Notre-Dame de l'Aillant : 30 mn.

Paris 275 – Autun 23 – Château-Chinon 19 – Mâcon 135 – Montsauche 17.

La Galvache, ☎ 85 82 70 88, – GB
10 avril-1er déc. et fermé lundi sauf juil.-août – **R** 75/170, enf. 38.

Pour vos voyages,
en complément indispensable de ce guide
utilisez
les **cartes Michelin** détaillées à 1/200 000.

ANSE 69480 Rhône 74 ① – 4 458 h alt. 176.

Paris 438 – Lyon 27 – L'Arbresle 20 – Bourg-en-Bresse 56 – Mâcon 46 – Villefranche-sur-Saône 6.

St-Romain , rte Graves ☎ 74 60 24 46, Fax 74 67 12 85, , – – 30 à 60. AE GB JCB
fermé 29 nov. au 5 déc., dim. soir du 1er nov. à fin avril – **Repas** 93/300 – 30 – **24 ch** 215/292 – ½ P 238/250.

à Lachassagne SO : 4 km par D 39 – ✉ **69480** :

Paul Clavel, ☎ 74 67 14 99, , terrasse avec ≤ les vignes – . GB
fermé 15 juil. au 12 août, merc. soir, dim. soir et lundi – **R** 130/240.

ANTHY-SUR-LÉMAN 74 H.-Savoie 70 ⑰ – rattaché à Thonon-les-Bains.

ANTIBES 06600 Alpes-Mar. 84 ⑨ 115 ㉟ ㊵ G. Côte d'Azur – 70 005 h alt. 9 – Casino "la Siesta" sur D 41.

Voir Vieille ville★ X : Av. Amiral-de-Grasse ≤★ – Château Grimaldi (Déposition de Croix★, Musée Picasso★) X **B** – Musée Peynet★ X **M**[1] – Marineland★ 4 km par ①.

18 de Biot ☎ 93 65 08 48, NO : 4 km.

Maison du Tourisme 11 pl. Gén.-de-Gaulle ☎ 93 33 95 64, Télex 970103, Fax 93 33 85 71.

Paris 915 ② – Cannes 9,5 ③ – Nice 22 ① – Aix-en-Provence 159 ②.

Plan page suivante

Royal et rest. Le Dauphin, bd Mar. Leclerc ☎ 93 34 03 09, Fax 93 34 23 31, ≤, , – ch . AE GB. rest X **q**
hôtel : fermé 5 nov. au 15 déc. ; rest. : fermé 1er nov. au 1er fév., dim. soir et lundi sauf juil.-août – **R** 145/185, enf. 55 – 40 – **38 ch** 480/640 – ½ P 390/490.

L'Étoile sans rest, 2 av. Gambetta ☎ 93 34 26 30, Fax 93 34 41 48 – . AE GB JCB X **m**
30 – **29 ch** 310/350.

Petit Castel sans rest, 22 chemin des Sables ☎ 93 61 59 37, Fax 93 67 51 28 – . GB. Z **b**
fermé vacances de fév. – 38 – **16 ch** 360/480.

Le Collier sans rest, 19 bd Gén. Vautrin ☎ 93 74 56 40, Fax 93 65 99 38 – . AE GB Y **e**
35 – **45 ch** 285/380.

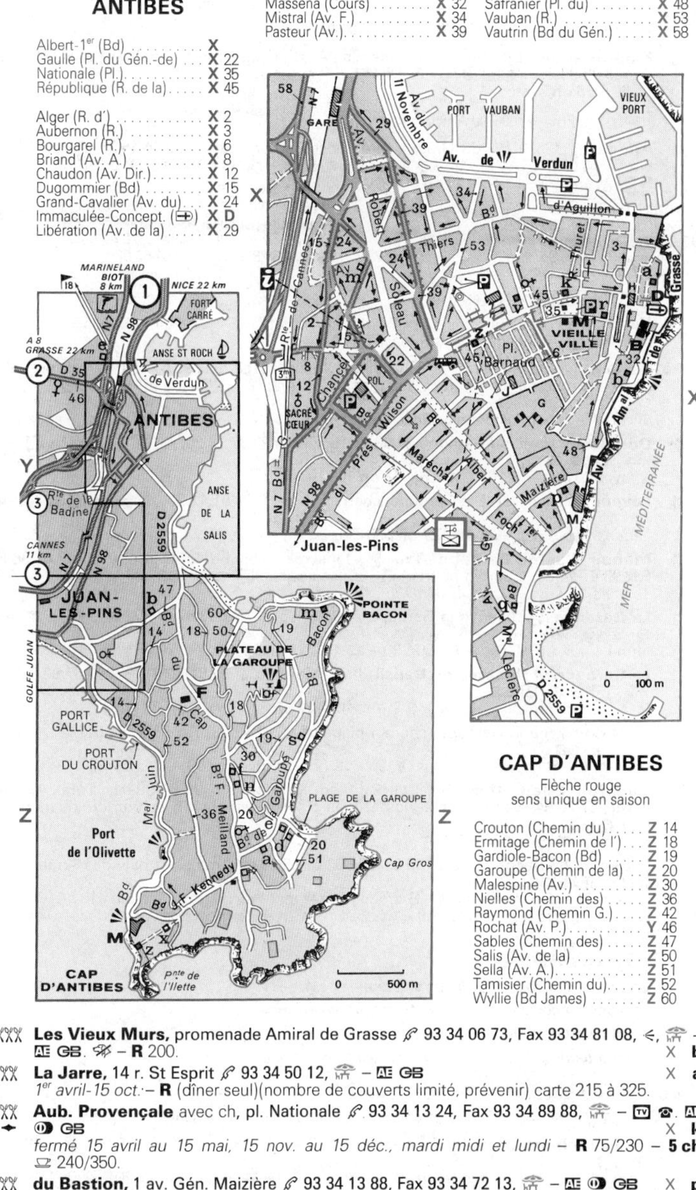

XXX **Les Vieux Murs,** promenade Amiral de Grasse ✆ 93 34 06 73, Fax 93 34 81 08, <, 🍽 – AE GB. 🐕 – **R** 200. X **b**

XX **La Jarre,** 14 r. St Esprit ✆ 93 34 50 12, 🍽 – AE GB X **a**
1er avril-15 oct. – **R** (dîner seul)(nombre de couverts limité, prévenir) carte 215 à 325.

XX **Aub. Provençale** avec ch, pl. Nationale ✆ 93 34 13 24, Fax 93 34 89 88, 🍽 – TV ☎. AE ◆ ⓓ GB X **k**
fermé 15 avril au 15 mai, 15 nov. au 15 déc., mardi midi et lundi – **R** 75/230 – **5 ch** ☕ 240/350.

XX **du Bastion,** 1 av. Gén. Maizière ✆ 93 34 13 88, Fax 93 34 72 13, 🍽 – AE ⓓ GB X **p**
fermé 15 au 31 mars, dim. soir hors sais. et lundi sauf le soir en sais. – **R** 140/198.

X **L'Oursin,** 16 r. République ✆ 93 34 13 46 – ▤. GB X **z**
fermé 23 juil. au 31 août, dim. soir et lundi – **R** produits de la mer – carte 140 à 250 🌡.

X **Le Romantic,** 5 r. Rostan ✆ 93 34 59 39 – ▤. AE ⓓ GB X **v**
fermé 1 au 10/3, 20/11 au 12/12, le midi en juil.-août, mardi soir et merc. midi de sept. à juin et dim. soir – **R** 115/185.

X **Le Marquis,** 4 r. Sade ✆ 93 34 23 00 – GB X **r**
fermé 15 au 30 nov., mardi midi en juil.-août et lundi sauf le soir en juil.-août – **R** 80/180.

rte de Nice par ① et N 7 : 2,5 km – ✉ **06600** Antibes :

Bleu Marine Ⓜ sans rest, chemin 4 Chemins (près hôpital) ✆ 93 74 84 84, Fax 93 95 90 26 – ⎮ TV ☎ P. AE ⓓ GB. ✻
☕ 30 – **18 ch** 315/360.

par ② 4,5 km – ✉ **06600** Antibes :

Apogia Ⓜ, 2599 rte de Grasse (près accès autoroute) ✆ 93 74 46 36, Télex 461181, Fax 93 74 53 04, ☂, ⛱, ✂ – ⎮ ▤ ch TV ☎ ♿ P – 🎤 40 à 150. AE ⓓ GB JCB
R 98 🍷, enf. 50 – ☕ 48 – **75 ch** 500 – ½ P 360.

CITROEN Gar. Riviera, bretelle autoroute par ② ✆ 92 91 23 23 N ✆ 93 64 62 31
OPEL Gge Dugommier, 172 rte de Nice La Fontonne ✆ 93 74 59 99
PEUGEOT TALBOT Ortelli, rte de Grasse, bretelle autoroute par ② ✆ 93 33 29 88
V.A.G Sport-Auto-Route, 2329 rte de Grasse ✆ 93 33 28 59 N ✆ 93 61 62 03

Cap d'Antibes – ✉ **06600** Antibes.

Voir Plateau de la Garoupe ✻★★ Z – Jardin Thuret★ Z **F** – ≤★ Pointe Bacon Z – ≤★ de la plate-forme du bastion (musée naval) Z **M.**

du Cap ⛰, bd Kennedy ✆ 93 61 39 01, Télex 470763, Fax 93 67 76 04, ≤ littoral et le large, « Grand parc fleuri face à la mer », ⛱, ⛵, ✂ – ⎮ ▤ ch TV ☎ 🚗 P – 🎤 140. ✻ Z **x**
avril-oct. – **R** voir rest **Pavillon Eden Roc** ci-après – ☕ 120 – **121 ch** 2300/3000, 9 appart.

Don César Ⓜ, 46 bd Garoupe ✆ 93 67 15 30, Fax 93 67 18 25, ≤, ☂, ⛱ – ⎮ ▤ TV ☎ ♿ 🚗. AE ⓓ GB Z **s**
1er avril-15 nov. – **R** 220 – ☕ 68 – **18 ch** 1050 – ½ P 800.

Levant ⛰ sans rest, à la Garoupe, chemin plage ✆ 93 61 41 33, ≤, ⛵ – TV ☎ P. GB. ✻ Z **e**
Pâques-début oct. – ☕ 48 – **27 ch** 530/750.

Manoir Castel Garoupe Axa ⛰ sans rest, 959 bd la Garoupe ✆ 93 61 36 51, Fax 93 67 74 88, « Jardin fleuri », ⛱, ✂ – cuisinette TV ☎ P. GB. ✻ Z **a**
15 mars-15 nov. – **22 ch** ☕ 675/725.

La Gardiole ⛰, chemin la Garoupe ✆ 93 61 35 03, Fax 93 67 61 87, ☂, ☂ – ▤ ch ☎ P. AE ⓓ GB Z **n**
fermé 4 nov. au 10 déc. – **R** 130/280 – ☕ 45 – **21 ch** 360/650 – ½ P 480/500.

La Garoupe et Réserve du Cap, 81 bd F. Meilland ✆ 93 61 80 91, Fax 93 67 92 65, ☂, ☂ – TV ☎ P. AE GB Z **f**
R (ouverture prévue avril) 98/140 🍷 – ☕ 42 – **22 ch** 320/650 – ½ P 332/467.

Miramar ⛰, à la Garoupe, chemin plage ✆ 93 61 52 58, Fax 93 61 60 01, ☂ – ⇹ ch ▤ ch ☎. GB Z **d**
mars-nov. – **R** (résidents seul.) 90/150 – ☕ 35 – **14 ch** 415/460 – ½ P 360/370.

XXXX **Pavillon Eden Roc** - Hôtel du Cap, bd Kennedy ✆ 93 61 39 01, Télex 470763, Fax 93 67 76 04, ≤ littoral et les îles, ☂, parc, « Isolé sur un roc, en bordure de mer, ⛱ » – ▤ P. ✻ Z **z**
avril-oct. – **R** carte 500 à 600.

XXXX ✿ **Bacon,** bd Bacon ✆ 93 61 50 02, Fax 93 61 65 19, ≤ Antibes et baie des Anges, ☂ – ▤ P. AE ⓓ GB. ✻ Z **m**
1er fév.-31 oct. et fermé lundi – **R** produits de la mer 350/450 (déj.) et carte 410 à 700
Spéc. Salade de poisson cru au citron. Bouillabaisse. Chapon en papillote (mai à sept.). **Vins** Côtes de Provence.

Dans ce guide
un même symbole, un même caractère,
*imprimé en couleur ou en noir, en maigre ou en **gras**,*
n'ont pas tout à fait la même signification.
Lisez attentivement les pages explicatives.

ANTICHAN-DE-FRONTIGNES **31510** H.-Gar. 86 ① – 73 h alt. 580.

Paris 805 – Bagnères-de-Luchon 25 – Lannemezan 37 – Saint-Girons 60 – ✦Toulouse 109.

X **La Palombière** ⛰ avec ch, carrefour D 9 et D 618 ✆ 61 79 67 01, ≤, ☂, ☂ – ☎ P. GB
fermé 1er nov. au 18 déc. et merc. de déc. à avril – **R** 50/170 🍷 – ☕ 20 – **6 ch** 165/240 – ½ P 165/200.

ANTONY **92** Hauts-de-Seine 60 ⑩ – Voir à Paris, Environs.

ANTRAIGUES-SUR-VOLANE **07530** Ardèche 76 ⑲ **G. Vallée du Rhône** – 506 h alt. 471.

Paris 642 – Le Puy-en-Velay 72 – Aubenas 13 – Lamastre 58 – Langogne 65 – Privas 41.

X **La Remise,** au pont de l'Huile ✆ 75 38 70 74 – P. ✻
fermé nov., dim. soir et vend. sauf juil.-août – **R** 90/200, enf. 35.

AOSTE **38490** Isère 74 ⑭ – 1 548 h alt. 225.

Paris 516 – ◆ Grenoble 56 – Belley 26 – Chambéry 35 – ◆Lyon 70.

à la Gare de l'Est NE : 2 km sur N 516 – ✉ **38490** Aoste :

🏨 **Vieille Maison,** ☎ 76 31 60 15, Fax 76 31 69 75, 🌳, 🏊, 🎾 – TV ☎ Ⓟ. AE GB
fermé 15 au 30 sept., 15 déc. au 2 janv., dim. soir et merc. sauf juil.-août – **R** 110/290 – ☕ 33 – **17 ch** 260/300 – ½ P 260/280.

🏨 **Au Coq en Velours,** ☎ 76 31 60 04, Fax 76 31 77 55, 🌳, « Jardin fleuri » – ☎ 🚗 Ⓟ. AE GB. ✻ ch
fermé 2 au 20 janv., dim. soir et lundi (sauf hôtel en juil.-août) – **R** 90/260 – ☕ 30 – **15 ch** 200/240 – ½ P 250.

AOUSTE-SUR-SYE **26** Drôme 77 ⑫ – rattaché à Crest.

L'APOTHICAIRERIE **56** Morbihan 63 ⑪ ⑫ – voir à Belle-Ile-en-Mer.

APPOIGNY **89380** Yonne 65 ⑤ **G. Bourgogne** – 2 755 h alt. 110.

Paris 163 – Auxerre 9,5 – Joigny 17 – St-Florentin 27.

XX **Aub. Les Rouliers,** ☎ 86 53 20 09, Fax 86 53 02 61 – Ⓟ. GB
R 82/195, enf. 40.

APT ⟨SP⟩ **84400** Vaucluse 81 ⑭ **G. Provence** – 11 506 h alt. 221.

ℹ Office de Tourisme av. Ph.-de-Girard ☎ 90 74 03 18.

Paris 730 ③ – Digne-les-Bains 90 ① – Aix-en-P. 51 ② – Avignon 51 ③ – Carpentras 49 ③ – Cavaillon 31 ③.

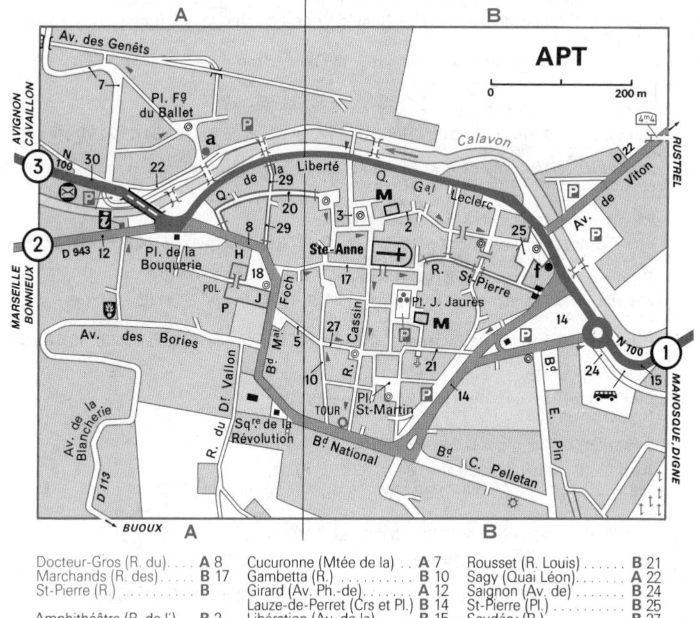

Docteur-Gros (R. du)	A 8	Cucuronne (Mtée de la)	A 7	Rousset (R. Louis)	B 21
Marchands (R. des)	B 17	Gambetta (R.)	B 10	Sagy (Quai Léon)	A 22
St-Pierre (R.)	B	Girard (Av. Ph.-de)	A 12	Saignon (Av. de)	B 24
		Lauze-de-Perret (Crs et Pl.)	B 14	St-Pierre (Pl.)	B 25
Amphithéâtre (R. de l')	B 2	Libération (Av. de la)	B 15	Scudéry (R.)	B 27
Carnot (Pl.)	B 3	Péri (Pl. Gabriel)	A 18	Sous-Préfecture (R. de la)	A 29
Cély (R.)	AB 5	République (R. de la)	A 20	Victor-Hugo (Av.)	A 30

🏨 **Aptois H.** sans rest, 6 cours Lauze-de-Perret ☎ 90 74 02 02, Fax 90 74 64 79 – 🛗 ☎. GB. ✻ *fermé 7 fév. au 7 mars* – ☕ 30 – **26 ch** 145/280. B **f**

XXX **Aub. du Luberon** avec ch, 17 quai Léon Sagy ☎ 90 74 12 50, Fax 90 04 79 49, 🌳 – TV ☎ 🚗. AE ⓓ GB A **a**
hôtel : fermé 28/6 au 7/7 ; rest. : fermé 28/6 au 7/7, 2/1 au 1/2, dim. soir et lundi sauf vacances scolaires – **R** (nombre de couverts limité, prévenir) 195, enf. 70 – ☕ 45 – **15 ch** 220/450 – ½ P 290/405.

à Saignon SE : 4 km par D 48 – ✉ **84400** Apt :

🏨 **Aub. du Presbytère** 🐦, ☎ 90 74 11 50, 🌳 – AE GB
fermé 15 au 30 nov., 10 au 31 janv. et merc. – **R** (prévenir) 140 – ☕ 35 – **10 ch** 180/300 – ½ P 240/295.

par ③ – ✉ **84400** Apt :

Relais de Roquefure ⛰, à 6 km par N 100 et VO ☎ 90 04 88 88, ≤, ☂, parc, ⛱ – ☎ Ⓟ. GB
fermé 5 janv. au 15 fév. – **R** *(fermé le midi sauf dim.)* 115/145 – ☕ 40 – **15 ch** 190/320 – ½ P 230/300.

XXX **Bernard Mathys,** Le Chêne, 4,5 km par N 100 ☎ 90 04 84 64, ☂, parc – Ⓟ. AE GB
fermé mi-janv. à mi-fév., mardi et merc. – **R** 160/350.

X La Grasille, à 7 km par N 100 et VO ☎ 90 74 25 40, ☂ – Ⓟ
R grill.

CITROEN Aymard, 53 av. V.-Hugo par ③ ☎ 90 74 04 39 N ☎ 90 04 89 98
FORD Germain, 56 av. V.-Hugo ☎ 90 74 10 17 N ☎ 90 04 89 98
PEUGEOT-TALBOT Splendid Gar., quartier Lançon RN 100 par ③ ☎ 90 74 02 11
RENAULT Automobile Cavaillonnaise, quartier Lançon, RN 100 par ③ ☎ 90 74 18 41 N ☎ 05 05 15 15
Aptalec, 41 av. V.-Hugo ☎ 90 74 31 04
Ayme-Pneus, quartier Lançon, N 100 ☎ 90 74 07 78

ARAVIS (Col des) 74 H.-Savoie 74 ⑦ G. Alpes du Nord – alt. 1 498 – ✉ 74220 La Clusaz.

Voir ≤★★.

Paris 587 – Chamonix-Mont-Blanc 57 – Albertville 33 – Annecy 39 – Bonneville 33 – La Clusaz 7,5 – Megève 21.

X **Rhododendrons,** ☎ 50 02 41 50, ≤, ☂ – GB
1er mai-30 sept. – **R** 78/145, enf. 45.

ARBOIS 39600 Jura 70 ④ G. Jura (plan) – 3 900 h alt. 291.

Voir Maison paternelle de Pasteur★ – Reculée des Planches★★ et grottes des Planches★ E : 4,5 km par D 107.

Env. Cirque du Fer à Cheval★★ S : 7 km par D 469 puis 15 mn.

Office de Tourisme à la Mairie ☎ 84 37 47 37.

Paris 398 – ◆Besançon 47 – Dole 35 – Lons-le-Saunier 39 – Salins-les-Bains 13.

✿ **Jean-Paul Jeunet** M, r. de l'Hôtel de Ville ☎ 84 66 05 67, Fax 84 66 24 20, ☂ – |♦| TV ☎ ⇔ – 🏛 40. ⓓ GB
fermé déc., janv., merc. midi et mardi sauf sept. et vacances scolaires – **R** 160/500 et carte 320 à 420 – ☕ 55 – **17 ch** 295/400
Spéc. Foie gras poché, caramel de Macvin à la sauge. Truite fourrée à l'hysope en crépine rôtie. Gigot de poularde au Vin Jaune et morilles. **Vins** Arbois-Pupillin, Château-Chalon.

des Cépages M, rte Villette-les-Arbois ☎ 84 66 25 25, Télex 361621, Fax 84 37 49 62 – |♦| ▤ ch TV ☎ ♿ Ⓟ – 🏛 40. AE ⓓ GB
R *(fermé sam., dim. et fériés)* (dîner seul) 94 – ☕ 44 – **33 ch** 314/360 – ½ P 270.

Messageries sans rest, r. Courcelles ☎ 84 66 15 45, Fax 84 37 41 09 – ☎. GB
fermé 1er déc. au 31 janv. – ☕ 30 – **26 ch** 160/290.

XX **Caveau d'Arbois,** 3 rte Besançon ☎ 84 66 10 70, Télex 361621, Fax 84 37 49 62 – AE ⓓ GB.
R 74/242, enf. 40.

X **La Finette,** 22 av. Pasteur ☎ 84 66 06 78 – Ⓟ. GB
R 76/129, enf. 38.

à Pupillin S : 3 km par D 246 – ✉ **39600** :

X **Aub. Le Grapiot,** ✉ 39600 ☎ 84 66 23 25 – Ⓟ. GB
fermé 20 déc. au 20 janv., dim. soir, lundi sauf de mi-sept. à juin et fériés – **R** 90/160, enf. 45.

aux Planches-près-Arbois SO : 5 km par D 107 et VO – ✉ **39600** :

Aub. du Moulin de la Mère Michelle ⛰, ☎ 84 66 08 17, Fax 84 37 49 69, ≤, ⛱, ✂ – |♦| TV ☎ Ⓟ. AE GB
fermé janv. – **R** (dîner seul. en hiver) 75/280 – ☕ 55 – **22 ch** 450/700 – ½ P 450/570.

PEUGEOT-TALBOT Ganeval ☎ 84 66 02 78 N ☎ 84 35 94 06
RENAULT Dupré ☎ 84 66 05 70

ARBOIS (Mont d') 74 H.-Savoie 74 ⑧ – rattaché à St-Gervais-les-Bains.

ARBONNE 64 Pyr.-Atl. 78 ⑱ – rattaché à Biarritz.

ARBONNE-LA-FORÊT 77630 S.-et-M. 61 ① – 762 h alt. 73.

Paris 58 – Fontainebleau 10 – Évry 29 – Melun 16 – Nemours 25.

XX **Aub. du Petit Corne Biche,** ☎ (1) 60 66 26 34, ☂ – AE GB
fermé 22 août au 8 sept., 19 déc. au 5 janv., lundi soir, mardi soir et merc. – **R** 130/200.

Les prix Pour toutes précisions sur les prix indiqués dans ce guide, reportez-vous aux pages explicatives.

ARCACHON **33120** Gironde 78 ② ⑫ G. Pyrénées Aquitaine – 11 770 h alt. 5 – Casino BZ.

Voir Boulevard de la Mer★ AX – Front de mer ≤★ de la jetée BZ.

18 ✆ 56 54 44 00, 4 km ABX ; 9 18 de Gujan-Mestras ✆ 56 66 86 36, par ① N 250 puis D 652 : 11 km.

🅸 Office de Tourisme pl. F.-Roosevelt ✆ 56 83 01 69, Télex 570503 et Château Deganne.

Paris 653 ① – ◆Bordeaux 64 ① – Agen 193 ① – ◆Bayonne 182 ① – Dax 143 ① – Royan 194 ①.

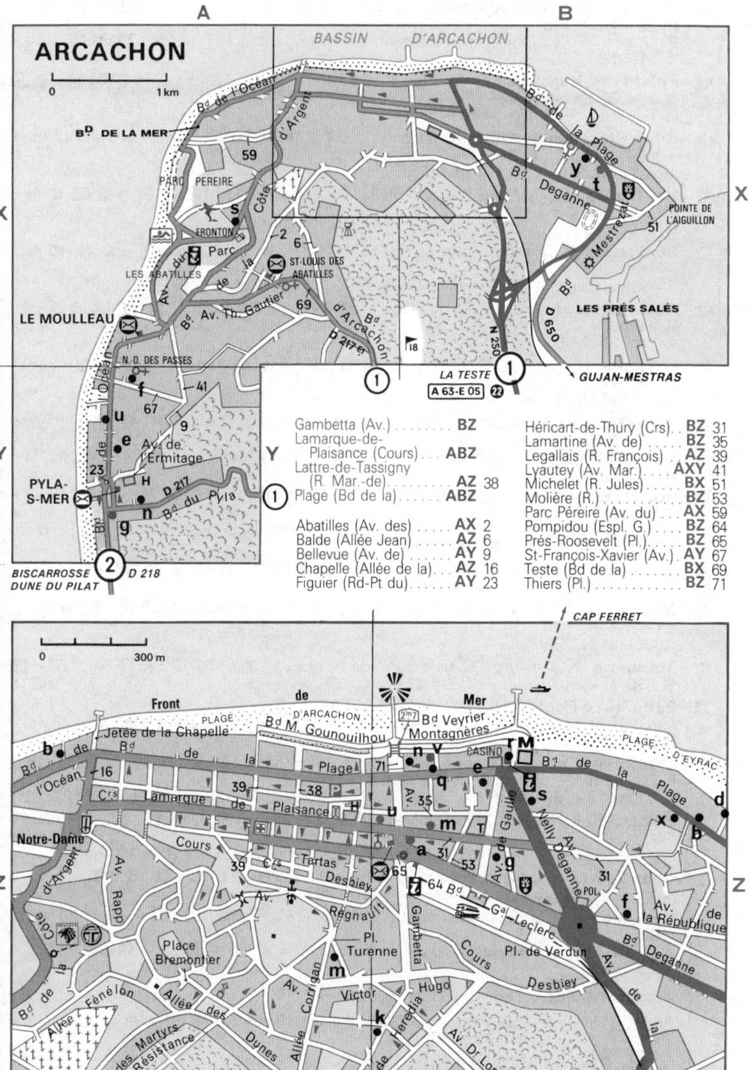

EUROPE on a single sheet Michelin map no 970.

Arc Hôtel sur Mer M ⛰ sans rest, 89 bd Plage ✆ 56 83 06 85, Télex 571044, Fax 56 83 53 72, ←, ⛱ – |‡| ▤ TV ☎ P. AE ◑ GB. ✻ — BZ **b**
☕ 50 – **30 ch** 450/880, 3 appart.

Deganne M sans rest, r. Prof. Jolyet ✆ 56 83 99 91, Fax 56 83 87 92, ← – |‡| ▤ TV ☎ ♿ P. AE ◑ GB — BZ **r**
☕ 58 – **57 ch** 580/735.

Les Vagues M ⛰, 9 bd Océan ✆ 56 83 03 75, Fax 56 83 77 16, ← – |‡| TV ☎ P – 🏛 30. AE ◑ GB. ✻ rest — AZ **b**
R *(9 avril-1er oct.)* (dîner seul.) (½ pens. seul.) 175, enf. 130 – ☕ 50 – **30 ch** 492/710 – ½ P 471/580.

Point France sans rest, 1 r. Grenier ✆ 56 83 46 74, Télex 573049, Fax 56 22 53 24 – |‡| TV ☎ 🚗. AE ◑ GB — BZ **q**
20 fév.-2 nov. – ☕ 45 – **34 ch** 645.

Gd H. Richelieu sans rest, 185 bd Plage ✆ 56 83 16 50, Télex 540043, Fax 56 83 47 78, ← – |‡| TV ☎ P. AE ◑ GB — BZ **n**
15 mars-3 nov. – ☕ 40 – **43 ch** 430/650.

Les Ormes M ⛰, 77 bd Plage ✆ 56 83 09 27, Fax 56 54 97 10, ←, 🌳 – |‡| TV ☎ P – 🏛 50. AE ◑ GB — BZ **d**
R 100/180, enf. 50 – ☕ 52 – **28 ch** 515/745 – ½ P 450/610.

Sémiramis ⛰, 4 allée Rebsomen ✆ 56 83 25 87, Fax 57 52 22 41, ⛱ – ☎ P. AE GB. ✻ rest — AZ **m**
R *(fermé janv.)* (sur réservation seul.) 138/150 – ☕ 50 – **18 ch** 450/580 – ½ P 420/485.

Aquamarina M sans rest, 82 bd Plage ✆ 56 83 67 70, Fax 56 83 77 16 – |‡| TV ☎ ♿ 🚗. AE ◑ GB — BZ **x**
☕ 48 – **33 ch** 450/555.

Le Nautic M sans rest, 20 bd Plage ✆ 56 83 01 48, Fax 56 83 04 67 – |‡| TV ☎ P – 🏛 80. AE ◑ GB — BX **y**
☕ 40 – **43 ch** 340/440.

Plage M, 10 av. N. Deganne ✆ 56 83 06 23, Télex 572082, Fax 56 83 41 47, 🌳 – |‡| TV ☎ P. AE ◑ GB — BZ **s**
R *(fermé dim. soir et lundi du 1er nov. à Pâques)* 90/140, enf. 55 – ☕ 34 – **50 ch** 485 – ½ P 350.

Roc Hôtel et Moderne, 200 bd Plage ✆ 56 83 05 01, Fax 56 83 22 76, 🌳 – |‡| TV ☎ – 🏛 60. AE GB — BZ **e**
hôtel : 1er avril-1er nov. ; rest : 1er avril-15 nov. et fermé lundi du 1er oct. au 7 juin – **R** 95/190 🍷, enf. 70 – ☕ 40 – **54 ch** 350/500.

Le Novel sans rest, 24 av. Gén. de Gaulle ✆ 56 83 40 11 – |‡| TV ☎. AE GB JCB — BZ **g**
fermé 7 au 30 janv. – ☕ 34 – **22 ch** 350/370.

Mimosas sans rest, 77 bis av. République ✆ 56 83 45 86, Fax 56 22 53 40 – TV ☎ P. AE ◑ GB — BZ **f**
☕ 30 – **21 ch** 280/380.

Marinette ⛰ sans rest, 15 allée J.-M. de Hérédia ✆ 56 83 06 67, Fax 56 83 09 59 – TV ☎. GB *1er mars-15 nov.* – ☕ 30 – **23 ch** 300/380. — BZ **k**

XX **Patio**, 10 bd Plage ✆ 56 83 02 72, Fax 56 54 89 98, 🌳 – GB — BX **t**
fermé 15 au 30 nov., 15 au 28 fév., mardi sauf le soir en juil.-août et lundi midi en été – **R** carte 210 à 300.

XX **L'Ombrière et H. Gascogne** avec ch, 79 cours H. de Thury ✆ 56 83 42 52, Fax 56 83 15 55, 🌳 – |‡| TV ☎. AE ◑ GB — BZ **m**
R *(fermé 17 au 30 janv. et merc. hors sais.)* 127/250 – ☕ 35 – **26 ch** 199/350 – ½ P 221/298.

XX **France**, 20 bd Veyrier-Montagnières ✆ 56 83 49 43, Fax 56 22 53 11, 🌳 – ▤. AE ◑ GB — BZ **v**
fermé 1er déc. au 7 janv., mardi soir et merc. du 15 oct. au 15 avril – **R** 98/140, enf. 60.

X **Chez Yvette**, 59 bd Gén. Leclerc ✆ 56 83 05 11, Fax 56 22 51 62 – AE ◑ GB — BZ **a**
fermé janv. – **R** produits de la mer carte 190 à 280, enf. 60.

X **Bayonne** avec ch, 9 cours Lamarque ✆ 56 83 33 82, Fax 56 83 73 06 – ⊁ ch TV ☎. AE GB — BZ **u**
20 mars-20 oct. – **R** *(fermé lundi de sept. à mai)* 76/200 – ☕ 32 – **18 ch** 275/350 – ½ P 320/380.

aux Abatilles SO : 2 km – ✉ **33120** Arcachon :

Parc ⛰ sans rest, 5 av. Parc ✆ 56 83 10 58, Fax 56 54 05 30 – |‡| TV ☎ P. GB. ✻ — AX **s**
15 juin-1er oct. – ☕ 40 – **30 ch** 450/520.

au Moulleau SO : 5 km – ✉ **33120** Arcachon :

Les Buissonnets ⛰, 12 r. L. Garros ✆ 56 54 00 83, Fax 56 22 55 13, 🌳, 🏡 – TV ☎. GB. ✻ — AY **f**
R 96/185 – ☕ 40 – **13 ch** 450 – ½ P 360.

FORD Bassin Arcachon Autom., 59 cours Lamarque ✆ 56 83 40 96

PEUGEOT, TALBOT Gleizes, 36 bd Côte-d'Argent ✆ 56 83 06 43

ARCANGUES **64** Pyr.-Atl. 78 ⑱ – rattaché à Biarritz.

ARC-EN-BARROIS **52210** H.-Marne 66 ② G. Champagne – 874 h alt. 270.

Syndicat d'Initiative Hôtel de Ville (15 juin-15 sept. après-midi seul.) ✆ 25 02 52 17.

Paris 255 – Chaumont 23 – Bar-sur-Aube 53 – Châtillon-sur-Seine 42 – Langres 30.

Château d'Arc ⛺, ✆ 25 02 57 57, Fax 25 32 99 15, ←, « Bâtisse d'époque Louis-Philippe, parc », – ch – 40. GB
R 150/280 – **26 ch** 400/1500 – ½ P 570/750.

Parc, ✆ 25 02 53 07 – ☎ – 80. AE GB
fermé fév., vend. midi et jeudi du 1er nov. à Pâques – **R** 90/160 – 25 – **19 ch** 140/250 – ½ P 215/300.

ARCENS **07310** Ardèche 76 ⑱ – 479 h alt. 610.

Paris 602 – Le Puy-en-Velay 53 – Le Cheylard 16 – Privas 64 – Saint-Agrève 21.

Chalet des Cévennes , ✆ 75 30 41 90, ←, – ☎ . GB. ch
fermé oct., dim. soir et vend. – **R** 80/160 – 28 – **16 ch** 200/260 – ½ P 220/240.

ARC-ET-SENANS **25610** Doubs 70 ④ G. Jura – 1 277 h alt. 232.

Voir Saline Royale★★.

Paris 395 – ◆Besançon 33 – Pontarlier 61 – Salins-les-Bains 17.

Le Relais avec ch, pl. Église ✆ 81 57 40 60, Fax 81 57 46 17, – GB
fermé 20 au 26 oct., 15 déc. au 15 janv. et dim. soir sauf juil.-août – **R** 55/160 – 25 – **10 ch** 110/180 – ½ P 140/160.

RENAULT Gar. des Salines, r. de Rans ✆ 81 57 40 77 N ✆ 81 57 43 62

ARCHAMPS **74166** H.-Savoie 74 ⑥ – 1 070 h alt. 510.

Paris 529 – Annecy 34 – Thonon-les-Bains 43 – Bonneville 33 – ◆Genève 10 – Nantua 57.

Ibis M, Parc d'Affaires international ✆ 50 95 38 18, Télex 319044, Fax 50 95 38 95, ←, – rest ☎ . AE GB
R 85, enf. 39 – 35 – **84 ch** 290/350.

ARCHES **15200** Cantal 76 ① – 174 h.

Paris 496 – Aurillac 63 – Bort-les-Orgues 28 – Mauriac 11 – Ussel 44.

Le Donjon avec ch, ✆ 71 69 74 00, – ☎ . GB
fermé 1er au 15 mars, vacances de nov. et lundi hors sais. – **R** 65/150, enf. 40 – 28 – **7 ch** 230/290 – ½ P 220.

ARCINS **33** Gironde 71 ⑧ – rattaché à Margaux.

L'ARCOUEST (Pointe de) **22** C.-d'Armor 59 ② – rattaché à Paimpol.

Les ARCS **73** Savoie 74 ⑱ G. Alpes du Nord – alt. 1 600 – Sports d'hiver : 1 600/3 200 m 1 68 – ✉ **73700** Bourg-St-Maurice.

Voir Arc 1800 ✳★★ – Arc 1600 ←★.

18 des Arcs Le Chantel ✆ 79 07 43 95, NO : 5 km.

Office de Tourisme (saison) ✆ 79 41 55 55.

Paris 646 – Albertville 64 – Bourg-Saint-Maurice 11 – Chambéry 110 – Val-d'Isère 40.

Latitudes , S : 5 km - alt. 1 800 ✆ 79 07 49 79, Télex 309743, Fax 79 07 49 87, , – ☎ – 80
saisonnier – **158 ch.**

Les ARCS **83460** Var 84 ⑦ G. Côte d'Azur – 4 744 h alt. 74.

Voir Polyptyque★ dans l'église – Chapelle Ste-Roseline★ NE : 4 km.

Syndicat d'Initiative pl. Gén.-de-Gaulle ✆ 94 73 37 30.

Paris 851 – Fréjus 26 – Brignoles 41 – Cannes 55 – Draguignan 10 – St-Raphaël 29 – Ste-Maxime 29.

XXX **Logis du Guetteur** avec ch, au village médiéval, SE par D 57 ✆ 94 73 30 82, Fax 94 73 39 95, , « Pittoresque installation dans un vieux fort », – ☎ . AE GB JCB
fermé 10 janv. au 15 fév. – **R** 130/355 – 45 – **10 ch** 450 – ½ P 420.

CITROEN Gar. Audibert ✆ 94 73 31 41

RENAULT Gar. des 4 Chemins ✆ 94 47 40 43 N

ARCUEIL **94** Val-de-Marne 60 ⑩, 101 ㉕ – voir à Paris, Environs.

ARCY-SUR-CURE **89270** Yonne 65 ⑤ G. Bourgogne – 503 h alt. 133.

Paris 200 – Auxerre 31 – Avallon 21 – Vézelay 21.

Grottes avec ch, N 6 ✆ 86 81 91 47, – ☎ . GB
fermé 15 déc. au 25 janv. et merc. du 15 sept. au 30 avril – **R** 70/155 , enf. 45 – 25 – **7 ch** 125/200 – ½ P 193.

RENAULT Gar. Teissier ✆ 86 81 90 42

ARDÈCHE (Gorges de l') ★★★ **07** Ardèche 80 ⑨ G. Provence.

Ressources hôtelières : voir ***Vallon Pont d'Arc.***

ARDENTES **36120** Indre 68 ⑨ **G. Berry Limousin** – 3 511 h alt. 163.

Paris 279 – Bourges 63 – Argenton-sur-Creuse 42 – Châteauroux 13 – La Châtre 22 – Issoudun 38 – St-Amand-Montrond 58.

XX **Gare,** ☎ 54 36 20 24 – P. GB
fermé 1er au 22 août, vacances de fév., soirs de fêtes, dim. soir et lundi – **R** 115/155.

XX **Chêne Vert** avec ch, av. Verdun ☎ 54 36 22 40, Fax 54 36 64 33 – TV ☎. AE ⓓ GB
fermé 1er au 17 août, 2 au 18 janv., dim. soir et lundi midi – **R** 110/218, enf. 65 – ☕ 32 – **7 ch** 230/335 – ½ P 250/285.

CITROEN Godiard, 46 av. de Verdun ☎ 54 36 20 26 N ☎ 54 36 20 26
PEUGEOT-TALBOT Gar. Bucheron, 33 av. de Verdun ☎ 54 36 21 40
RENAULT Gar. du Chêne Vert, 30 av. de Verdun ☎ 54 36 22 47
Gar. Marteau ☎ 54 36 22 95

ARDRES **62610** P.-de-C. 51 ② **G. Flandres Artois Picardie** – 3 936 h alt. 11.

Paris 276 – ◆ Calais 17 – Arras 95 – Boulogne-sur-Mer 35 – Dunkerque 45 – ◆ Lille 93 – St-Omer 26.

Clément ♨, espl. Mar. Leclerc ☎ 21 82 25 25, Télex 130886, Fax 21 82 98 92, ⛱ – TV ☎ ⇔ P – 🏃 30. AE ⓓ GB
fermé 15 janv. au 15 fév., mardi midi en hiver et lundi – **R** 95/330 🍷, enf. 50 – ☕ 35 – **16 ch** 230/330 – ½ P 235/285.

La Chaumière sans rest, 67 av. Rouville ☎ 21 35 41 24, ⛱ – ☎. GB
☕ 27 – **12 ch** 160/310.

à Cocove SE : 9 km par N 43, D 217 et D 226 – ✉ **62890** Recques-sur-Hem :

Château de Cocove, ☎ 21 82 68 29, Télex 810985, Fax 21 82 72 59, « ♨ dans un parc » – TV ☎ ♿ P – 🏃 30. AE ⓓ GB
R 105/330 – ☕ 45 – **24 ch** 415/660 – ½ P 317/580.

CITROEN Gar. Carpentier, Champ de Foire ☎ 21 35 42 16
Ⓜ Euromaster Fischbach Pneu Service, av. Alliés à Audruicq ☎ 21 82 75 81

ARÊCHES **73** Savoie 74 ⑰ **G. Alpes du Nord** – alt. 1 080 – Sports d'hiver : 1 080/2 080 m ⛷13 ⛷ – ✉ **73270** Beaufort-sur-Doron.

Voir Hameau de Boudin★ E : 2 km.

ℹ Syndicat d'Initiative ☎ 79 38 15 33.

Paris 607 – Albertville 25 – Chambéry 75 – Megève 47.

Aub. du Poncellamont ♨, ☎ 79 38 10 23, Fax 79 38 13 98, ≤, 🍽, ⛱ – TV ☎ P. GB. ✻ ch
30 mai-30 sept., 20 déc.-20 avril et fermé dim. soir et merc. sauf vacances scolaires – **Repas** 128/199, enf. 60 – ☕ 33 – **14 ch** 270/290 – ½ P 270/280.

ARÈS **33740** Gironde 71 ⑲ **G. Pyrénées Aquitaine** – 3 911 h alt. 6.

Paris 629 – ◆ Bordeaux 47 – Arcachon 45.

XX **St Éloi** avec ch, 11 bd Aérium ☎ 56 60 20 46, 🍽 – AE GB
fermé dim. soir et lundi de fin sept. à Pâques – **R** 85/280, enf. 60 – ☕ 28 – **11 ch** 130/160 – ½ P 190/220.

ARETTE-PIERRE-ST-MARTIN **64570** Pyr.-Atl. 85 ⑮ **G. Pyrénées Aquitaine** – Sports d'hiver : 1 500/2 200 m ⛷15.

Voir Site★.

ℹ Office de Tourisme à Pierre-St-Martin ☎ 59 66 20 09.

Paris 859 – Pau 75 – Lourdes 96 – Oloron-Sainte-Marie 40.

Pic d'Anie M sans rest, ☎ 59 66 00 05, ≤ – TV ☎. AE ⓓ GB
1er juil.-15 sept. et 15 déc.-30 avril – ☕ 30 – **16 ch** 310/360.

ARFEUILLES **03640** Allier 73 ⑥ – 843 h alt. 424.

Paris 357 – ◆ Clermont-Ferrand 84 – Roanne 36 – Lapalisse 15 – Moulins 63 – Thiers 60 – Vichy 30.

Nord, ☎ 70 55 50 22, ⛱ – P. GB
fermé 14 au 28 mars, 11 nov. au 11 déc., dim. soir et lundi de sept. à juin – **R** 77/175 – ☕ 22 – **9 ch** 120/210 – ½ P 190/200.

ARGEIN **09800** Ariège 86 ② – 164 h alt. 560.

Paris 811 – Bagnères-de-Luchon 58 – Foix 59 – St-Girons 15.

Host. la Terrasse, ☎ 61 96 70 11, 🍽 – ☎
fermé 15 déc. au 1er fév. et lundi – **R** 70/180, enf. 45 – ☕ 25 – **10 ch** 150/250 – ½ P 190.

ARGELÈS-GAZOST ⟨SP⟩ **65400** H.-Pyr. 85 ⑰ **G. Pyrénées Aquitaine** – 3 229 h alt. 463 – Stat. therm. (10 mai-20 oct.).

Voir Route du Hautacam★ à l'Est par D 100 Y.

ℹ Office de Tourisme Grande Terrasse ☎ 62 97 00 25.

Paris 827 ① – Pau 55 ① – Lourdes 12 ① – Tarbes 32 ①.

Miramont, r. Pasteur ✆ 62 97 01 26, « Jardin fleuri » – ... Z **n**
fermé 14 nov. au 20 déc. – **R** *(fermé lundi)* (nombre de couverts limité - prévenir) 60/190 – ☕ 30 – **27 ch** 260/310 – P 270/320.

Les Cimes ⛰, pl. Ourout ✆ 62 97 00 10, Fax 62 97 10 19, ... – cuisinette ... rest ... AE GB. ✻ rest Z **a**
fermé 11 nov. au 18 déc. – **R** 68/180, enf. 37 – ☕ 28 – **25 ch** 190/255 – P 242/260.

Host. Le Relais, 25 r. Mar. Foch ✆ 62 97 01 27, ... GB
10 fév.-15 oct. – **Repas** 68/250, enf. 40 – ☕ 30 – **23 ch** 190/270 – P 220/250. Y **h**

Soleil Levant, 17 av. Pyrénées ✆ 62 97 08 68, Fax 62 97 04 60, ... AE GB. ✻ rest Y **t**
fermé 1er au 20 déc. – **R** 55/160, enf. 45 – ☕ 30 – **33 ch** 180/210 – P 230/240.

Printania, av. Pyrénées ✆ 62 97 06 57 – ... 30. GB
R 55/175, enf. 42 – ☕ 26 – **23 ch** 215 – P 242. Y **r**

Gabizos, av. Pyrénées ✆ 62 97 01 36, Fax 62 97 02 70, ... – rest ... GB Z **x**
27 mars-25 oct. et vacances scolaires de fév. – **R** 60/150 – ☕ 25 – **26 ch** 150/200 – P 235.

Le Temps de Vivre, rte Lourdes par ① ✆ 62 97 05 12, ... AE GB
27 mars-14 nov. et fermé lundi sauf juil.-août – **R** 60/200, enf. 45.

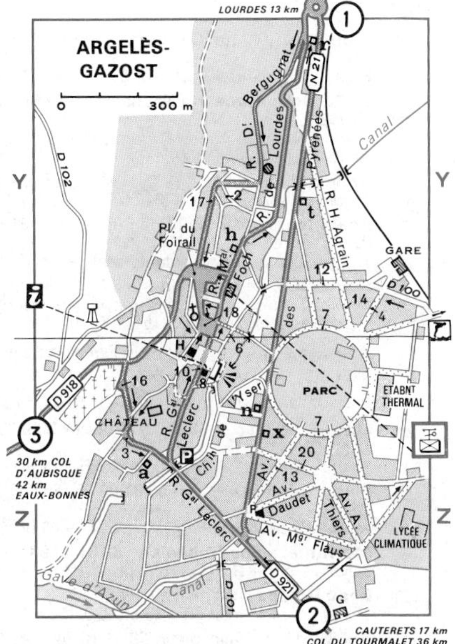

Barère-de-Vieuzac (R.) . . . . . . Y 2
Bourdette (R.) . . . . . . Z 3
Dambé (Av. Jules) . . Y 4
Digoy (R. Capitaine) YZ 6
Hébrard (Av. Adrien) . . . . . YZ 7
La Terrasse. . . . . Z 8
Mairie (Pl. de la). . . . . Z 10
Marne (Av. de la) . . . Y 12
Russel (R. du Cte-H.) Z 13
Sassère (R. Hector). . Y 14
St-Orens (R.) . . . . Z 16
Sorbé-Bualé (R.) . . . . Y 17
Victoire (Pl. de la) . . . Y 18
Victor-Hugo (Av.) . . . Z 20

à St-Savin S : 3 km par D 101 – Z – alt. 580 – ✉ **65400** :

Voir Site★ de la Chapelle de Piétat S : 1 km.

Rochers ⛰, ✆ 62 97 09 52, ... GB
10 fév.-5 oct. – **R** 70/200 – ☕ 30 – **29 ch** 175/255 – P 215/265.

Panoramic, ✆ 62 97 08 22, ≤ vallée, ... GB. ✻ rest
Pâques-10 oct. – **R** 75/165, enf. 33 – ☕ 28 – **20 ch** 170/245 – ½ P 170/235.

Viscos avec ch, ✆ 62 97 02 28, Fax 62 97 04 95, ... AE GB
fermé 1er au 26 déc. – **R** *(fermé lundi sauf vacances scolaires)* 103/320, enf. 50 – ☕ 32 – **16 ch** 230/290 – P 289/299.

à Agos par ① : 5 km – ✉ **65400** Agos-Vidalos :

Chez Pierre d'Agos M, ✆ 62 97 05 07, Fax 62 97 50 14, ... – rest ... AE GB
R 55/200, enf. 45 – ☕ 25 – **70 ch** 190/233 – P 220/238.

à Beaucens SE : 5 km par D 100 - Y - et D 13 – Stat. therm. (18 mai-10 oct.) – ✉ **65400** :

Thermal ⛰, ✆ 62 97 04 21, ≤, « Parc », ... GB. ✻ rest
10 mai-10 oct. – **R** 70/85 – ☕ 28 – **30 ch** 185/290.

RENAULT Gar. Cappeleto et Lafaille, par D 100 Y ✆ 62 97 02 06 **N** ✆ 62 97 00 76

ARGELÈS-SUR-MER 66700 Pyr.-Or. 86 ⑳ – 7 188 h alt. 15 – Casino à Argelès-Plage.

Paris 934 – ♦Perpignan 20 – Céret 27 – Port-Vendres 10,5 – Prades 63.

Relais d'Arras de Grando M ⛰, O : 1 km par rte Sorède et VO ✆ 68 81 42 88, Fax 68 81 67 66, ... ch ... 40. AE GB
fermé 15 janv. au 15 fév. – **Aub. du Roua R** 150/230, enf. 95 – ☕ 54 – **20 ch** 490/660 – ½ P 410/500.

Cottage M ⛰, r. A. Rimbaud ✆ 68 81 07 33, Fax 68 81 59 69, ... AE GB
Pâques-1er nov. – **R** *(fermé mardi midi et jeudi midi sauf du 15 juin au 15 sept.)* 130/200, enf. 60 – ☕ 42 – **26 ch** 290/430 – ½ P 295/365.

Mouettes Ⓜ, rte Collioure : 3 km ✆ 68 81 21 69, ≤, ☂, ⛱ – TV ☎ P. AE ⓓ GB
R carte 160 à 240 ♀ – ☐ 33 – **31 ch** 380/540 – ½ P 330/415.

Gd H. Commerce, rte Nationale ✆ 68 81 00 33, Fax 68 81 69 49 – ♦ ☰ rest TV ☎ P. AE ⓓ GB
fermé 25 déc. au 3 fév. – **R** *(fermé dim. soir et lundi d'oct. à mai)* 65/173 ♀, enf. 42 – ☐ 31 – **38 ch** 195/276 – ½ P 200/260.

Annexe Le Parc Ⓜ ⚲, ⛱, ⛱ – ♦ ☎ P – ⚲ 80. AE ⓓ GB
1er juin-30 sept. – ☐ 36 – **24 ch** 262/310 – ½ P 282/287.

Acapulco Ⓜ, rd-pt Pont de Pujols ✆ 68 81 51 52, Fax 68 81 50 25, ☂, ⛱ – TV ☎ ♿ P. AE GB. ✗ ch
1er mai-30 sept. – **R** (résidents seul.) – ☐ 40 – **26 ch** 300 – ½ P 260.

Soubirana, rte Nationale ✆ 68 81 01 44, ☂ – ☎ ⇔. GB
fermé 25 oct. au 15 nov. – **R** *(fermé dim. soir et sam. du 15 sept. au 1er juin)* 63/255 ♀, enf. 38 – ☐ 33 – **17 ch** 145/195 – ½ P 190/205.

à Argelès-Plage E : 2,5 km **G. Pyrénées Roussillon** – ✉ **66700** Argelès-sur-Mer :

Voir SE : Côte Vermeille★★.

ℹ Office de Tourisme pl. de l'Europe ✆ 68 81 15 85, Télex 500911.

Lido Ⓜ, bd Mer ✆ 68 81 10 32, Télex 505220, Fax 68 81 10 98, ≤, ☂, ⛱, ⛱ – ♦ TV ☎ ♿ P. AE GB
15 mai-30 sept. – **R** 140/160, enf. 65 – ☐ 40 – **73 ch** 360/690 – ½ P 350/520.

Plage des Pins Ⓜ, ✆ 68 81 09 05, Fax 68 81 12 10, ≤, ⛱, ✗ – ♦ ☰ TV ☎ P. GB. ✗
29 mai-30 sept. – **R** 120/170 – ☐ 44 – **49 ch** 437/485 – ½ P 398/422.

Maritime, bd des Albères ✆ 68 81 50 00, ☂, ⛱ – ☎ ♿ ⇔. AE GB
3 avril-20 oct. – **R** 115 ♀, enf. 65 – ☐ 35 – **24 ch** 260/320 – ½ P 285.

Beau Rivage sans rest, av. Plage ✆ 68 81 11 29 – ☎. AE GB
15 mai-30 sept. – ☐ 35 – **26 ch** 320.

Solarium, av. Vallespir ✆ 68 81 10 74 – ☎. GB. ✗ rest
fermé 15 au 23 nov. et 24 au 31 déc. – **R** (dîner seul.) 84 ♀ – **15 ch** ☐ 154/303 – ½ P 210/230.

à Racou-Plage SE : 3 km – ✉ **66700** Argelès-sur-Mer :

Val Marie sans rest, ✆ 68 81 11 27, ⛱ – ☎ P. ✗
1er juin-30 sept. – ☐ 25 – **19 ch** 180/226.

CITROEN Argelès-Autos, 76 rte de Collioure ✆ 68 81 45 45
PEUGEOT TALBOT Venzal, ZI rte de St-André ✆ 68 81 06 86
RENAULT Cadmas, 3 bis rte de Collioure ✆ 68 81 12 29
Ⓜ Mallau Pneus, 80 rte de Collioure ✆ 68 81 43 90

Si vous cherchez un hôtel tranquille,
consultez d'abord les cartes de l'introduction
ou repérez dans le texte les établissements indiqués avec le signe ⚲

ARGENTAN

⟨SP⟩ **61200** Orne 60 ② ③ **G. Normandie Cotentin** – 16 413 h alt. 160.

Voir Église St-Germain★.

ℹ Office de Tourisme pl. Marché ✆ 33 67 12 48.

Paris 195 ② – Alençon 44 ③ – ◆Caen 58 ⑤ – Chartres 134 ② – Dreux 114 ② – Évreux 112 ② – Flers 43 ④ – Laval 107 ④ – Lisieux 56 ① – ◆Rouen 127 ②.

Plan page suivante

France, 8 bd Carnot **(r)** ✆ 33 67 03 65, Fax 33 36 62 24, ⛱ – TV ☎. AE GB
fermé 15 fév. au 15 mars et dim. – **R** 68/170 ♀, enf. 50 – ☐ 26 – **13 ch** 140/280 – ½ P 220/310.

XXX **Renaissance** avec ch, 20 av. 2e-Division-Blindée **(n)** ✆ 33 36 14 20 – TV ☎ P. AE ⓓ GB
fermé dim. sauf fériés – **R** 85/200, enf. 50 – ☐ 26 – **13 ch** 170/295 – ½ P 196/246.

à Fontenai-sur-Orne par ④ : 4,5 km – ✉ **61200** :

Faisan Doré, ✆ 33 67 18 11, Fax 33 35 82 15 – TV ☎ P – ⚲ 100. GB
fermé 7 au 21 janv. et dim. soir de nov. à fév. – **R** *(fermé lundi de nov. à fév. et dim. soir)* 85/280 – ☐ 35 – **15 ch** 240/280 – ½ P 260.

à Écouché par ④ : 9 km – ✉ **61150** :

XX **Lion d'Or** avec ch, 1 r. Pierre Pigot ✆ 33 35 16 92, Fax 33 36 60 48, ⛱ – TV ☎ P – ⚲ 60. AE GB
fermé dim. soir et lundi – **R** 85/230 – ☐ 35 – **8 ch** 240/350 – ½ P 240/270.

CITROEN Brunet, 21 r. République ✆ 33 36 79 99
V.A.G Poirier Autom., rte de Falaise ✆ 33 36 19 19
Ⓜ Fischer-Pneus, 21 r. République ✆ 33 36 08 36
Marsat-Pneus Argentan-Pneus, 30 av. 2e-D.-B. ✆ 33 67 26 79

ARGENTAN

Chaussée (R. de la) 8
Henri-IV (Pl.) 18
Panthou (R. E.) 21
St-Germain (R.) 28

Beigle (R. du) 2
Boschet (R. P.) 3
Briand (R. Aristide) 4
Carnot (Bd) 7
Collège (R. du) 9
Forêt-Normande (Av. de la) 13
Gaulle (Bd Général-de) 14
Griffon (R. du) 15
Leclerc (Pl. Général) 19
Mahé (Pl.) 20
Paty (R. du) 23
Poterie (R. de la) 24
République (R. de la) 25
St-Martin (R.) 29
Victor-Hugo (Bd) 30
Vimal-du-Bouchet (Pl.) 33
Wolf (R. J.) 34
2e-D.-B. (Av. de la) 35
104e-d'Infanterie (R. du) 38

Pour un bon usage des plans de villes, voir les signes conventionnels dans l'introduction.

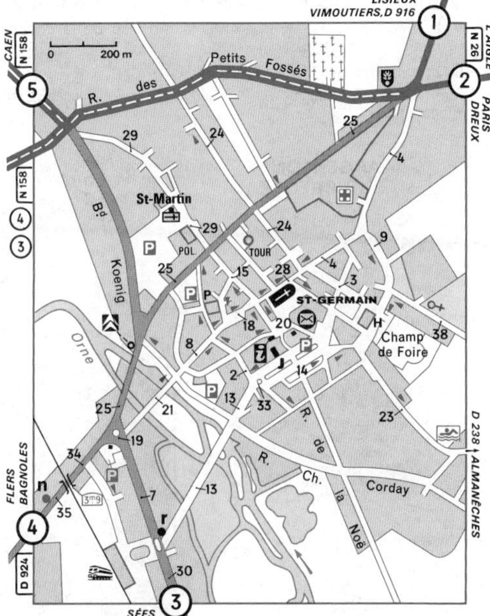

ARGENTAT 19400 Corrèze 75 ⑩ **G. Berry Limousin** – 3 189 h alt. 188.

Voir Site★.

Office de Tourisme av. Pasteur (15 juin-15 sept.) et à la Mairie (hors saison) ℘ 55 28 16 05.

Paris 516 – Brive-la-Gaillarde 53 – Aurillac 55 – Mauriac 50 – St-Céré 39 – Tulle 32.

- **Nouvel H. Gilbert,** r. Vachal ℘ 55 28 01 62, – ☎ – 30. GB
  15 mars-15 déc. et fermé vend. soir et sam. midi sauf du 15 mai au 15 oct. – **R** 88/210, enf. 48 – 32 – **27 ch** 250/330 – ½ P 240/270.

CITROEN Frizon, 25 av. Xaintries ℘ 55 28 10 79

Corrèze-Pneus, 30 av. des Xaintries ℘ 55 28 14 31

ARGENTEUIL 95 Val-d'Oise 55 ⑳, 101 ⑭ – voir à Paris, Environs.

ARGENTIÈRE 74 H.-Savoie 74 ⑨ **G. Alpes du Nord** – alt. 1 253 – Sports d'hiver : 1 200/3 300 m 3 8 – ✉ **74400** Chamonix-Mont-Blanc.

Voir SE : Aiguille des Grands Montets ≤★★ par téléphérique – Trélechamp ≤★★ N : 2,5 km – Réserve naturelle des Aiguilles Rouges★★ N : 3,5 km.

Paris 620 – Chamonix-Mont-Blanc 8 – Annecy 102 – Vallorcine 8.

- **Montana** M, ℘ 50 54 14 99, Fax 50 54 03 40, ≤ – ☎. GB
  fermé 15 mai au 15 juin et 1er nov. au 15 déc. – **R** (dîner seul.)(résidents seul.) 95/130 – 40 – **24 ch** 450 – ½ P 390.
- **Grands Montets**, près téléphérique de Lognan ℘ 50 54 06 66, Fax 50 54 05 42, ≤, – ☎. GB. rest
  25 juin-15 sept. et 20 déc.-1er mai – **R** carte 150 à 200, enf. 67 – **40 ch** 640 – ½ P 445.

à Montroc-le-Planet NE : 2 km par N 506 et VO – ✉ **74400** Argentière :

- **Les Becs Rouges**, ℘ 50 54 01 00, Fax 50 54 00 51, ≤ vallée et chaîne du Mont-Blanc, – ☎ – 35. AE GB. rest
  fermé 5 nov. au 20 déc. – **R** 128/425 – 65 – **24 ch** 215/512 – ½ P 345/405.

PEUGEOT-TALBOT Gar. Costa ℘ 50 54 04 30 N

ARGENTON-SUR-CREUSE 36200 Indre 68 ⑰ ⑱ G. Berry Limousin – 5 193 h alt. 108.

Voir Vieux pont ≤★ K – ≤★ de la terrasse de la chapelle N.-D.-des-Bancs – Vallée de la Creuse★ SE par D 48.

Office de Tourisme pl. République ✆ 54 24 05 30.

Paris 302 ① – Châteauroux 31 ① – Guéret 67 ③ – ◆Limoges 94 ④ – Montluçon 103 ② – Poitiers 102 ⑤ – ◆Tours 130 ⑤.

ARGENTON-SUR-CREUSE

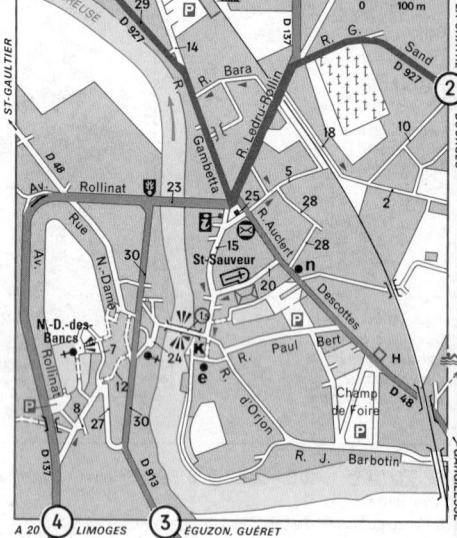

Acacias (Allée des)	2
Barbès (R.)	5
Chapelle-N.-D. (R. de la)	7
Châteauneuf (R.)	8
Chauvigny (R. A. de)	10
Coursière (R. de la)	12
Gare (R. de la)	14
Grande (Rue)	15
Merle-Blanc (R. du)	18
Point-du-Jour (R. du)	20
Pont-Neuf (R. du)	23
Raspail (R.)	24
République (Pl. de la)	25
Rochers-St-Jean (R. des)	27
Rosette (R.)	28
Rousseau (R. Jean-J.)	29
Victor-Hugo (R.)	30

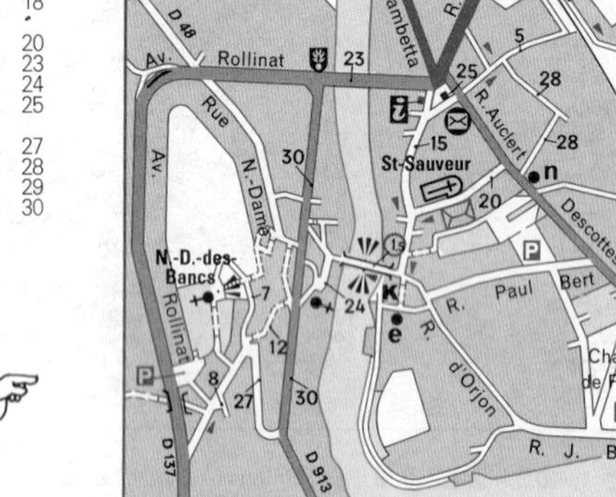

Les plans de villes sont orientés le Nord en haut.

Manoir de Boisvillers sans rest, 11 r. Moulin de Bord **(e)** ✆ 54 24 13 88, – TV ☎ P. GB
fermé 20 déc. au 10 janv. – 35 – **14 ch** 220/320.

Cheval Noir, 27 r. Auclert-Descottes **(n)** ✆ 54 24 00 06, Fax 54 24 11 22 – rest TV ☎ P. GB
fermé janv. et dim. soir hors sais. – **R** 80/210, enf. 55 – 35 – **30 ch** 205/300 – ½ P 180/240.

à St-Marcel par ① : 2 km – ✉ 36200 :

Voir Église★ – Musée archéologique d'Argentomagus★ – Théâtre du Virou★.

Le Prieuré, ✆ 54 24 05 19, Fax 54 24 32 28, ≤, – TV ☎ P – 30. GB
fermé mi-janv. à mi-fév. et lundi – **R** 70/180, enf. 45 – 25 – **12 ch** 200/250.

à Tendu par ① : 8 km – ✉ 36200 :

XX **Moulin des Eaux Vives,** SE : 4 km par D 30 et VO ✆ 54 24 12 25, « Moulin du 18e siècle au bord de l'eau » – AE GB
fermé 10 janv. au 14 fév., lundi soir et mardi sauf juil.-août – **R** (dim. prévenir) 115/195, enf. 60.

à Bouësse par ② : 11 km – ✉ 36200 :

Château de Bouesse, ✆ 54 25 12 20, Fax 54 25 12 30, ≤, « Château du 13e siècle dans un parc » – ☎ P. AE GB.
fermé 2 au 31 janv. et lundi hors sais. – **R** 125/350, enf. 75 – 50 – **5 ch** 350/450, 3 appart. – ½ P 375/425.

CITROEN Gar. Besson, N 20 à Tendu par ① ✆ 54 24 12 26
PEUGEOT-TALBOT Chavegrand, rte de Limoges par ④ ✆ 54 24 04 32 N
Gar. Allignet, 15 bis bd G.-Sand ✆ 54 24 07 01 N ✆ 54 24 24 95

Gebhard-Pneu, rte de Limoges, N 20 ✆ 54 24 13 08

ARGENT-SUR-SAULDRE 18410 Cher 65 ⑪ G. Châteaux de la Loire – 2 525 h alt. 171.

Paris 174 – ◆Orléans 60 – Bourges 57 – Cosne-sur-Loire 45 – Gien 21 – Salbris 41 – Vierzon 53.

Relais de la Poste, ✆ 48 73 60 25, Fax 48 73 30 62 – TV ☎ P – 50. GB
fermé 20 au 25 juin, 20 au 25 sept. et 15 janv. au 15 fév. – **R** *(fermé lundi hors sais.)* 85/280, enf. 60 – ☕ 35 – **10 ch** 220/290 – ½ P 260/360.

Relais du Cor d'Argent avec ch, ✆ 48 73 63 49 – ☎. GB
fermé vacances de nov., 15 fév. au 15 mars, mardi soir et merc. de mi-sept. à mi-juin – **R** 75/200 🍷, enf. 50 – ☕ 25 – **7 ch** 180/225 – ½ P 190/260.

PEUGEOT Gar. Léger ✆ 48 73 63 06 — RENAULT Carlot ✆ 48 73 61 83

ARGOULES 80120 Somme 51 ⑫ G. Flandres Artois Picardie – 363 h alt. 20.

Paris 216 – ◆Calais 85 – Abbeville 32 – ◆Amiens 66 – Hesdin 19 – Montreuil 17.

Aub. Coq-en-Pâte, ✆ 22 29 92 09, 🌳 – P. GB
fermé 1er au 8 sept., janv., dim. soir et lundi – **R** (week-ends, prévenir) carte 150 à 230.

ARINSAL 86 ⑭ – voir à Andorre (Principauté d').

ARLEMPDES 43490 H.-Loire 76 ⑰ G. Vallée du Rhône – 142 h alt. 840.

Voir ≤★★ du château.

Paris 568 – Le Puy-en-Velay 27 – Aubenas 66 – Langogne 27.

Manoir 🐦, ✆ 71 57 17 14, ≤ – ☎. ✗ ch
5 mars-1er nov. – **R** 78/180, enf. 45 – ☕ 30 – **16 ch** 190/230 – ½ P 205/215.

ARLES SP 13200 B.-du-R. 83 ⑩ G. Provence – 52 058 h alt. 9.

Voir Arènes★★ YZ – Théâtre antique★★ Z – Cloître St-Trophime★★ et église★ Z : portail★★ – Les Alyscamps★ X – Palais Constantin★ Y **F** – Hôtel de ville : voûte★ du vestibule Z **H** – Musées : Art chrétien★★ et cryptoportiques★ Z **M1**, Arlaten★ Z **M3**, Art païen★ Z **M2**, Réattu★ Y **M4** – Ruines de l'abbaye de Montmajour★ 5 km par ①.

i Office de Tourisme esplanade des Lices ✆ 90 96 29 35, Télex 440096 et à la Gare SNCF ✆ 90 49 36 90
A.C. 12 r. Liberté ✆ 90 96 40 28.

Paris 728 ① – Avignon 36 ① – Aix-en-Provence 76 ② – Béziers 140 ⑤ – Cavaillon 42 ① – ◆Marseille 89 ② – ◆Montpellier 77 ⑤ – Nîmes 31 ⑥ – Salon-de-Provence 39 ② – Sète 109 ⑤.

Plan page suivante

Jules César, bd Lices ✆ 90 93 43 20, Télex 400239, Fax 90 93 33 47, 🌳, « Ancien couvent avec son cloître, jardins intérieurs », 🏊 – 🛗 ▤ TV ☎ 🚗 – 50. AE ⓓ GB JCB — Z b
fermé début nov. au 23 déc. – **Lou Marquès R** 195/365 enf. 65 – **Le Cloître** *(déj. seul.)* **R** 98 🍷, enf. 65 – ☕ 65 – **49 ch** 600/950, 3 appart. – ½ P 585/910.

D'Arlatan 🐦 sans rest, 26 r. Sauvage (près pl. Forum) ✆ 90 93 56 66, Télex 441203, Fax 90 49 68 45, « Demeure du 15e siècle, beau mobilier, vitrine de vestiges archéologiques », 🌳 – 🛗 ▤ TV ☎ 🚗 – 25. AE ⓓ GB — Y f
☕ 53 – **34 ch** 385/680, 7 appart.

Mercure M, 45 av. Sadi-Carnot ✆ 90 99 40 40, Télex 403613, Fax 90 93 32 50, 🏊 – 🛗 ▤ TV ☎ ♿ P – 70. AE ⓓ GB JCB — X a
R 120, enf. 45 – ☕ 50 – **67 ch** 430/540.

L'Atrium M, 1 r. E. Fassin ✆ 90 49 92 92, Télex 403903, Fax 90 93 38 59, 🌳 – 🛗 ▤ TV ☎ ♿ 🚗 – 150. AE ⓓ GB — Z n
R 120/155 – ☕ 50 – **91 ch** 435/670 – ½ P 410/465.

Nord Pinus, pl. Forum ✆ 90 93 44 44, Fax 90 93 34 00 – 🛗 TV ☎ ♿ 🚗. AE ⓓ GB — Z t
fermé 5 janv. au 1er mars – **R** brasserie *(fermé janv. et dim.)* 132 – ☕ 65 – **21 ch** 900/1800.

Mireille M, 2 pl. St Pierre ✆ 90 93 70 74, Télex 440308, Fax 90 93 87 28, 🌳, 🏊 – ▤ TV ☎ 🚗. AE ⓓ GB JCB — Y h
1er mars-mi-nov. – **R** 99/125, enf. 70 – ☕ 50 – **34 ch** 299/580 – ½ P 370/465.

La Roseraie 🐦 sans rest, à Pont-de-Crau E : 2 km par N 453 - X ✆ 90 96 06 58, « Jardin fleuri » – 🚗 P. ✗
15 mars-15 oct. – ☕ 33 – **12 ch** 270/340.

Calendal sans rest, 22 pl. Pomme ✆ 90 96 11 89, « Jardin ombragé » – ☎. ⓓ GB — Z s
fermé 13 nov. au 16 déc. et 5 janv. au 9 fév. – ☕ 32 – **27 ch** 190/390.

Le Cloître sans rest, 18 r. Cloître ✆ 90 96 29 50, Fax 90 96 02 88 – ☎. AE GB JCB — Z a
fermé 5 janv. au 28 fév. – ☕ 32 – **33 ch** 200/300.

St-Trophime sans rest, 16 r. Calade ✆ 90 96 88 38, Fax 90 96 92 19 – 🛗 TV ☎. AE GB — Z x
fermé 17 nov. au 21 déc. – ☕ 32 – **22 ch** 190/305.

Musée sans rest, 11 r. Gd-Prieuré ✆ 90 93 88 88, Fax 90 49 98 15 – ☎. AE ⓓ GB — Y u
fermé 15 nov. au 15 déc. – ☕ 30 – **20 ch** 210/250.

Mirador sans rest, 3 r. Voltaire ✆ 90 96 28 05, Fax 90 96 59 89 – ☎. AE GB — Y n
fermé 10 janv. au 10 fév. – ☕ 26 – **15 ch** 160/240.

Constantin sans rest, 59 bd Craponne ✆ 90 96 04 05 – ☎. AE GB — Z k
fermé 8 janv. au 1er mars – ☕ 28 – **15 ch** 150/260.

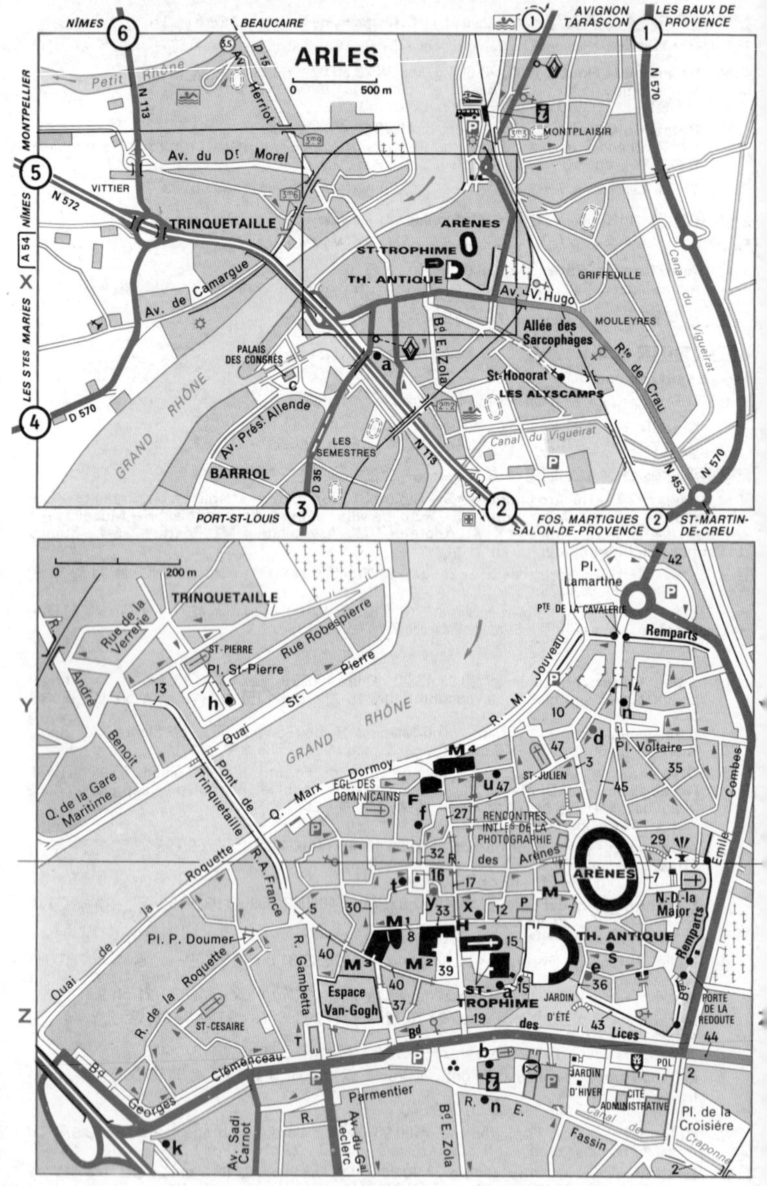

ARLES
0
500 m
NÎMES
BEAUCAIRE
AVIGNON
TARASCON
LES BAUX DE
PROVENCE
MONTPELLIER
NÎMES
A 54
LES STES MARIES
Petit Rhône
N 113
Av. Herriot
D 15
N 570
MONTPLAISIR
Av. du Dr Morel
VITTIER
N 572
TRINQUETAILLE
ARÈNES
ST-TROPHIME
TH. ANTIQUE
Av. V. Hugo
GRIFFEUILLE
Canal du Vigueirat
Av. de Camargue
MOULEYRES
Allée des
Sarcophages
Rte de Crau
PALAIS
DES CONGRÈS
Bd E. Zola
St-Honorat
LES ALYSCAMPS
GRAND RHÔNE
Av. Prés. Allende
LES
SEMESTRES
N 113
Canal du Vigueirat
N 453
N 570
D 570
BARRIOL
D 35
PORT-ST-LOUIS
FOS, MARTIGUES
SALON-DE-PROVENCE
ST-MARTIN-
DE-CREU
0
200 m
TRINQUETAILLE
Rue de la Verrerie
ST-PIERRE
Pl. St-Pierre
Rue Robespierre
Quai St-Pierre
R. André Benoit
Q. de la Gare Maritime
Pont de Trinquetaille
GRAND RHÔNE
R. M. Jouveau
Pl. Lamartine
PTE DE LA CAVALERIE
Remparts
Pl. Voltaire
Q. Marx Dormoy
EGL. DES
DOMINICAINS
ST-JULIEN
RENCONTRES
INTLES DE LA
PHOTOGRAPHIE
R. des Arènes
Combes
Emile
Quai de la Roquette
R. A. France
ARÈNES
N.-D.-la
Major
Pl. P. Doumer
R. Gambetta
TH. ANTIQUE
Remparts
R. de la Roquette
Espace
Van-Gogh
ST-TROPHIME
JARDIN
D'ÉTÉ
PORTE
DE LA
REDOUTE
ST-CESAIRE
Bd des Lices
Bd Georges Clémenceau
JARDIN
D'HIVER
CITÉ
ADMINISTRATIVE
POL.
Pl. de la
Croisière
Parmentier
Av. Sadi
Carnot
Av. du Gal
Leclerc
Bd E. Zola
R. E. Fassin
Canal de Craponne

XXX **L'Olivier,** 1 bis r. Réattu ✆ 90 49 64 88, 🏠 – ▤. GB. ✻ Y **u**
fermé dim. et lundi sauf juil.-août – **R** 138/390, enf. 85.

XX **Vaccarès,** pl. Forum (1er étage) ✆ 90 96 06 17, Fax 90 96 24 52, 🏠 – GB Z **y**
fermé 4 janv. au 5 fév., dim. soir et lundi sauf fêtes – **R** 170/320.

XX **Côté Cour,** r. A. Pichot ✆ 90 49 77 76 – ▤. AE ⓓ GB Y **d**
fermé 3 au 17 août, 4 au 26 janv. et mardi – **R** 160/170, enf. 45.

X **Lou Caleu,** 27 r. Porte de Laure ✆ 90 49 71 77, Fax 90 93 75 30, 🏠 – ▤. AE ⓓ GB JCB. ✻ Z **e**
fermé jeudi d'oct. à juin – **R** 90/140, enf. 50.

par ① et D 35 : 5 km :

Mas de la Chapelle ⛰, ✉ 13200 ✆ 90 93 23 15, Fax 90 96 53 74, 🏠, « Ancienne chapelle du 16e siècle, parc », 🏊, 🎾 – TV ☎ P. GB. ✻ rest
fermé fév. – **R** *(fermé dim. soir et lundi du 15 nov. au 15 mars)* 145/280 – ☕ 50 – **14 ch** 470/670 – ½ P 480/580.

à Fourques (Gard) par ⑥ : 2 km – ✉ **30300** :

Le Mas des Piboules M, N 113 ✆ 90 96 25 25, Fax 90 93 68 88, 🏠, 🏊, 🌳 – TV ☎ ♿ P – 🏛 30. AE GB
R *(fermé fév., vend. et sam. du 1er nov. au 28 fév.)* 90/125 🍷, enf. 43 – ☕ 42 – **50 ch** 311/347 – ½ P 270/284.

BMW Gar. de la Verrerie, 10 av. Dr.-Morel, Trinquetaille ✆ 90 96 19 59
CITROEN Trébon Autos, 35 av. Libération par ① ✆ 90 96 42 83
MERCEDES TOYOTA Provem, Gar. du Lion, 10 r. Verrerie, Trinquetaille ✆ 90 93 53 55
PEUGEOT-TALBOT Roux, 12 av. de la Libération par ① ✆ 90 18 42 42 N ✆ 90 99 80 58
RENAULT Arles Autom. Services, 84 av. Stalingrad ✆ 90 96 82 82 N ✆ 90 96 53 13
RENAULT Lacoste, 27 av. Sadi-Carnot ✆ 90 96 37 76
V.A.G Gar. de l'Avenir, 5 av. Libération, rte de Tarascon ✆ 90 96 98 10

Ⓜ Ayme-Pneus, ZI Nord, r. Cotton ✆ 90 93 56 95
Gay Pneus, av. du Pont de Crau ✆ 90 93 60 13
Jauffret-Pneus, 22 bd V.-Hugo ✆ 90 93 50 14
Vulcania, 8 bd V.-Hugo ✆ 90 96 02 03

ARLES-SUR-TECH 66150 Pyr.-Or. 86 ⑱ G. Pyrénées Roussillon – 2 837 h alt. 270.

ℹ Syndicat d'Initiative r. Barjau ✆ 68 39 11 99.

Paris 948 – ♦Perpignan 43 – Amélie-les-Bains-Palalda 4 – Prats-de-Mollo-la-Preste 19.

Glycines, ✆ 68 39 10 09, Fax 68 39 83 02, 🏠, 🌳 – ☎ P. AE GB
fermé déc. et janv. – **R** 85/230, enf. 60 – ☕ 35 – **32 ch** 170/200 – ½ P 170/215.

ARMBOUTS-CAPPEL 59 Nord 51 ③ – rattaché à Dunkerque.

ARMENTIÈRES 59280 Nord 51 ⑮ G. Flandres Artois Picardie – 25 219 h alt. 19.

ℹ A.C. 26 pl. St-Vaast ✆ 20 77 10 12.

Paris 238 ③ – ♦Lille 21 ③ – Dunkerque 59 ⑥ – Kortrijk 36 ② – Lens 33 ③ – St-Omer 50 ⑥.

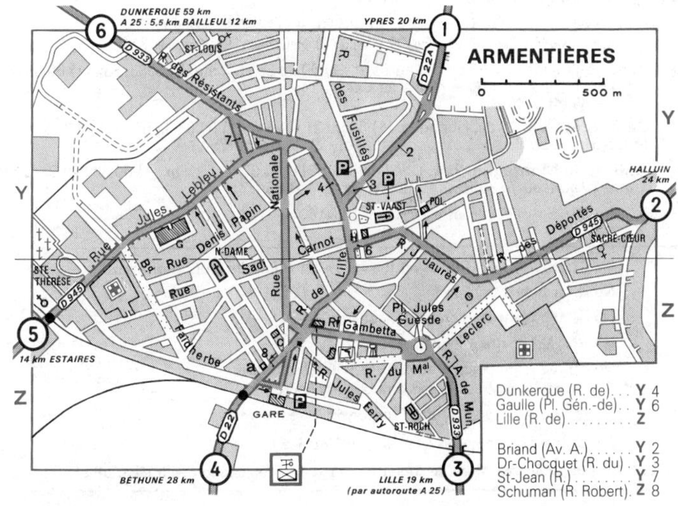

Albert 1er sans rest, 28 r. Robert Schuman ✆ 20 77 31 02, Fax 20 77 05 16 – TV ☎. AE ⓓ GB Z a
☕ 30 – **18 ch** 210/270.

RENAULT Gar. de la Lys, 1797 r. d'Armentières, Nieppe par ⑥ ✆ 20 48 57 50 N

Ⓜ Hennette, 75 bis rte Nat. à Ennetières-en-Weppes ✆ 20 35 85 28

ARMOY 74 H.-Savoie 70 ⑰ – rattaché à Thonon-les-Bains.

ARNAC-POMPADOUR 19230 Corrèze 75 ⑧ **G. Berry Limousin** – 1 444 h alt. 421.

Paris 455 – Brive-la-Gaillarde 37 – ♦Limoges 58 – Périgueux 66 – St-Yrieix 24 – Uzerche 23.

Aub. de la Marquise, à la gare ✆ 55 73 33 98, Fax 55 73 69 30, ☂ – TV ☎ P. GB. ✻ ch
mai-oct. – **R** *(fermé mardi sauf août)* 95/320, enf. 62 – ☕ 33 – **12 ch** 245/280 – ½ P 295.

rte de Perigueux : 5 km par D 7 – ✉ 19230 Arnac-Pompadour :

Aub. de la Mandrie ⛰, ✆ 55 73 37 14, Fax 55 73 67 13, ☂, parc, 🏊 – TV ☎ ♿ P – 🏟 30. GB
fermé 15 au 28 nov. et dim. soir du 1er déc. au 15 mars – **R** 70/196 🍷, enf. 42 – ☕ 28 – **22 ch** 202/228 – ½ P 190/215.

CITROEN Nouaille, à Pompadour ✆ 55 73 30 18 N
PEUGEOT-TALBOT Francolon P., 17 av. Midi ✆ 55 73 94 03 N

RENAULT Debernard, à Pompadour ✆ 55 73 30 57

ARNAGE 72 Sarthe 64 ③ – rattaché au Mans.

ARNAY-LE-DUC 21230 Côte-d'Or 65 ⑱ **G. Bourgogne** – 2 040 h alt. 374.

Paris 287 – ♦ Dijon 57 – Autun 28 – Beaune 36 – Chagny 41 – Montbard 72 – Saulieu 28.

✿ **Chez Camille** (Poinsot), ✆ 80 90 01 38, Fax 80 90 04 64 – TV ☎ 🚗. AE ⓓ GB
R 130/390 et carte 180 à 290, enf. 70 – ☕ 50 – **11 ch** 400 – ½ P 490
Spéc. Rissoles d'escargots aux pâtes fraîches. Truffière de Charolais. Fricassée de Chapon "Archiduc". **Vins** Hautes Côtes de Beaune.

Annexe Clair de Lune sans rest, ✆ 80 90 15 50 – TV ☎ P. GB. ✻
☕ 28 – **13 ch** 190/300.

Poste sans rest, ✆ 80 90 00 76, ☂ – ☎ P. GB. ✻
avril-oct. – ☕ 25 – **14 ch** 140/250.

Terminus avec ch, N 6 ✆ 80 90 00 33 – P. GB
fermé 6 janv. au 6 fév. et merc. – **R** 75/210, enf. 45 – ☕ 25 – **11 ch** 130/260.

PEUGEOT, TALBOT Gar. de l'Arquebuse ✆ 80 90 05 16 N

RENAULT Gar. Contant ✆ 80 90 07 09
V.A.G Binet, à St-Prix ✆ 80 90 10 07 N ✆ 80 90 27 03

ARPAILLARGUES-ET-AUREILLAC 30 Gard 80 ⑲ – rattaché à Uzès.

ARPAJON 91290 Essonne 60 ⑩ – 8 713 h alt. 50.

ℹ Syndicat d'Initiative de la Région Arpajonnaise pl. Hôtel de Ville (fermé matin) ✆ (1) 60 83 36 51.

Paris 32 – Fontainebleau 49 – Chartres 62 – Évry 17 – Melun 40 – ♦Orléans 89 – Versailles 33.

Arpège M sans rest, 23 bd J. Jaurès ✆ (1) 60 83 25 25, Télex 681083, Fax (1) 60 83 09 00 – 🛗 ⊭ ch TV ☎ 🚗 P – 🏟 50. AE GB
☕ 30 – **48 ch** 310.

XXX **Saint Clément,** 16 av. Hoche ✆ (1) 64 90 21 01, Fax (1) 60 83 32 67 – ▤. GB
fermé 31 juil. au 25 août, dim. soir et lundi – **R** 220, enf. 125.

XX **Aub. de la Montagne,** 2 av. Div. Leclerc ✆ (1) 64 90 01 07, Fax (1) 60 83 92 59 – AE GB
fermé 29 août au 16 sept., lundi soir et mardi – **R** 85/250.

Ⓜ Green-Autos, 56 r. Salvador Allende à La Norville ✆ (1) 60 83 03 55

ARPAJON-SUR-CÈRE **15** Cantal 76 ⑫ – rattaché à Aurillac.

ARRADON **56** Morbihan 63 ③ – rattaché à Vannes.

ARRAS P **62000** P.-de-C. 53 ② **G. Flandres Artois Picardie** – 38 983 h alt. 72.

Voir Grand'Place★★ CY et Place des Héros★★ CY – Hôtel de Ville et beffroi★ BY **H** – Ancienne abbaye St-Vaast★ : musée★ BY.

18 à Anzin-Saint-Aubin ✆ 21 50 24 24, NO : 4 km par ⑤ et D 64 ; 18 des Bruyères à Pelves ✆ 21 58 95 42 par ② : 14 km par N 39 et D 33.

Office de Tourisme à l'Hôtel de Ville ✆ 21 51 26 95 A.C. Centre Routier, Z.I. Arras Est ✆ 21 50 25 25.

Paris 180 ② – ♦Lille 51 ① – ♦Amiens 67 ④ – ♦Calais 112 ① – Charleville-Mézières 159 ② – Douai 25 ① – ♦Rouen 175 ④ – St-Quentin 74 ②.

Plans pages suivantes

Moderne, 1 bd Faidherbe ✆ 21 23 39 57, Télex 133701, Fax 21 71 55 42 – ☰ TV ☎. AE ① GB JCB. ⛌ rest CZ **u**
fermé 24 déc. au 2 janv. (sauf rest.) – **R** 95/230 ♪ – ☕ 32 – **55 ch** 210/350 – ½ P 260/280.

Les 3 Luppars M sans rest, 49 Grand'Place ✆ 21 07 41 41, Télex 133007, Fax 21 24 24 80 – ☰ TV ☎ ♿ – 🏛 50. AE ① GB CY **r**
☕ 30 – **42 ch** 200/280.

La Belle Etoile M, Z.A. Les Alouettes à **St Nicolas** par ① ✉ 62223 ✆ 21 58 59 00, Fax 21 48 86 49, 🌳 – ⛌ ch TV ☎ ♿ P – 🏛 40. GB
R *(fermé dim. soir et fériés le soir)* 67/145 ♪, enf. 50 – ☕ 33 – **36 ch** 255/278 – ½ P 224/229.

Astoria et rest. Carnot, 12 pl. Foch ✆ 21 71 08 14, Télex 160768, Fax 21 71 60 95 – ▤ rest TV ☎. AE ① GB CZ **s**
R 82/200 ♪ – ☕ 27 – **31 ch** 220/270 – ½ P 200/210.

XXX ✿ **La Faisanderie** (Dargent), 45 Grand'Place ✆ 21 48 20 76, Fax 21 50 89 18, « Cave du 17ᵉ siècle » – AE ① GB JCB CY **f**
fermé 2 au 23 août, vacances de fév., dim. soir et lundi – **R** 175/375 et carte 330 à 470, enf. 75
Spéc. Fricassée de champignons sauvages et langoustines. Bar rôti à la peau, jus de crevettes grises. Gibier (saison).

XXX **Le Victor Hugo,** 11 pl. V. Hugo ✆ 21 71 84 00 – AE ① GB AZ **e**
fermé août, dim. soir et lundi – **R** (nombre de couverts limité - prévenir) 258 bc/290, enf. 80.

XXX **Ambassadeur** (Buffet Gare), ✆ 21 23 29 80, Fax 21 71 17 07 – AE ① GB JCB CZ
fermé dim. soir – **R** 120/280 ♪.

XXX **Le Régent** avec ch, r. A. France à **St-Nicolas** ✉ 62223 ✆ 21 71 51 09, Fax 21 07 87 56, ⛱, 🌳 – TV ☎ – 🏛 30. GB BY **d**
fermé dim. soir – **R** 160 bc/400 – ☕ 48 – **11 ch** 230/280 – ½ P 310.

XX **La Rapière,** 44 Grand'Place ✆ 21 55 09 92, Fax 21 22 24 29 – AE ① GB CY **a**
fermé dim. soir – **R** 72/135 ♪, enf. 45.

XX **La Coupole,** 26 bd Strasbourg ✆ 21 71 88 44, Fax 21 71 52 46, brasserie – AE GB CZ **x**
fermé sam. midi – **R** 98/186 ♪, enf. 79.

*à **Beaurains*** par ③ : 3 km – 4 379 h. – ✉ **62217** :

XX **L'Auberge,** N 17 ✆ 21 71 59 30 – P. AE ① GB
fermé 20 juil. au 11 août et dim. soir – **R** 75/270 ♪, enf. 50.

*à **Écurie*** par ① et N 17 : 3 km – ✉ **62223** :

Park H., ✆ 21 55 43 40, Télex 133454, Fax 21 24 91 33, 🌳 – ☰ TV ☎ P – 🏛 60. AE ① GB
R grill 68/98, enf. 42 – ☕ 30 – **65 ch** 225/275 – ½ P 210.

MICHELIN, Agence, rte de Béthune, D 63, Ste-Catherine-lès-Arras AY ✆ 21 71 12 08

BMW Centre Autom. Artésien, Port Fluvial à St-Laurent-Blangy ✆ 21 58 11 44
CITROEN SO. CA. AR., 2 r. des Rosati ✆ 21 55 39 10
FIAT Gar. Michonneau, 6 av. Michonneau ✆ 21 55 37 52
FORD Autovale Bleu, 16 av. Michonneau ✆ 21 60 42 42 N
LANCIA Specq, 21 r. Saumon ✆ 21 73 59 20
PEUGEOT-TALBOT Cyr-Leroy, 75 rte de Cambrai par ② ✆ 21 73 26 26 N ✆ 05 44 24 24
RENAULT Arras Sud-Autom., 134 rte de Cambrai par ② ✆ 21 55 46 15
RENAULT Nouv. Gar. de l'Artois, 40 voie Notre-Dame-de-Lorette ✆ 21 23 02 56
TOYOTA Auto Leader, 95 rte de St-Pol ✆ 21 71 54 41
V.A.G Willerval, 13 bis r. G.-Clemenceau à St-Laurent-Blangy ✆ 21 55 30 75

Chamart, 245 av. Kennedy ✆ 21 71 31 95

ARRAS

Ernestale (R.)	BZ	13
Gambetta (R.)	BZ	
Ronville (R.)	CZ	35
St-Aubert (R.)	BY	
Théâtre (Pl. du)	BZ	47
Adam (R. Paul)	AY	2
Agaches (R. des)	BY	3
Albert-1er-de-Belg. (Rue)	BY	4
Ancien-Rivage (Pl. de l')	BY	5
Barbot (R. Gén.)	BY	6
Baudimont (Rond-Point)	AY	7
Carabiniers d'Artois (R. des)	AY	8
Cardinal (R. du)	CZ	9
Delansorne (R. D.)	BZ	10
Doumer (R. Paul)	BY	12
Ferry (R. Jules)	AY	15
Foch (R. Maréchal)	CZ	16
Gouvernance (R.)	BY	18
Guy Mollet (Pl.)	CY	19
Jongleurs (R. des)	BZ	21
Kennedy (Av. J.)	AZ	24
Legrelle (R. E.)	BCZ	25
Madeleine (Pl. de la)	BY	28
Marché-au-Filé (R. du)	BY	30
Marseille (Pl. de)	BZ	31
Robespierre (R.)	BZ	34
Ste-Claire (R.)	AZ	37
Ste-Croix (R.)	CY	39
Strasbourg (Bd de)	CZ	42
Taillerie (R. de la)	CY	43
Teinturiers (R. des)	BY	45
Verdun (Cours de)	AZ	49
Victor-Hugo (Pl.)	AZ	51
Wacquez-Glasson (Rue)	CZ	52
29-Juillet (R. du)	BY	54
33e (Pl. du)	BY	55

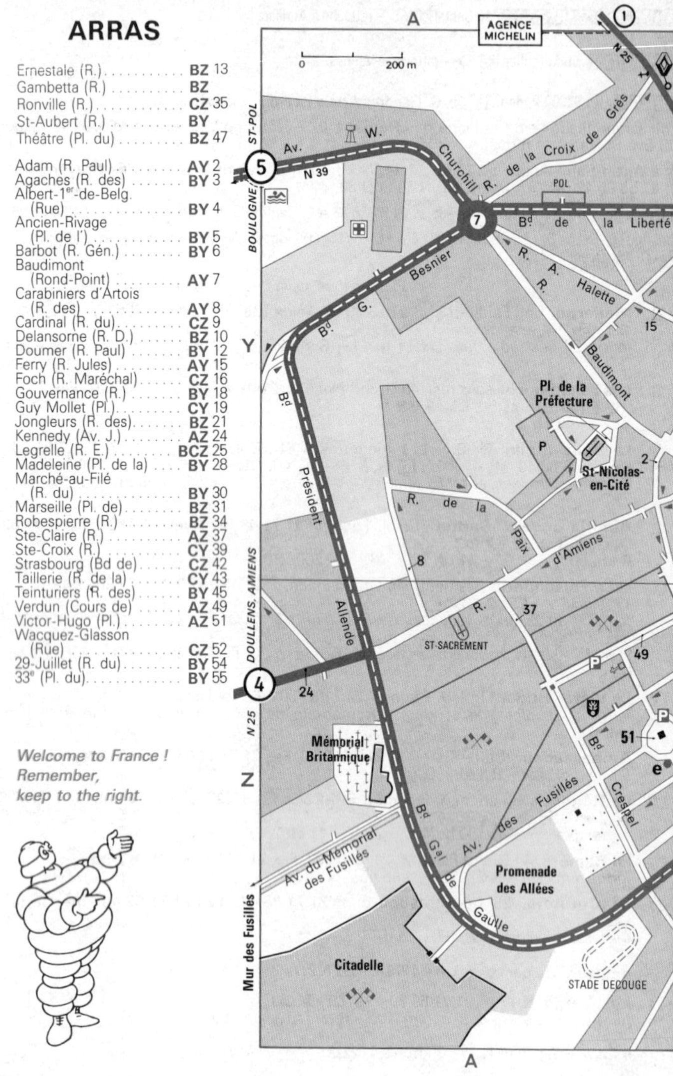

ARREAU 65240 H.-Pyr. 85 ⑲ G. Pyrénées Aquitaine – 853 h alt. 704.

Voir Vallée d'Aure★ S.

Paris 851 – Bagnères-de-Luchon 33 – Auch 91 – Lourdes 78 – St-Gaudens 53 – Tarbes 58.

Angleterre, rte Luchon ✆ 62 98 63 30, Fax 62 98 69 66, ... – ☎ Ⓟ – 30. GB. *1er juin-15 oct., les week-ends (sauf le midi), vacances scolaires et fermé lundi de sept. à oct.* – **R** 70/190, enf. 42 – ☕ 32 – **25 ch** 210/270 – ½ P 305/320.

RENAULT Buetas ✆ 62 98 60 67 N

Les localités dont les noms sont soulignés de rouge sur les cartes Michelin à 1/200 000 sont citées dans ce guide. Utilisez une carte récente pour profiter de ce renseignement.

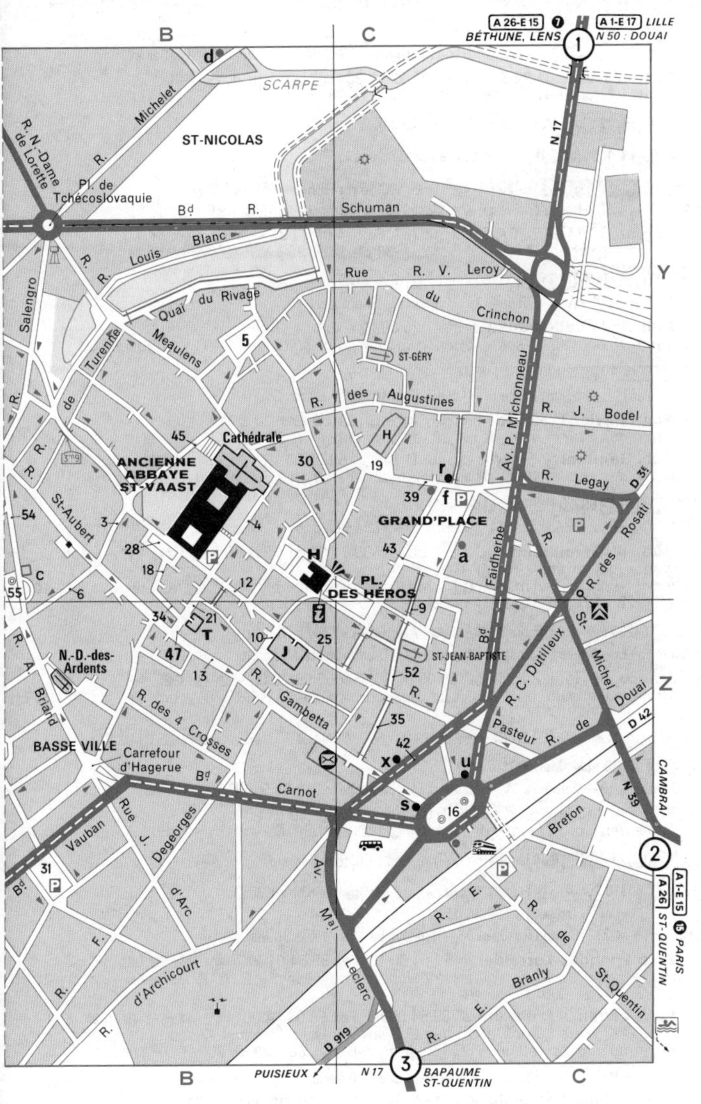

ARROMANCHES-LES-BAINS **14117** Calvados 54 ⑮ G. Normandie Cotentin – 409 h alt. 15.

Voir Musée du débarquement – La Côte du Bessin★ O.

Syndicat d'Initiative r. Mar.-Joffre (avril-sept.) ✆ 31 21 47 56.

Paris 269 – ◆Caen 31 – Bayeux 11 – St-Lô 47.

La Marine, ✆ 31 22 34 19, Fax 31 22 98 80, ≤ Port artificiel du Débarquement – TV ☎ P. AE GB
15 fév.-15 nov. – **R** 85/280, enf. 50 – 38 – **30 ch** 240/340 – ½ P 310/350.

Mountbatten M, ✆ 31 22 59 70 – TV ☎ ♿ P. GB
hôtel : 1er fév.-30 oct. et fermé lundi hors sais. ; rest. : 1er avril-30 sept. et fermé lundi hors sais. – **R** 70/135 – 28 – **9 ch** 260 – ½ P 240.

à la Rosière SO : 3 km par rte de Bayeux – ✉ **14117** Arromanches-les-Bains :

La Rosière, ☎ 31 22 36 17, Fax 31 22 19 33, ☂, 🌳 – ☎ ♿ Ⓟ. GB
1er avril-11 oct. – **R** 69/180, enf. 45 – ☕ 30 – **26 ch** 180/300 – ½ P 220/300.

ARS-EN-RÉ 17 Char.-Mar. 71 ⑫ – voir Ré (Ile de).

ARSONVAL 10 Aube 61 ⑱ – rattaché à Bar-sur-Aube.

ARS-SUR-FORMANS 01480 Ain 74 ① G. Vallée du Rhône – 851 h alt. 250.
Paris 433 – ♦ Lyon 38 – Bourg-en-Bresse 42 – Mâcon 40 – Villefranche-sur-Saône 9,5.

Régina, ☎ 74 00 73 67, Télex 305767, Fax 74 00 73 37 – ☎ Ⓟ. GB. ✗ ch
15 mars-15 nov. – **R** 80/170 – ☕ 25 – **36 ch** 165/195 – ½ P 190/222.

ARTANNES-SUR-INDRE 37260 I.-et-L. 64 ⑭ – 2 089 h.
Paris 257 – ♦ Tours 18 – Azay-le-Rideau 10 – Chinon 31 – Montbazon 10.

Aub. de la Vallée du Lys, ☎ 47 26 80 02 – GB
fermé 16 août au 1er sept., vacances de fév., dim. soir et lundi – **R** 130/250, enf. 55.

ARTIGUELOUVE 64230 Pyr-Atl. 85 ⑥ – 898 h alt. 150.
Paris 780 – Pau 11 – Aire-sur-l'Adour 57 – Oloron-Ste-Marie 28 – Orthez 35.

Alain Bayle, ☎ 59 83 05 08, ☂, 🌳 – Ⓟ. AE ⓓ GB
fermé dim. soir et merc. (sauf juil.-août et fériés) – **R** 96/230.

Aub. Semmarty ⊗ avec ch, sur D 146 ☎ 59 83 00 12, ☂, 🌳 – ☎ Ⓟ. GB. ✗ ch
fermé dim. soir et lundi – **R** 80/150 ♖ – ☕ 24 – **10 ch** 165/210 – ½ P 165/185.

ARTZENHEIM 68320 H.-Rhin 62 ⑲ – 607 h alt. 182.
Paris 454 – Colmar 16 – ♦Mulhouse 54 – Sélestat 19 – ♦Strasbourg 66.

Aub. d'Artzenheim ⊗ avec ch, ☎ 89 71 60 51, Fax 89 71 68 21, ☂, « Joli décor d'auberge, jardin » – ☎ Ⓟ. GB. ✗ ch
fermé 15 fév. au 15 mars – **R** *(fermé lundi soir et mardi)* 158/300 ♖, enf. 68 – ☕ 38 – **10 ch** 245/325 – ½ P 265/325.

ARUDY 64260 Pyr.-Atl. 85 ⑥ G. Pyrénées Aquitaine – 2 537 h alt. 410.
Paris 799 – Pau 25 – Argelès-Gazost 56 – Lourdes 44 – Oloron-Sainte-Marie 21.

France, pl. Hôtel de Ville ☎ 59 05 60 16, Fax 59 05 70 06 – ☎ Ⓟ. GB. ✗
fermé mai et sam. hors sais. sauf vacances scolaires – **R** 68/110 ♖, enf. 48 – ☕ 26 – **19 ch** 115/240 – ½ P 160/200.

CITROEN Rignol, ☎ 59 05 60 23 N ☎ 59 05 72 34 RENAULT Orensanz ☎ 59 05 61 93 N

ARVERT 17530 Char.-Mar. 71 ⑭ – 2 734 h alt. 23.
Paris 513 – Royan 19 – Marennes 14 – Rochefort 34 – La Rochelle 68 – Saintes 47.

Villa Fantaisie ⊗, ☎ 46 36 40 09, parc – ☎ Ⓟ. AE GB
fermé dim. soir et lundi d'oct. à mai – **R** 160/270, enf. 60 – ☕ 35 – **23 ch** 290/380 – ½ P 380.

L'ARZELIER (Col de) 38 Isère 77 ④ – rattaché à Château-Bernard.

ASCAIN 64310 Pyr.-Atl. 85 ② G. Pyrénées Aquitaine – 2 653 h alt. 30.
🅸 Syndicat d'Initiative (saison) ☎ 59 54 00 84.
Paris 800 – Biarritz 23 – Cambo-les-Bains 26 – Hendaye 20 – Pau 135 – St-Jean-de-Luz 7.

Parc Trinquet-Larralde, ☎ 59 54 00 10, Fax 59 54 01 23, 🌳 – ☎. AE GB. ✗ ch
fermé 3 janv. au 10 fév., dim. soir et lundi de nov. à avril – **R** 95/155, enf. 40 – ☕ 35 – **28 ch** 280/350 – ½ P 300/310.

Pont, carrefour D 4-D 918 ☎ 59 54 00 40, Fax 59 54 44 00, ☂, 🌳 – ☎ Ⓟ. GB
hôtel : 1er mars-30 oct. et 1er déc.-1er janv. ; rest. : 1er mars-30 oct. et 1er déc.-4 janv. – **R** *(fermé dim. soir et lundi)* 65/150 ♖, enf. 45 – ☕ 30 – **28 ch** 250/270 – ½ P 260.

au col de St-Ignace SE : 3,5 km – ✉ **64310** Ascain :

Voir Montagne de la Rhune ✳★★★, 1h par chemin de fer à crémaillère.

Les Trois Fontaines ⊗ avec ch, ☎ 59 54 20 80, ☂, 🌳 – Ⓟ. ✗ ch
hôtel : ouvert 1er juin-30 sept. ; rest. : fermé fév. et merc. hors sais. – **R** 70/130 – ☕ 25 – **5 ch** 220/250 – ½ P 230.

ASNIÈRES-SUR-SEINE 92 Hauts-de-Seine 55 ⑳, 106 ⑮ – voir à Paris, Environs.

ASPIN (Col d') 65 H.-Pyr. 85 ⑲ G. Pyrénées Aquitaine – alt. 1 489.
Voir ✳★★★.
Paris 841 – Arreau 11 – Bagnères-de-Bigorre 25.

ASPRES-SUR-BUËCH 05140 H.-Alpes 81 ⑤ G. Alpes du Sud – 743 h alt. 764.
Paris 666 – Gap 34 – ♦Grenoble 96 – Sisteron 45 – Valence 126.

Parc, ☎ 92 58 60 01, Fax 92 58 67 84, ☂ – ☎ Ⓟ. AE ⓓ GB
R 94/200 ♖, enf. 55 – ☕ 33 – **24 ch** 160/265 – ½ P 214/275.

ATHIS-MONS 91 Essonne 61 ①, 101 ㊱ – voir à Paris, Environs.

ATTICHY 60350 Oise 56 ③ – 1 651 h alt. 45.

Paris 98 – Compiègne 18 – Laon 60 – Noyon 23 – Soissons 23.

La Croix d'Or, ✆ 44 42 15 37 – AE GB
fermé 15 au 31 mars, 15 au 30 nov. et mardi – **R** 80/230 ♁.

ATTIGNAT 01340 Ain 70 ⑫ ⑬ – 1 776 h alt. 223.

Paris 403 – Mâcon 33 – Bourg-en-Bresse 11 – Lons-le-Saunier 61 – Louhans 43 – Tournus 40.

Dominique Marcepoil M avec ch, D 975 ✆ 74 30 92 24, Fax 74 25 93 48, – TV ☎ P – 25. AE GB. ch
fermé 4 au 25 mai, 24 août au 7 sept., dim. soir et lundi – **Repas** 105/350, enf. 80 – 35 – **9 ch** 250/450 – ½ P 400/450.

ATTIGNAT-ONCIN 73 Savoie 74 ⑮ – rattaché à Aiguebelette-le-Lac.

ATTIN 62 P.-de-C. 51 ⑫ – rattaché à Montreuil.

AUBAGNE 13400 B.-du-R. 84 ⑬ G. Provence – 41 100 h alt. 104.

Voir Musée de la Légion Étrangère★.

Office de Tourisme espl. Charles-de-Gaulle ✆ 42 03 49 98.

Paris 792 – ◆ Marseille 17 – Aix-en-Provence 36 – Brignoles 47 – ◆Toulon 47.

à St-Pierre-lès-Aubagne N : 5 km par N 96 ou D 43 – ✉ 13400 :

Host. de la Source M ✆ 42 04 09 19, Fax 42 04 58 72, ←, « Parc fleuri, », – TV ☎ & P – 40 à 80. AE ⦿ GB JCB
R *(fermé vacances de nov., de fév., dim. soir et lundi)* 170/260 – 45 – **26 ch** 350/900 – ½ P 335/610.

CITROEN Parascandola, CD 2, Camp Major ✆ 42 03 47 14
FORD Gar. Gargalian, 31 av. Goums ✆ 42 03 04 99
PEUGEOT-TALBOT Gar. Richelme, rte de la Ciotat ✆ 42 82 13 10 N ✆ 91 97 36 65
RENAULT Viano St-Lambert, N 8, ZI St-Mitre ✆ 42 03 60 50
V.A.G Auto-Sud, ZI les Paluds ✆ 42 70 03 06
Chivalier 13 av. des Goums ✆ 42 03 12 31
Chivalier, ZI St-Mitre ✆ 42 03 29 33
Euromaster Omnica, N 8, quartier Fyols ✆ 42 82 16 02
Gay Pneus, 153 av. des Paluds, ZI des Paluds ✆ 42 84 26 38
Pasero, ZI des Paluds Centre Agora ✆ 42 84 36 06

AUBAZINE 19190 Corrèze 75 ⑨ G. Périgord Quercy – 788 h alt. 345.

Voir Abbatiale★, clocher★, mobilier★ : tombeau de St-Étienne★★ au monastère d'hommes – Puy de Pauliac ←★ NE : 3,5 km puis 15 mn.

18 du Coiroux ✆ 55 27 25 66, E : 4 km.

Paris 500 – Brive-la-Gaillarde 14 – Aurillac 88 – St-Céré 54 – Tulle 17.

de la Tour, ✆ 55 25 71 17 – TV. GB
fermé fév., dim. soir et lundi hors sais. – **R** (dim. prévenir) 90/150 ♁ – 30 – **20 ch** 180/320 – ½ P 225/275.

Le Coiroux, ✆ 55 25 75 22, Fax 55 25 75 70, ←, – TV ☎ P. GB
fermé 1er au 15 nov. – **R** 90/200 ♁ – 35 – **40 ch** 250/300 – ½ P 260/350.

AUBE 61270 Orne 60 ④ G. Normandie Vallée de la Seine – 1 681 h alt. 214.

Paris 147 – Alençon 54 – L'Aigle 7 – Argentan 48 – Mortagne-au-Perche 32.

Aub. St-James, 62 rte Paris ✆ 33 24 01 40 – GB
fermé 16 au 31 août, vacances de fév., dim. soir et lundi – **R** 68/136 ♁.

AUBENAS 07200 Ardèche 76 ⑲ G. Vallée du Rhône – 11 105 h alt. 300.

Voir Site★.

Office de Tourisme 4 bd Gambetta ✆ 75 35 24 87 – A.C. 49 rte Vals ✆ 75 93 47 83.

Paris 631 ② – Le Puy-en-Velay 89 ① – Alès 74 ④ – Mende 107 ④ – Montélimar 42 ③ – Privas 30 ②.

Plan page suivante

Le Cévenol sans rest, 77 bd Gambetta ✆ 75 35 00 10, Fax 75 35 03 29 – TV ☎ P. GB. Z r
32 – **45 ch** 160/270.

Provence sans rest, 5 bd Vernon ✆ 75 35 28 43 – ☎. GB. Z e
fermé 24 déc. au 3 janv. – 26 – **21 ch** 135/225.

Le Fournil, 34 r. 4-Septembre ✆ 75 93 58 68, – AE GB. Y s
fermé 7 au 28 juin, 2 au 31 janv., dim. soir et lundi – **Repas** 100/260, enf. 45.

AUBENAS

Gambetta (Bd) . . . . Z
Gaulle (Pl. Gén.-de) . . . . . Z 7
Grande-Rue . . . . Y 8
Vernon (Bd de) . . . . Z 33

Bouchet (R. Auguste) . . . Y 2
Champ-de-Mars (Pl.) . . . . Y 3
Couderc (R. G.) . . . . Z 5
Delichères (R.) . . . . Y 6
Grenette (Pl. de la) . . . . . Y 9
Hoche (R.) . . . . Z 12
Hôtel-de-Ville (Pl.) . . . . . Y 13
Jaurès (R. Jean) . . . . Y 15
Jourdan (R.) . . . . Y 16
Laprade (Bd C.) . . . . Z 18
Lasin-Lacoste (R.) . . . . . . Y 19
Liberté (Av. de la) . . . . . . Z 20
Montlaur (R.) . . . . Y 21
Nationale (R.) . . . . Z 22
Paix (Pl. de la) . . . . Z 23
Radal (R.) . . . . Z 24
République (R. de la) . . . . Y 26
Réservoirs (R. des) . . . . . Y 27
Roure (Pl. Jacques) . . . . . Y 29
St-Benoît (Rampe) . . . . . . Y 30
Silhol (R. Henri) . . . . Y 32
4-Septembre (R.) . . . . Y 35

à Lavilledieu par ③ : 6 km – ✉ 07170 :

Persedes, N 102 ✆ 75 94 88 08, Fax 75 37 47 33, ←, ☀, ⛱, 🌳 – ☎ 🅟. GB. ✂ rest
1er avril-1er nov. et fermé dim. soir et lundi midi sauf juil.-août – **R** 80/160 – ☕ 35 – **24 ch** 250/330 – ½ P 260/300.

CITROEN Dumas Automobiles, rte de Montélimar par ③ ✆ 75 35 05 77 🅽 ✆ 75 35 09 82
FIAT, LANCIA Gounon, 22 bd St-Didier ✆ 75 35 08 21
PEUGEOT-TALBOT Vivarais Automobiles, 2 r. Dr Saladin ✆ 75 35 30 30 🅽 ✆ 75 35 09 82
RENAULT Diffusion Automobiles, 4 bd St-Didier ✆ 75 93 70 88 🅽 ✆ 05 05 15 15

VOLVO Coudène, 28 rte de Vals ✆ 75 35 22 05

Maison du Pneu Grange Fils, 36 rte de Vals ✆ 75 35 20 53
Pneurama, 12 bd Camille Laprade ✆ 75 93 67 61
R.I.P.A., rte de Vals ✆ 75 35 40 66

AUBERVILLIERS 93 Seine-St-Denis 101 ⑯ – voir à Paris, Environs.

AUBIGNY-SUR-NÈRE 18700 Cher 65 ⑪ G. Châteaux de la Loire – 5 803 h alt. 168.

Voir Maisons anciennes★.

Syndicat d'Initiative r. Dames (mai-sept.) et à la Mairie (hors saison) ✆ 48 58 00 09.

Paris 183 – Bourges 48 – ◆Orléans 66 – Cosne-sur-Loire 40 – Gien 30 – Salbris 32 – Vierzon 44.

La Fontaine, 2 av. Gén. Leclerc ✆ 48 58 34 41, Fax 48 58 36 80 – TV ☎. AE ⓓ GB
fermé 15 au 31 janv., dim. soir et lundi midi sauf juil.-août – **R** 80/200 ♨, enf. 60 – ☕ 28 – **16 ch** 220/290 – ½ P 220/300.

La Chaumière avec ch, 2 r. Paul Lasnier **(a)** ✆ 48 58 04 01 – TV ☎. GB
fermé 7 au 14 juin, 27 sept. au 4 oct., 24 au 29 déc., vacances de fév., dim. soir hors sais. sauf fériés – **R** *(fermé lundi sauf le soir en sais. et dim. soir hors sais. sauf fériés)* 80/190 – ☕ 30 – **10 ch** 190 – ½ P 205.

à Ste Montaine O : 9 km par D 13 – ✉ 18700 :

Le Cheval Blanc, ✆ 48 58 06 92, Fax 48 58 27 61 – TV ☎ 🅟. AE GB
fermé janv., dim. soir et lundi – **R** 92/170, enf. 40 – ☕ 28 – **18 ch** 140/245 – ½ P 291/368.

CITROEN Gar. Rafaitin, rte de Bourges ✆ 48 58 36 91 🅽 ✆ 48 78 01 41
FORD Bouchet ✆ 48 58 05 30 🅽

PEUGEOT TALBOT Gar. Devailly ✆ 48 58 00 43
RENAULT Petat ✆ 48 58 00 26 🅽
Guérard ✆ 48 58 00 64 🅽

AUBRAC 12 Aveyron 76 ⑭ G. Gorges du Tarn – alt. 1 300 – ✉ 12470 St-Chély-d'Aubrac.

Paris 581 – Aurillac 99 – Rodez 58 – Mende 67 – St-Flour 64.

Moderne ✂, ✆ 65 44 28 42 – ☎ Ⓟ. GB JCB. ✻ rest
15 mai-15 oct. et fermé merc. midi sauf juil.-août – **R** 92/180 ♁ – ☕ 32 – **25 ch** 210/267 – ½ P 189/243.

AUBRES 26 Drôme 81 ③ – rattaché à Nyons.

AUBREVILLE 55120 Meuse 56 ⑳ – 387 h alt. 186.

Paris 240 – Bar-le-Duc 50 – Dun-sur-Meuse 35 – Ste-Menehould 20 – Verdun 26.

Commerce, ✆ 29 87 40 35 – 🚗 Ⓟ. GB. ✻ rest
fermé 1er au 20 oct. – **R** 60/110 ♁ – ☕ 20 – **10 ch** 110/210 – ½ P 180/250.

AUBRIVES 08320 Ardennes 53 ⑧ ⑨ – 1 139 h alt. 106.

Paris 255 – Charleville-Mézières 50 – Fumay 17 – Givet 7,5 – Rocroi 35.

Debette avec ch, ✆ 24 41 64 72, Fax 24 41 10 31, 🌳, 🎾 – TV ☎. AE GB
fermé 20 déc. au 20 janv., dim. soir et lundi midi sauf fériés – **R** 65/230 ♁ – ☕ 35 – **19 ch** 120/270 – ½ P 210/230.

AUBUSSON SP 23200 Creuse 73 ① G. Berry Limousin – 5 097 h alt. 430.

Voir Musée départemental de la Tapisserie★ **M.**

Syndicat d'Initiative r. Vieille ✆ 55 66 32 12.

Paris 394 ① – ♦Clermont-Ferrand 89 ③ – Guéret 43 ① – ♦Limoges 86 ④ – Montluçon 63 ① – Tulle 106 ③ – Ussel 59 ③.

AUBUSSON

Chapitre (R. du) 2
Chateaufavier (R.) 4
Dayras (Pl. M.) 5
Déportés (R. des) 7
Espagne (Pl. Gén.) 8
Fusillés (R. des) 10
Iles (Quai des) 12
Libération (Pl. de la) 15
Lissiers (R. des) 16
Lurçat (Pl. J.) 18
Marché (Pl. du) 20
République (Av.) 23
St-Jean (R.) 24
Sandeau (R. J.) 26
Terrade (Pont de la) 27
Vaveix (R.) 29
Vieille (R.) 30

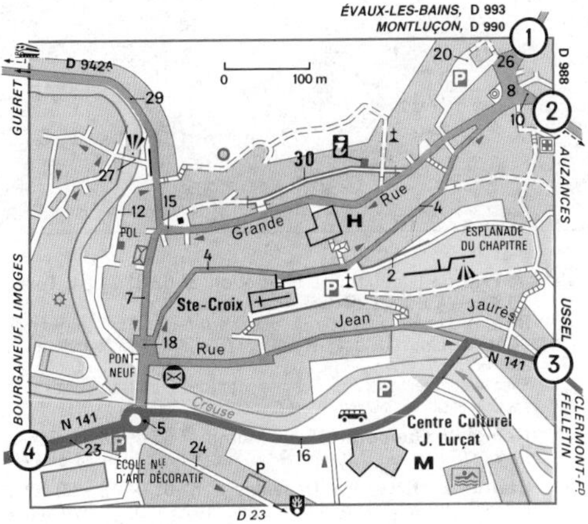

Pour un bon usage des plans de villes, voir les signes conventionnels dans l'introduction.

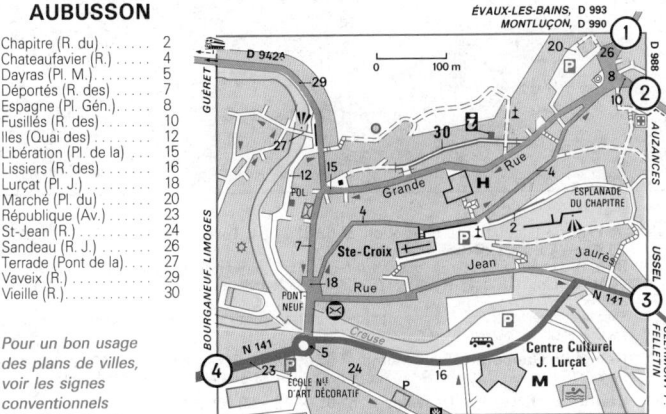

rte de Clermont-Ferrand par ③ : 2,5 km – ✉ 23200 Aubusson :

La Seiglière, ✆ 55 66 37 22, Fax 55 66 22 47, 🏠, 🏊, 🎾 – 🛗 TV ☎ Ⓟ – 🏛 50. GB. ✻
fermé 15 déc. au 15 fév. – **R** 110/150 – ☕ 35 – **39 ch** 320 – ½ P 280.

PEUGEOT-TALBOT Hirlemann, à Moutier-Rozeille par ③ ✆ 55 66 29 33
PEUGEOT-TALBOT Barraud, Pont d'Alleyrat par D 942A ✆ 55 66 19 91

RENAULT GAC, av. d'Auvergne par ② ✆ 55 66 14 54 N ✆ 55 66 38 38

Loulergue, 2 av. d'Auvergne ✆ 55 66 10 50

AUBUSSON D'AUVERGNE 63120 P.-de-D. 73 ⑯ – 191 h alt. 418.

Paris 467 – ♦Clermont-Ferrand 50 – Ambert 42 – Thiers 24.

Au Bon Coin avec ch, ✆ 73 53 55 78 – GB. ✻ ch
fermé 20 déc. au 20 janv. et lundi hors sais. – **R** 80/250 ♁ – ☕ 26 – **7 ch** 100/200 – ½ P 190/220.

AUCAMVILLE 31 H.-Gar. 82 ⑧ – rattaché à Toulouse.

AUCH P 32000 Gers 82 ⑤ G. Pyrénées Aquitaine – 23 136 h alt. 136.

Voir Cathédrale Ste-Marie★★ : stalles★★★, vitraux★★ AZ.

de Fleurance ✆ 62 06 26 26, par ① sur N 21 : 20 km ; d'Auch-Embats ✆ 62 05 20 80, par ⑤ N 124 : 5 km.

Office de Tourisme avec A.C. pl. Cathédrale ✆ 62 05 22 89, Télex 532941.

Paris 785 ① – Agen 72 ① – ♦Bayonne 220 ④ – ♦Bordeaux 205 ① – Lourdes 92 ④ – Montauban 85 ② – Pau 105 ④ – St-Gaudens 74 ④ – Tarbes 75 ④ – ♦Toulouse 79 ②.

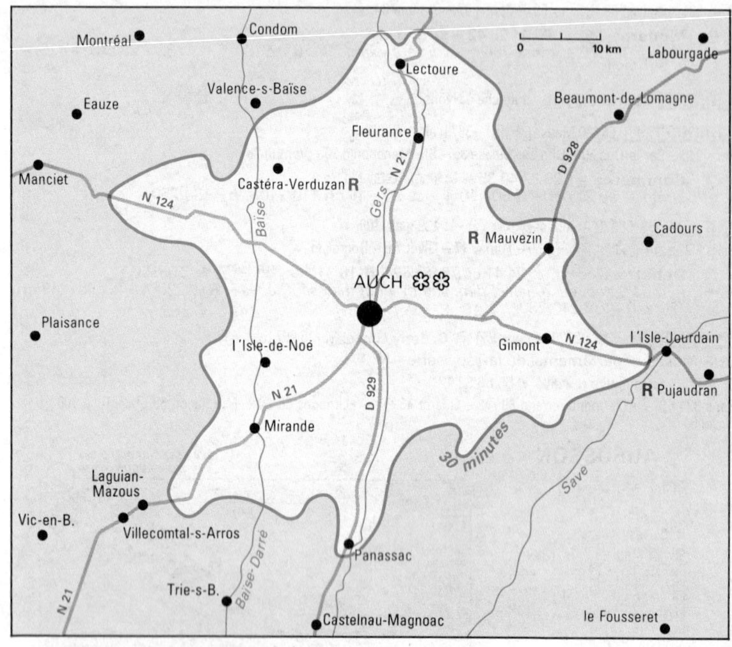

France (Daguin), pl. Libération ✆ 62 61 71 84, Télex 520474, Fax 62 61 71 81 – ☎ – 30. AE ⓓ GB JCB — AZ **a**
R *(fermé janv., dim. soir et lundi sauf fêtes)* (dim. prévenir) 300 (déj.)/495 et carte 350 à 580 - **Côté Jardin** *(mai-oct.)* **R** carte 120 à 200 – **Le Neuvième R** carte 140 à 200 – ☕ 80 – **27 ch** 280/950 – ½ P 700/1000
Spéc. Assortiment de quatre foies gras en terrines. Brochette d'huîtres au foie frais. Tresse de filets mignons de canard à la Colombelle. Vins Colombelle. Côtes de Saint-Mont.

Relais de Gascogne, 5 av. Marne ✆ 62 05 26 81, Fax 62 63 30 22 – TV ☎. GB — BY **s**
fermé 18 déc. au 9 janv. – **R** 85/200 – ☕ 30 – **38 ch** 240/310 – ½ P 245/280.

Claude Laffitte, 38 r. Dessoles ✆ 62 05 04 18 – AE ⓓ GB — AY **e**
fermé lundi sauf le midi du 1er juil. au 15 sept. et dim. soir – **R** 150/350, enf. 60.

Table d'Hôtes, 7 r. Lamartine ✆ 62 05 55 62, – GB — AY **b**
fermé 15 au 31 mai, 15 au 30 sept., dim. soir et lundi – **R** 83/130, enf. 35.

par ① : 6 km – ✉ **32810** Auch :

Le Papillon, N 21 ✆ 62 65 51 29, – Ⓟ. GB
fermé 30 août au 15 sept. et merc. – **R** 88/220, enf. 45.

rte de Toulouse par ② : 4 km – ✉ **32000** Auch :

Campanile, ✆ 62 63 63 05, Télex 530428, Fax 62 60 02 92 – TV ☎ ♿ Ⓟ – 25. AE GB
R 80 bc/102 bc, enf. 39 – ☕ 29 – **46 ch** 268.

à Robinson par ④ : 2 km – ✉ **32000** Auch :

Robinson sans rest, rte Tarbes ✆ 62 05 02 83, Fax 62 05 94 54 – TV ☎ Ⓟ. GB
☕ 29 – **25 ch** 220/280.

ALFA-ROMEO, FIAT Beaulieu-Auto-Sce, rte de Tarbes ✆ 62 05 57 45
CITROËN Gd Gar. de Gascogne, ZI Nord rte d'Agen par ① ✆ 62 63 08 55
FORD Lamazouère, 52 av. des Pyrénées ✆ 62 05 63 07
PEUGEOT, TALBOT Téchené, rte de Toulouse par ② ✆ 62 63 15 44
RENAULT S.A.D.A.G., rte de Toulouse par ② ✆ 62 63 11 33 N ✆ 62 22 27 80
V.A.G Dambax, ZI du Sousson à Pavie ✆ 62 05 93 55

Euromaster Central Pneu Service, ZI Nord, rte d'Agen ✆ 62 63 14 41
Rivière, 193 r. V.-Hugo ✆ 62 05 64 21

AUCH

Alsace (Av. d') . . . . BY
Dessoles (R.) . . . . AY 5
Gambetta (R.) . . . . AY 8

Caillou (Pl. du) . . . . AZ 2
David (R. J.) . . . . AY 4
Libération (Pl. de la) . . . AZ 16
Marne (Av. de la) . . . . . BY 17
Marronniers (Q. des) . . BZ 18
Montebello (R.) . . . . . ABZ 19
Pasteur (R.) . . . . BZ 20
Pont-National
(R. du) . . . . AZ 21
Prieuré (Pt et R. du) . . . BY 23
Pyrénées (Av. des) . . . . AZ 24
République
(Pl. et R. de la) . . . . . AZ 26
Salinis (Pl.) . . . . AZ 29
Somme (R. de la) . . . . . BY 30
Treille (Pont de la) . . . . BY 31
Yser (Av. de l') . . . . BY 32

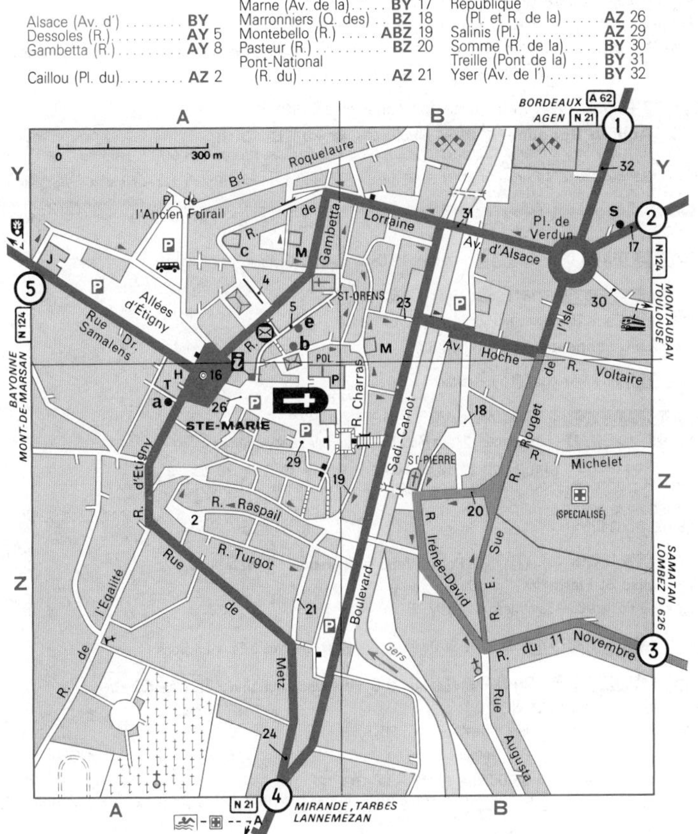

Konsultieren Sie vor Ihrer Reise die Michelin-Karte *Nr.* 911. *Sie gibt die geschätzte Fahrzeit von Stadt zu Stadt an und trägt zur Zeitersparnis bei.*

AUDIERNE **29770** Finistère 58 ⑬ **G. Bretagne** – 2 746 h.

Voir Site★ – Chapelle de St-Tugen★ O : 4,5 km.

Office de Tourisme pl. Liberté ✆ 98 70 12 20.

Paris 594 – Quimper 36 – Douarnenez 22 – Pointe du Raz 15 – Pont-l'Abbé 32.

- ✿ **Le Goyen** (Bosser) M, sur le port ✆ 98 70 08 88, Fax 98 70 18 77, ← – | TV ☎ P – 30. GB
  fermé 15 nov. au 15 déc. – **R** *(fermé mardi midi et lundi hors sais. sauf fériés)* 160/420 et carte 300 à 400 – 60 – **26 ch** 320/680, 3 appart. – ½ P 415/680
  Spéc. Salade de homard en vinaigrette d'huile d'olive. Homard breton en cocotte au Champagne et aux morilles. Emincé de bar à l'unilatéral au beurre de tomate.
- **Roi Gradlon,** sur la plage ✆ 98 70 04 51, Fax 98 70 14 73, ← – TV ☎ P. AE GB. rest
  fermé 8 janv. au 22 fév., dim. soir (sauf hôtel) et lundi d'oct. à mars (sauf du 15 déc. au 8 janv.) – **Repas** 90/260, enf. 55 – 33 – **19 ch** 280/320 – ½ P 320/350.
- **Cornouaille** sans rest, face au port ✆ 98 70 09 13, ← – ☎.
  juil.-fin sept. – 35 – **10 ch** 210/350.

AUDINCOURT 25400 Doubs 66 ⑧ ⑱ **G. Jura** – 16 361 h alt. 322.

Voir Église du Sacré-Coeur★ AY **B.**

Bureau de Tourisme av. A.-Briand (fermé matin) ✆ 81 30 59 00.

Paris 481 – ♦Mulhouse 58 – ♦Basel 66 – Baume-les-D. 48 – Belfort 22 – ♦Besançon 82 – Montbéliard 9 – Morteau 71.

Voir plan de Montbéliard agglomération.

à Taillecourt N : 1,5 km rte de Sochaux – ✉ **25400** :

XX **Aub. La Gogoline,** ✆ 81 94 54 82, ⛱, 🚗 – **P**. AE ⓓ GB — AY **k**
fermé 1er au 21 sept., sam. midi, dim. soir et lundi sauf fêtes – **R** 94/320, enf. 50.

FORD Gar de l'Est, ZI à Exincourt ✆ 81 94 51 11
V.A.G S.M.D. Autom, ZI des Arbletiers ✆ 81 35 59 68

Kautzmann-EPS, ZI des Arbletiers, r. de Belfort ✆ 81 35 56 32
Pneus et Services D.K., 33 r. d'Audincourt, Exincourt ✆ 81 94 51 36

AUDRESSEIN 09 Ariège 86 ② – rattaché à Castillon-en-Couserans.

AUDRESSELLES 62164 P.-de-C. 51 ① – 587 h alt. 10.

Paris 304 – ♦Calais 28 – Boulogne-sur-Mer 13 – St-Omer 56.

X Le Champenois, ✆ 21 32 94 68.

AUDRIEU 14 Calvados 55 ⑪ – rattaché à Bayeux.

AUDUN-LE-TICHE 57390 Moselle 57 ③ – 5 959 h alt. 317.

Paris 329 – Longwy 22 – Luxembourg 23 – ♦Metz 53 – Thionville 28 – Verdun 62.

Poste, 59 r. Mar. Foch ✆ 82 52 10 40 – ☎ 🚗 **P** – 🏃 30. AE ⓓ GB
R *(fermé dim. soir)* 65/140 🍷, enf. 45 – ☕ 25 – **15 ch** 120/240 – ½ P 145/200.

PEUGEOT-TALBOT Blasi, 467 r. Clemenceau ✆ 82 52 21 63 **N**

RENAULT Rea, 152 r. Moulin ✆ 82 52 21 72 **N** ✆ 82 89 19 94

AULNAY 17 Char.-Mar. 72 ② **G. Poitou Vendée Charentes** – 1 462 h alt. 89.

Voir Église St-Pierre★★.

Paris 425 – Poitiers 86 – Saint-Jean-d Angély 18.

AULNAY-SOUS-BOIS 93 Seine-St-Denis 56 ⑪, 101 ⑰ – voir à Paris, Environs.

AULUS-LES-BAINS 09140 Ariège 86 ③ ④ **G. Pyrénées Aquitaine** – 210 h alt. 762.

Voir Vallée du Garbet★ N.

Syndicat d'Initiative résidence de l'Ars ✆ 61 96 01 79.

Paris 827 – Foix 62 – Oust 15 – St-Girons 32.

Terrasse, ✆ 61 96 00 98, ⩽, ⛱ – ☎. GB. ✂ rest
15 juin-30 sept. et vacances scolaires – **Repas** (nombre de couverts limité, prévenir) 100/180, enf. 65 – ☕ 37 – **17 ch** 200/250 – ½ P 250/280.

France, ✆ 61 96 00 90, ⩽, 🚗 – ☎ **P**. GB. ✂ rest
fermé 1er oct. au 15 déc. – **R** 60/140, enf. 45 – ☕ 25 – **25 ch** 120/200 – ½ P 160/200.

AUMALE 76390 S.-Mar. 52 ⑯ **G. Normandie Vallée de la Seine** – 2 690 h alt. 131.

Paris 123 ③ – ♦Amiens 44 ② – Beauvais 47 ③ – Dieppe 59 ⑤ – Gournay-en-Bray 36 ③ – ♦Rouen 69 ⑤.

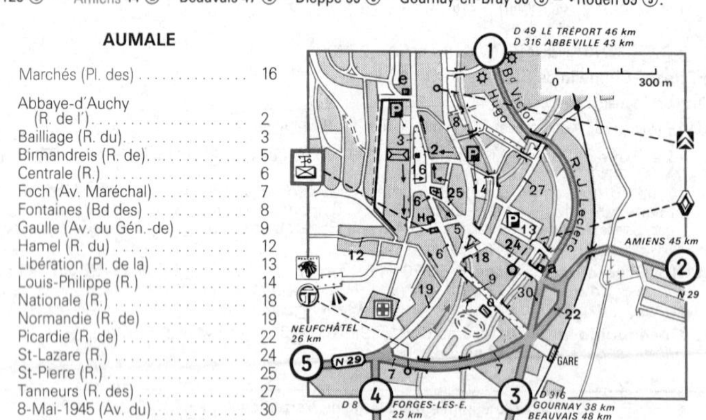

Dauphin, 27 r. St-Lazare **(a)** ✆ 35 93 41 92 – TV ☎. AE ⓓ GB
fermé 17 juin au 1er juil., 23 déc. au 15 janv., dim. soir et lundi midi – **R** 70/155 🍷 – ☕ 25 – **13 ch** 160/215 – ½ P 158/182.

Mouton Gras avec ch, 2 r. Verdun **(e)** ✆ **35 93 41 32, « Maison normande fin 17e siècle, bel intérieur »** – TV. AE ⓓ GB. ✻ ch
fermé 16 août au 10 sept., 22 déc. au 6 janv., lundi soir et mardi – **R** 100/170, enf. 50 – ☕ 35 – **9 ch** 200/300.

CITROEN Legrand ✆ 35 93 42 04 **N**
PEUGEOT-TALBOT Gar. Fertun ✆ 35 93 41 21
RENAULT Ducrocq ✆ 35 93 41 17 **N**
Parin, rte de Beauvais à Quincampoix-Fleuzy ✆ 35 93 93 93

AUMONT-AUBRAC 48130 Lozère 76 ⑮ – 1 050 h alt. 1 043.

Paris 559 – Aurillac 117 – Mende 42 – Le Puy-en-Velay 92 – Espalion 57 – Marvejols 23 – St-Chély-d'Apcher 8.

✿ **Gd H. Prouhèze,** ✆ **66 42 80 07, Fax 66 42 87 78,** 🌳 – TV ☎ **P** – 🏛 25. GB
1er mars-30 oct. et fermé dim. soir et lundi sauf juil.-août – **R** 150/520, enf. 80 – ☕ 75 – **29 ch** 320/500 – ½ P 350/450
Spéc. Queues de langoustines sautées au boudin noir. Pot au feu de foie gras aux jeunes légumes. Feuillantines aux fruits rouges.

Chez Camillou, N 9 ✆ **66 42 80 22, Fax 66 42 93 70,** ⛱, 🏊 – 🛗 ☎ **P**. GB
fermé 3 janv. au 1er mars – **R** 90/220 – ☕ 39 – **44 ch** 295/515 – ½ P 275/285.

Gar. Benoit ✆ 66 42 80 17

AUNAY-SUR-ODON 14260 Calvados 54 ⑮ G. Normandie Cotentin – 2 878 h alt. 188.

Office de Tourisme pl. Hôtel de Ville ✆ 31 77 60 32.

Paris 269 – ✦Caen 33 – Falaise 41 – Flers 35 – St-Lô 40 – Vire 34.

St-Michel avec ch, r. Caen ✆ **31 77 63 16** – TV ☎. ⓓ GB
fermé 15 nov. au 1er déc. et 15 au 30 janv., dim. soir et lundi sauf juil.-août – **R** 70/190 🍷, enf. 48 – ☕ 28 – **7 ch** 175/205 – ½ P 180/220.

FIAT-LANCIA Gar. de l'Odon ✆ 31 77 62 88 **N** ✆ 31 77 63 25
RENAULT Aunay-Gar. ✆ 31 77 63 48

AUPS 83630 Var 84 ⑥ G. Côte d'Azur – 1 796 h alt. 505.

Office de Tourisme pl. F.-Mistral ✆ 94 70 00 80.

Paris 821 – Digne-les-Bains 78 – Aix-en-Provence 83 – Castellane 73 – Draguignan 29 – Manosque 59.

à Moissac-Bellevue NO : 7 km par D 9 – ✉ **83630** :

Le Calalou 🐦, ✆ **94 70 17 91, Télex 461885, Fax 94 70 50 11,** ←, ⛱, 🏊, 🌳, 🎾 – TV ☎ **P**. AE ⓓ GB JCB. ✻ rest
27 mars-15 nov. – **L'Olivier R** 150/290, enf. 60 – ☕ 60 – **38 ch** 420/800 – ½ P 550/610.

AURAY 56400 Morbihan 63 ② G. Bretagne – 10 323 h alt. 36.

Voir Quartier St-Goustan★ – Promenade du Loch★ – Église St-Gildas★ – Ste-Avoye : Jubé★ et charpente★ de l'église 4 km par ①.

⛳9 ⛳18 de St-Laurent ✆ 97 56 85 18, par ③ : 11 km ; ⛳18 de Baden ✆ 97 57 18 96, par ① puis D 101 : 9 km.

🚗 ✆ 97 24 44 65.

Office de Tourisme pl. République ✆ 97 24 09 75 et pl. St-Sauveur (juil.-août).

Paris 475 ① – Vannes 20 ① – Lorient 38 ④ – Pontivy 49 ④ – Quimper 100 ④.

Plan page suivante

Loch et rest. La Sterne M 🐦, quartier Petite Forêt **(e)** ✆ **97 56 48 33, Télex 951025, Fax 97 56 63 55,** 🌳 – 🛗 TV ☎ ♿ **P** – 🏛 50. GB. ✻
Repas 100/250 – ☕ 34 – **30 ch** 280/330 – ½ P 300.

La Diligence sans rest, 160 av. Gén. de Gaulle au NO : 2 km ✆ **97 24 00 18, Fax 97 56 67 93** – TV ☎ ♿ **P** – 🏛 30. AE ⓓ GB
☕ 32 – **19 ch** 260/360.

Le Branhoc M sans rest, 1,5 km par rte du Bono ✆ **97 56 41 55, Fax 97 56 41 35,** 🌳 – ☎ ♿ **P**. GB. ✻
☕ 25 – **28 ch** 260/290.

Mairie, 32 pl. République **(r)** ✆ **97 24 04 65** – TV ☎. GB
fermé 1er au 21 oct., 1er au 15 janv., sam. soir et dim. hors sais. et fériés – **R** 68/140, enf. 36 – ☕ 32 – **21 ch** 145/270.

La Closerie de Kerdrain, 20 r. L. Billet **(s)** ✆ **97 56 61 27,** ⛱, 🌳 – **P**. AE ⓓ GB
fermé 5 au 27 janv., mardi sauf du 15 juin au 15 sept. – **R** 160/360, enf. 75.

Le Chaudron, 1,5 km par rte du Bono ✆ **97 56 39 74** – **P**. ⓓ GB
fermé sam. midi du 1er juil. au 1er oct. et lundi hors sais. – **R** 90/350 🍷, enf. 55.

Aub. La Plaine, r. Lait **(a)** ✆ **97 24 09 40, Fax 97 50 76 53** – GB
fermé 8 au 29 mars, 11 oct. au 1er nov., lundi soir sauf juil.-août et mardi – **R** 68/180, enf. 45.

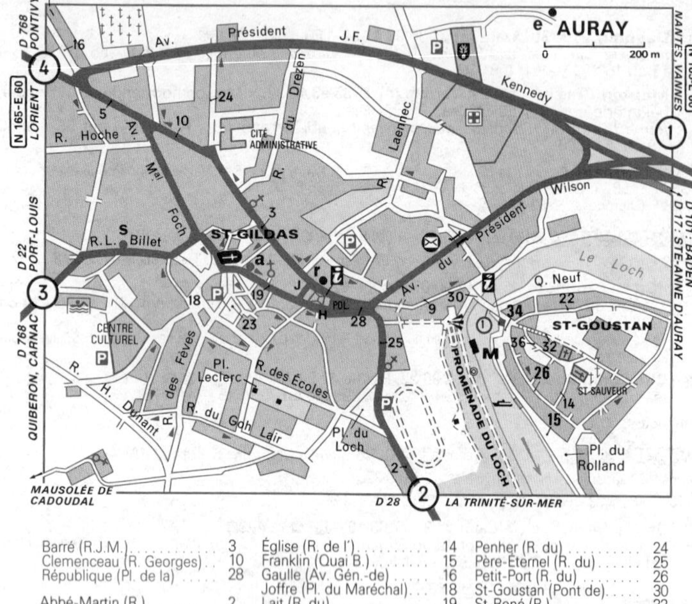

Barré (R.J.M.)	3	Église (R. de l')	14	Penher (R. du)	24
Clemenceau (R. Georges)	10	Franklin (Quai B.)	15	Père-Éternel (R. du)	25
République (Pl. de la)	28	Gaulle (Av. Gén.-de)	16	Petit-Port (R. du)	26
		Joffre (Pl. du Maréchal)	18	St-Goustan (Pont de)	30
Abbé-Martin (R.)	2	Lait (R. du)	19	St-René (R.)	32
Briand (R. Aristide)	5	Neuve (R.)	22	St-Sauveur (Pl.)	34
Château (R. du)	9	Notre-Dame (Pl.)	23	St-Sauveur (R.)	36

à Baden par ① et D 101 : 9 km – ✉ **56870** :

Le Gavrinis Ⓜ, à Toul-Broche E : 2 km ℘ 97 57 00 82, Fax 97 57 09 47, – TV ☎ P – 30. AE GB
fermé déc., janv. et lundi sauf le soir de mai à sept. – **Repas** 135/330, enf. 84 – ☕ 42 – **19 ch** 215/440 – ½ P 350/380.

au golf de St-Laurent par ③ et D 22 : 10 km – ✉ **56400** Auray :

Fairway H. Ⓜ, ℘ 97 56 88 88, Télex 951819, Fax 97 56 88 28, <, – TV ☎ & P – 60. AE GB. rest
fermé 15 déc. au 15 janv. – **R** 130/155 – ☕ 45 **42 ch** 510/610 – ½ P 450.

OPEL Océane Autom., Porte Océane ℘ 97 24 12 12 N ℘ 97 55 04 34
PEUGEOT-TALBOT Gar. Laine, rte de Lorient par ④ ℘ 97 24 05 14 N ℘ 99 24 23 73
RENAULT S.C.A.D.A., rte de Ste-Anne-d'Auray Kerfontaine par ① ℘ 97 24 05 94 N ℘ 97 01 68 69

V.A.G Kermorvant, rte de Quiberon, ZI ℘ 97 24 11 73

Auray-Pneus, r. Paix ℘ 97 56 50 55
Auray-Pneus, ZI de Toul Garros ℘ 97 24 24 48

AUREC-SUR-LOIRE 43110 H.-Loire 76 ⑧ – 4 510 h alt. 432.

Syndicat d'Initiative r. du Monument (20 juin-15 sept.) ℘ 77 35 42 65.

Paris 541 – ◆St-Étienne 21 – Firminy 10 – Montbrison 42 – Le Puy-en-Velay 57 – Yssingeaux 32.

à Semène NE : 3 km par D 46 – ✉ **43110** Aurec-sur-Loire :

XX **Coste** avec ch, ℘ **77 35 40 15, Fax 77 35 39 05,** – TV ☎ P. GB
fermé 1er au 21 août, vacances de fév., vend. soir, sam. midi et dim. soir – **R** 83/190, enf. 53 – ☕ 30 – **7 ch** 190/285 – ½ P 178/235.

RENAULT Parrat, rte de Firminy ℘ 77 35 40 01 N ℘ 77 35 36 27

RENAULT Gar. Vérot, 15 av. de Firminy ℘ 77 35 41 03

AUREILLE 13930 B.-du-R. 84 ① – 1 220 h alt. 132.

Paris 714 – Avignon 34 – Arles 36 – ◆Marseille 68 – Salon-de-Provence 17.

X **La Sartan,** pl. Église ℘ **90 59 95 16,** – GB
fermé 15 au 22 nov., dim. soir et lundi – **R** 105/185, enf. 66.

AUREL 84 Vaucluse 81 ⑭ – rattaché à Sault.

AURIBEAU-SUR-SIAGNE 06810 Alpes-Mar. 84 ⑧ 115 ㉔ G. Côte d'Azur – 2 072 h alt. 72.

Paris 905 – Cannes 13 – Draguignan 62 – Grasse 9 – ◆Nice 44 – St-Raphaël 42.

XXX **Aub. Vignette Haute** avec ch, rte village ✆ 93 42 20 01, Fax 93 42 31 16, ≤, « Beau décor rustique, pièces d'antiquité », – TV ☎ & ⓟ – 30. AE GB
fermé 15 nov. au 5 déc., mardi midi et lundi hors sais. – **R** 350 bc/450 bc – 70 – **11 ch** 1000/1300 – ½ P 770/970.

XX **Aub. Nossi-Bé** avec ch, au village ✆ 93 42 20 20, – ☎. GB
fermé 15 au 30 nov., 15 au 31 janv., merc. sauf le soir en sais., mardi soir hors sais. et lundi midi en sais. – **R** 210 – 25 – **6 ch** 230 – ½ P 375.

AURIGNAC 31420 H.-Gar. 82 ⑯ G. Pyrénées Aquitaine – 983 h alt. 394.

Voir Donjon ✻★.

Syndicat d'Initiative pl Mairie (juil.-août) ✆ 61 98 70 06.

Paris 771 – Bagnères-de-Luchon 69 – Auch 70 – Pamiers 91 – St-Gaudens 22 – St-Girons 42 – ◆Toulouse 75.

XX **Cerf Blanc** avec ch, r. St Michel ✆ 61 98 95 76, – rest TV ☎ ⓟ. GB
fermé lundi hors sais. – **R** 78/300 – 32 – **11 ch** 130/250 – ½ P 350/380.

AURILLAC P 15000 Cantal 76 ⑫ G. Auvergne – 30 773 h alt. 631.

Voir Route des Crêtes★★ NE par D 35 CX.

18 de la Cère ✆ 71 46 50 00, par ③ : 8 km par N 122, D 153 et D 53.

Office de Tourisme pl. Square ✆ 71 48 46 58.

Paris 575 ② – Brive-la-G. 108 ④ – ◆Clermont-Ferrand 157 ② – Montauban 164 ③ – Montluçon 258 ④.

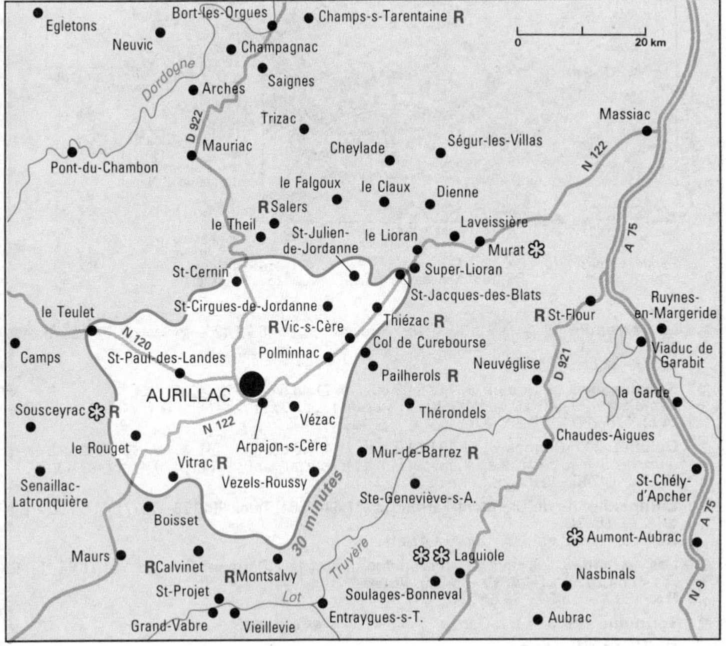

St-Pierre, 16 cours Monthyon ✆ 71 48 00 24, Fax 71 64 81 83 – TV ☎. AE GB JCB CY a
R 98/240 – 35 – **29 ch** 220/380 – ½ P 290.

La Thomasse, r. Dr Mallet ✆ 71 48 26 47, Fax 71 48 83 66, parc – TV ☎ ⓟ. AE GB AZ d
R *(fermé dim.)* (dîner seul.) 100/180 – 37 – **21 ch** 320/370 – ½ P 290/320.

Gd H. de Bordeaux M sans rest, 2 av. République ✆ 71 48 01 84, Fax 71 48 49 93 – TV ☎ – 25 à 40. AE GB JCB BY r
fermé 20 déc. au 15 janv. – 37 – **34 ch** 295/450.

AURILLAC

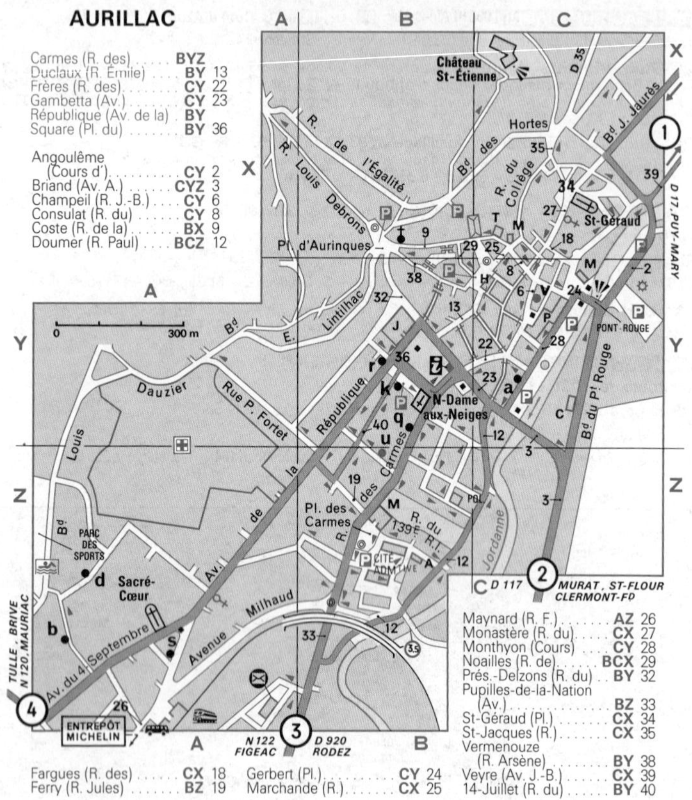

🏨 **La Ferraudie** Ⓜ 🐎 sans rest, 15 r. Bel Air ℘ 71 48 72 42 – 🛗 ⊭ ch 📺 ☎ 🅿. ⓓ GB — AZ **b**
☐ 30 – **22 ch** 250/350.

🏨 **Renaissance,** pl. Square ℘ 71 48 09 80, Fax 71 48 54 81 – 🛗 📺 ☎. GB. ✻ ch — BY **k**
fermé 6 au 20 juil., 20 déc. au 10 janv. et dim. sauf août et fêtes – **R** 75/180 🍷 – ☐ 29 – **24 ch** 170/280 – ½ P 220/270.

🏨 **Delcher,** 20 r. Carmes ℘ 71 48 01 69, Fax 71 48 86 66, 🌂 – 📺 ☎ 🚗 🅿. AE GB — BY **q**
fermé 27 juin au 6 juil., 2 au 9 janv. et dim. soir sauf juil.-août – **R** 69/170 🍷, enf. 38 – ☐ 25 – **23 ch** 210/240 – ½ P 205.

🏨 **Campanile,** rte de Clermont-Ferrand ℘ 71 64 64 84, Télex 392173, Fax 71 64 55 90 – 📺 ☎ ♿ 🅿. AE GB
R 80 bc/102 bc, enf. 39 – ☐ 29 – **47 ch** 268.

🏨 **Les Arcades,** 9 av. G. Pompidou par rte Clermont-Ferrand ℘ 71 64 15 11, Fax 71 64 28 54 – 📺 ☎ 🅿 – 🎤 35. AE GB
R 68/130 🍷 – ☐ 30 – **39 ch** 250/270.

🏨 **Terminus** sans rest, 8 r. Gare ℘ 71 48 01 17 – ☎ 🚗. GB — AZ **s**
☐ 28 – **22 ch** 130/260.

🍴🍴 **Reine Margot,** 19 r. G. de Veyre ℘ 71 48 26 46, 🌂 – ▤. GB — BYZ **u**
fermé lundi – **R** 85/250 🍷.

🍴 **Quatre Saisons,** 10 r. Champeil ℘ 71 64 85 38 – AE GB — CY **v**
fermé dim. soir et lundi – **R** 75/140 🍷, enf. 40.

à Vézac par ③, D 920 et D 990 : 10 km – ✉ **15130** Arpajon-sur-Cère :

🏨 **Château de Salles** 🐎, ℘ 71 62 41 41, Fax 71 62 44 14, ≤, 🌂, 🏊, 🎾 – 🛗 📺 ☎ ♿ 🅿 – 🎤 30. GB. ✻ rest
hôtel : 1er avril-1er oct. ; rest. : fermé 1er au 15 oct. et mardi d'oct. à juin – **R** 145/300 – ☐ 45 – **9 ch** 700/800 – ½ P 530/580.

à Arpajon-sur-Cère par ③ et 2 km sur D 920 – 5 296 h. – ✉ **15130** :

🏨 **Les Provinciales** Ⓜ sans rest, pl. Foirail ✆ **71 64 29 50**, – 📺 ☎ ♿ Ⓟ. GB
☕ 24 – **20 ch** 200/240.

MICHELIN, Entrepôt, r. Gutenberg ZI de Lescudillier par r. F.-Meynard AZ ✆ **71 64 90 33**

ALFA-ROMEO, HONDA Tachet, 24 av. Cdt-H.-Monraisse ✆ 71 63 76 15
AUSTIN-ROVER Gar. du Centre, 46 av. Pupilles-de-la-Nation ✆ 71 48 08 84
BMW SEAT Auvergne Auto, av. G.-Pompidou ✆ 71 64 58 44
CITROEN Daix, av. G.-Pompidou par ③ ✆ 71 64 14 82
CITROEN Auto Vialenc, av. Georges-Pompidou par ③ ✆ 71 48 00 00
FIAT Gar. Moderne Ladoux, 70 av. Gén.-Leclerc ✆ 71 64 65 65 🅽 ✆ 71 48 17 01
FORD Gar. Dalbouze, bd Vialenc ✆ 71 64 14 43
MERCEDES-V.A.G TCS Automobile Sce, av. G.-Pompidou ✆ 71 63 41 83
OPEL Vidal, 47 av. Pupilles-de-la-Nation ✆ 71 48 01 51
PEUGEOT-TALBOT Socauto, av. G.-Pompidou, ZI de Sistrières par ③ ✆ 71 63 66 00 🅽 ✆ 71 45 22 77
RENAULT Rudelle-Fabre, 100 av. Ch.-de-Gaulle par r. F.-Maynard AZ ✆ 71 63 76 22 🅽 ✆ 05 05 15 15
TOYOTA Gar. Arnaud, av. G.-Pompidou ✆ 71 48 12 31

Ⓜ Cantal-Pneus, 8 r. Gutenberg, ZI de Lescudillier ✆ 71 63 57 30
Euromaster Estager Pneu, rte Conthe ✆ 71 63 40 60
Ladoux-France-Pneus, 1 bd de Verdun ✆ 71 48 17 01 🅽
Laval, av. Gén.-Leclerc ✆ 71 63 61 42

AURIOL **13390** B.-du-R. 84 ⑭ – 6 788 h alt. 192.

⛳18 Sainte-Baume à Nans-les-Pins (83) ✆ 94 78 60 12, E par N 560 : 15 km.

Paris 785 – ♦Marseille 29 – Aix-en-Provence 28 – Brignoles 37 – ♦Toulon 56.

Commerce 🐦, ✆ 42 04 70 25, – 📺 ☎ Ⓟ
fermé fév., dim. soir et merc. sauf du 10 juil. à fin août – **R** 90/170 – ☕ 30 – **11 ch** 170/240 – ½P 180.

AURON **06** Alpes-Mar. 81 ⑨ 115 ④ **G. Alpes du Sud** – alt. 1 608 – Sports d'hiver : 1 600/2 450 m 🚡3 ⛷24 – ✉ **06660** St-Étienne-de-Tinée.

Voir Décor peint★ de la chapelle St-Érige – ≤★ des abords de la chapelle – SO : Las Donnas ≤★★ par téléphérique – Vallée de la Tinée★★.

🅸 Office de Tourisme Immeuble la Ruade ✆ 93 23 02 66, Télex 470300.

Paris 808 – Barcelonnette 66 – Cannes 110 – ♦Nice 91 – St-Étienne-de-Tinée 7.

🏨 **Savoie,** ✆ 93 23 02 51, ≤, – 📺 ☎ 🚗. AE Ⓓ GB. ✻ rest
20 déc.-15 avril – **R** 160/200, enf. 70 – ☕ 45 – **22 ch** 400/550 – ½P 540.

🏨 **St Érige,** ✆ 93 23 00 32, Fax 93 23 04 06, ≤, – 📺 ☎. GB
juil.-sept. et déc.-avril – **R** carte 170 à 315 – **16 ch** ☕ 325/550 – ½P 440/465.

🏨 **Las Donnas,** ✆ 93 23 00 03, Fax 93 23 07 37, ≤ – 📺 ☎. GB. ✻
10 juil.-31 août et 19 déc.-10 avril – **R** 100/135, enf. 70 – ☕ 28 – **48 ch** 250/450 – ½P 270/350.

AUROUX **48600** Lozère 76 ⑯ – 395 h alt. 1 000.

Paris 572 – Mende 49 – Le Puy-en-Velay 50 – Langogne 15.

France, D 988 ✆ 66 69 55 02, ≤ – GB
fermé 15 déc. au 30 janv. – **R** 50/130 – ☕ 24 – **23 ch** 90/160 – ½P 170/175.

AUSSOIS **73500** Savoie 77 ⑧ **G. Alpes du Nord** – 530 h alt. 1 489 – Sports d'hiver : 1 500/2 750 m ⛷11.

Voir Site★ – Monolithe de Sardières★ NE : 3 km.

🅸 Office de Tourisme ✆ 79 20 30 80.

Paris 654 – Albertville 100 – Chambéry 110 – Lanslebourg-Mont-Cenis 16 – Modane 7 – St-Jean-de-Maurienne 38.

🏨 **Soleil** Ⓜ 🐦, ✆ 79 20 32 42, Fax 79 20 37 78, ≤, , – 📺 ☎ Ⓟ. GB. ✻
hôtel : 13 juin-3 oct. et 19 déc.-8 mai ; rest. : 4 juil.-29 août et 19 déc.-28 mars – **R** (prévenir) 96/240, enf. 60 – ☕ 45 – **22 ch** 260/340 – ½P 310/340.

🏨 **Les Mottets** Ⓜ, ✆ 79 20 30 86, Fax 79 20 34 22, ≤, – 📺 ☎ Ⓟ. Ⓓ GB
R 88/160 – ☕ 35 – **25 ch** 180/310 – ½P 290/320.

🏨 **Le Choucas,** ✆ 79 20 32 77, ≤, , – ☎. Ⓓ GB. ✻ rest
1er juin-30 sept. et 1er déc.-30 avril – **R** 95/110 – ☕ 29 – **28 ch** 200/290 – ½P 280.

AUTERIVE **31190** H.-Gar. 82 ⑱ – 5 814 h alt. 186.

Paris 728 – ♦Toulouse 32 – Carcassonne 86 – Castres 82 – Muret 20 – St-Gaudens 74.

🏨 **Pyrénées,** rte Espagne ✆ 61 50 61 43 – 📺 ☎ 🚗. GB
fermé 12 au 19 avril, 22 oct. au 22 nov. et lundi – **R** 65/220 – ☕ 22 – **17 ch** 140/195 – ½P 190.

CITROEN Gimbrède, N 20 ✆ 61 50 76 76
FORD Gar. Blanc ✆ 61 50 78 54

AUTIGNY-LE-GRAND **52** H.-Marne 62 ① – rattaché à Joinville.

AUTRANS 38880 Isère 77 ④ – 1 406 h alt. 1 050 – Sports d'hiver : 1 250/1 650 m ⛷16 ⛷.

ℹ Office de Tourisme rte de Méaudre ✆ 76 95 30 70.

Paris 596 – ◆Grenoble 35 – Romans-sur-Isère 58 – St-Marcellin 45 – Villard-de-Lans 15.

La Buffe, ✆ 76 85 14 85, Fax 76 95 72 48, ≤, 舍, ℔, ⛱, ⛬ – TV ☎ P. AE ⓓ GB. ⛔ rest
fermé 15 avril au 2 mai, 25 nov. au 18 déc., mardi soir et merc. de mai à nov. sauf juil.-août – **R** 110/245, enf. 60 – ☕ 40 – **23 ch** 280/350 – ½ P 380/405.

Poste, ✆ 76 95 31 03, Fax 76 95 30 17, 舍, ⛱, ⛬ – TV ☎. GB. ⛔ rest
fermé 25 avril au 6 mai et 25 oct. au 15 déc. – **R** 75/240, enf. 50 – ☕ 35 – **29 ch** 260/300 – ½ P 290.

Feu de Bois, ✆ 76 95 33 32, ≤, 舍, ⛬ – ☎ P. GB
1er juin-1er oct. et 1er déc.-15 avril – **R** 85/145, enf. 50 – ☕ 36 – **11 ch** 285 – ½ P 305.

Montbrand ⛰ sans rest, ✆ 76 95 34 58, ≤, ⛬ – TV ☎
juil.-août et Noël-Pâques – ☕ 32 – **8 ch** 260.

Le Vernay ⛰, ✆ 76 95 31 24, ≤, 舍, ⛱, ⛬ – ☎ P. GB. ⛔ rest
fermé oct. – **R** 78/90 ₰, enf. 48 – ☕ 40 – **20 ch** 250/265 – ½ P 270/280.

La Tapia sans rest, ✆ 76 95 33 00 – ☎
fermé 15 mai au 15 juin et oct. – ☕ 33 – **10 ch** 230/290.

à Méaudre S : 5,5 km par D 106c – ✉ 38112 :

Prairie ⛰, ✆ 76 95 22 55, ≤, 舍, ⛱, ⛬ – ☎ P – 🏛 30. GB. ⛔ rest
fermé 10 avril au 2 mai et 25 oct. au 12 nov. – **R** *(fermé sam. midi)* 70/170, enf. 31 – ☕ 26 – **24 ch** 210/240 – ½ P 240.

XX **Pertuzon** avec ch, ✆ 76 95 21 17, 舍, ⛬ – ☎ P. GB
fermé 1er au 15 juin, oct., dim. soir, mardi soir et merc. hors sais. – **R** 85/200, enf. 45 – ☕ 30 – **8 ch** 160/200 – ½ P 215/245.

X **Aub. du Furon** ⛰ avec ch, ✆ 76 95 21 47, ≤, 舍 – ☎ P. GB
fermé 15 avril au 1er mai, 16 oct. au 1er déc., dim. soir et lundi sauf vacances scolaires – **R** 70/200, enf. 38 – ☕ 30 – **9 ch** 235 – ½ P 250.

CITROEN Gar. Bonnet, à Méaudre ✆ 76 95 20 74
PEUGEOT Gouy et Velay ✆ 76 95 30 04 N
RENAULT Joubert ✆ 76 95 30 22 N ✆ 76 95 24 44

Repas 100/130 Verzorgde maaltijden voor redelijke prijzen.

AUTREVILLE 88300 Vosges 62 ④ – 108 h alt. 310.

Paris 305 – ◆Nancy 40 – Neufchâteau 20 – Toul 23.

Relais Rose, ✆ 83 52 04 98, ⛬ – ☎ 🚗 P. AE GB
R *(fermé sam. midi et dim. soir du 15 oct. au 15 avril)* 95/250 ₰ – ☕ 30 – **18 ch** 140/400 – ½ P 180/290.

AUTUN ⟨SP⟩ 71400 S.-et-L. 69 ⑦ G. Bourgogne – 17 906 h alt. 306.

Voir Cathédrale★★ : tympan★★★ BZ – Porte St-André★ BY – Grilles★ du lycée Bonaparte AZ **B** – Manuscrits★ (bibliothèque de l'Hôtel de Ville) BZ **H** – Musée Rolin★ : statuaire romane★★, Nativité★★ du Maître de Moulins et vierge★★ BZ **M**1.

Env. Croix de la Libération ≤★ SO : 6 km par D 256 BZ.

⛳9 du Vallon ✆ 85 52 09 28, par ③ : 3 km.

ℹ Office de Tourisme avec A.C. 3 av. Ch.-de-Gaulle ✆ 85 52 20 34 et pl. du Terreau (juin-sept.) ✆ 85 52 56 03.

Paris 290 ① – Chalon-sur-Saône 53 ③ – Auxerre 127 ① – Avallon 79 ① – ◆Dijon 85 ② – ◆Lyon 180 ③ – Mâcon 111 ③ – Moulins 99 ④ – Nevers 102 ⑤ – Roanne 122 ④.

Plan page suivante

Ursulines M ⛰, 14 r. Rivault ✆ 85 52 68 00, Télex 801297, Fax 85 86 23 07, ≤ – 🛗 TV ☎ ♿ 🚗 – 🏛 150. AE ⓓ GB
R 150/350, enf. 80 – ☕ 60 – **37 ch** 340/800 – ½ P 455.

Arcades sans rest, 22 av. République ✆ 85 52 30 03 – ☎. AE GB — AY **u**
1er mars-25 nov. – ☕ 25 – **40 ch** 175/280.

Commerce et Touring, 20 av. République ✆ 85 52 17 90 – TV ☎ 🚗. AE GB — AY **u**
fermé oct. – **R** *(fermé lundi)* 60/120 ₰ – ☕ 22 – **20 ch** 125/240 – ½ P 170/200.

XX **Vieux Moulin** ⛰ avec ch, porte d'Arroux D 980 ✆ 85 52 10 90, Fax 85 86 32 15, 舍, « Jardin ombragé » – ☎ 🚗 P. AE GB — AY **a**
1er mars-30 nov. et fermé dim. soir et lundi hors sais. – **R** 150/250 – ☕ 37 – **16 ch** 215/320.

XX **Chalet Bleu,** 3 r. Jeannin ✆ 85 86 27 30 – AE ⓓ GB — BYZ **s**
fermé fév., lundi soir et mardi – **Repas** 85/185 ₰, enf. 50.

au plan d'eau du Vallon par ③ : 2 km – ✉ 71400 Autun :

Golf H., N 80 ✆ 85 52 00 00, Fax 85 52 20 20, 舍, ⛬ – ⛔ ch TV ☎ ♿ P – 🏛 60. AE ⓓ GB
R *(fermé dim. soir hors sais.)* 78/158, enf. 45 – ☕ 31 – **44 ch** 240/260 – ½ P 236.

Primevère, N 80 ✆ 85 86 25 25, Fax 85 86 27 70, 舍 – TV ☎ ♿ P – 🏛 25. AE GB
R 75/99 ₰, enf. 39 – ☕ 30 – **21 ch** 240/260 – ½ P 200.

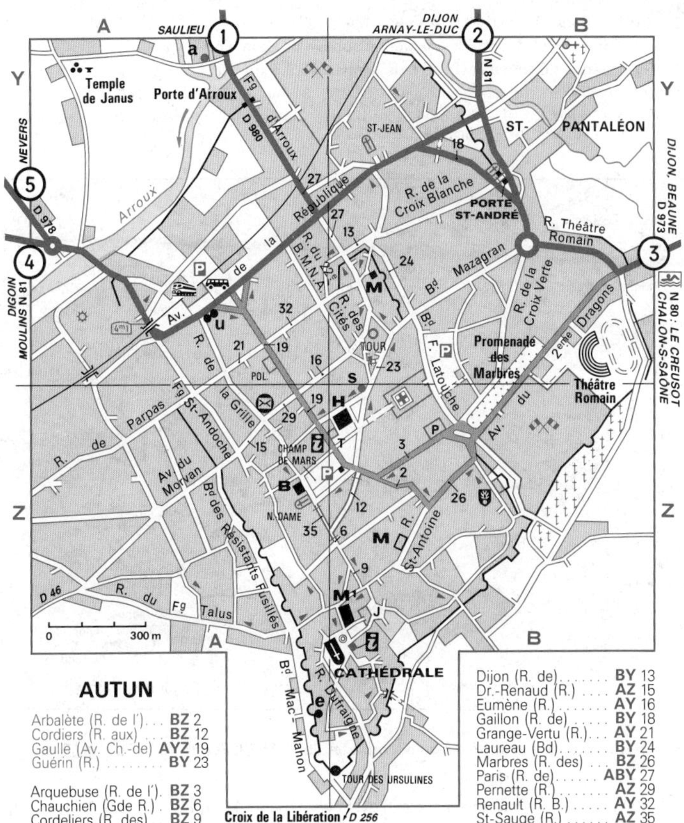

BMW Bosset, 28 r. B.-Renault ✆ 85 52 30 21
CITROEN Auto-Gar. Lemaître, 56 rte d'Arnay, ZI par ② ✆ 85 52 15 32 **N**
PEUGEOT, TALBOT S.A.V.A., ZI, rte d'Arnay par ② ✆ 85 52 13 10

Gaudry-Pneu, 64 av. Gén.-de-Gaulle ✆ 85 52 16 62

AUVERS **77** S.-et M. **61** ⑪ – rattaché à Milly-la-Forêt (Essonne).

AUVERS-SUR-OISE **95430** Val-d'Oise **55** ⑳ **106** ⑥ **G. Ile de France** – 6 129 h alt. 71.

Office de Tourisme Manoir des Colombières, r. Sansonne ✆ (1) 30 36 10 06.

Paris 36 – Compiègne 72 – Beauvais 48 – Chantilly 29 – L'Isle-Adam 7,5 – Pontoise 6,5 – Taverny 6,5.

XX **Host. du Nord,** r. Gén. de Gaulle ✆ (1) 30 36 70 74, Fax (1) 34 48 03 10, – **P**. AE GB
fermé 16 août au 5 sept., 23 au 30 déc., vacances de fév., dim. soir et lundi – **R** 160/220, enf. 90.

AUVILLERS-LES-FORGES **08260** Ardennes **53** ⑰ – 822 h alt. 210.

Paris 214 – Charleville-Mézières 29 – Hirson 24 – Laon 74 – Rethel 46 – Rocroi 13.

XXX ✿ **Host. Lenoir** avec ch, ✆ 24 54 30 11, Fax 24 54 34 70, – ☎. AE GB
fermé 2 janv. au 1er mars et vend. sauf fêtes – **R** (dim. et fêtes prévenir) 200/420 et carte 230 à 400 – 34 – **18 ch** 150/300, 3 appart. – ½ P 280/440
Spéc. Pâté de lotte à l'oseille. Agneau aux morilles. "Gratin Elodie".

Prices For notes on the prices quoted in this Guide, see the explanatory pages.

AUXERRE P 89000 Yonne 65 ⑤ G. Bourgogne – 38 819 h alt. 127.

Voir Cathédrale★★ : trésor★ BY – Ancienne abbaye St-Germain★ BY.

Env. Gy-l'Évêque : Christ aux Orties★ de la chapelle 9,5 km par ③.

Office de Tourisme 1 et 2 quai République ✆ 86 52 06 19 – A.C. 9 r. E.-Dolet ✆ 86 46 25 15.

Paris 166 ⑤ – Bourges 137 ④ – Chalon-sur-Saône 174 ② – Chaumont 141 ② – ♦Dijon 149 ② – ♦Lyon 299 ② – Nevers 111 ③ – ♦Orléans 154 ⑤ – Sens 58 ⑤ – Troyes 82 ①.

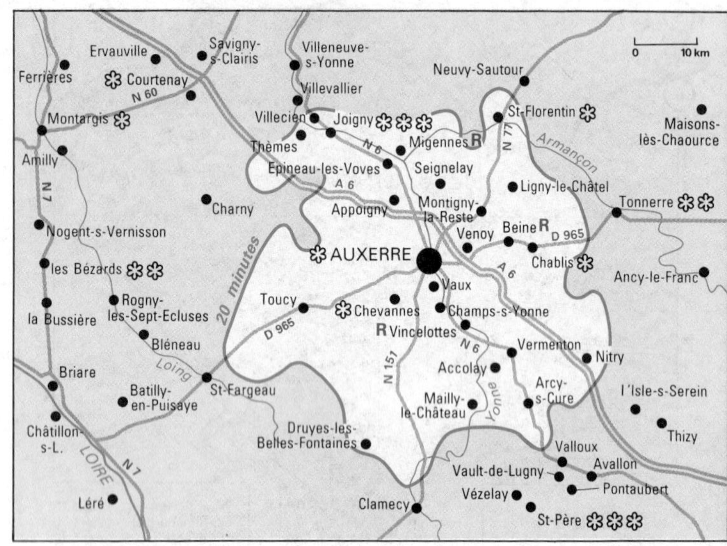

H. Le Maxime sans rest, 2 quai Marine ✆ 86 52 14 19, Fax 86 52 21 70 – |☰| TV ☎ ⇔. AE ⓓ GB — BY **e**
☐ 42 – **25 ch** 450/590.

Parc des Maréchaux sans rest, 6 av. Foch ✆ 86 51 43 77, Fax 86 51 31 72, parc – |☰| TV ☎ P. AE ⓓ GB — AZ **u**
☐ 45 – **25 ch** 320/460.

Normandie sans rest, 41 bd Vauban ✆ 86 52 57 80, Fax 86 51 54 33 – |☰| TV ☎ ⇔ – 🏛 50. AE ⓓ GB JCB — AY **b**
☐ 32 – **47 ch** 260/350.

Les Clairions, av. Worms par ⑤ : 2 km ✆ 86 46 85 64, Télex 800039, Fax 86 48 16 38, 🏊, 🎾 – |☰| ⇔ ch TV ☎ ♿ P – 🏛 30 à 150. AE ⓓ GB
R 100/150 🍷, enf. 48 – ☐ 28 – **62 ch** 270/530 – ½ P 275.

Seignelay, 2 r. Pont ✆ 86 52 03 48, Fax 86 52 32 39, 🏡 – TV ☎ ⇔. GB — BZ **n**
fermé mi-fév. à mi-mars, dim. soir (sauf hôtel) et lundi d'oct. à juin – **R** 69/180 🍷 – ☐ 30 – **21 ch** 140/280 – ½ P 210/280.

Cygne sans rest, 14 r. 24-Août ✆ 86 52 26 51, Fax 86 51 68 33 – TV ☎ P. AE ⓓ GB — AZ **r**
☐ 35 – **30 ch** 240/420.

XXXX ✿ **Barnabet,** 14 quai République ✆ 86 51 68 88, 🏡 – GB — BYZ **s**
fermé 19 déc. au 14 janv., dim. soir et lundi – **R** 170/250 et carte 280 à 400, enf. 95
Spéc. Corbeille croustillante de légumes en fête. Poitrine de de canard à la rôtissoire. Charlotte aux poires et au pain d'épices. **Vins** Bourgogne blanc et rouge.

XXX **Rest. Le Maxime,** 5 quai Marine ✆ 86 52 04 41, Fax 86 51 34 85 – AE ⓓ GB — BY **e**
fermé 19 déc. au 9 janv. et dim. hors sais. – **R** 180/260, enf. 75.

XX **Jardin Gourmand,** 56 bd Vauban ✆ 86 51 53 52, Fax 86 52 33 82, 🏡 – GB — AY **d**
fermé 17 au 24/5, 13 au 27/12, 15/2 au 2/3, lundi sauf le soir de juil. à sept. et mardi midi d'oct. à juin – **R** 140/270, enf. 75.

XX **Salamandre,** 84 r. Paris ✆ 86 52 87 87, Fax 86 52 05 85 – AE GB — AY **a**
fermé 22 déc. au 5 janv. et dim. – **R** produits de la mer 98/258.

XX **Le Trou Poinchy,** 34 bd Vaulabelle ✆ 86 52 04 48, Fax 86 52 52 30 – AE ⓓ GB — BZ **v**
fermé merc. et dim. soir d'oct. au 1er avril – **R** 75/185 🍷, enf. 48.

X **Le Quai,** 4 pl. St-Nicolas ✆ 86 51 66 67, Fax 86 52 33 82 – GB — BY **f**
R 70.

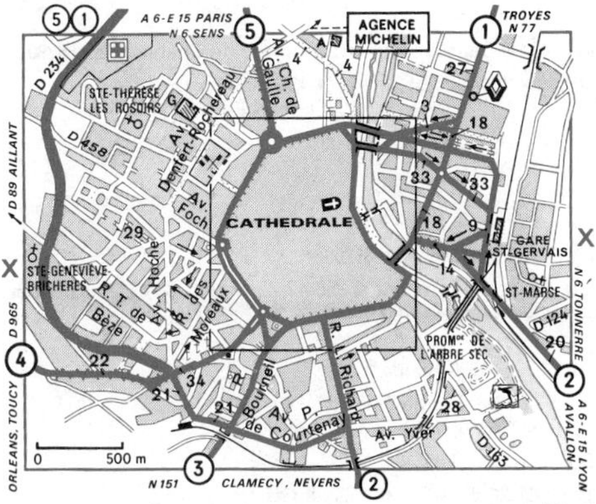

AUXERRE

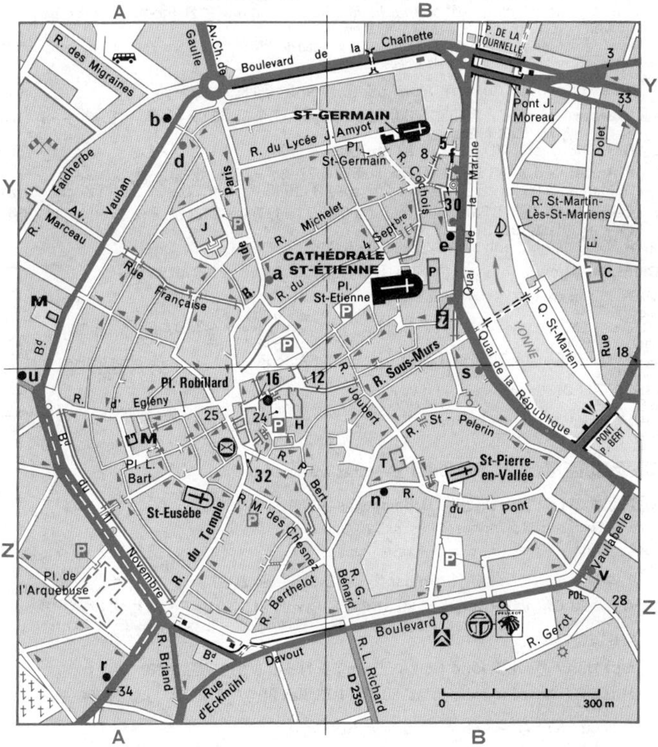

Besonders angenehme Hotels oder Restaurants
sind im Führer rot gekennzeichnet.

Sie können uns helfen,
wenn Sie uns die Häuser angeben,
in denen Sie sich besonders wohl gefühlt haben.

Jährlich erscheint eine komplett überarbeitete Ausgabe
aller Roten Michelin-Führer.

à Venoy par ② : 8 km près échangeur A 6 Auxerre-Sud, rte de Chablis – ✉ **89290** :

XX **Le Moulin,** ✆ 86 40 23 79, Fax 86 40 23 55, 🏞 – Ⓟ. GB
fermé 18 juil. au 12 août, 1er au 15 fév., dim. soir et lundi – **R** 102/380, enf. 60.

à Champs-sur-Yonne par ② et N 6 : 11 km – ✉ **89290** :

XX **Les Rosiers,** ✆ 86 53 31 11 – GB
fermé 15 juil. au 4 août, 20 déc. au 6 janv., le soir (sauf vend. et sam.) et merc. midi – **R** 92/130.

à Vincelottes par ② N 6 et D 38 : 16 km – ✉ **89290** :

XX **Aub. Les Tilleuls** avec ch, 12 quai de l'Yonne ✆ 86 42 22 13, Fax 86 42 23 51 – GB
fermé 23 déc. au 1er mars, merc. soir et jeudi d'oct. à mars – **Repas** 98/280, enf. 65 – ☕ 28 – **5 ch** 230/400 – ½ P 380/450.

à Vaux SE : 6 km par D 163 – ✉ **89290** Auxerre :

XX **La Petite Auberge,** ✆ 86 53 80 08, Fax 86 53 65 62 – Ⓟ. GB
fermé dim. soir et lundi – **R** 140/190, enf. 70.

à Chevannes par ③ et D1 : 8 km – ✉ **89240** :

XXX ✿ **La Chamaille** (Siri), ✆ 86 41 24 80, 🌳 – Ⓟ. AE ⓓ GB
fermé 8 au 16 sept., 16 janv. à 16 fév., lundi et mardi – **R** (nombre de couverts limité, prévenir) 150/255 et carte 275 à 400, enf. 72
Spéc. Mousse de canard aux navets au Sauternes. Agneau de Pauillac rôti au thym. Embeurée de framboises et glace vanille (avril-oct.). **Vins** Coulanges-la-Vineuse, Epineuil.

près échangeur Auxerre-Nord par ⑤ : 7 km – ✉ **89380** Appoigny :

🏨 **Mercure** M, N 6 ✆ 86 53 25 00, Télex 800095, Fax 86 53 07 47, 🏞, 🏊, 🌳 – 🚭 ch TV ☎ ♿ Ⓟ – 🎤 80. AE ⓓ GB
R 99/148 🍷, enf. 46 – ☕ 49 – **82 ch** 390/450.

🏨 **Revotel,** N 6 ✆ 86 53 25 34, Fax 86 53 05 27, 🎾 – TV ☎ ♿ Ⓟ – 🎤 80. GB
Le Marais ✆ 86 53 25 50 *(fermé dim. soir)* **R** 68/160 🍷, enf. 36 – ☕ 23 – **115 ch** 170/245.

🏨 **Campanile,** ✉ 89470 Monéteau ✆ 86 40 71 11, Télex 352711, Fax 86 40 50 74 – TV ☎ ♿ Ⓟ – 🎤 25. AE GB
R 80 bc/102 bc, enf. 39 – ☕ 29 – **78 ch** 268.

MICHELIN, Agence, r. Rozanoff, ZAC des Pieds-de-Rats X ✆ **86 46 98 66**

CITROEN Auxerre Autos, 20 bd Vaulabelle ✆ 86 51 59 33
MERCEDES-BENZ Europe-Auto, 11 av. Charles-de-Gaulle ✆ 86 46 90 23
NISSAN-VOLVO Carette, 34/36 av. Ch.-de-Gaulle ✆ 86 46 96 38
PEUGEOT-TALBOT Gar. Central, 24 bd Vaulabelle ✆ 86 51 47 47
RENAULT SODIVA, 2 av. J.-Mermoz ✆ 86 46 75 75 N ✆ 05 05 15 15
SEAT Yonn'Autos RN 6, les Chesny Perrigny ✆ 86 46 92 69
V.A.G Jeannin, 40-47 av. Ch.-de-Gaulle ✆ 86 46 13 13
Auto-Pôle, 9 à 11 r. du Moulin du Président ✆ 86 48 30 40 N ✆ 86 52 38 48

Ⓜ Auxerre-Pneus, 7 av. Marceau ✆ 86 52 09 22
Pneu-Centre, 4 av. J.-Mermoz ✆ 86 46 58 94
S.O.V.I.C., 14 allée Frères-Lumière ✆ 86 46 93 57

AUXEY-DURESSES 21 Côte-d'Or 69 ⑨ – rattaché à Beaune.

AUXONNE 21130 Côte-d'Or 66 ⑬ G. Bourgogne – 6 781 h alt. 188.

ℹ Office de Tourisme 23 pl. Armes (juin-sept.) ✆ 80 37 34 46.

Paris 344 – ♦Dijon 32 – Dole 16 – Gray 36 – Vesoul 80.

à Villers les Pots NO : 5 km par N 5 et D 976 – ✉ **21130** :

🏨 **Aub. du Cheval Rouge,** ✆ 80 31 44 88, Fax 80 31 17 01 – TV ☎ Ⓟ. AE GB. 🚫 rest
fermé dim. soir sauf vacances scolaires – **R** 80/250, enf. 60 – ☕ 35 – **10 ch** 170/210 – ½ P 220/230.

à Lamarche-sur-Saône NO : 11,5 km par N 5 et D 976 – ✉ **21760** :

X **Host. St-Antoine** avec ch, ✆ 80 47 11 33, Fax 80 47 13 56, 🏞, 🏋, 🏊, 🌳 – 🚭 ch TV ☎ Ⓟ. AE GB. 🚫
R 85/280 – ☕ 40 – **8 ch** 270/320 – ½ P 285/300.

aux Maillys S : 8 km par D 20 – ✉ **21130** :

XX **Virion,** ✆ 80 39 13 40 – ▤. ⓓ GB
fermé dim. soir et lundi – **R** 100/240, enf. 60.

RENAULT Gar. de l'Aiglon, rte de Dole ✆ 80 37 32 20

Ⓜ Jurassienne du Pneumatique, 64 av. Gén. de Gaulle ✆ 80 31 46 58

AVALLON <SP> 89200 Yonne 65 ⑯ G. Bourgogne – 8 617 h alt. 254.

Voir Site★ – Ville fortifiée★ : Portails★ de l'église St-Lazare – Miserere★ du musée de l'Avallonnais **M** – Vallée du Cousin★ S par D 427.

ℹ Syndicat d'Initiative 6 r. Bocquillot ✆ 86 34 14 19.

Paris 215 ② – Auxerre 51 ④ – Beaune 106 ② – Chaumont 134 ② – Nevers 97 ④ – Troyes 105 ①.

AVALLON

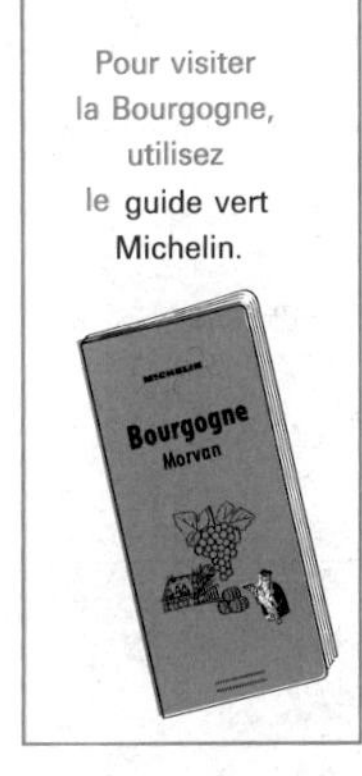

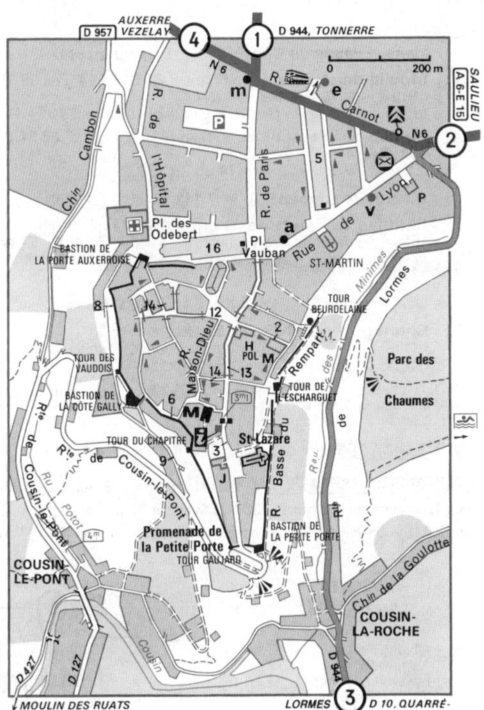

Hostellerie de la Poste, 13 pl. Vauban **(a)** ☎ 86 34 06 12, Fax 86 34 47 11, , « Ancien relais de poste du 18e siècle, jardin » – – 25.
fermé 10 janv. à fin fév., mardi midi et lundi de nov. à mars – **R** 150/320 – 60 – **23 ch** 300/750 – ½ P 450/700.

Relais Fleuri , rte Saulieu N : 6,5 km par (2) ☎ 86 34 02 85, Fax 86 34 09 98, , , – – 30.
R 150/200 – 45 – **48 ch** 350/450 – ½ P 400/415.

Avallon-Vauban sans rest, 53 r. Paris **(m)** ☎ 86 34 36 99, Fax 86 31 66 31, parc – cuisinette .
35 – **26 ch** 260/300. 5 studios.

Dak'Hotel sans rest, rte Saulieu par (2) ☎ 86 31 63 20, Télex 352705, Fax 86 34 25 28, – .
33 – **27 ch** 250/420.

Morvan, 7 rte de Paris (N 6) ☎ 86 34 18 20, , parc – .
fermé 8 janv. au 26 fév., dim. soir et lundi sauf fériés – **R** 128/225, enf. 80.

Les Capucins avec ch, 6 av. P. Doumer **(e)** ☎ 86 34 06 52, Fax 86 34 58 47, – .
fermé fin nov. à mi-janv., merc. et mardi hors sais. – **R** 125/280 – 30 – **8 ch** 290/370 – ½ P 260.

Le Gourmillon, 8 r. Lyon **(v)** ☎ 86 31 62 01 –
fermé 10 au 31 janv., dim. soir d'oct. à mai et lundi – **R** 85/145 , enf. 50.

près échangeur Autoroute A6 par (2) et D 50 : 7 km – ✉ **89200** Magny :

Alt'Hôtel , ☎ 86 33 01 33, Fax 86 33 00 66 – – 30.
R 80/130, enf. 40 – 32 – **42 ch** 250/282 – ½ P 240.

à Pontaubert par (4) : 5 km – ✉ **89200** :

Les Fleurs avec ch, ☎ 86 34 13 81, Fax 86 34 23 32, , – .
fermé 25 nov. au 10 janv., jeudi midi d'oct. à juin et merc. – **R** 85/220 – 30 – **7 ch** 230/350 – ½ P 270/290.

dans la vallée du Cousin par ④, Pontaubert et D 427 – ✉ **89200** Avallon :

Moulin des Ruats 🏔, à 6 km ✆ 86 34 07 14, Fax 86 31 65 47, 🍽, « Jardin au bord de l'eau » – ☎ 🅿. ⓓ GB
fermé 15 nov. au 15 fév., mardi midi et lundi hors sais. – **R** 240/350 – ☕ 50 – **26 ch** 320/650.

Moulin des Templiers 🏔 sans rest, à 4 km ✆ 86 34 10 80, « Jardin au bord de l'eau » – ☎ 🅿
15 mars-30 oct. – ☕ 33 – **14 ch** 230/330.

à Vault de Lugny par ④ et D 142 : 6 km – ✉ **89200** :

Château de Vault de Lugny, ✆ 86 34 07 86, Fax 86 34 16 36, ←, 🍽, « Château du 16e siècle dans un grand parc, 🏔 », 🎾 – TV ☎ 🅿. AE GB
fin avril-mi-nov. – **R** (résidents seul.)(table d'hôtes) 290 – **11 ch** ☕ 850/2200 – ½ P 560/1310.

à Valloux par ④ : 6 km sur N 6 – ✉ **89200** Avallon :

XX **Chenêts,** ✆ 86 34 23 34 – AE GB
fermé 12 au 30 nov., 20 déc. au 2 janv., vacances de fév., mardi soir et merc. – **R** 85/200, enf. 55.

CITROEN Éts Michot, 10 r. Carnot ✆ 86 34 01 23
RENAULT Sodiva, RN 6 ✆ 86 34 19 27
V.A.G Jeannin, 2 rte de Paris ✆ 86 34 13 03
Ⓟ Comptoir du Pneu, ZI r. de l'Étang ✆ 86 34 16 19
Euromaster Piot-Pneu, 10 rte de Paris ✆ 86 34 20 04

AVEN ARMAND ★★★ **48** Lozère 80 ⑤ **G. Gorges du Tarn.**

AVESNES-SUR-HELPE ◇SP◇ **59440** Nord 53 ⑥ **G. Flandres Artois Picardie** – 5 108 h alt. 152.

Voir L'Avesnois★★ E par D 133 – ℹ Syndicat d'Initiative 41 pl Gén.-Leclerc ✆ 27 57 92 40.

Paris 208 ③ – St-Quentin 67 ③ – Charleroi 52 ① – Valenciennes 41 ⑤ – Vervins 33 ③.

AVESNES-SUR-HELPE

Albret (R. d')	2
Aulnoye (R. d')	3
Berlaimont (R. de)	4
Cambrésienne (R.)	6
Crapauds (Ch. des)	7
Foch (Av. du Maréchal)	8
France (R. de)	12
Gossuin (R.)	13
Guillemin (Pl.)	15
Jessé-de-Forest (Av.)	16
Lagrange (R. Léo)	19
Leclerc (Pl. du Général)	20
Loucheur (Av. Louis)	21
Mons (R. de)	23
Pasqual (R. Léon)	24
Poudrière (R. de la)	25
Prisse-d'Avenne (R.)	27
Ste Croix (R.)	28
Stroh (Av.)	29
Villien (R.)	32
84e-Régt-d'Infanterie (Av. du)	33

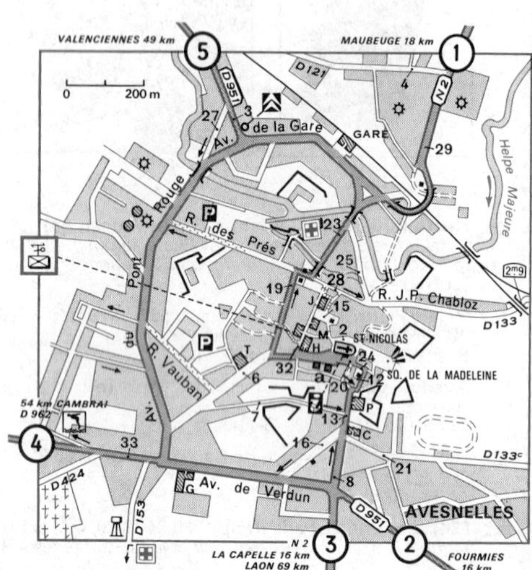

XX **La Crémaillère,** 26 pl. Gén. Leclerc **(a)** ✆ 27 61 02 30 – AE ⓓ GB
fermé lundi soir et mardi sauf fériés – **R** 120 bc/270 ♁, enf. 60.

XX **La Bretagne,** 12 pl. Gén. Leclerc **(a)** ✆ 27 61 17 80 – GB
fermé fév., dim. soir et lundi – **R** 55/298 ♁.

CITROEN Gar. Roze, 8 bis r. d'Aulnoye ✆ 27 57 92 00
PEUGEOT-TALBOT Éts Depret, 39 rte de Sains, Avesnelles par ② ✆ 27 61 15 70
RENAULT Gar. Moderne, rte de Maubeuge par ① ✆ 27 61 24 55 N

AVÈZE 63690 P.-de-D. 73 ⑫ – 258 h.

Voir Gorges d'Avèze★ G. Auvergne.

Paris 477 – ◆ Clermont-Ferrand 53 – Le Mont-Dore 19 – Montluçon 111 – Ussel 42.

Aub. Audigier, ✆ 73 21 10 16, – ☎. GB
fermé nov. – **R** 65/155 – 25 – **8 ch** 150/320 – ½ P 190/250.

AVIGNON P 84000 Vaucluse 81 ⑪ ⑫ G. Provence – 86 939 h alt. 23.

Voir Palais des Papes★★★ EY : ≼★★ de la terrasse des Dignitaires – Rocher des Doms ≼★★ EY – Pont St-Bénézet★★ EY – Remparts★ – Vieux hôtels★ (rue Roi-René) EZ **K** – Coupole★ de la cathédrale EY – Façade★ de l'hôtel des Monnaies EY **B** – Vantaux★ de l'église St-Pierre EY – Retable★ et fresques★ de l'église St-Didier EZ – Cour★ de l'Hospice St-Louis EZ – Musées : Petit Palais★★ EY, Calvet★ EZ **M**[1], Lapidaire★ EZ **M**[2], Louis Vouland (faïences★) DY **M**[4].

9 18 de Châteaublanc ✆ 90 33 39 08 E : 8 km par D 58 CX ; 18 Grand Avignon, ✆ 90 31 49 94, E : 9 km par D 28 CV.

d'Avignon-Caumont : ✆ 90 81 51 15, par ④ et N 7.

✆ 90 82 50 50.

Office de Tourisme et Accueil de France (Informations et réservations d'hôtels, pas plus de 5 jours à l'avance), 41 cours J.-Jaurès ✆ 90 82 65 11, Télex 432877 et au Châtelet, Pont d'Avignon ✆ 90 85 60 16 A.C.Vauclusien 185 rte Rémouleurs Z.I. Courtine-Ouest ✆ 90 86 28 71.

Paris 688 ② – Aix-en-Pr. 82 ④ – Arles 36 ⑤ – ◆Marseille 95 ④ – Nîmes 44 ⑥ – Valence 127 ②.

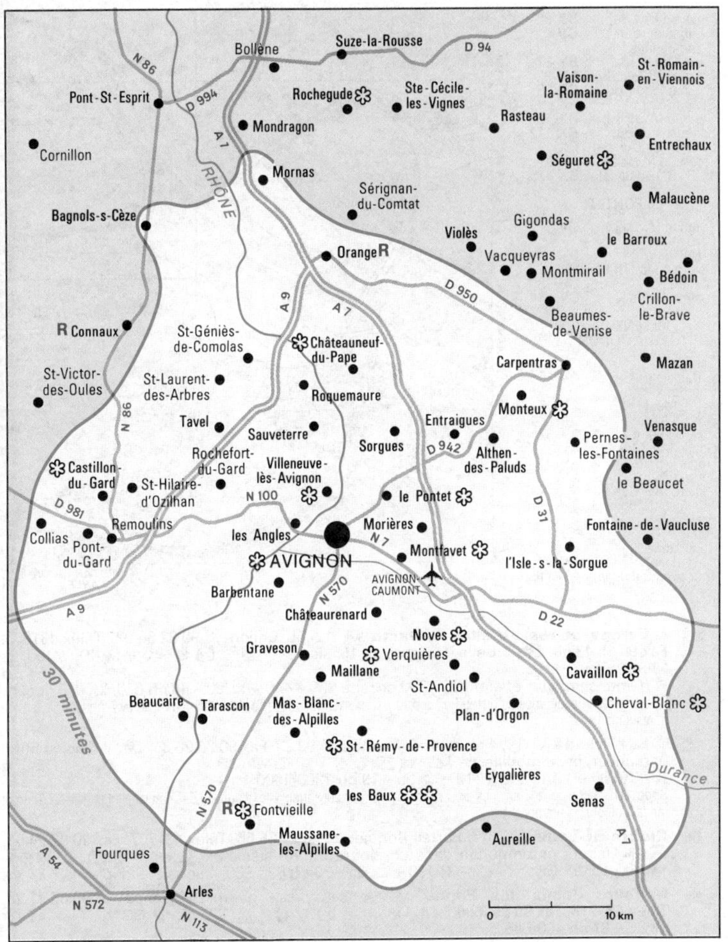

LES ANGLES

Pinède (Ch. de la) . . . AV

AVIGNON

Amandier (Av. de l') CX
Aulnes (Av. des) CX
Avignon (Av. d') CX
Croix-Rouge (Av. de la) . . . . BX
Docteur Pons (Rte Touristique) . . BV
Eisenhover (Av.) . . . . AX
Europe (Pont de l') . . AX 26
Ferry (Bd J.) . . . . AX
Folie (Av. de la) . . . BCX 29
Foncouverte (Av. de) . . . . BCX 31
Gaulle (Rocade Ch. de). ABX
Lyon (Rte de) . . . . . . BV
Marseille (Rte de) . BCX 51
Monclar (Av.) . . . . AX
Monod (Bd J.) . . . . . AX 58
Montfavet (Rte de) . . . . BCX 59
Morières (Rte de) . BCV
Moulin-Notre-Dame (Av. du) . . . BX 60
Réalpanier (Carr.) . . . CV
Reine-Jeanne (Av. de la) . . . . . . BX 81
Royaume (Pont du) . . AV 92
St-Chamand (Av.) . . . BX 95
St-Ruf (Av.) . . . . AX
Sémard (Av. P.) . . . . . . BX
Sixte Isnard (Bd) . . . . BX 112
Souspirous (Av. de) . CX
Tarascon (Av. de) . . . AX
1re-D.-B. (Bd de la) . . BX 125

LE PONTET

Avignon (Av. d') CV
Carpentras (Av. de) CV
Delorme (Av. Th.) . . . CV
Goutarel (Av. G.) . . . . CV 38
Pasteur (Av. L.) CV

VILLENEUVE-LÈS-AVIGNON

Camp de Bataille (R.) . . . . . . AV 15
Chartreux (Ch. des) . . . . AV 16
Fort St-André (Montée du) . . . . . AV 32
Gaulle (Av. Ch.) . . . . . AV 33
Hôpital (R. de l') . . . AV 43
Joffre (Rte) . . . . AV
Leclerc (Av. Gén.) . . . . AV
Monnaie (R. de la) . . AV 57
Pasteur (Av.) . . . . AV
Péri (Av. G.) . . . . AV
République (R. de la) . . . . AV 87
Tour (Montée de la) . AV 116

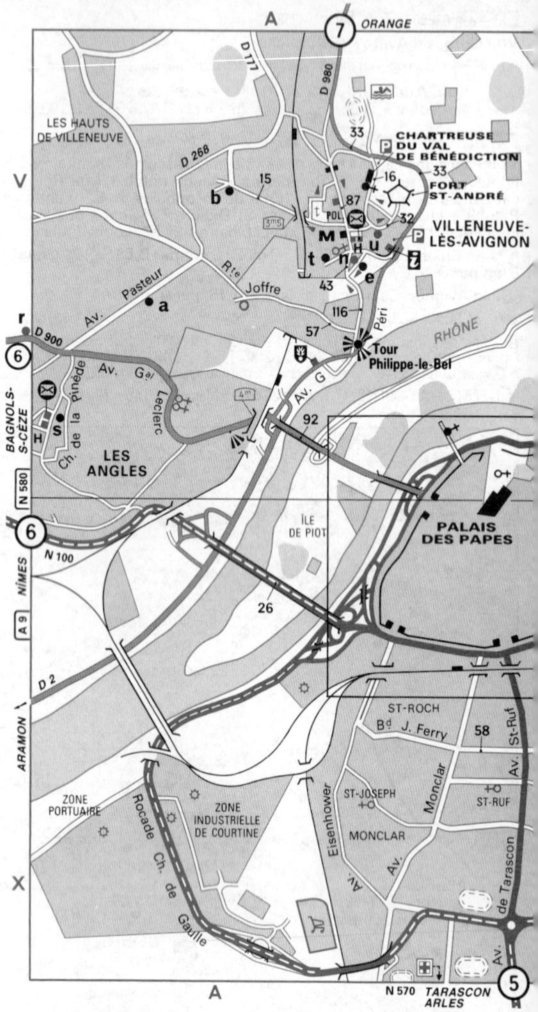

Europe et rest. Vieille Fontaine Ⓜ, 12 pl. Crillon ✆ 90 82 66 92, Télex 431965, Fax 90 85 43 66, « Belle demeure du 16e siècle » – 100 à 150. AE GB JCB — EY **d**
R *(fermé sam. midi et dim.)* 250/300 et carte 280 à 440 – ☐ 90 – **44 ch** 610/1300, 3 appart.
Spéc. Gâteau de légumes au pistou (juil. à sept.). Coquilles St-Jacques à notre façon (nov. à fév.). Agneau de lait rôti (mars à mai).

La Mirande Ⓜ, 4 pl. Amirande ✆ 90 85 93 93, Fax 90 86 26 85, « Ancien hôtel particulier, beau mobilier », AE GB — EY **g**
R 245/300 et carte 310 à 510 – ☐ 95 – **19 ch** 1300/1900
Spéc. Escabèche de langoustines aux asperges, aromates et safran. Filet d'agneau des Préalpes en persillade. Tarte et fondant au chocolat amer.

Cloître St-Louis Ⓜ, 20 r. Portail Boquier ✆ 90 27 55 55, Télex 431707, Fax 90 82 24 01, « Décor contemporain dans un cloître du 16e siècle », 100. AE GB. rest – **R** 190 – ☐ 65 – **73 ch** 800/900, 4 appart., 3 duplex. — EZ **s**

Mercure Palais des Papes Ⓜ sans rest, quartier Balance ✆ 90 85 91 23, Télex 431215, Fax 90 85 32 40 – ch – 120. AE GB — EY **r**
☐ 50 – **87 ch** 450/545.

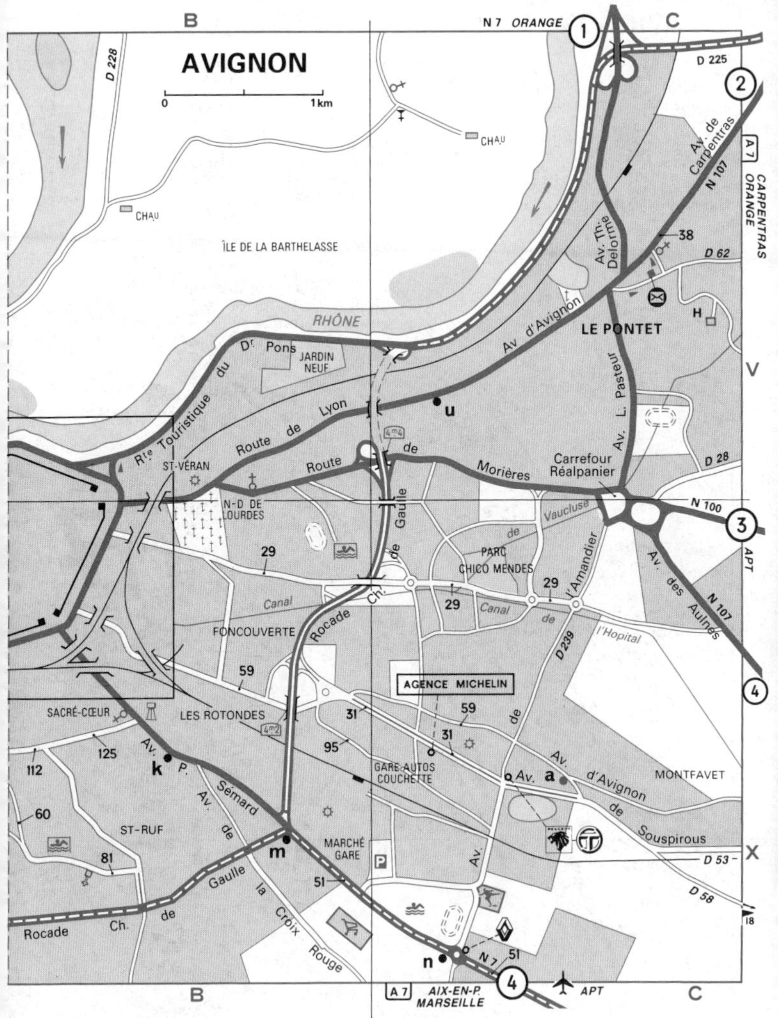

Cité des Papes sans rest, 1 r. J. Vilar ☎ 90 86 22 45, Télex 432734, Fax 90 27 39 21 – [lift] [air-cond] TV ☎. AE ① GB — EY **b**
fermé 18 déc. au 25 janv. – ☕ 50 – **63 ch** 375/550.

Bristol M sans rest, 44 cours J. Jaurès ☎ 90 82 21 21, Télex 432730, Fax 90 86 22 72 – [lift] [air-cond] TV ☎ ♿ [garage] – 40. AE ① GB — EZ **m**
fermé 15 fév. au 7 mars – ☕ 38 – **65 ch** 400/500.

Primotel Horloge sans rest, 1 r. F. David (pl. Horloge) ☎ 90 86 88 61, Télex 431902, Fax 90 82 17 32 – [lift] [air-cond] TV ☎ ♿. AE ① GB — EY **t**
☕ 40 – **70 ch** 400/490.

Danieli M sans rest, 17 r. République ☎ 90 86 46 82, Fax 90 27 09 24 – TV ☎. AE ① GB JCB — EY **s**
☕ 35 – **29 ch** 350/490.

Blauvac sans rest, 11 r. de la Bancasse ☎ 90 86 34 11, Fax 90 86 27 41 – TV ☎. AE ① GB — EY **m**
☕ 35 – **16 ch** 280/400.

AVIGNON

Street	Grid	No.
Fourbisseurs (R. des)	EY	34
Jaurès (Cours J.)	EZ	
Marchands (R. des)	EY	49
République (R. de la)	EYZ	
St-Agricol (R.)	EY	94
Vernet (R. J.)	EYZ	
Vieux-Sextier (R. du)	EFY	122
Annanelle (R. d')	DZ	2
Arroussaire (Av. de l')	FZ	3
Aubanel (R. Théodore)	EZ	5
Balance (R. de la)	EY	7
Bancasse (R.)	EY	9
Bertrand (R.)	FY	10
Bon-Martinet (R.)	FZ	13
Campane (R.)	FY	14
Collège-d'Annecy (R. du)	EZ	18
Collège-du-Roure (R. du)	EY	19
Corps-Saints (Pl. des)	EZ	20
David (R. F.)	EY	22
Dorée (R.)	EY	23
Eisenhower (Av.)	DZ	24
Folco-de-Baroncelli (R.)	EY	28
Four (Rue du)	FY	33
Four-de-la-Terre (R. du)	FZ	35
Galante (R.)	EY	37
Grande-Fusterie (R. de la)	EY	39
Grottes (R. des)	EY	41
Italiens (Av. des)	GY	44
Jérusalem (Pl.)	FY	45
Ledru-Rollin (R.)	FY	47
Manivet (R. P.)	EFZ	48
Masse (R. de la)	FZ	52
Molière (R.)	EY	54
Monclar (Av.)	EZ	55

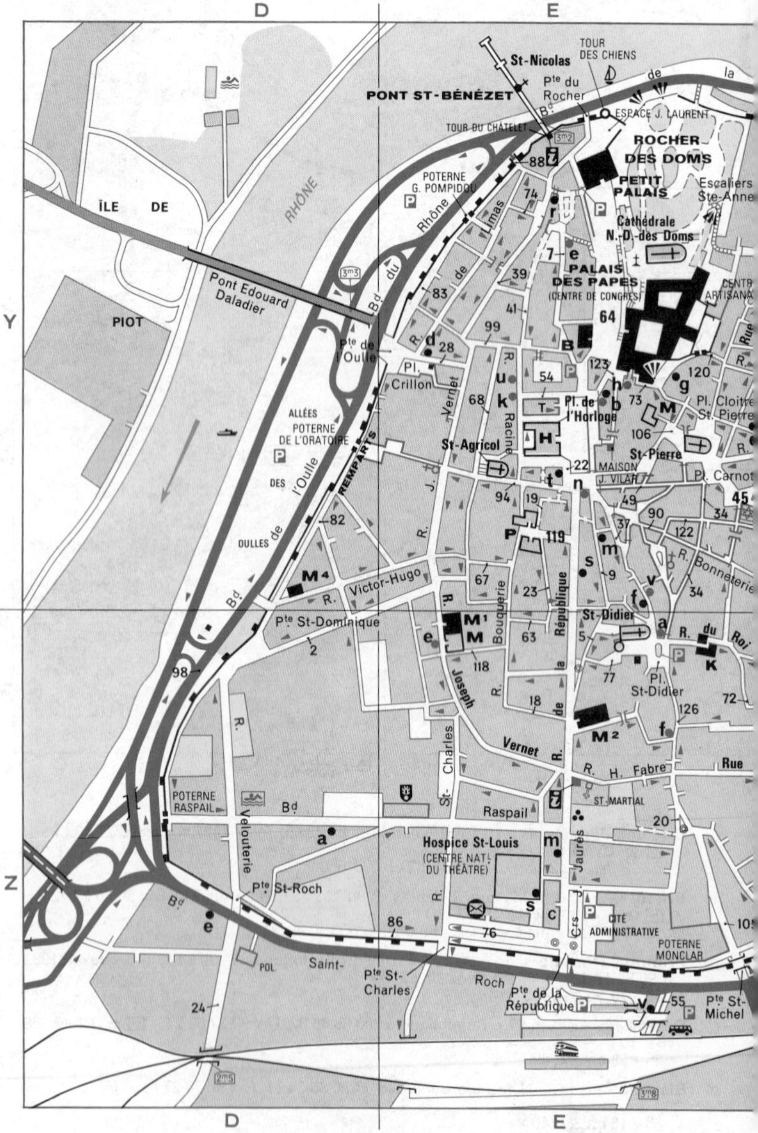

Muguet (R.) . . . . **GY** 62
Ortolans (R. des) . . . . **EZ** 63
Palais (Pl. du) . . . . **EY** 64
Palapharnerie (R.) . . . . **FY** 66
Petite Calade (R. de la) . . . . **EY** 67
Petite-Fusterie
(R. de la). . . . . **EY** 68
Petite-Saunerie
(R. de la). . . . . **FY** 70
Pétramale (R.). . . . . **EZ** 72
Peyrollerie (R.) . . . . **EY** 73
Pont (R. du) . . . . **EY** 74
Prés.-Kennedy (Cours). . . . . **EZ** 76
Prévot (R.). . . . . **EZ** 77

Rascas (R. de). . . . . **GY** 79
Rempart-de-l'Oulle
(R. du) . . . . **DY** 82
Rempart-du-Rhône
(R. du). . . . . **EY** 83
Rempart-St-Michel
(R. du) . . . . **FZ** 84
Rempart-St-Roch
(R. du) . . . . **DEZ** 86
Rhône (Pte du). . . . . **EY** 88
Rouge (R.) . . . . **EY** 90
St-Christophe (R.) . . . . **FZ** 97
St-Dominique (Bd) . . . . **DZ** 98
St-Étienne (R.) . . . . **EY** 99

St-Jean-le-Vieux (Pl.). . . . . **FY** 101
St-Jean-le-Vieux (R.). . . . . **FY** 102
St-Joseph (R.) . . . . **FY** 104
St-Michel (R.). . . . . **EZ** 105
St-Pierre (Pl.) . . . . **EY** 106
St-Ruf (Av.) . . . . **FZ** 108
Ste-Catherine (R.) . . . . **FY** 109
Sources (Av. des). . . . . **FZ** 114
Vernet (R. Horace) . . . . **EZ** 118
Viala (R. Jean) . . . . **EY** 119
Vice-Légat (R.). . . . . **EY** 120
Vilar (R. Jean). . . . . **EY** 123
3-Faucons (R. des). . . . . . . **EZ** 126
3-Pilats (R. des) . . . . **FY** 127

Ibis Centre Gare M, 42 bd St-Roch (à la Gare) ✆ 90 85 38 38, Télex 432502, Fax 90 86 44 81 – ch. AE GB EZ v
R 81, enf. 39 – 33 – **98 ch** 290/350.

Fimotel M, 8 bd St Dominique ✆ 90 82 08 08, Télex 432739, Fax 90 86 27 19, – – 25 à 60. AE GB DZ e
R 85/105, enf. 36 – 39 – **95 ch** 330/350.

Garlande sans rest, 20 r. Galante ✆ 90 85 08 85, Fax 90 27 16 58 – AE GB
35 – **12 ch** 250/375. EY f

Angleterre sans rest, 29 bd Raspail ✆ 90 86 34 31, Fax 90 86 86 74 – – 25. GB. DZ a
fermé 20 déc. au 25 janv. – 30 – **40 ch** 200/370.

Mistral sans rest, 1 bd de Metz ✆ 90 88 57 65 – AE GB BX k
30 – **15 ch** 220/250.

Médiéval sans rest, 15 r. Petite Saunerie ✆ 90 86 11 06, Fax 90 82 08 64 – cuisinette. GB EY e
fermé 31 déc. au 28 fév. – 27 – **20 ch** 175/260.

XXX ✿ **Christian Étienne,** 10 r. Mons ✆ 90 86 16 50, Fax 90 86 67 09, « Anciennes demeures des 13e et 14e s. accolées au Palais des Papes » – AE GB EY h
fermé 15 au 31 août et dim. sauf juil. – **R** 280/480 et carte 350 à 500, enf. 120
Spéc. Menu des légumes provençaux. Rouget au coulis d'olives noires. Sorbet au fenouil et sauce safran. **Vins** Côtes du Rhône.

XXX ✿ **Hiély,** 5 r. République (entresol) ✆ 90 86 17 07, Fax 90 86 32 38 – GB EY n
fermé 22 juin au 3 juil., 11 au 25 janv., mardi midi et lundi sauf été – **R** (nombre de couverts limité - prévenir) 195/295, enf. 120
Spéc. Pistou de homard. Feuilleté de légumes aux truffes. Pigeonneau de Bresse à la compote d'oignons. **Vins** Tavel, Châteauneuf-du-Pape.

XXX **Brunel,** 46 r. Balance ✆ 90 85 24 83, Fax 90 86 26 67 – AE GB EY e
fermé 15 juil. au 15 août, dim. et lundi – **R** 220/400, enf. 90.

XXX ✿ **Le Grangousier,** 17 r. Galante ✆ 90 82 96 60 – GB EY v
fermé 16 au 30 août et dim. sauf fêtes – **R** 170/300, enf. 90
Spéc. Biscuit de brandade de morue. Tourte de pommes de terre et de canard au lard fumé. Feuilleté caramélisé aux fruits rouges.

XX **Le Vernet,** 58 r. J. Vernet ✆ 90 86 64 53, Fax 90 85 98 14, « Jardin » – GB.
fermé fév., lundi midi et dim. du 16 oct. au 30 avril – **R** 175 bc, enf. 75. EZ e

XX **Jardin de la Tour,** 9 r. Tour ✆ 90 85 66 50, Fax 90 27 90 72, « Aménagé dans une ancienne usine » – AE GB GY a
fermé 15 au 31 août, dim. soir et lundi – **R** 175/255, enf. 85.

XX **Trois Clefs,** 26 r. Trois Faucons ✆ 90 86 51 53 – GB. EZ f
fermé 15 au 30 nov., vacances de fév. et dim. sauf fériés – **R** 140 bc/175, enf. 75.

XX **L'Aquarelle,** 41 r. Saraillerie ✆ 90 86 33 79, – GB EZ a
fermé 25 août au 8 sept., mardi soir et merc. sauf juil.-août – **R** 145/250, enf. 90.

X **L'Isle Sonnante,** 7 r. Racine ✆ 90 82 56 01 – GB. EY k
fermé 8 au 31 août, dim. et lundi – **R** 160.

X **La Fourchette,** 17 r. Racine ✆ 90 85 20 93 – GB EY u
fermé 12 au 28 juin, sam. et dim. – **R** 140.

X **Les Domaines,** 28 pl. Horloge ✆ 90 82 58 86, Fax 90 86 26 31, – AE GB EY b
R carte 125 à 240.

X **Le Bistro Lyonnais,** 154 r. de la Carreterie ✆ 90 85 17 41, « Ambiance bistrot » – GB
fermé août, sam. midi et dim. – **R** 75/135, enf. 50. GY z

dans l'île de la Barthelasse N : 5 km par D 228 et VO – ✉ **84000** Avignon :

La Ferme, chemin des Bois ✆ 90 82 57 53, Fax 90 27 15 47, – ch. GB.
fermé 2 janv. au 10 fév. – **R** *(fermé lundi d'oct. à mars et sam. midi)* 95/175 – 43 – **20 ch** 330/390 – ½ P 295/320.

au Pontet NE : 5 km par N 7 – 15 688 h. – ✉ **84130** :

✿ **Aub. de Cassagne** M, 450 allée de Cassagne près échangeur Avignon-Nord par ② ✆ 90 31 04 18, Télex 432997, Fax 90 32 25 09, « Beau jardin », – AE GB
R 210/440 et carte 380 à 550, enf. 110 – 75 – **19 ch** 420/1 080, 3 appart. – ½ P 670/990
Spéc. Terrine provençale au foie gras (mai à oct.). Filets de rouget poêlés au citron vert. Emincé d'agneau et côtelettes de lapereau panées. **Vins** Cairanne.

Les Agassins M, 52 av. Ch. de Gaulle (N 7) ✆ 90 32 42 91, Fax 90 32 08 29, « Jardin fleuri », – – 40. AE GB. rest CV u
fermé 1er janv. au 1er mars – **R** *(fermé sam. midi de nov. à avril)* 165/480, enf. 120 – 70 – **24 ch** 650/850 – ½ P 600/700.

à l'Echangeur A 7 Avignon Nord : 7 km par ② – ✉ **84700** Sorgues :

Novotel Avignon Nord Ⓜ, ✆ 90 31 16 43, Télex 432869, Fax 90 32 22 21, 🏖, 🏊, 🌳, 🎾 – |♿| ✕ ch ▤ 📺 ☎ ♿ 🅿 – 🏢 25 à 200. AE ⓓ GB
R carte environ 150, enf. 50 – ☕ 48 – **98 ch** 395/460.

à Montfavet E : 5,5 km par av. Avignon - CX – ✉ **84140** :

✿ **Les Frênes** (Biancone) Ⓜ ⛰, av. Vertes Rives ✆ 90 31 17 93, Télex 431164, Fax 90 23 95 03, 🏖, « Mobilier ancien, parc, 🏊 » – |♿| ▤ ch 📺 ☎ 🅿 – 🏢 35. AE ⓓ GB.
✕ rest
hôtel : 15 mars-15 nov. ; rest. : 1er avril-31 oct. – **R** 340/390 et carte 300 à 430 – ☕ 75 – **18 ch** 595/1700, 4 appart.
Spéc. Compotée de tomate et aubergine au basilic (15 juin au 15 sept.). Morue verte au jus de champignons et à la truffe. Filet d'agneau au romarin et rosace provençale. **Vins** Châteauneuf-du-Pape, Viognier.

Ferme St-Pierre, av. Avignon ✆ 90 87 12 86, Fax 90 89 80 27, 🏖 – 🅿. AE ⓓ GB — CX **a**
fermé 30 juil. au 22 août, 18 déc. au 2 janv., sam. et dim. – **R** 110.

à Morières-lès-Avignon par ③ : 9 km – 6 405 h. – ✉ **84310** :

Le Paradou, N 100 ✆ 90 33 34 15, Télex 432407, Fax 90 33 46 93, 🏖, 🏊, 🌳 – 📺 ☎ ♿ 🅿 – 🏢 30. AE ⓓ GB
29 mars-31 oct. – **R** *(fermé sam. midi)* 100/180, enf. 50 – ☕ 45 – **29 ch** 340/360 – ½ P 290/310.

rte de Marseille vers ④ – ✉ **84000** Avignon :

Novotel Avignon Sud Ⓜ, rte Marseille : 4 km ✆ 90 87 62 36, Télex 432878, Fax 90 88 38 47, 🏖, 🏊, 🌳 – |♿| ✕ ch ▤ 📺 ☎ ♿ 🅿 – 🏢 150. AE ⓓ GB — CX **n**
R carte environ 150, enf. 50 – ☕ 48 – **79 ch** 410/470.

Mercure Avignon Sud Ⓜ, rte Marseille : 3 km ✆ 90 88 91 10, Télex 431994, Fax 90 87 61 88, 🏖, 🏊, 🌳 – |♿| ✕ ch ▤ 📺 ☎ ♿ 🅿 – 🏢 25 à 200. AE ⓓ GB — BX **m**
R 100 bc/200 bc, enf. 45 – ☕ 48 – **105 ch** 400/550.

à l'aéroport par ④ : 8 km – ✉ **84140** Montfavet :

Paradou-Avignon Ⓜ, ✆ 90 84 18 30, Fax 90 84 19 16, 🏖, 🏊, 🌳, 🎾 – ✕ ch ▤ 📺 ☎ ♿ 🅿 – 🏢 80. AE ⓓ GB
R 100/250, enf. 50 – ☕ 50 – **42 ch** 380/420 – ½ P 320/340.

par ④ : 10 km – ✉ **84140** Montfavet :

Aub. de Bonpas avec ch, rte Cavaillon ✆ 90 23 07 64, Fax 90 23 07 00, 🏖, 🏊, 🌳 – ☎ 🚗 🅿 – 🏢 40. AE ⓓ GB. ✕
R 170/350, enf. 80 – ☕ 48 – **11 ch** 240/360 – ½ P 320/350.

MICHELIN, Agence régionale, 28 av. de Fontcouverte CX ✆ **90 88 11 10**

ALFA ROMEO Gar. Davoust, 77 av. de Marseille ✆ 90 88 55 94
BMW Foch Automobiles, ZI St-Tronquet au Pontet ✆ 90 32 60 60
CITROEN Sofidia, rte de Marseille, N 7 par ④ ✆ 90 87 05 45 🅽 ✆ 90 89 58 72
FIAT, LANCIA Gar. Royal, 141 rte de Marseille ✆ 90 88 29 55
FORD Festival Auto Sce N 7, 1 bis rte de Morières ✆ 90 82 16 76
MERCEDES-BENZ Autom. Avignonnaise, centre commercial Cap Sud, rte de Marseille ✆ 90 88 01 35
NISSAN Gar. Danse, ZI de Courtine, r. Petit-Mas ✆ 90 86 48 37
PEUGEOT-TALBOT Vaucluse-Auto, 35 av. Fontcouverte CX ✆ 90 88 07 61 🅽 ✆ 91 27 83 13
PORSCHE MITSUBISHI Auto-Service, 1 rte de Montfavet ✆ 90 86 39 58
RENAULT A.S.A., rte de Marseille, RN 7 CX ✆ 90 87 08 51 🅽 ✆ 90 82 90 05

RENAULT Autom. des Remparts, SAR, 14 bd St-Michel FZ ✆ 90 85 34 55 🅽 ✆ 90 82 90 05
V.A.G E.G.S.A., Centre des Affaires Cap Sud ✆ 90 87 63 22 🅽 ✆ 90 88 50 39
V.A.G E.G.S.A., RN 7 Zone Portuaire au Pontet ✆ 90 32 20 33 🅽 ✆ 90 88 50 39
VOLVO Gar. du Clos de Trams, 67 rte de Lyon ✆ 90 82 12 56

Ⓜ Ayme Pneus, av. de l'Étang, ZI Fontcouverte ✆ 90 87 65 37
Ayme-Pneus, 32 bd St-Michel ✆ 90 82 71 38
Dibon Pneus, 1 rte de Marseille ✆ 90 86 31 65
Dibon Pneus, Le Pigeonnier, 66 av. Ch.-de-Gaulle au Pontet ✆ 90 31 14 13
Euromaster Piot Pneu, Lot Activité La Gauloise Le Pontet ✆ 90 31 29 60
Gay Pneus 27 av. de Fontcouverte ✆ 90 87 56 48
Luciani Pneus, 99 rte de Lyon ✆ 90 82 47 47
Page-Pneus, 37 ter bd Sixte-Isnard ✆ 90 82 06 85
Perrot-Pneus, 31 av. du Grand Gigognan ✆ 90 86 22 21

AVON 77 S.-et-M. 61 ⑫ – rattaché à Fontainebleau.

Participez à notre effort permanent de mise à jour

Adressez-nous vos remarques et vos suggestions.

Cartes et guides Michelin

46 avenue de Breteuil - 75324 Paris Cedex 07

AVRANCHES SP 50300 Manche 59 ⑧ **G. Normandie Cotentin** – 8 638 h alt. 88.

Voir Manuscrits★★ du Mont-St-Michel (musée) AY **M** – Jardin des Plantes : ✳★ AZ – La "plate-forme" ✳★ AY.

Office de Tourisme r. Gén.-de-Gaulle ☏ 33 58 00 22 et pl. Carnot (juil.-août) ☏ 33 58 67 06.

Paris 341 ① – St-Lô 59 ① – St-Malo 64 ③ – ◆Caen 99 ① – Dinan 69 ③ – Flers 67 ① – Fougères 41 ③ – ◆Rennes 75 ③.

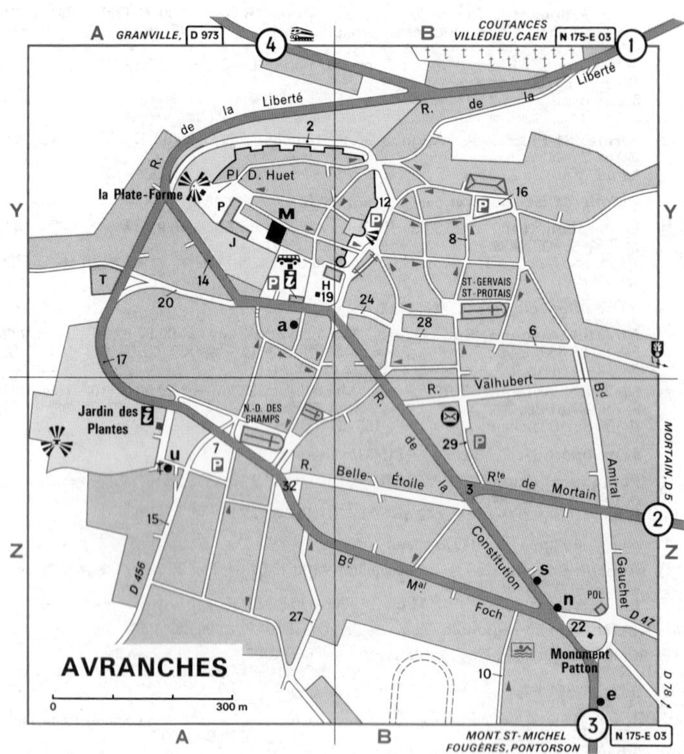

Constitution (R. de la)	**BZ**	Chapeliers (R. des)	**BY** 8	Millet (R. L.)	**AY** 20
Littré (Pl.)	**AY** 19	Écoles (R. des)	**BZ** 10	Patton (Pl. Gén.)	**BZ** 22
		Estouteville (Pl. d')	**BY** 12	Pot-d'Étain (R. du)	**BY** 24
Abrincates (Bd des)	**AY** 2	Gaulle (R. Gén.-de)	**AY** 14	Puits-Hamel (R. du)	**AZ** 27
Angot (Pl.)	**BZ** 3	Gué-de-l'Épine (R. du)	**AZ** 15	St-Gaudens (R.)	**BY** 28
Bremesnil (R.)	**BY** 6	Halles (Pl. des)	**BY** 16	St-Gervais (R.)	**BZ** 29
Carnot (Pl.)	**AZ** 7	Jozeau-Marigné (Bd)	**AY** 17	Scelles (Pl. G.)	**AZ** 32

Croix d'Or ⛰, 83 r. Constitution ☏ 33 58 04 88, Fax 33 58 06 95, « Décor rustique normand, jardin » – ☎ 🚗 Ⓟ. GB. ✻ rest — BZ **s**
mi-mars-mi-nov. – **R** 100/350, enf. 65 – ☐ 38 – **30 ch** 120/500.

Les Abrincates, 37 bd Luxembourg ☏ 33 58 66 64, Fax 33 58 40 11 – |♦| TV ☎ Ⓟ. GB JCB. ✻ ch — BZ **e**
fermé 20 déc. au 8 janv. et dim. d'oct. à avril – **R** voir rest **Le Ménestrel** ci-après – ☐ 30 – **29 ch** 280/320.

Le Pratel sans rest, 24 r. Vanniers par ③ ☏ 33 68 35 41, 🛏 – TV ☎ Ⓟ. AE GB
fermé 26 fév. au 4 mars – ☐ 30 – **7 ch** 270/310.

Jardin des Plantes, 10 pl. Carnot ☏ 33 58 03 68, Fax 33 60 01 72, 🛏 – TV ☎. GB
◆ **R** *(fermé dim. soir de mi-sept. à Pâques)* 75/290 🍷, enf. 55 – ☐ 40 – **19 ch** 160/350 – ½ P 240/300. — AZ **u**

Central sans rest, 2 r. Jardin des Plantes ☏ 33 58 16 59 – ☎. GB — AY **a**
fermé 15 déc. au 15 janv. – ☐ 28 – **14 ch** 150/240.

Patton sans rest, 93 r. Constitution ☏ 33 48 52 52 – |♦| ☎ Ⓟ. AE GB — BZ **n**
fermé 1er janv. au 28 fév. – ☐ 28 – **26 ch** 200/400.

X **Le Ménestrel** -Hôtel Les Abrincates-, 37 bd Luxembourg ☎ 33 58 12 20, Fax 33 58 40 11 – GB BZ e
fermé vacances de nov., 26 déc. au 8 janv., sam. midi et dim., de nov. à mai – **R** 76/168 ♁, enf. 36.

à St-Quentin-sur-le-Homme SE : 5 km par D 78 BZ - – ✉ **50220** :

XX **Le Gué du Holme** avec ch, ☎ 33 60 63 76, Fax 33 60 06 77, 🏡, 🌳 – **P**. AE GB
fermé 2 au 20 janv., sam. midi (sauf hôtel), dim. soir et lundi du 1er oct. au 31 mars sauf fériés – **R** 135/320, enf. 60 – ☕ 45 – **10 ch** 420/480.

CITROEN Basse Normandie Auto, 38 bd du Luxembourg, Le Val-St-Père par ③ ☎ 33 58 23 15
FORD Gosselin, ZI de St-Senier ☎ 33 68 38 61
PEUGEOT-TALBOT Pavie, D 911, Marcey-les-Grèves par ④ ☎ 33 58 04 22 **N** ☎ 33 68 52 89
RENAULT Poulain, 87 r. Cdt-Bindel par ② ☎ 33 58 09 00 **N** ☎ 33 68 51 26

V.A.G Avranches-Autom., 3 av. du Quesnoy, St-Martin-des-Champs ☎ 33 58 14 96

Ⓜ Euromaster Vallée Pneus, 17 bd du Luxembourg ☎ 33 58 04 24
Lefrançois, à St-Quentin-sur-le-Homme ☎ 33 58 15 31 **N** ☎ 33 60 49 71

AVRILLÉ 85440 Vendée 67 ⑬ G. Poitou Vendée Charentes – 1 004 h alt. 20.

Voir St-Hilaire-la-Forêt : C.A.I.R.N. (centre archéologique d'initiation et de recherche sur le néolithique) SO : 3 km.

Paris 444 – La Rochelle 66 – La Roche-sur-Yon 26 – Luçon 25 – Les Sables-d'Olonne 23.

X **Le Menhir,** ☎ 51 22 32 18, Fax 51 22 34 13 – AE ⓓ GB
◆ *fermé 20 janv. au 10 mars, dim. soir et lundi hors sais.* – **R** 70/220, enf. 50.

AX-LES-THERMES 09110 Ariège 86 ⑮ G. Pyrénées Roussillon – 1 489 h alt. 720 – Stat. therm. – Sports d'hiver au Saquet par route du plateau de Bonascre★ (8 km) et télécabine : 1 400/2 000 m 🚡1 ⛷16.

Voir Vallée d'Orlu★ au SE.

ℹ Office de Tourisme pl. du Breilh ☎ 61 64 20 64.

Paris 822 – Foix 42 – Andorre-la-Vieille 62 – Carcassonne 105 – Prades 114 – Quillan 53.

🏨 **Royal Thermal** Ⓜ, ☎ 61 64 22 51, Télex 533311, Fax 61 64 37 77 – |‡| TV ☎. AE ⓓ GB JCB. ✻ rest
fermé 31 oct. au 1er déc. – **R** 95/210, enf. 48 – ☕ 38 – **46 ch** 325/355 – ½ P 310.

🏨 **La Lauzeraie** Ⓜ, ☎ 61 64 20 70, Fax 61 64 38 50, 🏡 – |‡| TV ☎. AE GB
fermé 15 nov. au 20 déc. – **R** 79/190, enf. 45 – ☕ 50 – **33 ch** 280/420 – ½ P 260/340.

🏨 **Terminus,** ☎ 61 64 20 55 – TV ☎. AE ⓓ GB
fermé 1er au 30 oct., dim. soir et lundi sauf vacances scolaires – **R** 85/220, enf. 35 – ☕ 30 – **16 ch** 240/300.

🏨 **Chalet** 🐦, ☎ 61 64 24 31 – ☎. GB
◆ *fermé 12 nov. au 20 déc. et lundi (sauf rest.) du 1er oct. au 1er juin* – **R** 60/130, enf. 35 – ☕ 24 – **10 ch** 210/230 – ½ P 180.

au Castelet NO : 4 km – alt. 660 – ✉ **09110** Ax-les-Thermes :

🏨 **Le Castelet** 🐦, ☎ 61 64 24 52, Télex 533376, Fax 61 64 05 93, ←, 🏡, 🌳 – |‡| TV ☎ **P**. AE GB. ✻ rest
10 mai-15 oct. et fermé mardi soir et merc. sauf juil.-août – **R** 89/240, enf. 47 – ☕ 32 – **27 ch** 231/341 – ½ P 252/320.

à Unac NO : 9 km par N 20 et D 2 – ✉ **09250** :

XXX **L'Oustal** 🐦 avec ch, ☎ 61 64 48 44, ←, 🏡, « Auberge rustique », 🌳 – AE GB
fermé 15 nov. au 15 déc., 10 au 30 janv. et lundi d'oct. à juin – **R** 195/290, enf. 90 – ☕ 45 – **5 ch** 195/350.

AYTRÉ 17 Char.-Mar. 71 ⑫ – rattaché à La Rochelle.

AZAY-LE-RIDEAU 37190 I.-et-L. 64 ⑭ G. Châteaux de la Loire (plan) – 3 053 h alt. 44.

Voir Château★★★ (spectacle son et lumière★★) – Façade★ de l'église St-Symphorien.

ℹ Syndicat d'Initiative pl. Europe ☎ 47 45 44 40.

Paris 264 – ◆Tours 26 – Châtellerault 60 – Chinon 21 – Loches 52 – Saumur 48.

🏨 **Gd Monarque,** ☎ 47 45 40 08, Fax 47 45 46 25, 🏡 – ☎ **P**. AE ⓓ GB JCB
hôtel : fermé 16 déc. au 31 janv. ; rest. : ouvert mi-mars-mi-nov. – **R** 155/395 bc – ☕ 45 – **25 ch** 300/600 – ½ P 310/450.

🏨 **De Biencourt** sans rest, ☎ 47 45 20 75 – ☎. GB. ✻
1er mars-15 nov. – ☕ 33 – **16 ch** 200/350.

XX **Aigle d'Or,** ☎ 47 45 24 58, 🏡 – GB
fermé 10 au 20 déc., fév., mardi soir du 15 oct. au 1er avril, dim. soir et merc. – **R** (prévenir) 135/275, enf. 45.

X **Grottes,** ☎ 47 45 21 04, 🏡, « salle troglodyte » – GB
fermé 31 août au 10 sept., 2 janv. au 2 fév., jeudi soir et lundi – **R** 78/170, enf. 45.

X **L'Automate Gourmand,** à La Chapelle-St-Blaise S : 1 km ☎ 47 45 39 07 – GB
fermé 15 au 28 mars, 11 au 18 oct., lundi soir hors sais. et mardi – **R** 120/250 ♁.

RENAULT Gar. Martin, à la Chapelle-St-Blaise ☎ 47 45 42 02

AZERAILLES 54120 M.-et-M. 62 ⑥ – 792 h alt. 259.

Paris 357 – ◆Nancy 49 – Épinal 49 – Lunéville 19 – St-Dié 32 – Sarrebourg 43.

XX **Gare** avec ch, ✆ 83 75 15 17, 🚗 – GB
fermé 13 au 19 juil., 24 au 31 déc., 15 janv. au 15 fév., dim. soir et lundi – **R** 80/220 🍷 – ☕ 28 – **7 ch** 150/220 – ½ P 165/205.

BADEFOLS-SUR-DORDOGNE 24150 Dordogne 75 ⑮ ⑯ **G. Périgord Quercy** – 188 h alt. 50.

Voir Chapelle St-Front de Colubri ≤★.

Env. Cloître★★ et église★ de Cadouin SE : 7,5 km.

Paris 552 – Périgueux 61 – Bergerac 26 – Sarlat-la-Canéda 47.

BADEN 56 Morbihan 63 ② – rattaché à Auray.

BAGES 11100 Aude 86 ⑩ **G. Pyrénées Roussillon** – 694 h alt. 15.

Paris 853 – ◆Perpignan 61 – Carcassonne 63 – Narbonne 7,5.

XX **Le Portanel,** ✆ 68 42 81 66, ≤ – ▤. GB
fermé 20 au 26 déc., 24 fév. au 5 mars, dim. soir et lundi du 15 sept. au 15 juin – **R** 98/178, enf. 50.

BAGNÈRES-DE-BIGORRE SP 65200 H.-Pyr. 85 ⑱ **G. Pyrénées Aquitaine** – 8 424 h alt. 556 – Stat. therm. (6 avril-oct.) – Casino AZ.

Voir Parc thermal de Salut★ par D 153 AZ – Grotte de Médous★★ par ② : 2,5 km.

ℹ Office du Tourisme et du Thermalisme 3 allée Tournefort ✆ 62 95 50 71.

Paris 815 ③ – Pau 59 ③ – Lourdes 22 ③ – St-Gaudens 56 ① – Tarbes 21 ③.

BAGNÈRES-DE-BIGORRE

Coustous (Allées des) BZ 7
Foch (R. Maréchal) BY 8
Lafayette (Pl.) ABY 22
Strasbourg (Pl. de) BZ 32
Thermes (R. des) AZ 34
Victor-Hugo (R.) AZ 35

Alsace-Lorraine (R. d') BZ 2
Arras (R. du Pont d') AZ 3
Belgique (Av. de) AY 4
Costallat (R.) BY 6
Frossard (R. Émilien) BZ 12
Gambetta (R.) AY 13
Joffre (Av. Mar.) AY 17
Jubinal (Pl. A.) BZ 20
Leclerc (Av. Gén.) AY 23
Lorry (R. de) BZ 25
Pasteur (R.) BY 26
Pyrénées (R. des) BZ 27
République (R. de la) AY 28
Thermes (Pl. des) AZ 33
Vigneaux BY 37
3-Frères-Duthu (R.) BZ 39

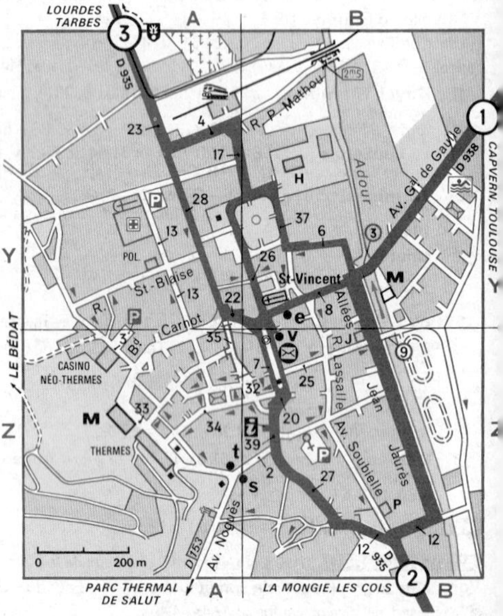

Pour aller loin rapidement, utilisez les cartes Michelin des pays d'Europe à 1/1 000 000.

🏨 **La Résidence** 🌿, Parc Thermal de Salut ✆ 62 95 03 97, Fax 62 95 29 88, ≤, 🏊, 🚗, 🎾 – ☎ 🅟. GB. 🚫 par av. P.-Noguès AZ
Pâques-15 oct. – **R** 120/160 – ☕ 40 – **30 ch** 370 – ½ P 365.

🏨 **Host. d'Asté,** par ② : 4 km ✆ 62 91 74 27, Fax 62 91 76 74, ≤, 🚗, 🎾 – ☎ 🅟. GB. 🚫
◆ *fermé 12 nov. au 15 déc.* – **R** 75/200, enf. 39 – ☕ 35 – **21 ch** 277/320 – ½ P 243/297.

🏨 **Trianon** 🌿, pl. Thermes ✆ 62 95 09 34, parc, 🏊 – ☎ 🅟. GB. 🚫 rest ABZ **s**
◆ *1er avril-30 oct.* – **R** 75/150 – ☕ 26 – **32 ch** 110/270 – ½ P 210/230.

🏨 **Gd H. Angleterre** sans rest, pl. La Fayette ✆ 62 95 22 24 – 🛗 📺 ☎. GB BZ **v**
fermé 17 oct. au 7 nov. – ☕ 23 – **28 ch** 115/225.

🏨 **Glycines** sans rest, 12 pl. Thermes ✆ 62 95 28 11 – ☎. AE ⓓ GB AZ **t**
☕ 25 – **18 ch** 160/220.

🏨 **St-Vincent,** 31 r. Mar. Foch ✆ 62 91 10 00 – ☎. GB BY **e**
◆ *fermé 30 oct. au 30 nov. et lundi sauf vacances scolaires* – **R** 60/130 🍷, enf. 55 – ☕ 25 – **22 ch** 170/200 – ½ P 250.

à Lesponne par ②, S : 10 km par D 935 et D 29 – ✉ **65710** Campan :
Voir Vallée de Lesponne★.

Domaine de Ramonjuan ⛰, ✆ 62 91 75 75, Fax 62 91 74 54, ≤, ☂, Fø, ⛱, ✂ – ☎ ♿ ℗ – 🏠 25. AE GB
fermé 28 mars au 10 avril et 2 au 10 janv. – **R** *(fermé dim. soir et lundi)* 98, enf. 49 – ☕ 35 – **21 ch** 240/330 – ½ P 250/290.

CITROEN Fourcade, rte des Cols par ② ✆ 62 95 26 68 N
FIAT GTM Autom., 1 av. de la Mongie à Pouzac ✆ 62 95 06 23

PEUGEOT, TALBOT Laloubère, rte de Tarbes par ③ ✆ 62 95 26 84 N

Dubout Pneu Sce 4 r. St-Vincent ✆ 62 95 03 58

BAGNÈRES-DE-LUCHON **31** H.-Gar. 85 ⑳ – voir à Luchon.

BAGNEUX **49** M.-et-L. 64 ⑫ – rattaché à Saumur.

BAGNOLES-DE-L'ORNE **61140** Orne 60 ① **G. Normandie Cotentin** – 875 h alt. 194 – Stat. therm. (5 mai-28 oct.) – Casino A.

Voir Site★ – Lac★ A – Parc★ AB.

⛳ ✆ 33 37 81 42, par ③ : 3 km.

Office de Tourisme pl. République (8 avril-28 oct.) ✆ 33 37 85 66.

Paris 233 ① – Alençon 48 ② – Argentan 38 ① – Domfront 19 ③ – Falaise 45 ① – Flers 27 ④.

BAGNOLES-DE-L'ORNE

Casinos (R. des) . . . . A 2
Dr-Poulain (Av. du) . . . . . . A 8
Château (Av. du) . . . . A 3
Christophle (Bd A.) BAGNOLES . . . . B 4
Christophle (Av. A.) TESSE . . . . A 7
Gaulle (Pl. Général-de) . . . B 9
Hartog (R. G.) . . . . A 13
Le Meunier de la Raillère (Bd) . . . . B 14
Rozier (Av. Ph. du) . . . . . . A 15
Sergenterie-de-Javains (Av.) . . . . A 18

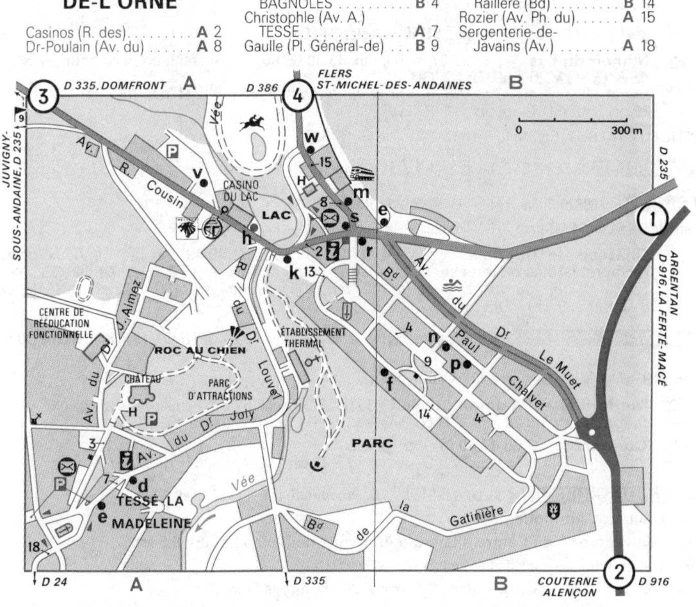

Le Cetlos M, r. Casinos ✆ 33 38 44 44, Télex 772521, Fax 33 38 46 23, ≤, ☂, Fø, ⛱ – 🛗 TV ☎ ♿ ℗ – 🏠 25 à 150. AE ⓓ GB — A **k**
R 98/320 – ☕ 45 – **75 ch** 425/780 – ½ P 340/385.

Lutetia-Reine Astrid ⛰, bd Paul Chalvet ✆ 33 37 94 77, Fax 33 30 09 87, ⛱ – 🛗 TV ☎ ℗ – 🏠 25. AE ⓓ GB. ✻ rest — B **n**
début avril-début nov. – **R** 120/340, enf. 70 – ☕ 40 – **33 ch** 190/430 – P 370/490.

Capricorne ⛰, allée Montjoie ✆ 33 37 96 99, Fax 33 38 19 56, ⛱ – 🛗 TV ☎ ℗. AE ⓓ GB. ✻ rest — A **v**
1er avril-10 oct. – **R** (dîner seul.) 105/165 – ☕ 35 – **21 ch** 300/420, 3 appart. – ½ P 340/360.

Bois Joli ⑤, av. Ph. du Rozier ☎ 33 37 92 77, Télex 171782, ⚡, ⚘ – ⌂ TV ☎ P. AE ⓓ GB. ⚹ rest — A w
R *(fermé janv. et merc. du 1er nov. au 30 mars)* 180/295 – ☕ 40 – **20 ch** 314/534 – P 380/589.

Ermitage ⑤ sans rest, 24 bd P.-Chalvet ☎ 33 37 96 22, Fax 33 38 59 22, ⚘ – ⌂ TV ☎ P. GB — B p
1er avril-31 oct. – ☕ 38 – **37 ch** 215/345.

Beaumont ⑤, 26 bd Le Meunier-de-la-Raillère ☎ 33 37 91 77, Fax 33 38 90 61, « Jardin fleuri » – TV ☎ P. GB — B f
15 mars-15 nov. – **R** 79 bc/190 bc, enf. 48 – ☕ 32 – **38 ch** 200/360 – P 275/355.

Le Gd Veneur, pl. République ☎ 33 37 86 79 – ⌂ ☎ P. GB — A r
mi-mars-fin oct. – **R** 80/175, enf. 45 – ☕ 31 – **23 ch** 171/288 – P 275/319.

Gayot, pl. République ☎ 33 37 90 22 – ⌂ TV ☎. AE ⓓ GB JCB — B e
9 avril-31 oct. – **R** 95/175 – ☕ 35 – **17 ch** 220/320 – P 370/385.

Albert 1er, av. Dr Poulain ☎ 33 37 80 97, Fax 33 30 03 64 – ⌂ TV ☎. AE ⓓ GB — A m
1er mars-31 oct. – **R** 95/145 🍷, enf. 50 – ☕ 35 – **20 ch** 170/300 – P 300/350.

Terrasse sans rest, pl. République ☎ 33 37 92 39, Fax 33 38 98 32 – ☎ P. GB. ⚹ — A s
☕ 30 – **26 ch** 120/260.

Café de Paris, av. R. Cousin ☎ 33 37 81 76, ≤ – AE ⓓ GB — A h
15 mars-31 déc. et fermé lundi sauf juil.-août – **R** 85/165, enf. 60.

à Tessé-la-Madeleine – ✉ **61140** :

Nouvel H., av. A. Christophle ☎ 33 37 81 22, ⚘ – ⌂ ☎ P. GB. ⚹ rest — A e
3 avril-31 oct. – **R** 80/200, enf. 45 – ☕ 27 – **30 ch** 225/302 – P 273/384.

Celtic, av. A. Christophle ☎ 33 37 92 11, ⚘ – ☎. GB. ⚹ — A d
fermé dim. soir et lundi du 28 oct. au 5 avril – **R** 65/160, enf. 45 – ☕ 28 – **13 ch** 200/260 – P 240/275.

par ③ et D 235 : 3 km – ✉ **61140** Bagnoles-de-l'Orne :

Manoir du Lys ⑤, ☎ 33 37 80 69, Fax 33 30 05 80, 🍽, « Dans un parc fleuri », ⚘ – TV ☎ ♿ P – 🏛 25 à 50. AE ⓓ GB
fermé 10 janv. au 28 fév., dim. soir et lundi d'oct. à Pâques – **R** 180/380, enf. 80 – ☕ 50 – **20 ch** 350/750, 3 appart. – ½ P 420/700.

PEUGEOT-TALBOT Constant, 8 av. R.-Cousin ☎ 33 37 83 11

BAGNOLET 93 Seine-St-Denis 56 ⑪, 101 ⑯ – voir à Paris, Environs.

BAGNOLS 69620 Rhône 73 ⑨ G. Vallée du Rhône – 636 h alt. 305.

Paris 447 – ♦ Lyon 34 – Tarare 20 – Villefranche-sur-Saône 15.

Château de Bagnols ⑤, ☎ 74 71 40 00, Fax 74 71 40 49, ≤, 🍽, « Vieux château restauré, jardins ouverts sur la campagne beaujolaise » – ⌂ TV ☎ P. AE ⓓ GB. ⚹ rest
fermé 1er déc. au 15 fév. – **R** *(fermé dim. soir et lundi)* 380/430 – **12 ch** ☕ 2300/2700, 8 appart. – ½ P 1750/2150.

BAGNOLS-LES-BAINS 48190 Lozère 80 ⑥ G. Gorges du Tarn – 200 h alt. 913 – Stat. therm. (30 mars-17 oct.).

Paris 609 – Mende 20 – Langogne 40 – Villefort 38.

Modern'H. et Malmont, ☎ 66 47 60 04, Fax 66 47 62 73 – cuisinette ☎ P. GB
fermé 24 oct. au 26 déc. – **R** 66/170 – ☕ 30 – **41 ch** 175/300 – ½ P 265.

Commerce, ☎ 66 47 60 07 – ☎ P. GB
1er avril-30 oct. – **Repas** 65/140 🍷 – ☕ 29 – **28 ch** 150/220 – ½ P 190/250.

BAGNOLS-SUR-CÈZE 30200 Gard 80 ⑩ G. Provence (plan) – 17 872 h alt. 51.

Voir Musée d'Art moderne★.

Env. Belvédère★★ du Centre d'Énergie Atomique de Marcoule SE : 9,5 km.

ℹ Office de Tourisme esplanade Mont-Cotton ☎ 66 89 54 61.

Paris 653 – Avignon 34 – Alès 50 – Nîmes 51 – Orange 24 – Pont-Saint-Esprit 10,5.

Mas de Ventadous M ⑤, rte Avignon ☎ 66 89 61 26, Télex 490949, Fax 66 79 99 88, 🍽, « Bungalows provençaux dans un parc, ⛱ », ⚘ – ▤ ch TV ☎ ♿ P – 🏛 40. GB
R *(fermé sam. midi)* 98/210 – **22 ch** ☕ 650/850 – ½ P 550/650.

O : 5 km par D 6 et D 143 – ✉ **30200** Bagnols-sur-Cèze :

Château de Montcaud M ⑤, ☎ 66 89 60 60, Fax 66 89 45 04, 🍽, Parc, ⚡, ⛱, ⚘ – ⌂ ▤ TV ☎ ♿ P – 🏛 50. AE ⓓ GB. ⚹ rest
fermé 1er janv. au 17 mars – **R** 190/220 – ☕ 80 – **30 ch** 700/1700 – ½ P 725/1150.

rte de Pont-St-Esprit N : 5,5 km par N 86 – ✉ **30200** Bagnols-sur-Cèze :

Valaurie M sans rest, ☎ 66 89 66 22, Fax 66 89 55 80, ≤, ⚘ – ▤ TV ☎ 🚗 P. GB
fermé 24 déc. au 24 janv. – ☕ 38 – **22 ch** 250/300.

à Connaux S : 8,5 km sur N 86 – ✉ 30330 :

XX **Paul Itier,** ✆ 66 82 00 24, 🍽 – ▤ 🅟. AE GB
Repas 95/350.

CITROEN Jeolas, 239 rte d'Avignon ✆ 66 89 60 43
FIAT Électro-Diesel, 29 rte de Nîmes ✆ 66 89 61 20
OPEL Vidalot Auto, 731 rte d'Avignon ✆ 66 89 56 07
PEUGEOT-TALBOT Pailhon, rte de Nîmes ✆ 66 89 54 95
RENAULT Gar. Stolard, 252 av. A.-Daudet ✆ 66 89 56 36
V.A.G Gar. Paulus et Fils, 37 av. L.-Blum ✆ 66 89 60 30

Ⓜ Euromaster Piot Pneu, Rond-Point de l'Europe ✆ 66 89 54 19
Europneu, rte d'Avignon ✆ 66 89 04 49

BAILLARGUES 34670 Hérault 83 ⑦ – 4 375 h alt. 23.

Paris 750 – ◆Montpellier 13 – Lunel 10 – Nîmes 41.

🏨 **Golf H. de Massane** Ⓜ 🐎, au golf de Massane S : 1,5 km par D 26^E ✆ 67 87 87 87, Fax 67 87 87 90, ≤, 🍽, 🏊, 🎾 – ▤ TV ☎ ♿ 🅟 – 🏛 80. AE ⓓ GB. ✂ rest
R 105/145 🍷, enf. 50 – ☕ 35 – **32 ch** 375/495 – ½ P 360/400.

BAILLEAU-LE-PIN 28120 E.-et-L. 60 ⑰ – 1 495 h alt. 174.

Paris 104 – Brou 23 – Chartres 15 – Châteaudun 38 – ◆Le Mans 104 – Nogent-le-Rotrou 40.

à Sandarville SE : 3,5 km par D 28 – ✉ 28120 :

XX **Aub. de Sandarville,** près Église ✆ 37 25 33 18, 🍽, « Ancienne ferme beauceronne », 🌳 – GB
fermé 15 au 31 août, 1er au 21 janv., dim. soir et lundi sauf fériés – **R** 180/250, enf. 70.

BAILLEUL 59270 Nord 51 ⑤ **G. Flandres Artois Picardie** – 13 847 h alt. 44.

Voir ✳★ du beffroi.

Paris 249 – ◆Lille 32 – Armentières 12 – Béthune 29 – Dunkerque 44 – Ieper 19 – St-Omer 36.

🏨 **Belle H.** Ⓜ sans rest, 19 r. Lille ✆ 28 49 19 00, Fax 28 49 22 11 – TV ☎ ♿ 🅟. AE GB
☕ 39 – **31 ch** 280/390.

X **Pomme d'Or** avec ch, 27 r. Ypres ✆ 28 49 11 01 – TV ☎. AE ⓓ GB
fermé dim. soir – **R** 100/145 🍷, enf. 39 – ☕ 29 – **7 ch** 115/250 – ½ P 170/240.

BAINS-LES-BAINS 88240 Vosges 62 ⑮ **G. Alsace Lorraine** – 1 466 h alt. 308 – Stat. therm. (5 avril-30 oct.).

ℹ Office de Tourisme pl. Bain Romain (saison) ✆ 29 36 31 75.

Paris 357 ④ – Épinal 26 ① – Luxeuil-les-Bains 27 ② – ◆Nancy 97 ① – Neufchâteau 71 ④ – Vesoul 51 ② – Vittel 42 ④.

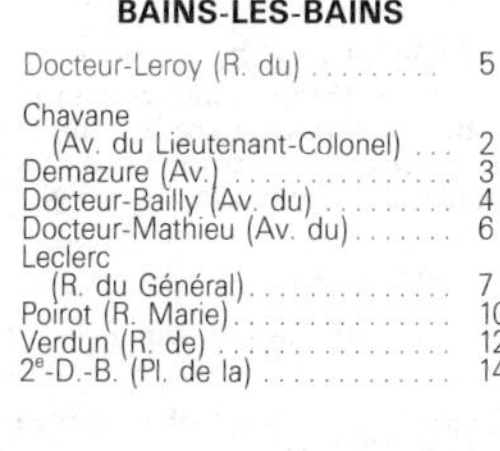

BAINS-LES-BAINS

Docteur-Leroy (R. du)	5
Chavane (Av. du Lieutenant-Colonel)	2
Demazure (Av.)	3
Docteur-Bailly (Av. du)	4
Docteur-Mathieu (Av. du)	6
Leclerc (R. du Général)	7
Poirot (R. Marie)	10
Verdun (R. de)	12
2e-D.-B. (Pl. de la)	14

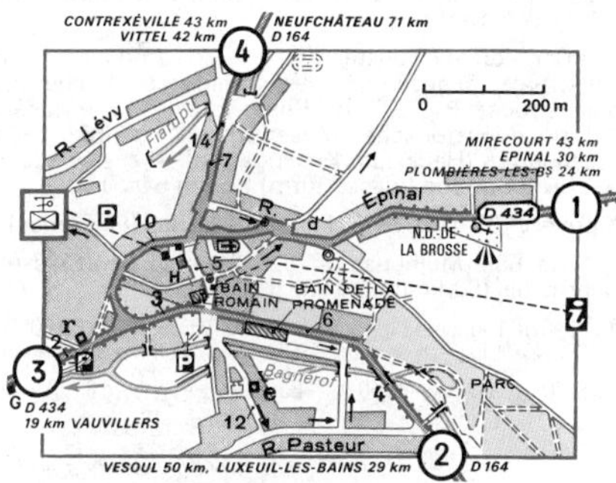

Les plans de villes sont orientés le Nord en haut.

🏨 **Promenade, (r)** ✆ 29 36 30 06, Fax 29 30 44 28, 🌳 – TV ☎ 🅟. ⓓ GB. ✂
◆ *mars-oct. et fermé lundi en mars* – **R** 72/210 🍷 – ☕ 27 – **31 ch** 175/230 – P 310.

🏨 **Poste, (e)** ✆ 29 36 31 01, Fax 29 30 44 22 – TV ☎ 🚗. GB. ✂
◆ *hôtel : 1er avril-15 oct.* – **Repas** *(fermé 15 déc. au 15 janv., sam. et dim. du 1er nov. au 1er avril)* (prévenir) 67/161 🍷 – ☕ 27 – **20 ch** 108/213 – P 223/504.

☛ *The numbered circles on the town plans ①, ②, ③ are duplicated on the* **Michelin maps** *at a scale of 1 : 200 000. These references, common to both guide and map, make it easier to change from one to the other.*

BAIX 07210 Ardèche 77 ⑪ – 748 h alt. 86.

Paris 593 – Valence 33 – Crest 29 – Montélimar 21 – Privas 18.

La Cardinale et sa Résidence, 75 85 80 40, Fax 75 85 82 07, « Ancienne demeure seigneuriale » – ch. AE GB JCB
fermé 2 janv. au 12 mars – **R** *(fermé dim. soir et lundi d'oct. à déc.)* 195/460 – 80 – **5 ch** 850/1000 – ½ P 805/1205.

La Résidence, 3 km, parc, – ch. AE GB JCB
fermé 2 janv. au 12 mars – **R** voir rest. **La Cardinale** – 80 – **10 ch** 650/1450.

Aub. des Quatre Vents, rte Chomérac, NO : 2 km 75 85 84 49, – . GB
R 60/135 – 20 – **16 ch** 135/210 – ½ P 170/210.

BALARUC-LES-BAINS 34540 Hérault 83 ⑯ G. Gorges du Tarn – 5 013 h alt. 4 – Stat. therm. (24 fév.-12 déc.).

Office de Tourisme Pavillon Sévigné 67 48 50 45.

Paris 786 – Montpellier 30 – Agde 31 – Béziers 48 – Frontignan 7 – Lodève 60 – Sète 9,5.

Arcadius M, quartier Pech Meja 67 80 28 00, Télex 485625, Fax 67 48 55 52, institut bio-marin, – – 40. AE GB
fermé 3 janv. au 26 fév. – **R** 110, enf. 50 – 44 – **57 ch** 305/385 – ½ P 310/330.

Martinez et Moderne, 2 r. M. Clavel 67 48 50 22, Fax 67 43 18 13, – rest . GB.
fermé 2 janv. au 15 mars, dim. soir et lundi en déc. – **R** 100/250 – 35 – **27 ch** 170/350.

XXX **St Clair**, quai Port 67 48 48 91 – GB
fermé 15 déc. au 15 fév. – **R** 165.

à Balaruc-le-Vieux N : 3 km par D 129 – ✉ **34540** :

Marotel, centre commercial 67 48 61 01, Fax 67 43 14 89 – rest – 30. AE GB
R 90, enf. 35 – 30 – **45 ch** 210/240 – P 270.

Campanile, Zone de la Barrière 67 48 53 00, Télex 485887, Fax 67 48 30 82 – rest – 30. AE GB
R 80 bc/102 bc, enf. 39 – 29 – **49 ch** 268.

BALDENHEIM 67 B.-Rhin 62 ⑲ – rattaché à Sélestat.

BALDERSHEIM 68 H.-Rhin 66 ⑩ – rattaché à Mulhouse.

BÂLE (BASEL) 4000 Suisse 66 ⑩ 216 ④ G. Suisse – 171 036 h alt. 273 – et les environs : de France 19-41-61, de Suisse 061.

Voir Cathédrale (Münster)★★ : ≤★ CY – Jardin zoologique (Zoologischer Garten)★★★ AZ – Port (Hafen)★, Exposition★ T – Fontaine du Marché aux poissons (Fischmarktbrunnen)★ BY – Vieilles rues★ BY – Oberer Rheinweg ≤★ CY – Musées : Beaux-Arts (Kunstmuseum)★★★ CY, Historique (Historisches Museum)★ CY, d'Ethnographie (Museum für Völkerkunde)★ CY **M1**, Kirschgarten (Haus zum Kirschgarten)★ CZ, d'Art antique (Antikenmuseum)★ CY – ★ de la tour de la Batterie (wasserturm) 3,5 km par ⑥ U.

18 privé 89 68 50 91 à Hagenthal-le-Bas (68-France) SO : 10 km.

de Bâle-Mulhouse 325 31 11, Bâle (Suisse) par la Flughafenstrasse 8 km T et à Saint-Louis (68-France) 89 69 00 00.

Office de Tourisme Blumenrain 2/Schifflände 271 50 50, Télex 963318 et à la Gare (Bahnhof) 261 36 84
A.C. Suisse, Birsigstr. 4 272 39 33 T.C.S., Petrihof, Steinentorstr. 13 272 19 55.

Paris 570 ⑧ – Mulhouse 40 ⑧ – Bern 99 ⑤ – Freiburg 69 ① – Lyon 405 ⑧ – Strasbourg 138 ①.

Plans pages suivantes

Les prix sont donnés en francs suisses

Trois Rois, Blumenrain 8, ✉ 4001 261 52 52, Télex 962937, Fax 261 21 53, ≤, – – 80. AE GB BY **a**
Rôtisserie des Rois R 73/105, enf. 17 – **Rhy-Deck R** 21/36, enf. 17 – 23 – **80 ch** 250/510, 8 appart.

Plaza M, Riehenring 45 ✉ 4058 692 33 33, Télex 964439, Fax 691 56 33, – ch – 50. AE GB. rest DX **r**
Rôtisserie Plaza *(fermé 11 juil. au 30 août, sam. midi et dim.)* **R** 60/120 – **Grand Café R** carte 25 à 50 – **243 ch** 320/460.

International M, Steinentorstrasse 25, ✉ 4001 281 75 85, Télex 962370, Fax 281 76 27, – – 240. AE GB JCB. rest BZ **b**
Steinenpick R 14/27, enf. 11 – **Rôt. Charolaise** *(fermé sam. et dim. du 1er juil. au 15 août)* **R** carte 60/95 – **210 ch** 230/430, 5 appart.

BASEL

Aeschenvorstadt . . . . CYZ
Barfüsserpl. . . . . BY 3
Centralbahnpl. . . . . CZ 10
Clarapl. CX
Eisengasse . . . . BY 15
Falknerstr. . . . . BY 16
Freie Str. . . . . CY
Gerbergasse . . . . BY
Greifengasse . . . . CY
Marktpl. . . . . BY
Steinenvorstadt . . . . BY

Augustinergasse . . . . . . CY 2
Bäumlihofstr. . . . . T 5
Bottmingerstr. . . . . U 6
Bruderholzallee . . . . U 7
Brunngässlein . . . . CY 9
Centralbahnstr. . . . . . . BCZ 12
Dreirosenbrücke . . . . T 14
Fischmarkt . . . . BY 18
Flughafenstr. . . . . T 19
Gemsberg . . . . BY 20
Grenzacherstr. . . . . T 21
Gundeldingerrain . . . . U 22
Gundeldinger Str. . . . . U 23
Holeestr. . . . . U 24
Horburgstr. . . . . T 26
Hüningerstr. . . . . T 27
Innere
Margarethenstr. . . . . . BZ 29
Kannenfeldstr. . . . . AX 30
Kohlenberg . . . . BY 31
Laupenring . . . . U 32
Leonhardsgraben . . . . . . BY 33
Lindenhofstr. . . . . CZ 35
Marktgasse . . . . BY 36
Münchensteinerstr. . . . . . . U 37
Münsterpl. . . . . CY 38
Neubadstr. . . . . U 39
St. Alban-Graben . . . . . . CY 40
St-Jakobs Str. . . . . U 41
Schneidergasse . . . . BY 42
Spalenvorstadt . . . . BY 43
Stadthausgasse . . . . BY 45
Thiersteinerallee . . . . U 46
Unterer Batterieweg . . . . . U 48
Wettsteinstr. . . . . CY 49
Wittlingerstr. . . . . T 51

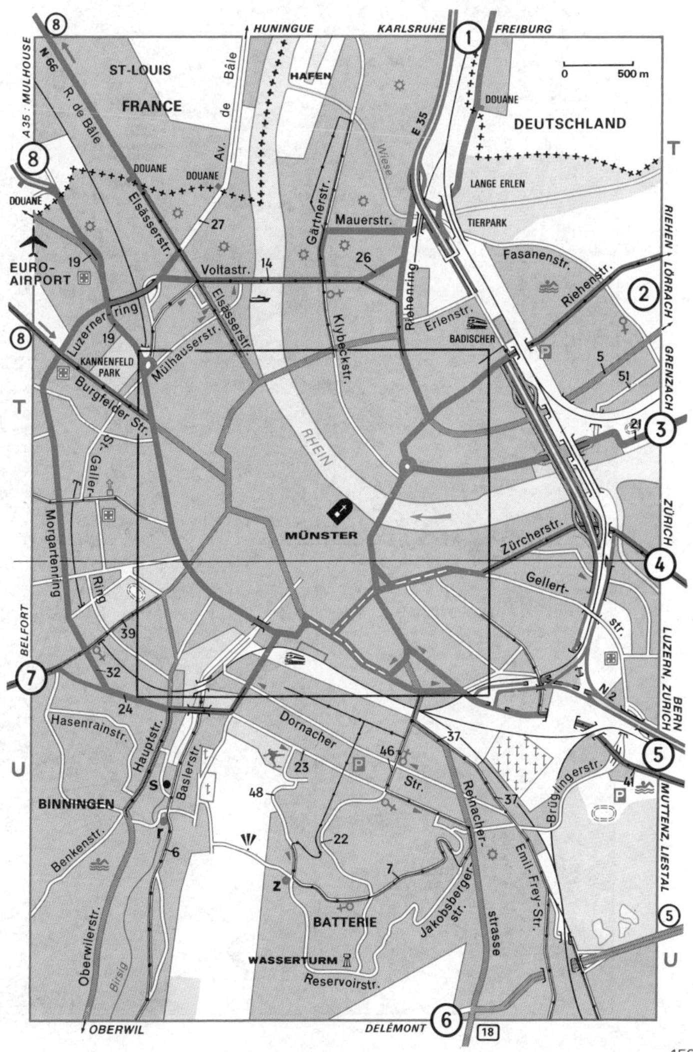

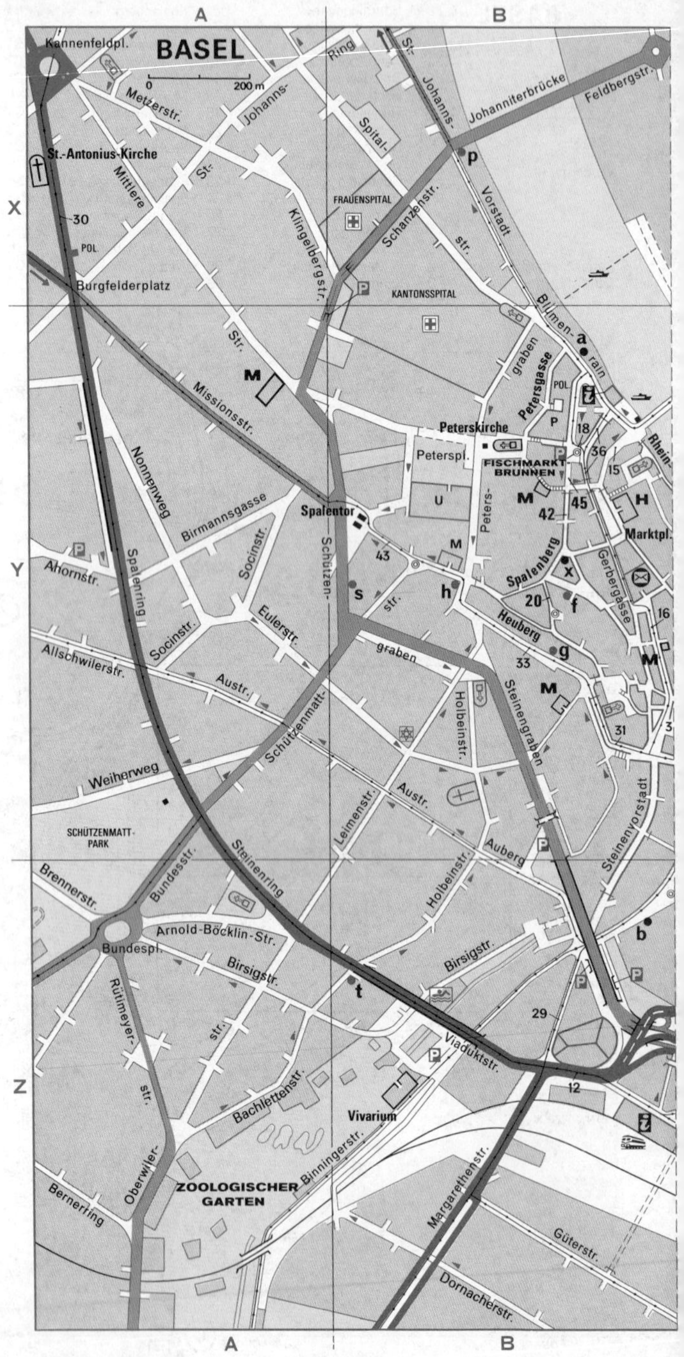
BASEL
A
B
X
Y
Z
0
200 m
Kannenfeldpl.
Metzerstr.
Johanns-
Ring
St.
Johanns-
Vorstadt
Johanniterbrücke
Feldbergstr.
Spital-
St.-Antonius-Kirche
Mittlere
Str.
Klingelbergstr.
FRAUENSPITAL
Schanzenstr.
30
POL.
Burgfelderplatz
KANTONSSPITAL
Blumen-
rain
Missionsstr.
Petersgraben
Petersgasse
Peterskirche
Peterspl.
FISCHMARKT-
BRUNNEN
Rhein-
Nonnenweg
Birmannsgasse
Spalentor
Schützen-
graben
Socinstr.
Spalenring
Ahornstr.
Eulerstr.
Spalenberg
Heuberg
Gerbergasse
Marktpl.
Allschwilerstr.
Austr.
Schützenmatt-
Holbeinstr.
Steinengraben
Weiherweg
Leimenstr.
Auberg
Steinenvorstadt
SCHÜTZENMATT-
PARK
Brennerstr.
Bundesstr.
Steinenring
Arnold-Böcklin-Str.
Bundespl.
Birsigstr.
Rütimeyer-
str.
Viaduktstr.
Bachlettenstr.
Vivarium
Binningerstr.
Oberwiler-
ZOOLOGISCHER
GARTEN
Bernerring
Margarethenstr.
Güterstr.
Dornacherstr.

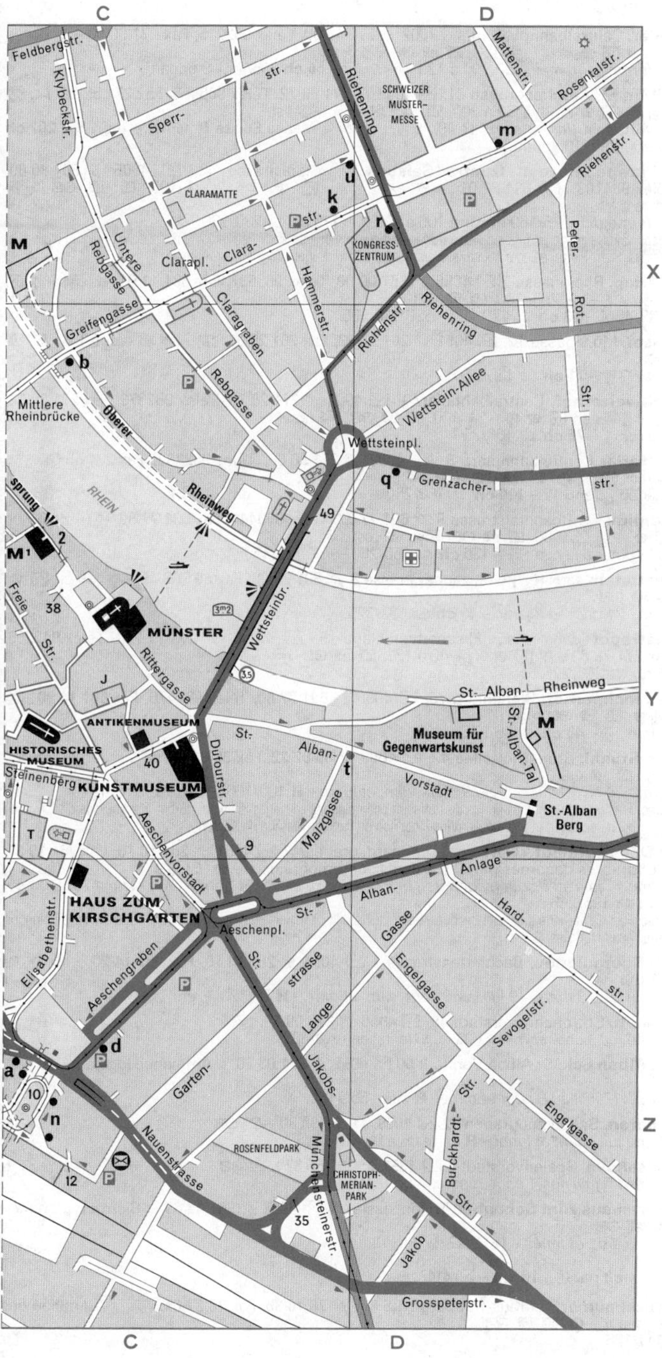

C
D
Feldbergstr.
Klybeckstr.
Sperr-
str.
Riehenring
SCHWEIZER MUSTER-MESSE
Mattenstr.
Rosentalstr.
m
Riehenstr.
u
k
CLARAMATTE
str.
r
KONGRESS-ZENTRUM
M
Rebgasse
Untere
Clarapl.
Clara-
Hammerstr.
Peter-
Rot-
Str.
X
Greifengasse
Claragraben
Riehenstr.
Riehenring
b
Rebgasse
Wettstein-Allee
Mittlere Rheinbrücke
Oberer
Rheinweg
Wettsteinpl.
q
Grenzacher-
str.
sprung
RHEIN
49
2
M1
Freie
Str.
38
MÜNSTER
Wettsteinbr.
Rittergasse
35
St.-Alban-Rheinweg
Y
J
ANTIKENMUSEUM
St.-Alban-Tal
M
Museum für Gegenwartskunst
HISTORISCHES MUSEUM
40
St.-
Alban-
t
Vorstadt
Steinenberg
KUNSTMUSEUM
Dufourstr.
Malzgasse
St.-Alban Berg
T
Aeschenvorstadt
9
Anlage
HAUS ZUM KIRSCHGARTEN
Alban-
St.-
Hard-
Elisabethenstr.
Aeschenpl.
Gasse
Aeschengraben
St.
strasse
Engelgasse
str.
Lange
Sevogelstr.
d
a
Garten-
Jakobs-
Str.
10
n
Engelgasse
Z
Nauenstrasse
ROSENFELDPARK
Münchensteinerstr.
CHRISTOPH-MERIAN-PARK
Burckhardt-
Str.
12
35
Jakob
Grosspeterstr.
C
D

Euler, Centralbahnplatz 14, ✉ 4002 ✆ 272 45 00, Télex 962215, Fax 271 50 00 – rest 150. AE GB. rest CZ **a**
R *(fermé sam. midi)* carte 90 à 120 – 17 – **55 ch** 305/445, 9 appart.

Hilton M, Aeschengraben 31, ✉ 4002 ✆ 271 66 22, Télex 965555, Fax 271 52 20, – 50 à 300. AE GB JCB. rest CZ **d**
Le Wettstein *(fermé sam.)* **R** 49/75, enf. 27 – **Marine Suisse R** 15/46, enf. 18 – **207 ch** 200/390, 10 appart.

Europe et rest. Quatre Saisons M, Clarastrasse 43, ✉ 4005 ✆ 691 80 80, Télex 964103, Fax 691 82 01 – ch – 100. AE GB JCB. rest CX **k**
R *(fermé dim.)* 75/160 et carte 106 à 138 – **170 ch** 230/330
Spéc. Mousseline de pommes de terre truffée et médaillon de foie d'oie. Feuilleté à la mozzarelle et ragoût d'olives et tomates. Saint-Pierre "alla gremolata" sur risotto au citron vert. **Vins** Maisprachter, Argovie.

Mérian, Rheingasse 2 ✉ 4058 ✆ 681 00 00, Télex 963537, Fax 681 11 01, ≤, – – 25 à 100. AE GB CY **b**
R 28/45 – **63 ch** 170/250 – ½ P 140/155.

Basel, Münzgasse 12, ✉ 4051 ✆ 261 24 23, Fax 261 25 95, – rest. AE GB BY **x**
R 53/93 – **71 ch** 155/210.

Schweizerhof, Centralbahnplatz 1, ✉ 4002 ✆ 271 28 33, Télex 962373, Fax 271 29 19, – ch – 100. AE GB. rest CZ **n**
R 25/33 – **75 ch** 160/250.

Victoria, Centralbahnplatz 3, ✉ 4002 ✆ 271 55 66, Télex 962362, Fax 271 55 01 – rest. AE GB JCB. ch CZ **n**
R 18/65, enf. 12 – **110 ch** 180/250.

Admiral M, Rosentalstrasse 5 ✆ 691 77 77, Télex 963444, Fax 691 77 89, – ch – 25 à 60. AE GB JCB. rest DX **m**
R 19 dîner à la carte – **130 ch** 150/280 – ½ P 105/160.

Wettstein sans rest, Grenzacherstrasse 8 ✆ 691 28 00, Fax 691 05 45 – ch. AE GB DY **q**
fermé 24 déc. au 2 janv. – **45 ch** 132/225.

Métropol sans rest, Élisabethenanlage 5 ✉ 4002 ✆ 271 77 21, Télex 962268, Fax 271 78 82 – – 40 à 120. AE GB JCB CZ **a**
46 ch 205/275.

Muenchnerhof, Riehenring 75, ✉ 4058 ✆ 691 77 80, Télex 964476, Fax 691 14 90 – . AE GB JCB CX **u**
R 14/60 – **40 ch** 65/275.

Stucki, Bruderholzallee 42, ✉ 4059 ✆ 35 82 22, Fax 35 82 03, , « Jardin fleuri » – . AE GB U **z**
fermé 24 au 30 déc., 1er au 9 mars, dim. et lundi – **R** 100/165 et carte 108 à 148
Spéc. Fricassée de légumes au jus de truffes et champignons sauvages. Blanc de turbot aux gousses d'ail. Filet de boeuf poché au raifort et à la moelle. **Vins** Pinot noir de Pratteln, Riesling de Kaisten.

Der Teufelhof M avec ch, Leonhardsgraben 47 ✉ 4051 ✆ 261 10 10, Fax 261 10 04, « Chambres décorées par des artistes contemporains » – . AE GB BY **g**
fermé 11 juin au 8 août (sauf hôtel) et 23 déc. au 6 janv. – **R** *(fermé dim. et lundi)* 95/165 – **8 ch** 195/265
Spéc. Filet de St-Pierre aux Saint-Jacques, beurre au Noailly-Prat. Poularde rôtie au Gruyère, sauce aux champignons. Parfait aux mirabelles.

Le Bourguignon, Bachlettenstrasse 1 ✉ 4054 ✆ 281 14 10, Fax 281 14 20 – . AE GB. BZ **t**
fermé 2 au 8 mars, 19 juil. au 8 août, sam. et dim. – **R** 78/120, enf. 28.

Donati, St-Johannsvorstadt 48, ✉ 4056 ✆ 322 09 19, BX **p**
fermé juil., lundi et mardi – **R** cuisine italienne 30/38.

St Alban Eck, St Alban Vorstadt 60 ✉ 4052 ✆ 271 03 20, « Ambiance locale » – AE GB. CDY **t**
fermé 17 juil. au 8 août et dim. – **R** carte 65 à 90.

Charon, Schüetzengraben 62 ✉ 4059 ✆ 261 99 80 – AE GB BY **s**
fermé juil., dim. et lundi – **R** carte 65 à 90.

Casanova, Spalenvorstadt 9 ✉ 4051 ✆ 261 55 37 – AE GB BY **h**
fermé 25 juil. au 21 août, dim. et lundi – **R** 58/88.

Wirtshaus zum Schnabel, Trillengässlein 2 ✉ 4051 ✆ 261 49 09, « Bistrot typique » – AE GB BY **f**
fermé dim. et fériés – **R** 19/42, enf. 13.

à ***Aesch*** par ⑥ : 10 km – ✉ **4147** :

Nussbaumer, rte Klus-Rebberg : 1,5 km ✆ 78 16 85, Fax 78 37 04, , « Au milieu des vignes » – . AE GB
R 32/125.

à Binningen : 2 km - U – ✉ **4102** :

Schlüssel, Schlüsselgasse 1 ☎ 421 25 66, Fax 421 66 62, – ☎ – 30. AE ⓓ GB U s
R *(fermé dim.)* 15/60 – **28 ch** 95/160.

XXX **Schloss Binningen,** Schlossgasse 5 ☎ 421 20 55, Fax 421 06 35, , « Gentilhommière du 16ᵉ siècle, bel intérieur, jardin » – . AE ⓓ GB U r
fermé 12 au 26 sept. et dim. – **R** 58/80 , enf. 15.

à Flüh Sud : 10,5 km – ✉ **4112** :

XX **Martin,** ☎ 731 10 02, – . GB
fermé 3 au 14 oct., 21 fév. au 8 mars, dim. et lundi – **R** carte 80 à 115.

à Hofstetten Sud : 13 km – ✉ **4114** :

X **Landgasthof "Rössli"** avec ch, ☎ 731 10 47, Fax 731 12 53, – . AE ⓓ GB
fermé 15 janv. au 15 fév. mardi (sauf hôtel) et merc. – **R** 34/45 – **7 ch** 45/90.

à l'aéroport de Bâle-Mulhouse par ⑧ : 8 km :

XX **Airport rest,** 5ᵉ étage de l'aérogare, ≤ – .
Secteur Suisse, ✉ 4030 Bâle ☎ 325 32 32, Fax 325 32 65 – AE ⓓ GB
R 20/50 , enf. 10.
Secteur Français, ✉ 6830 St-Louis ☎ 89 69 77 48, Fax 89 69 15 19 – AE ⓓ GB
R (en FF) 59/175 , enf. 31.

Autres ressources hôtelières : voir aussi : ***St-Louis*** (France) NO : 5 km

La BALEINE **50** Manche 59 ⑧ – rattaché à Hambye.

BALLEROY **14490** Calvados 54 ⑭ **G. Normandie Cotentin** – 613 h.
Voir Château★.
Paris 282 – St-Lô 23 – Bayeux 15 – Caen 44 – Vire 45.

XXX **Manoir de la Drôme,** ☎ 31 21 60 94, Fax 31 21 88 67, – . AE GB.
fermé vacances de fév., dim. soir et lundi – **Repas** 130/265.

CITROEN Gar. du Bessin ☎ 31 21 60 11 N ☎ 31 21 69 59

BALMA **31** H.-Gar. 82 ⑧ – rattaché à Toulouse.

La BALME-DE-SILLINGY **74330** H.-Savoie 74 ⑥ – 3 075 h alt. 487.
Paris 526 – Annecy 10 – Bellegarde-sur-Valserine 30 – Belley 58 – Frangy 13 – ♦Genève 39.

Les Rochers, N 508 ☎ 50 68 70 07, Fax 50 68 82 74, ≤, – ☎ – 60. AE GB
fermé 1ᵉʳ au 11 nov., janv., dim. soir et lundi en hiver – **R** 82/260, enf. 50 – 34 – **26 ch** 210/280 – ½ P 220/280.

Annexe La Chrissandière, ≤, « Jardin fleuri, » – ☎ . AE GB
fermé 1ᵉʳ au 11 nov., janv., dim. soir et lundi hors sais. – **R** voir H. **Les Rochers** – 34 – **10 ch** 340 – ½ P 320.

BAN-DE-LAVELINE **88520** Vosges 62 ⑱ – 1 240 h alt. 427.
Paris 403 – Colmar 48 – Épinal 63 – St-Dié 12 – Ste Marie-aux-Mines 14 – Sélestat 39.

X **Aub. Lorraine** avec ch, ☎ 29 51 78 17 – ☎. AE GB
fermé 20 sept. au 17 oct., dim. soir et lundi sauf juil.-août – **R** 90/168 , enf. 48 – 28 – **7 ch** 115/200 – ½ P 169/215.

BANDOL **83150** Var 84 ⑭ **G. Côte d'Azur** – 7 431 h alt. 1 – Casino Y.
Voir Allées Jean-Moulin★ Z.
Accès dans l'Ile de Bendor par vedette 8 mn - En 1991 : voyageurs 19 F (AR) - ☎ 94 29 44 34 (Bandol).
Office de Tourisme allées Vivien ☎ 94 29 41 35, Télex 400383.
Paris 824 ② – ♦Toulon 17 ② – Aix-en-Provence 67 ② – ♦Marseille 51 ②.

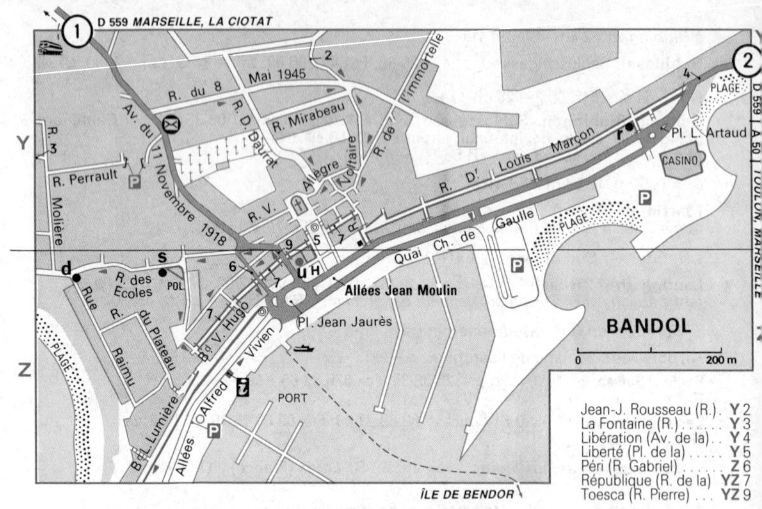

Jean-J. Rousseau (R.) . **Y** 2
La Fontaine (R.) . . . . . **Y** 3
Libération (Av. de la) . . **Y** 4
Liberté (Pl. de la) . . . . . **Y** 5
Péri (R. Gabriel) . . . . . . **Z** 6
République (R. de la) **YZ** 7
Toesca (R. Pierre) . . . **YZ** 9

Le Provençal, r. Écoles ✆ 94 29 52 11, Fax 94 29 67 57, – TV ☎. AE GB. ch Z **d**
hôtel : fermé dim. soir hors sais. – **R** *(Pâques-15 oct.)* 95/140 – ☕ 35 – **20 ch** 290/340 – ½ P 340.

Baie sans rest, 62 r. Dr L. Marçon ✆ 94 29 40 82 – TV ☎. GB Y **r**
☕ 35 – **14 ch** 320/350.

Les Galets, par ② : 0,5 km ✆ 94 29 43 46, ≤, – ☎ P. GB.
hôtel : 25 mars-31 oct. ; rest. : 1er mai-30 sept. – **R** 126/204 – ☕ 28 – **21 ch** 139/248 – ½ P 224/278.

Bel Ombra, r. La Fontaine - Y - ✆ 94 29 40 90 – ☎. GB.
hôtel : 1er avril-15 oct. ; rest. : 1er mai-30 sept. – **R** (dîner seul.) 110, enf. 45 – ☕ 38 – **21 ch** 270/310 – ½ P 263/303.

Golf H. sans rest, sur plage Rénecros par bd L. Lumière - Z - ✆ 94 29 45 83, Fax 94 32 42 47, ≤ – TV ☎ P. GB.
Pâques-fin oct. – ☕ 32 – **24 ch** 320/690.

L'Oasis, 15 rue des Ecoles ✆ 94 29 41 69, , – TV ☎. GB JCB Z **s**
R *(fermé dim. soir de nov. à Pâques)* 95/210 – ☕ 40 – **13 ch** 290 – ½ P 285/310.

XXX **Aub. du Port,** 9 allées J. Moulin ✆ 94 29 42 63, Fax 94 29 44 59, ≤, – AE GB Z **u**
R 98/295, enf. 70.

XX **Réserve** avec ch, rte de Sanary par ② ✆ 94 29 30 00, Fax 94 32 30 13, ≤, – ch TV ☎ P. AE GB
fermé 22 nov. au 10 déc. – **R** *(fermé dim. soir et lundi de nov. à Pâques)* 130/350 – ☕ 40 – **15 ch** 320/550 – ½ P 340/520.

XX **Parc,** corniche Bonaparte par bd L. Lumière - Z - ✆ 94 32 36 36, Fax 94 32 56 29, ≤, – GB
fermé mi-janv. à mi-fév., mardi soir de sept. à juin et merc. sauf le soir en juil.-août – **R** 88/244, enf. 62.

par ② et rte de Sanary : 1,5 km – ✉ **83110** Sanary-sur-Mer :

XX **Le Castel** M avec ch, ✆ 94 29 82 98, Fax 94 32 53 32, – TV ☎ P. AE GB. ch
fermé 2 au 31 janv. et dim. soir d'oct. à mars – **R** (prévenir) 140/190 – ☕ 30 – **9 ch** 250/360 – ½ P 325/350.

BANGOR **56** Morbihan 63 ⑪ – voir à Belle-Ile-en-Mer.

BANNALEC **29380** Finistère 58 ⑯ – 4 840 h alt. 100.

Syndicat d'Initiative pl. Libération (15 juin-août) ✆ 98 39 43 34.

Paris 528 – Quimper 34 – Carhaix-Plouguer 50 – Châteaulin 57 – Concarneau 24 – Pontivy 69.

au NE : 4,5 km par rte de St-Thurien et VO – ✉ **29380** Bannalec :

Manoir du Ménec M, ✆ 98 39 47 47, Fax 98 39 46 17, « Manoir dans la campagne », , – TV ☎ P – 25 à 40. GB.
R *(fermé merc. midi et mardi du 15 sept. au 31 mai)* (dîner seul. de nov. à mars) 120, enf. 75 – **16 ch** ☕ 450/500 – ½ P 475.

BANNEGON 18210 Cher 69 ② – 260 h alt. 180.

Paris 283 – Bourges 43 – Moulins 69 – St-Amand-Montrond 21 – Sancoins 18.

XXX **Aub. Moulin de Chaméron** avec ch, SE : 3 km par D 76 et VO ✆ 48 61 83 80, Fax 48 61 84 92, « Moulin du 18e siècle et musée de la meunerie », – TV ☎ ♿ P. AE GB
1er mars-15 nov. et fermé mardi hors sais. – **R** 135/200, enf. 55 – ☕ 44 – **12 ch** 300/440.

BANYULS-SUR-MER 66650 Pyr.-Or. 86 ⑳ **G. Pyrénées Roussillon** – 4 662 h alt. 1.

Voir ✳★★ du cap Réderis E : 2 km.

Office de Tourisme av. République ✆ 68 88 31 58.

Paris 950 – ◆Perpignan 37 – Cerbère 10 – Port-Vendres 6.

Le Catalan, rte Cerbère ✆ 68 88 02 80, Fax 68 88 16 14, ≤ Banyuls et la côte, – TV ☎ P. AE GB. rest
1er mars-30 oct. et 21 déc.-3 janv. – **R** 100/280 – ☕ 45 – **36 ch** 400/460 – ½ P 440/480.

Solhotel M sans rest, Cap d'Osne ✆ 68 88 53 16, ≤ mer – TV ☎ ♿ P. GB
fermé 7 au 14 janv. – ☕ 30 – **23 ch** 340/360.

Les Elmes, plage des Elmes ✆ 68 88 03 12, Fax 68 88 53 03, ≤, – ch TV ☎ P. AE GB
fermé 15 nov. au 18 déc. et 6 janv. au 15 fév. – **Littorine** *(fermé merc. sauf de juin à août)* **R** 95/200 enf. 65 – ☕ 40 – **31 ch** 270/350 – ½ P 310/400.

Eden M sans rest, av. E. Chatton ✆ 68 88 33 07, ≤ – TV ☎ ♿. GB
1er mars-15 nov. – ☕ 30 – **10 ch** 330.

XXX **Le Sardinal,** pl. Reig ✆ 68 88 30 07, – AE GB
fermé 10 nov. au 10 déc., dim. soir et lundi de fin sept. à fin juin – **R** 95/280, enf. 60.

XX **La Pergola** avec ch, av. Fontaulé ✆ 68 88 02 10 – TV ☎. GB
fermé déc. et janv. – **R** 70/300, enf. 45 – ☕ 25 – **17 ch** 220/330 – ½ P 230/250.

BAPAUME 62450 P.-de-C. 53 ⑫ – 3 509 h alt. 121.

Paris 157 – ◆Amiens 48 – St-Quentin 49 – Arras 27 – Cambrai 29 – Douai 42 – Doullens 44.

Paix, av. A.-Guidet ✆ 21 07 11 03, Fax 21 07 43 66 – TV ☎ P. AE GB
fermé dim. soir hors sais. – **R** 65/250 – ☕ 25 – **12 ch** 220/240 – ½ P 210.

BAPEAUME-LÈS-ROUEN 76 S.-Mar. 52 ⑭ – rattaché à Rouen.

La BARAQUE 63 P.-de-D. 73 ⑭ – rattaché à Clermont-Ferrand.

BARAQUEVILLE 12160 Aveyron 80 ② – 2 458 h alt. 791.

Paris 650 – Rodez 18 – Albi 60 – Millau 73 – Villefranche-de-Rouergue 42.

Segala Plein Ciel , rte Albi ✆ 65 69 03 45, Fax 65 70 14 54, ≤, – TV ☎ P – 300. GB
R 100/250 – ☕ 35 – **45 ch** 210/380 – ½ P 280/300.

PEUGEOT-TALBOT Sacrispeyre ✆ 65 69 00 43 N

BARBAZAN 31510 H.-Gar. 86 ① – 351 h alt. 450.

Paris 798 – Bagnères-de-Luchon 31 – Lannemezan 24 – St-Gaudens 12 – Tarbes 57 – ◆Toulouse 102.

au hameau de Burs NO : 3 km par D 33 et VO – ✉ **31510** Barbazan :

Panoramique M , ✆ 61 88 35 23, Fax 61 89 06 02, ≤ Pyrénées, – ☎ P – 30. GB
R *(fermé dim. soir et lundi sauf vacances scolaires)* 85/230 – ☕ 30 – **20 ch** 240/270 – ½ P 240.

La BARBEN 13 B.-du-R. 84 ② – rattaché à Salon-de-Provence.

BARBENTANE 13570 B.-du-R. 83 ⑩ **G. Provence** – 3 273 h alt. 52.

Voir Décoration intérieure★ du château – Abbaye St-Michel-de-Frigolet : boiseries★ de la chapelle N.-D.-du-Bon-Remède S : 5 km.

Syndicat d'Initiative à la Mairie ✆ 90 95 50 39.

Paris 699 – Avignon 10 – Arles 33 – ◆Marseille 99 – Nîmes 37 – Tarascon 15.

Castel Mouisson sans rest, quartier Castel-Mouisson, par rte Rognonas : 1,5 km ✆ 90 95 51 17, – ☎ ♿ P.
15 mars-15 oct. – ☕ 30 – **16 ch** 250/280.

Négociants sans rest, ✆ 90 95 52 45
☕ 25 – **10 ch** 145/180.

BARBEREY-ST-SULPICE 10 Aube 61 ⑯ – rattaché à Troyes.

BARBEZIEUX 16 Charente 72 ⑫ **G. Poitou Vendée Charentes** – 4 774 h alt. 79 – ✉ **16300** Barbezieux-St-Hilaire.

Syndicat d'Initiative pl. Château (25 juin-15 sept.) ✆ 45 78 02 54.

Paris 474 – Angoulême 32 – ◆Bordeaux 82 – Cognac 35 – Jonzac 23 – Libourne 69.

Bon Repos [M] sans rest, rte Angoulême : 1,5 km ☎ 45 78 01 92, Fax 45 78 89 81, – TV ☎ ⇔ P – 60. GB
30 – **16 ch** 240/280.

Vieille Auberge, 5 ter bd Gambetta ☎ 45 78 02 61 – AE GB
fermé 19 au 25 avril, 27 sept. au 3 oct., dim. soir et lundi d'oct. à juil. – **R** 75/230 , enf. 45.

à Bois-Vert S : 12 km sur N 10 – ✉ **16360** Baignes-Ste-Radegonde :

La Venta, ☎ 45 78 40 95, Fax 45 78 63 42, parc, , – TV ☎ P – 30. GB
fermé 23 déc. au 5 janv., vend. soir et sam. du 1er nov. au 15 avril – **R** 60/150 , enf. 42 – 25 – **23 ch** 150/240 – ½ P 180/280.

RENAULT Cholet, av. Vergnes ☎ 45 78 11 66 N ☎ 45 24 76 27

Charente-Pneus, St-Hilaire ☎ 45 78 03 58

BARBIZON 77630 S.-et-M. 61 ① ② 106 ㊺ G. Ile de France – 1 407 h alt. 80.

Voir Gorges d'Apremont★ : Grand Belvédère★ E : 4 km puis 15 mn.

Office de Tourisme Grande Rue ☎ (1) 60 66 41 87.

Paris 57 – Fontainebleau 10 – Étampes 40 – Melun 11,5 – Pithiviers 46.

Bas-Bréau [M] , ☎ (1) 60 66 40 05, Télex 690953, Fax (1) 60 69 22 89, , parc, « Jardin fleuri », , – TV ☎ ⇔ P – 30. AE GB
R 380 et carte 450 à 650 – 90 – **12 ch** 950/1500, 8 appart.
Spéc. Côte de veau de lait de Corrèze et poêlée de cèpes. Grouse d'Ecosse rôtie (15 août au 31 déc.). Colvert rôti aux épices (15 août au 15 fév.).

Les Pléiades avec ch, ☎ (1) 60 66 40 25, Télex 691753, Fax (1) 60 66 41 68, , – TV ☎ ⇔ P – 40. AE GB
fermé vacances de fév. – **R** 195/290 – 50 – **22 ch** 340/470 – ½ P 510/530.

L'Angélus, ☎ (1) 60 66 40 30, Fax (1) 60 66 42 12, – P. AE GB
fermé 1er au 12 août, vacances de fév., mardi soir et merc. – **R** 160.

Le Relais de Barbizon, ☎ (1) 60 66 40 28, – GB
fermé 16 août au 1er sept., 20 déc. au 5 janv., mardi et merc. – **R** 140/180.

sur la N 7, à l'orée de la forêt E : 1,5 km – ✉ **77630** Barbizon :

Grand Veneur, ☎ (1) 60 66 40 44, « Décor de pavillon de chasse, cuisine à la broche » – P. AE GB
fermé 28 juil. au 27 août, merc. soir et jeudi sauf fériés – **R** carte 295 à 450.

BARBOTAN-LES-THERMES 32 Gers 79 ⑫ G. Pyrénées Aquitaine – alt. 136 – Stat. therm. (24 fév.-28 nov.) – ✉ 32150 Cazaubon.

Office de Tourisme pl. Armagnac ☎ 62 69 52 13.

Paris 714 – Mont-de-Marsan 42 – Aire-sur-l'Adour 36 – Auch 74 – Condom 38 – Marmande 72 – Nérac 45.

La Bastide Gasconne , ☎ 62 09 57 61, Télex 521009, Fax 62 69 51 97, , , , – TV ☎ P – 30. AE GB. rest
29 mars-31 oct. – **R** *(fermé merc.)* 170/350 – 65 – **31 ch** 510/830.

Château de Bégué , SO : 2 km par D 656 ☎ 62 69 50 08, Fax 62 69 57 25, parc, – ☎ P. GB. rest
hôtel : mars-nov. ; rest. : 1er mai-30 sept. et fermé lundi – **R** 80/150 – 35 – **12 ch** 270/380 – P 359/381.

Paix, ☎ 62 69 52 06, , – ☎ P. GB.
1er avril-21 nov. – **R** 95/145 – 28 – **32 ch** 250/350 – P 300/360.

Cante Grit, ☎ 62 69 52 12, Fax 62 69 53 98 – TV ☎ P. AE GB. rest
15 avril-31 oct. – **R** 95/115 – 33 – **23 ch** 185/310 – ½ P 282/330.

Aubergade [M], ☎ 62 69 55 43 – TV ☎. AE GB
1er mars-30 nov. – **R** 90/140 – 30 – **19 ch** 230/400 – ½ P 280.

Ambassade Gourmande, ☎ 62 69 53 75, – ☎ P. AE GB
1er mars-30 nov. – **R** *(fermé lundi soir)* 55/150 – 35 – **16 ch** 150/240 – ½ P 180/200.

Beauséjour, ☎ 62 69 52 01, Fax 62 69 50 78, – ☎ P. GB. rest
mars-nov. – **R** 100/170 – 35 – **30 ch** 140/280 – P 210/275.

Roseraie, ☎ 62 69 53 26, , – ☎ P. GB. rest
début avril-fin oct. – **R** 69/150, enf. 38 – 30 – **30 ch** 180/250 – P 320/380.

à Cazaubon SO : 3 km par D 626 – ✉ **32150** :

Château Bellevue , ☎ 62 09 51 95, Télex 521429, Fax 62 09 54 57, , parc, – TV ☎ P. AE GB.
fermé début janv. à début mars, mardi soir et merc. en déc. – **R** 145/320 – 47 – **25 ch** 220/475 – P 380/475.

Le BARCARÈS 66420 Pyr.-Or. 86 ⑩ – 2 422 h alt. 1 – Casino à Port-Barcarès.

Office de Tourisme Front de Mer ☎ 68 86 16 56, Télex 506133 et Centre Culturel Cocteau/Marais (mai-sept.) ☎ 68 86 18 23.

Paris 899 – ◆ Perpignan 22 – Narbonne 54 – Quillan 81.

à Port-Barcarès - G. Pyrénées Roussillon.

Hélios M, ✆ 68 86 32 82, Fax 68 86 14 10, terrasse, centre de thalassothérapie, piscine – ascenseur ch ch TV ☎ ♿ P – 30. AE GB. rest
fermé janv. – **R** 95/160 – 34 – **50 ch** 305/370 – ½ P 325.

RENAULT Gar. Castay, bd 14-Juillet ✆ 68 86 10 35

BARCELONNETTE 04400 Alpes-de-H.-P. 81 ⑧ G. Alpes du Sud – 2 976 h alt. 1 132 – Sports d'hiver au Sauze SE : 4 km, à Super-Sauze SE : 10 km et à Pra-Loup SO : 8,5 km.

Voir Portail Sud★ de l'église de St-Pons NO : 2 km.

Office de Tourisme pl. F.-Mistral ✆ 92 81 04 71, Télex 401590.

Paris 742 – Gap 68 – Briançon 88 – Cannes 168 – Cuneo 96 – Digne-les-Bains 82 – ♦Nice 149.

Azteca M sans rest, 3 r. F. Arnaud ✆ 92 81 46 36, Fax 92 81 43 92, « Mobilier et objets de l'artisanat mexicain » – ascenseur TV ☎ ♿ P – 70. AE GB
38 – **27 ch** 350/480.

Le Passe-Montagne, SO : 3 km rte Cayolle ✆ 92 81 08 58, terrasse, « Joli décor rustique », – P. AE GB
fermé 15 nov. au 15 déc. et merc. sauf vacances scolaires – **R** 118/210, enf. 60.

La Mangeoire, pl. 4-Vents (près Église) ✆ 92 81 01 61, Fax 92 81 01 61, terrasse, « Salle voûtée » – AE GB
fermé 15 au 31 mai, 15 au 30 nov., lundi et mardi sauf vacances scolaires – **R** 95/175, enf. 50.

Les Voûtes, 3 r. Cardinalis ✆ 92 81 34 64, terrasse – AE GB
fermé 10 mai au 5 juin, 4 au 30 nov., 4 au 31 janv., lundi et mardi sauf vacances scolaires – **R** 78/135, enf. 50.

au Sauze SE : 4 km par D 900 et D 209 – alt. 1 380 – Sports d'hiver : 1 400/2 450 m 24 – ✉ 04400 Barcelonnette :

Alp'H. M, ✆ 92 81 05 04, Fax 92 81 45 84, ←, terrasse, piscine – ascenseur cuisinette TV ☎ P – 30. AE GB
10 mai-17 oct. et 20 déc.-10 avril – **R** *(fermé mardi du 23 mars au 20 avril, 23 mai au 1er juil. et 11 sept. au 17 oct.)* 120/125, enf. 60 – 48 – **24 ch** 410/455, 10 appart. – ½ P 355/365.

L'Équipe, ✆ 92 81 05 12, ←, terrasse – ☎ P. GB. rest
20 juin-20 sept. et 20 déc.-15 avril – **R** 85/110 – 35 – **24 ch** 240/300 – ½ P 275/290.

Soleil des Neiges, ✆ 92 81 05 01, Télex 405879, Fax 92 81 48 00, ←, terrasse – ☎ P. AE GB. rest
20 juin-25 sept. et 22 déc.-15 avril – **R** 130/170, enf. 58 – 38 – **29 ch** 175/340 – ½ P 290/330.

Les Flocons, ✆ 92 81 05 03, ← – ☎. AE GB
1er juin-20 sept. et 15 déc.-30 avril – **R** 78/98, enf. 50 – 30 – **20 ch** 220/280 – ½ P 280.

à Super-Sauze S : 10 km par D 9 et D 9A – alt. 1 700 – Sports d'hiver : voir au Sauze – ✉ 04400 Barcelonnette :

Pyjama sans rest, ✆ 92 81 12 00, Fax 92 81 03 16, ← – cuisinette TV ☎ P. AE GB
25 juin-10 sept. et 15 déc.-20 avril. – 42 – **10 ch** 310/420, 4 studios.

L'Ourson, ✆ 92 81 05 21, ←, terrasse – ☎ P. GB. rest
1er juil.-30 août et 20 déc.-30 avril – **R** 65/90, enf. 45 – 30 – **20 ch** 220/280 – ½ P 240/260.

à Pra-Loup SO : 8,5 km par D 902 et D 109 – alt. 1 600 – Sports d'hiver : 1 600/2 500 m 3 30 – ✉ 04400 Barcelonnette :

Office de Tourisme La Maison de Pra-Loup (saison) ✆ 92 84 10 04.

Le Prieuré de Molanès, à Molanès ✆ 92 84 11 43, Fax 92 84 01 88, terrasse, piscine – TV ☎ P. AE GB
fermé oct. et nov. – **R** 75/220, enf. 45 – 30 – **17 ch** 330/380 – ½ P 380/410.

La Tisane, Chenonceau 1 ✆ 92 84 10 55 – GB
1er juil.-6 sept. et 15 déc.-3 mai – **R** 110/245.

CITROEN Gar. de la Gravette ✆ 92 81 01 66

PEUGEOT-TALBOT Gar. de l'Ubaye, ZI du Chazelas ✆ 92 81 02 45 N ✆ 92 81 02 45

BARCUS 64130 Pyr.-Atl. 85 ⑤ – 788 h alt. 210.

Paris 819 – Pau 53 – Mauléon-Licharre 14 – Oloron-Sainte-Marie 18 – St-Jean-Pied-de-Port 54.

Chilo avec ch, ✆ 59 28 90 79, Fax 59 28 93 10, terrasse, – TV ☎ P. GB JCB
fermé 10 janv. au 10 fév., dim. soir hors vacances scolaires et lundi hors sais. – **Repas** 90/200, enf. 50 – 35 – **13 ch** 120/470 – ½ P 160/320.

BARÈGES 65120 H.-Pyr. 85 ⑱ G. Pyrénées Aquitaine – 257 h alt. 1 250 – Stat. therm. (11 mai-10 oct.) – Sports d'hiver : 1 600/2 350 m 1 22.

Office de Tourisme ✆ 62 92 68 19, Télex 521995.

Paris 853 – Pau 81 – Arreau 52 – Bagnères-de-Bigorre 40 – Lourdes 38 – Luz-Saint-Sauveur 7 – Tarbes 58.

Richelieu, ✆ 62 92 68 11, Fax 62 92 66 00 – ascenseur ☎. AE GB
5 juin-2 oct. et 18 déc.-3 avril – **R** *(fermé le midi du 18 déc. au 3 avril)* 80, enf. 45 – 40 – **34 ch** 240 – ½ P 260.

BAREMBACH 67 B.-Rhin 62 ⑧ – rattaché à Schirmeck.

BARENTIN 76360 S.-Mar. 55 ⑥ **G. Normandie Vallée de la Seine** – 12 721 h alt. 75.

Paris 154 – ♦Rouen 17 – Dieppe 49 – Duclair 10 – Yerville 15 – Yvetot 19.

XX **Aub. Gd Saint-Pierre,** 19 av. V. Hugo ✆ 35 91 03 37 – Ⓟ. GB
fermé 2 au 23 août, dim. soir et lundi – **R** 90/165, enf. 45.

PEUGEOT-TALBOT Bossart Automobiles, av. A. Briand, carrefour la Liberté ✆ 35 92 80 01

RENAULT Sellier, av. E.-Zola ✆ 35 91 11 60
V.A.G Barbier, 32 av. V.-Hugo ✆ 35 91 22 64

BARFLEUR 50760 Manche 54 ③ **G. Normandie Cotentin** – 599 h.

Voir Phare de la Pointe de Barfleur : ✻★★ N : 4 km.

ℹ Office de Tourisme rond-point Guillaume le Conquérant (avril-sept.) ✆ 33 54 02 48.

Paris 359 – Cherbourg 27 – ♦Caen 121 – Carentan 47 – St-Lô 75 – Valognes 25.

🏠 **Conquérant** sans rest, ✆ 33 54 00 82, « Jardin à la française » – TV ☎. GB. ✻
fermé mardi soir et merc. midi du 15 nov. au 31 mars – ☕ 40 – **17 ch** 150/350.

XX **Moderne** avec ch, ✆ 33 23 12 44 – GB
fermé 1er fév. au 15 mars, mardi et merc. du 15 sept. au 31 janv. – **Repas** 75/235, enf. 60 – ☕ 22 – **8 ch** 120/230 – ½ P 210/250.

CITROEN Pesnelle, à Anneville-en-Saire ✆ 33 54 00 77 N

BARGEMON 83830 Var 84 ⑦ **G. Côte d'Azur** – 1 069 h alt. 465.

Paris 883 – Castellane 43 – Comps-sur-Artuby 20 – Draguignan 21 – Grasse 44.

XX **Chez Pierrot,** ✆ 94 76 62 19, 🍴 – GB
fermé fév., dim. soir de nov. à avril et lundi sauf juil.-août – **R** (nombre de couverts limité - prévenir) 85/160, enf. 43.

X **Maître Blanc,** ✆ 94 76 60 24 – ▤. AE ⓓ GB
fermé janv. – **R** 105/160.

BARJAC 48000 Lozère 80 ⑤ – 557 h alt. 666.

Paris 598 – Mende 14 – Millau 82 – Rodez 95 – St-Flour 82.

🏠 **Midi,** ✆ 66 47 01 02 – ☎. GB
fermé vend. soir et sam. du 15 oct. à mars – **R** 60/100 ♁ – ☕ 30 – **20 ch** 170/250 – ½ P 190/230.

BARJAC 30430 Gard 80 ⑨ – 1 361 h alt. 170.

Paris 670 – Alès 33 – Aubenas 41 – Mende 116.

au SE : 6 km par D 901 et VO – ✉ **30430** Barjac :

🏠 **Le Mas du Terme** ⛰, ✆ 66 24 56 31, Fax 66 24 58 54, 🍴, 🏊, 🌳 – ☎ Ⓟ. GB
fermé janv. et fév. – **R** 98/280, enf. 60 – ☕ 45 – **13 ch** 360/510 – ½ P 375/385.

BARJOLS 83670 Var 84 ⑤ **G. Côte d'Azur** – 2 166 h alt. 288.

ℹ Syndicat d'Initiative bd Grisolle (juin-sept.) ✆ 94 77 20 01 et à la Mairie ✆ 94 77 07 15.

Paris 815 – Aix-en-Provence 58 – Brignoles 22 – Digne-les-Bains 82 – Draguignan 45 – Manosque 49.

🏠 **Pont d'Or,** rte St-Maximin ✆ 94 77 05 23 – TV ☎ 🚗. GB
fermé 1er déc. au 15 janv. – **R** *(fermé dim. soir du 1er nov. au 4 avril et lundi de mi-sept. à fin juin)* 85/190 – ☕ 30 – **16 ch** 155/325 – ½ P 215/275.

RENAULT Penal ✆ 94 77 00 51

Inaudi ✆ 94 77 06 13

BAR-LE-DUC P 55000 Meuse 62 ① G. Champagne – 17 545 h alt. 184.

Voir Ville haute★ : "le Squelette" (statue)★★ dans l'église St-Étienne AZ.

9 de Combles-en-Barrois ☎ 29 45 16 03, par ③ : 5 km.

ℹ Office de Tourisme 5 r. Jeanne d'Arc ☎ 29 79 11 13 et pl. St-Pierre (saison) – A.C. 22, av. du 94ᵉ R.I. ☎ 29 79 27 67.

Paris 231 ④ – Châlons-sur-Marne 70 ④ – Charleville-Mézières 143 ④ – Épinal 150 ② – ♦Metz 92 ① – ♦Nancy 82 ② – Neufchâteau 70 ② – ♦Reims 115 ④ – St-Dizier 24 ③ – Verdun 52 ①.

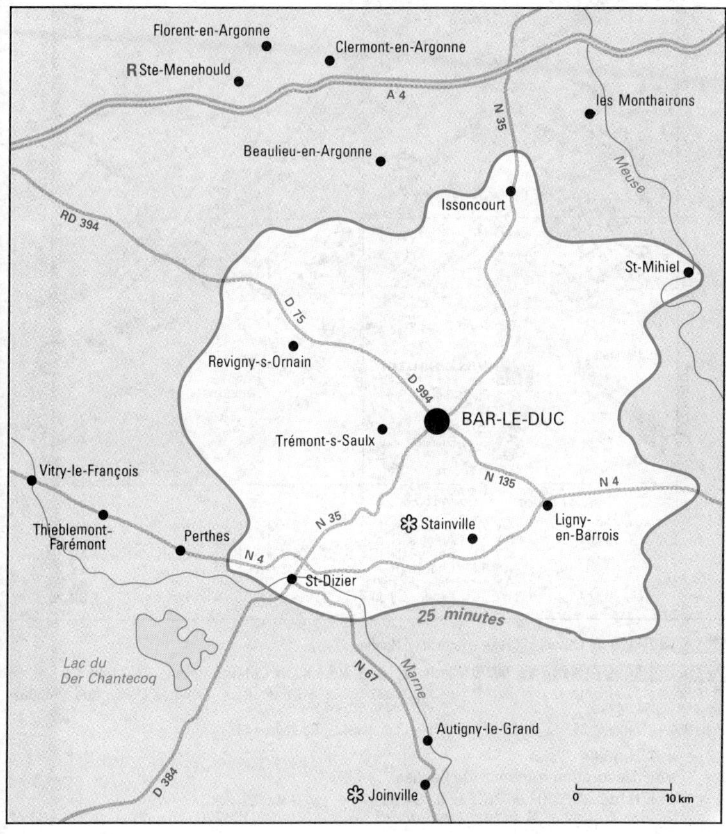

Gare M, 2 pl. République ☎ 29 79 01 45, Fax 29 76 39 19 – TV ☎ – 100. GB. BY **v**
R 60/160 – 40 – **45 ch** 220.

à Trémont-sur-Saulx par ③ et D 3 : 9,5 km – ✉ **55000** :

Aub. de la Source M, ☎ 29 75 45 22, Fax 29 75 48 55, – TV ☎ P – 25. AE GB. rest
fermé 2 au 23 août, 26 déc. au 10 janv., dim. soir et lundi midi – **R** 85/290, enf. 65 – 32 – **25 ch** 260/430 – ½ P 350/400.

ALFA ROMEO TOYOTA Poincaré Automobile, 1 bis et 16 bd Poincaré ☎ 29 45 26 62
CITROEN Gd Gar. Lorrain, rte de Reims à Fains-Veel par ④ ☎ 29 45 30 22
FIAT Gar. Marinoni, 38 r. J.-d'Arc ☎ 29 76 22 65
FORD Goullet Autom., 41 bd R. Poincaré ☎ 29 45 36 36

PEUGEOT-TALBOT Meny Automobiles, 83 r. Bradfer par ② ☎ 29 79 01 30
RENAULT Gar. Central, Parc Bradfer par ② ☎ 29 79 40 66 N ☎ 29 76 52 58

Barrois-Pneus, 31 r. Bradfer ☎ 29 79 13 01
Tiffay Pneus, r. Lieutenant-Levasseur ☎ 29 76 10 69

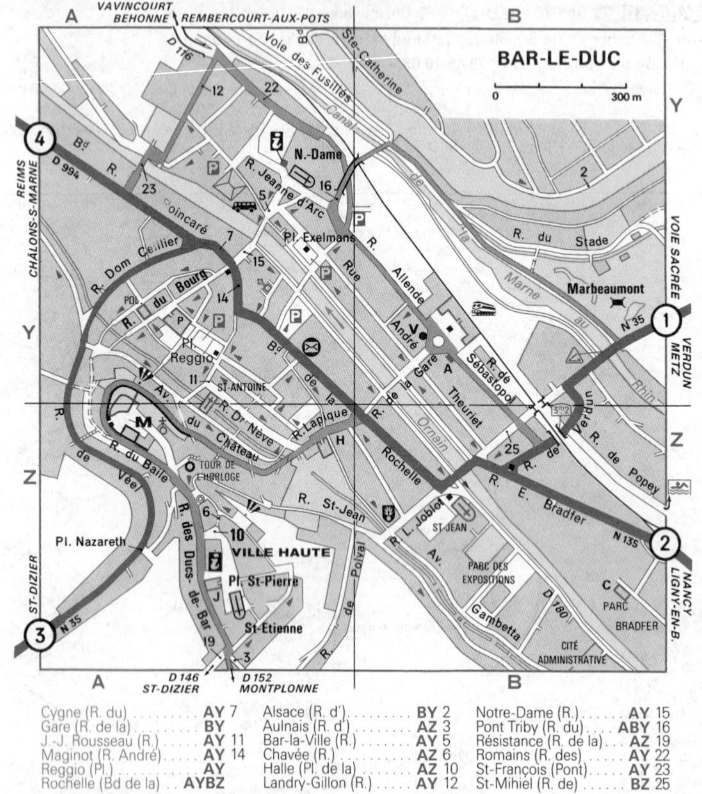

Cygne (R. du) . . . . **AY** 7	Alsace (R. d') . . . . **BY** 2	Notre-Dame (R.) . . . . . **AY** 15
Gare (R. de la) . . . . **BY**	Aulnais (R. d') . . . . **AZ** 3	Pont Triby (R. du) . . . . **ABY** 16
J.-J. Rousseau (R.) . . . . . **AY** 11	Bar-la-Ville (R.) . . . . **AY** 5	Résistance (R. de la) . . . **AZ** 19
Maginot (R. André) . . . . . **AY** 14	Chavée (R.) . . . . **AZ** 6	Romains (R. des) . . . . . **AY** 22
Reggio (Pl.) . . . . **AY**	Halle (Pl. de la) . . . . **AZ** 10	St-François (Pont) . . . . . **AY** 23
Rochelle (Bd de la) . . **AYBZ**	Landry-Gillon (R.) . . . . . **AY** 12	St-Mihiel (R. de) . . . . . . **BZ** 25

BARNEVILLE 14 Calvados 55 ③ – rattaché à Honfleur.

BARNEVILLE-CARTERET 50270 Manche 54 ① **G. Normandie Cotentin** (plan) – 2 222 h alt. 43.

Office de Tourisme r. des Écoles ☎ 33 04 90 58 et à Carteret, pl. Flandres-Dunkerque (Pâques-oct.) ☎ 33 04 94 54.

Paris 354 – Cherbourg 38 – St-Lô 63 – ♦Caen 116 – Carentan 43 – Coutances 49.

à Barneville-Plage :

Voir Décoration romane★ de l'église.

Les Isles, ☎ 33 04 90 76, Fax 33 94 53 83, ≤, – . AE GB
15 fév.-15 nov. – **R** *(fermé lundi du 15 fév. au 30 avril)* 85/220, enf. 45 – ☐ 32 – **34 ch** 185/310 – ½ P 225/370.

à Carteret :

Voir Table d'orientation ≤★.

✿ **Marine** (Cesne) , ☎ 33 53 83 31, Fax 33 53 39 60 – . GB
15 fév.-2 nov. – **R** *(fermé lundi midi sauf juil.-août, dim. soir et lundi d'oct. à mars)* 185/380 et carte 270 à 370 – ☐ 42 – **31 ch** 370/650 – ½ P 350/480
Spéc. Huîtres creuses en nage glacée de cornichon. Chaud-froid de homard aux herbes fines (mai à août). Grillé à la rhubarbe et crème glacée à la noix de coco.

PEUGEOT, TALBOT Gar. de la Poste ☎ 33 04 95 22 N

RENAULT Gar. Dubost ☎ 33 53 80 14 N ☎ 33 04 63 34

BARR 67140 B.-Rhin 62 ⑨ **G. Alsace Lorraine** – 4 839 h alt. 201.

Office de Tourisme (juil.-août) ☎ 88 08 66 65.

Paris 497 – ♦Strasbourg 34 – Colmar 40 – Le Hohwald 11,5 – Saverne 48 – Sélestat 17.

Manoir sans rest, 11 r. St-Marc ☎ 88 08 03 40 – TV ☎ P. AE GB.
fermé 5 janv. au 15 mars – ☐ 30 – **17 ch** 280/330.

Maison Rouge avec ch, av. Gare ☎ 88 08 90 40, Fax 88 08 57 55 – ☎ . GB
fermé fév. et lundi – **R** 80/200 – ☐ 35 – **13 ch** 130/260 – ½ P 260/270.

rte Ste-Odile : 2 km par D 854 – ✉ **67140** Barr :

Domaine St-Ulrich M sans rest, ✆ 88 08 54 40, Fax 88 08 57 55, ≤, ⛱, 🏞, 🎾 – ☎ ♿ P – 🏛 180. GB
fermé janv. et fév. – ☕ 50 – **24 ch** 260/340.

Château d'Andlau sans rest, ✆ 88 08 96 78, Fax 88 08 00 93, 🏞 – ☎ P – 🏛 30. AE GB. ✻
☕ 30 – **24 ch** 220/300.

PEUGEOT-TALBOT Gar. Karrer ✆ 88 08 94 48

BARRAGE voir au nom propre du barrage.

Les BARRAQUES-EN-VERCORS **26** Drôme 77 ③ ④ – alt. 676 – ✉ **26420** La Chapelle-en-Vercors.
Env. NO : Gorges des Grands-Goulets***, **G. Alpes du Nord.**
Paris 602 – ♦Grenoble 57 – Valence 56 – Die 45 – Romans-sur-Isère 40 – St-Marcellin 27 – Villard-de-Lans 23.

Grands Goulets , ✆ 75 48 22 45, Fax 75 48 10 24, ≤, 🍴, 🏞 – ☎ 🚗 P. GB. ✻ rest
15 avril-fin oct. – **R** 85/170, enf. 40 – ☕ 27 – **29 ch** 170/285 – ½ P 210/250.

Le BARROUX **84330** Vaucluse 81 ⑬ **G. Provence** – 499 h alt. 347.
Paris 680 – Avignon 36 – Carpentras 11 – Vaison-la-Romaine 16.

Géraniums , ✆ 90 62 41 08, Fax 90 62 56 48, ≤, 🍴, 🏞 – ☎ P. AE ⓓ GB
fermé 5 janv. au 15 fév. et merc. du 15 oct. au 1er avril – **R** 80/250 🍷, enf. 40 – ☕ 30 – **22 ch** 200/240 – ½ P 220/240.

François Joseph sans rest, chemin Rabassières, 2 km rte des Monastères ✆ 90 62 52 78, ⛱, 🏞 – cuisinette ☎ ♿ P. GB. ✻
fermé 20 nov. au 20 déc. – ☕ 35 – **14 ch** 300/600.

BARSAC **33720** Gironde 79 ① ② **G. Pyrénées Aquitaine** – 2 058 h alt. 10.
Paris 615 – ♦Bordeaux 42 – Langon 8 – Libourne 44 – Marmande 55.

Host. du Château de Rolland , ✆ 56 27 15 75, Fax 56 27 01 69, 🍴, parc – TV ☎ P – 🏛 30. AE ⓓ GB
R *(fermé 1er au 9 janv. et merc. midi)* 95/220, enf. 68 – ☕ 45 – **9 ch** 350/550.

BAR-SUR-AUBE <SP> **10200** Aube 61 ⑲ **G. Champagne** – 6 707 h alt. 165.
ℹ Syndicat d'Initiative bd Gambetta (15 mai-15 sept.) ✆ 25 27 24 25.
Paris 207 – Chaumont 42 – Châtillon-sur-Seine 58 – Troyes 52 – Vitry-le-François 65.

Relais des Gouverneurs avec ch, 38 r. Nationale ✆ 25 27 08 76, Fax 25 27 20 80 – TV ☎ 🚗. AE ⓓ GB
R *(fermé sam. midi, dim. soir et lundi midi du 30 sept. au 1er juin sauf fériés)* 88/230, enf. 60 – ☕ 38 – **15 ch** 280/320 – ½ P 320.

à Arsonval NO : 6 km – ✉ **10200** :

La Chaumière, ✆ 25 27 91 02, 🍴, 🏞 – P. AE GB
fermé dim. soir et lundi sauf fériés – **R** 98/175, enf. 60.

à Dolancourt NO : 9 km par rte Troyes – ✉ **10200** :

Moulin du Landion, ✆ 25 27 92 17, Fax 25 27 94 44, 🍴, « Parc », ⛱ – TV ☎ P – 🏛 30. AE ⓓ GB. ✻ rest
fermé 1er déc. au 1er fév. – **R** 98/215 – ☕ 40 – **16 ch** 290/350 – ½ P 325.

CITROEN Privé, 11 av. Gén.-Leclerc ✆ 25 27 01 23 N ✆ 25 27 13 45
OPEL Gar. Damotte, à Proverville ✆ 25 27 04 47 N
PEUGEOT-TALBOT Vauthier, N 19 ✆ 25 27 15 03 N ✆ 25 92 05 17
RENAULT Maigrot, 18 av. Gén.-Leclerc ✆ 25 27 01 29
ROVER Gar. Roussel, 2 fg de Belfort ✆ 25 27 14 00 N

Le BAR-SUR-LOUP **06620** Alpes-Mar. 84 ⑨ **G. Côte d'Azur** – 2 465 h alt. 320.
Voir Site* – Église St-jacques : danse macabre* – Place de l'église : ≤*.
Paris 919 – Cannes 22 – Grasse 9,5 – ♦Nice 33 – Vence 16.

La Jarrerie, D 2210 ✆ 93 42 92 92, Fax 93 42 91 22, 🍴 – AE ⓓ GB
fermé 2 au 31 janv. – **R** 110/250 🍷, enf. 75.

BAR-SUR-SEINE **10110** Aube 61 ⑰ ⑱ **G. Champagne** – 3 630 h alt. 152.
Voir Intérieur* de l'église St-Étienne.
Paris 189 – Troyes 32 – Bar-sur-Aube 38 – Châtillon-sur-Seine 35 – St-Florentin 57 – Tonnerre 48.

Barséquanais, av. Gén. Leclerc ✆ 25 29 82 75, Fax 25 29 70 01, 🍴 – TV ☎ P. GB
fermé 15 fév. au 10 mars, dim. soir (sauf juil.-août) et lundi midi – **R** 60/180 🍷 – ☕ 30 – **26 ch** 90/300 – ½ P 160/200.

Commerce avec ch, r. République ✆ 25 29 86 36, Fax 25 29 64 87 – ☎ 🚗. GB. ✻ ch
fermé dim. soir sauf juil.-août – **R** 60/200 🍷 – ☕ 20 – **12 ch** 100/180 – ½ P 100/130.

près échangeur autoroute A5 NO : 9 km par D 443 – ✉ 10110 Magnant :

Val Moret M, ✆ 25 29 85 12, Fax 25 29 70 81 – TV ☎ ♿ P. AE ⓓ GB
R 55/230 🍷, enf. 36 – ☕ 30 – **30 ch** 170/290 – ½ P 180/210.

CITROEN Éts Lhenry ✆ 25 29 80 20 N
PEUGEOT-TALBOT Gar. Lamoureux Panot ✆ 25 29 87 08
RENAULT Jollois chemin de la Motte Noire ✆ 25 29 87 45 N

Pneumatik'Seine ✆ 25 29 86 12

BARTENHEIM 68870 H.-Rhin 66 ⑩ – 2 483 h alt. 261.

Paris 554 – ♦Mulhouse 18 – Altkirch 21 – ♦Basel 15 – Belfort 61 – Colmar 56.

Aub. d'Alsace, à la Gare E : 1 km ✆ 89 68 31 26, 🌳 – P. GB
fermé 30 juin au 16 juil., 15 au 31 janv., merc. soir et jeudi – **R** 80/240.

BASEL Suisse 66 ⑩ 216 ④ – voir à Bâle.

BAS-RUPTS 88 Vosges 62 ⑰ – rattaché à Gérardmer.

BASSAC 16210 Charente 72 ⑫ **G. Poitou Vendée Charentes** – 464 h alt. 20.

Voir Église★ de l'abbaye de Bassac.

Paris 467 – Angoulême 25 – Barbezieux 26 – Cognac 20 – Ruffec 64.

L'Essille 🐦, ✆ 45 81 94 13, parc – TV ☎ P. GB
fermé 5 au 18 oct., 3 au 13 janv., dim. soir et lundi – **R** 95/220 – ☕ 32 – **10 ch** 230/320 – ½ P 260/300.

BASSE-GOULAINE 44 Loire-Atl. 67 ③ ④ – rattaché à Nantes.

BASTIA 2B H.-Corse 90 ③ – voir à Corse.

La BASTIDE 83840 Var 84 ⑦ 115 ㉒ – 136 h alt. 1 000.

Paris 826 – Digne-les-Bains 76 – Castellane 23 – Comps-sur-Artuby 11,5 – Draguignan 41 – Grasse 48.

de Lachens 🐦, ✆ 94 76 80 01, 🌳 – ☎ P. ✻ ch
fermé janv. et lundi sauf juil.-août – **R** 70/160, enf. 45 – ☕ 28 – **16 ch** 120/260 – ½ P 170/230.

La BASTIDE-DE-SÉROU 09240 Ariège 86 ④ **G. Pyrénées Roussillon** – 933 h alt. 410.

Paris 774 – Foix 17 – Le Mas-d'Azil 17 – St-Girons 27.

Delrieu avec ch, rte St-Girons ✆ 61 64 50 26, 🌳 – P. GB. ✻ ch
fermé 4 au 31 janv., dim. soir et lundi hors sais. – **Repas** 68/160 🍷, enf. 39 – ☕ 25 – **10 ch** 95/120 – ½ P 160.

RENAULT Montané ✆ 61 64 50 06 N

La BASTIDE-DES-JOURDANS 84240 Vaucluse 84 ④ – 814 h alt. 420.

Paris 764 – Digne-les-Bains 75 – Aix-en-Provence 37 – Apt 39 – Manosque 17.

Le Mirvy M 🐦, 3 km rte de Manosque ✆ 90 77 83 23, ≤, 🌳, parc, 🏊 – TV ☎ P. GB
hôtel : mars-oct. ; rest. : fermé fév., merc. midi de mars à oct. et le soir hors sais. – **R** 120/388, enf. 65 – ☕ 40 – **10 ch** 270/380 – ½ P 300/350.

Cheval Blanc avec ch, ✆ 90 77 81 08, 🌳 – TV ☎. GB
fermé 24 juin au 1er juil., 14 au 21 oct., fév., merc. soir de sept. à juin et jeudi sauf le soir en juil.-août – **R** 130/200, enf. 90 – ☕ 35 – **6 ch** 210/450 – ½ P 240/360.

BATILLY-EN-PUISAYE 45420 Loiret 65 ② ③ – 95 h alt. 180.

Paris 166 – Auxerre 61 – Gien 21 – Montargis 52 – ♦Orléans 89.

Aub. de Batilly 🐦 avec ch, ✆ 38 31 96 12, 🌳 – 🏛 30. GB
fermé août – **R** 75/120 🍷 – ☕ 17 – **7 ch** 125/150 – ½ P 160/190.

BATZ (Ile de) 29253 Finistère 58 ⑥ **G. Bretagne** – 746 h.

Accès par transports maritimes.

⛴ depuis **Roscoff.** En 1992 : 30 juin-7 sept., 20 services quotidiens ; hors saison, 8 services quotidiens - Traversée 15 mn - 28 F (AR). Renseignements : Cie Finistérienne d'Aconage 29253, Ile de Batz ✆98 61 78 87.

BATZ-SUR-MER 44740 Loire-Atl. 63 ⑭ **G. Bretagne** – 2 734 h alt. 10.

Voir ❋★★ de l'église★ – Chapelle N.-D. du Mûrier★ – Rochers★ du sentier des douaniers – La Côte Sauvage★.

Paris 460 – ♦Nantes 82 – La Baule 9 – Redon 60 – Vannes 73.

Le Lichen sans rest, Le Manérick, SE : 2 km par D 45 ✆ 40 23 91 92, Fax 40 23 84 88, ≤, 🌳 – ☎ P. GB
fermé 15 nov. au 15 déc. – ☕ 38 – **14 ch** 250/550.

L'Atlantide, 59 bd Mer ✆ 40 23 92 20, ≤ – GB
15 mars-15 nov. – **R** produits de la mer 100/260, enf. 60.

BAUDUEN 83630 Var 84 ⑥ G. Alpes du Sud – 240 h alt. 483.

Voir Site★ – Lac de Ste Croix★★.

Paris 809 – Digne-les-Bains 66 – Draguignan 44 – Moustiers-Sainte-Marie 29.

- **Aub. du Lac,** ☎ 94 70 08 04, Fax 94 84 39 41, ← lac, – TV ☎. GB
  15 mars-15 nov. – **R** 90/210, enf. 55 – ☐ 38 – **10 ch** 340/360 – ½ P 280/320.

BAUGÉ 49150 M.-et-L. 64 ⑫ G. Châteaux de la Loire (plan) – 3 748 h alt. 56.

Voir Croix d'Anjou★★ dans la chapelle des Filles du Coeur de Marie – Pharmacie★ de l'Hôpital public – Le Vieil-Baugé : choeur★ de l'église SO : 2 km par D 61 – Forêt de Chandelais★ SE : 3 km – Pontigné : peintures murales★ dans l'église E : 5 km par D 141.

Syndicat d'Initiative Château de Baugé (15 juin-15 sept.) ☎ 41 89 18 07 et à la Mairie ☎ 41 89 12 12.

Paris 274 – Angers 42 – La Flèche 18 – ◆Le Mans 61 – Saumur 36 – ◆Tours 67.

- **Boule d'Or,** 4 r. Cygne ☎ 41 89 82 12 – TV ☎ . GB. ✻ ch
  fermé 13 au 29 avril, 20 déc. au 7 janv., dim. soir (sauf juil.-août) et lundi – **R** 80/160, enf. 45 – ☐ 30 – **10 ch** 270/390 – ½ P 250/385.

CITROEN Michaud, 30 av. Général-de-Gaulle, rte de Saumur ☎ 41 89 18 12
PEUGEOT-TALBOT Gar. Baugé Autom., 14 rte d'Angers ☎ 41 89 20 62 N
RENAULT Ahier, 5 r. Foulgues-Nerra ☎ 41 89 10 46 N ☎ 41 89 00 07

Au moment de chercher un hôtel ou un restaurant, soyez efficace.
Sachez utiliser les noms soulignés en rouge sur les cartes Michelin *à 1/200 000.*
Mais ayez une carte à jour!

La BAULE 44500 Loire-Atl. 63 ⑭ G. Bretagne – 14 845 h alt. 7 – Casino BZ.

Voir Front de mer★★ – Parc des Dryades★ DZ.

18 à St-André-des-Eaux ☎ 40 60 46 18, par ② : 7 km.

Office de Tourisme et Accueil de France (Informations et réservations d'hôtels, pas plus de 5 jours à l'avance) 8 pl. Victoire ☎ 40 24 34 44, Télex 710050.

Paris 448 ② – ◆Nantes 70 ② – ◆Rennes 132 ② – St-Nazaire 12 ③ – Vannes 72 ①.

Plan page suivante

- **Hermitage** ⛰, espl. F. André ☎ 40 60 37 00, Télex 710510, Fax 40 24 33 65, ←, , parc, , , – | ▤ TV ☎ – 30 à 150. AE GB. ✻ rest BZ **h**
  1er avril-31 oct. – **R** 200 et carte 300 à 450, enf. 150 - **Eden Beach R** 200 et carte 230 à 450 – ☐ 85 – **214 ch** 1030/2300, 10 appart. – ½ P 935/1460.
- **Royal** ⛰, espl. F. André ☎ 40 60 33 06, Télex 701135, Fax 40 60 20 07, ←, , parc, – | TV ☎ – 100 à 150. AE GB. ✻ rest BZ **t**
  fermé 15 nov. au 15 déc. – **R** 225 – ☐ 70 – **89 ch** 850/1500, 8 appart. – ½ P 895/1045.
- ❀ **Castel Marie-Louise** M ⛰, espl. Casino ☎ 40 60 20 60, Télex 700408, Fax 40 42 72 10, ←, , « Parc » – | TV ☎ – 25. AE GB. ✻ rest BZ **g**
  R (en saison : prévenir) 195/420 et carte 280 à 410, enf. 85 – ☐ 80 – **29 ch** 1230/1850 – ½ P 1130/1430
  Spéc. Terrine de foie gras de canard à la fleur de sel. Homard rôti au fenouil, pinces en consommé. Gratin de pomelos au miel d'oranger. **Vins** Muscadet.
- **Bellevue Plage et rest. La Véranda** M, 27 bd Océan ☎ 40 60 28 55, Télex 710459, Fax 40 60 10 18, ←, – | ▤ rest TV ☎ . AE GB. ✻ rest DZ **r**
  vacances de fév.-vacances de nov. – **R** *(fermé mardi hors sais.)* 165/200, enf. 75 – ☐ 50 – **35 ch** 480/780 – ½ P 485/600.
- **Majestic** sans rest, espl. F. André ☎ 40 60 24 86, Télex 701905, Fax 40 42 03 13, ← – | TV ☎ . AE GB BZ **e**
  8 avril-30 oct. – **66 ch** ☐ 710/800, 6 appart..
- **Alexandra,** 3 bd R. Dubois ☎ 40 60 30 06, Fax 40 24 57 09, ← – | ch TV ☎ . AE GB. ✻ rest CZ **u**
  hôtel : 1er avril-1er oct. ; rest. : 1er mai-25 sept. – **R** 160/180 – ☐ 42 – **36 ch** 480/580 – ½ P 600.
- **Concorde** sans rest, 1 bis av. Concorde ☎ 40 60 23 09, Fax 40 42 72 14 – | TV ☎. AE GB. ✻ BZ **f**
  8 avril -10 oct. – ☐ 40 – **47 ch** 470/530.
- **Alcyon** sans rest, 19 av. Pétrels ☎ 40 60 19 37, Fax 40 42 71 33 – | TV ☎ . AE GB
  ☐ 40 – **30 ch** 380/445. BY **s**
- **La Palmeraie** ⛰, 7 allée Cormorans ☎ 40 60 24 41, Fax 40 42 73 71, « Cour fleurie » – TV ☎. AE GB. ✻ rest BZ **n**
  début avril-1er oct. – **R** 125/150 – ☐ 35 – **23 ch** 390 – ½ P 360.
- **Manoir du Parc** M ⛰ sans rest, 3 allée Albatros ☎ 40 60 24 52, Fax 40 60 55 96, – TV ☎ . GB. ✻ BYZ **a**
  Pâques-3 nov. – ☐ 45 – **18 ch** 340/520.
- **La Mascotte** M, 26 av. Marie Louise ☎ 40 60 26 55, Fax 40 60 15 67, , – TV ☎ . AE GB. ✻ rest BZ **v**
  1er mars-11 nov. – **R** 98/240 – ☐ 38 – **22 ch** 354/434 – ½ P 350/390.

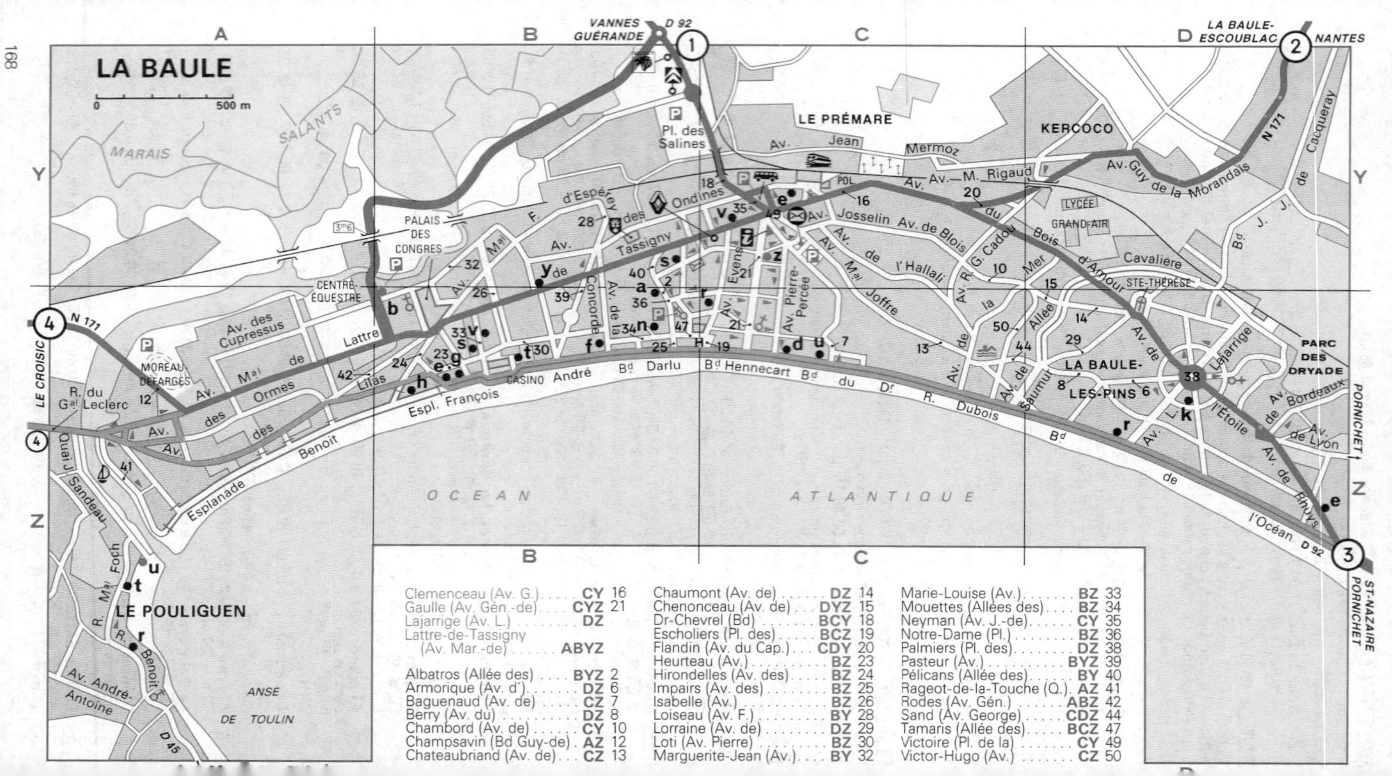

LA BAULE
0
500 m
VANNES
GUÉRANDE
D 92
LA BAULE-
ESCOUBLAC
NANTES
LE PRÉMARE
KERCOCO
LE CROISIC
N 171
ST-NAZAIRE
PORNICHET
PORNICHET
PARC
DES
DRYADE
LA BAULE-
LES-PINS
LE POULIGUEN
OCEAN
ATLANTIQUE
ANSE
DE TOULIN
MARAIS
SALANTS
PALAIS
DES
CONGRES
CENTRE-
ÉQUESTRE
CASINO
LYCÉE
GRAND-AIR
STE-THÉRÈSE
Pl. des
Salines
MOREAU-
DEFARGES

Les Alizés M, 10 av. de Rhuys ✆ 40 60 34 86, Fax 40 60 20 67 – 🛗 TV ☎. AE ① GB JCB. ✂ rest DZ **e**
R *(ouvert juil.-août)* 140/250 – ☕ 40 – **30 ch** 480/560 – ½ P 450/460.

Christina, 26 bd Hennecart ✆ 40 60 22 44, Télex 701963, Fax 40 11 04 31, ≤ – 🛗 ▤ rest TV ☎ P. GB. ✂ CZ **d**
R *(avril-oct.)* 170/190 – ☕ 40 – **37 ch** 450/500 – ½ P 425/450.

Les Dunes, 277 av. de Lattre-de-Tassigny ✆ 40 24 53 70, Fax 40 60 36 42 – 🛗 TV ☎ P. GB. ✂ ch CY **v**
R voir rest. **Le Maréchal** ci-après – ☕ 34 – **35 ch** 248/360 – ½ P 248/304.

Delice H. sans rest, 19 av. Marie-Louise ✆ 40 60 23 17, Fax 40 24 48 88 – TV ☎ P. GB
1er mai-10 sept. – ☕ 34 – **14 ch** 340/390. BZ **s**

La Closerie sans rest, 173 av. de Lattre-de-Tassigny ✆ 40 60 22 71, Fax 40 60 52 07 – TV ☎ P. AE GB BY **y**
15 mars-15 nov., vacances de Noël et de fév. – ☕ 28 – **15 ch** 225/360.

Le Paris, 138 av. Ondines ✆ 40 60 30 53 – TV ☎. AE ① GB. ✂ ch CY **e**
fermé 30 sept. au 2 nov., 22 déc. au 2 janv. et week-ends d'oct. à Pâques – **R** 72/158 🍷, enf. 60 – ☕ 30 – **16 ch** 270/375 – ½ P 260/295.

Ty-Gwenn sans rest, 25 av. Gde Dune ✆ 40 60 37 07 – ☎. GB DZ **k**
fermé 15 nov. au 15 déc. et 7 janv. au 26 fév. – ☕ 29 – **18 ch** 200/320.

XXX **La Marcanderie,** 5 av. d'Agen ✆ 40 24 03 12, Fax 40 11 08 21 – AE GB BZ **b**
fermé 1er au 15 fév., lundi (sauf le soir en juil.-août) et dim. soir de sept. à juin sauf fériés – **R** 150/400, enf. 100.

XX **Le Maréchal,** 277 av. de Lattre de Tassigny ✆ 40 24 51 14 – ▤ P. AE ① GB CY **v**
fermé 23 nov. au 11 déc., 4 au 22 janv. et lundi de nov. à mars – **R** 96/295, enf. 35.

XX **Lutétia-Rossini** avec ch, 13 av. Evens ✆ 40 60 25 81, Fax 40 42 73 52 – TV ☎. AE ① GB CZ **r**
fermé janv. – **R** *(fermé merc. hors sais.)* 115/240 – ☕ 35 – **14 ch** 250/360 – ½ P 280/300.

X **Chalet Suisse,** 114 av. Gén. de Gaulle ✆ 40 60 23 41 – AE GB CY **z**
fermé dim. soir et merc. d'oct. à mars – **R** 115/175.

CITROEN Salines-Automobiles, pl. Salines ✆ 40 60 20 71
PEUGEOT Gar. Le Déan, rte de Guérande ✆ 40 24 08 57 N ✆ 40 14 78 46
RENAULT Richard, 206 av. Mar.-de-Lattre-de-Tassigny ✆ 40 60 20 30 N ✆ 40 90 75 92
Le Pneu Baulois, 79 av. Mar.-de-Lattre-de-Tassigny ✆ 40 24 22 46

BAULE 45 Loiret 64 ⑧ – rattaché à Beaugency.

BAUME-LES-DAMES 25110 Doubs 66 ⑯ **G. Jura** – 5 237 h alt. 291.

18 du Château de Bournel à Cubry ✆ 81 86 00 10,N : 19 km par D 50.
Office de Tourisme r. Provence ✆ 81 84 27 98.
Paris 443 – ◆Besançon 29 – Belfort 64 – Lure 48 – Montbéliard 51 – Pontarlier 62 – Vesoul 47.

Central sans rest, 3 r. Courvoisier ✆ 81 84 09 64 – TV ☎. GB
fermé 10 janv. au 1er mars et dim. d'oct. à avril – ☕ 27 – **12 ch** 125/230.

XXX **Host. du Château d'As** avec ch, ✆ 81 84 00 66, ≤ – ☎ P. AE GB
fermé déc. à fin fév., dim. soir et lundi midi sauf fériés – **R** 150/295 – ☕ 32 – **10 ch** 250.

à Pont-les-Moulins S : 6 km par D 50 – ✉ **25110** :

Aub. des Moulins, rte Pontarlier ✆ 81 84 09 97, Fax 81 84 04 44 – TV ☎ P – 🏛 25. AE GB
fermé 3 au 25 janv. – **R** *(fermé merc. du 15 sept. au 15 avril)* 85/135 🍷, enf. 36 – ☕ 28 – **15 ch** 210/260 – ½ P 240.

à Hyèvre-Paroisse E : 7 km sur N 83 – ✉ **25110** :

Ziss et rest. Crémaillère, ✆ 81 84 07 88, 🌳 – 🛗 ☎ 🚗 P. AE GB
fermé 7 au 27 oct., 24 déc. au 7 janv. et sam. sauf le soir du 1er avril au 7 oct. – **R** 60/185 🍷 – ☕ 32 – **21 ch** 235/260 – ½ P 240/260.

OPEL-GM Gar. Routhier, à Pont-les-Moulins ✆ 81 84 02 15
PEUGEOT Sté Baumoise d'automobiles, ✆ 81 84 06 91 N ✆ 81 32 90 27
RENAULT Gar. Central, 10 av. Gén.-Leclerc ✆ 81 84 02 45 N ✆ 81 32 93 17

BAUME-LES-MESSIEURS 39210 Jura 70 ④ **G. Jura** – 196 h alt. 320.

Voir Retable à volets★ dans l'église – Belvédère des Roches de Baume ≤★★★ sur cirque★★★ et grottes★ de Baume S : 3,5 km.
Paris 400 – Champagnole 26 – Dole 49 – Lons-le-Saunier 16 – Poligny 19.

X **Grottes,** aux Grottes S : 3 km ✆ 84 44 61 59, ≤, 🌳 – P. GB. ✂
mi-avril-mi oct. et fermé merc. sauf juil.-août – **R** (prévenir) 72/180 🍷.

Repas 100/130 Sorgfältig zubereitete, preiswerte Mahlzeiten.

BAUVIN 59221 Nord 51 ⑮ – 5 444 h alt. 25.

Paris 209 – ◆Lille 26 – Arras 33 – Béthune 20 – Lens 14.

XXX **Salons du Manoir,** 53 r. J. Guesde ☎ 20 85 64 77, Fax 20 86 72 22, parc – P. AE GB
fermé août, vacances de fév. et lundi – **R** 190/340, enf. 100.

CITROEN Franchi, 13 r. Ghesquière ☎ 20 86 65 07

Les BAUX-DE-PROVENCE 13520 B.-du-R. 84 ① **G. Provence** (plan) – 457 h alt. 280.

Voir Site★★★ – Château ※★★ – Monument Charloun Rieu ≤★★ – Place St-Vincent★ – Rue du Trencat★ – Tour Paravelle ≤★ – Musée Yves-Brayer★ (dans l'hôtel des Porcelet) – Fête des Bergers (Noël, messe de minuit)★★ – Cathédrale d'Images★ N : 1 km par D 27 – ※★★★ sur le village N : 2,5 km par D 27.

Office de Tourisme impasse du Château (Pâques-fin oct.) ☎ 90 54 34 39.

Paris 714 – Avignon 29 – Arles 18 – ◆Marseille 83 – Nîmes 49 – St-Rémy-de-Provence 9,5 – Salon-de-Provence 33.

dans le Vallon :

XXXXX ✿✿ **Oustaù de Baumanière** (Thuilier) avec ch, ☎ 90 54 33 07, Télex 420203, Fax 90 54 40 46, ≤, « Demeures anciennes aménagées avec élégance, terrasses fleuries, , club hippique », – ch P. AE GB
fermé 15 janv. au 1er mars, jeudi midi et merc. de nov. à mars – **R** 400/700 et carte 335 à 575 – 95 – **11 ch** 900/1050, 13 appart. – ½ P 1250/1500
Spéc. Ravioli de truffes. Filets de rougets au basilic. Gigot d'agneau en croûte. **Vins** Coteaux des Baux, Gigondas.

XXX ✿ **La Riboto de Taven,** ☎ 90 54 34 23, Fax 90 54 38 88, ≤, « Terrasse ombragée et jardin fleuri au pied des rochers, » – P. AE GB
fermé 1er fév. au 15 mars, mardi soir hors sais. et merc. – **R** 300/420 et carte 340 à 500
Spéc. Tournedos de homard et sole. Gigotton d'agneau en croute de sel. Beignets de fleurs de courgettes aux abricots (juin à oct.). **Vins** Coteaux des Baux, Châteauneuf-du-Pape.

à l'Est sur D 27 A :

Mas d'Aigret , ☎ 90 54 33 54, Fax 90 54 41 37, ≤, , , – P. AE GB JCB. rest
fermé 4 janv. au 27 fév. et merc. midi – **R** 190/270 – 70 – **14 ch** 480/800 – ½ P 620/785.

au Sud-Ouest sur D 78 F :

✿ **La Cabro d'Or** M , à 1 km ☎ 90 54 33 21, Télex 401810, Fax 90 54 45 98, ≤, , « Terrasses ombragées, jardin fleuri, pièce d'eau », , – ch P – 80. AE GB
fermé 15 nov. au 19 déc., mardi midi et lundi du 31 oct. au 31 mars – **R** 180 (déj.)/370 et carte 220 à 315 – 65 – **22 ch** 575/850 – ½ P 625/760
Spéc. Salade "Cabro d'Or". Pageot grillé au pistou. Noisettes d'agneau "Cabro d'Or". **Vins** Coteaux des Baux.

Mas de l'Oulivié M sans rest, à 3 km ☎ 90 54 35 78, Fax 90 54 44 31, ≤, « Piscine dans un jardin fleuri », – P. AE GB
fermé 4 janv. au 15 mars – 64 – **20 ch** 730/930.

La Benvengudo , à 2 km ☎ 90 54 32 54, Fax 90 54 42 58, ≤, , « Jardin fleuri avec piscine », – ch P. AE GB. rest
1er fév.-15 nov. – **R** *(fermé dim. soir)* (dîner seul.) 230 – 55 – **17 ch** 485/620, 3 appart. – ½ P 517/585.

BAVAY 59570 Nord 53 ⑤ **G. Flandres Artois Picardie** – 3 751 h alt. 123.

Paris 227 – Avesnes-sur-Helpe 22 – Le Cateau-Cambrésis 29 – ◆Lille 73 – Maubeuge 15 – Mons 24 – Valenciennes 21.

XXX **Le Bourgogne,** porte Gommeries ☎ 27 63 12 58 – AE GB
fermé 26 juil. au 18 août, vacances de fév., dim. soir, merc. soir et lundi sauf fériés – **R** 100/350 .

XXX **Bagacum,** r. Audignies ☎ 27 66 87 00, Fax 27 66 86 44 – P. AE GB
fermé 4 au 26 juil., dim. soir et lundi sauf fériés – **R** 90/250 bc.

RENAULT Gar. Dal, 11 r. des Platanes, RN 49 ☎ 27 63 17 08

BAYARD (Col) 05 H.-Alpes 77 ⑯ **G. Alpes du Nord** – alt. 1170 – ✉ **05500** St-Bonnet-en-Champsaur.

Paris 665 – Gap 7,5 – La Mure 58 – Sisteron 56.

à Laye N : 2,5 km – ✉ **05500** St-Bonnet-en-Champsaur :

X **Laiterie du Col Bayard,** ☎ 92 50 50 06, Fax 92 50 19 91, – P. AE GB
fermé 15 nov., au 20 déc., le soir (sauf week-ends) et lundi sauf vacances scolaires – **R** préparations à base de fromages 85/190, enf. 55.

Donnez-nous votre avis sur les tables que nous recommandons,
sur leurs spécialités et leurs vins de pays.

BAYEUX 14400 Calvados 54 ⑮ **G. Normandie Cotentin** – 14 704 h alt. 50.

Voir Tapisserie de la reine Mathilde★★★ Z – Cathédrale★★ Z – Maison à colombage★ (rue St-Martin) Z **D**.

Env. Brécy : portail★ et jardins★ du château SE : 10 km par D 126 Y – Port★ de Port-en-Bessin NO : 9 km par ⑤.

9 18 Omaha Beach Golf Club ✆ 31 21 72 94, 11 r. de Bayeux par ⑤.

Office de Tourisme 1 r. Cuisiniers ✆ 31 92 16 26, Télex 171704.

Paris 269 ① – ◆Caen 31 ① – Cherbourg 94 ④ – Flers 68 ② – St-Lô 36 ③ – Vire 60 ②.

BAYEUX

St-Jean (R.) . . . . Y, Z
St-Malo (R.) . . . . Z
St-Martin (R.) . . . . Z
St-Patrice (R. et Pl.) . . . . Z 30

Aure (Q. de l') . . . . Z 2
Bienvenu (R. du) . . . . Z 3
Bois (Pl. au) . . . . Z 4
Bouchers (R. des) . . . . Z
Bourbesneur (R.) . . . . Z 6
Chanoines (R. des) . . . . Z 7
Chartier (R. A.) . . . . Z 8
Churchill (Bd W.) . . . . Y
Clemenceau (Av. G.) . . . . Z
Courseulles (R. de) . . . . Y 9
Cuisiniers (R. des) . . . . Z 13
Dr-Michel (R.) . . . . Y 14
Eindhoven (Bd) . . . . Y
Foch (R. Mar.) . . . . Z 15
Franche (R.) . . . . Z
Gaulle (Pl. Ch.-de) . . . . Z
Larcher (R.) . . . . Z
Leclerc (Bd Mar.) . . . . Y 18
Leforestier (R. Lambert) . . . . Z 19
Marché (R. du) . . . . Z 20
Montgomery (Bd Mar.) . . . . Y 23
Nesmond (R. de) . . . . Z
Pigache (R. de la) . . . . Y 24
Pont-Trubert (R. du) . . . . Y 25
Poterie (R. de la) . . . . Z 28
Royale (R.) . . . . Z
Sadi-Carnot (Bd) . . . . Y 29
St-Laurent (R.) . . . . Y, Z
St-Loup (R.) . . . . Y
Tardif (R.) . . . . R
Teinturiers (R. des) . . . . Z 32
Terres (R. des) . . . . Z 33
Tribunaux (Pl. des) . . . . Z 34
Vaucelles (Rond-Point de) . . . . Y 35
Verdun (R. de) . . . . Y 37
Ware (Bd F.) . . . . Y 38
6-Juin (Bd du) . . . . Y

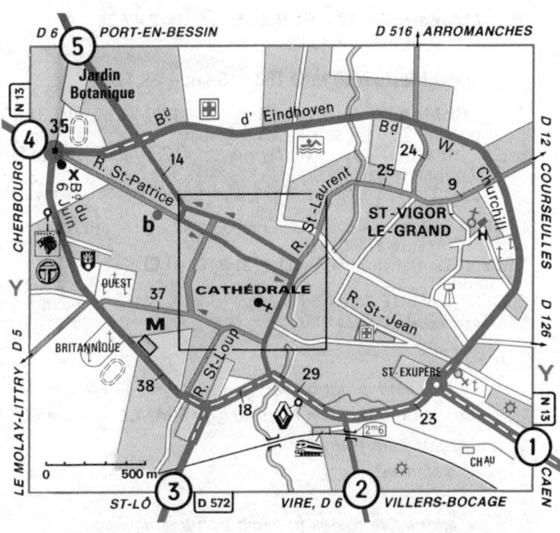

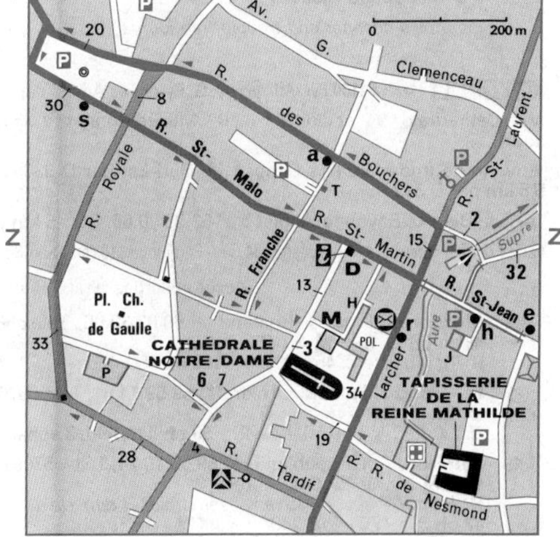

Les pastilles numérotées des plans de villes ①, ②, ③ sont répétées sur les cartes Michelin à 1/200 000. Elles facilitent ainsi le passage entre les cartes et les guides Michelin.

Lion d'Or , 71 r. St Jean ✆ 31 92 06 90, Télex 171143, Fax 31 22 15 64, « Ancien relais de poste », – TV ☎ P. AE ① GB — Z **e**
fermé 20 déc. au 20 janv. – **R** 110/320 et carte 240 à 400 – ☕ 50 – **27 ch** 400/450 – ½ P 405/415
Spéc. Feuilleté aux morilles. Andouille chaude à la Bovary. Foie gras de canard chaud au miel.

Luxembourg M, 25 r. Bouchers ✆ 31 92 00 04, Télex 171663, Fax 31 92 54 26 – TV ☎ P. AE GB. rest — Z **a**
R 118/396, enf. 88 – ☕ 50 – **22 ch** 350/1200 – ½ P 390/735.

Novotel M, 117 r. St Patrice ✆ 31 92 16 11, Télex 170176, Fax 31 21 88 76, , , – ch TV ☎ P – 150. AE ① GB — Y **x**
R carte environ 160 , enf. 50 – ☕ 50 – **78 ch** 420/490.

Argouges sans rest, 21 r. St Patrice ☎ 31 92 88 86, Télex 772402, Fax 31 92 69 16, « Ancien hôtel particulier du 18e siècle », – TV ☎ P. AE O GB Z s
35 – **25 ch** 260/390.

Churchill et rest. l'Amirauté, 14 r. St Jean ☎ 31 21 31 80, Télex 171755, Fax 31 21 41 66 – TV ☎ &. AE O GB. Z h
13 mars-15 nov. – **R** 70/250 – 35 – **31 ch** 340/410 – ½ P 300/350.

Reine Mathilde sans rest, 23 r. Larcher ☎ 31 92 08 13 – TV ☎. AE GB. Z r
fermé 20 déc. au 1er fév. et dim. de mi-nov. à mi-mars – 30 – **16 ch** 255/295.

XX **L'Amaryllis,** 32 r. St-Patrice ☎ 31 22 47 94 – GB Y b
fermé 24 déc. au 4 janv. et lundi – **R** 98/150, enf. 70.

à Audrieu par ① et D 158 : 13 km – ✉ **14250** :

Château d'Audrieu M, ☎ 31 80 21 52, Fax 31 80 24 73, ←, « Château du 18e siècle, parc », – TV ☎ P. GB. rest
1er mars-30 nov. – **R** *(fermé lundi)* 280/480 et carte 300 à 465 – 80 – **21 ch** 700/1200, 9 appart. – ½ P 760/985
Spéc. Croustade d'huîtres d'Isigny. Chartreuse d'andouille de Vire au coulis de homard. Truite de mer au jus de viande.

CITROEN St-Patrice-Auto, rte de Cherbourg à Vaucelles par ④ ☎ 31 92 18 35
CITROEN Gar. Danjou, 13 r. Tardif ☎ 31 92 07 31 N ☎ 31 92 13 51
PEUGEOT, TALBOT Fortin, bd 6-Juin ☎ 31 92 09 77 N ☎ 31 21 51 00
RENAULT Gd Gar. de la Gare, 16 bd Carnot ☎ 31 92 00 70 N

Bayeux Pneus, ZI rte de Caen ☎ 31 92 01 61
Schmitt-Pneus, bd Eindhoven ☎ 31 51 18 18

BAYONNE SP 64100 Pyr.-Atl. 78 ⑱ G. Pyrénées Aquitaine – 40 051 h alt. 5.

Voir Cathédrale★ AZ et cloître★ AZ **B** – Musée Bonnat★★ BY **M**1 – Grandes fêtes★ (fin juil.-début août).

Env. Route Impériale des Cimes★ au Sud-Est par D 936 BZ – Croix de Mouguerre ✻★ SE : 5,5 km par D 312 BZ.

de Biarritz-Bayonne-Anglet : ☎ 59 23 90 66, SO : 5 km par N 10 AZ.

Paris 773 ③ – Biarritz 7 – ♦Bordeaux 184 ③ – Pamplona 118 ⑥ – San-Sebastián 54 ⑥ – ♦Toulouse 295 ④.

Accès et sorties : voir à Biarritz.

Mercure M, av. J. Rostand ☎ 59 63 30 90, Télex 550621, Fax 59 42 06 64 – ch ch TV ☎ P – 60. AE O GB AZ e
R 70/145, enf. 45 – 50 – **109 ch** 390/495.

Le Grand Hôtel, 21 r. Thiers ☎ 59 59 14 61, Télex 570794, Fax 59 25 61 70 – ch TV ☎. AE O GB JCB AY n
R 130/190, enf. 50 – 45 – **56 ch** 470/690, 3 appart. – ½ P 390/490.

Loustau, 1 pl. République ☎ 59 55 16 74, Télex 570073, Fax 59 55 69 36, ← – ch TV ☎ – 30. AE O GB. rest BY u
R *(fermé 20 déc. au 15 janv., sam. midi et dim. de nov. au 15 avril)* 85/165, enf. 50 – 37 – **42 ch** 395/420 – ½ P 280.

XXX **Aub. Cheval Blanc,** 68 r. Bourgneuf ☎ 59 59 01 33 – . AE O GB BZ b
fermé 12 au 27 fév., dim. soir et lundi sauf juil.-août – **R** 130/228.

XX **François Miura,** 24 r. Marengo ☎ 59 59 49 89 – . AE O GB BZ r
fermé 12 juil. au 8 août, 20 au 30 déc., dim. soir et merc. – **Repas** (prévenir) 105/170.

X **Le Saint Simon,** 1 r. Basques ☎ 59 59 13 40 – GB AZ a
fermé dim. soir et lundi – **R** carte 170 à 250.

par rte de Pau : 3 km sur N 117 – ✉ **64100** Bayonne :

Primevere M, ☎ 59 55 04 04, Fax 59 55 12 21 – ch TV ☎ & P – 25. GB
R 75/99, enf. 39 – 30 – **46 ch** 260. plan de Biarritz CX s

MICHELIN, Agence, ZAC St-Frédéric II, 89 r. Chalibardon ☎ 59 55 13 73

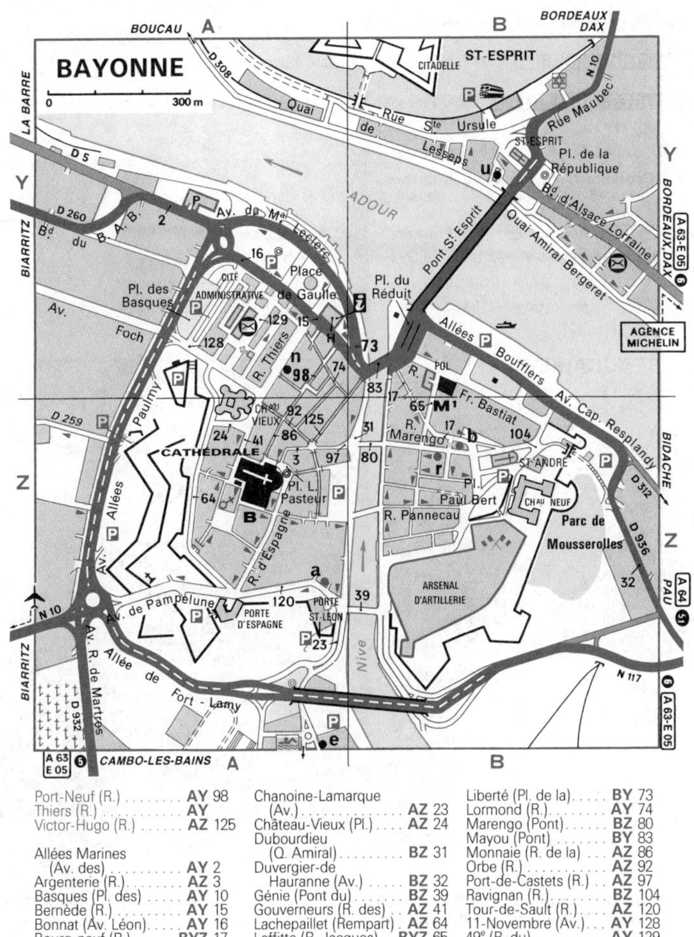

ALFA-ROMEO, MERCEDES Slavi, av. Mar.-Juin ℘ 59 55 46 55 N ℘ 05 24 24 30
BMW Gar. Durruty, ZI St-Étienne ℘ 59 55 88 77 N ℘ 59 45 51 36
FERRARI, JAGUAR Daverat, Rond Point de Maignon ℘ 59 42 46 46 N ℘ 59 23 68 68
FIAT Gar. Côte Basque, 44 av. de Bayonne, Anglet N 10 BX ℘ 59 63 04 04
FORD Autom. Durruty, 15 r. Etcheverry ℘ 59 55 13 34
PEUGEOT-TALBOT Gambade, av. Mar.-Soult, N 10 BX ℘ 59 52 45 45 N ℘ 59 45 54 36
RENAULT Sté Basque Autom., 59 allées Marines par D 5 BX ℘ 59 58 59 58 N ℘ 59 93 46 53
ROVER Morin, 23 av. Mar.-Juin ℘ 59 55 05 61
VOLVO Le Crom, 30 av. Dubrocq ℘ 59 59 25 57

Comptoir du Pneu Pneu +, 4 av. Mar.-Foch ℘ 59 59 11 73
Euromaster Central Pneu Service, rte de Castera, quartier Ste-Croix ℘ 59 55 84 55
Euromaster Central Pneu Service, 35 allées Marines ℘ 59 59 18 26
Sud-Ouest Sécurité, 34-36 bd Alsace-Lorraine ℘ 59 55 04 72 N ℘ 59 23 68 68

BAZAS 33430 Gironde 79 ② G. Pyrénées Aquitaine – 4 379 h.

Voir Cathédrale★.

Office de Tourisme 1 pl. Cathédrale ℘ 56 25 25 84.

Paris 640 – ◆ Bordeaux 60 – Agen 83 – Bergerac 99 – Langon 15 – Mont-de-Marsan 68.

Domaine de Fompeyre, rte Mont-de-Marsan ℘ **56 25 98 00, Fax 56 25 16 25**, parc, – ☎ – 40. AE GB
R *(fermé dim. soir du 15 oct. au 30 mars)* 130/210 – 47 – **31 ch** 295/400, 4 appart. – ½ P 350/390.

BAZEILLES 08 Ardennes 53 ⑲ – rattaché à Sedan.

BAZINCOURT-SUR-EPTE 27 Eure 55 ⑧ ⑨ – rattaché à Gisors.

BAZOUGES-SUR-LE-LOIR 72200 Sarthe 64 ② **G. Châteaux de la Loire** – 1 088 h alt. 28.

Voir Pont ≤★.

Paris 257 – Angers 45 – ♦Le Mans 58 – La Flèche 7.

X **Croissant,** N 23 ✆ 43 45 32 08 – GB
fermé 15 au 31 août, janv., dim. soir et lundi – **R** 115/155 🍷.

BEAUCAIRE 30300 Gard 81 ⑪ **G. Provence** – 13 400 h alt. 18.

Voir Château★ : ※★★ Y – Abbaye de St-Roman ≤★ 4,5 km par ⑤.

ℹ Maison du Tourisme 24 cours Gambetta ✆ 66 59 26 57.

Paris 708 ⑥ – Avignon 24 ① – Alès 68 ⑥ – Arles 18 ③ – Nîmes 24 ⑤ – St-Rémy-de-Pr. 17 ②.

BEAUCAIRE

Ledru-Rollin (R.) . . . . Z 17
Nationale (R.) . . . . Z

Barbès (R.) . . . . Z 2
Bijoutiers (R. des) . . . . YZ 3
Charlier (R.) . . . . Y 4
Château (R. du) . . . . Y 5
Clemenceau (Pl. Georges) . . . . . . Z 6
Danton (R.) . . . . Y 7
Denfert-Rochereau (R.) . . . . Z 8
Écluse (R. de l') . . . . Z 9
Foch (Bd Maréchal) . . . . . . YZ 12
Gambetta (Cours) . . . . Z 13
Hôtel-de-Ville (R. de l') . . . . . Z 14
Jaurès (Pl. Jean) . . . . Y 15
Jean-Jacques Rousseau (R.) . . . . Y 16
Pascal (R. Roger) . . . . Z 21
République (Pl. de la) . . . . . . Y 22
République (R. de la) . . . . . . Y 23
Victor-Hugo (R.) . . . . Y 25

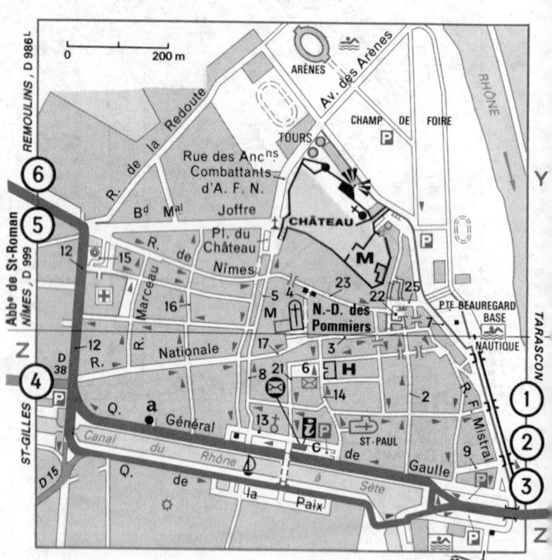

Une réservation confirmée par écrit est toujours plus sûre.

🏨 **Les Doctrinaires,** quai Gén. de Gaulle et 32 r. Nationale ✆ 66 59 41 32, Télex 480706, Fax 66 59 31 97, ☂, « Ancien collège du 17e siècle » – 🛗 TV ☎ P – 🏛 50. AE GB
R *(fermé dim. soir du 1er nov. au 31 mars et sam. midi)* 110/250, enf. 60 – ☕ 47 – **34 ch** 400/460 – ½ P 450.
Z **a**

PEUGEOT-TALBOT SOREVA, 41 r. des Marronniers par ④ ✆ 66 59 13 63

Ⓜ Ayme-Pneus, rte de St-Gilles ✆ 66 59 23 98

BEAUCENS 65 H.-Pyr. 85 ⑱ – rattaché à Argelès-Gazost.

Le BEAUCET 84210 Vaucluse 81 ⑬ – 280 h alt. 300.

Paris 690 – Avignon 33 – Apt 40 – Carpentras 11,5 – Cavaillon 28 – Orange 35.

XX **Aub. du Beaucet,** ✆ 90 66 10 82, ≤, ☂ – GB
fermé 5 au 24 oct. et 10 au 30 janv. – **R** 150, enf. 60.

BEAUFORT 73270 Savoie 74 ⑰ ⑱ **G. Alpes du Nord** – 1 996 h alt. 743.

ℹ Office de Tourisme pl. Mairie ✆ 79 38 37 57.

Paris 601 – Albertville 19 – Chambéry 70 – Megève 42.

🏨 **Gd Mont,** ✆ 79 38 33 36, Fax 79 38 39 07 – ☎. GB
fermé 30 sept. au 5 nov. – **R** *(fermé vend. hors sais.)* 85/135 🍷 – ☕ 33 – **13 ch** 175/225 – ½ P 245/260.

🏨 **de la Roche,** ✆ 79 38 33 31, ☂, 🌳 – ☎. GB
◆ *fermé nov.* – **R** 55/150 🍷 – ☕ 25 – **17 ch** 110/210 – ½ P 180/210.

BEAUGENCY **45190** Loiret 64 ⑧ G. Châteaux de la Loire – 6 917 h alt. 106.

Voir Église N.-Dame★ – Donjon★ – Tentures★ dans l'hôtel de ville **H** – Musée de l'Orléanais★ dans le château.

Office de Tourisme 28 pl. Martroi ✆ 38 44 54 42.

Paris 151 ① – ♦Orléans 29 ① – Blois 36 ④ – Châteaudun 40 ⑥ – Vendôme 48 ⑤ – Vierzon 84 ②.

BEAUGENCY

Cordonnerie (R. de la) 6
Maille-d'Or (R. de la) 10
Martroi (Pl. du)
Pont (R. du)
Puits-de-l'Ange (R. du) 12

Abbaye (R. de l') 2
Bretonnerie (R. de la) 3
Châteaudun (R. de) 4
Dr-Hyvernaud (Pl.) 8
Dunois (Pl.) 9
Sirène (R. de la) 15
Traineau (R. du) 17
Trois-Marchands (R. des) 18

Dans la liste des rues des plans de villes, les noms en rouge indiquent les principales voies commerçantes.

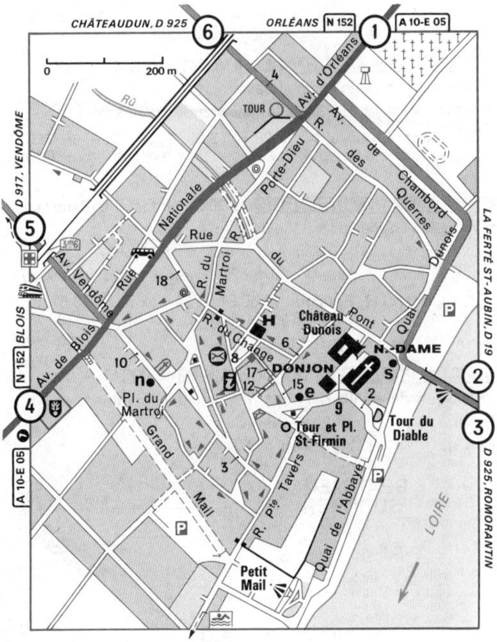

L'Abbaye, quai Abbaye **(s)** ✆ 38 44 67 35, Télex 780038, Fax 38 44 87 92, ≤, – TV ☎ P – 30. AE ⓞ GB
R *(fermé 20 au 27 déc. et 10 au 20 janv.)* 185 – 42 – **14 ch** 420/560.

Écu de Bretagne, pl. Martroi **(n)** ✆ 38 44 67 60, Fax 38 44 68 07 – ☎ P. AE GB
fermé 1er au 20 fév. – **R** *(fermé lundi du 1er oct. à fin mars)* 130/200, enf. 65 – 45 – **26 ch** 300/460 – ½ P 400/440.

Sologne sans rest, pl. St Firmin **(e)** ✆ 38 44 50 27, Fax 38 44 90 19 – TV ☎. GB.
fermé 20 déc. au 1er fév., et dim. de nov. à fév. – 40 – **16 ch** 170/290.

à Baule par ① : 6 km – ✉ **45130** :

Aub. Gourmande, ✆ 38 45 01 02 – GB
fermé 26 juil. au 8 août, 20 au 27 déc., vacances de fév., dim. soir hors sais. et merc. – **R** 98/195, enf. 60.

à Lailly-en-Val par ② : 5 km – ✉ **45740** :

Aub. Trois Cheminées avec ch, rte Blois par D 951 : 2 km ✆ 38 44 74 20, – ☎ P. GB
fermé dim. soir et lundi du 1er oct. au 30 mai – **R** 90/250, enf. 50 – 35 – **12 ch** 170/320 – ½ P 240/280.

à Tavers par ④ : 3 km – ✉ **45190** :

La Tonnellerie , près Église ✆ 38 44 68 15, Télex 782479, Fax 38 44 10 01, , « Jardin fleuri, » – TV ☎ P. GB.
8 avril-10 oct. – **R** 316/445 – 55 – **15 ch** 705/880, 5 appart. – ½ P 600/820.

PEUGEOT Gar. Mahu, 49 av. de Blois par ④ ✆ 38 44 53 20

RENAULT Gar. de la Mardelle, ZI, 63 av. d'Orléans par ① ✆ 38 44 50 40

BEAUJEU **69430** Rhône 73 ⑨ **G. Vallée du Rhône** – 1 874 h alt. 293.

Syndicat d'Initiative square Grand'Han (fin mars-mi déc., fermé matin sauf juil.-oct.) ☏ 74 69 22 88.

Paris 426 – Mâcon 39 – Roanne 61 – Bourg-en-Bresse 55 – ◆Lyon 61 – Villefranche-sur-Saône 26.

XX **Anne de Beaujeu** avec ch, ☏ 74 04 87 58, Fax 74 69 22 13, – ☎ ⓟ. GB
fermé 1er au 12 août, 20 déc. au 20 janv., dim. soir et lundi – **R** 112/320 – ☕ 30 – **7 ch** 195/245.

CITROEN Gar. du Centre ☏ 74 04 87 64
PEUGEOT-TALBOT Gar. Desplace ☏ 74 69 21 56 N
V.A.G Gar. Daniel ☏ 74 04 87 14

BEAULIEU-EN-ARGONNE **55250** Meuse 56 ⑳ **G. Champagne** – 42 h alt. 273.

Voir Pressoir★ dans l'anc. abbaye.

Paris 239 – Bar-le-Duc 36 – Futeau 10 – Ste-Menehould 23 – Verdun 38.

Host. Abbaye , ☏ 29 70 72 81, ≤, , – ☎. GB. ch
fermé 15 déc. au 1er fév. et dim. soir d'oct. à mars – **R** 80/150 – ☕ 22 – **10 ch** 120/220 – ½ P 160/220.

BEAULIEU-SUR-DORDOGNE **19120** Corrèze 75 ⑲ **G. Berry Limousin** – 1 265 h alt. 144.

Voir Église St-Pierre★★ – Vieille Ville ★.

Syndicat d'Initiative pl. Marbot (avril-sept.) ☏ 55 91 09 94.

Paris 532 – Brive-la-Gaillarde 44 – Aurillac 70 – Figeac 60 – Sarlat-la-Canéda 70 – Tulle 44.

Central H. Fournié, ☏ 55 91 01 34, Fax 55 91 23 57, – ☎ ⓟ. GB
mi-nov.-mi-mars – **R** 90/250 – ☕ 32 – **27 ch** 160/320 – ½ P 220/300.

RENAULT Lavastroux ☏ 55 91 12 82

BEAULIEU-SUR-MER **06310** Alpes-Mar. 84 ⑩ 115 ㉗ **G. Côte d'Azur** – 4 013 h alt. 10 – Casino.

Voir Site★ de la Villa Kerylos★ **M** – Baie des Fourmis★.

Office de Tourisme pl. G.-Clemenceau ☏ 93 01 02 21.

Paris 943 ④ – ◆Nice 11 ④ – Menton 23 ③.

BEAULIEU-SUR-MER

Marinoni (Bd) 19

Albert-1er (Av.) 2
Blundell-Maple (Av.) 3
Cavell (Av. Edith) 4
Clemenceau (Pl. et R.) ... 5
Doumer (R. Paul) 6
Gaulle (Pl. Charles-de) 12
Gauthier (Bd Eugène) 13
Hellènes (Av. des) 14
Joffre (Bd Maréchal) 15
Leclerc (Bd Maréchal) 18
May (Av. F.) 21
Orangers (Montée des) 22
St-Jean (Pont) 25
Yougoslavie (R. de) 27

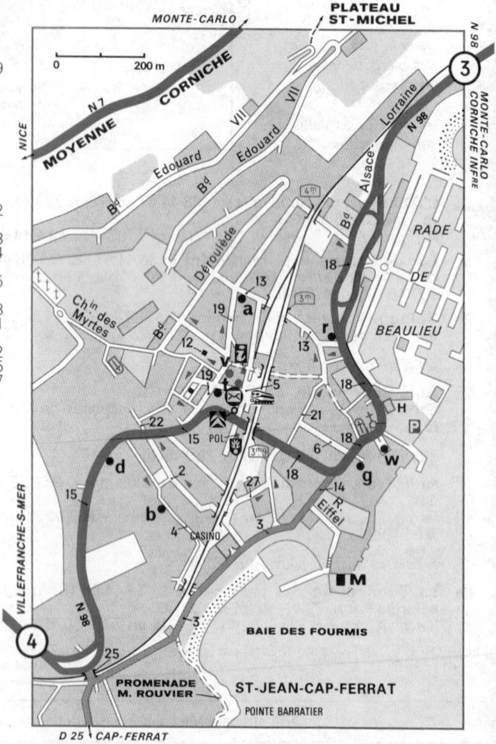

ATTENTION AU FEU

Le feu est le plus terrible ennemi de la forêt. Soyez prudent !

Réserve de Beaulieu, bd Mar. Leclerc **(w)** 93 01 00 01, Télex 470301, Fax 93 01 28 99, « En bordure de mer », – ch. ch
fermé 9 nov. au 20 déc. – **R** 380/500 – 120 – **37 ch** 1600/2600, 3 appart.

Métropole, bd Mar. Leclerc **(g)** 93 01 00 08, Fax 93 01 18 51, « Vaste terrasse sur mer, parc, » –
fermé 20 oct. au 20 déc. – **R** 400/490 et carte 380 à 700 – 105 – **50 ch** 980/2610, 3 appart. – ½ P 1410/1850
Spéc. Cannelloni de homard à la fondue de poireaux. Lamelles d'aubergines aux langoustines rôties. Soufflé au café. Vins Bellet, Côtes de Provence.

Carlton, av. E. Cavell **(b)** 93 01 14 70, Télex 970421, Fax 93 01 29 62, – rest
hôtel : 8 avril-30 sept. ; rest. : 8 avril-31 août et fermé merc. – **R** (déj. seul.) carte 170 à 260 – 65 – **33 ch** 675/1160.

Frisia sans rest, bd Mar. Leclerc **(r)** 93 01 01 04, Fax 93 01 31 92, –
fermé 1er nov. au 20 déc. – 30 – **35 ch** 520/570.

Comté de Nice sans rest, bd Marinoni **(a)** 93 01 19 70, Fax 93 01 23 09, –
40 – **33 ch** 550/580.

Frantour-Victoria, bd Marinoni **(t)** 93 01 02 20, Télex 470303, Fax 93 01 32 67, – rest
13 fév.-8 oct. – **R** 85/120 – **80 ch** 343/506 – ½ P 308/338.

Havre Bleu sans rest, bd Mar. Joffre **(d)** 93 01 01 40, Fax 93 01 29 92 –
28 – **22 ch** 280/300.

Le Maxilien, bd Marinoni **(v)** 93 01 47 48 –
fermé vacances de nov., de fév. et mardi – **R** 155/345, enf. 90.

Les Agaves, r. Mar. Foch **(t)** 93 01 12 90 –
fermé 15 nov. au 15 déc. et lundi sauf le soir en sais. – **R** (nombre de couverts limité - prévenir) 95/190, enf. 60.

Autres ressources hôtelières : voir à ***St-Jean-Cap-Ferrat***

CITROEN Gar. de la Poste 93 01 00 13

BEAUMES-DE-VENISE 84190 Vaucluse 81 ⑫ G. Provence – 1 784 h alt. 100.

Voir Clocher★ de la chapelle N.-D. d'Aubune O : 2 km.

Syndicat d'Initiative Intercommunal cours Jean-Jaurès (fermé après-midi hors saison) 90 62 94 39.

Paris 671 – Avignon 32 – Nyons 40 – Orange 23 – Vaison-la-Romaine 24.

Aub. St-Roch avec ch, 90 62 94 29 – ch
fermé début mars à mi-nov. – **R** 110/240 – 28 – **4 ch** 150/235 – ½ P 188/231.

BEAUMESNIL 27410 Eure 54 ⑲ G. Normandie Vallée de la Seine – 527 h.

Voir Château★.

Paris 143 – Rouen 58 – Bernay 12 – Dreux 65 – Évreux 39.

L'Étape Louis XIII (Sureau), 32 44 44 72, « Maison normande du 17e siècle », –
fermé 16 juin au 8 juil., 29 janv. au 19 fév., dim. soir, lundi et mardi – **R** (nombre de couverts limité, prévenir) 98/290 et carte 220 à 400
Spéc. Gratin d'andouille fumée et gâteau de pommes de terre. Homard rissolé au cidre. Jeu de pommes en feuilleté.

BEAUMETTES 84220 Vaucluse 81 ⑬ – 219 h alt. 126.

Voir ★ du chevet de l'église de Ménerbes S : 3,5 km, G. Provence.

Paris 712 – Apt 18 – Avignon 33 – Carpentras 31 – Cavaillon 13.

Le Moulin Blanc, E : 0,5 km par N 100 90 72 34 50, Fax 90 72 25 41, « Beaux aménagements dans un ancien moulin, parc », –
R 195/385 – 65 – **17 ch** 620/950 – ½ P 550/700.

BEAUMONT-DE-LOMAGNE 82500 T.-et-G. 82 ⑥ G. Pyrénées Aquitaine – 3 488 h alt. 102.

Paris 684 – Auch 49 – Toulouse 61 – Agen 58 – Castelsarrasin 25 – Condom 57 – Montauban 36.

Commerce, r. Mar. Foch 63 02 31 02 – ch
fermé 2 au 8 mai, 22 au 30 nov., vacances de fév., dim soir et lundi – **R** 69/195 – 26 – **12 ch** 140/195 – ½ P 158/180.

CITROEN Daure 63 02 35 76
PEUGEOT, TALBOT Gar. Oustric 63 02 41 18 N 63 65 25 58
RENAULT Gar. Bedouch, 63 02 35 15 N

BEAUMONT-EN-AUGE **14950** Calvados 55 ③ **G. Normandie Vallée de la Seine** – 472 h alt. 95.

Paris 204 – ♦Caen 41 – Deauville 11 – Lisieux 21 – Pont-l'Évêque 8.

XX **Aub. de l'Abbaye,** ✆ 31 64 82 31, « Cadre rustique normand » – GB
fermé 20 fév. au 10 mars, mardi et merc. sauf vacances scolaires – **R** 155/280.

à la Haie Tondue S : 2 km par D 58 – ✉ **14130** :

XX **La Haie Tondue,** ✆ 31 64 85 00 – P. GB
fermé 1er au 17 mars, 22 juin au 6 juil., 2 au 19 oct., lundi soir et mardi – **Repas** 100/180, enf. 60.

BEAUMONT-EN-VERON **37** I.-et-L. 67 ⑨ – rattaché à Chinon.

BEAUMONT-LE-ROGER **27170** Eure 55 ⑮ **G. Normandie Vallée de la Seine** – 2 694 h alt. 91.

18 du Champ de Bataille ✆ 32 35 03 72, NE : 16 km par D 133 et D 39.

Syndicat d'Initiative pl. de Clerc (Mairie) ✆ 32 45 23 88.

Paris 133 – ♦Rouen 48 – L'Aigle 42 – Bernay 15 – Évreux 30 – Louviers 33 – Verneuil 42.

XX **Le Paris sur Risle,** ✆ 32 45 22 23 – GB
fermé dim. soir et lundi – **R** 75 (sauf vend. soir et sam.)/158, enf. 50.

PEUGEOT-TALBOT Gar. Stref Jacques, rte de Bernay ✆ 32 45 20 49

RENAULT Gar. Pasquier, ✆ 32 45 20 44

BEAUMONT-SUR-SARTHE **72170** Sarthe 60 ⑬ – 1 874 h alt. 85.

Paris 222 – Alençon 23 – ♦Le Mans 25 – La Ferté-Bernard 48 – Mamers 25 – Mayenne 62.

XX **Chemin de Fer** avec ch, à la Gare E : 1,5 km par D 26 ✆ 43 97 00 05, Fax 43 33 52 17, – TV ☎. GB
fermé 24 oct. au 9 nov., 21 fév. au 16 mars, dim. soir et lundi de nov. à Pâques – **R** 72/205, enf. 50 – ☕ 23 – **15 ch** 193/248 – ½ P 160/218.

PEUGEOT, TALBOT Gar. Noyer ✆ 43 97 01 14

PEUGEOT, TALBOT Thureau, à la Croix-Margot-Juillé ✆ 43 97 00 33 N

RENAULT Gar. Despelchain ✆ 43 97 00 03

BEAUMONT-SUR-VESLE **51360** Marne 56 ⑰ – 686 h alt. 100.

Voir Faux de Verzy★ S : 3,5 km, **G. Champagne.**

Paris 159 – ♦Reims 16 – Châlons-sur-Marne 30 – Épernay 26 – Ste-Menehould 62.

X **La Maison du Champagne** avec ch, ✆ 26 03 92 45, Fax 26 03 97 59, – TV ☎ P. AE GB. ch
fermé 1er au 15 oct., 1er au 15 fév., dim. sauf le midi en hiver et lundi sauf le soir en été – **R** 69/190, enf. 40 – ☕ 28 – **13 ch** 160/250 – ½ P 177/217.

RENAULT Gar. Lahante, 14 RN ✆ 26 03 90 59 N

BEAUNE SP **21200** Côte-d'Or 69 ⑨ **G. Bourgogne** – 21 289 h alt. 218.

Voir Hôtel-Dieu★★ et polyptyque du Jugement dernier★★★ AZ – Collégiale Notre-Dame★ : tapisseries★★ AY – Hôtel de la Rochepot★ AY **B** – Remparts★ AZ – Musée du vin de Bourgogne★ AYZ **M1.**

18 ✆ 80 24 10 29 à Levernois, 4 km par D 970 BZ.

Office de Tourisme avec A.C. pl. Halle face Hôtel-Dieu ✆ 80 22 24 51.

Paris 313 ③ – Chalon-sur-Saône 29 ③ – ♦Dijon 44 ③ – Autun 48 ④ – Auxerre 150 ③ – Dole 68 ③.

Plan page suivante

Le Cep, 27 r. Maufoux ✆ 80 22 35 48, Télex 351256, Fax 80 22 76 80, « Ameublement de style » – TV ☎ P – 70. AE GB JCB — AZ **z**
R voir rest. **Bernard Morillon** ci-après – ☕ 65 – **49 ch** 550/1000, 3 appart.

H. de la Poste M, 1 bd Clemenceau ✆ 80 22 08 11, Fax 80 24 19 71, – ch TV ☎ – 30. AE GB — AZ **s**
R 160/320 – ☕ 50 – **21 ch** 500/850, 9 appart. – ½ P 800.

Henry II sans rest, 12 fg St Nicolas ✆ 80 22 83 84, Fax 80 24 15 13 – TV ☎ – 25. AE GB JCB. — AY **q**
50 ch ☕ 400/690.

La Closerie M sans rest, par ④ rte Autun N 74 ✆ 80 22 15 07, Télex 351213, Fax 80 24 16 22, – TV ☎ P. AE GB JCB
fermé 24 déc. au 15 janv. – ☕ 37 – **46 ch** 390/510.

Athanor M sans rest, 9 av. République ✆ 80 24 09 20, Fax 80 24 09 15 – TV ☎. AE GB JCB — AZ **e**
☕ 50 – **29 ch** 400/480.

H. de la Paix, 47 fg Madeleine ✆ 80 22 33 33, Fax 80 22 84 39, – TV ☎. AE GB
Le Bouchon *(fermé dim. soir et lundi soir)* **R** 75/120, enf. 45 – **La Rôtisserie** *(fermé mardi midi et lundi)* **R** 85/285 – ☕ 40 – **10 ch** 310/450. — BZ **s**

Central, 2 r. V. Millot ✆ 80 24 77 24, Fax 80 22 30 40 – TV ☎. GB — AZ **n**
fermé 24 nov. au 18 déc., 1er au 12 fév., merc. de nov. à juin sauf hôtel d'avril à juin et dim. de nov. à mars – **R** 130/300 – ☕ 40 – **20 ch** 330/450.

BEAUNE

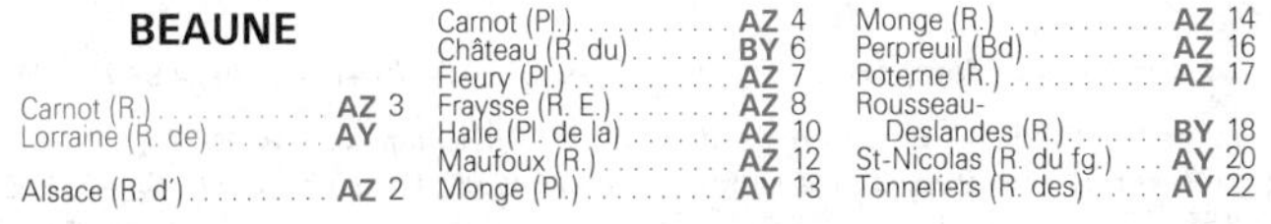

Carnot (R.) . . . . **AZ** 3
Lorraine (R. de) . . . . **AY**

Alsace (R. d') . . . . **AZ** 2
Carnot (Pl.) . . . . **AZ** 4
Château (R. du) . . . . **BY** 6
Fleury (Pl.) . . . . **AZ** 7
Fraysse (R. E.) . . . . **AZ** 8
Halle (Pl. de la) . . . . **AZ** 10
Maufoux (R.) . . . . **AZ** 12
Monge (Pl.) . . . . **AY** 13
Monge (R.) . . . . **AZ** 14
Perpreuil (Bd) . . . . **AZ** 16
Poterne (R.) . . . . **AZ** 17
Rousseau-Deslandes (R.) . . . . . . **BY** 18
St-Nicolas (R. du fg.) . . . **AY** 20
Tonneliers (R. des) . . . . . **AY** 22

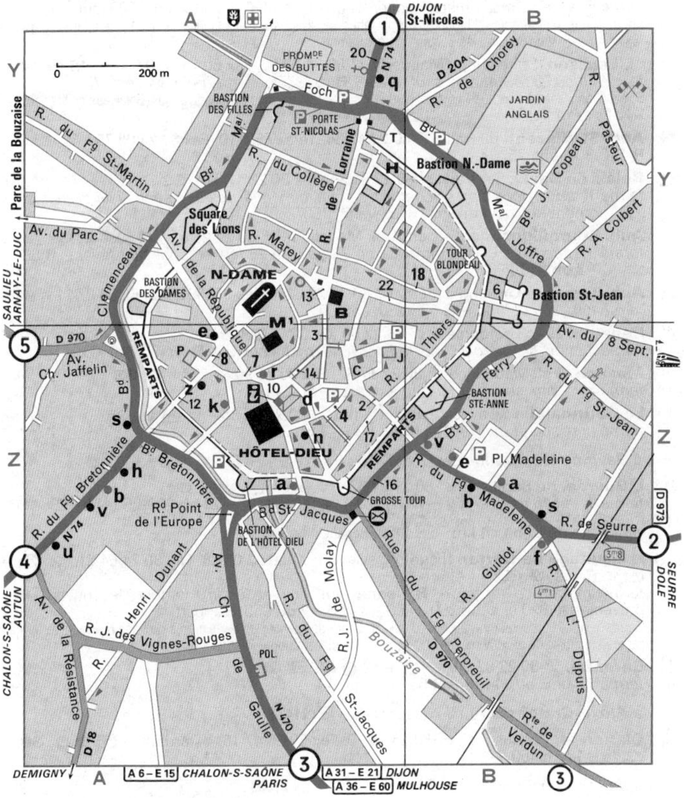

Samotel, par ④ rte Autun N 74 ✆ 80 22 35 55, Télex 350596, Fax 80 22 09 14, – ch TV ☎ P – 50. AE DC GB
R 110, enf. 45 – ☕ 42 – **65 ch** 340/370.

Belle Epoque sans rest, 15 fg Bretonnière ✆ 80 24 66 15, Fax 80 24 17 49 – TV ☎. AE DC GB JCB — AZ **h**
☕ 45 – **16 ch** 330/480.

Grillon sans rest, 21 rte Seurre par ② : 1 km ✆ 80 22 44 25, Fax 80 24 94 89, – ☎ P. AE DC GB
fermé 15 janv. au 15 fév. – ☕ 28 – **18 ch** 250/320.

Le Home sans rest, 138 rte Dijon par ① ✆ 80 22 16 43, Fax 80 24 90 74, – ☎ P. AE GB
☕ 32 – **23 ch** 305.

La Cloche, 42 fg Madeleine ✆ 80 24 66 33, Fax 80 24 04 24 – ch rest TV ☎ P. GB
fermé 15 déc. au 20 janv. – **R** *(fermé mardi)* 87/215 – ☕ 35 – **21 ch** 280/360. — BZ **b**

Host. de Bretonnière sans rest, 43 fg Bretonnière ✆ 80 22 15 77, Fax 80 22 72 54 – TV ☎ P. GB — AZ **v**
fermé 1er au 19 fév. – ☕ 34 – **27 ch** 175/350.

Alésia sans rest, 4 av. Sablières, rte Dijon par ① : 1 km ✆ 80 22 63 27, Fax 80 24 95 28 – ☎ P. GB
fermé 15 déc. au 20 janv. – ☕ 28 – **15 ch** 195/315.

Beaun H. sans rest, 55 bis fg Bretonnière ✆ 80 22 11 01 – ☎ P. GB — AZ **u**
fermé 15 janv. au 15 fév. et dim. soir hors sais. – ☕ 26 – **16 ch** 150/264.

XXX **Le Jardin des Remparts,** 10 r. Hôtel-Dieu ✆ 80 24 79 41, Fax 80 24 92 79, ☂ – 🅟. GB AZ **a**
fermé 2 au 9 août, 7 fév. au 7 mars, dim. soir et lundi sauf fériés – **R** 130/290, enf. 90.

XXX ✿ **Bernard Morillon,** 31 r. Maufoux ✆ 80 24 12 06, Fax 80 22 66 22, ☂ – AE ⓓ GB JCB AZ **z**
fermé 6 fév. au 9 mars, mardi midi et lundi – **R** 160/420 et carte 350 à 500, enf. 100
Spéc. Tourte d'escargots et brunoise de noisettes. Ecrevisses en ragoût (juin à déc.). Cœur de Charolais sauté "Saint-Amant". **Vins** Savigny-lès-Beaune, Ladoix-Serrigny.

XX ✿ **L'Écusson** (Senelet), pl. Malmédy ✆ 80 24 03 82, Fax 80 24 74 02, ☂ – AE ⓓ GB
fermé 10 au 28 fév. et dim. sauf fériés – **R** 125/335 et carte 260 à 390, enf. 70 BZ **f**
Spéc. Oignons farcis aux béatilles de canard et jus d'huîtres. Poitrine de pigeon au jus. Glace aux pralines roses. **Vins** Saint-Romain blanc, Beaune.

XX **Aub. St-Vincent,** pl. Halle ✆ 80 22 42 34, Télex 352110, Fax 80 24 02 75 – ▤. AE ⓓ GB
R 120/300, enf. 75. AZ **r**

XX **Relais de Saulx,** 6 r. Very ✆ 80 22 01 35, Fax 80 22 41 01 – GB AZ **k**
fermé 1er au 26 déc., dim. soir de déc. à sept., dim. midi de juil. à sept. et lundi sauf oct.-nov. – **R** (nombre de couverts limité - prévenir) 150/250.

XX **Aub. Bourguignonne** avec ch, 4 pl. Madeleine ✆ 80 22 23 53 – ▤ rest ☎. GB BZ **a**
fermé 12 déc. au 15 janv., dim. soir du 28 nov. au 28 fév. et lundi sauf fériés – **R** 89/195 – ☕ 30 – **8 ch** 240/290.

XX **Aub. Toison d'Or,** 4 bd J. Ferry ✆ 80 22 29 62, Télex 351301, Fax 80 24 07 11 – ▤. GB
fermé dim. soir et lundi – **R** 125/230, enf. 50. BZ **v**

XX **Benaton,** 25 fg Bretonnière ✆ 80 22 00 26, ☂ – AE GB AZ **b**
fermé 23 nov. au 7 déc., 1er au 15 fév., vend. midi et jeudi – **R** 90/190, enf. 60.

X **Maxime,** 3 pl. Madeleine ✆ 80 22 17 82, Fax 80 24 90 81, ☂ – AE GB BZ **e**
⟡ *fermé fév., dim. soir et lundi sauf juil.-août* – **R** 72/180.

X **Le Gourmandin** Ⓜ avec ch, 8 pl. Carnot ✆ 80 24 07 88 – ▤ TV ☎. GB AZ **d**
fermé dim. soir et mardi – **R** 115 – ☕ 35 – **3 ch** 330.

à Savigny-lès-Beaune par ① et D 18 : 6 km – ✉ 21420 :

🏠 **L'Ouvrée,** rte Bouilland ✆ 80 21 51 52, ☂, 🌳 – TV ☎ 🅟. GB
fermé 1er au 15 mars et fév. – **R** 92/220, enf. 50 – ☕ 27 – **22 ch** 220/250 – ½ P 235/257.

par ① rte de Dijon : 4 km – ✉ 21200 Beaune :

XXXX ✿ **Ermitage de Corton** (Parra) Ⓜ avec ch, ✆ 80 22 05 28, Fax 80 24 64 51, ≤, ☂, 🌳 – TV ☎ 🅟. AE ⓓ GB
fermé mi-janv. à mi-fév. – **R** *(fermé dim. soir et lundi)* (nombre de couverts limité - prévenir) 190/620 et carte 260 à 450 – ☕ 85 – **2 ch** 950, 8 appart.
Spéc. Millefeuille de saumon au pain d'épices. Sauté de grenouilles au foie gras de canard. Meurette de carpe et sandre sur feuille de brick. **Vins** Pernand-Vergelesses blanc, Chorey-les-Beaune.

XX **Bareuzai,** ✆ 80 22 02 90, ≤, ☂ – ▤ 🅟. AE ⓓ GB
⟡ *fermé 1er janv. au 11 fév.* – **R** 65/300, enf. 40.

à Aloxe-Corton par ① : 6 km sur N 74 – ✉ 21420 :

🏨 **Clarion** Ⓜ 🐌 sans rest, ✆ 80 26 46 70, Fax 80 26 47 16, « Jardin » – TV ☎ 🅟. GB
☕ 75 – **10 ch** 450/770.

à Ladoix-Serrigny par ① : 7 km sur N 74 – ✉ 21550 :

🏨 **Les Paulands** sans rest, ✆ 80 26 41 05, Fax 80 26 47 56, 🏊 – TV ☎ 🅟. GB
fermé 22 déc. au 2 janv. – ☕ 48 – **20 ch** 340/380.

XX **Les Coquines,** N 74 à Buisson ✆ 80 26 43 58, ☂ – 🅟. AE ⓓ GB
fermé 7 au 20 fév., merc. soir et jeudi – **R** 132/195, enf. 100.

par ③ près de l'échangeur A 6 : 2 km – ✉ 21200 Beaune :

🏨 **Novotel** Ⓜ, av. Charles de Gaulle ✆ 80 24 59 00, Télex 352237, Fax 80 24 59 29, ☂, 🏊 – 🛗 ⚞ ch ▤ TV ☎ ♿ 🅟 – 🎤 25 à 200. AE ⓓ GB
R 95/120, enf. 50 – ☕ 52 – **127 ch** 430/530.

🏠 **Primevère** Ⓜ, ✆ 80 24 15 30, Fax 80 24 16 10, ☂ – TV ☎ ♿ 🅟 – 🎤 25. ⓓ GB
R 78/105 🍷, enf. 41 – ☕ 32 – **42 ch** 270.

à Levernois SE : 5 km par rte Verdun sur le Doubs D 970 et D 111 - BZ – ✉ 21200 :

🏨 **Colvert Golf H.** Ⓜ 🐌 sans rest, ✆ 80 24 78 20, Fax 80 24 77 70, ≤ – 🛗 ⚞ ch TV ☎ ♿ 🚗. AE ⓓ GB
fermé 20 au 31 janv. – ☕ 50 – **24 ch** 320/370.

🏠 **Parc** 🐌 sans rest, ✆ 80 24 63 00, parc – TV ☎ 🅟. GB
fermé 20 nov. au 6 déc. – ☕ 31 – **25 ch** 190/420.

XXXX ✿✿ **Host. de Levernois** (Crotet) Ⓜ 🐌 avec ch, ✆ 80 24 73 58, Fax 80 22 78 00, ☂, « Jardin fleuri et parc », 🎾 – TV ☎ 🅟. AE ⓓ GB
R *(fermé mardi midi)* 200 bc (déj.)/520 et carte 350 à 550 – ☕ 90 – **14 ch** 950 – ½ P 1000
Spéc. Petits escargots de Bourgogne en cocotte lutée. Pigeon poêlé au foie gras. Poulet de Bresse rôti. **Vins** Bourgogne-Aligoté, Savigny-les-Beaune.

à Montagny-lès-Beaune par ③ et D 113 : 3 km – ✉ **21200** :

Les Genièvres sans rest, ✆ 80 22 37 74, – ☎ 🅟. AE GB
fermé 20 fév. au 7 mars et 20 déc. au 3 janv. – ☕ 25 – **19 ch** 150/210.

par ③ : 7 km sur Autoroute A6 (vers Lyon) – ✉ **21200** Beaune :

Mercure-Altéa Relais de Beaune, ✆ 80 21 46 12, Télex 350627, Fax 80 26 84 78 – TV ☎ ♿ 🅟. AE ⓓ GB
R rest. d'autoroute sur place dont **La Bourguignotte** ✆ 80 21 46 24 **R** 140/190, enf. 42 – ☕ 46 – **150 ch** 380/460.

à Meursault par ④ : 8 km – ✉ **21190** :

i Syndicat d'Initiative pl. Hôtel de Ville (saison) ✆ 80 21 25 90.

Les Charmes sans rest, pl. Murger ✆ 80 21 63 53, Fax 80 21 62 89, – TV ☎ ♿ 🅟. GB.
fermé vacances de fév. – ☕ 45 – **15 ch** 370/520.

Les Magnolias sans rest, 8 r. P. Joigneaux ✆ 80 21 23 23, Fax 80 21 29 10 – ☎. GB.
18 mars-30 nov. – ☕ 45 – **11 ch** 350/550.

Motel Au Soleil Levant, rte Beaune ✆ 80 21 23 47, Fax 80 21 65 67 – TV ☎ 🅟. GB
R *(fermé 20 nov. au 20 déc.)* 61/120 – ☕ 23 – **35 ch** 176/316.

Relais de la Diligence, à la gare SE : 2,5 km par D 23 ✆ 80 21 21 32, Fax 80 21 64 69, ← – 🅟. AE ⓓ GB
fermé 15 déc. au 2 fév., mardi soir et merc. – **Repas** 63/148, enf. 40.

à Puligny-Montrachet par ④ et N 74 : 12 km – ✉ **21190** :

✿ **Le Montrachet** M, ✆ 80 21 30 06, Fax 80 21 39 06, – ☎ ♿. AE ⓓ GB
fermé 30 nov. au 6 janv. – **R** *(fermé merc.)* 160/395 et carte 260 à 370 – ☕ 48 – **32 ch** 375/475
Spéc. Escargots de Bourgogne en coquilles. Blanc de volaille de Bresse au foie gras. Tarte chaude aux pommes et sorbet au cidre. **Vins** Puligny-Montrachet, Chassagne-Montrachet.

à Auxey-Duresses par ④ et D 973 : 8 km – ✉ **21190** :

La Crémaillère, ✆ 80 21 22 60, Fax 80 21 62 65 – GB
fermé 1er fév. au 5 mars, lundi soir et mardi – **R** 80/260, enf. 35.

BMW Savy 21, 23 r. J.-Germain ZI ✆ 80 22 88 69
CITROEN Gar. Champion, 1 rte de Pommard par ④ ✆ 80 22 28 14 N
CITROEN Gar. Chaffraix, 47 r. Fg-St-Nicolas par ① ✆ 80 22 17 55
FIAT Bolatre, 40 fg Bretonnière ✆ 80 24 02 18 N ✆ 80 61 55 57
FORD Gar. Moreau, 135 bis rte de Dijon ✆ 80 22 27 00 N
PEUGEOT, TALBOT Champion, 42 rte de Pommard par ④ ✆ 80 22 12 30 N ✆ 80 20 74 61
RENAULT Beaune-Auto, 78 rte de Pommard par ④ ✆ 80 24 35 00 N ✆ 80 22 87 04

Gaudry-Pneu, 148 rte de Dijon ✆ 80 22 14 21

BEAUPRÉAU 49600 M.-et-L. 67 ⑤ G. Châteaux de la Loire – 5 937 h alt. 86.

i Office de Tourisme (22 avril-15 sept.) ✆ 41 63 06 49.

Paris 346 – Angers 51 – Ancenis 28 – Châteaubriant 71 – Cholet 18 – ♦Nantes 53 – Saumur 84.

France, pl. Gén. Leclerc ✆ 41 63 00 26 – ☎ 🅟
13 ch.

à la Chapelle-du-Genêt SO : 3 km – ✉ **49600** :

Aub. de la Source, ✆ 41 63 03 89 – GB
fermé 26 juil. au 15 août, dim. soir et lundi soir – **R** 102/265, enf. 60.

BEAURAINS 62 P.-de-C. 53 ② – rattaché à Arras.

BEAURAINVILLE 62990 P.-de-C. 51 ⑫ – 2 093 h alt. 14.

Paris 226 – ♦Calais 80 – Arras 72 – Hesdin 14 – Montreuil 12 – St-Omer 54.

Val de Canche avec ch, ✆ 21 90 32 22, – 🅟. GB. ch
fermé 22 déc. au 10 janv., dim. soir et lundi – **R** 65/140 – ☕ 25 – **10 ch** 120/225 – ½ P 135/182.

BEAURECUEIL 13100 B.-du-R. 84 ③ – 510 h alt. 254.

Paris 768 – ♦Marseille 34 – Aix-en-Provence 12 – Aubagne 32 – Brignoles 49.

Mas de la Bertrande, D 58 ✆ 42 66 90 09, Fax 42 66 82 01, – TV ☎ 🅟 – 25. AE ⓓ GB
hôtel : fermé 15 fév. au 1er mars, dim. soir et lundi sauf du 15 juin au 30 sept. – **R** *(ouvert mars-oct. et fermé dim. soir et lundi sauf du 15 juin au 30 sept.)* 100/235, enf. 90 – ☕ 45 – **10 ch** 320/520 – ½ P 395/495.

Relais Ste-Victoire M avec ch, D 46 ✆ 42 66 94 98, Fax 42 66 85 96, ←, – ch TV ☎ 🅟. AE ⓓ GB
fermé 1er au 7 janv., vacances de nov., de fév., dim. soir et lundi – **R** (week-ends prévenir) 175/350, enf. 125 – ☕ 55 – **9 ch** 350/450 – ½ P 450/650.

BEAUREGARD 01 Ain 74 ① – rattaché à Villefranche-sur-Saône.

BEAUREPAIRE 38270 Isère 77 ② – 3 735 h alt. 257.

Paris 521 – Annonay 41 – ♦Grenoble 64 – Romans 37 – ♦St-Étienne 79 – Tournon-sur-Rhône 47 – Vienne 30.

XXX **Fiard** avec ch, av. Terreaux ✆ 74 84 62 02, Fax 74 84 71 13 – ▤ rest TV ☎ – 🏔 25. AE ⓓ GB
fermé 2 janv. au 3 fév., dim. soir hors sais. et lundi midi – **R** 118/380 ♁ – ☕ 38 – **15 ch** 250/350.

CITROEN Gar. des Alpes ✆ 74 84 60 13
FORD Gar. Dumoulin ✆ 74 84 61 22
PEUGEOT TALBOT Gar. Boyet ✆ 74 84 61 37
RENAULT Gar. des Terreaux ✆ 74 84 61 50 N

BEAUREPAIRE-EN-BRESSE 71 S.-et-L. 70 ⑬ – rattaché à Louhans.

BEAUSOLEIL 06 Alpes-Mar. 84 ⑩, 115 ㉗ – rattaché à Monaco.

Le BEAUSSET 83330 Var 84 ⑭ – 7 114 h alt. 180.

Voir ≤★ de la chapelle N.-D. du Beausset-Vieux S : 4 km, **G. Côte d'Azur.**

ℹ Syndicat d'Initiative pl. Ch.-de-Gaulle ✆ 94 90 55 10.

Paris 820 – ♦ Toulon 19 – Aix-en-Provence 64 – ♦Marseille 47.

🏨 **Motel la Cigalière** ⛰, N : 1,5 km par N 8 et VO ✆ 94 98 64 63, Fax 94 98 66 04, 🌳, parc, 🏊, 🎾 – cuisinette ☎ 🅿 – 🏔 35. GB. ✻
hôtel : fermé 1er au 10 oct., 1er au 10 fév., et dim. soir hors sais. ; rest. : ouvert 15 mai-30 sept. – **R** (dîner seul.) carte 120 à 180 – ☕ 36 – **14 ch** 340/390 – ½ P 320/340.

X **Aub. Couchoua,** N : 3,5 km par N 8 et VO ✆ 94 98 72 24, 🌳, 🌲 – 🅿. ✻
fermé 8 au 21 mars, 4 au 17 oct., dim. soir sauf août et merc. – **R** viandes grillées (dîner seul. en août) 150, enf. 95.

X **La Miquelette,** S : 2 km par N 8 et VO ✆ 94 90 50 79, ≤, 🌳, 🌲 – 🅿. GB
mi-mars-début nov. et fermé le midi (sauf sam. et dim.) en juil.-août, dim. soir et lundi de sept. à juin – **R** (nombre de couverts limité, prévenir) carte 140 à 200.

à Ste-Anne-d'Evenos SE : 3 km par N 8 et VO – ✉ 83330 Le Beausset :

XX **Le Poivre d'Ane,** ✆ 94 90 37 88, 🌳 – 🅿. AE GB
fermé mi-janv. à mi-fév., dim. soir et lundi soir sauf juil.-août et lundi midi – **R** (nombre de couverts limité, prévenir) 170/240.

RENAULT Central-Gar. ✆ 94 98 70 10
Ⓜ Michel Pneum. ✆ 94 90 44 70

BEAUVAIS P 60000 Oise 55 ⑨ ⑩ **G. Flandres Artois Picardie** – 54 190 h alt. 64.

Voir Cathédrale★★★ : horloge astronomique★ – Église St-Étienne★ : vitraux★★ et arbre de Jessé★★★ – Musée départemental de l'Oise★ dans l'ancien palais épiscopal **M.**

ℹ Office de Tourisme r. Beauregard ✆ 44 45 08 18.

Paris 76 ④ – Compiègne 59 ③ – ♦Amiens 59 ② – Arras 126 ② – Boulogne-sur-Mer 168 ① – Dieppe 107 ⑦ – Évreux 99 ⑥ – ♦Reims 153 ③ – ♦Rouen 82 ⑦ – St-Quentin 111 ②.

Plan page suivante

🏨 **Chenal** sans rest, 63 bd Gén. de Gaulle **(a)** ✆ 44 45 03 55, Fax 44 45 07 81 – 🛗 ⊁ ch TV ☎. AE ⓓ GB JCB. ✻
☕ 37 – **29 ch** 325/365.

🏨 **Palais** sans rest, 9 r. St Nicolas **(s)** ✆ 44 45 12 58 – TV ☎. AE GB
☕ 24 – **15 ch** 235/250.

🏨 **La Résidence** ⛰ sans rest, 24 r. L. Borel par ② et r. D. Maillart ✆ 44 48 30 98, Fax 44 45 09 42 – TV ☎ 🅿. AE GB
☕ 32 – **23 ch** 165/240.

🏨 **Bristol** sans rest, 60 r. Madeleine **(k)** ✆ 44 45 01 31 – TV ☎. GB
fermé 18 déc. au 2 janv. et dim. soir du 1er nov. au 1er avril – ☕ 30 – **19 ch** 100/220.

XXX **A la Côtelette,** 8 r. Jacobins **(e)** ✆ 44 45 04 42, Fax 44 45 09 95 – AE GB
fermé 20 juil. au 10 août et dim. sauf fêtes – **R** 155.

XX **La Coquerie,** 1 r. St-Quentin **(b)** ✆ 44 48 58 45, 🌳 – AE GB
fermé 1er au 15 août, 23 au 31 déc., sam. midi et dim. soir – **R** 160, enf. 50.

à Tillé par ② : 4 km – ✉ 60000 :

XX **Le Pradou,** 45 r. Ile de France ✆ 44 45 66 14, Fax 44 45 56 47, 🌳 – 🅿. GB
fermé 5 au 25 août et lundi – **R** 80/120 ♁.

par ④ : 3 km, quartier St-Lazare sur rte de Paris – ✉ 60000 Beauvais :

🏨 **Mercure** M sans rest, av. Montaigne ✆ 44 02 80 80, Télex 150210, Fax 44 02 12 50, 🏊 – ⊁ ch TV ☎ ♿ 🅿 – 🏔 90. AE ⓓ GB JCB
☕ 48 – **60 ch** 395.

BEAUVAIS

Carnot (R.)
Gambetta (R.)
Hachette (Pl. J.) 10
Madeleine (R. de la)
Malherbe (R. de) 18
St-Pierre (R.) 24
Beauregard (R.) 2
Brière (Bd J.) 3
Dr-Gérard (R.) 5
Dr-Lamotte (Bd du) 6
Grenier-à-Sel (R.) 8
Guéhengnies (R. de) 9
Halles (Pl. des) 12
Leclerc (R. Gén.) 13
Lignières (R. J. de) 15
Loisel (Bd A.) 16
Nully-d'Hécourt (R.) 19
République (Av. de la) 20
St-André (Bd) 22
St-Laurent (R.) 23
St-Vincent-de-Beauvais (R.) 26
Scellier (Cours) 27
Taillerie (R. de la) 29
Tapisserie (R. de la) 30

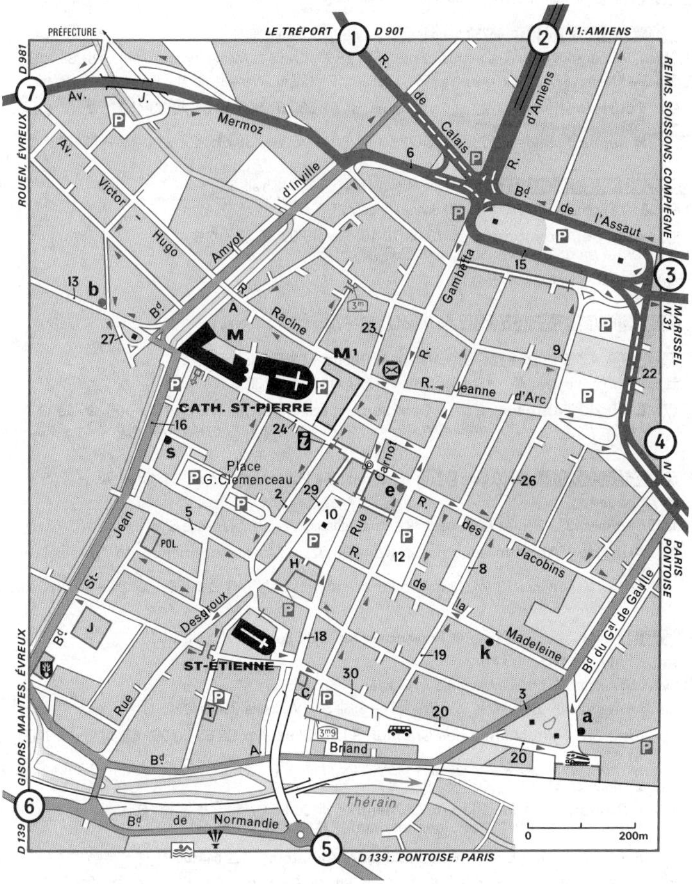

à Savignies O : 10 km par ⑦ et D 1 – ✉ **60650** :

XX **Aub. de la Poterie,** ✆ 44 82 27 72, 🏡 – GB
fermé 26 juil. au 8 août, 21 janv. au 8 fév., dim. soir, merc. soir et lundi sauf fêtes – **R** 100/198 bc, enf. 75.

ALFA-ROMEO Gar. Lemaire Napoléon, RN 1 à Allonne ✆ 44 02 33 32
BMW, TOYOTA Gar. du Franc-Marché, av. P.-et-M.-Curie ZAC St-Lazare ✆ 44 05 15 25
CITROEN Gd Gar. Paintré, 63 r. de Calais par ① ✆ 44 45 62 37 **N** ✆ 44 48 05 22
FIAT Gar. Piscine, r. Becquerelle ✆ 44 05 16 00
FORD Automobiles du Thil, 11 r. N.-D.-du-Thil ✆ 44 48 06 06
MERCEDES Techstar, r. Joseph Cugnot ✆ 44 05 47 00
OPEL Beauvais-Autos, r. P.-et-M.-Curie ZAC St-Lazare ✆ 44 02 05 21
PEUGEOT-TALBOT Le Nouveau Gar., 2 r. Gay-Lussac, N 1 par ④ ✆ 44 05 20 40
RENAULT Gueudet, N 181, rte d'Amiens par ② ✆ 44 48 25 78 **N** ✆ 44 04 95 01
ROVER Gar. Paris-Londres, r. Gay-Lussac ✆ 44 02 21 42
V.A.G S.A.G.A. 60, r. de Clermont ✆ 44 05 45 47
VOLVO Mondial Garage, 22 fg St-Jacques et bd Ile-de-France ✆ 44 84 78 78

Ⓜ Beauvais Pneum. P.P.P.N., 5 r. 51e R.-I. ✆ 44 45 91 23
Cacaux, 21 av. B.-Pascal, ZI n° 2 ✆ 44 05 21 60
Euromaster Fischbach Pneu Service, 55 r. E.-de-St-Fuscien à Grandvilliers ✆ 44 46 54 95

BEAUVEZER **04370** Alpes-de-H.-P. 81 ⑧ **G. Alpes du Sud** – 226 h alt. 1 150.

Paris 787 – Digne-les-Bains 65 – Annot 30 – Castellane 43 – Manosque 123 – Puget-Théniers 52.

Verdon, ✆ 92 83 44 44, ←, – P. GB
juin-mi-oct. et fév.-mi-mai – **R** *(fermé dim. soir hors sais.)* 89 – ☐ 27 – **20 ch** 105/205 – ½ P 150/195.

BEAUVOIR **50** Manche 59 ⑦ – rattaché au Mont-St-Michel.

BEAUVOIR-SUR-MER **85230** Vendée 67 ① ② – 3 277 h alt. 20.

Office de Tourisme r. Ch.-Gallet (mai-sept.) ✆ 51 68 71 13 et à la Mairie (hors saison) ✆ 51 68 70 32.

Paris 445 – ◆Nantes 59 – La Roche-sur-Yon 55 – Challans 15 – Noirmoutier-en-l'Ile 21 – Pornic 32 – La Rochelle 128.

Touristes (annexe M), rte Gois ✆ 51 68 70 19, Fax 51 49 33 45 – ☎ ♿ P. AE GB
R *(fermé 4 janv. au 15 fév.)* 65/288, enf. 50 – ☐ 30 – **36 ch** 222/334 – ½ P 231/325.

BEAUVOIR-SUR-NIORT **79360** Deux-Sèvres 72 ① – 1 242 h alt. 66.

Paris 418 – La Rochelle 58 – Niort 16 – St-Jean-d'Angély 28.

Aub. des Voyageurs, ✆ 49 09 70 16, Fax 49 09 65 78 – GB
fermé merc. en hiver – **Repas** 70/285 ♁, enf. 50.

RENAULT Gar. Savin ✆ 49 09 70 12

BEAUVOIS-EN-CAMBRÉSIS **59** Nord 53 ④ – rattaché à Cambrai.

BEAUZAC **43590** H.-Loire 76 ⑧ **G. Vallée du Rhône** – 1 955 h alt. 555.

Paris 558 – Le Puy-en-Velay 45 – ◆St-Étienne 40 – Craponne-sur-Arzon 30.

L'Air du Temps avec ch, à Confolens, O par D 461 ✆ 71 61 49 05 – TV ☎. AE GB
fermé 1er au 7 sept., vacances de fév., dim. soir et lundi – **R** 95/220, enf. 50 – ☐ 35 – **8 ch** 240 – ½ P 230.

Le BEC-HELLOUIN **27800** Eure 55 ⑮ **G. Normandie Vallée de la Seine** – 434 h alt. 70.

Voir Abbaye★★.

Paris 157 – ◆Rouen 39 – Bernay 23 – Évreux 49 – Pont-Audemer 22 – Pont-l'Évêque 52.

Aub. de l'Abbaye avec ch, ✆ 32 44 86 02, « Maison normande du 18e siècle » – ☎. GB
fermé 10 janv. au 18 fév., lundi soir et mardi hors sais. – **R** 125/250 – ☐ 35 – **10 ch** 350/380 – ½ P 335/350.

BÉDOIN **84410** Vaucluse 81 ⑬ **G. Provence et Alpes du Sud** – 2 215 h alt. 310.

Voir Le Paty ←★ NO : 4,5 km.

Syndicat d'Initiative espace Marie-Louis Gravier ✆ 90 65 63 95.

Paris 688 – Avignon 40 – Carpentras 15 – Nyons 37 – Sault 30 – Vaison-la-Romaine 21.

Pins ⑤, 1 km chemin des Crans ✆ 90 65 92 92, Fax 90 65 60 66, , , – TV ☎ ♿ P. GB
fermé 2 janv. au 2 fév. et dim. soir hors sais. – **R** (dîner seul.)(résidents seul.) 110/120 – ☐ 40 – **25 ch** 280/300 – ½ P 280/300.

L'Oustau d'Anaïs, 1 km rte Carpentras ✆ 90 65 67 43, – P. AE GB
fermé 26 sept. au 1er nov., lundi et mardi – **R** 80/220 ♁, enf. 50.

à Ste-Colombe E : 4 km par rte du Mont Ventoux – ✉ **84410** :

La Garance sans rest, ✆ 90 12 81 00, Fax 90 65 93 05, – TV ☎ ♿ P. GB
☐ 32 – **14 ch** 250/280.

La Colombe, ✆ 90 65 61 20, – P. GB.
fermé 15/11 au 1/12, vacances de fév., dim. soir, mardi soir, merc. soir et jeudi soir du 15/10 à Pâques et lundi – **R** 140/250, enf. 90.

BEG-MEIL 29 Finistère 58 ⑮ G. Bretagne – ✉ 29170 Fouesnant.

de l'Odet ℘ 98 54 87 88, à Clohars-Fouesnant : 10 km.

Office de Tourisme (15 juin-15 sept.) ℘ 98 94 97 47.

Paris 554 – Quimper 20 – Carhaix-Plouguer 70 – Concarneau 19 – Pont-l'Abbé 23 – Quimperlé 44.

Thalamot, ℘ 98 94 97 38, Fax 98 94 49 92, – TV ☎. AE GB. rest
17 avril-5 oct. – **R** 102/258, enf. 60 – 36 – **35 ch** 250/392 – ½ P 272/360.

Bretagne, 14 r. Glénan ℘ 98 94 98 04, Fax 98 94 90 58, – TV ☎ ♿ P. GB. rest
1er avril-30 sept. – **R** *(fermé mardi sauf du 1er juil. au 10 sept.)* 90/190, enf. 55 – 35 – **28 ch** 290/350 – ½ P 295/340.

La BÉGUDE-DE-MAZENC 26160 Drôme 81 ② G. Vallée du Rhône – 1 053 h.

Voir Vieux village perché★.

Paris 615 – Valence 55 – Crest 28 – Montélimar 15 – Nyons 37 – Orange 68.

Jabron, ℘ 75 46 28 85, Fax 75 46 24 31, – ☎ P. AE GB
fermé 2 au 31 janv. – **R** *(fermé mardi soir et merc. sauf juil.-août)* 95/130 – 25 – **12 ch** 160/200 – ½ P 180/200.

BÉGUEY 33410 Gironde 71 ⑩ – 910 h alt. 20.

Paris 609 – ♦Bordeaux 31 – Langon 14 – Libourne 38 – Marmande 51.

Château de la Tour, D 10 ℘ 56 76 92 00, Fax 56 62 11 59, ←, , parc, , , – rest TV ☎ ♿ P – 25 à 60. AE GB
R *(fermé dim. soir de sept. à juin)* 85/195, enf. 60 – 35 – **31 ch** 330/450 – ½ P 295/385.

Comptoir Cadillacais du Pneu, ZA de Beguey ℘ 56 62 90 83

Euromaster Central Pneu Service, av. Libération ℘ 56 62 17 61

BEINE 89 Yonne 65 ⑤ – rattaché à Chablis.

BÉLÂBRE 36370 Indre 68 ⑯ – 1 062 h alt. 92.

Paris 330 – Poitiers 76 – Argenton-sur-Creuse 37 – Bellac 54 – Le Blanc 13 – Châteauroux 59 – Montmorillon 27.

XX ✿ **L'Écu** (Cotar) avec ch, ℘ 54 37 60 82 – ☎. AE GB
fermé 15 au 30 nov., 16 au 31 janv., dim. soir et lundi – **R** (dim. prévenir) 150/380 et carte 260 à 400, enf. 80 – 50 – **6 ch** 220/300 – ½ P 320/370
Spéc. Dos de sandre en peau croustillante et vinaigre de cidre. Poitrail de pigeonneau au miel. Farandole des desserts.
Vins Reuilly, Haut Poitou.

CITROEN Nibodeau ℘ 54 37 62 44

BELCAIRE 11340 Aude 86 ⑥ – 360 h alt. 1 002.

Voir Forêts★★ de la Plaine et Comus NO.

Env. Belvédère du Pas de l'Ours★★ E : 13 km puis 15 mn, G. Pyrénées Roussillon.

Paris 827 – Foix 53 – Ax-les-Thermes 25 – Carcassonne 80 – Quillan 28.

X **Bayle** avec ch, ℘ 68 20 31 05, Fax 68 20 35 24, – ☎ P. GB.
fermé 2 nov. au 15 déc. et lundi (sauf juin, sept. et vacances scolaires) – **R** 67/190, enf. 45 – 26 – **13 ch** 98/215 – ½ P 155/210.

BELCASTEL 12390 Aveyron 80 ① G. Gorges du Tarn – 245 h alt. 407.

Paris 653 – Rodez 23 – Decazeville 29 – Villefranche-de-Rouergue 36.

XX ✿ **Vieux Pont** (Mlle Fagegaltier), ℘ 65 64 52 29, Fax 65 64 44 32, ← – GB
fermé janv., fév., dim. soir sauf juil.-août et lundi – **R** 130/320 et carte 225 à 325, enf. 65
Spéc. Craquant de cèpes à la crème d'ail. Croûte de pommes de terre aux escargots. Filet d'agneau rôti à l'oseille.
Vins Marcillac, Vins d'Entraygues et du Fel.

BELFORT P 90000 Ter.-de-Belf. 66 ⑧ G. Jura – 50 125 h alt. 358.

Voir Le Lion★ Z – Château★ : ✱★ de la terrasse du fort Z.

Office de Tourisme passage de France ℘ 84 28 12 23 A.C. - Z.A.C des Prés, Parc des Expositions, à Andelnans ℘ 84 28 00 30.

Paris 414 ④ – ♦Besançon 98 ④ – ♦Mulhouse 38 ③ – ♦Basel 79 ③ – Colmar 69 ③ – ♦Dijon 187 ④ – Épinal 96 ⑥ – ♦Genève 243 ④ – ♦Nancy 165 ⑥ – Troyes 259 ⑥.

Plan page suivante

Gd H. du Tonneau d'Or M, 1 r. Reiset ℘ 84 58 57 56, Fax 84 58 57 50 – ch TV ☎ ♿ P – 60. AE GB — Y **e**
R 95/320 – 55 – **47 ch** 420/590.

Mercure-Altéa H. du Lion, 2 r. G. Clemenceau ℘ 84 21 17 00, Télex 360914, Fax 84 22 56 63 – ch TV ☎ P – 25 à 55. AE GB — Y **k**
Les Saisons R 95/140 enf. 50 – 50 – **82 ch** 420/535.

Boréal M sans rest, 2 rue Comte de la Suze ℘ 84 22 32 32, Fax 84 28 15 01 – TV ☎ ♿ – 30. AE GB — Z **r**
48 – **53 ch** 390/450.

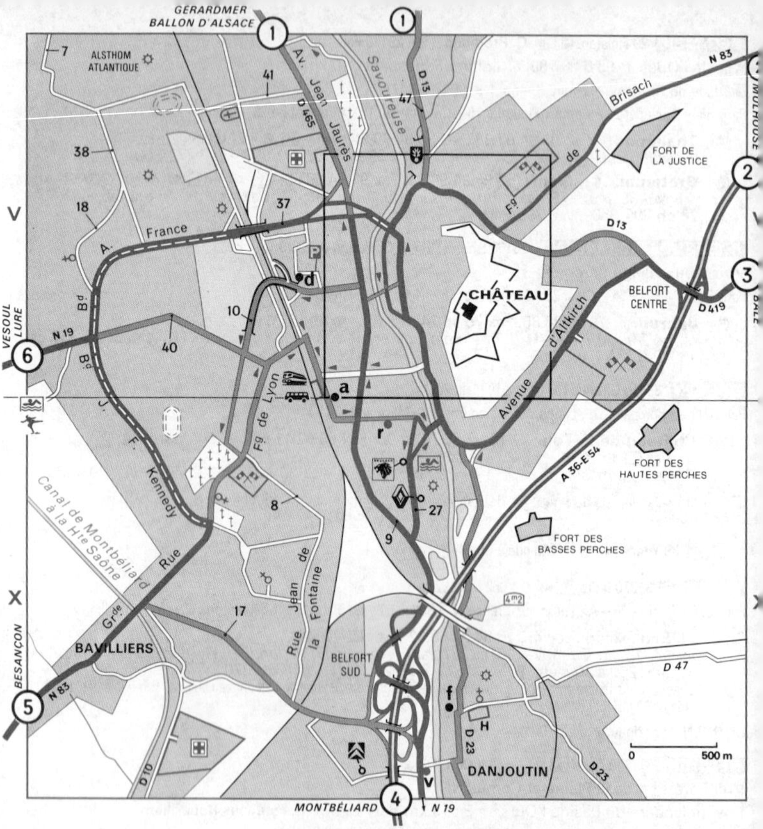

GERARDMER
BALLON D'ALSACE
MULHOUSE
VESOUL LURE
BESANÇON
MONTBÉLIARD
ALSTHOM ATLANTIQUE
FORT DE LA JUSTICE
CHÂTEAU
BELFORT CENTRE
FORT DES HAUTES PERCHES
FORT DES BASSES PERCHES
Canal de Montbéliard à la Hte Saône
BAVILLIERS
BELFORT SUD
DANJOUTIN
Av. Jean Jaurès
Fg de Lyon
Bd J. F. Kennedy
Rue Jean de la Fontaine
Avenue d'Altkirch
Fg de Brisach
Savoureuse
0 500 m

BELFORT

Ancêtres (Fg des)	Y 3
Carnot (Bd)	Z 15
Dr-Corbis (Pl. du)	Z 23
France (Fg de)	Z 30
Armes (Pl. d')	Y 5
As-de-Carreau (Pl. de l')	Z 6
Auxelles (via d')	V 7
Bavilliers (R. de)	X 8
Besançon (R. de)	X 9
Boulloche (Pt A.)	V 10
Bourgeois (Pl. des)	Y 12
Charmeuse (R. de la)	X 17
Château-d'Eau (Av. du)	V 18
Clemenceau (R. G.)	Y 20
Denfert-Rochereau (R.)	Z 21
Dr-Fréry (R. du)	Y 24
Dreyfus-Schmidt (R.)	Y 25
Dunant (Bd H.)	X 27
Foch (Av. Mar.)	Z 28
Grande-Fontaine (R.)	Y 33
Grande-Rue	Y 34
Joffre (Bd du Mar.)	VY 37
Juin (Av. du Mar.)	V 38
Leclerc (Av. du Gén.)	V 40
Lille (R. de)	V 41
Magasin (Q. du)	Y 43
Metz-Juteau (R.)	Y 45
Moulin (Av. J.)	V 47
Pompidou (R. G.)	Y 48
République (Pl. de la)	Y 49
République (R. de la)	Z 50
Roussel (R. du Gén.)	Y 51
Sarrail (Av. du Gén.)	Z 52

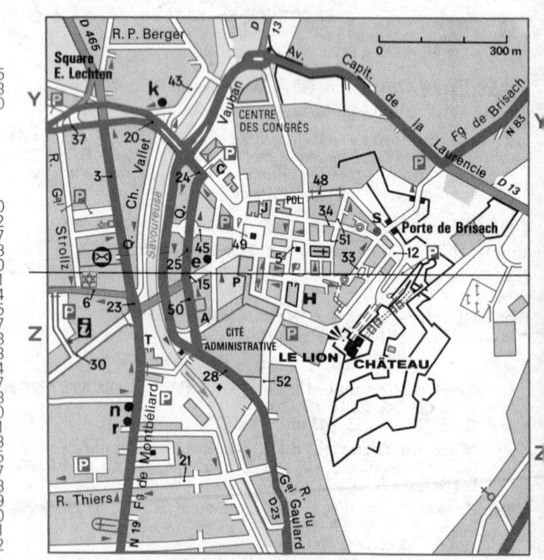

Modern H. sans rest, 9 av. Wilson ✆ 84 21 59 45, Fax 84 22 72 40 – ▮ TV ☎ ⇔ P. AE GB. ✗ VX a
fermé 18 déc. au 9 janv. et dim. en hiver – ☐ 30 – **42 ch** 200/310.

Capucins, 20 fg Montbéliard ✆ 84 28 04 60, Fax 84 55 00 92 – ▮ TV ☎. ◎ GB Z n
fermé 25 juil. au 8 août et 18 déc. au 2 janv. – **R** *(fermé sam. de nov. à mars et dim.)* 90/196 ♨, enf. 60 – ☐ 35 – **35 ch** 250/320 – ½ P 250/270.

Climat de France, r. G. Defferre ✆ 84 22 09 84, Télex 361017, Fax 84 22 59 63 – ▮ ⇔ ch TV ☎ ♿ P – 🏛 30. AE GB V d
R 78/118 ♨, enf. 38 – ☐ 30 – **46 ch** 255.

XXX ✿ **Host. du Château Servin** ⑤ avec ch, 9 r. Gén. Négrier ✆ 84 21 41 85, Fax 84 57 05 57, ☂, ⌂ – ▮ ▤ rest TV ☎ P. AE ◎ GB. ✗ ch X r
fermé 2 au 27 août – **R** (nombre de couverts limité - prévenir) 180/370 et carte 320 à 450 – ☐ 40 – **10 ch** 300/450
Spéc. Salade tiède "Dominique". Crépinette de Saint-Pierre aux morilles. Canette de Bresse aux deux cuissons.

XXX ✿ **Le Sabot d'Annie** (Barbier), D 13 entrée Offemont - V - N : 3 km ✉ 90300 Valdoie ✆ 84 26 01 71, Fax 84 26 83 79 – ▤ P. AE GB
fermé 26 juil. au 16 août, vacances de fév., sam. midi et dim. – **R** 150/350 et carte 260 à 350
Spéc. Eventail de langoustines sur lit de courgettes. Saint-Pierre soufflé, sauce aux herbes. Ris de veau de lait pané aux pistaches. **Vins** Tokay-Pinot gris, Arbois rouge.

XX **Le Pot au Feu,** 27 bis Grand'rue ✆ 84 28 57 84 – GB Y s
fermé 1er au 20 août, 1er au 7 janv., dim. et lundi – **R** 150 bc/240 ♨.

à Valdoie par ① : 5 km – 4 314 h. – ✉ **90300** :

XXX **L'Orée du Bois,** sur D 465 ✆ 84 26 18 49, ☂, « Cadre de verdure », ⌂ – P. AE ◎ GB JCB
fermé 17 août au 6 sept., dim. soir et lundi – **R** 115/195.

à Offemont N : 6 km par D 13 – 4 213 h. – ✉ **90300** :

Mon Village, 53 r. A. Briand ✆ 84 26 65 66, Fax 84 26 18 50 – ▮ TV ☎ ♿ P – 🏛 25 à 150. AE ◎ GB JCB
R *(fermé dim. soir)* 75/195 ♨ – ☐ 28 – **30 ch** 185/200 – ½ P 185/205.

par ② : 4 km sur N 83, rte de Colmar – ✉ **90000** Belfort :

X **La Petite Auberge,** ✆ 84 29 82 91, ☂ – P. GB
fermé 15 sept. au 1er oct., 15 fév. au 1er mars, dim soir, lundi et mardi – **R** 110/180 ♨, enf. 40.

à Danjoutin : 3 km X – 3 103 h. – ✉ **90400** :

Mercure M ⑤, ✆ 84 57 88 88, Télex 360801, Fax 84 21 32 12, ☂, ⛱ – ▮ ⇔ ch ▤ rest TV ☎ ♿ P – 🏛 200. AE ◎ GB X f
R 110/148 ♨, enf. 45 – ☐ 52 – **80 ch** 425/555.

XX **Pot d'Étain,** ✆ 84 28 31 95 – P. GB X v
fermé 5 au 26 juil., 3 au 10 janv., dim. soir et lundi – **R** 130/250, enf. 70.

à Sevenans S : 5 km par N 19 – ✉ **90400** :

Seven Hôtel M ⑤ sans rest, ✆ 84 56 11 92, Fax 84 56 13 55 – ⇔ ch TV ☎ ♿ P. AE ◎ GB
☐ 30 – **31 ch** 250/270.

PEUGEOT S.I.A. de Belfort, 10 r. du Rhône ✆ 84 21 53 23 N ✆ 89 63 86 15
RENAULT Gd Gar. Belfortain, bd H.-Dunant ✆ 84 21 46 90 N ✆ 84 54 93 26

◉ Chapuis-Pneus, 58 r. 1re-Armée ✆ 84 26 42 00
Toupneu, 86 fg de Montbéliard ✆ 84 21 43 05

Périphérie et environs

CITROEN Citroën Est ZI, Danjoutin ✆ 84 21 22 08
FIAT Autom. Valdoyenne, 37 r. de Turenne, Valdoie ✆ 84 26 54 31
MERCEDES-BENZ Gar. Etoile 90, 29 av. d'Alsace, à Denney ✆ 84 29 81 02

◉ Kautzmann-EPS, ZI d'Argiesans ✆ 84 22 25 08
Pneus et Services D.K., 1 rte de Montbéliard, Andelnans ✆ 84 28 03 55

BELIN-BÉLIET 33830 Gironde 78 ③ G. Pyrénées Aquitaine – 2 626 h alt. 44.

Paris 640 – ♦ Bordeaux 51 – Arcachon 49 – ♦ Bayonne 134 – Mont-de-Marsan 80.

Aliénor d'Aquitaine, ✆ 56 88 01 23, « Intérieur rustique », ⌂ – ☎ P. ✗ rest
R *(fermé lundi de nov. à fév.)* 90/120 – ☐ 30 – **12 ch** 180/230 – ½ P 250.

CITROEN Gar. Souleyreau ✆ 56 88 00 63
PEUGEOT Gar. Bernard, à Lavignolle ✆ 56 88 62 08 N

RENAULT Gar. Dubourg ✆ 56 88 00 84 N

BELLAC <SP> 87300 H.-Vienne 72 ⑦ G. Berry Limousin – 4 924 h alt. 242.

Voir Châsse★ dans l'église.

ℹ Office de Tourisme 1 bis r. L.-Jouvet ✆ 55 68 12 79.

Paris 381 – ♦ Limoges 40 – Angoulême 99 – Châteauroux 110 – Guéret 73 – Poitiers 80.

Châtaigniers, O : 2 km rte Poitiers ✆ 55 68 14 82, Fax 55 68 77 56, ⛱, ⌂ – TV ☎ P. AE GB
fermé nov., dim. soir et lundi hors sais. – **R** 108/234 – ☐ 36 – **27 ch** 216/380.

Central, 7 av. Denfert-Rochereau ✆ 55 68 00 34 – TV ☎. AE GB
fermé 24 sept. au 14 oct., 8 au 21 janv., lundi (sauf hôtel) et dim. soir hors sais. – **R** 80/180 – ☕ 30 – **15 ch** 180/250.

CITROEN Lachaise, 7 r. F.-Foureau ✆ 55 68 07 13 N
PEUGEOT, TALBOT Nogaret, rte de Poitiers ✆ 55 68 00 10
Gar. Sauteraud Les Gatines à Blanzac ✆ 55 68 94 48

BELLE-ÉGLISE 60540 Oise 55 ⑳ – 503 h.

Paris 46 – Compiègne 61 – Beauvais 33 – Pontoise 29.

XXX ✿ **Grange de Belle-Eglise** (Duval), 28 bd Belle église ✆ 44 08 49 00, Fax 44 08 45 97 – ▤ P. GB
fermé 2 au 24 août, 22 fév. au 8 mars, dim. soir et lundi – **R** 150/290 et carte 250 à 360, enf. 90
Spéc. Galette de Saint-Jacques et truffe à la fondue d'endives (janv. à mars). Côte de veau rôtie "Grand-Mère". Minute de rougets à la fondue de tomates.

BELLEGARDE 45270 Loiret 65 ① **G. Châteaux de la Loire** – 1 442 h alt. 114.

Voir Château★.

Paris 110 – ♦Orléans 49 – Gien 40 – Montargis 22 – Nemours 39 – Pithiviers 27.

Agriculture, ✆ 38 90 10 48 – ☎ P. GB
fermé 4 au 20 oct., vacances de fév. et mardi – **R** 64/145 ₰, enf. 45 – ☕ 26 – **18 ch** 85/210 – ½ P 155/270.

BELLEGARDE-SUR-VALSERINE 01200 Ain 74 ⑤ **G. Jura** – 11 153 h alt. 350.

Voir La Valserine ★★ par ⑤.

Env. Défilé de l'Écluse★★ 10 km par ② – Barrage de Génissiat★★ 16 km par ③.

Syndicat d'Initiative 24 pl. V.-Bérard ✆ ✆ 50 48 48 68.

Paris 498 ⑤ – Annecy 41 ③ – Aix-les-Bains 57 ③ – Bourg-en-Bresse 72 ⑤ – ♦Genève 33 ③ – ♦Lyon 113 ⑤ – Saint-Claude 46 ⑤.

BELLEGARDE-SUR-VALSERINE

Beauséjour (R. de) .... YZ
Bérard (Pl. Victor) .... Z 2
Bertola (R. Joseph) .... YZ 4
Carnot (Pl.) .... Y
Dumont (R. Louis) .... Y 5
Ferry (R. Jules) .... Y 7
Gambetta (Pl.) .... Y 8
Gare (Av. de la) .... Y 10
Lafayette (R.) .... Z
Lamartine (R.) .... YZ 12
Lilas (R. des) .... Y
Musinens (R. de) .... Y 14
Painlevé (R. Paul) .... Y 15
République (R. de la) .... Z

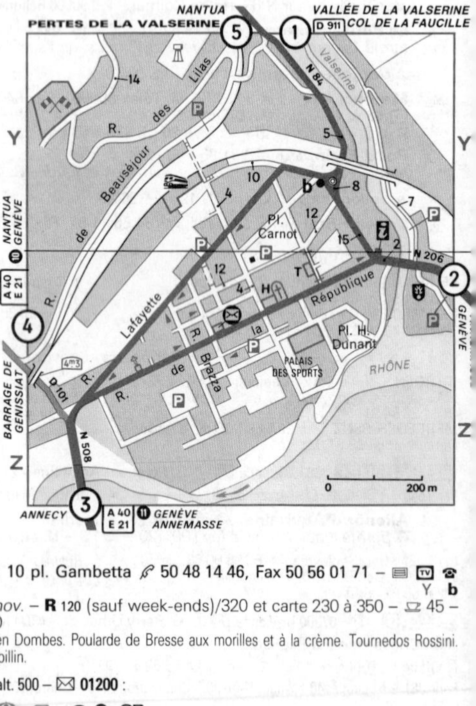

Avec votre guide Rouge
Utilisez la carte
et le guide Vert.

Ils sont inséparables.

✿ **La Belle Époque** (Sévin), 10 pl. Gambetta ✆ 50 48 14 46, Fax 50 56 01 71 – ▤ TV ☎ 🚗. GB — Y **b**
fermé 5 au 19 juil., 8 au 30 nov. – **R** 120 (sauf week-ends)/320 et carte 230 à 350 – ☕ 45 – **20 ch** 250/400 – ½ P 350/400
Spéc. Grenouilles sautées comme en Dombes. Poularde de Bresse aux morilles et à la crème. Tournedos Rossini. **Vins** Roussette de Savoie, Arbois-Pupillin.

à Lancrans par ① : 3 km – alt. 500 – ✉ 01200 :

Sorgia 🐕, ✆ 50 48 15 81, ⛱, ☐ – ☎ P. GB
fermé 22 août au 15 sept., 3 au 14 janv., dim. soir et lundi midi – **R** 70/180 ₰ – ☕ 27 – **17 ch** 160/220 – ½ P 170/210.

à Éloise (74 H.-Savoie) par ③ : 5 km – ✉ **01200** (Ain) :

Le Fartoret ⛰, ☎ 50 48 07 18, Fax 50 48 23 85, ≤, 🍽, parc, 🏊, 🎾 – 🛗 📺 ☎ 🅟 – 🎤 40. AE ⓓ GB
R 165/290 – ☕ 48 – **40 ch** 240/480 – ½ P 330/466.

à Ochiaz par ④ et D 101 : 5 km – ✉ **01200** Châtillon-en-Michaille :

Aub. de la Fontaine avec ch, ☎ 50 56 57 23, 🍽, 🌳 – ☎ 🅟. AE ⓓ GB
fermé 8 au 18 juin, 7 au 31 janv., dim. soir sauf juil.-août et lundi – **R** 120/300 – ☕ 30 – **7 ch** 140/220.

route du Plateau de Retord par ④ : 12 km par Ochiaz et D 101 – ✉ **01200** Bellegarde-sur-Valserine :

Aub. Le Catray ⛰ avec ch, ☎ 50 56 56 25, ≤ Mt Blanc et les Alpes, 🍽, cadre montagnard, 🌳 – ☎ 🅟. GB
fermé 1er au 15 sept., 1er au 15 nov., lundi soir (sauf hôtel) et mardi – **R** 80/150, enf. 40 – ☕ 25 – **9 ch** 160/250 – ½ P 200/220.

CITROEN Gar. Carrel, 62 av. St-Exupéry par ④ ☎ 50 48 06 85 **N** ☎ 50 42 52 21
NISSAN Gar. du Centre, 20 rte de Vouvray ☎ 50 48 38 31
RENAULT Renault Bellegarde, r. Mar.-Leclerc par D 101 E, ZUP Musinens ☎ 50 48 27 21 **N** ☎ 50 42 50 76

Norsa-Pneu, av. Mar.-Leclerc, ZI Musinens ☎ 50 48 20 37

Repas 100/130 Pasti accurati a prezzi contenuti.

BELLE-ILE-EN-MER ★★ **56** Morbihan 63 ⑪ ⑫ **G. Bretagne** (plan).

Accès par transports maritimes, pour **Le Palais** (en été **réservation indispensable** pour le passage des véhicules).

⛴ depuis **Quiberon** (Port-Maria). En 1992 : Pâques-sept., 8 à 13 services quotidiens ; hors saison, 5 services quotidiens - Traversée 45 mn – Voyageurs 78 F (AR), autos (selon la longueur). Renseignements : Cie Morbihannaise et Nantaise de Navigation ☎ 97 31 80 01 (Le Palais).

⛴ depuis **Port-Navalo** - 1 rotation quotidienne du 15 avril au 15 sept. - Traversée 1 h - Tarif : 170 F (AR) - Renseignements Navix Atlantique, à Arzon ☎ 97 53 74 12.

⛴ depuis **Vannes** - 1 rotation quotidienne en saison - Traversée 2 h - Tarif : 170 F. (AR). Renseignements : Navix Atlantique, Gare Maritime ☎ 97 46 60 00.

⛴ depuis **Lorient** (pour Sauzon) - 1 service quotidien du 1er juillet au 6 sept. - Traversée 1 h 30 mn - Tarif Aller 100 F. - Réservations : C.M.N. ☎ 97 21 03 97 (Lorient).

L'Apothicairerie – NO de l'île – ✉ **56360.**

L'Apothicairerie M ⛰, ☎ 97 31 62 62, Fax 97 31 63 63, ≤ – 📺 ☎ ♿ 🅟. GB. ⚔ rest
hôtel : fermé fév. ; rest. : fermé 15 oct. au 28 fév. – **Relais de la Roche Percée R** 100/280 enf.60 – ☕ 38 – **38 ch** 350/470 – ½ P 385/420.

Bangor – 735 h alt. 49 – ✉ **56360** Le Palais.

Voir Le Palais : citadelle Vauban★ NE : 3,5 km.

⛳18 de Belle-Ile ☎ 97 31 64 65, N par D 190A puis D 25 : 9 km.

La Désirade M ⛰ sans rest, rte Port Goulphar ☎ 97 31 70 70, Fax 97 31 89 63, 🏊, 🌳 – 📺 ☎ 🅟. AE ⓓ GB
fermé 6 janv. au 1er mars – ☕ 50 – **24 ch** 390/460.

La Forge, rte Port-Goulphar ☎ 97 31 51 76, 🍽 – 🅟. AE ⓓ GB
vacances de printemps-vacances de nov. et fermé mardi midi et lundi sauf vacances scolaires – **R** 120/295, enf. 55.

Port-Donnant.

Voir Site★★, 30 mn.

Port-Goulphar – ✉ **56360** Le Palais.

Voir Site★, 15 mn – Aiguilles de Port-Coton★★ NO : 1 km – Grand Phare : ✻★★ N : 2,5 km.

Castel Clara M ⛰, ☎ 97 31 84 21, Télex 730750, Fax 97 31 51 69, ≤ crique et falaises, 🍽, 🏊, 🌳, 🎾 – 🛗 📺 ☎ 🅟. GB. ⚔ rest
fermé 1er déc. au 15 fév. – **R** 235/380, enf. 95 – ☕ 70 – **43 ch** 860/1045 – ½ P 695/825.

Manoir de Goulphar ⛰, ☎ 97 31 80 10, Fax 97 31 51 69, ≤ crique et falaises, 🍽, 🌳 – 🛗 📺 ☎ 🅟. GB. ⚔ rest
mi-mars-début nov. – **R** 130/180, enf. 70 – ☕ 45 – **60 ch** 360/650 – 6 duplex – ½ P 435/495.

Poulains (Pointe des) ★.

Voir ✻★.

Sauzon – 701 h alt. 23 – ✉ **56360.**
Voir Site★.

✗ **Contre Quai,** ☎ 97 31 60 60, Fax 47 31 66 70 – GB
9 avril-3 nov. et fermé dim. soir et lundi sauf du 14 juin au 7 juil. et vacances scolaires – **R** carte 210 à 350.

BELLE-ISLE-EN-TERRE **22810** C.-d'Armor 59 ① **G. Bretagne** – 1 067 h alt. 99.
Voir Loc-Envel : jubé★ et voûte★ de l'église S : 4 km.
Syndicat d'Initiative à la Mairie ☎ 96 43 30 38.
Paris 503 – St-Brieuc 50 – Guingamp 19 – Lannion 28 – Morlaix 33.

✗✗ **Relais de l'Argoat** avec ch, ☎ 96 43 00 34 – ☎ P – 🏃 50. GB. ✻
fermé 1er fév. au 1er mars, dim. soir et lundi – **R** 110/250 – ☕ 35 – **10 ch** 175/220 – ½ P 270.

RENAULT Le Quenven, r. Guic ☎ 96 43 30 45 N

BELLÊME **61130** Orne 60 ⑭ ⑮ **G. Normandie Vallée de la Seine** (plan) – 1 788 h alt. 225.
Voir N : Forêt★.
18 de Bellême-St-Martin ☎ 33 73 15 35, SO : 1,5 km.
Paris 167 – Alençon 43 – ◆ Le Mans 54 – Chartres 75 – La Ferté-Bernard 24 – Mortagne-au-Perche 17.

Du Golf M ⛰, SO : 1,5 km par D 938 ☎ 33 73 00 07, Fax 33 73 00 17, ←, – TV ☎ ♿ P – 🏃 60. AE GB
R 90/195 ♨, enf. 45 – ☕ 48 – **25 ch** 400/620 – 5 duplex – ½ P 370.

✗✗ **Paix,** ☎ 33 73 03 32, Fax 33 73 03 50 – GB
fermé 15 janv. au 15 fév., dim. soir et lundi – **R** 85/290 ♨, enf. 55.

à Nocé E : 8 km par D 203 – ✉ **61340** :

✗✗ ✿ **Aub. des 3 J.** (Joly), ☎ 33 73 41 03 – AE GB
fermé 15 au 30 sept., 15 au 28 fév., dim. soir et lundi sauf juil.-août – **R** (nombre de couverts limité, prévenir) 180/320 et carte 215 à 335, enf. 50
Spéc. Persillé de foie gras aux champignons. Poularde de Boissy en remoulade de camembert. Millefeuille au pain d'épices et glace au miel.

BELLERIVE-SUR-ALLIER **03** Allier 73 ⑤ – rattaché à Vichy.

BELLES-HUTTES **88** Vosges 62 ⑰ – rattaché à La Bresse.

BELLEVAUX **74470** H.-Savoie 70 ⑰ **G. Alpes du Nord** – 1 113 h alt. 907 – Sports d'hiver : 1 100/1 800 m ⛷ 23 – **Voir** Site★.
Syndicat d'Initiative ☎ 50 73 71 53.
Paris 577 – Thonon-les-Bains 23 – Annecy 71 – Bonneville 34 – ◆ Genève 48.

Les Moineaux M ⛰, ☎ 50 73 71 11, Fax 50 73 75 79, ←, 🏊, , ✻ – cuisinette TV ☎. GB
10 juin-20 sept. et 20 déc.-20 avril – **R** 75/125 – ☕ 28 – **14 ch** 230/280 – ½ P 230/260.

La Cascade, ☎ 50 73 70 22, – P. GB
1er juin-20 sept. et 20 déc.-15 avril – **R** 85/150 ♨ – ☕ 26 – **23 ch** 140/200 – ½ P 180/190.

au SO : 5 km par D 26, D 32 et VO – ✉ **74470** Bellevaux :

Gai Soleil ⛰, ☎ 50 73 71 52, ←, – ☎ P. ✻ rest
hôtel : 25 juin-20 sept. et 18 déc.-15 avril ; rest. : 25 juin-30 août et 18 déc.-15 avril – **R** 65/80 ♨ – ☕ 28 – **20 ch** 180/210 – ½ P 210.

à Hirmentaz SO : 7 km par D 26 et D 32 – ✉ **74470** Bellevaux :

Panoramic M ⛰, ☎ 50 73 70 34, ←, 🏊 – ☎ P. GB. ✻
15 juin-15 sept. et 20 déc.-15 avril – **R** 100 – ☕ 30 – **30 ch** 220/250 – ½ P 270.

Excelsa ⛰, ☎ 50 73 73 22, Fax 50 73 72 73, ←, – TV ☎ P. GB. ✻ rest
15 juin-10 sept. et Noël-Pâques – **R** 90/120, enf. 50 – ☕ 30 – **20 ch** 160/300.

Christania ⛰, ☎ 50 73 70 77, Fax 50 73 76 08, ←, 🏊 – ☎ P. GB. ✻ rest
15 juin-15 sept. et 20 déc.-15 avril – **R** 95/125 – ☕ 30 – **35 ch** 250/280 – ½ P 285.

Skieurs ⛰, ☎ 50 73 70 46, ← – ch ☎. GB. ✻ rest
juil.-août et 15 déc.-20 avril – **R** 55/150 – ☕ 27 – **22 ch** 200/220 – ½ P 245.

BELLEVILLE **54940** M.-et-M. 57 ⑬ – 1 276 h alt. 191.
Paris 356 – ◆ Nancy 16 – ◆ Metz 39 – Pont-à-Mousson 13 – Toul 27.

✗✗✗ ✿ **Bistroquet** (Mme Ponsard), ☎ 83 24 90 12, Fax 83 24 04 01, – ▤ P. GB
fermé 2 au 19 janv., sam. midi, dim. soir et lundi – **R** (nombre de couverts limité, prévenir) 250/400 et carte 280 à 400, enf. 100
Spéc. Fricassé d'escargots à la crème d'ail et persil plat. Poulette fermière aux truffes fraîches (automne-hiver). Soufflé chaud à la liqueur de mirabelle. Vins Côtes de Toul.

✗✗ **La Moselle,** face gare ☎ 83 24 91 44, Fax 83 24 99 38, – ▤ P. AE O GB
fermé 18 août au 1er sept., 17 fév. au 3 mars., mardi soir et merc. – **R** 115/250, enf. 85.

BELLEVILLE **69220** Rhône **74** ① **G. Vallée du Rhône** – 5 935 h alt. 190.

Syndicat d'Initiative à la Mairie ✆ 74 66 44 67 – Maison du Beaujolais à St-Jean-d'Ardières sur N 6 : 1,5 km, sortie Autoroute Belleville ✆ 74 66 16 46 – vin : dégustations et à emporter, spécialités beaujolaises.

Paris 417 – Mâcon 25 – Bourg-en-Bresse 40 – ♦Lyon 46 – Villefranche-sur-Saône 18.

Charme M, péage A 6 ✆ 74 69 61 69, Fax 74 66 58 04, – TV ☎ ♿ P. AE GB
R 55/130 ₰, enf. 43 – ☕ 30 – **40 ch** 228/245 – ½ P 285.

Ange Couronné sans rest, 18 r. République ✆ 74 66 42 00, Fax 74 66 49 20 – ☎. AE ① GB
fermé dim. – ☕ 33 – **20 ch** 140/300.

Beaujolais, 40 r. Mar. Foch ✆ 74 66 05 31 – ▤. AE ① GB
R 75/230 ₰, enf. 60.

à Taponas NE : 3 km – ✉ **69220** :

Aub. des Sablons ⛰, ✆ 74 66 34 80, Fax 74 66 35 22, – ☎ P. GB
fermé 24 déc. au 24 janv. et mardi hors sais. – **R** 130/220 – ☕ 30 – **15 ch** 250/270 – ½ P 250.

à Pizay NO : 5 km par D18 et D69 – ✉ **69220** Belleville :

Château de Pizay M ⛰, ✆ 74 66 51 41, Fax 74 69 65 63, , « Au milieu du vignoble, jardin à la française », , – ▤ ch TV ☎ ♿ P – 200. AE ① GB
fermé 23 déc. au 3 janv. – **R** 195/365, enf. 105 – ☕ 55 – **55 ch** 465/1250 – ½ P 475/640.

RENAULT Dépérier, 172 r. République ✆ 74 66 17 15

Relais du Pneu, ZAC des Gouchoux à St-Jean d'Ardières ✆ 74 66 41 09

BELLEY **01300** Ain **74** ⑭ **G. Jura** – 7 807 h alt. 277.

Voir Choeur★ de la cathédrale St-Jean.

Office de Tourisme pl. Victoire ✆ 79 81 29 06.

Paris 507 – Aix-les-Bains 32 – Bourg-en-Bresse 76 – Chambéry 37 – ♦Lyon 96.

Ibis sans rest, îlot Baudin ✆ 79 81 01 20, Télex 319107 – ch TV ☎ ♿. AE GB
☕ 32 – **36 ch** 245/265.

Pavillon Bellevue M avec ch, 1 av. Hoff ✆ 79 81 01 02, Fax 79 81 15 66, – TV ☎ P – 40. AE GB JCB
fermé 1er au 15 août, 15 au 31 janv., dim. soir et lundi sauf juil.-août – **R** 130/330 – ☕ 50 – **3 ch** 350/500.

SE : 3 km sur rte Chambéry – ✉ **01300** Belley :

Aub. la Fine Fourchette, N 504 ✆ 79 81 59 33, ←, – P. GB
fermé dim. soir et lundi – **R** 105/280, enf. 70.

à Contrevoz NO : 9 km sur D 32 – ✉ **01300** :

Aub. la Plumardière, ✆ 79 81 82 54, Fax 79 81 80 17, , – P
fermé 28 juin au 9 juil., 30 août au 4 sept., 19 déc. à début fév., mardi hors sais., dim. soir et lundi – **R** 98/250, enf. 50.

CITROEN Gar. Callet, rte de Lyon - ZA la Pelissière ✆ 79 81 06 43
PEUGEOT-TALBOT Belley Automobiles, ZI du Coron ✆ 79 81 05 53

Ayme Pneus, rte de Bourg ✆ 79 81 20 09

Write us...

If you have any comments on the contents of this Guide.
Your praise as well as your criticisms will receive careful consideration and, with your assistance, we will be able to add to our stock of information and, where necessary, amend our judgments.

Thank you in advance!

BELZ 56550 Morbihan 63 ① – 3 372 h.

Paris 489 – Vannes 34 – Auray 14 – Lorient 31 – Quiberon 26.

XX **Relais de Kergou** avec ch, rte Auray ✆ 97 55 35 61, – ☎ P. AE GB
fermé vacances de nov., de fév. et merc. à du 15 sept. à Pâques – **R** *(fermé merc. du 15 sept. au 1er juin)* 92/125 – ☕ 28 – **12 ch** 162/305 – ½ P 166/246.

BENFELD 67230 B.-Rhin 87 ⑥ **G. Alsace Lorraine** – 4 330 h alt. 160.

Paris 503 – ♦Strasbourg 29 – Colmar 40 – Obernai 14 – Sélestat 18.

XX **Au Petit Rempart,** 1 r. Petit Rempart ✆ 88 74 42 26, Fax 88 74 18 58 – AE GB
fermé 20 juil. au 14 août, 1er au 16 janv., mardi soir et merc. – **R** 135/335, enf. 50 - **Au Canon** brasserie **R** 85/130 ♨.

BÉNODET 29950 Finistère 58 ⑮ **G. Bretagne** (plan) – 2 436 h alt. 20 – Casino.

Voir Phare ✻★ – Pont de Cornouaille ≤★ NO : 1 km.

Excurs. L' Odet★★ en bateau (1 h 30).

9 18 de l'Odet ✆ 98 54 87 88, à Clohars-Fouesnant : 4 km.

Office de Tourisme av. Plage ✆ 98 57 00 14.

Paris 558 – Quimper 16 – Concarneau 22 – Fouesnant 8,5 – Pont-l'Abbé 12 – Quimperlé 48.

Gwel-Kaër, av. Plage ✆ 98 57 04 38, Fax 98 57 14 15, ≤, – TV ☎ P. GB.
fermé 15 déc. au 1er fév., dim. soir et lundi hors sais. – **R** 125/195 – ☕ 42 – **24 ch** 420/495 – ½ P 420/435.

Ker Moor , av. Plage ✆ 98 57 04 48, Télex 941182, Fax 98 57 17 96,« Parc, » – TV ☎ P – 80. GB. rest
Pâques-30 sept. – **R** 170/260 – ☕ 40 – **60 ch** 450/550 – ½ P 510.

Kastel Moor, av. Plage ✆ 98 57 05 01, ≤, , , – TV ☎ P – 25 à 80. GB
Pâques-30 sept. – **R** voir H. **Ker Moor** – ☕ 40 – **23 ch** 450/550 – ½ P 510.

Menez-Frost sans rest, près poste ✆ 98 57 03 09, Fax 98 54 84 25,« Jardin fleuri, » , – cuisinette ☎ P. GB.
1er mai-30 sept. – ☕ 45 – **51 ch** 400/520.

Host. Abbatiale, r. Odet ✆ 98 57 05 11, Fax 98 57 14 41 – TV ☎ ♿ P – 30. AE GB
fermé 5 janv. au 5 fév. – **R** 79/190 – ☕ 45 – **60 ch** 300/750 – ½ P 530.

Ker Vennaik M, av. Plage ✆ 98 57 15 40, Fax 98 57 27 48 – TV ☎ ♿ P. AE GB
23 mars-5 nov. – **R** voir **H. Poste** – ☕ 40 – **16 ch** 370/410 – ½ P 330/350.

Le Minaret , corniche de l'Estuaire ✆ 98 57 03 13, ≤, – TV ☎ P. GB. rest
9 avril-30 sept. – **R** *(fermé mardi en avril-mai sauf fériés)* 90/200 – ☕ 38 – **20 ch** 290/400 – ½ P 285/380.

Bains de Mer, r. Kerguelen ✆ 98 57 03 41, Fax 98 57 11 07, – rest TV ☎ P. AE GB. ch
13 mars-13 nov. – **R** 85/200, enf. 45 – ☕ 35 – **32 ch** 250/350 – ½ P 310.

Poste, r. Église ✆ 98 57 01 09, Fax 98 57 27 48 – rest TV ☎. AE GB
R *(fermé lundi soir et dim. du 1er oct. au 31 mars)* 79/180 ♨ – ☕ 40 – **19 ch** 220/350 – ½ P 260/340.

XX ✿ **Ferme du Letty** (Guilbault), au Letty SE : 2 km par D 44 et VO ✆ 98 57 01 27, Fax 98 57 25 29, – GB JCB
1er mars-3 oct. et fermé merc. (sauf le soir en juil.-août) et jeudi midi – **R** 193/380 et carte 240 à 400, enf. 65
Spéc. Barbue "René Madec". Onglet de veau, crème au limadeuc. Sablé à la manière de Pont-Aven.

rte de Quimper NE : 2,5 km par D 34 et VO – ✉ 29950 Bénodet :

Domaine de Kereven , ✆ 98 57 02 46, , – ☎ P.
hôtel : Pâques-15 oct. ; rest. : 20 mai-20 sept. – **R** (dîner seul.)(résidents seul.) 115, enf. 55 – ☕ 35 – **16 ch** 325/375 – ½ P 295/325.

à Clohars-Fouesnant NE : 3 km par D 34 – ✉ 29950 :

XX **La Forge d'Antan,** ✆ 98 54 84 00, , – P. GB
fermé lundi midi et mardi midi en juil.-août, dim. soir et lundi de sept. à juin – **R** 130/289, enf. 75.

BENON 17 Char.-Mar. 71 ② – rattaché à La Laigne.

BÉNONCES 01470 Ain 74 ⑭ – 249 h alt. 484.

Paris 484 – Belley 29 – Bourg-en-Bresse 56 – ♦Lyon 66 – Nantua 66 – La Tour-du-Pin 36.

XX **Aub. Terrasse** avec ch, ✆ 74 36 73 56, , – ☎ P. AE GB
1er avril-1er janv. – **R** *(fermé dim. soir et lundi)* 95/220 ♨ – ☕ 23 – **7 ch** 140/250 – ½ P 165/220.

BÉNOUVILLE 14 Calvados 55 ② – rattaché à Caen.

BERCK-SUR-MER **62600** P.-de-C. **51** ⑪ **G. Flandres Artois Picardie** – 14 167 h alt. 10.

Voir Phare ☀★ **B** – Parc d'attractions de Bagatelle★ 5 km par ①.

🏌9 🏌18 de Nampont-St-Martin (80) ✆ 22 29 92 90, par ③ : 15 km.

🅸 Office Municipal de Tourisme pl. Entonnoir ✆ 21 09 50 00.

Paris 236 ③ – ◆Calais 71 ② – Abbeville 42 ③ – Arras 95 ② – Boulogne-sur-Mer 39 ① – Montreuil 14 ② – St-Omer 70 ② – Le Touquet-Paris-Plage 16 ①.

à Berck-Plage :

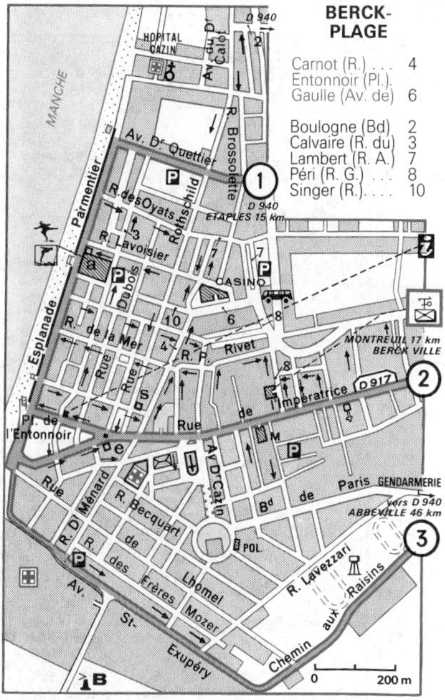

🏨 **Neptune** Ⓜ, esplanade Parmentier **(a)** ✆ 21 09 21 21, Fax 21 09 29 29, ← – 🛗 📺 ☎ ♿ 🅟 – 🏛 70. AE GB
fermé 9 au 30 janv. – **R** *(fermé dim. soir de nov. à mars)* 89, enf. 50 – ☕ 33 – **63 ch** 254/367 – ½ P 254/299.

🏨 **Banque,** 2 r. Rothschild **(s)** ✆ 21 09 01 09, Fax 21 09 72 80 – 📺 ☎. AE ⓓ GB
R 68/150 🍷 – ☕ 30 – **14 ch** 140/255 – ½ P 245/265.

🏨 **Littoral,** 36 av. Marianne-Toute-Seule **(e)** ✆ 21 09 07 76 – 🛗 ☎. AE ⓓ GB
mars-sept. – **R** 65/100 🍷 – ☕ 25 – **19 ch** 180/210 – ½ P 235.

XX **Aub. du Bois,** 149 av. Dr Quettier par ① ✆ 21 09 03 43 – AE ⓓ GB JCB
fermé 15 janv. au 4 fév. et lundi sauf juil.-août – **R** 88/160 🍷, enf. 35.

BERCK-PLAGE

Carnot (R.) . . . 4
Entonnoir (Pl.).
Gaulle (Av. de) 6

Boulogne (Bd) 2
Calvaire (R. du) 3
Lambert (R. A.) 7
Péri (R. G.) . . . 8
Singer (R.) 10

CITROEN Artois-Autom., ZI, rte d'Abbeville par ③ ✆ 21 09 26 42 🅽 ✆ 21 84 30 39
PEUGEOT-TALBOT Damour, ZI, rte d'Abbeville par ③ ✆ 21 09 43 50 🅽 ✆ 22 31 54 02

RENAULT Campion-Berck, pl. Fontaine par ② ✆ 21 09 04 11 🅽 ✆ 21 84 13 13

BERGERAC ⟨SP⟩ **24100** Dordogne **75** ⑭ ⑮ **G. Périgord Quercy** – 26 899 h alt. 37.

Voir Le Vieux Bergerac★ : musée du Tabac★★ (maison Peyrarède★) AZ – Musée du Vin, de la Batellerie et de la Tonnellerie★ AZ **M2**.

Env. Château de Monbazillac★ S : 7 km par D 13.

✈ Bergerac-Roumanière : ✆ 53 57 00 09, par ③ : 5 km.

🅸 Office de Tourisme 97 r. Neuve-d'Argenson ✆ 53 57 03 11.

Paris 544 ① – Périgueux 47 ① – Agen 91 ③ – Angoulême 111 ⑥ – ◆Bordeaux 88 ⑤ – Pau 216 ④.

Plan page suivante

🏨 **La Flambée,** rte Périgueux par ① : 3 km ✆ 53 57 52 33, Fax 53 61 07 57, 🌳, « Parc fleuri, 🏊 », 🎾 – 📺 ☎ 🅟 – 🏛 50. GB
2 avril-2 janv. – **R** *(fermé dim. soir et lundi hors sais.)* 100/290 – ☕ 40 – **20 ch** 260/380 – ½ P 350/380.

🏨 **France** sans rest, 18 pl. Gambetta ✆ 53 57 11 61, Fax 53 61 25 70 – 📺 ☎ 🚗. AE ⓓ GB
☕ 37 – **20 ch** 230/330. AY **u**

🏨 **Bordeaux,** 38 pl. Gambetta ✆ 53 57 12 83, Fax 53 57 72 14, 🌳, 🏊, 🌿 – 🛗 ▤ rest 📺 ☎ 🚗 – 🏛 30. AE ⓓ GB JCB AY **f**
fermé janv. – **R** 90/200 – ☕ 45 – **40 ch** 300/380 – ½ P 330/360.

🏨 **Domaine de Lespinassat** Ⓜ, rte d'Agen par ③ : 3 km ✆ 53 24 89 76, Fax 53 57 72 24, 🏊 – 🛗 ▤ ch 📺 ☎ ♿ 🅟 – 🏛 30. AE ⓓ GB JCB
R *(fermé lundi midi et dim. hors sais.)* 90/140 – ☕ 52 – **38 ch** 320 – ½ P 295.

🏨 **Commerce,** 36 pl. Gambetta ✆ 53 27 30 50, Télex 541888, Fax 53 58 23 82 – 🛗 📺 ☎ – 🏛 25. AE ⓓ GB AY **f**
fermé 15 au 30 nov. et dim. soir de nov. à avril – **R** 93/160 🍷, enf. 55 – ☕ 42 – **35 ch** 280/380 – ½ P 255/315.

🏨 **Europ H.** sans rest, 20 r. Petit Sol ✆ 53 57 06 54, Fax 53 58 67 60, 🏊, 🌿 – 📺 ☎ 🅟. GB
☕ 29 – **22 ch** 215/255. AY **v**

XXX **Le Cyrano** avec ch, 2 bd Montaigne ✆ 53 57 02 76 – ▤ rest 📺 ☎ 🚗. AE ⓓ GB AY **s**
fermé 19 au 27 déc. et dim. soir de nov. à avril – **R** 90/220 – ☕ 27 – **11 ch** 210/230 – ½ P 220/230.

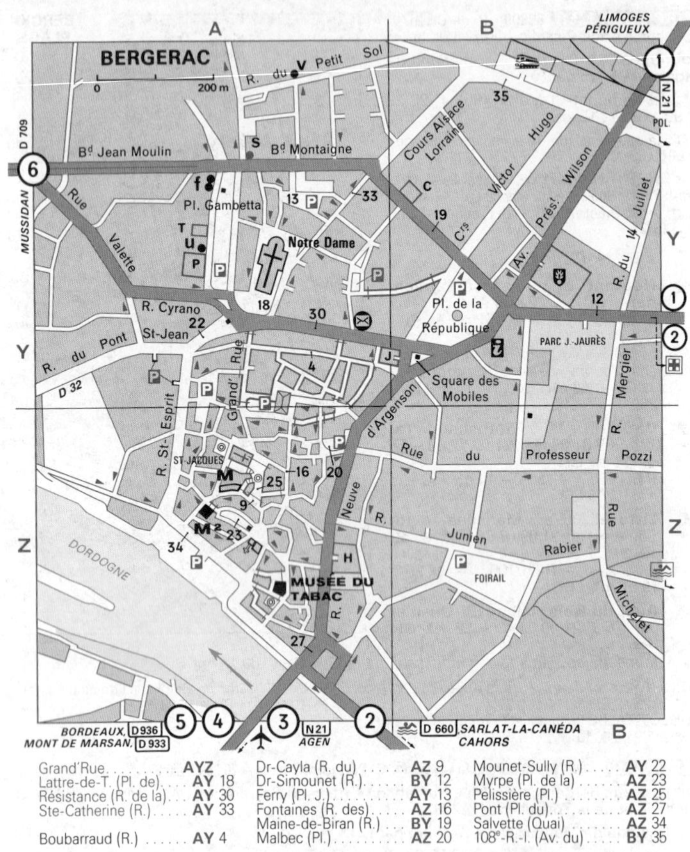

Grand'Rue . . . . **AYZ**	Dr-Cayla (R. du) . . . . . . **AZ** 9	Mounet-Sully (R.) . . . . . **AY** 22
Lattre-de-T. (Pl. de) . . . . **AY** 18	Dr-Simounet (R.) . . . . . . **BY** 12	Myrpe (Pl. de la) . . . . . **AZ** 23
Résistance (R. de la) . . . **AY** 30	Ferry (Pl. J.) . . . . **AY** 13	Pelissière (Pl.) . . . . **AZ** 25
Ste-Catherine (R.) . . . . . **AY** 33	Fontaines (R. des) . . . . . **AZ** 16	Pont (Pl. du) . . . . **AZ** 27
	Maine-de-Biran (R.) . . . **BY** 19	Salvette (Quai) . . . . **AZ** 34
Boubarraud (R.) . . . . . . **AY** 4	Malbec (Pl.) . . . . **AZ** 20	108e-R.-I. (Av. du) . . . . . **BY** 35

à St-Julien-de-Crempse par ①, N 21,, D 107 et VO : 12 km – ✉ **24140** :

Manoir Gd Vignoble 🐇, ☎ 53 24 23 18, Télex 541629, Fax 53 24 20 89, parc, – ch – 40. AE GB. rest
fermé 12 déc. au 9 janv., dim. soir et lundi du 8 nov. au 1er avril – **R** 145/320 – 55 – **44 ch** 520/640 – ½ P 434/490.

à St-Nexans par ③ et D 19 : 6 km – ✉ **24520** :

La Vieille Grange, ☎ 53 24 32 21, – AE GB
fermé mardi soir (sauf juil.-août) et merc. – **R** 100/215, enf. 50.

rte de Mont-de-Marsan par ④ : 6 km sur D 933 – ✉ **24240** Monbazillac :

Ruines, ☎ 53 57 16 37, – AE GB
fermé 1er au 7 sept., sam. midi, dim. soir et lundi – **R** 95/260, enf. 68.

par ⑤ rte de Bordeaux : 5 km – ✉ **24100** Bergerac :

Climat de France, ☎ 53 57 22 23, Télex 573353, Fax 53 58 25 24, – 25. AE GB
R 64/125, enf. 48 – 30 – **46 ch** 275 – ½ P 220.

Campanile, ☎ 53 57 86 10, Télex 573386, Fax 53 57 72 21, – AE GB
R 80 bc/120 bc, enf. 39 – 29 – **49 ch** 268.

rte de Mussidan par ⑥ : 11 km – ✉ **24130** Laveyssière :

Aub. de la Devinière avec ch, ☎ 53 81 66 43, Fax 53 81 66 43, parc, – GB.
hôtel : fermé 1er au 14 mars et 23 oct. au 2 nov. – **R** *rest. : ouvert 1er mars au 30 oct. et fermé dim. soir et lundi sauf juil.-août* (nombre de couverts limité, prévenir) 125/190 – 50 – **7 ch** 400/600 – ½ P 340/465.

CITROEN Cazes, rte de Bordeaux par ⑤ ℘ 53 57 73 77 🅽
FIAT, LANCIA Gar. de Naillac, 39 av. de Bordeaux ℘ 53 57 18 97
FORD Centre Autom. Pecou, rte de Périgueux ℘ 53 57 27 41 🅽
PEUGEOT-TALBOT Géraud, 117 r. Clairat par ② ℘ 53 57 62 72 🅽 ℘ 53 63 93 73
RENAULT Bergerac-Autos, N 21 rte de Périgueux par ① ℘ 53 57 42 11 🅽 ℘ 53 63 91 47

V.A.G Gar. Wilson, 26 av. Wilson ℘ 53 27 20 08

Poughon Pneu +, 112 av. Pasteur ℘ 53 57 46 77
Service du Pneu, rte d'Eymet ℘ 53 57 19 54

BERGÈRES-LÈS-VERTUS 51 Marne 56 ⑯ – rattaché à Vertus.

BERGHEIM 68750 H.-Rhin 62 ⑲ **G. Alsace Lorraine** – 1 802 h alt. 235.

Voir Cimetière militaire allemand ✲★.

Paris 436 – Colmar 17 – Ribeauvillé 3,5 – Selestat 8,5.

X **Wistub du Sommelier,** ℘ 89 73 69 99, restaurant à vins – ✻
fermé vacances de fév., lundi sauf fériés et dim. – **R** carte 135 à 180 ♁.

La BERGUE 74 H.-Savoie 74 ⑥ – rattaché à Annemasse.

BERGUES 59380 Nord 51 ④ **G. Flandres Artois Picardie** – 4 163 h alt. 7.

Voir Couronne d'Hondschoote★.

ℹ Office de Tourisme à la Mairie et le Beffroi (mai-sept.) ℘ 28 68 60 44.

Paris 284 – ◆ Calais 50 – Bourbourg 19 – Dunkerque 9 – Hazebrouck 32 – ◆Lille 67 – St-Omer 30.

Au Tonnelier, près église ℘ 28 68 70 05 – TV ☎. GB. ✻
fermé 19 août au 6 sept. et 1er au 15 janv. – **R** *(fermé vend. sauf fériés)* 78/200 ♁ – ☕ 28 – **11 ch** 175/280 – ½ P 180/240.

Commerce sans rest, près église ℘ 28 68 60 37, Fax 28 68 70 76 – ☎. GB
☕ 30 – **18 ch** 110/280.

XXX ✿ **Cornet d'Or** (Tasserit), 26 r. Espagnole ℘ 28 68 66 27 – AE GB
fermé mi-juin à mi-juil., dim. soir et lundi – **R** 196/330 et carte 275 à 380, enf. 80
Spéc. Foie gras frais au naturel. Saint-Jacques à la confiture d'endives (nov. à mars). Canette fermière à l'ancienne.

PEUGEOT-TALBOT Gar. Moderne Desmidt, à Esquelbecq ℘ 28 65 61 44

RENAULT Houtland Autom, à Wormhout ℘ 28 62 99 00 🅽 ℘ 28 29 45 84

BERNAY SP 27300 Eure 55 ⑮ **G. Normandie Vallée de la Seine** (plan) – 10 582 h alt. 108.

Voir Boulevard des Monts★.

ℹ Syndicat d'Initiative 29 r. Thiers (fermé matin) ℘ 32 43 32 08.

Paris 154 – ◆ Rouen 57 – Argentan 69 – Évreux 50 – ◆Le Havre 85 – Louviers 51.

Acropole M sans rest, SO : 3 km sur rte de Broglie ℘ 32 46 06 06, Fax 32 44 01 04 – TV ☎ ♿ P – 🏛 30 à 70. AE GB
☕ 30 – **51 ch** 220/270.

XX **La Marigotière,** SO : 1,5 km par rte Broglie et D 704 ℘ 32 45 28 88, Fax 32 44 69 00, ☂ – P. GB
fermé dim. soir et lundi – **R** 75/330, enf. 48.

au Sud : 4 km par D 833 et VO :

XX **Moulin Fouret** ⛰ avec ch, ℘ 32 43 19 95, Fax 32 45 55 50, ☂, « Parc en bordure de rivière » – P. AE GB
fermé dim. soir et lundi sauf fériés – **R** 95/250 – ☕ 30 – **8 ch** 200/230.

CITROEN Lauvrière, 36 r. B.-Gombert ℘ 32 43 22 78
NISSAN Edouin, carr. Malbrouck, N 13 à Carsix ℘ 32 46 23 59 🅽 ℘ 32 43 52 08
OPEL Gar. Robillard, rte de Broglie, ZI ℘ 32 43 09 99

PEUGEOT-TALBOT Lefèvre Elsa, N 138, rte de Broglie, ZI ℘ 32 43 34 28 🅽 ℘ 32 43 82 77

Subé-Pneurama, 5 r. L.-Gillain ℘ 32 43 37 78

Gli alberghi o ristoranti ameni sono indicati nella guida con un simbolo rosso.
Contribuite a mantenere la guida aggiornata segnalandoci gli alberghi e ristoranti dove avete soggiornato piacevolmente.

🏨 ... 🏠

XXXXX ... X

BERNEX 74500 H.-Savoie 70 ⑱ G. Alpes du Nord – 737 h alt. 1 000 – Sports d'hiver : 1 000/2 000 m 15.

Syndicat d'Initiative ☏ 50 73 60 72.

Paris 587 – Thonon-les-Bains 18 – Annecy 92 – Évian-les-Bains 14 – Morzine 34.

Chez Tante Marie, ☏ 50 73 60 35, Fax 50 73 61 73, ≤, – ☎ ⓟ. GB. ch
fermé 28 mars au 9 avril et 15 oct. au 15 déc. – **R** *(fermé dim. soir hors sais.)* 90/210, enf. 55 – 37 – **27 ch** 335/350 – ½ P 305/320.

à La Beunaz NO : 1,5 km par D 52 – alt. 1 000 – ✉ 74500 Évian-les-Bains :

Bois Joli, ☏ 50 73 60 11, Fax 50 73 65 28, ≤, – ☎ ⓟ. GB. rest
fermé 8 mars au 7 avril et 15 nov. au 20 déc. – **R** *(fermé merc. sauf vacances scolaires)* 110/220, enf. 60 – 35 – **24 ch** 320 – ½ P 300.

Renardière, ☏ 50 73 60 02, Fax 50 73 69 29, ≤, – ☎ ⓟ – 30. AE GB. ch
fermé 1er oct. au 15 déc., merc. et jeudi sauf feriés et vacances scolaires – **R** 120/250 – 38 – **17 ch** 200/440 – ½ P 290/380.

BERRY-AU-BAC 02190 Aisne 56 ⑥ – 509 h alt. 56.

Paris 160 – Reims 24 – Laon 29 – Rethel 45 – Soissons 48 – Vouziers 67.

XXX ✿ **La Côte 108** (Courville), ☏ 23 79 95 04, Fax 23 79 83 50, – ⓟ. AE GB
fermé 12 au 27 juil., 26 déc. au 14 janv., dim. soir et lundi – **R** (dim. prévenir) 158/420 et carte 280 à 425
Spéc. Foie gras chaud en croque au sel. Saint-Jacques rôties au bacon (oct. à mai). Crépinette de pieds de porc.
Vins Coteaux champenois rouges.

BERRY-BOUY 18 Cher 68 ⑩ – rattaché à Bourges.

BERTHOLÈNE 12310 Aveyron 80 ③ – 918 h alt. 592.

Paris 622 – Rodez 23 – Espalion 25 – Pont-de-Salars 21 – Sévérac-le-Château 27.

Bancarel, ☏ 65 69 62 10, – ⓟ. AE GB
fermé 25 sept. au 18 oct. – **R** 52/140 – 30 – **13 ch** 140/230 – ½ P 200/220.

BERVEN 29 Finistère 58 ⑤ G. Bretagne – ✉ 29440 Plouzévédé.

Voir Église★ : clôture★ du choeur.

Paris 561 – Brest 47 – Landivisiau 14 – Morlaix 24 – St-Pol-de-Léon 14.

XX **Voyageurs** avec ch, ☏ 98 69 98 17 – ⓟ. GB.
fermé mi-sept. à mi-oct. – **R** *(fermé dim. soir et lundi)* 59/170 – 24 – **6 ch** 130/160 – ½ P 185.

BESANÇON P 25000 Doubs 66 ⑮ G. Jura – 113 828 h alt. 242 – Casino BY.

Voir Site★★ – Citadelle★★ BZ : ≤★★ des chemins de ronde, musée d'Histoire naturelle★, musée comtois★, musée de la Résistance et de la Déportation★, – musée agraire★ – Vieille ville★ ABYZ : Palais Granvelle★, Vierge aux Saints★ et Rose de Saint-Jean★ (cathédrale), horloge astronomique★ – Préfecture★ AZ **P** – Bibliothèque municipale★ BZ **X** – Promenade Micaud★ BY – Grille★ de l'Hôpital St-Jacques AZ – Musée des Beaux-Arts★ AY – Fort Chaudanne ≤★ S : 2 km puis 15 mn BX.

Env. N.-D.-de-la-Libération ≤★ SE : 5,5 km BX – Belvédère de Montfaucon ≤★ 8 km par D 111 BX.

18 ☏ 81 55 73 54, par ② : 13 km.

Office de Tourisme et Accueil de France (Informations, change et réservations d'hôtels, pas plus de 5 jours à l'avance) 2 pl. 1ère Armée Française ☏ 81 80 92 55, Télex 360242 A.C. Comtois, 7 av. E.-Cusenier ☏ 81 81 26 11.

Paris 406 ④ – Basel 172 ⑥ – Bern 157 ② – Dijon 99 ④ – Genève 177 ② – Grenoble 321 ③ – Lyon 254 ④ – Nancy 206 ⑥ – Reims 335 ⑤ – Strasbourg 238 ⑥.

Plans pages suivantes

Mercure-Altéa Parc Micaud, av. E. Droz ☏ 81 80 14 44, Télex 360268, Fax 81 53 29 83 – rest ☎ ⓟ – 75 à 220. AE GB BY **d**
Le Vesontio R 115/155 enf. 50 – 50 – **95 ch** 370/550.

Novotel M, r. Trey ☏ 81 50 14 66, Télex 360009, Fax 81 53 51 57, – ch ☎ ⓟ – 130. AE GB JCB BX **e**
R carte environ 150, enf. 50 – 46 – **107 ch** 400/450.

Mercure M, 4 av. Carnot ☏ 81 80 33 11, Télex 361276, Fax 81 88 11 14, – ☎ ⓟ – 40 à 60. AE GB BY **a**
R 105, enf. 45 – 45 – **67 ch** 425/520.

Siatel M, 3 chemin des Founottes par N 57 : 3 km ☏ 81 80 41 41, Fax 81 80 41 41 – ☎ ⓟ – 35. GB AX **q**
R 56/85, enf. 36 – 25 – **36 ch** 246 – ½ P 185.

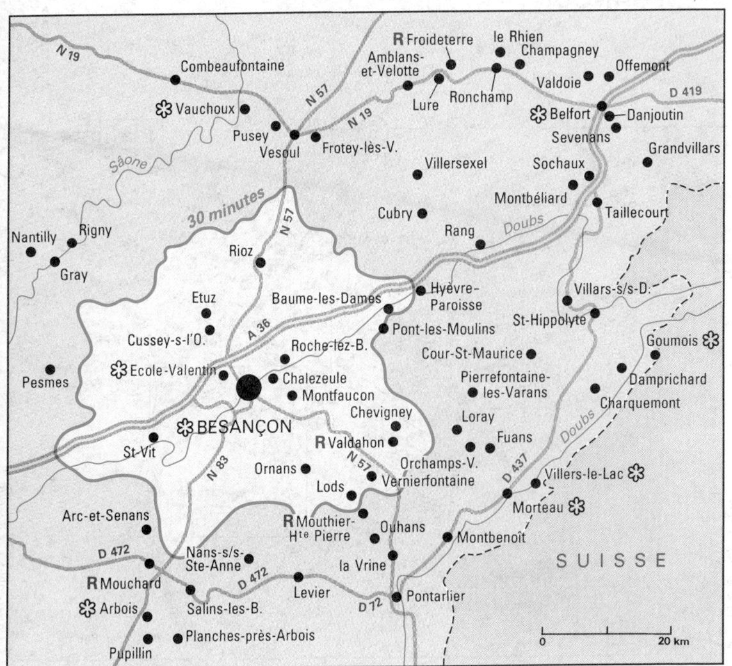

Ibis [M], 5 av. Foch (face gare) ✆ 81 88 27 26, Télex 361576, Fax 81 80 07 65 – [TV] ☎ ♿ – 🏛 40. AE GB — BX **b**
R Brasserie 103 ♁, enf. 40 – ☕ 34 – **95 ch** 270/300.

Nord sans rest, 8 r. Moncey ✆ 81 81 34 56, Télex 361582, Fax 81 81 85 96 – [TV] ☎ 🚗. AE ⓓ GB — BY **r**
☕ 27 – **44 ch** 165/259.

Moncey sans rest, 6 r. Moncey ✆ 81 81 24 77, Fax 81 61 94 89 – [TV] ☎. AE ⓓ GB — BY **n**
☕ 40 – **25 ch** 240/275.

Relais des Vallières [M], 3 r. P. Rubens par bd de l'Ouest - AX ✆ 81 52 02 02, Fax 81 51 18 26, ≤ – [TV] ☎ Ⓟ. AE GB
R 80/150 ♁, enf. 45 – ☕ 42 – **49 ch** 260.

Arcade sans rest, 21 r. Gambetta ✆ 81 83 50 54, Télex 361247, Fax 81 81 89 65 – [TV] ☎ ♿ Ⓟ – 🏛 25. AE GB — BY **k**
☕ 35 – **49 ch** 290/350.

XXX ✿ **Mungo Park** (Mme Choquart), 11 r. Jean Petit ✆ 81 81 28 01, Fax 81 83 36 97, 🌂 – GB — AY **e**
fermé 8 au 30 août, sam. midi et dim. – **R** 180/480 et carte 270 à 480, enf. 100
Spéc. Oeuf fermier et lard poché, crème au Comté. Suprême de volaille au foie gras et morilles. Crème brûlée aux noix et Vin Jaune. **Vins** Arbois.

XX **Daniel Achard,** 95 r. Dôle ✆ 81 52 06 13, Fax 81 51 77 11, 🌂 – Ⓟ. GB — AX **f**
fermé 1er au 15 août, sam. et dim. – **R** 86/300 ♁, enf. 50.

XX **Poker d'As,** 14 square St-Amour ✆ 81 81 42 49, Fax 81 81 05 59, sculptures sur bois – AE ⓓ GB — BY **u**
fermé 11 juil. au 15 août, dim. soir et lundi – **R** 90/250 ♁.

XX **Relais de la Mouillère,** parc du Casino ✆ 81 80 61 01, 🌂 – Ⓟ. AE ⓓ GB — BY **v**
fermé mardi – **R** 160/270 bc ♁, enf. 40.

X **Le Pélican,** promenade Micaud, près pont Brégille ✆ 81 80 61 61, Fax 81 88 67 42, « Bateau restaurant » – GB — BY **s**
fermé 1er au 15 août, vacances de fév., sam. midi et dim. – **R** carte 170 à 300.

à Chalezeule par ① et D 217 : 5,5 km – ✉ **25220** :

Trois Iles 🐦 sans rest, ✆ 81 61 00 66, Fax 81 61 73 09, 🌳 – [TV] ☎ Ⓟ. GB
☕ 30 – **16 ch** 220/280.

BESANÇON

Belfort (R. de) . . . . **BX**
Carnot (Av.) . . . . **BX** 10

Allende (Bd S.) . . . . **AX** 2
Brulard (Bd Gén.) . . . . **AX** 8
Chaillot (R.) . . . . **BX** 12
Clemenceau
(Av. Georges) . . . . **AX** 15
Clerc (R. F.) . . . . **BX** 16
Fontaine-Argent (Av. de) . . . **BX** 17
Jouchoux (R. A.) . . . . **AX** 24
Lagrange (Av. Léo) . . . . **AX** 25
Montrapon (Av. de) . . . . **AX** 33
Observatoire (Av. de l') . . . . . **AX** 34
Ouest (Bd de l') . . . . **AX** 37
Paix (Av. de la) . . . . **BX** 38
Vaite (R. de la) . . . . **BX** 43
Voirin (R.) . . . . **BX** 44

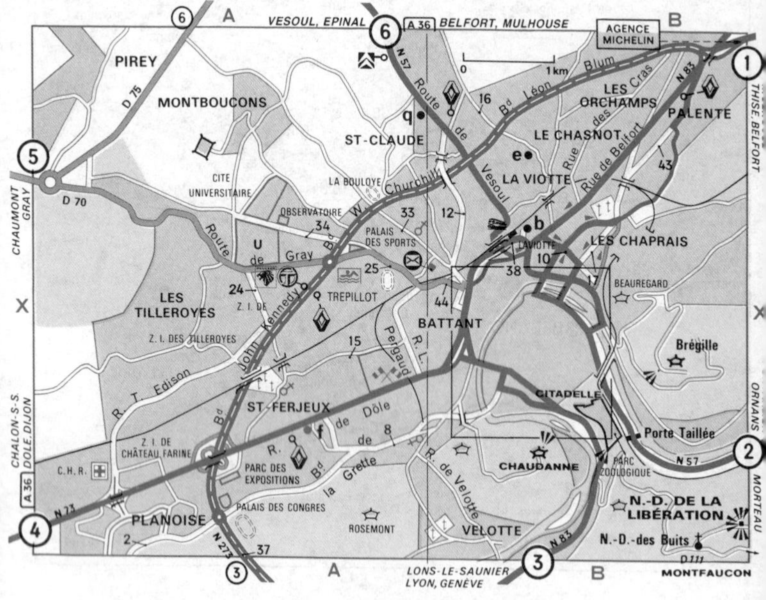

à Roche-lez-Beaupré par ① : 8 km – ✉ **25220** :

X **Aub. des Rosiers,** ✆ 81 57 05 85 – Ⓟ. GB
fermé 15 au 28 fév., merc. soir et mardi – **R** 79/99 ꕔ, enf. 53.

à Montfaucon par ②, D 464 et D 111^{E} : 9 km – ✉ **25660** :

XX **La Cheminée,** rte Belvédère ✆ 81 81 17 48, ←, 🏡 – Ⓟ. GB
fermé 6 au 20 sept., 24 janv. au 13 fév., dim. soir et lundi sauf fériés – **R** 120/260, enf. 70.

à École-Valentin par ⑥ : 5 km – ✉ **25480** :

XXX ✿ **Le Valentin** (Maire), 19 rte Épinal ✆ 81 80 03 90, Fax 81 53 45 49, 🏡, 🏡 – Ⓟ. AE ⓞ GB
fermé 2 au 23 août, dim. soir et lundi – **R** 99/340 et carte 270 à 380, enf. 70
Spéc. Harmonie de homard et d'escargots. Ragoût de ris et de rognon de veau aux morilles. Gibier (saison). **Vins** Arbois-Pupillin.

MICHELIN, Agence régionale, r. Vallières Sud à Chalezeule BX ✆ 81 80 24 53

BMW Loux, ZAC Valentin à École-Valentin ✆ 81 88 48 48
CITROEN Succursale, 228 rte de Dole par ④ ✆ 81 61 47 47
CITROEN Cassard Auto Service, 123 r. de Vesoul AX ✆ 81 50 45 24
CITROEN Gar. des Maisonnettes, à École-Valentin par ⑥ ✆ 81 80 09 64
DATSUN-NISSAN Mécanique, Loisirs, Autos, 72 r. de Belfort ✆ 81 88 29 23
FORD Est-Auto, 18 av. Carnot ✆ 81 80 85 11
MERCEDES-BENZ C.M.B., ZAC de Valentin ✆ 81 50 47 34
OPEL GM J.C.L. Motors, ch. des Graviers Blancs ✆ 81 53 74 44
PEUGEOT Morel, 48 rue de Vesoul ✆ 81 50 36 73
PEUGEOT-TALBOT Sté Ind. Autom. Besançon, bd Kennedy, ZI Trépillot AX ✆ 81 80 50 44 N ✆ 81 53 91 27

RENAULT Succursale, bd Kennedy AX ✆ 81 54 25 25 N ✆ 05 05 15 15
RENAULT Gar. Betteto, 148 r. de Belfort BX ✆ 81 80 41 70
RENAULT Masson, 91 r. de Dole AX ✆ 81 52 05 22
RENAULT Gar. Salmer, 5 r. Grands-Bas BX ✆ 81 50 26 19

◍ Eco-Pneu, 17 rte d'Épinal à École-Valentin ✆ 81 53 32 44
La Maison du Pneu, Mariotte, 10 r. de Dole ✆ 81 81 23 89
Pneus et Services D.K., 8 bd L.-Blum ✆ 81 50 29 30
Pneus et Services D.K., 6 r. Weiss ✆ 81 50 05 54

BESANÇON

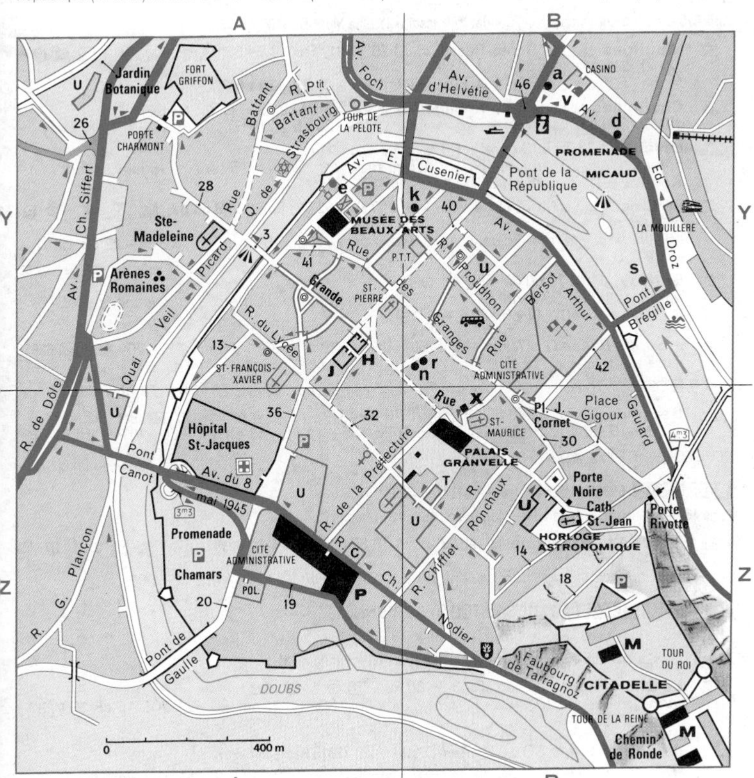

BESSANS 73480 Savoie 77 ⑨ G. Alpes du Nord – 303 h alt. 1 700 – Sports d'hiver : 1 700/2 200 m ⛷4 ⛷.

Voir Peintures★ de la chapelle St-Antoine.

🅸 Syndicat d'Initiative ☎ 79 05 96 52.

Paris 681 – Albertville 127 – Chambéry 137 – Lanslebourg-Mont-Cenis 11 – Val-d'Isère 37.

- **Vanoise** ⛰, ☎ 79 05 96 79, ≤, 🏞 – ☎ 🅟. GB. ✂
  28 juin-20 sept. et 15 déc.-15 avril – **R** 85/130, enf. 45 – ☕ 40 – **29 ch** 190/450 – ½ P 250/290.

- **Mont-Iseran,** ☎ 79 05 95 97 – 📺 ☎ 🚗. GB. ✂ rest
  20 juin-1er oct. et 15 déc.-26 avril – **R** 70/150 🍷 – ☕ 35 – **19 ch** 310/320 – ½ P 210/267.

Le BESSAT 42660 Loire 76 ⑨ – 250 h alt. 1 160 – Sports d'hiver : 1 200/1 360 m ⛷4 ⛷.

Paris 535 – ◆St-Étienne 18 – Annonay 30 – Bourg-Argental 15 – St-Chamond 18 – Yssingeaux 64.

- **France,** ☎ 77 20 40 99, 🏞 – ☎ – 🏋 30. AE GB
  fermé 1er au 15 sept., vacances de Noël, dim. soir et lundi sauf juil.-août – **R** 55/170 – ☕ 25 – **30 ch** 120/180 – ½ P 170/180.

- XX **La Fondue** avec ch, ☎ 77 20 40 09, Fax 77 20 45 20 – ☎ 🚗. AE ⓓ GB. ✂ rest
  1er mars-30 nov. et fermé mardi soir et merc. sauf vacances scolaires – **Repas** 76/250 – ☕ 28 – **9 ch** 165/320 – ½ P 210/245.

BESSE-EN-CHANDESSE 63610 P.-de-D. 73 ⑬ ⑭ **G. Auvergne** (plan) – 1 799 h alt. 1 050 – Sports d'hiver à Super Besse.

Voir Église St-André★ – Rue de la Boucherie★ – Porte de ville★ – Lac Pavin★★ et Puy de Montchal★★ SO : 4 km par D 978.

Env. Vallée de Chaudefour★★ NO : 11 km.

Office de Tourisme pl. Dr-Pipet ☎ 73 79 52 84.

Paris 470 – ◆Clermont-Ferrand 52 – Condat 27 – Issoire 31 – Le Mont-Dore 30.

Mouflons , rte Super-Besse ☎ 73 79 51 31, Fax 73 79 56 93, <, – TV ☎ P – 40. GB
fermé 15 oct. au 20 déc. – **R** 115/250, enf. 50 – ☐ 35 – **50 ch** 200/340 – ½ P 320.

Charmilles M sans rest, rte Super-Besse ☎ 73 79 50 79 – ☎ P. AE GB
15 juin-30 sept. et vacances scolaires – ☐ 23 – **20 ch** 200/250.

Levant, ☎ 73 79 50 17, – TV ☎. GB. rest
hôtel : 20 juin-25 sept. et 15 déc.-début mai ; rest.: 20 juin-25 sept. et 15 janv.-début mai – **R** 90/150 – ☐ 35 – **16 ch** 210/240 – ½ P 240.

Le Clos , rte Mont Dore : 0,5 km ☎ 73 79 52 77, Fax 73 79 56 67, , – ☎ P. GB. rest
10 avril-9 mai, 29 mai-26 sept. et 18 déc.-4 avril – **R** 95/160, enf. 40 – ☐ 35 – **29 ch** 190/240 – ½ P 280.

Beffroy, ☎ 73 79 50 08 – TV ☎. GB
fermé du 23 au 30 avril, 15 oct. au 30 nov., jeudi midi et merc. sauf vacances scolaires – **R** 95/225 – ☐ 40 – **14 ch** 240 – ½ P 260.

à Super-Besse O : 7 km – alt. 1 350 – Sports d'hiver : 1 350/1 850 m 1 20 – ✉ 63610 Besse-en-Chandesse :

Office de Tourisme rond-point des Pistes (15 juin-15 sept., 20 déc.-10 mai) ☎ 73 79 60 29.

Gergovia , ☎ 73 79 60 15, Fax 73 79 61 43, <, – TV ☎ P. AE GB. rest
13 juin-19 sept. et 19 déc.-31 mars – **R** 95/135 – ☐ 45 – **53 ch** 190/360 – ½ P 505/589.

PEUGEOT Gar. Fabre ☎ 73 79 51 10

BESSENAY 69690 Rhône 73 ⑲ – 1 611 h alt. 390.

Paris 467 – Roanne 70 – ◆Lyon 31 – Montbrison 49 – ◆St-Étienne 62.

Aub. de la Brevenne M, N 89 ☎ 74 70 80 01, Fax 74 70 82 31, – TV ☎ P. AE GB. ch
R *(fermé dim. soir)* 90/250 , enf. 60 – ☐ 32 – **20 ch** 240/310 – ½ P 350/500.

BESSÉ-SUR-BRAYE 72310 Sarthe 64 ⑤ – 2 815 h alt. 76.

Syndicat d'Initiative r. Val-de-Braye (saison) ☎ 43 35 31 13 et à la Mairie (hors saison) ☎ 43 35 30 29.

Paris 191 – ◆Le Mans 55 – La-Ferté-Bernard 42 – ◆Tours 55 – Vendôme 31.

La Chaumière, rte Troo ☎ 43 35 30 59 – TV ☎ P. GB
fermé 15 déc. au 10 janv. – **R** *(fermé dim. soir)* 90/180 , enf. 50 – ☐ 20 – **15 ch** 190/230 – ½ P 330/350.

à Pont-de-Braye SO : 8 km par D 303 – ✉ 72310 Bessé-sur-Braye :

Voir Escalier★★ du château de Poncé-sur-le-Loir O : 3,5 km, **G. Châteaux de la Loire.**

Petite Auberge avec ch, ☎ 43 44 45 08 – GB. ch
fermé 14 au 22 nov., 1er au 8 fév., lundi soir de janv. à mars et mardi sauf juil.-août – **R** 68/155 – ☐ 22 – **3 ch** 135.

CITROEN Gar. Legeay Yves ☎ 43 35 32 63
PEUGEOT-TALBOT Gar. Ched'homme ☎ 43 35 30 42
RENAULT Gar. Bouttier ☎ 43 35 30 70

BESSINES-SUR-GARTEMPE 87250 H.-Vienne 72 ⑧ – 2 988 h alt. 344.

Paris 363 – ◆Limoges 36 – Argenton-sur-Creuse 58 – Bellac 29 – Guéret 54 – La Souterraine 21.

Vallée, N 20 ☎ 55 76 01 66, Fax 55 76 60 16 – TV ☎ P. GB
fermé dim. soir – **R** 65/200, enf. 41 – ☐ 28 – **20 ch** 128/240 – ½ P 208/303.

Centre sans rest, ☎ 55 76 03 17 – P.
1er mars-15 nov., vacances de Noël et fermé dim. en hiver – ☐ 25 – **13 ch** 100/240.

Bellevue, N 20 ☎ 55 76 01 99 – P. GB
fermé 10 fév. au 10 mars et lundi de sept. à fin juin sauf fêtes – **R** 46/140 .

à la Croix-du-Breuil N : 3 km sur N 20 – ✉ 87250 Bessines-sur-Gartempe :

Manoir Henri IV, ☎ 55 76 00 56, Fax 55 76 14 14, – rest TV ☎ P. GB
fermé lundi d'oct. à mai et dim. soir – **R** 110/260, enf. 60 – ☐ 32 – **14 ch** 180/270.

Les **cartes Michelin** sont constamment tenues à jour.

BÉTHUNE

62400 P.-de-C. 51 ⑭ G. Flandres Artois Picardie – 24 556 h alt. 25.

Office de Tourisme avec A.C. 34 Grand'Place ✆ 21 68 26 29.

Paris 215 ④ – ♦Lille 40 ② – ♦Amiens 88 ④ – Arras 34 ④ – Boulogne 88 ④ – Douai 40 ② – Dunkerque 68 ⑥.

Vieux Beffroy, 48 Grand'Place ✆ 21 68 15 00, Fax 21 56 66 32 – |‡| TV ☎ – 30 à 60. AE ⓓ GB — Y b
R 68/185 – ☕ 30 – **65 ch** 150/300 – ½ P 230/260.

XXX ✿ **Le Meurin,** 15 pl. République ✆ 21 68 88 88, Fax 21 56 37 15, – AE ⓓ GB JCB
fermé août, dim. soir et lundi – **R** 180/420 et carte 280 à 400, enf. 90 — Y a
Spéc. Croûte de « petits gris » à l'ail doux. Blanc de volaille fourré aux pieds de porc. Tarte à la bière.

à Gosnay par ④ et N 41 : 5 km – ✉ **62199** :

Chartreuse du Val St-Esprit ✆ 21 62 80 00, Télex 134418, Fax 21 62 42 50, parc, – TV ☎ ♿ P – 25. AE GB
R 110/350 – ☕ 45 – **23 ch** 350/590.

CITROEN SO.CA.BE., 1 220 av. W.-Churchill par ③ ✆ 21 57 65 70 N ✆ 21 57 16 83
PEUGEOT-TALBOT Société Automobile Béthune Artois, 329 av. Kennedy ✆ 21 57 12 05 N ✆ 21 57 16 83
PEUGEOT-TALBOT Bondu, 136 rte Nationale, Beuvry par ② ✆ 21 65 15 06

RENAULT Dist.-Autom.-Béthunoise, 255 r. J.-Moulin ✆ 21 57 24 30 N ✆ 21 69 08 00
TOYOTA Éts Duhem, 4 av. W.-Churchill ✆ 21 57 20 60

Équipneu, RN 43, r. Martyrs Prolongés à Lillers ✆ 21 02 24 87
La Maison du Pneu, 371 r. Aire ✆ 21 57 02 10

Le BETTEX

74 H.-Savoie 74 ⑧ – rattaché à St-Gervais-les-Bains.

BEUIL

06470 Alpes-Mar. 81 ⑨ 115 ④ G. Alpes du Sud – 330 h alt. 1 450 – Sports d'hiver : 1 400/2 000 m 6 – **Voir** Site★.

Paris 820 – Barcelonnette 83 – Digne-les-Bains 118 – ♦Nice 77 – Puget-Théniers 30 – St-Martin-Vésubie 52.

L'Escapade, ✆ 93 02 31 27, ≤, – TV ☎
fermé 20 nov. au 20 déc. – **R** 95/140, enf. 60 – ☕ 47 – **11 ch** 305/350 – ½ P 310.

X **Bellevue** avec ch, ✆ 93 02 30 04, ≤ –
hôtel : 20 juin-1er oct. et 20 déc.-10 mai ; rest. : 30 juin-30 oct. et 20 déc.-10 juin – **R** *(fermé le soir du 27 sept. au 20 oct.)* 80/120 – ☕ 30 – **6 ch** 180/220 – ½ P 210/250.

BEUVRON-EN-AUGE **14430** Calvados 54 ⑰ **G. Normandie Vallée de la Seine** – 274 h.

Voir Village★ – ※★ de l'église de Clermont-en-Auge NE : 3 km.

Paris 221 – ◆Caen 30 – Cabourg 15 – Lisieux 24 – Pont-l'Évêque 26.

XXX ✿ **Pavé d'Auge** (Bansard), ✆ 31 79 26 71, Fax 31 39 04 45, « Halles anciennes » – GB
fermé 29 nov. au 17 déc., 2 au 27 janv., lundi (sauf le midi d'avril à oct.) et mardi – **R** 130/280 et carte 200 à 300
Spéc. Petit homard tiède à la fondue de poireaux et champignons (mai à sept.). Poulet "Vallée d'Auge". Savarin au calvados, gelée de pommes et glace cannelle.

BEUZEVILLE **27210** Eure 55 ④ **G. Normandie Vallée de la Seine** – 2 702 h alt. 125.

Paris 184 – Bernay 36 – Deauville 25 – Évreux 77 – Honfleur 14 – ◆Le Havre 49 – Pont-l'Évêque 14.

Petit Castel M sans rest, ✆ 32 57 76 08, Fax 32 42 25 70, – TV ☎. GB.
fermé 15 déc. au 15 janv. – **R** voir rest. **Aub. Cochon d'Or** ci-après – ☕ 32 – **16 ch** 235/300.

XX **Aub. Cochon d'Or** avec ch, ✆ 32 57 70 46, Fax 32 42 25 70 – ☎. GB.
fermé 15 déc. au 15 janv. et lundi – **Repas** 75/225 – ☕ 32 – **5 ch** 150/215.

CITROEN Perrin ✆ 32 57 70 52
FORD Boulloché, à Boulleville ✆ 32 41 21 31 N ✆ 32 57 75 27
PEUGEOT Gar. Normandy ✆ 32 57 70 94
RENAULT Coquerel ✆ 32 57 70 26 N ✆ 32 42 33 77

BEYNAC ET CAZENAC **24220** Dordogne 75 ⑰ **G. Périgord Quercy** – 498 h alt. 60.

Voir Château★★ : site★★, ※★★ – Calvaire ※★★ – Village★ – Château de Castelnaud★ : site★★, ※★★★ S : 4 km.

Paris 533 – Brive-la-Gaillade 63 – Périgueux 65 – Sarlat-la-Canéda 11 – Bergerac 63 – Fumel 57 – Gourdon 27.

à Vézac SE : 2 km – ✉ **24220** :

XX **Le Souqual**, ✆ 53 29 50 59, , , – P. GB
1er juil.-15 oct. et fermé mardi du 1er sept. au 15 oct. – **R** 95/350 , enf. 45.

BEYRÈDE-JUMET **65** H.-Pyr. 85 ⑲ – 256 h alt. 1 417 – ✉ **65710** Campan.

Paris 841 – Bagnères-de-Bigorre 25 – Auch 94 – Lannemezan 30 – St-Gaudens 56 – Tarbes 47.

au col de Beyrède :

du Col , ✆ 62 91 83 70, ≤, – ☎ P. AE GB.
15 juin-5 nov. – **R** 75/105 – ☕ 25 – **10 ch** 160/250 – ½ P 160/200.

Les BÉZARDS **45** Loiret 65 ② – alt. 163 – ✉ **45290** Boismorand.

Paris 137 – Auxerre 82 – Cosne-sur-Loire 49 – Gien 16 – Joigny 59 – Montargis 23 – ◆Orléans 73.

✿✿ **Auberge des Templiers** M , ✆ 38 31 80 01, Télex 780998, Fax 38 31 84 51, , « Bel ensemble hôtelier dans un parc », , – TV ☎ P – 30. AE GB JCB
fermé fév. – **R** 380/600 et carte 400 à 600 – ☕ 80 – **22 ch** 580/1350, 8 appart. – ½ P 950/1180
Spéc. Millefeuille de foie gras au céleri et pommes acidulées. Gibier (saison). Entremets de l'Auberge. **Vins** Pouilly-Fumé, Sancerre.

Pas de publicité payée dans ce guide.

BÉZIERS SP **34500** Hérault 83 ⑮ **G. Gorges du Tarn** – 70 996 h alt. 70.

Voir Anc. cathédrale St-Nazaire★ BZ : terrasse ≤★.

de St-Thomas ✆ 67 98 62 01, par ② : 12 km.

de Béziers-Vias : ✆ 67 90 99 10, par ④ : 12 km.

Office de Tourisme Hôtel du Lac, 27 r. Quatre-Septembre ✆ 67 49 24 19.

Paris 822 ③ – ◆Montpellier 65 ③ – ◆Clermont-Ferrand 359 ③ – ◆Marseille 227 ③ – ◆Perpignan 94 ⑥.

Plans pages suivantes

Nord sans rest, 15 pl. Jaurès ✆ 67 28 34 09, Télex 485686, Fax 67 49 00 37 – TV ☎ – 60. AE GB BCZ **z**
☕ 32 – **40 ch** 230/430.

Imperator sans rest, 28 allées P. Riquet ✆ 67 49 02 25, Fax 67 28 92 30 – TV ☎ . AE GB CY **n**
☕ 34 – **45 ch** 220/370.

Poètes sans rest, 80 allées P. Riquet ✆ 67 76 38 66 – TV ☎ . GB CZ **e**
☕ 30 – **14 ch** 220/270.

Concorde sans rest, 7 r. Solférino ✆ 67 28 31 05, Fax 67 28 31 28 – TV ☎. AE GB CY **a**
☕ 25 – **25 ch** 180/250.

Splendid H. sans rest, 24 av. du 22-Août ✆ 67 28 23 82 – TV ☎. GB CY **w**
☕ 27 – **24 ch** 130/270.

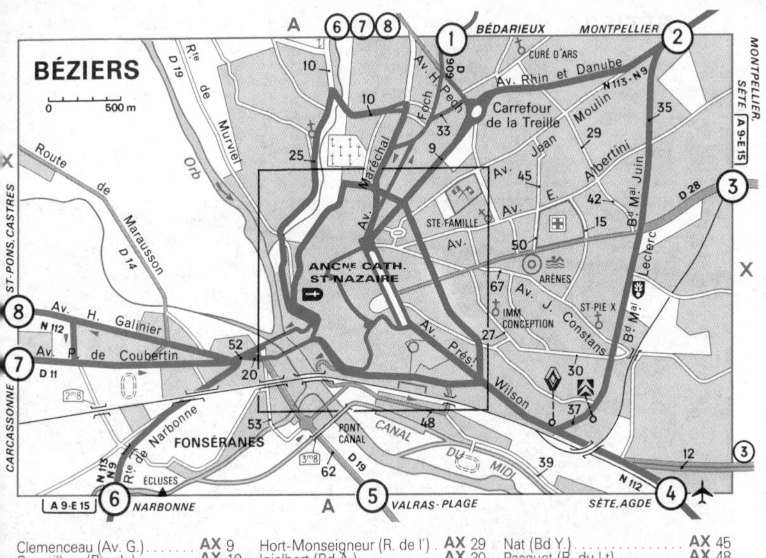

Clemenceau (Av. G.) . . . . AX 9	Hort-Monseigneur (R. de l') . AX 29	Nat (Bd Y.) . . . . AX 45
Corneilhan (Rte de) . . . . AX 10	Injalbert (Bd A.) . . . . AX 30	Pasquet (R. du Lt) . . . . AX 48
Deveze (Av. de la) . . . . AX 12	Jussieu (R. A.) . . . . AX 33	Perréal (Bd E.) . . . . AX 50
Dr-Mourrut (Bd) . . . . AX 15	Kennedy (Bd Prés.) . . . . AX 35	Pont-Vieux (Av. du) . . . . AX 52
Espagne (Rte d') . . . . AX 20	Lattre-de-T. (Bd Mar.-de) . . . AX 37	Port-Notre-Dame (Av. du) . . AX 53
Four-à-Chaux (Bd du) . . . . . . AX 25	Lazare (Av. J.) . . . . AX 39	Sérignan (Rte de) . . . . AX 62
Genève (Bd de) . . . . AX 27	Malbosc (R. L.) . . . . AX 42	Verdi (R.) . . . . AX 67

XXX ✿ **Le Framboisier** (Yagues), 12 r. Boeildieu ℘ 67 49 90 00 – ▤. AE ⓓ GB — CY **u**
fermé 16 août au 7 sept., vacances de fév., dim. et lundi – **R** (nombre de couverts limité, prévenir) 140/330 et carte 230 à 330
Spéc. Huîtres chaudes à l'oseille. Filets de rouget poêlés, sauté de pommes de terre et courgettes. Emincé de magret de canard au Cazal Viel. **Vins** Saint-Chinian, Faugères.

XX **Le Jardin,** 37 av. J. Moulin ℘ 67 36 41 31 – ▤. AE ⓓ GB — CY **k**
fermé 1er au 15 mars, 4 au 26 juil., dim. et lundi – **Repas** 130/275, enf. 60.

XX **La Potinière,** 15 r. A. de Musset ℘ 67 76 35 30 – ▤. AE GB — CZ **s**
fermé 15 au 30 juin, 1er au 15 fév., sam. midi et lundi – **R** 135/320, enf. 80.

X **Cigale,** 60 allées P. Riquet ℘ 67 28 21 56 – ▤. AE GB — CZ **r**
fermé 21 juin au 10 juil., 21 nov. au 10 déc., lundi soir et mardi – **R** 90/185 ♁, enf. 45.

X **Bistrot des Halles,** 3 r. Porte Olivier ℘ 67 28 30 46, ☂ – ▤. GB — BY **b**
fermé dim. midi et lundi – **R** 62 bc/98 bc, enf. 25.

X **Chez Soi,** 10 r. Guilhemon ℘ 67 28 63 34 – ▤. AE GB. ✂ — CY **t**
fermé 18 août au 4 sept. et dim. – **R** 55 (sauf sam.)/160 ♁, enf. 30.

par ③ : 6 km à l'échangeur A9-Béziers-Est – ✉ **34420** Villeneuve-lès-Béziers :

Azurotel M, ℘ 67 39 83 03, Fax 67 39 82 78 – ▤ rest TV ☎ ♿ P – 🏛 50. AE GB
R *(fermé dim. soir de nov. à mars)* 90/135 ♁ – ☕ 33 – **23 ch** 320/360 – ½ P 280/290.

Climat de France M, 1 km, rte Valras ℘ 67 39 40 00, Télex 485912, Fax 67 39 39 61, ☂, ⛱, ✂ – ▤ TV ☎ ♿ P – 🏛 40. AE GB
R 84/120 ♁, enf. 48 – ☕ 30 – **79 ch** 290.

rte de Narbonne par ⑥ : 4 km sur N 113-N 9 – ✉ **34500** Béziers :

Castelet, ℘ 67 28 82 60, Télex 485509, Fax 67 28 42 56, ☂, ⛱, 🌳 – ▤ ch TV ☎ P. AE ⓓ GB – *fermé dim. soir et lundi midi* – **R** 105/180 – ☕ 30 – **27 ch** 210/380 – ½ P 250/300.

CITROEN Éts Tressol, ZAC Montimaran ℘ 67 76 90 90
FIAT Auto service 34, ZAC Montimaran ℘ 67 35 91 00
FORD SAVAB, 30 av. de la voie Domitienne ℘ 67 76 55 34
MERCEDES-BENZ S.A.B.V.I., le Manteau Bleu, rte de Narbonne ℘ 67 28 86 04
PEUGEOT-TALBOT Gds Gar. du Biterrois, rte de Bessan par ③ ℘ 67 35 49 00 N ℘ 05 44 24 24
RENAULT Succursale, 121 av. Prés.-Wilson ℘ 67 35 64 00 N ℘ 67 36 96 77
V.A.G Capiscol-Auto, 11 r. Artisans, ZI du Capiscol ℘ 67 76 50 25
VOLVO SOCRA, 49 bd de Verdun ℘ 67 76 57 54

Ⓜ Estournet, 65 bd Mistral ℘ 67 28 22 82
Euromaster Piot Pneu, av. de la Devèze, ZI du Capiscole ℘ 67 76 11 15
Euromaster Piot Pneu, 102 bd Liberté ℘ 67 76 47 98
Fogues, 135 av. Foch ℘ 67 31 18 65
Gautrand-Pneu, 48 av. Rhin-et-Danube ℘ 67 30 63 88
Longuelanes, 16 av. Pont-Vieux ℘ 67 49 00 47
Pagès et Fils, 115 av. Prés.-Wilson ℘ 67 76 19 46
Pagès, 27 quai Port-Notre-Dame ℘ 67 28 51 30

BÉZIERS

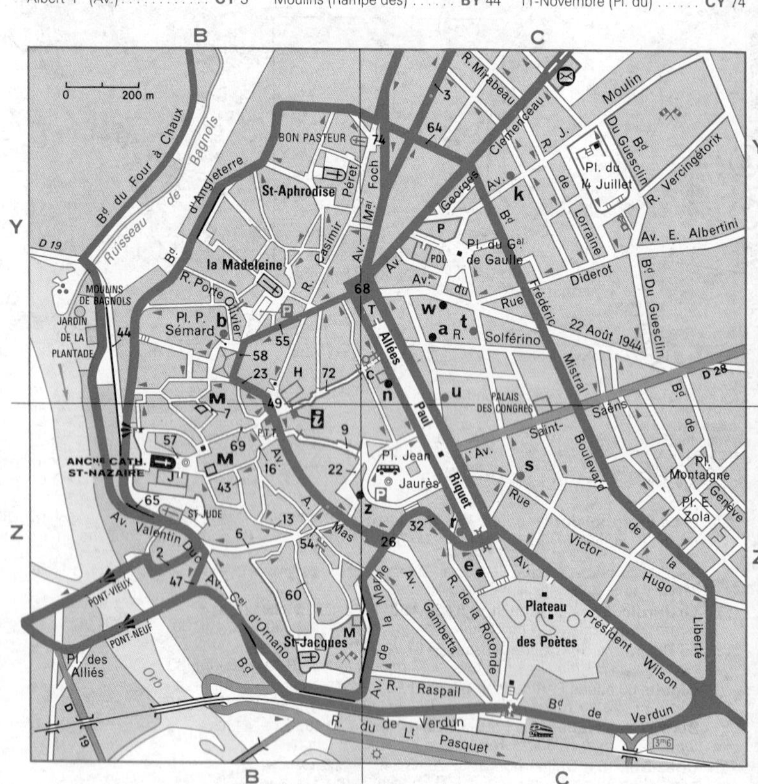

BIARRITZ 64200 Pyr.-Atl. 78 ⑪ ⑱ 85 ② **G. Pyrénées Aquitaine** – 28 742 h alt. 40 – Casino Bellevue EY.

Voir ≤★★ de la Perspective DZ **E** – ≤★ du phare et de la Pointe St-Martin AX – Rocher de la Vierge★ DY – Musée de la mer★ DY **M.**

18 ☎ 59 03 71 80, NE : 1 km AX ; 18 de Chiberta ☎ 59 63 83 20, N : 5 km BX ; 18 d'Arcangues, ☎ 59 43 10 56.

✈ de Biarritz-Bayonne-Anglet : ☎ 59 23 90 66, 2 km ABX – 🚗 ☎ 59 55 50 50.

🅸 Office de Tourisme square d'Ixelles ☎ 59 24 20 24, Télex 570032.

Paris 779 ③ – •Bayonne 7 – •Bordeaux 190 ③ – Pau 113 ② – S.-Sebastiàn 50 ⑥.

Plans pages suivantes

🏨 ✿ **Palais** ≫, 1 av. Impératrice ☎ 59 41 64 00, Télex 570000, Fax 59 41 67 99, ≤, ⛱, « Belle piscine avec grill », 🏋, 🌳 – 🛗 ▤ rest 📺 ☎ 🅿 – 🏛 25 à 250. AE ⓓ GB JCB. ✂ rest EY **k**
fermé fév. – **Le Grand Siècle R** 380 et carte 380 à 550 – **La Rotonde R** 300 – **L'Hippocampe** *(avril-nov. et fermé le soir sauf juil.-août)* **R** 240/370 – ☕ 100 – **133 ch** 1400/2650, 25 appart. – ½ P 1300/1725
Spéc. Médaillon de volaille au foie gras en gelée. Rouget en filets poêlés, sauté de chipirons à l'encre. Poêlée de framboises en croustillant et glace vanille. **Vins** Jurançon, Irouleguy.

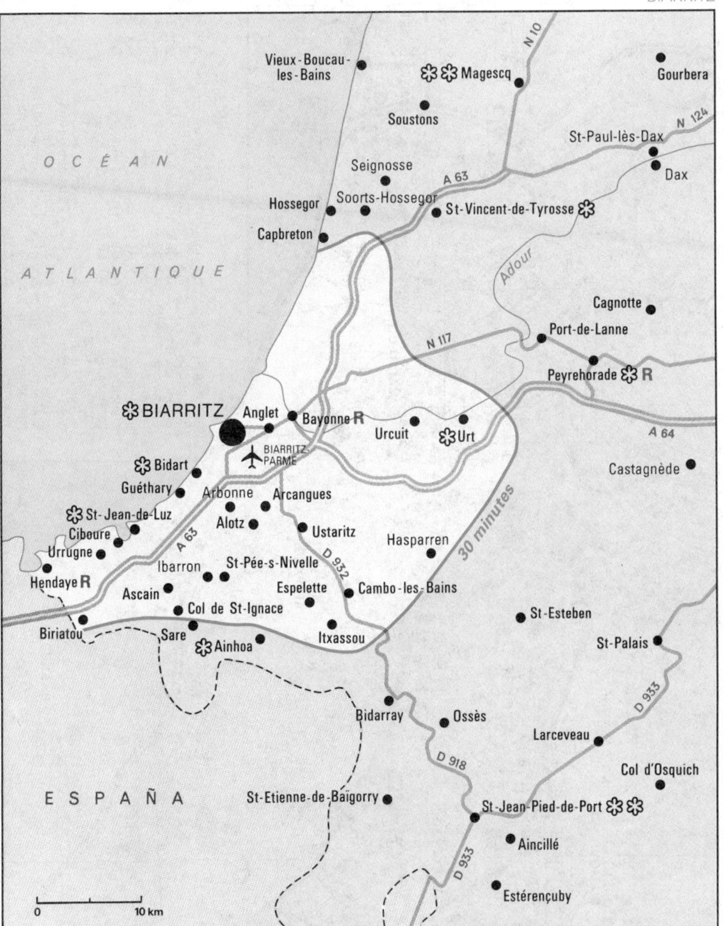

🏨🏨🏨🏨🏨 ✿ **Miramar** [M] 🐎, av. Impératrice ✆ 59 41 30 00, Télex 540831, Fax 59 24 77 20, ≤, 🏖, centre de thalassothérapie, 🏋, [🏊], 🏊 – |♦| ▤ [TV] ☎ 🚗 – 🏃 45 à 170. AE ⓞ GB. ✗ rest AX **k**
Les Piballes rest. diététique **R** 280/300 – **Relais Miramar R** 280/300 et carte 320 à 400 – ☕ 100 – **109 ch** 1535/2635, 17 appart. – ½ P 1203/1548
Spéc. Poêlée de queues de langoustines et artichauts. Blanc de turbot rôti, jus de poulet aux champignons frits. Grande assiette de desserts. **Vins** Irouléguy, Jurançon sec.

🏨🏨🏨🏨 **Régina et Golf,** 52 av. Impératrice ✆ 59 41 33 00, Télex 541330, Fax 59 41 33 99, ≤, 🏊 – |♦| ⚡ ch ▤ ch [TV] ☎ Ⓟ – 🏃 35. AE ⓞ GB. ✗ rest AX **s**
fermé 21 nov. au 26 déc. – **R** 195/230 – ☕ 110 – **60 ch** 1005/1340, 11 appart. – ½ P 885/990.

🏨🏨🏨🏨 **Plaza,** av. Édouard VII ✆ 59 24 74 00, Télex 570048, Fax 59 22 22 01, ≤ – |♦| ▤ ch [TV] ☎ ♿ Ⓟ – 🏃 5. AE ⓞ GB. ✗ EY **p**
R *(fermé janv. et dim. hors sais.)* 200 – ☕ 55 – **60 ch** 425/795 – ½ P 542/598.

🏨🏨🏨 **Tonic** [M], 58 av. Édouard VII ✆ 59 24 58 58, Fax 59 24 86 14 – |♦| cuisinette [TV] ☎ ♿ 🚗 Ⓟ – 🏃 50. AE ⓞ GB EY **d**
R 140 – ☕ 40 – **63 ch** 520/820 – ½ P 600.

🏨🏨🏨 **Comfort Inn** [M] sans rest, 19 av. Reine Victoria ✆ 59 22 04 80, Fax 59 24 91 19 – |♦| ⚡ ch ▤ [TV] ☎ ♿ 🚗. AE ⓞ GB. ✗ AX **h**
☕ 40 – **40 ch** 500/560, 3 duplex.

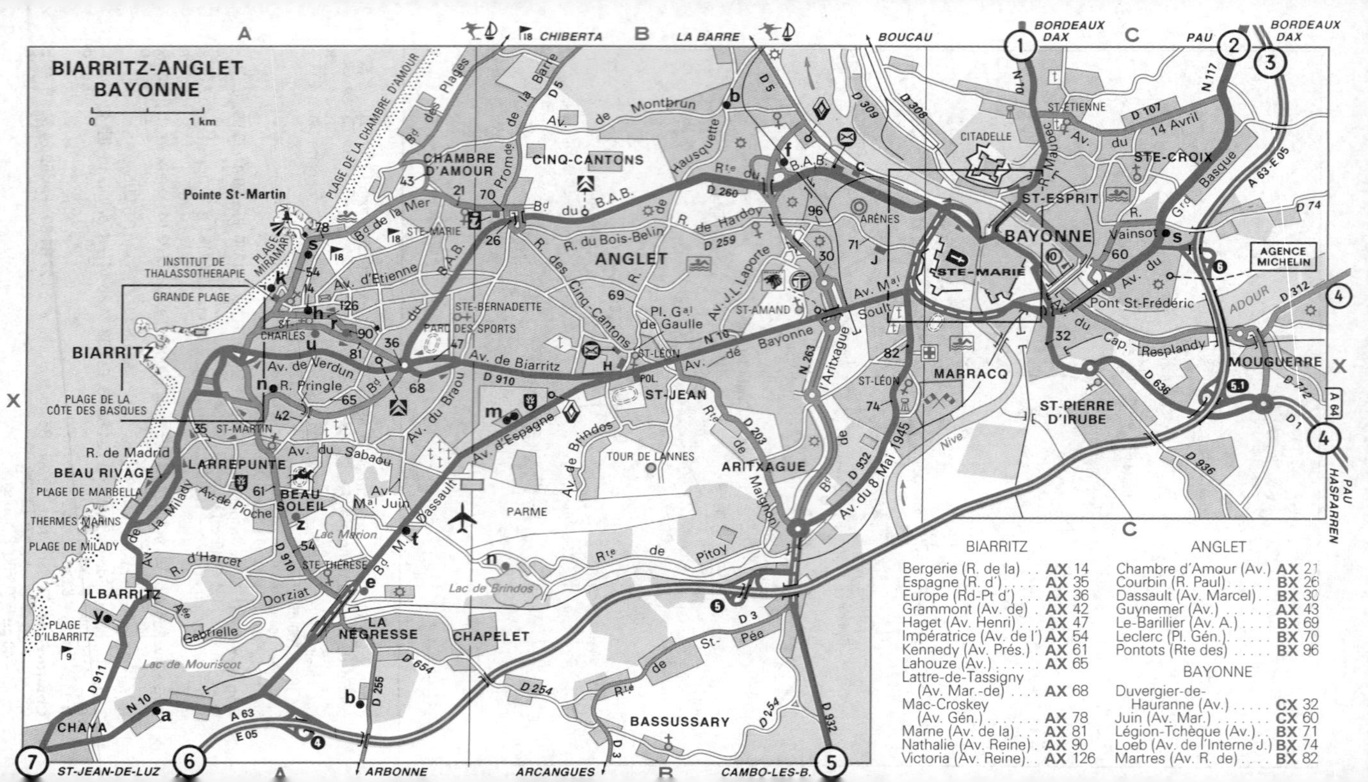

BIARRITZ		
Bergerie (R. de la)	AX	14
Espagne (R. d')	AX	35
Europe (Rd-Pt d')	AX	36
Grammont (Av. de)	AX	42
Haget (Av. Henri)	AX	47
Impératrice (Av. de l')	AX	54
Kennedy (Av. Prés.)	AX	61
Lahouze (Av.)	AX	65
Lattre-de-Tassigny (Av. Mar.-de)	AX	68
Mac-Croskey (Av. Gén.)	AX	78
Marne (Av. de la)	AX	81
Nathalie (Av. Reine)	AX	90
Victoria (Av. Reine)	AX	126

ANGLET		
Chambre d'Amour (Av.)	AX	21
Courbin (R. Paul)	BX	26
Dassault (Av. Marcel)	BX	30
Guynemer (Av.)	AX	43
Le-Barillier (Av. A.)	BX	69
Leclerc (Pl. Gén.)	BX	70
Pontots (Rte des)	BX	96

BAYONNE		
Duvergier-de-Hauranne (Av.)	CX	32
Juin (Av. Mar.)	CX	60
Légion-Tchèque (Av.)	BX	71
Loeb (Av. de l'Interne J.)	BX	74
Martres (Av. R. de)	BX	82

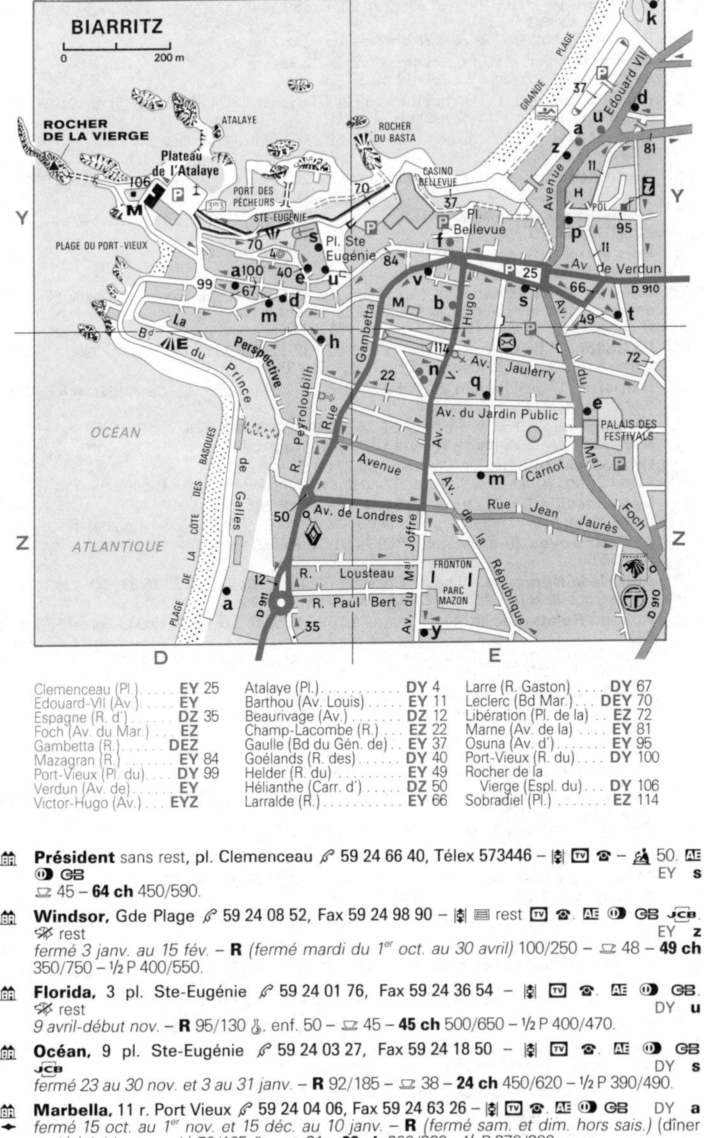

Clemenceau (Pl.) . . . . . EY 25
Edouard-VII (Av.) . . . . . EY
Espagne (R. d') . . . . . . DZ 35
Foch (Av. du Mar.) . . . EZ
Gambetta (R.) . . . . . . DEZ
Mazagran (R.) . . . . EY 84
Port-Vieux (Pl. du) . . . . DY 99
Verdun (Av. de) . . . . . . EY
Victor-Hugo (Av.) . . . EYZ

Atalaye (Pl.) . . . . DY 4
Barthou (Av. Louis) . . . . . EY 11
Beaurivage (Av.) . . . . DZ 12
Champ-Lacombe (R.) . . . EZ 22
Gaulle (Bd du Gén. de) . . EY 37
Goélands (R. des) . . . . . . DY 40
Helder (R. du) . . . . EY 49
Hélianthe (Carr. d') . . . . . DZ 50
Larralde (R.) . . . . EY 66

Larre (R. Gaston) . . . . DY 67
Leclerc (Bd Mar.) . . . DEY 70
Libération (Pl. de la) . . EZ 72
Marne (Av. de la) . . . . EY 81
Osuna (Av. d') . . . . EY 95
Port-Vieux (R. du) . . . . DY 100
Rocher de la Vierge (Espl. du) . . . DY 106
Sobradiel (Pl.) . . . . EZ 114

Président sans rest, pl. Clemenceau ✆ 59 24 66 40, Télex 573446 – |♦| TV ☎ – 🔔 50. AE ⓓ GB — EY **s**
☕ 45 – **64 ch** 450/590.

Windsor, Gde Plage ✆ 59 24 08 52, Fax 59 24 98 90 – |♦| ▤ rest TV ☎. AE ⓓ GB JCB. ✻ rest — EY **z**
fermé 3 janv. au 15 fév. – **R** *(fermé mardi du 1er oct. au 30 avril)* 100/250 – ☕ 48 – **49 ch** 350/750 – ½ P 400/550.

Florida, 3 pl. Ste-Eugénie ✆ 59 24 01 76, Fax 59 24 36 54 – |♦| TV ☎. AE ⓓ GB. ✻ rest — DY **u**
9 avril-début nov. – **R** 95/130 ♁, enf. 50 – ☕ 45 – **45 ch** 500/650 – ½ P 400/470.

Océan, 9 pl. Ste-Eugénie ✆ 59 24 03 27, Fax 59 24 18 50 – |♦| TV ☎. AE ⓓ GB JCB — DY **s**
fermé 23 au 30 nov. et 3 au 31 janv. – **R** 92/185 – ☕ 38 – **24 ch** 450/620 – ½ P 390/490.

Marbella, 11 r. Port Vieux ✆ 59 24 04 06, Fax 59 24 63 26 – |♦| TV ☎. AE ⓓ GB — DY **a**
fermé 15 oct. au 1er nov. et 15 déc. au 10 janv. – **R** *(fermé sam. et dim. hors sais.)* (dîner seul.) (résidents seul.) 70/105 ♁ – ☕ 31 – **28 ch** 300/360 – ½ P 270/300.

Fronton et Résidence, 35 av. Mar. Joffre ✆ 59 23 09 36 – |♦| TV ☎ Ⓟ. GB — EZ **y**
fermé 12 au 26 mars et 23 oct. au 28 nov. – **R** 68/123 – ☕ 30 – **42 ch** 280/325 – ½ P 255/270.

Maïtagaria sans rest, 34 av. Carnot ✆ 59 24 26 65, 🪑 – ☎. GB — EZ **m**
☕ 29 – **17 ch** 185/263.

Malouthéa sans rest, 3 av. Jardin Public ✆ 59 24 06 00 – |♦| TV ☎. GB — EZ **q**
☕ 34 – **27 ch** 190/340.

Atalaye sans rest, 6 r. Goélands ✆ 59 24 06 76, Fax 59 22 33 51 – |♦| ☎. GB — DY **e**
☕ 33 – **24 ch** 260/350.

Louisiane M, r. Guy Petit ✆ 59 22 20 20, Fax 59 24 95 77, – 40. AE GB — AX n
R 66/179, enf. 44 – 38 – **78 ch** 345/385 – ½ P 315.

Monguillot sans rest, 3 r. G. Larre ✆ 59 24 12 23 – — DY m
fermé 5 janv. au 5 fév. – 26 – **14 ch** 190/325.

Palacito sans rest, 1 r. Gambetta ✆ 59 24 04 89, Fax 59 24 33 43 – AE GB — EY v
fermé 4 au 30 janv. – 32 – **30 ch** 215/335.

Central sans rest, 8 r. Maison Suisse ✆ 59 22 02 06 – GB — EY t
30 – **16 ch** 260/300.

Argi-Eder sans rest, 13 r. Peyroloubilh ✆ 59 24 22 53, Fax 59 24 89 10 – GB. — DZ h
28 – **19 ch** 230/300.

Etche Gorria sans rest, 21 av. Mar. Foch ✆ 59 24 00 74, – GB. — EZ e
30 – **11 ch** 160/300.

Port Vieux sans rest, 43 r. Mazagran ✆ 59 24 02 84 – — DY d
1er avril-1er nov. – **18 ch** 169/284.

Café de Paris M avec ch, 5 pl. Bellevue ✆ 59 24 19 53, Fax 59 24 18 20, « Bel aménagement intérieur » – AE GB — EY f
R 250/400 – 80 – **19 ch** 1000/1200 – ½ P 900.

Le Galion, 17 bd Gén. de Gaulle ✆ 59 24 20 32, Fax 59 24 67 54, – GB — EY a
fermé fév., dim. soir et lundi sauf juil.-août – **R** 140.

L'Operne, 17 av. Edouard VII ✆ 59 24 30 30, océan, – AE GB JCB — EY u
fermé 10 au 31 janv. – **R** 150/245.

Belle Epoque, 10 av. V. Hugo ✆ 59 24 66 06 – AE GB JCB — EY b
fermé lundi sauf juil.-août – **R** carte 130 à 250, enf. 50.

Croque-en-Bouche, 5 r. Centre ✆ 59 22 06 57 – AE GB — EZ n
fermé 21 au 29 juin, 6 au 13 sept., 1er au 8 fév., dim. soir et lundi – **R** carte environ 160.

Le Vaudeville, 5 r. Centre ✆ 59 24 34 66 – AE GB — EZ n
fermé mardi midi et lundi (sauf le soir de juin à sept.) – **R** carte 130 à 180, enf. 60.

Le Petit Doyen, 87 av. Marne ✆ 59 24 01 61, Fax 59 24 40 83 – AE GB — AX r
R 125/250.

Aub. de la Négresse, 10 bd M. Dassault (sous viaduc) ✆ 59 23 15 83, – GB — AX e
fermé 6 oct. au 9 nov. et lundi sauf le soir en sais. – **R** 55/155, enf. 50.

Aub. du Relais avec ch, 44 av. Marne ✆ 59 24 85 90, Fax 59 22 13 94 – rest AE GB — AX u
fermé 1er au 15 déc. et 10 au 30 janv. – **R** *(fermé mardi d'oct. à avril)* 95/210 – 32 – **11 ch** 182/350 – ½ P 219/292.

Les Platanes (Daguin), 32 av. Beausoleil ✆ 59 23 13 68 – GB — AX z
fermé mardi midi et lundi – **R** (nombre de couverts limité, prévenir) 150 (déj.)/280 et carte 210 à 340
Spéc. Chaud-froid de lapereau et asperges. Minute de cochon de lait et artichauts. Millefeuille de fruits rouges.

près aéroport sur N 10 SE : 4 km – 64200 Biarritz :

Campanile, bd. M. Dassault ✆ 59 41 19 19, Télex 572132, Fax 59 41 28 78 – rest – 30. AE GB — AX t
R 80 bc/102 bc, enf. 39 – 29 – **80 ch** 268 – ½ P 243.

rte d'Arbonne S : 4 km par D 910 et D 255 – 64200 Biarritz :

Château du Clair de Lune sans rest, ✆ 59 23 45 96, Fax 59 23 39 13, « Parc » – AE GB – 50 – **16 ch** 400/700. — AX b

au lac de Brindos SE : 5 km BX – 64600 Anglet :

Château de Brindos, près aéroport ✆ 59 23 17 68, Télex 541428, Fax 59 23 48 47, « Belle décoration intérieure, bord du lac, parc », – 25 à 50. AE GB — BX n
fermé 6 janv. au 1er fév. – **R** carte 310 à 480 – 85 – **12 ch** 950/1350.

à Arbonne S : 7 km par Pont de la Négresse et D 255 – 64210 :

Laminak M sans rest, rte de St Pée ✆ 59 41 95 40, Fax 59 41 87 65, – GB – 45 – **10 ch** 370/550.

à Arcangues S : 7 km par D 254 et D 3 - BX – 64200 :
Voir ★ du cimetière.

Marie-Eder sans rest, ✆ 59 43 05 61, – GB.
fermé mardi hors sais. – 28 – **8 ch** 210/330.

à Alotz S : 8 km par D 910, D 255 et VO AX – 64200 Biarritz :

Moulin d'Alotz, ✆ 59 43 04 54, – GB
fermé 15 nov. au 1er déc., 20 fév. au 10 mars, mardi d'oct. à juin et lundi – **R** (nombre de couverts limité - prévenir) carte 250 à 350, enf. 70.

CITROEN Artola, 88 av. Marne AX ✆ 59 41 01 30 N
PEUGEOT-TALBOT Gar. Victoria, 48 av. Foch EZ ✆ 59 24 53 80
RENAULT Central-Auto-Gar., 1 carr. Hélianthe DZ ✆ 59 24 92 32 N ✆ 59 93 48 22

BIDARRAY 64780 Pyr.-Atl. 85 ③ G. Pyrénées Aquitaine – 585 h alt. 71.

Paris 806 – Biarritz 37 – Cambo-les-Bains 17 – Pau 132 – St-Étienne-de-Baïgorry 15 – St-Jean-Pied-de-Port 19.

Pont d'Enfer, ✆ 59 37 70 88, Fax 59 37 76 60, ≤, 🏠 – TV ☎ P. GB
fermé janv., fév. et merc. hors sais. – **R** 88/176, enf. 52 – ☐ 32 – **17 ch** 120/318 – ½ P 185/248.

Erramundeya sans rest, ✆ 59 37 71 21, ≤ – ☎ P
1er mars-30 nov. et mardi sauf juil.-août – ☐ 25 – **10 ch** 145/170.

BIDART 64210 Pyr.-Atl. 78 ⑪ ⑱ G. Pyrénées Aquitaine – 4 123 h alt. 60.

Voir Chapelle Ste-Madeleine ✻★.

Office de Tourisme r. Grande-Plage (fermé oct.-déc. et après-midi janv.-juin) ✆ 59 54 93 85.

Paris 785 – Biarritz 6,5 – ♦Bayonne 13 – Pau 120 – St-Jean-de-Luz 8,5.

Bidartea, NE : 3 km sur N 10 ✆ 59 54 94 68, Fax 59 54 83 82, ⛱, 🌳 – |‡| TV ☎ P – 🔺 80. AE ⓘ GB JCB. ✻ rest plan Biarritz AX **a**
fermé janv. – **R** *(fermé dim. soir et lundi d'oct. à fin avril)* 90/230 🍷, enf. 70 – ☐ 48 – **32 ch** 426/516 – ½ P 390/410.

Gochoki sans rest, r. Caricartenea ✆ 59 26 59 55, 🌳 – cuisinette TV ☎ P. ⓘ GB
fermé 3 nov. au 15 déc. – ☐ 30 – **10 ch** 300.

Pénélope ⛰, à Ilbarritz N : 3 km sur D 911 ✆ 59 23 00 37, ≤, 🌳 – TV ☎ P
R *(1er mai-31 oct.)* (résidents seul.) 75/85 🍷 – ☐ 20 – **23 ch** 250 – ½ P 230. plan Biarritz AX **y**

XXX ✿ **La Table des Frères Ibarboure,** S par N 10, rte Ahetze et VO : 4 km ✆ 59 54 81 64, Fax 59 54 75 65, 🏠, parc – ▤ P. AE ⓘ GB
fermé 15 nov. au 7 déc., merc. midi en sept. et merc. sauf juil.-août – **R** 180 (déj.)/380 et carte 275 à 400, enf. 120
Spéc. Ravioles de morue à la biscayenne. Encornets à la hure de porc. Thon sauce gribiche. Vins Irouléguy, Jurançon.

RENAULT Gar. Cazenave ✆ 59 54 92 57

BIESHEIM 68 H.-Rhin 62 ⑲ – rattaché à Neuf-Brisach.

BIÈVRES 08370 Ardennes 56 ⑩ – 75 h alt. 210.

Paris 258 – Charleville-Mézières 56 – Longuyon 38 – Sedan 33 – Verdun 59.

XX **Relais de St-Walfroy,** ✆ 24 22 61 62 – P. GB
fermé mardi – **Repas** 75/140 🍷.

BIGNAN 56 Morbihan 63 ③ – rattaché à Locminé.

BILLIERS 56 Morbihan 63 ⑭ – rattaché à Muzillac.

BINIC 22520 C.-d'Armor 59 ③ G. Bretagne – 2 798 h.

Paris 464 – St-Brieuc 13 – Guingamp 36 – Lannion 68 – Paimpol 33 – St-Quay-Portrieux 7.

Benhuyc M, 1 quai J. Bart ✆ 96 73 39 00, Fax 36 73 77 04, 🏠 – |‡| ▤ rest TV ☎ ♿. AE GB
R 90/180 – ☐ 35 – **25 ch** 315/395 – ½ P 268/318.

BIOT 06410 Alpes-Mar. 84 ⑨ 115 ㉕ G. Côte d'Azur – 5 575 h alt. 80.

Voir Musée Fernand Léger★★ – Retable du Rosaire★ dans l'église.

18 ✆ 93 65 08 48, S : 1,5 km.

Office de Tourisme pl. de la Chapelle ✆ 93 65 05 85.

Paris 920 – Cannes 21 – ♦Nice 22 – Antibes 8 – Cagnes-sur-Mer 11 – Grasse 19 – Vence 19.

Domaine du Jas M sans rest, rte de Nice sur D 4 ✆ 93 65 50 50, Fax 93 65 02 01, ⛱, 🌳 – ☎ P. AE ⓘ GB
☐ 48 – **17 ch** 450/1000.

XXX ✿ **Les Terraillers,** au pied du village (D 4) ✆ 93 65 01 59, Fax 93 65 13 78, 🏠, « Ancienne poterie du 16e siècle » – P. AE GB
fermé 1er au 7 mars, nov., jeudi midi en juil.-août et merc. – **R** 160/340 et carte 300 à 400, enf. 90
Spéc. Ravioles de foie gras au fumet de morilles. Suprêmes de rouget poêlés à l'huile d'olive. Médaillons de filet d'agneau rôti au jus de thym et crème d'ail doux. Vins Bellet, Côtes de Provence.

XXX ✿ **Aub. du Jarrier** (Métral), au village ✆ 93 65 11 68, Fax 93 65 50 03, 🏠 – AE GB
fermé 15/11 au 10/12, vac. de fév., mardi midi et merc. midi en juil.-août, lundi soir et mardi de sept. à juin – **R** 190/370 et carte 310 à 450, enf. 100
Spéc. Fleurs de courgette farcies en fine ratatouille (20 déc. au 15 oct.). Daurade rôtie en papillote aux coeurs de fenouil braisés. Colvert rôti et sa cuisse confite. Vins Côtes de Provence.

XX **Plat d'Etain,** au village ✆ 93 65 09 37 – AE GB
fermé 1er au 15 janv., sam. midi de juin à sept., dim. soir et lundi hors sais. – **R** 155/230, enf. 89.

X **Chez Odile,** au village ✆ 93 65 15 63,
fermé 20 nov. au 23 déc., jeudi (sauf le soir en sais.) et merc. midi – **R** 150, enf. 90.

BIRIATOU 64 Pyr.-Atl. 85 ① – rattaché à Hendaye.

BIRKENWALD 67440 B.-Rhin 87 ⑭ – 228 h alt. 275.

Paris 460 – ◆ Strasbourg 34 – Molsheim 23 – Saverne 12.

Au Chasseur, ✆ 88 70 61 32, Fax 88 70 66 02, ← Schneeberg, – ch rest TV. AE GB. rest
fermé 28 juin au 5 juil., janv., dim. soir et lundi – **R** 85/300, enf. 55 – 55 – **28 ch** 270/350 – ½ P 280/350.

BISCARROSSE 40600 Landes 78 ⑬ **G. Pyrénées Aquitaine** – 9 054 h alt. 24.

Office de Tourisme pl. Marsan (juil.-août) ✆ 58 78 80 92.

Paris 661 – ◆ Bordeaux 72 – Arcachon 39 – ◆Bayonne 131 – Dax 92 – Mont-de-Marsan 86.

à Biscarrosse-Bourg :

Atlantide M sans rest, pl. Marsan ✆ 58 78 08 86, Fax 58 78 75 98 – TV. AE GB
fermé 18 déc. au 10 janv. – 30 – **33 ch** 230/360.

St-Hubert sans rest, 588 av. G. Latécoère ✆ 58 78 09 99, Fax 58 78 79 37, – TV. GB.
30 – **16 ch** 270/320.

Le Relais sans rest, 216 av. Mar. Lyautey ✆ 58 78 10 46, Fax 58 78 09 71 – GB
fermé 20 déc. au 6 janv. – 29 – **24 ch** 205/295.

à Navarosse N : 3,5 km par D 652 et D 305 – ✉ 40600 Biscarrosse :

Transaquitain sans rest, ✆ 58 09 83 13 – . GB
1er avril-15 oct. – 29 – **12 ch** 220/310.

à Ispe N : 6 km par D 652 et D 305 – ✉ 40600 Biscarrosse :

La Caravelle, ✆ 58 09 82 67, ←, – . GB. ch
R *(1er mars -31 oct. et fermé lundi midi hors sais.)* 90/250, enf. 40 – 35 – **11 ch** 280/400 – ½ P 260/300.

à Biscarrosse Plage NO : 9,5 km par D 146 – ✉ 40600 Biscarrosse :

Office de Tourisme av. Plage ✆ 58 78 20 96.

Aub. Régina, av. Libération ✆ 58 78 23 34, – . AE GB
28 mars-28 sept. – **R** *(fermé mardi midi du 28 mars au 15 mai)* 76/185 – 34 – **11 ch** 190/325 – ½ P 249/322.

CITROEN Atlantic Autos, 68 r. E.-Branly ✆ 58 78 13 63

PEUGEOT-TALBOT Labarthe, N 652, ZI ✆ 58 78 12 46

BISCHWIHR 68 H.-Rhin 62 ⑲, 87 ⑦ – rattaché à Colmar.

BISCHWILLER 67240 B.-Rhin 87 ④ – 10 969 h alt. 136.

Paris 482 – ◆ Strasbourg 28 – Haguenau 8 – Saverne 40.

Stade M sans rest, 29 rte Haguenau ✆ 88 53 96 96, Fax 88 53 89 49, – TV. AE GB – 30 – **20 ch** 250/280.

RENAULT Gar. Stern, 6 r. du Conseil ✆ 88 63 22 87

BITCHE 57230 Moselle 57 ⑱ **G. Alsace Lorraine** – 5 517 h alt. 243.

Voir Citadelle★ – Fort du Simserhof★ O : 4 km.

Office de Tourisme à la Mairie ✆ 87 06 16 16.

Paris 437 – ◆ Strasbourg 72 – Haguenau 43 – Sarrebourg 58 – Sarreguemines 33 – Saverne 52 – Wissembourg 48.

Relais des Châteaux Forts M, 6 quai E. Branly ✆ 87 96 14 14, Fax 87 96 07 36, – TV. GB
R *(fermé 2 au 9 sept., 4 au 18 fév., vend. midi et jeudi)* 98/135, enf. 50 – 39 – **30 ch** 225/325 – ½ P 290.

XX **Strasbourg** avec ch, 24 r. Teyssier ✆ 87 96 00 44 – TV – 30. GB
fermé 21 sept. au 4 oct., 1er au 15 janv., dim. soir et lundi – **R** 135 et carte le dim., enf. 48 – 32 – **11 ch** 150/290 – ½ P 233/263.

XX **Aub. de la Tour,** 3 r. Gare ✆ 87 96 29 25, Fax 87 96 02 61 – . GB.
fermé vacances de fév., lundi soir et mardi – **R** 70/250.

CITROEN Riwer, 1 r. Bastion ✆ 87 96 00 08 N
FORD-LADA-SEAT Bitche Autos, 40 r. de Sarreguemines ✆ 87 96 05 26 N
PEUGEOT-TALBOT Feger, pl. Gare ✆ 87 96 04 57 N

RENAULT Gar. Rébmeister, 47 r. Pasteur à Rahrbach-les-Bitche ✆ 87 09 70 36 N
RENAULT Gar. Hemmer, 103 r. d'Ingwiller à Goetzenbruck ✆ 87 96 80 96 N ✆ 87 96 80 61

BLACERET 69 Rhône 73 ⑨ – alt. 250 – ✉ 69460 St Étienne-des-Oullières.

Paris 425 – Mâcon 33 – Bourg-en-Bresse 50 – Chauffailles 45 – ◆Lyon 43 – Villefranche-sur-S. 10,5.

✗ **Beaujolais,** ℘ 74 67 54 75, 🏡 – AE ⓓ GB
fermé lundi et mardi – **R** 128/220, enf. 58.

RENAULT Bénétullière, Le Perréon ℘ 74 03 22 67

BLAESHEIM 67113 B.-Rhin 62 ⑨ ⑩ – 1 000 h alt. 162.

Paris 492 – ◆Strasbourg 17 – Erstein 13 – Molsheim 15 – Obernai 14 – Sélestat 35.

Au Boeuf M ⛰, ℘ 88 68 68 99, Fax 88 68 60 07 – 🛗 TV ☎ ♿ P – 🏛 100. AE ⓓ GB
R *(fermé 1er au 15 août, 1er au 15 fév., dim. soir et lundi sauf fériés)* (dîner à la carte) 195/350 et carte 260 à 400 🍷 – ☕ 50 – **20 ch** 405/510 – ½ P 490.

✗✗ **Schadt,** ℘ 88 68 86 00, Fax 88 68 89 83 – AE ⓓ GB
fermé 15 juil. au 10 août, 1er au 10 janv., dim. soir et jeudi – **R** 160/250 🍷.

BLAGNAC 31 H.-Gar. 82 ⑧ – rattaché à Toulouse.

Le BLANC ⟨SP⟩ 36300 Indre 68 ⑯ **G. Berry Limousin** – 7 361 h alt. 81.

Office de Tourisme pl. Libération (juin-sept.) ℘ 54 37 05 13.

Paris 300 – Poitiers 63 – Bellac 62 – Châteauroux 61 – Châtellerault 50.

Théâtre M sans rest, 2 bis av. Gambetta ℘ 54 37 68 69 – TV ☎. AE ⓓ GB JCB
☕ 30 – **18 ch** 220/280.

Ile d'Avant, rte Châteauroux : 2 km ℘ 54 37 01 56, 🏡 – TV ☎ P – 🏛 30. AE ⓓ GB
fermé dim. soir et lundi hors sais. – **R** 65/250 – ☕ 38 – **15 ch** 200/240 – ½ P 185/265.

par rte de Belâbre, D 10 et VO : 6 km : – ✉ 36300 Le Blanc :

Domaine de l'Étape ⛰, ℘ 54 37 18 02, Fax 54 37 75 59, parc – TV ☎ P – 🏛 100. AE ⓓ GB JCB
R (dîner seul.) (résidents seul.) 95/120 🍷 – ☕ 40 – **35 ch** 205/420.

CITROEN SAVRA, Av. Pierre Mendès-France ℘ 54 37 03 75
PEUGEOT-TALBOT AUTO AGRI, 28 r. A.-Chichery ℘ 54 37 06 38
Euromaster Perry Pneu Service, 72 bis r. République ℘ 54 37 00 39

Le BLANC-MESNIL 93 Seine-St-Denis 56 ⑪, 101 ⑰ – voir Paris, Environs (Le Bourget).

BLANGY-SUR-BRESLE 76340 S.-Mar. 52 ⑥ – 3 447 h alt. 50.

Paris 148 – ◆Amiens 53 – Abbeville 25 – Dieppe 53 – Neufchâtel-en-Bray 28 – Le Tréport 24.

✗ **Les Pieds dans le Plat,** 27 r. St-Denis ℘ 35 93 38 36 – GB
fermé vacances de fév., jeudi soir d'oct. à mai et lundi – **R** 82/155 🍷, enf. 35.

BLANQUEFORT 33 Gironde 71 ⑨ – rattaché à Bordeaux.

BLAYE ⟨SP⟩ 33390 Gironde 71 ⑦ ⑧ **G. Pyrénées Aquitaine** (plan) – 4 286 h alt. 8.

Voir Citadelle★ – **Bac:** pour Lamarque, renseignements ℘ 57 42 04 49.

Syndicat d'Initiative allées Marines (fermé matin oct.-mai) ℘ 57 42 12 09.

Paris 543 – ◆Bordeaux 48 – Cognac 82 – Libourne 46 – Royan 81.

La Citadelle M ⛰, dans la citadelle ℘ 57 42 17 10, Fax 57 42 10 34, ≤ estuaire, 🏡, 🏊 – TV ☎ P – 🏛 30. AE ⓓ GB
R *(fermé lundi du 1er oct. au 31 mars)* 140/260 – ☕ 36 – **21 ch** 285/370 – ½ P 460.

L'Olifant M, rte de Bordeaux ℘ 57 42 22 96, Fax 57 42 10 34 – TV ☎ ♿ P – 🏛 60. AE ⓓ GB – *fermé lundi* – **R** 80/95 🍷, enf. 38 – ☕ 28 – **12 ch** 220/280 – ½ P 385.

PEUGEOT-TALBOT Gar. Fouchereau, ZI cours Bacalan ℘ 57 42 08 09

BLÉNEAU 89220 Yonne 65 ③ – 1 585 h alt. 171.

Paris 155 – Auxerre 56 – Bonny-sur-Loire 21 – Briare 19 – Clamecy 60 – Gien 29 – Montargis 41.

Blanche de Castille M, 17 r. d'Orléans ℘ 86 74 92 63, Fax 86 74 94 43, 🏡 – TV ☎ P. AE GB
R *(fermé dim. soir hors sais.)* 80/160 – ☕ 50 – **13 ch** 250/400 – ½ P 320/350.

✗✗✗ **Aub. du Point du Jour,** pl. Mairie ℘ 86 74 94 38, Fax 86 74 85 92 – ▤. AE ⓓ GB
fermé 1er au 8 sept., fév., lundi et le soir sauf vend. et sam. – **R** 130/380.

BLÉNOD-LÈS-PONT-À-MOUSSON 54 M.-et-M. 57 ⑬ – rattaché à Pont-à-Mousson.

BLÉRANCOURT 02300 Aisne 56 ③ **G. Flandres Artois Picardie** – 1 270 h alt. 68.

Voir Musée national de la coopération franco-américaine.

Paris 112 – Compiègne 34 – Chauny 13 – Laon 42 – Noyon 14 – St-Quentin 44 – Soissons 23.

Host. Le Griffon ⛰, Château de Blérancourt ℘ 23 39 60 11, Fax 23 39 69 29, 🏡, parc – TV ☎ P – 🏛 30. AE ⓓ GB. ✱
fermé 23 au 30 déc., dim. soir et lundi – **R** 160/200 🍷, enf. 65 – ☕ 40 – **21 ch** 300/350 – ½ P 350.

BLÉRÉ 37150 I.-et-L. 64 ⑯ **G. Châteaux de la Loire** – 4 388 h alt. 60.

Office de Tourisme r. J.-J.-Rousseau (15 juin-sept.) ✆ 47 57 93 00.

Paris 232 – ◆ Tours 27 – Blois 43 – Château-Renault 32 – Loches 25 – Montrichard 16.

Cheval Blanc, pl. Église ✆ 47 30 30 14, Fax 47 23 52 80, – TV ☎ P. GB JCB
fermé janv. – **Repas** *(fermé dim. soir et lundi sauf juil.-août)* (prévenir) 98/270 – 33 – **12 ch** 260/360 – ½ P 270/280.

Cher, r. Pont ✆ 47 57 95 15, – TV ☎ P. GB.
R 83/205, enf. 45 – 29 – **19 ch** 180/258 – ½ P 195/234.

CITROEN Caillet ✆ 47 30 26 26

PEUGEOT-TALBOT Gar. Vigean, ZAC la Vinerie, La Croix-en-Touraine ✆ 47 23 55 55 N ✆ 47 23 55 55

BLÉRIOT-PLAGE 62 P.-de-C. 51 ② – rattaché à Calais.

BLETTERANS 39140 Jura 70 ③ – 1 423 h alt. 201.

Paris 380 – Chalon-sur-Saône 49 – Dole 49 – Lons-le-Saunier 13 – Poligny 26.

Chevreuil, ✆ 84 85 00 83, Fax 84 85 12 25 – ☎. GB
fermé 3 janv. au 1er fév., dim. soir et lundi soir du 15 sept. au 15 juin – **R** 70/240 – 26 – **16 ch** 125/280 – ½ P 210/235.

CITROEN Gar. Roy, ✆ 84 85 00 89

RENAULT Gar. Moderne ✆ 84 85 00 31 N

BLIGNY-SUR-OUCHE 21360 Côte-d'Or 69 ⑨ **G. Bourgogne** – 745 h alt. 362.

Paris 291 – ◆ Dijon 47 – Autun 43 – Beaune 19 – Pouilly-en-Auxois 22 – Saulieu 44.

Host. Trois Faisans avec ch, ✆ 80 20 10 14, – P. AE GB. rest
fermé 20 déc. au 1er fév., dim. soir et mardi sauf juil.-août – **R** 55 bc/150 – 30 – **7 ch** 160/230 – ½ P 160/190.

BLOIS P 41000 L.-et-Ch. 64 ⑦ **G. Châteaux de la Loire** – 49 318 h alt. 73.

Voir Château★★★ Z : musée des Beaux-Arts★ – Église St-Nicolas★ Z – Cour avec galeries★ de l'hôtel d'Alluye YZ E – jardins de l'Evêché ≤★ Y – Jardin du Roi ≤★ Z.

de la Carte à Chouzy-sur-Cisse ✆ 54 20 49 00, par ⑥ : 10 km.

Office de Tourisme et Accueil de France (Informations et réservations d'hôtels, pas plus de 5 jours à l'avance) Pavillon Anne-de-Bretagne, 3 av. J.-Laigret ✆ 54 74 06 49, Télex 750135 A.C. 3 pl. Louis-XII ✆ 54 74 58 92.

Paris 182 ① – ◆ Orléans 59 ① – ◆ Tours 64 ① – ◆ Le Mans 110 ⑧.

Plan page suivante

L'Horset La Vallière M, 26 av. Maunoury ✆ 54 74 19 00, Télex 752328, Fax 54 74 57 97, – ch rest TV ☎ P – 30 à 40. AE GB JCB Y **t**
R 115/168, enf. 50 – 50 – **78 ch** 450/490 – ½ P 395.

Monarque, 61 r. Porte Chartraine ✆ 54 78 02 35, Télex 752327, Fax 54 74 82 76 – TV ☎. GB Y **v**
fermé 18 déc. au 3 janv. – **R** *(fermé dim.)* 70/180, enf. 45 – 35 – **25 ch** 190/350 – ½ P 190/285.

Anne de Bretagne sans rest, 31 av. J. Laigret ✆ 54 78 05 38, Fax 54 74 37 79 – TV ☎. AE GB Z **k**
fermé 19 fév. au 21 mars – 33 – **29 ch** 235/350.

Ibis sans rest, 3 r. Porte Côte ✆ 54 74 01 17, Télex 752287, Fax 54 74 85 69 – TV ☎. AE GB Z **u**
34 – **56 ch** 280/340.

Savoie sans rest, 6 r. Ducoux ✆ 54 74 32 21, Fax 54 74 29 58 – TV ☎. AE GB X **s**
27 – **26 ch** 180/270.

Le Lys sans rest, 3 r. Cordeliers ✆ 54 74 66 08 – ☎. GB. Y **b**
fermé 20 déc. au 5 janv. et sam. du 1er nov. au 15 mars – 25 – **15 ch** 200/260.

L'Orangerie du Château, 1 av. Dr J. Laigret ✆ 54 78 05 36, Fax 54 78 22 78, , « Élégante installation, terrasse, ≤ le château » – AE GB Z **e**
fermé dim. soir et lundi sauf fériés – **R** 125/300, enf. 70.

Le Médicis M avec ch, 2 allée François 1er ✆ 54 43 94 04, Fax 54 42 04 05 – TV ☎. AE GB X **p**
fermé 2 au 25 janv. et dim. soir d'oct. à Pâques – **R** 98/298, enf. 60 – 38 – **11 ch** 380/400 – ½ P 340/450.

Bocca d'Or, 15 r. Haute ✆ 54 78 04 74, « Caveau du 15e siècle » – AE GB JCB. YZ **d**
fermé 15 fév. au 15 mars, lundi midi et dim. – **R** 120, enf. 60.

La Péniche, promenade Mail ✆ 54 74 37 23, péniche aménagée – . AE GB. X **n**
fermé dim. sauf fériés – **R** 150.

✿ **Rendez-vous des Pêcheurs** (Reithler), 27 r. Foix ✆ 54 74 67 48, Fax 54 74 47 67 – . AE GB X **r**
fermé 3 au 23 août, 12 au 22 fév., lundi midi et dim. – **R** 130 et carte 170 à 300, enf. 80
Spéc. Filet de sandre au corail d'oursins. Rognon de veau à la ciboulette. Millefeuille à la vanille.

Bouchon Lyonnais, 25 r. Violettes ✆ 54 74 12 87, – GB Z **a**
fermé 20 déc. au 20 janv., dim. et lundi – **R** 100/170.

BLOIS

Commerce (R. du) . . . . Z
Orfèvres (R. des) . . . . Z 43
Papin (R. Denis) . . . . Z
Porte-Côté (R.) . . . . Z 48
Prés.-Wilson (Av.) . . . . Z 51

Abbé-Grégoire (Quai de l') . . . . Z 2
Anne-de-Bretagne (R.) . . . . . Z 3
Balzac (R. H.) . . . . V 5
Beauvoir (R.) . . . . Y 6
Bourg-St-Jean (R. du) . . . . Y 10
Cartier (R. R.) . . . . V 13
Chemonton (R.) . . . . Y 16
Clouseau (Mail) . . . . Y 17
Cordeliers (R. des) . . . . Y 18
Curie (R. Pierre et Marie) . . . . . . X 19
Dion (R. R.) . . . . V 20
Dupuis (Bd) . . . . X 21
Élus (R. F.) . . . . Z 22
Fossés-du-Château (R. des) . . . . Z 23
Gambetta (Av.) . . . . X 25
Gaulle (Pont Ch.-de) . . . . X 26
Gentils (Bd R.) . . . . X 27
Industrie (Bd de l') . . . . V 29
Laigret (R. J.) . . . . Z 32
Leclerc (Av. du Mar.) . . . . . . X 33
Lion-Ferré (R. du) . . . . Z 35

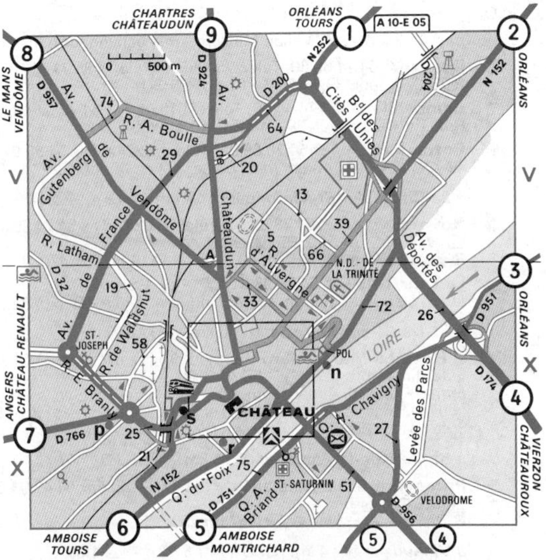

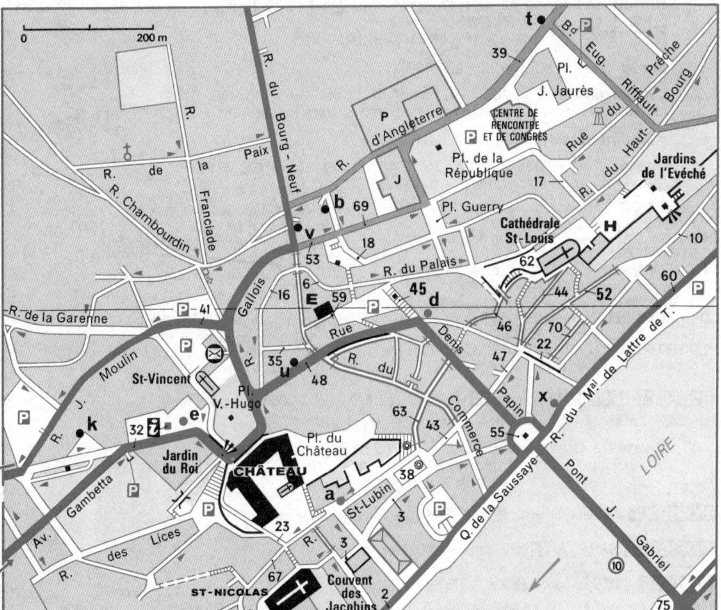

Louis-XII (Pl.) . . . . Z 38
Maunoury (Av. du Mar.) . . . . Y 39
Monsabre (R. du Père) . . . . Z 41
Papegaults (R. des) . . . . Y 44
Papin (Escaliers D.) . . . . Y 45
Pierre-de-Blois (R.) . . . . Z 46
Poids-du-Roi (R. du) . . . . Z 47

Puits-Châtel (R. du) . . . . Y 52
Remparts (R. des) . . . . Y 53
Résistance (Rd-Pt-de la) . . . . Z 55
Ronsard (R. P.) . . . . X 58
St-Honoré (R.) . . . . YZ 59
St-Jean (Q.) . . . . Y 60
St-Louis (Pl.) . . . . Y 62
St-Martin (R.) . . . . Z 63

Schuman (Av. R.) . . . . V 64
Signeulx (R. de) . . . . V 66
Trois-Marchands (R. des) . . . . Z 67
Trouessard (R.) . . . . Y 69
Vauvert (R.) . . . . Z 70
Verdun (Av. de) . . . . X 72
Vezin (R. A.) . . . . V 74
Villebois-Mareuil (Q.) . . . . X, Z 75

par ① : 2 km - Z.A. Vallée Maillard, près échangeur A 10 – ✉ **41100** Blois :

Ibis Ⓜ, ✆ 54 74 60 60, Télex 750959, Fax 54 74 85 71, – TV ☎ ♿ P. AE GB
R 75/87 ♁, enf. 39 – ☕ 33 – **61 ch** 280/340.

Campanile, ✆ 54 74 44 66, Télex 751628, Fax 54 74 02 40, – TV ☎ ♿ P. AE GB
R 80 bc/102 bc, enf. 39 – ☕ 29 – **51 ch** 268.

Cottage H., ✆ 54 78 89 90, Télex 752242, Fax 54 56 02 27 – TV ☎ ♿ P – 35. AE
GB – **R** *(fermé sam. midi)* 80 bc/102 bc ♁, enf. 40 – ☕ 28 – **42 ch** 258/278.

à ***La Chaussée-St-Victor*** par ② : 4 km – 4 036 h. – ✉ **41260** :

Novotel Ⓜ, ✆ 54 78 33 57, Télex 750232, Fax 54 74 25 13, , , – ch rest
TV ☎ ♿ P – 100. AE GB
R carte environ 160 ♁, enf. 50 – ☕ 48 – **116 ch** 395/470.

La Tour, N 152 ✆ 54 78 98 91, – P. GB
fermé 8 au 29 août, dim. soir et lundi sauf fériés – **R** 125/200, enf. 80.

à ***St-Denis-sur-Loire*** par ② : 6 km – ✉ **41000** :

✿ **Host. La Malouinière** (Berthon) Ⓜ avec ch, ✆ 54 74 76 81, Fax 54 74 85 96, ,
« Jardin ombragé », – TV ☎. GB
fermé 2 janv. au 4 mars, dim. soir d'oct. à avril et lundi sauf le soir en sais. – **R** (nombre de couverts limité-prévenir) 290/420 et carte 300 à 450 – ☕ 75 – **8 ch** 800/1300
Spéc. Homard grillé "Denise". Turbot en croûte de beurre. Lièvre à la royale (saison). **Vins** Sauvignon, Touraine rouge.

à ***St-Gervais-la-Forêt*** par ④ : 4 km – ✉ **41350** :

Primevère, 320 r. Fédération ✆ 54 42 77 22, Fax 54 42 03 63, – rest TV ☎ ♿ P –
30. GB JCB
R 75/99 ♁, enf. 39 – ☕ 30 – **57 ch** 290.

à ***Vineuil*** par ④ : 4 km par D 174 – 6 253 h. – ✉ **41350** :

Climat de France Ⓜ, 48 r. Quatre Vents ✆ 54 42 70 22, Télex 752302, Fax 54 42 43 81 –
TV ☎ ♿ P – 70. AE GB
R 88/135 ♁, enf. 43 – ☕ 34 – **58 ch** 278/370.

par ⑥ : 2,5 km sur N 152 – ✉ **41000** Blois :

L'Espérance, ✆ 54 78 09 01, Fax 54 56 17 86, ← – P. GB.
fermé 16 août au 5 sept., 15 fév. au 1er mars, dim. soir et lundi – **R** 120/335, enf. 60.

à ***Molineuf*** par ⑦ : 9 km – ✉ **41190** :

Poste, ✆ 54 70 03 25, Fax 54 70 12 46 – P. AE GB
fermé fév., dim. soir et merc. – **Repas** 93/208, enf. 50.

ALFA-ROMEO Gar. Blot Frères, 47 bis R. Nle à la Chaussée-St-Victor ✆ 54 78 67 13
BMW Gar. Papon, 44 r. Mar.-de-Lattre-de-Tassigny ✆ 54 78 77 06
CITROEN Alteam 2, ZA Gds Champs, bd Jos Paul Boncour par ⑤ ✆ 54 78 42 22 N ✆ 54 42 40 36
FIAT Blanc, 42 av. Mar.-Maunoury ✆ 54 78 04 62
MERCEDES-BENZ Malard, rte de Paris, La Chaussée-St-Victor ✆ 54 78 34 40
PEUGEOT-TALBOT Sté Autom. Blésoise, 11 R Nle, La Chaussée-St-Victor par ① ✆ 54 55 22 00
RENAULT Blois les Saules Autom., carrefour Schuman V ✆ 54 74 02 99 N ✆ 54 74 02 99
V.A.G Auto-Service, av. R.-Schuman ✆ 54 78 67 84
VOLVO Gar. Ribout, 6 r. Berthonneau ✆ 54 20 07 09

Euromaster Perry Pneu Service, av. de Châteaudun ✆ 54 78 18 74
Tours Pneus Interpneus, 44 av. de Vendôme ✆ 54 43 48 40

BLUFFY (Col de)

74 H.-Savoie 74 ⑧ – 203 h alt. 670 – ✉ **74290** Veyrier-du-Lac.

Paris 548 – Annecy 11 – Albertville 37 – La Clusaz 23 – Megève 52.

Dents de Lanfon avec ch, ✆ 50 02 82 51, – ☎ P. GB
fermé 7 au 15 juin, 24 déc. au 21 janv. – **Repas** *(fermé dim. soir sauf juil.-août et lundi)* 108/180 ♁, enf. 46 – ☕ 26 – **7 ch** 229/267 – ½ P 230/249.

BOBIGNY

93 Seine-St-Denis 56 ⑪, 101 ⑰ – voir à Paris, Environs.

BOERSCH

67 B.-Rhin 62 ⑨ – rattaché à Obernai.

BOGÈVE

74250 H.-Savoie 74 ⑦ – 675 h alt. 925.

Paris 563 – Annecy 57 – Thonon-les-Bains 29 – Bonneville 19 – Genève 31 – Morzine 41.

Le Jorat, SE : 1 km par rte Brasses ✆ 50 36 61 15, Fax 50 36 63 41, ←, , – ☎
P. AE GB
fermé 15 nov. au 15 déc. – **R** 120/300 ♁ – ☕ 32 – **12 ch** 250/300 – ½ P 255/285.

BOGNY-SUR-MEUSE

08120 Ardennes 53 ⑱ – 5 981 h alt. 145.

Voir N : Rocher des Quatre Fils Aymon★, **G. Champagne.**

Paris 243 – Charleville-Mézières 18 – Givet 41 – Monthermé 3,5 – Rocroi 28.

Micass' H., pl. République ✆ 24 32 02 72 – TV ☎. GB
fermé 1er au 26 août – **R** *(fermé dim. soir)* 60/140 ♁ – ☕ 20 – **13 ch** 150/180.

BOIS-COLOMBES 92 Hauts-de-Seine 55 ⑳, 101 ⑭ – voir à Paris, Environs.

BOIS DE LA CHAIZE 85 Vendée 67 ① – voir à Noirmoutier (Ile de).

BOIS-DU-FOUR 12 Aveyron 80 ④ – alt. 800 – ✉ **12780** Vézins-de-Lévézou.

Paris 641 – Rodez 45 – Aguessac 15 – Millau 21 – Pont-de-Salars 25 – Sévérac-le-Château 17.

Relais du Bois du Four, ✆ 65 61 86 17, parc – ☎ ⓟ. GB. rest
15 mars-30 nov. et fermé merc. hors sais. – **R** 65/160 – 28 – **27 ch** 115/240 – ½ P 200/230.

BOIS-LE-ROI 77590 S.-et-M. 61 ② – 4 744 h alt. 80.

Paris 59 – Fontainebleau 9 – Melun 9 – Montereau-Faut-Yonne 24.

La Marine, 52 quai O. Metra ✆ (1) 60 69 61 38, – GB
fermé oct., lundi et mardi – **R** 160/210, enf. 80.

Gere ✆ 60 69 60 65

BOISSET 15600 Cantal 76 ⑪ – 653 h alt. 425.

Paris 603 – Aurillac 29 – Calvinet 17 – Entraygues-sur-Truyère 53 – Figeac 35 – Maurs 13.

NE : 3 km par D 64 – ✉ **15600** Boisset :

Aub. de Concasty (annexe M 6 ch), ✆ 71 62 21 16, Fax 71 62 22 22, ←, – TV ☎ ⓟ. AE GB
R *(fermé merc.)* (sur réservation seul.) 135/195 – 39 – **16 ch** 270/440 – ½ P 375/405.

BOISSEUIL 87220 H.-Vienne 72 ⑰ ⑱ – 1 558 h alt. 383.

Paris 409 – ♦Limoges 12 – Bourganeuf 46 – Nontron 71 – Périgueux 96 – Uzerche 48.

Gril de l'Anneau, ✆ 55 06 90 06, – ☎. GB.
fermé 29 avril au 3 mai, 1er au 22 août, 23 déc. au 3 janv., dim. soir et lundi – **R** grill 120 – 30 – **9 ch** 130/270.

Repas 100/130 Verzorgde maaltijden voor redelijke prijzen.

BOIS-VERT 16 Charente 75 ② – rattaché à Barbezieux.

BOLBEC 76210 S.-Mar. 55 ④ – 12 372 h alt. 51.

Paris 190 – Fécamp 23 – ♦Le Havre 30 – ♦Rouen 58 – Yvetot 20.

Fécamp sans rest, 15 r. J. Fauquet ✆ 35 31 00 52 – TV ☎. GB.
fermé 15 janv. au 1er fév. et dim. du 1er oct. au 1er mai – 24 – **25 ch** 150/270.

PEUGEOT, TALBOT Gar. Quesnel, 484 av. Mar.-Joffre ✆ 35 31 07 11 N

Vulcanisation Normande, 81 bis et 83 r. G.-Clemenceau ✆ 35 31 06 87

BOLLENBERG 68 H.-Rhin 62 ⑱ ⑧ – rattaché à Rouffach.

BOLLÈNE 84500 Vaucluse 81 ① **G. Provence** (plan) – 13 907 h alt. 55.

Paris 639 – Avignon 50 – Montélimar 34 – Nyons 35 – Orange 22 – Pont-Saint-Esprit 10.

Château de Rocher et rest. Belle Écluse, 42 av. E. Lachaux (rte Nyons) ✆ 90 40 09 09, Fax 90 40 09 30, , parc – TV ☎ ⓟ. AE GB
R 150/300 – 40 – **21 ch** 220/370 – ½ P 200/260.

De Chabrières, 7 bd Gambetta ✆ 90 40 08 08, Fax 90 30 55 22, – ch TV ☎. AE GB JCB
R 85/150, enf. 60 – 45 – **10 ch** 250/300 – ½ P 280.

Primevère M, Echangeur A 7 ✆ 90 40 41 42, Fax 90 40 14 92, – ch rest TV ☎ ⓟ – 40. GB
R 78/99, enf. 39 – 30 – **42 ch** 260.

Lou Bergamoutié, r. Abbé Prompsault ✆ 90 40 10 33, Fax 30 40 10 39 – GB
fermé 9 au 30 août, dim. soir et lundi – **R** 150/270, enf. 70.

CITROEN Gar. Fatiga, av. Salvador Allende ✆ 90 30 51 52
FORD Bollène Automobile, av. J. Giono ✆ 90 30 10 61
OPEL Technique Auto, rte de Mondragon ✆ 90 30 20 98
PEUGEOT TALBOT Gar. Portes de Provence, Quart la Deverasse ✆ 90 30 10 46

V.A.G. SODIBA 1 ch. du Souvenir ✆ 90 30 12 23 N ✆ 90 24 54 28
Stat du Lez 421 av. Sadi Carnot ✆ 90 30 14 40

Ayme Pneus 633 r. J. Verne ✆ 90 30 13 21

La BOLLÈNE-VÉSUBIE 06 Alpes-Mar. 84 ⑲ 115 ⑰ **G. Côte d'Azur** – 308 h alt. 690 – ✉ **06450** Lantosque.

Voir Chapelle St-Honorat ←★ S : 1 km.

Paris 894 – ♦Nice 55 – Puget-Théniers 56 – Roquebillière 6,5 – St-Martin-Vésubie 16 – Sospel 35.

Gd H. du Parc, D 70 ✆ 93 03 01 01, , parc – ☎ ⓟ. AE. rest
1er mai-30 sept. – **R** 84/163 – 29 – **42 ch** 130/330 – ½ P 290/338.

BOLLEZEELE 59470 Nord 51 ③ – 1 476 h alt. 38.

Paris 277 – ◆Calais 47 – Dunkerque 23 – ◆Lille 70 – Saint-Omer 17.

- **Host. St-Louis** M, ☎ 28 68 81 83, Fax 28 68 01 17, – ☎ P – 25 à 90. AE GB
  fermé janv. et dim. soir – **R** 140/300 – ☐ 40 – **19 ch** 250/450 – ½ P 325/375.

La BOLLINE 06 Alpes-Mar. 84 ⑱ ⑲ – rattaché à Valdeblore (Commune de).

BONDUES 59 Nord 51 ⑯ – rattaché à Lille.

BON-ENCONTRE 47 L.-et-G. 79 ⑮ – rattaché à Agen.

Le BONHOMME 68 H.-Rhin 62 ⑱ **G. Alsace Lorraine** – 607 h alt. 700 – Sports d'hiver : 830/1 230 m 10 – ✉ **68650** Lapoutroie.

Paris 421 – Colmar 26 – Gérardmer 36 – St-Dié 31 – Ste-Marie-aux-Mines 16 – Sélestat 39.

- **Poste,** ☎ 89 47 51 10, Fax 89 47 23 85, – TV ☎ P. AE GB
  fermé 15 nov. au 20 déc., 3 au 10 janv., merc. sauf le soir en sais. et mardi soir sauf vacances scolaires – **R** 70/190, enf. 40 – ☐ 38 – **22 ch** 140/270 – ½ P 180/260.

BONLIEU 39130 Jura 70 ⑮ **G. Jura** – 206 h alt. 780.

Voir Belvédère de la Dame Blanche ≤★ NO : 2 km puis 30 mn.

Paris 426 – Champagnole 22 – Lons-le-Saunier 33 – Morez 25 – St-Claude 41.

- XXX ✿ **La Poutre** (Moureaux) avec ch, ☎ 84 25 57 77 – TV ☎ P. GB
  fermé 15 nov. au 2 fév. – **R** 120/440 – ☐ 40 – **10 ch** 120/350 – ½ P 280/400
  Spéc. Gratin d'écrevisses aux petits légumes (juil. à oct.). Soufflé au Comté et champignons. Crêpes farcies au praliné et son sirop au vieux marc. **Vins** Côtes du Jura blanc, Arbois blanc.

BONNATRAIT 74 H.-Savoie 70 ⑰ – rattaché à Thonon-les-Bains.

BONNE 74380 H.-Savoie 74 ⑥ ⑦ – 1 815 h alt. 493.

Paris 550 – Annecy 44 – Thonon-les-Bains 30 – Bonneville 15 – ◆Genève 19 – Morzine 42.

- **Hexagone,** ☎ 50 39 20 19, Fax 50 36 27 80 – TV ☎ & P – 30. GB
  fermé 20 déc. au 15 janv. et dim. (sauf hôtel en sais.) – **R** 65/130 – ☐ 31 – **36 ch** 210/315 – ½ P 230/260.
- XX **Baud** avec ch, ☎ 50 39 20 15, – ☎ P. GB
  fermé 15 juin au 5 juil. – **R** 85/220 – ☐ 25 – **12 ch** 130/230 – ½ P 185/215.

BONNEUIL-SUR-MARNE 94 Val-de-Marne 61 ①, 101 ㉗ – Voir à Paris, Environs.

BONNEVAL 28800 E.-et-L. 60 ⑰ **G. Châteaux de la Loire** – 4 420 h alt. 123.

Voir Porte fortifiée★ de l'ancienne abbaye.

Paris 117 – Chartres 30 – ◆Orléans 58 – Ablis 58 – Châteaudun 15 – Étampes 70.

- XX **Host. Bois Guibert** avec ch, S : 2 km sur N 10 ☎ 37 47 22 33, Fax 37 47 50 69, parc, « Ancienne gentilhommière du 17e siècle » – ☎ P. AE ⓓ GB
  fermé 17 janv. au 18 fév., lundi (sauf le soir du 1er juin au 20 sept.) et dim. soir – **R** 130/290 – ☐ 45 – **14 ch** 250/550 – ½ P 280/430.

CITROEN Gar. Pasquier, 80 r. de Chartres ☎ 37 47 28 90
PEUGEOT-TALBOT Boudet, 45 r. de la Résistance ☎ 37 47 24 39
RENAULT Miard, 138 r. de Chartres ☎ 37 47 46 60

BONNEVAL-SUR-ARC 73480 Savoie 74 ⑲ **G. Alpes du Nord** – 216 h alt. 1 800 – Sports d'hiver : 1 800/3 000 m 10.

Voir Vieux village★.

Syndicat d'Initiative ☎ 79 05 95 95.

Paris 689 – Albertville 113 – Chambéry 145 – Lanslebourg 19 – Val-d'Isère 30.

- **La Marmotte**, ☎ 79 05 94 82, Fax 79 05 90 08, ≤, – ☎ P. ⓓ GB.
  20 juin-20 sept. et 20 déc.-3 mai – **R** 100/190 – **28 ch** ☐ 300/320.
- **A la Pastourelle** M sans rest, ☎ 79 05 81 56, ≤ – ☎. GB.
  fermé du 15 au 30 mai et 1er au 15 nov. – ☐ 28 – **12 ch** 270/290.
- **La Bergerie**, ☎ 79 05 94 97, Fax 79 05 93 24, ≤ – ☎ P. GB.
  15 juin-30 sept. et 20 déc.-10 mai – **R** 66/150, enf. 48 – ☐ 35 – **23 ch** 195/270 – ½ P 265/300.
- X **Aub. Le Pré Catin,** ☎ 79 05 95 07, – AE GB
  19 juin-19 sept., 19 déc.-4 mai et fermé lundi – **Repas** 92/155, enf. 50.

BONNEVILLE ⟨SP⟩ 74130 H.-Savoie 74 ⑦ **G. Alpes du Nord** – 9 998 h alt. 450.

ℹ Syndicat d'Initiative pl. Hôtel de Ville ✆ 50 97 38 37.

Paris 558 – Annecy 41 – Chamonix-Mont-Blanc 54 – Thonon-les-Bains 46 – Albertville 70 – Nantua 86.

Arve, r. Pont ✆ 50 97 01 28, Fax 50 25 78 39, – TV ☎. GB JCB.
fermé sept., vend. soir et sam. sauf août et fériés – **R** 75/195 – 25 – **15 ch** 195/235 – ½ P 209.

Aub. du Coteau, à Ayse, E : 2,5 km par D 6 ✆ 50 97 25 07, Fax 50 25 67 02, – TV ☎ P. GB
R *(fermé 17 au 23 mai, 15 août au 2 sept., 25 déc. au 10 janv., lundi midi et dim.)* 75/125 – 28 – **9 ch** 250/320 – ½ P 220/230.

Bellevue, à Ayse E : 2,5 km par D 6 ✆ 50 97 20 83, ←, – ☎ P. AE GB. rest
25 juin-10 sept. – **R** 85/150 – 27 – **22 ch** 220/245 – ½ P 205/215.

Sapeur H. et rest. L'Eau Sauvage (Guénon) avec ch, pl. Hôtel de Ville ✆ 50 97 20 68, Fax 50 25 73 48 – TV ☎ – 25. AE GB.
fermé 30 août au 6 sept., 3 au 12 janv., dim. soir et lundi sauf juil.-août – **R** *(fermé dim. soir et lundi sauf du 1er au 15 août)* 180 (déj.)/300 et carte 260 à 380 – 40 – **15 ch** 260/320 – ½ P 300

Spéc. Carpaccio de bar aux concombres-yaourt. Etouffé de pageot au beurre de livèche. Marmite de canette et boudin aux pommes. **Vins** Roussette de Seyssel, Gamay.

PEUGEOT-TALBOT Andréoléty, 403 av. Glières ✆ 50 97 20 93

Barret, 744 av. de Genève ✆ 50 97 02 22

La BONNEVILLE 95 Val-d'Oise 55 ⑳, 106 ⑥ – rattaché à Cergy-Pontoise (Pontoise).

BONNIÈRES-SUR-SEINE 78270 Yvelines 55 ⑱ 106 ② – 3 437 h alt. 20.

Paris 70 – ♦Rouen 68 – Évreux 33 – Magny-en-Vexin 25 – Mantes-la-Jolie 12 – Vernon 10,5 – Versailles 56.

Host. Bon Accueil, rte Vernon : 1,5 km ✆ (1) 30 93 01 00 – P. AE GB
fermé août, vacances de fév., mardi soir et merc. – **R** 115/290.

BONSECOURS 76 S.-Mar. 55 ⑥ – rattaché à Rouen.

BONS-EN-CHABLAIS 74890 H.-Savoie 70 ⑰ – 3 275 h alt. 548.

Paris 554 – Thonon-les-Bains 15 – Annecy 59 – Bonneville 31 – ♦Genève 22.

Progrès M, ✆ 50 36 11 09, Fax 50 39 44 16 – TV ☎ P. GB
fermé 3 au 28 janv., dim. soir et lundi sauf du 15 juil. au 15 août – **Repas** 80/260 – 30 – **10 ch** 280/300 – ½ P 250.

BONSON 42160 Loire 73 ⑱ – 3 880 h alt. 485.

Voir Sury-le-Comtal : décoration★ du château NO : 3 km – St-Rambert-sur-Loire : église★, bronzes★ du musée SE : 3,5 km, **G. Vallée du Rhône.**

Paris 537 – ♦St-Étienne 18 – Feurs 28 – Montbrison 14.

Voyageurs avec ch, à la Gare ✆ 77 55 16 15, Fax 77 36 76 33, – TV ☎ P. AE GB
fermé 2 au 22 août, dim. soir en hiver et sam. – **R** 70/150 – 25 – **7 ch** 160/225 – ½ P 200/210.

BORDEAUX P 33000 Gironde 71 ⑨ G. Pyrénées Aquitaine – 210 336 h Communauté urbaine 624 286 h alt. 5.

Voir Le vieux Bordeaux★★ DXY – Grand Théâtre★★ DX – Place de la Bourse★★ EX – Cathédrale St-André★ et tour Pey Berland★ DY **E** – Basilique St-Michel★ EY – Place du Parlement★ EX **66** – Église Notre-Dame★ DX – Façade★ de l'église Ste-Croix FZ – Fontaines★ du monument aux Girondins DX **R** – Grosse cloche★ EY **D** – Cour d'honneur★ de l'hôtel de ville DY **H** – Balcons★ du cours Xavier-Arnozan AU **5** – Musées : des Beaux-Arts★★ CDY **M**[1], des Arts décoratifs★ DY **M**[2], d'Aquitaine★★ DY **M**[3] – Entrepôt Laîné★★ : musée d'Art contemporain★ AU **M**[4] – Établissement monétaire★ de Pessac AV **K**.

18 Golf Bordelais ✆ 56 28 56 04, NO par av. d'Eysines : 4 km AU ; 18 18 de Bordeaux Lac ✆ 56 50 92 72, N par D 209 : 10 km R ; 9 18 de Cameyrac ✆ 56 72 96 79, par ② : 18 km ; 9 9 9 9 Internat. Bordeaux-Pessac ✆ 56 36 24 47, par ⑦ : 16 km ; 9 d'Artigues, ✆ 56 86 49 26, E par D 241 : 8 km.

✈ de Bordeaux-Mérignac : ✆ 56 34 50 00, par ⑧ : 11 km – 🚗 ✆ 56 92 50 50.

ℹ Office de Tourisme et Accueil de France (Informations, change et réservations d'hôtels, pas plus de 5 jours à l'avance) 12 cours 30-Juillet ✆ 56 44 28 41, Télex 570362, à la Gare St-Jean ✆ 56 91 64 70 et à l'Aéroport, hall arrivée ✆ 56 34 39 39 A.C. du Sud-Ouest 8 pl. Quinconces ✆ 56 44 22 92 – Maison du vin de Bordeaux, 3 cours 30-juillet (Informations, dégustation - fermé week-end 16 oct.-14 mai) ✆ 56 00 22 66 DX.

Paris 579 ① – ◆Lyon 531 ② – ◆Nantes 324 ① – ◆Strasbourg 1061 ① – ◆Toulouse 245 ⑤.

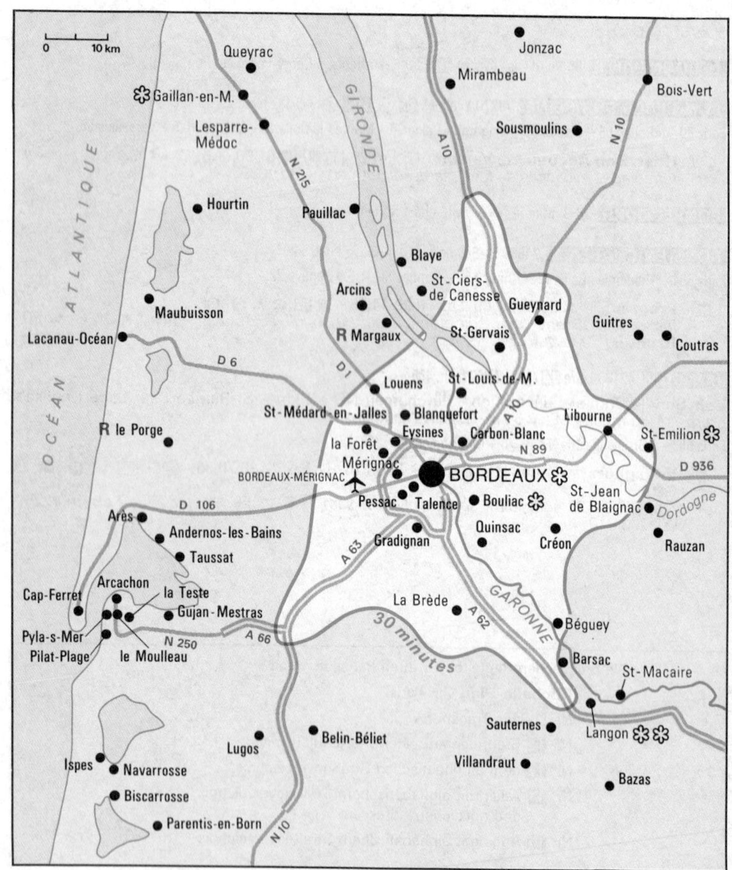

Château Chartron [M], 81 cours St-Louis ✉ 33300 ☎ 56 43 15 00, Télex 573938, Fax 56 69 15 21, – AE ⓓ GB
Novamagus *(fermé août, sam. et dim.)* **R** 180 – **Le Cabernet R** carte environ 150 – ☕ 65 – **144 ch** 690/1200, 6 appart.. p. 2 AU **b**

Burdigala [M], 115 r. G. Bonnac ☎ 56 90 16 16, Télex 572981, Fax 56 93 15 06 – – 100. AE ⓓ GB JCB p. 4 CX **r**
R 140/340 – ☕ 75 – **68 ch** 760/1350, 8 appart., 7 duplex.

Pullman Mériadeck [M], 5 r. R. Lateulade ☎ 56 56 43 43, Télex 540565, Fax 56 96 50 59 – ch – 350. AE ⓓ GB JCB. rest p. 4 CY **w**
Le Mériadeck ☎ 56 56 43 60 **R** 130/185bc – ☕ 65 – **192 ch** 510/950.

Holiday Inn [M], 30 r. de Tauzia ✉ 33800 ☎ 56 92 21 21, Télex 573848, Fax 56 91 08 06, – ch – 80. AE GB p. 5 FZ **v**
R *(fermé dim. midi et sam.)* 90 – ☕ 55 – **90 ch** 474/527 – ½ P 314.

Novotel Bordeaux-Centre [M], 45 cours Maréchal Juin ☎ 56 51 46 46, Télex 573749, Fax 56 98 25 56, – ch – 80. AE ⓓ GB JCB p. 4 CY **m**
R carte environ 160, enf. 50 – ☕ 50 – **138 ch** 480/530.

Claret [M], Cité Mondiale du Vin, 18 parvis des Chartrons ☎ 56 01 79 79, Fax 56 01 79 00, – AE ⓓ GB p. 2 AU **k**
R carte 175 à 260 – ☕ 60 – **97 ch** 510/570.

Sainte-Catherine [M] sans rest, 27 r. Parlement Ste-Catherine ☎ 56 81 95 12, Télex 573215, Fax 56 44 50 51 – – 45. AE ⓓ GB JCB p. 4 DX **m**
☕ 70 – **82 ch** 550/870.

Normandie sans rest, 7 cours 30-Juillet ☎ 56 52 16 80, Télex 570481, Fax 56 51 68 91 – AE ⓓ GB JCB p. 4 DX **z**
☕ 39 – **100 ch** 300/550.

Majestic sans rest, 2 r. Condé ☎ 56 52 60 44, Télex 572938, Fax 56 79 26 70 – AE ⓓ GB JCB p. 4 DX **a**
☕ 36 – **49 ch** 360/500.

Gd H. Français [M] sans rest, 12 r. Temple ☎ 56 48 10 35, Télex 550587, Fax 56 81 76 18 – AE ⓓ GB p. 4 DX **v**
☕ 45 – **35 ch** 340/590.

Royal St Jean [M] sans rest, 15 r. Ch. Domercq ✉ 33800 ☎ 56 91 72 16, Télex 570468, Fax 56 94 08 32 – AE ⓓ GB JCB p. 5 FZ **u**
☕ 45 – **37 ch** 330/470.

Ibis Mériadeck [M], 35 cours Mar. Juin ☎ 56 90 10 33, Télex 572918, Fax 56 96 33 15 – ch – 250. AE GB p. 4 CY **m**
R 80/155 , enf. 39 – ☕ 34 – **210 ch** 315/380.

Sèze sans rest, 23 allées Tourny ☎ 56 52 65 54, Télex 572808, Fax 56 44 31 83 – **24 ch.** p. 4 DX **u**

Bayonne [M] sans rest, 4 r. Martignac ☎ 56 48 00 88, Fax 56 52 03 79 – AE ⓓ GB. p. 4 DX **f**
fermé 24 déc. au 2 janv. – ☕ 55 – **36 ch** 360/540.

Notre Dame sans rest, 36 r. N.-Dame ☎ 56 52 88 24, Fax 56 79 12 67 – AE GB p. 2 AU **k**
☕ 30 – **21 ch** 220/280.

La Méridienne sans rest, 155 r. G. Bonnac ☎ 56 24 08 88, Télex 560883, Fax 56 98 14 28 – ch – 40. AE ⓓ GB p. 4 CXY **a**
☕ 30 – **40 ch** 250/390.

Atlantic sans rest, 69 r. E. Leroy ✉ 33800 ☎ 56 92 92 22, Fax 56 94 21 42 – AE ⓓ GB p. 5 FZ **r**
☕ 30 – **36 ch** 200/290.

Relais Bleus [M], 68 r. Tauzia ✉ 33800 ☎ 56 91 55 50, Fax 56 91 08 41 – rest – 60. AE ⓓ GB. p. 5 FZ **b**
R 88 bc/120 bc, enf. 45 – ☕ 32 – **88 ch** 280/350.

Presse [M] sans rest, 6 r. Porte Dijeaux ☎ 56 48 53 88, Fax 56 01 05 82 – AE ⓓ GB p. 4 DX **k**
☕ 30 – **29 ch** 270/350.

Trianon sans rest, 5 r. Temple ☎ 56 48 28 35, Fax 56 51 17 81 – GB. p. 4 DX **e**
☕ 35 – **18 ch** 260/360.

du Théâtre sans rest, 10 r. Maison Daurade ☎ 56 79 05 26, Fax 56 81 15 64 – ⓓ GB p. 4 DX **r**
☕ 27 – **23 ch** 190/290.

California [M] sans rest, 47 r. E. Leroy ✉ 33800 ☎ 56 91 58 97, Fax 56 91 61 90 – – 25. AE ⓓ GB p. 5 FZ **p**
☕ 35 – **17 ch** 260/360.

Gambetta sans rest, 66 r. Porte Dijeaux ☎ 56 51 21 83, Fax 56 81 00 40 – AE ⓓ GB JCB p. 4 DX **s**
☕ 30 – **31 ch** 245/290.

des 4 Soeurs sans rest, 6 cours 30-Juillet ☎ 56 48 16 00, Fax 56 01 04 28 – AE ⓓ GB p. 4 DX **g**
☕ 35 – **35 ch** 220/380.

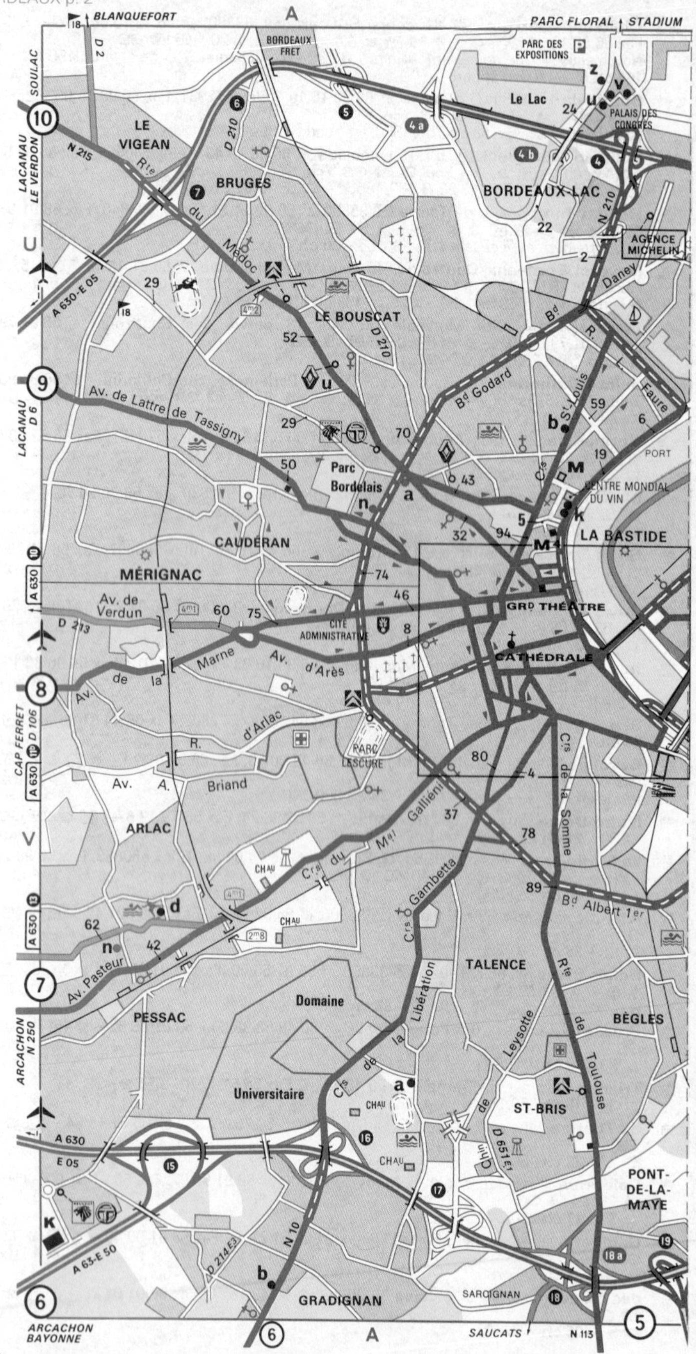
BLANQUEFORT
PARC FLORAL
STADIUM
SOULAC
LACANAU LE VERDON
LACANAU D 6
CAP FERRET D 106
ARCACHON N 250
ARCACHON BAYONNE
SAUCATS
N 113
BORDEAUX FRET
PARC DES EXPOSITIONS
Le Lac
PALAIS DES CONGRÈS
BORDEAUX-LAC
AGENCE MICHELIN
LE VIGEAN
BRUGES
Rte du Médoc
LE BOUSCAT
Av. de Lattre de Tassigny
Parc Bordelais
Bd Godard
CAUDÉRAN
MÉRIGNAC
Av. de Verdun
CITÉ ADMINISTRATIVE
GRD THÉÂTRE
CATHÉDRALE
LA BASTIDE
CENTRE MONDIAL DU VIN
PORT
Av. de la Marne
Av. d'Arès
R. d'Arlac
PARC LESCURE
Av. A. Briand
ARLAC
Crs du Mal Gallieni
Crs Gambetta
Crs de la Somme
Bd Albert 1er
Av. Pasteur
PESSAC
TALENCE
Domaine Universitaire
Crs de la Libération
Chin de Leysotte
Rte de Toulouse
BÈGLES
ST-BRIS
PONT-DE-LA-MAYE
GRADIGNAN
SARCIGNAN
A 630
E 05
A 630-E 05
A 63-E 50
N 215
N 210
N 10
D 2
D 210
D 213
D 214E3
D 651E1
Daney
R. L. Faure
Crs St-Louis
CHAU

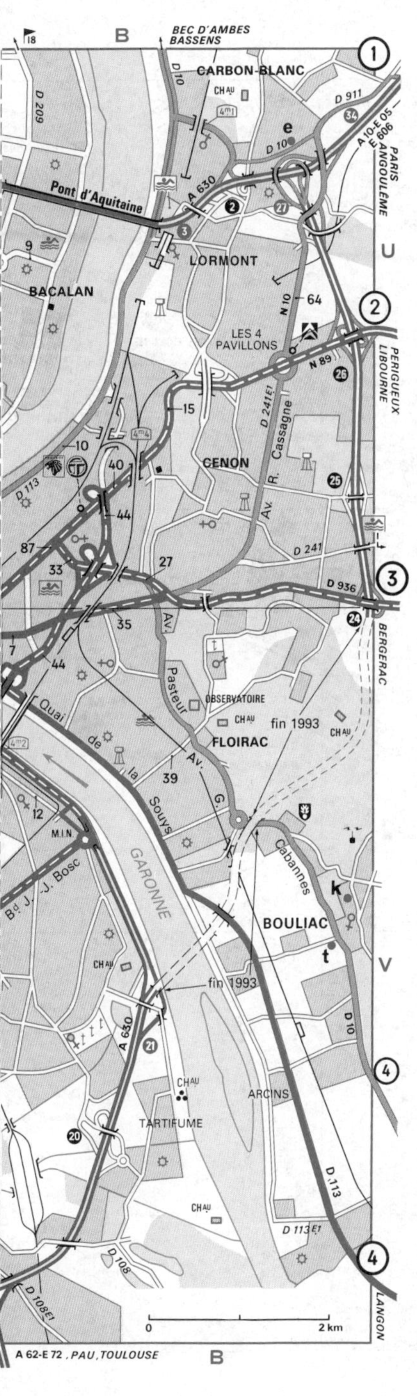

BORDEAUX

Albert 1er (Bd) . . . . . AV
Aliénor-d'Aquitaine (Bd) . . . . . AU 2
Arès (Av. d') . . . . . AV
Argonne (Crs de l') . . . . . AV 4
Arlac (R. d') **MÉRIGNAC** . . . . . AV
Arnozan (Crs X.) . . . . . AU 5
Bacalan (Quai de) . . . . . AU 6
Benauge (R. de la) . . . . . BV 7
Bonnac (R. D.) . . . . . AV 8
Bosc (Bd J.J.) **BÈGLES** . . . . . BV
Brandenburg (Bd) . . . . . BU 9
Brazza (Quai de) . . . . . BU 10
Briand (Av. A.) **MÉRIGNAC** . . . . . AV
Brienne (Quai de) . . . . . BV 12
Cabannes (Av. G.) **FLOIRAC** . . . . . BV
Carnot (Av.) **CENON** . . . . . BU 15
Cassagne (Av. R.) **CENON** . . . . . BU
Chartrons (Quai des) . . . . . AU 19
Daney (Bd) . . . . . AU
Dassault (Av. M.) . . . . . AU 22
Domergue (Bd G.) . . . . . AU 24
Entre-Deux-Mers (Bd de l') **CENON** . . . . . BU 27
Eysines (Av. d') . . . . . AU 29
Faure (R. L.) . . . . . AU
Galin (R.) . . . . . BU 33
Gallieni (Crs Mar.) . . . . . AV
Gambetta (Crs) **FLOIRAC** . . . . . BUV 35
Gambetta (Crs) **TALENCE** . . . . . AV
George-V (Bd) . . . . . AV 37
Godard (Bd) **LE BOUSCAT** . . . . . AU
Guesde (R. J.) . . . . . BV 39
Jaurès (Av. J.) **CENON** . . . . . BU 40
Jaurès (Av. J.) **PESSAC** . . . . . AV 42
Johnston (R. D.) . . . . . AU 43
Joliot-Curie (Bd) . . . . . BUV 44
Judaïque (R.) . . . . . AV 46
Lattre-de-Tassigny (Av. de) . . . . . AU
Leclerc (Av. Gén.) . . . . . AU 50
Leysotte (Ch. de) . . . . . AV
Libération (Av. de la) . . . . . AU 52
Libération (Crs de la) **TALENCE** . . . . . AV
Marne (Av. de la) . . . . . AV
Médoc (Crs du) . . . . . AU 59
Médoc (Rte du) . . . . . AU
Mérignac (Av. de) . . . . . AV 60
Nancel-Penard (Av. Dr) **PESSAC** . . . . . AV 62
Paris (Rte de) . . . . . BU 64
Pasteur (Av.) **FLOIRAC** . . . . . BV
Pasteur (Av.) **PESSAC** . . . . . AV
Pierre-1er (Bd) . . . . . AU 70
Président-Wilson (Bd) . . . . . AU 74
République (Av. de la) . . . . . AV 75
Roosevelt (Bd Franklin-) . . . . . AV 78
St-Genès (R. de) . . . . . AV 80
St-Louis (Crs) . . . . . AU
Somme (Crs de la) . . . . . AV
Souys (Quai de la) . . . . . BV
Thiers (Av.) . . . . . BU 87
Toulouse (Barrière de) . . . . . AV 89
Toulouse (Rte de) **BÈGLES** . . . . . AV
Verdun (Av. de) . . . . . AV
Verdun (Crs de) . . . . . AU 94

Les cartes Michelin sont constamment tenues à jour.

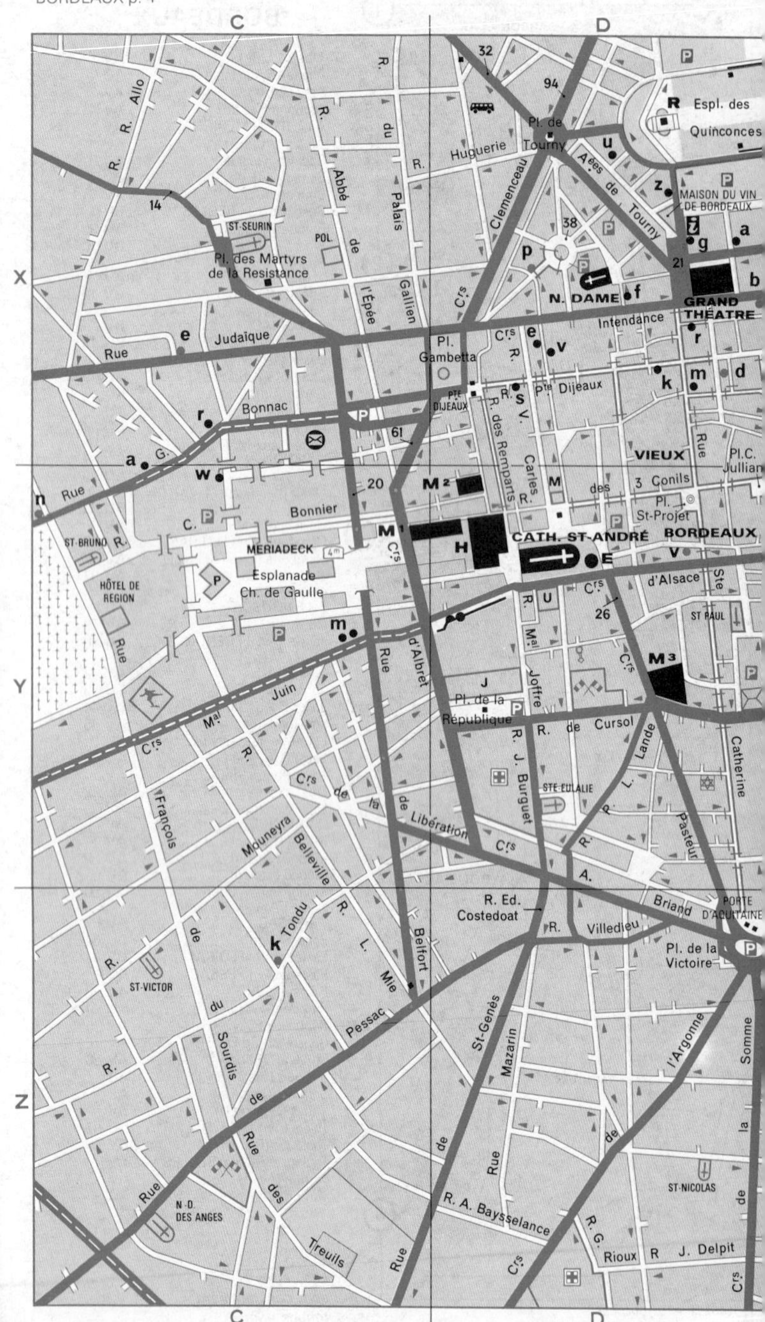
C
D
X
Y
Z
Espl. des Quinconces
Pl. de Tourny
Huguerie
Clemenceau
Aées de Tourny
MAISON DU VIN DE BORDEAUX
ST-SEURIN
Pl. des Martyrs de la Resistance
POL.
R. Abbé de l'Épée
R. du Palais Gallien
N. DAME
GRAND THÉATRE
Intendance
Pl. Gambetta
Rue Judaïque
Bonnac
Pte Dijeaux
R. des Remparts
VIEUX BORDEAUX
Pl. C. Jullian
R. des 3 Conils
Pl. St-Projet
Bonnier
MERIADECK
Esplanade Ch. de Gaulle
ST-BRUNO
HÔTEL DE REGION
CATH. ST-ANDRÉ
Crs d'Alsace
ST PAUL
Rue Ste Catherine
Crs d'Albret
Pl. de la République
R. de Cursol
R. Mal Joffre
R. J. Burguet
STE-EULALIE
Crs Mal Juin
Crs de la Libération
R. Mouneyra
R. Belleville
Rue François
Crs Pasteur
R. L. Lande
Crs A. Briand
R. Ed. Costedoat
R. Villedieu
PORTE D'AQUITAINE
Pl. de la Victoire
R. L. Mie
Rue Belfort
Tondu
ST-VICTOR
Rue du Sourdis
Rue de Pessac
Crs de St-Genès
Rue Mazarin
Crs de l'Argonne
Crs de la Somme
ST-NICOLAS
R. A. Bayssélance
R. G. Rioux
R. J. Delpit
N-D. DES ANGES
Rue des Treuils
32
94
14
38
21
61
20
26
a
b
d
e
E
f
g
H
J
k
m
M
M1
M2
M3
n
p
r
R
s
u
U
v
V
w
z

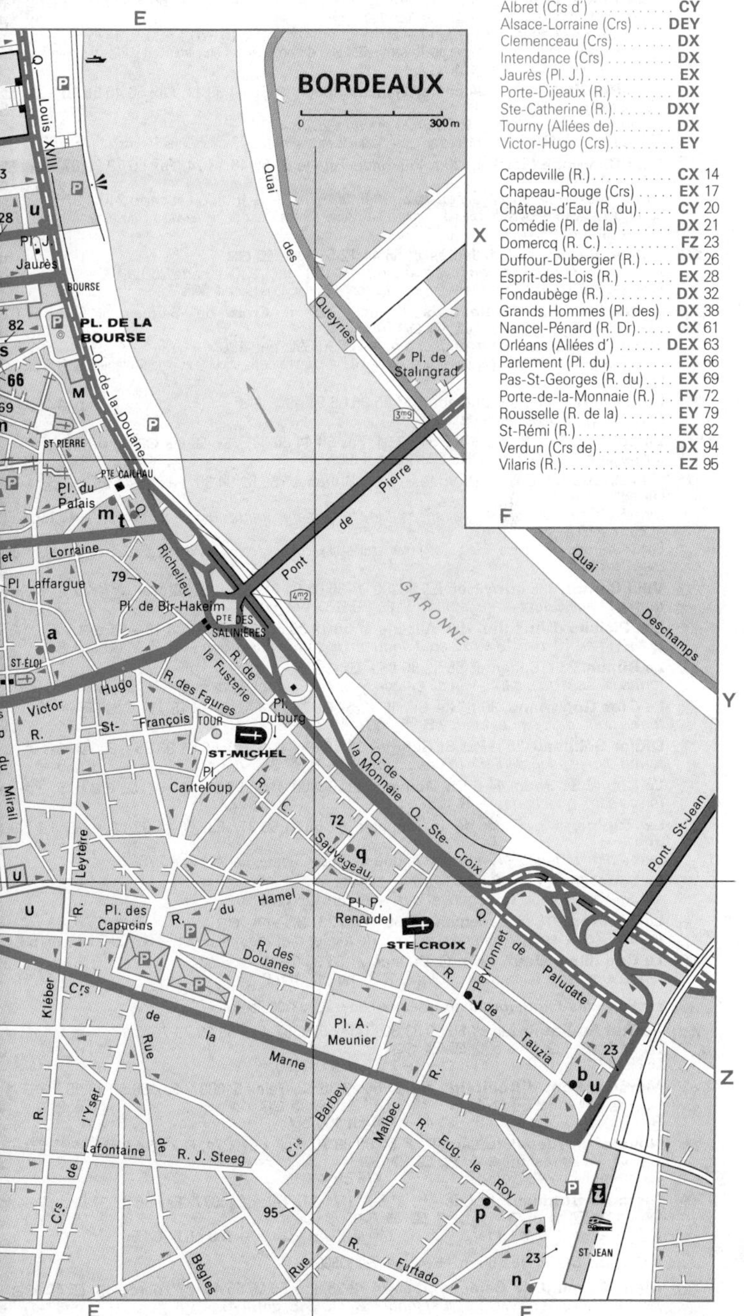

Albret (Crs d') . . . . **CY**
Alsace-Lorraine (Crs) . . . . **DEY**
Clemenceau (Crs) . . . . **DX**
Intendance (Crs) . . . . **DX**
Jaurès (Pl. J.) . . . . **EX**
Porte-Dijeaux (R.) . . . . **DX**
Ste-Catherine (R.) . . . . **DXY**
Tourny (Allées de) . . . . **DX**
Victor-Hugo (Crs) . . . . **EY**

Capdeville (R.) . . . . **CX** 14
Chapeau-Rouge (Crs) . . . . . **EX** 17
Château-d'Eau (R. du) . . . . . **CY** 20
Comédie (Pl. de la) . . . . **DX** 21
Domercq (R. C.) . . . . **FZ** 23
Duffour-Dubergier (R.) . . . . **DY** 26
Esprit-des-Lois (R.) . . . . **EX** 28
Fondaubège (R.) . . . . **DX** 32
Grands Hommes (Pl. des) . **DX** 38
Nancel-Pénard (R. Dr) . . . . . **CX** 61
Orléans (Allées d') . . . . . . **DEX** 63
Parlement (Pl. du) . . . . **EX** 66
Pas-St-Georges (R. du) . . . . **EX** 69
Porte-de-la-Monnaie (R.) . . **FY** 72
Rousselle (R. de la) . . . . **EY** 79
St-Rémi (R.) . . . . **EX** 82
Verdun (Crs de) . . . . **DX** 94
Vilaris (R.) . . . . **EZ** 95

XXXX ✿ **Le Chapon Fin** (Garcia), 5 r. Montesquieu ✆ 56 79 10 10, Fax 56 79 09 10, « Original décor de rocaille 1900 » – ▤. AE ⓓ GB JCB p. 4 DX **p**
fermé 17 au 24 août, dim. et lundi – **R** 150 (déj.)/420 et carte 370 à 480, enf. 75
Spéc. Gaspacho de homard (15 mai au 15 sept.). Ravioles de langoustines au citron vert. Noisettes d'agneau aux parfums du midi. **Vins** Entre-Deux-Mers.

XXX ✿ **Le Rouzic** (Gautier), 34 cours Chapeau Rouge ✆ 56 44 39 11, Fax 56 40 55 10 – ▤. AE ⓓ GB JCB p. 4 DX **b**
fermé sam. midi et dim. – **R** 160/420 et carte 260 à 470
Spéc. Lamproie à la bordelaise. Huîtres en geleé d'eau de mer. Agneau de Pauillac. **Vins** St-Julien.

XXX ✿ **La Chamade** (Carrère), 20 r. Piliers de Tutelle ✆ 56 48 13 74, Fax 56 79 29 67 – ▤. AE GB p. 4 DX **d**
fermé week-ends du 17 juil. au 16 août et sam. midi – **R** 180/280 et carte 240 à 370
Spéc. Terrine de foie gras de canard. Turbotin au beurre nantais. Noix de ris de veau piquée au foie gras. **Vins** Saint-Julien, Saint-Emilion.

XXX ✿ **Jean Ramet,** 7 pl. J. Jaurès ✆ 56 44 12 51 – ▤. AE GB p. 5 EX **u**
fermé sam. (sauf le soir en hiver) et dim. – **R** 150 (déj.)/320 et carte 260 à 430
Spéc. Feuilleté d'huîtres tièdes à la nage. Gibier (saison). Champignons (saison). **Vins** Graves blanc, Listrac.

XXX ✿ **Pavillon des Boulevards** (Franc), 120 r. Croix de Seguey ✆ 56 81 51 02, Fax 56 51 14 58, ☂ – ▤. AE ⓓ GB JCB p. 2 AU **a**
fermé 15 au 22 août, sam. midi et dim. – **R** 290/390, enf. 120
Spéc. Foie gras de canard aux épices douces. Poêlée de homard bardé de choux au vin de Sauternes. Chinoiseries de pigeonneau.

XXX **l'Alhambra,** 111 bis r. Judaïque ✆ 56 96 06 91 – ▤. GB p. 4 CX **e**
fermé sam. midi et dim. – **R** 150/200 ♁.

XXX **Le Cailhau,** 3 pl. Palais ✆ 56 81 79 91, Fax 56 44 86 58 – ▤. AE ⓓ GB JCB. ✗ p. 5 EY **m**
fermé sam. midi et dim. – **R** 160/220, enf. 90.

XXX ✿ **Le Vieux Bordeaux** (Bordage), 27 r. Buhan ✆ 56 52 94 36, Fax 56 44 25 11, ☂ – AE ⓓ GB p. 5 EY **a**
fermé 1er au 23 août, vacances de fév., sam. midi, dim. et fériés – **R** 155/260 et carte 210 à 360, enf. 70
Spéc. Foie gras de canard. Filets d'anguilles sautés aux champignons. Tranche de cerises au chocolat. **Vins** Entre-Deux-Mers.

XXX **Villa Carnot,** 335 bd Wilson ✉ 33200 ✆ 56 08 04 21, ☂ – AE ⓓ GB. ✗ p. 2 AU **n**
fermé 1er au 15 sept., dim. et lundi – **R** 158/320, enf. 90.

XX **Les Plaisirs d'Ausone,** 10 r. Ausone ✆ 56 79 30 30, Fax 56 51 38 16 – AE GB
fermé 1er au 10 mai, 13 au 22 août, lundi midi, sam. midi et dim. – **R** 150/280. p. 5 EY **t**

XX **Le Buhan,** 28 r. Buhan ✆ 56 52 80 86 – AE GB p. 5 EY **a**
fermé 30 août au 5 sept., vancances de fév., dim. soir et lundi midi – **R** 130/250, enf. 65.

XX **Le Clos Gourmand,** 30 r. Ste-Cécile ✆ 57 81 77 77, Fax 56 98 18 71 – GB JCB
fermé août, dim. soir et lundi – **R** 95/260, enf. 30. p. 4 CZ **k**

XX **Didier Gélineau,** 26 r. Pas St Georges ✆ 56 52 84 25, Fax 56 51 93 25 – AE ⓓ GB
fermé dim. sauf le midi du 15 oct. au 15 avril – **R** 99/320, enf. 65. p. 5 EX **n**

XX **Le Clavel St-Jean,** 44 r. Ch. Domercq ✉ 33800 ✆ 56 92 63 07 – ▤. AE GB p. 5 FZ **n**
fermé sam. midi et dim. – **R** 105/290

XX **La Tupina,** 6 r. Porte de la Monnaie ✆ 56 91 56 37, Fax 56 31 92 11 – AE ⓓ GB JCB p. 5 FY **q**
fermé dim. et fériés – **R** cuisine typique de Sud-Ouest – carte 170 à 270.

XX **Le Loup,** 66 r. Loup ✆ 56 48 20 21 – AE GB p. 4 DY **v**
fermé 2 au 22 août, sam. midi et dim. – **R** carte 250 à 410.

X **La Ténarèze,** 18 pl. Parlement ✆ 56 44 43 29, ☂ – ▤. GB p. 5 EX **s**
fermé 1er au 7 sept., vacances de nov., de fév. et dim. de mai à oct. – **R** 100/210, enf. 58.

X **La Coquille d'Oeuf,** 197 r. G. Bonnac ✆ 56 93 09 86 – ▤. GB p. 4 CY **n**
fermé lundi soir, sam. midi et dim. – **R** 85 bc (déj.)/150 ♁.

au Parc des Expositions : Bordeaux-Lac – ✉ **33300** Bordeaux :

🏨 **Sofitel Aquitania** Ⓜ, ✆ 56 50 83 80, Télex 570557, Fax 56 39 73 75, ≤, ⛱ – ⧉ ⇆ ch ▤ TV ☎ ♿ Ⓟ – 🏔 25 à 600. AE ⓓ GB p. 2 AU **u**
Le Flore R carte 160 à 220 – ☕ 70 – **211 ch** 580/1300.

🏨 **Mercure Pont d'Aquitaine** Ⓜ, ✆ 56 43 36 72, Télex 540097, Fax 56 50 23 95, ☂, ⛱, ✂ – ⧉ ⇆ ch ▤ TV ☎ ♿ Ⓟ – 🏔 80 à 120. AE ⓓ GB. ✗ rest p. 2 AU **v**
R carte 150 à 240, enf. 45 – ☕ 48 – **100 ch** 460/580.

🏨 **Novotel-Bordeaux le Lac** Ⓜ, ✆ 56 50 99 70, Télex 570274, Fax 56 43 00 66, ≤, ☂, ⛱ – ⧉ ⇆ ch ▤ rest TV ☎ ♿ Ⓟ. AE ⓓ GB p. 2 AU **z**
R carte environ 180, enf. 50 – ☕ 50 – **176 ch** 440.

🏨 **Mercure Bordeaux le Lac** Ⓜ, ✆ 56 11 71 11, Télex 540077, Fax 56 43 07 55, ☂ – ⧉ ⇆ ch ▤ TV ☎ ♿ Ⓟ – 🏔 250. AE ⓓ GB p. 2 AU **v**
R *(fermé sam., dim. et fériés)* 95 bc/140, enf. 45 – ☕ 50 – **108 ch** 420/580.

à Carbon-Blanc NE : 8 km – 5 842 h. – ✉ **33560** :

XXX **Marc Demund,** av. Gardette ✆ 56 74 72 28, Fax 56 06 55 40, ☂, parc – Ⓟ. AE ⓓ GB
fermé 15 au 31 août, dim. soir et lundi – **R** 240/345, enf. 120. p. 3 BU **e**

à Bouliac vers ④ – ✉ **33270** :

Le St-James (Amat) M, pl. C. Hostein, près église ✆ 56 20 52 19, Télex 573001, Fax 56 20 92 58, ≤ Bordeaux, « Original décor contemporain », – TV ☎ P. AE ⓓ GB JCB. p. 3 BV **k**
R *(fermé lundi de nov. à mars et dim.)* 250 (déj.)/400 et carte 355 à 620, enf. 80 - **Le Bistroy** *(fermé lundi de nov. à mars et dim.)* **R** carte environ 160 – ☕ 70 – **17 ch** 800/1350 – ½ P 750/1000
Spéc. Homard rôti aux pommes de terre et gousses d'ail. Pigeon grillé aux épices et sa pastilla. Civet et canard compoté, désossé et dégraissé. **Vins** Premières Côtes de Bordeaux-Cadillac, Médoc.

XX **Aub. du Marais,** 22 rte de Latresne ✆ 56 20 52 17, – P. GB p. 3 BV **t**
fermé 5 au 26 août, 27 fév. au 12 mars et merc. – **R** 155/250, enf. 70.

par la sortie ⑥ :

à Talence : 6 km – 34 485 h. – ✉ **33400** :

Guyenne (Lycée Hôtelier), av. F. Rabelais ✆ 56 80 75 08, Fax 56 84 18 54, – TV ☎ P – 30. AE ⓓ GB p. 2 AV **a**
fermé sept. et vacances scolaires – **R** *(fermé sam. soir et dim.)* 90/145 – ☕ 35 – **27 ch** 260/290, 3 appart.

à Gradignan : 8 km – 21 727 h. – ✉ **33170** :

Châlet Lyrique M, 169 cours Gén. de Gaulle ✆ 56 89 11 59, Fax 56 89 53 37, – TV ☎ ♿ P – 25. ⓓ GB p. 2 AV **b**
R *(fermé août et dim.)* carte 170 à 210 – ☕ 55 – **40 ch** 280/365.

par la sortie ⑦ :

à Pessac : par la sortie n° 13 de la rocade – 51 055 h. – ✉ **33600** :

La Réserve M, av. Bourgailh ✆ 56 07 13 28, Fax 56 36 31 02, , « Parc », – TV ☎ P – 60. AE ⓓ GB
fermé déc. et janv. – **R** 150/350 – ☕ 60 – **20 ch** 600/900.

Royal Brion sans rest, 10 r. Pin Vert ✆ 56 45 07 72, Fax 56 46 13 75 – TV ☎ P. AE ⓓ GB p. 2 AV **d**
fermé 20 déc. au 5 janv. – ☕ 35 – **25 ch** 280/340.

XX **Le Cohé,** 8 av. R. Cohé ✆ 56 45 73 72 – GB. p. 2 AV **n**
fermé 25 juil. au 31 août, dim. soir et lundi – **R** 110/310, enf. 50.

par la sortie ⑧ :

à Mérignac : par la sortie n° 10 de la rocade – ✉ **33700** :

Interhôtel, r. Chataigniers ✆ 56 47 89 50, Fax 56 13 00 81, , – TV ☎ ♿ P – 160. AE ⓓ GB
R 80/120, enf. 40 – ☕ 30 – **50 ch** 250/280 – ½ P 250.

à Mérignac : 5 km par D 106 et D 213 – 57 273 h. – ✉ **33700** :

XX **Les Charmilles,** 408 av. Verdun AV ✆ 56 97 53 01 – P. GB
fermé 7 au 30 août – **R** *(fermé sam. midi en été et dim. sauf fériés)* 110/200, enf. 50.

à l'Aéroport : par la sortie n° 11^A de la rocade – ✉ **33700** Mérignac :

Novotel-Mérignac M, av. Kennedy ✆ 56 34 10 25, Télex 540320, Fax 56 55 99 64, , , – ch TV ☎ ♿ P – 25 à 100. AE ⓓ GB JCB
R carte environ 180, enf. 50 – ☕ 50 – **137 ch** 450.

Mercure Aéroport M, 1 av. Ch. Lindbergh ✆ 56 34 74 74, Télex 573953, Fax 56 34 30 84, – ch TV ☎ ♿ P – 200. AE ⓓ GB
R 98 , enf. 45 – ☕ 48 – **105 ch** 440/550.

Le Patio M, av. J.-F. Kennedy à Mérignac ✆ 56 55 93 42, Télex 540183, Fax 56 47 64 94, – ch TV ☎ ♿ P – 60. AE ⓓ GB
R 135/180 – ☕ 48 – **80 ch** 415/470.

Fimotel M, 97 av. J.-F. Kennedy ✆ 56 34 33 08, Fax 56 34 01 90, , – TV ☎ ♿ P – 35. AE ⓓ GB
R 80/280 , enf. 45 – ☕ 35 – **60 ch** 295/315.

par la sortie ⑨ :

par la sortie n° 9 de la rocade – ✉ **33700** Mérignac :

Dotel M, av. Magudas à Mérignac ✆ 56 34 24 05, Fax 56 47 60 41, , – ch TV ☎ ♿ P – 30 à 60. AE ⓓ GB
R 110 – ☕ 48 – **47 ch** 400/520 – ½ P 358/368.

à la Forêt : 8,5 km par ⑨ – ✉ **33320** Eysines :

XX **Les Tilleuls,** ✆ 56 28 04 56, – P. GB
fermé août, sam. du 1er juil. au 15 sept. et dim. – **R** 100/150.

à Eysines : 10 km – 16 391 h. – ✉ **33320** :

Alizés M sans rest, 15 av. St-Médard ✆ 56 28 36 52, Fax 56 28 63 11 – TV ☎ ♿ P. GB
☕ 24 – **40 ch** 195/250.

à St-Médard-en-Jalles : 15 km – 22 064 h. – ✉ 33160 :

Le Montaigne M, av. La Boëtie ✆ 56 95 81 33, Fax 56 05 88 97 – |‡| ▤ TV ☎ ♿ 🚗 – 🏔 30 à 50. AE ⓓ GB
R *(fermé sam. midi et dim.)* 85/200 – ☕ 30 – **40 ch** 280/340 – ½ P 300.

La Chaumière 🐦, rte Lacanau : 1 km ✆ 56 05 07 64, Fax 56 95 87 12, 🌳, 🍽 – TV ☎ P – 🏔 30 à 60. GB. ✂ ch
R *(fermé fériés le soir, dim. soir et lundi)* 60/220, enf. 50 – ☕ 25 – **20 ch** 185/230.

Tournebride, rte Porge : 2 km ✆ 56 05 09 08 – P. GB
fermé 7 août au 1er sept., 22 fév. au 2 mars, dim. soir et lundi – **R** 85/186, enf. 50.

par la sortie ⑩ :

à Blanquefort : 11 km par la sortie n° 7 de la rocade et D 210 – 12 843 h. – ✉ 33290 :

Host. des Criquets avec ch, 130 av. 11-nov. ✆ 56 35 09 24, Fax 56 57 13 83, 🌳, 🏊 – TV ☎ P. AE ⓓ GB
R *(fermédim. soir)* 150/400 – ☕ 40 – **20 ch** 310/370.

MICHELIN, Agence régionale, Zone d'Entrepôts A.-Daney, av. de Tourville AU ✆ 56 39 94 95

AUTOBIANCHI, LANCIA, FIAT Gar. d'Aquitaine, 19 pl. Victoire ✆ 56 91 60 54
BMW Brienne Auto, 23 quai Brienne ✆ 56 49 43 43 N ✆ 56 87 20 99
CITROEN Gar. Parc Sports, 4 av. Parc-Lescure AV ✆ 56 98 65 63
HONDA Mondial Autos, 147 cours Médoc ✆ 56 39 45 78
PEUGEOT, TALBOT S.I.A.S.O., 350 av. Thiers BU ✆ 56 86 84 02
RENAULT Atlantique Autos, 11-13 r. Arsenal AU ✆ 56 44 32 73

Ⓜ Bouyssalet-Pneu Plus, 83 r. Tauzia ✆ 56 91 49 54
Casanave, r. Lamothe-Piquey, Zone d'Entrepôts A.-Daney ✆ 56 43 11 84
Comet, 91 av. République ✆ 56 02 43 80
Comptoir Aquitain du Pneu Pneu +, 56 quai Paludate ✆ 56 85 61 53
Euromaster Central Pneu Service, 226 av. Thiers ✆ 56 86 24 13
Euromaster Central Pneu Service, 80 cours Dupré-de-St-Maur ✆ 56 50 84 58

Périphérie et environs

ALFA-ROMEO Milano Autos, 21 allée Félix-Nadar à Mérignac ✆ 56 13 10 36
CITROEN Citroën Sud Ouest, 357 av. Libération, Le Bouscat AU ✆ 56 42 46 46
CITROEN Citroën Sud Ouest, N 10, les 4 Pavillons, Lormont BU ✆ 56 74 25 00
CITROEN Citroën Sud Ouest, 411 rte de Toulouse, Villenave-d'Ornon AV ✆ 56 37 37 37
FIAT Bordeaux Sud Autos, 114-118 av. Pyrénées à Villenave-d'Ornon ✆ 56 75 47 94
FORD Palau, 423 rte de Médoc, Bruges ✆ 56 57 43 43
FORD SAFI 33, 486 rte de Toulouse à Bègles ✆ 56 37 80 08
FORD B.M.A., av. Kennedy à Mérignac ✆ 56 34 16 14
LANCIA, FERRARI Gar. Lopez, ZI du phare Rocade sortie n° 10 à Mérignac ✆ 56 34 28 80
MERCEDES BENZ Cleal Autom. Aquitaine, 262 av. de la Libération, Le Bouscat ✆ 56 08 78 85 N ✆ 88 72 00 94
OPEL A.V.I., 363 rte de Toulouse à Villenave-d'Ornon ✆ 56 37 30 00
PEUGEOT, TALBOT Auto-Pessac, av. G.-Eiffel, Pessac AV ✆ 56 46 66 30
PEUGEOT, TALBOT S.I.A.S.O, 84 av. Libération, Le Bouscat AU ✆ 56 42 42 42
PEUGEOT, TALBOT S.I.A.S.O., 327 rte de Toulouse à Villenave-d'Ornon par ⑤ ✆ 56 84 41 41
RENAULT SAPA, Alouette Rocade sortie n° 13, Pessac par ⑦ ✆ 57 89 15 15 N ✆ 56 36 25 80

RENAULT Succursale, 253 av. Libération, Le Bouscat AU ✆ 56 17 18 19
RENAULT Succursale Pont-de-la-Maye, 50 av. Pyrénées, à Villenave-d'Ornon par ⑤ ✆ 56 04 58 58 N ✆ 56 74 09 22
RENAULT Gar. de Pichey, 7 pl. Gén.-Gouraud à Mérignac par av. de Verdun AV ✆ 56 34 04 89 N ✆ 05 05 15 15
ROVER Stewart et Ardern, 39 av. Marne Mérignac ✆ 56 96 86 62
SAAB Autom. Bordelaise, 270 av. de la Libération, le Bouscat ✆ 56 02 71 71
V.A.G Gar. Chambéry, 54 r. Jean Pagès, Villenave-d'Ornon ✆ 56 87 72 30

Ⓜ Comptoir Aquitain du Pneu Pneu +, 7 r. Marceau à Talence ✆ 56 04 31 42
Ets Vallejo Pneu +, ZI de Pinel, av. G.-Cabannes à Floirac ✆ 56 86 40 62
Euromaster Central Pneu Service, 65/69 rte de Toulouse à Talence ✆ 56 37 40 97
Euromaster Central Pneus Service, 98 quai Wilson à Bègles ✆ 56 49 01 15 N ✆ 57 91 01 81
Maison du Pneu, 24 av. de la Somme à Mérignac ✆ 56 47 43 50
Relais du Pneu, 228 av. de Tivoli, le Bouscat ✆ 56 08 84 05

Les BORDES 45 Loiret 65 ① – rattaché à Sully-sur-Loire.

BORMES-LES-MIMOSAS 83230 Var 84 ⑯ G. Côte d'Azur – 5 083 h alt. 120.

Voir Site★ – ≤★ du château – Forêt domaniale du Dom★ N : 4 km.

⛳18 de Valcros ✆ 94 66 81 02, NO : 12 km.

ℹ Office de Tourisme pl. Gambetta ✆ 94 71 15 17 et bd de la Plage La Favière (juin-sept.) ✆ 94 64 82 57.

Paris 879 – Fréjus 58 – Hyères 22 – Le Lavandou 5 – St-Tropez 34 – Ste-Maxime 38 – ♦Toulon 42.

Le Mirage M 🐦, rte Stade ✆ 94 71 09 83, Télex 404603, Fax 94 64 93 03, ≤ baie et les îles, 🌳, 🏊, 🍽, 🎾 – TV ☎ P – 🏔 40. AE ⓓ GB. ✂ ch
13 mars-31 oct. – **R** *(fermé jeudi midi et merc. sauf de juin à août)* 150/260 – ☕ 55 – **35 ch** 650/890 – ½ P 600.

Le Palma sans rest, ☎ 94 71 17 86, Fax 94 71 83 52, ⛱, 🌳 – ▤ TV ☎ P. AE ⓓ GB
☕ 40 – **20 ch** 390/550.

Paradis 🐦 sans rest, Mt des Roses, quartier du Pin ☎ 94 71 06 85, ≤, 🌳 – ☎ P. 🚫
1er avril-10 oct. – ☕ 30 – **20 ch** 180/340.

Tonnelle des Délices, pl. Gambetta ☎ 94 71 34 84 – GB
1er avril-25 oct. – **R** 149/245, enf. 68.

Le Jardin de Perlefleurs, 100 chemin Orangerie près Chapelle St-François ☎ 94 64 99 23, ≤, 🌂
1er juil.-30 sept. et fermé lundi – **R** cuisine provençale (dîner seul.) 230, enf. 90.

La Cassole, ruelle Moulin ☎ 94 71 14 86 – AE
fin janv.-15 oct. et fermé mardi midi et lundi (sauf du 1er juil. au 15 sept.) et fériés – **R** (dîner seul. de juil. à mi-sept. sauf dim. et fériés) 150/300, enf. 85.

Lou Portaou, r. Cubert des Poètes ☎ 94 64 86 37, 🌂, « Cadre rustique » – ▤. GB
fermé 10 nov. au 20 déc., merc. midi hors sais. et mardi sauf le soir en sais. – **R** 130, enf. 85.

à Cabasson S : 8 km – ✉ **83230** Bormes-les-Mimosas :

Palmiers 🐦, chemin du Petit Fort ☎ 94 64 81 94, Fax 94 64 93 61, 🌂, 🌳 – |⇕| TV ☎ P. AE ⓓ GB
R 145/195 – ☕ 60 – **21 ch** 550/580 – ½ P 540/800.

BORNY **57** Moselle **57** ⑭ – rattaché à Metz.

BORT-LES-ORGUES **19110** Corrèze **76** ② **G. Auvergne** – 4 208 h alt. 430.

Voir Barrage★★ N : 1 km – Orgues de Bort★ : ✻★★ SO : 3 km puis 15 mn.

🅸 Office de Tourisme pl. Marmontel ☎ 55 96 02 49.

Paris 481 – Aurillac 81 – ♦Clermont-Ferrand 81 – Mauriac 29 – Le Mont-Dore 48 – St-Flour 87 – Tulle 79 – Ussel 29.

Le Rider, av. Gare ☎ 55 96 00 47, Fax 55 96 73 07 – ▤ rest TV ☎ 🚗. AE ⓓ GB
fermé 20 déc. au 6 janv., vend. soir et sam. midi d'oct. à juin – **R** 68/75 🍷, enf. 48 – ☕ 28 – **19 ch** 200/250 – ½ P 210.

à Veillac (15 Cantal) N : 5 km sur D 922 – ✉ **15270** Champs-sur-Tarentaine.

Voir Musée de la radio et du phonographe★ N : 3 km – Site★★ du château de Val★ N : 4 km.

CITROEN Serre, à Lanobre ☎ 71 40 30 06 🅽
CITROEN Gar. de la Gare, 570 av. de la Gare ☎ 55 96 72 83 🅽
FIAT, LANCIA-AUTOBIANCHI Gar. du Pont Neuf ☎ 55 96 00 75 🅽
FORD Gar. Rouel, à Lanobre ☎ 55 96 71 40
PEUGEOT Vergeade, 843 av. de la Gare ☎ 55 96 74 78
PEUGEOT, TALBOT Monteil, à Lanobre ☎ 71 40 30 05 🅽

Ⓜ Bort Pneus, 93 av. Victor Hugo ☎ 55 96 77 50

BORT-L'ÉTANG **63** P.-de-D. **73** ⑮ – rattaché à Lezoux.

BOSSEY **74** H.-Savoie **74** ⑥ – rattaché à St-Julien-en-Genevois.

Les BOSSONS **74** H.-Savoie **74** ⑧ – rattaché à Chamonix.

BOUAYE **44830** Loire-Atl. **67** ③ – 4 815 h alt. 19.

Paris 406 – ♦Nantes 17 – Challans 40 – St-Nazaire 60.

à la Roderie NE : 2,5 km – ✉ **44830** Bouaye :

Aub. de la Grignotière, ☎ 40 65 46 11, 🌂 – P. GB
R 88/185, enf. 40.

BOUC-BEL-AIR **13320** B.-du-R. **84** ③ ⑬ – 11 512 h alt. 280.

Paris 767 – ♦Marseille 20 – Aix-en-Provence 12 – Aubagne 38 – St-Maximin-la-Ste-Beaume 45 – Salon-de-Provence 45.

L'Étape Lani, au Sud sur D 6 ☎ 42 22 61 90, Fax 42 22 68 67, ⛱ – |⇕| ▤ TV ☎ P. AE ⓓ GB
fermé dim. soir – **R** *(fermé 1er au 15 août, 23 au 31 déc., sam. midi, dim. soir et lundi)* 150/240 – ☕ 43 – **40 ch** 190/330 – ½ P 238/310.

CITROEN Gar. Laugier, RN 8 Plan Marseillais ☎ 42 22 20 90

Ⓜ Gardanne Pneus, Quart St-Michel à Gardanne ☎ 42 58 38 76

BOUESSE **36** Indre **68** ⑱ – rattaché à Argenton-sur-Creuse.

BOUGIVAL **78** Yvelines **55** ⑳, **101** ⑬ – voir à Paris, Environs.

La BOUILLADISSE **13720** B.-du-R **84** ⑭ – 4 115 h alt. 230.

Paris 780 – ♦Marseille 31 – Aix-en-Provence 26 – Brignoles 42 – ♦Toulon 57.

Fenière, ☎ 42 72 56 32, Fax 42 72 44 71, 🌂, ⛱ – ▤ rest TV ☎ ♿ P. AE GB
R *(fermé dim.)* 68/118, enf. 48 – ☕ 30 – **10 ch** 220/240 – ½ P 220/270.

BOUILLAND 21420 Côte-d'Or 66 ⑪ G. Bourgogne – 145 h alt. 410.

Paris 296 – ◆Dijon 46 – Autun 55 – Beaune 17 – Bligny-sur-Ouche 12 – Saulieu 56.

Host. du Vieux Moulin (Silva) M, 80 21 51 16, Fax 80 21 59 90, – rest 25. GB
fermé 2 au 25 janv., jeudi (sauf hôtel) et merc. de fin sept. à début juin sauf fériés – **R** 200/450 et carte 350 à 550 – 70 – **26 ch** 380/800 – ½ P 770/1120
Spéc. Estouffade de jeunes poireaux, jambonnette de grenouilles en meurette. Mijoté de lentilles au pied de cochon et dos de brochet rôti. Pièce de boeuf façon "Bourguignon".

La BOUILLE 76530 S.-Mar. 55 ⑥ G. Normandie Vallée de la Seine – 862 h alt. 5.

Voir Château de Robert le Diable★ : ★ SE : 3 km – Moulineaux : vitrail★ de l'église E : 3 km.

Bac: renseignements 35 18 01 76.

Paris 137 – ◆Rouen 19 – Bernay 43 – Elbeuf 13 – Louviers 32 – Pont-Audemer 35.

Bellevue, 35 18 05 05, Fax 35 18 00 92, ≤ – 25. GB
fermé 20 au 27 déc., vacances de fév. et dim. soir d'oct. à mars – **R** 98/215 – 35 – **20 ch** 160/320 – ½ P 225/370.

XXX **St-Pierre** avec ch, 35 18 01 01, Fax 35 18 12 76, ≤, – AE GB.
fermé mardi soir et merc. du 1er nov. au 31 mars – **R** 140/240, enf. 90 – 40 – **7 ch** 350/400.

XX **Poste,** 35 18 03 90, ≤, – GB
fermé 20 déc. au 12 janv., lundi soir et mardi – **R** 105/230.

XX **Les Gastronomes,** 35 18 02 07, – AE GB
fermé 15 au 30 sept., 15 fév. au 1er mars, merc. soir et jeudi – **R** 145/210, enf. 95.

XX **Maison Blanche,** 35 18 01 90, ≤ – AE GB
fermé 18 juil. au 3 août, dim. soir et lundi – **R** 100/260, enf. 50.

BOUIN 85230 Vendée 67 ② – 2 268 h alt. 6.

Paris 435 – ◆Nantes 51 – La Roche-sur-Yon 59 – Challans 22 – Noirmoutier-en-l'Ile 29 – St-Nazaire 52.

Martinet sans rest, 51 49 08 94, « Jardin fleuri », – AE GB
33 – **16 ch** 255/320.

XX **Le Courlis,** 51 68 64 65, – GB
fermé 28 juin au 6 juil., 2 au 24 janv. et lundi – **R** 75/200, enf. 38.

BOULIAC 33 Gironde 71 ⑨ – rattaché à Bordeaux.

BOULIGNEUX 01 Ain 74 ② – rattaché à Villars-les-Dombes.

BOULOGNE-BILLANCOURT 92 Hauts-de-Seine 55 ⑳, 101 ㉔ – voir à Paris, Environs.

BOULOGNE-SUR-MER SP 62200 P.-de-C. 51 ① G. Flandres Artois Picardie – 43 678 h alt. 53 – Casino (privé) Z.

Voir Ville haute★★ YZ : coupole★, crypte et trésor★ de la basilique Y, ≤★ du Beffroi Y H – Nausicaa★★ Y – Perspectives★ des remparts YZ – Calvaire des marins ≤★ Y – Château-Musée★ Y – Colonne de la Grande Armée★ : ★★ 5 km par ① – Côte d'Opale★ par ①.

Env. St-Étienne-au-Mont ≤★ 7 km par ④.

18 de Wimereux 21 32 43 20, par ① : 8 km.

21 80 50 50.

Office de Tourisme quai de la Poste 21 31 68 38 et Espl. Mariette Haute Ville 21 31 57 67.

Paris 296 ③ – ◆Calais 32 ② – ◆Amiens 122 ④ – Arras 116 ③ – ◆Le Havre 241 ④ – ◆Lille 116 ③ – ◆Rouen 177 ④.

Plan page suivante

Métropole sans rest, 51 r. Thiers 21 31 54 30, Fax 21 30 45 72, – AE GB
fermé 18 déc. au 4 janv. – 40 – **25 ch** 310/390. Z **e**

Ibis-Centre, bd Diderot 21 30 12 40, Télex 160485, Fax 21 87 48 98 – ch – 25. AE GB Z **k**
R 83, enf. 39 – 33 – **79 ch** 285/315.

Ibis-Plage M sans rest, 168 bd Sainte-Beuve 21 32 15 15, Télex 135248, Fax 21 30 47 97 – ch AE GB X **a**
33 – **42 ch** 265/330.

Climat de France, pl. Rouget de Lisle, face gare 21 80 14 50, Télex 135570, Fax 21 80 45 62 – ch – 50. GB Z **a**
R 85/135, enf. 40 – 40 – **42 ch** 285/320.

Lorraine sans rest, 7 pl. Lorraine 21 31 34 78 – AE GB Y **v**
fermé 24 déc. au 10 janv. – 28 – **20 ch** 150/260.

Londres sans rest, 22 pl. France 21 31 35 63 – GB Z **n**
24 – **20 ch** 130/230.

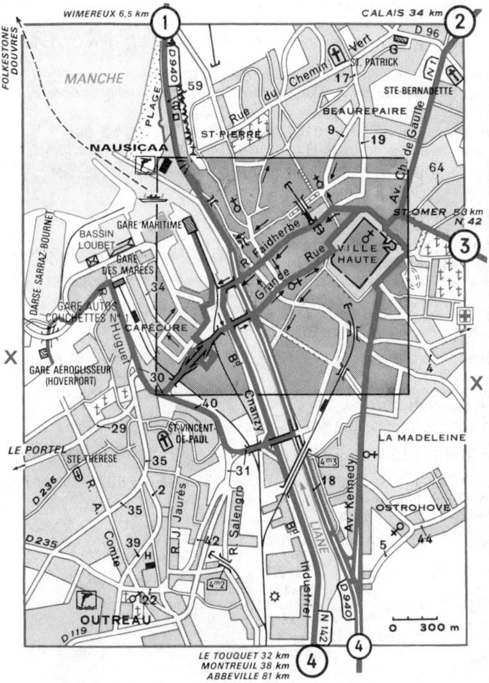

BOULOGNE-SUR-MER

Faidherbe (R.) . . . . . **Y**
Grande-Rue . . . . . . **Z**
Lampe (R. de la) . . . **Z** 32
Thiers (R. A.) . . . . . **YZ** 60
Victor-Hugo (R.) . . **YZ**

Adam (R. H.) . . . . . . **X** 2
Ansart-Rault (R.) . . . **X** 4
Apolline (R.) . . . . . . **X** 5
Aumont (R. d') . . . . . **Z** 7
Beaucerf (Bd) . . . . . **Z** 8
Beaurepaire (R.) . . . **X** 9
Bras-d'Or (R. du) . . . **Z** 13
Colonne (R. de la) . . **X** 17
Diderot (Bd) . . . . . . **X** 18
Duflos (R. Louis) . . . **X** 19
Dutertre (R.) . . . . . . **Y** 20
Égalité (R. de l') . . . . **X** 22
Entente-Cordiale (Pont de l') . . . . . . **Z** 23
Huguet (Bd A.) . . . . . **X** 29
Jaurès (Bd Jean) . . . **X** 30
J.-J.-Rousseau (Bd) . . . . **X** 31
Lattre-de-Tassigny (R. de) . . . . **Y** 33
Lavocat (R. Albert) . **X** 34
Liberté (Bd de la) . . **X** 35
Lille (R. de) . . . . **Y** 37
Marguet (Pont) . . . . **Z** 38
Michelet (R. J.) . . . . **X** 39
Montesquieu (Bd) . . **X** 40
Mont-Neuf (R. du) . . **X** 42
Orme (R. de l') . . . . . **X** 44
Perrochel (R.) . . . . . **Z** 47
Porte-Neuve (R.) . . . **Y** 49
Puits-d'Amour (R.) . . **Z** 53
Résistance (Pl.) . . . . **Y** 55
St-Louis (R.) . . . . . . **Y** 56
Ste-Beuve (Bd) . . . . **X** 59
Tour-N.-Dame (R.) . . **Y** 61
Victoires (R. des) . . . **Y** 63
Wicardenne (R. de) . **X** 64

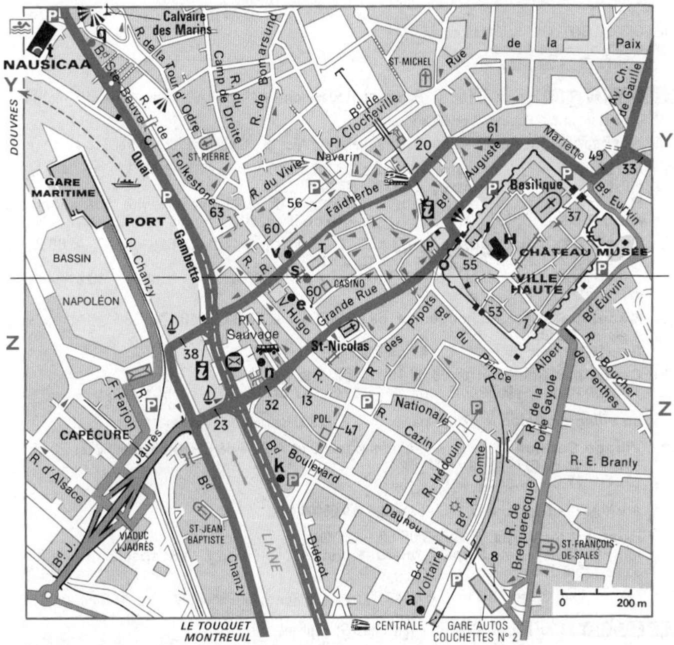

XXX ✿ **La Matelote** (Lestienne), 80 bd Ste Beuve ✆ 21 30 17 97, Fax 21 83 29 24 – GB Y **q**
fermé 24 déc. au 15 janv., dim. soir sauf juil.-août et fériés – **R** 160/210 et carte 250 à 350
Spéc. Salade de homard tiède, sauce crustacé. Blanc de turbot poché et sa marinière de moules safranée. Feuillantine aux fraises.

XXX **La Liégeoise,** 10 r. A. Monsigny ✆ 21 31 61 15, Fax 21 33 76 30 – AE ⓓ GB YZ **s**
fermé 26 juil. au 9 août, dim. soir et merc. – **R** 100/310.

XX **Rest. de Nausicaa,** bd Ste-Beuve ✆ 21 33 24 24, Fax 21 30 15 63, ← – ▤. GB Y **t**
R 84/145 ♨, enf. 45.

à ***Wimille*** par ② et N 1 : 5 km – 4 681 h. – ✉ **62126** :

XXX ✿ **Relais de la Brocante** (Laurent), près église ✆ 21 83 19 31 – GB
fermé dim. soir et lundi – **R** 150/200, enf. 65
Spéc. Tarte Tatin de crustacés. Tabatière de saumon, ragoût de homard et de foie gras. Fleur de lotte, sauce au bacon.

à ***Pont-de-Briques*** par ④ : 5 km – ✉ **62360** Pont-de-Briques St-Étienne :

Voir St-Etienne-au-Mont ←★ du cimetière SO : 2 km.

XXX ✿ **Host. de la Rivière** (Martin) avec ch, 17 r. Gare ✆ 21 32 22 81, Fax 21 87 45 48, 🌳 – TV ☎. GB. ✻ ch
fermé 16 août au 9 sept., vacances de fév., dim. soir et lundi – **R** 160/290 et carte 245 à 340, enf. 110 – ☕ 40 – **8 ch** 280/320 – ½ P 330/390
Spéc. Foie gras de canard cuit dans sa marinade. Turbot farci homardine. Poêlée de homard et de foie gras.

à ***Hesdin-l'Abbé*** par ④ et N 1 : 9 km – ✉ **62360** :

🏨 **Cléry** M 🔇 sans rest, au village ✆ 21 83 19 83, Télex 135349, Fax 21 87 52 59, « Parc », 🎾 – TV ☎ 🅟 – 🎪 25. AE ⓓ GB JCB. ✻
fermé 20 déc. au 10 janv. – ☕ 50 – **19 ch** 315/560.

ALFA-ROMEO Éts Cornuel-Boulogne, 13 r. Quében ✆ 21 91 10 56
BMW P.B.M., ZI de la Liane à St-Léonard, ✆ 21 80 95 15
CITROEN Liane Automobiles, ZI de la Liane ④ ✆ 21 99 21 11 **N** ✆ 21 91 02 11
FORD Gar. de Paris, ZI de la Liane à St-Léonard ✆ 21 92 05 22 **N** ✆ 21 91 02 11
MERCEDES Autom. Lecucq, 1 rte de Calais à St-Martin-les-Boulogne ✆ 21 92 18 24 **N** ✆ 05 24 24 30
OPEL Europ'Auto, ZI de la Liane à St-Léonard ✆ 21 80 94 10
PEUGEOT-TALBOT Gar. St-Christophe, bd Liane, ZI à St-Léonard par ④ ✆ 21 92 09 11 **N** ✆ 28 02 68 50

ROVER Cie Européenne Distribution, ZI bd de la Liane à St-Léonard ✆ 21 92 00 22
ROVER Littoral Auto, 63 av. John Kennedy ✆ 21 31 25 26
V.A.G Sté Nlle des Autos Boulonnaises, 122 ZI de la Liane ✆ 21 80 66 80

⊛ Euromaster Fischbach Pneu Service, r. P.-Martin, ZI Inqueterie à St-Martin-les-Boulogne ✆ 21 80 72 72
Peuvion-Pneus, 12 r. Constantine ✆ 21 31 85 62
Pneu Fauchille, 10 r. Gerhard-Hansen ✆ 21 91 04 44 **N**

Le BOULOU 66160 Pyr.-Or. 86 ⑲ G. Pyrénées Roussillon – 4 436 h alt. 89 – Stat. therm. (fév.-nov.).

ℹ Office de Tourisme r. Écoles ✆ 68 83 36 32.

Paris 930 – ♦Perpignan 21 – Amélie-les-Bains 16 – Argelès-sur-Mer 19 – Barcelona 165 – Céret 9.

🏨 **Le Domitien** M 🔇, aux Thermes ✆ 68 83 49 50, Fax 68 83 45 90, 🏊, 🌳, 🎾 – 🛗 cuisinette ▤ TV ☎ ♿ 🚗 🅟 – 🎪 80. AE GB
R *(fermé dim. soir en déc. et janv.)* 110/170, enf. 65 - **L'Amphore** *(fermé dim. soir en déc. et janv.)* **R** carte 195/350, enf. 65 – ☕ 39 – **40 ch** 360/380, 8 appart. – ½ P 320.

🏨 **Relais des Chartreuses** M 🔇, SE : 4,5 km par N 9, D 618 et VO ✆ 68 83 15 88, Fax 68 83 26 62, ←, 🍴, 🏊, 🌳 – ☎ 🅟. GB
fermé lundi sauf juil.-août – **R** (prévenir) carte 240 à 300 – ☕ 56 – **10 ch** 445/620 – ½ P 500/785.

🏨 **Néoulous** M, près échangeur ✆ 68 83 38 50, Fax 68 83 13 40, 🏊, 🎾 – 🛗 ▤ rest ☎ ♿ 🅟 – 🎪 30. AE GB
R 80/180 ♨, enf. 55 – ☕ 35 – **47 ch** 230/420 – ½ P 225/250.

🏠 **Canigou,** r. Bousquet ✆ 68 83 15 29, 🍴 – ☎ 🅟. AE GB. ✻ rest
1er avril-1er nov. – **R** 80/245, enf. 40 – ☕ 38 – **17 ch** 165/290 – ½ P 200/250.

au ***village catalan*** N : 7 km par N 9 – ✉ **66300** Banyuls-dels-Aspres :

🏨 **Village Catalan** M sans rest, accès par N 9 et A 9 ✆ 68 21 66 66, Fax 68 21 70 95, ←, 🏊 – ▤ TV ☎ ♿ 🅟 – 🎪 30. GB. ✻
☕ 38 – **77 ch** 300/650.

à ***Vivès*** O : 5 km par D 115 et D 13 – ✉ **66400** :

X **Hostalet de Vivès,** ✆ 68 83 05 52 – ▤. GB
fermé 15 janv. au 9 mars, mardi hors sais. et merc. – **R** spécialités catalanes – carte 125 à 185.

V.A.G Vallespir Auto Center 18 Z.I. ✆ 68 83 44 00

⊛ Sénéchal-Pneus, 40 av. de la Gare ✆ 68 83 40 00

BOULOURIS 83 Var 84 ⑧, 115 ㉝ – rattaché à St-Raphaël.

BOUNIAGUES **24560** Dordogne 75 ⑮ – 466 h alt. 140.

Paris 557 – Périgueux 60 – Beaumont 23 – Bergerac 13 – Villeneuve-sur-Lot 47.

Voyageurs avec ch, ℘ 53 58 32 26, – **GB**
fermé 1er janv. au 15 fév., dim. soir et lundi sauf juil.-août – **R** 70/220 – 35 – **9 ch** 190/280 – ½ P 200/290.

PEUGEOT Gouyou ℘ 53 58 32 32

BOURBON-LANCY **71140** S.-et-L. 69 ⑯ **G. Bourgogne** – 6 178 h alt. 276 – Stat. therm. (2 avril-21 oct.).

Voir Maison de bois et tour de l'horloge★ **B**.

Office de Tourisme avec A.C. pl. Aligre (fermé matin nov.-mars) ℘ 85 89 18 27.

Paris 311 ④ – Moulins 36 ④ – Autun 63 ① – Mâcon 110 ③ – Montceau-les-M. 53 ② – Nevers 72 ④.

BOURBON-LANCY

Commerce (R. du) 5
Gaulle (Av. du Gén.-de)

Aligre (Pl. d') 2
Autun (R. d') 3
Châtaigneraie (R. de la) 4
Dr-Gabriel-Pain (R. du) 6
Dr-Robert (R. du) 7
Gueugnon (R. de) 12
Horloge (R. de l') 13
Martyrs-de-la-Libération (Av. des) 15
Musée (R. du) 16
Prébendes (R. des) 18
République (Pl. de la) 22
St-Nazaire (R.) 23

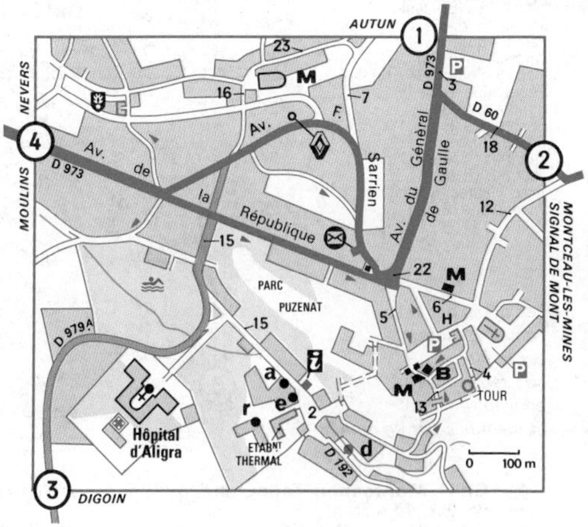

Pour un bon usage des plans de villes, voir les signes conventionnels dans l'introduction.

Gd Hôtel , **(r)** ℘ 85 89 08 87, Fax 85 89 25 45, , parc – cuisinette **GB**
31 mars-21 oct. – **R** 66/110 – 27 – **30 ch** 123/244 – ½ P 175/224.

Thermes, 2 r. Parc **(e)** ℘ 85 89 19 06 – ch . **AE GB**
1er mars-10 déc. – **R** 79/132 , enf. 35 – 29 – **27 ch** 120/250.

La Roseraie sans rest, r. Martyrs-de-la-Libération **(a)** ℘ 85 89 07 96, – . **GB**
fermé 20 déc. au 15 fév. – 28 – **11 ch** 115/230.

XXX ✿ **Manoir de Sornat** (Raymond) avec ch, allée Platanes, rte Moulins par ④ ℘ 85 89 17 39, Fax 85 89 29 47, , parc – . **AE GB**. rest
fermé 15 au 31 janv., dim. soir d'oct. à mai et lundi midi – **R** 150/360 et carte 280 à 380 – 55 – **12 ch** 350/700 – ½ P 400/550
Spéc. Galette d'escargots aux pieds de porc. Pigeon laqué au jus de gentiane. Assortiment de desserts. **Vins** Mâcon rouge, Givry.

XX **Villa Vieux Puits** avec ch, 7 r. Bel Air **(d)** ℘ 85 89 04 04, – . **GB**
Pâques-mi-déc. et fermé dim. soir et lundi d'oct. à déc. – **R** 90/300 – 37 – **17 ch** 120/210 – ½ P 210/230.

CITROEN Blanc, 47 av. Puzenat par ④ ℘ 85 89 11 07 **N**

RENAULT Ségaud, 30 av. F.-Sarrien ℘ 85 89 19 38 **N**

BOURBON-L'ARCHAMBAULT **03160** Allier 69 ⑬ **G. Auvergne** – 2 630 h alt. 260 – Stat. therm. (15 janv.-14 déc.).

Voir Nouveau parc ≤★ Y – Château ≤★ Y.

Env. St-Menoux : choeur★★ de l'église★ 9 km par ②.

Office de Tourisme 1 pl. Thermes (avril-oct.) ℘ 70 67 09 79.

Paris 290 ① – Moulins 22 ② – Montluçon 48 ③ – Nevers 51 ① – St-Amand-Montrond 55 ③.

Plan page suivante

✿ **Thermes** (Barichard), av.Ch.-Louis-Philippe ℘ 70 67 00 15, Fax 70 67 09 43, , – rest . **AE GB**. rest Z **a**
19 mars-31 oct. – **R** 97/320 et carte 180 à 300, enf. 60 – 35 – **21 ch** 138/294 – P 290/360
Spéc. Foie gras d'oie poêlé aux morilles farcies. Pavé de boeuf en croûte de sel. Délice des thermes. **Vins** Sancerre, Saint-Pourçain.

BOURBON-L'ARCHAMBAULT

Allier (R. Achille)	Y	2
Bel-Air (R. de)	Z	
Bignon (Bd J.)	Z	4
Burge (R. de la)	Y	
Château (R. du)	Y	6
Desbordes (Av. E.)	Z	
Dubost (R. Lieutenant-Colonel)	Y	8
Fontaine-Jonas (R. de la)	Z	9
Guillaumin (Av. E.)	Z	10
Louis-Philippe (Av. Charles)	Z	
Macé (R. Jean)	Z	13
Meillers (R. de)	Z	14
Mouillières (Bd des)	Y	15
Moulin (R. du)	Y	16
Parc (R. du)	Z	
Paroisse (R. de la)	Z	19
Pied-de-Fourche (R. du)	Y	21
République (R. de la)	YZ	
Rondreux (R. A.)	Y	24
St-Georges (R.)	Z	
Solins (Bd de)	Z	
Thermes (Pl. des)	Z	27
Thermes (R. des)	Z	
Trois-Maures (R. des)	Y	
Villefranche (R. de)	Y	29

Les noms des rues sont soit écrits sur le plan soit répertoriés en liste et identifiés par un numéro.

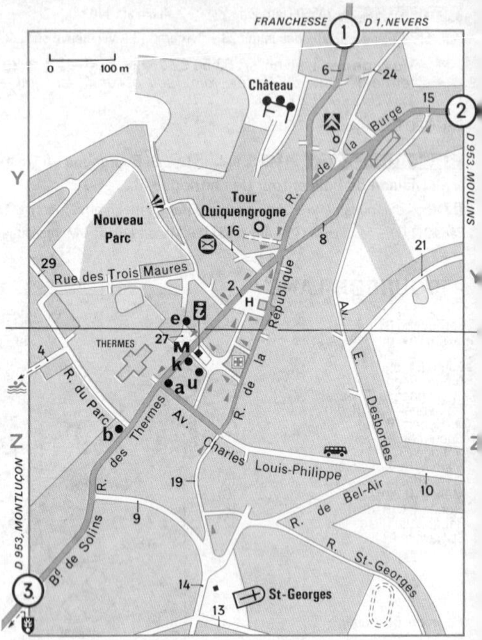

Gd H. Montespan-Talleyrand, pl. Thermes ℘ 70 67 00 24, Fax 70 67 12 00, ⛱, ⛱ – |♦| ☎. GB. ✂ rest — YZ **e**
4 avril-24 oct. – **R** 75/130 – ☕ 30 – **59 ch** 154/310 – P 242/326.

Gd H. Parc et Établissement, r. Parc ℘ 70 67 02 55, ⛱ – |♦| ☎ Ⓟ. ✂ rest — Z **b**
5 avril-20 oct. – **R** 95/150, enf. 60 – ☕ 30 – **56 ch** 220/250 – P 230/275.

Sources, av. Thermes ℘ 70 67 00 15, Fax 70 67 09 43, ⛱ – ☎. AE GB. ✂ rest — Z **k**
19 mars-31 oct. – **R** 78/137 – ☕ 25 – **20 ch** 128/223 – P 223/235.

Trois Puits, r. Trois Puits ℘ 70 67 08 35 – ✂ rest — Z **u**
5 avril-25 oct. – **R** 75/100, enf. 55 – ☕ 24 – **28 ch** 80/150 – P 180/240.

L'Oustalet avec ch, av. E. Guillaumin Z ℘ 70 67 01 48 – ▤ rest Ⓟ. GB. ✂ ch
fermé 20 au 28 mars, 16 au 31 oct., vend. soir, dim. soir et soirs de fêtes – **R** 98/255 – ☕ 22 – **4 ch** 151/205 – P 190/230.

BOURBONNE-LES-BAINS **52400** H.-Marne 62 ⑬ ⑭ **G. Alsace Lorraine** – 2 764 h alt. 260 – Stat. therm. (mars-nov.).

Office de Tourisme Centre Borvo, pl. Bains (mars-nov.) ℘ 25 90 01 71.

Paris 306 ④ – Chaumont 54 ④ – ♦Dijon 120 ④ – Langres 38 ④ – Neufchâteau 53 ① – Vesoul 59 ②.

BOURBONNE-LES-BAINS

Bains (R. des)	2
Bassigny (R. du)	3
Capucins (R. des)	4
Daprey-Blache (R.)	5
Écoles (R. des)	6
Gouby (Av. du Lieutenant)	7
Grande-Rue	9
Hôtel-Dieu (R. de l')	12
Lattre-de-Tassigny (Av. Maréchal-de)	14
Maistre (R. du Gén.)	15
Mont-l'Étang (R. de)	17
Pierre (R. Amiral)	22
Porte-Galon (R.)	23
Verdun (Pl. de)	25
Walferdin (Rue)	26

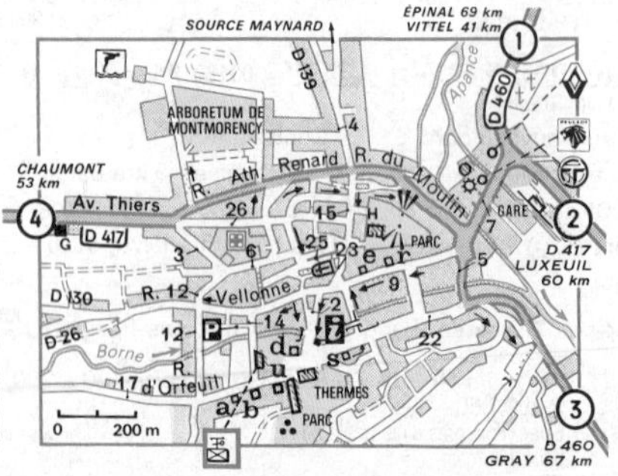

Jeanne d'Arc, r. Amiral Pierre **(s)** ☎ 25 90 12 55, Fax 25 88 78 71, ⛱, 🏊 – |♦| TV ☎ 🚗 Ⓟ. AE ⓓ GB. ✱ rest
fermé 1er déc. au 31 janv., lundi en fév. et dim. soir sauf hôtel de mars à nov. – **R** 120/220, enf. 63 – ☕ 38 – **33 ch** 250/320 – P 300/350.

Des Sources Ⓜ, 5 r. Orfeuil **(u)** ☎ 25 87 86 00 – |♦| cuisinette TV ☎. GB. ✱ rest
4 avril-20 nov. et fermé merc. soir – **R** 80/200, enf. 50 – ☕ 30 – **18 ch** 180/220 – P 250/260.

Lauriers Roses, pl. Bains **(d)** ☎ 25 90 00 97, Fax 25 88 78 02 – |♦| cuisinette ☎ ♿ Ⓟ. GB
4 avril-16 oct. – **R** 65/110 ♁, enf. 36 – ☕ 23 – **74 ch** 160/240 – P 220/235.

Hérard, Gde Rue **(e)** ☎ 25 90 13 33, Fax 25 88 77 67, ⛱ – |♦| TV ☎. AE ⓓ GB
fermé 11 déc. au 10 janv. – **R** 70/180 ♁, enf. 50 – ☕ 31 – **43 ch** 190/270 – P 245/315.

Beau Séjour, r. Orfeuil **(b)** ☎ 25 90 00 34, Fax 25 88 78 02 – |♦| ☎. GB
4 avril-16 oct. – **R** 65/105 ♁, enf. 36 – ☕ 23 – **64 ch** 135/220 – P 200/220.

Orfeuil, r. Orfeuil **(a)** ☎ 25 90 05 71, ⛱, parc – |♦| TV ☎. AE ⓓ GB. ✱ rest
21mars-23 oct. – **R** 58/160 ♁, enf. 42 – ☕ 26 – **42 ch** 90/210 – P 200/240.

A l'Étoile d'Or, Gde Rue **(r)** ☎ 25 90 06 05 – ▤ rest ☎ 🚗. AE ⓓ GB
10 avril-10 oct. – **R** 70/130 ♁, enf. 40 – ☕ 24 – **24 ch** 140/250 – P 198/225.

CITROEN Michaud, par ① ☎ 25 90 03 12
PEUGEOT-TALBOT André ☎ 25 90 00 56
RENAULT Beau, 13 av. Lieutenant-Gouby ☎ 25 90 00 72 N ☎ 25 90 09 41

La BOURBOULE **63150** P.-de-D. 73 ⑬ **G. Auvergne** – 2 113 h alt. 852 – Stat. therm.

Voir Parc Fenêstre★ ABZ – Roche Vendeix ✱★ 4 km par ② puis 30 mn.

ℹ Office de Tourisme pl. Hôtel de Ville ☎ 73 81 07 99, Télex 393554.

Paris 472 ③ – ◆Clermont-Ferrand 48 ③ – Aubusson 80 ③ – Mauriac 70 ③ – Ussel 52 ③.

LA BOURBOULE

Clemenceau (Bd G.) .. **ABY**
Féron (Quai) .... **BY**
Foch (Bd Mar.) .... **AY** 6

Alsace-Lorraine (Av.) ... **BY** 2
États-Unis (Av. des) .... **BY** 3
Gambetta (Quai) ...... **AZ** 7
Guéneau-de-Mussy (Av.) .... **AY** 8
Hôtel-de-Ville (Q.) .... **AY** 10
Jeanne-d'Arc (Q.) ..... **BY** 12
Jet-d'eau (Sq. du) ..... **AY** 13
Joffre (Sq. du Mar.) ... **BY** 15
Lacoste (Pl. G.) .... **AY** 16
Libération (Q. de la) ... **AZ** 17
Mangin (Av. du Gén.) .... **AZ** 19
République (Pl. de la) .. **AZ** 21
Souvenir (Pl. du) ...... **BY** 22
Victoire (Pl. de la) ..... **AY** 23

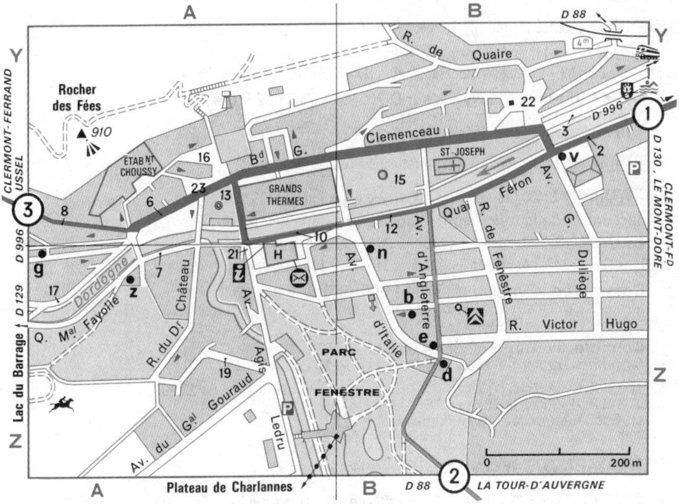

Régina, av. Alsace-Lorraine ☎ 73 81 09 22, ⛱ – TV ☎ Ⓟ. AE GB. ✱ rest — BY **v**
fermé 3 nov. au 25 déc. et 3 janv. au 3 fév. – **R** 75/190, enf. 45 – ☕ 32 – **25 ch** 240/330 – ½ P 280/300.

Le Charlet, bd L. Choussy ☎ 73 65 51 84, Fax 73 65 50 82 – |♦| ☎. GB. ✱ rest — AZ **g**
fermé 20 oct. au 20 déc. – **R** 75/165, enf. 40 – ☕ 32 – **38 ch** 200/280 – ½ P 210/280.

Pavillon Ⓜ, av. Angleterre ☎ 73 65 50 18, Fax 73 81 00 93, ⛱ – |♦| TV ☎. GB. ✱ — BZ **d**
1er fév.-30 oct. – **R** 75/95 – ☕ 35 – **27 ch** 180/340 – ½ P 250/280.

Aviation, r. Metz ✆ 73 65 50 50, Fax 73 81 02 85 – ⧉ ☎ ⇔. GB. ✻ rest BZ **b**
fermé 1er oct. au 25 déc. – **R** 80/90, enf. 50 – ☕ 28 – **42 ch** 160/320 – ½ P 170/250.

International, av. Angleterre ✆ 73 81 05 82 – TV ☎. GB. ✻ BZ **e**
fermé nov. et déc. – **R** 80, enf. 40 – ☕ 25 – **15 ch** 200/240 – ½ P 210/230.

Les Fleurs, av. Guéneau de Mussy par ③ ✆ 73 81 09 44, ⚘ – TV ☎ P. GB. ✻ rest
1er mars-8 sept. et vacances de fév. – **R** 79/170, enf. 45 – ☕ 29 – **24 ch** 240/290 – ½ P 267.

Parc, quai Mar. Fayolle ✆ 73 81 01 77, Fax 73 93 40 61, ⚘ – ⧉ ⚹ ch ☏. AE ⓓ GB. ✻ rest AZ **z**
hôtel : 20 mai-30 sept. ; rest. : 25 mai-25 sept. – **R** 85/120 – ☕ 29 – **50 ch** 190/320 – ½ P 215/265.

Valsesia, av. Italie ✆ 73 81 06 29 – TV ☎. GB. ✻ BZ **n**
début avril-30 nov. – **R** 79/112, enf. 42 – ☕ 27 – **12 ch** 194/247 – ½ P 231/238.

au Nord : 1,5 km par D 88 – ✉ 63150 La Bourboule :

Aub. Tournebride ✧ avec ch, ✆ 73 81 01 91, ≤, ⚘ – P. ✻ rest
fermé 15 nov. au 15 janv., lundi hors sais. sauf vacances scolaires et fériés – **R** 75/180 – ☕ 30 – **7 ch** 150/170 – ½ P 178.

au NE : 2 km par D 996 :

L'Horizon, av. Mar. Leclerc ✆ 73 81 08 40, ≤, ⚘ – ⚹ ch ☎ P. GB. ✻ rest
avril-10 oct. et déc.-mars – **R** 68/90 – ☕ 26 – **18 ch** 190/235 – ½ P 220.

à St-Sauves-d'Auvergne par ③ : 4,5 km – ✉ 63950 :

Poste, pl. Église ✆ 73 81 10 33, Fax 73 81 02 27 – TV ☎ P. GB
fermé 20 nov. au 20 déc. – **R** 60/160 ♁, enf. 40 – ☕ 27 – **18 ch** 140/230 – ½ P 160/200.

CITROEN Gar. Aviation, r. de Metz ✆ 73 81 02 88

BOURBOURG 59630 Nord 51 ③ – 7 106 h alt. 5.

Paris 282 – ◆Calais 31 – Cassel 28 – Dunkerque 17 – ◆Lille 85 – St-Omer 25.

La Gueulardière, 4 pl. Hôtel de Ville ✆ 28 22 20 97 – GB
fermé dim. soir et lundi sauf fériés – **R** 90/290.

BOURCEFRANC-LE-CHAPUS 17 Char.-Mar. 71 ⑭ – rattaché à Marennes.

BOURDEAU 73 Savoie 74 ⑮ – rattaché au Bourget-du-Lac.

BOURDEAUX 26460 Drôme 77 ⑬ – 562 h alt. 407.

☐ Syndicat d'Initiative pl. de la Lève ✆ 75 53 35 90.

Paris 615 – Valence 52 – Crest 23 – Montélimar 40 – Nyons 36 – Pont-Saint-Esprit 72.

Trois Châteaux, rte Nyons sur D 70 ✆ 75 53 33 92 – GB
fermé 15 oct. au 15 nov., dim. soir, merc. soir et vend. soir d'oct. à avril – **R** 75/130 ♁ – ☕ 27 – **15 ch** 88/250 – ½ P 150/180.

BOURDEILLES 24 Dordogne 75 ⑤ – rattaché à Brantôme.

BOURGANEUF 23400 Creuse 72 ⑨ G. Berry Limousin – 3 385 h alt. 446.

Voir Charpente★ de la tour Zizim – Tapisserie★ dans l'Hôtel de Ville.

☐ Syndicat d'Initiative Tour Lastic ✆ 55 64 12 20.

Paris 389 – ◆Limoges 47 – Aubusson 39 – Guéret 34 – Tulle 101 – Uzerche 80.

Commerce, r. Verdun ✆ 55 64 14 55 – TV ☎ ⇔. GB
fermé 22 déc. au 15 fév., dim. soir et lundi sauf juil.-août et fêtes – **R** 70/270 ♁, enf. 53 – ☕ 29 – **14 ch** 145/330.

Coupole, av. Turgot ✆ 55 64 08 99 – P. AE
fermé nov. et sam. – **R** 55/120 ♁ – ☕ 17 – **13 ch** 110/180.

CITROEN Lacourie ✆ 55 64 00 23
PEUGEOT-TALBOT Barlet ✆ 55 64 08 76
RENAULT Gén. Autom. Creusoise, Bourganeuf ✆ 55 64 14 22
Pradillon ✆ 55 64 22 79

BOURG-CHARENTE 16 Charente 72 ⑫ – rattaché à Jarnac.

BOURG-DE-PÉAGE 26 Drôme 77 ② – rattaché à Romans-sur-Isère.

Le BOURG-D'IRÉ 49 M.-et-L. 63 ⑨ – rattaché à Segré.

Le BOURG-D'OISANS 38520 Isère 77 ⑥ G. Alpes du Nord – 2 911 h alt. 719.

Voir Musée des Minéraux★ – Cascade de la Sarennes★ NE : 1 km puis 15 mn – Gorges de la Lignarre★ NO : 3 km – ☐ Office de Tourisme quai Girard ✆ 76 80 03 25.

Paris 619 – ◆Grenoble 49 – Briançon 67 – Gap 99 – St-Jean-de-Maurienne 71 – Vizille 31.

l'Oberland, ✆ 76 80 24 24, Fax 76 80 14 48, ⛱, ⚘ – ⧉ ☎ P. AE ⓓ GB. ✻ rest
15 mai-15 sept. et 1er déc.-15 avril – **R** 68/120, enf. 35 – ☕ 28 – **30 ch** 250 – ½ P 250.

au Châtelard NE : 12 km par D 211, D 211A et VO – alt. 1 450 – ✉ 38520 La Garde-en-Oisans :

La Forêt de Maronne 🔇, ☎ 76 80 00 06, ←, 🌳, 🏊, 🌿 – ☎ 🅿. GB. ✗ rest
10 juin-20 sept. et 20 déc.-30 avril – **R** 95/126, enf. 52 – ☕ 33 – **12 ch** 175/350 – ½ P 220/275.

CITROEN Gar. Bonnenfant, Les Sables-en-Oisans ☎ 76 80 07 00 N
RENAULT Gar. St-Laurent ☎ 76 80 26 97 N

BOURG-D'OUEIL 31110 H.-Gar. 85 ⑳ – 19 h alt. 1 350.

Voir Vallée d'Oueil★ au SE – Kiosque de Mayrègne ✵★ SE : 5 km, **G. Pyrénées Aquitaine.**

Paris 843 – Bagnères-de-Luchon 15 – St-Gaudens 61 – Tarbes 100 – ◆Toulouse 147.

Sapin Fleuri 🔇, ☎ 61 79 21 90, ← – ☎ 🅿. ✗ rest
1er juin-30 sept. et vacances scolaires – **R** 120/300, enf. 60 – ☕ 35 – **22 ch** 220/260 – ½ P 220/280.

BOURG-DUN 76740 S.-Mar. 52 ③ G. Normandie Vallée de la Seine – 481 h alt. 40.

Voir Tour★ de l'église.

Paris 198 – Dieppe 19 – Fontaine-le-Dun 7 – ◆Rouen 57 – Saint-Valéry-en-Caux 15.

XX ✿ **Aub. du Dun** (Chrétien), face Église ☎ 35 83 05 84 – 🅿. GB. ✗
fermé 1er au 15 mars, 26 juin au 10 juil., dim. soir et lundi sauf fériés – **R** (nombre de couverts limité, prévenir) 130/360 et carte 250 à 370
Spéc. Mixed grill de langoustines aux poireaux frits. Magret de canard au cidre. Macaron au chocolat.

BOURG-EN-BRESSE P 01000 Ain 74 ③ G. Bourgogne – 40 972 h alt. 240.

Voir Église de Brou★★ : tombeaux★★★, chapelles et oratoires★★★ X **B** – Monastère★ : musée de Brou★ X **E** – Stalles★ de l'église N.-Dame Y.

ℹ Office de Tourisme 6 av. Alsace-Lorraine ☎ 74 22 49 40 et bd de Brou (juil.-août) ☎ 74 22 27 76 – A.C. 15 av. Alsace-Lorraine ☎ 74 22 43 11.

Paris 426 ⑦ – Annecy 108 ④ – ◆Besançon 148 ② – Chambéry 117 ④ – ◆Dijon 157 ⑦ – ◆Genève 111 ④ – ◆Lyon 65 ⑤ – Mâcon 36 ⑦ – Roanne 118 ⑥.

Plan page suivante

Prieuré 🔇 sans rest, 49 bd Brou ☎ 74 22 44 60, Fax 74 22 71 07, « Bel aménagement intérieur », 🌿 – |‡| TV ☎ 🅿. AE ⓓ GB. ✗ X **a**
☕ 45 – **14 ch** 450/550.

Terminus sans rest, 19 av. A. Baudin ☎ 74 21 01 21, Télex 380844, Fax 74 21 36 47, « Parc » – |‡| TV ☎ 🚗. AE ⓓ GB X **t**
☕ 40 – **50 ch** 300/430.

Ariane M, bd Kennedy ☎ 74 22 50 88, Télex 305801, Fax 74 22 51 57, 🌳, 🏊, 🌿 – |‡| TV ☎ 🚗 🅿 – 🎤 50. GB X **s**
R *(fermé dim. et fériés)* 110/250 – ☕ 40 – **40 ch** 290/350.

Mercure-Chantecler M, 10 av. Bad-Kreuznach ☎ 74 22 44 88, Télex 380468, Fax 74 23 43 57, 🌳, 🌿 – |‡| ⚡ ch ≡ ch TV ☎ ♿ 🅿 – 🎤 50. AE ⓓ GB JCB. ✗ rest X **e**
R 115/250 🍷, enf. 54 – ☕ 47 – **60 ch** 360/450.

Le Logis de Brou sans rest, 132 bd Brou ☎ 74 22 11 55, Fax 74 22 37 30 – |‡| TV ☎ 🚗 🅿 – 🎤 25. AE ⓓ GB Z **k**
☕ 35 – **30 ch** 260/380.

France, 19 pl. Bernard ☎ 74 23 30 24, Télex 330740, Fax 74 23 69 90 – |‡| TV ☎ 🚗 – 🎤 25. AE ⓓ GB Y **e**
R voir rest. **Jacques Guy** ci-après – ☕ 38 – **46 ch** 220/380.

Ibis, bd Ch. de Gaulle ☎ 74 22 52 66, Télex 900471, Fax 74 23 09 58, 🌳 – ⚡ ch TV ☎ ♿ 🅿 – 🎤 50. AE GB X **d**
R 85 🍷, enf. 40 – ☕ 34 – **63 ch** 290/320.

XXX ✿ **Jacques Guy,** 19 pl. Bernard ☎ 74 45 29 11, Fax 74 24 73 69 – AE ⓓ GB Y **g**
fermé 8 au 23 mars, 4 au 19 oct., 24 au 30 déc., dim. soir et lundi – **R** 150/400 et carte 265 à 325, enf. 80
Spéc. Escalope de foie de canard au vinaigre de Banyuls. Filet de sandre à la crème de poireaux. Volaille de Bresse.
Vins Brouilly, Seyssel.

XXX **Auberge Bressane,** face église de Brou ☎ 74 22 22 68, Fax 74 23 05 15, 🌳 – 🅿. AE ⓓ GB JCB X **f**
fermé lundi soir et mardi – **R** 120/460, enf. 100.

XX **Mail** avec ch, 46 av. Mail ☎ 74 21 00 26, Fax 74 21 29 55 – ≡ rest ☎ 🚗 🅿. AE ⓓ GB X **v**
fermé 12 au 27 juil., 24 déc. au 14 janv., dim. soir et lundi – **R** 125/300, enf. 80 – ☕ 28 – **9 ch** 200/280 – ½ P 260/340.

XX **La Galerie,** 4 r. Th. Riboud ☎ 74 45 16 43 – GB Z **f**
fermé sam. midi et dim. – **Repas** 110/180.

XX **Le Français,** 7 av. Alsace-Lorraine ☎ 74 22 55 14, brasserie 1900 – AE GB Z **r**
fermé 7 au 30 août, 25 déc. au 2 janv., sam. soir et dim. – **R** 100/220 🍷, enf. 60.

BOURG-EN-BRESSE

Foch (R. Maréchal) .... **Y** 20
Gambetta (R.) .... **Z** 21
Notre-Dame (R.) .... **Y** 34

Arsonval (Av. A.) .... **X** 4
Bad-Kreuznach (Av. de) .... **X** 5
Basch (R. Victor) .... **Z** 6
Baudin (Av. A.) .... **Z** 7
Belges (Av. des) .... **Y** 10
Casernes (R. des) .... **Z** 12
Champ-de-Foire (Av. du) .... **Y** 13
Citadelle (R. de la) .... **X** 14
Debeney (R. Général) .... **Y** 16
Dr-Bouveret (R. du) .... **Y** 18
Europe (Car. de l') .... **X** 19
Jaurès (Av. Jean) .... **Z** 22
Juliot-Curie (Bd Irène) .... **X** 23
Joubert (Pl.) .... **Z** 24
Jourdan (Av.) .... **Z** 25
Lévrier (Bd A.) .... **X** 26
Lyon (Pont de) .... **X** 28
Mail (Av. du) .... **XZ** 30
Migonney (R. J.) .... **Z** 31
Neuve (Pl.) .... **Y** 33
Palais (R. du) .... **Y** 35
St-Nicolas (Bd) .... **X** 36
Samaritaine (R.) .... **Z** 38
Sémard (Av. P.) .... **X** 40
Teynière (R.) .... **Z** 42
Valéry (Bd P.) .... **X** 43
Verdun (Cours de) .... **Y** 44
4-Septembre (R. du) .... **Y** 48
23e-R.I. (R. du) .... **X** 50

Utilisez toujours les cartes Michelin récentes. Pour une dépense minime vous aurez des informations sûres.

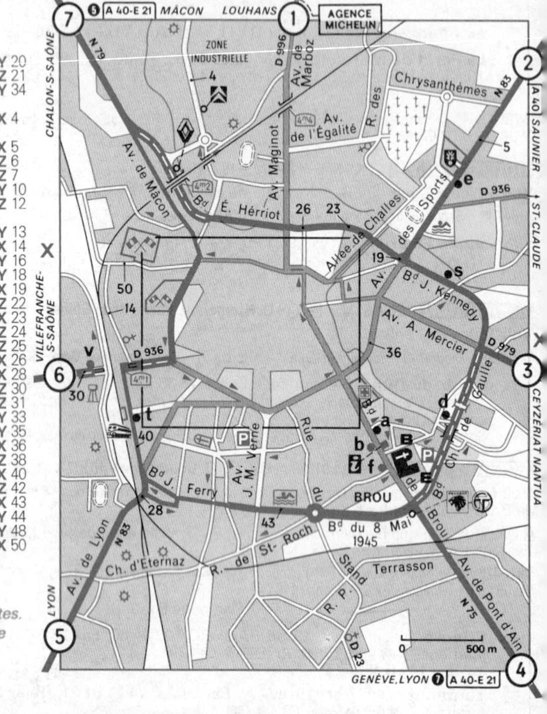

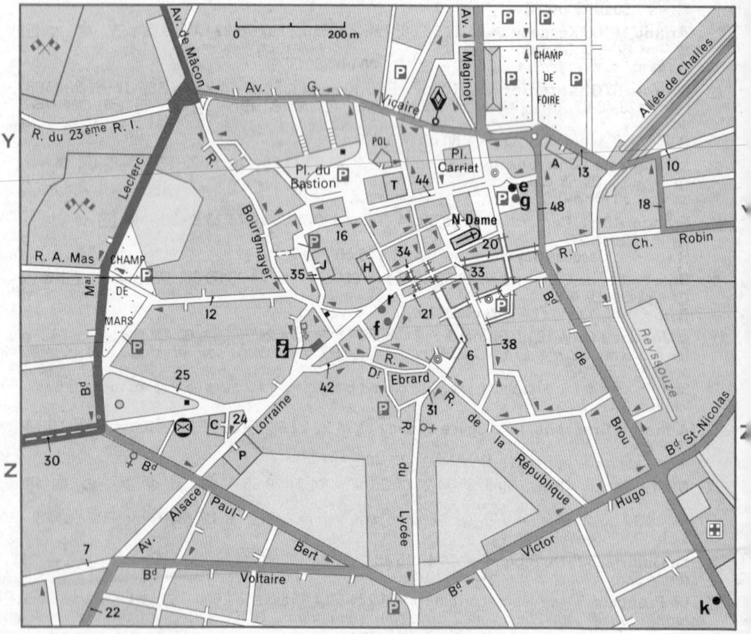

Av. de Mâcon
Av. G. Vicaire
Av. Maginot
CHAMP DE FOIRE
Allée de Challes
R. du 23ème R. I.
Leclerc
R. Bourgmayer
Pl. du Bastion
Pl. Carriat
N-Dame
Ch. Robin
R. A. Mas
CHAMP DE MARS
Mal
Bd de Brou
Reyssouze
R. Dr Ebrard
Lorraine
R. du Lycée
R. de la République
Bd St-Nicolas
Bd Paul-Bert
Av. Alsace
Bd Voltaire
Bd Victor Hugo
200 m

XX **Chalet de Brou,** face église de Brou ✆ 74 22 26 28, ⛱ – GB X **f**
fermé 1er au 15 juin, 23 déc. au 23 janv., jeudi soir et vend. – **R** 70/220 ♁, enf. 60.

XX **Ermitage,** 142 bd de Brou ✆ 74 22 19 00 – AE ⦿ GB X **b**
fermé 14 juil. au 15 août, dim. soir et lundi – **R** 85/200 ♁.

X **Rest. de l'Église de Brou,** face église de Brou ✆ 74 22 15 28 – ▤. GB X **f**
fermé 24 juin au 20 juil., 21 déc. au 4 janv., mardi et merc. – **R** 77/175 ♁, enf. 40.

rte de Lons-le-Saunier par ② : 6,5 km N 83 – ✉ **01370** St-Étienne-du-Bois :

X **Les Mangettes,** ✆ 74 22 70 66, ⛱ – Ⓟ. AE GB
fermé 26 juil. au 11 août, vacances de fév., dim. soir, lundi soir et mardi – **R** 90/180.

à St-Just par ③ : 3 km sur D 979 – ✉ **01250** :

XXX **La Petite Auberge,** ✆ 74 22 30 04, Fax 74 24 69 44, ⛱, « Auberge fleurie », ⛱ – Ⓟ. GB
fermé vacances de nov., de fév., dim. soir (sauf juil.-août), lundi soir et mardi – **R** (prévenir) 120/280, enf. 70.

MICHELIN, Agence, rte de Marboz, ZI Extention-Nord par ① ✆ **74 23 21 43**

ALFA-ROMEO, SEAT Bourg Auto 2 000, 22 r. 4-Septembre ✆ 74 23 19 34
BMW Bresse Auto Sport, ZA la Chambière à Viriat ✆ 74 22 62 55
CITROEN D.A.R.A., ZI Nord av. Arsonval ✆ 74 22 36 44 N ✆ 74 45 12 12
FIAT S.E.R.M.A., N 79 Bourg-en-Bresse Nord à Viriat ✆ 74 23 19 55 N
FORD Gar. du Bugey, 28, av. de Pont d'Ain ✆ 74 22 32 66
HONDA, LANCIA Rignanese, 32 rte de Pont-d'Ain ✆ 74 22 15 21
MERCEDES-BENZ, TOYOTA DBA, 24 av. de Pont-d'Ain ✆ 74 22 65 46
PEUGEOT, TALBOT S.I.C.M.A., 192 bd de Brou ✆ 74 45 93 00 N ✆ 74 32 98 26
RENAULT A.R.N.O., bd Ed.-Herriot, ZI Nord ✆ 74 23 35 55 N
RENAULT Gar. Carriat, 11 pl. Carriat ✆ 74 22 17 11
ROVER Meunier, rte de Strasbourg N 83 à Viriat ✆ 74 22 20 80
V.A.G Europe-Gar., av. A.-Mercier ✆ 74 23 31 12

⦿ Ayme Pneus, r. F.-Arago, ZI Nord ✆ 74 23 34 41
CSR, à Montagnat ✆ 74 22 34 51 N ✆ 74 32 90 79
Carronnier, av. A.-Mercier ✆ 74 22 30 73
Euromaster Piot Pneu, ZAC de la Chambière à Viriat ✆ 74 45 21 98
Gaudry Pneu, rond-point Fleyriat-les-Vareys à Viriat ✆ 74 45 05 04
Ruder Pneus, 738 av. de Lyon à Peronnas ✆ 74 21 20 99

CONSTRUCTEUR : Renault Véhicules Industriels, rte de Ceyzeriat ✆ **74 22 82 00**

En juin et en septembre,
les hôtels sont moins chers qu'en pleine saison, le service est plus soigné.

BOURGES

P **18000** Cher 69 ① **G. Berry Limousin** – 75 609 h alt. 130.

Voir Cathédrale★★★ : tour Nord ≤★★ Z – Palais Jacques-Coeur★★ Y – Jardins des Prés-Fichaux★ Y – Jardins de l'Archevêché★ Z – Maisons anciennes★ YZ – Hôtel des Échevins★ : musée Estève★★ – Hôtel Lallemant★ : collection de meubles miniatures★ Y **B** – Musée du Berry dans l'hôtel Cujas★ : collections gallo-romaines★, prophètes★, pleurants du tombeau du duc de Berry★ Y **E** – Musée d'histoire naturelle★ Z **M** – Les marais★ V.

⛳9 ✆ 48 21 20 01, S : 5 km par D 106.

ℹ Office de Tourisme et Accueil de France (Informations, change et réservations d'hôtels, pas plus de 5 jours à l'avance) 21 r. V.-Hugo ✆ 48 24 75 33, Télex 76029 A.C. du Centre, 40 av. J.-Jaurès ✆ 48 24 01 36.

Paris 243 ⑧ – Châteauroux 65 ⑥ – ♦Dijon 247 ② – Nevers 69 ③ – ♦Orléans 119 ⑧ – ♦Tours 153 ⑧.

Plans pages suivantes

🏨 **Bourbon et rest. St-Ambroix** Ⓜ, bd République ✆ 48 70 70 00, Fax 48 70 21 22, « Abbaye du 16e siècle » – |♦| ▤ rest TV ☎ ♿ Ⓟ – 🏛 80. AE ⦿ GB. ✂ rest Y **b**
R *(fermé sam. midi)* 140/260 – ☕ 65 – **60 ch** 485/610.

🏨 **Angleterre,** 1 pl. Quatre Piliers ✆ 48 24 68 51, Fax 48 65 21 41 – |♦| TV ☎ 🚗 – 🏛 25. AE ⦿ GB. ✂ rest Y **a**
R *(fermé 22 juin au 4 juil., 19 déc. au 18 janv., sam. midi et dim.)* 85/135 – ☕ 34 – **31 ch** 370/407 – ½ P 310/331.

🏨 **Le d'Artagnan,** 19 pl. Séraucourt ✆ 48 21 51 51, Télex 780312, Fax 48 50 37 88 – |♦| TV ☎ – 🏛 100. AE ⦿ GB X **b**
R 65/140 – ☕ 38 – **74 ch** 265/330 – ½ P 260.

🏨 **Olympia** sans rest, 66 av. Orléans ✆ 48 70 49 84, Fax 48 65 29 06 – |♦| TV ☎ 🚗 Ⓟ. AE GB V **t**
☕ 27 – **42 ch** 195/250.

🏨 **Monitel et rest. La Braisière,** 73 r. Barbès ✆ 48 50 23 62, Télex 783397, Fax 48 50 48 96 – |♦| TV ☎ Ⓟ – 🏛 40. AE ⦿ GB JCB X **u**
fermé 23 déc. au 3 janv. – **R** *(fermé sam. midi et dim.)* 75/250 ♁ – ☕ 35 – **48 ch** 230/300.

🏨 **Tilleuls** sans rest, 7 pl. Pyrotechnie ✆ 48 20 49 04, Fax 48 50 61 73, 🏋, ⛱ – ⚡ ch TV ☎ ♿ Ⓟ. AE ⦿ GB JCB X **s**
☕ 29 – **38 ch** 190/245.

🏨 **Christina** sans rest, 5 r. Halle ✆ 48 70 56 50, Fax 48 70 58 13 – |♦| TV ☎ – 🏛 50. AE GB Z **m**
☕ 30 – **73 ch** 210/295.

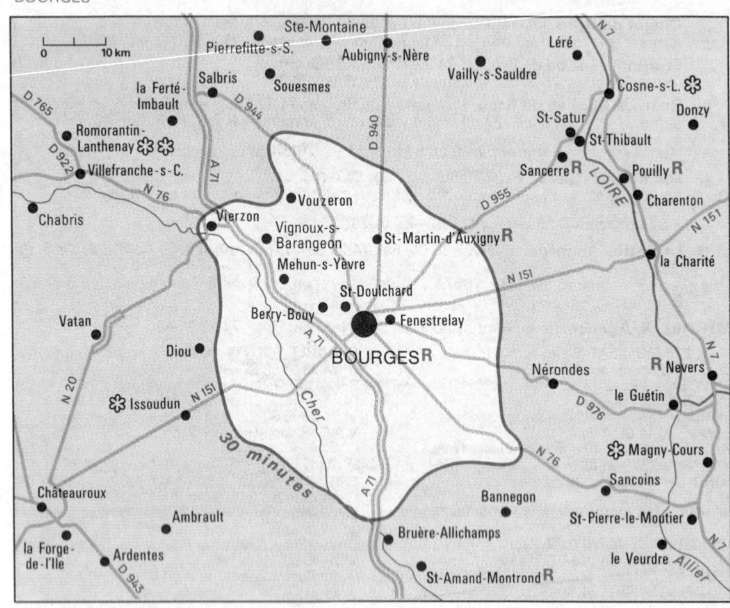

Ibis Ⓜ, quartier Prado ✆ 48 65 89 99, Télex 782243, Fax 48 65 18 47, – |‡| ch TV ☎ & Ⓟ – 25 à 60. AE GB — Z **v**
R 91 – 33 – **86 ch** 290/320.

Host. Gd Argentier sans rest, 9 r. Parerie ✆ 48 70 84 31 – ☎. AE ⓓ GB JCB — Y **k**
Pâques-22 déc. et fermé dim. et lundi sauf du 1er juin à fin oct. – 34 – **14 ch** 300/370.

St-Jean sans rest, 23 av. Marx Dormoy ✆ 48 24 13 48, Fax 48 24 79 98 – |‡| TV ☎. GB — V **m**
fermé 31 janv. au 28 fév. – 18 – **24 ch** 115/240.

XXX **Le Jardin Gourmand,** 15 bis av. E. Renan ✆ 48 21 35 91 – AE GB. — X **r**
fermé mi-déc. à mi-janv., 12 au 19 juil., dim. soir et lundi – **R** 95/230.

XXX **Jacques Coeur,** 3 pl. J. Coeur ✆ 48 70 12 72 – AE ⓓ GB JCB — Y **n**
fermé 24 juil. au 24 août, 24 déc. au 3 janv., dim. soir, fêtes le soir et sam. – **R** 145/180, enf. 100.

XX **Le Beauvoir,** 1 av. Marx Dormoy ✆ 48 65 42 44 – AE GB — Y **e**
fermé 2 au 24 août, dim. soir et lundi – **R** 140/230, enf. 98.

XX **Ile d'Or,** 39 bd Juranville ✆ 48 24 29 15 – AE ⓓ GB — Y **q**
fermé 1er au 15 sept., 25 fév. au 7 mars, lundi midi et dim. – **R** 99/240, enf. 75.

X **Le Bourbonnoux,** 44 r. Bourbonnoux ✆ 48 24 14 76 – . GB — Y **d**
fermé 19 au 28 mars, 27 août au 13 sept., 21 au 30 janv., sam. midi et vend. – **Repas** 73/160.

à Fenestrelay E par ② : 5 km – ✉ **18390** St-Germain-du-Puy :

XX **Aub. du Vieux Moulin,** ✆ 48 24 60 45, – Ⓟ. GB
fermé août, dim. soir et lundi – **R** 103/155, enf. 55.

rte de Châteauroux par ⑥ :

Novotel Ⓜ, Le Bois de Chagnières, à l'échangeur A 7 : 7 km ✉ 18570 Le Subdray ✆ 48 26 53 33, Télex 780352, Fax 48 26 52 22, , , – |‡| ch TV ☎ & Ⓟ – 200. AE ⓓ GB
R carte environ 160 , enf. 60 – 50 – **93 ch** 445/495.

Confortel Ⓜ, ✉ 18000 Bourges ✆ 48 67 00 78, Télex 760280, Fax 48 67 95 87, – TV ☎ & Ⓟ – 30. GB
R 70 bc/98 , enf. 37 – 29 – **42 ch** 250 – ½ P 205.

à St-Doulchard NO : 3 km – 9 149 h. – ✉ **18230** :

Logitel sans rest, ✆ 48 70 07 26, Fax 48 24 59 94, – TV ☎ Ⓟ. GB — V **a**
23 – **30 ch** 210/235.

à Berry-Bouy NO : 8 km par D 60 – ✉ **18500** :

XX **La Gueulardière,** ✆ 48 26 81 45, – AE ⓓ GB
fermé lundi soir et mardi – **R** 180/320 , enf. 45.

BOURGES

Baffier (R. J.) . . . . X 3
Deux-Ponts (R. des) . . . . V 16
Dormoy (Av. M.) . . . . V 19
Farman (Rd-Pt H.) . . . . X 21
Foch (Bd du Mar.) . . . . X 23
Frères-Voisin (Av. des) . . . . . X 25
Industrie (Bd de l') . . . . X 30
J.-J. Rousseau (R.) . . . . X 33
Joffre (Bd du Mar.) . . . . X 34
Laudier (Av. H.) . . . . V 38
Liberté (Bd de la) . . . . X 41
Nevers (Av. de) . . . . X 46
Orléans (Av. d') . . . . V 48
Orléans (Rte d') . . . . V 49
Pignoux (R. de) . . . . X 51
Prés-le-Roi (Av. des) . . . . V 53
Prospective (Av. de la) . . . . . V 56
Pyrotechnie (Pl. de la) . . . . . . X 57
Santos-Dumont (Bd) . . . . X 65
Sellier (R. H.) . . . . X 66
Sémard (Av. P.) . . . . V 68

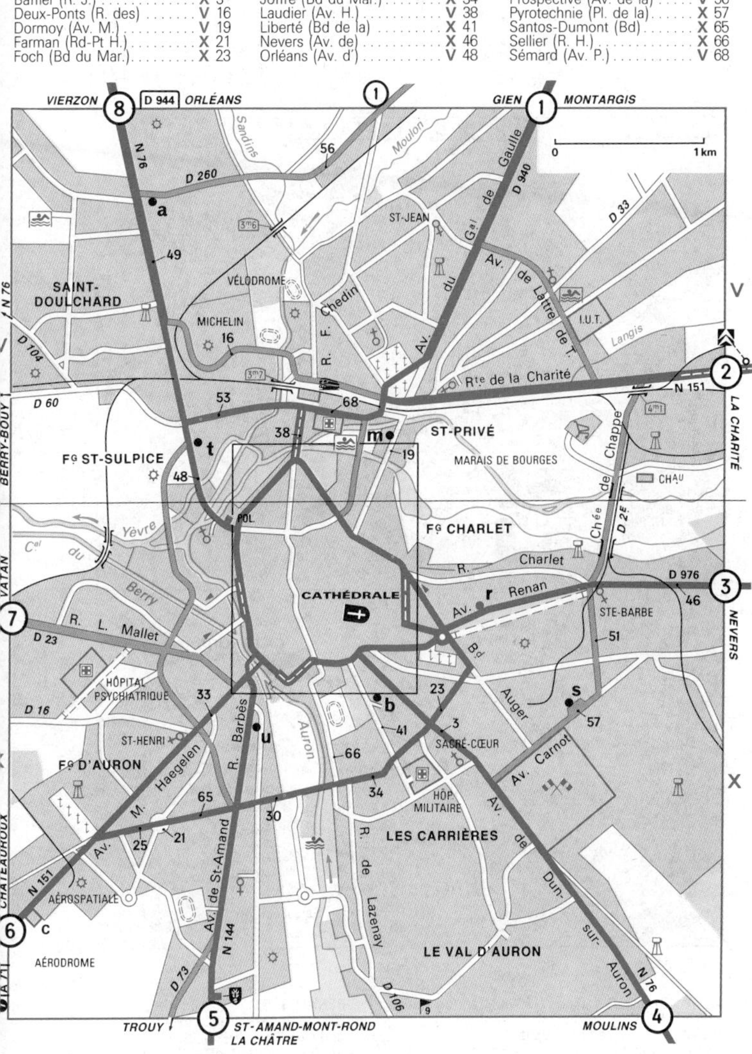

Per viaggiare in Europa, utilizzate :

Le carte Michelin scala 1/1 000 000 **Le Grandi Strade;**

Le carte Michelin dettagliate;

Le guide Rosse Michelin (alberghi e ristoranti) :
Benelux - Deutschland - España Portugal - Main Cities Europe - France - Great Britain and Ireland - Italia

Le guide Verdi Michelin che descrivono le curiosità e gli itinerari di visita : musei, monumenti, percorsi turistici interessanti.

BOURGES

Auron (R. d') .... Z
Jaurès (Av. Jean) .... Y
Moyenne .... YZ

Armuriers (R. des) .... Z 2
Barbès (R.) .... Z 4
Calvin (R.) .... Y 6
Cambournac (R.) .... Y 7
Casse-cou (Passage) .... Y 10
Commerce (R. du) .... Y 13
Dr-Témoin (R. du) .... Y 17
Dormoy (Av. Marx) .... Y 19
Hémerettes (R. des) .... Z 29
Jacobins (cour des) .... Z 31
Jacques-Cœur (R.) .... Y 32
J.-J.-Rousseau (R.) .... Z 33
Joyeuse (R.) .... Y 35
Leblanc (R. N.) .... YZ 41
Mirebeau (R.) .... Y 44
Pelvoysin (R.) .... Y 50
Poissonnerie (R. de la) .... Y 52
Prinal (R. du) .... Y 55
St-Bonnet (Pl.) .... Y 60
Strasbourg (Bd de) .... Z 71
Tory (R. G.) .... Y 72
Victor-Hugo (R.) .... Z 74
95e-de-Ligne (R. du) .... Z 75

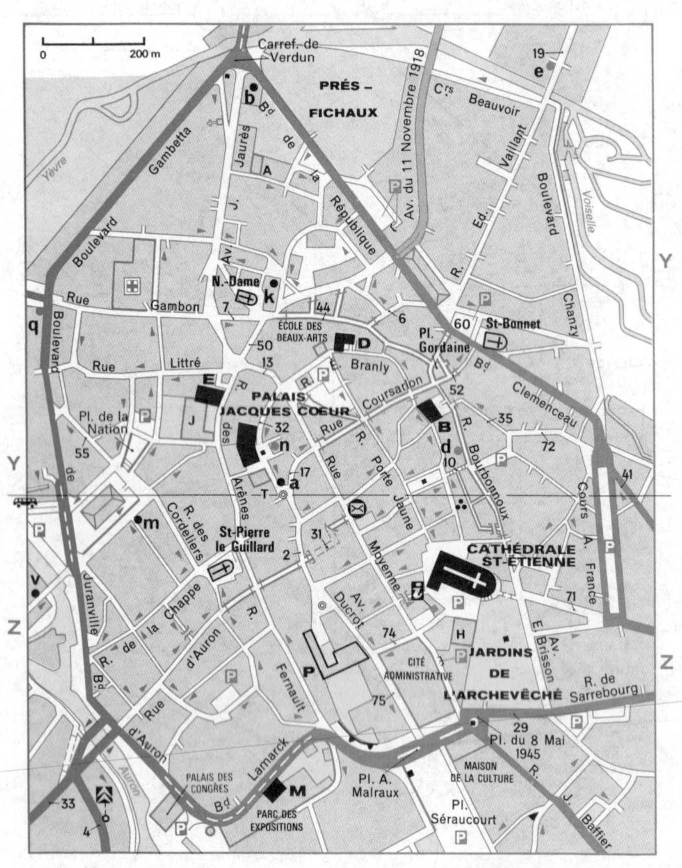

ALFA-ROMEO Gar. Pinon, 130 av. Gén.-de-Gaulle ✆ 48 70 54 81

BMW Gar. Vergès Automobiles, 43 av. Prospective, Asnières-lès-Bourges ✆ 48 70 47 20

CITROEN Générale-Auto de Bourges, rte de la Charité, V ✆ 48 24 65 29 **N** ✆ 48 24 44 44

CITROEN Gar. Bonnet, 13 r. Barbès Z ✆ 48 50 03 44

FIAT La Fourchette Autom., 207 rte de la Charité ✆ 48 65 80 61

LADA Gar. Salmon, 40 av. d'Orléans ✆ 48 65 79 40

MERCEDES-BENZ SAVIB, r. Charles Durand ✆ 48 67 53 00 **N** ✆ 88 72 00 94

PEUGEOT-TALBOT Gds Gar. du Cher, rte d'Orléans, St-Doulchard par ⑧ ✆ 48 24 72 01

RENAULT S.C.A.C. Autom, 259 av. Gén.-de-Gaulle par ① ✆ 48 70 99 97 **N** ✆ 48 57 53 01

ROVER Gar. Berthot, 136 bis rte de Nevers ✆ 48 50 42 10 **N** ✆ 48 50 29 46

V.A.G Laudat, 99 rte de la Charité ✆ 48 70 15 17 **N** ✆ 48 24 19 90

Berry-Pneus, 99 av. Dun ✆ 48 20 34 24
Euromaster Perry Pneu Service, rte la Charité à St-Germain-du-Puy ✆ 48 65 02 34
Gar. Gaudichon et Thiault, à St-Florent-sur-Cher ✆ 48 55 65 92 **N**
Pneu +, Centre Godignon, 58 bd Avenir ✆ 48 50 19 30
Pneu Plus Mathe, ZI n° 2, r. L. Armand ✆ 48 50 51 76

Le BOURGET 93 Seine-St-Denis 56 ⑪, 101 ⑦ ⑰ – voir à Paris, Environs.

Le BOURGET-DU-LAC 73370 Savoie 74 ⑮ **G. Alpes du Nord** – 2 886 h alt. 262.

Voir Église : frise sculptée★ du choeur – Lac★★.

Env. Chapelle de l'Étoile ≤★★ N : 9 km puis 15 mn.

Office de Tourisme pl. Gén.-Sevez (saison) ✆ 79 25 01 99.

Paris 532 – Annecy 42 – Aix-les-Bains 8,5 – Belley 24 – Chambéry 13 – La Tour-du-Pin 49.

Ombremont, N : 2 km par N 504 ✆ 79 25 00 23, Télex 980832, Fax 79 25 25 77, « ≤ lac et montagnes dans un parc », – | | TV ☎ P – 60. AE GB
30 avril-1er nov. – **R** 195/420 – 75 – **13 ch** 750/1700, 6 appart.

Orée du Lac , ✆ 79 25 24 19, Fax 79 25 08 51, , « Parc », , – TV ☎ & P. AE GB JCB
fermé 20 nov. au 20 janv. – **R** (résidents seul.) 140/160 – 60 – **9 ch** 650/870 – ½ P 545/655, 3 duplex.

Port, ✆ 79 25 00 21, Fax 79 25 26 82, ≤, – | | TV ☎ P. GB.
fermé 1er déc. au 1er fév. – **R** *(fermé dim. soir d'oct. à juin et lundi)* 120/260 – 35 – **27 ch** 300/340 – ½ P 320/350.

XXX ✿✿ **Le Bateau Ivre** (Jacob), ✆ 79 25 02 66, Télex 309162, Fax 79 25 25 03, , « Ancienne grange à sel, jardin fleuri » – P. AE GB
début mai-début nov. – **R** 210/550 et carte 430 à 510, enf. 100
Spéc. Poêlée de filets de perche en salade de pommes de terre. Omble-chevalier meunière. Tarte Tatin aux pêches. **Vins** Chignin-Bergeron, Pinot de Savoie.

XXX ✿ **Aub. Lamartine** (Marin), N : 3,5 km par N 504 ✆ 79 25 01 03, ≤ lac, , – P. GB
fermé 15 déc. au 23 janv., dim. soir et lundi sauf fériés – **R** 220/370 et carte 300 à 370
Spéc. Escalope de foie de canard frais poêlée. Poissons du lac. Gibier (15 sept. au 15 déc.). **Vins** Chignin-Bergeron.

aux Catons NO : 2,5 km par D 42 – ✉ 73370 Le Bourget-du-Lac :

X **La Cerisaie** avec ch, ✆ 79 25 01 29, ≤ lac et montagnes, – P. AE GB. rest
fermé vacances de nov., dim. soir sauf juil-août et merc. – **R** 95/220 – 25 – **7 ch** 180/240 – ½ P 210/230.

à Bourdeau N : 4 km par D 14 – ✉ 73370 :

Terrasse, au village ✆ 79 25 01 01, Fax 79 25 09 97, ≤, – TV ☎ P. GB. ch
1er mars-15 oct. et fermé mardi midi en saison, dim. soir hors sais. et lundi – **R** 95/330 – 42 – **12 ch** 280/380 – ½ P 320/350.

BOURG-LA-REINE 92 Hauts-de-Seine 60 ⑩, 101 ㉕ – voir à Paris, Environs.

BOURG-LÈS-VALENCE 26 Drôme 77 ⑫ – rattaché à Valence.

BOURG-MADAME 66760 Pyr.-Or. 86 ⑯ **G. Pyrénées Roussillon** – 1 238 h alt. 1 130.

Syndicat d'Initiative pl. de Catalogne ✆ 68 04 55 35.

Paris 879 – Font-Romeu 19 – Andorre-la-Vieille 65 – Ax-les-Thermes 57 – Carcassonne 141 – Foix 99 – ◆Perpignan 101.

Celisol sans rest, ✆ 68 04 53 70, – TV ☎ P. GB
29 – **14 ch** 230/250.

Paix M sans rest, 5 av. E. Brousse ✆ 68 04 53 10 – ☎ P. GB.
25 – **9 ch** 210.

CITROEN Gar. Cerdane ✆ 68 04 51 53 RENAULT Gar. Pallarès ✆ 68 04 50 01

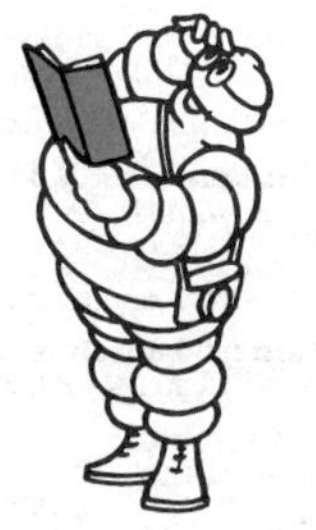

BOURGOIN-JALLIEU 38300 Isère 74 ⑬ G. Vallée du Rhône – 22 392 h alt. 254.

⛳9 ✆ 74 43 28 84, à l'Isle-d'Abeau par ⑥ : 5,5 km.

🅸 Office de Tourisme pl. Carnot ✆ 74 93 47 50.

Paris 509 ⑦ – ◆Lyon 41 ⑦ – Bourg-en-Bresse 80 ① – ◆Grenoble 64 ③ – La Tour-du-Pin 14 ③ – Vienne 38 ⑥.

BOURGOIN-JALLIEU

Belmont (R. Robert)	B 3
Libération (R. de la)	B 12
Liberté (R. de la)	B 13
Pontcottier (R.)	B
République (R. de la)	AB 20
St-Michel (Pl.)	B 22
23-Août (Pl. du)	B 31
Alsace-Lorraine (Av. d')	A 2
Carnot (Pl.)	B 4
Clemenceau (R. Georges)	A 6
Gambetta (Av.)	A 7
Génin (R. Ambroise)	A 8
Halle (Pl. de la)	B 10
Moulin (R. J.)	B 14
Moulins (R. des)	B 15
Paix (R. de la)	A 16
Pouchelon (R. de)	B 17
République (Pl. de la)	A 18
Seigner (R. Joseph)	A 23
Victor-Hugo (R.)	B 26
19-Mars-62 (R. du)	AB 29

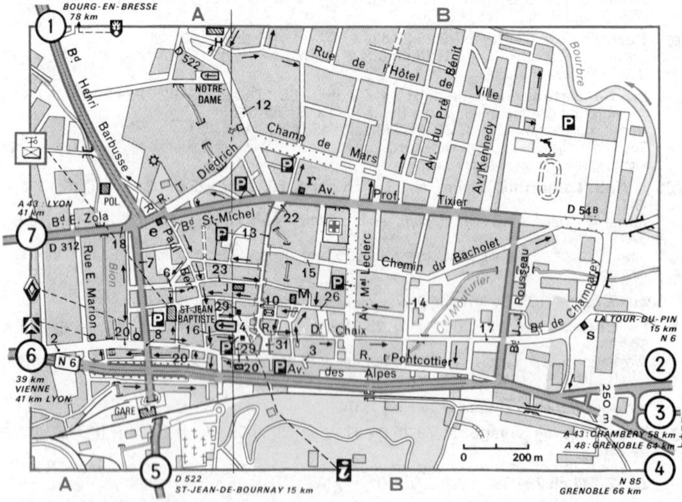

🏨 **Climat de France,** par ⑦ : 2 km, Z.A.C. La Maladière ✆ 74 28 52 29, Fax 74 43 94 81, 🌳 – ▤ rest 📺 ☎ ♿ 🅟 – 🏟 25. AE ⓓ GB
R 80/120 🍷, enf. 40 – ☕ 30 – **42 ch** 265 – ½ P 298.

🏨 **Menestret,** par ⑥ : 1 km sur N 6 ✆ 74 93 13 01, Fax 74 28 46 70 – 📺 ☎ 🅟. GB. ✻ rest
fermé dim. soir et lundi midi – **R** 80/190 🍷 – ☕ 30 – **10 ch** 205/255 – ½ P 230/250.

XXX **Chavancy,** av. Tixier ✆ 74 93 63 88, Fax 74 28 42 44 – ▤. AE ⓓ GB — B **r**
fermé 20 juil. au 25 août, dim. soir et lundi – **R** 130/320.

XX **Gérard Potherat,** pl. République ✆ 74 43 94 95 – ▤. AE GB — A **e**
fermé jeudi soir et sam. midi – **R** 125/195.

XX **La Table Gourmande,** bd Champarey ✆ 74 93 25 70 – GB — B **s**
◆ *fermé août, dim. soir et lundi* – **R** 75 bc/120 🍷, enf. 50.

par ② : 2 km par N 6 et rte de Boussieu – ✉ **38300** Bourgoin-Jallieu :

XXXX **Laurent Thomas - les Séquoias** Ⓜ 🐚 avec ch, Vie de Boussieu ✆ 74 93 78 00, Fax 74 28 60 90, 🌳, « Demeure bourgeoise dans un parc », 🏊 – ▤ rest 📺 ☎ 🅟. AE ⓓ GB
fermé 15 août au 9 sept., vacances de fév., dim. soir, fériés le soir et merc. – **R** 200/330, enf. 80 – ☕ 55 – **5 ch** 500/700.

à la Combe-des-Éparres par ④ : 7 km – ✉ **38300** Bourgoin-Jallieu :

🏠 **L'Auberge,** sur N 85 ✆ 74 92 01 17 – AE ⓓ GB
◆ *fermé 16 août au 1er sept., dim. soir et lundi soir* – **R** 62/150 🍷 – ☕ 20 – **7 ch** 100/145 – ½ P 155/195.

à La Grive par ⑥ : 4,5 km – ✉ **38080** Isle-d'Abeau :

XX **Bernard Lantelme,** ✆ 74 28 19 12, 🌳 – 🅟. GB
fermé 1er au 24 août, 1er au 7 janv., sam. midi et dim. – **R** 125/200.

sur autoroute A 43 - aire Isle-d'Abeau - ou accès par ⑥ et N 6 : 6,5 km – ✉ **38080** L'Isle-d'Abeau :

🏨 **Ibis** sans rest, ✆ 74 27 27 91, Télex 308239, Fax 74 27 01 45 – ⇔ ch 📺 ☎ ♿ 🅟. AE GB
☕ 33 – **33 ch** 260/285.

à l'Isle-d'Abeau - ville nouvelle par ⑥ : 10,5 km – ✉ **38090** Villefontaine :

Mercure M, ✆ 74 96 80 00, Télex 308100, Fax 74 96 80 99, Ⅰ, ⛱, ☒, ⛱, ⚔ – 🛗 cuisinette ⇔ ch ▤ TV ☎ ♿ P – 🏊 150. AE ⓞ GB
R 130, enf. 45 – ☕ 49 – **116 ch** 540.

à l'Isle-d'Abeau - Bourg par ⑦ : 7 km – 5 554 h. – ✉ **38080** L'isle-d'Abeau :

Otelinn M, r. Creuzat - Parc d'affaires St-Hubert ✆ 74 27 13 55, Fax 74 27 22 21, ⛱ – TV ☎ ♿ P – 🏊 40. AE ⓞ GB JCB
R *(fermé 8 au 15 août et dim.)* 80/150 ♁, enf. 45 – ☕ 36 – **45 ch** 268/302.

Relais du Catey ⛰ avec ch, r. Didier ✆ 74 27 02 97, Fax 74 27 89 43, ⛱, ⛱ – P. AE GB
fermé 1er au 24 août, dim. soir et lundi – **R** 135/195 – ☕ 31 – **8 ch** 110/200 – ½ P 180/225.

CITROEN J.-B. Pellet, 5 av. Alsace-Lorraine ✆ 74 93 25 63
CITROEN Cruizille, à Villefontaine par ⑥ ✆ 74 96 52 30
NISSAN Blondet, N 6, Ruy ✆ 74 93 43 24
PEUGEOT, TALBOT Pellet, ZAC la Maladière 1 r. Joseph Cugnot par ⑦ ✆ 74 93 00 90
RENAULT Girard, 88 av. H. Barbusse A ✆ 74 93 08 36 N ✆ 74 43 09 57
RENAULT Gar. Pin, 63 r. République ✆ 74 93 18 04
SEAT Europ Autos, RN 6 - la Grive ✆ 74 43 83 34

Euromaster Piot Pneu, ZI La Maladière, 4 r. Isaac-Asimov ✆ 74 93 66 31
Euromaster Tessaro Pneus, 74 av. Prof.-Tixier ✆ 74 28 33 10
Mathieu-Pneus, 14 bis r. Funas ✆ 74 28 00 22
Prieur-Pneus, 17 av. Alsace-Lorraine ✆ 74 93 31 34

BOURG-ST-ANDÉOL 07700 Ardèche 80 ⑨ ⑩ G. Vallée du Rhône (plan) – 7 795 h alt. 68.

Voir Église★.

ℹ Syndicat d'Initiative pl. Champ-de-Mars ✆ 75 54 54 20.

Paris 632 – Montélimar 25 – Nyons 51 – Pont-Saint-Esprit 15 – Privas 55 – Vallon-Pont-d'Arc 30.

Le Prieuré, quai du Rhône ✆ 75 54 62 99, Fax 75 54 63 73, ← – TV ☎. AE GB
fermé 14 au 21 sept – **R** *(fermé dim. soir et lundi de nov. à mars sauf fériés)* 98/260 – ☕ 35 – **16 ch** 250/380 – ½ P 280/310.

Moderne, pl. Champ de Mars ✆ 75 54 50 12 – TV ☎ 🚗. AE GB. ✗ rest
1er mars-1er déc. – **R** *(fermé dim. soir hors sais. et sam. midi)* 75/180, enf. 47 – ☕ 30 – **21 ch** 110/275 – ½ P 155/250.

CITROEN Goussard, 13 fg Notre-Dame ✆ 75 54 50 27 N
RENAULT Provence-Gar., av. F.-Chalamel ✆ 75 54 51 88

BOURG-STE-MARIE 52150 H.-Marne 62 ⑬ – 117 h alt. 329.

Paris 312 – Chaumont 38 – Langres 45 – Neufchâteau 24 – Vittel 38.

St-Martin, ✆ 25 01 10 15, ⛱ – ▤ rest TV ☎ P – 🏊 30. AE ⓞ GB
fermé 20 déc. au 10 janv. – **R** *(fermé dim. soir)* 69/225 ♁, enf. 54 – ☕ 29 – **14 ch** 150/225 – ½ P 235/275.

BOURG-ST-MAURICE 73700 Savoie 74 ⑱ G. Alpes du Nord – 6 056 h alt. 840 – Sports d'hiver aux Arcs : 1 600/3 200 m ⛷1 ⛷68.

⛳18 des Arcs Le Chantel ✆ 79 07 43 95, S : 20 km.

ℹ Office de Tourisme pl. Gare ✆ 79 07 04 92.

Paris 635 – Albertville 53 – Aosta 77 – Chambéry 99 – Chamonix-Mont-Blanc 76 – Moûtiers 25 – Val-d'Isère 31.

L'Autantic M ⛰ sans rest, rte Hauteville ✆ 79 07 01 70, Fax 79 07 51 55, ←, ⛱ – TV ☎ ♿ 🚗 P – 🏊 40. AE ⓞ GB
☕ 40 – **23 ch** 390/440.

Host. Petit St-Bernard, av. Stade ✆ 79 07 04 32, Fax 79 07 32 80 – TV ☎ 🚗 P. AE ⓞ GB
fermé 25 avril au 8 mai et nov. – **R** 95/160, enf. 48 – ☕ 52 – **20 ch** 330/430 – ½ P 330/350.

Bon Repos sans rest, av. Centenaire ✆ 79 07 01 78 – TV ☎. GB. ✗
fermé 10 au 30 mai – ☕ 29 – **11 ch** 160/300.

Le Montagnole, 26 av. Stade ✆ 79 07 11 52 – GB
fermé 7 au 23 juin, 13 sept. au 6 oct., mardi soir et merc. hors sais. – **R** 98/135.

L'Edelweiss, face gare ✆ 79 07 05 55 – GB
fermé juin et 1er au 15 nov. – **R** 59/145.

PEUGEOT-TALBOT Martin A., pl. Gare ✆ 79 07 01 44 N ✆ 79 07 03 06

BOURGUEIL 37140 I.-et-L. 64 ⑬ G. Châteaux de la Loire – 4 001 h alt. 42.

ℹ Syndicat d'Initiative pl. Halles (juin-oct.) ✆ 47 97 91 39.

Paris 283 – ◆Tours 45 – Angers 65 – Chinon 17 – Saumur 23.

Le Thouarsais sans rest, pl. Hublin ✆ 47 97 72 05 – GB. ✗
fermé 1er au 7 mars, 11 au 20 juin, vacances de Noël, de fév. et dim. soir d'oct. à Pâques – ☕ 23 – **29 ch** 110/290.

Germain, r. A. Chartier ✆ 47 97 72 22 – GB
fermé 27 sept. au 19 oct., dim. soir et lundi sauf fériés – **R** 95/210, enf. 45.

au N 4 km par D 749 – ✉ **37140** Bourgueil :

XX **Aub. de Touvois,** ☎ 47 97 88 81, ☂ – Ⓟ. GB
fermé 15 au 30 oct., 22 déc. au 20 janv. et lundi – **R** 98/205 ♁, enf. 50.

PEUGEOT-TALBOT Delafuye, av. St-Nicolas, la Villatte ☎ 47 97 70 48

RENAULT Pigeon, à St-Nicolas-de-Bourgueil ☎ 47 97 71 03

BOURTH **27580** Eure 60 ⑤ – 1 064 h alt. 192.

Paris 127 – Alençon 76 – L'Aigle 15 – Évreux 44 – Verneuil-sur-Avre 10,5.

XX **Aub. Chantecler,** face église ☎ 32 32 61 45 – GB
fermé 15 août au 15 sept., vacances de fév., dim. soir et lundi – **R** 108/198 ♁, enf. 40.

BOUSSAC **23600** Creuse 68 ⑳ **G. Berry Limousin** – 1 652 h alt. 334.

Voir Site★ du château.

Env. Toulx Ste-Croix : ※★★ de la tour S : 11 km.

Syndicat d'Initiative pl. Hôtel de Ville (juin-sept.) ☎ 55 65 05 95.

Paris 338 – Aubusson 48 – La Châtre 37 – Guéret 40 – Montluçon 35 – St-Amand-Montrond 55.

XX **Relais Creusois,** ☎ 55 65 02 20 – GB
fermé fév., mardi soir et merc. sauf juil.-août et fériés – **R** 120/350, enf. 60.

à Nouzerines NO : 11 km par D 97 – ✉ **23600** Boussac :

La Bonne Auberge ⚘, ☎ 55 82 01 18 – ☎. GB. ✻ ch
fermé 19 sept. au 11 oct., 19 déc. au 2 janv., vend. soir et sam. – **R** 50/140 ♁, enf. 30 – ☕ 19 – **9 ch** 125/180 – ½ P 135/160.

PEUGEOT-TALBOT Chauvet ☎ 55 65 04 11

RENAULT Chaubron ☎ 55 65 01 32

Repas 100/130 A good moderately priced meal.

BOUT-DU-LAC **74** H.-Savoie 74 ⑯ – alt. 448 – ✉ **74210** Faverges.

Voir Combe d'Ire★ S : 3 km, **G. Alpes du Nord.**

Paris 555 – Annecy 18 – Albertville 27 – Megève 42.

au Bord du Lac :

XX **Chappet** avec ch, ☎ 50 44 30 19, ←, ☂, « Terrasse au bord de l'eau », ⚓, ⛱ – TV ☎ Ⓟ. AE GB
début fév.-1er nov. et fermé jeudi soir et lundi du 15 sept. au 15 juin – **R** 150/300 – ☕ 40 – **10 ch** 320/380 – ½ P 350/380.

à Doussard S : 3 km par N 508 et VO – ✉ **74210** Faverges:

Marceau ⚘, à Marceau-Dessus O : 2 km par N 508 et VO ☎ 50 44 30 11, Télex 309346, Fax 50 44 39 44, ←, ☂, ⛱, ✻ – TV ☎ 🚗 Ⓟ. AE ⓓ GB
1er fév.-1er oct. et fermé dim. soir et merc. de fév. à avril – **R** 130/330 – ☕ 50 – **15 ch** 440/660 – ½ P 450/660.

Arcalod, ☎ 50 44 30 22, Fax 50 44 85 03, ⛱, ⛱ – |♦| TV ☎ Ⓟ. ⓓ GB. ✻ rest
15 avril-15 oct. et 15 fév.-15 mars – **R** 85/180 – ☕ 40 – **33 ch** 300/450 – ½ P 275/340.

BOUT-DU-PONT-DE-LARN **81** Tarn 83 ⑫ – rattaché à Mazamet.

BOUTENAC-TOUVENT **17120** Char.-Mar. 71 ⑥ – 219 h alt. 45.

Paris 507 – Royan 31 – Blaye 51 – Jonzac 29 – Pons 23 – Saintes 33.

Le Relais M, à Touvent ☎ 46 94 13 06, ☂, ⛱ – TV ☎ ♿ Ⓟ. GB
fermé 20 au 28 déc., dim. soir et lundi sauf juil.-août – **R** 90/300 – ☕ 35 – **12 ch** 240/260 – ½ P 280.

BOUXWILLER **67330** B.-Rhin 57 ⑱ **G. Alsace Lorraine** – 3 693 h alt. 220.

Env. Tapisseries★★ dans l'église St-Pierre et St-Paul★ de Neuwiller-les Saverne O : 7 km.

Paris 448 – ♦Strasbourg 38 – Bitche 36 – Haguenau 27 – Sarrebourg 39 – Saverne 15.

Heintz, ☎ 88 70 72 57, ☂, ⛱, ⛱ – ☎ 🚗 Ⓟ. GB. ✻ ch
fermé 25 oct. au 9 nov., 23 fév. au 8 mars, dim. soir et lundi – **R** 60/185 ♁ – ☕ 30 – **16 ch** 205/310 – ½ P 210/235.

PEUGEOT Gar. Wietrich, rte de Strasbourg à Hochfelden ☎ 88 91 51 05

RENAULT Gar. Braunecker, à Ingwiller ☎ 88 89 43 78 N

RENAULT Hammann, à Hochfelden ☎ 88 91 50 37

Agri-Auto, à Wilwisheim ☎ 88 91 91 09

BOUZEL **63910** P.-de-D. 73 ⑮ – 510 h.

Paris 437 – ♦Clermont-Ferrand 20 – Ambert 61 – Issoire 39 – Thiers 25 – Vichy 47.

XX **Aub. du Ver Luisant,** ☎ 73 62 93 83 – ⓓ GB
fermé 16 août au 5 sept., 26 au 31 déc., dim. soir et lundi – **R** 130/360, enf. 50.

BOUZIES **46330** Lot 79 ⑧ G. Périgord Quercy – 77 h alt. 136.

Voir Chemin de halage du Lot★.

Paris 588 – Cahors 26 – Figeac 49 – Gourdon 47 – Villefranche-de-Rouergue 40.

Les Falaises ⑤, ℘ 65 31 26 83, Fax 65 30 23 87, ←, 🏞, 🏊, 🌳, 🎾 – ☎ ♿ 🅿 – 🏛 40. AE GB
avril-oct. – **R** 75/250 🍷, enf. 47 – 32 – **39 ch** 265/302 – ½ P 270/284.

BOUZIGUES **34** Hérault 83 ⑯ – rattaché à Mèze.

BOYARDVILLE **17** Char.-Mar. 71 ⑬ – voir à Oléron (Ile d').

BOZOULS **12340** Aveyron 80 ③ G. Gorges du Tarn – 2 060 h alt. 610.

Voir Trou de Bozouls★.

Paris 611 – Rodez 23 – Espalion 10,5 – Mende 96 – Sévérac-le-Château 40.

A la Route d'Argent, sur D 988 ℘ 65 44 92 27, Fax 65 48 81 40, 🏊 – ☎ ♿ 🅿. GB
fermé fév. et dim. soir – **R** 65/200 🍷, enf. 50 – 28 – **18 ch** 120/200 – ½ P 190/210.

XX **Le Belvédère** ⑤ avec ch, ℘ 65 44 92 66, ← Trou de Bozouls, 🏞 – TV ☎. AE GB
fermé déc. et dim. soir hors sais. – **Repas** 88/165 – 26 – **11 ch** 210/260 – ½ P 210/220.

BRACIEUX **41250** L.-et-Ch. 64 ⑱ G. Châteaux de la Loire – 1 157 h alt. 81.

Paris 183 – ♦Orléans 60 – Blois 18 – Châteauroux 92 – Montrichard 37 – Romorantin-Lanthenay 29.

La Bonnheure ⑤ sans rest, ℘ 54 46 41 57, 🌳 – cuisinette ☎ 🅿. GB
40 – **12 ch** 270/350.

Cygne et rest. Autebert, r. Brun ℘ 54 46 41 07, Fax 54 46 04 87 – ☎ 🅿. GB
fermé mi-janv. à début mars, dim. soir et merc. hors sais. – **R** 82/160 – 28 – **13 ch** 240/290 – ½ P 220.

XXXX ✿✿ **Bernard Robin,** ℘ 54 46 41 22, Fax 54 46 03 69, 🏞, 🌳 – AE GB
fermé 15 déc. au 19 janv., mardi soir et merc. – **R** (nombre de couverts limité - prévenir) 205 (déj.)/535 et carte 400 à 500
Spéc. Salade de homard breton. Queue de boeuf en hachis parmentier. Gibier (saison). **Vins** Vouvray, Chinon.

RENAULT Gar. Warsemann ℘ 54 55 33 34 N ℘ 54 95 02 02

BRANCION **71** S.-et-L. 70 ⑪ – rattaché à Tournus.

BRANDÉRION **56** Morbihan 63 ① – rattaché à Hennebont.

BRANTÔME **24310** Dordogne 75 ⑤ G. Périgord Quercy – 2 080 h alt. 103.

Voir Site★ – Clocher★★ de l'église abbatiale – Bords de la Dronne★★.

Syndicat d'Initiative Pavillon Renaissance (Pâques-fin oct.) ℘ 53 05 80 52.

Paris 503 – Angoulême 60 – Périgueux 27 – ♦Limoges 84 – Nontron 24 – Ribérac 37 – Thiviers 27.

✿ **Moulin de l'Abbaye** M, ℘ 53 05 80 22, Fax 53 05 75 27, ←, 🏞, « Terrasse au bord de l'eau », 🌳 – ▤ ch TV ☎ 🚗. AE ⓓ GB JCB
29 avril- 25 oct. – **R** *(fermé lundi midi)* 210/450 et carte 280 à 400, enf. 95 – 70 – **17 ch** 650/950, 3 appart. – ½ P 700/915
Spéc. Lobe de foie gras rôti aux poires épicées. Poêlée de sandre à l'émulsion d'huile de noix et verjus. Soufflé léger au chocolat praliné et oranges confites. **Vins** Bergerac, Pécharmant.

Chabrol, ℘ 53 05 70 15, Fax 53 05 71 85, 🏞, « Terrasse surplombant la rivière » – TV ☎. AE ⓓ GB. ✱
fermé 15 nov. au 15 déc., 3 au 21 fév., dim. soir et lundi d'oct. à juin sauf fériés – **R** 160/400 – 45 – **19 ch** 290/500.

Périgord Vert, ℘ 53 05 70 58, 🏞, 🌳 – TV ☎ 🅿 – 🏛 30. GB. ✱
hôtel : fermé week-ends du 16 nov. au 28 fév. ; rest. : ouvert 1er mars-15 nov. – **R** 95/230 – 35 – **18 ch** 245/290 – ½ P 250/280.

Alienor sans rest, ℘ 53 05 85 36, Fax 53 05 58 94 – ☎ ♿ 🅿. GB
fermé 15 nov. au 15 déc. et dim. d'oct. à mars – 25 – **12 ch** 200/220.

à Champagnac de Belair NE : 6 km par D 78 et D 83 – ✉ **24530** :

✿ **Moulin du Roc** (Mme Gardillou) M ⑤, ℘ 53 54 80 36, Télex 571555, Fax 53 54 21 31, ←, 🏞, « Ancien moulin à huile, terrasse et jardin au bord de l'eau », 🏊, 🎾 – TV ☎ 🅿. AE ⓓ GB JCB
fermé 15 nov. au 15 déc. et 15 janv. au 15 fév. – **R** *(fermé merc. midi et mardi)* 200/350 et carte 230 à 420 – 60 – **10 ch** 400/620, 4 appart. – ½ P 550/700
Spéc. Tourte périgourdine. Croustillant d'agneau persillé aux noix. Marguerite de pommes et glace au Cognac. **Vins** Pécharmant, Bergerac.

à Bourdeilles SO : 10 km par D 78 – ✉ **24310** :

Voir château★ : mobilier★★, cheminée★★ de la salle à manger.

Griffons, ℘ 53 03 75 61, Fax 53 04 64 45, ←, 🏞 – ☎. AE ⓓ GB
10 avril-4 oct. – **R** 150/260 – 45 – **10 ch** 390 – ½ P 390.

CITROEN Desvergne ℘ 53 05 70 29 N ℘ 53 05 83 93

BRASSAC-LES-MINES 63570 P.-de-D. 76 ⑤ – 3 446 h alt. 409.

Env. Auzon : site★, statue de N.-D.-du-Portail★★ dans l'église SE : 6,5 km, **G. Auvergne.**

Paris 474 – ◆ Clermont-Ferrand 56 – Brioude 13 – Issoire 21 – Murat 61 – Le Puy-en-Velay 74 – St-Flour 52.

Le Limanais, av. Ste-Florine ✆ 73 54 13 98 – ☎ ⓟ. GB
fermé 2 au 30 janv., sam. midi et vend. sauf juil.-août – **R** 75/260 – ⊒ 29 – **18 ch** 155/245 – ½ P 188/222.

CITROEN Gar. Beauger, à Charbonnier-les-Mines ✆ 73 54 03 34
FORD Gar. Jourdes, 3 pl. Musée ✆ 73 54 10 02
PEUGEOT Gar. Maisonneuve, ✆ 73 54 19 21

BRAX 47 L.-et-G. 79 ⑮ – rattaché à Agen.

BREBIÈRES 62 P.-de-C. 53 ③ – rattaché à Douai.

BRÉDANNAZ 74 H.-Savoie 74 ⑥ ⑯ – alt. 450 – ✉ 74210 Faverges.

Paris 552 – Annecy 15 – Albertville 30 – Megève 45.

Port et Lac, ✆ 50 68 67 20, ≤, 舍, ▲, 𝒦 – ☎ ⓟ. GB
début fév.-nov. – **R** 80/250, enf. 50 – ⊒ 43 – **19 ch** 165/340 – ½ P 215/325.

à Chaparon S : 1,5 km par VO – ✉ 74210 Faverges :

La Châtaigneraie ⑤, ✆ 50 44 30 67, Fax 50 44 83 71, ≤, 舍, « Jardin ombragé », ✂ – cuisinette ▣ ☎ ⓟ – 🏛 25. AE ⓓ GB. ✻ rest
1er fév.-20 oct. et fermé dim. soir et lundi sauf de juin à sept. – **Repas** 100/265 – ⊒ 45 – **25 ch** 345/385 – ½ P 315/355.

La BRÈDE 33650 Gironde 71 ⑩ – 2 846 h alt. 25.

Paris 601 – ◆ Bordeaux 22 – Langon 30 – Libourne 43.

XX **La Maison des Graves,** av. Gén. de Gaulle ✆ 56 20 24 45 – AE GB
fermé 26 juil. au 9 août, 9 au 18 janv., lundi (sauf fériés le midi) et dim. soir – **R** 96/160, enf. 55.

BRÉHAL 50290 Manche 59 ⑦ – 2 351 h alt. 52.

⛳9 ✆ 33 51 58 88, O : 5 km.

Paris 344 – St-Lô 48 – Coutances 19 – Granville 10 – Villedieu-les-Poêles 26.

Gare, ✆ 33 61 61 11 – ▣ ☎ ⓟ. GB
fermé 10 au 19 mai, 21 déc. au 31 janv., dim. soir et lundi sauf juil.-août et fériés – **R** 69/210, enf. 46 – ⊒ 35 – **9 ch** 260/280 – ½ P 205/250.

RENAULT Lainé ✆ 33 61 62 52 N

BRÉHÉMONT 37 I.-et-L. 64 ⑭ – rattaché à Langeais.

BREIL-SUR-ROYA 06540 Alpes-Mar. 84 ⑳ 115 ⑱ **G. Côte d'Azur** – 2 058 h alt. 286.

Env. Saorge : site★★, ≤★, Madonna del Poggio★, couvent des Franciscains ≤★★ N : 9 km – Gorges de Saorge★★ N : 9 km.

Paris 898 – Menton 32 – ◆Nice 58 – Tende 20 – Ventimiglia 25.

Castel du Roy ⑤, N : 1 km par N 204 ✆ 93 04 43 66, Fax 93 04 91 83, ≤, 舍, « Parc en bordure de rivière », ⛱ – ▣ ☎ ⓟ. AE GB
1er mars-31 oct. – **R** *(fermé mardi sauf de juin à sept.)* 100/240, enf. 70 – ⊒ 35 – **20 ch** 320/360 – ½ P 290/310.

Roya, pl. Biancheri ✆ 93 04 48 10 – ▣ ☎. GB
fermé 1er au 15 juin et vend. sauf juil.-août – **R** 90/110, enf. 60 – ⊒ 30 – **13 ch** 280/300 – ½ P 260/270.

BRELIDY 22140 C.-d'Armor 59 ② – 325 h alt. 100.

Voir Église de Runan★ NE : 4 km, **G. Bretagne.**

Paris 499 – St-Brieuc 45 – Carhaix-Plouguer 61 – Guingamp 14 – Lannion 26 – Morlaix 55 – Plouaret 23.

Château de Brelidy, ✆ 96 95 69 38, Fax 96 95 18 03, ≤, « Demeure du 16e siècle ⑤ dans un parc » – ⇆ ch ☎ ♿ ⓟ – 🏛 25. AE GB. ✻ rest
1er avril-2 nov. – **R** *(fermé lundi sauf juil.-août)* (dîner seul.)(résidents seul.) 170 – ⊒ 48 – **10 ch** 410/650 – ½ P 400/520.

La BRESSE 88250 Vosges 62 ⑰ **G. Alsace Lorraine** – 5 191 h alt. 650 – Sports d'hiver : 900/1 350 m ⛷25 ⛷.

🅸 Office de Tourisme 21 quai Iranées ✆ 29 25 41 29.

Paris 423 – Colmar 53 – Épinal 58 – Gérardmer 13 – Remiremont 33 – Thann 38 – Le Thillot 19.

Vallées et sa Résidence M ⑤, 31 r. P. Claudel ✆ 29 25 41 39, Télex 960573, Fax 29 25 64 38, ≤, « Parc », ⛱, ✂ – 🛗 cuisinette ▣ ☎ ♿ ⓟ – 🏛 25 à 200. AE ⓓ GB
R 85/210 ♁, enf. 50 – ⊒ 35 – **54 ch** 320/450, 60 studios – ½ P 290/340.

du Chevreuil Blanc, 3 r. P. Claudel ✆ 29 25 41 08 – ▣ ☎ ⓟ. GB
fermé 15 au 25 mai et 15 au 30 oct. – **R** 55/95 ♁, enf. 40 – ⊒ 28 – **10 ch** 210/250 – ½ P 220.

au NE : 6,5 km par D 34 et D 34D – ✉ **88250** La Bresse :

XX **Aub. du Pêcheur** avec ch, ☎ 29 25 43 86, ← – TV P. AE ① GB
fermé 15 au 30 juin, 1er au 15 déc., mardi soir et merc. – **R** 68/120 ♂, enf. 45 – ☐ 24 – **5 ch** 220.

à Belles-Huttes NE : 8 km par D 34 et D 34D – ✉ **88250** La Bresse :

X **Le Slalom,** ☎ 29 25 41 71, Fax 29 25 60 59, ← – P. AE ① GB
fermé 12 nov. au 1er déc. – **R** (libre-service en saison d'hiver) **90**/190 ♂, enf. 50.

CITROEN Gar. Jeangeorge ☎ 29 25 40 41
PEUGEOT-TALBOT Gar. du Pont de la Plaine 23 rte de Cornimont ☎ 29 25 40 88
RENAULT Gar. Bertrand ☎ 29 25 40 69 N ☎ 29 25 55 06
V.A.G Gar. Deybach, 52 rte de Vologne ☎ 29 25 46 91

BRESSON **38** Isère **77** ⑤ – rattaché à Grenoble.

BRESSUIRE SP **79300** Deux-Sèvres **67** ⑰ **G. Poitou Vendée Charentes** – 17 827 h alt. 184.

ℹ Office de Tourisme avec A.C. pl. Hôtel de Ville ☎ 49 65 10 27.

Paris 355 ① – Angers 81 ① – Cholet 46 ④ – Niort 62 ③ – Poitiers 82 ② – La Roche-sur-Yon 82 ④.

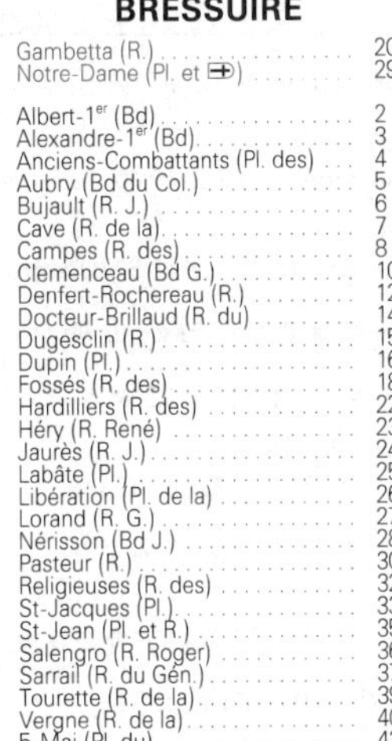

BRESSUIRE

Gambetta (R.)	20
Notre-Dame (Pl. et ⇔)	29
Albert-1er (Bd)	2
Alexandre-1er (Bd)	3
Anciens-Combattants (Pl. des)	4
Aubry (Bd du Col.)	5
Bujault (R. J.)	6
Cave (R. de la)	7
Campes (R. des)	8
Clemenceau (Bd G.)	10
Denfert-Rochereau (R.)	12
Docteur-Brillaud (R. du)	14
Dugesclin (R.)	15
Dupin (Pl.)	16
Fossés (R. des)	18
Hardilliers (R. des)	22
Héry (R. René)	23
Jaurès (R. J.)	24
Labâte (Pl.)	25
Libération (Pl. de la)	26
Lorand (R. G.)	27
Nérisson (Bd J.)	28
Pasteur (R.)	30
Religieuses (R. des)	32
St-Jacques (Pl.)	33
St-Jean (Pl. et R.)	35
Salengro (R. Roger)	36
Sarrail (R. du Gén.)	37
Tourette (R. de la)	39
Vergne (R. de la)	40
5-Mai (Pl. du)	42

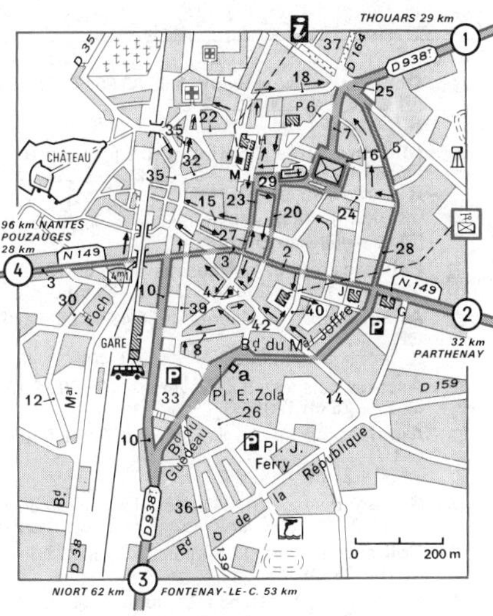

Sapinière M ♨, SE : 2,5 km par ③ et rte Boismé par rocade Niort-Poitiers ☎ 49 74 24 22, Fax 49 65 80 38, ←, ☂, « Au bord d'un étang » – TV ☎ ♿ P – 🏊 100. AE GB. ✂
R *(fermé 20 déc. au 10 janv. et week-ends de nov. à fév.)* 68/170 ♂, enf. 55 – ☐ 26 – **30 ch** 220/300 – ½ P 250/346.

Boule d'Or, 15 pl. É. Zola **(a)** ☎ 49 65 02 18 – TV ☎ 🚗 P – 🏊 30. ① GB
fermé août, fév. et dim. soir – **R** **65**/185 ♂ – ☐ 30 – **20 ch** 175/265 – ½ P 175/220.

FIAT-LANCIA Chauvin-Besse, 5 r. Gén.-André ☎ 49 65 06 14
PEUGEOT-TALBOT Gar. Cornu, bd de Thouars par ① ☎ 49 74 20 44 N ☎ 49 94 72 53
RENAULT Gar. Goyault et Jolly, rte de Poitiers par ② ☎ 49 74 15 33 N ☎ 49 94 70 46
V.A.G Chollet, bd de Nantes ☎ 49 65 04 00
Ⓜ Bressuire-Pneus, 89 bd de Poitiers ☎ 49 74 13 86

BREST SP **29200** Finistère **58** ④ **G. Bretagne** – 147 956 h Communauté urbaine 213 838 h alt. 34.

Voir Oceanopolis★★ – Cours Dajot ←★★ EZ – Traversée de la rade★ et promenade en rade★ – Visite arsenal et base navale ★ DZ – Musée des Beaux-Arts★ EZ **M.**

Env. Pont Albert-Louppe ←★ 7,5 km par ⑤.

⛳18 Brest-Iroise ☎ 98 85 16 17, par ④ : 25 km ; ⛳9 des Abers, à Plouarzel, ☎ 98 89 68 33, par ① : 24 km.

✈ de Brest-Guipavas : ☎ 98 32 01 00, par ② : 10 km.

Paris 596 ② – Lorient 134 ⑤ – Quimper 72 ⑤ – ◆Rennes 244 ② – Saint-Brieuc 143 ②.

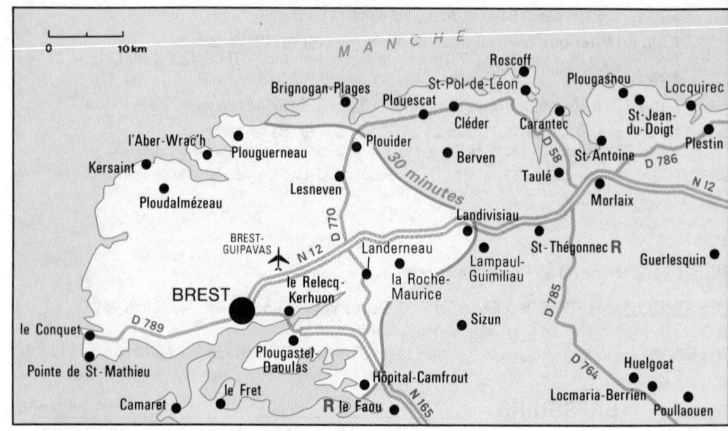

Océania M, 82 r. Siam ✆ 98 80 66 66, Télex 940951, Fax 98 80 65 50 – ch rest TV ☎ – 200. AE GB JCB — EY **r**
R *(fermé dim. soir)* 105/370, enf. 75 – 50 – **82 ch** 470/790.

Mercure Altéa Continental, square La Tour d'Auvergne ✆ 98 80 50 40, Télex 940575, Fax 98 43 17 47 – ch TV ☎ – 200. AE GB — EY **f**
R *(fermé sam. et dim.)* (dîner seul.) 85 – 50 – **75 ch** 615.

Voyageurs, 15 av. Clemenceau ✆ 98 80 25 73, Télex 941512, Fax 98 46 52 98 – rest TV ☎ – grill – **40 ch.** — EY **n**

Paix sans rest, 32 r. Algésiras ✆ 98 80 12 97, Fax 98 43 30 95 – TV ☎. AE GB JCB — EY **y**
fermé 24 déc. au 2 janv. – 30 – **25 ch** 245/300.

Atlantis, 157 r. J. Jaurès ✆ 98 43 58 58, Fax 98 43 58 01 – ch TV ☎. AE GB — BX **d**
R *(fermé sam. midi)* 56/145, enf. 40 – 40 – **80 ch** 230/385.

Astoria sans rest, 9 r. Traverse ✆ 98 80 19 10, Fax 98 80 52 41 – TV ☎. AE GB — EZ **e**
27 – **26 ch** 120/230.

Agena sans rest, r. Frégate La Belle Poule ✆ 98 44 23 88, Fax 98 43 20 63 – TV ☎. GB — EZ **u**
30 – **21 ch** 130/260.

Bretagne sans rest, 24 r. Harteloire ✆ 98 80 41 18, Fax 98 44 72 27 – TV ☎. GB. — BX **e**
fermé 20 déc. au 6 janv. – 30 – **21 ch** 180/270.

Colbert sans rest, 12 r. Lyon ✆ 98 80 47 21, Fax 98 43 28 00 – TV ☎. AE GB — EY **m**
25 – **27 ch** 149/285.

Bellevue sans rest, 53 r. V. Hugo ✆ 98 80 51 78, Fax 98 46 02 84 – TV ☎. GB — BX **u**
30 – **25 ch** 180/250.

Frère Jacques, 15 bis r. Lyon ✆ 98 44 38 65 – GB — EY **q**
fermé 29 juin au 5 juil., sam. midi et dim. – **R** 98/290

Le Vatel, 23 r. Fautras ✆ 98 44 51 02 – AE GB JCB — EY **a**
fermé 2 au 12 août, sam. midi et dim. – **R** 85/290.

Le Rossini, 16 r. Amiral Linois ✆ 98 80 10 00 – GB — DZ **v**
fermé 20 juin au 20 sept., dim. soir et lundi – **R** 98/320, enf. 60.

Ruffé, 1 bis r. Y. Collet ✆ 98 46 07 70 – AE GB — EY **k**
fermé dim. soir – **R** 84/180, enf. 57.

au Nord par D 788 CV : 5 km – ✉ **29200** Brest :

Novotel M, Z.A. Kergaradec ✆ 98 02 32 83, Télex 940470, Fax 98 41 69 27 – ch rest TV ☎ – 25 à 200. AE GB
R carte environ 160, enf. 50 – 48 – **85 ch** 420/470.

Climat de France M, près ZA Kergaradec ✆ 98 47 50 50, Fax 98 47 76 62 – TV ☎ – 30. AE GB
R 80/120, enf. 39 – 30 – **54 ch** 289 – ½ P 245/255.

au port de plaisance par ⑤ : 5 km – ✉ **29200** Brest :

Parc, 45 r. Vieux St-Marc ✆ 98 41 32 00, Fax 98 41 49 95 – rest TV ☎. AE GB
R *(fermé dim. soir et lundi)* 89/189 – **L'Ancre d'Or** *(fermé dim. soir et lundi)* **R** 89/189 enf. 45 – 40 – **40 ch** 275/430 – ½ P 250/300.

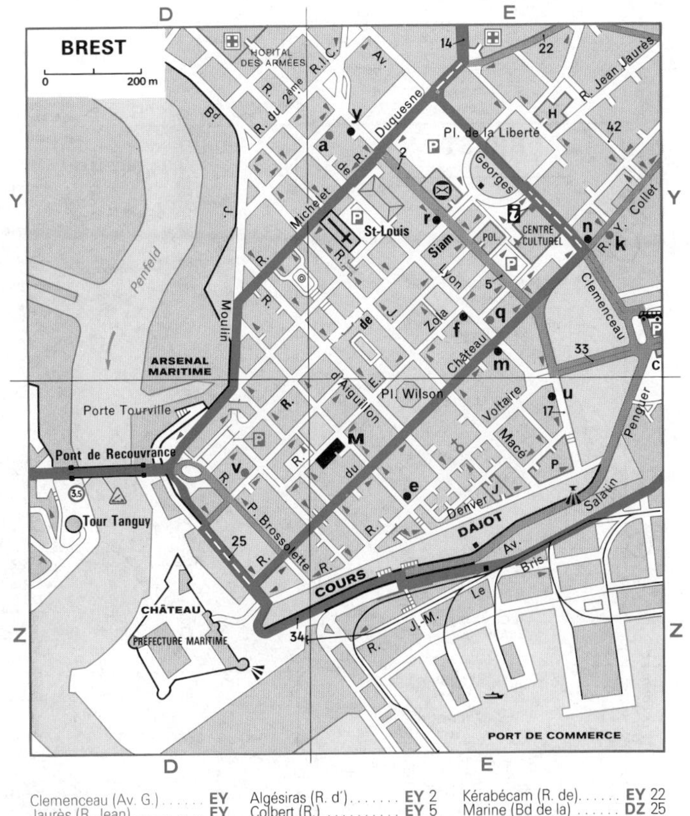

Clemenceau (Av. G.)	EY	Algésiras (R. d')	EY 2	Kérabécam (R. de)	EY 22
Jaurès (R. Jean)	EY	Colbert (R.)	EY 5	Marine (Bd de la)	DZ 25
Liberté (Pl. de la)	EY	Foch (Av. Mar.)	EY 14	Réveillère (R. Amiral)	EY 33
Lyon (R. de)	DEY	Frégate-la-Belle-Poule (R.)	EZ 17	Roosevelt (Av. F.)	DZ 34
Siam (R. de)	EY			11-Martyrs (R. des)	EY 42

au Relecq-Kerhuon par ⑤ : 7,5 km – 10 569 h. – ✉ **29480** :

Relais Confortel Ⓜ, Z.I. de Kerscao ☎ 98 28 28 44, Fax 98 28 05 65 – ch TV ☎ ♿ P – 45. AE GB
R 51/140, enf. 35 – 30 – **42 ch** 230/250.

à Ste-Anne-du-Portzic par ⑥, D 789 et VO : 7 km – ✉ **29200** Brest :

Belvédère Ⓜ, ☎ 98 31 86 00, Fax 98 31 86 39, ← – ch TV ☎ ♿ P. AE GB
R 148/230 – 45 – **26 ch** 365/550 – ½ P 285/320.

MICHELIN, Agence, bd G.-Lippmann par ② ZA Kergaradec à Gouesnou ☎ 98 02 21 08

ALFA-ROMEO, TOYOTA Brest Autom., 84 rte de Gouesnou ☎ 98 02 21 82
AUSTIN-ROVER Sébastopol-Autom., ZI Kergonan angle bd Europe et rte de Gouesnou ☎ 98 42 05 55 N ☎ 98 40 65 75
BMW Ouest-Autom., r. G.-Plante, ZA Kergaradec à Gouesnou ☎ 98 02 11 15 N ☎ 98 40 65 75
CITROEN Succursale, r. G.-Zédé, ZI de Kergonan par ② ☎ 98 02 23 96 N ☎ 98 40 65 75
FIAT G.A.O., 16 r. Villeneuve ☎ 98 02 64 44
FORD Herrou et Lyon, rte de Gouesnou à Kerguen ☎ 98 02 35 62
MERCEDES-BENZ Gar. de l'Étoile, ZAC de l'Hermitage ☎ 98 41 80 80
OPEL Europe Motors, bd de l'Europe ☎ 98 41 70 40 N ☎ 98 40 65 75
PEUGEOT-TALBOT Sté Brestoise des Gges de Bretagne Lavallot, rte de Guipavas par ④ ☎ 98 02 14 06 N ☎ 98 62 21 26
RENAULT Filiale, 20 r. de Paris CV ☎ 98 02 20 20 N ☎ 05 05 15 15
SEAT Brittany Motors, 159 rte de Gouesnou ☎ 98 41 43 41 N ☎ 98 40 65 75
V.A.G Gar. St-Christophe, 132 rte de Gouesnou ☎ 98 02 19 80 N ☎ 98 40 65 75

Lorans-Pneus Pneu + Armorique, 7 r. Villeneuve ☎ 98 02 02 11
Madec-Pneus, 19 r. Kerjean-Vras ☎ 98 44 43 13
Pneus Service, 183 rte de Gouesnou ☎ 98 02 35 26
Simon-Pneus, 64 rte de Gouesnou ☎ 98 02 38 66

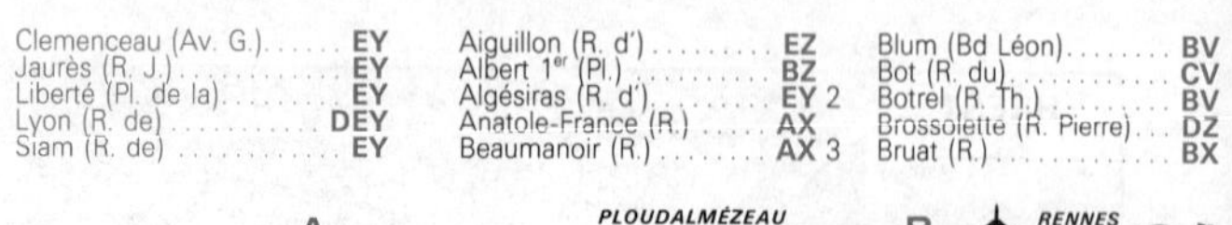

Clemenceau (Av. G.)	EY	Aiguillon (R. d')	EZ	Blum (Bd Léon)	BV
Jaurès (R. J.)	EY	Albert 1er (Pl.)	BZ	Bot (R. du)	CV
Liberté (Pl. de la)	EY	Algésiras (R. d')	EY 2	Botrel (R. Th.)	BV
Lyon (R. de)	DEY	Anatole-France (R.)	AX	Brossolette (R. Pierre)	DZ
Siam (R. de)	EY	Beaumanoir (R.)	AX 3	Bruat (R.)	BX

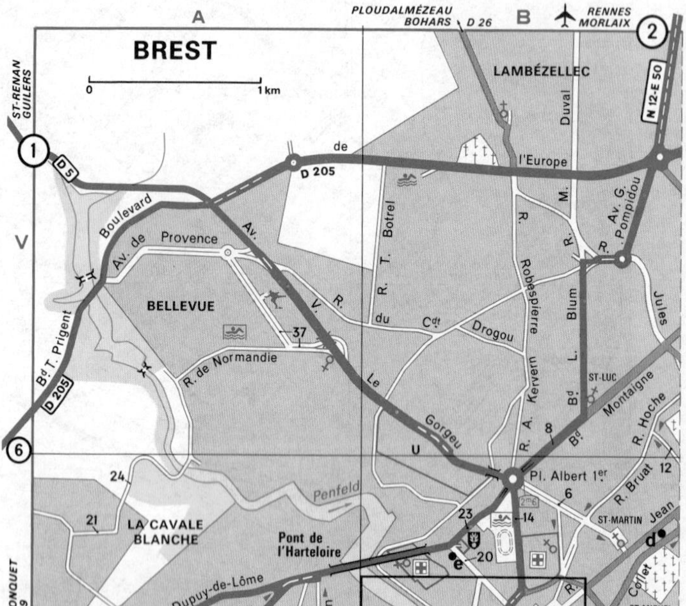

BREST

A
PLOUDALMÉZEAU BOHARS D 26
B
RENNES MORLAIX
2
0 1 km
ST-RENAN GUILERS
1
D 5
LAMBÉZELLEC
N 12-E 50
Duval
de
D 205
l'Europe
Boulevard
Av.
R.
M.
Av. de Provence
R. T. Botrel
Av. G. Pompidou
V
R.
Robespierre
BELLEVUE
V.
R.
du
Cdt
Drogou
Blum
Jules
37
Bd T. Prigent
R. de Normandie
Le
L.
ST-LUC
D 205
Kervern
Bd
Montaigne
Gorgeu
A.
R. Hoche
8
6
U
R.
Bd
12
Pl. Albert 1er
24
Penfeld
6
R. Bruat
21
LA CAVALE BLANCHE
23
14
ST-MARTIN
Jean
Pont de l'Harteloire
e
20
d
LE CONQUET D 789
R. Dupuy-de-Lôme
R.
Collet
ST-MICHEL
R
STE-THÉRÈSE
18
Maissin
41
45
3
St-Exupéry
Y.
u
27
R.
Bd Gambetta
7
de
RECOUVRANCE
R. de
ARSENAL
6
Guilers
St-
31
39
R. A. France
R.
X
R. de Kerraros
R. P. Loti
R. de l'Elorn
Porte Caffarelli
Amiral Nicol
R.
Corniche
PORT DE COMMERCE
Pte de la Grde Rivière
la
ARSENAL MARITIME
PORT DE LANINON
de
Rte
LES QUATRE POMPES
A
B

LES GUIDES VERTS MICHELIN

Paysages, monuments
Routes touristiques
Géographie
Histoire, Art
Itinéraires de visite
Plans de villes et de monuments

Caffarelli (Porte) . . . . AX
Château (R. du) . . . EYZ
Colbert (R.) . . . . EY 5
Collet (R. Yves) . . . . . BX
Corniche (Rte de la) . AX

Dajot (Cours) . . . . EZ
Denvers (R.) . . . . EZ
Desmoulins (Av. C.) . BX 6
Dr-Kerrien (R. du) . . . AX 7
Doumer (R. Paul) . . . BV 8

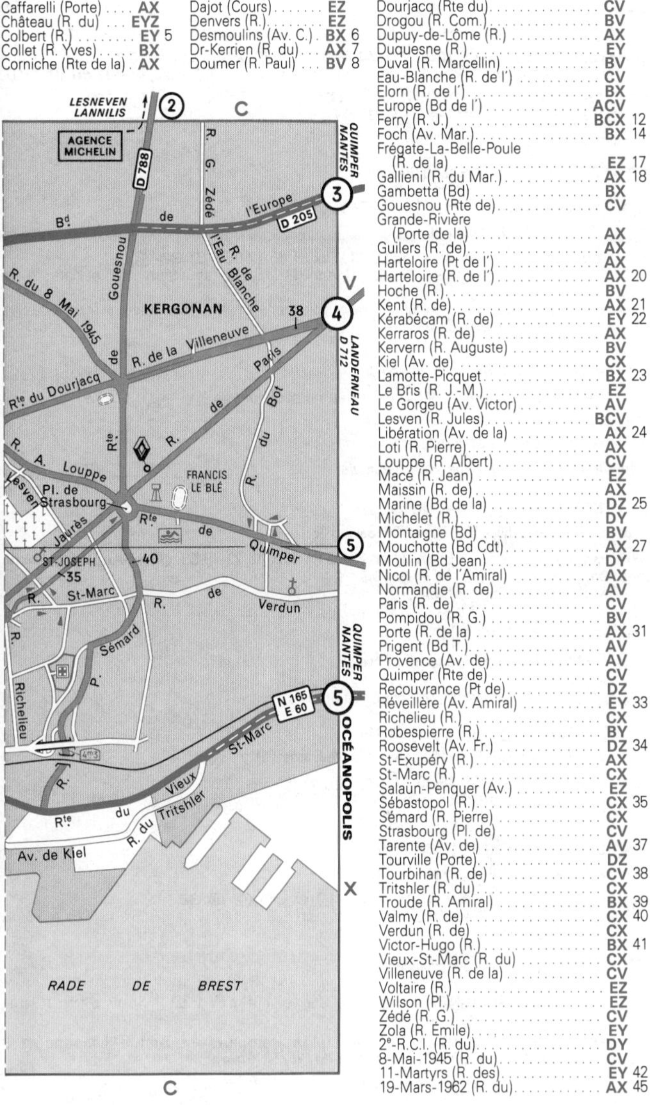

Dourjacq (Rte du) CV
Drogou (R. Com.) . . . . BV
Dupuy-de-Lôme (R.) . . . . AX
Duquesne (R.) . . . . EY
Duval (R. Marcellin) . . . . BV
Eau-Blanche (R. de l') CV
Elorn (R. de l') . . . . BX
Europe (Bd de l') . . . . ACV
Ferry (R. J.) . . . . BCX 12
Foch (Av. Mar.) . . . . BX 14
Frégate-La-Belle-Poule (R. de la) . . . . EZ 17
Gallieni (R. du Mar.) . . . . AX 18
Gambetta (Bd) . . . . BX
Gouesnou (Rte de) CV
Grande-Rivière (Porte de la) . . . . AX
Guilers (R. de) . . . . AX
Harteloire (Pt de l') . . . . AX
Harteloire (R. de l') . . . . AX 20
Hoche (R.) . . . . BV
Kent (R. de) . . . . AX 21
Kérabécam (R. de) . . . . EY 22
Kerraros (R. de) . . . . AX
Kervern (R. Auguste) . . . . BV
Kiel (Av. de) CX
Lamotte-Picquet . . . . BX 23
Le Bris (R. J.-M.) . . . . EZ
Le Gorgeu (Av. Victor) . . . . AV
Lesven (R. Jules) . . . . BCV
Libération (Av. de la) . . . . AX 24
Loti (R. Pierre) . . . . AX
Louppe (R. Albert) CV
Macé (R. Jean) . . . . EZ
Maissin (R. de) . . . . AX
Marine (Bd de la) . . . . DZ 25
Michelet (R.) . . . . DY
Montaigne (Bd) . . . . BV
Mouchotte (Bd Cdt) . . . . AX 27
Moulin (Bd Jean) . . . . DY
Nicol (R. de l'Amiral) . . . . AX
Normandie (R. de) . . . . AV
Paris (R. de) CV
Pompidou (R. G.) . . . . BV
Porte (R. de la) . . . . AX 31
Prigent (Bd T.) . . . . AV
Provence (Av. de) . . . . AV
Quimper (Rte de) CV
Recouvrance (Pt de) . . . . DZ
Réveillère (Av. Amiral) . . . . EY 33
Richelieu (R.) CX
Robespierre (R.) . . . . BY
Roosevelt (Av. Fr.) . . . . DZ 34
St-Exupéry (R.) . . . . AX
St-Marc (R.) CX
Salaün-Penquer (Av.) . . . . EZ
Sébastopol (R.) . . . . CX 35
Sémard (R. Pierre) CX
Strasbourg (Pl. de) CV
Tarente (Av. de) . . . . AV 37
Tourville (Porte) . . . . DZ
Tourbihan (R. de) . . . . CV 38
Tritshler (R. du) CX
Troude (R. Amiral) . . . . BX 39
Valmy (R. de) . . . . CX 40
Verdun (R. de) CX
Victor-Hugo (R.) . . . . BX 41
Vieux-St-Marc (R. du) CX
Villeneuve (R. de la) CV
Voltaire (R.) . . . . EZ
Wilson (Pl.) . . . . EZ
Zédé (R. G.) CV
Zola (R. Émile) . . . . EY
2e-R.C.I. (R. du) . . . . DY
8-Mai-1945 (R. du) CV
11-Martyrs (R. des) . . . . EY 42
19-Mars-1962 (R. du) . . . . AX 45

BRETENOUX **46130** Lot 75 ⑲ **G. Périgord Quercy** – 1 211 h alt. 126.
Voir Château de Castelnau-bretenoux★★ : ⩽★ SO : 3,5 km.
ℹ Syndicat d'Initiative av. Libération (15 juin-15 sept.) ✆ 65 38 59 53.
Paris 534 – Brive-la-Gaillarde 45 – Cahors 78 – Figeac 48 – Sarlat-la-Canéda 68 – Tulle 52.

au Port de Gagnac NE : 6 km par D 940 et D 14 – ✉ **46130** Bretenoux :

Host. Belle Rive, ✆ 65 38 50 04, ⩽, 🏞 – TV ☎ P. GB. ✗ ch
1er mars-30 nov. – **R** 75/200 🍷 – ☕ 30 – **13 ch** 200/250 – ½ P 240/290.

CITROEN Gar. Croix Blanche, à St-Michel-Loubéjou ✆ 65 38 11 88
PEUGEOT-TALBOT Bretenoux-Auto ✆ 65 38 45 60
RENAULT Bassat ✆ 65 38 45 84
Ⓟ Biars-Pneus, à Biars-sur-Cère ✆ 65 38 58 34

BRETEUIL 60120 Oise 52 ⑱ – 3 879 h alt. 83.

Paris 108 – ◆Amiens 31 – Compiègne 53 – Beauvais 28 – Clermont 34 – Montdidier 23.

Cap Nord, r. Paris ✆ 44 07 10 33, Fax 44 80 92 71 – TV ☎ P – 60. GB
fermé 20 déc. au 10 janv. – **R** grill *(fermé vend. soir et sam.)* 68 – 28 – **38 ch** 190/240.

Globe, r. République ✆ 44 07 01 78, – GB
fermé mardi soir, dim. soir et lundi – **R** 75/300.

CITROEN Minard, 2 r. de Paris ✆ 44 07 00 36

Le BREUIL 71 S.-et-L. 69 ⑧ – rattaché au Creusot.

Le BREUIL-EN-AUGE 14130 Calvados 54 ⑰ – 779 h alt. 38.

Paris 202 – ◆Caen 54 – Deauville 21 – Lisieux 9.

✿ **Aub. Dauphin** (Lecomte), ✆ 31 65 08 11, Fax 31 65 12 08 – AE GB.
fermé 15 au 30 janv., dim. soir sauf août et lundi – **R** 170/220 (sauf sam. soir) et carte 280 à 380, enf. 80
Spéc. Barbecue d'huîtres d'Isigny (avril à août). Rosace de pommes de terre et d'andouille de Vire. Douillon de poire sauce caramel au pommeau (oct. à mars).

L'Atlas Routier FRANCE de Michelin, c'est :
– toute la cartographie détaillée (1/200 000) en un seul volume,
– des dizaines de plans de villes,
– un index de repérage des localités..
Le copilote indispensable dans votre véhicule.

BREUILLET 17920 Char.-Mar. 71 ⑮ – 1 863 h alt. 27.

Paris 505 – Rochefort 36 – La Rochelle 70 – Royan 10 – Saintes 38.

La Grange, Le Grallet O : 1,5 km ✆ 46 22 72 64, Fax 46 22 79 55, , « Ancienne ferme aménagée, parc fleuri, », – P. GB
4 juil.-4 sept. – **R** 200/350, enf. 60.

BRÉVANS 39 Jura 70 ③ – rattaché à Dole.

BRÉVIANDES 10 Aube 61 ⑯ ⑰ – rattaché à Troyes.

BRÉVILLE-SUR-MER 50 Manche 59 ⑦ – rattaché à Granville.

BRÉVONNES 10220 Aube 61 ⑰ ⑱ – 604 h alt. 116.

Paris 181 – Troyes 26 – Bar-sur-Aube 29 – St-Dizier 58 – Vitry-le-François 51.

Vieux Logis avec ch, ✆ 25 46 30 17, – TV ☎ P. GB
fermé dim. soir et lundi d'oct. à avril – **R** 70/220, enf. 45 – 28 – **5 ch** 170/250 – ½ P 195/222.

BREZOLLES 28270 E.-et-L. 60 ⑥ – 1 695 h alt. 162.

Paris 105 – Chartres 43 – Alençon 87 – Argentan 91 – Dreux 23.

Le Relais, ✆ 37 48 20 84, Fax 37 48 28 46 – TV ☎ P. GB
fermé août, 1er au 9 janv., vend. soir et dim. soir – **R** 69/140, enf. 45 – 25 – **20 ch** 170/230 – ½ P 160/180.

BRIAL 82 T.-et-G. 82 ⑦ – rattaché à Montauban.

BRIANÇON SP 05100 H.-Alpes 77 ⑱ **G. Alpes du Sud** – 11 041 h alt. 1 321 – Sports d'hiver à Serre-Chevalier par ④ : 6 km, puis téléphérique.

Voir Ville haute★★ : Grande Gargouille★, Pont d'Asfeld★, Remparts ≤★, Statue "La France"★ B – Puy St-Pierre ✻★★ de l'église SO : 3 km par Rte de Puy St-Pierre.

Env. Croix de Toulouse ≤★★ par Av. de Toulouse et D 232T : 8,5 km.

✆ 92 51 50 50.

Office de Tourisme au Prorel et Porte de Pignerol ✆ 92 21 08 50, Télex 410898.

Paris 686 ④ – Digne-les-Bains 147 ③ – Gap 88 ③ – ◆Grenoble 117 ④ – ◆Nice 219 ③ – Torino 108 ①.

Plans pages suivantes

Mercure-Altéa Grand'Boucle M, av. Dauphiné **(f)** ✆ 92 20 11 51, Télex 405937, Fax 92 20 46 50, , – ch TV ☎ P – 40 à 70. AE GB. rest
L'Épicurien R 75/145, enf. 45 – 50 – **99 ch** 490/630.

Vauban, 13 av. Gén. de Gaulle **(n)** ✆ 92 21 12 11, Fax 92 20 58 20, – TV ☎ P. GB
fermé 5 nov. au 18 déc. – **Repas** 120/180 – 32 – **44 ch** 245/420 – ½ P 300/380.

Parc H. M, Central Parc **(d)** ✆ 92 20 37 47, Télex 405932, Fax 92 20 53 74 – TV ☎ P – 50. AE GB
Taverne de Maître Kanter R 80/200, enf. 45 – 45 – **57 ch** 440/470 – ½ P 335/380.

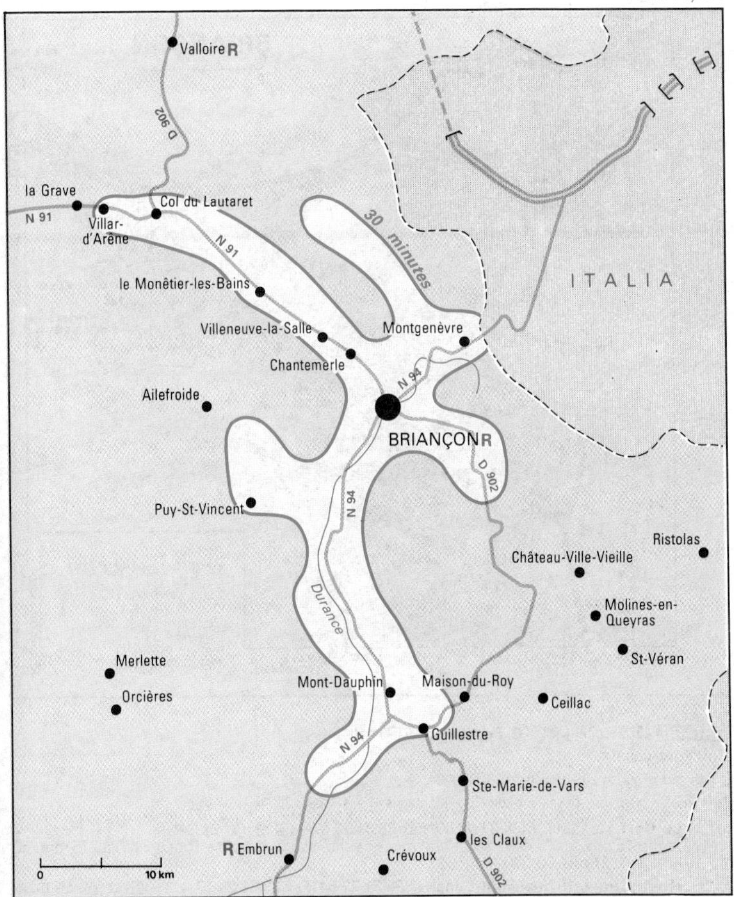

🏨 **Le Cristol,** 6 rte Italie **(x)** ✆ 92 20 20 11, Fax 92 21 02 58 – TV ☎. AE GB. ✂ rest **R** 100/135, enf. 45 – ☕ 40 – **19 ch** 280/320 – ½ P 260/280.

🏨 **Mont-Brison** sans rest, 3 av. Gén. de Gaulle **(s)** ✆ 92 21 14 55, Fax 92 20 46 27 – |‡| ☎ Ⓟ. GB. ✂ – *fermé 3 nov. au 20 déc.* – ☕ 30 – **45 ch** 200/260.

🏨 **Edelweiss** sans rest, 32 av. République **(r)** ✆ 92 21 02 94, Fax 92 21 22 55, ⛱ – ☎ Ⓟ. GB. ✂ – *fermé 1er nov. au 15 déc.* – ☕ 32 – **22 ch** 190/370.

XXX **Le Péché Gourmand,** 2 rte Gap **(e)** ✆ 92 20 11 02 – Ⓟ. AE GB
fermé 6 au 27 janv., dim. soir et lundi sauf juil.-août – **R** 150/270, enf. 65.

ALFA-ROMEO-RENAULT Jullien, 21-23 av. M.-Petsche ✆ 92 21 30 00 N
CITROEN Durance Automobiles, Z.A. Briançon Sud par av. Gén.-de-Gaulle ✆ 92 20 14 00
FORD Gar. Gignoux, 7 av. J.-Moulin ✆ 92 21 11 56
PEUGEOT-TALBOT Faure Frères, 2 rte de Gap ✆ 92 21 10 02

Gli alberghi o ristoranti ameni sono indicati nella guida con un simbolo rosso.
Contribuite a mantenere la guida aggiornata segnalandoci gli alberghi e ristoranti dove avete soggiornato piacevolmente.

🏨🏨🏨🏨🏨 ... 🏨

XXXXX ... X

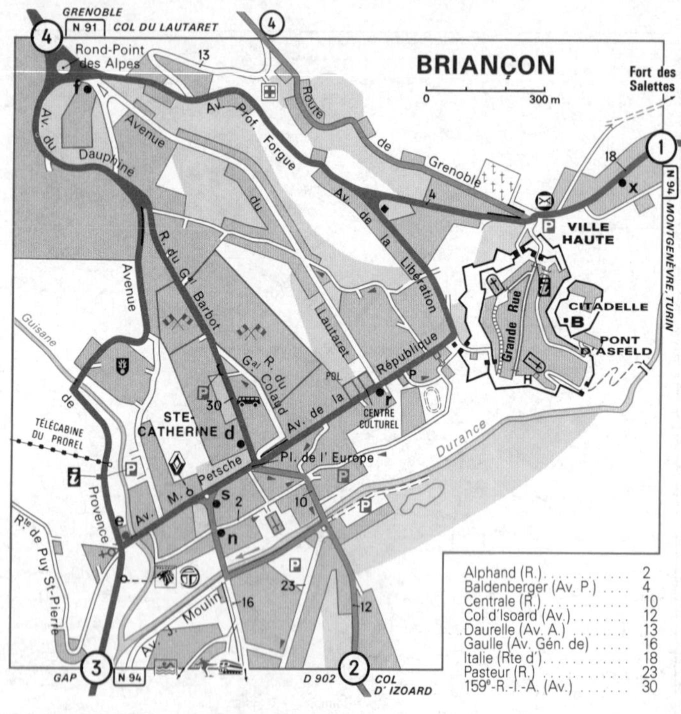

BRIARE 45250 Loiret 65 ② **G. Bourgogne** – 6 070 h alt. 144.

Voir Pont-canal*.

Office de Tourisme pl. Église ✆ 38 31 24 51.

Paris 155 – Auxerre 75 – Cosne-sur-Loire 31 – Montargis 41 – ◆Orléans 78.

- **Le Cerf,** rte Paris ✆ 38 37 00 80, Fax 38 31 25 17 – TV ☎ P. AE GB
  fermé 15 nov. au 15 déc., fév., sam. midi et vend. sauf juil.-août – **R** carte 120 à 215, enf. 60 – ☕ 35 – **21 ch** 300/380 – ½ P 302.
- **Host. Canal,** 19 quai Pont-Canal ✆ 38 31 22 54, Fax 38 31 25 17, – TV ☎ P. AE GB
  fermé 15 déc. au 1er fév. lundi de sept. à juin (sauf hôtel) et dim. soir d'oct. à juin – **R** 110/200, enf. 60 – ☕ 35 – **18 ch** 275/380 – ½ P 302.

BRICQUEBEC 50260 Manche 54 ② **G. Normandie Cotentin** – 4 363 h alt. 34.

Voir Donjon* du Château.

Paris 353 – Cherbourg 24 – Barneville-Carteret 15 – Coutances 55 – St-Lô 69 – Valognes 12.

- **Vieux Château** , ✆ 33 52 24 49, Fax 33 52 62 71 – ☎ P. AE GB
  fermé 20 déc. au 1er fév. – **R** 80/170 , enf. 45 – ☕ 40 – **20 ch** 170/390 – ½ P 215/300.

RENAULT Lecocq ✆ 33 52 27 91 N

BRIDES-LES-BAINS 73570 Savoie 74 ⑰ ⑱ **G. Alpes du Nord** – 611 h alt. 572 – Stat. therm. (16 mars-14 nov.) – Casino.

Syndicat d'Initiative ✆ 79 55 20 64, Télex 980405.

Paris 614 – Albertville 32 – Annecy 78 – Chambéry 78 – Courchevel 18 – Moûtiers 5.

- **Gd H. Thermes,** ✆ 79 55 29 77, Fax 79 55 28 29 – TV ☎ P – 26 à 70. AE GB. rest
  fermé 15 nov. au 15 déc. – **R** 165 – **98 ch** ☕ 530/1360, 4 appart. – P 600/695.
- **Golf,** ✆ 79 55 28 12, Fax 79 55 24 78, ←, centre de masso-hydrothérapie – TV ☎ P. GB. rest
  1er avril-fin oct. – **R** 160 – ☕ 55 – **45 ch** 360/700 – P 450/675.
- **Amélie** M, ✆ 79 55 30 15, Fax 79 55 28 08, , – TV ☎ P. AE GB.
  fermé 15 nov. au 15 déc. – **R** 95/130, enf. 50 – **42 ch** ☕ 450/700 – P 550/600.

Verseau M, 79 55 27 44, Fax 79 55 30 20, ≤, – rest
fermé nov. et déc. – **R** 110/130 – 55 – **41 ch** 380/700 – P 450/580.

Bains, 79 55 22 05, ≤, – GB. rest
11 avril-17 oct. et vacances de fév. – **R** 95/130 – 37 – **34 ch** 380/400 – P 315/425.

Altis Val Vert, 79 55 22 62, Fax 79 55 29 12, – AE GB.
fermé 6 nov. au 18 déc. – **R** 105/150, enf. 70 – 40 – **35 ch** 280/480 – P 300/400.

Fontaines, 79 55 22 53, ≤, – GB. rest
fermé fin oct. au 20 déc. – **R** (en hiver dîner seul.) 105/120 – 35 – **26 ch** 250/380 – P 275/360.

Belvédère sans rest, 79 55 23 41, ≤ – GB.
1er fév.-25 oct. – **26 ch** 210/370.

La Grillade, résid. Le Royal 79 55 20 90, – GB
fermé 1er nov. au 15 déc. – **R** 95/135, enf. 60.

BRIEC 29510 Finistère 58 ⑮ – 4 546 h alt. 158.

Paris 547 – Carhaix-Plouguer 42 – Châteaulin 16 – Morlaix 63 – Pleyben 17 – Quimper 16.

Midi, 98 57 90 10 – GB. ch
fermé vacances de fév., dim. soir et sam. sauf juil.-août – **R** 65/210 – 32 – **14 ch** 260 – ½ P 220.

BRIE-COMTE-ROBERT 77170 S.-et-M. 61 ② 106 ㉝ 101 ㊴ **G. Ile de France** – 11 501 h alt. 88.

Voir Verrière★ du chevet de l'église.

du Réveillon, 60 02 17 33 à Lésigny : 5 km.

Paris 40 – Brunoy 10 – Évry 20 – Melun 18 – Provins 56.

A la Grâce de Dieu M, 79 r. Gén. Leclerc (N 19) (1) 64 05 00 76, – GB
fermé août, lundi (sauf hôtel) et dim. soir – **R** 99/190 – 30 – **18 ch** 220/320.

CITROEN Pasquier Automobiles, 6, av. Gén.-Leclerc (1) 64 05 00 94
FORD Zélus Autom., 70 r. Gén.-Leclerc (1) 64 05 03 10
PEUGEOT, TALBOT Éts Lespourci, 7 r. Gén.-Leclerc (1) 64 05 50 50
RENAULT Redelé Brie, 17 av. Gén.-Leclerc (1) 64 05 21 18
BCR Interpneu Mélia, 75 r. Gén. Leclerc 64 05 88 89

BRIENNE-LE-CHÂTEAU 10500 Aube 61 ⑱ **G. Champagne** – 3 752 h alt. 126.

Paris 208 – Troyes 40 – Bar-sur-Aube 23 – Châtillon 72 – St-Dizier 45 – Vitry-le-François 42.

à la Rothière S : 5 km par D 396 – ✉ **10500** :

Aub. de la Plaine avec ch, 25 92 21 79, Fax 25 92 26 16 – AE GB
fermé 20 déc. au 3 janv. – **R** 70/250, enf. 45 – 30 – **18 ch** 125/250 – ½ P 180/210.

FORD Gar. Blavot 25 92 80 39
PEUGEOT-TALBOT Gar. Prugnot, r. St-Bernard 25 92 83 57
RENAULT Consigny 25 92 80 48
RENAULT Millon, 25 92 80 59

BRIGNAC-LA-PLAINE 19310 Corrèze 75 ⑧ – 817 h alt. 125.

Paris 487 – Brive-la-Gaillarde 22 – Arnac-Pompadour 31 – Sarlat-la-Canéda 48.

Manoir de Brignac, 55 85 22 09, Fax 55 85 13 26, parc, « Bel ménagement intérieur », – AE GB
1er avril-30 oct. – **R** (en semaine dîner seul.) 150/220 – 50 – **10 ch** 750/950 – ½ P 650/1150.

BRIGNAIS 69 Rhône 74 ⑪ – rattaché à Lyon.

BRIGNOGAN-PLAGES 29890 Finistère 58 ④ ⑤ **G. Bretagne** – 836 h alt. 60.

Voir Clocher★ de l'église de Goulven SE : 3,5 km.

Syndicat d'Initiative r. de l'Église 98 83 41 08.

Paris 588 – ◆Brest 36 – Carhaix-Plouguer 82 – Landerneau 27 – Morlaix 49 – St-Pol-de-Léon 30.

Castel Régis, plage Garo 98 83 40 22, Fax 98 83 44 71, ≤ baie, – ch GB. rest
4 avril-26 sept. – **R** *(fermé merc. midi)* (prévenir) 118/195, enf. 70 – 33 – **21 ch** 650 – ½ P 460.

BRIGNOLES SP 83170 Var 84 ⑮ **G. Côte d'Azur** (plan) – 11 239 h alt. 215.

Voir Sarcophage de la Gayole★ dans le musée.

Sainte-Baume à Nans-les-Pins 94 78 60 12, O par N 7 et D 1 : 23 km ; de Barbaroux 94 59 07 43, E : 4 km par N 7 puis D 79.

Office de Tourisme avec A.C. parking des Augustins 94 69 01 78.

Paris 813 – Aix-en-Provence 57 – Cannes 93 – Draguignan 51 – ◆Marseille 64 – ◆Toulon 46.

Ibis M, N : 2 km par rte du Val, D 554 et VO 94 69 19 29, Télex 404556, Fax 94 69 19 90, – ch – 25. AE GB
R 90, enf. 60 – 35 – **41 ch** 320/350.

à la Celle S : 2 km par D 554 – ✉ **83170** Brignoles :

XX **Mas la Cascade** avec ch, ancienne rte de Toulon ☎ 94 69 01 49, Fax 94 69 07 17, ☂, « intérieur rustique » – ☎ P – 🏛 25. AE GB
fermé fév. – **R** *(fermé dim. soir et lundi d'oct. à avril)* 115/290, enf. 60 – ☕ 45 – **10 ch** 310/490.

PEUGEOT-TALBOT Blanc et Rochebois, N 7, rte d'Aix ☎ 94 69 21 23
RENAULT S.A.D.A.P., ZI ☎ 94 69 23 28 N ☎ 05 05 15 15
Ⓜ Aude, ZI ☎ 94 69 34 13
Santa-Pneus, rte de Marseille N 7 ☎ 94 59 28 43

La BRIGUE **06** Alpes-Mar. 84 ⑳, 115 ⑨ – rattaché à Tende.

La BRILLANNE **04** Alpes-de-H.-P. 81 ⑮ – 649 h alt. 349 – ✉ **04700** Oraison.
Paris 745 – Digne-les-Bains 42 – Forcalquier 11 – Manosque 15.

XXX **Les Templiers,** pl. Mairie ☎ 92 78 68 00, Fax 92 78 71 74, ☂, « Salle voûtée » – AE ⓓ GB. ✻
fermé fév., dim. soir et lundi – **R** (week-ends, prévenir) 220/320.

RENAULT Mazzoleni, Gar. de la Gare ☎ 92 78 67 00 N

BRINON-SUR-SAULDRE **18410** Cher 64 ⑳ – 1 107 h alt. 138.
Paris 190 – ◆Orléans 55 – Bourges 65 – Cosne-sur-Loire 58 – Gien 37 – Salbris 24.

🏠 ✿ **La Solognote** (Girard) 🌿, ☎ 48 58 50 29, Fax 48 58 56 00, 🌳 – ▤ rest TV ☎ P. GB. ✻ ch
fermé 1er au 8 juin, 14 au 24 sept., 15 fév. au 18 mars, mardi soir d'oct. à juin et merc. – **R** 160/320 et carte 240 à 350, enf. 90 – ☕ 50 – **13 ch** 280/370 – ½ P 360/410
Spéc. Petites escalopes de ris de veau aux lentilles. Lotte et langoustines rôties au coulis de cèpes. Colvert rôti et confit (15 août au 15 fév.). **Vins** Quincy, Menetou-Salon.

RENAULT Gar. de la Jacque ☎ 48 58 50 37 N

BRIOLLAY **49125** M.-et-L. 64 ① – 2 005 h.
Paris 286 – Angers 15 – Château-Gontier 41 – La Flèche 40.

par rte de Soucelles (D 109) : 3 km – ✉ **49125** Briollay :

🏰 **Château de Noirieux** 🌿, ☎ 41 42 50 05, Télex 723113, Fax 41 37 91 00, ≤, parc, 🏊, 🎾 – ▤ rest TV ☎ ♿ P – 🏛 80. AE ⓓ GB
fermé mi-janv. à fin fév. – **R** *(fermé dim. soir et lundi du 1er oct. au 1er avril)* 180/350 – ☕ 65 – **19 ch** 550/1100 – ½ P 565/810.

BRIONNE **27800** Eure 55 ⑮ **G. Normandie Vallée de la Seine** (plan) – 4 408 h alt. 57.
⛳18 du Champ de Bataille ☎ 32 35 03 72, O : 18 km par D 137 et D 39.
🅸 Syndicat d'Initiative pl. Eglise (juin-sept.) ☎ 32 45 70 51.
Paris 146 – ◆Rouen 41 – Bernay 16 – Évreux 42 – Lisieux 39 – Pont-Audemer 26.

XXX **Le Logis de Brionne** avec ch, pl. St Denis ☎ 32 44 81 73, Fax 32 45 10 92 – TV ☎. AE GB
fermé 3 au 10 janv., dim. soir en hiver et lundi – **R** 90/230, enf. 60 – ☕ 40 – **12 ch** 280/350 – ½ P 270/315.

XX **Aub. Vieux Donjon** avec ch, r. Soie ☎ 32 44 80 62, ☂ – P. GB
fermé 12 nov. au 10 déc., 15 fév. au 1er mars, dim. soir du 15 oct. à Pâques et lundi – **R** 75/195, enf. 55 – ☕ 30 – **8 ch** 260/290.

CITROEN Rotrou, à Aclou ☎ 32 44 83 66
FIAT Gar. Leroy, 1 rte de Cormeilles ☎ 32 44 88 32 N
PEUGEOT-TALBOT Gar. Leroy, 19 bd République ☎ 32 44 80 16 N
RENAULT Maulion, 24 r. Tragin ☎ 32 44 82 02

BRIOUDE SP **43100** H.-Loire 76 ⑤ **G. Auvergne** – 7 285 h alt. 434.
Voir Basilique St-Julien★★.
Env. Lavaudieu : fresques★ de l'église et cloître★ de l'ancienne abbaye 9,5 km par ①.
🅸 Office de Tourisme pl. Champanne ☎ 71 74 97 49 et Maison de Mandrin r. du 4 Septembre ☎ 71 74 94 59.
Paris 487 ④ – Le Puy-en-Velay 61 ② – Aurillac 106 ③ – ◆Clermont-Ferrand 69 ④ – Issoire 34 ④ – St-Flour 48 ③.

Plan page suivante

🏠 **Le Brivas,** rte Puy par ② ☎ 71 50 10 49, Fax 71 74 90 69, 🏊, 🌳 – 🛗 TV ☎ P – 🏛 40. AE ⓓ GB JCB
fermé déc., vend. soir et sam. midi du 1er oct. au 15 avril – **R** 90/300, enf. 52 – ☕ 32 – **30 ch** 210/290 – ½ P 247/267.

🏠 **Moderne,** 12 av. V. Hugo **(n)** ☎ 71 50 07 30, Fax 71 50 22 35 – TV ☎ 🚗 P. AE ⓓ GB
fermé 26 déc. au 15 fév., dim. soir et lundi midi sauf juil.-août et fériés – **R** 80/210 – ☕ 38 – **17 ch** 230/340 – ½ P 260/330.

BRIOUDE

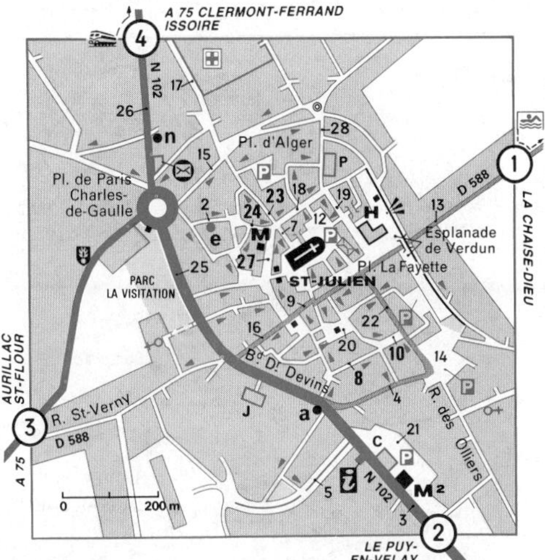

Poste et Champanne, 1 bd Dr Devins **(a)** ℘ 71 50 14 62 – 🅿. GB
fermé 2 au 25 janv. et dim. soir du 15 sept. au 15 juin – **R** 65/160 – ☕ 28 – **20 ch** 130/230 – ½ P 195.

La Chaumine sans rest, 13 av. Gare par ④ ℘ 71 50 14 10
fermé 1er au 15 mai, 15 au 31 oct. et dim. – ☕ 22 – **17 ch** 95/190.

Julien Chabaud, 7 r. Assas **(e)** ℘ 71 50 00 03 – GB
fermé 1er au 7 juin, oct., dim. soir et lundi hors sais. – **R** 58/110.

à Vieille-Brioude par ② : 3,5 km – ✉ **43100** :

Les Glycines, av. Versailles ℘ 71 50 91 80 – 🅿. GB
fermé 25 déc. au 15 fév., vend. soir et sam. midi – **R** 63/230 – ☕ 34 – **13 ch** 210/260 – ½ P 185/210.

CITROEN Delmas, av. d'Auvergne par ④ ℘ 71 50 12 06
FIAT Legrand, rte de Clermont Cohade ℘ 71 50 08 54
PEUGEOT-TALBOT Gar. d'Auvergne, av. d'Auvergne par ④ ℘ 71 50 06 05
RENAULT Fournier, rte de Clermont par ④ ℘ 71 50 02 01

Da-Silva-Pneu (Ripa), av. d'Auvergne ℘ 71 50 10 86
Euromaster Estager Pneu, av. d'Auvergne ZI St-Ferréol ℘ 71 50 37 01

BRIOUZE 61220 Orne 60 ① – 1 658 h alt. 200.

Paris 223 – Alençon 59 – Argentan 26 – La Ferté-Macé 13 – Flers 17.

Sophie avec ch, ℘ 33 66 00 30 – GB
fermé 15 au 31 août, vacances de fév., vend. soir(sauf hôtel) et dim. soir de sept. à mai – **R** 60/80, enf. 50 – ☕ 30 – **9 ch** 120/250.

CITROEN Gar. Boutrois ℘ 33 66 00 28

RENAULT Gar. Tolerie le Chesnay, Le Chesnay à Pointel ℘ 33 66 01 34

BRISON-LES-OLIVIERS 73 Savoie 74 ⑮ – rattaché à Aix-les-Bains.

BRISSAC-QUINCÉ 49320 M.-et-L. 64 ⑪ G. Châteaux de la Loire – 2 275 h alt. 59.

Voir Château★★.

Syndicat d'Initiative pl. du Tertre (saison) ℘ 41 91 21 50.

Paris 307 – Angers 16 – Cholet 58 – Saumur 35.

Le Castel sans rest, ℘ 41 91 24 74 – GB
fermé 11 au 24 janv. – ☕ 28 – **10 ch** 195/280.

BRIVE-LA-GAILLARDE <SP> 19100 Corrèze 75 ⑧ G. Périgord Quercy – 49 765 h alt. 142.

Voir Hôtel de Labenche★ BZ **X**.

℘ 55 23 50 50.

Office de Tourisme pl. 14-Juillet ℘ 55 24 08 80.

Paris 488 ④ – Albi 194 ③ – ♦Clermont-Ferrand 167 ① – ♦Limoges 91 ④ – ♦Montpellier 339 ③ – ♦Toulouse 213 ③.

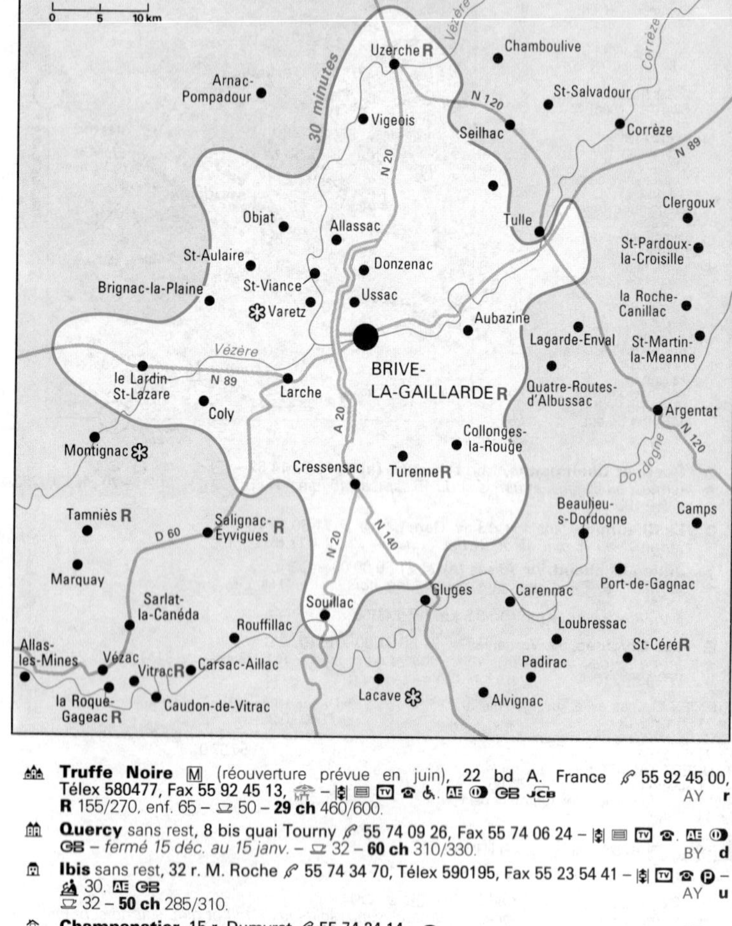

Truffe Noire (réouverture prévue en juin), 22 bd A. France ☎ 55 92 45 00, Télex 580477, Fax 55 92 45 13, – TV ☎ AE GB JCB — AY **r**
R 155/270, enf. 65 – ☕ 50 – **29 ch** 460/600.

Quercy sans rest, 8 bis quai Tourny ☎ 55 74 09 26, Fax 55 74 06 24 – TV ☎. AE GB – *fermé 15 déc. au 15 janv.* – ☕ 32 – **60 ch** 310/330. — BY **d**

Ibis sans rest, 32 r. M. Roche ☎ 55 74 34 70, Télex 590195, Fax 55 23 54 41 – TV ☎ P – 30. AE GB — AY **u**
☕ 32 – **50 ch** 285/310.

Champanatier, 15 r. Dumyrat ☎ 55 74 24 14 – ☎ — AZ **e**
fermé 5 au 20 juil., vacances de fév., vend. soir et dim. soir sauf août – **R** 78/132 – ☕ 28 – **12 ch** 80/250 – ½ P 155/185.

XXX **l'Ermitage,** 25 bd Koenig ☎ 55 23 63 11, – P. AE GB JCB — AY **k**
fermé sam. midi du 1er oct. au 15 mai – **R** 130/350, enf. 95.

XX **La Crémaillère** avec ch, 53 av. Paris ☎ 55 74 32 47, – TV ☎. GB — AY **z**
fermé dim. soir et lundi – **R** 80/220 – ☕ 28 – **8 ch** 250/290.

XX **La Belle Époque,** 27 av. J. Jaurès ☎ 55 74 08 75, Fax 55 84 83 74 – AE GB — AZ **t**
fermé dim. de juil. à sept. et sam. midi – **R** 82/230.

XX **La Périgourdine,** 15 av. Alsace-Lorraine ☎ 55 24 26 55, – AE GB — BZ **a**
fermé 1er au 13 sept. et dim. soir – **R** 120/330, enf. 60.

X **Chez Francis,** 61 av. Paris ☎ 55 74 41 72 – GB — AY **s**
fermé 1er au 8 mars, 9 au 22 août et dim. – **Repas** 85/120.

à Ussac par av. Pasteur et D 57 : 5 km – ✉ **19270** :

Aub. St-Jean, ☎ 55 88 30 20, Fax 55 87 28 50 – ☎. GB
R 89/220, enf. 45 – ☕ 28 – **30 ch** 210/280 – ½ P 230/250.

XX **La Borderie** avec ch, au Pouret ☎ 55 87 74 45, Fax 55 86 97 91, ←, , « Authentiques maisons corréziennes dans la campagne », – TV ☎ P. GB
R *(fermé dim. soir et lundi hors sais. sauf fériés)* 130/360, enf. 85 – ☕ 50 – **7 ch** 425/525.

BRIVE-LA-GAILLARDE

Faro (R. du Lt-Colonel) . **AZ** 8
Gambetta (R.) . . . . **BZ**
Gaulle (Pl. Ch.-de). . . . . **AY** 9
Hôtel-de-Ville (R. de l'). **AZ** 10
Paris (Av. de). . . . . **AY**

République (R. de la) . . **AZ** 23
Toulzac (R.) . . . . **AY** 26

Anatole-France (Bd) . **ABY** 2
Blum (Av. Léon) . . . . . . **AZ** 3
Cardinal (Pont) . . . . **AY** 4
Dauzier (Pl. J.-M.) . . . . . **BY** 5
Dr-Massénat (R.) . . . . . . **BY** 6
Dubois (Bd Cardinal) . . **BY** 7

Halle (Pl. de la). . . . . . . **ABY** 12
Hôtel-de-Ville (Pl. de l'). . **AY** 13
Lattre-de-T. (Pl. de). . . . . **AZ** 14
Lyautey (Bd Mar.) . . . . . . **AZ** 15
Pasteur (Av.) . . . . **AY** 18
Puyblanc (Bd de) . . . . . **ABZ** 19
Raynal (R. Blaise) . . . . . . **BZ** 20
République (Pl. de la) . . . **AZ** 22
Segeral-Verninac (R.) . . . **AY** 25

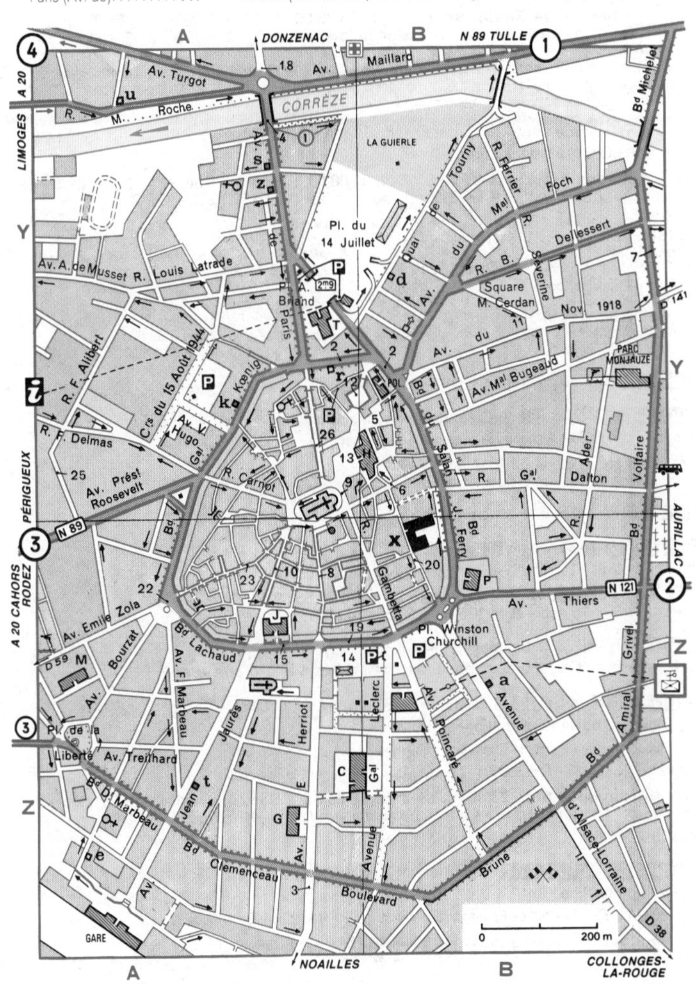

rte d'Argentat par ② : 3 km – ✉ **19360** Malemort :

Aub. des Vieux Chênes, ✆ 55 24 13 55, Fax 55 24 56 82 – TV ☎ P. AE ① GB
fermé dim. – **R** 60/180 ♧ – ☕ 30 – **14 ch** 170/260 – ½ P 200/255.

par ③ : 6 km – ✉ **19100** Brive-la-Gaillarde :

Teinchurier M, Z.I. Le Teinchurier ✆ 55 86 45 00, Fax 55 86 45 45 – |♦| ▤ rest TV ☎ ♿ P – 🏔 60. AE ① GB
R 60/160 ♧ – ☕ 40 – **37 ch** 270/295, 3 appart. – ½ P 205.

Campanile, à l'aérodrome ✆ 55 86 88 55, Télex 590838, Fax 55 87 35 98, ✈ – ▤ rest TV ☎ ♿ P – 🏔 25. AE GB
R 80 bc/120 bc, enf. 39 – ☕ 29 – **42 ch** 268.

rte de Varetz par ④ et D170 : 5,5 km – ✉ **19100** Brive-la-Gaillarde :

Mercure M, ✆ 55 87 15 03, Télex 590096, Fax 55 87 04 40, ☂, ⛱, ⛲, 🎾 – |♦| ⊬ ch TV ☎ P – 🏛 120. AE ⓓ GB
R 110/230 ♂, enf. 45 – ☕ 52 – **57 ch** 395/480.

à Varetz par ④ et D152 : 10 km – ✉ **19240** :

✿ **Château de Castel Novel** ⛬, ✆ 55 85 00 01, Télex 590065, Fax 55 85 09 03, ←, ☂, « Demeure ancienne isolée dans un grand parc », ⛱, 🎾 – |♦| TV ☎ P – 🏛 50. AE ⓓ GB JCB
début mai-mi-oct. – **R** 230/460, enf. 85 – ☕ 70 – **32 ch** 410/1330, 5 appart. – ½ P 650/1035
Spéc. Ragoût de truffes et foie gras en robe des champs. Rouelle de veau de lait aux champignons. Soufflé chaud à la liqueur de noix. **Vins** Cahors, Pécharmant.

à St-Viance par ④, D 901 et D 148 : 10 km – ✉ **19240** :.
Voir Châsse★ dans l'église.

Aub. des Prés de la Vézère, ✆ 55 85 00 50, Fax 55 84 25 36, ☂ – TV ☎ P. AE ⓓ GB
début mai-15 oct. – **R** 105/210, enf. 50 – ☕ 30 – **11 ch** 220/280 – ½ P 245/275.

BMW Taurisson, 23 av. Ed.-Herriot ✆ 55 74 25 42
CITROEN Midi-Auto, av. J.-Ch.-Rivet par ③ ✆ 55 86 90 55
PEUGEOT Morance, ZI Cana, rte d'Objat par ④ ✆ 55 88 04 06 N ✆ 55 92 55 59
RENAULT Gar. Beauregard, N 89, av. de Bordeaux par ③ ✆ 55 86 74 74 N ✆ 55 92 52 85
RENAULT Mournetas, 51 Abbé J.-Alvistre Estavel par ③ ✆ 55 86 92 91

V.A.G S.O.C.O.D.A., Riante-Borie à Malemort ✆ 55 74 07 31
VOLVO Gar. Valenti, 61 av. 11-Novembre ✆ 55 23 77 64

Ⓜ Brive-Pneus, 44 av. P.-Sémard ✆ 55 87 27 58
Euromaster Estager Pneu, 26 av. J.-Ch.-Rivet, Zone de Beauregard ✆ 55 86 89 60
Poughon Pneu , à Malemort ✆ 55 92 11 43

Le BROC 63 P.-de-D. 73 ⑭ ⑮ – rattaché à Issoire.

BROGLIE 27270 Eure 55 ⑭ G. Normandie Vallée de la Seine – 1 168 h alt. 142.
Paris 157 – L'Aigle 36 – Alençon 78 – Argentan 59 – Bernay 10,5 – Évreux 54 – Lisieux 28.

XX **Poste,** ✆ 32 44 60 18 – AE GB. ⚘
fermé 28 oct. au 9 nov., 5 au 15 fév., lundi soir et mardi – **R** 85/135.

BRON 69 Rhône 74 ⑫ – rattaché à Lyon.

BROQUIÈS 12480 Aveyron 80 ⑬ – 652 h alt. 388.
Paris 688 – Albi 61 – Lacaune 53 – Rodez 55 – St-Affrique 30.

Le Pescadou ⛬, S : 2,5 km rte St-Izaire ✆ 65 99 40 21, ←, ⛲ – ☎ P
15 mars-15 oct. – **R** 70/185 ♂ – ☕ 25 – **14 ch** 85/176 – ½ P 185/220.

BROU 01 Ain 74 ③ G. Bourgogne – alt. 235.
Curiosités★★★ et ressources hôtelières : rattachées à Bourg-en-Bresse.

BROU 28160 E.-et-L. 60 ⑯ G. Châteaux de la Loire – 3 803 h alt. 160.
Voir Yèvres : boiseries★ de l'église 1,5 km à l'Est.
ℹ Syndicat d'Initiative r. de la Chevalerie ((Pâques-sept.) ✆ 37 47 01 12.
Paris 127 – Chartres 38 – Châteaudun 22 – ♦Le Mans 86 – Nogent-le-Rotrou 32.

XX **Jardin de la Mer,** 23 pl. Halles ✆ 37 96 03 32, « Dans une maison du 16e siècle » – GB
fermé fév., merc. du 15 sept. au 30 avril et lundi soir – **R** 75/165, enf. 50.

RENAULT Philippe, 32 av. Galliéni ✆ 37 47 08 68

BROUSSE-LE-CHÂTEAU 12480 Aveyron 80 ⑫ G. Gorges du Tarn – 203 h alt. 232.
Voir Village perché★.
Paris 690 – Albi 53 – Cassagnes-Bégonhès 33 – Lacaune 52 – Rodez 58 – St-Affrique 32.

Relays du Chasteau ⛬, ✆ 65 99 40 15, ← – P. GB
fermé 15 déc. au 15 janv., vend. soir et sam. midi – **Repas** 65/152 ♂, enf. 35 – ☕ 23 – **12 ch** 160/200 – ½ P 180/230.

BRUAY-LA-BUISSIÈRE 62700 P.-de-C. 51 ⑭ – 24 927 h alt. 40.
Paris 218 – ♦Calais 86 – Arras 33 – Béthune 9 – Lens 26 – ♦Lille 47 – St-Omer 46 – St-Pol-sur-Ternoise 20.

Univers, 30 r. H. Cadot ✆ 21 62 40 31, Fax 21 62 77 80 – TV ☎
17 ch.

Park H., pl. Cdt L'Herminier ✆ 21 62 40 28, ⛲ – TV P. ⓓ GB. ⚘ rest
fermé dim. soir – **R** 75/170, enf. 59 – ☕ 25 – **20 ch** 150/220.

à Gauchin-Légal S : 8 km par D 341 – ✉ **62150** .
Voir Château★ d'Olhain NE : 3 km, **G. Flandres Artois Picardie.**

XX **Hatton,** ✆ 21 22 10 02 – GB
fermé 15 au 25 juil., vacances de fév., le soir (sauf sam.) et lundi – **R** 95/188 ♂.

FIAT Catteau, 73 rte Nationale à Labuissière ✆ 21 53 44 45
PEUGEOT-TALBOT Gar. Ste-Barbe, 1 r. A.-France à Labuissière ✆ 21 53 44 19
RENAULT Gar. Lourme, 6 r. Aire à Labuissière ✆ 21 52 28 19 N
V.A.G Auto Expo, N 41, Labuissière ✆ 21 53 57 30 N ✆ 21 62 05 00

BRUÈRE-ALLICHAMPS **18** Cher 69 ① – rattaché à St-Amand-Montrond.

Le BRUGERON **63880** P.-de-D. 73 ⑯ – 359 h alt. 850.
Paris 490 – ◆Clermont-Ferrand 63 – Ambert 27 – ◆St-Étienne 93 – Thiers 37.

X **Gaudon** avec ch, ✆ 73 72 60 46, ≤, – . GB
fermé 15 déc. au 20 janv., lundi soir et mardi hors sais. – **R** 65/255 – ☐ 25 – **8 ch** 120/160 – ½ P 150.

BRUMATH **67170** B.-Rhin 57 ⑲ – 8 182 h alt. 150.
Paris 473 – ◆Strasbourg 18 – Haguenau 11 – Molsheim 29 – Saverne 33.

Ville de Paris, 13 r. Gén. Rampont ✆ 88 51 11 02, Fax 88 51 90 19 – |‡| TV ☎ P – 30. GB
hôtel : fermé 19 juin au 16 juil. ; rest. : fermé 19 juin au 16 juil. et 27 au 31 déc. – **R** *(fermé dim. soir et vend.)* 100/240 – ☐ 35 – **14 ch** 120/240 – ½ P 145/195.

XXX **Écrevisse** avec ch, 4 av. Strasbourg ✆ 88 51 11 08, Fax 88 51 89 02, , , – rest TV ☎ P – 30. AE ① GB
fermé 19 juil. au 5 août, lundi soir et mardi – **R** 150/390 , enf. 60 – ☐ 35 – **21 ch** 170/330.

à Mommenheim NO : 6 km par D 421 – ✉ **67670** :

XX **Le Manoir** avec ch, 165 rte Brumath ✆ 88 51 61 78, Fax 88 51 59 96, , – TV ☎ P. AE ① GB
fermé fév. – **R** *(fermé dim. soir et lundi)* 88/250 , enf. 40 – ☐ 25 – **7 ch** 160/280 – ½ P 210/250.

Le BRUSC **83** Var 84 ⑭ – rattaché à Six-Fours-les-Plages.

BRUSQUE **12360** Aveyron 83 ④ – 422 h alt. 465.
Paris 715 – Albi 90 – Béziers 76 – Lacaune 33 – Lodève 49 – Rodez 103 – St-Affrique 34.

La Dent de St-Jean , ✆ 65 99 52 87, ≤ – P. AE ① GB. ch
4 mars-1er nov. et fermé dim. soir et lundi sauf du 1er juin au 30 sept. – **R** 78/185 – ☐ 22 – **20 ch** 150/200 – ½ P 180/188.

BRY-SUR-MARNE **94** Val-de-Marne 56 ⑪, 106 ⑳ – voir à Paris, Environs.

BUAIS **50640** Manche 59 ⑨ ⑲ – 702 h alt. 231.
Paris 280 – Domfront 27 – Fougères 31 – Laval 58 – Mayenne 44 – St-Hilaire-du-H. 11,5 – St-Lô 81.

XX **Rôtisserie Normande,** ✆ 33 59 41 10 – P. AE GB
fermé 20 janv. au 20 fév. dim. soir et lundi du 15 sept. au 30 mai – **R** 55/140 , enf. 45.

BUBRY **56310** Morbihan 63 ② – 2 445 h alt. 183.
Paris 481 – Vannes 53 – Carhaix-Plouguer 57 – Lorient 36 – Pontivy 22 – Quimperlé 32.

Coet Diquel , O : 1 km par VO ✆ 97 51 70 70, Fax 97 51 73 08, « Parc », , – ☎ P. GB
15 mars-1er déc. – **R** 78/188 – ☐ 40 – **20 ch** 254/304 – ½ P 280/305.

BUC **78** Yvelines 60 ⑩, 101 ㉓ – Voir à Paris, Environs.

BUCHÈRES **10** Aube 61 ⑰ – rattaché à Troyes.

BUCHY **76750** S.-Mar. 55 ⑦ – 1 109 h alt. 192.
Paris 131 – ◆Rouen 27 – Les Andelys 46 – Dieppe 47 – Neufchâtel-en-Bray 20 – Yvetot 51.

X **Nord,** gare de Buchy NO : 3 km par D 41 ✆ 35 34 40 16 – P. GB
fermé dim. soir et lundi – **R** 82/155 , enf. 35.

CITROEN Gar. Guérard ✆ 35 34 40 33
RENAULT Lucas ✆ 35 34 40 30

Le BUGUE **24260** Dordogne 75 ⑯ G. Périgord Quercy – 2 764 h alt. 68.
Voir Musée Pierre Baudin : collection d'insectes★.
Paris 531 – Périgueux 41 – Bergerac 47 – Brive-la-Gaillarde 73 – Cahors 82 – Sarlat-la-Canéda 31.

Royal Vézère, pl. H. de Ville ✆ 53 07 20 01, Télex 540710, Fax 53 03 51 80, ≤, , « Au bord de la Vézère » – |‡| TV ☎ – 100. AE ① GB JCB
30 avril-15 oct. – **L'Albuca** *(fermé lundi midi et mardi midi)* **R** 100/300 enf. 75 – ☐ 40 – **49 ch** 335/515, 4 appart.

à Campagne SE : 4 km – ✉ **24260** :

Château, ✆ 53 07 23 50, Fax 53 03 93 69, – ☎ P. GB. ch
4 avril-15 oct. – **R** 80/300 – ☐ 35 – **17 ch** 210/250 – ½ P 210/250.

BUIS-LES-BARONNIES 26170 Drôme 81 ③ G. Alpes du Sud – 2 030 h alt. 370.

Syndicat d'Initiative pl. Champ-de-Mars ✆ 75 28 04 59.

Paris 692 – Carpentras 40 – Nyons 29 – Orange 49 – Sault 37 – Sisteron 72 – Valence 131.

- **Sous l'Olivier** ⑤, ✆ 75 28 01 04, Fax 75 28 16 49, ⁂, ⁂, ⁂, ⁂, ⁂ – ⁂ ch ☎ Ⓟ – ⁂ 25. GB
  15 mars-31 oct. – **R** 100/150 ⁂, enf. 55 – ⁂ 32 – **36 ch** 245/315 – ½ P 255/280.
- **Lion d'Or** sans rest, ✆ 75 28 11 31 – ☎ ⁂. GB. ⁂
  fermé 15 oct. au 15 nov. – ⁂ 27 – **14 ch** 170/250.
- **La Fourchette,** pl. Arcades ✆ 75 28 03 31, ⁂ – GB
  fermé oct., dim. soir et lundi du 15 sept. au 30 juin – **R** 70/150 ⁂, enf. 45.

CITROEN Gar. Aubery ✆ 75 28 10 08
PEUGEOT Enguent ✆ 75 28 09 97
RENAULT Gar. des Platanes ✆ 75 28 04 92
V.A.G Gar. des Baronnies ✆ 75 28 05 80

Le BUISSON-CUSSAC 24480 Dordogne 75 ⑯ – 2 003 h.

Env. Cadouin : cloître★★, église★ SO : 6 km, G.Périgord.

Paris 541 – Sarlat-la-Canéda 35 – Bergerac 39 – Périgueux 51 – Villefranche-du-Périgord 35.

- **Manoir de Bellerive** ⑤ sans rest, rte Siorac 1,5 km ✆ 53 27 16 19, Fax 53 22 09 05, ≤, « Élégant manoir dans un parc en bordure de la Dordogne », ⁂, ⁂ – TV ☎ Ⓟ. AE ⓓ GB. ⁂
  15 avril-31 oct. – ⁂ 50 – **16 ch** 430/680.
- **Le Magnolia,** rte Siorac ✆ 53 22 97 87, ⁂, ⁂ – GB
  fermé janv., dim. soir et lundi sauf juil.-août – **R** 100/200, enf. 40.

BUJALEUF 87460 H.-Vienne 72 ⑱ ⑲ G. Berry Limousin – 999 h alt. 380.

Voir Pont ≤★.

Paris 416 – ◆Limoges 34 – Aubusson 66 – Guéret 61 – Tulle 84.

- **Touristes,** ✆ 55 69 50 01, ⁂ – GB
  fermé 20 déc. au 6 janv. et merc. d'oct. à mai – **R** 75/150 ⁂, enf. 45 – ⁂ 28 – **12 ch** 100/200 – ½ P 140/210.

BUSCHWILLER 68220 H.-Rhin 87 ⑩ – 767 h alt. 350.

Paris 539 – ◆Mulhouse 28 – Altkirch 26 – ◆Basel 9 – Colmar 66.

- **Couronne,** ✆ 89 69 12 62 – GB. ⁂
  fermé 16 août au 5 sept., 15 au 21 fév., dim. soir et lundi – **R** 150/330, enf. 60.

BUSSANG 88540 Vosges 66 ⑧ G. Alsace Lorraine – 1 809 h alt. 599.

Env. Petit Drumont ⁂★★ NE : 9 km puis 15 mn.

Syndicat d'Initiative r. d'Alsace ✆ 29 61 50 37.

Paris 431 – Épinal 59 – ◆Mulhouse 47 – Belfort 42 – Gérardmer 39 – Thann 26.

- **Sources** ⑤, NE : 2,5 km par D 89 ✆ 29 61 51 94, Fax 29 61 60 61, ≤, ⁂ – TV ☎ Ⓟ. GB. ⁂
  R 98/225, enf. 45 – ⁂ 32 – **11 ch** 250/305 – ½ P 238/270.
- **Le Tremplin,** ✆ 29 61 50 30, Fax 29 61 50 89 – TV ☎ Ⓟ. AE ⓓ GB
  fermé oct., dim. soir et lundi sauf vacances scolaires et fériés – **R** 70/220 ⁂, enf. 50 – ⁂ 30 – **19 ch** 130/300 – ½ P 170/210.

BUSSEAU-SUR-CREUSE 23 Creuse 72 ⑩ – ✉ 23150 Ahun.

Env. Moutier d'Ahun : boiseries★★ de l'église SE : 5,5 km – Ahun : boiseries★ de l'église SE : 6 km, G. Berry Limousin.

Paris 361 – Aubusson 30 – Guéret 18.

- **Viaduc** avec ch, ✆ 55 62 40 62, Fax 55 62 55 80, ≤ – ☎ Ⓟ – ⁂ 30. GB. ⁂ ch
  fermé janv., dim. soir et lundi – **R** 70/265 ⁂ – ⁂ 30 – **7 ch** 180/350 – ½ P 300.

La BUSSIÈRE 45230 Loiret 65 ② G. Bourgogne – 715 h alt. 161.

Paris 143 – Auxerre 75 – Cosne-sur-Loire 43 – Gien 14 – Montargis 29 – Orléans 79.

- **Le Nuage** M ⑤, r. Briare ✆ 38 35 90 73, Fax 38 35 90 62, ⁂, ⁂ – TV ☎ ⁂ Ⓟ – ⁂ 25. AE GB. ⁂ rest
  R 70/160 ⁂ – ⁂ 35 – **15 ch** 270/295 – ½ P 230.

BUSSIÈRES 71 S.-et-L. 70 ⑪ G. Bourgogne – alt. 270 – ✉ 71960 Pierreclos.

Paris 405 – Mâcon 13 – Charolles 46 – Cluny 15.

- **Relais Lamartine** ⑤ avec ch, ✆ 85 36 64 71 – ☎ Ⓟ. AE ⓓ GB. ⁂ ch
  fermé 1er déc. au 15 janv., dim. soir d'oct. à juin et lundi sauf le soir du 1er juil. au 30 sept. – **R** 175/260, enf. 70 – ⁂ 38 – **8 ch** 335/365.

BUSSY-ST-GEORGES 77 S.-et-M. 56 ⑫, 101 ⑳ – voir à Paris, Environs (Marne-la-Vallée).

BUTHIERS 77 S.-et-M. 61 ⑪ – rattaché à Malesherbes (Loiret).

BUXEROLLES 86 Vienne 68 ⑬ – rattaché à Poitiers.

BUXY 71390 S.-et-L. 70 ① – 1 998 h alt. 300.

Paris 355 – Chalon-sur-Saône 17 – Autun 53 – Chagny 23 – Mâcon 62 – Montceau-les-Mines 33.

Relais du Montagny M sans rest, ✆ 85 92 19 90, Fax 85 92 07 19, – TV ☎ ♿ P – 60. AE GB
☕ 35 – **37 ch** 260/340.

RENAULT Bombardella ✆ 85 92 16 12

BUZANÇAIS 36500 Indre 68 ⑦ – 4 749 h alt. 122.

Env. Château d'Argy★ N : 6 km, G. Berry Limousin.

Paris 275 – Le Blanc 45 – Châteauroux 26 – Chatellerault 77 – ◆Tours 92.

Hermitage, rte d'Argy ✆ 54 84 03 90, Fax 54 02 13 19, – TV ☎ P. GB
fermé 12 au 21 sept., 2 au 18 janv., dim. soir et lundi (sauf hôtel en juil.-août) – **Repas** (dim. prévenir) 76/260, enf. 62 – ☕ 28 – **15 ch** 110/295 – ½ P 195/245.

Le Croissant, 53 r. Grande ✆ 54 84 00 49, Fax 54 84 20 60, – TV ☎. GB. rest
fermé 10 fév. au 10 mars, vend. soir et sam. sauf juil.-août – **R** 75/220 – ☕ 28 – **14 ch** 225/265 – ½ P 220/260.

CITROEN Gar. Fontaine, 38 rte de Châteauroux ✆ 54 84 08 39

Éts Chirault, 41 r. Hervault, ✆ 54 84 12 97

BUZET-SUR-BAÏSE 47160 L.-et-G. 79 ⑭ – 1 353 h alt. 47.

Paris 689 – Agen 30 – ◆Bordeaux 109 – Mont-de-Marsan 84 – Nérac 18 – Villeneuve-sur-Lot 42.

Le Vigneron, bd République ✆ 53 84 73 46 – GB
fermé 15 au 31 janv. et lundi – **R** 75/235, enf. 55.

CABASSON 83 Var 84 ⑯ – rattaché à Bormes-les-Mimosas.

CABOURG 14390 Calvados 55 ② G. Normandie Vallée de la Seine – 3 355 h alt. 3 – Casino A.

18 ✆ 31 91 25 56, par ④ : 3 km ; 9 ✆ 31 91 70 53, 1 km par av. de la Mer A.

Office de Tourisme Jardins du Casino ✆ 31 91 01 09.

Paris 225 ③ – ◆Caen 31 ④ – Deauville 18 ① – Lisieux 35 ② – Pont-l'Évêque 26 ②.

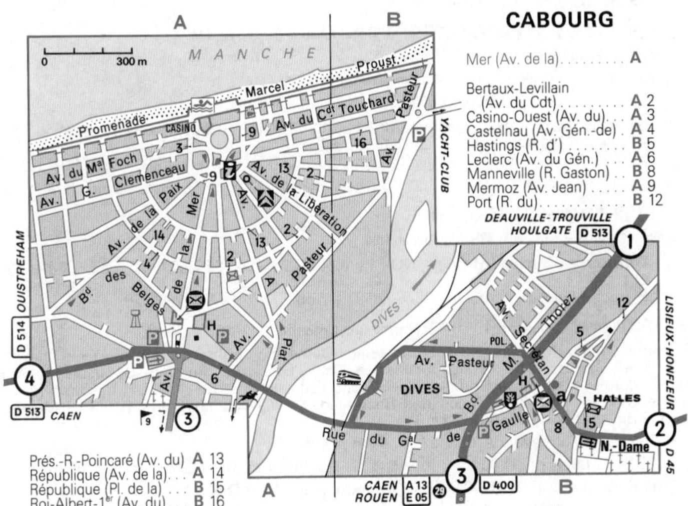

Mercure-Altéa Hippodrome M, av. M. d'Ornano ✆ 31 24 04 04, Télex 772328, Fax 31 91 03 99, – TV ☎ ♿ P – 30 à 100. AE GB
R *(fermé 3 au 30 janv.)* 110/150, enf. 60 – ☕ 55 – **81 ch** 510/630 – ½ P 475/500.

Golf M, av. M. d'Ornano ✆ 31 24 12 34, Fax 31 24 18 51, – TV ☎ ♿ P – 60. AE GB
R 85/245, enf. 65 – **40 ch** ☕ 440/630 – ½ P 357.

à Dives-sur-Mer : Sud du plan – 5 344 h. – ✉ **14160** :

Voir Halles★ B.

Guillaume le Conquérant, 2 r. Hastings ✆ 31 91 07 26, « Ancien relais de poste du 16e siècle » – AE GB
fermé 22 nov. au 21 déc., dim. soir et lundi sauf juil.-août et fériés – **R** 105/320, enf. 70.

par ④, D 513 et rte de Gonneville-en-Auge : 7 km – ⊠ **14860** Ranville :

XXX **Host. Moulin du Pré** ⅋, avec ch, ✆ 31 78 83 68, parc – ☎ Ⓟ. AE ⓓ GB. ✻ ch
fermé 1er au 15 mars, oct., dim. soir et lundi sauf juil.-août et fériés – **R** 255/310 – ☐ 40 – **10 ch** 205/315.

au Hôme par ④ : 2 km ou sur rte Merville-Franceville : 2 km par D 514 – ⊠ **14390** Cabourg :

XX **Pied de Cochon,** ✆ 31 91 27 55 – GB
fermé 25 nov. au 10 déc., 15 au 31 janv., lundi soir et mardi – **Repas** 115/295 ♁, enf. 65.

CITROEN Gar. Mesnier, 1 av. de la Libération A ✆ 31 91 26 83

PEUGEOT Gar. Pichon Père et Fils, CD 513, rte de Caen ✆ 31 91 35 97 **N** ✆ 31 24 10 00

CABRERETS **46330** Lot 79 ⑨ **G. Périgord Quercy** – 191 h alt. 130.

Voir Château de Gontaut-Biron★ – ≼★ sur village de la rive gauche du Célé – Grotte du Pech Merle★★ NO : 3 km – Cuzals : musée de plein air du Quercy★ NE : 5 km.

Paris 583 – Cahors 31 – Figeac 44 – Gourdon 42 – St-Céré 57 – Villefranche-de-Rouergue 43.

⌂ **Aub. de la Sagne** ⅋, rte grotte de Pech Merle ✆ 65 31 26 62, ⛱, ⛲, ⚘ – ☎ Ⓟ. GB. ✻
2 mai-30 sept. – **R** *(fermé merc. midi, vend. midi en mai, juin, sept. et lundi midi en juil.-août)* (nombre de couverts limité, prévenir) 82/125 – ☐ 25 – **10 ch** 190/270 – ½ P 205/245.

⌂ **Grottes** ⅋, ✆ 65 31 27 02, ≼, ⛱, « Terrasse sur la rivière », ⛲ – ☎ Ⓟ. GB. ✻ ch
15 avril-10 oct. – **R** 82/96 ♁ – ☐ 33 – **18 ch** 152/286 – ½ P 195/256.

CABRIS **06** Alpes-Mar. 84 ⑧, 115 ㉔ – rattaché à Grasse.

CADENET **84160** Vaucluse 84 ③ **G. Provence** – 3 232 h alt. 234.

Voir Fonts baptismaux★ de l'église.

Paris 736 – Digne-les-Bains 107 – Aix-en-Provence 28 – Apt 23 – Avignon 58 – Manosque 54 – Salon-de-Provence 31.

⌂ **Mas du Colombier** Ⓜ, Rte Pertuis ✆ 90 68 29 00, Fax 90 68 36 77, ⛱, ⛲ – TV ☎ ♿ Ⓟ. AE GB
fermé 30 janv. au 1er mars, dim. soir et lundi de nov. à mars – **R** 78/155, enf. 46 – ☐ 30 – **15 ch** 265/325 – ½ P 260/270.

La CADIÈRE-D'AZUR **83740** Var 84 ⑭ **G. Côte d'Azur** – 3 139 h alt. 144.

Voir ≼★ – Le Castelet : village★ NE : 4 km.

ℹ Syndicat d'Initiative rond-point R.-Salengro (saison) ✆ 94 90 12 56.

Paris 817 – ♦Toulon 21 – Aix-en-Provence 61 – Brignoles 53 – ♦Marseille 44.

⌂⌂ **Host. Bérard** Ⓜ ⅋, près Poste ✆ 94 90 11 43, Télex 400509, Fax 94 90 01 94, ≼, ⛲, ⚘ – ▤ rest TV ☎ ⇔ – 🏃 40. AE GB. ✻ rest
fermé 8 janv. au 19 fév. – **R** 170/400, enf. 100 – ☐ 65 – **40 ch** 450/900 – ½ P 560/710.

CITROEN Jansoulin ✆ 94 29 30 36

RENAULT Gar St-Éloi, av. Libération ✆ 94 90 12 47

CADOURS **31480** H.-Gar. 82 ⑥ – 694 h.

Paris 694 – Auch 43 – ♦Toulouse 42 – Montauban 48.

⌂ **Demeure d'En Jourdou** ⅋, NO : 1 km par D 29 ✆ 61 85 77 77, ⛱, parc – TV ☎ Ⓟ. AE GB
R *(fermé lundi et mardi)* 127/377 – ☐ 37 – **7 ch** 290/420 – ½ P 265/325.

CAEN **P** **14000** Calvados 55 ⑪ ⑫ **G. Normandie Cotentin** – 112 846 h alt. 8.

Voir Abbaye aux Hommes★★ CY – Abbaye aux Dames EX : Église de la Trinité★★ – Chevet★★, frise★★ et voûtes★★ de l'Église St-Pierre★ DY – Église et cimetière St-Nicolas★ CY **E** – Tour-lanterne★ de l'église St-Jean EZ – Hôtel d'Escoville★ DY **B** – Vieilles maisons★ (nº 52 et 54 rue St-Pierre) DY **K** – Musée des Beaux-Arts★★ dans le château★ DX **M**1 – Musée de Normandie★★ DX **M**2 – Mémorial★★ AV.

Env. Ruines de l'abbaye d'Ardenne★ AV 6 km par ⑩.

⛳18 ✆ 31 94 72 09, N par D 60 BV : 5 km ; ⛳9 ⛳9 de Garcelles ✆ 31 39 08 58, par ⑥ : 15 km.

✈ de Carpiquet : ✆ 31 26 58 00, par ⑨ : 7 km, par N 13 et D 9.

ℹ Office de Tourisme et Accueil de France (Informations, change et réservations d'hôtels, pas plus de 5 jours à l'avance) pl. St-Pierre ✆ 31 86 27 65, Télex 170353 et Gare SNCF (juin-août) – A.C.O. 20 av. 6-juin ✆ 31 85 47 35.

Paris 240 ④ – Alençon 103 ⑥ – ♦Amiens 236 ④ – ♦Brest 370 ⑧ – Cherbourg 124 ⑩ – Évreux 130 ⑤ – ♦Le Havre 109 ④ – ♦Lille 352 ④ – ♦Le Mans 151 ⑥ – ♦Rennes 174 ⑧.

Plans pages suivantes

⌂⌂ **Relais des Gourmets,** 15 r. Geôle ⊠ 14300 ✆ 31 86 06 01, Télex 171657, Fax 31 39 06 00 – |♦| TV ☎ – 🏃 45. AE ⓓ GB JCB DY **t**
R 145/240 – ☐ 42 – **23 ch** 335/735 – ½ P 474.

⌂⌂ **Malherbe,** pl. Foch ✆ 31 27 57 57, Télex 170555, Fax 31 27 57 58 – |♦| ⇸ ch TV ☎ – 🏃 150. AE ⓓ GB JCB. ✻ rest DZ **z**
Le Rabelais ✆ 31 27 57 56 **R** 95/250, enf. 60 – ☐ 50 – **92 ch** 390/560 – ½ P 365/425.

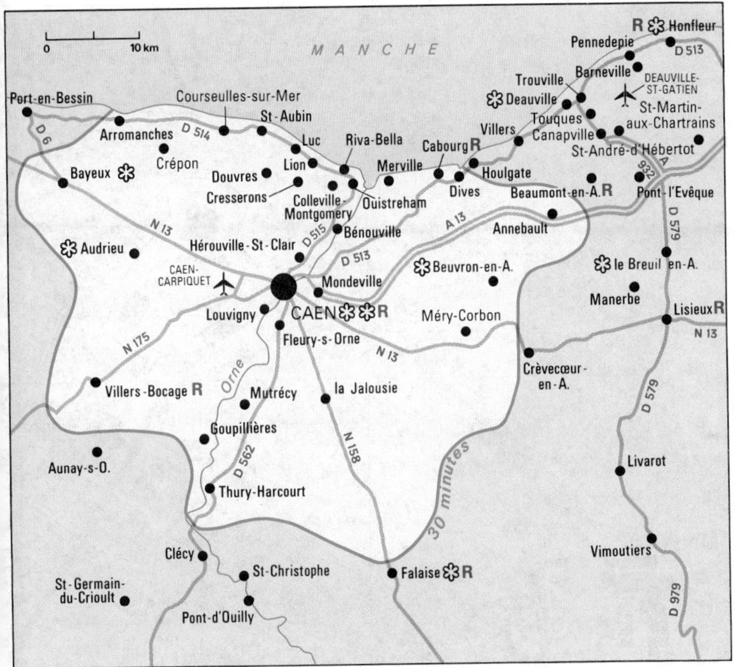

Mercure M, 1 r. Courtonne ✆ 31 47 24 24, Télex 171890, Fax 31 47 43 88 – |♦| ✗ ch ▤ rest TV ☎ ♿ – 120. AE ⓞ GB. ✗ rest EY **b**
R *(fermé sam. midi et dim.)* 145/265 – ☕ 50 – **110 ch** 460/630, 4 appart.

Moderne M sans rest, 116 bd Mar. Leclerc ✆ 31 86 04 23, Télex 171106, Fax 31 85 37 93 – |♦| TV ☎ ♿. AE ⓞ GB DY **d**
☕ 48 – **40 ch** 320/630.

France sans rest, 10 r. Gare ⊠ 14300 ✆ 31 52 16 99, Fax 31 83 23 16 – |♦| TV ☎ ♿ P – 30. AE ⓞ GB EZ **h**
☕ 25 – **47 ch** 250/330.

Quatrans sans rest, 17 r. Gemare ⊠ 14300 ✆ 31 86 25 57, Télex 772535, Fax 31 85 27 80 – |♦| ☎. GB DY **p**
☕ 29 – **32 ch** 150/250.

Ibis Caen Centre, 6 pl. Courtonne ✆ 31 95 88 88, Télex 171084, Fax 31 43 80 80 – |♦| ✗ ch TV ☎ ♿ – 150. AE ⓞ GB EY **k**
R 88 ♁, enf. 39 – ☕ 33 – **101 ch** 300/320.

Ibis M sans rest, 33 r. Bras (centre P. Doumer) ✆ 31 50 00 00, Télex 170368, Fax 31 86 85 91 – |♦| ✗ ch TV ☎ ♿. AE GB DY **s**
☕ 34 – **59 ch** 290/310.

Royal sans rest, 1 pl. République ⊠ 14300 ✆ 31 86 55 33, Fax 31 79 89 44 – |♦| TV ☎. AE GB DY **e**
☕ 36 – **42 ch** 250/310.

Central sans rest, 23 pl. J. Letellier ⊠ 14300 ✆ 31 86 18 52, Fax 31 86 88 11 – TV ☎. GB DY **u**
☕ 25 – **25 ch** 130/250.

XXX ✿✿ **La Bourride** (Bruneau), 15 r. du Vaugueux ✆ 31 93 50 76, Fax 31 93 29 63, « Maison du vieux Caen » – AE ⓞ GB DX **x**
fermé 19 août au 4 sept., 9 au 21 janv., dim. et lundi – **R** (nombre de couverts limité-prévenir) 200 (déj.)/580 et carte 330 à 460, enf. 150
Spéc. Fricassée d'andouille au vinaigre de cidre. Pigeonneau au sel et à la vanille. Symphonie autour d'une pomme.

XXX **Le Dauphin** avec ch, 29 r. Gemare ⊠ 14300 ✆ 31 86 22 26, Télex 171707, Fax 31 86 35 14 – |♦| TV ☎ P. AE ⓞ GB DY **a**
R *(fermé 15 juil. au 10 août et sam. midi)* 95/320 ♁ – ☕ 45 – **22 ch** 310/460 – 1/2 P 375/400.

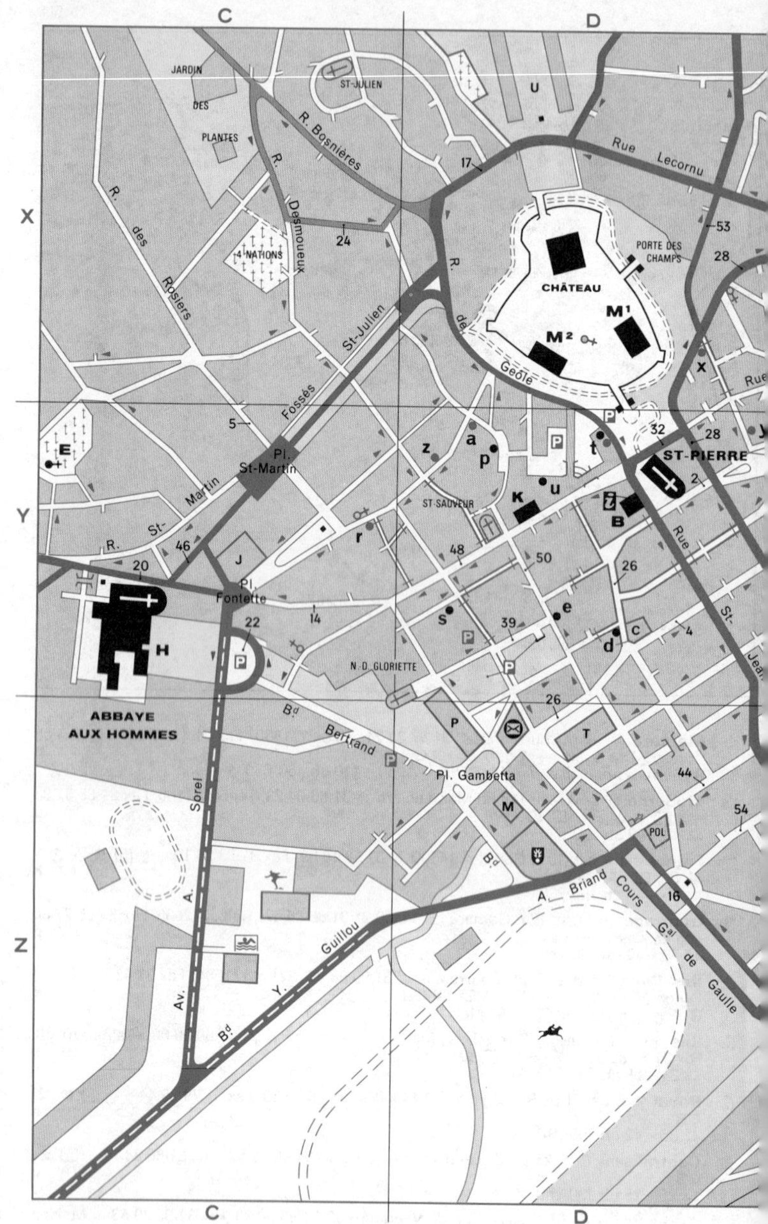

XXX ✿ **Daniel Tuboeuf,** 8 r. Buquet ✆ 31 43 64 48, « Original décor contemporain » – ▤. GB DY **y**
fermé 1er au 20 août, dim. soir et lundi – **R** 125/368 et carte 250 à 400
Spéc. Gâteau normand de tripes aux deux pommes. Homard sur pommes de terre. Entremet chocolat aux griottes.

XXX **Les Echevins,** 35 rte Trouville ✆ 31 84 10 17, Fax 31 84 53 22, parc – Ⓟ. GB BV **s**
fermé août et dim. soir – **R** 155/310, enf. 80.

CAEN

Alliés (Bd des) . . . . **DY** 2
Ecuyère (R.) . . . . **CY** 14
Guillouard (Pl. L.) . . . . **CY** 22
Leclerc (Bd Mar.) . . . . **DY** 26
St-Jean (R.) . . . . **DEYZ**
St-Pierre (R.) . . . . **DY** 48
Strasbourg (R. de) . . . . **DY** 50
6-Juin (Av. du) . . . . **EYZ**

Auge (R. d') . . . . **EZ**
Basse (R.) . . . . **EXY**
Bernières (R. de) . . . . **DY** 4
Berthelot (Av.) . . . . **EY**
Bertrand (Bd) . . . . **CZ**
Bosnières (R.) . . . . **CX**
Briand (Bd A.) . . . . **DZ**
Caffarelli (Q.) . . . . **EY**
Calix (R. de) . . . . **EX**
Canada (Av. du) . . . . **CY** 5
Chanoines (R. des) . . . . **EX**
Clemenceau (Av. G.) . . . . . . **EX**
Cordes (R. des) . . . . **EX** 7
Courtonne (Pl.) . . . . **EY** 10
Desmoueux (R.) . . . . **CX**
Foch (Pl. Mar.) . . . . **DZ** 16
Fontette (Pl.) . . . . **CY**
Gaillon (R. du) . . . . **DX** 17
Gambetta (Pl.) . . . . **DZ**
Gare (R. de la) . . . . **EZ** 19
Gaulle (Crs Gén.-de) . . . . . . **DZ**
Geôle (R. de) . . . . **DX**
G.-le-Conquérant (R.) . . . . . **CY** 20
Guillou (Bd Y.) . . . . **CZ**
Hamelin (Q. Amiral) . . . . . . **EZ**
Havre (R. du) . . . . **EZ** 23
Juifs (R. aux) . . . . **CX** 24
Juillet (Q. de) . . . . **EZ**
Lecornu (R.) . . . . **DX**
Libération (Av. de la) . . . . **DXY** 28
Londe (Q. de la) . . . . **EY**
Montoir-Poissonnerie (R.) . . . . **DY** 32
Orne (Rd-Pt de l') . . . . **EZ**
Pigacière (R. de la) . . . . **EX** 36
République (Pl. de la) . . . . . **DY** 39
Résistance (Pl. de la) . . . . . . **EY**
Romain (R. J.) . . . . **DZ** 44
Rosiers (R. des) . . . . **CX**
St-Julien (Fossés) . . . . **CX**
St-Manvieu (R.) . . . . **CY** 46
St-Martin (Pl.) . . . . **CY**
St-Martin (R.) . . . . **CY**
St-Michel (R.) . . . . **EZ** 47
Sorel (Av. A.) . . . . **CZ**
Vaucelles (R. de) . . . . **EZ** 52
Vaugueux (R. du) . . . . **DX** 53
Vendeuvre (Q.) . . . . **EY**
Verdun (Av. de) . . . . **DZ** 54
Victor-Hugo (Av.) . . . . **EY** 56

Dans la liste des rues des plans de villes, les noms en rouge indiquent les principales voies commerçantes.

XX **Le Gastronome,** 43 r. St Sauveur ✆ 31 86 57 75, Fax 31 38 27 78 – AE GB — CY **r**
fermé 1er au 10 août et dim. soir – **R** 83/230.

XX **Le Boeuf Ferré,** 10 r. Croisiers ✆ 31 85 36 40 – GB. ✈ — DY **z**
fermé 15 au 31 juil., 1er au 15 janv., sam. midi et dim. – **Repas** (prévenir) 99/180.

XX **L'Écaille,** 13 r. de Geôle ✉ 14300 ✆ 31 86 49 10 – AE ⓓ GB JCB — DY **t**
R produits de la mer 145 bc/190 ♁.

CAEN

Baladas (Bd des) . . . . AV 3
Clemenceau (Av. G.) . . . . . . BV 5
Copernic (Av. N.) . . . . ABV 6
Côte-Fleurie (Rte de la) . . . . AV 8
Courseulles (Av. de) . . . . . . AV 9
Délivande (R. de la) . . . . . . AV 12
Demi-Lune (Pl. de la) . . . . . BV 13
Lyautey (Bd Mar.) . . . . AV 29
Montalivet (Cours) . . . . BV 30
Montgomery (Av. Mar.) . . . AV 31
Mountbatten (Av. Am.) . . . . AV 33
Père-Ch.-de-Foucault (Av.) . . . . AV 34
Poincaré (Bd R.) . . . . BV 38
Rethel (Bd de) . . . . BV 42
Richemond (Bd de) . . . . AV 43

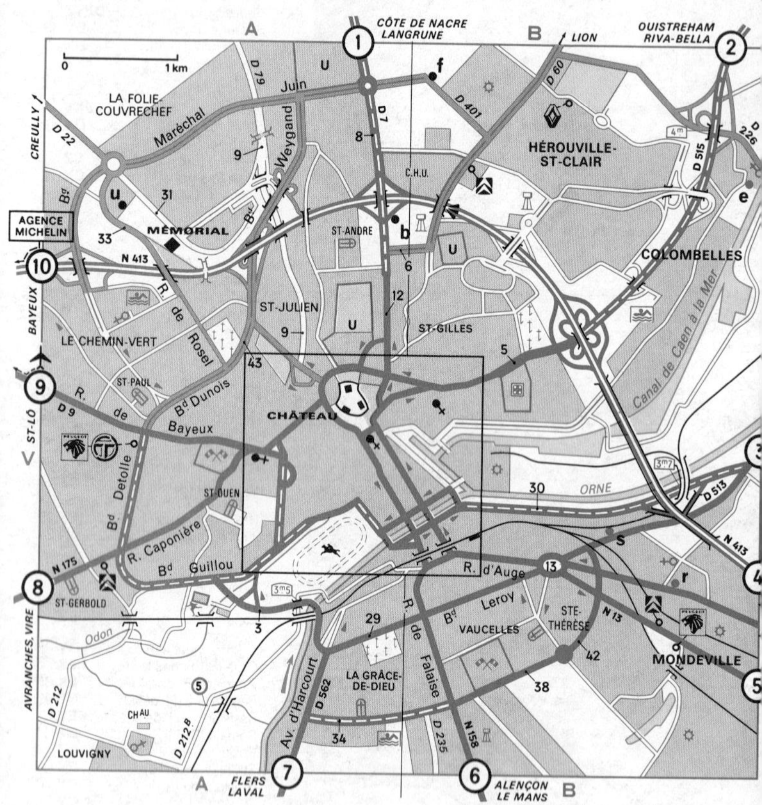

XX **La Petite Cale,** 18 quai Vendeuvre ✉ 14300 ✆ 31 86 29 15 – AE GB — EY **n**
fermé 1er au 25 août, sam. midi, dim. et fêtes – **R** 125/165.

XX **Pub William's,** pl. Courtonne ✆ 31 93 45 52 – ▤. GB — EY **e**
fermé 2 au 22 août, dim. et fériés – **R** 79 bc 🍷.

XX **Alcide,** 1 pl. Courtonne ✆ 31 44 18 06, Fax 31 22 92 90 – GB — EY **e**
fermé 1er au 28 juil., 20 au 31 déc. et sam. – **R** 69/130 🍷.

X **La Poêle d'Or,** 7 r. Laplace ✆ 31 85 39 86 – GB — EZ **r**
fermé 12 au 31 juil., sam. et dim. – **R** 62/115 🍷, enf. 45.

à l'échangeur Caen-Université (bretelle du bd périphérique) – ✉ **14000** Caen :

Novotel M, av. Côte de Nacre ✆ 31 93 05 88, Télex 170563, Fax 31 44 07 28, 🍽, 🏊 – 🛗 ch ▤ TV ☎ ♿ P – 🏛 200. AE ⓓ GB — AV **b**
R carte environ 160, enf. 50 – ☕ 50 – **126 ch** 430/480.

à Hérouville St-Clair NE : 3 km – 24 795 h. – ✉ **14200** :

Friendly H. M, 2 pl. Boston Citis ✆ 31 44 05 05, Télex 772500, Fax 31 44 95 94, 🏋, 🏊, 🌳 – 🛗 ch ▤ rest TV ☎ ♿ P – 🏛 300. AE ⓓ GB
R 115/145, enf. 45 – ☕ 44 – **90 ch** 360/450.

X **L'Espérance** 🐌 avec ch, r. Abbé Alix, bord du canal ✆ 31 44 97 10, ← – ☎ P – 🏛 50. GB — BV **e**
fermé dim. soir hors sais. et lundi – **R** 55/190 – ☕ 28 – **11 ch** 130/180 – ½ P 185.

à Bénouville par ② : 10 km – ✉ **14970** :

Voir Château★ : escalier d'honneur★★.

XXX **Manoir d'Hastings et la Pommeraie** M 🔈 avec ch, ✆ **31 44 62 43**, Fax **31 44 76 18**, « Prieuré du 17e siècle, jardin » – TV ☎ P. AE ① GB JCB
fermé 7 au 28 fév. – **R** *(fermé dim. soir et lundi d'oct. à avril)* 160/360 – ☐ 50 – **11 ch** 600/800 – ½ P 625/675.

XX **Luc Joignant,** ✆ **31 44 62 26** – P. GB
fermé 7 au 18 mars, 22 au 31 août, dim. soir et lundi – **R** 100/210.

à Mondeville E : 3,5 km – 9 488 h. – ✉ **14120** :

XX **Les Gourmets,** 41 r. E. Zola ✆ **31 82 37 59** – AE GB BV **r**
fermé 1er au 16 août et dim. soir – **R** 136/248, enf. 50.

à La Jalousie par ⑥ : 13 km – ✉ **14540** St-Aignan-de-Cromesnil :

XX **Aub. de la Jalousie** avec ch, N 158 ✆ **31 23 51 69** – ☎ P. GB. ✂ rest
fermé fév., dim. soir (sauf hôtel) et lundi du 20 août au 15 juin sauf fériés – **R** 74/220, enf. 45 – ☐ 28 – **12 ch** 145/270 – ½ P 200/250.

à Fleury-sur-Orne par ⑦ : 4 km – 3 861 h. – ✉ **14123** :

XX **Ile Enchantée,** au bord de l'Orne ✆ **31 52 15 52,** ≤ – GB
fermé vacances de fév., dim. soir et lundi – **R** 130/260, enf. 50.

à Louvigny S : 4,5 km par D 212B AV – ✉ **14111** :

XXX **Aub. de l'Hermitage,** au bord de l'Orne ✆ **31 73 38 66** – AE GB
fermé 25 août au 14 sept., vacances de fév., dim. soir et lundi sauf fériés – **R** (nombre de couverts limité, prévenir) 97/180.

à la Folie Couvrechef (près Mémorial) AV – ✉ **14000** Caen :

Otelinn M, av. Mar. Montgomery ✆ **31 44 34 20**, Télex **772191**, Fax **31 44 63 80** – TV ☎ ♿ P – 🏛 30 à 60. AE ① GB
R 85/160 🍷, enf. 40 – ☐ 40 – **50 ch** 280/305 – ½ P 260.

MICHELIN, Agence régionale, ZI Carpiquet, rte de Bayeux par ⑩ ✆ **31 26 68 19**

BMW Regnault, RN 13 à Mondeville ✆ 31 35 15 35
CITROEN Succursale, rte de Lion-sur-Mer BV ✆ 31 47 52 82 N
CITROEN Lenrouilly, 35 av. Chéron AV ✆ 31 74 55 98
MERCEDES Gar. Ame 14, 30 av. de Paris ✆ 31 82 38 42 N ✆ 88 72 00 94
PEUGEOT, TALBOT Sté Ind. Auto de Normandie, 36 bd A.-Detolle AV ✆ 31 74 55 50 N ✆ 31 75 31 11
ROVER-JAGUAR Gar. J.F.C., 96 bd Yves Guillou ✆ 31 75 40 00
V.A.G Auto-Technic, ZI Nord-Est, rte de Lion-sur-Mer ✆ 31 44 09 90
Gar. St-Michel, 13 r. Puits-de-Jacob ✆ 31 82 37 51

Ⓜ Clabeaut-Pneu, 13 prom. du Fort ✆ 31 86 12 05
Euromaster Vallée Pneus, 2 r. Chemin-Vert ✆ 31 74 44 09

Périphérie et environs

ALFA-ROMEO Inter-Auto, ZI de la Sphère à Hérouville ✆ 31 47 52 31
CITROEN Petit Gar., 8 rte de Paris, Mondeville BV ✆ 31 82 20 28 N ✆ 31 52 14 36
FIAT Gar. JM Autos, ZI r. de Bellevue à Carpiquet ✆ 31 26 50 11
FORD Viard, Technopole Cités à Hérouville ✆ 31 47 03 03
NISSAN, OPEL Transac-Auto, ZI de la Sphère à Hérouville BV ✆ 31 47 64 23
PEUGEOT Gar. Marie Frères, 42 rte de Paris à Mondeville ✆ 31 52 19 32
PEUGEOT TALBOT Gar. Caen Sud, 619 r. de Caen à Ifs par ⑥ ✆ 31 82 32 33
RENAULT Succursale, r. Pasteur à Hérouville BV ✆ 31 46 44 44 N ✆ 05 05 15 15
RENAULT Gar. Allais, 554 rte de Falaise à Ifs par ⑥ ✆ 31 82 33 31
Gar. de l'Étoile, 7 rte de Paris à Mondeville ✆ 31 52 02 34

Ⓜ Clabeaut-Pneu, ZI rte de Paris, Mondeville ✆ 31 82 30 93
Euromaster Vallée Pneus, ZI Mondeville-Sud à Grentheville ✆ 31 82 37 15
Laguerre Pneus, ZI de la Sphère à Hérouville ✆ 31 47 65 00

CONSTRUCTEUR : RENAULT Véhicules Industriels, à Blainville-sur-Orne ✆ **31 84 81 33**

CAGNES-SUR-MER **06800** Alpes-Mar. 84 ⑨ 115 ㉕ G. Côte d'Azur – 40 902 h alt. 77.

Voir Haut-de-Cagnes★ X – Château-musée★ X : patio★★, ☀★ de la tour – Musée Renoir★ Y.

ℹ Office de Tourisme 6 bd Mar.-Juin ✆ 93 20 61 64.

Paris 921 ⑤ – ✦ Nice 13 ② – Antibes 11 ④ – Cannes 21 ⑤ – Grasse 24 ⑥ – Vence 9,5 ①.

Plan page suivante

✿ **Le Cagnard** 🔈, r. Pontis-Long au Haut-de-Cagnes ✆ **93 20 73 21**, Fax **93 22 06 39**, ≤, 🏖 – |♦| ▤ ch TV ☎ P – 🏛 25. AE ① GB X **e**
R *(fermé 5 nov. au 21 déc. et jeudi midi)* 300/520 et carte 300 à 490 – ☐ 70 – **16 ch** 400/800, 12 appart. – ½ P 800/1100
Spéc. Chaud-froid de foie gras. Filet de turbot aux palourdes. Assiette fraîcheur au citron. **Vins** Bandol.

CAGNES-SUR-MER-VILLENEUVE-LOUBET

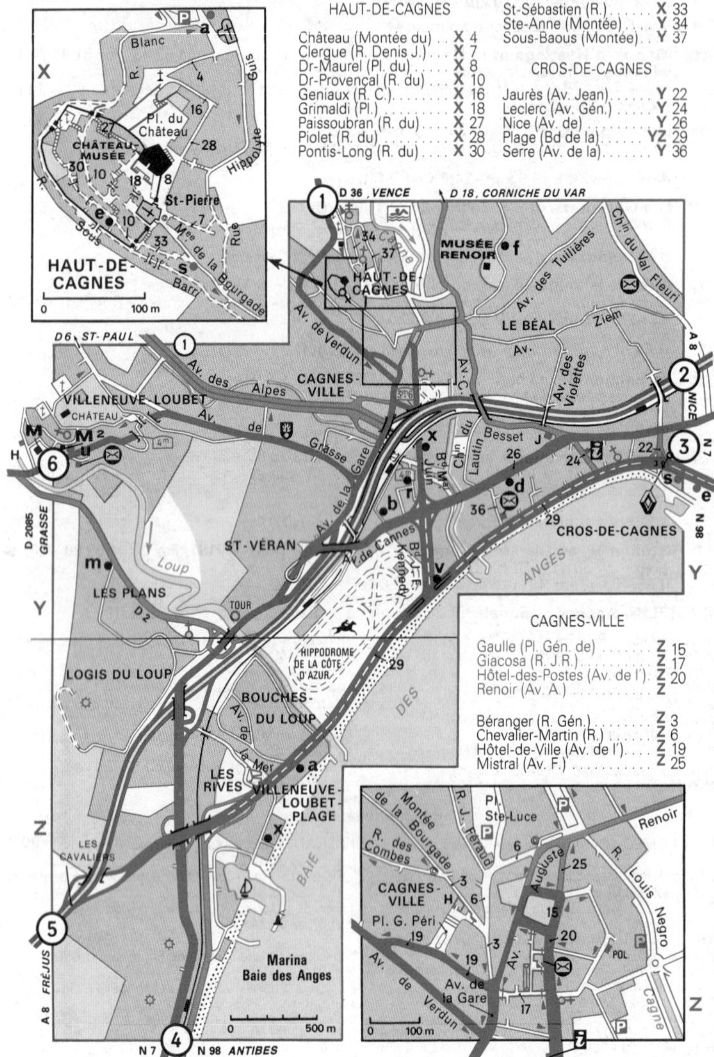

🏨 **Splendid** Ⓜ sans rest, 41 bd Mar. Juin ☎ 93 22 02 00, Fax 93 20 12 44 – ▤ TV ☎ ♿ Ⓟ. AE ⓓ GB JCB — Y **x**
☕ 35 – **26 ch** 320/395.

🏨 **Tiercé H.** sans rest, 33 bd Kennedy ☎ 93 20 02 09, Fax 93 20 31 55 – |‡| TV ☎ 🚗 Ⓟ. GB — Y **v**
☕ 32 – **23 ch** 300/450.

🏨 **Chantilly** sans rest, 31 r. Minoterie ☎ 93 20 25 50, Fax 92 02 82 63 – TV ☎ Ⓟ. AE GB — Y **b**
fermé 15 oct. au 15 déc. – ☕ 30 – **15 ch** 250/400.

🏨 **Brasilia** sans rest, chemin Grands Plans ☎ 93 20 25 03, Fax 93 22 44 09 – |‡| TV ☎ Ⓟ. AE ⓓ GB — Y **r**
☕ 30 – **18 ch** 350/450.

Les Collettes sans rest, 38 chemin des Collettes ☎ 93 20 80 66, – cuisinette . AE GB — Y f
33 – **13 ch** 298/401.

XX **Peintres,** 71 montée Bourgade au Haut-de-Cagnes ☎ 93 20 83 08, Fax 93 20 61 01, ≤ – . AE GB — X s
fermé 15 nov. au 15 déc. et merc. hors sais. – **R** 180/250.

XX **Josy-Jo,** 4 pl. Planastel ☎ 93 20 68 76, – GB — X a
fermé 13 juil. au 15 août, sam. midi et dim. – **R** carte 260 à 330.

à Cros-de-Cagnes SE : 2 km – ✉ **06800** Cagnes-sur-Mer.

Syndicat d'Initiative 20 av. des Oliviers (transfert sur la plage en Été) ☎ 93 07 67 08.

Mas d'Azur sans rest, 42 av. Nice ☎ 93 20 19 19 – . GB — Y d
fermé dim. du 1er nov. au 1er mars – 30 – **15 ch** 265/350.

XX **Villa du Cros,** port du Cros ☎ 93 07 57 83, – . AE GB — Y s
fermé vacances de nov., de fév., dim. soir et lundi sauf juil.-août – **R** (nombre de couverts limité, prévenir) 150/210.

XX **La Bourride,** port du Cros ☎ 93 31 07 75, ≤, – AE GB — Y e
fermé vacances de fév. et merc. sauf juil.-août – **R** 150/195, enf. 80.

FORD Coll-Auto-Sce, 81 bis av. Gare ☎ 93 20 98 26
PEUGEOT-TALBOT Ortelli, rte de St-Paul par ① Y ☎ 93 20 30 40

RENAULT Succursale de Nice, 104 bd Plage à Cros-de-Cagnes ☎ 93 14 20 20 N ☎ 05 05 15 15

Pneu-Service, 156 rte de Nice, N 7 ☎ 93 31 17 07

CAGNOTTE

40300 Landes 78 ⑦ – 506 h.

Paris 750 – Biarritz 53 – Mont-de-Marsan 67 – ◆Bayonne 39 – Dax 16 – Pau 82.

XX **Boni** avec ch, ☎ 58 73 03 78, Fax 58 73 13 48, , – – 60. AE GB. rest
fermé 25 oct. au 5 nov., janv., dim. soir et lundi d'oct. à mai – **R** 130/220 – 40 – **10 ch** 180/200 – ½ P 240.

CAHORS

P **46000** Lot 79 ⑧ **G. Périgord Quercy** – 19 735 h alt. 128.

Voir Pont Valentré★★ AZ – Portail Nord★★ et cloître★ de la cathédrale St-Etienne★ BY **E** – ≤★ du pont Cabessut BY – Croix de Magne ≤★ O : 5 km par D 27 AZ – Barbacane et tour St-Jean★ ABY **K**.

Env. Mont-St-Cyr ≤★ BZ 7 km par D 6.

Office de Tourisme pl. A.-Briand ☎ 65 35 09 56 – A.C. 107 quai Cavaignac ☎ 65 35 24 97.

Paris 585 ① – Agen 91 ① – Albi 110 ④ – Aurillac 133 ② – Bergerac 105 ① – ◆Bordeaux 217 ① – Brive-la-Gaillarde 100 ① – Castres 153 ④ – Montauban 60 ④ – Périgueux 123 ①.

Plan page suivante

France sans rest, 252 av. J. Jaurès ☎ 65 35 16 76, Télex 520394, Fax 65 22 01 08 – – 50. AE GB. — AY n
fermé 18 déc. au 4 janv. – 40 – **79 ch** 200/380.

La Chartreuse, fg St Georges ☎ 65 35 17 37, Télex 533743, Fax 65 22 30 03, ≤ – . GB — BZ u
R 70/190 – 35 – **51 ch** 189/285 – ½ P 230/263.

Terminus, 5 av. Ch. de Freycinet ☎ 65 35 24 50, Fax 65 22 06 40 – . GB. ch
R voir rest. **Le Balandre** ci-après – 35 – **31 ch** 255/415. — AY s

XXX **Le Balandre,** 5 av. Ch. de Freycinet ☎ 65 30 01 97, Fax 65 22 06 40, – . AE GB. — AY s
fermé 4 au 11/7, 15 au 30/1, 26/2 au 14/3, sam. midi du 1er juil. au 15 sept., dim. soir er lundi hors sais. – **R** 210/300.

XX **La Taverne,** 1 r. J.-B. Delpech ☎ 65 35 28 66, – GB — BY a
fermé 28 fév. au 13 mars, mardi soir et merc. sauf juil.-août – **R** 125/300, enf. 60.

rte de Brive par ① : 3 km – ✉ **46000** Cahors :

Campanile, ☎ 65 22 20 21, Télex 533795, Fax 65 22 04 91, , – – 25. AE GB
R 80 bc/102 bc, enf. 39 – 29 – **49 ch** 268.

rte de Luzech par ① : 3,5 km à Labéraudie – ✉ **46090** Cahors :

Le Clos Grand , ☎ 65 35 04 39, Fax 65 22 56 69, , – . GB. ch
fermé 24 déc. au 2 janv. – **R** *(fermé 6 au 16 mars, 1er au 4 mai, 24 déc. au 25 janv., lundi sauf le soir de juil. à août et dim soir.)* 75/260 , enf. 45 – 28 – **21 ch** 170/260 – ½ P 208/240.

à St-Henri par ① et N 20 : 7 km – ✉ **46090** Cahors :

XX **La Garenne,** ☎ 65 35 40 67, , « Joli cadre rustique », – . GB
fermé 6 janv. au 10 fév., mardi soir et merc. de sept. à mi-juil. – **R** 88/250, enf. 50.

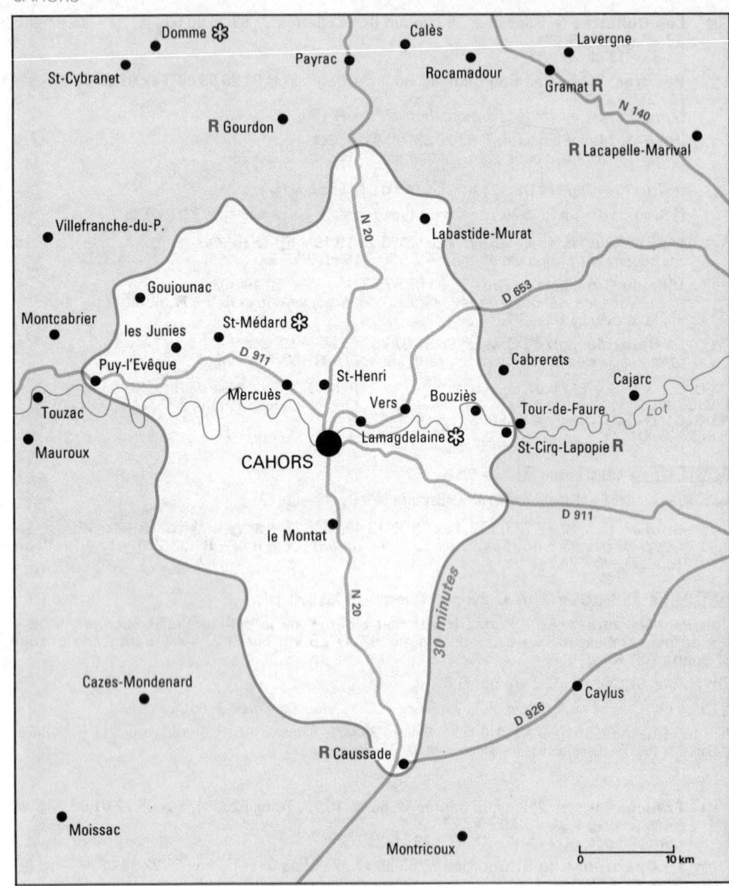

à Mercuès par ① : 9 km – ✉ **46090** :

Château de Mercuès ⛰, ☎ 65 20 00 01, Télex 521307, Fax 65 20 05 72, ≤ vallée du Lot, 🍽, parc, « Ancien château des comtes de Cahors », 🏊, 🎾 – |🛗| 📺 ☎ 🅟 – 🏛 60. AE ⓓ GB
1er avril-15 nov. – **R** 200/395 – ☕ 75 – **25 ch** 750/1500, 7 appart. – ½ P 665/1315.

à Lamagdelaine par ② : 7 km – ✉ **46090** :

XXX ✿ **Claude Marco,** ☎ 65 35 30 64, 🍽, 🏊, 🌳 – 🅟. AE GB
fermé 25 oct. au 2 nov., 5 janv. au 1er mars, dim. soir et lundi du 15 sept. au 15 juin – **R** 110/280 et carte 240 à 350, enf. 60
Spéc. Foie gras de canard au sel. Pigeonneau rôti en deux services. Noisettes d'agneau fermier du Lot à l'estragon.

au Montat par ④ et D 47 : 8,5 km – ✉ **46090** :

XXX **Les Templiers,** ☎ 65 21 01 23, Fax 65 21 02 38, « Belle salle voûtée » – AE GB
fermé 1er au 12 juil., 15 janv. au 8 fév., dim. soir sauf août et lundi – **R** 80/250 🍷, enf. 60.

rte de Toulouse par ④ : 13 km – ✉ **46230** Lalbenque :

H. Aquitaine Ⓜ, ☎ 65 21 00 51, Télex 532570, Fax 65 21 07 00, ≤, 🏊, 🌳, 🎾 – |🛗| ⚹ ch 📺 ☎ 🅟 – 🏛 25. AE ⓓ GB
R voir rest. **Aquitaine** ci-après – ☕ 35 – **44 ch** 275/375.

XX **Rest. Aquitaine,** ☎ 65 21 00 53, ≤, 🍽 – 🅟. GB
fermé vacances de nov., de Noël, de fév., sam. midi, dim. soir et lundi – **R** 95/155 🍷, enf. 50.

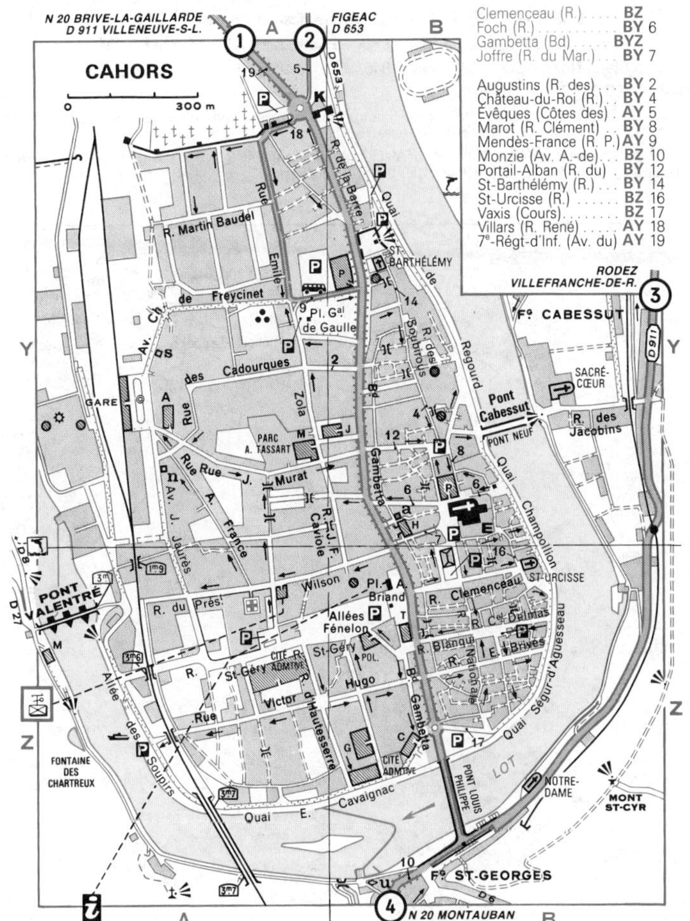

CITROEN Midi Auto 46, rte de Toulouse par ④ ☎ 65 35 27 61
MERCEDES-BENZ Socadia, rte de Toulouse ☎ 65 35 77 00
PEUGEOT-TALBOT Gd Gar. du Boulevard, rte de Toulouse par ④ ☎ 65 35 16 57 N ☎ 65 20 71 84
RENAULT Renault Cahors, rte de Toulouse par ④ ☎ 65 35 15 95 N ☎ 65 20 72 19

Ⓜ Desprat, 129 bd Gambetta ☎ 65 35 04 36
Euromaster Central Pneu Service, rte de Toulouse ☎ 65 35 09 02
Vidaillac J.-L., 68 bd Gambetta ☎ 65 35 32 17

CAJARC **46160** Lot 79 ⑨ **G. Périgord Quercy** – 1 033 h alt. 152.

Syndicat d'Initiative pl. Foirail (15 juin-15 sept.) ☎ 65 40 72 89.

Paris 588 – Cahors 51 – Figeac 24 – Villefranche-de-Rouergue 26.

au NE : 9 km sur D 662 – ✉ **46160** Cajarc :

XX **La Ferme de Montbrun** avec ch, ☎ **65 40 67 71**, ←, – **P**. GB
11 avril-15 oct. et fermé merc. sauf juil.-août – **R** 120/240 – 45 – **3 ch** 230/280.

CALAIS <SP> **62100** P.-de-C. **51** ② **G. Flandres Artois Picardie** – 75 309 h alt. 5 – Casino.

Voir Monument des Bourgeois de Calais★★ Y – Phare ✻★★ X E – Musée★ XY **M.**

Env. Cap Blanc Nez★★ SO : 13 km par D 940.

☎ 21 80 50 50.

Office de Tourisme et Accueil de France (Informations et réservations d'hôtels, pas plus de 5 jours à l'avance) 12 bd Clemenceau ☎ 21 96 62 40, Télex 130886.

Paris 292 ② – ◆Amiens 149 ③ – Boulogne-sur-Mer 32 ③ – Dunkerque 45 ② – ◆Le Havre 273 ③ – ◆Lille 115 ② – Oostende 98 ② – ◆Reims 274 ② – ◆Rouen 209 ③ – St-Omer 46 ①.

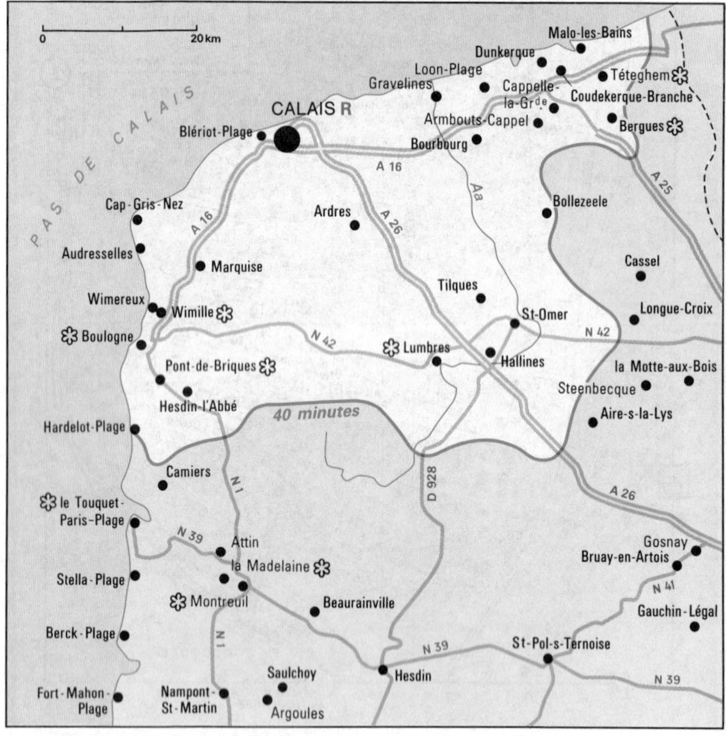

Holiday Inn Garden Court [M], bd Alliés ☎ 21 34 69 69, Télex 135655, Fax 21 97 09 15, ←, Fø – |♦| ⇔ ch [TV] ☎ ♿ 🚗 – 🏛 40. AE ⓓ GB JCB — X **a**
R (grill) *(fermé sam. midi)* 125 – ☕ 50 – **62 ch** 500, 3 appart.

Meurice 🐦, 5 r. E. Roche ☎ 21 34 57 03, Télex 135671, Fax 21 34 14 71, 🌳 – |♦| ⇔ ch [TV] ☎ 🚗. AE GB — X **v**
La Diligence ☎ 21 96 92 89 *(fermé dim.)* **R** 100/280, enf. 65 – ☕ 38 – **40 ch** 300/425 – ½ P 285/345.

Pacary [M], av. de Lattre-de-Tassigny ☎ 21 96 68 00, Télex 135273, Fax 21 34 21 31 – |♦| ▤ [TV] ☎ ♿ **P** – 🏛 200. AE ⓓ GB — X **f**
R 70/250, enf. 45 – ☕ 35 – **109 ch** 325 – ½ P 270.

Métropol H. [M] 🐦 sans rest, 45 quai du Rhin ☎ 21 97 54 00, Télex 135219, Fax 21 96 69 70 – |♦| [TV] ☎ ♿ 🚗. AE ⓓ GB JCB — Y **h**
fermé 24 déc. au 4 janv. – ☕ 35 – **40 ch** 240/360.

George V, 36 r. Royale ☎ 21 97 68 00, Télex 135159, Fax 21 97 34 73 – |♦| [TV] ☎ **P** – 🏛 40. AE ⓓ GB — X **d**
R *(fermé 20 déc. au 3 janv., sam. midi, dim. soir et fériés le soir)* 65/250 bc 🍷 – ☕ 38 – **43 ch** 200/450 – ½ P 280/320.

Bellevue sans rest, 23 pl. Armes ☎ 21 34 53 75, Télex 136702, Fax 21 96 88 90 – |♦| [TV] ☎ ♿ 🚗 **P** – 🏛 40. AE ⓓ GB — X **a**
☕ 40 – **55 ch** 185/325.

CALAIS

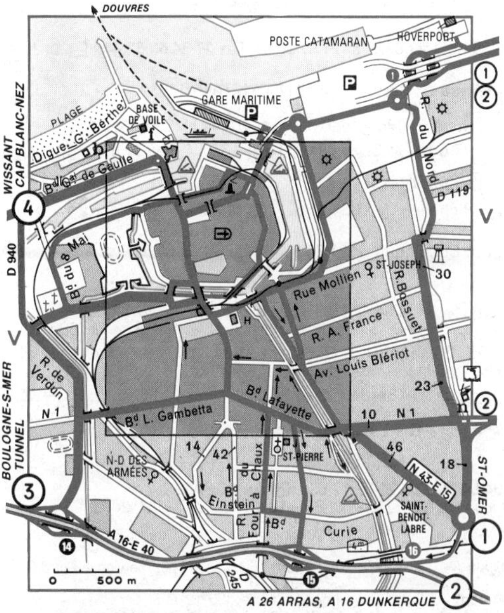

Fontinettes (R. des) V 14
Gambetta (Bd Léon) Z
Jacquard (Bd) . . . . . Z
Lafayette (Bd) . . . . . Z
Pasteur (Bd) . . . . Z
Royale (R.) . . . . X 36

Amsterdam (R. d') . . Y 2
Angleterre (Pl. d') . . X 3
Barbusse (Pl. Henri) X 5
Bonningue (R. Cdt) . X 7
Bruxelles (R. de) . . . Y 8
Égalité (Bd de l') . . . V 10
Escaut (Quai de l') . . Y 12
Foch (Pl. Mar.) . . . . . Y 13
George-V (Pont) . . . Y 15
Gerschell (R. André) X 16
Hagueneau (R. de) . V 18
Jacquard (Pont) . . . . Y 19
Maubeuge (R. de) . . V 23
Mer (R. de la) . . . . . . X 24
Notre-Dame (R.) . . . . X 26
Paix (R. de la) . . . . . X 27
Paul-Bert (R.) . . . . . . Y 28
Phalsbourg (R. de) . V 30
Prés.-Wilson (Av.) . . Y 31
Quatre-Coins (R.) . . Z 32
Rhin (Quai du) . . . . . Y 33
Richelieu (R.) . . . . . . Y 34
Rome (R. de) . . . . Y 35
Soldat-Inconnu (Pl.) Y 37
Tamise (Quai de la) . Y 40
Thermes (R. des) . . . X 41
Valenciennes (R.) . . V 42
Varsovie (R. de) . . . . Y 43
Vauxhall (R. du) . . . . Z 44
Victor-Hugo (Bd) . . . V 46

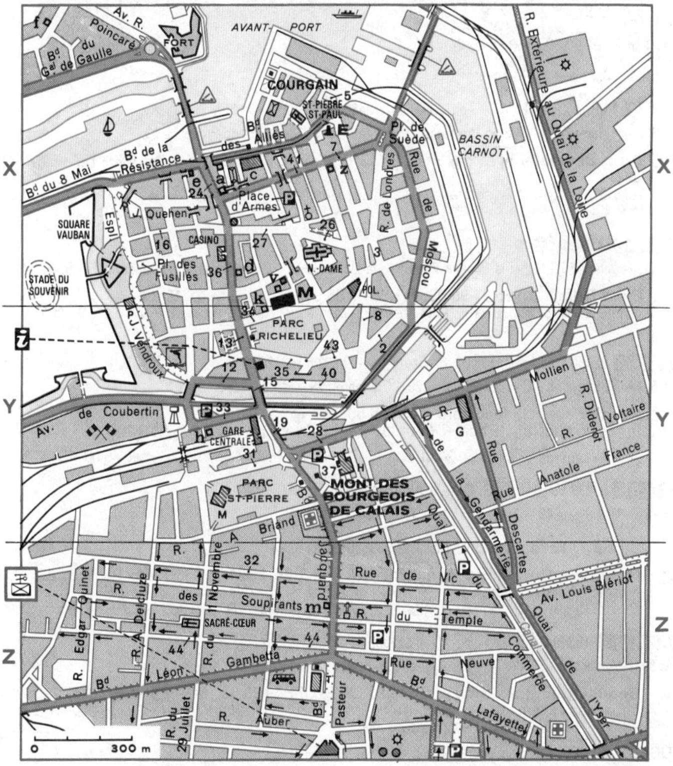

Jacquard M sans rest, 35 bd Jacquard ✆ 21 97 98 98, Fax 21 34 63 62 – |‡| TV ☎ ♿. GB
☕ 40 – **42 ch** 285/320. Z **m**

Climat de France 🐇, digue G. Berthe ✆ 21 34 64 64, Télex 135300, Fax 21 34 35 39 – TV ☎ ♿ P – 🏆 30 à 80. AE ⓓ GB. ✂ rest V **b**
R *(fermé dim. soir d'oct. à mars)* 65/125 🍷, enf. 35 – ☕ 35 – **44 ch** 290 – ½ P 267.

Ibis, ZUP Beau Marais, r. Greuze ✆ 21 96 69 69, Télex 135004, Fax 21 97 89 99 – ch TV ☎ ♿ P – 🏆 30. AE GB V **n**
R 90 🍷, enf. 37 – ☕ 33 – **55 ch** 280/310.

Richelieu sans rest, 17 r. Richelieu ✆ 21 34 61 60 – TV ☎. AE ⓓ GB. ✂ XY **k**
☕ 23 – **15 ch** 260/280.

Windsor sans rest, 2 r. Cdt Bonningue ✆ 21 34 59 40, Fax 21 97 68 59 – ☎ 🚗 P. AE ⓓ GB X **z**
☕ 28 – **15 ch** 140/300.

XX **Le Channel,** 3 bd Résistance ✆ 21 34 42 30, Fax 21 97 42 43 – ▤. AE ⓓ GB X **e**
fermé 8 au 16 juin, 21 déc. au 17 janv., dim. soir et mardi sauf fériés – **Repas** 83/300 bc.

XX **La Duchesse,** 44 r. Duc de Guise ✆ 21 97 59 69, Fax 21 34 30 06 – AE ⓓ GB X **v**
fermé 1er au 9 août, 15 fév. au 8 mars, dim. soir et lundi – **R** 150/300, enf. 80.

XX **Au Côte d'Argent,** 1 digue G. Berthe ✆ 21 34 68 07, Fax 21 96 42 10, ≤ – AE ⓓ GB V **f**
fermé 1er au 15 oct. et dim. soir – **R** 90/250, enf. 60.

à Blériot-Plage par ④ : 2 km – ✉ **62231** Sangatte :

XX **Dunes** avec ch, ✆ 21 34 54 30, Fax 21 97 17 63 – TV P. AE ⓓ GB
R *(fermé dim. soir sauf juil.-août)* 85/170 – ☕ 30 – **12 ch** 160/230 – ½ P 260.

BMW Gar. Lengaigne, 229 bis bd V.-Hugo ✆ 21 97 23 96 N ✆ 21 97 81 81
FORD Gar. Europe, 58 rte de St-Omer ✆ 21 46 23 11
PEUGEOT-TALBOT Calais Nord Autom., 361 av. A.-de-Saint-Exupéry par N 1 ✆ 21 96 72 42 N ✆ 28 02 42 18
RENAULT D.A.C., 56/60 av. A.-de-Saint-Exupéry par N 1 ✆ 21 97 20 99 N ✆ 28 02 24 24
ROVER Littoral Auto Calais, r. G.-Courbet, ZI du Beau Marais ✆ 21 96 14 41

Ⓜ Argot Pneus, 62 av. A.-de-St-Exupéry ✆ 21 96 58 34
Euromaster Fischbach Pneu Service, 6/8 r. d'Oran ✆ 21 97 37 07
Pneu Fauchille, 155 rte de St-Omer ✆ 21 34 68 17 N ✆ 21 91 04 44
Pneu François, r. C.-Ader, ZI ✆ 21 96 42 36

CALAS 13 B.-du-R. 84 ③ ⑬ – alt. 209 – ✉ 13480 Cabriès.

Paris 764 – ♦ Marseille 21 – Aix-en-Provence 11,5 – Marignane 15 – Salon-de-Provence 43.

XXX **Aub. Bourrelly** avec ch, ✆ 42 69 13 13, Fax 42 69 13 40, 🌳, 🏊, 🌿 – TV ☎ P. AE ⓓ GB
fermé lundi sauf le soir en juil.-août et dim. soir – **R** 159/350 – ☕ 40 – **12 ch** 440/500 – ½ P 420.

CALÈS 46350 Lot 75 ⑱ – 141 h alt. 271.

Paris 533 – Cahors 55 – Sarlat-la-Canéda 38 – Brive-la-Gaillarde 47 – Gourdon 20 – Rocamadour 15 – St-Céré 42.

Petit Relais, ✆ 65 37 96 09, Fax 65 37 95 93, 🌳 – TV ☎ P. AE ⓓ GB
fermé 20 déc. au 10 janv. – **R** *(fermé sam. midi)* 70/255, enf. 38 – ☕ 32 – **9 ch** 190/320 – ½ P 285.

CALLAC 22160 C.-d'Armor 59 ⑪ **G. Bretagne** – 2 592 h alt. 170.

Paris 511 – St-Brieuc 58 – Carhaix-Plouguer 20 – Guingamp 28 – Morlaix 40.

X **Garnier** avec ch, face gare ✆ 96 45 50 09 – P. GB. ✂
fermé 15 sept. au 15 oct. – **R** 70/160 🍷 – ☕ 25 – **8 ch** 110/140 – ½ P 200.

CITROEN Gar. Laurent, ✆ 96 45 50 30 N
PEUGEOT Gar. Cuellar, ✆ 96 45 50 45

CALLAS 83830 Var 84 ⑦ **G. Côte d'Azur** – 1 276 h.

Paris 876 – Castellane 49 – Draguignan 15 – Toulon 94.

au SE : 7 km sur rte du Muy – ✉ **83830** Callas :

Host. Les Gorges de Pennafort M 🐇, D 25 ✆ 94 76 66 51, Fax 94 76 67 23, ≤, 🌳, « Isolé, dans les gorges », 🏊, 🌿 – ▤ TV ☎ ♿ P. GB
fermé 15 janv. au 15 fév., dim. soir et lundi hors sais. – **R** 190/350 – ☕ 50 – **16 ch** 500/900.

CALVINET 15340 Cantal 76 ⑪ – 404 h alt. 600.

Paris 609 – Aurillac 36 – Rodez 60 – Entraygues-sur-Truyère 30 – Figeac 39 – Maurs 17.

XX **Beauséjour** M avec ch, ✆ 71 49 91 68, Fax 71 49 98 63, 🌳 – TV ☎ P. GB. ✂ rest
fermé janv., dim. soir et lundi du 15 sept. au 15 juin sauf fériés – **Repas** 85/220, enf. 50 – ☕ 30 – **12 ch** 220/300 – ½ P 260.

PEUGEOT-TALBOT Lavigne ✆ 71 49 91 57

CAMARET-SUR-MER 29570 Finistère 58 ③ G. Bretagne – 2 933 h.

Voir Pointe de Penhir*** SO : 3,5 km.

Env. Pointe des Espagnols** NE : 13 km.

ℹ Syndicat d'Initiative quai Toudouze ☎ 98 27 93 60.

Paris 590 – ◆Brest 68 – Châteaulin 43 – Crozon 10 – Morlaix 87 – Quimper 62.

- **Thalassa** Ⓜ, ☎ 98 27 86 44, Fax 98 27 88 14, ≤, ƒ₅, ⛱ – |♦| ⇆ ch 📺 ☎ ♿ Ⓟ – 🏛 25. AE ⓓ GB
  hôtel : avril-sept. ; rest. : 15 juin-25 sept. et fermé le midi sauf dim. et fêtes – **R** 110/290, enf. 60 – ☕ 45 – **46 ch** 300/550 – ½ P 290/420.
- **France,** ☎ 98 27 93 06, Fax 98 27 88 14, ≤ – |♦| ⇆ ch 📺 ☎. AE ⓓ GB. ✻ rest
  avril-oct. – **R** *(fermé vend. d'oct. à juin)* 105/285, enf. 58 – ☕ 35 – **21 ch** 270/440 – ½ P 270/400.
- **Styvel,** ☎ 98 27 92 74, Fax 98 27 88 37, ≤ – ☎. GB
  ◆ **R** *(fermé janv. et vend.)* 75/270, enf. 45 – ☕ 30 – **13 ch** 170/250 – ½ P 230/270.
- **Vauban** sans rest, ☎ 98 27 91 36, ≤ – GB
  fermé janv. – ☕ 27 – **16 ch** 170/220.

CAMBO-LES-BAINS 64250 Pyr.-Atl. 85 ③ G. Pyrénées Aquitaine – 4 128 h alt. 65 – Stat. therm. (3 fév.-29 nov.).

Voir Arnaga* (villa d'Edmond Rostand) M – Vallée de la Nive* au Sud par ②.

ℹ Office de Tourisme parc St-Joseph ☎ 59 29 70 25.

Paris 792 ④ – Biarritz 23 ④ – ◆Bayonne 20 ④ – Pau 115 ① – St-Jean-de-Luz 31 ③ – St-Jean-Pied-de-Port 34 ② – San Sebastián 63 ③.

CAMBO-LES-BAINS

Chiquito de Cambo	2
Espagne (Av. d')	3
Mairie (Av. de la)	4
Marronniers (Allées des)	5
Navarre (Av. de)	6
Neubourg (Allées A.-de)	7
Professeur-Grancher (Bd du)	8
Rostand (Allées)	9
Terrasses (R. des)	12
Thermes (Av. des)	13

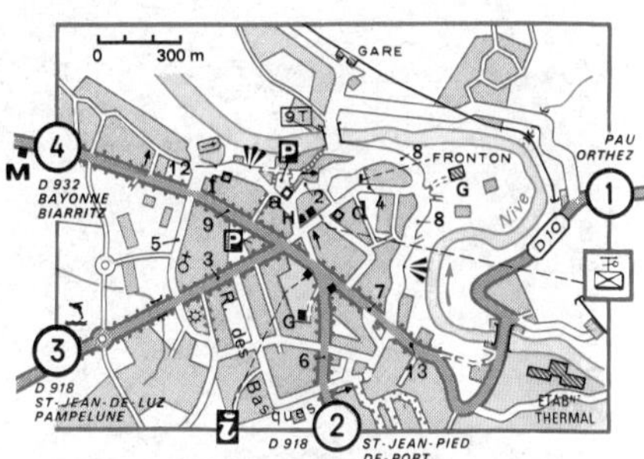

To go a long way quickly, use Michelin maps at a scale of 1:1 000 000.

- **Bellevue,** r. Terrasses **(f)** ☎ 59 29 73 22, 🌳, ⛱, 🏞 – 📺 ☎ Ⓟ. AE GB. ✻ rest
  fermé 1er nov. au 1er fév. et lundi sauf juil.-août – **R** 110/230, enf. 50 – ☕ 30 – **27 ch** 200/330 – P 307/351.
- **Trinquet** sans rest, r. Trinquet **(a)** ☎ 59 29 73 38 – 📺 ☎. GB
  fermé 16 nov. au 15 déc. et mardi sauf de juil. à sept. – ☕ 21 – **12 ch** 126/180.
- **Relais de la Poste** avec ch, pl. Mairie **(d)** ☎ 59 29 73 03, 🌳, 🏞 – ⇆ ch 📺 ☎ Ⓟ. AE ⓓ GB JCB
  fermé 30 nov. au 31 janv., dim. soir et lundi sauf juil.-août – **R** 160 bc – ☕ 32 – **10 ch** 300/350 – P 400.
- **Chez Tante Ursule** avec ch (annexe Ⓜ 10 ch Ⓟ), N, quartier Bas-Cambo : 2 km ☎ 59 29 78 23, Fax 59 29 28 57 – 📺 ☎ Ⓟ. AE GB. ✻ ch
  fermé 1er fév. au 1er mars – **R** *(fermé mardi d'oct. à mai)* 80/220 – ☕ 28 – **17 ch** 160/280 – P 210/273.

CAMBRAI SP 59400 Nord 53 ③ ④ G. Flandres Artois Picardie – 33 092 h alt. 75.

Voir Mise au tombeau** de Rubens dans l'église St-Géry AY.

ℹ Office de Tourisme 48 r. de Noyon ☎ 27 78 36 15 – A.C. 17 mail St-Martin ☎ 27 81 30 75.

Paris 179 ⑧ – St-Quentin 44 ⑤ – ◆Amiens 77 ⑧ – Arras 36 ⑥ – ◆Lille 64 ⑦ – Valenciennes 32 ①.

Plan page suivante

- **Château de la Motte Fénelon et rest. Les Douves** 🔇, square Château (par allée St Roch - Nord du plan) BY ☎ 27 83 61 38, Télex 120285, Fax 27 83 71 61, parc, ƒ₅, 🎾 – |♦| 📺 ☎ Ⓟ – 🏛 200. AE ⓓ GB
  R *(fermé dim. soir et soirs fériés)* 140/225, enf. 100 – ☕ 50 – **40 ch** 290/950.
- **Beatus** 🔇 sans rest, 718 av. Paris par ⑤ : 1,3 km ☎ 27 81 45 70, Télex 820597, Fax 27 78 00 83 – ⇆ ch 📺 ☎ Ⓟ – 🏛 30. AE ⓓ GB JCB
  ☕ 40 – **32 ch** 295/370.

CAMBRAI

Briand (Pl. A.) .... AYZ 6
St-Martin (Mail) .... AZ 40
Victoire (Av. de la) ..... AZ 47

Albert-1er (Av.) .... BY 2
Allende (Pl. Salvador) .. AZ 3
Als.-Lorraine (R. d') .. BYZ 4
Berlaimont (Bd de) .... BZ 5
Cantimpré (R. de) ..... AY 7
Capucins (R. des) ..... AY 8
Chât.-de-Selles (R. du) . AY 10
Clefs (R. des) .... AY 12
Épée (R. de l') .... AZ 13
Fénelon (Gde-Rue) .... AY 15
Fénelon (Pl.) .... AY 16
Feutriers (R. des) ..... AY 17
Gaulle (R. Gén.-de) .... BZ 18
Grand-Séminaire (R. du) .... AZ 19
Lattre-de-Tassigny (R. du Mar.-de) .... BZ 21
Leclerc (Pl. du Mar.) ..... BZ 22
Lille (R. de) .... BY 23
Liniers (R. des) .... AZ 24
Nice (R. de) .... AY 27
Pasteur (R.) .... AY 29
Porte-Notre-Dame (R.) ... BY 31
Porte de Paris (Pl. de la) .. AZ 32
Râtelots (R. des) .... AZ 33
Sadi-Carnot (R.) .... AY 35
St-Aubert (R.) .... AY 36
St-Géry (R.) .... AY 37
St-Ladre (R.) .... BZ 39
St-Sépulcre (Pl.) .... AZ 41
Selles (R. de) .... AY 43
Vaucelette (R.) .... AZ 45
9-Octobre (Pl. du) .... AY 48

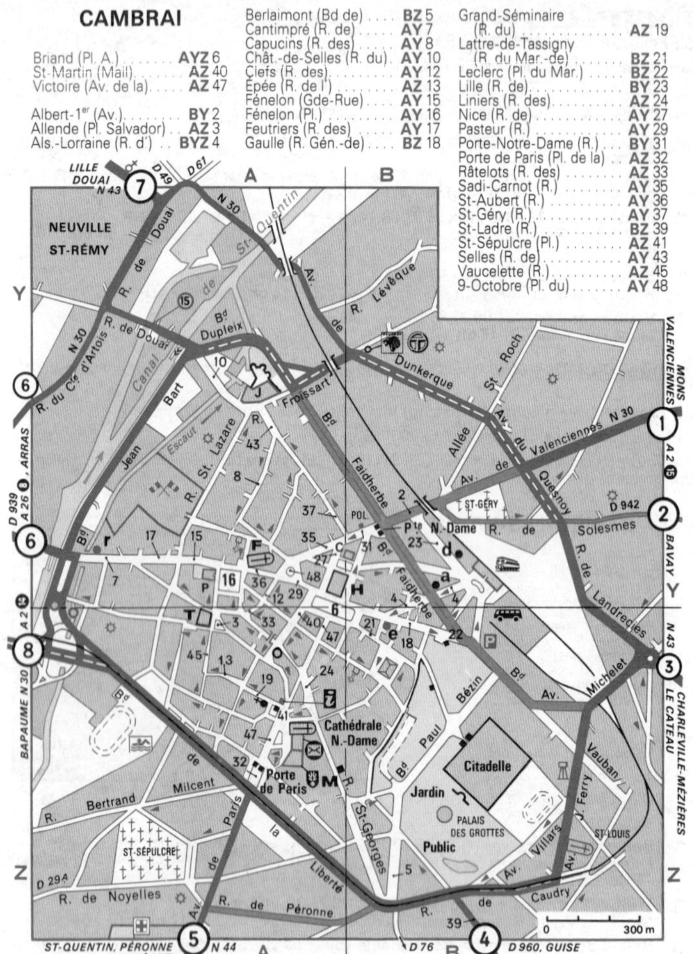

Mouton Blanc, 33 r. Alsace-Lorraine ✆ 27 81 30 16, Télex 133365, Fax 27 81 83 54 – TV ☎ – 40. AE GB — BY **a**
R *(fermé 1er au 14 août, dim. soir et lundi)* 95/215 – ☕ 28 – **31 ch** 200/320 – ½ P 200/250.

France sans rest, 37 r. Lille ✆ 27 81 38 80 – TV ☎. AE GB — BY **d**
fermé 5 au 25 août – ☕ 22 – **24 ch** 110/215.

Le Crabe Tambour, 52 r. Cantimpré ✆ 27 83 10 18 – GB — AY **r**
fermé 2 au 10 janv., 1er au 31 août, dim. soir, lundi et soirs fériés – **R** 98/155.

L'Escargot, 10 r. Gén. de Gaulle ✆ 27 81 24 54, Fax 27 83 95 21 – AE GB — BZ **e**
fermé 15 août au 6 sept., vacances de fév., merc. soir et lundi sauf fériés – **R** 75/220.

à Beauvois-en-Cambrésis par ③ et N 43 : 10 km – ✉ **59157** :

La Buissonnière, ✆ 27 85 29 97, Fax 27 76 25 74 – Ⓟ. AE GB
fermé août, dim soir et lundi – **Repas** 110/190, enf. 50.

à Ligny-en-Cambrésis SE : 17 km par N 43 et D 74 – ✉ **59191** Ligny-Haucourt :

Château de Ligny, ✆ 27 85 25 84, parc – ☎ Ⓟ. AE GB. rest
fermé 5 janv. au 20 fév. – **R** carte 240 à 400 – ☕ 50 – **9 ch** 470/1100.

à l'échangeur A2 par ⑧ : 3 km – ✉ **59400** Cambrai :

Ibis Ⓜ, ✆ 27 83 54 54, Télex 135074, Fax 27 81 81 66 – ch TV ☎ ♿ P – 30. AE GB
R 81 ♨, enf. 39 – ☐ 33 – **51 ch** 255/280.

Campanile, ✆ 27 81 62 00, Télex 820992, Fax 27 83 07 87 – TV ☎ ♿ P – 30. AE GB
R 80 bc/102 bc, enf. 39 – ☐ 29 – **39 ch** 268.

CITROEN Marissal Autom., 2 095 av. de Paris par ⑤ ✆ 27 83 68 45 N ✆ 27 83 27 17
FORD Gar. Chandelier, 101 bd Faidherbe ✆ 27 83 82 31
OPEL Auto-Vente, 132 bd Faidherbe ✆ 27 81 57 05
PEUGEOT-TALBOT Auto du Cambrésis, 80 av. de Dunkerque ✆ 27 83 84 23 N ✆ 28 02 49 75
RENAULT S.A.N.A.C., 200 rte de Solesmes par ② ✆ 27 83 82 56 N ✆ 28 02 07 66

François-Pneus, 14 av. V.-Hugo ✆ 27 83 70 54
Lesage-Pneus, 28 bd Faidherbe ✆ 27 83 84 85
Multy-Pneus, Centre Routier International ✆ 27 78 05 22

CAMIERS **62176** P.-de-C. 51 ⑪ – 2 176 h alt. 21.

Paris 252 – ♦Calais 51 – Arras 99 – Boulogne-sur-Mer 19 – Le Touquet 10,5.

Cèdres Ⓜ, ✆ 21 84 94 54, Fax 21 09 23 29, – TV ☎ P. AE ① GB
fermé 15 déc. au 15 janv. – **R** 85/203 – ☐ 32 – **29 ch** 156/300 – ½ P 291/322.

CAMOËL **56** Morbihan 63 ⑭ – rattaché à La Roche-Bernard.

CAMORS **56330** Morbihan 63 ② – 2 375 h alt. 113.

Paris 461 – Vannes 31 – Auray 23 – Lorient 38 – Pontivy 26.

Les Bruyères Ⓜ sans rest, ✆ 97 39 29 99, Fax 97 39 28 34 – TV ☎ ♿ P. GB.
fermé 27 fév. au 15 mars – ☐ 28 – **15 ch** 260.

Ar Brug, ✆ 97 39 20 10 – ch ☎. ① GB
R 65/160 – ☐ 30 – **20 ch** 136/264 – ½ P 159/188.

CAMPAGNE **24** Dordogne 75 ⑯ – rattaché au Bugue.

CAMPAN **65** H.-Pyr. 85 ⑱ ⑲ – rattaché à Ste-Marie-de-Campan.

CAMPIGNY **27** Eure 55 ④ – rattaché à Pont-Audemer.

Le CAMP-LAURENT **83** Var 84 ⑤ ⑮ – rattaché à Toulon.

CAMPS **19** Corrèze 75 ⑳ – 293 h alt. 546 – ✉ **19430** Mercoeur.

Voir Rocher du Peintre ≤★ S : 1 km, **G. Berry Limousin.**

Paris 536 – Aurillac 44 – Brive-la-Gaillarde 74 – St-Céré 29 – Tulle 52.

Lac Ⓜ, ✆ 55 28 51 83, Fax 55 28 53 71, ≤ – TV ☎ ♿ P. GB
fermé vacances de nov., de fév., dim. soir et lundi d'oct. à Pâques – **R** 75/200 ♨ – ☐ 26 – **11 ch** 200/220 – ½ P 220/230.

CANADEL-SUR-MER **83820** Var 84 ⑰ **G. Côte d'Azur** – alt. 25.

Voir Col du Canadel ≤★★ NE : 4,5 km – Site★ du Rayol E : 2 km.

Paris 891 – Fréjus 51 – Draguignan 65 – Le Lavandou 11 – St-Tropez 27 – Ste-Maxime 31 – ♦Toulon 54.

Karlina , ✆ 94 05 61 65, ≤, , , – ☎ P. ① GB
1er avril-10 oct. – **R** *(1er mai-30 sept.)* 200/290, enf. 70 – **10 ch** ☐ 550/855 – ½ P 443/750.

CANAPVILLE **14** Calvados 55 ③ – rattaché à Deauville.

CANCALE **35260** I.-et-V. 59 ⑥ **G. Bretagne** – 4 910 h alt. 50.

Voir Site★ du port★ – ★ de la tour de l'église St-Méen Z – Pointe du Hock ≤★ Z.

Office de Tourisme r. du Port ✆ 99 89 63 72.

Paris 396 ① – St-Malo 14 ② – Avranches 60 ① – Dinan 34 ① – Fougères 71 ① – Le Mont-Saint-Michel 47 ①.

Plan page suivante

H. de Bricourt-Richeux , S : 4,5 km par D 76, D 155 et VO ✆ 99 89 64 76, Fax 99 89 88 47, « Villa élégamment aménagée dans un parc, ≤ baie du Mont-St-Michel » – TV ☎ P. AE ① GB
fermé janv. – **R** voir aussi rest. **de Bricourt** ci-après **Le Coquillage** *(fermé dim. soir et lundi)* **R** 100/150, enf. 90 – ☐ 75 – **14 ch** 750/1250.

Continental, quai Thomas ✆ 99 89 60 16, Fax 99 89 69 58, ≤, – TV ☎. AE ① GB. rest — Z **s**
hôtel : 15 fév.-14 nov.; rest. : 1er mars-14 nov., fermé mardi midi et lundi – **R** 108/290 – ☐ 45 – **19 ch** 440/680 – ½ P 315/580.

Le Chatellier Ⓜ sans rest, par ② : 1 km sur D 355 ✆ 99 89 81 84, – TV ☎ ♿ P. GB
☐ 30 – **13 ch** 250/320.

Nuit et Jour Ⓜ sans rest, r. Arnstein ✆ 99 89 75 59, Fax 99 89 77 13 – ☎ ♿ P. GB — YZ **d**
fermé 13 nov. au 1er fév. – ☐ 36 – **20 ch** 290.

CANCALE

Leclerc (R. Gén.) . . . . YZ 20
Port (R. du) . . . . Z

Bricourt (Pl.) . . . . Y 3
Calvaire (Pl. du) . . . . Z 4
Du-Guesclin (R.) . . . . Y 8
Duguay-Trouin (Quai) . . . . Z 9
Duquesne (R.) . . . . Y 10
Fenêtre (Jetée de la) . . . . Z 12
Gallais (R.) . . . . Y 13
Gambetta (Quai) . . . . Z 14
Hock (R. du) . . . . Z 16
Jacques-Cartier (Quai) . . . . Z 17
Juin (R. du Mar.) . . . . Z 18
Kennedy (Quai) . . . . Z 19
Mennais (R. de la) . . . . Y 22
République (Pl. de la) . . . . Z 23
Roulette (R. de la) . . . . Z 24
Rimains (R. des) . . . . Y 25
Stade (R. du) . . . . Y 27
Surcouf (R.) . . . . Y 28
Thomas (Quai) . . . . Z 30

Les principales voies commerçantes figurent en rouge au début de la liste des plans de villes.

XXX ✿✿ **Maison de Bricourt** (Roellinger), r. Duguesclin ✆ 99 89 64 76, Fax 99 89 88 47, ⛱ – AE ⓓ GB Y **n**
fermé 15 déc. au 15 mars, merc. (sauf juil.-août) et mardi – **R** (nombre de couverts limité - prévenir) carte 320 à 380, enf. 120
Spéc. Petit homard aux saveurs de "l'Ile aux épices". Saint-Pierre "Retour des Indes". Crêpes croustillantes.

Les Rimains 🏨 M sans rest, NE : 0,5 km par r. Gallais et r. Rimains ✆ 99 89 64 76, Fax 99 89 88 47, ← baie du Mont-St-Michel, « 🐎 dans un jardin surplombant la mer » – TV ☎ P. AE ⓓ GB Y **n**
fermé janv. et fév. – ☕ 75 – **6 ch** 650/750.

XX **Le St-Cast,** rte Corniche ✆ 99 89 66 08, ←, 🌳 – GB Z **b**
fermé 15 nov au 15 déc., fin fév. à début mars, merc. soir hors sais. et jeudi – **R** 98/258, enf. 50.

XX **Le Cancalais** avec ch, quai Gambetta ✆ 99 89 61 93, ← – GB Z **u**
fermé dim. soir et lundi – **R** 92/179 – ☕ 28 – **10 ch** 140/240.

XX **Phare** avec ch, quai Thomas ✆ 99 89 60 24, Fax 99 89 91 75, ←, 🌳 – TV ☎. GB. ✻ rest Z **a**
fermé déc., janv. et merc. – **R** 130/300 – ☕ 35 – **11 ch** 250/440 – ½ P 285/380.

XX **L'Armada,** quai Thomas ✆ 99 89 60 02, ←, 🌳 – GB Z **v**
fermé le soir de nov. à Pâques, dim. soir et lundi du 15 sept. au 1er juil. – **R** 98/120, enf. 58.

X **Ti Breiz,** quai Gambetta ✆ 99 89 60 26, ← – AE ⓓ GB Z **e**
mars-mi-nov. et fermé merc. hors sais. – **R** 89/245.

à la Pointe du Grouin ** N : 4,5 km par D 201 – ✉ **35260** Cancale :

🏨 **Pointe du Grouin** 🐎, ✆ 99 89 60 55, Fax 99 89 92 22, ← îles et baie du Mt-St-Michel – TV ☎ P. GB. ✻ ch
31 mars-10 oct. – **R** *(fermé mardi)* 120/310 – ☕ 40 – **18 ch** 280/400 – ½ P 340/390.

CANDÉ **49440** M.-et-L. 63 ⑲ – 2 542 h.
Paris 333 – Angers 39 – Ancenis 26 – Château-Gontier 39 – La Flèche 91.

🏨 **Relais Plaisance** 🐎 sans rest, E : 1,5 km par VO ✆ 41 92 04 25, ⛱ – ☎ P. GB. ✻
fermé dim. de nov. à mars – ☕ 23 – **11 ch** 120/200.

CANDÉ-SUR-BEUVRON **41120** L.-et-Ch. 64 ⑰ – 1 134 h alt. 86.
Paris 198 – ◆Orléans 76 – ◆Tours 50 – Blois 14 – Chaumont-sur-Loire 6,5 – Montrichard 21.

🏨 **Lion d'Or,** ✆ 54 44 04 66, Fax 54 44 06 19, 🌳 – TV ☎ P. GB. ✻
fermé 11 au 23 oct., 15 déc. au 15 janv. et mardi – **R** 65/170 🍷, enf. 40 – ☕ 23 – **10 ch** 100/250 – ½ P 135/225.

XXX **Host. de la Caillère** avec ch, rte Montils ✆ 54 44 03 08, Fax 54 44 00 95, 🌳 – ☎ ♿ P. ⓓ GB
fermé 1er déc. au 1er mars – **R** *(fermé merc.)* 98/268, enf. 70 – ☕ 48 – **14 ch** 280/350 – ½ P 438/458.

CANET-EN-ROUSSILLON 66140 Pyr.-Or. 86 ⑳ **G. Pyrénées Roussillon** – 7 575 h alt. 12 – Casino.

Office de Tourisme pl. Méditerranée ✆ 68 73 25 20, Télex 500997.

Paris 909 – ♦Perpignan 11 – Argelès-sur-Mer 22 – Narbonne 64.

Althéa M, 120 prom. Côte Vermeille ✆ 68 80 28 59, Télex 505098, Fax 68 73 37 27, ← – 40. GB. rest
1er avril-1er nov. – **R** 100/160, enf. 55 – ☕ 39 – **48 ch** 415/455 – ½ P 322/332.

Clos des Pins M sans rest, 34 av. Roussillon ✆ 68 80 32 63, – ☎ P. AE GB.
avril-oct. – ☕ 35 – **20 ch** 280/340.

Les Sables, 25 r. Vallée du Rhône ✆ 68 80 23 63, Télex 505213, Fax 68 73 26 23, – P. AE GB JCB
1er avril-16 oct. – **R** brasserie carte environ 100 – ☕ 30 – **41 ch** 270/360.

Galion, 20 bis av. Gd Large ✆ 68 80 28 23, Fax 68 73 24 41, – P. AE GB
1er avril-30 sept. – **R** 75/140 – ☕ 37 – **24 ch** 375/410, 4 appart. – ½ P 295/320.

Aquarius M, 40 av. Roussillon ✆ 68 73 30 00, Fax 68 80 24 34, – ☎ P. GB.
R 95, enf. 50 – ☕ 35 – **50 ch** 260/370 – ½ P 280/300.

du Port, 21 bd Jetée ✆ 68 80 62 44, Fax 68 73 28 83 – P. GB. rest
3 avril-30 sept. – **R** 75/95 – ☕ 30 – **36 ch** 340 – ½ P 270.

Frégate M, 12 r. Cerdagne ✆ 68 80 22 87, Fax 68 73 82 72 – ☎ P. AE GB
R (résidents seul.) – ☕ 30 – **27 ch** 290/330 – ½ P 255/275.

La Chalosse sans rest, 41 av. Méditerranée ✆ 68 80 35 69 – ☎ P. AE GB.
fermé 15 nov. au 15 janv. – ☕ 25 – **15 ch** 250/440.

Don Quichotte, 22 av. de Catalogne ✉ 66140 ✆ 68 80 35 17 – AE GB
fermé 14 nov. au 7 déc., vacances de fév., dim. soir et lundi de sept. à mi-juin – **R** 105, enf. 40.

La Rascasse, 38 bd Tixador ✆ 68 80 20 79 – GB
2 avril-26 sept. et fermé jeudi du 2 avril au 1er juil. – **R** 95/160, enf. 38.

CANILLO 86 ⑭ – voir à Andorre (Principauté d').

CANNES 06400 Alpes-Mar. 84 ⑨ 115 ㊱ ㊳ **G. Côte d'Azur** – 68 676 h alt. 2 – Casinos Carlton Casino BYZ, Palm Beach (en travaux) X, Municipal BZ.

Voir Site★★ – Le front de Mer★★ : boulevard★★ BCDZ et pointe★ X de la Croisette – ←★ de la tour du Mont-Chevalier AZ **V** – Musée de la Castre★ AZ **M** – Chemin des Collines★ NE : 4 km V – La Croix des Gardes X **E** ←★ O : 5 km puis 15 mn.

Country-Club de Cannes-Mougins ✆ 93 75 79 13, par ⑤ : 9 km ; Golf Club de Cannes-Mandelieu ✆ 93 49 55 39, par ② : 6,5 km ; de Biot ✆ 93 65 08 48, par ⑤ : 14 km ; Riviera Golf Club, à Mandelieu, ✆ 93 38 32 55, par ② : 8 km.

Direction Générale du Tourisme et des Congrès et Accueil de France (Informations, change et réservations d'hôtels, pas plus de 5 jours à l'avance) espl. Prés.-Georges Pompidou ✆ 93 39 01 01, Télex 470749 (Bureau d'Accueil ✆ 93 39 24 53) et à la Gare SNCF ✆ 93 99 19 77, Télex 470795 – A.C. 12bis rue L.-Blanc ✆ 93 39 38 94.

Paris 903 ⑤ – Aix-en-Provence 146 ⑤ – ♦Grenoble 312 ⑤ – ♦Marseille 159 ⑤ – ♦Nice 32 ⑤ – ♦Toulon 121 ⑤.

Plans pages suivantes

Carlton Inter-Continental, 58 bd Croisette ✆ 93 68 91 68, Télex 470720, Fax 93 38 20 90, ←, – rest ☎ – 30 à 250. AE GB JCB
R voir rest **La Côte** ci-après- **Café Carlton R** carte 260 à 500 – ☕ 145 – **326 ch** 2000/3350, 28 appart. CZ **e**

Martinez, 73 bd Croisette ✆ 92 98 73 00, Télex 470708, Fax 93 39 67 82, ←, – ☎ P – 60 à 700. AE GB JCB DZ **n**
fermé mi-nov. à mi-janv. – **R** voir rest **La Palme d'Or** ci-après - **L'Orangeraie** ✆ 92 98 74 12 *(dîner seul. en juil.-août)* **R** 195 – ☕ 100 – **418 ch** 1300/3250, 12 appart.

Majestic, 14 bd Croisette ✆ 92 98 77 00, Télex 470787, Fax 93 38 97 90, ←, – ☎ – 400. AE GB BZ **n**
fermé 10 nov. au 20 déc. – **Le Sunset R** 240, enf. 150 – ☕ 110 – **263 ch** 1150/3500, 24 appart. – ½ P 1025/1825.

Noga Hilton M, 50 bd Croisette ✆ 92 99 70 00, Télex 470013, Fax 92 99 70 11, – ch ☎ – 25 à 600. AE GB. rest CZ **b**
La Scala *(fermé lundi et mardi de nov. à mars)* **R** (dîner seul. en juil-août) 350/490 – **Le Grand Bleu** (brasserie) **R** 165/320, enf. 120 – ☕ 110 – **192 ch** 1790/3190, 33 appart. – ½ P 1270/1870.

Gray d'Albion M, 38 r. Serbes ✆ 92 99 79 79, Télex 470744, Fax 93 99 26 10, – ch ☎ – 30 à 200. AE GB JCB BZ **d**
R voir rest **Royal Gray** ci-après - **Les 4 Saisons R** carte 160 à 260 – ☕ 85 – **172 ch** 1200/1550, 14 appart.

L'Horset-Savoy M, 5 r. F. Einessy ✆ 92 99 72 00, Télex 461873, Fax 93 68 25 59, – ch ☎ – 120. AE GB CZ **u**
R 130/180 – ☕ 85 – **101 ch** 860/1200, 5 appart. – ½ P 705/770.

Pullman Beach M sans rest, 13 r. Canada ✆ 93 94 50 50, Télex 470034, Fax 93 68 35 38, – ch ☎ – 40. AE GB JCB DZ **y**
fermé 20 nov. au 26 déc. et 28 janv. au 1er mars – ☕ 85 – **93 ch** 990/1650.

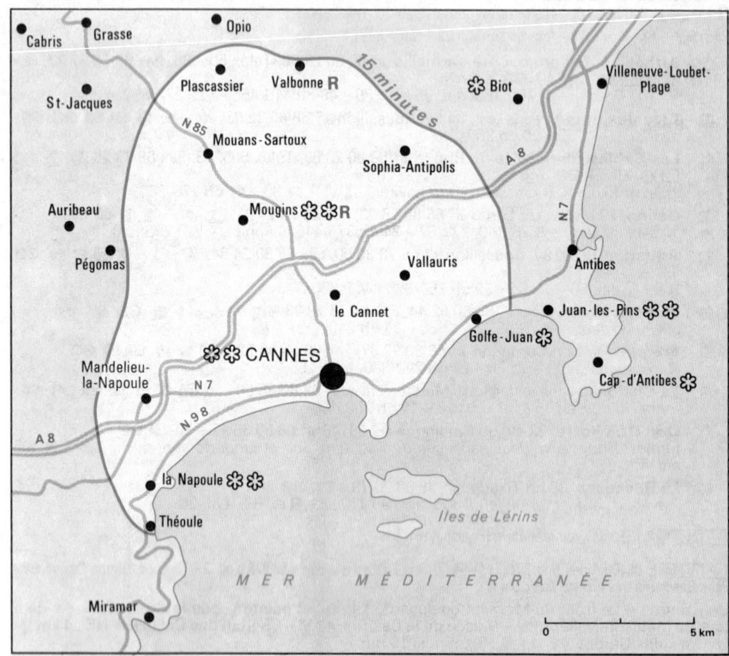

Sofitel Méditerranée [M], 2 bd J. Hibert ℘ 92 99 73 00, Télex 470728, Fax 92 99 73 29, « Piscine et terrasses sur le toit, ≤ baie de Cannes » – ch – 150. AE ① GB — AZ **n**
fermé 21 nov. au 22 déc. – **Le Palmyre** ℘ 92 99 73 10 **R** carte 230 à 350, enf. 90 – 90 – **145 ch** 875/1290, 5 appart. – ½ P 695/880.

Grand Hôtel, 45 bd Croisette ℘ 93 38 15 45, Télex 470727, Fax 93 68 97 45, ≤, – ch ☎ – 30. AE ① GB. rest — CZ **q**
R 140/190 – 60 – **74 ch** 730/1460 – ½ P 692/965.

Cristal [M], 15 rd-pt Duboys d'Angers ℘ 93 39 45 45, Télex 470844, Fax 93 38 64 66, – ☎. AE ① GB — CZ **s**
R *(fermé 15 nov. au 18 déc.)* 135/250 – **47 ch** 765/1070, 4 appart. – ½ P 550/600.

Novotel [M], 25 av. Beauséjour ℘ 93 68 91 50, Télex 470039, Fax 93 38 37 08, ≤, « Jardin », – ch rest ☎ – 400. AE ① GB JCB — DY **r**
R carte environ 180, enf. 60 – 60 – **181 ch** 650/950.

Splendid sans rest, 4 r. F. Faure ℘ 93 99 53 11, Télex 470990, Fax 93 99 55 02, ≤ – cuisinette ☎. AE ① GB — BZ **a**
50 – **63 ch** 570/870.

Victoria [M] sans rest, rd-pt Duboys d'Angers ℘ 93 99 36 36, Fax 93 38 03 91, – ☎. AE ① GB JCB. — CZ **x**
fermé 10 nov. au 20 déc. – 50 – **25 ch** 710/1100.

Canberra sans rest, rd-pt Duboys d'Angers ℘ 93 38 20 70, Télex 470817, Fax 92 98 03 47 – ☎. AE ① GB — CZ **h**
40 – **45 ch** 470/735.

Fouquet's [M] sans rest, 2 rd-pt Duboys d'Angers ℘ 93 38 75 81, Fax 92 98 03 39 – ☎. AE ① GB JCB — CZ **y**
fermé 1er nov. au 26 déc. – 60 – **10 ch** 1100/1300.

Paris sans rest, 34 bd Alsace ℘ 93 38 30 89, Télex 470995, Fax 93 39 04 61, – ☎ – 40. AE ① GB JCB. — CY **a**
fermé 15 nov. au 27 déc. et 3 au 20 janv. – 50 – **45 ch** 750/980, 5 appart.

Embassy, 6 r. Bône ℘ 93 38 79 02, Télex 470081, Fax 93 99 07 98 – ☎. AE ① GB – **R** 115/200 – **60 ch** 680/800 – ½ P 515. — DY **j**

Mondial [M] sans rest, 77 r. d'Antibes ℘ 93 68 70 00, Télex 462918, Fax 93 99 39 11 – ch ☎. AE ① GB — CY **e**
40 – **56 ch** 530/740.

Abrial sans rest, 24 bd Lorraine ✆ 93 38 78 82, Télex 470761, Fax 92 98 67 41 – 🛗 ▤ TV ☎ ⇔ – 🏢 30. AE ⓓ GB JCB CY **s**
☕ 53 – **50 ch** 392/640.

Ligure sans rest, 5 pl. Gare ✆ 93 39 03 11, Télex 970275, Fax 93 39 19 48 – 🛗 ▤ TV ☎. AE ⓓ GB BY **n**
☕ 35 – **36 ch** 610/710.

Beau Séjour, 5 r. Fauvettes ✆ 93 39 63 00, Télex 470975, Fax 92 98 64 66, 🍽, 🏊, 🌳 – 🛗 ▤ ch TV ☎ ⇔ – 🏢 30. AE ⓓ GB JCB. ✗ rest AZ **d**
fermé 1er nov. au 14 déc. – **R** 120/140 🍷 – **46 ch** ☕ 690/790 – ½ P 505.

La Madone 🐚 sans rest, 5 av. Justinia ✆ 93 43 57 87, Fax 93 43 22 79, 🏊, 🌳 – cuisinette ⇆ ch TV ☎. AE ⓓ GB X **y**
☕ 50 – **31 ch** 450/760.

Château de la Tour 🐚, 10 av. Font-de-Veyre par ③ ✉ 06150 Cannes-La-Bocca ✆ 93 47 34 64, Télex 470906, Fax 93 47 86 61, 🏊 – 🛗 TV ☎ Ⓟ. AE ⓓ GB. ✗ rest
R *(fermé 20 nov. au 10 déc.)* 85/110, enf. 45 – ☕ 35 – **42 ch** 520/680 – ½ P 450/520.

America Ⓜ sans rest, 13 r. St-Honoré ✆ 93 68 36 36, Fax 93 68 04 58 – 🛗 ⇆ ch ▤ TV ☎. AE ⓓ GB JCB. ✗ BZ **r**
☕ 50 – **30 ch** 500/770.

Host. de l'Olivier sans rest, 5 r. Tambourinaires ✆ 93 39 53 28, Fax 93 39 55 85, 🏊 – TV ☎ Ⓟ. AE GB. ✗ AZ **e**
fermé 23 nov. au 28 déc. – ☕ 35 – **23 ch** 480/570.

Régina sans rest, 31 r. Pasteur ✆ 93 94 05 43, Fax 93 43 20 54 – 🛗 TV ☎ Ⓟ. AE GB JCB. ✗ DZ **d**
fermé nov. et déc. – ☕ 40 – **22 ch** 500/680.

Des Congrès et Festivals sans rest, 12 r. Teisseire ✆ 93 39 13 81, Fax 93 39 56 28 – 🛗 ▤ TV ☎. AE ⓓ GB JCB CY **p**
☕ 35 – **20 ch** 350/550.

Corona sans rest, 55 r. Antibes ✆ 93 39 69 85, Fax 93 99 09 69 – 🛗 ▤ TV ☎. AE GB BY **v**
fermé 1er nov. au 7 déc. – ☕ 30 – **20 ch** 350/430.

Étrangers sans rest, 10 pl. P. Sémard ✆ 93 38 82 82, Télex 970048, Fax 93 99 04 18 – 🛗 TV ☎. AE ⓓ GB BY **n**
☕ 30 – **53 ch** 350/450.

Molière sans rest, 5 r. Molière ✆ 93 38 16 16, Fax 93 68 29 57 – 🛗 ▤ TV ☎. AE GB. ✗
fermé 15 nov. au 20 déc. – **45 ch** ☕ 350/540. CYZ **t**

France sans rest, 85 r. Antibes ✆ 93 39 23 34, Fax 93 68 53 43 – 🛗 ▤ TV ☎. AE ⓓ GB JCB CY **k**
☕ 35 – **34 ch** 390/430.

Select sans rest, 16 r. H. Vagliano ✆ 93 99 51 00, Fax 92 98 03 12 – 🛗 ▤ TV ☎. AE GB JCB. ✗ CY **r**
☕ 28 – **30 ch** 393/435.

Albert 1er Ⓜ sans rest, 68 av. Grasse ✆ 93 39 24 04, Fax 93 38 83 75 – TV ☎ Ⓟ. GB
fermé nov. – ☕ 27 – **11 ch** 280/320. AY **d**

Arcade Ⓜ sans rest, 8 r. Marceau ✆ 92 98 96 96, Télex 461459, Fax 92 98 05 68 – 🛗 ▤ TV ☎ ♿ ⇔ – 🏢 25. AE GB CY **v**
☕ 38 – **60 ch** 378/410.

Cheval Blanc sans rest, 3 r. Maupassant ✆ 93 39 88 60, Fax 93 38 01 50 – TV ☎. GB
fermé nov. – ☕ 27 – **16 ch** 220/320. AY **a**

Modern sans rest, 11 r. Serbes ✆ 93 39 09 87 – 🛗 TV ☎ BZ **b**
fermé 1er nov. au 23 déc. – ☕ 30 – **19 ch** 295/470.

XXXXX ✿✿ **La Belle Otéro,** 58 bd Croisette, au 7e étage de l'hôtel Carlton ✆ 93 68 00 33, Fax 93 39 09 06, 🍽 – ▤. AE ⓓ GB CZ **e**
fermé 1er au 15 nov., 1er au 22 fév., dim. et lundi du 15 sept. au 15 juin – **R** 250 bc/550 (déj.) et carte 470 à 650
Spéc. Minestrone de homard bleu en bouillon de crustacés. Tian de Saint-Pierre aux artichauts violets. Filet mignon de veau en jus d'osso-bucco. **Vins** Muscat des coteaux varois, Côtes de Provence.

XXXXX ✿ **La Côte** - Hôtel Carlton Intercontinental, 58 bd Croisette ✆ 93 68 91 68, Télex 470720, Fax 93 38 20 90 – ▤. AE ⓓ GB JCB. ✗ CZ **e**
fermé 12 nov. au 16 déc., mardi et merc. – **R** 210 (déj.)/470 et carte 360 à 530
Spéc. Petits poivrons farcis et grillade de bonite en marinade de citron vert. Chapon rôti aux gousses d'ail. Tagliatelles et pieds d'agneau mijotés aux morilles. **Vins** Bandol.

XXXXX ✿✿ **La Palme d'Or** - Hôtel Martinez, 73 bd Croisette ✆ 92 98 74 14, Télex 470708, Fax 93 39 67 82, ≤, 🍽 – ▤ Ⓟ. AE ⓓ GB JCB DZ **n**
fermé mi-nov. à mi-janv., mardi (sauf le soir du 15 mai au 15 sept.) et lundi – **R** 290 (déj.)/540 et carte 410 à 580
Spéc. Saint-Pierre "poire et thym" à la concassée d'olives. Pigeonneau de ferme en crépinette de laitue, crème de févettes à la sarriette. Fraises des bois, jus tiède au Grand-Marnier et crème de lait glacée. **Vins** Côtes de Provence.

XXXX ✿✿ **Royal Gray** - Hôtel Gray d'Albion, 6 r. États-Unis ✆ 92 99 79 60, Télex 470744, Fax 93 99 26 10, 🍽, « Elégant décor contemporain » – ▤. AE ⓓ GB JCB CYZ **m**
fermé fév., lundi sauf le soir en juil.-août et dim. – **R** 550/580 et carte 410 à 540
Spéc. Papillon de langoustines à la chiffonnade de basilic. Saint Pierre rôti au fumet de fenouil sec. Palmier de pamplemousse rôti au miel et sorbet coco. **Vins** Côtes de Provence.

CANNES

André (R. du Cdt) . . . . CZ
Antibes (R. d') . . . . . . BCY
Belges (R. des) . . . . . . BZ 12
Chabaud (R.) . . . . CY 22
Croisette (Bd de la) . . BDZ
Félix-Faure (R.) . . . . . ABZ
Foch (R. du Mar.) . . . . BY 44
Joffre (R. du Mar.) . . . . BY 60
Riouffe (R. Jean de) . . . BY 98

Albert-Édouard (Jetée) . BZ
Alexandre-III (Bd) . . . . . . X 2
Alsace (Bd) . . . . BDY
Amouretti (R.F.) . . . . . . CZ 3
Anc. Combattants d'Afrique du Nord (Av.) . . . . . AYZ 4
Beauséjour (Av.) . . . . . DYZ
Beau-Soleil (Bd) . . . . X 10
Blanc (R. Louis) . . . . . AYZ
Broussailles (Av. des) . . . V 16
Buttura (R.) . . . . BZ 17
Canada (R. du) . . . . DZ
Carnot (Bd) X
Carnot (Square) . . . . V 20
Castre (Pl. de la) . . . . . . AZ 21
Clemenceau (R. G.) . . . . AZ
Coteaux (Av. des) V
Croix-des-Gardes (Bd) . VX 29
Delaup (Bd) . . . . AY 30
Dr-Pierre Gazagnaire (R.) AZ 32
Dr-R. Picaud (Av.) X
Dollfus (R. Jean) . . . . . . AZ 33
Faure (R. Félix) . . . . . . ABZ
Favorite (Av. de la) . . . . . X 38
Ferrage (Bd de la) . . . . ABY 40
Fiesole (Av.) . . . . X 43
Gallieni (R. du Mar.) . . . BY 48
Gaulle (Pl. Gén.-de) . . . . BZ 51
Gazagnaire (Bd Eugène) . X
Grasse (Av. de) . . . . VX 53
Guynemer (Bd) . . . . AY
Haddad-Simon (R. Jean) CY 54
Hespérides (Av. des) . . . . X 55
Hibert (Bd Jean) . . . . . . AZ
Hibert (R.) . . . . AZ
Isola-Bella (Av. d') X
Jaurès (R. Jean) . . . . . BCY
Juin (Av. Mar.) . . . . DZ
Koenig (Av. Gén.) . . . . . . DY
Lacour (Bd Alexandre) . . X 62
Latour-Maubourg (R.) . DZ
Lattre-de-T. (Av. de) . . AY 63
Laubeuf (Quai Max) . . AZ
Leader (Bd) . . . . VX 64
Lérins (Av. de) . . . . X 65
Lorraine (Bd de) . . . . CDY
Macé (R.) . . . . CZ 66
Madrid (Av. de) . . . . DZ
Meynadier (R.) . . . . . . ABY
Midi (Bd du) X
Mimont (R. de) . . . . BY
Mont-Chevalier (R. du) AZ 72
Montfleury (Bd) . . . . . CDY 74
Monti (R. Marius) . . . . . AY 75
Moulin (Bd du) . . . . AY 76
Noailles (Av. J.-de) X
Observatoire (Bd de l') . X 84
Oxford (Bd d') . . . . V 87
Pantiero (la) . . . . ABZ
Paradis-Terrestre (Corniches du) . . . . . . V 88
Pasteur (R.) . . . . DZ
Pastour (R. Louis) . . . . AY 90
Perier (Bd du) . . . . V 92
Perrissol (R. Louis) . . . AZ 93
Petit-Juas (Av. du) VX
Pins (Bd des) . . . . X 95
Pompidou (Espl. G.) . . . BZ
Prince de-Galles (Av. du) X 96
République (Bd de la) . . X
Riou (Bd du) VX
Roi-Albert (Av.) X
Rouguière (R.) . . . . . . BYZ 100
St-Nicolas (Av.) . . . . . . BY 105
St-Pierre (Quai) . . . . . . AZ
Sardou (R. Léandre) . . . . X 108
Serbes (R. des) . . . . BZ 110
Source (Bd de la) . . . . . . X 112
Stanislas (Pl.) . . . . AY
Strasbourg (Bd de) . . CDY
Teisseire (R.) . . . . CY 114
Tuby (Bd Victor) . . . . AYZ 115
Vallauris (Av. de) . . . . . VX 116
Vallombrosa (Bd) . . . . AY 118
Vautrin (Bd Gén.) . . . . DZ
Vidal (R. du Cdt) . . . . . . CY 120
Wemyss (Av. Amiral Wester) . . X 122

LE CANNET

Aubarède (Ch. de l') . . . V 8
Bellevue (Pl.) . . . . V 13
Bréguières (Ch. des) . . . V 14
Cannes (R. de) . . . . V 19
Carnot (R. de) V
Cheval (Av. Maurice) . . . V 23
Collines (Ch. des) V
Doumer (Bd Paul) V
Écoles (Av. des) . . . . V 34
Four-à-Chaux (Bd du) . . V 45
Gambetta (Bd) . . . . V 50
Gaulle (Av. Gén.-de) . . . V
Jeanpierre (Av. Maurice) V 58
Mermoz (Av. Jean) . . . . V 67
Monod (Bd Jacques) . . . V 68
Mont-Joli (Av. du) . . . . . V 73
N.-D.-des-Anges (Av.) . . V 79
Olivet (Ch. de l') . . . . . . V 85
Olivetum (Bd) . . . . V 86
Paris (R. de) . . . . V 89
Pinède (Av. de la) . . . . . V 94
Pompidou (Av. de la) . . . V
République (Bd de la) . . V
Roosevelt (Av. Franklin) V
St-Sauveur (R.) . . . . V 106
Victor-Hugo (R.) . . . . . . V 119
Victoria (Av.) V

VALLAURIS

Cannes (Av. de) . . . . V 18
Clemenceau (Av. G.) . . . V 25
Fournas (Av. de) . . . . . . V 46
Golfe (Av. du) . . . . V 52
Isnard (Pl. Paul) . . . . . . V 56
Rouvier (Bd Maurice) . . V 102
Tapis-Vert (Av. du) . . . . V 113

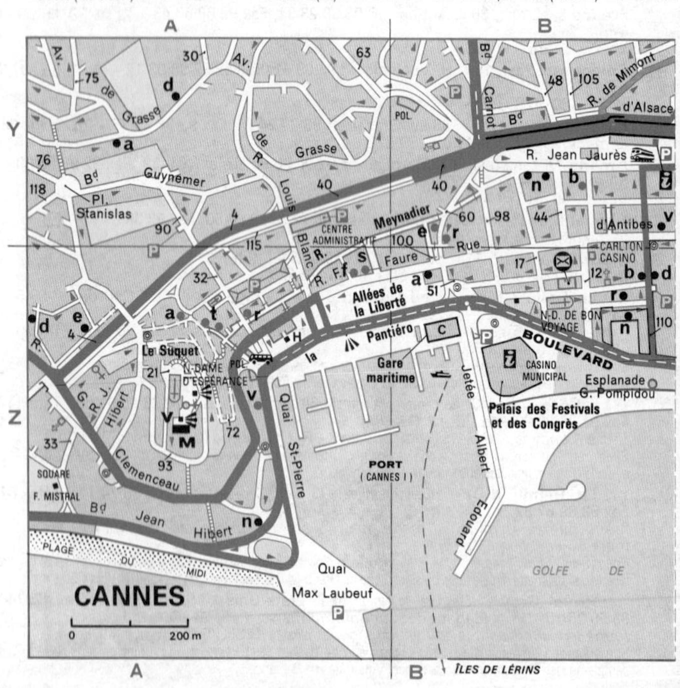

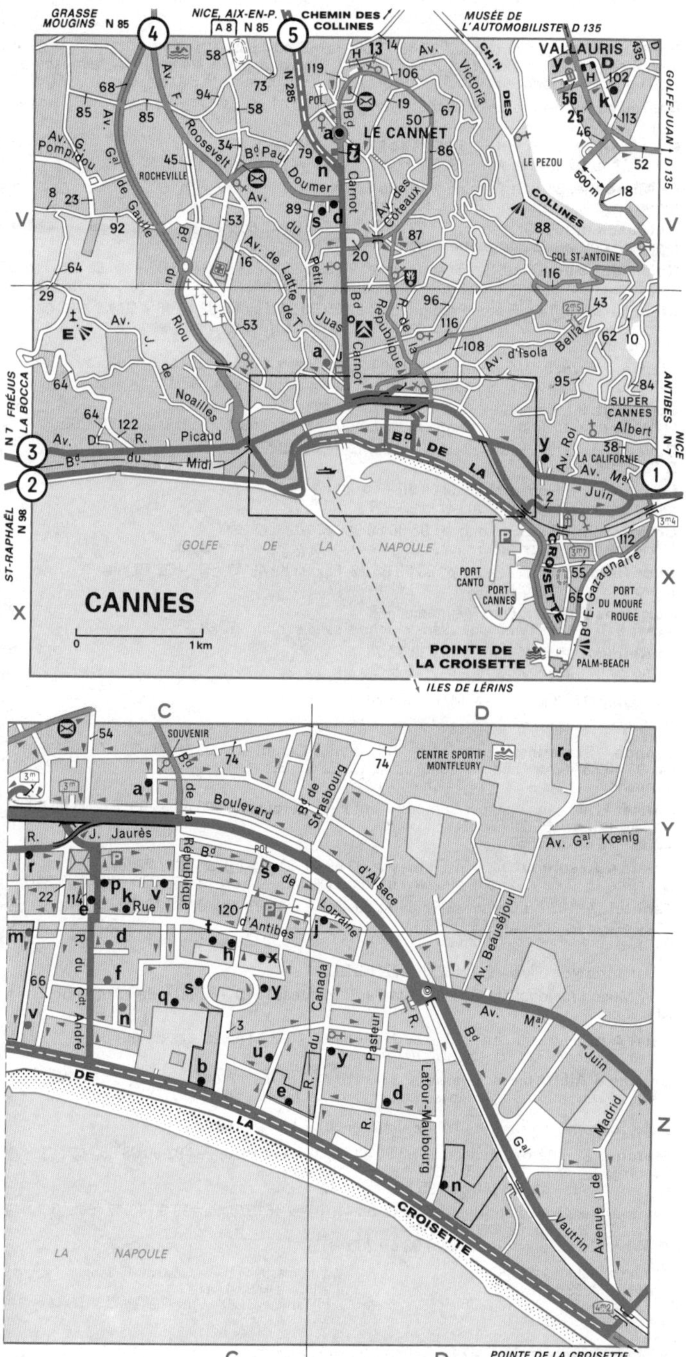
CANNES
GRASSE MOUGINS N 85
NICE, AIX-EN-P. A 8 N 85
CHEMIN DES COLLINES
MUSÉE DE L'AUTOMOBILISTE D 135
VALLAURIS
GOLFE-JUAN D 135
LE CANNET
ROCHEVILLE
LE PEZOU
COLLINES
COL ST-ANTOINE
SUPER CANNES
LA CALIFORNIE
ANTIBES N 7 NICE
FRÉJUS LA BOCCA N 7
ST-RAPHAËL N 98
GOLFE DE LA NAPOULE
PORT CANTO
PORT CANNES II
PORT DU MOURÉ ROUGE
POINTE DE LA CROISETTE
PALM-BEACH
ILES DE LÉRINS
CROISETTE
Bd DE LA
Av. Roi Albert
Av. Mal Juin
Av. d'Isola Bella
Av. de Lattre de T.
Av. J. de Noailles
Av. F. Roosevelt
Bd Paul Doumer
Bd Carnot
Bd du Riou
Av. Gal de Gaulle
Av. G. Pompidou
R. Picaud
Bd du Midi
Av. Victoria
Av. des Côteaux
R. de la République
Bd E. Gazagnaire
1 km
CENTRE SPORTIF MONTFLEURY
SOUVENIR
Boulevard de la République
Bd de Strasbourg
Bd d'Alsace
Bd de Lorraine
R. J. Jaurès
Rue d'Antibes
R. du Cdt André
R. du Canada
R. Pasteur
R. Latour-Maubourg
Av. Beauséjour
Av. Gal Kœnig
Av. Mal Juin
Bd Gal Vautrin
Avenue de Madrid
DE LA CROISETTE
LA NAPOULE
POINTE DE LA CROISETTE

XXX **Poêle d'Or,** 23 r. États-Unis ✆ 93 39 77 65, Fax 93 40 45 59 – AE GB CZ **v**
fermé 22 au 30/3, 26/6 au 5/7, 22/11 au 13/12, mardi midi du 1/4 au 15/11, dim. soir du 15/11 au 31/3 et lundi – **R** (week-ends prévenir) 170/195 et carte 340 à 480.

XXX **Gaston et Gastounette,** 7 quai St-Pierre ✆ 93 39 47 92, – AE GB AZ **v**
fermé 5 au 20 janv. – **R** 195.

XXX **Rescator,** 7 r. Mar. Joffre ✆ 93 39 44 57 – . AE GB BY **e**
fermé 11 au 30 nov. et dim. – **R** 90/150.

XX **La Mirabelle,** 24 r. St Antoine ✆ 93 38 72 75 – . AE GB JCB AZ **a**
fermé 15 nov. au 15 déc., 15 fév. au 1er mars et mardi – **R** (diner seul.) 175/255.

XX **Le Mesclun,** 16 r. St Antoine ✆ 93 99 45 19, Fax 93 47 68 29 – . AE GB JCB AZ **t**
fermé 15 nov. au 15 déc. et merc. hors sais. – **R** (dîner seul.) 165/235.

XX **Relais des Semailles,** 9 r. St Antoine ✆ 93 39 22 32, Fax 93 94 45 00 – . AE GB
fermé nov., fév. et dim. hors sais. – **R** (dîner seul.) 135/280. AZ **t**

XX **Mère Besson,** 13 r. Frères Pradignac ✆ 93 39 59 24, Fax 93 99 10 48 – AE GB CZ **f**
fermé lundi midi et dim. de sept. à juin sauf fériés, dîner seul en juil.-août – **R** carte 190 à 280.

XX **Maître-Pierre,** 6 r. Mar. Joffre ✆ 93 99 36 30 – . AE GB BY **r**
fermé juil., merc. soir et dim. sauf fériés – **R** (dîner seul. en sais.) 95/145.

XX **St-Benoit,** 9 r. Bateguier ✆ 93 39 04 17 – AE GB CZ **n**
fermé 25 nov. au 15 déc. et lundi sauf juil.-août – **R** (diner seul. en juil.-août) 95/200.

XX **Caveau 30,** 45 r. F. Faure ✆ 93 39 06 33, – . AE GB AZ **f**
R 105/160.

XX **La Cigale,** 1 r. Florian ✆ 93 39 65 79 – . AE GB CZ **d**
fermé 15 au 30 nov., dim. soir et lundi – **R** 105/148.

X **Côté Jardin,** 12 av. St-Louis ✆ 93 38 60 28, – . AE GB X **a**
fermé fév. à mi-mars, lundi sauf le soir de mai à sept. et dim. – **R** 155.

X **Chez Astoux,** 43 r. F. Faure ✆ 93 39 06 22, Fax 93 99 45 47, – AE GB AZ **s**
R produits de la mer 92/148.

X **Aux Bons Enfants,** 80 r. Meynadier – AZ **r**
fermé août, 20 déc. au 5 janv., sam. soir hors sais. et dim. – **R** 88.

X **Le Monaco,** 15 r. 24-août ✆ 93 38 37 76 BY **b**
fermé 10 nov. au 15 déc. et dim. – **R** 75/95.

au Cannet N : 3 km - V – 41 842 h. – ✉ **06110** :

Office de Tourisme av. Campon ✆ 93 45 34 27.

Grande Bretagne sans rest, bd Sadi Carnot ✆ 93 45 66 00, Télex 470918, Fax 93 45 83 30, – cuisinette TV. AE GB. V **a**
fermé nov. et déc. – 40 – **34 ch** 400/720.

Sunset H. M sans rest, av. Campon (bretelle autoroute) ✆ 93 45 35 35, Fax 93 45 60 68 – TV. AE GB V **n**
35 – **25 ch** 355/550.

Relais d'Assemont M, 6 av. Tignes ✆ 93 69 47 70 – TV. GB. rest V **s**
R *(fermé 15 juil. au 14 août, dim. soir et sam.)* 125/185 – **11 ch** 380/520 – ½ P 300/340.

Fimotel M, 102 bd Carnot ✆ 93 69 11 69, Télex 648493, Fax 93 69 18 36, – TV – 25 à 100. AE GB V **d**
R 150, enf. 36 – 40 – **80 ch** 380/450 – ½ P 460/590.

à Vallauris NE : 6 km - V – 24 325 h. – ✉ **06220** :

Voir Musée national "la Guerre et la Paix" (château) V D – Musée de l'Automobiliste★ NO : 4 km V.

Val d'Auréa M sans rest, 11 bis bd M. Rouvier ✆ 93 64 64 29 – . GB V **k**
1er avril-fin sept. – 30 – **28 ch** 270/290.

XX **Gousse d'Ail,** 11 bis av. Grasse ✆ 93 64 10 71 – . AE GB V **y**
fermé 22 nov. au 21 déc., lundi soir d'oct. à juin et mardi – **R** 98/160, enf. 65.

à l'aérodrome de Cannes-Mandelieu par ③ : 6 km – ✉ **06150** :

Mercure M, cité de l'Espace ✆ 93 90 43 00, Télex 461370, Fax 93 90 98 98, , – ch TV . AE GB
R 130, enf. 45 – 48 – **60 ch** 495/565.

Campanile, 45 av. Petit-Juas ✆ 93 48 69 41, Télex 461570, Fax 93 90 40 42, , , – rest TV . AE GB
R 84 bc/110 bc, enf. 39 – 29 – **96 ch** 295.

CITROEN Carnot Autom., 48 bd Carnot ✆ 93 68 20 25 N ✆ 93 69 39 89
CITROEN Carnot Autom., 205 av. F. Tonner à La Bocca par ③ ✆ 93 47 24 00

Euromaster Top Way, 240 av. F.-Tonner à la Bocca ✆ 93 47 41 11
Sud-Est-Pneus, 20 r. Cdt-Vidal ✆ 93 38 58 14

Le CANNET 06 Alpes-Mar. 84 ⑨, 115 ㉟ ㊳ – rattaché à Cannes.

Le CANNET-DES-MAURES 83340 Var 84 ⑯ – 3 126 h alt. 127.

Paris 838 – Fréjus 37 – Brignoles 28 – Cannes 68 – Draguignan 26 – St-Tropez 38 – ♦Toulon 56.

Mas de Causserène et rest. l'Oustalet, N 7 ✆ 94 60 74 87, Fax 94 60 95 97, – 50 à 150. AE GB
R 135/180, enf. 50 – 40 – **49 ch** 250/300 – ½ P 225.

La CANOURGUE 48500 Lozère 80 ④ ⑤ **G. Gorges du Tarn** – 1 817 h alt. 563.

Voir Sabot de Malepeyre★ SE : 4 km.

Syndicat d'Initiative (15 juin-15 sept.) ✆ 66 32 83 67 et à la Mairie ✆ 66 32 81 47.

Paris 604 – Mende 40 – Espalion 60 – Florac 53 – Rodez 67 – Sévérac-le-Château 23.

Commerce M, ✆ 66 32 80 18, Fax 66 32 94 79 – – 30 à 50. GB
hôtel : 1er mars-30 nov. et fermé vend. soir et sam. hors sais. sauf vacances scolaires – **R** *(fermé vacances de Noël, le soir du 1er déc. au 28 fév., vend. soir et sam. hors sais. sauf vacances scolaires)* 70/140 – 32 – **29 ch** 198/292 – ½ P 250/280.

PEUGEOT-TALBOT Condomines ✆ 66 32 80 16 N

CANY-BARVILLE 76450 S.-Mar. 52 ⑬ **G. Normandie Vallée de la Seine** – 3 349 h alt. 22.

Voir Panneaux sculptés★ de l'église – Barville : site★ de l'église S : 2 km.

Paris 201 – Bolbec 30 – Dieppe 46 – Fécamp 21 – ♦Rouen 57 – Yvetot 23.

Manoir de Barville avec ch, S : 2 km par D 131 ✆ 35 97 79 30, Fax 35 57 03 55, « Parc ombragé et fleuri » – – 25. GB
R *(fermé lundi)* 145/260 – 35 – **4 ch** 200/350.

Repas 100/130 Verzorgde maaltijden voor redelijke prijzen.

CAPBRETON 40130 Landes 78 ⑰ **G. Pyrénées Aquitaine** – 5 089 h alt. 6 – Casino.

Office de Tourisme av. G.-Pompidou ✆ 58 72 12 11, Fax 58 41 00 29.

Paris 756 – Biarritz 28 – Mont-de-Marsan 85 – ♦Bayonne 18 – St-Vincent-de-Tyrosse 11,5 – Soustons 24.

quartier de la plage :

Atlantic, av. de Lattre de Tassigny ✆ 58 72 11 14, Fax 58 72 29 01, – AE GB. rest
1er avril-2 janv. – **R** 78/128 – 30 – **27 ch** 300/400 – ½ P 320/380.

Océan, av. G. Pompidou ✆ 58 72 10 22, ← – GB. rest
1er avril-10 oct. – **R** 95/170, enf. 45 – 30 – **48 ch** 290/490 – ½ P 335/360.

Café Bellevue, av. G. Pompidou ✆ 58 72 10 30, ←, – AE GB
fermé 5 janv. au 14 fév. – **R** 92/215, enf. 50 – 30 – **12 ch** 240/280.

quartier la Pêcherie :

Le Regalty, quai Pêcherie ✆ 58 72 22 80, – AE GB
fermé 15 au 30 nov., 24 janv. au 8 fév., dim. soir et lundi d'oct. à mai – **R** 195.

CITROEN Barbe ✆ 58 72 10 15 RENAULT La Frégate ✆ 58 72 10 52

CAP COZ 29 Finistère 58 ⑮ – rattaché à Fouesnant.

CAP D'AGDE 34 Hérault 83 ⑯ – rattaché à Agde.

CAP D'AIL 06320 Alpes-Mar. 84 ⑩ 115 ㉗ **G. Côte d'Azur** – 4 859 h alt. 96.

Office de Tourisme 104 av. 3-Septembre ✆ 93 78 02 33.

Paris 950 – Monaco 2,5 – Menton 16 – Monte-Carlo 4 – ♦Nice 16.

Miramar sans rest, av. 3-Septembre ✆ 93 78 06 60, Fax 93 78 82 78 – GB
fermé 4 au 25 janv. – 33 – **25 ch** 190/300.

CITROEN Gar. Costa Plana ✆ 93 78 40 88

La CAPELLE 02260 Aisne 53 ⑯ **G. Flandres Artois Picardie** – 2 149 h alt. 228.

Voir Pierre d'Haudroy (monument de l'Armistice 1918) NE : 3 km par D 285.

Paris 191 – St-Quentin 50 – Avesnes-sur-Helpe 17 – Le Cateau-Cambrésis 30 – Fourmies 11,5 – Guise 23 – Laon 51 – Vervins 16.

Gd Cerf, ✆ 23 97 20 61 – GB
fermé juil., dim. soir et lundi sauf fêtes – **R** 100/250.

CAPESTANG 34310 Hérault 83 ⑭ – 2 903 h alt. 22.

Paris 839 – ♦Montpellier 82 – Béziers 15 – Carcassonne 61 – Narbonne 18 – St-Pons 39.

à Poilhes SE par D 11 : 5 km – ✉ **34310** :

La Tour Sarrasine, ✆ 67 93 41 31, – GB
fermé 11 janv. au 9 fév., dim. soir et lundi sauf juil.-août – **R** 165/295, enf. 75.

CAP FERRAT 06 Alpes-Mar. 84 ⑩ ⑲ – rattaché à St-Jean-Cap-Ferrat.

CAP FERRET **33970** Gironde 78 ⑫ **G. Pyrénées Aquitaine** – alt. 11.

Voir ✲★ du phare.

ℹ Office de Tourisme 12 av. Océan (saison) ✆ ✆ 56 60 63 26.

Paris 648 – ♦Bordeaux 66 – Arcachon 72 – Lacanau-Océan 56 – Lesparre-Médoc 84.

La Frégate, av. Océan ✆ 56 60 41 62, Fax 56 03 76 18, ⛱ – 📺 ☎ Ⓟ. GB
1er avril-30 sept. – **R** *(fermé dim. soir et lundi hors sais.)* 100/250, enf. 55 – ☕ 35 – **26 ch** 220/390 – ½ P 280/365.

Pins, r. Fauvettes ✆ 56 60 60 11, Fax 56 03 70 61, 🌳 – GB. ✗ ch
hôtel: 4 avril-31 oct.; rest.: 20 juin-31 août – **R** (dîner seul.) 120 – ☕ 35 – **14 ch** 235/320 – ½ P 245/295.

PEUGEOT, TALBOT Gava ✆ 56 60 64 20

CAPINGHEM **59** Nord 51 ⑮ – rattaché à Lille.

CAPPELLE-LA-GRANDE **59** Nord 51 ④ – rattaché à Dunkerque.

CAPVERN-LES-BAINS **65130** H.-Pyr. 85 ⑨ **G. Pyrénées Aquitaine** – alt. 450 – Stat. therm. (23 avril-22 oct.).

Voir Donjon du château de Mauvezin ✲★ O : 4,5 km.

⛳18 de Lannemezan ✆ 62 98 01 01, E : 12 km.

ℹ Office de Tourisme r. Thermes (fermé matin 23 oct.-23 avril) ✆ 62 39 00 46.

Paris 826 – Bagnères-de-Luchon 63 – Arreau 31 – Bagnères-de-Bigorre 20 – Lannemezan 9 – Tarbes 33.

St-Paul, ✆ 62 39 03 54, 🌳 – |‡| ☎ Ⓟ. GB. ✗ rest
25 avril-18 oct. – **R** 70/76 – ☕ 20 – **29 ch** 130/200 – P 240.

Lemoine, ✆ 62 39 02 18, ⋖, parc – ☎ Ⓟ. ✗
2 mai-22 oct. – **R** 75/95 🍷 – ☕ 23 – **16 ch** 120/210 – P 155/210.

Bellevue 🐚, rte Mauvezin, quartier le Laca ✆ 62 39 00 29, ⋖, 🌳 – ☎ Ⓟ. GB. ✗ rest
2 mai-6 oct. – **R** 85/150 – ☕ 23 – **34 ch** 74/184 – P 179/294.

Au moment de chercher un hôtel ou un restaurant, soyez efficace.
Sachez utiliser les noms soulignés en rouge sur les ***cartes Michelin*** *à 1/200 000.*
Mais ayez une carte à jour!

CARANTEC **29660** Finistère 58 ⑥ **G. Bretagne** – 2 609 h alt. 45.

Voir Croix de procession★ dans l'église – "Chaise du Curé" (plate-forme) ⋖★ – Pointe de Pen-al-Lann ⋖★ E : 1,5 km puis 15 mn.

ℹ Office de Tourisme r. Pasteur ✆ 98 67 00 43.

Paris 557 – ♦Brest 63 – Lannion 55 – Morlaix 15 – Quimper 91 – St-Pol-de-Léon 9,5.

Falaise 🐚 sans rest, ✆ 98 67 00 53, ⋖ Baie de Morlaix, 🌳 – ☎ Ⓟ. ✗
29 mars-20 sept. – ☕ 32 – **24 ch** 210/248.

Pors Pol 🐚, plage Pors-Pol ✆ 98 67 00 52, ⋖, 🌳 – ☎ Ⓟ. GB. ✗ rest
10 avril-19 sept. – **R** 83/240, enf. 49 – ☕ 29 – **30 ch** 174/242 – ½ P 240.

XX **le Cabestan**, le port ✆ 98 67 01 87, ⋖ – GB
fermé 5 nov. au 15 déc., mardi sauf juil.-août et lundi soir – **R** 105/280.

CITROEN Gar. Jacq ✆ 98 67 01 67 RENAULT Kerrien ✆ 98 67 01 71

CARBON-BLANC **33** Gironde 71 ⑨, 75 ⑪ – rattaché à Bordeaux.

CARCASSONNE Ⓟ **11000** Aude 83 ⑪ **G. Pyrénées Roussillon** – 43 470 h alt. 111.

Voir La Cité★★★ (embrasement 14 juil.) – Basilique St-Nazaire★ : vitraux★★, statues★★ – Musée du château Comtal : calvaire★ de Villanière.

⛳9 Domaine d'Auriac, ✆ 68 72 57 30 par ③ : 4 km par D 118 et D 104.

✈ de Salvaza : ✆ 68 25 12 33, par ④ : 3 km.

ℹ Office de Tourisme et Accueil de France (Informations, change et réservations d'hôtels, pas plus de 5 jours à l'avance) 15 bd Camille-Pelletan ✆ 68 25 07 04, Télex 505234 et Porte Narbonnaise (Pâques-nov.) ✆ 68 25 68 81.

Paris 792 ④ – ♦Perpignan 114 ② – ♦Toulouse 93 ④ – Albi 105 ① – Béziers 90 ② – Narbonne 60 ②.

Plan page suivante

Terminus, 2 av. Mar. Joffre ✆ 68 25 25 00, Télex 500198, Fax 68 72 53 09 – |‡| ⚹ ch 📺 ☎ 🚗 – 🏛 30 à 200. AE ⓓ GB JCB BY **t**
Relais de l'Écluse ✆ 68 25 13 77 *(fermé dim. soir et lundi de nov. à mars)* **R** 85/180 🍷 – ☕ 35 – **110 ch** 290/450.

Montségur, 27 allée Iéna ✆ 68 25 31 41, Télex 505261, Fax 68 47 13 22, « Mobilier ancien » – |‡| ▤ ch 📺 ☎ Ⓟ. AE ⓓ GB AZ **r**
R voir rest. **Languedoc** ci-après – ☕ 48 – **21 ch** 290/490.

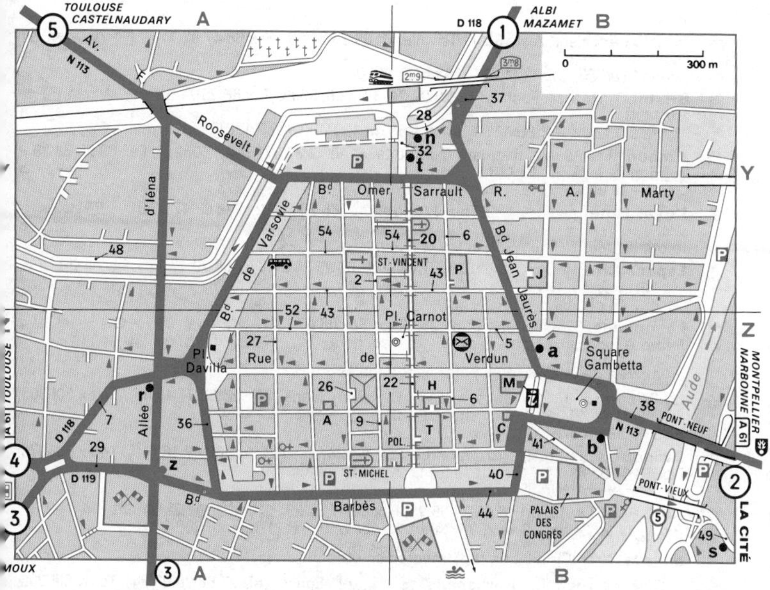

CARCASSONNE

Armagnac (R.) . . . . AY 2
Barbès (R.) . . . . BZ 5
Chartran (R.) . . . . AZ 9
Clemenceau (R. G.) . . . . BY 20
Courtejaire (R.) . . . . BZ 22
Dr-A.-Tomey (R.) . . . . AZ 26

Barbès (Bd) . . . . AZ
Bringer (R. Jean) . . . . BYZ 6
Brunau-Varilla (Av.) . . . . AZ 7
Carnot (Pl.) . . . . BZ
Davilla (Pl.) . . . . AZ
Études (R. des) . . . . AZ 27
Foch (Av. du Mar.) . . . . BY 28
Gambetta (Square) . . . . BZ
Gout (Av. Henri) . . . . AZ 29
Iéna (Allée d') . . . . AYZ
Jaurès (Bd Jean) . . . . BYZ
Joffre (Av. du Mar.) . . . . BY 32
Marcou (Bd) . . . . AZ 36
Marty (R. A.) . . . . BY
Minervoise (Route) . . . . BY 37
Mullot (Av. Arthur) . . . . BZ 38
Pelletan (Bd C.) . . . . BZ 40
Pont-Vieux (R. du) . . . . BZ 41
République (R. de la) . . . . ABY 43
Roosevelt (Av. F.) . . . . AY
Roumens (Bd du Cdt) . . . . BZ 44
Sarraut (Bd Omer) . . . . ABY
Semard (Av. Pierre) . . . . AY 48
Trivalle (R.) . . . . BZ 49
Varsovie (Bd de) . . . . AY
Verdun (R. de) . . . . ABZ
Victor-Hugo (R.) . . . . AZ 52
4-Septembre (R. du) . . . . ABY 54

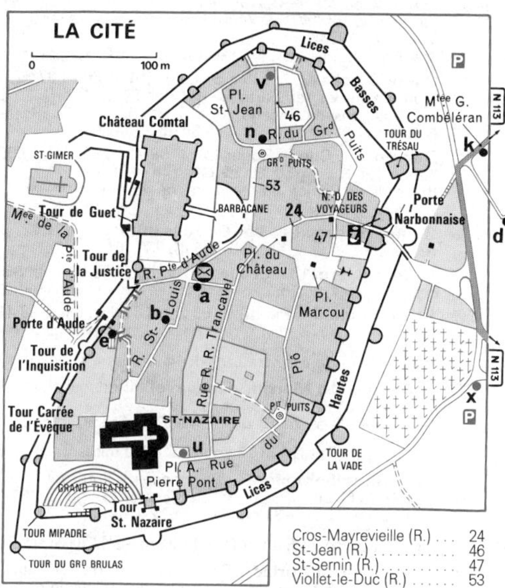

Cros-Mayrevieille (R.) . . . 24
St-Jean (R.) 46
St-Sernin (R.) 47
Viollet-le-Duc (R.) 53

Les hôtels ou restaurants agréables
sont indiqués dans le guide par un symbole rouge.

Aidez-nous en nous signalant les maisons où,
par expérience, vous savez qu'il fait bon vivre.

Votre **guide Michelin** sera encore meilleur.

Pont Vieux sans rest, 32 r. Trivalle ✆ 68 25 24 99, Fax 68 47 62 71 – AE GB BZ **s**
fermé 15 au 30 janv. – 32 – **19 ch** 260/320.

Bristol, 7 av. Mar. Foch ✆ 68 25 07 24, Télex 505039, Fax 68 25 71 89 – rest GB BY **n**
1er mars-30 nov. – **R** 85/115 – 35 – **59 ch** 130/400 – ½ P 170/290.

Arcade M sans rest, 5 square Gambetta ✆ 68 72 37 37, Télex 505227, Fax 68 25 38 39 – 30. AE GB BZ **b**
38 – **48 ch** 285/315.

Royal Hotel sans rest, 22 bd J. Jaurès ✆ 68 25 19 12, Fax 68 47 33 01 – GB BZ **a**
fermé 20 déc. au 5 janv. et dim. d'oct. à mai – 28 – **24 ch** 150/250.

Espace Cité M sans rest, 132 r. Trivalle ✆ 68 25 24 24, Fax 68 25 17 17 – ch – 40. GB
35 – **48 ch** 280.

Languedoc, 32 allée Iéna ✆ 68 25 22 17, Fax 68 47 13 22, – . AE GB AZ **z**
fermé 20 déc. au 17 janv., dim. soir et lundi hors sais. – **R** 135/250, enf. 70.

à l'entrée de la Cité, près porte Narbonnaise :

La Vicomté M sans rest, r. C. Saint-Saens **(d)** ✆ 68 71 45 45, Télex 500303, Fax 68 71 11 45, ←, – – 50. AE GB
50 – **58 ch** 375/490, 3 appart.

Aragon sans rest, 15 montée Combéléran **(k)** ✆ 68 47 16 31, Télex 505076, Fax 68 47 33 53, – ch . AE GB
45 – **29 ch** 310/490.

Aub. Pont Levis, (x) ✆ 68 25 55 23, Fax 68 47 32 29, – . AE GB.
fermé 11 au 25 oct., 8 au 28 fév., dim. soir et lundi – **R** (1er étage) 200/270.

dans la Cité - Circulation réglementée en été :

Cité et rest. La Barbacane M , pl. Église **(e)** ✆ 68 25 03 34, Télex 505296, Fax 68 71 50 15, ←, « Demeure gothique et jardin sur les remparts », – – 50. AE GB. rest
fermé 7 au 22 fév. – **R** *(fermé dim. soir et lundi)* 250 bc/400 et carte 350 à 500 – 80 – **23 ch** 820/1020, 3 appart.
Spéc. Farcis des jardins du Languedoc. Ravioles de truffes aux morilles. Crème soufflée aux pommes.

Dame Carcas M , 15 r. St-Louis **(b)** ✆ 68 71 37 37, Télex 505296, Fax 68 71 50 15, ←, « Jardin sur les remparts » – ch – 25. AE GB
Les Coulisses du Théâtre (bistro) ✆ 68 47 63 39 *(fermé 15 au 31 janv. et merc.)* **R** 100/160, enf. 30 – 48 – **30 ch** 350/650.

Donjon, 2 r. Comte Roger **(a)** ✆ 68 71 08 80, Télex 505012, Fax 68 25 06 60, ←, – rest – 50. AE GB JCB
Brasserie Le Donjon *(fermé merc. du 15 nov. au 1er avril)* **R** 70/90 enf. 50 – 50 – **36 ch** 290/490.

Remparts sans rest, 3 pl. Gd Puits **(n)** ✆ 68 71 27 72, ← – ch . AE GB
fermé 5 au 25 janv. – 30 – **18 ch** 280/330.

La Marquière, 13 r. St Jean **(v)** ✆ 68 71 52 00 – AE GB
fermé 15 janv. au 15 fév. – **R** (nombre de couverts limité, prévenir) 130/280, enf. 80.

La Crémade, 1 r. Plô **(u)** ✆ 68 25 16 64, Fax 68 25 93 41 – AE GB
fermé 1er au 7 nov., janv., dim. soir et lundi hors sais. – **R** 98/220, enf. 60.

au hameau de Montredon NE : 4 km par r. A. Marty BY – ✉ **11090** Carcassonne :

Château St Martin "Trencavel" (Rodriguez), ✆ 68 71 09 53, – . AE GB
fermé merc. – **R** 170/270 et carte 215 à 295
Spéc. Millefeuille lauragais. Bouillinade nouvelloise. Cassoulet languedocien. Vins Corbières, Minervois.

à l'Est par ② et N 113 : 5 km – ✉ **11800** Trèbes :

La Gentilhommière M, accès autoroute Carcassonne-Est ✆ 68 78 74 74, Fax 68 78 65 80, , – ch – 30. AE GB
R 70/180 – 35 – **31 ch** 280 – ½ P 240.

au Sud par ③ et Est par D 104 : 3 km – ✉ **11000** Carcassonne :

Domaine d'Auriac (Rigaudis) , rte St-Hilaire ✆ 68 25 72 22, Télex 500385, Fax 68 47 35 54, ←, , « Demeure du 19e siècle dans un parc, golf », , – ch . AE GB JCB
fermé 24 janv. au 28 fév., dim. soir et lundi midi d'oct. à Pâques – **R** 170/350 et carte 280 à 370, enf. 120 – 70 – **23 ch** 500/800 – ½ P 770/990
Spéc. Les foies gras de canard. Pied de cochon en crépinette truffée. Cassoulet au confit. Vins Corbières.

à Pézens par ⑤ et N 113 : 10 km – ✉ **11170** :

Réverbère avec ch, carrefour Madeleine ✆ 68 24 92 53, – . GB
fermé 10 janv. au 10 fév., lundi soir (sauf juil.-août) et mardi – **R** 67/185, enf. 42 – 25 – **6 ch** 220 – ½ P 180.

ALFA-ROMEO Gar. Debien, ZI de Félines, rte de Toulouse ✆ 68 47 09 49
CITROEN Ménard, ZAC Salvaza, bd H.-Bouffet par ④ ✆ 68 25 75 36 N ✆ 68 78 00 69
FIAT-LANCIA Gar. Ital, rte de Montréal ✆ 68 25 81 31
FORD Salvaza, ZI La Bouriette rte de Montréal ✆ 68 25 11 50 N ✆ 68 79 04 67
HONDA Auto Loisirs, ZI Pont Rouge ✆ 68 71 36 43
INNOCENTI-MAZDA Gar. Aubertin, 22 r. Jean Monnet ✆ 68 25 38 54
MERCEDES-BENZ Bary, RN 113 à Trèbes ✆ 68 78 61 28
OPEL Bourguignon, rte de Toulouse ✆ 68 25 10 43
PEUGEOT-TALBOT Auto Cité, ZA St-Jean-l'Arnouze, rocade Ouest par ④ ✆ 68 47 84 36 N ✆ 68 72 91 38
RENAULT Alaux et Gestin, rte de Narbonne par ② ✆ 68 77 77 68 N ✆ 68 72 75 46
SEAT Gar. Spanauto, Zone Com. de Félines, rte de Toulouse ✆ 68 71 23 10
TOYOTA Gar. de l'Avenir, ZI Félines ✆ 68 47 04 77
V.A.G Cathala, rte de Narbonne ✆ 68 25 90 01
VOLVO Campagnaro, plateau de Grazailles ✆ 68 25 33 34

Euromaster Central Pneu Service, ZI Arnouzette rte de Bram ✆ 68 25 46 66
Gastou, ZI la Bouriette ✆ 68 25 35 42
Grulet, 58 av. F.-Roosevelt ✆ 68 25 09 46
Laguzou-Pneus, 20 av. F.-Roosevelt ✆ 68 25 25 88

CARDAILLAC 46 Lot 79 ⑩ – rattaché à Figeac.

CARENNAC 46110 Lot 75 ⑲ G. Périgord Quercy – 370 h alt. 126.

Voir Portail★ de l'église – Mise au tombeau★ dans la salle capitulaire.

Syndicat d'Initiative au Château (saison) ✆ 65 39 73 75.

Paris 528 – Brive-la-Gaillarde 40 – Cahors 75 – Martel 15 – St-Céré 14 – Sarlat-la-Canéda 60 – Tulle 54.

Aub. Vieux Quercy ⛰, ✆ 65 10 96 59, Fax 65 38 42 38, ⛱, ⛵, – TV ☎ P. GB
15 fév.-15 nov. et fermé lundi hors sais. – **R** 90/195, enf. 50 – ☕ 34 – **24 ch** 220/300 – ½ P 270/300.

Host. Fénelon ⛰, ✆ 65 10 96 46, Fax 65 10 94 86, ⛱, ⛵ – TV ☎ P. AE GB
fermé 4 janv. au 10 mars, sam. midi et vend. hors sais. – **R** 83/280, enf. 50 – ☕ 38 – **16 ch** 230/280 – ½ P 285.

CARENTAN 50500 Manche 54 ⑬ G. Normandie Cotentin – 6 300 h alt. 6.

Office de Tourisme bd Verdun ✆ 33 42 74 01.

Paris 311 – Cherbourg 50 – St-Lô 28 – Avranches 85 – ◆Caen 73 – Coutances 35.

Le Vauban sans rest, 7 r. Sébline ✆ 33 71 00 20 – TV ☎. GB. ✗
☕ 28 – **15 ch** 230/300.

XXX **Aub. Normande,** bd Verdun ✆ 33 42 02 99 – P. AE GB
fermé dim. soir et lundi – **R** 95/300, enf. 65.

à St-Hilaire-Petitville E : 2 km – ✉ 50500 Carentan :

Vipotel M, N 13 ✆ 33 71 11 11, Fax 33 71 92 88, ⛱ – TV ☎ ♿ P – 🏛 60. AE ⓓ GB JCB
R 78/180 🍷, enf. 35 – ☕ 35 – **36 ch** 220/260 – ½ P 240.

CITROEN Gar. Godefroy, Le Mesnil à St-Hilaire-Petitville ✆ 33 42 02 78
FORD Santini, ZI, bd de Verdun ✆ 33 42 02 66 N
OPEL Gar. Bourdet, rte de St-Côme ✆ 33 42 00 93
PEUGEOT-TALBOT, MECATOL, ZI Pommenauque, rte de Cherbourg ✆ 33 42 23 73

CARHAIX-PLOUGUER 29270 Finistère 58 ⑰ G. Bretagne – 8 198 h alt. 140.

Office de Tourisme r. Brizeux ✆ 98 93 04 42.

Paris 504 – Quimper 58 – ◆Brest 83 – Concarneau 61 – Guingamp 47 – Lorient 72 – Morlaix 46 – Pontivy 57 – St-Brieuc 77.

Gradlon M, 12 bd République ✆ 98 93 15 22, Fax 98 99 16 97 – ⎅ ⇔ ch ▤ rest TV ☎ P – 🏛 80. AE ⓓ GB
R 53/155 🍷 – ☕ 35 – **37 ch** 240/280 – ½ P 250.

D'Ahès sans rest, 1 r. F. Lancien ✆ 98 93 00 09 – TV. AE GB
☕ 28 – **10 ch** 190/230.

à Port de Carhaix SO : 6 km par rte de Lorient – ✉ 29270 Carhaix-Plouguer :

XX **Aub. du Poher,** ✆ 98 99 51 18 – P. GB
fermé 6 au 21 sept., 1er au 21 fév., dim. soir et lundi – **Repas** 80/200 🍷.

RENAULT Autom. Centre Bretagne, rte de Rennes ✆ 98 93 18 22 N ✆ 98 93 30 30

Desserrey Pneu + Armorique, rte de Rostrenen ✆ 98 93 05 84
Thomas-Pneus, rte de Callac ✆ 98 93 05 41

CARLING 57490 Moselle 57 ⑮ G. Alsace Lorraine – 3 709 h alt. 240.

Voir Centrale Emile Huchet★.

Paris 370 – ◆ Metz 42 – Sarreguemines 33 – Saarbrucken 30 – St-Avold 7,5.

XX **Péché Mignon,** 159 r. Principale ✆ 87 82 58 21 – GB
fermé dim. soir sauf mai-juin et sam. midi – **R** 100/135 🍷, enf. 45.

CARMAUX 81400 Tarn 80 ⑪ – 10 957 h alt. 241.

Syndicat d'Initiative à la Mairie ✆ 63 76 76 67.

Paris 694 – Rodez 62 – Albi 16 – St-Affrique 96 – Villefranche-de-Rouergue 52.

à Mirandol-Bourgnounac N : 13 km par N 88 et D 905 – ✉ 81190 :

Voyageurs, ✆ 63 76 90 10 – ☎. GB
hôtel : ouvert du 1er avril au 23 août et du 9 sept. au 10 oct. – **R** *(fermé 23 août au 9 sept., vacances de fév. et le soir du 10 oct. au 1er avril)* 65 bc/150 bc – 30 – **11 ch** 140/240.

RENAULT Carmaux Autom., N 88 Pont de Blaye ✆ 63 36 48 67 **N** ✆ 63 47 84 74

Gar. Esteveny, bd Augustin Malroux ✆ 63 76 81 72

CARNAC 56340 Morbihan 63 ⑫ G. Bretagne – 4 243 h alt. 22.

Voir Musée préhistorique** Y **M** – Église St-Cornély* Y **E** – Tumulus St-Michel* : ≤* Y – Alignements du Ménec** par D 196 Y : 1,5 km, de Kermario* par ② : 2 km, de Kerlescan* par ② : 4,5 km – Tumulus de Kercado* par ② : 4,5 km – Dolmens de Mané-Kérioned* 4 km par ①.

de St-Laurent, ✆ 97 56 85 18, N : 8 km par D 196.

Office de Tourisme av. Druides ✆ 97 52 13 52 et pl. Église (Pâques-sept.).

Paris 488 ② – Vannes 33 ② – Auray 13 ② – Lorient 42 ① – Quiberon 19 ① – Quimperlé 57 ①.

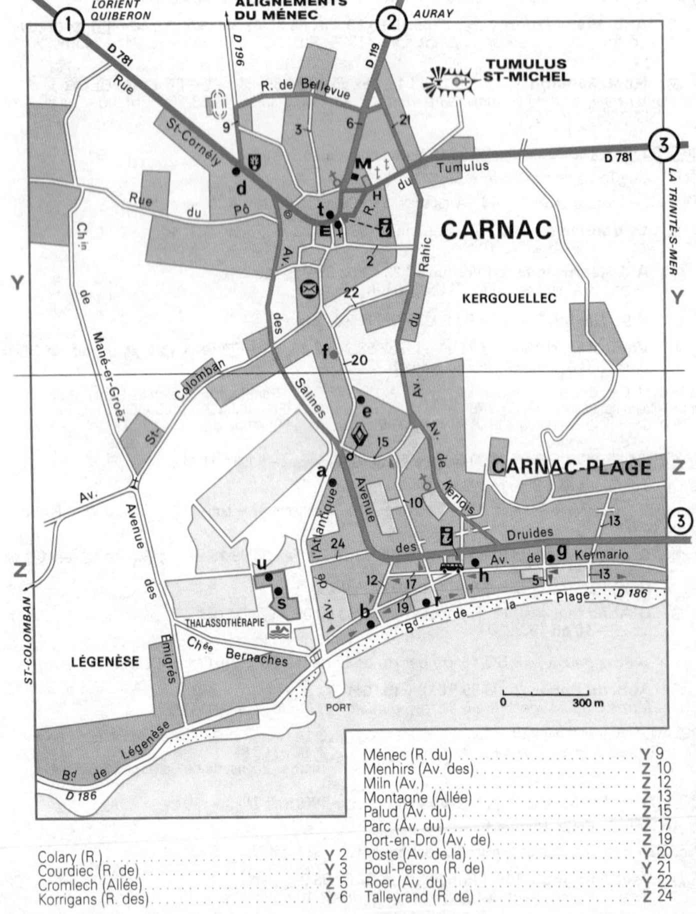

Colary (R.) . . . . . Y 2
Courdiec (R. de) . . . . . Y 3
Cromlech (Allée) . . . . . Z 5
Korrigans (R. des) . . . . . Y 6
Ménec (R. du) . . . . . Y 9
Menhirs (Av. des) . . . . . Z 10
Miln (Av.) . . . . . Z 12
Montagne (Allée) . . . . . Z 13
Palud (Av. du) . . . . . Z 15
Parc (Av. du) . . . . . Z 17
Port-en-Dro (Av. de) . . . . . Z 19
Poste (Av. de la) . . . . . Y 20
Poul-Person (R. de) . . . . . Y 21
Roer (Av. du) . . . . . Y 22
Talleyrand (R. de) . . . . . Z 24

Diana M, 21 bd Plage ✆ 97 52 05 38, Télex 951035, Fax 97 52 87 91, ←, ☂, Fö, ⛱, ✗ – ⇕ TV ☎ ♿ P. ⓓ GB Z r
9 avril-3 oct. – **R** 240/300, enf. 70 – ☐ 80 – **30 ch** 850/1100, 3 appart. – ½ P 660/860.

Novotel M ⛵, av. Atlantique ✆ 97 52 53 00, Télex 950324, Fax 97 52 53 55, ←, centre de thalassothérapie, ⛱ – ⇕ ⇔ ch ▤ rest TV ☎ ♿ P. AE ⓓ GB Z s
fermé janv. – **R** carte environ 180, enf. 55 – ☐ 55 – **110 ch** 610/715 – ½ P 535.

Plancton, 12 bd Plage ✆ 97 52 13 65, Fax 97 52 87 63, ← – ⇕ TV ☎ ♿ P – 🏛 25. GB. ✗ rest Z b
hôtel : mars-2 nov. ; rest. : 29 mars-30 sept. – **R** 90/175, enf. 60 – ☐ 45 – **35 ch** 315/550 – ½ P 360/456.

Ibis M, av. Atlantique ✆ 97 52 53 54, Télex 951827, Fax 97 52 53 66, centre de thalassothérapie – ⇕ ⇔ ch TV ☎ ♿ P – 🏛 30. AE GB JCB Z u
R 96/120 ♨, enf. 39 – ☐ 38 – **98 ch** 480/540, 21 duplex – ½ P 410.

Celtique M, 17 av. Kermario ✆ 97 52 11 49, Fax 97 52 71 10, ☂, Fö – ⇕ cuisinette ⇔ ch TV ☎ ♿ P – 🏛 40. AE ⓓ GB JCB Z h
fermé 15 nov. au 18 déc., 3 janv. au 12 fév. – **R** 95/265, enf. 48 – ☐ 55 – **44 ch** 290/640, 5 duplex – ½ P 445/475.

Alignements, 45 r. St Cornély ✆ 97 52 06 30 – ⇕ ⇔ ch TV ☎. GB. ✗ Y d
Pâques-26 sept. – **Repas** 99/205 ♨, enf. 65 – ☐ 39 – **27 ch** 260/360 – ½ P 290/340.

Bateau Ivre, 71 bd Plage par D 186 ✆ 97 52 19 55, Fax 97 52 84 94, ←, « Jardin fleuri », ⛱ – ⇕ TV ☎ ♿ 🚗. AE ⓓ GB. ✗ rest
hôtel : fermé janv. – **Le Churchill** *(fermé 1er janv. au 31 mars, lundi et mardi sauf juil-août)* **R** 145/275, enf. 85 – ☐ 50 – **18 ch** 590/750 – ½ P 590.

Armoric, av. Poste ✆ 97 52 13 47, Fax 97 52 98 66, 🌳, ✗ – ⇕ ☎ P. GB. ✗ rest Z e
1er juin-15 sept. – **R** 145, enf. 60 – ☐ 38 – **25 ch** 260/350 – ½ P 360.

Marine, pl. Chapelle ✆ 97 52 07 33, Télex 951974, Fax 97 52 85 70, ☂ – TV ☎. AE ⓓ GB Y t
vacances de fév.-30 nov. et fermé dim. soir (sauf hôtel) et lundi hors sais. – **R** 140 – ☐ 38 – **28 ch** 330/345 – ½ P 325.

Genêts sans rest, av. Kermario ✆ 97 52 11 01, 🌳 – ☎ P. AE GB Z g
vacances de printemps et 1er juin-15 sept. – ☐ 38 – **28 ch** 200/450.

La Licorne sans rest, 5 av. Atlantique ✆ 97 52 10 59, Fax 97 52 80 30, 🌳 – TV ☎ ♿ P. AE GB Z a
fermé déc. et janv. – ☐ 40 – **27 ch** 250/410.

Lann Roz avec ch, 12 av. Poste ✆ 97 52 10 48, Fax 97 52 03 69, « Jardin fleuri » – ☎ P. AE ⓓ GB. ✗ Y f
fermé 5 janv. au 10 fév. et merc. sauf vacances scolaires – **R** 95/250 – ☐ 35 – **14 ch** 390/430 – ½ P 330/350.

à Plouharnel par ① : 3 km – ✉ **56720** :

Aub. de Kérank, rte Quiberon ✆ 97 52 35 36, ←, ☂, « Intérieur rustique » – ▤ P. GB
fermé 20 nov. au 20 déc., 6 janv. au 6 fév., dim. soir et lundi sauf vacances scolaires – **R** 130/300.

PEUGEOT-TALBOT Dréan, rte de Carnac à Plouharnel par ① ✆ 97 52 08 53 N ✆ 97 52 98 13
RENAULT Gar. Steunou ✆ 97 52 12 08
RENAULT Gar. Thomas-Le Ny, 2 r. de la Gare à Plouharnel par ① ✆ 97 52 35 01

*Un conseil **Michelin** :*
pour réussir vos voyages, préparez-les à l'avance.
*Les **cartes** et **guides Michelin**, vous donnent toutes indications utiles sur :*
itinéraires, visite des curiosités, logement, prix, etc.

CARNON-PLAGE **34280** Hérault 83 ⑦.

Paris 761 – ♦Montpellier 11 – Aigues-Mortes 18 – Nîmes 54 – Sète 36.

Neptune, au port ✆ 67 50 88 00, Fax 67 50 96 72, ←, ☂, ⛱ – ⇕ TV ☎ P – 🏛 30. AE GB
R *(fermé vend. midi de nov. à mars)* 85/180 ♨ – ☐ 37 – **52 ch** 320/360 – ½ P 280/290.

CARNOUX-EN-PROVENCE **13470** B.-du-R. 84 ⑬ – 6 363 h.

Paris 795 – ♦Marseille 22 – Aix-en-Provence 40 – Aubagne 6 – Brignoles 50 – ♦Toulon 46.

Host. la Crémaillère, ✆ 42 73 71 52, Fax 42 73 67 26, ☂ – TV ☎. AE ⓓ GB
R 95/195 – ☐ 30 – **19 ch** 175/280 – ½ P 175/225.

CARPENTRAS <SP> **84200** Vaucluse 81 ⑫ ⑬ **G. Provence** – 24 212 h alt. 102.

Voir Ancienne cathédrale St-Siffrein★ : trésor★ Z.

⛳18 Provence Country Club à Saumane, ✆ 90 20 20 65 par ② : 18 km.

ℹ Office de Tourisme 170 av. J.-Jaurès ✆ 90 63 00 78.

Paris 678 ④ – Avignon 25 ③ – Aix-en-Provence 88 ② – Digne-les-Bains 139 ② – Gap 148 ① – ♦Marseille 101 ② – Montélimar 73 ④ – Salon-de-Provence 51 ② – Valence 118 ④.

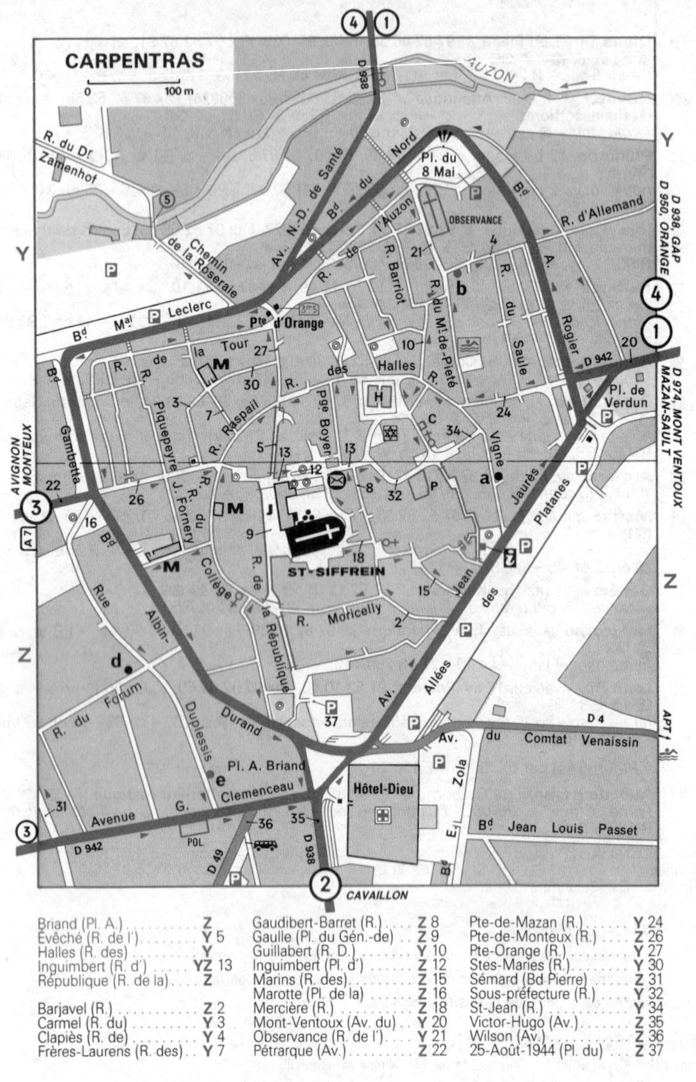

Briand (Pl. A.) . . . . Z
Évêché (R. de l') . . . . Y 5
Halles (R. des) . . . . Y
Inguimbert (R. d') . . . . . YZ 13
République (R. de la) . . . . Z

Barjavel (R.) . . . . Z 2
Carmel (R. du) . . . . Y 3
Clapiès (R. de) . . . . Y 4
Frères-Laurens (R. des) . . Y 7

Gaudibert-Barret (R.) . . . . Z 8
Gaulle (Pl. du Gén.-de) . . Z 9
Guillabert (R. D.) . . . . . . Y 10
Inguimbert (Pl. d') . . . . . . Z 12
Marins (R. des) . . . . Z 15
Marotte (Pl. de la) . . . . . . Z 16
Mercière (R.) . . . . Z 18
Mont-Ventoux (Av. du) . . Y 20
Observance (R. de l') . . . . Y 21
Pétrarque (Av.) . . . . Z 22

Pte-de-Mazan (R.) . . . . . . Y 24
Pte-de-Monteux (R.) . . . . Z 26
Pte-Orange (R.) . . . . Y 27
Stes-Maries (R.) . . . . Y 30
Sémard (Bd Pierre) . . . . . Z 31
Sous-préfecture (R.) . . . . Y 32
St-Jean (R.) . . . . Y 34
Victor-Hugo (Av.) . . . . Z 35
Wilson (Av.) . . . . Z 36
25-Août-1944 (Pl. du) . . . Z 37

Safari [M], rte Avignon par ③ ☎ 90 63 35 35, Télex 431553, Fax 90 60 49 99, – cuisinette ☎ – 30. AE GB. rest
R 90/350 – ☕ 48 – **42 ch** 350/380 – ½ P 370.

Forum [M] sans rest, 24 r. Forum ☎ 90 60 57 00, Fax 90 63 52 65 – ☎ GB Z **d**
☕ 38 – **28 ch** 295.

Fiacre sans rest, 153 r. Vigne ☎ 90 63 03 15 – ☎. AE GB Z **a**
fermé 9 au 16 janv. et dim. hors sais. – ☕ 33 – **20 ch** 230/400.

Vert Galant, 12 r. Clapies ☎ 90 67 15 50 – GB Y **b**
fermé sam. midi et dim. – **R** 160/220.

Orangerie, 26 r. Duplessis ☎ 90 67 27 23, – AE GB JCB Z **e**
fermé sam. midi – **R** 88/200.

à Mazan E : 7 km par D 942 – 4 459 h. – ✉ **84380** :

Voir Cimetière ≤★.

Le Siècle sans rest, ✆ 90 69 75 70 – ☎. GB. ✻
fermé vacances de nov., de Noël, de fév. et dim. hors sais. – ▭ 30 – **12 ch** 130/260.

au SE rte d'Apt par D 4, D 1 et VO : 9 km – ✉ **84380** Mazan :

XX **Le Secret des Malauques** M avec ch, ✆ 90 69 86 12, Fax 90 69 61 70, ≤ Mont-Ventoux, « Ancien mas au milieu des vignes », – ▤ rest TV ☎ P. GB
fermé 1er au 28 nov., dim. soir et lundi d'oct. à avril – **R** 130/180, enf. 65 – ▭ 45 – **5 ch** 350/500 – ½ P 325/400.

à Monteux par ③ : 4,5 km – 8 157 h. – ✉ **84170** :

Blason de Provence, ✆ 90 66 31 34, Fax 90 66 83 05, – TV ☎ P – 100. AE ① GB. ✻
fermé 2 au 31 janv. – **R** *(fermé sam. midi)* 135/300 ♨, enf. 55 – ▭ 50 – **20 ch** 290/360 – ½ P 315/330.

Select, ✆ 90 66 27 91, – TV ☎ P. GB. ✻ ch
fermé 18 déc. au 5 janv. et sam. sauf le soir d'avril à sept. – **R** 95/180 – ▭ 35 – **8 ch** 300 – ½ P 320.

XXX ✿ **Saule Pleureur** (Philibert), rte d'Avignon O : 4,5 km ✆ 90 62 01 35, Fax 90 62 10 90, – P. AE GB
fermé 1er au 17 mars, 18 oct. au 3 nov., mardi soir sauf juil.-août et merc. – **R** 195/400, enf. 50
Spéc. Croustillant de foie gras poêlé aux pommes. Terrine de tomates aux anchois (1er mai au 1er oct.). Rognons et ris de veau au miel de lavande. **Vins** Vacqueyras, Côtes-du-Rhône.

à Althen-des-Paluds par ③ et D 89 : 12 km – ✉ **84210** :

Host. du Moulin de la Roque M , rte de la Roque ✆ 90 62 14 62, Télex 431095, Fax 90 62 18 50, , parc, – ▤ TV ☎ P – 25. AE ① GB. ✻ rest
1er mai-30 oct. – **R** 200/375, enf. 100 – ▭ 75 – **27 ch** 600/1200 – ½ P 875/1075.

par ③ : 10 km sur D 942 – ✉ **84210** Althen-des-Paluds :

Aub. des Gaffins , D 942 ✆ 90 62 01 50, Fax 90 62 04 26, – TV ☎ P – 30. GB
R *(fermé dim. soir et lundi)* 130/200 ♨ – ▭ 35 – **9 ch** 220/450 – ½ P 270/320.

CITROEN Gar. Bernard, rte de Pernes-les-Fontaines par ② ✆ 90 63 33 18
FIAT Meunier, rte de Pernes-les-Fontaines ✆ 90 63 23 80
FORD Ventoux-Autos, ZA Automobile, rte de Pernes ✆ 90 63 16 79
RENAULT S.O.V.A., rte d'Avignon par ③ ✆ 90 63 07 72
V.A.G S.I.A.B., rte de Pernes-les-Fontaines ✆ 90 63 27 36
Grimaud, rte de St-Didier ✆ 90 67 16 22

Ⓜ Ayme Pneus, 131 bd Gambetta ✆ 90 63 59 27
Ayme-Pneus, ZI Marché Gare, av. Marchés ✆ 90 63 11 73

CARQUEFOU 44 Loire-Atl. 67 ③ – rattaché à Nantes.

CARQUEIRANNE 83320 Var 84 ⑮ – 7 118 h alt. 30.

ℹ Office de Tourisme pl. Libération ✆ 94 58 60 78.

Paris 852 – ♦Toulon 15 – Draguignan 79 – Hyères 10.

Plein Sud sans rest, av. Gén. de Gaulle ✆ 94 58 52 86 – TV ☎ P. GB. ✻
fermé 5 janv. au 10 fév. – ▭ 35 – **17 ch** 230/350.

XX **Les Pins Penchés,** av. Gén. de Gaulle (près port) ✆ 94 58 60 25, – AE ① GB JCB
fermé 1er au 7 oct., dim. soir et lundi (sauf juil.-août et fériés) – **R** 115/160, enf. 75.

CARROS 06510 Alpes-Mar. 84 ⑨ **G. Côte d'Azur** – 10 747 h alt. 387.

Voir Carros-Village : site★, ✻★★ du vieux moulin N : 3 km.

Paris 937 – ♦Nice 19 – Antibes 27 – Cannes 37 – Grasse 40 – St-Martin-Vésubie 48.

Promotel M, Z.A. La Grave ✆ 93 08 77 80, Télex 460130, Fax 93 08 73 96, – ▤ rest TV ☎ ♿ P – 25 à 60. AE GB
R grill *(fermé 25 déc. au 4 janv., dim. et fériés)* 105 ♨ – ▭ 30 – **80 ch** 295 – ½ P 260.

CARROUGES 61320 Orne 60 ② **G. Normandie Cotentin** – 760 h alt. 328.

Voir Château★ SO : 1 km.

Paris 210 – Alençon 29 – Argentan 22 – Domfront 39 – La Ferté-Macé 17 – Mayenne 54 – Sées 26.

XX **St-Pierre** avec ch, ✆ 33 27 20 02 – P. GB
fermé fév., dim. soir sauf août et lundi – **R** 65/200 ♨ – ▭ 26 – **4 ch** 190/210.

CITROEN Lehec ✆ 33 27 20 13 N

Les **cartes Michelin** sont constamment tenues à jour.

Les CARROZ-D'ARÂCHES 74300 H.-Savoie 74 ⑧ **G. Alpes du Nord** – alt. 1 140 – Sports d'hiver : 1 140/2 500 m 4 53.

de Flaine ✆ 50 90 85 44, 12 km par D 106.

Office de Tourisme ✆ 50 90 00 04, Télex 385281.

Paris 585 – Chamonix-Mont-Blanc 50 – Thonon-les-Bains 62 – Annecy 67 – Bonneville 27 – Cluses 13 – Megève 30 – Morzine 32.

Arbaron, ✆ 50 90 02 67, Fax 50 90 37 60, ←, parc, – ☎ – 30. GB.
15 juin-20 sept. et 15 déc.-25 avril – **R** 85/250 – **30 ch** 355/530 – ½ P 421/446.

Bois de la Char M, ✆ 50 90 06 18, Fax 50 90 00 37, ← – ☎ – 25. GB. rest
R (½ pens. seul.) (résidents seul.) 80/100 – 35 – **30 ch** 450 – ½ P 360.

Croix de Savoie, 1 km rte Flaine ✆ 50 90 00 26, ← montagnes et vallée, – GB. ch
1er juin-fin sept. et 15 déc.-fin avril – **R** 80/115, enf. 48 – 32 – **19 ch** 300/320 – ½ P 280/335.

CARRY-LE-ROUET 13620 B.-du-R. 84 ⑫ **G. Provence** – 5 224 h alt. 4 – Casino.

Office de Tourisme av. A.-Briand ✆ 42 44 49 72, Fax 42 44 52 03.

Paris 768 – ♦Marseille 30 – Aix-en-Provence 39 – Martigues 16 – Salon-de-Provence 46.

Modern'H. sans rest, pl. C. Pelletan ✆ 42 45 00 12, Fax 42 44 64 44 – ☎. GB.
fermé 15 déc.-1er fév. – 33 – **19 ch** 280/310.

XXXX ✿✿ **L'Escale** (Clor), ✆ 42 45 00 47, Fax 42 44 72 69, « Terrasse surplombant le port, belle vue », – GB
2 fév.-1er nov. et fermé lundi sauf le soir en juil.-août et dim. soir de sept. à juin – **R** (dim. prévenir) 310/450 et carte 380 à 500
Spéc. Coquilles Saint-Jacques poêlées aux truffes (oct. à avril). Turbotin rôti en civet de Châteauneuf. Homard rôti au beurre de corail. **Vins** Coteaux d'Aix en Provence, Cassis.

XXX **La Brise**, quai Vayssière ✆ 42 45 30 55, Fax 42 44 52 10, ←, – AE GB
R *(fermé dim. soir et lundi sauf juil.-août)* 175, enf. 50.

CITROEN Gar. Merotte ✆ 42 45 23 43

CARSAC AILLAC 24200 Dordogne 75 ⑰ **G. Périgord Quercy** – 1 219 h.

Paris 540 – Brive-la-Gaillarde 55 – Sarlat-la-Canéda 12 – Gourdon 19.

Relais du Touron, rte de Sarlat ✆ 53 28 16 70, parc, – ☎. GB. rest
1er avril-14 nov. – **R** *(fermé le midi hors sais. sauf dim. et fériés, mardi midi du 21 juin au 20 sept. et merc.)* 90/255 – 38 – **12 ch** 330/370 – ½ P 292/324.

CARTERET 50 Manche 54 ① – voir à Barneville-Carteret.

CASSEL 59670 Nord 51 ④ **G. Flandres Artois Picardie** – 2 177 h alt. 176.

Voir Site★ – Jardin public ★★.

Paris 254 – ♦Calais 67 – Dunkerque 29 – Hazebrouck 14 – ♦Lille 53 – St-Omer 21.

au Petit-Bruxelles SE : 3,5 km sur D 916 – ✉ 59670 Cassel :

XX **Le Petit Bruxelles**, ✆ 28 42 44 64, Fax 28 40 58 13, – GB
fermé 15 au 29 juil., 12 fév. au 6 mars, dim. soir, fériés le soir et merc. – **R** 168 bc/270, enf. 70.

PEUGEOT-TALBOT Lescieux, 1 rte de St-Omer à Bavinchove ✆ 28 42 44 16 N ✆ 28 42 44 16

CASSIS 13260 B.-du-R. 84 ⑬ **G. Provence** – 7 967 h alt. 4 – Casino.

Voir Site★ – O : les Calanques★★ : de Port-Miou, de Port-Pin★, d'En-Vau★★ (à faire de préférence en bateau : 1 h) – Mt de la Saoupe ★★ E : 2 km par D 41A.

Env. Cap Canaille ←★★★ E : 9 km par D 41A – Corniche des Crêtes★★ de Cassis à la Ciotat E : 16 km par D 41A.

Office Municipal du Tourisme pl. Baragnon ✆ 42 01 71 17, Télex 441287.

Paris 803 ① – ♦Marseille 30 ① – Aix-en-Provence 46 ② – La Ciotat 9 ② – ♦Toulon 42 ②.

Plan page suivante

Royal Cottage M sans rest, 6 av. 11 Novembre par ① ✆ 42 01 33 34, Fax 42 01 06 90, ←, – ☎. AE GB.
48 – **22 ch** 556/832.

Roches Blanches, rte Port-Miou par av. Dardanelles SO : 1 km ✆ 42 01 09 30, Fax 42 01 94 23, « Jardins en terrasses avec ← mer et Cap Canaille », – ☎ – 60. GB JCB. rest
mi-fév.-fin-nov – **R** *(fermé lundi)* 170/220 – 65 – **28 ch** 380/800.

Jardins du Campanile, r. A. Favier par ① : 1 km ✆ 42 01 84 85, Fax 42 01 32 38, – ☎ – 40. AE GB.
hôtel : 15 mars-30 oct. ; rest. : 1er juil.-15 sept. – **R** (déj. seul.) (résidents seul.) carte 160 à 210 – 50 – **35 ch** 580/650.

CASSIS

Abbé-Mouton (R.) 2
Arène (R. de l') 4
Autheman (R. V.) 5
Baragnon (Pl.) 6
Barthélemy (Bd) 7
Barthélemy
(Quai Jean-Jacques) 8
Baux (Quai des) 9
Ciotat (R. de la) 10
Clemenceau (Pl.) 12
Dardanelles (Av. des) 14
Jaurès (Av. J.) 16
Leriche (Av. Professeur) 17
Mirabeau (Pl.) 22
Moulins (Q. des) 23
République (Pl.) 25
Revestel (Av. du) 26
St-Michel (Pl.) 27
Thiers (R. Adolphe) 29
Victor-Hugo (Av.) 32

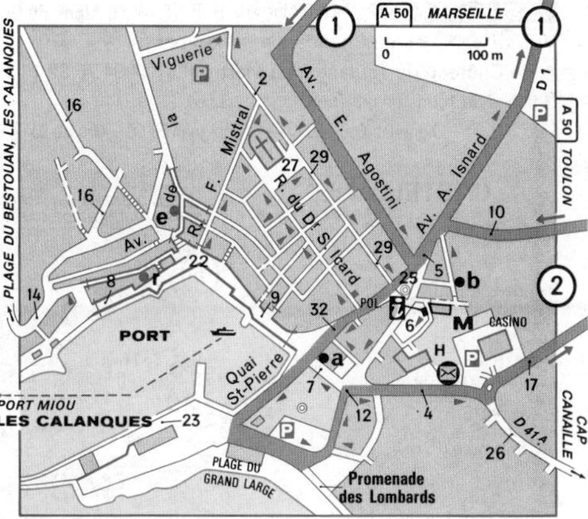

Le Guide change, changez de guide tous les ans.

🏨 **Plage du Bestouan,** plage Bestouan par av. Dardanelles : 1 km ☎ 42 01 05 70, Fax 42 01 34 82, ←, 🏖 – |♦| TV ☎. AE ⦿ GB. ⁂ ch
1er avril-fin oct. – **Le Bestouan** ☎ 42 01 24 30 **R** carte 210 à 280 – ☕ 40 – **30 ch** 295/590 – ½ P 370/460.

🏨 **Gd Jardin** sans rest, 2 r. P. Eydin **(b)** ☎ 42 01 70 10, Fax 42 01 33 75 – TV ☎ 🚗. AE ⦿ GB. ⁂
☕ 35 – **28 ch** 285/335.

🏨 **Liautaud,** 2 r. V. Hugo **(a)** ☎ 42 01 75 37, Fax 47 01 12 08, ← – |♦| TV ☎ 🚗. GB. ⁂ ch
fermé 1er nov. au 15 déc. – **R** 160/220 – ☕ 30 – **32 ch** 290/320.

XXX **La Presqu'île,** rte de Port-Miou. Les Calanques SO : 2 km ☎ 42 01 03 77, Fax 42 01 94 49, ← mer et Cap Canaille, 🏖 – ▤. AE ⦿ GB JCB
fermé 3 janv. au 1er mars, dim. soir sauf juil.-août et lundi – **R** 210/330, enf. 120.

XX **Nino,** quai Barthélemy **(r)** ☎ 42 01 74 32, ← – AE ⦿ GB
fermé 15 déc. au 10 fév., dim. soir hors sais. et lundi – **R** carte 180 à 310.

X **Saint Jacques,** 5 r. Bremond **(e)** ☎ 42 01 14 42 – ▤. GB. ⁂
fermé 22 déc.-1er fév., dim. soir du 15 sept. au 30 juin, mardi midi du 1er juil. au 15 sept. et lundi – **R** 120/190, enf. 80.

CASTAGNÈDE 64 Pyr.-Atl. 85 ② – rattaché à Salies-de-Béarn.

CASTAGNIERS 06670 Alpes-Mar. 84 ⑨ 115 ㉖ – 1 229 h alt. 340.

Voir Aspremont : ✵★ de la terrasse de l'ancien château SE : 4 km, G. Côte d'Azur.

Paris 944 – ♦Nice 17 – Antibes 34 – Cannes 44 – Contes 29 – Levens 14 – Vence 23.

🏨 **Chez Michel** 🐦, ☎ 93 08 05 15, Fax 93 08 05 38, ←, 🏊 – TV ☎ 🅟. AE GB
fermé nov. et merc. – **R** 95/180 – ☕ 28 – **20 ch** 250/270 – ½ P 250.

à Castagniers-les-Moulins O : 6 km – ✉ **06670** :

🏨 **Servotel,** N 202 ☎ 93 08 22 00, Télex 461547, Fax 93 29 03 66, 🏖, 🏋, 🏊, 🌳, 🎾 – |♦| ▤ rest TV ☎ 🚗 🅟 – 🎤 70. AE GB
Les Moulins ☎ 93 08 10 62 *(fermé 1er au 15 mars et 12 oct. au 4 nov.)* **R** 90/200 🍷, enf. 50 – ☕ 40 – **42 ch** 260/330 – ½ P 240/280.

CITROEN Ciossa-Autos ☎ 93 08 13 48

CASTEIL 66 Pyr.-Or. 86 ⑰ – rattaché à Vernet-les-Bains.

Le CASTELET 09 Ariège 86 ⑮ – rattaché à Ax-les-Thermes.

CASTELJALOUX 47700 L.-et-G. 79 ⑬ G. Pyrénées Aquitaine – 5 048 h alt. 69.

⛳18 de Casteljaloux ☎ 53 93 51 60, S : 4 km par D 933.

Paris 677 – Agen 54 – Mont-de-Marsan 74 – Langon 44 – Marmande 23 – Nérac 30.

🏨 **Cordeliers** sans rest, r. Cordeliers ☎ 53 93 02 19 – |♦| TV ☎ 🚗 🅟. GB. ⁂
fermé oct. – ☕ 30 – **24 ch** 130/290.

XX **Vieille Auberge,** 11 r. Posterne ☎ 53 93 01 36 – GB
fermé 31 mai au 10 juin, 22 nov. au 6 déc., vacances de fév., dim. soir et merc. sauf juil.-août – **R** 90/210, enf. 50.

CITROEN S.E.G.A.D., 44 av. Lac ☎ 53 93 01 59

CASTELLANE 04120 Alpes-de-H.-P. 81 ⑱ G. Alpes du Sud – 1 349 h alt. 724.

Voir Site★ – Lac de Chaudanne★ 4 km par ①.

du Château de Taulane à La Martre (83) ☏ 94 76 82 13 ; SE : 19 km par ①.

Office de Tourisme r. Nationale ☏ 92 83 61 14.

Paris 802 ③ – Digne-les-Bains 53 ③ – Draguignan 59 ② – Grasse 63 ① – Manosque 91 ②.

CASTELLANE

Nationale (R.) 8
Sauvaire (Pl. M.) 14

Blondeau (R. du Lt) 2
Église (Pl. de l') 3
Liberté (Pl. de la) 4
Mazeau (R. du) 5
Mitan (R. du) 7
République (Bd de la) 9
Roc (Chemin du) 10
St-Michel (Bd) 12
St-Victor (R.) 13
11-Novembre (R. du) 16

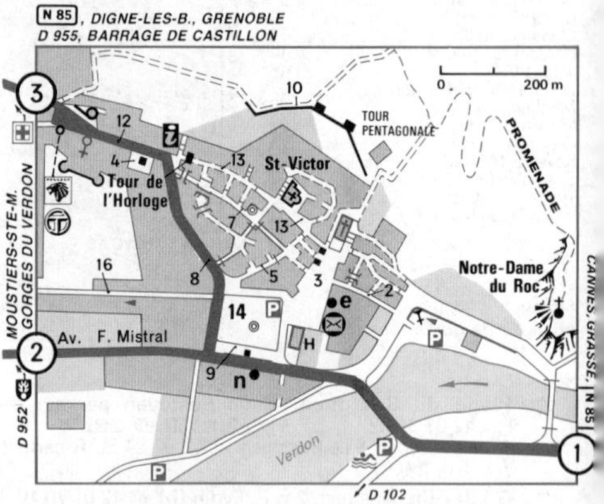

Michelin n'accroche pas de panonceau aux hôtels et restaurants qu'il signale.

Nouvel H. Commerce, pl. Église **(e)** ☏ 92 83 61 00, Fax 92 83 72 82, – ch rest
1er avril-4 nov. – **Repas** 110/240, enf. 55 – 40 – **44 ch** 250/340 – ½ P 330/340.

Ma Petite Auberge, (n) ☏ 92 83 62 06, – .
1er avril-fin oct. et fermé merc. sauf juil.-août – **R** 70/230, enf. 45 – 35 – **16 ch** 190/280 – ½ P 220/250.

à la Garde par ① et N 85 : 6 km – ✉ **04120** :

Aub. du Teillon avec ch, ☏ 92 83 60 88, Fax 92 83 74 08 – .
fermé 1er au 10 oct., 2 au 31 janv., dim. soir et lundi d'oct. à avril – **R** 90/195, enf. 40 – 28 – **9 ch** 160/240 – ½ P 208/248.

PEUGEOT-TALBOT Castellane-Gar. ☏ 92 83 61 62

Le CASTELLET 83330 Var 84 ⑭ G. Côte d'Azur – 3 084 h alt. 283.

Circuit automobile permanent N : 11 km.

Paris 825 – ♦Toulon 20 – Brignoles 49 – La Ciotat 23 – ♦Marseille 45.

✿ **Castel Lumière** (Laffargue) avec ch, au village ☏ 94 32 62 20, Fax 94 32 70 33, ≤ vignoble et pays varois, – .
fermé 10 janv. au 20 fév., dim. soir et lundi de sept. à juin et lundi midi, mardi midi, merc. midi en juil.-août – **R** (nombre de couverts limité, prévenir) 200/400 et carte 400 à 560 – 55 – **6 ch** 380 – ½ P 550/580
Spéc. Fondant de loup grillé aux quatre épices. Noisettes d'agneau à la fleur de lavande. Confiture de "vieux garçon".
Vins Bandol, Côtes de Provence.

CASTELNAUDARY 11400 Aude 82 ⑳ G. Pyrénées Roussillon – 10 970 h alt. 165.

Office de Tourisme pl. République ☏ 68 23 05 73.

Paris 755 ④ – ♦Toulouse 59 ④ – Carcassonne 40 ④ – Foix 69 ④ – Pamiers 49 ⑤.

Plan page suivante

Clos St-Siméon M, rte Carcassonne par ③ ☏ 68 94 01 20, Fax 68 94 05 47, – 25.
R 70/160, enf. 40 – 25 – **31 ch** 230/260 – ½ P 250.

du Canal M sans rest, 2 ter av. A. Vidal ☏ 68 94 05 05, Fax 68 94 05 06 – ch . AZ **b**
40 – **33 ch** 240/280.

Centre et Lauragais, 31 cours République ☏ 68 23 25 95, Fax 68 94 01 66 – . AZ **n**
fermé 2 nov. au 8 déc. – **R** 85/250 – 28 – **16 ch** 200/220 – ½ P 200/210.

Belle Epoque, 55 r. Gén. Dejean ☏ 68 23 39 72, Fax 68 23 44 32 – AZ **a**
fermé 15 janv. au 15 fév., merc. soir et jeudi hors sais. – **R** 60/180, enf. 45.

CASTELNAUDARY

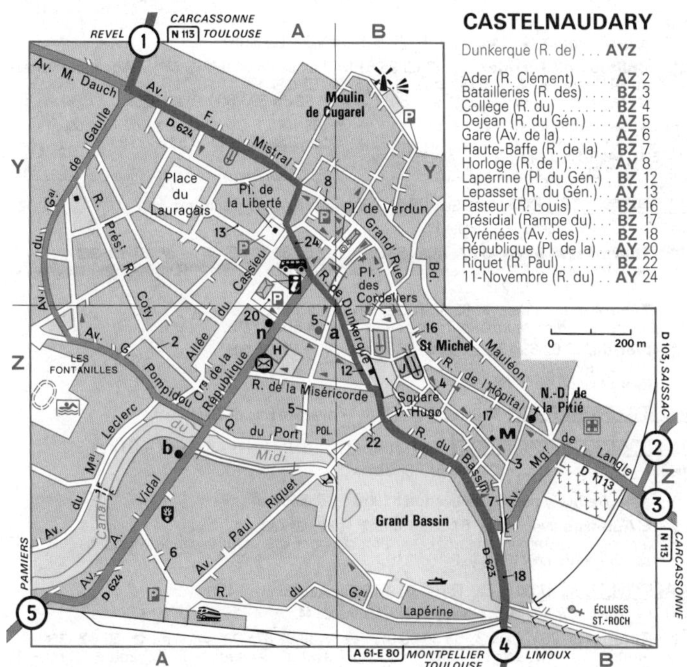

Dunkerque (R. de) . . . **AYZ**

Ader (R. Clément) . . . . . **AZ** 2
Batailleries (R. des) . . . . **BZ** 3
Collège (R. du) . . . . **BZ** 4
Dejean (R. du Gén.) . . . **AZ** 5
Gare (Av. de la) . . . . **AZ** 6
Haute-Baffe (R. de la) . . **BZ** 7
Horloge (R. de l') . . . . . . **AY** 8
Laperrine (Pl. du Gén.) . **BZ** 12
Lepasset (R. du Gén.) . . **AY** 13
Pasteur (R. Louis) . . . . . **BZ** 16
Présidial (Rampe du) . . . **BZ** 17
Pyrénées (Av. des) . . . . **BZ** 18
République (Pl. de la) . . **AY** 20
Riquet (R. Paul) . . . . **BZ** 22
11-Novembre (R. du) . . **AY** 24

à Peyrens par ① : 5 km – ⊠ **11400** :

✕ **Aub. La Calèche,** ✆ 68 60 40 13 – GB
fermé 1er au 15 fév., mardi soir et merc. – **R** 70/185, enf. 40.

CITROEN Lauragais-Automobiles, av. Martin Dauch ✆ 68 23 00 78
PEUGEOT-TALBOT S.N.G.L., rte de Toulouse par ⑥ ✆ 68 23 13 08 **N** ✆ 68 72 91 62
RENAULT Franco, av. Monseigneur-de-Langle par ③ ✆ 68 23 18 82 **N** ✆ 63 72 75 73

Euromaster Central Pneu Service, ZI En Tourre ✆ 68 23 11 28
Euromaster Central Pneu Service, av. Monseigneur de Langle ✆ 68 23 11 44

CASTELNAUD-DE-GRATECAMBE **47** L.-et-G. 79 ⑤ – rattaché à Villeneuve-sur-Lot.

CASTELNAU-MAGNOAC **65230** H.-Pyr. 85 ⑩ – 797 h alt. 350.

Paris 828 – Auch 43 – Lannemezan 26 – Mirande 30 – St-Gaudens 40 – Tarbes 45 – ♦Toulouse 105.

Dupont (annexe à 1,5 km - 9 ch), ✆ 62 39 80 02 – – 25. GB
R 55/120 – 25 – **34 ch** 160/180 – ½ P 190.

CASTELNOU **66300** Pyr.-Or. 86 ⑲ **G. Pyrénées Roussillon** – 277 h alt. 350.

Paris 927 – ♦Perpignan 20 – Argelès-sur-Mer 37 – Céret 28 – Prades 31.

✕ **L'Hostal,** ✆ 68 53 45 42, ≤,
15 mars-30 nov. et fermé merc. soir et lundi sauf juil.-août – **R** spécialités catalanes 120 bc/220 bc, enf. 55.

CASTELPERS **12** Aveyron 80 ⑫ – rattaché à Naucelle.

CASTELSARRASIN **82100** T.-et-G. 79 ⑰ – 11 317 h alt. 85.

Office de Tourisme pl. Liberté ✆ 63 32 14 88.

Paris 658 – Agen 52 – ♦Toulouse 65 – Auch 74 – Cahors 70.

Félix , rte Moissac : 2 km ✆ 63 32 14 97, ≤, , parc, décor Far-West – TV ☎ **P**. AE GB. ch
hôtel : fermé 1er au 15 janv. ; rest. : fermé 28 juin au 11 juil., 1er au 15 janv. et lundi – **R** 150 – 28 – **10 ch** 215/370 – ½ P 215/230.

à Labourgade S : 14 km par D 45, D 14 et VO – ✉ **82100** :

Château de Terrides ⑤, ☎ 63 95 61 07, Fax 63 95 64 97, ≤, 🏠, « Ancienne forteresse du 14e siècle », 🏊 – |♦| TV ☎ ♿ 🅿 – 🏢 50. AE GB. ✱
R *(fermé dim.soir)* 115/210, enf. 80 – ☕ 45 – **52 ch** 390/900 – ½ P 370.

CITROEN Gar. Martin, 46 av. Mar.-Leclerc ☎ 63 32 34 18
PEUGEOT-TALBOT Dujay, RN 113 lieu-dit Fleury ☎ 63 95 16 16 N ☎ 05 44 24 24
RENAULT Gar. Dupart, av. de Toulouse ☎ 63 32 33 31 N ☎ 63 68 95 85
Castel Pneus, rte de St-Aignan, ☎ 63 32 33 25

CASTÉRA-VERDUZAN 32410 Gers 82 ④ – 794 h alt. 180 – Stat. therm. (mai-oct.).

Paris 750 – Auch 25 – Agen 59 – Condom 19.

Thermes, ☎ 62 68 13 07, Télex 532915, Fax 62 68 10 49, 🏠 – ☎. AE ⓓ GB
fermé 3 janv. au 1er fév., sam. soir et dim. de déc. à mars – **R** 67/203 ⅓ – ☕ 30 – **47 ch** 198/260 – ½ P 199/215.

Ténarèze sans rest, ☎ 62 68 10 22, Fax 62 68 14 69 – ☎ – 🏢 30. GB
fermé fév., dim. et lundi hors sais. – ☕ 30 – **24 ch** 161/187.

XX **Florida**, ☎ 62 68 13 22, Fax 62 68 14 69, 🏠 – AE ⓓ GB
fermé fév., dim. soir et lundi du 1er oct. au 31 mars, merc. du 1er avril au 30 sept. – **Repas** 130/220, enf. 68.

CASTILLON-DU-GARD 30 Gard 80 ⑲, 81 ⑪ – rattaché à Pont-du-Gard.

CASTILLON-EN-COUSERANS 09800 Ariège 86 ② G. Pyrénées Aquitaine – 403 h alt. 563.

Paris 809 – Bagnères-de-Luchon 63 – Foix 57 – St-Girons 13.

à Audressein par rte de Luchon : 1 km – ✉ **09800** :

X **L'Auberge** avec ch, ☎ 61 96 11 80, 🏠 – ☎. AE GB
fermé 12 nov. au 1er fév., dim. soir et lundi hors sais. sauf vacances scolaires – **R** 68/195 – ☕ 25 – **9 ch** 120/180 – ½ P 160/215.

CASTILLONNÈS 47330 L.-et-G. 79 ⑤ G. Pyrénées Aquitaine – 1 424 h.

Paris 571 – Périgueux 74 – Agen 64 – Bergerac 26 – Marmande 44.

Remparts, 26 r. Paix ☎ 53 36 80 97, Fax 53 36 93 87, 🏠, 🌳 – TV ☎. AE ⓓ GB
fermé fév., dim. soir et merc. sauf du 11 avril au 30 sept. – **R** 150/250 – ☕ 50 – **10 ch** 320/480 – ½ P 340.

Europe

Si le nom d'un hôtel figure en petits caractères
demandez, à l'arrivée,
les conditions à l'hôtelier.

CASTRES SP 81100 Tarn 83 ① G. Gorges du Tarn – 44 812 h alt. 172.

Voir Musée★ : oeuvres de Goya★★ BZ – Hôtel de Nayrac★ AY.

Env. Le Sidobre★ 9 km par ①.

✈ de Castres-Mazamet : T.A.T. ☎ 63 70 32 62 par ③ : 8 km.

ℹ Service du Tourisme Théâtre Municipal, pl. République ☎ 63 71 56 58 et Gare Routière pl. Soult (juil.-août).

Paris 754 ⑦ – ♦Toulouse 71 ④ – Albi 41 ⑦ – Béziers 103 ③ – Carcassonne 64 ③.

Plan page suivante

Occitan M sans rest, 201 av. Ch. de Gaulle par ③ ☎ 63 35 34 20, Fax 63 35 70 32 – TV ☎ 🚗 🅿. GB
☕ 32 – **44 ch** 250/400.

XX **Rive Gauche**, 7 r. Empare ☎ 63 35 68 49 – ⓓ GB — BZ **a**
fermé sam. midi et dim. – **R** 75/200, enf. 45.

XX **Henri IV**, 1 r. Henri IV ☎ 63 72 57 97 – GB — BY **e**
fermé 1er au 10 mai, 8 au 22 août, 23 déc. au 4 janv., sam. midi et dim. – **R** 105/190 ⅓, enf. 45.

Les Salvages par ② : 5 km – ✉ **81100** Castres :

XX **Café du Pont** avec ch, ☎ 63 35 08 21, Fax 63 51 09 82, 🏠, 🌳 – AE ⓓ GB. ✱
fermé fév., dim. soir et lundi – **R** 90/250 ⅓ – ☕ 35 – **5 ch** 150/240 – ½ P 240.

à Saïx par ④ : 5 km sur N 126 – ✉ **81710** :

Bel Roc M, ☎ 63 74 81 81, Fax 63 74 73 18, 🏠, 🏊 – ⇔ ch ▤ rest TV ☎ ♿ 🅿 – 🏢 100. AE ⓓ GB JCB. ✱ rest
R *(fermé 8 au 16 août, 19 au 31 déc., dim. soir et fêtes le soir)* 78/125 ⅓, enf. 55 – ☕ 38 – **50 ch** 312/342 – ½ P 223/233.

par ④ rte de Toulouse : 4,5 km – ✉ **81100** Castres :

Fimotel, ZI La Chartreuse ☎ 63 59 82 99, Fax 63 59 63 06 – |♦| ⇔ ch ▤ rest TV ☎ ♿ 🅿 – 🏢 25. GB
R 70/140 ⅓ – ☕ 30 – **39 ch** 260/300.

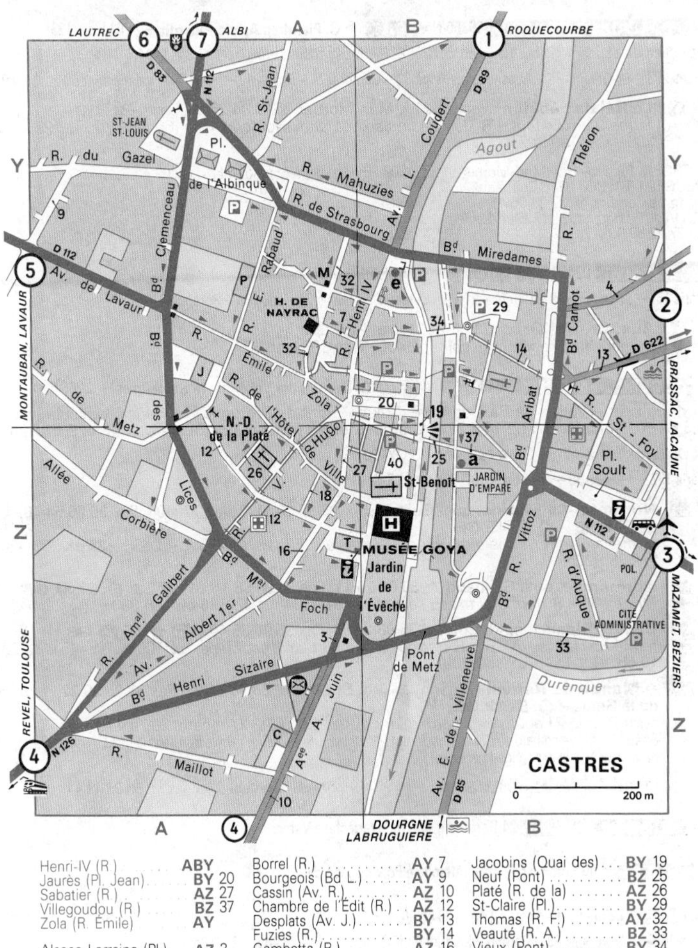

Henri-IV (R.) . . . . . ABY	Borrel (R.) . . . . AY 7	Jacobins (Quai des) . . . BY 19
Jaurès (Pl. Jean) . . . . BY 20	Bourgeois (Bd L.) . . . . . AY 9	Neuf (Pont) . . . . BZ 25
Sabatier (R.) . . . . . . AZ 27	Cassin (Av. R.) . . . . AZ 10	Platé (R. de la) . . . . . . AZ 26
Villegoudou (R.) . . . . BZ 37	Chambre de l'Édit (R.) . . AZ 12	St-Claire (Pl.) . . . . BY 29
Zola (R. Émile) . . . . . AY	Desplats (Av. J.) . . . . . . BY 13	Thomas (R. F.) . . . . . . AY 32
	Fuzies (R.) . . . . BY 14	Veauté (R. A.) . . . . BZ 33
Alsace-Lorraine (Pl.) . . . AZ 3	Gambetta (R.) . . . . AZ 16	Vieux (Pont) . . . . BY 34
Audenet (R. Sœur) . . . . BY 4	Guy (R. G.) . . . . AZ 18	8 Mai 1945 (Pl. du) . . . . BZ 40

CITROEN Sud Auto, ZAC de la Chartreuse, rte de Toulouse par ④ ✆ 63 59 92 10
FIAT S.A.T.A., 111 av. Albert-1er ✆ 63 59 26 22
MERCEDES Antras Autom., ZI de la Chartreuse ✆ 63 59 99 99
OPEL Gd Gar. de Mélou, rte de Toulouse ✆ 63 59 11 12
PEUGEOT-TALBOT Gar. Maurel, r. Crabié ✆ 63 35 74 64 **N** ✆ 63 72 77 94
RENAULT Gds Gges de Castres, rte de Toulouse, Mélou par ④ ✆ 63 59 41 17

V.A.G Gar. Négrier, rte de Toulouse, ZI de la Chartreuse ✆ 63 59 30 55

Ⓜ Bellet-Pneus, Le Verdier, rte de Toulouse ✆ 63 72 25 25
Bernard, 52 bd P.-Mendès-France ✆ 63 59 07 26
Deldossi-Pneus, 88 rte de Toulouse, ZI Mélou ✆ 63 59 33 83
Escoffier-Pneus, 215 av. Albert-1er ✆ 63 59 27 00

CASTRIES **34160** Hérault 83 ⑦ **G. Gorges du Tarn** – 3 992 h alt. 50.

Voir Château★.

Paris 752 – ✦Montpellier 15 – Lunel 13 – Nîmes 43.

✗ **L'Art du Feu,** ✆ 67 70 05 97 – AE ⓓ GB. ⚘
fermé août, vacances de fév., mardi soir et merc. – **R** 90/110, enf. 45.

Le CATEAU-CAMBRÉSIS 59360 Nord 53 ⑭ ⑮ **G. Flandres Artois Picardie** – 7 703 h alt. 123.

Office de Tourisme Palais Fénelon, pl. Cdt E. Richez (transfert prévu) ✆ 27 84 10 94.

Paris 203 – St-Quentin 36 – Avesnes-sur-Helpe 31 – Cambrai 24 – Hirson 45 – ♦Lille 80 – Valenciennes 31.

XX **Le Relais Fénelon** avec ch, 21 r. Mar. Mortier ✆ 27 84 25 80, parc – ☎. GB
fermé 9 au 29 août – **R** *(fermé dim. soir et lundi sauf fériés)* 94/166, enf. 70 – ☕ 25 – **3 ch** 200 – ½ P 180/200.

CITROEN Ribeiro, 13 r. Mar.-Mortier ✆ 27 84 07 76
PEUGEOT-TALBOT Gar. Cheneaux, 17 fg de Cambrai ✆ 27 84 05 41
RENAULT Legrand, ZI av. Mar.-Leclerc ✆ 27 77 89 33
Le Cateau Pneus, 61/63 r. Louise-Michel ✆ 27 84 07 71

Le CATELET 02420 Aisne 53 ⑬ ⑭ – 223 h alt. 92.

Paris 167 – St-Quentin 19 – Cambrai 21 – Le Cateau-Cambrésis 28 – Laon 69 – Péronne 27.

XX **Aub. Croix d'Or**, ✆ 23 66 21 71, – P. GB
fermé 2 au 25 août, dim. soir et lundi – **R** 90/195, enf. 80.

CAUDEBEC-EN-CAUX 76490 S.-Mar. 55 ⑤ **G. Normandie Vallée de la Seine** (plan) – 2 265 h alt. 7.

Voir Église★ – Vallon de Rançon★ NE : 2 km – Pont de Brotonne★ : péage : véhicule jusqu'à 3,5 t. : 10 F, plus de 3,5 t. : 14 à 22 F. Gratuit pour les résidents de Seine-Maritime. E : 1,5 km.

Office de Tourisme, pl. Ch.-de-Gaulle ✆ 35 96 20 65.

Paris 167 – ♦Rouen 35 – Lillebonne 16 – Yvetot 11,5.

Normotel-La Marine, quai Guilbaud ✆ 35 96 20 11, Télex 770404, Fax 35 56 54 40, ← – TV ☎ P – 50. AE GB
fermé janv. – **R** *(fermé dim. soir du 15 nov. au 15 mars)* 98/225 – ☕ 35 – **29 ch** 250/420 – ½ P 235/325.

Normandie, quai Guilbaud ✆ 35 96 25 11, Fax 35 96 68 15, ← – TV ☎ P. AE GB
fermé fév. – **R** *(fermé dim. soir sauf fériés)* 59/169 – ☕ 32 – **16 ch** 196/330.

Cheval Blanc, 4 pl. R. Coty ✆ 35 96 21 66, Fax 35 95 35 40 – TV ☎. AE GB
fermé 25 janv. au 7 fév. – **R** *(fermé dim. soir et lundi sauf fériés)* 60/160, enf. 45 – ☕ 28 – **10 ch** 160/280 – ½ P 150/200.

XXX ✿ **Manoir de Rétival** (Tartarin), rte St Clair ✆ 35 96 11 22, Fax 35 96 29 22, ← vallée de la Seine – P. AE GB.
fermé 15 au 21 août, fév., mardi midi et lundi – **R** 260/310 et carte 290 à 440
Spéc. Risotto de homard au basilic (mai à sept.). Vadouvan de St-Pierre, thym citron sous la peau. Assiette de cochon de lait aux noix et à la sauge (mai à sept.).

RENAULT Gar. Lopéra ✆ 35 96 23 88 N
V.A.G Caudebec Autom. ✆ 35 96 13 44

CAUDON-DE-VITRAC 24 Dordogne 75 ⑰ – rattaché à Vitrac.

CAULIÈRES 80 Somme 52 ⑰ – rattaché à Poix-de-Picardie.

CAUREL 22530 C.-d'Armor 59 ⑫ – 384 h alt. 188.

Paris 461 – Saint-Brieuc 48 – Carhaix-Plouguer 43 – Guingamp 47 – Loudéac 25 – Pontivy 20.

XX **Beau Rivage** M avec ch, S : 2 km par D 111 ✆ 96 28 52 15, Fax 96 26 01 16, ←, « Au bord du lac » – TV ☎ – 30. GB.
fermé 15 au 30 nov., 5 janv. au 2 fév., lundi soir et mardi sauf juil.-août – **R** 85/270 – ☕ 30 – **8 ch** 220/320 – ½ P 225/260.

CAUSSADE 82300 T.-et-G. 79 ⑱ **G. Périgord Quercy** – 6 009 h alt. 109.

Env. Montpezat-de-Quercy : tapisseries★★, gisants★ et trésor★ de la collégiale, NO : 12 km.

Paris 623 – Cahors 36 – Albi 69 – Montauban 25 – Villefranche-de-Rouergue 51.

Dupont, r. Recollets ✆ 63 65 05 00, Fax 63 65 12 62 – TV ☎ P. GB
fermé 21/2 au 7/3, 1er au 15/11, vend. soir de nov. à Pâques, sam. du 15/9 au 15/6 et dim. du 15/9 à Pâques – **Repas** *(fermé sam. midi et dim. midi du 15 juin au 15 sept.)* 82/255 – ☕ 32 – **30 ch** 220/260 – ½ P 230/250.

Caussade Pneu. pl. Douches ✆ 63 93 18 30
Taquipneu, à Monteils ✆ 63 93 10 91

CAUSSE-DE-LA-SELLE 34380 Hérault 83 ⑥ – 194 h alt. 244.

Paris 796 – ♦Montpellier 37 – Le Vigan 37.

XX **Vieux Chêne** avec ch, ✆ 67 73 11 00, – TV ☎ P. AE GB
15 mars-1er nov., week-ends en hiver et fermé lundi sauf juil.-août – **R** 140/250, enf. 70 – ☕ 50 – **3 ch** 330 – ½ P 350.

CAUTERETS 65110 H.-Pyr. 85 ⑰ **G. Pyrénées Aquitaine** – 1 201 h alt. 930 – Stat. therm. – Sports d'hiver : 930/2 400 m 2 17 – Casino.

Voir Cascade★★ et vallée★ de Lutour S : 2,5 km par D 920 – Route et site du pont d'Espagne★★ (chutes du Gave) au Sud par D 920.

Env. SO : Site★★ du lac de Gaube accès du pont d'Espagne par télésiège puis 1h.

Office de Tourisme pl. Hôtel de Ville ✆ 62 92 50 27, Fax 62 92 55 58.

Paris 844 ① – Pau 72 ① – Argelès-Gazost 17 ① – Lourdes 29 ① – Tarbes 49 ①.

Aladin M, av. Gén. Leclerc **(z)** ✆ 62 92 60 00, Télex 532951, Fax 62 92 63 30, – – 30 à 80. GB. *fermé 9 mai au 1er juin et 30 sept. au 15 déc.* – **R** 150 – 52 – **62 ch** 430/750, 8 duplex – ½ P 480.

Bordeaux, r. Richelieu **(f)** ✆ 62 92 52 50, Fax 62 92 63 29 – . AE GB. rest *fermé 15 oct. au 10 déc.* – **R** *(fermé merc. soir)* 130 – 45 – **21 ch** 350/450, 3 duplex – ½ P 355.

Le Sacca, bd Latapie-Flurin **(a)** ✆ 62 92 50 02, Fax 62 92 64 63 – . AE GB. rest *fermé 18 oct. au 18 déc.* – **R** 74/190, enf. 42 – 30 – **44 ch** 250/295 – ½ P 225/250.

Asterides, bd Latapie Flurin **(s)** ✆ 62 92 50 43, Fax 62 92 64 89 – . GB. *fermé nov.* – **R** 100/260 – 40 – **24 ch** 280/380 – ½ P 255/310.

Etche Ona, r. Richelieu **(d)** ✆ 62 92 51 43, Fax 62 92 54 99 – . AE GB *1er juin-30 sept. et 15 déc.-30 avril* – **R** 65/100, enf. 45 – 30 – **32 ch** 190/310 – ½ P 265/280.

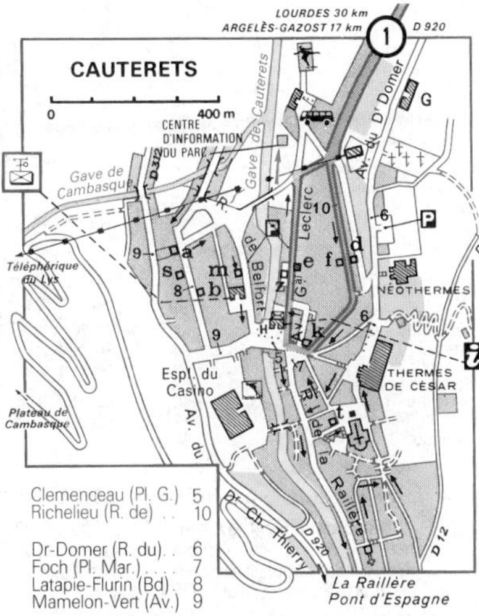

CAUTERETS

Clemenceau (Pl. G.) 5
Richelieu (R. de) 10

Dr-Domer (R. du) 6
Foch (Pl. Mar.) 7
Latapie-Flurin (Bd) 8
Mamelon-Vert (Av.) 9

Ste Cécile, bd Latapie-Flurin **(b)** ✆ 62 92 50 47 – . GB. rest *fermé 10 oct. au 5 déc.* – **R** 65/130 – 28 – **36 ch** 205/355 – ½ P 250/260.

Welcome, r. Église **(t)** ✆ 62 92 50 22 – . GB *15 mars-15 oct. et 15 déc.-28 fév.* – **R** 95/195 – 28 – **29 ch** 260/300 – ½ P 250/280.

Paris sans rest, pl. Mar. Foch **(k)** ✆ 62 92 53 85 – cuisinette . *fermé 16 avril au 3 mai et 4 nov. au 14 déc.* – 25 – **12 ch** 200/270.

Centre et Poste, r. Belfort **(m)** ✆ 62 92 52 69 – . AE GB. rest *1er mai-21 sept., 23 déc.-3 janv. et 16 janv.-1er avril* – **R** 70/100 – 25 – **38 ch** 100/200 – ½ P 165/200.

Le Grand Tétras, bd Gén. Leclerc **(e)** ✆ 62 92 59 18 – . GB *fermé vacances de nov., mardi soir et merc. sauf vacances scolaires* – **R** 69/225, enf. 41.

à La Fruitière S : 6 km par D 920 et RF – alt. 1 400 – ✉ **65110** Cauterets :

Host. La Fruitière avec ch, ✆ 62 92 52 04, ←, – *15 mai-1er oct.* – **R** *(fermé dim. soir)* (dim. prévenir) 80/105 – 27 – **8 ch** 170 – ½ P 200.

CAVAILLON 84300 Vaucluse 81 ⑫ **G. Provence** – 23 102 h alt. 75.

Voir Musée : collection archéologique★ **M.**

18 Provence Country Club à Saumane, ✆ 90 20 20 65 par ① : 14 km.

Office de Tourisme 79 r. Saunerie ✆ 90 71 32 01, Télex 431311.

Paris 704 ④ – Avignon 23 ① – Aix-en-Provence 59 ④ – Arles 42 ④ – Manosque 72 ②.

Plan page suivante

Parc sans rest, pl. Clos **(e)** ✆ 90 71 57 78, Fax 90 76 10 35 – . GB. 36 – **40 ch** 145/290.

Ibis M, 175 av. Pont **(a)** ✆ 90 76 11 11, Télex 431618, Fax 90 71 77 07, – ch – 30. AE GB **R** 89, enf. 39 – 34 – **35 ch** 295/335.

Prévot, 353 av. Verdun **(n)** ✆ 90 71 32 43, Fax 90 71 97 05 – . GB *fermé 1er au 7 mars, 5 au 26 juil., dim. soir et lundi* – **R** 195/350 et carte 290 à 380, enf. 100
Spéc. Gâteau d'aubergine et croustillant de langoustines. Rouget farci sur canapé de melon (mai à sept.). Bûche de colvert au foie gras (oct. à janv.). **Vins** Côtes du Ventoux, Côtes du Lubéron.

Fin de Siècle, 46 pl. Clos (1er étage) **(b)** ✆ 90 71 12 27 – . AE GB *fermé 18 août au 15 sept., mardi soir et merc.* – **R** 88/170, enf. 50.

CAVAILLON

Bournissac (Cours) 3
Castil-Blaze (Pl.) 5
Clos (Pl. du) 7
République (R. de la) 37
Victor-Hugo (Cours) 43

Berthelot (Av.) 2
Clemenceau (Av. G.) 6
Coty (Av. R.) 9
Crillon (Bd) 10
Diderot (R.) 12
Donné (Chemin) 13
Doumer (Av. P.) 14
Dublé (Av. Véran) 15
Durance (R. de la) 17
Gambetta (Cours L.) 18
Gambetta (Pl. L.) 19
Gaulle (Av. Gén.-de) 22
Grand-Rue 23
Jaurès (Av. Jean) 24
Joffre (Av. Mar.) 26
Kennedy (Av. J.F.) 27
Lattre-de-T. (R.P.J. de) 29
Pasteur (R.) 30
Péri (Av. Gabriel) 31
Pertuis (Rte de) 32
Raspail (R.) 34
Renan (Cours E.) 35
Sarnette (Av. Abel) 38
Saunerie (R.) 40
Sémard (Av. P.) 41
Tourel (Pl. F.) 42

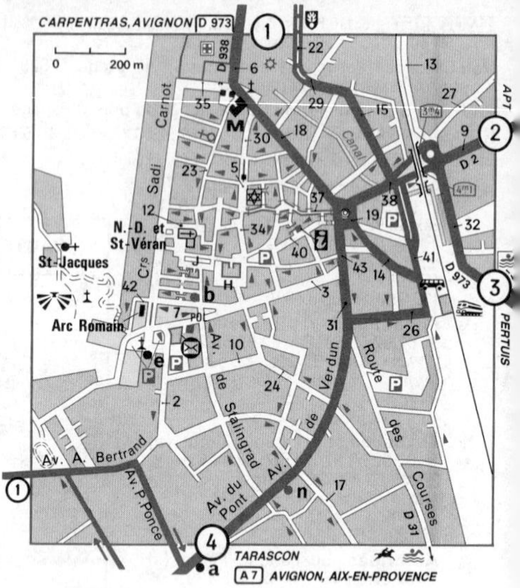

à Cheval-Blanc par ③ : 5 km – 3 032 h. – ✉ **84460** :

XXX ✿ **Nicolet**, NE : 4 km par D 31 et VO ✆ 90 78 01 56, Fax 90 71 91 28, ☂ – 🅟. AE ⓓ GB
fermé dim. soir et lundi sauf juil.-août – **R** 205/340 et carte 250 à 400, enf. 100
Spéc. Filet de Saint-Pierre au beurre rouge. Assiette gourmande de petits farcis aux senteurs de Provence. Beignets de poires et ananas aux sorbets de fruits rouges.

CITROEN Chabas, rte d'Avignon par ①, quartier Grand-Grès ✆ 90 71 27 40 **N** ✆ 90 71 14 11
FORD Gar. Reding, 86 av. P.-Doumer ✆ 90 71 14 80
PEUGEOT-TALBOT Gar. Berbiguier, rte de l'Isle-sur-la-Sorgue par ① ✆ 90 71 39 23 **N** ✆ 90 26 11 61
RENAULT Autom. Cavaillonnaise, 287 av. G.-Clemenceau par ① ✆ 90 71 34 96 **N** ✆ 05 05 15 15

Ⓜ Anrès, 154 av. Stalingrad ✆ 90 78 03 91
Ayme Pneus, 305 allée des Temps Perdus ✆ 90 71 36 18
Euromaster Omnica, 225 av. Ch.-Delaye ✆ 90 71 41 00
Gay Pneus, av. du Pont ✆ 90 71 78 88

CAVALAIRE-SUR-MER 83240 Var 84 ⑰ G. Côte d'Azur – 4 188 h alt. 5.

i Office de Tourisme square de Lattre-de-Tassigny ✆ 94 64 08 28.

Paris 884 – Fréjus 42 – Draguignan 56 – Le Lavandou 20 – St-Tropez 18 – Ste-Maxime 22 – ♦Toulon 63.

🏨 **Calanque** Ⓜ ⛱, r. Calanque ✆ 94 64 04 27, Télex 400293, Fax 94 64 66 20, ≤ mer, 🏊, 🎾 – TV ☎ 🚗 🅟. AE ⓓ GB
15 mars-20 oct. – **R** 135/200 – ☕ 50 – **33 ch** 560/800 – ½ P 580/630.

🏨 **Pergola,** av. Port ✆ 94 64 06 86, Fax 94 64 60 08, ☂, 🌳 – TV ☎. AE ⓓ GB. ✂ rest
fermé 3 nov. au 20 déc. et 4 janv. au 4 fév. – **R** *(fermé lundi hors sais.)* 145/245, enf. 110 – ☕ 40 – **23 ch** 325/425 – ½ P 465/525.

🏨 **Eucalyptus** sans rest, av. St Raphaël NE : 1 km ✆ 94 64 01 90 – ☎ 🅟. AE GB
☕ 28 – **17 ch** 345.

🏨 **Golfe Bleu,** av. St Raphaël, NE : 1 km ✆ 94 64 07 56, Fax 94 05 48 79, ☂ – TV ☎ 🅟. GB. ✂
15 mars-31 oct. – **R** 75/190 – ☕ 30 – **11 ch** 330 – ½ P 305.

CAVALIÈRE 83 Var 84 ⑰ G. Côte d'Azur – alt. 4 – ✉ 83980 Le Lavandou.

Paris 887 – Fréjus 54 – Draguignan 68 – Le Lavandou 7,5 – St-Tropez 30 – Ste-Maxime 34 – ♦Toulon 50.

🏨 **Le Club** Ⓜ, ✆ 94 05 80 14, Fax 94 05 73 16, ≤, ☂, « Elégant ensemble au bord de la mer », 🏊, 🏖, 🌳, 🎾 – 🛗 ▤ ch TV ☎ 🅟. AE ⓓ GB
8 mai-30 sept. – **R** 300, enf. 120 – ☕ 70 – **26 ch** 1090/2110 – 6 bungalows – ½ P 775/1375.

🏨 **Gd Hôtel Moriaz,** ✆ 94 05 80 01, Fax 94 05 70 88, ≤, ☂, 🏖 – ▤ ☎. GB. ✂ rest
hôtel : 23 avril-10 oct. ; rest. : 25 mai-30 sept. – **R** 150/200 – ☕ 48 – **27 ch** 350/600 – ½ P 400/530.

à Pramousquier E : 2 km sur D 559 – ✉ **83980** Le Lavandou :

🏨 **Beau Site,** ✆ 94 05 80 08 – ☎ 🅟. GB. ✂ rest
15 mars-15 oct. – **R** 90/100 – ☕ 33 – **25 ch** 300/330 – ½ P 260/295.

CAVALIERS (Falaises des) 83 Var 84 ⑥ G. Alpes du Sud – ✉ 83630 Aups.

Voir ≤★★ – Tunnels de Fayet ≤★★★ E : 2 km – Falaise de Baucher ≤★ O : 2 km.

Paris 820 – Digne-les-Bains 76 – Castellane 39 – Draguignan 52 – Manosque 77.

Grand Canyon M, D 71 ☎ 94 76 91 31, Fax 94 76 92 29, ≤ canyon du Verdon, – TV ☎ P. AE O GB. ch
1er mai-10 oct. – **R** *(fermé dim. soir et lundi sauf du 11 juil. au 19 sept.)* 120/180, enf. 60 – 40 – **16 ch** 420/460 – ½ P 280/360.

CAYLUS 82160 T.-et-G. 79 ⑲ G. Périgord Quercy – alt. 235.

Voir Christ en bois★ dans l'église.

Paris 645 – Cahors 58 – Albi 61 – Montauban 45 – Villefranche-de-Rouergue 29.

La Renaissance avec ch, av. du père Huc ☎ 63 67 07 26, – rest TV ☎. GB
fermé vacances de nov., de fév. et lundi – **R** 65/180 – 30 – **9 ch** 180/260 – ½ P 200/220.

CAZAUBON 32 Gers 79 ⑫ – rattaché à Barbotan-les-Thermes.

La CAZE (Château de) 48 Lozère 80 ⑤ – rattaché à La Malène.

CAZÈS-MONDENARD 82110 T.-et-G. 79 ⑰ – 1 307 h alt. 140.

9 des Roucous à Sauveterre ☎ 63 95 83 70, NE : 9 km par D 57.

Paris 632 – Cahors 44 – Agen 57 – Montauban 34.

L'Atre, ☎ 63 95 81 61 – rest
10 ch.

CAZILHAC 34 Hérault 83 ⑥ – alt. 166 – ✉ 34190 Ganges.

Paris 716 – ◆Montpellier 44 – Lodève 53 – Le Vigan 20.

Aub. Les Norias avec ch, 254 av. des deux Ponts ☎ 67 73 55 90, , – ☎ P. AE GB
fermé lundi soir et mardi midi – **R** 95/260, enf. 55 – 28 – **11 ch** 230/250 – ½ P 260/280.

CÉAUX 50 Manche 59 ⑧ – rattaché à Pontaubault.

CEILLAC 05600 H.-Alpes 77 ⑱ ⑲ G. Alpes du Sud – 289 h alt. 1 643 – Sports d'hiver : 1 700/2 450 m 8 .

Voir Vallon du Mélezet★.

Syndicat d'Initiative à la Mairie (saison) ☎ 92 45 05 74.

Paris 736 – Briançon 50 – Gap 74 – Guillestre 14.

Cascade, au pied du Mélezet SE : 2 km ☎ 92 45 05 92, ≤, – ☎ P. GB.
5 juin-12 sept. et 20 déc.-25 avril – **R** 68/135 – 42 – **23 ch** 208/333 – ½ P 205/294.

La CELLE 83 Var 84 ⑮ – rattaché à Brignoles.

La CELLE-ST-CLOUD 78 Yvelines 55 ⑳, 101 ⑬ – voir à Paris, Environs.

CELONY 13 B.-du-R. 84 ③ – rattaché à Aix-en-Provence.

CERBÈRE 66290 Pyr.-Or. 86 ⑳ G. Pyrénées Roussillon – 1 461 h alt. 3.

Syndicat d'Initiative Front de Mer (15 juin-15 sept.) ☎ 68 88 42 36.

Paris 960 – ◆Perpignan 47 – Port-Vendres 16.

Vigie, rte Espagne ☎ 68 88 41 84, ≤ mer et côte, – ☎. AE GB.
15 fév.-30 oct. – **R** 95/165, enf. 50 – 32 – **18 ch** 250/290 – ½ P 240/265.

Dorade, ☎ 68 88 41 93, – ☎. AE O GB
1er avril-20 oct. – **R** *(fermé mardi sauf du 16 juin au 20 sept.)* 75/140 – 30 – **21 ch** 170/280 – ½ P 220/265.

CERCY-LA-TOUR 58340 Nièvre 69 ⑤ – 2 258 h alt. 219.

Paris 281 – Moulins 52 – Châtillon-en-Bazois 23 – Luzy 31 – Nevers 44 – St-Honoré-les-Bains 18.

Val d'Aron, r. Écoles ☎ 86 50 59 66, Fax 86 50 04 24, , , – TV ☎ P. GB
R 95/245, enf. 55 – 40 – **13 ch** 240/340 – ½ P 310/340.

CITROEN Gar. Guérin ☎ 86 50 53 11 N ☎ 86 50 57 42

FIAT Gar. Aurousseau ☎ 86 50 01 45

PEUGEOT Gar. Baudot ☎ 86 50 51 77

CERDON 01450 Ain 74 ④ – 672 h alt. 299.

Paris 458 – Belley 55 – Bourg-en-Bresse 28 – Lyon 73 – Nantua 22 – La Tour-du-Pin 75.

à Labalme N : 6 km sur N 84 – ✉ 01450 Poncin :

Carrier, ☎ 74 39 97 22, Fax 74 39 93 33 – TV ☎ P. AE O GB
fermé vacances de nov., 3 au 31 janv., mardi soir et merc. sauf juil.-août – **R** 65/210 – 25 – **16 ch** 150/260 – ½ P 190/240.

CERDON 45620 Loiret 65 ① G. Châteaux de la Loire – 929 h alt. 145.

Voir Etang du Puits★ SE : 5 km.

Paris 154 – ◆Orléans 48 – Aubigny-sur-Nère 21 – Gien 31 – Sully-sur-Loire 16.

XX **Relais de Cerdon,** ✆ 38 36 02 15 – GB
fermé 1er au 10 juil., vacances de Noël, de fév., mardi soir et merc. – **R** 98/165 ⅋, enf. 68.

CÉRESTE 04280 Alpes-de-H.-P. 81 ⑭ G. Provence – 950 h alt. 388.

Paris 749 – Digne-les-Bains 71 – Aix-en-Provence 50 – Apt 18 – Forcalquier 23.

XX **Aiguebelle** avec ch, ✆ 92 79 00 91, 🏖 – ☎. GB
fermé 25 au 31 oct., janv., lundi (sauf le soir de mai à sept.) et dim. soir hors sais. – **R** 80/180, enf. 45 – ☕ 27 – **14 ch** 120/210 – ½ P 190/220.

CÉRET <SP> 66400 Pyr.-Or. 86 ⑲ G. Pyrénées Roussillon (plan) – 7 285 h alt. 171.

Voir Vieux pont★ – Musée d'Art Moderne★.

ℹ Syndicat d'Initiative, 1 av. G.-Clémenceau ✆ 68 87 00 53.

Paris 937 – ◆Perpignan 32 – Gerona 78 – Port-Vendres 37 – Prades 55.

🏨 **La Terrasse au Soleil** 🐦, rte Fontfrède O : 1,5 km par D 13F ✆ 68 87 01 94, Fax 68 87 39 24, ≤ le Canigou et plaine, 🏖, ⛱, 🌳, 🎾 – ⇹ ch ▤ ch 📺 ☎ ♿ 🅟 – 🎤 30. GB
fermé 2 janv. au 6 mars – **R** 240, enf. 70 – ☕ 60 – **25 ch** 495/1095 – ½ P 478/778.

🏨 **Le Mas Trilles** Ⓜ 🐦, au pont de Reynès : 2 km par rte d'Amélie ✆ 68 87 38 37, Fax 68 87 42 62, ⛱, 🌳 – 📺 ☎ ♿ 🅟. GB. ✻ rest
1er avril-31 oct. – **R** (dîner seul.) 130/180 – ☕ 55 – **12 ch** 420/850 – ½ P 435/650.

🏨 **Les Arcades** Ⓜ sans rest, 1 pl. Picasso ✆ 68 87 12 30, Fax 68 87 47 96 – 🛗 cuisinette 📺 ☎ 🚗. AE ⓓ GB. ✻
fermé 15 nov. au 14 déc. – ☕ 26 – **26 ch** 210/300.

🏨 **Sors,** 18 r. St Ferréol ✆ 68 87 01 40, 🏖 – 🛗 ☎ ♿ 🅟. GB. ✻ ch
fermé 20 fév. au 14 mars – **R** 80/110 ⅋ – ☕ 25 – **24 ch** 205/250 – ½ P 200/210.

XXX ✿ **Les Feuillants** (Banyols) avec ch, 1 bd La Fayette ✆ 68 87 37 88, Fax 68 87 44 68, 🏖 – 🛗 ▤ 📺 ☎ 🚗. AE GB
fermé 22 au 29 nov., fév., dim. soir de sept. à juin et lundi sauf le soir en juil.-août – **R** 230/350 et carte 260 à 400, enf. 80 – ☕ 50 – **3 ch** 700
Spéc. Poivrons rouges rôtis et anchois de Collioure. Bullinade de supions au "sagi". Supions poêlés, vinaigrette tiède au fromage blanc.

CITROEN Gar. Coll, 8 pl. Pont ✆ 68 87 00 75
FORD Gar. Mach, av. Aspres ✆ 68 87 05 30 🅽
PEUGEOT-TALBOT Gar. la Bergerie, 3 av. Gare ✆ 68 87 18 59
RENAULT Guillamet, 104 r. St-Ferréol ✆ 68 87 02 26 🅽 ✆ 05 05 15 15

Le CERGNE 42460 Loire 73 ⑧ – 650 h alt. 673.

Paris 412 – Mâcon 71 – Roanne 24 – Charlieu 16 – Chauffailles 15 – ◆Lyon 82 – ◆St-Étienne 110.

XX **Bel'Vue** avec ch, ✆ 74 89 87 73, ≤, 🏖 – AE GB
⟡ *fermé dim. soir et lundi* – **R** 75 bc/250 ⅋, enf. 50 – ☕ 25 – **7 ch** 95/145 – ½ P 255.

CERGY-PONTOISE Ⓟ 95 Val-d'Oise 55 ⑳ 106 ⑤ 101 ② G. Ile de France.

Cergy – 48 226 h – ✉ 95000.

⛳9 ⛳9 ✆ (1) 34 21 03 48, O : 7 km par D 922.

Paris 38 – Pontoise 5,5.

🏨 **Astrée** Ⓜ sans rest, 3 r. Chênes Émeraude par bd Oise ✆ (1) 34 24 94 94, Télex 688356, Fax (1) 34 24 95 15 – 🛗 📺 ☎ ♿ 🚗 – 🎤 25 à 80. AE ⓓ GB
☕ 45 – **55 ch** 490.

🏨 **Novotel** Ⓜ 🐦, près préfecture ✆ (1) 30 30 39 47, Télex 607264, Fax (1) 30 30 90 46, 🏖, ⛱, 🌳 – 🛗 ⇹ ch ▤ 📺 ☎ ♿ 🅟 – 🎤 25 à 200. AE ⓓ GB. ✻ rest
R carte environ 170, enf. 50 – ☕ 50 – **191 ch** 470/510.

🏨 **Confortel Les Linandes** Ⓜ, bd Oise, quartier Linandes Pourpres ✆ (1) 30 30 32 24,
⟡ Fax (1) 30 73 08 40 – 🛗 ⇹ ch 📺 ☎ ♿ 🅟 – 🎤 30. GB
fermé août – **R** *(fermé sam. et dim.)* 68/145 ⅋ – ☕ 35 – **60 ch** 295/320.

XXX **Les Coupoles,** 1 r. Chênes Emeraude par bd Oise ✆ (1) 30 73 13 30, Fax (1) 30 73 46 90 – AE GB
fermé 14 au 22 août, sam. midi et dim. – **R** 152, enf. 65.

quartier St-Christophe secteur Nord – ✉ **95800** Cergy Pontoise :

🏨 **Otelinn** Ⓜ, sortie échangeur n° 12 (N 14) ✆ (1) 34 22 16 88, Télex 688155, Fax (1) 30 30 09 56, 🏖 – 📺 ☎ ♿ 🅟 – 🎤 35. AE GB. ✻
R *(fermé sam. midi et dim.)* 90/130 ⅋ – ☕ 50 – **57 ch** 310/350.

🏨 **Campanile,** sortie échangeur n° 11 ✆ (1) 34 24 02 44, Télex 688153, Fax (1) 30 73 99 96, 🏖 – 📺 ☎ ♿ 🅟 – 🎤 25. AE GB
R 80 bc/102 bc, enf. 39 – ☕ 29 – **50 ch** 268.

Osny – 12 195 h alt. 27 – ✉ **95520.**

Paris 40 – Pontoise 3,5.

XXX **Moulin de la Renardière,** r. Gd Moulin ✆ (1) 30 30 21 13, Fax (1) 34 25 04 98, « Parc, rivière » – Ⓟ. AE ⓓ GB
fermé 1er au 21 août, dim. soir et lundi – **R** 200/300.

CITROEN Rousseau, 2 ch. J.-César par ⑥ ✆ (1) 30 31 00 00
PEUGEOT-TALBOT Cergy-Pontoise-Autom., 8 ch. J.-César par ⑥ ✆ (1) 30 30 12 12

Vaysse, 15 rte de Gisors RD 915 ✆ 34 24 85 88

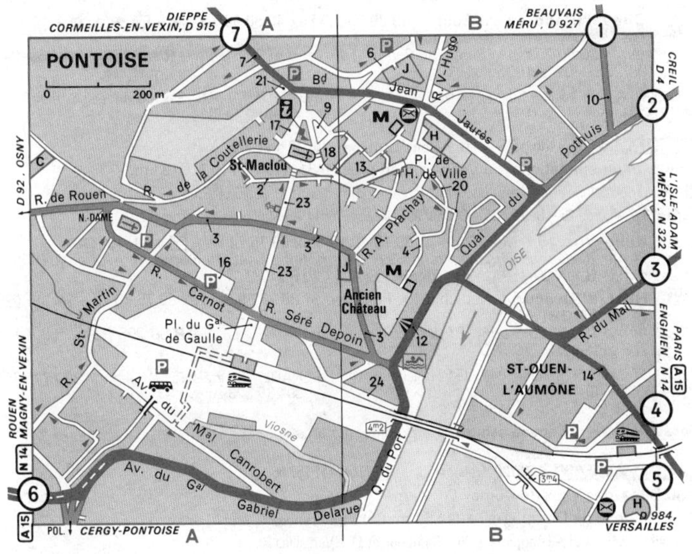

Pontoise SP – 27 150 h alt. 27 – ✉ **95300.**

Office de Tourisme 6 pl. Petit-Martroy ✆ (1) 30 38 24 45.

Paris 36 ④ – Beauvais 50 ① – Dieppe 135 ⑦ – Mantes-la-Jolie 39 ⑥ – ♦Rouen 91 ⑥.

Campanile, r. P. de Coubertin par ⑥ ✆ (1) 30 38 55 44, Télex 608515, Fax (1) 30 30 48 87, – TV ☎ ♿ Ⓟ – 25. AE GB
R 80 bc/102 bc, enf. 39 – ☕ 29 – **80 ch** 268.

à la Bonneville par ③ : 5,5 km N 322 – ✉ **95540** Méry-sur-Oise :

XXX ✿ **Le Chiquito** (Mihura), ✆ (1) 30 36 40 23 – ▤. AE GB
fermé sam. midi et dim. – **R** 250/400 et carte 275 à 370
Spéc. Tartare de cabillaud aux ravioli d'herbes truffés. Cuisses de grenouilles et paupiette de canard confit au jus de persil. Poularde à la crème de champignons des bois.

à Cormeilles-en-Vexin par ⑦ : 9,5 km – ✉ **95830** :

XXX ✿✿ **Relais Ste-Jeanne** (Cagna), sur D 915 ✆ (1) 34 66 61 56, Fax (1) 34 66 40 31, , « Jardin » – Ⓟ. AE GB
fermé 27 juil. au 26 août, 23 au 28 déc., vacances de fév., mardi soir, dim. soir et lundi – **R** 260 (déj.)/600 et carte 390 à 620, enf. 120
Spéc. Suprême de pigeon aux navets acidulés. Turbot rôti au thym sauce moutarde. Homard breton "Maître Pierre" en deux services.

AUSTIN, ROVER, VOLVO SOGEL, 10 r. Séré-Depoin ✆ (1) 30 32 55 55
FORD Gar. Marzet, 92-96 r. P.-Butin ✆ (1) 30 32 56 04

RENAULT Gar. du Véxin, 41 rte de Rouen ✆ 30 31 09 62
V.A.G Pontoise Cergy Autos, 21 ch. J.-César ✆ (1) 30 30 28 29

St-Ouen-l'Aumône – 18 673 h – ✉ **95310.**

Public de Maubuisson ✆ (1) 34 64 45 55, par ③ : 0,5 km.

Paris 35 – Pontoise 1.

XX Villa du Parc, 1 av. Gén. Leclerc ✆ (1) 30 37 43 82 – P.

RENAULT Hinaux, 57 r. Gén.-Leclerc ✆ (1) 34 30 25 25

Euromaster La Centrale du Pneu, 121 av. du Gal-Leclerc à Pierrelaye ✆ (1) 34 64 07 50

CERIZAY 79140 Deux-Sèvres 67 ⑯ – 4 787 h alt. 173.

Paris 377 – Bressuire 14 – Cholet 38 – Niort 65 – La Roche-sur-Yon 69.

Cheval Blanc, av. 25-Août ✆ 49 80 05 77, Fax 49 80 08 74, – TV ☎ ♿ P – 30. AE GB

fermé 20 au 23 mai, 18 déc. au 8 janv., sam. et dim. hors sais. – **R** 62/115 – 25 – **24 ch** 98/285 – ½ P 230/268.

CITROEN Gar. Coulais ✆ 49 80 51 51 N

PEUGEOT-TALBOT Gar. Cocandeau Daniel ✆ 49 80 50 19 N

✆ 49 80 01 55

CERNAY 68700 H.-Rhin 66 ⑨ **G. Alsace Lorraine** – 10 313 h alt. 275.

Env. Monument national du Vieil Armand près D431, ※★★ (1 h) N : 12 km.

Office de Tourisme 1 r. Latouche (fermé matin hors saison) ✆ 89 75 50 35.

Paris 529 – Altkirch 25 – Belfort 36 – Colmar 35 – Guebwiller 14 – ♦Mulhouse 17 – Thann 7.

Belle-Vue, 10 r. Mar. Foch ✆ 89 75 40 15, Fax 89 75 74 81 – TV ☎ ♿ P. GB

fermé 20 déc. au 25 janv., vend. soir (sauf hôtel) de sept. à juin, sam. midi en juil.-août et dim. – **R** 70/190 – 38 – **25 ch** 160/400 – ½ P 210/270.

XX **Host. d'Alsace** M avec ch, 61 r. Poincaré ✆ 89 75 59 81, Fax 89 75 70 22 – ch TV ☎ P. AE GB. ch

fermé 19 juil. au 3 août, 27 déc. au 2 janv., dim. soir et lundi – **R** 98/295 – 38 – **11 ch** 208/280 – ½ P 270/295.

PEUGEOT-TALBOT Soriano, 84 r. de Wittelsheim ✆ 89 75 44 85 N

RENAULT Courtois, fg de Belfort ✆ 89 75 75 75 N ✆ 89 26 71 23

Repas 100/130 Comida esmerada a precios moderados.

CERNAY-LA-VILLE 78720 Yvelines 60 ⑨ 106 ㉙ 1 757 h.

Voir Site★ des Vaux de Cernay O : 2 km.

Env. Château de Dampierre★★ N : 6 km, **G. Ile de France.**

Paris 45 – Chartres 51 – Longjumeau 26 – Rambouillet 11 – Versailles 23.

Abbaye des Vaux de Cernay , O : 2,5 km par D 24 ✆ (1) 34 85 23 00, Télex 689596, Fax (1) 34 85 11 60, ≤, , parc, « Ancienne abbaye cistercienne du 12ᵉ siècle », , – ch ☎ P – 500. AE GB. rest

R 240/390 – 75 – **55 ch** 750/1050, 3 appart. – ½ P 810/1160.

PEUGEOT Vallée ✆ (1) 34 85 21 27

CESSIEU 38 Isère 74 ⑬ – rattaché à la Tour-du-Pin.

CESSON 22 C.-d'Armor 59 ③ – rattaché à St-Brieuc.

CESSON-SÉVIGNÉ 35 I.-et-V. 59 ⑰ – rattaché à Rennes.

CEYRAT 63122 P.-de-D. 73 ⑭ – 5 283 h alt. 560.

Syndicat d'Initiative à la Mairie ✆ 73 61 42 55.

Paris 431 – ♦Clermont-Ferrand 6 – Issoire 33 – Le Mont-Dore 42 – Royat 3,5.

Voir plan de Clermont-Ferrand agglomération

La Châtaigneraie sans rest, av. Châtaigneraie ✆ 73 61 34 66, ≤ – ☎ P. GB AZ **p**

fermé 1ᵉʳ au 10 mai, 2 au 23 août, sam. et dim. – 28 – **16 ch** 210/360.

L'Artière M , S : 1 km, rte Mont-Dore ✆ 73 61 43 02, Fax 73 61 41 37, ≤, , , – ch TV ☎ ♿. GB

R (grill) *(fermé fév., dim. soir et lundi d'oct. à mars)* 65/120 – 25 – **24 ch** 250/300 – ½ P 180/190.

XX **Promenade** avec ch, av. Wilson ✆ 73 61 40 46, – ☎ – 40. AE GB AZ **r**

fermé 1ᵉʳ au 20 oct., 2 au 9 janv., dim. soir et lundi – **Repas** 72/250 – 25 – **12 ch** 140/280.

à Saulzet-le-Chaud S : 2 km par N 89 – ✉ **63540** Romagnat :

XX **Aub. de Montrognon,** ✆ 73 61 30 51, – P. GB

fermé 25 août au 8 sept., mardi soir et merc. – **R** 105/290, enf. 50.

CEYSSAT (Col de) 63 P.-de-D. 73 ⑬ – rattaché à Clermont-Ferrand.

CEYZÉRIAT **01250** Ain **74** ③ – 2 058 h alt. 320.

Paris 434 – Mâcon 44 – Bourg-en-Bresse 8 – Nantua 33.

XX **Relais de la Tour** avec ch, ✆ 74 30 01 87, Fax 74 25 03 36 – ▤ rest TV ☎. GB
fermé 11 oct. au 8 nov., dim. soir et lundi hors sais. – **R** 80/250 ♨ – ☕ 27 – **10 ch** 220/280 – ½ P 230.

RENAULT Gar. Froment ✆ 74 30 03 97 **N** ✆ 05 05 15 15

CHABLIS **89800** Yonne **65** ⑥ **G. Bourgogne** – 2 569 h alt. 140.

Paris 182 – Auxerre 19 – Avallon 39 – Tonnerre 16 – Troyes 75.

Les Lys M sans rest, rte Auxerre ✆ 86 42 49 20, Fax 86 42 80 04 – TV ☎ ♿ P – 🏛 50. GB
☕ 28 – **38 ch** 190/255.

XXX ✿ **Host. des Clos** (Vignaud) M 🐦 avec ch, ✆ 86 42 10 63, Fax 86 42 17 11, 🌳 – |♦| ▤ rest TV ☎ P – 🏛 25. AE GB
fermé 22 déc. au 22 janv., jeudi midi et merc. d'oct. à mai – **R** 160/400 et carte 280 à 475, enf. 80 – ☕ 50 – **26 ch** 230/570 – ½ P 470/670
Spéc. Fricassée d'escargots au coulis de persil et crème d'ail doux. Dos de sandre au Chablis. Châteaubriand au vin rouge d'Irancy. **Vins** Chablis, Irancy.

X **Vieux Moulin,** ✆ 86 42 47 30, Fax 86 42 17 11 – AE GB
fermé 15 au 30 janv., dim. soir et lundi de nov. à avril sauf fériés – **R** 59/165, enf. 50.

à Beine NO : 6 km sur D 965 – ✉ **89800** :

XX **Le Vaulignot,** ✆ 86 42 48 48 – GB
fermé 15 au 31 oct., 3 au 28 fév., dim. soir et lundi – **Repas** 98/235, enf. 45.

CITROEN Chablis Autos ✆ 86 42 14 20 Chablisienne Expl. Ind. ✆ 86 42 40 86

CHABRIS **36210** Indre **64** ⑱ **G. Châteaux de la Loire** – alt. 100.

Paris 224 – Bourges 75 – Blois 48 – Châteauroux 58 – Loches 58 – Vierzon 38.

XX **Plage** avec ch, 42 r. du Pont ✉ 36210 ✆ 54 40 02 24, Fax 54 40 08 59, 🍽 – ☎. GB. 🚫
fermé 13 au 20 sept., 22 déc. au 10 fév., dim. soir et lundi sauf juil.-août – **R** 100/230 – ☕ 28 – **8 ch** 194/262 – ½ P 220/240.

CITROEN Gar. Lacoste, ✆ 54 40 02 41

CHAGNY **71150** S.-et-L. **69** ⑨ **G. Bourgogne** – 5 346 h alt. 216.

Env. Mont de Sène ※** O : 10 km.

🅱 Syndicat d'Initiative 2 r. Halles ✆ 85 87 25 95.

Paris 329 ① – Chalon-s-Saône 17 ② – Autun 43 ① – Beaune 16 ① – Mâcon 76 ② – Montceau 44 ④.

Plan page suivante

✿✿✿ **Lameloise** M, pl. d'Armes ✆ 85 87 08 85, Télex 801086, Fax 85 87 03 57, « Ancienne maison bourguignonne aménagée avec élégance » – |♦| ▤ TV ☎ 🚗. AE GB Z **e**
fermé 22 déc. au 27 janv., jeudi midi et merc. – **R** (prévenir) 360/550 et carte 360 à 500 – ☕ 80 – **19 ch** 600/1300
Spéc. Embeurrée d'escargots aux herbes fraîches. Pigeonneau en vessie et pâtes fraîches au foie gras. Feuillantine au chocolat et marmelade d'oranges. **Vins** Rully blanc, Chassagne-Montrachet rouge.

La Musardière, 30 rte Chalon par ② ✆ 85 87 04 97, Fax 85 91 28 62, 🍽, 🌳 – ☎ P. GB
fermé 20 déc. au 1er fév., dim. soir du 15 nov. au 1er avril et lundi – **R** 72/150 ♨ – ☕ 32 – **14 ch** 230/350 – ½ P 165/290.

La Ferté sans rest, bd Liberté ✆ 85 87 07 47, 🌳 – ☎ P. GB Z **u**
fermé 1er janv. au 8 fév. – ☕ 25 – **14 ch** 130/230.

Poste 🐦 sans rest, r. Poste ✆ 85 87 08 27, 🌳 – ☎ 🚗 P. GB. 🚫 Z **s**
15 mars-25 nov. – ☕ 30 – **11 ch** 220/280.

rte de Chalon par ② – ✉ **71150** Chagny :

Host. Château de Bellecroix 🐦, à 2 km par N 6 et VO ✆ 85 87 13 86, Fax 85 91 28 62, 🍽, parc, 🏊 – TV ☎ P – 🏛 40. AE ⓓ GB
fermé 20 déc. au 1er fév. et merc. – **R** 220/320 – ☕ 55 – **21 ch** 550/920 – ½ P 550/850.

Bonnard, à 2 km sur N 6 ✆ 85 87 21 49 – ☎ P. GB
fermé 1er janv. au 1er mars et merc. d'oct. à juin – **R** 85/185 ♨, enf. 50 – ☕ 32 – **20 ch** 210/275 – ½ P 235/255.

à Chassey-le-Camp par ④ et D 109 : 6 km – ✉ **71150** :

Aub. du Camp Romain 🐦, ✆ 85 87 09 91, Télex 801583, Fax 85 87 11 51, ≤, 🍽, 🏊, 🎾 – |♦| TV ☎ ♿ P – 🏛 40. GB
fermé 1er janv. au 10 fév. – **R** 113/164, enf. 52 – ☕ 32 – **37 ch** 138/320, 5 duplex – ½ P 242/294.

RENAULT Chagny Auto, N 6 par ① ✆ 85 87 22 28

CHAGNY

Anciens d'Algérie (R. des) . . . . YZ 2
Beaune (R. de) . . . . Y 3
Bellecroix (R. de) . . . . Z
Boillet (R. M.) . . . . Z
Bourg (R. du) . . . . YZ 5
Boutière (R. de la) . . . . YZ
Bretin (R. T.) . . . . YZ
Chalon (Route de) . . . . Z 6
Chaudenay (R. de) . . . . Y
Ferté (R. de la) . . . . Z 8
Gare (Av. de la) . . . . Z 10
Gaulle (Av. du Gén.-de) . . . . Y
Grabiau (R.) . . . . Y 12
Jaurès (R.J.) . . . . Y 14
Leclerc (Av. du Gén.) . . . . Y
Liberté (Bd de la) . . . . Z
Loyère (R. de la) . . . . Z 15
Marey (R. E.) . . . . Z 18
Martin (R. J.) . . . . Z
Moulin (Chemin du) . . . . Y
Moulin (R. du) . . . . Y 19
Muriers (Chemin des) . . . . Y 22
Nantil (R. du) . . . . Z
Pierres (R. de) . . . . Z 25
Poste (R. de la) . . . . Z 27
Presles (R. de) . . . . Y 28
Remigny (Route de) . . . . Z 30
République (R. de la) . . . . Y 32
St-Jean (Pl.) . . . . Z
Stand (R. du) . . . . Y 34
8-Mai (Av. du) . . . . Y 35

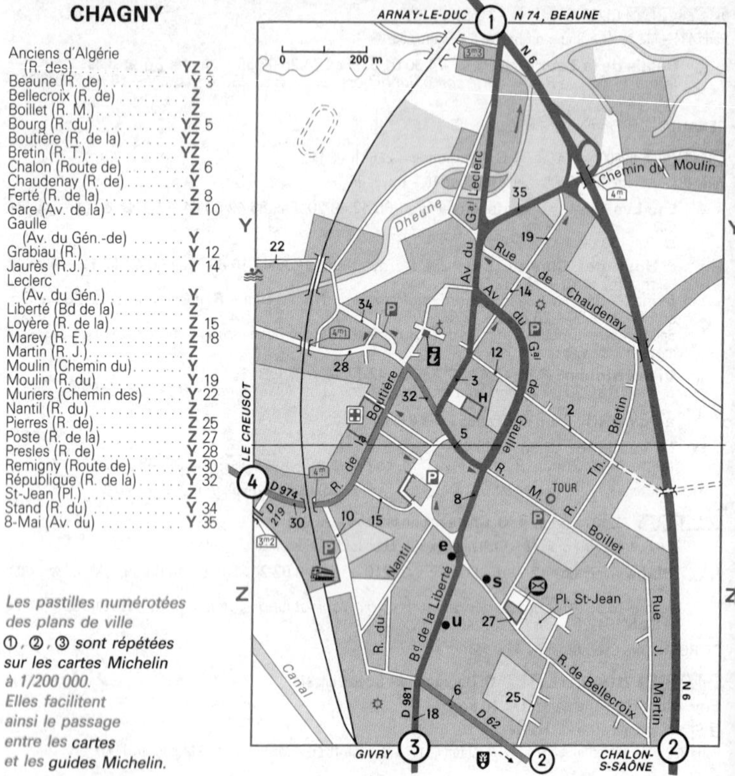

Les pastilles numérotées des plans de ville ①, ②, ③ sont répétées sur les cartes Michelin à 1/200 000. Elles facilitent ainsi le passage entre les cartes et les guides Michelin.

CHAILLES **73** Savoie 74 ⑮ – rattaché aux Échelles.

CHAILLOL **05** H.-Alpes 77 ⑯ – alt. 1 450 – ✉ **05260** Chabottes.

Paris 670 – Gap 24 – Orcières 20 – St-Bonnet-en-Champsaur 9,5.

- **L'Étable** ⛰, ☎ 92 50 48 35, ← – ☎ Ⓟ
  1er juil.-15 sept. et 20 déc.-15 mars – **R** 90/110 – ☕ 27 – **14 ch** 150/200 – ½ P 180/200.

CHAILLY-EN-BIÈRE **77960** S.-et-M. 61 ② 106 ㊺ **G. Ile de France** – 2 029 h alt. 64.

Paris 54 – Fontainebleau 9,5 – Étampes 43 – Melun 9,5.

- XXX **Chalet du Moulin**, S : 1,5 km par N 7 et VO ☎ (1) 60 66 43 42, ←, 🍴, parc, « Chalet dans un cadre de verdure » – Ⓟ. AE ⓓ GB
  fermé lundi soir et mardi sauf fériés – **R** carte 320 à 460.
- XX **Aub. de l'Empereur**, N 7 ☎ (1) 60 66 43 38, 🍴 – GB
  fermé fév., dim. soir et lundi – **R** 95/160.

CHAILLY-SUR-ARMANÇON **21** Côte-d'or 65 ⑱ – rattaché à Pouilly-en-Auxois.

La CHAISE-DIEU **43160** H.-Loire 76 ⑥ **G. Auvergne** (plan) – 778 h alt. 1 082.

Voir Église abbatiale★★ : tapisseries★★★.

ℹ Office de Tourisme pl. Mairie ☎ 71 00 01 16.

Paris 510 – Le Puy-en-Velay 41 – Ambert 29 – Brioude 35 – Issoire 57 – ♦St-Étienne 80 – Yssingeaux 55.

- 🏨 **L'Écho et de l'Abbaye** ⛰, pl. Écho ☎ 71 00 00 45, Fax 71 00 00 22, 🍴 – TV ☎. AE ⓓ GB. ✂
  8 avril-2 nov. – **R** *(fermé dim. soir et lundi midi hors sais.)* 90/230 – ☕ 38 – **11 ch** 250/340 – ½ P 300/330.

Au Tremblant, D 906 ☎ 71 00 01 85, – ☎. GB
22 avril-3 nov. – **Repas** (dim. prévenir) 90/220, enf. 68 – ☕ 30 – **27 ch** 210/335 – ½ P 250/300.

de La Casa Deï sans rest, pl. Abbaye ☎ 71 00 00 58, Fax 71 00 01 67 – ☎. AE ⓓ GB
1er juin-30 sept. – ☕ 36 – **11 ch** 180/290.

au plan d'eau de la Tour N : 2 km par D 906 – ✉ **43160** La Chaise-Dieu :

Le Vénéré, ☎ 71 00 01 08, ≤, – cuisinette ☎. GB
1er mai-30 sept. – **R** (dîner seul.) 68/140 – ☕ 29 – **14 ch** 160/280 – ½ P 185/220.

à Sembadel Gare S : 6 km par D 906 – ✉ **43160** La Chaise-Dieu :

Moderne, ☎ 71 00 90 15, – ☎. GB. ✂ rest
Pâques-1er nov. – **R** 80/140 – ☕ 22 – **23 ch** 200 – ½ P 180/200.

PEUGEOT-TALBOT Gar. Rodier-Pumin ☎ 71 00 00 62
RENAULT Fayet ☎ 71 00 00 88 N

Les CHAISES 78 Yvelines 60 ⑧, 106 ㉗ – rattaché à Rambouillet.

CHALAIS 16210 Charente 75 ③ **G. Poitou Vendée Charentes** – 2 172 h alt. 100.

Paris 493 – Angoulême 46 – ♦Bordeaux 82 – Périgueux 66.

Relais du Château, au château ☎ 45 98 23 58, – GB
fermé vacances de fév. – **R** 84/210, enf. 45.

PEUGEOT Gadrat-Blancheton ☎ 45 98 21 16

CHALAMONT 01320 Ain 74 ② ③ **G. Vallée du Rhône** – 1 476 h alt. 293.

Paris 440 – ♦Lyon 47 – Belley 63 – Bourg-en-Bresse 24 – Nantua 45 – Villefranche-sur-Saône 40.

Clerc, ☎ 74 61 70 30, Fax 74 61 75 00 –
fermé 28 juin au 8 août, 15 nov. au 3 déc., vacances de fév., lundi sauf le midi de mars à oct. et mardi – **R** 110/300, enf. 85.

RENAULT Berlie ☎ 74 61 70 27 N ☎ 74 61 76 02

CHALEZEULE 25 Doubs 66 ⑮ – rattaché à Besançon.

Évitez de fumer au cours du repas :
vous altérez votre goût et vous gênez vos voisins.

CHALLANS 85300 Vendée 67 ⑫ **G. Poitou Vendée Charentes** – 14 203 h alt. 11.

Office de Tourisme r. de Lattre-de-Tassigny ☎ 51 93 19 75.

Paris 437 ② – Cholet 83 ② – ♦Nantes 56 ① – La Roche-sur-Yon 40 ③ – Les Sables-d'Olonne 43 ④.

CHALLANS

Dodin (Bd L.) . . . . B
Gambetta (R.) . . . . B
Gaulle (Pl. de) . . . . A 7

Baudry (R. P.) . . . . A
Bazin (Bd R.) . . . . A
Biochaud (Av.) . . . . B
Bois-de-Céné (R. de) . . . . A 2
Bonne-Fontaine (R.) . . . . B
Briand (Pl. A.) . . . . A 3
Carnot (Rue) . . . . A
Cholet (R. de) . . . . B 4
Clemenceau (Bd) . . . . A
F.F.I. (Bd des) . . . . A 6
Gare (Bd de la) . . . . B
Guérin (Bd) . . . . B
Leclerc (R. du Gén.) . . . . A 8
Lézardière (R. P. de) . . . . A 10
Lorraine (R. de) . . . . A 12
Marzelles (R. des) . . . . B 13
Monnier (R. P.) . . . . A 15
Nantes (R. de) . . . . AB
Roche-sur-Yon (R. de la) . . . . B 16
Sables (R. des) . . . . B 17
Strasbourg (Bd de) . . . . A
Viaud Grand-Marais (Bd) . . . . B
Yole (Bd J.) . . . . AB

Pas de publicité payée dans ce guide.

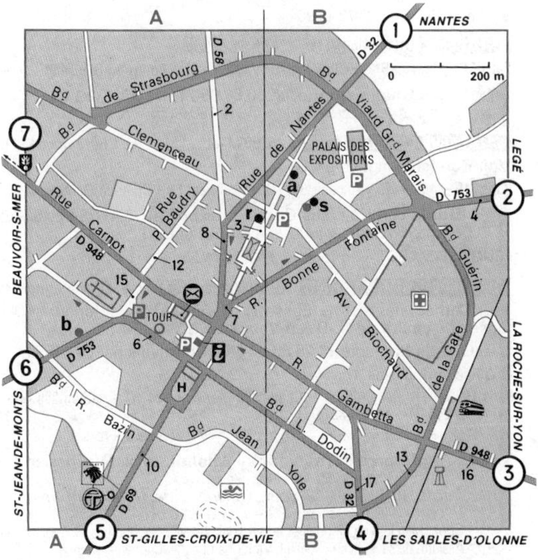

Antiquité sans rest, 14 r. Gallieni ✆ 51 68 02 84, Fax 51 35 55 74, – TV ☎ P. AE ⓓ GB. B a
fermé 23 déc. au 3 janv. – 30 – **16 ch** 250/380.

Commerce sans rest, 17 pl. A. Briand ✆ 51 68 06 24, Fax 51 49 44 97 – TV ☎ – 40. GB A r
26 – **21 ch** 210/250.

Champ de Foire, 10 pl. Champ de Foire ✆ 51 68 17 54, Fax 51 35 06 53 – TV ☎. AE GB
fermé vend. soir et sam. sauf juil.-août – **R** 68/225, enf. 40 – 28 – **9 ch** 190/220 – ½ P 220/240. B s

XX **Le Pavillon Gourmand,** 4 r. St-Jean-de-Mont ✆ 51 49 04 52 – GB A b
fermé 26 juin au 11 juil., 19 déc. au 2 janv., dim. soir et lundi – **R** 160/250, enf. 60.

X **Chez Charles,** 8 pl. Champ de Foire ✆ 51 93 36 65, Fax 51 49 31 88 – . AE ⓓ GB JCB B s
fermé 20 déc. au 15 janv., lundi sauf juil.-août et dim. soir – **R** 92/165, enf. 50.

à la Garnache par ① : 6,5 km – 3 379 h. – ✉ **85710** :

XX **Petit St-Thomas,** ✆ 51 49 05 99 – GB
fermé 1er au 15 mars, 15 au 30 juin et lundi – **R** 65/180, enf. 40.

rte de St-Gilles-Croix-de-Vie par ⑤ – ✉ **85300** Challans :

Château de la Vérie, 2 km sur D 69 ✆ 51 35 33 44, Fax 51 35 14 84, « Demeure du 16e siècle dans un parc », – TV ☎ P. AE ⓓ GB. rest
fermé 10 au 23 janv. – **R** *(fermé dim. soir et lundi hors sais.)* 100/300, enf. 60 – 50 – **15 ch** 500/800.

XX **La Gite du Tourne-Pierre,** 3 km sur D 69 ✆ 51 68 14 78, – P. AE ⓓ GB
fermé 22 mars au 3 avril, 27 sept. au 10 oct., vend. soir, sam. midi et dim. soir sauf juil.-août – **R** (prévenir) 150/305, enf. 60.

par ⑦ : 6 km sur D 948 – ✉ **85300** Challans :

Relais des Quatre Moulins, ✆ 51 68 11 85 – TV ☎ P. AE GB.
fermé 24 sept. au 18 oct., 24 déc. au 11 janv. et dim. hors sais. – **R** 65/220 – 27 – **12 ch** 195/260 – ½ P 242.

CITROEN Atlantic-Autom., 52 rte de St-Jean-de-Monts par ⑥ ✆ 51 93 15 99 N
PEUGEOT-TALBOT Gar. Retail, rte de Soullans ✆ 51 93 16 52

RENAULT S.N.V.A., 29 r. de St-Jean-de-Monts par ⑥ ✆ 51 49 52 22

Challans Pneus, ZA allée Jariettes ✆ 51 35 16 43

CHALLES-LES-EAUX **73190** Savoie 74 ⑮ **G. Alpes du Nord** – 2 801 h alt. 310 – Stat. therm. (30 mars-29 oct.) – Casino.

Office de Tourisme av. Chambéry (saison) ✆ 79 72 86 19.

Paris 551 – ◆Grenoble 50 – Albertville 45 – Chambéry 7 – St-Jean-de-Maurienne 68.

Nieder H. sans rest, av. Chambéry ✆ 79 72 86 52 – TV ☎ P. GB.
35 – **25 ch** 180/240.

Challes Pneus ✆ 79 72 15 30

CHALLEX **01630** Ain 74 ⑤ – 967 h alt. 509.

Paris 519 – Annecy 51 – Bellegarde-sur-Valserine 22 – Bourg-en-Bresse 91 – ◆Genève 19.

XX **Aub. Challaisienne,** ✆ 50 56 35 71, ←, – GB
fermé 21 au 28 fév. et lundi – **R** 190/305.

CHALONNES-SUR-LOIRE **49290** M.-et-L. 63 ⑲ **G. Châteaux de la Loire** – 5 354 h alt. 20.

Voir Corniche angevine★ E.

Paris 319 – Angers 25 – Ancenis 36 – Châteaubriant 61 – Château-Gontier 62 – Cholet 40.

X **Boule d'Or,** 4 r. Las-Cases (près poste) ✆ 41 78 02 46 – GB
fermé dim. soir et lundi – **R** 85/234, enf. 52.

PEUGEOT-TALBOT Gar. Thuleau ✆ 41 78 00 28

CHÂLONS-SUR-MARNE P **51000** Marne 56 ⑰ **G. Champagne** – 48 423 h alt. 83.

Voir Cathédrale★★ AZ – Église N.-D.-en-Vaux★ : intérieur★★ AY **F** – Statues-colonnes★★ du musée du cloître de N.-D.-en-Vaux★ AY **M**1.

18 la Grande Romanie ✆ 26 66 64 69 à Courtisols par ③ : 15 km.

Office de Tourisme 3 quai des Arts ✆ 26 65 17 89.

Paris 163 ⑥ – ◆Reims 48 ① – Charleville-Mézières 104 ② – ◆Dijon 255 ④ – ◆Metz 158 ② – ◆Nancy 159 ④ – ◆Orléans 244 ⑤ – Troyes 83 ⑤.

Plan page suivante

✿ **Angleterre et rest. Jacky Michel,** 19 pl. Mgr Tissier ✆ 26 68 21 51, Fax 26 70 51 67 – rest TV ☎ P. AE ⓓ GB. ch BY g
fermé 18 juil. au 12 août, vacances de Noël, sam. midi et dim. sauf fériés – **R** 180/420 et carte 340 à 460, enf. 80 – 60 – **18 ch** 430/550
Spéc. Matelote de grenouilles et poissons de rivière aux herbes. Rognon de veau au Bouzy rouge et croquettes à l'ail. Assiette de saveurs au chocolat. **Vins** Champagne, Cumières rouge.

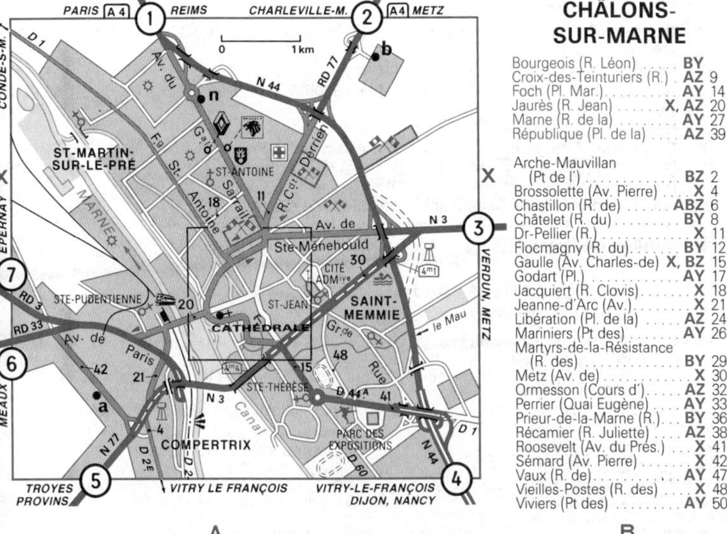

CHÂLONS-SUR-MARNE

Bourgeois (R. Léon) . . . . . **BY**
Croix-des-Teinturiers (R.) . **AZ** 9
Foch (Pl. Mar.) . . . . **AY** 14
Jaurès (R. Jean) . . . . . . **X, AZ** 20
Marne (R. de la) . . . . **AY** 27
République (Pl. de la) . . . . **AZ** 39

Arche-Mauvillan (Pt de l') . . . . **BZ** 2
Brossolette (Av. Pierre) . . . . **X** 4
Chastillon (R. de) . . . . . . **ABZ** 6
Châtelet (R. du) . . . . **BY** 8
Dr-Pellier (R.) . . . . **X** 11
Flocmagny (R. du) . . . . **BY** 12
Gaulle (Av. Charles-de) **X, BZ** 15
Godart (Pl.) . . . . **AY** 17
Jacquiert (R. Clovis) . . . . **X** 18
Jeanne-d'Arc (Av.) . . . . **X** 21
Libération (Pl. de la) . . . . . **AZ** 24
Mariniers (Pt des) . . . . **AY** 26
Martyrs-de-la-Résistance (R. des) . . . . **BY** 29
Metz (Av. de) . . . . **X** 30
Ormesson (Cours d') . . . . . **AZ** 32
Perrier (Quai Eugène) . . . . **AY** 33
Prieur-de-la-Marne (R.) . . . **BY** 36
Récamier (R. Juliette) . . . . **AZ** 38
Roosevelt (Av. du Prés.) . . . . **X** 41
Sémard (Av. Pierre) . . . . **X** 42
Vaux (R. de) . . . . **AY** 47
Vieilles-Postes (R. des) . . . . **X** 48
Viviers (Pt des) . . . . **AY** 50

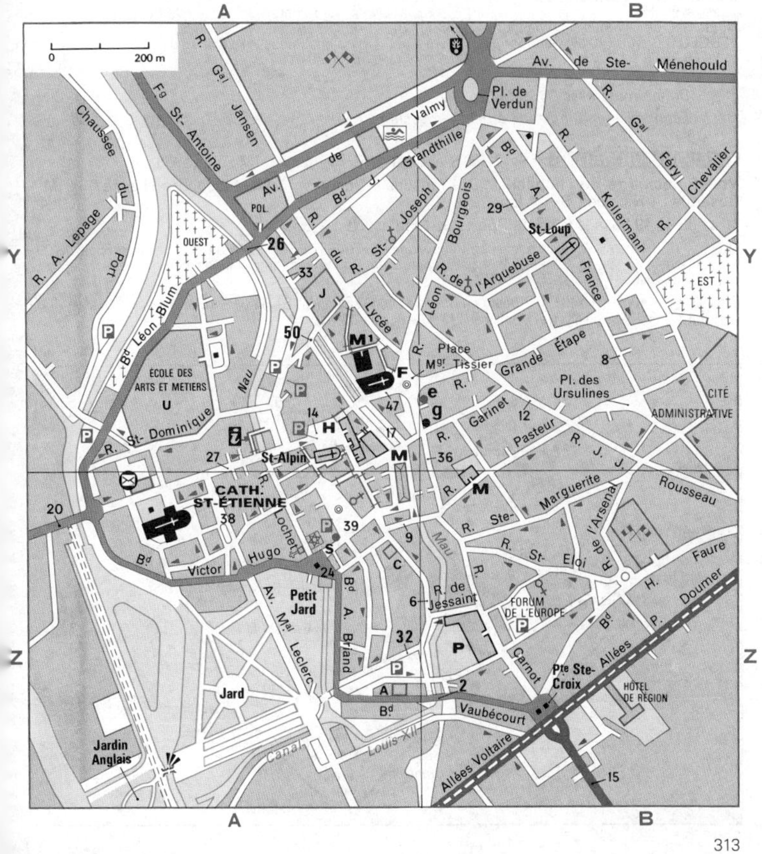

A B

Y Y

Z Z

A B

Bristol sans rest, 77 av. P. Sémard ✉ 51510 Fagnières ☎ 26 68 24 63 – TV ☎ 🚗 P. GB. 🐕 X a
fermé vacances de Noël – ☕ 33 – **24 ch** 190/230.

Ibis M, rte de Sedan ☎ 26 65 16 65, Télex 830595, Fax 26 68 31 88 – 🚭 ch TV ☎ P – 🏛 25. AE GB X b
R 84/130 🍷, enf. 39 – ☕ 33 – **40 ch** 280/310.

Campanile, rte Reims ✉ 51520 St-Martin-sur-le-Pré ☎ 26 70 41 02, Télex 842137, Fax 26 66 87 85, 🍽 – TV ☎ ♿ P – 🏛 25. AE GB X n
R 80 bc/102 bc, enf. 39 – ☕ 29 – **50 ch** 268.

XX **Les Ardennes,** 34 pl. République ☎ 26 68 21 42 – AE GB AZ s
fermé 26 juil. au 9 août, dim. soir et lundi sauf fériés – **R** 95/245, enf. 45.

X **Carillon Gourmand,** 15 bis r. Mgr Tissier ☎ 26 64 45 07 – GB BY e
fermé 9 au 22 août, 25 janv. au 15 fév., dim. soir et lundi – **R** 85/120.

à l'Épine par ③ : 8,5 km – ✉ **51460** :

Voir Basilique N.-Dame★★.

✿ **Aux Armes de Champagne,** ☎ 26 69 30 30, Télex 830998, Fax 26 66 92 31, 🌳, 🎾 – TV ☎ P – 🏛 100. GB
fermé 8 janv. au 15 fév., dim. soir et lundi de nov. à mars – **R** 105/490 et carte 300 à 500 – ☕ 60 – **37 ch** 490/800
Spéc. Bouquet de crustacés et poissons de roche. Sandre de la Marne grillé sur la peau. Poulette rôtie à la broche.
Vins Bouzy rouge, Champagne.

CITROEN Ardon, 19 av. W.-Churchill par ④ ☎ 26 64 42 42 N ☎ 26 21 01 58
CITROEN Gar. Chauffert, 34 RN à Courtisols par ③ ☎ 26 66 60 23 N ☎ 26 66 90 95
MAZDA Gar. Grandjean, 57 fg St-Antoine ☎ 26 64 60 35
OPEL Gar. de l'Avenue, 1 r. Oradour ☎ 26 68 11 63
PEUGEOT Guyot, 170 av. Gén.-Sarrail ☎ 26 68 38 86

RENAULT S.D.A.C., av. 106e-R.-I., ZI ☎ 26 21 12 12 N ☎ 26 70 75 86
VOLVO-TOYOTA Poiret, av. Plateau Glières à St-Memmie ☎ 26 70 41 13

Ⓜ Auto-Pneu-Marché, 14 r. Martyrs-de-la-Résistance ☎ 26 68 26 57
Chalons-Pneus, 44-46 pl. République ☎ 26 68 07 17

CHALON-SUR-SAÔNE

SP **71100** S.-et-L. 69 ⑨ **G. Bourgogne** – 54 575 h alt. 179.

Voir Réfectoire★ de l'hôpital CZ **B** – Musées : Denon★ BZ **M**1, Nicéphore Niepce★ BZ **M**2 – Roseraie St-Nicolas★ SE : 4 km X.

18 ☎ 85 93 49 65, à la zone de Sports St-Nicolas, NE : 3 km X.

Office de Tourisme square Chabas, bd République ☎ 85 48 37 97 – A.C. 95 av. Boucicaut ☎ 85 46 48 89 – Maison des Vins de la Côte Chalonnaise (unique en Bourgogne dégustations commentées à la carte) promenade Sainte-Marie ☎ 85 41 64 00.

Paris 337 ⑦ – ♦Besançon 132 ① – Bourg-en-Bresse 91 ② – ♦Clermont-Fd 211 ⑤ – ♦Dijon 68 ⑦ – ♦Genève 203 ① – ♦Lyon 127 ④ – Mâcon 58 ④ – Montluçon 213 ⑤ – Roanne 136 ⑤.

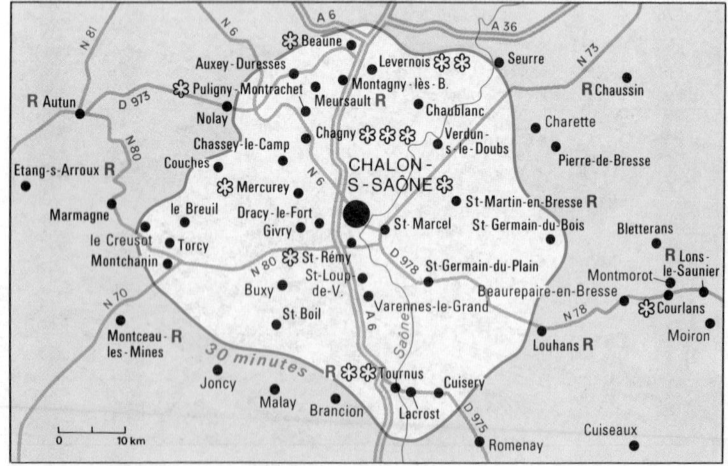

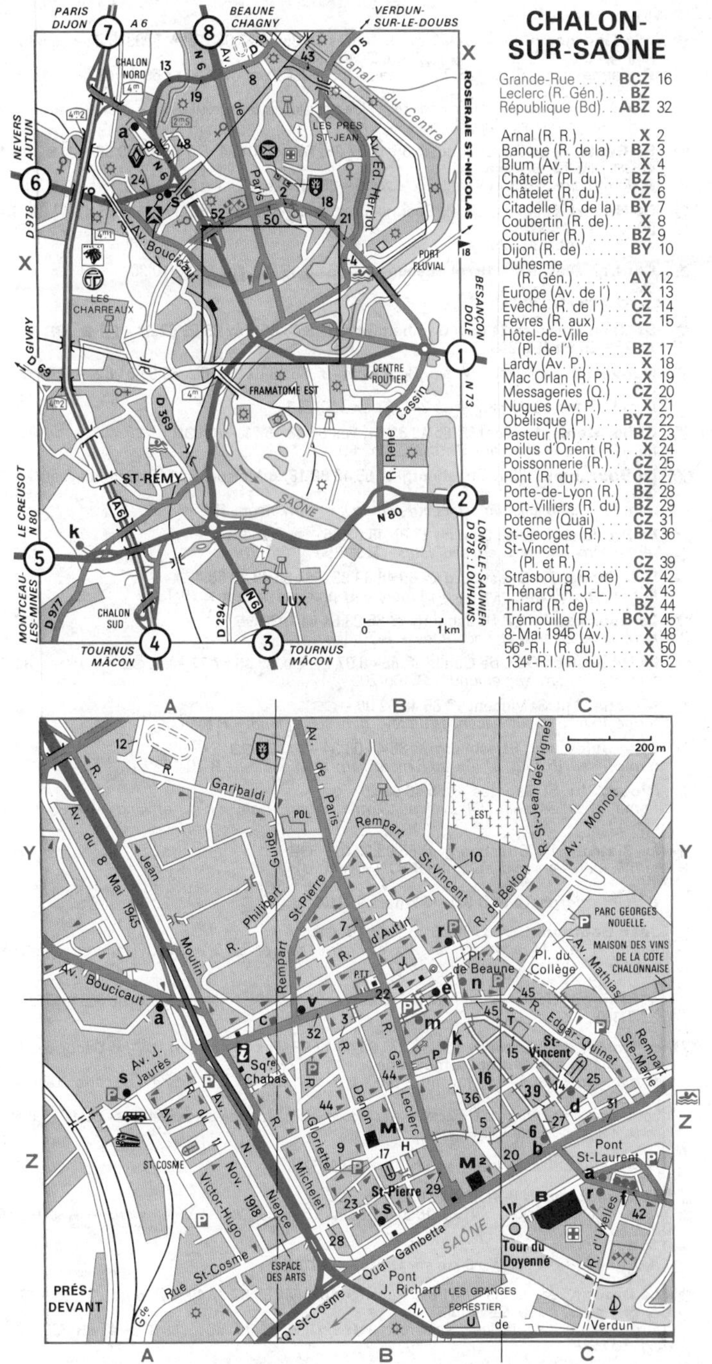

CHALON-SUR-SAÔNE

Grande-Rue ...... BCZ 16
Leclerc (R. Gén.) ... BZ
République (Bd) .. ABZ 32

Arnal (R. R.) .... X 2
Banque (R. de la) .. BZ 3
Blum (Av. L.) .... X 4
Châtelet (Pl. du) .... BZ 5
Châtelet (R. du) ..... CZ 6
Citadelle (R. de la) . BY 7
Coubertin (R. de) .... X 8
Couturier (R.) .... BZ 9
Dijon (R. de) .... BY 10
Duhesme (R. Gén.) .... AY 12
Europe (Av. de l') ... X 13
Evêché (R. de l') ... CZ 14
Fèvres (R. aux) .... CZ 15
Hôtel-de-Ville (Pl. de l') ...... BZ 17
Lardy (Av. P.) .... X 18
Mac Orlan (R. P.) .... X 19
Messageries (Q.) .. CZ 20
Nugues (Av. P.) ...... X 21
Obélisque (Pl.) .... BYZ 22
Pasteur (R.) .... BZ 23
Poilus d'Orient (R.) .. X 24
Poissonnerie (R.) .... CZ 25
Pont (R. du) .... CZ 27
Porte-de-Lyon (R.) . BZ 28
Port-Villiers (R. du) . BZ 29
Poterne (Quai) ...... CZ 31
St-Georges (R.) ..... BZ 36
St-Vincent (Pl. et R.) .... CZ 39
Strasbourg (R. de) . CZ 42
Thénard (R. J.-L.) ..... X 43
Thiard (R. de) ...... BZ 44
Trémouille (R.) ..... BCY 45
8-Mai 1945 (Av.) .... X 48
56e-R.I. (R. du) ..... X 50
134e-R.I. (R. du) ..... X 52

St-Georges (Choux) M, 32 av. J. Jaurès ✆ 85 48 27 05, Télex 800330, Fax 85 93 23 88 – ch . AE GB AZ **s**
R *(fermé sam. midi)* 125/390 et carte 250 à 350, enf. 70 – 50 – **48 ch** 270/450 – ½ P 345
Spéc. Croustillant de crêtes et rognons de coq au foie gras. Queues de langoustines rôties et ravioli d'herbes. Marbré de chocolats amer et doux. **Vins** Montagny, Mercurey.

St-Régis, 22 bd République ✆ 85 48 07 28, Télex 801624, Fax 85 48 90 88 – rest . AE GB JCB BZ **v**
R *(fermé dim.)* 98/300, enf. 50 – 45 – **38 ch** 325/480 – ½ P 310/400.

St-Hubert sans rest, 35 pl. Beaune ✆ 85 46 22 81, Télex 801177, Fax 85 46 47 80, – . AE GB BY **r**
38 – **52 ch** 230/325.

Central sans rest, 19 pl. Beaune ✆ 85 48 35 00, Fax 85 93 10 20 – . AE GB BY **e**
32 – **29 ch** 230/260.

St-Jean sans rest, 24 quai Gambetta ✆ 85 48 45 65, Fax 85 93 62 69 – . GB BZ **s**
25 – **25 ch** 195/245.

Nouvel H. sans rest, 7 av. Boucicaut ✆ 85 48 07 31, Fax 85 93 31 62 – . GB AZ **a**
fermé 26 déc. au 1er janv. – 24 – **27 ch** 110/210.

XXX **Didier Denis,** 1 r. Pont ✆ 85 48 81 01, Fax 85 48 15 71 – . GB CZ **b**
fermé dim. soir et lundi – **R** 150/350, enf. 80.

XXX **Le Bourgogne,** 28 r. Strasbourg ✆ 85 48 89 18, « Maison du 17e siècle, caveau » – AE GB CZ **r**
fermé 20 au 28 juil., dim. soir sauf juil.-août et sam. midi – **R** 90/185.

XX **Le Provençal,** 22 pl. Beaune ✆ 85 48 03 65 – . GB BY **n**
fermé sam. midi et vend. sauf fêtes – **R** 95/260, enf. 70.

XX **L'Ile Bleue,** 3 r. Strasbourg ✆ 85 48 39 83, Fax 85 48 72 58 – GB CZ **a**
fermé 2 au 22 août, sam. midi et merc. – **R** produits de la mer 79/132.

XX **Le Gourmand,** 13 r. Strasbourg ✆ 85 93 64 61 – AE GB CZ **f**
fermé 2 au 29 août et 7 au 19 fév. – **R** 79/165.

XX **La Réale,** 8 pl. Gén. de Gaulle ✆ 85 48 07 21, Fax 85 48 57 77 – . GB BZ **m**
fermé août, dim. soir et lundi – **R** 105/200.

X **Marché,** 7 pl. St Vincent ✆ 85 48 62 00 – GB CZ **d**
fermé 15 au 31 août, vacances de fév., dim. soir et lundi – **R** 80/160, enf. 50.

X **Chez Jules,** 11 r. Strasbourg ✆ 85 48 08 34 – . AE GB CZ **f**
fermé 1er au 15 août, 21 fév. au 6 mars, sam. midi et dim. – **R** 79/162.

X **Ripert,** 31 r. St Georges ✆ 85 48 89 20 – GB BZ **k**
fermé 3 au 24 août, 24 avril au 3 mai, 2 au 9 janv., dim. et lundi – **R** 85/145, enf. 40.

X **Le Bistrot,** 31 r. Strasbourg ✆ 85 93 22 01 – GB CZ **f**
fermé août, sam. midi et dim. – **R** 80/130, enf. 50.

à St-Marcel par ① et D 978 : 3 km – ✉ **71100** :

XX **Jean Bouthenet,** ✆ 85 96 56 16 – . GB
fermé 1er au 15 août, 21 au 27 fév., dim. soir et lundi – **R** 95 (sauf fêtes)/340, enf. 55.

à St-Rémy SO vers ⑤ (rte du Creusot) : 4 km par N 6, N 80 et VO – 5 627 h. – ✉ **71100** :

XXX **Moulin de Martorey** (Gillot), ✆ 85 48 12 98, Fax 85 48 73 67, , « Décor rustique avec ancien mécanisme de meunerie » – . GB X **k**
fermé 2 au 17 août, 16 janv. au 2 fév., dim. soir et lundi – **R** 175/380 et carte 300 à 420, enf. 80
Spéc. Escargots au vin rouge et pleurotes frites. Homard rôti aux pommes de terre et jus de viande. Fondant au chocolat et pralin feuilleté. **Vins** Givry, Rully.

à St-Loup-de-Varennes par ③ : 7 km – ✉ **71240** :

X **Le Saint Loup,** N 6 ✆ 85 44 21 58 – . GB
fermé 21 au 27 juin, 11 au 16 oct., 8 au 15 janv., dim. soir et merc. – **R** 68/150, enf. 50.

à Dracy-le-Fort par ⑥ : 6 km sur D 978 – ✉ **71640** :

Le Dracy M, ✆ 85 87 81 81, Télex 801102, Fax 85 87 77 49, , parc, , – – 30 à 150. AE GB
fermé 21 déc. au 1er janv. sauf rest. – **R** 92/180, enf. 55 – 38 – **41 ch** 320/420 – ½ P 300.

près échangeur A6 Chalon-Nord – ✉ **71100** Chalon-sur-Saône :

Mercure Ⓜ, av. Europe ☎ 85 46 51 89, Télex 800132, Fax 85 46 08 96, ☂, ⛱, 🌳 – |⇕| ⇸ ch ▤ 📺 ☎ ♿ 🅟 – 🏛 180. AE ⓞ GB X **a**
R 115/145 🍷, enf. 45 – ☕ 50 – **85 ch** 395/440.

Arcade Ⓜ, Carrefour des Moirots ☎ 85 41 04 10, Fax 85 41 04 11, ☂, ⛱ – |⇕| ▤ rest 📺 ☎ ♿ 🅟 – 🏛 40 à 200. AE ⓞ GB X **s**
R 105, enf. 40 – ☕ 35 – **86 ch** 270/295.

BMW Gar. République, 8 pl. République ☎ 85 48 16 90
CITROEN Gar. Moderne de Chalon-sur-Saône, 5 r. Georges Feydeau ☎ 85 46 52 12
FORD Soreva, 14 av. Kennedy ☎ 85 46 49 45
PEUGEOT-TALBOT Nedey, rte d'Autun à Châtenoy-le-Royal ☎ 85 87 88 00 🅽 ☎ 85 92 79 08
RENAULT SODIRAC, av. Europe, centre commercial de la Thalie ☎ 85 47 85 47 🅽 ☎ 05 05 15 15

Ⓜ Chalon-Pneus ZI Verte à Châtenoy-le-Royal ☎ 85 46 45 77
Euromaster Piot-Pneu, r. P.-de-Coubertin, ZI ☎ 85 46 50 12
Perret-Pneus, 40 rte de Lyon, N 6 à St-Rémy ☎ 85 48 22 03

CHAMALIÈRES 63 P.-de-D. 73 ⑭ – rattaché à Clermont-Ferrand.

CHAMBERET 19370 Corrèze 72 ⑲ – 1 376 h.

Env. Mont Gargan ✲** NO : 9 km, **G. Berry Limousin.**

🅸 Syndicat d'Initiative pl. Mairie ☎ 55 98 34 92 – Paris 449 – ♦Limoges 52 – Guéret 87 – Tulle 50 – Ussel 72.

France, ☎ 55 98 30 14, Fax 55 73 47 15 – ▤ rest ☎ 🅟. GB. ⚘ rest
fermé 11 janv. au 6 fév. et dim. soir d'oct. à Pâques – **R** 65/155 🍷, enf. 50 – ☕ 25 – **15 ch** 180/230 – ½ P 210.

CHAMBÉRY 🅿 73000 Savoie 74 ⑮ **G. Alpes du Nord** – 54 120 h alt. 272.

Voir Vieille ville★ AB : Ste-Chapelle★ A **B** du château★ A, place St-Léger★ B, grilles★ de l'hôtel de Châteauneuf (rue de la Croix-d'Or)B – Diptyque★ dans la Cathédrale métropolitaine B – Crypte★ de l'église St-Pierre de Lémenc B – Musée savoisien★ B **M**[1].

✈ de Chambéry-Aix-les-Bains : ☎ 79 54 49 54, au Bourget-du-Lac par ④ : 8 km.

🅸 Office de Tourisme 24 bd de la Colonne ☎ 79 33 42 47 – A.C. de Savoie "Le Comte-Rouge" 222 av. Comte-Vert ☎ 79 69 14 72.

Paris 544 ④ – ♦Grenoble 55 ② – Annecy 49 ④ – ♦Lyon 100 ④ – Torino 202 ② – Valence 127 ③.

Plan page suivante

Mercure Ⓜ sans rest, 183 pl. Gare ☎ 79 62 10 11, Télex 309157, Fax 79 62 10 23 – |⇕| ⇸ ch ▤ 📺 ☎ ♿. AE ⓞ GB A **s**
☕ 52 – **81 ch** 440.

Le France sans rest, 22 fg Reclus ☎ 79 33 51 18, Fax 79 85 06 30 – |⇕| ⇸ ch ▤ 📺 ☎ 🚗 – 🏛 50. AE ⓞ GB B **z**
☕ 45 – **48 ch** 320/440.

Princes, 4 r. Boigne ☎ 79 33 45 36, Fax 79 70 31 47 – |⇕| ▤ rest 📺 ☎. AE ⓞ GB B **r**
R *(fermé mi-juil. à début août et dim. de juin à sept.)* 160/320 – ☕ 33 – **45 ch** 250/370 – ½ P 340/360.

XXX **L'Essentiel,** 183 pl. Gare ☎ 79 96 97 27, Fax 79 96 17 78 – ▤. GB A **v**
R 85/225, enf. 55.

XXX **St-Réal,** 10 r. St Réal ☎ 79 70 09 33 – AE ⓞ GB JCB. ⚘ B **x**
fermé lundi midi et dim. – **R** 150/380.

XX **La Vanoise,** 44 av. P. Lanfrey ☎ 79 69 02 78, Fax 79 62 64 52 – GB A **e**
fermé dim. sauf fêtes – **R** (nombre de couverts limité, prévenir) 85/320 🍷.

X **Le Tonneau,** 2 r. St Antoine ☎ 79 33 78 26 – AE ⓞ GB AB **a**
fermé 15 au 31 août, dim. soir et lundi – **R** 100/180 🍷.

à Sonnaz par ① : 8 km sur D 991 – ✉ **73000** :

XX **Le Régent,** ☎ 79 72 27 70, ☂, 🌳 – 🅟. GB
fermé merc. – **R** 110/300, enf. 55.

SE : 2 km par D 912 et D 4 B – ✉ **73000** Chambéry :

Aux Pervenches ⛰, aux Charmettes ☎ 79 33 34 26, Fax 79 60 02 52, ≤, ☂, 🌳 – 📺 ☎ 🅟. GB. ⚘
fermé 10 au 31 août et 18 au 24 janv. – **R** *(fermé merc.)* 100/240 – ☕ 20 – **13 ch** 110/160.

XXX **Mont Carmel,** à Barberaz ☎ 79 85 77 17, Fax 79 85 16 65, ☂, 🌳 – 🅟. AE GB
fermé 1er au 10 janv., dim. soir et lundi – **R** 135/230, enf. 70.

CHAMBÉRY

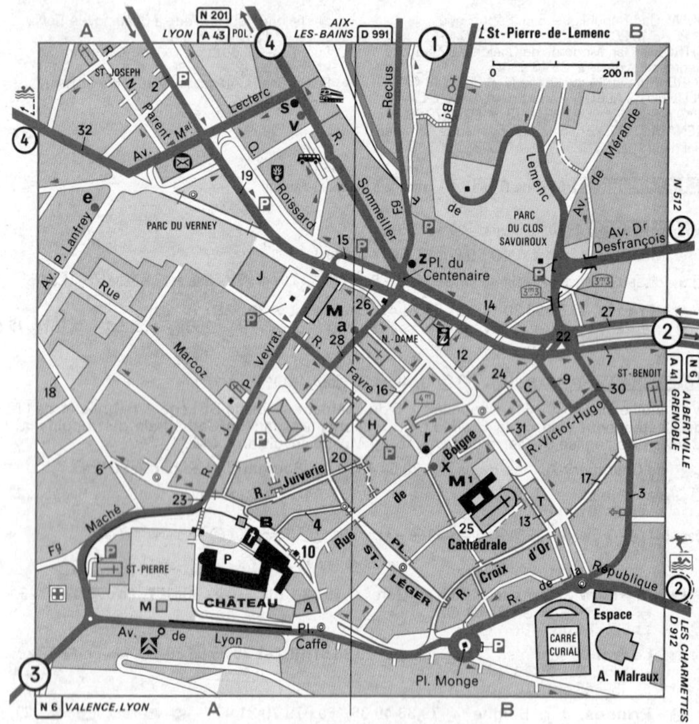

par ④ : 3 km sur N 201 (sortie la Motte-Servolex) – 9 349 h. – ✉ 73000 Chambéry :

Novotel, ✆ 79 69 21 27, Télex 320446, Fax 79 69 71 13, ≤, ⛱, 🏊, – 🛗 ⇔ ch ▤ 📺 ☎ ♿ 🅟 – 🏛 200. AE ⓓ GB JCB
R carte environ 150, enf. 50 – ☕ 48 – **103 ch** 405/440.

à Voglans : par ④ : 9 km – ✉ **73420** :

Cerf Volant 🐎, ✆ 79 54 40 44, Fax 79 54 46 73, ⛱, 🏊, 🌳, 🎾 – 📺 ☎ 🅟 – 🏛 40 à 80. AE ⓓ GB JCB. ⛔ rest
fermé 15 déc. au 15 janv., sam. et dim. de nov. à mars – **R** 140/310 – ☕ 50 – **30 ch** 400/500 – 1/2 P 410.

ALFA ROMEO-INNOCENTI-MAZDA Chambéry Nord Auto, 83 r. E.-Ducretet par ⑤ ✆ 79 62 36 37
CITROEN S.A.D., ZI des Landiers voie rapide urbaine nord par ④ ✆ 79 62 25 90 🅽 ✆ 79 54 41 77
CITROEN Gar. du Château, 11 av. de Lyon ✆ 79 69 39 08
FIAT Max Dubois, Carrefour de Villarcher à Voglans ✆ 79 54 48 48
LADA Gar. Alessandria, 1 183 clos de la Trousse à la Ravoire ✆ 79 72 92 44
MERCEDES Etoile Service 73, Z.I. des Landiers ✆ 79 69 72 16
PEUGEOT-TALBOT Maurel, ZI des Landiers par ④ ✆ 79 96 15 32 🅽 ✆ 79 65 42 11
ROVER Falletti, 35 pl. Caffe ✆ 79 33 63 45
SEAT Plaza Automobiles, ZI Landiers ✆ 79 69 21 62
V.A.G Jean Lain Automobiles Sud, ZI des Landiers, voie rapide urbaine nord ✆ 79 62 37 91

Ⓜ Equip'Auto, r. E.-Ducretet ✆ 79 96 34 40

Périphérie et environs

BMW Europe, 780 r. P. et M. Curie, La Ravoire ✆ 79 85 09 00
CITROEN Gar. Schiavon, av. de Turin, Bassens par N 512 B ✆ 79 33 03 53
FIAT Max Dubois, RN 6 rte de Challes, La Ravoire ✆ 79 72 73 73
FORD Madelon, 70 rte de Lyon, Cognin ✆ 79 69 09 27
HONDA Gar. Bonomi, N 6 à La Ravoire ✆ 79 72 95 06
LANCIA Coudurier-Curioz, r. P. et M. Curie, La Ravoire ✆ 79 85 18 98
NISSAN Ipon, r. de la Francon à Voglans ✆ 79 54 47 51
OPEL Savauto, av. de Chambéry à St-Alban-Leysse ✆ 79 33 30 63
RENAULT SOGARAL, 282 av. de Chambéry à St-Alban-Leysse par N 512 B ✆ 79 72 99 00 N ✆ 05 05 15 15
TOYOTA Espace Automobiles r. P.-et-M.-Curie, La Ravoire ✆ 79 72 95 20
V.A.G Jean Lain Automobiles Sud, Z.I. la Trousse, La Ravoire ✆ 79 85 20 19

Comptoir du Pneu, 340 chemin des Carrières à St-Alban-Leysse ✆ 79 75 21 03
Euromaster Piot Pneu, ZI de la Trousse, N 6, La Ravoire ✆ 79 72 96 02
Euromaster Tessaro Pneus, N 6 à St-Alban-Leysse ✆ 79 33 20 09
Savoy-Pneus, av. Houille-Blanche, ZI Bissy ✆ 79 69 30 72

CHAMBON (Lac)

★★ **63** P.-de-D. 73 ⑬ **G. Auvergne** – alt. 877 – Sports d'hiver : 1 200/1 800 m 9 – ✉ **63790** Murol.

Paris 466 – ♦Clermont-Ferrand 37 – Condat 40 – Issoire 31 – Le Mont-Dore 18.

Grillon, ✆ 73 88 60 66, Fax 73 88 65 55, – ☎ Ⓟ. AE ⓓ GB
13 fév.-2 nov. – **R** 55/160 – ☕ 28 – **22 ch** 170/220 – ½ P 180/240.

Beau Site, ✆ 73 88 61 29, Fax 73 88 66 73, ≤, – ☎ Ⓟ. ⓓ GB
hôtel : vacances de fév.-15 oct. ; rest. : vacances de fév.-30 sept. – **R** 60/180 – ☕ 30 – **16 ch** 250 – ½ P 200/220.

Bellevue sans rest, ✆ 73 88 61 06, ≤ – ☎ Ⓟ
Pâques-30 sept. et vacances de fév. – ☕ 30 – **21 ch** 198/230, 4 appart.

Le CHAMBON-SUR-LIGNON

43400 H.-Loire 76 ⑧ **G. Vallée du Rhône** – 2 854 h alt. 960.

✆ 71 59 28 10, SE par D 103, D 155 : 5 km.

Office de Tourisme 1 la Place ✆ 71 59 71 56.

Paris 577 – Le Puy-en-Velay 46 – Annonay 47 – Lamastre 32 – Privas 76 – ♦St-Étienne 59 – Yssingeaux 24.

Bel Horizon , chemin de Molle ✆ 71 59 74 39, ≤, , , – TV ☎ Ⓟ. AE GB. rest
fermé 10 au 30 oct. et 10 au 31 janv. – **R** 100/160 , enf. 60 – ☕ 40 – **20 ch** 250/350 – ½ P 340/360.

Central, ✆ 71 59 70 67 – ☎. GB
fermé fév. et mardi du 30 sept. au 1er juil. – **R** 70/200 – ☕ 35 – **25 ch** 130/270 – ½ P 250/285.

au Sud 3 km par D 151, rte de la Suchère et VO – ✉ **43400** Chambon-sur-Lignon :

Bois Vialotte , ✆ 71 59 74 03, ≤, parc – ☎ Ⓟ. GB. rest
10 avril-10 mai et 29 mai-30 sept. – **R** 75/115 – ☕ 35 – **17 ch** 170/290 – ½ P 200/270.

à l'Est : 3,5 km par D 157 et D 185 – ✉ **43400** Chambon-sur-Lignon :

Clair Matin , ✆ 71 59 73 03, Fax 71 65 87 66, ≤, parc, , , , – TV ☎ Ⓟ – 30. AE ⓓ GB. rest
fermé mi-nov. à mi-déc. et 5 au 25 janv. – **R** *(fermé merc. d'oct. à avril)* 110/200, enf. 60 – ☕ 47 – **30 ch** 335/420 – ½ P 325/380.

CITROEN Grand, 27/29 rte de St-Agrève ✆ 71 59 76 18 N ✆ 71 59 29 09
RENAULT Perrier, à le Sarzier ✆ 71 59 74 31 N

CHAMBORD

41250 L.-et-Ch. 64 ⑦ ⑧ – 200 h alt. 71.

Voir Château★★★ (spectacle son et lumière★), **G. Châteaux de la Loire.**

Paris 175 – ♦Orléans 52 – Blois 16 – Châteauroux 100 – Romorantin-Lanthenay 37 – Salbris 54.

Gd St-Michel, ✆ 54 20 31 31, , « Face au château », – TV ☎ Ⓟ. GB. ch
fermé 12 nov. au 20 déc. – **R** (dim. et fêtes prévenir) 125/210 – ☕ 36 – **38 ch** 390/420.

CHAMBORIGAUD

30530 Gard 80 ⑦ – 716 h alt. 300.

Paris 659 – Alès 29 – Florac 61 – La Grand-Combe 20 – Nîmes 76 – Villefort 23.

Les Camisards, ✆ 66 61 47 93 – Ⓟ
R (prévenir).

CHAMBOULIVE

19450 Corrèze 75 ⑨ **G. Berry Limousin** – 1 190 h alt. 435.

Paris 465 – Brive-la-Gaillarde 41 – Aubusson 92 – Bourganeuf 81 – Seilhac 8,5 – Tulle 22 – Uzerche 16.

Deshors Foujanet, rte Treignac ✆ 55 21 62 05, Fax 55 21 68 80, , , – ☎ Ⓟ. ⓓ GB
fermé oct., vacances de fév. et dim. soir de nov. à mai – **R** 80/190 , enf. 55 – ☕ 25 – **27 ch** 140/260 – ½ P 180/290.

CHAMBRAY 27120 Eure 55 ⑰ – 372 h alt. 49.

Paris 93 – ◆Rouen 50 – Évreux 13 – Louviers 20 – Mantes-la-Jolie 35 – Vernon 17.

XXX ✿ **Le Vol au Vent,** ✆ 32 36 70 05 – Ⓓ GB
fermé 2 au 31 août, 24 déc. au 3 janv., mardi midi, dim. soir et lundi – **R** 160/190 et carte 200 à 350
Spéc. Homard et langoustines tièdes en salade. Escalopes de ris de veau aux morilles. Millefeuille aux fruits de saison.

CHAMBRAY-LÈS-TOURS 37 I.-et-L. 64 ⑮ – rattaché à Tours.

CHAMBRETAUD 85 Vendée 67 ⑤ – rattaché aux Herbiers.

CHAMONIX-MONT-BLANC 74400 H.-Savoie 74 ⑧ ⑨ **G. Alpes du Nord** – 9 701 h alt. 1 037 – Sports d'hiver : 1 035/3 842 m 12 33 – Casino AY.

Env. E : Mer de glace★★★ et le Montenvers★★★ par chemin de fer électr. AY – SE : Aiguille du midi ✳★★★ par téléphérique AY (station intermédiaire : plan de l'Aiguille★★ BZ) – NO : Le Brévent★★★ par téléphérique (station intermédiaire : Planpraz★★) AZ.

18 ✆ 50 53 06 28, N : 3 km BZ.

Tunnel du Mont-Blanc : **Péage en 1992** aller simple : autos 85 à 165 F, camions 415 à 835 F - Tarifs spéciaux AR pour autos et camions.

Office de Tourisme pl. Triangle de l'Amitié ✆ 50 53 00 24 et réservation hôtelière ✆ 50 53 23 33, Télex 385022.

Paris 612 ② – Albertville 67 ② – Annecy 94 ② – Aosta 54 ② – ◆Genève 83 ② – Lausanne 107 ①.

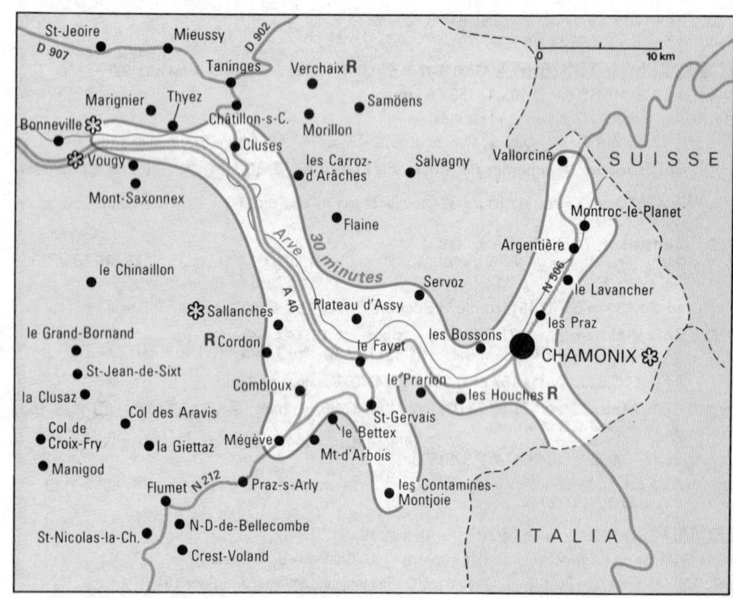

Mont-Blanc et rest. Le Matafan, pl. Église ✆ 50 53 05 64, Télex 385614, Fax 50 53 41 39, ≤, « Jardin », – | Ⓓ GB JCB AY **g**
fermé 15 oct. au 17 déc. – **R** 165/360 – 60 – **24 ch** 567/1086, 19 appart. – ½ P 637/733.

✿ **Albert Ier** (Carrier) M, 119 impasse du Montenvers ✆ 50 53 05 09, Fax 50 55 95 48, ≤, « Jardin fleuri », – | Ⓓ GB JCB AX **f**
fermé 10 au 27 mai et 25 oct. au 3 déc. – **R** *(fermé merc.)* 185/450 et carte 300 à 450 – 65 – **17 ch** 650/850, 12 appart. – ½ P 560/800
Spéc. Féra du Léman au jus de persil et chips de légumes. Pigeon rôti au lait de chèvre caillé et farçon savoyard. **Vins** Marin, Mondeuse.

Aub. du Bois Prin M, aux **Moussoux** ✆ 50 53 33 51, Fax 50 53 48 75, ≤ massif du Mont-Blanc, « Chalet fleuri », – | Ⓓ GB AZ **a**
fermé 13 au 29 avril et 25 oct. au 2 déc. – **R** *(fermé merc. midi)* 170/420 – 70 – **11 ch** 680/980 – ½ P 580/710.

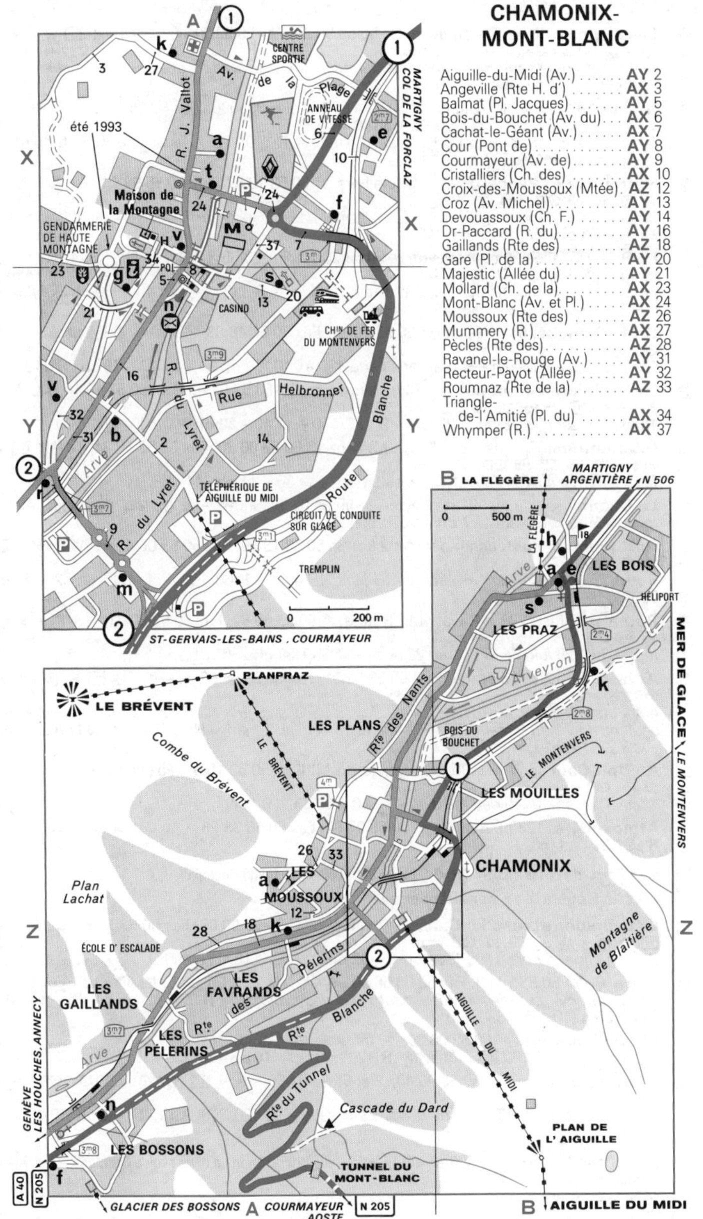

CHAMONIX-MONT-BLANC

Aiguille-du-Midi (Av.) .... **AY** 2
Angeville (Rte H. d') .... **AX** 3
Balmat (Pl. Jacques) .... **AY** 5
Bois-du-Bouchet (Av. du) ... **AX** 6
Cachat-le-Géant (Av.) .... **AX** 7
Cour (Pont de) .... **AY** 8
Courmayeur (Av. de) .... **AY** 9
Cristalliers (Ch. des) .... **AX** 10
Croix-des-Moussoux (Mtée). **AZ** 12
Croz (Av. Michel) .... **AY** 13
Devouassoux (Ch. F.) .... **AY** 14
Dr-Paccard (R. du) .... **AY** 16
Gaillands (Rte des) .... **AZ** 18
Gare (Pl. de la) .... **AY** 20
Majestic (Allée du) .... **AY** 21
Mollard (Ch. de la) .... **AX** 23
Mont-Blanc (Av. et Pl.) ..... **AX** 24
Moussoux (Rte des) .... **AZ** 26
Mummery (R.) .... **AX** 27
Pècles (Rte des) .... **AZ** 28
Ravanel-le-Rouge (Av.) ..... **AY** 31
Recteur-Payot (Allée) .... **AY** 32
Roumnaz (Rte de la) .... **AZ** 33
Triangle-de-l'Amitié (Pl. du) .... **AX** 34
Whymper (R.) .... **AX** 37

Routes enneigées

Pour tous renseignements pratiques, consultez les cartes Michelin « Grandes Routes » 916, 918, 919 ou 989.

Les Aiglons M, av. Courmayeur ✆ 50 55 90 93, Fax 50 53 51 08, ←, – 50. AE GB JCB. rest — AY **m**
hôtel : fermé 30 sept. au 20 déc. – **R** *(fermé 15 sept. au 20 déc. et 20 avril au 15 juin)* (dîner seul.) 150 – ☐ 45 – **54 ch** 670/1230 – ½ P 735.

Alpina M, 79 av. Mt-Blanc ✆ 50 53 47 77, Télex 385090, Fax 50 55 98 99, ←, – rest – 150. AE GB JCB — AX **t**
fermé 26 avril au 11 juin et 4 oct. au 17 déc. – **R** 140/220 – ☐ 45 – **125 ch** 464/884, 9 appart. – ½ P 419/597.

Hermitage et Paccard, r. Cristalliers ✆ 50 53 13 87, Fax 50 55 98 14, ←, – AE GB JCB — AX **e**
hôtel : fermé 1er oct. au 15 déc. ; rest. : fermé mai et 1er oct. au 15 déc. – **R** 120/280, enf. 65 – ☐ 40 – **33 ch** 450/560 – ½ P 440.

Le Prieuré, allée Recteur Payot ✆ 50 53 20 72, Fax 50 55 87 41, ←, – cuisinette – 100. AE GB JCB — AY **v**
fermé 28 mars au 10 avril et 2 oct. au 19 déc. – **R** 115 – ☐ 40 – **89 ch** 386/650 – ½ P 396/455.

Croix Blanche, 87 r. Vallot ✆ 50 53 00 11, Fax 50 53 48 83, ←, – AE GB JCB — AX **v**
fermé 2 mai au 30 juin – **R** brasserie carte 130 à 210, enf. 38 – ☐ 32 – **35 ch** 291/494.

La Sapinière-Montana, 102 r. Mummery ✆ 50 53 07 63, Fax 50 53 10 14, – ch AE GB JCB. rest — AX **k**
15 juin-26 sept. et 18 déc.-15 avril – **R** 130/150 – ☐ 40 – **30 ch** 460/540 – ½ P 400.

International M sans rest, 255 av. M. Croz ✆ 50 53 00 60, Fax 50 53 56 34, – 25. AE GB — AY **s**
fermé 15 mai au 1er juin et 10 nov. au 5 déc. – ☐ 35 – **30 ch** 344/488.

Le Chantel sans rest, 391 rte Pècles ✆ 50 53 02 54, ←, – GB. — AZ **k**
fermé 23 oct. au 3 nov. – **7 ch** ☐ 328/506.

Arveyron, av. du Bouchet par ① : 2 km ✆ 50 53 18 29, Fax 50 53 06 43, ←, – GB. rest — BZ **k**
5 juin-26 sept., 20 déc.-6 janv. et 18 janv.-18 avril – **R** 68/100, enf. 42 – ☐ 32 – **31 ch** 200/300 – ½ P 244/259.

Roma sans rest, 289 r. Ravanel-le-Rouge ✆ 50 53 00 62, Fax 50 53 50 31, ←, – AE GB — AY **r**
fermé 3 au 25 juin et 15 oct. au 23 déc. – ☐ 35 – **30 ch** 280/375.

Arve, 60 impasse Anémones ✆ 50 53 02 31, Fax 50 53 56 92, ←, – AE GB. rest — AX **a**
hôtel : fermé 2 nov. au 18 déc. ; rest. : fermé 9 mai au 5 juin et 26 sept. au 18 déc. – **R** *(dîner seul. du 4 avril au 9 mai, 13 au 25 sept. et 18 déc. au 14 janv.)* 85 – ☐ 32 – **39 ch** 237/492 – ½ P 227/353.

Au Bon Coin sans rest, 80 av. Aiguille-du-Midi ✆ 50 53 15 67, Fax 50 53 51 51, ←, – GB JCB. — AY **b**
1er juil.-30 sept. et 18 déc.-18 avril – ☐ 30 – **20 ch** 190/304.

Atmosphère, 123 pl. Balmat ✆ 50 55 97 97, Fax 50 53 38 96 – AE GB JCB — AY **n**
R 99/129, enf. 50.

aux Praz-de-Chamonix N : 2,5 km – alt. 1 060 – ✉ **74400** Chamonix :

Voir La Flégère ←★★ par téléphérique BZ.

Le Labrador et rest. La Cabane M, au golf ✆ 50 55 90 09, Fax 50 53 15 85, ←, – 30. AE GB JCB — BZ **h**
R *(fermé mardi hors sais.)* 130/150 – **32 ch** ☐ 600/850 – ½ P 490/600.

Cairn M, ✆ 50 53 18 03, Fax 50 53 56 90, ←, – AE GB JCB — BZ **s**
fermé 23 nov. au 8 déc. et lundi sauf vacances scolaires – **R** 95/180, enf. 45 – ☐ 40 – **14 ch** 590/710 – ½ P 330/435.

Rhododendrons, ✆ 50 53 06 39, ←, – GB. rest — BZ **a**
10 juin-20 sept. et 20 déc.-25 avril – **R** 120 – ☐ 30 – **18 ch** 180/350 – ½ P 230/260.

Eden M avec ch, ✆ 50 53 06 40, Fax 50 53 51 50, ← – AE GB JCB. ch — BZ **e**
fermé 1er nov. au 15 déc. et mardi hors sais. – **R** 120/350 – ☐ 45 – **8 ch** 392/485 – ½ P 350/370.

au Lavancher par ①, N 506 et VO : 6 km – alt. 1 100 – Sports d'hiver : voir à Chamonix – ✉ **74400** Chamonix :

Voir ←★★.

Jeu de Paume M, ✆ 50 54 03 76, Fax 50 54 10 75, ←, « Elégant décor de chalet », – 30. AE GB. rest
fermé 10 nov. au 10 déc. – **R** 310, enf. 60 – **24 ch** ☐ 880/1320 – ½ P 640/860.

Beausoleil, ✆ 50 54 00 78, Fax 50 54 17 34, ←, « Jardin fleuri », – AE GB JCB. rest
fermé 20 sept. au 20 déc. – **R** *(fermé le midi du 18 avril au 13 juin)* 90/180, enf. 55 – ☐ 36 – **15 ch** 360/465 – ½ P 295/350.

aux Bossons par ② S : 3,5 km – alt. 1 005 – ✉ **74400** :

Novotel M, ☎ 50 53 26 22, Télex 385372, Fax 50 53 31 31, ←, terrasse, piscine, jardin – ascenseur, ch rest TV ☎ ♿ garage ℗ – 60. AE ⓓ GB JCB AZ **f**
R carte environ 160, enf. 58 – ☕ 48 – **89 ch** 470.

Aiguille du Midi, ☎ 50 53 00 65, Fax 50 55 93 69, ←, terrasse, « Parc ombragé et fleuri », piscine, tennis – ascenseur TV ☎ ℗. GB AZ **n**
10 avril-20 sept., 20 déc.-5 janv. et 11 fév.-14 mars – **R** 125/189 – ☕ 48 – **47 ch** 173/452 – ½ P 255/390.

CITROEN Gar. du Glacier, 220 rte des Rives les Bossons ☎ 50 55 95 55

RENAULT Gar. du Bouchet, pl. du Mont-Blanc ☎ 50 53 01 75

CHAMPAGNAC 15350 Cantal 76 ② – 1 339 h alt. 620.

Paris 493 – Aurillac 74 – ◆Clermont-Ferrand 93 – Mauriac 22 – Ussel 41.

Le Lavendès ⛰, Château de Lavendès ☎ 71 69 62 79, Fax 71 69 65 33, piscine, jardin – TV ☎ ℗. GB. ✻
1er mars-30 nov. et fermé dim. soir (sauf de juin à sept.) et lundi (sauf le soir de juin à sept.) – **R** 150/260, enf. 64 – ☕ 55 – **8 ch** 380/520 – ½ P 380/445.

CHAMPAGNAC-DE-BELAIR 24 Dordogne 75 ⑤ – rattaché à Brantôme.

CHAMPAGNE-AU-MONT-D'OR 69 Rhône 74 ⑪ – rattaché à Lyon.

CHAMPAGNEY 70 H.-Saône 66 ⑦ – rattaché à Ronchamp.

CHAMPAGNOLE 39300 Jura 70 ⑤ G. Jura – 9 250 h alt. 538.

Voir Musée archéologique : plaques-boucles★ **M.**

Office de Tourisme Annexe Hôtel-de-Ville ☎ 84 52 43 67.

Paris 424 ④ – ◆Besançon 68 ④ – Dole 60 ④ – ◆Genève 83 ② – Lons-le-Saunier 34 ③ – Pontarlier 41 ① – St-Claude 51 ②.

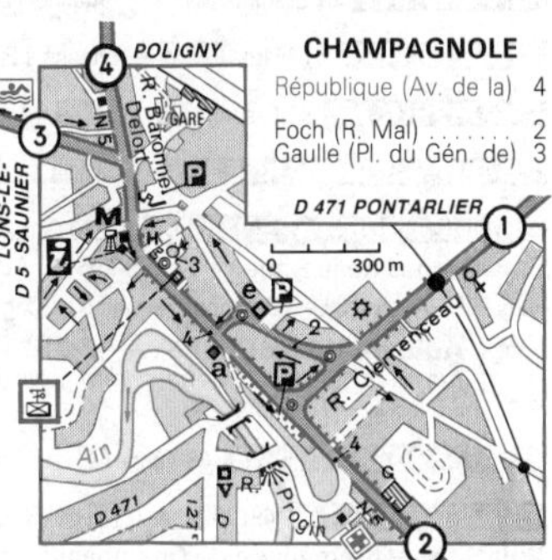

La Vouivre ⛰, NO : 2 km ☎ 84 52 10 44, terrasse, « Parc », piscine, tennis – TV ☎ ℗. GB. ✻ rest
1er mai-30 nov. et fermé merc. midi – **R** 103/161 – ☕ 35 – **20 ch** 333/390 – ½ P 290/320.

Gd H. Ripotot, 54 r. Mar. Foch **(e)** ☎ 84 52 15 45, Fax 84 52 09 11, jardin, tennis – ascenseur TV ☎ garage. AE ⓓ GB
15 avril-fin oct. – **R** *(fermé merc. sauf juil.-août)* 75/210 ♁, enf. 50 – ☕ 30 – **50 ch** 130/300 – ½ P 190/270.

Parc, 13 r. P. Cretin **(v)** ☎ 84 52 13 20, Fax 84 52 27 62 – TV ☎ garage ℗. AE ⓓ GB JCB
fermé 1er nov. au 1er déc. et dim. hors sais. – **R** (dîner seul.) 75/180 ♁ – ☕ 30 – **20 ch** 250/320 – ½ P 250/280.

Pont de Gratteroche, par ④ : 5 km sur N 5 ☎ 84 51 70 46, Fax 84 51 75 41, terrasse, jardin – TV ☎ ℗. GB
fermé 20 sept. au 5 oct., 23 déc. au 7 janv., dim. soir et lundi sauf juil.-août – **R** 70/160 ♁, enf. 48 – ☕ 32 – **18 ch** 230/310 – ½ P 210.

Taverne de l'Epée, 2 r. Pont de l'Epée **(a)** ☎ 84 52 03 85, Fax 84 52 44 67 – GB
fermé lundi – **R** 62/158 ♁, enf. 35.

rte de Genève par ② : 7,5 km – ✉ **39300** Champagnole :

Aub. des Gourmets avec ch, ☎ 84 51 60 60, Fax 84 51 62 83, ←, terrasse, jardin – TV ☎ ℗. AE GB
fermé 7 au 19 juin, 29 nov. au 28 déc., dim. soir et lundi sauf vacances scolaires – **R** 85/260 – ☕ 32 – **6 ch** 280/490 – ½ P 300.

ALFA-ROMEO Gar. Cuynet, r. Baronne-Delort ☎ 84 52 09 78
PEUGEOT-TALBOT Ganeval, av. de Lattre-de-Tassigny ☎ 84 52 07 78 N ☎ 84 35 94 06
RENAULT Gar. Poix-Daude, à Pont-du-Navoy par ③ ☎ 84 51 21 80

Girardot Pneus, r. Égalité Z.I. ☎ 84 52 21 52
Pneus-Maréchal, 44 r. Liberté ☎ 84 52 07 96

CHAMPAGNY-EN-VANOISE 73350 Savoie 74 ⑱ G. Alpes du Nord – 502 h alt. 1 250.

Voir Retable★ dans l'église.

Paris 625 – Albertville 43 – Chambéry 90 – Moûtiers 17.

L'Ancolie M ⑤, ✆ 79 55 05 00, Télex 309770, Fax 79 55 04 42, ←, 🏠 – ⬍ TV ☎ ⇔ – 🏠 30. AE GB. ✱ rest
5 juin-11 sept. et 18 déc.-23 avril – **R** 90/180, enf. 65 – ☕ 45 – **31 ch** 380 – ½ P 445.

Les Glières, ✆ 79 55 05 52, Fax 79 55 04 84, ←, 🏠 – ☎ P. GB
20 juin-5 sept. et 18 déc.-15 avril – **R** 85/150 🍷, enf. 41 – ☕ 32 – **20 ch** 332/367 – ½ P 345/390.

CHAMPDIEU 42 Loire 73 ⑰ – rattaché à Montbrison.

CHAMPEAUX 50530 Manche 59 ⑦ – 330 h alt. 78.

Paris 349 – St-Lô 61 – St-Malo 81 – Avranches 17 – Granville 15.

XX **Marquis de Tombelaine et H. les Hermelles** M ⑤ avec ch, sur D 911 ✆ 33 61 85 94, ←, 🏠 – TV ☎ ♿ P. GB
fermé janv., mardi soir et merc. sauf juil.-août – **R** 99/350 🍷, enf. 50 – ☕ 25 – **6 ch** 280 – ½ P 270.

CHAMPEIX 63320 P.-de-D. 73 ⑭ G. Auvergne – 1 087 h alt. 456.

Paris 448 – ◆Clermont-Ferrand 30 – Condat 49 – Issoire 12 – Le Mont-Dore 36 – Thiers 65.

X **Promenade,** ✆ 73 96 70 24 – GB
fermé merc. du 16 sept. au 30 juin – **R** 80/200, enf. 45.

PEUGEOT Gar. Thiers ✆ 73 96 73 18

CHAMPIGNY 89370 Yonne 61 ⑬ – 1 782 h alt. 59.

Paris 100 – Fontainebleau 35 – Auxerre 80 – Montereau-faut-Yonne 16 – Nemours 37 – Sens 19.

au Petit-Chaumont O : 2,5 km sur N 6 – ✉ 89370 Champigny :

XX **Vieille France,** ✆ 86 96 62 08, 🏠, 🏠 – P. AE ⓓ GB
fermé 16 au 27 août, 17 janv. au 4 fév., dim. soir, mardi soir et merc. – **R** 100/200, enf. 80.

CHAMPIGNY 91 Essonne 60 ⑩ – rattaché à Étampes.

CHAMPILLON 51 Marne 56 ⑯ – rattaché à Épernay.

CHAMPROSAY 91 Essonne 61 ①, 101 ㊲ – voir à Paris, Environs (Draveil).

CHAMPS-SUR-MARNE 77 S.-et-M. 56 ⑫, 101 ⑲ – Voir à Paris, Environs (Marne-la-Vallée).

CHAMPS-SUR-TARENTAINE 15270 Cantal 76 ② – 1 088 h alt. 495.

Env. Gorges de la Rhue★★ SE : 9 km, G. Auvergne.

Paris 507 – Aurillac 89 – ◆Clermont-Ferrand 80 – Condat 24 – Mauriac 37 – Ussel 36.

Aub. du Vieux Chêne ⑤, ✆ 71 78 71 64, Fax 71 78 70 88, 🏠 – ☎ P. GB
fermé 20 déc. au 20 mars, dim. soir et lundi sauf juil.-août – **Repas** 80/210 – ☕ 38 – **20 ch** 210/300 – ½ P 230/280.

CHAMPS-SUR-YONNE 89 Yonne 65 ⑤ – rattaché à Auxerre.

CHAMPTOCEAUX 49270 M.-et-L. 63 ⑱ G. Châteaux de la Loire – 1 524 h alt. 70 – ✪ (Loire-Atlantique).

Voir Site★ – Promenade de Champalud ←★★.

🅸 Syndicat d'Initiative (saison) ✆ 40 83 57 49 et à la Mairie (hors saison) ✆ 40 83 52 31.

Paris 359 – ◆Nantes 32 – Ancenis 11,5 – Angers 64 – Beaupréau 31 – Cholet 50 – Clisson 35.

Chez Claudie, Le Cul du Moulin NO : 1 km sur D 751 ✆ 40 83 50 43 – ☎ P. GB
fermé 1er au 15 oct., vacances de fév., dim. soir et lundi – **R** 80/200 – ☕ 30 – **10 ch** 180/210.

Voyageurs, ✆ 40 83 50 09, Fax 40 83 53 81 – ☎. GB
fermé 15 déc. au 15 janv. – **R** *(fermé merc. hors sais.)* 59/200, enf. 45 – ☕ 26 – **17 ch** 150/200 – ½ P 150/170.

XXX ✿ **Les Jardins de la Forge** (Pauvert), pl. Piliers ✆ 40 83 56 23 – AE ⓓ GB
fermé 5 au 27 oct., 3 au 26 fév., dim. soir, mardi soir et merc. – **R** 155/380 et carte 275 à 400
Spéc. Poêlée de civelles et de Saint-Jacques (janv. à mars). Sole braisée à la "mimosa" d'huîtres (nov. à avril). Pigeonneau rôti au jus de truffes.

CHAMROUSSE 38 Isère 77 ⑤ G. Alpes du Nord – 544 h alt. 1 650 – Sports d'hiver : 1 400/2 250 m ⛷1 ⛷26 ⛷ – ✉ 38410 Uriage.

Env. E : Croix de Chamrousse ✱★★★ par téléphérique.

🅸 Office de Tourisme Le Recoin ✆ 76 89 92 65.

Paris 608 – ◆Grenoble 30 – Allevard 64 – Chambéry 80 – Uriage-les-Bains 19 – Vizille 28.

Hermitage, le Recoin ✆ 76 89 93 21, Fax 76 89 95 30, ← – TV ☎ ⇔ – 🏠 30. AE GB
20 déc.-8 avril – **R** 130/170 – ☕ 35 – **48 ch** 340/485 – ½ P 345/425.

CHANAC 48230 Lozère 80 ⑤ – 1 035 h alt. 650.

Paris 605 – Mende 22 – Espalion 82 – Florac 45 – Rodez 87 – Sévérac-le-Château 37.

Voyageurs, ☎ 66 48 20 16, Fax 66 48 28 16, – ☎ Ⓟ. GB
fermé vacances de Noël, vend. soir et sam. du 10 nov. à début mars – **R** 58/130 ⅃, enf. 42 – ☕ 27 – **14 ch** 140/210 – ½ P 160/210.

aux Salelles O : 6 km par N 88 – ✉ **48230** Chanac :

XX **La Lauze** avec ch, ☎ 66 48 21 80, ←, – Ⓟ
3 avril-3 oct. et fermé mardi, merc. et jeudi du 3 au 29 avril – **R** 150/185 – ☕ 45 – **4 ch** 270/390.

Daudé ☎ 66 48 20 99 N

CHANAS 38150 Isère 76 ⑩ 77 ① – 1 727 h alt. 150.

Paris 516 – ◆Grenoble 84 – ◆Lyon 56 – ◆St-Étienne 73 – Valence 47.

Halte OK M, à l'échangeur A 7 ☎ 74 84 27 50, Fax 74 84 36 61, – TV ☎ ♿ Ⓟ – 25 à 100. GB
R *(fermé sam. midi et dim.)* 78/135 ⅃, enf. 48 – ☕ 35 – **41 ch** 235/290.

Dorcier Ayme Pneus ☎ 74 84 28 73

CHANCELADE 24 Dordogne 75 ⑤ – rattaché à Périgueux.

CHANDAI 61 Orne 60 ⑤ – rattaché à L'Aigle.

CHANTELLE 03140 Allier 73 ④ G. Auvergne – 1 043 h alt. 324.

Syndicat d'Initiative pl. Oscambre (saison) ☎ 70 56 62 37.

Paris 373 – Moulins 44 – Aubusson 104 – Gannat 17 – Montluçon 56 – St-Pourçain-sur-Sioule 13.

Poste, ☎ 70 56 62 12, – ☎ Ⓟ. AE GB
fermé 25 sept. au 16 oct., 10 au 26 fév. et merc. hors sais. – **R** 65/150 ⅃, enf. 45 – ☕ 22 – **12 ch** 110/180 – ½ P 135/160.

RENAULT Touzain ☎ 70 56 61 55

CHANTEMERLE 05 H.-Alpes 77 ⑱ – rattaché à Serre-Chevalier.

CHANTEPIE 35 I.-et-V. 59 ⑰ – rattaché à Rennes.

CHANTILLY 60500 Oise 56 ⑪ 106 ⑧ G. Ile de France – 11 341 h alt. 57.

Voir Château★★★ B : musée★★, parc★★, jardin anglais★ – Grandes Écuries★★ B : musée vivant du Cheval★.

Env. Site★ du château de la Reine-Blanche S : 5,5 km.

18 ☎ 44 57 04 43, N : 1,5 km par D 44 B ; 18 18 du Lys (privé) ☎ 44 21 26 00, à Lys-Chantilly par ③.

Office de Tourisme 23 av. Mar.-Joffre ☎ 44 57 08 58.

Paris 41 ② – Compiègne 44 ① – Beauvais 43 ⑤ – Clermont 23 ⑤ – Meaux 50 ② – Pontoise 38 ④.

Plan page suivante

Parc M sans rest, 36 av. Mar. Joffre ☎ 44 58 20 00, Télex 155007, Fax 44 57 31 10, – TV ☎ ♿ – 30 à 80. AE GB JCB — A a
☕ 55 – **58 ch** 380/500.

Campanile, rte Creil par ⑤ ☎ 44 57 39 24, Télex 140065, Fax 44 58 10 05 – TV ☎ ♿ Ⓟ – 30. AE GB
R 80 bc/102 bc, enf. 39 – ☕ 29 – **47 ch** 268.

XXX **Relais du Coq Chantant,** 21 rte Creil ☎ 44 57 01 28, Fax 44 57 49 11 – AE ⓓ GB — A b
R 109/350, enf. 65.

XX **Tipperary,** 6 av. Mar. Joffre ☎ 44 57 00 48, Fax 44 58 15 38, – AE ⓓ GB — A e
R 120/280.

rte d'Apremont par ① et D 606 : 2,5 km – ✉ **60500** Vineuil-St-Firmin :

Allibird Domaine de Chantilly M, ☎ 44 57 00 93, Fax 44 58 50 11, ←, « Golf en lisière de forêt » – ch TV ☎ ♿ Ⓟ – 25 à 150. AE ⓓ GB
Carmontelle R 170/260, enf. 80 – ☕ 70 – **119 ch** 780/820 – ½ P 650.

à Montgrésin par ② : 5 km – ✉ **60560** Orry-la-Ville :

Relais d'Aumale M, ☎ 44 54 61 31, Télex 155103, Fax 44 54 69 15, – ch TV ☎ ♿ Ⓟ – 50. AE ⓓ GB JCB
R *(fermé 22 au 30 déc.)* 195/210 – ☕ 46 – **22 ch** 480/520 – ½ P 480/510.

XX **Forêt,** ☎ 44 60 61 26, Fax 44 54 95 32, , parc – Ⓟ. AE GB
fermé lundi et mardi – **R** 168 bc, enf. 88.

à Coye-la-Forêt par ③ et D 118 : 8,5 km – 3 199 h. – ✉ **60580** :

XXX **Les Étangs,** ☎ 44 58 60 15, Fax 44 58 75 95, – AE ⓓ GB
fermé 15 janv. au 15 fév., lundi soir et mardi – **R** 150.

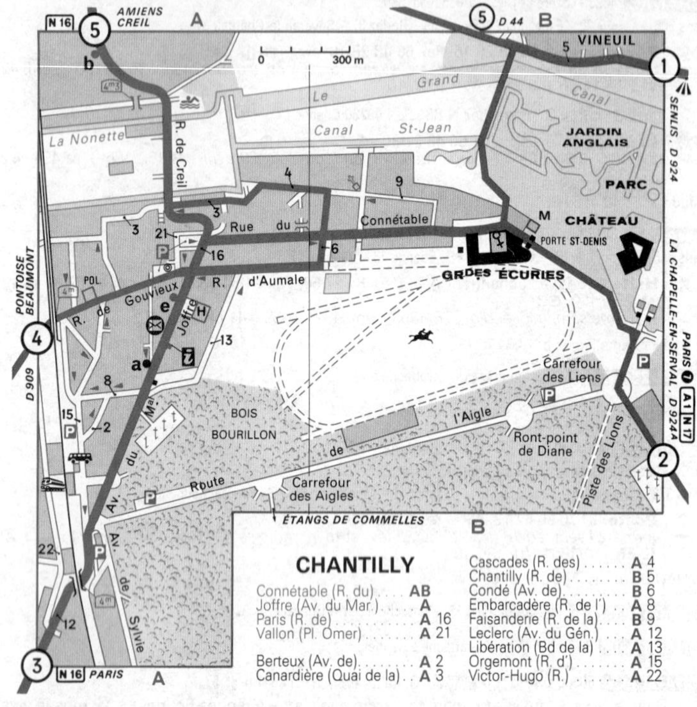

à Gouvieux par ④ : 3,5 km – 9 756 h. – ✉ **60270** :

🏨 **Château de la Tour** 🔇, ☎ 44 57 07 39, Télex 155014, Fax 44 57 31 97, ≤, 🍽, « Parc boisé », 🏊, 🎾 – 📺 ☎ ♿ 🅟 – 🏛 150. AE GB
R 160/350 – ☕ 60 – **41 ch** 490/890 – ½ P 475.

rte de Creil par ⑤ : 3,5 km – ✉ **60740** St-Maximin :

XXX **Le Verbois,** N 16 ☎ 44 24 06 22, 🍽, 🌳 – 🅟. GB
fermé 15 fév. au 1er mars, dim. soir et lundi – **R** 190, enf. 125.

BMW-HONDA Saint-Merri Chantilly, ZA du Coq Chantant RN 16 ☎ 44 57 49 45
CITROEN SO.FI.DAC., N 16 ZA du Coq Chantant à Gouvieux par Chantilly ☎ 44 57 02 98
CITROEN Gar. Desbois, 39 r. du Havre à Précy-sur-Oise par ④ ☎ 44 27 71 28
OPEL Gar. Sadell, 33 av. Mar.-Joffre ☎ 44 57 05 09

CHANTONNAY 85110 Vendée 67 ⑮ – 7 458 h alt. 65.

Office de Tourisme pl. Liberté ☎ 51 94 46 51.

Paris 402 – La Roche-sur-Yon 33 – Cholet 51 – ♦Nantes 74 – Niort 70 – Poitiers 118.

🏨 **Le Mouton,** 31 r. Nationale ☎ 51 94 30 22 – 📺 ☎ 🅟. AE GB
fermé 11 au 30 nov. dim. soir et lundi du 10 sept. au 10 juil. sauf fériés – **R** 67/190 🧒, enf. 50 – ☕ 33 – **11 ch** 200/295 – ½ P 190.

CITROEN Auto Sce-Chantonnaysien, 55 av. Mar.-de-Lattre-de-Tassigny ☎ 51 94 80 83
PEUGEOT-TALBOT Gar. Réau, 42 av. Batiot ☎ 51 94 30 23 N
RENAULT Gar. Paquiet, r. Mar.-de-Lattre-de-Tassigny ☎ 51 94 31 03

CHAOURCE 10210 Aube 61 ⑰ G. Champagne – 1 031 h alt. 149.

Voir Église St-Jean-Baptiste : sépulcre★★.

Paris 185 – Auxerre 67 – Bar-sur-Aube 59 – Châtillon-sur-Seine 46 – Saint-Florentin 36 – Tonnerre 29.

à Maisons-lès-Chaource – ✉ **10210** :

X **Aux Maisons** avec ch, ☎ 25 70 07 19, Fax 25 70 07 75, 🏊 – ☎ 🅟. GB
R 75/150 🧒 – ☕ 30 – **16 ch** 160/260 – ½ P 200/280.

La CHAPELLE 19 Corrèze 73 ⑪ – rattaché à Meymac.

La CHAPELLE-BASSE-MER 44450 Loire-Atl. 63 ⑱ 67 ④ – 4 012 h alt. 50.

Paris 368 – ◆Nantes 21 – Ancenis 21 – Clisson 24.

à la Pierre Percée NO : 4 km par D 53 – ✉ 44450 La Chapelle-Basse-Mer :

XX **Pierre Percée** avec ch, D 751 ☎ 40 06 33 09, ≤, – AE GB. ch
fermé 1er au 21 janv., dim. soir et lundi – **R** 128/289, enf. 64 – ☐ 24 – **5 ch** 98/180 – ½ P 190.

RENAULT Gar. Central ☎ 40 06 33 79 N ☎ 40 38 97 00
Gar. Terrien ☎ 40 06 31 52

La CHAPELLE-CARO 56460 Morbihan 63 ④ – 1 143 h alt. 73.

Paris 418 – Vannes 40 – Dinan 77 – Lorient 94 – ◆Rennes 69 – Saint-Brieuc 88.

X **Le Petit Kériquel** avec ch, ☎ 97 74 82 44 – TV ☎. GB. ch
fermé 1er au 22 oct., 1er au 15 fév., lundi midi en sais., dim. soir et lundi hors sais. – **R** 59/185 ♁, enf. 42 – ☐ 25 – **7 ch** 120/220 – ½ P 150/180.

La CHAPELLE-D'ABONDANCE 74360 H.-Savoie 70 ⑱ **G. Alpes du Nord** – 727 h alt. 1 020 – Sports d'hiver : 1 000/1 800 m 1 11.

Office de Tourisme ☎ 50 73 51 41.

Paris 603 – Thonon-les-Bains 33 – Annecy 108 – Châtel 5,5 – Évian-les-Bains 34 – Morzine 31.

Cornettes M, ☎ 50 73 50 24, Fax 50 73 54 16, , , , – cuisinette TV ☎ – 40. GB
fermé 13 au 30 avril et 20 oct. au 5 déc. – **R** 100/320 ♁, enf. 50 – ☐ 40 – **45 ch** 350 – ½ P 260/390.

L'Ensoleillé, ☎ 50 73 50 42, Fax 50 73 52 96, – TV ☎ . GB
1er juin-20 sept. et 20 déc.-Pâques – **R** 90/270 – ☐ 35 – **34 ch** 250/270 – ½ P 240/300.

Le Chabi, ☎ 50 73 50 14, Fax 50 73 55 84, ≤, , , – TV ☎ – 30. GB
15 juin-15 sept. et 19 déc.-20 avril – **R** 105/145, enf. 55 – ☐ 38 – **21 ch** 240/330 – ½ P 330.

L'Alpage M, ☎ 50 73 50 25, Fax 50 73 52 43, , – TV ☎ – 40. GB. rest
fermé fin sept. à fin oct. – **R** 90/210, enf. 60 – ☐ 35 – **32 ch** 220/350 – ½ P 310.

Vieux Moulin , rte Chevenne ☎ 50 73 52 52, Fax 50 73 55 62 – TV ☎ . GB. rest
fermé 20 avril au 10 mai, 21 oct. au 19 déc. et lundi hors sais. – **R** 100/175, enf. 60 – ☐ 35 – **16 ch** 190/260 – ½ P 280.

Le Rucher , à la Pantiaz E : 1,5 km ☎ 50 73 50 23, Fax 50 73 54 67, ≤, – ☎ . GB. rest
15 juin-15 sept. et 20 déc.-20 avril – **R** 85/95 – ☐ 30 – **22 ch** 260/480 – ½ P 350.

CHAPELLE-DES-BOIS 25240 Doubs 70 ⑯ – 202 h alt. 1 080 – Sports d'hiver : .

des Mélèzes ☎ 81 69 21 82, sortie de ville.

Paris 465 – ◆Genève 65 – Lons-le-Saunier 67 – Pontarlier 47.

Les Mélèzes, ☎ 81 69 21 82, Fax 81 69 12 75, ≤ – ☎
fermé 30 mars au 30 avril, 15 nov. 20 déc., lundi, mardi et merc. hors sais. – **R** 75/185 ♁, enf. 45 – ☐ 38 – **10 ch** 190/270 – ½ P 230/350.

La CHAPELLE-DU-GENÊT 49 M.-et-L. 67 ⑤ – rattaché à Beaupréau.

La CHAPELLE-EN-SERVAL 60520 Oise 56 ⑪ – 2 185 h alt. 66.

Paris 40 – Compiègne 42 – Beauvais 54 – Chantilly 10 – Meaux 34 – Senlis 9,5.

Mont-Royal M , E : 2 km par D 118 ☎ 44 60 61 62, Télex 155696, Fax 44 60 63 63, ≤, , parc, , – ch TV ☎ – 300. AE GB JCB. rest
R 250 – ☐ 95 – **100 ch** 1350/1550.

La CHAPELLE-EN-VALGAUDEMAR 05800 H.-Alpes 77 ⑯ **G. Alpes du Nord** – 135 h alt. 1 100.

Voir Les Portes ≤★ sur le pic d'Olan – Les "Oulles du Diable" (marmites de géant)★ – Cascade du Casset★ NE : 3,5 km.

Env. Chalet-hôtel du Gioberney : cirque★★, cascade "voile de la mariée"★ E : 9 km.

Syndicat d'Initiative (15 juin-15 sept., fermé matin sauf juil.-août) ☎ 92 55 23 21.

Paris 662 – Gap 47 – ◆Grenoble 91 – La Mure 53.

Mont-Olan, ☎ 92 55 23 03, ≤, – ☎ . GB
10 avril-15 sept. – **R** 68/120 ♁ – ☐ 23 – **32 ch** 120/240 – ½ P 180/220.

La CHAPELLE-EN-VERCORS 26420 Drôme 77 ⑭ **G. Alpes du Nord** – 628 h alt. 945 – Sports d'hiver au Col de Rousset : 1 255/1 700 m 9 .

Office de Tourisme à la Mairie ☎ 75 48 22 54.

Paris 607 – ◆Grenoble 62 – Valence 61 – Die 40 – Romans-sur-Isère 45 – St-Marcellin 32.

Bellier , ☎ 75 48 20 03, Fax 75 48 25 31, , , – TV ☎ . AE GB JCB
18 juin-25 sept. – **R** 88/210, enf. 69 – ☐ 39 – **12 ch** 370/440 – ½ P 340/370.

Sports, ✆ 75 48 20 39, Fax 75 48 10 52 – ☎ ⇔. GB. ✱ ch
fermé 12 nov. à fin janv. et dim. soir hors sais. sauf vacances scolaires et fériés – **R** 77/130, enf. 35 – ☐ 28 – **14 ch** 125/230 – ½ P 165/218.

Nouvel H., ✆ 75 48 20 09, ☂ – ☎ ⇔
1er fév.-20 oct. – **R** 80/145 ♨ – ☐ 24 – **35 ch** 130/290 – ½ P 161/296.

CITROEN Gar. Duclot ✆ 75 48 21 26 N — RENAULT Gar. Dherbassy ✆ 75 48 21 59

La CHAPELLE-ST-MESMIN 45 Loiret 64 ⑨ – rattaché à Orléans.

CHARAVINES 38850 Isère 74 ⑭ G. Vallée du Rhône – 1 251 h alt. 510.

Voir Lac de Paladru★ N : 1 km – ℹ Syndicat d'Initiative (juin-sept.) ✆ 76 06 60 31.

Paris 541 – ◆Grenoble 38 – Belley 49 – Chambéry 54 – La Tour-du-Pin 20 – Voiron 12.

Poste, ✆ 76 06 60 41, Fax 76 55 62 42, ☂ – TV ☎ – 🏛 50. AE GB
fermé 1er au 15 nov., dim. soir et lundi midi – **R** 100/240, enf. 50 – ☐ 30 – **20 ch** 200/295 – ½ P 247/276.

au Nord : 1,5 km par D 50 – ✉ 38850 Charavines :

Beau Rivage ⛭, ✆ 76 06 61 08, Fax 76 06 66 58, ←, ☂, ⛺, ☎ – ☎ P – 🏛 25. GB. ✱
fermé vacances de nov., 20 déc. au 1er fév., lundi sauf le midi en juil.-août et dim. soir de sept. à juin – **R** 78/240, enf. 60 – ☐ 40 – **27 ch** 125/280 – ½ P 230/240.

PEUGEOT, TALBOT Gar. Lambert ✆ 76 06 60 43

CHARBONNIÈRES-LES-BAINS 69 Rhône 74 ⑪ – rattaché à Lyon.

CHARBONNIÈRES-LES-VIEILLES 63410 P.-de-D. 73 ④ – 880 h alt. 618.

Voir Gour (lac) de Tazenat★ S : 2 km, G. Auvergne.

Paris 416 – ◆Clermont-Ferrand 36 – Aubusson 84 – Montluçon 61 – Riom 21 – Vichy 44.

Parc, ✆ 73 86 63 20, ☂ – AE GB. ✱
fermé jeudi d'oct. à mai – **R** 58/165 – ☐ 23 – **8 ch** 95/185 – ½ P 200.

MAZDA Auvergne Distribution Service ✆ 73 86 63 05

CHARENTON 58 Nièvre 65 ⑬ – rattaché à Pouilly-sur-Loire.

CHARENTON-LE-PONT 94 Val-de-Marne 61 ① 101 ㉖ – voir à Paris, Environs.

CHARETTE 71 S.-et-L. 70 ② – rattaché à Pierre-de-Bresse.

La CHARITÉ-SUR-LOIRE 58400 Nièvre 65 ⑬ G. Bourgogne – 5 686 h alt. 175.

Voir Église N.-Dame★★ : ←★★ sur le chevet.

ℹ Office de Tourisme pl. Ste-Croix (juin-15 sept.) ✆ 86 70 15 06 et Hôtel de Ville (hors saison) ✆ 86 70 16 12.

Paris 214 ① – Bourges 52 ④ – Autun 119 ③ – Auxerre 91 ② – Montargis 100 ① – Nevers 24 ③.

Terminus, 23 av. Gambetta **(s)** ✆ 86 70 09 61 – TV ☎ P. GB. ✱
fermé 21 au 30 juin, 22 déc. au 22 janv. et lundi – **R** 65/170 – ☐ 28 – **10 ch** 150/240.

Gd Monarque avec ch, 33 quai Clémenceau **(e)** ✆ 86 70 21 73, Fax 86 69 62 32, ←, ☂ – ☎ ⇔. AE ⓓ GB
fermé 15 au 30 nov., vacances de fév. et vend. du 15 nov. au 30 mars – **R** 98/230 carte le dim. – ☐ 35 – **9 ch** 230/320 – ½ P 310.

par ① rte de Paris : 5 km – ✉ 58400 La Charité-sur-Loire :

Motel les Broussailles sans rest, ✆ 86 70 10 80 – TV ☎ P. GB
☐ 45 – **12 ch** 200/290.

PEUGEOT-TALBOT Merlin, N 7, rte de Nevers par ③ ✆ 86 70 13 03
PEUGEOT-TALBOT Gar. St-Lazare, 53 av. Gambetta par ② ✆ 86 70 05 07 N ✆ 86 68 55 03
RENAULT Gar. de Figueiredo, 26 av. Gambetta par ② ✆ 86 70 04 78

Ⓜ Pasquette, 21 r. Gén.-Auger ✆ 86 70 15 93

CHARLEVILLE-MÉZIÈRES P 08000 Ardennes 53 ⑱ G. Champagne – 57 008 h alt. 150.

Voir Place Ducale★★ à Charleville ABX.

l'Abbaye de Sept Fontaines à Fagnon ✆ 24 37 77 27, par ⑦ : 10 km.

Bureau Municipal du Tourisme 4 pl. Ducale ✆ 24 33 00 17 – A.C. Ardennais, 10 r. de la Prairie ✆ 24 33 35 89.

Paris 225 ⑦ – Charleroi 89 ⑥ – Liège 170 ① – Luxembourg 128 ⑦ – ♦Metz 173 ⑦ – Namur 109 ⑥ – ♦Nancy 221 ⑦ – ♦Reims 81 ⑦ – St-Quentin 118 ⑥ – Sedan 24 ⑦.

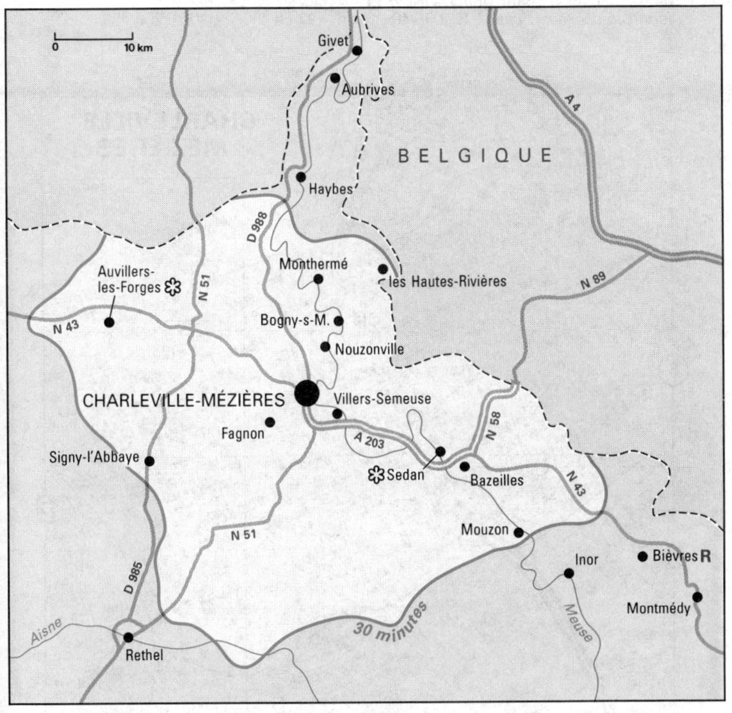

Le Clèves, 43 r. Arquebuse ✆ 24 33 10 75, Fax 24 59 01 25 – |‡| TV ☎ – 25 à 80. AE ① GB — BY **s**
R *(fermé 1er au 15 août et dim. soir)* 90 bc/150 ♁, enf. 80 – ☕ 35 – **48 ch** 235/370 – ½ P 260.

Le Relais du Square sans rest, 3 pl. Gare ✆ 24 33 38 76, Télex 841196, Fax 24 33 56 66 – |‡| TV ☎. AE ① GB — BY **d**
fermé 24 déc. au 1er janv. – ☕ 29 – **49 ch** 220/290.

Paris sans rest, 24 av. G. Corneau ✆ 24 33 34 38, Fax 24 59 11 21 – TV ☎. AE GB. ✻ — BY **n**
fermé 27 déc. au 7 janv. – ☕ 35 – **29 ch** 190/360.

Campanile, par ⑤ : 2 km sur N 51 ✆ 24 37 54 55, Télex 842821, Fax 24 37 76 40, – TV ☎ ♿ P – 25. AE GB
R 80 bc/102 bc, enf. 39 – ☕ 29 – **50 ch** 268.

Mont Olympe, r. Pâquis ✆ 24 33 43 20, Fax 24 59 93 38, – GB — BX **v**
fermé 15 sept. au 15 oct., dim. soir et lundi en hiver – **R** 100/150, enf. 50.

La Cigogne, 40 r. Dubois-Crancé ✆ 24 33 25 39 – GB — AY **a**
fermé 1er au 8 août, dim. soir et lundi – **R** 80/140, enf. 50.

Côte à l'Os, 11 cours A. Briand ✆ 24 59 20 16, Fax 24 59 48 30 – AE ① GB — AY **e**
R 79/190 ♁, enf. 45.

par ② : 4 km sur D 1 rte Nouzonville – ✉ 08090 Montcy-Notre-Dame :

Aub. de la Forest, ✉ 08090 Montcy-Notre-Dame ✆ 24 33 37 55 – P. GB. ✻
fermé lundi sauf le midi de sept. à juin et dim. soir – **R** 70/170.

à Villers-Semeuse par ④ : 5 km – 3 595 h. – ✉ 08340 :

Mercure M, ✆ 24 37 55 29, Télex 840076, Fax 24 57 39 43, 🌳, 🏊, 🏞 – ⇋ ch ▤ rest 📺 ☎ ♿ 🅟 – 🏛 25 à 120. AE ⓓ GB
R carte 140 à 200 🍷, enf. 40 – ☕ 46 – **68 ch** 395/440.

à Fagnon par ⑦ et D 139 : 6 km – ✉ 08090 :

Abbaye de Sept Fontaines 🐸, ✆ 24 37 38 24, Fax 24 37 58 75, ←, 🌳, « Ancienne demeure dans un parc, golf » – 📺 ☎ 🅟 – 🏛 40. AE ⓓ GB. ✂ rest
fermé 25 déc. au 1er janv. – **R** 100/240 – ☕ 48 – **22 ch** 450/750 – ½ P 390/450.

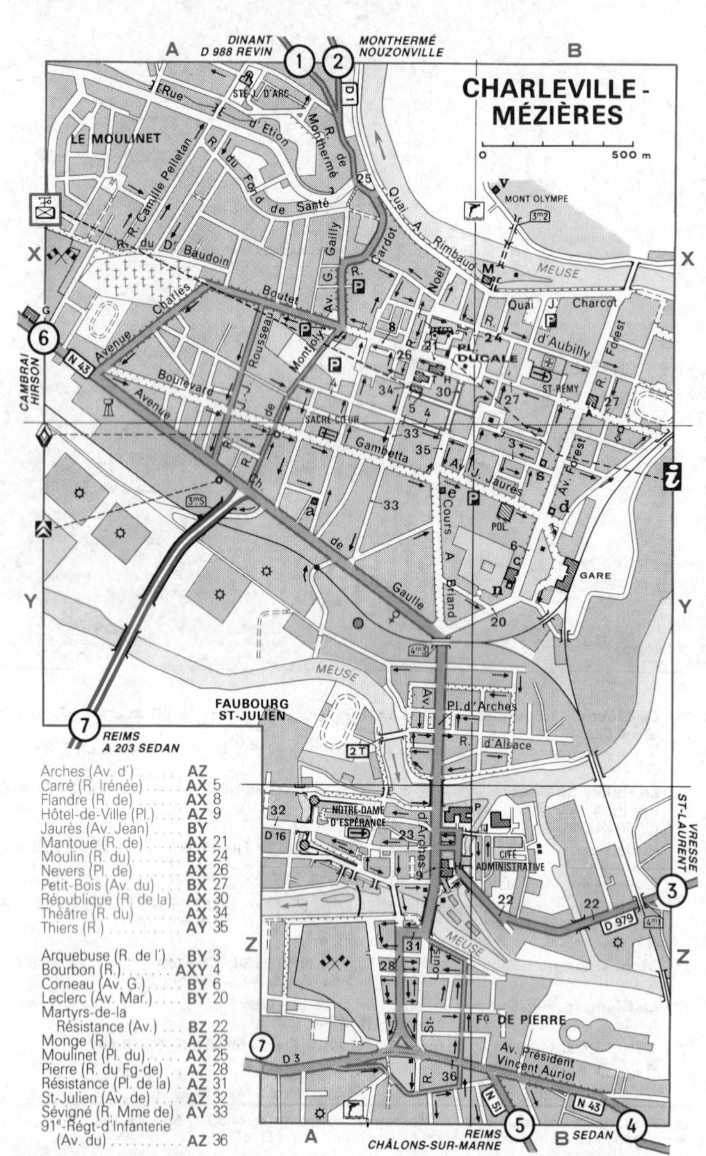

Arches (Av. d') . . . . . AZ
Carré (R. Irénée) . . . . . AX 5
Flandre (R. de) . . . . . AX 8
Hôtel-de-Ville (Pl.) . . . . AZ 9
Jaurès (Av. Jean) . . . . BY
Mantoue (R. de) . . . . . AX 21
Moulin (R. du) . . . . . BX 24
Nevers (Pl. de) . . . . . AX 26
Petit-Bois (Av. du) . . . . BX 27
République (R. de la) . . AX 30
Théâtre (R. du) . . . . . AX 34
Thiers (R.) . . . . . AY 35

Arquebuse (R. de l') . . . BY 3
Bourbon (R.) . . . . . AXY 4
Corneau (Av. G.) . . . . BY 6
Leclerc (Av. Mar.) . . . . BY 20
Martyrs-de-la Résistance (Av.) . . . BZ 22
Monge (R.) . . . . . AZ 23
Moulinet (Pl. du) . . . . AX 25
Pierre (R. du Fg-de) . . AZ 28
Résistance (Pl. de la) . AZ 31
St-Julien (Av. de) . . . . AZ 32
Sévigné (R. Mme de) . AY 33
91e-Régt-d'Infanterie (Av. du) . . . . AZ 36

ALFA-ROMEO Gar. Tamburrino, Centre Commercial La Croisette ✆ 24 56 00 44
CITROEN Gar. Froussart, Centre Commercial la Croisette ✆ 24 59 22 33 N
FORD Cailloux, Centre Commercial La Croisette ✆ 24 57 01 01
MERCEDES Covema, r. C.-Didier ZI de Mohon ✆ 24 37 84 84
PEUGEOT-TALBOT S.I.G.A., rte de Warnecourt à Prix-lès-Mézières par D 3 AZ ✆ 24 37 37 45 N ✆ 24 33 40 35

RENAULT Amerand, 63 bd Gambetta ✆ 24 33 37 59
RENAULT Ardennes Autos, 2 r. Camille Didier par ④ ✆ 24 59 65 65 N ✆ 24 56 90 10
V.A.G Gar. Petit, 60 bd Pierquin rte d'Hirson à Warcq ✆ 24 56 40 07

Euromaster Fischbach Pneu Service, 13 r. M.-Sembat ✆ 24 57 02 44
Legros, 87 r. Bourbon ✆ 24 33 31 13
New-Gom, rte de Paris ✆ 24 37 23 45
Palais-du-Pneu, 7 av. Ch.-de-Gaulle ✆ 24 33 28 32

CHARLIEU 42190 Loire 73 ⑧ G. Vallée du Rhône – 3 727 h alt. 265.

Voir Ancienne abbaye★ : grand portail★★ – Cloître★ du couvent des Cordeliers.

Office de Tourisme pl. St-Philibert (fermé janv.) ✆ 77 60 12 42.

Paris 415 ④ – Roanne 20 ④ – Digoin 46 ④ – Lapalisse 57 ④ – Mâcon 77 ② – ◆St-Étienne 102 ④.

CHARLIEU

Abbaye (Pl. de l') 2
Chanteloup (R.)................ 4
Écoles (R. des) 5
Farinet (R. A.) 7
Gaulle (R. Ch.-de)............. 9
Grenette (R.) 10
Jacquard (Bd) 12
Merle (R. du).................. 13
Michon (R.).................... 15
Morel (R. J.) 16
Moulins (R. des)............... 17
République (Bd de la).......... 18
Rouillier (R. Ch.-H.).......... 19
St-Philibert (Pl.)............. 20
Valorge (Bd) 22

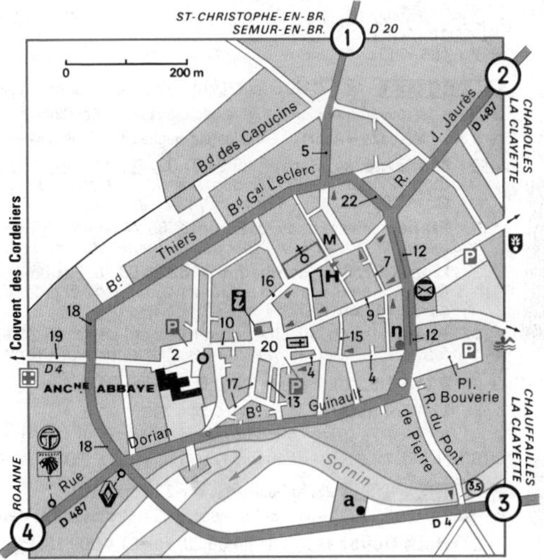

Entrez à l'hôtel
ou au restaurant
le Guide à la main
vous montrerez ainsi
qu'il vous conduit là
en confiance.

Relais de l'Abbaye, La Montalay **(a)** ✆ 77 60 00 88, Télex 307599, Fax 77 69 04 90, – TV ☎ P – 100. AE GB
fermé janv., dim. soir et lundi midi hors sais. – **R** 82/180, enf. 50 – ☐ 30 – **27 ch** 215/270 – ½ P 265.

XX **Aub. du Moulin de Rongefer,** rte Pouilly O : 2 km par ④ et VO ✆ 77 60 01 57, – P. GB
fermé 23 août au 8 sept., vacances de fév., dim. soir, mardi soir et merc. – **R** 95/260, enf. 50.

XX **Le Sornin,** 6 pl. Bouverie **(n)** ✆ 77 60 03 74, – ▤. GB
fermé 25 au 31 août, 22 fév. au 7 mars, dim. soir et lundi – **R** 75/165, enf. 60.

PEUGEOT-TALBOT Automobiles du Sornin ✆ 77 69 07 07
RENAULT Saunier ✆ 77 60 07 55

CHARMES 88130 Vosges 62 ⑤ G. Alsace Lorraine – 4 721 h alt. 283.

Paris 346 – Épinal 29 – ◆Nancy 42 – Lunéville 35 – Neufchâteau 55 – St-Dié 59 – Toul 62 – Vittel 39.

XX **Dancourt** avec ch, 6 pl. H. Breton ✆ 29 38 80 80, Fax 29 38 09 15 – TV ☎. GB
fermé 20 déc. au 10 janv., sam. midi et vend. – **R** 99/295 – ☐ 30 – **15 ch** 185/260 – ½ P 210/230.

XX **Vaudois** avec ch, r. Capucins ✆ 29 38 02 40, – ☎. GB
fermé 23 août au 7 sept., dim. soir et lundi – **Repas** 95/380 – ☐ 35 – **7 ch** 205/290 – ½ P 205/236.

à Vincey SE : 4 km par N 57 – ✉ **88450** :

Relais de Vincey M, ✆ 29 67 40 11, Fax 29 67 36 66, – ch TV ☎ P – 25. GB
fermé 16 au 31 août – **R** *(fermé dim. soir et sam.)* 98/235, enf. 55 – ☐ 35 – **28 ch** 220/300 – ½ P 270/345.

CHARMES-SUR-RHÔNE 07800 Ardèche 77 ⑪ ⑫ – 1 826 h alt. 111.

Paris 572 – Valence 11 – Crest 24 – Montélimar 41 – Privas 28 – St-Péray 10,5.

XX **Autour d'une Fontaine** avec ch, ℘ 75 60 80 10, Fax 75 60 87 47, – rest – 25. AE GB
R *(fermé lundi)* 111/370 – ☕ 34 – **15 ch** 230/400 – ½ P 400/500.

CHARMOIS 54360 M.-et-M. 62 ⑤ – 196 h alt. 255.

Paris 334 – ◆Nancy 30 – Épinal 55 – Lunéville 12 – St-Dié 62 – Sarrebourg 64.

X **La Petite Auberge,** ℘ 83 75 79 65 – AE GB
fermé 8 au 22 mars, 16 août au 6 sept., lundi (sauf fériés) et dim. soir – **R** 130/310, enf. 50.

CHARNY 89120 Yonne 65 ③ – 1 634 h alt. 139.

Paris 140 – Auxerre 48 – Cosne-sur-Loire 62 – Gien 47 – Joigny 28 – Montargis 36 – Sens 46.

Cheval Blanc, ℘ 86 63 60 66 – ☎. GB
fermé mardi midi d'oct. à mars et lundi – **R** 98/190 – **8 ch** ☕ 260/390 – ½ P 280.

Gare , ℘ 86 63 61 59 – ☎. GB.
fermé 30 août au 6 sept., 13 déc. au 10 janv., dim. soir et lundi sauf fériés – **R** 62/218 – ☕ 31 – **12 ch** 162/273 – ½ P 172/194.

PEUGEOT-TALBOT Guérin ℘ 86 63 61 81 N
PEUGEOT-TALBOT Gar. Carpentier ℘ 86 63 65 99 N
RENAULT Hivon ℘ 86 63 65 12

CHAROLLES 71120 S.-et-L. 69 ⑰ ⑱ **G. Bourgogne** – 3 048 h alt. 282.

Office de Tourisme Ancien Couvent des Clarisses, r. Baudinot ℘ 85 24 05 95.

Paris 368 – Mâcon 54 – Autun 77 – Chalon-sur-Saône 68 – Moulins 84 – Roanne 60.

Moderne, av. Gare ℘ 85 24 07 02, – ☎. GB
fermé 27 déc. au 1er fév., dim. soir de sept. à juin et lundi sauf le soir du 10 juil. au 15 sept. – **R** 110/290 – ☕ 38 – **17 ch** 250/450 – ½ P 310/390.

France sans rest, av. J. Furtin ℘ 85 24 06 66 – ☎. GB
fermé 22 juin au 4 juil., 20 déc. au 7 janv. et sam. d'oct. à juin – ☕ 35 – **10 ch** 175/250.

Lion d'Or, 6 r. Champagny ℘ 85 24 08 28, Fax 85 24 08 28, – ☎. AE GB
fermé 15 au 30 nov. 15 au 30 janv., dim. soir et lundi de sept. à juin. – **R** 90/260, enf. 55 – ☕ 35 – **17 ch** 150/350 – ½ P 290.

XXX **Poste** avec ch, av. Libération (près église) ℘ 85 24 11 32, Fax 85 24 05 74 – ☎. AE GB
fermé 15 nov. au 15 déc., dim. soir et lundi midi – **R** 130/380, enf. 80 – ☕ 40 – **9 ch** 200/260.

à Viry NE : 7 km par N 79 et D 33 – ✉ **71120** :

X **Le Monastère,** ℘ 85 24 14 24 – GB
fermé janv., mardi soir et merc. sauf juil.-août – **R** 81/140, enf. 38.

CITROEN Moulin ℘ 85 24 01 10 N
FORD Pluriel, ℘ 85 24 01 36 N

CHARQUEMONT 25140 Doubs 66 ⑱ – 2 205 h alt. 900.

Paris 483 – ◆Besançon 74 – ◆Basel 102 – Belfort 65 – Montbéliard 47 – Pontarlier 60.

Haut Doubs H., ℘ 81 44 00 20, Fax 81 44 09 18, – ☎. GB
fermé lundi sauf vacances scolaires – **R** 60/200 – ☕ 28 – **32 ch** 210/260 – ½ P 240.

X **Bois de la Biche** avec ch, SE : 4,5 km par D 10E ℘ 81 44 01 82, ←, – ☎. GB
fermé 12 nov. au 12 déc. et lundi sauf juil.-août – **R** 85/250 – ☕ 25 – **3 ch** 190 – ½ P 190.

PEUGEOT-TALBOT Gar. Central ℘ 81 44 00 27 N

CHARROUX 86250 Vienne 72 ④ **G. Poitou Vendée Charentes** – 1 428 h alt. 165.

Voir Abbaye St-Sauveur★ : tour★★, sculptures★★ du cloître, trésor★.

Paris 395 – Confolens 27 – Niort 75 – ◆Poitiers 53.

PEUGEOT-TALBOT Gar. Meunier ℘ 49 87 50 05

CHARTRES P 28000 E.-et-L. 60 ⑦ ⑧ 106 ㊲ **G. Ile de France** – 39 595 h alt. 142. Grand pèlerinage des étudiants (fin avril-début mai).

Voir Cathédrale★★★ Y – Vieux Chartres★ YZ – Église St-Pierre★ Z – ←★ sur l'église St-André, des bords de l'Eure Y – ←★ du Monument des Aviateurs militaires Y **Z** – Musée des Beaux-Arts : émaux★ Y **M** – C.O.M.P.A.★ (Conservatoire du Machinisme agricole et des Pratiques Agricoles) 2 km par D24.

9 18 de Maintenon ℘ 37 27 18 09, par ① : 19 km.

Office de Tourisme pl. Cathédrale ℘ 37 21 50 00 – A.C.O. 10 av. Jehan-de-Beauce ℘ 37 21 03 79.

Paris 88 ② – Évreux 77 ① – ◆Le Mans 118 ④ – ◆Orléans 76 ③ – Tours 140 ④.

Plan page suivante

Grand Monarque, 22 pl. Épars ℘ 37 21 00 72, Télex 760777, Fax 37 36 34 18, – ☎ – 25 à 100. AE GB JCB Z **e**
R 198/288, enf. 75 – **54 ch** ☕ 460/705, 5 appart.

Mercure M sans rest, 8 av. Jehan de Beauce ℘ 37 21 78 00, Télex 780728, Fax 37 36 23 01 – ch ☎ – 120. AE GB Y **b**
☕ 50 – **49 ch** 460/520.

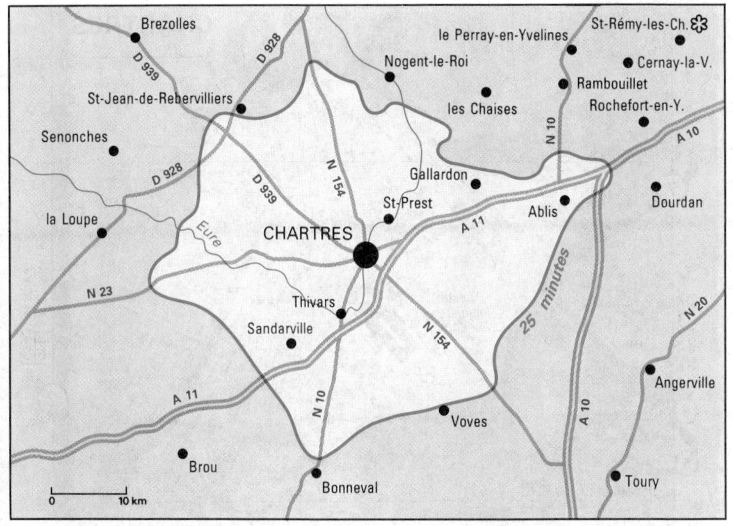

Poste, 3 r. Gén. Koenig ✆ 37 21 04 27, Télex 760533, Fax 37 36 42 17 – rest – 30. AE GB Y **v**
R 74/160, enf. 44 – ☕ 37 – **60 ch** 205/280 – ½ P 247/272.

Ibis M, 14 pl. Drouaise ✆ 37 36 06 36, Télex 783533, Fax 37 36 17 20, – ch – 60. AE GB X **b**
R 91, enf. 39 – ☕ 33 – **79 ch** 285/340.

La Vieille Maison, 5 r. au Lait ✆ 37 34 10 67, Fax 37 91 12 41 – AE GB Y **s**
fermé 15 au 31 juil., 1er au 8 janv., dim. soir et lundi – **R** 155/340.

Moulin de Ponceau, 21 r. Tannerie ✆ 37 35 87 87, <, , « Ancien moulin du 16e siècle au bord de l'Eure » – GB Y **n**
fermé 15 au 31 août, vacances de fév., dim. soir et lundi – **R** 135/320, enf. 70.

Buisson Ardent, 10 r. au Lait ✆ 37 34 04 66 – AE GB Y **s**
fermé dim. soir – **R** 98/245, enf. 60.

Le Minou, 4 r. Mar. de Lattre de Tassigny ✆ 37 21 10 68 – GB. YZ **u**
fermé 18 juil. au 9 août, 13 au 28 fév., dim. soir et lundi – **R** 95/180.

à St-Prest par ① et D 6 : 8 km – ✉ **28300** :

Manoir du Palomino M, ✆ 37 22 27 27, Fax 37 22 24 92, <, « Dans un parc au bord de l'Eure, golf », – – 25. GB
fermé 24 déc. au 24 fév. – **R** *(fermé dim. soir et lundi sauf de mai à sept.)* 135/360, enf. 60 – ☕ 40 – **20 ch** 250/550 – ½ P 300/450.

par ② et N 10 : 4 km – ✉ **28630** Chartres :

Novotel, av. Marcel Proust ✆ 37 34 80 30, Télex 781298, Fax 37 30 29 56, – ch rest – 30 à 200. AE GB
R carte environ 150, enf. 50 – ☕ 50 – **78 ch** 410/510.

par ③ : 4 km, près rocade – ✉ **28630** Le Coudray :

Primevère, ✆ 37 91 03 03, Fax 37 91 05 39, – – 30
41 ch.

Z.A. de Barjouville par ④ : 4 km – ✉ **28630** Barjouville :

Climat de France M, ✆ 37 35 35 55, Télex 760459, Fax 37 34 72 12, – – 40 à 80. AE GB
R 82/115, enf. 35 – ☕ 31 – **52 ch** 278/310 – ½ P 225.

Aster, près rocade ✆ 37 34 47 47, Fax 37 30 82 66 – – 25. GB
R *(fermé 25 déc. au 1er janv. et dim. soir)* 59/99, enf. 35 – ☕ 28 – **40 ch** 184.

à Thivars par ④ : 7,5 km par N 10 – ✉ **28630** :

La Sellerie, ✆ 37 26 41 59 – . GB
fermé 3 au 25 août, 3 au 18 janv., dim. soir de nov. à mars, lundi soir et mardi – **R** 130/270.

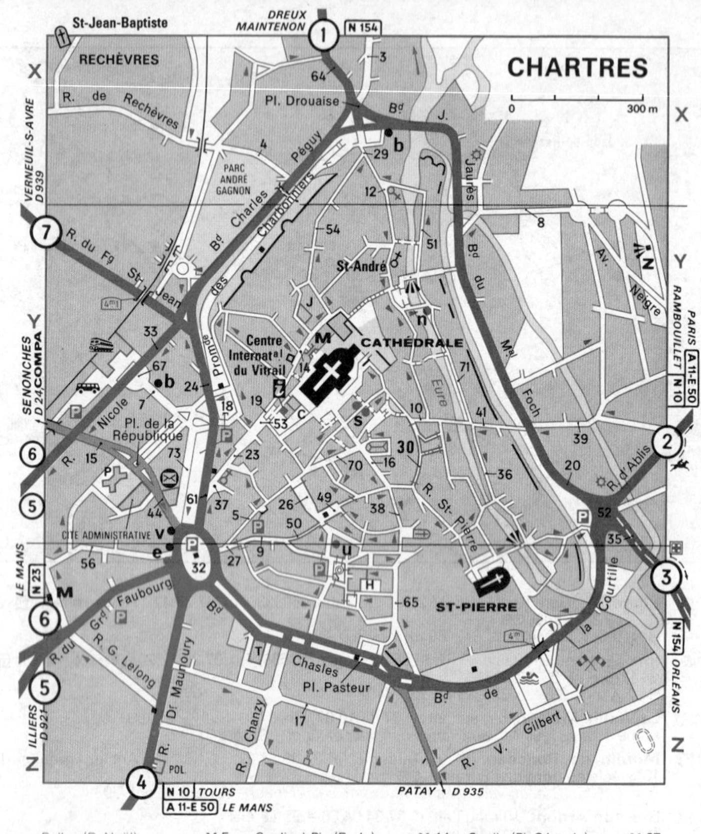

Ballay (R. Noël)	Y 5	Cardinal-Pie (R. du)	Y 14	Gaulle (Pl. Gén.-de)	Y 37
Bois-Merrain (R. du)	Y 9	Casanova (R. Danièle)	Y 15	Grenets (R. des)	Y 38
Changes (R. des)	Y 16	Châteaudun (R. de)	Z 17	Guillaume (R. du Fg)	Y 39
Delacroix (R.)	Z 27	Châtelet (Pl.)	Y 18	Kœnig (R. du Gén.)	Y 44
Guillaume (R. Porte)	Y 41	Cheval-Blanc (R. du)	Y 19	Massacre (R. du)	Y 51
Marceau (Pl.)	Y 49	Clemenceau (R.)	Y 20	Morard (Pl.)	Y 52
Marceau (R.)	Y 50	Collin-d'Harleville (R.)	Y 23	Moulin (Pl. Jean)	Y 53
Soleil-d'Or (R. du)	Y 70	Couronne (R. de la)	Y 24	Muret (R.)	Y 54
		Cygne (R. du)	Y 26	Péri (R. Gabriel)	Z 56
Aligre (Av. d')	X 3	Drouaise (R. Porte)	X 29	Résistance (Bd de la)	Y 61
Alsace-Lorraine (R. d')	X 4	Écuyers (R. des)	Y 30	St-Maurice (R.)	X 64
Beauce (Av. Jehan-de)	Y 7	Épars (Pl. des)	Z 32	St-Michel (R.)	Z 65
Bethouart (Av.)	Y 8	Félibien (R.)	Y 33	Sémard (Pl. Pierre)	Y 67
Bourg (R. du)	Y 10	Ferrière (R. de)	Y 35	Tannerie (R. de la)	Y 71
Brêche (R. de la)	X 12	Foulerie (R. de la)	Y 36	Viollette (Bd Maurice)	Y 73

BMW Thireau, Parc des Propylées RN 10 ✆ 37 34 34 40
FIAT Fiat Chartres, 84 r. Grand-Faubourg ✆ 37 34 01 33
RENAULT Renault Chartres, ZUP Madeleine av. M.-Proust par ② ✆ 37 30 20 20 🅽 ✆ 37 23 68 15

RENAULT Ruelle, 104 r. Fg-la-Grappe par ③ ✆ 37 28 51 19
V.A.G Gar. Electricauto, 46 av. d'Orléans, N 154 ✆ 37 28 07 35

Breton, 26 r. G.-Fessard ✆ 37 21 18 98

Périphérie et environs

FORD Gar. Paris-Brest, r. Mar.-Leclerc à Lucé ✆ 37 28 13 88
MERCEDES-BENZ B.S.A., 20 bis bd Foch ✆ 37 35 88 80
OPEL Gar. Ouest, 43 r. Château-d'Eau à Mainvilliers ✆ 37 36 37 87
PEUGEOT-TALBOT Gar. St-Thomas, rte d'Illiers à Lucé par ⑤ ✆ 37 34 26 41 🅽 ✆ 37 78 25 86
RENAULT Renault Chartres, 23 r. Kennedy à Lucé par ⑤ ✆ 37 34 00 99 🅽 ✆ 37 23 68 15

ROVER Chartres-Auto-Sport, rte d'Illiers à Lucé ✆ 37 35 24 79
TOYOTA Socalu, 5 r. de Fontenay à Lucé ✆ 37 28 02 40

Breton, 13 r. de Fontenay ZI à Lucé ✆ 37 28 28 80
Marsat Chartres-Pneus, ZAC Malbrosses 1 r. La Motte à Lucé ✆ 37 35 86 94

CHARTRES-DE-BRETAGNE 35 I.-et-V. 63 ⑥ – rattaché à Rennes.

La CHARTRE-SUR-LE-LOIR 72340 Sarthe 64 ④ G. Châteaux de la Loire – 1 669 h alt. 57.

Syndicat d'Initiative (15 juin-15 sept.) ✆ 43 44 40 04.

Paris 210 – ♦Le Mans 46 – La Flèche 57 – St-Calais 30 – ♦Tours 42 – Vendôme 42.

France, ✆ 43 44 40 16, Fax 43 79 62 20, – TV ☎ P – 30. GB
fermé 15 nov. au 15 déc. – **R** (dim. prévenir) 69/260 – 38 – **29 ch** 215/275 – ½ P 210/240.

Cheval Blanc, ✆ 43 44 42 81 – TV ☎. GB
fermé 20 au 25 sept., dim. soir et lundi d'oct. à mai – **R** 65/210 – 28 – **12 ch** 110/250.

PEUGEOT-TALBOT Gar. Vallée du Loir ✆ 43 44 41 12

CHASSELAY 69380 Rhône 73 ⑩ – 2 002 h alt. 211.

Paris 445 – ♦Lyon 21 – L'Arbresle 14 – Villefranche-sur-Saône 14.

XX **Guy Lassausaie,** ✆ 78 47 62 59, Fax 78 47 06 19 – P. AE GB
fermé 19 au 30 août, 10 au 25 janv., mardi soir et merc. – **R** 150/350, enf. 80.

CITROEN Gar. du Mont-Verdun ✆ 78 47 62 23

CHASSENEUIL-DU-POITOU 86 Vienne 68 ⑭ – rattaché à Poitiers.

CHASSENEUIL-SUR-BONNIEURE 16260 Charente 72 ⑭ ⑮ G. Poitou Vendée Charentes – 2 791 h alt. 120.

Voir Mémorial de la Résistance.

Paris 436 – Angoulême 33 – Confolens 30 – ♦Limoges 70 – Nontron 48 – Ruffec 35.

XX **Gare** avec ch, ✆ 45 39 50 36, Fax 45 39 64 03 – ☎. GB
fermé 2 au 20 juil., 2 au 20 janv., dim. soir et lundi sauf fériés – **R** 60/260 – 25 – **11 ch** 125/260 – ½ P 180/220.

CITROEN Grugeau ✆ 45 39 50 17
RENAULT Gar. Livertoux ✆ 45 39 50 19
RENAULT Linlaud ✆ 45 39 57 09 N ✆ 45 63 98 47

CHASSERADES 48250 Lozère 80 ⑦ – 151 h alt. 1 174.

Paris 612 – Mende 40 – Langogne 29 – Villefort 25.

Sources , rte La Bastide ✆ 66 46 01 14, ≤ – ☎ P. GB
fermé dim. soir du 12 nov. au 9 fév. – **R** 67/120 , enf. 40 – 28 – **11 ch** 140/250 – ½ P 195.

CHASSE-SUR-RHÔNE 38 Isère 74 ⑪ – rattaché à Vienne.

CHASSEY-LE-CAMP 71 S.-et-L. 69 ⑨ – rattaché à Chagny.

CHASSIEU 69 Rhône 74 ⑫ – rattaché à Lyon.

La CHATAIGNERAIE 85120 Vendée 67 ⑯ – 2 904 h alt. 171.

Paris 387 – Bressuire 31 – Fontenay-le-Comte 22 – Parthenay 42 – La Roche-sur-Yon 58.

Aub. de la Terrasse, r. Beauregard ✆ 51 69 68 68, Fax 51 52 67 96 – TV ☎ – 40. AE GB. rest
fermé 18 déc. au 2 janv. et sam. hors sais. sauf fériés – **R** 72/196, enf. 46 – 30 – **14 ch** 180/340.

PEUGEOT Gar. Arnaud à la Tardière ✆ 51 69 66 69
RENAULT Gar. Boinot ✆ 51 52 66 66 N ✆ 51 69 60 10

CHÂTEAU-ARNOUX 04160 Alpes-de-H.-P. 81 ⑯ G. Alpes du Sud – 5 109 h alt. 440.

Voir ☼★ de la chapelle St-Jean S : 2 km puis 15 mn.

Office de Tourisme r. V.-Maurel ✆ 92 64 02 64.

Paris 724 – Digne-les-Bains 25 – Forcalquier 30 – Manosque 40 – Sault 70 – Sisteron 14.

✿ **La Bonne Étape** (Gleize) , Chemin du lac ✆ 92 64 00 09, Fax 92 64 37 36, « Bel aménagement intérieur », – TV ☎ P. AE GB
fermé 5 janv. au 15 fév., dim. soir et lundi du 1er nov. au 30 avril – **R** 190/490 et carte 300 à 500 – 85 – **11 ch** 500/900, 7 appart.
Spéc. Salade tiède de homard, sauce pomme d'amour. Agneau des Alpes de Provence. Gibier (sais.). Vins Palette, Vacqueyras.

à St-Auban SO : 3,5 km par N 96 – ✉ **04600** :

Voir Site★ de Montfort S : 2 km.

Villiard sans rest, ✆ 92 64 17 42, Fax 92 64 23 29, – TV ☎ P – 25. GB
fermé 22 au 30 août, 22 déc. au 5 janv., et sam. de sept. à Pâques – 38 – **20 ch** 240/420.

PEUGEOT-TALBOT Plantevin, 70 av. Gén.-de-Gaulle ✆ 92 64 06 15 N

CHÂTEAU-BERNARD 38650 Isère 77 ⑭ – 134 h alt. 855.

Paris 606 – ♦Grenoble 36 – Monestier-de-Clermont 12.

au col de l'Arzelier N : 4 km – ✉ 38650 Monestier-de-Clermont :

Voir Site★ de Prélenfrey N : 4 km, **G. Alpes du Nord.**

Deux Soeurs ⑤, ☎ 76 72 37 68, Fax 76 72 20 25, ≤, 余, ⛱ – ✕ ch ☎ 🚗 **P**. GB
fermé 20 sept. au 9 oct. – **R** 80/180, enf. 50 – ☐ 28 – **24 ch** 160/200 – ½P 215/235.

CHÂTEAUBOURG 35220 I.-et-V. 59 ⑰ ⑱ – 4 056 h alt. 125.

Paris 325 – ♦Rennes 23 – Angers 107 – Châteaubriant 49 – Fougères 43 – Laval 52.

Ar Milin', ☎ 99 00 30 91, Fax 99 00 37 56, « Ancien moulin dans un parc au bord de la Vilaine », ✕ – |‡| TV ☎ **P** – 🏛 60. AE ⓓ GB
fermé 20 déc. au 3 janv. – **R** *(fermé dim. soir en mars, avril, oct. et dim. de nov. à fév.)* 92/210, enf. 67 – ☐ 47 – **30 ch** 310/530 – ½P 375.

à La Peinière E : 6 km par D 857 et D 105 – ✉ 35220 Châteaubourg :

Pen'Roc M ⑤, ☎ 99 00 33 02, Fax 99 62 30 89, 余, ⛱ – |‡| TV ☎ **P** – 🏛 30. AE ⓓ GB JCB
fermé 1er au 14 mars, vacances de nov. et de Noël – **Repas** *(fermé dim. soir de mi-sept. à mi-mai)* 145/250, enf. 68 – ☐ 42 – **33 ch** 350/400 – ½P 320/340.

CITROEN Gar. Brunet ☎ 99 00 31 16 PEUGEOT TALBOT Gar. Chevrel ☎ 99 00 31 12

CHÂTEAUBRIANT ⟨SP⟩ 44110 Loire-Atl. 63 ⑦ ⑧ **G. Bretagne** – 12 783 h alt. 56.

Voir Château★.

☐ Office de Tourisme 22 r. de Couëré ☎ 40 28 20 90.

Paris 354 ① – Ancenis 43 ③ – Angers 71 ③ – La Baule 95 ④ – Cholet 91 ③ – Fougères 83 ① – Laval 81 ② – ♦Nantes 71 ④ – ♦Rennes 62 ⑤ – St-Nazaire 86 ④.

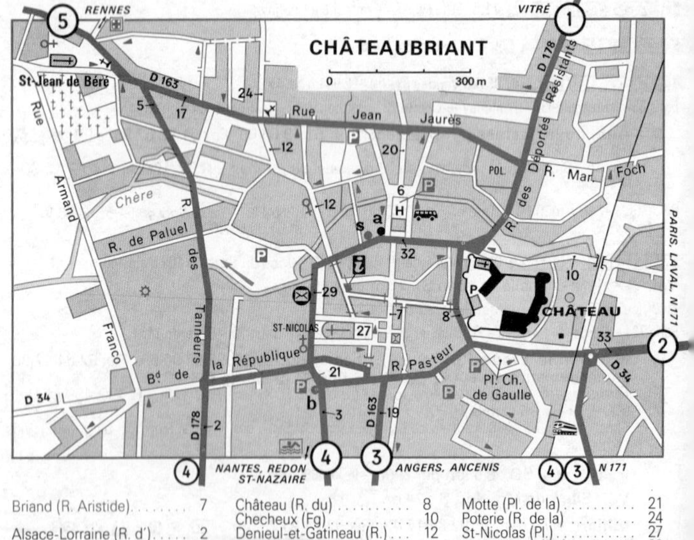

Briand (R. Aristide)	7	Château (R. du)	8	Motte (Pl. de la)	21
		Chécheux (Fg)	10	Poterie (R. de la)	24
Alsace-Lorraine (R. d')	2	Deniel-et-Gatineau (R.)	12	St-Nicolas (Pl.)	27
Barre (R. de la)	3	Gauthier-Grosdoy (R. A.)	17	Victor-Hugo (Bd)	29
Boispéan (R. du)	5	Grimaud (R. M.)	19	11-Novembre (R. du)	32
Bréant (Pl. E.)	6	Môquet (R. Guy)	20	27-Otages (R. des)	33

Châteaubriant M sans rest, 30 r. 11-Novembre **(a)** ✆ 40 28 14 14, Fax 40 28 26 49 – 🛗 TV ☎ P – 🚻 80. AE ⓓ GB
☕ 29 – **34 ch** 260/380.

Host. La Ferrière 🐚, rte Nantes par ④ : 1,5 km ✆ 40 28 00 28, Télex 701353, Fax 40 28 29 21, « Parc fleuri » – TV ☎ P – 🚻 50 à 150. AE ⓓ GB JCB
fermé 24 déc. au 3 janv. et dim. soir de nov. à mars – **R** 115/220, enf. 60 – ☕ 37 – **25 ch** 330/380 – ½ P 270.

Aub. Bretonne M avec ch, 23 pl. Motte **(b)** ✆ 40 81 03 05, Fax 40 28 37 51 – TV ☎. ⓓ GB
R 92/198, enf. 68 – ☕ 42 – **8 ch** 280/540 – ½ P 300/400.

Le Poêlon d'Or, 30 bis r. 11-Novembre **(s)** ✆ 40 81 43 33 – GB
fermé 1er au 7 août, 26 fév. au 4 mars et dim. sauf fév. – **R** 90/300.

CITROEN Autom. Castelbriantaise, rte de St-Nazaire, ZI par ④ ✆ 40 28 10 90
FORD Mérel, ZI, 65 rte d'Ancenis ✆ 40 81 15 29
PEUGEOT-TALBOT Gar. Bareteau, rte de St-Nazaire ZI ✆ 40 81 01 05
RENAULT SADAC, rte de St-Nazaire, ZI La Ville au Bois par ④ ✆ 40 81 26 84 N ✆ 40 28 27 28
Castel Pneus ZI r. du Prés. Kennedy ✆ 40 28 01 94

CHÂTEAU-CHINON

<SP> **58120** Nièvre 69 ⑥ **G. Bourgogne** – 2 502 h alt. 534.

Voir Site★ – Calvaire ✲★★ – Promenade du château★ – Vallée du Touron★ E.

ℹ Office de Tourisme r. Champlain (transfert prévu) (vacances scolaires) ✆ 86 85 06 58.

Paris 281 – Autun 36 – Avallon 61 – Clamecy 65 – Moulins 88 – Nevers 66 – Saulieu 43.

Le Folin M, rte Nevers ✆ 86 85 00 80, Fax 86 85 21 29, ≤, 🌳 – ▤ rest TV ☎ ♿ P – 🚻 30. GB
fermé 20 au 30 nov. – **R** 78/180 – ☕ 35 – **33 ch** 230/260.

PEUGEOT-TALBOT Jeannot-Roblin, 6 r. de Nevers ✆ 86 85 02 76
RENAULT Gar. Cottet, rte de Lormes ✆ 86 85 06 01 N ✆ 86 79 40 41

CHÂTEAU-D'OLÉRON

17 Char.-Mar. 71 ⑭ – voir à Oléron (Ile d').

CHÂTEAU-DU-LOIR

72500 Sarthe 64 ④ **G. Châteaux de la Loire** – 5 473 h alt. 50.

ℹ Syndicat d'Initiative 2 av. J.-Jaurès (juin-15 sept.) ✆ 43 44 56 68 et à la Mairie (hors saison) ✆ 43 44 00 38.

Paris 238 – ♦Le Mans 40 – Château-la-Vallière 20 – La Flèche 41 – ♦Tours 40 – Vendôme 58.

Grand Hôtel, 59 av. A. Briand ✆ 43 44 00 17 – ☎ P. GB. ✗ rest
R 90/190, enf. 65 – ☕ 35 – **23 ch** 180/260 – ½ P 250.

PEUGEOT-TALBOT Boutellier, rte du Mans à Luceau ✆ 43 44 00 67
RENAULT Gar. Cosnier, rte du Mans à Luceau ✆ 43 44 00 92 N

CHÂTEAUDUN

<SP> **28200** E.-et-L. 60 ⑰ **G. Châteaux de la Loire** – 14 511 h alt. 140.

Voir Château★★ A – Vieille ville★ A : église de la Madeleine★ – Promenade du Mail ≤★ A – Musée : Collection d'oiseaux★ A **M.**

ℹ Office de Tourisme 1 r. de Luynes ✆ 37 45 22 46.

Paris 130 ① – ♦Orléans 51 ② – Alençon 120 ⑤ – Argentan 145 ⑤ – Blois 57 ③ – Chartres 43 ① – Fontainebleau 120 ② – ♦Le Mans 108 ⑤ – Nogent-le-Rotrou 53 ⑤ – ♦Tours 96 ③.

Plan page suivante

Beauce 🐚 sans rest, 50 r. Jallans ✆ 37 45 14 75, Fax 37 45 87 53 – TV ☎ 🚗. GB B **s**
fermé 20 déc. au 5 janv. et dim. du 15 oct. au 15 mai – ☕ 34 – **24 ch** 160/300.

St-Michel sans rest, 5 r. Péan ✆ 37 45 15 70, Fax 37 45 83 39 – 🚭 ch TV ☎ 🚗. AE GB. ✗ A **a**
fermé 22 déc. au 5 janv. – ☕ 27 – **19 ch** 155/305.

La Rose avec ch, 12 r. Lambert-Licors ✆ 37 45 21 83, Fax 37 45 21 83 – ▤ rest TV ☎ 🚗. ⓓ GB. ✗ ch B **w**
fermé 15 au 30 nov. et dim. soir hors sais. – **Repas** 87/220 🍷 – ☕ 32 – **7 ch** 215/255.

L'Arnaudière, 4 r. St-Lubin ✆ 37 45 98 98, Fax 37 45 96 48, 🌳 – GB A **b**
fermé dim. soir et lundi – **R** 98/158.

Trois Pastoureaux, 31 r. A Gillet ✆ 37 45 74 40 – GB A **s**
fermé 21 déc. au 6 janv., dim. soir et lundi sauf fériés – **R** 98/180, enf. 60.

La Licorne, 6 pl. 18-Octobre ✆ 37 45 32 32 – ▤. GB A **e**
fermé 15 au 23 juin et 22 déc. au 15 janv. – **R** 68/180, enf. 48.

à Marboué par ① sur N 10 : 5 km – ✉ **28200** :

Toque Blanche, ✆ 37 45 12 14 – ▤. AE GB
fermé 7 juil. au 3 août, 22 déc. au 3 janv., mardi soir et merc. – **R** 90/180 🍷, enf. 50.

CITROEN Gar. Mourice-Rebours, 91 bd Kellermann par ② ✆ 37 45 10 87
PEUGEOT-TALBOT Gar. Lemasson, rte de Chartres par ① ✆ 37 45 20 98 N ✆ 37 96 52 22
RENAULT Giraud, rte de Tours à la Chapelle-du-Noyer par ③ ✆ 37 45 10 74 N ✆ 37 96 52 31
Ⓜ Euromaster Central Pneu Service, RN 10 ✆ 37 45 11 17
Euromaster La Centrale du Pneu, 98 r. Varize ✆ 37 45 68 54

CHÂTEAUDUN

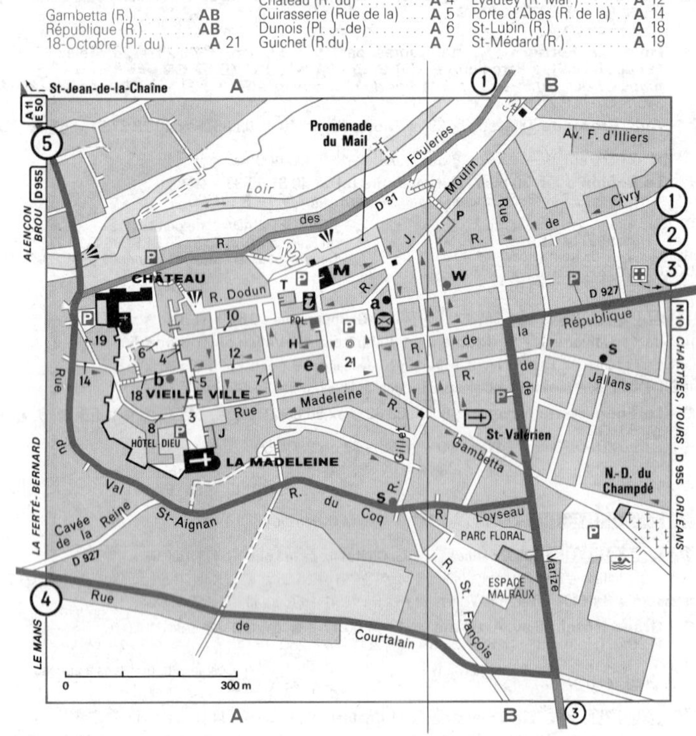

CHÂTEAUFORT 78 Yvelines 60 ⑩, 101 ㉒ – voir à Paris, Environs.

CHÂTEAUGIRON **35410** I.-et-V. 63 ⑦ **G. Bretagne** – 4 166 h alt. 60.

Paris 337 – Angers 106 – Châteaubriant 42 – Fougères 47 – Nozay 66 – ◆Rennes 18 – Vitré 28.

Cheval Blanc et Château, ☏ 99 37 40 27, Fax 99 37 59 68 – TV ☎ P. GB
fermé lundi d'avril à sept. (sauf hôtel) et dim. soir – **R** 61/193 ♁ – ☕ 25 – **18 ch** 155/245 – ½ P 159/190.

XXX **L'Aubergade,** ☏ 99 37 41 35 – GB
fermé 8 au 23 mars, 19 août au 3 sept., dim. soir et lundi – **R** 115/268.

CHÂTEAU-GONTIER SP **53200** Mayenne 63 ⑩ **G. Châteaux de la Loire** – 11 085 h alt. 43.

Voir Intérieur★ de l'église St-Jean-Baptiste A.

Syndicat d'Initiative à l'Hôtel de Ville (hors saison) ☏ 43 07 07 10 et Péniche l'Élan quai Alsace (mai-sept.) ☏ 43 70 42 74.

Paris 289 ② – Angers 43 ③ – Châteaubriant 56 ⑤ – Laval 32 ① – ◆Le Mans 83 ② – ◆Rennes 92 ⑤.

Plan page suivante

Jardin des Arts M, 5 r. A. Cahour ☏ 43 70 12 12, Fax 43 70 12 07, ≤, « Jardin » – TV ☎ P – 60. GB — A **e**
R *(fermé sam. midi et dim. soir hors sais.)* 80/250 ♁, enf. 65 – ☕ 44 – **20 ch** 285/520 – ½ P 240/340.

Host. Mirwault, N : 2 km par r. Basse-du-Rocher ☏ 43 07 13 17, Fax 43 07 82 96, « Au bord de la Mayenne », – TV ☎ P. AE GB. rest
fermé 1er au 7 janv. et 1er au 14 fév. – **R** *(fermé lundi midi et merc. midi)* 110/220, enf. 60 – ☕ 35 – **12 ch** 250/260 – ½ P 220.

Cerf sans rest, 31 r. Garnier ☏ 43 07 25 13, Fax 43 07 02 90 – TV ☎ P. GB — A **b**
☕ 24 – **22 ch** 150/210.

CHÂTEAU-GONTIER

Alsace-Lorraine (Quai et R. d') . . . . **B** 2
Bourg-Roussel (R. du) . . . . **A** 5
Coubertin (Q. P. de) . . . . . . **B** 7
Foch (Av. Mar.) . . . . **B** 9
Fouassier (R.) . . . . **A** 10
Français-Libres (Pl. des) . . . . **A** 12
Gambetta (R.) . . . . **A** 14
Gaulle (Quai Ch. de) . . . . **B** 15
Homo (R. René) . . . . **A** 18
Joffre (Av. Mar.) . . . . **A** 20
Leclerc (R. de la Division) . . . . **A** 22
Lemonnier (R. Gén.) . . . . **B** 24
Lierru (R. de) . . . . **B** 25
Olivet (R. d') . . . . **A** 29
Pasteur (Quai) . . . . **B** 31
Pilori (Pl. du) . . . . **A** 33
République (Pl. de la) . . . **A** 36
St-Jean (Pl.) . . . . **A** 39
St-Just (Pl.) . . . . **B** 40
Thionville (R. de) . . . . **B** 45

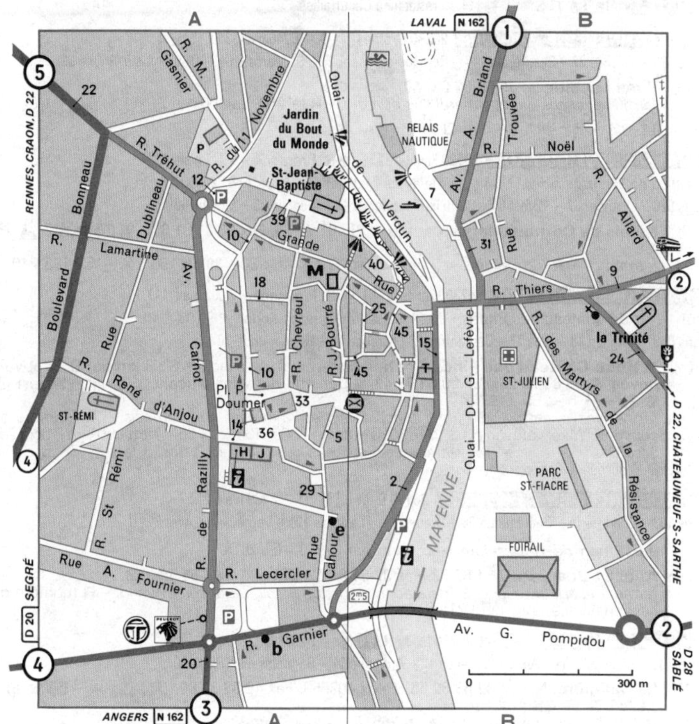

ⅩⅩ **Prieuré,** à Azé, SE : 2 km par D 22, près Église ☎ 43 70 31 16, ←, 🏞, 🍽 – GB
fermé 15 au 28 fév. et lundi soir – **R** 68/185, enf. 45.

Ⅹ **L'Aquarelle,** rte de Ménil S : 0,5 km par r. Pont d'Olivet ☎ 43 70 15 44, ←, 🏞 – ▤. GB
fermé 1er au 15 oct., dim. soir et lundi d'oct. à Pâques – **R** 70/155, enf. 45.

PEUGEOT-TALBOT Gar. Fourmond, 8 av. Mar.-Joffre ☎ 43 70 16 00

Ⓜ Cailleau, rte d'Angers à St-Fort ☎ 43 70 31 09

CHÂTEAULIN

29150 Finistère 58 ⑮ **G. Bretagne** – 4 965 h alt. 8.

Env. Enclos paroissial★★ de Pleyben E : 10 km.

ℹ Office de Tourisme quai Cosmao ☎ 98 86 02 11.

Paris 547 – Quimper 28 – ◆Brest 48 – Carhaix-Plouguer 42 – Concarneau 49 – Douarnenez 27 – Landerneau 40 – Lorient 90 – Morlaix 56.

🏨 **Au Bon Accueil,** à Port Launay NE : 2 km par D 770 ☎ 98 86 15 77, Fax 98 86 36 25, 🍽 – 🛗 ☎ ♿ 🅟 – 🏟 100. GB. ✗ ch
fermé 20 au 28 nov., 1er janv. au 1er fév., dim. soir et lundi du 1er oct. au 30 avril – **R** 75/210, enf. 41 – ☕ 32 – **52 ch** 205/320 – ½ P 200/294.

CITROEN Gar. de Cornouaille, rte de Pleyben ☎ 98 86 04 40 N
PEUGEOT-TALBOT Ind. Autos Chateaulinoises, rte de Pleyben ☎ 98 86 06 50
RENAULT Gar. de l'Aulne, 22-28 av. de Quimper ☎ 98 86 12 08 N ☎ 98 76 65 32

Ⓜ Simon-Pneus 33 r. Graveran rte de Crozon ☎ 98 86 16 09

CHÂTEAUNEUF 21320 Côte-d'Or 65 ⑲ G. Bourgogne – 63 h alt. 475.

Voir Site★ du village★ – Château★.

Paris 279 – ♦Dijon 41 – Avallon 72 – Beaune 35 – Montbard 64.

Host. du Château ⑤, ✆ 80 49 22 00, Fax 80 49 21 27, ≤, 帝, ☞ – ☎. AE GB
fermé 20 nov. au 10 fév., lundi soir et mardi du 15 sept. au 15 juin – **R** 130/280 – ☐ 40 – **16 ch** 190/500 – ½ P 400/450.

CHÂTEAUNEUF 71 S.-et-L. 73 ⑧ – rattaché à Chauffailles.

CHÂTEAUNEUF-DE-GALAURE 26330 Drôme 77 ② – 1 246 h alt. 340.

Paris 538 – Valence 37 – Beaurepaire 17 – Romans-sur-Isère 26 – St-Marcellin 41 – Tournon-sur-Rhône 29.

XX **Yves Leydier,** ✆ 75 68 68 02, 帝, ☞ – GB
fermé vacances de fév., mardi soir et merc. – **R** 95/250, enf. 50

RENAULT Gar. Léorat ✆ 75 68 61 81 N

CHÂTEAUNEUF-DU-FAOU 29520 Finistère 58 ⑯ G. Bretagne – 3 777 h alt. 130.

ℹ Office de Tourisme r. de la Mairie (fermé après-midi sept.-juin) ✆ 98 81 83 90.

Paris 526 – Quimper 37 – ♦Brest 64 – Carhaix-Plouguer 21 – Châteaulin 23 – Morlaix 50.

Relais de Cornouaille, rte Carhaix ✆ 98 81 75 36, Fax 98 81 81 32 – |♦| TV ☎ ♿ – 🏛 25. GB
fermé oct. – **R** *(fermé dim. soir et sam.)* 60/170 ♂ – ☐ 30 – **29 ch** 150/240 – ½ P 185/215.

CHÂTEAUNEUF-DU-PAPE 84230 Vaucluse 81 ⑫ G. Provence – 2 062 h alt. 117.

Voir ≤★★ du château des Papes – ℹ Office de Tourisme pl. Portail ✆ 90 83 71 08.

Paris 669 – Avignon 18 – Alès 77 – Carpentras 23 – Orange 10 – Roquemaure 10.

XXX ✿ **Host. Château des Fines Roches** (Estevenin) ⑤ avec ch, S : 3 km par D 17 et voie privée ✆ 90 83 70 23, Fax 90 83 78 42, « Dans un domaine viticole, ≤ », ☞ – ▤ rest TV ☎ P – 🏛 50 à 80. GB. ✻
fermé Noël à mi-fév., dim. soir d'oct. à juin et lundi sauf hôtel en sais. – **R** (nombre de couverts limité - prévenir) 195 (déj.)/330 et carte 330 à 400 – ☐ 65 – **7 ch** 850 – ½ P 660/760
Spéc. Salade de truffes et pommes de terre. Filets de rougets poêlés aux aromates. Tarte au vin rouge. Vins Châteauneuf-du-Pape blanc et rouge.

CHÂTEAUNEUF-EN-THYMERAIS 28170 E.-et-L. 60 ⑦ – 2 459 h alt. 212.

Paris 103 – Chartres 25 – Châteaudun 68 – Dreux 21 – ♦Le Mans 121 – Verneuil-sur-Avre 31.

à St-Jean-de-Rebervilliers N : 4 km par D 928 – ✉ 28170 :

XXX **Aub. St-Jean,** ✆ 37 51 62 83, Fax 37 51 84 52, 帝, ☞ – P. AE ⓓ GB
fermé 15 sept. au 7 oct., 9 mars au 1er avril, lundi soir, jeudi soir et vend. – **R** (nombre de couverts limité - prévenir) 215.

CHÂTEAUNEUF-LE-ROUGE 13790 B.-du-R. 84 ③ – 1 283 h alt. 230.

Paris 768 – ♦Marseille 34 – Aix-en-Provence 12 – Aubagne 31 – Brignoles 45 – Rians 30.

La Galinière, N 7 ✆ 42 53 32 55, Télex 403553, Fax 42 53 33 80, 帝, ⛱, ☞ – TV ☎ P – 🏛 30. AE ⓓ GB
R 120/395, enf. 85 – ☐ 50 – **14 ch** 265/700 – ½ P 325/430.

XX **Tonnelle,** Parc du Château ✆ 42 58 54 26, Fax 42 58 65 59, 帝 – AE ⓓ GB
fermé 5 au 20 août, vacances de fév., dim. soir, lundi soir et merc. – **R** 90/190 ♂, enf. 50.

CHÂTEAUNEUF-LES-BAINS 63390 P.-de-D. 73 ③ G. Auvergne – 330 h alt. 390 – Stat. therm. (2 mai-sept.).

ℹ Syndicat d'Initiative (2 mai-sept., après-midi seul. sauf juil.-août) ✆ 73 86 67 86.

Paris 387 – ♦Clermont-Ferrand 47 – Aubusson 81 – Montluçon 54 – Riom 32 – Ussel 97.

Château, ✆ 73 86 67 01, 帝 – TV ☎. GB. ✻ rest
1er mai-20 oct. – **R** 78/155, enf. 35 – ☐ 25 – **36 ch** 210/240 – P 235/260.

CHÂTEAUNEUF-SUR-LOIRE 45110 Loiret 64 ⑩ G. Châteaux de la Loire – 6 558 h alt. 135.

Voir Mausolée★ dans l'église St-Martial – Germigny-des-Prés : mosaïque★★ de l'église★ SE : 4,5 km – ℹ Office de Tourisme 1 pl. A.-Briand ✆ 38 58 44 79.

Paris 133 – ♦Orléans 31 – Bourges 97 – Gien 39 – Montargis 44 – Pithiviers 38 – Vierzon 88.

Parc et rest. La Capitainerie, Gde Rue ✆ 38 58 42 16, Télex 760712, Fax 38 58 46 81, 帝 – TV ☎ P. ⓓ GB JCB
fermé fév., dim. soir et lundi sauf fériés – **R** 120/275, enf. 82 – ☐ 34 – **14 ch** 199/380 – ½ P 369/414.

Nouvel H. du Loiret, pl. A. Briand ✆ 38 58 42 28, Fax 38 58 43 99, 帝 – TV ☎. AE ⓓ GB
fermé 22 déc. au 20 janv. et dim. soir de sept. à juin – **R** 72/180 ♂ – ☐ 27 – **20 ch** 196/248 – ½ P 197/223.

XX **Aub. des Fontaines,** 1 r. Fontaines (rte St-Denis-de-l'Hôtel) ✆ 38 58 44 10 – GB
fermé 6 au 27 sept. et dim. soir – **R** (nombre de couverts limité - prévenir) carte 220 à 360 ♂.

CHÂTEAUNEUF-SUR-SARTHE 49330 M.-et-L. 64 ① – 2 370 h alt. 23.

Syndicat d'Initiative quai de la Sarthe (fermé matin hors saison) ☎ 41 69 82 89.

Paris 276 – Angers 30 – Château-Gontier 24 – La Flèche 32.

Les Ondines, ☎ 41 69 84 38, Fax 41 69 83 59, – ascenseur TV ☎ P – 50. AE GB
fermé dim. soir du 15 nov. au 15 mars – **R** 70/195, enf. 39 – ☐ 29 – **30 ch** 138/324 – ½ P 180/270.

Sarthe avec ch, ☎ 41 69 85 29, ←, – GB. ch
fermé 1er au 15 mars, 4 au 25 oct., dim. soir et lundi sauf juil.-août – **R** 90/200 ♁, enf. 55 – ☐ 30 – **7 ch** 255 – ½ P 250.

CHÂTEAURENARD 13160 B.-du-R. 81 ⑫ G. Provence – 11 790 h alt. 43.

Voir Château féodal : ✲★ de la tour du Griffon.

Office de Tourisme 1 r. R.-Salengro ☎ 90 94 23 27.

Paris 697 – Avignon 10 – Carpentras 34 – Cavaillon 20 – ♦Marseille 91 – Nîmes 43 – Orange 40.

Les Glycines avec ch, 14 av. V. Hugo ☎ 90 94 10 66 – rest ☎. GB. ch
fermé 15 au 28 fév. et lundi – **R** 80/170, enf. 39 – ☐ 29 – **10 ch** 180/200 – ½ P 240.

PEUGEOT-TALBOT Gar. Auto Services, 10 r. H.-Brisson ☎ 90 94 12 04
RENAULT Châteaurenard-Autom., bd Genevet ☎ 90 94 24 98

Ayme Pneus, Bd Ernest Genevet ☎ 90 94 54 81
Chato-Pneus, 37 av. J.-Jaurès ☎ 90 94 71 87

CHÂTEAU-RENAULT 37110 I.-et-L. 64 ⑤ ⑥ G. Châteaux de la Loire (plan) – 5 787 h alt. 88.

Voir ←★ des terrasses du château.

Syndicat d'Initiative Parc de Vauchevrier (saison) ☎ 47 29 54 43.

Paris 215 – ♦Tours 32 – Angers 123 – Blois 42 – Loches 57 – ♦Le Mans 86 – Vendôme 27.

Lurton sans rest, 37 pl. J. Jaurès ☎ 47 56 80 26 – ☎ P. GB
fermé 15 déc. au 15 janv. – ☐ 35 – **10 ch** 220/300.

Lion d'Or avec ch, 166 r. République ☎ 47 29 66 50 – ☎. GB
fermé 15 au 30 nov., vacances de fév., dim. soir et lundi sauf juil. à sept. – **R** 70/250 ♁ – **10 ch** ☐ 120/200 – ½ P 155/195.

au NE : 7 km sur N 10 – ✉ 41310 St Amand Longpré (L.-et-Ch.) :

Le Gastinais, ☎ 54 80 33 30, – P. GB
R (dim. et fêtes prévenir) 58/159 ♁, enf. 40.

RENAULT Tortay, 19 r. Gambetta ☎ 47 29 50 97

RENAULT Gar. Thorin, 20 r. Michelet ☎ 47 56 90 90 N ☎ 47 56 88 99

CHÂTEAUROUX P 36000 Indre 68 ⑧ G. Berry Limousin – 50 969 h alt. 154.

Voir Musée Bertrand★ BY M – Déols : clocher★ de l'ancienne abbaye X, sarcophage★ dans l'église St-Etienne X.

18 du Val de l'Indre ☎ 54 26 59 44, O : 13 km par ⑧ N 143.

Office de Tourisme pl. de la Gare ☎ 54 34 10 74 – A.C. 76 av. Blois ☎ 54 34 81 60.

Paris 269 ① – Bourges 65 ② – Blois 99 ⑨ – Châtellerault 98 ⑦ – Guéret 89 ⑤ – ♦Limoges 128 ⑥ – Montluçon 99 ④ – ♦Orléans 145 ① – Poitiers 124 ⑥ – ♦Tours 118 ⑧.

Plan page suivante

Elysée H. M sans rest, 2 r. République ☎ 54 22 33 66, Fax 54 07 34 34 – ascenseur TV ☎. AE GB JCB — AY s
☐ 45 – **18 ch** 250/330.

Mercure M, 16 r. V. Hugo ☎ 54 34 61 61, Télex 752543, Fax 54 27 69 51 – ascenseur ch TV ☎ – 25 à 100. AE GB — BY u
R 120/160 ♁ – ☐ 45 – **60 ch** 440/480.

Boischaut sans rest, 135 av. La Châtre par ④ ☎ 54 22 22 34, Fax 54 22 64 89 – ascenseur TV ☎ P. GB
☐ 24 – **27 ch** 175/260.

Voltaire, 42 pl. Voltaire ☎ 54 34 17 44, Fax 54 07 01 90 – ascenseur TV ☎. AE GB — BY a
R (dîner seul.)(résidents seul.) 72 ♁ – ☐ 31 – **37 ch** 175/245.

Primevère, 384 av. Verdun par ⑤ ☎ 54 07 87 87, Fax 54 07 04 47 – TV ☎ P – 40. GB
R 75/99 ♁, enf. 39 – ☐ 30 – **50 ch** 290.

Christina sans rest, 250 av. La Châtre par ④ ☎ 54 34 01 77 – ascenseur TV ☎ P. AE GB
☐ 20 – **33 ch** 165/220.

Boule d'Or sans rest, 18 r. Bourdillon ☎ 54 34 29 41, Fax 54 27 98 01 – TV ☎. GB
fermé sam. d'oct. à mars – ☐ 25 – **19 ch** 120/230. — BZ d

L'Ecailler, 1 r. J. J. Rousseau ☎ 54 34 82 69, Fax 54 07 32 22 – GB — AY s
fermé août, dim. soir et lundi – **R** 130/240.

La Ciboulette, 42 r. Grande ☎ 54 27 66 28 – GB — BY e
fermé 1er au 17 août, 9 janv. au 1er fév., dim., lundi et fériés – **R** 69/185 ♁, enf. 45.

CHÂTEAUROUX

Gare (R. de la) . . . . **BY**
J.-J.-Rousseau (R.) . . . . . . **AY** 26
St-Luc (R.) . . . . **BY** 46
Victor-Hugo (R.) . . . . **ABY** 53

Argenton (Av. d') . . . . **X** 4
Augras (R. E.) . . . . **X** 5
Auvergne (R. d') . . . . **X** 7
Brauderie (Av. de la) . . . . . **BZ** 9
Château-Raoul (R.) . . . . . . **AY** 13
Châtre (Av. de la) . . . . . **X, BZ** 14
Croix-Normand (Bd) . . . . . **BZ** 17
Duchâteau (Av. G.) . . . . **X** 18
États-Unis (R. des) . . . . **X, BY** 20
Fontaine-St-Germain (R.) . . **X** 22
Fournier (R. A.) . . . . **BY** 23
Gambetta (Pl.) . . . . **BY** 24
Grande (R.) . . . . **BY** 25
Jeux Marins (Av. des) . . . . **AY** 27
Kennedy (Av. J.-F.) . . . . **X, AZ** 28
Lafayette (Pl.) . . . . **BY** 30
Ledru-Rollin (R.) . . . . **BY** 32
Manufacture (Av. de la) **X, AY** 33
Marins (Av. des) . . . . . . **X, AY** 34
Marins (Bd des) . . . . . . **X, AZ** 35
Moulin-Neuf (Bd du) . . . . **X** 36
Paris (Av. de) . . . . **X, BY** 37
Paris (Route de) . . . . **X** 38
Pont-Neuf (Av. du) . . . . **X, AY** 39
Renan (R. E.) . . . . **AY** 43
République (Pl. de la) . . . . **AY** 44
St-Denis (Bd) . . . . **X** 45
Ste-Hélène (Pl.) . . . . **BY** 48
Tours (Av. de) . . . . **X** 50
Valle (Bd de la) . . . . **X** 51
Verdun (Av. de) . . . . **X** 52
Vrillé (Bd de la) . . . . **AZ** 54
3e-Rég.-Aviation-de-chasse (R. du) . . . . **X** 55

Pas de publicité payée dans ce guide.

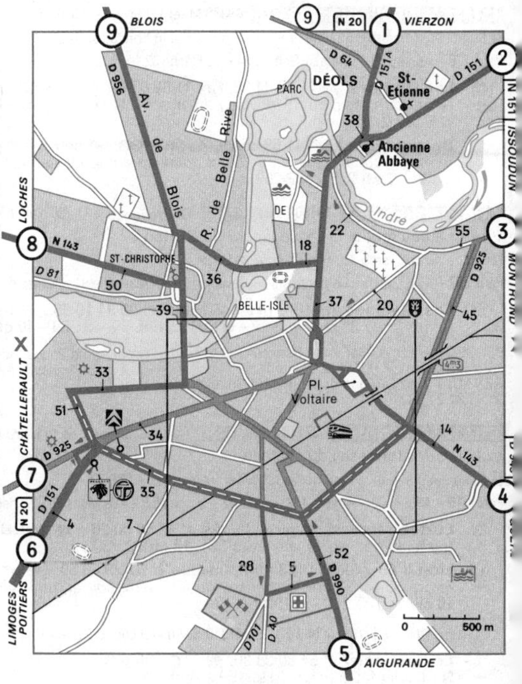

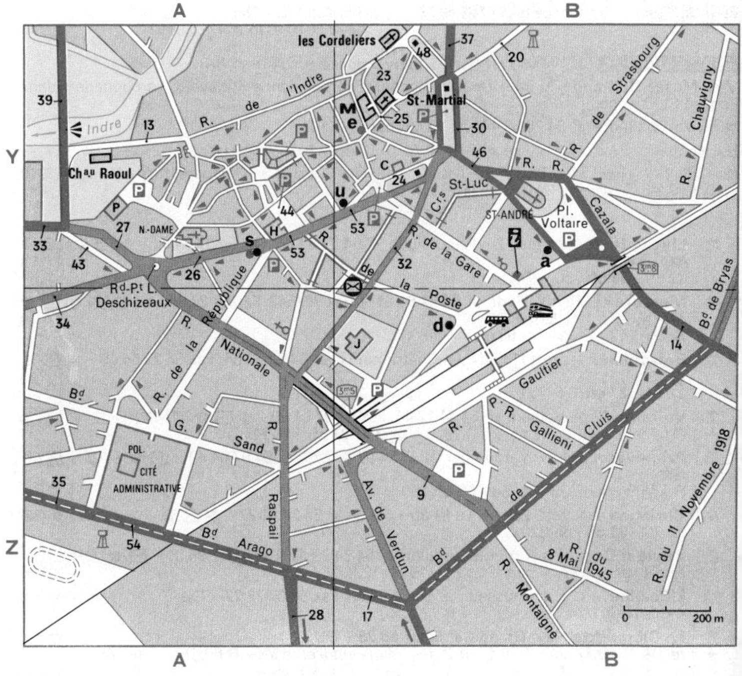

rte de Paris près Céré par ① : 6 km – ✉ **36130** Déols :

Relais St-Jacques Ⓜ, ☏ 54 22 87 10, Télex 751176, Fax 54 22 59 28, – TV ☎ P – 60 à 120. AE ① GB JCB
fermé Noël au Jour de l'An – **R** *(fermé dim.)* 100/180 – ☕ 40 – **46 ch** 300/330.

rte de Bourges par ② : 7,5 km – ✉ **36130** Montierchaume :

Les Ajoncs Ⓜ, ☏ 54 26 93 93, Fax 54 26 93 85 – ch TV ☎ ♿ P – 30. AE ① GB
R 85/140 , enf. 43 – ☕ 31 – **53 ch** 260/280 – ½ P 225.

à la Forge de l'Ile par ④ : 6 km – ✉ **36330** Le Poinçonnet :

Aub. Arc en Ciel sans rest, ☏ 54 34 09 83, Fax 54 34 46 74 – TV ☎ P – 25 à 120. GB
☕ 21 – **24 ch** 145/220.

rte de Limoges par ⑥ : 6 km – ✉ **36250** St-Maur :

Campanile Ⓜ, ☏ 54 34 28 40, Télex 752522, Fax 54 07 17 09 – TV ☎ ♿ P – 30. AE GB
R 80 bc/102 bc, enf. 39 – ☕ 29 – **45 ch** 268.

rte de Châtellerault par ⑦ : 3 km – ✉ **36000** Châteauroux :

Manoir du Colombier , D 925 ☏ 54 29 30 01, Fax 54 27 70 90, , « Ancienne demeure bourgeoise dans un parc au bord de l'Indre » – TV ☎ P – 25. AE ① GB JCB
fermé vacances de fév. – **R** *(fermé dim. soir et lundi)* 185/300 – ☕ 50 – **11 ch** 320/550.

CITROEN Maublanc, r. Montaigne ☏ 54 07 07 23 **N** ☏ 54 34 30 28
CITROEN Gar. Bisson, 76 bd Marins ☏ 54 34 12 66
MERCEDES SAVIB, Rocade Sud, rte de la Châtre ☏ 54 53 39 00 **N** ☏ 05 24 24 30
PEUGEOT-TALBOT Gd Gar. du Berry, 9 av. d'Argenton ☏ 54 22 35 88 **N** ☏ 54 26 35 73
RENAULT Brocard, RN 20 les Aubrys à St-Maur par ⑤ ☏ 54 22 22 22 **N**
RENAULT Gar. Tourisme Poids Lourds, 38 av. de Tours ☏ 54 34 15 06

Chirault, ZI allée Maisons-Rouges ☏ 54 27 99 04 et r. Folie-Comtois ☏ 54 34 40 78
Euromaster Central Pneu Service, 86 bd Cluis ☏ 54 34 12 22
Fredon, RN 20 à St-Maur ☏ 54 34 23 30
Leseche, 1 bis av. Ambulance ☏ 54 22 36 03
Récup-Auto, rte d'Issoudun à Déols ☏ 54 34 91 90

CHÂTEAU-THIERRY

SP **02400** Aisne **56** ⑭ **G. Champagne** – 15 312 h alt. 63.

Voir Église St-Ferréol★ d'Essômes 2,5 km par ④.

Office de Tourisme 12 pl. Hôtel de Ville ☏ 23 83 10 14.

Paris 96 ① – ♦Reims 58 ① – Épernay 49 ② – Meaux 49 ⑤ – Soissons 40 ① – Troyes 111 ④.

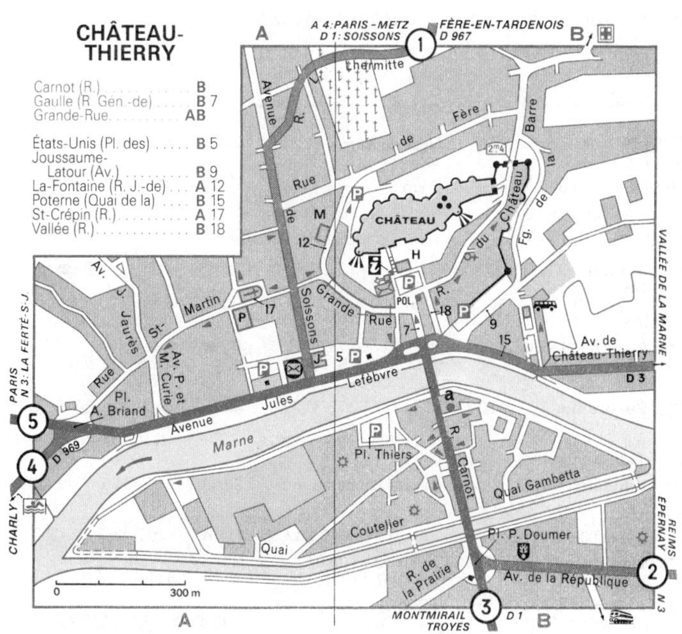

Ile de France, rte de Soissons par ① : 2 km ✆ 23 69 10 12, Fax 23 83 49 70 – |‡| TV ☎ P – 🏛 40. AE ⓓ GB
fermé 20 déc. au 6 janv. – **R** 98/250 – ☕ 38 – **50 ch** 280/330 – ½ P 245/340.

Ibis M, av. Gén. de Gaulle à Essômes par ④ ✆ 23 83 10 10, Télex 140616, Fax 23 83 45 23, 🏔, ✂ – |‡| TV ☎ ♿ P – 🏛 40 à 80. AE ⓓ GB
R 83 🍷, enf. 39 – ☕ 33 – **55 ch** 260/290.

Hexagone, 50 av. Essomes par ④ ✆ 23 83 69 69, Fax 23 83 64 17 – TV ☎ ♿ P – 🏛 30. GB
fermé dim. – **R** 70/170 🍷 – ☕ 27 – **44 ch** 210/260 – ½ P 195/210.

XX **Aub. Jean de la Fontaine,** 10 r. Filoirs ✆ 23 83 63 89 – AE ⓓ GB B a
fermé 26 juil. au 23 août, dim. soir et lundi – **R** 120/350 🍷, enf. 80.

à Reuilly-Sauvigny par ② et N 3 : 15 km – ✉ **02850** :

XXX ❀ **Aub. Le Relais** (Berthuit) avec ch, ✆ 23 70 35 36, Fax 23 70 27 76, 🌳 – TV ☎ P. AE GB. ✂ ch
fermé 23 août au 9 sept., 13 fév. au 10 mars, mardi soir et merc. – **R** 145/390 et carte 270 à 380 – ☕ 45 – **7 ch** 250/360
Spéc. Salade de foie gras cru au sel. Sandre rôti à la peau, vin rouge et échalotes. Aiguillettes de pigeonneau au jus de cresson. **Vins** Cumières rouge.

BMW-OPEL Gar. Bachelet, av. Gén.-de-Gaulle à Essômes ✆ 23 83 21 78
CITROEN Aisne-Auto, 8 av. Montmirail par ③ ✆ 23 83 23 80
FIAT-LANCIA Royal Auto Service, av. Gustave Eiffel ✆ 23 83 03 32
FORD Gar. Desaubeau, N 3 à Chierry ✆ 23 83 00 86
MERCEDES-BENZ Compagnie de l'Est, 8 r. Plaine, ZI ✆ 23 83 45 88 N ✆ 64 33 90 90
PEUGEOT-TALBOT Verdel, 18 av. Essômes par ④ ✆ 23 83 20 25
RENAULT Gds Gar. de l'Avenue, 51-58 av. Essômes par ④ ✆ 23 83 14 48 N ✆ 23 83 14 48
V.A.G Gar. de la Prairie, ZI av. de l'Europe ✆ 23 83 24 42

Ⓜ Euromaster Centrale du Pneu, 38 av. de Paris par ⑤ ✆ 23 83 02 79
Euromaster Centrale du Pneu, ZI rte de Châlons à Montmirail ✆ 26 81 22 14

CHÂTEAU-VILLE-VIEILLE (Commune de)

05350 H.-Alpes **77** ⑲ – 271 h alt. 1 400.

Voir Site★ de Château-Queyras, O : 2,5 km.

Env. Sommet-Bucher ✻★★ S : 13,5 km, **G. Alpes du Sud.**

Paris 724 – Briançon 38 – Gap 79 – Guillestre 19 – Col d'Izoard 16.

Guilazur, à Ville-Vieille ✆ 92 46 74 09, Fax 92 46 78 82, ≤, 🏔, 🌳 – ☎ P. GB. ✂ rest
fermé 15 mai au 1er juin et 10 oct. au 20 déc. – **R** 85/150 🍷, enf. 45 – ☕ 32 – **18 ch** 260 – ½ P 252.

RENAULT Gar. Berge ✆ 92 46 73 63
Gar. Bonnici ✆ 92 46 72 39 N

CHÂTEL

74390 H.-Savoie **70** ⑱ **G. Alpes du Nord** – 1 255 h alt. 1 235 – Sports d'hiver : 1 200/2 100 m 🚡2 ⛷42 ⛷.

Voir Site★ – Pas de Morgins★ S : 3 km.

ℹ Office de Tourisme ✆ 50 73 22 44, Télex 385856.

Paris 608 – Thonon-les-Bains 39 – Annecy 113 – Évian-les-Bains 40 – Morzine 37.

Macchi M, ✆ 50 73 24 12, Fax 50 73 27 25, ≤, 🏋, 🏊, 🌳 – |‡| TV ☎ 🚗 P. GB
15 juin-31 août et 20 déc.-20 avril – **R** 125, enf. 50 – ☕ 42 – **32 ch** 526/800 – ½ P 488/520.

Fleur de Neige, ✆ 50 73 20 10, Fax 50 73 24 55, ≤, 🏔, 🌳 – |‡| ☎ P. GB
29 mai-12 sept. et 18 déc.-15 avril – **R** 190/420 – ☕ 45 – **38 ch** 370/600 – ½ P 320/570.

Panoramic M, ✆ 50 73 22 15, Fax 50 73 36 79, ≤, 🌳 – |‡| cuisinette TV ☎ P. GB. ✂ rest
hôtel : 10 juil.-21 août et 19 déc.-12 avril ; rest.: 19 déc.-12 avril – **R** 91/160 – ☕ 40 – **20 ch** 440/500, 8 studios – ½ P 490/530.

Kandahar 🐦, SO : 1,5 km par rte Béchigne ✆ 50 73 30 60, Fax 50 73 25 17, ≤, 🏔, 🌳 – cuisinette TV ☎ P. GB
fermé 12 avril au 6 mai et 2 nov. au 18 déc. – **R** *(fermé dim. soir du 1er mai au 30 juin et du 1er sept. au 31 oct. sauf fêtes)* 80/160, enf. 48 – ☕ 35 – **21 ch** 150/290 – ½ P 300/330.

Lion d'Or M, ✆ 50 73 22 27, Fax 50 73 29 07 – |‡| ☎. GB. ✂ ch
1er juin-15 oct. et 18 déc.-25 avril – **R** 80/170, enf. 48 – ☕ 38 – **35 ch** 282/435 – ½ P 360.

Belalp, ✆ 50 73 24 39, ≤ – TV ☎ P. GB
juil.-août et 20 déc.-15 avril – **R** 82/200, enf. 52 – ☕ 34 – **30 ch** 290/432 – ½ P 295/325.

Triolets, rte Petit Chatel ✆ 50 73 20 28, Fax 50 73 24 10, ≤, ⅃ – ☎ Ⓟ. GB. ✻ rest
juil.-août et vacances de Noël-vacances de printemps – **R** 96/176 – ☐ 37 – **20 ch** (1/2 pens. seul.) – 1/2 P 333/367.

Choucas sans rest, ✆ 50 73 22 57 – ☎ Ⓟ. GB
fermé 10 au 31 mai et nov. – ☐ 34 – **14 ch** 225/265.

Ripaille, au Linga ✆ 50 73 32 14 – Ⓟ. GB
15 juin-15 sept., 1er déc.-20 avril et fermé lundi sauf vacances scolaires d'hiver – **R** 85/230, enf. 50.

PEUGEOT-TALBOT Gar. Premat ✆ 50 73 24 87 N

CHÂTELAILLON-PLAGE

17340 Char.-Mar. 71 ⑬ G. Poitou Vendée Charentes – 4 993 h alt. 4 – Casino.

Office de Tourisme 1 allée du Stade ✆ 46 56 26 97.

Paris 469 – La Rochelle 15 – Niort 61 – Rochefort 20 – Surgères 27.

Mercure-Altéa les Trois Iles M, à la Falaise ✆ 46 56 14 14, Télex 791813, Fax 46 56 23 70, ≤, parc, – cuisinette ch TV ☎ Ⓟ – 60. AE GB
R 135 – ☐ 50 – **61 ch** 350/580.

Ibis M, à la Falaise ✆ 46 56 35 35, Télex 790363, Fax 46 56 33 44, ≤, centre de thalassothérapie – ch TV ☎ – 30. AE GB
R 105/150, enf. 39 – ☐ 35 – **70 ch** 370/420.

Majestic H., bd Libération ✆ 46 56 20 53, Fax 46 56 29 24, – ☎. AE GB. ✻ rest
fermé 7 au 14 nov. et 18 déc. au 10 janv. – **R** 95/140, enf. 50 – ☐ 32 – **29 ch** 200/320 – 1/2 P 285.

St-Victor, 35 bd Mer ✆ 46 56 25 13, Fax 46 30 01 92 – TV ☎. AE GB
fermé 5 au 9 avril, 15 oct. au 7 nov., 15 fév. au 7 mars, dim. soir et lundi du 1er oct. au 1er mai sauf fêtes – **R** 85/185, enf. 48 – ☐ 29 – **12 ch** 230/280 – 1/2 P 265/285.

Le Rivage sans rest, 36 Front de la Mer ✆ 46 56 25 79, Fax 46 30 01 92 – ch TV ☎. GB
1er mars-30 sept. – ☐ 29 – **40 ch** 210/300.

Plage sans rest, bd Mer ✆ 46 56 26 02, ≤ – ☎ Ⓟ. GB
mars-sept. et fermé dim. soir et lundi en mars – ☐ 25 – **10 ch** 240.

Centre sans rest, 45 r. Marché ✆ 46 56 23 57, Fax 46 56 37 92 – ☎ Ⓟ. GB
fermé dim. soir et lundi du 1er oct. au 1er avril – ☐ 30 – **19 ch** 160/270.

Relais de la Mer, bd Mer, près Casino ✆ 46 56 34 98, ≤, – GB
fermé 4 au 22 oct., fév., jeudi midi et merc. sauf juil.-août – **R** 85/260, enf. 38.

Armor, au port de Plaisance ✆ 46 56 27 91, – Ⓟ
4 avril-1er oct. fermé lundi soir et mardi – **R** 250/450.

Océan avec ch, 121 bd République ✆ 46 56 25 91 – ☎. GB
fermé mi-déc. à mi-janv., dim. soir et lundi hors sais. – **R** 75/340 – ☐ 25 – **15 ch** 130/305 – 1/2 P 210/295.

Pergola avec ch, 2 r. Chassiron ✆ 46 56 27 86, ≤, – ☎ Ⓟ. GB. ✻
21 mars-15 oct. – **R** 90/160 – ☐ 30 – **14 ch** 180/290 – 1/2 P 260/300.

CHÂTELARD

38 Isère 77 ⑥ – rattaché à Bourg d'Oisans.

Le CHÂTELET-EN-BRIE

77820 S.-et-M. 61 ② – 3 980 h alt. 89.

Paris 69 – Fontainebleau 15 – Melun 11,5 – Montereau-Faut-Yonne 18 – Provins 40.

✻ **Aub. Briarde** (Guichard), aux Ecrennes par D 213 : 6 km ✆ (1) 60 69 47 32, Fax (1) 60 66 60 11 – AE GB
fermé août, vacances de fév., merc. soir, dim. soir et lundi – **R** 195/430 et carte 280 à 470
Spéc. Soupière de ris de veau et langouste. Pigeon désossé sur crème de pois cassés. Gibier (saison).

CHÂTELGUYON

63140 P.-de-D. 73 ④ G. Auvergne – 4 743 h alt. 409 – Stat. therm. (19 avril-9 oct.) – Casino B.

Voir Gorges d'Enval★ 3 km par ③ puis 30 mn.

Office de Tourisme parc E.-Clementel ✆ 73 86 01 17.

Paris 417 ① – ◆Clermont-Fd 20 ② – Aubusson 90 ③ – Gannat 29 ① – Vichy 42 ① – Volvic 9,5 ③.

Plan page suivante

Pullman Splendid, r. Angleterre ✆ 73 86 04 80, Télex 990585, Fax 73 86 17 56, ≤, « Jardin ombragé en terrasses, thermes », ⅃ – TV ☎ Ⓟ – 80. AE GB JCB. ✻ rest A x
21 mars-31 oct. – **R** 165/220, enf. 55 – ☐ 55 – **79 ch** 490/890.

International, r. Punett ✆ 73 86 06 72, Fax 73 86 24 87, ≤, – TV ☎. AE GB. ✻ rest AB k
27 avril-3 oct. – **R** 75/180 – ☐ 39 – **58 ch** 260/380 – P 440/480.

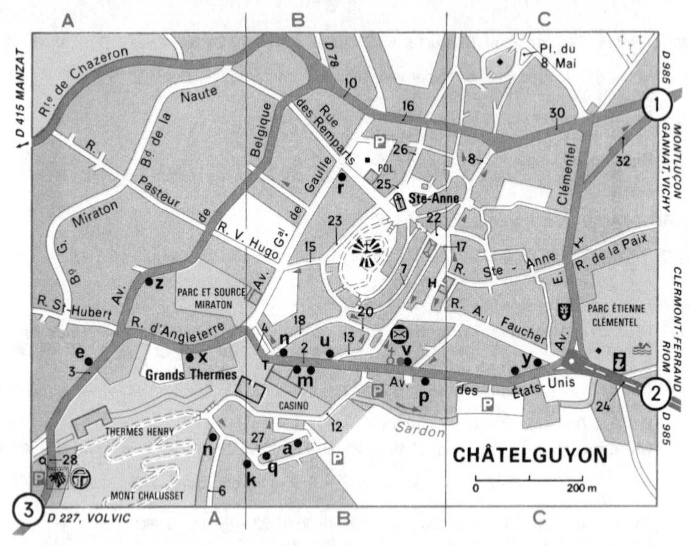

Baraduc (Av.) . . . . B 2
Commerce (R. du) . . . . . C 8
Hôtel-de-Ville (R. de l') . . C 17
Brocqueville (Av. de) . . . . A 3
Brosson (Pl.) . . . . B 4
Chalusset (R. du) . . . . . . A 6
Château (R. du) . . . . B 7
Coulon (R. Roger) . . . . . . B 10
Dr-Gübler (R.) . . . . B 12
Dr-Levadoux (R.) . . . . . . B 13
Fénelon (R.) . . . . B 15
Groslier (R. J.) . . . . B 16
Lacroix (R.) . . . . B 18
Levadoux-Braga (R.) . . . . B 20
Marché (Pl. du) . . . . B 22
Maupassant (R. Guy-de) . B 23
Mouniaude (Av. de la) . . . C 24
Orme (Pl. de l') . . . . B 25
Ormeau (R. de l') . . . . . . B 26
Punett (R. A.) . . . . B 27
Russie (Av. de) . . . . A 28
Thermal (Bd) . . . . C 30
Vichy (R. de) . . . . C 32

Printania, av. Belgique ℘ 73 86 15 09, Fax 73 86 22 87, – |♦| ☎ P. GB. rest — A **z**
19 avril-9 oct. – **R** 85/140, enf. 45 – ☐ 30 – **40 ch** 160/280 – P 230/308.

Mont Chalusset 🐦, r. Punett ℘ 73 86 00 17, Fax 73 86 22 94, ≤, – |♦| ☎. AE GB. rest — B **q**
2 mai-5 oct. – **R** 95/195, enf. 46 – ☐ 35 – **53 ch** 278/300 – P 358/379.

Paris, r. Dr Levadoux ℘ 73 86 00 12, Fax 73 86 21 85, – |♦| ☎. GB. rest — B **u**
fermé 25 mars au 8 avril, 13 oct. au 11 nov., dim. soir et soir de fêtes – **Repas** (prévenir) 115/220 – ☐ 38 – **62 ch** 208/320 – P 310/355.

Thermalia, av. Baraduc ℘ 73 86 00 11, Fax 73 86 21 97, – |♦| ☎. AE GB — B **m**
2 mai-6 oct. – **R** 100/160 – ☐ 34 – **46 ch** 220/322 – P 287/352.

Hirondelles, av. États-Unis ℘ 73 86 09 11, , – ☎ P. AE GB. rest — B **p**
1er mai-10 oct. – **R** 85/120 – ☐ 35 – **43 ch** 180/280 – P 300/390.

Excelsior, av. Brocqueville ℘ 73 86 06 63, Fax 73 86 23 70, – |♦| ☎ P. GB — A **e**
Pâques-mi oct. – **R** 98/110 – ☐ 35 – **54 ch** 205/318 – P 250/300.

Bains, av. Baraduc ℘ 73 86 07 97, – |♦| ☎. GB. rest — B **m**
25 avril-7 oct. – **R** 95/135, enf. 38 – ☐ 30 – **37 ch** 190/315 – P 243/326.

Bellevue 🐦, r. Punett ℘ 73 86 07 62, Fax 73 86 02 56, ≤, – |♦| ch ☎. GB. rest — B **a**
24 avril-12 oct. – **R** 90/110, enf. 45 – ☐ 25 – **38 ch** 160/220 – P 230/290.

Beau Site 🐦, r. Chalusset ℘ 73 86 00 49, ≤, – ☎ P. AE GB. rest — A **n**
17 avril-4 oct. – **R** 75/160 – ☐ 32 – **30 ch** 130/235 – ½ P 283/325.

Régence, av. États-Unis ℘ 73 86 02 60 – |♦| ☎. GB. rest — C **y**
10 avril-30 oct. – **R** 90/160 – ☐ 37 – **27 ch** 181/235 – P 290/330.

Bérénice, av. Baraduc ℘ 73 86 09 86 – ☎. AE GB — B **n**
15 mars-15 oct. – **R** 85/130, enf. 42 – ☐ 32 – **11 ch** 190/260 – P 275.

Chante-Grelet, av. Gén. de Gaulle ℘ 73 86 02 05, – ☎. GB. rest — B **r**
15 avril-5 oct. – **R** 85/120, enf. 45 – ☐ 25 – **35 ch** 160/280 – ½ P 195/240.

Paix, av. États-Unis ℘ 73 86 06 90, – ☎. GB — C **y**
24 avril-10 oct. – **R** 82/160 – ☐ 28 – **44 ch** 88/210 – ½ P 175/205.

Univers, av. Baraduc ℘ 73 86 02 71, Fax 73 86 18 80 – ☎. GB — B **v**
fermé 22 déc. au 4 janv. – **R** *(fermé dim. soir du 1er oct. au 1er mars)* 110/220 – ☐ 40 – **39 ch** 198/365 – P 295/395.

La Grilloute, av. Baraduc ℘ 73 86 04 17 – GB — B **v**
10 avril-5 oct. et fermé mardi – **R** 100/120, enf. 38.

à St-Hippolyte par ② et bd Desaix : 2 km – ✉ **63140** Châtelguyon :

Le Cantalou, ℘ 73 86 04 67, ≤, – ☎ Ⓟ. GB. rest
hôtel : 15 mars-1er nov. ; rest. : 1er avril-15 oct. – **R** *(fermé lundi midi)* **60**/130 , enf. 42 – 22 – **33 ch** 150/190 – ½ P 155/190.

PEUGEOT-TALBOT Gar. Thermal ℘ 73 86 08 77

CHÂTELLERAULT 86100 Vienne 68 ④ **G. Poitou Vendée Charentes** – 34 678 h alt. 60.

du Haut-Poitou ℘ 49 62 53 62, par ③ N 10 : 16 km.

Office de Tourisme Angle bd Blossac et av. Treuille ℘ 49 21 05 47.

Paris 305 ① – Poitiers 35 ③ – Châteauroux 100 ② – Cholet 129 ④ – ♦Tours 72 ①.

CHÂTELLERAULT

Blossac (Bd de) .... BY
Cygne-Châteauneuf (R. du) .... AY 5
Dupleix (Pl.) .... BY 6
Grande-Rue de Châteauneuf .... AZ 8

Alsace-Lorraine (Q.) ... AY 2
Château (Q. du) .... AY 3
Clemenceau (Av. G.) .. BY 4
Gaudeau-Lerpinière (R.) AY 7
Kennedy (Av. J.F.) ..... BZ 10
Krebs (R. Clément) .... AZ 12
Leclerc (Av. Mar.) ..... BY 13
Martyrs-de-la-Résistance (Q. des) .. AZ 14
Napoléon-1er (Quai) ... AY 15
Nouveau-Brunswick (R. du) .... AZ 16
Prés.-Roosevelt (Av.) .. AZ 18
St-Jacques (R. du Fg) .. BZ 19
Sully (Rue) .... AZ 21
Thuré (R. de) .... AY 23
Trois-Pigeons (R. des). BZ 25
Villeneuve (R. Chanoine-de) ... AZ 27

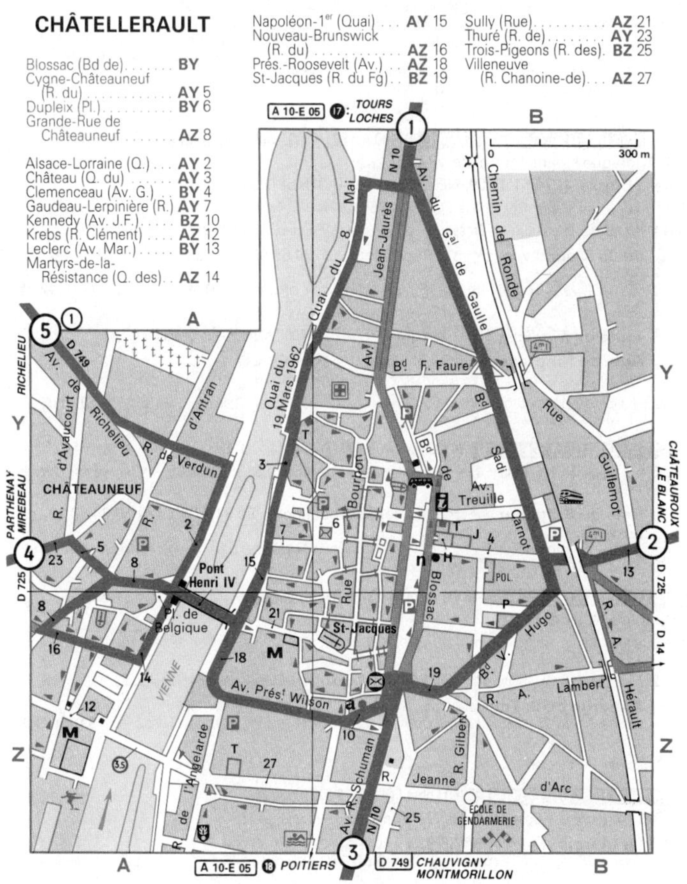

Gd H. Moderne et rest. La Charmille (Proust), 74 Bd Blossac ℘ 49 21 30 11, Fax 49 93 25 19 – rest ☎. AE GB BY **n**
R *(fermé 18 au 28 oct., 1er fév. au 1er mars et merc.)* **165**/270 et carte 300 à 400 – 50 – **21 ch** 380/550, 3 appart.
Spéc. Salade "Charmille". Filet de turbot caramélisé aux épices. Millefeuille de fruits frais. Vins Bourgueil, Haut-Poitou.

Ibis M, av. C. Page, carrefour D 1-N 10 par ③ : 3 km ℘ 49 21 75 77, Télex 791488, Fax 49 02 01 79 – ch ☎ Ⓟ – 30 à 80. AE GB
R 130 , enf. 45 – 34 – **72 ch** 270/320.

Campanile, par ① : 2 km sur N 10 ℘ 49 21 03 57, Télex 793038, Fax 49 21 88 31 – ☎ Ⓟ. AE GB
R 80 bc/102 bc, enf. 39 – 29 – **50 ch** 268.

XX **Croissant** avec ch, 15 av. J.-F. Kennedy ✆ 49 21 01 77, Fax 49 21 57 92 – TV ☎. GB BZ **a**
fermé 24 au 30 déc., lundi (sauf hôtel) et dim. soir de sept. à juin – **R** 75/180 ⅓ – ☐ 28 – **19 ch** 158/280.

à Naintré par ③ : 9 km sur N 10 – 4 718 h. – ✉ **86530** :

XX **La Grillade,** ✆ 49 90 03 42, 🏠 – ℗. GB
fermé dim. soir – **R** 84/189 ⅓, enf. 50.

CITROEN Raison, 3 av. H.-de-Balzac par ③ ✆ 49 21 32 22 N
FIAT, TOYOTA Touzalin, 107 r. d'Antran ✆ 49 21 14 29
FORD Tardy, 40 bd d'Estrées ✆ 49 21 48 44
PEUGEOT-TALBOT Georget, 17 av. H.-de-Balzac, N 10, sortie Sud par ③ ✆ 49 21 08 32 N ✆ 49 93 42 83
RENAULT SODAC-Chatellerault, l'Orée du Bois, N 10 zone Sud par ③ ✆ 49 21 30 90 N ✆ 49 93 41 60
V.A.G Prestige Autos, 3 bis av. H.-de-Balzac ✆ 49 21 69 15

Comptoir du Pneu, 31 av. d'Argenson ✆ 49 23 36 07
Leroux, 44 bd V.-Hugo ✆ 49 21 11 42
Tours Pneus Interpneus, 15 r. Paix ✆ 49 21 56 66
Tours Pneus Interpneus, 124 av. C.-Page ✆ 49 21 58 22

CHÂTILLON-SUR-CHALARONNE 01400 Ain 74 ② G. Vallée du Rhône – 3 786 h alt. 230.

Voir Triptyque★ dans l'Hôtel de Ville.

18 de la Bresse ✆ 74 51 42 09, NE : 12 km par D 936 et D 64.

Office de Tourisme pl. Champ-de-Foire ✆ 74 55 02 27.

Paris 417 – Mâcon 25 – Bourg-en-Bresse 24 – ♦Lyon 54 – Meximieux 34 – Villefranche-sur-Saône 27.

XX **de la Tour** avec ch, pl. République ✆ 74 55 05 12, Fax 74 55 09 19 – TV ☎. GB. ⚘ ch
fermé 1er au 15 déc., 1er au 15 mars, dim. soir et merc. – **R** 95/300 ⅓ – ☐ 30 – **12 ch** 160/290.

route de Marlieux SE : 2 km sur D 7 – ✉ **01400** Châtillon-sur-Chalaronne :

XX **Aub. de Montessuy,** ✆ 74 55 05 14, ≤, 🏠 – ℗. GB
fermé 26 déc. au 1er fév., lundi soir et mardi – **R** 90/230, enf. 65.

CITROEN Gar. de l'Hippodrome ✆ 74 55 26 27
PEUGEOT Mousset ✆ 74 55 26 21
RENAULT Galland ✆ 74 55 03 23 N ✆ 05 05 15 15

CHATILLON-SUR-CLUSES 74300 H.-Savoie 74 ⑦ – 1 014 h alt. 730.

Paris 574 – Chamonix-Mont-Blanc 47 – Thonon-les-Bains 51 – Annecy 56 – Cluses 6,5 – ♦Genève 44 – Morzine 21 – St-Gervais-les-Bains 33.

XX **Bois du Seigneur** avec ch, au col de Châtillon ✆ 50 34 27 40, Fax 50 34 80 20, ≤, 🏠 – TV ☎ ℗. GB
fermé 15 juin au 7 juil. et 24 nov. au 15 déc. – **R** *(fermé dim. soir et lundi sauf août)* 86/230 – ☐ 30 – **10 ch** 245/270 – ½ P 250.

CHÂTILLON-SUR-INDRE 36700 Indre 68 ⑥ G. Berry Limousin (plan) – 3 262 h alt. 88.

Voir Église Notre-Dame★.

Syndicat d'Initiative (juin-sept.) pl. du Champ-de-Foire ✆ 54 38 74 19 et rte de Tours (oct.-mai) ✆ 54 38 81 16.

Paris 257 – ♦Tours 68 – Le Blanc 43 – Blois 76 – Châteauroux 49 – Châtellerault 64 – Loches 23.

X **Auberge de la Tour** avec ch, ✆ 54 38 72 17, 🏠 – TV ☎. GB
fermé 15 au 25 nov., et lundi de nov. à mars – **R** 70/220 ⅓, enf. 50 – ☐ 26 – **11 ch** 170/260 – ½ P 184/239.

Gar. Foussier, 20 bd Gén.-Leclerc ✆ 54 38 70 60

CHATILLON-SUR-LOIRE 45360 Loiret 65 ② – 2 822 h alt. 135.

Paris 162 – Auxerre 73 – Cosne-sur-Loire 29 – ♦Orléans 83 – Montargis 48.

Le Marois sans rest, ✆ 38 31 11 40 – ☎. GB. ⚘
fermé 15 fév. au 1er mars – ☐ 25 – **9 ch** 170/190.

CHÂTILLON-SUR-SEINE 21400 Côte-d'Or 65 ⑧ G. Bourgogne (plan) – 6 862 h alt. 224.

Voir Source de la Douix★ – Musée★ : trésor de Vix★★.

Office de Tourisme avec A.C. pl. Marmont ✆ 80 91 13 19.

Paris 246 – Chaumont 58 – Auxerre 83 – Avallon 72 – ♦Dijon 85 – Langres 72 – Saulieu 80 – Troyes 67.

Sylvia H. sans rest, 9 av. Gare par rte Troyes ✆ 80 91 02 44, Fax 80 91 40 98, – TV ☎ P. GB
☐ 27 – **21 ch** 90/260.

Jura sans rest, 19 r. Dr Robert **(s)** ✆ 80 91 26 96 – TV ☎. GB
fermé dim. hors sais. – ☐ 20 – **10 ch** 130/240.

CITROEN Folléa Auto., av. E.-Herriot ✆ 80 91 19 63
FORD Gar. Centre, 3 r. Marmont ✆ 80 91 15 41
RENAULT SOCA, 14 bis av. E.-Herriot
✆ 80 91 14 04 N ✆ 80 05 15 15
V.A.G Gar. des Quatre Vallées, ZI, rte de Troyes
✆ 80 91 12 82

Pneus-Service, 17 r. Courcelles-Prévoir
✆ 80 91 05 34

La CHÂTRE SP 36400 Indre 68 ⑲ G. Berry Limousin – 4 623 h alt. 222.

18 des Dryades ✆ 54 30 28 00 par ④ D 940 : 12km.

Office de Tourisme square G.-Sand ✆ 54 48 22 64.

Paris 301 ① – Bourges 69 ② – Châteauroux 35 ① – Guéret 54 ④ – Montluçon 64 ③ – Poitiers 141 ⑤ – St-Amand-Montrond 50 ②.

LA CHÂTRE

Abbaye (Pl. de) 2
Beaufort (R. de) 3
Belgique (R. de) 4
Carmes (Pl. des) 5
Fleury (R. A.) 6
Gallieni (R.) 7
Gambetta (Av.) 8
George-Sand (Av.) 9
Lion d'Argent (R. du) 12
Maget (Pl.) 13
Maquis (R. du) 14
Marché (Pl. du) 15
Nationale (Rue) 17
Pacton (R. J.) 18
Périgois (R. E.) 19
Prés-Burat (R. des) 22
République (Pl. de la) 23
Rollinat (R. M.) 25
14 Juillet (R. du) 26

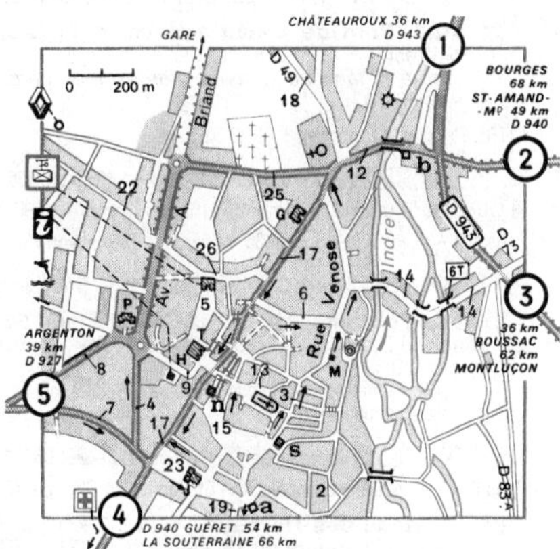

Le guide change, changez de guide tous les ans.

Les Tanneries M sans rest, pont Lion d'Argent **(b)** ✆ 54 48 21 00, Fax 54 06 02 24, – TV ☎ P. AE O GB
1er mars-15 nov. – ☐ 28 – **10 ch** 230/250.

Notre Dame sans rest, 4 pl. N.-Dame **(a)** ✆ 54 48 01 14, Fax 54 48 31 14 – TV ☎ P. AE O GB JCB.
☐ 35 – **17 ch** 190/300.

A l'Escargot, pl. Marché **(s)** ✆ 54 48 03 85 – AE O GB
fermé 2 au 25 fév., lundi soir et mardi – **R** 100/240.

Jardin de la Poste, 10 r. Basse-du-Mouhet **(n)** ✆ 54 48 05 62 – AE O GB
fermé 21 au 27 juin, 13 sept. au 5 oct., 25 déc. au 4 janv., dim. soir et lundi – **R** 110/230 .

Aub. du Moulin Bureau, S : 1 km par pl. Abbaye ✆ 54 48 04 20, – P. GB
fermé 15 déc. au 31 janv., dim. soir (sauf juil.-août) et lundi – **R** 97/183, enf. 44.

à St-Chartier par ① et D 918 : 9 km – ✉ **36400**.

Voir Vic : fresques★ de l'église SO : 2 km.

Château Vallée Bleue , rte Verneuil ✆ 54 31 01 91, Fax 54 31 04 48, , parc, – TV ☎ P. GB
fermé 20 au 28 déc., fév., dim. soir et lundi du 1er oct. au 4 avril – **R** 125/375, enf. 65 – ☐ 50 – **13 ch** 310/550 – ½ P 450/550.

à Pouligny-Notre-Dame par ④ et D 940 : 12 km – ✉ **36160** :

Les Dryades M , ✆ 54 30 28 00, Télex 750945, Fax 54 30 10 24, , « Complexe de loisirs et de remise en forme, golf, ← Vallée Noire », , , , , – TV ☎ P – 25 à 150. AE O GB
R 180/350, enf. 100 – ☐ 50 – **85 ch** 600/700 – ½ P 550.

CITROEN Gar. Patry, par ④ ☎ 54 48 04 83 🅽
FORD Gar. Butte, 2 av. d'Auvergne ☎ 54 48 04 61
PEUGEOT-TALBOT Gar. de la Vallée Noire, rte de Châteauroux par ① ☎ 54 48 09 09 🅽
RENAULT Gar. des Huchettes, Chemin des Huchettes ☎ 54 48 38 38 🅽

Gar. Fournier, Fontarabie à Pouligny-Notre-Dame ☎ 54 30 21 50

Chirault ☎ 54 48 04 10
Récup-Auto ☎ 54 48 04 62

CHAUBLANC 71 S.-et-L. 70 ② – rattaché à Verdun-sur-le-Doubs.

CHAUDES-AIGUES 15110 Cantal 76 ⑭ G. Auvergne (plan) – 1 110 h alt. 750 – Stat. therm. (26 avril-17 oct.).

Office de Tourisme av. G.-Pompidou (1er mai-15 oct.) ☎ 71 23 52 75.

Paris 546 – Aurillac 92 – Entraygues-sur-T. 61 – Espalion 54 – St-Chély-d'Apcher 29 – St-Flour 29.

Beauséjour Ⓜ, ☎ 71 23 52 37, Fax 71 23 56 89, ≤, ⛱ – 🛗 📺 ☎ 🅿 – 🏊 60. GB
22 mars-30 nov. et fermé vend. soir et sam. sauf du 1er mai au 23 oct. – **R** 68/180, enf. 40 – ☕ 32 – **40 ch** 250/320 – P 245/280.

Thermes, ☎ 71 23 51 18 – 🛗 ☎. GB
24 avril-17 oct. – **R** 65/180 – ☕ 29 – **35 ch** 150/280 – P 195/260.

Aux Bouillons d'Or Ⓜ avec ch, ☎ 71 23 51 42 – 🛗 📺 ☎. AE ⓓ GB
vacances de printemps-20 oct. – **R** 85/195 – ☕ 27 – **12 ch** 230/270 – ½ P 260.

à Lanau N : 4,5 km par D 921 – ✉ **15260** Neuvéglise :

Aub. Pont de Lanau avec ch, ☎ 71 23 57 76, Fax 71 23 53 84, ≤ – 📺 ☎ 🅿. GB. rest
fermé 1er janv. au 20 mars, mardi soir et merc. hors sais. – **R** 95/270 – ☕ 35 – **8 ch** 290/350 – ½ P 310.

CITROEN Gar. Moderne ☎ 71 23 52 52
RENAULT Gascuel ☎ 71 23 52 82

CHAUFFAILLES 71170 S.-et-L. 73 ⑧ – 4 485 h alt. 405.

Office de Tourisme r. Gambetta (15 mai-15 sept.) ☎ 85 26 07 06.

Paris 401 – Mâcon 68 – Roanne 35 – Charolles 32 – ◆Lyon 78.

à Châteauneuf O : 7 km par D 8 G. Bourgogne – ✉ **71740** :

✿ **La Fontaine** (Jury), ☎ 85 26 26 87 – 🅿. GB
fermé 8 au 17 juin, 10 janv. au 11 fév., mardi soir et merc. – **R** 110/330 et carte 230 à 310, enf. 60
Spéc. Terrine de mousserons et chutney de baies rouges. Cassolette de grenouilles à l'oseille. Mitonnée de jarret de veau au romarin et citron.

CHAUFFAYER 05 H.-Alpes 77 ⑯ – alt. 917 – ✉ **05800** St-Firmin-en-Valgaudemar.

Paris 647 – Gap 26 – ◆Grenoble 78 – St-Bonnet-en-Champsaur 13.

Château des Herbeys 🐎, N : 2 km par N 85 et VO ☎ 92 55 26 83, Fax 92 55 29 66, parc, « Demeure du 13e siècle », 🏊, 🎾 – 📺 ☎ ♿ 🅿. GB
1er mars-30 nov. et fermé mardi sauf vacances scolaires – **R** (résidents seul.) – ☕ 48 – **10 ch** 400/700 – ½ P 380/550.

CHAUFOUR-LÈS-BONNIÈRES 78270 Yvelines 55 ⑱ 106 ① – 376 h alt. 158.

Paris 76 – ◆ Rouen 63 – Bonnières-sur-Seine 7,5 – Évreux 26 – Mantes-la-Jolie 19 – Vernon 9 – Versailles 61.

Au Bon Accueil avec ch, N 13 ☎ (1) 34 76 11 29 – ▤ rest 🅿. GB
fermé 14 juil. au 14 août et sam. – **R** 70/170 🍷 – ☕ 20 – **15 ch** 120/180.

Le Relais, N 13 ☎ (1) 34 76 11 33 – 🅿. GB
fermé 15 au 30 août, 1er au 21 fév. et dim. soir – **R** 65/140 🍷, enf. 50.

CHAUMES-EN-BRIE **77390** S.-et-M. **61** ② – 2 500 h alt. 101.

Paris 58 – Coulommiers 25 – Meaux 36 – Meulun 20 – Provins 40.

XX **La Chaum'Yerres** avec ch, 1 av. Libération (rte Melun) ✆ (1) 64 06 03 42, Fax (1) 64 06 36 15, – TV ☎ – 25. AE ⓓ GB
fermé 15 au 29 nov. et vacances de fév. – **R** *(fermé dim. soir d'oct. à mars)* 180/300 – 40 – **10 ch** 280/500 – ½ P 350/450.

CITROEN Sirier ✆ 64 06 03 50

CHAUMONT P **52000** H.-Marne **62** ⑪ **G. Champagne** – 27 041 h alt. 314.

Voir Viaduc★ Z – Basilique St-Jean-Baptiste★ Y **E**.

Office de Tourisme pl. Gén-de-Gaulle ✆ 25 03 80 80 A.C. de la Haute-Marne, 7 av. Debernardi ✆ 25 32 38 77.

Paris 256 ⑤ – Auxerre 141 ④ – Épinal 124 ② – Langres 35 ③ – St-Dizier 75 ① – Troyes 100 ⑤.

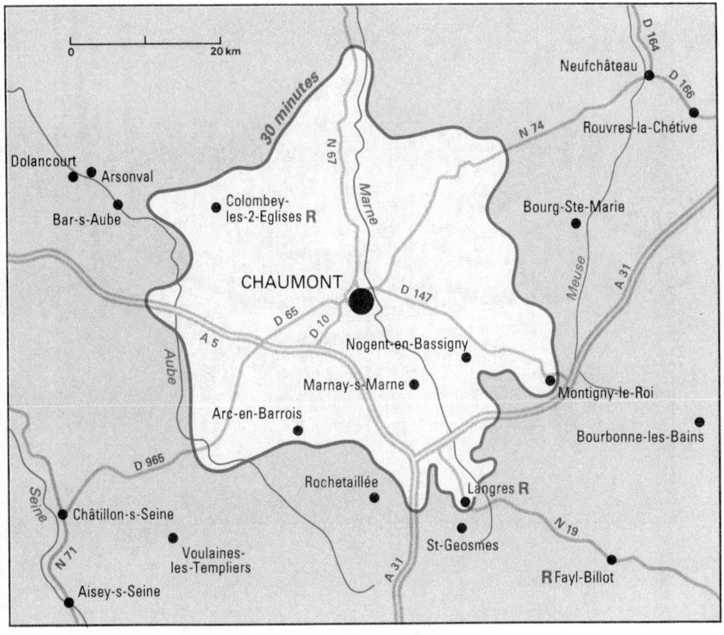

Terminus-Reine, pl. Gén. de Gaulle ✆ 25 03 66 66, Télex 840920, Fax 25 03 28 95 – TV ☎ – 80. AE ⓓ GB — Z **a**
R *(fermé dim. soir de nov. à Pâques)* 90/320 – 29 – **62 ch** 260/450.

Le Grand Val, rte Langres par ③ : 2,5 km ✆ 25 03 90 35, Fax 25 32 11 80 – TV ☎ P. AE ⓓ GB
fermé 23 au 31 déc. – **R** 57/160 – 25 – **56 ch** 210/310 – ½ P 220/235.

Étoile d'Or, rte Langres par ③ : 2 km ✆ 25 03 02 23, Fax 25 32 52 33 – TV ☎ P – 60. GB
fermé 8 au 30 nov. et dim. soir – **R** 98/140 – 30 – **15 ch** 155/390.

Remparts, 72 r. Verdun ✆ 25 32 64 40, Fax 25 32 51 70 – rest TV ☎. AE GB
fermé 15 nov. au 5 déc. – **R** *(fermé sam. midi et lundi)* 79/230, enf. 48 – 35 – **17 ch** 210/280. — Z **e**

Royal sans rest, 31 r. Mareschal ✆ 25 03 01 08 – P. GB — Z **b**
fermé dim. – 18 – **19 ch** 107/175.

BMW, TOYOTA SODECO, 9 rte de Neuilly ✆ 25 03 49 04
CITROEN NODICARDS, N 19 à Chamarandes Choignes ✆ 25 32 66 06
PEUGEOT-TALBOT Gar. Lorinet, rte de Neuilly par ③ ✆ 25 32 67 00 N ✆ 25 32 72 98

RENAULT Relais Paris-Bâle, rte de Langres par ③, km 3 ✆ 25 03 72 22 N ✆ 25 32 72 01
V.A.G Petitprêtre, 5 rte de Choignes ✆ 25 32 19 86

D. G. Pneus, 60 av. République ✆ 25 32 21 54
Garcia, 9 fg de la Maladière ✆ 25 03 12 52 N

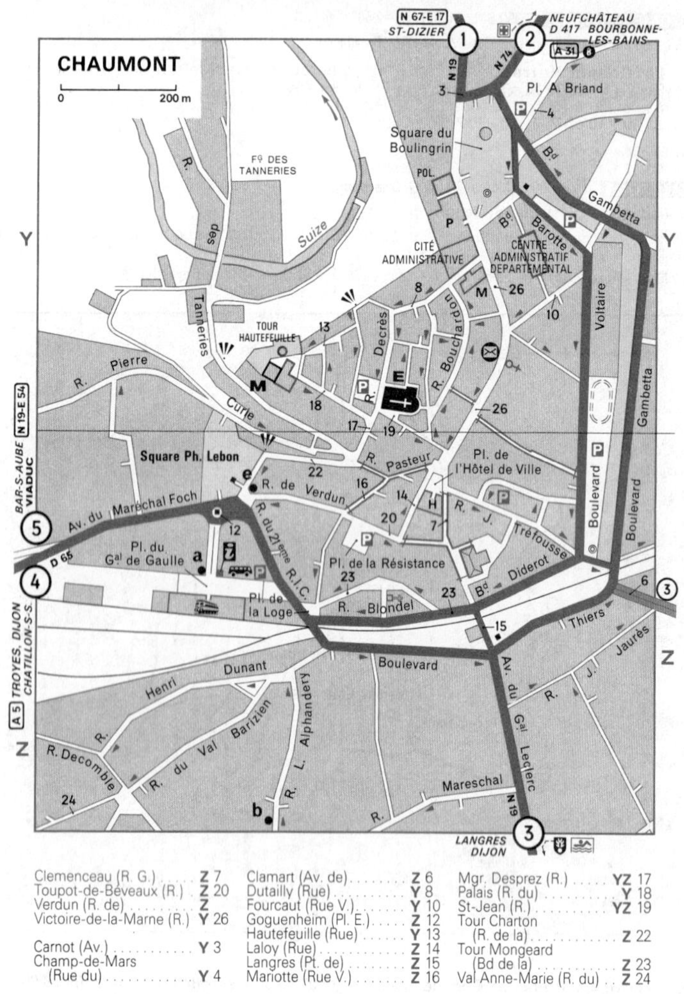

Clemenceau (R. G.) . . . . . Z 7	Clamart (Av. de) . . . . Z 6	Mgr. Desprez (R.) . . . . . YZ 17
Toupot-de-Béveaux (R.) . Z 20	Dutailly (Rue) . . . . Y 8	Palais (R. du) . . . . Y 18
Verdun (R. de) . . . . Z	Fourcaut (Rue V.) . . . . Y 10	St-Jean (R.) . . . . YZ 19
Victoire-de-la-Marne (R.) Y 26	Goguenheim (Pl. E.) . . . . . Z 12	Tour Charton (R. de la) . . . . Z 22
Carnot (Av.) . . . . Y 3	Hautefeuille (Rue) . . . . . . Y 13	Tour Mongeard (Bd de la) . . . . Z 23
Champ-de-Mars (Rue du) . . . . Y 4	Laloy (Rue) . . . . Z 14	Val Anne-Marie (R. du) . . Z 24
	Langres (Pt. de) . . . . Z 15	
	Mariotte (Rue V.) . . . . Z 16	

CHAUMONT-SUR-THARONNE **41600** L.-et-Ch. 64 ⑨ **G. Châteaux de la Loire** – 901 h alt. 126.
Paris 167 – ◆ Orléans 34 – Blois 52 – Romorantin-Lanthenay 33 – Salbris 31.

Croix Blanche, ✆ 54 88 55 12, Fax 54 88 60 40, – 📺 ☎ Ⓟ – 25. AE ⓓ GB
R 145/350, enf. 70 – ☕ 45 – **12 ch** 250/500 – ½ P 420/500.

CHAUMOUSEY **88** Vosges 62 ⑮ – rattaché à Épinal.

CHAUNAY **86510** Vienne 72 ③ – 1 174 h alt. 131.
Paris 382 – Poitiers 46 – Angoulême 63 – Confolens 52 – Niort 56.

Central, ✆ 49 59 25 04, Fax 49 53 41 88, – 📺 ☎ Ⓟ. GB
fermé fév. et dim. soir du 1er oct. au 31 mars – **R** 70/155 – ☕ 33 – **14 ch** 145/285 – ½ P 200/255.

CHAUNY 02300 Aisne 56 ③ ④ – 12 926 h alt. 47.

Paris 120 – Compiègne 39 – St-Quentin 29 – Laon 35 – Noyon 16 – Soissons 31.

XXX ✿ **La Toque Blanche** (Lequeux) M avec ch, 24 av. V. Hugo ☎ 23 39 98 98, parc, – TV ☎ P. GB. ch
fermé 25 juil. au 23 août, 1er au 10 janv., sam. midi, dim. soir et lundi – **R** 170/360 et carte 300 à 400, enf. 80 – 40 – **5 ch** 290/450
Spéc. Terrine de foie gras de canard au vieux Rivesaltes. Etuvée de homard aux pommes et au Sauternes. Gratin de pommes caramélisées et de fraises en amandine.

au Rond d'Orléans SE : 8 km par D 937 et D 1750 – ✉ 02300 Sinceny :

Aub. du Rond d'Orléans M, ☎ 23 52 26 51, Fax 23 52 36 80 – TV ☎ P – 25 à 50. GB
fermé 20 déc. au 10 janv. et dim. soir – **R** 110/300 – 37 – **21 ch** 275/310 – ½ P 285.

RENAULT Charbonnier, 137 r. Pasteur ☎ 23 38 32 10 N ☎ 23 08 05 68

Dupont-Pneus, 43 rte de Chauny à Condren ☎ 23 57 00 58

CHAUSEY (Iles) 50 Manche 59 ⑦ G. Normandie Cotentin – alt. 19.

Voir Grande Ile★.

Accès par transports maritimes.

depuis **Granville.** en saison, 1 ou 2 services quotidiens - Traversée 50 mn - Renseignements à Emeraude Lines 1 r. Lecampion ☎ 33 50 16 36 (Granville) – du 15 avril au 30 sept., 1 service quotidien ; hors saison, 2 à 3 services hebdomadaires - Traversée 1 h - Renseignements à : Vedette "Jolie France" Gare Maritime ☎ 33 50 31 81 (Granville).

depuis **St-Malo.** En 1992 : mai-sept., 3 services hebdomadaires - Traversée 1 h 30 mn - Renseignements à Emeraude Lines, B.P. 16, 35401 St-Malo Cedex ☎ 99 40 48 40.

Fort et des Iles, ☎ 33 50 25 02, ≤ archipel,
mi avril-fin sept. – **R** *(fermé lundi)* (en saison, prévenir) 90/230 – **8 ch** (½ pens. seul.) – ½ P 248.

Repas 100/130 A good moderately priced meal.

La CHAUSSÉE-ST-VICTOR 41 L.-et-Ch. 64 ⑦ – rattaché à Blois.

CHAUSSIN 39120 Jura 70 ③ – 1 587 h alt. 191.

Paris 355 – Chalon-sur-S. 54 – Beaune 50 – ♦Besançon 74 – ♦Dijon 53 – Dole 20 – Lons-le-Saunier 43.

Voyageurs "Chez Bach", pl. Ancienne Gare ☎ 84 81 80 38, Fax 84 81 83 80 – TV ☎ P. AE GB
fermé 2 au 20 janv., vend. soir et dim. soir sauf juil. à sept. – **Repas** 105/250 , enf. 55 – 35 – **23 ch** 210/300 – ½ P 240/280.

CITROEN Gar. Pernin, ☎ 84 81 85 82 N ☎ 84 81 83 90

CHAUVIGNY 86300 Vienne 68 ⑭ ⑮ G. Poitou Vendée Charentes (plan) – 6 665 h alt. 67.

Voir Ville haute★ – Église St-Pierre★ : chapiteaux du choeur★★.

Syndicat d'Initiative à la Mairie ☎ 49 46 30 21 et 5 r. St-Pierre (juin-15 sept.) ☎ 49 46 39 01.

Paris 337 – Poitiers 26 – Bellac 63 – Le Blanc 37 – Châtellerault 29 – Montmorillon 26 – Ruffec 74.

Lion d'Or, 8 r. Marché ☎ 49 46 30 28, Fax 49 47 74 28 – TV ☎ P. GB
fermé 15 déc. au 15 janv. sam. de nov. à mars – **R** 82/200, enf. 47 – 30 – **26 ch** 240/260.

Beauséjour, 18 r. Vassalour ☎ 49 46 31 30, Fax 49 56 00 34, – ☎ P. GB
fermé 24 déc. au 10 janv. – **R** 65/130 , enf. 35 – 26 – **21 ch** 135/280.

CITROEN Gar. Menu, 48 rte de St-Savin ☎ 49 46 37 88

RENAULT Chauvigny Automobiles, 49 rte de Poitiers ☎ 49 46 32 25

CHAVAGNES 49380 M.-et-L. 64 ⑪ – 695 h alt. 86.

Paris 316 – Angers 25 – Cholet 45 – Saumur 34.

Faisan, ☎ 41 54 31 23, Fax 41 54 13 33 – ☎. GB
fermé 15 nov. au 15 janv., le midi en juil.-août, dim. soir et lundi – **R** 85/170 , enf. 40 – 29 – **10 ch** 195/260 – ½ P 220/245.

CHAVANAY 42410 Loire 77 ① – 2 071 h alt. 154.

Paris 508 – Annonay 28 – ♦St-Étienne 51 – Serrières 12 – Tournon-sur-Rhône 48 – Vienne 18.

XX **Alain Charles** avec ch, rte Nationale ☎ 74 87 23 02, , – TV ☎. GB
fermé 15 août au 3 sept., 2 au 12 janv., dim. soir et lundi – **R** 89/280 – 35 – **4 ch** 200/250.

CHAVILLE 92 Hauts-de-Seine 101 ㉓ – voir à Paris, Environs.

CHAVOIRES 74 H.-Savoie 74 ⑥ – rattaché à Annecy.

CHEFFES 49125 M.-et-L. 64 ① – 857 h alt. 20.

Voir Plafond★★★ de la salle des Gardes du château★ de Plessis-Bourré O : 4,5 km, **G. Châteaux de la Loire.**

Paris 280 – Angers 24 – Château-Gontier 32 – La Flèche 36.

Château de Teildras ⛰, ☎ 41 42 61 08, Fax 41 42 17 01, ←, « Demeure du 16e siècle dans un parc » – TV ☎ P. AE ⓓ GB JCB. ✻ rest
fermé janv., fév. et mardi sauf le soir du 1er avril au 1er nov. – **R** 200/340 – ☕ 68 – **11 ch** 630/985 – ½ P 630/750.

Le CHEIX 63 P.-de-D. 73 ⑭ – 601 h alt. 682 – ✉ **63320** St-Diéry.

Voir Gorges de Courgoul★ SE : 5 km, **G. Auvergne.**

Paris 461 – ◆ Clermont-Ferrand 43 – Besse-en-Chandesse 8,5 – Issoire 22 – Le Mont-Dore 29.

✕ **Relais des Grottes** avec ch, ☎ 73 96 30 30, 🌳 – ☎ P. GB
fermé 22 au 28 mars, 6 au 12 sept., déc., dim. soir et merc. sauf vacances scolaires – **Repas** 98/225, enf. 55 – ☕ 25 – **10 ch** 125/185 – ½ P 160/200.

CHELLES 77 S.-et-M. 56 ⑫, 101 ⑲ – voir à Paris, Environs.

CHELLES 60350 Oise 56 ③ – 334 h.

Paris 93 – Compiègne 19 – Beauvais 83 – Crépy-en-Valois 22 – Soissons 26 – Villers-Cotterêts 16.

Relais Brunehaut ⛰, ☎ 44 42 85 05, 🌳, « Auberge rustique », 🌲 – TV ☎ P. GB. ✻ ch
fermé 1er janv. au 15 mai (sauf vend., sam., dim. et fêtes) 2 au 14 août, mardi sauf hôtel et lundi – **R** 130/240 – ☕ 38 – **5 ch** 200/290 – ½ P 250/320.

CHÉNAS 69840 Rhône 74 ① **G. Vallée du Rhône** – 372 h alt. 250.

Paris 409 – Mâcon 17 – Chauffailles 46 – Juliénas 5,5 – ◆Lyon 59 – Villefranche-sur-Saône 26.

✕✕ **Daniel Robin,** aux **Deschamps** ☎ 85 36 72 67, Fax 85 33 83 57, ←, 🌳, « Terrasse et jardin face au vignoble » – AE ⓓ GB
fermé mi-fév. à mi-mars, le soir (sauf vend. et sam.) et merc. – **R** 190/340, enf. 100.

CHÊNEHUTTE-LES-TUFFEAUX 49 M.-et-L. 64 ⑫ – rattaché à Saumur.

CHÉNÉRAILLES 23130 Creuse 73 ① **G. Berry Limousin** – 794 h alt. 558.

Voir Haut-relief★ dans l'église.

Paris 375 – Aubusson 19 – La Châtre 62 – Guéret 31 – Montluçon 44.

✕ **Coq d'Or** avec ch, ☎ 55 62 30 83 – GB
fermé 13 au 29 juin, 20 au 28 sept., 9 au 24 janv., dim. soir et lundi – **R** 58/160 – ☕ 28 – **7 ch** 110/200 – ½ P 190/240.

CHENNEVIÈRES-SUR-MARNE 94 Val-de-Marne 61 ①, 101 ㉘ – voir à Paris, Environs.

CHENONCEAUX 37150 I.-et-L. 64 ⑯ – 313 h alt. 62.

Voir Château de Chenonceau★★★, **G. Châteaux de la Loire.**

Syndicat d'Initiative r. Château (mai-sept.) ☎ 47 23 94 45.

Paris 234 – ◆ Tours 33 – Amboise 11,5 – Château-Renault 34 – Loches 27 – Montrichard 9,5.

Bon Laboureur et Château, ☎ 47 23 90 02, Fax 47 23 82 01, 🌳, ⛱, 🌲 – TV ☎ ♿. AE ⓓ GB
fermé 15 nov. au 15 mars – **R** 180/300 – ☕ 45 – **36 ch** 280/600 – ½ P 370/560.

Ottoni, ☎ 47 23 90 09, Fax 47 23 91 59, 🌳, 🌲 – TV ☎ P. AE ⓓ GB JCB
hôtel : fermé déc., janv. et merc. de janv. à avril ; rest. : fermé mi-nov. au 15 fév. et merc. de fév. à avril – **R** 100/300 – ☕ 38 – **15 ch** 320/480 – ½ P 275/390.

Gar. Bodin, à Civray ☎ 47 23 92 03 N ☎ 47 23 93 32

CHENÔVE 21 Côte-d'Or 66 ⑫ – rattaché à Dijon.

CHÉPY 80210 Somme 52 ⑥ – 1 246 h.

Paris 160 – ◆ Amiens 56 – Abbeville 16 – Le Tréport 21.

Aub. Picarde M ⛰, à la Gare ☎ 22 26 20 78, Fax 22 26 33 34 – TV ☎ ♿ P – 🏛 30. AE GB
fermé 25 au 31 déc. – **R** *(fermé dim. soir)* 85/180, enf. 65 – ☕ 25 – **25 ch** 220/350 – ½ P 175.

CITROEN Gar. Picardie, rte de Feuquières à Tours-en-Vimeu ☎ 22 26 20 36

CHERBOURG <SP> **50100** Manche 54 ② **G. Normandie Cotentin** – 27 121 h Communauté urbaine 91 894 h alt. 7 – Casino BY.

Voir Fort du Roule ※★ BZ – Château de Tourlaville : parc★ 5 km par ①.

⛳ ✆ 33 44 45 48, par ② et D 122 : 7 km.

✈ de Cherbourg-Maupertus : ✆ 33 22 91 32, par ① : 13 km.

ℹ Maison du Tourisme 2 quai Alexandre-III ✆ 33 93 52 02 avec A.C. ✆ 33 93 97 95 et à la Gare Maritime (15 mai-15 sept. après-midi seul.) ✆ 33 44 39 92.

Paris 362 ② – ◆Brest 396 ② – ◆Caen 124 ② – Laval 218 ② – ◆Le Mans 278 ② – ◆Rennes 200 ②.

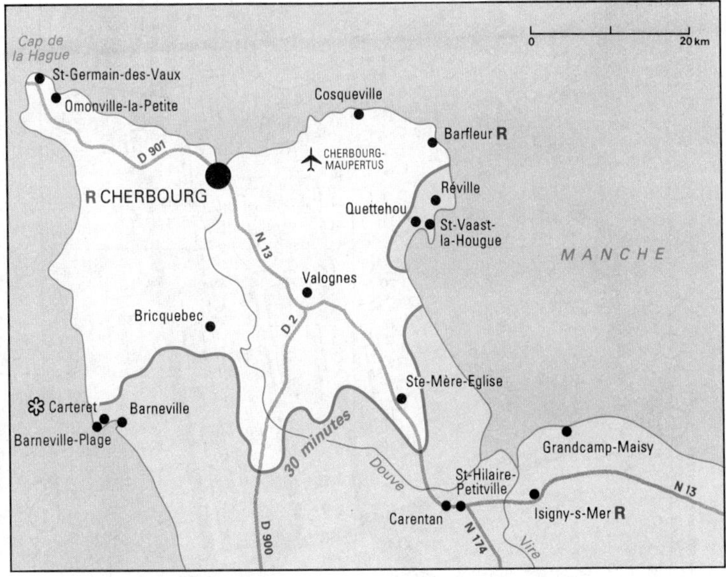

- **Mercure** M, gare maritime ✆ 33 44 01 11, Télex 170613, Fax 33 44 51 00 – 🛗 ⇔ ch TV ☎ ♿ – 🔔 100. AE ① GB JCB — BX **s**
  R 98/140 ♂, enf. 48 – ☕ 49 – **84 ch** 360/610.
- **Liberté** M, r. G. Sorel par av. E. Lecarpentier - BZ ✆ 33 20 18 00, Fax 33 20 01 32 – 🛗 TV ☎ ♿ P – 🔔 40 à 150. AE GB
  R *(fermé dim.)* 130 ♂ – ☕ 48 – **79 ch** 370/440.
- **Chantereyne** M sans rest, port de plaisance ✆ 33 93 02 20, Télex 171137, Fax 33 93 45 29 – TV ☎ ♿ P. AE ① GB. ✂ — AX **b**
  fermé 17 déc. au 2 janv. – ☕ 33 – **50 ch** 308/345.
- **Louvre** sans rest, 2 r. H. Dunant ✆ 33 53 02 28, Télex 171132, Fax 33 53 43 88 – 🛗 TV ☎ ♿ 🚗. AE ① GB JCB — AX **e**
  fermé 24 déc. au 1er janv. – ☕ 30 – **42 ch** 140/330.
- **Le Vauban** sans rest, 22 quai Caligny ✆ 33 44 28 45, Télex 772472, Fax 33 44 65 49 – 🛗 TV ☎ ♿ P. AE GB — BX **f**
  ☕ 30 – **43 ch** 260/330.
- **Moderna** sans rest, 28 r. Marine ✆ 33 43 05 30, Fax 33 43 97 37 – TV ☎. AE GB — BX **a**
  ☕ 28 – **25 ch** 190/300.
- XX **Le Grandgousier,** 21 r. Abbaye ✆ 33 53 19 43, 🌳 – ▤. AE ① GB — AX **t**
  fermé 1er au 15 mars, 23 août au 5 sept., sam. midi et dim. (sauf dim. soir en juil.-août) – **Repas** 95/300, enf. 50.
- XX **Café de Paris,** 40 quai Caligny ✆ 33 43 12 36, Fax 33 43 98 49 – GB — BXY **d**
  R 98/145.
- XX **L'Ancre Dorée,** 27 r. Abbaye ✆ 33 93 98 38, Fax 33 93 22 36 – AE ① GB — AX **n**
  fermé sam. midi et lundi – **R** 92/180, enf. 52.
- XX **Briqueville,** 16 quai Caligny ✆ 33 20 11 66 – GB — BX **g**
  fermé 20 déc. au 10 janv., sam. midi et dim. – **R** 92/290, enf. 60.
- XX **Le Saint-Jours,** 59 r. au Blé ✆ 33 53 67 64, Fax 33 94 41 43 – AE GB JCB — AX **z**
  fermé 22 au 28 déc., sam. midi et dim. du 30 juin au 5 sept. – **R** 98/260, enf. 70.
- XX **La Cendrée,** 18 passage Digard ✆ 33 93 67 04 – GB — AX **v**
  fermé dim. et lundi – **R** (nombre de couverts limité, prévenir) 90/140, enf. 70.

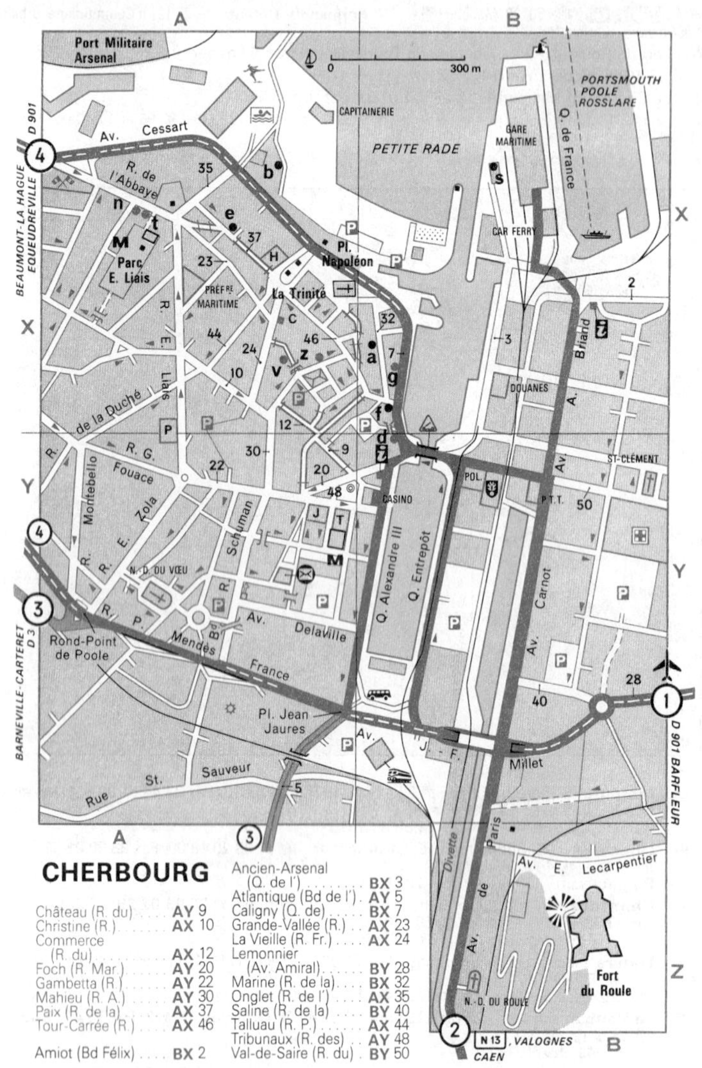

au Pont par ③ : 5 km – ✉ **50690** Martinvast :

XX **La Mare Aubert,** ☎ 33 52 11 14, Fax 33 52 01 25, 🍽, 🏊, 🌳 – 🅿. AE ⓓ GB
fermé 10 au 23 août, sam. midi, dim. soir et lundi – **R** 125/280, enf. 90.

BMW-LANCIA Gar. Renouf, bd de l'Est à Tourlaville ☎ 33 20 44 78
CITROEN Gar. Ozenne, r. M.-Sambat à Équeurdreville-Hainneville par ④ ☎ 33 03 49 70
CITROEN Chanel Auto, ZI, bd de l'Est à Tourlaville par ① ☎ 33 23 01 01 🅽 ☎ 33 23 22 48
RENAULT Coipel, 427 r. 8-Mai Les Flamands à Tourlaville par ① ☎ 33 22 00 27
RENAULT Gar. Ecourtemer, 76 r. Sadi-Carnot, Octeville par ③ ☎ 33 53 27 35
RENAULT Gar. Marie, 95 r. Gén.-de-Gaulle, Équeurdreville-Hainneville par ④ ☎ 33 03 58 97

RENAULT Gar. Dessoude Teyssier, bd de l'Est à Tourlaville par ① ☎ 33 44 00 01 🅽
V.A.G Equinox Auto, r. Industries ZI à Tourlaville ☎ 33 20 36 23

Ⓜ Cherbourg-Pneus, 12 r. Loysel ☎ 33 53 06 49
Cotentin Pneumatiques, 74 bd Mendès France ☎ 33 04 26 04
Francis-Pneus, bd de l'Est ZI à Tourlaville ☎ 33 20 45 60
Schmitt-Pneus, 13 r. Maupas ☎ 33 44 05 42

Les CHÈRES 69380 Rhône 74 ① – 1 027 h alt. 210.

Paris 442 – ◆Lyon 21 – L'Arbresle 14 – Meximieux 42 – Trévoux 7,5 – Villefranche-sur-Saône 12.

XX **Aub. du Pont de Morancé,** O : 1 km par D 100 ✉ 69480 Anse ☎ 78 47 65 14, Fax 78 47 05 83, 🏠, « Jardin fleuri » – 🅟. GB
fermé 15 fév. au 15 mars, mardi soir et merc. – **R** 90/290 🍷, enf. 80.

CHERISY 28 E.-et-L. 60 ⑦, 106 ㉕ – rattaché à Dreux.

CHÉROY 89690 Yonne 61 ⑬ – 1 326 h alt. 127.

Paris 103 – Fontainebleau 40 – Auxerre 68 – Montargis 34 – Nemours 24 – Sens 24.

XX **Tour de Chéroy,** ☎ 86 97 53 43, 🏠 – GB
fermé 24 au 30 juin, fév., lundi (sauf le midi en juil.-août) et mardi – **R** 85/170.

CHEVAIGNÉ 35 I.-et-V. 59 ⑰ – rattaché à Rennes.

CHEVAL-BLANC 84 Vaucluse 81 ⑫ – rattaché à Cavaillon.

Le CHEVALON 38 Isère 77 ④ – rattaché à Grenoble.

CHEVANNES 89 Yonne 65 ⑤ – rattaché à Auxerre.

CHEVERNY 41 L.-et-Ch. 64 ⑰ ⑱ – rattaché à Cour-Cheverny.

CHEVIGNEY-LÈS-VERCEL 25 Doubs 66 ⑱ – rattaché à Valdahon.

CHEVRY 01 Ain 70 ⑮ – rattaché à Gex.

CHEYLADE 15400 Cantal 76 ③ **G. Auvergne** – 360 h alt. 950.

Voir Voûte★ de l'église – Cascade du Sartre★ S : 2,5 km.

Paris 517 – Aurillac 56 – Mauriac 47 – Murat 31 – St-Flour 56.

Gd H. de la Vallée, ☎ 71 78 90 04, ≤ – 🅟. GB
fermé 30 mars au 15 avril, 15 nov. au 15 déc. et sam. sauf vacances scolaires – **R** 60/120 🍷 – ☕ 20 – **15 ch** 95/150 – ½ P 140/150.

PEUGEOT-TALBOT Riom Automobiles, à Riom-es-Montagne ☎ 71 78 03 08

RENAULT Gar. Jouve, à Riom-es-Montagne ☎ 71 78 07 22

Le CHEYLARD 07160 Ardèche 76 ⑲ – 3 833 h alt. 449.

Paris 598 – Le Puy-en-Velay 68 – Valence 62 – Aubenas 50 – Lamastre 21 – Privas 48 – St-Agrève 16.

Provençal, av. Gare ☎ 75 29 02 08 – TV ☎ 🚗. GB
fermé 11 au 20 avril, 20 août au 7 sept., 18 déc. au 5 janv., vend. soir, dim. soir et lundi – **R** 75/180 🍷 – ☕ 37 – **8 ch** 180/260 – ½ P 220.

CITROEN Gar. des Cévennes ☎ 75 29 05 10 N

Gar. Chambert et Noyer, à Mariac ☎ 75 29 14 26 N ☎ 75 29 00 37

CHÉZERY-FORENS 01410 Ain 74 ⑤ – 357 h alt. 582.

Paris 506 – Bellegarde-sur-Valserine 17 – Bourg-en-Bresse 77 – Gex 40 – Nantua 31 – St-Claude 44.

Commerce 🐦, ☎ 50 56 90 67 – GB
fermé 7 au 12 juin, 20 sept. au 16 oct. et merc. sauf vacances scolaires – **R** 65/160 🍷 – ☕ 28 – **10 ch** 140/190 – ½ P 160/190.

CHICHILIANNE 38930 Isère 77 ⑭ – 158 h.

Paris 621 – Die 46 – Gap 79 – ◆Grenoble 53 – La Mure 59.

Château de Passières 🐦, ☎ 76 34 45 48, Fax 76 34 46 25, ≤, 🏠, 🏊, 🌳, 🎾 – ☎ 🅟 – 🏛 45. GB
1er fév.-1er nov. et fermé dim. soir et lundi sauf de juin à août – **R** 95/200, enf. 65 – ☕ 40 – **23 ch** 300/420 – ½ P 310/380.

CHILLE 39 Jura 70 ④ – rattaché à Lons-le-Saunier.

CHINAILLON **74** H.-Savoie 74 ⑦ – rattaché au Grand-Bornand.

CHINDRIEUX **73310** Savoie 74 ⑮ – 1 059 h alt. 282.

Env. Abbaye de Hautecombe★★ (chant grégorien) SO : 10 km, **G. Alpes du Nord.**

Paris 521 – Annecy 35 – Aix-les-Bains 15 – Bellegarde-sur-Valserine 39 – Bourg-en-Bresse 90 – Chambéry 33.

Relais de Chautagne, ✆ 79 54 20 27 – 🛗 ☎ ♿ 🅿 – 🏋 35. GB
fermé 27 déc. au 1er fév. et lundi sauf juil.-août – **R** 90/210 🍷 – ☕ 32 – **33 ch** 220/280.

XX **Aub. du Colombier** avec ch, ✆ 79 54 20 13, 🏡 – 🅿. GB
fermé 1er au 15 déc., dim. soir et lundi – **R** (week-ends prévenir) 78/185 – ☕ 23 – **8 ch** 105/150 – ½ P 175.

CHINON ⟨SP⟩ **37500** I.-et-L. 67 ⑨ **G. Châteaux de la Loire** – 8 627 h alt. 37.

Voir Vieux Chinon★★ : Grand Carroi★★ A B – Château★★ : ≤★★ A – Quai Danton ≤★★ A.

Env. Château d'Ussé★★ 14 km par ①.

🅸 Office de Tourisme 12 r. Voltaire ✆ 47 93 17 85 et route de Tours (15 juil.-15 août) ✆ 47 93 39 66.

Paris 284 ① – ♦Tours 47 ① – Châtellerault 51 ③ – Poitiers 82 ③ – Saumur 29 ③ – Thouars 44 ③.

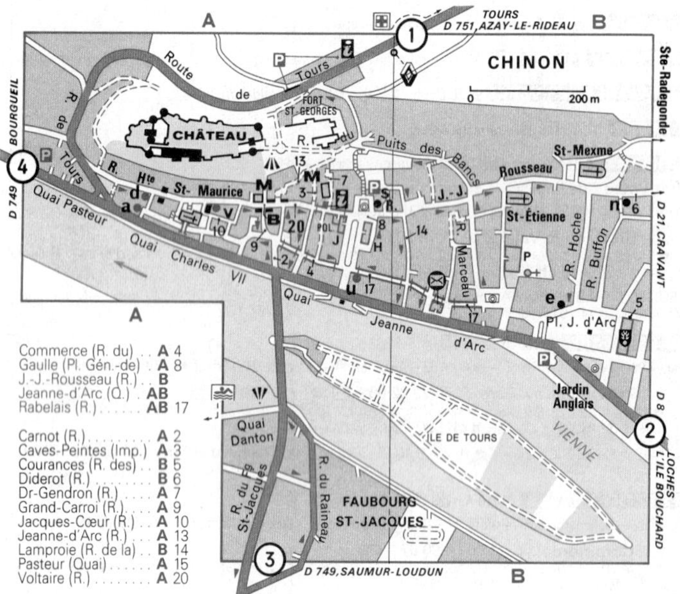

Le Chinon Ⓜ 🐕, centre St-Jacques (près piscine), par quai Danton - A ✆ 47 98 46 46, Fax 47 98 35 44, 🏡 – 🛗 📺 ☎ ♿ 🅿 – 🏋 30 à 80. AE ⓓ GB
R *(fermé dim. de nov. à fév.)* 65/190, enf. 40 – ☕ 45 – **55 ch** 310/380 – ½ P 320.

France sans rest, 47 pl. Gén. de Gaulle ✆ 47 93 33 91, Fax 47 98 37 03 – 📺 ☎ 🚗. AE ⓓ GB. ✖ — A **s**
fermé 1er déc. au 1er mars, dim. et lundi d'oct. à mars – ☕ 40 – **27 ch** 230/350.

Chris'Hôtel sans rest, 12 pl. Jeanne d'Arc ✆ 47 93 36 92, Fax 47 98 48 92, 🏡 – ✖ ch 📺 ☎. AE ⓓ GB — B **e**
☕ 40 – **40 ch** 240/350.

Diderot sans rest, 4 r. Buffon ✆ 47 93 18 87, Fax 47 93 37 10 – ☎ 🅿. AE ⓓ GB. ✖ — B **n**
fermé 20 déc. au 20 janv. – ☕ 36 – **24 ch** 225/380.

XXX ✿ **Au Plaisir Gourmand** (Rigollet), Quai Charles VII ✆ 47 93 20 48, Fax 47 93 05 66 – ▤. AE GB — A **a**
fermé 15 au 29 nov., 8 au 28 fév., dim. soir et lundi – **R** (nombre de couverts limité, prévenir) 175/320 et carte 230 à 350
Spéc. Salade tiède de langoustines. Cuissot de lapereau à l'ancienne. Pruneaux en chemise. **Vins** Chinon, Vouvray.

XX **Host. Gargantua** avec ch, 73 r. Haute St-Maurice ✆ 47 93 04 71, ≤, 🏡, « Ancien Palais du Baillage 15e siècle » – ☎. AE GB. ✖ — A **v**
fermé 11 au 30 nov., 1er fév. au 15 mars, jeudi midi et merc. hors sais. – **R** 150/220 – ☕ 50 – **8 ch** 240/600 – ½ P 320/500.

✗ **Orangerie,** 79 bis r. Haute-St-Maurice ✆ 47 98 42 00, Fax 47 93 92 50 – GB — A **d**
fermé 15 déc. au 12 janv., dim. soir et lundi en hiver – **R** 85/120, enf. 40.

✗ **L'Océanic,** 13 r. Rabelais ✆ 47 93 44 55, – GB — A **u**
fermé 3 au 25 janv., dim. soir sauf juil.-août et lundi – **R** produits de la mer 98/145, enf. 45.

à Marçay par ③ et D 116 : 7 km – ✉ **37500** :

✿ **Château de Marçay** , ✆ 47 93 03 47, Télex 751475, Fax 47 93 45 33, ←, , « Château du 15e siècle, parc », – TV ☎ P – 40 à 150. AE ① GB
fermé mi-janv. à mi-mars – **R** *(fermé dim. soir et lundi de nov. à avril sauf fériés)* 145 (déj.)/380 et carte 310 à 435 – ☕ 80 – **32 ch** 495/1295, 6 appart. – ½ P 730/1205
Spéc. Croustillant de langoustines au Noilly. Jambonnette de pigeonneau rôtie, jus de truffes. Fine mousse aux pruneaux et pain d'épices. **Vins** Chinon, Touraine.

à Beaumont-en-Véron par ④ : 5 km – ✉ **37420** :

Château de Danzay , ✆ 47 58 46 86, Fax 47 58 84 35, ←, parc, « Château du 15e siècle », – ☎ P. AE GB.
hôtel : mi-mars-mi nov. ; rest. : 1er avril-30 oct. – **R** (dîner seul.) 280/340 – ☕ 70 – **10 ch** 800/1300 – ½ P 700/1050.

CITROEN S.A.R.V.A., 10 r. A.-Correch par r. Courances ✆ 47 93 06 58
FIAT Hallie, rte de Tours ✆ 47 93 27 36 N
PEUGEOT-TALBOT Gd Gar. du Chinonais, à St-Louans par ④ ✆ 47 93 28 29
RENAULT Val de Vienne Autom. rte de Tours ✆ 47 93 05 27 N ✆ 47 40 92 86
RENAULT Gar. de la Gare, 8 pl. Gare ✆ 47 93 03 67
V.A.G Gar. du Château, rte de Tours ✆ 47 93 04 65

Super Pneus, 6 pl. Denfert-Rochereau ✆ 47 93 32 08

CHISSAY-EN-TOURAINE **41** L.-et-Ch. 64 ⑯ – rattaché à Montrichard.

CHITENAY **41120** L.-et-Ch. 64 ⑰ – 888 h alt. 88.

Voir Galerie des Illustres★★ du château de Beauregard★ N : 5 km, G. Châteaux de la Loire.

Paris 192 – ♦Orléans 70 – ♦Tours 74 – Blois 11,5 – Châteauroux 89 – Contres 10 – Montrichard 24 – Romorantin-Lanthenay 37.

Aub. du Centre, ✆ 54 70 42 11, Fax 54 70 35 03, , – TV ☎ ♿ P. GB
fermé fév., lundi d'oct. à avril et dim. soir – **R** 92/260 – ☕ 34 – **23 ch** 285/380 – ½ P 250/275.

✗ **La Clé des Champs** avec ch, ✆ 54 70 42 03, – P. GB
fermé janv., lundi soir et mardi sauf juil.-août – **R** 135/175 ♂, enf. 50 – ☕ 25 – **10 ch** 110/200.

CHOISY-AU-BAC **60** Oise 56 ②, 106 ⑩ – rattaché à Compiègne.

CHOLET <SP> **49300** M.-et-L. 67 ⑤ ⑥ G. Châteaux de la Loire – 55 132 h alt. 125.

Voir Musée d'Histoire et des guerres de Vendée★ Z **M**[1] – Musée des Arts★ BX **M**[2].

18 ✆ 41 71 05 01, AX.

Office de Tourisme avec A.C. pl. Rougé ✆ 41 62 22 35, Télex 306022 et aire d'accueil, rte d'Angers (juin-août) ✆ 41 58 66 66.

Paris 350 ① – Angers 58 ① – La Roche-sur-Yon 64 ④ – Ancenis 47 ⑥ – ♦Nantes 58 ⑤ – Niort 109 ②.

Plan page suivante

Fimotel M, av. Sables-d'Olonne par ④ ✆ 41 62 45 45, Fax 41 58 23 45 – rest TV ☎ ♿ P – 40 à 80. AE ① GB
R 70/89 ♂, enf. 36 – ☕ 35 – **42 ch** 260/280.

Gd H. Poste, 26 bd G.-Richard ✆ 41 62 07 20, Télex 722707, Fax 41 58 54 10 – rest TV ☎ – 50. AE ① GB — Z **e**
R *(fermé 1er au 15 août, sam. soir sauf en juil.-août et dim.)* 98/290 ♂ – ☕ 40 – **45 ch** 275/310, 9 appart.

Europe sans rest, 15 pl. Gare ✆ 41 62 00 97, Fax 41 71 86 31 – TV ☎ . AE GB — BX **n**
☕ 27 – **21 ch** 225/270.

Parc sans rest, 4 av. A. Manceau ✆ 41 62 65 45, Fax 41 58 64 08 – TV ☎ – 40. AE GB — AY **x**
☕ 35 – **46 ch** 180/290.

Campanile, square Nouvelle France - Z.A.C. du Carteron ✆ 41 62 86 79, Télex 720318, Fax 41 71 29 23 – TV ☎ ♿ P – 25. AE GB — BY **u**
R 80 bc/102 bc, enf. 39 – ☕ 29 – **43 ch** 268.

Commerce, 194 r. Nationale ✆ 41 62 08 97 – TV ☎. AE ① GB — Z **a**
fermé 26 juil. au 16 août – **R** *(fermé sam. et dim.)* (dîner seul.) 60/100 ♂ – ☕ 26 – **14 ch** 135/258.

✗✗ **La Touchetière,** rd-pt St-Léger ✆ 41 62 55 03 – P. GB — AX **b**
fermé 4 au 30 août, vacances de fév., dim. soir et lundi – **R** (dim. prévenir) 110/180.

✗ **Le Thermidor,** 40 r. St-Bonaventure ✆ 41 58 55 18 – GB. — Z **b**
fermé 1er au 20 août, 1er au 8 janv., dim. soir et lundi – **R** 89/250, enf. 50.

rte d'Angers par ① : 3,5 km – ✉ **49300** Cholet :

Atlantel M, ✆ 41 71 08 08, Fax 41 71 96 96, , – TV ☎ ♿ P – 40. AE ① GB
R 85/200 ♂, enf. 45 – ☕ 38 – **34 ch** 290/350 – ½ P 290.

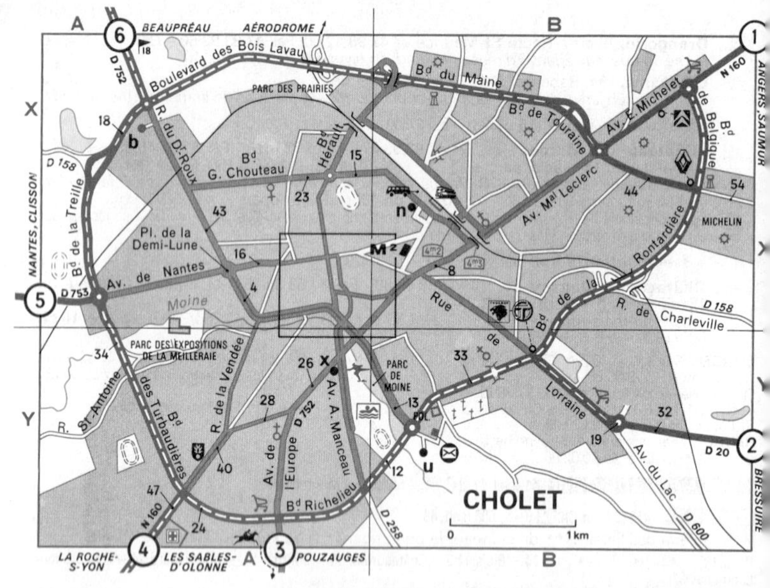

Clemenceau (R. G.) . . . . . Z 9
Nantaise (R.) . . . . . Z 39
Nationale (R.) . . . . . Z
Travot (Pl.) . . . . . Z 52
Travot (R.) . . . . . Z 53

Abreuvoir (Av. de l') . . . . . Z 2
Bons-Enfants (R. des) . . . . Z 3
Bouet (Av. F.) . . . . . AX 4
Bourg-Baudry (R.) . . . . . Z 6
Bretonnaise (R.) . . . . . Z 7
Carnot (R. S.) . . . . . BX 8
Coubertin (Bd de) . . . . . BY 12
Delhumeau
Plessis (Bd) . . . . . BY 13
Faidherbe (Bd Gén.) . . . . AY 15
Foch (Av. Mar.) . . . . . AX 16
Godinière (Bd de la) . . . . . AX 18
Grand-Champ (Pl. du) . . . BY 19
Guérineau (Pl. A.) . . . . . Z 20
Hôtel-de-Ville (R. de l') . . . Z 22
Joffre (Bd) . . . . . AX 23
Juin (Bd Mar.) . . . . . AY 24
Libération (Av. de la) . . . . AY 26
Marne (Av. de la) . . . . . AY 28
Maudet (Av.) . . . . . Z 30
Maulévrier (R. de) . . . . . BY 32
Minée (Bd de la) . . . . . BY 33
Moine (Bd de la) . . . . . AY 34
Moine (R. de la) . . . . . Z 36
Montfort (R. G. de) . . . . . Z 37
Napoléon
Bonaparte (Av.) . . . . . AY 40
Pasteur (R.) . . . . . AX 43
Poitou (Bd du) . . . . . BX 44

Puits-de-l'Aire (R. du) . . . . . Z 45
Richard (Bd G.) . . . . . Z 46
Sables (Av. des) . . . . . AY 47
Salberie (R.) . . . . . Z 49

Sardinerie (R. de la) . . . . . Z 50
Toutlemonde (R. de) . . . . . BX 54
Vieux-Greniers (R. des) . . . . . Z 56
8-Mai 1945 (Pl. du) . . . . . Z 58

à Nuaillé par ① et D 960 : 7,5 km – ✉ **49340** :

XX **Relais des Biches** avec ch, pl. Église ✆ 41 62 38 99, Télex 720547, Fax 41 62 96 24, 🏠, 🏊, 🐎 – TV ☎ 🚗 P. AE ① GB JCB
R *(fermé 1er au 10 août et dim.)* 95/250, enf. 55 – ☕ 45 – **13 ch** 275/350 – ½ P 265/275.

au lac de Ribou SE : 5 km par av. du Lac -BY – ✉ **49300** Cholet :

XXX ✿ **Le Belvédère** 🐌 avec ch, ✆ 41 62 14 02, Fax 41 62 16 54, ←, 🏠 – TV ☎ P – 🏛 25. AE ① GB. ✱ rest
fermé 19 juil. au 18 août, 28 fév. au 6 mars, dim. soir et lundi midi – **R** (prévenir) 120/245 et carte 260 à 360, enf. 90 – ☕ 33 – **8 ch** 295/350
Spéc. Mijoté de turbot au Savennières et aux langoustines. Côte de veau sautée aux champignons et pommes de terre. Gratin de fruits au sabayon au Champagne. **Vins** Saumur Champigny.

à La Tessouale S : 6,5 km par D 258 – ✉ 49280 :

Garden H., près Église ✆ 41 56 38 95, Fax 41 56 46 71 – cuisinette TV ☎ ♿ P – 30. GB JCB. rest
fermé 1er au 15 août – **R** *(fermé sam. et dim.)* 78/160, enf. 35 – ☕ 25 – **25 ch** 195/240 – ½ P 235/260.

par ④ rte de la Roche-sur-Yon – ✉ 49300 Cholet :

Cormier sans rest, à 4,5 km sur N 160 ✆ 41 62 46 24, – TV ☎ P. GB.
fermé 15 déc. au 10 janv. et dim. – ☕ 28 – **14 ch** 150/220.

XXX **Château de la Tremblaye,** à 5,5 km par N 160 et rte du Puy-St-Bonnet ✆ 41 58 40 17, parc, « Château du 19e siècle » – P. GB
fermé 25 juil. au 15 août, dim. soir et lundi sauf fériés – **R** 95/270, enf. 70.

ALFA-ROMEO Hall des Sports, 2 r. de la Flèche ✆ 41 62 08 48
CITROEN Cholet Automobiles, 14 av. E.-Michelet ✆ 41 65 42 77 N ✆ 41 58 15 44
HONDA Cholet Auto Sport, 1 pl. République ✆ 41 62 85 21
MERCEDES-MAZDA Gar. Crochet Cholet, ZI, 13 bd du Poitou ✆ 41 65 92 66
PEUGEOT-TALBOT Gar. Bussereau, 169 r. de Lorraine ✆ 41 62 41 42
RENAULT Autom. Choletaise, 17 bd du Poitou ✆ 41 62 25 91 N ✆ 41 64 02 11

Bossard Pneus, Z.I. Nord 41 bis r. Jominière ✆ 41 62 29 53
Cailleau, 13 bd de Belgique ✆ 41 58 58 74
Cholet-Pneus, 49 bd Rontardière ✆ 41 58 22 75
Euromaster Perry Pneu Service, 17 r. Jominière ✆ 41 58 33 14

CHOMELIX 43500 H.-Loire 76 ⑦ – 376 h alt. 894.

Paris 524 – Le Puy-en-Velay 30 – Ambert 42 – Brioude 67 – La Chaise-Dieu 17 – ♦Saint-Étienne 69.

XX **Aub. de l'Arzon** avec ch, ✆ 71 03 62 35, – TV ☎ ♿. GB
Pâques-11 nov. et fermé lundi soir et mardi sauf juil.-août – **R** 98/230 – ☕ 35 – **8 ch** 230/260 – ½ P 235/280.

CHONAS-L'AMBALLAN 38 Isère 74 ⑪ – rattaché à Vienne.

CHOUVIGNY (Gorges de) 03 Allier 73 ④ – rattaché à Pont-de-Menat.

CIBOURE 64 Pyr.-Atl. 85 ② – voir à St-Jean-de-Luz.

CIERP-GAUD 31440 H.-Gar. 86 ① – 990 h alt. 500.

Paris 815 – Bagnères-de-Luchon 16 – Lannemezan 40 – St-Gaudens 29 – ♦Toulouse 119.

X **La Bonne Auberge** avec ch, ✆ 61 79 54 47 – GB
fermé 26 sept. au 30 oct. et merc. sauf vacances scolaires – **R** 95/190, enf. 50 – ☕ 35 – **5 ch** 110/160 – ½ P 170/200.

Gar. Fernandez, à Gaud ✆ 61 79 50 26

CIERZAC 17 Char.-Mar. 72 ⑫ – rattaché à Cognac.

CINQ CHEMINS 74 H.-Savoie 70 ⑰ – rattaché à Thonon-les-Bains.

La CIOTAT 13600 B.-du-R. 84 ⑭ **G. Provence** – 30 620 h alt. 3 – Casino.

Voir Calanque de Figuerolles★ SO : 1,5 km puis 15 mn AZ – Chapelle N.-D. de la Garde ≤★★ O : 2,5 km puis 15 mn AZ.

Env. Sémaphore ≤★★★ O : 5,5 km AZ.

Excurs. à l'Ile Verte ≤★ en bateau 30 mn BZ.

Office Municipal de Tourisme bd A.-France ✆ 42 08 61 32, Fax 42 08 17 88.

Paris 804 ⑤ – ♦Marseille 31 ⑤ – ♦Toulon 39 ③ – Aix-en-Provence 47 ⑤ – Brignoles 58 ⑤.

Plan page suivante

La Rotonde sans rest, 44 bd République ✆ 42 08 67 50 – TV ☎. AE GB — BZ **a**
☕ 30 – **32 ch** 185/285.

X **Golfe,** 14 bd A. France ✆ 42 08 42 59, — BZ **b**
fermé 2 nov. au 10 déc. et mardi sauf juil. août – **R** 72/155, enf. 35.

à La Ciotat-Plage NE : 1,5 km par D 559 - ABY – ✉ 13600 La Ciotat :

Miramar M, 3 bd Beaurivage ✆ 42 83 09 54, Fax 42 83 33 79, ≤, – TV ☎ P – 60. AE GB JCB — BY **f**
L'Orchidée ✆ 42 83 33 79 **R** 125/270, enf. 85 – ☕ 55 – **24 ch** 565/765 – ½ P 455/555.

Provence Plage, 3 av. Provence ✆ 42 83 09 61, Fax 42 08 16 28, – TV ☎ P. GB. — BY **d**
R 100/320 – ☕ 40 – **20 ch** 285/395.

au Liouquet par ③ : 6 km – ✉ 13600 La Ciotat :

Ciotel M, ✆ 42 83 90 30, Fax 42 83 04 17, ≤, « Jardin fleuri, », – rest TV ☎ P – 100. AE GB. rest
R 150/250 – ☕ 50 – **43 ch** 695/770.

XX **Aub. Le Revestel** avec ch, ✆ 42 83 11 06, ≤, – ☎. GB. ch
fermé 14 janv. au 28 fév., merc. (sauf le soir de juin à sept.) et dim. soir hors sais. – **R** 140/180, enf. 90 – ☕ 45 – **7 ch** 260/330 – ½ P 265.

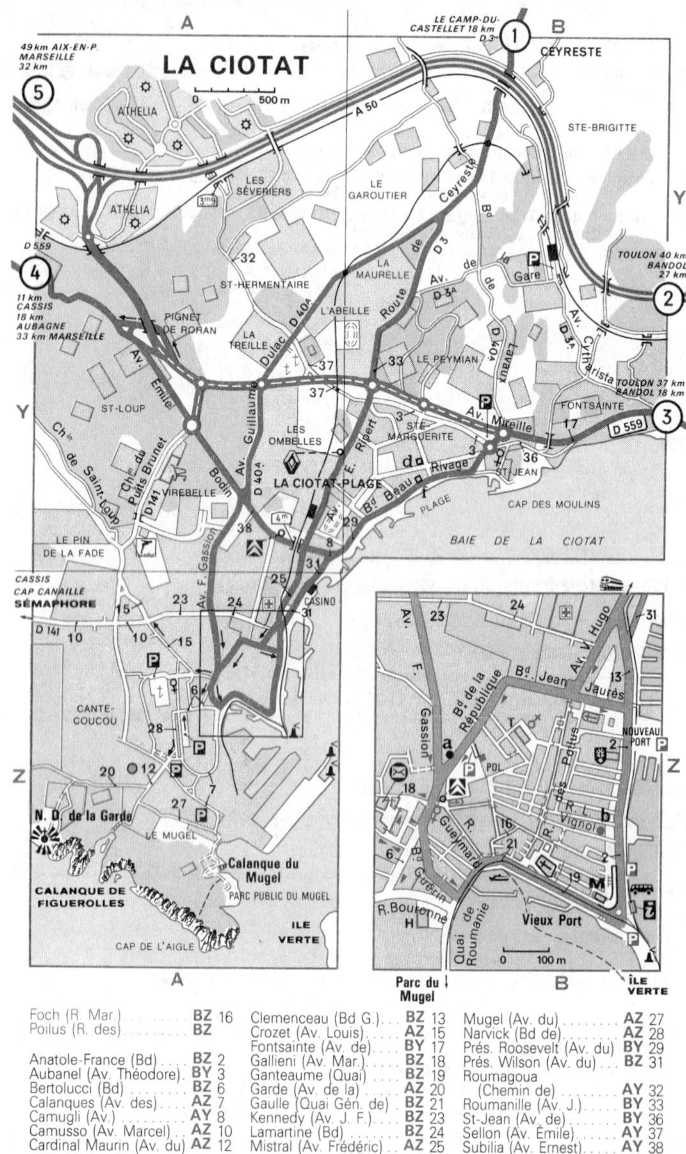

Foch (R. Mar.) . . . . BZ 16
Poilus (R. des) . . . . BZ

Anatole-France (Bd) . . . . BZ 2
Aubanel (Av. Théodore) . BY 3
Bertolucci (Bd) . . . . BZ 6
Calanques (Av. des) . . . . AZ 7
Camugli (Av.) . . . . AY 8
Camusso (Av. Marcel) . . AZ 10
Cardinal Maurin (Av. du) AZ 12
Clemenceau (Bd G.) . . . BZ 13
Crozet (Av. Louis) . . . . . AZ 15
Fontsainte (Av. de) . . . . BY 17
Gallieni (Av. Mar.) . . . . . BZ 18
Ganteaume (Quai) . . . . BZ 19
Garde (Av. de la) . . . . . AZ 20
Gaulle (Quai Gén. de) . BZ 21
Kennedy (Av. J. F.) . . . . BZ 23
Lamartine (Bd) . . . . BZ 24
Mistral (Av. Frédéric) . . AZ 25
Mugel (Av. du) . . . . AZ 27
Narvick (Bd de) . . . . AZ 28
Prés. Roosevelt (Av. du) BY 29
Prés. Wilson (Av. du) . . . BZ 31
Roumagoua (Chemin de) . . . . AY 32
Roumanille (Av. J.) . . . . . BY 33
St-Jean (Av. de) . . . . BY 36
Sellon (Av. Émile) . . . . . . AY 37
Subilia (Av. Ernest) . . . . . AY 38

CITROEN Gar. Léger, av. Guillaume Dulac ✆ 42 08 41 69
CITROEN Gar. Viviani, av. E. Subilia ✆ 42 71 67 17
PEUGEOT TALBOT Gar. Colomb, av. Prés. Kennedy ✆ 42 08 66 26
RENAULT Gimenes, 87 av. E.-Ripert ✆ 42 83 90 10
RENAULT C.I.M.E.S., 10 av. Camugli ✆ 42 71 40 54

When looking for a hotel or restaurant use the most efficient method.
***Look for the names of towns** underlined in red*
on the Michelin maps scale: 1:200 000.
But make sure you have an up-to-date map!

CIPIÈRES **06620** Alpes-Mar. 84 ⑧ – 222 h alt. 750.

Paris 858 – Castellane 56 – Grasse 25 – ♦Nice 42 – Vence 27.

Château de Cipières ⑤, ☎ 93 59 98 00, Fax 93 59 98 02, ←, 余, ₺, 🏊, 🌳 – TV ☎ P. AE ① GB. ✻
mars-oct. – **R** (résidents seul.) 200, 6 appart. 2200/4600 – ½ P 1200/1800.

CIRQUE Voir au nom propre du Cirque.

CLAIX **38** Isère 77 ④ – rattaché à Grenoble.

CLAMART **92** Hauts-de-Seine 60 ⑩, 101 ㉔ – voir à Paris, Environs.

CLAMECY **58500** Nièvre 65 ⑮ **G. Bourgogne** (plan) – 5 284 h alt. 160.

Voir Église St-Martin★.

Office de Tourisme r. Grand Marché (Pâques à mi-oct.) ☎ 86 27 02 51.

Paris 203 – Auxerre 44 – Avallon 38 – Bourges 104 – Cosne-sur-Loire 51 – ♦Dijon 143 – Nevers 67.

Host. de la Poste, 9 pl. É. Zola ☎ 86 27 01 55, Télex 809000, Fax 86 27 05 99 – TV ☎. GB
R *(fermé dim. soir et vend. du 12 nov. à Pâques)* 95/170, enf. 45 – ☕ 35 – **16 ch** 245/290.

Anval ⑤ sans rest, O : 2 km sur rte Brinon ☎ 86 24 42 40, Fax 86 27 06 87 – TV ☎ P. AE GB
☕ 30 – **9 ch** 250/350.

La Grenouillère, 6 r. J. Jaurès ☎ 86 27 31 78 – GB
fermé 1er au 15 sept., le soir en hiver (sauf sam.), dim. soir et lundi – **R** 90/160 🍷.

CITROEN Rougeaux, av. H.-Barbusse ☎ 86 27 11 87 N
RENAULT S.A.M.A.S., 22 rte de Pressures ☎ 86 27 02 78 N
RENAULT Gar. Duque, rte de Pressures ☎ 86 27 13 54
Coignet, Le Foulon, ☎ 86 27 19 38

CLAPIERS **34** Hérault 83 ⑦ – rattaché à Montpellier.

Le CLAUX **15400** Cantal 76 ③ – 293 h alt. 1 060.

Paris 523 – Aurillac 50 – Mauriac 53 – Murat 24.

Peyre-Arse M ⑤, ☎ 71 78 93 32, Fax 71 78 90 37, ←, 余 – ☎ ♿ P. GB
R 85/185 🍷, enf. 45 – ☕ 30 – **29 ch** 140/200 – ½ P 180/190.

Les CLAUX **05** H.-Alpes 77 ⑱ – rattaché à Vars.

CLAYE-SOUILLY **77410** S.-et-M. 56 ⑫ 106 ㉑ – 9 740 h alt. 50.

Paris 31 – Meaux 15 – Melun 54 – Senlis 38.

I. D. F. M, à Souilly par D 212 ☎ (1) 60 26 18 00, Télex 690212, Fax (1) 60 26 44 48 – 🛗 TV ☎ ♿ P – 🏛 200. AE ① GB. ✻ rest
R grill 95/125 🍷 – ☕ 50 – **80 ch** 420/480.

La CLAYETTE **71800** S.-et-L. 69 ⑰ ⑱ **G. Bourgogne** – 2 307 h alt. 369.

Voir Château de Drée★ N : 4 km.

Syndicat d'Initiative pl. Fossés (mai-15 sept., fermé matin sauf juil.-août) ☎ 85 28 16 35.

Paris 387 – Mâcon 56 – Charolles 19 – Lapalisse 62 – ♦Lyon 86 – Roanne 40.

Poste, ☎ 85 28 02 45 – ☎ 🚗. AE GB
fermé vend. soir et sam. midi du 1er oct. au 15 juin et dim. soir – **R** 67/200 🍷, enf. 45 – ☕ 27 – **15 ch** 115/125 – ½ P 220/280.

Gare avec ch, ☎ 85 28 01 65, Fax 85 28 03 13, 余, 🏊, 🌳 – TV ☎ 🚗 P. GB
fermé dim. soir et lundi sauf juil.-août – **Repas** 90/240 🍷 – ☕ 32 – **8 ch** 240/370 – ½ P 245/355.

PEUGEOT-TALBOT Gar. Jugnet, à Varennes-sous-Dun ☎ 85 28 03 60
RENAULT Éts Hermey ☎ 85 28 04 81 N ☎ 85 77 32 60
Matequip ☎ 85 28 11 46

CLÉCY **14570** Calvados 55 ⑪ **G. Normandie Cotentin** – 1 182 h alt. 81.

18 de Clécy-Cantelou ☎ 31 69 72 72, SO par D 133A : 4 km.

Paris 273 – ♦Caen 38 – Condé-sur-Noireau 10 – Falaise 24 – Flers 21 – Vire 35.

Moulin du Vey ⑤ Annexes Manoir du Placy à 400 m et, Relais de Surosne à 3 km E : 2 km par D 133 ☎ 31 69 71 08, Fax 31 69 14 14, ←, 余, « Parc au bord de l'Orne » – ☎ P – 🏛 100. AE ① GB. ✻ rest
fermé 30 nov. au 28 déc. – **R** 138/378 – ☕ 48 – **25 ch** 370/500 – ½ P 430/470.

Chalet de Cantepie, ☎ 31 69 71 10, Fax 31 69 66 72, 余 – AE ① GB
fermé 30 nov. au 30 déc. et dim. soir – **R** 91/243, enf. 58.

CLÉDEN-CAP-SIZUN 29113 Finistère 58 ⑬ – 1 181 h alt. 45.

Voir Pointe de Brézellec ≤* N : 2 km, G. Bretagne.

Paris 603 – Quimper 46 – Audierne 10 – Douarnenez 29.

L'Étrave, pl. Église ✆ 98 70 66 87 – GB.
4 avril-26 sept. et fermé merc. – **R** (prévenir) 75/200, enf. 35.

CLÉDER 29233 Finistère 58 ⑤ – 3 801 h alt. 46.

Voir Château de Kérouzéré* NE : 3 km, G. Bretagne.

Paris 567 – ◆Brest 47 – Brignogan-Plage 21 – Morlaix 28 – St-Pol-de-Léon 9,5.

Le Baladin, 9 r. Armorique ✆ 98 69 42 48 – GB
fermé fév., mardi soir et lundi sauf juil.-août – **R** 69/248, enf. 55.

CLELLES 38930 Isère 77 ⑭ – 345 h alt. 766.

Paris 619 – Gap 76 – Die 50 – ◆Grenoble 49 – La Mure 26 – Serres 60.

Ferrat, ✆ 76 34 42 70, ≤, – P. GB.
15 mars-11 nov. et fermé mardi hors sais. – **R** 120/160 – ☕ 30 – **16 ch** 300 – ½ P 260/280.

RENAULT Gar. du Trièves ✆ 76 34 40 35 N

CLERGOUX 19320 Corrèze 75 ⑩ – 367 h alt. 540.

Paris 486 – Brive-la-Gaillarde 46 – Mauriac 44 – St-Céré 71 – Tulle 21 – Ussel 46.

Chammard sans rest, ✆ 55 27 76 04, – P.
1er mai-1er oct. – ☕ 22 – **15 ch** 140/150.

Si vous êtes retardé sur la route, dès 18 h, confirmez votre réservation par téléphone, c'est plus sûr... et c'est l'usage.

CLERMONT SP 60600 Oise 56 ① G. Flandres Artois Picardie – 8 934 h alt. 119.

Voir Église* d'Agnetz O : 2 km par N 31.

Office de Tourisme Hôtel-de-Ville ✆ 44 50 40 25.

Paris 74 – Compiègne 34 – ◆Amiens 65 – Beauvais 26 – Mantes-la-Jolie 97 – Pontoise 59.

Clermotel, NO : 1 km par rte Beauvais ✆ 44 50 09 90, Fax 44 50 13 00, – ch TV P – 30. GB
R *(fermé 22 déc. au 5 janv.)* 104/154, enf. 45 – ☕ 36 – **37 ch** 265/315 – ½ P 250/270.

à Étouy NO : 7 km par D 151 – ✉ 60600 :

L'Orée de la Forêt avec ch, ✆ 44 51 65 18, parc – P. GB. ch
fermé 16 août au 16 sept., dim. soir et vend. – **R** 95/285 – ☕ 25 – **5 ch** 120/190.

FORD Cler'Auto Services, 75 r. du Gén.-de-Gaulle ✆ 44 50 28 17
PEUGEOT-TALBOT Carlier, av. Déportés, rte de Compiègne ✆ 44 50 00 94
RENAULT SOCLA, imp. H.-Barbusse ✆ 44 50 01 71

Euromaster Fischbach Pneu Service, 64 r. de Paris à St-Just-en-Chaussée ✆ 44 78 51 36

CLERMONT-EN-ARGONNE 55120 Meuse 56 ⑳ G. Champagne – 1 794 h alt. 240.

Paris 235 – Bar-le-Duc 45 – Dun-sur-Meuse 40 – Sainte-Menehould 15 – Verdun 30.

Bellevue avec ch, r. Liberation ✆ 29 87 41 02, – TV P. AE GB. ch
fermé 23 déc. au 5 janv. et merc. – **R** 70/200, enf. 45 – ☕ 28 – **7 ch** 220/270 – ½ P 250/270.

CLERMONT-FERRAND P 63000 P.-de-D. 73 ⑭ G. Auvergne – 136 181 h alt. 401.

Voir Le Vieux Clermont** EFVX : Basilique de N.-D.-du-Port** (choeur***) FV, Cathédrale** (vitraux**) EV, Fontaine d'Amboise* EV E, cour* de la maison de Savaron EV B – Musée du Ranquet* EV M¹ – Section d'archéologie* au musée Bargoin FX M² – Escalier* dans la rue des Petits-Gras (n° 6) EV 74 – Le Vieux Montferrand** BCY : Hôtel de Fontfreyde*, Hôtel de Lignat*, Hôtel de Fontenilhes*, cour* de l'Hôtel Regin, Porte* de l'Hôtel d'Albiat, Bas-relief* de la Maison d'Adam et d'Ève – Belvédère de la D 941A ≤** AY – Av. Thermale ≤* AY.

Env. Puy de Dôme *** 15 km par ⑥.

9 18 des Volcans à Orcines ✆ 73 62 15 51, par ⑥ : 9 km ; 9 de Charade à Royat ✆ 73 35 73 09, 9 km par D 941C, D 5, D 5F AZ.

Circuit automobile de Clermont-Charade AZ.

de Clermont-Ferrand-Aulnat : ✆ 73 62 71 00 par D 766 CY : 6 km.

✆ 73 92 50 50.

Office Municipal de Tourisme 69 bd Gergovia ✆ 73 93 30 20, à la Gare SNCF ✆ 73 91 87 89 et pl. de Jaude (saison) – A.C. d'Auvergne, Résidence Arverne, 62 r. Bonnabaud ✆ 73 93 47 67.

Paris 425 ① – ◆Bordeaux 358 ⑥ – ◆Grenoble 297 ② – ◆Lyon 172 ② – ◆Marseille 410 ② – ◆Montpellier 349 ③ – Moulins 104 ① – ◆Nantes 460 ⑥ – ◆St-Étienne 147 ② – ◆Toulouse 371 ③.

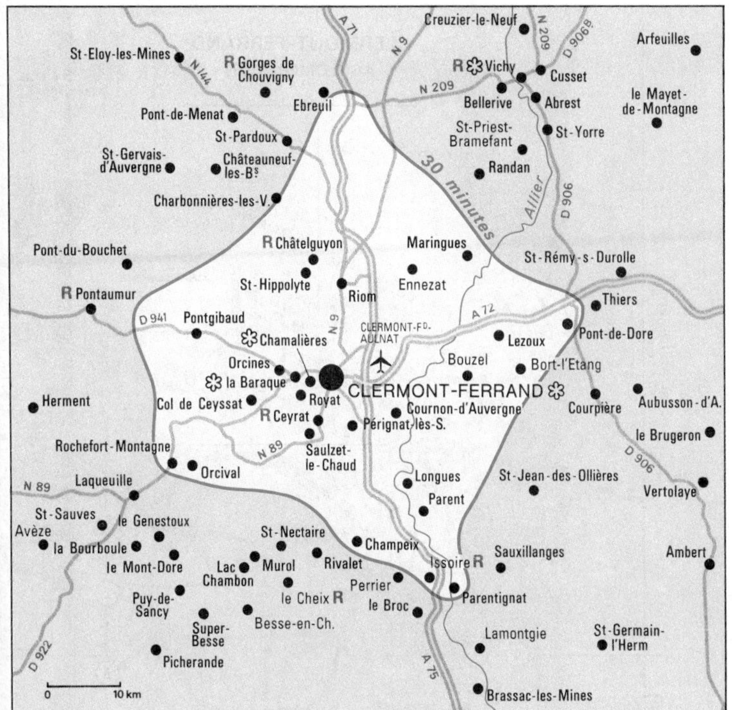

Novotel M, Z.I. Brézet, r. G. Besse ℘ 73 41 14 14, Télex 392019, Fax 73 41 14 00, – ch – 80. AE GB CY **a**
R carte environ 160, enf. 50 – 48 – **96 ch** 415/480.

Mercure-Altéa Gergovie M, 82 bd Gergovia ℘ 73 34 46 46, Télex 392658, Fax 73 34 46 36 – rest – 100. AE GB JCB EX **v**
La Retirade R 115/230 – 52 – **124 ch** 395/545.

Mercure Arverne M, pl. Delille ℘ 73 91 92 06, Télex 392741, Fax 73 91 60 25 – rest – 50. AE GB FV **m**
R 150, enf. 40 – 50 – **57 ch** 410/500.

Coubertin M, 25 av. Libération ℘ 73 93 22 22, Télex 990096, Fax 73 34 88 66, – – 25 à 300. AE GB EX **m**
R *(fermé sam.)* 85/150 – 40 – **81 ch** 305/340 – ½ P 271.

Gallieni, 51 r. Bonnabaud ℘ 73 93 59 69, Télex 392779, Fax 73 34 89 29 – – 100. AE GB EX **t**
Le Charade ℘ 73 35 12 28 *(fermé août, sam. et dim.)* **R** 85/250 – 40 – **80 ch** 300/340 – ½ P 271.

Lafayette sans rest, 53 av. Union Soviétique ℘ 73 91 82 27, Télex 393706, Fax 73 91 17 26 – . AE GB GV **a**
30 – **50 ch** 285/330.

Fimotel M, 59 bd Gergovia ℘ 73 93 58 58, Fax 73 35 58 47 – – 80. AE GB EX **a**
R 75/95 , enf. 36 – 34 – **95 ch** 295/315.

Marmotel M, Plateau St Jacques près du CHRU, bd W. Churchill ℘ 73 26 24 55, Télex 392204, Fax 73 27 99 57, – – 160. AE GB BZ **h**
Margaridou *(fermé sam. et dim.)* **R** 125/150 enf.39 – **Assiette Saint-Jacques** (grill) *(fermé dim. soir)* **R** 68/85 enf.36 – 30 – **86 ch** 260/340 – ½ P 245/287.

Dav'Hôtel Jaude M sans rest, 10 r. Minimes ℘ 73 93 31 49, Fax 73 34 38 16 – . AE GB – 35 – **28 ch** 250/280. EV **f**

République M, 97, av. République ℘ 73 91 92 92, Fax 73 90 21 88, – ch – 50. AE GB JCB BY **n**
R *(fermé dim. de Pâques au 1er oct.)* 80/160 – 35 – **55 ch** 260/310 – ½ P 220/250.

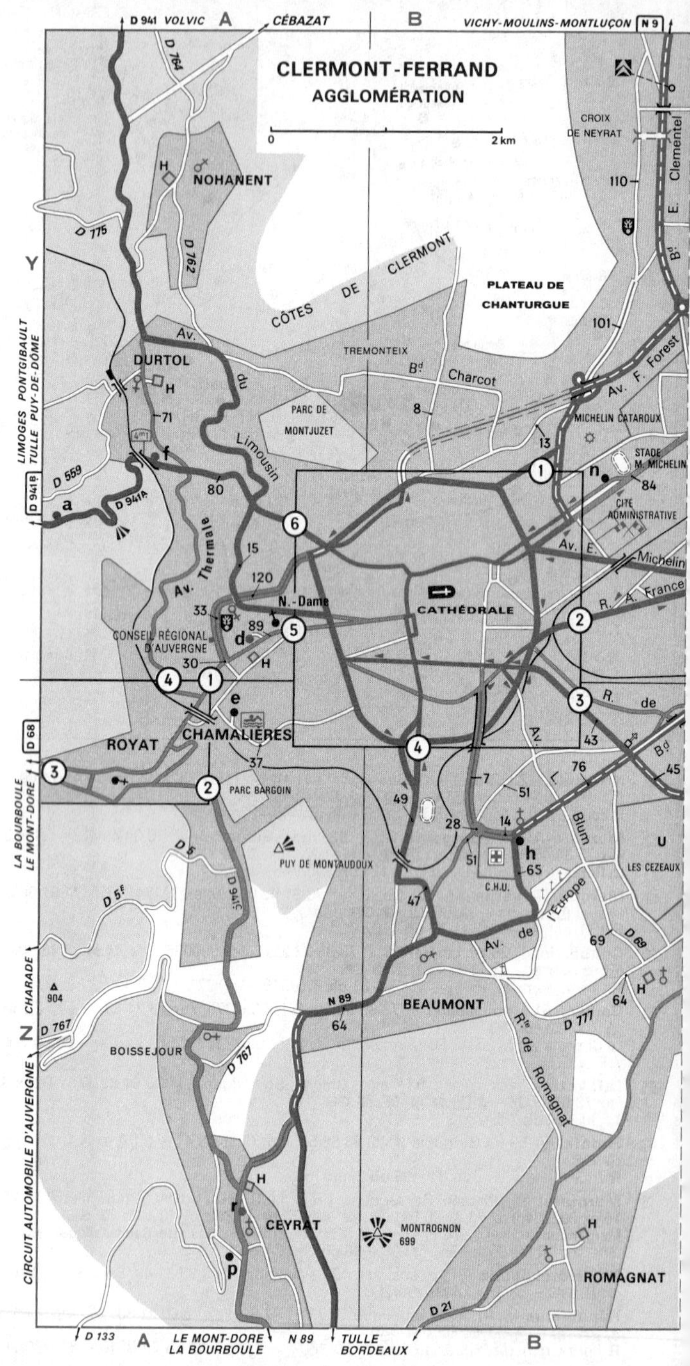
CLERMONT-FERRAND
AGGLOMÉRATION
0
2 km
D 941 VOLVIC
CÉBAZAT
VICHY-MOULINS-MONTLUÇON
N 9
NOHANENT
CROIX DE NEYRAT
CÔTES DE CLERMONT
PLATEAU DE CHANTURGUE
TREMONTEIX
DURTOL
PARC DE MONTJUZET
Av. du Limousin
Bd Charcot
Av. F. Forest
MICHELIN CATAROUX
STADE M. MICHELIN
CITÉ ADMINISTRATIVE
Av. E. Michelin
R. A. France
CATHÉDRALE
N.-Dame
CONSEIL RÉGIONAL D'AUVERGNE
Av. Thermale
ROYAT
CHAMALIÈRES
PARC BARGOIN
PUY DE MONTAUDOUX
C.H.U.
Av. L. Blum
LES CEZEAUX
Av. de l'Europe
BEAUMONT
Rte de Romagnat
BOISSEJOUR
CEYRAT
MONTROGNON 699
ROMAGNAT
LIMOGES PONTGIBAULT TULLE PUY-DE-DÔME
D 941B
LA BOURBOULE LE MONT-DORE
D 68
CHARADE
CIRCUIT AUTOMOBILE D'AUVERGNE
D 133
LE MONT-DORE LA BOURBOULE
N 89
TULLE BORDEAUX
D 21
D 777
D 767
D 69
N 89

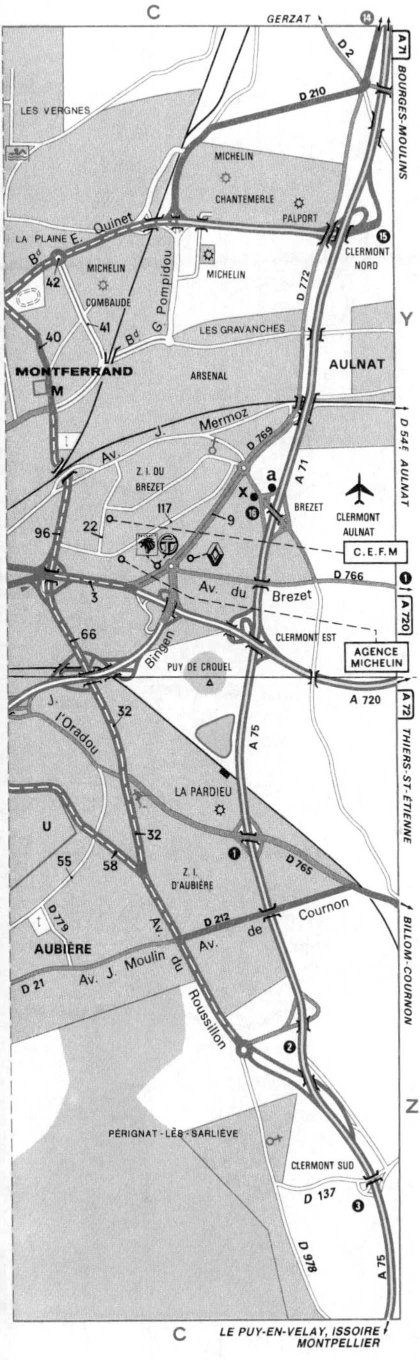

AUBIÈRE

Cournon (Av. de) .... **CZ**
Maerte (Av. R.) .... **CZ** 55
Mont-Mouchet (Av. du) .. **BZ** 64
Moulin (Av. Jean) .... **CZ**
Noellet (Av. J.) .... **BZ** 69
Roussillon (Av. du) ...... **CZ**

BEAUMONT

Europe (Av. de l') .... **BZ**
Leclerc (Av. du Gén.) .... **BZ** 47
Mont-Dore (Av. du) .... **ABZ** 63
Romagnat (Rte de) ...... **BZ**

CHAMALIÈRES

Claussat (A. J.) .... **AY** 15
Europe (Carref. de l') ..... **AY** 30
Fontmaure (Av. de) ...... **AY** 33
Gambetta (Bd) .... **AZ** 37
Royat (Av. de) .... **AY** 89
Voltaire (R.) .... **AY** 120
Thermale (Av.) .... **AY**

CLERMONT-FERRAND

Agriculture (Av. de l') .... **CY** 3
Anatole-France (R.) ...... **BY**
Bernard (Bd Cl.) .... **BZ** 7
Bingen (Bd J.) .... **BCYZ**
Blanzat (R. de) .... **BY** 8
Blériot (R. L.) .... **CY** 10
Blum (Av. L.) .... **BZ**
Brezet (Av. du) .... **CY**
Champfleury (R. de) ..... **BY** 13
Charcot (Bd) .... **BY**
Churchill
(Bd Winston) .... **BZ** 14
Clementel (Bd E.) .... **BY**
Cugnot (R. N.-J.) .... **CY** 22
Dunant (Pl. H.) .... **BZ** 28
Flaubert (Bd G.) .... **CZ** 32
Forest (Av. F.) .... **BY**
Jouhaux (Bd L.) .... **CY** 40
Kennedy (Bd J.-F.) ...... **CY** 41
Kennedy (Carref.) .... **CY** 42
La Fayette (Bd) .... **BZ** 43
Landais (Av. des) ...... **BCZ** 45
Libération (Av. de la) ..... **BZ** 49
Limousin (Av. du) .... **AY**
Liondards (Av. des) ...... **BZ** 51
Margeride (Av. de la) .... **CZ** 58
Mermoz (Av. J.) .... **CY**
Michelin
(Av. Edouard) .... **BY**
Montalembert (R.) .... **BZ** 65
Moulin (Bd Jean) .... **CZ** 66
Oradou (R. de l') .... **BCZ**
Pochet-Lagaye (Bd) ...... **BZ** 76
Pompidou (Bd G.) .... **CY**
Puy-de-Dôme (Av. du) ... **AY** 80
Quinet (Bd E.) .... **CY**
République (Av. de la) ... **BY** 84
St-Jean (Bd) .... **CY** 96
Sous-les-Vignes (R.) ..... **BY** 101
Torpilleur Sirocco (R. du) . **BY** 110
Verne (R. Jules) .... **CY** 117

DURTOL

Paix (Av. de la) .... **AY** 71

Au moment de chercher un hôtel ou un restaurant, soyez efficace. Sachez utiliser les noms soulignés en rouge sur les cartes Michelin à 1/200 000. Mais ayez une carte à jour.

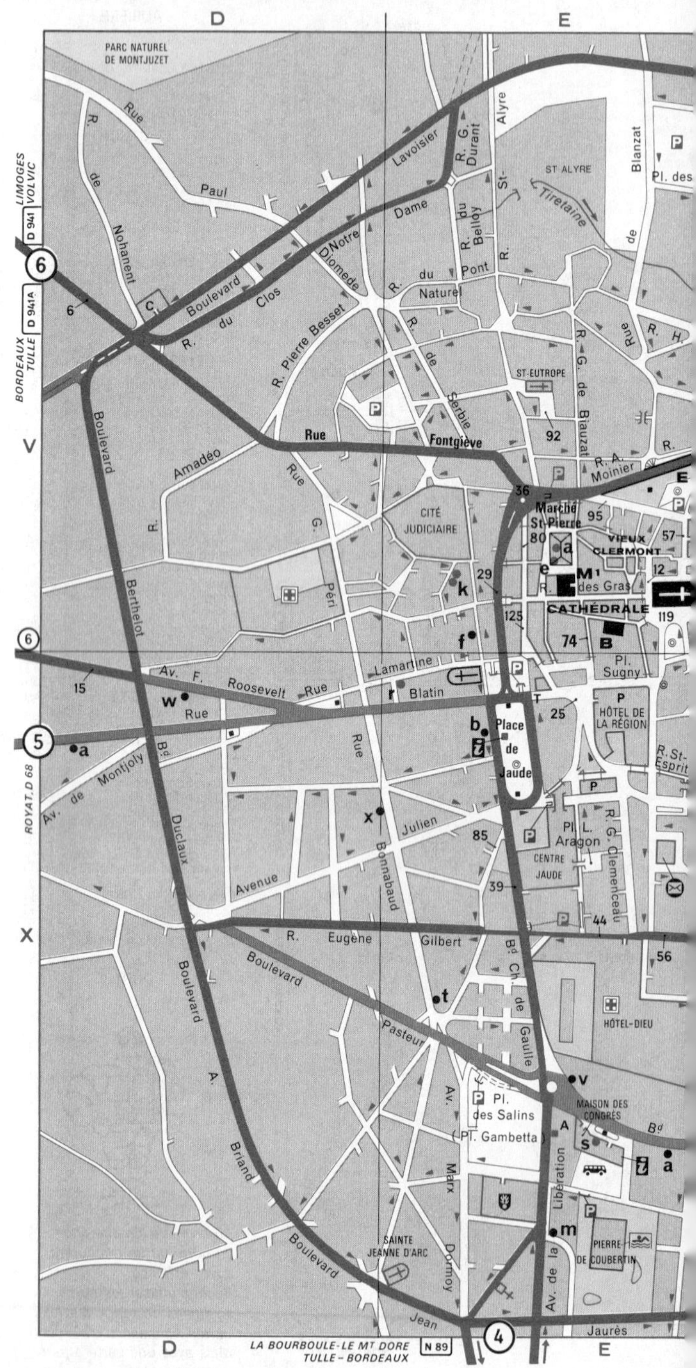

D
E
PARC NATUREL DE MONTJUZET
LIMOGES VOLVIC
D 941
D 941A
BORDEAUX TULLE
ROYAT, D 68
V
X
Rue Paul
R. de Nohanent
Boulevard Lavoisier
R. du Clos
Notre Dame
Diomède
R. Pierre Besset
R. du Pont Naturel
R. G. Durant
R. du Belloy
Alyre
St-Alyre
ST ALYRE
Tiretaine
Blanzat
Pl. des
Rue de
ST-EUTROPE
R. G. de Blauzat
R. de Serbie
Rue Fontgiève
R. Amadéo
Rue G. Péri
Boulevard Berthelot
CITÉ JUDICIAIRE
Marché St-Pierre
VIEUX CLERMONT
R. des Gras
CATHÉDRALE
R. A. Moinier
Pl. Sugny
Av. F. Roosevelt
Rue Lamartine
Rue Blatin
Place de Jaude
HÔTEL DE LA RÉGION
R. St-Esprit
Av. de Montjoly
Bd Duclaux
Rue Bonnabaud
Avenue Julien
Pl. L. Aragon
CENTRE JAUDE
R. G. Clemenceau
R. Eugène Gilbert
Boulevard Pasteur
Bd Ch. de Gaulle
HÔTEL-DIEU
Boulevard A. Briand
Pl. des Salins
(Pl. Gambetta)
MAISON DES CONGRÈS
Av. Marx Dormoy
Av. de la Libération
SAINTE JEANNE D'ARC
PIERRE-DE COUBERTIN
Boulevard Jean Jaurès
LA BOURBOULE-LE Mt DORE
TULLE – BORDEAUX
N 89

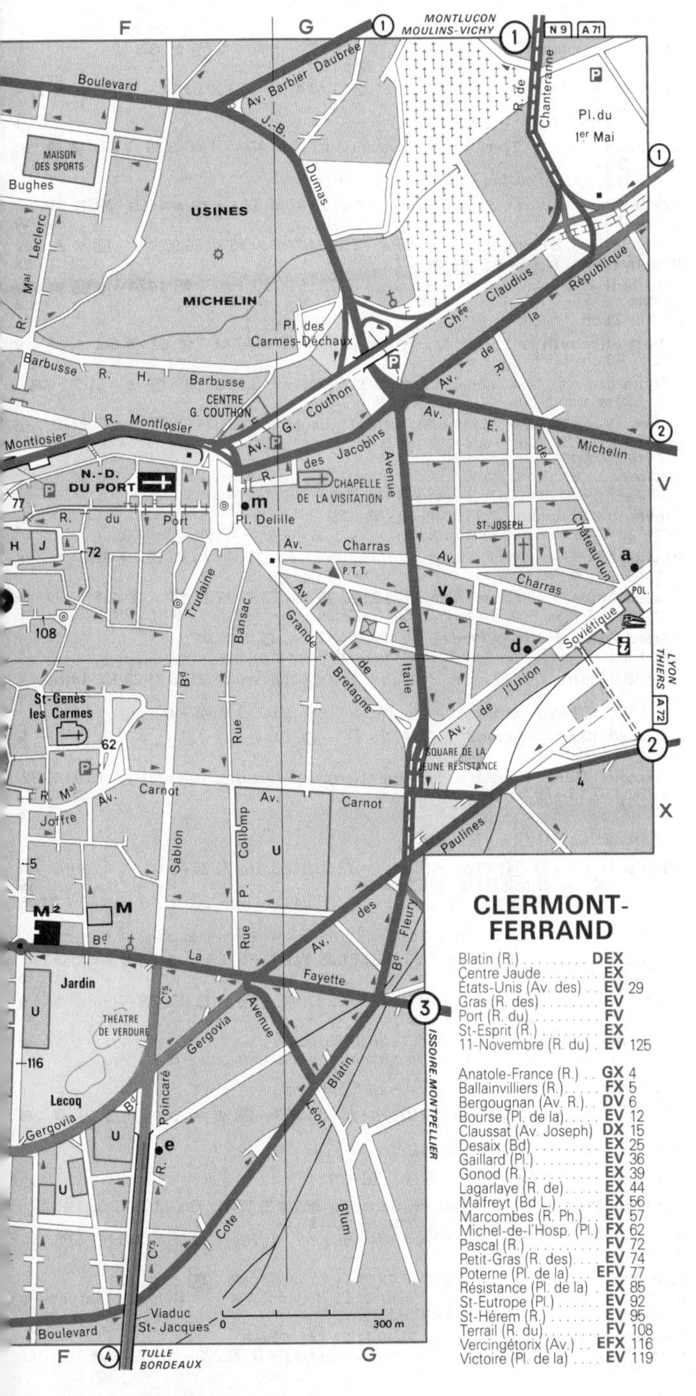

CLERMONT-FERRAND

Blatin (R.) . . . . DEX
Centre Jaude . . . . EX
États-Unis (Av. des) . . EV 29
Gras (R. des) . . . . EV
Port (R. du) . . . . FV
St-Esprit (R.) . . . . EX
11-Novembre (R. du) . EV 125

Anatole-France (R.) . . GX 4
Ballainvilliers (R.) . . . . FX 5
Bergougnan (Av. R.) . . DV 6
Bourse (Pl. de la) . . . . . EV 12
Claussat (Av. Joseph) DX 15
Desaix (Bd) . . . . EX 25
Gaillard (Pl.) . . . . EV 36
Gonod (R.) . . . . EX 39
Lagarlaye (R. de) . . . . . EX 44
Malfreyt (Bd L.) . . . . . . EX 56
Marcombes (R. Ph.) . . EV 57
Michel-de-l'Hosp. (Pl.) FX 62
Pascal (R.) . . . . FV 72
Petit-Gras (R. des) . . . . EV 74
Poterne (Pl. de la) . . . EFV 77
Résistance (Pl. de la) . EX 85
St-Eutrope (Pl.) . . . . . . EV 92
St-Hérem (R.) . . . . EV 95
Terrail (R. du) . . . . FV 108
Vercingétorix (Av.) . . EFX 116
Victoire (Pl. de la) . . . . EV 119

Lyon, 16 pl. Jaude ✆ 73 93 32 55, Fax 73 93 54 33 – ▤ rest TV ☎. GB — EX **b**
R *(fermé lundi)* carte 130 à 200 – ☕ 35 – **32 ch** 280/350 – ½ P 250.

Le Parc M sans rest, rd-pt Pardieu ✆ 73 27 47 47, Fax 73 28 01 24 – TV ☎ ♿ P – 35. AE GB
☕ 27 – **38 ch** 210/230 – ½ P 200. — CZ **r**

St-André sans rest, 27 av. Union Soviétique ✆ 73 91 40 40, Fax 73 90 72 19 – ▤ rest TV ☎. GB — GV **d**
fermé Noël au Jour de l'An – ☕ 28 – **25 ch** 240/280.

Bordeaux M sans rest, 39 av. F. Roosevelt ✆ 73 37 32 32 – ☎. AE GB.
☕ 26 – **32 ch** 185/270. — DX **w**

Primevère M, Z.I. Brezet r. G. Besse ✆ 73 92 34 24, Fax 73 90 95 90, – TV ☎ ♿. GB
R 75/99, enf. 39 – ☕ 30 – **44 ch** 260. — CY **x**

Floride II M sans rest, cours R. Poincaré ✆ 73 35 00 20, Fax 73 28 01 24 – TV ☎ P. GB — FX **e**
☕ 25 – **29 ch** 195/220.

Albert-Élisabeth sans rest, 37 av. A. Élisabeth ✆ 73 92 47 41 – ☎. AE GB — GV **v**
☕ 24 – **40 ch** 150/290.

Régina sans rest, 14 r. Bonnabaud ✆ 73 93 44 76, Fax 73 35 04 63 – TV ☎ – 30. GB
fermé 20 déc. au 5 janv. – ☕ 35 – **26 ch** 110/260. — DEX **x**

XXX ✿ **Jean-Yves Bath,** pl. Marché St Pierre (1er étage) ✆ 73 31 23 23, – ▤. GB — EV **a**
fermé 14 au 23 août, vacances de nov., de fév., dim., lundi et fériés – **R** 260/300 et carte 250 à 400
Spéc. Salade de saucisson de coq, vinaigrette au vin rouge. Ravioli de Cantal au jus de viande et d'herbes. Ventre et dos de saumon de fontaine, épices de cèpes. **Vins** Saint-Pourçain blanc, Chanturgue.

XXX **Clavé,** 10 r. St Adjutor ✆ 73 36 46 30 – P. GB — EV **k**
fermé 26 fév. au 6 mars, août, sam. midi et dim. sauf fêtes – **R** 150/370, enf. 80.

XXX **Vacher,** 69 bd Gergovia (1er étage) ✆ 73 93 13 32, Fax 73 34 07 13 – AE GB — EX **s**
fermé sam. – **R** 160/260.

XXX **Gérard Anglard,** 17 r. Lamartine ✆ 73 93 52 25, Fax 73 93 29 25, – AE GB — EX **r**
fermé 1er au 9 mai, 1er au 15 août, 25 déc. au 2 janv., dim. et fériés – **R** 160/280.

XX **Gérard Truchetet,** rd-pt Pardieu ✆ 73 27 74 17 – ▤ P. GB. — CZ **r**
fermé août, 1er au 7 janv., sam. midi et dim. – **R** 172/245, enf. 50.

X **Clos St-Pierre,** pl. Marché St-Pierre (rez-de-chaussée) ✆ 73 31 23 22, bistrot – GB — EV **e**
fermé 14 au 23 août, vacances de nov., de fév., dim., lundi et fériés – **R** carte 80 à 150.

X **Le Green,** 10 r. St-Adjutor ✆ 73 36 47 78, – P. GB — EV **k**
R 120/170, enf. 40.

X **Brasserie Gare Routière,** 69 bd Gergovia (rez-de-chaussée) ✆ 73 93 13 32, Fax 73 34 07 13 – AE GB
R 70/100. — EX **s**

à Chamalières – 17 301 h. – ✉ **63400** :

✿ **Radio** (Mioche) M, 43 av. P.-Curie ✆ 73 30 87 83, Fax 73 36 42 44, ←, « Cadre "Art Déco" », – ▤ rest TV ☎ P. AE GB — Plan de Royat B **w**
1er mars-15 nov. – **R** *(fermé dim. soir et lundi)* 250/490 et carte 360 à 510 – ☕ 60 – **26 ch** 350/750
Spéc. Fleur de mer au saumon. Joue et queue de boeuf en velours. Feuilleté de fruits de saison.

Europe H. sans rest, 29 av. Royat ✆ 73 37 61 35, Fax 73 31 16 59 – TV ☎. GB
☕ 35 – **34 ch** 240/350. — DX **a**

Chalet Fleuri, 37 av. Massenet ✆ 73 35 09 60, – TV ☎ P. AE GB. rest — AZ **e**
R 95/250 – ☕ 35 – **39 ch** 200/320 – ½ P 283/370.

X **La Gravière,** 22 r. pont Gravière ✆ 73 36 99 35 – GB — AY **d**
fermé 14 juil. au 15 août, vacances de printemps, dim. soir et lundi – **R** 115/230.

à l'aéroport d'Aulnat par ② et D 54E – ✉ **63510** Aulnat :

Climat de France M, ✆ 73 92 72 02, Fax 73 90 12 33 – TV ☎ ♿ P – 25. AE GB JCB
R 80/110, enf. 45 – ☕ 30 – **42 ch** 255.

à Pérignat-lès-Sarliève par ③ : 8 km – ✉ **63170** :

Host. St Martin, Château de Bonneval ✆ 73 79 12 41, Fax 73 79 16 53, ←, , « Parc », – TV ☎ P – 25 à 150. AE GB
R *(fermé 25 au 30 déc. et dim. soir d'oct. à avril)* 170/265 – ☕ 55 – **35 ch** 260/670 – ½ P 410/560.

XX **Le Petit Bonneval** avec ch, D 978 ✆ 73 79 11 11, ←, , – TV ☎ P. GB
fermé 13 au 19 avril, 19 juil. au 9 août et 26 déc. au 3 janv. – **R** *(fermé dim. soir et lundi)* 98/250, enf. 70 – ☕ 28 – **6 ch** 180/280.

XX **Pescalune** avec ch, r. J. Jaurès ✆ 73 79 11 22 – ☎. AE GB
fermé 1er au 22 août, vacances de fév., dim. soir et lundi – **R** 96/200 – ☕ 27 – **3 ch** 180/190.

rte de La Baraque – ✉ **63830** Durtol :

XXXX ✿ **Bernard Andrieux,** ✆ 73 37 00 26, Fax 73 36 95 25 – ▤ Ⓟ. AE GB. ✻ AY **f**
fermé 26/04 au 2/05, 20/07 au 10/08, vacances de fév., dim. soir et lundi en hiver, sam. midi et dim. en été – **R** 200/420 et carte 380 à 500, enf. 90
Spéc. "Pêche" de foie gras et brioche "minute" (juin à oct.). Pigeonneau farci à la cochonaille. Crème soufflée aux fraises des bois (juin à oct.).

XXX **L'Aubergade,** ✆ 73 37 84 64, Fax 73 30 95 57, 🏛, 🌳 – Ⓟ. GB AY **a**
fermé 1er au 22 mars, 6 au 20 sept., dim. soir et lundi – **R** 120/235.

à La Baraque par ⑥ : 7 km – ✉ **63870** Orcines :

🏠 **Relais des Puys,** ✆ 73 62 10 51, Fax 73 62 22 09, 🌳 – TV ☎ Ⓟ. AE GB
fermé 10 déc. au 1er fév., dim. soir du 15 sept. au 1er juin et lundi midi – **R** 78/156 🍷, enf. 45 – ☕ 26 – **28 ch** 168/298 – ½ P 195/250.

à Orcines par ⑥ et D 941B : 8 km – ✉ **63870** :

XX **Chez Pichon** avec ch, ✆ 73 62 10 05, Fax 73 62 13 69, 🌳 – TV ☎ Ⓟ. AE ⓓ GB. ✻ rest
fermé janv., lundi (sauf hôtel) et dim. soir hors sais. – **R** 160/290 – ☕ 30 – **12 ch** 198/280 – ½ P 250/280.

par ⑥ sur D 941A : 10 km – ✉ **63870** Orcines :

XX **La Clef des Champs,** ✆ 73 62 10 69, 🏛, 🌳 – Ⓟ. AE ⓓ GB
fermé 1er au 14 mars, 23 oct. au 8 nov., dim. soir et merc. – **R** 95/220.

au Col de Ceyssat par ⑥, D 941A et D 68 : 14 km – ✉ **63870** Orcines :

X **Aub. des Gros Manaux,** ✆ 73 62 15 11, 🏛 – GB
fermé 2 au 31 janv., mardi soir et merc. – **R** 110/250, enf. 65.

MICHELIN, Agence régionale, r. J.-Verne, ZI du Brézet CY **plan agglomération** ✆ **73 91 29 31**
MICHELIN, Centre d'Échanges et de Formation r. Cugnot, ZI du Brézet CY **plan d'agglomération** ✆ **73 23 53 00**
MICHELIN, Compétition, r. Jules Verne, ZI du Brézet ✆ **73 90 77 34**
MICHELIN, Division Commerciale France, r. Cugnot, ZI du Brézet ✆ **73 32 00 20**

AUSTIN-ROVER Kennings, 11-13 bd G.-Flaubert ✆ 73 92 43 39
BMW Gar. Gergovie, N 9, rte d'Issoire ✆ 73 79 11 41 🅽 ✆ 73 23 23 23
FIAT Gar. de la Source, bd J.-Moulin ✆ 73 91 02 02
FORD Dugat, 23 av. Agriculture ✆ 73 91 17 67
FORD Monjoly Auto, 93 av. de Royat à Chamalières ✆ 73 36 69 99
LADA, TOYOTA Bonaldi, 36 av. de Cournon, ZI à Aubière ✆ 73 26 34 48
LANCIA Gar. Buire, 157 bd. G.-Flaubert ✆ 73 26 44 25
MERCEDES Centre Étoile Autom., 33 av. Roussillon ✆ 73 26 34 50 🅽 ✆ 88 72 00 94
OPEL Auvergne-Auto, 3 r. B.-Palissy, ZI du Brézet ✆ 73 91 76 56
PEUGEOT-TALBOT SCA Clermontoise Automobile, 27 av. du Brézet CY ✆ 73 92 14 12 🅽 ✆ 73 43 36 88
RENAULT Renault Clermont, ZI du Brézet, r. Blériot CY ✆ 73 42 75 75 🅽 ✆ 05 05 15 15
V.A.G Carnot-Centre 10 r. Bien-Assis ✆ 73 91 70 46
V.A.G Carnot-Sud, 86 av. de Cournon à Aubière ✆ 73 60 74 80

Ⓜ Euromaster Estager Pneu, 238 bd Clémentel ✆ 73 23 15 15
Euromaster Piot Pneu, 80 av. du Brézet ✆ 73 92 13 50
Euromaster Piot Pneu, r. Gutenberg, ZI du Brézet ✆ 73 91 10 20
Poughon Pneu Plus, 65 av. du Brézet ✆ 73 91 39 30
Poughon-Pneu Plus, 15 r. Dr-Nivet ✆ 73 92 12 48
Vincent Pneus, 123 av. de la République ✆ 73 92 75 19

CLERMONT-L'HÉRAULT 34800 Hérault 83 ⑤ G. Gorges du Tarn – 6 041 h alt. 90.

Voir Église St-Paul★.

ℹ Office de Tourisme 9 r. R.-Gosse ✆ 67 96 23 86.

Paris 733 – ♦Montpellier 40 – Béziers 45 – Lodève 24 – Pézenas 22 – St-Pons 74 – Sète 44.

🏠 **Sarac,** rte Béziers ✆ 67 96 06 81, Fax 67 88 07 30, 🏛 – TV ☎ Ⓟ. GB
R *(fermé fin déc. à fin janv. sam. midi et dim. sauf juil.-août et vacances scolaires)* 75/159 – ☕ 28 – **22 ch** 198/245 – ½ P 225/245.

à St-Guiraud N : 7,5 km par N 9, N 109 et D 103E – ✉ **34150** :

XX **Mimosa,** ✆ 67 96 67 96, 🏛 – GB
mars-oct. et fermé dim. soir (sauf juil.-août) et lundi sauf fériés le midi – **R** (nombre de couverts limité, prévenir) 160 (déj. seul.)/250.

PEUGEOT-TALBOT Ryckwaert, rte de Montpellier N 9 ✆ 67 96 07 31 🅽
RENAULT Diffusion-Auto-Clermontaise, rte de Montpellier ✆ 67 96 03 42 🅽

Ⓜ Luchaire-Pneu., av. de Montpellier ✆ 67 96 00 62

CLICHY 92 Hauts-de-Seine 55 ⑳, 101 ⑮ – voir à Paris, Environs.

Prices For notes on the prices quoted in this Guide, see the explanatory pages.

CLIMBACH 67510 B.-Rhin 57 ⑲ – 480 h alt. 354.

Paris 477 – ♦Strasbourg 58 – Bitche 39 – Haguenau 29 – Wissembourg 9.

A L'Ange, ✆ 88 94 43 72 – ☎ Ⓟ. ✻ ch
fermé 4 au 19 août, 10 nov. au 5 déc., merc. soir et jeudi – **R** carte 125 à 190 ♁ – ☕ 25 – **15 ch** 150/180 – ½ P 180.

Cheval Blanc avec ch, ✆ 88 94 41 95, Fax 88 94 21 96, ☂ – ☎ Ⓟ. GB. ✻ ch
fermé 1er au 10 juil., vacances de fév., mardi soir et merc. – **R** 100/150 ♁ – ☕ 32 – **12 ch** 200/260 – ½ P 230/260.

CLISSON 44190 Loire-Atl. 67 ④ **G. Poitou Vendée Charentes** – 5 495 h alt. 42.

Voir Site★.

Office de Tourisme 6 pl. Trinité ✆ 40 54 02 95 et pl. du Minage (15 juin-30 sept.) ✆ 40 54 39 56.

Paris 384 ⑤ – ♦Nantes 29 ⑤ – Niort 126 ② – Poitiers 151 ① – La Roche-sur-Yon 55 ②.

CLISSON

Bertin (R.) 2
Cacault (R.) 3
Clisson (R. O. de) 4
Dr-Boutin (R.) 6
Dimerie (R. de la) 7
Grand-Logis (R. du) 8
Halles (R. des) 12
Leclerc (Av. Gén.) 13
Nid-d'Oie (Pont de) 14
Nid-d'Oie (Rte de) 16
St-Jacques (R.) 18
Trinité (Gde-R. de la) 22
Vallée (R. de la) 23

Ne cherchez pas au hasard un hôtel agréable et tranquille mais consultez les cartes de l'introduction.

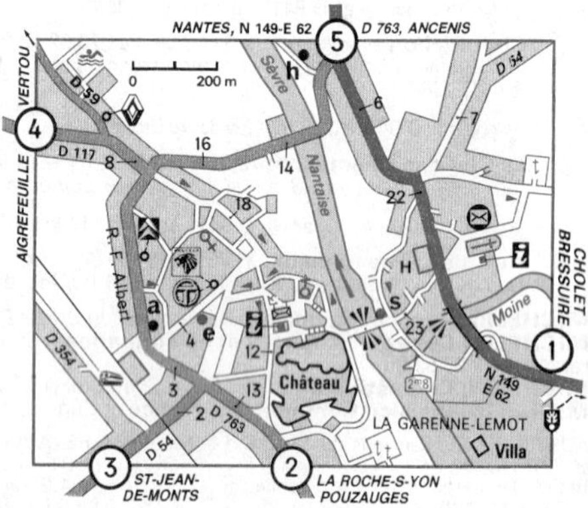

Gare, pl. Gare **(a)** ✆ 40 36 16 55, Fax 40 54 40 85 – ☎. GB
R 65/150 ♁, enf. 47 – ☕ 23 – **36 ch** 110/300 – ½ P 186/295.

Aub. de la Cascade ⛰, 28 rte Gervaux **(h)** ✆ 40 54 02 41, ←, ☂ – Ⓟ. GB
fermé vacances de nov., dim. soir et lundi – **R** 68/170 – ☕ 29 – **10 ch** 150/255.

✿ **Bonne Auberge** (Poiron), 1 r. O. de Clisson **(e)** ✆ 40 54 01 90, Fax 40 54 08 48, ☂ – AE GB
fermé 8 au 31 août, 13 au 28 fév., dim. soir, lundi et fériés – **R** (nombre de couverts limité, prévenir) 95 (déj.)/280 et carte 330 à 420, enf. 75
Spéc. Sandre poché au jus d'huîtres. Poitrine de canard aux figues fraîches. **Vins** Muscadet, Saint-Nicolas-de-Bourgueil.

La Vallée, 1 r. La Vallée **(s)** ✆ 40 54 36 23, Fax 40 54 41 22, ← – AE GB
fermé 4 au 19 oct., 3 au 25 janv., lundi soir et mardi – **R** 73/171 ♁, enf. 54.

CITROEN Méchinaud ✆ 40 54 41 10
PEUGEOT-TALBOT Baudu ✆ 40 54 00 67 N ✆ 40 54 36 99
RENAULT Clisson-Autos, à Gorges ✆ 40 54 30 55 N ✆ 40 38 96 83

Euromaster Perry Pneu Service, à Gétigné ✆ 40 36 12 82

CLOHARS-FOUESNANT 29 Finistère 58 ⑮ – rattaché à Bénodet.

CLOYES-SUR-LE-LOIR 28220 E.-et-L. 60 ⑯ ⑰ **G. Châteaux de la Loire** – 2 593 h alt. 105.

Voir Montigny-le-Gannelon : château★ N : 2 km.

Paris 142 – ♦Orléans 63 – Blois 54 – Chartres 55 – Châteaudun 12 – ♦Le Mans 92.

✿ **Host. St-Jacques** ⛰, pl. Marché aux Oeufs ✆ 37 98 40 08, Fax 37 98 32 63, ☂, « Jardin au bord du Loir » – ⛫ TV ☎ ♿ Ⓟ – 🏊 30. GB
fermé 20 déc. au 31 janv., dim. soir et lundi d'oct. à avril sauf fériés – **R** 230/385 et carte 280 à 400 – ☕ 50 – **21 ch** 360/480 – ½ P 470/630
Spéc. Cassolettes de tomates aux huîtres chaudes (oct. à mars). Gratinée de lotte au velouté de corail de homard. Poitrail de canard à la liqueur de gentiane. **Vins** Chinon, Vouvray.

FIAT Gar. Val de Loir ✆ 37 98 54 42 N
PEUGEOT-TALBOT Cassonnet ✆ 37 98 51 90 N ✆ 37 98 62 71

RENAULT Gar. Chopard ✆ 37 98 53 32

Les prix Pour toutes précisions sur les prix indiqués dans ce guide, reportez-vous aux pages explicatives.

CLUNY 71250 S.-et-L. 69 ⑲ **G. Bourgogne** – 4 430 h alt. 248.

Voir Anc. abbaye* : clocher de l'Eau Bénite** – Clocher* de l'église St-Marcel – Musée Ochier* M.

Env. Château de Cormatin** 13 km par ① – Mt St-Romain ※** 15 km par ② – Prieuré* de Blanot 10 km par ②.

Office de Tourisme r. Mercière (fermé matin sauf avril-oct.) ✆ 85 59 05 34.

Paris 388 ① – Mâcon 26 ③ – Chalon-sur-Saône 50 ① – Charolles 41 ③ – Montceau-les-Mines 43 ④ – Roanne 84 ③ – Tournus 33 ②.

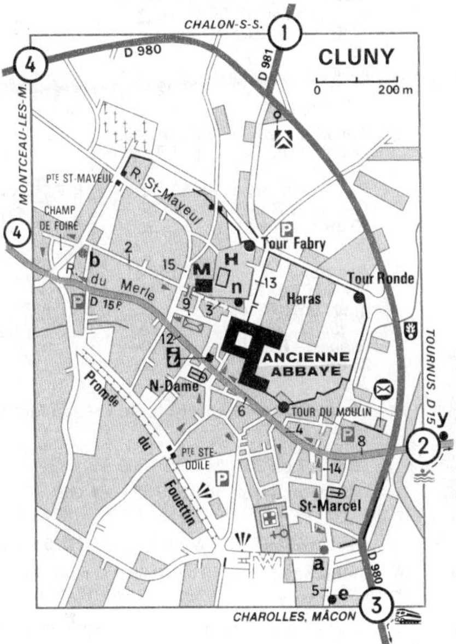

Bourgogne, pl. Abbaye **(n)** ✆ 85 59 00 58, Fax 85 59 03 73, « Face à l'abbaye » – TV ☎ AE ⓓ GB. rest
10 mars-15 nov. et fermé merc. midi et mardi – **R** 220/450, enf. 100 – ☕ 55 – **12 ch** 400/495, 3 appart. – ½ P 475/523.

Moderne sans rest, par ③ : 1 km au pont de l'Etang ✆ 85 59 05 65, Fax 85 59 19 43 – TV ☎ – 60. AE GB
fermé 23 nov. au 6 déc. et 1er fév. au 7 mars. – ☕ 35 – **13 ch** 240/290.

St Odilon M sans rest, rte Azé **(y)** ✆ 85 59 25 00, Fax 85 59 06 18 – TV ☎ ♿ P. AE GB
fermé 20 déc. au 2 janv. – ☕ 35 – **36 ch** 260.

Abbaye, av. Ch. de Gaulle **(e)** ✆ 85 59 11 14, Fax 85 59 09 76 – ☎ P. GB
fermé début janv. au 18 fév., mardi midi d'oct. à mai et lundi sauf le soir de mai à sept. – **R** 95/185, enf. 48 – ☕ 30 – **16 ch** 120/260 – ½ P 195/255.

Hermitage, rte Cormatin par ① : 1 km ✆ 85 59 27 20, Fax 85 59 08 06, – P. AE GB
fermé 23 nov. au 6 déc., 1er fév. au 7 mars, dim. soir et merc. – **R** 120/240 ♨, enf. 70.

Cheval Blanc, 1 r. Porte de Mâcon **(a)** ✆ 85 59 01 13 – GB
1er mars-30 nov. et fermé vend. soir et sam. – **R** 78/185 ♨, enf. 52.

Potin Gourmand, pl. Champ de Foire **(b)** ✆ 85 59 02 06, Fax 85 59 01 45, – AE GB
fermé 3 janv. au 5 fév., dim. soir d'oct. à juin et lundi – **R** 78/170, enf. 50.

CLUNY

Lamartine (R.)	6	Levée (R. de la)	8
		Marché (Pl. du)	9
Avril (R. d')	2	Mercière (R.)	12
Conant (Espace K. J.)	3	Pte-des-Prés (R.)	13
Filaterie (R.)	4	Prud'hon (R.)	14
Gare (Av. de la)	5	République (R.)	15

CITROEN Bay ✆ 85 59 08 85
PEUGEOT Ponceblanc ✆ 85 59 09 72
PEUGEOT Forest et Simon, à Salornay-sur-Guye par ④ ✆ 85 59 43 11
RENAULT Pechoux et Couratin, par ② ✆ 85 59 04 61 N

Entrez à l'hôtel ou au restaurant le Guide à la main, vous montrerez ainsi qu'il vous conduit là en confiance.

La CLUSAZ 74220 H.-Savoie 74 ⑦ **G. Alpes du Nord** – 1 845 h alt. 1 100 – Sports d'hiver : 1 100/2 600 m 5 48 .

Voir E : Vallon des Confins*.

Env. Col des Aravis ←** par ② : 7,5 km.

Office de Tourisme ✆ 50 02 60 92, Télex 385125.

Paris 580 ① – Annecy 32 ① – Chamonix-Mont-Blanc 64 ② – Albertville 40 ② – Bonneville 25 ① – Megève 29 ② – Morzine 62 ①.

Plan page suivante

Panorama sans rest, **(a)** ✆ 50 02 42 12, Fax 50 02 52 44, ← montagnes – cuisinette TV ☎ P. AE GB.
1er juil.-31 août et 20 déc.-Pâques – ☕ 38 – **14 ch** 275/440, 13 studios.

Alp'H. M, **(e)** ✆ 50 02 40 06, Fax 50 02 60 16, – TV ☎ P. GB
15 juin-3 nov. (sans rest. du 30 sept. au 3 nov.), 15 déc.-10 mai et fermé dim. soir et lundi hors sais. – **R** 98/160, enf. 50 – ☕ 45 – **15 ch** 420/450 – ½ P 540.

🏨 **Christiania,** **(f)** ✆ 50 02 60 60, Fax 50 02 67 30, 🌳 – |₫| 📺 ☎ 🅟. GB. ✗
30 juin-20 sept. et 20 déc.-20 avril – **R** 90/130, enf. 58 – ☕ 36 – **30 ch** 410 – ½ P 300/410.

🏨 **Sapins** 🔇, **(h)** ✆ 50 02 40 12, Fax 50 02 43 24, ≤, 🏊 – |₫| 📺 ☎ 🅟. GB. ✗ rest
15 juin-15 sept. et 20 déc.-20 avril – **R** 85/130, enf. 70 – ☕ 45 – **24 ch** 260/420 – ½ P 295/420.

🏨 **Floralp,** **(n)** ✆ 50 02 41 46, Fax 50 02 63 94 – |₫| 📺 ☎. GB. ✗ rest
27 juin-15 sept. et 20 déc.-Pâques – **R** 100/120 – ☕ 38 – **20 ch** 240/320 – ½ P 300/360.

🏨 **Aravis,** **(r)** ✆ 50 02 60 31, Fax 50 02 63 52, ≤, 🌳, 🎾 – |₫| ☎. GB. ✗ rest
6 juin-5 sept. et 20 déc.-Pâques – **R** 80/180 🧒 – ☕ 40 – **25 ch** 250/370 – ½ P 260/340.

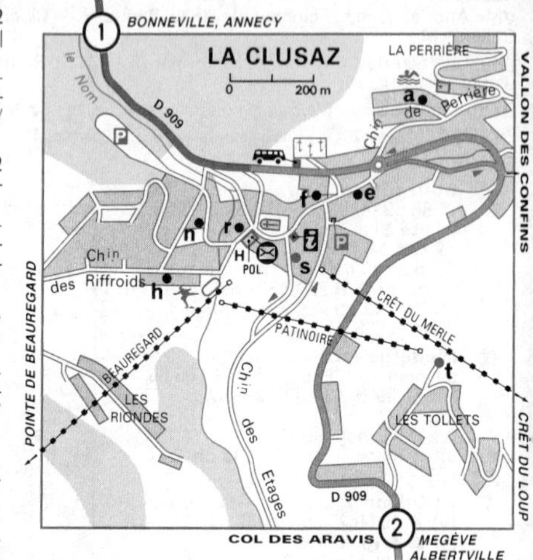

XX **Vieux Chalet** 🔇 avec ch, rte Crêt du Merle **(t)** ✆ 50 02 41 53, ≤, 🌳, 🌳 – 📺 ☎. GB. ✗ ch
fermé 13 juin au 30 juin, 11 au 29 oct., mardi soir et merc. hors sais. – **R** 98/259, enf. 45 – ☕ 40 – **7 ch** 300/350 – ½ P 300/340.

X **L'Ourson, (s)** ✆ 50 02 49 80 – ⓓ GB
10 juin-30 sept., 10 déc.-30 avril et fermé dim. soir et lundi – **R** 99/250, enf. 50.

aux Confins E : 5 km par VO – ✉ **74220** La Clusaz :

🏨 **Bellachat** 🔇, ✆ 50 02 40 50, ≤ chaîne des Aravis – ☎ 🅟. AE ⓓ GB. ✗ rest
✦ *1er juin-31 oct. et 15 déc.-1er mai* – **R** 75/170 – ☕ 30 – **30 ch** 300 – ½ P 310.

rte du Col des Aravis par ② : 4 km par D 909 – ✉ **74220** La Clusaz :

🏨 **Chalets de la Serraz** 🔇, ✆ 50 02 48 29, Fax 50 02 64 12, ≤, 🏊, 🌳 – cuisinette 📺 ☎ 🅟. AE ⓓ GB. ✗ rest
12 juin-12 sept. et 12 déc.-2 mai – **R** (résidents seul.) (dîner seul.) 160 – ☕ 55 – **10 ch** 680/850, 3 duplex – ½ P 550.

RENAULT Gar. du Rocher ✆ 50 02 40 38 🅽

CLUSES 74300 H.-Savoie 74 ⑦ G. Alpes du Nord – 16 358 h alt. 485.

ℹ Syndicat d'Initiative 16 pl. Allobroges ✆ 50 98 31 79.

Paris 571 – Chamonix-Mont-Blanc 41 – Thonon-les-Bains 59 – Annecy 54 – ✦Genève 42 – Morzine 28.

🏨 **Le 4 C** Ⓜ, 301 bd Chevran par rte de Morzine ✆ 50 98 01 00, Télex 319262, Fax 50 98 32 20, 🌳 – |₫| ⇆ ch 📺 ☎ ♿ 🅟 – 🏛 25. AE ⓓ GB. ✗ rest
R *(fermé sam. midi et dim.)* 98/350 🧒 – ☕ 39 – **39 ch** 390/460.

🏨 **Le Bargy et rest. le Cercle des Songes** Ⓜ, 28 av. Sardagne ✆ 50 98 01 96,
✦ Fax 50 98 23 24, 🌳 – |₫| 📺 ☎ ♿ 🅟. GB
R *(fermé 1er au 8 mai, 1er au 22 août et 24 déc. au 1er janv.)* 70/140 🧒, enf. 40 – ☕ 40 – **30 ch** 290/390.

XX **La Grenette,** 9 Grand-rue ✆ 50 96 31 50 – ▤. GB JCB
fermé 1er au 22 août, merc. soir et dim. – **R** 78/160 🧒, enf. 40.

COCHEREL 27 Eure 55 ⑰ – rattaché à Pacy-sur-Eure.

COCURÈS 48 Lozère 80 ⑥ – rattaché à Florac.

CODOGNAN 30920 Gard 83 ⑧ – 1 760 h alt. 19.

Paris 727 – ✦Montpellier 34 – Nîmes 18.

XX **Lou Flambadou,** N 113 ✆ 66 35 09 70, 🌳, 🌳 – 🅟. AE GB
fermé 9 au 31 août, dim. soir et lundi – **R** 180/250, enf. 90.

COGNAC <SP> **16100** Charente **72** ⑫ **G. Poitou Vendée Charentes** – 19 528 h alt. 27.

⛳ du Cognac ✆ 45 32 18 17, par ① : 8 km – ℹ Office de Tourisme 19 pl. J.-Monnet ✆ 45 82 10 71.

Paris 463 ⑤ – Angoulême 44 ① – ♦Bordeaux 119 ③ – Libourne 118 ② – Niort 82 ⑤ – Poitiers 127 ⑤ – La Roche-sur-Yon 157 ⑤ – Saintes 27 ④.

COGNAC

Angoulême (R. d') . . . . Y 3
Armes (Place d') . . . . Y 4
Briand (R. A.) . . . . Y
Victor-Hugo (Av.) . . . . Z
14-Juillet (R. du) . . . . Z 26

Allées (R. des) . . . . Z 2
Bayard (R.) . . . . Z 5
Bazouin (R. Abel) . . . . Y 6
Boucher (R. Cl.) . . . . Y 8
Chalais (R. de) . . . . Z 9
Cordeliers (R. des) . . . . Y 10
Crouin (R. de) . . . . Y 12
François-1er (R.) . . . . Y 14

Grande-Rue . . . . Y 15
Isle-d'Or (R. de l') . . . . Y 16
Lattre-de-T. (R. de) . . . . Y 18
Lusignan (R. de) . . . . Y 20
Magdeleine (R.) . . . . Y 21
Martell (Pl. Ed.) . . . . Z 22
Monnet (Pl. Jean) . . . . Z 23
Saulnier (R.) . . . . Y 25

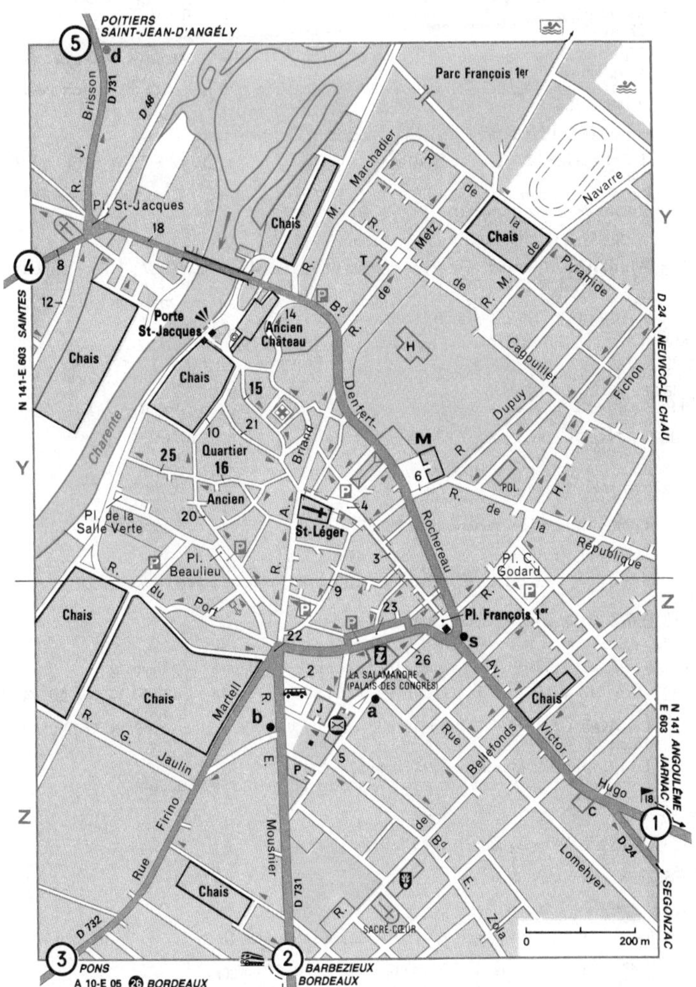

Relais Bleus Ⓜ, carrefour Trache par ① et N 141 ✆ 45 35 42 00, Télex 790615, Fax 45 35 45 02, ☀, ⛱, 🛋 – 🛗 📺 ☎ ♿ 🅿 – 🏃 30. AE ⓓ GB
R 82/160, enf. 48 – ☕ 35 – **55 ch** 315.

Le Valois Ⓜ sans rest, 35 r. 14-Juillet ✆ 45 82 76 00, Télex 790987, Fax 45 82 76 00, 🏋 – 🛗 ⚡ ch ▤ 📺 ☎ ♿ 🅿 – 🏃 25. AE ⓓ GB JCB — Z **a**
fermé 23 déc. au 2 janv. – ☕ 36 – **45 ch** 360/400.

Domaine du Breuil M, 104 av. R. Daugas par r. République Y ✆ 45 35 32 06, Fax 45 35 48 06, ←, « Demeure du 19e siècle dans un parc » – TV ☎ ♿. AE ◑ GB
R *(fermé lundi)* 140/225, enf. 50 – ☕ 50 – **24 ch** 290/420 – ½ P 290/350.

Ibis M sans rest, 24 r. E. Mousnier ✆ 45 82 19 53, Télex 793105, Fax 45 82 86 71 – ch TV ☎ ♿ P. AE ◑ GB Z **b**
☕ 33 – **40 ch** 265/295.

François 1er sans rest, 3 pl. François 1er ✆ 45 32 07 18, Fax 45 35 33 89 – TV ☎ . AE ◑ GB JCB Z **s**
☕ 35 – **30 ch** 260/330.

L'Étape, 2 av. Angoulême par ① et N 141 ✆ 45 32 16 15 – TV ☎ P. ◑ GB
fermé 20 déc. au 10 janv. et dim. (sauf hôtel de mai à sept.) – **R** 68/135 , enf. 45 – ☕ 30 – **22 ch** 115/250 – ½ P 155/208.

XXX **Pigeons Blancs** avec ch, 110 r. J.-Brisson ✆ 45 82 16 36, Fax 45 82 29 29, , – TV ☎ P. AE ◑ GB. ch Y **d**
fermé 2 au 20 janv. – **R** *(fermé dim. soir)* 130/260, enf. 75 – ☕ 40 – **7 ch** 280/450 – ½ P 300/480.

par ① et D 15 quartier L'Échassier – ✉ **16100** Châteaubernard :

L'Échassier M, ✆ 45 35 01 09, Fax 45 32 22 43, , , – TV ☎ ♿ P – 25. AE ◑ GB
hôtel : fermé dim. du 1er nov. au 28 fév. – **R** *(fermé dim.)* 195/280 – ☕ 55 – **18 ch** 370/510 – ½ P 490/520.

à Cierzac (17 Char.-Mar.) par ② : 13 km D 731 – ✉ **17520** :

XXX **Moulin de Cierzac** avec ch, ✆ 45 83 01 32, Fax 45 83 03 59, , « Parc au bord de l'eau » – TV ☎ P. AE GB
fermé 10 janv. au 10 fév. – **R** *(fermé dim. soir de nov. à mars et lundi de sept. à juin)* 180/320 – ☕ 60 – **10 ch** 350/520 – ½ P 440/500.

BMW Gar. Grammatico, rte d'Angoulême ✆ 45 32 50 93
CITROEN Socodia, 75 av. d'Angoulême ✆ 45 32 27 50 N ✆ 45 32 30 88
MERCEDES-BENZ Savia, 21 av. d'Angoulême à Châteaubernard ✆ 45 32 27 77
PEUGEOT-TALBOT Coga, Le Buisson Moreau à Châteaubernard par ① ✆ 45 32 25 29
RENAULT G.A.M.C., 242 av. V.-Hugo par ① ✆ 45 35 36 36 N ✆ 45 24 74 03

Cognac-Pneus Pneu +, ZA Fief du Roy à Châteaubernard ✆ 45 35 08 96
Euromaster Piot Pneu, rte de Barbezieux ✆ 45 82 24 66
Rogeon-Pneus, rte d'Angoulême à Châteaubernard ✆ 45 35 32 50

Come districarsi nei sobborghi di Parigi?

Utilizzando la **carta stradale Michelin** *n.* 101

e le **piante** *n.* 17-18, 19-20, 21-22, 23-24 *: chiare, precise ed aggiornate.*

COGOLIN 83310 Var 84 ⑰ G. Côte d'Azur – 7 976 h alt. 14.

Office de Tourisme pl. République ✆ 94 54 63 18.

Paris 869 – Fréjus 33 – Hyères 42 – Le Lavandou 31 – St-Tropez 9 – Ste-Maxime 13 – ♦Toulon 62.

Coq H., pl. Gén. de Gaulle ✆ 94 54 63 14, Fax 94 54 03 06, – TV ☎ P. GB
Coq Assis ✆ 94 54 57 20 *(fermé 24 déc. au 1er janv. et merc. d'oct. à mai)* **R** 85/125 – ☕ 37 – **25 ch** 280/420.

XX **Lou Capoun,** r. Marceau ✆ 94 54 44 57 – GB
fermé 22 déc. au 10 janv., dim. soir de sept. à juin et merc. – **R** 90/140.

Aude, N 98, Valensole ✆ 94 54 54 21

COIGNIÈRES 78 Yvelines 60 ⑨ – voir à St-Quentin-en-Yvelines.

COL voir au nom propre du col.

COLIGNY 01270 Ain 70 ⑬ – 1 117 h alt. 291.

Paris 410 – Mâcon 44 – Bourg-en-Bresse 23 – Lons-le-Saunier 39 – Tournus 47.

à Moulin-des-Ponts S : 5,5 km sur N 83 – ✉ **01270** Coligny :

Solnan (Marguin), ✆ 74 51 50 78, Fax 74 51 56 22, , – TV ☎ P – 30. GB
fermé 25 nov. au 1er déc., 15 janv. au 1er fév., dim. soir et lundi hors sais. – **R** 120/390 et carte 270 à 450 – ☕ 45 – **16 ch** 310/400
Spéc. Escalope de foie gras au vinaigre de Banyuls. Soufflé de turbot sauce Noilly. Fricassée de volaille de Bresse au Vin Jaune et morilles. **Vins** Côtes du Jura, Saint-Amour.

COLLÉGIEN 77 S.-et-M. 56 ⑫, 101 ㉚ – voir à Paris, Environs (Marne-la-Vallée).

La COLLE-SUR-LOUP 06480 Alpes-Mar. 84 ⑨ 115 ㉟ G. Côte d'Azur – 6 025 h alt. 96.

Paris 924 – ◆Nice 16 – Antibes 14 – Cagnes-sur-Mer 5 – Cannes 24 – Grasse 18 – Vence 7.

Marc Hély sans rest, SE : 0,8 km par D 6 ☎ 93 22 64 10, Fax 93 22 93 84, ≤, –
TV ☎ P. AE GB
fermé 15 nov. au 15 déc. – ☐ 35 – **15 ch** 330/420.

XXX ✿ **Le Diamant Rose,** N : 1 km par D 7 (rte St-Paul) ☎ 93 32 82 20, Télex 461302, Fax 93 32 69 98, ≤ St-Paul, – ▤. AE GB
R 230/480 et carte 500 à 900
Spéc. Beignet de langouste. Homard aux pâtes fraiches. Ris de veau en chiffonnade.

XXX ✿ **Host. de l'Abbaye** (Plumail), av. Libération ☎ 93 32 66 77, Fax 93 32 98 75, , « Patio ombragé », , – P. AE GB
fermé 4 au 31 janv. – **R** 210/345 et carte 260 à 400, enf. 100
Spéc. Vinaigrette de rougets de roche (été). Loup de ligne poêlé à l'écaille, estouffade d'artichauts violets. Pêches rôties à la verveine et parfait glacé (été).

XX **La Belle Époque,** SE : 2 km par D 6 ☎ 93 20 10 92, , – P. AE ⓓ GB
fermé 6 janv. au 6 fév., mardi midi de juil. à sept., mardi soir et merc. soir hors sais. et merc. midi – **R** 105/200, enf. 65.

XX **La Stréga,** SE : 1,5 km par D 6 ☎ 93 22 62 37, – P. GB
fermé 2 janv. au 28 fév., mardi midi en juil.-août, dim. soir hors sais. et lundi – **R** 140/170.

XX **Clos du Loup,** O : 1,5 km par D 6 ☎ 93 32 88 76, – P. AE GB
fermé janv. et lundi hors sais. – **R** 155, enf. 70.

COLLEVILLE-MONTGOMERY 14 Calvados 54 ⑯ – rattaché à Ouistreham.

COLLIAS 30 Gard 80 ⑲ – rattaché à Pont-du-Gard.

COLLIOURE 66190 Pyr.-Or. 86 ⑳ G. Pyrénées Roussillon (plan) – 2 726 h alt. 3.

Voir Site★★ – Retables★ dans l'église.

Office de Tourisme pl. 18-Juin ☎ 68 82 15 47.

Paris 940 – ◆Perpignan 27 – Argelès-sur-Mer 6,5 – Céret 33 – Port-Vendres 4 – Prades 69.

Relais des Trois Mas et rest. La Balette M, rte Port-Vendres ☎ 68 82 05 07, Fax 68 82 38 08, , « Terrasses et ≤ vieux port », – ▤ TV ☎ P. GB
fermé 15 nov. au 17 déc. – **R** 175/395 – ☐ 65 – **19 ch** 575/1145, 4 appart. – ½ P 608/893.

Casa Païral sans rest, impasse Palmiers ☎ 68 82 05 81, Fax 68 82 52 10, « Bel aménagement intérieur et jardin fleuri », – ▤ TV ☎ ♿ P. AE GB
3 avril-31 oct. – ☐ 40 – **27 ch** 350/795.

Mas des Citronniers M sans rest, 22 av. République ☎ 68 82 04 82 – TV ☎ P. AE GB
3 avril-31 oct. – ☐ 35 – **30 ch** 290/420.

Madeloc sans rest, r. R.-Rolland ☎ 68 82 07 56, Fax 68 82 55 09, ≤, – ☎ P. AE ⓓ GB
☐ 38 – **21 ch** 280/400.

Ambeille sans rest, rte Port-d'Avail ☎ 68 82 08 74, ≤ – P. GB
Pâques-début oct. – ☐ 30 – **21 ch** 250/330.

Méditerranée sans rest, av. A. Maillol ☎ 68 82 08 60, Fax 68 82 46 29 – TV ☎ P. GB
27 mars-30 oct. – ☐ 30 – **23 ch** 290/350.

Triton sans rest, r. Jean Bart ☎ 68 82 06 52, ≤ – TV ☎. GB
☐ 28 – **20 ch** 170/280.

Boramar sans rest, r. Jean Bart ☎ 68 82 07 06, ≤ – ☎. AE ⓓ GB.
1er avril-5 nov. – ☐ 30 – **14 ch** 190/320.

XX **Nouvelle vague,** 7r. Voltaire ☎ 68 82 23 88, – GB
fermé fév., dim. soir hors sais. et lundi sauf le soir de juil. à oct. – **Repas** 90/185, enf. 45.

X **Chiberta,** av. Gén. de Gaulle ☎ 68 82 06 60 – GB.
15 mars-15 nov. et fermé merc. sauf juil.-août – **R** 70/160.

X **Le Puits,** r. Arago ☎ 68 82 06 24 – AE ⓓ GB
début mars-11 nov. et fermé dim. soir et lundi du 15 sept. au 15 juin – **R** 108, enf. 75.

RENAULT Gar. Daider ☎ 68 82 08 34

COLLONGES-AU-MONT-D'OR 69 Rhône 74 ⑪ – rattaché à Lyon.

COLLONGES-LA-ROUGE 19500 Corrèze 75 ⑨ G. Périgord Quercy (plan) – 381 h alt. 230.

Voir Village★★ – Saillac : tympan★ de l'église S : 4 km.

Paris 509 – Brive-la-Gaillarde 21 – Aurillac 90 – Martel 18 – St-Céré 42 – Tulle 36.

Relais St-Jacques de Compostelle , ☎ 55 25 41 02, Fax 55 84 08 51, – ☎ P. AE ⓓ GB
fermé 1er janv. au 28 fév., jeudi midi, mardi et merc. d'oct. à Pâques sauf vacances scolaires – **R** 99/245, enf. 48 – ☐ 35 – **24 ch** 145/290 – ½ P 220/290.

COLMAR P 68000 H.-Rhin 62 ⑲ **G. Alsace Lorraine** – 63 498 h alt. 193.

Voir Retable d'Issenheim★★★ (musée d'Unterlinden★★) BY – Ville ancienne★★ BY : Maison Pfister★★ BY **K**, Église St-Martin★ BY **F**, Maison des Arcades★ BY **E**, Maison des Têtes★ BY **Y**, Ancienne Douane★ BY **N**, Ancien Corps de Garde★ BY **L** – Vierge au buisson de roses★★ et vitraux★ de l'église des Dominicains BY **B** – Quartier de la Krutenau★ BZ : Tribunal civil★ BY **J** – ←★ du pont St-Pierre BZ **V** sur "la petite Venise" – Vitrail de la crucifixion★ de l'église St-Matthieu CY **D**.

9 18 d'Ammerschwihr ✆ 89 47 17 30, par ⑥ : 9 km, N 415 puis D 11[1].

Office de Tourisme et Accueil de France (Informations, change et réservations d'hôtels, pas plus de 5 jours à l'avance) 4 r. Unterlinden ✆ 89 41 02 29, Télex 880242 – A.C. 58 av. République ✆ 89 41 31 56.

Paris 447 ⑥ – ♦Basel 68 ③ – Freiburg 46 ② – ♦Nancy 139 ⑥ – ♦Strasbourg 70 ①.

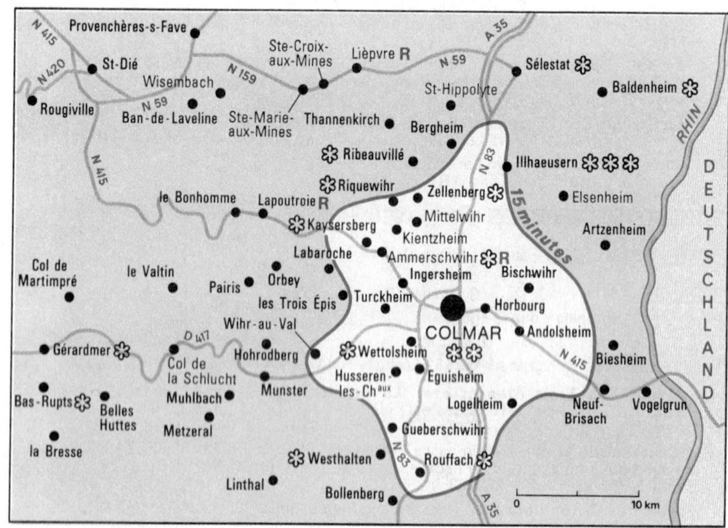

Terminus-Bristol, 7 pl. Gare ✆ 89 23 59 59, Télex 880248, Fax 89 23 92 26 – 25. AE GB — AZ **g**
R voir rest. **Rendez-vous de Chasse** ci-après - **L'Auberge R** 60/130 ꟾ enf. 45 – ☐ 48 – **70 ch** 400/850 – ½ P 410/450.

Mercure-Altea Champ de Mars sans rest, 2 av. Marne ✆ 89 41 54 54, Télex 880928, Fax 89 23 93 76 – 50 à 200. AE GB — AY **r**
☐ 52 – **75 ch** 435/565.

Amiral M sans rest, 11[a] bd Champ de Mars ✆ 89 23 26 25, Télex 880852, Fax 89 23 83 64 – ch – 40. AE GB — BY **d**
☐ 51 – **44 ch** 324/680.

Mercure M, r. Golbery ✆ 89 41 71 71, Télex 870398, Fax 89 23 82 71, – ch rest – 90. AE GB — BX **v**
R 120 ꟾ, enf. 47 – ☐ 54 – **76 ch** 455/570.

St Martin sans rest, 38 Gd'rue ✆ 89 24 11 51, Fax 89 23 47 78 – . AE GB — BY **e**
mars-nov. – ☐ 52 – **24 ch** 350/750.

Turenne sans rest, 10 rte Bâle ✆ 89 41 12 26, Télex 880959, Fax 89 41 27 64 – . AE GB — BZ **x**
☐ 36 – **83 ch** 280/350.

Rapp, 1 r. Weinemer ✆ 89 41 62 10, Fax 89 24 13 58, – rest . AE GB — BY **f**
R 95/300 ꟾ, enf. 50 – ☐ 40 – **43 ch** 320/400 – ½ P 310/350.

Le St-Laurent, 1 r. Gare ✆ 89 41 45 19, Fax 89 24 08 62 – — AY **k**
43 ch.

de la Fecht, 1 r. Fecht ✆ 89 41 34 08, Télex 880650, Fax 89 23 80 28 – ch . AE GB. rest — BX **u**
fermé 15 nov. au 15 déc. – **R** *(fermé sam. et dim. hors sais.)* 92/240 ꟾ, enf. 47 – ☐ 37 – **39 ch** 305/420 – ½ P 290/340.

Arcade M sans rest, 10 r. St Eloi ✆ 89 41 30 14, Télex 870553, Fax 89 24 51 49 – – 60. AE GB — CY **a**
☐ 40 – **63 ch** 310/680.

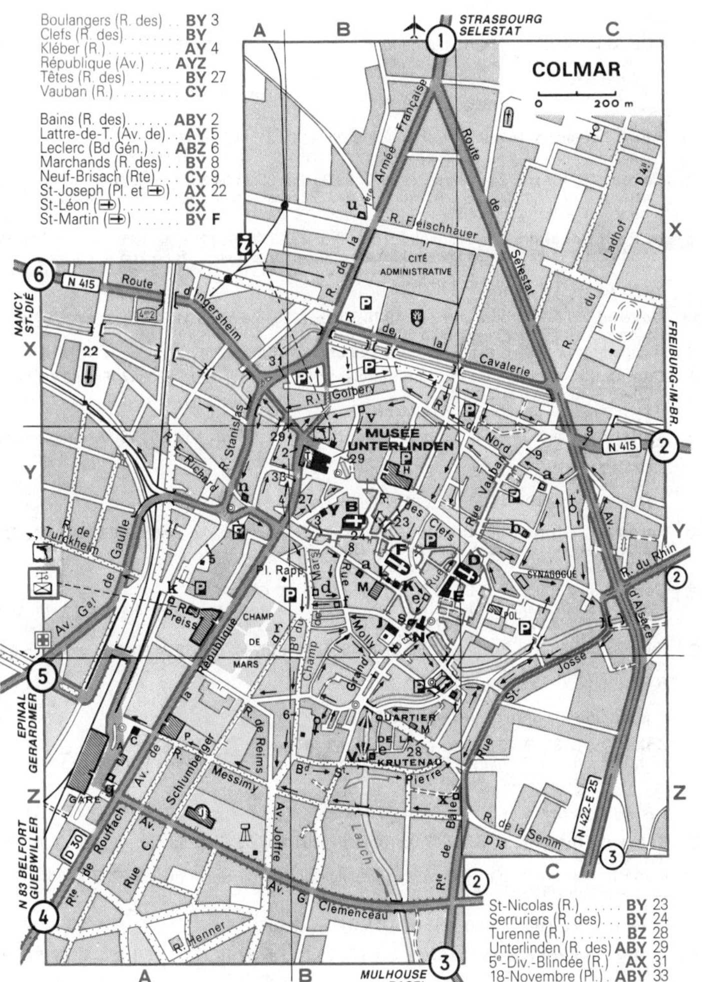

XXXX ✿✿ **Schillinger**, 16 r. Stanislas ✆ 89 41 43 17, Fax 89 24 28 87, « Décor élégant » – ▤. AE ⓓ GB — AY **n**
fermé 5 au 26 juil., dim. soir et lundi sauf fériés – **R** 270/500 et carte 270 à 410 ♁
Spéc. Foie gras truffé. Ravioles de foie de canard fumé. Caneton au citron. **Vins** Pinot blanc, Riesling.

XXX **Rendez-vous de Chasse** - Hôtel Terminus - Bristol, 7 pl. Gare ✆ 89 41 10 10, Fax 89 23 92 26 – AE ⓓ GB JCB — AZ **g**
R *(fermé mardi)* 150/250.

XXX ✿ **Fer Rouge** (Fulgraff), 52 Gd' Rue ✆ 89 41 37 24, Fax 89 23 82 24, « Maison alsacienne du 17e siècle » – AE ⓓ GB — BY **s**
fermé 25 juil. au 9 août, 10 janv. au 1er fév., dim. soir et lundi – **R** 210 (déj.)/480 et carte 350 à 500, enf. 95
Spéc. Tranches fines de foie de canard cru au gros sel et ciboulette. Ravioles des pêcheurs et choucroute croquante. Aumônière de myrtilles et crème d'amandes (saison). **Vins** Pinot blanc, Riesling.

XXX **Maison des Têtes**, 19 r. Têtes ✆ 89 24 43 43, Fax 89 24 58 34, ⛯, « Belle maison du 17e siècle, atmosphère locale » – AE ⓓ GB JCB — BY **y**
fermé vacances de fév., dim. soir et lundi – **R** 130/300 ♁.

XX ✿ **Da Alberto** (Bradi), 24 r. Marchands ☏ 89 23 37 89, 帝 – AE GB BY **a**
fermé 24 avril au 10 mai, 1er au 9 août, 19 déc. au 3 janv., sam. midi et dim. – **R** cuisine italienne 200 (déj.) et carte 270 à 380
Spéc. Salade de raie et homard. Ravioles de pintade et ris de veau (sept. à avril). Jarret de veau au four avec son risotto.

XX **Aux 3 Poissons,** 15 quai Poissonnerie ☏ 89 41 25 21 – AE ① GB BZ **t**
fermé 24 juin au 16 juil., 21 déc. au 4 janv., mardi soir et merc. – **R** 160/220 ♁.

X **Caveau St-Pierre,** 24 r. Herse ☏ 89 41 99 33, Fax 89 23 94 33, 帝 – GB BZ **e**
fermé 1er au 7 mars, 28 juin au 11 juil., 21 déc. au 4 janv., dim. soir et lundi – **R** carte 110 à 180 ♁, enf. 45.

X **Le Petit Bouchon,** 11 r. Alspach ✉ 68000 ☏ 89 23 45 57, 帝 – ▤. GB CY **b**
fermé 22 juil. au 5 août, 25 fév. au 11 mars, jeudi midi et merc. – **R** 80/265 ♁, enf. 49.

au Nord par ① : 2 km – ✉ 68000 Colmar :

Novotel, à l'Aérodrome ☏ 89 41 49 14, Télex 880915, Fax 89 41 22 56, ≤, 帝, ⛱, 🌳 – ⊁ ch ▤ rest TV ☎ P – 🏛 30 à 60. AE ① GB
R carte environ 150 ♁, enf. 50 – ☕ 48 – **66 ch** 380/440.

Campanile, direction Centre Commercial ☏ 89 24 18 18, Télex 880867, Fax 89 24 26 73 – TV ☎ ♿ P – 🏛 25. AE GB
R 80 bc/102 bc, enf. 39 – ☕ 29 – **50 ch** 268.

Motel Azur sans rest, 50 rte Strasbourg ☏ 89 41 32 15, Fax 89 23 53 26, 🌳 – cuisinette TV ☎ P. GB. ⛔
☕ 21 – **21 ch** 145/218.

à Horbourg par ② – 4 518 h. – ✉ 68180 Horbourg Wihr :

Europe M, 15 rte Neuf-Brisach ☏ 89 20 54 00, Télex 870242, Fax 89 41 27 50, 帝, ⛹, ⛱, 🎾 – ⛓ ⊁ ch TV ☎ ♿ P – 🏛 400. AE ① GB
R 130/350 ♁ – ☕ 48 – **138 ch** 370/550 – ½ P 400.

Cerf, ☏ 89 41 20 35, Fax 89 24 24 98, 🌳 – ☎ P. AE GB. ⛔
fermé 1er au 10 mars, 10 janv. au 28 fév., merc. (sauf le soir du 1er avril au 15 oct.) et mardi soir – **R** 120/220 ♁ – ☕ 35 – **27 ch** 250/320 – ½ P 300/320.

Ibis M, 13 rte Neuf-Brisach ☏ 89 23 46 46, Télex 880294, Fax 89 24 35 45 – ⛓ ⊁ ch TV ☎ ♿ P – 🏛 70. AE GB
R 88 ♁, enf. 50 – ☕ 35 – **86 ch** 290/320.

à Andolsheim par ② : 6 km – ✉ 68280 :

Soleil 🌙, ☏ 89 71 40 53, 🌳 – ☎ 🚗 P. AE ① GB
fermé 25 janv. au 1er mars – **R** *(fermé mardi en déc., janv. et merc.)* 120/350 ♁, enf. 80 – ☕ 28 – **18 ch** 100/220 – ½ P 210/255.

à Bischwihr par ② et D 111 : 8 km – ✉ 68320 :

Relais du Ried 🌙, ☏ 89 47 47 06, Télex 870592, Fax 89 47 72 58, 🌳 – TV ☎ P. AE ① GB. ⛔ rest
fermé 15 nov. au 15 janv. – **R** *(fermé dim. soir du 1er nov. au 1er avril)* 95/205 ♁, enf. 48 – ☕ 35 – **60 ch** 260/290 – ½ P 260.

à Wettolsheim par ⑤ et D 1bis II : 4,5 km – ✉ 68000 :

XXX ✿ **Aub. du Père Floranc** avec ch, ☏ 89 80 79 14, Fax 89 79 77 00 – TV ☎ 🚗 P. AE ① GB. ⛔ ch
fermé 8 au 21 juil., 12 nov. au 17 déc., dim. soir hors sais. et lundi – **R** 185/375 et carte 220 à 400, enf. 70 – ☕ 50 – **13 ch** 200/345 – ½ P 340/400
Spéc. Assiette des quatre foies d'oie. Matelote de grenouilles et d'escargots aux pieds de veau. Venaison (juin à mars). **Vins** Riesling, Tokay-Pinot gris.

Annexe : Le Pavillon 🏨 🌙 sans rest, « Collection de coquillages », 🌳 – TV ☎ ♿ P. ⛔
☕ 50 – **18 ch** 315/500.

à Ingersheim par ⑥, rte St-Dié : 4 km – 4 063 h. – ✉ 68000 :

Kuehn M 🌙, quai Fecht ☏ 89 27 38 38, Fax 89 27 00 77, ≤, 🌳 – ⛓ TV ☎ ♿ P – 🏛 40. GB. ⛔ rest
fermé fév., dim. soir de nov. à juin et lundi sauf hôtel de juil. à oct. – **R** 105/370 – ☕ 38 – **28 ch** 280/420 – ½ P 350/380.

XX **Taverne Alsacienne,** 99 r. République ☏ 89 27 08 41 – P. AE GB
fermé 19 juil. au 9 août, dim. soir et lundi – **R** 100/250 ♁, enf. 50.

à Logelheim SE par D 13 et D 45 - CZ - 9 km – ✉ 68280 :

X **Stoffel "A la Vigne"** 🌙 avec ch, ☏ 89 22 08 40 – AE ① GB. ⛔
fermé 19 juin au 8 juil., mardi soir et merc. – **R** 130/180 dîner à la carte – ☕ 30 – **7 ch** 120/220 – ½ P 230.

au Sud, rte d'Herrlisheim : 10 km par ③, N 422 et D 1 – ✉ **68127** Ste-Croix-en-Plaine :

Au Moulin Ⓜ sans rest, ✆ 89 49 31 20, Fax 89 49 23 11, – ☎ ♿ Ⓟ. GB
23 mars-11 nov. – ☕ 35 – **17 ch** 200/380.

BMW J.M.S. Auto, 124 rte de Neuf-Brisach ✆ 89 24 25 53 🄽 ✆ 89 71 66 77
CITROEN Alsauto, 4 r. Timken, ZI Nord par ① ✆ 89 24 29 24 🄽
FIAT Auto-Market-Colmar, 124 rte de Neuf-Brisach ✆ 89 41 57 80 🄽 ✆ 89 22 05 54
FORD Bolchert, 77 r. Morat ✆ 89 79 11 25
HONDA-LADA-SKODA Europe-Autos-Colmar, 101 rte de Rouffach par ④ ✆ 89 41 10 13
MERCEDES Gar. Dietrich, à Ingersheim ✆ 89 27 04 77
NISSAN Avenir Automobiles, 191 rte de Rouffach ✆ 89 41 14 85
OPEL Sama-Colmar, 11 rue Jean-Michel Haussmann, ZI Nord ✆ 89 41 19 50
PEUGEOT-TALBOT Gar. Colmar Autom., 2A rue Timken ✆ 89 24 66 66
RENAULT Gar. du Stade, 122 r. du Ladhof CX ✆ 89 23 99 43 🄽 ✆ 05 44 03 09
RENAULT Gar. Reech, 1 Grande-Rue, Horbourg-Wihr par ② ✆ 89 41 26 40 🄽 ✆ 89 24 44 41
ROVER Alsace Auto, 29 r. de la Poudrière ✆ 89 79 01 13
SEAT Sem' Autos, r. Gay Lussac ✆ 89 24 11 42
TOYOTA H et M Automobiles, 138 rte de Neuf-Brisach ✆ 89 24 12 22
V.A.G Gar. Dittel, r. J.-M. Hausmann, ZI Nord ✆ 89 24 76 00
VOLVO Auto-Hall Distribution, 84 rte de Neuf-Brisach ✆ 89 41 81 10

Kautzmann, 64 r. Papeteries ✆ 89 41 06 24
Pneus et Services D.K., 5 r. J.-Preiss ✆ 89 41 26 01
Pneus et Services D.K., 11 r. des Frères Lumière, Z.I. Nord ✆ 89 41 94 72

à Wintzenheim :

RENAULT Gar. Lauber, 6 r. Clemenceau par ⑤ ✆ 89 27 02 02

COLMARS **04370** Alpes-de-H.-P. 81 ⑧ **G. Alpes du Sud** (plan) – 367 h alt. 1 235.

Office Municipal du Tourisme ✆ 92 83 41 92.

Paris 781 – Digne-les-Bains 71 – Barcelonnette 43 – Cannes 128 – Draguignan 109 – ♦Nice 121.

Le Chamois, ✆ 92 83 43 29, ≤, – ☎. GB. rest
Noël-Pâques et 15 mai-oct. – **R** 90/111 – ☕ 32 – **26 ch** 250/277 – ½ P 224/282.

COLOMARS **06670** Alpes-Mar. 84 ⑨ 115 ㉖ – 2 307 h alt. 334.

Paris 940 – ♦Nice 15 – Antibes 30 – Cannes 41 – Grasse 44 – Levens 20 – Vence 21.

Rédier , ✆ 93 37 94 37, Télex 470330, Fax 93 37 95 55, ≤, , « Jardin fleuri », – rest TV ☎ Ⓟ – 25. AE GB
fermé 1er au 7 janv. – **R** 120/250 – ☕ 40 – **26 ch** 400 – ½ P 350/380.

COLOMBEY-LES-DEUX-ÉGLISES **52330** H.-Marne 61 ⑲ **G. Champagne** – 660 h alt. 352.

Voir Mémorial du Général-de-Gaulle et la Boisserie (musée).

Paris 229 – Chaumont 27 – Bar-sur-Aube 15 – Châtillon-sur-Seine 62 – Neufchâteau 70.

Dhuits, N 19 ✆ 25 01 50 10, Fax 25 01 56 22 – ch TV ☎ Ⓟ – 50. AE GB
fermé 20 déc. au 5 janv. – **R** 80/160 , enf. 50 – ☕ 35 – **42 ch** 250/350 – ½ P 260/320.

XX **Aub. Montagne** avec ch, ✆ 25 01 51 69, Fax 25 01 53 20, – TV ☎ Ⓟ. AE GB. ch
fermé début janv. à début fév., lundi soir et mardi – **Repas** 120/300 , enf. 80 – ☕ 35 – **9 ch** 130/300.

COLOMIERS **31** H.-Gar. 82 ⑦ – rattaché à Toulouse.

COLROY-LA-ROCHE **67420** B.-Rhin 62 ⑧ – 435 h alt. 424.

Paris 405 – ♦Strasbourg 62 – Lunéville 67 – St-Dié 32 – Sélestat 31.

✿✿ **Host. La Cheneaudière** Ⓜ , ✆ 88 97 61 64, Télex 870438, Fax 88 47 21 73, ≤, , « Élégante hostellerie dans un jardin », , , – rest TV ☎ Ⓟ. AE GB JCB
fermé janv. et fév. – **R** 280 (déj.)/550 et carte 360 à 520 – ☕ 120 – **25 ch** 880/1100, 7 appart. – ½ P 920/1100
Spéc. Foie gras fumé au bois et aux fruits du genévrier. Ravioles de Munster au persil frit. Carte de venaison (saison).
Vins Tokay-Pinot gris, Riesling.

RENAULT Gar. Wetta, St-Blaise-la-Roche ✆ 88 97 60 84 🄽

COLY **24** Dordogne 75 ⑦ – rattaché au Lardin-St-Lazare.

La COMBE **73** Savoie 74 ⑮ – rattaché à Aiguebelette-le-Lac.

COMBEAUFONTAINE **70120** H.-Saône 66 ⑤ – 446 h alt. 252.

Paris 327 – ♦Besançon 61 – Bourbonne-les-Bains 37 – Épinal 81 – Gray 41 – Langres 50 – Luxeuil-les-Bains 54 – Vesoul 25.

Balcon, ✆ 84 92 11 13, Fax 84 92 15 89 – ☎ . AE GB. ch
fermé 28 juin au 5 juil., 27 déc. au 12 janv., dim. soir et lundi – **R** 140/360 – ☕ 35 – **20 ch** 140/380 – ½ P 220/250.

La COMBE-DES-ÉPARRES **38** Isère 74 ⑬ – rattaché à Bourgoin-Jallieu.

COMBLOUX 74920 H.-Savoie 74 ⑧ **G. Alpes du Nord** – 1 716 h alt. 1 000 – Sports d'hiver : 1 250/1 853 m 1 24.

Voir La Cry ** O : 3 km.

Office de Tourisme 50 58 60 49, Télex 385550.

Paris 591 – Chamonix-Mont-Blanc 30 – Annecy 74 – Bonneville 34 – Megève 5 – Morzine 48 – St-Gervais-les-B. 10.

Ducs de Savoie, au Bouchet 50 58 61 43, Télex 319244, Fax 50 58 67 43, ≤ Mt-Blanc, – 30. AE GB. rest
5 juin-30 sept. et 15 déc.-20 avril – **R** 145/215 – 44 – **50 ch** 430/570 – ½ P 370/450.

Au Coeur des Prés, 50 93 36 55, Fax 50 58 69 14, ≤ Aravis et Mt-Blanc, – . GB. rest
29 mai-20 sept. et 18 déc.-Pâques – **R** 140/210 – 42 – **34 ch** 450 – ½ P 390.

Idéal-Mont-Blanc, 50 58 60 54, Fax 50 58 64 50, ≤ Mt-Blanc, – . AE GB
10 juin-30 sept. et 20 déc.-31 mars – **R** 189/240 – 50 – **27 ch** 350/525 – ½ P 415/458.

Feug M, 50 93 00 50, Fax 50 21 21 44, ≤, – . AE GB. rest
fermé 15 nov. au 15 déc. – **R** 115/195 – 45 – **28 ch** 480/550 – ½ P 405/435.

Plein Soleil, 50 58 60 81, Fax 50 93 38 54, ≤ Mt-Blanc, – . AE GB. rest
15 juin-25 sept. et 22 déc.-Pâques – **R** 155/198 – 48 – **27 ch** 450/458 – ½ P 395/410.

Aiguilles de Warens, 50 93 36 18 – . AE GB. rest
1er juil.-15 sept. et 21 déc.-15 avril – **R** 125/170 – 42 – **31 ch** 420 – ½ P 365.

au Haut-Combloux O : 3,5 km – 74920 Combloux :

Rond-Point des Pistes, 50 58 68 55, Fax 50 93 30 54, ≤ Mt-Blanc, – . AE GB
20 juin-15 sept. et 15 déc.-15 avril – **R** 140/250 – 45 – **29 ch** 305/550 – ½ P 400/500.

PEUGEOT-TALBOT Gar. des Cimes 50 93 00 60

COMBOURG 35270 I.-et-V. 59 ⑯ **G. Bretagne** – 4 843 h alt. 66.

Voir Château*.

18 Château des Ormes 99 48 40 27, N par D 795 : 13 km.

Syndicat d'Initiative pl. A.-Parent (juin-15 sept.) 99 73 13 93 et à la Mairie (hors saison) 99 73 00 18.

Paris 368 – St-Malo 36 – Avranches 51 – Dinan 24 – Fougères 48 – ◆Rennes 39 – Vitré 56.

Château et Voyageurs, pl. Châteaubriand 99 73 00 38, Fax 99 73 25 79, – – 35. AE GB
fermé 20 déc. au 25 janv., lundi (sauf le soir du 15 avril au 30 sept.) et dim. soir – **R** 87/260, enf. 45 – 42 – **33 ch** 270/500 – ½ P 280/400.

Lac, pl. Châteaubriand 99 73 05 65, Fax 99 73 23 34, ≤ – . AE GB
fermé 12 nov. au 7 déc., dim. soir hors sais. et vend. sauf le soir en sais. – **R** 70/170, enf. 38 – 34 – **30 ch** 95/300 – ½ P 140/240.

COMBREUX 45530 Loiret 64 ⑩ **G. Châteaux de la Loire** – 142 h alt. 127.

Voir Étang de la Vallée* NO : 2 km.

Paris 110 – ◆Orléans 37 – Châteauneuf-sur-Loire 13 – Gien 50 – Montargis 34 – Pithiviers 28.

Croix Blanche avec ch, 38 59 47 62, Fax 38 59 41 35, – . GB
fermé dim. soir et lundi – **R** 98/220 – 32 – **7 ch** 220/290 – ½ P 265.

COMMENTRY 03600 Allier 73 ③ **G. Auvergne** – 8 021 h alt. 385.

Paris 341 – Moulins 65 – Aubusson 78 – Gannat 49 – Montluçon 15 – Riom 66.

St-Christophe sans rest, 30 bis r. Lavoisier 70 64 31 27 – . GB
fermé 23 déc. au 4 janv. et sam. de nov. à Pâques – 25 – **22 ch** 150/185.

Michel Rubod, 47 r. J.-J. Rousseau 70 64 45 31 – GB
fermé 24 juil. au 14 août, 24 déc. au 2 janv., vacances de fév., dim. soir et lundi – **R** 120/380, enf. 70

CITROEN Gauvin, 16 r. Danton 70 64 33 32

Almeida-Pneus Service, 7 r. Dr Paul Fabre 70 64 48 33

Paris « Welcome » Office

127 Champs-Élysées (8th) (Syndicat d'Initiative and Accueil de France)

Open daily 9 AM to 10 PM (8 PM Sundays and holidays)

Open Nov. 1 to March 15 9 AM to 8 PM (6 PM Sundays and holidays)

47.23.61.72 - Telex 611 984

COMPIÈGNE <SP> 60200 Oise 56 ② 106 ⑩ G. Flandres Artois Picardie – 41 896 h alt. 41.

Voir Palais★★★ BYZ : musée de la voiture★★ – Hôtel de ville★ BZ **H** – Musée de la Figurine historique★ BZ **M** – Musée Vivenel : vases grecs★★ AZ **M**[1].

Env. Forêt★★ – Clairière de l'Armistice★★ : statue du Maréchal Foch, dalle commémorative – Château de Pierrefonds★★ 14 km par ③.

18 ℘ 44 40 15 73.

Office de Tourisme et Accueil de France (Informations, change et réservations d'hôtels, pas plus de 5 jours à l'avance) pl. Hôtel de Ville ℘ 44 40 01 00, Télex 145923.

Paris 80 ⑥ – ♦Amiens 78 ⑦ – Arras 108 ⑦ – Beauvais 59 ⑥ – Douai 123 ⑦ – St-Quentin 60 ① – Soissons 38 ②.

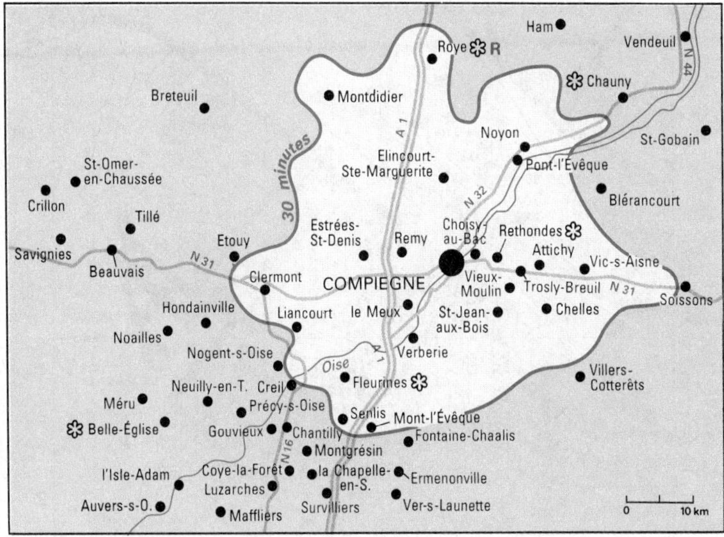

Université sans rest, 24 r. N.-D. Bonsecours ℘ 44 23 27 27, Télex 155074, Fax 44 86 06 53 – ch – 30 à 100. AE GB JCB AZ **s**
48 – **50 ch** 315/420.

de Harlay sans rest, 3 r. Harlay ℘ 44 23 01 50, Fax 44 20 19 46 – . AE GB AY **a**
fermé 18 déc. au 11 janv. – 40 – **20 ch** 285/360.

XXX **R. Laudigeois-H. du Nord** avec ch, pl. Gare ℘ 44 83 22 30, Fax 44 90 11 87 – – 30. GB AY **b**
fermé août et dim. soir – **R** 200/270 – 38 – **20 ch** 270/310.

XX **Chat qui Tourne-H. de France** avec ch, 17 r. E. Floquet ℘ 44 40 02 74, Fax 44 40 48 37 – . GB BZ **n**
R 98/210 – 40 – **21 ch** 162/325 – ½ P 285/333.

à Élincourt-Ste-Marguerite par ① et D 142 : 15 km – ✉ **60157** :

Château de Bellinglise , N : 1 km ℘ 44 76 04 76, Télex 155048, Fax 44 76 54 75, ≤, « Demeure du 16e siècle dans un parc », – – 100. AE GB.
R 215/420, enf. 100 – 72 – **50 ch** 610/1700 – ½ P 590/790.

à Mélicocq par ① et D 142 : 14 km – ✉ **60150** :

XX **Chiens Rouges,** ℘ 44 76 05 50 – AE GB
fermé 3 au 23 août, sam midi, dim. soir et lundi – **R** 130, enf. 50.

à Choisy-au-Bac par ② : 5 km – 3 786 h. – ✉ **60750** :

XX **Aub. des Étangs du Buissonnet,** ℘ 44 40 17 41, Fax 44 85 28 18, ≤, , parc – GB
fermé 20 sept. au 6 oct., 20 déc. au 6 janv., lundi (sauf fériés le midi) et dim. soir – **R** 190/265, enf. 60.

à Rethondes par ② : 10 km – ✉ **60153** :

Voir St-Crépin-aux-Bois : mobilier★ de l'église NE : 4 km.

XXX ✿ **Aub. du Pont** (Blot), ℘ 44 85 60 24, Fax 44 85 92 35 – GB.
fermé sam. midi, dim. soir et lundi – **R** (nombre de couverts limité, prévenir) 200/410 et carte 320 à 450

Spéc. Poêlée de cervelle d'agneau et de foie gras aux navets épicés. Lotte et homard breton aux champignons sauvages. Parmentier de ris de veau aux morilles.

COMPIÈGNE

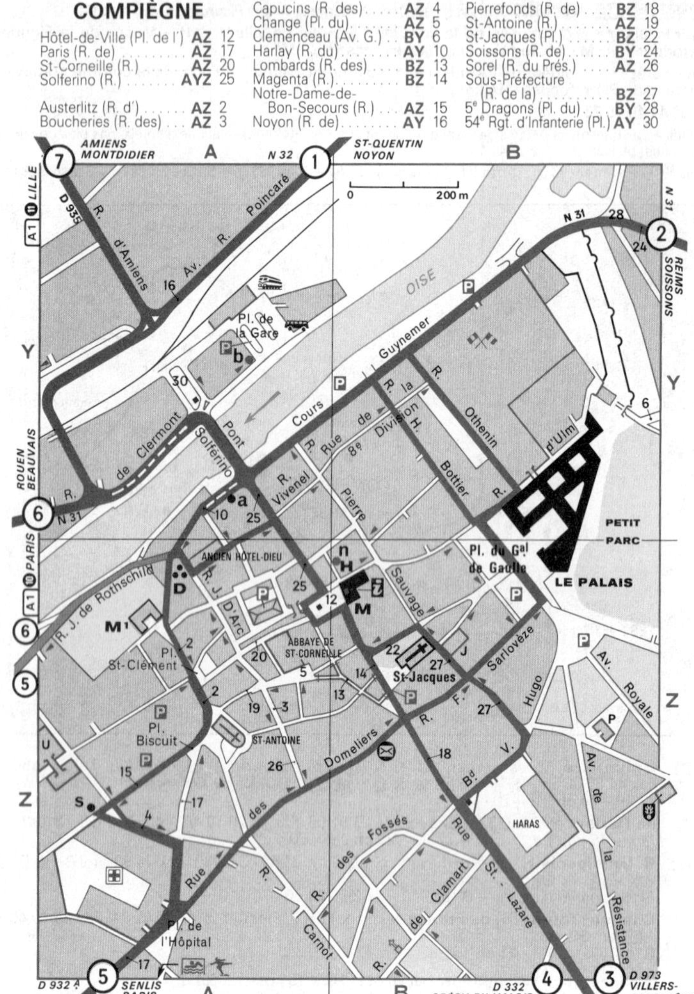

à Trosly-Breuil par ② : 11 km – ⊠ **60350** :

XX **Aub. de la Forêt,** pl. Fêtes ✆ 44 85 62 30, Fax 44 85 60 27, ⛱ – GB
fermé mardi soir et merc. – **R** 140/280, enf. 80.

à Vieux-Moulin par ③ et D 14 : 9,5 km – ⊠ **60350** :

Voir Mont St-Marc★ N : 2 km – Les Beaux-Monts★★ : ≤★ NO : 7 km.

XXX **Aub. du Daguet,** face Église ✆ 44 85 60 72, Fax 44 85 61 28 – GB
fermé 1er au 5 mars, 19 au 30 juil. et merc. – **R** 175/260.

XX **Aub. Mont St Pierre,** ✆ 44 85 60 70, Fax 44 85 64 44 – Ⓟ. AE GB
fermé 1er au 15 janv., 15 au 31 août, lundi soir et mardi – **R** 85/220 ₰.

à St-Jean-aux-Bois par ④ et D 85 : 11 km – ⊠ **60350** :

Voir Église★.

XXX **A la Bonne Idée** ⛱ avec ch, ✆ 44 42 84 09, Fax 44 42 80 45, ⛱ – ▤ rest TV ☎ ♿ Ⓟ – 🏃 30. AE GB
R 290/430 – ☕ 55 – **24 ch** 440 – ½ P 560.

Z.A.C. de Mercières par ⑤ et D 200 : 6 km – ✉ **60200** :

Relais Impérial Ⓜ, av. Berthelot ☎ 44 20 11 11, Télex 155122, Fax 44 20 41 60 – TV ☎ ♿ P – 🏛 50 à 100. AE ① GB
R *(fermé dim. soir)* 65/350 🍷 – ☕ 39 – **48 ch** 275/345 – ½ P 261/277.

Ibis Ⓜ, 18 r. É. Branly ☎ 44 23 16 27, Télex 145991, Fax 44 86 48 21 – 🚭 ch TV ☎ ♿ P – 🏛 30 à 100. AE GB JCB
R *(fermé sam. midi)* 98/130 🍷, enf. 39 – ☕ 34 – **78 ch** 310/345.

au Meux par ⑤, D 200 et D 98 : 11 km – ✉ **60880** :

La Vieille Ferme, ☎ 44 41 58 54, Fax 44 41 23 50 – TV ☎ P. GB
fermé lundi (sauf hôtel) et dim. soir – **R** 90 bc/160 bc – ☕ 35 – **14 ch** 230/300.

à Remy par ⑥ et D 36 : 10 km – ✉ **60190** :

XXX **Manoir St Charles,** pl. Église ☎ 44 42 45 28, 🌳, « Parc » – AE GB
fermé dim. soir et lundi – **R** 135 bc/185 bc, enf. 75.

ALFA-ROMEO St Germain Auto, 2 bis r. Chevreuil ☎ 44 20 29 94
BMW Saint Merri Auto, ZAC de Mercières av. H.-Adenot ☎ 44 86 50 00
CITROEN S.A.D.A.C., r. Fonds-Pernant ZAC de Mercières par r. J.-de-Rothschild ☎ 44 20 26 00 N ☎ 44 41 17 09
FIAT SOVA, ZAC de Jaux Venette ☎ 44 90 06 06
HONDA Auto Style Compiègne, av. H.-Adenot ZAC de Mercières ☎ 44 23 08 11
MERCEDES-BENZ Techstar, ZAC de Mercières ☎ 44 23 08 22 N ☎ 44 72 03 79
PEUGEOT-TALBOT Safari-Compiègne, r. Clément Bayard par r. J.-de-Rothschild ☎ 44 20 19 63 N ☎ 44 76 02 48
RENAULT Guinard, av. Gén.-Weigand par r. J.-de-Rothschild ☎ 44 92 55 55 N ☎ 22 37 71 37
V.A.G. Éts Thiry, centre commercial de Venette ☎ 44 90 71 00

Ⓜ Bouvet Pneu, 18 r. d'Austerlitz ☎ 44 23 22 17
Charlier Pneu, 177 r. V.-Hugo à Margny-lès-Compiègne ☎ 44 83 38 69
Distripneus, ZI Choisy au Bac ☎ 44 85 26 26
Euromaster Fischbach Pneu Service, r. J.-de Vaucanson, ZAC de Mercières ☎ 44 20 20 22

Participez à notre effort permanent de mise à jour

Adressez-nous vos remarques et vos suggestions.

Cartes et guides Michelin

46 avenue de Breteuil - 75324 Paris Cedex 07

COMPS-SUR-ARTUBY 83840 Var 84 ⑦ G. Alpes du Sud – 272 h alt. 898.

Env. Balcons de la Mescla★★★ NO : 14,5 km.

Paris 825 – Digne-les-Bains 81 – Castellane 28 – Draguignan 31 – Grasse 60 – Manosque 95.

Gd H. Bain, ☎ 94 76 90 06, Fax 94 76 92 24, ← – TV ☎ 🚗 P. GB. ✻ ch
fermé 12 nov. au 24 déc., merc. soir et jeudi d'oct. à mars – **R** 70/170, enf. 50 – ☕ 30 – **18 ch** 160/310 – ½ P 205/240.

CONCARNEAU 29900 Finistère 58 ⑪ ⑮ G. Bretagne – 18 630 h alt. 6.

Voir Ville Close★★ C – Musée de la Pêche★ C **M1** – Pont du Moros ←★ B – Fête des Filets bleus★ (fin août).

⛳ de Quimper et de Cornouaille ☎ 98 56 97 09 par ① : 8 km.

ℹ Office de Tourisme quai d'Aiguillon ☎ 98 97 01 44.

Paris 541 ① – Quimper 27 ① – ♦Brest 93 ① – Lorient 51 ① – St-Brieuc 132 ① – Vannes 103 ①.

Plan page suivante

Océan Ⓜ, plage Sables Blancs ☎ 98 50 53 50, Fax 98 50 84 16, ←, 🌳, 🏊 – 🛗 TV ☎ ♿ P – 🏛 40. AE GB. ✻ rest — A r
R 98/260, enf. 45 – ☕ 45 – **71 ch** 390/550, 17 duplex – ½ P 380/400.

Gd Hôtel sans rest, 1 av. P. Guéguin ☎ 98 97 00 28, ← – ☎ P. GB — C a
10 avril-10 oct. – ☕ 29 – **33 ch** 152/300.

Les Halles sans rest, pl. Hôtel de Ville ☎ 98 97 11 41, Fax 98 50 58 54 – TV ☎. AE GB — C s
fermé dim. soir hors sais. – ☕ 27 – **23 ch** 270/330.

Jockey sans rest, 11 av. P. Guéguin ☎ 98 97 31 52 – ☎. ① GB — C t
☕ 27 – **14 ch** 130/220.

De France et d'Europe sans rest, 9 av. Gare ☎ 98 97 00 64, Fax 98 50 76 66 – TV ☎ P AE GB — C b
fermé sam. du 15 nov. au 31 mars sauf vacances scolaires – ☕ 30 – **26 ch** 250/335.

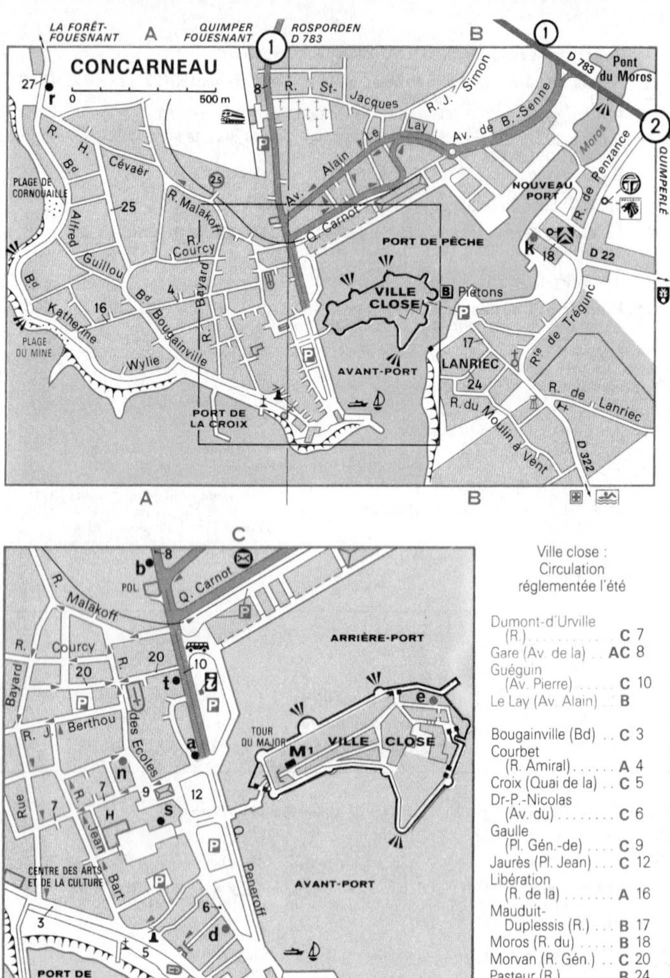

XXX ❀ **Le Galion** (Gaonac'h) avec ch, 15 r. St-Guénolé "Ville Close" ☎ 98 97 30 16, Fax 98 50 67 88 – cuisinette TV ☎. AE ① GB — C **e**
fermé 15 janv. au 1er mars, lundi (sauf le soir de mi-juil. à mi-sept.) et dim. soir de mi-sept. à mi-juin – **R** (nombre de couverts limité, prévenir) 155/360 et carte 300 à 390 – ☕ 40 – **5 ch** 400

Spéc. Fricassée de langoustines. Dos de Saint-Pierre au vieux vin et lardons. Soufflé aux fruits rouges (juin à nov.).

XX **La Coquille,** quai Moros ☎ 98 97 08 52, Fax 98 50 69 13, ☂ – AE ① GB — B **k**
fermé 10 au 23 mai, 2 au 20 janv., dim. soir sauf juil.-août et lundi – **R** 140/280.

XX **La Gallandière,** 3 pl. Gén. de Gaulle ☎ 98 97 16 34 – GB — C **n**
fermé dim. soir et jeudi – **R** 100/185.

X **Chez Armande,** 15 bis av. Dr Nicolas ☎ 98 97 00 76 – AE ① GB — C **d**
fermé 12 au 18 nov., mardi soir (sauf juil.-août) et merc. – **R** 80/172.

CITROEN Gar. Duquesne, 4 r. Moros ✆ 98 97 48 00
FORD Océan Automobile, 106 av. Gare ✆ 98 97 35 00 **N**
PEUGEOT-TALBOT Gar. Nedelec, ZI du Moros ✆ 98 97 46 33
RENAULT Gar. de Penanguer, rte de Quimper par ① ✆ 98 97 36 06 **N** ✆ 05 05 15 15

CONCHES-EN-OUCHE 27190 Eure 55 ⑯ **G. Normandie Vallée de la Seine** (plan) – 4 009 h alt. 144.

Voir Église Ste-Foy★.

Paris 121 – L'Aigle 37 – Bernay 33 – Dreux 45 – Évreux 18 – ♦Rouen 57.

XX **La Grand'Mare** avec ch, 13 av. Croix de Fer ✆ 32 30 23 30, 🍴 – GB
fermé dim. soir et lundi d'oct. à fin mars – **R** 98/195 – ☕ 28 – **8 ch** 85/195.

XX **Toque Blanche,** 18 pl. Carnot ✆ 32 30 01 54 – AE GB
fermé lundi soir et mardi – **R** 100/200 🍷, enf. 50.

PEUGEOT-TALBOT Peuret ✆ 32 30 23 09 **N**
RENAULT Marie ✆ 32 30 23 50 **N**

CONCORET 56430 Morbihan 59 ⑮ – 626 h alt. 98.

Paris 396 – ♦ Rennes 47 – Dinan 51 – Loudéac 45 – Ploërmel 24 – Vannes 71.

X **Chez Maxime** avec ch, ✆ 97 22 63 04 – P – 🏛 60. GB
fermé 18 au 29 oct., vacances de fév., mardi soir et merc. sauf août – **R** 78/168 – ☕ 27 – **9 ch** 99/172 – ½ P 142/166.

CONDÉ-STE-LIBIAIRE 77 S.-et-M. 56 ⑫, 106 ㉒ – rattaché à Esbly.

CONDÉ-SUR-NOIREAU 14110 Calvados 55 ⑪ **G. Normandie Cotentin** – 6 309 h alt. 84.

18 de Clécy-Cantelou ✆ 31 69 72 72, NO par D 36 : 9 km.

Paris 281 – ♦ Caen 46 – Argentan 54 – Falaise 31 – Flers 11,5 – Vire 25.

à St-Germain-du-Crioult O : 4,5 km sur rte Vire – ✉ 14110 :

X **Aub. St-Germain** avec ch, ✆ 31 69 08 10 – ☎. GB. ✽
fermé 1er au 10/8, 1er au 16/1, vend. soir du 1/10 au 15/4 et dim. soir (sauf hôtel du 15/4 au 1/10) – **R** 68/135 🍷 – ☕ 19 – **9 ch** 170/210 – ½ P 160/190.

CONDOM SP 32100 Gers 79 ⑭ **G. Pyrénées Aquitaine** (plan) – 7 717 h alt. 81.

Voir Cathédrale St-Pierre★ : Cloître★.

ℹ Syndicat d'Initiative pl. Bossuet ✆ 62 28 00 80.

Paris 730 – Agen 39 – Auch 44 – Mont-de-Marsan 81 – ♦Toulouse 114.

🏨 **Trois Lys** sans rest, 38 r. Gambetta ✆ 62 28 33 33, Fax 62 28 41 85, 🏊 – TV ☎ P. AE GB
☕ 38 – **10 ch** 380/550.

🏨 **Logis des Cordeliers** sans rest, r. des Cordeliers ✆ 62 28 03 68, Fax 62 68 29 03, 🏊 – TV ☎ P. GB
fermé janv. – ☕ 35 – **21 ch** 240/370.

XXX **Table des Cordeliers,** 1 r. Cordeliers ✆ 62 68 28 36, 🍴, « Ancienne abbaye du 14e siècle » – P. GB
fermé janv., dim. soir et lundi sauf juil.-août et fêtes – **R** 100/300, enf. 70.

CITROEN Gar. Pinson, rte d'Agen ✆ 62 28 12 19
PEUGEOT-TALBOT Durrieu, bd St-Jacques ✆ 62 28 00 53
RENAULT Rottier, allées de Gaulle ✆ 62 28 22 55 **N** ✆ 62 67 33 55
V.A.G. Gar. Andreu, rte de St-Puy ✆ 62 28 18 86
Euromaster Central Pneu Service, 7 av. Armagnac ✆ 62 28 01 91
Rivière, 21 av. Pyrénées ✆ 62 28 01 20

CONDRIEU 69420 Rhône 74 ⑪ **G. Vallée du Rhône** – 3 093 h alt. 150.

Voir Calvaire ≤★.

Paris 501 – ♦ Lyon 41 – Annonay 35 – Rive-de-Gier 21 – Tournon-sur-Rhône 52 – Vienne 11,5.

🏨 ✿ **Hôt. Beau Rivage,** ✆ 74 59 52 24, Fax 74 59 59 36, 🍴, « Terrasse avec vue agréable sur le Rhône », 🌳 – ▤ rest TV ☎ 🚗 P. AE ⓓ GB
R 180 (déj.)/400 et carte 325 à 435 – ☕ 60 – **20 ch** 500/820
Spéc. Quenelle de brochet au salpicon de homard. Fleurs de courgettes à la mousse de brochet (15 mai au 15 oct.). Côte de boeuf aux échalotes confites. **Vins** Condrieu, Côte Rôtie.

Gar. Baronnier ✆ 74 59 50 16

CONFLANS-STE-HONORINE 78700 Yvelines 55 ⑳ 101 ② **G. Ile de France** (plan) – 31 467 h alt. 28 - Pardon national de la Batellerie (fin juin).

Voir ≤★ de la terrasse du parc.

ℹ Office de Tourisme 23 r. M.-Berteaux (fermé août) ✆ (1) 39 72 66 91.

Paris 39 – Mantes-la-Jolie 44 – Poissy 11 – Pontoise 8 – Saint-Germain-en-Laye 13 – Versailles 28.

🏨 **Campanile,** 91 r. Cergy - RN 184 ✆ (1) 39 19 21 00, Télex 699149, Fax (1) 39 19 36 57, 🍴, 🌳 – TV ☎ ♿ P – 🏛 25. AE GB
R 80 bc/102 bc, enf. 39 – ☕ 29 – **50 ch** 268.

XX **Au Confluent de l'Oise,** 15 cours Chimay ✆ (1) 39 72 60 31, Fax (1) 39 19 99 90, ≤ – P. AE GB
fermé 2 août au 1er sept., 21 au 27 fév., dim. soir d'oct. à mai et lundi sauf fériés – **R** 85/155.

X **Au Bord de l'Eau,** 15 quai Martyrs-de-la-Résistance ✆ (1) 39 72 86 51,
fermé 12 au 21 mars, 9 au 29 août, lundi et le soir sauf sam. – **R** 155.

CONFOLENS SP **16500** Charente 72 ⑤ **G. Berry Limousin** (plan) – 2 904 h alt. 152.

Voir Le vieux Confolens★ : Pont Vieux★, maison du duc d'Epernon★.

Office de Tourisme pl. Marronniers ✆ 45 84 00 77.

Paris 406 – Angoulême 63 – Bellac 37 – ◆Limoges 58 – Niort 102 – Périgueux 116 – Poitiers 72.

XX **Aub. Tour de Nesle,** r. Côte ✆ 45 84 03 70 – GB
fermé 15 au 28 fév., lundi soir et mardi – **R** 125/230, enf. 50.

CITROEN Gar. Soulat ✆ 45 84 00 27 N
PEUGEOT Gar. Roulon ✆ 45 84 10 86
RENAULT Confolens Autos, ✆ 45 84 07 00

CONLEAU **56** Morbihan 63 ③ – rattaché à Vannes.

CONNAUX **30** Gard 80 ⑲ ⑳ – rattaché à Bagnols-sur-Cèze.

CONNELLES **27430** Eure 55 ⑦ – 154 h.

Paris 114 – ◆Rouen 37 – Les Andelys 13 – Évreux 32 – Vernon-sur-Eure 34.

Moulin de Connelles M , D 19 ✆ 32 59 53 33, Fax 32 59 21 83, ≤, , « Belle demeure normande dans un parc au bord de la Seine », , – TV ☎ P. AE GB
R *(fermé dim. soir et lundi)* 270, enf. 70 – 60 – **7 ch** 600, 6 appart. – ½ P 470/570.

CONNERRÉ **72160** Sarthe 60 ⑭ **G. Châteaux de la Loire** – 2 545 h alt. 76.

Paris 180 – ◆Le Mans 24 – Châteaudun 83 – Mamers 43 – Nogent-le-Rotrou 41 – St-Calais 27.

XX **Aub. Tante Léonie,** ✆ 43 89 06 54 – GB
fermé fév., mardi soir et merc. – **R** 120/170, enf. 50.

à Thorigné-sur-Dué SE : 4 km par D 302 – ✉ **72160** :

XX **St-Jacques** avec ch, ✆ 43 89 95 50, Fax 43 76 58 42, – TV ☎ ♿ P. GB
fermé 5 janv. au 5 fév., dim. soir d'oct. à juin et lundi – **R** 98/270 , enf. 65 – 38 – **15 ch** 250/360 – ½ P 220/290.

CITROEN Gar. Guérin ✆ 43 89 00 51

CONQUES **12320** Aveyron 80 ① ② **G. Gorges du Tarn** (plan) – 362 h alt. 250.

Voir Site★★ – Église Ste-Foy★★ : tympan du portail Ouest★★★ et trésor★★★ – Le Cendié ≤★ O : 2 km par D 232 – Site du Bancarel ≤★ S : 3 km par D 901.

Paris 629 – Rodez 39 – Aurillac 56 – Espalion 50 – Figeac 44.

Ste-Foy , ✆ 65 69 84 03, Fax 65 72 81 04, – TV ☎. AE GB. rest
2 avril-12 nov. – **R** (nombre de couverts limité - prévenir) 160/280, enf. 75 – 50 – **17 ch** 300/700 – ½ P 410/535.

Aub. St-Jacques , ✆ 65 72 86 36 – ☎. GB. rest
fermé janv. et lundi du 15 nov. au 1er mars – **R** 80/170 – 25 – **14 ch** 180/270 – ½ P 230/250.

Le CONQUET **29217** Finistère 58 ③ **G. Bretagne** – 2 149 h alt. 30 – **Voir** Site★.

Syndicat d'Initiative Beauséjour (saison) ✆ 98 89 11 31 et à la Mairie (15 sept.-15 juin) ✆ 98 89 00 07.

Paris 620 – ◆Brest 24 – Brignogan-Plage 58 – St-Pol-de-Léon 85.

Pointe Ste-Barbe, ✆ 98 89 00 26, Fax 98 89 14 81, ≤ mer et les îles – TV ☎ ♿ P – 40. AE GB. rest
fermé 12 nov. au 17 déc. – **R** *(fermé lundi du 15 sept. au 1er juil.)* 88/412 – 32 – **49 ch** 162/595 – ½ P 281/494.

à la Pointe de St-Mathieu S : 4 km – ✉ **29217** Le Conquet.

Voir Phare ★★ – Ruines de l'église abbatiale★.

XX **Corrotel-Pointe St-Mathieu** avec ch, ✆ 98 89 00 19, Fax 98 89 15 68 – TV ☎ ♿. AE GB
R 100/400, enf. 50 – 35 – **15 ch** 300/400 – ½ P 280/340.

RENAULT Gar. Taniou-le Goff ✆ 98 89 00 29

CONSOLATION (Cirque de) ★★ **25** Doubs 66 ⑰ **G. Jura** – alt. 793.

Voir La Roche du Prêtre ≤★★★ de la D 41, 15 mn – Vallée du Dessoubre★ N.

Paris 463 – Baume-les-Dames 46 – ◆Besançon 54 – Montbéliard 61 – Morteau 16.

Les CONTAMINES-MONTJOIE **74170** H.-Savoie 74 ⑧ **G. Alpes du Nord** – 994 h alt. 1 164 – Sports d'hiver : 1 164/2 500 m 3 23 .

Voir ≤★ sur gorges de la Gruvaz NE : 5 km.

Office de Tourisme pl. Mairie ✆ 50 47 01 58, Télex 385730.

Paris 606 – Chamonix-Mont-Blanc 32 – Annecy 89 – Bonneville 49 – Megève 19 – St-Gervais-les-B. 8,5.

La Chemenaz et rest. la Trabla ⚘, ☏ 50 47 02 44, Fax 50 47 12 73, ←, ⛱, ⛾, 🌳 – |‡| TV ☎ Ⓟ. GB
15 mai-15 sept. et 20 déc.-20 avril – **R** 105/135, enf. 60 – ☕ 47 – **38 ch** 495 – ½ P 430.

Gai Soleil ⚘, ☏ 50 47 02 94, ←, 🌳 – ☎ Ⓟ. GB. ✻ rest
15 juin-19 sept. et 20 déc.-25 avril – **R** 95 – ☕ 30 – **19 ch** 280/380 – ½ P 310/330.

Le Miage ⚘, ☏ 50 47 01 63, Fax 50 47 14 08, ←, ⛱, 🌳 – cuisinette TV ☎ Ⓟ. GB
20 juin-10 sept. et 20 déc.-20 avril – **R** 170/220, enf. 40 – ☕ 35 – **11 ch** 500/700.

Le Chamois, ☏ 50 47 03 43, Fax 50 47 12 59, ←, 🌳 – cuisinette TV ☎ Ⓟ. GB
hôtel : 26 juin-15 sept. et 18 déc.-18 avril ; rest. : 26 juin-30 août et 18 déc.-18 avril – **R** (dîner seul. en été) 135/200 – ☕ 40 – **18 ch** 400 – ½ P 350/355.

Christiania, ☏ 50 47 02 72, ←, ⛱, ⛾, 🌳 – TV ☎ Ⓟ. GB. ✻ ch
20 juin-10 sept. et 20 déc.-15 avril – **R** snack (dîner seul. en été) 110 ⅀, enf. 40 – ☕ 34 – **15 ch** 210/380 – ½ P 315.

CONTAMINE-SUR-ARVE 74130 H.-Savoie 74 ⑦ – 1 125 h alt. 449.

Paris 550 – Annecy 44 – Thonon-les-Bains 36 – Bonneville 8 – Chamonix-Mont-Blanc 62 – ◆Genève 19 – Megève 47 – Morzine 47.

XX **Tourne Bride** avec ch, ☏ 50 03 62 18 – Ⓟ. GB
fermé 14 au 28 juin, 15 au 29 nov., dim. soir et lundi – **R** 95/170 – ☕ 25 – **8 ch** 160/220 – ½ P 180/240.

CONTEVILLE 27210 Eure 55 ④ – 701 h alt. 30.

Paris 185 – Évreux 79 – ◆Le Havre 41 – Honfleur 13 – Pont-Audemer 12 – Pont-l'Évêque 28.

XXX ✿ **Aub. Vieux Logis** (Louet), ☏ 32 57 60 16, Fax 32 57 45 84 – AE ⓓ GB JCB
fermé fév., merc. soir et jeudi – **R** (nombre de couverts limité - prévenir) 190 et carte 250 à 350
Spéc. Ravioles de Saint-Jacques (oct. à mai). Persillade d'ailes de pigeon et ses cuisses en croûte. Charlotte tiède à l'ananas.

CONTIS-PLAGE 40 Landes 78 ⑮ – ✉ 40170 St-Julien-en-Born.

Paris 716 – Mont-de-Marsan 76 – ◆Bayonne 89 – Castets 32 – Mimizan 23.

Neptune sans rest, ☏ 58 42 85 28 – ☎ Ⓟ. GB
mai-oct. – ☕ 25 – **16 ch** 160/270.

CONTRES 41700 L.-et-Ch. 64 ⑰ – 2 979 h alt. 100.

Paris 202 – ◆Tours 61 – Blois 21 – Châteauroux 79 – Montrichard 21 – Romorantin-Lanthenay 26.

France, ☏ 54 79 50 14, Fax 54 79 02 95, ⛱, Ⓛ, ⛾ – ⇹ ch ▤ rest TV ☎ ♿ 🚗 Ⓟ – 🏛 30. GB. ✻
R *(fermé 1er fév. au 10 mars)* 110/260 – ☕ 45 – **37 ch** 286/395 – ½ P 297/350.

X **La Botte d'Asperges,** ☏ 54 79 50 49 – GB
R 80/200, enf. 50.

NE : 6 km par D 122, D 99 et VO – ✉ 41700 Contres :

Château de la Gondelaine ⚘, ☏ 54 79 09 14, Fax 54 79 64 92, « Dans un parc » – TV ☎ Ⓟ. AE ⓓ GB
fermé 15 janv. au 1er mars – **R** *(fermé merc.)* 145/240 – ☕ 45 – **19 ch** 450/790 – ½ P 450.

RENAULT Dubreuil Autom., RN 15 à Chémery ☏ 54 71 80 06

CONTREVOZ 01 Ain 74 ⑭ – rattaché à Belley.

CONTREXÉVILLE 88140 Vosges 62 ⑭ G. Alsace Lorraine – 3 945 h alt. 337 – Stat. therm. (5 avril-30 oct.) – Casino Y.

ℹ Office de Tourisme et de Thermalisme r. du Shah de Perse ☏ 29 08 08 68.

Paris 329 ③ – Épinal 46 ① – Langres 67 ② – Luxeuil 69 ② – ◆Nancy 85 ① – Neufchâteau 28 ③.

Plan page suivante

Cosmos, r. Metz ☏ 29 08 15 90, Télex 850583, Fax 29 08 68 67, parc, Ⓛ, ⛾ – |‡| TV ☎ Ⓟ – 🏛 25 à 50. AE ⓓ GB. ✻ rest — Y **u**
avril-oct. – **R** 157/205 – ☕ 46 – **75 ch** 348/413, 6 appart. – ½ P 436/450.

Gd H. Établissement, ☏ 29 08 17 30 – |‡| TV ☎ Ⓟ. AE ⓓ GB. ✻ rest — Z **e**
avril-sept. – **R** 157/205 - **Rest. du Casino** *(mai-sept. et fermé lundi)* **R** 115/142 ⅀ enf. 92 – ☕ 42 – **39 ch** 157/397 – ½ P 405/418.

Souveraine, dans le parc ☏ 29 08 09 59 – TV ☎. AE ⓓ GB. ✻ rest — Y **r**
avril-sept. – **R** voir **Gd H. Etablissement** – ☕ 42 – **31 ch** 157/397 – ½ P 405/418.

Paris et Thermes, av. Gde Duchesse Wladimir ☏ 29 08 13 46, Fax 29 08 60 96, Ⓛ – |‡| cuisinette TV ☎. GB. ✻ rest — Z **s**
1er mars-31 oct. – **R** 85/120 ⅀ – ☕ 27 – **78 ch** 150/320.

Sources, r. Ziwer-Pacha ☏ 29 08 04 48 – ☎. AE GB. rest Z **x**
1er avril-15 oct. – **R** 100/160, enf. 55 – ☕ 36 – **40 ch** 135/300 – ½ P 225/260.

Beauséjour, r. Ziwer-Pacha ☏ 29 08 04 89, , – ☎. AE GB. rest Z **v**
2 avril-1er oct. – **R** 90/220 , enf. 45 – ☕ 30 – **32 ch** 140/240.

France, av. Roi Stanislas ☏ 29 08 04 13, Fax 29 08 69 96 – ☎ P. GB Z **z**
fermé 15 déc. au 15 janv. – **R** 77/175 , enf. 55 – ☕ 28 – **33 ch** 110/265 – ½ P 260/320.

par ③ et rte du Lac de la Folie : 1,2 km – ✉ **88140** Contrexéville :

Campanile , ☏ 29 08 03 72, Télex 960333, Fax 29 08 46 98, ←, – TV ☎ ♿ P – 25. AE GB
R 80 bc/102 bc, enf. 39 – ☕ 29 – **31 ch** 268.

CONTREXÉVILLE

Daudet (R.) . . . . Y 2
Division-Leclerc (R.) . . . . . . Y 3
Hirschauer (R. du Gén.) . . . . Y 4
Shah-de-Perse (R. du) . . . . . Y 5
Stanislas (R. du Roi) . . . . . . Z 6
Thomson (R. Gaston) . . . . . . Z 7
Victoire (R. de la) . . . . Y 8
Wladimir (R. Grande-Duchesse) . . . Z 9
Ziwer-Pacha (R.) . . . . Z 10

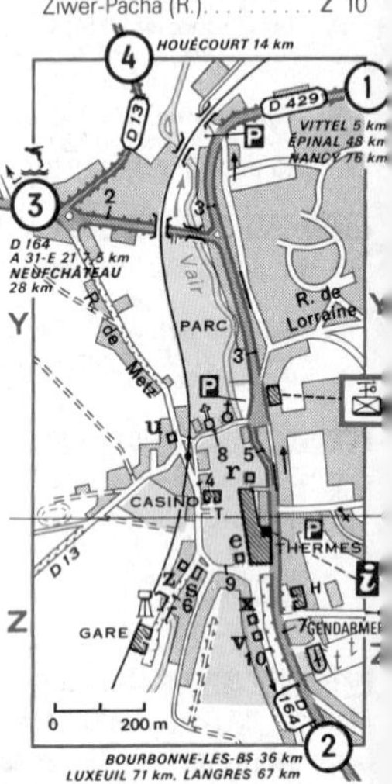

La COQUILLE 24450 Dordogne 72 ⑯ – 1 515 h alt. 340.
Paris 443 – ♦ Limoges 48 – Brive-la-Gaillarde 82 – Nontron 30 – Périgueux 50 – St-Yrieix-la-Perche 24.

Voyageurs, N 21 ☏ 53 52 80 13, Fax 53 62 18 29, – TV ☎ P. GB
10 avril-10 oct. – **R** 90/250 , enf. 60 – ☕ 33 – **10 ch** 160/300 – ½ P 220/300.

PEUGEOT-TALBOT Fauriat ☏ 53 52 80 60
RENAULT Gar. Fayol ☏ 53 52 81 35

CORBEHEM 62 P.-de-C. 53 ③ – rattaché à Douai.

CORBEIL-ESSONNES 91 Essonne 61 ①, 106 ㉜ – voir à Évry.

CORBIGNY 58800 Nièvre 65 ⑮ **G. Bourgogne** – 1 802 h alt. 197.
Paris 239 – Autun 75 – Avallon 37 – Clamecy 30 – Nevers 61.

La Buissonière et Rest. Le Marode, pl. St-Jean ☏ 86 20 02 13, – TV ☎ ♿ P. AE GB
R *(fermé lundi)* 73/265 – ☕ 28 – **23 ch** 230/270 – ½ P 215.

CITROEN Gar. Philizot ☏ 86 20 00 34
PEUGEOT Gar. Poinsard ☏ 86 20 10 88 N

CORDES 81170 Tarn 79 ⑳ **G. Pyrénées Roussillon** (plan) – 932 h alt. 274.
Voir Site★★ – Maisons gothiques★★ – Musée de l'Outil★ à Vindrac-Alayrac O : 5 km.
ℹ Syndicat d'Initiative à la Mairie ☏ 63 56 00 52 et pl. Bouteillerie (saison) ☏ 63 56 14 11.
Paris 668 – ♦ Toulouse 77 – Albi 25 – Montauban 59 – Rodez 82 – Villefranche-de-Rouergue 46.

✿ **Grand Écuyer** (Thuriès) M , ☏ 63 56 01 03, Fax 63 56 16 99, ← vallée, « Demeure gothique, bel intérieur » – TV ☎ – 30. AE GB
1er avril-17 oct. – **R** 180/380 et carte 340 à 450 – ☕ 65 – **12 ch** 590/850 – ½ P 590/690
Spéc. Foie gras au torchon et compotée de pigeonneau. Maraîchère de homard aux graines de vanille et gingembre. Méli-mélo d'agneau au pistou. **Vins** Gaillac.

Host. du Vieux Cordes M , ☏ 63 56 00 12, ←, – TV ☎. AE GB
fermé janv. – **R** *(fermé dim. soir et lundi sauf de mai à oct.)* 70/250, enf. 50 – ☕ 38 – **21 ch** 275/420 – ½ P 295.

Annexe La Cité sans rest, ☏ 63 56 03 53 – ☎. AE GB
Pâques-fin oct. – ☕ 25 – **8 ch** 240/280.

PEUGEOT-TALBOT Barrié ☏ 63 56 02 61

CORDON 74 H.-Savoie 74 ⑦ ⑧ – rattaché à Sallanches.

CORENC 38 Isère 77 ⑤ – rattaché à Grenoble.

CORMEILLES-EN-PARISIS 95 Val-d'Oise 55 ⑳, 101 ③ ④ – voir à Paris, Environs.

CORMEILLES-EN-VEXIN 95 Val-d'Oise 55 ⑲, 106 ⑤ – rattaché à Cergy-Pontoise.

CORMERY 37320 I.-et-L. 64 ⑮ **G. Châteaux de la Loire** – 1 323 h alt. 88.
Paris 246 – ♦ Tours 22 – Blois 57 – Château-Renault 46 – Loches 21 – Montrichard 31.

XX **Aub. du Mail,** pl. Mail ☏ 47 43 40 32, – AE GB
fermé 18 juin au 2 juil., 16 nov. au 3 déc., jeudi soir et vend. – **R** 95/185, enf. 60.

CORMONTREUIL 51 Marne 56 ⑯ – rattaché à Reims.

CORNAS 07 Ardèche 76 ⑳ – rattaché à St-Péray.

CORNILLON 30630 Gard 80 ⑨ – 609 h.

Paris 667 – Alès 52 – Avignon 50 – Bagnols-sur-Cèze 16 – Pont-St-Esprit 24.

Vieille Fontaine M ⑤, ✆ 66 82 20 56, ≤, « Piscine et jardin en terrasses dominant la vallée » – TV ☎. AE GB
fermé janv., fév., dim. soir et merc. de sept. à juin – **R** 195 – ☐ 55 – **8 ch** 550/850.

CORNY-SUR-MOSELLE 57680 Moselle 57 ⑬ – 1 490 h alt. 176.

Paris 319 – ♦Metz 13 – ♦Nancy 41 – Pont-à-Mousson 14 – Verdun 59.

XX **Au Gourmet Lorrain,** r. Moselle ✆ 87 52 81 56 – ⦿ GB
fermé juil. et jeudi – **R** 150/200 ♁, enf. 50.

CORPS 38970 Isère 77 ⑮ ⑯ G. Alpes du Sud – 512 h alt. 937.

Voir Barrage★★, pont★ et lac★ du Sautet O : 4 km.

Env. Site★ de la basilique N.-D. de la Salette, ≤★ N : 15 km par D 212^{C}.

Office de Tourisme (15 juin-15 sept.) ✆ 76 30 03 85.

Paris 634 – Gap 40 – ♦Grenoble 64 – La Mure 25.

Le Tilleul, ✆ 76 30 00 43, – ☎. AE ⦿ GB
fermé 1er nov. au 15 déc. – **R** 70/145 ♁, enf. 45 – ☐ 30 – **10 ch** 190/270 – ½ P 210/230.

Nouvel H., ✆ 76 30 00 35, Fax 76 30 03 00, ≤, – ch ☎ P. AE ⦿ GB. rest
fermé janv. – **R** 85/150, enf. 30 – ☐ 30 – **20 ch** 260/320 – ½ P 230.

Napoléon sans rest, ✆ 76 30 00 42 – ☎. GB.
15 fév.-31 oct. – ☐ 31 – **22 ch** 200/310.

XXX **Poste** avec ch, ✆ 76 30 00 03, Fax 76 30 02 73, – TV ☎. GB
fermé 1er déc. au 15 janv. – **Repas** 90/260 – ☐ 32 – **20 ch** 200/450 – ½ P 230/380.

au NE : 4 km par rte La Salette et D 212c – alt. 1 260 – ✉ 38970 Corps :

Boustigue H. ⑤, ✆ 76 30 01 03, ≤, – P – 40. GB
20 avril.-fin oct. – **R** 95/180, enf. 55 – ☐ 37 – **30 ch** 232/339 – ½ P 306/330.

CITROEN Gar. du Dauphiné ✆ 76 30 01 10 N ✆ 76 30 00 28

RENAULT Rivière ✆ 76 30 01 13 N

CORRENÇON-EN-VERCORS 38 Isère 77 ④ – rattaché à Villard-de-Lans.

CORRÈZE 19800 Corrèze 75 ⑨ G. Berry Limousin – 1 145 h alt. 450.

Paris 486 – Brive-la-Gaillarde 45 – ♦Limoges 89 – Tulle 18 – Ussel 50.

Seniorie ⑤, ✆ 55 21 22 88, Fax 55 21 24 00, ≤, – ch TV ☎ P – 30. AE ⦿ GB
fermé fév. – **R** 135/300, enf. 50 – ☐ 52 – **29 ch** 500 – ½ P 415.

CORSE 90 G. Corse – 249 729 h.

Relations avec le continent : 50 mn env. par avion, 5 à 10 h par bateau (voir à Marseille, Nice et Toulon).

Plan page suivante

Ajaccio P 2A Corse-du-Sud 90 ⑰ – 58 315 h alt. 18 – Casino Z – ✉ 20000 Ajaccio.

Voir Musée Fesch★★ Z – Maison Bonaparte★ Z – Place d'Austerlitz Y3 : monument de Napoléon Ier★ Y N – Jetée de la Citadelle ≤★ YZ – Place Gén.-de-Gaulle ≤★ Z.

Env. S : golfe d'Ajaccio★★ – Pointe de la Parata ≤★★ 12 km par ③ puis 30 mn.

Excurs. aux Iles Sanguinaires★★.

d'Ajaccio-Campo dell'Oro : ✆ 95 21 03 64, par ① : 7 km.

Office de Tourisme 1 pl. Foch ✆ 95 21 40 87 - A.C. de la Corse, 65 cours Napoléon ✆ 95 23 15 01.

Bastia 151 ① – Bonifacio 137 ① – Calvi 175 ① – Corte 81 ① – L'Ile-Rousse 151 ①.

Plan page suivante

Albion sans rest, 15 av. Gén. Leclerc ✆ 95 21 66 70, Télex 460846, Fax 95 21 17 55 – TV ☎ P. AE ⦿ GB Y **k**
fermé fév. – ☐ 40 – **63 ch** 482/565.

Costa ⑤ sans rest, 2 bd Colomba ✆ 95 21 43 02, Télex 468080, Fax 95 21 59 82 – TV ☎. AE ⦿ GB. Y **x**
☐ 38 – **53 ch** 348/533.

Napoléon sans rest, 4 r. Lorenzo Vero ✆ 95 21 30 01, Télex 460625, Fax 95 21 80 40 – TV ☎ – 60. AE ⦿ GB JCB Z **s**
☐ 45 – **62 ch** 410/620.

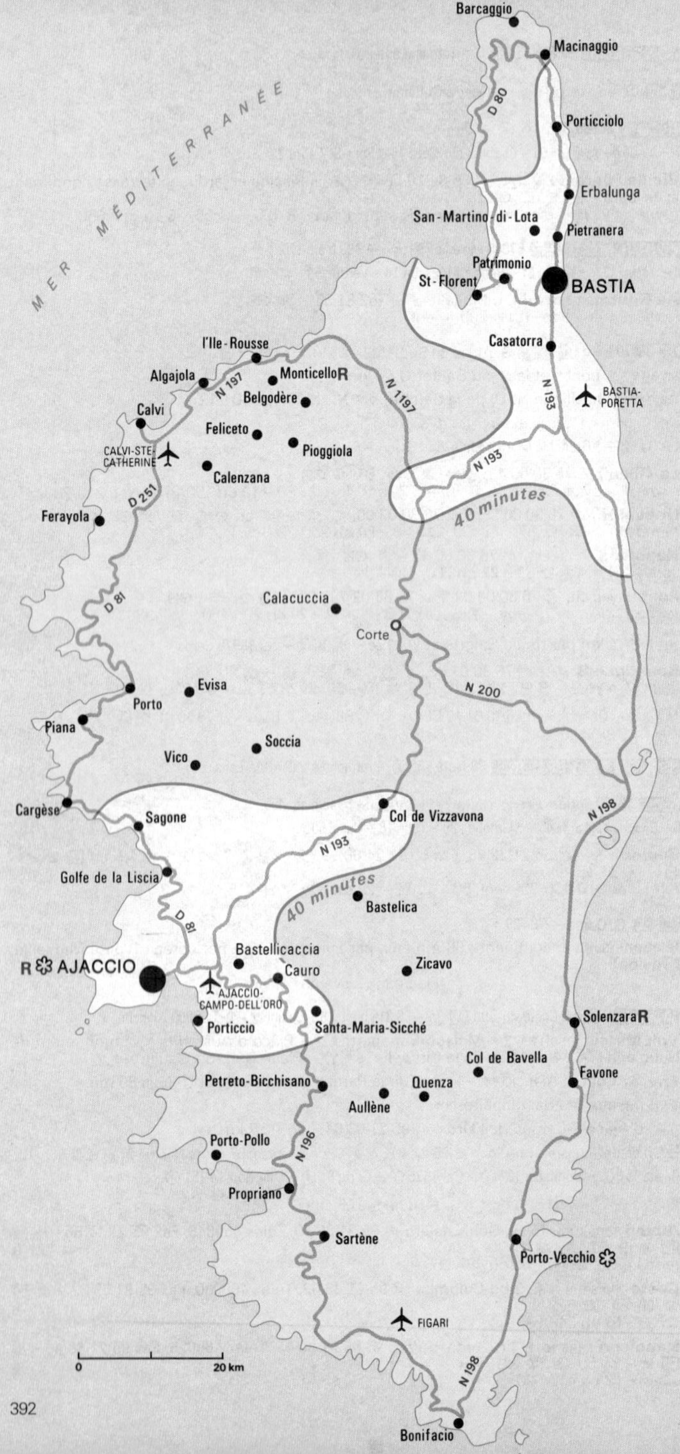
MER MÉDITERRANÉE
Barcaggio
Macinaggio
D 80
Porticciolo
Erbalunga
San-Martino-di-Lota
Pietranera
Patrimonio
St-Florent
BASTIA
Casatorra
N 193
BASTIA-PORETTA
l'Ile-Rousse
Algajola
Monticello R
N 197
Belgodère
N 1197
Calvi
Feliceto
Pioggiola
CALVI-STE-CATHERINE
Calenzana
N 193
40 minutes
D 251
Ferayola
D 81
Calacuccia
Corte
N 200
Porto
Evisa
Piana
Soccia
Vico
Cargèse
Sagone
Col de Vizzavona
N 198
N 193
Golfe de la Liscia
40 minutes
Bastelica
D 81
R AJACCIO
Bastellicaccia
Cauro
Zicavo
AJACCIO-CAMPO-DELL'ORO
Porticcio
Santa-Maria-Sicché
Solenzara R
Col de Bavella
Favone
Petreto-Bicchisano
Quenza
Aullène
N 196
Porto-Pollo
Propriano
Sartène
Porto-Vecchio
FIGARI
0
20 km
N 198
Bonifacio

AJACCIO

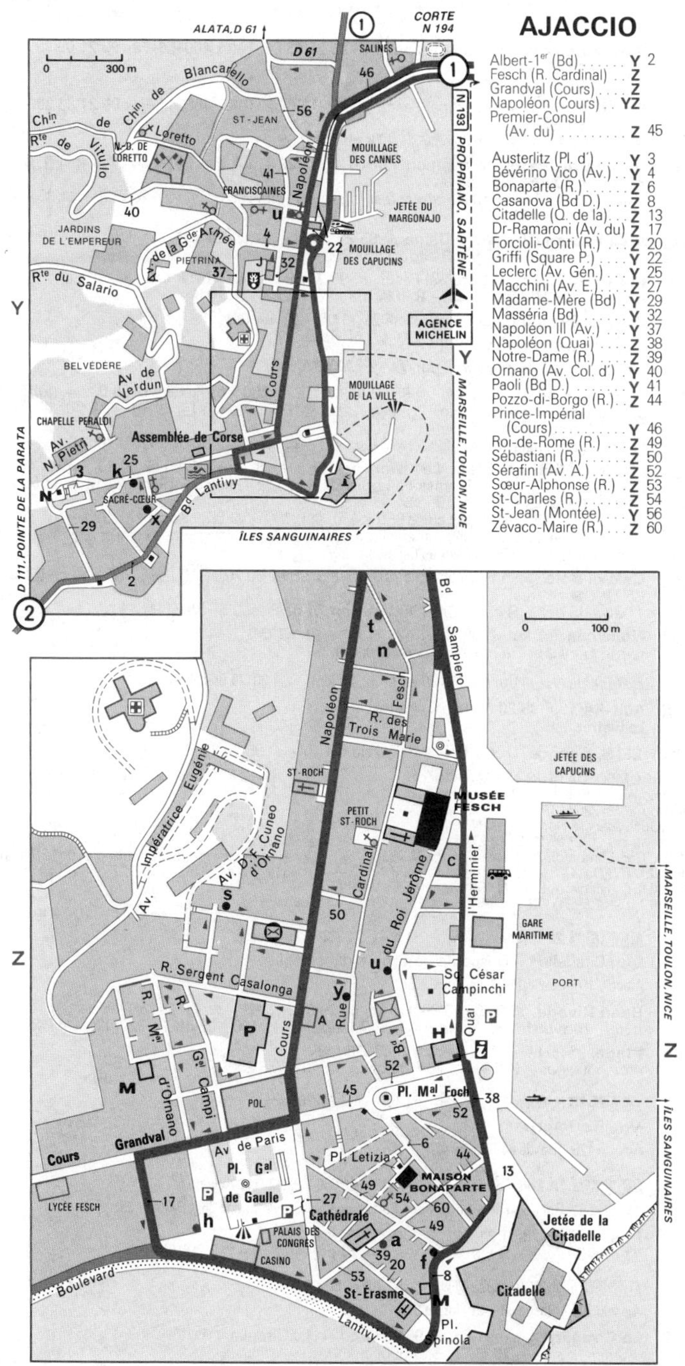

Albert-1er (Bd) . . . . . . Y 2
Fesch (R. Cardinal) . . Z
Grandval (Cours) . . . . Z
Napoléon (Cours) . . YZ
Premier-Consul (Av. du) . . . . Z 45

Austerlitz (Pl. d') . . . . Y 3
Bévérino Vico (Av.) . . Y 4
Bonaparte (R.) . . . . . . Z 6
Casanova (Bd D.) . . . Z 8
Citadelle (Q. de la) . . . Z 13
Dr-Ramaroni (Av. du) Z 17
Forcioli-Conti (R.) . . . Z 20
Griffi (Square P.) . . . . Y 22
Leclerc (Av. Gén.) . . . Y 25
Macchini (Av. E.) . . . . Z 27
Madame-Mère (Bd) . Y 29
Masséria (Bd) . . . . . . Y 32
Napoléon III (Av.) . . . Y 37
Napoléon (Quai) . . . . Z 38
Notre-Dame (R.) . . . . Z 39
Ornano (Av. Col. d') . Y 40
Paoli (Bd D.) . . . . Y 41
Pozzo-di-Borgo (R.) . . Z 44
Prince-Impérial (Cours) . . . . Y 46
Roi-de-Rome (R.) . . . . Z 49
Sébastiani (R.) . . . . . . Z 50
Sérafini (Av. A.) . . . . . Z 52
Sœur-Alphonse (R.) . Z 53
St-Charles (R.) . . . . . . Z 54
St-Jean (Montée) . . . . Y 56
Zévaco-Maire (R.) . . . Z 60

San Carlu sans rest, 8 bd Casanova ☎ 95 21 13 84, Télex 460158, Fax 95 21 09 99 – 🛗 TV ☎. AE ⓓ GB. ✻ Z f
☐ 40 – **44 ch** 330/430.

Fesch sans rest, 7 r. Cardinal Fesch ☎ 95 21 50 52, Télex 460640, Fax 95 21 83 36 – 🛗 TV ☎. AE ⓓ GB Z y
fermé 15 déc. au 15 janv. – ☐ 35 – **78 ch** 340/455.

Spunta di Mare, rte aéroport par ① ☎ 95 22 41 42, Fax 95 20 80 02 – 🛗 TV ☎ P – 🏛 30. AE ⓓ GB. ✻ rest
hôtel : fermé 20 déc. au 31 janv. ; rest. : fermé 1er nov. au 31 mars – **R** 82 🍼 – ☐ 35 – **63 ch** 255/375 – ½ P 267/295.

A La Funtana, 9 r. Notre Dame ☎ 95 21 78 04 – ▤. AE ⓓ GB Z a
fermé sam. midi et dim. – **R** carte 170 à 300.

Point "U", 59 bis r. Cardinal Fesch ☎ 95 21 59 92 – ▤. AE ⓓ GB Z t
fermé 21 au 27 déc. et dim. – **R** 100/165.

France, 59 r. Cardinal Fesch ☎ 95 21 11 00 – AE ⓓ GB Z n
fermé nov. et dim. – **Repas** 90/120 🍼, enf. 65.

rte des Iles Sanguinaires par ② – ✉ **20000** Ajaccio :

Eden Roc M 🐦, à 8 km ☎ 95 52 01 47, Télex 460486, Fax 95 52 05 03, ≤ golfe, 🌳, centre de thalassothérapie, 🏊, 🏖, 🌴 – 🛗 ⇔ ch ▤ ch TV ☎ P – 🏛 70. AE ⓓ GB JCB. ✻ rest
La Toque Impériale R carte 320 à 470 – ☐ 60 – **48 ch** 1180/1920 – ½ P 1070.

✿ **Dolce Vita et rest. La Mer** M 🐦, à 8 km ☎ 95 52 00 93, Télex 460854, Fax 95 52 07 15, 🌳, « Terrasse en bord de mer, 🏊, ≤ Iles Sanguinaires et le golfe », 🌴 – ▤ ch TV ☎ P – 🏛 25. ⓓ GB. ✻ rest
fin mars-fin oct. – **R** 250 et carte 280 à 430, enf. 100 – ☐ 55 – **32 ch** 475/925 – ½ P 725/850
Spéc. Bouillon d'artichauts et langoustines rôties à la panzetta. Ravioli de langouste aux pétales de pommes de terre. Loup en croûte de sel. **Vins** Coteaux du Cap Corse, Calvi.

Cala di Sole 🐦, à 6 km ☎ 95 52 01 36, Fax 95 52 00 20, ≤, 🏊, 🏖, 🎾 – ▤ ch TV ☎ P. AE ⓓ GB. ✻ rest
1er avril-15 oct. – **R** carte 200 à 400 – **31 ch** (½ pens. seul.) – ½ P 590.

Nausicaa, à 7 km ☎ 95 52 01 42, ≤, 🌳 – P. AE GB
fermé lundi d'oct. à mars – **R** 150/180, enf. 50.

à Bastelicaccia par ①, N 196 et D 3 : 11 km – ✉ **20129** Bastelicaccia :

Aub. Seta, ☎ 95 20 00 16
Le Bistrot.

MICHELIN, Agence, D 503, Parc Ind. Vazzio par ① Y ☎ 95 20 30 55

ALFA-ROMEO, DATSUN-NISSAN Ajaccio-Technic-Autos, Résidence 1er Consul, r. Mar.-Lyautey ☎ 95 22 15 83
CITROEN Ajaccio-Nord-Autos, N 194, rte de Mezzavia par ① ☎ 95 20 97 61
LADA Gar. Lombardi, 7 r. Bonardi ☎ 95 22 43 85
PEUGEOT S.D.A.C., rte de Mezzavia ☎ 95 29 48 00
RENAULT Ajaccio Autom., N 196, Vignetta, Campo del Oro ☎ 95 22 38 00 N

TOYOTA Gar. Emmanuelli, av. Prince-Impérial ☎ 95 22 09 76

Ⓜ Autos-Pneus-Sce, rte de Mezzavia, km 3 ☎ 95 22 64 40
Corse Échappement Sce, rond-point de la Rocade ☎ 95 20 36 04

Algajola 2B H.-Corse 90 ⑬ – 211 h – ✉ 20220 L'Ile-Rousse.

Voir Citadelle★ – Descente de Croix★ dans l'église.

Ajaccio 160 – Calvi 15 – L'Ile-Rousse 9.

Beau Rivage, ☎ 95 60 73 99, Fax 95 60 79 51, ≤, 🌳 – ☎ P. AE GB. ✻
hôtel : 15 avril-15 oct. ; rest. : 1er mai-30 sept. – **R** 95/190 – **36 ch** ☐ 320/420 – ½ P 265/330.

Plage, ☎ 95 60 72 12, ≤ – ☎ P. AE GB. ✻
4 mai-30 sept. – **R** 90 – ☐ 25 – **36 ch** 300/340 – ½ P 250/270.

Asco 2B H.-Corse 90 ⑭ – 96 h alt. 620 – ✉ 20276 Asco.

Voir E : Gorges★★.

Ajaccio 125 – Bastia 64 – Corte 42.

Aullène 2A Corse-du-Sud 90 ⑦ – 149 h alt. 850 – ✉ 20116 Aullène.

Ajaccio 69 – Bonifacio 88 – Corte 105 – Porto-Vecchio 59 – Propriano 36 – Sartène 35.

Poste, ☎ 95 78 61 21, ≤, 🌳 – GB. ✻ rest
1er mai-30 sept. – **R** 85/95 🍼 – ☐ 30 – **20 ch** 140/240 – ½ P 200/240.

Barcaggio 2B H.-Corse 90 ① – ✉ 20275 Ersa.

Ajaccio 208 – Bastia 56 – St-Florent 67.

La Giraglia 🐦 sans rest, ☎ 95 35 60 54, ≤ La Giraglia – ☎
1er mai-15 sept. – **20 ch** ☐ 340/390.

Bastelica 2A Corse-du-Sud 90 ⑥ – 436 h alt. 770 – ✉ **20119** Bastelica.

Voir Route panoramique★★ du plateau d'Ese.

Env. A 400 m du col de Mercujo : belvédère★★ et cirque★★ SO : 13,5 km.

Ajaccio 39 – Corte 70 – Propriano 70 – Sartène 83.

U Castagnetu , ✆ 95 28 70 71, Fax 95 28 74 02, ←, – ☎ – 30. AE GB
fermé 1er nov. au 28 déc. et merc. hors sais. sauf vacances scolaires – **R** 85/145 – 35 – **15 ch** 240/320 – ½ P 300.

Chez Paul, ✆ 95 28 71 59, ← – AE GB
R 70/120.

Bastelicaccia 2A Corse-du-Sud 90 ⑰ – rattaché à Ajaccio.

Bastia P **2B** H.-Corse 90 ③ – 37 845 h – ✉ **20200** Bastia.

Voir Terra-Vecchia★ Y : le vieux port★★ Z , chapelle de l'Immaculée Conception★ Y – Terra-Nova★ Z : Assomption de la Vierge★★ dans l'église Ste-Marie Z, chapelle Ste-Croix★ Z, musée d'ethnographie corse★ dans l'ancien palais des gouverneurs Z **M**.

Env. Église Ste-Lucie ←★★ 6 km NO par D 31 X – ☀★★★ de la Serra di Pigno 14 km par ③ – ←★★ du col de Teghime10 km par ③.

de Bastia-Poretta : ✆ 95 54 54 54, par ② : 20 km.

Office Municipal de Tourisme pl. St-Nicolas ✆ 95 31 00 89 – A.C. pl. Vincetti ✆ 95 33 25 80.

Ajaccio 151 ② – Bonifacio 168 ② – Calvi 95 ③ – Corte 70 ② – Porto 134 ②.

Plan page suivante

Ostella, 4 km rte Ajaccio par ② ✉ 20600 ✆ 95 33 51 05, Télex 468762, – TV ☎ . AE GB
R *(avril-oct.)* (dîner seul.) 80/120 – 40 – **30 ch** 350/630.

Bonaparte sans rest, 45 bd Gén. Graziani ✆ 95 34 07 10, Télex 460445, Fax 95 32 35 62 – TV ☎. AE GB JCB – 40 – **33 ch** 350/480. X **u**

Posta Vecchia sans rest, r. Posta Vecchia ✆ 95 32 32 38, Télex 460737, Fax 95 32 14 05 – TV ☎. AE GB – 30 – **49 ch** 220/440. Y **s**

La Citadelle, 6 r. Dragon ✆ 95 31 44 70, Fax 95 32 77 53, , « Ancien moulin à huile de la citadelle » – . AE GB – **R** carte 300 à 350, enf. 45. Z **a**

Bistrot du Port, r. Posta Vecchia ✆ 95 32 19 83 – Y **u**

à Palagaccio par ① : 2,5 km – ✉ **20200** Bastia :

L'Alivi M sans rest, ✆ 95 31 61 85, Fax 93 31 03 95, ← mer et jardin, , – TV ☎ – 60. GB
40 – **37 ch** 540/750.

à Pietranera par ① : 3 km – ✉ **20200** Bastia :

Pietracap M sans rest, sur D 131 ✆ 95 31 64 63, Télex 460254, Fax 95 31 39 00, ←, , parc, « Beau parc arboré » – TV ☎ – 30. AE GB
1er mars-15 déc. – 40 – **40 ch** 380/880.

Cyrnea sans rest, ✆ 95 31 41 71, ←, – TV ☎ . GB.
fermé 15 déc. au 1er fév. – 35 – **20 ch** 250/350.

à San Martino di Lota par ① et D 131 : 13 km – ✉ **20200** Bastia :

La Corniche , ✆ 95 31 40 98, Fax 95 32 37 69, ← mer et vallée, – ☎ . AE GB. ch
fermé 20 déc. au 31 janv., dim. soir et lundi sauf d'avril à sept. – **R** 95/130 – 35 – **15 ch** 260/360 – ½ P 310.

à Casatorra par ② : 9 km – ✉ **20600** Biguglia :

Voir Défilé de Lancone★ SO – Col de San Stefano ☀★★ SO : 9 km – Env. La Canonica : cathédrale★★, église San Parteo★ S : 11 km.

Ibis , N 193 ✆ 95 30 27 27, Télex 468744, Fax 95 33 84 46, ←, , , , – ch rest TV ☎ – 80. AE GB
R *(fermé dim. du 15 sept. au 1er juil.)* 79/90 , enf. 39 – 33 – **60 ch** 400/470.

à l'aéroport de Bastia-Poretta par ② : 20 km par N 193 et D 507 – ✉ **20290** Lucciana :

Poretta M sans rest, ✆ 95 36 09 54, Fax 95 36 15 32 – TV ☎ . AE GB.
35 – **32 ch** 340.

ALFA-ROMEO Central Gar., 2 rte de l'Annonciade ✆ 95 31 53 80
CITROEN Socodia, N 193, sortie Sud par ② ✆ 95 33 36 09
FORD Éts Schmitt, ZI d'Erbajolo ✆ 95 33 50 41
PEUGEOT-TALBOT Insulaire-Auto, N 193 à Furiani par ② ✆ 95 54 20 20 N
RENAULT Doria-Autom., av. de la Libération ✆ 95 33 09 28

RENAULT Ginanni, 35 r. C.-Campinchi ✆ 95 31 09 02 N ✆ 95 31 46 86

Ferrari, N 193 Précojo à Furiani ✆ 95 33 51 29
Ferrari, 7 av. E.-Sari ✆ 95 31 06 46
Marcelli, N 193 à Casamozza-Lucciana ✆ 95 36 00 28 N ✆ 95 36 27 75

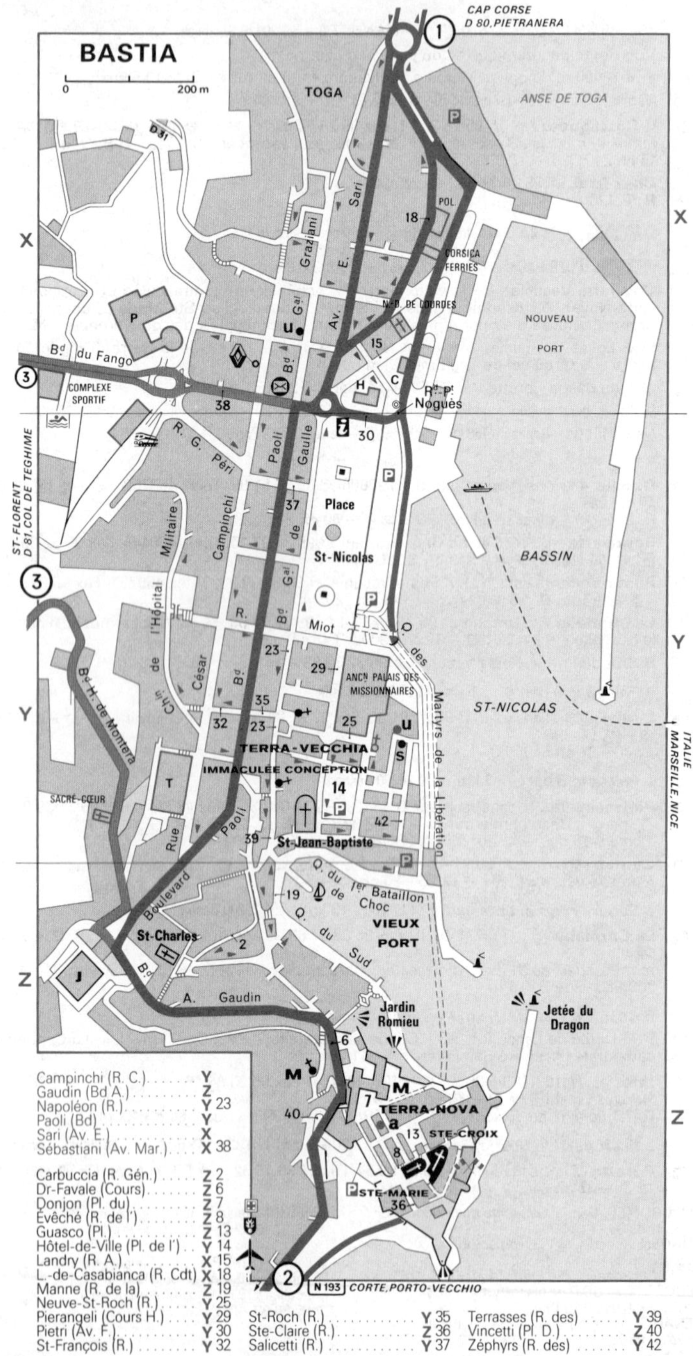

Campinchi (R. C.) . . . . Y
Gaudin (Bd A.) . . . . Z
Napoléon (R.) . . . . Y 23
Paoli (Bd) . . . . Y
Sari (Av. E.) X
Sébastiani (Av. Mar.) . . . . X 38

Carbuccia (R. Gén.) . . . . . . Z 2
Dr-Favale (Cours) . . . . Z 6
Donjon (Pl. du) . . . . Z 7
Évêché (R. de l') . . . . Z 8
Guasco (Pl.) . . . . Z 13
Hôtel-de-Ville (Pl. de l') . . Y 14
Landry (R. A.) . . . . X 15
L.-de-Casabianca (R. Cdt) X 18
Manne (R. de la) . . . . Z 19
Neuve-St-Roch (R.) . . . . . . Y 25
Pierangeli (Cours H.) . . . . Y 29
Pietri (Av. F.) . . . . Y 30
St-François (R.) . . . . Y 32
St-Roch (R.) . . . . Y 35
Ste-Claire (R.) . . . . Z 36
Salicetti (R.) . . . . Y 37
Terrasses (R. des) . . . . . . Y 39
Vincetti (Pl. D.) . . . . Z 40
Zéphyrs (R. des) . . . . Y 42

Bavella (Col de) **2A** Corse-du-Sud 90 ⑦ – alt. 1 243 – ✉ **20124** Zonza.

Voir ⁂*** – E : Forêt de Bavella**.

Env. Col de Larone ≤** NE : 13 km.

Ajaccio 97 – Bastia 130 – Bonifacio 75 – Porto-Vecchio 49 – Propriano 48 – Sartène 46.

Aub. du Col de Bavella, ✆ 95 57 43 87, – AE GB
15 avril-30 oct. – **R** 70/130, enf. 49.

Belgodère **2B** H.-Corse 90 ⑬ – 331 h alt. 390 – ✉ **20226** Belgodère.

Voir ≤* du vieux fort.

Ajaccio 139 – Calvi 41 – Corte 57 – L'Ile-Rousse 17.

Niobel, ✆ 95 61 34 00, ≤ vallée, – ☎ P
avril-oct. – **R** 72/105 – 26 – **11 ch** 240/330 – ½ P 280/295.

Bonifacio **2A** Corse-du-Sud 90 ⑨ **G. Corse** (plan) – 2 683 h alt. 70 – ✉ **20169** Bonifacio.

Voir Site*** – Ville haute** : église St-Dominique* – La Marine* : Col St-Roch ≤** – Capo Pertusato ≤* et phare de Pertusato ⁂* SE : 5 km.

Env. Ermitage de la Trinité ≤** NO : 6,5 km – Grotte du Sdragonato* et tour des falaises** 45 mn en bateau.

✈ de Figari-Sud-Corse : ✆ 95 71 00 22, N : 21 km.

Ajaccio 137 – Bastia 168 – Corte 147 – Sartène 53.

Genovese M sans rest, ville haute ✆ 95 73 12 34, Fax 95 73 09 03, ≤ – TV ☎ P – 25. AE GB
70 – **14 ch** 1300/1700.

Roy d'Aragon M sans rest, 13 quai Comparetti ✆ 95 73 03 99, Fax 95 73 07 94 – TV ☎. AE GB.
45 – **27 ch** 590/890, 4 appart.

Le Voilier, à la Marine ✆ 95 73 07 06, Fax 95 73 05 39, – AE GB
1er mars-31 déc. et fermé dim. soir et lundi d'oct. à déc. – **R** 110/250, enf. 50.

Calacuccia **2B** H.-Corse 90 ⑮ – 331 h alt. 830 – ✉ **20224** Calacuccia.

Voir Site** – Tour du lac de barrage** – Défilé de la Scala di Santa Régina** NE : 5 km – Casamaccioli ≤* SO : 3 km – Chapelle St-Pancrace ≤* NE : 4 km puis 15 mn.

Ajaccio 102 – Calvi 99 – Corte 94 – Piana 98 – Porto 88.

Acqua Viva sans rest, ✆ 95 48 06 90, Fax 95 48 08 82 – ☎ P. GB
12 ch 350/380.

Calenzana **2B** H.-Corse 90 ⑭ – 1 535 h alt. 300 – ✉ **20214** Calenzana.

Voir Église Ste-Restitude* NE : 1 km.

Ajaccio 178 – Calvi 12 – L'Ile-Rousse 27 – Porto 72.

Bel Horizon sans rest, ✆ 95 62 71 72, ≤ – cuisinette.
avril-sept. – 30 – **15 ch** 240/280.

Calvi SP **2B** H.-Corse 90 ⑬ – 4 815 h alt. 29 – ✉ **20260** Calvi.

Voir Citadelle* : fortifications* – La Marine*.

Env. Belvédère N.-D. de-la-Serra ≤*** 6 km par ② – ⁂** de la terrasse de l'église de Montemaggiore 11 km par ①.

Excurs. en bateau : Calvi-Girolata***.

✈ de Calvi-Ste-Catherine : ✆ 95 65 08 09, par ①.

Office Municipal du Tourisme Port de Plaisance ✆ 95 65 16 67, Télex 460314.

Ajaccio 175 ① – Bastia 95 ① – Corte 93 ① – L'Ile-Rousse 24 ① – Porto 75 ①.

La Villa M , chemin de Notre Dame de la Serra par ① : 0,8 km ✆ 95 65 10 10, Fax 95 65 10 50, ≤ golfe, , parc, , – ch TV ☎ P – 60. AE GB.
fermé janv. et fév. – **R** carte 300 à 420 – **18 ch** 1900, 7 appart. – ½ P 1100/1400.

Le Magnolia et rest. Le Sinatra , pl. Marché **(s)** ✆ 95 65 19 16, Fax 95 65 34 52, , – TV ☎. AE GB.
hôtel : fermé janv. et fév. – **R** *(ouvert Pâques-30 sept. et fermé merc. sauf juil.-août)* 90/120 , enf. 60 – 55 – **14 ch** 450/800.

Meridiana M sans rest, av. Santa Maria ✆ 95 65 31 38, Fax 95 65 32 72, ≤ – ☎ P. AE GB.
40 – **38 ch** 350/900.

L'Onda M sans rest, 1 km par ① av. Christophe Colomb ✆ 95 65 35 00, Fax 95 65 16 26, ≤ – TV ☎ P. AE GB
1er avril-15 nov. – 30 – **24 ch** 380/700.

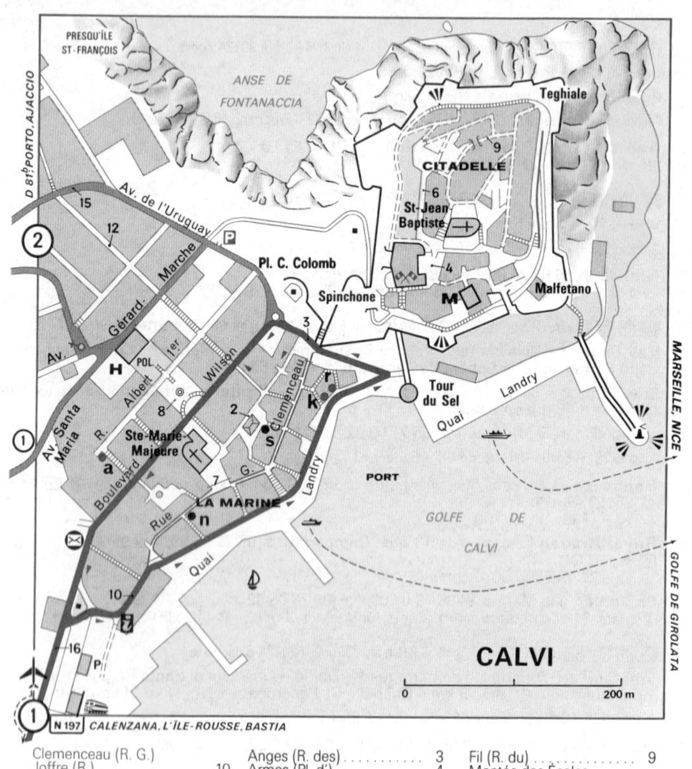

Clemenceau (R. G.)
Joffre (R.) 10
Wilson (Bd)

Alsace-Lorraine (R.) 2

Anges (R. des) 3
Armes (Pl. d') 4
Colombo (R.) 6
Crudelli (Pl.) 7
Dr-Marchal (Pl. du) 8

Fil (R. du) 9
Montée des Écoles (Chemin de) 12
Napoléon (Av.) 15
République (Av. de la) 16

Balanea M sans rest, 6 r. Clemenceau **(n)** ☎ 95 65 00 45, Fax 95 65 29 71, ← – |♦| ▤ TV ☎. AE ① GB
☕ 60 – **37 ch** 500/1200.

Revellata sans rest, av. Napoléon, rte d'Ajaccio par ② : 0,5 km ☎ 95 65 01 89, Télex 460739, Fax 95 65 29 82, ← – ☎ P. AE ① GB. ✗
1er avril-15 oct. – **43 ch** ☕ 525/700.

St-Érasme sans rest, rte Ajaccio par ② : 0,8 km ☎ 95 65 04 50, Fax 96 65 32 62, ←, – |♦| ☎ P. AE ①
1er avril-15 oct. – ☕ 35 – **32 ch** 450/550.

Corsica M ⛰ sans rest, par ①, N 197 et rte Pietra Major : 2,5 km ☎ 95 65 03 64, ←, – ☎ P. GB. ✗
1er mai-30 sept. – ☕ 25 – **48 ch** 320/380.

Caravelle ⛰, à la plage par ① : 0,5 km ☎ 95 65 01 21, Fax 95 65 00 03, , – TV ☎. AE GB. ✗
15 avril-24 oct. – **R** 120/160 – ☕ 35 – **34 ch** 300/500 – ½ P 336/390.

XXX **Emile's**, quai Landry **(k)** ☎ 95 65 09 60, Fax 95 65 06 00, ←, – ▤. AE ① GB
fermé 1er fév. au 15 mars et lundi du 15 oct. au 31 janv. – **R** 150/320.

XXX **Ile de Beauté**, quai Landry **(r)** ☎ 95 65 00 46, Fax 95 65 06 00, ←, – ▤. AE ① GB
fermé fév. – **R** 150/300.

par ① rte de l'aéroport et chemin privé – ✉ **20260** Calvi :

XXX **La Signoria** ⛰ avec ch, ☎ 95 65 23 73, Fax 95 65 33 20, , « Ancienne demeure du 17e siècle dans un parc », , ✗ – TV ☎ P. AE GB
1er avril-15 oct. – **R** *(dîner seul. en juil.-août sauf week-ends)* carte 275 à 390, enf. 130 – ☕ 70 – **10 ch** 850/1100 – ½ P 875/900.

Cargèse **2A** Corse-du-Sud 90 ⑯ – 915 h alt. 82 – ✉ **20130** Cargèse.

Voir Église latine ≤★.

Ajaccio 50 – Calvi 107 – Corte 120 – Piana 20 – Porto 32.

La Spelunca sans rest, ☎ 95 26 40 12, ≤ – ☎ ⇔. ⚭
Pâques-fin oct. – ☕ 35 – **20 ch** 350/400.

Thalassa, plage du Pero N : 1,5 km ☎ 95 26 40 08, ≤, ▲, – ☎ P. ⚭ rest
fin mai-30 sept. – **R** (½ pens. seul.) – ☕ 25 – **22 ch** 300 – ½ P 300.

Cauro **2A** Corse-du-Sud 90 ⑰ – 849 h alt. 356 – ✉ **20117** Cauro.

Ajaccio 20 – Sartène 64.

Napoléon, ☎ 95 28 40 78 – AE GB
1er mai-15 oct. – **R** carte 150 à 200.

à Barracone O : 3 km sur N 196 – ✉ **20117** Cauro :

U Barracone, ☎ 95 28 40 55, ⛱, – P. AE ⓓ GB
fermé 10 janv. au 28 fév., dim. soir et lundi du 10 sept. au 31 mars – **R** carte 250 à 300.

Centuri-Port **2B** H.-Corse 90 ① – 201 h – ✉ **20238** Centuri.

Voir La Marine★.

Ajaccio 204 – Bastia 52 – St-Florent 59.

Corte SP **2B** H.-Corse 90 ⑤ **G. Corse** (plan) – 5 693 h alt. 396 – ✉ **20250** Corte.

Voir Ville haute★ : chapelle Ste-Croix★, citadelle ≤★, belvédère ✱★ – Mosaïques★ dans l'hôtel de ville.

Env. ✱★★ du Monte Cecu N : 7 km – SO : Vallée★★ et forêt★ de la Restonica – SE : Vallée du Tavignano★ – Col de Bellagranajo ✱★★ S : 9,5 km.

Ajaccio 81 – Bastia 70 – Bonifacio 147 – Calvi 93 – L'Ile-Rousse 69 – Porto 87 – Sartène 152.

Erbalunga **2B** H.-Corse 90 ② – ✉ **20222.**

Voir Village★.

Ajaccio 162 – Bastia 11.

Castel Brando sans rest, ☎ 95 33 98 05, Fax 95 32 08 01 – cuisinette TV ☎ P
15 avril-15 oct. – ☕ 30 – **16 ch** 450/650.

Évisa **2A** Corse-du-Sud 90 ⑮ – 257 h alt. 830 – ✉ **20126** Évisa.

Voir Forêt d'Aïtone★★ – Cascades d'Aïtone★★ NE : 3 km puis 30 mn.

Env. Col de Vergio ≤★★ NE : 10 km.

Ajaccio 70 – Calvi 98 – Corte 64 – Piana 33 – Porto 23.

Aïtone, ☎ 95 26 20 04, Fax 95 26 24 18, ≤ vallée, ⛱, 🏊 – ☎ P. AE GB. ⚭ rest
fermé mi-nov. à déc. – **R** 85/200 – ☕ 38 – **32 ch** 220/600 – ½ P 260/480.

Scopa Rossa, ☎ 95 26 20 22, Fax 95 26 24 17, ≤, ⛱ – ☎ ⇔ P. GB
15 mars-30 nov. – **R** 95/150 – ☕ 35 – **25 ch** 250/380 – ½ P 260/320.

Favone **2A** Corse-du-Sud 90 ⑦ – ✉ **20144** Ste Lucie-de-Porto-Vecchio.

Ajaccio 131 – Bastia 113 – Bonifacio 55.

U Dragulinu, ☎ 95 73 20 30, Fax 95 73 22 06, ≤, ⛱, ▲, – ☎ P. AE GB. ⚭ rest
hôtel : 15 mai-15 oct. ; rest. : 1er juin-30 sept. – **R** 160/180 – ☕ 45 – **38 ch** 650 – ½ P 580.

Feliceto **2B** H.-Corse 90 ⑭ – 145 h alt. 370 – ✉ **20225** Muro.

Ajaccio 155 – Calvi 25 – Corte 74 – L'Ile-Rousse 16.

Gd H. "Mare E Monti", ☎ 95 61 73 06, Fax 95 61 78 67, ≤, ⛱, parc – ☎ P. AE ⓓ GB
1er mai-30 sept. – **R** 120/150 ♨ – ☕ 30 – **18 ch** 225/331 – ½ P 254/298.

Ferayola **2B** H.-Corse 90 ⑭ – rattaché à Galéria.

Galéria **2B** H.-Corse 90 ⑭ – 305 h alt. 35 – ✉ **20245** Galéria.

Voir Golfe★.

Ajaccio 133 – Calvi 33 – Porto 50.

à Ferayola N : 14 km par D 351 et D 81 – ✉ **20260** Calvi :

Aub.de Ferayola, ☎ 95 65 25 25, Fax 95 65 20 78, ≤, ⛱, 🏊, , ⚔ – ☎ P. GB. ⚭
1er juin-30 sept. – **R** 120/150 – ☕ 35 – **10 ch** 250/380 – ½ P 300/330.

L'Ile-Rousse 2B H.-Corse 90 ⑬ – 2 288 h alt. 6 – ✉ **20220** L'Ile-Rousse.

Voir Ile de la Pietra : phare ≤★ N : 2 km.

Syndicat d'Initiative pl. Paoli (avril-oct.) ✆ 95 60 04 35.

Ajaccio 151 – Bastia 71 – Calvi 24 – Corte 69.

La Pietra ⑤, rte Port ✆ 95 60 01 45, Fax 95 60 15 92, ≤ mer et montagne, – ▤ ch ☎ ⓟ. AE ⓓ GB. ✻ rest
hôtel : 1er avril-15 oct. ; rest. : 15 mai-30 sept. – **R** 130/160, enf. 60 – ☐ 50 – **40 ch** 260/630 – ½ P 420.

Funtana Marina Ⓜ ⑤ sans rest, 1 km par rte Monticello ✆ 95 60 16 12, Fax 95 60 35 44, ≤ les îles, – ☎ ⓟ. AE ⓓ GB. ✻
fermé janv. et fév. – ☐ 48 – **29 ch** 456.

Cala di l'Oru ⑤ sans rest, bd Fogata ✆ 95 60 14 75, Fax 95 60 36 40, ≤ – ☎ ⓟ. GB
☐ 30 – **24 ch** 350/520.

Amiral Ⓜ ⑤ sans rest, bd Ch.-Marie Savelli ✆ 95 60 28 05, Fax 95 60 31 21, ≤ – ▤ ☎ ⓟ. GB. ✻
1er avril-31 oct. – ☐ 40 – **26 ch** 450.

Le Grillon, av. P. Doumer ✆ 95 60 00 49 – ☎ ⓟ. AE ⓓ GB
mars-nov. – **R** 80/100 – ☐ 30 – **16 ch** 290/310 – ½ P 285.

Le Laetitia, sur le Port ✆ 95 60 01 90, ≤, – GB
15 mars-15 oct. et fermé merc. du 15 mars au 30 juin – **R** carte 200 à 250.

à Monticello SE : 3 km – ✉ **20220** L'Ile-Rousse :

A Pastorella ⑤, ✆ 95 60 05 65, Fax 95 60 21 78, ≤, – ▤ rest ☎. GB. ✻ rest
fermé nov. et dim. soir de déc. à mars – **Repas** 120/180 – ☐ 37 – **14 ch** 260/320 – ½ P 317.

Liscia (Golfe de La) 2A Corse-du-Sud 90 ⑯ – ✉ **20111.**

Voir Calcatoggio ≤★ SE : 5 km.

Ajaccio 26 – Calvi 131 – Corte 96 – Vico 24.

Castel d'Orcino ⑤, à la pointe de Palmentojo ✆ 95 52 20 63, Fax 95 52 24 65, ≤ golfe, – ☎ ⓟ. GB. ✻ rest
1er avril-30 oct. et 1er déc.-25 fév. – **R** grill 80/140 – ☐ 37 – **38 ch** 470/710 – ½ P 440/495.

Macinaggio 2B H.-Corse 90 ① – ✉ **20248** Macinaggio.

Bastia 39.

U Libecciu ⑤, ✆ 95 35 43 22, Fax 95 35 46 08, – ☎ ⓟ. AE ⓓ GB. ✻
fermé fév. – **R** 95/194 – ☐ 35 – **30 ch** 300/400 – ½ P 350.

U Ricordu ⑤ sans rest, ✆ 95 35 40 20, Fax 95 35 41 88, – ☎ ⓟ. GB
fermé fév. – ☐ 25 – **54 ch** 240/320.

Monticello 2B H.-Corse 90 ⑬ – rattaché à l'Ile-Rousse.

Patrimonio 2B H.-Corse 90 ③ – 546 h – ✉ **20253.**

Bastia 17 – Saint-Florent 6 – San-Michele-de-Murato 22.

Osteria di San Martino, ✆ 95 37 11 93, – ⓟ. GB. ✻
20 fév.-10 nov. et fermé merc. d'oct. à avril – **R** carte environ 150 .

Petreto-Bicchisano 2A Corse-du-Sud 90 ⑰ – 585 h alt. 412 – ✉ **20140** Petreto-Bicchisano.

Ajaccio 48 – Sartène 35.

France avec ch, à **Bicchisano** ✆ 95 24 30 55, – ch ☎ ⓟ. GB. ✻
fermé 15 déc. au 31 janv. – **R** *(hors sais. prévenir)* 170/250, enf. 90 – **6 ch** ☐ 400 – ½ P 400/450.

Piana 2A Corse-du-Sud 90 ⑮ – 500 h alt. 435 – ✉ **20115** Piana.

Voir Col de Lava ≤★★ S : 1 km – Route de Ficajola ≤★★ NO.

Env. Capo Rosso ≤★★ O : 9 km.

Ajaccio 71 – Calvi 87 – Évisa 33 – Porto 12.

Capo Rosso ⑤, ✆ 95 27 82 40, Télex 460178, Fax 95 27 80 00, ≤ mer et calanche, – TV ☎ ⓟ. AE ⓓ GB. ✻ ch
1er avril-15 oct. – **R** 120/290 – ☐ 45 – **57 ch** 450/550 – ½ P 540.

L'Horizon, rte Cargèse ✆ 95 27 80 07, Fax 95 27 80 54, ≤, – ☎ ⓟ. GB. ✻ rest
hôtel : 1er mars-30 nov. ; rest. : 1er juin-25 août – **R** (dîner seul.) 95/150 – ☐ 35 – **17 ch** 200/280 – ½ P 290.

Continental sans rest, ✆ 95 27 82 02, – ⓟ. GB
1er avril-30 sept. – ☐ 32 – **17 ch** 150/250.

Pietranera 2B H.-Corse 90 ② ③ – rattaché à Bastia.

Pioggiola **2B** H.-Corse 90 ⑬ – 49 h alt. 880 – ✉ **20259** Pioggiola.

Calvi 43.

Aub. Aghjola 🐦, ℘ 95 61 90 48, Fax 95 61 92 99, 🍽, 🏊 – AE ⓓ GB. ✂ rest
4 avril-30 oct. – **R** *(fermé lundi midi hors sais.)* (nombre de couverts limité, prévenir) 180 – ☕ 45 – **12 ch** (½ pens. seul.) – ½ P 350.

Porticcio **2A** Corse-du-Sud 90 ⑰ – alt. 5 – ✉ **20166** Porticcio.

Ajaccio 17 – Sartène 78.

Le Maquis 🐦, ℘ 95 25 05 55, Télex 460597, Fax 95 25 11 70, ← Ajaccio et mer, 🍽, « Élégantes installations en bord de mer », 🏊, 🏊, 🏖, 🌳, 🎾 – 🛗 ▤ ch TV ☎ 🅿 – 🏛 40. AE ⓓ GB. ✂ rest
L'Arbousier *(fermé 5 janv. au 5 fév.)* **R** carte 320 à 500, enf. 150 – **27 ch** ☕ 1960/2950, 3 appart. – ½ P 985/1475.

Sofitel 🐦, ℘ 95 29 40 40, Télex 460708, Fax 95 25 00 63, ← golfe, 🍽, centre de thalassothérapie, 🏊, 🏖, 🌳, 🎾 – 🛗 ⇆ ch ▤ ch TV ☎ 🅿 – 🏛 150. AE ⓓ GB. ✂ ch
Le Caroubier *(fermé déc.)* **R** carte 250 à 380, enf. 110 – ☕ 75 – **96 ch** 1360/2340 – ½ P 1200/1400.

Isolella, S : 4,5 km ℘ 95 25 41 36, Fax 95 25 58 31, ←, 🍽 – ▤ ch TV ☎ 🅿. ⓓ GB
R *(avril-oct.)* carte 200 à 300 – ☕ 28 – **31 ch** 365/409 – ½ P 383/427.

Porticciolo **2B** H.-Corse 90 ② – ✉ **20228** Luri.

Ajaccio 177 – Bastia 26.

Caribou 🐦, à la Marine de Porticciolo ℘ 95 35 02 33, Fax 95 35 01 13, ←, 🍽, 🏊, 🏖, 🌳, 🎾 – TV ☎ 🅿. AE ⓓ GB JCB. ✂ rest
25 juin-15 sept. – **R** 260/600 – ☕ 50 – **20 ch** (½ pens. seul.) – ½ P 750/800.

Porto **2A** Corse-du-Sud 90 ⑮ – ✉ **20150** Ota.

Voir La Marine★ – Tour génoise★ – **Env.** Golfe de Porto★★★ : les Calanche★★★ – en vedette : SO : les Calanche★★, NO : réserve de Scandola★★★, site★ de Girolata.

ℹ Syndicat d'Initiative Golfe de Porto (avril-oct.) ℘ 95 26 10 55.

Ajaccio 83 – Bastia 134 – Calvi 75 – Corte 87 – Évisa 23.

Capo d'Orto, ℘ 95 26 11 14, Fax 95 26 13 49, ←, 🏊 – ☎ 🅿. GB. ✂ rest
5 avril-15 oct. – **R** (½ pens. seul.) – ☕ 30 – **30 ch** 260/350 – ½ P 260/305.

Porto, ℘ 95 26 11 20, Fax 95 26 13 92, ←, 🍽 – ☎ 🅿. AE ⓓ GB. ✂
mai-sept. – **R** 90/125 – ☕ 30 – **28 ch** 280/400 – ½ P 300/350.

Le Romantique M 🐦, à la Marine ℘ 95 26 10 85, ← plage, 🍽 – ▤ TV ☎. GB. ✂ ch
15 avril-30 sept. – **R** 90/390 – ☕ 30 – **8 ch** 500 – ½ P 360.

Cyrnée, à la Marine ℘ 95 26 12 40, ←, 🍽 – ☎. GB
10 avril-10 oct. – **R** 85/120 – ☕ 30 – **8 ch** 300/450 – ½ P 340.

Bella Vista sans rest, ℘ 95 26 11 08, ←, 🌳 – cuisinette 🅿. GB
30 avril-10 oct. – ☕ 26 – **20 ch** 200/300.

vers la plage de Bussaglia N : 6 km par D 81 et VO – ✉ **20147** Partinello :

L'Aiglon 🐦, ℘ 95 26 10 65, Fax 95 26 14 77, 🍽, « Dans le maquis », 🌳 – ☎ 🅿. GB. ✂ rest
1er mai-30 sept. – **R** 85/130, enf. 40 – ☕ 30 – **18 ch** 210/340 – ½ P 220/320.

Porto-Pollo **2A** Corse-du-Sud 90 ⑱ – alt. 140 – ✉ **20140** Petreto-Bicchisano.

Ajaccio 50 – Sartène 32.

Les Eucalyptus 🐦, ℘ 95 74 01 52, Fax 95 74 06 56, ←, 🍽, 🌳, 🎾 – ☎ 🅿. AE ⓓ GB. ✂ ch
22 mai-2 oct. – **R** 95/145 – ☕ 35 – **27 ch** 315 – ½ P 290.

Porto-Vecchio **2A** Corse-du-Sud 90 ⑧ – 9 307 h alt. 70 – ✉ **20137** Porto-Vecchio.

Env. Golfe de Porto-Vecchio★★ – Castello★ d'Arraggio ←★★ N : 7,5 km.

✈ de Figari-Sud-Corse : ℘ 95 71 00 22, SO : 23 km.

ℹ Office de Tourisme pl. Hôtel de Ville (saison) ℘ 95 70 09 58.

Ajaccio 146 – Bastia 141 – Bonifacio 27 – Corte 120 – Sartène 62.

du Roi Théodore 🐦, rte Bastia : 2 km ℘ 95 70 14 94, Télex 460253, Fax 95 70 41 34, 🏊, 🌳, 🎾 – ⇆ ch TV ☎ 🅿 – 🏛 60. AE ⓓ GB. ✂ rest
Régina *(2 avril-14 nov. et 17 déc.-7 janv.)* **R** (dîner seul.) 240/380, enf. 100 – ☕ 60 – **37 ch** 820/1040 – ½ P 830.

La Rivière 🐦, rte Muratello O : 6 km par D 368, VO et D 159 ℘ 95 70 10 21, Fax 95 70 56 13, 🍽, parc, 🏊, 🎾 – ⇆ ch ☎ 🅿. AE ⓓ GB. ✂ rest
15 avril-15 oct. – **R** (dîner seul.) 120/150 – ☕ 40 – **29 ch** 560/700 – ½ P 500.

Alcyon M sans rest, 9 rte de Bastia ℘ 95 70 50 50, Fax 95 70 25 84 – 🛗 ⇆ ch TV ☎ ♿ 🅿. AE GB
fermé fév. – ☕ 45 – **40 ch** 840/950.

San Giovanni, rte Arca SO : 3 km par D 659 ☎ 95 70 22 25, Fax 95 70 20 11, «, « Parc fleuri », – rest ☎ P. AE GB.
1er avril-31 oct. – **R** (½ pens. seul.)(dîner seul.) – **29 ch** 404/520 – ½ P 399.

Golf H. M sans rest, chemin de Mazzetta ☎ 95 70 48 20, Fax 95 70 11 71, – TV ☎ P – 40. AE GB
40 – **46 ch** 640/1200.

Le Goëland sans rest, à la Marine ☎ 95 70 14 15, – ☎ P.
30 – **22 ch** 320/500.

Le Baladin, 13 r. Gén. Leclerc ☎ 95 70 08 62 – . AE GB
fermé 15 nov. au 15 janv., sam. midi et dim. hors sais. – **R** (dîner seul. du 15 juin au 15 sept.) carte 240 à 360.

Orée du Maquis, à la Trinité N : 5 km et chemin de la Lézardière ☎ 95 70 22 21, – P. AE GB
fermé 1er au 15 mars, vacances de nov. et dim. sauf juil.-août – **R** (nombre de couverts limité, prévenir)(dîner seul.) 300/375, enf. 100.

Lucullus, r. Gén. de Gaulle ☎ 95 70 10 17 – . AE GB
fermé 15 janv. au 1er mars, lundi midi et dim. hors sais. – **R** (diner seul. de juin à sept.) carte 170 à 330.

à Cala Rossa NE : 10 km par N 198, D 568 et D 468 – ✉ **20137** Porto-Vecchio :

Gd H. Cala Rossa M, ☎ 95 71 61 51, Télex 460394, Fax 95 71 60 11, « Dans les pins, jardin, plage aménagée », – TV ☎ P. AE GB.
15 avril-2 janv. – **R** 200 (déj.)/350 et carte 310 à 480 – **50 ch** 720/1260, 3 appart. – ½ P 1300/1750
Spéc. Chapon braisé à la bonifacienne. Médaillon de langouste à l'huile de basilic (avril à oct.). Rosace de boeuf au pistú. **Vins** Ajaccio, Calvi.

au golfe de Santa Giulia S : 8 km par N 198 et VO – ✉ **20137** Porto-Vecchio :

Moby Dick M, ☎ 95 70 70 00, Fax 95 70 70 01, – TV ☎ P – 40. AE GB.
avril-oct. – **R** 160 (déj.) 250 – **44 ch** 660/720 – ½ P 880/970.

Castell'Verde M, ☎ 95 70 71 00, Fax 95 70 71 01, golfe, – TV ☎ P. AE GB.
R *(mai-sept.)* 150/170 – 50 – **30 ch** 1000 – ½ P 720.

PEUGEOT Piétri-Auto, rte de Bonifacio ☎ 95 70 07 32 N ☎ 95 71 21 21

RENAULT Balesi-Auto, N 198, La Poretta ☎ 95 70 15 55 N ☎ 95 70 21 43

Propriano

2A Corse-du-Sud 90 ⑱ – 3 217 h – Stat. therm. (fermé déc.) aux Bains de Baracci – ✉ **20110** Propriano.

Voir Port★ – Syndicat d'Initiative 17 r. Gén.-de-Gaulle ☎ 95 76 01 49.

Ajaccio 70 – Bonifacio 67 – Corte 139 – Sartène 13.

Miramar M, ☎ 95 76 06 13, Fax 95 76 13 14, golfe, – TV ☎ P – 30. AE GB.
2 mai-30 sept. – **R** 250 – 70 – **29 ch** 700/1020, 3 appart. – ½ P 1240.

Roc é Mare sans rest, ☎ 95 76 04 85, Fax 95 76 17 55, golfe, – ☎ P. AE GB.
mai-oct. – 45 – **62 ch** 455/995.

Arcu di Sole, rte Barraci NE : 2 km ☎ 95 76 05 10, Télex 460918, Fax 95 76 13 36, – ☎ P. AE GB. rest
1er avril-31 oct. – **R** 120/150 – 35 – **51 ch** 495/520 – ½ P 380/395.

Le Beach M sans rest, av. Napoléon ☎ 95 76 17 74, Fax 95 76 06 54, – TV ☎ P. AE GB.
35 – **15 ch** 450.

Loft H. sans rest, 3 r. Pandolfi ☎ 95 76 17 48, Fax 95 76 22 04 – TV ☎ P. GB.
fermé fév. – 30 – **25 ch** 370.

Le Lido avec ch, ☎ 95 76 06 37, « Au bord de l'eau » – ☎. AE GB
mai-sept. – **R** carte 240 à 330 – 35 – **17 ch** 350 – ½ P 340.

Le Cabanon, av. Napoléon ☎ 95 76 07 76, – AE GB
15 avril-15 oct. – **R** 80/140, enf. 45.

La Rascasse, r. Pêcheurs ☎ 95 76 13 84, – AE GB
fermé 10 janv. au 14 fév., dim. soir et lundi du 1er nov. au 1er mai – **R** 85/240.

PEUGEOT-TALBOT Insulaire de Diffusion, rte Corniche ☎ 95 76 00 91

Quenza

2A Corse-du-Sud 90 ⑦ – 214 h alt. 800 – ✉ **20122** Quenza.

Ajaccio 81 – Bonifacio 74 – Porto-Vecchio 47 – Sartène 38.

Sole e Monti, ☎ 95 78 62 53, Fax 95 78 63 88, – TV ☎. AE GB. rest
15 mars-5 nov. et vacances de fév. – **R** (dîner seul.) 150/200 – 50 – **20 ch** (½ pens. seul.) – ½ P 350/450.

Sagone **2A** Corse-du-Sud 90 ⑯ – ✉ **20118** Sagone.

Voir Golfe de Sagone*.

Ajaccio 38 – Piana 33 – Porto 45.

U Libbiu ⑤, ℘ 95 28 06 06, Fax 95 28 06 23, ←, ⛱, ⛱, 🐎 – cuisinette TV ☎ ♿ P. GB
10 avril-30 oct. – **R** (dîner seul.) 150 ₰ – **22 ch** ☕ 370/540 – ½ P 540.

St-Florent **2B** H.-Corse 90 ③ – 1 350 h alt. 10 – ✉ **20217** St-Florent.

Voir Église Santa Maria Assunta** – Vieille Ville*.

Ajaccio 162 – Bastia 23 – Calvi 72 – Corte 80 – L'Ile-Rousse 48.

Bellevue, ℘ 95 37 00 06, Fax 95 37 14 83, ←, ⛱, parc, ⛱, ⛵, 🎾 – TV ☎ P – 🏛 100. AE ⓓ GB. ✻ rest
hôtel : Pâques-fin-oct. ; rest. : 15 mai-début oct. – **R** 200/250 – **23 ch** ☕ 700/1000 – ½ P 950.

Dolce Notte M ⑤ sans rest, ℘ 95 37 06 65, Fax 95 37 10 70, ← golfe, ⛵, 🐎 – TV ☎ P. ⓓ GB
mars-nov. – ☕ 35 – **20 ch** 310/560.

Tettola M sans rest, N : 1 km sur D 81 ℘ 95 37 08 53, Fax 95 37 02 19, ←, ⛱, ⛵, 🐎 – cuisinette ☎ P. GB
☕ 30 – **30 ch** 380/550.

La Rascasse, promenade des Quais ℘ 95 37 06 99, ←, ⛱, « Terrasse panoramique sur le port » – ▤. AE ⓓ GB
avril-oct. et fermé lundi hors sais. – **R** carte 180 à 270.

au Nord : 2 km par D 81 et voie privée – ✉ **20217** St-Florent :

Motel Treperi ⑤ sans rest, ℘ 95 37 02 75, Fax 95 37 04 61, ←, ⛱, 🐎, 🎾 – cuisinette ⇔ ch ☎ P. AE
1er mars-30 oct. – ☕ 27 – **14 ch** 290/400.

Santa-Maria-Sicché **2A** Corse-du-Sud 90 ⑰ – 355 h alt. 500 – ✉ **20190** Santa-Maria-Sicché.

Ajaccio 34 – Sartène 53.

Santa Maria, ℘ 95 25 72 65, Fax 95 25 71 34, ← – TV ☎ P. AE ⓓ GB. ✻
R 89/140 ₰ – ☕ 36 – **20 ch** 273/346 – ½ P 284/303.

San-Martino-di-Lota **2B** H.-Corse 90 ② – rattaché à Bastia.

Sartène ⟨SP⟩ **2A** Corse-du-Sud 90 ⑱ G. **Corse** (plan) – 3 525 h alt. 305 – ✉ **20100** Sartène.

Voir Vieille ville** – Procession de Catenacciu** (vend. Saint).

ℹ Syndicat d'initiative, 6 r. Borgo ℘ 95 77 15 40.

Ajaccio 86 – Bastia 178 – Bonifacio 54 – Corte 152.

Villa Piana sans rest, rte Propriano ℘ 95 77 07 04, ←, parc, 🎾 – ☎ P. AE ⓓ GB. ✻
8 avril-26 sept. – ☕ 32 – **32 ch** 340/410.

Aub. Santa Barbara, rte de Propriano ℘ 95 77 09 06, ⛱, 🐎 – P. AE ⓓ GB
15 mars-30 oct. – **R** 150/250.

La Chaumière, 39 r. Capit. Benedetti ℘ 95 77 07 13 – AE ⓓ GB
fermé janv., fév. et lundi sauf juil., août et sept. – **R** carte 130 à 200 ₰.

RENAULT Gar. Le Rond-Point, r. J.-Nicoli ℘ 95 77 02 14

Soccia **2A** Corse-du-Sud 90 ⑮ – 143 h alt. 700 – ✉ **20125** Soccia.

Ajaccio 67 – Calvi 131 – Corte 99 – Vico 17.

U Paese ⑤, ℘ 95 28 31 92, ← – |‡| ⇔ ch ☎ P. ✻
fermé 20 nov. au 20 déc. – **R** 90/135 ₰ – ☕ 26 – **33 ch** 175/235 – ½ P 230.

Solenzara **2A** Corse-du-Sud 90 ⑦ – ✉ **20145** Solenzara.

Ajaccio 119 – Bastia 101 – Bonifacio 67 – Sartène 75.

Maquis et Mer sans rest, ℘ 95 57 42 37, Fax 95 57 46 85 – |‡| ☎ P – 🏛 25. AE ⓓ GB
mars-oct. – ☕ 50 – **46 ch** 550/800.

La Solenzara sans rest, ℘ 95 57 42 18, Fax 95 57 46 84, ⛱, 🐎 – ☎ P. AE GB
☕ 26 – **30 ch** 430.

A Mandria, N : 2 km ℘ 95 57 41 95, Fax 95 57 45 96, ⛱, 🐎 – P. AE GB
fermé lundi – **Repas** 100/140 ₰, enf. 50.

Vico **2A** Corse-du-Sud 90 ⑮ – 921 h alt. 385 – ✉ **20160** Vico.

Voir Couvent St-François : christ en bois* dans l'église conventuelle.

Ajaccio 52 – Calvi 121 – Corte 81.

U Paradisu ⑤, ℘ 95 26 61 62, Fax 95 26 67 01, ⛱, ⛱ – ☎ 🚗. AE ⓓ GB
avril-déc. – **R** 100/170 ₰ – ☕ 35 – **21 ch** 300 – ½ P 315.

Vizzavona (Col de) **2B** H.-Corse 90 ⑥ – alt. 1 161 – ✉ **20219** Vivario.

Voir Forêt★★.

Ajaccio 50 – Bastia 101 – Bonifacio 136 – Corte 31.

Monte d'Oro ⛰, ✆ 95 47 21 06, Fax 95 21 82 28, ←, en forêt, 🌲, ✕ – 🅟 – 🏛 60. GB. ✻ rest
1er mai-30 sept. – **R** 110/390 🍷 – ☕ 28 – **56 ch** 200/350 – ½ P 250/310.

Zicavo **2A** Corse-du-Sud 90 ⑦ – 245 h alt. 730 – ✉ **20132** Zicavo.

Ajaccio 61 – Bonifacio 114 – Corte 79 – Porto-Vecchio 85 – Sartène 61.

Tourisme, ✆ 95 24 40 06, ← – ✻
R 65/150 🍷, enf. 50 – ☕ 20 – **15 ch** 180/220 – ½ P 200/230.

COSNES-ET-ROMAIN **54** M.-et-M. 57 ② – rattaché à Longwy.

COSNE-SUR-LOIRE SP **58200** Nièvre 65 ⑬ **G. Bourgogne** – 12 123 h alt. 148.

18 du Sancerrois ✆ 48 54 11 22 par ④ puis D 955 : 10 km.

🅘 Office de Tourisme pl. Hôtel de Ville (15 juin-15 sept.) ✆ 86 28 11 85.

Paris 186 ① – Bourges 61 ④ – Auxerre 76 ① – Montargis 72 ① – Nevers 53 ③ – ♦Orléans 109 ①.

COSNE-SUR-LOIRE

St-Jacques (R.) 22

Baudin (R. Alphonse) 2
Buchet-Desforges (R.) 4
Clemenceau (Pl. G.) 5
Dr-J. Moineau (Pl.) 6
Donzy (R. de) 7
Frères-Gambon (R. des) 8
Gambetta (R.) 9
Gaulle (R. du Général-de) 12
Leclerc (R. du Maréchal) 13
Pêcherie (Pl. de la) 15
Pelletan (R. Eugène) 16
République (Bd de la) 17
Rousseau (R. W.) 18
St-Agnan (R.) 21
Victor-Hugo (R.) 24
Vieille-Route 25
14-Juillet (R. du) 26

Pour un bon usage des plans de villes, voir les signes conventionnels dans l'introduction.

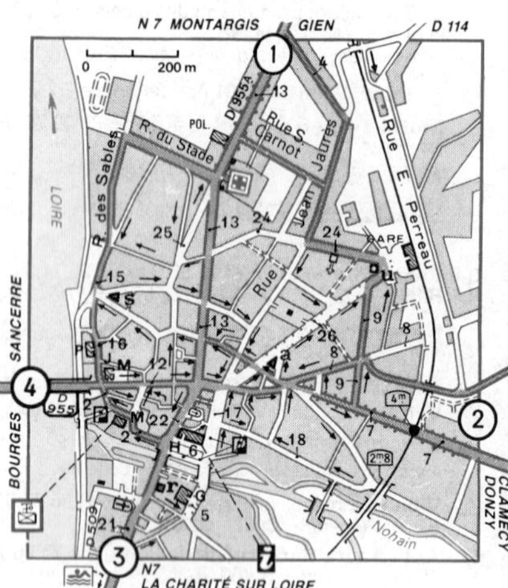

Saint-Christophe, pl. Gare **(u)** ✆ 86 28 02 01 – TV ☎. GB. ✻ ch
fermé 1er au 24 août, sam. (sauf hôtel) et dim. soir – **R** 70/140 🍷 – ☕ 25 – **8 ch** 190/240 – ½ P 230.

XX ✿ **Le Sévigné** (Derborel), **16 r. 14 Juillet (a)** ✆ 86 28 27 50 – AE ⓓ GB
fermé dim. soir et lundi – **R** (nombre de couverts limité, prévenir) 90/210 et carte 200 à 300, enf. 70
Spéc. Croustillant de charlotte et saumon fumé à l'oeuf poché. Noisettes d'agneau aux rouelles de pied de porc. Fondant au caramel et noisettes.

XX **Vieux Relais** avec ch, 11 r. St Agnan **(r)** ✆ 86 28 20 21 – TV ☎ 🚗. AE ⓓ GB
fermé vacances de Noël, de fév., vend. soir et sam. midi d'oct. à avril – **R** 98/310 – ☕ 38 – **10 ch** 260/300 – ½ P 270/290.

XX **La Panetière,** 18 pl. Pêcherie **(s)** ✆ 86 28 01 04, 🌂 – AE ⓓ GB JCB
fermé vacances de fév., dim. du 15 oct. au 15 avril et lundi sauf le midi du 15 avril au 15 oct. – **R** 95/190, enf. 50.

rte de Cours NE : 3 km par D114 :

Aub. à la Ferme ⛰, ✆ 86 28 15 85, 🌂 – 🅟. AE ⓓ GB
R *(fermé 15 déc. au 1er mars)* 110/165, enf. 45 – ☕ 35 – **15 ch** 225/275 – ½ P 280.

ALFA-ROMEO AUSTIN-ROVER Lacroix, 20 r. 14-Juillet ✆ 86 28 19 09
CITROEN Gar. GR.V., chemin rural du Grand Champ N 7 par ③ ✆ 86 28 53 66
PEUGEOT TALBOT Grands Garages du Cher, N 7 ✆ 86 26 60 18

RENAULT Éts Simonneau, 80 av. 85ème par ③ ✆ 86 26 81 81
Doubre, 235 r. Frères-Gambon ✆ 86 28 27 31

Ⓜ Cosne-Pneus, av. 85ème-de-Ligne ✆ 86 28 23 70

COSQUEVILLE **50330** Manche 54 ② – 501 h alt. 15.

Paris 360 – Cherbourg 20 – ◆Caen 122 – Carentan 48 – St-Lô 76 – Valognes 25.

XX **Au Bouquet de Cosqueville,** ✆ 33 54 32 81 – GB
fermé 3 au 31 janv., mardi soir et merc. sauf juil.-août – **R** 85/295, enf. 60.

Le COTEAU **42** Loire 73 ⑦ – rattaché à Roanne.

La CÔTE-ST-ANDRÉ **38260** Isère 77 ③ **G. Vallée du Rhône** (plan) – 3 966 h alt. 374.

Paris 533 – ◆Grenoble 49 – ◆Lyon 65 – La Tour-du-Pin 34 – Valence 78 – Vienne 38 – Voiron 30.

XX ✿ **France** avec ch, pl. Église ✆ 74 20 25 99, Fax 74 20 35 30 – ▤ rest TV ☎ – 25.
GB
R *(fermé 15 au 22 nov., 3 au 21 janv., dim. soir et lundi sauf fériés)* 120/380 et carte 220 à 340 🍷, enf. 90 – ☕ 45 – **13 ch** 280/350 – ½ P 300/350
Spéc. Truite en croûte. Ris de veau aux morilles et truffes. Râble de lièvre à la crème (saison). Vins Condrieu, Saint-Joseph.

CITROEN Mary ✆ 74 20 50 99 PEUGEOT-TALBOT Marazzi ✆ 74 20 32 33

COTIGNAC **83570** Var 84 ⑤ ⑥ **G. Côte d'Azur** – 1 792 h alt. 260.

ℹ Syndicat d'Initiative cours Gambetta (15 juin-15 sept.) ✆ 94 04 61 87.

Paris 833 – Brignoles 20 – Draguignan 35 – St-Raphaël 66 – Ste-Maxime 68 – ◆Toulon 66.

Lou Calen , 1 cours Gambetta ✆ 94 04 60 40, Fax 94 04 76 64, , « Jardin ombragé », – TV ☎. AE ⓓ GB
fermé 2 janv. au 19 mars – **R** *(fermé merc. sauf de juil. à sept.)* 120/235, enf. 70 – ☕ 45 – **16 ch** 320/580 – ½ P 305/460.

XX **Le Mas de Cotignac,** S : 3 km sur rte Carcès ✆ 94 04 66 57, Fax 94 04 74 27, , ,
 – Ⓟ. GB
fermé 1er oct. au 30 nov., fév., lundi et mardi – **R** 98/290, enf. 80.

COTINIÈRE **17** Char.-Mar. 71 ⑬ ⑭ – rattaché à Oléron (Ile d').

COUCHES **71490** S.-et-L. 69 ⑧ **G. Bourgogne** – 1 457 h alt. 350.

Paris 315 – Chalon-sur-Saône 28 – Autun 24 – Beaune 32 – Le Creusot 16.

Les 3 Maures, ✆ 85 49 63 93, Fax 85 49 50 29, – TV ☎. AE GB
fermé 15 fév. au 15 mars et lundi du 15 sept. au 15 juil. – **R** 75/170, enf. 50 – ☕ 28 – **17 ch** 95/230 – ½ P 190/230.

XXX **Tour Bajole,** ✆ 85 45 54 54, Fax 85 45 57 82 – GB
fermé dim. soir et lundi – **R** 78/290, enf. 40.

COUCHEY **21** Côte d'Or 66 ⑫ – rattaché à Dijon.

COU (Col de) **74** H.-Savoie 70 ⑰ – rattaché à Habère-Poche.

COUCOURON **07470** Ardèche 76 ⑰ **G. Vallée du Rhône** – 705 h alt. 1 139.

Paris 582 – Le Puy-en-Velay 44 – Langogne 20 – Privas 82.

Carrefour des Lacs, ✆ 66 46 12 70 – TV ☎ Ⓟ. GB
fermé 16 nov. au 10 fév. et vend. d'oct. à nov. – **R** 80/165 – ☕ 30 – **20 ch** 140/285 – ½ P 170/250.

COUDEKERQUE BRANCHE **59** Nord 51 ④ – rattaché à Dunkerque.

Le COUDRAY-MONTCEAUX **91** Essonne 61 ① – rattaché à Évry Corbeil-Essonnes (Corbeil-Essonnes).

COUHÉ **86700** Vienne 68 ⑬ – 1 706 h alt. 130.

Paris 371 – Poitiers 36 – Confolens 56 – Montmorillon 61 – Niort 57 – Ruffec 30.

Chêne Vert, r. Bons Enfants ✆ 49 59 20 42, Fax 49 53 42 20 – . GB
R 72/120 – ☕ 25 – **8 ch** 160/180 – ½ P 180.

CITROEN Senelier ✆ 49 59 22 30

COULANDON **03** Allier 69 ⑭ – rattaché à Moulins.

COULOMMIERS **77120** S.-et-M. 61 ③ 106 ㉔ **G. Ile de France** – 13 087 h alt. 73.

ℹ Office de Tourisme 11 r. Gén.-de-Gaulle ✆ (1) 64 03 88 09.

Paris 62 – Châlons-sur-Marne 104 – Château-Thierry 42 – Créteil 57 – Meaux 28 – Melun 46 – Provins 37 – Sens 76.

X **Le Clos du Theil,** quartier du Theil NE : 2 km - r. Theil ✆ (1) 64 65 11 63 – GB
fermé 16 au 31 août, lundi soir et mardi – **R** 140/190, enf. 60.

au SO par D 402 et D 25 : 9 km – ✉ **77515** St-Augustin :

La Louveterie M , rte Faremoutiers ✆ (1) 64 03 37 59, Fax (1) 64 03 89 00, , parc,
 – TV ☎ Ⓟ. AE ⓓ GB
fermé 1er au 21 fév. – **R** *(fermé dim. soir et lundi de mi-nov. à fin mars)* 190/390 – ☕ 50 – **8 ch** 500/700 – ½ P 650/750.

PEUGEOT-TALBOT Riester, bd de la Marne, ZI ℘ (1) 64 03 01 92
PEUGEOT-TALBOT Gar. Dehus, 2 av. de la Marne à Rebais ℘ (1) 64 04 50 28 N
RENAULT Metz, 1 av. L.-Blum ℘ (1) 64 75 67 67 N ℘ (1) 05 05 15 15

V.A.G Coulommiers Auto, ZI bd de la Marne ℘ (1) 64 20 74 33

Euromaster La Centrale du Pneu, 22 av. V.-Hugo ℘ (1) 64 03 01 95

COULON **79510** Deux-Sèvres 71 ② **G. Poitou Vendée Charentes** – 1 870 h alt. 15.

Voir Marais poitevin★ (promenade en barque★★, 1 h à 1 h 30).

Syndicat d'Initiative pl. Église (juin-sept.) ℘ 49 35 99 29.

Paris 416 – La Rochelle 56 – Fontenay-le-Comte 26 – Niort 10 – St-Jean-d'Angély 55.

XX **Au Marais** avec ch, ℘ 49 35 90 43, Fax 49 35 81 98, ← – TV ☎. GB
mi-mars-mi-nov. – **R** *(fermé dim. soir et lundi)* 165, enf. 75 – ☕ 50 – **11 ch** 360/435 – ½ P 380/418.

XX **Central** avec ch, ℘ 49 35 90 20, Fax 49 35 81 07, 🌳 – GB. ✻ ch
fermé 20 sept. au 14 oct., 10 janv. au 5 fév., dim. soir et lundi – **Repas** 86/185, enf. 50 – ☕ 28 – **5 ch** 205/230 – ½ P 188/200.

à la Garette S : 3 km par D 1 – ✉ **79270** Frontenay-Rohan-Rohan :

XX **Mangeux de Lumas,** ℘ 49 35 93 42, 🌳 – GB
fermé 2 au 17 janv., vacances de fév., lundi soir et mardi sauf juil.-août – **R** 100/350, enf. 60.

COULONGES-SUR-L'AUTIZE **79160** Deux-Sèvres 71 ① – 2 021 h alt. 1.

Paris 418 – La Rochelle 63 – Bressuire 47 – Fontenay-le-Comte 18 – Niort 22 – Parthenay 35.

X **Citronnelle,** ℘ 49 06 17 67, 🌳 – ⓓ GB
fermé dim. soir et lundi – **R** 51 bc/169.

COURBEVOIE **92** Hauts-de-Seine 55 ⑳, 101 ⑭ – voir à Paris, Environs.

COURCELLES-SUR-VESLE **02220** Aisne 56 ⑤ – 270 h.

Paris 121 – ◆ Reims 36 – Fère-en-Tardenois 19 – Laon 35 – Soissons 20.

Château de Courcelles M 🐦, ℘ 23 74 13 53, Fax 23 74 06 41, 🌳, « Parc », 🏊, 🎾 – TV ☎ P – 🧑‍🏫 40. GB
fermé 15 janv. au 15 fév. – **R** 200/330 – ☕ 65 – **12 ch** 450/1000 – ½ P 600/900.

COURCHEVEL **73120** Savoie 74 ⑱ **G. Alpes du Nord** – Sports d'hiver : 1 300/2 700 m 🚡9 ⛷58 ⛷.

Altiport International ℘ 79 03 31 14, S : 4 km.

Paris 631 ① – Albertville 49 ① – Chambéry 96 ① – Moûtiers 23 ①.

Plan page suivante

à Courchevel 1850 :

Voir ✻★ – Office de Tourisme La Croisette (saison hiver) ℘ 79 08 00 29, Télex 980083.

Byblos des Neiges M 🐦, au jardin Alpin **(y)** ℘ 79 08 12 12, Télex 980580, Fax 79 08 19 38, ←, 🌳, Fa, 🏊 – 🛗 TV ☎ ♿ 🚗 P – 🧑‍🏫 40. AE ⓓ GB. ✻ rest
17 déc.-mi-avril – **La Clairière R** carte 315 à 520 – **L'Écailler R** produits de la mer (dîner seul.) carte 430 à 515 – ☕ 100 – **66 ch** 1570/3460, 11 appart. – ½ P 1450/2160.

Airelles M 🐦, au Jardin Alpin **(h)** ℘ 79 09 38 38, Télex 980190, Fax 79 08 38 69, ←, 🌳, Fa, 🏊 – 🛗 TV ☎ ♿ 🚗 – 🧑‍🏫 80. AE ⓓ GB. ✻
11 déc.-21 avril – **R** 290 (déj.)/370 – **52 ch** (½ pens. seul.), 4 appart. – ½ P 1600/3050.

Carlina 🐦, **(a)** ℘ 79 08 00 30, Télex 980248, Fax 79 08 04 03, ←, 🌳, Fa, 🏊 – 🛗 ⇆ ch TV ☎ 🚗 P – 🧑‍🏫 25 à 60. AE ⓓ GB. ✻ rest
19 déc.-18 avril – **R** 320 – ☕ 75 – **57 ch** 1720/3260, 3 appart. – ½ P 1000/1630.

Bellecôte 🐦, **(d)** ℘ 79 08 10 19, Télex 980421, Fax 79 08 17 16, ← vallée, 🌳, Fa, 🏊 – 🛗 TV ☎ P – 🧑‍🏫 40. AE ⓓ GB JCB. ✻
10 déc.-30 avril – **R** 330 – **56 ch** (½ pens. seul.) – ½ P 1175/1675.

Lana M 🐦, **(p)** ℘ 79 08 01 10, Télex 980014, Fax 79 08 36 70, ←, 🌳, Fa, 🏊 – 🛗 TV ☎ 🚗 – 🧑‍🏫 80. AE ⓓ GB. ✻ rest
18 déc.-15 avril – **R** 340/410 – **58 ch** (½ pens. seul.), 16 appart. – ½ P 1235/1700.

Annapurna 🐦, rte Altiport ℘ 79 08 04 60, Télex 980324, Fax 79 08 15 31, ← la Saulire, 🌳, Fa, 🏊 – 🛗 TV ☎ 🚗 P – 🧑‍🏫 80. AE ⓓ GB. ✻ rest
15 déc.- 15 avril – **R** 360 – **64 ch** ☕ 1240/2680, 4 appart. – ½ P 1152/1600.

H. Pralong 2000 🐦, rte Altiport ℘ 79 08 24 82, Télex 980231, Fax 79 08 36 41, ← cirque de montagnes, 🌳, 🏊 – 🛗 TV ☎ 🚗 P – 🧑‍🏫 40. AE ⓓ GB JCB
18 déc.-mi-avril – **R** 365 – **68 ch** (½ pens. seul.), 4 appart. – ½ P 860/1555.

Neiges 🐦, **(e)** ℘ 79 08 03 77, Télex 980463, Fax 79 08 18 70, ←, 🌳, Fa – 🛗 TV ☎ 🚗 P. AE ⓓ GB. ✻
18 déc.-18 avril – **R** 295 – **37 ch** (½ pens. seul.), 5 appart. – ½ P 1345/1650.

La Sivolière M, NO : 1 km ☎ 79 08 08 33, Télex 309169, Fax 79 08 15 73, ← – TV ☎. GB. ✻
15 nov.-10 mai – **R** 180/280 – ☐ 75 – **32 ch** 725/1670.

Les Grandes Alpes M, **(s)** ☎ 79 08 03 35, Fax 79 08 12 52, ←, 🍽, Fs, ☐ – ⎮ TV ☎ ♿. AE GB. ✻ rest
1er juil.-8 sept. et 1er déc.-3 mai – **R** 110/350 – **37 ch** ☐ 1800/2000, 6 appart. – ½ P 790/1000.

✿✿ **Le Chabichou** (Rochedy) M, **(z)** ☎ 79 08 00 55, Fax 79 08 33 58, ←, 🍽 – ⎮ TV ☎. AE ⓓ GB JCB
fermé 10 mai au 19 juin et 26 sept. au 8 nov. – **R** 340/570 et carte 400 à 500 – **34 ch** (½ pens. seul.) – ½ P 1010/2020
Spéc. Risotto crémeux de homard au gratin. Parmentier de pot au feu aux truffes. Chariot de tartes à l'ancienne. **Vins** Chignin Bergeron, Gamay de Chautagne.

Trois Vallées M, **(q)** ☎ 79 08 00 12, Télex 309194, Fax 79 08 17 98, 🍽, Fs – ⎮ ⊁ ch TV ☎. AE GB. ✻
1er déc.-1er mai – **R** 300/350 – **30 ch** ☐ 1200/1500 – ½ P 1000/1260.

Le Mélezin M, **(r)** ☎ 79 08 01 33, Fax 79 08 08 96, ←, 🍽 – ⎮ TV ☎ P. AE GB. ✻
20 déc.-20 avril – **R** (dîner seul.) 350, enf. 190 – **32 ch** ☐ 1400/3300.

Pomme de Pin M, **(x)** ☎ 79.08 36 88, Télex 309162, Fax 79 08 38 72, ← vallée et montagnes, 🍽 – ⎮ TV ☎ ♿ – 🎓 30. GB. ✻ rest
10 déc.-18 avril – **R** (voir aussi **Le Bateau Ivre** ci-après) - 200/400 – **49 ch** (½ pens. seul.) – ½ P 1070/1160.

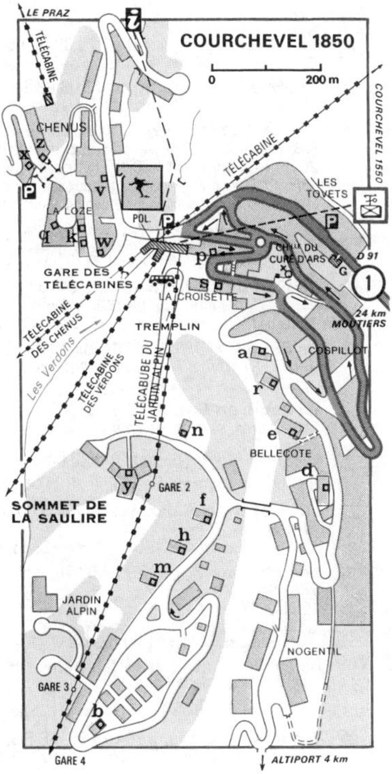

La Loze M sans rest, **(w)** ☎ 79 08 28 25, Télex 309695, Fax 79 08 36 62 – ⎮ TV ☎. AE ⓓ GB. ✻
11 déc.-21 avril – **26 ch** ☐ 950/1800.

Ducs de Savoie M, au Jardin Alpin **(f)** ☎ 79 08 03 00, Télex 980360, Fax 79 08 16 30, ←, 🍽, Fs, ☐ – ⎮ TV ☎ P – 🎓 50. AE ⓓ GB
18 déc.-20 avril – **R** 250 – ☐ 70 – **70 ch** (½ pens. seul.) – ½ P 795/1215.

Caravelle M, au Jardin Alpin **(m)** ☎ 79 08 02 42, Fax 79 08 33 55, ←, 🍽, Fs, ☐ – ⎮ TV ☎ P – 🎓 30. GB. ✻
18 déc.-17 avril – **R** 290 – ☐ 75 – **60 ch** (½ pens. seul.), 5 appart. – ½ P 730/1010.

New Solarium, au Jardin Alpin **(n)** ☎ 79 08 02 01, Télex 309167, Fax 79 08 38 52, ←, 🍽, Fs, ☐ – ⎮ TV ☎ P. AE ⓓ GB. ✻ rest
18 déc.-25 avril – **R** 245 – ☐ 65 – **70 ch** 750/850, 5 appart. – ½ P 1300.

Le Dahu, (v) ☎ 79 08 01 18, Télex 309189, Fax 79 08 11 98, ← – ⎮ TV ☎. GB. ✻
15 déc.-25 avril – **R** 220/500 – ☐ 75 – **38 ch** 500/750 – ½ P 750/800.

Crystal 2000 M, rte Altiport ☎ 79 08 28 22, Télex 309170, Fax 79 08 28 39, ← montagnes, 🍽 – ⎮ TV ☎ P – 🎓 40. AE ⓓ GB JCB
18 déc.-mi avril – **R** 310 – ☐ 65 – **44 ch** (½ pens. seul.), 7 appart. – ½ P 770/975.

Courcheneige M, r. Nogentil ☎ 79 08 02 59, Télex 980432, Fax 79 08 11 79, ← montagnes, 🍽, Fs – ⎮ TV ☎. AE GB. ✻ rest
17 déc.-25 avril – **R** 160 🍷 – ☐ 65 – **86 ch** (½ pens. seul.) – ½ P 600/700.

Lodge Nogentil sans rest, r. Bellecôte ☎ 79 08 32 32, Fax 79 08 03 15, ← – ⎮ TV ☎. AE ⓓ GB JCB. ✻
juil.-août et fin nov.-mi-mai – **10 ch** ☐ 825/1650.

Les Sherpas, au Jardin Alpin **(b)** ☎ 79 08 02 55, Télex 309183, Fax 79 08 09 34, ←, 🍽, ☐ – ⎮ TV ☎ P – 🎓 25. AE ⓓ GB. ✻ rest
15 déc.-15 avril – **R** 215/240 – **40 ch** ☐ 1700 – ½ P 995/1070.

Le Chamois sans rest, **(k)** ☎ 79 08 01 56, Télex 309962, Fax 79 08 34 23, ← – ⎮ cuisinette TV ☎. GB
20 déc.-20 avril – **30 ch** ☐ 790/1300.

Les Anémones M, **(p)** ✆ 79 08 03 05, Fax 79 08 08 85 – TV ☎. AE ① GB. ✗ rest
15 déc.-15 avril – **R** (résidents seul.) – **30 ch** (½ pens. seul.) – ½ P 790/850.

Tournier sans rest, **(k)** ✆ 79 08 03 19, Fax 79 08 10 40 – TV ☎. AE ① GB
15 déc.-15 avril – **23 ch** ☐ 750/1000.

XXX ✿✿ **Le Bateau Ivre** - hôtel Pomme de Pin - (Jacob), **(x)** ✆ 79 08 36 88, Télex 309162, Fax 79 08 38 72, « Restaurant panoramique, ≤ massif de la Vanoise » – AE ① GB
20 déc.-12 avril – **R** 200/550 et carte 430 à 510, enf. 100
Spéc. Queues de langoustines rôties aux épices. Côtes de chevreuil poêlées aux airelles. Mousse soufflée au chocolat et glace à l'orange confite. **Vins** Apremont, Roussette de Savoie.

à Courchevel 1650 (Moriond) par ① : 3,5 km – ✉ **73120** Courchevel :

ℹ Office de Tourisme (saison) ✆ 79 08 03 29.

du Golf de Courchevel M, ✆ 79 00 92 92, Fax 79 08 19 93, ≤, 🏡, Fø – |♦| ✗ ch TV ☎ 🚗 – 🏛 30 à 50. AE ① GB. ✗ rest
15 juin-15 sept. et 15 déc.-15 mai – **R** 180/250 – **57 ch** ☐ 1030/1800 – ½ P 830/890.

Le Signal, ✆ 79 08 26 36, Fax 79 08 38 83, ≤ – ☎. GB. ✗
fermé 10 mai au 15 juin, sam. et dim. du 1er sept. au 15 déc. – **R** 145/195 – **28 ch** ☐ 300/420 – ½ P 440/460.

XX **La Poule au Pot**, ✆ 79 08 33 97 – GB JCB
fermé sam. et dim. de mai à nov. sauf juil.-août et fêtes – **R** 135/150.

à Courchevel 1550 par ① : 5,5 km – ✉ **73120** Courchevel :

ℹ Office de Tourisme (saison) ✆ 79 08 04 10.

L'Adret d'Ariondaz 🐦, ✆ 79 08 00 01, Télex 309168, Fax 79 08 37 95, ≤ – |♦| TV ☎ P. ① GB. ✗
15 déc.-15 avril – **R** 150 – ☐ 50 – **33 ch** (½ pens. seul.) – ½ P 620.

Les Flocons 🐦, ✆ 79 08 02 70, Télex 309631, Fax 79 08 11 29, ≤, 🏡 – TV ☎ P. GB JCB. ✗
15 déc.-20 avril – **R** (dîner seul.) 175 – ☐ 60 – **29 ch** (½ pens. seul.) – ½ P 500/660.

COUR-CHEVERNY 41700 L.-et-Ch. 64 ⑰ ⑱ – 2 347 h alt. 89.

Voir Château de Cheverny*** S : 1 km – Porte* de la chapelle du Château de Troussay SO : 3,5 km, G. Châteaux de la Loire.

Paris 194 – ♦ Orléans 71 – Blois 13 – Bracieux 9 – Châteauroux 89 – Montrichard 28 – Romorantin-Lanthenay 27.

Trois Marchands, ✆ 54 79 96 44, Fax 54 79 25 60 – TV ☎ P – 🏛 30. AE ① GB
fermé fin janv. au 10 mars et lundi d'oct. à Pâques – **R** 105/290, enf. 50 – ☐ 40 – **38 ch** 150/310 – ½ P 200/270.

St-Hubert, ✆ 54 79 96 60, Fax 54 79 21 17, 🏡 – ☎ P – 🏛 50. GB
fermé 10 janv. au 20 fév. – **R** *(fermé merc.)* 95/280, enf. 55 – ☐ 38 – **20 ch** 260/320 – P 290/330.

à Cheverny S : 1 km – ✉ **41700** :

✿ **Château du Breuil** 🐦, O : 3 km par D 52 et voie privée ✆ 54 44 20 20, Fax 54 44 30 40, 🏡, « Dans un parc » – TV ☎ P. AE ① GB. ✗ rest
fermé 1er déc. au 28 fév., dim. soir du 25 sept. au 30 avril et lundi midi sauf fériés – **R** 190/370 et carte 320 à 450 – ☐ 60 – **16 ch** 530/870 – ½ P 590/650
Spéc. Raviole de morilles à la crème de champignons des bois. Fricassée de sole et foie gras chaud. Monseigneur chocolat. **Vins** Cheverny.

X **Pousse Rapière**, ✆ 54 79 94 23 – ① GB. ✗
fermé dim. soir de nov. à mars et lundi – **R** 96/216, enf. 42.

à la Gaucherie SE : 7 km sur D 765 – ✉ **41250** Bracieux :

XX **Aub. Fontaine aux Muses**, ✆ 54 79 98 80, Fax 54 79 25 43 – GB
fermé mardi soir et merc. sauf juil.-août – **R** 150/290, enf. 60.

CITROEN Beaugrand ✆ 54 79 96 41

PEUGEOT Duceau ✆ 54 79 98 67 N ✆ 54 79 98 67

COURLANS 39 Jura 70 ⑭ – rattaché à Lons-le-Saunier.

COURLON-SUR-YONNE 89140 Yonne 61 ⑬ – 876 h alt. 69.

Paris 103 – Montereau-Faut-Yonne 20 – Auxerre 79 – Fontainebleau 37 – Nemours 40 – Sens 19.

X **Aub. Bord de l'Yonne**, ✆ 86 66 84 82, 🏡 – AE GB
fermé oct., dim. soir, lundi soir et mardi – **R** 155/225.

COURNON-D'AUVERGNE 63800 P.-de-D. 73 ⑭ – 19 156 h alt. 400.

Paris 428 – ♦ Clermont-Ferrand 11 – Issoire 33 – Le Mont-Dore 53 – Thiers 40 – Vichy 52.

Cep d'Or, au pont SE : 1,5 km rte Billom ✆ 73 84 80 02, 🏡 – TV ☎ P. AE GB. ✗
fermé dim. soir et lundi du 20 sept. au 30 avril – **R** 70/165 – ☐ 30 – **25 ch** 140/250 – ½ P 220/280.

PEUGEOT Gar. du Lac, 58 av. Libération ✆ 73 84 47 41

RENAULT Gar. Bony, 23 av. Liberté ✆ 73 84 80 31

COURPIÈRE 63120 P.-de-D. 73 ⑯ G. Auvergne – 4 674 h alt. 331.

Voir Église★.

Paris 446 – ◆Clermont-Ferrand 42 – Ambert 39 – Issoire 54 – Lezoux 19 – Thiers 16.

XX **Clef des Champs,** S : 3,5 km sur D 906 ✆ 73 53 01 83 – Ⓟ. GB
fermé 21 juin au 4 juil., 24 déc. au 15 janv., dim. soir et lundi soir – **R** 80/270 ♁, enf. 50.

CITROEN Gar. Brouillet, à Néronde-sur-Dore ✆ 73 53 17 28

PEUGEOT-TALBOT Fédide, 11 rte d'Ambert ✆ 73 53 10 88 N

COURRUERO 83 Var 84 ⑰ – rattaché à Plan-de-la-Tour.

COURS 69470 Rhône 73 ⑧ – 4 637 h alt. 553.

Paris 415 – Mâcon 67 – Roanne 27 – L'Arbresle 52 – Chauffailles 17 – ◆Lyon 79 – Villefranche-sur-Saône 60.

Le Pavillon ⛰, au Col du Pavillon E : 4 km par D 64 ✆ 74 89 83 55, Fax 74 64 70 26, ≤, 🌳, 🌲 – TV ☎ ♿ Ⓟ – 🚶 30. GB
fermé fév. et sam. d'oct. à Pâques – **Repas** 75/260 ♁ – ☕ 30 – **23 ch** 93/340 – ½ P 178/269.

Nouvel Hôtel, 5 r. G. Clemenceau ✆ 74 89 70 21 – TV ☎. AE ⓓ GB
fermé 25 déc. au 2 janv. – **R** 72/158 ♁ – ☕ 32 – **16 ch** 147/245 – ½ P 187/252.

X **Chalets des Tilleuls,** à Thel NE : 8 km par D 64 ✉ 69470 ✆ 74 64 81 53, ≤, 🌳 – Ⓟ
R 69/190 ♁.

CITROEN Cours Auto ✆ 74 89 75 91

FORD Lachize Collonge ✆ 74 89 81 67 N

PEUGEOT-TALBOT Pothier ✆ 74 89 98 98 N

RENAULT Jalabert ✆ 74 89 71 10

COUR-ST-MAURICE 25380 Doubs 66 ⑰ ⑱ – 155 h alt. 520.

Paris 483 – ◆Besançon 66 – Baume-les-Dames 44 – Montbéliard 43 – Maiche 10,5 – Morteau 35.

XX **Le Moulin** ⛰ avec ch, à Moulin du Milieu, E : 3 km sur D 39 ✆ 81 44 35 18, 🌲 – ☎ Ⓟ. GB
fermé 1er janv. au 15 fév. et merc. – **R** 95/145 – ☕ 40 – **7 ch** 220/330 – ½ P 230/285.

X **La Truite du Moulin,** à Moulin Bas E : 2 km sur D 39 ✆ 81 44 30 59, ≤ – Ⓟ. GB
fermé 20 juin au 11 juil., 20 oct. au 9 nov. et merc. – **R** 90/135.

COURSAN 11 Aude 83 ⑭ – rattaché à Narbonne.

COURSEGOULES 06140 Alpes-Mar. 84 ⑨ G. Côte d'Azur – 260 h alt. 1033.

Paris 861 – Castellane 60 – Grasse 32 – Nice 38.

Aub. de L'Escaou M, ✆ 93 59 11 28, ≤, 🌳 – |‡| TV ☎ ♿. GB
fermé janv., dim. soir et lundi du 15 sept. au 15 avril – **R** 93/160 ♁ – ☕ 30 – **12 ch** 250 – ½ P 240.

COURSEULLES-SUR-MER 14470 Calvados 55 ① G. Normandie Cotentin – 3 182 h alt. 4.

Voir Clocher★ de l'église de Bernières-sur-Mer E : 2,5 km – Tour★ de l'église de Ver-sur-Mer O : 5 km par D 514 – Env. Château★★ de Fontaine-Henry S : 6,5 km.

ℹ Office de Tourisme r. Mer ✆ 31 37 46 80.

Paris 256 – ◆Caen 18 – Arromanches-les-Bains 13 – Bayeux 21 – Cabourg 33.

Crémaillère, ✆ 31 37 46 73, Télex 171952, Fax 31 37 19 31, ≤ – TV ☎. ⓓ GB
R 90/267, enf. 48 – ☕ 40 – **10 ch** 145/360 – ½ P 220/360.

Annexe Gytan 🏨 ⛰ sans rest, ✆ 31 37 95 96, 🏋, 🌲 – TV ☎ ♿ Ⓟ – 🚶 30. ⓓ GB
☕ 40 – **23 ch** 230/360, 11 duplex.

Paris, ✆ 31 37 45 07, Fax 31 96 72 57 – TV ☎ Ⓟ. AE ⓓ GB
4 avril-30 sept. – **R** 70/250, enf. 50 – ☕ 35 – **27 ch** 280/320 – ½ P 245/255.

XXX **Pêcherie,** ✆ 31 37 45 84, 🌳 – ⓓ GB
R 90/268, enf. 48.

COURTENAY 45320 Loiret 61 ⑬ – 3 292 h alt. 161.

⛳18 de Clairis à Savigny-sur-Clairis (89) ✆ 86 86 33 90, N : 7,5 km.

ℹ Syndicat d'Initiative pl. du Mail (mai-sept.) ✆ 38 97 00 60 et à la Mairie (hors saison) ✆ 38 97 40 46.

Paris 120 – Auxerre 54 – Nemours 44 – ◆Orléans 100 – Sens 26.

Gd H. de l'Étoile, 1 r. Nationale ✆ 38 97 41 71, Fax 38 97 37 89 – 📺 🚗 Ⓟ. GB
fermé 24 oct. au 11 nov., 22 déc. au 16 janv., mardi soir et merc. – **R** 95/150, enf. 50 – ☕ 28 – **16 ch** 160/280.

XX **Le Relais** avec ch, 26 r. Nationale ✆ 38 97 41 60, Fax 38 97 30 43 – TV ☎ Ⓟ. AE ⓓ GB
fermé nov., dim. soir et lundi – **R** 98/215, enf. 55 – ☕ 35 – **8 ch** 245/370 – ½ P 245/295.

X **Le Raboliot,** pl. Marché ✆ 38 97 44 52 – GB
fermé 24 au 30 juin, 24 au 30 sept., lundi soir et jeudi – **R** 90/145, enf. 50.

Les Quatre Croix SE : 1,5 km par D 32 – ✉ 45320 Courtenay :

XXX ✿ **Aub. Clé des Champs** (Delion) M ⛰, ✆ 38 97 42 68, Fax 38 97 38 10, ≤ – Ⓟ. GB
fermé 4 au 20 oct., 10 janv. au 2 fév., mardi soir, merc. (sauf hôtel en juil.-août) et fériés – **R** (nombre de couverts limité - prévenir) 160/420 et carte 240 à 440
Spéc. Ris de veau à la crème de vanille et à l'oseille. Pigeon rôti, désossé façon salmis. Gâteau tiède au chocolat sur crème anglaise. **Vins** Bourgogne-Aligoté, Coulanges-la-Vineuse.

à Ervauville NO : 9 km par N 60, D 32 et D 34 – ✉ **45320** :

XX **Le Gamin,** ☏ 38 87 22 02 – GB
fermé 1er au 15 juin, 1er au 15 sept., dim. soir, lundi et mardi – **R** 195/420.

COUSSAC-BONNEVAL **87500** H.-Vienne 72 ⑰ ⑱ **G. Berry Limousin** – 1 447 h alt. 343.

Voir Château★ – Lanterne des morts★.

Paris 439 – ♦Limoges 42 – Brive-la-Gaillarde 55 – St-Yrieix 11 – Uzerche 30.

XX **Voyageurs** avec ch, ☏ 55 75 20 24, Fax 55 75 28 90, – rest TV ☎. GB
fermé janv., dim. soir et lundi d'oct. à mars – **R** 60/225 ♂, enf. 50 – ☕ 26 – **9 ch** 200/220 – ½ P 195.

COUTANCES SP **50200** Manche 54 ⑫ **G. Normandie Cotentin** – 9 715 h alt. 92.

Voir Cathédrale★★★ YZ – Jardin des Plantes★ YZ.

ℹ Office de Tourisme pl. Georges Leclerc ☏ 33 45 17 79.

Paris 334 ② – St-Lô 29 ② – Avranches 50 ③ – Cherbourg 75 ⑤ – Vire 56 ③.

COUTANCES

St-Nicolas (R.) .... Y 30
Tancrède (R.) .... Y 32
Tourville (R.) .... Y 33

Albert-1er (Av.) .... Z 2
Croûte (R. de la) .... Z 3
Daniel (R.) .... Y 5
Duhamel (Pl.) .... Z 6
Écluse-Chette (R.) .... Y 8
Encoignard (Bd) .... Z 9
Foch (R. Mar.) .... Z 10
Gambetta (R.) .... Y 12
Herbert (R. G.) .... Z 13
Leclerc (Av. Division) .... Y 15
Legentil-de-la-Galaisière (Bd) .... Z 17
Marest (R. Thomas du) .... Y 18
Milon (R.) .... Y 19
Montbray (R. G.-de) .... Z 20
Normandie (R. de) .... Y 21
Palais-de-Justice (R.) .... Y 23
Paynel (Bd J.) .... Y 24
Quesnel-Morinière (R.) .... Z 26
République (Av. de la) .... Y 27
St-Dominique (R.) .... Y 29

Dans la liste des rues des plans de villes, les noms en rouge indiquent les principales voies commerçantes.

🏨 **Cositel** M ⛰, par ④ : 1 km sur D44 ☏ 33 07 51 64, Télex 772003, Fax 33 07 06 23, ← – TV ☎ ♿ P – 🎤 200. AE ⓓ GB
R 95/164 ♂, enf. 53 – ☕ 37 – **54 ch** 275/360 – ½ P 275.

à Montpinchon SE : 13 km par ③, D 7, D 27 et D 73 – ✉ **50210** :

🏨 **Château de la Salle** ⛰, ☏ 33 46 95 19, Fax 33 46 44 25, « Demeure ancienne dans un parc » – TV ☎ P. AE ⓓ GB
fermé 2 janv. au 20 mars, mardi et merc. sauf vacances scolaires – **R** 130/260 – ☕ 55 – **10 ch** 640/720 – ½ P 635/675.

à Gratot par ④ et D 244 : 4 km – ✉ **50200** :

X **Le Tourne-Bride,** ☏ 33 45 11 00, – P. GB
fermé 1er au 15 mars, 1er au 15 oct., dim. soir et lundi – **R** 85/235, enf. 45.

AUSTIN, ROVER Bernard, rte de Lessay ☏ 33 45 16 33 N
CITROEN Lebouteiller, rte de St-Lô, ZI par ② ☏ 33 45 12 70
PEUGEOT-TALBOT Lebailly-Horel, r. Acacias ☏ 33 07 34 00 N ☏ 33 07 24 24

RENAULT Sodiam, rte de St-Lô par ② ☏ 33 07 42 55 N

Ⓟ Chanut, av. Division-Leclerc ☏ 33 45 59 96

COUTRAS 33230 Gironde 75 ② – 6 689 h alt. 14.

Paris 528 – ♦Bordeaux 48 – Bergerac 58 – Blaye 49 – Jonzac 56 – Libourne 19 – Périgueux 81.

Henri IV M sans rest, pl. 8 Mai 1945 ✆ 57 49 34 34 – TV ☎ P. AE GB
☕ 35 – **14 ch** 220/260.

Tivoli, r. Gambetta ✆ 57 49 04 97, – GB
fermé lundi – **R** 64/138 ♂, enf. 30.

CITROEN Debenat, rte de Montpon, ZI ✆ 57 49 19 36 N
PEUGEOT-TALBOT Billard, rte d'Angoulême ✆ 57 49 12 67
RENAULT Gar. Vacher, 144 r. Gambetta ✆ 57 49 04 91

COYE-LA-FORÊT 60 Oise 56 ⑪, 106 ⑧ – rattaché à Chantilly.

CRAN-GEVRIER 74 H.-Savoie 74 ⑥ – rattaché à Annecy.

CRANSAC 12110 Aveyron 80 ① **G. Gorges du Tarn** (plan) – 2 180 h alt. 279 – Stat. therm. (15 avril-21 oct.).

Syndicat d'Initiative pl. J.-Jaurès ✆ 65 63 06 80.

Paris 608 – Aurillac 73 – Espalion 64 – Figeac 32 – Rodez 35 – Villefranche-de-Rouergue 37.

Parc ⛰, r. Gén. Artous ✆ 65 63 01 78, Fax 65 63 20 36, ←, , parc, – ☎ P. AE GB
15 mars-15 nov. – **R** 75/160 ♂, enf. 45 – ☕ 30 – **27 ch** 110/230 – ½ P 135/202.

Host. du Rouergue, av. J. Jaurès ✆ 65 63 02 11, , – ch ☎ P. AE ⓓ GB JCB
1er avril-30 nov. et fermé dim. soir et lundi sauf du 15 avril au 27 oct. – **R** 59/190 ♂, enf. 45 – ☕ 30 – **16 ch** 150/300 – ½ P 205/250.

CRAON 53400 Mayenne 63 ⑨ **G. Châteaux de la Loire** – 4 767 h alt. 48.

Syndicat d'Initiative r. A.-Gerbault (15 juin-août après-midi seul.) ✆ 43 06 10 14.

Paris 312 – Angers 55 – Châteaubriant 36 – Château-Gontier 20 – Laval 30 – ♦Rennes 71.

Ancre d'Or, 2 av. Ch. de Gaulle ✆ 43 06 14 11.

PEUGEOT-TALBOT Boisseau ✆ 43 06 10 94
RENAULT Gar. Lebascle ✆ 43 06 17 29

CRÈCHES-SUR-SAÔNE 71 S.-et-L. 74 ① – rattaché à Mâcon.

CRÉCY-EN-PONTHIEU 80150 Somme 52 ⑦ **G. Flandres Artois Picardie** – 1 491 h alt. 36.

Paris 204 – ♦Amiens 54 – Abbeville 19 – Montreuil 29 – St-Omer 73.

de la Maye M ⛰, ✆ 22 23 54 35, Fax 22 23 53 32 – TV ☎ P. GB
fermé vacances de fév., dim. soir et lundi sauf juil.-août – **R** 65/160 – ☕ 28 – **11 ch** 250/330 – ½ P 210/255.

CRÉHEN 22130 C.-d'Armor 59 ⑤ – 1 493 h alt. 51.

Paris 421 – St-Malo 25 – Dinan 20 – Dinard 18 – St-Brieuc 50.

Deux Moulins, D 768 ✆ 96 84 15 40, – P. GB
fermé 20 déc. au 9 janv., vend. soir et dim. soir sauf juil.-août – **R** 68/250 – ☕ 28 – **16 ch** 170/195 – ½ P 240/260.

CREIL 60100 Oise 56 ① ⑪ **G. Ile de France** – 31 956 h alt. 30.

Office de Tourisme pl. Gén.-de-Gaulle ✆ 44 55 16 07.

Paris 60 ③ – Compiègne 37 ② – Beauvais 42 ① – Chantilly 7 ④ – Clermont 15 ①.

Petite Alsace, 8 pl. Ch. Brobeil(près gare) **(e)** ✆ 44 55 28 89, – GB
fermé 16 août au 1er sept., sam. midi, dim. soir et lundi – **R** 85/145 ♂.

Plan page suivante

à Nogent-sur-Oise par ① : 2 km – 19 537 h. – ✉ **60180** :

Sarcus, 7 r. Châteaubriand ✆ 44 74 01 31, Fax 44 71 58 85 – ⧉ TV ☎ P – 50 à 200. AE ⓓ GB
fermé 26 juil. au 22 août – **R** *(fermé sam. midi et dim.)* 125 ♂ – ☕ 50 – **62 ch** 340/390 – ½ P 340.

Host. des Trois Rois, 113 r. Gén. de Gaulle ✆ 44 71 63 23, , – P. AE GB
fermé 20 fév. au 1er mars et dim. soir – **R** 85/190, enf. 40.

par ② : 2 km sur D 120 – ✉ **60100** Creil :

Ferme de Vaux, 11 et 19 rte Vaux ✆ 44 24 76 76, Fax 44 26 81 50 – TV ☎ ♿ P – 60. AE GB
R *(fermé 2 au 13 août)* 180/350 – ☕ 40 – **30 ch** 300/390 – ½ P 400.

ALFA-ROMEO, VOLVO Lemaire-Napoléon, 10 r. Clos-Barrois, ZI Nogent-Villers ✆ 44 25 85 40
CITROEN SO.FI.DAC., 38 av. 8-Mai, Nogent-sur-Oise par ① ✆ 44 71 72 62
FORD Gar. Brie et Picardie, r. Marais Sec, ZI Nogent-sur-Oise ✆ 44 55 39 40
PEUGEOT-TALBOT C.D.A, 83 r. R.-Schuman par ③ ✆ 44 25 54 84
RENAULT Palais Autom., ZI r. Marais-Sec à Nogent-sur-Oise par ① ✆ 44 55 02 42 N ✆ 44 24 99 47
Gar. Debuquoy, rte de Chantilly ✆ 44 25 11 50

CREIL

Barluet (R. H.) 3
Berteaux (R. M.) 4
Carnot (Pl.) 8
Dugué (Pl.) 12
Duguet (R. Ch.-A.) 13
Faubourg (Pl. du) 14
Gaulle (Pl. Gén.-de) 16
Marl (R. de) 17
Philippe (R. M.) 21
Ribot (R.) 23
Uhry (Av. J.) 27
8-Mai (Pl. du) 28

Pour un bon usage des plans de villes, voir les signes conventionnels dans l'introduction.

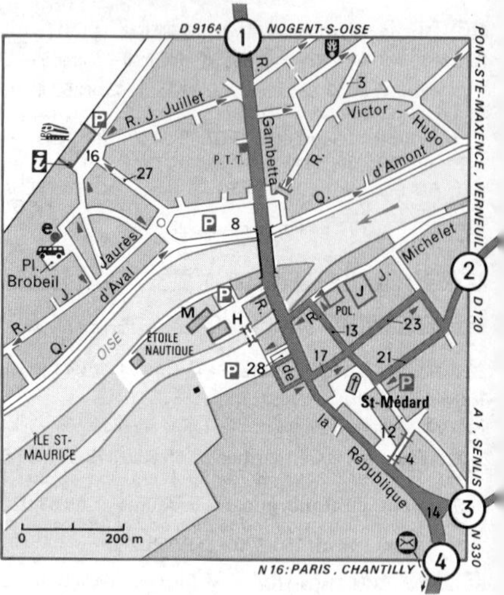

Ⓜ Euromaster Piot Pneu, Z.A.E.T. St-Maximin ☏ 44 24 47 18

Sitec P.P.P.N., 2 rte de Creil, St-Leu-d'Esserent ☏ 44 56 62 56

CRÉMIEU 38460 Isère 74 ⑬ **G. Vallée du Rhône** (plan) – 2 855 h alt. 212.

ℹ Maison du Tourisme 5 r. du Four Banal (15 avril-15 oct.) ☏ 74 90 45 13.

Paris 489 – ◆Lyon 39 – Belley 47 – Bourg-en-Bresse 60 – ◆Grenoble 84 – La Tour-du-Pin 34 – Vienne 40.

X **Aub. de la Chaite** avec ch, ☏ 74 90 76 63, – TV ☎ P. AE O GB
fermé 16 au 23 mars, 2 au 31 janv., dim. soir et lundi – **R** 60/150 , enf. 34 – ☕ 21 – **11 ch** 130/230.

CRÉON 33670 Gironde 71 ⑨ **G. Pyrénées Aquitaine** – 2 508 h alt. 103.

Paris 595 – ◆Bordeaux 23 – Bergerac 73 – Libourne 20 – La Réole 40.

Château Camiac M, NE : 3 km par D 121 ☏ 56 23 20 85, Fax 56 23 38 84, ←, parc, – ch TV ☎ & P – 40. AE GB
R *(fermé 15 janv. au 15 mars, merc. midi et mardi hors sais.)* 180/300 – ☕ 65 – **19 ch** 390/990 – ½ P 475/810.

CREPON 14 Calvados 54 ⑮ **G. Normandie Cotentin** – 209 h – ✉ **14480** Creuilly.

Paris 261 – ◆Caen 23 – Bayeux 12 – Deauville 69.

La Rançonnière, rte Arromanches-les-Bains ☏ 31 22 21 73, Fax 31 22 98 39, « Ancienne ferme aménagée », – ☎ & P. AE O GB
R 88/240, enf. 55 – ☕ 50 – **35 ch** 295/340 – ½ P 265/295.

CRESSENSAC 46600 Lot 75 ⑱ – 570 h alt. 309.

Paris 505 – Brive-la-Gaillarde 20 – Sarlat-la-Canéda 46 – Cahors 80 – Gourdon 44 – Larche 17.

La Truffière, S : 5 km par N 20 ☏ 65 37 88 95, , parc, , – TV ☎ P. GB
fin avril-oct., fermé dim. soir et lundi du 1er juil. au 15 sept. sauf fêtes – **R** 95/225, enf. 35 – ☕ 36 – **17 ch** 210/290 – ½ P 235/275.

XX **Chez Gilles** avec ch, N 20 ☏ 65 37 70 06, Fax 65 37 77 15 – ☎ . AE O GB
R 95/225 – ☕ 36 – **20 ch** 155/285 – ½ P 210/295.

CRESSERONS 14 Calvados 54 ⑯ – rattaché à Douvres-la-Délivrande.

CREST 26400 Drôme 77 ⑫ **G. Vallée du Rhône** – 7 583 h alt. 192.

Voir Donjon★ : ★ Y.

ℹ Office de Tourisme pl. Dr M.-Rozier ☏ 75 25 11 38.

Paris 592 ④ – Valence 28 ④ – Die 38 ① – Gap 132 ① – ◆Grenoble 109 ④ – Montélimar 37 ②.

Plan page suivante

Gd Hôtel, 60 r. Hôtel de Ville ☏ 75 25 08 17 – ☎. GB Y **a**
fermé 19 déc. au 17 janv., vacances de fév., dim. soir du 10/09 au 15/06, lundi sauf le soir d'avril à oct. – **Repas** 76/210, enf. 47 – ☕ 31 – **22 ch** 130/320 – ½ P 175/255.

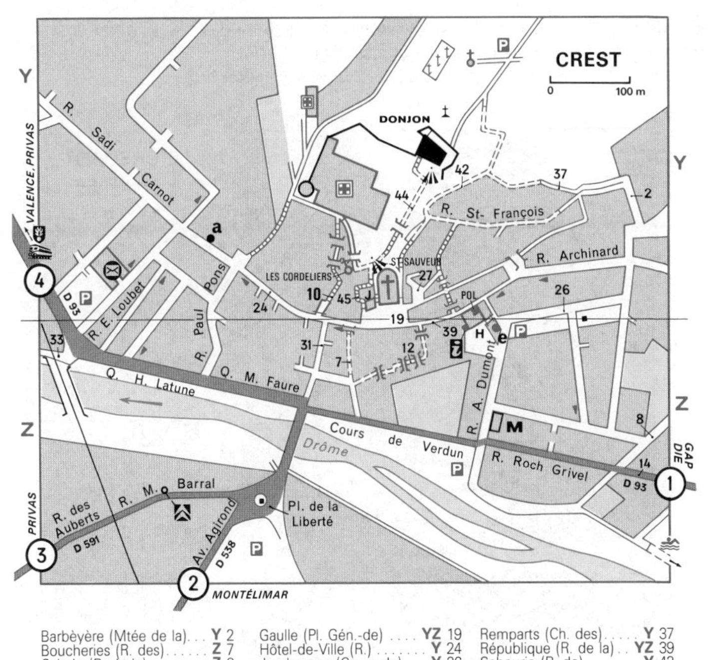

Barbèyère (Mtée de la) . . . Y 2	Gaulle (Pl. Gén.-de) . . . . YZ 19	Remparts (Ch. des) . . . . . Y 37
Boucheries (R. des) . . . . . Z 7	Hôtel-de-Ville (R.) . . . . Y 24	République (R. de la) . . YZ 39
Calade (R. de la) . . . . Z 8	Jourbernon (Cours de) . . . Y 26	Sabourie (R. de) . . . . Y 42
Cordeliers (Esc. des) . . . . . Y 10	Julien (Pl.) . . . . Y 27	Tour (R. de la) . . . . Y 44
Cuiretteries (R. des) . . . . . . Z 12	Long (R. M.) . . . . Z 31	Vieux-Gouvernement
Dr.-A. Ricateau (Av.) . . . . . Z 14	Pied Gay (Quai) . . . . Z 33	(R. du) . . . . Y 45

XX **Porte Montségur** avec ch, par ① : 0,5 km sur D 93 ✆ 75 25 41 48, Fax 75 25 22 63, ☂, ☀ – TV ☎ P. AE ⓓ GB
fermé 26 oct. au 4 nov., 11 fév. au 4 mars, lundi soir et merc. – **R** 130/265 – ☐ 40 – **9 ch** 250/270 – ½ P 330/350.

XX **Kléber** avec ch, 6 r. A. Dumont ✆ 75 25 11 69 – ▤ rest ☎. GB Z e
fermé 1er au 15 sept., 15 au 31 janv., dim. soir et lundi – **R** 85/220 – ☐ 30 – **7 ch** 150/240.

*à **Aouste-sur-Sye*** par ① : 3,5 km – ✉ **26400** :

⌂ **Gare,** rte Saou ✆ 75 25 14 12, ☂, ☀ – TV ☎ P. GB. ✻ ch
fermé 1er au 15 sept., vend. soir et sam. d'oct. à juin – **R** 70/200, enf. 50 – ☐ 33 – **12 ch** 150/270 – ½ P 175/230.

CITROEN Rolland, 34 r. Maurice Barral ✆ 75 25 01 13 N
RENAULT Gar. Cunzi, av. A.-Fayolle ✆ 75 25 10 85

Ⓟ Relais du Pneu, av. F.-Rozier, rte de Valence ✆ 75 25 44 51

CREST-VOLAND 73590 Savoie 74 ⑰ G. Alpes du Nord – 395 h alt. 1 230 – Sports d'hiver : 1 230/2 000 m ≴17 ⛷.

ℹ Office de Tourisme ✆ 79 31 62 57.

Paris 588 – Albertville 22 – Chamonix-Mont-Blanc 49 – Annecy 52 – Bonneville 53 – Chambéry 73 – Megève 14.

⌂ **Caprice des Neiges** ⛰, rte Saisies : 1 km ✆ 79 31 62 95, Fax 79 31 79 30, ≤, ☀, ✗ – ☎ P. GB. ✻ rest
27 juin-15 sept. et 15 déc.-15 avril – **R** 80/110, enf. 45 – ☐ 30 – **16 ch** 310 – ½ P 300.

⌂ **Mont Charvin,** au Cernix S : 1,5 km par VO ✆ 79 31 61 21, ≤, ☀ – ☎ ⇔ P. AE GB
15 juin-30 sept. et 20 déc.-15 avril – **R** 80/100, enf. 50 – ☐ 30 – **23 ch** 130/240 – ½ P 230.

⌂ **Aravis** ⛰, Au Cernix, S : 1,5 km par VO ✆ 79 31 63 81, ≤ Aravis, ☀ – ☎ P
1er juil.-31 août, 20 déc.-5 janv. et 5 fév.-31 mars – **R** (résidents seul.) 80 ✈ – ☐ 27 – **17 ch** 205/225 – ½ P 233/253.

CRÉTEIL 94 Val-de-Marne 61 ①, 101 ㉗ – voir à Paris, Environs.

Le CREUSOT 71200 S.-et-L. 69 ⑧ G. Bourgogne – 28 909 h Communauté urbaine 100 343 h alt. 347.

☐ Office de Tourisme Château de la Verrerie ✆ 85 55 02 46.

Paris 319 ② – Chalon-sur-Saône 37 ② – Autun 28 ③ – Beaune 46 ① – Mâcon 89 ②.

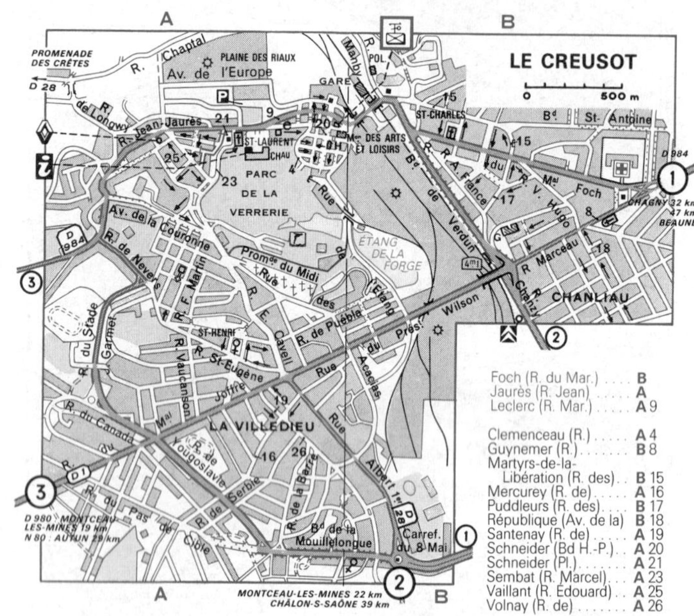

Foch (R. du Mar.)	B
Jaurès (R. Jean)	A
Leclerc (R. Mar.)	A 9
Clemenceau (R.)	A 4
Guynemer (R.)	B 8
Martyrs-de-la-Libération (R. des)	B 15
Mercurey (R. de)	A 16
Puddleurs (R. des)	B 17
République (Av. de la)	B 18
Santenay (R. de)	A 19
Schneider (Bd H.-P.)	A 20
Schneider (Pl.)	A 21
Sembat (R. Marcel)	A 23
Vaillant (R. Édouard)	A 25
Volnay (R. de)	A 26

La Petite Verrerie, 4 r. J. Guesde ✆ 85 55 31 44, Télex 801347, Fax 85 80 89 01 – TV ☎ ♿ P – 40. AE GB A e
fermé 25 déc. au 1er janv. – **R** *(fermé sam. et dim.)* 105/195, enf. 70 – ☕ 45 – **40 ch** 320/380 – ½ P 295/335.

au Breuil par ① : 3 km – 3 741 h. – ✉ **71670** :

Moulin Rouge ⛰, ✆ 85 55 14 11, Télex 305551, Fax 85 55 53 37, ☂, ⛱, ☂ – ⇆ ch TV ☎ P – 40. AE ⦿ GB
fermé 20 déc. au 20 janv., vend. soir, sam. midi et dim. soir – **R** 110/260 ♨ – ☕ 40 – **32 ch** 230/400 – ½ P 270/320.

à Torcy par ② : 4 km – 4 059 h. – ✉ **71210** :

XXX **Vieux Saule,** ✆ 85 55 09 53, ☂ – P. GB
fermé dim. soir et lundi – **R** 130/340, enf. 60.

à Montchanin par ② et rte Gare TGV : 8 km – 5 960 h. – ✉ **71210** :

Novotel M, ✆ 85 78 55 55, Télex 800588, Fax 85 78 08 88, ☂, ⛱, ☂ – |♦| ⇆ ch TV ☎ ♿ P – 150. AE ⦿ GB
R carte environ 160, enf. 50 – ☕ 48 – **87 ch** 395.

CITROEN Broin, 77 rte de Montcenis par D 984 A ✆ 85 55 20 09
CITROEN Gar. Moderne, r. de Chanzy ✆ 85 80 88 51
FORD Gar. Auto Fuchey, 13 r. Mar.-Joffre ✆ 85 55 27 06
PEUGEOT-TALBOT Nedey-Guillemier, 57 r. de Chanzy ✆ 85 55 20 63 N ✆ 85 55 85 12

RENAULT Creusot-Gar., pl. Bozu ✆ 85 77 00 22 N ✆ 85 77 32 74

⦿ Creusot-Pneus, 55 av. Abattoirs ✆ 85 55 60 93
Goesin, 35 av. République ✆ 85 55 44 17

CREUTZWALD 57150 Moselle 57 ⑤ – 15 169 h alt. 219.

Paris 376 – ♦ Metz 47 – Forbach 25 – Sarrebrücken 35 – Sarreguemines 38 – Saarlouis 17.

X **Faisan d'Or,** rte Saarlouis NE : 2 km N 33 ✆ 87 93 01 36 – P. GB JCB
fermé août et lundi – **R** 90/220 ♨, enf. 45.

OPEL Gar. Esch, à Hargarten-aux-Mines ✆ 87 93 18 46

CREUZIER-LE-NEUF 03 Allier 73 ⑤ – rattaché à Cusset.

CRÈVECOEUR-EN-AUGE 14340 Calvados 54 ⑰ G. Normandie Vallée de la Seine – 554 h alt. 60.

Voir Manoir★ – Paris 194 – ◆Caen 34 – Falaise 32 – Lisieux 17.

La Galetière, ✆ 31 63 04 28 – GB
fermé mardi et merc. – **R** 75/180, enf. 39.

CRÉVOUX 05200 H.-Alpes 77 ⑱ G. Alpes du Sud – 117 h alt. 1 577 – Sports d'hiver : 1 600/2 100 m ⛷2.

Paris 727 – Briançon 59 – Gap 53 – Embrun 15 – Guillestre 31.

Parpaillon ⛰, ✆ 92 43 18 08, ← – ☎ Ⓟ. AE ⓓ GB. ✻ rest
fermé 10 au 30 nov. – **R** 85/120 🍷 – ☕ 26 – **28 ch** 140/260 – ½ P 195/240.

CRILLON 60112 Oise 52 ⑰ – 440 h alt. 82.

Paris 92 – Compiègne 75 – Aumale 32 – Beauvais 16 – Breteuil 33 – Gournay-en-Bray 18.

La Petite France, 7 rte Gisors ✆ 44 81 01 13 – Ⓟ. GB
fermé 16 août au 7 sept., dim. soir, lundi soir et mardi – **R** 78/150 🍷.

CRILLON-LE-BRAVE 84410 Vaucluse 81 ⑬ – 370 h alt. 345.

Paris 686 – Avignon 38 – Carpentras 13 – Nyons 41 – Vaison-la-Romaine 26.

Host. de Crillon le Brave ⛰, pl. Église ✆ 90 65 61 61, Fax 90 65 62 86, ← plaine et Mont Ventoux, 🌳, 🏊 – ☎ Ⓟ. AE GB
1er avril-1er janv. – **R** *(fermé mardi midi et lundi du 1er nov. au 21 déc.)* 230/250 – ☕ 75 – **18 ch** 750/1150, 4 appart.

CRISENOY 77 S.-et-M. 61 ② – rattaché à Melun.

Le CROISIC 44490 Loire-Atl. 63 ⑭ G. Bretagne – 4 428 h alt. 5.

Voir Mont-Esprit ←★ – Aquarium de la Côte d'Amour★ – ←★ du Mont-Lénigo.

Office de Tourisme pl. 18 Juin 1940 ✆ 40 23 00 70.

Paris 464 – ◆Nantes 86 – La Baule 13 – Guérande 11,5 – Le Pouliguen 9 – Redon 64 – Vannes 77.

Les Vikings Ⓜ ⛰ sans rest, à **Port Lin** ✆ 40 62 90 03, Fax 40 23 28 03, ← côte et mer – |‡| TV ☎ ♿ 🚗 – 🏛 80. AE GB
☕ 50 – **24 ch** 360/570.

Les Nids ⛰, 83 bd Gén. Leclerc à **Port-Lin** ✆ 40 23 00 63, Fax 40 23 09 79, 🌳 – TV ☎ Ⓟ. GB
fermé 12 nov. au 15 déc., 2 au 31 janv., dim. soir (sauf hôtel) et merc. d'oct. à mars – **R** 125/300, enf. 65 – ☕ 33 – **28 ch** 186/356 – ½ P 242/327.

Maris Stella Ⓜ sans rest, plage Port-Lin ✆ 40 23 21 45, Fax 40 23 22 63, ←, 🏊, 🌳 – TV ☎. GB. ✻
1er avril-30 oct. et vacances de Noël – ☕ 42 – **8 ch** 490/720.

Castel Moor, av. Castouillet, NO : 1,5 km sur D 45 ✆ 40 23 24 18, Fax 40 62 98 90, ←, 🌳 – TV ☎ ♿ Ⓟ. AE GB
fermé 8 janv. au 8 fév. – **R** *(fermé mardi soir et merc. du 1er oct. au 15 mars)* 90/240 – ☕ 35 – **11 ch** 320/360 – ½ P 280/310.

Océan avec ch, à **Port-Lin** ✆ 40 62 90 03, Fax 40 23 28 03, « Sur les rochers de la Côte Sauvage, ← mer et côte » – TV ☎. AE GB
R produits de la mer – carte 290 à 385 – ☕ 50 – **14 ch** 570.

Bretagne, sur le port ✆ 40 23 00 51, Fax 40 23 18 32 – AE ⓓ GB
fermé janv. et fév. sauf week-ends, 11 nov. au 15 déc., dim. soir et lundi de sept. à juin – **R** 100/300, enf. 75.

L'Estacade avec ch, 4 quai Lénigo ✆ 40 23 03 77, Fax 40 23 24 32 – TV ☎. AE ⓓ GB
R *(fermé 29 nov. au 3 déc., vacances de fév. et merc. du 15 sept. au 15 mars)* 75/220, enf. 54 – ☕ 32 – **13 ch** 240/300 – ½ P 240/270.

Le Lénigo, quai du Lénigo ✆ 40 23 00 31 – ⓓ GB
1er mars-15 nov. et fermé mardi sauf juil.-août – **R** 80/175, enf. 45.

CITROEN Gar. Rochard ✆ 40 62 90 32 — RENAULT Propice, ✆ 40 23 02 09

CROISSY-BEAUBOURG 77 S.-et-M. 61 ②, 101 ㉚ – voir à Paris, Environs (Marne-la-Vallée).

CROISSY-SUR-SEINE 78 Yvelines 55 ⑳, 106 ⑱ – voir à Paris, Environs.

La CROIX-BLANCHE 71 S.-et-L. 69 ⑲ – alt. 204 – ✉ 71960 Berzé-la-Ville.

Voir Berzé-la-Ville : peintures murales★ de la chapelle aux Moines E : 2 km – Château★ de Berzé-le-Châtel N : 3 km, G. Bourgogne.

Paris 407 – Mâcon 13 – Charolles 42 – Cluny 11 – Roanne 84.

Relais du Mâconnais avec ch, ancienne N 79 ✆ 85 36 60 72, Fax 85 36 65 47 – TV ☎ Ⓟ. AE ⓓ GB JCB. ✻ ch
fermé 3 janv. au 3 fév., dim. soir et lundi hors sais. – **R** 130/260, enf. 70 – ☕ 32 – **8 ch** 320/360 – ½ P 280/300.

CROIX (Col des) 88 Vosges 66 ⑦ – rattaché au Thillot.

CROIX-FRY (Col de) 74 H.-Savoie 74 ⑦ – rattaché à Manigod.

CROIX-MARE **76** S.-Mar. 52 ⑬ – rattaché à Yvetot.

La CROIX-VALMER **83420** Var 84 ⑰ **G. Côte d'Azur** – 2 634 h alt. 120.

Paris 878 – Fréjus 36 – Brignoles 68 – Draguignan 50 – Le Lavandou 26 – Ste-Maxime 16 – ♦Toulon 69.

Parc sans rest, E : 1 km par D 93 ✆ 94 79 64 04, Fax 94 54 38 91, ←, parc – GB.
15 avril - 1er oct. – 40 – **33 ch** 310/490.

à Gigaro SE : 5 km par D 93 et VO – ✉ **83420** La Croix-Valmer :

✿ **Souleias** M, ✆ 94 79 61 91, Fax 94 54 36 23, ← mer et îles, «Au faîte d'une colline dominant le littoral», – ch – 25. AE GB. rest
20 mars-5 nov. – **R** 200 (déj.)/350 et carte 300 à 480 – 70 – **48 ch** 890/1480 – ½ P 660/1090

Spéc. Assiette de petits farcis à la provençale. Filets de daurade à la sauge. Pot-au-feu de poissons en consommé de poireaux, aïoli de pommes de terre. Vins Côtes de Provence.

Le Château de Valmer M sans rest, ✆ 94 79 60 10, Fax 94 54 22 68, ←, parc, « bordée d'une palmeraie », – . AE GB
1er avril-31 oct. – **R** voir **La Pinède** ci-après – 65 – **39 ch** 700/1100.

Les Moulins de Paillas et Résidence Gigaro M, ✆ 94 79 71 11, Fax 94 54 37 05, , , , – ch . AE GB. rest
19 mai-fin sept. – - **La Brigantine** ✆ 94 79 67 16 **R** 105 (déj.)/260 – 60 – **68 ch** 940/1180 – ½ P 680/850.

La Pinède , ✆ 94 54 31 23, Fax 94 79 71 46, ←, ,« En bord de mer », , , , – . AE GB
30 avril-17 oct. – **R** carte 260 à 310 – 65 – **40 ch** 690/1150 – ½ P 630/860.

CROS-DE-CAGNES **06** Alpes-Mar. 84 ⑨, 115 ㉖ – rattaché à Cagnes.

CROUTELLE **86** Vienne 67 ⑲ – rattaché à Poitiers.

CROZANT **23160** Creuse 68 ⑱ **G. Berry Limousin** – 636 h alt. 277.

Voir Ruines★.

Paris 334 – Argenton-sur-C. 31 – La Châtre 48 – Guéret 39 – Montmorillon 70 – La Souterraine 24.

Lac sans rest, E : 1 km par D 72 et D 30 ✆ 55 89 81 96, ← – .
1er mai-30 sept. – 29 – **10 ch** 190/270.

XX **Aub. de la Vallée,** ✆ 55 89 80 03 – GB
fermé 2 au 27 janv., lundi soir et mardi sauf juil.-août – **Repas** 72/275, enf. 40.

CROZON **29160** Finistère 58 ④ **G. Bretagne** – 7 705 h alt. 81.

Voir Retable★ de l'église.

Env. Pointe de Dinan ✻★★ SO : 6 km.

Office de Tourisme Ancienne Mairie pl. Église (oct.-mai matin seul.) et bd de la Plage à Morgat (saison) ✆ 98 27 07 92.

Paris 580 – ♦Brest 57 – Châteaulin 33 – Douarnenez 43 – Morlaix 77 – Quimper 52.

XX **La Pergola,** 25 r. Poulpatré ✆ 98 27 04 01 – GB
fermé nov. et lundi sauf juil.-août – **R** 69/145 , enf. 50.

au Fret N : 5,5 km par D 155 et D 55 – ✉ **29160** Crozon :

Host. de la Mer, ✆ 98 27 61 90, Fax 98 27 65 89, ← – . AE GB
fermé 3 au 29 janv. – **R** 99/235, enf. 65 – 40 – **24 ch** 235/305 – ½ P 280/322.

Prat-Pneus, rte de Châteaulin ✆ 98 27 12 51

CRUAS **07350** Ardèche 76 ⑳ **G. Vallée du Rhône** – 2 200 h alt. 76.

Syndicat d'Initiative pl. G.-Clemenceau (15 juin-15 sept.) ✆ 75 51 43 90.

Paris 599 – Valence 39 – Montelimar 15 – Privas 24.

X **Le Chrystel,** r. Mercoyrol ✆ 75 51 43 10 – AE GB
fermé 15 au 31 juil., sam. midi et dim. soir – **R** 125/265, enf. 50.

CRUSEILLES **74350** H.-Savoie 74 ⑥ **G. Alpes du Nord** – 2 716 h.

Paris 539 – Annecy 18 – Bellegarde-sur-Valserine 45 – Bonneville 36 – ♦Genève 25 – Thonon-les-Bains 58.

XX **L'Ancolie,** au parc des Dronières ✆ 50 44 28 98, Fax 50 44 09 73, – AE GB
fermé vacances de fév., et merc. sauf juil.-août – **R** 105/298, enf. 50.

au péage de l'autoroute : 7 km – ✉ **74350** Cruseilles :

Airelles, ✆ 50 46 80 36, Fax 50 46 89 06, – . AE GB
R 90/130 – 35 – **35 ch** 230/280 – ½ P 225/265.

CUBRY **25** Doubs 66 ⑯ – rattaché à Villersexel.

CUCHERON (Col du) **38** Isère 77 ⑤ – rattaché à St-Pierre-de-Chartreuse.

CUCUGNAN 11350 Aude 86 ⑧ – 128 h alt. 320.
Voir Col Grau de Maury ❄** S : 2,5 km – Site** du château de Quéribus* SE : 3 km.
Env. Château de Peyrepertuse*** NO : 7 km, G. Pyrénées Roussillon.
Paris 909 – Perpignan 41 – Carcassonne 75 – Limoux 60 – Quillan 49.

X **Aub. de Cucugnan,** ✆ 68 45 40 84, « Grange aménagée » – P. GB
fermé 1er au 15 sept. et merc. du 1er janv. au 31 mars – **Repas** 95 bc/240 bc, enf. 45.

CUERS 83390 Var 84 ⑮ – 7 027 h alt. 132.
Paris 836 – ♦ Toulon 22 – Brignoles 24 – Draguignan 58 – ♦ Marseille 86.

XXX ✿ **Le Lingousto** (Ryon), E : 2 km par rte Pierrefeu ✆ 94 28 69 10, Fax 94 48 63 79, – P. AE ⓓ GB
fermé fév., dim. soir (sauf juil.-août) et lundi – **R** 230/400 et carte 310 à 470, enf. 80
Spéc. Salade tiède du Lingousto. Vinaigrette de pied de porc au foie gras (juin à sept.). Gibier (saison). **Vins** Bandol, Côtes de Provence.

CUISEAUX 71480 S.-et-L. 70 ⑬ – 1 779 h alt. 273.
Paris 398 – Chalon-sur-Saône 61 – Mâcon 55 – Lons-le-Saunier 27 – Tournus 45.

XX **Nord** avec ch, ✆ 85 72 71 02, Fax 85 72 54 68 – ☎ P. GB. rest
fermé jeudi (sauf le soir en juil.-août) et vend. midi – **R** 70/210 – ☐ 30 – **17 ch** 120/320.

XX **Commerce** avec ch, ✆ 85 72 71 79, Fax 85 72 54 22, – TV ☎ P. GB
fermé 28 juin au 5 juil., 1er au 11 oct., dim. soir de sept. à juin (sauf rest.) et lundi (sauf hôtel en sais.) – **Repas** 76/220, enf. 42 – ☐ 30 – **16 ch** 170/230 – ½ P 200/220.

PEUGEOT Gar. Berger ✆ 85 72 71 39 N

CUISERY 71290 S.-et-L. 70 ⑫ – 1 505 h alt. 211.
Paris 370 – Chalon-sur-Saône 35 – Bourg-en-Bresse 46 – Lons-le-Saunier 48 – Mâcon 36 – St-Amour 37 – Tournus 7,5.

XXX **Host. Bressane** avec ch, ✆ 85 40 11 63, Fax 85 40 14 96, – TV ☎ & P. AE GB
fermé 7 au 17 juin, 15 nov. au 15 déc., mardi sauf de juil. à sept. et merc. midi – **R** 110/350, enf. 70 – ☐ 40 – **15 ch** 190/400.

La CURE 39 Jura 70 ⑯ – rattaché aux Rousses.

CUREBOURSE (Col de) 15 Cantal 76 ⑫ ⑬ – rattaché à Vic-sur-Cère.

Le CURTILLARD 38 Isère 77 ⑥ – rattaché à La Ferrière.

CURTIL-VERGY 21 Côte-d'Or 66 ⑫ – rattaché à Nuits-St-Georges.

CUSSAY 37 I.-et-L. 68 ⑤ – rattaché à Ligueil.

CUSSET 03300 Allier 73 ⑤ G. Auvergne – 13 567 h alt. 274.
Syndicat d'Initiative 2 r. S.-Arloing (fermé après-midi hors saison) ✆ 70 31 39 41.
Paris 347 ② – ♦ Clermont-Fd 57 ① – Lapalisse 21 ② – Moulins 53 ② – Vichy 2 ①.

XX **Taverne Louis XI,** pl. Victor Hugo **(a)** ✆ 70 98 39 39, maison du 15e siècle – GB
fermé vacances de fév., dim. soir et lundi – **R** (nombre de couverts limité, prévenir) 145/250.

CUSSET

Arloing (R. S.) 2
Constitution (R. de la) 6
Gambetta (R.) 9
Rocher-Favyé (R.) 19

Barge (R. de la) 3
Bru (R. J. B.) 4
Centenaire (Pl. du) 5
Cornil (Pl. F.) 7
Cureyras (R. H.) 8
Drapeau (Av. du) 12
Prés.-Wilson (R. du) 13
Radoult-de-la-Fosse (Pl.) 16
Raynal (R. du Gén.) 17
République (Pl. de la) 18
Sausheim (R. de) 20
Victor-Hugo (Pl.) 21
29-Juillet (R. du) 22

Pas de publicité payée dans ce guide.

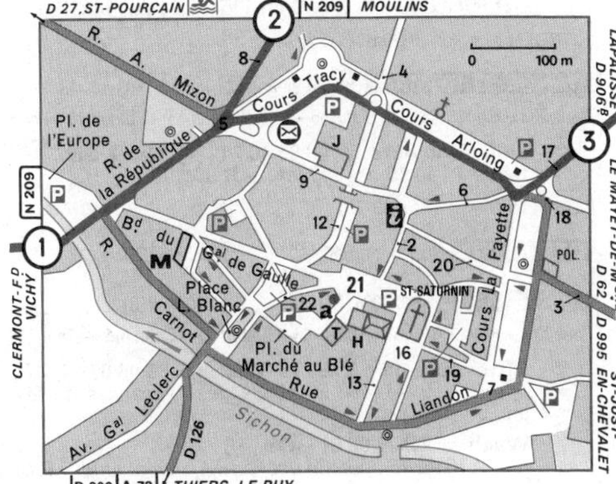

à Creuzier-le-Neuf par ② : 5,5 km – ✉ 03300 :

X **Bon Accueil,** N 209 ✆ 70 98 06 01 – P. ⓓ GB
fermé 15 janv. au 15 fév., dim. soir et lundi – **R** 80/170 , enf. 45.

Gaudrypneu, 26-28 r. Bartins ✆ 70 97 63 63

CUSSEY-SUR-L'OGNON 25870 Doubs 66 ⑮ – 570 h alt. 215.

Paris 414 – ◆Besançon 13 – Gray 37 – Vesoul 40.

XX **Vieille Auberge** avec ch, ☎ 81 57 78 35, Fax 81 57 62 30, 🏞 – TV ☎. GB
fermé dim. soir et lundi – **R** 80/150, enf. 50 – ☕ 40 – **8 ch** 240/300 – ½ P 230/265.

DABISSE 04 Alpes-de-H.-P. 81 ⑯ – ✉ 04190 Les Mées.

Paris 740 – Digne-les-Bains 33 – Forcalquier 19 – Manosque 23 – Sisteron 29.

XXX **Vieux Colombier,** S: 2 km sur D4 ☎ 92 34 32 32, Fax 92 34 34 26, 🏞 – Ⓟ. GB
fermé dim. soir du 1er oct. au 30 mai et merc. – **R** 115/275, enf. 75.

DACHSTEIN 67120 B.-Rhin 62 ⑨ – 957 h alt. 175.

Paris 476 – ◆Strasbourg 21 – Molsheim 4 – Saverne 27 – Sélestat 40.

XX **Aub. de la Bruche,** ☎ 88 38 14 90, 🏞 – Ⓟ. GB. ✻
fermé 6 au 15 sept., 20 janv. au 6 fév., sam. midi et mardi – **R** 120/185 ♂.

La DAILLE 73 Savoie 74 ⑲ – rattaché à Val-d'Isère.

DAMBACH-LA-VILLE 67650 B.-Rhin 62 ⑨ **G. Alsace Lorraine** – 1 800 h alt. 215.

ℹ Syndicat d'Initiative pl. Marché (15 juin-15 sept.) ☎ 88 92 61 00 et à la Mairie ☎ 88 92 41 05.

Paris 437 – ◆Strasbourg 45 – Obernai 19 – Saverne 58 – Sélestat 9.

🏠 **Au Raisin d'Or,** ☎ 88 92 48 66, Fax 88 92 61 42 – TV ☎ Ⓟ. ◑ GB. ✻
fermé 15 déc. au 1er fév., mardi midi et lundi (sauf hôtel en sais.) – **R** 100/170 ♂, enf. 40 – ☕ 35 – **10 ch** 255/270 – ½ P 213/220.

DAMGAN 56750 Morbihan 63 ⑬ – 1 032 h alt. 6.

Paris 454 – Vannes 26 – Muzillac 9,5 – Redon 46 – La Roche-Bernard 24.

🏠 **L'Albatros,** ☎ 97 41 16 85, Fax 97 41 21 34, ← – ☎ Ⓟ. GB
1er avril-1er oct. – **R** 78/165 – ☕ 28 – **24 ch** 185/330 – ½ P 185/260.

DAMMARIE-LES-LYS 77 S.-et-M. 61 ②, 106 ㊺ – rattaché à Melun.

DAMPRICHARD 25450 Doubs 66 ⑱ – 1 858 h alt. 825.

Paris 490 – ◆Besançon 81 – ◆Basel 95 – Belfort 64 – Montbéliard 47 – Pontarlier 67.

🏨 **Lion d'Or,** ☎ 81 44 22 84, Fax 81 44 23 10 – TV ☎ Ⓟ – 🏊 60. AE ◑ GB
fermé 6 nov. au 6 déc. et dim. soir hors sais. – **R** 85/200, enf. 45 – ☕ 32 – **16 ch** 250/380 – ½ P 300/350.

DAMVILLERS 55150 Meuse 57 ① – 627 h alt. 208.

Paris 286 – ◆Metz 74 – Bar-le-Duc 76 – Longuyon 20 – Sedan 66 – Verdun 24.

X **Croix Blanche** avec ch, ☎ 29 85 60 12 – ☎ Ⓟ. AE ◑ GB. ✻ rest
✦ *fermé 1er au 7 oct., vacances de fév., dim. soir de sept. à juin et lundi sauf le soir en juil.-août* – **R** 65/160 ♂ – ☕ 26 – **9 ch** 115/240 – ½ P 140/190.

CITROEN Gar. Iori ☎ 29 85 60 25

DANGÉ-ST-ROMAIN 86220 Vienne 68 ④ – 3 150 h alt. 48.

Paris 293 – Poitiers 48 – Le Blanc 55 – Châtellerault 15 – Chinon 44 – Loches 42 – ◆Tours 59.

X **La Crémaillère,** ☎ 49 86 40 24 – Ⓟ. AE ◑ GB
fermé 1er au 15 oct. et merc. – **R** 90/190, enf. 58.

CITROEN Ory ☎ 49 86 42 76 RENAULT Judes ☎ 49 86 40 39

DANJOUTIN 90 Ter.-de-Belf. 66 ⑧ – rattaché à Belfort.

DANNEMARIE 68210 H.-Rhin 66 ⑨ – 1 820 h alt. 317.

Paris 517 – ◆Mulhouse 27 – ◆Basel 43 – Belfort 22 – Colmar 57 – Thann 26.

X **Ritter,** face gare ☎ 89 25 04 30, Fax 89 08 02 34, 🏞, 🏊, 🌳 – Ⓟ. ◑ GB
✦ *fermé 7 au 16 juil., 20 au 31 déc., vacances de fév., lundi soir et mardi* – **R** 55/190 ♂, enf. 55.

X **Wach,** ☎ 89 25 00 01 – GB
✦ *fermé 16 au 28 août, 25 déc. au 12 janv. et lundi* – **R** 60/180 ♂, enf. 55.

FORD Christen ☎ 89 25 00 33

DAVÉZIEUX 07 Ardèche 76 ⑩ – rattaché à Annonay.

DAX <SP> **40100** Landes 78 ⑥ ⑦ **G. Pyrénées Aquitaine** – 19 309 h alt. 12 – Stat. therm. : Atrium.

Office de Tourisme et A.C. pl. Thiers ℘ 58 90 20 00 – A.C. Zone Artisanale du Sablar, r. des Prairies ℘ 58 74 05 04.

Paris 734 ① – Biarritz 57 – Mont-de-Marsan 51 ② – ◆Bayonne 51 ④ – ◆Bordeaux 145 ① – Pau 78 ③.

DAX

Carmes (R. des) . . . . . B 6
Liberté (Av. de la) . . . . . A 17
Verdun (Cours de) . . . . . B 38

Augusta (Cours J.) . . . . . B 2
Baignots (Allée des) . . . . . B 3
Borda (Pl.) . . . . . B 4
Bouvet (Pl. C.) . . . . . B 5
Chanoine-Bordes (Pl.) . . . . . B 7
Chanzy (R.) . . . . . B 8
Clemenceau (Av. G.) . . . . . A 10
Ducos (Pl. R.) . . . . . B 12
Foch (Cours Mar.) . . . . . B 13
Foch (R. Mar.) ST-PAUL-LÈS-DAX. A 14
Fusillés (R. des) . . . . . B 15
Gaulle (Espl. Gén.-de) . . . . . B 16
Manoir (Bd Y. du) . . . . . A 19
Milliés-Ladroix (Bd E.) . . . . . B 20
Pasteur (Cours) . . . . . B 23
Résistance (Av. de la) . . . . . A 24
Sablar (Av. du) . . . . . B 25
St-Pierre (Pl.) . . . . . B 26
St-Pierre (R.) . . . . . B 27
St-Vincent (R.) . . . . . B 28
St-Vincent-de-Paul (Av.) . . . . . B 30
St-Vincent-de-Paul (Av.) ST-PAUL-LÈS-DAX . . . . . A 32
Sully (R.) . . . . . B 35
Thiers (Pl.) . . . . . B 36
Tuilleries (Av. des) . . . . . B 37
Victor-Hugo (Av.) . . . . . B 39

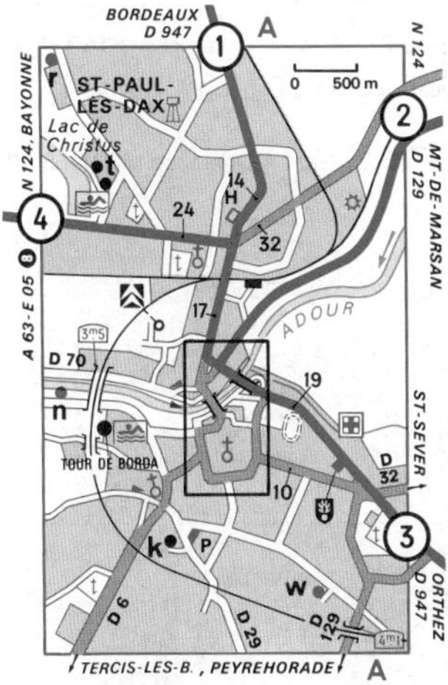

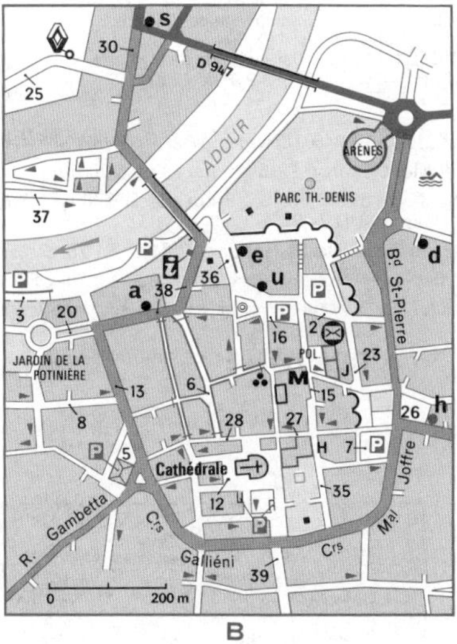

Splendid, cours Verdun ℘ 58 56 70 70, Télex 573616, Fax 58 74 76 33, ←, ⛱, 🌳 – |$| TV ☎ – 150. AE ⓓ GB. rest — B **a**
7 mars-28 nov. – **R** 180 – ▭ 55 – **174 ch** 380/440, 6 appart. – ½ P 340/500.

Parc sans rest, 1 pl. Thiers ℘ 58 56 79 79, Fax 58 74 86 87 – |$|. AE ⓓ GB — B **e**
15 fév.-15 déc. – ▭ 35 – **40 ch** 280/400.

Gd Hôtel, r. Source ℘ 58 90 53 00, Télex 540516, Fax 58 74 88 31 – |$| cuisinette TV ☎ ⓟ – 60. AE ⓓ GB. — B **d**
R 80/180 – ▭ 30 – **131 ch** 258/294, 7 appart. – ½ P 229/258.

Vascon sans rest, pl. Fontaine Chaude ℘ 58 56 64 60 – |$| TV ☎ — B **u**
15 mars-12 déc. – ▭ 22 – **26 ch** 145/265.

Jean Le Bon, 12-14 r. Jean Le Bon ℘ 58 74 29 14, Fax 58 74 29 14, ⛱ – cuisinette ☎ ⓟ. AE GB — A **k**
R *(fermé 15 déc. au 5 janv., sam. soir et dim. du 1er nov. au 30 mars)* 70/210 ⅋, enf. 45 – ▭ 30 – **24 ch** 185/250 – ½ P 200/220.

Nord sans rest, 68 av. St-Vincent-de-Paul ℘ 58 74 19 87 – TV ☎ ⓟ. GB — B **s**
fermé 23 déc. au 16 janv. – ▭ 30 – **19 ch** 140/200.

Bois de Boulogne, O : 1 km par allée des Baignots ℘ 58 74 23 32, 🌳, – ⓟ. GB
fermé 8 au 31 janv., dim. soir et lundi d'oct. à avril – **R** 130/230, enf. 50. — A **n**

Aub. des Pins avec ch, 86 av. F. Planté ℘ 58 74 22 46, 🌳, – ☎ ⓟ. GB — A **w**
fermé fév. et sam. de nov. à janv. – **R** 61/135 ⅋, enf. 45 – ▭ 26 – **14 ch** 147/240 – ½ P 163/191.

Taverne Karlsbraü, 11 av. G. Clemenceau ℘ 58 74 19 60 – ▤. AE ⓓ GB — B **h**
fermé 24 juin au 3 juil., 20 au 30 déc. et lundi – **R** spécialités alsaciennes 49/90 ⅋.

St-Paul-lès-Dax – ✉ **40990** :

du Lac Ⓜ, au lac de Christus ✆ 58 90 60 00, Télex 560690, Fax 58 91 34 88, , – cuisinette TV ☎ ♿ Ⓟ. GB. A **t**
R 81/150 – ☕ 30 – **252 ch** 274/326 – ½ P 304/336.

Climat de France, au lac de Christus ✆ 58 91 70 70, Télex 573634, Fax 58 91 90 00, – TV ☎ ♿ Ⓟ – 35. AE ⓓ GB JCB A **t**
R 85/138 , enf. 39 – ☕ 29 – **42 ch** 285.

XXX **Moulin de Poustagnacq,** ✆ 58 91 31 03, Fax 58 91 37 97, , « Ancien moulin au bord d'un étang » – Ⓟ. AE ⓓ GB A **r**
fermé dim. soir et lundi – **R** 135/300, enf. 60.

XX **Relais des Plages** avec ch, rte de Bayonne par ④ : 3 km ✆ 58 91 78 86, Fax 58 91 85 13, , – TV ☎ Ⓟ. AE GB
fermé 1er au 15 déc., vacances de fév. et lundi – **R** 95/230 , enf. 50 – ☕ 32 – **10 ch** 220/300 – ½ P 250/300.

CITROEN S.A.A.D., ZAC du Sablar, r. Prairies ✆ 58 74 62 22
FIAT Debibié, 145 av. V.-de-Paul ✆ 58 74 88 74
OPEL-GM Duprat-Desclaux, rte de Bayonne, St-Paul-lès-Dax ✆ 58 91 78 04
PEUGEOT-TALBOT Dax-Auto, rte de Bayonne, St-Paul-lès-Dax par ④ ✆ 58 91 77 42 **N** ✆ 58 91 25 55

RENAULT Autom. Landaises, av. du Sablar ✆ 58 90 90 00 **N** ✆ 58 91 22 90
V.A.G Gar. Ducasse, rte d'Orthez à Narrosse ✆ 58 74 44 58

Euromaster Central Pneu Service, 122 av. V.-de-Paul ✆ 58 74 08 40
Morès, ZI n° 1, rte de St-Pandelon ✆ 58 74 94 66

DEAUVILLE 14800 Calvados 55 ③ **G. Normandie Vallée de la Seine** – 4 261 h alt. 6 – Casino.

Voir Mont Canisy ≤★ 5 km par ③ puis 20 mn.

9 18 ✆ 31 88 20 53, S : 3 km par D 278 AZ ; 9 9 9 de St-Gatien-Deauville ✆ 31 65 19 99, E : 10 km par D 74 BZ.

✈ de Deauville-St-Gatien : ✆ 31 88 31 28, S : 3 km BY.

Office de Tourisme pl. Mairie ✆ 31 88 21 43, Télex 170220.

Paris 207 ② – ◆Caen 47 ③ – Évreux 95 ② – ◆Le Havre 76 ② – Lisieux 30 ② – ◆Rouen 89 ②.

DEAUVILLE

Fracasse (R. A.) . . . . **AZ**
Gambetta (R.) . . . . **BY** 9
Le-Hoc (R. D.) . . . . **BZ** 24
Morny (Pl. de) . . . . **BZ** 28
République (Av. de la) . **ABZ**
Blanc (R. E.) . . . . **AZ** 4
Colas (R. E.) . . . . **AZ** 5
Fossorier (R. R.) . . . . . . **ABZ** 8
Gaulle (Av. Gén.-de) . . . **AZ** 10
Gontaut-Biron (R.) . . . . **AYZ** 13
Hoche (R.) . . . . **AYZ** 20
Laplace (R.) . . . . **AZ** 23
Le Marois (R.) . . . . **AZ** 25
Mirabeau (R.) . . . . **BY** 26

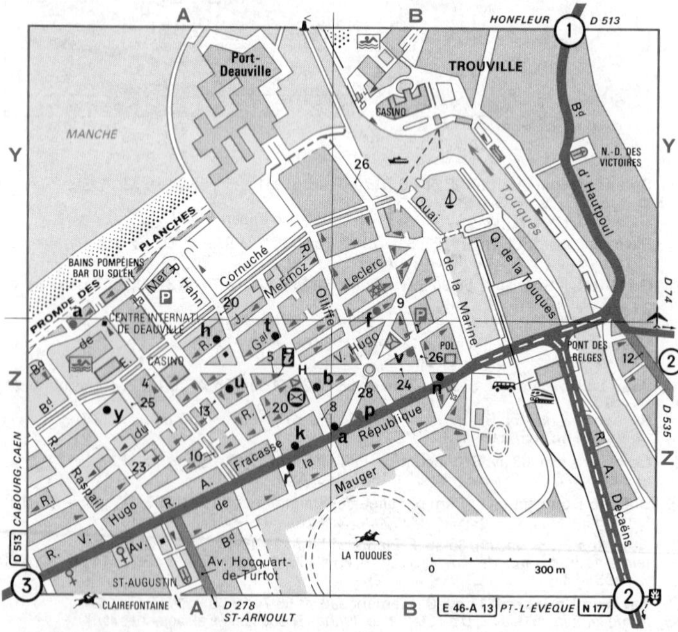

Normandy, 38 r. J. Mermoz ✆ 31 98 66 22, Télex 170617, Fax 31 98 66 23, ≤, ☂, Ꮮ, ▣ – ⊡ ⇆ ch ▣ ☎ ♿ ⇔ – 🎤 160. AE ⓓ GB. ✗ rest AZ **h**
La Potinière R carte 260 à 430 – **La Belle Époque** *(vacances scolaires et week-ends)* **R** carte 250 à 430, enf. 120 – ☐ 90 – **285 ch** 1700/2000, 27 appart.

Royal, bd E. Cornuché ✆ 31 98 66 33, Télex 170549, Fax 31 98 66 34, ≤, ☂, Ꮮ, ⛱ – ⊡ ▣ ☎ ♿ ⓟ – 🎤 220. AE ⓓ GB AZ **y**
1er mars-30 nov. – **R** carte 210 à 450 - **L'Etrier R** carte 240 à 500 – ☐ 90 – **297 ch** 1500/2000, 17 appart.

Le Trophée Ⓜ, 81 r. Gén. Leclerc ✆ 31 88 45 86, Fax 31 88 07 94, ☂ – ⊡ ▣ ☎ ♿. AE ⓓ GB JCB AZ **u**
R 148/285 – ☐ 44 – **22 ch** 520/650.

Hélios sans rest, 10 r. R. Fossorier ✆ 31 88 28 26, Fax 31 88 53 87, ⛱ – ⊡ ▣ ☎ ♿. AE ⓓ GB. ✗ AZ **t**
☐ 45 – **44 ch** 460.

Continental sans rest, 1 r. Désiré Le Hoc ✆ 31 88 21 06, Fax 31 98 93 67 – ⊡ ▣ ☎ – 🎤 40. AE ⓓ GB BZ **n**
fermé 15 nov. au 3 déc. – ☐ 32 – **48 ch** 360/390.

Marie-Anne sans rest, 142 av. République ✆ 31 88 35 32, Fax 31 88 35 32 – ▣ ☎. AE ⓓ GB AZ **k**
fermé 15 nov. au 3 déc. – ☐ 36 – **24 ch** 380/515.

Pavillon de la Poste sans rest, 25 r. R. Fossorier ✆ 31 88 38 29 – ▣ ☎. AE ⓓ GB AZ **b**
☐ 35 – **15 ch** 350/400.

Le Chantilly sans rest, 120 av. République ✆ 31 88 79 75, Fax 31 88 41 29 – ▣ ☎. AE ⓓ GB BZ **a**
fermé 14 nov. au 4 déc. – ☐ 34 – **17 ch** 170/430.

XXXX **Ciro's,** prom. Planches ✆ 31 88 18 10, Fax 31 98 66 71, ≤, ☂ – AE ⓓ GB JCB AZ **a**
R 180/320.

XXX ✿ **Le Spinnaker** (Angenard), 52 r. Mirabeau ✆ 31 88 24 40, Fax 31 88 43 58 – AE GB
fermé 15 nov. au 15 déc., jeudi du 1er nov. à Pâques et merc. – **R** 160/320 et carte 270 à 400
Spéc. Turbot rôti aux échalotes et jus de veau. Homard rôti au vinaigre de cidre. Feuillantine aux pommes en chaud-froid. BZ **v**

XX **Le Yearling,** 38 av. Hocquart-de-Turtot ✆ 31 88 33 37 – AE ⓓ GB JCB
fermé mars, lundi et mardi sauf juil-août et fêtes – **R** 125/250.

X **L'Espérance** avec ch, 32 r. V. Hugo ✆ 31 88 26 88, ☂ – ▣. GB. ✗ ch BY **f**
R *(fermé merc. et jeudi sauf juil.-août et vacances scolaires)* 99/149 – ☐ 25 – **10 ch** 205/300 – ½ P 227/324.

X **Le Garage,** 118 bis av. République ✆ 31 87 25 25 – AE ⓓ GB BZ **p**
fermé dim. soir et lundi hors sais. sauf fériés – **R** 99/156.

à l'aéroport Deauville-St-Gatien E : 7 km par D 74 – ✉ **14130** Pont-l'Évêque :

XX **Rest. Aéroport,** 1er étage ✆ 31 88 38 75, Fax 31 88 10 04, ≤ – AE ⓓ GB JCB
fermé 15 janv. au 20 fév., mardi soir et merc. sauf août – **R** 160/200, enf. 100.

à Touques par ② : 2,5 km – 3 070 h. – ✉ **14800** :

L'Amirauté Ⓜ, N 177 ✆ 31 81 82 83, Télex 171665, Fax 31 81 82 93, ☂, Ꮮ, ⛱, ✗ – ⊡ ▣ ☎ ♿ ⓟ – 🎤 80 à 400. AE ⓓ GB
R 180, enf. 85 – ☐ 47 – **115 ch** 710/760, 6 appart.

Le Relais du Haras, 23 r. Louvel et Brière ✆ 31 88 43 98, Fax 31 98 92 31 – ▤ ch ▣ ☎. AE ⓓ GB
R 128/250 – ☐ 45 – **8 ch** 620/960 – ½ P 408.

XX **Le Village** avec ch, 64 r. Louvel et Brière ✆ 31 88 01 77 – ▣ ☎. AE GB
fermé 4 au 17 janv., mardi soir et merc. – **R** 118/185, enf. 50 – ☐ 28 – **8 ch** 250/350 – ½ P 324/349.

X **Les Landiers,** 90 r. Louvel-et-Briere ✆ 31 88 00 39 – AE GB
fermé fév., jeudi midi et merc. hors sais. – **R** 140/250.

à Canapville par ② : 6 km – ✉ **14800** :

XX **Jarrasse,** sur N 177 ✆ 31 65 21 80, ☂, ⛟ – GB
fermé 15 juin au 10 juil., 20 au 30 déc., vacances de fév., mardi et merc. sauf juil.-août – **R** 155 bc/200.

au New Golf S : 3 km par D 278 - BAZ – ✉ **14800** Deauville :

Golf ⛰, ✆ 31 88 19 01, Télex 170448, Fax 31 88 75 99, ☂, « Au milieu du golf, ≤ campagne deauvillaise », ⛱, ✗ – ⊡ ⇆ ch ▣ ☎ ⓟ – 🎤 30 à 150. AE ⓓ GB
12 mars-15 nov. – **R** 195/245, enf. 95 – ☐ 90 – **178 ch** 990/1350.

Open H. Ⓜ, rte Deauville ✆ 31 98 16 16, Fax 31 98 16 01, Ꮮ, ⛱ – ⊡ ▣ ☎ ♿ ⓟ – 🎤 100. GB
R 69/120 ⅋, enf. 38 – ☐ 29 – **53 ch** 345 – ½ P 320.

au Sud : 6 km par D 278 et D 27 – ✉ **14800** Deauville :

Host. de Tourgéville Ⓜ ⛰, ✆ 31 88 63 40, Télex 171189, Fax 31 98 27 16, ≤, ☂, parc, Ꮮ, ▣, ✗ – ▣ ☎ ⓟ. AE GB
R 230 – ☐ 85 – **6 ch** 1200, 6 appart., 13 duplex – ½ P 780/1155.

ALFA-ROMEO-FORD Gar. de la Plage, 26 r. Gén.-Leclerc ✆ 31 88 28 67 N
CITROEN SDA, 40 rte de Paris par ②
✆ 31 88 85 44
PEUGEOT-TALBOT SODEVA, rte de Paris par ②
✆ 31 88 66 22

RENAULT Les Autom. Deauvillaises, rte de Paris par ② ✆ 31 88 21 34 N

Ollitrault-Pneus, ZI r. Tonneliers à Touques ✆ 31 88 46 13

DECAZEVILLE **12300** Aveyron 80 ① **G. Gorges du Tarn** – 7 754 h alt. 225.

Office de Tourisme square J.-Ségalat ✆ 65 43 18 36.

Paris 604 – Rodez 37 – Aurillac 66 – Figeac 27 – Villefranche-de-Rouergue 37.

France, pl. Cabrol ✆ 65 43 00 07, Fax 65 63 50 72, – ch rest TV ☎. AE GB
R *(fermé dim.)* 120 – 28 – **24 ch** 200/300 – ½ P 240.

PEUGEOT-TALBOT Cassan, 47 av. P.-Ramadier ✆ 65 43 06 06 N ✆ 65 43 20 94

Sigal, Z.I. des Prades ✆ 65 43 02 33

DECIZE **58300** Nièvre 69 ④ ⑤ **G. Bourgogne** – 6 876 h alt. 197.

Office de Tourisme à la Mairie ✆ 86 25 03 23 et pl. St-Just (juil.-août).

Paris 273 – Moulins 34 – Autun 79 – Bourbon-Lancy 38 – Château-Chinon 54 – Clamecy 76 – Digoin 66 – Nevers 34.

XX **Le Charolais,** 33 bis rte Moulins ✆ 86 25 22 27 – . GB
fermé 20 au 27 juin, 15 sept. au 5 oct., 22 au 31 janv., dim. soir et lundi – **R** 85/195 , enf. 55.

CITROEN Dallois, 109 bis av. de Verdun ✆ 86 25 15 88
FORD Ronsin Autom. rte de Champvert ✆ 86 25 08 91
OPEL Gar. Girault Roy, 12 bd Voltaire ✆ 86 25 01 58
PEUGEOT-TALBOT Becouse-Autom., rte de Moulins ✆ 86 25 13 32

RENAULT SAVRAL, N 81 à St-Léger-des-Vignes ✆ 86 25 09 73 N ✆ 86 77 11 11
V.A.G Gar. Boiteau, 8 av. 14-Juillet ✆ 86 25 06 12

Bill Pneum, Les Champs Monares rte de Moulins ✆ 86 25 14 39

Découvrez la France avec les ***guides Verts Michelin :***
24 titres illustrés en couleurs.

La DÉFENSE **92** Hauts-de-Seine 55 ⑳, 101 ⑭ – voir à Paris, Environs.

DELME **57590** Moselle 57 ⑭ – 681 h alt. 221.

Paris 365 – ♦Metz 32 – ♦Nancy 31 – Château-Salins 12 – Pont-à-Mousson 30 – St-Avold 39.

A la Douzième Borne, ✆ 87 01 30 18, Fax 87 01 38 39 – TV ☎. AE GB
R 52/185 – 25 – **18 ch** 150/190 – ½ P 170.

Pneus Diffusion ✆ 87 01 36 83 N

DEMOISELLES (Grottes des) ★★★ **34** Hérault 80 ⑯ ⑰ **G. Gorges du Tarn.**

DENNEMONT **78** Yvelines 55 ⑱ – rattaché à Mantes-la-Jolie.

DÉSAIGNES **07** Ardèche 76 ⑲ – rattaché à Lamastre.

DESCARTES **37160** I.-et-L. 68 ⑤ **G. Poitou Vendée Charentes** – 4 120 h alt. 51.

Syndicat d'Initiative à la Mairie ✆ 47 59 70 50.

Paris 291 – ♦Tours 57 – Châteauroux 92 – Châtellerault 25 – Chinon 48 – Loches 31.

Moderne, 15 r. Descartes ✆ 47 59 72 11, Fax 47 92 44 90 – TV ☎ – 25. GB. rest
fermé 24 déc. au 1er janv., vacances de fév., vend. soir et dim. soir hors sais. – **R** 75/160, enf. 40 – 28 – **11 ch** 220/260 – ½ P 210/230.

Aub. de l'Islette, à Lilette (86 Vienne) O : 3 km par D58 et D5 ✉ 37160 Descartes ✆ 47 59 72 22 – – 30. GB
fermé 15 au 31 déc., 1er au 15 janv. et sam. du 15 sept. au 15 juin – **R** 52/180 – 27 – **17 ch** 75/200 – ½ P 165/178.

Les DEUX-ALPES (Alpes de Mont-de-Lans et de Vénosc) **38860** Isère 77 ⑥ **G. Alpes du Nord** – alt. 1 644 Alpe de Vénosc, 1 660 m Alpe de Mont-de-Lans – Sports d'hiver : 1 270/3 600 m 7 54 .

Voir Belvédère de la Croix★.

Office de Tourisme ✆ 76 79 22 00, Télex 320883.

Paris 647 ① – ♦Grenoble 77 ① – Le Bourg-d'Oisans 28 ① – La Grave 27 ① – Col du Lautaret 38 ①.

La Bérangère, (a) ✆ 76 79 24 11, Télex 320878, Fax 76 79 55 08, ←, Fб, ⛱, ⛱ – |≑| TV ☎ P – 🧑‍🏫 25. AE GB. ⅋ rest
20 juin-5 sept. et 15 déc.-2 mai – **R** 220/350 et carte 260 à 390 – ☐ 55 – **59 ch** 600/800 – ½ P 730/800
Spéc. Traditionnel foie gras de canard. Filets de pigeonneau rôti et cuisses en feuilletage. Poire rôtie au miel.

La Farandole ⛰, **(b)** ✆ 76 80 50 45, Télex 320029, Fax 76 79 56 12, ← massif de la Muzelle, ⛱, Fб, ⛱, ⛱ – |≑| ⅋ ch TV ☎ 🚗 P – 🧑‍🏫 100. AE ⓓ GB
19 juin-5 sept. et 4 déc.-9 mai – **R** 240, enf. 100 – **46 ch** ☐ 600/1000, 14 appart. – ½ P 720/800.

Ariane M ⛰, Le Village, Hameau des Ecrins N : 1 km ✆ 76 79 29 29, Télex 308315, Fax 76 79 25 21, ←, ⛱ – |≑| TV ☎ P – 🧑‍🏫 300. AE ⓓ GB. ⅋ rest
R *(fermé 12 sept. au 24 oct.)* 130, enf. 50 – ☐ 50 – **101 ch** 680/1200 – ½ P 660/740.

Les Marmottes, (d) ✆ 76 79 21 91, Télex 320700, Fax , Fax 76 79 25 79, ←, Fб, ⛱, ⅋ – |≑| TV ☎ – 🧑‍🏫 50. GB. ⅋ rest
25 juin-5 sept. et 23 déc.-15 avril – **R** carte 250 à 380 – ☐ 60 – **40 ch** 400/500 – ½ P 620.

L'Adret ⛰, **(e)** ✆ 76 79 24 30, Fax 76 79 57 08, ←, ⛱, Fб, ⛱, ⛱, ⅋ – |≑| TV ☎ 🚗 P. GB. ⅋ rest
fermé 13 juin-4 sept. et 18 déc.-1er mai – **R** carte 160 à 310 – ☐ 50 – **27 ch** 360/550, 4 appart. – ½ P 500/555.

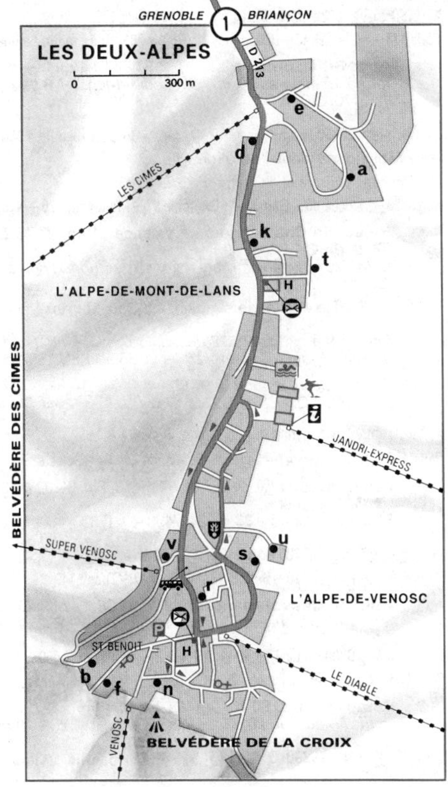

Chalet Mounier, (n) ✆ 76 80 56 90, Télex 308411, Fax 76 79 56 51, Fб, ⛱, ⛱, ⛱, ⅋ – |≑| TV ☎ P – 🧑‍🏫 25 à 40. GB. ⅋
25 juin-10 sept. et 18 déc.-5 mai – **Repas** 115/165 – **45 ch** ☐ 380/700 – ½ P 330/520.

Souleil'Or M ⛰, **(t)** ✆ 76 79 24 69, Fax 76 79 20 64, ←, ⛱ – |≑| TV ☎ – 🧑‍🏫 25. GB. ⅋ rest
12 juin-6 sept. et 19 déc.-1er mai – **R** 170 – ☐ 50 – **42 ch** 510 – ½ P 465/530.

La Mariande ⛰, **(f)** ✆ 76 80 50 60, Fax 76 79 04 99, ← massif de la Muzelle, Fб, ⛱, ⛱, ⅋ – TV ☎ P. GB. ⅋ rest
1er juil.-31 août et 20 déc.-15 avril – **R** 170/190 – ☐ 50 – **26 ch** 360/580 – ½ P 490.

Edelweiss, (k) ✆ 76 79 21 22, Fax 76 79 24 63, ←, ⛱, ⛱ – |≑| ☎ 🚗 – 🧑‍🏫 30. GB. ⅋ rest
20 juin-4 sept. et 18 déc.-2 mai – **R** 130/225 – ☐ 45 – **33 ch** 395/565, 5 appart. – ½ P 455/495.

Muzelle-Sylvana, (r) ✆ 76 80 50 93, Fax 76 79 04 06, Fб – |≑| TV ☎ 🚗 P – 🧑‍🏫 30. GB. ⅋ rest
15 déc.-15 avril – **R** 160 – ☐ 50 – **30 ch** 295/420 – ½ P 400/450.

Mélèzes, (s) ✆ 76 80 50 50, Fax 76 79 20 70, ←, Fб – ☎ P. GB. ⅋ rest
18 déc.-5 mai – **R** 125/220 – ☐ 44 – **32 ch** 320/415 – ½ P 375/425.

Aalborg ⛰, **(u)** ✆ 76 80 54 11, Fax 76 79 07 02, ←, ⛱ – |≑| TV ☎ P. GB. ⅋ rest
12 juin-10 sept. et 15 déc.-15 avril – **R** 75/500 – **25 ch** ☐ 578/1000 – ½ P 445.

Le Provençal, (v) ✆ 76 80 52 58, Fax 76 79 24 26 – ☎ P. GB. ⅋ rest
25 juin-5 sept. et 20 déc.-10 mai – **R** (½ pens. seul.) – ☐ 31 – **18 ch** 310 – ½ P 350.

DHUIZON 41220 L.-et-Ch. 64 ⑧ – 1 100 h alt. 130.

Paris 173 – ◆Orléans 43 – Beaugency 22 – Blois 28 – Romorantin-Lanthenay 27.

XX **Aub. Gd Dauphin** avec ch, ✆ 54 98 31 12, ☂ – ☎ P. GB
fermé 15 janv. au 15 fév. dim. soir et lundi – **R** 85/235 ♨, enf. 50 – ☕ 28 – **9 ch** 170/240 – ½ P 170/210.

DIE 26150 Drôme 77 ⑬ ⑭ G. Alpes du Sud (plan) – 4 230 h alt. 410.

Voir Mosaïque★ dans l'hôtel de ville.

Office de Tourisme pl. St-Pierre ✆ 75 22 03 03.

Paris 629 – Valence 66 – Gap 93 – ◆Grenoble 97 – Montélimar 75 – Nyons 84 – Sisteron 99.

Relais de Chamarges, rte Valence : 1 km ✆ 75 22 00 95, Fax 75 22 19 34, ≤, ☂, ☂ – TV ☎ P. GB
fermé 25 janv. au 1er mars, dim. soir et lundi d'oct. à juin – **R** 80/220 ♨ – ☕ 36 – **9 ch** 220 – ½ P 250.

XX **La Petite Auberge** avec ch, av. Sadi-Carnot (face gare) ✆ 75 22 05 91, ☂ – TV ☎ P. GB
fermé 19 au 26 sept., 12 déc. au 16 janv., lundi (sauf hôtel) en juil.-août, dim. soir et merc. de sept. à juin – **Repas** 90/230 – ☕ 35 – **11 ch** 150/250 – ½ P 200/250.

FORD Gar. du Vercors ✆ 75 22 04 97 N
PEUGEOT-TALBOT Querol ✆ 75 22 06 47 N
RENAULT Favier ✆ 75 22 02 11 N
Gar. Bouffier ✆ 75 22 01 55

DIEFFENTHAL 67650 B.-Rhin 87 ⑯ – 246 h.

Paris 436 – ◆Strasbourg 47 – Lunéville 98 – Saint-Dié 44 – Sélestat 7.

Les Châteaux M ♨, ✆ 88 92 49 13, Fax 88 92 40 99, ≤, ☂ – ♨ ✂ ch TV ☎ ♿ – 🏛 25. ⓓ GB. ✂ rest
R 80/290 – ☕ 45 – **33 ch** 360/450 – ½ P 330/430.

DIEFMATTEN 68780 H.-Rhin 66 ⑨ – 227 h alt. 300.

Paris 518 – ◆Mulhouse 20 – Belfort 23 – Colmar 47 – Thann 14.

XXX **Aub. du Cheval Blanc**, ✆ 89 26 91 08, Fax 89 26 92 28, ☂, ☂ – P. AE ⓓ GB JCB
fermé 19 juil. au 4 août, mardi soir et lundi – **R** 160/380 ♨, enf. 60.

DIENNE 15300 Cantal 76 ③ G. Auvergne – 359 h alt. 1 050.

Paris 536 – Aurillac 59 – Allanche 20 – Condat 29 – Mauriac 53 – Murat 10 – St-Flour 34.

Poste, ✆ 71 20 80 40 – P. AE ⓓ GB JCB. ✂
fermé 10 nov. au 20 déc. – **R** 95/120 ♨ – ☕ 28 – **10 ch** 170/240 – ½ P 220.

DIEPPE 76200 S.-Mar. 52 ④ G. Normandie Vallée de la Seine – 35 894 h alt. 7 – Casino Municipal AY.

Voir Église St-Jacques★ BY – Boulevard de la Mer ≤★ par ⑤ – Chapelle N.-D.-de-Bon-Secours ≤★ BY – Musée du château : ivoires★ AZ.

18 ✆ 35 84 25 05, par ⑤ : 2 km.

Office de Tourisme Quai du Carénage ✆ 35 84 11 77 et Rotonde de la Plage (juil.-août) ✆ 35 84 28 70.

Paris 171 ③ – Abbeville 63 ① – Beauvais 107 ③ – ◆Caen 171 ③ – ◆Le Havre 106 ③ – ◆Rouen 64 ③.

Plan page suivante

La Présidence M, 2 bd Verdun ✆ 35 84 31 31, Télex 180865, Fax 35 84 86 70, ≤ – ♨ TV ☎ 🚗 – 🏛 150. AE ⓓ GB — AY z
R (4e étage) 150 ♨ – ☕ 50 – **88 ch** 340/560.

Aguado M sans rest, 30 bd Verdun ✆ 35 84 27 00, Fax 35 06 17 61, ≤ – ♨ TV ☎. GB. ✂ — BY s
☕ 38 – **56 ch** 330/415.

Univers, 10 bd Verdun ✆ 35 84 12 55, Télex 770741, Fax 35 40 20 40, ≤, « Meubles anciens » – ♨ TV ☎ P – 🏛 30. AE ⓓ GB JCB — AY f
R 135/300 – ☕ 42 – **30 ch** 290/490 – ½ P 380/425.

Plage sans rest, 20 bd Verdun ✆ 35 84 18 28, Télex 180485, Fax 35 82 36 82, ≤ – ♨ TV ☎. GB. ✂ — AY n
☕ 37 – **40 ch** 270/310.

Epsom sans rest, 11 bd Verdun ✆ 35 84 10 18, Fax 35 40 03 00, ≤ – ♨ TV ☎ – 🏛 40. AE GB — AY a
☕ 32 – **28 ch** 260/310.

Ibis ♨, par ④ le Val Druel ✆ 35 82 65 30, Télex 180067, Fax 35 82 41 52 – ✂ ch TV ☎ P – 🏛 30. AE GB
R 83 ♨, enf. 39 – ☕ 35 – **45 ch** 285/305.

Primevère M ♨, par ④ le Val Druel Z.A.C. La Maison Blanche ✉ 76550 St-Aubin-sur-Scie ✆ 35 06 90 80, Fax 35 84 97 63, ☂ – TV ☎ ♿ P – 🏛 40. GB
R 56/99 ♨, enf. 39 – ☕ 30 – **42 ch** 245/265.

Tourist H sans rest, 16 r. Halle au Blé ✆ 35 06 10 10 – ☎. GB — AY r
☕ 25 – **29 ch** 150/230.

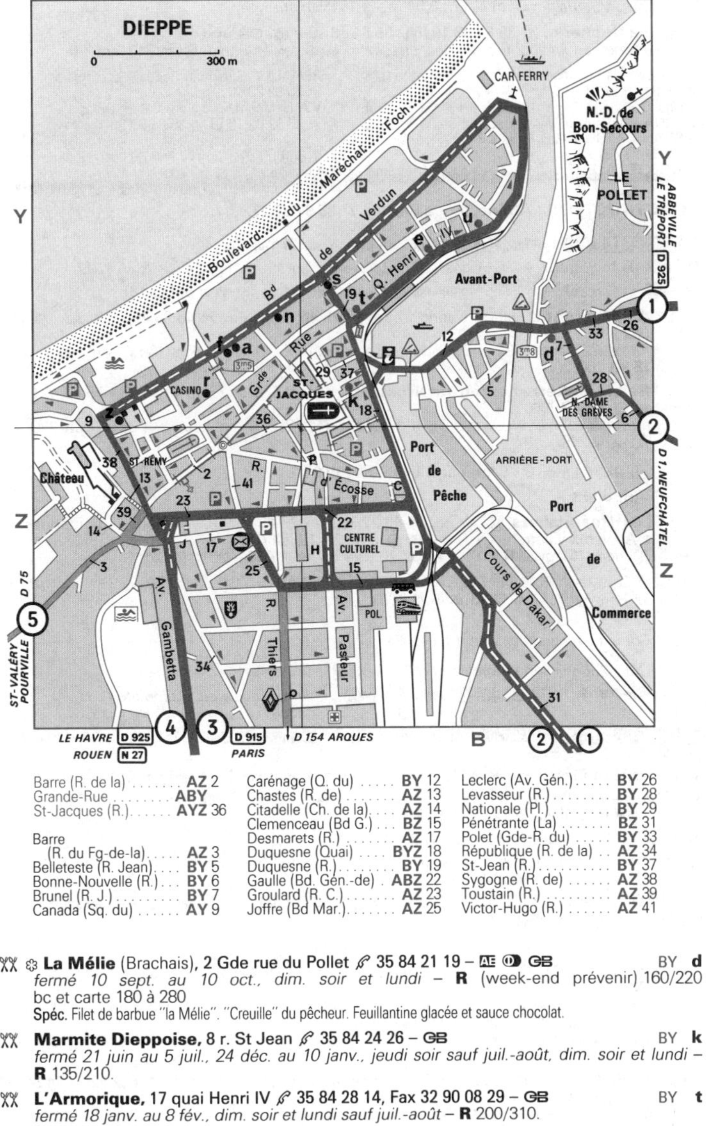

Barre (R. de la) . . . . AZ 2
Grande-Rue . . . . ABY
St-Jacques (R.) . . . . . . AYZ 36

Barre (R. du Fg-de-la) . . . . . AZ 3
Belleteste (R. Jean) . . . . BY 5
Bonne-Nouvelle (R.) . . . BY 6
Brunel (R. J.) . . . . BY 7
Canada (Sq. du) . . . . . . AY 9
Carénage (Q. du) . . . . . BY 12
Chastes (R. de) . . . . AZ 13
Citadelle (Ch. de la) . . . . AZ 14
Clemenceau (Bd G.) . . . BZ 15
Desmarets (R.) . . . . AZ 17
Duquesne (Quai) . . . . BYZ 18
Duquesne (R.) . . . . BY 19
Gaulle (Bd. Gén.-de) . ABZ 22
Groulard (R. C.) . . . . AZ 23
Joffre (Bd Mar.) . . . . AZ 25
Leclerc (Av. Gén.) . . . . . BY 26
Levasseur (R.) . . . . BY 28
Nationale (Pl.) . . . . BY 29
Pénétrante (La) . . . . BZ 31
Polet (Gde-R. du) . . . . . BY 33
République (R. de la) . . AZ 34
St-Jean (R.) . . . . BY 37
Sygogne (R. de) . . . . . . AZ 38
Toustain (R.) . . . . AZ 39
Victor-Hugo (R.) . . . . . . AZ 41

XX ✿ **La Mélie** (Brachais), **2 Gde rue du Pollet** ✆ **35 84 21 19 – AE ⓓ GB** BY **d**
fermé 10 sept. au 10 oct., dim. soir et lundi – **R** (week-end prévenir) 160/220 bc et carte 180 à 280
Spéc. Filet de barbue "la Mélie". "Creuille" du pêcheur. Feuillantine glacée et sauce chocolat.

XX **Marmite Dieppoise,** 8 r. St Jean ✆ **35 84 24 26 – GB** BY **k**
fermé 21 juin au 5 juil., 24 déc. au 10 janv., jeudi soir sauf juil.-août, dim. soir et lundi – **R** 135/210.

XX **L'Armorique,** 17 quai Henri IV ✆ **35 84 28 14, Fax 32 90 08 29 – GB** BY **t**
fermé 18 janv. au 8 fév., dim. soir et lundi sauf juil.-août – **R** 200/310.

X **Le Sully,** 97 quai Henri IV ✆ **35 84 23 13 – GB** BY **u**
fermé mardi soir et merc. – **R** 60/138.

X **La Musardière,** 61 quai Henri IV ✆ **35 82 94 14 – GB** BY **e**
fermé 8 au 28 fév., mardi midi de sept. à juin et lundi – **R** 99/155.

à Martin-Église par ② et D 1 : 7 km – ✉ **76370** :

XX **Aub. Clos Normand** avec ch, ✆ **35 04 40 34**, ≤, « Parc en bordure de rivière » – TV ☎ P. AE ⓓ GB
fermé 23 au 31 mars, 23 nov. au 22 déc., lundi soir et mardi – **R** carte 180 à 300 – ☕ 32 – **7 ch** 290/360 – ½ P 342/392.

aux Vertus par ③ et N 27 : 3,5 km – ✉ **76550** Offranville :

XXX **La Bucherie,** ✆ 35 84 83 10, Fax 35 84 18 19 – ⓟ. GB JCB
fermé 25 juin au 2 juil., 24 déc. au 2 janv., dim. soir et lundi – **R** 130/240, enf. 70.

CITROEN Éts Leprince, ZI, voie La Pénétrante BZ ✆ 35 84 16 77 N
FORD Gar. de la Plage, 4 r. Bouzard ✆ 35 84 10 36
MAZDA Thiers Auto, av. Vauban ✆ 35 06 99 99
NISSAN-DATSUN Gar. Gosse, 1 r. J.-Flouest ✆ 35 84 21 49
PEUGEOT-TALBOT Laffillé, ZI, voie La Pénétrante BZ ✆ 35 82 24 50
RENAULT Gar. Jean Rédélé, 33 r. Thiers ✆ 35 82 23 40
V.A.G Picard, ZI à Neuville-lès-Dieppe ✆ 35 82 02 16 N ✆ 35 84 90 28

Euromaster Central Pneu, ZI rte d'Envermeu à Neuville ✆ 35 82 50 76
Léveillard Pneus, 7 quai Trudaine ✆ 35 84 17 00

CONSTRUCTEUR : Alpine, av. de Bréauté ✆ **35 82 37 21**

DIEULEFIT 26220 Drôme 81 ② G. Vallée du Rhône – 2 924 h alt. 386.

Office de Tourisme pl. Abbé-Magnet (fermé après-midi sauf 15 juin-15 sept.) ✆ 75 46 42 49.

Paris 628 – Valence 61 – Crest 32 – Montélimar 27 – Nyons 30 – Orange 58 – Pont-St-Esprit 61.

A l'Escargot d'Or, rte Nyons : 1 km ✆ 75 46 40 52, Fax 75 46 89 49, ⛱, – ☎ ⓟ. AE GB
fermé 22 déc. au 22 janv., dim. soir et lundi d'oct. à fév. – **R** 75/160 ♁, enf. 45 – ☕ 30 – **15 ch** 160/260 – ½ P 205/230.

XX **Relais du Serre** avec ch, rte Nyons : 3 km sur D 538 ✆ 75 46 43 45, Fax 75 46 40 98 – TV ☎ ⓟ. AE ⓓ GB
fermé fév. et lundi sauf de juin à sept. – **R** 75/220 ♁, enf. 40 – ☕ 35 – **7 ch** 220/310 – ½ P 220/240.

au Poët-Laval O : 5 km par D 540 – ✉ **26160** :

Voir Site★.

Les Hospitaliers M ♨, ✆ 75 46 22 32, Fax 75 46 49 99, ≤ vallée et montagnes, ⛱, « Au vieux village », ⛱, – ☎ ⓟ – 🏛 30. AE ⓓ GB
1er mars-15 nov. – **R** 210/440 – ☕ 70 – **24 ch** 540/1010 – ½ P 640/875.

CITROEN Chauvin ✆ 75 46 44 47 N
PEUGEOT Henry ✆ 75 46 43 59 N ✆ 75 46 82 03
RENAULT S.E.G.B. ✆ 75 46 32 33

Come districarsi nei sobborghi di Parigi?
Utilizzando la carta stradale Michelin n. **101**
e le piante n. **17-18, 19-20, 21-22, 23-24** *: chiare, precise ed aggiornate.*

DIGNE-LES-BAINS P 04000 Alpes-de-H.-P. 81 ⑰ G. Alpes du Sud – 16 087 h alt. 608 – Stat. therm. (fév.-déc.).

Voir Musée municipal★ B M[1] – Dalles à ammonites géantes★ N : 1 km par D 900A.

Env. Musée du site de l'ichtyosaure★ N : 7 km par D 900A – Courbons : ≤★ de l'église, 6 km par ③ – ≤★ du Relais de Télévision, 8 km par ③.

18 ✆ 92 32 38 38, par ② : 7 km par N 85 puis D 12.

Office de Tourisme et Accueil de France (Informations et réservations d'hôtels, pas plus de 5 jours à l'avance) le Rond-Point ✆ 92 31 42 73, Télex 430605.

Paris 749 ③ – Aix-en-Provence 106 ③ – Antibes 138 ② – Avignon 141 ③ – Cannes 132 ② – Carpentras 139 ③ – Gap 87 ③ – ♦Grenoble 180 ③ – ♦Nice 152 ②.

Plans page suivante

✿ **Grand Paris** (Ricaud), 19 bd Thiers ✆ 92 31 11 15, Fax 92 32 32 82, ⛱ – TV ☎ 🚗. AE ⓓ GB — A a
R *(fermé 21 déc. au 1er mars, dim. soir et lundi hors sais.)* 150/365 et carte 270 à 390 – ☕ 52 – **26 ch** 360/460, 5 appart. – ½ P 500/560
Spéc. Mignonnette d'agneau Casimir Moisson. Pigeon en bécasse. Dauphin des Alpes sauce chocolat. **Vins** Châteauneuf-du-Pape, Lirac.

Tonic H. M ♨, rte Thermes E : 2 km par av. 8-Mai B ✆ 92 32 20 31, Fax 92 32 44 54, ⛱, ⛱ – |‡| TV ☎ ♿ – 🏛 50 à 150. AE ⓓ GB
R 90/160 – ☕ 35 – **60 ch** 380/470 – P 380/415.

Ermitage Napoléon, bd Gambetta par ② ✆ 92 31 01 09, Fax 92 32 10 24, ⛱ – |‡| TV ☎ ♿ ⓟ
saisonnier – **55 ch.**

Mistre, 63 bd Gassendi ✆ 92 31 00 16 – TV ☎ 🚗 – 🏛 80. AE GB JCB — A n
fermé 12 déc. au 10 janv. – **R** *(fermé sam.)* 145/290 ♁ – ☕ 39 – **19 ch** 310/440 – ½ P 350/400.

Central sans rest, 26 bd Gassendi ✆ 92 31 31 91 – TV ☎. AE GB — A t
☕ 30 – **20 ch** 150/260.

Le Petit St-Jean, 14 cours Arès ✆ 92 31 30 04 – 🚗. AE GB — B u
fermé 15 déc. au 20 janv. – **R** 60/140, enf. 50 – ☕ 25 – **18 ch** 120/240 – P 260.

DIGNE-LES-BAINS

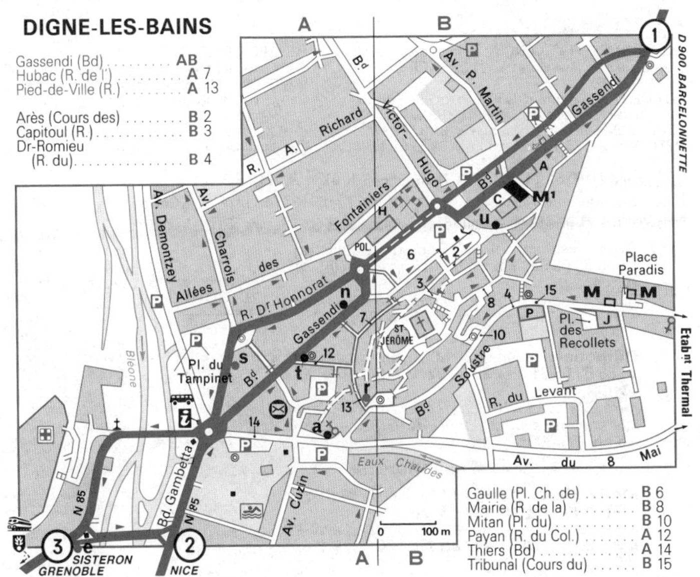

XX **Bourgogne** avec ch, 3 av. Verdun ✆ 92 31 00 19, Fax 92 32 30 59 – TV ☎ P. GB — A **e**
fermé 20 déc. au 20 fév. – **R** *(fermé lundi sauf août)* 90/250 – ☕ 30 – **11 ch** 160/250 – P 290/330.

XX **L'Origan** avec ch, 6 r. Pied-de-Ville ✆ 92 31 62 13, ☂ – AE GB — A **r**
fermé vacances de fév. et dim. – **R** (en saison, prévenir) 98/220 – ☕ 23 – **9 ch** 90/140 – P 210/260.

XX **Le Tampinet**, pl. Tampinet ✆ 92 32 08 02 – AE GB — A **s**
Repas *(fermé lundi sauf fériés)* (prévenir) 75/185 ♨, enf. 50.

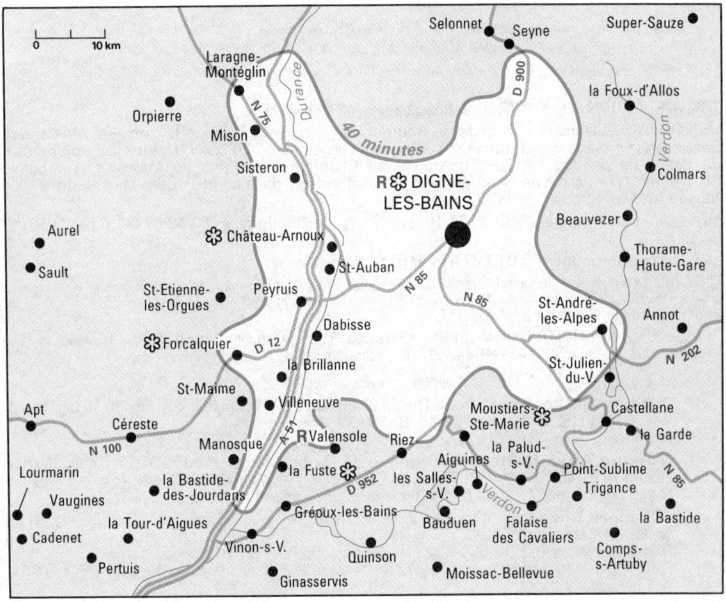

ALFA-ROMEO-FIAT-LANCIA Liotard, quartier des Sieyes, rte de Marseille ✆ 92 31 05 56 N ✆ 92 32 26 55
CITROEN Digne Autom. Diffusion, quartier de la Tour, rte de Marseille par ③ ✆ 92 31 31 24
FORD SOVRA, ZI St-Christophe ✆ 92 32 09 13
OPEL Meyran, 77 av. de Verdun ✆ 92 31 02 47

PEUGEOT-TALBOT S.D.A.D., quartier St-Christophe, rte de Marseille par ③ ✆ 92 31 06 11 N
V.A.G Digne-Autos, quartier St-Christophe, N 85 ✆ 92 31 12 48 N ✆ 92 31 23 30

Ⓜ Ayme-Pneus, ZI St-Christophe ✆ 92 31 34 67
Gilles Pneus, 29 av. des Charrois ✆ 92 32 01 45

DIGOIN 71160 S.-et-L. 69 ⑯ G. Bourgogne – 10 032 h alt. 236.

Office de Tourisme 8 r. Guilleminot (avril-1er nov.) ✆ 85 53 00 81 et pl. de la Grève (juil.-sept.) ✆ 85 88 56 12.

Paris 339 ① – Moulins 59 ④ – Autun 67 ① – Charolles 25 ② – Roanne 56 ③ – Vichy 68 ④.

XXX **Gare** avec ch, 79 av. Gén. de Gaulle **(s)** ✆ 85 53 03 04, Fax 85 53 14 70, – TV ☎ Ⓟ. GB
fermé mi-janv. à mi-fév. et merc. sauf juil.-août – **R** 130/320 – ☕ 34 – **13 ch** 260/300 – ½ P 280/300.

XX **Diligences** avec ch, 14 r. Nationale **(a)** ✆ 85 53 06 31, Fax 85 88 92 43 – TV ☎ Ⓟ. AE ⓓ GB. ✂
ferm 22 nov. au 14 déc., 17 au 24 janv., lundi soir et mardi sauf juil.-août – **R** 95/320 – ☕ 30 – **6 ch** 250/300.

à Neuzy par ① : 4 km – ✉ 71160 Digoin :

Merle Blanc, ✆ 85 53 17 13, Fax 85 88 91 71 – TV ☎ Ⓟ – 40. GB. ✂ ch
fermé dim. soir et lundi midi d'oct. à avril – **R** 75/200 – ☕ 32 – **12 ch** 170/250 – ½ P 175/200.

X **Aub. des Sables,** ✆ 85 53 07 64 – Ⓟ. GB
fermé vacances de fév., merc. soir hors sais. et lundi – **R** 70/310, enf. 45.

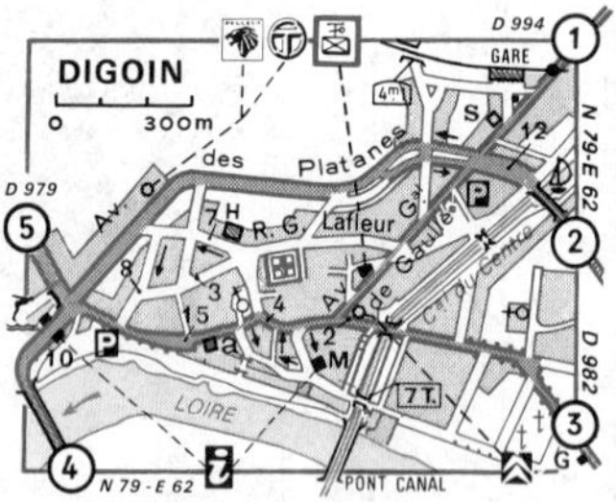

DIGOIN

Gaulle (Av. Gén.-de)	15	Centre (R. du)	4
Nationale (R.)		Crots (R. des)	7
		Dombe (R. de la)	8
Bartoli (R.)	2	Grève (Pl. de la)	10
Bisefranc (R. de)	3	Launay (Av. de)	12

CITROEN Gar. Central, 2 av. Gén.-de-Gaulle ✆ 85 53 08 37
CITROEN Martel, rte de Vichy à Molinet (Allier) par ④ ✆ 85 53 11 04
FORD Narbot, 68 r. Bartoli ✆ 85 53 04 38 N ✆ 85 88 94 30
PEUGEOT Brechat, Chavannes à Molinet (Allier) par ④ ✆ 85 53 01 10

PEUGEOT-TALBOT Jugnet et Fils, 19 av. Platanes ✆ 85 53 03 15

Ⓜ Gaudrypneu, La Fontaine St-Martin Molinet ✆ 85 53 12 21

Les pastilles numérotées des plans de ville ①, ②, ③ sont répétées sur les cartes Michelin à 1/200 000. Elles facilitent ainsi le passage entre les cartes et les guides Michelin.

DIJON P 21000 Côte-d'Or 66 ⑫ G. Bourgogne – 146 703 h alt. 247.

Voir Palais des Ducs et des États de Bourgogne★ DY : Tour Philippe-le-Bon ≤★, Musée des Beaux-Arts★★ (salle des Gardes★★★) – Rue des Forges★ DY – Église N.-Dame★ DY – plafonds★ du Palais de Justice DY J – Chartreuse de Champmol★ : Puits de Moïse★★ A – Église St-Michel★ DY – Jardin de l'Arquebuse★ CY – Rotonde★★ de la crypte★ dans la cathédrale CY – Musée Archéologique★ CY **M2**.

18 de Dijon Bourgogne ✆ 80 35 71 10, par ① ; 9 de Quétigny ✆ 80 46 69 00, E par D 107[B] : 5 km.

✈ Dijon-Bourgogne ✆ 80 67 67 67 par ⑤ : 4,5 km.

Office de Tourisme et Accueil de France (Informations, change et réservations d'hôtels, pas plus de 5 jours à l'avance) pl. Darcy ✆ 80 43 42 12, Télex 350912 et 34 r. Forges ✆ 80 30 35 39, Télex 351444 – A.C. de Bourgogne, r. des Ardennes ✆ 80 41 61 35.

Paris 312 ⑦ – Auxerre 149 ⑦ – ♦Basel 261 ③ – ♦Besançon 99 ③ – ♦Clermont-Ferrand 280 ④ – ♦Genève 199 ③ – ♦Grenoble 297 ④ – ♦Lyon 193 ④ – ♦Reims 297 ① – ♦Strasbourg 331 ③.

Plans pages suivantes

Pullman La Cloche M, 14 pl. Darcy ✆ 80 30 12 32, Télex 350498, Fax 80 30 04 15 – ✂ ch ▤ ch TV ☎ ♿ – 40. AE ⓓ GB JCB CY **f**
R voir rest. **Jean-Pierre Billoux** ci-après – ☕ 62 – **76 ch** 530/620.

Mercure-Altéa Château Bourgogne M, 22 bd Marne ✆ 80 72 31 13, Télex 350293, Fax 80 73 61 45, – ✂ ch ▤ TV ☎ ♿ – 250. AE ⓓ GB JCB EX **z**
R 165 bc/250, enf. 55 – ☕ 50 – **116 ch** 425/555, 7 appart..

✿ **Chapeau Rouge,** 5 r. Michelet ✆ 80 30 28 10, Télex 350535, Fax 80 30 33 89 – ▤ TV ☎. AE ⓓ GB JCB. ✂ rest CY **a**
R 150/220 et carte 240 à 380 – ☕ 60 – **30 ch** 450/860 – ½ P 510/560
Spéc. Terrine de lapereau "en museau". Ragoût de homard au beurre blanc. Pot-au-feu de pigeon, crème au raifort.
Vins Fixin, Ladoix-Serrigny.

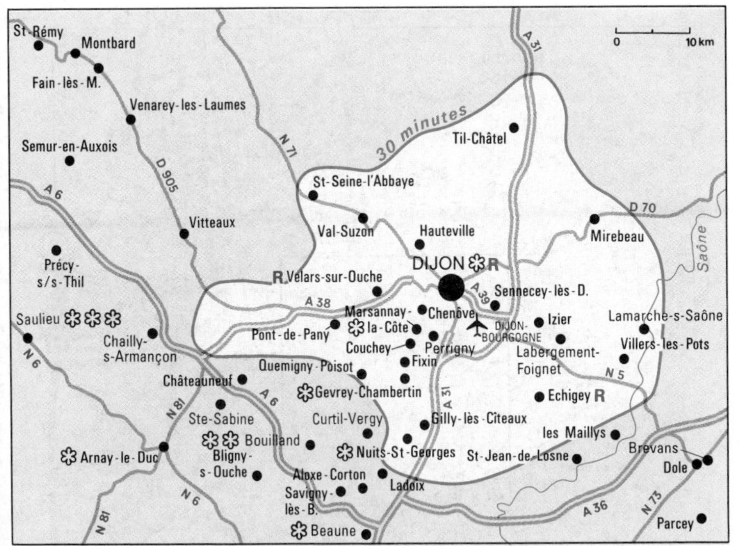

Philippe Le Bon [M], 18 r. Ste-Anne ✆ 80 30 73 52, Fax 80 30 95 51 – |♦| TV ☎ ♿ P – 🚶 50. AE ⓓ GB — DY **p**
R voir rest. **La Toison d'Or** ci-après – ☕ 45 – **27 ch** 320/420 – ½ P 400.

Wilson [M] sans rest, pl. Wilson ✆ 80 66 82 50, Fax 80 36 41 54, « Ancien relais de poste du 17e siècle » – |♦| TV ☎ ♿ P. GB — DZ **k**
R voir rest. **Thibert** ci-après – ☕ 46 – **27 ch** 365/440.

Jura sans rest, 14 av. Mar. Foch ✆ 80 41 61 12, Télex 350485, Fax 80 41 51 13, 🌳 – |♦| TV ☎ ♿ 🚗 – 🚶 35. AE ⓓ GB JCB — CY **r**
fermé 23 déc. au 10 janv. – ☕ 50 – **75 ch** 290/420.

Ibis Central [M], 3 pl. Grangier ✆ 80 30 44 00, Télex 350606, Fax 80 30 77 12 – |♦| 🚭 ch ▤ rest TV ☎ ♿ – 🚶 40. AE ⓓ GB JCB — CY **e**
R Rôtisserie *(fermé dim.)* carte 190 à 290 ♨, enf. 60 – ☕ 38 – **90 ch** 285/345.

Nord et rest. de la Porte Guillaume, pl. Darcy ✆ 80 30 58 58, Télex 351554, Fax 80 30 61 26 – |♦| TV ☎. AE ⓓ GB — CY **w**
fermé 20 déc. au 8 janv. – **R** 110/190, enf. 55 – ☕ 47 – **29 ch** 300/390 – ½ P 330.

Relais Arcade [M], 15 av. Albert 1er ✆ 80 43 01 12, Télex 350515, Fax 80 41 69 48, 🍽 – |♦| ▤ rest TV ☎ ♿ P – 🚶 80. AE GB — A **n**
R 108/120 ♨, enf. 45 – ☕ 37 – **128 ch** 300/340.

Jacquemart sans rest, 32 r. Verrerie ✆ 80 73 39 74, Fax 80 73 20 99 – TV ☎. GB — DY **h**
☕ 32 – **30 ch** 150/310.

Victor Hugo 🌿 sans rest, 23 r. Fleurs ✆ 80 43 63 45 – ☎ 🚗. GB. 🐕 — CX **b**
☕ 27 – **23 ch** 140/260.

Grésill'H., 16 av. R. Poincaré ✆ 80 71 10 56, Télex 350549, Fax 80 74 34 89 – |♦| TV ☎ P – 🚶 25. AE ⓓ GB — B **t**
R 82/165 ♨, enf. 42 – ☕ 38 – **47 ch** 280/370 – ½ P 325.

Parc de la Colombière, 49 cours Parc ✆ 80 65 18 41, Fax 80 36 42 56, 🍽 – |♦| TV ☎ ♿ P – 🚶 90. GB — B **a**
R 148/198 – ☕ 40 – **39 ch** 280/340.

Allées sans rest, 27 cours Gén. de Gaulle ✆ 80 66 57 50, Fax 80 41 84 84 – |♦| TV ☎ P. AE GB — B **s**
☕ 27 – **37 ch** 195/237.

XXXX ✿ **Jean-Pierre Billoux** - Hôtel la Cloche 14 pl. Darcy ✆ 80 30 11 00, Fax 80 49 94 89, 🍽 – ▤ P. AE GB — CY **f**
fermé 8 au 17 août, vacances de fév., dim. soir et lundi – **R** 250/500 et carte 350 à 530
Spéc. Croustillant aux épices, compote de crustacés à la tomate. Rognon de veau au vin rouge et à la moutarde. Poire rôtie au citron et glace au pain d'épices. **Vins** Saint-Romain blanc, Pernand-Vergelesses rouge.

XXX ✿ **Thibert** - Hôtel Wilson, 10 pl. Wilson ✆ 80 67 74 64, Fax 80 63 87 72 – ▤. AE GB — DZ **k**
fermé 2 au 8 janv., 1er au 23 août, lundi midi et dim. – **R** 115/410 et carte 290 à 390
Spéc. Petits choux verts farcis aux escargots. Queues de langoustines au café vert. Assiette de lapin. **Vins** Bourgogne Aligoté. Bourgogne rouge.

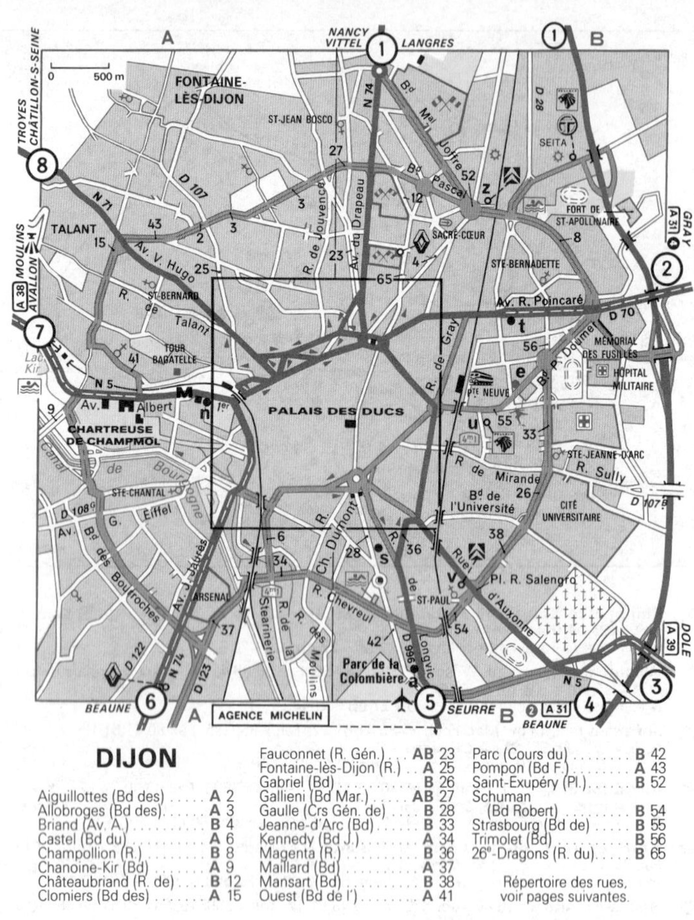

DIJON

Aiguillottes (Bd des) . . . . . A 2
Allobroges (Bd des) . . . . . A 3
Briand (Av. A.) . . . . B 4
Castel (Bd du) . . . . A 6
Champollion (R.) . . . . B 8
Chanoine-Kir (Bd) . . . . A 9
Châteaubriand (R. de) . . . . B 12
Clomiers (Bd des) . . . . A 15
Fauconnet (R. Gén.) . . . AB 23
Fontaine-lès-Dijon (R.) . . A 25
Gabriel (Bd) . . . . B 26
Gallieni (Bd Mar.) . . . . . AB 27
Gaulle (Crs Gén. de) . . . . B 28
Jeanne-d'Arc (Bd) . . . . . . B 33
Kennedy (Bd J.) . . . . A 34
Magenta (R.) . . . . B 36
Maillard (Bd) . . . . A 37
Mansart (Bd) . . . . B 38
Ouest (Bd de l') . . . . A 41
Parc (Cours du) . . . . B 42
Pompon (Bd F.) . . . . A 43
Saint-Exupéry (Pl.) . . . . . B 52
Schuman (Bd Robert) . . . . B 54
Strasbourg (Bd de) . . . . . B 55
Trimolet (Bd) . . . . B 56
26e-Dragons (R. du) . . . . . B 65

Répertoire des rues, voir pages suivantes.

XXX **La Chouette,** 1 r. la Chouette ✆ 80 30 18 10, Fax 80 30 59 93 – AE ⓓ GB JCB — DY **v**
fermé 1er au 15 juil. et mardi – **R** 130/420.

XXX **La Toison d'Or** - Hôtel Philippe Le Bon, 18 r. Ste Anne ✆ 80 30 73 52, Télex 351681, Fax 80 30 95 51, « Demeures anciennes, caveau-musée » – Ⓟ. AE ⓓ GB — DY **p**
fermé 8 au 23 août et dim. soir – **R** 130/240.

XX **Le Rallye,** 39 r. Chabot-Charny ✆ 80 67 11 55 – AE ⓓ GB — DY **d**
fermé 24 juil. au 18 août, 20 fév. au 10 mars, dim. et fériés – **Repas** 90/220, enf. 60.

XX **Host. de l'Étoile,** 1 r. Marceau ✆ 80 73 20 72, Fax 80 71 24 76 – ▤. AE ⓓ GB JCB — DX **a**
fermé dim. soir et lundi – **R** 105/230, enf. 65.

XX **Ma Bourgogne,** 1 bd P. Doumer ✆ 80 65 48 06, 🏠 – GB — B **e**
fermé 15 au 31 août, dim. soir et lundi – **R** 110/170, enf. 65.

XX **Le Petit Vatel,** 73 r. Auxonne ✆ 80 65 80 64 – ▤. GB. ✻ — EZ **a**
fermé 1er au 23 août, 24 déc. au 3 janv., sam. midi et dim. – **R** 110/300, enf. 70.

XX **La Côte St-Jean,** 13 r. Monge ✆ 80 50 11 77 – GB — CY **t**
fermé 24 juil. au 7 août, 2 au 23 janv., sam. midi et mardi – **R** 95/195.

XX **La Dame d'Aquitaine,** 23 pl. Bossuet ✆ 80 30 36 23, Fax 80 49 90 41, « Aménagé dans une crypte du 13e siècle » – AE ⓓ GB. ✻ — CY **m**
fermé lundi midi et dim. – **R** cuisine de Sud-Ouest 120/330.

au Parc de la Toison d'Or par ① : 5 km – ✉ **21000** Dijon :

Holiday Inn Garden Court Ⓜ, 1 pl. Marie de Bourgogne ✆ 80 72 20 72, Télex 352180, Fax 80 72 32 72 – |‡| ⟷ ch ▤ TV ☎ ♿ P – 🎤 50. AE ① GB JCB
R 55/90 ♨, enf. 45 – ⊡ 55 – **104 ch** 380/430.

Campanile, rd-pt du parc Technologique ✆ 80 74 41 00, Télex 352204, Fax 80 70 13 44, – TV ☎ ♿ P – 🎤 25. AE GB
R 80 bc/102 bc, enf. 39 – ⊡ 29 – **50 ch** 268.

à Sennecey-lès-Dijon SE : 5 km sur D 905 par rte de Neuilly-lès-Dijon – ✉ **21800** :

La Flambée, ✆ 80 47 35 35, Télex 350273, Fax 80 47 07 08, – |‡| ▤ rest TV ☎ P – 🎤 25. AE ① GB JCB
R grill 95/105 ♨ – ⊡ 47 – **22 ch** 380/495 – ½ P 340.

par ⑥ : 4,5 km sur N 74 – ✉ **21300** Chenôve :

L'Escargotière Ⓜ, 96 rte Beaune ✆ 80 52 15 35, Fax 80 51 44 70, – |‡| ⟷ ch TV ☎ P – 🎤 35. AE ① GB
R *(fermé dim.)* 95 ♨ – ⊡ 45 – **41 ch** 290/450 – ½ P 300/340.

à Chenôve par ⑥ et D 122A : 7 km – 17 721 h. – ✉ **21300** :

Fimotel, vers accès autoroute Lyon ✆ 80 52 20 33, Télex 351312, Fax 80 51 25 55 – |‡| TV ☎ ♿ P – 🎤 30. AE GB
R *(fermé dim.)* 78/89 ♨ – ⊡ 32 – **40 ch** 240/255 – ½ P 195/220.

à Marsannay-la-Côte par ⑥ : 8 km – 5 216 h. – ✉ **21160** :

Novotel Ⓜ, rte Beaune ✆ 80 52 14 22, Télex 350728, Fax 80 51 02 28, – |‡| ▤ rest TV ☎ ♿ P – 🎤 80. AE ① GB
R carte environ 160 ♨, enf. 50 – ⊡ 48 – **122 ch** 400/460.

XXX ✿ **Gourmets** (Perreaut), 8 r. Puits de Têt (près église) ✆ 80 52 16 32, Fax 80 52 03 01, – AE ① GB JCB
fermé fév., dim. soir et lundi – **R** 165/450 et carte 320 à 460
Spéc. Salade de queue de boeuf et saucisse de Morteau à la purée de pomme de terre. Colinot aux aromates. Rognon de veau selon Germain Tainturier. **Vins** Marsannay blanc et rouge.

à Perrigny-lès-Dijon par ⑥ – ✉ **21160** :

Ibis Ⓜ, à 9 km ✆ 80 52 86 45, Télex 351510, Fax 80 58 84 44, – ⟷ ch TV ☎ ♿ P – 🎤 25. AE GB
R 85 ♨, enf. 40 – ⊡ 34 – **50 ch** 290/330.

Cottage H. Ⓜ, à 10 km ✆ 80 51 10 00, Fax 80 58 82 97, – TV ☎ ♿ P – 🎤 40. AE ① GB JCB
R *(fermé 24 déc. au 3 janv., sam. midi et dim. soir du 1er oct. au 1er avril)* 85/105 ♨, enf. 45 – ⊡ 32 – **41 ch** 240/275 – ½ P 245.

à Couchey par ⑥ et N 74 : 11 km – ✉ **21160** :

XX **L'Écuyer de Bourgogne,** ✆ 80 52 03 14 – P. AE GB
fermé 1er au 9 mars, 1er au 24 août, dim. soir et lundi – **R** 98/240, enf. 60.

au Lac Kir par ⑦ : 4 km – ✉ **21370** Plombières-lès-Dijon :

XX **Le Cygne,** ✆ 80 41 02 40, Fax 80 42 16 09, ⩤, – ▤ P. ① GB
fermé dim. soir et lundi – **R** 89/130 ♨, enf. 55.

à Velars-sur-Ouche O : 12 km par ⑦, N 5 et A 38 – ✉ **21370** :

XXX **Aub. Gourmande,** à l'échangeur de l'A 38 ✆ 80 33 62 51, Fax 80 33 65 83, – P. GB JCB
fermé 15 au 31 janv., dim. soir et lundi – **Repas** 99/190, enf. 70.

au NO par ⑧ :

Castel Burgond Ⓜ, à 4 km sur N 71 ✉ 21121 Fontaines-lès-Dijon ✆ 80 56 59 72, Fax 80 57 69 48, – |‡| TV ☎ ♿ P – 🎤 40. AE ① GB. ✂ rest
Trois Ducs ✆ 80 56 59 75, Fax 80 58 28 99 *(fermé 9 au 23 août, 20 déc. au 3 janv., dim. soir et lundi)* **R** 85/385, enf. 65 – ⊡ 30 – **38 ch** 240/270.

La Bonbonnière sans rest, à Talant : 3 km, 24 r. Orfèvres (près église) ✉ 21240 Talant ✆ 80 57 31 95, Fax 80 57 23 92, – |‡| TV ☎ P. GB
⊡ 38 – **20 ch** 280/380.

à Hauteville-lès-Dijon par ⑧ et D 107F : 6 km – ✉ **21121** :

XX **La Musarde** avec ch, ✆ 80 56 22 82, Fax 80 56 64 40, – TV ☎ P. AE ① GB
fermé 1er au 9 août, 13 déc. au 4 janv., dim. soir et lundi – **R** 115/400 – ⊡ 55 – **11 ch** 230/280 – ½ P 250/310.

MICHELIN, Agence régionale, 10 r. de Romelet à Longvic par ⑤ ✆ 80 67 35 38

DIJON

Darcy (Pl.) . . . . **CY**
Foch (Av. Mar.) . . . . **CY** 24
Liberté (R. de la) . . . . . . **CY**

Aiguillotes (Bd des) . . . . . **A** 2
Albert-1er (Av.) . . . . **CY**
Allobroges (Bd des) . . . . **A** 3
Arquebuse (R. de l') . . . **CY**
Audra (R.) . . . . **CY**
Auxonne (R. d') . . . . **EZ**
Baudin (R. J.-B.) . . . . . **EYZ**
Berbisey (R.) . . . . **CYZ**
Berlier (R.) . . . . **DEY**
Bossuet (R. et Pl.) . . . . **CDY**
Bouhey (Pl. J.) . . . . **EX**
Bourg (R. du) . . . . **DY**
Bourroches (Bd des) . . . . **A**
Briand (Av. A.) . . . . **EX** 4
Brosses (Bd de) . . . . **CY** 5
Buffon (R.) . . . . **DY**
Cabet (R. P.) . . . . **EY**
Carnot (Bd) . . . . **DEY**
Castel (Bd du) . . . . **A** 6
Cellerier (R. J.) . . . . **CX**
Chabot-Charny (R.) . . . **DYZ**
Champagne (Bd de) . . . . **EX** 7
Champollion (R.) . . . . **B** 8
Chanoine-Kir (Bd) . . . . . . **A** 9
Charrue (R.) . . . . **DY** 10
Châteaubriand (R.) . . . . . . **B** 12
Chevreul (R.) . . . . **AB**
Chouette (R. de la) . . . . **DY** 14
Citeaux (R. du Petit) . . . **CZ**
Clemenceau (Bd G.) . . . **EX**
Clomiers (Bd des) . . . . . . **A** 15
Condorcet (R.) . . . . **CY**
Courtépée (R.) . . . . **DX**
Daubenton (R.) . . . . **CZ**
Davoust (R.) . . . . **EY**
Devosges (R.) . . . . **CDY**
Diderot (R.) . . . . **EY**
Dr-Chaussier (R.) . . . . . . **CY** 16
Doumer (Bd P.) . . . . **B**
Drapeau (Av. du) . . . . **B**
Dubois (Pl. A.) . . . . **CY** 20
Dumont (R. Ch.) . . . . **DZ**
École-de-Droit (R.) . . . . **DY** 21
Égalité (R. de l') . . . . **CX**
Eiffel (Av. G.) . . . . **A**
Fauconnet (R. Gén.) . . . **AB** 23
Févret (R.) . . . . **DZ**
Fontaine-lès-Dijon (R.) . **CX**
Forges (R. des) . . . . **DY**
Fremiet (R. A.) . . . . **DX**
Gabriel (Bd) . . . . **B** 26
Gagnereaux (R.) . . . . **DX**
Gallieni (Bd Mar.) . . . . . **AB** 27
Garibaldi (Av.) . . . . **DX**
Gaulle (Crs Gén.-de) . . . **DZ**
Godrans (R. des) . . . . . . **DY** 30
Grangier (Pl.) . . . . **DY** 31
Gray (R. de) . . . . **EY**
Hôpital (R. de l') . . . . **CZ**
Ille (R. de l') . . . . **CZ**
Jaurès (Av. J.) . . . . **CZ**
J.-J.-Rousseau (R.) . . . . **DY**
Jeanne-d'Arc (Bd) . . . . . . **B** 33
Jeannin (R.) . . . . **DEY**
Joffre (Bd Mar.) . . . . **B**
Jouvence (R. de) . . . . . . **DX**
Kennedy (Bd J.) . . . . **A** 34
Libération (Pl. de la) . . . **DY** 35
Longvic (R. de) . . . . **DEZ**
Magenta (R.) . . . . **EZ** 36
Maillard (Bd) . . . . **A** 37
Mansart (Bd) . . . . **B** 38
Manutention (R. de la) . **CZ**
Marceau (R.) . . . . **DX**
Mariotte (R.) . . . . **CY**
Marne (Bd de la) . . . . **EX**
Metz (R. de) . . . . **EY**
Michelet (R.) . . . . **CY** 40
Mirande (R. de) . . . . **EY**
Monge (R.) . . . . **CY**
Montchapet (R. de) . . . . **CX**
Moulins (R. des) . . . . **A**
Mulhouse (R. de) . . . . . **EXY**
Musette (R.) . . . . **DY**
Ouest (Bd de l') . . . . **A** 41
Parc (Cours du) . . . . **B** 42

Parmentier (R.) . . . . **EX**
Pascal (Bd) . . . . **B**
Pasteur (R.) . . . . **DYZ**
Perrières (R. des) . . . . **CY**
Piron (R.) . . . . **DY**
Poincaré (Av. R.) . . . . **B**
Pompon (Bd F.) . . . . **A** 43
Potet (R. du Petit) . . . . **DY** 44
Préfecture (R. de la) . . . . . **DY**
Raines (R. du Fg) . . . . . . **CYZ**

Rameau (R.) . . . . **DY** 47
République (Pl. de la) . . . . **DX**
Rolin (Quai N.) . . . . **CZ**
Roses (R. des) . . . . **CX**
Roussin (R. Amiral) . . . . . . **DY**
St-Bénigne (Pl.) . . . . **CY** 50
St-Bernard (Pl.) . . . . **DY** 51
St-Exupéry (Pl.) . . . . **B** 52
St-Michel (Pl.) . . . . **DY** 53
Ste-Anne (R.) . . . . **DYZ**

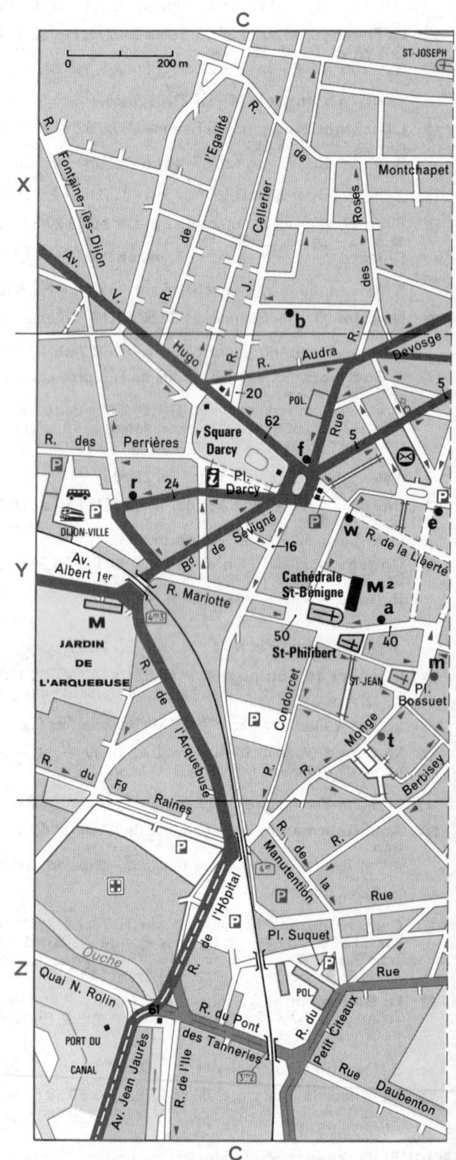

DES RUES

CITROEN Succursale, impasse Chanoine-Bardy B z ☎ 80 71 83 00
CITROEN Gar. Bartman, 154 r. d'Auxonne B v ☎ 80 66 46 73
FIAT Gar. Sodia, 10 r. des Ardennes ☎ 80 71 14 12
FORD Gar. Montchapet, 12 r. des Ardennes ☎ 80 72 66 66
FORD Gar. Lignier, 3 r. Grands-Champs ☎ 80 66 39 05 **N**
PEUGEOT Gar. Château-d'Eau, 1 bd Fontaine-des-Suisses B u ☎ 80 65 40 34 **N** ☎ 80 31 35 41
PEUGEOT-TALBOT Bourgogne Autom. Nord, r. de Cracovie ZI St-Apollinaire B ☎ 80 73 81 16 **N** ☎ 80 33 73 69
RENAULT Succursale, 139 av. J.-Jaurès A ☎ 80 51 51 51 **N** ☎ 83 33 53 00
RENAULT Segelle, 5 bd de l'Europe à Quetigny par D 107B B ☎ 80 46 02 54
V.A.G Gd Gar. Diderot, 4 r. Diderot ☎ 80 65 46 01
VOLVO Gar. du Transvaal, 21 r. Transvaal ☎ 80 67 71 51

Périphérie et environs

BMW Gar. Massoneri, r. Charrières à Quetigny ☎ 80 46 01 51
CITROEN Succursale, rte de Beaune à Marsannay-la-Côte par ⑥ ☎ 80 71 83 10 **N** ☎ 80 36 62 13
FIAT Sodia, 125 rte de Beaune à Chenôve ☎ 80 52 60 02
MERCEDES-BENZ Gar. Gremeau, 65 rte de Beaune à Chenôve ☎ 80 52 11 66
OPEL Gar. Heinzlé, r. Prof.-L.-Neel, ZI à Longvic ☎ 80 66 52 78
PEUGEOT-TALBOT Bourgogne Autom. Sud, 5 rte de Beaune à Chenôve par ⑥ ☎ 80 52 21 20 **N** ☎ 80 33 73 69
PORSCHE-MITSUBISHI Auto Sélection, 67 rte de Beaune à Chenôve ☎ 80 52 60 10
RENAULT Auto Leader Bourgogne, 47 RN 74 à Marsannay-la-Côte par ⑥ ☎ 80 52 12 15 **N** ☎ 80 52 12 16
V.A.G Gd Gar. Diderot, r. P.-Langevin à Chenôve ☎ 80 52 33 52
V.A.G Gd Gar. Diderot, ZAC de la Charmette, r. des Ruchottes à Ahuy ☎ 80 70 19 70

Euromaster Briday Pneus, 11 r. A.-Becquerel, ZI à Chenôve ☎ 80 52 54 70
Euromaster Piot-Pneu, rte de Gray, St-Apollinaire ☎ 80 71 36 66
Métifiot, 1 r. de l'Escaut, ZI à St-Apollinaire ☎ 80 71 21 40

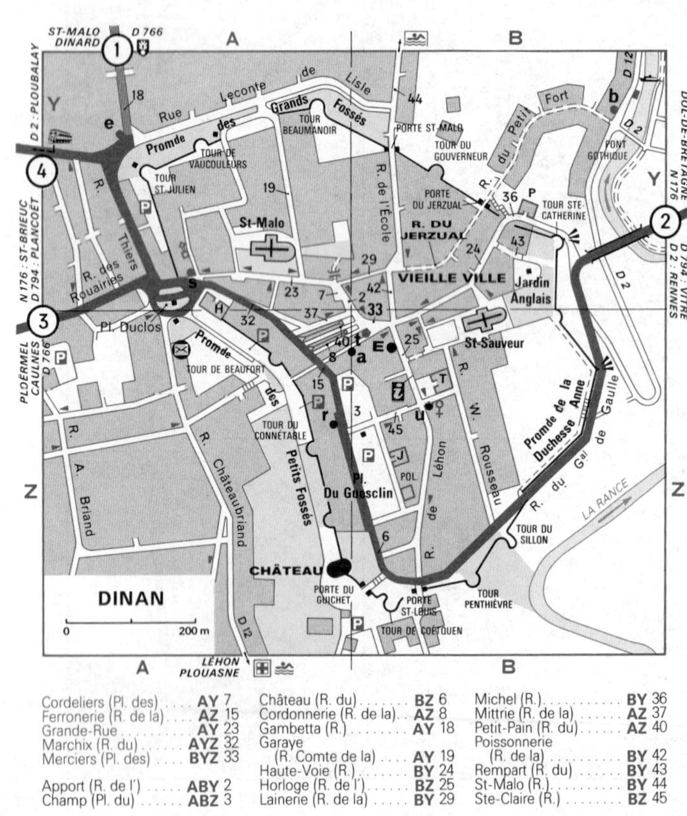

Cordeliers (Pl. des) .... AY 7
Ferronerie (R. de la) .... AZ 15
Grande-Rue .... AY 23
Marchix (R. du) .... AYZ 32
Merciers (Pl. des) .... BYZ 33

Apport (R. de l') .... ABY 2
Champ (Pl. du) .... ABZ 3
Château (R. du) .... BZ 6
Cordonnerie (R. de la) .. AZ 8
Gambetta (R.) .... AY 18
Garaye (R. Comte de la) .... AY 19
Haute-Voie (R.) .... BY 24
Horloge (R. de l') .... BZ 25
Lainerie (R. de la) .... BY 29
Michel (R.) .... BY 36
Mittrie (R. de la) .... AZ 37
Petit-Pain (R. du) .... AZ 40
Poissonnerie (R. de la) .... BY 42
Rempart (R. du) .... BY 43
St-Malo (R.) .... BY 44
Ste-Claire (R.) .... BZ 45

DINAN 22100 C.-d'Armor 59 ⑮ G. Bretagne – 11 591 h alt. 76.

Voir Vieille ville★★ BY : Tour de l'Horloge ✻★★ BZ E, Jardin anglais ≤★★ BY, Place des Merciers★ BZ 33, rue du Jerzual★ BY, Promenade de la Duchesse Anne ≤★ BZ – Château★ : ✻★ AZ – Lanvallay ≤★ 2 km par ②.

de St-Malo, le Tronchet ✆ 99 58 96 69 par ② N 176 : 19 km.

Office de Tourisme 6 r. Horloge ✆ 96 39 75 40.

Paris 400 ② – St-Malo 29 ① – Avranches 69 ② – Fougères 71 ② – ♦Rennes 52 ② – St-Brieuc 60 ③ – Vannes 116 ③.

Plan page précédente

D'Avaugour, 1 pl. Champ ✆ 96 39 07 49, Fax 96 85 43 04, ⛱, 🌳 – |♦| TV ☎. AE ⓓ GB
R *(fermé 15 au 31 janv., dim. soir et lundi de nov. à mai)* 120/300 ♁, enf. 70 – ☕ 45 – **27 ch** 420/480 – ½ P 400/480. AZ **r**

Les Alleux M, rte Ploubalay par ④ : 1 km ✆ 96 85 16 10, Télex 741280, Fax 96 85 11 40 – ☎ ♿ P. GB JCB
R 70/160 ♁ – ☕ 30 – **29 ch** 250/290 – ½ P 240.

Arvor sans rest, 5 r. Pavie ✆ 96 39 21 22, Fax 96 39 83 09 – |♦| TV ☎ ♿ P. AE GB BZ **u**
☕ 29 – **23 ch** 260/340.

Tour de l'Horloge ⛐ sans rest, 5 r. Chaux ✆ 96 39 96 92, Fax 96 85 06 99 – cuisinette TV ☎. AE ⓓ GB ABZ **a**
☕ 30 – **12 ch** 265/335.

France, 7 pl. 11-Novembre par ④ ✆ 96 39 22 56, Fax 96 39 08 96 – ▤ rest TV ☎. AE ⓓ GB
fermé 20 déc. au 5 janv. et sam. hors sais. – **R** 85/210 ♁ – ☕ 35 – **14 ch** 140/275 – ½ P 230/285.

XXX **Mère Pourcel,** 3 pl. Merciers ✆ 96 39 03 80, « Maison bretonne du 15e siècle » – AE GB BZ **t**
fermé vacances de fév., dim. soir et lundi sauf juil.-août et fériés – **R** 145/350, enf. 70.

XX **Caravelle,** 14 pl. Duclos ✆ 96 39 00 11 – AE ⓓ GB AY **s**
fermé 12 nov. au 4 déc., 15 au 22 mars et merc. sauf du 10 juil. au 4 déc. – **R** 120/350.

XX **Grands Fosses,** 2 pl. gén. Leclerc ✆ 96 39 21 50 – AE GB AY **e**
fermé 25 au 31 janv. et jeudi sauf juil-août – **R** 90/255.

XX **Relais des Corsaires,** Le Port ✆ 96 39 40 17, ⛱ – AE ⓓ GB BY **b**
fermé 6 janv. au 23 fév., dim. soir et merc. sauf du 15 juin au 30 sept. – **R** 98/148, enf. 75.

CITROEN Gar. Jago, ZI de Quevert par ④ ✆ 96 39 04 91
FORD Dinannaise-Autom., rte de Ploubalay ✆ 96 39 64 95 N ✆ 96 39 57 48
RENAULT Lemenant J-P, rte de Ploubalay à Taden ✆ 96 39 34 83 N ✆ 96 01 97 66
V.A.G Meyer, rte de Ploubalay à Taden ✆ 96 39 12 72

Ⓜ Desserey-Pneu + Armorique, ZA des Alleux, rte de Ploubalay à Taden ✆ 96 39 61 18
La Station du Pneu, ZI bd de Preval ✆ 96 85 10 62

DINARD 35800 I.-et-V. 59 ⑤ G. Bretagne – 9 918 h alt. 18 – Casino Municipal BY.

Voir Pointe du Moulinet ≤★★ BY – Grande Plage ou Plage de l'Écluse★ BY – Promenade du Clair de Lune★ BYZ – La Rance★★ en bateau – St-Lunaire : pointe du Décollé ≤★★ et grotte des Sirènes★ 4,5 km par ② – Usine marémotrice de la Rance : digue ≤★ SE : 4 km.

Env. Pointe de la Garde Guérin★ : ✻★★ par ② : 6 km puis 15 mn – Château d'eau de Ploubalay ✻★★ SO : 7 km par ①.

de St-Briac-sur-Mer ✆ 99 88 32 07, par ② : 7,5 km.

de Dinard-Pleurtuit-St-Malo ✆ 99 46 18 46, par ① : 5 km.

Office de Tourisme 2 bd Féart ✆ 99 46 94 12, Télex 950470.

Paris 425 ① – St-Malo 11 ① – Dinan 22 ① – Dol-de-Bretagne 27 ① – Lamballe 46 ① – ♦Rennes 71 ①.

Plan page suivante

Gd Hôtel et rest. George V, 46 av. George V ✆ 99 88 26 26, Télex 740522, Fax 99 88 26 27, ≤, ⛆ – |♦| TV ☎ P – 🏛 100. AE ⓓ GB BY **v**
1er avril-31 oct. – **R** carte 230 à 340 – ☕ 60 – **87 ch** 980/1200, 3 appart..

Novotel Thalassa M ⛐, av. Château Hébert ✆ 99 82 78 10, Télex 741990, Fax 99 82 78 29, ≤ mer, ⛱, centre de thalassothérapie, 🏋, ⛆, 🌳, 🎾 – |♦| 🚭 ch ▤ TV ☎ ♿ P – 🏛 25 à 60. AE ⓓ GB. ✻ rest AY **r**
fermé 14 nov. au 12 déc. – **R** carte environ 180, enf. 80 – ☕ 57 – **104 ch** 760 – ½ P 535.

Reine Hortense ⛐ sans rest, 19 r. Malouine ✆ 99 46 54 31, Fax 99 88 15 88, ≤ St-Malo, 🏖 – TV ☎ P. AE ⓓ GB JCB BY **e**
25 mars-15 nov. – ☕ 60 – **10 ch** 1300.

Émeraude-Plage, 1 bd Albert 1er ✆ 99 46 15 79, Fax 99 88 15 31 – |♦| TV ☎ 🚗. ✻ BY **z**
8 avril-2 oct. – **R** (dîner seul.) 105/135 – ☕ 35 – **54 ch** 300/520 – ½ P 290/400.

Vieux Manoir M ⛐ sans rest, 21 r. Gardiner ✆ 99 46 14 69, Fax 99 46 87 87, « Jardin » – ▤ TV ☎ P. GB. ✻ AY **d**
1er avril-14 nov. et vacances scolaires – ☕ 35 – **37 ch** 260/400.

Les Tilleuls, 36 r. Gare ✆ 99 82 77 00, Fax 99 82 77 55 – TV ☎ P. AE ⓓ GB. ✻ AZ **v**
fermé 20 déc. au 15 janv. – **R** *(fermé dim. soir et lundi du 30 sept. au 30 mars)* 78/170 ♁, enf. 50 – ☕ 32 – **53 ch** 320/420 – ½ P 275/340.

DINARD

Féart (Bd) . . . . **BYZ**
Leclerc (R. Mar.) . . . . . **BYZ** 16

Abbé Langevin (R.) . . . . **AY** 2
Albert-1er (Bd) . . . . **BY** 3
Boutin (Pl. J.) . . . . **BY** 4
Clemenceau (R. G.) . . . . . **BY** 6
Coppinger (R.) . . . . **BY** 7
Corbinais (R. de la) . . . . . **AZ** 8
Croix-Guillaume (R. de la) **AZ** 10
Douet-Fourchet (R. du) . . **AZ** 12
Français-Libres (R.) . . . . . **AZ** 13
Gaulle (Pl. du Gén.-de) . . **BZ** 14
Giraud (Av. du Gén.) . . **BZ** 15
Lhotellier (Bd) . . . . **AY** 17
Malouine (R. de la) . . . **BY** 18
Prés.-Wilson (Bd) . . . . **BY** 20
Renan (R. E.) . . . . **AY** 21
République (Pl. de la) . **BY** 22
St-Lunaire (R. de) . . . . **AY** 25
Verney (R. Y.) . . . . **BY** 26

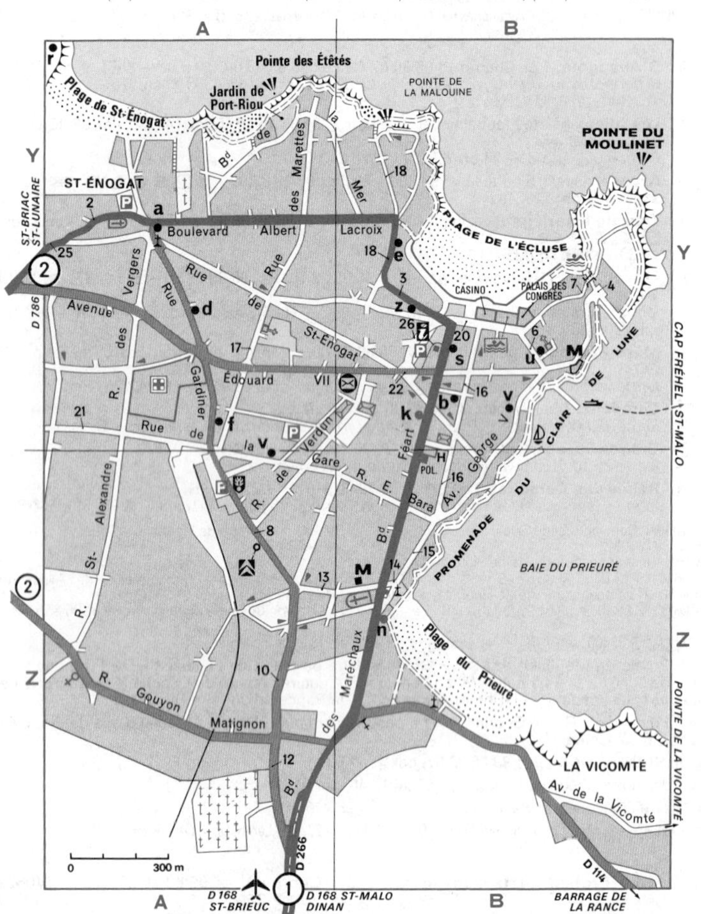

Plage et rest. Le Trezen, 3 bd Féart ✆ 99 46 14 87, Fax 99 46 55 52 – AE GB BY **s**
fermé 15 mars au 5 avril et 6 janv. au 12 fév. – **R** *(fermé merc.)* 82/200, enf. 60 – 33 – **18 ch** 285/405 – ½ P 260/332.

Balmoral sans rest, 26 r. Mar. Leclerc ✆ 99 46 16 97, Fax 99 88 20 48 – AE GB BY **b**
fermé 3 janv. au 2 fév., dim. soir et lundi du 1er nov. au 1er avril – 32 – **31 ch** 280/360.

Roche Corneille, 4 r. G. Clemenceau ✆ 99 46 14 47, Fax 99 46 40 80 – AE GB. ch BY **u**
1er avril-15 nov. – **R** (½ pens. seul.) – 40 – **27 ch** 420/600 – ½ P 330/415.

Mont-St-Michel sans rest, 54 bd Lhotelier ✆ 99 46 10 40, Fax 99 88 17 47 – P. GB. AY **f**
1er avril-30 oct. et fermé dim. soir – 30 – **26 ch** 280/300.

Améthyste sans rest, pl. Calvaire ✆ 99 46 61 81, Fax 99 46 96 91 – AE GB. AY **a**
fermé 5 janv. au 1er mars – 27 – **20 ch** 210/300.

XX **Altaïr** avec ch, 18 bd Féart ✆ 99 46 13 58, Fax 99 88 20 49, ⛱ – TV ☎. AE ⓓ GB JCB
fermé 15 nov. au 15 déc., dim. soir et lundi sauf vacances scolaires – **R** 88/190, enf. 60 – ☕ 33 – **21 ch** 280/380 – ½ P 290/340. BY **k**

XX **Le Petit Robinson** avec ch, SE : 3 km sur D 114 - BZ ✉ 35780 La Richardais ✆ 99 46 14 82 – TV ☎ Ⓟ. AE ⓓ GB
fermé 15 au 25 mars, 15 nov. au 15 déc., lundi sauf juil.-août et dim. soir – **R** 85/160, enf. 50 – ☕ 28 – **7 ch** 250/270 – ½ P 250/260.

X **Prieuré** avec ch, 1 pl. Gén. de Gaulle ✆ 99 46 13 74, ≤ – ☎. GB BZ **n**
fermé janv., dim. soir hors sais. et lundi – **R** 85/145 – ☕ 32 – **8 ch** 270 – ½ P 275.

à la Jouvente SE : 7 km par D 114 - BZ et D 5 – ✉ **35730** Pleurtuit :

Manoir de la Rance ⚲ sans rest, ✆ 99 88 53 76, Fax 99 88 63 03, ≤, « Dans un jardin fleuri surplombant la Rance » – TV ☎ Ⓟ. GB
fermé janv. et fév. – ☕ 45 – **9 ch** 400/980.

AUSTIN, ROVER, TRIUMPH Gar. Parc, ZA l'Hermitage à La Richardais ✆ 99 46 13 38
CITROEN Gar. Kopp, 21 r. de la Corbinais, ✆ 99 46 13 43

PEUGEOT-TALBOT Gar. de la Rive Gauche, ZA l'Hermitage à La Richardais par ① ✆ 99 46 75 78 N ✆ 99 88 44 27

Ⓜ Emeraude Pneumatiques, La Fourberie à St-Lunaire ✆ 99 46 11 26

DIOU 36 Indre 68 ⑨ – rattaché à Issoudun.

DISSAY 86130 Vienne 68 ⑭ G. Poitou Vendée Charentes – 2 498 h alt. 73.
Voir Peintures murales★ du château.
Paris 321 – Poitiers 16 – Châtellerault 18.

Les Rives du Clain M, av. du Clain ✆ 49 52 62 42, Fax 49 52 62 62, ⛱, Ⓛ, ⛱, ✂ – ▤ rest TV ☎ ♿ Ⓟ – 🏛 80. AE ⓓ GB
R 74/200 ♁, enf. 35 – ☕ 34 – **44 ch** 240/300 – ½ P 230.

XX **Le Binjamin** avec ch, N 10 ✆ 49 52 42 37, Fax 49 62 59 06, ⛱ – ▤ rest TV ☎ Ⓟ. GB JCB
fermé 1er au 8 janv., 8 au 23 août, sam. midi, dim. soir et lundi – **R** 108/235 – ☕ 30 – **12 ch** 165/235 – ½ P 210.

X **Le Clos Fleuri,** ✆ 49 52 40 27 – Ⓟ. GB
fermé dim. soir sauf juil.-août et lundi soir – **R** 93/210, enf. 50.

CITROEN Gar. Pinaudeau ✆ 49 52 42 31

DIVES-SUR-MER 14 Calvados 54 ⑰ – rattaché à Cabourg.

DIVONNE-LES-BAINS 01220 Ain 70 ⑯ G. Jura (plan) – 5 580 h alt. 500 – Stat. therm. (fév.-nov.) – Casino.
⛳18 ✆ 50 40 34 11, O : 2 km.
ℹ Office de Tourisme r. des Bains ✆ 50 20 01 22.
Paris 498 – Thonon-les-Bains 55 – Bourg-en-Bresse 113 – ♦Genève 19 – Gex 8 – Lausanne 50 – Nyon 13.

Le Grand Hôtel ⚲, ✉ 01220 ✆ 50 40 34 34, Télex 385716, Fax 50 40 34 24, ≤, ⛱, « Parc ombragé », ⛱, ✂ – 🛗 TV ☎ Ⓟ – 🏛 100. AE ⓓ GB. ✻ rest
La Terrasse R carte 280 à 375 – ☕ 80 – **127 ch** 650/1200, 10 appart. – ½ P 1040/1440.

✿ **Château de Divonne** ⚲, 115 r. Bains ✆ 50 20 00 32, Télex 309033, Fax 50 20 03 73, ≤ lac et Mt-Blanc, ⛱, « Dans un parc ombragé », ✂ – 🛗 ▤ rest TV ☎ Ⓟ – 🏛 40. GB
fermé début janv. au 1er mars – **R** 250/470 et carte 375 à 540 – ☕ 80 – **22 ch** 600/1090, 5 appart. – ½ P 950/1225
Spéc. Poissons du lac. Volaille de Bresse et ses petites galettes. Soufflé renversé aux fruits de saison. **Vins** Apremont, Mondeuse.

Beau Séjour, 1 pl. Perdtemps ✆ 50 20 06 22, Fax 50 20 71 87, ⛱ – TV ☎. AE ⓓ GB JCB. ✻ ch
R *(fermé 15 déc. au 15 janv., merc. en hiver et mardi soir)* 160/200 ♁ – ☕ 30 – **28 ch** 180/300 – ½ P 206/257.

Coccinelles ⚲ sans rest, rte Lausanne ✆ 50 20 06 96, Fax 50 20 01 18, ⛱ – 🛗 TV ☎ Ⓟ. GB
☕ 30 – **24 ch** 130/280.

Jura ⚲ sans rest, rte Arbère ✆ 50 20 05 95, Fax 50 20 21 21, ⛱ – ☎ Ⓟ. AE GB
☕ 30 – **24 ch** 180/270.

XX **Bellevue-rest. Marquis** ⚲ avec ch, par av. d'Arbère ✆ 50 20 02 16, ≤, ⛱, ⛱ – TV ☎ Ⓟ. AE ⓓ GB
1er mars-15 déc. – **R** *(fermé mardi midi et lundi)* 160/280 – ☕ 32 – **15 ch** 220/350 – ½ P 280/320.

XX **Champagne,** av. Genève ✆ 50 20 13 13, ⛱, ⛱ – Ⓟ. GB
fermé 21 au 30 juin, 1er au 10 oct., 23 déc. au 15 janv, jeudi midi et merc. – **R** grill carte 175 à 320.

XX **Provençal,** r. Genève ✆ 50 20 01 87, Fax 50 20 35 35, ⛱ – AE ⓓ GB
fermé 1er au 15 juil., 25 au 31 oct., dim. soir et lundi – **R** 140/240.

X **Aub. du Vieux Bois,** rte Gex : 1 km ☎ 50 20 01 43, ⛱, ⛱ – Ⓟ. AE GB
fermé 21 au 28 juin, fév., dim. soir et lundi – **R** 90/260 ℥, enf. 65.

RENAULT Clatot à Grilly ☎ 50 20 07 05

DOLANCOURT 10 Aube 61 ⑱ – rattaché à Bar-sur-Aube.

DOL-DE-BRETAGNE 35120 I.-et-V. 59 ⑥ **G. Bretagne** (plan) – 4 629 h alt. 16.

Voir Cathédrale★★ – Promenade des Douves★ : ≼★ – Mont-Dol ✳★ 4,5 km NO par D 155.

9 18 de St-Malo, le Tronchet ☎ 99 58 96 69, O sur N 176 : 11 km ; 18 Château des Ormes ☎ 99 48 40 27, S par D 795 : 9 km.

Office de Tourisme Grande Rue des Stuarts (juin-sept.) ☎ 99 48 15 37.

Paris 375 – St-Malo 25 – Alençon 154 – Dinan 26 – Fougères 51 – ◆Rennes 56.

Bretagne, pl. Châteaubriand ☎ 99 48 02 03 – TV ☎. GB
fermé oct., vacances de fév. et sam. de nov. à Pâques – **R** 60/147 ℥, enf. 32 – ☕ 26 – **27 ch** 110/273 – ½ P 150/280.

XXX **La Bresche Arthur** avec ch, 36 bd Deminiac ☎ 99 48 01 44, Fax 99 48 16 32, ⛱ – ☎ Ⓟ. GB
fermé 12 au 30 nov. et 13 au 31 janv. – **R** *(fermé merc. d'oct. à juin)* 75/280, enf. 40 – ☕ 35 – **24 ch** 230/260 – ½ P 265.

RENAULT Gar. Hocquart Claude ☎ 99 48 02 12

DOLE 39100 Jura 70 ③ **G. Jura** – 26 577 h alt. 231.

Voir Le Vieux Dole★ BZ – Grille★ en fer forgé de l'église St-Jean-l'Evangéliste AZ.

9 Val d'Amour ☎ 84 71 04 23, par ③ : 9 km par D 405 et N 5.

Office de Tourisme 6 pl. Grévy ☎ 84 72 11 22 et rte Paris (juil.-août) ☎ 84 72 05 41 – A.C. Zone Portuaire ☎ 84 72 30 62.

Paris 369 ① – ◆Dijon 48 ⑥ – ◆Besançon 54 ① – Chalon-sur-Saône 62 ④ – ◆Genève 149 ③ – Lons-le-Saunier 51 ③.

Plan page suivante

La Chaumière ⛰, 346 av. Mar. Juin par ③ : 3 km ☎ 84 79 03 45, Fax 84 79 25 60, ⛱, ⛱, ⛱ – TV ☎ ⛍ Ⓟ – 🏛 25. GB JCB
fermé 19 au 27 juin, 18 déc. au 17 janv., dim. (sauf hôtel en été) et sam. du 15 sept. au 1er juil.
R 100/330, enf. 65 – ☕ 40 – **18 ch** 315/400 – ½ P 330/450.

La Cloche, 2 pl. Grévy ☎ 84 82 00 18, Fax 84 72 73 82 – |\$| TV ☎. GB — BY **v**
R voir rest. **Le Grévy** ci-après – ☕ 38 – **29 ch** 270/300.

XXX **Les Templiers,** 35 Gde Rue ☎ 84 82 78 78, Fax 84 72 87 62, « Ancienne chapelle du 13e siècle » – ▤. ⓓ GB — BZ **u**
fermé lundi sauf le soir du 15 avril au 15 oct. et dim. soir sauf fêtes – **R** 85 (sauf sam. soir)/200, enf. 50.

XX **La Romanée,** 13 r. Vieilles Boucheries ☎ 84 79 19 05, Fax 84 79 26 97, « Salle voûtée » – AE ⓓ GB — BZ **n**
fermé mardi – **R** 69/270, enf. 50.

XX **Le Grévy,** 2 av. Eisenhower ☎ 84 82 44 42 – GB
fermé vacances de printemps et sam. – **R** 82/180 ℥.

X **Buffet Gare,** ☎ 84 82 00 48, Fax 84 82 35 14, ⛱ – GB — AY **e**
fermé jeudi soir – **R** 62/180 ℥, enf. 35.

à Rochefort-sur-Nenon par ② : 7 km par N 73 – ✉ **39700** :

Fernoux ⛰, r. Barbière ☎ 84 70 60 45, Fax 84 70 50 89, ⛱ – TV ☎ Ⓟ. GB
fermé 24 déc. au 15 janv. – **R** *(fermé dim. de nov à avril et sam. midi)* 70/120 ℥ – ☕ 42 – **20 ch** 220/260 – ½ P 210/220.

à Brévans S : 2 km sur D 244 BY – ✉ **39100** :

Au Village ⛰, ☎ 84 72 56 40, Fax 84 82 61 94, ⛱ – TV ☎ Ⓟ – 🏛 25. GB. ⛔ rest
fermé 15 au 30 mars, 1er au 15 oct., 24 déc. au 2 janv., sam. midi et dim. – **R** 75/200 ℥, enf. 65 – ☕ 30 – **14 ch** 165/290 – ½ P 280/350.

à Parcey par ③ : 10 km sur N 5 – ✉ **39100** :

XX **Les Jardins Fleuris,** ☎ 84 71 04 84, Fax 84 71 09 43, ⛱ – AE GB
fermé 23 août au 6 sept., dim. soir et lundi sauf juil.-août – **R** 70/200, enf. 50.

XX **As de Pique** avec ch, S : 1,5 km ☎ 84 71 00 76, Fax 84 71 09 18, ⛱, ⛱ – TV ☎ Ⓟ. AE ⓓ GB
fermé 16 au 24 janv., dim. soir et lundi midi hors sais. – **R** 100/230 – ☕ 30 – **7 ch** 260/305 – ½ P 320/350.

CITROEN Jeanperin, 2 av. de Gray ☎ 84 82 34 23
CITROEN Bongain, 8 av. Landon ☎ 84 72 07 97
FIAT Est-Autom., 155 av. Eisenhower ☎ 84 82 19 01
FORD Gar. Sussot, 61 av. Eisenhower ☎ 84 82 12 06
NISSAN Gar. Jacquot, 53 av. G.-Pompidou ☎ 84 72 37 55
PEUGEOT, TALBOT S.C.A.D., 32 av. de Lattre-de-Tassigny par ① ☎ 84 82 07 79 N ☎ 84 91 91 78
RENAULT Cone Autom., 8 bd Wilson ☎ 84 82 67 67 N ☎ 84 82 82 53

R.-Lehmann, 42 av. Mar.-Juin ☎ 84 72 61 77

DOLE

Arènes (R. des) . . . . **ABZ**
Besançon (R. de) . . . . . **BYZ**
Grande-Rue . . . . **BZ**

Boyvin (R.) . . . . **BZ** 4
Chifflot (R. L.) . . . . **AZ** 5
Duhamel (Av. J.) . . . . . . **AZ** 6
Jean-Jaurès (Av.) . . . . . **BY** 8
Juin (Av. du Mar.) . . . . . **BZ** 10
Messagerie (R. des) . . . **AY** 12

Nationale, Charles de Gaulle (Pl.) . . . . . . **BZ** 13
Parlement (R. du) . . . . . **BZ** 14
Rockefeller (Av. J.) . . . . **BY** 16
Sous-Préfecture (R. de la) . . . . **BY** 18

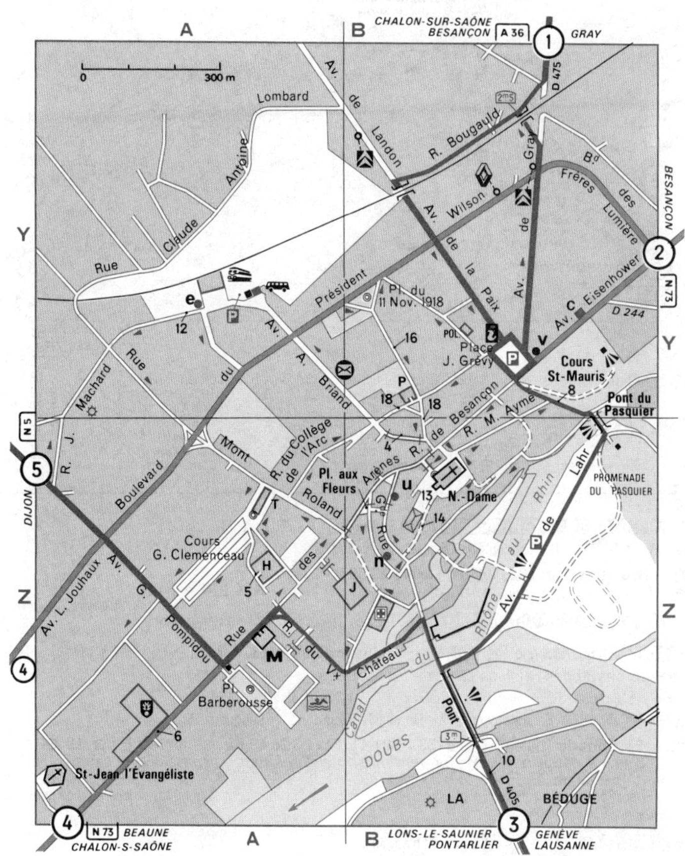

> **Routes enneigées**
> Pour tous renseignements pratiques, consultez
> les cartes Michelin « **Grandes Routes** » 918, 919, 915 ou 989.

DOLUS D'OLÉRON **17** Char.-Mar. 71 ⑭ – voir à Oléron (Ile d').

DOMFRONT **61700** Orne 59 ⑩ **G. Normandie Cotentin** – 4 410 h alt. 209.

Voir Site★ – Église N.-D.-sur-l'Eau★ A – Jardin du donjon ※★ A – Croix du Faubourg ※★ B **E** – Centre ancien★.

☐ Syndicat d'Initiative r. Dr Barrabé ✆ 33 38 53 97.

Paris 252 ③ – Alençon 61 ③ – Argentan 54 ② – Avranches 64 ⑤ – Fougères 56 ⑤ – Mayenne 36 ④ – Vire 39 ⑦.

Plan page suivante

Poste, r. Mar. Foch ✆ 33 38 51 00 – ☎ ⇔ **P**. AE ⓓ GB — B **a**
fermé fév., dim. soir et lundi d'oct. à juin sauf fériés – **R** 80/168 ♁ – ☐ 27 – **24 ch** 135/280 – ½ P 220/290.

PEUGEOT-TALBOT Champ, 22 r. Fossés-Plissons ✆ 33 38 42 35

RENAULT Fossey, par ③, **86 r. Mar.-Foch** ✆ 33 38 53 35 **N**

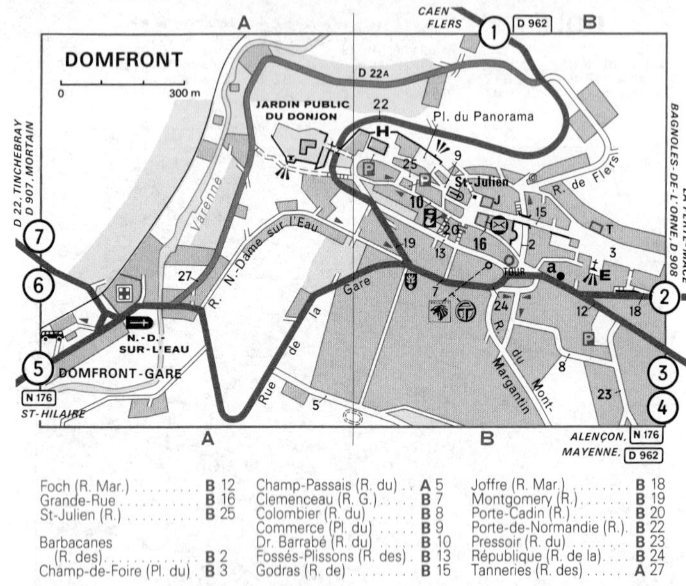

Foch (R. Mar.) . . . . **B** 12
Grande-Rue . . . . **B** 16
St-Julien (R.) . . . . **B** 25

Barbacanes
(R. des) . . . . **B** 2
Champ-de-Foire (Pl. du) . **B** 3
Champ-Passais (R. du) . . **A** 5
Clemenceau (R. G.) . . . . . **B** 7
Colombier (R. du) . . . . . . **B** 8
Commerce (Pl. du) . . . . . **B** 9
Dr. Barrabé (R. du) . . . . . **B** 10
Fossés-Plissons (R. des) . **B** 13
Godras (R. de) . . . . **B** 15
Joffre (R. Mar.) . . . . **B** 18
Montgomery (R.) . . . . **B** 19
Porte-Cadin (R.) . . . . **B** 20
Porte-de-Normandie (R.) . **B** 22
Pressoir (R. du) . . . . **B** 23
République (R. de la) . . . . **B** 24
Tanneries (R. des) . . . . . . **A** 27

DOMFRONT-EN-CHAMPAGNE 72240 Sarthe 60 ⑬ – 850 h alt. 132.

Paris 214 – ♦ Le Mans 17 – Alençon 42 – Laval 74 – Mayenne 56.

XX **Midi,** D 304 ☎ 43 20 52 04, Fax 43 20 56 03 – GB
fermé fév., dim. soir, mardi soir, merc. soir et lundi – **R** 75/220, enf. 45.

DOMMARTIN-LÈS-REMIREMONT 88 Vosges 62 ⑯ – rattaché à Remiremont.

DOMME 24250 Dordogne 75 ⑰ **G. Périgord Quercy** (plan) – 1 030 h alt. 212.

Voir Promenade des Falaises ✻★★★ – La bastide★.

Syndicat d'Initiative pl. Halle (fermé matin oct.- 1er avril) ☎ 53 28 37 09.

Paris 534 – Cahors 52 – Sarlat-la-Canéda 12 – Fumel 53 – Gourdon 21 – Périgueux 75.

✿ **Esplanade** (Gillard) ⛰, ☎ 53 28 31 41, Fax 53 28 49 92, ← – ▤ rest TV ☎. AE GB
15 fév. à début nov. – **R** *(fermé dim. soir et lundi hors sais.)* 150/350 et carte 260 à 400 – ☕ 45 – **25 ch** 300/550 – ½ P 365/490
Spéc. Saucisson chaud de canard. Filet d'agneau en croûte farci de foie gras et truffes. Chaud-froid de fraises. Vins Cahors, Pécharmant.

DOMPAIRE 88270 Vosges 62 ⑮ – 907 h alt. 303.

Paris 359 – Épinal 19 – Lunéville 54 – Luxeuil-les-Bains 60 – ♦ Nancy 60 – Neufchâteau 53 – Vittel 24.

XX **Commerce** avec ch, ☎ 29 36 50 28 – ☎. GB
fermé 20 déc. au 10 janv., dim. soir et lundi – **R** 63/155 ♁ – ☕ 24 – **10 ch** 150/250 – ½ P 145/175.

DOMPIERRE-LES-ORMES 71970 S.-et-L. 69 ⑱ – 833 h alt. 426.

Paris 409 – Mâcon 36 – Charolles 22 – Cluny 23 – Roanne 60.

Relais du Haut Clunysois, NE : 4 km par D 41 ☎ 85 50 27 67, Fax 85 50 25 11, 余, 🐾 – ⊁ ch TV ☎ ♿ P – 🏛 30. GB
fermé 9 au 29 nov., dim. soir et lundi de sept. à avril – **R** 62/185, enf. 45 – ☕ 29 – **18 ch** 180/260 – ½ P 230.

DOMPIERRE-SUR-BESBRE 03290 Allier 69 ⑮ – 3 807 h alt. 234.

Voir Vallée de la Besbre★, **G. Auvergne.**

Paris 326 – Moulins 33 – Bourbon-Lancy 17 – Decize 52 – Digoin 26 – Lapalisse 36.

XX **Aub. de l'Olive** avec ch, r. Gare ☎ 70 34 51 87 – TV ☎. GB
fermé 15 nov. au 6 déc., vacances de fév. et vend. sauf juil.-août – **R** 60/240 ♁, enf. 35 – ☕ 20 – **12 ch** 120/260 – ½ P 155/200.

CITROEN Gar. Burtin, 223 r. Nat ☎ 70 34 50 37 N
FORD Cannet 78 r. Nationale ☎ 70 34 51 61 N
PEUGEOT-TALBOT Bujon, 172 r. Nat ☎ 70 34 50 10
RENAULT Bailly ☎ 70 34 52 34 N
Gar. Cartier, Sept-Fons ☎ 70 34 54 84 N
☎ 70 34 58 08

DOMPIERRE-SUR-MER 17 Char.-Mar. 71 ⑫ – rattaché à La Rochelle.

DOMPIERRE-SUR-VEYLE 01240 Ain 74 ③ – 828 h alt. 355.

Paris 437 – Mâcon 52 – Belley 71 – Bourg-en-Bresse 16 – ♦Lyon 58 – Nantua 44 – Villefranche-sur-Saône 44.

✗ **Aubert,** ✆ 74 30 31 19, – GB
fermé 22 au 30 juil., fév., dim. soir, merc. soir et jeudi – **R** 110/220.

DOMRÉMY-LA-PUCELLE 88630 Vosges 62 ③ **G. Alsace Lorraine** – 182 h.

Voir Maison natale de Jeanne d'Arc★.

Paris 284 – ♦ Nancy 58 – Neufchâteau 11 – Toul 34.

Jeanne d'Arc sans rest, ✆ 29 06 96 06 – .
1er avril-15 nov. – **7 ch** 150/200.

DONGES 44480 Loire-Atl. 63 ⑮ **G. Bretagne** – 6 377 h alt. 12.

Voir Église★.

Paris 427 – ♦ Nantes 50 – La Baule 25 – Redon 44 – St-Nazaire 16.

✗✗ **La Closerie des Tilleuls,** N : 1 km par D 4 et V O ✆ 40 91 07 82, « Jardin fleuri » – P. GB.
fermé 24 déc. au 2 janv. – **R** 85/200.

rte de Pontchâteau N : 7 km par D 4, D 773 et VO – ✉ 44480 Donges :

✗✗ **La Duchée,** ✆ 40 45 28 41, – P. AE GB
fermé 16 au 31 mars, 16 au 31 août, dim. soir et lundi – **R** 150/195.

DONON (Col du) 67 B.-Rhin 62 ⑧ **G. Alsace Lorraine** – ✉ 67130 Schirmeck.

Paris 395 – ♦ Strasbourg 58 – Lunéville 57 – St-Dié 40 – Sarrebourg 37 – Sélestat 54.

Donon , ✆ 88 97 20 69, Fax 88 97 20 17, ←, , , – ☎ P. GB
fermé 22 au 28 mars, 22 nov. au 13 déc. et jeudi hors sais. – **R** 63/260, enf. 41 – ☐ 32 – **21 ch** 205/265 – ½ P 215/250.

Bonne route avec 36.15 MICHELIN

Économies en temps, en argent, en sécurité.

DONZENAC 19270 Corrèze 75 ⑧ **G. Périgord Quercy** – 2 050 h alt. 204.

Syndicat d'Initiative av. de Paris (juil.-sept.) et à la Mairie (hors saison) ✆ 55 85 72 33.

Paris 478 – Brive-la-Gaillarde 9,5 – ♦Limoges 81 – Tulle 29 – Uzerche 25.

rte de Limoges sur N 20 :

Soph' Motel , à 10 km ✆ 55 84 51 02, Fax 55 84 50 14, , , , – ch TV ☎ P – 30. AE GB
R 85/200, enf. 45 – ☐ 35 – **25 ch** 320 – ½ P 280.

Relais Bas Limousin, à 6 km ✆ 55 84 52 06, Fax 55 84 51 41, – ☎ P. GB
hôtel : fermé dim. soir du 25 sept. au 25 juin – **R** 70/240, enf. 45 – ☐ 28 – **24 ch** 130/280 – ½ P 160/270.

La Maleyrie, à 5 km ✆ 55 84 50 67, – ☎ P. GB
25 mars-1er nov. – **R** 60/150, enf. 45 – ☐ 25 – **15 ch** 100/220 – ½ P 160/200.

PEUGEOT-TALBOT Gar. Chanourdie ✆ 55 85 78 76 ✆ 55 85 65 56

DONZY 58220 Nièvre 65 ⑬ **G. Bourgogne** – 1 719 h alt. 188.

Paris 202 – Bourges 77 – Auxerre 65 – Château-Chinon 86 – Clamecy 37 – Cosne-sur-Loire 16 – Nevers 49.

✗✗ **Gd Monarque** avec ch, près église ✆ 86 39 35 44, – TV ☎ P. GB
R *(fermé dim. soir et lundi)* 95/200, enf. 55 – ☐ 35 – **15 ch** 140/250.

CITROEN Gar. Petit ✆ 86 39 30 93

RENAULT Gar. Rouleau P., 43 r. Gén.-Leclerc ✆ 86 39 35 34

Le DORAT 87210 H.-Vienne 72 ⑦ **G. Berry Limousin** – 2 203 h alt. 209.

Voir Collégiale St-Pierre★★.

Office de Tourisme pl. Collégiale (avril-oct.) ✆ 55 60 76 81.

Paris 376 – ♦ Limoges 52 – Bellac 12 – Le Blanc 50 – Guéret 68 – Poitiers 76.

Bordeaux, 39 pl. Ch. de Gaulle ✆ 55 60 76 88 – ☎. GB. ch
fermé 10 au 31 janv., 21 sept. au 1er oct., dim. soir et fériés le soir – **R** 60/185, enf. 45 – ☐ 25 – **10 ch** 135/185 – ½ P 270.

✗ **La Promenade** avec ch, 3 av. Verdun ✆ 55 60 72 09 – ☎ P. GB. ch
fermé 1er au 21 sept., vacances de fév., dim. soir et lundi – **R** 60/180 – ☐ 23 – **8 ch** 130/200 – ½ P 150/180.

CITROEN Laguzet ✆ 55 60 72 79

DORDIVES 45680 Loiret 61 ⑫ – 2 388 h alt. 71.
Paris 95 – Fontainebleau 33 – Montargis 19 – Nemours 15 – ◆Orléans 85 – Sens 42.

César sans rest, 8 r. République ✆ 38 92 73 20 – cuisinette ch. AE GB
35 – **22 ch** 110/280.

DORRES 66760 Pyr.-Or. 86 ⑯ G. Pyrénées Roussillon – 192 h alt. 1 450.
Voir Angoustrine : Retables★ dans l'église O : 5 km.
Paris 881 – Font-Romeu 17 – Ax-les-Thermes 58 – Bourg-Madame 8,5 – ◆Perpignan 103 – Prades 59.

Marty, ✆ 68 30 07 52, ←, – ☎ ℗. GB
fermé 1er nov. au 15 déc. – **R** 66 bc/160 – 27 – **34 ch** 150/230 – ½ P 220/230.

Les hôtels ou restaurants agréables
sont indiqués dans le guide par un symbole rouge.
Aidez-nous en nous signalant les maisons où,
par expérience, vous savez qu'il fait bon vivre.
Votre **guide Michelin** sera encore meilleur.

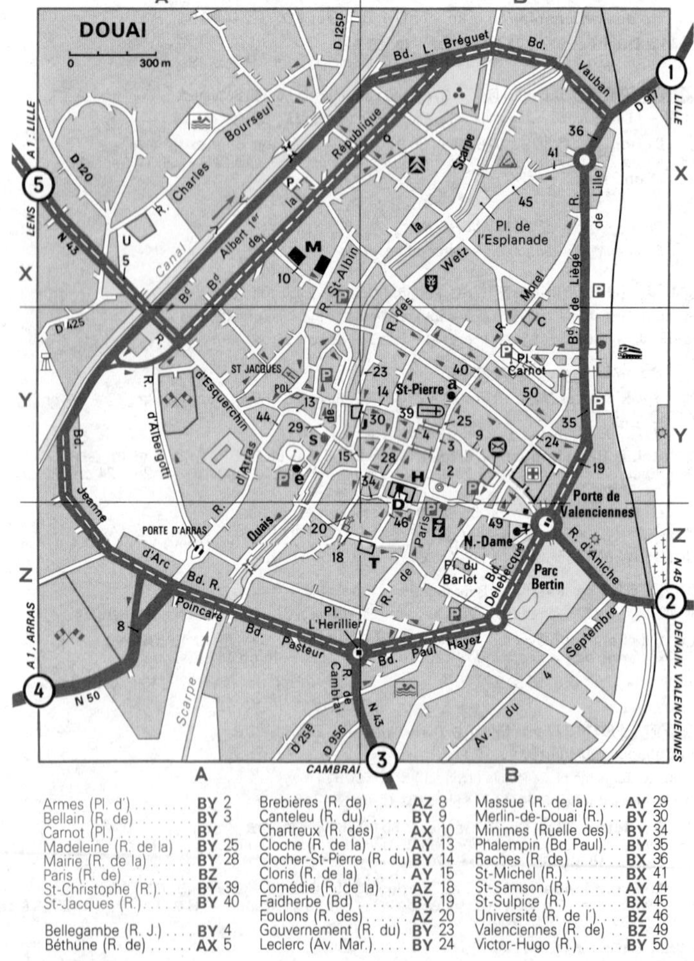

DOUAI 59500 Nord 53 ③ G. Flandres Artois Picardie – 42 175 h alt. 24.

Voir Beffroi★ BYD – Musée★ de la Chartreuse★ AX.

Env. Centre historique minier de Lewarde★ SE : 8 km par ②.

18 de Thumeries Moncheaux ☎ 20 86 58 98, par ① et D 8 : 15 km.

Office de Tourisme 70 pl. d'Armes ☎ 27 88 26 79 – A.C. 155 pl. Armes ☎ 27 88 90 79.

Paris 195 ④ – ◆Lille 37 ⑤ – ◆Amiens 83 ④ – Arras 25 ④ – Charleville-Mézières 148 ③ – Lens 21 ⑤ – St-Quentin 72 ③ – Tournai 38 ① – Valenciennes 40 ②.

Plan page précédente

La Terrasse, 36 terrasses St Pierre ☎ 27 88 70 04, Fax 27 88 36 05 – rest TV ☎ – 50. AE GB BY **a**
R 135 bc/395 – 40 – **24 ch** 295/660.

Ibis M, pl. St-Amé ☎ 27 87 27 27, Télex 820220, Fax 27 98 31 64 – ch TV ☎ P – 50 à 100. AE GB AY **e**
R *(fermé dim. sauf le midi de sept. à juil. et sam. midi)* 89 bc/180 , enf. 45 – 35 – **42 ch** 295/305.

Au Turbotin, 9 r. Massue ☎ 27 87 04 16 – AE GB AY **s**
fermé août, 19 au 25 fév., dim. soir et lundi – **R** 85/250, enf. 55.

Buffet Gare, ☎ 27 88 99 26 – AE GB BY
fermé sam. soir, dim. soir, lundi soir et le soir en juil.-août – **R** 68 bc/160 .

à Corbehem par ④ et D 45 : 6 km – ✉ **62112** :

Manoir de Fourcy , 48 r. gare ☎ 27 96 44 90, Fax 27 91 84 49, – TV ☎ – 80 à 200. AE GB
R *(fermé dim. soir)* 145/335 – 40 – **8 ch** 380.

à Brebières par ④ : 7 km – 4 324 h. – ✉ **62117** :

Air Accueil, N 50 ☎ 21 50 01 02, Fax 21 50 84 17 – P. AE GB
fermé dim. soir et les soirs fériés – **R** 165/230.

CITROEN Cabour, 884 bd République ☎ 27 87 36 22
FORD Paty, N 17 Le Raquet à Lambres ☎ 27 87 30 63
PEUGEOT-TALBOT Nord Distribution Autos, 537 rte de Cambrai par ③ ☎ 27 87 22 76 N ☎ 05 44 24 24
RENAULT Gd Gar. Douaisien, rte de Cambrai par ③ ☎ 27 93 84 84 N ☎ 28 02 09 28

V.A.G Gar. Carlier, 36 N 17 à Lambres-lez-Douai ☎ 27 98 50 65

Europneus, 59 r. de Warenghien ☎ 27 87 00 63
Europneus, 174 av. R.-Salengro à Sin-le-Noble ☎ 27 88 69 70

DOUAINS 27 Eure 55 ⑰, 106 ① – rattaché à Pacy-sur-Eure.

DOUARNENEZ

Sens unique en saison : flèche noire

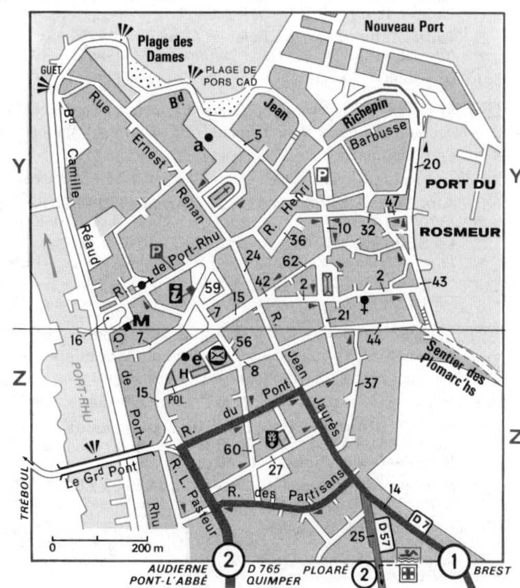

DOUARNENEZ 29100 Finistère 58 ⑭ G. Bretagne – 16 457 h alt. 37.

Voir Boulevard Jean-Richepin et jetée du Nouveau Port ≤* Y – Port du Rosmeur* Y – Musée du Bateau* YZ M – Ploaré : tour* de l'église S : 1 km – Pointe de Leydé ≤* NO : 5 km.

Office de Tourisme 2 r. Dr-Mével ✆ 98 92 13 35 et Port de Plaisance à Tréboul (15 juin-15 sept.) ✆ 98 74 22 08.

Paris 580 ① – Quimper 23 ② – ◆Brest 76 ① – Châteaulin 27 ① – Lorient 89 ② – Vannes 142 ②.

Plan page précédente

Clos de Vallombreuse M, 7 r. E. d'Orves ✆ 98 92 63 64, Fax 98 92 13 12, ≤, – TV ☎ ♿ P. AE GB. ✗ rest Y a
fermé dim. soir et lundi – **R** 130/400 – ☕ 45 – **20 ch** 450/600 – ½ P 490.

Bretagne sans rest, 23 r. Duguay-Trouin ✆ 98 92 30 44 – ☎. GB Z e
☕ 23 – **27 ch** 109/206.

SE par ② rte Quimper, D 765 et VO : 5 km – ✉ 29100 Douarnenez :

Aub. de Kervéoc'h, ✆ 98 92 07 58, parc – ☎ P. GB. ✗
vacances de printemps-début oct. – **R** 100/250 – ☕ 40 – **14 ch** 235/295 – ½ P 285/295.

à Tréboul NO : 3 km – ✉ 29100 :

Thalasstonic M, r. des Professeurs Curie ✆ 98 74 45 45, Fax 98 74 36 07 – TV ☎ ♿ P. AE GB. ✗ rest
fermé 10 au 24 janv. – **R** 95/195, enf. 55 – ☕ 45 – **52 ch** 300/460 – ½ P 360/370.

Simon Pneus, ZA de Brehuel ✆ 98 92 15 99

DOUCIER 39130 Jura 70 ⑭ ⑮ G. Jura – 231 h alt. 528.

Voir Lac de Chalain** N : 4 km.

Paris 416 – Champagnole 19 – Lons-le-Saunier 25.

XX **Sarrazine**, ✆ 84 25 70 60, – P. GB
début fév.-début nov. et fermé merc. soir et jeudi hors sais. – **R** grillades 95/215 ♂, enf. 60.

RENAULT Gar. Gaillard ✆ 84 25 70 94

DOUDEVILLE 76560 S.-Mar. 52 ⑬ – 2 492 h alt. 128.

Paris 179 – ◆ Rouen 42 – Bolbec 31 – Dieppe 38 – Fécamp 36 – Yvetot 13.

XX **Relais du Puits Saint-Jean** avec ch, ✆ 35 96 50 99, – TV P. GB. ✗ ch
R 70/280 ♂, enf. 60 – ☕ 30 – **4 ch** 230 – ½ P 250.

DOUÉ-LA-FONTAINE 49700 M.-et-L. 67 ⑧ G. Châteaux de la Loire – 7 260 h alt. 76.

Voir Parc zoologique des Minières** O : 2 km.

Office de Tourisme pl. Champ de Foire (fermé nov.-fév.) ✆ 41 59 20 49.

Paris 329 – Angers 38 – Châtellerault 85 – Cholet 49 – Saumur 17 – Thouars 30.

XX **France** avec ch, 17 pl. Champ de Foire ✆ 41 59 12 27, Fax 41 59 76 00 – ☎. GB
fermé 25 juin au 7 juil., 20 déc. au 20 janv., dim. soir et lundi sauf juil.-août – **R** 70/210 – ☕ 26 – **18 ch** 140/270 – ½ P 200/260.

XX **Aub. Bienvenue**, rte Cholet ✆ 41 59 22 44 – P. GB
fermé 8 au 28 fév., dim. soir et lundi sauf juil.-août – **R** 70/260, enf. 55.

PEUGEOT, TALBOT Gar. Darteuil-lesaint, 20 r. de Cholet ✆ 41 59 11 00

DOULLENS 80600 Somme 52 ⑧ G. Flandres Artois Picardie – 6 615 h alt. 64.

Voir Mise au tombeau* dans l'église Notre-Dame – Vallée de l'Authie* NO par D 925.

Office de Tourisme Beffroi, r. Bourg (juin-sept.) ✆ 22 32 54 52.

Paris 180 – ◆ Amiens 31 – Abbeville 41 – Arras 36 – Péronne 55 – St-Omer 81.

XX **Aux Bons Enfants** avec ch, 23 r. Arras ✆ 22 77 06 58 – P. AE GB. ✗ ch
fermé sam. – **R** 75/160 ♂, enf. 40 – ☕ 28 – **8 ch** 120/160 – ½ P 200/250.

XX **Le Sully** avec ch, 45 r. Arras ✆ 22 77 10 87 – ☎. GB
fermé 21 juin au 2 juil. et lundi – **R** 59/130 ♂ – ☕ 22 – **7 ch** 165/185 – ½ P 200/220.

PEUGEOT-TALBOT Vasseur, ZI Le Marais Sec ✆ 22 77 08 04

RENAULT Gar. Moderne, 55 av. Flandres-Dunkerque ✆ 22 77 02 77

DOURDAN 91410 Essonne 60 ⑨ 106 ㊶ G. Ile de France – 9 043 h alt. 117.

Voir Place du Marché aux grains* – Vierge au Perroquet* au musée.

Office de Tourisme pl. Gén.-de-Gaulle ✆ (1) 64 59 86 97.

Paris 54 – Chartres 46 – Étampes 17 – Évry 38 – ◆Orléans 78 – Rambouillet 23 – Versailles 45.

Host. Blanche de Castille, pl. Halles ✆ (1) 64 59 68 92, Télex 604902, Fax (1) 64 59 42 54, – TV ☎ P – 40 à 100. AE GB
R 180/240, enf. 75 – ☕ 50 – **40 ch** 460/550.

XX **Aub. de l'Angélus**, 4 pl. Chariot ✆ 64 59 83 72, – AE GB
fermé 16 août au 8 sept., vacances de fév., mardi soir et merc. – **R** 100/240, enf. 50.

CITROEN Ménard, ZI de la Gaudrée ✆ (1) 64 59 64 00

OPEL Huberty, rte d'Étampes, D 836 ✆ (1) 64 59 66 65

PEUGEOT Gar. Famel, 2 av. du 14 juillet ✆ (1) 64 59 71 86

RENAULT Lesage, 30 av. de Paris ✆ (1) 64 59 70 83

DOURLERS 59228 Nord 53 ⑥ – 582 h alt. 171.

Paris 215 – St-Quentin 75 – Avesnes-sur-Helpe 7,5 – ◆Lille 92 – Maubeuge 13 – Le Quesnoy 26 – Valenciennes 40.

XXX **Aub. du Châtelet,** Les Haies à Charmes S : 1 km sur N 2 ✉ 59440 Avesnes-sur-Helpe ℘ 27 61 06 70, Fax 27 61 20 02, – P. AE ① GB
fermé 16 août au 8 sept., 3 au 12 janv., dim. et fêtes le soir et merc. – **R** (nombre de couverts limité - prévenir) 250 bc/450 bc, enf. 80.

DOUSSARD 74 H.-Savoie 74 ⑯ – rattaché à Bout-du-Lac.

DOUVAINE 74140 H.-Savoie 70 ⑯ – 3 354 h alt. 429.

Paris 558 – Thonon-les-Bains 16 – Annecy 63 – Annemasse 18 – Bonneville 34 – ◆Genève 21.

XXX **Aub. Gourmande,** à Massongy E : 2 km par N5 et VO ✉ 74140 Douvaine ℘ 50 94 16 97, ←, , , – P. AE ① GB
fermé jeudi midi et merc. – **R** 98/260, enf. 80.

DOUVRES LA DÉLIVRANDE 14440 Calvados 54 ⑯ – 3 983 h alt. 19.

Paris 250 – ◆Caen 12 – Bayeux 26 – Deauville 44.

XX **Jacques Quirié,** 1 pl. Ancienne Mairie ℘ 31 37 20 04 – P. AE GB
fermé 22 août au 8 sept., 26 fév. au 15 mars, dim. soir et lundi – **R** 102/220, enf. 70.

à Cresserons E : 3 km par D 35 – ✉ 14440 :

XXX **La Valise Gourmande,** rte Lion sur Mer ℘ 31 37 39 10, , « Elégante demeure bourgeoise », – P. GB
fermé merc. midi et mardi – **R** 95/250.

DRACY-LE-FORT 71 S.-et-L. 69 ⑨ – rattaché à Chalon-sur-Saône.

DRAGUIGNAN

Cisson (R.) . . . . . YZ 3
Clemenceau (Bd) . . . . . Z
Clément (R. P.) . . . . . Z 5
Gay (Pl. C.) . . . . . Y 6
Grasse (Av. de) . . . . . Y 8
Joffre (Bd Mar.) . . . . . Z 9
Juiverie (R. de la) . . . . . Y 12
Kennedy (Bd J.) . . . . . Z 13
Leclerc (Bd Gén.) . . . . . Z 14
Marchands (R. des) . . . . . Y 15
Marché (Pl. du) . . . . . Y 16
Martyrs-de-la-R. (Bd des) Z 17
Marx-Dormoy (Bd) . . . . . Z 18
Mireur (R. F.) . . . . . Y 19
Observance (R. de l') . . . . . Y 20
République (R. de la) . . . . . Z 23
Rosso (Av. P.) . . . . . Z 24

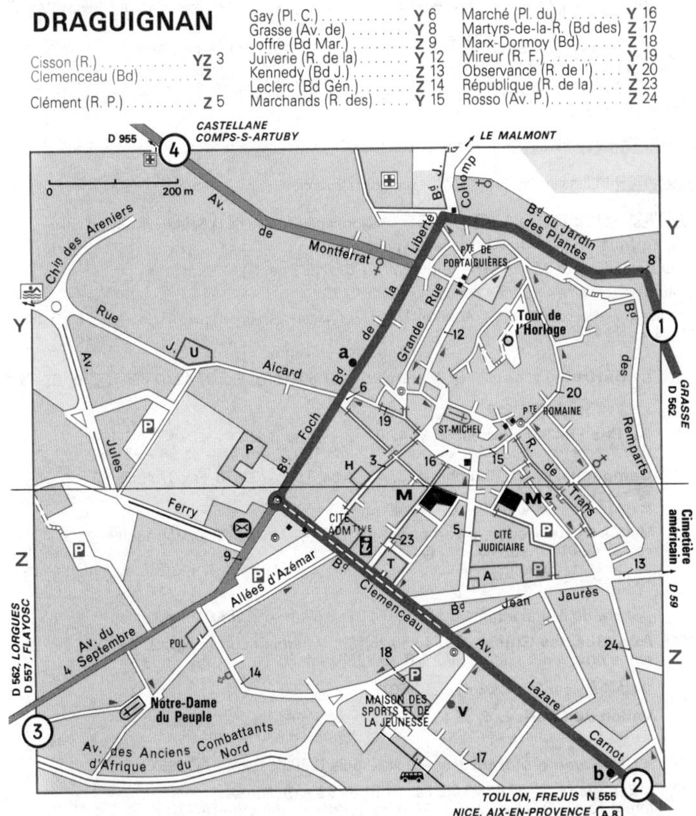

DRAGUIGNAN 83300 Var 84 ⑦ G. Côte d'Azur – 30 183 h alt. 181.

Voir Musée des Arts et Traditions populaires★ Z M[2].

de Lou Roucas à la Motte ✆ 94 45 96 60, SE : 14 km par ② et D 47.

Office de Tourisme avec A.C. 9 bd Clemenceau ✆ 94 68 63 30.

Paris 861 ② – Fréjus 28 ② – Aix-en-Provence 104 ② – Cannes 60 ② – Digne-les-Bains 107 ④ – Grasse 55 ① – Manosque 88 ③ – ◆Marseille 117 ② – ◆Nice 89 ② – ◆Toulon 79 ②.

Plan page précédente

Victoria M, 54 av. Carnot ✆ 94 47 24 12, Fax 94 68 31 69 – AE GB — Z b
R *(fermé janv., sam. et dim.)* 95/150 – 55 – **22 ch** 280/700 – ½ P 240/370.

Parc sans rest, 21 bd Liberté ✆ 94 68 53 84, Fax 94 47 11 92 – — Y a
20 ch.

Les 2 Cochers, 7 bd G. Péri ✆ 94 68 13 97, Fax 94 70 82 40, – AE GB — Z v
fermé 1er au 15 août et lundi – **R** 65/170 , enf. 40.

par bd J. Jaurès - Z - et rte de La Motte : 5 km – ✉ 83300 Draguignan :

Côté Jardin, 773 av. Mar. Galliéni ✆ 94 47 05 55, Fax 94 47 05 36, , – . AE GB
fermé fév., dim. soir et merc. hors sais. – **R** 100/300 , enf. 40.

par ③ et D 557 : 4 km – ✉ 83300 Draguignan :

Les Oliviers M sans rest, rte Flayosc ✆ 94 68 25 74, Fax 94 68 57 54, – . GB
25 – **12 ch** 240/315.

à Flayosc par ③ et D 557 : 7 km – 3 233 h. – ✉ 83780 :

L'Oustaou, ✆ 94 70 42 69, – AE GB
fermé 21 au 28 juin, 15 nov. au 6 déc., vacances de fév., dim soir et lundi – **Repas** 100/195 , enf. 55.

PEUGEOT-TALBOT, Trans Auto +, gar. Labrette, rte de Draguignan à Trans-en-Provence ✆ 94 47 18 58 N ✆ 94 67 02 02
RENAULT S.A.M.V.A., quartier de la Foux par ② ✆ 94 68 15 64 N

RENAULT Palmerini, à Salernes ✆ 94 70 72 38

Forni Pneu, ZI Les Incapis, ✆ 94 67 13 53
Forni-Pneu, 24 bd Carnot ✆ 94 68 06 83

Le DRAMONT 83 Var 84 ⑧ – rattaché à St-Raphaël.

DRAVEIL 91 Essonne 61 ①, 101 ㊱ – voir à Paris, Environs.

DREUX 28100 E.-et-L. 60 ⑦ 106 ㉕ G. Normandie Vallée de la Seine – 35 230 h alt. 104.

Voir Beffroi★ AY B – Vitraux★ de la chapelle royale AY.

du Bois d'O à St-Maixme-Hauterive, ✆ 37 51 04 61 par ④ : 21 km.

Office de Tourisme 4 r. Porte-Chartraine ✆ 37 46 01 73.

Paris 80 ② – Alençon 112 ⑥ – Argentan 114 ⑥ – Chartres 34 ④ – Évreux 43 ⑥ – ◆Le Mans 153 ④ – Mantes-la-Jolie 42 ①.

Plan page suivante

Le Beffroi sans rest, 12 pl. Métézeau ✆ 37 50 02 03, Fax 37 42 07 69 – . AE GB. — AZ e
30 – **16 ch** 300/367.

Au Bec Fin, 8 bd Pasteur ✆ 37 42 04 13 – . GB — BZ a
R *(fermé sam. soir et dim. de nov. à fév.)* 75/130 , enf. 45 – 26 – **24 ch** 200/260.

Campanile, av. W. Churchill ✆ 37 42 64 84, Télex 783578, Fax 37 42 86 99, – – 25. AE GB — BY n
R 80 bc/102 bc, enf. 39 – 29 – **49 ch** 268.

Vallée Verte avec ch, à Vernouillet par D 311 - AZ - ✉ 28500 Vernouillet ✆ 37 46 04 04, Fax 37 42 91 17 – . AE GB. ch
fermé 1er au 23 août, 26 déc. au 9 janv., dim. soir et lundi – **R** 140/300 bc, enf. 50 – 30 – **10 ch** 200/230 – ½ P 210.

par rte de Montreuil ①, D 928 et D 116 : 8,5 km – ✉ 28500 Vernouillet :

Aub. Gué des Grues, ✆ 37 43 50 25, , « Jardin fleuri » – . AE GB
fermé nov., lundi soir et mardi – **R** 150/230, enf. 80.

à Cherisy par ② : 4,5 km – ✉ 28500 :

Vallon de Chérisy, ✆ 37 43 70 08, , – GB
fermé 15 août au 10 sept., mardi soir et merc. – **R** 120 , enf. 35.

à Ste-Gemme-Moronval par ② N 12 puis D 308[2] : 6 km – ✉ 28500 :

L'Escapade, ✆ 37 43 72 05, Fax 37 51 84 52 – . AE GB
fermé 15 au 30 juil., 16 fév. au 10 mars, lundi soir et mardi – **R** 170.

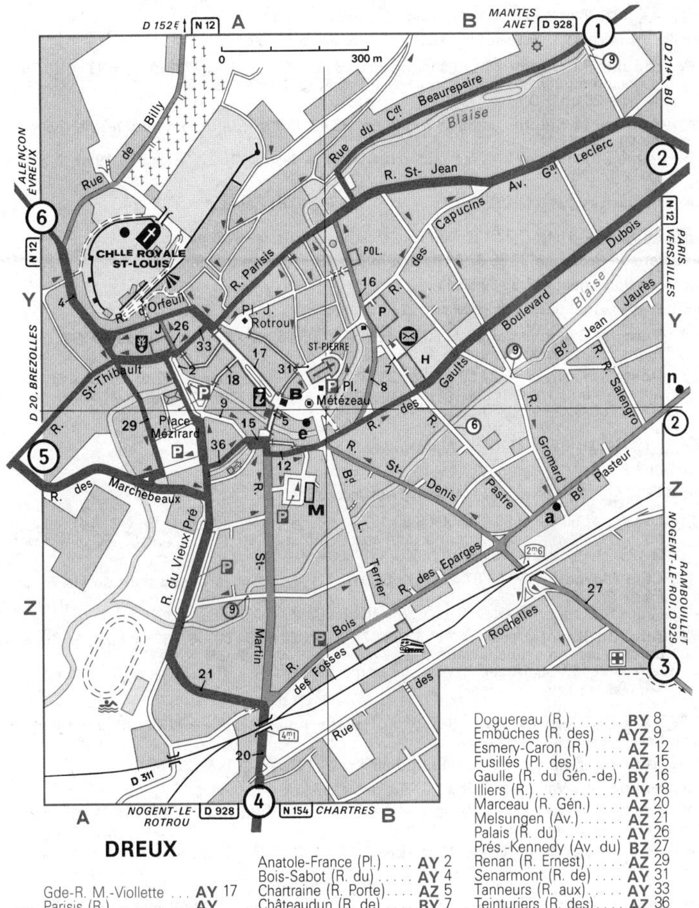

DREUX

Gde-R. M.-Viollette . . .	AY 17
Parisis (R.)	AY
Anatole-France (Pl.)	AY 2
Bois-Sabot (R. du)	AY 4
Chartraine (R. Porte)	AZ 5
Châteaudun (R. de)	BY 7
Doguereau (R.)	BY 8
Embûches (R. des) . .	AYZ 9
Esmery-Caron (R.)	AZ 12
Fusillés (Pl. des)	AZ 15
Gaulle (R. du Gén.-de) .	BY 16
Illiers (R.)	AY 18
Marceau (R. Gén.)	AZ 20
Melsungen (Av.)	AZ 21
Palais (R. du)	AY 26
Prés.-Kennedy (Av. du)	BZ 27
Renan (R. Ernest)	AZ 29
Senarmont (R. de)	AY 31
Tanneurs (R. aux)	AY 33
Teinturiers (R. des)	AZ 36

à Écluzelles par ③ : 5,5 km – ✉ 28500 :

XX **L'Aquaparc,** ✆ 37 43 74 75, Fax 37 43 76 80, ≤, 🍽, 🏖 – **P**. AE ⓓ GB
St-Louis R 120/220, enf. 80 – **L'Orient-Express R** 120, enf. 65.

BMW, OPEL-GM Dreux Autom., 6 bd de l'Europe à Vernouillet ✆ 37 46 37 43
CITROEN C.O.D.A.C., 64 av. Fenots par ⑥ ✆ 37 46 12 51 **N** ✆ 37 82 97 55
FORD Perrin, bd de l'Europe à Vernouillet ✆ 37 46 23 31
MERCEDES-BENZ Gar. Avenue, ZI Nord ✆ 37 46 17 98

RENAULT Chanoine, RN 12, Les Fenots par ⑥ ✆ 37 46 17 35 **N**

Ⓜ Boin, N 154 à Serazereux ✆ 37 65 22 22 **N**
Breton Pneus, 14 r. des Livraindières ✆ 37 42 44 22
Dubreuil Pneus, 9 pl. Vieux-Pré ✆ 37 50 03 60
Marsat-Pneus Dreux-Pneus, 27 av. Fenots ✆ 37 46 71 28

DRUYES-LES-BELLES-FONTAINES 89 Yonne 65 ⑭ **G. Bourgogne** – 302 h alt. 148 – ✉ **89560** Druyes-Belles-Fontaines.

Paris 183 – Auxerre 33 – Clamecy 15 – Gien 74 – Montargis 86.

🏠 **Aub. des Sources** 🐟, ✆ 86 41 55 14, Fax 86 41 90 31 – ☎ **P**. AE GB
fermé 8 au 20 déc., 5 janv. au 18 mars, lundi et mardi midi de sept. à mai – **R** 80/190, enf. 48 – ☕ 42 – **21 ch** 190/320 – ½ P 220/247.

DUCEY 50220 Manche 59 ⑧ G. Normandie Cotentin – 2 069 h alt. 15.

Paris 351 – Avranches 9,5 – Fougères 33 – ◆Rennes 71 – St-Hilaire-du-Harcouët 16 – St-Lô 70.

Moulin de Ducey M sans rest, ☎ 33 60 25 25, Télex 772318, Fax 33 60 26 76, ←, « Ancien moulin sur la Sélune » – ☎ & P. AE GB JCB
45 – **28 ch** 310/470.

Aub. de la Sélune, ☎ 33 48 53 62, Fax 33 48 90 30, « Jardin en bordure de rivière » – ☎. AE GB.
fermé 21 janv. au 21 fév. et lundi d'oct. à fév. – **Repas** 75/190 – 35 – **19 ch** 245/265 – ½ P 265/275.

RENAULT Gar. Lefort ☎ 33 48 51 11 | Gar. Ducey Auto ☎ 33 48 50 74

DUCLAIR 76480 S.-Mar. 55 ⑥ G. Normandie Vallée de la Seine – 3 822 h alt. 8.

18 du Parc de Brotonne ☎ 35 37 93 84 à Jumièges S : 10 km par D 982-D65.

Bac: renseignements ☎ 35 37 53 11.

Paris 153 – ◆ Rouen 19 – Dieppe 59 – Lillebonne 32 – Yvetot 20.

Parc, rte Caudebec ☎ 35 37 50 31, Fax 35 37 08 96, ←, parc – P. AE GB
fermé janv., dim.soir et lundi – **R** 165/265, enf. 140.

Poste avec ch, ☎ 35 37 50 04, Fax 35 37 39 19, ← – cuisinette ☎. AE GB.
fermé 1er au 8 mars, 15 au 30 juil., vacances de nov. et dim soir – **Repas** 80/250 – 28 – **20 ch** 200/300 – ½ P 260/280.

DUINGT 74410 H.-Savoie 74 ⑥ G. Alpes du Nord – 635 h alt. 450.

Voir Site★.

Paris 549 – Annecy 13 – Albertville 32 – Megève 48 – St-Jorioz 3,5.

Lac M, ☎ 50 68 90 90, Fax 50 68 50 18, ←, – ☎ P. GB.
hôtel : 12 fév.-1er nov. et fermé dim. soir du 30 sept. au 1er mai ; rest. : 30 avril-4 oct. – **R** 125/210 – 38 – **23 ch** 370/460 – ½ P 360/400.

Clos Marcel, ☎ 50 68 67 47, Fax 50 68 61 11, ←, « Jardin au bord du lac », – ☎ P. GB.
Pâques-30 sept. – **R** 125/178 – 38 – **15 ch** 300/350 – ½ P 380/400.

Aub. du Roselet avec ch, ☎ 50 68 67 19, Fax 50 68 64 80, ←, « Belle terrasse au bord du lac, près du château », – ☎. GB
fermé 1er nov. au 15 déc., mardi soir et merc. hors sais. – **R** 90/320 – 35 – **15 ch** 350 – ½ P 350.

DUNKERQUE 59140 Nord 51 ③ ④ G. Flandres Artois Picardie – 70 331 h Communauté urbaine 208 546 h alt. 7 – Casino à Malo-les-Bains.

Voir Port★★ AX – Musées : Art Contemporain★★ CDY, Beaux-Arts★ CDZ M[1].

18 Dunkerque-Fort-Vallières ☎ 28 61 07 43, par ② : 6 km.

Office de Tourisme Beffroi ☎ 28 66 79 21, Télex 132011 et 48 Digue de Mer ☎ 28 26 28 88 – A.C. 2 r. Amiral-Ronarc'h ☎ 28 66 70 68.

Paris 293 ② – ◆ Calais 45 ③ – ◆Amiens 148 ② – Ieper 54 ② – ◆Lille 76 ② – Oostende 55 ①.

Plans pages suivantes

Mercure-Altéa Reuze sans rest, 2 r. J. Jaurès ☎ 28 59 11 11, Télex 110587, Fax 28 63 09 69, ← ville et port – ☎ – 120. AE GB CZ r
45 – **122 ch** 350/550.

Europ'H., 13 r. Leughenaer ☎ 28 66 29 07, Télex 120084, Fax 28 63 67 87 – rest ☎ – 25 à 300. AE GB JCB CY s
Le Mareyeur *(fermé dim. soir et lundi)* **R** 85/240 – **Europ Grill** *(fermé dim.)* **R** carte 110 à 140 bc, enf. 45 – 46 – **120 ch** 330/380.

Borel M sans rest, 6 r. L'Hermitte ☎ 28 66 51 80, Télex 820050, Fax 28 59 33 82 – ch ☎. AE GB CY u
36 – **48 ch** 330/390.

Welcome H. M, 37 r. Poincaré ☎ 28 59 20 70, Télex 132263, Fax 28 21 03 49 – rest ☎ &. AE GB JCB CZ e
Relais d'Alsace R carte 140 à 200 – 44 – **40 ch** 314/362.

à Malo-les-Bains – ✉ 59240 Dunkerque :

Hirondelle, 46 av. Faidherbe ☎ 28 63 17 65, Fax 28 66 15 43 – ☎ & – 40. GB
R *(fermé 1er août au 5 sept., vacances de fév., dim. soir et lundi)* 65/255 – 27 – **42 ch** 245/300 – ½ P 236. DY r

Trianon sans rest, 20 r. Colline ☎ 28 63 39 15 – ☎. GB DY d
25 – **13 ch** 140/220.

Au Rivage, 7 r. Flandre ☎ 28 63 19 62, Fax 28 66 38 59 – ☎ – 40. GB DY n
hôtel : fermé 2 au 8 janv., week-ends du 25 sept. au 16 oct., dim. soir et vend. de sept. à juin – **R** *(fermé 25 sept. au 16 oct., 2 au 8 janv., 26 fév. au 6 mars, dim. soir en juil.-août, vend. de sept. à juin)* 58/220 – 30 – **16 ch** 160/250 – ½ P 210/260.

à Téteghem par ① et D 204 : 6 km – 5 839 h. – ✉ **59229**

XXXX ✿ **La Meunerie** (Delbé) M ♨ avec ch, au Galghouck SE : 2 km par D 4 ℘ 28 26 14 30, Fax 28 26 17 32, « Décor élégant », – rest TV ☎ P. GB JCB
fermé 23 déc. au 15 janv. – **R** *(fermé dim. soir et lundi)* 250/450 et carte 350 à 520 – **8 ch** ☕ 550/750
Spéc. Homard en salade de fleurs de potager. Roulade de turbot et crabe au céleri frit. Pêches blanches caramélisées aux amandes (été).

à Coudekerque-Branche S : 4 km sur D 916 – 23 644 h. – ✉ **59210** :

XXX **Le Soubise,** 49 rte Bergues ℘ 28 64 66 00, Fax 28 25 12 19 – P. AE GB — BX a
fermé sam. midi et dim. soir – **R** 95/245 ⅁, enf. 45.

à Cappelle-la-Grande par ② et D 916 : 5 km – 8 908 h. – ✉ **59180** :

XX **Le Bois de Chêne,** 48 rte Bergues ℘ 28 64 21 80, Fax 28 61 22 00, – P. GB
fermé 1er au 7 mars, 10 au 20 août, dim. soir et sam. – **R** 125/175, enf. 60.

au Lac d'Armbouts-Cappel S : 9 km par N 225 (sortie Bourbourg) – ✉ **59380** Armbouts-Cappel :

Lac ♨, ℘ 28 60 70 60, Télex 820916, Fax 28 61 06 39 – ch TV ☎ P – 80. AE GB
R 95 bc/135 bc, enf. 45 – ☕ 45 – **64 ch** 250/350.

Campanile, ℘ 28 64 64 70, Télex 132294, Fax 28 60 53 12, – TV ☎ ♿ P – 30. AE GB
R 80 bc/102 bc, enf. 39 – ☕ 29 – **39 ch** 268.

RENAULT Renault-Dunkerque, 561 av. Villette ℘ 28 62 73 00 N ℘ 28 02 90 40

Euromaster Fischbach Pneu Service, 47 r. Abbé-Choquet ℘ 28 24 36 15

La Clinique du Pneu, 12 quai 4-Écluses ℘ 28 64 62 70
Littoral Pneus Services, 75 r. Vauban à St-Pol-sur-Mer ℘ 28 24 24 20

Périphérie et environs

CITROEN Sté Dunkerquoise-Cabour, 715 av. Petite-Synthe ℘ 28 61 64 00 N ℘ 28 68 61 44
PEUGEOT-TALBOT Gar. Dubus, av. Maurice Berteaux à St-Pol-sur-Mer ℘ 28 60 34 34 N ℘ 28 02 21 15

Littoral Pneus Services, r. A.-Carrel à Petite-Synthe ℘ 28 60 02 00
Pneus et Services D.K., 16 r. Samaritaine à St-Pol-sur-Mer ℘ 28 64 76 74
Réform-Pneus, r. Albeck, ZI à Petite-Synthe ℘ 28 61 43 10

DUNKERQUE

Berteaux (Av. M.) . . . . . AX 10
Bonpain (Pl. de l'Abbé). BX 13
Cambon (Bd P.) . . . . BX 17
Clemenceau (R.) ST-POL AX 22
Darses (Chaussées des). AX 25
Jaurès (R. Jean) . . . . . . BX 39
Lille (R. de) . . . . BX 45
Malo (R. Célestin) . . . . . BX 50
Mendès-France (Bd) . . BX 52
Pasteur (R.) . . . . BX 56
République (R. de la) . . AX 61
Waldeck-Rousseau (R.) BX 73

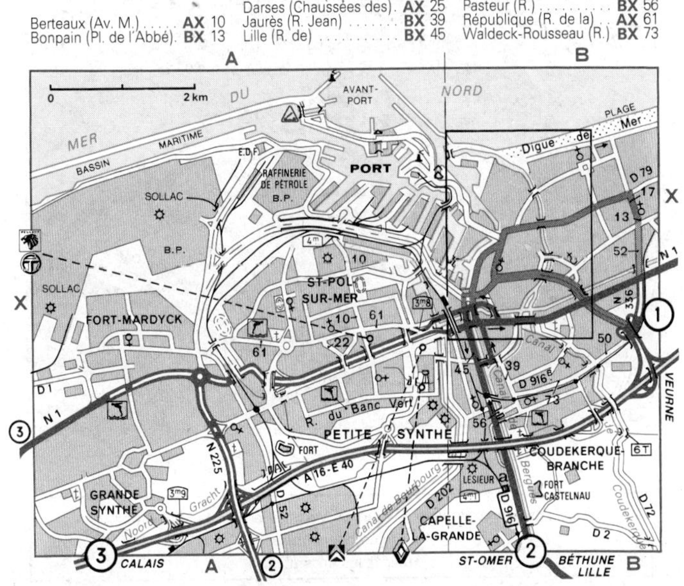

DUNKERQUE

Albert-1er (R.) .... CZ 2
Alexandre-III (Bd) .... CZ 3
Clemenceau (R.) .... CZ 21
Digue de Mer .... DY
Faidherbe (Av.) .... DY
Geeraert (Av. Adolphe) . DY
Jean-Bart (Pl.) .... CZ 41
Malo (Av. Gaspard) .... DY 49
Thiers (R.) .... CZ 65
Turenne (Pl.) .... DY 67

Arbres (R. des) .... CDY 6
Asseman (Pl. P.) .... DY 8
Bergues
(R. du Canal-de) .... CZ 9
Bollaert (Pl. Émile) ..... CZ 12
Calonne (Pl.) .... DZ 16
Carton Lurat (Av.) ..... DZ 18
Écluse-de-Bergues (R.). CZ 26
Fusiliers-Marins (R.) ... CZ 30
Gare (Pl. de la) .... CZ 32
Gaulle (Pl. du Gén.-de) . CZ 33
Hermitte (R. l') .... CY 35
Hollandais (Quai des) .. CZ 36
Hôtel de Ville (R. de l') . DY 37
Jardins (Quai des) ..... CZ 38
Jaurès (R. Jean) ...... CZ 40
Jeu-de-Paume (R. du) . CZ 42
Leughenaer (R. du) .... CY 44
Lille (R. de) .... CZ 45
Magasin-Général (R.) .. CZ 48
Mar.-de-France
(Av. des) .... DY 51
Minck (Pl. du) .... CY 53
Paris (R. de) .... CZ 54
Prés.-Poincaré (R. du) .. CZ 57
Prés.-Wilson (R. du) ... CZ 58
Quatre-Écluses (Quai) . CZ 59
République (Bd de la) .. DY 60
Sainte-Barbe (Bd) ..... CZ 63
Valentin (Pl. C.) .... CZ 68
Verley (Bd Paul) .... DY 69
Victoire
(Pl. et R. de la) .... CDY 70
Victor-Hugo (Bd) ...... CZ 72

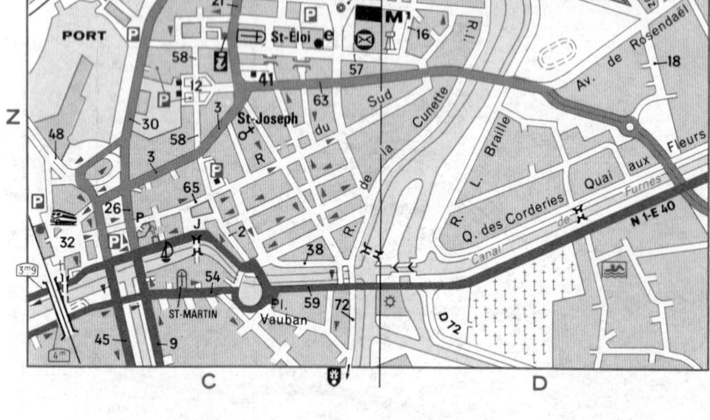

Les guides Rouges, les guides Verts et les cartes Michelin
sont complémentaires.
Utilisez les ensemble.

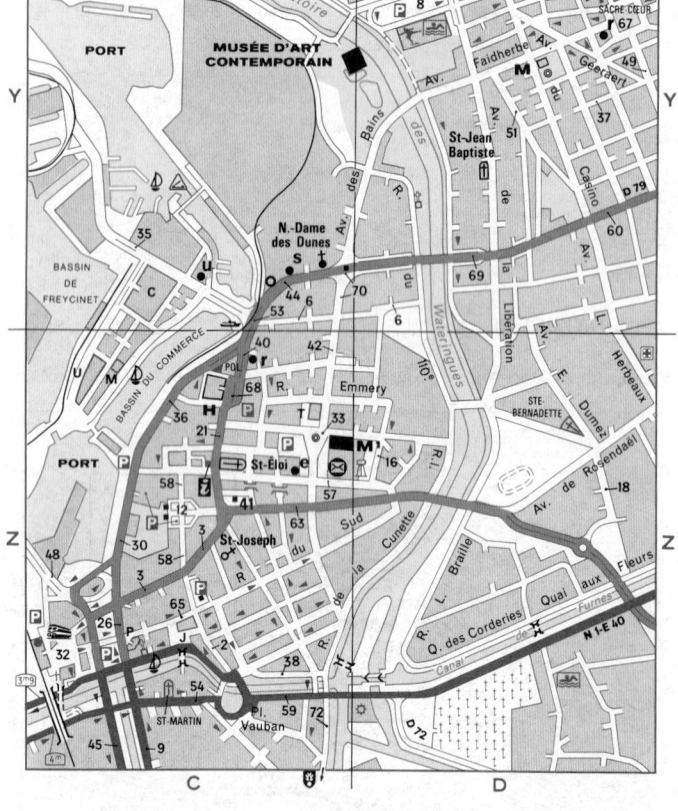

DUN-LE-PALESTEL **23800** Creuse 68 ⑱ – 1 203 h alt. 366.

Syndicat d'Initiative r. des Sabots (15 juin-15 sept.) ✆ 55 89 00 75 et à la Mairie ✆ 55 89 01 30.

Paris 338 – Aigurande 22 – Argenton-sur-Creuse 39 – La Châtre 48 – Guéret 28 – La Souterraine 19.

Joly, ✆ 55 89 00 23, Fax 55 89 15 89 – ☎. AE GB. rest
fermé 1er au 22 mars et 5 au 26 oct. – **Repas** 60/230 ♁, enf. 40 – ☕ 30 – **20 ch** 200/250 – ½ P 130/180.

PEUGEOT TALBOT Gar. Colas, Chabannes à St-Sulpice-le-Dunois ✆ 55 89 16 48

DURAS **47120** L.-et-G. 75 ⑬ **G. Pyrénées Aquitaine** – 1 200 h alt. 122.

Paris 578 – Périgueux 88 – Agen 90 – Marmande 23 – Ste-Foy-la-Grande 21.

Host. des Ducs, ✆ 53 83 74 58, Fax 53 83 75 03, , , – TV ☎ P. GB
fermé dim. soir et lundi sauf juil.-août – **R** 70/250 ♁, enf. 45 – ☕ 35 – **15 ch** 175/300 – ½ P 240/300.

DURBAN-CORBIERES **11360** Aude 86 ⑨ – 673 h.

Paris 878 – Perpignan 67 – Carcassonne 64 – Narbonne 31.

XXX ✿ **Le Moulin** (Moreno), S : 0,5 km par VO ✆ 68 45 81 03, Fax 68 45 83 31, ≤ Corbières et château, « Ancien moulin au milieu des vignes », – P. GB.
fermé 2 janv. au 28 fév., dim. soir et lundi sauf juil.-août – **R** 138/287, enf. 55
Spéc. Brandade en ravioles et infusion d'anchois. Civet de homard au Rancio. Morue aux petits gris.

DUREIL **72** Sarthe 64 ② – rattaché à Malicorne-sur-Sarthe.

DURFORT **30** Gard 80 ⑰ – rattaché à Anduze.

DURTAL **49430** M-et-L. 64 ② **G. Châteaux de la Loire** – 3 195 h alt. 28.

Syndicat d'Initiative à la Mairie (juil.-août) ✆ 41 76 30 24.

Paris 259 – Angers 39 – Le Mans 60 – La Flèche 12 – Laval 72 – Saumur 54.

XX **Boule d'Or**, 19 av. d'Angers ✆ 41 76 30 20 – P. GB
fermé 3 au 27 août, 15 au 27 fév., dim. soir, mardi soir et merc. – **R** 59/185 ♁, enf. 38.

DURY **80** Somme 52 ⑱ – rattaché à Amiens.

EAUZE **32800** Gers 82 ③ **G. Pyrénées Aquitaine** – 4 137 h alt. 141.

Syndicat d'Initiative pl. Armagnac ✆ 62 09 85 62.

Paris 730 – Auch 56 – Mont-de-Marsan 52 – Aire-sur-l'Adour 39 – Condom 28.

X **Aub. de Guinlet** avec ch, NE : 7 km par D 931, D 29 et VO ✆ 62 09 85 99, Fax 62 09 84 50, golf, , , – TV ☎ P. GB. ch
fermé vend. soir d'oct. à juin – **R** 60/170 ♁ – ☕ 25 – **8 ch** 220 – ½ P 210.

à Manciet SO : 9 km par D 931 – ✉ **32370** :

XX **La Bonne Auberge** avec ch, ✆ 62 08 50 04, Fax 62 08 58 84 – TV ☎. AE GB.
R *(fermé dim. soir)* 80/240 – ☕ 38 – **13 ch** 240/300 – ½ P 240/260.

CITROEN Fitte J.P., à Manciet ✆ 62 08 50 15
CITROEN Réquena ✆ 62 09 95 90 N ✆ 62 09 97 00
FIAT Fourteau ✆ 62 09 80 04
PEUGEOT, TALBOT Ducos ✆ 62 09 86 21
RENAULT Gourgues ✆ 62 09 93 15 N ✆ 05 05 15 15
RENAULT Gar. Vignoli, rte d'Eauze à Manciet ✆ 62 08 51 57
RENAULT Gar. Catherine, ✆ 62 09 78 21

Euromaster Central Pneu Service, ✆ 62 09 81 52

ÉBERSHEIM **67600** B.-Rhin 62 ⑲ 87 ⑥ – 1 675 h alt. 166.

Paris 439 – Strasbourg 40 – Colmar 30 – Sélestat 6,5 – St-Dié 47.

XX **Relais des Vosges**, ✆ 88 85 70 01, – P. GB
fermé 1er au 23 août, 20 au 28 déc., 20 fév. au 1er mars, dim. soir et lundi – **R** 195/270, enf. 40.

ÉBREUIL **03450** Allier 73 ④ **G. Auvergne** – 1 148 h alt. 316.

Voir Église St-Léger★.

Syndicat d'Initiative à la Mairie ✆ 70 90 71 33.

Paris 389 – Clermont-Ferrand 48 – Aigueperse 19 – Aubusson 101 – Gannat 10 – Montluçon 54 – Moulins 66 – Riom 35.

Commerce, ✆ 70 90 72 66, – ☎. GB. ch
fermé oct. vacances de fév. et lundi – **R** 90/210 ♁ – ☕ 25 – **20 ch** 360 – ½ P 250.

PEUGEOT-TALBOT Pouzadoux ✆ 70 90 72 05

Touzain-Vulca Pneu à Gannat ✆ 70 90 20 97

Poughon Pneus Plus à Gannat ✆ 70 90 20 94

ÉCHALLON 01490 Ain 74 ④ ⑤ – 550 h alt. 760.

Voir Site★ du lac Génin O : 3 km, G. Jura.

Paris 493 – Bellegarde-sur-V. 16 – Bourg-en-Bresse 64 – Nantua 18 – Oyonnax 13 – St-Claude 28.

X **Aub. de la Semine** avec ch, ✆ 74 76 48 75, – P. GB
fermé 20 déc. au 10 janv. et mardi du 15 sept. au 30 juin – **R** 100/150 – ☕ 25 – **11 ch** 150 – ½ P 180.

Les ÉCHELLES 73360 Savoie 74 ⑮ G. Alpes du Nord – 1 246 h alt. 386.

Syndicat d'Initiative à la Mairie ✆ 79 36 60 49.

Paris 540 – ♦ Grenoble 39 – Chambéry 23 – ♦ Lyon 89 – Valence 103.

X **Centre** avec ch, ✆ 79 36 60 14, – ☎ . GB
fermé janv. et vend. – **R** 65/200 – ☕ 30 – **15 ch** 120/250 – ½ P 170/220.

à Chailles N : 5 km – ✉ 73360 Les Échelles :

Aub. du Morge, N 6 ✆ 79 36 62 76, Fax 79 36 51 65, , – ☎ P. GB. ch
fermé 1er au 10 sept., 30 nov. au 15 janv. et merc. sauf vacances scolaires – **R** 90/200 – ☕ 28 – **8 ch** 160/220 – ½ P 220/250.

RENAULT Gar. Sauge-Merle ✆ 79 36 62 68 N

Les ÉCHETS 01 Ain 74 ② – alt. 276 – ✉ 01700 Miribel.

Paris 457 – ♦ Lyon 20 – L'Arbresle 28 – Bourg-en-Bresse 45 – Meximieux 31 – Villefranche-sur-S. 28.

XXX **La Table des Dombes** avec ch, ✆ 78 91 80 05, Fax 78 91 00 69, , – TV ☎ P. AE GB
fermé dim. soir et lundi – **R** 130/210, enf. 60 – ☕ 45 – **8 ch** 290/310.

XXX **Marguin** avec ch, ✆ 78 91 80 04, Fax 78 91 06 83, , – TV ☎ P. AE GB. ch
fermé 1er au 10 sept., 3 au 28 janv., mardi soir et merc. – **R** 130/310, enf. 65 – ☕ 35 – **9 ch** 155/310.

ÉCHIGEY 21 Côte-d'Or 66 ⑫ – rattaché à Genlis.

ÉCHIROLLES 38 Isère 77 ⑤ – rattaché à Grenoble.

ÉCLUZELLES 28 E.-et-L. 60 ⑦, 106 ㉕ – rattaché à Dreux.

ÉCOLE VALENTIN 25 Doubs 66 ⑮ – rattaché à Besançon.

ÉCOUCHÉ 61 Orne 60 ② – rattaché à Argentan.

ÉCURIE 62 P.-de-C. 53 ② – rattaché à Arras.

ÉGLETONS 19300 Corrèze 75 ⑩ – 4 487 h alt. 650.

Syndicat d'Initiative 9 r. B.-de-Ventadour (15 juin-15 sept.) ✆ 55 93 04 34.

Paris 469 – Aurillac 98 – Aubusson 76 – ♦ Limoges 96 – Mauriac 49 – Tulle 29 – Ussel 28.

Ibis, rte Ussel par N 89 : 1,5 km ✆ 55 93 25 16, Fax 55 93 37 54, , – ch TV ☎ P – 30. AE GB
R 115 , enf. 39 – ☕ 33 – **41 ch** 275/300.

CITROEN Gar. Courteix, rte de Bordeaux N 89 ✆ 55 93 07 64
FORD Gar. Lachaud, rte de Tulle ✆ 55 93 14 33
PEUGEOT TALBOT Gar. Leyris, N 89 ✆ 55 93 28 57

EGUISHEIM 68420 H.-Rhin 62 ⑱ ⑲ G. Alsace Lorraine – 1 530 h alt. 204.

Voir Village★ – Route des Cinq Châteaux★ SO : 3 km.

Paris 448 – Colmar 5,5 – Belfort 65 – Gérardmer 50 – Guebwiller 21 – ♦ Mulhouse 41 – Rouffach 10.

Host. du Pape M, 10 Grand Rue ✆ 89 41 41 21, Fax 89 41 41 31, , – TV ☎ P – 35. AE GB JCB
R *(fermé janv., dim. soir et lundi)* 95/230 , enf. 50 – ☕ 40 – **33 ch** 385/490 – ½ P 350/385.

XX **Le Caveau d'Eguisheim,** ✆ 89 41 08 89, Fax 89 23 79 99 – AE GB
fermé 10 janv. au 1er mars, jeudi midi du 15 nov. à Pâques et merc. – **R** (nombre de couverts limité, prévenir) 130/295 , enf. 70.

XX **La Grangelière,** 59 r. Rempart Sud ✆ 89 23 00 30, Fax 89 23 61 62 – GB
fermé 1er au 15 fév. et mardi de nov. à mai – **R** 120/260 , enf. 80.

XX **Pavillon Gourmand,** 101 r. Rempart-Sud ✆ 89 24 36 88, Fax 89 23 93 94 – AE GB
fermé 7 au 27 juil., vacances de fév., dim. soir du 1er nov. au 1er mars, mardi soir et merc. – **R** 85/140 .

ÉLINCOURT-STE-MARGUERITE 60 Oise 56 ② – rattaché à Compiègne.

ELNE 66200 Pyr.-Or. 86 ⑳ G. Pyrénées Roussillon – 6 262 h alt. 52.

Voir Cloître★★.

Office de Tourisme à la Mairie ✆ 68 22 05 07.

Paris 926 – ♦ Perpignan 13 – Argelès-sur-Mer 7,5 – Céret 27 – Port-Vendres 18 – Prades 55.

ALFA ROMEO SEAT Gar. Garin, 7 r. Denis Papin, ZI ℘ 68 22 75 93
CITROEN Gar. Falguéras, 8 bd Évadés-de-France ℘ 68 22 07 58
CITROEN Subiros, rte d'Alenya, ZI ℘ 68 22 07 02 N
RENAULT Martre, rte de Perpignan ℘ 68 22 23 00

ÉLOISE 74 H.-Savoie 74 ⑤ – rattaché à Bellegarde-sur-Valserine.

ELSENHEIM 67390 B.-Rhin 87 ⑦ – 637 h.

Paris 449 – Colmar 18 – Ribeauvillé 15 – Sélestat 14 – ♦Strasbourg 61.

XX **Cottage Fleuri,** 22 r. Principale ℘ 88 92 51 59, Fax 88 98 74 00 – GB
fermé 2 au 15 août, vacances de fév. dim. soir et lundi – **R** 98/240 ⅓, enf. 40.

CITROEN Krimm, ℘ 88 92 56 64

ELVEN 56250 Morbihan 63 ③ – 3 312 h alt. 88.

Voir Forteresse de Largoët★ SO : 4 km, G. Bretagne.

Paris 440 – Vannes 18 – Ploërmel 30 – Redon 45 – ♦Rennes 91 – La Roche-Bernard 39.

Host. du Lion d'Or, 5 pl. Le Franc ℘ 97 53 33 52, Fax 97 53 55 08 – ☎. GB
fermé 23 oct. au 15 nov., 23 au 29 déc., dim. soir et lundi hors sais. – **R** 72/180 – ☕ 28 – **10 ch** 200/280 – ½ P 210/240.

FIAT Gar. Tastard, 19 r. du Calvaire ℘ 97 53 31 11
PEUGEOT Gar. Tastard, 4 r. Rochefort ℘ 97 53 33 65

EMBRUN 05200 H.-Alpes 77 ⑰ ⑱ G. Alpes du Sud (plan) – 5 793 h alt. 870.

Voir Cathédrale N.-Dame★ : trésor★ – Peintures murales★ dans la chapelle des Cordeliers.

Office de Tourisme pl. Gén.-Dosse ℘ 92 43 01 80.

Paris 712 – Briançon 50 – Gap 38 – Barcelonnette 56 – Digne-les-Bains 93 – Guillestre 22 – Sisteron 83.

Mairie, pl. Mairie ℘ 92 43 20 65, Fax 92 43 47 02, – TV ☎. AE GB
fermé 11 au 31 mai, 1er oct. au 30 nov., dim. soir et lundi en hiver sauf vacances scolaires – **Repas** 85/89 ⅓ – **22 ch** ☕ 220/240 – ½ P 220/230.

Notre-Dame, av. Gén. Nicolas ℘ 92 43 08 36, – TV ☎. AE GB
fermé dim. soir et lundi sauf vacances scolaires – **R** 85, enf. 48 – ☕ 30 – **7 ch** 150/220 – ½ P 200.

rte de Gap SO : 3 km – ✉ 05200 Embrun :

Les Bartavelles, ℘ 92 43 20 69, Fax 92 43 11 92, ←, , , , , – rest TV ☎ – 35. AE GB
R 110/285, enf. 70 – ☕ 45 – **43 ch** 265/450 – ½ P 320/395.

OPEL Espitallier, rte du Lycée ℘ 92 43 02 49
PEUGEOT, TALBOT Gar. Esmieu rte de St-André ℘ 92 43 04 18 N
RENAULT Gar. du Lac à Baratier ℘ 92 43 02 79

ÉMERAINVILLE 77 S.-et-M. 61 ②, 101 ㉙ – voir à Paris, Environs (Marne-la-Vallée).

ÉMERINGES 69840 Rhône 74 ① – 182 h alt. 350.

Paris 411 – Mâcon 19 – Chauffailles 45 – ♦Lyon 66.

X **Les Vignerons,** ℘ 74 04 45 72 – GB
fermé dim. soir, lundi, mardi et merc. – **R** 180/195.

ENCAMP 86 ⑭ – voir à Andorre (Principauté d').

ENCAUSSE-LES-THERMES 31160 H.-Gar. 86 ① – 560 h alt. 363.

Paris 790 – Bagnères-de-Luchon 38 – St-Gaudens 9 – St-Girons 42 – Sauveterre-de-Comminges 8,5 – ♦Toulouse 94.

XX **Marronniers** avec ch, ℘ 61 89 17 12, , – . GB
hôtel : ouvert 1er avril au 15 nov. ; rest. : fermé 2 au 31 janv., dim. soir et lundi hors sais. – **R** 64/150 – ☕ 27 – **10 ch** 125/150 – ½ P 150.

ENGENTHAL 67 B.-Rhin 62 ⑧ – rattaché à Wangenbourg.

ENGHIEN-LES-BAINS 95 Val-d'Oise 55 ⑳, 101 ⑤ – voir à Paris, Environs.

ENGLOS 59 Nord 51 ⑮ – rattaché à Lille.

ENNEZAT 63720 P.-de-D. 73 ④ G. Auvergne – 1 915 h alt. 383.

Voir Église★.

Paris 417 – ♦Clermont Ferrand 20 – Lezoux 18 – Riom 9 – Thiers 33 – Vichy 34.

Hure d'Argent , 5 r. Horloge ℘ 73 63 80 39 – TV ☎. GB
fermé août, lundi (sauf hôtel) et dim. soir – **R** 50/180 ⅓ – ☕ 25 – **14 ch** 200/275 – ½ P 200/230.

ENSISHEIM 68190 H.-Rhin 66 ⑩ G. Alsace Lorraine – 6 164 h alt. 217.

Env. Ecomusée d'Alsace** SO : 9 km.

Paris 548 – ◆ Mulhouse 17 – Colmar 26 – Guebwiller 13 – Thann 23.

XXX **La Couronne** avec ch, 47 r. 1ᵉ Armée Française ✆ 89 81 03 72, Fax 89 26 40 05, « Maison du 17ᵉ siècle » – TV ☎ P. AE ⓓ GB
fermé sam. midi, dim. soir et lundi – **R** 220/380 – ☕ 45 – **10 ch** 280/360.

ENTRAIGUES-SUR-SORGUES 84 Vaucluse 81 ⑫ – rattaché à Sorgues.

ENTRAYGUES-SUR-TRUYÈRE 12140 Aveyron 76 ⑫ G. Gorges du Tarn (plan) – 1 495 h alt. 230.

Voir Pont gothique* – Rue Basse*.

Env. SE : Gorges du Lot** – Barrage de Couesque* N : 8 km.

Syndicat d'Initiative Tour-de-Ville ✆ 65 44 56 10.

Paris 603 – Aurillac 46 – Rodez 47 – Figeac 61 – Mende 129 – St-Flour 91.

Truyère, ✆ 65 44 51 10, Fax 65 44 57 78, ≤ – |‡| ☎ P – 🏃 30. GB. ✻ rest
23 mars-28 nov. – **R** *(fermé lundi)* 70/190 🍷, enf. 48 – ☕ 37 – **25 ch** 165/275 – ½ P 234/277.

Deux Vallées, ✆ 65 44 52 15 – |‡| ☎ 🚗. GB
fermé janv., fév. et sam. d'oct. à mai – **R** 55/140 🍷, enf. 40 – ☕ 26 – **16 ch** 180/240 – ½ P 200/220.

RENAULT Marty, 21 av. Pont-de-Truyère ✆ 65 44 51 14

ENTRECHAUX 84 Vaucluse 81 ③ – rattaché à Vaison-la-Romaine.

Au moment de chercher un hôtel ou un restaurant, soyez efficace.
Sachez utiliser les noms soulignés en rouge sur les cartes Michelin à 1/200 000.
Mais ayez une carte à jour!

ENTZHEIM 67 B.-Rhin 87 ⑤ – rattaché à Strasbourg.

ENVEITG 66 Pyr.-Or. 86 ⑯ – 545 h alt. 1 200 – ✉ 66760 Bourg-Madame.

Paris 873 – Font-Romeu 18 – Andorre-la-Vieille 59 – Ax-les-Thermes 50 – ◆ Perpignan 105.

Transpyrénéen 🔇, ✆ 68 04 81 05, Fax 68 04 83 75, ≤, 🌳 – |‡| ☎ P. AE ⓓ GB JCB
8 juin-30 sept., 20 déc.-10 janv. et 1ᵉʳ fév.-10 mai – **R** 80/150, enf. 50 – ☕ 34 – **30 ch** 190/290 – ½ P 220/260.

ENVERMEU 76630 S.-Mar. 52 ⑤ G. Normandie Vallée de la Seine – 1 960 h alt. 11.

Voir Choeur* de l'église.

Paris 159 – ◆ Amiens 87 – Blangy-sur-Bresle 32 – Dieppe 14 – Neufchâtel-en-Bray 25 – ◆ Rouen 69 – Le Tréport 22.

X **Aub. Caves Normandes,** rte St-Nicolas ✆ 35 85 71 28 – P. GB
fermé 24 déc. au 20 janv., dim. soir et lundi – **Repas** 67/99 🍷, enf. 45.

ÉPERNAY SP 51200 Marne 56 ⑯ G. Champagne – 26 682 h alt. 72.

Voir Caves de Champagne** BYZ – Collection archéologique* du musée municipal BY **M** – Côte des Blancs* par ③.

Office de Tourisme avec A.C. 7 av. Champagne ✆ 26 55 33 00.

Paris 143 ④ – ◆ Reims 25 ① – Châlons-sur-Marne 34 ② – Château-Thierry 49 ④ – Meaux 96 ③ – Soissons 71 ① – Troyes 110 ③.

Plan page suivante

Berceaux, 13 r. Berceaux ✆ 26 55 28 84, Fax 26 55 10 36 – |‡| TV ☎. AE ⓓ GB AZ **a**
fermé dim. soir – **R** 150/320, enf. 70 – ☕ 38 – **29 ch** 330/440 – ½ P 400.

Ibis M, 19 r. Chocatelle ✆ 26 55 34 34, Télex 841032, Fax 26 55 41 72 – |‡| TV ☎ ♿ 🚗. AE GB AZ **e**
R 98 🍷, enf. 39 – ☕ 34 – **64 ch** 285/310.

Champagne sans rest, 30 r. E.-Mercier ✆ 26 55 30 22, Fax 26 51 94 63 – |‡| TV ☎. AE ⓓ GB AZ **v**
☕ 37 – **35 ch** 255/390.

Climat de France 🔇, r. Lorraine par ② : 1 km ✆ 26 54 17 39, Fax 26 51 88 78, 🌳 – TV ☎ ♿ P. AE GB
R 81/115 🍷, enf. 42 – ☕ 30 – **33 ch** 260.

St Pierre sans rest, 14 av. P. Chandon ✆ 26 54 40 80 – TV ☎. GB AZ **s**
☕ 24 – **15 ch** 98/182.

XX **Chez Pierrot,** 16 r. Fauvette ✆ 26 55 16 93, Fax 26 54 59 30, 🌳 – ▤. GB AY **n**
fermé 15 au 31 août, vacances de fév., sam. midi et dim. – **R** carte 150 à 300.

X **La Terrasse,** 7 quai Marne ✆ 26 55 26 05, Fax 26 55 33 79 – AE GB BY **d**
fermé 26 juil. au 9 août, 1ᵉʳ au 21 fév., dim. soir et lundi sauf fériés – **R** 75/260 🍷, enf. 55.

XX **Au Petit Comptoir,** 3 r. Dr-Rousseau ✆ 26 51 53 53 – ▤. GB ABY **u**
fermé 8 au 24 août, 22 déc. au 12 janv., sam. midi et dim. – **R** carte 160 à 225.

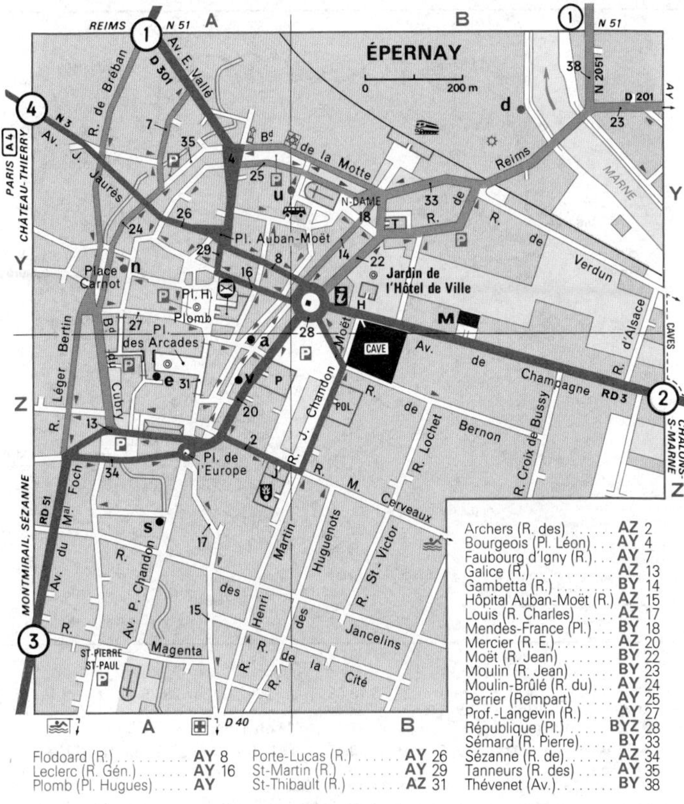

à Champillon par ① : 6 km – alt. 180 – ✉ **51160** :

Royal Champagne Ⓜ, N 2051 ✆ 26 52 87 11, Télex 830111, Fax 26 52 89 69, ≤ Épernay et vallée de la Marne, – TV ☎ Ⓟ. AE ⓓ GB
R 350/400 et carte 260 à 420 – ☕ 80 – **30 ch** 870/1200, 3 appart. – ½ P 920/1030
Spéc. Filet de turbot au Champagne. Poularde de Bresse en chemise de persil et crème d'herbettes. Savarin tiède au chocolat, glace vanille. **Vins** Coteaux champenois, Champagne.

à Vinay par ③ : 6 km – ✉ **51200** :

La Briqueterie Ⓜ, rte. de Sézanne ✆ 26 59 99 99, Télex 842007, Fax 26 59 92 10, – TV ☎ Ⓟ – 30. AE ⓓ GB
fermé 23 au 28 déc. – **R** 230 (déj.)/380 et carte 290 à 450, enf. 105 – ☕ 70 – **40 ch** 680/880
Spéc. Arlequin de rouget et barbue aux deux vins de Champagne. Filet mignon de veau aux champignons des bois. Noisettes de chevreuil aux cèpes (15 oct. au 15 janv.). **Vins** Bouzy blanc, Champagne.

à Vauciennes par ④ : 7 km – ✉ **51200** :

Aub. de la Chaussée avec ch, sur N 3 ✉ 51480 ✆ 26 58 40 66 – ☎ Ⓟ. GB
fermé 21 août au 10 sept. et 19 au 25 fév. – **R** 60/125, enf. 40 – ☕ 22 – **9 ch** 100/230 – ½ P 145/180.

CITROEN Gar. Ardon, rte de Reims à Dizy ✆ 26 55 58 11 N ✆ 26 55 39 39
FIAT Magenta-Automobiles, 64 av. Thévenet à Magenta ✆ 26 51 04 56
FORD Rebeyrolle, 7 quai Villa ✆ 26 55 59 65
MERCEDES, TOYOTA Gar. Ténédor, 1 pl. Martyrs-Résistance ✆ 26 51 97 77

PEUGEOT-TALBOT Gar. Beuzelin, 75 av. Thévenet à Magenta ✆ 26 51 10 66
RENAULT Automotor, 100 av. Thévenet à Magenta ✆ 26 55 67 11 N ✆ 26 58 58 58

Euromaster CDP Guillemin, 94 av. A.-Thévenet à Magenta ✆ 26 55 27 47

ÉPINAL P **88000** Vosges 62 ⑯ **G. Alsace Lorraine** – 36 732 h alt. 340.

Voir Vieille ville★ : Basilique★ BZ **E** – Parc du château★ BZ – Musée : Vosges et Imagerie★★ AZ.

18 ✆ 29 34 65 97, par ② à 3 km du centre.

Office de Tourisme 13 r. Comédie ✆ 29 82 53 32 – A.C. 10 r. C.-Gelée ✆ 29 35 18 14.

Paris 375 ⑥ – Belfort 96 ④ – Colmar 93 ② – ♦Mulhouse 106 ④ – ♦Nancy 71 ⑥ – Vesoul 89 ④.

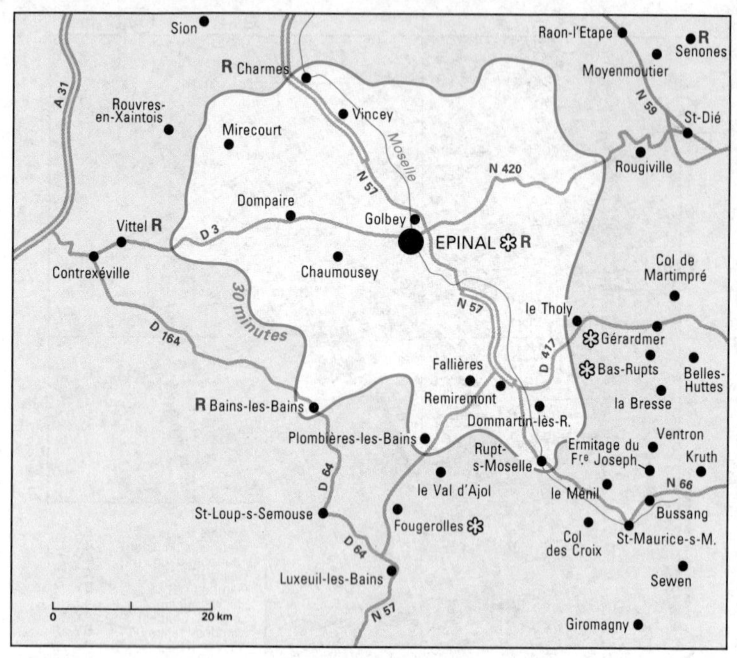

Mercure [M], 13 pl. E. Stein ✆ 29 35 18 68, Télex 960277, Fax 29 35 12 11 – |‡| ⇆ ch [TV] ☎ [P] – 30 à 150. AE ⦿ GB AZ **e**
R *(fermé sam. midi)* 75/115 ♫, enf. 48 – ☕ 55 – **44 ch** 415/475.

Ariane H. sans rest, 12 av. Gén. de Gaulle ✆ 29 82 10 74, Fax 29 35 35 14 – [TV] ☎ 🚗. AE ⦿ GB AY **b**
fermé 23 déc. au 1er janv. – ☕ 38 – **46 ch** 260/305.

Ibis [M], quai Mar. de Contades ✆ 29 64 28 28, Télex 850053, Fax 29 35 37 88 – |‡| ⇆ ch [TV] ☎ ♿ 🚗 [P] – 30 à 50. AE GB BY **d**
R 83 ♫, enf. 39 – ☕ 33 – **60 ch** 300/320.

Europe sans rest, 16 rue F. Blaudez ✆ 29 82 21 04, Fax 29 64 23 47 – |‡| [TV] ☎ [P]. AE GB
fermé 23 déc. au 3 janv. – ☕ 28 – **36 ch** 120/260. BZ **x**

Azur sans rest, 54 quai Bons Enfants ✆ 29 64 05 25, Fax 29 64 00 40 – ⇆ ch [TV] ☎. GB
☕ 26 – **20 ch** 87/275. AZ **r**

XXX ✿ **Les Abbesses** (Aiguier), 23 r. Louvière ✆ 29 82 53 69, Fax 29 35 28 97, 🌂 – GB
fermé dim. soir et lundi – **R** 230/400 et carte 380 à 500 BZ **k**
Spéc. Clafoutis de Saint-Jacques aux cèpes (oct. à mai). Pied de cochon farci. Tarte Tatin aux mirabelles. Vins Côtes de Toul.

XXX ✿ **Relais des Ducs de Lorraine** (Obriot), 16 quai Col. Sérot ✆ 29 34 39 87, Fax 29 34 27 61 – GB BY **n**
fermé 2 au 8 mars, 17 au 31 août, dim. soir et lundi – **R** 175/385 et carte 280 à 480, enf. 100
Spéc. Croustillant de pied de veau et langoustines. Rognon de veau rôti entier au poivre. Soufflé mirabelle, coulis et sorbet. Vins Gris de Toul, Pinot noir.

X **Le Petit Robinson,** 24 r. R. Poincaré ✆ 29 34 23 51 – GB BZ **s**
fermé 15 juil. au 15 août, sam. midi et dim. – **Repas** 95/175 ♫.

par ① : 3 km – ✉ **88000** Épinal :

La Fayette [M], parc économique Le Saut Le Cerf ✆ 29 31 15 15, Télex 850590, Fax 29 31 07 08, 🌂, 🏋, 🏊, 🎾 – ⇆ ch ▤ rest [TV] ☎ ♿ 🚗 [P] – 50. AE ⦿ GB
R 98/240 – ☕ 42 – **48 ch** 360/480.

Campanile, Bois Voivre ✆ 29 31 38 38, Télex 961107, Fax 29 34 71 65, 🌂 – [TV] ☎ ♿ [P] – 30. AE GB
R 80 bc/102 bc, enf. 39 – ☕ 29 – **39 ch** 268.

à Chaumousey par ⑤ et D 460 : 10 km – ✉ **88390** :

XX **Le Calmosien,** ✆ 29 66 80 77, Fax 29 66 89 41 – AE ⦿ GB
fermé dim. soir et lundi – **R** 100/290, enf. 45.

ÉPINAL

Bons-Enfants (Quai des). **AZ** 6
États-Unis (R. des) . . . . . **AY**
Léopold-Bourg (R.) . . . . . **AY** 21
170e-Régt-d'Inf. (R. du) . . **BZ** 30
Abbé-Friesenhauser (R.). **BZ** 2
Ambrail (Fg d') . . . . **BZ** 3
Ambrail (R. d') . . . . **BZ** 4
Boegner (R. du Pasteur) . **BZ** 5
Boulay-de-la-Meurthe (R.) . . . . **AY** 7
Carnot (Pont-Sadi) . . . . . **AZ** 8
Entre-Deux-Portes (R.) . **BYZ** 12
Gaulle (Av. du Gén.-de) . **AY** 14
Gelée (R. Claude) . . . . . . **BZ** 15
Lagarde (Pl.) . . . . **AZ** 19
Lattre (Av. Mar.-de) . . . . **AY** 20
Lyautey (R. Mar.) . . . . . . **AY** 23
Maix (R. de la) . . . . **BZ** 25
Poincaré (R. Raymond) . . **BY** 26
Vosges (Pl. des) . . . . **BZ** 29

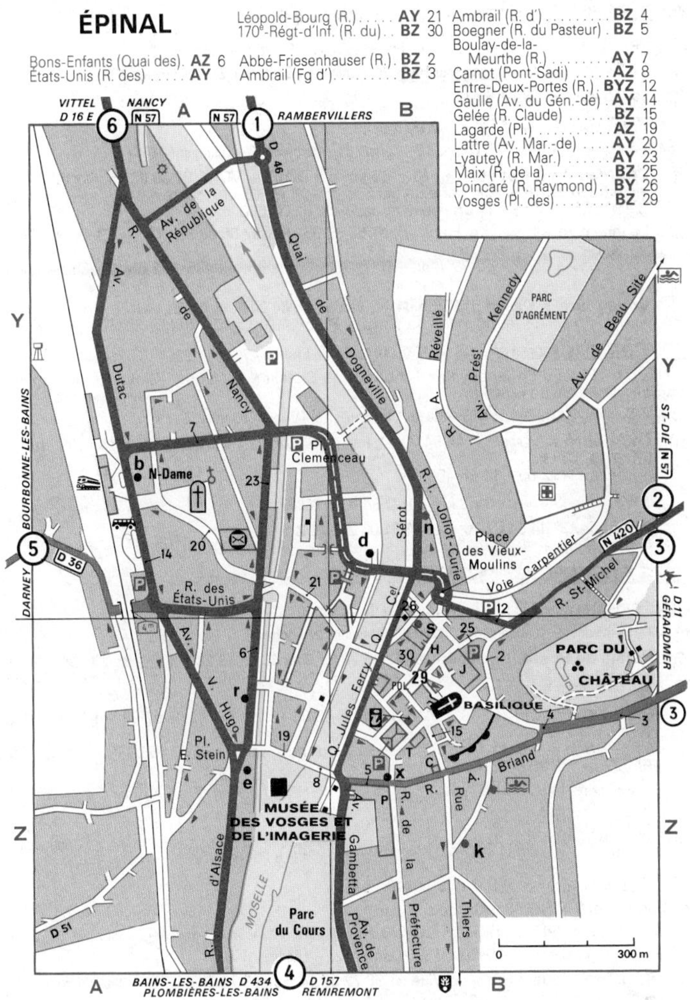

à Golbey par ⑥ : 5 km sur N 57 – 7 892 h. – ✉ **88190** :

Motel Côte Olie et rest La Mansarde, ☎ 29 34 28 28, Télex 961011, , – TV ☎ P – 50 – **24 ch.**

ALFA ROMEO Prestige Automobile, Zone Commerciale le Pré Droué à Chavelot ☎ 29 31 92 54
BMW Pré Droué, r. Barry, pôle d'Activité du Pré Droué à Chavelot ☎ 29 31 35 34 N ☎ 29 34 55 54
CITROEN Anotin, av. de St-Dié par ② ☎ 29 31 93 94
PEUGEOT-TALBOT Epinal-Autom. Theiller, 91 r. d'Alsace **AZ** ☎ 29 82 05 94
PEUGEOT-TALBOT Habonnel Autom., rte de Nancy à Golbey par ⑥ ☎ 29 68 40 00 N ☎ 05 44 24 24
RENAULT SODISEP, 50 av. de St-Dié par ② ☎ 29 68 44 44 N ☎ 29 64 54 51

Louis-Pneus, Centre Commercial La Fougère à Chavelot ☎ 29 34 02 12
Malnoy-Pneus, 13 av. Fontenelle ☎ 29 82 22 93

ÉPINAY-SUR-SEINE **93** Seine-St-Denis 56 ⑪, 101 ⑮ – voir à Paris, Environs.

L'ÉPINE **51** Marne 56 ⑱ – rattaché à Châlons-sur-Marne.

L'ÉPINE **85** Vendée 67 ① – voir à Noirmoutier (Ile de).

ÉPINEAU-LES-VOVES **89** Yonne 65 ④ – rattaché à Joigny.

EPPE-SAUVAGE **59132** Nord 53 ⑦ **G. Flandres Artois Picardie** – 245 h alt. 189.

Paris 218 – Saint-Quentin 77 – Avesnes-sur-Helpe 24 – Charleroi 45 – Hirson 27 – Maubeuge 31.

XX La Goyère, ✆ 27 61 80 11.

ERDEVEN **56410** Morbihan 63 ① – 2 352 h alt. 18.

Paris 489 – Vannes 34 – Auray 14 – Carnac 8,5 – Lorient 33 – Quiberon 21 – Quimperlé 48.

Château de Keravéon, NE : 1,5 km par D 105 et VO ✆ 97 55 68 55, Fax 97 55 67 10, « Château du 18e siècle dans un parc », – |‡| P. AE GB. rest
R 130/235 – 55 – **17 ch** 790, 3 appart. – ½ P 600/640.

Le Narbon M, rte Plage ✆ 97 55 67 55, Fax 97 55 66 35, – TV ☎ ♿ P. GB. rest
vacances de printemps-30 sept. – **R** 85/200 , enf. 45 – 35 – **22 ch** 320/380 – ½ P 250/270.

Voyageurs, r. Océan ✆ 97 55 64 47, Fax 97 55 64 24 – ☎ P. AE GB
1er avril-15 oct. et fermé mardi hors sais. – **R** 55/140 – 30 – **20 ch** 170/276 – ½ P 253/265.

ERMENONVILLE **60950** Oise 56 ⑫ 106 ⑨ **G. Ile de France** – 782 h alt. 92.

Voir Parc★ – Forêt d'Ermenonville★ – Abbaye de Chaalis★ N : 3 km – Clocher★ de l'église de Montagny-Ste-Félicité E : 4 km.

Paris 47 – Compiègne 42 – Beauvais 65 – Meaux 24 – Senlis 13 – Villers-Cotterêts 36.

Le Prieuré sans rest, ✆ 44 54 00 44, Fax 44 54 02 21, « Demeure du 18e siècle, jardin » – TV ☎ P. AE GB
fermé fév. – 50 – **11 ch** 450/600.

à Ver-sur-Launette S : 3 km par D 84 – ✉ **60950** :

XX **Rabelais,** ✆ 44 54 01 70, Fax 44 54 05 20 – GB
fermé 15 juil. au 18 août, 24 au 31 déc. et merc. – **R** 125/260, enf. 90.

ERMITAGE DU FRÈRE JOSEPH **88** Vosges 62 ⑰ – rattaché à Ventron.

ERNÉE **53500** Mayenne 59 ⑲ **G. Normandie Cotentin** – 6 052 h alt. 116.

Paris 303 – Domfront 46 – Fougères 20 – Laval 30 – Mayenne 25 – Vitré 29.

Relais de Poste, 1 pl. Église ✆ 43 05 20 33, Fax 43 05 18 23 – |‡| TV ☎. GB. ch
fermé dim. soir sauf hôtel en juil.-août – **R** 77/242 , enf. 44 – 35 – **34 ch** 184/300 – ½ P 222/258.

XX **Grand Cerf** avec ch, 19 r. A.-Briand ✆ 43 05 13 09, Fax 43 05 02 90 – TV ☎. AE GB. ch
fermé 18 janv. au 1er fév., dim. soir et lundi hors sais. – **Repas** 108/148 – 30 – **8 ch** 195/230 – ½ P 260/300.

CITROEN Gar. Lory, 14 bd Duvivier ✆ 43 05 11 89 N
PEUGEOT Garnier, 8 rte de Fougères ✆ 43 05 11 60
PEUGEOT-TALBOT Gar. Vele, rte de Laval ✆ 43 05 17 14
RENAULT Sadon, 29 av. A.-Briand ✆ 43 05 16 68 N
Maison du Pneu, rte de St-Denis à Gastines ✆ 43 05 20 56

ERQUY **22430** C.-d'Armor 59 ④ **G. Bretagne** – 3 568 h.

Voir Cap d'Erquy ★ NO : 3,5 km puis 30 mn.

Office de Tourisme bd Mer (vacances scolaires, mai-15 sept., fermé après-midi hors saison) ✆ 96 72 30 12.

Paris 455 – St-Brieuc 35 – Dinan 47 – Dinard 39 – Lamballe 23 – ♦Rennes 103.

Brigantin, square Hôtel de Ville ✆ 96 72 32 14, Fax 96 72 30 44 – ☎. GB. rest
R 85/185 – 30 – **21 ch** 250/300 – ½ P 260/280.

XX **L'Escurial,** bd Mer ✆ 96 72 31 56, ← – GB
fermé 15 nov. au 5 déc., mardi soir et merc. sauf juil.-août – **R** 98/190, enf. 80.

CITROEN Gar. Clerivet ✆ 96 72 14 20
RENAULT Gar. Thomas ✆ 96 72 30 37
Autoservice AD PRO ✆ 96 72 02 07

ERSTEIN <SP> **67150** B.-Rhin 62 ⑩ – 8 600 h alt. 150.

Paris 502 – ♦ Strasbourg 22 – Colmar 48 – Molsheim 24 – St-Dié 67 – Sélestat 26.

Le Crystal M sans rest, av. Gare ✆ 88 98 89 12, Fax 88 98 11 29 – TV ☎ ♿ P – 50. AE GB.
72 ch 295/550.

Agneau, 50 r. 28 Novembre ✆ 88 98 02 12 – ch
fermé 5 au 24 juil. – **R** *(fermé merc.)* 50/70 – 25 – **9 ch** 120/150 – ½ P 170.

XXX **Jean-Victor Kalt,** 41 av. Gare ✆ 88 98 09 54, Fax 88 98 83 01 – P. AE GB JCB
fermé 27 juil. au 9 août, dim. soir et lundi – **R** 140/280, enf. 50.

CITROEN Gar. Fritsch, 39 av. de la Gare ✆ 88 98 89 00
PEUGEOT, TALBOT Busche, r. de la Dordogne ✆ 88 98 23 87
PEUGEOT-TALBOT Gar. Louis, rte de Lyon ✆ 88 98 07 13 N
RENAULT Fechter, 10 r. Gén.-de-Lattre ✆ 88 98 04 24 N ✆ 88 98 17 71

ERVAUVILLE 45 Loiret 61 ⑬ – rattaché à Courtenay.

ESBLY 77450 S.-et-M. 56 ⑫ 106 ㉒ – 4 488 h alt. 50.
Paris 43 – Coulommiers 24 – Lagny-sur-Marne 10,5 – Meaux 9,5 – Melun 49.

à Condé-Ste-Libiaire SE : 2,5 km – ✉ 77450 :

XX **Vallée de la Marne,** quai Marne ✆ (1) 60 04 31 01, Fax (1) 64 63 15 83, ←, [terrasse], [jardin] – [P]. AE GB
fermé 1er au 21 août, vacances de fév., lundi soir et mardi – **R** 145/230, enf. 80.

PEUGEOT, TALBOT Luce et Riester ✆ (1) 60 04 34 21

Les ESCALDES-ENGORDANY 86 ⑭ – voir à Andorre (Principauté d').

L'ESCRINET (Col de) 07 Ardèche 76 ⑲ – rattaché à Privas.

ESNANDES 17137 Char.-Mar. 71 ⑫ **G. Poitou Vendée Charentes** – 1 730 h alt. 12.
Voir Église★.
Paris 468 – La Rochelle 12 – Fontenay-le-Comte 40 – Luçon 28.

XX **Paix,** ✆ 46 01 32 02, Fax 46 01 27 36, [terrasse], [jardin] – [P]. GB
fermé dim. soir et lundi sauf juil.-août – **R** 85/250 [vin], enf. 30.

ESPALION 12500 Aveyron 80 ③ **G. Gorges du Tarn** (plan) – 4 614 h alt. 343.
Voir Église de Perse★ SE : 1 km – Chapelle romane★ de St-Pierre-de-Bessuéjouls O : 4 km par D 556.
[i] Office de Tourisme à la Mairie ✆ 65 44 10 63.
Paris 601 – Aurillac 73 – Figeac 93 – Mende 102 – Millau 77 – Rodez 32 – St-Flour 83.

[hôtel] **Moderne et rest. l'Eau Vive,** bd Guizard ✆ 65 44 05 11, Fax 65 48 06 94 – [ascenseur] [clim.] rest [tél.] [handicapés]. GB
fermé 5 nov. au 10 déc., dim. soir et lundi sauf juil.-août – **R** 95/280, enf. 50 – [petit déj.] 40 – **28 ch** 220/350 – ½ P 300/350.

X **Le Méjane,** r. Méjane ✆ 65 48 22 37 – [clim.]. AE [Diners] GB
fermé 23 juin au 2 juil., vacances de fév., dim. soir et merc. sauf août – **Repas** 100/230, enf. 60.

CITROEN Cadars, av. de St-Côme ✆ 65 44 00 73 [N] ✆ 65 48 22 03

ESPELETTE 64250 Pyr.-Atl. 85 ③ **G. Pyrénées Aquitaine** – 1 661 h alt. 80.
Paris 793 – Biarritz 24 – ◆Bayonne 21 – Cambo-les-Bains 5,5 – Pau 120 – St-Jean-de-Luz 25.

[hôtel] **Euzkadi,** ✆ 59 93 91 88, Fax 59 93 90 19, [piscine], [jardin], [tennis] – [tél.] [P]. GB
fermé 15 nov. au 15 déc., 15 au 25 fév., mardi hors sais. et lundi – **R** 85/170, enf. 55 – [petit déj.] 32 – **32 ch** 200/240 – ½ P 260.

ESPIAUBE 65 H.-Pyr. 85 ⑲ – rattaché à St-Lary-Soulan.

ESQUIÈZE-SÈRE 65 H.-Pyr. 85 ⑱ – rattaché à Luz-St-Sauveur.

ESTAING 12190 Aveyron 80 ③ **G. Gorges du Tarn** – 665 h alt. 300.
[i] Syndicat d'Initiative à la Mairie (15 juin-15 sept.) ✆ 65 44 72 72.
Paris 603 – Rodez 41 – Aurillac 63 – Conques 40 – Espalion 10 – Figeac 78.

[hôtel] **Aux Armes d'Estaing,** ✆ 65 44 70 02, Fax 65 44 74 54 – [tél.] [garage]. GB
◆ *fermé 5 au 20 nov., 10 janv. au 10 fév. et lundi d'oct. à juin* – **R** 65/150 [vin] – [petit déj.] 23 – **44 ch** 140/220 – ½ P 220/250.

ESTAING 65400 H.-Pyr. 85 ⑰ **G. Pyrénées Aquitaine** – 86 h alt. 1 000.
Voir Lac d'Estaing★ S : 4 km.
Paris 838 – Pau 66 – Argelès-Gazost 11 – Arrens 6,5 – Laruns 42 – Lourdes 23 – Tarbes 43.

X **Lac d'Estaing** [isolé] avec ch, au Lac S : 4 km ✆ 62 97 06 25, ←, [terrasse] – [P]
1er mai-11 nov. – **R** 85/160 – [petit déj.] 30 – **11 ch** 140/170 – ½ P 175/185.

ESTENC 06 Alpes-Mar. 81 ⑧ ⑨ 115 ② – alt. 1 800 – ✉ 06470 Guillaumes.
Env. col de la Cayolle [panorama]★★ N : 7 km, **G Alpes du Sud.**
Paris 776 – Barcelonnette 37 – Castellane 83 – Digne-les-Bains 121 – ◆Nice 122 – St-Martin-Vésubie 97.

ESTÉRENÇUBY 64 Pyr.-Atl. 85 ③ – rattaché à St-Jean-Pied-de-Port.

ESTIVAREILLES 03 Allier 69 ⑫ – rattaché à Montluçon.

ESTRABLIN 38 Isère 74 ⑫ – rattaché à Vienne.

ESTRÉES-ST-DENIS 60190 Oise 52 ⑲ – 3 498 h alt. 71.
Paris 75 – Compiègne 15 – Beauvais 45 – Clermont 20 – Senlis 26.

XX **Moulin Brûlé,** 70 r. Flandres ✆ 44 41 97 10, Fax 44 41 00 75 – AE GB
fermé fév., – **R** 130/250, enf. 45.

ÉTAIN **55400** Meuse 57 ⑫ **G. Alsace Lorraine** – 3 577 h alt. 205.

Paris 287 – Briey 25 – Longwy 46 – ♦Metz 47 – Stenay 52 – Verdun 20.

Sirène, r. Prud'homme-Havette ☏ 29 87 10 32, Fax 29 87 17 65, ⛱, ✂ – ☎ Ⓟ. GB. ✂ ch
fermé 23 déc. au 1er fév., dim. soir (sauf hôtel) et lundi hors sais. – **R** 65/250 ♁ – ☕ 30 – **26 ch** 120/200 – ½ P 190/250.

ÉTAMPES ⟨SP⟩ **91150** Essonne 60 ⑩ 106 ㊷ **G. Ile de France** – 21 457 h alt. 90.

Voir Cathédrale N.-Dame★ A.

Service Municipal du Tourisme Hôtel Anne-de-Pisseleu ☏ (1) 64 94 84 07.

Paris 50 ① – Fontainebleau 45 ② – Chartres 57 ⑦ – Évry 35 ① – Melun 45 ② – ♦Orléans 71 ⑤ – Versailles 51 ①.

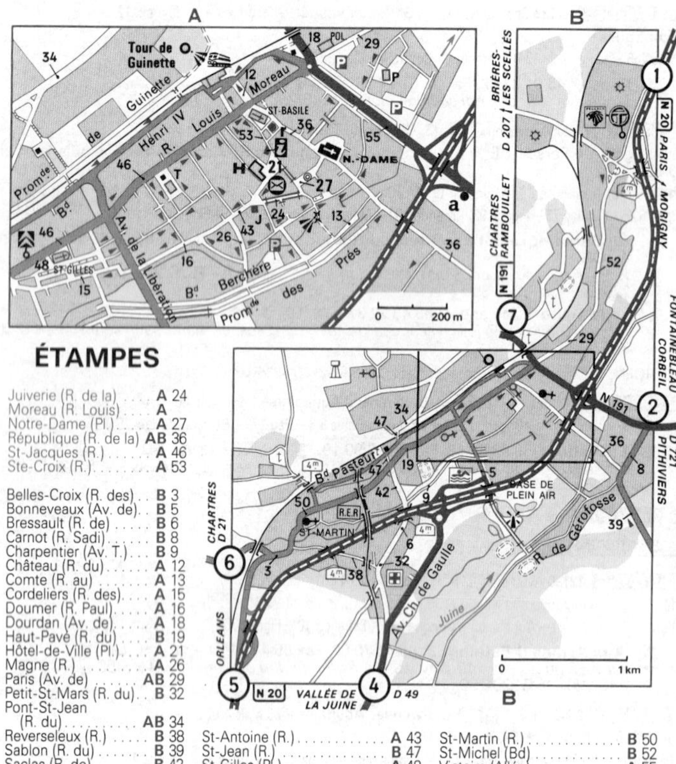

ÉTAMPES

Juiverie (R. de la) . . . . A 24
Moreau (R. Louis) . . . . A
Notre-Dame (Pl.) . . . . . A 27
République (R. de la) AB 36
St-Jacques (R.) . . . . . . A 46
Ste-Croix (R.) . . . . A 53

Belles-Croix (R. des) . . B 3
Bonneveaux (Av. de) . . B 5
Bressault (R. de) . . . . . B 6
Carnot (R. Sadi) . . . . . . B 8
Charpentier (Av. T.) . . . B 9
Château (R. du) . . . . . . A 12
Comte (R. au) . . . . A 13
Cordeliers (R. des) . . . . A 15
Doumer (R. Paul) . . . . . A 16
Dourdan (Av. de) . . . . . A 18
Haut-Pavé (R. du) . . . . B 19
Hôtel-de-Ville (Pl.) . . . . A 21
Magne (R.) . . . . A 26
Paris (Av. de) . . . . . . AB 29
Petit-St-Mars (R. du) . . B 32
Pont-St-Jean (R. du) . . . . AB 34
Reverseleux (R.) . . . . . B 38
Sablon (R. du) . . . . B 39
Saclas (R. de) . . . . B 42

St-Antoine (R.) . . . . A 43
St-Jean (R.) . . . . B 47
St-Gilles (Pl.) . . . . A 48

St-Martin (R.) . . . . B 50
St-Michel (Bd) . . . . B 52
Victoire (Allée) . . . . A 55

Climat de France Ⓜ, av. Coquerive ☏ (1) 60 80 04 72, Télex 600400, Fax (1) 60 80 04 77, ⛱ – TV ☎ ♿ Ⓟ – 🏛 25. AE GB A **a**
R 90/120 ♁, enf. 40 – ☕ 30 – **44 ch** 290.

à Champigny N : 5 km par Morigny, D 17 et VO – ✉ **91150** Morigny-Champigny :

Host. de Villemartin 🐚, ☏ (1) 64 94 63 54, Fax (1) 64 94 24 68, ←, « Gentilhommière dans un parc », ✂ – TV ☎ Ⓟ – 🏛 30. AE ⓓ GB
fermé 2 au 23 août, dim. soir et lundi sauf fériés – **R** 190/340 – ☕ 45 – **14 ch** 350/490.

à Court-Pain par ② et D 721 : 11 km – ✉ **91690** Fontaine-la-Rivière :

Aub. de Courpain, ☏ (1) 64 95 67 04, Fax (1) 60 80 99 02, ⛱, 🏞 – ✂ ch TV ☎ Ⓟ – 🏛 25. AE ⓓ GB
fermé 1er fév. au 1er mars et dim. soir en hiver – **R** 130/180 – ☕ 40 – **17 ch** 350/600 – ½ P 400/500.

CITROEN Sté Ind. Autom., 146 r. St-Jacques ℰ (1) 64 94 01 81 N ℰ (1) 64 95 03 51
FORD G.D.S. Autom., ZI r. des Rochettes à Morigny-Champigny ℰ (1) 64 94 59 27
PEUGEOT, TALBOT Auclert, ZI 12 r. Rochettes à Morigny-Champigny ℰ (1) 69 92 12 60
RENAULT Gar. du Rempart RN 20 à Morigny-Champigny ℰ 64 94 35 45

ROVER Gar. St-Pierre, rte de Pithiviers ℰ (1) 64 94 90 00

Euromaster Central Pneu Service, 9 r. Rochettes, ZI à Morigny-Champigny ℰ (1) 64 94 94 44

ÉTANG-SUR-ARROUX 71190 S.-et-L. 69 ⑦ – 1 835 h alt. 277.

Paris 307 – Chalon-sur-Saône 60 – Moulins 86 – Autun 17 – Decize 66 – Digoin 50 – Mâcon 112.

XX **Host. du Gourmet** avec ch, rte Toulon ℰ 85 82 20 88 – ☎. GB
fermé 1er au 21 fév., dim. soir et lundi sauf juil.-août – **Repas** 70/230 🍷 – ☕ 28 – **12 ch** 140/200 – ½ P 160/195.

RENAULT Gar. des Tuilleries, r. d'Autun ℰ 85 82 21 48 N

ETEL 56410 Morbihan 63 ① G. Bretagne – 2 318 h alt. 21.

Voir Rivière d'Etel★ – Site★ de la chapelle St-Cado N : 5 km puis 15 mn.

Paris 492 – Vannes 37 – Lorient 32 – Quiberon 25.

Trianon, ℰ 97 55 32 41, Fax 97 55 44 71, – ch TV ☎ P. GB
R 80/160 – ☕ 40 – **23 ch** 280/410 – ½ P 280/300.

ÉTOILE-SUR-RHÔNE 26800 Drôme 77 ⑫ – 3 504 h alt. 107.

Paris 575 – Valence 13 – Crest 16 – Privas 33.

XX **Le Vieux Four,** pl. centre ℰ 75 60 72 21, – ▤. GB.
fermé 2 au 23 août, 3 au 10 janv., dim. soir et lundi – **R** 88/260 🍷.

RENAULT Gar. Gontard ℰ 75 60 60 03 N ℰ 75 60 73 56

ÉTOUY 60 Oise 56 ① – rattaché à Clermont.

ÉTRÉAUPONT 02580 Aisne 53 ⑯ – 966 h alt. 127.

Paris 182 – St-Quentin 51 – Avesnes-sur-Helpe 25 – Hirson 15 – Laon 42.

Clos du Montvinage M, N 2 ℰ 23 97 91 10, Fax 23 97 48 92, – TV ☎ ♿ P – 🏂 50. AE GB. ch
fermé 8 au 28 août, 20 au 26 déc., dimanche soir et lundi midi – **Aub. du Val de l'Oise** ℰ 23 97 40 18 – **R** 72/210, enf. 60 – ☕ 42 – **20 ch** 255/395 – ½ P 270/380.

ÉTRETAT 76790 S.-Mar. 52 ⑪ G. Normandie Vallée de la Seine – 1 565 h – Casino A.

Voir Falaise d'Aval★★★ A – Falaise d'Amont★★ B.

18 ℰ 35 27 04 89 A.

Office de Tourisme pl. M.-Guillard (saison) ℰ 35 27 05 21.

Paris 211 ③ – Bolbec 26 ③ – Fécamp 16 ② – ◆Le Havre 28 ④ – ◆Rouen 88 ②.

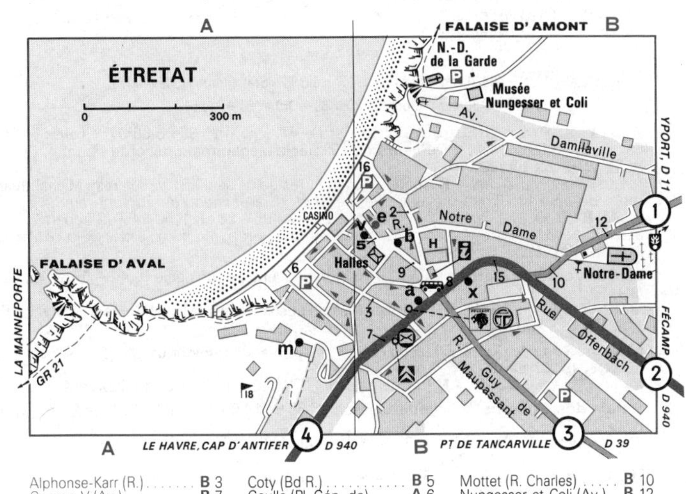

Alphonse-Karr (R.) . . . . **B** 3	Coty (Bd R.) . . . . **B** 5	Mottet (R. Charles) . . . . . **B** 10
George-V (Av.) . . . . **B** 7	Gaulle (Pl. Gén.-de) . . . . . **A** 6	Nungesser-et-Coli (Av.) . **B** 12
	Guillard (Pl. Maurice) . . . . **B** 8	Verdun (Av. de) . . . . **B** 15
Abbé-Cochet (R. de l') . . . . **B** 2	Monge (R.) . . . . **B** 9	Victor-Hugo (Pl.) . . . . **B** 16

Dormy House 🕸, rte Havre ☎ 35 27 07 88, Fax 35 29 86 19, ≤ falaises et la mer, parc – TV ☎ P – 30. AE O GB. rest A **m**
1er mars-15 nov. et week-ends sauf janv. – **R** 175/240, enf. 85 – ☕ 50 – **51 ch** 390/590 – ½ P 400/470.

Falaises sans rest, bd R. Coty ☎ 35 27 02 77 – TV ☎. B **v**
☕ 30 – **24 ch** 270/380.

Normandie, pl. Foch ☎ 35 27 06 99 – TV ☎. AE GB B **b**
fermé janv., vend. midi et jeudi du 15 oct. à Pâques – **R** 95/235 ₰, enf. 60 – ☕ 35 – **16 ch** 220/350 – ½ P 235/300.

Welcome 🕸, av. Verdun ☎ 35 27 00 89, Fax 35 28 63 69, – ☎ P. AE GB. rest B **x**
fermé merc. – **R** 95/175 – ☕ 33 – **21 ch** 280/325 – ½ P 295/350.

Poste, av. George V ☎ 35 27 01 34, Fax 35 27 76 28 – ☎. GB JCB B **a**
fermé 12 au 30 nov., 6 au 20 janv., mardi soir et merc. – **R** 75/150 ₰ – ☕ 28 – **17 ch** 180/250 – ½ P 320.

XX **Galion,** bd R. Coty ☎ 35 29 48 74 – GB B **e**
fermé 1er au 10 déc., 15 janv. au 15 fév., merc. sauf juil.-août et vacances scolaires – **R** 120/230.

CITROEN Gar. Enz ☎ 35 27 04 69
PEUGEOT, TALBOT Capron ☎ 35 27 03 98

ÉTUZ **70150** H.-Saône 66 ⑮ – 467 h alt. 210.

Paris 416 – ♦Besançon 15 – Combeaufontaine 45 – Gray 35 – Vesoul 39.

XX **La Sablière,** rte Cussey-sur-l'Ognon ☎ 81 57 78 50, , – P. GB
fermé 30 août au 9 sept., 19 au 26 déc., vacances de fév., dim. soir et merc. – **R** 95/225, enf. 60.

EU **76260** S.-Mar. 52 ⑤ **G. Normandie Vallée de la Seine** (plan) – 8 344 h alt. 17.

Voir Église Notre-Dame et St-Laurent★ – Mausolées★ dans la chapelle du Collège.

Office de Tourisme 41 r. P.-Bignon ☎ 35 86 04 68, Fax 35 50 16 03.

Paris 166 – ♦Amiens 77 – Abbeville 32 – Blangy-sur-Bresle 21 – Dieppe 31 – ♦Rouen 84 – Le Tréport 3.

Pavillon de Joinville 🕸, O : 1 km par D 1915 ✉ 76260 ☎ 35 86 24 03, Fax 35 50 27 37, parc, , , – ch TV ☎ P – 30 à 120. AE O GB. rest
R *(fermé 1er au 15 déc., 15 janv. au 1er mars, dim. soir et lundi de sept. à mai)* 135/320 – ☕ 70 – **24 ch** 390/870 – ½ P 425/665.

Gare, 20 pl. Gare ☎ 35 86 16 64, Fax 35 50 86 25 – TV ☎ P. AE GB
R *(fermé 16 août au 7 sept. et dim. soir)* 78/220 ₰ – ☕ 28 – **22 ch** 240/280.

CITROEN Amand, 18 pl. Gén.-de-Gaulle ☎ 35 86 00 89
PEUGEOT-TALBOT Laffille, rte de Mers ☎ 35 86 56 44
RENAULT Carrosserie Eudoise, ZI rte de Mers ☎ 35 86 11 44 N ☎ 35 86 38 50
RENAULT Hardy, 2 bis r. Ch.-de-Gaulle à Gamaches (80) ☎ 22 30 92 78

Vassard, 22 r. des Belges ☎ 35 86 34 16 N ☎ 35 86 33 04

Comptoir du Caoutchouc, 91 r. Ch.-de-Gaulle à Gamaches (80) ☎ 22 26 11 23
Réparpneu, 7 r. des Belges ☎ 35 86 29 12

EUGÉNIE-LES-BAINS **40320** Landes 82 ① – 467 h alt. 90 – Stat. therm. (15 fév.-nov.).

Paris 731 – Mont-de-Marsan 25 – Aire-sur-l'Adour 12 – Dax 68 – Orthez 53 – Pau 54.

❀❀❀ **Les Prés d'Eugénie** (Guérard) M 🕸, ☎ 58 05 06 07, Télex 540470, Fax 58 51 13 59, ≤, , « Demeure du 19e siècle élégamment décorée - parc », , – TV ☎ P. AE O GB.
fermé 1er déc. au 24 fév. – **R** (menus minceur, résidents seul.) 310/350 - **rest. Michel Guérard** (nbre de couverts limité-prévenir) *(fermé jeudi midi et merc. du 10 sept. au 12 juil. sauf fériés)* **R** 360/580 et carte 380 à 510, enf. 100 – ☕ 95 – **28 ch** 1250/1450, 7 appart.
Spéc. Rillettes de lapereau en venaison. Pigeonneau "à la soie", cuit au bois fruitier. Gâteau mollet du Marquis de Béchamel. **Vins** Côtes de Gascogne, Tursan blanc.

Le Couvent des Herbes M 🕸,, « Ancien couvent du 18e siècle », – TV ☎ P. AE O GB. rest
fermé 1er déc. au 24 fév. – **R** voir **Les Prés d'Eugénie** et rest. **Michel Guérard** – ☕ 95 – **5 ch** 1450/1650, 3 appart..

Maison Rose M, ☎ 58 05 05 05, , « Ambiance guesthouse », , – cuisinette TV ☎ ♿ P. AE O GB. rest
fermé 1er déc. au 13 fév. – **R** (résidents seul.) 170/190 – ☕ 70 – **27 ch** 450/550.

Relais des Champs 🕸, rte de Classun ☎ 58 51 18 00, Fax 58 51 12 28, , – TV ☎ ♿ P. AE GB. rest
1er mars-30 nov. – **R** 65/80, enf. 35 – ☕ 29 – **33 ch** 235/280 – ½ P 180/220.

EURO-DISNEY **77** S.-et-M. 56 ⑫, 101 ⑳ – voir à Paris, Environs (Marne-la-Vallée).

EUS **66** Pyr.-Or. 86 ⑱ – rattaché à Prades.

ÉVIAN-LES-BAINS **74500** H.-Savoie **70** ⑰ **G. Alpes du Nord** – 6 895 h alt. 374 – Stat. therm. (10 fév.-oct.) – Casino B.

Voir Lac Léman★★★.

Royal Club Evian ✆ 50 26 85 00, SO : 2,5 km.

✆ 50 66 50 50.

Office de Tourisme pl. d'Allinges ✆ 50 75 04 26, Télex 385661, Fax 50 75 61 08.

Paris 578 ③ – Thonon-les-Bains 9 ③ – Annecy 83 ③ – Chamonix-Mont-Blanc 108 ③ – ♦Genève 46 ③ – Montreux 46 ①.

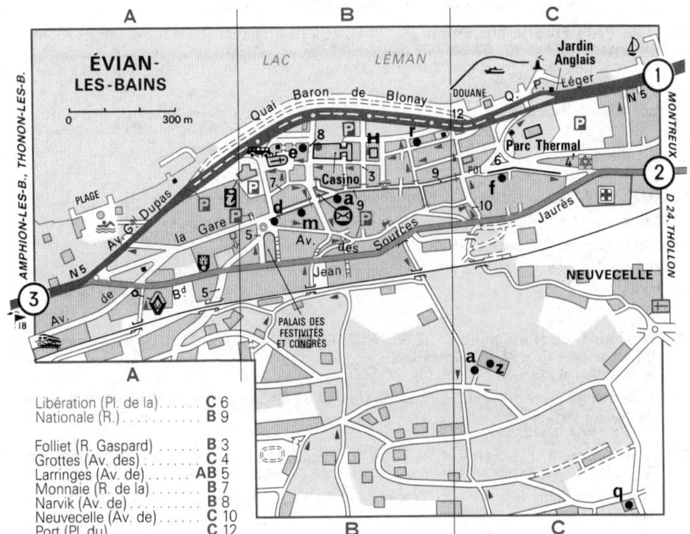

Royal ⛰, ✆ 50 26 85 00, Télex 385759, Fax 50 75 61 00, ≤ lac et montagnes, 🏞, parc, ⛱, 🏊, 🎾 – |‡| 📺 ☎ 🅟. AE ⓓ GB JCB. ✻ rest — C **z**
fermé 1er déc. au 1er fév. – **R** 340 – ☕ 95 – **127 ch** 1560/2740, 29 appart. – ½ P 1130/1610.

La Verniaz et ses Chalets ⛰, rte Abondance ✆ 50 75 04 90, Télex 385715, Fax 50 70 78 92, 🏞, parc, « Chalets isolés dans la verdure : jolie vue, ⛱ », 🎾 – 📺 ☎ 🅟. AE ⓓ GB — C **q**
fermé fin nov. à début fév. – **R** 200/360 – ☕ 70 – **35 ch** 750/1000 - 5 chalets – ½ P 750/850.

Ermitage Ⓜ ⛰, ✆ 50 26 85 00, Télex 385759, Fax 50 75 61 00, ≤ lac et montagnes, 🏞, parc, 🏋, 🏊, 🎾 – |‡| 📺 ☎ ♿ 🅟 – 🎪 200. AE ⓓ GB JCB. ✻ rest — C **a**
fermé 1er déc. au 1er fév. – **Le Gourmandin R** 190/310, enf. 135 – ☕ 85 – **75 ch** 1090/2180, 16 appart. – ½ P 990/1300.

✿ **Bourgogne** (Riga), pl. Charles Cottet ✆ 50 75 01 05, Télex 309538, Fax 50 75 04 05, 🏋 – |‡| 📺 ☎. AE ⓓ GB — B **d**
R *(fermé 1er nov. au 15 déc., dim. soir et lundi du 15 sept. au 30 juin)* 150/350 et carte 210 à 300 – ☕ 39 – **31 ch** 480/520 – ½ P 460
Spéc. Foie gras de canard. Sabayon de féra à l'estragon. Filet de boeuf "Rossini". **Vins** Crépy, Ripaille.

Savoy Ⓜ, 17 quai Ch. Besson ✆ 50 70 70 81, Fax 50 75 68 07, ≤ – |‡| 📺 ☎ ♿. GB — B **r**
R 80/195 🍷 – ☕ 40 – **24 ch** 450 – ½ P 450.

Le Littoral Ⓜ sans rest, quai Baron de Blonay ✆ 50 75 64 00, Fax 50 75 30 04, ≤, 🏋 – |‡| 📺 ☎ ♿. AE ⓓ GB — B **e**
fermé 3 au 31 janv. – ☕ 35 – **30 ch** 395/495.

Bellevue, face au Port ✆ 50 75 01 13, Télex 319011, Fax 50 75 17 77, ≤, 🪑 – |‡| 📺 ☎. AE ⓓ GB. ✻ rest — C **f**
mai-sept. – **R** 120/190 🍷 – **52 ch** ☕ 450/500 – ½ P 480/500.

France Ⓜ sans rest, 59 r. Nationale ✆ 50 75 00 36, Fax 50 75 32 47, 🪑 – |‡| 📺 ☎ – 🎪 30. AE ⓓ GB — B **a**
fermé 21 nov. au 17 déc. – ☕ 28 – **46 ch** 330/420.

Continental sans rest, 65 r. Nationale ✆ 50 75 37 54 – |‡| ☎. AE GB. ✻ — B **m**
Pâques-15 oct. – ☕ 30 – **32 ch** 195/280.

XXXX ✿ **Toque Royale,** au Casino ✆ 50 75 03 78, Fax 50 75 48 40, ≤ – ▤ **P**. AE ⓓ GB JCB. ✗ B
R 190/340 et carte 300 à 420
Spéc. Croustillant d'omble-chevalier (15 avril au 15 juin). Féra rôtie au lard et carvi (15 juin au 15 sept.). Pomme de ris de veau dorée aux cèpes et crozets (15 sept. au 15 déc.). **Vins** Mondeuse, Ripaille.

à Grande-Rive par ① : 2 km :

Panorama, ✆ 50 75 14 50, Fax 50 75 59 12, ≤, 🌳 – TV ☎. GB. ✗ ch
30 avril-1er oct. – **R** 70/170 – ☕ 33 – **29 ch** 330 – ½ P 240/280.

rte de Thollon par ② : 7 km – alt. 825 – ✉ **74500** Évian-les-Bains :

Les Prés Fleuris sur Evian 🐦, ✆ 50 75 29 14, Fax 50 70 77 75, ≤ lac et montagnes, 🌳, parc – TV ☎ **P**. AE GB. ✗ rest
mi-mai-début oct. – **R** (nombre de couverts limité - prévenir) 260/400 – ☕ 75 – **12 ch** 800/1300 – ½ P 800/1100.

FIAT Impérial-Gar., 9 av. d'Abondance ✆ 50 75 01 90
OPEL Giroud, Petite-Rive, Maxilly-sur-Léman ✆ 50 75 13 00
RENAULT Gar. Sautenet, av. Gare ✆ 50 75 00 32
V.A.G Évian Automobiles, 18 bd Jean-Jaurès ✆ 50 75 13 99

ÉVREUX

P 27000 Eure 55 ⑯ ⑰ G. Normandie Vallée de la Seine – 49 103 h alt. 65.

Voir Cathédrale★ BZ – Châsse★★ dans l'église St-Taurin AZ – Musée★★ BZ **M**.

ℹ Office de Tourisme 1 pl. Gén-de-Gaulle ✆ 32 24 04 43 – A.C.O. 6 r. Borville-Dupuis ✆ 32 33 03 84.

Paris 102 ② – ♦Rouen 53 ① – Alençon 116 ③ – Beauvais 99 ② – ♦Caen 130 ④ – Chartres 77 ③ – ♦Le Havre 120 ④ – Lisieux 73 ④.

Plan page suivante

Mercure, bd Normandie ✆ 32 38 77 77, Télex 770495, Fax 32 39 04 53 – |♦| ⇔ ch ▤ ch TV ☎ ♿ 🚗 **P** – 🏛 50. AE ⓓ GB AZ **s**
R 95/260, enf. 39 – ☕ 50 – **60 ch** 450/550.

L'Orme M 🐦 sans rest, 13 r. Lombards ✆ 32 39 34 12, Fax 32 33 62 48 – |♦| TV ☎ ♿ – 🏛 40. AE GB. ✗ BY **t**
☕ 35 – **62 ch** 310/330.

Normandy, 37 r. E. Feray ✆ 32 33 14 40, Fax 32 31 24 74 – TV ☎ **P** – 🏛 40. AE GB
R *(fermé 7 au 28 août et dim.)* 85/220 🍷 – ☕ 37 – **24 ch** 330/380 – ½ P 270/330. BY **n**

Gambetta sans rest, 61 bd Gambetta ✆ 32 33 37 71, Fax 32 33 37 82 – TV ☎ **P**. AE ⓓ GB BZ **a**
☕ 30 – **32 ch** 140/250.

Ibis M, av. W. Churchill par ② : 3 km ✆ 32 38 16 36, Télex 172748, Fax 32 39 22 29 – ⇔ ch TV ☎ ♿ **P** – 🏛 40. AE GB
R *(fermé dim. midi)* 79/130 🍷, enf. 50 – ☕ 33 – **60 ch** 260/295.

Grenoble sans rest, 17 r. St Pierre ✆ 32 33 07 31 – ☎ 🚗. GB. ✗ BY **d**
fermé vacances de printemps, de Noël et dim. d'oct. à avril – ☕ 28 – **19 ch** 198/295.

XXX **France** avec ch, 29 r. St Thomas ✆ 32 39 09 25 – TV ☎. ⓓ GB. ✗ ch AY **e**
R *(fermé dim. soir et lundi)* 165/275 – ☕ 32 – **15 ch** 265/330 – ½ P 350.

XX **Le Kélan,** 87 r. Joséphine ✆ 32 33 05 70 – GB AYZ **u**
fermé 14 juil. au 15 août, mardi soir et dim. – **R** 100/170 - **Brasserie R** 65/120 🍷 enf. 45.

XX **Le Français,** pl. Clemenceau (marché) ✆ 32 33 53 60, Fax 32 38 60 17 – AE ⓓ GB
fermé 24 déc. au 1er janv. – **R** 95/280 bc 🍷, enf. 45. ABY **r**

X **Le Bretagne,** 3 r. St-Louis ✆ 32 39 27 38, Fax 32 39 62 63 – ⓓ GB BY **v**
fermé 7 au 29 août, merc. soir et lundi – **R** 68/145 🍷, enf. 38.

X **La Gazette,** 7 r. St-Sauveur ✆ 32 33 43 40 – GB AY **f**
fermé dim. (sauf le midi de sept. à juin) et lundi – **R** 105/260.

à Parville par ④ : 4 km – ✉ **27180** :

XXX ✿ **Aub. de Parville,** rte Lisieux ✆ 32 39 36 63, Fax 32 33 22 76, 🌳 – **P**. GB
fermé dim. soir et lundi – **R** 145/295 et carte 320 à 375
Spéc. Ravioles de homard. Pigeonneau au foie gras (juin à sept.). Tarte fine aux pommes.

ALFA-ROMEO MAZDA Joffre-Autom., ZI n° 1 r. Gay-Lussac ✆ 32 39 54 63 **N** ✆ 32 34 92 65
CITROEN Succursale Evreux, rte d'Orléans par ③ ✆ 32 28 32 54 **N** ✆ 32 23 10 24
FIAT Normandy-Gar., rte d'Orléans à Angerville-la-Campagne ✆ 32 28 81 31
FORD Gar. Hôtel de Ville, 4 r. G.-Bernard ✆ 32 39 58 63
MERCEDES-BENZ A.M.E., à Angerville ✆ 32 28 27 45
OPEL Autom. de la Madeleine Ch. communal n° 28 à Angerville-la-Campagne ✆ 32 23 03 03
RENAULT Succursale, 2 r. Jacquard, ZI n° 2 par ③ ✆ 32 28 81 47 **N** ✆ 32 31 93 85
RENAULT Renault Succursale, 13 bis r. V.-Hugo ✆ 32 28 81 47 **N** ✆ 32 31 93 85
Gar. Carrère, 16 bis r. Lepouze ✆ 32 39 33 49
Sube Pneurama, 1 r. Cocherel ✆ 32 39 09 86

Ⓜ Dubreuil Pneus, 20 r. A.-Briand ✆ 32 33 02 13
Marsat-Pneus Comptoir du Pneu, 54 av. Foch ✆ 32 33 42 43

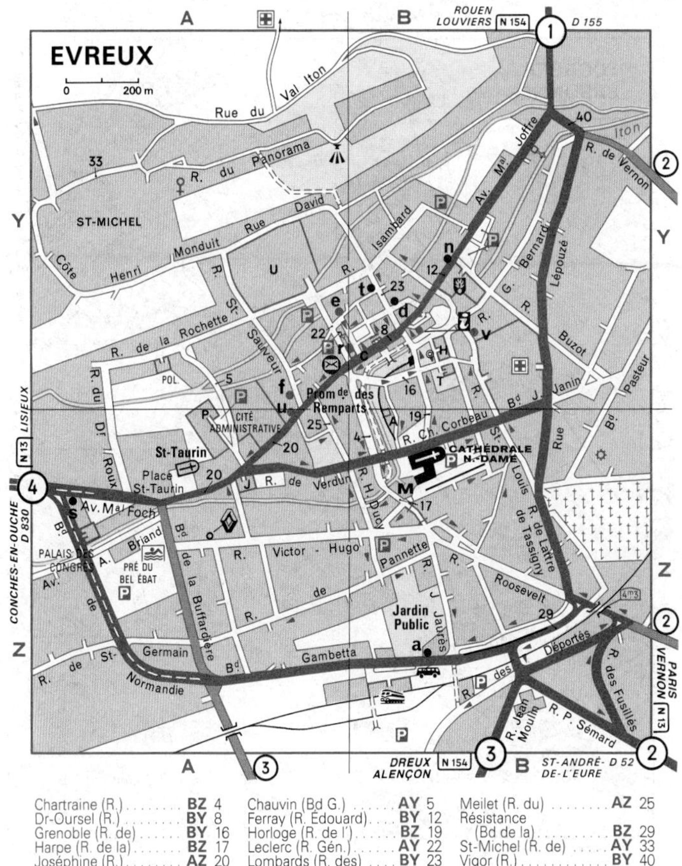

Chartraine (R.)	**BZ** 4	Chauvin (Bd G.)	**AY** 5	Meilet (R. du)	**AZ** 25
Dr-Oursel (R.)	**BY** 8	Ferray (R. Édouard)	**BY** 12	Résistance (Bd de la)	**BZ** 29
Grenoble (R. de)	**BY** 16	Horloge (R. de l')	**BZ** 19	St-Michel (R. de)	**AY** 33
Harpe (R. de la)	**BZ** 17	Leclerc (R. Gén.)	**AY** 22	Vigor (R.)	**BY** 40
Joséphine (R.)	**AZ** 20	Lombards (R. des)	**BY** 23		

ÉVRON **53600** Mayenne 60 ⑪ **G. Normandie Cotentin** – 6 904 h alt. 114.

Voir Basilique★ : chapelle N.-D.-de l'Épine★★.

Office de Tourisme pl. Basilique ✆ 43 01 63 75.

Paris 256 – ♦Le Mans 57 – Alençon 56 – La Ferté-Bernard 103 – La Flèche 67 – Laval 34 – Mayenne 24.

Gare, pl. Gare ✆ 43 01 60 29 – TV ☎. GB
fermé 24 déc. au 2 janv. – **R** 78/145 , enf. 55 – 26 – **8 ch** 203/225.

Les Coëvrons avec ch, pl. Basilique (4 r. Prés) ✆ 43 01 62 16 – TV. GB
R *(fermé vend. soir)* 65/170 – 28 – **6 ch** 130/195 – ½ P 210/230.

à ***Mézangers*** NO : 7 km par rte Mayenne – ✉ **53600**.

Voir Château du Rocher★ 30 mn.

Relais du Gué de Selle , ✆ 43 90 64 05, Télex 722615, Fax 43 90 60 82, ←, , –
TV ☎ ♿ – 70. AE GB
fermé 22 oct. au 2 nov., 22 déc. au 3 janv., 15 fév. au 2 mars, dim. soir et lundi du 15 sept. au 15 juin – **R** 90/220, enf. 41 – 40 – **25 ch** 275/438 – ½ P 236/310.

V.A.G Chauvat ✆ 43 01 60 44 N

ÉVRY CORBEIL-ESSONNES **91** Essonne 61 ① 106 ㉜ 101 ㊲.

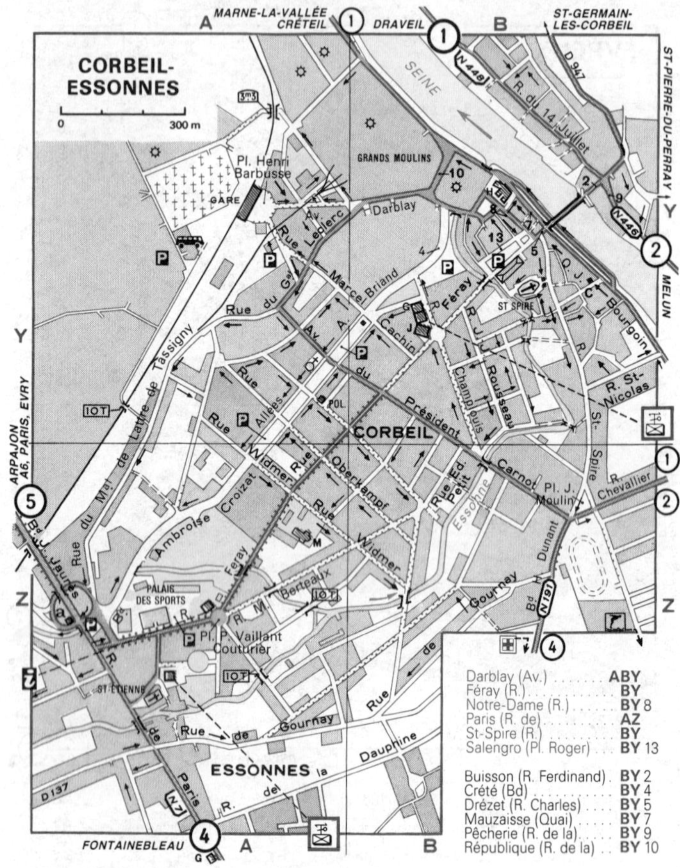

Corbeil-Essonnes 91 – 40 345 h alt. 38 – ✉ 91100.

18 St-Pierre-du-Perray ☎ (1) 60 75 17 47, NE : 5 km.

Office de Tourisme 4 pl. Vaillant-Couturier ☎ (1) 64 96 23 97.

Paris 39 – Fontainebleau 32 – Chartres 85 – Créteil 25 – Étampes 41 – Melun 18 – Versailles 44.

Campanile, par ⑤ et D 26 rte de Lisses : 1,5 km - av. P. Maintenant ☎ (1) 60 89 41 45, Télex 600934, Fax (1) 60 88 17 74, – TV ☎ & P – 25. AE GB
R 80 bc/102 bc, enf. 39 – 29 – **79 ch** 268.

XXX **Aux Armes de France** avec ch, 1 bd J. Jaurès ☎ (1) 64 96 24 04, Fax (1) 60 88 04 00 – ☎ P. AE O GB AZ **a**
fermé août et dim. soir – **R** 115/215 – 30 – **11 ch** 170/210 – ½ P 230/255.

au Coudray-Montceaux SE : 5 km par bord de Seine – ✉ 91830 :

Mercure M, rte Milly-la-Forêt sur D 948 : 1 km ☎ (1) 64 99 00 00, Télex 603696, Fax (1) 64 93 95 55, « Parc avec aménagements sportifs », – rest TV ☎ & P – 200. AE O GB
R carte 160 à 220, enf. 48 – 57 – **125 ch** 595/680.

XX **Aub. du Barrage,** par bord de Seine - 40 ch. Halage ☎ (1) 64 93 81 16, Fax (1) 69 90 41 32, ≤, – . AE O GB JCB
fermé 1er au 15 mars, 4 au 25 oct., dim. soir et lundi – **R** 190/260.

CITROEN Corbeil-Essonnes Automobiles, 33 av. 8-Mai-1945 par ⑤ **N 446** ☎ (1) 60 89 21 10 N ☎ 60 88 04 05
PEUGEOT-TALBOT Desrues, 29 bd J.-Kennedy par ④ ☎ (1) 60 88 20 90
RENAULT Gd Gar. Féray, 46 av. 8-Mai-1945 par ⑤ **N 446** ☎ (1) 60 88 92 20 N ☎ (1) 69 04 75 04

Coursaux-Pneus, 116 bd J.-Kennedy ☎ (1) 60 88 07 09
Euromaster Piot Pneu, 80 bd de Fontainebleau ☎ (1) 60 89 15 25

Évry P G. Ile de France – 45 531 h alt. 55 – ✉ 91000.

Voir Agora★.

du Coudray ✆ (1) 64 93 81 76, par ④ : 7,5 km.

Paris 34 – Chartres 80 – Créteil 36 – Étampes 36 – Melun 23 – Versailles 39.

Adagio M, 52 bd Coquibus ✆ (1) 69 47 30 00, Fax (1) 69 47 30 10 – ch TV ☎ & P – 120. AE GB
R 150 – 55 – **114 ch** 530/640.

Novotel M, Z.I. Évry, quartier Bois Briard ✆ (1) 60 77 82 70, Télex 600685, Fax (1) 60 78 14 75, – ch rest TV ☎ P – 250. AE GB
R carte environ 170, enf. 50 – 50 – **174 ch** 490/520.

Ibis M, Z.I. Évry, quartier Bois Briard ✆ (1) 60 77 74 75, Télex 601728, Fax (1) 60 78 06 03 – ch TV ☎ & P – 100. AE GB
R 90, enf. 39 – 35 – **132 ch** 350.

Vaysse, Angle RN 7, bd Champs Elysées ✆ (1) 60 77 19 39

EXCENEVEX 74140 H.-Savoie 70 ⑰ G. Alpes du Nord – 657 h alt. 375.

Syndicat d'Initiative (fermé après-midi) ✆ 50 72 89 22.

Paris 568 – Thonon-les-Bains 13 – Annecy 73 – Bonneville 44 – Douvaine 10 – ♦Genève 31.

Plage, ✆ 50 72 81 12, ←, – P. GB.
15 mars-15 nov. – **R** 90/165, enf. 60 – 32 – **22 ch** 210/240 – ½ P 260.

Léman avec ch, ✆ 50 72 81 17, – P. GB.
fermé 20 déc. au 20 fév., mardi soir et merc. – **R** 70/180 – 27 – **23 ch** 210/250 – ½ P 270.

Un conseil Michelin :

pour réussir vos voyages, préparez-les à l'avance.

Les cartes et guides Michelin, vous donnent toutes indications utiles sur :

itinéraires, visite des curiosités, logement, prix, etc.

EXCIDEUIL 24160 Dordogne 75 ⑥ ⑦ G. Périgord Quercy – 1 414 h alt. 150.

Paris 463 – Brive-la-Gaillarde 63 – ♦Limoges 66 – Périgueux 35 – Thiviers 19.

Le Rustic, ✆ 53 62 42 35, – GB
fermé 1er au 22 nov., lundi (sauf le soir de juil. à sept.) et dim. soir d'oct. à juin – **R** 110/180, enf. 50.

EYBENS 38 Isère 77 ⑤ – rattaché à Grenoble.

EYGALIÈRES 13810 B.-du-R. 84 ① G. Provence – 1 594 h alt. 105.

Paris 705 – Avignon 26 – Cavaillon 13 – ♦Marseille 76 – St-Rémy-de-Pr. 11 – Salon-de-Pr. 27.

Mas de la Brune, N : 1,5 km par D 74A ✆ 90 95 90 77, Fax 90 95 99 21, « Belle demeure du 16e siècle, parc, » – ch TV ☎ P. GB. rest
2 avril-10 oct. – **R** (dîner seul.)(résidents seul.) – **10 ch** (½ pens. seul.) – ½ P 895/1185.

Crin Blanc, E : 3 km sur D 24B ✆ 90 95 93 17, Fax 90 90 60 62, ←, – ☎ P. GB
fermé nov., 15 janv. au 28 fév. et lundi midi – **R** 140/220, enf. 60 – 35 – **10 ch** 350 – ½ P 335.

EYMOUTIERS 87120 H.-Vienne 72 ⑲ G. Berry Limousin – 2 441 h alt. 417.

Voir Croix reliquaire★ dans l'église.

Paris 419 – ♦Limoges 42 – Aubusson 55 – Guéret 64 – Tulle 71 – Ussel 70.

Pré l'Anneau, Pont de Nedde ✆ 55 69 12 77, ←, – P. GB.
fermé 8 au 30 nov., 11 au 24 janv., dim. soir et lundi – **R** 94/140.

FORD Gar. Memery, 5 rte de Limoges ✆ 55 69 11 13
PEUGEOT-TALBOT Gar. Chemartin, bd V.-Hugo ✆ 55 69 14 79
RENAULT Gar. Coignac, av. de la Paix ✆ 55 69 14 73

EYNE 66 Pyr.-Or. 86 ⑯ – rattaché à Saillagouse.

EYSINES 33 Gironde 71 ⑨ – rattaché à Bordeaux.

Les EYZIES-DE-TAYAC 24620 Dordogne 75 ⑯ G. Périgord Quercy – 853 h alt. 74.

Voir Musée national de Préhistoire★★ – Grotte du Grand Roc★★ : ←★ – Grotte de Font-de-Gaume★.

Syndicat d'Initiative pl. Mairie (15 mars-oct.) ✆ 53 06 97 05.

Paris 522 – Périgueux 45 – Sarlat-la-Canéda 20 – Brive-la-Gaillarde 62 – Fumel 62 – Lalinde 36.

Centenaire (Mazère) (annexe, ≤ les Eyzies-de-Tayac), ☎ 53 06 97 18, Télex 541921, Fax 53 06 92 41, « Bel aménagement intérieur », – ☎ P. AE GB
début avril-début nov. – **R** 250/500 et carte 380 à 485 – 70 – **21 ch** 400/900, 4 appart. – ½ P 570/820
Spéc. Risotto au foie gras, langoustines et jus de truffes. Terrine chaude de cèpes. Steack d'oie "Rossini" aux cerises aigres douces. **Vins** Cahors, Pécharmant.

Cro-Magnon, ☎ 53 06 97 06, Fax 53 06 95 45, exposition d'objets archéologiques, « Jardin et piscine » – ☎ P. AE GB JCB
fin avril-10 oct. – **R** *(fermé merc. midi sauf fériés)* 130/350 – 50 – **18 ch** 350/550, 4 appart. – ½ P 400/510
Spéc. Truffe en croustade. Mitonnée de langues d'agneau et pieds de cochon. Croustillant aux agrumes. **Vins** Prayssac, Sigoulès.

Les Glycines, rte Périgueux ☎ 53 06 97 07, Fax 53 06 92 19, ≤, « Parc fleuri », – ☎ P. AE GB
fin avril-début nov. – **R** *(fermé sam. midi sauf fériés)* 135/370 – 48 – **25 ch** 370/390 – ½ P 377/420.

Moulin de la Beune, ☎ 53 06 94 33, Fax 53 06 98 06, « Ancien moulin », – ☎ P. AE GB
fin mars - début nov. – **R** *(fermé mardi midi)* 85/315, enf. 50 – 40 – **20 ch** 260/350 – ½ P 320.

Centre, ☎ 53 06 97 13, Fax 53 06 91 63, – ☎. GB
1er avril-2 nov. – **R** 85/340 – 34 – **20 ch** 265/285 – ½ P 295/320.

Les Roches sans rest, rte Sarlat ☎ 53 06 96 59, Fax 53 06 95 54, – ☎ P. GB.
Pâques-1er nov. – 35 – **40 ch** 285/420.

CITROEN Gar. de la Patte-d'Oie ☎ 53 06 97 29 N RENAULT Dupuy ☎ 53 06 97 32 N

ÈZE 06360 Alpes-Mar. 84 ⑩ 115 ㉗ G. Côte d'Azur (plan) – 2 446 h alt. 427.

Voir Site★★ (village perché) – Jardin exotique ★★★ – Les rues d'Eze★ – "Belvédère" d'Eze ≤★★ O : 4 km.

Office de Tourisme pl. Gén.-de-Gaulle (mars-oct.) ☎ 93 41 26 00.

Paris 944 – Monaco 7 – ♦Nice 12 – Cap d'Ail 4,5 – Menton 19 – Monte-Carlo 8,5.

Château Eza, (accès piétonnier) ☎ 93 41 12 24, Télex 470382, Fax 93 41 16 64, ≤ côte et presqu'île, « Terrasses dominant la baie » – ch ☎. AE GB
Pâques-fin oct. – **R** 150 (déj.)/510 et carte 450 à 580 – 80 – **5 ch** 1000/2500, 3 appart.
Spéc. Langoustines poêlées aux herbes frites du jardin. Filet de loup à la concassée d'olives. Moelleux Guanaja. **Vins** Bellet, Côtes de Provence.

Eze Country Club, NE : direction la Turbie 1,5 km ☎ 93 41 24 64, Télex 461301, Fax 93 41 13 25, ≤ mer, – ☎ P – 25 à 120. AE GB.
fermé 15 déc. au 15 janv. – **R** 170/250 – 80 – **75 ch** 750/850, 6 appart. – ½ P 655.

Hermitage du Col d'Èze, NO : 2,5 km par D 46 et Gde Corniche ☎ 93 41 00 68, ≤, – ☎ P. AE GB. rest
fermé 12 nov. au 14 janv. – **R** *(fermé merc. midi et lundi)* 90/180 – 25 – **14 ch** 180/260 – ½ P 200/240.

XXXX **Château de la Chèvre d'Or** avec ch, r. Barri (accès piétonnier) ☎ 93 41 12 12, Télex 970839, Fax 93 41 06 72, ≤ côte et presqu'île, « Site pittoresque dominant la mer », – ☎. AE GB
fermé 3 janv. au 1er mars – **R** (prévenir) 350/560 et carte 395 à 575 - **Café du Jardin** *(15 mars-15 oct. et fermé mardi sauf fêtes)* **R** carte 180 à 280, enf. 60 – 90 – **15 ch** 1200/2500, 8 appart.
Spéc. Homard bleu en salade. Filet de loup rôti. Carré d'agneau des Alpilles. **Vins** Bandol, Cassis.

XXX **Richard Borfiga,** pl. Gén. de Gaulle ☎ 93 41 05 23, Fax 93 41 26 79 – AE GB
fermé 10 janv. au 10 fév. et lundi – **R** 180/350 et carte 310 à 460
Spéc. Fleurs de courgettes farcies au basilic. Rouille de poissons safranée. Pêche pochée au basilic. **Vins** Palette.

XX **Troubadour,** (accès piétonnier) ☎ 93 41 19 03 – GB
fermé vacances de nov., 20 nov. au 20 déc., vacances de fév., lundi midi et dim. – **R** 165.

X **Le Grill du Château,** r. Barri (accès piétonnier) ☎ 93 41 00 17, Fax 93 41 06 72, – AE GB
fermé 6 janv. au 1er mars et lundi sauf fêtes – **R** carte 185 à 290, enf. 70.

ÈZE-BORD-DE-MER 06360 Alpes-Mar. 84 ⑩ 115 ㉗ G. Côte d'Azur.

Paris 954 – Monaco 6,5 – ♦Nice 14 – Beaulieu 3 – Cap d'Ail 4 – Menton 20.

Cap Estel, ☎ 93 01 50 44, Télex 470305, Fax 93 01 55 20, ≤, « En bordure de mer, parc, » – ch ☎ P. AE GB
1er avril-25 oct. – **R** 350 – **31 ch** 1750/2700, 9 appart. – ½ P 1230/1700.

XX **Aub. Éric Rivot** avec ch, ☎ 93 01 51 46, Fax 93 01 58 40, – ☎. AE GB
fermé 5 nov. au 5 déc. – **R** *(fermé mardi sauf le soir de mai à sept. et lundi midi)* 145/205 – 35 – **10 ch** 280/330 – ½ P 280.

ÉZY-SUR-EURE 27 Eure 55 ⑰, 106 ⑬ – rattaché à Anet.

FAGNON 08 Ardennes 53 ⑱ – rattaché à Charleville-Mézières.

FAIN-LÈS-MONTBARD 21 Côte-d'Or 65 ⑦ – rattaché à Montbard.

FALAISE 14700 Calvados 55 ⑫ G. Normandie Cotentin – 8 119 h alt. 132.

Voir Château★ A – Église de la Trinité★ A.

Office de Tourisme 32 r. G.-Clemenceau ℘ 31 90 17 26.

Paris 217 ③ – ◆ Caen 35 ① – Argentan 23 ③ – Flers 38 ⑤ – Lisieux 45 ① – St-Lô 81 ①.

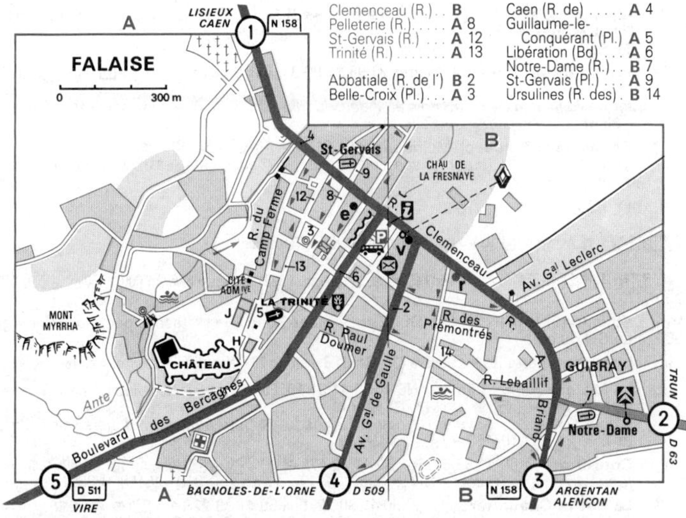

Poste, 38 r. G. Clemenceau ℘ 31 90 13 14, Fax 31 90 01 81 – TV ☎ P. AE GB — B v
fermé 18 au 28 oct., 17 déc. au 18 janv., lundi (sauf hôtel) et dim. soir – **Repas** 75/215, enf. 60 – ☐ 32 – **21 ch** 190/360 – ½ P 200/285.

Normandie, 4 r. Amiral Courbet ℘ 31 90 18 26, Fax 31 90 02 17 – ☎ ⇔. GB — A e
fermé 15 au 31 déc. (sauf hôtel), vend. soir et dim. soir d'oct. à avril – **R** 60/140 ♁, enf. 50 – ☐ 30 – **26 ch** 160/240 – ½ P 190/260.

XX **La Fine Fourchette,** 52 r. G. Clemenceau ℘ 31 90 08 59 – GB — B r
fermé 1er au 10 oct., 8 au 27 fév., mardi soir et merc. hors sais. – **R** 71/238, enf. 41.

X **L'Attache,** rte Caen par ① : 1,5 km ℘ 31 90 05 38 – GB. ✻
fermé 15 au 31 juil., 1er au 8 déc. et merc. sauf août – **R** (nombre de couverts limité, prévenir) 85/260.

SO par ⑤ et D 44, rte de Fourneaux-le-Val : 5 km – ✉ 14700 St-Martin-de-Mieux :

XXX ✿ **Château du Tertre** ⛰ avec ch, ℘ 31 90 01 04, Fax 31 90 33 16, ≤, « Château du 18e siècle dans un grand parc » – TV ☎ P GB
fermé fév., dim. soir et lundi – **R** 190/300 et carte 320 à 450, enf. 85 – ☐ 45 – **9 ch** 550/850 – ½ P 600/820.
Spéc. Ravioles de joue et queue de boeuf au jus de daube. Carré d'agneau rôti au cumin. Millefeuille de framboises.

CITROEN Gar. Lepy, rte de Trun ℘ 31 90 16 25
PEUGEOT-TALBOT Falaise-Autos., rte d'Argentan Nle 158 par ③ ℘ 31 90 04 89 N
RENAULT Gar. Lanos, 34 r. G.-Clemenceau ℘ 31 90 01 00 N
V.A.G Lacoudrée, 51 av. Hastings ℘ 31 90 19 69

Laguerre-Pneus, rte de Putanges ℘ 31 90 10 60
Marsat-Pneus rte de Bretagne ℘ 31 40 06 40

Le FALGOUX 15380 Cantal 76 ② – 226 h alt. 930 – Sports d'hiver : 1 050/1 350 m ⛷2.

Voir N Vallée du Falgoux★.

Env. Cirque du Falgoux★★ SE : 6 km – Puy Mary ✻★★★ : 1 h AR du Pas de Peyrol★★ SE : 12 km, G. Auvergne.

Paris 561 – Aurillac 54 – Mauriac 28 – Murat 34 – Salers 12.

Voyageurs et Touristes, ℘ 71 69 51 59, ≤ – GB
fermé 6 nov. au 15 déc. – **R** 80/130 ♁ – ☐ 23 – **15 ch** 130/220 – ½ P 170/210.

FALICON 06950 Alpes-Mar. 84 ⑩ 115 ㉖ G. Côte d'Azur – 1 498 h alt. 307.

Voir Terrasse ≤★ – Env. Mont Chauve d'Aspremont ✻★★ N : 8,5 km puis 30 mn.

Paris 942 – ◆ Nice 10,5 – Aspremont 9,5 – Colomars 13 – Levens 16 – Sospel 39.

XX **Bellevue,** ℘ 93 84 94 57, ≤, 🏠 – GB
fermé oct., dim. soir et lundi – **R** *(déj. seul. de nov. à mai)* 118/158, enf. 98.

FALLIÈRES 88 Vosges 62 ⑯ – rattaché à Remiremont.

Le FAOU 29580 Finistère 58 ⑤ **G. Bretagne** – 1 522 h alt. 10.

Voir Site★ – Retables★ dans l'église de Rumengol E : 2,5 km – Quimerc'h ≤★ SE : 4,5 km.

Syndicat d'Initiative r. Gén.-de-Gaulle (15 juin-15 sept.) ✆ 98 81 06 85.

Paris 558 – ◆Brest 31 – Carhaix-P. 53 – Châteaulin 18 – Landerneau 23 – Morlaix 50 – Quimper 42.

Aqualys M, à l'échangeur E : 1,5 km ✆ 98 81 05 01, Télex 941732, Fax 98 81 02 94, – TV ☎ ♿ P – 80
34 ch.

Vieille Renommée, pl. Mairie ✆ 98 81 90 31, Fax 98 81 92 93 – TV ☎ – 40 à 150. GB
fermé 26 juin au 6 juil., 13 nov. au 7 déc., lundi sauf juil.-août et dim. soir – **R** 80/230 – ☐ 28 – **38 ch** 228/297 – ½ P 214/249.

Relais de la Place, pl. Mairie ✆ 98 81 91 19 – TV ☎ – 40. GB
fermé 24 sept. au 18 oct. et sam. du 15 oct. au 1er juil. – **Repas** 85/250 , enf. 60 – ☐ 30 – **35 ch** 130/250.

RENAULT Kervella ✆ 98 81 90 69 N

FARROU 12 Aveyron 79 ⑩ – rattaché à Villefranche-de-Rouergue.

La FAUCILLE (Col de) ★★ 01 Ain 70 ⑮ **G. Jura** – alt. 1 323 – Sports d'hiver : 1 000/1 550 m 1 10 – ✉ 01170 Gex.

Voir Descente sur Gex (N 5) ≤★★ SE : 2 km – Mont-Rond ★★★ (accès par télécabine - gare à 500 m au SO du col).

Paris 484 – Bourg-en-Bresse 106 – ◆Genève 33 – Gex 11,5 – Morez 26 – Nantua 60 – Les Rousses 18.

La Mainaz , S : 1 km par N5 ✆ 50 41 31 10, Fax 50 41 31 77, ≤ lac Léman et les Alpes, , , – TV ☎ P. AE GB
fermé 29 mars au 7 avril et 1er nov. au 20 déc. – **R** *(fermé merc. midi hors sais.)* 135/335 – ☐ 55 – **24 ch** 310/460 – ½ P 425/485.

Couronne, ✆ 50 41 32 65, Fax 50 41 32 47, ≤, , – TV ☎ P. AE GB
fermé 15 oct. au 10 déc. – **R** 110/300 – ☐ 40 – **17 ch** 250/310 – ½ P 300/330.

La Petite Chaumière , ✆ 50 41 30 22, Fax 50 41 33 22, ≤ – TV ☎ P. GB
2 mai-3 oct. et 20 déc.-4 avril – **R** 89/175 – ☐ 32 – **34 ch** 210/270 – ½ P 300.

La FAUTE-SUR-MER 85 Vendée 71 ⑪ – rattaché à Aiguillon-sur-Mer.

FAUVILLE-EN-CAUX 76640 S.-Mar. 52 ⑫ – 1 871 h alt. 141.

Paris 185 – ◆Rouen 51 – Bolbec 13 – Fécamp 21 – St-Valéry-en-Caux 28 – Yvetot 14.

XX **Normandie,** ✆ 35 96 72 33 – P. GB
fermé 3 au 24 août, 4 au 25 janv. et mardi – **R** (déj. seul.) (dim. prévenir) 73/160 .

La FAVÈDE 30 Gard 80 ⑦ – rattaché à La Grand-Combe.

FAVERGES 74210 H.-Savoie 74 ⑯ ⑰ **G. Alpes du Nord** – 6 334 h alt. 516.

Env. Col de la Forclaz ≤★★ NO : 15 km.

Office de Tourisme pl. M.-Piquand ✆ 50 44 60 24.

Paris 563 – Albertville 19 – Annecy 26 – Megève 34.

Florimont, NE : 2,5 km sur N 508 ✆ 50 44 50 05, Télex 309369, Fax 50 44 43 20, ≤, , – TV ☎ ♿ P – 30. AE GB. rest
Repas 110/380 – ☐ 45 – **27 ch** 310/450 – ½ P 350/400.

Genève, 34 r. République ✆ 50 32 46 90, Fax 50 44 48 09 – ch TV ☎ ♿ P. AE GB. rest
R *(fermé 2 mai au 1er juin et dim. midi)* 67 bc/75 bc , enf. 28 – ☐ 36 – **30 ch** 250/320 – ½ P 260.

X **Carte d'Autrefois,** 25 r. Gambetta ✆ 50 32 49 98 – GB
fermé 5 au 18 juil., 23 déc. au 2 janv., dim. soir et merc. – **R** 69/160 , enf. 40.

au Tertenoz SE : 4 km par D 12 et VO – ✉ 74210 Faverges :

Gay Séjour , ✆ 50 44 52 52, Fax 50 44 49 52, ≤, – ☎ P. AE GB.
fermé 27 déc. au 27 janv., dim. soir et lundi sauf vacances scolaires – **R** 160/320 – ☐ 55 – **12 ch** 320/420 – ½ P 380/420.

CITROEN Gar. de la Sambuy ✆ 50 44 53 04
PEUGEOT-TALBOT Vauthier Automobiles ✆ 50 27 43 27
RENAULT Gar. Fontaine ✆ 50 44 51 09 N ✆ 50 44 45 80

FAVERGES-DE-LA-TOUR 38 Isère 74 ⑭ – rattaché à La Tour-du-Pin.

La FAVIÈRE 83 Var 84 ⑯ – rattaché au Lavandou.

FAVIÈRES 80120 Somme 52 ⑥ – 406 h.

Voir Le Crotoy : Butte du Moulin ≤★ SO : 5 km, G. Flandres Artois Picardie.

Paris 215 – ♦Amiens 65 – Abbeville 21 – Berck-Plage 29 – Le Crotoy 5.

XX **La Clé des Champs,** ✆ 22 27 88 00 – Ⓟ. ⓓ GB
fermé 30 août au 11 sept., 3 janv. au 9 fév., dim. soir et lundi – **Repas** (prévenir) 73/155, enf. 50.

FAYENCE 83440 Var 84 ⑦ 115 ㉒ G. Côte d'Azur – 3 502 h alt. 325.

Voir ≤★ de la terrasse de l'église.

Env. Mons : site★, ≤★★ de la place St-Sébastien N : 14 km par D 563.

Syndicat d'Initiative pl. L.-Roux ✆ 94 76 20 08.

Paris 901 – Castellane 55 – Draguignan 33 – Fréjus 34 – Grasse 26 – St-Raphaël 37.

Moulin de la Camandoule ⛆, O : 3 km par D 19 et chemin N.-D.-des-Cyprès ✆ 94 76 00 84, Fax 94 76 10 40, ≤, parc, « Ancien moulin à huile », ⛱ – TV ☎ Ⓟ. GB
R *(fermé 2 nov. au 22 déc., 2 janv. au 15 mars et mardi midi)* 175/285 – ☕ 45 – **11 ch** 300/670 – 1/2 P 440/550.

Les Oliviers sans rest, quartier Ferrage ✆ 94 76 13 12, Fax 94 76 08 05 – TV ☎ Ⓟ. GB
fermé 10 au 18 mai, 5 nov. au 15 déc. et 10 janv. au 10 fév. – ☕ 40 – **23 ch** 270/380.

XXX **Le Castellaras,** O : 4 km par rte Seillans et VO ✆ 94 76 13 80, Fax 94 84 17 50, ≤, ⛱ – Ⓟ. AE GB
fermé 1er au 7 juil., 17 nov. au 1er déc., vacances de fév., mardi soir de déc. à mars et merc. – **R** 165/260.

Le FAYET 74 H.-Savoie 74 ⑧ – voir à St-Gervais-les-Bains.

FAYL-BILLOT 52500 H.-Marne 66 ④ G. Jura – 1 511 h alt. 333.

Voir École nationale d'Osiériculture et de Vannerie.

Paris 302 – Chaumont 60 – Bourbonne-les-Bains 29 – ♦Dijon 83 – Gray 46 – Langres 25 – Vesoul 50.

X **Cheval Blanc** avec ch, pl. Barre ✆ 25 88 61 44 – GB
fermé 15 au 28 oct., 16 au 30 janv., dim. soir du 15 nov. au 28 fév. et lundi – **Repas** 70/155 ♨, enf. 45 – ☕ 24 – **10 ch** 120/220 – 1/2 P 180/220.

FÉCAMP 76400 S.-Mar. 52 ⑫ G. Normandie Vallée de la Seine – 20 808 h alt. 14 – Casino AZ.

Voir Église de la Trinité★★ BZ – Palais Bénédictine★ AY – Musée Centre-des-Arts★ BZ M2 – Musée des Terre-Neuvas★ AY M1 – Chapelle N.-D.-du-Salut ☼★★ N : 2 km par D 79 BY.

Maison du Tourisme 113 r. Alexandre Le Grand ✆ 35 28 51 01 et quai Vicomté (saison) ✆ 35 29 16 34.

Paris 205 ③ – ♦Amiens 161 ② – ♦Caen 117 ③ – Dieppe 66 ① – ♦Le Havre 40 ③ – ♦Rouen 71 ②.

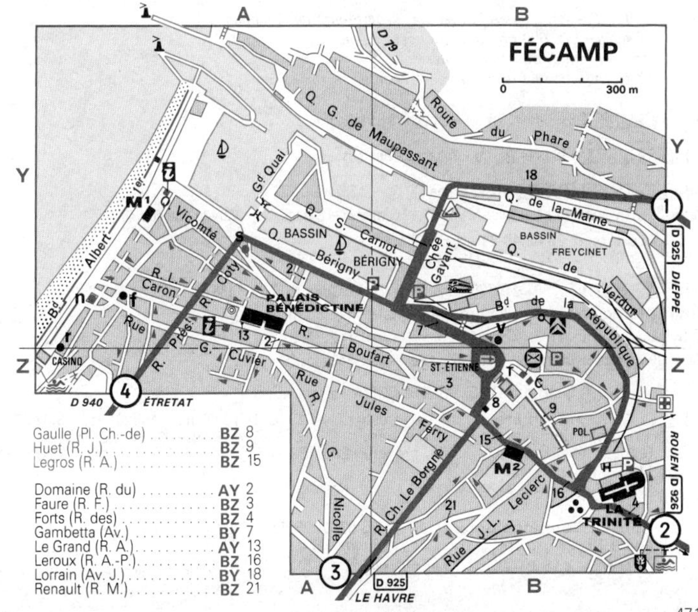

🏨 **Plage** sans rest, 87 r. Plage ☎ 35 29 76 51, Fax 35 28 68 30 – 🛗 📺 ☎. AE GB AY **f**
☕ 30 – **22 ch** 200/340.

🏨 **Poste,** 4 av. Gambetta ☎ 35 29 55 11, Télex 190900, Fax 35 27 48 74 – 📺 ☎ 🚗 **P** – 🎤 40. GB BY **v**
R *(fermé déc., janv., vend. et dimanche de nov. à Pâques)* (dîner seul.) 85/240 – ☕ 32 – **36 ch** 210/360 – ½ P 265/310.

🏨 **Mer** sans rest, 89 bd Albert 1er ☎ 35 28 24 64, ≤ – 📺 ☎. GB. ✗ AYZ **r**
☕ 33 – **8 ch** 290/320.

XXX **Aub. de la Rouge** M avec ch, par ③ : 2 km ☎ 35 28 07 59, Fax 35 28 70 55, 🌳 – 📺 ☎ **P**. AE ⓓ GB JCB
fermé vacances de fév. – **R** *(fermé dim. soir et lundi sauf fériés)* 105/260 🍷, enf. 50 – ☕ 30 – **8 ch** 280/350.

XXX **Le Viking,** 63 bd Albert 1er ☎ 35 29 22 92, Fax 35 29 45 24, ≤ – GB AY **n**
fermé dim. soir d'oct. à mars et lundi – **R** 110/220, enf. 68.

XX **Le Maritime,** 2 pl. N. Selles ☎ 35 28 21 71 – GB AY **s**
fermé mardi d'oct. à mars – **Repas** 90/210, enf. 65.

CITROEN Fécamp Autom., 45 bd République ☎ 35 29 25 72
FORD Lefebvre, 15 r. Prés.-Coty ☎ 35 28 05 75
PEUGEOT, TALBOT Lachèvre, rte du Havre à St-Léonard par ③ ☎ 35 28 20 30 **N** ☎ 35 20 76 45
RENAULT S.E.L.C.O., 209 r. G.-Couturier par ② ☎ 35 28 24 02 **N** ☎ 35 27 50 65
V.A.G Ledoult, D 925 à St-Léonard ☎ 35 28 00 22

Ⓜ Brument, 6 rte de Valmont ☎ 35 28 28 81
Comptoir du Pneu, 8 et 10 r. Ch.-Le-Borgne ☎ 35 28 14 99

La FÉCLAZ 73 Savoie 74 ⑮ G. Alpes du Nord – alt. 1 350 – Sports d'hiver : 1 350/1 550 m ⛷8 ⛷ – ✉ 73230 Les Déserts.

ℹ Syndicat d'Initiative Les Déserts ☎ 79 25 80 49.

Paris 562 – Annecy 38 – Aix-les-Bains 27 – Chambéry 19 – Lescheraines 12.

🏨 **Bon Gîte** 🌿, ☎ 79 25 82 11, Fax 79 25 80 91, 🏊, 🌳, 🎾 – cuisinette ☎ 🚗 **P** – 🎤 30. GB
18 juin-12 sept. et 18 déc.-10 avril – **R** 75/200 🍷, enf. 55 – ☕ 34 – **32 ch** 195/340 – ½ P 200/284.

au col de Plainpalais E : 4 km par D 913 et D 912 – Sports d'hiver 1 200/1 450 m ⛷2 – ✉ 73230 St-Alban-Leysse :

🏨 **Plainpalais** 🌿, ☎ 79 25 81 79, ≤, 🌳 – ☎ **P**. GB. ✗ rest
début juin-fin sept. et 20 déc.-mi-avril – **R** 90/250, enf. 55 – ☕ 30 – **20 ch** 250/315 – ½ P 280/320.

☛ *Le località sottolineate in rosso sulle carte stradali Michelin in scala 1/200 000 figurano in questa guida. Approfittate di questa informazione, utilizzando una carta di edizione recente.*

FEGERSHEIM 67 B.-Rhin 62 ⑩ – rattaché à Strasbourg.

FENESTRELAY 18 Cher 69 ① – rattaché à Bourges.

FÈRE-CHAMPENOISE 51230 Marne 61 ⑥ – 2 362 h alt. 110.

Paris 133 – Troyes 58 – Châlons-sur-Marne 36 – Épernay 38 – Sézanne 21 – Vitry-le-François 45.

🏨 **France,** ☎ 26 42 40 24 – **P**. GB
fermé lundi – **R** 57/165 🍷 – ☕ 25 – **10 ch** 140/200.

FÈRE-EN-TARDENOIS 02130 Aisne 56 ⑭ ⑮ G. Champagne – 3 168 h alt. 125.

Voir Château de Fère★ : Pont monumental★★ N : 3 km.

ℹ Syndicat d'Initiative r. E.-Moreau-Nélaton (saison) ☎ 23 82 31 57.

Paris 110 – Château-Thierry 22 – Laon 53 – ♦Reims 48 – Soissons 26.

au Nord : 3 km par D 967 – ✉ 02130 Fère-en-Tardenois :

🏨 ✿ **Château de Fère** 🌿 par rte forestière, ☎ 23 82 21 13, Télex 145526, Fax 23 82 37 81, ≤, « Belle demeure du 16e siècle, parc », 🏊, 🎾 – 📺 ☎ ♿ **P** – 🎤 30. AE ⓓ GB
R (nombre de couverts limité, prévenir) 290/480 et carte 295 à 445 – ☕ 90 – **19 ch** 860/1130, 6 appart. – ½ P 1055/1135
Spéc. Chausson d'escargots aux épices (sept. à juin). Marinière de coquillages aux fettucini iodés. Tourte de canard en civet au foie gras (automne-hiver). Vins Champagne.

XX **Aub. du Connétable,** sur D 967 ☎ 23 82 24 25, Fax 23 82 23 17, 🌳, 🏊 – **P**. GB
fermé 15 janv. au 15 fév., dim. soir et lundi – **R** 135/200, enf. 60.

RENAULT Huguenin, av. Courvoisier ☎ 23 82 21 85 **N**

Ⓜ Euromaster Fischbach Pneu Service, 47 r. J.-Lefèbvre ☎ 23 82 36 06

FERNEY-VOLTAIRE 01210 Ain 70 ⑯ G. Jura – 6 408 h alt. 436.

de Genève : ✆ (19 41 22) 717 71 11, S : 4 km.

Paris 532 – Thonon-les-Bains 51 – Bellegarde-sur-Valserine 35 – Bourg-en-Bresse 104 – ◆Genève 11 – Gex 10,5.

Voir plan agglomération de Genève.

Voltaire Palace H., av. Jura ✆ 50 40 77 90, Télex 309071, Fax 50 40 83 00, ☂, ⛱ – 🛗 📺 ☎ ♿ 🅿 – 🏛 120. AE ⓓ GB JCB. ✻ rest BU **k**
R 135/150 🍷 – ☕ 70 – **118 ch** 850/950.

Novotel, par D 35 ✆ 50 40 85 23, Télex 385046, Fax 50 40 76 33, ☂, ⛱, 🌳, 🎾 – ⇔ ch ▤ 📺 ☎ ♿ 🅿 – 🏛 100. AE ⓓ GB JCB AU **x**
R carte environ 150, enf. 48 – ☕ 48 – **80 ch** 430/445.

France, 1 r. Genève ✆ 50 40 63 87, Fax 50 40 47 27, ☂ – 📺 ☎. AE GB JCB BU **n**
fermé lundi midi et dim. – **R** 165/225 🍷 – ☕ 37 – **13 ch** 265/325 – ½ P 300.

Campanile, chemin Planche Brûlée ✆ 50 40 74 79, Télex 380957, Fax 50 42 97 29, ☂ – 📺 ☎ ♿ 🅿 – 🏛 40. AE GB AU **e**
R 80 bc/102 bc, enf. 39 – ☕ 29 – **60 ch** 268.

XXX ✿ **Le Pirate** (Bechis), av. Genève ✆ 50 40 63 52, Fax 50 40 64 50, ☂ – 🅿. AE ⓓ GB JCB BU **r**
fermé 11 juil. au 2 août, 23 déc. au 5 janv., lundi midi et dim. – **R** produits de la mer (nombre de couverts limité - prévenir) 160 (déj.)/350 et carte 300 à 450
Spéc. Ile flottante au caviar. Médaillon de lotte aux huîtres pochées. Escalope de turbot aux truffes et homard.

XX **Le Chanteclair,** 13 r. Versoix ✆ 50 40 79 55, ☂ – GB BU **e**
fermé 10 juil. au 3 août et 1er au 7 janv. – **R** 230 🍷.

PEUGEOT-TALBOT Gar. Chevalley, à Ornex ✆ 50 40 58 12
RENAULT Auto Service à Prevessin Moens ✆ 50 40 59 52
V.A.G Gar. Dunand ✆ 50 40 61 94
Ⓦ Euromaster Piot Pneu, ✆ 50 40 58 02

FERRETTE 68480 H.-Rhin 66 ⑨ ⑩ G. Alsace Lorraine – 863 h alt. 470.

Voir Site★ – Ruines du Château ≤★.

🅸 Syndicat d'Initiative r. Château ✆ 89 40 40 01.

Paris 523 – ◆ Mulhouse 38 – Altkirch 19 – ◆Basel 27 – Belfort 46 – Colmar 83 – Montbéliard 47.

à Moernach O : 5 km par D 473 – ✉ **68480** :

XX **Aux Deux Clefs** avec ch, ✆ 89 40 80 56, Fax 89 08 10 47, ☂ – ☎ 🅿. GB
fermé 28 oct. au 10 nov., 15 fév. au 4 mars – **R** *(fermé vend. midi et jeudi)* 90/260 🍷 – ☕ 28 – **7 ch** 200/265 – ½ P 250/260.

XX **Au Raisin** avec ch, ✆ 89 40 80 73, ☂ – 🅿. GB. ✻
fermé 1er au 16 mars, 16 au 27 août, lundi soir et mardi – **R** 85/210 🍷, enf. 40 – ☕ 30 – **4 ch** 100/160.

à Lutter SE : 8 km par D 23 – ✉ **68480** :

XX **Aub. Paysanne** avec ch, r. Principale ✆ 89 40 71 67, Fax 89 07 33 38 – ☎ 🅿. GB
fermé 22 juin au 7 juil. et 21 janv. au 11 fév. – **R** *(fermé mardi midi de nov. à mars et lundi)* 115/280 🍷, enf. 50 – ☕ 35 – **7 ch** 210/275 – ½ P 290.

Annexe Host. Paysanne 🏠 M 🐦, 🌳 – 📺 ☎ 🅿. GB
fermé 21 juin au 1er juil. et 17 janv. au 8 fév. – **R** voir **Aub. Paysanne** – ☕ 35 – **8 ch** 265/360 – ½ P 360/380.

RENAULT Fritsch ✆ 89 40 41 41 🅽 ✆ 05 05 15 15

La FERRIÈRE 38580 Isère 77 ⑥ – 191 h alt. 926.

Paris 590 – ◆ Grenoble 51 – Allevard 12.

au Curtillard S : 2 km par D 525A – ✉ **38580** La Ferrière :

Curtillard 🐦, ✆ 76 97 50 82, Fax 76 97 56 57, ≤, ☂, 🏋, ⛱, 🌳, 🎾 – cuisinette 📺 🅿 – 🏛 50. GB. ✻
28 mai-31 oct. et 15 déc. 24 avril – **R** 95/140, enf. 58 – ☕ 40 – **30 ch** 340 – ½ P 330.

Baroz 🐦, ✆ 76 97 50 81, ≤, ☂, ⛱, 🌳, 🎾 – cuisinette ☎ 🅿. GB. ✻
hôtel : 25 juin-10 sept. et 26 déc.-mars ; rest. : mai-fin sept. et 26 déc.-mars – **R** 85/120 🍷, enf. 50 – ☕ 30 – **17 ch** 190/210 – ½ P 210/220.

La FERRIÈRE-AUX-ÉTANGS 61 Orne 60 ① – rattaché à Flers.

FERRIÈRES 45210 Loiret 61 ⑫ G. Bourgogne – 2 895 h.

Voir Croisée du transept★ de l'église St-Pierre et St-Paul.

Paris 00 – Auxerre 79 – Fontainebleau 41 – Montargis 13 – Nemours 26 – ◆Orléans 83 – Sens 41.

Abbaye, ✆ 38 96 53 12, Fax 38 96 57 63, ☂ – 📺 ☎ ♿ 🅿 – 🏛 30. GB
R 95/210, enf. 60 – ☕ 40 – **20 ch** 230/270 – ½ P 215.

Évitez de fumer au cours du repas :
vous altérez votre goût et vous gênez vos voisins.

La FERTÉ-BERNARD 72400 Sarthe 60 ⑮ **G. Châteaux de la Loire** (plan) – 9 355 h alt. 91.

Voir Église N.-D.-des Marais★★.

du Perche à Souancé-au-Perche (28) ✆ 37 29 17 33 ; NE : 21 km par N 23 et D 137[11].

Syndicat d'Initiative Cour du Sauvage, r. Carnot (15 juin-15 sept.) ✆ 43 93 25 85 et à la Mairie ✆ 43 93 04 42.

Paris 163 – ◆Le Mans 52 – Alençon 58 – Chartres 76 – Châteaudun 66 – Mortagne-au-Perche 43.

Climat de France, 43 bd. Gén. de Gaulle ✆ 43 93 84 70, Télex 723846, Fax 73 71 28 14, – TV ☎ & P – 40. AE GB
R 80/115, enf. 39 – 30 – **50 ch** 260.

Perdrix avec ch, 2 r. Paris ✆ 43 93 00 44, Fax 43 93 74 95 – TV ☎. GB
fermé lundi soir hors sais. et mardi – **R** 105/220, enf. 67 – 25 – **10 ch** 200/290.

Dauphin, 3 r. Huisne ✆ 43 93 00 39.

CITROEN Brion, 2 r. Virette ✆ 43 93 00 37
RENAULT Autom. Espace Fertois, av. Verdun ✆ 43 93 05 10 N ✆ 43 77 98 27

Perry Pneus, La Chapelle-du-Bois-La Petite Cibole ✆ 43 93 90 44

La FERTÉ-IMBAULT 41300 L.-et-Ch. 64 ⑲ – 1 047 h alt. 99.

Paris 193 – Bourges 58 – ◆Orléans 68 – Romorantin-Lanthenay 17 – Vierzon 23.

Aub. A La Tête de Lard M, ✆ 54 96 22 32, Fax 54 96 06 22 – rest TV ☎ P. GB. ch
fermé 5 au 20 sept., vacances de fév., dim. soir et lundi sauf fériés – **R** 85/225 – 38 – **11 ch** 250/440 – ½ P 250.

La FERTÉ-MACÉ 61600 Orne 60 ① ② **G. Normandie Cotentin** – 6 913 h alt. 111.

Office de Tourisme 13 r. Victoire ✆ 33 37 10 97.

Paris 227 ② – Alençon 46 ④ – Argentan 32 ② – Domfront 22 ⑤ – Falaise 39 ① – Flers 25 ⑥ – Mayenne 41 ④.

Le Céleste avec ch, 6 r. Victoire **(n)** ✆ 33 37 22 33 – ☎. GB
fermé dim.soir et lundi – **R** 90/260, enf. 45 – 25 – **15 ch** 85/260 – ½ P 140/210.

Aub. de Clouet avec ch, Le Clouet **(a)** ✆ 33 37 18 22, ←, , « Terrasse fleurie » – ☎ P – 30 à 40. GB. ch
fermé 1er au 15 janv., dim. soir et lundi du 1er oct. au 31 mars – **R** 80/350 – 38 – **7 ch** 235/275 – ½ P 330.

par ④ : 2 km sur D 916 : – ✉ **61600** La Ferté-Macé :

Aub. d'Andaines, ✆ 33 37 20 28, – ☎ P – 25 à 100. GB
fermé vacances de Noël et dim. soir de nov. à mars – **R** 70/250 – 32 – **15 ch** 175/300 – ½ P 220/250.

à St-Michel-des-Andaines par ⑤ : 4,5 km – ✉ **61600** :

La Bruyère, ✆ 33 37 22 26, – ☎ P. AE GB
fermé 15 au 31 janv. – **R** *(fermé dim. soir)* 60/165, enf. 49 – 28 – **20 ch** 160/300 – ½ P 220/230.

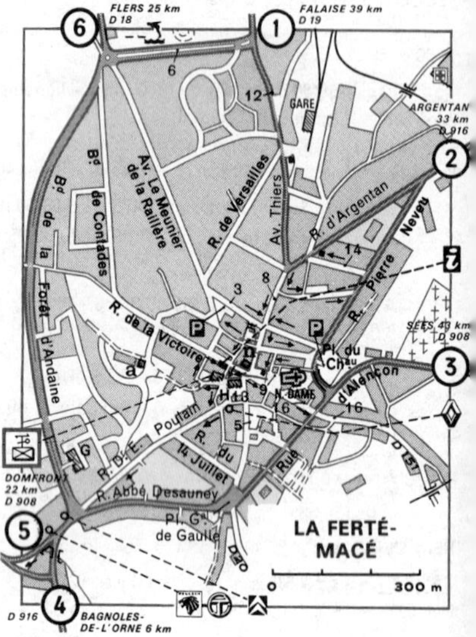

Hautvie (R. d')	8	Barre (R. de la)	5
Leclerc (Pl. du Gén.)	9	Hamonic (Bd A.)	6
République (Pl.)	13	Prés.-Coty (Av. du)	12
		Sorbiers (Av. des)	14
Amand-Macé (R.)	3	Teinture (R. de la)	16

CITROEN Gar. Central, 74 r. Dr-Poulain ✆ 33 37 09 11 N
PEUGEOT-TALBOT Derouet, 76 r. Dr-Poulain ✆ 33 37 16 33

RENAULT Dubourg, 9 r Dr-Poulain ✆ 33 37 20 97
RENAULT Guillochin, rte de Paris par ② ✆ 33 37 07 11 N

La FERTÉ-ST-AUBIN 45240 Loiret 64 ⑨ **G. Châteaux de la Loire** – 6 414 h alt. 92.

de Sologne ✆ 38 76 57 33, sur D 18 à l'Ouest : 3,5 km.

Office de Tourisme r. Jardins ✆ 38 64 67 93.

Paris 154 – ◆Orléans 21 – Blois 55 – Romorantin-Lanthenay 46 – Salbris 33.

Perron, 9 r. Gén. Leclerc ✆ 38 76 53 36, Fax 38 64 80 11 – TV ☎ P. AE GB
fermé dim. soir et lundi du 15 nov. au 1er avril – **R** 140/230 – 38 – **24 ch** 230/330 – ½ P 270/295.

XXX **Ferme de la Lande,** NE : 2,5 km par rte Marcilly ✆ 38 76 64 37, ⛱, parc, « Ancienne ferme aménagée » – Ⓟ. GB
fermé 16 au 30 août, vacances de fév., dim. soir et lundi – **R** 130/220, enf. 75.

XX **Les Brémailles en Sologne,** N : 3 km sur N 20 ✆ 38 76 56 60, Fax 38 64 68 04, ⛱, parc – Ⓟ. GB
fermé lundi soir et mardi – **R** 96/155, enf. 59.

FIAT, LANCIA, AUTOBIANCHI Gar. Gidoin, 203 rte d'Orléans ✆ 38 76 51 17

PEUGEOT Gar. Tremillon, 73 bd Mar.-Foch ✆ 38 76 64 09

La FERTÉ-ST-CYR 41220 L.-et-Ch. 64 ⑧ – 809 h alt. 83.

Paris 165 – ◆Orléans 35 – Beaugency 14 – Blois 31 – Romorantin 35.

St Cyr, ✆ 54 87 90 51 – TV ☎ Ⓟ. GB. rest
fermé 15 janv. au 15 mars, lundi (sauf le soir du 15 juin au 15 sept.) et dim. soir hors sais. – **R** 70/195 – ☕ 30 – **20 ch** 180/260 – 1/2 P 205/245.

La FERTÉ-SOUS-JOUARRE 77260 S.-et-M. 56 ⑬ 106 ㉔ – 8 236 h alt. 62.

Syndicat d'Initiative 26 pl. Hôtel de Ville ✆ (1) 60 22 63 43.

Paris 66 ⑥ – Melun 67 ⑤ – ◆Reims 84 ① – Troyes 120 ③.

LA FERTÉ-SOUS-JOUARRE

Faubourg (R. du) 5
Pelletiers (R. des) 17

Anglais (Q. des) 2
Chanzy (R.) 3
Clemenceau (Bd) 4
Fauvet (R. M.) 6
Gare (R. de la) 7
Jaurès (R. Jean) 8
Jouarre (R. de) 9
Leclerc (Av. du Gén.) 12
Marx (R. P.) 13
Montmirail (Av. de) 14
Pasteur (Bd) 16
Petit-Morin (R. du) 18
Planson (Q. André) 19
Reuil (R. de) 20
St-Nicolas (R.) 21
Ste-Beuve (Pl.) 22
Turenne (Bd) 24

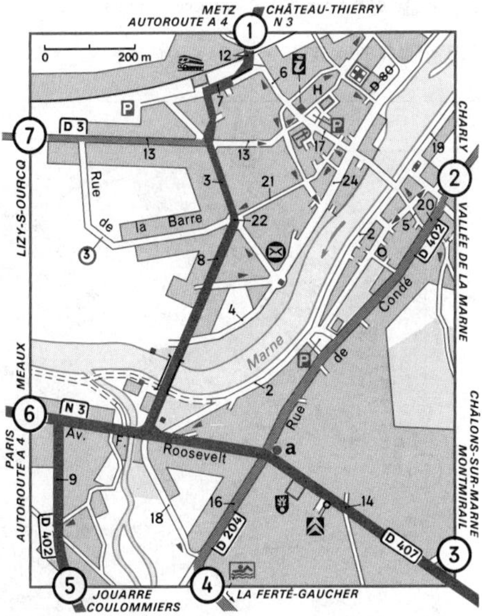

Ne cherchez pas au hasard un hôtel agréable et tranquille mais consultez les cartes de l'introduction.

XXXX ✿ **Aub. de Condé** (Tingaud), 1 av. Montmirail **(a)** ✆ (1) 60 22 00 07, Fax (1) 60 22 30 60, ⛱ – ▤ Ⓟ. AE GB
fermé lundi soir et mardi – **R** 200/450 et carte 360 à 550, enf. 100
Spéc. Moelleux de foie de canard au Bouzy. "Rossini" d'agneau. Crêpes flambées au Grand-Marnier. Vins Champagne.

XX **Aub. du Petit Morin,** à Mourette par ④ : 2 km ✆ (1) 60 22 02 39, ⛱, – GB
fermé 30 août au 21 sept., 10 au 25 janv., lundi sauf fériés et dim. soir – **R** 105/230, enf. 60.

Les Bondons par ② et r. d'Aubigny : 2,4 km – ✉ **77260** La Ferté-sous-Jouarre :

Château des Bondons M sans rest, ✆ (1) 60 22 00 98, Fax (1) 60 22 97 01, parc – TV ☎ Ⓟ. AE GB
☕ 40 – **8 ch** 350/800.

à Jouarre par ⑤ : 3 km – 3 274 h. – ✉ **77640**.
Voir Crypte★ de l'abbaye, G. Ile de France.

Le Plat d'Étain, ✆ (1) 60 22 06 07, Fax (1) 60 22 35 63 – TV ☎ Ⓟ. AE GB
fermé 10 au 30 août, 20 au 30 déc., dim. soir et vend. – **R** 94/187 – ☕ 32 – **24 ch** 140/330 – 1/2 P 180/260.

CITROEN Gar. du Parc, 10 av. Montmirail ✆ (1) 60 22 90 00 N

Pezzetta Dememe, 42 av. F.-Roosevelt ✆ (1) 60 22 02 06

FEURS 42110 Loire 73 ⑱ **G. Vallée du Rhône** – 7 803 h alt. 345.

Syndicat d'Initiative 3 r. V.-de-Laprade (fermé matin) ☎ 77 26 05 27.

Paris 498 – Roanne 38 – ♦ St-Étienne 39 – ♦ Lyon 63 – Montbrison 23 – Thiers 68 – Vienne 88.

- **Motel Etésia** M sans rest, rte Roanne ☎ 77 27 07 77, Fax 77 27 03 33 – TV ☎ & P. AE GB
  fermé 15 au 22 août et 24 déc. au 3 janv. – ☕ 28 – **15 ch** 230/280.
- **L'Astrée** sans rest, 2 chemin du Bout du Monde ☎ 77 26 54 66 – TV ☎ P. AE ⓓ GB
  ☕ 25 – **17 ch** 120/220.
- XX **La Boule d'Or,** rte Lyon ☎ 77 26 20 68, – P. GB
  fermé 5 au 20 août, 6 au 14 fév., dim. soir et lundi sauf fériés – **R** 85/280, enf. 50.
- XX **Commerce,** 2 r. Loire ☎ 77 27 04 67, Fax 77 26 18 92 – AE GB
  fermé 6 nov. au 1er déc., mardi soir et merc. – **R** 72/220 ₰, enf. 40.

ALFA-ROMEO, SEAT Gar. Cheminal, 15 r. de la Loire ☎ 77 26 08 14 N ☎ 77 26 24 63
FORD Gar. du Forez, 6 r. V.-Hugo ☎ 77 26 15 14
PEUGEOT TALBOT Gar. Faure, 16 rte de Lyon ☎ 77 26 03 65

RENAULT Rhône Loire Distribution Auto, rte de St-Étienne ☎ 77 26 45 12 N ☎ 74 64 90 65

Feurs-Pneus, ZA les Planchettes, r. St-Exupéry ☎ 77 26 39 98

FEYTIAT 87 H.-Vienne 72 ⑱ – rattaché à Limoges.

FEYZIN 69 Rhône 74 ⑪ – rattaché à Lyon.

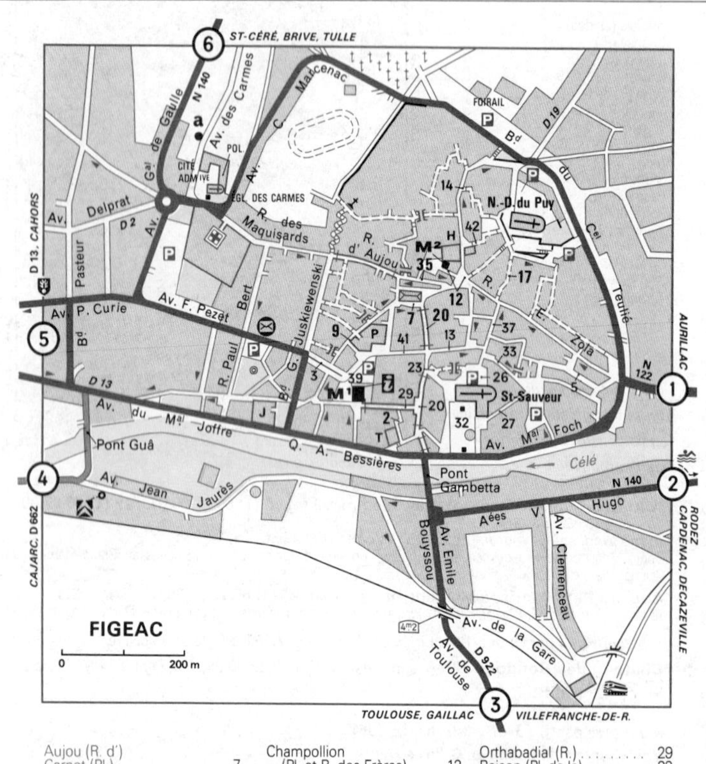

FIGEAC 46100 Lot 79 ⑩ G. Périgord Quercy – 9 549 h alt. 214.

Voir Le vieux Figeac★ : hôtel de la Monnaie★ M[1], musée Champollion★ M[2] près de la place aux Ecritures★ – Vallée du Célé★ par ⑤.

Office de Tourisme pl. Vival (fermé matin hors saison) ☎ 65 34 06 25.

Paris 576 ⑥ – Rodez 64 ② – Aurillac 65 ① – Brive-la-Gaillarde 91 ⑥ – Cahors 68 ⑤ – Villefranche-de-Rouergue 36 ③.

Plan page précédente

des Carmes M, Enclos des Carmes **(a)** ☎ 65 34 20 78, Télex 520794, Fax 65 34 22 39, ☂, ⛱, 🎾 – |♦| TV ☎ P – 🚗 35. AE ① GB
fermé 15 déc. au 15 janv., sam. et dim. du 1er oct. au 1er avril – **R** 105/275 🍷 – ☕ 44 – **40 ch** 290/395 – ½ P 315/360.

Pont du Pin sans rest, 3 allées V. Hugo par ② ☎ 65 34 12 60 – ☎. GB. ✂
☕ 35 – **23 ch** 210/340.

à St-Julien-d'Empare par ② : 10 km – ✉ **12700** Capdenac-Gare (Aveyron).

Voir Capdenac : site★ et ≤★ d'une terrasse proche de l'église N : 4 km.

Aub. la Diège 🔇, ☎ 65 64 70 54, Fax 65 80 81 58, ☂, 🏋, ⛱, 🌳, 🎾 – ☎ ♿ P – 🚗 30. GB
fermé 23 déc. au 2 janv. – **R** *(fermé dim. soir, vend. soir et sam. d'oct. à avril)* 58/220 🍷 – ☕ 32 – **24 ch** 135/295 – ½ P 158/226.

à Cardaillac par ⑥ et D 15 : 10 km – ✉ **46100** :

Chez Marcel, ☎ 65 40 11 16
fermé lundi sauf du 14 juil. au 29 août – **R** 75/200 🍷, enf. 60.

CITROEN Gar. Jean-Jaurès, 31 av. J.-Jaurès ☎ 65 34 06 67
RENAULT S.A.F.D.A., rte de Cahors, ZI par ⑤ ☎ 65 34 00 23 N ☎ 65 50 01 50
RENAULT Central Gar., 16 av. Ch.-de-Gaulle à Capdenac-Gare par ② ☎ 65 64 74 78
V.A.G Reveillac, 38 av. J.-Loubet ☎ 65 34 18 78

Etap Auto, rte d'Aurillac ☎ 65 34 20 74
Figeac Pneus, 41 faubourg du Pin ☎ 65 34 64 64
Gar. Pont du Pin, 12 av. d'Aurillac ☎ 65 34 11 44
Quercy-Auvergne-Pneus, 21 av. G.-Pompidou ☎ 65 34 20 30

FILLÉ 72 Sarthe 64 ③ – rattaché à Guécélard.

FIRMINY 42700 Loire 76 ⑧ G. Vallée du Rhône – 23 123 h alt. 473.

Paris 531 – ♦ St-Étienne 14 – Ambert 79 – Montbrison 39 – Yssingeaux 37.

Pavillon sans rest, 4 av. Gare ☎ 77 56 91 11, Fax 77 61 80 60 – |♦| TV ☎ P. AE ① GB
22 ch ☕ 230/300.

au Pertuiset NO : 5 km par D 3 – ✉ **42240** Unieux :

Verdier Riffat, ☎ 77 35 71 11, ≤ Loire, ☂ – P. ① GB
fermé vacances de fév., mardi soir et merc. – **R** 88/245, enf. 56.

RENAULT Durand, 16 r. Tour-de-Varan ☎ 77 56 35 66

Technique Pneus, ZAC des Bruneaux, 78 r. V.-Hugo ☎ 77 56 30 12

FITOU 11510 Aude 86 ⑨ ⑩ – 579 h alt. 41.

Paris 883 – ♦ Perpignan 29 – Carcassonne 88 – Narbonne 38.

Cave d'Agnès, ☎ 68 45 75 91 – P
3 avril-5 oct. et fermé mardi midi et merc. midi sauf juil.-août et merc. soir – **Repas** (nombre de couverts limité, prévenir) 92/120 🍷, enf. 45.

FIXIN 21220 Côte-d'Or 66 ⑫ G. Bourgogne – 826 h alt. 292.

Paris 314 – ♦ Dijon 11 – Beaune 34 – Dole 58.

Chez Jeannette avec ch, ☎ 80 52 45 49, Fax 80 51 30 70, ☂
fermé 25 nov. au 8 janv. – **R** *(fermé jeudi)* 77/320, enf. 40 – ☕ 24 – **11 ch** 93/196.

FLAGY 77 S.-et-M. 61 ⑬ – rattaché à Montereau.

FLAINE 74 H.-Savoie 74 ⑧ G. Alpes du Nord – alt. 1 600 – Sports d'hiver : 1 500/2 500 m 🚡3 ⛷26 – ✉ **74300** Cluses.

18 ☎ 50 90 85 44, 4 km par D 106.

Office de Tourisme ☎ 50 90 80 01, Télex 385662.

Paris 595 – Chamonix-Mont-Blanc 60 – Annecy 77 – Bonneville 37 – Cluses 23 – Megève 40 – Morzine 42 – Thonon-les-Bains 72.

Totem M 🔇, ☎ 50 90 80 64, Télex 385857, Fax 50 90 88 47, ≤ – |♦| ⊭ ch TV ☎. AE ① GB. ✂ rest
3 juil.-4 sept. et 18 déc.-30 avril – **R** (½ pens. seul.) 160/200 – **91 ch** (½ pens. seul.) – ½ P 710/1420.

FLAVIGNY-SUR-MOSELLE 54 M.-et-M. 62 ⑤ – rattaché à Nancy.

FLAYOSC 83 Var 84 ⑦ – rattaché à Draguignan.

La FLÈCHE <SP> 72200 Sarthe 64 ② G. Châteaux de la Loire – 14 953 h alt. 30.

Voir Prytanée militaire★ Y – Boiseries★ de la chapelle N.-D.-des-Vertus Y – Parc zoologique du Tertre Rouge★ 5 km par ② puis D 104.

☐ Syndicat d'Initiative à l'Hôtel de Ville ☎ 43 94 02 53 et Chalet du Tourisme prom. Foch (saison) ☎ 43 94 49 82.

Paris 242 ① – Angers 52 ④ – ◆Le Mans 43 ① – Châteaubriant 106 ④ – Laval 69 ⑤ – ◆Tours 70 ②.

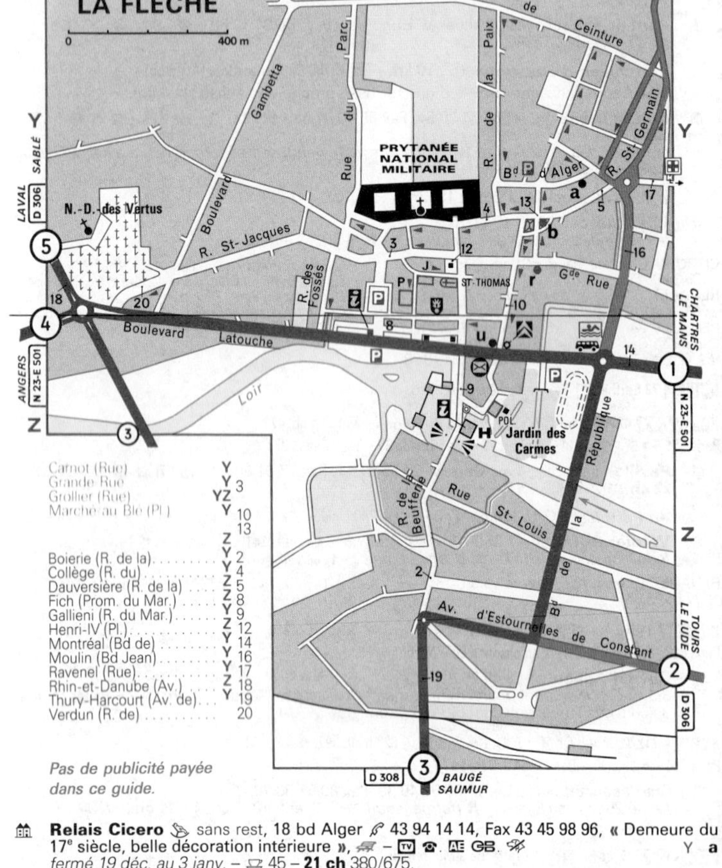

Pas de publicité payée dans ce guide.

Relais Cicero sans rest, 18 bd Alger ☎ 43 94 14 14, Fax 43 45 98 96, « Demeure du 17e siècle, belle décoration intérieure », – TV ☎. AE GB. Y **a**
fermé 19 déc. au 3 janv. – ☐ 45 – **21 ch** 380/675.

Image, 50 r. Grollier ☎ 43 94 00 50, Fax 43 94 47 19, – TV ☎ P. O GB Z **u**
fermé vacances de Noël et de fév. – **R** 78/220, enf. 48 – ☐ 30 – **20 ch** 140/350 – ½ P 200/270.

La Fesse d'Ange, pl. 8 Mai 1945 ☎ 43 94 73 60 – GB Y **b**
fermé 15 au 22 fév., 1er au 24 août, dim. soir et lundi – **Repas** 102/220, enf. 60.

Vert Galant avec ch, 70 Gde Rue ☎ 43 94 00 51, Fax 43 45 11 24, – TV ☎ P. GB. Y **r**
fermé 20 déc. au 8 janv. – **Repas** *(fermé jeudi)* 72/155 – ☐ 23 – **9 ch** 195/268 – ½ P 220/270.

CITROEN BSA, bd de Montréal ☎ 43 94 01 41
FORD Bouttier, av. de Verdun ☎ 43 94 04 08
PEUGEOT-TALBOT Gar. Vadeble, av. Rhin-et-Danube par ⑤ ☎ 43 94 01 73 N ☎ 43 94 01 73
ROVER Gar. Gambetta, 51 bd Gambetta ☎ 43 94 06 20

V.A.G Gar. Clerfond, la Jalêtre, av. Rhin-et-Danube ☎ 43 94 10 48

Robles, bd Rhin-et-Danube ☎ 43 45 20 38

FLERS **61100** Orne **60** ① **G. Normandie Cotentin** – 17 888 h alt. 188.

Office de Tourisme pl. Gén.-de-Gaulle ✆ 33 65 06 75.

Paris 239 ② – Alençon 71 ③ – Argentan 43 ② – ♦Caen 58 ① – Fougères 77 ④ – Laval 88 ④ – Lisieux 84 ① – St-Lô 64 ① – St-Malo 137 ④ – Vire 29 ⑥.

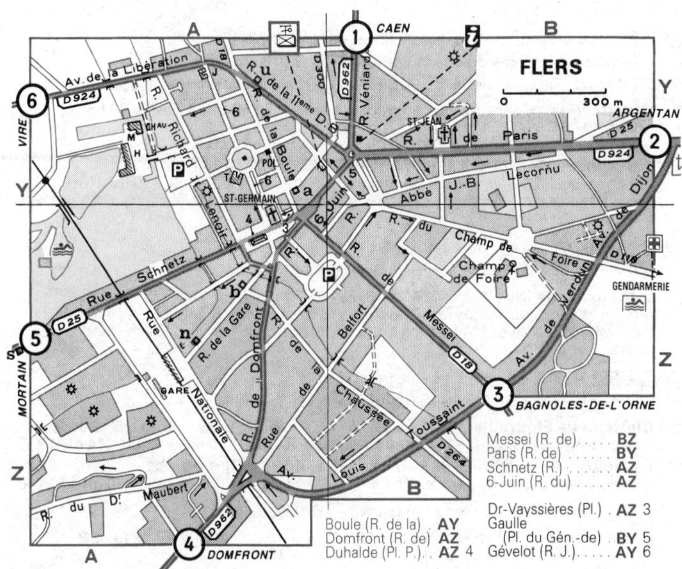

Galion M sans rest, 22 r. Gare ✆ 33 64 47 47, Fax 33 65 10 10, – TV ☎ ♿ P. AE GB — AZ **b**
fermé dim. soir – ☕ 25 – **36 ch** 160/260.

Aub. du Cèdre, 64 r. 11ᵉ D. B. ✆ 33 64 06 00, – TV ☎ P. GB — AY **u**
fermé 2 au 8 août, lundi (sauf hôtel) et dim. soir – **R** 80/150 – ☕ 23 – **8 ch** 250/300.

Ouest, 14 r. Boule ✆ 33 64 32 43 – TV ☎ 🚗. GB — AY **a**
fermé 1ᵉʳ au 15 août sam. midi et dim. – **R** 66/174 🍷, enf. 40 – ☕ 24 – **13 ch** 174/240 – ½ P 180.

Aub. Relais Fleuri, 115 r. Schnetz ✆ 33 65 23 89 – GB — AZ **s**
fermé 1ᵉʳ au 17 août et mardi soir – **R** 90/150, enf. 60.

Au Bout de la Rue, 60 r. Gare ✆ 33 65 31 53, Fax 33 65 46 81 – ▤. AE GB — AZ **n**
fermé 1ᵉʳ au 20 août, 3 au 15 janv., dim. et fériés – **R** 98/172, enf. 52.

à La Ferrière-aux-Étangs par ③ : 10 km – ✉ **61450** :

Aub. de la Mine, le Gué-Plat S : 2 km par rte Domfront ✆ 33 66 91 10 – AE ⓓ GB
fermé 2 au 15 sept., 26 janv. au 18 fév., mardi soir et merc. – **Repas** 90/150, enf. 50.

CITROEN S.A.C.O.A., ZI rte de Domfront ✆ 33 64 46 46
FORD Granger, ZA de la Minière, rte de Domfront ✆ 33 65 08 55 N ✆ 33 64 95 13
OPEL Bedouelle, 29 r. Abbé-Lecornu ✆ 33 65 22 21
RENAULT Manson, rte de Domfront, ZI par ④ ✆ 33 65 77 55 N
V.A.G Masseron, 184 r. H.-Véniard à St-Georges-des-Groseilliers ✆ 33 65 24 88

Alexandre, 58 bis r. Messei ✆ 33 65 02 15
Clabeaut-Pneu, 91 r. de la Chaussée ✆ 33 65 26 18
Grosos, Le Tremblay ✆ 33 65 29 60

FLÊTRE **59270** Nord **51** ④ – 709 h alt. 47.

Paris 255 – ♦Lille 39 – Dunkerque 39 – St-Omer 29.

Vieille Poutre, ✆ 28 40 19 52 – P. GB
fermé 8 au 27 août, 15 au 28 fév., dim. soir et lundi – **R** 160/290, enf. 55.

FLEURANCE **32500** Gers **82** ⑤ **G. Pyrénées Aquitaine** – 6 368 h alt. 98.

9 ✆ 62 06 26 26, S par N 21 : 4 km.

Syndicat d'Initiative à la Mairie (saison) ✆ 62 06 27 80.

Paris 760 – Auch 24 – Agen 47 – Castelsarrasin 57 – Condom 30 – Montauban 66 – ♦Toulouse 83.

Fleurance, rte Agen : 2 km ✆ 62 06 14 85, – TV ☎ P. AE ⓓ GB
fermé 19 déc. au 12 janv. – **Jacques Palisse** ✆ 62 06 07 70 *(fermé 1ᵉʳ au 15 nov., 1ᵉʳ au 15 fév. et dim. soir)* **R** 69/250 🍷, enf. 50 – ☕ 33 – **23 ch** 220/400.

Le Relais sans rest, rte Auch ✆ 62 06 05 08, Fax 62 06 03 84 – 📺 ☎ 🅿. GB
☕ 25 – **25 ch** 180/240.

PEUGEOT-TALBOT Carol, av. Gén.-de-Gaulle ✆ 62 06 11 81 🅽 ✆ 62 06 00 90
RENAULT Gar. Palacin, ✆ 62 06 11 69 🅽

FLEURIE **69820** Rhône 74 ① **G. Vallée du Rhône** – 1 105 h alt. 295.

Env. La Terrasse ✻★★ près du col du Fût d'Avenas O : 10 km.

Paris 413 – Mâcon 21 – Bourg-en-Bresse 43 – Chauffailles 42 – ♦Lyon 59 – Villefranche-sur-Saône 26.

Grands Vins 🐦 sans rest, S : 1 km par D 119ᴱ ✆ 74 69 81 43, Fax 74 69 86 10, ≤, 🏊, 🌳 – ☎ ♿ 🅿. GB. 🚫
fermé 31 juil. au 6 août et mi-déc. à mi-janv. – ☕ 45 – **20 ch** 330/390.

XXX ✿✿ **Aub. du Cep**, pl. Église ✆ 74 04 10 77, Fax 74 04 10 28 – ▤. AE GB
fermé mi-déc. à mi-janv., dim. soir et lundi – **R** (prévenir) 290/550 et carte 310 à 450 🍷
Spéc. Cuisses de grenouilles rôties. Queues d'écrevisses en petit ragoût. Volaille fermière au vin de Fleurie. **Vins** Fleurie, Beaujolais blanc.

FLEURINES **60700** Oise 56 ① – 1 494 h alt. 116.

Paris 56 – Compiègne 31 – Beauvais 50 – Clermont 23 – Roye 53 – Senlis 8.

XXX ✿ **Vieux Logis** (Nivet), ✆ 44 54 10 13, Fax 44 54 12 47, 🍽, 🌳 – AE ⓓ GB. 🚫
fermé sam. midi du 1er nov. au 1er avril, dim. soir et lundi – **R** 140/420 et carte 270 à 430
Spéc. Foie gras cuit au torchon (automne-hiver). Paupiette de turbot au homard. Cul de lapin à la bière picarde (automne-hiver).

FLEURVILLE **71260** S.-et-L. 69 ⑲ ⑳ – 485 h alt. 177.

Paris 376 – Mâcon 17 – Cluny 26 – Pont-de-Vaux 6 – St-Amour 39 – Tournus 14.

Château de Fleurville 🐦, ✆ 85 33 12 17, 🍽, parc, 🏊, 🎾 – ☎ 🅿. ⓓ GB. 🚫 rest
fermé 15 nov. au 26 déc. – **R** *(fermé lundi midi)* 150/250, enf. 65 – ☕ 40 – **14 ch** 420/570.

XX **Le Fleurvil** avec ch, ✆ 85 33 10 65, Fax 85 33 10 37 – 📺 ☎ 🅿. GB
fermé 15 nov. au 15 déc. et 7 au 15 juin – **R** 90/210 🍷, enf. 58 – ☕ 30 – **10 ch** 170/230.

*à **St-Oyen-Montbellet*** N : 3 km par N6 – ✉ **71260** Lugny :

XX **La Chaumière** avec ch, ✆ 85 33 10 41, 🍽, « Jardin fleuri » – 📺 ☎ 🅿. GB
fermé jeudi midi et merc. – **R** 100/210 🍷 – ☕ 28 – **10 ch** 200/270.

Ne prenez pas la route au hasard !
Michelin vous apporte à domicile
ses conseils routiers, touristiques, hôteliers :
36.15 MICHELIN sur votre Minitel !

FLEURY-SUR-ORNE 14 Calvados 55 ⑪ – rattaché à Caen.

FLÉVIEU 01 Ain 74 ⑭ – alt. 205 – ✉ **01470** Serrières-de-Briord.

Paris 486 – Belley 30 – Bourg-en-B. 57 – ♦Lyon 67 – Meximieux 35 – Nantua 68 – La Tour-du-Pin 32.

X **Mille**, ✆ 74 36 71 20, 🍽 – 🅿. GB
fermé oct., lundi soir et mardi soir sauf août – **R** 72/130 🍷, enf. 50.

FLORAC ⟨SP⟩ **48400** Lozère 80 ⑥ **G. Gorges du Tarn** (plan) – 2 065 h alt. 545.

Voir S : Corniche des Cévennes★★★ – O : Gorges du Tarn★★★.

ℹ Office de Tourisme av. J.-Monestier (fermé après-midi oct.-mai) ✆ 66 45 01 14.

Paris 635 – Mende 38 – Alès 68 – Millau 83 – Rodez 133 – Le Vigan 67.

Gd H. Parc, ✆ 66 45 03 05, Fax 66 45 11 81, ≤, « Parc », 🏊 – |♦| ☎ 🅿. AE ⓓ GB. 🚫 ch
15 mars-1er déc. et fermé dim. soir (sauf hôtel) et lundi hors sais. – **Repas** 80/185, enf. 50 – ☕ 28 – **66 ch** 140/280 – ½ P 235/270.

Central et Poste, ✆ 66 45 00 01, Fax 66 45 14 04, 🍽 – |♦| ☎. GB JCB. 🚫
fermé 10 janv. au 1er mars et vend. sauf de juil. à sept. – **R** 70/135, enf. 40 – ☕ 24 – **27 ch** 160/210 – ½ P 180/200.

Pont Neuf, ✆ 66 45 01 67, 🍽 – ⇹ ch 📺 ☎ 🅿. AE GB. 🚫 ch
R 70/150 🍷 – ☕ 24 – **20 ch** 220/270 – ½ P 190.

Gorges du Tarn sans rest, ✆ 66 45 00 63 – ☎ 🅿. GB. 🚫
15 mars-15 oct. et fermé dim. sauf du 15 juin au 15 sept. – ☕ 30 – **33 ch** 170/230.

*à **Cocurès*** NE : 5,5 km – alt. 600 – ✉ **48400** :

La Lozerette 🐦, par N 106 et D 998 ✆ 66 45 06 04, Fax 66 45 12 93 – ☎ 🅿. AE GB. 🚫 rest
1er mai-1er nov. – **R** *(fermé mardi sauf du 1er juil. au 15 sept.)* 78/110, enf. 55 – ☕ 27 – **21 ch** 250/283 – ½ P 242/275.

CITROEN Gar. chez Momo, ZA St-Julien, rte de Mende ✆ 66 45 00 27
FIAT Gar. Baubrier ✆ 66 45 01 52
PEUGEOT-TALBOT Pascal ✆ 66 45 00 65
Ⓜ Covinhes, ZA ✆ 66 45 08 84

FLORENSAC **34510** Hérault 83 ⑮ – 3 583 h alt. 8.

Paris 803 – ♦ Montpellier 47 – Agde 8,5 – Béziers 25 – Lodève 55 – Mèze 14 – Pezenas 10.

XXX ✿ **Léonce** (Fabre) avec ch, pl. République ✆ 67 77 03 05, Fax 67 77 88 89 – ▤ rest ☎ – 🏛 25. AE ⓓ GB. ✻ rest
fermé 24 sept. au 1er oct., mi-janv. à mi-fév., dim. soir hors sais. et lundi sauf hôtel en sais. – **R** (en saison prévenir) 120/320 et carte 230 à 370, enf. 70 – ☕ 33 – **12 ch** 210/250
Spéc. Tartare de poisson en feuille de saumon mariné. Râble de lapereau farci de son rognon. Nougat glacé au coulis de fruits rouges. **Vins** Minervois, Coteaux du Languedoc.

FLORENT-EN-ARGONNE **51** Marne 56 ⑲ – rattaché à Ste-Menehould.

La FLOTTE **17** Char.-Mar. 71 ⑫ – voir à Ré (Ile de).

FLOURE **11800** Aude 86 ⑧ – 255 h alt. 79.

Paris 805 – ♦ Perpignan 104 – Carcassonne 11 – Narbonne 43.

Château de Floure ⛰, ✆ 68 79 11 29, Fax 68 79 04 61, ⩽, parc, 🏊, ✗ – TV ☎ 🚗. AE ⓓ GB. ✻ rest
fermé 27 fév. au 15 mars et merc. de nov. à mars – **R** 140/240 – ☕ 55 – **9 ch** 400/790 – ½ P 450/600.

FLUMET **73590** Savoie 74 ⑦ **G. Alpes du Nord** – 760 h alt. 1 000 – Sports d'hiver : 1 000/2 030 m ⛷13 ⛷.

ℹ Office de Tourisme "Le Dodécagone" ✆ 79 31 61 08.

Paris 606 – Chamonix-Mont-Blanc 45 – Albertville 21 – Annecy 51 – Chambéry 72 – Megève 10.

Host. Parc des Cèdres, ✆ 79 31 72 37, Fax 79 31 61 66, 🌳, « Parc » – cuisinette TV ☎ 🚗 🅿. AE ⓓ GB
30 juin-5 oct. et 18 déc.-Pâques – **R** 98/220, enf. 52 – ☕ 40 – **20 ch** 220/420 – ½ P 280/340.

à St-Nicolas-la-Chapelle SO : 1,2 km par N 212 – ✉ **73590** :

Vivier, sur N212 ✆ 79 31 73 79, Fax 79 31 60 70, ⩽, 🌳, 🍽 – TV ☎ 🚗 🅿. GB
fermé 16 nov. au 17 déc. et lundi hors sais. – **R** 55/120 🍷, enf. 45 – ☕ 29 – **20 ch** 200/230 – ½ P 200/225.

Gar. Joly ✆ 79 31 71 86

FOIX Ⓟ **09000** Ariège 86 ④ ⑤ **G. Pyrénées Roussillon** – 9 964 h alt. 380.

Voir Site★ – ✻★ de la tour du château A – Route Verte★★ O par D17 A.

Env. Rivière souterraine de Labouiche★ NO : 6,5 km par D1.

⛳18 de l'Ariège à la Bastide-de-Sérou, ✆ 61 64 56 78 par ③ : 15 km.

ℹ Office de Tourisme avec A.C. 45 cours G.-Fauré ✆ 61 65 12 12.

Paris 780 ① – Andorra la Vella 105 ② – Carcassonne 84 ① – ♦Perpignan 136 ② – St-Girons 44 ③ – ♦Toulouse 84 ①.

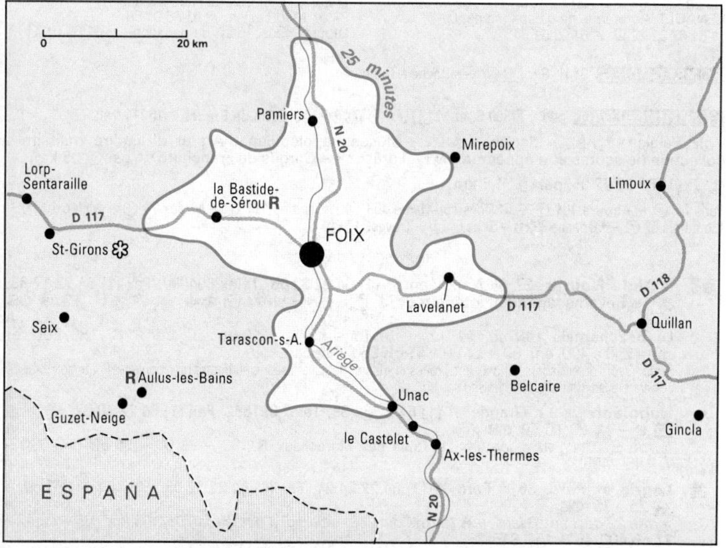

FOIX

Bayle (R.) . . . . B
Delcassé (R. Th.) . . . . . B 4
Marchands (R. des) . . . B 12
St-James (R.) . . . . A 22

Alsace-
Lorraine (Av.) . . . . B 2
Chapeliers (R. des) . . . A 3
Delpech (R. Lt P.) . . . . A 5
Duthil (Pl.) . . . . B 6
Fauré (Av. G.) . . . . . . AB 7
Labistour (R. de) . . . . . B 8
Lazéma (R.) . . . . A 9
Lérida (Av. de) . . . . A 10
Préfecture (R. de la) . . A 14
Rocher (R. du) . . . . A 20
St-Volusien (Pl.) . . . . . . A 23
Salenques (R. des) . . . A 24

Les plans de villes sont orientés le Nord en haut.

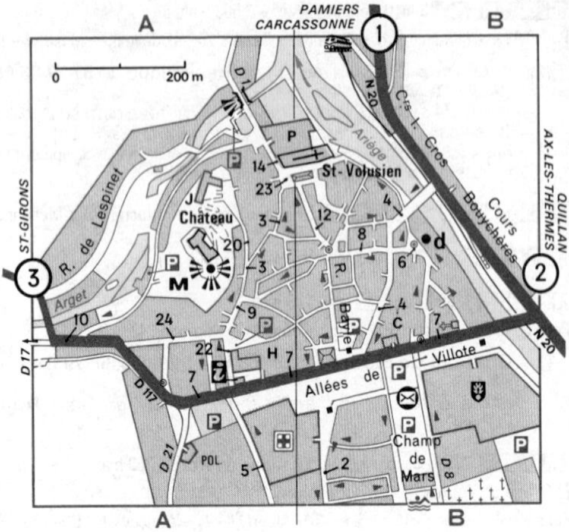

🏨 **Pyrène** Ⓜ sans rest, par ② : 2 km sur N 20 ✆ 61 65 48 66, Fax 61 65 46 69, 🏊, 🌳, 🎾 – TV ☎ Ⓟ. GB
fermé 15 déc. au 15 janv. – ☕ 29 – **20 ch** 270/330.

🏨 **Lons,** 6 pl. G. Duthil ✆ 61 65 52 44, Fax 61 02 68 18, ≤ – |‡| TV ☎ – 🏛 40. AE ⓓ GB
fermé 15 déc. au 15 janv. et sam. en hiver – **R** 68/130 – ☕ 30 – **39 ch** 230/350 – ½ P 210/250. B **d**

XX **Camp du Drap d'Or,** 21 r. N. Peyrevidal ✆ 61 02 87 87 – GB A **n**
fermé 1er au 10 oct., dim. soir et lundi – **R** 75/105.

au Sud par ② : 7 km bifurcation N 20 et D 117 – ✉ **09000** St-Paul-de-Jarrat :

X **La Charmille** avec ch, ✆ 61 64 17 03, 🌳 – ☎ Ⓟ. GB. 🚫 ch
fermé 1er au 15 oct., 23 déc. au 2 fév. et lundi sauf fériés – **R** 58/210, enf. 45 – ☕ 26 – **10 ch** 150/250 – ½ P 300/400.

CITROEN Grau, N 20, Peyssales par ② ✆ 61 65 50 66
PEUGEOT, TALBOT Stival-Auto, N 20, ZI de Labarre par ① ✆ 61 65 42 22 N ✆ 61 02 92 98
RENAULT Autorama, rte d'Espagne par ② ✆ 61 65 32 22 N ✆ 61 02 51 54

V.A.G Ariège Autos Services, 16 bis av. Mar.-Leclerc ✆ 61 02 74 44

Ⓜ Euromaster Central Pneu Service, 33 av. Mar.-Leclerc ✆ 61 65 01 68
Lautier Pneus, 16 av. de Barcelone ✆ 61 65 01 41

FONSEGRIVES **31** H.-Gar. 82 ⑧ – rattaché à Toulouse.

FONTAINEBLEAU SP **77300** S.-et-M. 61 ② ⑫ 106 ㊺ ㊻ **G. Ile de France** – 15 714 h alt. 77.

Voir Palais★★★ ABZ – Jardins★ ABZ – Musée napoléonien d'Art et d'Histoire militaire : collection de sabres et d'épées★ AY **M1** – Forêt★★★ – Gorges de Franchard★★ par ⑥ : 5 km.

⛳18 ✆ (1) 64 22 22 95, par ⑤ : 1,5 km.

Paris 65 ⑦ – Auxerre 104 ④ – Châlons-sur-Marne 158 ③ – Chartres 111 ⑦ – Meaux 73 ① – Melun 16 ① – Montargis 52 ④ – ◆Orléans 89 ⑤ – Sens 54 ③ – Troyes 117 ③.

Plans pages suivantes

🏨 ✿ **Aigle Noir** Ⓜ, 27 pl. Napoléon ✆ (1) 64 22 32 65, Télex 694080, Fax (1) 64 22 17 33, 🌳, « Bel aménagement intérieur », 🏋, 🏊 – |‡| 🚭 ch ▤ TV ☎ ♿ 🚗 – 🏛 50. AE ⓓ GB JCB AZ **a**
Le Beauharnais *(fermé 14 juil. au 13 août et 23 au 30 déc.)* **R** 180/290 et carte 250 à 400, enf. 80 – ☕ 80 – **51 ch** 950, 6 appart.
Spéc. Oeufs de caille frits, langoustines rôties et magret de canard séché au beurre de ciboulette. Petite sole braisée aux craterelles. Chiffonnier de fraises des bois.

🏨 **Napoléon** Ⓜ, 9 r. Grande ✆ (1) 64 22 20 39, Télex 691652, Fax (1) 64 22 20 87, 🌳 – |‡| TV ☎ – 🏛 80. AE ⓓ GB JCB BZ **n**
fermé 21 déc. au 4 janv. – **La Table des Maréchaux R** 130 – ☕ 60 – **56 ch** 650/990 – ½ P 450/495.

🏨 **Legris et Parc,** 36 r. Parc ✆ (1) 64 22 24 24, Fax (1) 64 22 22 05, 🌳, 🌳 – TV ☎ – 🏛 25 à 70. GB BZ **e**
fermé 22 déc. au 28 janv. – **R** *(fermé dim. soir et lundi d'oct. à mai)* 95/165, enf. 55 – ☕ 42 – **31 ch** 400/480 – ½ P 345/360.

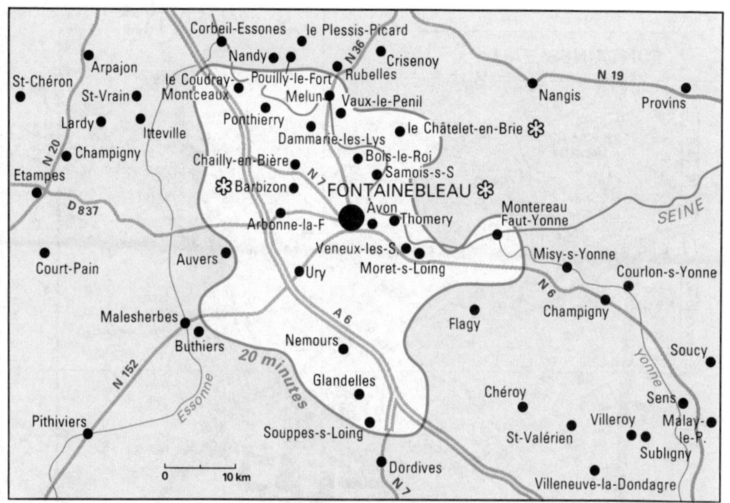

Ibis M, 18 r. Ferrare ℘ (1) 64 23 45 25, Télex 692240, Fax (1) 64 23 42 22, – ch TV ☎ ♿ – 25 à 60. AE GB — AZ **e**
R 91 ⅛, enf. 39 – ☕ 33 – **81 ch** 320/350.

Toulouse sans rest, 183 r. Grande ℘ (1) 64 22 22 73, Fax (1) 60 72 76 74 – TV ☎. GB — BY **h**
☕ 35 – **18 ch** 240/350.

Londres sans rest, pl. Gén. de Gaulle ℘ (1) 64 22 20 21, Fax (1) 60 72 39 16, ← – ☎ P. AE ⓓ GB JCB — AZ **r**
fermé 24 déc. au 2 janv. – ☕ 48 – **22 ch** 240/550.

XXX **François 1er,** 3 r. Royale ℘ (1) 64 22 24 68, Fax (1) 64 23 47 65, – ⓓ GB — AZ **k**
fermé dim. soir – **R** 150/250.

XX **Croquembouche,** 43 r. France ℘ (1) 64 22 01 57 – GB. — AZ **b**
fermé août, vacances de Noël, jeudi midi et merc. – **R** 110/190.

XX **Chez Arrighi,** 53 r. France ℘ (1) 64 22 29 43 – AE GB — AZ **u**
fermé lundi – **R** 85/180.

XX **Le Dauphin,** 24 r. Grande ℘ (1) 64 22 27 04 – GB — BZ **s**
fermé 1er au 8 sept., fév., mardi soir et merc. – **R** 80/150.

à Avon par ② – 13 873 h. – ✉ **77210** :

Fimotel M, 46 av. F. Roosevelt ℘ (1) 64 22 30 21, Fax (1) 64 22 43 76, – TV ☎ ♿ P – 25 à 80. AE ⓓ GB
R 78/105 ⅛, enf. 36 – ☕ 39 – **67 ch** 315/335.

à Thomery E : 9 km par ③, N 6 et D 901 – 3 025 h. – ✉ **77810** :

XXX **Le Vieux Logis** avec ch, 5 r. Sadi Carnot ℘ (1) 60 96 44 77, Fax (1) 60 96 42 71, – TV ☎ P. AE GB
R 145/240 – ☕ 45 – **14 ch** 380 – ½ P 355.

à Ury par ⑤ : 10 km – ✉ **77760** :

Novotel M, NE par N 152 et VO ℘ (1) 64 24 48 25, Télex 694153, Fax (1) 64 24 46 92, ←, , « En lisière de forêt », , , – ch rest TV ☎ ♿ P – 80. AE ⓓ GB
R carte environ 160 ⅛, enf. 50 – ☕ 50 – **127 ch** 460/530.

ALFA-ROMEO, TOYOTA, VOLVO Ile-de-France-Auto, 86 r. de France ℘ (1) 64 22 31 59
BMW D.A.B., 72 av. de Valvins à Avon ℘ (1) 60 72 28 28
CITROEN Sud-Auto, 177 r. Grande ℘ (1) 64 22 10 60 N ℘ 64 45 90 71
FIAT Rucheton, 27 av. F.-Roosevelt à Avon ℘ (1) 64 69 52 00
FORD Garage François 1er, 9 R. Chancellerie ℘ (1) 64 22 20 34
HONDA Gar. Europe, 2 av. F.-Roosevelt à Avon ℘ (1) 64 22 38 71
PEUGEOT, TALBOT SCGC, 66 av. de Valvins à Avon par ② ℘ (1) 60 72 21 79
RENAULT Gar. Centre, 56 av. de Valvins à Avon par ② ℘ (1) 60 72 25 75
RENAULT Gar. du Viaduc, 40 r. du Viaduc à Avon par ② ℘ (1) 64 22 37 78
ROVER, JAGUAR Gar. St-Antoine 111 r. de France ℘ (1) 64 22 31 88

Forum Pneus, 65-67 r. de France ℘ (1) 64 22 25 85

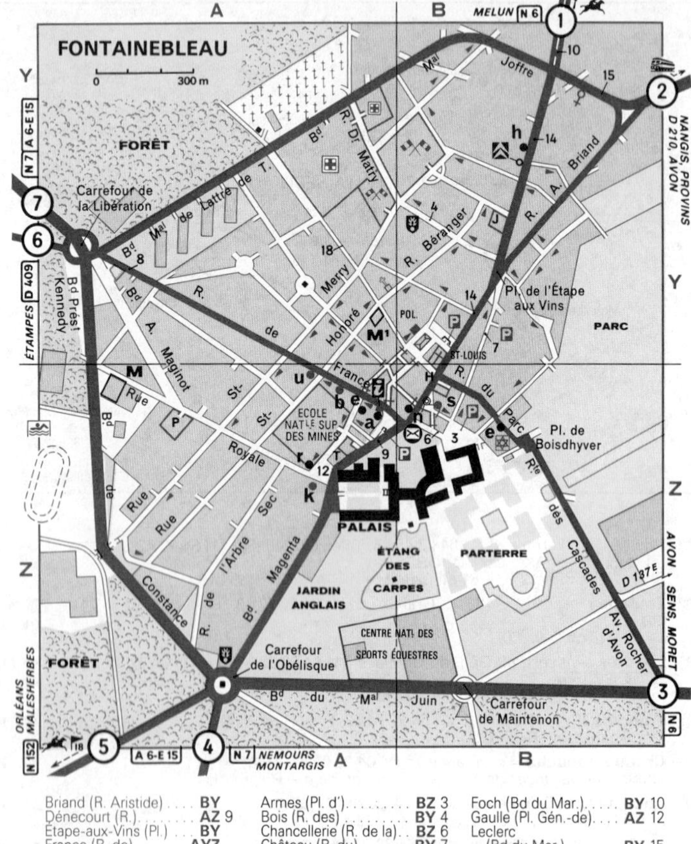

Briand (R. Aristide) .... BY	Armes (Pl. d') .... BZ 3	Foch (Bd du Mar.) ..... BY 10
Dénecourt (R.) .... AZ 9	Bois (R. des) .... BY 4	Gaulle (Pl. Gén.-de) .... AZ 12
Étape-aux-Vins (Pl.) ... BY	Chancellerie (R. de la) .. BZ 6	Leclerc
France (R. de) .... AYZ	Château (R. du) .... BY 7	(Bd du Mar.) .... BY 15
Grande (R.) .... BY 14	Churchill (Bd W.) ..... AY 8	Paroisse (R. de la) ..... AY 18

Repas 100/130 Sorgfältig zubereitete, preiswerte Mahlzeiten.

FONTAINE-CHAALIS 60300 Oise 56 ⑫ 106 ⑨ – 366 h alt. 120.

Voir Boiseries★ de l'église de Baron E : 4 km, G. Ile de France.

Paris 48 – Compiègne 38 – Beauvais 61 – Meaux 30 – Senlis 9 – Villers-Cotterets 37.

XX **Aub. de Fontaine** avec ch, ✆ 44 54 20 22, Fax 44 60 25 38, ☂, – ☎. GB
fermé fév., mardi soir et merc. – **R** 120/190, enf. 50 – ☕ 32 – **8 ch** 250/340 – ½ P 340/400.

FONTAINE-DE-VAUCLUSE 84800 Vaucluse 81 ⑬ G. Provence (plan) – 580 h alt. 80.

Voir La Fontaine de Vaucluse★★★ 30 mn – Collection Casteret★ au Monde souterrain de Norbert Casteret – Musée d'Histoire 1939-1945★.

ℹ Syndicat d'Initiative chemin de la Fontaine ✆ 90 20 32 22.

Paris 705 – Avignon 33 – Apt 31 – Carpentras 21 – Cavaillon 17 – Orange 49.

XX **Host. du Château,** ✆ 90 20 31 54, ☂, « Au bord de l'eau » – AE ⓓ GB
fermé mardi soir et merc. – **R** (déj. seul. en janv. et fév.) 120/165, enf. 60.

XX **Parc,** ✆ 90 20 31 57, ☂, « Terrasse au bord de l'eau », – Ⓟ. AE ⓓ GB
fermé 2 janv. au 15 fév. et merc. – **R** 110/210, enf. 40.

X **Philip,** ✆ 90 20 31 81, ☂, « Au pied des cascades » – GB
1er avril-30 sept. – **R** 110/155.

FONTENAI-SUR-ORNE 61 Orne 60 ② – rattaché à Argentan.

FONTENAY-AUX-ROSES 92 Hauts-de-Seine 60 ⑩, 106 ⑲ – voir à Paris, Environs.

FONTENAY-LE-COMTE 85200 Vendée 71 ① G. Poitou Vendée Charentes – 14 456 h alt. 23.
Voir Clocher★ de l'église N.-Dame AY **B** – Intérieur★ du château de Terre-Neuve.
Office de Tourisme quai Poey-d'Avant ✆ 51 69 44 99 et rte de Niort (15 juin-15 sept.) ✆ 51 53 00 09.
Paris 436 ① – La Rochelle 49 ④ – La Roche-sur-Yon 56 ⑤ – Cholet 75 ①.

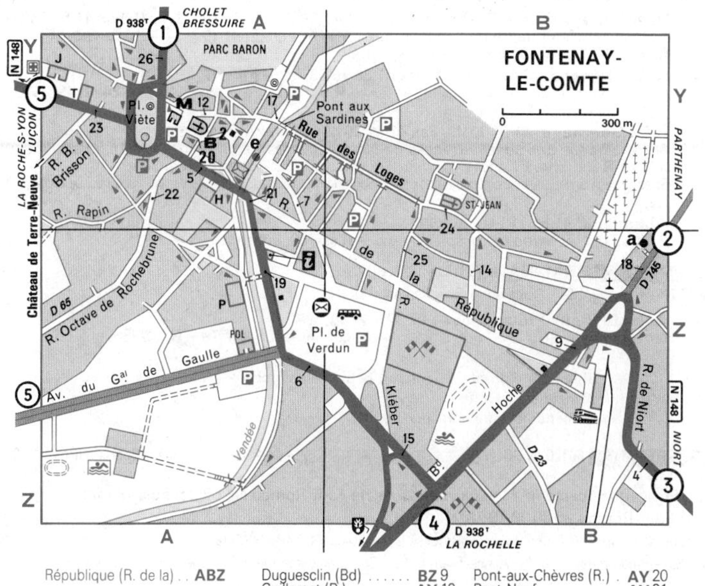

République (R. de la)	**ABZ**	Duguesclin (Bd)	**BZ** 9	Pont-aux-Chèvres (R.)	**AY** 20
		Guillemet (R.)	**AY** 12	Pont-Neuf	**AY** 21
Belliard (Pl.)	**AY** 2	Jacobins (R. des)	**BZ** 14	Pts St-Martin (R.)	**AY** 22
Capitale (Bd de la)	**BZ** 4	Marceau (Av.)	**BZ** 15	Rabelais (R.)	**AY** 23
Clemenceau (R. G.)	**AY** 5	Orfèvres (R. des)	**AY** 17	St-Jean (R.)	**BY** 24
Chail (Bd du)	**AZ** 6	Ouillette (R. de l')	**BZ** 18	St-Nicolas (R.)	**BZ** 25
Dr. Audé (R. du)	**AY** 7	Poey-d'Avant	**AZ** 19	Tiraqueau (R.)	**AY** 26

Rabelais, rte Parthenay ✆ 51 69 86 20, Télex 701737, Fax 51 69 80 45, – TV ☎ – 100. AE GB. rest BZ **a**
R grill 66/138 ♁, enf. 39 – ☐ 38 – **54 ch** 280/320 – ½ P 250.

Chouans Gourmets, 6 r. Halles ✆ 51 69 55 92 – AE GB AY **e**
fermé 29 juin au 9 juil., 3 au 17 janv., dim. soir et lundi sauf fériés – **Repas** 89/210 ♁, enf. 40.

à St-Martin-de-Fraigneau par ③ et N 148 : 5 km – ✉ **85200** :

Eleis, ✆ 51 53 03 30, – TV ☎ ♿ . GB
R 65/150 ♁, enf. 42 – ☐ 30 – **30 ch** 200/280 – ½ P 220/240.

à Velluire par ④, D 938 ter et D 68 : 11 km – ✉ **85770** :

Aub. de la Rivière M avec ch, ✆ 51 52 32 15, ≤, « En bordure de la Vendée » – TV ☎. GB
fermé 20 déc. au 31 janv., dim. soir (sauf hôtel) et mardi de sept. à juin – **R** 85/205 – ☐ 50 – **11 ch** 320/380 – ½ P 315/345.

CITROEN Les Gar. Murs, ZI, 67 r. Ancienne Capitale du Bas Poitou par ③ ✆ 51 69 06 76
FIAT Gar. Lamy, bd du Chail ✆ 51 69 30 98
RENAULT Fontenaysienne Diffusion Auto, rte de la Rochelle par ④ ✆ 51 69 49 74 **N** ✆ 51 36 94 64

V.A.G Gar. Couturier, av. Gén.-de-Gaulle ✆ 51 69 92 67 **N** ✆ 51 69 05 77

Aubert, rte de Niort ✆ 51 69 30 79

FONTENAY-SOUS-BOIS 94 Val-de-Marne 56 ⑪, 101 ⑰ – voir à Paris, Environs.

FONTENAY-TRÉSIGNY 77610 S.-et-M. 61 ② 106 ㉞ ㉟ – 4 518 h alt. 130.
Paris 53 – Coulommiers 22 – Meaux 31 – Melun 25 – Provins 38 – Sézanne 64.

Le Manoir , près aérodrome E : 4 km par N 4 et D 402 ✆ (1) 64 25 91 17, Télex 690635, Fax (1) 64 25 95 49, ≤, , « Ancien pavillon de chasse dans un parc avec étang, décoration élégante », – TV ☎ ♿ – 30 à 150. AE GB
fermé 1er fév. au 6 mars – **R** *(fermé mardi)* carte 260 à 375 – ☐ 60 – **15 ch** 750/790, 5 appart. – ½ P 755/1010.

FONTEVRAUD-L'ABBAYE **49590** M.-et-L. 67 ⑨ G. Châteaux de la Loire – 1 108 h alt. 80.

Voir Abbaye★★ – Église St-Michel★.

de Loudun (86) ✆ 49 98 78 06, par D 947 : 3 km.

Syndicat d'Initiative Chapelle Ste-Catherine (juin-sept.) ✆ 41 51 79 45.

Paris 304 – Angers 64 – Chinon 20 – Loudun 19 – Poitiers 76 – Saumur 15 – Thouars 36.

Hôtellerie Prieuré St-Lazare, ✆ 41 51 73 16, Télex 722341, Fax 41 51 75 50, « Dans l'ancien prieuré de l'abbaye », – ch – 450. AE GB.
R 96/230 – 48 – **50 ch** 335/400 – ½ P 450.

Croix Blanche, ✆ 41 51 71 11, Fax 41 38 15 38, – . AE GB
fermé 15 au 30 nov. et 10 janv. au 4 fév. – **R** 90/190 , enf. 55 – 33 – **24 ch** 190/430 – ½ P 230/310.

XXX ✿ **La Licorne**, ✆ 41 51 72 49, Fax 41 51 70 40, , – AE GB
fermé 30 août au 5 sept., vacances de Noël, vacances de fév., dim. et lundi hors sais. sauf fêtes – **R** (nombre de couverts limité, prévenir) 145/320 et carte 240 à 360
Spéc. Ravioli de langoustines, sauce aux morilles. Saumon rôti en peau, beurre de vanille. Poire pochée en cage au cassis.

X **Abbaye**, ✆ 41 51 71 04 – . GB
2 fév.-3 oct. et fermé mardi soir et merc. – **R** 68/160, enf. 40.

FONTJONCOUSE **11360** Aude 86 ⑨ – 102 h alt. 220.

Paris 877 – ♦ Perpignan 66 – Carcassonne 55 – Narbonne 31.

XX **Aub. du Vieux Puits**, ✆ 68 44 07 37 – . GB
fermé 11 janv. au 5 fév., dim. soir et lundi sauf juil.-août et fêtes – **R** 130/280, enf. 55.

Europe — Si le nom d'un hôtel figure en petits caractères demandez, à l'arrivée, les conditions à l'hôtelier.

FONT-ROMEU **66120** Pyr.-Or. 86 ⑯ G. Pyrénées Roussillon – 1 857 h alt. 1 800 – Sports d'hiver : 1 720/2 200 m 1 21 – Casino.

Voir Ermitage★ (camaril★★) et calvaire ★★ de Font-Romeu NE : 2 km puis 15 mn.

de Font-Romeu ✆ 68 30 10 78, N : 1 km.

Office Municipal de Tourisme av. E.-Brousse ✆ 68 30 02 74, Télex 500802.

Paris 891 – Andorre-la-Vielle 78 – Ax-les-Thermes 69 – Bourg-Madame 19 – ♦Perpignan 89.

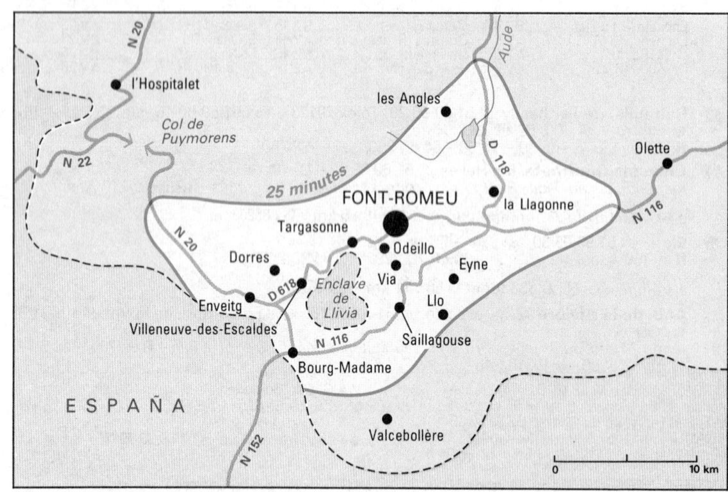

Gd Tétras sans rest, ✆ 68 30 01 20, Fax 68 30 35 67, , – . AE GB
32 – **36 ch** 210/305.

Clair Soleil, rte Odeillo : 1 km ✆ 68 30 13 65, Fax 68 30 08 27, ← montagnes et four solaire, , – . AE GB
fermé 4 nov. au 4 déc. – **R** 95/140 – 35 – **31 ch** 170/310 – ½ P 230/310.

L'Orée du Bois sans rest, ✆ 68 30 01 40, ← – . AE GB
30 – **37 ch** 235/270.

Sun Valley, ☏ 68 30 21 21, Fax 68 30 30 38 – ⎈ ⇆ ch TV ☎ ⇔. AE ① GB. ✻ rest
fermé nov. – **R** (résidents seul.) 100/150 ₰, enf. 70 – ☐ 39 – **41 ch** 300/380 – ½ P 380.

Pyrénées, ☏ 68 30 01 49, Fax 68 30 35 98, ≤ Cerdagne, ☂, ☐, ☐ – ⎈ TV ☎ – 🏔 25. AE ① GB
fermé 8 au 31 mai et 2 nov. au 5 déc. – **R** 75/120, enf. 48 – ☐ 40 – **37 ch** 270/320 – ½ P 280/320.

Y Sem Bé ⑤, ☏ 68 30 00 54, Fax 68 30 25 42, ≤ Cerdagne, ☂, ☐ – TV ☎. GB
12 juin-début oct. et 18 déc.-3 mai – **R** 100 ₰ – ☐ 40 – **24 ch** 150/400 – ½ P 240/340.

La Chaumière, ☏ 68 30 04 40, ☂ – AE GB
fermé 12 au 28 juin, 5 au 20 oct. et vend. hors sais. – **R** 110/300, enf. 60.

à Odeillo SO : 3 km par D 29 – alt. 1 596 – ✉ **66120** Font-Romeu-Odeillo Via :

Le Romarin, ☏ 68 30 09 66, ≤ Cerdagne – ☎ P. AE GB. ✻
fermé 24 oct. au 22 nov. – **R** 85/170, enf. 45 – ☐ 35 – **15 ch** 260/285 – ½ P 205/240.

à Targasonne O : 4 km par D 10F et D 618 – ✉ **66120** :

La Tourane ⑤, ☏ 68 30 15 03, ≤ – ☎ P. GB
fermé 1er nov. au 20 déc., sam. et dim. du 10 oct. au 15 nov. – **R** 70/200 – ☐ 35 – **25 ch** 155/200 – ½ P 160/200.

à Via S : 5 km par D 29 – ✉ **66120** Font-Romeu :

L'Oustalet ⑤, ☏ 68 30 11 32, Fax 68 30 31 89, ≤, ☂, ☐, ☐ – ⎈ TV ☎ P. AE GB. ✻ rest
fermé 10 au 19 mai et 15 oct. au 15 déc. – **R** 80/200, enf. 50 – ☐ 38 – **28 ch** 250/320 – ½ P 240/290.

Repas 100/130 Comida esmerada a precios moderados.

FONTVIEILLE

13990 B.-du-R. 83 ⑩ **G. Provence** – 3 642 h alt. 20.

Voir Moulin de Daudet ≤★ – Chapelle St-Gabriel★ N : 5 km.

Office de Tourisme pl. Honorat (fin mars-oct.) ☏ 90 54 70 01.

Paris 722 – Avignon 30 – Arles 10 – ♦Marseille 86 – St-Rémy-de-Pr. 17 – Salon-de-Pr. 36.

✿ **La Regalido** (Michel) ⑤, ☏ 90 54 60 22, Télex 441150, Fax 90 54 64 29, ≤, ☂, « Jardin fleuri » – ▤ ch TV ☎ P. AE ① GB
fermé 1er déc. au 1er fév. – **R** *(fermé mardi midi et lundi hors sais.)* (nombre de couverts limité - prévenir) 285/390 et carte 280 à 400, enf. 130 – ☐ 78 – **14 ch** 850/1350 – ½ P 750/1100
Spéc. Gratin de moules aux épinards. Aïgo sou. Tranche de gigot en casserole et à l'ail. **Vins** Côtes du Ventoux, Coteaux-des-Baux.

Saint Victor M ⑤ sans rest, chemin des Fourques par rte Arles ☏ 90 54 66 00, Fax 90 54 67 88, ☐, ☐ – ▤ TV ☎ P. AE ① GB
☐ 65 – **10 ch** 395/595.

Val Majour ⑤, rte Arles ☏ 90 54 62 33, Fax 90 54 61 67, ≤, ☂, « Parc », ☐, ✻ – TV ☎ ⇔ P – 🏔 80. AE GB. ✻ rest
fermé 5 janv. au 15 mars – **R** *(fermé merc. et jeudi midi hors sais.)* 110/180 ₰, enf. 68 – ☐ 50 – **32 ch** 260/430 – ½ P 335/415.

La Peiriero sans rest, av. Baux ☏ 90 54 76 10, Fax 90 54 62 60, ☐, ☐, ✻ – ⎈ TV ☎ P. AE ① GB
1er avril-30 oct. et 20 déc.-5 janv. – ☐ 50 – **32 ch** 410/460.

La Ripaille, rte des Baux : 3 km par D 17 ✉ 13990 ☏ 90 54 73 15, Fax 90 54 60 69, ☂, ☐, ☐ – TV ☎ P. AE GB
fermé 16 nov. au 19 déc. et 6 au 13 janv. – **R** *(fermé merc. midi de sept. à mai)* 135/170 – ☐ 45 – **20 ch** 265/335 – ½ P 300/335.

Le Patio, 117 rte du Nord ☏ 90 54 73 10, Fax 90 54 63 52, ☂, « Ancienne bergerie du début du siècle », ☐ – GB
fermé vacances de fév., merc. (sauf le soir de juil. à sept.) et mardi soir hors sais. – **R** 162/200.

La Cuisine au Planet, 144 Grand'rue ☏ 90 54 63 97, ☂ – GB
fermé dim. (sauf le soir de mai à sept.) et sam. midi – **R** 140/270, enf. 60.

La Table du Meunier, 42 cours Hyacinthe Bellon ☏ 90 54 61 05 – ▤. GB
fermé 15 fév. au 4 mars, 21 au 28 déc., mardi soir et merc. sauf juil.-août – **Repas** 95/145, enf. 75.

Laetitia avec ch, r. Lion ☏ 90 54 72 14, ☂ – ☎
hôtel : 1er fév.-15 nov. ; rest. : 1er mars-30 oct. et fermé le midi de juin à oct. – **R** 85/120 – ☐ 22 – **9 ch** 160/195 – ½ P 175/220.

rte de Tarascon NO : 5,5 km, par D 33 – ✉ **13150** Tarascon :

Mazets des Roches M ⑤, ☏ 90 91 34 89, Fax 90 43 53 29, ☂, parc, ☐, ✻ – ▤ ch ☎ P – 🏔 40. AE ① GB
Pâques-1er nov. – **R** *(fermé jeudi midi et sam. midi sauf juil.-août)* 130 ₰, enf. 80 – ☐ 45 – **24 ch** 430/650 – ½ P 385/475.

FORBACH <SP> **57600** Moselle 57 ⑥ **G. Alsace Lorraine** – 27 076 h alt. 210.

ℹ Office de Tourisme à l'Hôtel de Ville ☎ 87 85 02 43.

Paris 383 ② – ♦Metz 54 ② – St-Avold 20 ② – Sarreguemines 20 ② – Saarbrücken 9 ①.

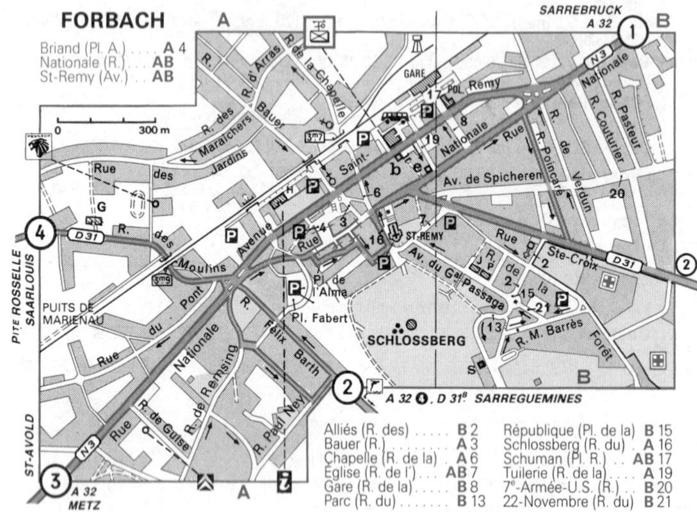

🏠 **Poste** sans rest, 57 r. Nationale ☎ 87 85 08 80, Fax 87 85 91 91 – TV ☎ P. GB. ✻ A **e**
☕ 25 – **29 ch** 230/270.

🏠 **Berg** sans rest, 50 av. St-Rémy ☎ 87 85 09 12, Fax 87 85 27 38 – TV ☎ P – 🎤 50. GB
☕ 35 – **21 ch** 245/270. A **b**

✗✗ **du Schlossberg,** 13 r. Parc ☎ 87 87 88 26, Fax 87 87 83 86, parc – P. AE ⓓ GB. ✻
fermé 15 au 31 août, vacances de fév., mardi soir et merc. – **R** 170/310. B **s**

à Stiring-Wendel par ① : 3 km – 13 743 h. – ✉ **57350** :

✗✗ ✿ **Bonne Auberge** (Mlle Egloff), 15 r. Nationale ☎ 87 87 52 78 – ▤ P. GB
fermé dim. soir et lundi – **R** 170/360 (déj.) et carte 300 à 440, enf. 100
Spéc. Daube de silure à la choucroute de chou rouge et pieds de veau laqués. Pigeonneau rôti en fricassée et sa galette de pommes de terre. Gâteau de mirabelles soufflé en chaud-froid.

à Rosbruck par ③ : 6 km – ✉ **57800** :

✗✗✗ **Aub. Albert Marie,** 1 r. Nationale ☎ 87 04 70 76 – ▤ P. GB
fermé dim. soir et lundi sauf fériés – **R** 220/330 dîner à la carte.

ALFA-ROMEO Knepper Automobiles, 208 r. Nationale ☎ 87 85 62 52
CITROEN Gar. Herber, r. de Guise ☎ 87 85 11 89 N
FORD Lehmann Autom., 143 r. Nationale à Stiring-Wendel ☎ 87 87 42 10
NISSAN GTR, 4,rue Croix à Stiring Wendel ☎ 87 87 56 45
OPEL S.A.M.A., carrefour de l'Europe ☎ 87 87 87 14
PEUGEOT Derr Forbach Auto, r. Schoeser ☎ 87 85 11 23

PEUGEOT TALBOT Derr Merlebach Autos, 1 r. de Metz à Freyming Merlebach ☎ 87 81 40 10
RENAULT Moselle Automobile Forbach, r. St-Guy ☎ 87 84 45 00 N
ROVER Gar. du Centre, 105 r. Nationale à Morsbach ☎ 87 85 06 70
V.A.G Jacob, r. St-Guy ☎ 87 87 35 50

Ⓜ Leclerc-Pneus, carrefour du Schoeneck ☎ 87 85 78 40
Leclerc-Pneus, carrefour de l'Europe, ZI ☎ 87 85 46 26

FORCALQUIER <SP> **04300** Alpes-de-H.-P. 81 ⑮ **G. Alpes du Sud** (plan) – 3 993 h alt. 550.

Voir Site★ – Cimetière★ – ✻★ de la terrasse N.-D. de Provence – Prieuré de Salagon★ S : 4 km.

ℹ Office de Tourisme pl. Bourguet ☎ 92 75 10 02.

Paris 752 – Digne-les-Bains 48 – Aix-en-Provence 77 – Apt 42 – Manosque 22 – Sisteron 41.

🏨 ✿ **Host. des Deux Lions,** 11 pl. Bourguet ☎ 92 75 25 30, Fax 92 75 06 41 – TV ☎ 🚗. GB
fermé 15 nov. au 15 déc., janv., fév., dim. soir et lundi hors sais. sauf fêtes – **R** 130/220 et carte 160 à 285, enf. 65 – ☕ 40 – **16 ch** 280/380 – ½ P 310
Spéc. Galette "Bonne Femme" à la tomate, aux poireaux et au bleu. Mitonnade de paleron en navarin de légumes. Assiette de petits gâteaux.

Aub. Charembeau sans rest, E : 4 km par N 100 et VO ✆ 92 75 05 69, ←, , , – cuisinette ☎ . GB
fermé déc. et janv. – ☐ 37 – **12 ch** 235/305.

Colombier, S : 4 km par D 16 et VO ✆ 92 75 03 71, ←, , , – ☎ . GB
1er mars-30 nov. – **R** *(fermé le midi sauf sam., dim. lundi et juil.-août* 120/180 – ☐ 38 – **15 ch** 240/350 – ½ P 278/333.

La FORÊT 33 Gironde 71 ⑨ – rattaché à Bordeaux.

FORÊT voir au nom propre de la forêt.

La FORÊT-FOUESNANT 29940 Finistère 58 ⑮ G. Bretagne – 2 369 h alt. 20.

de Quimper et de Cornouaille ✆ 98 56 97 09.

Office de Tourisme pl. de l'Église (fermé après-midi hors saison) ✆ 98 56 94 09.

Paris 546 – Quimper 18 – Carhaix-Plouguer 62 – Concarneau 10,5 – Pont-l'Abbé 22 – Quimperlé 35.

Manoir du Stang, N : 1,5 km accès par D 783 et chemin privé ✆ 98 56 97 37, « Beau manoir dans un parc fleuri, étangs », – ☎ – 50.
hôtel : 15 mai-20 sept. ; rest. : 5 juil.-10 sept. – **R** (dîner seul.) (résidents seul.) 155/175 – ☐ 35 – **26 ch** 525/860 – ½ P 440/580.

Espérance, pl. Église ✆ 98 56 96 58, – ☎ . GB. rest
Pâques-début oct. – **R** *(fermé merc. midi)* 80/180 , enf. 55 – ☐ 32 – **29 ch** 141/315 – ½ P 210/275.

Beauséjour, pl. Baie ✆ 98 56 97 18 – TV ☎ . GB
27 mars-10 oct. – **R** 70/250, enf. 50 – ☐ 32 – **25 ch** 140/290 – ½ P 195/265.

FORÊT-SUR-SÈVRE 79380 Deux-Sèvres 67 ⑯ – 2 395 h alt. 157.

Paris 372 – Bressuire 16 – ♦Nantes 96 – Niort 61 – La Roche-sur-Yon 71.

Aub. du Cheval Blanc, ✆ 49 80 86 35 – GB
fermé 23 août au 5 sept. et lundi – **R** 65/155.

La FORGE-DE-L'ILE 36 Indre 68 ⑧ – rattaché à Châteauroux.

FORGES-LES-EAUX 76440 S.-Mar. 55 ⑧ G. Normandie Vallée de la Seine – 3 376 h alt. 161 – Stat. therm. (fermée pour travaux) – Casino .

Office de Tourisme parc Hôtel de Ville ✆ 35 90 52 10.

Paris 116 – ♦Amiens 70 – ♦Rouen 42 – Abbeville 68 – Beauvais 52 – ♦Le Havre 118.

Relais du Bois des Fontaines, rte de Dieppe ✆ 35 09 85 09, Fax 35 90 34 53, , parc – TV ☎ . GB
fermé 1er au 15 fév. – **R** *(fermé lundi du 15 sept. au 31 mai)* 160/190 – ☐ 35 – **10 ch** 270/370 – ½ P 305.

Continental sans rest, 110 av. Sources ✆ 35 09 80 12, Fax 35 09 61 15 – ☎ . AE GB JCB
☐ 30 – **47 ch** 190/250.

Aub. du Beau Lieu M avec ch, SE : 2 km sur D 915 ✆ 35 90 50 36, Fax 35 90 35 98, – TV ☎ . AE GB
fermé 6 au 12 déc. et 17 janv. au 8 fév. – **R** 135/345 – ☐ 38 – **3 ch** 345.

Paix avec ch, 17 r. Neufchatel ✆ 35 90 51 22, Fax 35 09 83 62, – . AE GB
fermé 20 déc. au 12 janv., lundi (sauf le soir en sais.) et dim. soir hors sais. – **Repas** 69/152 , enf. 50 – ☐ 21 – **5 ch** 121/166 – ½ P 131/156.

RENAULT Gar. du Parc ✆ 35 90 52 83 — Parin Pneus ✆ 35 90 51 17

FORT-MAHON-PLAGE 80790 Somme 51 ⑪ G. Flandres Artois Picardie – 1 042 h alt. 5 – Casino.

Env. Parc ornithologique du Marquenterre★★ S : 15 km.

Paris 230 – ♦Calais 85 – Abbeville 36 – ♦Amiens 80 – Berck-sur-Mer 18 – Étaples 28 – Montreuil 24.

Terrasse, ✆ 22 23 37 77, Fax 22 23 36 74, ← – TV ☎ . AE GB.
fermé dim. soir du 15 nov. au 30 mars – **R** 80/160 – ☐ 35 – **32 ch** 280/350 – ½ P 220/270.

Victoria, ✆ 22 27 71 05 – GB
fermé 11 au 26 mai, jeudi sauf juil.-août et fériés – **R** 75/160, enf. 40 – ☐ 25 – **15 ch** 130/200 – ½ P 140/190.

Aub. du Fiacre, à Routhiauville SE : 2 km par rte de Rue ✉ 80120 Rue ✆ 22 23 47 30, , « Ancienne ferme aménagée, jardin » – . GB
fermé 17 fév. au 8 mars, lundi soir et mardi – **R** 90/198.

La FOSSETTE-PLAGE 83 Var 84 ⑯ – rattaché au Lavandou.

FOS-SUR-MER 13270 B.-du-R. 84 ⑪ G. Provence – 11 605 h alt. 6.

Voir Bassins de Fos★.

Office de Tourisme pl. Hôtel de Ville ✆ 42 47 71 96 et av. du Sable d'Or (juil.-août) ✆ 42 05 34 38.

Paris 753 – ♦Marseille 47 – Aix-en-Provence 56 – Arles 41 – Martigues 11,5 – Salon-de-Provence 29.

Mercure-Altéa Provence [M], rte Istres ✆ 42 05 00 57, Télex 410812, Fax 42 05 51 00, ≤, 🏛, 🏊, 🎾 – ▤ TV ☎ ♿ P – 🏢 150. AE ⓓ GB
R 145, enf. 50 – ☕ 50 – **64 ch** 410/475.

Mas de Cantegrillet 🐦 sans rest, 455 chemin de Phion, N : 2 km par Allée des Pins ✆ 42 05 03 27, Fax 42 05 58 76, « Jardin fleuri » – ☎ ♿ P. GB
fermé août et 23 déc. au 2 janv. – ☕ 37 – **14 ch** 170/280.

Azur sans rest, 20 av. J. Moulin ✆ 42 05 20 50, Fax 42 05 55 25 – TV ☎ P. GB. 🐕
fermé 20 déc. au 3 janv. – ☕ 40 – **16 ch** 260/360.

Au Loup d'Argent avec ch, gde plage ✆ 42 05 46 80, Fax 42 05 03 28, ≤ – ▤ rest TV ☎. AE GB
R *(fermé 30 juil. au 22 août, 22 déc. au 2 janv., sam. et dim.)* 145 – ☕ 45 – **10 ch** 295/340.

FOUDAY 67 B.-Rhin 62 ⑧ G. Alsace Lorraine – alt. 447 – ✉ 67130 Le Ban-de-la-Roche.

Paris 405 – ♦Strasbourg 57 – St-Dié 33 – Saverne 53 – Sélestat 36.

Chez Julien, N 420 ✆ 88 97 30 09, Fax 88 97 36 73, 🏛, 🌳 – ☎ P. GB
fermé 1er au 8 juil., 23 au 30 oct. et mardi sauf juil.-août – **R** 125/200 🍷, enf. 50 – ☕ 40 – **15 ch** 192/250 – ½ P 240.

FOUESNANT 29170 Finistère 58 ⑮ G. Bretagne – 6 524 h alt. 30.

⛳ de l'Odet ✆ 98 54 87 88 à Clohars-Fouesnant, 6 km ; ⛳ de Quimper et Cornouaille ✆ 98 56 97 09 à la Forêt-Fouesnant, 4 km.

ℹ Office de Tourisme 5 r. Armor ✆ 98 56 00 93.

Paris 549 – Quimper 15 – Carhaix-Plouguer 65 – Concarneau 14 – Quimperlé 39 – Rosporden 18.

Armorique (annexe 🏨 🐦 - 12 ch), 33 r. de Cornouaille ✆ 98 56 00 19, Fax 98 56 65 36, 🌳 – ☎ P. GB. 🐕
mars-oct. et fermé lundi (sauf rest. le soir) hors vacances scolaires – **R** 90/170, enf. 55 – ☕ 37 – **20 ch** 150/340 – ½ P 250/360.

Le Roudou (annexe 🏨 🐦-8 ch), rte St-Evarzec ✆ 98 56 01 26, Fax 98 56 62 69, 🌳 – ☎ P. GB. 🐕 rest
24 avril-3 oct. – **R** 68/150 – ☕ 28 – **28 ch** 220/300 – ½ P 220/255.

Orée du Bois sans rest, 4 r. Kergoadic ✆ 98 56 00 06 – GB
fermé 15 déc. au 15 fév., sam. et dim. hors sais. – ☕ 30 – **15 ch** 135/255.

au Cap Coz SE : 2,5 km par VO – ✉ 29170 Fouesnant :

Belle-Vue, ✆ 98 56 00 33, ≤, 🌳 – ☎ P. GB. 🐕
hôtel : 15 mars-15 oct. ; rest. : vacances de printemps-30 sept. et fermé mardi sauf juil.-août – **R** 80/120, enf. 65 – ☕ 35 – **20 ch** 130/300 – ½ P 210/280.

Pointe Cap Coz 🐦, ✆ 98 56 01 63, ≤ – ☎. GB. 🐕
fermé 1er janv. au 15 fév. – **R** *(fermé merc.)* 100/240, enf. 55 – ☕ 30 – **19 ch** 250/350 – ½ P 290.

à la Pointe de Mousterlin SO : 6 km par D 145 et D 134 – ✉ 29170 Fouesnant :

Pointe Mousterlin 🐦, ✆ 98 56 04 12, Fax 98 56 61 02, ≤, 🏋, 🌳, 🎾 – 🛗 ☎ P – 🏢 30. AE GB. 🐕
10 avril-30 sept. – **R** 130/385, enf. 60 – ☕ 35 – **52 ch** 335/415 – ½ P 325/410.

PEUGEOT-TALBOT Gar. Merrien rte de Quimper ✆ 98 56 00 17

RENAULT Bourhis rte de Quimper - Le Roudou ✆ 98 56 02 65 🅽 ✆ 98 56 81 81

FOUGÈRES <SP> 35300 I.-et-V. 59 ⑱ G. Bretagne – 22 239 h alt. 134.

Voir Château★★ AY – Église St-Sulpice★ AY – Jardin public★ : ≤★ AY – Vitraux★ de l'église St-Léonard AY.

ℹ Office de Tourisme pl. A.-Briand ✆ 99 94 12 20 et au Château pl. P.-Simon (saison) ✆ 99 99 79 59.

Paris 323 ③ – Avranches 41 ⑤ – Laval 50 ② – ♦Le Mans 128 ② – ♦Rennes 48 ④ – St-Malo 76 ⑤.

Plan page suivante

Mainotel, par ② : 1,5 km sur N 12 ✉ 35133 ✆ 99 99 81 55, Télex 730956, Fax 99 99 98 45, 🏛, 🏊, 🎾 – TV ☎ ♿ P – 🏢 25 à 300. GB
R *(fermé dim. soir hors sais.)* 68/185, enf. 48 – ☕ 38 – **50 ch** 260/395.

Balzac sans rest, 15 r. Nationale ✆ 99 99 42 46 – 🛗 TV ☎. AE ⓓ GB — BY **a**
☕ 25 – **20 ch** 159/249.

Campanile, par ② : 1 km sur N 12 ✆ 99 94 54 00, Télex 741995, Fax 99 99 04 01, 🏛 – TV ☎ ♿ P. AE GB
R 80 bc/102 bc, enf. 39 – ☕ 29 – **50 ch** 268.

H. Voyageurs sans rest, 10 pl. Gambetta ✆ 99 99 08 20, Fax 99 99 99 04 – 🛗 TV ☎. AE ⓓ GB — BY **e**
fermé 20 déc. au 2 janv. – ☕ 30 – **37 ch** 165/270.

Taverne du Commerce, pl. Europe ✆ 99 94 40 40, Fax 99 99 17 15 – ☎. AE ⓓ GB. 🐕
R (brasserie) *(fermé dim. midi en juil.-août et dim. soir hors sais.)* 62/130 🍷, enf. 39 – ☕ 25 – **25 ch** 190/270 – ½ P 180/230. — BZ **n**

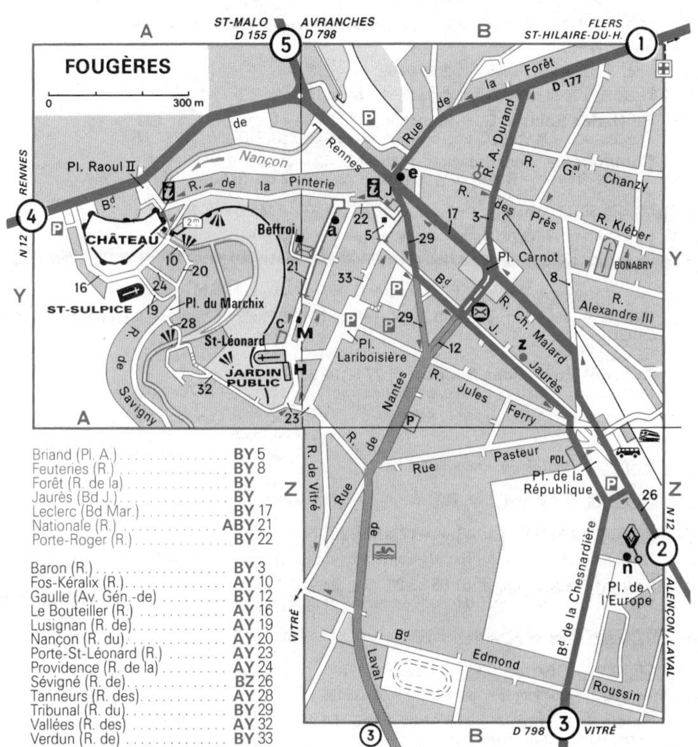

XX **Rest. Voyageurs,** 10 pl. Gambetta ✆ 99 99 14 17, Fax 99 99 28 89 – ▤. AE GB JCB — BY **e**
fermé 1er au 15 sept. et sam. sauf juil.-août – **Repas** (nombre de couverts limité -prévenir) 90/190, enf. 45.

XX **Haute Sève,** 37 bd J. Jaurès ✆ 99 94 23 39 – ⓓ GB — BY **z**
fermé 1er au 15 janv., dim. soir et lundi – **R** 105/280, enf. 65.

à Landéan par ① : 8 km – ✉ **35133** :

XX **Au Cellier,** D 177 ✆ 99 97 20 50 – ⓓ GB
fermé 21 juil. au 11 août, dim. soir et merc. – **R** 80/180 ⅌, enf. 42.

à la Templerie par ② : 11 km – ✉ **35133** Fougères :

XX **La Petite Auberge,** sur N 12 ✆ 99 95 27 03 – Ⓟ. GB
fermé 15 au 31 août, 26 fév. au 6 mars, dim. soir et lundi – **R** 99/215.

FIAT Gar. Gillemot, ZA le Parc, rte de Rennes à Lécousse ✆ 99 94 42 00 🅽 ✆ 99 98 89 24
FORD Gilbert Automobiles, ZAC La Guénaudière II ✆ 99 99 66 95
NISSAN Gar. André Juillé 25 r. Pipon ✆ 99 99 01 98
RENAULT Gar. Guilmault, pl. de l'Europe ✆ 99 94 40 20 🅽 ✆ 99 74 91 55

V.A.G Gar. Mouton, rocade de Groslay ✆ 99 94 31 31
VOLVO Gar. Gaillard, 26 r. Dr-Bertin ✆ 99 99 07 60

Ⓜ Euromaster Jollivé Pneus, bd Groslay ✆ 99 94 55 01
SOS Pneus Pneu + Nord Ouest, ZAC la Guénaudière rte de Paris ✆ 99 99 44 92

FOUGEROLLES 70220 H.-Saône 66 ⑥ G. Alsace Lorraine – 4 167 h alt. 301.

Voir Ecomusée de la distillation★.

Paris 366 – Épinal 46 – Luxeuil-les-Bains 10 – Plombières-les-Bains 12 – Remiremont 24 – Vesoul 43.

XXX ❀ **Au Père Rota** (Kuentz), ✆ 84 49 12 11 – Ⓟ. AE ⓓ GB
fermé 28 juin au 5 juil., 23 déc. au 16 janv., dim. soir et lundi sauf fériés – **R** 145/290 et carte 240 à 400, enf. 75
Spéc. Petite nage de turbot au Vin Jaune et gingembre. Médaillon de ris de veau au jambon cru. Symphonie de griottines. **Vins** Champlitte blanc et rouge.

FOURAS 17450 Char.-Mar. 71 ⑬ G. Poitou Vendée Charentes – 3 238 h alt. 40 – Casino.

Voir Donjon ✻★.

Office de Tourisme Fort Vauban ☏ 46 84 60 69.

Paris 478 – La Rochelle 29 – Châtelaillon-Plage 15 – Rochefort 13.

- **Gd H. des Bains,** r. Gén.-Bruncher ☏ 46 84 03 44, – ☎. GB. rest
  Pâques-oct. – **R** 95/130, enf. 55 – ☕ 30 – **35 ch** 260/310 – ½ P 225/265.
- **Commerce,** r. Gén. Bruncher ☏ 46 84 22 62 – ☎. GB
  1er mars-15 nov. – **R** 70/140 ꞵ, enf. 35 – ☕ 29 – **12 ch** 160/300 – ½ P 177/247.

FOURMIES 59610 Nord 53 ⑯ G. Flandres Artois Picardie – 14 505 h alt. 202.

Office de Tourisme pl. Verte (fermé matin hors saison) ☏ 27 60 40 97.

Paris 201 – St-Quentin 62 – Avesnes-sur-Helpe 17 – Charleroi 61 – Guise 34 – Hirson 13 – ♦Lille 113 – Vervins 29.

aux Étangs des Moines E : 2 km par D 964 et VO – ✉ 59610 Fourmies :

- **Ibis** M sans rest, ☏ 27 60 21 54, Télex 810172, Fax 27 57 40 44 – ch TV ☎ – 40. AE GB
  ☕ 35 – **31 ch** 280/320.
- **Aub. des Étangs des Moines,** ☏ 27 60 02 62, ← – GB
  fermé 8 au 31 août et 22 déc. au 8 janv., dim. soir et sam. – **R** 75/180 ꞵ, enf. 50.

CITROEN Losson, 13 r. A.-Renaud ☏ 27 59 90 27

RENAULT Gar. Cohidon, 51 r. Étangs ☏ 27 60 43 27

FOURQUES 30 Gard 83 ⑩ – rattaché à Arles.

FOURQUEUX 78 Yvelines 55 ⑲, 106 ⑰ – voir à Paris, Environs.

Le FOUSSERET 31430 H.-Gar. 82 ⑯ – 1 370 h alt. 319.

Paris 751 – Auch 67 – ♦Toulouse 55 – Foix 67 – Pamiers 71 – St-Gaudens 41 – St-Girons 51.

- XX **Voyageurs** avec ch, ☏ 61 98 53 06, ,
  fermé 7 août au 7 sept., dim. soir et sam. – **R** 90/220 – ☕ 25 – **8 ch** 90/160 – ½ P 160/200.

La FOUX D'ALLOS 04 Alpes-de H.-P. 81 ⑧ – rattaché à Allos.

FRANCESCAS 47600 L.-et-G. 79 ⑭ – 625 h alt. 127.

Paris 720 – Agen 31 – Condom 15 – Nérac 12 – ♦Toulouse 138.

- XXX **Relais de la Hire,** ☏ 53 65 41 59, Fax 53 65 86 42, , – AE ⓓ GB JCB
  fermé dim. soir hors sais. et lundi sauf fériés – **Repas** (prévenir) 95/140, enf. 70.

FRANQUEVILLE-ST-PIERRE 76 S.-Mar. 55 ⑦ – rattaché à Rouen.

La FRANQUI 11 Aude 86 ⑩ G. Pyrénées Roussillon – ✉ 11370 Leucate.

Paris 881 – ♦Perpignan 35 – Carcassonne 86 – Leucate 5 – Narbonne 36 – Port-la-Nouvelle 17.

- **Plage,** face plage ☏ 68 45 70 23, ←, – ☎. GB
  hôtel : 1er mai-30 sept. ; rest. : 1er juin-30 sept. – **R** 59/120 ꞵ – ☕ 30 – **32 ch** 240/270 – ½ P 250.

FRÉHEL 22290 C.-d'Armor 59 ④ – 1 995 h alt. 74.

Paris 429 – St-Malo 38 – Dinan 38 – Dol-de-Bretagne 54 – Lamballe 29 – St-Brieuc 41 – St-Cast-le-Guildo 14.

- XX **Le Victorine,** pl. Mairie ☏ 96 41 55 55, – AE GB
  fermé 15 au 30 nov., 15 janv. au 15 fév., dim. soir et merc. sauf juil.-août – **R** 100/380, enf. 90.

FRÉHEL (Cap) 22 C.-d'Armor 59 ⑤ G. Bretagne – alt. 57 – ✉ 22240 Fréhel.

Voir Site★★★ – ✻★★★ – Fort La Latte : site★★, ✻★★ SE : 5 km.

Paris 451 – Saint-Malo 46 – Dinan 45 – Dinard 38 – Lamballe 36 – ♦Rennes 97 – Saint-Brieuc 49.

- **Le Fanal** sans rest, S : 2,5 km par D 16 ☏ 96 41 43 19, – ☎ P. GB.
  1er avril-30 sept. – ☕ 32 – **9 ch** 230/310.
- **Relais de Fréhel** , S : 2,5 km par D 16 et VO ☏ 96 41 43 02, , – P. GB.
  1er avril-3 nov. – **R** 87/167, enf. 27 – ☕ 32 – **13 ch** 185/276 – ½ P 260/295.

La FREISSINOUSE 05 H.-Alpes 81 ⑥ – rattaché à Gap.

FRÉJUS **83600** Var 84 ⑧ 115 ㉝ G. Côte d'Azur – 41 486 h alt. 21.

Voir Quartier épiscopal★★ C : baptistère★★, cloître★★, cathédrale★ – Ville romaine★ A : arènes★ – Parc zoologique★ N : 5 km par ③.

18 de Valescure ✆ 94 82 40 46, NE : 8 km ; 18 de Roquebrune ✆ 94 82 92 91, O : 7 km par D 8 et D 7.

✆ 93 99 50 50.

Office Municipal de Tourisme r. J.-Jaurès ✆ 94 51 54 14, Télex 460834 et pl. Calvini (juin-sept.) ✆ 94 51 53 87.

Paris 872 ③ – Brignoles 63 ③ – Cannes 36 ④ – Draguignan 28 ③ – Hyères 90 ②.

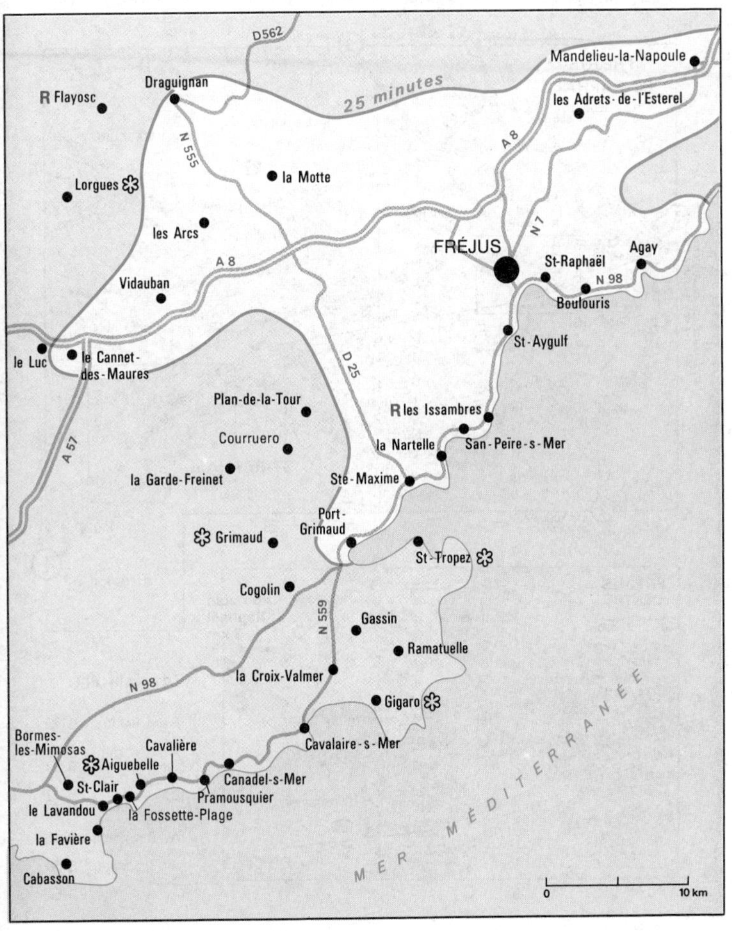

L'Aréna M, 139 bd Gén. de Gaulle ✆ 94 17 09 40, Fax 94 52 01 52, « Décor provençal » – ch. AE GB — C r
fermé 22 nov. au 11 déc. et 17 au 31 janv. – **R** *(fermé sam. midi et lundi)* 98/180 – 35 – **30 ch** 400 – 1/2 P 350.

XX **Le Vieux Four** avec ch, 57 r. Grisolle ✆ 94 51 56 38, « Salle rustique » – . AE GB JCB — C a
fermé 15 nov. au 10 déc., dim. midi du 1er juil. à mi-sept. et lundi de mi-sept. à juin – **R** 132/260 – 27 – **8 ch** 265.

XX **Lou Calen,** 9 r. Desaugiers ✆ 94 52 36 87 – . GB — C n
fermé fév., dim. (sauf le soir de mai à sept.) et sam. midi – **R** 140/190, enf. 100.

X **Les Potiers,** 135 r. Potiers ✆ 94 51 33 74 – . AE GB — C s
R (dîner seul. en saison) 160.

FRÉJUS

Fleury (R. de) .... C 28
Formigé (Pl.) .... C 29
Grisolle (R.) .... C 37
Jaurès (R. Jean) C
Liberté (Pl. de la) .... C 42
Montgolfier (R.) .... C 45
Sieyès (R.) .... C 52

Agachon (Av. de l') ..... A 2
Alger (Bd) .... B 5
Aubenas (R. Joseph) .... C 7
Beausset (R. du) .... C 9
Bidoure (R. Martin) ..... C 10
Blazy (R. du Cap.) ..... AC 12
Brosset (Av. du Gén.) .. AB 13
Camelin (R. de) .... C 15
Carrara (R. Jean) .... A 16
Clemenceau (R. G.) ..... C 19
Coucourdin (Ch. de) .... A 22
Craponne (R.) .... C 23
Decuers (Bd S.) ...... AC 24
Donnadieu (R.) .... B 25
Einaudi (R. Albert) ...... A 26
Fabre (Av. Hippolyte) ... B 27
Gailus .... C 30
Garros (R. Roland) .... B 32
Girardin (R.) .... C 35
Glacière (Pl. de la) ...... C 36
Libération (Bd de la) .... B 40
Papin (R. Denis) .... B 46
Potiers (R. des) .... C 48
Reynaude (R.) .... C 49
Verdun (Av. de) ...... AC 53
Vernet
(Esplanade Paul) ...... C 54
Victor-Hugo (Av.) .... B 56
XVe-Corps (Av. du) ..... A 59

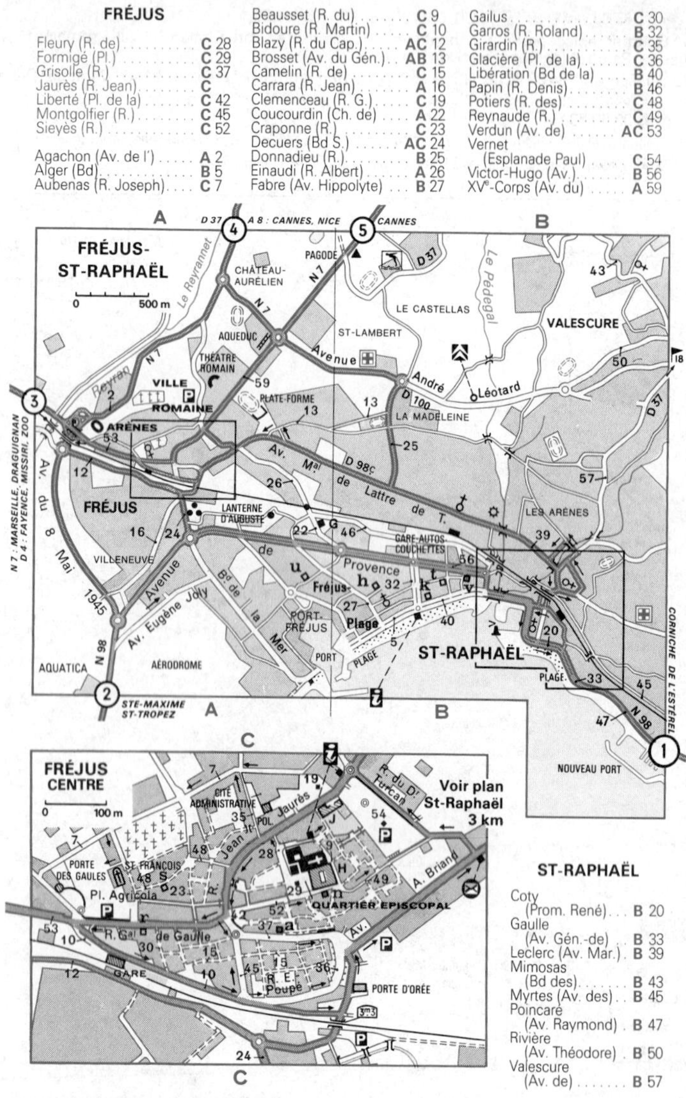

ST-RAPHAËL

Coty
(Prom. René) ... B 20
Gaulle
(Av. Gén.-de) .. B 33
Leclerc (Av. Mar.). B 39
Mimosas
(Bd des) .... B 43
Myrtes (Av. des) .. B 45
Poincaré
(Av. Raymond) . B 47
Rivière
(Av. Théodore) . B 50
Valescure
(Av. de) .... B 57

à Fréjus-plage AB – ✉ **83600** Fréjus :

Syndicat d'Initiative bd Libération (saison) ✆ 94 51 48 52.

Palmiers sans rest, bd Libération ✆ 94 51 18 72, ← – |⇕| cuisinette TV ☎. AE ⓓ GB
1er mars-15 nov. – **55 ch** ☕ 390/450. B **k**

Sable et Soleil M sans rest, 158 r. P. Arène ✆ 94 51 08 70, Fax 94 53 49 12 – TV ☎ ♿ P. GB. ✂
☕ 30 – **20 ch** 280/340. A **u**

H. Oasis sans rest, imp. Charcot ✆ 94 51 50 44 – TV ☎ P. GB. ✂
fermé 1er déc. au 1er fév. – ☕ 25 – **27 ch** 260/320. B **h**

Lion d'Or sans rest, 164 r. Priol et Laporte ✆ 94 52 17 31 – TV ☎. GB. ✂
☕ 26 – **11 ch** 280. B **t**

XXX **La Toque Blanche,** 394 av. V. Hugo ✆ 94 52 06 14 – ▤. AE ① GB — B v
fermé 23 juin au 6 juil., dim. soir du 15 nov. au 15 fév. et lundi – **R** 160/300.

au Colombier par ③ et D 4 : 2 km – ✉ **83600** Fréjus :

Résidences du Colombier, rte Bagnols ✆ **94 51 45 92, Fax 94 53 82 85,** –
TV ☎ ♿ P – 30 à 150. AE ① GB
1er mars-31 oct. – **R** 130/255, enf. 70 – ☕ 45 – **57 ch** 430/470 – ½ P 380/400.

CITROEN Gar. Bacchi, av. A.-Léotard B ✆ 94 40 27 89 N ✆ 94 44 70 28
FORD Gar. Vagneur, 449 bd Mer ✆ 94 51 38 39 N ✆ 94 53 86 32
PEUGEOT-TALBOT Ortelli, RN 7 ZI de la Palud par ③ ✆ 94 44 20 40
Euromaster Omnica, 238 av. de Verdun ✆ 94 51 01 54
Euromaster Piot Pneu, Lotissement Ind. La Palud ✆ 94 51 29 20

Le FRENEY-D'OISANS 38142 Isère 77 ⑥ – 177 h alt. 900.
Voir Barrage du Chambon★★ SE : 2 km – Gorges de l'Infernet★ SO : 2 km, G. Alpes du Nord.
Paris 630 – Bourg-d'Oisans 11,5 – La Grave 17 – ◆Grenoble 61.

Cassini, ✆ 76 80 04 10, Fax 76 80 23 06, ≤, – ☎. GB
22 mai-3 oct. et 18 déc.-5 mai – **R** 85/210, enf. 55 – ☕ 30 – **13 ch** (½ pens. seul.) – ½ P 230/300.

à Mizoën NE : 4 km par N 91 et D 25 – ✉ **38142** :

Panoramique M, ✆ 76 80 06 25, ≤ montagne et vallée, – TV ☎ P. GB. rest
juin-sept. et 26 déc.-1er mai – **R** 90/160, enf. 60 – ☕ 30 – **10 ch** 230/260 – ½ P 226/252.

FRESNAY-EN-RETZ 44580 Loire-Atl. 67 ② – 848 h alt. 5.
Paris 426 – ◆Nantes 38 – La Roche-sur-Yon 59 – Challans 25 – St-Nazaire 49.

XX **Le Colvert,** ✆ 40 21 46 79 – AE ① GB
fermé vacances de fév., dim. soir, mardi soir et merc. – **R** 110/260, enf. 65.

FRESNAY-SUR-SARTHE 72130 Sarthe 60 ⑫ ⑬ G. Normandie Cotentin – 2 452 h alt. 81.
Syndicat d'Initiative pl. de Bassum (juin-sept.) ✆ 43 33 28 04.
Paris 234 – Alençon 20 – ◆Le Mans 37 – Laval 72 – Mamers 31 – Mayenne 53.

Ronsin, 5 av. Ch. de Gaulle ✆ 43 97 20 10, Fax 43 33 50 47 – TV ☎. AE ① GB
fermé 20 déc. au 15 janv., dim. soir et lundi (sauf hôtel) du 1er sept. au 1er juil. sauf fériés – **R** 71/230, enf. 45 – ☕ 27 – **12 ch** 198/298 – ½ P 230/300.

CITROEN Goupil ✆ 43 97 20 08
RENAULT Gar. Lechat, Fresnay-sur-Sarthe ✆ 43 97 24 45
Baloche ✆ 43 97 20 85 N

Le FRET 29 Finistère 58 ④ – rattaché à Crozon.

FRÉVENT 62270 P.-de-C. 51 ⑬ G. Flandres Artois Picardie – 4 121 h.
Paris 196 – ◆Amiens 47 – Abbeville 42 – Arras 38 – St Pol-sur-Ternoise 12.

Amiens, r. Doullens ✆ 21 03 65 43 – TV ☎. GB
R 60/180, enf. 45 – ☕ 23 – **10 ch** 120/190 – ½ P 140/170.

à Monchel-sur-Canche NO : 7 km par D 340 – ✉ **62270** :

Vert Bocage, ✆ 21 47 96 75, Fax 21 03 24 17, , parc – TV ☎ P – 30. GB
R 105/300, enf. 50 – ☕ 35 – **10 ch** 250/320 – ½ P 300.

RENAULT Frevent Gar. ✆ 21 03 61 97 N

FRICHEMESNIL 76690 S.-Mar. 52 ⑭ – 406 h.
Paris 140 – ◆Rouen 32 – Dieppe 40 – Yerville 20 – Yvetot 32.

XX **Au Souper Fin,** ✆ 35 33 33 88 – GB
fermé 16 août au 10 sept., merc. soir et jeudi – **R** 160/220.

FROENINGEN 68 H.-Rhin 66 ⑨ – rattaché à Mulhouse.

FROIDETERRE 70 H.-Saône 66 ⑦ – rattaché à Lure.

FROMENTINE 85 Vendée 67 ① – alt. 3 – ✉ 85550 La Barre-de-Monts.

Voir Centre de découverte du Marais breton-vendéen E : 5 km, **G Poitou Vendée Charentes.**

Paris 454 – ♦Nantes 68 – Challans 24 – Noirmoutier-en-l'Ile 19 – Pornic 41 – La Roche-sur-Yon 64.

Plage, ☏ 51 68 52 05 – ☎. GB
fermé 1er déc. au 1er fév., dim. soir et lundi sauf juil.-août – **R** 59/155 – ☕ 35 – **17 ch** 155/215 – ½ P 215/245.

FRONTIGNAN 34110 Hérault 83 ⑯ ⑰ **G. Gorges du Tarn** – 16 245 h alt. 4.

ℹ Office de Tourisme rond-point de l'Esplanade ☏ 67 48 33 94.

Paris 783 – ♦Montpellier 22 – Lodève 65 – Sète 7,5.

XX **Jas d'Or,** 2 bd V. Hugo ☏ 67 43 07 57 – GB
fermé mardi soir et merc. – **R** 130/165.

à La Peyrade SO : 3 km sur N 112 – ✉ 34110 Frontignan :

Vila sans rest, ☏ 67 48 77 42 – TV ☎ P. AE GB. ✻
☕ 24 – **30 ch** 130/230.

au Nord-Est : 4 km sur N 112 – ✉ 34110 Frontignan :

Host. de Balajan, ☏ 67 48 13 99, Fax 67 43 06 62, piscine, jardin – ▤ rest TV ☎ garage P. AE GB. ✻ rest
fermé 24 déc. au 3 janv., 3 fév. au 3 mars et sam. midi – **R** 78/230 – ☕ 42 – **20 ch** 155/410 – ½ P 210/320.

à l'Est : 7,5 km par rte littorale D 60 – ✉ 34110 Frontignan :

X **L'Escale,** Les Aresquiers ☏ 67 78 14 86, ≤, terrasse – GB
fermé 15 janv. au 1er avril et le soir sauf du 1er mai au 1er nov. – **R** 140/230.

CITROEN Vernhet, ZA La Peyrade ☏ 67 48 87 63

FROTEY-LÈS-VESOUL 70 H.-Saône 66 ⑥ – rattaché à Vesoul.

La FRUITIÈRE 65 H.-Pyr. 85 ⑰ – rattaché à Cauterets.

FUANS 25 Doubs 66 ⑰ – rattaché à Orchamps-Vennes.

FUISSÉ 71960 S.-et-L. 69 ⑲ **G. Bourgogne** – 321 h alt. 250.

Voir Roche de Solutré★ NO : 4 km.

Paris 407 – Mâcon 9,5 – Charolles 53 – Chauffailles 53 – Villefranche-sur-Saône 37.

XX **Pouilly Fuissé,** ☏ 85 35 60 68, terrasse – GB
fermé 26 juil. au 4 août, mi-janv. à mi-fév., dim. soir de sept. à mai, mardi soir et merc. – **Repas** (sam. et dim. prévenir) 72/190, enf. 42.

FUMEL 47500 L.-et-G. 79 ⑥ – 5 882 h alt. 72.

Voir Église★ de Monsempron O : 2 km, **G. Pyrénées Aquitaine.**

Env. Château de Bonaguil★★ NE : 8 km, **G. Périgord Quercy.**

ℹ Syndicat d'Initiative pl. G.-Escande ☏ 53 71 13 70.

Paris 601 – Agen 57 – Bergerac 69 – Cahors 48 – Montauban 76 – Villeneuve-sur-Lot 28.

Climat de France, pl. Église ☏ 53 40 93 93, Fax 53 71 27 94, terrasse, piscine, jardin – TV ☎ ♿ garage – 🏛 50. AE GB
R 90/120 ♁, enf. 45 – ☕ 30 – **32 ch** 275.

XX **72 Avenue** avec ch, av. Usine ☏ 53 71 80 22, Fax 53 40 81 94, terrasse – ▤ rest TV ☎ P. GB
R *(fermé 9 au 23 août et lundi)* 55/220 ♁ – ☕ 30 – **8 ch** 190/230 – ½ P 195.

CITROEN Calassou, ZI Condazaygues, rte de Villeneuve ☏ 53 71 01 80
PEUGEOT-TALBOT Cousset, Montayral ☏ 53 71 03 58

Euromaster Central Pneu Service, ZI Clos Bardy, rte de Périgueux ☏ 53 71 01 50

La FUSTE 04 Alpes-de-H.-P. 81 ⑮ – rattaché à Manosque.

GABARRET 40310 Landes 79 ⑬ – 1 335 h alt. 153.

ℹ Syndicat d'Initiative pl. Mairie ☏ 58 44 34 95.

Paris 718 – Agen 66 – Mont-de-Marsan 47 – Auch 76 – ♦Bordeaux 138 – Pau 94.

Château de Buros ⛰, NE : 4 km par D 656 et VO ☏ 58 44 34 30, Fax 58 44 35 35, ≤, terrasse, parc, piscine, tennis – ascenseur TV ☎ P. AE ◑ GB
R *(fermé merc. midi et mardi de fin oct. à début avril)* 150/300 – ☕ 55 – **17 ch** 650/780 – ½ P 595/670.

Glycines sans rest, ☏ 58 44 92 90 – TV ☎. GB
☕ 30 – **10 ch** 200/250.

RENAULT Lescure ☏ 58 44 90 27 N

GABRIAC **12340** Aveyron 80 ③ – 403 h alt. 575.

Paris 614 – Rodez 28 – Espalion 13 – Mende 89 – St-Geniez-d'Olt 19 – Sévérac-le-Château 33.

Bouloc, ✆ 65 44 92 89, ☂, ♨, 🌳 – TV ☎ ♿ 🚗 P. GB
fermé oct. et merc. sauf juil.-août – **R** 75/170 ♨, enf. 45 – ☕ 30 – **12 ch** 240/260 – ½ P 240/260.

La GACILLY **56200** Morbihan 63 ⑤ – 2 268 h alt. 20.

Paris 404 – Châteaubriant 66 – Dinan 89 – Ploërmel 30 – Redon 14 – ◆Rennes 58 – Vannes 53.

France (Annexe Square 🏨), ✆ 99 08 11 15, Fax 99 08 25 88 – TV ☎ ♿ P. GB
fermé 24 déc. au 3 janv. – **R** 60/180 – ☕ 25 – **35 ch** 120/250 – ½ P 140/200.

RENAULT Gar. Roblin ✆ 99 08 10 17 N ✆ 99 08 84 72

GAILLAC **81600** Tarn 82 ⑨ ⑩ **G. Pyrénées Roussillon** (plan) – 10 378 h alt. 143.

Env. Plafond★ du château de Mauriac N : 8 km par D 3.

ℹ Office de Tourisme pl. Libération ✆ 63 57 14 65.

Paris 670 – ◆Toulouse 52 – Albi 22 – Cahors 91 – Castres 47 – Montauban 50.

Occitan sans rest, pl. Gare ✆ 63 57 11 52 – ☎ P. AE GB
☕ 30 – **13 ch** 120/250.

CITROEN Joulié, 40 av. St-Exupéry ✆ 63 57 11 88
PEUGEOT-TALBOT Capmartin, 83 av. Ch.-de-Gaulle ✆ 63 57 08 48 N ✆ 63 47 87 17
RENAULT Gaillac-Auto, av. St-Exupéry ✆ 63 57 17 50 N ✆ 63 42 70 18
Ⓜ Deldossi, 92 r. J.-Rigal ✆ 63 57 03 29
François, 24 bd Gambetta ✆ 63 57 13 96

GAILLAN-EN-MÉDOC **33** Gironde 71 ⑰ – rattaché à Lesparre-Médoc.

Dans ce guide
un même symbole, un même caractère,
imprimé en couleur ou en noir, *en maigre ou en* **gras**,
n'ont pas tout à fait la même signification.
Lisez attentivement les pages explicatives.

GAILLON **27600** Eure 55 ⑰ **G. Normandie Vallée de la Seine** – 6 303 h alt. 22.

Paris 97 – ◆Rouen 43 – Les Andelys 12 – Évreux 24 – Vernon-sur-Eure 14.

à ***Vieux-Villez*** O : 4 km par N 15 – ✉ **27600** :

Host. Clos Corneille M 🌿, ✆ 32 53 88 00, Télex 770887, Fax 32 52 45 14, ☂, 🌳 – |♦| TV ☎ ♿ P. AE GB
R *(fermé sam. midi et dim. soir)* 80/195 – ☕ 38 – **23 ch** 260/295 – ½ P 260.

PEUGEOT Gar. Berrier 44 rte de Rouen ✆ 32 53 01 43
RENAULT Gar. Gaillonnais 44 av. du Mar.-Leclerc ✆ 32 53 14 35

GALIMAS **47** L.-et-G. 79 ⑮ – rattaché à Agen.

GALLARDON **28320** E.-et-L. 60 ⑧ 106 ㊴ **G. Ile de France** – 2 576 h alt. 140.

Voir "Silhouette" (église et tour)★ – Choeur★ de l'église.

Paris 75 – Chartres 18 – Ablis 13 – Dreux 37 – Épernon 11,5 – Maintenon 12 – Rambouillet 18.

XX **Commerce,** pl. Église ✆ 37 31 00 07 – AE GB
fermé 16 août au 2 sept., 3 au 18 janv., dim. soir, mardi soir et merc. – **R** 120/220, enf. 50.

GAP P **05000** H.-Alpes 77 ⑯ **G. Alpes du Sud** – 33 444 h alt. 733.

🚗 ✆ 92 51 50 50.

ℹ Office de Tourisme 12 r. Faure du Serre ✆ 92 51 57 03 A.C. des Alpes, 25 rte de la Justice, ZI des Fauvins ✆ 92 51 22 12.

Paris 674 ① – Avignon 168 ④ – ◆Grenoble 104 ① – Sisteron 49 ③ – Valence 193 ①.

Plans page suivante

Gapotel M, av. Embrun par ② ✆ 92 52 37 37, Fax 92 52 06 46, ☂, ♨ – |♦| TV ☎ ♿ 🚗 P – 🎤 40 à 100. AE ⓓ GB
R *(fermé dim. soir de nov. à mars)* 80/160 – ☕ 39 – **66 ch** 315/704, 3 appart. – ½ P 299.

Porte Colombe M, 4 pl. F. Euzière ✆ 92 51 04 13, Télex 405834, Fax 92 52 42 50 – |♦| 🚭 ch ▤ rest TV ☎ 🚗. AE ⓓ GB Z n
Repas *(fermé 3 au 22 janv., vend. soir et sam. d'oct. à juin)* 95/200, enf. 55 – ☕ 35 – **26 ch** 210/350 – ½ P 240/250.

La Grille, 2 pl. F. Euzière ✆ 92 53 84 84, Fax 92 52 42 38 – |♦| cuisinette TV ☎ 🚗. AE ⓓ GB Z r
fermé vacances de Noël – **R** *(fermé dim. soir et lundi)* 78/140 ♨, enf. 40 – ☕ 36 – **28 ch** 250/330 – ½ P 270/300.

Mokotel sans rest, par ③ : 2,5 km (près piscine), rte Marseille ✆ 92 51 57 82, Fax 92 51 56 52, 🌳 – TV ☎ ♿ P. AE ⓓ GB
☕ 26 – **27 ch** 210/300.

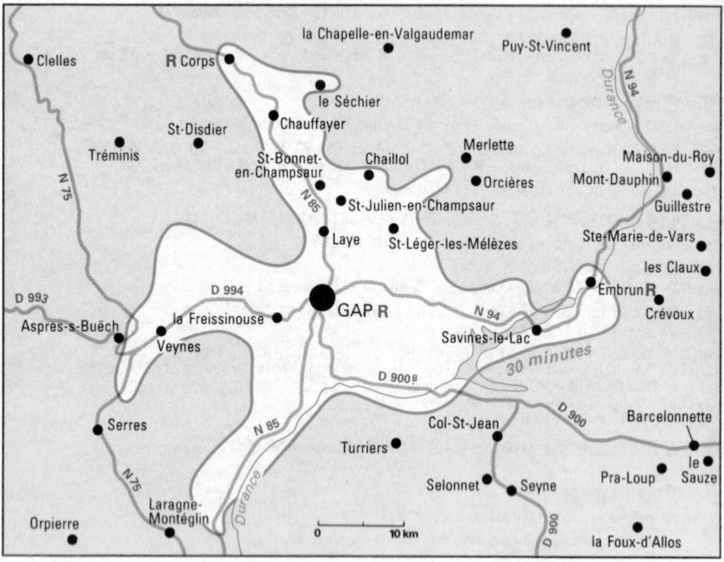

🏨 **Ibis** Ⓜ, bd G. Pompidou ✆ 92 53 57 57, Télex 405906, Fax 92 53 38 15 – 🛗 ch 📺 ☎ ♿ – 25 à 70. AE GB Y x
R 94 🌡, enf. 39 – ☕ 33 – **63 ch** 270/295.

🏨 **Ferme Blanche**, par ① et D 92 : 2 km ✆ 92 51 03 41, Fax 92 51 35 39, ←, – 📺 ☎ Ⓟ – 30. AE GB
R voir rest. **La Roseraie** ci-après – ☕ 38 – **28 ch** 150/310.

🏨 **Inter Service H.** Ⓜ, par ③ : 2 km rte Marseille ✆ 92 53 53 52, Fax 92 53 56 23, – 🛗 📺 ☎ ♿ Ⓟ – 25. AE GB – **R** 149 🌡 – ☕ 30 – **40 ch** 220/280 – ½ P 250.

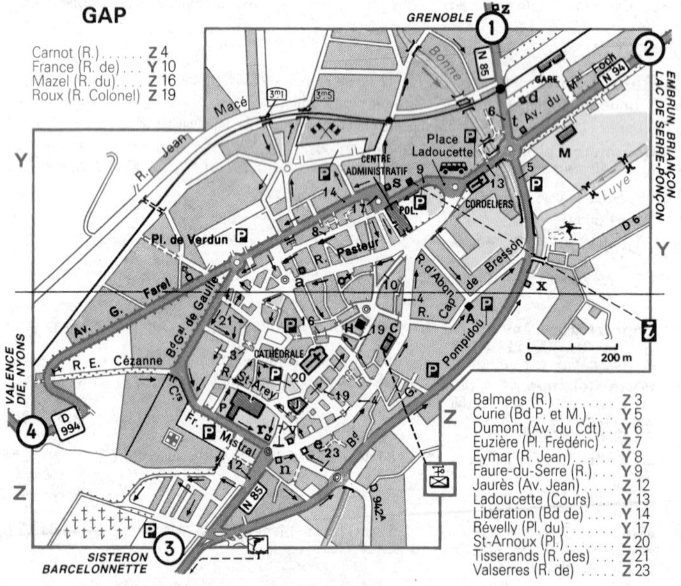

Le Clos ⑤, 20 av. Cdt Dumont ☎ 92 51 37 04, Télex 405943, Fax 92 52 41 06, – ☎ P. GB. rest — Y z
R *(fermé 25 oct. au 25 nov.)* 80/155, enf. 50 – ☐ 33 – **39 ch** 160/240 – ½ P 170/210.

Paix sans rest, 1 pl. F. Euzière ☎ 92 51 03 29, Fax 92 52 19 87 – ☎. GB — Z v
☐ 28 – **23 ch** 140/250.

XXX **Le Patalain,** 7 av. Alpes (près gare) ☎ 92 52 30 83 – AE GB — Y d
fermé 4 au 8 juil. et dim. sauf fêtes – **R** 110/250.

XX **La Roseraie,** par ① et D 92 : 2 km ☎ 92 51 43 08, ←, – P. AE GB JCB
fermé dim. soir et lundi – **R** 125/350, enf. 60.

XX **Carré Long,** 32 r. Pasteur ☎ 92 51 13 10 – AE GB — Y a
fermé 1er au 15 mai, dim. et lundi – **R** 130/270, enf. 70.

X **La Musardière,** 3 pl. Révelly ☎ 92 51 56 15 – AE GB — Y s
fermé 15 au 30 juin, 2 au 15 janv., dim. soir et lundi – **Repas** 98/200.

X **La Grangette,** 1 av. Foch ☎ 92 52 39 82 – GB — Y t
fermé 1er au 15 juin., 11 au 21 janv., lundi soir et mardi sauf juil.-août – **Repas** 95/160.

X **Pique Feu,** par ③ : 2,5 km, (près piscine) rte Marseille ☎ 92 52 16 06, – P. GB
fermé dim. (sauf le midi d'avril à oct.) et lundi midi – **R** 85/120 ♨, enf. 45.

X **La Petite Marmite,** 79 r. Carnot ☎ 92 51 14 20, – GB — Z e
R 75/105, enf. 50.

à la Freissinouse par ④ : 9 km – ✉ 05000 :

Azur, D 994 ☎ 92 57 81 30, Fax 92 57 92 37, ←, parc, – TV ☎ P. GB
R 95/150 ♨, enf. 50 – ☐ 35 – **45 ch** 230/280 – ½ P 240/290.

ALFA-ROMEO, NISSAN Alpes-Sport-Autos, 5, rue de Tokoro ☎ 92 51 18 65
BMW, FIAT Transalp-Auto, 85/86 av. d'Embrun ☎ 92 52 02 57
CITROEN Autom. Gap et Alpes, Tokoro Leplan de Gap par ② ☎ 92 53 88 11
FORD Gar. Europ-Auto, rte de Briançon ☎ 92 52 05 46
LANCIA-MERCEDES Gar. Rouit, 52 av. de Provence Fontreyne ☎ 92 51 18 26
OPEL T.A.G., Zone Tokoro ☎ 92 52 09 99
PEUGEOT-TALBOT France-Alpes, rte de Marseille par ③ ☎ 92 52 15 17
RENAULT Gap-Automobiles, 90 av. d'Embrun par ② ☎ 92 53 96 96 N
ROVER, Gar. de Verdun, 25 av. J.-Jaurès ☎ 92 51 26 18
V.A.G Gar. Alpes-Service, rte de Briançon ☎ 92 52 25 56

Barneaud Pneus, 15 rte de St-Jean ☎ 92 51 00 59
Euromaster Piot Pneu, av. d'Embrun ☎ 92 52 20 28
Meizenq-Pneus, 74 av. d'Embrun, zone Tokoro ☎ 92 52 22 33

GARABIT (Viaduc de) ★★ 15 Cantal 76 ⑭ G. Auvergne – alt. 835 – ✉ 15390 Loubaresse.
Env. Maison du paysan★ à Loubaresse S : 7 km – Belvédère de Mallet ←★★ SO : 13 km puis 10 mn – Paris 528 – Aurillac 85 – Mende 70 – Le Puy-en-Velay 119 – St-Flour 12.

Garabit H., ☎ 71 23 42 75, Fax 71 23 49 60, ←, « Terrasse panoramique », – ☎ P – 35. GB. – *8 avril-15 nov.* – **R** 70/180, enf. 48 – ☐ 30 – **47 ch** 185/350 – ½ P 210/300.

Beau Site, N 9 ☎ 71 23 41 46, Fax 71 23 46 34, ← viaduc et lac, – TV ☎ P. GB
1er avril-1er nov. – **R** 68/160 ♨, enf. 40 – ☐ 28 – **16 ch** 180/260 – ½ P 220/240.

Viaduc, N 9 ☎ 71 23 43 20, Fax 71 23 45 19, ←, – ☎ P. GB
1er avril-3 nov. – **R** 75/170, enf. 40 – ☐ 30 – **25 ch** 200/250 – ½ P 200/260.

GARCHES 92 Hauts-de-Seine 55 ⑳, 101 ⑬ – voir à Paris, Environs.

La GARDE 04 Alpes-de-H.-P. 81 ⑱ – rattaché à Castellane.

La GARDE 48 Lozère 76 ⑮ – rattaché à St-Chély-d'Apcher.

La GARDE-ADHÉMAR 26700 Drôme 81 ① G. Vallée du Rhône – 1 108 h.
Voir Église★ – ←★ de la terrasse – Paris 625 – Montélimar 21 – Nyons 39 – Pierrelatte 6.

XX **Logis de l'Escalin** ⑤ avec ch, N : 1 km par D 572 ☎ 75 04 41 32, – P. GB
fermé 1er au 15 nov., dim. soir et lundi – **R** 100/230 ♨ – ☐ 25 – **6 ch** 170/200 – ½ P 230.

La GARDE-FREINET 83310 Var 84 ⑰ G. Côte d'Azur – 1 465 h alt. 405.
Paris 856 – Fréjus 42 – Brignoles 46 – Hyères 55 – ♦Toulon 74 – St-Tropez 20 – Ste-Maxime 22.

X **La Faücado,** ☎ 94 43 60 41, – GB
fermé 15 janv. au 5 mars et mardi sauf le soir en juil.-août et fériés – **R** carte 170 à 340.

GARDE-GUÉRIN 48 Lozère 80 ⑦ – rattaché à Villefort.

GARDOUCH 31 H.-Gar. 82 ⑲ – rattaché à Villefranche-de-Lauragais.

La GARENNE-COLOMBES 92 Hauts-de-Seine 55 ⑳, 101 ⑭ – voir à Paris, Environs.

GARETTE 79 Deux-Sèvres 71 ② – rattaché à Coulon.

GARNACHE 85 Vendée 67 ⑫ – rattaché à Challans.

GARONS 30 Gard 80 ⑲ – rattaché à Nîmes.

GASSIN 83580 Var 84 ⑰ G. Côte d'Azur – 2 622 h alt. 201.

Voir Boulevard circulaire ≤★ – Moulins de Paillas ✻★★ SE : 3,5 km.

Paris 876 – Fréjus 34 – Brignoles 67 – Le Lavandou 32 – St-Tropez 10,5 – Ste-Maxime 14 – Toulon 71.

Villa de Belieu M ⛰, N : 2 km par rte St-Tropez ✆ 94 56 40 56, Fax 94 43 43 34, ≤, 🏡, parc, « Dans un domaine viticole, demeure provençale luxueusement agencée », ₺, 🏊, 🏊, 🎾 – ▤ ch 📺 ☎ 🅟. AE GB
fermé 6 janv. au 1er mars – **R** *(fermé merc. d'oct. à mars)* 380/600 – ☕ 95 – **13 ch** 1800/4400, 5 appart.

Mas de Chastelas ⛰, N : 3 km par rte St-Tropez et chemin privé ✆ 94 56 09 11, Télex 462393, Fax 94 56 11 56, ≤, 🏡, parc, 🏊, 🎾 – ☎ 🅟. AE ⓓ GB. ✻ rest
avril-oct. – **R** 270/380 – ☕ 70 – **20 ch** 550/1250, 10 appart. – ½ P 680/1240.

Aub. la Verdoyante, N : 2 km par rte St-Tropez et chemin privé ✆ 94 56 16 23, ≤, 🏡 – 🅟. GB
15 mars-2 nov. et fermé merc. sauf le soir en juil.-août – **R** 160/360.

La GAUCHERIE 41 L.-et-Ch. 64 ⑱ – rattaché à Cour-Cheverny.

GAUCHIN-LEGAL 62 P.-de-C. 53 ① – rattaché à Bruay-la-Bussière.

La GAUDE 06610 Alpes-Mar. 84 ⑨ G. Côte d'Azur – 4 951 h.

ℹ Syndicat d'Initiative pl. Victoires (mai-sept.) ✆ 93 24 47 26 – Paris 929 – ♦Nice 21 – Antibes 19 – Vence 9.

rte St-Laurent-du-Var 2 km par D 118 – ✉ **06610** La Gaude :

Alliance M ⛰, (face IBM) ✆ 93 24 47 77, Télex 461243, Fax 93 24 85 84, 🏡, 🏊 – 🛗 ⇸ ch ▤ 📺 ☎ ♿ 🅟 – 🏛 25. AE GB
R *(fermé sam. midi et dim. soir de nov. à mars)* 95/170 🍷 – ☕ 60 – **52 ch** 430/500.

GAVARNIE 65120 H.-Pyr. 85 ⑱ G. Pyrénées Aquitaine – 177 h alt. 1 357.

Voir Cirque de Gavarnie★★★ S : 3 h 30 – Env. Pic de Tantes ✻★★ SO : 11 km.

ℹ Office de Tourisme (juil.-sept., 15 déc.-avril) ✆ 62 92 49 10, Télex 533765.

Paris 873 – Pau 93 – Lourdes 50 – Luz-St-Sauveur 20 – Tarbes 70.

Vignemale M ⛰, ✆ 62 92 40 00, Fax 62 92 40 08, ≤, 🏡 – 🛗 ⇸ ch 📺 ☎ 🅟 – 🏛 25. AE. ✻
fermé 1er nov. au 26 déc. – **R** (dîner seul.) 130/370 – ☕ 52 – **24 ch** 350/890 – ½ P 425.

Le Marboré, ✆ 62 92 40 40, ≤, 🏡 – ☎ 🅟. AE ⓓ GB
fermé 12 nov. au 15 déc. – **R** 80/185 🍷, enf. 40 – ☕ 32 – **24 ch** 270 – ½ P 260.

La Ruade, ✆ 62 92 48 49, 🏡 – GB JCB
1er juin-1er oct. – **R** 75/98 🍷, enf. 40.

à Gèdre N par D 921 : 8,5 km – ✉ **65120** :

Brèche de Roland, ✆ 62 92 48 54, Fax 62 92 46 05, ≤, 🌳 – ☎ ♿ 🅟. ✻ rest
1er mai-1er oct., vacances scolaires et week-ends du 27 déc. à Pâques – **R** 120/200, enf. 45 – ☕ 28 – **28 ch** 240/260 – ½ P 220.

GAVRINIS (Ile) 56 Morbihan 63 ⑫ G. Bretagne.

Voir Cairn★★ 15 mn en bateau de Larmor-Baden.

GÈDRE 65 H.-Pyr. 85 ⑱ – rattaché à Gavarnie.

GÉMENOS 13420 B.-du-R. 84 ⑭ G. Provence – 5 025 h alt. 150.

Voir Parc de St-Pons★ E : 3 km – Aubagne : musée de la Légion Etrangère★ O : 5 km – Forêt de la Ste-Baume★★ NE – Paris 792 – ♦Marseille 25 – ♦Toulon 50 – Aix-en-Provence 36 – Brignoles 47.

Relais de la Magdeleine ⛰, ✆ 42 32 20 16, Fax 42 32 02 26, 🏡, « Elégante demeure avec mobilier ancien, parc », 🏊 – 🛗 📺 ☎ 🅟 – 🏛 45. GB
fermé 15 janv. au 15 mars – **R** *(fermé dim. soir et lundi du 1er oct. au 15 janv. sauf fériés)* 250 – ☕ 65 – **23 ch** 480/750 – ½ P 590/700.

Parc ⛰, Vallée St Pons par D 2 : 1 km ✉ 13420 ✆ 42 32 20 38, Fax 42 32 10 26, 🏡, 🌳 – ☎ 🅟. GB
R *(fermé 2 au 19 nov., lundi soir et mardi de sept. à mai)* 90/220 – ☕ 28 – **14 ch** 270/280 – ½ P 240/260.

GENAS 69 Rhône 74 ⑫ – rattaché à Lyon.

GÉNÉRARGUES 30 Gard 80 ⑰ – rattaché à Anduze.

GENESTON 44140 Loire-Atl. 67 ③ – 1 958 h alt. 30.

Paris 400 – ♦Nantes 19 – La Roche-sur-Yon 46 – Cholet 54.

Le Pélican, ✆ 40 04 77 88 – GB
fermé 1er au 21 août, 2 au 7 janv., dim. soir et merc. – **R** 90/180, enf. 45.

Le GENESTOUX 63 P.-de-D. 73 ⑬ – rattaché au Mont-Dore.

GENÈVE Suisse 74 ⑥ 217 ⑪ **G. Suisse** – 167 167 h Communauté urbaine 395 238 h alt. 375 – Casino GY – Genève et les environs : de France 19-41-22 ; de Suisse 022.

Voir Bords du Lac <★★★ – Parcs★★ BU **B** : Mon Repos, la Perle du Lac et Villa Barton – Jardin botanique★ : jardin de rocaille★★ BU **E** – Vieille ville★ : ✻★★ de la tour Nord de la cathédrale St-Pierre★ FY, Maison Tavel★ FY, Monument de la Réformation★ FYZ **D** – Palais des Nations★ BU – Parc de la Grange★ GY – Parc des Eaux-Vives★ CV – Vaisseau★ de l'église du Christ-Roi BV **N** – Boiseries★ au musée des Suisses à l'Étranger★ BU **M4** – Musées : Art et Histoire★★ GZ, Ariana★★ BU **M2**, Histoire naturelle★★ GZ, Petit Palais-musée d'Art Moderne★ GZ, collections Baur★ (dans hôtel particulier) GZ, Instruments anciens de musique★ GZ **M1** international de la Croix-Rouge et du Croissant-Rouge★ BU **M3**.

Excurs. en bateau sur le lac. Rens. Cie Gén. de Nav., Jard. Anglais ☎ 311 25 21 – Mouettes genevoises, 8 quai du Mt-Blanc ☎ 732 29 44 – Swiss Boat, 4 quai du Mont-Blanc ☎ 736 47 47.

18 à Cologny ☎ 735 75 40 - CU ; 18 Country Club de Bossey ☎ 50 43 75 25, par rte de Troinex - BV.

✈ de Genève ☎ 717 71 11 AU.

Office de Tourisme gare Cornavin ☎ 738 52 00, Télex 731 90 56 A.C. Suisse, 21 r. de la Fontenette ☎ 342 22 23 T.C. Suisse, 9 r. P.-Fatio ☎ 737 12 12.

Paris 537 ⑦ – Thonon-les-Bains 37 ④ – Bern 165 ② – Bourg-en-Bresse 111 ⑦ – Lausanne 61 ② – ♦Lyon 152 ⑦ – Torino 252 ⑥.

Plans : Genève p. 2 à 5

Les prix sont donnés en francs suisses

Rive droite (Gare Cornavin - Les Quais) :

Richemond, jardin Brunswick, ✉ 1201 ☎ 731 14 00, Télex 412560, Fax 731 67 09, <, – ch – 250. AE GB p. 5 FY **u**
R voir rest. **Le Gentilhomme** ci-après - **Le Jardin R** carte 60 à 90 – 29 – **67 ch** 320/630, 31 appart.

Rhône, quai Turrettini, ✉ 1201 ☎ 731 98 31, Télex 412559, Fax 732 45 58, <, – ch – 40 à 150. AE GB JCB. rest p. 4 EY **r**
R voir rest. **Le Neptune** ci-après - **Café Rafaël R** 39/65, enf. 25 – 25 – **224 ch** 280/710, 10 appart.

Les Bergues, 33 quai Bergues, ✉ 1201 ☎ 731 50 50, Télex 412540, Fax 732 19 89, < – ch – 40 à 350. AE GB JCB p. 5 FY **k**
R voir rest **Amphitryon** ci-après- **Le Pavillon R** carte 50 à 80, enf. 25 – 27 – **113 ch** 290/550, 10 appart.

Noga Hilton M, 19 quai Mt-Blanc ✉ 1201 ☎ 731 98 11, Télex 412337, Fax 738 64 32, <, – ch – 850. AE GB JCB p. 5 GY **y**
R voir rest. **Le Cygne** ci-après- **La Grignotière R** carte 55 à 80 – **Le Bistroquai R** carte environ 30 – 26 – **376 ch** 460/590, 36 appart.

Beau Rivage, 13 quai Mt-Blanc ✉ 1201 ☎ 731 02 21, Télex 412539, Fax 738 98 47, <, – ch rest – 30 à 300. AE GB JCB p. 5 FY **d**
R voir rest. **Le Chat Botté** ci-après - **Le Quai 13** ☎731 31 82 **R** carte 50 à 75 – 23 – **104 ch** 330/660, 6 appart.

Président M, 17 quai Wilson ✉ 1211 ☎ 731 10 00, Télex 412328, Fax 731 22 06, < lac – ch – 25 à 80. AE GB. rest p. 5 GX **d**
R carte 75 à 110 – 22 – **183 ch** 300/450, 29 appart.

Paix, 11 quai Mt-Blanc ✉ 1201 ☎ 732 61 50, Télex 412554, Fax 738 87 94, < – – 70. AE GB p. 5 FY **s**
R 40/60 – 27 – **85 ch** 260/530, 15 appart.

Forum Hôtel, 19 r. Zürich ✉ 1211 ☎ 731 02 41, Télex 412557, Fax 738 75 14 – ch – 100. AE GB JCB p. 5 FX **s**
La Cortille R 50/95 – **Café Ragueneau R** 50/95 – 23 – **212 ch** 240/335, 7 appart.

Pullman Rotary M, 18 r. Cendrier ✉ 1201 ☎ 731 52 00, Télex 412704, Fax 731 91 69, , « Beau mobilier ancien » – ch ch . AE GB. rest p. 5 FY **t**
R *(fermé 25 déc. au 2 janv., sam. et dim.)* carte environ 60 – 24 – **84 ch** 250/270 – 10 duplex.

Warwick M, 14 r. Lausanne ✉ 1201 ☎ 731 62 50, Télex 412731, Fax 738 99 35 – ch – 25 à 300. AE GB JCB. rest p. 5 FY **n**
Les 4 Saisons *(fermé 1er au 15 août, sam. et dim.)* **R** 41/80 – 22 – **169 ch** 310/365 – 1/2 P 243.

Bristol, 10 r. Mt-Blanc ✉ 1201 ☎ 732 38 00, Télex 412544, Fax 738 90 39, – cuisinette rest – 30 à 100. AE GB JCB. rest p. 5 FY **w**
R 18/64 – 20 – **93 ch** 255/420, 5 appart.

Cornavin sans rest, 33 bd James Fazy ✉ 1211 ☎ 732 21 00, Télex 412548, Fax 732 88 43 – . AE GB JCB p. 4 EY **t**
115 ch 140/275.

Ambassador, 21 quai Bergues ✉ 1201 ☎ 731 72 00, Fax 738 90 80, – ch – 40. AE GB. p. 5 FY **p**
R 46/55 – 14 – **86 ch** 145/313.

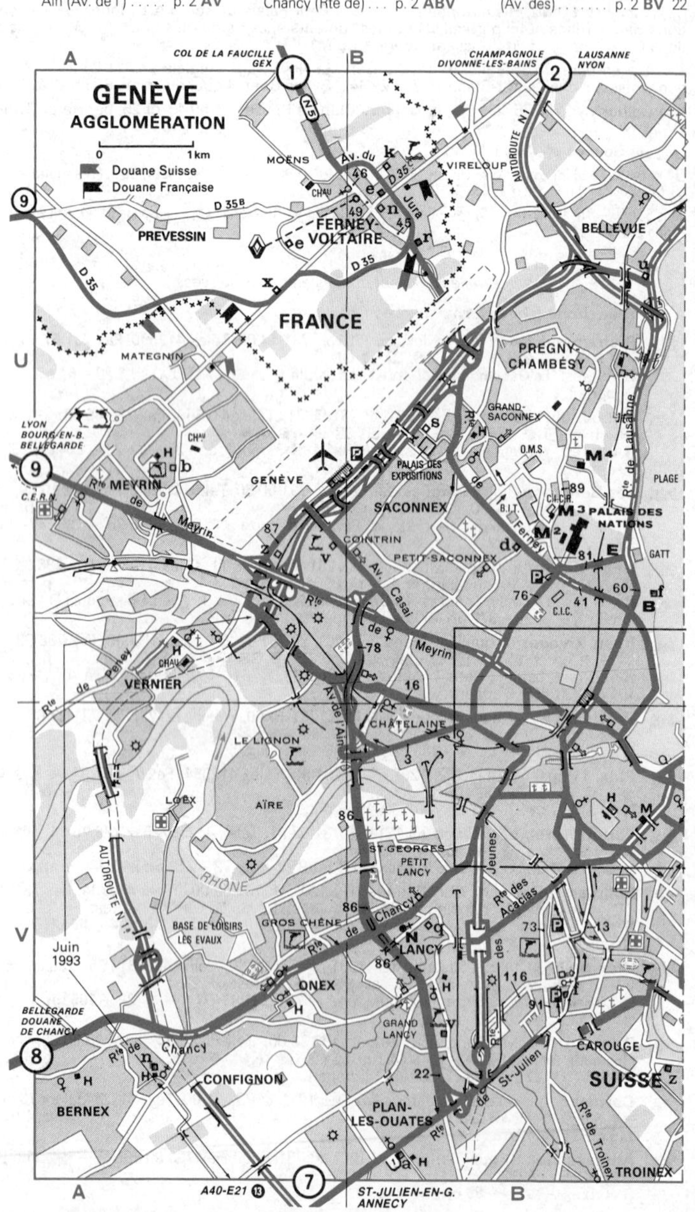
GENÈVE
AGGLOMÉRATION
0 1 km
Douane Suisse
Douane Française
COL DE LA FAUCILLE GEX
CHAMPAGNOLE DIVONNE-LES-BAINS
LAUSANNE NYON
LYON BOURG-EN-B. BELLEGARDE
C.E.R.N.
BELLEGARDE DOUANE DE CHANCY
A40-E21
ST-JULIEN-EN-G. ANNECY
FERNEY-VOLTAIRE
PREVESSIN
MOËNS
VIRELOUP
BELLEVUE
FRANCE
MATEGNIN
PREGNY-CHAMBÉSY
GRAND-SACONNEX
O.M.S.
PALAIS DES NATIONS
PLAGE
GATT
B.I.T.
C.I.C.R.
C.I.C.
MEYRIN
GENÈVE
PALAIS DES EXPOSITIONS
SACONNEX
COINTRIN
PETIT-SACONNEX
VERNIER
CHÂTELAINE
LE LIGNON
LOËX
AÏRE
RHÔNE
ST-GEORGES
PETIT LANCY
AUTOROUTE N 1
BASE DE LOISIRS LES EVAUX
GROS CHÊNE
LANCY
ONEX
GRAND LANCY
Juin 1993
CONFIGNON
BERNEX
PLAN-LES-OUATES
CAROUGE
SUISSE
TROINEX
Rte de Meyrin
Av. Casaï
Rte de Ferney
Rte de Lausanne
Av. de l'Aïre
Rte de Chancy
Rte des Acacias
Rte de St-Julien
Rte de Troinex
Rte de Peney
Av. du Jura
D 35
D 35B
N5

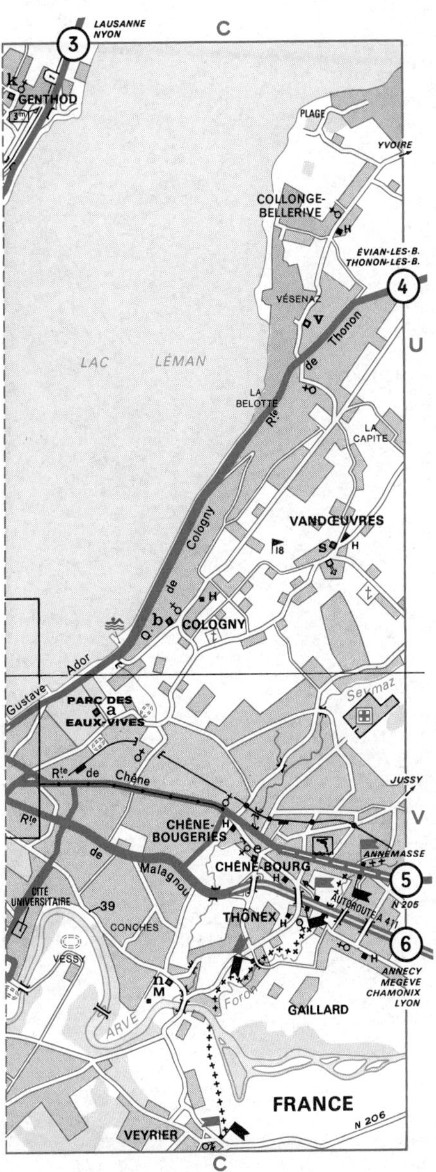
LAUSANNE
NYON
C
3
GENTHOD
PLAGE
YVOIRE
COLLONGE-
BELLERIVE
ÉVIAN-LES-B.
THONON-LES-B.
4
VÉSENAZ
Rte de Thonon
U
LAC
LÉMAN
LA
BELOTTE
LA
CAPITE
VANDŒUVRES
Q. G. de Cologny
COLOGNY
Gustave Ador
PARC DES
EAUX-VIVES
Seymaz
Rte de Chêne
JUSSY
V
CHÊNE-
BOUGERIES
Rte de Malagnou
CHÊNE-BOURG
ANNEMASSE
5
CITÉ
UNIVERSITAIRE
39
CONCHES
THÔNEX
AUTOROUTE A 411
N 205
6
VESSY
ANNECY
MEGÈVE
CHAMONIX
LYON
Foron
ARVE
GAILLARD
FRANCE
N 206
VEYRIER
C

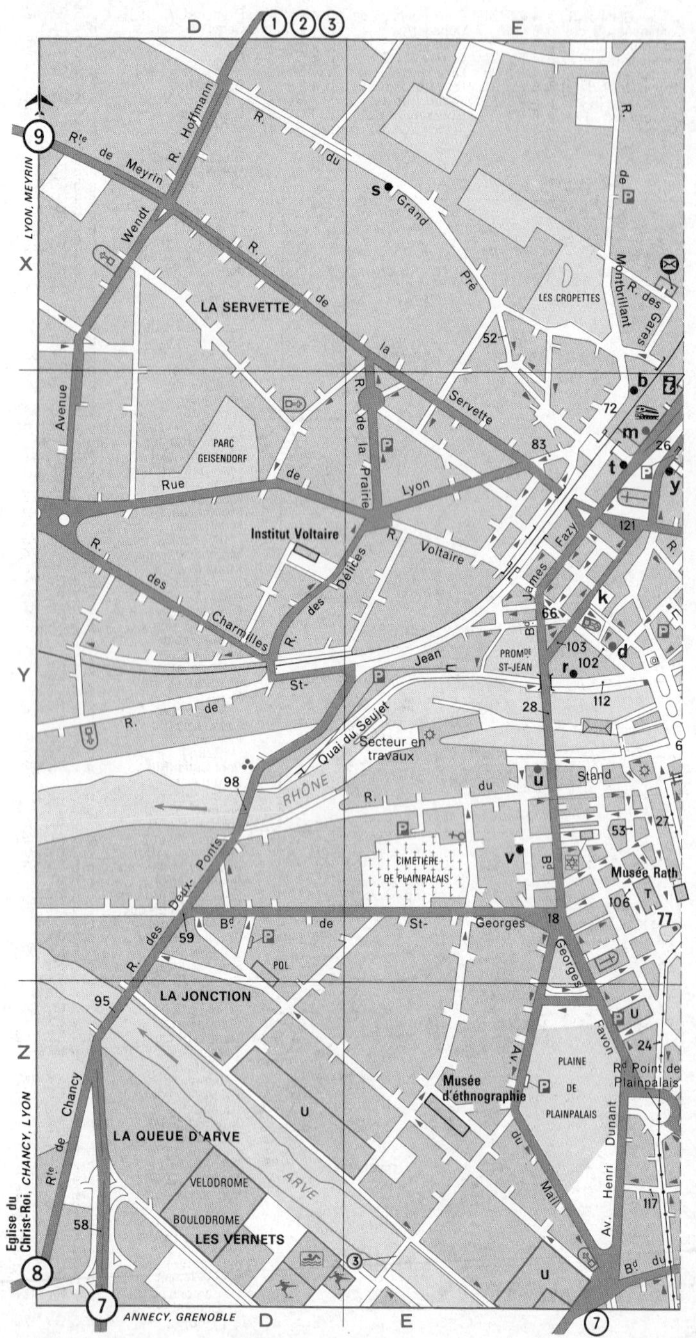
D
E
X
Y
Z
LYON, MEYRIN
Rte de Meyrin
R. Hoffmann
Wendt
Avenue
R. du Grand Pré
R. de la Servette
LA SERVETTE
LES CROPETTES
R. de Montbrillant
R. des Gares
PARC GEISENDORF
Rue de Lyon
R. de la Prairie
Institut Voltaire
R. Voltaire
R. des Charmilles
R. des Délices
R. de St-Jean
Bd James Fazy
PROMDE ST-JEAN
Quai du Seujet
Secteur en travaux
RHÔNE
R. du Stand
CIMETIÈRE DE PLAINPALAIS
Musée Rath
R. des Deux-Ponts
Bd de St-Georges
Bd Georges Favon
POL
LA JONCTION
PLAINE DE PLAINPALAIS
Rd Point de Plainpalais
Musée d'éthnographie
Av. du Mail
Av. Henri Dunant
Bd du
Rte de Chancy
LA QUEUE D'ARVE
ARVE
VELODROME
BOULODROME
LES VERNETS
Eglise du Christ-Roi, CHANCY, LYON
ANNECY, GRENOBLE

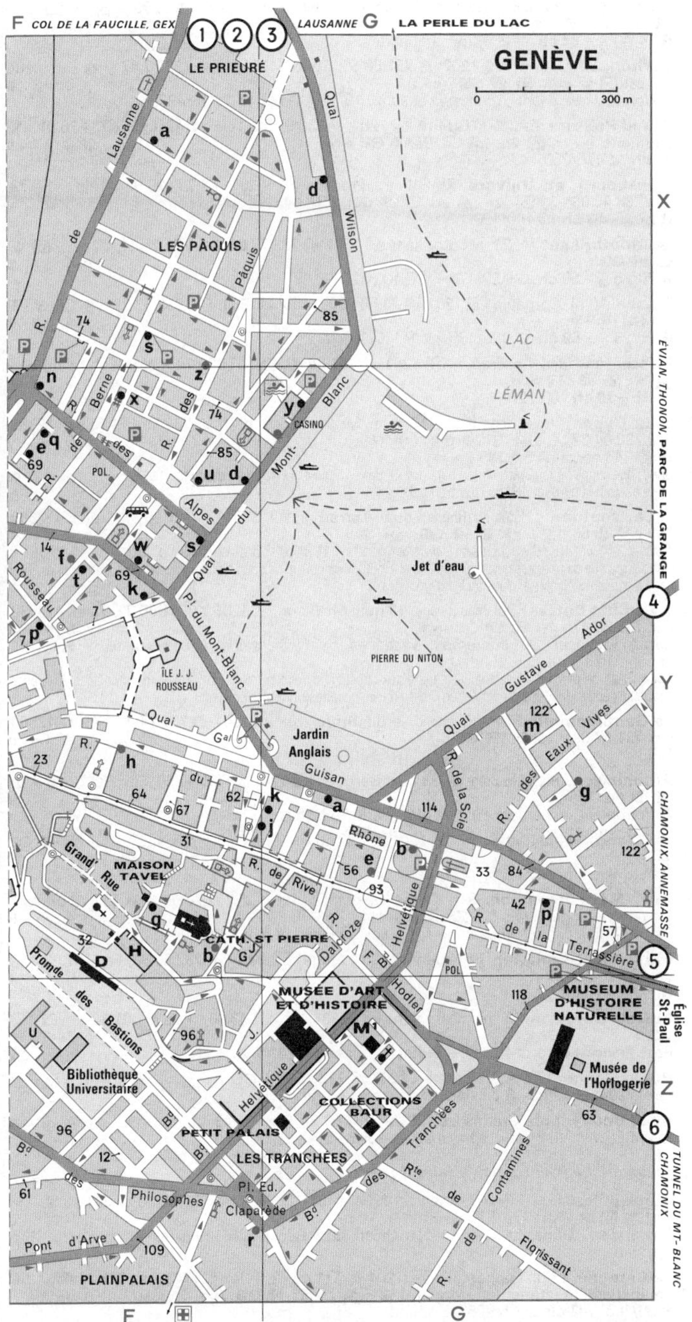
GENÈVE
F COL DE LA FAUCILLE, GEX
LAUSANNE G
LA PERLE DU LAC
LE PRIEURÉ
LES PÂQUIS
Quai Wilson
LAC LÉMAN
CASINO
Jet d'eau
PIERRE DU NITON
ÎLE J. J. ROUSSEAU
Jardin Anglais
Quai Gustave Ador
MAISON TAVEL
CATH. ST PIERRE
MUSÉE D'ART ET D'HISTOIRE
MUSEUM D'HISTOIRE NATURELLE
Musée de l'Horlogerie
COLLECTIONS BAUR
PETIT PALAIS
LES TRANCHÉES
Bibliothèque Universitaire
Promde des Bastions
Pl. Ed. Claparède
PLAINPALAIS
Pont d'Arve
ÉVIAN, THONON, PARC DE LA GRANGE
CHAMONIX, ANNEMASSE
Église St-Paul
TUNNEL DU MT-BLANC CHAMONIX
F G

Berne, 26 r. Berne ✉ 1201 ☎ 731 60 00, Télex 412542, Fax 731 11 73 – ▮ ▤ TV ☎ – 30 à 100. AE ⓓ GB JCB. ✲ ch p. 5 FY **x**
R 14/40 – **84 ch** 200/280, 4 appart.

Carlton, 22 r. Amat ✉ 1202 ☎ 731 68 50, Télex 412546, Fax 732 82 47 – ▮ cuisinette ▤ rest TV ☎. AE ⓓ GB JCB p. 5 FX **a**
R *(fermé 1er au 9 janv., dim. midi et sam.)* 19/42 – **123 ch** 165/305.

Grand Pré sans rest, 35 r. Gd Pré ✉ 1202 ☎ 733 91 50, Télex 414210, Fax 734 76 91 – ▮ cuisinette ch TV ☎ – 30. AE ⓓ GB JCB p. 4 EX **s**
80 ch 175/250.

Strasbourg et Univers M, 10 r. Pradier ✉ 1201 ☎ 732 25 62, Télex 412773, Fax 738 42 08 – ▮ TV ☎ – 25. AE ⓓ GB JCB. ✲ p. 5 FY **q**
R 22 – **53 ch** 140/190.

Le Montbrillant M, 2 r. Montbrillant ✉ 1201 ☎ 733 77 84, Fax 733 25 11, – ▮ TV ☎. AE ⓓ GB p. 4 EY **b**
R 20/25 – **58 ch** 120/170 – ½ P 100/120.

Suisse, 10 pl. Cornavin ✉ 1201 ☎ 732 66 30, Télex 412564, Fax 732 62 39 – ▮ TV ☎. AE ⓓ GB JCB p. 4 EY **y**
R 25/28 – **60 ch** 125/185 – ½ P 100/107.

Cristal sans rest, 4 r. Pradier ✉ 1201 ☎ 731 34 00, Fax 731 70 78 – ▮ ch ▤ TV ☎ – 30. AE ⓓ GB JCB p. 5 FY **e**
15 – **79 ch** 180/220.

XXXX ✿ **Le Cygne** - Hôtel Noga Hilton, 19 quai Mt-Blanc ✉ 1201 ☎ 731 98 11, Télex 412337, Fax 738 64 32, ← – ▤. AE ⓓ GB JCB. ✲ p. 5 GY **y**
R 90/145 et carte 95 à 135
Spéc. Baluchons de tourteaux en tempura (hiver). Bar de ligne à la vinaigrette de truffes. Selle d'agneau en feuille de vigne et croûte de sel (été). **Vins** Lully blanc, Satigny.

XXXX ✿ **Le Neptune** - Hôtel du Rhône, quai Turrettini ✉ 1201 ☎ 731 98 31, Télex 412559, Fax 732 45 58, – ▤. AE ⓓ GB JCB. ✲ p. 4 EY **r**
fermé 24 juil. au 16 août, sam., dim. et fériés – **R** 105/155 et carte 90 à 130
Spéc. Escalope de foie gras de canard poêlée et croûtons de polenta. Risotto de blanc de turbot et langoustines. Tarte tiède aux pêches blanches, glace au lait d'amandes.

XXXX ✿ **Le Chat Botté** - Hôtel Beau Rivage, 13 quai Mt-Blanc ✉ 1201 ☎ 731 65 32, Télex 412539, Fax 738 98 47 – ▤. AE ⓓ GB JCB p. 5 FY **d**
fermé vacances de printemps, vacances de Noël, sam. dim. et fériés – **R** 95/125 et carte 70 à 110
Spéc. Filets de perches en salade, vinaigrette aux appétits (juin à avril). Noix de Saint-Jacques poêlées aux cèpes, beurre aux épices (oct. à avril). Poulet de Bresse rôti en cocotte. **Vins** Peissy, Satigny.

XXXX **Le Gentilhomme** - Hôtel Richemond, jardin Brunswick ✉ 1201 ☎ 731 14 00, Télex 412560, Fax 731 67 09 – ▤. AE ⓓ GB p. 5 FY **u**
R 98.

XXXX **Amphitryon** - Hôtel Les Bergues, 33 quai Bergues ✉ 1201 ☎ 731 50 50, Fax 732 19 89 – ▤. AE ⓓ GB JCB p. 5 FY **k**
R *(fermé juil., août, sam. midi et dim.)* carte 75 à 95.

XXX **Tsé Yang,** 19 quai Mt-Blanc ✉ 1201 ☎ 732 50 81, ←, « Décor élégant » – ▤. AE ⓓ GB JCB p. 5 GY **y**
R cuisine chinoise 65/125.

XXX **Aub. Mère Royaume,** 9 r. Corps Saints ✉ 1201 ☎ 732 70 08, Fax 732 70 07, , « Style vieux genevois » – AE ⓓ GB p. 4 EY **k**
fermé 24 juil. au 15 août, sam. (sauf le soir en hiver) et dim. – **R** 79/110 .

XX **Mövenpick-Cendrier,** 17 r. Cendrier (1er étage) ✉ 1201 ☎ 732 50 30, Fax 731 93 41 – ▤. AE ⓓ GB. ✲ p. 5 FY **f**
R carte 45 à 80 .

XX **Buffet Cornavin,** 3 pl. Cornavin ✉ 1201 ☎ 732 43 06, Fax 731 61 82 – AE ⓓ GB p. 4 EY **m**
Rest. Français R carte 40 à 80 – **Buffet (1ère classe) R** 24/47 .

X **Boeuf Rouge,** 17 r. A. Vincent ✉ 1201 ☎ 732 75 37 – GB p. 5 FXY **z**
fermé sam. et dim. – **R** cuisine lyonnaise 50/68 .

X **Chez Bouby,** 1 rue Grenus ✉ 1201 ☎ 731 09 27, Fax 732 48 45, – GB p. 4 EY **d**
fermé 23 déc. au 7 janv., dim. et fériés – **R** 28/55 .

Rive gauche (Centre des affaires) :

Métropole, 34 quai Gén. Guisan ✉ 1204 ☎ 311 13 44, Télex 421550, Fax 311 13 50, – ▮ ▤ TV ☎ – 50 à 200. AE ⓓ GB. ✲ rest p. 5 GY **a**
R voir rest. **L'Arlequin** ci-après- **Le Grand Quai R** carte 65/100 – **121 ch** 260/435, 6 appart.

La Cigogne, 17 pl. Longemalle ✉ 1204 ☎ 311 42 42, Télex 421748, Fax 311 40 65, « Bel aménagement intérieur » – ▮ ▤ TV ☎ – 25. AE ⓓ GB JCB. ✲ rest p. 5 FGY **j**
R 85/105 – **42 ch** 255/355, 8 appart.

Armures , 1 r. Puits St Pierre ✉ 1204 ✆ 310 91 72, Télex 421129, Fax 310 98 46 – – 25. AE GB p. 5 FY **g**
R 40/48 – **24 ch** 270/360, 4 appart.

Century sans rest, 24 av. Frontenex ✉ 1207 ✆ 736 80 95, Télex 413246, Fax 786 52 74 – ch – 35. AE GB JCB p. 5 GY **p**
119 ch 205/310, 14 appart.

Tiffany M, 18 r. Arquebuse ✉ 1205 ✆ 329 33 11, Fax 320 89 91 – . AE GB
R 36 – **28 ch** 170/240. p. 4 EY **v**

Touring Balance, 13 pl. Longemalle ✉ 1204 ✆ 310 40 45, Télex 427634, Fax 310 40 39 – – 40. AE GB JCB p. 5 GY **k**
R *(fermé sam. et dim.)* 43/55 – **60 ch** 165/220 – ½ P 150/155.

Parc des Eaux-Vives, 82 quai G. Ador ✉ 1207 ✆ 735 41 40, Fax 786 87 65, « Agréable situation dans un grand parc, belle vue », – . AE GB p. 3 CV **a**
fermé fin déc. à mi-fév., dim. (sauf le midi de mi-avril à oct.) et lundi – **R** 80/150 .

L'Arlequin - Hôtel Métropole, 34 quai Gén. Guisan ✉ 1204 ✆ 311 13 44, Télex 421550, Fax 311 13 50 – . AE GB. p. 5 GY **a**
fermé août, sam., dim. et fériés – **R** 90/110 .

Le Béarn (Goddard), 4 quai Poste ✉ 1204 ✆ 321 00 28, Fax 381 31 15 – . GB
fermé 17 juil. au 22 août, vacances de fév., sam. (sauf le soir d'oct. à avril) et dim. – **R** 115/145 et carte 90 à 140 p. 4 EY **u**
Spéc. Croustillant de truffe et foie gras (mi-déc. à mi-fév.). Oursin fourré aux coquilles Saint-Jacques (hiver). Gaufrette de grenouilles à l'échalote mauve (printemps). **Vins** Satigny, Coteau de Choully.

Baron de la Mouette (Mövenpick Fusterie), 40 r. Rhône ✉ 1204 ✆ 311 88 55, Fax 310 93 22 – . AE GB p. 5 FY **h**
fermé dim. en juil.-août – **R** 45 .

Roberto, 10 r. P. Fatio ✉ 1204 ✆ 311 80 33 – . AE GB p. 5 GY **e**
fermé sam. soir et dim. – **R** cuisine italienne – carte 60 à 90 .

La Coupole, 116 r. Rhône ✉ 1204 ✆ 735 65 44, Fax 736 75 46 – . AE GB p. 5 GY **b**
fermé dim. et fériés – **R** 40/75.

Cavalieri, 7 r. Cherbuliez ✉ 1207 ✆ 735 09 56 – . AE GB JCB p. 5 GY **g**
fermé 3 juil. au 3 août et lundi – **R** cuisine italienne – carte 40 à 75 .

Le Sénat, 1 r. E. Yung ✉ 1205 ✆ 346 58 10, – AE GB p. 5 FZ **r**
fermé sam. et dim. – **R** 38/65 , enf. 16.

L'Esquisse, 7 r. Lac ✉ 1207 ✆ 786 50 44 – GB p. 5 GY **m**
fermé sam. et dim. – **R** 50/80 , enf. 18.

Au Pied de Cochon, 4 pl. du Bourg-de-Four ✆ 310 47 97, Fax 310 02 02 – AE GB JCB – **R** 27/55 . p. 5 FY **b**

Environs

au Nord :

Palais des Nations :

Intercontinental M, 7 petit Saconnex ✉ 1211 ✆ 734 60 91, Télex 412921, Fax 734 28 64, <, , , – – 25 à 600. AE GB JCB. rest p. 2 BU **d**
R voir rest. **Les Continents** ci-après - **La Pergola R** carte 60 à 85 – 23 – **271 ch** 340/490, 60 appart.

Les Continents - Hôtel Intercontinental, 7 petit Saconnex ✉ 1211 ✆ 734 60 91, Télex 412921, Fax 734 28 64 – . AE GB JCB. p. 2 BU **d**
fermé dim. midi et sam. – **R** 88 et carte 90 à 140
Spéc. Sauté de langoustines et fricassée de petits haricots blancs. Symphonie de poissons et crustacés aux élans de cannelle et d'harissa. Pigeon rôti dans ses sucs au laurier et pastilla de béatilles. **Vins** Peissy, Saint-Saphorin.

La Perle du Lac, 128 r. Lausanne ✉ 1202 ✆ 731 79 35, Fax 731 49 79, < lac, – . AE GB. p. 2 BU **f**
fermé 23 déc. au 24 janv. et lundi – **R** 95/140.

Palais des Expositions : 5 km – ✉ **1218** Grand Saconnex :

Holiday Inn Crowne Plaza M, 26 voie Moëns ✆ 791 00 11, Télex 415695, Fax 798 92 73, , – ch – 40 à 140. AE GB JCB p. 2 BU **s**
R 35 – 22 – **303 ch** 250/330.

à Bellevue par ③ et rte de Lausanne : 6 km - BU – ✉ **1293** Bellevue :

La Réserve M , 301 rte Lausanne ✆ 774 17 41, Télex 419117, Fax 774 25 71, <, , « Dans un parc près du lac, port aménagé », , , , – – 80. AE GB JCB p. 2 BU **u**
R voir rest. **Tsé Fung** ci-après - **La Closerie R** carte 60 à 85 – **Chez Gianni** cuisine italienne **R** carte environ 75 – **Mikado** cuisine japonaise **R** carte 70 à 120 – 25 – **114 ch** 360/450, 9 appart.

XXX **Tsé Fung** - Hôtel La Réserve, 301 rte Lausanne ℘ 774 17 41, Télex 419117, Fax 774 25 71, 余 – ▤ P. AE ⓓ GB p. 2 BU **u**
R cuisine chinoise 75/125.

à Genthod par ③ et rte de Lausanne : 7 km - CU – ✉ **1294** Genthod :

XX ✿ **Rest. du Château de Genthod** (Leisibach), 1 rte Rennex ℘ 774 19 72, 余 – GB p. 3 CU **k**
fermé 15 au 23 août, 20 déc. au 10 janv., dim. et lundi – **R** 65/85 et carte 50 à 75, enf. 18
Spéc. Salade de homard à la nage. Matelote de mer au safran. Pêche au sabayon de vin blanc. **Vins** Pinot noir.

à l'Est par route d'Évian :

à Cologny : 3,5 km - CU – ✉ **1223** Cologny :

XXXX ✿ **Aub. du Lion d'Or** (Large), au village ℘ 736 44 32, Fax 786 74 62, ≤, 余, « Situation dominant le lac et Genève » – P. AE ⓓ GB p. 3 CU **b**
fermé 9 au 18 avril, 20 déc. au 17 janv., sam. et dim. – **R** 130/165 et carte 95 à 140 ♁
Spéc. Rosette de langoustines et poissons crus. Dos de loup rôti aux gousses d'ail et vieux vinaigre. Mitonnée de langues et pieds de veau à l'ancienne. **Vins** Lully, Pinot noir du Valais.

à Vandoeuvres : 5,5 km - CU – ✉ **1253** Vandoeuvres :

XXX **Cheval Blanc,** ℘ 750 14 01, 余 – AE GB JCB. ✻ p. 3 CU **s**
fermé 12 au 31 juil., 24 déc. au 3 janv., dim. et lundi – **R** cuisine italienne 35/60 ♁.

à Vésenaz : 6 km - CU – ✉ **1222** Vésenaz :

⌂ **La Tourelle** ⚞ sans rest, 26 rte Hermance ℘ 752 16 28, Fax 752 54 93, parc – ☎ P. GB
fermé 26 déc. au 1er janv. – **22 ch** ⊑ 100/160. p. 3 CU **v**

à l'Est par route d'Annemasse :

à Conches : 5 km - CV – ✉ **1234** Conches :

X **Le Vallon,** 182 rte Florissant ℘ 347 11 04, Fax 347 63 81, 余 p. 3 CV **n**
fermé 9 au 19 avril, 1er au 25 juil., 24 déc. au 3 janv., sam. et dim. – **R** carte 55 à 75 ♁.

à Jussy : par ⑤ : 11 km - CV – ✉ **1254** Jussy :

X **Aub. Vieux Jussy,** ℘ 759 11 10, 余, 余 – AE ⓓ GB
fermé mardi – **R** 42/54 ♁.

au Sud :

à Vessy par rte de Veyrier : 6 km - BV – ✉ **1234** Vessy :

XX **La Guinguette,** 130 rte de Veyrier ℘ 784 26 26, Fax 784 13 34, 余 – P. GB p. 2 BV **z**
fermé 10 au 26 juil., 23 déc. au 10 janv., sam. (sauf le soir du 1er nov. au 22 déc.) et dim. – **R** 70/85.

à Carouge : 3 km - BV – ✉ **1227** Carouge :

XX La Cassolette, 31 r. J. Dalphin ℘ 342 03 18 p. 2 BV **f**

au Petit Lancy : 3 km - BV – ✉ **1213** Petit Lancy :

🏨 ✿ **Host. de la Vendée,** 28 chemin Vendée ℘ 792 04 11, Télex 421304, Fax 792 05 46, 余 – |♦| ▤ TV ☎ P – 🔬 40. AE ⓓ GB p. 2 BV **q**
fermé 24 déc. au 6 janv. – **R** *(fermé sam. midi et dim.)* 72/115 et carte 75 à 105 ♁ – **33 ch** ⊑ 145/245 – ½ P 140/162
Spéc. Homard en nage au Pineau des Charentes. Brochette de rognon de veau grillé. Coquelet en pie aux truffes et Champagne. **Vins** Aligoté, Dôle.

au Grand-Lancy : 3 km - BV – ✉ **1212** Lancy :

XXX ✿ **Marignac** (Pelletier), 32av. E. Lance ℘ 794 04 24, Fax 794 34 83, 余, parc – ▤ P. GB
fermé sam. midi et dim. – **R** 50/115 et carte 75 à 115 ♁ p. 2 BV **v**
Spéc. Tartare de saumon sur salade de saison. Escalopes de foie gras de canard sur pommes en l'air. **Vins** Dardagny, Peissy.

au Plan-les-Ouates : 5 km - BV – ✉ **1228** Plan-les-Ouates :

XX **Café de la Place,** 143 rte St Julien ℘ 794 96 98, Fax 794 40 09, 余 – AE GB p. 2 BV **a**
fermé 15 au 30 août, 23 déc. au 7 janv., sam. et dim. – **R** (prévenir) 78/100.

à l'Ouest :

à Confignon : par ⑧ : 6 km - AV – ✉ **1232** Confignon :

XX **Aub. de Confignon** ⚞ avec ch, 6 pl. Église ℘ 757 19 44, Fax 757 18 89, 余 – TV ☎. GB JCB p. 2 AV **n**
R *(fermé dim. soir et lundi)* 55/77 – **7 ch** ⊑ 90/140.

à Cartigny par ⑧ : 12 km – ✉ **1236** Cartigny :

XX ✿ **L'Escapade** (Parcineau), 31 r. Trabli ℘ 756 12 07, 余, 余 – AE ⓓ GB
fermé 4 au 12 avril, 29 août au 13 sept., 20 déc. au 3 janv., dim. et lundi – **R** 40 (déj.)/105 et carte 75 à 105
Spéc. Quenelles de lièvre pochées au vin de Bordeaux. Magret de canard au miel et gingembre. Râble d'agneau d'Écosse rôti au thym frais.

à Peney-Dessus : 10 km par rte de Peney - AUV – ✉ **1242** Satigny :

XXX ❀ **Domaine de Châteauvieux** (Chevrier) avec ch, ✆ **753 15 11, Fax 753 19 24**, ≤, « Ancienne ferme seigneuriale », – TV ☎ P – 30. GB
fermé 1er au 16 août et 23 déc. au 12 janv. – **R** *(fermé dim. et lundi)* 95/130 et carte 90 à 105 – ☕ 16 – **18 ch** 125/195
Spéc. Suprêmes de grouse rôtis au chou vert et foie gras de canard (oct. à nov.) Canette de Bresse rôtie aux petits navets confits (juin à oct.). Croustillants de queues de langoustines et champignons sauvages. **Vins** Satigny.

à Cointrin par rte de Lyon : 4 km - ABU – ✉ **1216** Cointrin :

Mövenpick Radisson M, 20 rte Pré Bois ✉ 1215 ✆ **798 75 75, Télex 415701,** Fax 791 02 84, – ch TV ☎ – 250. AE GB JCB
R carte 40 à 60 – **La Belle Époque** *(fermé sam. midi)* **R** carte 55 à 90 – **Kikkoman R** 75/100 – ☕ 20 – **344 ch** 220/335, 6 appart. p. 2 AU **z**

Penta M, 75 av. L. Casaï ✆ **798 47 00, Télex 415571, Fax 798 77 58,** – ch TV ☎ P – 700. AE GB JCB. rest p. 2 AU **v**
La Récolte R 18/36 – ☕ 21 – **308 ch** 200/450, 6 appart. – ½ P 165/270.

XX **Plein Ciel,** à l'aéroport ✆ **717 76 76, Télex 415775, Fax 798 77 68,** ≤ – . AE GB
R 39/62. p. 2 AU

à Meyrin par rte de Lyon : 5 km – ✉ **1217** Meyrin :

Cadettt Mövenpick M, ✆ **785 02 03, Télex 418935, Fax 785 02 55** – cuisinette ch TV ☎ P – 60. AE GB JCB p. 2 AU **b**
R carte 35 à 65 – ☕ 17 – **190 ch** 135/200.

MICHELIN, (S.A.P.M.) 36 rte Josiffert ✆ **037/83 71 11** case postale 65-CH 1762 Givisiez, Télex 942992 MIFCH, **Fax 037/26 16 74**

GENILLÉ **37460** I.-et-L. 64 ⑯ **G. Châteaux de la Loire** – 1 428 h alt. 88.
Paris 240 – ♦Tours 51 – Amboise 32 – Blois 56 – Loches 10,5 – Montrichard 21.

XX **Agnès Sorel** avec ch, ✆ **47 59 50 17,** – ☎. GB
fermé fév., dim. soir et lundi sauf juil.- août et fériés – **R** 100/237, enf. 50 – ☕ 32 – **4 ch** 165/215 – ½ P 220/285.

GÉNIN (Lac de) **01** Ain 74 ④ – rattaché à Oyonnax.

GENISSIEUX **26750** Drôme 77 ② – 1 584 h alt. 186.
Paris 567 – Valence 26 – ♦Grenoble 76 – Romans-sur-Isère 6.

La Chaumière, pl. Champ de Mars ✆ **75 02 77 97** – ☎. GB
fermé 25 déc. au 25 janv., mardi (sauf hôtel) et dim. soir – **R** 50/120, enf. 40 – ☕ 20 – **14 ch** 150/220 – ½ P 185/200.

GENLIS **21110** Côte-d'Or 66 ⑫ ⑬ – 5 241 h alt. 199.
Paris 329 – ♦Dijon 17 – Auxonne 15 – Dole 31 – Gray 45.

à Izier NO : 5 km par D 109j – ✉ **21110** :

XX **Aub. d'Izier,** ✆ **80 31 26 39, Fax 80 31 36 99,** – P. GB
fermé dim. soir et lundi – **R** 135/185.

à Labergement Foigney NE : 3 km par D 25 – ✉ **21110** Genlis :

X **Aub. des Mésanges,** ✆ **80 31 22 33, Fax 80 31 50 97** – GB
fermé 1er au 7 août, 1er au 7 nov., dim. soir et lundi – **R** 74/270, enf. 49.

à Échigey S : 8 km par D 25 et D 34 – ✉ **21110** :

XX **Place** avec ch, ✆ **80 29 74 00, Fax 80 29 79 55,** – ☎ P. GB. ch
fermé 2 au 9 août, 3 au 31 janv., dim. soir et lundi sauf fériés – **Repas** 68/215 – ☕ 25 – **13 ch** 110/190 – ½ P 190/210.

PEUGEOT-TALBOT Gar. Bourbon ✆ 80 31 35 41 N ✆ 80 31 57 44

RENAULT Côte-d'Or Auto. ✆ 80 37 81 04 N ✆ 80 33 52 12

GENNES **49350** M.-et-L. 64 ⑫ **G. Châteaux de la Loire** – 1 867 h alt. 29.
Voir Église★★ de Cunault SE : 2,5 km – Église★ de Trèves-Cunault SE : 3 km.
i Syndicat d'Initiative square Europe (mai-sept.) ✆ 41 51 84 14.
Paris 301 – Angers 32 – Bressuire 64 – Cholet 61 – La Flèche 47 – Saumur 16.

Aux Naulets d'Anjou , ✆ **41 51 81 88,** ≤, – ☎ P. GB
30 mars-31 oct. – **R** *(fermé lundi hors sais.)* 95/155, enf. 65 – ☕ 32 – **20 ch** 200/275 – ½ P 290/295.

XX **Host. Loire** avec ch, ✆ **41 51 81 03, Fax 41 38 05 22,** – P. GB
fermé 28 déc. au 8 fév., lundi soir et mardi sauf fériés – **R** 105/180, enf. 50 – ☕ 30 – **11 ch** 140/315 – ½ P 205/310.

XX **L'Aubergade,** ✆ **41 51 81 07** – GB
fermé 15 fév. au 15 mars, mardi soir d'oct. à Pâques et merc. de Pâques à juin – **R** 100/220.

GENNEVILLIERS 92 Hauts-de-Seine 55 ⑳, 101 ⑮ – voir à Paris, Environs.

GÉNOLHAC 30450 Gard 80 ⑦ G. Gorges du Tarn – 827 h alt. 470.

Syndicat d'Initiative ✆ 66 61 18 32.

Paris 643 – Alès 36 – Florac 50 – La Grand-Combe 27 – Nîmes 83 – Villefort 16.

Mont Lozère, D 906 ✆ 66 61 10 72, – ☎ Ⓟ. GB.
11 fév.-1er nov. et fermé merc. du 15 sept. au 15 juin – **R** 70/160 , enf. 45 – ☕ 30 – **15 ch** 230 – ½ P 260.

GENOUILLAC 23350 Creuse 68 ⑲ – 775 h alt. 305.

Paris 329 – La Châtre 28 – Guéret 26 – Montluçon 57.

Relais d'Oc avec ch, ✆ 55 80 72 45 – ☎. GB.
hôtel : 15 avril-20 oct. et fermé mardi hors sais., dim. soir et lundi – **R** *(rest. : 30 mars-20 nov. et fermé mardi soir hors sais., dim. soir et lundi)* 110/260 – ☕ 35 – **7 ch** 200/300 – ½ P 240/350.

GENSAC 33890 Gironde 75 ⑬ – 752 h alt. 71.

Paris 564 – Bergerac 40 – ◆Bordeaux 58 – Libourne 31 – La Réole 38.

Remparts, 16 r. Château ✆ 57 47 43 46 – GB
fermé janv., fév., lundi soir et mardi – **R** 140/225, enf. 50.

Se cercate un albergo tranquillo,
oltre a consultare le carte dell'introduzione,
rintracciate nell'elenco degli esercizi quelli con il simbolo

GENTILLY 94 Val-de-Marne 60 101 ㉕ – voir à Paris, Environs.

GÉRARDMER 88400 Vosges 62 ⑰ G. Alsace Lorraine – 8 951 h alt. 665 – Sports d'hiver : 750/1 150 m ⛷20 – Casino AZ.

Voir Lac★ – Saut des Cuves★ E : 3 km par ①.

Office de Tourisme pl. Déportés ✆ 29 63 08 74, Télex 961408.

Paris 415 ③ – Colmar 51 ① – Épinal 43 ③ – Belfort 77 ② – St-Dié 27 ① – Thann 48 ②.

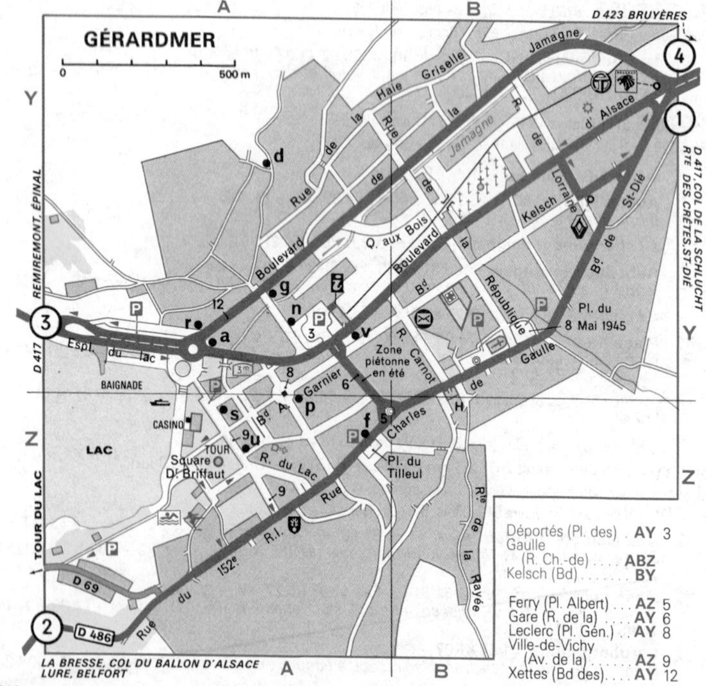

Déportés (Pl. des) . AY 3
Gaulle (R. Ch.-de) . . . . ABZ
Kelsch (Bd) . . . . BY

Ferry (Pl. Albert) . . . AZ 5
Gare (R. de la) . . . . AY 6
Leclerc (Pl. Gén.) . . AY 8
Ville-de-Vichy (Av. de la) . . . . . . AZ 9
Xettes (Bd des) . . . . AY 12

Gd Hôtel Bragard, pl. Tilleul ✆ 29 63 06 31, Télex 960964, Fax 29 63 46 81, « parc » – |♦| TV ☎ P – 25 à 60. AE ① GB AZ f
R 120/360, enf. 65 – ☐ 55 – **45 ch** 400/580, 17 appart. – ½ P 370/430.

✿ **La Réserve** (Marchal), esplanade du Lac ✆ 29 63 21 60, Fax 29 60 81 60, ←, – |♦| TV ☎ P – 35. AE ① GB JCB AY a
4 avril-début nov. – **R** 139/249 et carte 160 à 260 – ☐ 38 – **24 ch** 385/528 – ½ P 306/462
Spéc. Foie gras frais de canard. Filet de boeuf sauce au Pinot noir. Marbré aux chocolats noir et blanc. **Vins** Pinot noir, Tokay-Pinot gris.

Jamagne, 2 bd Jamagne ✆ 29 63 36 86, Fax 29 60 05 87, – |♦| TV ☎ P – 60. GB. rest AY g
8 avril-1er nov. et vacances de Noël et de fév. – **R** 95/160 ♁, enf. 49 – ☐ 37 – **50 ch** 330/430 – ½ P 300/345.

Paix, 6 av. Ville de Vichy ✆ 29 63 38 78, Fax 29 63 18 53, – TV ☎ P. GB AZ s
R *(fermé 20 oct. au 20 déc., dim. soir et lundi)* 89/240 ♁, enf. 60 – ☐ 35 – **24 ch** 245/430 – ½ P 260/350.

Viry et rest. l'Aubergade, pl. Déportés ✆ 29 63 02 41, Fax 29 63 14 03, – TV ☎. AE ① GB AY n
R *(fermé vend. hors sais.)* 78/250 ♁, enf. 48 – ☐ 36 – **18 ch** 215/295 – ½ P 260/305.

Bains sans rest, 16 bd Garnier ✆ 29 63 08 19, Fax 29 63 23 31, – ☎ P. GB AZ p
fermé 1er nov. au 20 déc. – ☐ 30 – **57 ch** 185/350.

Lac' Hôtel et rest. Bleu Marine M, Esplanade du Lac ✆ 29 63 38 23, Fax 29 63 18 53, ←, – |♦| TV ☎. GB AY r
fermé 10 nov. au 20 déc. – **R** *(fermé dim. soir et lundi)* 70/165 ♁ – ☐ 32 – **14 ch** 350 – ½ P 273/301.

Parc, 12 av. Ville de Vichy ✆ 29 63 32 43, Fax 29 63 17 03, – TV ☎ P. GB. AZ u
10 avril-début oct., 19 déc.-3 janv. et vacances de fév. – **R** 105/240 ♁ – ☐ 34 – **36 ch** 160/330 – ½ P 205/300.

Relais de la Mauselaine ⑤, au pied des pistes SE : 2,5 km rte de la Rayée – BZ
✆ 29 60 06 60, Fax 29 60 81 08, ← – TV ☎ P. GB.
fermé 1er oct. au 15 déc. – **R** 75/230 ♁, enf. 45 – ☐ 30 – **16 ch** 300 – ½ P 275.

Liserons, 5 bd Kelsch ✆ 29 63 02 61, – TV ☎. GB. rest AY v
fermé 15 mars au 4 avril, 10 oct. au 12 déc. et merc. hors sais. – **R** 90/150 ♁ – ☐ 35 – **13 ch** 250/270 – ½ P 260/270.

L'Abri ⑤ sans rest, rte Miselle ✆ 29 63 02 94, ←, – ☎ P. GB. AY d
fermé 20 oct. au 10 nov. et merc. hors sais. – ☐ 26 – **14 ch** 160/240.

Chalet du Lac, par ③ : 1 km rte Épinal ✆ 29 63 38 76, ← lac, – TV ☎ P. GB
fermé oct. – **R** *(fermé vend. sauf vacances scolaires)* 68/270 ♁ – ☐ 30 – **11 ch** 170/320 – ½ P 200/240.

au Col de Martimpré par ① et D 8 : 5 km – ✉ **88400** Gérardmer :

XX **Bonne Auberge de Martimprey** avec ch, ✆ 29 63 19 08, – ☎ P. AE GB
fermé 12 nov. au 20 déc., merc. soir et jeudi hors sais. – **R** 79/168 ♁ – ☐ 28 – **11 ch** 180/235 – ½ P 190/230.

aux Bas Rupts par ② : 4 km – alt. 800 – ✉ **88400** Gérardmer :

Chalet Fleuri M, ✆ 29 63 09 25, Fax 29 63 00 40, ←, – TV ☎ P. AE GB
R voir rest. **Host. Bas-Rupts** ci-après – ☐ 60 – **14 ch** 480/700 – ½ P 550/640.

XXX ✿ **Host. des Bas-Rupts** (Philippe) avec ch, ✆ 29 63 09 25, Fax 29 63 00 40, ←, – TV ☎ P. AE GB
R (dim. et fêtes prévenir) 140/450 et carte 270 à 470, enf. 100 – ☐ 60 – **18 ch** 340/580 – ½ P 420/480
Spéc. Hachis Parmentier de tourteau au coulis d'étrilles. Fricassée de ris et rognons de veau au fumet d'alisier. Civet de joues de porcelet en chevreuil. **Vins** Riesling, Tokay-Pinot gris.

XX **La Belle Marée,** ✆ 29 63 06 83, ← – P. AE ① GB
fermé 21 juin au 5 juil., dim. soir hors sais. et lundi – **R** produits de la mer 85/250 ♁, enf. 60.

PEUGEOT-TALBOT Gar.Thiébaut, La Croisette ✆ 29 63 14 50

RENAULT Gar. Defranoux, 60 bd Kelsch ✆ 29 63 01 95

GERMIGNY-L'ÉVÊQUE 77 S.-et-M. 56 ⑬, 106 ⑳ – rattaché à Meaux.

Les GETS 74260 H.-Savoie 74 ⑧ G. Alpes du Nord – 1 287 h alt. 1 170 – Sports d'hiver : 1 172/2 002 m 5 51.

Office de Tourisme ✆ 50 79 75 55, Télex 385026.

Paris 585 – Thonon-les-B. 36 – Annecy 72 – Bonneville 31 – Chamonix-Mont-Blanc 62 – Cluses 22 – ♦Genève 55 – Morzine 6.

La Marmotte, ✆ 50 75 80 33, Fax 50 79 85 00, ←, – |♦| TV ☎ – 30. AE ① GB. rest
19 juin-11 sept. et 18 déc.-17 avril – **R** (résidents seul.) 125/150 – ☐ 50 – **48 ch** 670/850 – ½ P 790.

Le Labrador M ⑤, rte Turche ✆ 50 75 80 00, Fax 50 79 87 03, ←, – |♦| TV ☎ P. AE ① GB JCB. rest
26 juin-12 sept. et 18 déc.-15 avril – **R** 150/250 – **22 ch** ☐ 780/820 – ½ P 580/600.

Mont Chéry, ✆ 50 75 80 75, Fax 50 79 70 13, ≤, 🍽, 🏊 (été), 🌳 – |♦| ▤ rest TV ☎ 🚗 🅟. GB. ✻
1er juil.-6 sept. et 20 déc.-20 avril – **R** 98/260 ♁, enf. 50 – **26 ch** ☕ 350/650 – ½ P 600.

Le Crychar 🐦 sans rest, ✆ 50 75 80 50, Fax 50 79 83 12, ≤, 🏊 (été), Fø, 🌳 – TV ☎ 🚗 🅟. AE ⓪ GB. ✻
26 juin-11 sept. et 19 déc.-15 avril – ☕ 43 – **12 ch** 490/525.

Alpages, rte Turche ✆ 50 75 80 88, Fax 50 79 76 98, ≤, Fø, 🏊 – |♦| TV ☎ 🚗 🅟 – 🏃 30. AE ⓪ GB
25 juin-10 sept. et 15 déc.-15 avril – **R** 125/200, enf. 60 – ☕ 50 – **22 ch** 720/800 – ½ P 740/840.

Ours Blanc M 🐦, ✆ 50 79 14 66, Fax 50 79 85 99, ≤ – |♦| ☎ 🅟. GB. ✻ rest
Noël-fin mars – **R** (résidents seul.) ☕ 39 – **15 ch** 420.

Alissandre M 🐦 sans rest, ✆ 50 79 80 65, ≤, 🌳 – TV ☎ 🅟. AE GB
☕ 30 – **14 ch** 340/530.

Régina, ✆ 50 75 80 44, Fax 50 79 87 29, ≤ – TV ☎ 🚗. AE ⓪ GB. ✻ rest
juil.-août (sans rest.) et 20 déc.-16 avril – **R** 98/160, enf. 42 – ☕ 30 – **22 ch** 290/360 – ½ P 360/390.

Alpina 🐦, ✆ 50 75 80 22, ≤ – ☎ 🚗. GB. ✻
25 juin-10 sept. et 18 déc.-18 avril – **R** 86/116 – ☕ 29 – **26 ch** 370/390 – ½ P 350/370.

Maroussia 🐦, à La Turche ✆ 50 75 80 85, ≤ – ☎ 🅟. GB. ✻ rest
hôtel : 28 juin-15 sept. et 19 déc.-mi-avril; rest. : 28 juin-5 sept. et 19 déc.-mi-avril – **R** 85/130 – ☕ 35 – **22 ch** 300/340 – ½ P 300/400.

GEVREY-CHAMBERTIN 21220 Côte-d'Or 66 ⑫ G. Bourgogne – 2 825 h alt. 287.

ℹ Office de Tourisme pl. Mairie (mai-oct.) ✆ 80 34 38 40.

Paris 318 – ♦Dijon 13 – Beaune 32 – Dole 60.

Les Terroirs sans rest, rte Dijon ✆ 80 34 30 76, Fax 80 34 11 79, « Belle décoration intérieure », 🌳 – TV ☎ 🅟. AE ⓪ GB JCB
fermé 20 déc. au 20 janv. – ☕ 42 – **20 ch** 330/500.

Les Grands Crus 🐦 sans rest, ✆ 80 34 34 15, Fax 80 51 89 07, « Jardin fleuri » – ☎ 🅟. GB. ✻
fermé 5 déc. au 1er mars – ☕ 40 – **24 ch** 330/410.

XXX ✿ **Les Millésimes** (Sangoy), 25 r. Église ✆ 80 51 84 24, Fax 80 34 12 73, « Cave aménagée, décor élégant » – ▤ 🅟. AE ⓪ GB JCB
fermé 23 déc. au 20 janv., merc. midi et mardi – **R** 295/495 et carte 300 à 440
Spéc. Petite salade de foie gras poêlé, homard, champignons et truffes. Canette de Barbarie au miel et aux épices. Tian de noisettes d'agneau rôti à la fleur de thym. Vins Gevrey-Chambertin, Meursault.

XXX **La Rôtisserie du Chambertin,** ✆ 80 34 33 20, Fax 80 34 12 30, « Caves anciennes aménagées, petit musée » – ▤ 🅟. GB JCB
fermé 1er au 7 août, fév., dim. soir et lundi sauf fêtes – **R** 260/410, enf. 80.

XX **La Sommellerie,** ✆ 80 34 31 48 – ▤. GB
fermé 19 déc. au 16 janv., vacances de fév. et dim. – **R** 130 bc/360 ♁, enf. 65.

GEX <SP> 01170 Ain 70 ⑮ ⑯ G. Jura (plan) – 6 615 h alt. 628.

ℹ Office de Tourisme ✆ 50 41 53 85.

Paris 495 – ♦Genève 21 – Lons-le-Saunier 96 – Pontarlier 110 – St-Claude 44.

Aub. des Chasseurs 🐦, à Echenevex S : 4 km - alt. 650 ✉ 01170 Gex ✆ 50 41 54 07, Fax 50 41 90 61, ≤, 🍽, « Terrasse fleurie, jardin », 🏊, 🎾 – TV ☎ 🅟 – 🏃 40. AE GB
15 mars-15 déc. – **R** *(fermé dim. soir sauf juil.-août et lundi)* (prévenir) 165/300, enf. 75 – ☕ 50 – **15 ch** 400/600 – ½ P 500.

Parc, av. Alpes ✆ 50 41 50 18, 🌳 – TV ☎ 🅟. GB. ✻ ch
fermé 15 au 30 sept., 26 déc. au 1er fév., dim. soir et lundi – **R** 170/330 – ☕ 40 – **17 ch** 120/330 – ½ P 260/330.

XX **La Cravache,** 60 r. Genève ✆ 50 41 69 61 – GB
fermé 20 juil. au 17 août, sam. midi et mardi – **R** 158/345.

à Chevry S : 7 km par D 984c – ✉ **01170** :

XX **Aub. Gessienne,** ✆ 50 41 01 67, 🍽 – 🅟. GB
fermé 2 au 17 août, fév., dim. et lundi – **R** 127/280.

CITROEN D.A.P.G., ZA La Plaine à Cessy ✆ 50 41 66 50
FORD Piron, Le Martinet Cessy ✆ 50 41 50 94
MAZDA Gar. Dago, Le Martinet Cessy ✆ 50 41 55 52
RENAULT GMG Automobiles, N 5 à Cessy ✆ 50 41 55 17 N
ROVER-TOYOTA-VOLVO Jordan-Meille, à Sauverny ✆ 50 41 18 14
Gar. Modernes Husson Les Vertes Campagnes ✆ 50 41 54 24 N

Europe — Si le nom d'un hôtel figure en petits caractères demandez, à l'arrivée, les conditions à l'hôtelier.

GIAT **63620** P.-de-D. 73 ⑫ – 1 049 h alt. 779.

Paris 406 – Aubusson 36 – ◆Clermont-Ferrand 63 – Le Mont-Dore 46 – Montluçon 72 – Ussel 42.

Commerce, ℘ 73 21 72 38, – ℗. GB
R *(fermé lundi de déc. à mai sauf vacances scolaires)* (prévenir) 50/150 – ☕ 25 – **14 ch** 120/200 – ½ P 200.

CITROEN Gar. Simonnet ℘ 73 21 72 86 **N** ℘ 73 21 74 96 — RENAULT Gar. Richin ℘ 73 21 72 16 **N**

GIEN **45500** Loiret 65 ② **G. Châteaux de la Loire** – 16 477 h alt. 161.

Voir Château★ : musée de la Chasse★★ Z **M** – Pont ≤★ Z.

ℹ Office de Tourisme, Centre Anne-de-Beaujeu ℘ 38 67 25 28.

Paris 153 ① – ◆Orléans 68 ④ – Auxerre 85 ② – Bourges 78 ③ – Cosne-sur-L. 41 ② – Vierzon 74 ③.

GIEN

Gambetta (R.) . . . . Z 6
Thiers (R.) . . . . Z 23
Victor-Hugo (R.) . . . . . . Z 24

Anne-de-Beaujeu (R.) . Z 2
Bildstein (R.) . . . . Y 3
Briqueteries (R. des) . . Y
Château (Pl. du) . . . . . . Z
Clemenceau (R. G.) . . . Z 5
Curie (Place) . . . . Y
Hôtel-de-Ville (R. de l') . Z 7
Jean-Jaurès (Pl.) . . . . . Z 9
Jeanne-d'Arc (R.) . . . YZ
Joffre (Q. du Mar.) . . . . Z
Leclerc (Av. du Mar.) . . Z 12
Lenoir (Quai) . . . . Z
Louis-Blanc (R.) . . . . . . Z 13
Marienne (R. de l'Adj. Chef) . . Z 15
Montbricon (R. de) . . YZ
Noé (R. de) . . . . Y
Paris (R. de) . . . . YZ
Paul-Bert (R.) . . . . Z 16
Président-Wilson (Av.) Y 17
République (Av. de la) Y 19
Verdun (R. de) . . . . Y
Vieille-Boucherie (R.) . . Z 25
Villejean (Av. J.) . . . . . . Y

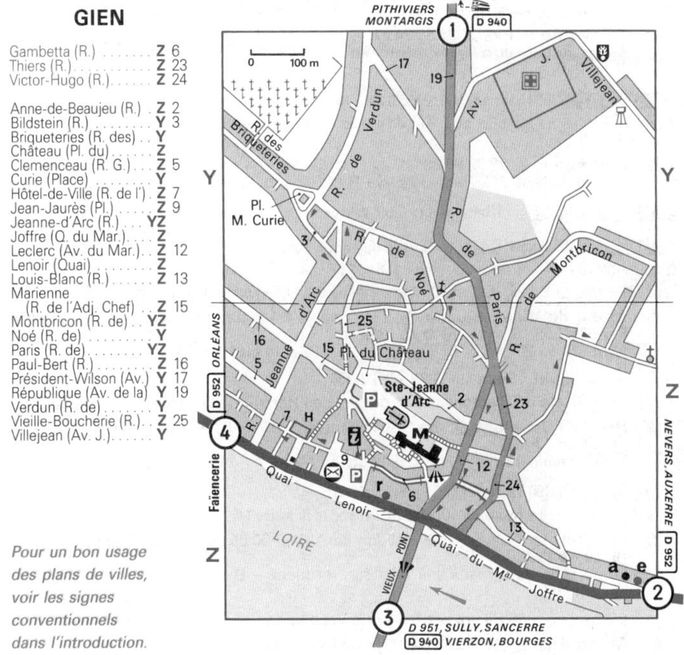

Pour un bon usage des plans de villes, voir les signes conventionnels dans l'introduction.

Rivage, 1 quai Nice ℘ 38 37 79 00, Fax 38 38 10 21, ≤ – ▤ TV ☎ ℗. AE ⓓ GB JCB
fermé début fév. à début mars – **R** 155/320 et carte 240 à 350 – ☕ 42 – **16 ch** 295/495, 3 appart. Z **a**
Spéc. Millefeuille de sandre et saumon à la mousse de jambon truffée. Crépinettes de pied de porc aux queues de langoustines. Biscuit glacé à la réglisse et au miel. **Vins** Pouilly-Fumé, Sancerre.

Sanotel, 21 quai Sully par ③ ℘ 38 67 61 46, Fax 38 67 13 01, ≤, – |‡| ch TV ☎ ♿ ℗ – 60. GB. rest
R *(fermé lundi midi)* 70 – ☕ 42 – **60 ch** 270/360 – ½ P 225.

Anne de Beaujeu M sans rest, 10 rte Bourges par ③ ℘ 38 67 12 42, Fax 38 38 27 29 – |‡| TV ☎ ♿ ℗ – 40. AE GB
☕ 40 – **30 ch** 255/310.

Axotel M sans rest, ZI Bosserie N : 2,5 km par ① ℘ 38 67 11 99, Fax 38 38 16 61, – ch ▤ TV ☎ ♿ ℗ – 35. AE GB
☕ 45 – **48 ch** 280/330.

La Poularde avec ch, 13 quai Nice ℘ 38 67 36 05, Fax 38 38 18 78 – ▤ rest TV ☎. AE ⓓ GB Z **e**
fermé 1er au 15 janv. et dim. soir sauf juil.-août – **R** 80/280 – ☕ 50 – **9 ch** 310/350.

Côté Jardin, 14 rte Bourges par ③ ℘ 38 38 24 67 – AE GB
fermé 20 déc. au 11 janv., lundi midi et dim. – **R** (prévenir) 98/230.

Loire, 18 quai Lenoir ℘ 38 67 00 75 – GB Z **r**
fermé 1er au 15 sept., 8 fév. au 1er mars, mardi soir et merc. – **R** 78/180.

CITROEN S.A.G.V.R.A., rte de Bourges, Poilly-lez-Gien, par ③ ℘ 38 67 30 82
PEUGEOT, TALBOT S.A.G., rte de Bourges, Poilly-lez-Gien, par ③ ℘ 38 67 35 43 🅽 ℘ 05 44 24 24
RENAULT Reverdy, rte de Bourges, Poilly-lez-Gien, par ③ ℘ 38 67 28 98 🅽 ℘ 38 35 43 53

RENAULT Prieur, 100 r. G.-Clemenceau, par ④ ℘ 38 67 15 32

Euromaster Perry Pneu Service, r. J.-César ℘ 38 67 42 08

GIENS **83** Var **84** ⑯ **G. Côte d'Azur** – alt. 54 – ✉ **83400** Hyères.

Voir Ruines du château ※** X.

Paris 863 – ◆Toulon 26 – Carqueiranne 11 – Draguignan 88 – Hyères 11.

Voir plan de Giens à Hyères.

Le Provençal, ℘ 94 58 20 09, Télex 430088, Fax 94 58 95 44, ≤, 🏖, « Parc ombragé et fleuri en terrasses », 🏊, 🎾, ✂ – 🛗 📺 ☎ 🅿 – 🎤 40 à 70. AE ⓓ GB. ✻ rest X **s**
1er avril-5 nov. – **R** 150/210, enf. 60 – ☕ 60 – **41 ch** 315/595 – ½ P 450/580.

Le Tire Bouchon, ℘ 94 58 24 61, ≤, 🏖 – ▤. AE GB X **a**
fermé 20 déc. au 31 janv., mardi soir de sept. à juin, jeudi midi en juil.-août et merc. – **R** 125/210, enf. 60.

La GIETTAZ **73590** Savoie **74** ⑦ – 506 h alt. 1 100.

Paris 592 – Chamonix-Mont-Blanc 52 – Albertville 28 – Annecy 44 – Bonneville 37 – Chambéry 79 – Flumet 7 – Megève 17.

Flor'Alpes, ℘ 79 32 90 88, ≤, 🌳 – ☎ 🅿. GB
10 juin-30 sept. et 20 déc.-30 avril – **R** 80/90 – ☕ 22 – **11 ch** 160/200 – ½ P 200.

GIGARO **83** Var **84** ⑰ – rattaché à La Croix-Valmer.

GIGNAC **34150** Hérault **83** ⑥ **G. Gorges du Tarn** – 3 652 h alt. 53.

🅸 Office de Tourisme pl. Gén.-Claparède ℘ 67 57 58 83.

Paris 738 – ◆Montpellier 29 – Béziers 49 – Clermont-l'Hérault 11,5 – Lodève 30 – Sète 45.

Motel du Vieux Moulin 🐦 sans rest, à 1 km par rte Lodève et VO ℘ 67 57 57 95, Fax 67 57 69 19, 🌳 – 📺 ☎ 🅿. GB
fermé 15 au 25 oct. et 10 au 20 janv. – ☕ 29 – **10 ch** 190/245.

à Aniane NE : 5 km sur D 32 – ✉ **34150**.

Voir Grotte de Clamouse** et gorges de l'Hérault* NO : 4 km, **G. Gorges du Tarn.**

Host. St Benoit Ⓜ 🐦, rte St-Guilhem ℘ 67 57 71 63, Fax 67 57 47 10, 🏖, 🏊 – ☎ 🅿 – 🎤 30. AE ⓓ GB
R *(fermé janv.)* 85/265 – ☕ 32 – **30 ch** 250/290 – ½ P 249/270.

GIGONDAS **84190** Vaucluse **81** ② – 612 h alt. 400.

Paris 666 – Avignon 36 – Nyons 30 – Orange 20 – Vaison-la-Romaine 14.

Les Florets 🐦 avec ch, E : 1,5 km par VO ℘ 90 65 85 01, Fax 90 65 83 80, 🏖, 🌳 – ☎ 🅿. AE ⓓ GB JCB
fermé janv., fév., mardi soir hors sais. et merc. – **R** 150/200 – ☕ 40 – **13 ch** 275/375 – ½ P 345/360.

à Montmirail S : 6 km par D 7 et rte Vacqueyras – ✉ **84190** Beaumes-de-Venise :

Montmirail 🐦, ℘ 90 65 84 01, Fax 90 65 81 50, 🏊, 🌳 – 📺 ☎ 🅿. AE ⓓ GB
20 mars-15 nov. – **R** 160/280 – ☕ 50 – **46 ch** 400/500 – ½ P 500/550.

GILETTE **06830** Alpes-Mar. **81** ⑳ **G. Côte d'Azur** – 1 024 h alt. 478.

Voir ≤* des ruines du château.

Paris 951 – Antibes 43 – ◆Nice 35 – St-Martin-Vésubie 44.

à Vescous par rte de Rosquesteron (D 17) : 9 km – ✉ **06830** Gilette :

La Capeline, ℘ 93 08 58 06, 🏖 – 🅿. GB
fermé le soir de sept. à juin, dim. soir et lundi – **R** 120/145, enf. 30.

GILLY-LÈS-CÎTEAUX **21** Côte-d'Or **65** ⑳ – rattaché à Vougeot.

GILLY-SUR-LOIRE **71160** S.-et-L. **69** ⑯ – 546 h alt. 235.

Paris 321 – Moulins 41 – Bourbon-Lançy 13 – Digoin 18 – Mâcon 97.

aux Carrières O : 1,5 km par D 979 :

L'Os à Moelle, ℘ 85 53 92 83, 🏖 – 🅿. GB JCB. ✻
fermé 31 août au 10 sept., dim. soir et lundi – **R** 95/260.

GIMBELHOF **67** B.-Rhin **57** ⑲ – rattaché à Lembach.

GIMEL-LES-CASCADES **19** Corrèze **75** ⑨ **G. Berry Limousin** – 655 h alt. 465.

Voir Site* – Cascades** dans le parc Vuillier – Trésor* de l'église : châsse de St-Etienne**.

GIMONT 32200 Gers 82 ⑥ G. Pyrénées Aquitaine – 2 819 h alt. 154.

Las Martines ✆ 62 07 27 12, E par N 124 : 23 km.

Syndicat d'Initiative (juil.-août) ✆ 62 67 77 87.

Paris 717 – Auch 24 – Agen 84 – Castelsarrasin 57 – Montauban 68 – St-Gaudens 73 – ♦Toulouse 55.

Château Larroque , rte Toulouse ✆ 62 67 77 44, Fax 62 67 88 90, ≤, , « Parc », , – 📺 ☎ Ⓟ – 150. AE ⓓ GB
fermé 17 janv. au 14 fév., dim. soir et lundi d'oct. à Pâques – **R** 160/280 – ☕ 60 – **14 ch** 420/950 – ½ P 480/880.

Coin du Feu Ⓜ, bd Nord ✆ 62 67 71 56, Fax 62 67 88 28, , – 📺 ☎ ♿ Ⓟ – 120. GB. ch
R 70/250 – ☕ 40 – **28 ch** 195/220 – ½ P 230.

GINASSERVIS 83560 Var 84 ④ – 911 h alt. 450.

Paris 787 – Digne-les-Bains 75 – Aix-en-Provence 52 – Brignoles 49 – Draguignan 65 – Manosque 22.

Le Bastier , O : 2 km par rte St-Paul ✆ 94 80 11 78, Fax 94 80 13 12, ≤, , parc, , – 📺 ☎ ♿ Ⓟ – 80 à 500. GB
R 150/400 – ☕ 50 – **25 ch** 300/450 – ½ P 500.

GINCLA 11140 Aude 86 ⑰ – 49 h alt. 595.

Paris 846 – Foix 85 – ♦Perpignan 65 – Carcassonne 75 – Quillan 23.

Grand Duc , ✆ 68 20 55 02, Fax 68 20 61 22, – ☎ Ⓟ. GB
25 mars-15 nov. – **R** *(fermé merc. midi sauf du 21 juin au 15 sept.)* 80/240 – ☕ 35 – **10 ch** 200/280 – ½ P 235/260.

Découvrez la France avec les guides Verts Michelin :
24 titres illustrés en couleurs.

GIROMAGNY 90200 Ter.-de-Belf. 66 ⑧ G. Alsace Lorraine – 3 226 h alt. 476.

Syndicat d'Initiative Parc du Paradis des Loups (saison) ✆ 84 29 09 00.

Paris 412 – Épinal 81 – ♦Mulhouse 45 – Belfort 12 – Lure 30 – Masevaux 21 – Thann 33 – Le Thillot 32.

XX **Le Vieux Relais,** à Auxelles-Bas O : 4 km par D 12 ✆ 84 29 31 80, Fax 84 29 56 13 – GB
fermé 27 fév. au 9 mars, 23 août au 6 sept., dim. soir et lundi – **R** 110/240, enf. 45.

XX **Saut de la Truite** avec ch, N : 7 km D 465 - alt. 701 ✆ 84 29 32 64, Fax 84 29 57 42, ≤, « Jardin » – ☎ Ⓟ. AE ⓓ GB
fermé déc., janv. et vend. sauf juil.-août – **R** 80/165 – ☕ 33 – **7 ch** 160/205 – ½ P 230.

GIROUSSENS 81 Tarn 82 ⑨ – rattaché à Lavaur.

GISORS 27140 Eure 55 ⑧ ⑨ G. Normandie Vallée de la Seine – 9 481 h alt. 58.

Voir Château fort★★ – Église St-Gervais et St-Protais★.

Office de Tourisme pl. Carmélites ✆ 32 27 30 14.

Paris 72 – ♦Rouen 57 – Beauvais 33 – Évreux 64 – Mantes-la-J. 40 – Pontoise 36.

Moderne, pl. Gare ✆ 32 55 23 51, Fax 32 55 08 75 – 📺 ☎ Ⓟ. GB
R *(fermé 20 juil. au 14 août, 20 déc. au 20 janv., dim. soir et lundi)* 68/125 – ☕ 30 – **30 ch** 200/375 – ½ P 190/395.

XXX **La Halte Henri II,** 25 rte Dieppe ✆ 32 27 37 37, Fax 32 55 79 19 – GB
fermé 19 juil. au 10 août,, dim. soir et lundi – **R** 260/320, enf. 80.

XX **Le Cappeville,** 17 r. Cappeville ✆ 32 55 11 08 – AE GB
fermé 20 août au 10 sept., 5 au 26 janv., mardi soir et merc. – **R** 100/240, enf. 60.

XX **Host. des 3 Poissons,** 13 r. Cappeville ✆ 32 55 01 09 – GB
fermé juin, lundi soir et mardi – **R** 80/160 , enf. 45.

à Bazincourt-sur-Epte N : 6 km par D 14 – ✉ 27140 :

Château de la Rapée , O : 2 km par VO ✆ 32 55 11 61, Fax 32 55 95 65, ≤, « Parc » – ☎ Ⓟ – 30. AE ⓓ GB.
fermé 15 au 31 août (sauf hôtel) et 19 janv. au 25 fév. – **R** *(fermé merc.)* 150/210 – ☕ 50 – **13 ch** 380/480 – ½ P 390/540.

CITROEN SAGA, r. de la Libération ✆ 32 27 38 48
N ✆ 32 27 04 00
PEUGEOT-TALBOT SCAG, Trie-Château (Oise) ✆ 44 49 75 11
RENAULT Gar. Dumorlet, 38 rte de Dieppe ✆ 32 55 22 56

Berry-Pneus, 34 fg Cappeville ✆ 32 55 27 64
Réparpneu Éts Bertault, 4 r. Pré-Nattier ✆ 32 55 17 51

GIVERNY 27620 Eure 55 ⑱ G. Normandie Vallée de la Seine – 548 h alt. 18.

Voir Maison de Claude Monet★.

Paris 76 – ♦Rouen 66 – Beauvais 71 – Évreux 35 – Mantes-la-Jolie 19.

XXX **Les Jardins de Giverny,** D 5 ✆ 32 21 60 80, Fax 32 51 93 77, parc – Ⓟ. AE GB
fermé 1er au 7 nov., fév., dim. soir et lundi – **R** 130/250, enf. 95.

GIVET 08600 Ardennes 53 ⑨ G. Champagne – 7 775 h alt. 103.
Voir ≤★ du fort de Charlemont.
Paris 261 – Charleville-Mézières 56 – Fumay 23 – Rocroi 41.

Val St-Hilaire M sans rest, 7 quai des Fours ☎ 24 42 38 50, Fax 24 42 07 36 – TV ☎ ♿ P. GB. ✻
fermé 20 déc. au 5 janv. et dim. du 5 janv. au 15 mars – ☕ 35 – **20 ch** 270/320.

Roosevelt M, 78 av. Roosevelt ☎ 24 42 14 14, Fax 24 42 15 15 – TV ☎ ♿ P. GB. ✻ rest
R *(fermé vend., sam. et dim.)* (dîner seul.)(résidents seul.) carte environ 100 – ☕ 40 – **14 ch** 210/260.

CITROEN Gar. de la Gare ☎ 24 42 03 81
RENAULT Gar. Franco Belge, 23 av. Roosevelt ☎ 24 42 01 85 N ☎ 24 42 08 74
V.A.G Gar. Henocq, 19 quai Fort de Rome ☎ 24 42 04 53

GIVORS 69700 Rhône 74 ⑪ G. Vallée du Rhône – 19 777 h alt. 161.
Paris 483 – ♦Lyon 23 – Rive-de-Gier 15 – Vienne 12.

à Loire-sur-Rhône SE : 5 km par N 86 – ✉ **69700** :

Camerano, ☎ 78 07 96 36 – GB
fermé 1er au 15 août, dim. soir et lundi soir – **R** 115/300.

PEUGEOT-TALBOT Gar.Moret, 31 r. de Dobëln, les Vernes ☎ 78 73 01 69
Comptoir du Pneu, 16 r. M.-Cachin ☎ 78 73 15 13

GIVRY 71640 S.-et-L. 69 ⑨ G. Bourgogne – 3 340 h alt. 220.
Bureau de Tourisme Halle Ronde (20 juin-6 sept.) ☎ 85 44 43 36.
Paris 343 – Chalon-sur-Saône 9 – Autun 47 – Chagny 13 – Mâcon 65 – Montceau-les-Mines 37.

Halle avec ch, pl. Halle ☎ 85 44 32 45 – ☎. AE ⓓ GB
fermé 15 au 30 nov., dim. soir et lundi – **R** 55/205 – ☕ 25 – **10 ch** 200/230 – ½ P 250.

GLANDELLES 77 S.-et-M. 61 ⑫ – rattaché à Nemours.

GLUGES 46 Lot 75 ⑱ ⑲ – rattaché à Martel.

GLUIRAS 07190 Ardèche 76 ⑲ – 378 h alt. 803.
Paris 611 – Valence 50 – Le Cheylard 21 – Lamastre 42 – Privas 34.

Relais de Sully avec ch, pl. Centrale ☎ 75 66 63 41 – GB. ✻ ch
R *(fermé début janv. au 15 fév., dim. soir et lundi)* 85/180, enf. 50 – ☕ 25 – **4 ch** 150/200 – ½ P 250.

GOLBEY 88 Vosges 62 ⑯ – rattaché à Épinal.

GOLDBACH 68 H.-Rhin 66 ⑨ – 210 h alt. 650 – ✉ **68760** Willer-sur-Thur.
Env. Grand Ballon ✻★★★ N : 8,5 km, G. Alsace Lorraine.
Paris 460 – Colmar 42 – Gérardmer 47 – Thann 10,5 – Le Thillot 38.

Goldenmatt ⛰, par Col Amic N : 4 km ☎ 89 82 32 86, ≤ – ☎ P. AE GB. ✻ rest
Pâques-3 nov. – **R** 115/280 🍷 – ☕ 50 – **12 ch** 160/350 – ½ P 280/380.

Le GOLFE-JUAN 06 Alpes-Mar. 84 ⑨ 115 ㊱ ㊴ G. Côte d'Azur – ✉ **06220** Vallauris.
Office de Tourisme 84 av. Liberté ☎ 93 63 73 12.
Paris 911 – Cannes 5 – Antibes 4,5 – Grasse 20 – ♦Nice 28.

Beausoleil ⛰, impasse Beau-Soleil par N 7 ☎ 93 63 63 63, Fax 93 63 02 89, 🍴, 🏊 – 🛗 ▤ TV ☎ 🚗. GB. ✻
26 mars-15 oct. – **R** *(fermé merc. midi)* 98 – ☕ 35 – **30 ch** 425/485 – ½ P 425.

Lauvert ⛰ sans rest, impasse des Hameaux de Beau-soleil par N 7 ☎ 93 63 46 06, 🏊, ✻ – 🛗 cuisinette TV ☎ P. GB
1er fév.-15 oct. – ☕ 28 – **28 ch** 420.

De Crijansy, av. J. Adam ☎ 93 63 84 44, 🌳 – TV ☎ P. GB. ✻
fermé 3 oct. au 20 déc. – **R** *(fermé jeudi midi)* 100/180 – ☕ 32 – **20 ch** 300/400 – ½ P 280/350.

Palm H., 17 av. Palmeraie ☎ 93 63 72 24, Fax 93 63 18 45, 🍴, 🌳 – TV ☎ P. AE GB. ✻ rest
R *(fermé nov. et merc. midi sauf été)* 90/150, enf. 45 – ☕ 32 – **25 ch** 350/400 – ½ P 285/380.

✿ **Tétou,** à la plage ☎ 93 63 71 16, ≤, ⛱ – ▤ P
fermé 20 oct. au 20 déc., le soir du 20 déc. au 4 avril et merc. – **R** produits de la mer – carte 400 à 530
Spéc. Bouillabaisse. Loup au four. Langouste grillée. Vins Bellet.

Nounou, à la plage ☎ 93 63 71 73, Fax 93 63 46 91, ≤, 🍴, ⛱ – P. AE ⓓ
fermé 11 nov. au 26 déc., dim. soir et lundi sauf juil.-août – **R** 175/235.

Bistrot du Port, au port ☎ 93 63 70 64 – ▤. GB. ✻
fermé 1er au 20 déc., 6 au 28 janv., le soir en juil.-août et lundi hors sais. – **R** 230/260.

Chez Christiane, au port ☎ 93 63 72 44, 🍴 – AE ⓓ GB
fermé 15 nov. au 15 déc. et mardi hors sais. – **R** produits de la mer 220/350.

GOMETZ-LE-CHATEL 91940 Essonne 60 ⑩ 106 ㉚ 101 ㉝ – 1 763 h alt. 86.

Paris 32 – Chartres 58 – Évry 30 – Rambouillet 24.

XX **La Mancelière,** 83 rte Chartres ✆ (1) 60 12 30 10, Fax (1) 60 12 53 10 – GB. ✽
fermé 9 au 24 août, sam. midi et dim. – **R** 140.

GONFREVILLE L'ORCHER 76 S.-Mar. 52 ⑪ – rattaché au Havre.

GORDES 84220 Vaucluse 81 ⑬ G. Provence – 2 031 h alt. 373.

Voir Site★ – Château : cheminée★, musée Vasarely★ – Village des Bories★ SO : 2 km par D 15 puis 15 mn – Abbaye de Sénanque★★ NO : 4 km – Pressoir★ dans le musée des Moulins à huile S : 5 km.

Office de Tourisme pl. Château ✆ 90 72 02 75.

Paris 715 – Apt 21 – Avignon 35 – Carpentras 25 – Cavaillon 16 – Sault 35.

Bastide de Gordes M ⚘ sans rest, ✆ 90 72 12 12, Télex 432025, Fax 90 72 05 20, ≤ le Luberon, Lδ, ⛱ – |‡| ▤ TV ☎ ♿ P. AE GB
1er mars-2 nov. – ☐ 75 – **18 ch** 750/1250.

Le Gordos M ⚘ sans rest, rte Cavaillon : 1,5 km ✆ 90 72 00 75, Fax 90 72 07 00, ⛱ – TV ☎ P. AE GB
1er mars-2 nov. – ☐ 55 – **18 ch** 550/650.

Les Romarins M ⚘ sans rest, rte de Sénanque ✆ 90 72 12 13, Fax 90 72 13 13, ≤, ⛱ – TV ☎ ♿ P. AE GB
fermé 15 janv. au 15 fév. – ☐ 45 – **10 ch** 380/650.

Gacholle ⚘, N : 1,5 km par D15 ✆ 90 72 01 36, Fax 90 72 01 81, ≤, 🍽, ⛱, ✂ – TV ☎ P. GB. ✽ rest
1er mars-15 nov. et 25 déc.-3 janv. – **R** *(fermé le midi du 15 sept. au 15 juin)* 150/220, enf. 70 – ☐ 54 – **12 ch** 550/750 – ½ P 455/540.

XX **La Mayanelle** ⚘ avec ch, ✆ 90 72 00 28, Fax 90 72 06 99, ≤ le Luberon – ☎ P. AE ⓓ GB
fermé 4 janv. au 1er mars – **R** *(fermé lundi soir et mardi)* carte 160 à 300 🍷 – ☐ 51 – **9 ch** 310/420 – ½ P 380/400.

au NO : 2 km par rte abbaye de Senanque – ✉ 84220 Gordes :

Les Bories M ⚘, ✆ 90 72 00 51, Fax 90 72 01 22, ≤, 🍽, parc, ⛱, ⛱, ✂ – |‡| ▤ ch TV ☎ ♿ P. AE ⓓ GB. ✽ rest
fermé 1er déc. au 15 janv. – **R** (nombre de couverts limité - prévenir) 275 – ☐ 70 – **17 ch** 650/1600 – ½ P 655/1080.

rte des Imberts S : 3,5 km par D 2 et D 103 – ✉ 84220 Gordes :

XXX **Mas Tourteron,** ✆ 90 72 00 16, 🍽, 🌳 – P. AE GB
fermé 16 nov. au 27 déc., 5 janv. au 19 fév., dim. soir en fév.-mars et oct.-nov. et lundi sauf juil.-août – **R** (nombre de couverts limité, prévenir) 255/360, enf. 100.

à l'Est : rte d'Apt – ✉ 84220 Gordes :

Ferme de la Huppe ⚘, à 5 km par D 2 et D 156 ✆ 90 72 12 25, Fax 90 72 01 83, 🍽, « Ancienne ferme provençale du 18e siècle », ⛱ – TV ☎ P. AE GB. ✽
2 avril-8 nov. – **R** (dîner seul. en semaine) (prévenir) 145/190, enf. 110 – **6 ch** ☐ 400/500.

Aub. de Carcarille ⚘, E : 4 km sur D 2 ✆ 90 72 02 63, Fax 90 72 05 74, 🍽, ⛱, 🌳 – ☎ P. GB. ✽ ch
fermé 20 nov. au 28 déc. et vend. du 15 sept. au 31 mars – **R** 95/180, enf. 50 – ☐ 35 – **11 ch** 300/350 – ½ P 310/330.

X **Les Vordenses,** à 2,5 km par D 2 et VO ✆ 90 72 10 12, 🍽 – P. GB
fermé 1er déc. au 3 janv. et merc. – **R** 100/170, enf. 50.

GORGES voir au nom propre des gorges.

GORRON 53120 Mayenne 59 ⑲ ⑳ – 2 837 h alt. 172.

Paris 265 – Alençon 74 – Domfront 29 – Fougères 32 – Laval 47 – Mayenne 22.

XX **Bretagne** avec ch, ✆ 43 08 63 67, Fax 43 08 01 15, 🌳 – TV ☎ P. GB
R *(fermé 26 déc. au 10 janv., dim. soir d'oct. à avril et lundi midi)* 72/150, enf. 40 – ☐ 27 – **12 ch** 110/240 – ½ P 140/200.

GORZE 57680 Moselle 57 ⑬ G. Alsace Lorraine – 1 389 h alt. 240.

Paris 312 – Metz 18 – Jarny 21 – Pont-à-Mousson 21 – St-Mihiel 41 – Verdun 51.

XX **Host. du Lion d'Or** avec ch, ✆ 87 52 00 90, Fax 87 52 09 62, 🍽, 🌳 – TV ☎ – 🏛 25. GB
fermé 24 fév. au 3 mars, dim. soir et lundi – **R** 90/340 🍷, enf. 60 – ☐ 38 – **18 ch** 160/300 – ½ P 280/320.

GOSNAY 62 P.-de-C. 51 ⑭ – rattaché à Béthune.

En juin et en septembre,
les hôtels sont moins chers qu'en pleine saison, le service est plus soigné.

GOUAREC 22570 C.-d'Armor 58 ⑱ – 1 026 h alt. 130.

Paris 474 – St-Brieuc 52 – Carhaix-Plouguer 30 – Guingamp 46 – Loudéac 36 – Pontivy 29.

XX **Blavet** avec ch, ☎ 96 24 90 03, Fax 96 24 84 85, – ☎ P. GB
fermé 21 au 28 déc., fév., dim. soir et lundi sauf juil.-août – **R** 78/300 , enf. 50 – ☕ 32 – **15 ch** 150/350 – ½ P 185/240.

CITROEN Darcel ☎ 96 24 91 49 N

RENAULT Martin B. ☎ 96 24 90 28 N

GOUESNACH 29118 Finistère 58 ⑮ – 1 769 h alt. 33.

Paris 558 – Quimper 13 – Bénodet 6 – Concarneau 23 – Pont-l'Abbé 16 – Rosporden 27.

Aux Rives de l'Odet, ☎ 98 54 61 09, – TV ☎ P. GB
fermé 1er au 16 mars, 1er oct. au 9 nov. et lundi hors sais. – **R** 90/125, enf. 50 – ☕ 27 – **35 ch** 140/260 – ½ P 175/235.

La GOUESNIÈRE 35350 I.-et-V. 59 ⑥ – 942 h alt. 22.

Paris 387 – St-Malo 13 – Dinan 24 – Dol-de-Bretagne 12 – Lamballe 61 – ◆Rennes 61 – St-Cast 37.

❀ **H. Tirel-Guérin,** à la Gare N : 1,5 km D 76 ☎ 99 89 10 46, Fax 99 89 12 62, , , , – rest TV ☎ & P – 100. AE ① GB JCB
fermé mi-déc. à mi-janv. – **R** *(fermé dim. soir hors sais.)* (dim. et fêtes prévenir) 120/270, enf. 75 – ☕ 39 – **60 ch** 250/380 – ½ P 280/340
Spéc. Salade de caille aux truffes et foie gras. Suprême de turbot rôti. Homard breton braisé.

GOUJOUNAC 46250 Lot 79 ⑦ **G. Périgord Quercy** – 174 h alt. 231.

Paris 580 – Cahors 27 – Gourdon 30 – Villeneuve-sur-Lot 51.

X **Host. de Goujounac** avec ch, ☎ 65 36 68 67, – GB
fermé oct., fév., dim. soir et lundi d'oct. à mai – **R** 95 bc/115 bc – ☕ 25 – **5 ch** 100/150 – ½ P 220.

GOUMOIS 25470 Doubs 66 ⑱ – 136 h alt. 490.

Voir Corniche de Goumois★★, **G. Jura.**

Paris 512 – ◆Besançon 92 – Bienne 44 – Montbéliard 53 – Morteau 47.

❀ **Taillard** , alt. 605 ☎ 81 44 20 75, Fax 81 44 26 15, ≤, , , – TV ☎ P. AE ① GB
1er mars-début nov. et fermé merc. sauf du 15 avril au 30 sept. – **R** 130/330, enf. 65 – ☕ 44 – **17 ch** 265/410 – ½ P 330/370
Spéc. Escalope de foie gras poêlée au miel et griottes. Caquelon de morilles à la crème. Duo de rognons et ris de veau au Comté. **Vins** Arbois, Côtes du Jura.

Moulin du Plain , N : 5 km par VO ☎ 81 44 41 99, ≤ – ☎ P. GB
1er mars-2 nov. et fermé dim. soir et lundi en oct. – **R** 94/165 , enf. 50 – ☕ 30 – **22 ch** 152/246 – ½ P 184/212.

GOUPILLIÈRES 14 Calvados 55 ⑪ – rattaché à Thury-Harcourt.

GOURBERA 40990 Landes 78 ⑥ – 243 h.

Paris 726 – Biarritz 65 – Mont-de-Marsan 50 – ◆Bayonne 60 – ◆Bordeaux 137 – Dax 11,5.

X **La Gasconnette,** ☎ 58 91 52 43, – GB
fermé fév. et merc. sauf juil.-août – **R** 68/300 , enf. 42.

GOURDON SP 46300 Lot 75 ⑱ **G. Périgord Quercy** (plan) – 4 851 h alt. 256.

Voir Rue du Majou★ – Cuve baptismale★ dans l'église des Cordeliers – Esplanade ✻★ – Grottes de Cougnac★ NO : 3 km.

Office de Tourisme r. du Majou (fermé après-midi hors saison) ☎ 65 41 06 40.

Paris 549 – Cahors 40 – Sarlat-la-Canéda 26 – Bergerac 90 – Brive-la-Gaillarde 64 – Figeac 64 – Périgueux 92.

Domaine du Berthiol M , E : 1 km par D 704 ☎ 65 41 33 33, Fax 65 41 14 52, ≤, parc, , – TV ☎ & P – 25. AE GB.
15 mars-15 nov. – **R** (dîner seul.) 150/250 – ☕ 50 – **27 ch** 300/390 – ½ P 350/500.

Host. de la Bouriane , pl. Foirail ☎ 65 41 16 37, Fax 65 41 04 92, – rest TV ☎ P. GB. ch
fermé 15 janv. au 8 mars – **Repas** *(fermé lundi sauf le soir de juin à oct.)* 80/270 – ☕ 38 – **20 ch** 270/350 – ½ P 320/350.

Bissonnier et Bonne Auberge, bd Martyrs ☎ 65 41 02 48, Fax 65 41 44 67 – ch rest TV ☎. AE GB. ch
fermé déc. – **R** 75/250 – ☕ 35 – **26 ch** 250/380 – ½ P 280/350.

XX **Terminus** avec ch, av. Gare ☎ 65 41 03 29, Fax 65 41 29 49, , , – TV ☎. AE ① GB JCB
fermé 12 au 20 nov. – **R** 70/280, enf. 60 – ☕ 28 – **23 ch** 230/350 – ½ P 270/300.

CITROEN Espace Autos, rte de Cahors ☎ 65 41 12 03

RENAULT S.A.B.A.G., rte du Vigan ☎ 65 41 10 24 N ☎ 65 41 09 09

Garrigue, rte de Salviac ☎ 65 41 00 71

GOURETTE 64 Pyr.-Atl. 85 ⑰ G. Pyrénées Aquitaine – alt. 1 400 – Sports d'hiver : 1 340/2 380 m 3 24 – ✉ 64440 Eaux Bonnes.

Voir Site★ – Col d'Aubisque ※★★ N : 4 km.

Office de Tourisme pl. Sarrière (juil.-août et déc.-avril) ✆ 59 05 12 17, Télex 570317.

Paris 825 – Pau 51 – Argelès-Gazost 34 – Eaux-Bonnes 8 – Laruns 14 – Lourdes 46.

Boule de Neige, ✆ 59 05 10 05, Fax 59 05 11 81, ← – TV ☎. GB. ※
10 juil.-31 août et 20 déc.-Pâques – **R** 90/180, enf. 60 – ☐ 32 – **20 ch** 311/330 – ½ P 296/306.

Pene Blanque, ✆ 59 05 11 29, Fax 59 05 10 85, ←, – TV ☎ P. AE GB. ※ rest
1er juil.-31 août et 20 déc.-Pâques – **R** 80/184, enf. 50 – ☐ 32 – **24 ch** 320/360 – ½ P 310/320.

GOURNAY-EN-BRAY 76220 S.-Mar. 55 ⑧ G. Normandie Vallée de la Seine – 6 147 h alt. 94.

Paris 96 ③ – ◆Rouen 50 ⑤ – Amiens 72 ① – Les Andelys 37 ④ – Beauvais 32 ② – Dieppe 75 ⑦ – Gisors 25 ③.

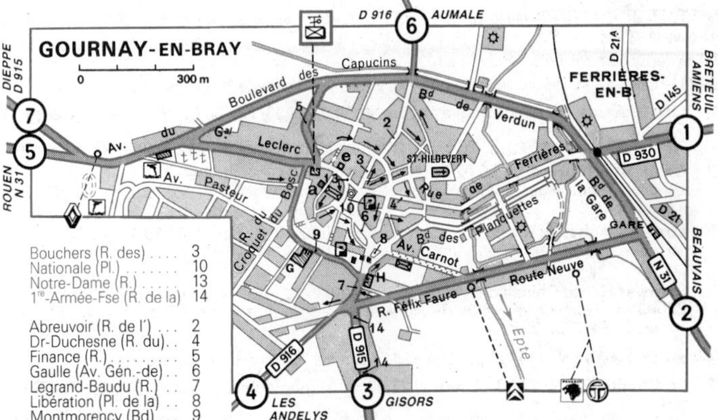

Le Cygne M sans rest, 20 r. Notre Dame **(e)** ✆ 35 90 27 80, Fax 35 90 59 00 – ⧉ ⇔ ch TV ☎ P. AE ⓓ GB JCB. ※
☐ 30 – **30 ch** 250/320.

Trou des Halles, 10 r. Halle **(a)** ✆ 35 90 62 32 – GB
fermé 9 au 23 août, 1er au 15 fév., dim. soir et lundi – **R** 98/145.

BMW MAZDA SEAT Gar. Guinard, 52 av. Gén.-Leclerc ✆ 35 90 01 46
CITROEN Central Gar., 30 r. F.-Faure ✆ 35 90 00 75
PEUGEOT-TALBOT Normandie Autom., 39 rte Neuve à Ferrières-en-Bray ✆ 35 90 04 53

RENAULT Gournay-Autos, av. Gén.-Leclerc ✆ 35 90 04 77 N ✆ 05 05 15 15

Mouquet Pneus, 7 r. Bouchers ✆ 35 90 01 50

GOUSSAINVILLE 95 Val-d'Oise 101 ⑦ – voir à Paris, Environs.

GOUVIEUX 60 Oise 56 ⑪, 106 ⑦ ⑧ – rattaché à Chantilly.

GOUZON 23230 Creuse 73 ① – 1 370 h alt. 378.

Paris 365 – Aubusson 29 – La Châtre 56 – Guéret 31 – Montluçon 34.

Lion d'Or, ✆ 55 62 28 54 – TV ☎. AE GB. ※ ch
fermé 14 au 23 juin et dim. soir – **R** 79/220 – ☐ 30 – **11 ch** 170/280 – ½ P 280.

GRADIGNAN 33 Gironde 71 ⑨ – rattaché à Bordeaux.

GRAMAT 46500 Lot 75 ⑲ G. Périgord Quercy – 3 526 h alt. 305.

Maison du Tourisme pl. République (mai-oct.) ✆ 65 38 73 60.

Paris 541 – Cahors 53 – Brive-la-Gaillarde 56 – Figeac 35 – Gourdon 36 – St-Céré 21.

Lion d'Or, pl. République ✆ 65 38 73 18, Télex 533347, Fax 65 38 84 50, – ⧉ ▤ rest TV ☎. AE ⓓ GB
fermé 15 déc. au 15 janv. – **R** *(fermé lundi midi de nov. à fin fév.)* 100/300 – ☐ 45 – **15 ch** 290/450 – ½ P 380/400.

Le Relais des Gourmands M, av. Gare ✆ 65 38 83 92, Fax 65 38 70 99, , , – ⇔ ch TV ☎. GB
Repas *(fermé lundi midi sauf juil.-août, dim. soir et lundi d'oct. à mars)* 80/220 , enf. 45 – ☐ 40 – **16 ch** 280/440 – ½ P 280.

Centre, pl. République ✆ 65 38 73 37, Fax 65 38 73 66 – ▤ rest TV ☎ 🚗. AE GB
fermé 13 au 22 nov., 26 fév. au 6 mars et sam. du 15 sept. au 30 juin – **R** 75/280 ♁, enf. 40 – ☕ 33 – **14 ch** 220/350 – ½ P 250/300.

à Lavergne NE : 4 km par D 677 – ✉ 46500 :

Le Limargue, ✆ 65 38 76 02 – P. GB
fermé mardi soir et merc. d'oct. à juin – **R** 68/165 ♁, enf. 40.

rte de Brive 4,5 km par N 140 et VO – ✉ 46500 Gramat :

Château de Roumégouse ♨, ✆ 65 33 63 81, Télex 532592, Fax 65 33 71 18, ≤, 🌳, « Château du 19e siècle dans un parc », 🏊 – TV ☎ P. AE ⓓ GB
8 avril-8 nov. – **R** *(fermé lundi sauf juil.-août)* 160/310 bc – ☕ 60 – **14 ch** 520/940 – ½ P 660/870.

RENAULT Barat ✆ 65 38 72 15 ⓜ Garrigue ✆ 65 38 77 61

Le GRAND-BORNAND

74450 H.-Savoie 74 ⑦ **G. Alpes du Nord** – 1 925 h alt. 950 – Sports d'hiver : 1 000/2 100 m 2 38.

ℹ Office de Tourisme pl. Église ✆ 50 02 20 33.

Paris 578 – Annecy 32 – Chamonix-Mont-Blanc 79 – Albertville 46 – Bonneville 23 – Megève 35.

Les Glaïeuls, au télécabine la Joyère ✆ 50 02 20 23, Fax 50 02 25 00, ≤ – TV ☎ P. GB. ✱ rest
12 juin-20 sept. et 19 déc.-20 avril – **R** 78/220, enf. 53 – ☕ 30 – **22 ch** 290/330 – ½ P 298.

Croix St-Maurice, ✆ 50 02 20 05, Fax 50 02 35 37 – |⇕| ☎. GB
25 juin-12 sept. (sauf rest.) et 19 déc.-15 avril – **R** 85/185 ♁, enf. 45 – ☕ 28 – **21 ch** 190/280 – ½ P 235/310.

Les Écureuils, au télécabine La Joyère ✆ 50 02 20 11, Fax 50 02 39 47, ≤, 🌳 – ☎. GB
18 juin-20 sept. et 15 déc.-fin avril – **R** 88/118 ♁, enf. 39 – ☕ 28 – **21 ch** 235/320 – ½ P 274/306.

Everest H., rte Chinaillon : 1 km ✆ 50 02 20 35, ≤ – P. ✱ rest
20 juin-15 sept. et vacances de Noël-vacances de printemps – **R** 80/95 – ☕ 28 – **17 ch** 190/200 – ½ P 200/210.

au Chinaillon N : 5,5 km par D 4 – alt. 1 280 – ✉ 74450 Le Grand-Bornand :

Le Cortina, ✆ 50 27 00 22, Fax 50 27 06 31, ≤ montagnes et pistes, 🌳, 🏊 – |⇕| TV ☎ P. GB
15 juin-15 sept. et 20 déc.-24 avril – **R** 128/260, enf. 50 – ☕ 35 – **30 ch** 300/330 – ½ P 339/349.

Si vous êtes retardé sur la route, dès 18 h,
confirmez votre réservation par téléphone,
c'est plus sûr... et c'est l'usage.

GRANDCAMP-MAISY

14450 Calvados 54 ③ – 1 881 h.

Paris 298 – Cherbourg 71 – St-Lô 40 – ◆Caen 60.

Duguesclin, ✆ 31 22 64 22, Fax 31 22 34 79, ≤, 🌳 – TV ☎ P. GB
fermé 15 janv. au 10 fév. – **R** 85/225 – ☕ 25 – **25 ch** 150/275 – ½ P 175/250.

La Marée, ✆ 31 22 60 55, Fax 31 92 66 77, ≤, 🌳 – GB
fermé 5 au 31 janv., mardi soir et merc. de sept. à avril – **R** 108/208.

GRAND COLOMBIER

01 Ain 74 ⑤ **G. Jura** – alt. 1 531.

Voir ✱★★★ – Point de vue du Grand Fenestrez★★ S : 5 km.

La GRAND-COMBE

30110 Gard 80 ⑦ ⑧ – 7 107 h alt. 188.

Paris 692 – Alès 13 – Aubenas 79 – Florac 57 – Nîmes 57 – Vallon-Pont-d'Arc 51 – Villefort 43.

à La Favède SO : 2,5 km par D 283 – ✉ 30110 La Grand-Combe :

Aub. Cévenole ♨, ✆ 66 34 12 13, Fax 66 34 50 50, ≤, parc, 🌳, 🏊 – ☎ ♿ P. GB. ✱ ch
26 mars-4 oct. – **R** 165/265, enf. 60 – ☕ 45 – **20 ch** 300/600 – ½ P 335/485.

au NO : 6 km par rte de Florac – ✉ 30110 La Grand-Combe :

Lac des Camboux, ✆ 66 34 12 85, 🌳 – ☎ P. GB
fermé mars et mardi – **R** 90/220 ♁ – ☕ 25 – **12 ch** 100/190 – ½ P 205/265.

ⓜ Escoffier-Pneus, quartier des Beaumes, Les Salles-du-Gardon ✆ 66 34 17 21

La GRANDE-MOTTE

34280 Hérault 83 ⑧ **G. Gorges du Tarn** (plan) – 5 016 h alt. 3 – Casino.

18 18 ✆ 67 56 05 00.

ℹ Office de Tourisme pl. de la Mairie ✆ 67 29 03 37.

Paris 753 – ◆Montpellier 19 – Aigues-Mortes 10 – Lunel 17 – Nîmes 45 – Palavas-les-F. 13 – Sète 44.

Frantour Golf M, av. Golf ✆ 67 29 88 88, Fax 67 29 17 01, ≤, – rest TV ☎ ♿ P – 30 à 100. AE ⓓ GB
R *(fermé dim. soir et lundi de déc. à fév.)* 160, enf. 50 – ☕ 50 – **81 ch** 350/600 – ½ P 390/470.

Grand M'Hôtel M, quartier Point Zéro ✆ 67 29 13 13, Fax 67 29 14 74, ≤ le littoral, institut de thalassothérapie, – TV ☎ ♿ – 50. GB.
fermé 11 déc au 9 janv. – **Les Corallines R** 180, enf. 85 – ☕ 50 – **36 ch** 600/890, 3 appart. – ½ P 615/665.

Mercure-Altéa M, r. du Port ✆ 67 56 90 81, Télex 480241, Fax 67 56 92 29, ≤ le littoral, – TV ☎ P – 30 à 90. AE ⓓ GB
1er mars-30 nov. – **R** 120/155, enf. 55 – ☕ 58 – **135 ch** 380/730.

Golf H. M sans rest, au Golf ✆ 67 29 72 00, Fax 67 56 12 44 – TV ☎ ♿ P. AE GB
fermé 1er déc. au 31 janv. – ☕ 45 – **46 ch** 300/470.

Europe M sans rest, près de la poste ✆ 67 56 62 60, Fax 67 56 93 07, – TV ☎ P. AE GB.
10 avril-9 oct. – ☕ 36 – **34 ch** 300/410.

Azur M sans rest, esplanade de la Capitainerie ✆ 67 56 56 00, Fax 67 29 81 26, ≤, – TV ☎ P. AE ⓓ GB.
☕ 45 – **20 ch** 395/695.

Acropolis M sans rest, quartier du Couchant ✆ 67 56 76 22 – ☎ P. GB.
Pâques-fin sept. – ☕ 38 – **24 ch** 320/420.

XXX **Alexandre,** esplanade de la Capitainerie ✆ 67 56 63 63, Fax 67 29 74 69, ≤ – P. AE GB.
fermé 26 au 29 oct., 6 janv. au 15 fév., dim. soir et lundi sauf juil.-août – **R** 185/350, enf. 80.

Le GRAND-PRESSIGNY 37350 I.-et-L. 68 ⑤ G. Châteaux de la Loire – 1 120 h alt. 61.

Voir Musée de Préhistoire★ dans le château.

Paris 303 – Poitiers 65 – Le Blanc 44 – Châteauroux 78 – Châtellerault 28 – Loches 33 – ♦Tours 70.

XX **Espérance** avec ch, rte Descartes ✆ 47 94 90 12 – P. AE ⓓ GB. ch
fermé 6 janv. au 6 fév. et lundi – **Repas** 90/185 – ☕ 40 – **10 ch** 130/180 – ½ P 200.

X **Aub. Savoie-Villars** avec ch, ✆ 47 94 96 86 – GB
fermé 4 au 20 oct., vacances de fév., lundi soir et mardi – **R** 79/230 – ☕ 35 – **7 ch** 120/180 – ½ P 175/205.

CITROEN Viet ✆ 47 94 90 25 N — RENAULT Jouzeau ✆ 47 94 90 65

Le GRAND-QUEVILLY 76 S.-Mar. 55 ⑥ – rattaché à Rouen.

GRAND-VABRE 12320 Aveyron 76 ⑪ – 489 h alt. 213.

Paris 623 – Aurillac 50 – Rodez 43 – Entraygues-sur-Truyère 26 – Figeac 37 – Villefranche-de-Rouergue 61.

Gorges du Dourdou, ✆ 65 69 83 03, – ☎. AE GB
28 fév.-23 oct. – **R** 55/200 – ☕ 30 – **17 ch** 180/225 – ½ P 175/205.

GRANDVILLARS 90600 Ter.-de-Belf. 66 ⑧ – 2 874 h alt. 350.

Paris 494 – ♦Besançon 95 – Mulhouse 53 – ♦Basel 54 – Belfort 16 – Montbéliard 18.

X **Le Choix de Sophie,** ✆ 84 27 76 03 – P. GB
fermé 16 au 30 août, 26 au 29 déc, dim. soir et lundi – **R** 110/200, enf. 45.

V.A.G Gar. Dangel ✆ 84 27 81 77

GRANE 26400 Drôme 77 ⑫ – 1 384 h alt. 177.

Paris 594 – Valence 27 – Crest 9 – Montélimar 31 – Privas 28.

XXX **Giffon** avec ch, ✆ 75 62 60 64, Fax 75 62 70 11, – TV ☎ P. AE ⓓ GB
fermé fév., dim. soir d' oct. à juin. et lundi – **R** 120/360, enf. 75 – ☕ 45 – **9 ch** 190/320 – ½ P 320/370.

GRANGES-LÈS-BEAUMONT 26 Drôme 77 ② – rattaché à Romans-sur-Isère.

GRANGES-LES-VALENCE 07 Ardèche 77 ⑫ – rattaché à Valence.

GRANGES-STE-MARIE 25 Doubs 70 ⑥ – rattaché à Malbuisson.

Les GRANGETTES 25160 Doubs 70 ⑥ – 169 h alt. 900.

Paris 479 – ♦Besançon 71 – Champagnole 38 – Morez 50 – Pontarlier 11,5.

Bon Repos ✆ 81 69 62 95, ≤, – ☎ P. AE GB.
4 avril-20 oct., 21 déc.-20 mars et fermé mardi soir et merc. hors sais. – **R** 63/156, enf. 38 – ☕ 27 – **16 ch** 150/215 – ½ P 194/233.

GRANS 13450 B.-du-R. 84 ② – 3 436 h.

Paris 729 – ♦Marseille 47 – Aix-en-Provence 36 – Arles 39 – Salon-de-Provence 5,5.

XX **Aub. les Eyssauts,** rte St-Chamas : 2 km ✆ 90 55 93 24, Fax 90 55 84 25, – P. GB
fermé fév., dim. soir et lundi – **R** 95/210, enf. 85.

GRANVILLE **50400** Manche 59 ⑦ **G. Normandie Cotentin** – 12 413 h alt. 8 – Casino Z.

Voir Site★ – Le tour des remparts★ : place de l'Isthme ≤★ Z – Pointe du Roc : site★ Y.

9 18 ☎ 33 50 23 06, à Bréville par ① : 5,5 km ; 9 de Bréhal ☎ 33 51 58 88, par ① : 15 km.

Maison du Tourisme 4 cours Jonville ☎ 33 50 02 67.

Paris 346 ② – St-Lô 58 ① – St-Malo 89 ③ – Avranches 25 ③ – ♦Caen 105 ② – Cherbourg 104 ① – Coutances 28 ① – Vire 55 ②.

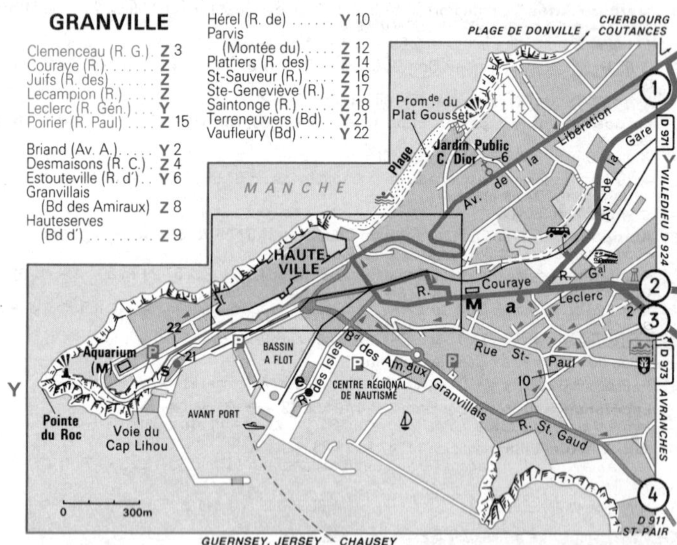

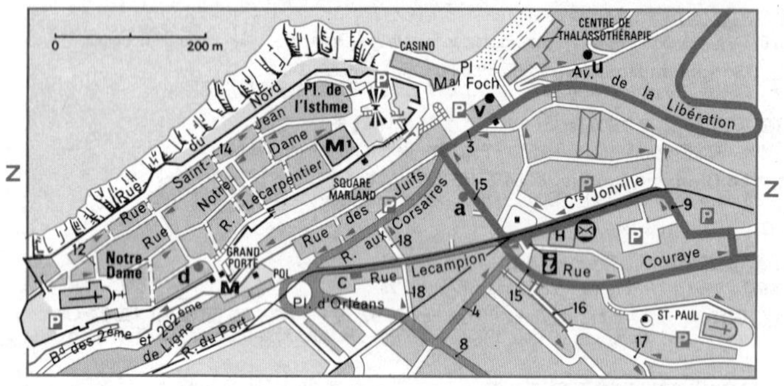

Bains, 19 r. G. Clemenceau ☎ 33 50 17 31, Télex 170600, Fax 33 50 89 22 – 📺 ☎ ♿. AE GB. Z **v**
R 80/160 – ☕ 40 – **44 ch** 400/1200, 5 appart. – ½ P 360/450.

Hérel M, Port de Plaisance ☎ 33 90 48 08, Télex 772319, Fax 33 90 75 95, ≤ – 📺 ☎ ♿ P – 50. AE GB Y **e**
R *(fermé dim. soir et lundi midi)* 70/110 – ☕ 32 – **43 ch** 240/300.

Michelet sans rest, 5 r. J. Michelet ☎ 33 50 06 55 – 📺 ☎ P. GB. Z **u**
☕ 28 – **19 ch** 110/270.

XXX ✿ **La Gentilhommière** (Poude), 152 r. Couraye ☎ 33 50 17 99 – GB Y **a**
fermé 10 au 24 oct., vacances de fév., dim. soir et lundi – **R** (nombre de couverts limité - prévenir) 139/284 et carte 300 à 400
Spéc. Fantaisie en chaud et froid de foie gras de canard. Homard de Chausey en navarin. Fondant aux pommes et beurre de cidre.

XX **Le Phare,** 11 r. Port ☎ 33 50 12 94, ≤ – GB Y s
fermé 20 déc. au 25 janv., mardi soir et merc. sauf juil.-août – **R** 82/340 ♀, enf. 45.

XX **Normandy-Chaumière** avec ch, 20 r. Dr P. Poirier ☎ 33 50 01 71, Fax 33 50 15 34, ☂ – TV ☎. GB. ✈ ch Z a
fermé 23 au 30 déc., mardi soir et merc. – **R** 85/205, enf. 60 – ☕ 27 – **7 ch** 275/295 – ½ P 290/305.

XX **La Citadelle,** 10 r. Cambernon ☎ 33 50 34 10 – GB Z d
fermé 20 sept. au 6 oct. et 10 janv. au 9 fév. – **R** *(fermé lundi sauf le soir de fin juin à fin août et mardi sauf le soir de fin mars à fin oct.)* 100/230, enf. 60.

à Bréville-sur-Mer par ① : 5 km – ✉ **50290** :

La Mougine des Moulins à Vent ⑤ sans rest, sur D 971 ☎ 33 50 22 41, Fax 33 50 63 11, ≤, « Jardin fleuri » – TV ☎ P. GB
☕ 38 – **7 ch** 340/410.

Aub. des Quatre Routes, ☎ 33 50 20 10 – ☎. GB. ✈ rest
fermé 2 au 23 janv. – **R** 85/180 ♀, enf. 45 – ☕ 28 – **7 ch** 150/260 – ½ P 180/225.

CITROEN Manche Auto, ZI par ② ☎ 33 50 69 76 N ☎ 33 70 84 24
FORD Gar. Gosselin, ZI, r. du Mesnil ☎ 33 50 43 42
MERCEDES Durey, RN 24 bis à St-Planchers ☎ 33 51 65 54
PEUGEOT-TALBOT Gar. Pavie, rte de Villedieu par ② ☎ 33 50 11 92 N ☎ 33 68 52 89
RENAULT S.O.R.E.V.A., av. des Vendéens par ③ ☎ 33 90 64 99 N ☎ 33 90 18 28

GRASSE

SP 06130 Alpes-Mar. 84 ⑧ 115 ㉔ G. Côte d'Azur – 41 388 h alt. 333.

Voir Vieille ville★ : Place du Cours★ Z, musée d'Art et d'Histoire de Provence★ Z M[1] : ≤★ – Toiles★ de Rubens dans l'anc. cathédrale Z B – Salle Fragonard★ dans la Villa-Musée Fragonard Z M[2] – Parc de la Corniche ≤★★ 30 mn Z – Jardin de la Princesse Pauline ≤★ X K – Musée de la Parfumerie★ Z M[3].

Env. Montée au col du Pilon ≤★★ 9 km par ④.

18 Opio-Valbonne ☎ 93 42 00 08, par D 4 : 11 km X; 9 du Val Martin ☎ 93 42 07 98, E : 13 km par D 4, D 3 et D 103 ; 18 de la Grande Bastide à Opio ☎ 93 09 71 22, E : 6 km par D 7 ; 9 18 de St-Donat ☎ 93 70 18 77, par ② : 5,5 km.

Office de Tourisme 3 pl. Foux ☎ 93 36 03 56, Télex 470871 et cours H.-Cresp (juil.-août) ☎ 93 36 72 28.

Paris 909 ② – Cannes 16 ② – Digne-les-Bains 116 ④ – Draguignan 55 ③ – ✦Nice 35 ②.

Plan page suivante

des Parfums M, bd E. Charabot ☎ 93 36 10 10, Télex 460815, Fax 93 36 35 48, ≤, ☂, Ls, ⛱ – |◊| cuisinette ⇆ ch ▤ TV ☎ ♿ P – 🏛 70. AE ① GB JCB. ✈ rest Y b
R *(fermé dim. soir de nov. à fév. sauf fêtes)* 125/180 ♀, enf. 45 – ☕ 50 – **60 ch** 415/745 – ½ P 440/540.

du Patti M, pl. Patti ☎ 93 36 01 00, Télex 460126, Fax 93 36 36 40, ☂ – |◊| ▤ TV ☎ ♿ – 🏛 25 à 50. AE ① GB Y a
R *(fermé dim.)* 95/230 ♀ – ☕ 35 – **49 ch** 310/390 – ½ P 300.

Panorama sans rest, 2 pl. Cours ☎ 93 36 80 80, Télex 970908, Fax 93 36 92 04 – |◊| ▤ TV ☎. AE GB Z u
☕ 37 – **36 ch** 295/460.

X **Amphitryon,** 16 bd V. Hugo ☎ 93 36 58 73 – ▤. AE ① GB Z s
fermé 16 août au 4 sept., 20 déc. au 2 janv., dim. et fêtes – **R** 116/243, enf. 79.

X **Maître Boscq,** 13 r. Fontette ☎ 93 36 45 76 – GB Y k
fermé vacances de nov., 15 au 31 nov. le soir du 1/11 au 1/3 sauf vacances de Noël, lundi hors sais. et dim. – **R** 115.

à Magagnosc par ① : 5 km – ✉ **06520** :

Voir ≤★ du cimetière de l'église St-Laurent.

X **Petite Auberge** avec ch, ☎ 93 42 75 32 – P. GB
fermé juil. et vacances de fév. – **R** 80/115 ♀, enf. 48 – **5 ch** (½ pens. seul.) – ½ P 185/195.

à Opio par ① et D 3 : 8 km – ✉ **06650** :

Voir Gourdon : site★★, place ≤★★, château : musée de peinture naïve★, jardins ≤★★ N : 10 km.

X **Mas des Géraniums,** à San Peyre E : 1 km sur D 7 ☎ 93 77 23 23, ☂, 🌳 – P. GB
fermé 25 oct. au 25 nov., jeudi midi en sais., mardi soir hors sais. et merc. – **R** 150/180, enf. 60.

à Plascassier SE : 6 km par D 4 – ✉ **06130** :

XX **Relais de Sartoux** avec ch, rte Valbonne ✉ 06370 Mouans-Sartoux ☎ 93 60 10 57, Fax 93 60 17 36, ☂, ⛱, 🌳 – TV ☎ P. AE GB. ✈ ch
fermé 2 nov. au 2 déc. et merc. du 16 sept. au 16 juin – **R** 130/185, enf. 70 – ☕ 30 – **12 ch** 290/350 – ½ P 300/315.

rte de Cannes par ② : 3 km – ✉ **06130** Grasse :

Ibis, ☎ 93 70 70 70, Télex 462682, Fax 93 70 46 31, ☂, ⛱, 🎾 – |◊| ▤ TV ☎ ♿ P – 🏛 25 à 80. AE GB
R 88/110, enf. 39 – ☕ 33 – **65 ch** 330/495.

GRASSE

Jeu-de-Ballon (Bd) **YZ**
Ossola (R. Jean) .... **Z** 38
Thiers (Av.) .... **Y**

Barri (Pl. du) .... **Z** 4
Bellevue (Bd) .... **X** 5
Charabot (Bd) ...... **Y** 6
Conte (R. D.) .... **Y** 7
Cresp (Cours H.) .... **Z** 8
Croisset (Av. de) .... **X** 9
Crouët (Bd J.) ...... **X** 10
Droite (R.) .... **Y** 12
Duval (Av. M.) ...... **X** 14
Fontette (R. de) .... **Y** 15
Foux (Pl. de la) ..... **Y** 17
Fragonard (Bd) ..... **Z** 18
Gaulle (Av. Gén.-de) **X** 20
Gazan (R.) .... **Z** 22
Jaurès (Pl. Jean) ... **Y** 23
Journet (R. M.) .... **YZ** 26
Juin (Av. Mar.) ..... **Y** 27
Lattre-de-Tassigny (Av. Mar.-de) ..... **X** 28
Leclerc (Bd Mar.) ... **X** 30
Libération (Av.) ..... **X** 32
Mougins-Roquefort (R.) .... **Z** 33
Onze-Novembre (R. du) .... **X** 34
Oratoire (R. de l') .. **Y** 35
Petit-Puy (Pl. du) ... **Z** 42
Prés.-Kennedy (Bd). **X** 45
Reine-Jeanne (Bd) .. **X** 48
Rothschild (Bd de) .. **X** 49
St-Martin (Traverse) **Z** 50
Sémard (Av. P.) ..... **X** 53
Tracastel (R.) ...... **Z** 57
Touts-Petits (Trav.) . **Z** 58
Victor-Hugo (Bd) . **XZ** 59
Victoria (Av.) .... **X** 60

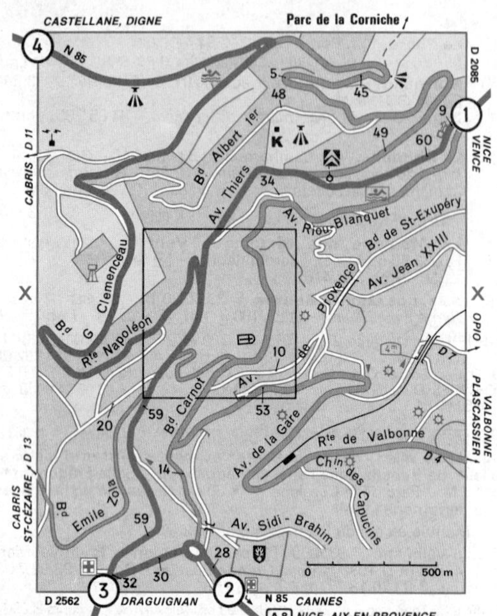

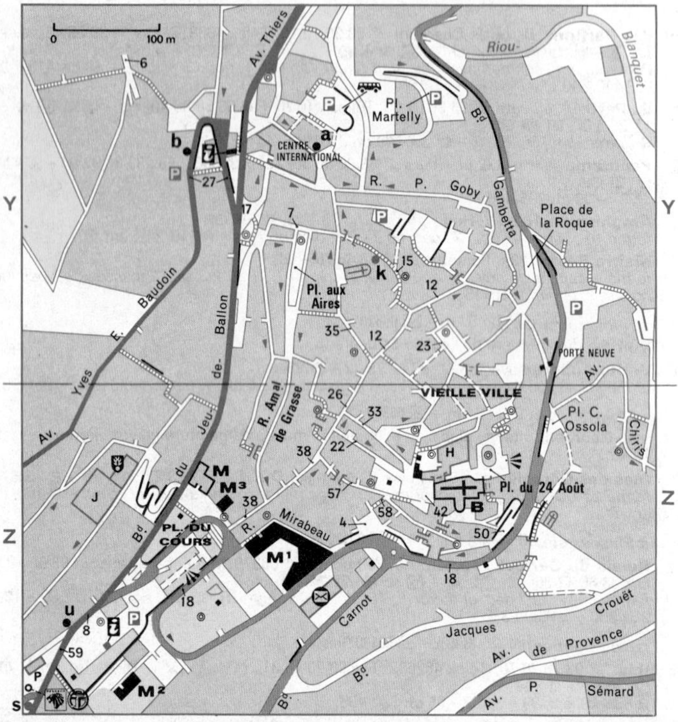

à St Jacques par ③ : 3 km – ✉ **06130** Grasse :

X **La Serre,** 20 av. F. Raybaud ✆ 93 70 80 89 – GB
fermé 15 au 30 nov. et lundi – **R** 90/150, enf. 55.

à Cabris : 5 km par D 4 X – alt. 545 – ✉ **06530** :

Voir Site★ – ←★★ des ruines du château.

Horizon sans rest, ✆ 93 60 51 69, Fax 93 60 56 29, ←, – | TV ☎ P. AE GB.
20 mars-15 oct. – ☐ 38 – **22 ch** 300/500.

XX **Vieux Château,** ✆ 93 60 50 12, – GB
fermé 1er au 12 déc., 5 fév. au 7 mars, mardi soir et merc. (sauf juil.-août) et lundi midi en juil.-août – **R** 125/220, enf. 75.

X **Aub. Petit Prince,** ✆ 93 60 51 40, Fax 93 60 55 47, – AE GB
fermé 12 nov. au 3 déc., jeudi sauf fériés et vacances scolaires – **R** 108/198, enf. 50.

CITROEN Victoria Gar., 19 av. Victoria, rte de Nice ✆ 93 36 64 64
HONDA Gar. Licastro, av. Ste-Lorette ✆ 93 09 02 56
PEUGEOT-TALBOT Grasse-Autom., 6 bd E.-Zola ✆ 93 36 36 50
Gar. Licastro rte de Draguignan à Peymeinade ✆ 93 66 14 34

Euromaster Piot Pneu, 249 rte de Pégomas ✆ 93 70 66 65
Europneu, 17 bd Gambetta ✆ 93 36 33 70
Tosello, 132 rte Marigarde Le Moulin de Brun ✆ 93 70 16 48

GRATENTOUR 31 H.-Gar. 82 ⑧ – rattaché à Toulouse.

Découvrez la France avec les guides Verts Michelin :
24 titres illustrés en couleurs.

GRATOT 50 Manche 54 ⑫ – rattaché à Coutances.

Le GRAU-DU-ROI 30240 Gard 83 ⑧ G. Provence – 5 253 h alt. 2.

Office de Tourisme bd Front-de-Mer ✆ 66 51 67 70, Télex 485024.

Paris 756 – ♦Montpellier 25 – Aigues-Mortes 6 – Arles 53 – Lunel 22 – Nîmes 43 – Sète 50.

Nouvel H. sans rest, quai Colbert ✆ 66 51 41 77, ← – TV ☎.
Pâques-sept. – ☐ 33 – **21 ch** 230/280.

X **Le Palangre,** quai Ch.-de-Gaulle ✆ 66 51 76 30, – GB
15 fév.-15 nov. et fermé mardi du 15 sept. au 15 mai – **R** 80/220.

à Port Camargue S : 3 km par D 62B – ✉ **30240** Le Grau-du-Roi :

Office de Tourisme Carrefour 2000 (Pâques-sept.) ✆ 66 51 71 68.

Cap M, rte Marines ✆ 66 73 60 60, Télex 480806, Fax 66 73 60 50, ←, , centre de thalassothérapie, , – | cuisinette ch TV ☎ P – 180. AE GB. rest
fermé 30 nov. au 31 janv. – **R** 85/180 – ☐ 45 – **94 ch** 525/640 – ½ P 490.

Le Spinaker (Cazals) M, pointe Môle ✆ 66 53 36 37, Fax 66 53 17 47, ←, – rest TV ☎ P – 40. GB
fin mars-début oct. – **R** *(fermé dim. soir et lundi sauf du 1er mai au 15 sept.)* 180 (déj.)/385 et carte 280 à 450, enf. 95 – ☐ 55 – **21 ch** 460/680 – ½ P 410/510
Spéc. Carpaccio de boeuf et julienne de truffes. Filets de rougets à l'huile d'olive. Brick de pied de cochon farci.

Relais de l'Oustau Camarguen M, 3 rte Marines ✆ 66 51 51 65, Fax 66 53 06 65, , , – TV ☎ P. AE GB
hôtel : 1er avril-10 oct. ; rest. : 1er mai-10 oct. et fermé mardi soir et merc. hors sais. – **R** 160/190 – ☐ 42 – **38 ch** 400/600 – ½ P 400/435.

XX **L'Amarette,** centre commercial Camargue 2000 ✆ 66 51 47 63, ← – GB
fermé mi-nov. à mi-déc., 1er janv. à mi-fév. et merc. sauf juil.-août – **R** 175/245, enf. 85.

GRAUFTHAL 67 B.-Rhin 57 ⑰ – rattaché à La Petite-Pierre.

GRAULHET 81300 Tarn 82 ⑩ G. Pyrénées Roussillon – 13 523 h alt. 166.

18 des Étangs de Fiac ✆ 65 70 64 70, S : D 84 et D 49, O : 18 km.

Syndicat d'Initiative square Foch ✆ 63 34 75 09.

Paris 743 – ♦Toulouse 56 – Albi 32 – Castelnaudary 61 – Castres 30 – Gaillac 19.

XX **La Rigaudié,** E : 1,5 km par D 26 ✆ 63 34 50 07, , parc – P. AE GB.
fermé août, 23 déc. au 2 janv., dim. soir et sam. – **Repas** 95/195.

ALFA-ROMEO, OPEL Gar. Joffre, 3 r. Mégisserie ✆ 63 34 50 22
CITROEN Graulhet Autom., 49 av. Ch.-de-Gaulle ✆ 63 34 51 44
FORD Gar. Arquier, 15 bis av. de l'Europe ✆ 63 34 70 41
PEUGEOT-TALBOT S.I.V.A., rte de Réalmont ✆ 63 34 70 22

RENAULT Grigolato, Au Rhin et Danube ✆ 63 34 66 43

Euromaster Central Pneu Service, 47 av. Ch.-de-Gaulle ✆ 63 34 54 24

La GRAVE 05320 H.-Alpes 77 ⑦ G. Alpes du Nord – 455 h alt. 1 450 – Sports d'hiver : 1 450/3 550 m 2 6 .

Voir Situation★★ – Téléphérique ≤★★★.

Env. Oratoire du Chazelet ≤★★★ NO : 6 km – Combe de Malaval★ O : 6 km.

Syndicat d'Initiative ☎ 76 79 90 05.

Paris 647 – Briançon 39 – Gap 127 – ◆Grenoble 78 – Col du Lautaret 11 – St-Jean-de-Maurienne 66.

La Meijette M, ☎ 76 79 90 34, Fax 76 79 94 76, ≤, – TV ☎ P. GB. rest
1er juin-30 sept., 15 fév.-10 mai et fermé mardi hors sais. – **R** 95/155 – 37 – **18 ch** 260/420 – ½ P 290/390.

RENAULT Gar. Pic ☎ 76 79 91 38 N

GRAVELINES 59820 Nord 51 ③ G. Flandres Artois Picardie – 12 336 h.

Office de Tourisme 11 r. République ☎ 28 65 21 28.

Paris 291 – ◆ Calais 23 – Cassel 36 – Dunkerque 20 – ◆Lille 90 – St-Omer 33.

Beffroi et rest. La Tour M, pl. Ch. Valentin ☎ 28 23 24 25, Télex 132366, Fax 28 65 59 71 – TV ☎ . AE GB
R 99/160 – 35 – **40 ch** 310/330.

CITROEN M. Hérant Christian, 11 r. de Dunkerque ☎ 28 23 06 56
PEUGEOT-TALBOT Gar. Vauban, r. des Islandais ☎ 28 23 11 51 N
RENAULT Mme Rabat, r. des Islandais ☎ 28 23 13 50

In this Guide,
a symbol or a character,
printed in black or another colour,
in light or **bold** type,
does not have the same meaning.
Please read the explanatory pages carefully.

GRAVESON 13690 B.-du-R. 80 ⑳ G. Provence – 2 752 h alt. 13.

Paris 704 – Avignon 14 – Carpentras 41 – Cavaillon 27 – ◆Marseille 98 – Nîmes 36.

Mas des Amandiers, rte d'Avignon : 1,5 km ☎ 90 95 81 76, Fax 90 95 85 18, , , – ☎ P – 30. AE GB JCB
1er mars-1er nov. et rest. fermé dim. soir et lundi – **R** 95/125 , enf. 50 – 35 – **25 ch** 260/290 – ½ P 250/270.

Moulin d'Aure sans rest, rte de Chateaurenard ☎ 90 95 84 05, , – ☎ P. GB JCB.
– *1er avril-31 oct.* – 30 – **14 ch** 250/300.

Cadran Solaire sans rest, ☎ 90 95 71 79, – ☎ P. AE GB
fermé 15 au 30 nov. et 1er au 15 fév. – 28 – **12 ch** 150/220.

RENAULT Gar. Eletti et Massacèse ☎ 90 95 74 27

GRAY 70100 H.-Saône 66 ⑭ G. Jura – 6 916 h alt. 221.

Voir Collection de dessins★ de Prud'hon au musée Baron-Martin Y M[1].

Syndicat d'Initiative Ile Sauzay (saison) ☎ 84 65 14 24 et pl. Ch.-de-Gaulle (fermé matin hors saison).

Paris 361 ⑤ – ◆ Besançon 44 ③ – ◆Dijon 49 ⑤ – Dole 44 ④ – Langres 56 ① – Vesoul 56 ②.

Plan page suivante

Le Fer à Cheval M sans rest, 9 av. Carnot ☎ 84 65 32 55, Fax 84 65 42 63 – TV ☎ P. AE GB JCB Y **n**
fermé 24 déc. au 4 janv. – 27 – **46 ch** 180/245.

Cratô, 65 Gde Rue ☎ 84 65 11 75, Fax 84 64 83 50 – GB Y **s**
fermé le midi en août et merc. – **R** 80/140.

à Rigny par ① D 70 et D 2 : 5 km – ✉ **70100** :

Château de Rigny , ☎ 84 65 25 01, Fax 84 65 44 45, « Parc aménagé en bordure de la Saône », , – TV ☎ P – 25. AE GB. rest
fermé 5 au 30 janv. – **R** 180/300 – 50 – **24 ch** 300/480 – ½ P 450/580.

à Nantilly par ① et D 2 : 6 km – ✉ **70100** :

Relais de Nantilly , ☎ 84 65 20 12, Fax 84 65 35 31, ≤, parc, , – TV ☎ P – 25 à 100. AE GB. rest
fermé janv., dim. soir et lundi – **R** 220/300 – 45 – **25 ch** 450/980.

CITROEN Gar. Comtois, Chemin Neuf ☎ 84 65 00 91
PEUGEOT-TALBOT Gar. Boffy, à Arc-lès-Gray par ① ☎ 84 64 80 79
RENAULT Autom. de la Saône, rte de Dôle ☎ 84 65 48 77 N ☎ 84 76 93 38

Bailly, chaussée d'Arc ☎ 84 65 07 06

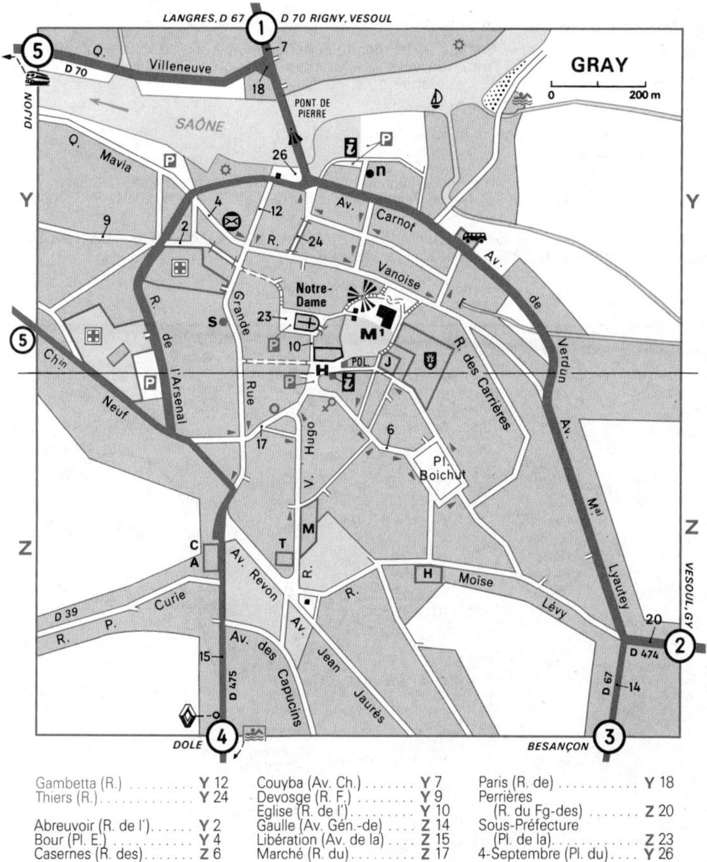

Gambetta (R.) .... Y 12
Thiers (R.) .... Y 24

Abreuvoir (R. de l') ...... Y 2
Bour (Pl. E.) .... Y 4
Casernes (R. des) .... Z 6

Couyba (Av. Ch.) .... Y 7
Devosge (R. F.) .... Y 9
Eglise (R. de l') .... Y 10
Gaulle (Av. Gén.-de) .... Z 14
Libération (Av. de la) .... Z 15
Marché (R. du) .... Z 17

Paris (R. de) .... Y 18
Perrières (R. du Fg-des) .... Z 20
Sous-Préfecture (Pl. de la) .... Z 23
4-Septembre (Pl. du) .... Y 26

GRENADE-SUR-L'ADOUR **40270** Landes 82 ① – 2 187 h alt. 55.

Paris 719 – Mont-de-Marsan 14 – Aire-sur-l'Adour 18 – Orthez 50 – St-Sever 13 – Tartas 32.

✿✿ **Pain Adour et Fantaisie** (Oudill) M, 7 pl. Tilleuls ℰ 58 45 18 80, Fax 58 45 16 57, « Terrasse au bord de l'eau » – ch TV ☎ ♿. AE ⓓ GB
fermé dim. soir et lundi sauf juil.-août et fêtes – **R** 180/450 et carte 330 à 450 – ☕ 85 – **10 ch** 600/900
Spéc. Foie gras de canard rôti au laurier. Marmite de cèpes au vieux jambon (automne). Vacherin glacé au romarin et coulis de nectarine. **Vins** Jurançon, Madiran.

XX **France** avec ch, 3 pl. Tilleuls ℰ 58 45 19 02 – ☎. GB
fermé 2 au 18 janv., dim. soir et lundi sauf juil.-août – **R** 65/235 – ☕ 24 – **7 ch** 130/270 – 1/2 P 220/260.

RENAULT Gar. Dargelos ℰ 58 45 92 62 N ℰ 58 45 94 68

GRENDELBRUCH **67190** B.-Rhin 62 ⑧ ⑨ – 918 h alt. 555.

Voir Signal de Grendelbruch ✻★ SO : 2 km puis 15 mn, G. Alsace Lorraine.

Paris 415 – ♦Strasbourg 41 – Erstein 32 – Molsheim 17 – Obernai 16 – Sélestat 37.

La Couronne, rte Schirmeck ℰ 88 97 40 94 – ☎ P
fermé 25 oct. au 30 nov. – **R** 58/150 – ☕ 30 – **11 ch** 170/240 – 1/2 P 185/215.

GRENOBLE P 38000 Isère 77 ⑤ G. Alpes du Nord – 150 758 h alt. 214.

Voir Site★★★ – Fort de la Bastille ※★★ par téléphérique EY – Vieille ville★ EY : Palais de Justice★ EY **J** – Patio★ de l'hôtel de ville FZ – Crypte★ de l'église St-Laurent FY – Musées : Peinture et sculpture★★ FZ **M**[1], Dauphinois★ EY.

18 ℘ 76 73 65 00, à Bresson par ⑥ : 8 km.

de Grenoble-St-Geoirs ℘ 76 65 48 48, par ⑩ : 45 km.

℘ 76 47 50 50.

Maison du Tourisme et Accueil de France (Informations, change et réservations d'hôtels, pas plus de 5 jours à l'avance) 14 r. République ℘ 76 54 34 36, Télex 980718 et à la gare SNCF ℘ 76 56 90 94 – A.C. Dauphinois 4 pl. Grenette ℘ 76 44 41 54.

Paris 573 ⑩ – Bourg-en-Bresse 150 ⑩ – Chambéry 56 ③ – ♦Genève 144 ③ – ♦Lyon 105 ⑩ – ♦Marseille 272 ⑩ – ♦Nice 332 ⑦ – ♦St-Étienne 158 ⑩ – Torino 235 ③ – Valence 92 ⑩.

Plans pages suivantes

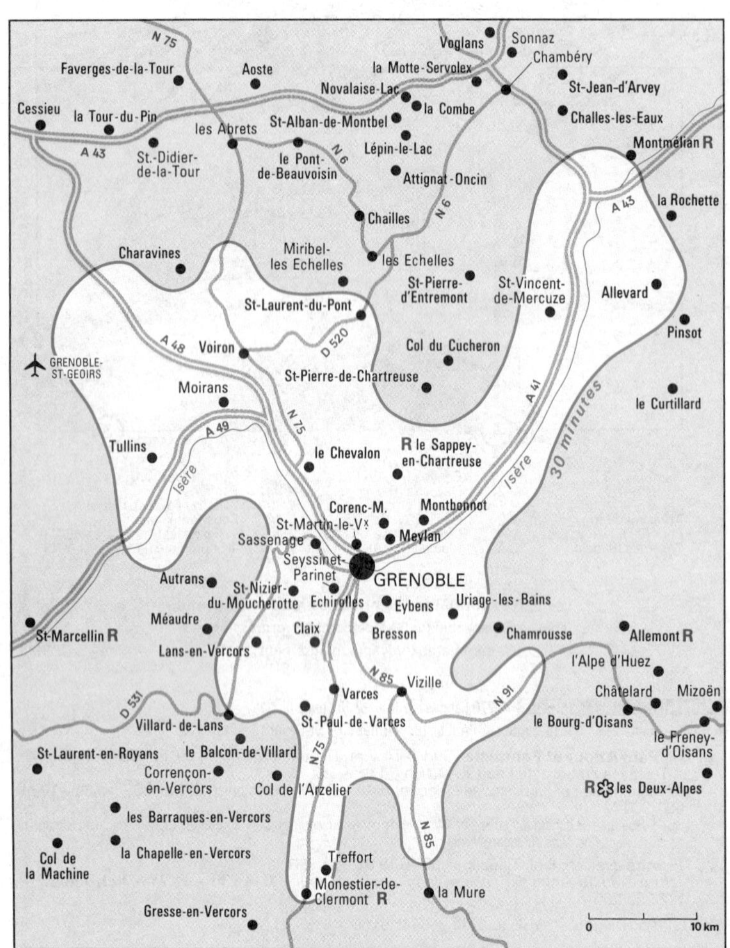

Park H. M, 10 pl. Paul Mistral ℘ 76 87 29 11, Télex 320767, Fax 76 46 49 88, « Beaux aménagements intérieurs » – | ch | – 60. AE O GB JCB FZ **w**
fermé 31 juil. au 22 août et 24 déc. au 2 janv. – **La Taverne de Ripaille** *(fermé dim. midi et fériés)* **R** carte 160 à 300, enf. 60 – ☕ 55 – **50 ch** 595/995, 10 appart.

Président [M], r. Gén. Mangin ℘ 76 56 26 56, Télex 308393, Fax 76 56 26 82, – ch – 200. AE GB JCB AX **y**
R 95/170, enf. 50 – 52 – **102 ch** 450/600.

Mercure Alpotel [M], 12 bd Mar. Joffre ℘ 76 87 88 41, Télex 320884, Fax 76 47 58 52 – ch – 300. AE GB JCB EZ **d**
R 120, enf. 45 – 52 – **88 ch** 450/530.

Lesdiguières (École Hôtelière), 122 cours Libération ✉ 38100 ℘ 76 96 55 36, Télex 320306, Fax 76 48 10 13, parc – – 50. AE GB. rest AX **m**
fermé août et 18 déc. au 3 janv. – **R** 125/165 – 39 – **36 ch** 305/490 – ½ P 305/395.

Europole [M], 29 r. P. Sémard ℘ 76 49 51 52, Fax 76 21 99 00 – ch – 100. AE GB DZ **d**
L'Orangeraie R 125/240 – **brasserie Midi Minuit R** carte 150 à 200 – 46 – **70 ch** 395/650.

Angleterre [M] sans rest, 5 pl. V.-Hugo ℘ 76 87 37 21, Télex 320297, Fax 76 50 94 10 – ch. AE GB EZ **z**
45 – **70 ch** 420/630.

Patrick H. [M] sans rest, 116 cours Libération ✉ 38100 ℘ 76 21 26 63, Télex 320320, Fax 76 48 01 07 – cuisinette – 30. AE GB AX **a**
38 – **55 ch** 345/395, 4 studios.

Porte de France [M] sans rest, 27 quai C. Bernard ℘ 76 47 39 73, Fax 76 50 95 03 – ch. AE GB DY **k**
35 – **40 ch** 250/330.

Rive Droite, 20 quai France ℘ 76 87 61 11, Fax 76 87 04 04 – – 25. AE GB JCB EY **u**
fermé 24 déc. au 2 janv. – **R** *(fermé sam. midi et dim.)* 80, enf. 40 – 35 – **58 ch** 280/315.

Belalp sans rest, 8 av. V. Hugo ✉ 38170 Seyssinet ℘ 76 96 10 27, Fax 76 48 34 95 – . GB AX **h**
25 – **30 ch** 200/270.

Patinoires sans rest, 12 r. Marie Chamoux ✉ 38100 ℘ 76 44 43 65, Télex 308703, Fax 76 44 44 77 – . AE GB JCB GZ **b**
25 – **35 ch** 212/282.

Alpes sans rest, 45 av. F. Viallet ℘ 76 87 00 71, Fax 76 56 95 45 – . GB DY **z**
25 – **67 ch** 210/270.

Bastille sans rest, 25 av. F. Viallet ℘ 76 43 10 27, Fax 76 87 52 69 – . GB DY **b**
22 – **54 ch** 185/260.

Tilleuls sans rest, 236 cours Libération ✉ 38100 ℘ 76 09 17 34 – . GB. AX **s**
25 – **39 ch** 195/225.

Paris-Nice sans rest, 61 bd J. Vallier ✉ 38100 ℘ 76 96 36 18, Fax 76 48 07 79 – ch. AE GB AVX **t**
24 – **29 ch** 150/245.

Ibis [M], 5 r. Miribel - centre commercial les Trois Dauphins ℘ 76 47 48 49, Télex 320890, Fax 76 47 78 22, – ch – 60. AE GB EY **f**
R 79, enf. 39 – 33 – **71 ch** 340/380.

Trianon sans rest, 3 r. P. Arthaud ℘ 76 46 21 62, Fax 76 46 37 56 – . AE GB JCB DZ **m**
28 – **38 ch** 207/314.

Institut sans rest, 10 r. Barbillon ℘ 76 46 36 44, Fax 76 47 73 09 – . AE GB JCB DY **f**
25 – **51 ch** 160/260.

Gallia sans rest, 7 bd Mar Joffre ℘ 76 87 39 21, Fax 76 87 65 76 – . AE GB JCB
fermé 1er au 16 août – 24 – **35 ch** 150/255. EZ **s**

XXX **Poularde Bressane,** 12 pl. P.-Mistral ℘ 76 87 08 90 – . AE GB FZ **w**
fermé 24 juil. au 15 août, sam. midi et dim. sauf fêtes – **R** 118/248.

XXX **Aub. Napoléon,** 7 r. Montorge ℘ 76 87 53 64 – . AE GB EY **b**
fermé lundi midi et dim. – **R** (nombre de couverts limité-prévenir) 148/269, enf. 70.

XX **L'Escalier,** 6 pl. Lavalette ℘ 76 54 66 16, Fax 76 51 50 93 – AE GB FY **p**
fermé sam. midi et dim. – **R** carte 210 à 380.

XX **La Madelon,** 55 av. Alsace-Lorraine ℘ 76 46 36 90 – AE GB JCB DZ **n**
fermé sam. midi et dim. – **R** carte 180 à 335.

XX **Brasserie le Strasbourg,** 11 av. Alsace-Lorraine ℘ 76 46 18 03 – . AE GB DEZ **x**
fermé 15 juil. au 15 août, lundi soir et dim. – **R** 85/170.

XX **A Ma Table,** 92 cours J. Jaurès ℘ 76 96 77 04 – GB DZ **t**
fermé août, sam. midi, dim. et lundi – **R** (nombre de couverts limité - prévenir) carte 195 à 265.

X **Le Pot au Feu,** 6 pl. Lavalette ℘ 76 42 27 66, Fax 76 51 20 93, bistrot de cadre contemporain – AE GB FY **p**
fermé le midi en août, sam. midi et dim. – **R** 140.

CORENC

Eygala (Av. de l') **BV**
Grésivaudan (Av. du) **BCV**

ÉCHIROLLES

États-Généraux (Av. des) **AX** 29
Grugliasco (Av. de) **AX**
Jaurès (Cours J.) **AX**
8 Mai 1945 (Av. du) **AX** 75

EYBENS

Innsbruck (Av. d') **BX** 36
Jaurès (Av. J.) **BX**
Mendès-France (R.) **BX**
Poisat (Av. de) **BX** 47

FONTAINE

Briand (Av. A.) **AV**
Joliot-Curie (Bd) **AV**
Vercors (Av. du) **AV**

GRENOBLE

Blanchard (R. P.) **EYZ**
Bonne (R. de) **EY** 10
Foch (Bd Mar.) **DEZ**
Grande-Rue **EY** 36
Grenette (Pl.) **EY**
Lafayette (R.) **EY** 37
Poulat (R. F.) **EZ** 48
Victor-Hugo (Pl.) **EZ**

Alliés (R. des) **AX**
Alma (R. de l') **FY** 2
Alsace-Lorraine (Av.) **DYZ** 3
Ampère (R.) **AV**
Augereau (R.) **DZ**
Bastille (Pl. de la) **DY** 5
Bayard (R.) **FY** 6
Belgique (Av. Albert-Ier de) **EFZ** 7
Belgrade (R. de) **EY** 9
Berriat (Cours de) **AV-DZ**
Bernard (Q. Cl.) **DY**
Berthelot (Av. M.) **BX**
Bizanet (R.) **FGY**
Blum (Av. L.) **AX**
Boissieux (R. B.-de) **EZ**
Brenier (R. C.) **DY** 12
Briand (Pl. A.) **DY** 13
Brocherie (R.) **EY** 15
Casimir-Périer (R.) **EZ** 16
Champollion (R.) **FZ** 17
Champon (Av. Gén.) **FZ**
Chanrion (R. J.) **FYZ** 18
Clemenceau (Bd) **FGZ**
Clot-Bey (R.) **EZ** 21
Condillac (R.) **EZ**
Condorcet (R.) **DZ**
Créqui (Q.) **DEY**
Diables-Bleus (Bd des) **FZ** 24
Diderot (R.) **AV** 25
Dr-Girard (Pl.) **FY** 26
Driant (Bd Col.) **FZ** 27
Esclangon (R. F.) **AV** 28
Esmonin (Av. E.) **AX**
Fantin-Latour (R.) **FZ**
Faure (R. E.) **FZ**
Flandrin (R. J.) **GZ**
Fourier (R.) **FZ** 32
France (Q. de) **DEY**
Gambetta (Bd) **DEZ**
Gaulle (Av. Gén.-de) **BX** 33
Graille (Q. de la) **DY**
Gueymard (R. E.) **DY**
Haxo (R.) **FZ**
Hébert (R.) **FY**
Hoche (R.) **EZ**
Jaurès (Cours J.) **DYZ**
Jay (Q. S.) **EY**
Jeanne-d'Arc (Av.) **GZ**
Joffre (Bd Mar.) **EZ**
Jongking (Q.) **FY**
Jouhaux (R. L.) **BX**
Jouvin (Q. X.) **FY**
Lafontaine (Cours) **EZ**
Lakanal (R.) **EZ**
Lavalette (Pl.) **FY** 38
Leclerc (Av. Mar.) **FY**
Lesdiguières (R.) **EZ**
L'Herminier (R. Cdt) **FY** 41
Libération (Crs de la) **AX**
Lyautey (Bd Mar.) **EZ** 42
Lyon (Rte de) **DY**
Malakoff (R.) **FGZ**
Mallifaud (R.) **EFZ**
Martyrs (R. des) **AV**
Mistral (Pl. P.) **FZ**
Montorge (R.) **EY** 44
Mortillet (R. de) **FGY**
Moyrand (R.) **FGZ**
Notre-Dame (Pl.) **FY**
Pain (Bd J.) **FZ**
Pasteur (Pl.) **FZ** 45
Perrière (Q.) **EY** 46
Perrot (Av. J.) **BX-FZ**
Prévost (R. J.) **DZ**
Randon (Av. Mar.) **FY**
Rey (Bd Ed.) **EY**
Reynier (R. A.) **AX** 49
Reynoard (Av. M.) **BX** 50
Rhin-et-Danube (Av.) **AX** 52
Rivet (Pl. G.) **EZ** 53
Rousseau (R. J.-J.) **EY** 55
Sablon (Pont du) **GY**
St-André (Pl.) **EY** 56
Ste-Claire (Pl.) **EY** 57
Sembat (Bd A.) **EZ**
Servan (R.) **FY** 59
Stalingrad (R. de) **AX** 60
Strasbourg (R. de) **FZ** 62
Thiers (R.) **DZ**
Très-Cloîtres (R.) **FY** 63

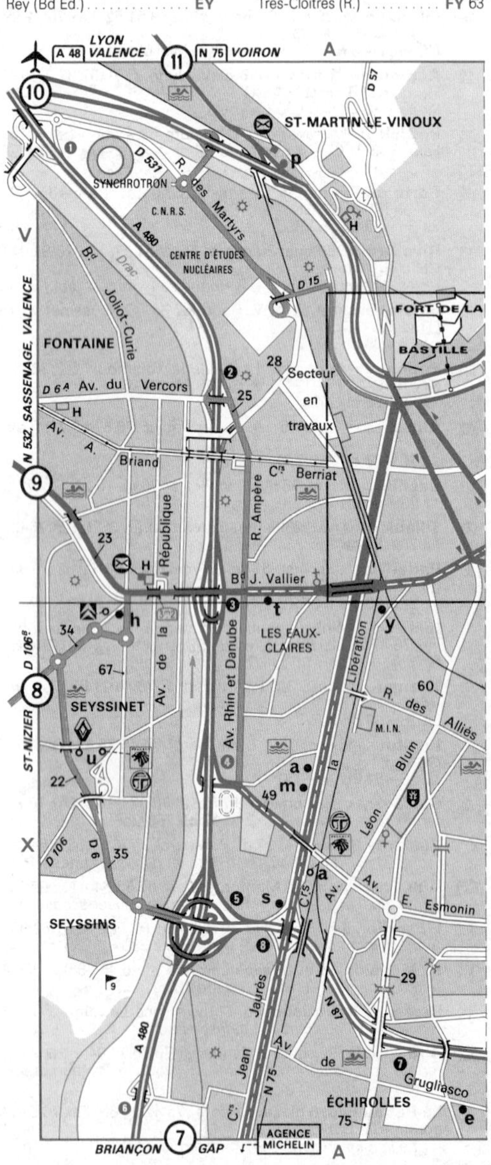

Turenne (R.) . . . . **DZ**
Vallès (Av. J.) . . . . **BV**
Vallier (Bd J.) . . . . **AVX**
Valmy (Av. de) . . . . **GZ**
Verdun (Pl.) . . . . **FZ**
Viallet (Av. F.) . . . . **DEY**
Vicat (R.) . . . . **EZ** 66
Villars (R. D.) . . . . **FZ**
Voltaire (R.) . . . . **FY** 68

MEYLAN

Chamrousse (Av. de) . . . **CV** 20
Vercors (Av. du) . . . . **CV**
Verdun (Av. de) . . . . **CV**

SEYSSINET

Coubertin (Av. P. de) . . . **AX** 22
Desaire (Bd des Frères) . **AV** 23
Gaulle (Av. Gén.-de) 34
République (Av. de la) . **AVX**
Victor-Hugo (Av.) . . . . . . **AX** 67

SEYSSINS

Gaulle (Av. Gén.-de) . . . . **AX** 35

ST-MARTIN-D'HÈRES

Antoine (R.) . . . . **CX**
Cachin (Av. M.) . . . . **BX**

Croizat (Av. A.) . . . . **BCV**
Galochère (Av. de la) . . . **CX**
Jaurès (Av. J.) . . . . **CX**
Péri (Av. G.) . . . . **BCV**
Poitié (Av.) . . . . **BX**
Prévert (Av. J.) . . . . **CX**
Romain-Rolland (Av.) . . . **CX** 54
September (Bd Dulcie) . . **BX** 58

LA TRONCHE

Chantourne (Bd de la) . . **BV** 19
Grande-Rue . . . . **BV**
Maquis-de-Grésivaudan (Av. des) . . . . **BV** 43

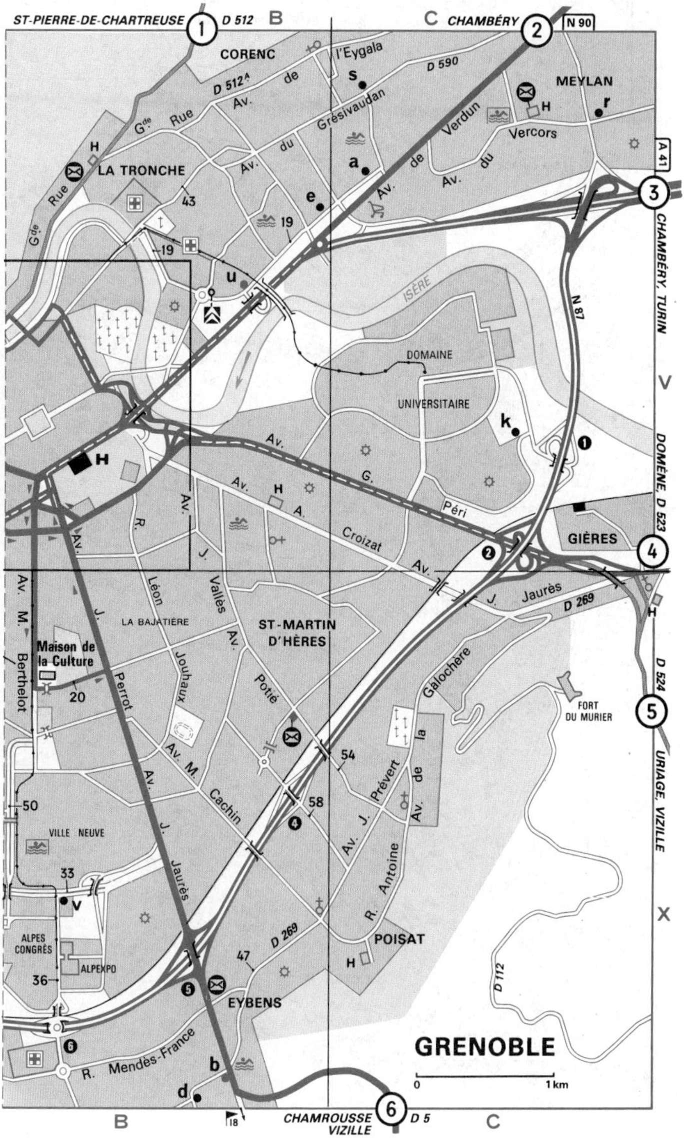

GRENOBLE

GRENOBLE

Blanchard (R. P.) . . . . **EYZ**
Bonne (R. de) . . . . **EY** 10
Foch (Bd Mar.) . . . . **DEZ**
Grande-Rue . . . . **EY** 36
Grenette (Pl.) . . . . **EY**

Lafayette (R.) . . . . **EY** 37
Poulat (R. F.) . . . . **EZ** 48
Victor-Hugo (Pl.) . . . . **EZ**

Alma (R. de l') . . . . **FY** 2
Alsace-Lorraine (Av.) . . . . **DZ** 3
Bastille (Pl. de la) . . . . . . **DY** 5

Bayard (R.) . . . . **FY** 6
Belgique (Av. Albert-I[er]-de) . . . **EFZ** 7
Belgrade (R. de) . . . . **EY** 9
Brenier (R. C.) . . . . **DY** 12
Briand (Pl. A.) . . . . **DY** 13
Brocherie (R.) . . . . **EY** 15
Casimir-Perier (R.) . . . . . . **EZ** 16

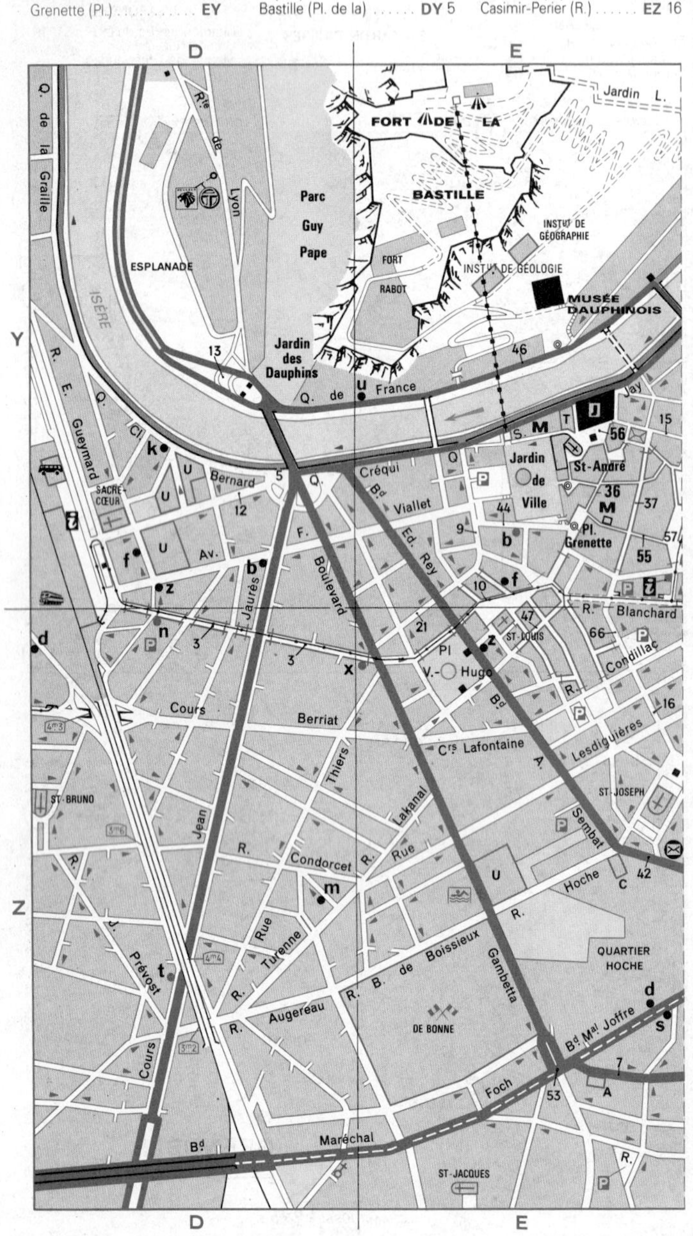

Champollion (R.)	**FZ** 17
Chanrion (R. J.)	**FYZ** 18
Clot-Bey (R.)	**EZ** 21
Diables-Bleus (Bd des)	**FZ** 24
Dr Girard (Pl.)	**FY** 26
Driant (Bd Col.)	**FZ** 27
Fantin-Latour (R.)	**FZ** 30
Flandrin (R. J.)	**GZ** 31
Fourier (R.)	**FZ** 32
Lavalette (Pl.)	**FY** 38
L'Herminier (R. Cdt)	**FY** 41
Lyautey (Bd Mar.)	**EZ** 42
Montorge (R.)	**EY** 44
Pasteur (Pl.)	**FZ** 45
Perrière (Q.)	**EY** 46
Rivet (Pl. G.)	**EZ** 53
Rousseau (R. J.-J.)	**EY** 55
St-André (Pl.)	**EY** 56
Ste-Claire (Pl.)	**EY** 57
Servan (R.)	**FY** 59
Strasbourg (R. de)	**FZ** 62
Très-Cloîtres (R.)	**FY** 64
Vicat (R.)	**EZ** 66
Voltaire (R.)	**FY** 68

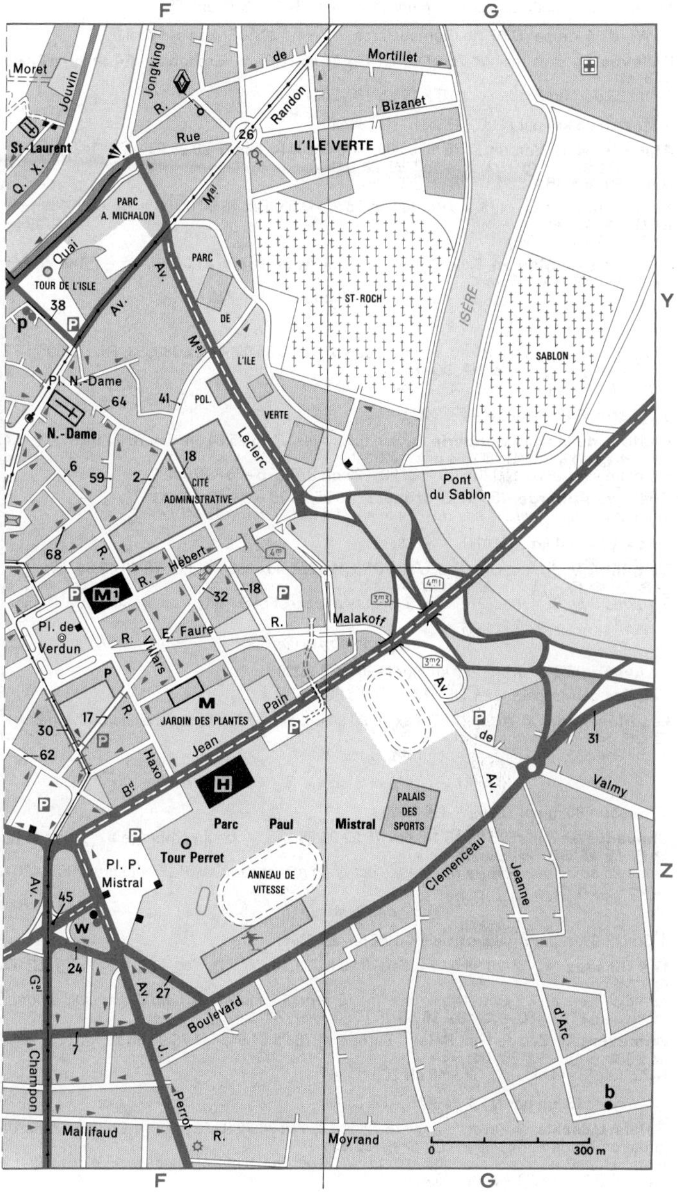

au Centre des Congrès et Alpexpo – ✉ **38100** Grenoble :

Mercure Alpexpo, ✆ 76 33 02 02, Télex 980470, Fax 76 33 34 44, ☂, ⛱ – |‡| ▤ rest 📺 ☎ ♿ 🚗 Ⓟ – 🎪 180. AE ⓓ GB — BX **v**
R 115/145 ₰, enf. 45 – ☕ 50 – **98 ch** 445/555.

à St-Martin-le-Vinoux : 2 km par A 48 et N 75 – 5 139 h. – ✉ **38950** :

XXX **Pique-Pierre,** ✆ 76 46 12 88, Fax 76 46 43 90, ☂ – ▤ Ⓟ. AE GB — AV **p**
fermé 1er au 20 août, dim. soir et lundi sauf fêtes – **R** 150/360, enf. 65.

au Nord : 4 km par D 57 rte Clémencières - AV – ✉ **38950** St-Martin-le-Vinoux :

Bellevue 🐦 sans rest, ✆ 76 87 68 17, Fax 76 46 18 37, ≤ Grenoble – 📺 ☎ Ⓟ. ⓓ GB JCB. ✻
fermé 23 déc. au 2 janv. – ☕ 25 – **19 ch** 190/260.

à Meylan : 3 km par N 90 – 17 863 h. – ✉ **38240** :

Alpha Ⓜ, 34 av. Verdun ✆ 76 90 63 09, Télex 980444, Fax 76 90 28 27, ☂, ⛱ – |‡| ⊁ ch ▤ rest 📺 ☎ 🚗 Ⓟ – 🎪 25 à 150. AE ⓓ GB JCB — BV **e**
R 90/130, enf. 45 – ☕ 48 – **75 ch** 395/480.

Belle Vallée sans rest, 2 av. Verdun ✆ 76 90 42 65, Fax 76 90 65 98 – ⊁ ch 📺 ☎ 🚗 Ⓟ. AE ⓓ GB JCB — CV **a**
☕ 35 – **30 ch** 270/300.

Les Relais de Meylan, 6 av. Granier ✆ 76 90 44 22, Fax 76 41 04 60, ☂ – 📺 ☎ ♿ Ⓟ – 🎪 35. AE GB JCB. ✻ rest — CV **r**
R *(fermé dim.)* 90/140 ₰, enf. 45 – ☕ 30 – **50 ch** 200 – ½ P 210.

à Corenc : 3 km – 3 356 h. – ✉ **38700** :

Trois Roses sans rest, 32 av. Grésivaudan ✆ 76 90 35 09, Télex 980593, Fax 76 90 71 72 – |‡| 📺 ☎ Ⓟ – 🎪 50. AE ⓓ GB JCB — CV **s**
fermé 15 déc. au 1er janv. – ☕ 47 – **50 ch** 420/550.

à Eybens : 5 km – 8 013 h. – ✉ **38320** :

Château de la Commanderie 🐦, av. Échirolles ✆ 76 25 34 58, Fax 76 24 07 31, ⛱, 🌳 – 📺 ☎ Ⓟ – 🎪 25. AE ⓓ GB JCB. ✻ rest — BX **d**
R *(fermé sam. et dim.)* 170/200 – ☕ 50 – **25 ch** 375/575 – ½ P 370/430.

XX **Rustique Auberge,** 134 av. J. Jaurès ✆ 76 25 24 70 – ▤. AE ⓓ GB — BX **b**
fermé août, sam. (sauf le soir du 1er juin au 31 août) et dim. – **R** 140/200 ₰, enf. 70.

à Échirolles : 4 km – 34 435 h. – ✉ **38130** :

Dauphitel Ⓜ 🐦, av. Grugliasco ✆ 76 23 24 72, Télex 980612, Fax 76 40 42 64, ☂, ⛱ – |‡| ▤ 📺 ☎ Ⓟ – 🎪 30. AE ⓓ GB. ✻ rest — AX **e**
R *(fermé 9 au 22 août, 20 déc. au 3 jan., sam. midi et dim.)* 120 – ☕ 44 – **68 ch** 310/355 – ½ P 323.

par la sortie ② :

à Montbonnot-St-Martin 7 km sur N 90 – ✉ **38330**.

Voir Bec de Margain ≤** NE : 13 km puis 30 mn.

XXX **Les Mésanges,** ✆ 76 90 21 57, Fax 76 90 94 48, ☂, « Jardin et terrasse ombragés » – AE GB JCB
fermé 9 au 24 août, dim. soir et lundi – **R** 105/350.

par la sortie ⑥ :

à Bresson 8 km par D 269c – ✉ **38320** :

XXXX **Chavant** avec ch, ✆ 76 25 15 14, Fax 76 62 06 55, ☂, « Jardin ombragé », ⛱ – |‡| ▤ 📺 ☎ Ⓟ. AE ⓓ GB. ✻ rest
fermé 26 au 31 déc. – **R** *(fermé lundi d'oct. à fin mai et sam. midi)* 185 et carte 280 à 430 – ☕ 55 – **7 ch** 750.

par la sortie ⑦ :

à Claix : 9 km par A 480, sortie 9 – 6 960 h. – ✉ **38640** :

Les Oiseaux 🐦, ✆ 76 98 07 74, Fax 76 98 82 33, ≤, ☂, ⛱, 🌳 – 📺 ☎ 🚗 Ⓟ. AE ⓓ GB. ✻ ch
fermé 31 déc. au 31 janv. et dim. soir du 15 sept. à Pâques – **R** *(fermé dim. soir et lundi)* (dîner seul.) 110/180 – ☕ 40 – **18 ch** 250/360 – ½ P 245/277.

Primevère Ⓜ, Zac de Font Ratel-r. Europe ✆ 76 98 84 54, Fax 76 98 66 22, ☂, ⛱, 🌳 – ▤ 📺 ☎ ♿ Ⓟ – 🎪 35. GB JCB
R 78/180 ₰, enf. 41 – ☕ 32 – **45 ch** 260.

à Varces : 13 km par N 75 – 4 592 h. – ✉ **38760** :

XXX **Relais L'Escale** 🐦 avec ch, ✆ 76 72 80 19, Fax 76 72 92 58, ☂, « Chalets dans un jardin ombragé », ⛱ – ▤ ch 📺 ☎ Ⓟ. AE GB
fermé 1er janv. au 5 fév., dim. soir et lundi du 15 oct. au 15 mai et mardi du 15 mai au 15 oct. – **R** 190/370 – ☕ 60 – **7 ch** 420/490 – ½ P 525.

à St-Paul-de-Varces : 17 km par N 75 et D 107 – ✉ **38760** :

XXX **Aub. Messidor,** ☎ 76 72 80 64, 🌳 – GB
fermé fév., mardi soir et merc. – **R** 125/270.

par la sortie ⑧ :

à Seyssinet-Pariset : 8 km par rte de St-Nizier – ✉ **38170** :

XX **La Gentilhommière,** 40 av. Hector Berlioz ☎ 76 49 73 50, Fax 76 70 22 86, 🌳, 🌲 – P AE ⓓ GB
fermé 1er au 7 sept., 2 au 22 janv., dim. soir et lundi – **R** 130/330, enf. 80.

par la sortie ⑩ :

à Sassenage : 5 km par A 480 – 9 788 h. – ✉ **38360** :

ℹ Syndicat d'Initiative pl. Libération ☎ 76 53 17 17.

Relais de Sassenage M, Z.I. l'Argentière ☎ 76 27 20 21, Fax 76 53 56 04, 🌳, 🏊, 🌲 – ▤ TV ☎ ♿ P – 🏛 50. AE GB
R 115/195 🍷, enf. 77 – ☕ 38 – **47 ch** 275/305.

près échangeur Voreppe-A 48 : 12 km – ✉ **38340** Voreppe :

Novotel M, ☎ 76 50 81 44, Télex 320273, Fax 76 56 76 26, ≤, 🌳, 🏊, 🌲 – 🛗 ⇆ ch ▤ rest TV ☎ ♿ P – 🏛 25 à 180. AE ⓓ GB
R carte environ 160, enf. 50 – ☕ 46 – **114 ch** 415.

par la sortie ⑪ :

au Chevalon : 11,5 km – ✉ **38340** Voreppe :

XXX **La Petite Auberge,** ☎ 76 50 08 03, 🌲 – P. GB
fermé 1er au 8 mai, 11 au 31 août, 4 au 10 janv., dim. soir et lundi – **R** produits de la mer 160/250, enf. 80.

MICHELIN, Agence régionale, r. A.-Bergès, ZI des Iles, Le Pont de Claix par ⑦ ☎ **76 98 51 54**

FIAT Strada, 104 av. G. Péri à St-Martin d'Hères ☎ 76 63 09 00
FIAT Strada, 4 av. A. Ferrier à Echirolles ☎ 76 33 32 31
FORD Gauduel 46 av A. Croizat à Fontaine ☎ 76 26 00 18
OPEL Majestic, 109 av. G.-Péri à St-Martin d'Hères ☎ 76 42 38 18
OPEL Porte de l'Ouest Automobile, 63 bd J.-Vallier ☎ 76 96 39 26
PEUGEOT-TALBOT Bernard, 237 cours Libération AX **a** ☎ 76 69 62 00 N ☎ 76 60 22 07
PEUGEOT-TALBOT Peugeot-Bastille 53 rte de Lyon DY ☎ 76 46 71 67 N ☎ 76 60 21 80
RENAULT Splendid-Gar., 4 r. E.-Delacroix FY ☎ 76 42 74 72
RENAULT Auto Losange, bd Paul Langevin à Fontaine par ⑨ ☎ 76 53 52 42 N ☎ 05 05 15 15
SAAB Villeneuve-Auto, 8 av. M.-Reynoard ☎ 76 40 57 56
VOLVO Gar. Jeanne d'Arc 9 av. de l'Ile Brune à St-Egrève ☎ 76 75 88 31

Euromaster Piot Pneu, 27 bd Mar.-Foch ☎ 76 46 69 83
Euromaster Tessaro Pneus, 86 cours J.-Jaurès ☎ 76 46 00 91

Périphérie et environs

CITROEN Garnier Automobiles, 28 bd Chantourne à La Tronche BV ☎ 76 42 46 36 N
CITROEN S.A.D.A., 38 av. J-Jaurès à Eybens par ⑥ ☎ 76 24 20 63
CITROEN Gar. Jourdan, 30 av. Houille Blanche à Seyssinet-Pariset AX ☎ 76 21 07 45
FIAT Gar. de Savoie, 43/45 bd Paul Langevin à Fontaine ☎ 76 27 38 17
FORD Gauduel ZI rue du Beal à St-Martin d'Hères ☎ 76 25 75 45
PEUGEOT-TALBOT Pulicari, 18 av. de Grenoble à Seyssinet-Pariset AX **u** ☎ 76 96 63 67
PEUGEOT-TALBOT Gar. Guzzo, ZA des Tuileries 2 à Seyssinet-Pariset AX ☎ 76 48 63 02 N ☎ 76 48 19 67
RENAULT Esso-Service du Moucherotte, 117 cours J.-Jaurès à Échirolles par ⑦ ☎ 76 09 16 24
RENAULT Lambert, 24 av. de Romans à Sassenage par ⑨ ☎ 76 27 40 62
RENAULT Percevalière Automobiles, 11 r. Tuilerie à Seyssinet-Pariset AX **u** ☎ 76 48 57 99
TOYOTA JA'O automobiles, 117 av. G. Péri à St-Martin d'Hères ☎ 76 54 42 18

Euromaster Briday Pneus, 1 r. 19-Mars-1962 à Échirolles ☎ 76 22 25 27
Euromaster Piot Pneu, 39 bd Paul Langevin à Fontaine ☎ 76 26 32 45
Euromaster Piot Pneu, 96 cours J.-Jaurès à Échirolles ☎ 76 09 11 95
Euromaster Piot Pneu, ZI av. de l'Ile Brune à St-Égrève ☎ 76 75 86 69
Euromaster Top Way, 91 av. G.-Péri à St-Martin-d'Hères ☎ 76 42 10 59
Gonthier Frères, 1 r. de Chamechaude à Sassenage ☎ 76 27 11 11
Gonthier-Frères, 131 av. G.-Péri à St-Martin-d'Hères ☎ 76 54 36 83

GRÉOLIÈRES-LES-NEIGES **06620** Alpes-Mar. **81** ⑲ **115** ㉔ – alt. 1 450 – Sports d'hiver : 1 400/1 800 m ⛷10.

Paris 851 – Castellane 51 – Grasse 47 – ♦Nice 67 – Vence 45.

Alpina 🐴, ☎ 93 59 70 19, ≤, 🏊 – TV ☎ P. AE GB
fermé 13 avril au 15 juin et 1er nov au 20 déc. – **R** *(fermé jeudi)* carte 120 à 180 – ☕ 30 – **8 ch** 350 – ½ P 280/295.

GRÉOUX-LES-BAINS 04800 Alpes-de-H.-P. 84 ④ ⑤ G. Alpes du Sud – 1 718 h alt. 360 – Stat. therm. (17 fév.-19 déc.).

Office Municipal du Tourisme av. Marronniers ☎ 92 78 01 08.

Paris 769 – Digne-les-Bains 66 – Aix-en-Provence 52 – Brignoles 58 – Manosque 13 – Salernes 52.

La Crémaillère Ⓜ, rte Riez ☎ 92 74 22 29, Fax 92 78 19 80, – 40. AE GB. rest
fermé 19 déc. au 15 fév. – **R** 145/270 – 45 – **51 ch** 380 – P 425.

Villa Borghèse, ☎ 92 78 00 91, Télex 401513, Fax 92 78 09 55, – ch – 40 à 80. AE GB. rest
8 mars-27 nov. – **R** 150/260 – 50 – **70 ch** 330/580 – P 470/540.

Lou San Peyre, rte Riez ☎ 92 78 01 14, Fax 92 78 03 85, – ch AE GB. rest
1er mars-30 nov. – **R** 97/153, enf. 57 – 33 – **46 ch** 310/350 – P 343/363.

Gd Jardin, ☎ 92 74 24 74, Fax 92 74 24 79, – 40. GB.
15 mars-15 nov. – **R** 85/160, enf. 45 – 30 – **90 ch** 190/285 – P 300/390.

Colonnes, av. des Marronniers ☎ 92 78 00 04 – GB
1er avril-30 nov. – **R** 85/160 – 30 – **35 ch** 235/290 – P 245/295.

RENAULT Gallégo ☎ 92 78 00 50

GRESSE-EN-VERCORS 38650 Isère 77 ⑭ G. Alpes du Nord – 265 h alt. 1 250 – Sports d'hiver : 1 205/1 800 m 16.

Voir Col de l'Allimas ≤★ S : 2 km.

Syndicat d'Initiative à la Mairie (saison) ☎ 76 34 33 40.

Paris 616 – ◆Grenoble 47 – Clelles 20 – Monestier-de-Clermont 13 – Vizille 43.

Le Chalet Ⓜ, ☎ 76 34 32 08, Fax 76 34 31 06, ≤, – GB.
15 mai-20 oct. et 1er fév.-30 mars – **R** 80/260, enf. 48 – 33 – **25 ch** 260/360 – ½ P 295/330.

Rochas, ☎ 76 34 31 20 – rest ch
fermé 15 avril au 4 mai et 11 nov. au 20 déc. – **R** 90/190 – 36 – **7 ch** 120/250 – ½ P 220.

Pour aller loin rapidement,
utilisez les ***cartes Michelin*** *des pays d'****Europe*** *à 1/1 000 000.*

GRESSWILLER 67190 B.-Rhin 87 ⑮ – 1 181 h alt. 197.

Paris 481 – ◆Strasbourg 29 – Obernai 13 – Saverne 32 – Sélestat 38.

A l'Écu d'Or, r. Gutenberg ☎ 88 50 16 00, Fax 88 50 15 11 – ch GB
R *(fermé sam. midi)* 75/245, enf. 65 – 35 – **25 ch** 240/270 – ½ P 250.

CITROEN Gar. Fritsch ☎ 88 50 04 10

GRÉSY-SUR-AIX 73 Savoie 74 ⑮ – rattaché à Aix-les-Bains.

GRÉSY-SUR-ISÈRE 73740 Savoie 74 ⑯ – 890 h alt. 357.

Env. Site★★ et ≤★★ du château de Miolans★ SO : 7 km, G. Alpes du Nord.

Paris 581 – Albertville 19 – Aiguebelle 12 – Chambéry 37 – St-Jean-de-Maurienne 47.

La Tour de Pacoret, NE : 1,5 km par D 201 ✉ 73460 Frontenex ☎ 79 37 91 59, Fax 79 37 93 84, ≤ vallée et montagnes, , parc – AE GB. rest
Pâques-1er nov. et fermé lundi et mardi en oct. – **R** (nombre de couverts limité - prévenir) 160/200 – 45 – **10 ch** 275/410 – ½ P 295/350.

GRÉZIEU-LA-VARENNE 69290 Rhône 74 ⑪ – 3 256 h alt. 330.

Paris 462 – ◆Lyon 00 – L'Arbresle 17 – Villefranche-sur-Saône 30.

Host. de la Varenne, 9 r. É. Evellier ☎ 78 57 31 05, – GB
fermé dim. soir et lundi – **R** 130/390, enf. 60.

La GRIÈRE 85 Vendée 71 ⑪ – rattaché à La Tranche-sur-Mer.

GRIGNAN 26230 Drôme 81 ② G. Provence (plan) – 1 300 h alt. 197.

Voir Château★★ : ★.

Paris 633 – Crest 47 – Montélimar 25 – Nyons 23 – Orange 36 – Pont-St-Esprit 37 – Valence 73.

La Roseraie, rte Valréas ☎ 75 46 58 15, Fax 75 46 91 55, , « Élégant manoir dans un parc, » – cuisinette ch – 25. AE GB
fermé 15 au 20 nov., 6 au 31 janv. et lundi hors sais. – **R** (nombre de couverts limité, prévenir) 200/240, enf. 100 – 75 – **14 ch** 700/1000 – ½ P 540/725.

du Mail, ☎ 75 46 93 00, Fax 75 46 92 62, « Décor soigné » – GB
R *(ouvert 1er juin-15 sept.)* carte environ 150 – 30 – **8 ch** 240/480.

Relais de Grignan, rte Montélimar D 541 : 1 km ☎ 75 46 57 22, Fax 75 46 92 96, – AE GB
fermé 1er au 13 sept. et dim. soir sauf juil.-août – **R** 135/285.

CITROEN Ferretti ☎ 75 46 51 78 N

RENAULT Monier ☎ 75 46 51 24 N ☎ 75 46 53 28

GRIMAUD 83310 Var 84 ⑰ G. Côte d'Azur – 3 322 h alt. 100.

Office de Tourisme bd des Aliziers ✆ 94 43 26 98.

Paris 867 – Fréjus 31 – Brignoles 57 – Le Lavandou 33 – St-Tropez 9 – Ste-Maxime 11,5 – ♦Toulon 64.

La Boulangerie, O : 2 km par D 14 et VO ✆ 94 43 23 16, Fax 94 43 38 27, ←, parc, – ☎ ℗. AE GB
hôtel : Pâques-10 oct. ; rest. : 15 mai-15 sept. – **R** (déj. seul.)(résidents seul.) carte environ 200 – ☕ 50 – **10 ch** 670/790.

Host. Coteau Fleuri, ✆ 94 43 20 17, Fax 94 43 33 42, ←, – ☎. AE ⓓ GB. rest
fermé 6 au 17 déc. et 3 janv. au 3 fév. – **R** *(fermé mardi sauf juil.-août)* 190/295 – ☕ 45 – **14 ch** 350/450.

Athénopolis M sans rest, O : 3,5 km par rte La Garde Freinet ✆ 94 43 24 24, Fax 94 43 37 05, ←, – TV ☎ ♿ ℗. AE ⓓ GB
Pâques-fin oct. – ☕ 45 – **11 ch** 490/620.

XXX ❀ **Les Santons** (Girard), ✆ 94 43 21 02, « Cadre provençal » – ▤. ⓓ GB JCB
fin mars-1er nov., 23 déc.-2 janv. et fermé le midi en juil.-août et merc. sauf juil.-août – **R** 260/410 et carte 340 à 490, enf. 120
Spéc. Poissons de pays. Agneau de Sisteron rôti à la fleur de thym. Gibier (saison). **Vins** Bandol.

X **Café de France**, ✆ 94 43 20 05, – GB
1er fév.-31 oct. et fermé mardi – **R** 125.

Sécurité-Pneus, N 98, St-Pons-les-Mures ✆ 94 56 36 02

GRIS-NEZ (Cap) ★★ 62 P.-de-C. 51 ① G. Flandres Artois Picardie – alt. 50 – ✉ 62179 Audinghen.

Paris 308 – ♦Calais 28 – Arras 128 – Boulogne-sur-Mer 20 – Marquise 13 – St-Omer 60.

Mauves, ✆ 21 32 96 06, – ☎ ℗. GB.
1er avril-15 nov. – **R** 99/220 – ☕ 32 – **16 ch** 250/405 – ½ P 275/395.

X **La Sirène**, ✆ 21 32 95 97, ← mer – ℗. GB
fermé 14 déc. au 29 janv., le soir de sept. à Pâques (sauf sam.), lundi (sauf juil.-août) et dim. soir – **R** 105/265.

La GRIVE 38 Isère 74 ⑬ – rattaché à Bourgoin-jallieu.

GROIX (Ile de) ★ 56590 Morbihan 58 ⑫ G. Bretagne – 2 472 h alt. 39.

Voir Site★ de Port-Lay – Trou de l'Enfer★.

Accès par transports maritimes pour **Port-Tudy** (en été **réservation recommandée** pour le passage des véhicules).

depuis **Lorient.** Saison, 4 à 8 services quotidiens ; hors saison, 2 à 5 services quotidiens - Traversée 45 mn – Tarifs, se renseigner : Cie Morbihannaise et Nantaise de Navigation, bd A.-Pierre ✆ 97 21 03 97 (Lorient).

Office de Tourisme Mairie ✆ 97 86 53 08 et Port Tudy (saison) ✆ 97 86 54 86.

La Marine, au Bourg ✆ 97 86 80 05, Fax 97 86 56 37, – ☎. GB. rest
fermé 3 janv. au 3 fév., dim. soir et lundi hors vacances scolaires – **R** 68/140, enf. 44 – ☕ 37 – **22 ch** 193/384 – ½ P 209/297.

XX **Ty Mad** avec ch, au port ✆ 97 86 80 19, Fax 97 86 50 79, ← – ☎ ℗. GB.
Pâques-31 déc. – **R** 75/200, enf. 40 – ☕ 30 – **32 ch** 200/350 – ½ P 200/285.

GROLÉJAC 24250 Dordogne 75 ⑰ – 545 h alt. 80.

Paris 544 – Sarlat-la-Canéda 12 – Gourdon 13 – Périgueux 78.

Le Grillardin, ✆ 53 28 11 02, – ☎ ℗. GB.
1er mars-5 oct. – **R** 65/170 – ☕ 27 – **14 ch** 140/230 – ½ P 160/200.

GROSLÉE 01680 Ain 74 ⑭ – 286 h alt. 237.

Paris 496 – Belley 19 – Bourg-en-B. 68 – ♦Lyon 71 – La Tour-du-Pin 29 – Vienne 70 – Voiron 43.

XX **Penelle**, à Port de Groslée SO : 1 km sur D 19 ✆ 74 39 71 01, ←, – ℗. GB
fermé 1er janv. au 15 fév., lundi et mardi – **R** 85/200.

GROTTE voir au nom propre de la grotte.

GROUIN (Pointe du) 35 I.-et-V. 59 ⑥ – rattaché à Cancale.

GRUISSAN 11430 Aude 86 ⑩ G. Pyrénées Roussillon – 2 170 h alt. 2 – Casino .

Syndicat d'Initiative bd du Pech Maynaud ✆ 68 49 03 25.

Paris 856 – ♦Perpignan 75 – Carcassonne 71 – Narbonne 17.

Corail M, au port ✆ 68 49 04 43, Fax 68 49 62 89, ← – ▤ TV ☎ ℗. AE GB
fermé 12 nov. au 1er fév. – **R** 90/210, enf. 45 – ☕ 37 – **32 ch** 340/360 – ½ P 290.

Plage sans rest, à la Plage ✆ 68 49 00 75 – ☎.
Pâques-mi-sept. – **17 ch** ☕ 230/270.

XX **L'Estagnol,** au Village ✆ 68 49 01 27, 余 – GB
fermé nov., fév., le soir du 1er oct. au 1er avril et lundi – **R** 130/220, enf. 43.

X **St Germain II,** quai Ponant, au port ✆ 68 49 31 08, ≤, 余 – GB
1er juin-15 sept. – **R** 95/250, enf. 75.

Le GUA 17 Char.-Mar. 71 ⑭ – rattaché à Saujon.

GUEBERSCHWIHR 68420 H.-Rhin 62 ⑱ ⑲ G. Alsace Lorraine – 703 h.

Paris 455 – Colmar 12 – Guebwiller 17 – ◆Mulhouse 34 – ◆Strasbourg 85.

Relais du Vignoble et rest. Belle vue M ⛰, ✆ 89 49 22 22, Fax 89 49 27 82, ≤, 余 – ◆ |‡| TV ☎ ♿ P – 🏛 40. GB
fermé 1er fév. au 8 mars – **R** *(fermé merc. soir du 15 nov. au 15 avril et jeudi)* 75/250 ♨ – ☕ 45 – **30 ch** 220/460 – ½ P 260/320.

GUEBWILLER ⓈⓅ 68500 H.-Rhin 62 ⑱ G. Alsace Lorraine (plan) – 10 942 h alt. 288.

Voir Église St-Léger★ : façade Ouest★★ – Intérieur★★ de l'église N.-Dame★ : Assomption★★ – Hôtel de Ville★ – Musée du Florival : décor★ d'une salle de bains, vase★ – Vallée de Guebwiller★★ NO – Buhl : retable de Buhl★★ dans l'église N : 3 km par D 430.

🅱 Office de Tourisme 5 pl. St-Léger ✆ 89 76 10 63.

Paris 542 – ◆Mulhouse 22 – Belfort 49 – Colmar 26 – Épinal 103 – ◆Strasbourg 99.

L'Ange, 4 r. Gare ✆ 89 76 22 11, Fax 89 76 50 08 – |‡| TV ☎ ♿ P – 🏛 40. AE GB. ✗ rest ◆ **R** *(fermé lundi hors sais. et dim. soir)* 60/400 ♨ – ☕ 35 – **36 ch** 220/360 – ½ P 285.

à Murbach NO par D 40ll – ✉ **68530** :

Voir Église★★.

Host. St Barnabé ⛰, à 6,5 km ✆ 89 76 92 15, Fax 89 76 67 80, ≤, « Maison fleurie dans le vallon, jardin », ✗ – ✗ ch TV ☎ P – 🏛 40. AE ⓓ GB
fermé 1er au 15 fév. et dim. soir de nov. à mars – **R** 125/350 – ☕ 55 – **24 ch** 335/770 – ½ P 475/690.

Domaine Langmatt M ⛰, à 8,5 km ✆ 89 76 21 12, Fax 89 74 88 77, ≤, 余, parc, Fø, 🏊 – |‡| TV ☎ ♿ P – 🏛 40. AE GB. ✗
R *(fermé 28 fév. au 7 mars et merc. midi)* 160/326 – ☕ 50 – **22 ch** 440/720, 4 appart. – ½ P 470/590.

à Jungholtz SE par D 51 : 6 km – ✉ **68500** :

Résidence Les Violettes ⛰, à Thierenbach ✆ 89 76 91 19, Fax 89 74 29 12, ≤, « Collection de voitures anciennes », Fø, 🌳 – |‡| TV ☎ 🚗 P. AE ⓓ GB
fermé 17 au 31 janv. – **R** *(fermé lundi soir et mardi)* 170/380 – ☕ 52 – **24 ch** 520/730.

Host. de Thierenbach ⛰, à Thierenbach ✆ 89 76 93 01, Fax 89 74 37 45, 余, 🏊 – TV ☎ P. AE ⓓ GB
fermé 3 janv. au 20 fév. et lundi hors sais. – **R** 155/345 ♨, enf. 50 – ☕ 48 – **16 ch** 400/520 – ½ P 390/480.

XX **Biebler** avec ch, ✆ 89 76 85 75, 余, 🌳 – ☎ 🚗 P – 🏛 60. AE ⓓ GB
fermé jeudi soir et vend. – **R** 100/280 ♨ – ☕ 35 – **14 ch** 140/280 – ½ P 250.

à Hartmannswiller SE par D 5 : 7 km – ✉ **68500** :

Meyer, sur D 5 ✆ 89 76 73 14, Fax 89 76 79 57, 余, 🌳 – ✗ ch ☎ P. AE ⓓ GB. ✗
R *(fermé 15 au 30 juin, 15 au 31 janv., sam. midi et vend.)* 90/300 ♨, enf. 45 – ☕ 40 – **16 ch** 210/300 – ½ P 225/300.

PEUGEOT-TALBOT Gar. du Parc, 11 rte de Soultz ✆ 89 76 83 15

RENAULT Gar. Valdan, Pénétrante N 83 ✆ 89 76 27 27 🅽 ✆ 05 05 15 15

GUÉCÉLARD 72230 Sarthe 64 ③ – 2 261 h alt. 45.

Paris 219 – ◆Le Mans 17 – Château-Gontier 74 – La Flèche 25 – Malicorne-sur-Sarthe 22.

à Fillé N : 4 km par D 156 G. Châteaux de la Loire – ✉ **72210** :

XX **Aub. du Rallye,** ✆ 43 87 14 08, Fax 43 87 93 70, 余, 🌳 – P. ⓓ GB
fermé fév., dim. soir et lundi – **R** 120/185.

GUÉMENÉ-SUR-SCORFF 56160 Morbihan 59 ⑪ – 1 332 h alt. 139.

Paris 479 – Vannes 66 – Concarneau 71 – Lorient 44 – Pontivy 21 – ◆Rennes 127 – St-Brieuc 72.

Bretagne, r. J. Peres ✆ 97 51 20 08, Fax 97 39 30 49, 🌳 – TV ☎ P – 🏛 30. GB
◆ *fermé 1er au 10 sept., 22 déc. au 10 janv. et sam. hors sais.* – **R** 58/230 ♨ – ☕ 30 – **19 ch** 155/248 – ½ P 166/212.

GUENROUËT 44530 Loire-Atl. 63 ⑮ – 2 383 h alt. 43.

Paris 423 – ◆Nantes 54 – Redon 22 – St-Nazaire 39 – Vannes 69.

XX **Relais St-Clair,** rte Nozay ✆ 40 87 66 11, Fax 40 87 71 01 – GB
fermé 15 au 31 oct., vacances de fév., dim. soir et lundi d'oct. à mai – **R** 100/320, enf. 70.

RENAULT Gar. Richard ✆ 40 87 60 79

GUÉRANDE 44350 Loire-Atl. 63 ⑭ G. Bretagne (plan) – 11 665 h alt. 52.

Voir Le tour des remparts★ – Collégiale St-Aubin★.

Office de Tourisme 1 pl. Marché aux Bois ✆ 40 24 96 71.

Paris 454 – ◆Nantes 77 – La Baule 7 – St-Nazaire 19 – Vannes 65.

Voyageurs M, pl. du 8 Mai 1945 ✆ 40 24 90 13, Fax 40 62 06 64, – TV ☎. GB
fermé 15 déc. au 15 janv., dim. soir et lundi sauf juil.-août – **R** *(fermé le soir d'oct. à mars)* 52/205, enf. 35 – 27 – **12 ch** 210/290 – ½ P 265/280.

Les Remparts M, bd Nord ✆ 40 24 90 69 – ☎. GB
Repas *(fermé le soir du 2 nov. au 26 mars, dim. soir et lundi hors sais.)* 98/200, enf. 60 – 30 – **8 ch** 240/280 – ½ P 280/290.

Eurocéan M sans rest, parc d'activités Villejames ✆ 40 42 90 42 – ☎ ♿ P. GB
fermé Noël au Jour de l'An – 28 – **33 ch** 280.

Roc Maria sans rest, 1 r. Halles ✆ 40 24 90 51, « Maison du 15e siècle » – ☎. GB
fermé 15 nov. au 19 déc., merc. et jeudi hors sais. sauf vacances scolaires – 31 – **10 ch** 240/275.

XXX **La Collégiale**, 63 fg Bizienne ✆ 40 24 97 29, , « Jardin fleuri » – AE GB
fermé 21 au 28 déc., 20 janv. au 28 fév., merc. midi et mardi – **R** (dîner seul. en juil.-août) 350/450, enf. 100.

CITROEN Gar. Mercier, 2 r. Letilly ✆ 40 24 90 35
PEUGEOT-TALBOT Cottais, rte de la Turballe ✆ 40 24 90 39 N ✆ 40 24 94 28
RENAULT Gar. de la Promenade, 3 bd Midi ✆ 40 24 91 39

La GUERCHE-DE-BRETAGNE 35130 I.-et-V. 63 ⑧ G. Bretagne – 4 123 h alt. 77.

Paris 325 – Laval 52 – Châteaubriant 30 – Redon 85 – ◆Rennes 43 – Vitré 22.

La Calèche M, 16 av. Gén. Leclerc ✆ 99 96 21 63, Fax 99 96 49 52, – TV ☎ P. GB
fermé dim. soir et lundi – **R** 65/140 – 40 – **13 ch** 195/270 – ½ P 300.

Billon-Pneus, rte de Vitré ✆ 99 96 22 51

GUÉRET P 23000 Creuse 72 ⑨ G. Berry Limousin – 14 706 h alt. 436.

Voir Salle du Trésor d'orfèvrerie★ du musée Z M.

Office de Tourisme 1 av. Ch.-de-Gaulle ✆ 55 52 14 29.

Paris 355 ① – ◆Limoges 81 ④ – Bourges 123 ① – Châteauroux 89 ① – Châtellerault 151 ⑥ – ◆Clermont-Ferrand 132 ③ – Montluçon 65 ② – Poitiers 144 ⑥ – Tulle 135 ④ – Vierzon 144 ①.

Plan page suivante

Auclair, 19 av. Sénatorerie ✆ 55 52 01 26, Fax 55 52 86 89, – ch TV ☎ P – 40. GB — Z s
R *(fermé 23 au 29 déc.)* 90/150 – 35 – **31 ch** 200/295 – ½ P 325.

Campanile, av. R. Cassin vers ① par av. Ch. de Gaulle ✆ 55 51 54 00, Télex 580415, Fax 55 52 56 16, – TV ☎ ♿ P – 25. AE GB
R 80 bc/102 bc, enf. 39 – 29 – **48 ch** 268.

X **Le Bouëradour**, 6 r. J. Ducouret ✆ 55 52 05 33 – GB — Z a
fermé 13 août au 3 sept., dim. soir et lundi – **R** (prévenir) 115, enf. 50.

à Laschamps-de-Chavanat par ① : 5 km sur D 940 – ✉ 23000 St-Fiel :

X **Chez Peltier**, ✆ 55 52 02 40 – P. GB
fermé 10 juil. au 10 août et sam. – **R** (déj. seul.) 60/140.

à Ste-Feyre par ③ : 7 km – ✉ 23000 :

Voir Château du Théret★ SE : 3 km.

XX **Touristes**, ✆ 55 80 00 07 – GB.
fermé mardi soir et merc. – **R** 75/260, enf. 45.

CITROEN ASC, 21 av. Ch.-de-Gaulle ✆ 55 52 48 52
FIAT-LANCIA Gar. Bellevue, Le Verger N 145 à Ste-Feyre ✆ 55 52 43 65
FORD Gar. Martin Maurice, 15 r. E.-France ✆ 55 52 14 44
PEUGEOT-TALBOT Daraud, rte de Montluçon à Ste-Feyre par ② ✆ 55 52 52 00 N ✆ 55 61 31 42
RENAULT Gén. Autom. Creusoise, av. Gén.-de-Gaulle Y ✆ 55 52 06 60 N ✆ 55 76 40 79
TOYOTA Gar. de l'Avenir, ZI Cher du Prat ✆ 55 52 73 73 N ✆ 55 51 97 50
V.A.G Gar. St-Christophe, rte de Paris à Cherdemont par ① ✆ 55 51 97 50 N

Godignon Pneu +, av. Gén.-de-Gaulle ✆ 55 52 01 65

GUÉRET

Ancienne-Mairie (R. de l') . Z 4
Grande-Rue . . . . Z 15
Piquerelle (Pl.) . . . . Y 22

Allende (R. Salvador) . . . . . Y 2
Bonnyaud (Pl.) . . . . Z 5
Corneille (R. Pierre) . . . . . Y 7
Ducouret (R.) . . . . Z 9
Gane
(Rond-Point de la) . . . . Y 12
Grand (R. Alfred) . . . . Y 13
Jaurès (R. Jean) . . . . Z 16
Londres (R. de) . . . . Y 17
Musset (R. Alfred-de) . . . Y 19
Pasteur (Av.) . . . . YZ 20
Poitou (Av. du) . . . . Y 23
Rollinat (R. Maurice) . . . . Y 25
Roosevelt (R. Franklin) . . . Y 26
St-Pardoux (Bd) . . . . Y 28
Verdun (R. de) . . . . Z 29
Zola (Bd Emile) . . . . Y 30

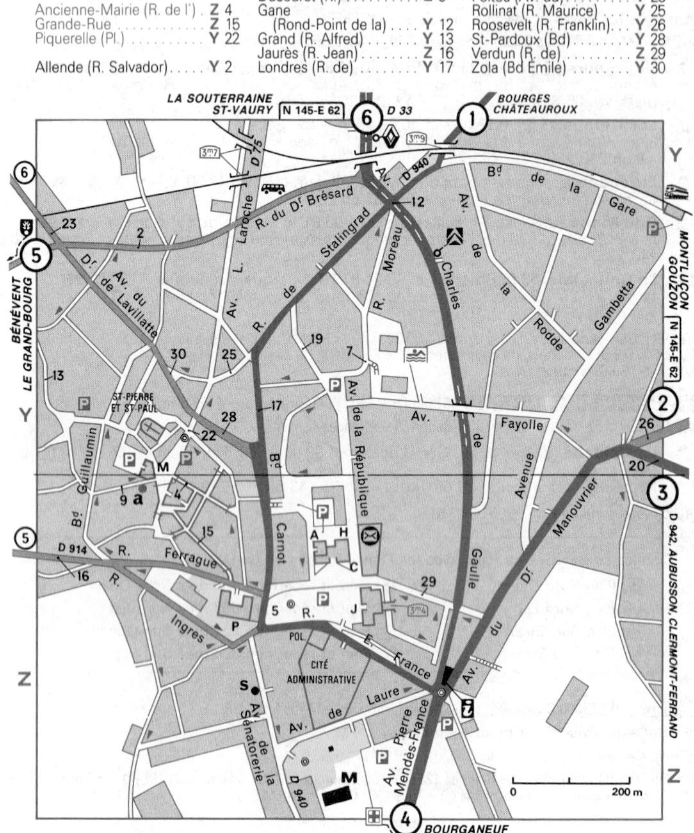

GUERLESQUIN 29650 Finistère 58 ⑦ G. Bretagne – 1 627 h alt. 250.

Paris 523 – ◆Brest 83 – Carhaix-Plouguer 34 – Guingamp 38 – Lannion 31 – Morlaix 23 – Plouaret 17 – Quimper 81.

Monts d'Arrée, ✆ 98 72 80 44 – ☎. GB
fermé 20 déc. au 13 janv. – **R** *(fermé dim. soir et fériés le soir)* 70/160 ♁ – ☐ 24 – **20 ch** 130/260 – ½ P 210/220.

GUÉTHARY 64210 Pyr.-Atl. 78 ⑪ ⑱ G. Pyrénées Aquitaine – 1 105 h alt. 27.

Syndicat d'Initiative à la Mairie ✆ 59 26 56 60.

Paris 788 – Biarritz 9 – ◆Bayonne 16 – Pau 122 – St-Jean-de-Luz 6.

Pereria ⑤, ✆ 59 26 51 68, ←, ⛱, « Beau jardin ombragé » – ☎ ⓟ. GB. ✻ rest
1er mars-1er nov. – **R** 75/170 – ☐ 20 – **30 ch** 105/230.

Brikéténia, ✆ 59 26 51 34, ←, ⛱ – TV ⓟ. ⓓ GB
hôtel : 1er mars-31 oct. ; rest. : 1er juin-30 sept. – **R** (résidents seul.) – ☐ 40 – **21 ch** 350/460 – ½ P 380/400.

RENAULT Gar. Labourd ✆ 59 26 50 52

Le GUÉTIN 18 Cher 69 ③ – alt. 175 – ✉ 18150 La Guerche-sur-l'Aubois.

Paris 244 – Bourges 58 – La Guerche-sur-l'Aubois 10,5 – Nevers 11 – St-Pierre-le-Moutier 27.

Aub. du Pont-Canal, D 976 ✆ 48 80 40 76, Fax 48 80 45 11, ⛱ – ⓟ. GB
fermé lundi sauf juil.-août – **R** 75/220, enf. 40.

GUEUGNON **71130** S.-et-L. 69 ⑰ – 9 697 h alt. 243.

Paris 342 – Moulins 62 – Autun 51 – Bourbon-Lancy 26 – Digoin 16 – Mâcon 89 – Montceau-les-Mines 27.

Centre, 34 r. Liberté ☎ 85 85 21 01, Fax 85 85 02 67 – TV ☎ P. GB. ch
fermé 1er au 21 août, 26 déc. au 2 janv. et dim. soir – **R** 73/225, enf. 50 – 30 – **20 ch** 135/265.

Relais Bourguignon avec ch, 47 r. Convention ☎ 85 85 25 23 – ☎ P. AE GB. ch
fermé 2 au 24 août, dim. soir et lundi – **R** 90/240 – 32 – **8 ch** 160/190.

CITROEN Milli, rte de Digoin ☎ 85 85 06 02 N
PEUGEOT-TALBOT Vadrot, 31 r. 8-Mai ☎ 85 85 24 31
RENAULT Hermey, 48 r. Liberté ☎ 85 85 20 42 N ☎ 85 77 32 59
Goesin, ZA rte de Rigny-sur-Arroux ☎ 85 85 25 40

GUEYNARD **33** Gironde 71 ⑧ – rattaché à St-André-de-Cubzac.

GUIDEL **56520** Morbihan 58 ⑫ – 8 241 h alt. 40.

Voir St-Maurice : Site★ et ≤★ du pont NO : 5 km, G. Bretagne.

Paris 503 – Vannes 65 – Concarneau 41 – Lorient 13 – Moëlan-sur-Mer 13 – Quimperlé 11,5.

La Châtaigneraie M sans rest, O : 1 km par D 162 ☎ 97 65 99 93, « Manoir dans un parc » – TV ☎ P. GB
47 – **10 ch** 450/650.

GUIGNIÈRE **37** I.-et-L. 64 ⑭ ⑮ – rattaché à Tours.

GUILLAUMES **06470** Alpes-Mar. 81 ⑨ ⑲ 115 ③ G. Alpes du Sud – 533 h alt. 819.

Voir Gorges de Daluis★★ : ≤★★ au S à hauteur des tunnels.

Syndicat d'Initiative à la Mairie ☎ 93 05 50 13.

Paris 801 – Barcelonnette 63 – Castellane 57 – Digne-les-Bains 95 – Manosque 153 – ♦Nice 96.

GUILLESTRE **05600** H.-Alpes 77 ⑱ G. Alpes du Sud – 2 000 h alt. 1 000.

Voir Porche★ de l'église – Pied-la-Viste ≤★ E : 2 km – Peyre-Haute ≤★ S : 4 km puis 15 mn.

Env. Combe du Queyras★★ NE : 5,5 km.

Syndicat d'Initiative pl. Salva ☎ 92 45 04 37.

Paris 722 – Briançon 36 – Gap 60 – Barcelonnette 52 – Digne-les-Bains 119.

Barnières II , ☎ 92 45 04 87, Fax 92 45 28 74, ≤ vallée et montagnes, , , , – TV ☎ P. GB. rest
fermé 15 oct. au 20 déc. – **R** 110/220, enf. 70 – 42 – **45 ch** 360 – ½ P 360.

Barnières I , ☎ 92 45 05 07, Fax 92 45 28 74, ≤, , , – ☎ P. GB. rest
1er juin-30 sept. – **R** 110/220, enf. 70 – 42 – **35 ch** 320/350 – ½ P 330.

Catinat Fleuri, ☎ 92 45 07 62, Fax 92 45 28 88, , , – TV ☎ P. GB
R 78/145 – 35 – **30 ch** 290/330 – ½ P 300/320.

Epicurien, ☎ 92 45 20 02, – GB
fermé 1er au 15 juin, 1er au 15 oct., lundi soir et mardi sauf juil.-août – **R** 120/140 dîner à la carte.

à Mont-Dauphin gare NO : 4 km par D 902A et N 94 – alt. 900 – ✉ **05600**.

Voir Charpente★ de la caserne Rochambeau.

Gare avec ch, ☎ 92 45 03 08 – TV ☎ P. GB
fermé sam. du 1er mai au 30 juin et de sept. à déc. – **R** 73/170 – 30 – **30 ch** 130/260 – ½ P 170/230.

à La Maison du Roy NE : 5,5 km par D 902 – ✉ **05600** Guillestre :

Maison du Roy, ☎ 92 45 08 34, Fax 92 45 27 19, ≤, , – ☎ P. GB. rest
fermé 8 au 15 mai, 26 oct. au 20 déc. et lundi du 1er sept. au 15 juin – **R** 73/200, enf. 55 – 40 – **30 ch** 194/360 – ½ P 291/305.

PEUGEOT-TALBOT Gar. du Tourisme, à Mont-Dauphin ☎ 92 45 07 09
Gar. du Guil, Le Villard ☎ 92 45 03 05

GUILLIERS **56490** Morbihan 63 ④ – 1 207 h alt. 86.

Paris 413 – Vannes 60 – Dinan 60 – Lorient 90 – Ploërmel 13 – ♦Rennes 64.

Relais du Porhoët, ☎ 97 74 40 17, Fax 97 74 45 65 – TV ☎ P – 30. AE GB
Repas 62/190, enf. 50 – 30 – **15 ch** 180/250.

GUILVINEC **29730** Finistère 58 ⑭ G. Bretagne – 3 365 h.

Paris 580 – Quimper 30 – Douarnenez 39 – Pont-l'Abbé 11,5.

Centre, r. Gén. de Gaulle ☎ 98 58 10 44, Fax 98 58 31 05, – TV ☎ P. GB
fermé dim. soir de nov. à fév. – **R** 65/220, enf. 45 – 32 – **17 ch** 220/300 – ½ P 260/300.

Port, à Léchiagat ☎ 98 58 10 10, Télex 941200, Fax 98 58 29 89 – TV ☎ – 40. AE GB. rest
fermé 31 déc. au 3 janv. – **R** 85/390 – 42 – **40 ch** 255/335 – ½ P 325/335.

au NE : 3 km par D 153 – ✉ **29115** Treffiagat :

La Gentilhommière sans rest, ✆ 98 58 13 29, – ☎ Ⓟ. GB
1er mars-15 oct. – ☐ 40 – **6 ch** 280/380.

GUINGAMP SP **22200** C.-d'Armor 59 ② **G. Bretagne** – 7 905 h alt. 74.

Voir Basilique★ B.

🅸 Office de Tourisme 2 pl. Vally (transfert prévu pl. Champ au Roy) (avril-oct.) ✆ 96 43 73 89.

Paris 486 ③ – St-Brieuc 33 ③ – Carhaix-Plouguer 47 ⑥ – Lannion 32 ⑦ – Morlaix 52 ⑦ – Pontivy 60 ④.

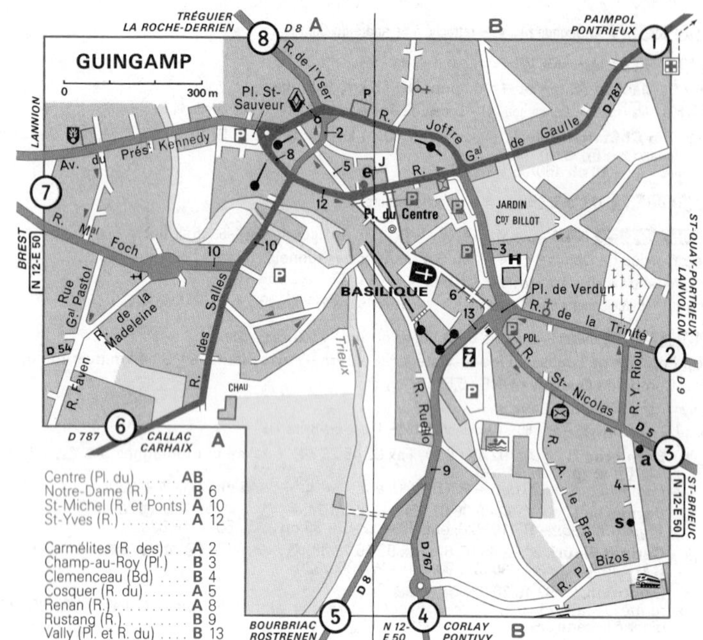

D'Armor M sans rest, 44 bd Clemenceau ✆ 96 43 76 16, Fax 96 43 89 62 – TV ☎. AE ⓞ GB. ✗ B **s**
☐ 27 – **23 ch** 230/260.

L'Hermine, 1 bd Clemenceau ✆ 96 21 02 56, Fax 96 44 08 81 – TV ☎. GB B **a**
R grill *(fermé 1er au 23 mai, 24 déc. au 10 janv., dim. et fériés)* 95/105, enf. 50 – ☐ 30 – **12 ch** 140/180.

XXX **Relais du Roy** avec ch, pl. Centre ✆ 96 43 76 62, Fax 96 44 08 01 – TV ☎ – 30. AE GB. ✗ rest A **e**
fermé vacances de Noël et dim. hors sais. – **R** 130/380, enf. 75 – ☐ 60 – **7 ch** 500/850 – ½ P 550.

CITROEN Kerambrun, ZI de Bellevue à Ploumagoar par ③ ✆ 96 43 79 07 N ✆ 96 43 74 71
PEUGEOT, TALBOT Landrau Autom., ZI r. de Porsmin à Grâces par ⑥ ✆ 96 43 85 59 N ✆ 96 43 74 71

RENAULT Menguy, 9 r. Carmélites ✆ 96 43 70 40 N ✆ 96 44 80 88

Ⓜ Desserrey-Pneu + Armorique, ZI de Grâces-Guingamp ✆ 96 43 96 82

GUISE **02120** Aisne 53 ⑮ **G. Flandres Artois Picardie** – 5 976 h alt. 97.

Voir Château★.

Paris 174 – St-Quentin 27 – Avesnes-sur-Helpe 40 – Cambrai 49 – Hirson 38 – Laon 38.

Champagne Picardie , 41 r. A. Godin ✆ 23 60 43 44, – TV ☎ Ⓟ – 30. ⓞ GB. ✗
fermé 15 au 31 août et 24 déc. au 3 janv. – **R** (grill) *(fermé lundi soir et dim.)* 60/120 – ☐ 24 – **12 ch** 240/290 – ½ P 180.

XX **Guise** avec ch, 103 pl. Lesur ✆ 23 61 17 58 – TV ☎. GB
fermé Noël au Jour de l'An – **R** (fermé sam. en hiver, vend. soir et dim. soir) 75/150 ♃ – ☕ 22 – **8 ch** 180/195.

PEUGEOT-TALBOT Donnay Autom, 35 r. de Flavigny ✆ 23 61 09 43

GUÎTRES 33230 Gironde 75 ② G. Pyrénées Aquitaine – 1 403 h alt. 12.

Syndicat d'Initiative av. Gare (15 juin-15 sept.) ✆ 57 69 11 48.

Paris 529 – ◆Bordeaux 47 – Angoulême 85 – Blaye 44 – Libourne 16 – St-André-de-Cubzac 24.

Bellevue sans rest, ✆ 57 69 12 81 – ☎ ⇔ P. AE GB. ⚘
fermé 15 au 30 sept. et 1er au 15 fév. – ☕ 25 – **10 ch** 150.

GUJAN-MESTRAS 33470 Gironde 78 ② G. Pyrénées Aquitaine – 11 433 h alt. 4.

Voir Parc ornithologique du Teich★ E : 5 km.

9 18 ✆ 56 66 86 36, S par N 250 puis D 652 : 5 km.

Office de Tourisme 41 av. de Lattre-de-Tassigny (fermé après-midi hors saison) ✆ 56 66 12 65.

Paris 643 – ◆Bordeaux 54 – Andernos-les-Bains 26 – Arcachon 15.

La Guérinière M, à Gujan ✆ 56 66 08 78, Télex 541270, Fax 56 66 13 39, ☂, ⛱ – TV ☎ P – 🏛 50. AE ⓞ GB
R 170/320 – ☕ 40 – **27 ch** 440/480 – ½ P 440.

X **La Coquille** avec ch (annexe 12 ch M ⚘), à Gujan ✆ 56 66 08 60, Fax 56 66 09 09, ☂ – ☎ P. AE ⓞ GB
fermé 10 au 30 janv., dim. soir et lundi d'oct. à mars – **R** 90/178 – ☕ 32 – **23 ch** 180/270 – ½ P 245/250.

GUNDERSHOFFEN 67110 B.-Rhin 57 ⑲ – 3 377 h alt. 173.

Paris 466 – ◆Strasbourg 44 – Haguenau 15 – Sarreguemines 62 – Wissembourg 34.

XX **Au Cygne,** 35 Gd Rue ✆ 88 72 96 43, Fax 88 72 86 47 – GB
fermé 9 au 29 août, vacances de fév., dim. soir et lundi – **R** 155/210 ♃.

XX **Chez Gérard** avec ch, à la Gare ✆ 88 72 91 20, ☂ – GB
fermé 27 juil. au 11 août, 24 fév. au 10 mars, mardi soir et merc. – **R** 55/250 ♃ – ☕ 25 – **6 ch** 120/170 – ½ P 150.

Gar. Lotz ✆ 88 72 91 45

GUZET-NEIGE 09140 Ariège 86 ③ – alt. 1 350.

Paris 836 – Foix 72 – Oust 24 – St-Girons 40.

Le Papallau M ⚘, ✆ 61 96 00 33, Fax 61 96 02 66, ≤, ☂, Ⓛ, ⛶ – ♿ ☎ – 🏛 40. GB
15 juin-15 sept. et 15 déc.-15 avril – **R** 70 bc/75 bc ♃, enf. 40 – ☕ 40 – **60 ch** 320/390.

GYÉ-SUR-SEINE 10250 Aube 61 ⑱ – 485 h alt. 173.

Paris 200 – Troyes 43 – Bar-sur-Aube 41 – Châtillon-sur-Seine 24 – Tonnerre 47.

X **Voyageurs** avec ch, ✆ 25 38 20 09, Fax 25 38 25 37, ☂, ⛭ – GB
fermé 1er au 15 fév. et merc. de juin à oct. – **R** (dim. et fêtes prévenir) 68/170 ♃ – ☕ 24 – **9 ch** 97/146 – ½ P 190.

HABÈRE-LULLIN 74420 H.-Savoie 70 ⑰ – 514 h alt. 850.

Paris 564 – Thonon-les-Bains 24 – Annecy 58 – Boëge 5 – Bonneville 29 – ◆Genève 34 – Lullin 11.

Aux Touristes, ✆ 50 39 50 42, ≤, ☂ – P. GB
fermé 1er oct. au 20 déc., mardi soir et merc. – **R** (déj. seul. hors sais.) 65/218 ♃ – ☕ 26 – **20 ch** 200/250 – ½ P 230/240.

HABÈRE-POCHE 74420 H.-Savoie 70 ⑰ – 662 h alt. 945 – Sports d'hiver : 950/1 600 m ⛷ 11, ⛷.

Office de Tourisme ✆ 50 39 54 46.

Paris 567 – Thonon-les-Bains 21 – Annecy 61 – Bonneville 32 – ◆Genève 37.

Chardet ⚘, à Ramble ✆ 50 39 51 46, Fax 50 39 57 18, ≤, ⛱, ⛭, 🎾 – ♿ TV ☎ ⇔ P. GB
15 juin-1er oct. et 15 déc.-15 avril – **R** 98/190 – ☕ 35 – **32 ch** 230/315 – ½ P 250/295.

XX **Le Tiennolet,** ✆ 50 39 51 01, Fax 50 39 58 15, ☂ – P. GB
fermé 7 juin au 2 juil., 30 août au 10 sept., 18 oct. au 19 nov., mardi soir et merc. sauf vacances scolaires – **R** 108/225, enf. 65.

au Col de Cou NO : 4 km – ✉ 74420 Boëge :

Voir ≤★, G. Alpes du Nord.

Le Gai Logis ⚘, ✆ 50 39 52 35, ≤, ☂ – P. GB
5 juin-30 sept. et 28 déc.-27 avril – **R** 95/180 – ☕ 28 – **11 ch** 130/220 – ½ P 205/240.

L'HABITARELLE 48 Lozère 76 ⑯ – ✉ 48170 Châteauneuf-de-Randon.

Paris 582 – Mende 28 – Le Puy-en-Velay 61 – Langogne 19.

Poste et Voyageurs, ✆ 66 47 90 05, ⛭ – ⇔ P. GB
fermé 20 déc. au 1er fév., vend. soir et sam. midi – **R** 45/160 ♃, enf. 30 – ☕ 28 – **23 ch** 110/180 – ½ P 143/170.

HAGENTHAL-LE-BAS 68220 H.-Rhin 66 ⑩ – 896 h alt. 360.

18 privé de Bâle ✆ 89 68 50 91, N : 2 km.

Paris 539 – ◆Mulhouse 34 – Altkirch 25 – ◆Basel 12 – Colmar 72.

Jenny M, NE : 2,5 km par D 12B près golf ✆ 89 68 50 09, Fax 89 68 58 64, ≤, ... – 40. GB JCB
R 150/310, enf. 48 – ☕ 40 – **26 ch** 440/490 – ½ P 360/380.

HAGENTHAL-LE-HAUT 68220 H.-Rhin 87 ⑩ – 428 h alt. 375.

Paris 540 – ◆Mulhouse 35 – Altkirch 26 – ◆Basel 12 – Colmar 73.

XX **A l'Ancienne Forge,** ✆ 89 68 56 10 – GB
fermé 21 juin au 12 juil., 24 déc. au 3 janv., dim. et lundi – **R** 190/340.

HAGETMAU 40700 Landes 78 ⑦ **G. Pyrénées Aquitaine** – 4 449 h alt. 25.

Syndicat d'Initiative pl. République (fermé matin hors saison) ✆ 58 79 38 26.

Paris 738 – Mont-de-Marsan 28 – Aire-sur-l'Adour 33 – Dax 45 – Orthez 25 – Pau 56 – Tartas 29.

XX **Le Jambon** avec ch, r. Carnot ✆ 58 79 32 02, – rest TV ☎ P. GB
fermé 15 oct. au 2 nov., mardi soir et lundi – **R** 98/195 – ☕ 35 – **7 ch** 150/180 – ½ P 220.

CITROEN Gar. Lacourrège ✆ 58 79 31 80
PEUGEOT, TALBOT Maurin ✆ 58 79 58 58
RENAULT Labadie ✆ 58 79 38 11

HAGUENAU SP 67500 B.-Rhin 57 ⑲ **G. Alsace Lorraine** – 27 675 h alt. 130.

Voir Musée historique★ BZ **M**[1].

Office de Tourisme pl. de la Gare ✆ 88 93 70 00 et Musée Alsacien ✆ 88 73 30 41.

Paris 479 ④ – ◆Strasbourg 29 ④ – Baden-Baden 43 ② – Épinal 147 ④ – Karlsruhe 64 ② – Lunéville 116 ④ – ◆Nancy 135 ④ – St-Dié 119 ④ – Sarreguemines 77 ⑥.

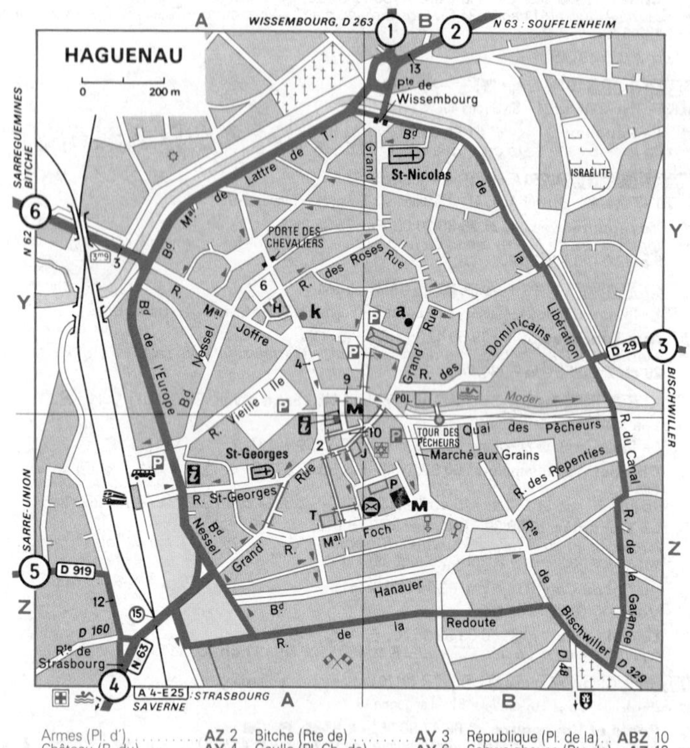

Armes (Pl. d') . . . . **AZ** 2
Château (R. du) . . . . **AY** 4
Grand-Rue . . . . **ABYZ**
Bitche (Rte de) . . . . **AY** 3
Gaulle (Pl. Ch.-de) . . . . . . **AY** 6
Moder (R. de la) . . . . **AY** 9
République (Pl. de la) . . **ABZ** 10
Schweighouse (Rte de) . **AZ** 12
Soufflenheim (Rte de) . . . **BY** 13

Europe, 15 av. Prof. R. Leriche par ④ ✆ 88 93 58 11, Télex 880566, Fax 88 93 21 33, ⛱, ▣ – |‡| ▤ rest TV ☎ P – 🏛 25 à 50. AE ⓓ GB JCB
R 62/250 ⅓, enf. 55 – ▭ 34 – **81 ch** 240/390.

Kaiserhof M, 119 gd Rue ✆ 88 73 43 43, Fax 88 73 28 91, 🏠 – |‡| TV ☎. AE ⓓ GB. ✂ ch BY **a**
R *(fermé 1er au 15 sept., vacances de fév., mardi soir et merc.)* 110/220 ⅓ – ▭ 40 – **15 ch** 275/330 – ½ P 270.

Les Pins sans rest, 112 rte Strasbourg par ④ ✆ 88 93 68 40 – TV ☎ P. AE ⓓ GB JCB
▭ 34 – **17 ch** 235/290.

Barberousse, 8 pl. Barberousse ✆ 88 73 31 09, Fax 88 73 45 14, 🏠 – GB JCB. AY **k**
fermé 26 juil. au 17 août, 24 janv. au 6 fév., dim. soir et lundi – **Repas** 60/230 ⅓, enf. 45.

à l'aérodrome SE par D 329 : 3,5 km – ✉ **67500** Haguenau :

Lindbergh M 🐕 sans rest, Z.I. r. St-Exupéry ✆ 88 93 30 13, Fax 88 73 90 04 – |‡| TV ☎ ♿ P – 🏛 60. AE GB – ▭ 30 – **40 ch** 265/295.

à Marienthal SE par D 48 : 5 km – ✉ **67500** Marienthal :

Relais Princesse Maria Leczinska, 1 r. Rothbach ✆ 88 93 70 39, 🏠, ⛱ – P. AE GB
fermé 1er au 15 sept., vacances de fév., dim. soir et lundi – **R** 165/295 ⅓, enf. 65.

à Schweighouse-sur-Moder par ⑤ : 4 km – 4 354 h. – ✉ **67590** :

Relais de la Tour Romaine M, Z.I. Ried ✆ 88 72 06 06, Fax 88 72 05 36, 🏠, 🌳 – |‡| TV ☎ ♿ P – 🏛 60. AE ⓓ GB. ✂ rest
R 65/300 ⅓ – ▭ 35 – **60 ch** 295/330 – ½ P 230.

Aub. Cheval Blanc avec ch, 46 r. Gén. de Gaulle ✆ 88 72 76 96, Fax 88 72 07 32 – TV ☎ P. GB. ✂ ch
fermé 23 au 31 août, 26 déc. au 9 janv., dim. soir (sauf hôtel) et sam. – **R** 70/190 ⅓ – ▭ 33 – **9 ch** 130/200.

BMW L'Espace, 81 rte de Bischwiller ✆ 88 93 49 49 N
CITROEN Sodifa, 101 rte de Marienthal par D 48 ✆ 88 90 60 60 N ✆ 88 93 14 17
FIAT Gloeckler, 1 bd de l'Europe ✆ 88 73 41 00
FORD Gar. Wolff, 91 rte de Bischwiller ✆ 88 93 12 13
PEUGEOT-TALBOT Nord-Alsace-Autom., 121a rte de Strasbourg par ④ ✆ 88 93 90 90 N
RENAULT Grasser, 134 rte de Weitbruch par D 48 BZ ✆ 88 93 02 29 N ✆ 88 53 72 12

Ⓜ Alsace-Pneus, 4 chemin des Prairies ✆ 88 73 30 79
Kautzmann, 105 rte de Strasbourg ✆ 88 93 11 38
Pneus et Services D.K., 2 rte de Strasbourg ✆ 88 93 93 59

La HAIE FOUASSIÈRE 44 Loire-Atl. 67 ④ – rattaché à Nantes.

Les HALLES 69610 Rhône 73 ⑲ – 259 h alt. 630.
Paris 481 – ♦Saint-Étienne 50 – ♦Lyon 46 – Montbrison 37.

Charreton avec ch, ✆ 74 26 63 05 – P. GB. ✂ ch
fermé dim. soir et merc. – **R** 120/200 – ▭ 30 – **5 ch** 250/300.

HALLINES 62 P.-de-C. 51 ① – rattaché à St-Omer.

HAM 80400 Somme 53 ⑬ G. Flandres Artois Picardie – 5 532 h alt. 62.
Paris 123 – Compiègne 44 – St-Quentin 19 – ♦Amiens 68 – Noyon 19 – Péronne 24 – Roye 26 – Soissons 56.

Valet, 58 r. Noyon ✆ 23 81 10 87 – TV ☎. GB
fermé 9 au 15 août, Noël au Jour de l'An, sam. (sauf hôtel) et dim. – **R** 65/120 ⅓, enf. 45 – ▭ 25 – **24 ch** 145/225 – ½ P 240/260.

France avec ch, 5 pl. H. de Ville ✆ 23 81 00 22 – TV ☎. GB. ✂ ch
fermé dim. soir – **R** 70/240, enf. 65 – ▭ 30 – **6 ch** 210/260.

CITROEN Gar. de Picardie, 7 r. de Noyon ✆ 23 81 01 86
OPEL MAZDA Gar. Didier Secret 53 bd du Gén.-de-Gaulle ✆ 23 36 45 97

HAMBYE 50450 Manche 54 ⑬ G. Normandie Cotentin – 1 218 h alt. 92.
Voir Ruines de l'abbaye★★ S : 5 km.
Paris 323 – St-Lô 25 – Coutances 21 – Granville 29 – Tessy-sur-Vire 16 – Villedieu-les-Poêles 17.

Les Chevaliers avec ch, au bourg D 13 ✆ 33 90 42 09 – ⓓ GB
fermé 1er au 15 fév., dim. soir et lundi du 15 sept. au 15 juin – **R** (nombre de couverts limité - prévenir) 60/160 ⅓ – ▭ 20 – **6 ch** 95/100 – ½ P 120.

à l'Abbaye S : 3,5 km par D 51 – ✉ **50650** Hambye :

Auberge de l'Abbaye, ✆ 33 61 42 19 – P. GB. ✂
fermé 28 sept. au 13 oct., 6 au 22 fév., lundi (sauf fériés) et dim. soir – **R** (week-ends prévenir) 90/290, enf. 50.

à La Baleine SO : 5 km par D 13 et VO – ✉ **50650** :

Aub. de la Baleine, ✆ 33 61 76 77 – P.

HANAU (Étang-de) 57 Moselle 57 ⑱ – rattaché à Philippsbourg.

HARCOURT 27800 Eure 55 ⑮ G. Normandie Vallée de la Seine – 957 h alt. 139.

Voir Château★.

Paris 139 – ◆Rouen 44 – Bernay 23 – Évreux 33 – Lisieux 46 – Pont-Audemer 33.

Aub. du Château, ☎ 32 45 02 29, – GB.
fermé vacances de fév., merc. hors sais. et mardi soir – **R** 99/300, enf. 50.

HARDELOT-PLAGE 62 P.-de-C. 51 ⑪ G. Flandres Artois Picardie – alt. 12 – ✉ 62152 Neufchâtel-Hardelot – ☎ 21 83 73 10, E : 1 km.

Paris 266 – ◆Calais 47 – Arras 118 – Boulogne-sur-Mer 15 – Montreuil 31 – Le Touquet-Paris-Plage 25.

Parc M, 111 av. François 1er ☎ 21 33 22 11, Télex 135808, Fax 21 83 29 71, – ch rest – 200. AE GB
fermé 19 déc. au 17 janv. – **R** 130/140, enf. 50 – 47 – **81 ch** 490/590 – ½ P 397.

Régina M, av. François 1er ☎ 21 83 81 88, Fax 21 87 44 01 – – 70. GB. rest
fermé déc. et janv. – **R** *(fermé dim. soir et lundi sauf juil.-août)* 91/121 – 33 – **40 ch** 314 – ½ P 275.

du Golf, 3 av. Golf ☎ 21 83 71 04, Fax 21 83 24 33, ← – . AE GB
fermé 1er fév. au 3 mars, mardi soir hors sais. et merc. – **R** 130/180.

HARFLEUR 76 S.-Mar. 55 ③ – rattaché au Havre.

HARTMANNSWILLER 68 H.-Rhin 66 ⑨ – rattaché à Guebwiller.

HASPARREN 64240 Pyr.-Atl. 85 ③ G. Pyrénées Aquitaine – 5 399 h alt. 90.

Env. Grottes d'Oxocelhaya et d'Isturits★★ SE : 11 km.

Paris 792 – Biarritz 28 – ◆Bayonne 22 – Cambo-les-Bains 10 – Pau 105 – Peyrehorade 37 – St-Jean-Pied-de-Port 33.

Tilleuls (annexe Relais M 30, 15 ch), pl. Verdun ☎ 59 29 62 20, Fax 59 29 13 58 – ch . GB.
fermé sam. midi et dim. soir sauf juil.-août – **R** 75/150 – 30 – **25 ch** 175/310 – ½ P 190/240.

HASPRES 59198 Nord 53 ④ – 2 715 h alt. 52.

Paris 198 – ◆Lille 62 – Avesnes-sur-Helpe 45 – Cambrai 17 – Valenciennes 15.

Aub. St Hubert, ☎ 27 25 70 97, Fax 27 25 76 21 – . AE GB
fermé août, 1er au 15 fév., dim. soir et lundi sauf fêtes – **R** 138/200 bc, enf. 50.

HAULCHIN 59 Nord 53 ④ – rattaché à Valenciennes.

HAUTERIVES 26390 Drôme 77 ② G. Vallée du Rhône – 1 202 h alt. 299 – Voir Le Palais Idéal★.

Paris 532 – Valence 49 – ◆Grenoble 72 – ◆Lyon 72 – Vienne 41.

Le Relais, ☎ 75 68 81 12, – . GB
fermé janv., fév., dim. soir et lundi sauf juil.-août – **R** 68/180 – 25 – **17 ch** 125/230.

Les HAUTES-RIVIÈRES 08800 Ardennes 53 ⑲ G. Champagne – 2 077 h alt. 163.

Voir Croix d'Enfer ←★ S : 1,5 km par D 13 puis 30 mn – Vallon de Linchamps★ N : 4 km.

Paris 246 – Charleville-Mézières 21 – Dinant 66 – Sedan 41.

Les Saisons, ☎ 24 53 40 94 – AE GB
fermé fév., dim. soir et lundi sauf fêtes – **R** 68/220, enf. 45.

HAUTEVILLE-LÈS-DIJON 21 Côte-d'Or 65 ⑳ – rattaché à Dijon.

HAUTEVILLE-LOMPNES 01110 Ain 74 ④ – 3 895 h alt. 815 – Sports d'hiver : 900/1 200 m 4.

Voir Chute et gorges de l'Albarine★, G. Jura.

Syndicat d'Initiative à l'Ancienne Mairie ☎ 74 35 39 73.

Paris 485 – Aix-les-Bains 55 – Belley 33 – Bourg-en-Bresse 55 – ◆Lyon 89 – Nantua 33.

La Chapelle, r. Chapelle ☎ 74 35 20 11, – . GB
fermé 1er au 10 mars, 1er au 20 sept., dim. soir et lundi – **R** 90/140, enf. 50 – 22 – **18 ch** 140/240 – ½ P 190/240.

Villa Corbet, r. Fontanettes ☎ 74 35 30 04 – . GB.
fermé 31 oct. au 1er déc. – **R** (dîner pour résidents seul.) 70/90 – 22 – **8 ch** 160/220 – ½ P 180/210.

au col de la Lèbe rte de Belley : 9 km – alt. 905 m – ✉ 01260 Champagne-en-Valromey :

Aub. du Col de la Lèbe avec ch, ☎ 79 87 64 54, ←, – . GB. ch
fermé 23 juin au 8 juil., 12 nov. au 20 déc., lundi et mardi – **R** 82/235 – 35 – **7 ch** 195/225 – ½ P 205/245.

CITROEN Gar. Deschombeck ☎ 74 35 30 45
LADA Gar. Lay ☎ 74 35 37 80
PEUGEOT-TALBOT Gar. Jean Miguet ☎ 74 35 35 74
RENAULT Gar. Depierre ☎ 74 35 31 15 N
RENAULT Gar. de l'Albarine ☎ 74 35 35 63

HAUVILLE 27350 Eure 55 ⑤ – 1 051 h alt. 144.

Paris 149 – ◆Rouen 31 – Caudebec-en-Caux 22.

Brotonne, ✆ 32 57 34 11 – P. GB
fermé 15 août au 2 sept., mardi soir et merc. – **R** 85/190, enf. 42.

Le HAVRE SP 76600 S.-Mar. 55 ③ G. Normandie Vallée de la Seine – 195 854 h alt. 5.

Voir Port★★ EZ – Quartier moderne★ EFYZ : intérieur★★ de l'église St-Joseph★ EZ, pl. de l'Hôtel-de-Ville★ FY 47, Av. Foch★ EFY – Fort de Ste-Adresse ✻★★ EY E – Bd Président-Félix-Faure : table d'Orientation ✻★ à Ste-Adresse A F – Musée des Beaux-Arts★ EZ M1.

18 ✆ 35 46 36 50, N par ① : 10 km.

du Havre-Octeville : ✆ 35 46 09 81 A.

Office de Tourisme et Accueil de France (Informations et réservations d'hôtels, pas plus de 5 jours à l'avance) Forum Hôtel de Ville ✆ 35 21 22 88, Télex 190369 – A.C. 49 r. Racine ✆ 35 42 39 32.

Paris 204 ④ – ◆Amiens 178 ③ – ◆Caen 109 ④ – ◆Lille 294 ③ – ◆Nantes 403 ④ – ◆Rouen 86 ③.

Plans pages suivantes

Mercure M, chaussée d'Angoulême ✆ 35 19 50 50, Télex 190749, Fax 35 19 50 99 – ch ch TV ☎ P – 25 à 200. AE GB GZ **b**
R 125, enf. 50 – 52 – **96 ch** 525/690.

Bordeaux M sans rest, 147 r. L. Brindeau ✆ 35 22 69 44, Télex 190428, Fax 35 42 09 27 – TV ☎. AE GB FZ **v**
40 – **31 ch** 350/480.

Le Marly sans rest, 121 r. Paris ✆ 35 41 72 48, Télex 190811, Fax 35 21 50 45 – ch TV ☎. AE GB JCB FZ **n**
40 – **37 ch** 340/430.

Foch sans rest, 4 r. Caligny ✆ 35 42 50 69, Fax 35 43 40 17 – TV ☎. AE GB EZ **b**
35 – **33 ch** 255/300.

Ibis M, r. 129e Régt Inf. ✆ 35 22 29 29, Télex 190060, Fax 35 21 00 00 – ch TV ☎ P – 80. AE GB GZ **a**
R 82, enf. 40 – 35 – **91 ch** 315/340.

Parisien sans rest, 1 cours République ✆ 35 25 23 83, Fax 35 25 05 06 – ch TV ☎. AE GB HZ **e**
30 – **22 ch** 200/320.

Celtic sans rest, 106 r. Voltaire ✆ 35 42 39 77, Fax 35 21 65 67 – TV ☎. GB FZ **k**
28 – **14 ch** 175/235.

Angleterre sans rest, 1 r. Louis-Philippe ✆ 35 42 48 42, Fax 35 22 70 69 – TV ☎. GB. EY **s**
30 – **27 ch** 200/280.

Bauza, 15 r. G. Braque ✆ 35 42 27 27, Fax 35 42 13 67 – TV ☎. AE GB FY **p**
R *(fermé sam. midi et dim)* 80/130 – 30 – **25 ch** 270/320 – ½ P 225/300.

Petit Vatel sans rest, 86 r. L.-Brindeau ✆ 35 41 72 07, Fax 35 21 37 86 – TV ☎. AE GB FZ **t**
22 – **29 ch** 160/245.

Richelieu sans rest, 132 r. Paris ✆ 35 42 38 71, Fax 35 21 07 28 – ☎. GB FZ **f**
26 – **19 ch** 130/255.

Voltaire sans rest, 14 r. Voltaire ✆ 35 41 30 91 – TV ☎. GB EZ **q**
fermé dim. – 30 – **24 ch** 140/230.

Le Petit Bedon, 39 r. L. Brindeau ✆ 35 41 36 81, Fax 35 21 09 24 – AE GB JCB EZ **d**
fermé 1er au 15 août, vacances de fév., sam. midi et dim. – **R** 155/320.

La Petite Auberge, 32 r. Ste-Adresse ✆ 35 46 27 32, Fax 35 46 27 32 – AE GB EY **r**
Repas 110/190, enf. 65.

Le Montagné, 50 quai M. Féré ✆ 35 42 77 44 – AE GB FZ **u**
fermé août, sam. midi et merc. – **R** 135, enf. 70.

Cambridge, 90 r. Voltaire ✆ 35 42 50 24 – AE GB FZ **h**
fermé sam. midi et dim. – **R** produits de la mer – 100/170.

Lescalle, 39 pl. H. de Ville ✆ 35 43 07 93 – AE GB FZ **a**
fermé août, dim. soir et lundi – **R** 98/138, enf. 49.

Thalassa, 58 r. Sauveteurs ✆ 35 42 63 73 – AE GB EYZ **a**
R 110/195, enf. 60.

Bonne Hôtesse, 98 r. Prés. Wilson ✆ 35 21 31 73 – AE GB EY **k**
fermé 2 au 30 août, dim. soir et lundi – **R** 70/125.

à Ste-Adresse – A – 8 047 h. – ✉ **76310** :

Nice-Havrais, 6 pl. F. Sauvage ✆ 35 46 14 59, ≤ – AE GB A **a**
fermé dim. soir et lundi soir – **R** 160/300, enf. 75.

Yves Page, 7 pl. Clemenceau ✆ 35 46 06 09, ≤ – GB A **s**
fermé 25 oct. au 6 nov., 24 déc. au 4 janv., dim. soir et lundi – **R** 148/300.

Beau Séjour, 3 pl. Clemenceau ✆ 35 46 19 69, Fax 35 44 84 24, ≤ – AE GB A **e**
R 119/159, enf. 60.

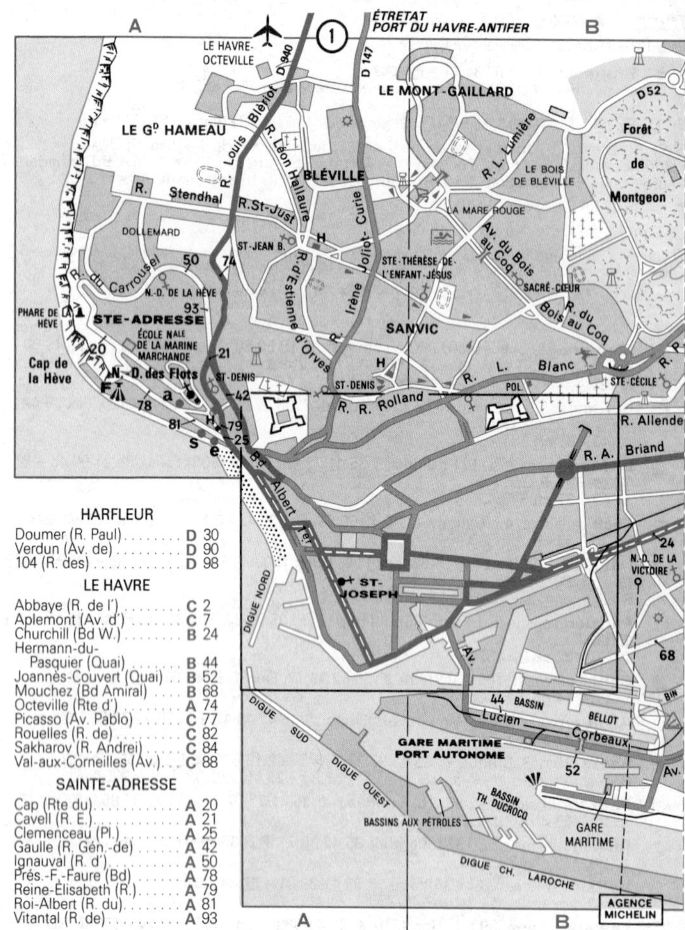

à Gonfreville l'Orcher par ③ : 8 km – 10 202 h. – ✉ **76700** :

🏨 **Campanile** Ⓜ, Z.A.C. Camp Dolent ☏ 35 51 43 00, Télex 771609, Fax 35 47 94 58 – 📺 ☎ ♿ 🅿 – 🏔 25. AE GB
R 80 bc/102 bc, enf. 39 – ☕ 29 – **47 ch** 268.

à Harfleur D – 9 180 h. – ✉ **76700** :

🏨 **Ibis** Ⓜ, ☏ 35 45 54 00, Télex 771898, Fax 35 45 25 58 – 🛗 ⇹ ch 📺 ☎ ♿ 🅿 – 🏔 30 à 60. AE GB D **e**
R 89/100 bc, enf. 39 – ☕ 35 – **72 ch** 300/320.

au Hode E : 18 km par D 982 – ✉ **76430** St-Romain-de-Colbosc :

XXX **Dubuc,** ☏ 35 20 06 97 – 🅿. AE ⓓ GB
fermé 8 au 22 mars, 9 au 23 août, dim. soir et lundi – **R** 145/325.

MICHELIN, Agence, 41 r. de Fleurus B ☏ 35 25 22 20

ALFA-ROMEO-SEAT Gar. des Halles, 14 bis r. Berthelot ☏ 35 24 08 64
BMW Auto 76, 19 r. G.-Braque ☏ 35 22 69 69
CITROEN Alteam 3, 5O, r. Docteur Piaxeki HZ ☏ 35 21 21 21
FIAT S.N.D.A., 220 bd de Graville ☏ 35 53 27 27
FORD Cazaux Autom., 32 r. Lamartine ☏ 35 53 13 60
LANCIA J.F.R. Autom., 58 r. Dicquemare ☏ 35 41 21 91
MERCEDES Lamartine Autom., 10/12 r. Lamartine ☏ 35 24 46 06

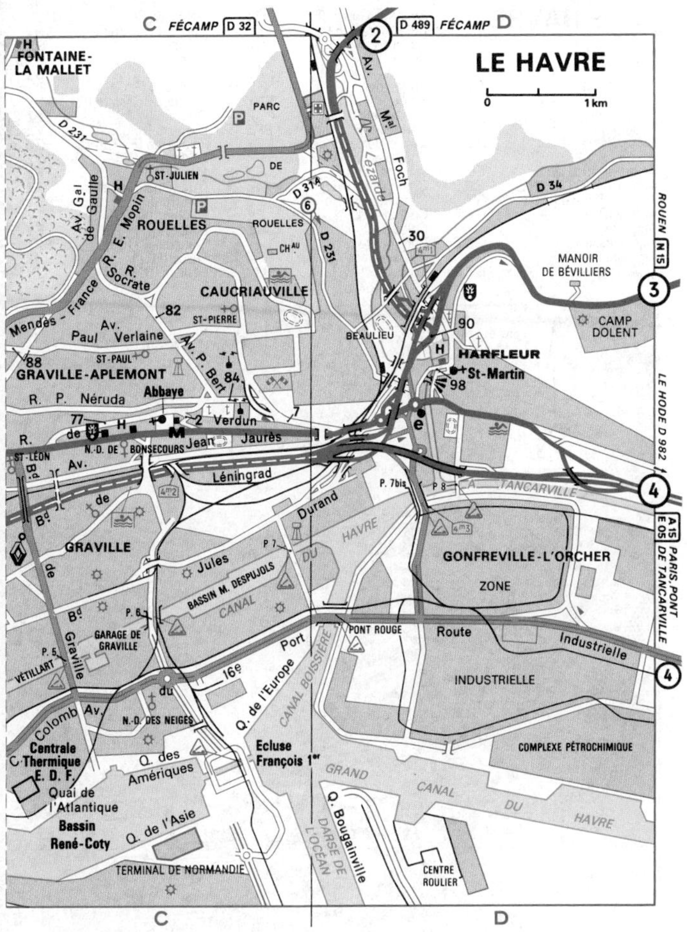

PEUGEOT, TALBOT S.I.A. du Havre, 94 r. Denfert-Rochereau HZ ℘ 35 25 25 05
RENAULT Succursale, 239 à 273 bd de Graville C ℘ 35 53 42 42 **N** ℘ 35 54 86 23
V.A.G Le Troadec, 447 r. Curie Zone Emploi Montgaillard ℘ 35 48 00 55
V.A.G Le Troadec, 93 r. Lesueur ℘ 35 22 45 05

Euromaster Central Pneu, 26 r. Lesueur ℘ 35 22 40 14
Fischbach Pneus, av. du Bois au Coq ℘ 35 46 23 85
Legay-Pneus, 34 r. Fleurus ℘ 35 25 07 89
Norais-Pneus, 203 bd de Graville ℘ 35 26 50 68
Renov Pneus, 141 bd Amiral-Mouchez ℘ 35 26 64 64
Réparpneu, 161 bd de Graville ℘ 35 25 32 85

LE HAVRE

Rue	Carreau	N°
Briand (R. A.)	HY	
Delavigne (R. C.)	GHY	
Étretat (R. d')	EY	
Joffre (R. Maréchal)	GHY	
Paris (R. de)	FZ	
République (Cours de la)	HY	
Albert-1er (Bd)	EY	
Alma (R. de l')	EY	3
Anatole-France (R.)	GY	
Anfray (R.)	GZ	5
Angoulême (Chaussée d')	GZ	6
Archinard (Av. Général)	GZ	9

Rue	Carreau	N°
Aviateur-Guérin (R.)	HZ	
Bellanger (R. F.)	EY	
Bellot (R.)	HZ	
Bernardin-de-St-Pierre (R.)	FZ	13
Bougainville (R.)	HY	
Braque (R. G.)	EFY	
Bretagne (R. de)	FGZ	14
Brindeau (R. L.)	EFZ	15
Cavée-Verte (R. de la)	EFY	
Chevalier-de-la Barre (Cours)	HZ	18
Churchill (Bd W.)	HZ	24
Clemenceau (Bd)	EZ	
Cochet (R.)	EY	
Colbert (Quai)	HZ	
Commerce (Passerelle du)	GZ	26
Corbeaux (Av. L.)	GZ	

Rue	Carreau	N°
Coty (Av. René)	FGY	
Courbet (R. Amiral)	HZ	
Cronstadt (R. de)	GY	
Delaroche (R. M.)	FY	28
Delavigne (Quai C.)	GZ	29
Demidoff (R.)	HY	
Docteur-Boissière (R.)	EFY	
Doumer (R. P.)	EFZ	31
Drapiers (R. des)	FZ	32
Faidherbe (R. Gén.)	GZ	36
Faure (R. Félix)	EGY	
Faure (R. P.)	FY	
Féré (Quai Michel)	FZ	37
Fort (R. du)	EY	
Flaubert (R. G.)	FGY	
Foubert (R.)	EY	39
François-1er (Bd)	EFZ	
Frissard (Q.)	HZ	
Gallieni (R. Mar.)	GY	40

G
H
Y
Z
STE-JEANNE D'ARC
FORT DE TOURNEVILLE
STE-MARIE
JENNER
Rue du 329e
TUNNEL
Rue de Cronstadt
Rue Faure
Lafaurie
R. Mac Orlan
Tourneville
R. A. Briand
le Rond-Point
Rue Flaubert
René Coty
Rue Joffre
R. J. Tellier
R. Hélène
STE-MARIE
Rue Ernest Renan
STE-ANNE
Bougainville
Cours de la République
R. J. J. Rousseau
Demidoff
U
Gal France
Delavigne
Rue Anatole
Rue Jules
C. Sarrail
Lesueur
Lecesne
de Strasbourg
DOUANES
George V
COMMERCE
CENTRE DE COMMERCE INTERNATIONAL
Colbert
VAUBAN
BASSIN
Quai Frissard
BASSIN DES DOCKS
R. Marceau
BASSIN DE LA BARRE
ST FRANÇOIS
M
CENTRE ADMTIF DU PORT AUTONOME
BASSIN DE LA CITADELLE
TERMINAL DE GRANDE-BRETAGNE
GARE MARITIME
ARRIÈRE-PORT
Av. L. Corbeaux
BASSIN DE L'EURE
R. Aviateur Guérin
Rue Bellot
R. Amiral Courbet
L'EURE
Bd Amiral Mouchez
Q. de la Saône

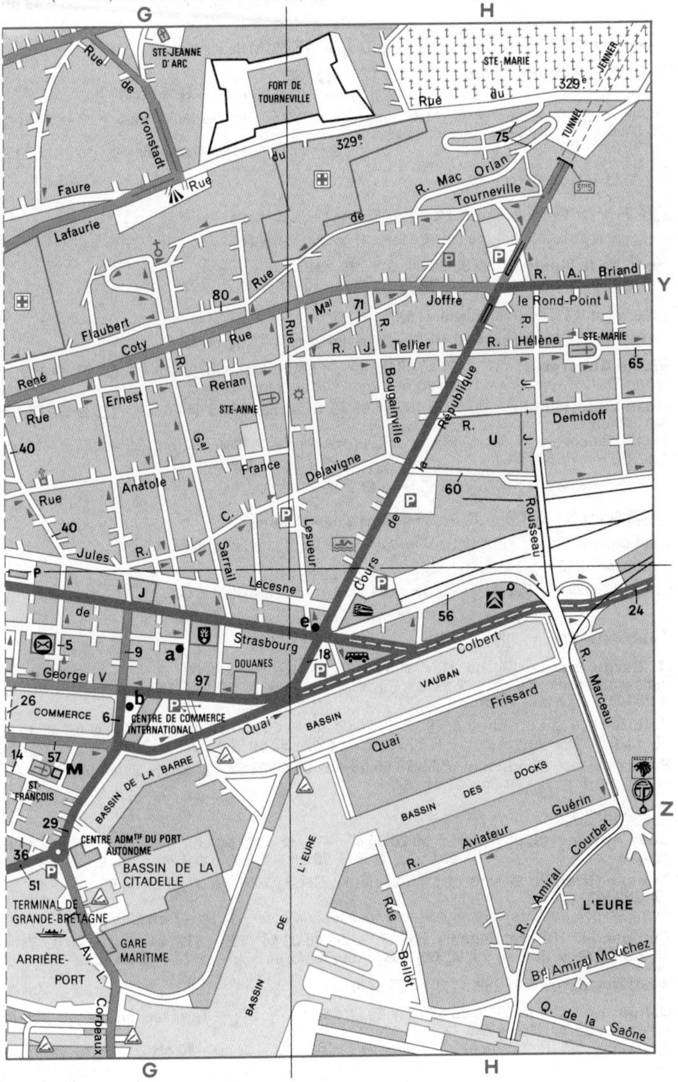

HAYBES **08170** Ardennes 53 ⑱ G. Champagne – 2 071 h alt. 117.

Paris 247 – Charleville-Mézières 35 – Fumay 2,5 – Givet 20 – Rocroi 20.

Ermitage Moulin Labotte ⑤, E : 2 km par D 7 et VO ✆ 24 41 13 44, – ☎ Ⓟ. GB
fermé dim. soir et lundi du 15 oct. au 31 mars – **R** 135/190 – ☐ 35 – **8 ch** 200/250 – ½ P 290.

HAZEBROUCK **59190** Nord 51 ④ G. Flandres Artois Picardie – 20 567 h alt. 28.

Env. Cassel : site★ et jardin public ★★ NO : 14 km.

A.C. Auto-Scanner, Av. de St-Omer ✆ 28 41 92 66.

Paris 241 – ◆Calais 68 – Armentières 28 – Arras 60 – Dunkerque 41 – Ieper 34 – ◆Lille 45.

à la Motte-au-Bois SE : 5,5 km par D 946 – ✉ **59190** :

XXX **Aub. de la Forêt** ⑤ avec ch, ✆ 28 48 08 78 – ☎ Ⓟ. GB
fermé 26 déc. au 31 janv., dim. soir et lundi sauf fériés le midi – **R** 130/340 – ☐ 38 – **13 ch** 160/320 – ½ P 250/460.

à Longue Croix NO : 8 km par N 42 et D 238 – ✉ **59190** Hazebrouck :

XX **Aub. de la Longue Croix**, ✆ 28 40 03 30 – Ⓟ. GB
fermé 12 juil. au 5 août, 21 fév. au 1er mars, mardi soir et merc. – **R** 98/205.

CITROEN Autocit, 88 rte de Borre ✆ 28 41 83 73
PEUGEOT-TALBOT Gar. Delaire-Dubus, 28 rte de Borre ✆ 28 48 03 17 ✆ 28 02 11 50
RENAULT Gar. de la Lys, 223 r. Notre-Dame ✆ 28 41 87 85 ✆ 20 48 57 50
V.A.G Auto-Expo, av. de St-Omer ✆ 28 41 55 46
François-Pneus, 199 r. de Merville ✆ 28 41 59 46

HÈCHES **65** H.-Pyr. 85 ⑲ – 553 h alt. 640 – ✉ **65250** La Barthe-de-Neste.

Paris 837 – Bagnères-de-Luchon 46 – Lourdes 64 – St-Gaudens 39 – Tarbes 44.

Host. de la Neste, ✆ 62 98 83 04, – Ⓟ. GB
fermé 1er au 27 déc. – **R** 55 bc/160 – ☐ 25 – **13 ch** 120/175 – ½ P 155.

HÉDÉ **35630** I.-et-V. 59 ⑯ G. Bretagne – 1 500 h alt. 100.

Paris 370 – ◆Rennes 25 – Avranches 64 – Dinan 30 – Dol-de-Bretagne 31 – Fougères 49.

XX **Vieille Auberge**, N 137 ✆ 99 45 46 25, « Cadre rustique, jardin » – Ⓟ. AE ⓓ GB
fermé 1er au 7 sept., 15 janv. au 15 fév., dim. soir et lundi – **R** 135/175.

XX **Host. Vieux Moulin** avec ch, N 137 ✆ 99 45 45 70, Fax 99 45 44 86, – TV ☎ Ⓟ. AE ⓓ GB. ch
fermé 20 déc. au 1er fév., dim. soir et lundi sauf fériés – **R** 85/220, enf. 55 – ☐ 28 – **14 ch** 240/310 – ½ P 280/320.

RENAULT Delacroix, rte de St-Malo ✆ 99 45 46 23 ✆ 99 45 42 33

HENDAYE **64700** Pyr.-Atl. 85 ① G. Pyrénées Aquitaine – 11 578 h alt. 31.

Voir Grand crucifix★ dans l'église St-Vincent BY **B** – Corniche basque★★ par ①.

Office de Tourisme 12 r. Aubépines ✆ 59 20 00 34.

Paris 806 ② – Biarritz 29 ② – Pau 141 ② – St-Jean-de-Luz 13 ② – San Sebastián 23 ③.

Plan page suivante

à Hendaye Plage :

H. Serge Blanco Ⓜ, bd Mer ✆ 59 51 35 35, Fax 59 51 36 00, ←, complexe de thalassothérapie, – rest TV ☎ – 90. AE GB. rest AX **e**
R 200/250 – ☐ 50 – **79 ch** 500/920, 8 duplex – ½ P 580/680.

Pohoténia, rte Corniche par ① ✆ 59 20 04 76, Fax 59 20 81 25, – TV ☎ Ⓟ – 40. GB. – *fermé janv.* – **R** 100/160 – ☐ 35 – **52 ch** 380 – ½ P 350/360.

Paris sans rest, Rond-Point ✆ 59 20 05 06, Fax 59 48 02 82 – ☎ Ⓟ. AE ⓓ GB BX **a**
début mai-1er oct. – ☐ 35 – **37 ch** 390.

à Hendaye Ville :

Chez Antoinette, pl. Pellot ✆ 59 20 08 47, – ☎. GB. ch BY **h**
Pâques-oct. – **Repas** 130/170, enf. 50 – ☐ 30 – **20 ch** 180/330 – ½ P 240/255.

Annexe Gitanilla sans rest, bd Leclerc à Hendaye-Plage ✆ 59 20 04 65, – ☎. AE ⓓ GB. BX **s**
fermé 15 oct. au 15 nov., dim. soir et lundi sauf juil.-août – ☐ 30 – **7 ch** 220/380.

Campanile, 102 rte Béhobie par ② ✆ 59 48 06 48, Télex 572143, Fax 59 48 05 83 – rest TV ☎ Ⓟ – 25. AE GB – **R** 77 bc/99 bc, enf. 39 – ☐ 28 – **49 ch** 268.

à Biriatou par ② et D 258 : 4 km – ✉ **64700** :

XXX **Bakéa** avec ch, ✆ 59 20 76 36, Fax 59 20 58 21, ←, « Terrasse ombragée sur la vallée » – TV ☎. AE ⓓ GB. ch
fermé fév. – **R** *(fermé merc. midi hors sais.)* 160/210 – ☐ 50 – **10 ch** 200/380 – ½ P 370/395.

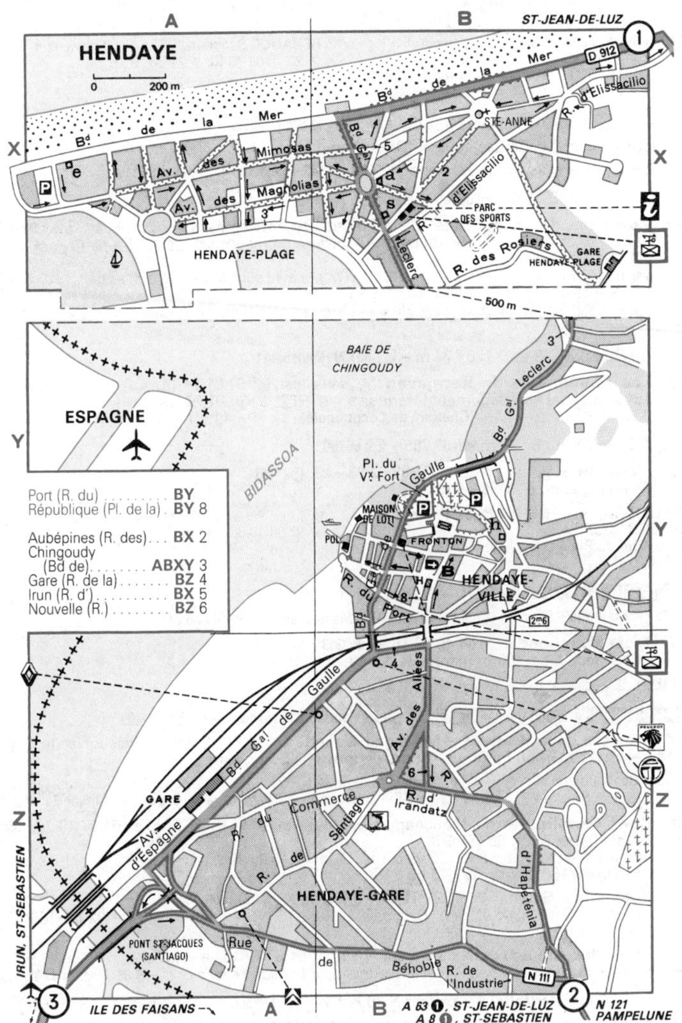

ALFA-ROMEO Gar. Bidassoan, 23 bd Gén.-Leclerc ☏ 59 20 00 23
CITROEN Gar. de la Place, 41 r. de Santiago ☏ 59 20 00 86
OPEL Pivot, 16 rte de Behobie ☏ 59 20 03 93

PEUGEOT, TALBOT Laguillon, ZI Joncaux, r. Industrie ☏ 59 20 18 63
RENAULT Hendaye-Autos, 49 bd de-Gaulle ☏ 59 20 78 61 **N** ☏ 59 20 59 31

HÉNIN-BEAUMONT **62110** P.-de-C. 51 ⑮ – 26 257 h alt. 31.

Syndicat d'Initiative 188 r. Pasteur ☏ 21 75 08 07.

Paris 195 – Arras 21 – Béthune 30 – Douai 11 – Lens 11 – ♦Lille 31.

Novotel M, échangeur Autoroute A1 ✉ 62950 Noyelles-Godault ☏ 21 75 16 01, Télex 110352, Fax 21 75 88 59, – ch rest – 120. AE GB
R carte environ 150, enf. 50 – 48 – **81 ch** 415/465.

Campanile, à Noyelles-Godault, N 43 ✉ 62950 Noyelles-Godault ☏ 21 76 26 26, Télex 134109, Fax 21 75 22 21, – 40. AE GB
R 80 bc/102 bc, enf. 39 – 29 – **53 ch** 268.

FIAT Hanot-Mariani, ZI Sud, bd Darchicourt ℘ 21 20 44 40
PEUGEOT-TALBOT Beaumont-Automobiles, ZI, la Peupleraie ℘ 21 75 16 50 N ℘ 28 02 47 07

RENAULT Sandrah, 1230 bd A.-Schweitzer ℘ 21 75 03 78 N ℘ 21 20 29 15

HENNEBONT 56700 Morbihan 63 ① **G. Bretagne** – 13 624 h alt. 22.

Voir Tour-clocher★ de la basilique N.-D.-de-Paradis.

Paris 483 – Vannes 48 – Concarneau 57 – Lorient 12 – Pontivy 43 – Quiberon 43 – Quimperlé 27.

au Sud par D 781 – ✉ **56700** Hennebont :

Château de Locguénolé ⛰, 4 km sur rte Port-Louis ℘ 97 76 29 04, Télex 950636, Fax 97 76 39 47, ≤, « Dans un parc en bordure de rivière », – TV ☎ P – 50. AE ① GB. rest
fermé 2 janv. au 6 fév. – **R** *(fermé lundi d'oct. à avril sauf fêtes)* 190/500 et carte 370 à 600 – ☐ 79 – **19 ch** 790/1350, 4 appart. – ½ P 844/1124
Spéc. Huîtres fumées aux algues dulse. Meunière de raie au cumin et chou vert. Tarte et sorbet à la cervoise. **Vins** Muscadet-sur-lie.

au Sud par D 9 et D 170 : 7 km – ✉ **56700** Hennebont :

Les Chaumières de Kerniaven ⛰ sans rest, ℘ 97 81 14 14, « Ancienne ferme du 15e siècle, bel aménagement intérieur », – TV ☎ P. AE ① GB
1er mai-30 sept. – **R** voir **Château de Locguénolé** – ☐ 79 – **11 ch** 460/720.

à Brandérion E : 7 km sur D 765 – ✉ **56700** :

L'Hermine ⛰ sans rest, ℘ 97 32 92 93 – ☎ P. GB
Pâques-15 oct. – ☐ 34 – **9 ch** 360.

RENAULT Gar. Jean-Hello, 66-68 av. République ℘ 97 36 21 17 N
Centre Auto du Blavet, 1 r. Jean-Jaurès ℘ 97 36 27 80

Jubin-Pneus, ZI Ker André, r. D.-Papin ℘ 97 36 16 88

HERBAULT 41190 L.-et-Ch. 64 ⑥ – 926 h alt. 138.

Paris 197 – ◆Tours 45 – Blois 15 – Château-Renault 18 – Montrichard 36 – Vendôme 27.

XX **Trois Marchands,** ℘ 54 46 12 18 – ① GB
fermé déc., lundi soir et mardi – **R** 78/180, enf. 50.

RENAULT Beauclair ℘ 54 46 12 16

Les HERBIERS 85500 Vendée 67 ⑮ **G. Poitou Vendée Charentes** – 13 413 h alt. 109.

Voir Ecomusée de la Vendée★ – Mont des Alouettes ≤★★ N : 2 km – Cinéscénie du Puy du fou★★★ – **Env.** Le Grand Parcours★ (parc de loisirs) NE : 12,5 km.

Office de Tourisme 4 Grande Rue (fermé matin) ℘ 51 92 92 92 et Mont des Alouettes (juil.-août) ℘ 51 67 18 39 – Paris 374 – La Roche-sur-Yon 40 – Bressuire 45 – Chantonnay 24 – Cholet 24 – Clisson 34.

Chez Camille, rte de Mouchamps S : 1,5 km ℘ 51 91 07 57, Fax 51 67 19 28, – rest TV ☎ ♿ P. AE ① GB
fermé 1er au 10 août et 20 déc. au 2 janv. – **R** *(fermé vend. soir du 15 sept. au 15 mai)* 65/160 – ☐ 30 – **13 ch** 215/265.

Relais, 18 r. Saumur ℘ 51 91 01 64 – TV ☎ P – 80. GB.
fermé 1er au 19 août et sam. hors sais. – **R** 62/150, enf. 40 – ☐ 28 – **32 ch** 160/300 – ½ P 280/300.

X **Mont des Alouettes,** N : 3 km sur N 160 ℘ 51 67 02 18, ≤ – P. GB
fermé 4 au 19 oct., 1er au 15 mars et lundi sauf le midi d'avril à oct. – **R** 65/180, enf. 45.

à Chambretaud NE : 7,5 km par N 160 et VO – ✉ **85500** :

Château Joseph M ⛰, rte La Verrie ℘ 51 67 50 38, Fax 51 67 50 69, , « Demeure du 19e siècle dans un parc » – TV ☎ ♿ P. GB.
R *(fermé dim. soir et lundi)* 85/230 – ☐ 45 – **9 ch** 500/750 – ½ P 300/605.

CITROEN Martineau, 40 av. G.-Clemenceau ℘ 51 91 07 50
PEUGEOT-TALBOT Gar. du Bocage, rte de Cholet ℘ 51 91 04 12

RENAULT Herbretaise Autos, 2 r. Industrie ℘ 51 91 01 71 N ℘ 51 65 50 63

Euromaster Metayer Pneus, ZA de la Buzenière ℘ 51 91 19 08

HÉRICOURT-EN-CAUX 76560 S.-Mar. 52 ⑬ – 730 h.

Paris 187 – ◆Rouen 45 – Bolbec 24 – Dieppe 46 – Fécamp 30 – Yvetot 10.

XX **Saint-Denis,** ℘ 35 96 55 23, – P. GB
fermé mardi soir et merc. – **R** 72/240, enf. 50.

HERMENT 63470 P.-de-D. 73 ⑫ – 350 h alt. 823.

Paris 413 – ◆Clermont-Ferrand 54 – Aubusson 49 – Le Mont-Dore 35 – Montluçon 79 – Ussel 45.

Souchal, ℘ 73 22 10 55, Fax 73 22 13 63 – ☎ P. AE GB
R 60/195 – ☐ 26 – **26 ch** 230/240 – ½ P 210.

HÉROUVILLE-ST-CLAIR **14** Calvados 55 ⑫ – rattaché à Caen.

HESDIN **62140** P.-de-C. 51 ⑫ ⑬ **G. Flandres Artois Picardie** – 2 713 h alt. 26.

Paris 216 – ◆Calais 86 – Abbeville 37 – Arras 58 – Boulogne-sur-Mer 59 – ◆Lille 88.

- **Trois Fontaines** ⑤, 16 rte Abbeville à Marconne ☎ 21 86 81 65, Fax 21 86 33 34, – TV ☎ & P. AE ⓞ GB
  R *(fermé 1er au 7 sept., 24 déc. au 2 janv. et lundi midi)* 95/160 ⚱, enf. 40 – ☕ 40 – **10 ch** 260/320 – ½ P 280/320.
- **Flandres,** r. Arras ☎ 21 86 80 21, Fax 21 86 28 01 – TV ☎ P. AE GB
  fermé 20 déc. au 10 janv. – **R** 75/176 ⚱, enf. 45 – ☕ 35 – **14 ch** 230/290 – ½ P 310/320.

CITROEN Ficheux, 33 av. Mar.-Leclerc ☎ 21 86 91 74
RENAULT Gar. Hesdinois, 5 av. d'Arras, Marconne ☎ 21 86 96 44 N

Au Pneu Hesdinois, rte de St-Pol ☎ 21 86 83 97
La Maison du Pneu, 3 pl. Garbé ☎ 21 86 86 19

HESDIN L'ABBÉ **62** P.-de-C. 51 ⑪ – rattaché à Boulogne-sur-Mer.

HÉSINGUE **68** H.-Rhin 66 ⑩ – rattaché à St-Louis.

HEUDICOURT-SOUS-LES-CÔTES **55** Meuse 57 ⑫ – rattaché à St-Mihiel.

HEYRIEUX **38540** Isère 74 ⑫ – 3 872 h alt. 263.

Paris 493 – ◆Lyon 25 – Pont-de-Chéruy 20 – La Tour-du-Pin 34 – Vienne 24.

- XX **L'Alouette,** rte St-Jean-de-Bournay : 3 km ☎ 78 40 06 08 – ▤ P. GB
  fermé 15 août au 10 sept., dim. soir et lundi – **R** 155/270, enf. 70.

HINSINGEN **67260** B.-Rhin 57 ⑯ – 82 h alt. 230.

Paris 406 – St-Avold 35 – Sarrebourg 36 – Sarreguemines 21 – ◆Strasbourg 91.

- XX **La Grange du Paysan,** ☎ 88 00 91 83 – P. GB
  fermé lundi – **Repas** 61/245 ⚱.

HIRMENTAZ **74** H.-Savoie 70 ⑰ – rattaché à Bellevaux.

HIRTZBACH **68** H.-Rhin 66 ⑨ – rattaché à Altkirch.

Le HODE **76** S.-Mar. 55 ④ – rattaché au Havre.

HOHRODBERG **68** H.-Rhin 62 ⑱ **G. Alsace Lorraine** – alt. 750 – ✉ **68140** Munster.

Voir ≤★★ – Paris 439 – Colmar 26 – Gérardmer 36 – Guebwiller 35 – Munster 7,5 – Le Thillot 57.

- **Panorama** ⑤, ☎ 89 77 36 53, Fax 89 77 03 93, ≤ vallée et montagnes – |‡| TV ☎ & P. AE GB
  fermé 5 janv. au 10 fév. – **R** 90/220 ⚱, enf. 42 – ☕ 30 – **33 ch** 150/330 – ½ P 190/270.
- **Roess** ⑤, ☎ 89 77 36 00, Fax 89 77 01 95, ≤ vallée et montagnes, – |‡| ☎ & P. GB. ch
  fermé 8 nov. au 18 déc. – **R** 95/190 ⚱ – ☕ 30 – **31 ch** 170/270 – ½ P 220/270.

Le HOHWALD **67140** B.-Rhin 62 ⑨ **G. Alsace Lorraine** – 360 h alt. 575 – Sports d'hiver : 900/1 050 m 3 – **Env.** Le Neuntelstein ≤★★ N : 6 km puis 30 mn – Champ du Feu ✻★★ SO : 14 km.

Paris 423 – ◆Strasbourg 47 – Lunéville 85 – Molsheim 30 – St-Dié 47 – Sélestat 25.

- **Marchal** ⑤, ☎ 88 08 31 04, Fax 88 08 34 05, ≤, – ☎ P. GB
  fermé 5 nov. au 12 déc. – **R** *(fermé mardi sauf juil-août)* 100/180 ⚱ – ☕ 32 – **17 ch** 180/250 – ½ P 220/250.
- **Aub. du Lilsbach** ⑤, SE : 2 km par D 425 ☎ 88 08 31 47, , – P. GB
  R *(fermé 15 nov. au 15 fév. et dim.)* 85/140 ⚱ – ☕ 30 – **9 ch** 165/265 – ½ P 215/265.
- X **Petite Auberge,** ☎ 88 08 33 05, Fax 88 08 34 62 – P. GB
  fermé 28 juin au 8 juil., 1er janv. au 5 fév., merc. soir et jeudi – **R** 68/120 carte le dim. ⚱, enf. 35.

au col du Kreuzweg SO : 5 km par D 425 – ✉ **67140** Le Hohwald :

- **Zundelkopf** ⑤, ☎ 88 08 30 41, ≤, – P
  fermé 16 au 31 mars, 4 nov. au 18 déc. et merc. sauf vacances scolaires – **R** (résidents seul.) – ☕ 28 – **22 ch** 130/230 – ½ P 180/210.

HOLNON **02** Aisne 53 ⑬ – rattaché à St-Quentin.

HOMPS **11200** Aude 83 ⑬ – 611 h alt. 47.

Paris 867 – Carcassonne 33 – Lézignan-Corbières 10 – Narbonne 25 – ◆Perpignan 88.

- **Aub. de l'Arbousier** M ⑤, av. Carcassonne ☎ 68 91 11 24, ≤, – ☎ P. GB
  fermé 15 fév. au 15 mars – **R** *(fermé lundi en sais., dim. soir et merc. hors sais.)* 78/170 ⚱, enf. 35 – ☕ 32 – **7 ch** 210/280 – ½ P 210/240.

HONDAINVILLE 60250 Oise 55 ⑩ – 553 h alt. 43.

Paris 80 – Compiègne 44 – Beauvais 21 – Chantilly 29 – Clermont 10 – Creil 21 – L'Isle-Adam 32.

XX **Vert Pommier,** ✆ 44 56 53 60, Fax 44 26 23 07, 🍴 – Ⓟ. AE GB
fermé août, 25 déc. au 1er janv. et sam. midi – **R** 230, enf. 50.

HONFLEUR 14600 Calvados 55 ③ ④ **G. Normandie Vallée de la Seine** – 8 272 h alt. 6.

Voir le vieux Honfleur** : Vieux bassin** AZ, église Ste-Catherine* AY et clocher* AY **B** – Côte de Grâce** AY : calvaire ✲**.

⛳9 ⛳18 de St-Gatien-Deauville ✆ 31 65 19 99, par ② : 8 km.

Office de Tourisme pl. A.-Boudin ✆ 31 89 23 30.

Paris 192 ① – ◆Caen 62 ② – ◆Le Havre 55 ① – Lisieux 33 ② – ◆Rouen 81 ①.

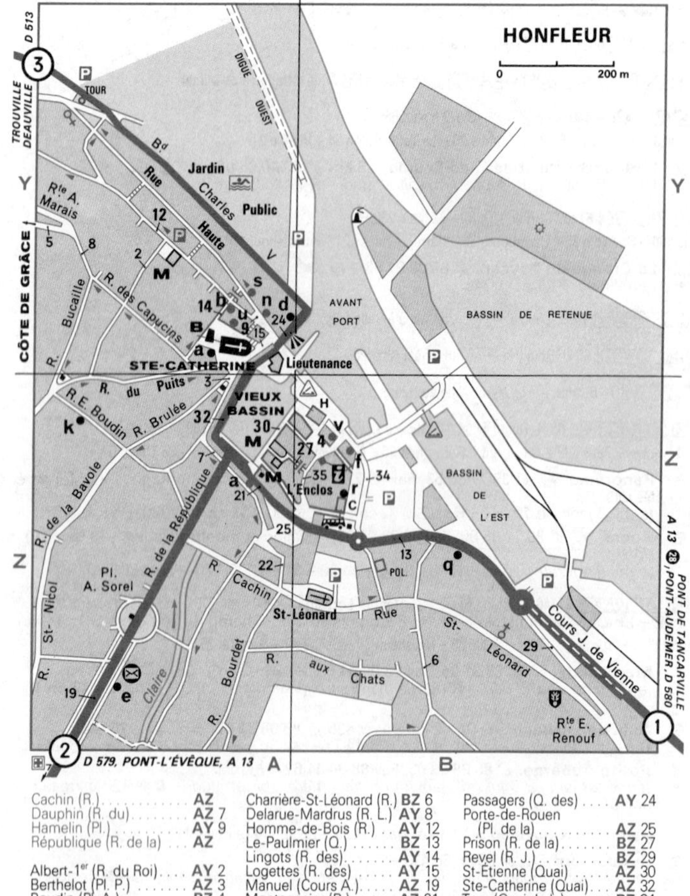

Cachin (R.) . . . . **AZ**
Dauphin (R. du) . . . . **AZ** 7
Hamelin (Pl.) . . . . **AY** 9
République (R. de la) . . . **AZ**

Albert-1er (R. du Roi) . . . . **AY** 2
Berthelot (Pl. P.) . . . . **AZ** 3
Boudin (Pl. A.) . . . . **BZ** 4
Charrière-de-Grâce . . . . . **AY** 5
Charrière-St-Léonard (R.) **BZ** 6
Delarue-Mardrus (R. L.) **AY** 8
Homme-de-Bois (R.) . . **AY** 12
Le-Paulmier (Q.) . . . . . . **BZ** 13
Lingots (R. des) . . . . **AY** 14
Logettes (R. des) . . . . . . **AY** 15
Manuel (Cours A.) . . . . . **AZ** 19
Montpensier (R.) . . . . . . **AZ** 21
Notre-Dame (R.) . . . . . . **AZ** 22
Passagers (Q. des) . . . . . **AY** 24
Porte-de-Rouen (Pl. de la) . . . . **AZ** 25
Prison (R. de la) . . . . **BZ** 27
Revel (R. J.) . . . . **BZ** 29
St-Étienne (Quai) . . . . . . **AZ** 30
Ste-Catherine (Quai) . . . **AZ** 32
Tour (Quai de la) . . . . . . **BZ** 34
Ville (R. de la) . . . . **BZ** 35

🏨 ✿ **Ferme St-Siméon** ⛱, r. A. Marais par ③ ✆ 31 89 23 61, Télex 171031, Fax 31 89 48 48, ≤, 🌳, « Parc ombragé dominant l'estuaire », Ꮀ, 🏊, 🍴 – |‡| TV ☎ ♿ Ⓟ – 🏟 30. GB. ✻ ch
R 420/550 et carte 380 à 600 – ☕ 95 – **31 ch** 1350/2120, 12 appart.
Spéc. Matelote de poissons honfleuraise. Poulette à la crème de la "Mère Toutain". Pain perdu à la vanille et framboises.

L'Ecrin sans rest, 19 r. E. Boudin ☎ 31 89 32 39, Fax 31 89 24 41, – TV ☎ P. AE ⓓ GB JCB AZ **k**
45 – **20 ch** 310/660.

Mercure M sans rest, r. Vases ☎ 31 89 50 50, Télex 772352, Fax 31 89 58 77 – TV ☎ & – 30. AE ⓓ GB BZ **q**
45 – **56 ch** 425/550.

La Tour M sans rest, 3 quai Tour ☎ 31 89 21 22, Télex 772289, Fax 31 89 53 51 – TV ☎. GB JCB. BZ **r**
fermé 17 nov. au 26 déc. – 29 – **44 ch** 360/390.

Castel Albertine sans rest, 19 cours Albert-Manuel ☎ 31 98 85 56, Fax 31 98 83 18, « Jardin ombragé » – TV ☎ P. AE ⓓ GB AZ **e**
fermé 15 au 28 déc. – 45 – **14 ch** 340/560.

Host. Lechat, pl. Ste-Catherine ☎ 31 89 23 85, Télex 772153, Fax 31 89 28 61 – TV ☎. AE ⓓ GB JCB. ch AY **a**
R *(fermé janv., jeudi midi et merc.)* 135/350 – 40 – **23 ch** 350/500 – ½ P 300/400.

H. Cheval Blanc sans rest, 2 quai Passagers ☎ 31 89 13 49, Télex 306022, Fax 31 89 52 80, ← – ☎ – 30. GB JCB AY **d**
fermé janv. – **33 ch** 350/580.

Otelinn M, 62 cours A. Manuel ☎ 31 89 41 77, Télex 772265, Fax 31 89 48 09 – TV ☎ & P. AE ⓓ GB. rest
R *(1er mars-31 oct. et fermé dim.)* (dîner seul) 85/120, enf. 45 – 38 – **50 ch** 360/385.

XXX ✿ **L'Assiette Gourmande** (Bonnefoy), quai Passagers ☎ 31 89 24 88, Fax 31 89 90 17 – AE ⓓ GB JCB AY **d**
fermé 15 nov. au 15 déc., lundi soir sauf juil.-août et mardi – **R** 150/380 et carte 340 à 450
Spéc. Vinaigrette de rouget à l'orange. Omelette de homard au gratin léger. Tartelette au chocolat.

XXX **L'Absinthe,** 10 quai Quarantaine ☎ 31 89 39 00, Fax 31 89 53 60, – AE ⓓ GB JCB BZ **v**
fermé 12 nov. au 20 déc., mardi hors sais. et lundi sauf le midi hors sais. – **R** 145/350.

XX **Le Champlain,** 6 pl. Hamelin ☎ 31 89 14 91 – GB AY **n**
fermé 1er janv. au 15 fév., merc. soir et jeudi – **R** 90/150.

XX **L'Ancrage,** 12 r. Montpensier ☎ 31 89 00 70, Fax 31 89 92 78, ← – GB AZ **a**
fermé janv., mardi soir hors sais. et merc. – **R** 98/152.

XX **Belvédère** avec ch, 36 r. E. Renouf - BZ - ☎ 31 89 08 13, Fax 31 89 51 40, , – ☎. GB
fermé 5 nov. au 20 déc., 5 janv. au 5 fév., lundi (sauf hôtel de mars à sept.) et dim. soir (sauf hôtel) – **R** 130/250, enf. 50 – 30 – **10 ch** 250/350 – ½ P 300/330.

XX **La Lieutenance,** 12 pl. Ste-Catherine ☎ 31 89 07 52, – GB AY **u**
fermé 15 nov. au 15 déc., lundi soir et mardi d'oct. à mars – **R** 98/212.

XX **Deux Ponts,** 20 quai Quarantaine ☎ 31 89 04 37, Fax 31 89 08 64, – AE GB BZ **f**
fermé 20 nov. au 27 déc., merc. soir et jeudi de sept. à mai – **R** 91/268, enf. 60.

X **Au P'tit Mareyeur,** 4 r. Haute ☎ 31 98 84 23 – GB AY **s**
fermé 16 au 30 nov., 5 au 20 janv., vend. midi et jeudi – **Repas** 119, enf. 60.

X **Au Vieux Clocher,** 9 r. de l'Homme de Bois ☎ 31 89 12 06 – AE ⓓ GB AY **b**
fermé 30 nov. au 11 déc., 4 au 15 janv., merc. de janv. à sept. et dim. soir de janv. à juin – **Repas** 115/210.

à Barneville par ②, D 62 et D 279 : 5 km – ✉ **14600** :

Aub. de la Source , ☎ 31 89 25 02, , – TV ☎ P. GB.
hôtel : ouvert 15 fév.-15 nov. et fermé merc. sauf juil.-août – **R** *(ouvert juil.-août et les week-ends d'avril à juin et en sept.)* 145/170 – 35 – **14 ch** 320/460 – ½ P 270/340.

par ③ rte de Trouville : 3 km – ✉ **14600** Vasouy :

La Chaumière , rte du Littoral ☎ 31 81 63 20, Fax 31 89 59 23, ←, , parc – TV ☎ P. GB JCB.
1er avril-14 nov. – **R** (nombre de couverts limité, prévenir) 230/420 – 75 – **8 ch** 990/1200.

à Pennedepie par ③ : 5 km – ✉ **14600** :

X **Moulin St-Georges,** ☎ 31 81 48 48,
fermé 15 fév. au 15 mars, mardi soir et merc. – **R** 75/160, enf. 35.

par ③ rte de Trouville et VO : 8 km – ✉ **14600** Honfleur :

Romantica , Chemin Petit Palais ☎ 31 81 14 00, Fax 31 81 54 78, ←, – TV ☎ & P. AE ⓓ GB.
R *(fermé 12 nov. au 1er avril, jeudi midi et merc.)* 110/250 – 34 – **18 ch** 280/380 – ½ P 270/350.

CITROEN Gar. Thiers, r. J.-de-Vienne par ① ☎ 31 89 08 01
Gar. du Cours, 16 cours Manuel ☎ 31 89 02 02

Pneu + Paris Normandie, ZI ☎ 31 89 20 37

Repas 100/130 Sorgfältig zubereitete, preiswerte Mahlzeiten.

L'HÔPITAL-CAMFROUT **29460** Finistère 58 ⑤ – 1 505 h alt. 8.

Voir Daoulas : enclos paroissial★ et cloître★ de l'abbaye N : 4,5 km, **G. Bretagne.**

Paris 564 – ◆ Brest 25 – Morlaix 59 – Quimper 48.

Diverres-Bernicot, ☎ 98 20 01 01 – TV ☎. GB
fermé 3 au 17 oct., vend. soir et dim. soir de nov. à juin – **R** 65/190 ♢, enf. 38 – ☐ 36 – **16 ch** 110/210 – ½ P 145/190.

L'HÔPITAL-ST-BLAISE **64130** Pyr.-Atl. 85 ⑤ **G. Pyrénées Aquitaine** – 76 h alt. 159.

Paris 816 – Pau 55 – Cambo-les-B. 73 – Oloron-Ste-Marie 16 – Orthez 35 – St-Jean-Pied-de-Port 53.

Aub. du Lausset ♨, ☎ 59 66 53 03, ☂ – TV ☎. GB. ✻ ch
fermé 15 oct. au 15 nov., mardi soir (sauf hôtel) et merc. hors sais. – **R** 65/170 ♢, enf. 35 – ☐ 20 – **7 ch** 150/180 – ½ P 160/180.

Touristes, ☎ 59 66 53 04, ☂ – ☎ ⇔ Ⓟ. GB
fermé fév. et lundi sauf juil.-août – **R** 45/130 ♢ – ☐ 17 – **9 ch** 75/145 – ½ P 130/150.

L'HÔPITAL-SUR-RHINS **42** Loire 73 ⑧ – alt. 430 – ✉ **42132** St-Cyr-de-Favières.

Paris 402 – Roanne 10,5 – ◆Lyon 76 – Montbrison 54 – ◆St-Étienne 74 – Thizy 27.

Le Favières avec ch, ☎ 77 64 80 30, ☂ – TV ☎ ⇔. GB
fermé 9 au 28 janv., dim. soir d'oct. à avril et lundi de nov. à avril – **R** 65/260 ♢, enf. 40 – ☐ 27 – **14 ch** 110/185 – ½ P 150/180.

Les HÔPITAUX-NEUFS **25370** Doubs 70 ⑦ **G. Jura** – 369 h alt. 1 000 – Sports d'hiver : 980/1 440 m ⛷30 ⛷.

Voir Le Morond ✻★ SO : 3 km puis télésiège.

Env. Mont d'Or ✻★★ S : 11 km puis 30 mn.

Office de Tourisme, Métabief pl. de la Mairie ☎ 81 49 13 81.

Paris 485 – ◆Besançon 77 – Champagnole 44 – Morez 50 – Mouthe 17 – Pontarlier 18.

Robbe, ☎ 81 49 11 05, ⛰ – ☎ Ⓟ. GB. ✻ rest
26 juin-5 sept. et 19 déc.-3 avril – **R** 66/100 – ☐ 23 – **20 ch** 137/180 – ½ P 220.

à Métabief O : 3 km par D 49 – alt. 965 – ✉ **25370** :

Étoile des Neiges, ☎ 81 49 11 21 – ☎ Ⓟ. GB. ✻
fermé 15 mai au 1er juin et 15 nov. au 15 déc. – **Le Bief Rouge** ☎ 81 49 03 43 *(fermé dim. soir et lundi hors sais.)* **R** 75/120 ♢ – ☐ 32 – **15 ch** 180/265 – ½ P 220/240.

CITROEN Drezet ☎ 81 49 10 56 N

HORBOURG **68** H.-Rhin 62 ⑲ – rattaché à Colmar.

L'HORME **42** Loire 73 ⑲ – rattaché à St-Chamond.

L'HOSPITALET-PRÈS-L'ANDORRE **09390** Ariège 86 ⑮ – 146 h alt. 1 436.

Paris 847 – Font-Romeu 50 – Andorre-la-Vieille 43 – Ax-les-Thermes 18 – Bourg-Madame 37 – Foix 60.

Puymorens, ☎ 61 05 20 03 – ☎ ⇔. GB
R 83/103 ♢ – ☐ 22 – **14 ch** 110/180.

HOSSEGOR **40150** Landes 78 ⑰ **G. Pyrénées Aquitaine** – alt. 4 – Casino.

Voir Le lac★.

⛳18 ☎ 58 43 56 99, SE : 0,5 km.

Office de Tourisme pl. Pasteur ☎ 58 43 72 35.

Paris 759 – Biarritz 31 – Mont-de-Marsan 88 – ◆Bayonne 21 – ◆Bordeaux 170 – Dax 37.

Beauséjour ♨, av. Tour du lac ☎ 58 43 51 07, Fax 58 43 70 13, ☂, ⛱, ⛰ – ⇅ TV ☎ Ⓟ – 🏛 25. GB. ✻ rest
7 mai-15 oct. – **R** 130/275 ♢, enf. 80 – ☐ 60 – **45 ch** 460/810 – ½ P 500/630.

Les Hortensias du Lac M ♨ sans rest, av. Tour du Lac ☎ 58 43 99 00, Fax 58 43 42 81, ≤, ⛰ – TV ☎ ♿ Ⓟ. GB. ✻
début mai-fin sept. – ☐ 32 – **21 ch** 330/380, 10 duplex.

Lacotel M, av. Touring Club ☎ 58 43 93 50, Fax 58 43 59 69, ≤, ☂, ⛱ – ⇅ ☎ ♿ Ⓟ – 🏛 40. ⓓ GB. ✻ rest
fermé 15 déc. au 15 fév. – **R** *(fermé mardi du 15 fév. au 30 mars)* 175, enf. 60 – ☐ 35 – **42 ch** 410 – ½ P 380.

à Soorts-Hossegor bourg E : 2 km par D 33 – ✉ **40150** :

La Forêt, rte Lacs ☎ 58 43 88 23, Fax 58 43 80 01, ☂, ⛰ – TV ☎ Ⓟ. AE ⓓ GB
avril-3 nov. – **R** *(mardi midi et lundi hors sais.)* 100/200 ♢, enf. 50 – ☐ 32 – **17 ch** 290/320 – ½ P 340/350.

PEUGEOT-TALBOT Gar. de l'Avenue ☎ 58 43 50 38

Les HOUCHES **74310** H.-Savoie 74 ⑧ G. Alpes du Nord – 1 947 h alt. 1 008 – Sports d'hiver : 1 008/1 860 m 2 13 .

Office de Tourisme pl. Église 50 55 50 62, Télex 385000.

Paris 605 – Chamonix-Mont-Blanc 10 – Annecy 87 – Bonneville 47 – Megève 28.

Mont Alba M, La Griaz 50 54 50 35, Fax 50 55 50 87, <, , – TV 40. AE GB
fermé 10 nov. au 14 déc. – **R** 98/260, enf. 60 – 50 – **43 ch** 480 – ½ P 440.

Aub. Beau Site et rest. Le Pèle M, 50 55 51 16, Fax 50 54 53 11, <, , « Jardin fleuri », – TV . AE GB.
fermé 15 au 30 avril, 1er au 15 juin et 26 sept. au 21 déc. – **Repas** *(fermé merc. en mai-juin et du 15 au 30 sept.)* 100/120 – 45 – **18 ch** 300/450 – ½ P 375.

Chris-Tal, 50 54 50 55, Fax 50 54 45 77, <, , , – TV . GB
10 juin-30 sept. et 18 déc.-18 avril – **R** 98/138, enf. 50 – 40 – **25 ch** 410 – ½ P 320/350.

au Prarion par télécabine – alt. 1 890 – Sports d'hiver : 1 000/1 900 m 2 11 – **74170** St-Gervais-les-Bains :

Voir ** 30 mn.

Le Prarion , alt.1 860 50 93 47 01, Fax 50 93 46 76, sur sommets, glaciers et vallées, – . GB.
15 juin-15 sept. et vacances de Noël-vacances de Printemps – **R** 120/200 – 50 – **18 ch** 170/560 – ½ P 320/415.

HOUDAN **78550** Yvelines 60 ⑧ 106 ⑭ G. Ile de France (plan) – 2 912 h alt. 104.

9 18 des Yvelines (1) 34 86 48 89, Est par N 12 : 12 km ; 18 18 de la Vaucouleurs (1) 34 87 62 29 ; à Civry-la-Forêt : 10 km.

Syndicat d'Initiative à la Mairie (1) 30 59 60 19.

Paris 60 – Chartres 46 – Dreux 20 – Évreux 49 – Mantes-la-Jolie 27 – Rambouillet 28 – Versailles 40.

XXX **La Poularde** (Vandenameele), N 12 (1) 30 59 60 50, Fax 30 59 79 71, , – . AE GB
fermé vacances de fév., mardi soir et merc. – **R** 150/300 et carte 240 à 385, enf. 120
Spéc. Paella de homard. Aumonière de poulette truffée. Ailerons frits aux tagliatelles truffées.

XX **Plat d'Étain** avec ch, r. Paris (1) 30 59 60 28 – . GB. ch
fermé 9 au 30 août – **R** 120/190 – 32 – **9 ch** 280/320.

XX **Welcome Auberge,** O : 0,7 km sur N 12 (1) 30 59 60 34 – . GB
fermé août, 15 au 28 fév., merc. soir et jeudi – **R** 97/132.

à Maulette E : 2 km sur N 12 – **78550** :

X **La Bonne Auberge,** rte Paris (1) 30 59 60 84 – . AE GB
fermé 12 juil. au 9 août, 23 au 27 déc., dim. soir, lundi et merc. – **R** 75/165 , enf. 45.

HOUDEMONT **54** M.-et-M. 62 ⑤ – rattaché à Nancy.

HOUILLES **78** Yvelines 55 ⑳, 106 ⑱ – voir à Paris, Environs.

HOULGATE **14510** Calvados 55 ② G. Normandie Vallée de la Seine – 1 654 h – Casino.

Voir Falaise des Vaches Noires* au NE.

18 de Beuzeval 31 24 80 49.

Office de Tourisme bd Belges 31 24 34 79 et r. d'Axbridge (saison) 31 24 62 31.

Paris 218 – Caen 33 – Deauville 14 – Lisieux 32 – Pont-l'Évêque 24.

Santa Cecilia sans rest, 31 28 71 71, – TV . GB.
30 – **12 ch** 295/375.

Le HOURDEL **80** Somme 52 ⑥ G. Flandres Artois Picardie – **80410** Cayeux-sur-Mer.

Paris 189 – Amiens 71 – Abbeville 27 – Dieppe 56 – Le Tréport 28.

X **Le Parc aux Huîtres** avec ch, 22 26 61 20 – rest . GB
fermé 1er déc. au 15 janv., vacances de fév., mardi soir et merc. sauf juil.-août – **R** 87/190 – 32 – **7 ch** 210/270 – ½ P 230.

HOURTIN **33990** Gironde 71 ⑰ G. Pyrénées Aquitaine – 2 072 h alt. 19.

Paris 557 – Bordeaux 62 – Andernos-les-Bains 53 – Lesparre-Médoc 17 – Pauillac 26.

Le Dauphin, pl. Église 56 09 11 15, Fax 56 09 24 37, , – . AE GB.
fermé 15 oct. au 15 nov. et dim. soir du 15 oct. au 30 mars – **R** 68/170 , enf. 45 – 35 – **20 ch** 310/330 – ½ P 285/295.

CITROEN Galharret 56 09 11 18 RENAULT Gar. du Lac 56 09 18 09 N

HUELGOAT 29690 Finistère 58 ⑥ G. Bretagne (plan) – 1 742 h alt. 175.

Voir Site★★ – Rochers★★ – Forêt★ – Gouffre★ E : 2 km puis 15 mn.

Env. St-Herbot : clôture★★ de l'église★ SO : 7 km.

Office de Tourisme pl. Mairie (saison) ✆ 98 99 72 32.

Paris 521 – ◆Brest 73 – Carhaix-Plouguer 17 – Châteaulin 36 – Landerneau 45 – Morlaix 29 – Quimper 56.

An Triskell sans rest, rte Pleyben ✆ 98 99 71 85, – P. GB
fermé 15 nov. au 15 déc. – 26 – **10 ch** 140/160.

à Locmaria-Berrien-Gare SE : 7 km par D 764 – ✉ 29690 :

Aub. de la Truite avec ch, ✆ 98 99 73 05, ←, meubles bretons, – P. GB
10 avril-3 janv. et fermé dim. soir et lundi sauf juil.-août – **R** (dim. prévenir) 125/325 – 25 – **6 ch** 110/175 – ½ P 210/250.

HUNINGUE 68 H.-Rhin 66 ⑩ – rattaché à St-Louis.

HUSSEREN-LES-CHÂTEAUX 68420 H.-Rhin 62 ⑲ G. Alsace Lorraine – 377 h alt. 380.

Paris 451 – Colmar 8,5 – Belfort 66 – Gérardmer 53 – Guebwiller 22 – ◆Mulhouse 43.

Husseren-les-Châteaux M, r. Schlossberg ✆ 89 49 22 93, Fax 89 49 24 84, ←, parc, – cuisinette rest TV P – 120. AE GB
R 115/320 – 52 – **37 ch** 480/1050 – ½ P 497/612.

HYÈRES 83400 Var 84 ⑮ ⑯ G. Côte d'Azur – 48 043 h alt. 40 – Casino des Palmiers Z.

Voir ←★ de la place St-Paul Y 49 – Jardins Olbius Riquier★ V – ←★ du parc St-Bernard Y – Chapelle N.-D. de Consolation★ V N : verrières★, ←★ de l'esplanade S : 3 km – Sommet du Fenouillet ★ NO : 4 km puis 30 mn.

de Valcros ✆ 94 66 81 02, par ① : 16 km.

de Toulon-Hyères : ✆ 94 38 57 57, SE : 4 km V.

Office de Tourisme Rotonde J.-Salusse, av. Belgique ✆ 94 65 18 55, Télex 400280 et Chalet, rte de Toulon (15 juin-15 sept.) ✆ 94 65 33 40.

Paris 857 ③ – ◆Toulon 20 ③ – Aix-en-Provence 100 ③ – Cannes 121 ③ – Draguignan 79 ③.

Plan page suivante

Mercure M, 19 av. A. Thomas ✆ 94 65 03 04, Télex 404508, Fax 94 35 58 20, – ch ch TV P – 160. AE GB JCB — V **x**
R grill 125/140, enf. 42 – 49 – **84 ch** 425/595.

Centrotel M sans rest, 45 av. E. Cawell ✆ 94 38 38 10, Fax 94 38 37 73 – TV. AE GB — V **s**
30 – **24 ch** 320/350.

Ibis M, av. J. Moulin ✆ 94 38 83 38, Télex 404679, Fax 94 38 57 24, – ch TV P – 45. AE GB — V **a**
L'Atrium **R** 85/135, enf. 65 – 32 – **46 ch** 340/390.

Soleil, r. Rempart ✆ 94 65 16 26 – . AE GB — Y **r**
R (dîner seul.) 80/120, enf. 50 – 38 – **22 ch** 240/380 – ½ P 270/310.

Jardins de Bacchus, 32 av. Gambetta ✆ 94 65 77 63 – . AE GB — Z **v**
fermé 14 au 27 juin, sam. midi en été, dim. soir en hiver et lundi – **R** 130/170, enf. 60.

aux Salins d'Hyères E : 6 km – ✉ 83400 :

La Frégate avec ch, Port Pothuau ✆ 94 66 40 29, ←, – . GB
hôtel : ouvert Pâques-oct. et fermé dim. soir et lundi sauf août – **R** *(fermé déc., dim. soir et lundi sauf août)* 120/185 – 33 – **8 ch** 260.

à Hyères-Plage SE : 5 km - X – ✉ 83400 Hyères :

Pins d'Argent, ✆ 94 57 63 60, Fax 94 38 33 65, , parc, – TV P. AE GB — X **f**
R *(fermé dim. soir et lundi du 1er oct. au 31 mai)* 170/250, enf. 80 – 50 – **20 ch** 450/580 – ½ P 443/508.

Thalassa sans rest, ✆ 94 57 24 85, Fax 94 57 31 18 – TV P. AE GB — X **e**
33 – **22 ch** 350/420.

Rose des Mers sans rest, ✆ 94 58 02 73, ←, – P. GB. — X **k**
1er avril-1er oct. – 41 – **18 ch** 390.

à La Bayorre O : 2,5 km par rte de Toulon – ✉ 83400 Hyères :

La Colombe, ✆ 94 65 02 15 – GB
fermé lundi en juil.-août, dim. soir de sept. à juin et sam. midi – **R** 130.

ALFA-ROMEO Gar. Rivarel, 10 av. Nocart ✆ 94 65 16 96
PEUGEOT TALBOT Les Grands Garages Hyérois, 6 ch. de la Villette ✆ 94 57 69 16 N ✆ 91 97 34 41

RENAULT SERMA, 18 av. Gén.-Brosset ✆ 94 65 33 05 N ✆ 94 71 92 58

Pasero, Pont de la Villette ✆ 94 57 69 44

HYÈRES GIENS

Denis (Av. A.) . . . . . Y
Dr-Perron (Av.) . . . . Z 14
Gambetta (Av.) . . . . Z
Gaulle (Av. de) . . . . Y 16
Iles-d'Or (Av.) . . . . . Z

Barbacane (R.) . . . . Y 2
Barruc (R.) . . . . Y 3
Belgique (Av. de) . . Y 4
Bourgneuf (R.) . . . . . Y 5
Carqueiranne (Rte de) . . . . X 6
Chateaubriand (Bd) . . . . Y 7
Clemenceau (Pl.) . . . Y 9
Clotis (Av. J.) . . . . . Z 10
Costebelle (Mtée) . . V 12
Degioanni (Rue R.) . X 13
Foch (Av. Mar.) . . . . Z 15
Geoffroy St-Hilaire (Av.) . . . V 17
Godillot (Av. A.) . . . V 18
Herriot (Bd E.) . . . . . X 20
Lattre-de-T. (Av.) . . . V 22
Lefebvre (Pl. Th.) . . . Z 23
Macri (Ch. Soldat) . . . . . V 25
Madrague (Rte) . . . . X 26
Mangin (Av. Gén.) . Y 28
Massillon (Pl. et R.) . . . . Y 29
Millet (Av. E.) . . . . . . Z 32
Moulin-Premier-(Ch. du) . . . . V 33
Noailles (Mtée de) . Y 35
Palyvestre (Ch. du) . V 36
Paradis (R. de) . . . . . Y 37
Plaine-de-Bouisson (Ch.) . . . X 40
Provence (R.) . . . . . . Z 41
Rabaton (R.) . . . . . . Y 42
République (Pl.) . . . . Y 43
Riquier (Av. O.) . . . . V 44
Roubaud (Ch.) . . . . . V 45
St-Bernard (R.) . . . . Y 46
St-Esprit (R.) . . . . . . Y 47
St-Paul (Pl., R.) . . . . Y 49
Ste-Catherine (R.) . . Y 50
Ste-Claire (R.) . . . . . Y 51
Strasbourg (Crs) . . . Y 52
Victoria (Av.) . . . . . . Z 53
11-Novembre (Pl.) . . V 56
15e-Corps-d'Armée (Av. du) . . . . V 57

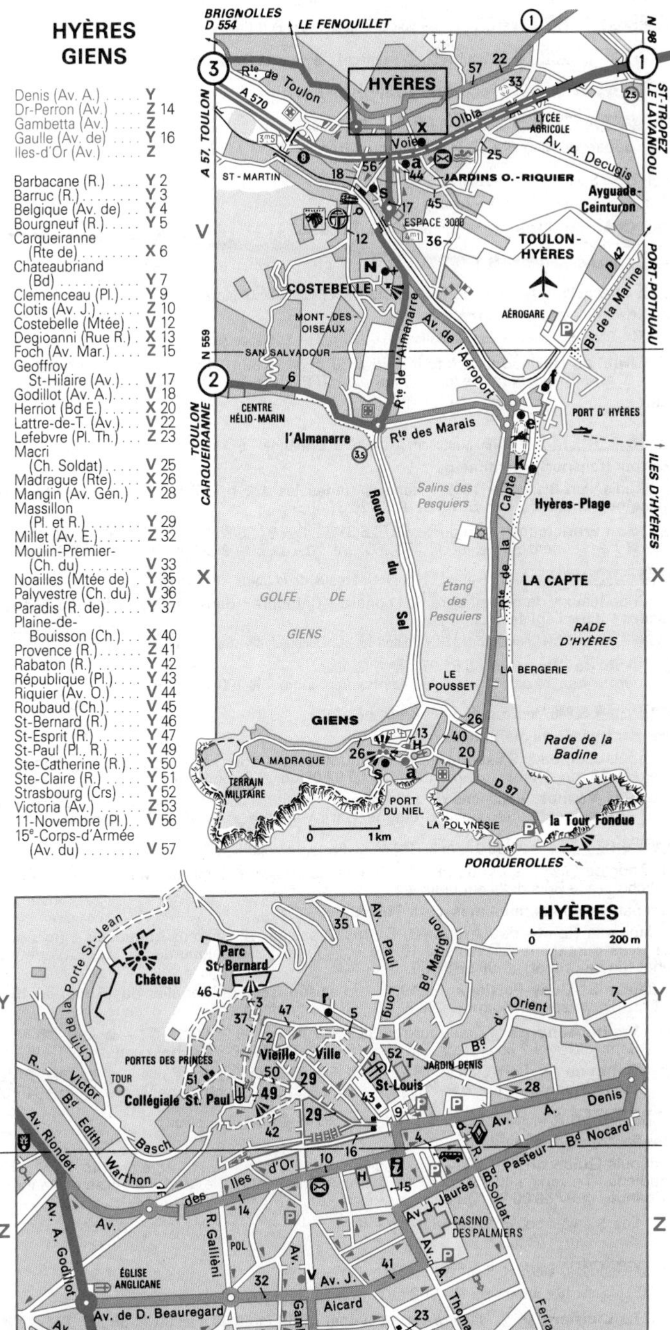

HYÈRES (Iles d') **83** Var 84 ⑯ ⑰ – voir à Porquerolles et Port-Cros.

HYÈVRE-PAROISSE **25** Doubs 66 ⑰ – rattaché à Baume-les-Dames.

IBARRON **64** Pyr.-Atl. 85 ② – rattaché à St-Pée-sur-Nivelle.

IF (Ile du Château d') **13** B.-du-R. 84 ⑬ **G. Provence.**

au départ de **Marseille** pour le château d'If★★ (✻★★★) 1 h 30.

IGÉ **71960** S.-et-L. 70 ⑪ – 729 h alt. 264.

Paris 391 – Mâcon 14 – Cluny 12 – Tournus 33.

Château d'Igé ⑤, ℘ 85 33 33 99, Fax 85 33 41 41, – TV ☎ P – 60. AE ⓓ GB. rest
1er mars-1er déc. – **R** 190/360 – 60 – **7 ch** 530/695, 6 appart. – ½ P 490/598.

ILAY **39** Jura 70 ⑮ **G. Jura** – alt. 777 – ✉ **39150** St-Laurent-en-Grandvaux.

Voir Cascades du Hérisson★★★.

Paris 434 – Champagnole 18 – Lons-le-Saunier 37 – Morez 23 – St-Claude 39.

Aub. du Hérisson, carrefour D 75-D 39 ℘ 84 25 58 18, Fax 84 25 51 11, – ☎ P. GB
1er avril-1er oct. et fermé merc. hors sais. – **R** 80/195 – 32 – **16 ch** 195/265 – ½ P 210/240.

ILE voir nom propre de l'île (sauf si nom de commune).

ILE AUX MOINES ★ **56780** Morbihan 63 ⑫ ⑬ **G. Bretagne** – 617 h.

Accès par transports maritimes.

depuis **Port-Blanc.** En 1992 : départs toutes les 1/2 h - Traversée 5 mn - 14 F (AR). Renseignements : IZENAH S.A.R.L. ℘ 97 26 31 45.

San Francisco ⑤, au port ℘ 97 26 31 52, Fax 97 26 35 59, ←, – TV ☎. AE GB
R *(fermé merc. soir et jeudi)* 120/260, enf. 70 – 50 – **8 ch** 410/495 – ½ P 330/370.

L'ILE BOUCHARD **37220** I.-et-L. 68 ④ **G. Châteaux de la Loire** – 1 800 h alt. 40.

Voir Chapiteaux★ dans le prieuré St-Léonard – Cathèdre★ dans l'église St-Maurice – Tavant : fresques★ dans l'église O : 3 km.

Paris 284 – ♦Tours 51 – Châteauroux 120 – Chinon 16 – Châtellerault 49 – Saumur 42.

XX **Aub. de l'Ile,** ℘ 47 58 51 07, – AE GB
fermé 4 au 24 oct., 7 au 20 fév., dim. soir et lundi – **R** 160/260, enf. 50.

ILE-D'ARZ **56840** Morbihan 63 ⑬ **G. Bretagne** – 256 h.

Accès par transports maritimes.

depuis **Conleau.** Saison, 14 services quotidiens ; hors saison, 11 services quotidiens - Traversée 15 mn – Renseignements ℘ 97 66 92 06 ou ℘ 97 66 94 98.

depuis **Vannes.** Vacances de printemps-fin sept., 2 à 4 services quotidiens - Traversée 30 mn - Renseignements : Navix Bretagne, Gare Maritime ℘ 97 46 60 00 (Vannes).

ILE-DE-BRÉHAT ★ **22870** C.-d'Armor 59 ② **G. Bretagne** – 461 h alt. 52.

Voir Tour de l'île★★ en vedette 1 h – Phare du Paon★ – Croix de Maudez ←★ – Chapelle St-Michel ←★ – Bois de la citadelle ←★.

Accès par transports maritimes, pour **Port-Clos.**

depuis la **Pointe de l'Arcouest.** En 1992 : saison, 12 services quotidiens ; hors saison, 5 services quotidiens - Traversée 10 mn – 34 F (AR). Renseignements : G.I.E. Vedettes de Bréhat (Ile de Bréhat) ℘ 96 55 86 99.

depuis **St-Quay-Portieux.** En 1992 : en saison, service irrégulier du 15 juin au 15 septembre - Traversée 1 h 45 mn – 160 F (AR). Renseignements : Voir ci-dessus.

Vieille Auberge ⑤, au bourg ℘ 96 20 00 24, Fax 96 20 05 12, – ☎. GB. ch
hôtel : 10 avril-2 nov. ; rest. : 10 avril-15 oct. – **R** 90/250 – **15 ch** (½ pens. seul.) – ½ P 400.

Bellevue ⑤, Port-Clos ℘ 96 20 00 05, Fax 96 20 06 06, ←, , – ☎. GB. rest
fermé 5 janv. au 9 fév. – **R** 110/170, enf. 60 – 38 – **18 ch** (½ pens. seul.) – ½ P 345/395.

ILE D'HOUAT **56** Morbihan 63 ⑫ **G. Bretagne** – 390 h – ✉ **56170** Quiberon.

Accès par transports maritimes.

depuis **Quiberon.** En 1992 : en saison, 2 services quotidiens ; hors saison, 4 à 6 services quotidiens - Traversée 40 mn – 78 F (AR). Renseignements : Cie Morbihannaise et Nantaise de Navigation, ℘ 97 50 06 90 (Quiberon).

X **Iles** ⑤ avec ch, ℘ 97 30 68 02, ← – ☎
saisonnier – **7 ch.**

ILLHAEUSERN **68970** H.-Rhin 62 ⑲ – 578 h alt. 176.

Paris 445 – Colmar 16 – Artzenheim 14 – St-Dié 53 – Sélestat 12 – ♦Strasbourg 60.

La Clairière M ⑤ sans rest, rte Guémar ℘ 89 71 80 80, Fax 89 71 86 22, , – TV ☎ P. GB
fermé janv. et fév. – 60 – **26 ch** 420/1150.

XXXXX ✿✿✿ **Aub. de l'Ill** (Haeberlin), ✆ 89 71 83 23, Télex 871289, Fax 89 71 82 83, « Élégante installation au bord de l'Ill, ≤ jardins fleuris » – ▤. AE ◑ GB
fermé fév., lundi (sauf le midi en été) et mardi – **R** (prévenir) **460** (déj.)/660 et carte 450 à 600
Spéc. Salade de tripes aux fèves et au foie d'oie. Ragoût de homard et tête de veau à l'orge perlé. Grande assiette d'oie "non grasse" sous toutes ses façons. **Vins** Sylvaner, Riesling.

H. des Berges M ⛐, ✆ 89 71 87 87, Télex 871289, Fax 89 71 87 88, ≤, « Reconstitution d'un séchoir à tabac du Ried », ⛱ – |‡| ▤ ch TV ☎ ♿ ⛟. AE ◑ GB
fermé fév. et mardi – **R** voir rest. **Aub. de l'Ill** – ☕ 90 – **11 ch** 1250/2000.

ILLIERS-L'ÉVÊQUE **27770** Eure 60 ⑦ – 734 h alt. 133.
Paris 87 – Dreux 14 – Évreux 27 – Nonancourt 9,5 – Verneuil-sur-Avre 30 – Vernon 40.

⛱ **Aub. de la Lisière Normande,** ✆ 37 48 11 05, ⛱
➜ **R** *(fermé dim. soir et lundi)* **68**/160, enf. 50 – ☕ 25 – **10 ch** 200/240 – ½ P 230/290.

ILLKIRCH-GRAFFENSTADEN **67** B.-Rhin 62 ⑩ – rattaché à Strasbourg.

IMSTHAL (Étang d') **67** B.-Rhin 57 ⑰ ⑱ – rattaché à La Petite-Pierre.

INGERSHEIM **68** H.-Rhin 87 ⑰ – rattaché à Colmar.

INGRANDES **49123** M.-et-L. 63 ⑲ **G. Châteaux de la Loire** – 1 410 h alt. 19.
Voir S : Route★ de Montjean-sur-Loire à St-Florent-le-Vieil (D 210).
Paris 326 – Angers 32 – Ancenis 21 – Châteaubriant 56 – Château-Gontier 57 – Cholet 48.

⌂ **Lion d'Or,** r. Pont ✆ 41 39 20 08 – TV ☎ P. AE GB
➜ *fermé 1er au 7 mars, dim. soir et lundi d'oct. à Pâques* – **R** **65**/180 ♁, enf. 48 – ☕ 30 – **16 ch** 160/260 – ½ P 191/237.

INNENHEIM **67880** B.-Rhin 62 ⑨ – 840 h alt. 150.
Paris 488 – ♦Strasbourg 20 – Molsheim 11 – Obernai 9,5 – Sélestat 31.

⌂⌂ **Au Cep de Vigne,** N 422 ✆ 88 95 75 45, Fax 88 95 79 73, ⛱ – |‡| TV ☎ ♿ P – ⛺ 100. GB
fermé 15 au 28 fév. – **R** 95/220 ♁ – ☕ 35 – **40 ch** 180/450 – ½ P 200/300.

INOR **55700** Meuse 56 ⑩ – 183 h alt. 175.
Paris 249 – Charleville-Mézières 50 – Carignan 13 – Longwy 61 – Sedan 27 – Verdun 52.

⌂ **Faisan Doré** ⛐, ✆ 29 80 35 45, ⛱, ⛱, ⛱ – ⛌ ch ☎ P. AE ◑ GB. ⛌ ch
➜ **R** **65**/200 ♁ – ☕ 25 – **13 ch** 200/250 – ½ P 200/250.

L'ISERAN (Col de) **73** Savoie 74 ⑲ **G. Alpes du Nord** – alt. 2 770 – ✉ **73150** Val d'Isère.
Voir ≤★ – Belvédère de la Tarentaise ✻★★ NO : 3,5 km puis 15 mn – Belvédère de la Maurienne ≤★ S : 3,5 km.

ISIGNY-SUR-MER **14230** Calvados 54 ⑬ **G. Normandie Cotentin** – 3 018 h alt. 5.
Paris 300 – Cherbourg 61 – St-Lô 29 – Bayeux 32 – ♦Caen 62 – Carentan 11.

⌂ **France,** 17 r. E. Demagny ✆ 31 22 00 33, Fax 31 22 79 19 – TV ☎ P – ⛺ 25. GB
➜ *fermé 8 déc. au 10 janv., vend. soir et sam. hors sais. sauf fériés* – **Repas** **60**/160, enf. 40 – ☕ 32 – **19 ch** 140/260 – ½ P 200/300.

PEUGEOT Etasse ✆ 31 22 02 52 N
RENAULT Isigny Gar. ✆ 31 22 02 33 N

L'ISLE-ADAM **95290** Val-d'Oise 55 ⑳ **G. Ile de France** – 9 979 h alt. 27.
Voir Chaire★ de l'église St-Martin.
Paris 36 – Beauvais 43 – Chantilly 24 – Compiègne 66 – Pontoise 14 – Taverny 14.

XX **Gai Rivage,** 11 r. Conti ✆ (1) 34 69 01 09, Fax 34 69 30 37, ⛱ – GB
fermé 20 sept. au 4 oct., 14 au 28 fév., dim. soir et lundi – **R** carte 205 à 330, enf. 80.

X **Le Relais Fleuri,** 61 bis r. St-Lazare **(r)** ✆ 34 69 01 85, ⛱ – GB JCB
fermé lundi soir et mardi – **R** 120/180.

CITROEN Crocqfer, 6 Grande-Rue ✆ (1) 34 69 00 01
PEUGEOT-TALBOT Ets Petillon, 12 r. de Beaumont ✆ (1) 34 69 01 13
RENAULT Gar. de l'Ile de France, 60 av. de Paris ✆ (1) 34 69 05 66

L'ISLE-D'ABEAU **38** Isère 74 ⑬ – rattaché à Bourgoin-Jallieu.

L'ISLE-DE-NOÉ **32300** Gers 82 ④ – 490 h alt. 137.
Paris 775 – Auch 21 – Condom 44 – Tarbes 59.

X **Aub. de Gascogne,** ✆ 62 64 17 05 – GB. ⛌
fermé 3 au 12 juil., vacances de Noël, de fév., mardi soir et merc. – **R** 100/280 ♁, enf. 35.

L'ISLE-JOURDAIN 32600 Gers 82 ⑥ ⑦ – 5 029 h alt. 150.

Las Martines ✆ 62 07 27 12, N : 4,5 km.

Paris 703 – Auch 43 – ◆Toulouse 36 – Montauban 57.

Host. du Lac, O : 1 km sur N 124 ✆ 62 07 03 91, Fax 62 07 04 37, ≤, – ☎ – 30. GB
fermé vacances de fév. – **R** 57 bc/220 – 30 – **28 ch** 185/225 – ½ P 270/310.

à Pujaudran E : 8 km par N 124 – ✉ 32600 :

XX **Frachengues,** Les Graves, E : 3 km ✆ 62 07 40 63, Fax 62 07 42 16 – . GB JCB
fermé 16 au 31 août, 1er au 21 fév., dim. soir et lundi – **R** 100/250, enf. 60.

XX **Puits St-Jacques,** au village ✆ 62 07 41 11 – AE GB
fermé 1er au 10 août, 1er au 15 fév., sam. midi et lundi – **Repas** 95/240, enf. 75.

CITROEN Gar. de l'Esplanade ✆ 62 07 02 57
PEUGEOT-TALBOT Rigal ✆ 62 07 03 16 N ✆ 62 07 05 58
RENAULT Gar. Gascogne-Sce ✆ 62 07 13 07 N
Rivière, ✆ 62 07 08 46

L'ISLE-JOURDAIN 86150 Vienne 72 ⑤ G. Poitou Vendée Charentes – 1 269 h alt. 142.

Syndicat d'Initiative (juil.-août après-midi seul.) ✆ 49 48 80 36 et à la Mairie ✆ 49 48 70 54.

Paris 386 – Poitiers 52 – Confolens 28 – Niort 100.

au Port de Salles S : 5 km par D 8 et VO :

XX **Aub. La Grimolée,** ✆ 49 48 75 22, « Jardin au bord de la Vienne » – GB
fermé 24 sept. au 7 oct., 7 fév. au 2 mars, lundi soir hors sais., mardi soir et merc. – **R** 98/220, enf. 40.

CITROEN Gar. Foussier, ✆ 49 48 88 24
PEUGEOT-TALBOT Rigaud, ✆ 49 48 70 37 N
RENAULT Perrin, ✆ 49 48 70 22 N

L'ISLE-SUR-LA-SORGUE 84800 Vaucluse 81 ⑫ ⑬ G. Provence (plan) – 15 564 h alt. 59.

Voir Décoration intérieure★ de l'église – Église★ du Thor O : 5 km.

Provence Country Club ✆ 90 20 20 65, E : 4 km sur D 25.

Office de Tourisme pl. Église ✆ 90 38 04 78.

Paris 698 – Avignon 26 – Apt 32 – Carpentras 17 – Cavaillon 9,5 – Orange 41.

Araxe H. M sans rest, E : 1,5 km sur N 100 (rte d'Apt) ✆ 90 38 40 00, Fax 90 20 84 74, – cuisinette ☎ – 50. AE GB
45 – **51 ch** 260/500, 3 duplex.

Les Névons sans rest, ✆ 90 20 72 00, Fax 90 38 31 20, – ☎ . GB.
fermé mi-déc. à mi-janv. – 40 – **26 ch** 250/360.

Acticentre M sans rest, Cours de la Pyramide ✆ 90 20 81 81, Fax 90 38 40 30 – ☎ – 80. AE GB
35 – **40 ch** 240/340.

au Nord : 6 km sur D 938 – ✉ 84740 Velleron :

Host. La Grangette , ✆ 90 20 00 77, Fax 90 20 07 06, ≤, , parc, – ☎ . AE GB
fermé 12 nov. au 20 déc. – **R** 160/400 – 65 – **16 ch** 400/750 – ½ P 600/700.

à l'Est : 4 km sur D 25 (rte Fontaine-de-Vaucluse) – ✉ 84800 L'Isle-sur-la-Sorgue :

XX **Rascasse d'Argent,** ✆ 90 20 33 52 – . AE GB
fermé mi-janv. à mi-fév. et lundi sauf fériés – **R** poissons – 90/200.

au SE : 6 km par N 100 – ✉ 84800 L'Isle-sur-la-Sorgue :

Mas des Grès, ✆ 90 20 32 85, Fax 90 20 21 45, – ☎ . GB.
1er mars-31 oct. – **R** (résidents seul.) – 50 – **12 ch** 300/550 – ½ P 325/450.

au SO : 2 km par rte Caumont – ✉ 84800 L'Isle-sur-la-Sorgue :

XXX **Mas de Cure Bourse** avec ch, ✆ 90 38 16 58, Fax 90 38 52 31, « Dans un parc au milieu des vergers, » – ☎ – 50. GB
R 174/268 – 45 – **13 ch** 350/520 – ½ P 410/480.

CITROEN Roquebrune, rte d'Apt ✆ 90 38 18 48 N
FORD Germain, rte d'Avignon ZI ✆ 90 38 46 46 N ✆ 90 04 89 98
PEUGEOT Gar. Manni, 7 quai Charité ✆ 90 38 00 97
RENAULT Automobile Cavaillonnaise, rte de Pernes-les-Fontaines ✆ 90 38 00 41 N ✆ 05 05 15 15
Magnan-Pneus, ZI, rte du Thor ✆ 90 38 00 89

L'ISLE-SUR-SEREIN 89440 Yonne 65 ⑥ – 533 h alt. 196.

Paris 212 – Auxerre 49 – Avallon 15 – Montbard 30 – Tonnerre 38.

X **Pot d'Étain** avec ch, ✆ 86 33 88 10 – rest. GB. ch
fermé 8 au 14 oct., 25 janv. au 28 fév., dim. soir et lundi sauf juil.-août – **R** 94/286, enf. 55 – 32 – **4 ch** 200/300 – ½ P 260.

PEUGEOT-TALBOT Gar. Gentil ✆ 86 33 84 14
RENAULT Gar. Cervo ✆ 86 33 84 87

ISOLA 2000 **06420** Alpes-Mar. 81 ⑩ 115 ⑤ **G. Alpes du Sud** – 576 h alt. 2 000 – Sports d'hiver : 1 800/2 610 m 1 22.

Voir Vallon de Chastillon★ O.

Office de Tourisme (saison) 93 23 15 15, Télex 461644.

Paris 816 – Barcelonnette 74 – ♦Nice 75 – St-Martin-Vésubie 42.

Diva M, 93 23 17 71, Télex 460322, Fax 93 23 12 14, ≤ montagnes, – ch AE GB
26 juin-5 sept. et 20 déc.-2 mai – **R** 250, enf. 100 – **23 ch** 1950/2250, 5 appart. – ½ P 1325/2650.

Le Chastillon M, 93 23 10 60, Télex 970507, Fax 93 23 17 66, ≤, – – 40 à 150. AE GB
20 déc.-30 avril – **R** 150 – **54 ch** 1230/1840 – ½ P 815.

ISPAGNAC **48320** Lozère 80 ⑥ **G. Gorges du Tarn** – 630 h alt. 518.

Paris 624 – Mende 27 – Florac 9,5 – Millau 73.

à Molines O : 1,5 km sur D 907B – ✉ **48320** Ispagnac :

Le Lys, 66 44 23 56
mi-avril-30 sept. – **R** (nombre de couverts limité, prévenir) 82/180.

ISPE 40 Landes 78 ⑬ – rattaché à Biscarrosse.

Les ISSAMBRES **83380** Var 84 ⑱ **G. Côte d'Azur.**

Paris 882 – Fréjus 10 – Draguignan 37 – St-Raphaël 12 – Ste-Maxime 10 – Toulon 100.

à San-Peire-sur-Mer – ✉ **83380** Les Issambres :

Provençal, N 98 94 96 90 49, Fax 94 49 62 48, ≤, – . GB
avril-oct. – **R** *(fermé lundi sauf le soir en sais.)* 165/230 – 36 – **28 ch** 400/450 – ½ P 400/444.

au parc des Issambres – ✉ **83380** Les Issambres :

La Quiétude, N 98 94 96 94 34, Fax 94 49 67 82, ≤, , , – . GB
22 fév.-15 oct. – **R** 132/165, enf. 50 – 33 – **20 ch** 268/313 – ½ P 302/312.

Villa-St-Elme avec ch, N 98 94 49 52 52, Fax 94 49 63 18, ≤, , , , – . AE GB. ch
fermé 2 janv. au 1er avril – **R** *(fermé merc. d'oct. à déc.)* 250/480 – 85 – **9 ch** 450/1500, 3 appart. – ½ P 645/1070.

à la calanque des Issambres – ✉ **83380** Les Issambres :

Chante-Mer, au village 94 96 93 23, – . GB
fermé 15 déc. au 31 janv., dim. soir de sept. à juin et lundi sauf le soir en juil.-août – **Repas** 110/200.

à la pointe de la Calle – ✉ **83380** Les Issambres :

Le St-Pierre, N 98 94 96 89 67, ≤ baie de St-Raphaël, – . AE GB
fermé janv., mardi (sauf le soir en juil.-août) et dim. soir de sept. à juin – **R** produits de la mer – 210/300.

ISSIGEAC **24560** Dordogne 75 ⑮ **G. Périgord Quercy** – 638 h alt. 100.

Syndicat d'Initiative pl. 8 Mai (15 juin-15 sept.) 53 58 79 62 et à la Mairie (hors saison) 53 58 70 32.

Paris 563 – Périgueux 66 – Bergerac 19 – ♦Bordeaux 104 – Cahors 88 – Villeneuve-sur-Lot 44.

La Brucelière, 53 58 72 28, , – . GB
fermé nov., fév., dim. soir et lundi sauf juil.-août – **R** 100/160 – 35 – **7 ch** 200/500 – ½ P 190/250.

ISSOIRE **63500** P.-de-D. 73 ⑭ ⑮ **G. Auvergne** – 13 559 h alt. 386.

Voir Anc. abbatiale St-Austremoine★★ : chevet★★ Z.

Env. Puy d'Yssou ★ SO : 10 km par D 32.

Office de Tourisme à l'Hôtel de Ville 73 89 03 54 et pl. Gén.-de-Gaulle (15 juin-15 sept.) 73 89 15 90.

Paris 456 ① – ♦Clermont-Ferrand 38 ① – Aurillac 122 ③ – ♦Lyon 187 ① – Millau 201 ③ – Le Puy-en-Velay 95 ③ – Rodez 180 ③ – ♦St-Étienne 162 ① – Thiers 57 ① – Tulle 172 ①.

Plan page suivante

Le Pariou M, 18 av. Kennedy 73 89 22 11, Fax 73 89 65 67 – – 60. GB Y **e**
fermé 17 au 30 janv., 14 au 27 fév. et sam. midi – **R** 94/238 – 39 – **33 ch** 310/378.

Grilotel M, Z.A.C. des Prés (ctre comm. Continent) NE : 1,5 km par D 716 ou D 9 73 89 60 76, Fax 73 89 41 83, – . AE GB JCB
R 68/130 , enf. 45 – 32 – **35 ch** 250.

Floride sans rest, rte Solignat S : 1 km par D 32 73 89 04 25 – . GB
fermé 15 déc. au 15 janv. – 26 – **19 ch** 180/190.

Tourisme sans rest, 13 av. Gare 73 89 23 68, Fax 73 89 65 28 – . AE GB YZ **n**
fermé 1er au 15 oct. – 25 – **13 ch** 130/280.

ISSOIRE

Berbiziale (R.)	Y	
Châteaudun (R. de)	Z	5
Gambetta (R.)	Z	6
Pont (R. du)	Z	14
Ponteil (R. du)	Y	16
République (Pl. de la)	Z	
Altaroche (Pl.)	Z	2
Ambert (R. d')	Y	
Ancienne-Caserne (R. de l')	Z	3
Buisson (Bd A.)	Y	
Cerf-Volant (R. du)	Y	4
Cibrand (Bd J.)	Y	
Dr Sauvat (R.)	Z	
Duprat (Pl. Ch.)	Y	
Espagnon (R. d')	Z	
Foirail (Pl. du)	Y	
Fours (R. des)	Z	
Gare (Av. de la)	Z	10
Gaulle (Pl. du Gén.)	Y	
Gaultier (R. E.)	Y	
Haïnl (Bd)	Z	
Hauterive (R. E. d')	Z	
Manlière (Bd de la)	Z	
Mas (R. du)	Y	
Montagne (Pl. de la)	Y	
Notre-Dame-des-Filles (R.)	Z	12
Palais (R. du)	Y	
Pomel (Pl. N.)	Z	13
St-Avit (Pl.)	Y	22
Sous-Préfecture (Bd de la)	Z	
Terraille (R. de la)	Z	24
Triozon-Bayle (Bd)	YZ	25
Verdun (Pl. de)	Z	26

Une réservation confirmée par écrit est toujours plus sûre.

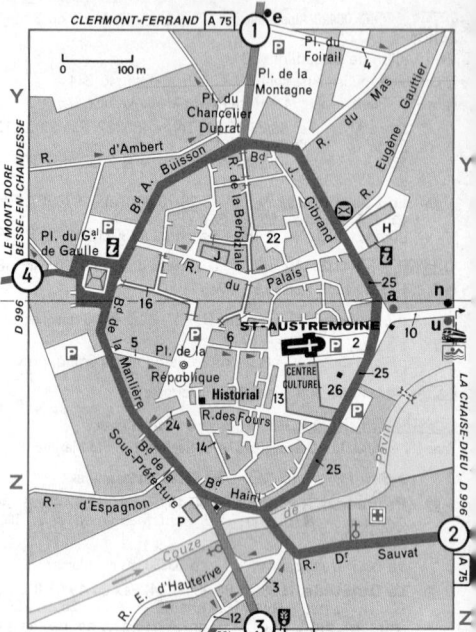

✗ **Le Relais** avec ch, 1 av. Gare ☏ 73 89 16 61, Fax 73 89 55 62 – AE GB. ✻ rest — YZ **a**
fermé 15 au 31 oct., dim. soir et lundi hors sais – **R** 55/150 ♁ – ☕ 22 – **6 ch** 140/170 – ½ P 155/175.

✗ **Le Parc** avec ch, 2 av. Gare ☏ 73 89 23 85, Fax 73 89 44 76, – TV ☎. AE GB — Z **u**
R *(fermé sam. midi)* 98/220 – ☕ 38 – **7 ch** 150/270.

à Parentignat par ② : 4 km – ✉ **63500** :

Tourette , ☏ 73 55 01 78, Fax 73 89 65 62, – TV ☎ P. GB. ✻ ch
fermé vacances de nov., de Noël, de fév., vend. soir et sam. du 15 sept. au 30 juin – **R** 74/192 ♁ – ☕ 30 – **36 ch** 174/275 – ½ P 215/240.

à Sarpoil par ② et D 999 : 10 km – ✉ **63490** St-Jean-en-Val :

✗✗ **La Bergerie,** ☏ 73 71 02 54 – P. GB
fermé 2 au 31 janv., dim. soir et lundi – **Repas** (nombre de couverts limite, prévenir) 110/300, enf. 60.

au Broc par ③ : 5 km – ✉ **63500** :

✗ **Host. les Vigneaux** avec ch, N 9 ☏ 73 89 10 90, ← – ☎ P. GB
R 76/195, enf. 50 – ☕ 22 – **8 ch** 145/155 – ½ P 220.

à Perrier par ④ : 5 km – ✉ **63500** :

✗✗ **La Cour Carrée,** ☏ 73 55 15 55, – P. GB
fermé 20 sept. au 9 oct., 20 au 27 déc. et sam. sauf fériés – **R** (déj. seul.) 75/260 ♁, enf. 50.

PEUGEOT-TALBOT Gar. Morette, 66 av. Kennedy par ① ☏ 73 55 02 44
RENAULT Granval, rte de Clermont par ① ☏ 73 89 22 56 N ☏ 73 55 41 48
V.A.G Issoire-Autos, rte de St-Germain-Lembron ☏ 73 89 23 08

Euromaster Estager Pneu, 63 bd Kennedy ☏ 73 89 18 83

ISSONCOURT 55 Meuse 56 ⑳ – 119 h alt. 276 – ✉ **55220** Souilly.

Paris 264 – Bar-le-Duc 24 – St-Mihiel 29 – Verdun 28.

✗✗ **Relais de la Voie Sacrée** avec ch, N 35 ☏ 29 70 70 46, Fax 29 70 75 75, , – ☎ P. GB
fermé 17 janv. au 2 mars, dim. soir du 1er nov. à Pâques et lundi – **R** 80/250 ♁, enf. 50 – ☕ 32 – **7 ch** 190/230 – ½ P 280/320.

ISSOUDUN 36100 Indre 68 ⑨ G. Berry Limousin – 13 859 h alt. 129.

Voir Musée St-Roch : arbre de Jessé★ dans la chapelle et apothicairerie★ AB **M.**

Office de Tourisme pl. St-Cyr ☎ 54 21 74 57.

Paris 245 ① – Bourges 35 ② – Châteauroux 29 ⑤ – ◆Tours 127 ① – Vierzon 33 ①.

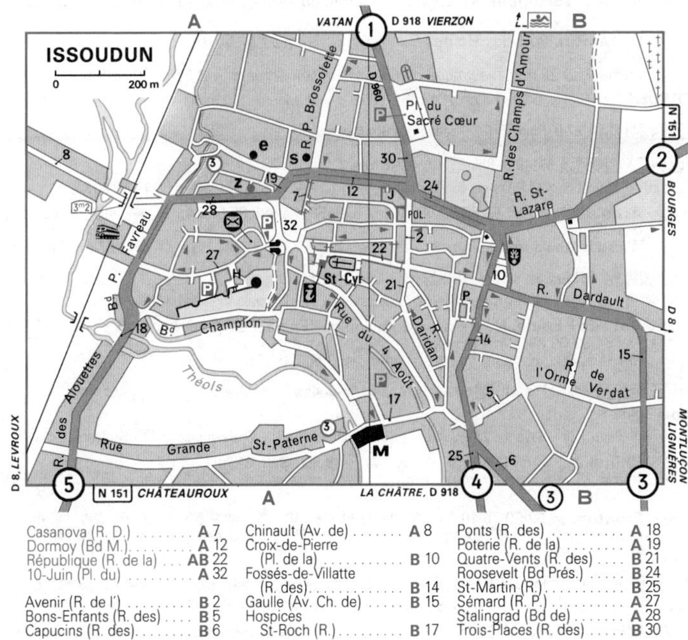

H. La Cognette M, r. Minimes ☎ 54 21 21 83, Fax 54 03 13 03, – TV ☎ ♿. AE ⓓ GB — A e
fermé 3 au 24 janv. – **R** voir rest. **La Cognette** ci-après – ☐ 50 – **11 ch** 330/580, 3 appart. – ½ P 375/600.

France et rest. Les Trois Rois, 3 r. P. Brossolette ☎ 54 21 00 65, Fax 54 21 50 61 – TV ☎ P. AE ⓓ GB — A s
R 85/275, enf. 50 – ☐ 34 – **24 ch** 170/250 – ½ P 250/280.

XXX ✿ **Rest. La Cognette** -Hôtel La Cognette- (Nonnet), **bd Stalingrad** ☎ 54 21 21 83, Fax 54 03 13 03 – ▤. AE ⓓ GB — A z
fermé 3 au 24 janv., dim. soir et lundi du 15 sept. au 15 juin – **R** (prévenir) 200 bc/450 et carte 280 à 400
Spéc. Crème de lentilles aux truffes. Croquants de langoustines. Poulet farci aux escargots. **Vins** Bourgueil, Montlouis.

à Diou par ① : 12 km sur D 918 – ✉ **36260** :

XX **L'Aubergeade,** rte Issoudun ☎ 54 49 22 28, – P. GB
fermé 24 janv. au 5 fév., merc. soir et dim. soir – **R** 95/190.

PEUGEOT-TALBOT Gar. Lamy, rte de Châteauroux à St-Aoustrille par ⑤ ☎ 54 21 03 24

Euromaster Perry Pneu Service, rte de Bourges N 151 ☎ 54 21 02 68
Giraud, 38 av. Chinault ☎ 54 21 27 33

ISSY-LES-MOULINEAUX 92 Hauts-de-Seine 60 ⑩, 101 ㉔ – voir à Paris, Environs.

ISTRES 13800 B.-du-R. 84 ① G. Provence – 35 163 h alt. 8.

Office de Tourisme 30 allées J.-Jaurès ☎ 42 55 51 15.

Paris 746 – ◆Marseille 53 – Arles 40 – Martigues 15 – St-Rémy-de-P. 38 – Salon-de-Provence 23.

Mirage, av. Anciens Combattants ☎ 42 56 02 26, Fax 42 55 11 01, – TV ☎ P – 40. AE GB
R *(fermé lundi)* 100/140 – ☐ 35 – **25 ch** 330/420 – ½ P 365/535.

Le Castellan sans rest, pl. Ste-Catherine ✆ 42 55 13 09 – TV ☎ P. GB. ✻
☕ 28 – **17 ch** 225/250.

Peyreguet sans rest, bd J.J. Prat ✆ 42 55 04 52, Fax 42 55 66 41 – TV ☎ P. AE GB
☕ 25 – **25 ch** 140/180.

Aystria-Tartugues ⛰, sans rest, chemin de Tartugues ✆ 42 56 44 55 – ☎ P. GB. ✻
☕ 25 – **10 ch** 215/240.

XX **St-Martin,** Port des Heures Claires, SE : 3 km ✆ 42 56 07 12, Fax 42 56 04 59, ≤, 🏠 – ▤. GB. ✻
fermé 2 au 22 nov., vacances de fév., mardi soir et merc. – **R** 160/220, enf. 85.

CITROEN Gar. Clavel, bd J.-J.-Prat ✆ 42 55 00 65 — Ⓜ Morcel, 12 chemin de Tivoli ✆ 42 56 34 46

ITTENHEIM 67 B.-Rhin 62 ⑨ – rattaché à Strasbourg.

ITTERSWILLER 67140 B.-Rhin 62 ⑨ – 248 h alt. 250.

Paris 503 – ♦Strasbourg 41 – Erstein 23 – Mittelbergheim 4,5 – Molsheim 27 – Sélestat 14 – Villé 13.

Arnold M ⛰, ✆ 88 85 50 58, Télex 870550, Fax 88 85 55 54, ≤, 🌳 – TV ☎ P – 🏛 40. GB. ✻ ch
Winstub Arnold *(fermé dim. soir et lundi)* **R** 150/385 🍷, enf. 85 – ☕ 48 – **27 ch** 440/695.

ITTEVILLE 91760 Essonne 61 ① 106 ㊸ – 4 685 h alt. 60.

Paris 44 – Fontainebleau 40 – Arpajon 13 – Corbeil-Essonnes 20 – Étampes 19 – Melun 28.

XX **Aub. de l'Épine,** N : 3 km, au domaine de l'Épine (29 r. Gén.-Leclerc) ✆ (1) 64 93 10 75, Fax 64 93 09 89, 🌳 – P. GB
fermé août, lundi soir, mardi soir et merc. – **R** 155/205, enf. 130.

ITXASSOU 64250 Pyr.-Atl. 85 ③ G. Pyrénées Aquitaine – 1 563 h alt. 39.

Voir Église★.

Paris 795 – Biarritz 26 – Bayonne 23 – Cambo-les-Bains 6,5 – Pau 121 – St-Jean-de-Luz 33 – St-Jean-Pied-de-Port 32.

Chêne ⛰, ✆ 59 29 75 01, ≤, 🏠, 🌳 – ☎ P. GB. ✻ rest
fermé 1er janv. au 1er mars, lundi et mardi hors sais. – **R** 65/190, enf. 45 – ☕ 25 – **16 ch** 160/210 – ½ P 225.

Fronton, ✆ 59 29 75 10, Fax 59 29 23 50, ≤, 🏠, 🏊, 🌳 – TV ☎ P. ⓓ GB. ✻ ch
fermé 1er janv. au 15 fév. et merc. hors sais. – **R** 110/208, enf. 40 – ☕ 25 – **14 ch** 212/295 – ½ P 250/280.

IVRY-LA-BATAILLE 27540 Eure 55 ⑰ 106 ⑬ G. Normandie Vallée de la Seine – 2 563 h alt. 64.

Paris 76 – Anet 5,5 – Dreux 21 – Évreux 30 – Mantes-la-Jolie 24 – Pacy-sur-Eure 17.

XXX **Moulin d'Ivry,** ✆ 32 36 40 51, ≤, 🏠, « Jardin et terrasse au bord de l'Eure » – P. AE GB
fermé 1er au 8 oct., fév., dim. soir et lundi sauf fériés – **R** 160/300.

XX **Gd St-Martin,** ✆ 32 36 41 39 – GB
fermé 23 au 30 août, janv., dim. soir et lundi – **R** 120/250, enf. 75.

IVRY-SUR-SEINE 94 Val-de-Marne 61 ①, 101 ㉖ – voir à Paris, Environs.

IZERNORE 01580 Ain 74 ④ – 1 170 h alt. 470.

Paris 480 – Bourg-en-Bresse 41 – ♦Lyon 93 – Nantua 9 – Oyonnax 11,5.

Michaillard, ✆ 74 76 96 46 – ☎ 🚗 P. ✻ ch
fermé 1er au 21 sept. et lundi soir – **R** 60/150 🍷, enf. 40 – ☕ 28 – **12 ch** 110/250 – ½ P 150/200.

IZIER 21 Côte-d'Or 66 ⑫ – rattaché à Genlis.

IZOARD (Col d') 05 H.-Alpes 77 ⑱ G. Alpes du Sud – alt. 2 360.

Voir Belvédères ✻★★ 15 mn – Casse Déserte★★ S : 2 km.

Paris 707 – Briançon 21.

JALLAIS 49510 M.-et-L. 67 ⑥ – 3 207 h alt. 84.

Paris 339 – Angers 47 – Ancenis 36 – Cholet 17 – ♦Nantes 63 – Saumur 68.

Vert Galant, r. J. de Saymond ✆ 41 64 20 22, Fax 41 64 15 17 – ☎ – 🏛 25. AE ⓓ GB
R *(fermé vend. soir d'oct. à Pâques)* 70/190 🍷, enf. 50 – ☕ 30 – **20 ch** 180/280 – ½ P 240/300.

La JALOUSIE 14 Calvados 55 ⑫ – rattaché à Caen.

JANZÉ 35150 I.-et-V. 63 ⑦ – 4 500 h alt. 85.

Paris 336 – ♦Rennes 25 – Châteaubriant 32 – Laval 63 – Redon 64 – Vitré 31.

X **Lion d'Or** avec ch, r. A. Briand ✆ 99 47 03 21 – TV ☎. ⓓ GB
fermé 29 août au 14 sept., vacances de fév., dim. soir et lundi – **R** 65/150 🍷, enf. 45 – ☕ 20 – **8 ch** 100/250.

JARNAC 16200 Charente 72 ⑫ **G. Poitou Vendée Charentes** – 4 786 h alt. 27.

Office de Tourisme pl. Château (fermé matin sauf 15 mai-sept.) ☏ 45 81 09 30.

Paris 455 – Angoulême 29 – Barbezieux 28 – ♦Bordeaux 110 – Cognac 15 – Jonzac 38 – Ruffec 53.

Château, pl. Château ☏ 45 81 07 17, Fax 45 35 35 71 – GB
fermé août, vacances de fév., sam. midi, dim. soir et lundi – **R** 140/200.

à Vibrac SE : 11 km par N 141 et D 22 – ✉ **16120** :

Ombrages, rte Angeac ☏ 45 97 32 33, – GB.
fermé vacances de nov., de Noël, 22 au 28 fév., dim. soir et lundi d'oct. à mai – **R** 65/190 – ☐ 30 – **10 ch** 250/295 – ½ P 205/235.

à Bourg-Charente O : 6 km par N 141 et VO – ✉ **16200** :

La Ribaudière, ☏ 45 81 30 54, Fax 45 81 28 05, – GB
fermé 2 au 31 janv., lundi sauf fêtes et dim. soir du 15 sept. au 15 juin – **R** 120/255, enf. 45.

PEUGEOT Gar. Forgeau ☏ 45 81 18 35

JAVRON 53 Mayenne 60 ① – 1 400 h alt. 201 – ✉ **53250** Javron-les-Chapelles.

Paris 227 – Alençon 36 – Bagnoles-de-l'Orne 20 – ♦Le Mans 66 – Mayenne 25.

La Terrasse, ☏ 43 03 41 91 – GB
fermé janv., dim. soir et lundi – **R** 89/185, enf. 70.

JERSEY (Ile de) ★★ Ile 54 ⑤ **G. Normandie Cotentin.**

Accès par transports maritimes pour **St-Hélier (réservation indispensable) - voir aussi à St-Quay-Portrieux.**

depuis **St-Malo.** (réservation obligatoire) : par car-ferry, 1 service quotidien (2 en saison) - Traversée 2 h 30 mn – Renseignements à Emeraude Lines, Gare Maritime du Naye, 35401 St-Malo Cedex, ☏ 99 40 48 40.

depuis **St-Malo.** Plusieurs services quotidiens sont assurés soit par : Catamaran (traversée : 1 h 15 mn) par Emeraude Lines (renseignements : voir ci-dessus) – Hydroglisseur (traversée : 1 h) par Condor Limited (renseignements : Morvan Fils Voyages, Gare Maritime de la Bourse, 35402 St-Malo Cedex ☏ 99 56 42 29.

depuis **Granville.** 1 service quotidien en saison (avril-oct.) par catamaran (traversée 1 h 10 mn) par Emeraude Lines (1, r. Lecampion, ☏ 33 50 16 36) et par Vedettes Armoricaines (Gare Maritime de Granville, ☏ 33 50 77 45).

depuis **St-Quay-Portieux.** 1 service quotidien (mi-avril à début oct.) par catamaran (traversée : 1 h 40 mn) est assuré par Emeraude Lines (renseignements : Gare Maritime de St-Quay, ☏ 96 70 49 46.

à **Gorey** depuis **Carteret et Portbail** – (réservation recommandée) 1 ou 2 rotations quotidiennes en saison (avril-nov.) par catamaran (traversée : 30 mn) - renseignements à Emeraude Lines, Gare Maritime de Carteret ☏ 33 52 61 39 ou Gare Maritime de Portbail ☏ 33 04 86 71.

Service aérien avec Paris Roissy I ☏ (1) 42 96 02 44 et Dinard ☏ 99 46 22 81 par Jersey European Airways, avec Cherbourg ☏ 33 22 91 32 et Dinard ☏ 99 46 70 28 par Aurigny Air Services.

Ressources hôtelières : voir Guide Rouge Michelin : **Great Britain and Ireland**

JOIGNY 89300 Yonne 65 ④ **G. Bourgogne** – 9 697 h alt. 101.

Voir Vierge au sourire★ dans l'égl. St-Thibault A **E** – Côte St-Jacques ≤★ 1,5 km par D 20 A.

Office de Tourisme quai H.-Ragobert ☏ 86 62 11 05.

Paris 147 ⑤ – Auxerre 27 ③ – Gien 75 ⑤ – Montargis 62 ⑤ – Sens 31 ⑥ – Troyes 77 ②.

Plan page suivante

✿✿✿ **A la Côte St-Jacques** (Lorain) M, 14 fg Paris ☏ 86 62 09 70, Télex 801458, Fax 86 91 49 70, ≤, « Belle décoration intérieure », – ch – 30. AE GB — A **r**
fermé 3 janv. au 3 fév. – **R** (dim. prévenir) 300 (déj.)/640 et carte 500 à 750, enf. 160 – ☐ 100 – **25 ch** 690/1650, 4 appart.
Spéc. Huîtres arcachonnaises en petite terrine océane. Bar légèrement fumé à la crème de caviar. Filet de canard rôti et endives braisées, sauce à l'infusion d'arabica. **Vins** Chablis, Irancy.

✿ **Modern'H Frères Godard,** 17 av. R. Petit ☏ 86 62 16 28, Fax 86 62 44 33, – – 30. AE GB JCB — A **e**
R 135/350 et carte 275 à 360, enf. 120 – ☐ 80 – **21 ch** 370/500
Spéc. Rouelle de morue et gâteau de mousseline au foie blond. Craquant de pigeonneau aux senteurs de citron doux. Farandole des desserts. **Vins** Bourgogne Aligoté, Coulanges-la-Vineuse.

H. Rive Gauche M, r. Port au Bois ☏ 86 91 46 66, Fax 86 91 46 93 – rest – 60. AE GB — A **s**
R 95/180 – ☐ 35 – **42 ch** 320/520 – ½ P 280/450.

à Épineau-les-Voves par ③ : 7,5 km – ✉ **89400** :

L'Orée des Champs, N 6 ☏ 86 91 20 39, – GB
fermé 30 août au 11 sept., vacances de fév., mardi soir sauf juil.-août et merc. – **R** 67/162, enf. 40.

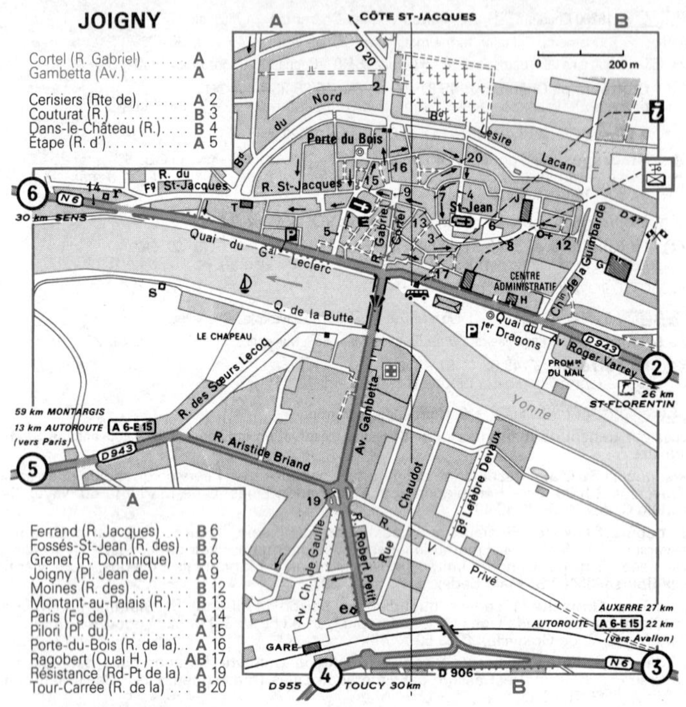

à Villecien par ⑥ : 8 km sur N 6 – ✉ **89300** :

La Grillade, ✆ 86 63 11 74, Fax 86 63 11 64, ⚘, ⛱ – TV ☎ P. AE GB
R 98/190 🍷 – ☕ 32 – **10 ch** 200/320.

CITROEN Joigny Automobiles, N 6 à Champlay par ③ ✆ 86 62 06 45
RENAULT Gar. Busset, rte d'Aillant-sur-Tholon à Senan par ④ ✆ 86 63 41 66 N
RENAULT Gar. Moutardier, à Sépeaux par ⑤ ✆ 86 73 13 25

V.A.G Autom. Fournet, 29 r. A.-Briand ✆ 86 62 09 21

Jeandot, 9 av. R.-Petit ✆ 86 62 18 84

JOINVILLE 52300 H.-Marne 62 ① G. Champagne – 4 755 h alt. 188.

Syndicat d'Initiative r. A.-Briand (juil.-août) ✆ 25 94 17 90.

Paris 239 – Bar-le-Duc 44 – Bar-sur-Aube 47 – Chaumont 43 – Neufchâteau 51 – St-Dizier 32 – Toul 72 – Troyes 94.

✻ **Soleil d'Or** (Boudvin) M, 9 r. Capucins ✆ 25 94 15 66, Fax 25 94 39 02 – ▤ TV ☎ ♿ 🚗. AE ⓓ GB
fermé mi-fév à début mars et dim. soir – **R** 95/295 et carte 240 à 360 – ☕ 45 – **18 ch** 200/420
Spéc. Savarin de sole et St-Jacques homardine. Filet d'agneau croustillant au basilic. Millefeuille nougatine aux épices.

Nord, r. C. Gillet ✆ 25 94 10 97 – TV ☎ 🚗 – 🏛 25. GB
R *(fermé 1er au 10 oct., dim. soir et lundi)* 60/135 🍷, enf. 45 – ☕ 26 – **15 ch** 140/235 – ½ P 160/225.

XX **Midi** avec ch, 12 r. A. Briand ✆ 25 94 10 95, Fax 25 94 37 13 – TV ☎ – 🏛 100. AE GB
R 52/450 🍷 – ☕ 22 – **5 ch** 180/220 – ½ P 220/240.

XX **Poste** avec ch, pl. Grève ✆ 25 94 12 63, Fax 25 94 36 23 – ☎ 🚗. AE ⓓ GB
fermé 10 janv. au 1er fév. – **R** 80/240 – ☕ 26 – **10 ch** 180/280.

à Autigny-le-Grand N : 6 km sur N 67 – ✉ **52300** :

XX **Host. Moulin de la Planchotte** avec ch, ✆ 25 94 84 39, Fax 25 94 57 04, ←, parc, 🍴 – ✈ ch TV ☎ P. AE ⓓ GB
fermé fév. et lundi midi – **R** 84/215, enf. 45 – ☕ 30 – **8 ch** 190/250.

RENAULT Roux, 25 av. de Lorraine ✆ 25 94 01 93 N

JOINVILLE-LE-PONT 94 Val-de-Marne 61 ①, 101 ㉗ – voir à Paris, Environs.

JONCY **71460** S.-et-L. 69 ⑱ – 424 h alt. 235.

Env. Mont St-Vincent ✻★★ O : 12 km, **G. Bourgogne.**

Paris 372 – Chalon-sur-Saône 34 – Mâcon 51 – Montceau-les-Mines 21 – Paray-le-Monial 45.

Commerce avec ch, ✆ 85 96 27 20, Fax 85 96 21 76, – ☎ . GB
fermé 30 sept. au 5 nov. et vend. – **R** 70/250 , enf. 53 – ☕ 32 – **9 ch** 180/280 – ½ P 190/250.

JONS **69330** Rhône 74 ⑫ – 1 001 h alt. 211.

Paris 480 – ◆Lyon 22 – Meyzieu 9 – Montluel 8 – Pont-de-Chéruy 13.

Aub. de Jons M, rte de Montluel : 1 km ✆ 78 31 29 85, Télex 301384, Fax 72 02 48 24, ≤, , , , – rest ☎ ♿ – 30. AE GB
R *(fermé vacances de fév., sam. de nov. à mars et dim. soir)* 125/285 – ☕ 40 – **26 ch** 330/370.

JONZAC **17500** Char.-Mar. 71 ⑥ **G. Poitou Vendée Charentes** – 3 998 h alt. 40 – Stat. therm. (24 fév.-28 nov.).

Office de Tourisme pl. Château ✆ 46 48 49 29.

Paris 513 – Angoulême 55 – ◆Bordeaux 84 – Cognac 35 – Libourne 83 – Royan 59 – Saintes 40.

L'Ecu M, 3 pl. Fillaudeau ✆ 46 48 50 56, Fax 46 48 43 49, – ☎ ♿ – 30. AE GB
fermé 15 janv. au 15 fév. – **R** 60/160 – ☕ 27 – **26 ch** 195/245 – ½ P 180.

Le Club sans rest, pl. Église ✆ 46 48 02 27 – ☎. GB.
fermé nov. – ☕ 25 – **10 ch** 190/260.

CITROEN Mallet ✆ 46 48 00 04
PEUGEOT-TALBOT Belot ✆ 46 48 08 77 N ✆ 46 97 36 32

Euromaster Central Pneu Service, ✆ 46 48 35 05

JOSSELIN **56120** Morbihan 63 ④ **G. Bretagne** (plan) – 2 338 h alt. 59.

Voir Château★★ – Basilique N.-D.-du-Roncier★.

Syndicat d'Initiative pl. Congrégation (juin-sept., fermé matin sauf juil.-août) ✆ 97 22 36 43.

Paris 422 – Vannes 40 – Dinan 81 – Lorient 76 – ◆Rennes 73 – St-Brieuc 77.

Château, ✆ 97 22 20 11, Fax 97 22 34 09, ≤ – ☎ . AE GB
fermé 23 au 30 déc. et 1er fév. au 1er mars – **R** 75/210 – ☕ 30 – **36 ch** 130/300 – ½ P 200/280.

France, 6 pl. Notre-Dame ✆ 97 22 23 06, Fax 97 22 35 78 – ☎ . GB
fermé janv., dim. soir et lundi hors sais. – **R** 78/120, enf. 57 – ☕ 32 – **20 ch** 250/360 – ½ P 280.

Commerce avec ch, ✆ 97 22 22 08, ≤ – ☎. GB
R 100/240, enf. 45 – ☕ 29 – **5 ch** 180/240.

CITROEN Gar. Joubard ✆ 97 22 23 04

PEUGEOT-TALBOT Gar. Chouffeur, ZI de la Rochette ✆ 97 22 22 80

JOUARRE **77** S.-et-M. 56 ⑬ – rattaché à La Ferté-sous-Jouarre.

JOUCAS **84220** Vaucluse 81 ⑬ – 258 h alt. 248.

Paris 719 – Apt 14 – Avignon 39 – Carpentras 31 – Cavaillon 20.

Mas des Herbes Blanches M , N : 2,5 km sur D 102A (rte de Murs) ✆ 90 05 79 79, Fax 90 05 71 96, ≤ le Luberon, , , – ch ☎ – 25. AE GB
fermé 3 janv. au 10 mars – **R** 270 (déj.)/395 et carte 300 à 430 – ☕ 75 – **19 ch** 875/1750 – ½ P 830/1265
Spéc. Fondant d'artichaut et foie gras à la vinaigrette de truffes. Filet de Saint-Pierre sauce vierge. Emincé de jeune pigeon à la crème de tapenade. **Vins** Côtes du Luberon, Côtes du Ventoux.

Host. le Phébus M , rte Murs ✆ 90 05 78 83, Télex 432849, Fax 90 05 73 61, ≤ le Luberon, , « Dans la garrigue », , , – ☎ ♿ . AE GB JCB
mars-nov. – **R** 145/295, enf. 60 – ☕ 70 – **17 ch** 765/915, 5 appart. – ½ P 730/1015.

Host. des Commandeurs , ✆ 90 05 78 01, Fax 90 05 74 47, ≤, , – ☎ . GB
fermé janv. et merc. midi – **R** 95/150 , enf. 50 – ☕ 32 – **14 ch** 280 – ½ P 240.

Mas du Loriot , N : 4 km par rte de Murs et VO ✆ 90 72 62 62, Fax 90 72 62 54, ≤, , – ☎ . GB
1er mars-11 nov. – **R** (dîner seul.) 170 – ☕ 65 – **5 ch** 450 – ½ P 460.

JOUÉ-LÈS-TOURS **37** I.-et-L. 64 ⑮ – rattaché à Tours.

JOUGNE **25370** Doubs 70 ⑦ **G. Jura** – 1 162 h alt. 1 010 – Sports d'hiver : voir les Hôpitaux Neufs.

Paris 487 – ◆Besançon 79 – Champagnole 46 – Lausanne 47 – Morez 53 – Pontarlier 20.

Couronne, ✆ 81 49 10 50, – ☎. GB. rest
1er mai-15 oct. et 15 déc.-1er avril – **R** 140 – ☕ 30 – **14 ch** 160/220.

à Entre-les-Fourgs SE : 4,5 km par D 423 – ✉ **25370** Les Hôpitaux-Neufs :

Les Petits Gris ⑤, ℘ 81 49 12 93, ←, 🌳 – ☎. ⓓ GB. ⚔ ch
fermé 19 sept. au 10 oct. – **R** *(fermé merc.)* 65/165 ♂, enf. 45 – ☕ 32 – **13 ch** 220/265 – ½ P 235/260.

JOUY-EN-JOSAS **78** Yvelines 60 ⑩, 101 ㉓ – voir à Paris, Environs.

JOUY-SUR-EURE **27** Eure 55 ⑰ – rattaché à Pacy-sur-Eure.

JOYEUSE **07260** Ardèche 80 ⑧ **G. Vallée du Rhône** – 1 411 h alt. 180.

Voir Corniche du Vivarais Cévenol★★ O.

Office de Tourisme D 104 ℘ 75 39 56 76.

Paris 653 – Alès 52 – Mende 96 – Privas 52.

Les Cèdres, ℘ 75 39 40 60, Fax 75 39 90 16, 🍽, ⛱, 🌳 – |‡| ▤ ch TV ☎ P – 🏛 50. AE ⓓ GB
15 avril-15 oct. – **R** 70/175, enf. 45 – ☕ 38 – **40 ch** 240/295, 5 duplex – ½ P 290.

au Gua NO : 12 km par D 203 et VO – ✉ **07110** Joyeuse :

La Guaribote ⑤ avec ch, ℘ 75 39 44 09, Fax 75 39 55 89, ←, « En bordure de la Beaume » – ☎ P. AE ⓓ GB
10 avril-10 oct. et fermé lundi midi du 15 juin au 15 sept. et le midi hors sais. sauf dim. et fêtes – **R** 100/260 – ☕ 38 – **12 ch** 250/400, 4 duplex – ½ P 275/365.

RENAULT Gar. Duplan ℘ 75 39 43 91 N — Thomas Frères ℘ 75 39 40 00

JUAN-LES-PINS **06160** Alpes-Mar. 84 ⑨ 115 ㉟ ㊴ **G. Côte d'Azur** – alt. 2 – Casino Eden Beach **B**.

Maison du Tourisme 51 bd Ch.-Guillaumont ℘ 93 61 04 98.

Paris 914 ② – Cannes 8,5 ③ – Aix-en-Provence 158 ② – ♦Nice 23 ①.

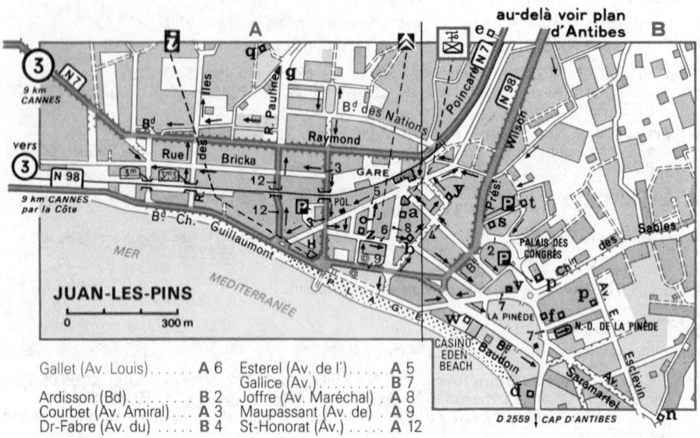

✿✿ **Juana et rest. La Terrasse** ⑤, la Pinède, av. G. Gallice ℘ 93 61 08 70, Télex 470778, Fax 93 61 76 60, 🍽, ⛱, 🏊 – |‡| ▤ ch TV ☎ P — B **f**
6 avril-fin oct. – **R** *(fermé merc. sauf du 13 au 24 mai, du 21 au 26 juin, en juil.-août. et oct.)* (dîner seul. en juil.-août) 250 (déj.)/590 et carte 490 à 780 – ☕ 90 – **45 ch** 900/2100, 5 appart.
Spéc. Cannelloni de supions et palourdes à l'encre de seiche. Selle d'agneau de Pauillac cuite en terre d'argile. Millefeuille aux fraises des bois à la crème de mascarpone. **Vins** Côtes de Provence.

Belles Rives ⑤, bd Baudoin ℘ 93 61 02 79, Télex 470984, Fax 93 67 43 51, ← mer et massif de l'Estérel, 🍽, 🏊 – |‡| ▤ TV ☎. AE GB. ⚔ rest — B **d**
1er avril-4 oct. – **R** carte 360 à 480, enf. 110 – ☕ 100 – **41 ch** 1450/2550, 4 appart. – ½ P 1260/1675.

Garden Beach H. M, 15-17 bd Baudoin ℘ 93 67 25 25, Télex 470888, Fax 93 61 16 65, ←, 🍽, Fö, 🏊 – |‡| ⚡ ch ▤ TV ☎ ♿ – 🏛 40. AE ⓓ GB. ⚔ rest — B **w**
R *(fermé nov.)* 220/400 – ☕ 70 – **158 ch** 700/2000, 18 appart..

Hélios, av. Dr Dautheville ℘ 93 61 55 25, Télex 970906, Fax 93 61 58 78, 🏊 – |‡| ▤ TV ☎ 🚗 – 🏛 60. AE ⓓ GB — A **b**
1er avril-30 oct. – **R** 150/250 – **70 ch** ☕ 950/1800, 5 appart. – ½ P 740/1090.

Ambassadeur [M], 50 chemin des Sables ✆ 93 67 82 15, Télex 461164, Fax 93 67 06 39, ..., ..., ..., ... – ... ch ... – ... 30 à 80. AE ① GB — B p
R 170/400 – ☐ 90 – **240 ch** 1050/1200, 16 appart..

Beauséjour ... sans rest, av. Saramartel ✆ 93 61 07 82, Fax 93 61 86 78, ..., ... – ... AE GB — B n
15 avril-30 sept. – ☐ 48 – **29 ch** 950/1170.

Mimosas ... sans rest, r. Pauline ✆ 93 61 04 16, « Parc, ... » – ... ch ... GB. ... — A q
avril-oct. – ☐ 48 – **34 ch** 460/640.

Ste-Valérie ..., r. Oratoire ✆ 93 61 07 15, Télex 460564, Fax 93 61 47 52, ..., ... – ... ch ... AE ① GB. ... rest — B p
Pâques-fin sept. – **R** (résidents seul.) 115 – ☐ 30 – **30 ch** 520/840 – ½ P 400/535.

Welcome ... sans rest, 7 av. Dr Hochet ✆ 93 61 26 12, Fax 93 61 38 04, ... – ... AE ① GB. ... — B y
avril-oct. – ☐ 45 – **29 ch** 450/720.

Astoria [M], 15 av. Mar. Joffre ✉ 06160 ✆ 93 61 23 65, Fax 93 67 10 40 – ... ch ... AE ① GB. ... rest — A a
R 75/120 ... – ☐ 40 – **49 ch** 530/740 – ½ P 510.

Astor, 30 bd R. Poincaré ✆ 93 61 07 38, Télex 470049, Fax 93 61 36 76, ..., ..., ... – cuisinette ... ch ... ch ... – ... 50 à 80. AE ① GB JCB — B e
R snack 120 – ☐ 35 – **22 ch** 540, 19 studios – ½ P 660.

Palais des Congrès sans rest, 4 av. Palmiers ✆ 93 61 04 29, Fax 93 67 22 92 – ... GB. ... — B s
1er fév.-31 oct. – ☐ 38 – **18 ch** 280/490.

Pré Catelan ..., 22 av. Lauriers ✆ 93 61 05 11, Fax 93 67 83 11, ..., ..., ... – ... AE ① GB. ... rest — B t
R 150 – ☐ 35 – **18 ch** 300/500 – ½ P 390/450.

Alexandra, r. Pauline ✆ 93 61 01 36, Fax 93 67 96 90, ... – ... ch ... AE GB. ... rest — A g
hôtel : 25 mars-15 oct. ; rest : 25 mars-30 sept – **R** (dîner seul.) 105/150, enf. 40 – ☐ 35 – **20 ch** 170/480 – ½ P 275/380.

Juan Beach ..., 5 r. Oratoire ✆ 93 61 02 89, ..., ... – ... — B f
mars-oct. – **R** (résidents seul.) 140 – ☐ 35 – **28 ch** 260/370 – ½ P 300/350.

Eden H. sans rest, 16 av. L. Gallet ✆ 93 61 05 20 – ... GB — A z
15 fév.-5 nov. – ☐ 25 – **17 ch** 190/360.

Le Perroquet, av. G. Gallice ✆ 93 61 02 20, ... – AE GB — B v
fermé 15 nov. au 22 déc. – **R** 130/165, enf. 70.

CITROEN Gar. St-Charles, 8 r. St-Charles ✆ 93 61 08 16

JUILLAC 33890 Gironde 75 ⑬ – 200 h alt. 70.

Paris 560 – Bergerac 42 – ♦Bordeaux 55 – Libourne 28 – La Réole 35.

Belvédère, E par D 130 : 4 km ✆ 57 47 40 33, ≤, ... – AE ① GB
fermé oct., mardi soir et merc. sauf juil.-août – **R** 125/290 ..., enf. 45.

JULIÉNAS 69840 Rhône 74 ① G. Vallée du Rhône – 703 h alt. 256.

Paris 406 – Mâcon 13 – Bourg-en-Bresse 49 – ♦Lyon 64 – Villefranche-sur-Saône 31.

des Vignes ... sans rest, rte St-Amour : 0,5 km ✆ 74 04 43 70, Fax 74 04 41 95, ≤, ... – ... GB
fermé dim. en hiver – ☐ 30 – **20 ch** 200/265.

Le Coq au Vin, pl. Marché ✆ 74 04 41 98, ... – AE ① GB
fermé 23 déc. au 5 janv. – **R** 95/175, enf. 65.

JULLOUVILLE 50610 Manche 59 ⑦ G. Normandie Cotentin – 2 046 h alt. 80.

Syndicat d'Initiative av. Mar.-Leclerc (15 juin-15 sept.) ✆ 33 61 82 48.

Paris 351 – St-Lô 64 – St-Malo 86 – Avranches 22 – Granville 8,5.

Casino, ✆ 33 61 82 82, ≤ – GB
1er avril-15 nov. et fermé lundi soir et mardi sauf juil.-août – **R** 89/198, enf. 50.

MERCEDES Drey, à St-Pair-sur-Mer ✆ 33 50 21 65

JUMIÈGES 76118 S.-Mar. 55 ⑤ G. Normandie Vallée de la Seine – 1 641 h alt. 10.

Voir Ruines de l'abbaye★★★.

Bacs: de Jumièges : renseignements ✆ 35 37 24 23.

Paris 155 – Caudebec-en-Caux 14 – ♦Rouen 27.

JUNGHOLTZ 68 H.-Rhin 66 ⑨ – rattaché à Guebwiller.

Les JUNIES 46150 Lot 79 ⑦ G. Périgord Quercy – 255 h alt. 205.

Paris 584 – Cahors 23 – Gourdon 34 – Villeneuve-sur-Lot 55.

La Ribote, rte Goujounac 2 km ✆ 65 36 25 55, ..., « Ancien moulin », ... – ... AE ① GB JCB
fermé 15 au 21 nov., 5 janv. au 13 fév. et merc. du 15 sept. au 30 juin – **R** 90/380, enf. 60.

JURANÇON 64 Pyr.-Atl. 85 ⑥ – rattaché à Pau.

JUVIGNAC 34 Hérault 83 ⑦ – rattaché à Montpellier.

JUVIGNY-SOUS-ANDAINE 61140 Orne 60 ① – 1 105 h alt. 200.

Paris 241 – Alençon 50 – Argentan 48 – Bagnoles-de-l'Orne 10,5 – Domfront 11 – Mayenne 32.

Forêt, ✆ 33 38 11 77 – Ⓟ. GB
fermé janv., vend. soir et dim. soir d'oct. à avril – **R** 57/100 – ☕ 28 – **7 ch** 150/260.

Au Bon Accueil avec ch, ✆ 33 38 10 04, Fax 33 37 44 92 – TV ☎. GB
fermé fév., mardi soir et merc. – **Repas** 120/260 – ☕ 35 – **8 ch** 250/325 – ½ P 275.

JUZIERS 78820 Yvelines 55 ⑲ – 3 164 h alt. 57.

Paris 55 – Beauvais 64 – Mantes-la-Jolie 11 – Pontoise 26 – Rambouillet 49 – Versailles 41.

Patrick Perfendie, ✆ (1) 34 75 22 03, Fax (1) 34 75 21 01 – ▤. GB
fermé dim. soir – **R** 140.

KAYSERSBERG 68240 H.-Rhin 62 ⑱ G. Alsace Lorraine (plan) – 2 755 h alt. 242.

Voir Église★ : retable★★ – Hôtel de ville★ – Pont fortifié★ – Maison Brief★.

Office du Tourisme à la Mairie ✆ 89 78 22 78.

Paris 435 – Colmar 12 – Gérardmer 50 – Guebwiller 34 – Munster 22 – St-Dié 45 – Sélestat 25.

Résidence Chambard ⛶, ✆ 89 47 10 17, Télex 880272, Fax 89 47 35 03 – |‡| TV ☎ Ⓟ. AE GB JCB
fermé 1er au 21 mars et 24 déc. au 4 janv. – **R** voir rest. **Chambard** ci-après – ☕ 60 – **20 ch** 650/850.

Remparts ⛶ sans rest, ✆ 89 47 12 12, Fax 89 47 37 24, ≤ – TV ☎ Ⓟ – 25. AE GB
☕ 40 – **31 ch** 330/380.

Arbre Vert (annexe Belle Promenade M 14 ch), ✆ 89 47 11 51 – ch ☎. GB. ch
fermé 3 janv. au 3 fév. – **R** *(fermé lundi)* 120/220 , enf. 55 – ☕ 35 – **22 ch** 290/350 – ½ P 295/330.

Constantin M ⛶ sans rest, 10 r. Père Kohlman ✆ 89 47 19 90, Fax 89 47 37 82 – TV ☎. GB.
fermé 20 janv. au 20 fév. – ☕ 35 – **20 ch** 260/330.

✿ **Chambard** - Hôtel Résidence Chambard - (Irrmann), ✆ 89 47 10 17, Télex 880272, Fax 89 47 35 03 – Ⓟ. AE GB JCB
fermé 1er au 21 mars, 25 déc. au 4 janv., mardi midi et lundi – **R** 300/380 et carte 365 à 515, enf. 100
Spéc. Pot-au-feu de foie au gros sel. Rouget barbet à l'émulsion marine. Trois mousses au chocolat. **Vins** Riesling, Tokay-Pinot gris.

Lion d'Or, ✆ 89 47 11 16, Fax 89 47 19 02, – GB
fermé 5 janv. au 8 fév., mardi soir de nov. à avril et merc. – **R** 98/280 , enf. 60.

La Vieille Forge, ✆ 89 47 17 51 – ▤. GB
fermé 5 au 20 juil., 2 au 18 janv., mardi sauf le soir d'avril à oct. et lundi – **R** 135/250 , enf. 48.

Château avec ch, ✆ 89 78 24 33 – . GB
fermé 1er au 9/7, 18 au 25/11, 15/2 au 15/3, merc. soir (sauf hôtel du 1er/11 au 1er/6) et jeudi – **R** 70/180 – ☕ 30 – **11 ch** 120/260 – ½ P 195/255.

à Kientzheim E : 3 km par D 28 – ✉ **68240**.

Voir Pierres tombales★ dans l'église.

Host. Abbaye d'Alspach ⛶, ✆ 89 47 16 00, Fax 89 78 29 73, « Ancien couvent du 13e siècle » – TV ☎ Ⓟ. AE GB.
fermé 8 janv. au 10 mars – **R** *(fermé merc. et jeudi)* (dîner seul.) carte 135 à 190 – ☕ 42 – **30 ch** 220/400.

Schwendi ⛶, ✆ 89 47 30 50, Fax 89 49 04 49 – ☎. AE GB
1er avril-3 nov. – **R** *(fermé mardi)* 88/200 , enf. 42 – ☕ 28 – **11 ch** 255/270 – ½ P 260/268.

PEUGEOT-TALBOT Hiltenfinck ✆ 89 78 23 08 N ✆ 89 47 13 00

KERSAINT 29 Finistère 58 ③ – rattaché à Ploudalmézeau.

KIENTZHEIM 68 H.-Rhin 62 ⑱ ⑲ – rattaché à Kaysersberg.

KLINGENTHAL 67 B.-Rhin 62 ⑨ – rattaché à Obernai.

Le KREMLIN-BICÊTRE 94 Val-de-Marne 101 ㉖ – voir à Paris, Environs.

KREUZWEG (Col du) 67 B.-Rhin 62 ⑧ ⑨ – rattaché au Hohwald.

KRUTH **68820** H.-Rhin 62 ⑱ – 976 h alt. 492.

Voir Cascade St-Nicolas★ SO : 3 km par D 13 B[1], G. Alsace Lorraine.

Paris 439 – Épinal 66 – ◆Mulhouse 38 – Colmar 59 – Gérardmer 30 – Thann 18 – Le Thillot 25.

- **Aub. de France,** rte Oderen ✆ 89 82 28 02, Fax 89 82 24 05, – TV ☎ P. AE ① GB
  fermé 21 au 28 juin, 2 nov. au 10 déc. et jeudi – **R** 70/220 – ☐ 30 – **16 ch** 170/220 – ½ P 200.

RENAULT Gar. Rothra ✆ 89 82 26 90 N

LABALME **01** Ain 74 ④ – rattaché à Cerdon.

LABAROCHE **68910** H.-Rhin 62 ⑱ – 1 676 h alt. 750.

Paris 439 – Colmar 19 – Gérardmer 49 – Munster 23 – St-Dié 49.

- **Tilleul** ✆ 89 49 84 46 – ☎ P. GB
  fermé 4 janv. au 4 fév. – **R** 70/110 – ☐ 28 – **32 ch** 200/270 – ½ P 210.
- **Aub. La Rochette** avec ch, rte Trois-Épis ✆ 89 49 80 40, ←, – ☎ P. AE GB.
  fermé 1er janv. au 6 fév., dim. soir et merc. – **R** 95/185 – ☐ 45 – **7 ch** 245 – ½ P 260/290.

Gar. Girard Les Correaux ✆ 89 49 82 68

LABARTHE-INARD **31800** H.-Gar. 86 ② – 762 h alt. 326.

Paris 777 – Bagnères-de-Luchon 57 – Boussens 16 – St-Gaudens 9,5 – St-Girons 33 – ◆Toulouse 81.

- **Host. du Parc,** N 117 ✆ 61 89 08 21, – ☎ P. GB
  fermé 15 janv. à fin fév. et lundi du 1er oct. à fin juin sauf fêtes – **R** 70/250 – ☐ 27 – **14 ch** 180/280.

LABARTHE-SUR-LEZE **31** H.-Gar. 82 ⑱ – rattaché à Muret.

LABASTIDE-BEAUVOIR **31450** H.-Gar. 82 ⑲ – 599 h alt. 262.

Paris 722 – ◆Toulouse 24 – Carcassonne 76 – Castres 55 – Pamiers 51.

- **Aub. du Courdil,** ✆ 61 81 82 55, – P. GB
  fermé 25 juin au 11 juil., dim. soir et lundi – **R** 55/150.

LABASTIDE-MURAT **46240** Lot 75 ⑱ G. Périgord Quercy – 610 h alt. 447.

Paris 559 – Cahors 31 – Sarlat-la-Canéda 47 – Brive-la-Gaillarde 74 – Figeac 44 – Gourdon 22.

- **Climat de France** M, ✆ 65 21 18 80, Fax 65 21 10 97, – TV ☎ ♿. AE ① GB
  fermé 23 déc. au 23 janv. – **R** 85/125, enf. 40 – ☐ 30 – **20 ch** 269 – ½ P 230.

Courdesses ✆ 65 31 10 03

LABÈGE **31** H.-Gar. 82 ⑱ – rattaché à Toulouse.

LABERGEMENT-FOIGNEY **21** Côte-d'Or 66 ⑬ – rattaché à Genlis.

LABOURGADE **82** T.-et-G. 82 ⑦ – rattaché à Castelsarrasin.

LAC voir au nom propre du lac.

LACANAU-OCÉAN **33680** Gironde 71 ⑱ G. Pyrénées Aquitaine – alt. 12.

Voir Lac de Lacanau★ E : 5 km.

9 18 de Lacanau ✆ 56 03 25 60, E : 2 km.

Paris 636 – ◆Bordeaux 60 – Andernos-les-Bains 42 – Arcachon 86 – Lesparre-Médoc 51.

- **Golf** M, au golf: 2,5 km par VO ✆ 56 03 23 15, Télex 572032, Fax 56 26 30 57, ←, – TV ☎ ♿ P – 50. AE ① GB.
  1er avril-31 oct. – **R** 90/150, enf. 35 – ☐ 48 – **50 ch** 610 – ½ P 480.
- **Étoile d'Argent,** ✆ 56 03 21 07, – TV ☎ P. GB
  fermé 1er au 28 déc. et 8 au 25 janv. – **R** 65/250, enf. 50 – ☐ 30 – **14 ch** 200/250 – ½ P 250/265.

LACAPELLE-MARIVAL **46120** Lot 75 ⑲ ⑳ G. Périgord Quercy – 1 201 h alt. 400.

Syndicat d'Initiative pl. Halle (15 juin-15 sept.) ✆ 65 40 81 11.

Paris 561 – Cahors 64 – Aurillac 66 – Figeac 21 – Gramat 20 – Rocamadour 30 – Tulle 82.

- **Terrasse,** ✆ 65 40 80 07, – TV ☎. GB
  fermé 2 janv. au 20 mars, dim. soir et lundi du 15 oct. au 2 janv. – **Repas** 80/190, enf. 50 – ☐ 30 – **15 ch** 160/270 – ½ P 190/250.

LACAUNE **81230** Tarn 83 ③ G. Gorges du Tarn – 3 117 h alt. 800 – Casino .

Syndicat d'Initiative pl. Gén.-de-Gaulle (15 juin-15 sept.) ✆ 63 37 04 98 et à la Mairie (hors saison) ✆ 63 37 00 18.

Paris 730 – Albi 68 – Béziers 89 – Castres 46 – Lodève 72 – Millau 72 – ◆Montpellier 131.

- **H. Fusiès,** r. République ✆ 63 37 02 03, Fax 63 37 10 98, – ☎ – 30. AE ① GB JCB
  fermé 20 déc. au 20 janv., vend. soir et sam. midi du 15 nov. au 30 mars – **R** 76/300, enf. 63 – ☐ 30 – **52 ch** 250/320 – ½ P 260/280.

Calas "Le Glacier", pl. Vierge ✆ 63 37 03 28, Fax 63 37 09 19, 🏊, 🚗 – ☎. AE ① GB
fermé 20 déc. au 15 janv., vend soir et sam. midi du 1er oct. au 1er mars – **R** 69/228 🍷 – ☕ 22 – **16 ch** 155/200 – ½ P 200/290.

CITROEN Milhau ✆ 63 37 06 08
PEUGEOT-TALBOT Gar. Rouquette, ✆ 63 37 00 16
N

Nicouleau Pneus ✆ 63 37 02 48

LACAVE 46200 Lot 75 ⑱ – 241 h alt. 103.

Voir Grottes★ – Site★ du château de Belcastel O : 2,5 km, G. Périgord Quercy.

Paris 532 – Brive-La-Gaillarde 47 – Sarlat-La-Canéda 39 – Cahors 61 – Gourdon 25 – Rocamadour 11,5.

Château de la Treyne 🐦, O : 3 km par D 43 et voie privée ✆ 65 32 66 66, Fax 65 37 06 57, ←, 🌳, « Dans un parc dominant la Dordogne », 🏊, 🎾 – TV ☎ P. AE ① GB
9 avril-15 nov. – **R** *(fermé mardi midi et merc. midi)* 280/350 – ☕ 70 – **12 ch** 1200/1600 – ½ P 730/1130.

XXX ✿ **Pont de l'Ouysse** (Chambon) M 🐦 avec ch, ✆ 65 37 87 04, Fax 65 32 77 41, ←, 🌳, 🏊, 🚗 – TV ☎ P. AE ① GB JCB
fermé début janv. à début mars et lundi sauf le soir en sais. – **R** 150/500 et carte 280 à 400 – ☕ 60 – **13 ch** 350/600 – ½ P 600
Spéc. Foie de canard "Bonne Maman". Agneau de lait rôti. Fondant au chocolat. **Vins** Bergerac, Cahors.

LACHASSAGNE 69 Rhône 74 ① – rattaché à Anse.

LACQ 64170 Pyr.-Atl. 85 ⑥ G. Pyrénées Aquitaine – 657 h alt. 117.

Voir Exploitation de gisements de gaz naturel.

Paris 773 – Aire-sur-L'Adour 59 – Oloron-Ste-M. 33 – Orthez 16 – Pau 25 – St-Jean-Pied-de-Port 83.

LACROST 71 S.-et-L. 69 ⑳ – rattaché à Tournus.

LADOIX-SERRIGNY 21 Côte-d'Or 69 ⑨ – rattaché à Beaune.

LADON 45270 Loiret 61 ⑪ – 1 212 h alt. 91.

Paris 110 – Châteauneuf-sur-Loire 29 – Gien 50 – Montargis 15 – ♦Orléans 56 – Pithiviers 29.

X **Cheval Blanc** avec ch, ✆ 38 95 51 79, 🌳 – 🚗 P. GB
fermé 15 au 30 sept., 24 déc. au 2 janv., dim. soir et lundi – **R** 58/125 🍷 – ☕ 28 – **9 ch** 110/170.

LAGARDE-ENVAL 19150 Corrèze 75 ⑨ – 766 h alt. 525.

Paris 499 – Brive-la-Gaillarde 36 – Aurillac 76 – Mauriac 69 – St-Céré 50 – Tulle 15.

X **Le Central** avec ch, ✆ 55 27 16 12, Fax 55 27 31 85 – TV ☎. GB
fermé sept. et lundi sauf juil.-août – **R** 110/160 🍷 – ☕ 28 – **7 ch** 220 – ½ P 250.

LAGARRIGUE 47 L.-et-G. 79 ⑭ – rattaché à Aiguillon.

LAGNY-SUR-MARNE 77 S.-et-M. 56 ⑫, 101 ⑳ – voir à Paris, Environs (Marne-la-Vallée).

LAGUIAN-MAZOUS 32170 Gers 85 ⑨ – 237 h alt. 320.

Voir Puntous de Laguian ✳★★ O : 2 km, G. Pyrénées Aquitaine.

Paris 786 – Auch 43 – Aire-sur-l'A. 62 – Lannemezan 44 – Mirande 18 – St-Gaudens 73 – Tarbes 31.

X **Relais des Puntous,** O : 1,5 km ✆ 62 67 52 51, 🌳 – P. GB
fermé 9 fév. au 9 mars, lundi soir et mardi – **R** 95/135, enf. 50.

LAGUIOLE 12210 Aveyron 76 ⑬ G. Gorges du Tarn – 1 264 h alt. 1 004 – Sports d'hiver : 1 200/1 407 ⛷11 ⛷.

Voir Église ✳★.

Syndicat d'Initiative (saison) ✆ 65 44 35 94.

Paris 578 – Aurillac 76 – Rodez 55 – Espalion 23 – Mende 84 – St-Flour 60.

Gd Hôtel Auguy, ✆ 65 44 31 11 – |♦| TV ☎ 🚗. GB. ✂ rest
fermé 12 au 19 juin, 5 nov. au 27 déc., dim. soir et merc. sauf vacances scolaires – **R** 105/250 🍷 – ☕ 32 – **27 ch** 200/290 – ½ P 215/270.

Lou Mazuc sans rest, ✆ 65 48 48 58, Fax 65 48 47 02 – |♦| TV ☎. AE GB. ✂
1er avril-1er nov. et fermé dim. soir et lundi sauf juil.-août – ☕ 60 – **13 ch** 300/650.

Régis, ✆ 65 44 30 05, Fax 65 48 46 44, 🏊 – TV ☎ P. GB
fermé 10 au 20 déc., 10 au 20 janv., dim. soir et lundi d'oct. à juin sauf vacances scolaires – **R** 74/125 🍷, enf. 57 – ☕ 23 – **23 ch** 190/290 – ½ P 187/215.

à l'Est : 6 km par rte d'Aubrac (D 15) – ✉ 12210 Laguiole :

✿✿ **Michel Bras** M 🐦, ✆ 65 44 32 24, Fax 65 48 47 02, « Au sommet d'une colline, vue panoramique sur les paysages de l'Aubrac » – |♦| ▤ rest TV ☎ ♿ P. AE GB. ✂
1er avril-1er nov. et fermé dim. soir et lundi sauf juil.-août – **R** (nombre de couverts limité, prévenir) 200/600 et carte 360 à 550 – ☕ 85 – **15 ch** 900/1500
Spéc. Gargouillou de légumes. Viandes et volailles de pays. Crème glaçée à la Reine des Prés. **Vins** Marcillac, Gaillac.

à Soulages-Bonneval O : 5 km par D 541 – ✉ **12210** :

Aub. du Moulin, ✆ 65 44 32 36, – . GB
fermé janv. – **R** 55 bc/110 – 25 – **12 ch** 120/150 – ½ P 140/180.

CITROEN Gar. Charles ✆ 65 44 34 40 RENAULT Gar. Troussillie ✆ 65 44 32 21

LA LAIGNE 17170 Char.-Mar. 71 ② – 243 h alt. 15.

Paris 437 – La Rochelle 33 – Fontenay-le-Comte 37 – Niort 30 – Rochefort 40.

Aub. Aunisienne, ✆ 46 51 08 00, – GB
fermé vacances de fév. et mardi soir du 20 sept. au 30 juin – **R** 104/285, enf. 60.

à Benon O : 4 km par N 11 – ✉ **17170** :

Relais de Benon M, carrefour N 11 et D 116 ✆ 46 01 61 63, Télex 791172, Fax 46 01 70 89, parc, – 150. GB
R 80/130, enf. 60 – 40 – **30 ch** 330/440 – ½ P 340/380.

LAILLY-EN-VAL 45 Loiret 64 ⑧ – rattaché à Beaugency.

LALACELLE 61320 Orne 60 ② – 251 h alt. 272.

Paris 211 – Alençon 19 – Argentan 34 – Carrouges 12 – Domfront 41 – Falaise 58 – Mayenne 41.

La Lentillère avec ch, E : 1,5 km sur N 12 ✆ 33 27 38 48, – . GB
fermé 4 janv. au 6 fév., dim. soir et lundi – **R** 78/205, enf. 47 – 32 – **7 ch** 160/240 – ½ P 195/235.

LALINDE 24150 Dordogne 75 ⑮ – 3 029 h alt. 46.

Paris 548 – Périgueux 52 – Bergerac 22 – Brive-La-Gaillarde 98 – Cahors 88 – Villeneuve-sur-Lot 58.

La Forge, ✆ 53 24 92 24, Fax 53 58 68 51, – cuisinette . GB JCB
fermé 23 déc. au 31 janv., lundi d'oct. à juin (sauf hôtel) et dim. soir du 1er oct. au 4 avril – **R** 75/300 – 35 – **21 ch** 220/285 – ½ P 285/295.

Périgord, pl. Mairie ✆ 53 61 19 86, Fax 53 61 27 49, – . GB
fermé 1er au 6 juin, vacances de Noël, vend. soir et dim. soir hors sais. – **R** 75/150 – 32 – **20 ch** 200/330 – ½ P 220/280.

Château avec ch, ✆ 53 61 01 82, ≤, , « En bordure de la Dordogne » – . GB
1er avril-15 déc. et fermé vend. sauf le soir en juil.-août – **R** 140/290 – 60 – **7 ch** 650 – ½ P 400/580.

à St-Capraise-de-Lalinde O : 4 km – ✉ **24150** :

Relais St-Jacques avec ch, ✆ 53 63 47 54 – – 25. GB
fermé 15 janv. au 15 fév. et merc. du 31 août au 15 juil. sauf rest. le soir – **R** 80/210 – 33 – **6 ch** 220/270 – ½ P 220/280.

CITROEN Groupierre ✆ 53 61 03 67 PEUGEOT-TALBOT Arbaudie ✆ 53 61 00 22 N

LALLEYRIAT 01130 Ain 74 ④ – 191 h alt. 843.

Paris 486 – Bourg-en-Bresse 57 – ♦Genève 57 – Nantua 11,5 – Oyonnax 18.

Aub. Gentianes, ✆ 74 75 31 80 – GB
fermé lundi soir et mardi – **R** 90/170, enf. 40.

LALOUVESC 07520 Ardèche 76 ⑨ G. Vallée du Rhône – 514 h alt. 1 050.

Voir ☼★.

Paris 559 – Valence 56 – Annonay 24 – Lamastre 27 – Privas 83 – St-Agrève 31 – Tournon-sur-Rhône 40 – Yssingeaux 42.

Beau Site, ✆ 75 67 82 14, ≤ montagnes – . GB
mi-mai-mi-sept. – **R** 75/120, enf. 42 – 25 – **33 ch** 135/270 – ½ P 170/230.

Relais du Monarque, ✆ 75 67 80 44, ≤ montagnes, , – . GB
20 mai-26 sept. – **R** 85/180 – 30 – **20 ch** 140/280 – ½ P 220/280.

Poste, ✆ 75 67 82 84 – . GB. rest
fermé déc. et merc. soir de nov. à fin mars – **R** 63/150 – 25 – **12 ch** 150/215 – ½ P 190.

LAMAGDELAINE 46 Lot 79 ⑧ – rattaché à Cahors.

LAMALOU-LES-BAINS 34240 Hérault 83 ④ G. Gorges du Tarn – 2 194 h alt. 200 – Stat. therm. – Casino.

Voir Église de St-Pierre-de-Rhèdes★ SO : 1,5 km.

Office Municipal de Tourisme av. Dr-Ménard ✆ 67 95 70 91.

Paris 752 – ♦Montpellier 81 – Béziers 40 – Lacaune 53 – Lodève 39 – St-Affrique 78 – St-Pons-de-Thomières 35.

Paix, ✆ 67 95 63 11, Fax 67 95 67 78, – . GB
mars-oct. – **R** 78/200, enf. 40 – 30 – **31 ch** 185/280 – ½ P 185/193.

Belleville, ✆ 67 95 61 09, Fax 67 95 64 18, , – ch . GB
R 75/175, enf. 40 – 26 – **60 ch** 120/290 – P 200/270.

Mas, ✆ 67 95 62 22, Fax 67 95 67 78, – cuisinette . GB
R 75/230, enf. 42 – 25 – **40 ch** 110/240 – P 230/260.

CITROEN Marsal ✆ 67 95 60 38
CITROEN Gar. Pascal, 5 av. Auguste Cot à Bédarieux ✆ 67 95 03 57
PEUGEOT-TALBOT Gar. Gayout ✆ 67 95 64 22 N
PEUGEOT-TALBOT Bédarieux Autom., rte de St-Pons à Bédarieux ✆ 67 95 07 05
RENAULT Gar. Sandoval, 66 av. J.-Jaurès à Bédarieux ✆ 67 95 00 30

LAMARCHE-SUR-SAÔNE 21 Côte-d'Or 66 ⑬ – rattaché à Auxonne.

LAMASTRE 07270 Ardèche 76 ⑲ G. Vallée du Rhône – 2 717 h alt. 373.

Env. Ruines du château de Rochebloine ≤** 12 km par D 236 puis 15 mn.

Office de Tourisme av. Boissy d'Anglas (fermé après-midi hors saison) ✆ 75 06 48 99.

Paris 575 – Valence 41 – Privas 57 – Le Puy-en-Velay 73 – ♦St-Étienne 89 – Vienne 85.

Château d'Urbilhac, SE : 2 km par rte Vernoux-en-Vivarais ✆ 75 06 42 11, Fax 75 06 52 75, ≤ montagnes, parc, « Élégante installation, mobilier ancien », – ☎. AE GB. rest
1er mai-5 oct. – **R** *(fermé le midi sauf sam. et dim.)* 200/280 – 65 – **13 ch** 450/650.

Midi (Perrier), pl. Seignobos ✆ 75 06 41 50, Fax 75 06 49 75, – TV ☎ – 25. AE GB
fermé 15 déc. au 1er mars, lundi (sauf juil.-août et fêtes) et dim. soir – **R** 200/400 et carte 280 à 390 – 60 – **13 ch** 295/410 – ½ P 380/420
Spéc. Salade tiède aux foies de canard. Pain d'écrevisses sauce Cardinal (juin à déc.). Soufflé glacé aux marrons. **Vins** Saint-Péray, Saint-Joseph.

à Désaignes NO : 7 km par rte St Etienne – ✉ **07570** :

Voyageurs, ✆ 75 06 61 48, Fax 75 06 64 43, – . AE GB
Pâques-fin sept. – **R** 60/190, enf. 45 – 28 – **20 ch** 140/300 – ½ P 160/240.

FORD Ferraton ✆ 75 06 41 56
PEUGEOT-TALBOT Rugani ✆ 75 06 42 20 N
RENAULT Gar. des Stades ✆ 75 06 49 91 N ✆ 75 06 43 58
Gar. Maneval ✆ 75 06 51 42

*Les pastilles numérotées des plans de ville ①, ②, ③ sont répétées sur les **cartes Michelin** à 1/200 000.*
*Elles facilitent ainsi le passage entre les **cartes** et les **guides Michelin**.*

LAMBALLE

Bario (R.)
Cartel (R. Ch.) ... 3
Dr-A.-Calmette (R. du) ... 8
Martray (Pl. du) ... 15
Val (R. du)

Augustins (R. des) ... 2
Beloir (Pl. du) ... 4
Boucouets (R. des) ... 7
Caunelaye (R. de la) ... 9
Champ-de-Foire (Pl. du) ... 12
Charpentier (R. Y.) ... 14
Dr-Lavergne (R. du) ... 16
Foch (R. Mar.) ... 19
Gesle (Ch. de la) ... 23
Grand Boulevard (R. du) ... 24
Hurel (R. du Bg) ... 25
Jeu de Paume (R. du) ... 26
Leclerc (R. Gén.) ... 29
Marché (Pl. du) ... 30
N.-Dame (R.) ... 33
Poincaré (R.) ... 34
St-Jean (R.) ... 37
St-Lazare (R.) ... 38
Villedeneu (R.) ... 45

LAMBALLE 22400 C.-d'Armor 59 ④ ⑭ G. Bretagne – 9 894 h alt. 55.

Voir Haras★.

Office de Tourisme Maison du Bourreau pl. Martray (vacances de printemps, juin-sept.) ☎ 96 31 05 38.

Paris 432 ② – St-Brieuc 23 ④ – Dinan 38 ② – Pontivy 63 ③ – ♦Rennes 80 ② – St-Malo 53 ① – Vannes 107 ③.

Plan page précédente

Les Alizés M, Z.I., par ④ : 2 km ☎ 96 31 16 37, Fax 96 31 23 89, – TV ☎ ♿ P – 25 à 120. AE GB
fermé 24 déc. au 10 janv. – **R** *(fermé dim. soir)* 75/250 – 35 – **32 ch** 270/320 – ½ P 250/280.

Angleterre, 29 bd Jobert **(a)** ☎ 96 31 00 16, Télex 740994, Fax 96 31 91 54 – TV ☎. AE GB
hôtel : fermé 14 fév. au 7 mars ; rest. : fermé 1er fév. au 7 mars et dim. soir du 26 sept. à Pâques – **R** 78/250, enf. 50 – 38 – **20 ch** 210/320 – ½ P 295.

Tour d'Argent (annexe 17 ch), 2 r. Dr Lavergne **(b)** ☎ 96 31 01 37, Fax 96 31 37 59, – ☎ – 50. AE GB
fermé 12 au 20 juin (sauf hôtel) et sam. de nov. à mars – **R** 80/185, enf. 52 – 32 – **31 ch** 200/380 – ½ P 240/280.

à la Poterie E : 3,5 km par ① et D 28 – ✉ 22400 Lamballe :

Aub. Manoir des Portes, ☎ 96 31 13 62, Fax 96 31 20 53, – TV ☎ P – 25. AE GB. rest
fermé 15 janv. au 1er mars – **R** 110/170 bc, enf. 60 – 40 – **16 ch** 330/535 – ½ P 385/460.

CITROEN Armor-Auto, ZI, 40 r. d'Armor par ④ ☎ 96 31 04 32
PEUGEOT-TALBOT Gar. Léna, 26 r. Dr-Lavergne par ④ ☎ 96 31 01 40
RENAULT Gar. Le Moal et Poirier, 1 r. Bouin ☎ 96 31 02 83 N

Andrieux Pneu + Armorique, rte de St-Brieuc ☎ 96 31 05 33
Desserrey-Pneus + Armorique, rte de Plancoët ☎ 96 31 03 11

LAMONTGIE 63570 P.-de-D. 73 ⑮ – 394 h alt. 481.

Paris 465 – ♦Clermont-Ferrand 47 – Ambert 52 – Issoire 12 – Thiers 56.

Clos St-Roch, ☎ 73 71 06 29 – GB.
fermé 1er au 10 sept., 15 déc. au 31 janv., dim. soir et lundi sauf fériés – **R** 120/180, enf. 55.

LAMOTTE-BEUVRON 41600 L.-et-Ch. 64 ⑨ – 4 247 h alt. 114.

Syndicat d'Initiative à la Mairie ☎ 54 88 00 28.

Paris 171 – ♦Orléans 35 – Blois 59 – Gien 58 – Romorantin-Lanthenay 40 – Salbris 20.

Tatin M, face gare ☎ 54 88 00 03, Fax 54 88 96 73, – rest TV ☎ P. AE GB
R *(fermé 10 janv. au 20 fév., dim. soir et lundi)* 130/250, enf. 55 – 40 – **13 ch** 280/450 – ½ P 330/450.

au Rabot NO : 8 km par N 20 – ✉ 41600 Lamotte-Beuvron :

Motel des Bruyères, ☎ 54 88 05 70, Fax 54 88 98 21, parc, – TV ☎ P – 60. GB
fermé 24 déc. au 2 janv. – **R** 86/183, enf. 45 – 35 – **46 ch** 180/308 – ½ P 223/285.

CITROEN Germain, 59 av. Hôtel-de-Ville ☎ 54 88 04 49
PEUGEOT-TALBOT Labé, 29 av. de Vierzon ☎ 54 88 07 70

V.A.G Gar. Gorin, 26 av. République ☎ 54 88 00 21

LAMOURA 39310 Jura 70 ⑮ – 388 h alt. 1 156 – Sports d'hiver : 1 160/1 500 m 9.

Paris 479 – ♦Genève 52 – Gex 29 – Lons-le-Saunier 76 – St-Claude 16.

La Spatule, ☎ 84 41 20 23, Fax 84 41 24 16, ← – ☎ P. GB.
30 mai-3 oct., 19 déc.-17 avril et fermé merc. hors sais. – **R** 92/142, enf. 35 – 35 – **25 ch** 210/280 – ½ P 210/250.

Dalloz, ☎ 84 41 21 45, ← – ☎. ch
30 mai-1er oct. et 10 déc.-20 avril – **R** 65/140 – 25 – **27 ch** 95/210 – ½ P 157/197.

LAMPAUL-GUIMILIAU 29 Finistère 58 ⑤ – rattaché à Landivisiau.

LAMURE-SUR-AZERGUES 69870 Rhône 73 ⑨ – 782 h alt. 385.

Paris 442 – Mâcon 49 – Roanne 51 – Chauffailles 26 – ♦Lyon 52 – Tarare 28 – Villefranche-sur-Saône 30.

Ravel, ☎ 74 03 04 72, – ☎. GB
fermé nov. et vend. d'oct. à mai – **R** 80/210 – 30 – **10 ch** 130/240 – ½ P 195/225.

LANARCE 07660 Ardèche 76 ⑰ – 248 h alt. 1 180.

Paris 588 – Le Puy-en-Velay 47 – Aubenas 42 – Langogne 18 – Privas 70.

Sapins, ☎ 66 69 46 08, – ☎ P. AE GB
fermé 11 nov. au 17 déc. et dim. soir du 15 sept. au 15 juin sauf vacances scolaires – **R** 64/180, enf. 29 – 24 – **14 ch** 100/220 – ½ P 150/190.

LANCIEUX 22 C.-d'Armor 59 ⑤ – rattaché à St-Briac-sur-mer.

LANCRANS 01 Ain 74 ⑤ – rattaché à Bellegarde-sur-Valserine.

LANDÉAN 35 I.-et-V. 59 ⑱ – rattaché à Fougères.

LANDERNEAU **29800** Finistère 58 ⑤ **G. Bretagne** – 14 269 h alt. 21.

Voir Enclos paroissial★ de Pencran S : 3,5 km Z.

⛳ 9 ⛳ 18 Brest-Iroise ✆ 98 85 16 17, SE : 5 km par r. J.-L.-Rolland Z.

Office de Tourisme Pont de Rohan ✆ 98 85 13 09.

Paris 577 ③ – ◆Brest 22 ③ – Carhaix-Plouguer 59 ② – Morlaix 38 ③ – Quimper 64 ③.

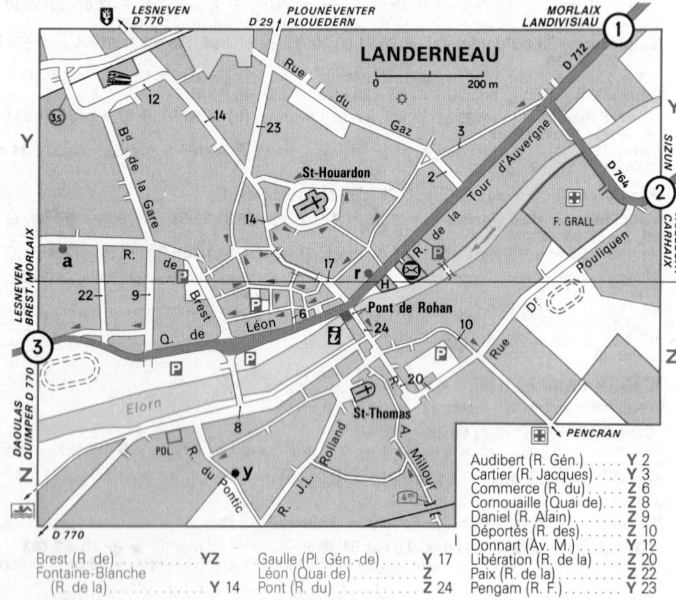

Brest (R. de)	YZ	Gaulle (Pl. Gén.-de)	Y 17	Audibert (R. Gén.)	Y 2
Fontaine-Blanche (R. de la)	Y 14	Léon (Quai de)	Z	Cartier (R. Jacques)	Y 3
		Pont (R. du)	Z 24	Commerce (R. du)	Z 6
				Cornouaille (Quai de)	Z 8
				Daniel (R. Alain)	Z 9
				Déportés (R. des)	Z 10
				Donnart (Av. M.)	Y 12
				Libération (R. de la)	Z 20
				Paix (R. de la)	Z 22
				Pengam (R. F.)	Y 23

Clos du Pontic M, r. Pontic ✆ 98 21 50 91, Fax 98 21 34 33, parc – TV ☎ ♿ P – 50. GB Z **y**
R *(fermé dim. soir de sept. à juin, lundi sauf le soir en sais. et sam. midi)* 90/300 – ☕ 31 – **32 ch** 260/320 – ½ P 260/275.

L'Amandier avec ch, 55 r. Brest ✆ 98 85 10 89, Fax 98 85 34 14 – TV ☎. AE GB Y **a**
R *(fermé dim. soir et lundi)* 175/240, enf. 75 - **Brasserie** *(fermé dim. soir et lundi)* **R** 90/135 ⅞, enf. 45 – ☕ 35 – **8 ch** 230/250 – ½ P 230.

Mairie, 9 r. La Tour d'Auvergne ✆ 98 85 01 83 – ▤. AE ⓓ GB Y **r**
fermé mardi hors sais. – **R** 55/200 ⅞, enf. 40.

à La Roche Maurice par ① et C1 : 5 km – ✉ **29800**.

Voir Enclos paroissial★.

Aub. Vieux Château, ✆ 98 20 40 52 – ⓓ GB JCB
fermé mardi soir, merc. soir , jeudi soir du 1er sept.au 28 juin et lundi soir – **R** 89/250.

au Parc de Lann-Rohou SE : 6 km, par r. Pontic -Z – ✉ **29800** Landerneau :

Allibird Golf d'Iroise M, ✆ 98 21 52 21, Fax 98 21 52 08, ≤, 🍽, « Sur le golf » – TV ☎ ♿ P – 50. AE ⓓ
R 95/220 ⅞, enf. 45 – ☕ 40 – **48 ch** 320/380 – ½ P 310.

PEUGEOT-TALBOT S.B.G.B. rte de Sizun par ② ✆ 98 21 41 80 **N** ✆ 98 62 21 26
RENAULT S.A.G.A., 4 r. de la Marne par r. de Brest Y ✆ 98 85 41 00 **N** ✆ 98 00 67 50

V.A.G Gar. Le Lannier, r. du Cdt Charcot ✆ 98 85 00 29 **N**

Velghe, 27 bis r. H.-de-Guebriant ✆ 98 85 01 56

LANDERSHEIM **67700** B.-Rhin 62 ⑨ – 151 h alt. 191.

Paris 461 – ◆Strasbourg 25 – Haguenau 31 – Molsheim 21 – Saverne 13.

✪ **Aub. du Kochersberg,** ✆ 88 69 91 58, Fax 88 69 91 42, 🚗 – ▤ P. AE ⓓ GB
fermé 19 juil. au 11 août, vacances de fév., dim. soir et lundi – **R** (déj. à partir de 13 h. en semaine) 320/390 et carte 330 à 450, enf. 130
Spéc. Salade de langoustines aux copeaux de foie d'oie fumé. Sandre aux quenelles de moelle et grumbeereknepfle. Assiette de poissons grillés. **Vins** Pinot-Auxerrois, Riesling.

Pressions de gonflage des pneus MICHELIN

Ce tableau de gonflage ne prétend pas être exhaustif.
Pour plus d'informations, consultez votre spécialiste "Pneu".

Véhicules Marques et Types		Equipements Pneumatiques			Pressions (bar)*			
					Utilisation Courante		Autres utilisations	
					AV	AR	AV	AR
ALFA ROMEO								
Alfa 33 - 1.5	12/90—>	175/70 R 13	MXL-MXT-MXV-MXV2	T/H	1,8	1,8	1,8	1,8
Alfa 33 - 1.5ie		175/70 R 13	MXL-MXT-MXV-MXV2	T/H	1,8	2,0	1,8	2,0
		185/60 R 14	MXV2	H	2,2	1,8	2,2	2,2
Alfa 33 - 1.7ie	07/90—>	185/60 R 14	MXV-MXV2	H	2,2	1,8	2,2	2,2
1.7ie 4x4	07/90—>							
Alfa 33 - 1.7 16V	07/90—>				2,0	1,8	2,0	1,8
Alfa 33 - 1.7 Quadri. Verde								
Alfa 75 - 1.6 - 1.6ie	07/90—>	185/70 R 13	MXL-MXT-MXV	H	1,8	2,0	2,0	2,2
		185/65 R 14	MXV-MXV2					
Alfa 75 - 1.8ie	07/90—>	185/70 R 13	MXV	H	1,8	2,0	2,0	2,2
		185/65 R 14	MXV-MXV2	H				
Alfa 75 - 2.0 Turbo Diesel	02/90—>	185/70 R 13	MXL-MXT-MXV	T/H	2,1	2,1	2,1	2,1
		185/65 R 14	MXV-MXV2	H				
Alfa 75 Twin Spark	02/90—>	195/60 VR 14	MXV-MXV2	V	2,0	2,0	2,2	2,5
Alfa 75 V6 3.0	07/90—>	195/60 VR 14	MXV-MXV2	V	2,1	2,1	2,2	2,5
		195/55 VR 15	MXV-MXV2	V				
Alfa 155 - 1.8 Twin Spark	01/92—>	185/60 R 14	MXV-MXV2	H	2,2	2,1	2,5	2,5
		195/60 R 14	MXV2	V				
Alfa 155 - 2.0 Twin Spark	01/92—>	195/60 R 14	MXV2	V	2,2	2,1	2,5	2,5
Alfa 155 - 2.0 16V Turbo 4X4	01/92—>	205/50 ZR 15	MXV2		2,5	2,3	2,8	2,5
Alfa 155 - 2.4 V6	01/92—>	195/55 R 15	MXV2	V	2,5	2,3	2,8	2,5
		205/50 R 15	MXV2	V				
Alfa 164 TB 2.0 V6	01/92—>	195/65 ZR 15	MXV		2,2	2,0	2,5	2,5
Alfa 164 - 3.0 V6	02/90—>	195/65 R 15	MXV-MXV2-MXV3A	V	2,2	2,0	2,5	2,5
Alfa 164 - 3.0 Quadrifoglio Verde								
Alfa 164 TD 2.5	12/91—>							
ALPINE								
A 610	04/91—>	AV: 205/45 ZR 16	MXX		2,0	-	2,0	-
		AR: 245/45 ZR 16	MXX		-	2,4	-	2,4
V6 GT	02/85—>	AV: 190/55 VR 365	TRX		1,6	-	2,2	-
		AR: 220/55 VR 365	TRX		-	2,1	-	2,6
V6 Le Mans	09/90—>	AV: 205/45 ZR 16	MXX		2,2	-	2,2	-
		AR: 255/40 ZR 17	MXX		-	2,4	-	2,4
V6 Turbo 1000 Miles	06/98—>	AV: 195/50 VR 15	MXW		1,8	-	2,4	-
		AR: 255/45 VR 15	MXW		-	2,4	-	3,1
AUDI								
80 1.8i (112 ch)	09/90—>	175/70 R 14	MXV-MXV2	H	2,1	2,1	2,6	2,6
80 Quattro 1.8i (112 ch)	09/90—>	195/60 R 14	MXV-MXV2	H	2,1	2,1	2,5	2,5
80 2.0 E - 80 Quattro 2.0 E	(9/90 à 9/91)	205/50 R 15	MXV2	V	2,3	2,3	2,7	2,8
80 1.8 S	09/90—>	175/70 R 14	MXL-MXT-MXV-MXV2	T/H	1,9	1,9	2,4	2,4
80 Quattro 1.8i (90 ch)	09/90—>	195/60 R 14	MXV-MXV2	H	1,9	1,9	2,3	2,3
		205/50 R 15	MXV2	V	2,3	2,3	2,7	2,8
80 1.9 TD - 1.9 TDi - 2.0	10/91—>	195/65 R 15	MXT-MXV2	T/H	1,8	1,8	2,2	2,5
		205/60 R 15	MXV3A	V				
80 1.9 TD - 1.9 TDi - 2.0	07/1992—>	195/65 R 15	MXT-MXV2	T/H	2,0	2,0	2,3	2,6
		205/60 R 15	MXV3A	V				
80 Quattro 2.0 E 16 V	(9/90 à 9/91)	195/60 R 14	MXV2	V	2,1	2,1	2,5	2,5
		205/50 R 15	MXV2	V	2,3	2,3	2,7	2,8
90 1.6 TD	09/90—>	175/70 R 14	MXV-MXV2	H	1,9	1,9	2,2	2,2
		195/60 R 14	MXV-MXV2	H				
		205/50 R 15	MXV2	V	2,3	2,3	2,7	2,8
90 2.0i (115ch)	09/90—>	195/60 R 14	MXV-MXV2	H	2,1	2,1	2,5	2,5
		205/50 R 15	MXV2	V	2,3	2,3	2,7	2,8
90 2.0i (160ch)	09/90—>	195/60 R 14	MXV2	V	2,3	2,3	2,7	2,8
Quattro 2.0i (160ch)	09/90—>	205/50 R 15	MXV2	V				
90 Quattro 20 V 2.0 E		205/50 R 15	MXV2	V				
90 20 V 2.3i - Quat. 20 V 2.3i	09/90—>							

Véhicules Marques et Types	Equipements Pneumatiques			Pressions (bar)*			
				Utilisation Courante		Autres utilisations	
				AV	AR	AV	AR
AUDI (suite)							
100 2.0 (12/90 à 9/91)	195/65 R 15 205/60 R 15	MXL-MXT-MXV-MXV2 MXV2-MXV3A	T/H V	1,9	1,9	2,2	2,5
100 2.3 E et Avant 10/91—> Quattro 2.3 E & Avant 10/91—>	195/65 R 15 205/60 R 15	MXV3 A MXV3 A	V V	2,3	2,3	2,7	2,8
100 2.2i - 2.3i et Avant	205/60 R 15	MXV2-MXV3A	V	2,1	2,0	2,6	2,3
100 Quatt. 2.2i (136ch) & Avant Quatt. 2.3i (138ch) & Avant				2,1	2,2	2,5	2,7
100 2.5 TDi et Avant 10/91—>	195/65 R 15	MXV3 A	V	2,3	2,3	2,7	2,8
100 2.8 E et Avant 10/91—> 100 Quattro 2.8 E et Avant 10/91—>	205/60 R 15	MXV3 A	V				
100 Quattro 2.6 E et Avant 07/92—>	195/65 R 15 205/60 R 15	MXV3 A MXV3 A	V V	2,3	2,3	2,7	2,8
200 Turbo 2.2 E et Avant Turbo 2.2i	205/60 R 15	MXV2-MXV3A	V	2,0	1,8	2,5	2,5
200 Turbo Quat. 2.2 E et Avant Turbo Quat. 2.2i et Avant				2,1	2,1	2,7	2,9
Coupé 2.3 E - Coupé Quattro 2.3 E Coupé Quattro 20V 2.3 E (170ch) Coupé 2.0i - Coupé Quattro 2.0i (9/90 à 9/91) Coupé 2.3i - Coupé Quattro 2.3i (9/90 à 9/91) Coupé 20 V 2.3i Coupé 09/90—> Coupé Quattro 20 V 2.3i 09/90—>	205/60 R 15	MXV2-MXV3A	V	2,1	2,1	2,5	2,7
Coupé Quattro 20V 2.3 E (220ch) Coupé S2 i 07/92—>	205/55 ZR 16	MXV2		2,3	2,3	2,7	2,8
Coupé 2.0 E 07/1992—> Coupé Quattro 2.3 E 07/1992—>	195/65 R 15 205/60 R 15	MXV3 A MXV3 A	V V	2,0	2,0	2,3	2,6
Coupé 2.6 E - Coupé Quat. 07/1992—> Coupé 2.8 E - Coupé Quatro	195/65 R 15 205/60 R 15	MXV3 A MXV3 A	V V	2,2	2,2	2,4	2,7
AUSTIN (voir ROVER)							
AUTOBIANCHI (voir LANCIA)							
B.M.W.							
316i (12/90 à 01/92)	185/65 R 15	MXV2	H	2,0	2,2	2,2	2,7
	205/60 R 15	MXV2	H	1,8	2,0	2,0	2,5
316i 02/92—>	185/65 R 15	MXV2	H	2,0	2,3	2,3	2,8
	205/60 R 15 225/55 R 15	MXV2 MXM	H V	1,8	2,0	2,0	2,5
318i (12/90 à 01/92)	185/65 R 15	MXV2	H	2,0	2,2	2,2	2,7
	205/60 R 15	MXV2	H	1,8	2,0	2,0	2,5
318i 02/92—>	185/65 R 15	MXV2	H	2,0	2,3	2,3	2,8
	205/60 R 15 225/55 R 15	MXV2 MXM	H V	1,8	2,0	2,0	2,5
324 TD	205/55 R 15	MXV	V	2,1	2,3	2,3	2,7
320i (12/90 à 01/92)	205/60 R 15	MXV2-MXV3A	V	1,9	2,1	2,1	2,6
320i 02/92—>	205/60 R 15 225/55 R 15	MXV2-MXV3A MXM	V V	1,9	2,2	2,2	2,7
325 TD 02/92—>	185/65 R 15	MXV2	H	2,0	2,4	2,5	3,0
	205/60 R 15 225/55 R 15	MXV2 MXM	H V	1,8	2,1	2,1	2,6
325i 02/92—>	205/60 ZR 15 225/55 ZR 15	MXV2 MXM		2,0	2,4	2,3	2,8
325i X 12/90—>	195/65 R 14 200/60 VR 365	MXV2 TDX	V	2,2	2,3	2,4	2,9
	205/55 R 15	MXV	V	2,4	2,6	2,6	3,1
M 3 2.3i 12/88—> M 3 Evolution II 2.3i	225/45 ZR 16	MXX		2,2	2,4	2,5	3,0

Véhicules Marques et Types		Equipements Pneumatiques			Pressions (bar)* Utilisation Courante AV	AR	Autres utilisations AV	AR
B.M.W. (suite)								
		195/65 R 15	MXV2-MXV3A	V	2,0	2,3	2,4	2,9
		205/65 R 15	MXV	V	2,0	2,1	2,2	2,7
		225/60 R 15	MXM	V				
520i	09/90—>	240/45 ZR 415	TRX					
		235/45 ZR 17	MXX2					
		AV : 235/45 ZR 17	MXX2		2,0	-	2,2	-
		AR : 255/40 ZR 17	MXX2		-	2,1	-	2,7
		195/65 R 15	MXV2	H	2,0	2,3	2,4	2,9
		205/65 R 15	MXV	V	2,0	2,1	2,2	2,7
		225/60 R 15	MXM	V				
524 TD	09/90—>	240/45 ZR 415	TRX					
		235/45 ZR 17	MXX2					
		AV : 235/45 ZR 17	MXX2		2,0	-	2,2	-
		AR : 255/40 ZR 17	MXX2		-	2,1	-	2,7
		205/65 R 15	MXV	V	2,0	2,3	2,4	2,9
		225/60 R 15	MXM	V				
		235/45 ZR 17	MXX2					
525i	09/90—>	240/45 ZR 415	TRX					
		AV : 235/45 ZR 17	MXX2		2,0	-	2,4	-
		AR : 255/40 ZR 17	MXX2		-	2,3	-	2,9
		205/65 R 15	MXV	V				
530i		225/60 R 15	MXM	V	2,0	2,2	2,4	3,0
		240/45 ZR 415	TRX					
		225/60 ZR 15	MXM					
		240/45 ZR 415	TRX		2,0	2,4	2,5	3,1
535i	09/90—>	235/45 ZR 17	MXX2					
		AV : 235/45 ZR 17	MXX2		2,0	-	2,5	-
		AR : 255/40 ZR 17	MXX2		-	2,4	-	3,1
		235/45 ZR 17	MXX2		2,7	2,9	3,0	3,5
M 5	09/90—>	AV : 235/45 ZR 17	MXX2		2,7	-	3,0	-
		AR : 255/40 ZR 17	MXX2		-	2,9	-	3,5
		205/65 R 15	MXV	V	2,2	2,7	2,6	3,1
		225/60 R 15	MXM	V				
730i	09/90—>	240/45 ZR 415	TRX					
		235/45 ZR 17	MXX2					
		AV : 235/45 ZR 17	MXX2		2,2	-	2,6	-
		AR : 265/40 ZR 17	MXX2		-	2,7	-	3,1
		225/60 ZR 15	MXM					
		240/45 ZR 415	TRX		2,3	2,7	2,6	3,1
735i - 735i L	09/90—>	235/45 ZR 17	MXX2					
		AV : 235/45 ZR 17	MXX2		2,3	-	2,6	-
		AR : 265/40 ZR 17	MXX2		-	2,7	-	3,1
		225/60 ZR 15	MXM					
		240/45 ZR 415	TRX		2,6	3,0	2,9	3,3
750i	09/91—>	235/45 ZR 17	MXX2					
750i L	09/90—>	AV : 235/45 ZR 17	MXX2		2,6	-	2,9	-
		AR : 265/40 ZR 17	MXX2		-	3,0	-	3,3
Z 1	09/90—>	225/45 ZR 16	MXX		1,8	2,1	1,8	2,1
CHRYSLER								
ES		195/60 R 15	MXV2	H				
Le Baron 2.5i		205/60 R 15	MXV2	H	2,4	2,4	2,4	2,4
Le Baron GTC 2.2i		205/55 R 16	MXV2	V				
Saratoga		205/60 R 15	MXV2	H	2,1	2,1	2,3	2,3
Voyager	01/90—>	P 205/70 R 15	XZ4	S	2,4	2,6	2,4	2,6
CITROEN								
AX 11 TE - 11 TGE - 11 TRS	07/89—>	145/70 R 13	MXL-MXT	S/T	1,9	2,0	1,9	2,0
AX 11 Image - Thalassa		155/70 R 13	MXL-MXT-MXV	S/T/H	1,9	1,9	1,9	1,9
AX First-Club-Caban-Allure 1.1i	07/92—>	145/70 R 13	MXT	T	2,1	2,1	2,1	2,1

Véhicules Marques et Types	Equipements Pneumatiques			Pressions (bar)*			
				Utilisation Courante		Autres utilisations	
				AV	AR	AV	AR
CITROEN (suite)							
AX 14 TRD 10/88—>	145/70 R 13	MXL-MXT	S/T	2,1	2,1	2,1	2,1
AX 14 D - Allure - Caban - Ten 07/91—>	155/70 R 13	MXL-MXT-MXV	S/T/H	2,0	2,0	2,0	2,0
AX 14 TRS - 14 TZS - 14 TZX10/86—>	155/70 R 13	MXL-MXT-MXV	S/T/H	1,9	1,9	1,9	1,9
AX GT 01/89—>	155/65 R 14	MXL	T	1,9	2,0	1,9	2,0
	165/60 R 14	MXV	H	1,9	1,9	1,9	1,9
AX GTI 1.4i 07/91—>	185/60 R 13	MXV2	H	1,9	1,9	1,9	1,9
AX 14 TDCaban - Allure 1.4D 07/92—>	155/70 R 13	MXT	T	2,1	2,1	2,1	2,1
BX 14 TE - 14 TGE - Calanque 04/89—>	165/70 R 14	MXL-MXT-MXV	T/H	2,1	2,1	2,1	2,1
BX 15 RE-TGE-Image-Volcane 07/88—> BX 16 TGS - 16 TZS - Millésime BX Image - Milllésime 1.6i07/92—>	165/70 R 14	MXL-MXT-MXV	T/H	2,1	2,1	2,1	2,1
BX 19 TGS - 19 TZS - Millésime	175/65 R 14	MXL-MXT-MXV2	T/H	2,0	2,1	2,0	2,1
BX GTi Milllésime 1.9 i 07/92—>	185/60 R 14	MXV-MXV2	H	2,2	2,2	2,2	2,2
BX 16 S 1.9i 07/92—>	195/60 R 14	MXV2	V	2,1	1,9	2,1	1,9
BX Milllésime Turbo 1.9 TD07/92—> BX Ourane Turbo 1.9 TD 07/92—> BX 19 TRD - 19 TZD - 19 D Entrepr. BX RD Turbo - TGD Turbo BXTRDTurbo -TZDTurbo-TZD 1.9 TD BX Calanque - Millésime (Diesel)	165/70 R 14	MXL-MXT-MXV	T/H	2,1	2,1	2,1	2,1
CX 25 TRD (1986-1987)	195/70 R 14	MXL-MXT-MXV.P	T/H	2,4	1,8	2,4	1,8
XM 2.0 Séduction 7 CV 07/90—>	175/70 R 15	MXL-MXT	T	2,2	1,9	2,2	1,9
XM 2.0 Séduction 9 CV 05/89—>	185/65 R 15	MXV2	H				
XM 2.0i Présence-Sensation	175/70 R 15	MXL-MXT	T	2,4	1,9	2,4	1,9
Ambiance 07/92—>	185/65 R 15	MXL-MXT	T				
XM V6 Ambiance -Exclusive 3.0i 1992—> XM Turbo CT Sensat.- Amb.- Excl.2.0i 1992—>	205/60 R 15	MXV2	V	2,2	1,9	2,2	1,9
XM D 12 Séduction 09/89—>	175/70 R 15	MXL-MXT	T	2,4	1,9	2,4	1,9
	185/65 R 15	MXV2	H	2,3	1,9	2,3	1,9
XM Turbo D12 Présence-Amb. 1992—> " "" Sensation - Exclusive 2.1 TD"	195/65 R 15	MXV2	H	2,2	1,9	2,2	1,9
XM V6 24 Exclusive 07/90—> XM V6 24 Exclusive 3.0i 07/92—>	205/60 ZR 15	MXV2		2,2	1,9	2,2	1,9
ZX Reflex1.1-1.4 -Aura Avantage1.4i 03/91—>	165/70 R 13	MXT-MXV	T/H	2,2	2,2	2,2	2,2
ZX Reflex - Avantage -Aura 1.9 D 07/91—>				2,3	2,1	2,3	2,1
ZX Aura- Avantage 1.6 03/91—>	175/65 R 14	MXT-MXV2	T/H	2,1	2,1	2,1	2,1
ZX 16 V 2.0i 07/92—>	195/55 R 15	XGTV	V	2,2	2,3	2,2	2,3
ZX Furio- Aura 1.8i 07/92—> ZX Volcane1.9 03/91—>	185/60 R 14	MXV2	H	2,2	2,2	2,2	2,2
FERRARI							
208 GTB Turbo-GTS Turbo 11/89—>	AV: 205/55 ZR 16	MXX		2,3	-	2,3	-
328 GTB - 328 GTS	AR: 225/50 ZR 16	MXX		-	2,4	-	2,4
F 40	AV: 235/45 ZR 17	MXX		2,8	-	2,8	-
	AR: 335/35 ZR 17	MXX		-	2,8	-	2,8
GTO	AV: 225/50 ZR 16	MXX		2,4	-	2,4	-
	AR: 255/50 ZR 16	MXX		-	2,7	-	2,7
Mondial 3.2 - Mondial 3.2 Cabriolet	AV: 205/55 ZR 16	MXX		2,4	-	2,4	-
	AR: 225/50 ZR 16	MXX		-	2,4	-	2,4
Mondial T 12/91—>	AV: 205/55 ZR 16	MXX		2,4	-	2,4	-
	AR: 225/55 ZR 16	MXX		-	2,5	-	2,5

Véhicules Marques et Types	Equipements Pneumatiques		Pressions (bar)* Utilisation Courante AV	AR	Autres utilisations AV	AR
FERRARI (suite)						
Testarossa	AV: 225/50 ZR 16	MXX	2,6	-	2,6	-
	AR: 255/50 ZR 16	MXX	-	2,8	-	2,8
FIAT						
Croma 2.0ie & Automat.	175/70 R 14	MXV-MXV2 H	2,0	2,0	2,2	2,2
	195/60 R 14	MXV-MXV2 H	2,2	2,2	2,3	2,3
Croma 2.0ie Turbo	195/60 VR 14	MXV-MXV2 V				
Croma Turbo Diesel 1989—>	185/70 R 14	MXV-MXV2-MXV3A H	2,2	2,2	2,3	2,3
	195/65 R 14	MXV2 H				
Croma Turbo Diesel id 01/91—>	175/70 R 14	MXL-MXT-MXV-MXV2 T/H	2,0	2,0	2,2	2,2
	195/60 R 14	MXV-MXV2 H	2,2	2,2	2,3	2,3
Tempra 1.4 SX- 1,4ie SX	165/65 R 14	MXL-MXT-MXV T/H	2,0	2,0	2,0	2,2
Tempra 1.6 SX - 1.6 SX Selecta 1990—> Tempra 1.6ie SX Europa	185/60 R 14	MXV2 H	2,2	2,2	2,4	2,4
Tempra 1.8ie 1990—>	175/65 R 14	MXV2 H				
1.8ie SX/SLX 06/1992—>	185/60 R 14	MXV2 H				
Tempra 2.0ie SLX 1990—>	185/60 R 14	MXV2 H	2,2	2,2	2,4	2,4
Tempra Diesel SX 1990—>	175/65 R 14	MXL-MXT-MXV2 T/H				
Tempra Turbo Diesel	185/60 R 14	MXV2 H				
Tipo Turbo DS GT 12/91—>	175/65 R 14	MXL-MXT-MXV2 T/H	2,2	2,2	2,4	2,4
	185/60 R 14	MXV2 H				
Tipo 1.8 GTie - Tipo 1.8ie 1990—>						
Tipo 1.8 16V	175/65 R 14	MXV2 H	2,2	2,2	2,4	2,4
Tipo 1.8ie SX 06/1992—>	185/60 R 14	MXV2 H				
Tipo 2.0ie 16V 12/91—>	185/55 R 15	MXV2 V	2,5	2,2	2,7	2,4
	195/50 R 15	MXV2				
Tipo 1.4 - 1.4ie S/SX 06/1992—>	165/70 R 13	MXL-MXT T	2,0	1,9	2,0	2,2
1.6 - 1.6ie S/SX	165/65 R 14	MXL-MXT T	2,0	1,9	2,0	2,2
Uno 45 - 45 S 02/90—>	135 R 13	MX S				
	135/80 R 13	MXT 80 T	1,9	1,9	2,2	2,2
Uno 45 SX (2/90 à 6/90)	155/70 R 13	MXL-MXT-MXV S/T/H				
Uno 1.0ie 06/1992—>						
Uno 70ie SX 07/90—>						
Uno 70 Selecta ie 07/90—>	165/65 R 13	MXL-MXT	1,9	1,9	2,0	2,2
Uno 1.4ie 06/1992—>						
Uno 1.5ie SX 06/1992—>	155/70 R 13	MXL-MXT-MXV S/T/H	1,9	1,9	2,0	2,2
Selecta	165/65 R 13	MXL-MXT T				
Uno Turbo Diesel	155/70 R 13	MXL-MXT-MXV S/T/H	2,0	1,9	2,2	2,2
Uno 70 Turbo Diesel 06/1992—>						
FORD						
Aerostar 04/90—>	P 215/70 R 14	XA4 S	2,3	2,6	2,3	2,6
Escort 1.3i -1.4i -1.8D : CL,CLX 07/92—>	175/70R13	MXT T	2,0	1,8	2,3	2,8
Escort 1.4i Ghia-Cabrio CLX	185/60 R 14	MXV2 H				
Ghia 1,8D 07/92—>						
Escort XR3i 16V - Cabrio XR3i 16V 07/92—>	185/60 R 14	MXV2 V	2,0	2,0	2,3	2,8
Fiesta 1.8 D CLX-1.8 D CLX/Ghia 02/90—>	155/70 R 13	MXL-MXT-MXV S/T/H	2,2	1,8	2,5	2,8
Fiesta Turbo-XR 2i 16V 07/92—>	185/55 R 14	MXV2 H	1,8	1,8	2,3	2,8
Orion 1.4 - 1.4i (1991)						
1.6 - 1.6 Ghia (1991)	175/70 R 13	MXL-MXT-MXV-MXV2T/H	2,0	1,8	2,3	2,8
1.8 D - 1.8 D Ghia (1991)						
Orion 1.3i - 1.4i - 1.8D 07/92—>	175/70 R 13	MXT-MXV-MXV2 T/H				
Orion Ghia Si 1,8i 16 V 07/92—>						
Orion 1.8i CL,CLX 16 V - Ghia 16V 07/92—>	185/60 R 14	MXV2 H	2,.0	1,8	2,3	2,8
Orion Ghia 1.4i - 1.8 D 07/92—>						

Véhicules Marques et Types	Equipements Pneumatiques			Pressions (bar)* Utilisation Courante AV	AR	Autres utilisations AV	AR
FORD (suite)							
Scorpio 2.0i - 2.0i cat. 04/90—>	195/65 R 15	MXV-MXV2	H	1,8	1,8	2,1	3,1
Scorpio 2.5 Diesel CLX 04/90—>	195/65 R 15	MXV-MXV2	H	1,8	1,8	2,1	3,1
Sierra CLX 1.6i - CLX,GL 1.8i 07/92—> CLX, GL 1.8 TD	185/65 R 14 195/60 R 14	MXL-MVT-MXV-MXV2 MXV2	T/H H	1,8	1,8	2,0	3,1
Sierra CLX - CLX Coupé 2.0i 07/92—>	185/65 R 14 195/60 R 14	MXV2 MXV2	H H	1,8	1,8	2,0	3,1
Sierra Ghia 2.0i 07/92—>	195/65 R 14	MXV-MXV2	H	1,8	1,8	2,0	3,1
Sierra 2.0i S - GLS - 2.0i 4x4	195/60 R 14	MXV-MXV2	H	1,8	1,8	2,0	2,5
Sierra 2.0i XR4i 07/92—> Sierra Saphir RS, GT 1.6i - 2.0i-1,8 TD 07/92—>	195/60 R 14	MXV2	H	1,8	1,8	2,0	3,1
Sierra 2.0i CLX 4X4 07/92—>	195/60 R 14 195/55 R 15	MXV2 MXV2	H H	2,0	2,0	2,0	3,1
Sierra 2.3 D sans ABS	165 R 13 165/80 R 13 185/70 R 13	MX MXT 80 MXL-MXT-MXV	T T T/H	2,0	2,0	2,0	2,5
Sierra 2.3 D L	165 R 13 165/80 R 13	MX MXT 80	T T	2,0	2,0	2,0	2,5
Sierra 2.3 D avec ABS	195/65 R 14	MXL-MXT-MXV2	T/H	2,0	2,0	2,0	2,5
Sierra XR 4x4 2.8 - 2.8i - 2.9i	195/60 VR 14	MXV-MXV2	V	1,8	1,8	2,0	2,5
Sierra 4x4 2.9i	195/60 R 14	MXV-MXV2	H	1,8	1,8	2,0	2,5
HONDA							
Accord 2.0 12S : (1989) EX - EXi - EXi automatique	185/65 R 14	MXV-MXV2	H	2,1	2,0	2,1	2,0
Accord EX 2.0 01/90—>	185/70 R 14 185/65 R 15	MXV-MXV2-MXV3A MXV-MXV2	H H				
Accord EXi 2.0i 01/90—>	185/70 R 14 185/65 R 15 195/60 VR 15	MXV-MXV2-MXV3A MXV-MXV2 MXV	H H V	2,2	2,1	2,7	2,6
Accord EXi 2.2i (1/90 à 3/91) Accord EXi 2.2i 4WS (1/90 à 3/91)	195/60 R 15	MXV3	V				
Accord EXi 2.2i 04/91—> Accord EXi 2.2i 4WS 04/91—>	195/60 R 15	MXV3	V	2,2	2,3	2,3	2,6
Civic 1.6i 16 VTEC CRX 1.6i 16 VTEC	195/60 R 14	MXV2	V	2,4	2,3	2,4	2,5
Concerto GL 1.4 16 S - EX 1.6 16S Concerto SX 1.6i 16S	175/65 R 14 185/60 R 14	MXL-MXT-MXV2 MXV2	T/H H	1,9	1,8	2,1	2,0
Legend 2.7i V6 - 2.7i V6 autom.	205/60 R 15	MXV2		2,3	2,2	2,3	2,2
Legend 3.2	205/65 ZR 15	MXV3		2,5	2,4	2,6	3,0
Prélude 2.0 EX	185/70 R 13	MXV	H	1,9	1,8	1,9	2,2
Prélude 2.0 EX 4WS 2.0 EX 4WS automatique				2,0	2,0	2,0	2,0
Prélude 2.0i 16S 4WS	195/60 VR 14	MXV-MXV2	V	2,0	2,0	2,5	2,5
JAGUAR							
XJ 6 : 2.9 & 3.6 1987—> Sovereign: 2.9 & 3.6 1987—> Daimler 3.6 1987—>	TD 220/65 R 390	TDXV	V	2,3 1,8(1)	2,3 1,9(1)	2,3 1,8(1)	2,3 1,9(1)
XJ 6 : 3.2 - 4.0 Sovereign : 3.2 - 4.0 Daimler 4.0				2,2 1,8(1)	2,3 1,9(1)	2,2 1,8(1)	2,3 1,9(1)
Sovereign V12 (10/89 à 9/90) Daimler Double Six (10/89 à 9/90)	215/70 VR 15	XWX		2,5	2,2	2,5	2,5
Sovereign V12 10/90—> Daimler Double Six 10/90—>				2,5 2,1(1)	2,5 1,8(1)	2,5 2,1(1)	2,5 2,1(1)
XJS 3.6 - XJS V12 5.3 10/89—>				2,2	2,2	2,2	2,2
LADA							
Samara 1989—>	165/70 R 13	MXL-MXT-MXV2	T/H	1,9	2,0	1,9	2,0

(1) Pressions jusqu'à 160 km/h

Véhicules Marques et Types	Equipements Pneumatiques		Pressions (bar)* Utilisation Courante AV	AR	Autres utilisations AV	AR
LANCIA						
Dedra 1.6ie	175/65 R 14	MXL-MXT-MXV2 T/H	2,0	2,0	2,2	2,2
	185/60 R 14	MXV-MXV2 H				
Dedra 1.8ie	175/65 R 14	MXV2 H	2,1	2,0	2,3	2,2
	185/60 R 14	MXV-MXV2 H				
Dedra 2.0ie	185/60 R 14	MXV-MXV2 H	2,2	2,1	2,3	2,2
Dedra 2.0 Turbo Diesel	175/65 R 14	MXL-MXT-MXV2 T/H	2,3	2,1	2,4	2,2
	185/60 R 14	MXV-MXV2 H				
Dedra 2000 Turbo	195/50 R 15	MXV-MXV2 V	2,4	2,2	2,7	2,4
Dedra intégrale			2,4	2,4	2,7	2,7
Delta 1300 - 1500 Automatique	165/70 R 13	MXL-MXT-MXV T/H	1,8	1,8	2,0	2,0
	165/65 R 14	MXL-MXT-MXV T/H	2,0	2,0	2,2	2,2
Delta 1.5 LX	165/65 R 14	MXL-MXT-MXV T/H	2,0	2,0	2,2	2,2
Delta 1600 GT - 1.6 GTie						
Delta Turbo Diesel			2,3	2,0	2,4	2,1
Thema 2.0ie-Thema 2.0ie 16V	175/70 R 14	MXV-MXV2 H	2,0	2,0	2,2	2,2
	195/60 R 14	MXV-MXV2 H	2,2	2,2	2,3	2,3
Thema 2.5 Turbo Diesel	185/65 R 14	MXL-MXT-MXV-MXV2 T/H	2,2	2,2	2,3	2,3
	195/60 R 14	MXV-MXV2 H				
Thema V6	185/70 VR 14	MXV V	2,2	2,2	2,3	2,3
	195/60 VR 14	MXV-MXV2				
Thema Turbo 16V	195/60 VR 15	MXV V	2,2	2,2	2,3	2,3
Thema Turbo DS	185/70 R 14	MXV-MXV2-MXV3A H	2,2	2,2	2,3	2,3
Thema SWie 16V	195/65 R 14	MXV2 H	2,3	2,4	2,6	2,8
Thema SW Turbo DS automatique						
Y 10 Fire-Fire LX-Fire LXie-Touring	135 R 13	MX S	2,0	2,0	2,2	2,2
	135/80 R 13	MXT 80 T				
Y 10 Selectronic	155/70 R 13	MXL-MXT-MXV S/T/H				
Y 10 Turbo	155/70 R 13	MXV H	2,0	2,0	2,0	2,0
Y 10 GTie —>01/90						
Y 10 GTie 02/90—>			2,0	2,0	2,2	2,2
Y 10 4WD - 4WDie	155/70 R 13	MXT4 T	2,0	2,0	2,2	2,2
MASERATI						
222	195/55 R 15	MXV2 V	2,1	2,2	2,3	2,5
	205/50 R 15	MXV2 V				
222E - 2.24 V —>05/92	205/50 R 15	MXV2 V	2,0	2,2	2,3	2,6
2.24 V 06/92—>	205/50 ZR 16	MXX	2,0	2,2	2,3	2,6
228i 02/90—>	AV: 205/55 VR 15	MXW	2,2	-	2,3	-
	AR: 225/50 VR 15	MXW	-	2,2	-	2,4
BiTurbo 420 - BiTurbo 420i	205/60 VR 14	MXV	1,9	1,8	2,1	2,0
430 06/92—>	205/50 ZR 16	MXX	2,2	2,3	2,4	2,5
4.24V —>05/92	205/45 ZR 16	MXX	2,2	2,2	2,3	2,3
4.18V - 4.24V 06/92—>	205/50 ZR 16	MXX	2,2	2,2	2,3	2,3
Racing 06/92—>	AV : 205/45 ZR 16	MXX	2,6	-	2,6	-
222.4V	AR : 225/45 ZR 16	MXX	-	2,6	-	2,6
MAZDA						
323 GTi 1.6 (1989)	175/70 R 13	MXV-MXV2 H	2,0	1,8	2,0	1,8
323 1.6 LX - GLX 1990—>	175/70 R 13	MXL-MXT-MXV-MXV2 T/H	2,0	1,8	2,2	2,0
1.7 Diesel LX - GLX 1990—>						
323 1.8 GT (1990)	185/60 R 14	MXV-MXV2 H	2,1	1,9	2,2	2,1
626 2.0 LX - 2.0 12V LX-GLX 1988—>	185/70 R 14	MXL-MXT-MXV-MXV2 T/H	2,0	1,8	2,0	1,8
626 2.0 Diesel LX-GLX 1988—>	165 R 13	MX T	2,2	1,8	2,2	1,8
	165/80 R 13	MXT 80 T				
	185/70 R 13	MXL-MXT-MXV T/H				
929 2.2 LX - 2.2i GLX 1988—>	195/70 R 14	MXV.P H	1,9	1,9	1,9	1,9
MX 5	185/60 R 14	MXV2 H	1,8	1,8	1,8	1,8
RX 7 - RX 7 Turbo 2 1987—>	205/60 R 15	MXV2- MXV3A V	2,2	2,2	2,2	2,2
RX 7 coupé	205/55 ZR 16	MXX				

Véhicules Marques et Types		Equipements Pneumatiques			Pressions (bar)*			
					Utilisation Courante		Autres utilisations	
					AV	AR	AV	AR
MERCEDES								
Type R 107 300 SL - 420 SL 500 SL - 560 SL - SEL		205/65 R 15	MXV	V	2,0 (2) 2,4 (3)	2,4 (2) 2,8 (3)	2,0 (2) 2,4 (4)	2,4 (2) 2,8 (4)
Type R 129 300 SL - 300 SL 24		225/55 ZR 16	MXM		2,0 (6) 2,2 (3)	2,3 (6) 2,5 (3)	2,0 (6) 2,2 (4)	2,7 (6) 2,9 (4)
500 SL - 600 SL					2,1 (7) 2,5 (3)	2,3 (7) 2,7 (3)	2,1 (7) 2,5 (4)	2,8 (7) 3,2 (4)
200	09/89—>	185/65 R 15 195/65 R 15	MXV-MXV2 MXV-MXV2	H H	2,0 (2) 2,2 (3)	2,0 (2) 2,2 (3)	2,0 (2) 2,2 (4)	2,5 (2) 2,7 (4)
		205/60 R 15	MXV-MXV2	H	2,0 (2) 2,2 (3)	2,2 (2) 2,4 (3)	2,0 (2) 2,2 (4)	2,5 (2) 2,7 (4)
200 D	06/92—>	185/65 R 15 205/60 R 15	MXL-MXT-MXV-MXV2 MXV-MXV2	T/H H	2,0	2,0	2,2	2,7
230 CE	06/92—>	195/65 R 15 205/60 R 15	MXV-MXV2 MXV-MXV2	H H				
200 E - 230 E	06/92 —>	195/65 R 15 205/60 R 15	MXV-MXV2 MXV-MXV2	H H				
250 D	06/92—>	195/65 R 15 205/60 R 15	MXL-MXT-MXV-MXV2 MXV-MXV2	T/H H				
250 D Turbo - 300 D Turbo	06/92—>	195/65 R 15 205/60 R 15	MXV-MXV2 MXV-MXV2	H H	2,2	2,3	2,3	2,9
260 E - 300 E 300 CE	06/92—>	195/65 R 15 205/60 ZR 15	MXV-MXV2-MXV3A MXV	V	2,2	2,3	2,3	2,9
300 E 24 300 CE 24	06/92—>	195/65 ZR 15 205/60 ZR 15	MXV MXV		2,4	2,5	2,5	3,2
300 CE 24 Cabrio	06/92—>	195/65 ZR 15 205/60 ZR 15	MXV MXV		2,3	2,7	2,4	3,1
300 D Turbo autom.	09/89—>	195/65 R 15	MXV-MXV2	H	2,0 (2) 2,2 (3)	2,0 (2) 2,2 (3)	2,0 (2) 2,2 (4)	2,5 (2) 2,7 (4)
		205/60 R 15	MXV-MXV2	H	2,0 (2) 2,2 (3)	2,2 (2) 2,4 (3)	2,0 (2) 2,2 (4)	2,5 (2) 2,7 (4)
500 E		225/55 ZR 16	MXM Sport		2,3	2,4	2,5	2,8
Type W 124 4 matic & T 4 matic 260 E - 300 E	(09/89 à 05/92)	195/65 R 15	MXV-MXV2	V	2,1(2) 2,4(3)	2,1(2) 2,4(3)	2,1(2) 2,4(4)	2,4(2) 2,7(4)
300 E	06/92—>	195/65 R 15	MXV-MXV2-MXV3A	V	2,4	2,4	2,5	2,7
300 D Turbo	06/92—>	195/65 R 15	MXV-MXV2	H	2,4	2,4	2,5	2,7
300 TD 300 TD autom.	02/88—> 01/89—>	195/65 R 15	MXV-MXV2	H	2,2 (2) 2,2 (3)	2,3 (2) 2,5 (3)	2,4 (2) 2,4 (4)	2,7 (2) 2,9 (4)
300 TE	06/92—>	195/65 R 15	MXV-MXV2	V	2,3	2,5	2,5	2,9
300 TD Turbo	06/92—>	195/65 R 15	MXV-MXV2	H	2,3	2,5	2,5	2,9
200 T - 200 TD - 250 TD	09/89—>	195/65 R 15 205/60 R 15	MXL-MXT-MXV-MXV2 MXV-MXV2	T/H H	2,0 2,0	2,2 2,4	2,2 2,2	2,8 2,8
300 TD Turbo	06/92—>	195/65 R 15 205/60 R 15	MXV-MXV2 MXV-MXV2	H H	2,0	2,5	2,2	3,1
200 TE	06/92—>	195/65 R 15 205/60 R 15	MXL-MXT-MXV-MXV2 MXV-MXV2	T/H H	2,0	2,5	2,2	3,1
230 TE	06/92—>	195/65 R 15 205/60 R 15	MXV-MXV2 MXV-MXV2	H H	2,0	2,5	2,2	3,1
300 TD	09/89—>	195/65 R 15 205/60 R 15	MXL-MXT-MXV-MXV2 MXV-MXV2	T/H H	2,0 2,0	2,2 2,4	2,2 2,2	2,8 2,8
250 TD - 300 TD	06/92—>	195/65 R 15 205/60 R 15	MXL-MXT-MXV-MXV2 MXV-MXV2	T/H H	2,0	2,2	2,2	2,8
300 TE	06/92—>	195/65 R 15 205/60 ZR 15	MXV-MXV2-MXV3A MXV-MXV2	V	2,0	2,5	2,2	3,1
300 SL - 300 SL 24	06/92—>	225/55 ZR 16	MXM		2,0 (6) 2,2 (3)	2,3 (6) 2,5 (3)	2,0 (6) 2,2 (4)	2,7 (6) 2,9 (4)
500 SL - 600 SL	06/92—>	225/55 ZR 16	MXM		2,1 (6) 2,5 (3)	2,3 (6) 2,7 (3)	2,1 (6) 2,5 (4)	2,8 (6) 3,2 (4)
190 - 190 E	09/89—>	185/65 R 15 205/55 R 15	MXV-MXV2 MXV	H H	2,0	2,2	2,2	2,6
190 E 2.3 16S		205/55 R 15	MXV	V	2,2	2,4	2,4	2,8
190 E 2.5 16S		205/55 ZR 15	MXV		2,3	2,5	2,5	3,0

(2) Pression jusqu'à 180 km/h.
(3) Pression pour vitesse maxi.
(4) Pression pour charge et vitesse maxi.
(6) Pression jusqu'à 210 km/h.
(7) Pression jusqu'à 220 km/h.

Véhicules Marques et Types		Equipements Pneumatiques			Pressions (bar)* Utilisation Courante AV	AR	Autres utilisations AV	AR
MERCEDES (suite)								
190 E 2.6	11/88—>	185/65 R 15	MXV	V	2,1	2,3	2,3	2,8
		205/55 ZR 15	MXV					
190 D	11/88—>	185/65 R 15	MXL-MXT-MXV-MXV2	T/H	1,8	2,0	2,0	2,3
		205/55 R 15	MXV	H				
190 D 2.5 Turbo	11/88—>	185/65 R 15	MXV-MXV2	H	2,1	2,3	2,3	2,8
		205/55 R 15	MXV	H				
MITSUBISHI								
Colt 1500 GLX		175/70 R 13	MXV-MXV2	H	1,6	1,6	1,6	1,6
Colt 1600 Turbo		175/70 R 13	MXV-MXV2	H	1,8	1,8	1,8	1,8
		185/60 R 14	MXV-MXV2	H				
Colt 1600 GTi 16S		195/60 R 14	MXV-MXV2	H	2,0	2,0	2,0	2,0
Galant 1800 GLS	1988—>	185/70 R 14	MXV-MXV2-MXV3A	H	2,0	1,8	2,0	1,8
Galant 2000 GLSi	1988—>	195/65 R 14	MXV2	H				
Galant 2000 Turbo		195/60 R 14	MXV-MXV2	H				
		195/60 R 15	MXV-MXV2	H				
Galant 2.0 16S		195/60 R 15	MXV-MXV2	H				
Lancer HB 1500 GLX	1988—>	175/70 R 13	MXV-MXV2	H	1,6	1,6	1,6	1,6
Lancer 1500 GLXi					2,0	2,0	2,0	2,0
NISSAN								
200 SX		195/60 VR 15	MXV		2,0	2,3	2,0	2,3
300 ZX Turbo 12S		AV: 205/55 ZR 16	MXX		2,0	-	2,3	-
		AR: 225/50 ZR 16	MXX		-	2,3	-	2,6
300 ZX Turbo 24S		AV: 205/55 ZR 16	MXX		2,3	-	2,3	-
		AR: 225/50 ZR 16	MXX		-	2,3	-	2,3
300 ZX twin Turbo 24S		AV: 225/50 ZR 16	MXX N0		2,3	-	2,6	-
		AR: 245/45 ZR 16	MXX N0		-	2,5	-	2,8
Bluebird 1800 E BV5		185/70 R 14	MXL-MXT-MXV-MXV2	T/H	2,0	2,0	2,4	2,4
Bluebird 2000 Diesel	01/90—>	185/70 R 14	MXL-MXT-MXV-MXV2	T/H	2,2	2,0	2,2	2,0
Maxima		205/65 R 15	MXV	V	2,0	2,0	2,5	2,4
Priméra 2.0i 16 soupapes		185/65 R 14	MXV2	H	2,2	2,0	2,4	2,3
		195/60 R 14	MXV2	V				
Sunny 1800 GTi 16S		185/60 R 14	MXV-MXV2	H	2,3	2,0	2,3	2,0
Sunny 2000 D SLX	03/91—>	175/70 R 13	MXL-MXT-MXV-MXV2	T/H	2,2	2,0	2,3	2,1
Sunny 2000 D SLX break	03/91—>				2,2	2,0	2,3	2,6
OPEL								
Ascona 1.6 S - 1.6 D - 1.8 N		165 R 13	MX	T	1,9	1,7	2,0	2,2
		165/80 R 13	MXT 80	T				
		185/70 R 13	MXL-MXT-MXV	T/H				
		185/65 R 14	MXL-MXT-MXV-MXV2	T/H				
		195/60 R 14	MXV-MXV2	H	2,1	1,9	2,2	2,4
Astra 1.4i GLS - 1.6i GLS		175/65 R 14	MXT-MXV2	T/H	1,9	1,6	2,1	2,3
Astra 1.7 D GLS - 1.7 TD GLS		185/60 R 14	MXV2	H	2,3	2,0	2,5	2,7
Astra 1.4i GT - 1.6i GT		185/60 R 14	MXV2	H	1,9	1,6	2,1	2,3
Astra 1.7 D GT - 1.7 TD GT		195/60 R 14	MXV2	H	2,3	2,0	2,5	2,7
Astra 1.8i GLS		175/65 R 14	MXV2	H	2,1	1,8	2,3	2,5
		185/60 R 14	MXV2	H				
Astra 2.0i GL/GLS/CD		185/60 R 14	MXV2	H	2,3	2,0	2,5	2,7
		195/60 R 14	MXV2	H				
		175/65 R 14	MXV2	H				
Astra 2.0i GSi		195/60 R 14	MXV2	H				
		175/65 R 14	MXV2	H				
		185/60 R 14	MXV2	H				
		205/50 R 15	MXV2	V				
Calibra GT 2.0i - 2.0i 4x4	10/90—>	195/60 R 14	MXV2	V	2,3	2,1	2,5	3,2
		195/60 R 15	MXV2	V				
		205/55 R 15	MXV	V				
Corsa GL 1.2 S - 1.3 N - 1.3 S - 1.4 S		145 R 13	MX	S	1,7	1,7	2,0	2,4
		145/80 R 13	MXT 80	T				
		165/70 R 13	MXL-MXT-MXV	T/H				
		165/65 R 14	MXL-MXT-MXV	T/H				

Véhicules Marques et Types	Equipements Pneumatiques			Pressions (bar)* Utilisation Courante AV	Utilisation Courante AR	Autres utilisations AV	Autres utilisations AR
OPEL (suite)							
Corsa GT 1.4i - 1.4 S	165/70 R 13	MXL-MXT-MXV	T/H	1,7	1,7	2,0	2,4
Corsa GT 1.5 TD 12/89—>	165/65 R 14	MXL-MXT-MXV	T/H	1,9	1,7	2,0	2,4
Corsa GSi 1.6i - 1.6 S	175/65 R 14	MXV2	H	1,8	1,6	2,0	2,2
Kadett E	155 R 13	MX	T	1,8	1,6	1,9	2,4
	155/80 R 13	MXT 80	T				
LS 1.2 S - 1.4i - 1.4 S 10/89—>	165 R 13	MX	T	1,8	1,6	1,9	2,1
	165/80 R 13	MXT 80	T				
LS 1.5 TD - 1.6i - 1.6 S 10/89—>	175/70 R 13	MXL-MXT-MXV-MXV2	T/H				
LS 1.7 D 10/89—>	185/60 R 14	MXV2	H	1,7	1,7	1,8	2,0
Kadett E LS - GL 1.8 S 10/89—>	175/65 R 14	MXV2	H	2,1	1,9	2,2	2,4
	185/60 R 14	MXV2	H				
Kadett E	175/70 R 13	MXL-MXT-MXV-MXV2	T/H	1,8	1,6	1,9	2,1
GT 1.4 S - 1.6i - 1.6 N - 1.6 S 10/89—>	185/60 R 14	MXV2	H	1,7	1,7	1,8	2,0
Omega GL-GLS 1.8i - 2.0i-2.0 N-2.0 S	185/70 R 14	MXV-MXV2-MXV3A	H	2,2	2,2	2,5	2,9
GL - GLS 2.4i	175 R 14	MXV.P	H				
CD 2.0i - 2.4i - 2.3 TD	195/65 R 15	MXV-MXV2	H				
Vectra GL - GLS 1.7 D 01/90—>	175/70 R 14	MXL-MXT-MXV-MXV2	T/H	2,1	1,9	2,4	2,6
	195/60 R 14	MXV-MXV2	H				
	165 R 13	MX	T	1,9	1,7	2,1	2,3
	165/80 R 13	MXT 80	T				
Vectra GL - GLS 1.8i - 1.8 S 01/90—>	175/70 R 14	MXL-MXT-MXV-MXV2	T/H	1,9	1,7	2,1	2,3
GL - GLS 1.6i - 1.6 N - 1.6 S 01/90—>	165 R 13	MX	T				
	165/80 R 13	MXT 80	T				
Vectra GL 1.8 S 4x4 01/90—>	175/70 R 14	MXL-MXT-MXV-MXV2	T/H	1,9	1,7	2,1	2,5
	195/60 R 14	MXV-MXV2	H				
Vectra 2.0 - GT 2.0	195/60 R 14	MXV-MXV2	H	2,2	2,0	2,5	2,7
Vectra GL - GLS 2.0i		MXV2	V	2,1	1,9	2,4	2,6
Vectra GT 2.0i - 2.0 S 01/90—>				2,1	1,9	2,4	2,6
PEUGEOT							
106 XN - XR 1.1 07/91—>	145/70 R 13	MXT	T	2,1	2,1	2,1	2,1
106 XR - XT 1.4 07/91—>	155/70 R 13	MXT-MXV	T/H	2,0	2,0	2,0	2,0
106 XND - XRD - XTD 07/92—>				2,1	2,1	2,1	2,1
205 GLD - GRD - XLD - XRD 07/87—>	155/70 R 13	MXL-MXT-MXV	S/T/H	1,9	2,1	1,9	2,1
205 GT - XT - XS (1360cm3) 1987—>	165/70 R 13	MXL-MXT-MXV	T/H				
205 GTi 1.6 (115ch) - Cabriolet CTi	185/60 R 14	MXV-MXV2	H	2,0	2,0	2,0	2,0
205 GTi 1.9 (130ch)	185/55 R 15	MXV.P	V				
205 DT	165/70 R 13	MXV	H	1,9	2,1	1,9	2,1
205 XAD 1988—>	155/70 R 13	MXL-MXT-MXV	S/T/H	2,0	2,3	2,0	2,6
309 GR - SR - XR - XS 1.6 - SX 1.6	165/70 R 13	MXL-MXT-MXV	T/H	1,9	2,1	1,9	2,1
309 GLD - GRD - SRD - XLD - XRD				2,1	2,2	2,1	2,2
309 XS 1.9 - SX 1.9 1990—>	175/65 R 14	MXV2	H	2,0	2,0	2,0	2,0
309 SRD Turbo Diesel 1990—>							
309 GTi (130ch)	185/55 R 15	MXV.P	V	2,0	2,0	2,0	2,0
405 GL-GR-SR 1.6 - GLD 07/89—>	165/70 R 14	MXL-MXT-MXV	T/H	2,1	2,1	2,1	2,1
405 GLD 1.9 07/92—>		MXT-MXV	T/H	2,2	2,2	2,2	2,2
405 GR - SR 1.8 07/92—>	175/70 R 14	MXT-MXV-MXV2	T/H	2,1	2,1	2,1	2,1
405 GR - SR 1.9 (7CV) 07/89—>	175/70 R 14	MXL-MXT-MXV-MXV2	T/H	2,0	2,0	2,0	2,0
	185/65 R 14	MXV-MXV2	H				
405 GRD - SRD 07/92—>	175/70 R 14	MXT-MXV-MXV2	T/H	2,2	2,2	2,2	2,2
405 GRD Turbo - SRD Turbo	185/65 R 14	MXV-MXV2	H	2,1	2,2	2,1	2,2
405 GRD - SRD - STD Turbo07/92—>				2,2	2,2	2,2	2,2
405 GR - SR 1.9 (9CV) 07/89—>				2,0	2,0	2,0	2,0
405 GRi-Si-SRi-STi et Auto. 07/89—>				2,0	2,1	2,0	2,1
405 SRi - STi - SRx4 07/92—>				2,2	2,2	2,2	2,2
405 GR 1.8 Automatic 07/92—>							
405 SRi - STi Automatic 07/92—>							
405 Mi 16 (1990 à 1991)	195/55 R 15	MXV2	V	2,1	2,1	2,1	2,1
405 Mi 16 07/92—>	195/55 R 15	XGTV	V	2,2	2,2	2,2	2,2
505 Turbo injection	195/60 VR 15	MXV	V	2,1	2,2	2,1	2,2
505 GTD Turbo - STD Turbo 07/88—>	185/65 R 15	MXL-MXT-MXV-MXV2	T/H	2,2	2,4	2,2	2,4
605 SL 07/89—>	185/65 R 15	MXV2	H	2,2	2,2	2,2	2,2
605 SRi - et automatique-SLI	195/65 R 15	MXV2	H				
07/89—>	205/60 R 15	MXV2	H				

Véhicules Marques et Types	Equipements Pneumatiques		Pressions (bar)* Utilisation Courante AV	AR	Autres utilisations AV	AR
PEUGEOT (suite)						
605 SLD - SRD 09/90—>	195/65 R 15	MXL-MXT-MXV-MXV2 T/H	2,4	2,4	2,4	2,4
605 SRDT - SVDT 07/89 —>	195/65 R 15	MXV2 H				
605 SRDT 07/92—>	205/60 R 15	MXV2 H				
605 SR 3.0 - SV 3.0 et automatique 07/89—>	205/60 R 15	MXV2-MXV3A V	2,3	2,3	2,3	2,3
605 SV 24 07/89—>	205/55 ZR 16	MXV2-MXM				
PORSCHE						
928 S4 04/91—>	AV: 225/50 ZR 16	MXX N0	2,5	-	2,5	-
	AR: 245/45 ZR 16	MXX N0	-	3,0	-	3,0
	AV: 225/45 ZR 17	MXX3 N0	2,5	-	2,5	-
	AR: 255/40 ZR 17	MXX3 N0	-	3,0	-	3,0
928 GT 04/91—>	AV: 225/45 ZR 17	MXX3 N0	2,5	-	2,5	-
	AR: 255/40 ZR 17	MXX3 N0	-	3,0	-	3,0
928 GTS Coupé 08/91—>	AV: 225/45 ZR 17	MXX3 N0	2,5	-	2,5	-
	AR: 255/40 ZR 17	MXX3 N0	-	2,5	-	2,5
944 S - 944 Turbo 08/88—>	AV: 205/55 ZR 16	MXX N0	2,5	-	2,5	-
	AR: 225/50 ZR 16	MXX N0	-	2,5	-	2,5
	AV: 225/50 ZR 16	MXX N0	2,5	-	2,5	-
	AR: 245/45 ZR 16	MXX N0	-	2,5	-	2,5
944 S2 04/91—>	AV: 205/55 ZR 16	MXX N0	2,5	-	2,5	-
	AR: 225/50 ZR 16	MXX N0	-	2,5	-	2,5
	AV: 225/45 ZR 17	MXX3 N0	2,5	-	2,5	-
	AR: 255/40 ZR 17	MXX3 N0	-	2,5	-	2,5
944 Turbo S	AV: 225/50 ZR 16	MXX N0	2,5	-	2,5	-
	AR: 245/45 ZR 16	MXX N0	-	2,5	-	2,5
964 - 964 Turbo 08/91—>	AV: 205/50 ZR 17	MXX3 N0	2,5	-	2,5	-
	AR: 255/40 ZR 17	MXX3 N0	-	2,5	-	2,5
964/2 - 964/4 08/91—>	AV: 205/55 ZR 16	MXX3 N0	2,5	-	2,5	-
	AR: 225/50 ZR 16	MXX3 N0	-	3,0	-	3,0
	AV: 205/55 ZR 16	MXX3 N0	2,5	-	2,5	-
	AR: 245/45 ZR 16	MXX3 N0	-	3,0	-	3,0
	AV: 205/50 ZR 17	MXX3 N0	2,5	-	2,5	-
	AR: 255/40 ZR 17	MXX3 N0	-	2,5	-	2,5
968 04/91—>	AV: 205/55 ZR 16	MXX N0	2,5	-	2,5	-
	AR: 225/50 ZR 16	MXX N0	-	2,5	-	2,5
	AV: 225/45 ZR 17	MXX3 N0	2,5	-	2,5	-
	AR: 255/40 ZR 17	MXX3 N0	-	2,5	-	2,5
RENAULT						
Clio 1.7 RT - Baccara 07/90—>	165/60 R 14	MXV H	2,0	2,0	2,2	2,2
Clio 1.9 Diesel RN - RT 07/90—>	155/70 R 13	MXL-MXT-MXV S/T/H	2,2	2,2	2,4	2,4
	165/65 R 13	MXL-MXT T	2,1	2,1	2,3	2,3
Clio 16 S 12/90—>	185/60 R 14	MXV2 V	2,0	2,0	2,2	2,2
	185/55 R 15	MXV2 V				
Clio RSI 07/1992—>	175/60 R 14	MXV2 H	2,0	2,0	2,3	2,3
Espace 2000 TXE	195/65 R 14	MXL-MXT-MXV2 T/H	1,9	1,7	2,1	2,1
" " "TXE Quadra - 2001 Quadra"	195/65 R 14	MXT4 T	2,0	1,7	2,0	2,0
" " "2.2i - 2.1TurboDies RN-RT RXE" 04/91—>	195/65 R 14	MXT-MXV2 T/H	2,3	1,9	2,5	2,6
Espace V6 2.9i 04/91—>	195/65 R 15	MXV2 H	2,2	2,0	2,3	2,3
R5 FIVE - CAMPUS 07/1992—>	145/70 R 13	MXL-MXT S/T	1,8	2,0	2,0	2,2
R5 FIVE - CAMPUS Diesel 07/1992—>	155/70 R 13	MXL-MXT-MXV S/T/H	1,8	2,0	2,0	2,2
R 5 GTR 1988—>						
R 5 GTS 1988—> - R5 TS	165/65 R 13	MXL-MXT T	1,8	2,0	2,0	2,2
R 5 - Baccara Automatic			1,9	2,0	2,1	2,2
R 5 GTX - Baccara			2,0	2,0	2,2	2,2
R 5 GT Turbo 1988—>	175/60 R 13	MXV2 H	1,8	1,8	2,2	2,2
	195/55 R 13	MXV H	1,8	1,8	1,8	1,8
R 19 TD - GTD - TDE & Chamade	165/70 R 13	MXL-MXT-MXV T/H	2,0	2,0	2,2	2,2
R 19 GTX - TXE & Chamade R 19 RN - RT 1.8 - Cabriolet RT 1.8 05/92—>	175/70 R 13	MXL-MXT-MXV-MXV2 T/H	1,8	2,0	2,0	2,2
	175/65 R 14	MXL-MXT-MXV2 T/H				

Véhicules Marques et Types	Equipements Pneumatiques			Pressions (bar)* Utilisation Courante AV	AR	Autres utilisations AV	AR
RENAULT (suite)							
R 19 Sport 16S & Chamade & Cabrio	195/50 R 15	MXV2	V	2,0	2,0	2,2	2,2
R 19 TXi et Chamade —>08/91	175/65 R 14	MXV2	H	1,8	2,0	2,0	2,2
R 19 TXi et Chamade 09/91—>	175/65 R 14	MXL-MXT-MXV2	T/H				
R 19 RT 1.8i - Baccara 05/92—>	175/65 R 14	MXV2	H				
R 19 Turbo D - Turbo DX & Chamade	175/70 R 13	MXL-MXT-MXV-MXV2	T/H	2,0	2,0	2,2	2,2
R 19 D - RL - RN 1.9 05/92—>	165/70 R 13	MXL-MXT-MXV	T/H	2,0	2,0	2,2	2,2
R 19 TD RN - RT 1.9 05/92—>	175/70 R 13 175/65 R 14	MXL-MXT MXL-MXT	T T	2,0	2,0	2,2	2,2
R 21 Ti - RX - GTX - TXE - Baccara	185/65 R 14	MXV-MXV2	H	1,8	2,0	2,0	2,2
R 21 GTX & TXE automatic-ALIZEE				1,9	2,0	2,1	2,2
R 21 TXi	185/55 R 15	MXV2	V	2,1	2,1	2,3	2,3
R 21 TXi Quadra				2,3	2,3	2,5	2,5
R 21 RS - TS - TSE - GTS PRIMA-MANAGER-ALIZEE 07/92—>	175/70 R 13 175/65 R 14	MXL-MXT-MXV-MXV2 MXL-MXT-MXV2	T/H T/H	1,8	2,0	2,0	2,2
R 21 GSD - GTD			T/H	2,0	2,0	2,3	2,3
R 21 Turbo D - Turbo DX Turbo D MANAGER-ALIZEE 07/92—>	185/70 R 13 185/65 R 14	MXL-MXT-MXV MXL-MXT-MXV-MXV2	T/H T/H	2,0	2,0	2,3	2,3
R 21 Turbo 2.0	195/55 ZR 15	MXV2		2,2	2,0	2,5 2,8 (4)	2,3 2,5 (4)
R 21 Turbo 2.0 Quadra				2,5	2,3	2,6 2,9 (4)	2,4 2,6 (4)
R 25 GTS - GTD 06/88—>	185/70 R 14	MXL-MXT-MXV-MXV2	T/H	1,8	2,0	2,0	2,2
R 25 Turbo D - Turbo DX 06/88—>	195/60 R 15	MXV-MXV2	H				
R 25 V.6 injection 1988—> R 25 TX V6 injection Baccara	195/60 VR 15	MXV		2,1	2,2	2,3	2,5
R 25 V.6 Turbo (1989)	205/60 R 15	MXV2-MXV3A	V	2,2	2,0	2,5	2,3
R 25 V.6 Turbo - baccara 1990—>	205/55 ZR 16	MXV2					
Safrane RN - RT 2.0i (9 cv) 05/92—> Safrane Turbo diesel RN 2.1i 05/92—>	185/70 R 14 195/60 R 15	MXT- MXV-MXV2 MXV2	T/H H	2,3	2,1	2,5	2,3
Safrane RN - RT - RXE 2.2i (bvm) 05/92—>	195/60 R 15	MXV2	H				
Safrane RN - RT - RXE 2.2i (bva) 05/92—> Safrane Turbo diesel RN-RT-RXE 2.5 05/92—>	195/65 R 15	MXV2	H				
Safrane V6 RT - RXE 3.0i 05/92—>	195/65 R 15	MXV2 - MXV3A	V				
Safrane V6 Quadra RXE 3.0i 05/92—>	205/60 R 15	MXV2 - MXV3A	V				
ROVER							
111 C - L - 114 SL - GSi	155/65 R 13	MXL-MXT	T	2,1	2,1	2,1	2,2
214 GSi	175/65 R 14 185/60 R 14	MXL-MXT-MXV2 MXV2	T/H H	2,1 (1) 2,5 (3)	2,1 (1) 2,5 (3)	2,5 (1) 2,9 (4)	2,5 (1) 2,9 (4)
216 GTi — 216 GTi TC (5 portes)	185/60 R 14	MXV2	H	2,2 (1)	2,2 (1)	2,2 (1)	2,2 (1)
218 SD Turbo - GSD Turbo 03/92—>	175/70 R 14	MXT -MXV2	T/H	2,1	2,1	2,2	2,2
416 GSi	175/65 R 14 185/60 R 14	MXV2 MXV2	H H	2,1 (1) 2,5 (3)	2,1 (1) 2,5 (3)	2,5 (1) 2,9 (4)	2,5 (1) 2,9 (4)
416 GTi	185/60 R 14	MXV2	H				
418 SD Turbo - GSD Turbo 03/92—>	175/70 R 14	MXT-MXV2	T/H	2,1	2,1	2,2	2,2
820 SE - 820 Si 08/89—>	195/65 R 15	MXV-MXV2-MXV3A	V	1,8 2,2 (3)	1,8 2,2 (3)	1,9 2,3 (4)	1,9 2,3 (4)
825i - 825i Sterling				1,9 2,5 (3)	1,9 2,5 (3)	2,0 2,6 (4)	1,9 2,5 (4)
825 D - 825 SD				1,9	1,9	2,5	2,5
827 Si - 827 Sterling 08/89—>				1,9 2,5 (3)	1,9 2,5 (3)	2,1 2,7 (4)	2,1 2,7 (4)
Maestro 1.6 MG	175/65 R 14	MXL-MXT-MXV2	T/H	1,9	1,8	1,9	1,8
Maestro 2.0 MG EFi	175/65 R 14	MXV2	H	1,9	1,9	2,1	2,1

(1) Pressions jusqu'à 160 km/h. (3) Pression pour vitesse maxi. (4) Pression pour charge et vitesse maxi.

Véhicules Marques et Types	Equipements Pneumatiques			Pressions (bar)*			
				Utilisation Courante		Autres utilisations	
				AV	AR	AV	AR
ROVER (suite)							
Montego 1.6 L - HL - SL - Mayfair	185/65 R 14	MXL-MXT-MXV-MXV2	T/H	1,8	1,9	1,9	1,9
Montego 2.0 L - SL - GTi - GSi				1,9	1,9	2,1	2,1
Montego 2.0 Diesel Turbo				2,1	2,1	2,2	2,2
SAAB							
900 i 16 1992—>	185/65 R 15	MXL-MXT-MXV-MXV2	T/H	2,1	2,2	2,5	2,6
900 S - 16V 07/92—>	195/60 VR 15	MXV	V	2,1	2,2	2,5	2,6
9000 - CD - CS 2.0i 9000 CD - CS 2.3i	195/65 R 15	MXV2-MXV3A	V	2,1	2,1	2,6	2,6
9000 T 16 - CD T 16 1992—>	195/65 R 15	MXV2-MXV3A	V	2,1	2,1	2,6	2,6
9000 CS T 16 9000 CS - CSE - CD - CDE 2.3 T 07/92—>	205/60 ZR 15	MXV2		2,2	2,2	2,7	2,7
9000 CDi 16	195/65 R 15	MXV2-MXV3A	V	1,9	1,9	2,2	2,2
9000 GRIFFIN 2.0 - 2.3 07/92—>			V	2,1	2,1	2,6	2,6
9000 AERO 2.0 -2.3 07/92—>	205/55 ZR 16	MXM		2,4	2,4	2,8	2,8
9000 T 16 SP	205/50 ZR 16	MXX		2,4	2,4	2,9	2,9
9000 T 16 S - CD T 16 S - CS T 16 S				2,4	2,4	3,0	3,0
SEAT							
Ibiza 1.2 GLX - 1.2 SX - 1.2i GLX 1991—>	165/70 R 13	MXL-MXT-MXV	T/H	2,0	1,9	2,0	2,2
1.5 GLX - 1.5 SX - 1.5i GLX 1991—>	165/65 R 14	MXL-MXT-MXV	T/H				
Malaga 1.2 GLX - 1.5 GLX 1989—>	155 R 13	MX	T	2,0	1,9	2,0	2,1
	155/80 R 13	MXT 80	T				
	165/65 R 14	MXL-MXT-MXV	T/H	2,0	1,9	2,0	2,2
	165/70 R 13	MXL-MXT-MXV	T/H				
Malaga 1.7 GLX Diesel —>1990	155 R 13	MX	T	2,0	1,9	2,0	2,2
	155/80 R 13	MXT 80	T				
Malaga 1.7 GLX Diesel 1991—>	165/65 R 14	MXL-MXT-MXV	T/H	2,1	1,9	2,1	2,2
	165/70 R 13	MXL-MXT-MXV	T/H				
Toledo 1.6 GL	175/70 R 13	MXT-MXV-MXV2	T/H	2,0	2,0	2,1	2,6
Toledo 1.8i CL - 1.8i GL	185/60 R 14	MXV2	H				
Toledo 1.8i GLX	185/60 R 14	MXV2	H				
Toledo 1.8i GT 16V	185/60 R 14	MXV2	V				
Toledo 1.9 D CL	175/70 R 13	MXL-MXT-MXV-MXV2	T/H	2,1	2,0	2,2	2,6
Toledo 1.9 D GL	175/70 R 13	MXT-MXV-MXV2	T/H				
Toledo 1.9 TD GL	185/60 R 14	MXV2	H				
Toledo 1.9 TD GLX Toledo 2.0i CL - GL - GLX - GT	185/60 R 14	MXV2	H				
TOYOTA							
Camry 2.2i	195/70 R 14	MXV3A	V	2,2	2,0	2,4	2,0
Carina II - Carina II GLi autom.	185/65 R 14	MXV-MXV2	H	1,9	1,9	2,4	2,3
Celica 2000 GT - 2000 GT Cabriolet	195/60 VR 14	MXV-MXV2	V	2,1	2,1	2,1	2,1
Lexus LS 400	205/65 ZR 15	MXV3		2,3	2,5	2,5	2,7
MR 2.0i	AV : 195/60 VR 14	MXV		1,8	-	2,0	-
	AR : 205/60 VR 14	MXV		-	2,2	-	2,4
Supra 3000 GT 3000 GT automatique	225/50 ZR 16	MXX		2,2	2,2	2,2	2,2
Supra 3000 GT Turbo & automatique				2,3	2,5	3,0	3,0
VOLKSWAGEN							
Golf 1.8 CL, GL (75 Ch) 10/91—>	175/70 R 13	MXT-MXV-MXV2	T/H	2,0	1,8	2,2	2,4
Golf 1.9 D CL, GL (64 Ch)	185/60 R 14	MXV2	H				
Golf 1.8 CL, GL(90 Ch) Golf 1.9 TD.GL (75 Ch) 10/91—>	195/50 R 15	MXV2	H	2,2	2,0	2,4	2,6
Golf GTi G60 1.8 G 09/90—>	185/60 R 14	MXV2	V	2,6	2,4	2,8	3,0
	195/50 R 15	MXV2	V				
Golf 2.0 GTi 10/91—>	195/50 R 15	MXV2	V	2,2	2,0	2,4	2,6
	205/50 R 15	MXV2	V	1,9	1,9	2,1	2,3
Golf 2.8 VR 6 10/91—>	205/50 R 15	MXV2	V	2,5	2,3	2,7	2,9
Jetta 1.6 D - 1.6 TD - 1.8 GT - 1.8i 09/89—>	185/55 R 15	MXV2	V	2,0	1,8	2,2	2,6
Jetta 1.6i 09/89—>				2,0	1,8	2,0	2,6

Véhicules Marques et Types	Equipements Pneumatiques			Pressions (bar)*			
				Utilisation Courante		Autres utilisations	
				AV	AR	AV	AR
VOLKSWAGEN (suite)							
Jetta 1.8 GTi 09/89—>	185/60 R 14	MXV2	H	2,0	1,8	2,4	2,8
	185/55 R 15	MXV2	V				
Passat CL- GL 1.6i -1.8i (75ch) 12/91—>	185/65 R 14	MXT-MXV2	T/H	2,0	2,0	2,3	2,6
	195/60 R 14	MXV2	H				
Passat 1.6 TD 12/91—>	195/55 R 15	MXV2	V	2,1	2,1	2,4	2,7
Passat CL-GL 1.8i (90ch) 12/91—>	205/50 R 15	MXV2	V				
Passat CL-GL 2.0i (115ch) 12/91—>	185/65 R 14	MXV2	H	2,2	2,2	2,6	2,9
	195/60 R 14	MXV2	H				
	195/55 R 15	MXV2	V				
	205/50 R 15	MXV2	V				
Passat 1.9 D CL / GL (68 ch)12/91—>	185/65 R 14	MXT-MXV-MXV2	T/H	2,0	2,0	2,3	2,6
	195/60 R 14	MXV2	H				
Passat 1.9 D CL / GL (75 ch)12/91—>	195/55 R 15	MXV2	V	2,1	2,1	2,4	2,7
	205/50 R 15	MXV2	V				
Passat GL 1.8i 16V (136Ch) 12/91—>	195/60 R 14	MXV2	H	2,4	2,4	2,8	3,1
Passat GL 2.0i 16V (136Ch) 12/91—>	195/55 R 15	MXV2	V				
	205/50 R 15	MXV2	V				
Passat GT 1.8i 16V - GT 2.0i 16V 12/91—>	205/50 R 15	MXV2	V				
Passat VR6 2.8i 12/91—>							
Polo GT 1.3 - Coupé CL 1.3 09/89—>	155/70 R 13	MXL-MXT-MXV	S/T/H	1,7	1,7	1,9	2,2
Polo GT 1.3i 09/89—>	165/65 R 13	MXL-MXT	T	1,8	1,8	2,1	2,4
Vento 1.8 CL-GL	175/70 R 13	MXT-MXV-MXV2	T/H	2,0	1,8	2,2	2,4
Vento 1.9 D CL- GL 04/92—>	185/60 R 14	MXV2	H				
	195/50 R 15	MXV2	V				
Vento 1.8i CL-GL	175/70 R 13	MXT-MXV-MXV2	T/H	2,2	2,0	2,4	2,6
Vento 1.9 TD GL 04/92—>	185/60 R 14	MXV2	H				
	195/50 R 15	MXV2	H				
Vento 2.0i GTI 04/92—>	195/50 R 15	MXV2	V	2,2	2,0	2,4	2,6
	205/50 R 15	MXV2	V	1,9	1,9	2,1	2,3
Vento 2.8i VR6 04/92—>	205/50 R 15	MXV2	V	2,5	2,3	2,7	2,9
VOLVO							
240 GLT 1989—>	185/70 R 14	MXL-MXT-MXV-MXV2	T/H	1,8	1,9	1,9	2,3
	195/60 R 15	MXV-MXV2	H				
440 GL - GLE 1989—>	165/70 R 14	MXL-MXT-MXV	T/H	2,1	1,9	2,1	2,1
440 GLT 1989—>	175/65 R 14	MXL-MXT-MXV2	T/H				
440 Turbo - 480 ES - 480 Turbo	185/60 R 14	MXV-MXV2	H				
460 GL	165/70 R 14	MXL-MXT-MXV	T/H	2,1	1,9	2,3	2,1
460 GLE	175/65 R 14	MXL-MXT-MXV2	T/H				
460 Turbo	185/60 R 14	MXV-MXV2	H				
740 GLE 1989—>	185/65 R 15	MXL-MXT-MXV-MXV2	T/H	1,9	1,9	2,1	2,3
740 Turbo - GLT - GLT 16S	195/60 R 15	MXV-MXV2	H				
740 GLE Diesel Turbo 1989—>	185/65 R 15	MXL-MXT-MXV-MXV2	T/H				
	195/60 R 15	MXV-MXV2	H				
760 GLE 1989—>	195/60 R 15	MXV-MXV2	H	2,0	1,9	2,1	2,6
	185/65 R 15	MXL-MXT-MXV-MXV2	T/H				
760 GLE Diesel Turbo 1989—>	195/60 R 15	MXV-MXV2	H				
	195/65 R 15	MXV-MXV2	H				
780 - 780 Turbo & Turbo Diesel 1989->	205/60 R 15	MXV-MXV2	H				
850 GLT	195/60 R 15	MXV2	V	2,1	2,0	2,8	2,8
940 GL - GLE (131 ch) 940 Turbo Diesel GL - GLE	185/65 R 15	MXL-MXT-MXV-MXV2	T/H	1,9	1,9	2,1	2,6
940 GL - GLE (159 ch) 1991—>	185/65 R 15	MXV-MXV2	H				
940 Turbo-GLT 16S 1991—>	195/60 R 15	MXV-MXV2	H				
960 Turbo - 960 Turbo Diesel	195/65 R 15	MXV2	H	2,0	1,9	2,1	2,6
960 Turbo 16S - 960 6 cylindres	195/65 R 15	MXV2	V				

Tous les renseignements figurants sur ces tableaux sont donnés sous réserve des modifications pouvant survenir après édition.

CONSEILS

PRESSIONS DE BASE POUR PNEUS FROIDS

On entend par pneus froids, des pneus n'ayant pas roulé depuis une heure au moins ou ayant roulé 2 à 3 km à allure réduite (roulage ville).
La pression augmente en cours de roulage, c'est normal. Si vous êtes amené à vérifier les pressions après un certain parcours (pneus chauds), considérez que pour être correctes, elles doivent être supérieures de 0,3 bar à celles préconisées à froid.

NE JAMAIS DEGONFLER DES PNEUS CHAUDS

NOTA – Ce tableau de gonflage donne, par véhicule, deux séries de pressions :

- **Utilisation courante :**
  Ces pressions conviennent dans la majorité des cas d'utilisation du "véhicule ".
- **Autres utilisations :**
  Ces pressions sont à adopter dans les cas suivants :
  - véhicule très chargé,
  - roulage type autoroute (voiture à faible ou à pleine charge).
- **Véhicule à performances élevées** (voir renvois numérotés).

Nous conseillons une vérification périodique de la pression de gonflage de la roue de secours.

Les pressions conseillées sont valables pour les pneus Tube Type et les pneus Tubeless.

**Un bouchon de valve en bon état est indispensable pour parfaire l'étancheité.
Veiller à sa propreté et à sa bonne mise en place.**

PNEUS NEIGE :

Pour tous nos pneus XM+S, avec ou sans crampons, adopter les pressions des pneus remplacés.

VALEUR DES CODES DE VITESSE :

Q = 160 Km/h	S = 180 Km/h	VR (dans la dimension) = > 210 Km/h
R = 170 Km/h (Reinf)	T = 190 Km/h	V = 240 Km/h
	H = 210 Km/h	ZR = > 240 Km/h

-:-:-:-:-:-:-:-:-

VOITURE DE TOURISME TRACTANT UNE REMORQUE

(caravane, porte-bateau, etc.).

Pour obtenir un bon comportement de l'ensemble "voiture + remorque", nous donnons les conseils de pressions ci-après :

– **Voiture équipée de pneus radiaux de notre Marque (sauf TRX) :**

• Augmenter la pression des pneus Arrière de la voiture de 0,4 bar par rapport à la pression "utilisation courante", sauf si la pression AR "autres utilisations" lui est supérieure de plus de 0,4 bar. Dans ce cas, utiliser cette pression.

– **Voiture équipée de pneus TRX :**

• cas où les pressions "utilisation courante" et "autres utilisations" sont identiques :

Avant : conserver la pression indiquée,
Arrière : majorer la pression indiquée de 0,2 bar maximum.

• cas où les pressions "utilisation courante" et "autres utilisations" sont différentes :

utiliser les pressions "autres utilisations" sans majoration.

Pression des pneus de la caravanne (ou remorque) :
– en l'absence du conseil pression donné par le constructeur, gonfler à 3,0 b.

RENSEIGNEMENTS UTILES.

POUR PRÉPARER VOS VOYAGES EN FRANCE:

(Itinéraires, temps de parcours, kilométrages, étapes...)
Utilisez A.M.I. (Assistance Michelin Itinéraires) en composant sur votre Minitel:

36 15 CODE MICHELIN

VOS PNEUMATIQUES:

Vous avez des observations, vous souhaitez des précisions concernant l'utilisation de vos pneumatiques Michelin,... écrivez-nous à:

Manufacture Française des Pneumatiques Michelin.
Boîte Postale Consommateurs
63040 Clermont-Ferrand Cedex.

ou téléphonez-nous à:

Agen 53 96 28 47
Ajaccio 95 20 30 55
Amiens 22 92 47 28
Angers 41 43 65 52
Angoulême 45 69 30 02
Annecy 50 51 59 70
Arras 21 71 12 08
Aurillac 71 64 90 33
Auxerre 86 46 98 66
Avignon 90 88 11 10
Bayonne 59 55 13 73
Besançon 81 80 24 53
Bordeaux 56 39 94 95
Bourg 74 23 21 43
Brest 98 02 21 08
Caen 31 26 68 19
Clermont-Fd 73 91 29 31
Dijon 80 67 35 38
Grenoble 76 98 51 54
Le Havre 35 25 22 20
Lille 20 98 40 48
Limoges 55 05 18 18
Lorient 97 76 03 60
Lyon 72 37 33 63
Le Mans 43 72 15 85
Marseille 91 02 08 02
Montélimar 75 01 80 91
Montpellier 67 79 50 79
Mulhouse 89 61 70 55
Nancy 83 21 83 21
Nantes 40 92 15 44
Nice 93 31 66 09
Nîmes 66 84 99 05
Niort 49 33 00 42
Orléans 38 88 02 20
Pau 59 32 56 33
Périgueux 53 03 98 13
Perpignan 68 54 53 10
Poitiers 49 57 13 59
Reims 26 09 19 32
Rennes 99 50 72 00
Rodez 65 42 17 88
Rouen 35 73 63 73
St-Brieuc 96 33 44 61
St-Étienne 77 74 22 88
St-Quentin 23 64 17 44
Strasbourg 88 39 39 40
Toulon 94 27 01 67
Toulouse 61 41 11 54
Tours 47 28 60 59
Valence 75 81 11 11

Région parisienne

Aubervilliers 48 33 07 58
Buc 39 56 10 66
Maisons-Alfort 48 99 55 60
Nanterre 47 21 67 21

LANDEVANT 56690 Morbihan 63 ② – 2 083 h alt. 29.

Paris 478 – Vannes 35 – Auray 15 – Hennebont 14 – Lorient 24.

XX **La Forestière,** rte de Nostang : 1 km ✆ 97 56 90 55, ⛱ – Ⓟ. GB
fermé 1er au 15 oct., 15 janv. au 10 fév., dim. soir et lundi – **R** 115/240, enf. 75.

LANDIVISIAU 29400 Finistère 58 ⑤ G. Bretagne – 8 254 h alt. 76.

Voir Porche★ de l'église St-Thivisiau.

Office de Tourisme 14 av. Mar.-Foch ✆ 98 68 03 50.

Paris 560 – ◆Brest 37 – Landerneau 16 – Morlaix 22 – Quimper 70 – St-Pol-de-Léon 23.

Relais du Vern M, N 12 sortie Landivisiau-est ✆ 98 24 42 42, Télex 940333, Fax 98 24 42 00, F₆, ✂ – TV ☎ ♿ ⇔ Ⓟ – 🏛 30. AE ⓓ GB JCB
R 65/140 ♁, enf. 38 – ⊒ 37 – **52 ch** 270/315 – ½ P 263.

XX **L'Elorn,** 10 r. Gén. de Gaulle ✆ 98 68 38 46 – AE ⓓ GB
fermé 26 juil. au 12 août et dim. en hiver – **R** 120/250, enf. 60.

à Lampaul Guimiliau SE : 4 km par D 11 – ✉ **29400** :.

Voir Enclos paroissial★ : intérieur★★ de l'église.

L'Enclos, ✆ 98 68 77 08, Fax 98 68 61 06, ≤ – TV ☎ ♿ Ⓟ. AE ⓓ GB
fermé vend. soir, sam. midi et dim. soir de nov. à mars – **R** 65/91 ♁, enf. 40 – ⊒ 30 – **36 ch** 215/248 – ½ P 234.

CITROEN Gar. Palut, 47 av. Libération ✆ 98 68 22 82

Ⓜ Simon-Pneus, av. Foch ✆ 98 68 13 88

LANDOUZY-LA-VILLE 02140 Aisne 53 ⑯ – 578 h alt. 184.

Paris 186 – St-Quentin 60 – Charleville-Mézières 55 – Hirson 9 – Laon 46 – Vervins 11.

Domaine du Tilleul M ⛰, N : 2 km par D 36 ✆ 23 98 48 00, Fax 23 98 46 46, ⛱, « Grand parc, golf 18 trous », ✂ – TV ☎ ♿ Ⓟ – 🏛 25. AE ⓓ GB. ✻ rest
fermé 15 janv. au 15 fév. – **R** 140/200 – ⊒ 50 – **26 ch** 400/600 – ½ P 450/550.

*Bonne route avec **36.15 MICHELIN***

Économies en temps, en argent, en sécurité.

LANESTER 56 Morbihan 63 ① – rattaché à Lorient.

LANGEAC 43300 H.-Loire 76 ⑤ G. Auvergne – 4 195 h alt. 507.

Office de Tourisme pl. A.-Briand (saison, vacances scolaires) ✆ 71 77 05 41.

Paris 516 – Brioude 29 – Mende 99 – Le Puy-en-Velay 45 – St-Chély-d'Apcher 58 – St-Flour 49.

à Reilhac N : 3 km par D 585 – ✉ **43300** Mazeyrat d'Allier :

Val d'Allier M, ✆ 71 77 02 11, Fax 71 77 19 20 – TV ☎ Ⓟ. GB. ✻ rest
fermé fév., dim. soir et sam. du 1er nov. à Pâques – **Repas** 100/250 ♁ – ⊒ 32 – **22 ch** 260/300 – ½ P 260.

CITROEN FORD Flandy, 34 r. République ✆ 71 77 05 14 N
RENAULT S.A.M.V.A.L., rte du Puy ✆ 71 77 04 07

Ⓜ Carlet Pneus, 45 av. Victor-Hugo ✆ 71 77 10 40

LANGEAIS 37130 I.-et-L. 64 ⑭ G. Châteaux de la Loire – 3 960 h alt. 53.

Voir Château★★ : appartements★★★ – Parc★ du château de Cinq-Mars-la-Pile NE : 5 km par N 152.

Syndicat d'Initiative pl. 14 Juillet (vacances scolaires, saison, après-midi hors saison) ✆ 47 96 58 22.

Paris 261 – ◆Tours 24 – Angers 86 – Château-la-Vallière 30 – Chinon 27 – Saumur 42.

✿ **Hosten et rest. Langeais,** 2 r. Gambetta ✆ 47 96 82 12, Fax 47 96 56 72 – TV ☎ ⇔. AE ⓓ GB JCB
fermé 20 juin au 10 juil., 10 janv. au 10 fév., lundi soir et mardi – **R** 150 (déj.) et carte 250 à 380 – ⊒ 48 – **11 ch** 320/580
Spéc. Blanquette de sole et turbot. Homard "Cardinal" (mai à nov.). Casse-Museaux Charles VIII. **Vins** Vouvray, Chinon.

à Bréhémont SO : 6 km par Pont de Langeais et D 16 – ✉ **37130** :

Castel de Bray et Monts ⛰, ✆ 47 96 70 47, Fax 47 96 57 36, ⛱, « Demeure du 18e siècle, parc » – TV ☎ Ⓟ. GB. ✻ rest
fermé 20 déc. au 15 fév. et merc. d'oct. à avril – **R** 195/260 ♁, enf. 60 – ⊒ 45 – **10 ch** 285/850 – ½ P 455/795.

PEUGEOT-TALBOT Denis ✆ 47 96 80 49

Ⓜ Robles, ZI Sud ✆ 47 96 81 60

LANGOGNE 48300 Lozère 76 ⑰ G. Gorges du Tarn – 3 380 h alt. 912.

Voir Intérieur★ de l'église.

Office de Tourisme bd Capucins (15 juin-15 sept.) ✆ 66 69 01 38.

Paris 583 – Mende 47 – Le Puy-en-Velay 42 – Alès 97 – Aubenas 60 – Villefort 44.

Voyageurs sans rest, 9 av. Joffre ☎ 66 69 00 56 – ☎. AE GB
fermé 2 au 27 janv. et dim. hors sais. – ☐ 22 – **14 ch** 140/210.

Languedoc, 6 av. Joffre ☎ 66 69 00 78, Fax 66 69 06 46 – GB
R 75/170 – ☐ 26 – **19 ch** 175/367 – ½ P 220.

Gaillard, av. Pont d'Allier ☎ 66 69 10 55, Fax 66 69 10 79 – ☎ & P. GB
fermé 15 nov. au 15 janv., dim. soir et lundi – **R** 60/230 – ☐ 24 – **21 ch** 170/260 – ½ P 220/240.

CITROEN Philip, 20 av. Foch ☎ 66 69 05 82
RENAULT Blanquet, 69 av. Foch ☎ 66 69 11 55 N
Prouhèze, 43 av. Foch ☎ 66 69 09 30
R.I.P.A., ZI ☎ 66 69 05 45

Carlet Pneus, Quartier des Abattoirs ☎ 66 69 17 33

LANGON 33210 Gironde 79 ② G. Pyrénées Aquitaine – 5 842 h alt. 22.

Office de Tourisme allées J.-Jaurès ☎ 56 62 34 00.

Paris 628 – ♦ Bordeaux 48 – Bergerac 81 – Libourne 52 – Marmande 47 – Mont-de-Marsan 83.

✿✿ **Claude Darroze** M, 95 cours Gén. Leclerc ☎ 56 63 00 48, Fax 56 63 41 15, – TV ☎ – P – 25. AE GB. ch
fermé 15 oct. au 5 nov. et 5 au 25 janv. – **R** 210/520 et carte 320 à 480 – ☐ 70 – **16 ch** 320/430
Spéc. Foie gras de canard. Feuilleté de fruits de mer et crustacés (mars à nov.). Gibier (saison). **Vins** Entre-Deux-Mers, Graves rouge.

Grilotel "La Plantation" M, rocade Bazas ☎ 56 62 33 56, Fax 56 76 24 60, – TV ☎ & P. GB
R 65/95, enf. 40 – ☐ 26 – **34 ch** 195/220 – ½ P 200.

XX **Grangousier,** 2 chemin du Peyrot ☎ 56 63 30 59, – P. AE GB
fermé dim. soir du 10 nov. au 30 mars – **R** 75/185, enf. 48.

Saint-Macaire N : 2 km – ✉ 33490 :.

Voir Verdelais : calvaire ≤★ N : 3 km – Ste-Croix-du-Mont : ≤★, grottes★ NO : 5 km.

XX **L'Abricotier,** N 115 ☎ 56 76 83 63, Fax 56 76 28 51, – P. GB
fermé 2 au 16 janv. et mardi – **R** 100/190, enf. 42.

CITROEN Gar. d'Aquitaine, N 113 à Toulenne ☎ 56 63 55 37
FIAT Gar. Cazenave, 49 cours Sadi Carnot ☎ 56 63 18 59
FORD Auto Service, ZI Dumes, rte de Bazas ☎ 56 63 30 14
MERCEDES TOYOTA SOGIDA, 41 cours Sadi-Carnot ☎ 56 62 30 52
PEUGEOT-TALBOT Doux et Trouillot, 50 r. J.-Ferry ☎ 56 63 50 47 N ☎ 56 76 06 44
RENAULT Sade Langon, Mazères ☎ 56 63 44 69 N ☎ 56 76 04 04

Euromaster Central Pneu Service, 22-24 RN 113 ☎ 56 62 33 44
Saphore, 40 cours Mal-de-Lattre-de-Tassigny ☎ 56 63 02 02

LANGRES 52200 H.-Marne 66 ③ G. Champagne – 9 987 h alt. 466.

Voir Site★★ – Cathédrale★ Y E.

Office de Tourisme square Olivier Lahalle ☎ 25 87 67 67.

Paris 277 ④ – Chaumont 35 ④ – Auxerre 159 ④ – ♦Besançon 101 ③ – ♦Dijon 73 ③ – Dole 117 ③ – Épinal 113 ① – ♦Nancy 137 ① – Troyes 121 ④ – Vesoul 75 ②.

Plan page suivante

Gd H. Europe, 23 r. Diderot ☎ 25 87 10 88, Fax 25 87 60 65 – TV ☎ P. AE GB JCB — Z e
fermé 10 au 24 mai, 4 au 25 oct., lundi soir (sauf hôtel) d'oct. à mai), dim soir et lundi midi – **Repas** 68/190 – ☐ 30 – **28 ch** 210/280 – ½ P 195/220.

Cheval Blanc, 4 r. Estrés ☎ 25 87 07 00, Fax 25 87 23 13 – ☎. AE GB — Z a
fermé janv. et mardi soir – **R** *(fermé merc. sauf le soir en sais. et mardi soir)* 100/220, enf. 50 – ☐ 35 – **17 ch** 260/350 – ½ P 265/320.

Poste sans rest, 10 pl. Ziegler ☎ 25 87 10 51, Fax 25 88 46 18 – TV ☎ P. GB — Y u
☐ 30 – **35 ch** 110/230.

XX **Lion d'Or** avec ch, rte Vesoul ☎ 25 87 03 30, Fax 25 87 60 67, ≤, – TV ☎ P. AE GB — Z s
fermé fin déc. à début fév., vend. soir et sam. sauf juil.-août – **R** 78/195, enf. 40 – ☐ 32 – **14 ch** 190/300.

X **Aub. Jeanne d'Arc** avec ch, 26 r. Gambetta ☎ 25 87 03 18 – ☎. GB — Z r
fermé 15 oct. au 15 nov., mardi (sauf le soir en sais.) et lundi soir – **R** 68/180, enf. 45 – ☐ 25 – **9 ch** 170/200.

au lac de la Liez par ② N 19 et D 284 : 4 km – ✉ 52200 Langres :

XX **Aub. des Voiliers** avec ch, ☎ 25 87 05 74, Fax 25 87 24 22, ≤, – TV ☎ P. GB
fermé 1er fév. au 15 mars, dim. soir d'oct. à Pâques et lundi – **R** 70/250, enf. 40 – ☐ 35 – **8 ch** 200/240 – ½ P 230/240.

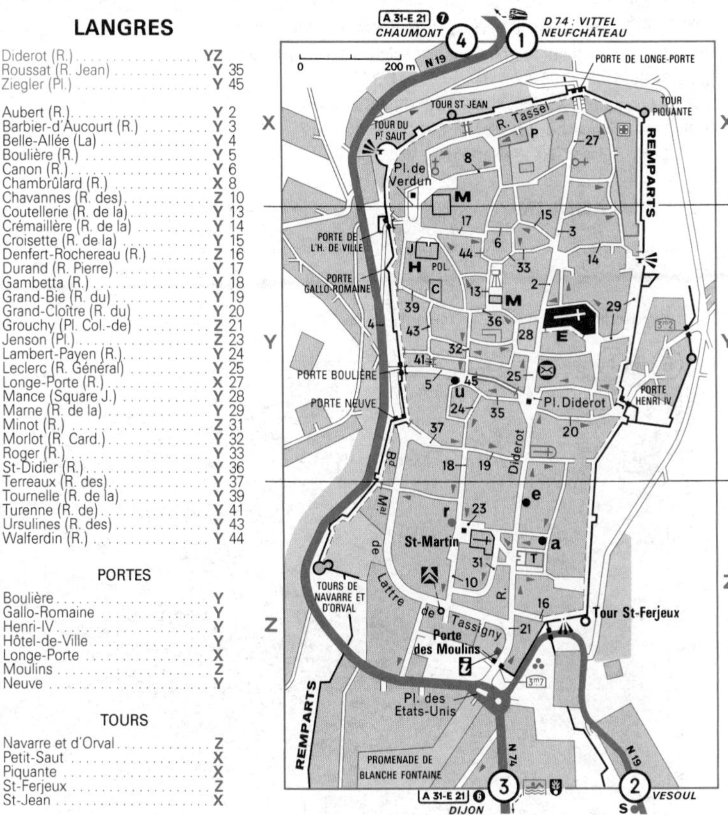

à Sts-Geosmes par ③ : 4 km – ✉ **52200** :

XX **Aub. des Trois Jumeaux** avec ch, ☎ 25 87 03 36 – ☎. AE GB
fermé 1er au 21 janv., dim. soir du 1er nov. au 1er mai et lundi – **R** 80/300 ♀ – ☕ 30 – **10 ch** 170/250 – ½ P 220/290.

CITROEN Lingon, rte de Dijon à Sts-Geosmes par ③ ☎ 25 87 11 83
CITROEN Gar. Lingon bd de Lattre-de-Tassigny ☎ 25 87 02 28

V.A.G Europe Gar., rte de Chaumont ☎ 25 87 03 78

Ⓜ Langres Pneus, 1 av. Cap.-Baudoin ☎ 25 87 36 31

Repas 100/130 Sorgfältig zubereitete, preiswerte Mahlzeiten.

LANGUEUX **22** C.-d'Armor 59 ③ – rattaché à St-Brieuc.

LANNEMEZAN **65300** H.-Pyr. 85 ⑨ ⑲ – 6 704 h alt. 585.

⛳18 de Lannemezan ☎ 62 98 01 01, E par N 117 : 4 km.

🅸 Syndicat d'Initiative pl. République ☎ 62 98 08 31.

Paris 827 – Bagnères-de-Luchon 54 – Auch 67 – St-Gaudens 30 – Tarbes 34.

🏨 **Pyrénées,** rte Tarbes ☎ 62 98 01 53, Télex 532807, Fax 62 98 11 85, 🍽 – |‡| TV ☎ Ⓟ – 🏋 25. AE ⓓ GB JCB
R 80/250, enf. 35 – ☕ 45 – **30 ch** 280/450 – ½ P 300/400.

CITROEN S.P.G.D., rte de Tarbes par r. Clemenceau ☎ 62 98 05 91
PEUGEOT-TALBOT Laffitte, 610 r. G.-Clemenceau ☎ 62 98 34 33
RENAULT Auto-Sce-des-4-Vallées, 500 r. Alsace-Lorraine ☎ 62 98 03 88 🅽 ☎ 62 98 37 37

V.A.G Dambax, 430 r. 8-Mai-1945 ☎ 62 98 35 45

Ⓜ Dazet Nervol, 538 r. 8-Mai-1945 ☎ 62 98 01 67
Ibos, 227 rte La Barthe, ZI ☎ 62 98 09 78 🅽

LANNION ◇SP◇ **22300** C.-d'Armor **59** ① **G. Bretagne** – 16 958 h alt. 23.

Voir Maisons anciennes★ (pl. Général Leclerc **Y 17**) – Église de Brélévenez★ Y.

18 de St-Samson ✆ 96 23 87 34, par ① et D 11 : 9,5 km.

✈ de Lannion : T.A.T. ✆ 96 48 42 92, N par ① : 2 km.

i Office de Tourisme quai d'Aiguillon ✆ 96 37 07 35.

Paris 516 ③ – St-Brieuc 63 ③ – ◆Brest 95 ⑤ – Morlaix 37 ⑤.

LANNION

Augustins (R. des) . . . . . Z 3
Leclerc (Pl. Gén.) . . . . . Y 17
Pont-Blanc (R. Geoffroy-de) . . . . . Z 25

Aiguillon (R. d') . . . . . Z 2
Buzulzo (R. de) . . . . . Z 4
Chapeliers (R. des) . . . . . Y 6
Cie-Roger-Barbé (R.) . . . . . Y 7
Coudraie (R. de la) . . . . . Y 8
Du Guesclin (R.) . . . . . Z 9
Frères-Lagadec (R. des) . . Z 12
Keriavily (R. de) . . . . . Z 14
Kermaria (R. et Pont) . . . . Z 16
Le-Dantec (R. F.) . . . . . Y 18
Letaillandier (R. E.) . . . . . Z 20
Mairie (R. de la) . . . . . Y 21
Palais-de-Justice (Allée du) . . . . . Z 24
Pors an Prat (R. de) . . . . . Y 26
Roud Ar Roc'h (R. de) . . . Z 28
St-Malo (R. de) . . . . . Z 29
St-Nicolas (R.) . . . . . Z 30
Trinité (R. de la) . . . . . Y 32

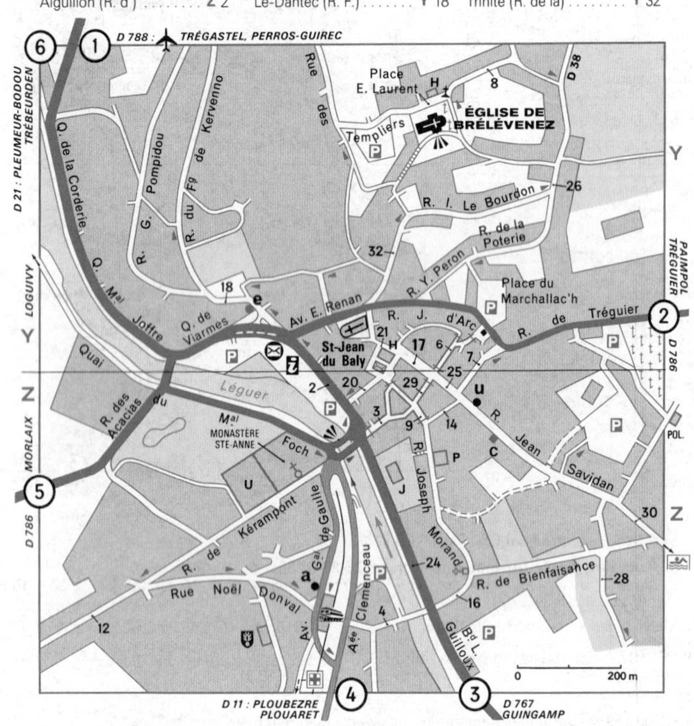

🏨 **Le Graal** Ⓜ, 30 av. Gén. de Gaulle ✆ 96 37 03 67, Fax 96 46 45 83, – ch TV ☎ ♿ – 🏛 40. AE GB — Z **a**
R *(fermé lundi midi et dim.)* 70/240 ꝧ, enf. 40 – ☕ 29 – **42 ch** 290 – ½ P 220.

🏨 **Porte de France** sans rest, 5 r. J. Savidan ✆ 96 46 54 81 – TV ☎ Ⓟ. GB — Z **u**
☕ 25 – **9 ch** 220/280.

XX **Le Serpolet,** 1 r. F. Le Dantec ✆ 96 46 50 23 – AE GB. — Y **e**
fermé lundi – **R** 80/180 ꝧ, enf. 45.

rte de Perros Guirec par ① – ✉ **22300** Lannion :

🏨 **Bryan** Ⓜ, à 5 km ✆ 96 48 01 26, Fax 96 48 08 35, – TV ☎ ♿ Ⓟ – 🏛 25. AE GB
R *(fermé sam. midi et dim. soir)* 68/195 – ☕ 30 – **20 ch** 280/300 – ½ P 280.

🏨 **Climat de France,** à 3 km ✆ 96 48 70 18, Télex 741668, Fax 96 48 08 77, – TV ☎ ♿ Ⓟ – 🏛 40. AE GB
R 67/120 ꝧ, enf. 39 – ☕ 35 – **47 ch** 290.

à La Ville Blanche par ② : 5 km sur D 786 – ✉ **22300** Lannion :

XX **Ville Blanche,** ✆ 96 37 04 28 – P. AE ⓓ GB JCB
fermé fév., dim. soir et lundi sauf juil.-août – **R** 160/280, enf. 75.

CITROEN Gar. Sobreva, rte de Morlaix par r. Frères-Lagadec Z ✆ 96 37 04 33 N ✆ 96 37 21 05
FORD Gar. Corre, av. Résistance ✆ 96 48 45 41 N ✆ 96 48 83 35
NISSAN Gar. Philippe, rte de Morlaix, Ploulec'h ✆ 96 37 08 81
OPEL Gar. Guillou, rte de Guingamp ✆ 96 37 09 88
PEUGEOT-TALBOT Gd Gar. de Lannion, rte de Perros-Guirec par ① ✆ 96 48 52 71 N ✆ 96 05 92 49
RENAULT Gar. des Côtes d'Armor, rte de Guingamp Z ✆ 96 37 00 23
ROVER Gar. le Morvan, 69 rte de Tréguier ✆ 96 37 03 84

Desserrey-Pneu + Armorique, rte de Perros-Guirec ✆ 96 48 44 11
Trégor Pneus Pneu + Armorique, rte du Rusquet ✆ 96 48 58 36

LANS-EN-VERCORS 38250 Isère 77 ④ – 1 451 h alt. 1 020 – Sports d'hiver : 1 020/1 983 m 16.

Office de Tourisme pl. Église ✆ 76 95 42 62.

Paris 587 – ♦Grenoble 27 – Villard-de-Lans 9 – Voiron 42.

Col de l'Arc, pl. Église ✆ 76 95 40 08, Fax 76 95 41 25, – ☎ P. AE ⓓ GB
R 75/190, enf. 55 – ☐ 35 – **25 ch** 200/300 – ½ P 250/300.

Au Bon Accueil, D 531 ✆ 76 95 42 02, – ☎ P. GB
fermé vend. soir et sam. hors sais. – **R** 85/175 – ☐ 32 – **18 ch** 206/263 – ½ P 235/239.

Val Fleuri, ✆ 76 95 41 09, ←, – ☎ P. rest
20 juin-20 sept. et 20 déc.-20 avril – **R** (résidents seul.) 99/170 – ☐ 30 – **14 ch** 152/285 – ½ P 208/276.

La Source, à Bouilly SO : 3 km par D 531 ✆ 76 95 42 52, ←, – ☎ P – 30. GB
fermé 15 au 30 avril, 15 oct. au 15 nov. et dim. soir sauf vacances scolaires – **R** *(fermé le midi du lundi au vend. sauf vacances scolaires et fériés)* 90/160 , enf. 40 – ☐ 35 – **18 ch** 200/240 – ½ P 215/225.

Sie finden sich in der Umgebung von Paris nicht zurecht?

Dann benutzen Sie doch die Michelin-Karte *Nr.* 101 *und die* Pläne der Vororte *Nr.* 17-18, 19-20, 21-22, 23-24.

Sie sind übersichtlich, präzise und aktuell.

LANSLEBOURG-MONT-CENIS 73480 Savoie 77 ⑨ G. Alpes du Nord – 647 h alt. 1 400 – Sports d'hiver : 1 450/2 800 m 1 23.

Office de Tourisme de Val Cenis ✆ 79 05 23 66, Télex 980213.

Paris 670 – Albertville 116 – Briançon 88 – Chambéry 126 – St-Jean-de-Maurienne 54 – Torino 93 – Val-d'Isère 49.

Alpazur, ✆ 79 05 93 69, Fax 79 05 81 96 – TV ☎ P. AE ⓓ GB. rest
1er juin-20 sept. et 20 déc.-20 avril – **R** 99/240 – ☐ 39 – **24 ch** 380/420 – ½ P 395.

LANSLEVILLARD 73480 Savoie 77 ⑨ G. Alpes du Nord – 392 h alt. 1 479 – Sports d'hiver (voir à Lanslebourg-Mont-Cenis).

Voir Peintures murales★ dans la chapelle St-Sébastien.

Paris 673 – Albertville 119 – Briançon 87 – Chambéry 129 – Val-d'Isère 46.

Club H. Les Prais , ✆ 79 05 93 53, Fax 79 05 97 60, ←, – ☎ P. ⓓ GB. rest
15 juin-15 sept. et 20 déc.-20 avril – **R** 87/120, enf. 39 – ☐ 39 – **30 ch** 230/270 – ½ P 350/400.

Les Mélèzes, ✆ 79 05 93 82, ←, – cuisinette ☎ P.
25 juin-8 sept. et 20 déc.-15 avril – **R** (en été dîner seul.) 85/140 – ☐ 30 – **16 ch** 290, 4 studios – ½ P 295/361.

Grand Signal, ✆ 79 05 91 24, Fax 79 05 82 84, ←, – ☎ P. GB
20 juin-10 sept. et 19 déc.-10 avril – **R** 85/150, enf. 40 – ☐ 31 – **18 ch** 195/260 – ½ P 273/312.

LANTOSQUE 06450 Alpes-Mar. 84 ⑱ 115 ⑰ G. Côte d'Azur – 972 h alt. 510.

Paris 889 – ♦Nice 49 – Puget-Théniers 51 – St-Martin-Vésubie 15 – Sospel 41.

XX **L'Ancienne Gendarmerie** avec ch, D 2565 ✆ 93 03 00 65, Fax 93 03 06 31, ←, – TV ☎ P. AE ⓓ GB
fermé 10 nov. au 22 déc., dim. soir et lundi – **R** 210/285 – ☐ 45 – **8 ch** 450/850 – ½ P 385/610.

LANVOLLON 22290 C.-d'Armor 59 ② – 1 427 h alt. 94.

Paris 478 – St-Brieuc 26 – Guingamp 16 – Lannion 43 – Paimpol 19 – St-Quay-Portrieux 12.

Lucotel M, E : 1 km sur D 6 ✆ 96 70 01 17, Fax 96 70 08 84, – TV ☎ P – 25 à 70. GB
R 78/220 , enf. 42 – ☐ 30 – **20 ch** 220/300 – ½ P 260.

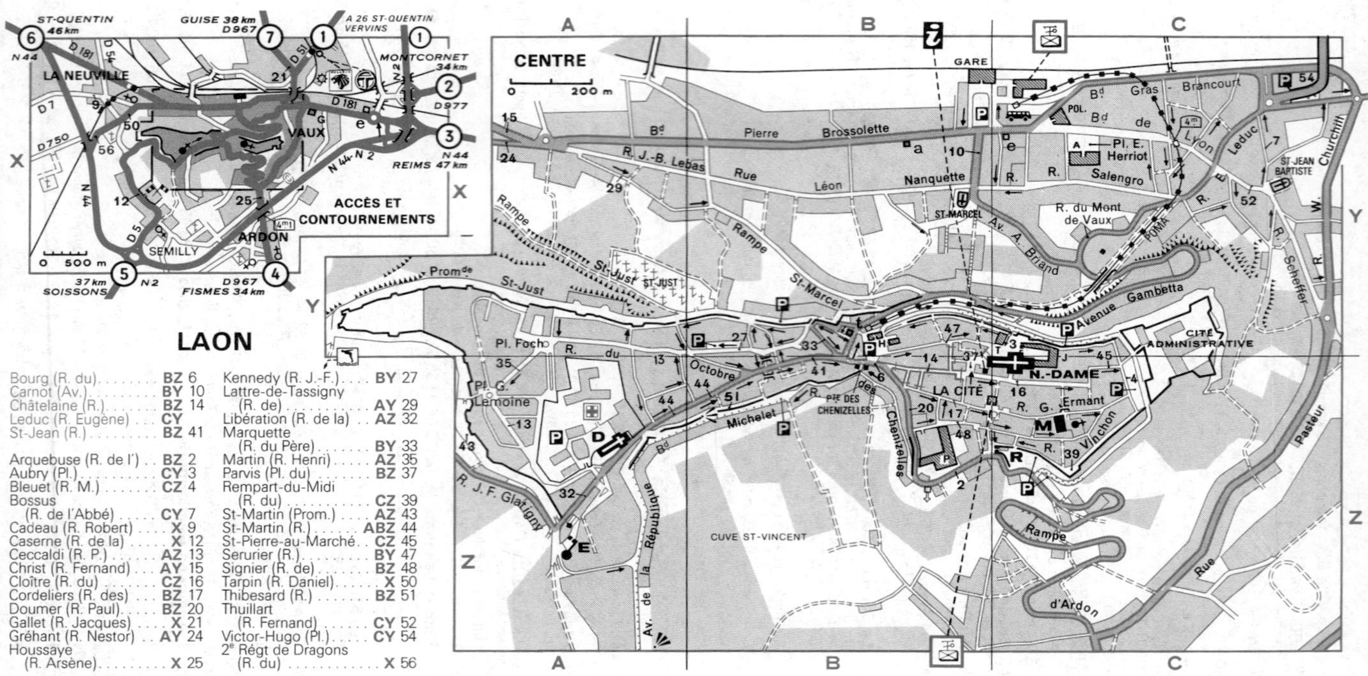

Bourg (R. du)	BZ	6	Kennedy (R. J.-F.)	BY	27
Carnot (Av.)	BY	10	Lattre-de-Tassigny (R. de)	AY	29
Châtelaine (R.)	BZ	14	Libération (R. de la)	AZ	32
Leduc (R. Eugène)	CY		Marquette (R. du Père)	BY	33
St-Jean (R.)	BZ	41	Martin (R. Henri)	AZ	35
Arquebuse (R. de l')	BZ	2	Parvis (Pl. du)	BZ	37
Aubry (Pl.)	CY	3	Rempart-du-Midi (R. du)	CZ	39
Bleuet (R. M.)	CZ	4	St-Martin (Prom.)	AZ	43
Bossus (R. de l'Abbé)	CY	7	St-Martin (R.)	ABZ	44
Cadeau (R. Robert)	X	9	St-Pierre-au-Marché	CZ	45
Caserne (R. de la)	X	12	Serurier (R.)	BY	47
Ceccaldi (R. P.)	AZ	13	Signier (R. de)	BZ	48
Christ (R. Fernand)	AY	15	Tarpin (R. Daniel)	X	50
Cloître (R. du)	CZ	16	Thibesard (R.)	BZ	51
Cordeliers (R. des)	BZ	17	Thuillart (R. Fernand)	CY	52
Doumer (R. Paul)	BZ	20	Victor-Hugo (Pl.)	CY	54
Gallet (R. Jacques)	X	21	2e Régt de Dragons (R. du)	X	56
Gréhant (R. Nestor)	AY	24			
Houssaye (R. Arsène)	X	25			

LAON 🅿 02000 Aisne 56 ⑤ G. Flandres Artois Picardie – 26 490 h alt. 179.

Voir Site★★ – Cathédrale N-Dame★★ : nef★★★ CYZ – Rempart du Midi et porte d'Ardon★ CZ R – Église St-Martin★ AZ D – Porte de Soissons★ AZ E – Rue Thibesard ≤★ BZ 51 – Musée et chapelle des Templiers★ CZ M – Circuit du Laonnois★ par D 7 X.

Office de Tourisme pl. Parvis ✆ 23 20 28 62.

Paris 138 ⑤ – ♦Reims 58 ③ – St-Quentin 45 ① – ♦Amiens 120 ① – Charleroi 121 ① – Charleville-Mézières 103 ① – Compiègne 75 ⑤ – Mons 107 ① – Soissons 35 ⑤ – Valenciennes 123 ①.

Plan page précédente

Host. St-Vincent, av. Ch. de Gaulle ✆ 23 23 42 43, Télex 155302, Fax 23 79 22 55 – ch TV ☎ ♿ P – 35. AE GB — X e
R *(fermé sam. midi)* 69/139, enf. 45 – 30 – **47 ch** 275/295.

Angleterre, 10 bd Lyon ✆ 23 23 04 62, Télex 145580 – ☎ P – 30. AE GB — CY e
R *(fermé vend. soir, sam. midi et dim.)* 80 bc/98 bc, enf. 55 – 28 – **28 ch** 160/320.

XXX **La Petite Auberge,** 45 bd Brossolette ✆ 23 23 02 38, – AE GB — BY a
fermé 1er au 7 août, sam. midi et dim. – **R** 160/260, enf. 60.

XX **Bannière de France** avec ch, 11 r. F. Roosevelt ✆ 23 23 21 44, Fax 23 23 21 44 – TV ☎. AE GB. — BY t
fermé 20 déc. au 19 janv. – **R** 112/300 – 35 – **18 ch** 220/360 – ½ P 252/295.

à Samoussy par ② : et D 977 km – ✉ 02840 :

XXX **Relais Charlemagne,** ✆ 23 22 21 50, Fax 23 22 18 75, – AE GB
fermé 1er au 9 août, vacances de fév., dim. soir et lundi – **R** 140/350, enf. 100.

DATSUN-NISSAN VOLVO Petetin, rte de Fismes à Bruyères-et-Montbérault ✆ 23 24 70 36
FIAT Gar. Colbeaux, ZAC Ile de France ✆ 23 20 64 64
FORD S.I.C.B., 121 av. Mendes-France ✆ 23 79 14 08 N ✆ 23 23 73 73
PEUGEOT-TALBOT Tuppin, 132 av. Mendes-France ✆ 23 23 50 36
RENAULT S.O.D.A.L., av. Mendes-France par ① ✆ 23 23 24 35 N ✆ 23 23 92 52
Dupont-Pneus, ZI r. Pierre Bourdan ✆ 23 79 49 44

Euromaster Fischbach Pneu Sce r. des Minimes ✆ 23 23 01 17
Euromaster Fischbach Pneu Sce r. des Minimes ✆ 23 23 01 17

LAPALISSE 03120 Allier 73 ⑥ G. Auvergne – 3 603 h alt. 299.

Voir Château★★.

Syndicat d'Initiative pl. Ch.-Bécaud (15 juin-20 sept.) ✆ 70 99 08 39.

Paris 342 – Moulins 48 – Digoin 44 – Mâcon 123 – Roanne 49 – St-Pourçain-sur-Sioule 30.

XX **Galland** avec ch, pl. République ✆ 70 99 07 21 – ☎ P. GB
fermé 25 nov. au 8 déc., vacances fév. et merc. – **Repas** (dim. et fêtes - prévenir) 105/250 – 35 – **8 ch** 230/270.

X **Lion des Flandres,** r. Prés.-Roosevelt ✆ 70 99 06 75 – AE GB
fermé 4 au 18 janv. et lundi hors sais. – **R** 60/140, enf. 35.

CITROEN Désormière, av. du 8 mai ✆ 70 99 19 68
FIAT Gar. Rollet, 7 pl. 14-Juillet ✆ 70 99 08 66
PEUGEOT-TALBOT Cantat-Bardon, 41 r. Prés.-Roosevelt ✆ 70 99 00 77
PEUGEOT-TALBOT Gar. Gabard, rte de Verdun ✆ 70 99 26 99
RENAULT Dupereau, 88 av. Ch.-de-Gaulle ✆ 70 99 01 01 N

LAPOUTROIE 68650 H.-Rhin 62 ⑱ – 1 981 h alt. 450.

Paris 426 – Colmar 21 – Munster 30 – Ribeauvillé 20 – St-Dié 36 – Sélestat 34.

Au Vieux Moulin M sans rest, ✆ 89 47 56 55, Fax 89 47 24 41 – TV ☎ P. AE GB
fermé 14 au 27 mars et 22 nov. au 4 déc. – 35 – **20 ch** 210/280.

Host. A La Bonne Truite, à Hachimette E par N 415 : 1 km ✆ 89 47 50 07, Fax 89 47 25 35 – TV ☎ P. AE GB
fermé 22 au 30 juin, 2 au 20 nov., janv., mardi et merc. du 1er oct. au 30 juin – **Repas** 95/280, enf. 45 – 40 – **10 ch** 210/260 – ½ P 245/270.

XX **Les Alisiers** avec ch, SO : 3 km par VO ✆ 89 47 52 82, Fax 89 47 22 38, « Restaurant panoramique, ≤ vallon », – ☎ P. GB
fermé 30 juin au 6 juil., 3 janv. au 2 fév., lundi soir et mardi (sauf hôtel de mars. à nov.) – **R** 75/189, enf. 49 – 32 – **10 ch** 200/350 – ½ P 280/340.

LAQUEUILLE 63820 P.-de-D. 73 ⑬ – 382 h alt. 1 000.

Paris 462 – ♦Clermont-Ferrand 38 – Aubusson 72 – Mauriac 72 – Le Mont-Dore 14 – Ussel 44.

à la gare O : 3 km par D 89 et D 82 :

Les Clarines, ✆ 73 22 00 43, Fax 73 22 06 10, – ☎ – 25. AE GB
fermé 30 nov. au 22 déc., 4 janv. au 4 fév. – **R** *(dim. soir et lundi d'oct. à avril sauf vacances scolaires)* 72/150, enf. 56 – 30 – **13 ch** 230/320 – ½ P 216/300.

Commerce, ✆ 73 22 00 03, Fax 73 22 06 14, – TV ☎ P. GB
fermé oct. et dim. soir sauf juil.-août – **R** 75/160 – 27 – **11 ch** 170/260 – ½ P 200/230.

LARAGNE-MONTÉGLIN 05300 H.-Alpes 81 ⑤ – 3 371 h alt. 573.

Paris 694 – Digne-les-Bains 55 – Gap 41 – Barcelonnette 89 – Sault 61 – Serres 17 – Sisteron 17.

- **Chrisma** M sans rest, rte de Grenoble ✆ 92 65 09 36, – ☎ P. GB
  fermé 15 nov. au 31 janv. – ☕ 35 – **17 ch** 210/260.
- **Les Terrasses,** av. Provence ✆ 92 65 08 54, – ☎ P. AE GB. ch
  hôtel : 1er avril-1er nov. ; rest. : 1er mai-1er oct. – **R** (dîner seul.) 95/130 , enf. 55 – ☕ 35 – **15 ch** 160/300 – ½ P 200/255.

CITROEN Gar. des Alpes ✆ 92 65 04 79
FORD Audibert ✆ 92 65 09 71 N
RENAULT Gar. Lambert ✆ 92 65 00 05 N
Bernaudon-Pneus, ZA Le Plan ✆ 92 65 16 91

LARÇAY 37 I.-et-L. 64 ⑮ – rattaché à Tours.

LARCEVEAU 64 Pyr.-Atl. 85 ④ – 406 h alt. 262 – ✉ 64120 Larceveau-Arros-Cibits.

Paris 807 – Biarritz 61 – ♦Bayonne 57 – Pau 86 – St-Jean-Pied-de-Port 16 – St-Palais 15.

- **Espellet,** ✆ 59 37 81 91, – rest ☎ P. AE GB. rest
  fermé 5 au 31 déc., mardi sauf juil.-août et fériés – **R** 58/140 , enf. 45 – ☕ 28 – **19 ch** 180/250 – ½ P 190/220.
- **Trinquet** avec ch, ✆ 59 37 81 57 – ☎. GB
  fermé 12 nov. au 7 déc., 12 au 27 fév. et lundi sauf juil.-août – **R** 70/185 , enf. 40 – ☕ 28 – **12 ch** 120/220 – ½ P 185/195.

PEUGEOT, TALBOT Gar. Thambo ✆ 59 37 80 37 N

LARCHE 19600 Corrèze 75 ⑧ – 1 322 h alt. 90.

Voir Lac du Causse★ SE : 5 km, G. Périgord Quercy.

Paris 496 – Brive-la-Gaillarde 11 – Arnac-Pompadour 44 – Sarlat-la-Canéda 41 – Tulle 40.

- **La Bacière,** 12 r. Raymond II de Turenne ✆ 55 85 30 04 – GB
  fermé 3 au 23 janv. et merc. – **R** 90/180.

Le LARDIN-ST-LAZARE 24570 Dordogne 75 ⑦ – 2 047 h alt. 90.

Paris 490 – Brive-la-Gaillarde 27 – Lanouaille 38 – Périgueux 47 – Sarlat-la-Canéda 32.

- **Sautet,** ✆ 53 51 45 00, Fax 53 51 45 29, , « Parc fleuri », , – cuisinette TV ☎ P. GB. rest
  fermé 20 déc. au 15 janv., sam. sauf le soir de mai à sept. et dim. d'oct. à avril – **R** 105/260, enf. 63 – ☕ 37 – **29 ch** 250/370, 4 studios – ½ P 290/325.

à Coly SE : 6 km par D 62 – ✉ 24120 :.

Voir Église★★ de St-Amand-de-Coly SO : 3 km, G. Périgord Quercy.

- **Manoir d'Hautegente** , ✆ 53 51 68 03, Fax 53 50 38 52, « Bel aménagement interieur, jardin », – TV ☎ P. AE GB. rest
  1er avril-11 oct. – **R** (dîner seul.) 180/230 – ☕ 50 – **10 ch** 700/850 – ½ P 590/700.

au Sud : 4 km par D 107, D 62 et VO – ✉ 24570 Condat-Le Lardin :

- **Château de la Fleunie** , ✆ 53 51 32 74, Fax 53 50 58 98, ←, , « Château du 15e siècle dans un parc », , – TV ☎ P – 100. AE GB. rest
  fermé 10 déc. au 15 janv. – **R** 145/280 – ☕ 40 – **24 ch** 300/800 – ½ P 370/550.

LARDY 91510 Essonne 60 ⑩ 106 ㊷ G. Ile de France – 3 658 h alt. 75.

Paris 42 – Fontainebleau 46 – Arpajon 8 – Corbeil-Essonnes 24 – Étampes 14 – Évry 21.

- **Aub. de l'Espérance,** Gde Rue (pl. Église) ✆ (1) 64 56 40 82 – AE GB
  fermé 5 au 25 août, 1er au 11 fév., dim. soir et lundi – **R** 140/160.

LARGENTIÈRE SP 07110 Ardèche 80 ⑧ G. Vallée du Rhône – 1 990 h.

Syndicat d'Initiative pl. des Récollets ✆ 75 39 14 28, Fax 75 39 23 66.

Paris 648 – Aubenas 17 – Alès 64 – Privas 47.

- **Le Chêne Vert** , à Rocher N : 4 km par D 5 ✆ 75 88 34 02, ←, , – ☎ P – 30. GB. rest
  20 mars-20 nov. – **R** 70/170 – ☕ 32 – **27 ch** 240/320 – ½ P 220/270.

RENAULT Gar. Soboul ✆ 75 39 13 66

LARMOR-PLAGE 56260 Morbihan 63 ① G. Bretagne – 8 078 h alt. 40.

Paris 502 – Vannes 64 – Lorient 6 – Quimper 73.

- **Les Mouettes** M , Anse de Kerguélen O : 1 km ✆ 97 65 50 30, Fax 97 33 65 33, ← – rest TV ☎ P – 25. AE GB
  R 85/310 – ☕ 39 – **21 ch** 340/410 – ½ P 310.

Europe — Si le nom d'un hôtel figure en petits caractères demandez, à l'arrivée, les conditions à l'hôtelier.

LARRAU 64560 Pyr.-Atl. 85 ⑭ – 241 h alt. 636.

Paris 838 – Pau 77 – Oloron-Ste-Marie 42 – St-Jean-Pied-de-Port 46 – Sauveterre-de-Béarn 56.

Etchemaïté, ✆ 59 28 61 45, Fax 59 28 72 71, ≤, – ☎. GB. ch
fermé 15 au 31 janv. et lundi hors sais. sauf vacances scolaires – **R** 75/180 – ☕ 25 – **16 ch** 120/230 – ½ P 160/220.

Despouey, ✆ 59 28 60 82, – ☎ Ⓟ. GB.
fermé 14 nov. au 31 janv. – **R** 65/120 – ☕ 25 – **15 ch** 130/180 – ½ P 190.

LARUNS 64440 Pyr.-Atl. 85 ⑯ – 1 466 h alt. 531.

Paris 811 – Pau 37 – Argelès-Gazost 48 – Lourdes 52 – Oloron-Ste-Marie 32.

Aub. Bellevue, ✆ 59 05 31 58, ≤, – Ⓟ. GB
fermé 5 janv. au 26 fév., mardi soir et merc. sauf juil.-août – **R** 75/180.

RENAULT Gar. Camdessoucens ✆ 59 05 34 64 N

LASALLE 30460 Gard 80 ⑰ – 1 007 h alt. 260.

Paris 693 – Alès 29 – ♦Montpellier 65 – Florac 58 – Nîmes 61 – St-Jean-du-Gard 17 – Le Vigan 36.

des Camisards, ✆ 66 85 20 50, – ☎. GB
Pâques- nov. – **R** 68/135, enf. 38 – ☕ 30 – **19 ch** 155/280 – ½ P 200/238.

LASCHAMPS-DE-CHAVANAT 23 Creuse 72 ⑩ – rattaché à Guéret.

LAS ILLAS 66 Pyr.-Or. 86 ⑲ – rattaché à Maureilles-las-Illas.

LATILLÉ 86190 Vienne 68 ⑬ – 1 305 h alt. 149.

Paris 347 – Poitiers 26 – Châtellerault 46 – Parthenay 31 – St-Maixent-l'École 34 – Saumur 85.

Centre, ✆ 49 51 88 75 – ☎. GB. rest
R *(fermé sam. et dim. d'oct. à mars)* 65/120 – ☕ 20 – **12 ch** 120/180 – ½ P 120/150.

Avant de prendre la route,
consultez ***36.15 MICHELIN*** *sur votre Minitel :*
votre meilleur itinéraire,
le choix de votre hôtel, restaurant, camping,
des propositions de visites touristiques.

LATTES 34 Hérault 83 ⑦ – rattaché à Montpellier.

LAURIS 84360 Vaucluse 84 ② – 2 571 h alt. 182.

Paris 731 – Aix-en-Provence 33 – Apt 23 – Avignon 53 – Cadenet 5 – Cavaillon 27 – Manosque 59.

La Chaumière M, ✆ 90 08 20 25, Fax 90 08 35 24, ≤ vallée de la Durance, – TV ☎. AE GB
fermé 20 nov. au 15 déc. – **R** *(fermé mardi sauf le soir en juil.-août et merc. midi)* 235/275 – ☕ 55 – **14 ch** 400/750 – ½ P 410/650.

CITROEN Gaillardon ✆ 90 08 22 81 N

PEUGEOT Gar. Reyre ✆ 90 08 23 93

LAUTARET (Col du) 05 H.-Alpes 77 ⑦ G. Alpes du Nord – alt. 2 058 – ✉ 05220 Le Monetier-les-Bains.

Voir ✳★★ – Jardin alpin★.

Env. Col du Galibier ✳★★★ N : 7,5 km.

Paris 658 – Briançon 28 – ♦Grenoble 89 – Lanslebourg-Mont-Cenis 82 – St-Jean-de-Maurienne 55.

Glaciers, ✆ 92 24 42 21, ≤ – ☎ Ⓟ. GB
hôtel : 15 juin-15 sept. ; rest. : 1er juin-15 sept. – **R** 90/135, enf. 60 – ☕ 30 – **35 ch** 130/260 – ½ P 180/210.

LAUTERBOURG 67630 B.-Rhin 57 ⑳ – 2 372 h alt. 115.

Paris 520 – ♦Strasbourg 62 – Haguenau 41 – Karlsruhe 23 – Wissembourg 19.

✿ **La Poêle d'Or** (Gottar), 35 r. Gén. Mittelhauser ✆ 88 94 84 16, Fax 88 54 62 30, – AE ⓓ GB
fermé 26 juil. au 5 août, 4 janv. au 3 fév., merc. et jeudi – **R** 360 et carte 270 à 380
Spéc. Salade de tête de veau tiède (oct. à juin). Rouget barbet poêlé, sauce aux crustacés. Pot au feu de la mer. **Vins** Tokay-Pinot gris, Muscat.

LAVAL P 53000 Mayenne 63 ⑩ G. Normandie Cotentin – 50 473 h alt. 70.

Voir Vieux château★ Z : charpente★★ du donjon, musée d'Art naïf★ – Vieille ville★ YZ – Les quais★ – Jardin de la Perrine★ Z – Chevet★ de la basilique N.-D. d'Avesnières X.

18 la Chabossière, à Changé ✆ 43 53 16 03, N par ① : 8 km.

Office de Tourisme pl. du 11-Nov. ✆ 43 53 09 39 et Porte Beucheresse (mi-juin à mi-août) A.C. 7 pl. J.-Moulin ✆ 43 56 47 54.

Paris 278 ① – Angers 75 ④ – ♦Caen 146 ① – ♦Le Havre 249 ① – ♦Le Mans 83 ① – ♦Nantes 134 ⑤ – Poitiers 214 ④ – ♦Rennes 74 ⑦ – ♦Rouen 236 ① – St-Nazaire 151 ⑥.

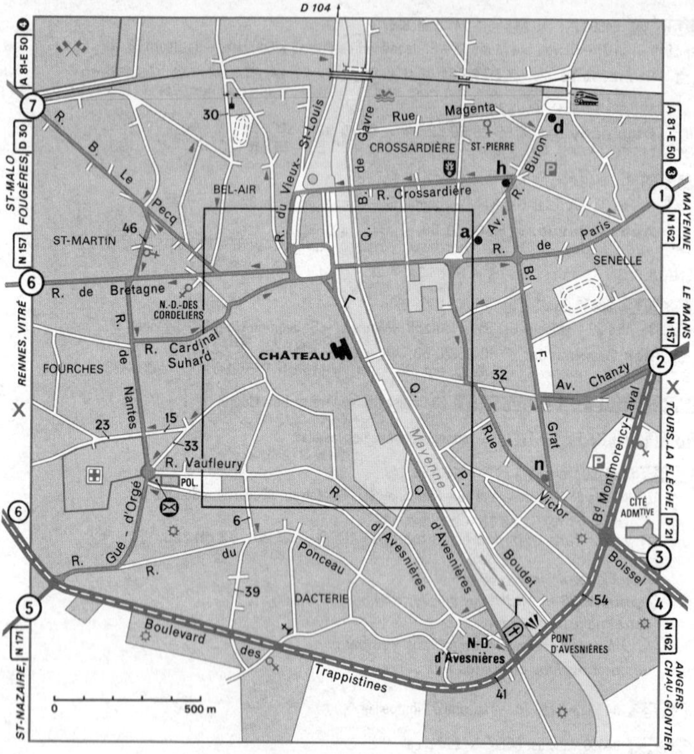

LAVAL

Déportés (R. des) . . **Y** 13
Gaulle (R. Gén.-de) . **Y**
Paix (R. de la) . . . . . **Y**

Avesnières (Q. d') . . **Z** 2
Avesnières (R. d') . . **Z** 3
Bourg-Hersent (R.) . **X** 6
Briand (Pont A.). . . . **Y** 8
Britais (R. du). . . . . . **Y** 9
Chapelle (R. de). . . . **Z** 12
Douanier-Rousseau (R.) . . . **Z** 14
Étaux (R. des) . . . . . **X** 15
Gambetta (Quai) . . . **Y** 16
Gavre (Q. B. de) . . . **Y** 17
Grande-Rue . . . . **Z** 19
Hardy-de-Lévaré (Pl.) . . . . . . **Z** 22
Haut-Rocher (R.) . . . **X** 23
Jean-Fouquet (Q.) . . **Y** 26
La Trémoille (Pl. de la) . . . . **Z** 28
Macé (R. J.) . . . . **X** 30
Mans (R. du) . . . . . . **X** 32
Messager (R.) . . . . . **X** 33
Moulin (Pl. J.) . . . . . **Y** 34
Orfèvres (R. des) . . . **Z** 36
Paradis (R. de) . . . . . **Z** 37
Picardie (R. de) . . . . **X** 39
Pin-Doré (R. du) . . . . **Z** 40
Pont-d'Avesnières (Bd du). . . . . **X** 41
Pont-de-Mayenne (R. du) . . . . **Z** 43
Renaise (R.) . . . . **Y** 44
St-Martin (R.) . . . . . . **X** 46
Serruriers (R. des) . . **Z** 47
Solférino (R.) . . . . . . **Y** 48

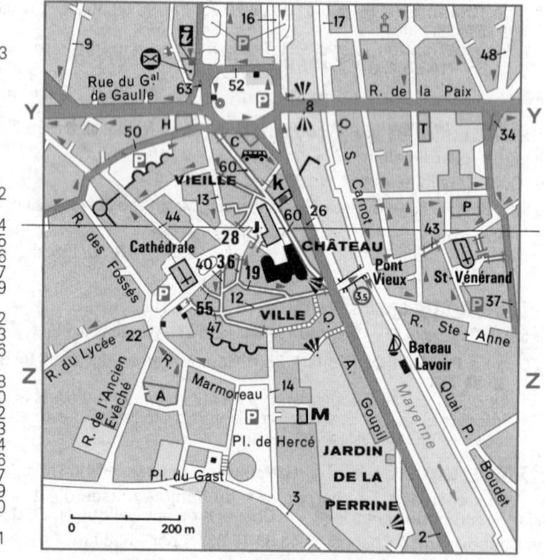

Souchu-Servinière (R.). . . . . **Y** 50
Strasbourg (R. de) . . . . **Y** 52
Tisserands (Bd des) . . . . **X** 54
Trinité (R. de la) . . . . **Z** 55
Val de Mayenne (R. du) . . **YZ** 60
11-Novembre (Pl. du) . . . . . . **Y** 63

Impérial H. sans rest, 61 av. R. Buron ✆ 43 53 55 02, Fax 43 49 16 74 – 🛗 TV ☎ 🚗. AE ⓓ GB JCB. ✗ X **h**
fermé 1er au 22 août et 24 déc. au 1er janv. – ☕ 30 – **34 ch** 200/440.

Ibis, rte Mayenne par ① : 3 km ✆ 43 53 81 82, Télex 721094, Fax 43 53 11 19 – 🚭 ch TV ☎ ♿ P – 🏛 60. GB
R 85/120 🍷, enf. 41 – ☕ 35 – **51 ch** 305/325.

Campanile, par ⑥ rte Fougères : 3 km ✆ 43 69 04 00, Télex 722633, Fax 43 02 89 25 – TV ☎ ♿ P – 🏛 35. AE GB
R 80 bc/102 bc, enf. 39 – ☕ 29 – **39 ch** 268.

Arcade sans rest, 8 av. R. Buron ✆ 43 67 19 25, Télex 723438, Fax 43 56 82 83 – 🛗 🚭 ch TV ☎ ♿ – 🏛 60. AE ⓓ GB X **a**
☕ 32 – **42 ch** 255/290.

Marin'H. sans rest, 102 av. R. Buron ✆ 43 53 09 68, Fax 43 56 95 35 – 🛗 🚭 ch TV ☎ ♿. AE GB X **d**
☕ 32 – **25 ch** 220/260.

XXX **Gerbe de Blé** M avec ch, 83 r. V.-Boissel ✆ 43 53 14 10, Fax 43 49 02 84 – TV ☎. AE ⓓ GB. ✗ ch X **n**
R *(fermé dim. soir et lundi)* 130/235 🍷, enf. 100 – ☕ 50 – **8 ch** 310/550 – 1/2 P 270/300.

XXX ✿ **Bistro de Paris** (Lemercier), 67 r. Val de Mayenne ✆ 43 56 98 29, Fax 43 56 52 85 – GB. ✗ Y **k**
fermé 14 au 31 août, sam. midi et dim. – **R** 125/240 et carte 220 à 250, enf. 80
Spéc. Petites entrées gourmandes. Blanc de turbot rôti aux épices douces. Rognon de veau rôti au céleri, lardons et pieds de veau. **Vins** Savennières, Anjou rouge.

XX **A la Bonne Auberge** avec ch, 170 r. Bretagne par ⑥ ✆ 43 69 07 81, Fax 43 91 15 02 – TV ☎ 🚗 P. GB
fermé 31 juil. au 22 août, vacances de fév., dim. soir et sam. – **R** 78/220 🍷 – ☕ 35 – **14 ch** 220/280.

à Louvigné par ②, N 157 et D 131 : 11 km – ✉ **53210** :

XX **Le Vieux Pressoir,** 10 r. Maine ✆ 43 37 30 84 – AE ⓓ GB
fermé dim. soir et lundi – **R** 120/180, enf. 60.

BMW Gar. Bassaler, 110 bd de Buffon, ZI des Touches ✆ 43 53 31 59 N ✆ 43 69 32 32
CITROEN Brilhault, r. Henri Bastard ✆ 43 69 19 00 N
MERCEDES-BENZ Patard, rte du Mans à Bonchamp-lès-Laval ✆ 43 53 15 82 N ✆ 43 69 32 32
PEUGEOT Gd Gar. du Maine, av. de Paris, St-Berthevin par ⑥ ✆ 43 69 09 81 N ✆ 43 96 42 85
RENAULT Hardy, av. de Paris à St-Berthevin par ⑥ ✆ 43 69 26 69 N
VOLVO Defrance, rte de Rennes à St-Berthevin ✆ 43 68 01 44

Ⓜ Euromaster Sodipneus, 4 r. du Laurier ✆ 43 53 10 04
Euromaster Tricard Pneus, rte de Rennes, St-Berthevin ✆ 43 69 15 08

Le LAVANCHER 74 H.-Savoie 74 ⑨ – rattaché à Chamonix.

No se ponga en camino sin conocer la duración de su viaje.
El mapa Michelin nº 911 es "el mapa para ganar tiempo".

Le LAVANDOU 83980 Var 84 ⑯ **G. Côte d'Azur** – 5 212 h alt. 2.

⛳ de Valcros ✆ 94 66 81 02, par ② : 15 km.

🅸 Office de Tourisme quai G.-Péri ✆ 94 71 00 61, Télex 400555.

Paris 880 ② – Fréjus 62 ① – Cannes 98 ① – Draguignan 76 ① – Ste-Maxime 42 ① – ♦Toulon 43 ②.

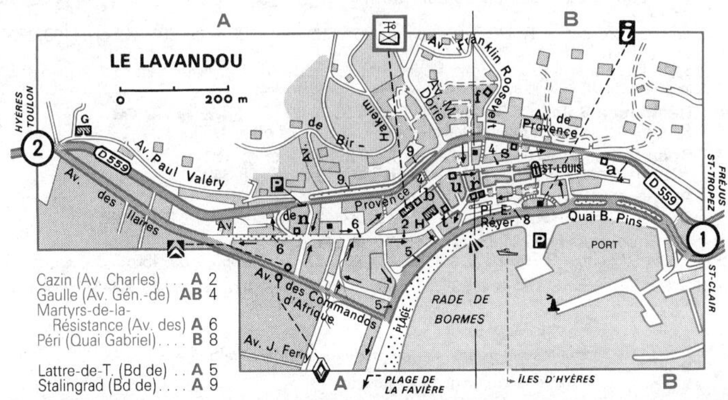

Aub. de la Calanque, 62 av. Gén. de Gaulle 94 71 05 96, Fax 94 71 20 12, – – 25. AE GB B **a**
fermé 3 janv. au 10 fév. – **L'Algue Bleue** 94 71 01 95 *(fermé jeudi midi de sept. à juin et merc. sauf le soir en juil.-août)* **R** 250/400, enf. 85 – 55 – **37 ch** 550/1000 – ½ P 1100/1550.

L'Espadon, pl. E. Reyer 94 71 00 20, Fax 94 64 79 19 – ch . AE GB A **t**
hôtel fermé 6 janv. au 6 fév. ; rest: ouvert 30 avril-30 sept. – **R** (dîner seul.) 105/148 – 35 – **20 ch** 398/498 – ½ P 339/389.

La Petite Bohème, av. F.-Roosevelt 94 71 10 30, Fax 94 64 73 92, – . GB B **f**
1er mars-15 nov. – **R** 100/150 – 40 – **17 ch** 260/390 – ½ P 326/360.

L'Escapade, chemin du Vannier 94 71 11 52, Fax 94 71 22 14, – ch . GB. B **s**
hôtel : fermé 12 nov. au 20 déc. et 10 au 30 janv. ; rest. : fermé d'oct. à Pâques – **R** (dîner seul.) 115/130 – 30 – **16 ch** 250/320 – ½ P 295/315.

Terminus sans rest (annexe M 14 ch), pl. des Joyeuses Vacances 94 71 00 62 – . GB A **n**
1er avril-1er nov. – 25 – **39 ch** 180/300.

La Ramade sans rest, r. Patron Ravello 94 71 20 40, Fax 94 64 79 19 – . AE GB AB **r**
1er mars-15 oct. – 30 – **20 ch** 318/378.

Neptune sans rest, av. Gén. de Gaulle 94 71 01 01, Fax 94 64 91 61 – . GB A **u**
fermé 15 nov. au 31 janv. – 25 – **33 ch** 180/260.

L'Oustaou sans rest, av. Gén.-de-Gaulle 94 71 12 18 – . GB A **b**
25 – **20 ch** 160/270.

Le Grill, r. Patron-Ravello 94 71 06 43, – AE GB B **r**
fermé 15 nov. au 15 déc. et lundi hors sais. – **R** 130/165, enf. 70.

à la Favière S : 2 km - A – **83230** Bormes-les-Mimosas :

Plage, 94 71 02 74, Fax 94 71 77 22, – P. GB
fin mars-15 oct. – **R** 78/150, enf. 56 – 38 – **45 ch** 261/350 – ½ P 270/310.

à St-Clair par ① : 3 km – **83980** Le Lavandou :

Belle Vue, 94 71 01 06, Fax 94 71 64 72, – P. AE GB.
1er avril-31 oct. – **R** (dîner seul.) 170/250 – 55 – **19 ch** 370/750 – ½ P 400/670.

Roc H. sans rest, 94 71 12 07, Fax 94 15 06 00, – P. GB.
fin mars-20 oct. – 37 – **26 ch** 410/520.

Tamaris M sans rest, 94 71 79 19, Fax 94 71 88 64 – P. AE GB
1er avril-30 oct. – 35 – **41 ch** 450/480.

Méditerranée, 94 71 02 18, Fax 94 71 33 47, – P. GB. rest
15 mars-20 oct. – **R** (½ pens. seul.) – 35 – **21 ch** 350/460 – ½ P 338/387.

à La Fossette-Plage par ① : 3 km – **83980** Le Lavandou :

83 Hôtel M, 94 71 20 15, Fax 94 71 63 42, côte et mer, – P. GB. rest
hôtel : Pâques-fin sept. ; rest. : 15 mai-fin sept. – **R** 195 – 65 – **28 ch** 750/1200 – ½ P 635/860.

à Aiguebelle par ① : 4,5 km – **83980** Le Lavandou :

Les Roches (Tarridec) M, 94 71 05 07, Fax 94 71 08 40, mer et les îles, « Agréables terrasses en bordure de mer », – ch P – 30. GB. rest
fin mars-24 oct. – **R** 320/520 et carte 420 à 580, enf. 100 – 90 – **42 ch** 1150/2200 – ½ P 1070/1520
Spéc. Rôti de lapin froid aux aubergines brûlées. Saint-Pierre sauté à l'huile parfumée. Carré de côtes "premières" au four et bouquet d'artichauts aux pieds d'agneau. **Vins** Côtes de Provence.

Résidence Soleil, 94 05 84 18, Fax 94 05 70 89, – P. GB
Pâques-oct. – **R** voir **Beau Soleil** ci-après – 30 – **24 ch** 444/590.

Beau Soleil, 94 05 84 55, Fax 94 05 70 89, – P. GB
10 avril-10 oct. – **R** 140 – 30 – **18 ch** 300/400 – ½ P 298/348.

Plage, 94 05 80 74, – P. GB
10 avril-30 sept. – **R** (dîner seul.) 115 – 32 – **24 ch** 280/530 – ½ P 316/365.

Gd Pavois, 94 05 81 38, – P. GB JCB. rest
15 avril-15 oct. – **R** 70/120, enf. 50 – 40 – **27 ch** 450/550 – ½ P 450.

CITROEN Gar. des Maures 94 71 14 93

MERCEDES-BENZ, RENAULT Gar. St-Christophe 94 71 14 90

Les prix

Pour toutes précisions sur les prix indiqués dans ce guide, reportez-vous aux pages explicatives.

LAVARDAC 47230 L.-et-G. 79 ⑭ G. Pyrénées Aquitaine – 2 454 h alt. 55.

Paris 700 – Agen 31 – Casteljaloux 25 – Houeillès 23 – Marmande 48 – Nérac 7.

Chaumière d'Albret, rte Nérac ✆ 53 65 51 75, ⌂, ⌂ – ☎ P. AE GB
fermé 1er au 15 oct., vacances de fév., dim. soir et lundi hors sais. – **R** 50/150 ⅄ – ☐ 22 – **8 ch** 105/225 – ½ P 133/190.

LAVARDIN 41 L.-et-Ch. 64 ⑤ – rattaché à Montoire-sur-le-Loir.

LAVAUR 81500 Tarn 82 ⑨ G. Pyrénées Roussillon – 8 148 h alt. 140.

Voir Cathédrale St-Alain★.

18 des Étangs de Fiac ✆ 63 70 64 70, E : 11 km par D 112.

Syndicat d'Initiative 22 Grand'Rue (juil.-août) ✆ 63 58 02 00.

Paris 702 – ◆Toulouse 38 – Albi 47 – Castelnaudary 60 – Castres 39 – Montauban 56.

Central H., 7 r. Alsace-Lorraine ✆ 63 58 04 16
fermé dim. soir – **R** 60/75 ⅄ – ☐ 30 – **10 ch** 130/190 – ½ P 130/150.

à Giroussens NO : 10 km par D 87 – ✉ 81500 :

L'Échauguette avec ch, ✆ 63 41 63 65, ≤, ⌂ – AE ⓞ GB
fermé 15 au 30 sept., 1er au 15 fév., dim. soir et lundi d'oct. à juin – **Repas** 60/250, enf. 45 – ☐ 25 – **5 ch** 145/250.

ALFA-ROMEO, FIAT Barboule et Laval, 4 et 5 av. G.-Péri ✆ 63 58 08 16
CITROEN Lavaur Autom., 14 rte de Gaillac ✆ 63 41 43 63
PEUGEOT-TALBOT S.I.V.A., 20 av. G.-Péri ✆ 63 58 03 51
RENAULT Vauréenne Autom., rte de Toulouse ✆ 63 58 07 20 N ✆ 63 42 70 18
V.A.G Rigal, rte de Castres ✆ 63 58 03 83
Lavaur Pneus, rte de Castres ✆ 63 58 25 48

LAVEISSIÈRE 15300 Cantal 76 ③ – 611 h alt. 930.

Paris 532 – Aurillac 44 – Condat 41 – Le Lioran 6 – Murat 5,5.

Le Vallagnon, ✆ 71 20 02 38, Fax 71 20 07 91, ≤, ⌂ – |‡| TV ☎ P. GB. ✻ rest
fermé 1er nov. au 12 déc., dim. soir et lundi sauf vacances scolaires – **R** 75/150 ⅄ – ☐ 30 – **30 ch** 170/245 – ½ P 180/225.

Cheval Blanc, ✆ 71 20 02 51, Fax 71 20 14 60, ⌂ – ⇆ ch ☎. ⓞ GB
1er juin-30 sept. et 20 déc.-vacances de printemps – **R** 75/145 ⅄ – ☐ 28 – **20 ch** 150/225 – ½ P 175/225.

Bellevue, ✆ 71 20 01 22, ≤, ⌂ – ☎. GB
fermé 15 oct. au 26 déc. – **R** 95/120, enf. 40 – ☐ 34 – **16 ch** 250 – ½ P 250.

LAVELANET 09300 Ariège 86 ⑤ – 7 740 h alt. 510.

Paris 801 – Foix 26 – Carcassonne 67 – Castelnaudary 52 – Limoux 46 – Pamiers 41.

rte de Foix par D 117 : 10 km – ✉ 09300 Roquefixade :

Relais des Trois Châteaux, ✆ 61 01 33 99 – P. GB
fermé 14 au 30 nov., 23 janv. au 15 fév. et mardi – **R** 68/188.

Lautier-Pneus, 94 av. Gén.-de-Gaulle ✆ 61 01 03 58

LAVERGNE 46 Lot 75 ⑲ – rattaché à Gramat.

LAVILLEDIEU 07 Ardèche 80 ⑨ – rattaché à Aubenas.

LAVIOLLE 07530 Ardèche 76 ⑱ – 119 h alt. 680.

Env. Mézilhac : Piton de la Croix ≤★★ N : 9 km G. Vallée du Rhône.

Paris 612 – Le Puy-en-Velay 65 – Aubenas 20 – Lamastre 51 – Mezilhac 8 – Privas 48.

Plantades ⛰, rte Antraigues S : 2 km sur D 578 ✆ 75 38 71 58, ≤, ⌂, ⌂ – ⇔ P. GB
fermé 1er nov. au 15 déc. – **R** 58/98 ⅄ – ☐ 20 – **10 ch** 115/135 – ½ P 140.

LAYE 05 H.-Alpes 77 ⑯ – rattaché à Bayard (Col).

LAYRAC 47 L.-et-G. 79 ⑮ – rattaché à Agen.

La LÈBE (Col de) 01 Ain 74 ④ – rattaché à Hauteville-Lompnes.

La LÉCHÈRE 73260 Savoie 74 ⑰ G. Alpes du Nord – 1 936 h alt. 461 – Stat. therm. (15 mars-3 nov.).

Office de Tourisme ✆ 79 22 51 60.

Paris 604 – Albertville 22 – Celliers 17 – Chambéry 68 – Moûtiers 7.

Radiana M ⛰, ✆ 79 22 61 61, Fax 79 22 56 65, ≤, parc – |‡| TV ☎ ♿ P – 🏛 35. AE ⓞ GB
13 fév.-25 oct. – **R** 100/210 – ☐ 50 – **87 ch** 320/700 – P 420/520.

Les LECQUES 83 Var 84 ⑭ G. Côte d'Azur – ✉ 83270 St-Cyr-sur-Mer.

Office de Tourisme pl. Appel du 18 juin ☎ 94 26 13 46.

Paris 812 – ♦Marseille 39 – ♦Toulon 29 – Bandol 11 – Brignoles 66 – La Ciotat 6.

Gd Hôtel ⛰, ☎ 94 26 23 01, Fax 94 26 10 22, ←, « Parc fleuri », – TV ☎ P. AE ⓓ GB
1er mai-2 oct. – **R** 160, enf. 70 – ☐ 52 – **58 ch** 400/720 – ½ P 465/585.

Chanteplage sans rest, ☎ 94 26 16 55, Fax 94 26 25 71, ← – TV ☎. GB
15 fév.-15 nov. – ☐ 28 – **20 ch** 295/420.

Petit Nice ⛰, ☎ 94 32 00 64, Fax 94 88 72 39, – TV ☎ ♿ P. GB. rest
hôtel : 1er mars-11 nov. ; rest. : 1er avril-15 oct. – **R** (½ pens. seul.) – ☐ 24 – **30 ch** 250/295 – ½ P 247/310.

Pins, à La Madrague SE : 1,5 km ☎ 94 26 28 36, ← – TV ☎ P
Pâques-fin sept. – **R** 90/150 – ☐ 30 – **20 ch** 250/390 – ½ P 250.

PEUGEOT-TALBOT Gar. Iori, à St-Cyr-sur-Mer ☎ 94 26 23 80

Marro, quartier Banette à St-Cyr-sur-Mer ☎ 94 26 31 09

LECTOURE 32700 Gers 82 ⑤ G. Pyrénées Aquitaine – 4 034 h alt. 182.

Voir Site★ – Promenade du bastion ←★ – Musée municipal★.

de Fleurance ☎ 62 06 26 26, S par N 21 : 15 km.

Office de Tourisme cours Hôtel de Ville ☎ 62 68 76 98.

Paris 749 – Agen 36 – Auch 35 – Condom 24 – Montauban 72 – ♦Toulouse 94.

De Bastard ⛰, r. Lagrange ☎ 62 68 82 44, Fax 62 68 76 81, , – TV ☎ – 30. AE ⓓ GB
fermé 19 au 27 déc. (sauf hôtel) et 7 janv. au 28 fév. – **R** *(fermé vend. soir, sam. midi et dim. soir d'oct. à avril)* 140/250, enf. 48 – ☐ 38 – **29 ch** 180/310 – ½ P 260/310.

RENAULT Gar. Franczak, rte de Fleurance ☎ 62 68 71 81 N

LEGÉ 44650 Loire-Atl. 67 ⑬ – 3 532 h alt. 94.

Paris 422 – ♦Nantes 41 – La Roche-sur-Yon 31 – Cholet 61 – Clisson 35 – Les Sables-d'Olonne 52.

Étoile d'Or, r. Chaussée ☎ 40 04 97 29 – AE GB
fermé 1er au 21 sept. et lundi – **R** 64/230 🍷, enf. 35.

PEUGEOT-TALBOT Gar. Beauséjour, 26 r. Chaussée ☎ 40 04 97 09 N

RENAULT Gar. Charrier ☎ 40 04 91 56

LEIGNÉ-LES-BOIS 86450 Vienne 68 ⑤ – 500 h alt. 128.

Paris 320 – Poitiers 53 – Le Blanc 35 – Châtellerault 16 – Loches 53 – La Roche-Posay 10.

Gautier, ☎ 49 86 53 82 – GB
fermé 11 nov. au 10 déc. et fév. – **Repas** 58/220.

LELEX 01410 Ain 70 ⑯ – 232 h alt. 900 – Sports d'hiver : 900/1 680 m 3 14.

Paris 518 – Bourg-en-Bresse 91 – Gex 28 – Morez 38 – Nantua 43 – St-Claude 32.

Centre, ☎ 50 20 90 81, Fax 50 20 93 97 – ☎ P. GB
26 juin-5 sept. et 18 déc.-15 avril – **R** 85/215 – ☐ 26 – **19 ch** 216/276 – ½ P 262/290.

Crêt de la Neige, ☎ 50 20 90 15, Fax 50 20 94 46, ←, , – ☎ P. GB. rest
25 juin-10 sept. et 18 déc.-20 avril – **R** 77/177 🍷 – ☐ 25 – **29 ch** 145/275 – ½ P 209/281.

Mont-Jura, ☎ 50 20 90 53 – ☎ P. GB. rest
fermé 13 au 24 avril, 15 nov. au 20 déc., dim. soir et lundi hors sais. – **R** 90/225 – ☐ 27 – **12 ch** 180/230 – ½ P 230/270.

LEMBACH 67510 B.-Rhin 57 ⑲ G. Alsace Lorraine – 1 710 h alt. 190.

Env. Château de Fleckenstein★★ NO : 7 km.

Syndicat d'Initiative rte Bitche ☎ 88 94 43 16.

Paris 471 – ♦Strasbourg 55 – Bitche 33 – Haguenau 26 – Niederbronn-les-B. 18 – Wissembourg 15.

Au Heimbach M sans rest, ☎ 88 94 43 46, Fax 88 94 20 85 – ☎ P.
☐ 45 – **16 ch** 200/325.

Vosges du Nord sans rest, 59 rte Bitche ☎ 88 94 43 41, Fax 88 94 23 08 – ☎.
fermé 17 au 31 août et lundi – ☐ 21 – **8 ch** 190/205.

XXXX ✿✿ **Aub. Cheval Blanc** (Mischler), ☎ 88 94 41 86, Fax 88 94 20 74, « Ancien relais de poste », – P. AE GB.
fermé 5 au 23 juil., 31 janv. au 18 fév., lundi et mardi – **R** 170/390 et carte 270 à 450
Spéc. Farandole de quatre foies d'oie chauds. Suprême de sandre au fumet de truffe. Médaillons de chevreuil à la moutarde et aux fruits rouges (1er juin au 15 fév.). **Vins** Pinot blanc.

à Gimbelhof N : 10 km par D 3 et RF – ✉ 67510 Lembach :

Ferme Gimbelhof ⛰, ☎ 88 94 43 58, Fax 88 94 23 30, ← – ☎ P. GB
fermé 20 nov. au 26 déc. et 20 au 28 fév. – **R** *(fermé lundi et mardi)* 50/100 🍷 – ☐ 20 – **8 ch** 78/210 – ½ P 130/150.

CITROEN Gar. Weisbecker ☎ 88 94 41 96 N

LEMBERG 57620 Moselle 57 ⑱ – 1 596 h.

Paris 437 – ♦Strasbourg 66 – Haguenau 46 – ♦Metz 108 – Wissembourg 55.

X **Au Tonneau,** ☎ 87 06 41 04 – Ⓟ. GB
fermé 23 au 30 août, 24 janv. au 6 fév. et lundi sauf fériés – **R** 88/148 ♁, enf. 45.

LENS SP 62300 P.-de-C. 51 ⑮ – 35 017 h alt. 38.

Env. Mémorial canadien de Vimy★ 9 km par ④ – N.-D.-de-Lorette ※★ SO : 11 km, **G. Flandres Artois Picardie.**

ℹ A.C. Z.I. du Gard ☎ 21 28 34 89.

Paris 199 ④ – ♦Lille 38 ① – Arras 19 ④ – Béthune 18 ⑤ – Douai 21 ② – St-Omer 64 ⑤.

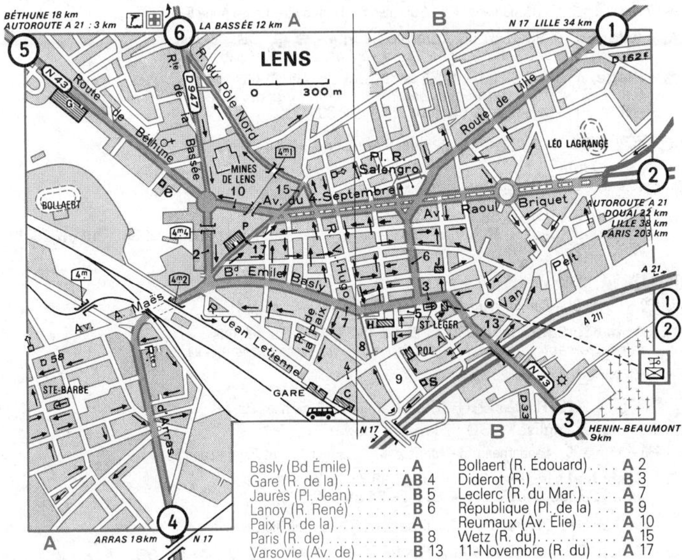

Basly (Bd Émile)	A	Bollaert (R. Édouard)	A 2
Gare (R. de la)	AB 4	Diderot (R.)	B 3
Jaurès (Pl. Jean)	B 5	Leclerc (R. du Mar.)	A 7
Lanoy (R. René)	B 6	République (Pl. de la)	B 9
Paix (R. de la)	A	Reumaux (Av. Élie)	A 10
Paris (R. de)	B 8	Wetz (R. du)	A 15
Varsovie (Av. de)	B 13	11-Novembre (R. du)	A 17

Lensotel et rest. L'Escarpolette, centre comm. Lens 2 par ⑥ : 3,5 km ✉ 62880 Vendin-le-Vieil ☎ 21 78 64 53, Télex 120324, Fax 21 43 76 09, ⛱, ⛱, 🌳 – TV ☎ Ⓟ – 🏛 50 à 100. AE ⓓ GB
R 95/180, enf. 45 – ☕ 38 – **70 ch** 300/350 – ½ P 250.

Espace Bollaert M, 13C rte Béthune ☎ 21 78 30 30, Télex 134489, Fax 21 78 24 83 – ⬍ TV ☎ ♿ Ⓟ – 🏛 60. GB — A **e**
R *(fermé dim. soir)* 115/300, enf. 75 – ☕ 32 – **54 ch** 245/265 – ½ P 258.

Lutetia sans rest, 29 pl. République ☎ 21 28 02 06 – ☎. 🚫 — B **s**
fermé dim. soir – ☕ 25 – **23 ch** 110/190.

ALFA-ROMEO Arauto, 44 rte de Lille, Loison ☎ 21 70 61 63
CITROEN Gransart Autom., 2 rte de Béthune, Loos-en-Gohelle par ⑤ ☎ 21 70 15 76 N ☎ 21 29 16 61
OPEL Thirion, 60 av. A.-Maes ☎ 21 43 01 96
PEUGEOT-TALBOT Wantiez, N à Loison par ① ☎ 21 70 17 65
RENAULT Evrard, 2 r. de la Convention à Liévin par D 58 A ☎ 21 43 42 44 N ☎ 21 69 07 89

RENAULT Nouveaux Gar. Lensois, 50 rte de Lille, Loison par ① ☎ 21 70 19 68 N ☎ 21 69 07 89
SEAT Artois Autom., 79 av. Van-Pelt ☎ 21 28 38 07
V.A.G S.A.M.A., 267 bd Martel à Avion ☎ 21 28 18 16

Ⓜ Chamart, 81 av. Van-Pelt ☎ 21 28 60 54
La Maison du Pneu, 346 rte de Lille ☎ 21 78 62 78

LÉON 40550 Landes 78 ⑯ – 1 330 h alt. 15.

Voir Courant d'Huchet★ en barque NO : 1,5 km, **G. Pyrénées Aquitaine.**

⛳ 9 18 de la Côte d'Argent ☎ 58 48 54 65, SO par D 652 puis D 117 : 8 km.

ℹ Syndicat d'Initiative Grand Rue ☎ 58 48 76 03.

Paris 728 – Mont-de-Marsan 78 – Castets 14 – Dax 29 – Mimizan 41 – St-Vincent-de-Tyrosse 32.

Lac 🐎, au Lac NO : 1,5 km ☎ 58 48 73 11, ≤ – GB. 🚫
10 avril-1er oct. – **R** 70/140 – ☕ 25 – **15 ch** 150/220 – ½ P 210/230.

CITROEN Ducasse ☎ 58 48 73 10 — RENAULT Modern'Gar. ☎ 58 48 74 34

LÉPIN-LE-LAC 73 Savoie 74 ⑮ – rattaché à Aiguebelette (Lac d').

LÉRÉ **18240** Cher 65 ⑫ G. Berry Limousin – 1 161 h alt. 145.
Paris 178 – Auxerre 75 – Bourges 66 – Montargis 64 – Nevers 62 – ♦Orléans 101.

XX **Lion d'Or** avec ch, ✆ 48 72 60 12, Fax 48 72 58 01 – ▤ rest ☎. GB
fermé dim. soir et lundi – **R** 125/200 – ☕ 35 – **8 ch** 230.

Gar. Dechêne C.L.D.A., N 751 ✆ 48 72 60 20

LÉRINS (Iles de) **06** Alpes-Mar. 84 ⑨ – voir à Ste-Marguerite et St-Honorat.

LESCAR **64** Pyr.-Atl. 85 ⑥ – rattaché à Pau.

LESCONIL **29740** Finistère 58 ⑭ G. Bretagne – alt. 12.
Paris 576 – Quimper 27 – Douarnenez 43 – Guilvinec 6 – Loctudy 8 – Pont-l'Abbé 8,5.

Atlantic, ✆ 98 87 81 06, « Jardin fleuri » – ☎ Ⓟ. GB. ❊ rest
Pâques-30 sept. – **R** 80/300 – ☕ 35 – **23 ch** 300 – ½ P 325.

Plage, ✆ 98 87 80 05 – |‡| TV ☎ Ⓟ – 25. AE ⓓ GB. ❊ rest
6 avril-30 sept. et fermé dim. soir (sauf hôtel), lundi du 10 avril au 10 juil. et du 5 au 30 sept. – **R** 80/305 – ☕ 42 – **28 ch** 250/320 – ½ P 300/330.

LESCUN **64490** Pyr.-Atl. 85 ⑮ G. Pyrénées Aquitaine – 198 h alt. 900.
Voir ✻★★ 30 mn.
Paris 860 – Pau 72 – Lourdes 89 – Oloron-Ste-Marie 36.

Pic d'Anie ⛰, ✆ 59 34 71 54, ≤, 🌳 – ☎. GB. ❊ ch
1er avril-20 sept. – **R** *(fermé dim. soir et fêtes le soir)* 80/200 – ☕ 30 – **10 ch** 200/270 – ½ P 230/250.

LESMONT **10500** Aube 61 ⑧ – 244 h alt. 112.
Paris 199 – Troyes 31 – Bar-sur-Aube 32 – St-Dizier 54 – Vitry-le-François 41.

XX **Aub. Munichoise**, D 960 ✆ 25 92 45 33, 🌳 – AE ⓓ GB
fermé 20 sept. au 14 oct., mardi soir et merc. sauf fériés – **R** 98/210 ⅄.

RENAULT Millon, D 960 ✆ 25 92 45 13

LESNEVEN **29260** Finistère 58 ④ ⑤ G. Bretagne – 6 250 h alt. 80.
Voir Le Folgoët : église★★ SO : 2 km.
Paris 586 – ♦Brest 25 – Landerneau 16 – Morlaix 48 – Quimper 78 – St-Pol-de-Léon 32.

Breiz Izel sans rest, 25 r. Four ✆ 98 83 12 33 – ☎. ❊
fermé 26 sept. au 26 oct. – ☕ 24 – **24 ch** 100/200.

au Pont du Châtel NE : 4 km par D 110 – ✉ **29260** Lesneven :

Week-End, ✆ 98 25 40 57, Fax 98 25 46 92, 🌲 – TV ☎ 🚗 Ⓟ. GB. ❊
fermé janv. et lundi midi – **R** 80/250 ⅄ – ☕ 40 – **13 ch** 220/300 – ½ P 230/300.

CITROEN Crauste-Guilliec, 31 r. Gén.-de-Gaulle ✆ 98 83 00 34
RENAULT Colliou, 9 r. de Jérusalem ✆ 98 83 01 50

LESPARRE-MÉDOC ⟨SP⟩ **33340** Gironde 71 ⑰ – 4 661 h alt. 9.
Paris 543 – ♦Bordeaux 65 – Soulac-sur-Mer 29.

à Gaillan-en-Médoc par N 215 : 5 km – ✉ **33340** :

XXX ✿ **Château Layauga** (Jorand) M ⛰ avec ch, ✆ 56 41 26 83, Fax 56 41 19 52, 🌳, 🌲 – ⇆ ch TV ☎ ♿ 🚗 Ⓟ. GB
fermé fév. – **R** 195/345 et carte 320 à 440 – ☕ 55 – **7 ch** 495 – ½ P 550
Spéc. Escalope de foie gras au vinaigre de framboise. Cèpes au jus de truffes. Fricassée de homard printanier.

à Queyrac par N 215 : 8 km – ✉ **33340** :

Les Vieux Acacias sans rest, ✆ 56 59 80 63, 🌲 – ☎ Ⓟ. GB
fermé 15 déc. au 1er fév. – ☕ 35 – **15 ch** 198/298.

CITROEN SADAM ✆ 56 41 10 77
Ⓜ Médoc Pneu, à Gaillan ✆ 56 41 06 73
Pneu Échappement 2000 ✆ 56 41 11 78

LESPONNE **65** H.-Pyr. 85 ⑱ – rattaché à Bagnères-de-Bigorre.

LESTELLE-BÉTHARRAM **64800** Pyr.-Atl. 85 ⑦ G. Pyrénées Aquitaine – 865 h alt. 300.
Voir Grottes de Bétharram★★ S : 5 km.
Paris 795 – Pau 26 – Laruns 35 – Lourdes 17 – Nay 8,5 – Oloron-Ste-Marie 43.

Touristes, ✆ 59 71 93 05, 🌳 – ☎. GB
fermé 8 janv. au 20 fév., dim. soir (sauf rest.) et lundi d'oct. à juin – **R** 72/140 ⅄, enf. 50 – ☕ 27 – **14 ch** 105/210 – ½ P 200/260.

X **Central** avec ch, ✆ 59 71 92 88, 🌳 – ☎ Ⓟ. GB
fermé 15 oct. au 15 nov., mardi et merc. hors sais. – **R** 75 bc/185, enf. 40 – ☕ 29 – **15 ch** 170/250 – ½ P 180/215.

au SE : 3 km par D 937 et rte des Grottes – ✉ **64800** Nay :

Le Vieux Logis Ⓜ, ✆ 59 71 94 87, Fax 59 71 96 75, ≤, « Parc », – TV ☎ ♿ P – 30. AE GB
fermé 1er fév. au 1er mars – **R** 95/185 – ☕ 30 – **35 ch** 200/250, 5 chalets – ½ P 238/263.

LEUCATE **11370** Aude 86 ⑩ **G. Pyrénées Roussillon** – 2 177 h alt. 21.

Voir ≤★ du sémaphore du Cap E : 2 km.

Syndicat d'Initiative ✆ 68 40 91 31 et av. J.-Jaurès (juil.-août) ✆ 68 40 04 73.

Paris 881 – ♦ Perpignan 35 – Carcassonne 86 – Narbonne 36 – Port-la-Nouvelle 17.

Jouve Ⓜ avec ch, sur la plage ✆ 68 40 02 77, ≤, – TV ☎. GB. ch
3 avril-3 oct. – **R** *(fermé lundi sauf le soir en juil.-août et dim. soir hors sais.)* 90/180 – ☕ 32 – **7 ch** 300/400.

à Port-Leucate S : 7 km par D 627 – ✉ **11370** :

Deux Golfs Ⓜ sans rest, sur le port ✆ 68 40 99 42, Fax 68 40 79 79, ≤ – TV ☎ ♿ P. GB
1er avril-2 nov. – ☕ 45 – **30 ch** 320/400.

LEVALLOIS-PERRET **92** Hauts-de-Seine 106 ⑲ – voir à Paris, Environs.

LEVENS **06670** Alpes-Mar. 84 ⑲ 115 ⑯ **G. Côte d'Azur** – 2 686 h alt. 570.

Voir ≤★.

Paris 952 – Antibes 43 – Cannes 54 – ♦ Nice 25 – Puget-Théniers 47 – St-Martin-Vésubie 37.

Malausséna, ✆ 93 79 70 06, Fax 93 79 85 89 – ☎. AE GB. ch
fermé 1er nov. au 15 déc. – **R** 75/150 – ☕ 35 – **14 ch** 270/320 – ½ P 240/290.

La Vigneraie, SE : 1,5 km (rte St-Blaise) ✆ 93 79 70 46, – ☎ P. GB
fermé 17 oct. au 16 janv. – **R** 100/140 – ☕ 25 – **18 ch** 120/200 – ½ P 200.

Les Santons, ✆ 93 79 72 47, – GB
fermé 28 juin au 7 juil., 4 au 13 oct., 3 janv. au 9 fév., merc. et le soir sauf vend. et sam. – **Repas** (prévenir) 98/230.

Le Carmalin, rte de Nice par D 19 : 1 km ✉ 06670 ✆ 93 79 77 29, – AE GB
fermé oct. et merc. sauf juil.-août – **R** spécialités créoles 95/160, enf. 45.

Gar. de la Fanga quartier de la Fanga ✆ 93 79 79 56

LEVERNOIS **21** Côte-d'Or 69 ⑨ – rattaché à Beaune.

LEVIER **25270** Doubs 70 ⑥ – 1 785 h alt. 717.

Paris 431 – ♦ Besançon 46 – Champagnole 34 – Pontarlier 21 – Salins-les-Bains 23.

Guyot, ✆ 81 49 50 56, Fax 81 49 53 53, parc, – cuisinette P – 30. GB
fermé 11 nov. au 11 déc. et dim. soir hors sais. – **R** 60/140, enf. 40 – ☕ 16 – **35 ch** 120/260.

CITROEN, MERCEDES Cassani ✆ 81 49 53 45 N

LÉVIGNAC **31530** H.-Gar. 82 ⑦ – 1 400 h alt. 133.

Paris 693 – ♦ Toulouse 27 – Auch 53 – Montauban 47.

D'Azimont, SO : 8,5 km par D 17 via Ségoufielle ✆ 61 85 61 13, Télex 532467, Fax 61 85 46 16, ≤, « Demeure du 19e siècle dans un parc », – TV ☎ P – 60. AE GB
fermé 2 au 23 janv. – **R** *(fermé dim. soir hors sais. et lundi)* 145/345, enf. 110 – ☕ 65 – **16 ch** 500/1000 – ½ P 455/805.

LEVROUX **36110** Indre 68 ⑧ **G. Berry Limousin** – 3 045 h alt. 141.

Voir Collégiale St-Sylvain★ : stalles★, buffet d'orgues★.

Env. Château de Bouges★★, parc★ NE : 9,5 km.

Paris 257 – Blois 78 – Châteauroux 21 – Châtellerault 95 – Loches 55 – Vierzon 46.

Cloche, r. Nationale ✆ 54 35 70 43, Fax 54 35 67 43 – ☎. GB. ch
fermé 1er fév. au 1er mars, lundi soir et mardi – **R** 85/300 – ☕ 26 – **28 ch** 160/320.

Relais St-Jean, 34 r. Nationale ✆ 54 35 81 56, – AE GB
fermé dim. soir et merc. – **R** 105 bc/195, enf. 55.

PEUGEOT-TALBOT Bottin, 15 r. Gambetta ✆ 54 35 70 28

RENAULT Tranchant 95 rte de Châteauroux ✆ 54 35 71 45

LÉZARDRIEUX **22740** C.-d'Armor 59 ② **G. Bretagne** – 1 707 h alt. 32.

Voir Phare du Bodic : plate-forme ≤★ NE : 3 km.

Paris 500 – St-Brieuc 48 – Guingamp 33 – Lannion 28 – Paimpol 5 – Tréguier 10.

Pont sans rest, ✆ 96 20 10 59, Fax 96 22 17 38 – TV ☎. AE GB
☕ 30 – **15 ch** 145/265.

LÉZIGNAN-CORBIÈRES 11200 Aude 83 ⑬ – 7 881 h alt. 51.

Office de Tourisme pl. République ✆ 68 27 05 42.

Paris 870 – ◆Perpignan 85 – Carcassonne 39 – Narbonne 20 – Prades 129.

Tassigny et rest. Tournedos, pl. de Lattre de Tassigny ✆ 68 27 11 51 – rest TV ☎ ♿. GB
fermé lundi (sauf hôtel) et dim. soir – **R** 75 bc/180 bc, enf. 38 – ☐ 35 – **18 ch** 160/270.

CITROEN Algrain, bd L. Castel ✆ 68 27 11 57
LANCIA-AUTOBIANCHI Gar. Bernada, 42 av. Wilson ✆ 68 27 00 35 **N** ✆ 68 27 00 35
PEUGEOT-TALBOT Belmas, ZI de Gaujac, rte de Fabrézan ✆ 68 27 01 66 **N** ✆ 68 41 95 38
RENAULT Lézignan-Auto, 63 av. G.-Clemenceau ✆ 68 27 02 93 **N** ✆ 05 05 15 15
Condouret, 35 av. Mar.-Joffre ✆ 68 27 01 72

LEZOUX 63190 P.-de-D. 73 ⑮ G. Auvergne – 4 819 h alt. 351.

Voir Moissat-Bas : châsse de St-Lomer★★ dans l'église S : 5 km.

Syndicat d'Initiative à la Mairie ✆ 73 73 01 00.

Paris 444 – ◆Clermont-Ferrand 27 – Ambert 58 – Issoire 43 – Riom 26 – Thiers 17 – Vichy 42.

Voyageurs avec ch, pl. H. de Ville ✆ 73 73 10 49 – TV ☎. GB. ch
fermé 20 sept. au 20 oct., vacances de fév., dim. soir et lundi – **R** 80/280 – ☐ 26 – **10 ch** 180/280 – ½ P 185/220.

à Bort-l'Étang SE : 8 km par D 223 et D 309 – ✉ 63190.

Voir ★ de la terrasse du château★ à Ravel O : 5 km.

Château de Codignat , O : 1 km ✆ 73 68 43 03, Télex 990606, Fax 73 68 93 54, ≤, , parc, « Château du 15ᵉ siècle décoré avec raffinement », , , – TV ☎ P – 40. AE GB
20 mars-5 nov. – **R** 270/340, enf. 180 – ☐ 68 – **14 ch** 750/1300, 4 appart. – ½ P 650/1050.

PEUGEOT-TALBOT Rozière ✆ 73 73 10 98

Avant de prendre la route, consultez la carte Michelin
nº 911 "FRANCE – Grands Itinéraires".

Vous y trouverez :
– votre kilométrage,
– votre temps de parcours,
– les zones à "bouchons" et les itinéraires de dégagement,
– les stations-service ouvertes 24 h/24...

Votre route sera plus économique et plus sûre.

LIANCOURT 60140 Oise 56 ① – 6 178 h alt. 105.

Paris 69 – Compiègne 33 – Beauvais 36 – Chantilly 18 – Creil 10 – Senlis 20.

Host. Parc, av. Ile-de-France ✆ 44 73 04 99, Fax 44 73 67 75, – TV ☎ P. AE GB. ch
R *(fermé lundi en juil.-août et dim. soir)* 95/140 – ☐ 35 – **13 ch** 278/329.

LIBOURNE SP 33500 Gironde 75 ⑫ G. Pyrénées Aquitaine – 21 012 h alt. 15.

Office de Tourisme pl. A.-Surchamp ✆ 57 51 15 04.

Paris 578 ⑤ – ◆Bordeaux 29 ④ – Agen 129 ③ – Angoulême 101 ① – Bergerac 61 ③ – Périgueux 95 ② – Royan 119 ⑤.

Plan page suivante

Loubat, 32 r. Chanzy ✆ 57 51 17 58, Télex 540436, – TV ☎ – 70. AE GB BY b
R 85/200, enf. 60 – ☐ 30 – **25 ch** 250/340 – ½ P 280.

Aub. les Treilles, 11 r. Treilles ✆ 57 25 02 52, Fax 57 25 29 70, – TV ☎ P. AE GB BY d
R 85/250 , enf. 50 – ☐ 25 – **20 ch** 190/260 – ½ P 188.

Chanzy avec ch, 16 r. Chanzy ✆ 57 51 05 15 – AE GB. ch BY a
fermé dim. soir – **R** 64/140 – ☐ 19 – **4 ch** 115/145.

à l'aérodrome d'Artigues par ② et N 89 : 12 km – ✉ 33570 Les Artigues de Lussac :

Chez Servais, ✆ 57 24 31 95, – P. GB
fermé dim. soir et lundi – **R** 120/250, enf. 55.

CITROEN Libourne Autom., 140 av. Ch.-de-Gaulle par ③ ✆ 57 51 62 18
PEUGEOT-TALBOT Agence Centrale Autom. Libournaise 142 av. Gén.-de-Gaulle par ③ ✆ 57 51 40 81 **N** ✆ 57 91 13 62
RENAULT Bastide, ZI Ballastière, rte d'Angoulême par ① ✆ 57 25 60 60 **N** ✆ 56 76 04 08
V.A.G Europe-Auto, av. Gén.-de-Gaulle ✆ 57 51 43 85
Da Silva Pneu, av. Libération Port-du-Noyer à Arveyres ✆ 57 51 54 56
Da Silva Pneu, 5 quai de l'Isle ✆ 57 25 28 10
Euromaster Central Pneu Service, 113 av. G.-Pompidou ✆ 57 51 24 24

LIBOURNE

Ferry (R. J.) . . . . AZ 7
Gambetta (R.) . . . . ABY
Jaurès (R. J.) . . . . ABZ
Montaigne (R. M.-de) . . . . . BZ 21
Montesquieu (R.) . . . . BY 23

Prés.-Carnot (R. du) . . . . . ABY
Surchamp (Pl. A.) . . . . AZ
Thiers (R.) . . . . AZ

Amade (Q. du Gén. d') . . . . AZ 4
Clemenceau (Av. G.) . . . . . . BY 5
Decazes (Pl.) . . . . BY 6
Foch (Av. du Mar.) . . . . BY 8

J.-J.-Rousseau (R.) . . . . . . ABZ 10
Lattre-de-Tassigny (Pl. du Mar.-de) . . . . AZ 14
Prés.-Doumer (R. du) . . . . ABY 28
Prés.-Wilson (R. du) . . . . . . BY 29
Princeteau (Pl.) . . . . ABY 30
Salinières (Quai des) . . . . . . AY 35
Waldeck-Rousseau (R.) . . . . AY 45

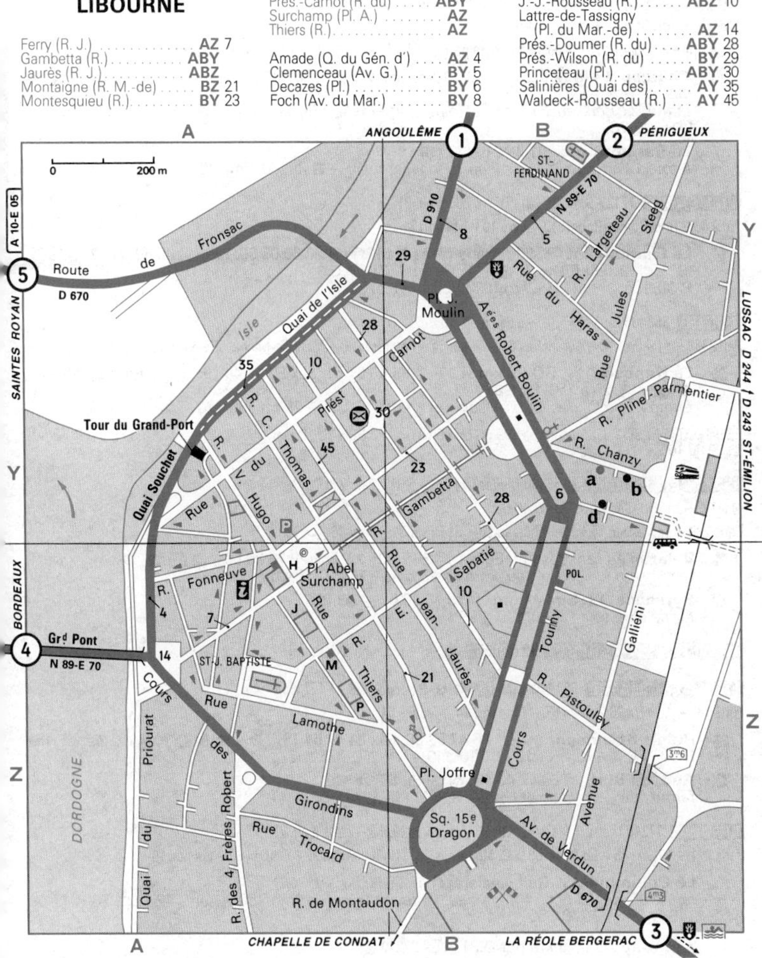

☛ *Pour aller loin rapidement, utilisez les cartes Michelin des pays d'Europe à 1/1 000 000.*

LICQ-ATHÉREY **64560** Pyr.-Atl. 85 ⑮ – 237 h alt. 275.

Paris 828 – Pau 66 – Oloron-Ste-Marie 32 – St-Jean-Pied-de-Port 58 – Sauveterre-de-Béarn 45.

Touristes, ✆ 59 28 61 01, ≤, 🎣, 🌳 – ☎ Ⓟ – 🏕 25. GB
fermé déc. et janv. – **R** 80/200 🍷 – ☕ 28 – **21 ch** 195/295.

LIEPVRE **68660** H.-Rhin 62 ⑱ – 1 558 h alt. 273.

Paris 420 – Colmar 34 – Ribeauvillé 24 – St-Dié 29 – Sélestat 14.

Élisabeth 🐕, à La Vancelle NE : 2,5 km par VO ✉ 67730 Châtenois ✆ 88 57 90 61, Fax 88 57 91 51, 🌳, 🌳 – 📺 ☎ Ⓟ – 🏕 25. GB. ✻ rest
fermé 4 au 31 janv. – **R** *(fermé dim. soir et lundi)* 100/210 🍷, enf. 40 – ☕ 40 – **12 ch** 260 – ½ P 240/280.

A la Vieille Forge, à Bois l'Abbesse E : 3 km rte Sélestat ✆ 89 58 92 54 – Ⓟ. AE ⓓ GB
fermé 10 au 26 mars, 7 au 23 juil., lundi soir et mardi – **Repas** 110/280 🍷.

TOYOTA, VOLVO Gerber ✆ 89 58 92 03

LIESSIES **59740** Nord 53 ⑥ **G. Flandres Artois Picardie** – 531 h alt. 220.

Voir Lac du Val Joly★ E : 5 km.

Paris 215 – St-Quentin 75 – Avesnes-sur-Helpe 15 – Charleroi 45 – Hirson 24 – Maubeuge 26.

Château de la Motte ⛰, S : 1 km par VO ✆ 27 61 81 94, ←, parc – TV ☎ P – 🏔 50. GB
fermé 23 déc. au 31 janv. et dim. soir – **R** 97/178, enf. 60 – ☕ 35 – **12 ch** 135/320 – ½ P 195/268.

Le Carillon, ✆ 27 61 80 21 – AE GB
fermé 17 nov. au 1er déc., 5 au 19 janv. et merc. – **R** 70/260, enf. 50.

LIEUSAINT **77127** S.-et-M. 61 ① – 5 200 h alt. 91.

Paris 43 – Brie-Comte-Robert 12 – Évry 10 – Melun 12.

Le Flamboyant M, 98 r. Paris (près N 6) ✆ (1) 60 60 05 60, Fax (1) 60 60 05 32, 🏠, ⛱, 🎾 – |$| ▤ rest TV ☎ ♿ P – 🏔 30 à 80. AE ⓓ GB
R 90/195 🍷 – ☕ 35 – **72 ch** 290/330 – ½ P 280.

LIFFRÉ **35340** I.-et-V. 59 ⑰ – 5 659 h alt. 105.

Paris 338 – ♦Rennes 18 – Avranches 61 – Dinan 54 – Fougères 30 – Mont-St-Michel 53 – Vitré 28.

La Reposée ⛰, SO : 2 km N 12 ✆ 99 68 31 51, Fax 99 68 44 79, 🏠, « Parc », 🎾 – TV ☎ P – 🏔 25 à 150. AE GB
fermé 21 au 28 déc. et dim. soir – **R** 78/280 – ☕ 30 – **25 ch** 160/270 – ½ P 195/225.

PEUGEOT, TALBOT Gar. Malle, ✆ 99 68 65 65 N ✆ 99 39 10 23
RENAULT Gar. Ribulé-Boulais ✆ 99 68 31 36 N

LIGNY-EN-BARROIS **55500** Meuse 62 ② – 5 342 h alt. 225.

ℹ 24 r. Gén.-de-Gaulle ✆ 29 78 40 63.

Paris 239 – Bar-le-Duc 14 – Neufchâteau 56 – St-Dizier 31 – Toul 46.

Valéran M sans rest, pl. Église ✆ 29 78 01 22, Fax 29 78 39 50 – |$| TV ☎. GB
fermé sam. du 15 nov. au 1er mars – ☕ 33 – **25 ch** 195/250.

Syracuse, 1 r. Strasbourg ✆ 29 78 40 62 – GB. 🚫
fermé dim. soir – **R** 85/150 🍷.

LIGNY-EN-CAMBRÉSIS **59** Nord 53 ④ ⑭ – rattaché à Cambrai.

LIGNY-LE-CHÂTEL **89144** Yonne 65 ⑤ **G. Bourgogne** – 1 122 h alt. 149.

Paris 183 – Auxerre 23 – Sens 57 – Tonnerre 24 – Troyes 64.

Relais St Vincent ⛰, ✆ 86 47 53 38, Fax 86 47 54 16, 🏠 – ☎ ♿ P – 🏔 40. AE ⓓ GB
R 70/150 🍷 – ☕ 38 – **12 ch** 210/340 – ½ P 210/275.

Aub. du Bief, ✆ 86 47 43 42, 🏠 – P. AE ⓓ GB
fermé janv., dim. soir et lundi – **R** 108/195 🍷, enf. 55.

LIGUEIL **37240** I.-et-L. 68 ⑤ **G. Châteaux de la Loire** – 2 201 h alt. 77.

Paris 271 – ♦Tours 45 – Le Blanc 56 – Châteauroux 79 – Châtellerault 37 – Chinon 50 – Loches 18.

Le Colombier, pl. Gén. Leclerc ✆ 47 59 60 83 – ☎. GB
fermé 1er au 15 oct., 1er janv. au 15 fév. et vend. – **R** 53/150 🍷, enf. 42 – ☕ 28 – **11 ch** 145/210 – ½ P 200/250.

à Cussay SO : 3,5 km par D 31 – ✉ **37240** :

Aub. du Pont Neuf avec ch, ✆ 47 59 66 37 – ☎ P. GB
fermé fév. et lundi (sauf juil.-août et fériés) – **R** 60/200 🍷, enf. 40 – ☕ 30 – **8 ch** 125/250 – ½ P 155/170.

RENAULT Gar. Chapet ✆ 47 59 64 10 N

LILLE P **59000** Nord 51 ⑯ **G. Flandres Artois Picardie** – 172 142 h Communauté urbaine 1 081 479 h alt. 21.

Voir Le Vieux Lille★ EFY : Vieille Bourse★★ FY, Hospice Comtesse★ (voûte en carène★★) FY **B**, rue de la Monnaie ★ FY 142, demeure de Gilles de la Boé★ FY **E** – Église St-Maurice★ FY **K** – Citadelle★ BUV – Porte de Paris★ FZ – ←★ du beffroi FZ **H** – Musée des Beaux-Arts★★ FZ **M**[1] – Maison natale du Général De Gaulle CU **W**.

⛳9 des Flandres (privé) ✆ 20 72 20 74 par ② : 4,5 km HS ; ⛳18 du Sart (privé) ✆ 20 72 02 51, par ② : 7 km JS ; ⛳18 de Brigode à Villeneuve-d'Ascq ✆ 20 91 17 86, par ③ : 9 km KT ; ⛳18 ⛳18 de Bondues ✆ 20 23 20 62, par ① : 9,5 km HS.

✈ de Lille-Lesquin : ✆ 20 49 68 68, par ④ : 8 km JU.

🚗 ✆ 20 74 50 50.

ℹ Office de Tourisme et Accueil de France (Informations et réservations d'hôtels, pas plus de 5 jours à l'avance) Palais Rihour ✆ 20 30 81 00, Télex 110213 et à la gare SNCF ✆ 20 06 40 65 – A.C. 8 r. Quennette ✆ 20 55 29 44.

Paris 221 ④ – Bruxelles 116 ② – Gent 71 ② – Luxembourg 312 ④ – ♦Strasbourg 525 ④.

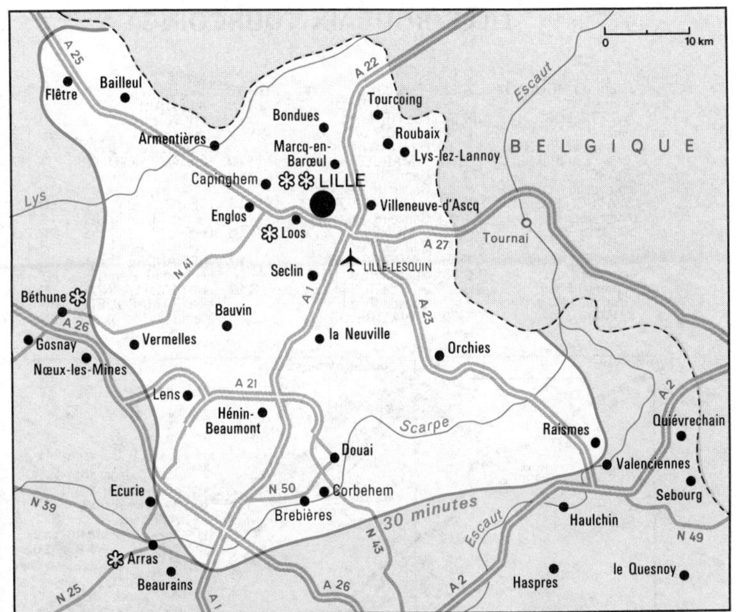

Holiday Inn Ⓜ, quai du Wault ✆ 20 30 62 62, Fax 20 42 94 25, « Ancien couvent du 17e siècle » – ▮ ⇆ ch TV ☎ ♿ Ⓟ – 🔔 150. AE ⓓ GB JCB — EY **d**
R 160 bc/245 – ☕ 70 – **75 ch** 610/730, 10 appart..

Novotel Lille Centre Ⓜ, 116 r. Hôpital Militaire ✉ 59800 ✆ 20 30 65 26, Télex 160859, Fax 20 30 04 04 – ▮ ⇆ ch ▤ TV ☎ ♿ – 🔔 30. AE ⓓ GB JCB — EY **s**
R carte environ 150, enf. 50 – ☕ 55 – **102 ch** 560/600.

Carlton, 3 r. Paris ✉ 59800 ✆ 20 13 33 13, Télex 110400, Fax 20 51 48 17 – ▮ ⇆ ch ▤ ch TV ☎ Ⓟ – 🔔 30 à 100. AE ⓓ GB JCB. ✱ rest — FY **n**
Bistrot Opéra R carte 140 à 210 🍷 – **Brasserie Jean** ✆ 20 55 75 72 **R** carte 150 à 220 🍷 – ☕ 65 – **57 ch** 690/790, 3 appart..

Gd H. Bellevue sans rest, 5 r. J. Roisin ✉ 59800 ✆ 20 57 45 64, Télex 120790, Fax 20 40 07 93 – ▮ ⇆ ch TV ☎ – 🔔 100. AE ⓓ GB — FY **z**
☕ 50 – **61 ch** 375/760.

Mercure Royal Lille Centre sans rest, 2 bd Carnot ✉ 59800 ✆ 20 51 05 11, Télex 820575, Fax 20 74 01 65 – ▮ ⇆ ch TV ☎ – 🔔 30. AE ⓓ GB JCB — FY **h**
☕ 57 – **102 ch** 580.

Treille Ⓜ sans rest, 7 pl. L. de Bettignies ✉ 59800 ✆ 20 55 45 46, Télex 136761, Fax 20 51 51 69 – ▮ TV ☎ ♿ – 🔔 50. AE ⓓ GB — FY **d**
☕ 41 – **40 ch** 330/360.

Paix sans rest, 46 bis r. Paris ✉ 59800 ✆ 20 54 63 93, Fax 20 63 98 97 – ▮ TV ☎. AE ⓓ GB — FY **r**
☕ 32 – **35 ch** 300/370.

Fimotel Ⓜ, 75 bis r. Gambetta ✆ 20 42 90 90, Fax 20 57 14 24 – ▮ TV ☎ ♿ 🚗 – 🔔 30 à 180. AE GB — EZ **e**
R 105 🍷, enf. 36 – ☕ 45 – **98 ch** 370/390.

Ibis Ⓜ, av. Ch. St-Venant ✉ 59800 ✆ 20 55 44 44, Télex 136950, Fax 20 31 06 25, 🏖 – ▮ ⇆ ch TV ☎ ♿ 🚗 – 🔔 25 à 80. AE GB — FY **a**
R 83 🍷, enf. 39 – ☕ 33 – **151 ch** 340/360.

Cottage H. Ⓜ, 1 r. C. Colomb ✉ 59800 ✆ 20 55 21 55, Fax 20 55 87 49 – ▮ TV ☎ ♿ 🚗 Ⓟ – 🔔 60 — DV **e**
61 ch.

Nord H., 46 r. Fg d'Arras ✆ 20 53 53 40, Télex 136589, Fax 20 53 20 95 – ▮ TV ☎ 🚗 – 🔔 40. AE ⓓ GB — HU **a**
R *(fermé dim.)* 79/130 🍷, enf. 49 – ☕ 30 – **80 ch** 200/250.

Ibis Ⓜ sans rest, 21 r. Lepelletier ✉ 59800 ✆ 20 06 21 95, Télex 136846, Fax 20 74 91 30 – ▮ ⇆ ch TV ☎ ♿. AE GB — FY **s**
☕ 32 – **60 ch** 340/360.

LILLE ROUBAIX TOURCOING

Arras (R. du Fg-d') ..... **HU** 9
Carnot (Bd) **MOUVAUX** . **JS** 35
Carnot (R.) **WATTRELOS**........ **LS** 36
Chanzy (R.) .... **JU**
Clemenceau (Bd) **HEM**.. **KS**
Clemenceau (Bd) **MARCQ**........... **HS**
Clemenceau (R.) **WATTIGNIES**....... **HU** 42
Colbert (R.)............ **KT**
Courbet (R. Gén.) ...... **GU** 52
Croix (R. de) .... **KS** 56
Defaux (R. J.-B.)........ **JT** 59
Déportés (R. des) ...... **LS** 63
Doumer (R. Paul) ...... **GU**
Dunkerque (Av. de) **LOMME**........... **FGT** 70
Fg-des-Postes (R. du)............. **GU** 76
Flandre (Av. de)........ **JS** 79
Foch (R. Mar.) **LOOS**............... **GT**
Foch (Av. Mar.) **MARCQ** .... **HJS** 80
Gambetta (R.) .... **JU** 83
Gaulle (R. Gén.-de) **LA MADELEINE** .... **HS** 85
Gaulle (R. Gén.-de) **MONS** .... **JT** 86
Gaulle (R. Gén.-de) **WATTIGNIES**....... **GU** 87
Guesde (R. J.) **HEM** .... **KS**
Guesde (R. J.) **LYS** ..... **LS** 92
Guesde (R. J.) **WATTRELOS**........ **LS**
Hem (R. d') .... **KS**
Jacquart (R.)........... **JT** 104
Jaurès (Av.) **RONCHIN**.......... **HU**
Lalau (R.).............. **HS** 113
Lambert (Av. Oscar).... **GU** 116
Lannoy (R. de) **LILLE**... **JT** 117
Lattre-de-Tassigny (Av. de) .... **GS**
Lebas (R. J.-B.) .... **LS** 120
Leclerc (R. Gén.) **HEM** . **KS** 122
Leclerc (R. Gén.) **LYS** .. **LS** 123
Leclerc (R. Gén.) **ST-ANDRÉ**......... **GS**
Legrand (R. Pierre) .... **HT** 126
Lille (R. de) **LANNOY** .. **LS** 127
Lille (R.) **MARQUETTE**. **HS** 128
Marne (Av. de la)...... **JS**

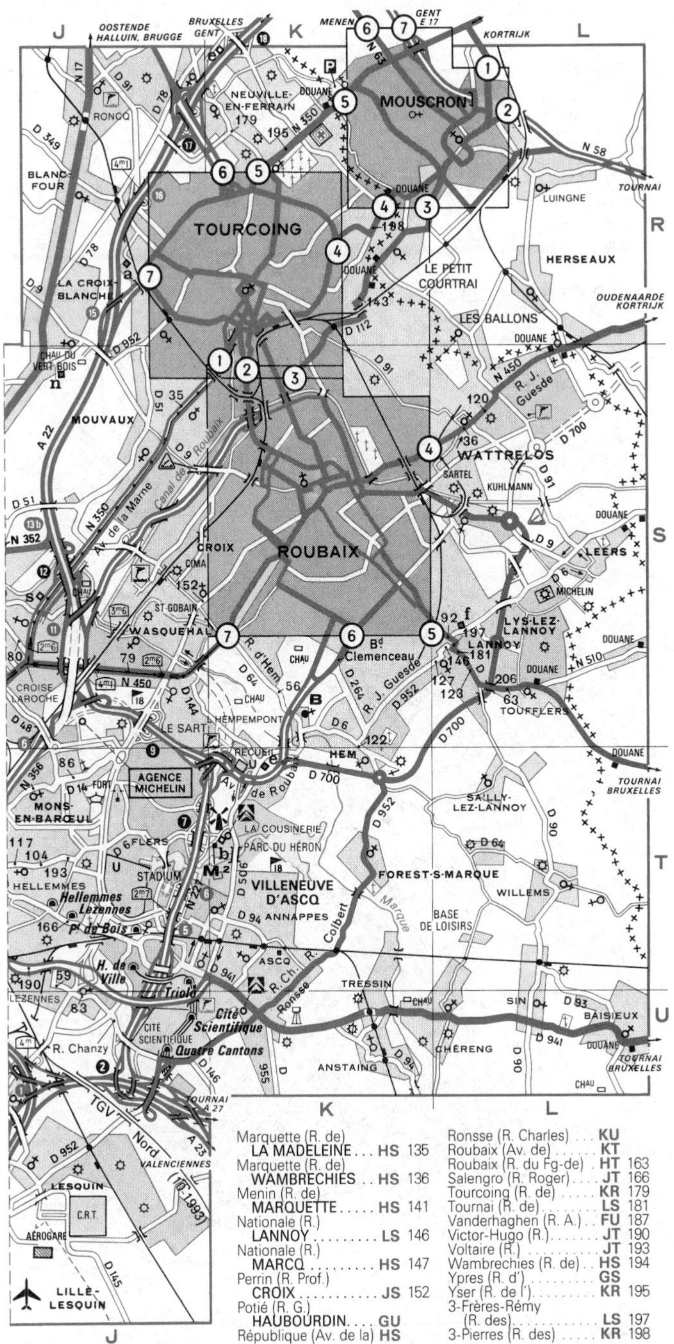

OOSTENDE
HALLUIN, BRUGGE
BRUXELLES
GENT
MENEN
GENT
E 17
KORTRIJK
J
K
L
R
S
T
U
NEUVILLE-EN-FERRAIN
MOUSCRON
DOUANE
N 58
TOURNAI
LUINGNE
RONCQ
BLANC-FOUR
TOURCOING
HERSEAUX
LE PETIT COURTRAI
LA CROIX-BLANCHE
OUDENAARDE
KORTRIJK
LES BALLONS
CHAU DU VERT BOIS
MOUVAUX
N 450
R. J. Guesde
D 700
WATTRELOS
SARTEL
KUHLMANN
Canal de Roubaix
Av. de la Marne
N 350
N 352
CROIX
ROUBAIX
CIMA
LEERS
MICHELIN
ST-GOBAIN
WASQUEHAL
LYS-LEZ-LANNOY
LANNOY
N 510
CROISE LAROCHE
R. d'Hem
Bd Clemenceau
R. J. Guesde
TOUFFLERS
HEMPEMPONT
LE SART
RECUEIL
HEM
D 700
D 952
AGENCE MICHELIN
FORT
MONS-EN-BARŒUL
Av. de Roubaix
SAILLY-LEZ-LANNOY
TOURNAI
BRUXELLES
LA COUSINERIE
PARC DU HÉRON
FLERS
STADIUM
HELLEMMES
Hellemmes Lezennes
VILLENEUVE D'ASCQ
ANNAPPES
FOREST-S-MARQUE
WILLEMS
Marque
BASE DE LOISIRS
Pt de Bois
H. de Ville
Triolo
ASCQ
R. Ch. Ronsse
Colbert
TRESSIN
SIN
BAISIEUX
LEZENNES
Cité Scientifique
CITÉ SCIENTIFIQUE
Quatre Cantons
R. Chanzy
CHÉRENG
ANSTAING
TOURNAI
BRUXELLES
TOURNAI
A 27
TGV Nord
A 23
VALENCIENNES
(10.1993)
LESQUIN
C.R.T.
AÉROGARE
LILLE-LESQUIN

LILLE

Alsace (Bd) CDX
Arras (R. d') CX
Artois (R. d') CX
Ballon (R. du) DU
Bapaume (R. de) CX 12
Bassée (R. de la) AVX
Bateliers (R. des) CU 13
Becquart (Av.) ABU
Beethoven (Av.) AX 14
Belfort (Bd de) DX
Bernos (R.) DV 18
Béthune (R. du Fg de) AX 19
Bigo-Danel (Bd) BV 21
Blanqui (R.) DV 22
Boilly (R.) DV 25
Bois (Av. du) ABU
Bonte (R. Auguste) AU
Buisson (R. du) DU
Cambrai (R. de) CDX
Carnot (Bd) CV
Carrel (R. Armand) DX 38
Churchill (Av. W.) CU
Colbert (R.) BV
Colpin (R. du Lt) BUV 45
Cordonnier (R. Denis) DX 51
Coubertin (Bd P. de) CDU
Courmont (R.) CX 53
Cuvier (Av.) BV 57
Debierre (R. Ch.) DV 58
Défenseurs de Lille (Bd) CDX 60
Delescaux (Av. H.) AU
Destrée (Av. Julien) DV 65
Dr-Calmette (Bd) DV 67
Dorez (Pl. B.) BX 68
Douai (R. de) CDX
Dubuisson (Bd Émile) DV 69
Dunkerque (Av. de) AV
Esquermes (R. d') BX
Fébvrier (Pl. J.) CX 78
Fives (Bd des) DV
Gambetta (R. Léon) BV
Gand (R. de) CU
Gaulle (R. du Gén.-de) CU 85
Guérin (R. Camille) DV 90
Guesde (R. Jules) BX
Halle (R. de la) CU 93
Hippodrome (Av. de l') AUV
Isly (R. d') ABX

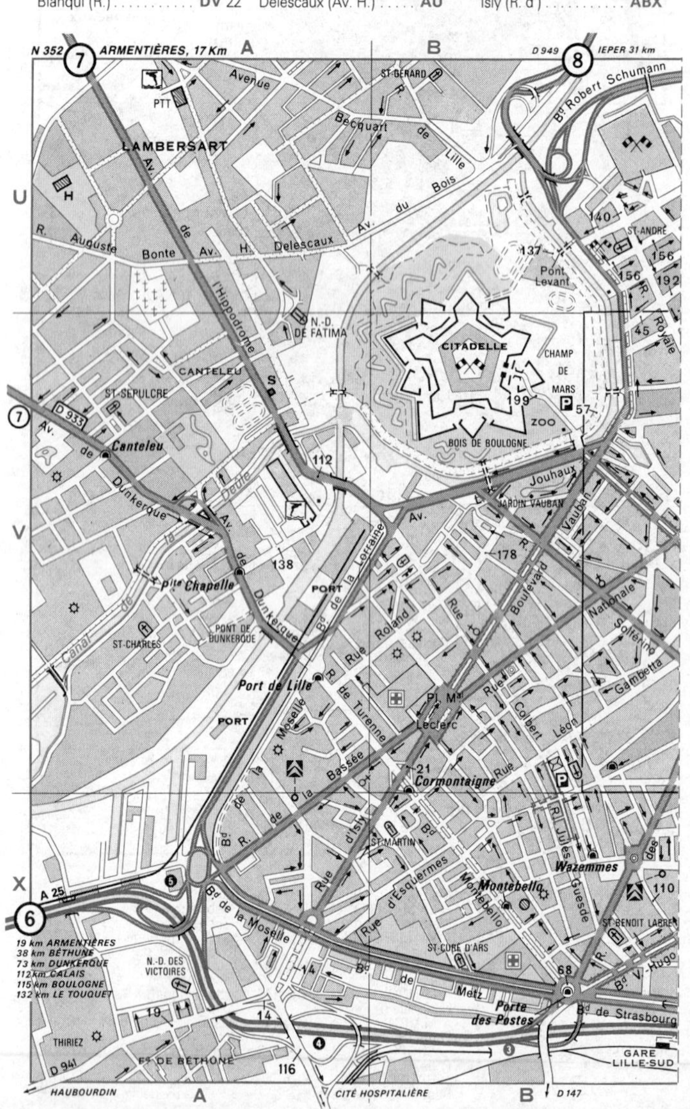

Jacquet (R. Eugène) . . . **DV**
Javary (R.) . . . . **DV**
Jouhaux (Av. L.) . . . . . . **BV**
Justice (R. de la) . . . . . . **BX** 110
Lagrange (Av. Léo) . . . . **AV** 112
Lambret (Av. Oscar) . . . **AX** 116
Lebas (Bd J.-B.) . . . . . **CVX** 119
Leclerc (Pl. Mar.) . . . . . . **BV**
Le Corbusier (R.) . . . . **CDV** 124
Lefèvre (R. G.) . . . . **DV** 125
Legrand (R. P.) . . . . **DV**
Lille (R. de) . . . . **BU**
Long Pot (R. du) . . . . . **DVX**
Lorraine (Bd de la) . . . **ABV**
Louis-XIV (Bd) . . . . . . **CDV** 131
Louvière (R. de la) . . . . . **DU**
Marronniers
(Allée des) . . . . **BU** 137
Marx-Dormoy (Av.) . . . . **AV** 138
Matteoti (R.) . . . . **DX**
Maubeuge (R. de) . . . . . **DX** 139
Max (Av. Adolphe) . . . . . **BU** 140
Metz (Bd de) . . . . **BX**
Montebello (Bd) . . . . **BX**
Moselle (Bd de la) . . . **AVX**
Mottez (R. F.) . . . . **DV** 144
Nationale (R.) . . . . **BCV**
Pasteur (Carref.) . . . . . . **CDU**
Perrin (Av. J.) . . . . **DX**
Pont Neuf (R. du) . . . . . . **CU** 154
Postes (R. des) . . . . **BCX**
Prés.-Hoover (Bd du) . . **DV** 155
Prés. Kennedy
(Av. du) . . . . **CDV**
Princesse (R.) . . . . **BU** 156
République (Av. de la) . **DU**
Roland (R.) . . . . **ABV**
Roubaix (R. du Fg de) . . . **DV**
Royale (R.) . . . . **BUV**
St-Armand (R.) . . . . **DX** 165
St-Gabriel (R.) . . . . **DV**
Schuman (Bd Robert) . . . **BU**
Solférino (R.) . . . . **BCVX**
Strasbourg (Bd de) . . . . **BCX**
Toul (R. de) . . . . **BV** 178
Trévise (R. de) . . . . **CDX**
Turenne (R. de) . . . . **ABV**
Valenciennes (R. de) . . . . **DX** 185
Vauban (Bd) . . . . **BV**
Verdun (Bd de) . . . . **DX** 189
Victor-Hugo (Bd) . . . . . . **BCX**
Voltaire (R.) . . . . **BCU** 192
43e-Rég.-d'Infanterie
(Av. du) . . . . **BV** 199

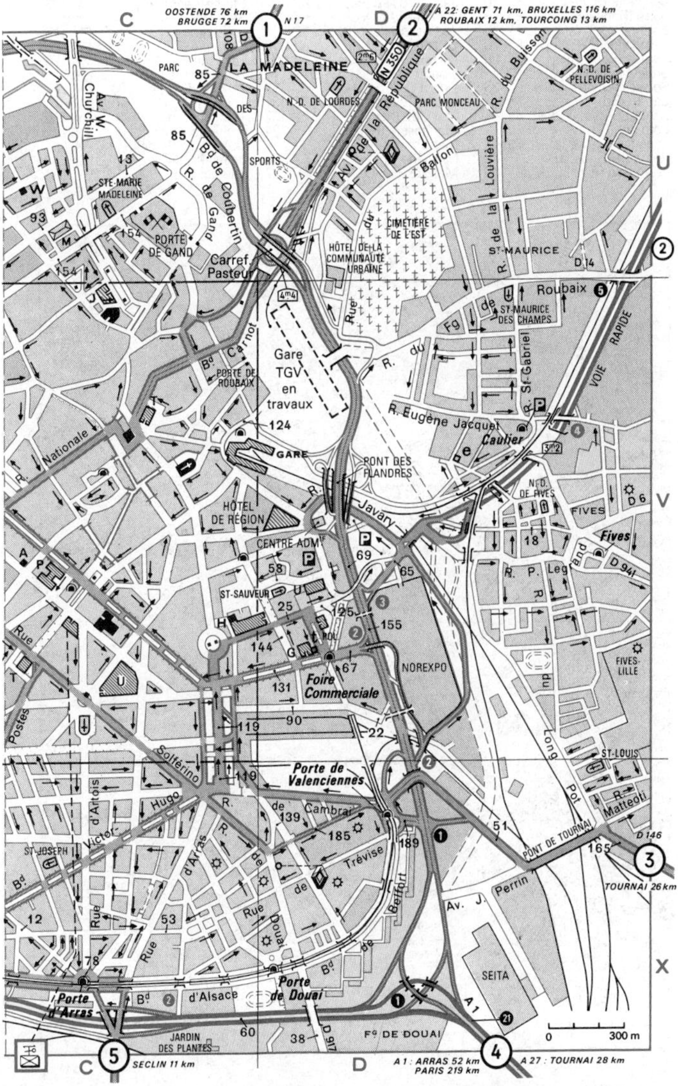

LILLE

Béthune (R. de) . . . . . **FYZ**
Esquermoise (R.) . . . **EFY**
Faidherbe (R.) . . . . . . **FY** 74
Gambetta (R. Léon) . . . **EZ**
Gaulle (Pl. Gén.-de)
(Grand Place) . . . . . . **FY** 84
Grande Chaussée
(R. de la) . . . . **FY** 88
Monnaie (R. de la) . . . . **FY** 142
Nationale (R.) . . . . . . **EYZ**
Neuve (R.) . . . . **FY** 148

Amiens (R. d') . . . . **FZ** 6
Anatole-France (R.) . . . **FY** 7
Angleterre (R. d') . . . . . **EY**
Arts (R. des) . . . . **FY**
Baignerie (R. de la) . . . **EY** 10
Barre (R. de la) . . . . . . **EY**
Basse (R.) . . . . **EFY**
Bettignies (Pl. L. de) . . **FY** 20
Bourse (R. de la) . . . . . **FY** 28
Brûle-Maison (R.) . . . **EFZ**
Buisses (Pl. des) . . . . . **FY** 33
Carnot (Bd) . . . . **FY**
Chats-Bossus (R. des) **FY** 41
Colbrant (R.) . . . . **EZ**
Collégiale (R. de la) . . . **EY** 43
Comédie (R. de la) . . . **FY** 47
Comtesse (R.) . . . . **FY** 49

Courtrai (R. de) . . . . . . **FY**
Cuvier (Av.) . . . . **EY**
Danel (R. L.) . . . . **EY**
Delory (R. G.) . . . . **FZ**
Esplanade
(Façade de l') . . . . . . **EY**
Flandre (R. de) . . . . **EZ**
Foch (Av.) . . . . **EY**
Fosses (R. des) . . . . . . **FY** 81
Gosselet (R.) . . . . **FZ**
Guérin (R. Camille) . . . **FZ** 90
Halloterie (R. de la) . . . **EY** 95
Hôpital-Militaire (R.) . . **EY** 98
Inkermann (R.) . . . . **EZ**
Jacquart (Pl.) . . . . **FZ** 103
Jacquemars-
Giélée (R.) . . . . **EYZ**
Jardins (R. des) . . . . . . **FY** 104
Jean-Bart (R.) . . . . **FZ**
Jeanne-d'Arc (Pl.) . . . . **FZ** 107
Jeanne-d'Arc (R.) . . . . **FZ**
Jean-sans-Peur (R.) . . . **EZ**
Lebas (Bd J.-B.) . . . . . . **FZ** 119
Leblanc (R. Nicolas) . . . **EZ** 121
Liberté (Bd de la) . . . **EYZ**
Lion d'Or (Pl. du) . . . . . **FY** 130
Louis XIV (Bd) . . . . **FZ** 131
Maillotte (R.) . . . . **FZ** 132
Manneliers (R. des) . . . **FY** 134
Marronniers (Av. des) . **EY**
Masséna (R.) . . . . **EZ**
Mendès-France (Pl.) . . **EY** 137

Molinel (R. du) . . . . . . **FYZ**
Paris (R. de) . . . . **FYZ**
Philippe-le-Bon (Pl.) . . . **EZ** 153
Postes (R. des) . . . . **EZ**
Président-Kennedy
(Av. du) . . . . **FZ**
Pyramides (R. des) . . . . **EZ** 157
Réduit (R. du) . . . . **FZ** 158
République
(Pl. de la) . . . . **EFZ** 159
Richebé (Pl.) . . . . **EFZ** 160
Rihour (Pl.) . . . . **FY** 161
Roisin (R. Jean) . . . . . . **EFY** 162
Roubaix (R. de) . . . . **FY**
Royale (R.) . . . . **EY**
St-Génois (R.) . . . . **FY** 168
St-Jacques (R.) . . . . **FY**
St-Sauveur (R.) . . . . **FZ** 170
St-Venant (Av. Ch.) . . . **FYZ** 172
Ste-Catherine (R.) . . . . . **EY** 173
Sec-Arembault
(R. du) . . . . **FY** 175
Solférino (R.) . . . . **EFZ**
Tanneurs (R. des) . . . . **FYZ** 176
Tenremonde (R.) . . . . . . **EY**
Théâtre (Pl. du) . . . . **FY** 177
Thiers (R.) . . . . **EY**
Tournai (R. de) . . . . **FY** 180
Trois-Mollettes (R.) . . . . **EY** 182
Urbanistes (R. des) . . . . **FY**
Valmy (R. de) . . . . **FZ**
Vauban (Bd) . . . . **EY** 188

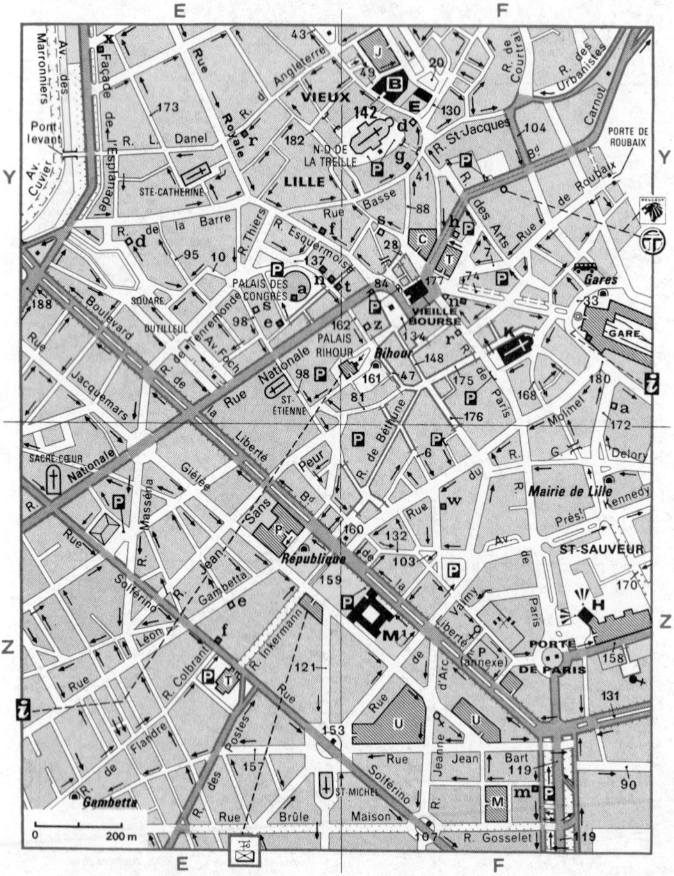

XXXX ✿✿ **Le Flambard** (Bardot), 79 r. Angleterre ✉ 59800 ✆ 20 51 00 06, Fax 20 55 09 17, « Maisons 17e siècle du Vieux Lille » – AE ① GB EY r
fermé dim. soir et lundi – **R** 280/580 et carte 330 à 550
Spéc. Oeuf mollet à la crème de poireaux et jus de truffes. Langoustines entourées de gnocchi au cumin. Rognon de veau aux échalotes grillées.

XXX ✿ **A L'Huîtrière,** 3 r. Chats Bossus ✉ 59800 ✆ 20 55 43 41, Fax 20 55 23 10, « Original décor de céramiques dans la poissonnerie » – AE ① GB FY g
fermé 22 juil. au 1er sept., dim. soir et fériés le soir – **R** 600 et carte 280 à 450
Spéc. Produits de la mer. Galette de pommes de terre à l'anguille fumée et aux poireaux. Turbotin rôti au thym.

XXX ✿ **Le Paris,** 52 bis r. Esquermoise ✉ 59800 ✆ 20 55 29 41 – AE ① GB EY f
fermé début août à début sept. et dim. sauf fêtes – **R** 196/300 et carte 250 à 400, enf. 100
Spéc. Noix de Saint-Jacques sauce Véronique (oct. à mars). Etuvée de queues de langoustines en salade. Gibier (saison).

XXX **La Laiterie,** 138 av. Hippodrome à Lambersart NO : 2 km ✉ 59130 Lambersart ✆ 20 92 79 73, Fax 20 22 16 19, 斎, 🛱 – 🅿. AE ① GB AV s
fermé lundi soir et dim. – **R** 230 bc/360.

XXX **Le Varbet,** 2 r. Pas ✉ 59800 ✆ 20 54 81 40 – AE ① GB EFY t
fermé 13 juil. au 17 août, 23 déc. au 4 janv., dim., lundi et fériés – **R** 150/320.

XXX **Le Club,** 16 r. Pas ✉ 59800 ✆ 20 57 01 10, Fax 20 57 39 69 – AE ① GB EY n
fermé août, vacances de printemps, lundi soir, sam. midi et dim. – **R** 135/200, enf. 80.

XX **Le Queen, l'Écume des Mers,** 10 r. Pas ✉ 59800 ✆ 20 54 95 40 – ▤. AE GB EY n
fermé dim. soir – **R** produits de la mer – carte 150 à 210 ♁.

XX **Le Bistrot Tourangeau,** 61 bd Louis XIV ✉ 59800 ✆ 20 52 74 64, Fax 20 85 06 39 – AE ① GB DV t
fermé 1er au 15 août et dim. – **R** (prévenir) 95/195, enf. 50.

XX **Le Cardinal,** 84 façade Esplanade ✉ 59800 ✆ 20 06 58 58 – GB EY x
fermé 9 au 15 août et dim. – **R** 230.

XX **La Fringale,** 141 r. Solférino ✆ 20 42 02 80 – AE ① GB EZ f
fermé 15 juil. au 15 août, 14 au 21 fév., sam. midi et dim. – **R** (nombre de couverts limité-prévenir) 160/320, enf. 98.

XX **Charlot II,** 26 bd J.-B. Lebas ✆ 20 52 53 38 – AE ① GB JCB FZ m
fermé sam. midi et dim. – **R** produits de la mer – carte 260 à 340.

XX **Lutterbach,** 10 r. Faidherbe ✉ 59800 ✆ 20 55 13 74 – AE ① GB FY n
fermé 25 juil. au 8 août – **R** 105/130 ♁, enf. 60.

XX **Le Féguide** (Buffet Gare), pl. Gare ✉ 59800 ✆ 20 06 15 50, Fax 20 06 10 40 – AE ① GB FY
R *(fermé août et sam.)* 122/198 ♁, enf. 85 - **Le P'tit Féguide R** 75/80 ♁, enf. 45.

XX **La Petite Taverne,** 9 r. Plat ✉ 59800 ✆ 20 54 79 36 – AE GB FZ w
fermé août, mardi soir et dim. – **R** 99/230 ♁.

XX **La Coquille,** 60 r. St-Étienne ✉ 59800 ✆ 20 54 29 82, maison du 17e siècle – GB EY e
fermé 31 juil. au 22 août, 26 fév. au 6 mars, sam. midi et dim. – **R** 130/235.

X **Le Hochepot,** 6 r. Nouveau Siècle ✆ 20 54 17 59, Fax 20 42 92 43 – GB EY a
fermé sam. midi et dim. – **R** 130/180.

à Bondues par ① et N 17 : 9 km – 10 281 h. – ✉ **59910** :

XX **Val d'Auge,** 805 av. Gén. de Gaulle ✆ 20 46 26 87 – 🅿. AE GB HS a
fermé août, vacances de fév., dim. soir, mardi soir et merc. – **R** 120/200.

à Marcq-en-Baroeul par ② et N 350 : 5 km – 36 601 h. – ✉ **59700** :

Voir Château du Vert Bois★.

🏨 **Sofitel** M, av. Marne ✆ 20 72 17 30, Télex 132785, Fax 20 89 92 34 – 🛗 ⇆ ch ▤ ch TV ☎ ♿ 🅿 – 🏛 200. AE ① GB JCB JS s
L'Europe R 120/170 – ☕ 65 – **125 ch** 600.

XXX **Septentrion,** parc du château Vert Bois N : 2 km ✆ 20 46 26 98, Fax 20 46 38 33, 斎, « Dans un parc, pièce d'eau » – 🅿. AE ① GB JS n
fermé 1er au 21 août, vacances de fév., dim. soir et lundi – **R** 180/290, enf. 80.

à Villeneuve d'Ascq par ②, N 356 et autoroute de Roubaix (sortie Recueil-la-Cousinerie) : 7 km – 65 320 h. – ✉ **59650** :

Voir Musée d'Art moderne★★ KT **M**2.

🏨 **Relais d'Hermès** M, 13 av. Créativité, Parc des Moulins ✆ 20 47 46 46, Télex 130060, Fax 20 91 36 55, 斎 – 🛗 ⇆ ch TV ☎ ♿ 🅿 – 🏛 50 à 180. AE ① GB JCB
R 80/158 – ☕ 45 – **84 ch** 310/380 – ½ P 255.

🏨 **Campanile,** av. Canteleu, La Cousinerie ✆ 20 91 83 10, Télex 133335, Fax 20 67 21 18 – TV ☎ ♿ 🅿. AE GB KT b
R 80 bc/102 bc, enf. 39 – ☕ 29 – **46 ch** 268.

XX **Vieille Forge,** 160 r. Lannoy au Recueil ✆ 20 05 50 75, Fax 20 91 28 24, 斎, 🛱 – 🅿. AE ① GB JCB KT e
fermé dim. soir de juin à août et le soir hors sais. sauf sam. – **R** 110 bc/250 ♁, enf. 50.

à l'Aéroport de Lille-Lesquin par ④ et A 1 : 8 km – ✉ **59810** Lesquin :

Mercure Lille Aéroport M ⚘, ✆ 20 87 46 46, Télex 132051, Fax 20 87 46 47, ⛆ – ⇅ ⇸ ch ▤ TV ☎ ♿ P – 🏛 25 à 1 000. AE ⓓ GB JCB HU **r**
Grill La Flamme R 95 bc/170 bc, enf.40 – **Snack Angus R** 72/90 🍷, enf. 40 – ☕ 56 – **213 ch** 540/590.

Novotel Lille Aéroport M, ✆ 20 62 53 53, Télex 820519, Fax 20 97 36 12, ⛱, ⛆, ⛉ – ⇅ ⇸ ch ▤ rest TV ☎ P – 🏛 25 à 200. AE ⓓ GB JCB HU **t**
R carte environ 170, enf. 35 – ☕ 55 – **92 ch** 520/550.

Agena sans rest, ✉ 59155 Faches-Thumesnil ✆ 20 60 13 14, Fax 20 97 31 79 – TV ☎ ♿ P. AE GB HU **v**
☕ 46 – **40 ch** 340/370.

Climat de France ⚘, ✉ 59155 Faches-Thumesnil ✆ 20 97 00 24, Fax 20 97 00 67 – TV ☎ ♿ P. AE GB HU **e**
R 60/110 🍷, enf. 40 – ☕ 30 – **42 ch** 280/320.

à Loos SO : 4 km par D 941 – 20 657 h. – ✉ **59120** :

XX ✿ **L'Enfant Terrible** (Desplanques), 25 r. Mar. Foch ✆ 20 07 22 11, ⛱ – GB
fermé août, dim. soir et lundi – **R** (nombre de couverts limité, prévenir) 100/400 et carte 220 à 360 GU **u**
Spéc. Foie gras en terrine au vin de pêche. Pigeon à la vapeur d'ail. Millefeuille de crêpes à la chicorée.

à Englos par ⑥ et A 25 : 10 km (sortie Lomme) – ✉ **59320** :

Novotel Lille Lomme M ⚘, ✆ 20 07 09 99, Télex 132120, Fax 20 44 74 58, ⛱, ⛆, ⛉ – ⇸ ch TV ☎ ♿ P – 🏛 25 à 300. AE ⓓ GB FT **s**
R carte environ 160, enf. 50 – ☕ 52 – **124 ch** 420/460.

Mercure Lille Lomme M ⚘, ✆ 20 92 30 15, Télex 820302, Fax 20 93 75 66, ⛱, ⛆ – ▤ rest TV ☎ P – 🏛 200. AE ⓓ GB FT **k**
R 99 bc/145 🍷, enf. 40 – ☕ 50 – **87 ch** 380/430.

à Capinghem par ⑦ et D 933 : 8 km – ✉ **59160** :

X **La Marmite,** 93 r. Poincaré ✆ 20 92 12 41 – GB FT **v**
fermé merc. soir, dim. soir et lundi – **R** carte 110 à 180.

MICHELIN, Agence régionale, 30 r. de la Couture, ZI de la Pilaterie à Wasquehal JS ✆ 20 98 40 48

BMW Autolille, 4 r. d'Isly ✆ 20 09 01 90
CITROEN Gar. St-Christophe, 20 r. Bonté-Pollet AX ✆ 20 93 69 31
CITROEN Nord Suc. de Lille, 145 r. Wazemmes BX ✆ 20 30 87 96 N ✆ 20 88 19 14
PEUGEOT-TALBOT S.I.A.-Nord, 50 bd Carnot FY ✆ 20 42 39 00 N ✆ 28 02 04 07
RENAULT Crépin, 95 r. de Douai DX ✆ 20 52 52 48
RENAULT Succursale, 1 rte de Vendeville à Faches-Thumesnil HU ✆ 20 88 59 59 N ✆ 20 60 50 50
V.A.G Castel Auto, 57 bd de Strasbourg ✆ 20 42 02 02 N ✆ 20 86 24 00

Europneus, 11 bis bd J. B.-Lebas ✆ 20 52 35 34
S.I.A. Nord, 225 r. Clemenceau à Wattignies ✆ 20 95 92 52 N ✆ 28 02 04 07

Ⓜ Laloyer, 62 r. Abélard ✆ 20 53 40 34
Pneus et Services D.K., 148 bis r. d'Esquermes ✆ 20 93 71 36
Pneus et Services D.K., 2 r. Croix-Bougard à Lesquin ✆ 20 87 82 72
REFORM PNEUS 20 r. d'Isly ✆ 20 09 19 69

Périphérie et environs

ALFA-ROMEO Italia Motors, 96 allée Gabriel à Marcq-en-Baroeul ✆ 20 72 26 00
BMW Autolille, 873 av. République à Marcq-en-Baroeul ✆ 20 72 90 72
CITROEN Fayen, 186 r. Fusillés à Villeneuve-d'Ascq KU ✆ 20 41 23 05
CITROEN Nord Suc. de Lomme, 449/453 av. de Dunkerque GT ✆ 20 92 33 62 N ✆ 20 78 82 29
FERRARI Auto 2000, 122 av. de la République à La Madeleine ✆ 20 51 53 89
FIAT France Auto, angle bd Ouest r. Fives à Villeneuve-d'Ascq ✆ 20 04 01 30
MERCEDES-BENZ C.I.C.A., 1033 av. République à Marcq-en-Baroeul ✆ 20 72 39 39 N ✆ 20 44 94 94
RENAULT Succursale, 140 av. République à La Madeleine DU ✆ 20 42 40 40 N ✆ 20 60 50 50
RENAULT Gar. de la Lys à Englos ✆ 20 09 25 55 N ✆ 28 40 36 53

TOYOTA Autodis, 116 r. J.-Guesde à Villeneuve-d'Ascq ✆ 20 04 33 33
V.A.G Gar. du Château, 100 av. Champollion à Villeneuve-d'Ascq ✆ 20 47 30 00 N ✆ 20 75 40 03
V.A.G Valauto, 512 av. Dunkerque à Lambersart ✆ 20 93 20 00

Ⓜ François-Pneus, 331 av. Gén.-de-Gaulle à Hallennes ✆ 20 07 70 44
Prévost, 322 r. Gén.-de-Gaulle, à Mons-en-Baroeul ✆ 20 04 88 08
Reform'Pneus, 261 bis av. République à La Madeleine ✆ 20 55 52 70
Réform'Pneus, r. Croix-Bougard, Centre Routier à Lesquin ✆ 20 87 90 60
Wattelle, 111 r. Gén.-de-Gaulle à La Madeleine ✆ 20 55 67 55

LIMERZEL

56220 Morbihan 63 ④ – 1 178 h alt. 63.

Paris 433 – ◆Nantes 86 – Ploërmel 42 – Redon 26 – Vannes 37.

XX **Aub. Limerzelaise,** ✆ 97 66 20 59 – GB
fermé 15 janv. au 15 fév. sauf week-ends, mardi soir et merc. d'oct. à mars – **R** 100/280, enf. 45.

LIMEUIL **24510** Dordogne 75 ⑯ **G. Perigord Quercy** – 335 h alt. 52.

Voir Site★.

Paris 537 – Bergerac 42 – Brive-la-Gaillarde 79 – Périgueux 47 – Sarlat-la-Canéda 37.

XX **Terrasses de Beauregard** ⛭ avec ch, rte de Trémolat 1,5 km ✆ 53 63 30 85, Fax 53 24 53 55, ≤, – ⓟ. GB
1er mai-26 sept. – **R** *(fermé mardi midi et vend. midi)* 90/300 – ☕ 40 – **8 ch** 260/280 – ½ P 310/320.

LIMOGES Ⓟ **87000** H.-Vienne 72 ⑰ **G. Berry Limousin** – 133 464 h alt. 294.

Voir Cathédrale St-Etienne★ CZ – Église St-Michel-des-Lions★ BZ – Cour du temple★ BZ 60 – Jardins de l'évêché★ CZ – Musée A. Dubouché★★ (porcelaines) BY – Musée Municipal★ CZ **M.**

Env. Solignac : église abbatiale★★ S : 13 km.

⛳18 Municipal de St-Lazare ✆ 55 30 21 02, par ⑤ : 3 km ; ⛳18 de la Porcelaine ✆ 55 31 10 69, par ②, N 421 puis VC : 9 km.

✈ de Limoges-Bellegarde : ✆ 55 43 30 30, par ⑦ : 10 km.

Office de Tourisme et Accueil de France (Informations et réservations d'hôtels, pas plus de 5 jours à l'avance) bd Fleurus ✆ 55 34 46 87, Télex 580705 A.C. Limousin, 33 bd L.-Blanc ✆ 55 34 32 06.

Paris 399 ① – Angoulême 103 ⑦ – Brive-la-Gaillarde 91 ④ – Châteauroux 128 ① – ♦Clermont-Ferrand 175 ② – Montluçon 135 ① – Périgueux 99 ⑤ – Poitiers 120 ⑧.

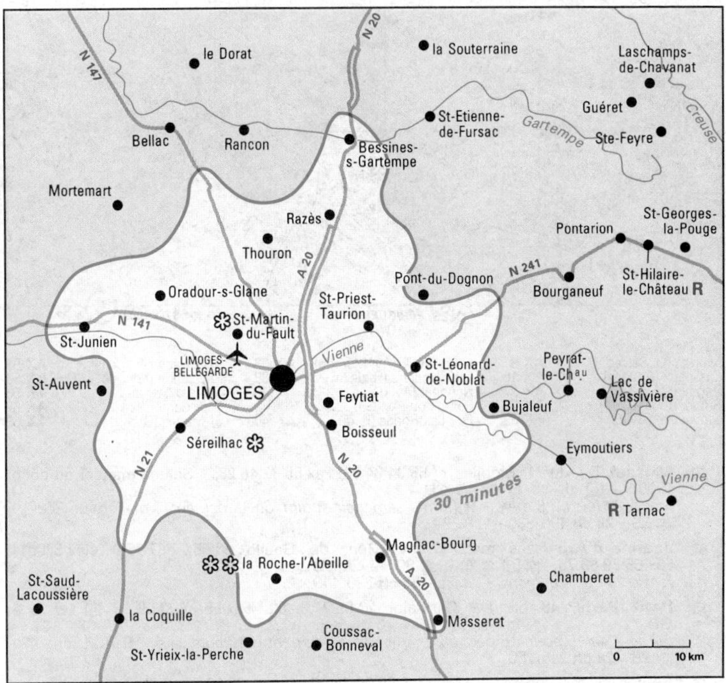

Royal Limousin Ⓜ sans rest, bd Carnot ✆ 55 34 65 30, Télex 580771, Fax 55 34 55 21 – 150. AE GB CY **u**
☕ 48 – **70 ch** 425/530, 5 appart.

Luk H. sans rest, 29 pl. Jourdan ✆ 55 33 44 00, Télex 580704, Fax 55 34 33 57 – AE GB CY **x**
☕ 32 – **57 ch** 250/360.

Richelieu Ⓜ sans rest, 40 av. Baudin ✆ 55 34 22 82, Fax 55 32 48 73 – AE GB AX **a**
☕ 38 – **32 ch** 340/420.

Caravelle sans rest, 21 r. A. Barbès ✆ 55 77 75 29, Télex 580733, Fax 55 79 27 60 – AE GB JCB AX **x**
☕ 30 – **37 ch** 260/350.

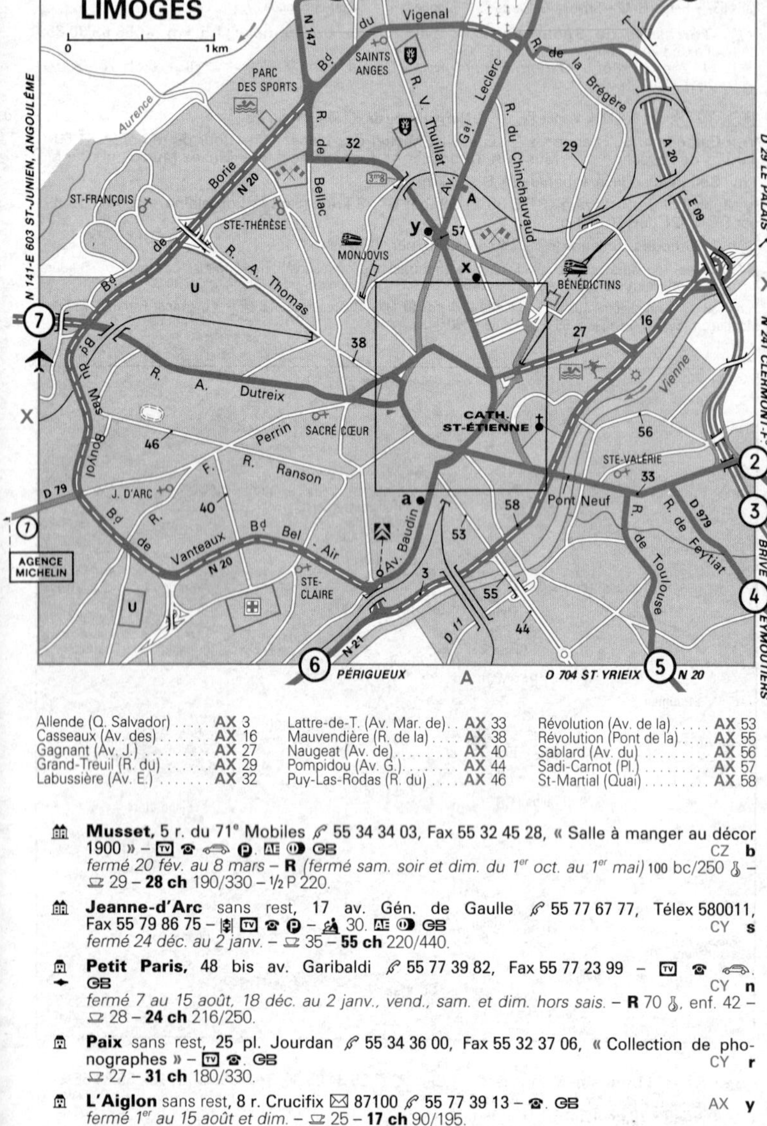

Allende (Q. Salvador)	**AX** 3	Lattre-de-T. (Av. Mar. de)	**AX** 33	Révolution (Av. de la)	**AX** 53
Casseaux (Av. des)	**AX** 16	Mauvendière (R. de la)	**AX** 38	Révolution (Pont de la)	**AX** 55
Gagnant (Av. J.)	**AX** 27	Naugeat (Av. de)	**AX** 40	Sablard (Av. du)	**AX** 56
Grand-Treuil (R. du)	**AX** 29	Pompidou (Av. G.)	**AX** 44	Sadi-Carnot (Pl.)	**AX** 57
Labussière (Av. E.)	**AX** 32	Puy-Las-Rodas (R. du)	**AX** 46	St-Martial (Quai)	**AX** 58

Musset, 5 r. du 71e Mobiles ✆ 55 34 34 03, Fax 55 32 45 28, « Salle à manger au décor 1900 » – CZ **b**
fermé 20 fév. au 8 mars – **R** *(fermé sam. soir et dim. du 1er oct. au 1er mai)* 100 bc/250 – 29 – **28 ch** 190/330 – ½ P 220.

Jeanne-d'Arc sans rest, 17 av. Gén. de Gaulle ✆ 55 77 67 77, Télex 580011, Fax 55 79 86 75 – 30. CY **s**
fermé 24 déc. au 2 janv. – 35 – **55 ch** 220/440.

Petit Paris, 48 bis av. Garibaldi ✆ 55 77 39 82, Fax 55 77 23 99 – CY **n**
fermé 7 au 15 août, 18 déc. au 2 janv., vend., sam. et dim. hors sais. – **R** 70, enf. 42 – 28 – **24 ch** 216/250.

Paix sans rest, 25 pl. Jourdan ✆ 55 34 36 00, Fax 55 32 37 06, « Collection de phonographes » – CY **r**
27 – **31 ch** 180/330.

L'Aiglon sans rest, 8 r. Crucifix ✉ 87100 ✆ 55 77 39 13 – AX **y**
fermé 1er au 15 août et dim. – 25 – **17 ch** 90/195.

Philippe Redon, 3 r. d'Aguesseau ✆ 55 34 66 22 – BZ **t**
fermé 1er au 15 août, 1er au 9 janv., lundi midi et dim. – **R** 130/170, enf. 60.

Champlevé, 1 pl. Wilson ✆ 55 34 43 34 – CZ **v**

Amphitryon, 26 r. Boucherie ✆ 55 33 36 39, Fax 55 32 98 50 – BZ **u**
fermé 2 au 16 août, vacances de fév., lundi midi et dim. – **R** 125/280, enf. 60.

Petits Ventres, 20 r. Boucherie ✆ 55 33 34 02, « Maison du 15e siècle » BZ **u**

Buffet Gare Bénédictins, ✆ 55 77 54 54, Fax 55 79 97 32 – CY
R 57/145.

LIMOGES

Clocher (R. du) . . . . BZ 18
Consulat (R. du) . . . . BZ
Jaurès (R. J.) . . . . BCZ
République
(Pl. de la) . . . . CY 52

Aine (Pl. de l') . . . . BZ 2
Allois (R. des) . . . . CZ 5
Amphithéâtre (R. de l') . . . . BY 6
Bénédictins (Av. des) . . . . . CY 7
Betoulle (Pl. L.) . . . . CZ 9
Boucherie (R. de la) . . . . BZ 10
Cathédrale (R. de la) . . . . . . CZ 15
Coopérateurs (R. des) . . . . . BY 19
Dupuytren (R.) . . . . BZ 20
Dussoubs (Pl. D.) . . . . BY 22
Ferrerie (R.) . . . . BZ 23
Fonderie (R. de la) . . . . BY 25
Fontaine-des-Barres (Pl.) . . BY 26
Haute-Cité (R.) . . . . CZ 30
Louvrier-de-Lajolais (R.) . . . BY 35
Maupas (R. du) . . . . CY 36
Motte (Pl. de la) . . . . BZ 39
Perrin (R. G.) . . . . CY 42
Préfecture
(R. de la) . . . . BY 45
Raspail (R.) . . . . CZ 49
St-Maurice (Bd) . . . . CZ 59
Temple (Cour du) . . . . BZ 60
Temple (R. du) . . . . BZ 62
Victor-Hugo (Bd) . . . . BY 63
Vigne-de-Fer (R.) . . . . BZ 64
71e Mobile (R. du) . . . . CZ 66

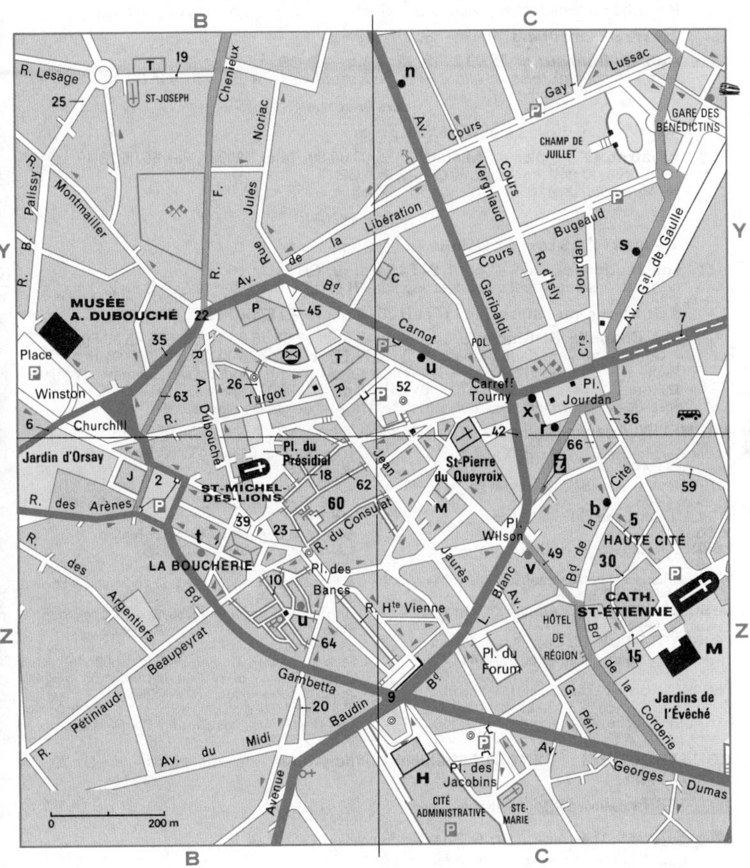

par la sortie ① :

Z.I. Nord Quartier du Lac : 5 km – ✉ **87280** Beaubreuil :

Novotel M, ☎ 55 37 20 98, Télex 580866, Fax 55 37 06 12, ⛱, ⛵, 🌳, 🎾 – ⇕ ⇔ ch
TV ☎ ♿ P – 🏔 25 à 200. AE ⓓ GB JCB. ✻ rest
R carte environ 150, enf. 50 – ☕ 48 – **90 ch** 420/460.

Z.I. Nord-Beaubreuil : 7 km – ✉ **87280** Beaubreuil :

Primevère M, ☎ 55 37 02 55, Fax 55 38 13 61, ⛱ – TV ☎ ♿ P – 🏔 25. GB
R 75/99 🍷, enf. 39 – ☕ 30 – **29 ch** 290.

rte de Paris : 9 km sortie Beaune-les-Mines – ✉ **87280** Beaune-les-Mines :

La Résidence, ☎ 55 39 90 47, ⛱, 🌳 – TV ☎ P – 🏔 40. GB. ✻ ch
fermé 7 au 22 août, 10 janv. au 1er fév., sam. (sauf hôtel) et dim. soir – **R** 85/190, enf. 35 – ☕ 25 – **20 ch** 160/210.

par la sortie ③ :

sur N 20 Z.I. Romanet : 6 km – ✉ **87220** Feytiat :

Climat de France Ⓜ, ✆ 55 06 14 60, Fax 55 06 38 93, – ☎ ♿ – 50. AE GB
R 80/118 , enf. 38 – 32 – **50 ch** 260.

par la sortie ④ :

à Feytiat : 6 km – 4 430 h. – ✉ **87220** :

Mas Cerise Ⓜ, ✆ 55 00 26 28, – ☎ Ⓟ – 30. AE GB
R *(fermé sam. midi et dim. hors sais.)* 95/285 – 28 – **15 ch** 200/260 – ½ P 220.

sur rte d'Eymoutiers : 10 km – ✉ **87220** Feytiat :

XXX **Aub. du Bonheur,** ✆ 55 00 28 19, , parc – GB
fermé 15 août au 15 sept., dim. soir et lundi sauf fériés – **R** 155/230, enf. 60.

vers la sortie ⑤ :

au golf municipal : 3 km – ✉ **87000** Limoges :

Albatros Ⓜ, plaine St-Lazare ✆ 55 06 00 00, Télex 580989, Fax 55 06 23 49, ←, ,
« A l'orée du golf » – ☎ ♿ Ⓟ – 80. GB
R *(fermé dim. soir)* 69/147 – 38 – **34 ch** 303/318 – ½ P 255.

par la sortie ⑧ :

sur N 147 : 10,5 km – ✉ **87510** Nieul :

XX **Les Justices** avec ch, ✆ 55 75 84 54, – Ⓟ. GB
fermé dim. soir et lundi sauf fériés le midi – **R** carte 170 à 230 – 35 – **3 ch** 220.

à St-Martin-du-Fault par N 147 et D 35 : 12 km – ✉ **87510** Nieul :

✿ **La Chapelle St-Martin** (Dudognon) Ⓜ, ✆ **55 75 80 17, Fax 55 75 89 50,** ←, ,
« Gentilhommière dans un parc », – ☎ Ⓟ – 25. AE GB. rest
fermé 1er janv. au 1er mars – **R** *(fermé lundi)* (nombre de couverts limité - prévenir) 220 (déj.)/380 et carte 310 à 470 – 75 – **10 ch** 620/980, 3 appart. – ½ P 750/850
Spéc. Oeuf au plat aux truffes. Roulé de langoustines à l'aigre-doux. Pigeon truffé en cocotte.

MICHELIN, Agence régionale, ZI les Courrières à Isle par D 79 AX ✆ **55 05 18 18**

BMW Gar. Fraisseix J., 213 r. de Toulouse ✆ 55 30 42 70
CITROEN Midi Auto 87, r. de Feytiat par ④ ✆ 55 06 42 00
CITROEN Gar. Baudin, 176 av. Baudin ✆ 55 34 15 74
FORD Gar. Fraisseix E., N 20 à Crochat ✆ 55 30 46 47
FORD Limousin Nord Automobiles, r. Serpollet, ZI Nord ✆ 55 37 03 29
MERCEDES-BENZ Gar. Launay, av. L.-Armand, ZI Nord ✆ 55 38 16 17
PEUGEOT-TALBOT Gds Gar. Limousin, rte de Toulouse, ZI Magré par ④ ✆ 55 31 44 44 N ✆ 55 38 01 28
RENAULT Renault-Limoges, av. L.-Armand, ZI Nord par ⑤ ✆ 55 37 58 25 N ✆ 05 05 15 15
RENAULT Boissou, 45 av. Pasteur à Aixe-sur-Vienne par ⑥ ✆ 55 70 20 59

TOYOTA Gar. Carnot, 9 av. E.-Labussière ✆ 55 77 48 06
V.A.G Gar. Auto-Sport, à Feytiat ✆ 55 31 23 85
V.A.G Gar. Auto-Sport, r. Serpollet ZI Nord ✆ 55 37 17 80
Aixe Pneu Service, 23 bis av. J.-Rebler à Aixe-sur-Vienne ✆ 55 70 17 58

Euromaster Estager Pneu, ZI du Ponteix à Feytiat ✆ 55 06 06 47
Euromaster Estager Pneu, 56 av. Gén.-Leclerc ✆ 55 38 42 43 et 5 r. A.-Comte ZI Nord ✆ 55 38 10 71
Faucher, 55-59 r. Th.-Bac ✆ 55 77 27 02
Omnium-Pneus, 61 av. Gén.-Leclerc ✆ 55 77 52 88
Pneus et Caoutchouc, 230 av. Baudin ✆ 55 34 51 21
Talandier-Pneus, Mas Sarrazin, RN 147 à Couzeix ✆ 55 77 52 42

CONSTRUCTEUR : RENAULT Véhicules Industriels, rte du Palais par D 29 AX ✆ **55 77 58 35**

LIMONEST **69** Rhône 74 ⑪ – rattaché à Lyon.

LIMOUX **11300** Aude 86 ⑦ **G. Pyrénées Roussillon** – 9 665 h alt. 172.

Syndicat d'Initiative promenade Tivoli ✆ 68 31 11 82.

Paris 795 – Foix 70 – Carcassonne 25 – ◆Perpignan 99 – ◆Toulouse 96.

Gd H. Moderne et Pigeon, 1 pl. Gén. Leclerc **(a)** ✆ 68 31 00 25, Fax 68 31 12 43, –
☎. AE GB
fermé 5 déc. au 15 janv. – **R** *(fermé lundi)* 125/190, enf. 70 – 38 – **19 ch** 270/410 – ½ P 280/430.

sur rte de Castelnaudary par D 623 : 13 km – ✉ **11240** Belvèze-du-Razès :

XX **Relais Touristique de Belvèze** avec ch, carrefour D 623 - D 18 ✆ 68 69 08 78,
Fax 68 69 07 65, , – rest ☎ Ⓟ. AE GB
R 70/250 – 25 – **7 ch** 190/200 – ½ P 220.

ALFA-ROMEO, SEAT Bardavio, 22 av. A.-Chenier ✆ 68 31 02 43
CITROEN Nivet, rte de Perpignan ✆ 68 31 06 00
FORD Huillet, 25 av. Fabre-d'Églantine ✆ 68 31 01 48

PEUGEOT-TALBOT Gar. de Flassian, rte de Carcassonne ✆ 68 31 21 92 N ✆ 68 72 91 58
RENAULT SODAC, rte de Carcassonne ✆ 68 31 08 87 N

Belotti Pneus, av. de Catalogne ✆ 68 31 13 84

LINAS **91** Essonne 60 ⑩, 101 ㉞ – voir à Paris, Environs.

LINGOLSHEIM **67** B.-Rhin 62 ⑩ – rattaché à Strasbourg.

LINTHAL **68610** H.-Rhin 62 ⑱ – 512 h alt. 425.

Voir Église★ de Lautenbach SE : 3 km, G. Alsace Lorraine.

Paris 460 – Colmar 36 – Gérardmer 47 – Guebwiller 10,5 – ♦Mulhouse 32.

A la Truite de la Lauch, ✆ 89 76 32 30, – ☎ P. GB
fermé 15 nov. au 25 déc. – **R** *(fermé merc. hors sais.)* 70/300 – 25 – **15 ch** 110/250 – ½P 220/240.

LIOCOURT **57590** Moselle 57 ⑭ – 107 h alt. 290.

Paris 360 – ♦Metz 27 – ♦Nancy 32 – Château-Salins 16 – Pont-à-Mousson 30 – St-Avold 42.

Au Savoy, ✆ 87 01 36 72 – GB
fermé fév., et lundi – **R** 96/225, enf. 45.

LION-SUR-MER **14780** Calvados 55 ② G. Normandie Cotentin – 2 086 h alt. 2.

Syndicat d'Initiative bd Calvados (saison) ✆ 31 96 87 95.

Paris 245 – ♦Caen 17 – Arromanches-les-Bains 28 – Bayeux 33 – Cabourg 25 – Ouistreham 9.

Moderne, ✆ 31 97 20 48 – ☎
15 ch.

Le LIORAN **15** Cantal 76 ③ G. Auvergne – alt. 1 153 – Sports d'hiver à Super-Lioran SO : 2 km – ✉ **15300** Laveissière.

Voir Gorges de l'Alagnon★ NE : 2 km puis 30 mn – Col de Cère ≤★ SO : 4 km.

Paris 537 – Aurillac 38 – Condat 46 – Murat 10,5 – St-Jacques-des-Blats 6.

Aub. du Tunnel avec ch, ✆ 71 49 50 02 – ☎. GB
fermé nov. et dim. soir hors sais. – **R** 65, enf. 39 – 22 – **18 ch** 160/230 – ½P 190.

à Super-Lioran SO : 2 km par D 67 – Sports d'hiver : 1 260/1 850 m 1 23 – ✉ **15300** Laveissière :

Voir Plomb du Cantal ★★ par téléphérique.

Office de Tourisme ✆ 71 49 50 08.

Gd H. Anglard et du Cerf, ✆ 71 49 50 26, Fax 71 49 53 53, ≤ Monts du Cantal – TV ☎ P – 90. AE GB
fermé 10 au 19 mai, juin et 1er oct. au 18 déc. – **R** 75/220 – 29 – **38 ch** 190/350 – ½P 280/350.

Remberter et Saporta, ✆ 71 49 50 28, Fax 71 49 52 88, ≤, , – cuisinette ☎ P. GB. rest
12 juin-15 sept. et 20 déc.-15 avril – **R** 80/180, enf. 48 – 30 – **32 ch** 160/260 – ½P 241/310.

Rocher du Cerf et Crystal Chalet, ✆ 71 49 50 14, ≤, – ☎ P. GB
30 juin-10 sept. et 20 déc.-15 avril – **R** 67/165, enf. 46 – 25 – **28 ch** 130/210 – ½P 240.

Le LIOUQUET **13** B.-du-R. 84 ⑭ – rattaché à La Ciotat.

LISIEUX SP **14100** Calvados 55 ⑬ G. Normandie Vallée de la Seine – 23 703 h alt. 49 Pèlerinage (fin septembre).

Voir Cathédrale St-Pierre★ BY.

Env. Château★ de St-Germain-de-Livet 7 km par ④.

Office de Tourisme 11 r. Alençon ✆ 31 62 08 41.

Paris 177 ② – ♦Caen 51 ⑥ – Alençon 91 ④ – Argentan 56 ④ – Cherbourg 173 ⑥ – Dieppe 142 ① – Évreux 73 ② – ♦Le Havre 80 ① – ♦Le Mans 139 ④ – ♦Rouen 80 ②.

Plan page suivante

Gardens H. M, par ② : 2,5 km sur N 13 ✆ 31 61 17 17, Télex 170065, Fax 31 32 33 43, , , – ch TV ☎ P – 25 à 70. AE GB. rest
R grill *(fermé dim. soir du 15 nov. au 1er mars)* 85/140, enf. 44 – 38 – **69 ch** 290/355 – ½P 315.

Espérance et rest. Pays d'Auge, 16 bd Ste Anne ✆ 31 62 17 53, Télex 171845, Fax 31 62 34 00 – TV ☎ . AE GB BZ **e**
mi-avril-mi-oct. – **R** 79/145, enf. 50 – 35 – **100 ch** 350/390.

Terrasse H., 25 av. Ste Thérèse ✆ 31 62 17 65, Fax 31 62 20 25 – TV ☎. AE GB BZ **r**
fermé 1er au 15 mars, 23 déc. au 4 janv., dim. soir et vend. du 15 nov. au 1er mars – **R** 89/158, enf. 48 – 29 – **17 ch** 160/260 – ½P 198/248.

Coupe d'Or, 49 r. Pont-Mortain ✆ 31 31 16 84, Télex 772163, Fax 31 31 35 60 – TV ☎. AE GB JCB BZ **v**
R *(fermé 20 déc. au 20 janv.)* 90/165 bc, enf. 43 – 33 – **18 ch** 155/335 – ½P 216/286.

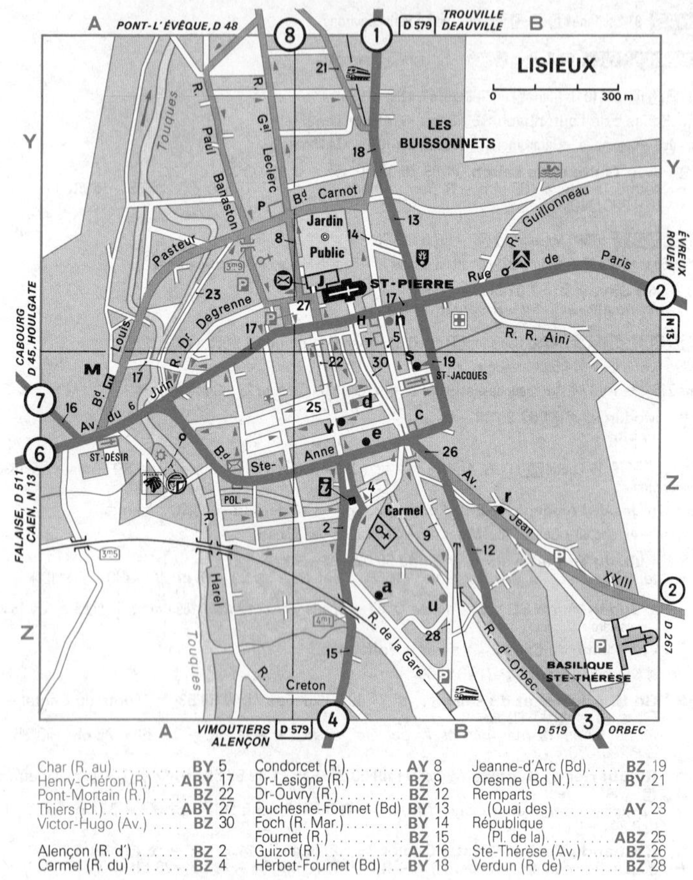

Char (R. au) . . . . **BY** 5
Henry-Chéron (R.) . . . **ABY** 17
Pont-Mortain (R.) . . . . . **BZ** 22
Thiers (Pl.). . . . . **ABY** 27
Victor-Hugo (Av.) . . . . . **BZ** 30

Alençon (R. d') . . . . **BZ** 2
Carmel (R. du) . . . . **BZ** 4
Condorcet (R.). . . . . **AY** 8
Dr-Lesigne (R.) . . . . **BZ** 9
Dr-Ouvry (R.) . . . . **BZ** 12
Duchesne-Fournet (Bd) **BY** 13
Foch (R. Mar.) . . . . **BY** 14
Fournet (R.) . . . . **BZ** 15
Guizot (R.) . . . . **AZ** 16
Herbet-Fournet (Bd) . . . **BY** 18
Jeanne-d'Arc (Bd). . . . . **BZ** 19
Oresme (Bd N.). . . . . . . **BY** 21
Remparts
(Quai des) . . . . **AY** 23
République
(Pl. de la). . . . . **ABZ** 25
Ste-Thérèse (Av.) . . . . . **BZ** 26
Verdun (R. de) . . . . **BZ** 28

Régina sans rest, 14 r. Gare ✆ 31 31 15 43, Télex 170234, Fax 31 31 71 83 – |‡| TV ☎ P. GB — BZ **a**
fermé 15 déc. au 15 fév. – ☐ 38 – **45 ch** 250/300.

St-Louis sans rest, 4 r. St-Jacques ✆ 31 62 06 50 – TV ☎. GB — BZ **s**
fermé 26 déc. au 10 janv. – ☐ 30 – **17 ch** 157/270.

XXX **Ferme du Roy,** par ① : 2 km ✆ 31 31 33 98, « Ancienne ferme, jardin » – P. AE GB.
fermé 25 juin au 10 juil., 20 déc. au 10 janv., dim. soir et lundi – **Repas** (prévenir) 90/230.

XX **Aux Acacias,** 13 r. Résistance ✆ 31 62 10 95 – AE GB — BZ **d**
fermé 19 juil. au 3 août, 20 au 27 nov., vacances de fév., dim. soir et lundi – **R** 78/220.

XX **Aub. du Pêcheur,** 2 bis r. Verdun ✆ 31 31 16 85 – AE ⓓ GB JCB — BZ **u**
fermé 15 déc. au 15 janv., mardi et merc. – **R** 95/255.

X **France,** 5 r. au Char ✆ 31 62 03 37 – GB — BY **n**
fermé 22 au 29 juin, jeudi soir du 15 nov. au 1er avril et lundi – **R** 85/160, enf. 49.

à Manerbe par ⑦ : 7 km – ✉ **14340** :

XX **Pot d'Étain,** ✆ 31 61 00 94, ☂, « Jardin fleuri » – P. AE GB
fermé mi-janv. à mi-fév., mardi soir et merc. – **R** 100/220, enf. 55.

CITROEN SDA, 41 r. de Paris ✆ 31 62 81 00 N
FORD Gar. des Loges, 24 r. Fournet ✆ 31 62 25 17
PEUGEOT-TALBOT Gar. Jonquard, 61 bd Ste-Anne ✆ 31 31 00 71
RENAULT Gar. de la Vallée, ZA r. Paul Cornu par ⑧ ✆ 31 32 44 44 N ✆ 31 65 52 73

V.A.G Gar. Lepelletier, r. Paul Cornu ✆ 31 31 49 58

Ⓜ Ollitrault-Pneus, 5 bis r. Marché-aux-Bestiaux ✆ 31 62 29 10
Renov.-Pneu, 29 r. de Paris ✆ 31 62 03 04

LIVAROT **14140** Calvados 55 ⑬ **G. Normandie Vallée de la Seine** – 2 469 h alt. 64.

Paris 195 – ♦Caen 50 – Alençon 73 – Bernay 39 – Falaise 33 – Lisieux 18 – Orbec 23.

Vivier, pl. G. Bisson ✆ 31 63 50 29, – ☎ . GB
fermé 21 sept. au 6 oct., 23 déc. au 19 janv., dim. soir et lundi sauf fériés – **R** 75/150 – ☕ 24 – **10 ch** 130/250 – ½ P 220/250.

CITROEN S.E.R.V.A.L. ✆ 31 63 50 51

LIVERDUN **54460** M.-et-M. 62 ④ **G. Alsace Lorraine** – 6 435 h alt. 203.

Voir Site★.

18 de Nancy-Aingeray ✆ 83 24 53 87, SO : 2 km.

Paris 304 – ♦Nancy 14 – ♦Metz 51 – Pont-à-Mousson 25 – Toul 20.

XX **Host. Gare,** pl. Gare ✆ 83 24 44 76 – AE ⓓ GB
fermé 15 au 30 juil. et mardi sauf fériés – **R** 140/260.

à Aingeray SO : 6 km par D 90 – ✉ **54460** :

XX **La Poêle d'Or,** 1 r. Liverdun ✆ 83 23 22 31, Fax 83 23 32 80, – AE GB
fermé fin juil. au 9 août, vacances de fév. et lundi – **R** 130/350 .

LIVRY-GARGAN **93** Seine-St-Denis 56 ⑪, 101 ⑱ – voir à Paris, Environs.

La LLAGONNE **66** Pyr.-Or. 86 ⑯ – rattaché à Mont-Louis.

LLO **66** Pyr.-Or. 86 ⑯ – rattaché à Saillagouse.

LOCHES SP **37600** I.-et-L. 68 ⑥ **G. Châteaux de la Loire** – 6 544 h alt. 72.

Voir Cité médiévale★★ YZ : château★★, donjon★★, église St-Ours★, Porte Royale★ – Hôtel de ville★ Z **H**.

Env. Portail★ de la Chartreuse du Liget E : 10 km par ②.

Office de Tourisme pl. Wermelskirchen ✆ 47 59 07 98.

Paris 257 ① – ♦Tours 43 ① – Blois 68 ① – Châteauroux 72 ③ – Châtellerault 55 ④.

LOCHES

Descartes (R.) . . . . Y 9
Grande-Rue . . . . Y 13
Picois (R.) . . . . Y
République (R. de la) . . . . Y

Auguste (Bd Ph.) . . . . . Z
Balzac (R.) . . . . YZ
Bas-Clos (Av. des) . . . . Y 2
Blé (Pl. au) . . . . Y 3
Château (R. du) . . . . . YZ 5
Cordeliers (Pl. des) . . . Y 6
Delaporte (R.) . . . . Z 8
Donjon (Mail du) . . . . . Z
Droulin (Mail) . . . . Z
Foulques-Nerra (R.) . . . Z 10
Gaulle (Av. Gén.-de) . . Y 12
Lansyer (R.) . . . . Z 14
Marne (Pl. de la) . . . . . Y
Moulins (R. des) . . . . . Y 15
Pactius (R. R.) . . . . Z 16
Poterie (Mail de la) . . . Z
Ponts (R. des) . . . . Y 18
Porte-Poitevine (R.) . . . Z 19
Quintefol (R.) . . . . YZ
Ruisseaux (R. des) . . . . Z 20
St-Ours (R.) . . . . Z 21
Tours (R. de) . . . . Y
Verdun (Pl. de) . . . . Y
Victor-Hugo (R.) . . . . . . Y
Vigny (R. A.-de) . . . . . . Y
Wermelskirchen (Pl. de) . . . . Y 29

Dans la liste des rues des plans de villes, les noms en rouge indiquent les principales voies commerçantes.

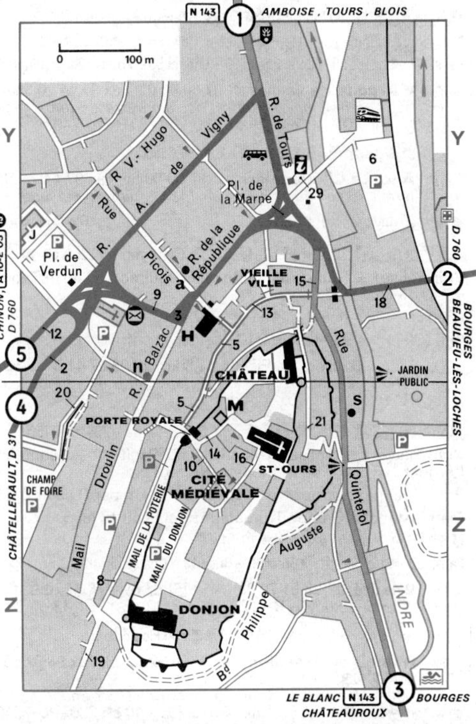

Luccotel ⑤, r. Lézards, par ⑤ : 1 km ☎ 47 91 50 50, Télex 752054, Fax 47 94 01 18, ⛱, 🌳, 🎾 – 🛗 rest 📺 ☎ ♿ 🅿 – 🏛 60. GB. ⚡ rest
fermé 20 déc. au 20 janv. – **R** *(fermé sam. midi)* 120/190, enf. 75 – ☕ 35 – **42 ch** 300/320 – ½ P 320.

George Sand, 39 r. Quintefol ☎ 47 59 39 74, Fax 47 91 55 75, 🍽 – 📺 ☎. GB Z s
fermé 28 nov. au 28 déc. – **R** 85/185, enf. 55 – ☕ 32 – **20 ch** 240/450 – ½ P 260/320.

France, 6 r. Picois ☎ 47 59 00 32, 🍽 – 📺 ☎ 🚗. ⓓ GB Y a
fermé 3 janv. au 10 fév., lundi midi en juil.-août, dim. soir et lundi de sept. à juin – **R** 80/245 – ☕ 30 – **19 ch** 200/325.

XX **Gerbe d'Or,** 22 r. Balzac ☎ 47 59 06 38, 🍽 – GB Y n
fermé fév., lundi soir et mardi du 1er nov. au 1er avril et mardi soir du 1er mai au 30 oct. – **R** 75/225, enf. 50.

CITROEN Loches-Automobiles, La Cloutière à Perrusson ☎ 47 59 07 50
PEUGEOT-TALBOT Lorillou, N 143, Tivoli par ③ ☎ 47 59 00 41
RENAULT Sud Touraine Automobiles, r. Fontaine-Charbonnelle par ① ☎ 47 59 00 77 🅽 ☎ 47 40 91 43

Ⓜ Touraine Pneus, 48 av. Pierruche à Perrusson ☎ 47 59 03 86

LOCMARIA-BERRIEN 29 Finistère 58 ⑥ – rattaché à Huelgoat.

LOCMARIAQUER 56740 Morbihan 63 ⑫ G. Bretagne – 1 309 h alt. 16.

Voir Table des Marchands★★ et Grand menhir★★ puis dolmens de Mané Lud★ et de Mané Rethual★ – Tumulus de Mané-er-Hroech★ S : 1 km – Dolmen des Pierres Plates★ SO : 2 km – Pointe de Kerpenhir ≤★ SE : 2 km.

🅸 Syndicat d'Initiative r. Victoire (avril-sept.) ☎ 97 57 33 05.

Paris 486 – Vannes 31 – Auray 13 – Quiberon 32 – La Trinité-sur-Mer 8,5.

Lautram, ☎ 97 57 31 32, Fax 97 57 37 87 – 📺 ☎. GB
3 avril-fin sept. – **R** 70/200, enf. 32 – ☕ 32 – **29 ch** 160/300 – ½ P 240/295.

L'Escale, ☎ 97 57 32 51, Fax 97 57 38 87, ≤, 🍽 – 📺 ☎. GB
2 avril-25 sept. – **R** 63/158, enf. 32 – ☕ 32 – **12 ch** 232/340 – ½ P 200/285.

LOCMINÉ 56500 Morbihan 63 ③ G. Bretagne – 3 346 h alt. 100.

🅸 Syndicat d'Initiative r. Gén.-de-Gaulle (juil.-août) ☎ 97 60 09 90.

Paris 447 – Vannes 29 – Concarneau 95 – Lorient 50 – Pontivy 25 – Quimper 112 – ♦Rennes 98.

L'Argoat, rte Vannes ☎ 97 60 01 02, Fax 97 44 20 55 – 📺 ☎. GB
hôtel : fermé janv. et sam. d'oct. à mai ; rest. : fermé janv. et sam. sauf juil.-août – **R** 60/180 🍷, enf. 40 – ☕ 28 – **20 ch** 190/250 – ½ P 230/240.

à Bignan E : 5 km par D 1 – ✉ 56500 :

XX **Aub. La Chouannière,** ☎ 97 60 00 96, Fax 97 44 24 58 – AE GB
fermé 28 juin au 12 juil., 4 au 14 oct., dim. soir et lundi – **Repas** 105/280, enf. 65.

Ⓜ Corbel, à Moréac ☎ 97 60 57 18 Rio Pneus ☎ 97 60 01 24

LOCQUIREC 29241 Finistère 58 ⑦ G. Bretagne – 1 226 h alt. 10.

Voir Église★ – Tour de la Pointe de Locquirec★ 30 mn – Table d'orientation de Marc'h Sammet ≤★ O : 3 km.

🅸 Office de Tourisme pl. du Port ☎ 98 67 40 83.

Paris 536 – ♦Brest 79 – Guingamp 52 – Lannion 22 – Morlaix 21.

XX **Le St-Quirec,** rte Plestin : 1,5 km ☎ 98 67 41 07 – GB
fermé 12 nov. au 10 déc., 25 janv. au 5 fév., lundi soir et mardi du 10 sept. au 1er juil. – **R** 98/240, enf. 60.

LOCRONAN 29180 Finistère 58 ⑮ G. Bretagne – 796 h alt. 150.

Voir Place★★ – Église et chapelle du Pénity★★ – Montagne de Locronan ✳★ E : 2 km – Kergoat : vitraux★ de la chapelle NE : 3,5 km.

Env. Guengat : vitraux★ de l'église S : 10 km par D 63 et D 56.

Manifestation : Grande Troménie★★ (du 8 au 16 juil.).

🅸 Syndicat d'Initiative ☎ 98 91 70 14.

Paris 563 – Quimper 17 – ♦Brest 65 – Briec 19 – Châteaulin 16 – Crozon 34 – Douarnenez 10.

Prieuré, ☎ 98 91 70 89, 🌳 – 📺 ☎ 🅿 – 🏛 40. GB. ⚡ ch
1er avril-15 nov. – **R** 62/200 🍷, enf. 30 – ☕ 35 – **12 ch** 220/300 – ½ P 260/280.

au NO : 3 km par C 10 – ✉ 29550 Plomodiern :

Manoir de Moëllien ⑤, ☎ 98 92 50 40, Fax 98 92 55 21, ≤, 🍽, 🌳 – ☎ ♿ 🅿 – 🏛 60. AE ⓓ GB
hôtel : fermé 2 janv. au 15 mars ; rest. : fermé 2 janv. au 15 mars, 11 nov. au 20 déc. et merc. – **R** 118/250, enf. 52 – ☕ 35 – **10 ch** 330 – ½ P 340.

LODÈVE 34700 Hérault 83 ⑤ G. Gorges du Tarn – 7 602 h alt. 165.

Voir Anc. cathédrale St-Fulcran★ – Musée Cardinal de Fleury★ **M**.

Office de Tourisme 12 bd de la Liberté ✆ 67 44 24 23.

Paris 713 ② – ◆Montpellier 59 ② – Alès 99 ① – Béziers 69 ② – Millau 59 ① – Pézenas 46 ②.

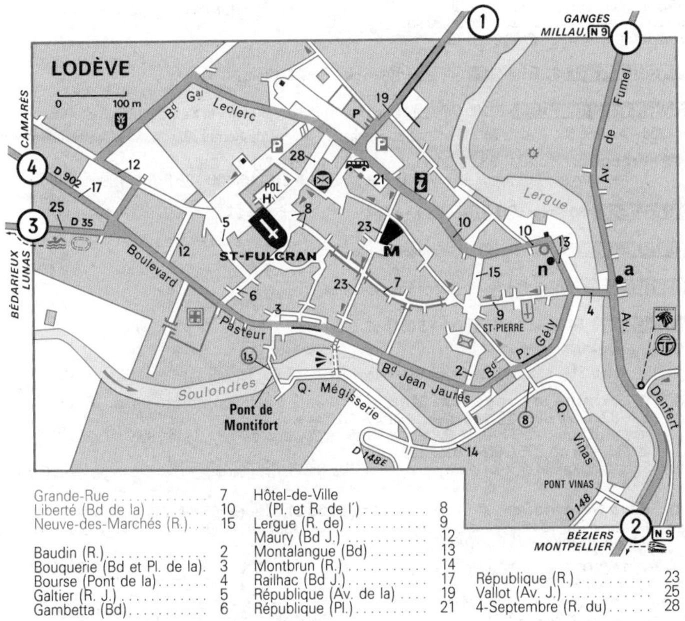

Paix, 11 bd Montalangue **(n)** ✆ 67 44 07 46 – rest ☎. GB
fermé 15 nov. au 15 déc., 15 fév. au 15 mars, dim. soir et lundi d'oct. à avril sauf vacances scolaires – **R** 85/160, enf. 50 – 25 – **21 ch** 200/220 – ½ P 220.

Croix Blanche, 6 av. Fumel **(a)** ✆ 67 44 10 87 – ☎ **P**. GB
1er avril-30 nov. et fermé vend. midi – **R** 65/150, enf. 45 – 22 – **32 ch** 120/220 – ½ P 150/220.

à St-Jean-de-la-Blaquière par ② et D 144E : 14 km – ✉ 34700 :

Aub. du Sanglier, E : 3,5 km par rte de Rabieux et VO ✆ 67 44 70 51, ←, « Dans la garrigue », – ☎ **P**. GB. ch
21 mars-25 oct. – **R** *(fermé mardi midi et merc. midi sauf juil.-août)* 135/200, enf. 60 – 42 – **10 ch** 350/390 – ½ P 345/373.

PEUGEOT-TALBOT Ryckwaert, 6 av. Denfert ✆ 67 44 02 49 **N** ✆ 67 96 07 31

LODS 25930 Doubs 70 ⑥ G. Jura – 284 h alt. 380.

Paris 439 – ◆Besançon 36 – Baume-les-Dames 51 – Levier 22 – Pontarlier 23 – Vuillafans 4,5.

Truite d'Or, ✆ 81 60 95 48, Fax 81 60 95 73, ←, – ☎ **P**. GB
fermé 15 déc. au 15 janv., dim. soir et lundi d'oct. à mai – **R** 90/260 – 30 – **13 ch** 170/240 – ½ P 220/250.

LOGELHEIM 68 H.-Rhin 62 ⑲ – rattaché à Colmar.

LOIRE-SUR-RHÔNE 69 Rhône 74 ⑪ – rattaché à Givors.

LOMENER 56 Morbihan 58 ⑫ – rattaché à Ploemeur.

Les hôtels ou restaurants agréables sont indiqués dans le guide par un symbole rouge.
Aidez-nous en nous signalant les maisons où, par expérience, vous savez qu'il fait bon vivre.
Votre guide Michelin sera encore meilleur.

XXXXX ... X

LONDINIÈRES **76660** S.-Mar. 52 ⑮ – 1 119 h alt. 78.

Paris 147 – ◆Amiens 75 – Blangy-sur-Bresle 24 – Dieppe 26 – Neufchâtel-en-Bray 13 – Le Tréport 29.

X **Aub. du Pont** avec ch, ℘ 35 93 80 47 – ☎ Ⓟ. GB
fermé 1er au 10 fév. – **R** 50/185 ♁ – ☕ 38 – **10 ch** 195 – ½ P 177/229.

CITROEN Hardiville ℘ 35 93 80 22 N
PEUGEOT-TALBOT Boutleux ℘ 35 93 80 48
RENAULT Courtaud ℘ 35 93 80 81 N

Parin Pneus, à Fréauville ℘ 35 93 80 27

LONGJUMEAU **91** Essonne 60 ⑩, 101 ㉟ – voir à Paris, Environs.

LONGNY-AU-PERCHE **61290** Orne 60 ⑤ **G. Normandie Vallée de la Seine** – 1 575 h alt. 165.

Paris 136 – Alençon 60 – L'Aigle 28 – Mortagne-au-Perche 17 – Nogent-le-Rotrou 30.

XX **France** avec ch, ℘ **33 73 64 11, Fax 33 83 68 05** – TV ☎. GB
fermé dim. soir et lundi – **R** 85/245 ♁ – ☕ 28 – **6 ch** 140/190 – ½ P 160/180.

LONGUEAU **80** Somme 52 ⑧ – rattaché à Amiens.

LONGUE-CROIX **59** Nord 51 ④ – rattaché à Hazebrouck.

LONGUES **63** P.-de-D. 73 ⑭ – rattaché à Vic-le-Comte.

LONGUYON **54260** M.-et-M. 57 ② – 6 064 h alt. 218.

37, r. Hôtel de Ville ℘ 82 26 52 41.

Paris 315 – ◆Metz 81 – ◆Nancy 110 – Sedan 69 – Thionville 57 – Verdun 48.

XXX ❁ **Lorraine et rest. Le Mas** (Tisserant) avec ch, **face gare** ℘ **82 26 50 07, Fax 82 39 26 09** – TV ☎ – 80. AE ⓓ GB JCB
fermé 10 janv. au 11 fév. – **R** *(fermé lundi du 20 sept. au 1er juil.)* 107/355 et carte 280 à 390 – ☕ 33 – **14 ch** 235/290 – ½ P 285
Spéc. Langoustines en feuilleté à la julienne de morilles. Noix de Saint-Jacques au flan d'asperges vertes (fév. à mai). Pot au feu de foie gras à la purée d'ail. Vins Côtes de Toul.

XX **de la Gare** avec ch, ℘ **82 26 50 85, Fax 82 39 21 33** – Ⓟ. AE ⓓ GB
fermé 1er au 15 mars, 6 au 30 sept. et vend. soir sauf juil.-août – **R** 75/200 ♁, enf. 60 – ☕ 28 – **8 ch** 180/200 – ½ P 280/320.

PEUGEOT-TALBOT Gar. de l'Est, 75 r. Hôtel de Ville ℘ 82 26 50 67
RENAULT Longuyon Autom., 6 r. Mazelle ℘ 82 39 32 38 N ℘ 82 24 41 07

LONGWY **54400** M.-et-M. 57 ② **G. Alsace Lorraine** – 15 439 h alt. 255.

Syndicat d'Initiative Gare Routière (fermé matin) ℘ 82 24 27 17.

Paris 333 ④ – Luxembourg 36 ② – ◆Metz 65 ③ – Sedan 84 ④ – Thionville 41 ③ – Verdun 66 ④.

à Longwy-Haut :

du Nord sans rest, pl. Darche **(a)** ℘ **82 23 40 81, Fax 82 23 17 73** – TV ☎. AE GB
☕ 31 – **19 ch** 220/270.

à Cosnes et Romain O : 2 km par D 43 – ✉ **54400** :

XX **Aub. des Trois Canards,** ℘ **82 24 35 36** – AE ⓓ GB
fermé 1er au 9 mars, 22 août au 14 sept. dim. soir et lundi sauf fériés – **R** 115/195 ♁, enf. 45.

CITROEN Gar. Inglebert R., 50 r. Alsace-Lorraine à Longlaville par ② ℘ 82 24 33 96 N ℘ 82 25 68 57
FORD Bellevue Autom., RN 18 les Maragolles ℘ 82 23 21 60
PEUGEOT-TALBOT Sogaja Delouche, 51 r. de Metz ℘ 82 24 29 46
RENAULT Robert, RN à Mexy par ③ ℘ 82 24 56 61 N ℘ 05 05 15 15
ROVER Gar. Pacci, 22 r. J.-B.-Blondeau à Mont-St-Martin ℘ 82 23 35 05 N
Pneus D.M., av. de Saintignon ℘ 82 24 23 45

Leclerc-Pneu, 36 r. Chiers ℘ 82 24 40 79

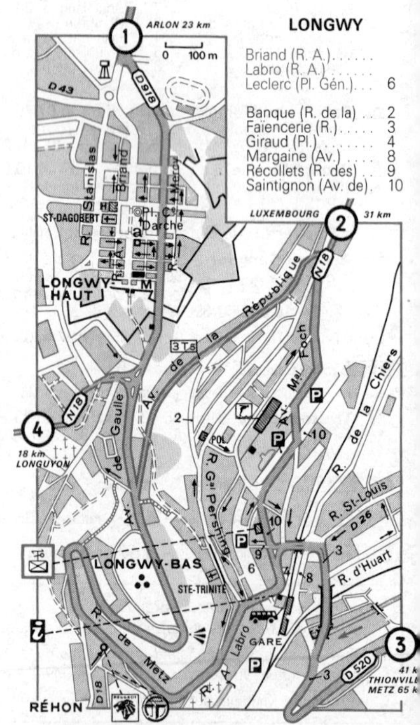

LONS-LE-SAUNIER P 39000 Jura 70 ④ ⑭ G. Jura – 19 144 h alt. 255 – Stat. therm. (6 avril-oct.) – Casino.

Voir Rue du Commerce★ Y – Grille★ de l'hôpital Y.

Env. Creux de Revigny★ 7,5 km par ②.

Val de Sorne, ✆ 84 43 04 80, S : 6 km par D 117 et D 41.

Office de Tourisme 1 r. Pasteur ✆ 84 24 65 01 avec A.C. Jurassien ✆ 84 24 20 63.

Paris 393 ③ – Chalon-sur-Saône 65 ③ – ♦Besançon 86 ① – Bourg-en-Bresse 62 ③ – ♦Dijon 102 ① – Dole 51 ① – ♦Genève 108 ② – ♦Lyon 127 ③ – Mâcon 79 ③ – Pontarlier 77 ②.

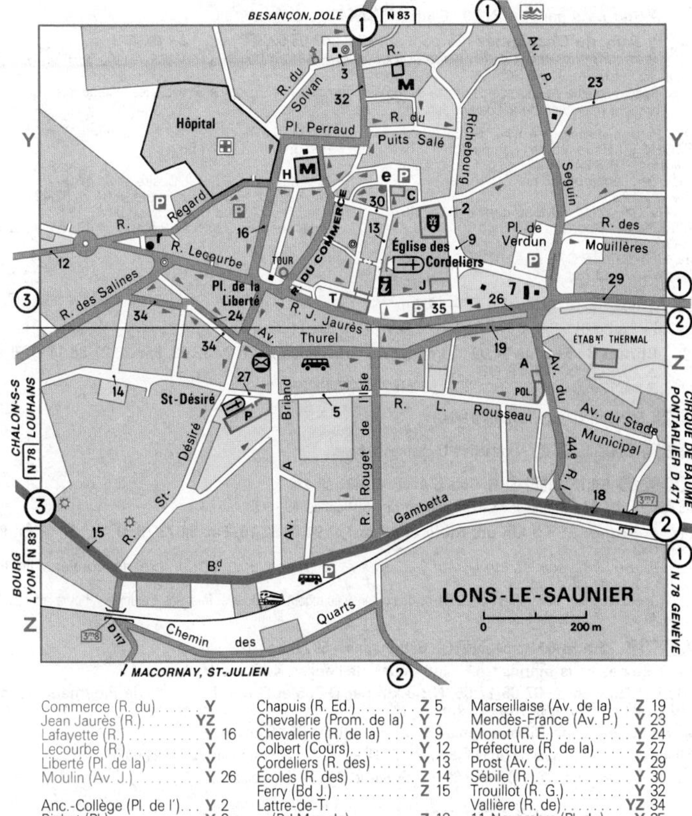

Nouvel H., 50 r. Lecourbe ✆ 84 47 20 67, Fax 84 43 27 49 – TV ☎ P. AE ⓓ GB Y r
fermé 21 déc. au 4 janv. – **R** *(fermé week-ends hors sais.)* (dîner seul.) 65/90 ß, enf. 35 – ☕ 30 – **26 ch** 185/290 – ½ P 168/205.

Primevère M, 1055 bd Europe par ① ✆ 84 24 78 00, Fax 84 43 07 92, ☂ – TV ☎ ♿ P – 35. GB
R 78/99 ß, enf. 39 – ☕ 30 – **39 ch** 290.

Comédie, 65 r. Agriculture ✆ 84 24 20 66 – ▤. GB Y e
fermé 1er au 15 mai, 7 au 21 août, lundi soir et dim. – **Repas** 95.

Relais d'Alsace, 74 rte Besançon par ① ✆ 84 47 24 70, ☂ – P. AE GB
fermé 15 mars au 1er avril, 17 août au 3 sept., dim. soir et lundi – **R** 92/190 ß, enf. 52.

à Chille par ① et D 157 : 3 km – ✉ **39570** :

Parenthèse ♨, ✆ 84 47 55 44, Fax 84 24 92 13, ☂, parc – |≡| TV ☎ ♿ P – 50. AE GB
R *(fermé vacances de fév., lundi hors sais. et dim. soir)* 75/210 ß, enf. 50 – ☕ 34 – **21 ch** 205/335 – ½ P 255/285.

à Moiron S : 6 km par D 117 et D 41 – ✉ 39570 :

du Golf Ⓜ, au Golf du Val de Sorne ✆ 84 43 04 80, Fax 84 47 31 21, ≤, « Sur le golf » – ▮ TV ☎ ♿ Ⓟ – 50. GB
fermé 10 janv. au 15 fév. – **R** *(fermé dim. soir hors sais.)* 95/160, enf. 45 – ☕ 42 – **15 ch** 400/440 – ½ P 360/380.

à Montmorot par ③ : 1 km – ✉ 39570 :

XX **Clos Fleuri,** r. A. Briand ✆ 84 47 11 34, Fax 84 47 59 48, – GB
fermé 31 juil. au 12 août, dim. soir et sam. – **R** 110/195, enf. 40.

à Courlans par ③ et N 78 : 6 km – ✉ 39570 :

XXX ✿ **Aub. de Chavannes** (Carpentier), ✆ 84 47 05 52, – ▤ Ⓟ. GB
fermé 28 juin au 6 juil., fév., dim soir et lundi – **R** (nombre de couverts limité - prévenir) 160/300 et carte 245 à 345
Spéc. Suprême de poularde de Bresse en rouelles. Aumonière de pigeon de Bresse et caillette de foie. Soufflé au chocolat amer. **Vins** Etoile, Côtes du Jura.

BMW Parizon, à Messia ✆ 84 47 05 45
CITROEN Éts Baud, bd de l'Europe ZI par r. des Mouillères Y ✆ 84 43 18 17
FORD Gar. Lecourbe, 58 bis r. Lecourbe ✆ 84 47 20 13
NISSAN Gar. Labet, à Montmorot ✆ 84 47 46 18
OPEL Gar. des Sports, r. V.-Berard, ZI ✆ 84 43 16 40
RENAULT S.O.R.E.C.A., 47 av. C.-Prost par ② ✆ 84 24 40 67 N
V.A.G Thevenod, rte de Champagnole, ZI à Perrigny ✆ 84 24 41 58

Ledo Pneus, 96 r. St-Désiré ✆ 84 47 09 75
Lehmann, à Messia-sur-Sorne ✆ 84 24 62 43
Pneu Quillot, 6 bd Duparchy ✆ 84 47 12 63
Pneu Services, 32 av. C.-Prost ✆ 84 43 16 91

LOON-PLAGE 59279 Nord 51 ③ – 6 435 h.

Paris 290 – ◆Calais 31 – Cassel 38 – Dunkerque 11,5 – ◆Lille 84 – St-Omer 33.

Climat de France Ⓜ, O : 1 km par rte Gravelines ✆ 28 27 32 88, Fax 28 21 36 11 – TV ☎ ♿ Ⓟ – 50. AE GB
R 84/120 , enf. 36 – ☕ 30 – **55 ch** 280 – ½ P 225.

LOOS 59 Nord 51 ⑯ – rattaché à Lille.

LORAY 25 Doubs 66 ⑰ – rattaché à Orchamps-Vennes.

LORGUES 83510 Var 84 ⑥ G. Côte d'Azur – 6 340 h alt. 239.

Paris 855 – Fréjus 37 – Brignoles 33 – Draguignan 12 – St-Raphaël 40 – ◆Toulon 73.

XXX ✿ **Bruno,** SE : 3 km par route des Arcs ✆ 94 73 92 19, Fax 94 73 78 11, ≤, – Ⓟ. AE GB
fermé dim. soir et lundi sauf juil.-août – **R** (menu unique)(nombre de couverts limité, prévenir) 260, enf. 50
Spéc. Brouillade aux truffes noires. Belles de Fontenay au ragoût de cèpes et foie gras. Perdrix au chou à la fricassée de cèpes et châtaignes (saison).

LORIENT SP 56100 Morbihan 63 ① G. Bretagne – 59 271 h alt. 16.

Voir Base des sous-marins★ AZ – Intérieur★ de l'église N.-D.-de-Victoire BY E.

18 du Val Quéven ✆ 97 05 17 96, N : 8 km par D 765 et D 6 à dr. AY ; 18 de Ploemeur-Océan ✆ 97 32 81 82, O par D 162 : 13 km.

✈ de Lorient Lann-Bihoué : ✆ 97 87 21 50, par D 162 : 8 km AZ.

ℹ Office de Tourisme quai de Rohan ✆ 97 21 07 84 – A.C. 22 r. Poissonnière ✆ 97 21 03 07.

Paris 496 ③ – Vannes 58 ③ – Quimper 68 ③ – St-Brieuc 114 ③ – St-Nazaire 134 ③.

Plan page suivante

Mercure Ⓜ sans rest, 31 pl. J. Ferry ✆ 97 21 35 73, Télex 950810, Fax 97 64 48 62 – ▮ ch TV ☎ ♿ – 25 à 70. AE GB — BZ **m**
☕ 48 – **58 ch** 395/490.

Léopol sans rest, 11 r. W. Rousseau ✆ 97 21 23 16, Fax 97 84 93 27 – ▮ TV ☎. AE GB — BY **r**
fermé 24 déc. au 5 janv. – ☕ 25 – **32 ch** 120/240.

Centre sans rest, 30 r. Du Couëdic ✆ 97 64 13 27, Fax 97 64 17 39 – TV ☎ Ⓟ. AE GB JCB — BY **x**
☕ 30 – **34 ch** 200/325.

Astoria sans rest, 3 r. Clisson ✆ 97 21 10 23, Fax 97 21 03 55 – ▮ TV ☎. AE GB JCB — BY **q**
☕ 30 – **40 ch** 175/250.

H. Victor-Hugo sans rest, 36 r. L. Carnot ✆ 97 21 16 24, Fax 97 84 95 13 – TV ☎. AE GB — BZ **f**
☕ 28 – **30 ch** 215/250.

Cléria sans rest, 27 bd Mar. Franchet d'Esperey ✆ 97 21 04 59, Fax 97 64 19 10 – ▮ TV ☎ – 25. GB — AY **k**
fermé 22 août au 5 sept. et 24 déc. au 2 janv. – ☕ 30 – **33 ch** 205/255.

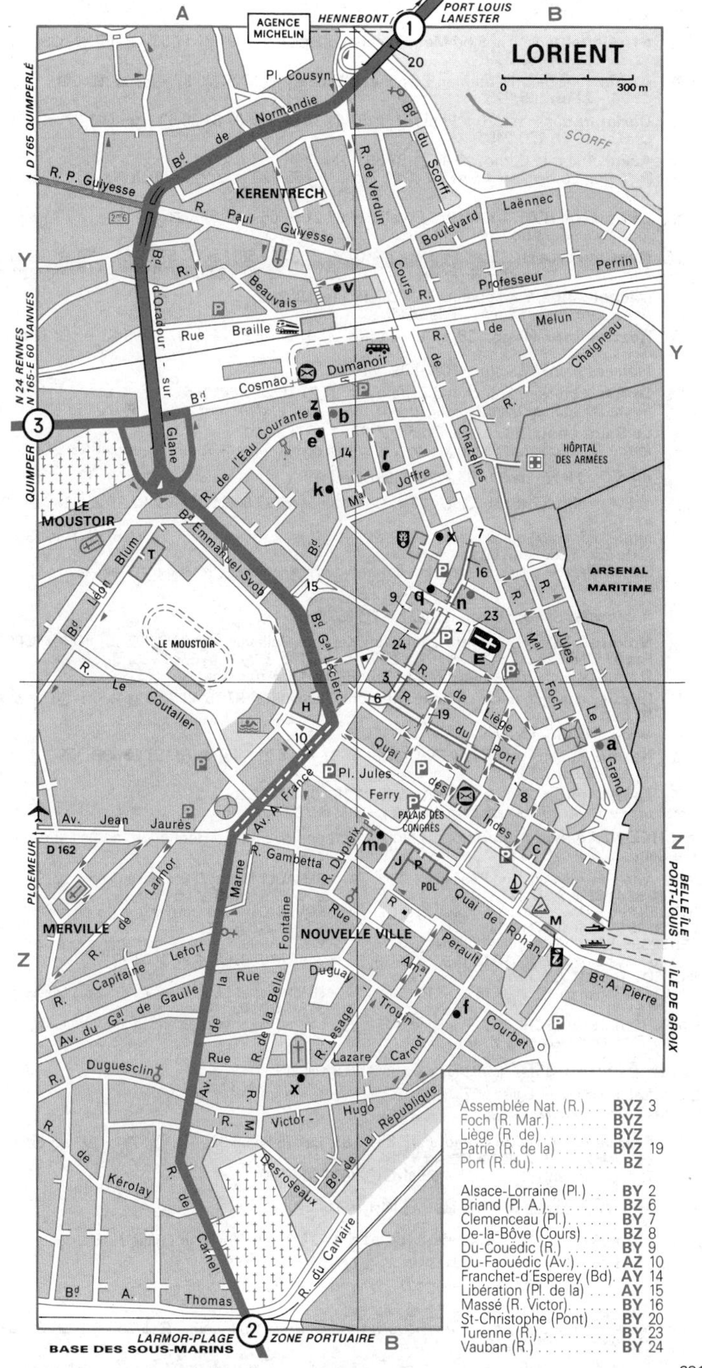

Assemblée Nat. (R.)	BYZ	3
Foch (R. Mar.)	BYZ	
Liège (R. de)	BYZ	
Patrie (R. de la)	BYZ	19
Port (R. du)	BZ	
Alsace-Lorraine (Pl.)	BY	2
Briand (Pl. A.)	BZ	6
Clemenceau (Pl.)	BY	7
De-la-Bôve (Cours)	BZ	8
Du-Couëdic (R.)	BY	9
Du-Faouëdic (Av.)	AZ	10
Franchet-d'Esperey (Bd)	AY	14
Libération (Pl. de la)	AY	15
Massé (R. Victor)	BY	16
St-Christophe (Pont)	BY	20
Turenne (R.)	BY	23
Vauban (R.)	BY	24

St-Michel sans rest, 9 bd Mar. Franchet d'Esperey ✆ 97 21 17 53 – TV ☎. GB AY z
☐ 25 – **23 ch** 130/230.

Armor sans rest, 11 bd Mar. Franchet d'Esperey ✆ 97 21 73 87 – TV ☎. AE GB AY e
☐ 24 – **21 ch** 105/225.

Christina sans rest, 10 r. Poulorio ✆ 97 21 33 92, Fax 97 64 30 63 – ☎. GB AY v
☐ 32 – **15 ch** 120/245.

Arvor, 104 r. L. Carnot ✆ 97 21 07 55 – AZ x
R *(fermé 20 déc. au 4 janv. et dim. hors sais.)* 75/120 – ☐ 22 – **20 ch** 100/170 – ½ P 165/190.

XXX **Le Poisson d'Or,** 1 r. Maître Esvelin ✆ 97 21 57 06 – AE GB BZ m
fermé vacances de Noël, sam. midi et dim. – **R** 95/300, enf. 60.

XX **Neptune** avec ch, 15 av. Perrière par ② ✆ 97 37 04 56, Fax 97 87 07 54 – TV ☎. AE GB
fermé 1er au 10 mars – **R** *(fermé dim.)* 70/280 – ☐ 30 – **23 ch** 215/255 – ½ P 210/220.

XX **Michel-Ange,** 7 r. Fénelon ✆ 97 21 19 11 – AE GB BY n
fermé dim. soir et lundi – **R** 140/290.

XX **Rest. Victor-Hugo,** 36 r. L. Carnot ✆ 97 64 26 54, Fax 97 84 95 13 – AE GB JCB BZ f
fermé sam. midi et dim. – **R** 95/198, enf. 50.

XX **Le Pic,** 2 bd Mar. Franchet d'Esperey ✆ 97 21 18 29 – GB JCB AY b
fermé 29 août au 5 sept., 2 au 16 janv., sam. midi et dim. sauf fériés – **R** 85/150, enf. 55.

X **Le Saint Louis,** 48 r. J. Le Grand ✆ 97 21 50 45 – GB BZ a
fermé 7 au 30 sept., vacances de fév., mardi soir et merc. – **R** 59/170, enf. 43.

au NO : 3,5 km par D 765 – ✉ **56100** Lorient :

XXX ✿ **L'Amphitryon** (Abadie), 127 r. Col. Müller ✆ 97 83 34 04, Fax 97 37 25 02 – ▤. GB.
fermé 23 août au 8 sept., 22 déc. au 4 janv., sam. midi et dim. – **R** 156/350 et carte 250 à 360, enf. 60
Spéc. Ravioles de "petits gris" en pommes de terre. Vinaigrette de homard aux artichauts (20 avril au 20 oct.). Aile de pigeon et foie gras poêlé.

à Lanester par ① : 5 km – 22 102 h. – ✉ **56600** :

Novotel M, Centre hôtelier Kerpont-Bellevue ✆ 97 76 02 16, Télex 950026, Fax 97 76 00 24, – ch ▤ rest TV ☎ ♿ P – 25 à 120. AE GB
R carte environ 160, enf. 50 – ☐ 48 – **88 ch** 410/470.

Ibis M sans rest, centre hôtelier Kerpont-Bellevue ✆ 97 76 40 22 – ch TV ☎ ♿ P. AE GB
☐ 33 – **41 ch** 275/305.

Kerous M sans rest, 74 av. A. Croizat ✆ 97 76 05 21 – TV ☎ P. AE GB.
☐ 28 – **20 ch** 215/245.

X **Le Marmiton,** 20 r. A. Croizat ✆ 97 81 10 10, – GB
fermé 1er au 15 août, et sam – **R** (déj. seul.) 60/200, enf. 40.

MICHELIN, Agence régionale, r. Arago ZI Kerpont, direction d'Hennebont après Lanester par ① à Caudan ✆ 97 76 03 60

BMW Auto-Port, rond-point du Pléneno ✆ 97 83 87 41 N ✆ 97 37 03 33
CITROEN S.C.A.O., ZI Kerpont à Lanester par ① ✆ 97 81 19 81 N ✆ 97 37 03 33
MERCEDES-BENZ Allanic Frères, rte de Quimperlé, ZI de Keryado ✆ 97 83 00 90 N ✆ 97 37 03 33
PEUGEOT-TALBOT Chrétien, Zone Com. de Bellevue à Caudan par ① ✆ 97 76 13 56 N ✆ 97 87 51 58
PORSCHE, MITSUBITSCHI Sport Bretagne Autom., ZI Kerpont à Lanester ✆ 97 81 19 20
RENAULT Court, ZI Kerpont à Caudan par ① ✆ 97 87 67 67 N ✆ 05 05 15 15
ROVER Gar. Auto Océane, rond-point Base S/Marine ✆ 97 87 07 07
V.A.G Atlantic Auto, ZA de Kergoussel à Caudan ✆ 97 76 07 21 N ✆ 97 37 03 33

Euromaster SMP, 68 av. A.-Croizat à Lanester ✆ 97 76 03 02
Lorans Pneus Pneu + Armorique, 1 bd L.-Blum ✆ 97 87 72 00

LORIOL-SUR-DRÔME **26270** Drôme 77 ⑪ – 5 609 h alt. 109.

Syndicat d'Initiative pl. Église ✆ 75 61 36 12.

Paris 586 – Valence 26 – Montélimar 23 – Privas 20.

France H. M, rte de Grane ✆ 75 85 50 85, Fax 75 85 56 92, – ▤ rest TV ☎ ♿ P – 25 à 100. AE GB JCB. rest
R 130/165, enf. 48 – ☐ 42 – **59 ch** 315/330 – ½ P 230.

LORP-SENTARAILLE **09** Ariège 86 ③ – rattaché à St-Girons.

LORRIS **45260** Loiret 65 ① **G. Châteaux de la Loire** – 2 620 h alt. 120 – **Voir** Église N.-Dame★.

Office de Tourisme près des Halles ✆ 38 94 81 42 et r. Gambetta ✆ 38 92 42 76.

Paris 124 – ♦ Orléans 53 – Gien 26 – Montargis 22 – Pithiviers 41 – Sully-sur-Loire 19.

Sauvage, ✆ 38 92 43 79 – TV ☎. GB
fermé 6 au 23 oct., 9 au 25 fév., jeudi soir et vend. sauf juil.-août – **R** 65/260 – ☐ 30 – **8 ch** 220/280 – ½ P 210/240.

XX **Guillaume de Lorris,** ✆ 38 94 83 55 – GB
fermé 15 au 22 juil., 15 fév. au 15 mars, mardi soir et merc. – **R** 115/160, enf. 75.

X **Point du Jour,** ✆ 38 92 40 21 – GB
fermé janv. et lundi – **R** 66/195 ₰, enf. 45.

LOUBRESSAC **46130** Lot 75 ⑲ **G. Périgord Quercy** – 449 h alt. 340.

Voir Site★ du château.

Paris 538 – Brive-la-Gaillarde 49 – Cahors 70 – Figeac 42 – Gourdon 53 – Gramat 17 – St-Céré 8,5.

Lou Cantou ⛰, ✆ 65 38 20 58, Fax 65 38 25 37, ≤ – ▤ rest TV ☎ ♿. AE GB
fermé 20 oct. au 15 nov. et lundi – **R** 60/195 ₰, enf. 42 – ☐ 35 – **12 ch** 220/330 – ½ P 250/270.

à Py au NO : 3,5 km par D 118 et D 14 – ✉ **46130** Loubressac :

Les Calèches de Py M ⛰ sans rest, ✆ 65 39 75 06 – ☎ P. GB
4 avril-1er nov. – ☐ 30 – **9 ch** 240/260.

LOUDÉAC **22600** C.-d'Armor 58 ⑲ **G. Bretagne** – 9 820 h alt. 161.

Syndicat d'Initiative pl. Gén.-de-Gaulle (juin-sept.) ✆ 96 28 25 17.

Paris 438 – St-Brieuc 42 – Carhaix-Plouguer 66 – Dinan 79 – Pontivy 21 – ♦Rennes 86.

France, 1 r. Cadélac ✆ 96 28 00 15, Télex 740631, Fax 96 28 61 94 – |♦| TV ☎ P – 30 à 100. AE ⓓ GB
fermé 24 déc. au 2 janv. et dim. sauf le soir en août – **R** 68/230 ₰, enf. 39 – ☐ 31 – **39 ch** 170/300 – ½ P 180/230.

Voyageurs, 10 r. Cadélac ✆ 96 28 00 47, Fax 96 28 22 30 – |♦| TV ☎ – 50. AE ⓓ GB JCB
fermé 20 déc. au 10 janv. – **R** *(fermé sam.)* 68/245 ₰ – ☐ 30 – **25 ch** 160/270 – ½ P 180/250.

XX **Aub. Cheval Blanc,** pl. Église ✆ 96 28 00 31, Fax 96 28 23 96 – GB
fermé dim. soir et lundi – **R** 75/300, enf. 48.

à La Prénessaye E : 7 km sur N 164 – ✉ **22210** Plémet :

Motel d'Armor M ⛰, ✆ 96 25 90 87, Fax 96 25 76 72, ≤ – TV ☎ P. GB
fermé vacances de fév. – **Le Boléro** *(fermé dim. soir et lundi midi)* **R** 75/200, enf. 45 – ☐ 30 – **10 ch** 225/280 – ½ P 230/290.

RENAULT E.L.D.A. Michard, pl. Gén.-de-Gaulle ✆ 96 28 00 07
V.A.G Gar. Lebreton, 23 r. de Pontivy ✆ 96 28 00 59

Desserrey Pneu + Armorique, ZI de Kersuguet ✆ 96 28 05 73

LOUDUN **86200** Vienne 67 ⑨ **G. Poitou Vendée Charentes** – 7 854 h alt. 88.

Voir Tour carrée ✻★ AY.

18 ✆ 49 98 78 06, par ① : 16,5 km.

Office de Tourisme à l'Hôtel de Ville ✆ 49 98 15 96.

Paris 309 ② – Angers 76 ⑥ – Châtellerault 44 ③ – Parthenay 54 ④ – Poitiers 57 ④ – ♦Tours 72 ②.

Plan page suivante

Mercure sans rest, 40 av. de Leuze ✆ 49 98 19 22 – |♦| TV ☎. AE ⓓ GB — BY **a**
☐ 32 – **29 ch** 350.

XX **Reine Blanche,** 6 pl. Boeuffeterie ✆ 49 98 51 42 – ▤. GB — BY **s**
fermé 2 au 21 janv., mardi soir et merc. – **R** 95/230, enf. 50.

XX **Roue d'Or** avec ch, 1 av. Anjou ✆ 49 98 01 23, Fax 49 22 31 05 – TV ☎ ♿ P. AE ⓓ GB — BY **e**
fermé 19 déc. au 3 janv. et dim. soir hors sais. – **R** 70/205 ₰ – ☐ 33 – **14 ch** 265/360.

CITROEN Gar. Terradillos, r. Artisans AZ ✆ 49 98 34 30
RENAULT Delacote, 2 bd G.-Chauvet ✆ 49 98 12 93 N ✆ 49 93 41 65
V.A.G Autom. Loudunaise, 9 bd G.-Chauvet ✆ 49 98 15 57

Loudun-Pneus, ZI Nord, av. de Ouagadougou ✆ 49 98 19 39
Pneurénov, 17 bd G.-Chauvet ✆ 49 98 01 22

LOUDUN

Porte-de-Chinon (R.) .... BY

Anjou (Av. d') .... BY 2
Château (R. du) .... AY 3
Chevreau (R. U.) .... BZ 4
Collège (R. du) .... BZ 6
Croix-Bruneau (R. de la) . AY 7
Grand-Cour .... BY 8
Leuze (Av. de) .... BY 10
Meures (R. des) .... BY 12
Palais (R. du) .... BYZ 13
Portail-Chaussé (R. du) .. BY 14
Poitou (Av. du) .... BZ 15
Porte de Chinon (Pl.) .... BY 16
Porte Mirebeau (Pl.) .... BZ 18
Porte Mirebeau (R.) .... BZ 19
Porte St-Nicolas (R.) .... AY 20
Renaudot (R.) .... BY 22
Touraine (Av. de) .... BY 23
Vieille Charité (R.) .... BZ 25
Vieille porte du Martray AY 26

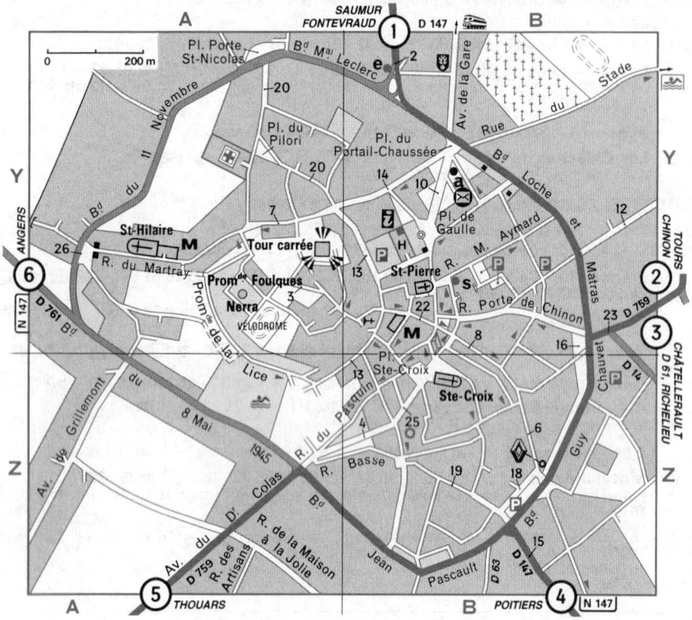

LOUÉ **72540** Sarthe 60 ⑫ – 1 929 h alt. 80.

Paris 228 – ◆Le Mans 27 – Alençon 59 – Angers 81 – Laval 57.

✿ **Laurent** ⛰, ✆ 43 88 40 03, Fax 43 88 62 08, ⛱, 🌳 – 📺 ☎ – 🏛 60. ◑ GB. ✂ rest
fermé mi-janv. à mi-fév., lundi (sauf le soir du 16 juin au 15 sept.) et mardi midi – **R** 200 (déj.)/520 et carte 430 à 570, enf. 150 – ☕ 85 – **17 ch** 280/800, 4 appart. – ½ P 425/635
Spéc. Turbot sauce vierge (mai à oct.). Pigeon en ballotine aux ris de veau et lentilles. Rêve d'enfant sage. Vins Jasnières, Anjou-Villages.

LOUENS **33290** Gironde 71 ⑧.

Paris 592 – ◆Bordeaux 17 – Lesparre-Médoc 48 – Libourne 45.

Pont Bernet Ⓜ, ✆ 56 72 00 19, Fax 56 72 02 90, 🍽, parc, ⛱, 🎾 – 📺 ☎ ♿ Ⓟ – 🏛 30. AE ◑ GB JCB
R *(fermé dim. soir et lundi d'oct. à fév.)* 110/290, enf. 50 – ☕ 38 – **18 ch** 310/340 – ½ P 325.

LOUHANS ⟨SP⟩ **71500** S.-et-L. 70 ⑬ **G. Bourgogne** – 6 140 h alt. 181.

ℹ Office de Tourisme Arcades St-Jean ✆ 85 75 05 02.

Paris 375 – Chalon-sur-Saône 38 – Bourg-en-Bresse 51 – ◆Dijon 87 – Dole 68 – Tournus 29.

Moulin de Bourgchâteau Ⓜ, r. Guidon (rte Chalon) ✆ 85 75 37 12, Fax 85 75 45 11, parc, « Ancien moulin sur la Seille » – ▤ ch 📺 ☎ ♿ Ⓟ – 🏛 30. AE ◑ GB
fermé 20 déc. au 15 janv., dim. soir d'oct. à Pâques et lundi midi – **R** 100/250 – ☕ 40 – **19 ch** 210/290.

Host. Cheval Rouge, 5 r. Alsace ✆ 85 75 21 42, Fax 85 75 44 48 – ☎ 🚗. GB. ✂ ch
fermé 27 juin au 6 juil., 31 déc. au 25 janv., lundi (sauf le midi du 27 juin au 31 août) et dim. soir – **R** 85/185 🍷, enf. 50 – ☕ 30 – **13 ch** 130/270 – ½ P 190/240.

XX **La Cotriade,** 4 r. Alsace ✆ 85 75 19 91 – ▤. ◑ GB
◆ *fermé 1er au 7 juil., 16 au 30 nov., mardi soir et jeudi soir sauf juil.-août* – **Repas** 64/178 🍷.

à Beaurepaire-en-Bresse E : 14 km par N 78 – ✉ 71580 :

🏨 **Aub. Croix Blanche,** ✆ 85 74 13 22, Fax 85 74 13 25, ☂, ☂ – ☎ Ⓟ. GB
fermé 20 au 27 sept., 12 au 30 nov., dim. soir et lundi du 15 sept. au 15 juin – **R** 85/272 ♁ – ☕ 35 – **14 ch** 150/230 – ½ P 265/345.

CITROEN Gar. Chevrier ✆ 85 75 11 56 🅽
PEUGEOT-TALBOT Gar. Hengy ✆ 85 75 23 59

Ⓜ Bayle Pneus, Châteaurenaud ✆ 85 75 04 41
Collet, Châteaurenaud ✆ 85 75 12 82

La LOUPE **28240** E.-et-L. 60 ⑥ – 3 820 h alt. 208.

Paris 129 – Chartres 38 – Dreux 42 – Mortagne-au-Perche 40 – Nogent-le-Rotrou 22.

🏨 **Chêne Doré,** pl. H. de Ville ✆ 37 81 06 71 – TV ☎ Ⓟ – 🏛 25. AE ⓓ GB
fermé 24 déc. au 2 fév., lundi (sauf hôtel) et dim. soir – **R** 80/230 ♁, enf. 48 – ☕ 40 – **12 ch** 210/250.

CITROEN Leproust ✆ 37 81 00 69
FIAT Malbet ✆ 37 81 07 63

PEUGEOT-TALBOT Gonsard ✆ 37 81 08 05
RENAULT St-Thibault-Auto ✆ 37 81 06 23 🅽
✆ 37 81 02 77

LOURDES **65100** H.-Pyr. 85 ⑱ **G. Pyrénées Aquitaine** – 16 300 h alt. 410 Grand centre de pèlerinage.

Voir Château fort★ AY : musée pyrénéen★ – Musée Grévin de Lourdes★ AZ **M**[1] – Basilique souterraine St-Pie X AYZ **B** – Pic du Jer ※★★ 1,5 km par ③ et funiculaire puis 20 mn – Le Béout ※★ 1 km par ③ et téléphérique.

⛳18 du Lac, ✆ 62 42 02 06, par ④ : 3 km.

✈ de Tarbes-Ossun-Lourdes : ✆ 62 32 92 22, par ① : 11 km.

ℹ Office Municipal de Tourisme avec A.C. pl. Champ-Commun ✆ 62 94 15 64.

Paris 807 ① – Pau 43 ⑤ – ♦Bayonne 148 ⑤ – St-Gaudens 83 ② – Tarbes 19 ①.

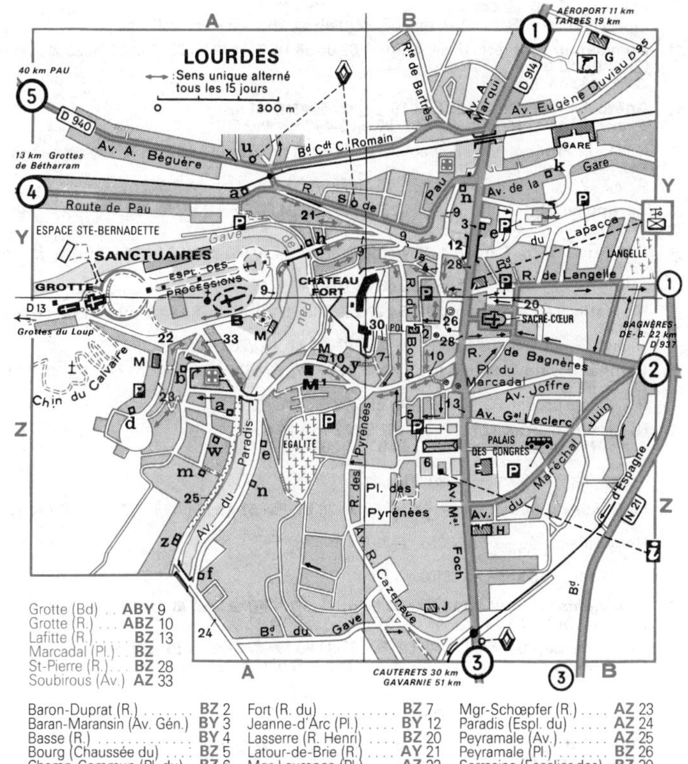

Grotte (Bd) . . ABY 9
Grotte (R.) . . . ABZ 10
Lafitte (R.) . . . . . BZ 13
Marcadal (Pl.) . . BZ
St-Pierre (R.) . . . BZ 28
Soubirous (Av.) . AZ 33

Baron-Duprat (R.) . . . . BZ 2
Baran-Maransin (Av. Gén.) BY 3
Basse (R.) . . . . BY 4
Bourg (Chaussée du) . . . . BZ 5
Champ-Commun (Pl. du) . BZ 6
Fort (R. du) . . . . BZ 7
Jeanne-d'Arc (Pl.) . . . . . BY 12
Lasserre (R. Henri) . . . . BZ 20
Latour-de-Brie (R.) . . . . AY 21
Mgr-Laurence (Pl.) . . . . AZ 22
Mgr-Schœpfer (R.) . . . . AZ 23
Paradis (Espl. du) . . . . . AZ 24
Peyramale (Av.) . . . . AZ 25
Peyramale (Pl.) . . . . BZ 26
Sarrasins (Escalier des). BZ 30

Paradis M, 15 av. du Paradis ☎ 62 42 14 14, Fax 62 94 64 04, ← – ⫶ ▤ rest ☎ ♿ P – 🏛 150. AE GB. ✽ ch AZ **n**
5 avril-25 oct. – **R** 100 – ☕ 38 – **300 ch** 400/450 – ½ P 330/350.

Gd H. de la Grotte, 66 r. Grotte ☎ 62 94 58 87, Télex 531937, Fax 62 94 20 50, ← – ⫶ ⚡ ch ▤ rest TV ☎ P. AE ① GB JCB AZ **y**
9 avril-25 oct. – **R** 150 – **81 ch** ☕ 380/600, 3 appart. – ½ P 345/420.

Jeanne d'Arc, 1 r. Alsace-Lorraine ☎ 62 94 35 42, Fax 62 94 96 52 – ⫶ ▤ rest ♿ P. GB. ✽ ch AZ **w**
Pâques-15 oct. – **R** 100 – ☕ 38 – **156 ch** 400/460 – ½ P 340/360.

Roissy, 16 av. Mgr Schoepfer ☎ 62 94 13 04, Fax 62 94 72 76 – ⫶ ☎ ♿ P – 🏛 70. GB. ✽ ch AZ **d**
7 avril-15 oct. – **R** 77 – ☕ 30 – **157 ch** 346 – ½ P 273.

Excelsior, 83 bd Grotte ☎ 62 94 02 05, Télex 520343, Fax 62 94 82 88 – ⫶ ☎. AE ① GB JCB AY **h**
1er avril-30 oct. – **R** 110/125 – **80 ch** ☕ 430 – ½ P 320.

Ambassadeurs, 66 bd Grotte ☎ 62 94 32 85, Télex 532966, Fax 62 94 46 90 – ⫶ ☎. AE ① GB. ✽ AY **h**
15 avril-début nov. – **R** 110/235 – **49 ch** ☕ 260/440 – ½ P 315/329.

Alba, 27 av. Paradis ✉ 65100 ☎ 62 94 16 16, Télex 530114, Fax 62 94 54 52, ←, 🌳 – ⫶ ▤ rest ☎ ♿ P – 🏛 80. AE GB AZ **f**
1er avril-fin oct – **R** 68/130, enf. 35 – ☕ 34 – **161 ch** 300/380 – ½ P 300.

Espagne M, 9 av. Paradis ☎ 62 94 50 02, Télex 520066, Fax 62 94 58 15, ← – ⫶ ▤ rest ☎ P – 🏛 25. AE GB. ✽ AZ **e**
1er avril-15 oct. – **R** 96 – **129 ch** ☕ 370/425 – ½ P 273.

Miramont, 40 av. Peyramale ☎ 62 94 70 00, Télex 520841, Fax 62 94 50 17, ← – ⫶ ▤ rest TV ☎ P. AE GB. ✽ rest AZ **z**
1er avril-30 oct. – **R** 95 🍷 – ☕ 35 – **94 ch** 290/460 – ½ P 360.

Christina, 42 av. Peyramale ☎ 62 94 26 11, Télex 531062, Fax 62 94 97 09, ←, 🌳 – ⫶ ☎ 🚗 – 🏛 25. AE ① GB JCB AZ **z**
mi-avril-fin oct. – **R** 105/137, enf. 65 – **210 ch** ☕ 260/368 – ½ P 290.

Beauséjour sans rest, 16 av. Gare ☎ 62 94 38 18, Télex 306022, Fax 62 94 96 20, 🌳 – ⫶ TV ☎ P. AE GB BY **k**
☕ 35 – **42 ch** 205/390.

Aneto, 5 r. St Félix ☎ 62 94 23 19 – ⫶ ☎. AE GB. ✽ rest AZ **m**
1er avril-30 oct. – **R** 85 🍷 – ☕ 35 – **80 ch** 240/360 – ½ P 300.

N.-D. de France, 8 av. Peyramale ☎ 62 94 91 45, Fax 62 94 57 21, ← – ⫶ ▤ rest ☎. AE GB. ✽ rest AZ **a**
7 avril-12 oct. – **R** 78/85 – ☕ 29 – **76 ch** 250/360, 3 duplex – ½ P 285.

Acropolis, 5 bd Grotte ☎ 62 94 23 18, Fax 62 94 96 20 – ⫶ ☎. AE GB. ✽ rest BY **n**
1er avril-15 oct. – **R** 65/100 🍷 – ☕ 35 – **25 ch** 216/295 – ½ P 205/230.

Ste-Rose, 2 r. Carrières Peyramale ☎ 62 94 30 96, Fax 62 94 14 50 – ⫶ ☎. GB. ✽ rest AZ **b**
9 avril-10 oct. – **R** 90 – ☕ 35 – **95 ch** 240/390 – ½ P 240/290.

Majestic, 9 av. Maransin ☎ 62 94 27 23, Télex 532974, Fax 62 94 64 91 – ⫶ ⚡ ch ▤ rest ☎. GB BY **e**
15 avril-30 oct. – **R** 75/85, enf. 30 – ☕ 29 – **35 ch** 180/260 – ½ P 200/220.

Campanile, rte Tarbes par ① ☎ 62 94 07 07, Fax 62 94 77 31 – ▤ rest TV ☎ ♿ P – 🏛 25. AE GB
R 77 bc/99 bc, enf. 39 – ☕ 28 – **49 ch** 268.

N.-D.-de Lorette, 12 rte Pau ☎ 62 94 12 16 – ⫶ ☎ P. ✽ AY **a**
4 avril-15 oct. – **R** 80 – ☕ 22 – **20 ch** 117/208 – ½ P 168/204.

à Saux par ① : 3 km – ✉ **65100** Lourdes :

Le Relais de Saux 🐦 avec ch, ☎ 62 94 29 61, Fax 62 42 12 64, ←, 🍽, 🌳 – TV ☎ P. AE GB. ✽
R 140/310 – ☕ 45 – **7 ch** 500/600 – ½ P 425/475.

à Adé par ① : 3 km – ✉ **65100** :

Le Virginia, ☎ 62 94 66 18, Fax 62 94 61 32, 🌳 – TV ☎ 🚗 P. AE ① GB
R 95/160, enf. 50 – ☕ 34 – **46 ch** 140/350 – ½ P 140/280.

Dupouey-Lopez, ☎ 62 94 29 62, Fax 62 94 60 32, 🍽 – ☎ ♿ P. GB. ✽
fermé janv. et mardi sauf vacances scolaires – **R** 53/190, enf. 40 – ☕ 23 – **37 ch** 135/230 – ½ P 145/200.

à Orincles NE : 12 km par D 937 et D 407 – ✉ **65380** :

Miramont 🐦 sans rest, ☎ 62 45 41 02, 🏊, 🌳 – ☎ P. GB
☕ 24 – **9 ch** 190/220.

CITROEN T.D.A., rte de Tarbes par ①
✆ 62 94 32 32 N ✆ 62 51 11 00
FORD Fabre, 46-48 av. A.-Marqui ✆ 62 42 11 11
PEUGEOT Boutes, 102 av. A.-Marqui par ①
✆ 62 94 75 68
RENAULT R.E.N.O.P.A.C., 25 av. F.-Lagardère AZ
✆ 62 94 70 50 N
RENAULT Gar. Vincent, 4 av. A.-Béguère AY u
✆ 62 94 07 89

RENAULT Gar. Preher, 32 r. de Pau AY s
✆ 62 94 10 00
Gar. Allué, 27 av. A.-Marqui ✆ 62 94 07 23

Bigorre-Pneu Pneu +, 27 av. F.-Lagardère
✆ 62 94 06 70

LOURMARIN **84160** Vaucluse 84 ③ **G. Provence** – 1 108 h – **Voir** Château★.

Syndicat d'Initiative av. Ph.-de-Girard (mai-oct.) ✆ 90 68 10 77.

Paris 735 – Digne-les-Bains 111 – Apt 18 – Aix-en-Provence 33 – Cavaillon 31 – Manosque 42 – Salon-de-Provence 33.

Le Moulin de Lourmarin M, r. Temple ✆ 90 68 06 69, Fax 90 68 31 76, ≤, – . AE GB. rest
fermé 15 nov. au 15 déc., 15 janv. au 15 fév. et merc. sauf juil.-août et fêtes – **R** 220/260 – 70 – **15 ch** 860/1500, 6 appart. – ½ P 700/1000.

De Guilles M, NE : rte de Vaugines par D 56 et VO : 1,5 km ✆ 90 68 30 55, Fax 90 68 37 41, ≤, , , , – P – 25. AE GB. rest
fermé 2 nov. au 17 déc. et 3 janv. au 11 fév. – **L'Agneau Gourmand** ✆ 90 68 21 04 *(fermé jeudi midi et merc. sauf juil.-août)* **R** 160/270, enf. 80 – 50 – **28 ch** 390/570 – ½ P 405/495.

XXX **La Fenière,** ✆ 90 68 11 79 – . AE GB
fermé 28 juin au 4 juil., 4 au 11 oct., 20 au 27 déc. et 6 au 24 janv. – **R** *(fermé mardi midi en juil.-août, dim. soir de sept. à juin et lundi)* 170/500, enf. 120.

XX **Ollier,** ✆ 90 68 02 03, – AE GB
fermé vacances de fév., mardi soir et merc. sauf fêtes – **R** 155/270, enf. 85.

LOURY **45470** Loiret 60 ⑲ ⑳ – 1 810 h alt. 126.

Paris 106 – ◆ Orléans 20 – Chartres 72 – Châteauneuf-sur-Loire 19 – Étampes 56 – Pithiviers 24.

X **Relais de la Forge** avec ch, N 152 ✆ 38 65 60 27, Fax 38 52 77 56, – P. GB
fermé 15 au 24 juil., 22 déc. au 8 janv., dim. soir et lundi – **R** 70/230, enf. 50 – 35 – **7 ch** 180/220 – ½ P 220/240.

LOUVECIENNES **78** Yvelines 55 ⑳, 101 ⑫ ⑬ – voir à Paris, Environs.

LOUVETOT **76490** S.-Mar. 52 ⑬ 54 ⑨ 55 ⑤ – 562 h alt. 143.

Paris 171 – ◆ Rouen 44 – Bolbec 18 – Fécamp 34 – Yvetot 7,5.

Au Grand Méchant Loup, carr. D 131 - D 33 ✆ 35 95 46 56, Fax 35 95 33 73 – P. GB
fermé 16 au 28 août – **R** *(fermé vend. soir, sam. midi et dim. soir)* 73/145 , enf. 40 – 30 – **24 ch** 240/260 – ½ P 226.

LOUVIE-JUZON **64260** Pyr.-Atl. 85 ⑯ – 1 014 h alt. 412.

Paris 800 – Pau 26 – Laruns 11 – Lourdes 41 – Oloron-Ste-Marie 21.

Forestière , rte Pau ✆ 59 05 62 28, Fax 59 05 75 74, ≤, , – P. AE GB JCB
R 100/180, enf. 50 – 45 – **14 ch** 380/550 – ½ P 380/400.

Dhérété , ✆ 59 05 61 01, ≤, – P. GB.
fermé 15 oct. au 15 déc., dim. soir et lundi hors sais. sauf vacances scolaires – **R** 80/165 – 23 – **18 ch** 145/300 – ½ P 255/265.

FORD Gar. Loustaunau ✆ 59 05 84 87
PEUGEOT Gar. Bersans, ✆ 59 05 62 14

LOUVIERS **27400** Eure 55 ⑯ ⑰ **G. Normandie Vallée de la Seine** – 18 658 h alt. 15.

Voir Église N.-Dame★ : œuvres d'art★ BY.

18 du Vaudreuil (privé) ✆ 32 59 02 60, NE par ② : 6,5 km.

Office de Tourisme 10 r. Mar.-Foch (mars-déc., fermé matin sauf juin-sept.) ✆ 32 40 04 41.

Paris 108 ③ – ◆ Rouen 31 ② – Les Andelys 22 ③ – Bernay 51 ⑤ – Lisieux 74 ⑤ – Mantes 51 ③.

Plan page suivante

Pré-St-Germain M, 7 r. St-Germain ✆ 32 40 48 48, Fax 32 50 75 60, – P – 100. AE GB BY s
R *(fermé dim. soir)* 115/240, enf. 65 – 50 – **34 ch** 420/560 – ½ P 390.

Mercure-Altéa Val de Reuil M, par ② : 3,5 km près échangeur A 13 - N 15 (Louviers Nord) ✉ 27100 Val de Reuil ✆ 32 59 09 09, Télex 180540, Fax 32 59 56 54, , – rest P – 100. AE GB
R 98/140 – 52 – **58 ch** 450.

Host. de la Poste, 11 r. Quatre-Moulins ✆ 32 40 01 76, Fax 32 40 57 21, , – . GB BZ a
R *(fermé vend. soir, sam. midi et dim. soir)* 100/200 – 35 – **24 ch** 200/300 – ½ P 260/350.

LOUVIERS

Foch (R. Mar.) . . . . **BZ** 7
Gaulle (R. Gén.-de) . . . **AZ** 8
Matrey (R. du) . . . . **AZ** 14
Quai (R. du) . . . . **BY**

Anc. Combattants d'Afrique du N. (R.) . . **BY** 2
Beaulieu (R. de) . . . . **AZ** 3
Citadelle (R. de la) . . . . **AY** 5
Dr-Postel (Av. du) . . . . . **BZ** 6
Halle aux Drapiers (Pl.) . **AZ** 9
Jaurès (Pl. Jean) . . . . . . **BZ** 13

Mendès-France (R. P.) . **AY** 15
Pénitents (R. des) . . . . . **BY** 16
Porte-de-l'Eau (Pl.) . . . . **BY** 17
Poste (R. de la) . . . . **BY** 18
St-Jean (R.) . . . . **BZ** 21
Thorel (Pl. E.) . . . . **AY** 22
Vexin (Chaussée du) . . . **BY** 24

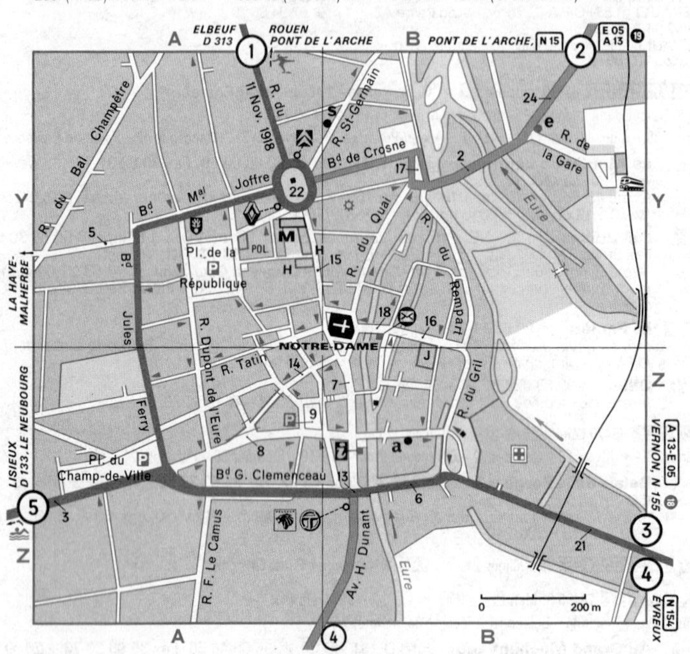

XX **Clos Normand,** 16 r. Gare ✆ 32 40 03 56, Fax 32 40 61 24 – AE GB BY **e**
R 70/170.

à ***St-Pierre-du-Vauvray*** par ② : 8 km – ✉ **27430** :

Host. St-Pierre , bords de Seine ✆ 32 59 93 29, Fax 32 59 41 93, ≤, – TV ☎ P. GB
12 mars-12 nov. – **R** 190/295 – 50 – **14 ch** 450/790 – ½ P 525/645.

à ***Vironvay*** par ③ : 5 km – ✉ **27400** – **Voir** Église ★.

Les Saisons, ✆ 32 40 02 56, Fax 32 25 05 26, , « Pavillons dans un jardin », – ch TV ☎ P – 30. AE GB
R *(fermé dim. soir)* 95/300 – 50 – **15 ch** 490/950, 5 appart. – ½ P 440/640.

à ***Acquigny*** par ④ : 5 km – ✉ **27400** :

XX **L'Hostellerie,** sur D 71 ✆ 32 50 20 05, – P. GB.
fermé 1er au 7 mars, 1er au 21 août, dim. soir et lundi – **R** 110.

CITROEN Cambour-Automobiles, 4 pl. E.-Thorel ✆ 32 40 37 01
PEUGEOT-TALBOT Dubreuil, 4 pl. J.-Jaurès ✆ 32 40 02 28
RENAULT Duchemin, 1 pl. E.-Thorel ✆ 32 40 15 97 N ✆ 32 25 12 50

Marsat-Pneus Rallye-Pneus, 49 r. de Paris ✆ 32 40 21 16

LOUVIGNÉ 53 Mayenne 63 ⑩ – rattaché à Laval.

LOUVIGNY 14 Calvados 55 ⑪ – rattaché à Caen.

LOYETTES 01360 Ain 74 ⑬ – 2 256 h alt. 193.

Paris 485 – ◆Lyon 40 – Bourg-en-Bresse 56 – Bourgoin-Jallieu 28 – La Tour-du-Pin 41 – Vienne 46.

XXX ✿ **Terrasse** (Antonin), pl. Église ✆ 78 32 70 13, Fax 78 32 73 32, ≤, – AE GB
fermé vacances de fév., dim. soir et lundi – **R** 180/390 et carte 220 à 380
Spéc. Foie gras en terrine. Poissons. Gibier (saison). **Vins** Montagnieu, Chiroubles.

LUBBON **40240** Landes **79** ⑫ ⑬ – 99 h alt. 147.

Paris 689 – Mont-de-Marsan 49 – Aire-sur-l'Adour 61 – Condom 41 – Nérac 35.

Le Bon Coin "Chez Jeanne", D 933 ✆ 58 93 60 43, ⛱, 🌳 – ☎ 🅟. AE GB. ✻ ch
fermé 2 au 9 janv., sept., vend. soir et sam. sauf juil.-août – **R** 60/200 – ☕ 25 – **7 ch** 160/190 – ½ P 200.

Le LUC **83340** Var **84** ⑯ G. Côte d' Azur – 6 929 h alt. 168.

⛳ de Barbaroux (privé) ✆ 94 59 07 43, O : 22 km par N 7 puis D 79.

ℹ Office de Tourisme pl. Verdun (fermé après-midi sauf juil.-août) ✆ 94 60 74 51 et à la Mairie (hors saison) ✆ 94 60 70 03 – Paris 840 – Fréjus 39 – Cannes 70 – Draguignan 28 – St-Raphaël 42 – Ste-Maxime 44 – ♦Toulon 58.

XXX **Host. du Parc** avec ch, r. J.-Jaurès ✆ 94 60 70 01, Fax 94 73 48 09, 🌳, 🌳 – TV ☎ 🚗 🅟. AE ⓓ GB
fermé 10 au 18 mai, 10 janv. au 10 fév., lundi soir et mardi sauf du 14 juil. au 15 août – **R** 140/270 – ☕ 40 – **12 ch** 180/380.

XX **Le Gourmandin**, pl. L. Brunet ✆ 94 60 85 92, Fax 94 47 91 10 – GB
fermé 1er au 10 sept., 26 fév. au 7 mars, dim. soir et lundi – **R** (nombre de couverts limité - prévenir) 135/210, enf. 50.

à l'Ouest : 4 km par N 7 – ✉ **83340** Le Luc :

La Grillade au Feu de Bois ⛰, ✆ 94 69 71 20, Fax 94 59 66 11, ←, 🌳, parc, antiquités, ⛱ – |♦| ≡ rest TV ☎ 🅟. AE GB
R (nombre de couverts limité - prévenir) 180 – ☕ 50 – **15 ch** 400/550.

LUC-EN-DIOIS **26310** Drôme **77** ⑭ – 478 h.

Paris 648 – Valence 85 – Die 19 – Gap 75 – ♦Grenoble 95.

du Levant, ✆ 75 21 33 30, Fax 75 21 31 42, ⛱, 🌳 – ☎ 🅟. GB
1er avril-15 oct. – **R** 79/158, enf. 39 – ☕ 32 – **16 ch** 160/260 – ½ P 200/230.

LUCHÉ-PRINGÉ **72800** Sarthe **64** ③ G. Châteaux de la Loire – 1 486 h alt. 34.

Paris 239 – Angers 65 – ♦Le Mans 37 – La Flèche 13 – ♦Le Lude 9,5.

Aub. du Port des Roches ⛰, au Port des Roches E : 2 km par D 13 et D 214 ✆ 43 45 44 48, Fax 43 45 39 61, 🌳 – ☎ 🅟. GB. ✻
fermé dim. soir et lundi – **R** 135/160 – ☕ 30 – **13 ch** 200/290 – ½ P 230/270.

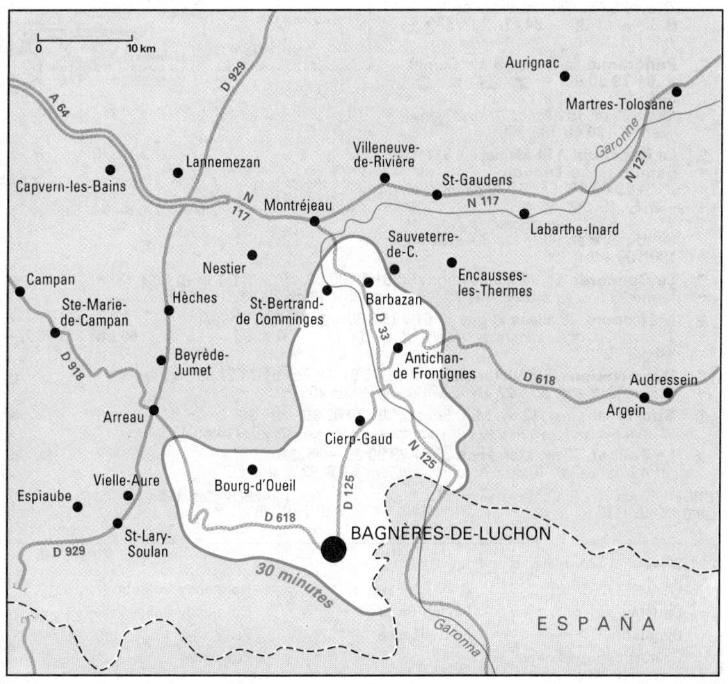

LUCHON 31 H.-Gar. 85 ⑳ G. Pyrénées Aquitaine – 3 094 h alt. 630 – Stat. therm. (avril-28 oct.) – Sports d'hiver à Superbagnères : 1 450/2 260 m 16 – Casino Y – ✉ **31110** Bagnères-de-Luchon.

Voir Route de Peyresourde★ O.

Env. Vallée du Lys★ SO : 5,5 km par D 125 et D 46.

9 ✆ 61 79 03 27 X.

Office de Tourisme allées Étigny ✆ 61 79 21 21, Télex 530139.

Paris 841 ① – Bagnères-de-Bigorre 80 ③ – Saint-Gaudens 47 ① – Tarbes 89 ① – ✦Toulouse 136 ①.

Corneille, 5 av. A. Dumas ✆ 61 79 36 22, Télex 520347, Fax 61 79 81 11, ←, « Résidence dans un parc, beaux aménagements intérieurs » – ☎ P. AE GB. rest Y **u**
1er avril-28 oct. et vacances scolaires – **R** 140/195 – 38 – **52 ch** 390/680, 3 appart. – ½ P 400/500.

Étigny, face établ. thermal ✆ 61 79 01 42, Fax 61 79 80 64, – rest ☎. GB. rest Z **k**
31 mars-1er nov. et vacances de fév. – **R** 99/165 – 36 – **58 ch** 255/515, 3 appart. – ½ P 280/355.

Bains, 75 allées Étigny ✆ 61 79 00 58, Fax 61 79 18 18 – ☎ P. AE GB. rest YZ **e**
1er avril-30 oct. – **R** 98 – 30 – **53 ch** 175/270 – ½ P 205/265.

Royal H., 1 cours Quinconces ✆ 61 79 00 62 – ☎. GB. rest Z **v**
25 mai-8 oct. – **R** 95 – 29 – **48 ch** 150/240 – ½ P 230/240.

Paris-Beau Site, 9 cours Quinconces ✆ 61 79 13 70, – ☎ P. GB. rest Z **v**
1er avril-28 oct. et vacances de fév. – **R** 86 – 30 – **64 ch** 238/339 – ½ P 316.

Panoramic sans rest, 6 av. Carnot ✆ 61 79 30 90 – ☎ P. GB X **v**
fermé 1er au 15 déc. et 10 au 20 janv. – 35 – **30 ch** 180/350.

La Rencluse, à St-Mamet ✉ 31110 Bagnères-de-Luchon ✆ 61 79 02 81, Fax 61 79 82 99, – ☎ P. AE GB. rest Z **y**
1er mai-6 oct., vacances de Noël et de fév. – **R** 67/145 – 30 – **34 ch** 190/290 – ½ P 250.

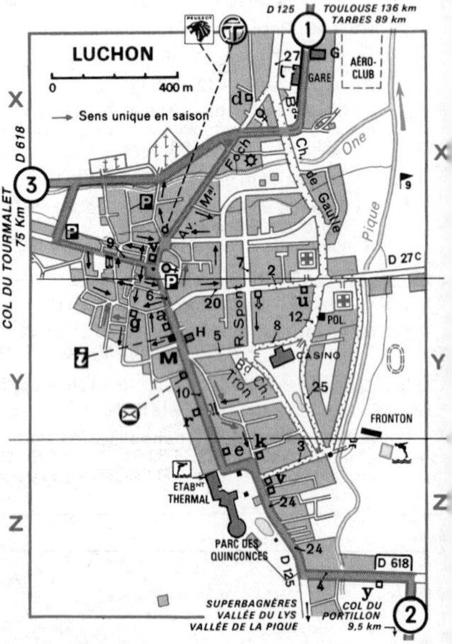

Rue		Rue	
Carnot (Av.)	Y 6	Colomic (R.)	X 7
Dr-Germès (R. du)	X 9	Dardenne (Bd)	Y 8
Étigny (Allées d')	Y 10	Fontan (Bd A.)	Y 12
		Lamartine (R.)	Y 20
Alexandre-Dumas (Av.)	Y 2	Quinconces (Cours des)	Z 24
Bains (Allées des)	Z 3	Rostand (Bd E.)	Y 25
Barrau (Av. J.)	Z 4	Toulouse (Av. de)	X 27
Boularan (R. Jean)	Y 5		

Le Concorde M, 12 allées Etigny ✆ 61 79 00 69, – ☎ P. GB. rest Y **a**
fermé 28 oct. au 20 déc. – **R** 75/95 – 35 – **18 ch** 230/320 – ½ P 270.

Métropole, 40 allées Étigny ✆ 61 79 38 00 – ☎. GB. rest Y **r**
1er avril-20 oct., vacances de Noël et de fév. – **R** 90/95 – 30 – **60 ch** 110/290 – ½ P 230/240.

Deux Nations, 5 r. Victor-Hugo ✆ 61 79 01 71, Fax 61 79 27 89 – ☎. GB Y **g**
R 53/143 – 30 – **27 ch** 120/184 – ½ P 178/203.

Sports sans rest, 12 av. Mar. Foch ✆ 61 79 02 80 – ☎. GB X **d**
15 mars-30 oct., week-ends et vacances scolaires – 20 – **13 ch** 138/195.

Le Pailhet, 12 av. Mar. Foch ✆ 61 79 09 60 – GB X **d**
fermé 15 nov. au 15 déc. et lundi sauf fériés – **R** 82, enf. 55.

CITROEN Bardaji, av. R.-Comet par av. de Toulouse X ✆ 61 79 16 93 N

PEUGEOT-TALBOT Gar. Bedin, pl. Comminges ✆ 61 79 01 35

LUÇON 85400 Vendée 71 ⑪ **G. Poitou Vendée Charentes** – 9 099 h alt. 10.

Voir Cathédrale N.-Dame★ – Jardin Dumaine★ – Office de Tourisme square E.-Herriot ✆ 51 56 36 52.

Paris 433 – La Rochelle 40 – Cholet 81 – Fontenay-le-C. 29 – La Roche-sur-Yon 32.

XX **Boeuf Couronné** avec ch, rte de la Roche-sur-Yon : 2 km ✆ 51 56 11 32, Fax 51 56 98 25 – TV ☎ P. AE GB
fermé 15 nov. au 1er déc., dim. soir et lundi – **R** 72/158 – ☕ 29 – **4 ch** 205/255.

CITROEN Gar. Murs, 99 av. Mar. de Lattre de Tassigny ✆ 51 56 01 29
FORD Gar. Verger, 2 quai Ouest ✆ 51 56 01 17
PEUGEOT Gar. Grelé, rte des Sables ✆ 51 56 04 71 N ✆ 51 36 90 50

RENAULT Gar. Rallet, 162 av. Mar. de Lattre de Tassigny ✆ 51 56 18 21

Luçon-Pneus, 18 pl. Poissonnerie ✆ 51 56 89 63

LUC-SUR-MER 14530 Calvados 54 ⑯ **G. Normandie Cotentin** – 2 902 h alt. 10 – Casino.

Voir Parc municipal★.

Syndicat d'Initiative r. Dr-Charcot (avril-sept., vacances scolaires, fermé janv.) ✆ 31 97 33 25.

Paris 253 – ◆Caen 15 – Arromanches-les-Bains 21 – Bayeux 29 – Cabourg 29.

Thermes et du Casino, ✆ 31 97 32 37, Fax 31 96 72 57, ≤, ⛱, 🏊, 🌳 – |‡| TV ☎ P. AE ⓓ GB
1er avril-15 nov. – **R** 105/280, enf. 80 – ☕ 38 – **48 ch** 350/450 – ½ P 318/368.

Before setting out on your journey through France
Consult the Michelin Map no 911 FRANCE – Route Planning.
On this map you will find
– distances
– journey times
– alternative routes to avoid traffic congestion
– 24-hour petrol stations
Plan for a cheaper and trouble-free journey.

Le LUDE 72800 Sarthe 64 ③ **G. Châteaux de la Loire** – 4 424 h alt. 48.

Voir Château★★ (spectacle son et lumière★★★).

Office de Tourisme pl. F.-de-Nicolay (Pâques-sept.) ✆ 43 94 62 20.

Paris 244 – ◆Le Mans 44 – Angers 73 – Chinon 63 – La Flèche 20 – Saumur 50 – ◆Tours 50.

Maine, 24 av. Saumur ✆ 43 94 60 54, Fax 43 94 19 74, ⛱, 🌳 – ☎ P – 🏛 70. GB
fermé sam. midi – **R** 105/195 🍷 – ☕ 50 – **24 ch** 310.

XXX **Renaissance,** 2 av. Libération ✆ 43 94 63 10 – GB
fermé dim. soir et lundi – **Repas** 85/235 🍷, enf. 48.

RENAULT Gar. Charpentier, av. de Talhouet ✆ 43 94 63 13 N

V.A.G Grosbois, à La Pointe ✆ 43 94 60 89 N

LUGOS 33830 Gironde 78 ③ – 476 h alt. 35.

Paris 645 – ◆Bordeaux 56 – Arcachon 41 – ◆Bayonne 139.

La Bonne Auberge 🐦, ✆ 56 58 40 34, ⛱, parc – P. GB
fermé nov. et lundi – **R** 65/230 – ☕ 28 – **14 ch** 200 – ½ P 220.

LUGRIN 74500 H.-Savoie 70 ⑱ – 2 025 h alt. 411.

Voir Site★ de Meillerie E : 4 km, **G. Alpes du Nord.**

Paris 584 – Thonon-les-Bains 15 – Annecy 89 – Évian-les-Bains 6 – St-Gingolph 11.

Tour Ronde, à Tourronde NO : 1,5 km ✆ 50 76 00 23, ≤ – |‡| ☎ P. GB
début fév.-mi oct. et fermé dim. soir et lundi de fév. à mai – **R** 76/170 – ☕ 24 – **25 ch** 135/245 – ½ P 188/202.

LULLIN 74470 H.-Savoie 70 ⑰ – 549 h alt. 850 – Sports d'hiver : 1 050/1 350 m ⛷4.

Paris 575 – Thonon-les-Bains 17 – Annecy 69 – Bonneville 40 – ◆Genève 45.

Poste, ✆ 50 73 81 10, 🌳 – ☎ P. ✻ rest
hôtel : 20 mai-20 sept. et 20 déc.-18 avril ; rest. : fermé oct., dim. soir et mardi midi hors sais. – **R** 70/135 🍷 – ☕ 35 – **23 ch** 170/220 – ½ P 200.

LUMBRES 62380 P.-de-C. 51 ③ – 3 944 h alt. 47.

Paris 258 – ◆Calais 42 – Aire-sur-la-Lys 27 – Arras 77 – Boulogne-sur-Mer 39 – Hesdin 42 – Montreuil 43 – St-Omer 10.

❀ **Moulin de Mombreux** (Gaudry) M 🐦, O : 2 km par N 42 et VO 16 ✆ 21 39 62 44, Télex 133486, Fax 21 93 61 34, parc – TV ☎ ♿ P – 🏛 25. AE ⓓ GB
fermé 20 au 29 déc. – **R** (dim. prévenir) 240/400 et carte 295 à 370 – ☕ 58 – **24 ch** 500/590
Spéc. Turbot rôti au beurre de légumes. Blanc de volaille de Licques à la crème d'ail. Gibier (saison).

RENAULT Gar. Basquin, rte Nationale ✆ 21 39 64 25

LUNEL 34400 Hérault 83 ⑧ – 18 404 h alt. 11.

Office de Tourisme pl. Martyrs-de-la-Résistance ✆ 67 87 83 97.

Paris 739 – ♦Montpellier 23 – Aigues-Mortes 16 – Alès 55 – Arles 57 – Nîmes 31.

Via Domitia M, av. Louis Lumière par rte Nîmes 1,5 km ✆ 67 83 11 55, Fax 67 71 02 19, , – ch – 30. AE GB
R 80/120 , enf. 50 – 40 – **64 ch** 310 – ½ P 225.

Chodoreille, 140 r. Lakanal ✆ 67 71 55 77, – . AE GB
fermé dim. soir – **R** 170/280.

La Toque, 173 bd Sarrail, rte Sommières ✆ 67 83 19 38 – . AE GB.
fermé 15 au 31 juil., vacances de fév., dim. soir et lundi – **R** 85/145.

CITROEN Brunel, 121 r. Boutonnet ✆ 67 71 11 48
FORD Fenouillet Autom., av. du Vidourle, rte de Nîmes ✆ 67 83 02 12
RENAULT Figère, rte de la Mer ✆ 67 71 00 06
V.A.G Gar. des Fournels, rte de Montpellier, ZI ✆ 67 71 10 59

Lunel-Pneus, ZI Fournels, rte de Montpellier ✆ 67 71 14 95
Mateu, 103 bd Gén.-de-Gaulle ✆ 67 71 11 75

Eine gute Ergänzung
zum vorliegenden Hotelführer
sind die gelben **Michelin-Abschnittskarten**
im Maßstab 1 : 200 000.

LUNÉVILLE 54300 M.-et-M. 62 ⑥ G. Alsace Lorraine – 20 711 h alt. 230.

Voir Château★ A – Parc des Bosquets★ AB – Boiseries★ de l'église St-Jacques A.

Office de Tourisme au Château ✆ 83 74 06 55.

Paris 339 ⑤ – ♦Nancy 30 ⑤ – Épinal 64 ④ – ♦Metz 77 ① – Neufchâteau 79 ⑤ – St-Dié 51 ③ – ♦Strasbourg 127 ②.

LUNÉVILLE

Banaudon (R.) A 2
Carnot (R.) B 6
Castara (R.) A 7
Chanzy (R.) A 9
Charité (R. de la) A 10
Gambetta (R.) B 15
Leclerc (R. Gén.) A 18
Léopold (Pl.) AB 20

Alsace (R. d') B
Basset (R. R.) B
Bosquets (R. des) B
Carmes (Pl. des) A
Château (R. du) A 13
Girardet (R.) A
Guérin (R. Ch.) B
Lattre-de-T. (Av. de) B
Lorraine (R. de) AB
Ménagerie (Ch. de la) B
Petits Bosquets (Q. des) AB
République (R.) A 24
St-Rémy (Pl.) A 31
Sarrebourg (R. de) A 34
Villebois Mareuil (R.) B
Viller (R. de) A 38
Vue (R. Ch.) B
2e-Div.-de-Cavalerie (Pl. de la) A 39

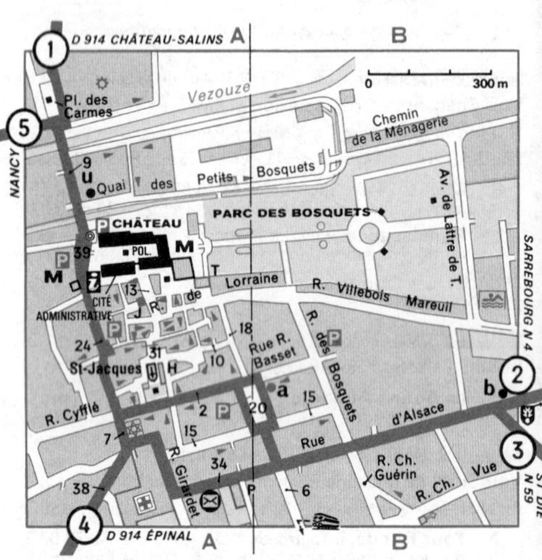

Oasis M sans rest, 3 av. Voltaire ✆ 83 74 11 42, Fax 83 73 46 63, parc – ch – 25. AE GB. B **b**
35 – **32 ch** 210/380.

Des Pages , 5 quai Petits Bosquets ✆ 83 74 11 42, Fax 83 73 46 63 – ch . AE GB. ch A **u**
R *(fermé dim.)* 95 – 35 – **32 ch** 190/240.

Le Voltaire avec ch, 8 av. Voltaire par ② ✆ 83 74 07 09, Fax 83 74 41 28, – . AE GB
R *(fermé dim. soir et lundi)* 98/288 , enf. 70 – 30 – **10 ch** 200/250 – ½ P 185/200.

Floréal, 1 pl. Léopold (1er étage) ✆ 83 73 36 31 – AE GB B **a**
fermé 14 au 25 août, dim. sauf fêtes et jeudi soir – **R** 95/250 , enf. 50.

à Moncel-lès-Lunéville par ③ : 2,5 km – ✉ 54300 :

Relais St Jean, N 59 ✆ 83 74 08 65 – . AE GB
fermé 20 juil. au 10 août, dim. soir et vend. – **R** 89/260 , enf. 45.

à l'Échangeur Lunéville-Z.I. par ③ : 3 km – ✉ **54300** Moncel-lès-Lunéville :

Acacia M sans rest, ☎ 83 73 49 00, Fax 83 73 46 51 – TV ☎ ♿ P. GB
☐ 25 – **42 ch** 200/260.

au Sud : 5 km par ④, av. G. Pompidou et cités Ste-Anne – ✉ **54300** Lunéville :

XXX ✿ **Château d'Adomenil** (Million) M ⅁ avec ch, ☎ **83 74 04 81, Fax 83 74 21 78**, ,
« Parc » – TV ☎ P – 25. AE ◑ GB JCB
fermé fév., dim. soir de nov. à mars (sauf hôtel), mardi midi et lundi – **R** (nombre de couverts limité-prévenir) 210/430 et carte 330 à 440, enf. 95 – ☐ 65 – **7 ch** 550/850 – ½ P 690/940
Spéc. Duo de pigeon et foie gras poêlés en salade. Matelote de poisson de rivière au vin gris. Assiette gourmande lorraine. **Vins** Côtes de Toul blanc et gris.

CITROEN Nouveau Gar., ZA "Ecosseuse" à Moncel-lès-Lunéville par ③ ☎ 83 73 00 75
OPEL Gar. du Champ de Mars, à Chanteheux ☎ 83 74 11 13
PEUGEOT-TALBOT S.A.M.I.A., r. de la Pologne ☎ 83 73 10 78
RENAULT SODIAL, 95 fg de Menil par ④ ☎ 83 74 15 01 N ☎ 83 76 51 80
V.A.G Gar. Fleurantin, ZAC à Chanteheux ☎ 83 73 40 75

Lunéville Inter Pneu Sces, 50 bd G.-Pompidou ☎ 83 74 04 30

LURBE-ST-CHRISTAU **64660** Pyr.-Atl. 85 ⑥ **G. Pyrénées Aquitaine** – 214 h alt. 330 – Stat. therm. à St-Christau (30 mars-26 oct.).

Paris 833 – Pau 43 – Laruns 30 – Lourdes 60 – Oloron-Ste-Marie 10 – Tardets-Sorholus 28.

Au Bon Coin M, rte des Thermes ☎ 59 34 40 12, Fax 59 34 46 40, – TV ☎ ♿ P – 25. AE GB
fermé mardi de nov. à mars – **R** 85/200, enf. 40 – ☐ 35 – **18 ch** 260/340 – ½ P 250/300.

Vallées, ☎ 59 34 40 01, , – ☎ P. GB
fermé 10 janv. au 25 mars – **R** 55/170 – ☐ 20 – **20 ch** 110/230 – ½ P 180/190.

CITROEN Gar. Camsuzou, à Asasp Arros ☎ 59 34 41 57 N
RENAULT Gar. Grégoire, à Sarrance ☎ 59 34 72 02 N

LURE **70200** H.-Saône 66 ⑥ **G. Jura** – 8 843 h alt. 292.

Paris 380 – Besançon 83 – Belfort 32 – Épinal 75 – Montbéliard 34 – Vesoul 31.

Eric H., 92 av. République ☎ 84 30 03 03, Fax 84 62 76 62 – TV ☎ ♿ P – 30. AE ◑ GB
R *(fermé sam. midi)* 50/220 , enf. 35 – ☐ 27 – **40 ch** 190/230 – ½ P 150/170.

à Froideterre 2 km par rte de Thillot et D 99 – ✉ **70200** :

XX **Host. des Sources**, 4 r. Grands Bois ☎ 84 30 13 91, Fax 84 30 29 87 – GB.
fermé 1er au 21 août, 25 au 31 janv., sam. midi et lundi – **Repas** (nombre de couverts limité, prévenir) 85/255, enf. 50.

à Amblans-et-Velotte E : 6 km par N 19 – ✉ **70200** :

X **Fontaine des Arts**, ☎ 84 62 70 64 – P. GB
fermé dim. soir et lundi – **R** 70/250, enf. 45.

PEUGEOT Gar. Lurauto, 29 bis r. des Vosges ☎ 84 62 85 85
RENAULT J.C.B. Automobiles, rte de Belfort ☎ 84 30 22 34

Hyper-Pneus, 67 av. de la République ☎ 84 30 17 08
Servi Pneus, ZI des Cloyes ☎ 84 62 86 12

LUSIGNAN **86600** Vienne 68 ⑬ **G. Poitou Vendée Charentes** – 2 749 h alt. 135.

Paris 361 – Poitiers 25 – Angoulême 91 – Confolens 72 – Niort 51.

Chapeau Rouge, r. Nationale ☎ 49 43 31 10, – TV ☎ P. GB
fermé 15 au 31 oct., vacances de fév., dim. soir et lundi sauf juil.-août et fériés – **R** 80/180 , enf. 45 – ☐ 28 – **8 ch** 190/250 – ½ P 180/210.

CITROEN Gar. des Promenades ☎ 49 43 31 28

Write us...

If you have any comments on the contents of this Guide. Your praise as well as your criticisms will receive careful consideration and, with your assistance, we will be able to add to our stock of information and, where necessary, amend our judgments.

Thank you in advance!

LUSSAC-LES-CHÂTEAUX **86320** Vienne 68 ⑮ **G. Poitou Vendée Charentes** – 2 297 h alt. 90.

Env. Nécropole mérovingienne★ de Civaux NO : 6 km sur D 749.

Paris 372 – Poitiers 38 – Bellac 42 – Châtellerault 50 – Montmorillon 12 – Niort 109 – Ruffec 50.

Montespan sans rest, ✆ 49 48 41 42, Fax 49 84 96 10 – TV ☎ P. GB
fermé 24 déc. au 5 janv. et sam. hors sais. – ☐ 23 – **16 ch** 163/239.

Aub. du Connestable Chandos avec ch, au pont de Lussac O : 2 km sur N 147 ✆ 49 48 40 24 – ☎ P. AE ⓓ GB
fermé 15 au 30 nov., 14 fév. au 7 mars et lundi sauf fériés – **R** (dim. prévenir) 85/230 – ☐ 25 – **7 ch** 165/225.

LUTTER **68** H.-Rhin 66 ⑩ ⑳ – rattaché à Ferrette.

LUXEUIL-LES-BAINS **70300** H.-Saône 66 ⑥ **G. Alsace Lorraine** – 8 790 h alt. 306 – Stat. therm. – Casino

Voir Hôtel Cardinal Jouffroy★ **B** – Hôtel des Échevins★ **M** – Anc. Abbaye St-Colomban★ – Maison François1[er]★ **F.**

✆ 84 95 82 00 à Genevrey, par ③ : 11 km.

Office de Tourisme 1 av. Thermes ✆ 84 40 06 41.

Paris 367 ⑤ – Épinal 56 ① – Belfort 51 ③ – St-Dié 87 ① – Vesoul 32 ③ – Vittel 71 ⑤.

Beau Site, 18 r. G. Moulimard **(u)** ✆ 84 40 14 67, Fax 84 40 50 25, « Jardin fleuri » – TV ☎ P. GB. rest
fermé 24 déc. au 3 janv. et dim. soir du 15 nov. au 15 mars – **R** 80/150, enf. 40 – ☐ 40 – **36 ch** 210/350 – ½ P 230/290.

France, 6 r. G. Clemenceau **(s)** ✆ 84 40 13 90, – TV ☎ P. GB
R *(fermé dim. soir d'oct. à avril)* 70/150, enf. 40 – ☐ 30 – **19 ch** 170/250 – ½ P 163/190.

Hexagone M, av. Labienus **(a)** ✆ 84 93 61 69, Fax 84 93 61 70 – TV ☎ P – 100. AE ⓓ GB
R 60/200 – ☐ 35 – **45 ch** 225/375 – ½ P 215.

Thermes, 4 r. Thermes **(e)** ✆ 84 40 18 94, – ⓓ GB.
fermé 24 au 31 oct., 22 au 29 fév. et sam. – **R** 75/140.

AUSTIN-ROVER-OPEL Gar. Marchal, 5 r. Parc ✆ 84 40 11 80
RENAULT Brunella, à Froideconche par ② ✆ 84 40 48 88 ✆ 84 40 16 99
V.A.G Hajmann, 31 r. Martyrs-de-la-Résistance ✆ 84 40 23 17

La Maison du Pneu Mariotte, r. Martyrs-de-la-Résistance ✆ 84 40 27 01

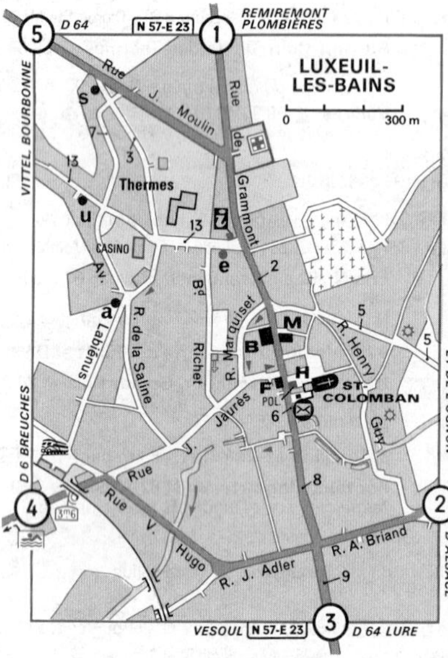

LUXEUIL-LES-BAINS

Carnot (R.)	2	Gambetta (R.)	5
Genoux (R. V.)	6	Hoche (R.)	7
Jeanneney (R. J.)	8	Maroselli (Allées A.)	9
Clemenceau (R. G.)	3	Thermes (Av. des)	13

LUYNES **37230** I.-et-L. 64 ⑭ **G. Châteaux de la Loire** – 4 128 h alt. 53.

Voir Église★ au Vieux-Bourg de St-Etienne de Chigny O : 3 km.

Syndicat d'Initiative à la Mairie ✆ 47 55 50 31.

Paris 249 – ♦Tours 11,5 – Angers 99 – Château-La-Vallière 28 – Chinon 41 – Langeais 14 – Saumur 56.

Domaine de Beauvois, NO : 4 km par D 49 ✆ 47 55 50 11, Télex 750204, Fax 47 55 59 62, ←, parc, – TV ☎ P – 40. ⓓ GB. rest
fermé 3 janv. au 31 mars – **R** 260/360 – ☐ 80 – **33 ch** 890/1360, 4 appart..

LUZARCHES **95270** Val-d'Oise 56 ⑪ 106 ⑧ **G. Ile de France** – 3 371 h alt. 70.

Paris 31 – Compiègne 54 – Chantilly 10 – Montmorency 18 – Pontoise 30 – St-Denis 22.

Château de Chaumontel, à **Chaumontel** NE : 0,5 km ✆ (1) 34 71 00 30, Télex 609730, Fax (1) 34 71 26 97, « Parc ombragé et fleuri » – TV ☎ P – 40 à 100. AE GB
R 159 – ☐ 50 – **18 ch** 280/500 – ½ P 350/610.

LUZ-ST-SAUVEUR **65120** H.-Pyr. 85 ⑱ G. Pyrénées Aquitaine – 1 173 h alt. 711 – Stat. therm. (mai-oct.) – Sports d'hiver : 1 730/2 450 m ⛷19.

Voir Église fortifiée★ – Vallée de Gavarnie★★ S.

Office de Tourisme pl. 8-Mai ✆ 62 92 81 60.

Paris 846 – Pau 74 – Argelès-Gazost 19 – Cauterets 23 – Lourdes 31 – Tarbes 51.

à Esquièze-Sère : au Nord – ✉ **65120** :

Le Montaigu M, rte Vizos ✆ 62 92 81 71, Télex 521959, Fax 62 92 94 11, ←, – TV ☎ P – 30. AE GB. rest
1er mai-15 oct. et 15 déc.-15 avril – **R** 85/200 – ☕ 45 – **35 ch** 300/350 – ½ P 280/300.

Touristic, ✆ 62 92 82 09, Fax 62 92 95 48, – ☎ P. GB. rest
vacances scolaires d'été et d'hiver, week-ends en hiver – **R** (dîner seul.) 80/250, enf. 42 – ☕ 30 – **25 ch** 230/270 – ½ P 230/250.

CITROEN Gar. Crepel, à Sassis ✆ 62 92 83 58 N ✆ 62 92 91 80

PEUGEOT Gar. des Pyrénées, à Esquièze-Sère ✆ 62 92 80 87

LUZY **58170** Nièvre 69 ⑥ G. Bourgogne – 2 422 h alt. 275.

Paris 324 – Moulins 65 – Autun 34 – Château-Chinon 39 – Nevers 79.

Morvan, 73 av. Dr Dollet ✆ 86 30 00 66, – ch TV ☎ P. GB
fermé Noël au Jour de l'An – **R** 78/140 – ☕ 25 – **12 ch** 140/200 – ½ P 140/150.

CITROEN Gar. Lemoine, 2 cours Gambetta ✆ 86 30 06 61
FIAT Gar. Poynter, 4 av. Hoche ✆ 86 30 06 86
PEUGEOT Gar. Martin, 4 av. Dr Bramard ✆ 86 30 01 21 N ✆ 86 30 20 87

PEUGEOT Gar. Bondoux, 7 av. Marceau ✆ 86 30 01 53
RENAULT Gar. Cyrille, 3 pl. du Champ de Foire ✆ 86 30 04 77

LYON 🅿 **69000** Rhône 74 ⑪ ⑫ **G. Vallée du Rhône** – 415 487 h Communauté urbaine 1 200 000 h alt. 169.

Voir Site★★★ – Le Vieux Lyon★★ BX : galerie★★ de l'hôtel Bullioud **B**, choeur★★ de la Primatiale St-Jean★, rue St-Jean★ 92, hôtel de Gadagne★ **M1**, maison du Crible★ **D**, tour-lanterne★ de l'église St-Paul BV – Basilique N.-D.-de-Fourvière ✳★★ de l'observatoire, ⇐★ de l'esplanade BX – Chapiteaux★ de la Basilique St-Martin d'Ainay BYZ – Montée de Garillan★ BX – Vierge à l'Enfant★ dans l'église St-Nizier CX – Parc de la Tête d'Or★ HRS : roseraie★ **R** – Fontaine★ de la Place des Terreaux CV – Arches de Chaponost★ FT – Traboules CUV – Théâtre de Guignol BX **N** – Musées : des Tissus★★★ CZ**M2**, Civilisation gallo-romaine★★ (table claudienne★★★) BX **M3**, Beaux-Arts★★ CV **M4, Arts décoratifs**★★ CZ **M5**, Imprimerie et Banque★★ CX **M6** , Guimet d'histoire naturelle★★ DU **M7, Marionnette**★ BX **M1**, Historique★ : lapidaire★ BX **M1**, Apothicairerie★ (Hospices civils) CY **M8.**

Env. Rochetaillée : Musée Henri Malartre★★ par ⑫ : 12 km.

⛳9⛳18 à Villette-d'Anthon ☎ 78 31 11 33, par ③ : 21 km ; ⛳18 de Lyon-Verger, à St-Symphorien-d'Ozon ☎ 78 02 84 20 par ⑦ : 14 km ; ⛳18 de Lyon-Chassieu à Chassieu ☎ 78 90 84 77, E : 12 km par D 29 ; ⛳18 de Salvagny (privé) à la Tour de Salvagny ; sortie Lyon Ouest : 8 km par ⑩.

✈ de Lyon-Satolas : ☎ 72 22 76 20, par ⑤ : 27 km.

🚘 ☎ 78 92 50 50.

ℹ Office de Tourisme et Accueil de France (Informations, change et réservations d'hôtels, pas plus de 5 jours à l'avance) pl. Bellecour ☎ 78 42 25 75, Télex 330032 et Centre d'Échange de Perrache ☎ 78 42 22 07 – A.C. du Rhône, 7 r. Grôlée ☎ 78 42 51 01.

Paris 462 ⑪ – ♦Genève 151 ② – ♦Grenoble 105 ⑤ – ♦Marseille 313 ⑦ – ♦St-Étienne 60 ⑦ – Torino 300 ⑤.

Plans : Lyon p. 2 à 7

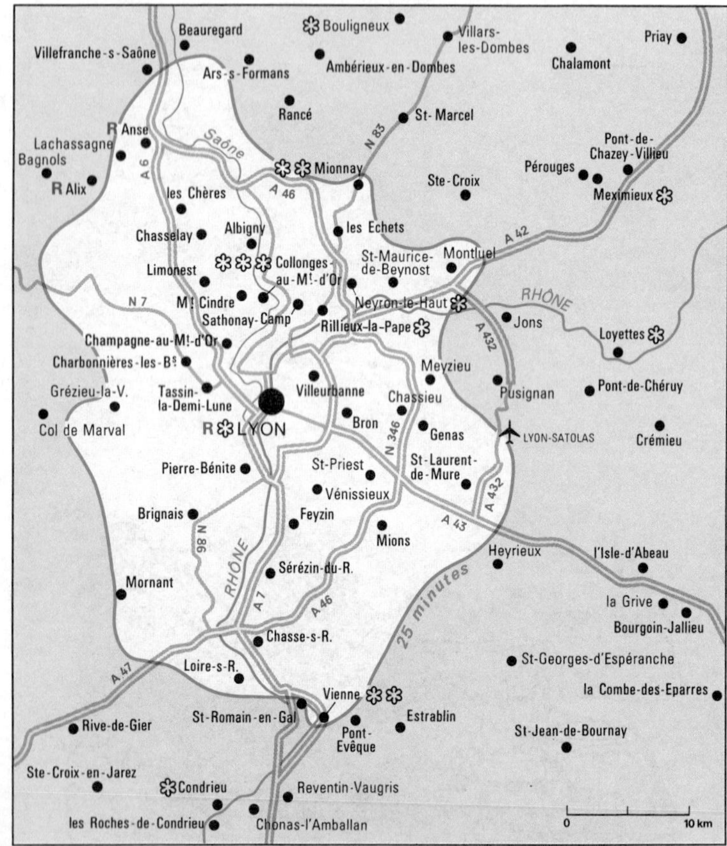

Hôtels

Centre-ville (Bellecour-Terreaux) :

Sofitel Ⓜ, 20 quai Gailleton ✉ 69002 ✆ 72 41 20 20, Télex 330225, Fax 72 40 05 50, ← – 🛗 ⇔ ch ▤ TV ☎ 🚗 – 🪑 250. AE ◑ GB — p. 6 CY **k**
Les Trois Dômes (au 8e étage) ✆ 72 41 20 97 *(fermé 1er au 29 août)* **R** 200/245, enf. 70 – **Sofi Shop** (rez-de-chaussée) ✆ 72 41 20 80 – **R** carte 150 à 220 🍷, enf. 46 – ☕ 75 – **167 ch** 770/850, 29 appart.

Gd Hôtel Concorde Ⓜ, 11 r. Grolée ✉ 69002 ✆ 72 40 45 45, Télex 330244, Fax 78 37 52 55 – 🛗 ⇔ ch ▤ TV ☎ – 🪑 80. AE ◑ GB JCB. ✂ — p. 6 DX **e**
Le Fiorelle *(fermé dim. midi)* **R** 110/160 🍷 – ☕ 60 – **140 ch** 595/890, 3 appart.

Royal, 20 pl. Bellecour ✉ 69002 ✆ 78 37 57 31, Télex 310785, Fax 78 37 01 36 – 🛗 ⇔ ch ▤ ch TV ☎. AE ◑ GB JCB — p. 6 CY **d**
R grill 97/145 🍷, enf. 50 – ☕ 63 – **80 ch** 510/890.

Carlton sans rest, 4 r. Jussieu ✉ 69002 ✆ 78 42 56 51, Télex 310787, Fax 78 42 10 71 – 🛗 ▤ TV ☎. AE ◑ GB — p. 6 DX **f**
☕ 50 – **83 ch** 440/700.

Gd H. des Beaux-Arts sans rest, 75 r. Prés. E. Herriot ✉ 69002 ✆ 78 38 09 50, Télex 330442, Fax 78 42 19 19 – 🛗 ⇔ ch ▤ TV ☎ – 🪑 30. AE ◑ GB — p. 6 CX **t**
☕ 52 – **79 ch** 350/600.

La Résidence sans rest, 18 r. V. Hugo ✉ 69002 ✆ 78 42 63 28, Télex 900950, Fax 78 42 85 76 – 🛗 TV ☎. AE ◑ GB — p. 6 CY **s**
☕ 32 – **65 ch** 280/310.

Globe et Cécil sans rest, 21 r. Gasparin ✉ 69002 ✆ 78 42 58 95, Télex 305184, Fax 72 41 99 06 – 🛗 TV ☎. AE ◑ GB — p. 6 CY **b**
☕ 45 – **65 ch** 360/500.

Artistes sans rest, 8 r. G. André ✉ 69002 ✆ 78 42 04 88, Télex 375664, Fax 78 42 93 76 – 🛗 ▤ TV ☎. AE ◑ GB — p. 6 CY **r**
☕ 45 – **45 ch** 300/410.

Nouvel H. Paris sans rest, 16 r. Platière ✉ 69001 ✆ 78 28 00 95, Fax 78 39 57 64 – 🛗 TV ☎. AE ◑ GB — p. 6 CV **f**
☕ 28 – **30 ch** 250/300.

Bellecordière sans rest, 18 r. Bellecordière ✉ 69002 ✆ 78 42 27 78, Fax 72 40 92 27 – 🛗 TV ☎ ♿. AE GB — p. 6 CY **a**
☕ 34 – **45 ch** 260/320.

Bayard sans rest, 23 pl. Bellecour ✉ 69002 ✆ 78 37 39 64, Fax 72 40 95 51 – TV ☎. AE GB — p. 6 CY **g**
☕ 30 – **15 ch** 240/260.

Perrache :

Pullman Perrache, 12 cours Verdun ✉ 69002 ✆ 78 37 58 11, Télex 330500, Fax 78 37 06 56, « Décor Art-Nouveau » – 🛗 ⇔ ch ▤ TV ☎ ♿ Ⓟ – 🪑 250. AE ◑ GB — p. 6 BZ **a**
Les Belles Saisons R 135/250, enf. 65 – ☕ 62 – **122 ch** 610/790.

Charlemagne Ⓜ, 23 cours Charlemagne ✉ 69002 ✆ 78 92 81 61, Télex 380401, Fax 78 42 94 84, 🛰 – 🛗 ▤ TV ☎ 🚗 Ⓟ – 🪑 120. AE ◑ GB — p. 4 BZ **t**
R *(fermé sam. et dim.)* 85/180 – ☕ 50 – **116 ch** 395/545.

Axotel et rest. Le Chalut Ⓜ, 12 r. Marc-Antoine Petit ✉ 69002 ✆ 78 42 17 18, Télex 380736, Fax 72 40 00 65, 🛰 – 🛗 ▤ rest TV ☎ – 🪑 25 à 130. AE ◑ GB JCB — p. 4 BZ **r**
fermé 23 déc. au 3 janv. – **R** *(fermé août, sam. midi et dim.)* 140/280 – ☕ 40 – **129 ch** 315/370.

Bristol Ⓜ sans rest, 28 cours de Verdun ✉ 69002 ✆ 78 37 56 55, Télex 330584, Fax 78 37 02 58 – 🛗 ▤ TV ☎ ♿ – 🪑 25 à 35. AE ◑ GB — p. 6 BZ **y**
☕ 42 – **113 ch** 339/696.

Gd H. Bordeaux sans rest, 1 r. Bélier ✉ 69002 ✆ 78 37 58 73, Télex 330355, Fax 78 37 48 02 – 🛗 TV ☎ – 🪑 30. AE ◑ GB — p. 6 BZ **y**
fermé 16 juil. au 16 août – ☕ 45 – **77 ch** 260/575.

Berlioz Ⓜ sans rest, 12 cours Charlemagne ✉ 69002 ✆ 78 42 30 31, Télex 330862, Fax 72 40 97 58 – 🛗 TV ☎. AE ◑ GB — p. 6 BZ **z**
☕ 40 – **38 ch** 235/400.

des Savoies sans rest, 80 r. Charité ✉ 69002 ✆ 78 37 66 94, Fax 72 40 27 84 – 🛗 TV ☎ 🚗. AE ◑ GB — p. 6 BCZ **m**
☕ 25 – **46 ch** 230/290.

Normandie sans rest, 3 r. du Bélier ✉ 69002 ✆ 78 37 31 36, Fax 72 40 98 56 – 🛗 TV ☎. AE ◑ GB JCB — p. 6 BZ **x**
☕ 25 – **39 ch** 152/278.

Vieux-Lyon :

Cour des Loges Ⓜ 🐎, 6 r. Boeuf ✉ 69005 ✆ 78 42 75 75, Télex 330831, Fax 72 40 93 61, « Décoration contemporaine originale dans des maisons du Vieux Lyon » – 🛗 ⇔ ch ▤ TV ☎ ♿ 🚗 – 🪑 45. AE ◑ GB JCB — p. 6 BX **n**
Tapas des Loges R carte environ 160 – ☕ 105 – **53 ch** 1200/1700, 10 appart.

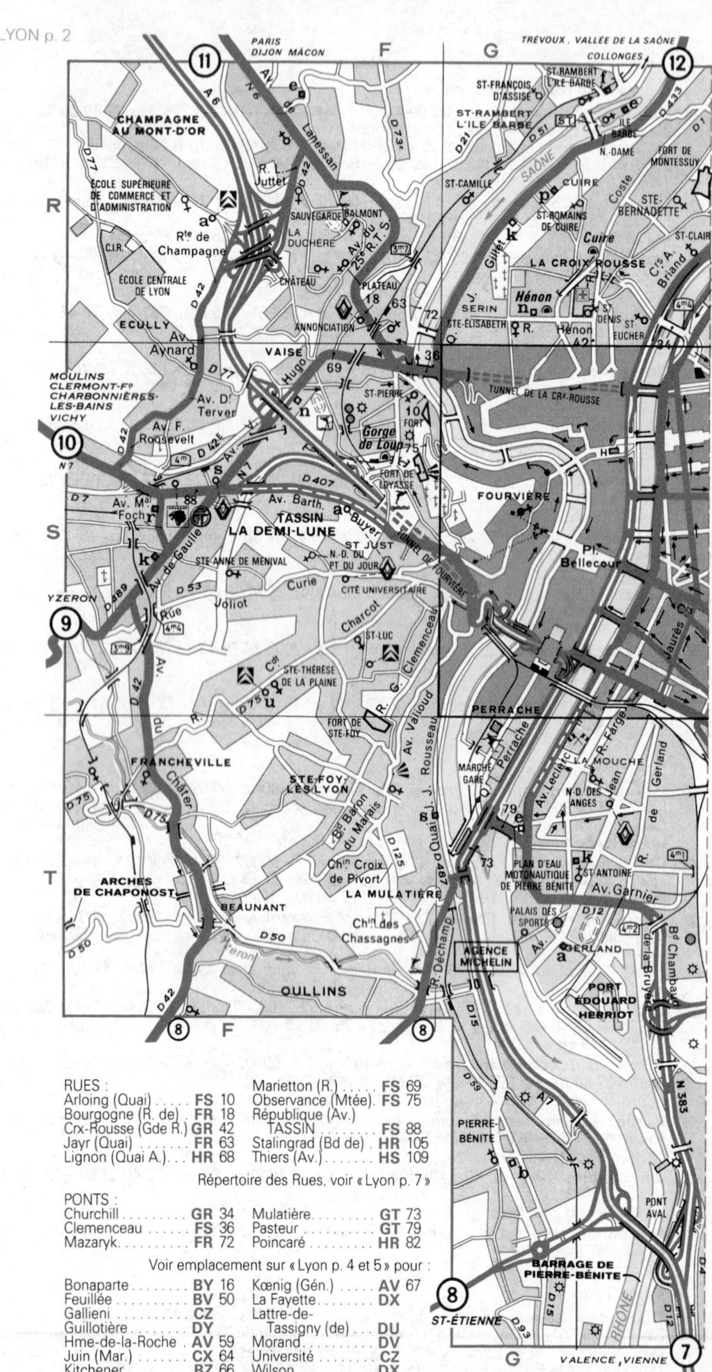

RUES :

Arloing (Quai)	**FS**	10	Marietton (R.)	**FS**	69
Bourgogne (R. de)	**FR**	18	Observance (Mtée)	**FS**	75
Crx-Rousse (Gde R.)	**GR**	42	République (Av.) TASSIN	**FS**	88
Jayr (Quai)	**FR**	63	Stalingrad (Bd de)	**HR**	105
Lignon (Quai A.)	**HR**	68	Thiers (Av.)	**HS**	109

Répertoire des Rues, voir « Lyon p. 7 »

PONTS :

Churchill	**GR**	34	Mulatière	**GT**	73
Clemenceau	**FS**	36	Pasteur	**GT**	79
Mazaryk	**FR**	72	Poincaré	**HR**	82

Voir emplacement sur « Lyon p. 4 et 5 » pour :

Bonaparte	**BY**	16	Kœnig (Gén.)	**AV**	67
Feuillée	**BV**	50	La Fayette	**DX**	
Gallieni	**CZ**		Lattre-de-Tassigny (de)	**DU**	
Guillotière	**DY**		Morand	**DV**	
Hme-de-la-Roche	**AV**	59	Université	**CZ**	
Juin (Mar.)	**CX**	64	Wilson	**DX**	
Kitchener	**BZ**	66			

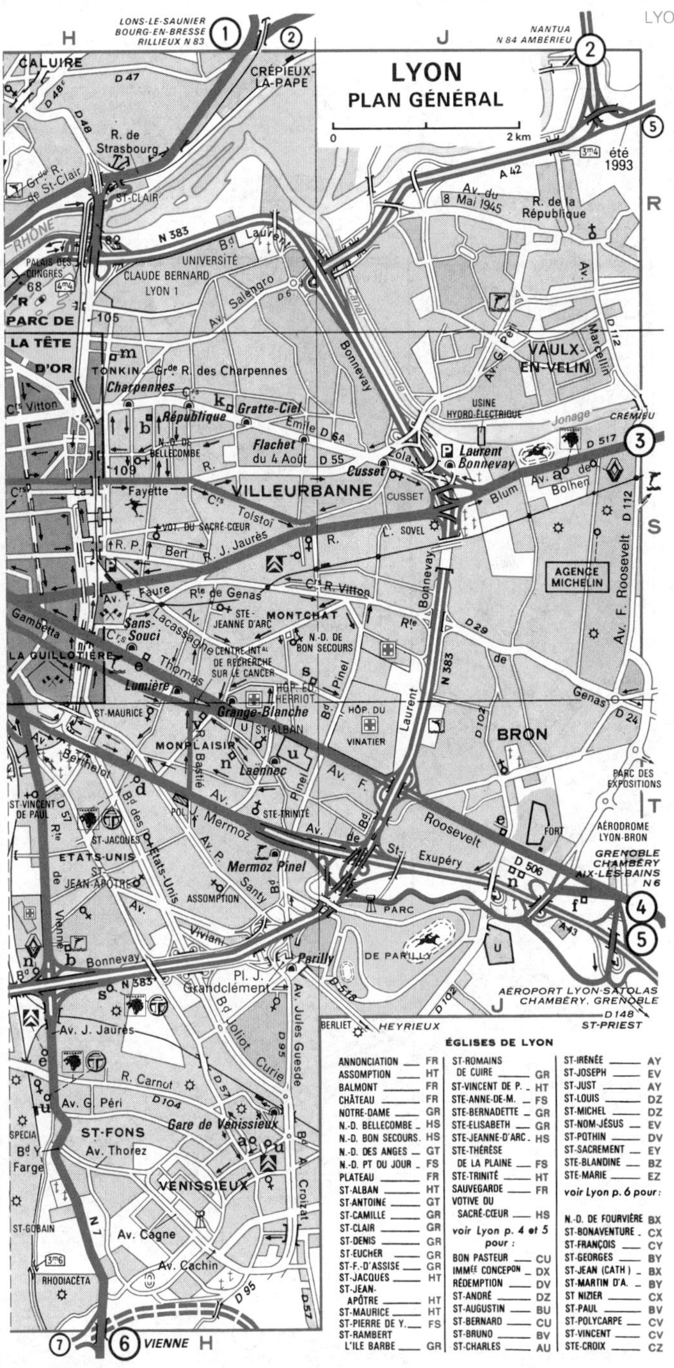

ÉGLISES DE LYON

ANNONCIATION	FR
ASSOMPTION	HT
BALMONT	FR
CHÂTEAU	FR
NOTRE-DAME	GR
N.-D. BELLECOMBE	HS
N.-D. BON SECOURS	HS
N.-D. DES ANGES	GT
N.-D. PT DU JOUR	FS
PLATEAU	FR
ST-ALBAN	HT
ST-ANTOINE	GT
ST-CAMILLE	GR
ST-CLAIR	GR
ST-DENIS	GR
ST-EUCHER	GR
ST-F.-D'ASSISE	GR
ST-JACQUES	HT
ST-JEAN-APÔTRE	HT
ST-MAURICE	HT
ST-PIERRE DE Y.	FS
ST-RAMBERT L'ILE BARBE	GR
ST-ROMAINS DE CUIRE	GR
ST-VINCENT DE P.	HT
STE-ANNE-DE-M.	FS
STE-BERNADETTE	GR
STE-ELISABETH	GR
STE-JEANNE-D'ARC	HS
STE-THÉRÈSE DE LA PLAINE	FS
STE-TRINITÉ	HT
SAUVEGARDE	FR
VOTIVE DU SACRÉ-CŒUR	HS

voir Lyon p. 4 et 5 pour :

BON PASTEUR	CU
IMMÉE CONCEPON	DX
RÉDEMPTION	DV
ST-ANDRÉ	DZ
ST-AUGUSTIN	BU
ST-BERNARD	CU
ST-BRUNO	BV
ST-CHARLES	AU

ST-IRÉNÉE	AY
ST-JOSEPH	EV
ST-JUST	AY
ST-LOUIS	DZ
ST-MICHEL	DZ
ST-NOM-JÉSUS	EV
ST-POTHIN	DV
ST-SACREMENT	EY
STE-BLANDINE	BZ
STE-MARIE	EZ

voir Lyon p. 6 pour :

N.-D. DE FOURVIÈRE	BX
ST-BONAVENTURE	CX
ST-FRANÇOIS	CY
ST-GEORGES	BY
ST-JEAN (CATH.)	BX
ST-MARTIN D'A.	BY
ST NIZIER	CX
ST-PAUL	BV
ST-POLYCARPE	CV
ST-VINCENT	CV
STE-CROIX	CZ

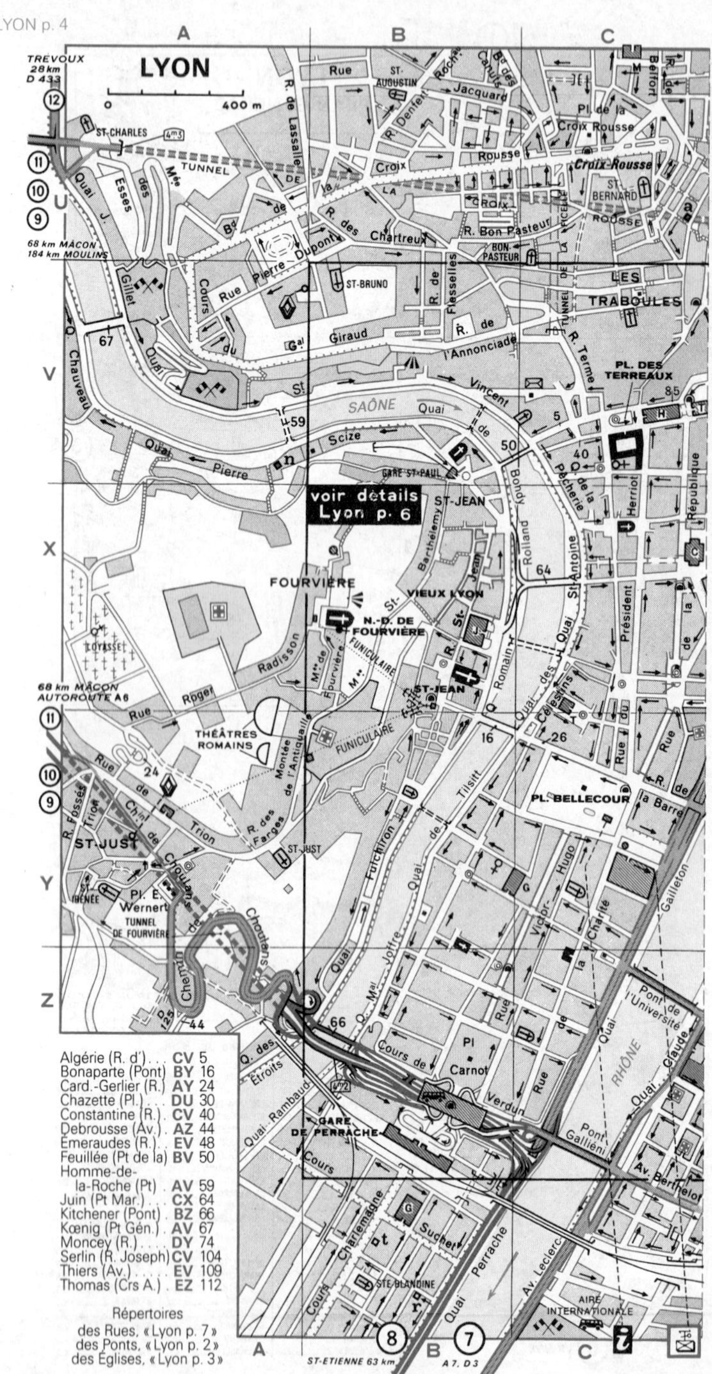

Algérie (R. d') . . . **CV** 5
Bonaparte (Pont) **BY** 16
Card.-Gerlier (R.) **AY** 24
Chazette (Pl.) . . . **DU** 30
Constantine (R.) . **CV** 40
Debrousse (Av.) . . **AZ** 44
Émeraudes (R.) . . **EV** 48
Feuillée (Pt de la) **BV** 50
Homme-de-la-Roche (Pt) . **AV** 59
Juin (Pt Mar.) . . . **CX** 64
Kitchener (Pont) . **BZ** 66
Kœnig (Pt Gén.) . **AV** 67
Moncey (R.) . . . . **DY** 74
Serlin (R. Joseph) **CV** 104
Thiers (Av.) . . . . **EV** 109
Thomas (Crs A.) . **EZ** 112

Répertoires
des Rues, « Lyon p. 7 »
des Ponts, « Lyon p. 2 »
des Églises, « Lyon p. 3 »

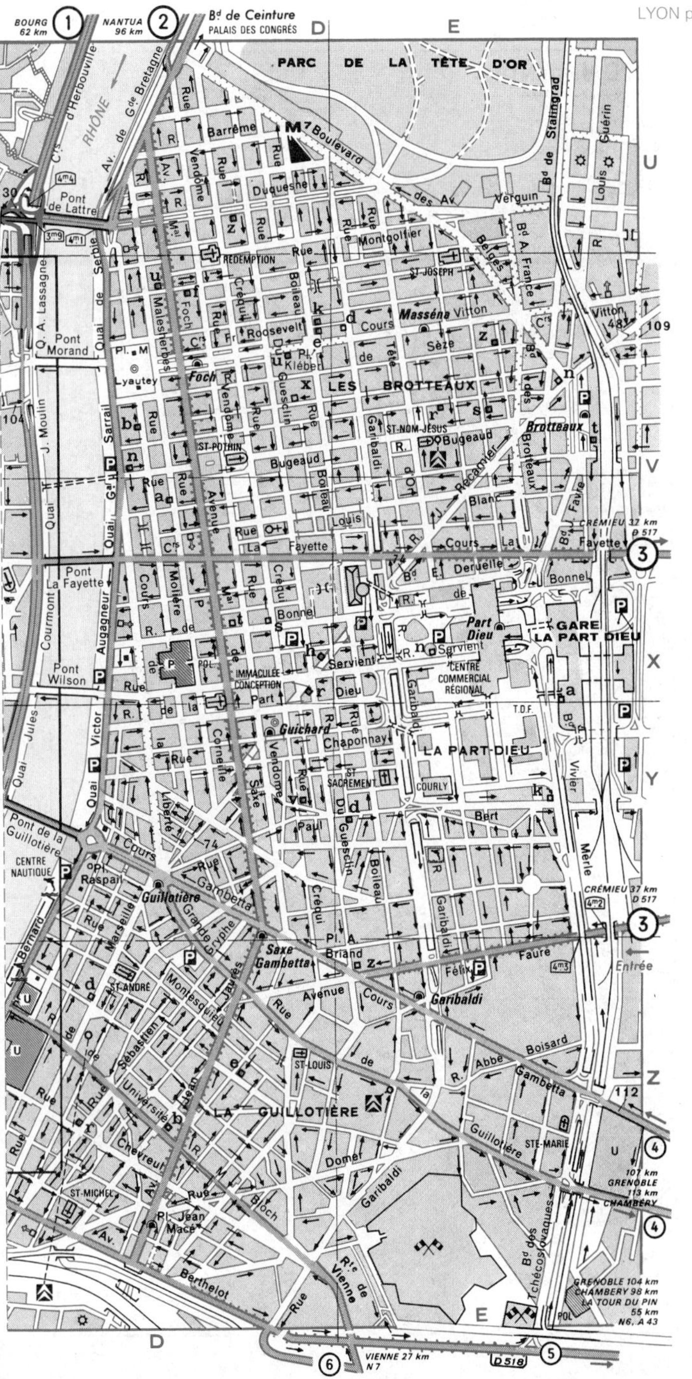
BOURG 62 km
NANTUA 96 km
Bd de Ceinture
PALAIS DES CONGRÈS
D
E
PARC DE LA TÊTE D'OR
RHÔNE
Cts d'Herbouville
Av. de Gde Bretagne
Pont de Lattre
Barrême
Boulevard
des Belges
Bd de Stalingrad
Louis Guérin
U
Duquesne
Verguin
Montgolfier
RÉDEMPTION
ST-JOSEPH
Bd A. France
Q. A. Lassagne
Quai de Serbie
Malesherbes
Foch
Créqui
Boileau
Masséna
Vitton
Cours Roosevelt
Pl. Kléber
Pont Morand
Pl. M Lyautey
Foch
LES BROTTEAUX
Sèze
Tête d'Or
Du Guesclin
Garibaldi
ST-NOM-JÉSUS
Bugeaud
Brotteaux
Quai Sarrail
J. Moulin
ST-POTHIN
Vendôme
Bugeaud
Récamier
Blanc
Bd J. Favre
V
Louis
Cours La Fayette
CRÉMIEU 37 km D 517
Bd E. Deruelle
Bonnel
Pont La Fayette
Quai Augagneur
Cours Molière
Bonnel
Part Dieu
GARE LA PART DIEU
X
Pont Wilson
IMMACULÉE CONCEPTION
Servient
CENTRE COMMERCIAL RÉGIONAL
Part Dieu
T.D.F.
Quai Victor Augagneur
Guichard
Chaponnay
LA PART-DIEU
Quai Jules Courmont
Corneille
Saxe
ST SACREMENT
COURLY
Y
Bd Vivier Merle
Liberté
Paul
Bert
Pont de la Guillotière
CENTRE NAUTIQUE
Raspail
Guillotière
Cours Gambetta
Grande Rue
CRÉMIEU 37 km D 517
Pl. A. Briand
Saxe Gambetta
Félix Faure
Entrée
ST-ANDRÉ
Montesquieu
Jean Jaurès
Garibaldi
Sébastien Gryphe
ST-LOUIS
Rue de la Guillotière
Boisard
Z
Abbé
LA GUILLOTIÈRE
Université
ST-MARIE
Chevreul
Domer
107 km GRENOBLE
113 km CHAMBÉRY
ST-MICHEL
Pl. Jean Macé
Bloch
Bd des Tchécoslovaques
Berthelot
Rte de Vienne
GRENOBLE 104 km
CHAMBERY 98 km
LA TOUR DU PIN 55 km
N6, A 43
POL
E
D
VIENNE 27 km
N 7
D 518

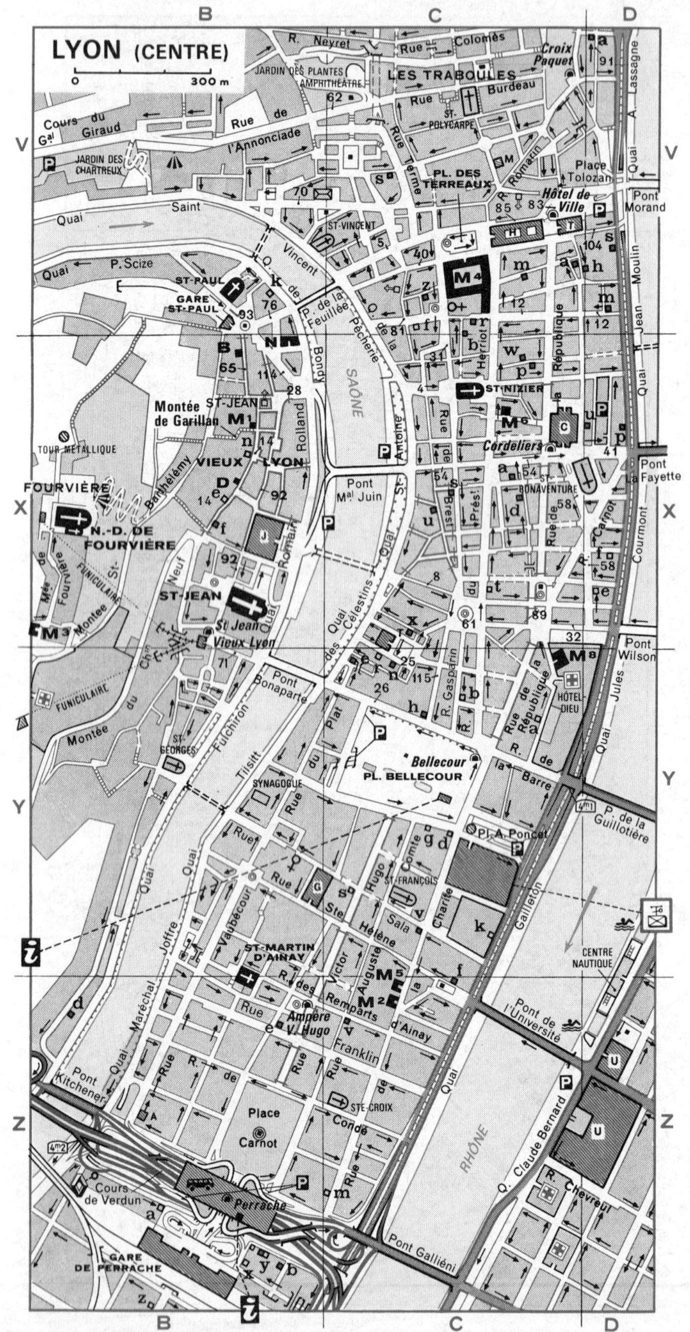
LYON (CENTRE)
0
300 m
B
C
D
V
X
Y
Z
JARDIN DES PLANTES
AMPHITHÉÂTRE
LES TRABOULES
Croix Paquet
PL. DES TERREAUX
Hôtel de Ville
Place Tolozan
Pont Morand
JARDIN DES CHARTREUX
ST-PAUL
GARE ST-PAUL
ST-VINCENT
ST-POLYCARPE
SAÔNE
ST-NIZIER
Cordeliers
ST-BONAVENTURE
Pont La Fayette
Montée de Garillan
ST-JEAN
VIEUX LYON
TOUR MÉTALLIQUE
FOURVIÈRE
N.-D. DE FOURVIÈRE
FUNICULAIRE
St Jean
Vieux Lyon
Pont Mal Juin
Pont Bonaparte
Pont Wilson
HÔTEL-DIEU
ST-GEORGES
Bellecour
PL. BELLECOUR
SYNAGOGUE
Pl. A. Poncet
P. de la Guillotière
ST-FRANÇOIS
CENTRE NAUTIQUE
ST-MARTIN D'AINAY
Ampère V. Hugo
Pont de l'Université
Pont Kitchener
Place Carnot
STE-CROIX
RHÔNE
Cours de Verdun
Perrache
GARE DE PERRACHE
Pont Galliéni
Q. Claude Bernard
R. Chevreul

Guillotière (Gde-R.) p. 5 **EZ**
Jaurès (Av. Jean) p. 5 **DZ**
La Part-Dieu p. 5 **EY**
République (R.) p. 6 **CX**
Terme (R.) p. 6 **CV**
Victor-Hugo (R.) p. 6 **CY**
Vitton (Cours) p. 5 **EV**

Abbé-Boisard (R.) p. 5 **EZ**
Ainay (Remp. d') p. 6 **CZ**
Albon (Pl.) p. 6 **CX** 4
Algérie (R. d') p. 6 **CV** 5
Ambroise-Croizat (Bd) p. 3 **HT**
Anc.-Préfect. (R) p. 6 **CX** 8
Annonciade (R.) p. 6 **BV**
Antiquaille (Mtée) p. 4 **AY**
Arloing (Quai) p. 2 **FS** 10
Augagneur (Quai) p. 5 **DX**
Aynard (Av. E.) p. 2 **FS**
Baron-du-Marais (Bd) p. 2 **FT**
Barre (R. de la) p. 6 **CY**
Barrême (R.) p. 5 **DU**
Bastié (R. M.) p. 3 **HT**
Bât-d'Argent (R.) p. 6 **CV** 12
Belfort (R. de) p. 4 **CU**
Belges (Bd des) p. 5 **EU**
Bellecour (Pl.) p. 6 **CY**
Berthelot (Av.) p. 5 **DZ**
Bloch (R. Marc) p. 5 **DZ**
Blum (R. Léon) p. 3 **JS**
Bœuf (R. du) p. 6 **BX** 14
Boileau (R.) p. 5 **DV**
Bolhen (Av. de) p. 3 **JS**
Bondy (Quai de) p. 6 **BX**
Bonnel (R. de) p. 5 **DX**
Bonnevay (Bd L.) p. 3 **JS**
Bon-Pasteur (R.) p. 4 **CU**
Bourgogne (R. de) p. 2 **FR** 18
Brest (R. de) p. 6 **CX**
Briand (Pl. A.) p. 5 **EZ**
Briand (Crs A.) CUIRE p. 2 **GR**
Brotteaux (Bd des) p. 5 **EV**
Bugeaud (R.) p. 5 **DV**
Burdeau (R.) p. 6 **CV**
Buyer (Av. Barth.) p. 2 **FS**
Cachin (Av. M.) p. 3 **HT**
Cagne (Av. J.) p. 3 **HT**
Canuts (Bd des) p. 4 **BU**
Card. Gerlier (R.) p. 4 **AY** 24
Carnot (Pl.) p. 6 **BZ**
Carnot (R.) p. 6 **DX**
Carnot (R.) ST-FONS p. 3 **HT**
Célestins (Pl. des) p. 6 **CY** 25
Célestins (Q. des) p. 6 **CX**
Chambaud-de-la-Bruyère (Bd) p. 2 **GT**
Chambonnet (R.) p. 6 **CY** 26
Champagne (Rte de) p. 2 **FR**
Change (Pl. du) p. 6 **BX** 28
Chaponnay (R.) p. 5 **EY**
Charcot (R. Cdt) p. 2 **FS**
Charité (R. de la) p. 6 **CY**
Charlemagne (Crs) p. 4 **BZ**
Charpennes (Gde R.) p. 3 **HS**
Chartreux (R. des) p. 4 **BU**
Chassagnes (Ch.) p. 2 **FT**
Châter (Av. du) p. 2 **FT**
Chauveau (Quai) p. 4 **AV**
Chazette (Pl. L.) p. 5 **DU** 30
Ch.-Neuf (Montée) p. 6 **BX**
Chenevard (R. P.) p. 6 **CX** 31
Chevreul (R.) p. 6 **DZ**
Childebert (R.) p. 6 **CX** 32
Choulans (Ch. de) p. 4 **AY**
Cl.-Bernard (Quai) p. 6 **CZ**
Colomès (R.) p. 6 **CV**
Comte (R. A.) p. 6 **CY**
Condé (R. de) p. 6 **CZ**
Constantine (R.) p. 6 **CV** 40
Cordeliers (Pl.) p. 6 **DX** 41
Corneille (R. P.) p. 5 **DY**
Coste (R.) p. 2 **GR**
Courmont (Quai J.) p. 6 **DX**
Créqui (R.) p. 5 **DX**
Crx-de-Pivort (Ch.) p. 2 **FT**
Croix-Rousse (Bd) p. 4 **BU**
Croix-Rousse (Gde-Rue) p. 2 **GR** 42
Croix-Rousse (Pl.) p. 4 **CU**
Debrousse (Av.) p. 4 **AZ** 44
Déchamp (R. S.) p. 2 **GT**
Deruelle (Bd) p. 5 **EX**
Denf.-Roch. (R.) p. 4 **BU**
Dr-Terver (Av.) p. 2 **FS**
Domer (R.) p. 5 **EZ**
Du-Guesclin (R.) p. 5 **DV**
Dupont (R. Pierre) p. 4 **BU**
Duquesne (R.) p. 5 **DU**
Émeraudes (R. des) p. 5 **EV** 48
Esses (Montée des) p. 4 **AU**
États-Unis (Bd) p. 3 **HT**
Étroits (Quai des) p. 4 **AZ**
Farges (R. des) p. 4 **AY**
Farge (Bd Yves) p. 3 **HT**
Farge (R. Yves) p. 2 **GT**
Favre (Bd Jean) p. 5 **EX**
Félix-Faure (Av.) p. 5 **EZ**
Flesselles (R. de) p. 4 **BV**
Foch (Av. Mar.) p. 5 **DV**
Foch (Av. Mar.) TASSIN p. 2 **FS**
Fourvière (Mtée de) p. 6 **BX**
France (Bd A.) p. 5 **EV**
Franklin (R.) p. 6 **CZ**
Fulchiron (Quai) p. 6 **BY**
Gailleton (Quai) p. 6 **CY**
Gambetta (Cours) p. 5 **DY**
Garibaldi (R.) p. 5 **EX**
Garnier (Av.) p. 2 **GT**
Gasparin (R.) p. 6 **CY**
Gaulle (Av. de) p. 2 **FS**
Genas (Rte de) p. 3 **JS**
Gerland (R. de) p. 2 **GT**
Gillet (Quai J.) p. 4 **AU**
Giraud (Crs Gén.) p. 6 **BV**
Grandclément (Pl.) p. 3 **HT**
Gde-Bretagne (Av.) p. 5 **DU**
Grenette (R.) p. 6 **CX** 54
Grolée (R.) p. 6 **DX** 58
Gryphe (R. S.) p. 5 **DZ**
Guérin (R. L.) p. 5 **EU**
Guesde (Av. J.) VÉNISSIEUX p. 3 **HT**
Henon (R.) p. 2 **GR**
Herbouville (Crs d') p. 5 **DU**
Jacobins (Pl. des) p. 6 **CX** 61
Jacquard (R.) p. 4 **BU**
Jardin-Plantes (R.) p. 6 **CV** 62
Jaurès (Av.) ST-FONS p. 3 **HT**
Jaurès (R. Jean) VILLEURBANNE p. 3 **HS**
Jayr (Quai) p. 2 **FR** 63
J.-J.-Rousseau (Q.) p. 2 **FT**
Joffre (Quai Mar.) p. 6 **BZ**
Joliot-Curie (R.) p. 2 **FS**
Joliot-Curie (Bd) VÉNISSIEUX p. 3 **HT**
Juiverie (R.) p. 6 **BX** 65
Juttet (R. L.) p. 2 **FR**
Kléber (Pl.) p. 5 **DV**
Lacassagne (Av.) p. 3 **HS**
La-Fayette (Cours) p. 5 **EX**
Lanessan (Av. de) p. 2 **FR**
Lassagne (Quai A.) p. 6 **DV**
Lassale (R. Ph.-de) p. 4 **AU**
Leclerc (Av.) p. 4 **CZ**
Liberté (Cours) p. 5 **DY**
Lignon (Quai A.) p. 3 **HR** 68
Louis-Blanc (R.) p. 5 **EX**
Lyautey (Pl. Mar.) p. 5 **DV**
Macé (Pl. Jean) p. 5 **DZ**
Malesherbes (R.) p. 5 **DV**
Marcellin (Av. P.) p. 3 **JS**
Marietton (R.) p. 2 **FS** 69
Marseille (R. de) p. 5 **DY**
Martinière (R.) p. 6 **BV** 70
Max (Av. Adolphe) p. 6 **BY** 71
Merle (Bd Vivier) p. 5 **EY**
Mermoz (Av. Jean) p. 3 **HT**
Molière (R.) p. 5 **DX**
Moncey (R.) p. 5 **DY** 74
Montesquieu (R.) p. 5 **DZ**
Montgolfier (R.) p. 5 **EU**
Moulin (Quai J.) p. 6 **DV**
Neyret (R.) p. 6 **BV**
Observance (Mtée) p. 2 **FS** 75
Octavio-Mey (R.) p. 6 **BV** 76
Part-Dieu (R.) p. 5 **DX**
Paul-Bert (R.) p. 5 **EY**
Pêcherie (Quai) p. 6 **CX**
Péri (Av. Gabriel) ST-FONS p. 3 **HT**
Péri (Av. Gabriel) VAULX-EN-V. p. 3 **JR**
Perrache (Quai) p. 4 **BZ**
Pinel (Bd) p. 3 **HT**
Plat (R. du) p. 6 **BY**
Platière (R. de la) p. 6 **CV** 81
Poncet (Pl. A.) p. 6 **CY**
Pradel (Pl. Louis) p. 6 **CV** 83
Prés.-Herriot (R.) p. 6 **CX**
Puits-Gaillot (R.) p. 6 **CV** 85
Radisson (R.) p. 4 **AX**
Rambaud (Quai) p. 4 **AZ**
Raspail (Pl.) p. 5 **DY**
Récamier (R. J.) p. 5 **EX**
République (Av.) TASSIN p. 2 **FS** 88
République (Pl.) p. 6 **CX** 89
République (R.) VAULX-EN-V. p. 3 **JR**
Romain-Rolland (Quai) p. 6 **BX**
Romarin (R.) p. 6 **CV**
Roosevelt (Crs F.) p. 5 **DV**
Roosevelt (Av. F.) BRON p. 3 **JT**
Roosevelt (Av. F.) DECINES p. 3 **JS**
Roosevelt (Av. F.) ECULLY p. 2 **FS**
Royale (R.) p. 6 **DV** 91
St-Antoine (Quai) p. 6 **CX**
St-Barthélemy (Mtée) p. 6 **BX**
St-Clair (Gde R.) p. 3 **HR**
St-Exupéry (Av.) p. 3 **JT**
St-Jean (R.) p. 6 **BX** 92
St-Paul (Pl.) p. 6 **BV** 93
St-Vincent (Quai) p. 6 **BV**
Ste-Hélène (R.) p. 6 **CY**
Sala (Rue) p. 6 **CY**
Salengro (Av. R.) VILLEURBANNE p. 3 **HR**
Santy (Av. Paul) p. 3 **HT**
Sarrail (Quai Gén.) p. 5 **DV**
Saxe (Av. Mar. de) p. 5 **DY**
Scize (Quai Pierre) p. 6 **BV**
Serbie (Quai de) p. 5 **DV**
Serlin (R. J.) p. 6 **DV** 104
Servient (R.) p. 5 **DX**
Sèze (R. de) p. 5 **EV**
Stalingrad (Bd de) p. 5 **EU**
Strasbourg (R. de) p. 3 **HR**
Suchet (Cours) p. 4 **BZ**
Tchécoslovaques (Bd des) p. 5 **EZ**
Terreaux (Pl. des) p. 6 **CV**
Tête-d'Or (R.) p. 5 **EV**
Thiers (Av.) p. 5 **EV** 109
Thomas (Crs A.) p. 5 **EZ** 112
Thorez (Av. M.) p. 3 **HT**
Tilsitt (Quai) p. 6 **BY**
Tolozan (Pl.) p. 6 **DV**
Tolstoï (Crs) p. 3 **HS**
Trion (R. de) p. 4 **AY**
Université (R.) p. 5 **DZ**
Valioud (Av.) p. 2 **FS**
Vaubécour (R.) p. 6 **BY**
Vendôme (R.) p. 5 **DV**
Verdun (Cours de) p. 6 **BZ**
Verguin (Av.) p. 5 **EU**
Vernay (R. Fr.) p. 6 **BX** 114
V.-Hugo (Av.) TASSIN p. 2 **FS**
Vienne (Rte de) p. 5 **EZ**
Vitton (Crs R.) p. 3 **JS**
Viviani (Av.) p. 3 **HT**
Wernert (Pl. E.) p. 4 **AY**
Zola (R. Émile) p. 6 **CY** 115
Zola (Cours Émile) VILLEURBANNE p. 3 **JS**
4-Août (R. du) p. 3 **JS**
8-Mai 1945 (Av.) p. 3 **JR**
25e-R.T.S. (Av.) p. 2 **FR**

Répertoire des Ponts et des Églises, voir « Lyon p. 2 et 3 ».

Tour Rose (Chavent) M, 22 r. Boeuf ✉ 69005 ☎ 78 37 25 90, Fax 78 42 26 02, « Maison du 17e siècle, élégante décoration sur le thème de la soie », – ▮ ▤ TV ☎ – 25. AE ① GB JCB p. 6 BX **e**
R *(fermé dim.)* 395/625 et carte 450 à 600 – ☕ 95 – **6 ch** 1050/1650, 6 appart., 4 duplex
Spéc. Salade de pommes de terre à la crème de caviar pressé. Saumon mi-cuit au fumoir, au naturel. Foie chaud de canard et filet de rouget barbet poêlés aux lentilles. **Vins** Brouilly, Viognier.

Phénix H. M sans rest, 7 quai Bondy ✉ 69005 ☎ 78 28 24 24, Télex 310291, Fax 78 28 62 86 – ▮ ▤ TV ☎ ♿ – 35. AE ① GB p. 6 BV **k**
36 ch ☕ 600/1220.

La Croix-Rousse (bord de Saône) :

Lyon Métropole M, 85 quai J. Gillet ✉ 69004 ☎ 78 29 20 20, Télex 380198, Fax 78 39 99 20, – ▮ ▤ TV ☎ ♿ P – 350. AE ① GB p. 2 GR **k**
Grill R 85/120 ♁, enf. 49 – **Les Eaux Vives** ☎ 78 29 36 36 *(fermé Noël au Jour de l'An et dim. en juil.-août)* **R** 145 bc – ☕ 50 – **119 ch** 455/550.

Confortel M, 48r. Henon ✉ 69004 ☎ 72 00 22 22, Fax 72 00 00 49, – ▮ TV ☎ ♿ – 30. AE GB p. 2 GR **n**
R 65/120 ♁, enf. 40 – ☕ 32 – **50 ch** 280/300.

Les Brotteaux :

Roosevelt sans rest, 25 r. Bossuet ✉ 69006 ☎ 78 52 35 67, Télex 300295, Fax 78 52 39 82 – ▮ ▤ TV ☎ P – 40. AE ① GB p. 5 DV **x**
☕ 50 – **87 ch** 420/570.

Lutétia Comfort Inn M sans rest, 114 bd Belges ☎ 78 24 44 68, Fax 78 24 82 36 – ▮ ch ▤ TV ☎. AE ① GB p. 5 EV **n**
☕ 40 – **55 ch** 400/495.

Olympique sans rest, 62 r. Garibaldi ✉ 69006 ☎ 78 89 48 04, Fax 78 89 49 97 – ▮ TV ☎. AE GB p. 5 EV **d**
☕ 30 – **23 ch** 250/285.

La Part-Dieu :

Holiday Inn Crowne Plaza M, 29 r. Bonnel ☎ 72 61 90 90, Télex 330703, Fax 72 61 17 54, – ▮ ch ▤ TV ☎ ♿ – 200. AE ① GB JCB p. 5 DX **t**
R 135/175 ♁, enf. 45 – ☕ 72 – **155 ch** 830/1350.

Pullman Part-Dieu M, 129 r. Servient (32e étage) ✉ 69003 ☎ 78 63 55 00, Télex 380088, Fax 78 60 41 77, ≤ Lyon et vallée du Rhône – ▮ ch ▤ TV ☎ – 300. AE ① GB JCB p. 5 EX **n**
L'Arc-en-Ciel *(fermé 15 juil. au 24 août et dim. soir)* **R** 205/295 et carte 320 à 440 – **La Ripaille** grill (rez-de-chaussée) **R** carte 120 à 190 ♁, enf. 50 – ☕ 58 – **245 ch** 590/890
Spéc. Andouillette beaujolaise à la moutarde. Foie de veau à la lyonnaise. Blanquette de veau à l'ancienne et riz pilaf. **Vins** Beaujolais, Côtes-du-Rhône.

Mercure M, 47 bd Vivier-Merle ✉ 69003 ☎ 72 34 18 12, Télex 306469, Fax 78 53 40 69 – ▮ ▤ TV ☎ ♿ P – 100. AE ① GB JCB p. 5 EX **a**
R 95/160 ♁, enf. 45 – ☕ 50 – **124 ch** 550/610.

Créqui M sans rest, 158 r. Créqui ✉ 69003 ☎ 78 60 20 47, Fax 78 62 21 12 – ▮ TV ☎. GB p. 5 DX **s**
☕ 43 – **28 ch** 330/360.

Ibis M, pl. Renaudel ✉ 69003 ☎ 78 95 42 11, Télex 310847, Fax 78 60 42 85, – ▮ ch ▤ TV ☎ ♿ – 30. AE GB p. 5 EY **k**
R 83 ♁, enf. 39 – ☕ 33 – **144 ch** 335/355.

La Guillotière :

Gd H. Helder et Institut sans rest, 38 r. Marseille ✉ 69007 ☎ 78 61 61 61, Télex 306411, Fax 78 61 61 00 – ▮ TV ☎. AE ① GB p. 5 DZ **d**
98 ch ☕ 350/430.

Columbia sans rest, 8 pl. A. Briand ✉ 69003 ☎ 78 60 54 65, Télex 305551, Fax 78 62 04 88 – ▮ TV ☎. AE ① GB JCB p. 5 EZ **z**
☕ 31 – **66 ch** 240/275.

Ibis Université M sans rest, 51 r. Université ✉ 69007 ☎ 78 72 78 42, Télex 340455, Fax 78 69 24 36 – ▮ ch ▤ TV ☎. AE GB p. 5 DZ **b**
☕ 34 – **53 ch** 295/345.

Gerland :

Mercure M, 70 av. Leclerc ✉ 69007 ☎ 72 71 11 11, Télex 305484, Fax 72 71 11 00, – ▮ ▤ TV ☎ ♿ – 450. AE ① GB JCB p. 2 GT **e**
R 125/145 ♁, enf. 45 – ☕ 50 – **194 ch** 550/610.

Ibis M, 68 av. Leclerc ✉ 69007 ☎ 78 58 30 70, Télex 305483, Fax 78 72 28 61 – ▮ TV ☎ ♿ – 30. AE GB p. 2 GT **e**
R 83 ♁, enf. 39 – ☕ 33 – **129 ch** 310/330.

Montchat-Monplaisir :

Mercure Lyon Lumière M, 71 cours A. Thomas ✉ 69003 ☎ 78 53 76 76, Télex 301928, Fax 72 36 97 65 – ch – 25 à 70. AE GB p. 3 HS e
R 140, enf. 45 – 50 – **79 ch** 490/570.

Mercure-Altea Park, 4 r. Prof. Calmette ✉ 69008 ☎ 78 74 11 20, Télex 380230, Fax 78 01 43 38, – ch – 25. AE GB JCB p. 3 HT v
Le Patio *(fermé dim. midi et sam.)* **R** 110, enf. 48 – 50 – **72 ch** 430/500.

Lacassagne sans rest, 245 av. Lacassagne ✉ 69003 ☎ 78 54 09 12, Fax 72 36 99 23 – . AE GB p. 3 HS s
29 – **40 ch** 190/280.

Laennec sans rest, 36 r. Seignemartin ✉ 69008 ☎ 78 74 55 22, Fax 78 01 00 24 – . GB p. 3 HT n
35 – **14 ch** 275/355.

à Villeurbanne – 116 872 h. – ✉ **69100** :

Congrès, pl. Cdt Rivière ☎ 78 89 81 10, Télex 370216, Fax 78 94 64 86 – – 130. AE GB JCB p. 3 HS m
R *(fermé 24 déc. au 2 janv.)* 160/360 – 45 – **134 ch** 345/375 – ½ P 363.

Ariana M sans rest, 163 cours É. Zola ☎ 78 85 32 33, Télex 380608, Fax 78 03 02 82 – . GB p. 3 HS k
45 – **102 ch** 298/435.

à Bron – 39 683 h. – ✉ **69500** :

Novotel M, av. J. Monnet ☎ 78 26 97 48, Télex 340781, Fax 78 26 45 12, , , – ch – 25 à 800. AE GB JCB p. 3 JT f
R carte environ 160, enf. 53 – 48 – **189 ch** 430/445.

Dau Ly sans rest, 28 r. Prévieux ☎ 78 26 04 37, Fax 78 26 62 47 – . AE GB p. 3 JT e
29 – **22 ch** 252/300.

Relais Porte des Alpes M, r. Col. Chambonnet ☎ 72 37 00 14, Fax 78 26 95 05 – . AE GB p. 3 JT n
R 85/125 – 32 – **42 ch** 255/270 – ½ P 325.

Ibis Bron Eurexpo M, r. M. Bastié ☎ 72 37 01 46, Télex 306073, Fax 78 26 65 43 – – 40. AE GB p. 3 JT n
R 83, enf. 39 – 33 – **79 ch** 300/325.

à Vénissieux - Moulin-à-Vent S : 5 km par rte de Vienne (N 7) près échangeur N 383 – 60 444 h. – ✉ **69200** :

Cottage H. M, 14 av. Dr Levy (près piscine) ☎ 78 00 00 13, Fax 78 01 71 10, – – 25 à 40. GB p. 3 HT b
R *(fermé sam.)* 75/95, enf. 41 – 30 – **40 ch** 270.

à Pierre-Bénite – 9 574 h. – ✉ **69310** :

Europe sans rest, 67 bd Europe ☎ 78 50 55 55, Fax 78 50 16 01 – . GB p. 2 GT b
30 – **34 ch** 240/270.

Restaurants

XXXXX ✿✿✿ **Paul Bocuse,** au pont de Collonges N : 12 km par bords Saône (D 433, D 51) ✉ 69660 Collonges-au-Mont-d'Or ☎ 72 27 85 85, Fax 72 27 85 87, « Elégante installation » – . AE GB p. 2 GR
R 290 (déj.)/710 et carte 470 à 700, enf. 90
Spéc. Soupe aux truffes noires. Filets de sole "Fernand Point". Volaille de Bresse. **Vins** Saint-Véran, Brouilly.

XXXX ✿ **Orsi,** 3 pl. Kléber ✉ 69006 ☎ 78 89 57 68, Fax 72 44 93 34, , « Décor élégant » – . AE GB JCB p. 5 DV e
fermé dim. sauf le midi de sept. à juin et sam. en juil.-août. – **R** 240 (déj.)/500 et carte 390 à 570, enf. 150
Spéc. Raviole de foie gras au jus de Porto. Gratin de homard "Acadien". Pigeonneau de Bresse aux gousses d'ail confites.

XXXX **Roger Roucou "Mère Guy",** 35 quai J. J. Rousseau ✉ 69350 La Mulatière ☎ 78 51 65 37, Fax 78 51 99 47 – . AE GB p. 2 FT s
fermé août, dim. soir et lundi – **R** 250/450, enf. 100.

XXXX **Le Gourmandin,** 14 pl. J. Ferry (Gare des Brotteaux) ✉ 69006 ☎ 78 52 02 52, Fax 78 52 33 05, , « Décor moderne original évoquant les chemins de fer » – . AE GB p. 5 EV t
fermé sam. midi et dim. – **R** 135/395, enf. 100.

XXX ✿ **Léon de Lyon** (Lacombe), 1 r. Pleney ✉ 69001 ☎ 78 28 11 33, Fax 78 39 89 05, « Ambiance lyonnaise » – . AE GB p. 6 CVX b
fermé 8 au 23 août, lundi midi et dim. – **R** 300/470 et carte 340 à 450, enf. 85
Spéc. Pâté en croûte à l'ancienne. Volaille de Bresse et anguille sautées au Beaujolais. Six desserts à la praline. **Vins** Coteaux du Lyonnais, Régnié.

XXX **Christian Têtedoie,** 54 quai Pierre Scize ✉ 69005 ✆ 78 29 40 10, Fax 72 07 05 65 – ▤. Ⓟ. AE GB p. 4 AV **n**
fermé sam. midi et dim. sauf fériés de sept. à juin – **R** 180/260.

XXX ❀ **Aub. de Fond-Rose** (Brunet), 23 quai Clemenceau ✉ 69300 Caluire-et-Cuire ✆ 78 29 34 61, Fax 72 00 28 67, 🏠, « Jardin ombragé et fleuri, volière » – Ⓟ. AE ⓓ GB JCB p. 2 GR **p**
fermé lundi du 15 oct. à Pâques, dim. soir et fériés le soir – **R** 200/450 et carte 350 à 500, enf. 100
Spéc. Suprême de daurade au vin rouge (oct. à avril). Filet de bar, sauce aux huîtres (oct. à avril). Grenadin d'agneau en croûte à la fleur de thym. **Vins** Saint-Véran, Côtes de Brouilly.

XXX ❀ **Bourillot,** 8 pl. Célestins ✉ 69002 ✆ 78 37 38 64 – ▤. AE ⓓ GB JCB p. 6 CY **n**
fermé 4 juil. au 4 août, 23 déc. au 2 janv., lundi midi, dim. et fériés – **R** 225/430 et carte 300 à 450
Spéc. Quenelle de brochet au fumet de homard. Volaille de Bresse "Marie", pommes aux truffes. Soufflé glacé au chocolat. **Vins** Coteaux du Lyonnais, Mâcon Villages.

XXX ❀ **Nandron,** 26 quai J. Moulin ✉ 69002 ✆ 78 42 10 26, Fax 78 37 69 88 – ▤. AE ⓓ GB JCB p. 6 DX **p**
fermé 24 juil. au 22 août et sam. – **R** 300/450 et carte 320 à 460, enf. 120
Spéc. Terrine tiède de champignons des bois. Quenelle de brochet à la Nantua. Volaille de Bresse rôtie "Grand-Mère". **Vins** Mâcon, Saint-Joseph.

XXX ❀ **Mère Brazier,** 12 r. Royale ✉ 69001 ✆ 78 28 15 49, « Ambiance lyonnaise » – AE ⓓ GB JCB p. 6 DV **a**
fermé août, sam. (sauf le soir du 1er août au 15 juin) et dim. – **R** 340/390 et carte 235 à 430
Spéc. Fond d'artichaut au foie gras. Quenelle au gratin. Volaille de Bresse "demi-deuil". **Vins** Chiroubles, Saint-Joseph.

XXX ❀ **Fédora** (Judéaux), 249 r. M. Merieux ✉ 69007 ✆ 78 69 46 26, Fax 72 73 38 80, 🏠 – AE ⓓ GB JCB p. 2 GT **k**
fermé 22 déc. au 3 janv., sam. midi, dim. et fériés – **R** 160/290 et carte 250 à 350 🍷
Spéc. Saint-Jacques en coquille au beurre demi-sel (oct. à avril). Homard en os à moëlle. Ragoût d'encornets au poivre, riz sauvage des Amériques. **Vins** Mâcon-Cruzille.

XXX **Quatre Saisons,** 15 r. Sully ✉ 69006 ✆ 78 93 76 07, Fax 78 94 39 98 – ▤. AE ⓓ GB p. 5 DV **u**
fermé 14 juil. au 15 août, sam. midi, dim. et fêtes – **R** 120/300, enf. 70.

XXX **Le Saint Alban,** 2 quai J. Moulin ✉ 69001 ✆ 78 30 14 89 – ▤. AE GB
fermé 2 au 22 août, vacances de fév., sam. sauf le soir d'août à juin, dim. et fériés – **R** 145/280. p. 6 DV **s**

XXX **Cazenove,** 75 r. Boileau ✉ 69006 ✆ 78 89 82 92, Fax 72 44 93 34, « Évocation Belle Époque » – ▤. AE GB p. 5 DV **k**
fermé août, sam. et dim. – **R** 260/400.

XXX **Les Fantasques,** 47 r. Bourse ✉ 69002 ✆ 78 37 36 58 – ▤. AE ⓓ GB JCB p. 6 DX **u**
fermé 7 au 23 août et dim. – **R** 245/280.

XXX **Fernand Duthion,** 18 r. D. Vincent à **Champagne-au-Mont-d'Or** ✉ 69410 Champagne-au-Mont-d'Or ✆ 78 35 04 78, Fax 78 35 58 59, 🏠 – Ⓟ. AE ⓓ GB p. 2 FR **e**
fermé 16 août au 8 sept., 21 fév. au 5 mars, dim. soir et lundi – **R** carte 290 à 370, enf. 70.

XXX **Le Rocher,** quartier St-Rambert, 8 quai R. Carrié ✉ 69009 ✆ 78 83 99 72, Fax 78 83 18 10, 🏠 – Ⓟ. AE ⓓ GB JCB p. 2 GR **f**
R *(fermé dim. soir)* 120/285.

XXX **La Soupière,** 14 r. Molière ✉ 69006 ✆ 78 52 75 34, Fax 78 65 03 92 – ▤. GB p. 5 DV **b**
fermé août, sam. midi et dim. – **R** produits de la mer 170/360.

XX **La Mère Vittet** ouvert jour et nuit, 26 cours Verdun ✉ 69002 ✆ 78 37 20 17, Fax 78 42 40 70 – ▤. AE ⓓ GB JCB p. 6 BZ **y**
R 140/220 🍷, enf. 80.

XX **Le Nord,** 18 r. Neuve ✉ 69002 ✆ 78 28 24 54, Fax 78 28 76 58 – ▤. AE GB JCB p. 6 CX **p**
fermé 9 au 21 août et sam. – **R** 90/230.

XX ❀ **L'Alexandrin** (Alexanian), 83 r. Moncey ✉ 69003 ✆ 72 61 15 69, Fax 78 62 75 57 – ▤. AE GB. ✱ p. 5 DX **h**
fermé 20 au 24 mai, 11 au 14 juil., 8 au 23 août, 24 déc. au 3 janv., 16 au 27 janv., dim., lundi et fériés – **R** 200 et carte 230 à 330, enf. 90
Spéc. Terrine de foie gras aux champignons des bois. Filet de Charolais grillé, sauce au jus de truffes et paillasson lyonnais. Entremets au chocolat amer. **Vins** Côte Rôtie, Condrieu.

XX ❀ **Aub. de l'Ile** (Ansanay), quartier St-Rambert, Ile Barbe ✉ 69009 ✆ 78 83 99 49, Fax 78 47 80 46 – Ⓟ. GB. ✱ p. 2 GR **e**
fermé 8 au 22 août, vacances de fév., dim. soir et lundi – **R** 160/280 et carte 300 à 410
Spéc. Tempuras de grenouilles et salade de fèves. Selle de lapereau en rognonade et galette de maïs au parmesan. Feuillantine aux abricots.

XX **J.-C. Pequet,** 59 pl. Voltaire ✉ 69003 ✆ 78 95 49 70 – ▤. AE ⓓ GB p. 5 DY **v**
fermé 14 au 31 juil., 23 déc. au 2 janv., sam., dim. et fêtes – **R** 135/240.

XX **Garioud,** 14 r. Palais Grillet ✉ 69002 ✆ 78 37 04 71, Fax 72 40 98 07 – ▤. AE GB JCB p. 6 CX **d**
fermé sam. midi et dim. – **R** 136/269, enf. 50.

XX **Le Passage,** 8 r. Plâtre ✉ 69001 ✆ 78 28 11 16, Fax 72 00 84 34 – ▤. AE ⓓ GB p. 6 CV **r**
fermé sam. midi, dim. et fériés – **R** 275/340.

XX **Gervais,** 42 r. P. Corneille ✉ 69006 ✆ 78 52 19 13 – AE ⦿ GB p. 5 DX **a**
fermé 1er juil. au 1er août, sam. sauf le soir d'oct. à avril et dim. – **R** 145/185.

XX **Gourmet de Sèze,** 129 r. Sèze ✉ 69006 ✆ 78 24 23 42 – ▤. AE GB p. 5 EV **z**
fermé 14 juil. au 15 août, sam. midi, dim. et fériés – **R** (nombre de couverts limité, prévenir) 100/300, enf. 60.

XX **La Tassée,** 20 r. Charité ✉ 69002 ✆ 78 37 02 35, Fax 72 40 05 91 – ▤. AE ⦿ GB p. 6 CY **v**
fermé 24 déc. au 2 janv., sam. en juil.-août et dim. – **Repas** 125/290.

XX **Thierry Gache,** 37 r. Thibaudière ✉ 69007 ✆ 78 72 81 77, Fax 78 72 01 75 – ▤. AE GB
fermé dim. soir – **R** 108/248, enf. 40. p. 5 DZ **e**

XX **Tante Alice,** 22 r. Remparts d'Ainay ✉ 69002 ✆ 78 37 49 83 – ▤. AE GB p. 6 CZ **v**
fermé août, vend. soir et sam. – **R** 90/194.

XX **La Brunoise,** 4 r. A. Boutin à Villeurbanne ✉ 69100 Villeurbanne ✆ 78 52 07 77 – ▤. GB p. 3 HS **b**
fermé août, 24 déc. au 3 janv., sam., dim. et le soir sauf jeudi – **R** 140/205.

XX **Chevallier,** 40 r. Sergent Blandan ✉ 69001 ✆ 78 28 19 83, Fax 78 29 42 32 – GB p. 6 CV **s**
fermé août, merc. midi et mardi – **R** 115/230, enf. 100.

XX **La Voûte,** 11 pl. A. Gourju ✉ 69002 ✆ 78 42 01 33, Fax 78 37 36 41 – ▤. AE ⦿ GB p. 6 CY **e**
fermé dim. – **Repas** 118/220.

XX **Christian Grisard,** 158 r. Cuvier ✉ 69006 ✆ 78 24 77 98 – ▤. AE ⦿ GB p. 5 EV **r**
fermé août, dim. et lundi – **R** 120/280.

XX **Boeuf d'Argent,** 29 r. Boeuf ✉ 69005 ✆ 78 42 21 12, Fax 72 40 24 65 – GB p. 6 BX **f**
fermé 23 août au 7 sept., 24 déc.au 6 janv., sam. midi et dim. – **R** 110/190 ♂.

XX **Vivarais,** 1 pl. Gailleton ✉ 69002 ✆ 78 37 85 15, Fax 78 37 59 49 – ▤. AE ⦿ GB JCB
fermé 18 juil. au 16 août, 24 déc. au 3 janv. et dim. – **R** 100/130 ♂. p. 6 CYZ **f**

XX **J.-P. Bergier,** 20 r. Sully ✉ 69006 ✆ 78 89 07 09, Fax 72 44 21 21 – AE ⦿ GB
fermé 1er au 24 août, sam. midi et dim. – **R** 125/265. p. 5 DV **f**

XX **La Pinte à Gones,** 59 r. Ney ✉ 69006 ✆ 78 24 81 75 – ▤. GB p. 5 EV **s**
fermé août, 24 déc. au 1er janv., sam. midi, dim. et fêtes – **R** 98/198.

XX **L'Epicurien,** 3 r. Bugeaud ✉ 69006 ✆ 78 24 49 51 – AE GB p. 5 DV **n**
fermé 1er au 21 août, dim. sauf le midi d'oct. à mars et sam. midi – **R** 95/140, enf. 60.

XX **Petit Duc,** 26bis r. Duquesne ✉ 69006 ✆ 78 93 20 91 – GB. ⚘ p. 5 DU **z**
fermé 2 au 29 août, sam. midi et dim. – **R** 98/215 ♂, enf. 70.

XX **L'Italien de Lyon,** 25 r. Bât d'Argent ✉ 69001 ✆ 78 39 58 58, Fax 72 07 98 96 – AE GB
fermé dim. – **R** cuisine italienne 140/200 ♂, enf. 55. p. 6 DV **m**

X **Chez Jean-François,** 2 pl. Célestins ✉ 69002 ✆ 78 42 08 26 – ▤. GB p. 6 CX **x**
fermé vacances de printemps et 24 juil. au 16 août – **R** 80/115 ♂.

X **Le Grenadin,** 27 r. Franklin ✉ 69002 ✆ 78 37 80 94 – ▤. AE GB p. 6 BZ **e**
fermé août, lundi midi et dim. – **R** 93/168.

X **Bistrot de "la Mère",** 26 cours Verdun ✉ 69002 ✆ 78 42 16 91, Fax 78 42 40 70 – ▤. AE ⦿ GB p. 6 BZ **y**
R 85/140 ♂, enf. 50.

X **Le Neuf,** 7 pl. Bellecour ✉ 69002 ✆ 78 42 07 59 – GB p. 6 CY **h**
fermé 15 juil. à fin août et dim. – **R** carte 150 à 230.

X **Brasserie Georges,** 30 cours Verdun ✉ 69002 ✆ 78 37 15 78, Télex 310778, Fax 78 42 51 65, brasserie 1925 – AE ⦿ GB p. 6 BZ **b**
R 82/160 ♂, enf. 47.

X **Bernachon Passion,** 42 cours Franklin-Roosevelt ✉ 69006 ✆ 78 52 23 65 – ▤. GB
fermé 25 juil. au 15 août, dim. et fériés – **R** (nombre de couverts limité, prévenir)(déj. seul.) carte 150 à 200. p. 5 DV **u**

X **Bouchon aux Vins,** 62 r. Mercière ✉ 69002 ✆ 78 42 88 90, Fax 78 38 32 51 – AE GB
fermé dim. et fériés – **R** 150. p. 6 CX **u**

X **Bouchon de Fourvière,** 9 r. de la Quarantaine ✉ 69005 ✆ 72 41 85 02, Fax 78 37 46 28 – AE GB p. 6 BZ **d**
fermé août, sam. et dim. – **R** 65/160.

X **Argenson,** 40 allée P. de Coubertin ✉ 69007 ✆ 78 72 64 53, Fax 78 61 78 02, ⛱ – Ⓟ. GB p. 2 GT **a**
fermé dim. et fériés – **R** (déj. seul.) 130/270.

X **Le Bistrot d'En Face,** 220 r. Duguesclin ✉ 69003 ✆ 72 61 96 16, Fax 78 60 59 97 – AE GB p. 5 DX **r**
fermé 8 au 30 août et dim. – **R** 95/150, enf. 63.

X **Philippe Brossault,** 76 rue Paul Bert ✉ 69003 ✆ 78 60 17 17 – ▤. ⦿ GB p. 5 EY **d**
fermé 31 juil. au 29 août, 24 déc. au 2 janv., sam. sauf le soir d'oct. à avril et dim. – **R** 115/165.

X **La Grille,** 106 r. S. Gryphe ✉ 69007 ✆ 78 72 46 58 – GB p. 5 DZ **r**
fermé 5 au 25 août et dim. – **R** 125/250.

Les Bouchons : dégustation de vins régionaux et cuisine locale dans une ambiance typiquement lyonnaise

X **Le Garet,** 7 r. Garet ✉ 69001 ✆ 78 28 16 94, Fax 72 00 06 84 – GB p. 6 CDV **h**
fermé 16 juil. au 16 août, sam. dim. et fériés – **R** (prévenir) carte 110 à 160 ✱.

X **Chez Sylvain,** 4 r. Tupin ✉ 69002 ✆ 78 42 11 98 p. 6 CX **s**
fermé 19 juil. au 9 août, vacances de fév., sam. et dim. – **R** (prévenir) 83/95 dîner à la carte.

X **La Meunière,** 11 r. Neuve ✉ 69002 ✆ 78 28 62 91 – AE ⊕ GB JCB p. 6 CX **w**
fermé 15 juil. au 15 août, dim. et lundi – **R** (prévenir) 85/140.

X **Café des Fédérations,** 8 r. Major Martin ✉ 69001 ✆ 78 28 26 00 – AE GB p. 6 CV **z**
fermé août, sam. et dim. – **R** (prévenir) 140.

X **Café du Jura,** 25 r. Tupin ✉ 69002 ✆ 78 42 20 57 – AE GB p. 6 CX **a**
fermé 1er au 21 août, Noël au Jour de l'An, sam. (sauf le soir en hiver) et dim. – **R** (prévenir) carte 115 à 165 ✱.

X **Chez Hugon,** 12 rue Pizay ✉ 69001 ✆ 78 28 10 94 – GB p. 6 CV **m**
fermé août, sam. et dim. – **R** (prévenir) (déj. seul) carte 120 à 150 ✱.

X **Au Petit Bouchon "chez Georges",** 8 r. Garet ✉ 69001 ✆ 78 28 30 46 – GB
fermé sam. et dim. – **R** 76/99 dîner à la carte. p. 6 CV **a**

Environs

à Tassin-la-Demi-Lune : 5 km par D 407 – 15 460 h. – ✉ **69160** :

Novotel Tassin Ⓜ, 13 D av. V. Hugo ✆ 78 64 68 69, Télex 310497, Fax 78 64 61 11, 余, ⛱ – |‡| ⇔ ch ▤ TV ☎ ♿ ⇔ Ⓟ – 🎭 25 à 60. AE ⊕ GB JCB p. 2 FS **n**
R carte environ 160, enf. 50 – ☕ 48 – **104 ch** 450.

XXX **Les Tilleuls,** 146 av. Ch. de Gaulle ✆ 78 34 19 58, Fax 78 34 30 87, 余, 🌳 – Ⓟ. AE GB p. 2 FS **k**
fermé 16 au 26 août, vacances de fév., fériés le soir, dim. soir et lundi – **R** 120/320 ✱, enf. 80.

XX **Châteaubriand,** 12 av. Mar. Foch ✆ 78 34 15 64, 余, 🌳 – Ⓟ. GB p. 2 FS **r**
fermé août, dim. soir et sam. – **R** 130/320 ✱, enf. 80.

à Collonges-au-Mont-d'Or N : 12 km par bords de Saône (D 433, D 51) – 3 165 h. – ✉ **69660** :

Relais St-Martin, 1 pl. St-Martin ✆ 78 22 02 75, Fax 78 22 77 96, 余 – TV ☎ Ⓟ. GB
R *(fermé dim. soir et lundi)* 98/240 – ☕ 28 – **15 ch** 290/320.

voir aussi XXXXX ✿✿✿ **Paul Bocuse** à Lyon

au Mont-Cindre N : 14 km par D 21 et St-Cyr - GR – ✉ **69450** St-Cyr :

XX **Ermitage,** ✆ 78 47 20 96, Fax 78 64 13 04, ← Lyon et Monts du Lyonnais, 余 – AE GB
fermé 16 au 19 août, 5 janv. au 1er mars, lundi et mardi – **R** 120/375, enf. 70.

par la sortie ① :

à Rillieux-la-Pape : 7 km par N 83 et N 84 – 30 791 h. – ✉ **69140** :

XXX ✿ **Larivoire** (Constantin), chemin des Iles ✆ 78 88 50 92, Fax 78 88 35 22, ←, 余 – Ⓟ. GB
fermé 26 août au 2 sept., 1er au 20 fév., lundi soir et mardi – **R** 190/390 et carte 285 à 365, enf. 90
Spéc. Foie gras poêlé à la rhubarbe. Coquilles Saint-Jacques à la crème de cèleri (oct. à avril). Fricassée de volaille de Bresse au vinaigre. **Vins** Pouilly-Loché, Morgon.

à Sathonay-Camp N : 9 km par D 48E – 4 673 h. – ✉ **69580** :

Val de Saône sans rest, 1 allée P. Delorme ✆ 78 23 71 45, Fax 78 08 84 77 – TV ☎ Ⓟ. GB
☕ 24 – **25 ch** 185/250.

par la sortie ② :

à Neyron-le-Haut par A 42 et A 46 : 14 km – ✉ **01700** :

XXX ✿ **Le Saint Didier** (Champin), ✆ 78 55 28 72, Fax 78 55 01 55, 余 – Ⓟ. GB
fermé 9 au 23 août, 27 déc. au 11 janv., dim. soir et lundi – **R** (nombre de couverts limité-prévenir) 175/400 et carte 260 à 380, enf. 75
Spéc. Foie gras de canard, gelée au Jurançon. Gougeonnettes de carpe royale à la Roussette. Blancs de volaille farcis aux morilles, sauce estragon. **Vins** Roussette de Seyssel, Montagnieu.

par la sortie ③ :

à Meyzieu : 14 km – 28 077 h. – ✉ **69330** :

Mont Joyeux 🐎, r. V. Hugo ✆ 78 04 21 32, Fax 72 02 85 72, 余, ⛱, 🌳 – TV ☎ ♿ Ⓟ. AE ⊕ GB
R 180/250 – ☕ 45 – **20 ch** 370/420.

X **La Petite Auberge,** 33 r. V. Hugo ✆ 72 02 76 76, 余 – ⊕ GB
fermé mars, lundi (sauf férié le midi) et dim. soir – **R** 95/240, enf. 70.

à l'Est par D 29 (rte de Genas) :

à Chassieu : 12 km – 8 508 h. – ✉ **69680** :

Exp'Hôtel et rest. le Chasseuland Ⓜ, 82 rte Lyon ✆ 78 40 10 22, Télex 375051, Fax 78 40 67 43, ⛳, 🏊 – 🛗 ▤ 📺 ☎ ♿ 🅿 – 🏛 30 à 180. AE ⓓ GB
R *(fermé dim.)* 120/250 – ☕ 48 – **83 ch** 360/390 – ½ P 332.

à Genas : 15 km – 9 316 h. – ✉ **69740** :

Forum H. Ⓜ, 1 r. R. Salengro ✆ 78 40 60 50, Télex 306577, Fax 78 40 17 85 – 🛗 ▤ rest 📺 ☎ ♿ 🅿 – 🏛 25 à 70. AE ⓓ GB
R *(fermé le midi en août et dim.)* 86/165 🍷, enf. 57 – ☕ 40 – **76 ch** 260/310 – ½ P 249/256.

par la sortie ⑤ :

à St-Priest : 12 km par A 43 et D 148 - JT – 41 876 h. – ✉ **69800** :

Monnet, 7 r. A. Briand (D 518) ✆ 78 20 15 19, Fax 78 21 82 58, 🌳 – 🅿. AE ⓓ GB. ✗
fermé août, sam. soir et dim. – **R** 95/200 🍷, enf. 70.

à l'aérogare de Satolas : 27 km par A 43 – ✉ **69125** Lyon Satolas Aéroport :

Sofitel Ⓜ sans rest, 3ᵉ étage ✆ 72 23 38 00, Télex 380480, Fax 72 23 98 00, ← – 🛗 ⚭ ch ▤ 📺 ☎ ♿. AE ⓓ GB
☕ 65 – **120 ch** 630.

XXX La Gde Corbeille, 1ᵉʳ étage ✆ 72 22 71 76, Télex 306723, Fax 72 22 71 72, ← – ▤.

X Le Bouchon, 1ᵉʳ étage ✆ 72 22 71 99, Télex 306723, Fax 72 22 71 72 – ▤
R brasserie.

par la sortie ⑥ :

à Feyzin : 12 km – 8 520 h. – ✉ **69320** :

Domotel Ⓜ, 7 r. J. Jaurès ✆ 78 70 25 25, Télex 301451, Fax 78 70 70 43, 🌳, 🏊 – ⚭ ch ▤ 📺 ☎ ♿ 🅿 – 🏛 40. AE ⓓ GB. ✗ rest
R 90/180 – ☕ 55 – **70 ch** 380 – ½ P 370.

par la sortie ⑧ :

à Brignais : 12 km par N 86 – 10 036 h. – ✉ **69530** :

Restotel des Barolles Ⓜ, rte Lyon ✆ 78 05 24 57, Fax 78 05 37 57, 🏊, 🌲 – ▤ rest 📺 ☎ ♿ 🅿 – 🏛 40. AE ⓓ GB
R *(fermé 15 au 31 août, Noël au Jour de l'An, lundi soir et dim.)* 98/240 🍷 – ☕ 30 – **27 ch** 260/270.

par la sortie ⑩ :

à Charbonnières-les-Bains : 8 km par N 7 – 4 033 h. alt. 240 – Stat. therm. – ✉ **69260** :

Thermes 🐌, aux Thermes ✆ 78 87 12 33, Télex 375528, Fax 78 87 83 01, 🌳 – 🛗 📺 ☎ 🅿 – 🏛 30. AE ⓓ GB
fermé 15 au 28 fév. – **R** 100/220 🍷 – ☕ 45 – **42 ch** 350/400 – ½ P 340.

Mercure, N7 ✆ 78 34 72 79, Télex 900972, Fax 78 34 88 94, 🌳, 🏊 – ⚭ ch ▤ 📺 ☎ 🚗 🅿 – 🏛 30 à 150. AE ⓓ GB
R 130/190, enf. 40 – ☕ 50 – **60 ch** 430.

Beaulieu sans rest, 19 av. Gén. de Gaulle ✆ 78 87 12 04, Fax 78 87 00 62 – 🛗 📺 ☎ 🅿 – 🏛 40. AE ⓓ GB
☕ 29 – **40 ch** 280/320.

par la sortie ⑪ :

Porte de Lyon - Échangeur A6 N 6 Sortie Limonest N : 10 km – ✉ **69570** Dardilly :

Novotel Lyon-Nord Ⓜ, ✆ 72 17 29 29, Télex 330962, Fax 78 35 08 45, 🌳, 🏊, 🌲 – 🛗 ⚭ ch ▤ 📺 ☎ 🅿 – 🏛 150. AE ⓓ GB JCB
R carte environ 160, enf. 50 – ☕ 48 – **107 ch** 400/445.

Mercure Ⓜ, ✆ 78 35 28 05, Télex 330045, Fax 78 47 47 15, 🌳, 🏊, 🎾 – 🛗 ⚭ ch ▤ rest 📺 ☎ 🅿 – 🏛 30 à 250. AE ⓓ GB JCB
R 120/160 bc, enf. 47 – ☕ 52 – **172 ch** 370/496.

Ibis Lyon Nord Ⓜ, ✆ 78 66 02 20, Télex 305250, Fax 78 47 47 93, 🌳, 🏊, 🌲 – ⚭ ch 📺 ☎ ♿ 🅿 – 🏛 30. AE GB
R 88/120 🍷, enf. 39 – ☕ 35 – **69 ch** 310/340.

Campanile, ✆ 78 35 48 44, Télex 310155, Fax 78 64 96 12, 🌳 – 📺 ☎ ♿ 🅿 – 🏛 35. AE GB
R 80 bc/102 bc, enf. 39 – ☕ 29 – **46 ch** 268.

XXX ✿ **Le Panorama** (Léron), à Dardilly-le-Haut, face église, ✉ 69570 Dardilly ✆ 78 47 40 19, Fax 78 43 20 31, 🌳, 🌲 – AE ⓓ GB
fermé fév., dim. soir et lundi – **R** 180/350 et carte 310 à 410, enf. 100
Spéc. Terrine de homard sauce grelette. Poêlée de langoustines aux blancs de poireaux et jus de truffe. Pigeonneau farci en croquemitouffle.

à Limonest : 13 km par A 6 et D 42 – ✉ 69760 :

XXX **La Gentil'Hordière,** ☎ 78 35 94 97, Fax 78 43 85 48, ⛱ – AE ⓓ GB
fermé 8 au 22 août, sam. midi et dim. soir – **R** 150/380.

X **Le Puy d'Or,** carrefour N 6 et D 42 ☎ 78 35 12 20 – GB
fermé 2 au 13 août, dim. soir et lundi – **R** 100/280, enf. 60.

MICHELIN, Agences régionales, 42-44 av. R.-Salengro ZA Poudrette à Vaulx-en-Velin JS ☎ **72 37 33 63** r. J.-P. Chevrot (7e) GT ☎ **78 69 49 48**

CONSTRUCTEUR : Renault Véhicules Industriels, Tour du Crédit Lyonnais, 129 r. Servient 69003 LYON EX ☎ **78 76 81 11** et Vénissieux HT

1er Arrondissement

RENAULT Haond, 12 pl. Chartreux AV ☎ 78 28 62 33 **N** ☎ 72 29 99 13

2e Arrondissement

RENAULT Gar. de Verdun, 6 cours Verdun BZ ☎ 78 37 26 31

3e Arrondissement

FIAT Lafayette Automobile, 292 à 300 cours Lafayette ☎ 78 53 33 33
V.A.G Gar. Bouteille, 195 av. F.-Faure ☎ 78 54 13 24
V.A.G Gacon, 85 r. P.-Corneille ☎ 78 60 94 13
VOLVO Actena, 87-89 av. F.-Faure ☎ 78 95 40 04

Ⓜ Comptoir du Pneu, 299 r. Duguesclin ☎ 78 62 84 86
Deshayes Pneus, 13 r. Louise ☎ 78 54 47 91
Deshayes-Pneus, 19 r. F. garcin ☎ 78 95 25 74
Euromaster Piot Pneu, 234 cours Lafayette ☎ 72 33 68 77
Gaudry-Pneu, 43-45 cours A.-Thomas ☎ 78 53 25 73
Métifiot, 70 r. Rancy ☎ 78 60 36 93

4e et 5e Arrondissements

RENAULT Gar. Choulans, 25 r. Basses-Verchères (5e) AY ☎ 78 36 24 11
RENAULT Gar. Point du Jour, 55 bis av. Point-du-Jour (5e) FS ☎ 78 25 02 52
RENAULT Gar. Mondon, 31 av. Barthelemy-Buyer FS **a** ☎ 78 25 29 18 **N** ☎ 78 36 88 57

Ⓜ Charcot-Pneus, 20 r. Jeunet ☎ 78 36 05 29
Métifiot, 5 pl. Tabareau ☎ 78 39 16 54

6e Arrondissement

BMW 6e Avenue, 198 av. Thiers ☎ 78 52 80 21
CITROEN Gar. Métropole, 115 r. Bugeaud EV ☎ 78 52 01 10 **N** ☎ 78 88 39 19
MERCEDES-BENZ Satal, 55 av. Mar.-Foch ☎ 72 43 31 60

7e Arrondissement

CITROEN Succursale, 35 r. de Marseille DZ ☎ 72 72 57 57 **N** ☎ 05 05 24 24
CITROEN Montveneur-Facultes, 212 Gde-R. Guillotière EZ ☎ 78 72 31 25
FORD Galliéni-Automobiles, 47 av. Berthelot ☎ 78 72 02 27
HONDA Clamagirand, 32 r. Aguesseau ☎ 78 72 40 27
LANCIA City Automobiles, 56 rte de Vienne ☎ 78 72 37 34
OPEL Stala, 136 av. Berthelot ☎ 72 73 21 21
RENAULT Prost, 244 av. J.-Jaurès GT ☎ 78 72 61 46
ROVER Kennings, 72 à 76 r. de Marseille ☎ 78 58 16 53

Ⓜ Boson, 39 r. Béchevelin ☎ 78 72 93 89
Euromaster Briday Pneus, 190 av. Berthelot ☎ 78 72 41 76
Gaudry-Pneu, 200 av. J.-Jaurès ☎ 72 73 00 98

8e Arrondissement

PEUGEOT-TALBOT Auto du Bachut, 322 av. Berthelot HT **d** ☎ 78 74 18 09

Métifiot, 71 av. J.-Mermoz ☎ 78 74 08 09

Ⓜ Euromaster Tessaro Pneus, 22 bis r. A.-Lumière ☎ 78 00 73 25

9e Arrondissement

BMW Gar. Maublanc, 6 r. Joannès-Carret ☎ 78 64 83 83
RENAULT Succursale, 4 r. St-Simon/93 r. Marietton FR ☎ 72 20 72 20 **N** ☎ 05 05 15 15

Ⓜ Euromaster Briday Pneus, 48 r. de Bourgogne ☎ 78 83 77 76

Brignais

Ⓜ Métifiot, rte d'Irigny, ZI Nord ☎ 78 05 33 04

Champagne-au-Mont-d'Or

PEUGEOT, TALBOT S.L.I.C.A.-Lyon Nord, 15 av. Gal de Gaulle ☎ 78 43 89 89

Dardilly

Ⓜ Euromaster Briday Pneus, chemin Moulin Carron ZI le Paisy ☎ 78 35 58 50

Ecully

CITROEN Succursale, 5 r. J.-M.-Vianney FR **a** ☎ 78 33 52 00 **N**

Meyzieu

PEUGEOT Gar. des Servizières, 116 r. République par ③ ✆ 78 31 40 59

Oullins

Ⓜ Comptoir du Pneu, 44 che. des Célestins ✆ 78 51 04 06

Pneumatech, 133 av. des Acqueducs de Beaumont ✆ 78 51 61 90

Rillieux

PEUGEOT-TALBOT Slica, 971, av. Hippodrome par D 48E HR ✆ 72 01 30 50

RENAULT Bronner, chemin du Champ-de-Lierre ✆ 78 88 04 44 **N** ✆ 72 55 24 58

Saint-Fons

CITROEN Gar. J.-Jaurès, 52 av. J.-Jaurès HT **e** ✆ 78 70 94 61

PEUGEOT-TALBOT Gar. Centre, 12 av. G.-Péri HT **u** ✆ 78 70 94 62

SEAT Talas, 53 r. Carnot ✆ 78 70 53 74

Saint-Priest

CITROEN Gar. du Stade, 40 r. H.-Maréchal par D 518 JT ✆ 78 20 23 92

PEUGEOT-TALBOT Gar. Laval, 30 rte de Lyon par D 518 JT ✆ 78 20 07 85

RENAULT Caimi, 37 rte d'Heyrieux par D 518 JT ✆ 78 20 19 59

Ⓜ Comptoir du Pneu, 10 bis r. A.-Briand ✆ 78 20 29 28

Euromaster Briday Pneus, 52 r. L.-Pradel, ZI à Corbas ✆ 78 20 98 56

Gaudry-Pneu, 200 rte de Grenoble ✆ 78 90 73 77

Métifiot, ZI Lyder rte de Lyon ✆ 78 21 58 80

Sainte-Foy-lès-Lyon

CITROEN Gar. de la Plaine, 117 bis r. Cdt-Charcot FS **u** ✆ 78 59 62 15

CITROEN Gar. des Provinces, bd des Provinces FS ✆ 78 25 67 79

Tassin-la-Demi-Lune

PEUGEOT-TALBOT Tassin Automobiles, 100 av. République FS ✆ 78 34 31 36

RENAULT Gar. Méjat, 11 pl. P.-Vauboin FS **s** ✆ 78 34 23 50

Ⓜ Pneumatech, 142 av. de Gaulle ✆ 78 34 33 00

Vaulx-en-Velin

CITROEN Citroën Rhône Alpes, 15 av. Charles-de-Gaulle ✆ 78 79 00 09

PEUGEOT S.L.I.C.A., 40 av. de Bohlen JS **a** ✆ 72 37 13 13

RENAULT Renault Lyon Est, 52 av. de Bohlen JS ✆ 72 35 30 30 **N** ✆ (1) 42 52 82 82

V.A.G Gar. Excelsior, r. J.-M.-Merle ✆ 78 80 68 93

Ⓜ Euromaster Piot Pneu, 178 av. R.-Salengro ✆ 72 37 54 35

Villeurbanne

CITROEN Badel, 38 r. F.-Chirat HS ✆ 78 54 58 50

SEAT Talas, 37 r. P.-Verlaine ✆ 78 84 81 44

Ⓜ Éts Cintas, 10 r. Sylvestre ✆ 78 52 59 42

Comptoir du Pneu, 27 r. J.-Jaurès ✆ 78 54 84 53

Deshayes-Pneus, 51 r. Anatole France ✆ 78 68 33 34

Dorcier Ayme Pneus, r. Boulevard ✆ 78 89 78 08

La Maison des Pneus, 42 à 46 r. A.-Perrin ✆ 78 53 28 52

Rhône-Pneus, 80 cours Tolstoï ✆ 78 84 95 24

Vénissieux

CITROEN Gar. du Centre, Éts Faure, 50-52 bd L.-Gérin HT **u** ✆ 72 50 09 61

MERCEDES Salta, bd L.-Bonnevay ✆ 78 75 18 01

PEUGEOT-TALBOT S.L.I.C.A., 2 r. Frères-Bertrand HT **s** ✆ 78 77 30 30 **N** ✆ 72 29 89 46

RENAULT Succursale Lyon-Sud, 364 rte de Vienne HT **n** ✆ 78 77 78 77 **N**

Ⓜ Euromaster Piot Pneu, 69 r. A.-Sentuc, ZAC l'Arsenal ✆ 72 51 05 08

LYONS-LA-FORÊT

27480 Eure 55 ⑧ **G. Normandie Vallée de la Seine** – 701 h alt. 109.

Voir Forêt★★ : hêtre de la Bunodière★ – N.-D.-de la Paix ≤★ O : 1,5 km.

Paris 105 – ♦Rouen 35 – Les Andelys 20 – Forges-les-Eaux 29 – Gisors 29 – Gournay-en-Bray 24.

- **La Licorne,** ✆ 32 49 62 02, Fax 32 49 80 09, 余, « Jardin fleuri » – ☎ Ⓟ – 🏛 30. AE ⓓ GB. ✻ ch
  fermé 20 déc. au 20 janv., dim. soir et lundi d'oct. à mars – **R** 175/280 – ☐ 65 – **13 ch** 365/480, 6 appart. – ½ P 355/405.
- **Domaine St-Paul** ⑤, N : 1 km par rte Forges-les-Eaux ✆ 32 49 60 57, Fax 32 49 56 05, « Pavillons dans parc fleuri », 🏊 – ☎ Ⓟ – 🏛 30. GB
  3 avril-15 nov. – **R** 130/160 – **17 ch** (½ pens. seul.) – ½ P 280/360.

LYS-LEZ-LANNOY

59 Nord 51 ⑯ – rattaché à Roubaix.

MACÉ

61 Orne 60 ③ – rattaché à Sées.

MACHILLY

74140 H.-Savoie 70 ⑯ – 829 h alt. 530.

Paris 551 – Thonon-les-Bains 18 – Annemasse 11 – ♦Genève 21.

- ✕✕ **Refuge des Gourmets,** D 206 ✆ 50 43 53 87, 余 – Ⓟ. AE ⓓ GB
  fermé 26 juil. au 11 août, 3 au 7 janv., dim. soir et lundi – **R** 140/225, enf. 50.

La MACHINE (Col de) 26 Drôme 77 ⑬ – rattaché à St-Jean-en-Royans.

MÂCON P 71000 S.-et-L. 69 ⑲ **G. Bourgogne** – 37 275 h alt. 175.

Voir Apothicairerie★ de l'Hôtel-Dieu BY – Musée des Ursulines★ BY **M1**.

Env. Clocher★ de l'église de St-André par ② : 8,5 km.

18 de la Commanderie ✆ 85 30 44 12, par ② : 7 km.

Office de Tourisme 187 r. Carnot ✆ 85 39 71 37, Télex 800762 avec A.C. ✆ 85 38 06 00 – Maison Mâconnaise des Vins (dégustation et machon bourguignon, ventes de vin AOC à emporter), 484 av. de-Lattre-de-Tassigny ✆ 85 38 36 70 BY.

Paris 393 ① – Bourg-en-Bresse 36 ② – Chalon-sur-Saône 58 ① – ♦Lyon 69 ③ – Roanne 95 ④.

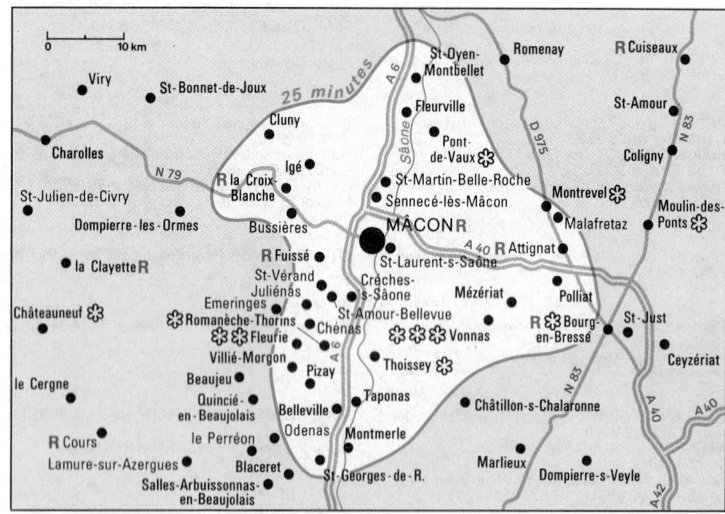

Mercure-Altéa Mâcon M, 26 r. Coubertin par ① : 0,5 km ✆ 85 38 28 06, Télex 800830, Fax 85 39 11 45, ←, – ch – 80. AE GB
Le St-Vincent **R** 98/148 enf. 50 – ☐ 55 – **63 ch** 460/560.

Bellevue, 416 quai Lamartine ✆ 85 38 05 07, Télex 800837, Fax 85 38 54 60 – . AE GB JCB — BZ **u**
R *(fermé 23 nov. au 15 déc. et lundi)* 150/280 – ☐ 43 – **24 ch** 390/590 – ½ P 400/500.

Terminus, 91 r. V. Hugo ✆ 85 39 17 11, Télex 351938, Fax 85 38 02 75, – rest – 50. AE GB JCB — AZ **t**
R 88/170, enf. 38 – ☐ 36 – **48 ch** 250/370 – ½ P 237.

Bourgogne, 6 r. V.-Hugo ✆ 85 38 36 57, Télex 351940, Fax 85 38 65 92 – ch – 25. AE GB JCB — AYZ **n**
La Perdrix ✆ 85 39 07 05 **R** 73/170, enf. 45 – ☐ 36 – **48 ch** 248/340 – ½ P 250/265.

Nord sans rest, 313 quai J. Jaurès ✆ 85 38 08 68, Fax 85 39 01 92 – . AE GB — BY **a**
fermé dim. du 1er nov. au 1er mars – ☐ 26 – **21 ch** 170/220.

Concorde sans rest, 73 r. Lacretelle ✆ 85 34 21 47, Fax 85 29 21 79 – . GB — AY **d**
☐ 28 – **15 ch** 185/245.

XX **Rocher de Cancale,** 393 quai J. Jaurès ✆ 85 38 07 50, Fax 85 38 70 47 – . GB — BZ **r**
fermé 14 juin au 5 juil., dim. soir et lundi – **Repas** 98/210, enf. 60.

XX **Pierre,** 7 r. Dufour ✆ 85 38 14 23 – GB — BZ **k**
fermé dim. soir et lundi – **R** 95/250, enf. 75.

XX **Laurent Couturier,** 70 r. Lyon AZ ✆ 85 38 16 16 – GB
fermé 7 au 29 août, 3 au 10 janv., sam. midi et dim. – **R** 105/340, enf. 60.

XX **Le Poisson d'Or,** allée Parc par ① et bords de Saône : 1 km ✆ 85 38 00 88, Fax 85 38 82 55, ←, « Terrasse ombragée en bordure de Saône » – . GB
fermé 25 oct. au 15 nov., 24 déc. au 3 janv., mardi soir et merc. – **R** 90/220, enf. 45.

XX **Les Tuileries,** quai Marans BZ ✆ 85 38 43 30, Fax 85 39 35 10, – . GB
fermé 1er au 15 août et sam. midi – **R** 80/230.

X **Le Charollais,** 71 r. Rambuteau ✆ 85 38 36 23 – GB — AY **v**
fermé 7 au 21 juin, mardi soir et merc. – **R** 70/180.

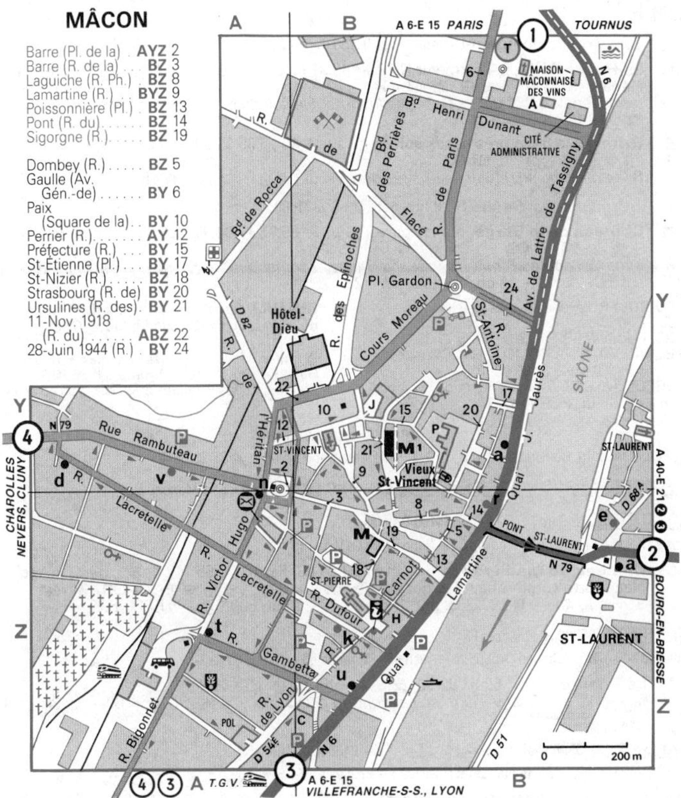

à St-Laurent-sur-Saône (Ain), rive gauche - Est du plan – ✉ **01620** St-Laurent :

🏨 **Beaujolais** sans rest, face pont St-Laurent ✆ 85 38 42 06 – ☎. GB — BZ **a**
fermé 19 déc. au 2 janv. et dim. d'oct. à mars – ☕ 25 – **16 ch** 145/195.

XXX **Les Capucines,** 47 r. J. Jaurès ✆ 85 39 11 05, Fax 85 38 29 60 – ▤. AE GB — BZ **e**
fermé 3 au 10 janv. et lundi soir – **R** 98/300, enf. 60.

X **Le Saint-Laurent,** 1 quai Bouchacourt ✆ 85 39 29 19, ≤, 🌳, cadre bistrot – AE ⓓ — BZ **b**
fermé 3 janv. au 11 fév. – **R** 150/210.

à l'échangeur A6-N6 de Mâcon-Nord par ① : 7 km – ✉ **71000** Mâcon :

🏨 **Novotel** M, ✆ 85 36 00 80, Télex 800869, Fax 85 36 02 45, 🌳, 🏊, 🌲 – 🚭 ch ▤ TV ☎ ♿ P – 🏛 25 à 250. AE ⓓ GB
R carte environ 150, enf. 50 – ☕ 48 – **111 ch** 405/480.

à Sennecé-lès-Mâcon par ① : 7,5 km – ✉ **71000** Mâcon :

🏨 **de la Tour,** ✆ 85 36 02 70, Fax 85 36 03 47, 🌳, 🌲 – TV ☎ P. GB. ✻ rest
R 95/210 🍷, enf. 56 – ☕ 37 – **23 ch** 170/300 – ½ P 210/249.

à St-Martin-Belle-Roche par ① : 10 km – ✉ **71118** :

XX **Port St-Nicolas,** en bordure de Saône ✆ 85 36 00 86, ≤, 🌳 – P. GB
fermé 4 janv. au 4 fév., mardi soir et merc. – **R** 100/230 🍷, enf. 55.

sur autoroute A6 aire La Salle (en venant de Paris : aire St-Albain) ou par ① : 14 km – ✉ **71260** Lugny :

🏨 **Mercure** M, ✆ 85 33 19 00, Télex 800881, Fax 85 33 13 13, 🌳, 🏊, 🌲 – |♦| ▤ TV ☎ ♿ P – 🏛 80. AE ⓓ GB
R (dîner seul. de sept. à juin) carte 150 à 210, enf. 45 – ☕ 52 – **98 ch** 395/560.

par ② rte de Bourg-en-Bresse – ✉ **01750** Replonges :

La Huchette Ⓜ, à 4,5 km sur N 79 ✆ 85 31 03 55, Fax 85 31 10 24, ≤, parc, « Décor élégant », – TV ☎ P. AE ① GB
fermé 8 nov. au 12 déc. – **R** *(fermé lundi sauf le soir de mai à sept. et mardi midi)* 140/380 – ☕ 60 – **12 ch** 600/650.

Orion Ⓜ, à 5 km près accès sortie n°3 sur A 40 ✆ 85 31 00 10, Fax 85 31 00 90, – TV ☎ ♿ P – 🏛 70. AE GB
R *(fermé dim. soir)* (dîner seul.)(résidents seul.) 75 – ☕ 32 – **35 ch** 250/280 – ½ P 247.

à Crèches-sur-Saône S : 8 km par ③ – ✉ **71680** :

Château de la Barge, par rte gare T.G.V. ✆ 85 37 12 04, Fax 85 37 17 18, parc – ☎ P – 🏛 40. AE ① GB
fermé 23 oct. au 8 nov., 18 déc. au 3 janv., sam. et dim. du 1er nov. à Pâques – **R** 90/200, enf. 50 – ☕ 31 – **24 ch** 190/275 – ½ P 230/285.

BMW-ROVER Favède, 18 r. Lacretelle ✆ 85 38 46 05
FORD Corsin, N 6 à Sancé ✆ 85 38 73 33
OPEL, VOLVO, ALFA ROMEO, Gar. Chauvot, rte de Lyon N 6 ✆ 85 34 98 98 N
PEUGEOT-TALBOT Gounon, 89 rte de Lyon par ③ ✆ 85 29 14 14 N ✆ 85 34 42 50

RENAULT Succursale, carrefour de l'Europe et rue de Lyon par ③ ✆ 85 38 25 50 N ✆ 05 05 15 15

Cintas Pneus, 120 r. des flandines ✆ 85 29 25 04
Gaudry-Pneu, 71 rte de Lyon ✆ 85 34 70 10
Métifiot, ZI des Platrières à Sancé ✆ 85 38 94 04

Périphérie et environs

CITROEN Autom. du Maconnais, ZAC des Platières à Sancé par ① ✆ 85 38 58 40

La MADELAINE-SOUS-MONTREUIL 62 P.-de-C. 51 ⑫ – rattaché à Montreuil.

MADIÈRES 30 Gard 80 ⑯ – ✉ **34190** Ganges.
Paris 721 – ♦Montpellier 63 – Lodève 32 – Nîmes 78 – Le Vigan 19.

Château de Madières Ⓜ, ✆ 67 73 84 03, Fax 67 73 55 71, ≤, parc, « Ancienne place forte surplombant les gorges de la Vis », – TV ☎ P. AE GB. rest
3 avril-14 nov. – **R** 180/335, enf. 115 – ☕ 68 – **10 ch** 600/975 – ½ P 530/695.

MADIRAN **65700** H.-Pyrénées 82 ② – 553 h alt. 128.
Paris 752 – Pau 47 – Aire-sur-l'Adour 28 – Auch 69 – Mirande 50 – Tarbes 40.

Le Prieuré, ✆ 62 31 92 50, – TV ☎ P. AE GB
fermé 11 au 25 janv., dim. soir et lundi d'oct. à mai – **R** 85/270, enf. 60 – ☕ 30 – **10 ch** 230/270 – ½ P 240.

MAFFLIERS **95560** Val-d'Oise 55 ⑳ 106 ⑦ – 1 168 h alt. 160.
Paris 29 – Compiègne 67 – Beaumont-sur-Oise 9,5 – Beauvais 49 – Senlis 35.

Novotel Château de Maffliers Ⓜ, ✆ (1) 34 73 93 05, Télex 605701, Fax (1) 34 69 97 49, « Parc », – ch TV ☎ ♿ P – 🏛 25 à 150. AE ① GB
R carte environ 200, enf. 52 – ☕ 50 – **80 ch** 550.

MAGAGNOSC 06 Alpes-Mar. 84 ⑧ – rattaché à Grasse.

MAGESCQ **40140** Landes 78 ⑯ – 1 218 h alt. 25.
Paris 728 – Biarritz 52 – Mont-de-Marsan 65 – ♦Bayonne 46 – Castets 12 – Dax 15 – Soustons 10.

Relais de la Poste (Coussau) Ⓜ, ✆ 58 47 70 25, Télex 571349, Fax 58 47 76 17, parc, – rest TV ☎ P. AE ① GB. ch
fermé 11 nov. au 23 déc., lundi midi en juil.-août, lundi soir et mardi de sept. à juin – **R** (week-ends, prévenir) 280/360 et carte 300 à 420 – ☕ 60 – **10 ch** 550/650
Spéc. Foie gras de canard chaud aux raisins. Coquilles Saint-Jacques aux truffes (déc. à avril). Gibier (saison). **Vins** Tursan, Vin des Sables.

Le Cabanon et la Grange au Canard, N : 0,8 km sur ancienne N 10 ✆ 58 47 71 51, Fax 58 57 35 45, « Demeure landaise rustique », – P. GB
fermé 15 sept. au 15 oct., dim. soir et lundi – **R** 120/190 - **La Grange au Canard R** 220/304.

MAGNAC-BOURG **87380** H.-Vienne 72 ⑱ – 857 h alt. 453.
Paris 426 – ♦Limoges 29 – St-Yrieix-la-Perche 27 – Uzerche 27.

Midi, N 20 ✆ 55 00 80 13, Fax 55 48 70 96, – TV ☎. AE ① GB
fermé 15 au 30 nov., 17 janv. au 14 fév. et lundi hors sais. sauf fériés – **R** 75/200, enf. 50 – ☕ 30 – **11 ch** 210/280 – ½ P 280.

Voyageurs avec ch, N 20 ✆ 55 00 80 36 – TV ☎. GB.
fermé 14 au 22 sept., 5 au 15 janv., sam. sauf vacances scolaires et mardi soir – **R** 98/240, enf. 70 – ☕ 35 – **7 ch** 190/250 – ½ P 200.

Aub. Étang avec ch, ✆ 55 00 81 37, Fax 55 48 70 74, – TV ☎ – 🏛 30. GB
fermé 12 au 25 oct., 23 déc. au 23 janv., dim. soir et lundi hors sais. – **R** 64/250 – ☕ 33 – **14 ch** 220/320 – ½ P 230/280.

MAGNY-COURS 58 Nièvre 69 ③ ④ – rattaché à Nevers.

MAGNY-EN-VEXIN 95420 Val-d'Oise 55 ⑱ ⑲ 106 ③ – 5 050 h alt. 75.

18 de Villarceaux ✆ (1) 34 67 73 83, SO : 9 km.

Paris 61 – Beauvais 50 – Gisors 16 – Mantes-la-Jolie 22 – Pontoise 29 – ♦Rouen 63 – Vernon-sur-Eure 28.

X **Cheval Blanc,** r. Carnot ✆ (1) 34 67 00 37 – AE GB
fermé août, vacances de fév., le soir (sauf sam.) et merc. – **R** 130/180, enf. 60.

CITROEN Gar. de la Place d'Armes ✆ (1) 34 67 00 70
PEUGEOT-TALBOT Gar. Beauval ✆ (1) 34 67 00 44
RENAULT Magny Automobiles, 61 r. de Crosne ✆ 34 67 00 46
Euromaster Fischbach Pneu Service, 11 r. Dr-Fourniols ✆ (1) 34 67 13 94

MAILLANE 13 B.-du-R. 81 ⑪ ⑫ – rattaché à St-Rémy-de-Provence.

MAILLEZAIS 85420 Vendée 71 ① G. Poitou Vendée Charentes – 930 h alt. 14.

Voir Ancienne abbaye de Maillezais★.

Paris 434 – La Rochelle 44 – Fontenay-le-Comte 12 – Niort 29 – La Roche-sur-Yon 69.

St Nicolas sans rest, ✆ 51 00 74 45, Fax 51 87 29 10 – TV ☎. GB
fermé fév. – ☕ 32 – **16 ch** 195/295.

XX **Le Collibert,** ✆ 51 87 25 07, Fax 51 87 25 24 – GB
fermé 15 nov. au 15 déc., 15 janv. au 1er mars, dim. soir et lundi sauf du 1er juin au 15 sept. – **R** 115/280, enf. 48.

CITROEN Gar. Thouard ✆ 51 00 74 68

MAILLY-LE-CHÂTEAU 89660 Yonne 65 ⑤ G. Bourgogne – 555 h alt. 170.

Voir ≤★ de la terrasse.

Paris 197 – Auxerre 29 – Avallon 30 – Clamecy 22 – Cosne-sur-Loire 64.

XX **Le Castel** avec ch, près Eglise ✆ 86 81 43 06, Fax 86 81 49 26, – ☎. GB
15 mars-15 sept. et fermé mardi soir du 1er oct. au 1er avril et merc. – **R** 75/170 – ☕ 36 – **12 ch** 210/300.

Les MAILLYS 21 Côte-d'Or 66 ⑬ – rattaché à Auxonne.

MAISON-DU-ROY 05 H.-Alpes 77 ⑱ – rattaché à Guillestre.

MAISON-JEANNETTE 24 Dordogne 75 ⑤ – ✉ 24140 Villamblard.

Paris 521 – Périgueux 24 – Bergerac 23 – Vergt 11.

Tropicana, ✆ 53 82 98 31, Fax 53 80 45 50, parc, – TV ☎ P – 30. AE GB
fermé 20 déc. au 10 fév., vend. soir et sam. midi hors sais. – **R** 58/190 – ☕ 32 – **23 ch** 220/295 – ½ P 170/190.

MAISON NEUVE 16 Charente 72 ⑭ – rattaché à Angoulême.

MAISONS-ALFORT 94 Val-de-Marne 61 ①, 101 ㉗ – voir à Paris, Environs.

MAISONS-LAFFITTE 78 Yvelines 55 ⑳, 101 ⑬ – voir à Paris, Environs.

MAISONS-LÈS-CHAOURCE 10 Aube 61 ⑰ – rattaché à Chaource.

MAIZIÈRES-LÈS-METZ 57 Moselle 57 ④ – rattaché à Metz.

MALAFRÉTAZ 01340 Ain 70 ⑫ – 624 h alt. 217.

Paris 399 – Bourg-en-Bresse 16 – Lons-le-Saunier 58 – Louhans 40 – Mâcon 27 – Tournus 37.

Le Pillebois M sans rest, D 975 ✆ 74 25 48 44, Fax 74 25 48 79, – TV ☎ ♿ P – 30. AE GB
fermé 25 déc. au 1er janv. et dim. soir du 1er oct. au 30 avril – ☕ 30 – **30 ch** 230/280.

RENAULT Goyard ✆ 74 30 80 62 N

MALAKOFF 92 Hauts-de-Seine 60 ⑩, 101 ㉕ – voir à Paris, Environs.

MALAUCÈNE 84340 Vaucluse 81 ③ G. Provence – 2 172 h alt. 377.

Voir O : Dentelles de Montmirail★.

Env. Mont Ventoux ✻★★★ E : 21 km.

Office de Tourisme pl. Mairie (vacances de printemps, 15 juin-15 sept.) ✆ 90 65 22 59.

Paris 679 – Avignon 43 – Carpentras 18 – Vaison-la-Romaine 9,5.

Origan, ✆ 90 65 27 08, – ☎ P. GB
hôtel : 15 fév.-15 nov. ; rest. : 1er mars-31 oct. – **R** 80/130, enf. 40 – ☕ 28 – **25 ch** 200/235.

X **Host. La Chevalerie** avec ch, ✆ 90 65 11 19, – . GB
fermé 1er au 15 mars et mardi – **R** 85/200 – ☕ 30 – **6 ch** 230/320 – ½ P 230.

CITROEN Gar. Meffre ✆ 90 65 20 26
RENAULT Gar. du Ventoux ✆ 90 65 20 23

MALAY 71460 S.-et-L. 70 ⑪ G. Bourgogne – 200 h alt. 204.

Voir Château de Cormatin★★ : cabinet de Ste-Cécile★★★ S : 3 km.

Paris 370 – Chalon-sur-Saône 34 – Mâcon 39 – Montceau-les-Mines 37 – Paray-le-Monial 54.

La Place M, sur D 981 ✆ 85 50 15 08, Fax 85 50 13 23 – TV ☎ ♿ P. GB
fermé janv., dim. soir et lundi de nov. à avril – **R** 65/250 ♧, enf. 45 – ☕ 35 – **30 ch** 245/265 – ½ P 225.

MALAY-LE-PETIT 89 Yonne 61 ⑭ – rattaché à Sens.

MALBUISSON 25160 Doubs 70 ⑥ G. Jura – 366 h alt. 900.

Voir Lac de St-Point★.

Syndicat d'Initiative Lac St-Point (fermé après-midi hors saison) ✆ 81 69 31 21.

Paris 452 – ♦Besançon 75 – Champagnole 38 – Pontarlier 16 – St-Claude 72 – Salins-les-Bains 46.

Le Lac, ✆ 81 69 34 80, Fax 81 69 35 44, ≤, – |‡| TV ☎ P. ⓓ GB
fermé 18 nov. au 18 déc. sauf week-ends – **R** 100/240, enf. 50 – ☕ 42 – **54 ch** 220/320 – ½ P 200/265.

XX ✿ **Jean-Michel Tannières** avec ch, ✆ 81 69 30 89, Fax 81 69 39 16 – TV ☎ P. AE ⓓ GB
fermé 19 au 30 avril, 20 au 25 déc., 3 au 23 janv., mardi midi de sept. à juin et lundi (sauf hôtel en juil.-août) – **R** 130/370, enf. 70 – ☕ 50 – **7 ch** 220/390 – ½ P 300/400
Spéc. Croûte de morilles à l'ancienne. Gratin de féra aux herbes potagères. Filet de boeuf en croûte de sel. **Vins** Côtes du Jura blanc, Arbois.

XX **Au Bon Accueil** avec ch, ✆ 81 69 30 58, Fax 81 69 37 60, – TV ☎ P. GB. ✻ rest
fermé 13 au 22 avril, 20 déc. au 20 janv., dim. soir du 1er oct. au 15 avril, mardi midi et lundi – **R** 90/250, enf. 65 – ☕ 35 – **14 ch** 210/280 – ½ P 240/330.

aux Granges-Ste-Marie SO : 2,5 km par D 437 et D 9 – ✉ 25160 Malbuisson :

Pont, ✆ 81 69 34 33, Fax 81 69 34 74, ≤, – ☎ P. GB. ✻
fermé 9 au 28 mai, 15 oct. au 26 déc., dim. soir et lundi hors sais. – **R** 72/148 ♧ – ☕ 26 – **24 ch** 120/250 – ½ P 180/215.

Repas 100/130 A good moderately priced meal.

La MALÈNE 48210 Lozère 80 ⑤ G. Gorges du Tarn – 188 h alt. 452.

Voir O : les Détroits★★ et cirque des Baumes★★ (en barque).

Maison du Tourisme (juil.-août) ✆ 66 48 50 77 et à la Mairie (hors saison après-midi seul.) ✆ 66 48 51 16.

Paris 625 – Mende 41 – Florac 40 – Millau 42 – Séverac-le-Ch. 32 – Le Vigan 78.

Manoir de Montesquiou, ✆ 66 48 51 12, Fax 66 48 50 47, ≤, « Belle demeure du 15e siècle », – ☎ P. ⓓ GB. ✻ rest
1er avril-fin oct. – **R** 170/265, enf. 70 – ☕ 50 – **12 ch** 390/720 – ½ P 415/580.

au Château de la Caze NE : 5,5 km sur D 907 bis – ✉ 48210 Ste-Enimie :

Voir Cirque de Pougnadoires★ N : 2 km – Cirque de St-Chély★ E : 5 km.

Château de la Caze ✆ 66 48 51 01, Fax 66 48 55 75, « Château du 15e siècle au bord du Tarn, parc », – TV ☎ P. AE ⓓ GB. ✻ rest
début mai-fin oct. – **R** *(fermé mardi)* (dîner seul. sauf week-ends et fêtes) 150/400, enf. 70 – ☕ 50 – **12 ch** 550/900 – ½ P 575/850.

A la Ferme, ≤ **Château**
6 appart. – ½ P 950/1000 P 850/1000.

MALESHERBES 45330 Loiret 61 ⑪ G. Ile de France – 5 778 h alt. 140.

Syndicat d'Initiative 2 r. Pilonne (après-midi seulement) ✆ 38 34 81 94.

Paris 82 – Fontainebleau 27 – Étampes 26 – Montargis 63 – ♦Orléans 62 – Pithiviers 18.

Écu de France, pl. Martroi ✆ 38 34 87 25 – TV ☎ P. AE ⓓ GB
R *(fermé jeudi)* 100/230 ♧, enf. 38 – ☕ 37 – **14 ch** 115/340 – ½ P 180/275.

à Buthiers (77 S.-et-M.) S : 2 km – ✉ 77760 :

XX **Roches Gourmandes,** ✆ (1) 64 24 14 00 – GB
fermé 7 au 28 sept., 11 au 25 janv., lundi sauf le midi d'avril à sept. et mardi – **R** 85/170, enf. 60.

CITROEN Amant, 20 av. Gén.-Leclerc ✆ 38 34 84 56
PEUGEOT-TALBOT Gar. Thomas, 17 r. A.-Cochery ✆ 38 34 81 41
RENAULT Gar. Central, 39 av. Gén.-Patton ✆ 38 34 60 36

MALICORNE-SUR-SARTHE 72270 Sarthe 64 ② G. Châteaux de la Loire – 1 659 h alt. 36.

Paris 237 – Château-Gontier 52 – La Flèche 16 – ♦Le Mans 31.

X **La Petite Auberge,** au pont ✆ 43 94 80 52, Fax 43 94 31 37 – GB
fermé 1/2 au 5/3, mardi soir, dim. soir et lundi du 20/9 au 1/5, merc. soir et jeudi soir en déc. et janv. – **R** 79/265, enf. 58.

à Dureil NO : 6 km par D 8 et VO – ✉ **72270** :

X **Aub. des Acacias,** ✆ 43 95 34 03, – GB
fermé dim. soir et lundi – **R** 75/150.

RENAULT Gar. Georget ✆ 43 94 80 20

MALO-LES-BAINS 59 Nord 51 ④ – rattaché à Dunkerque.

MALVAL (col de) 69 Rhône 73 ⑲ – rattaché à Vaugneray.

Le MALZIEU-VILLE 48140 Lozère 76 ⑮ – 947 h alt. 860.

Paris 553 – Le Puy-en-Velay 70 – Mende 51 – Millau 112 – Rodez 107 – St-Flour 37.

Voyageurs, rte Saugues ✆ 66 31 70 08, Fax 66 31 80 36 – ☎ P. GB.
fermé 20 déc. au 28 fév. – **R** *(fermé dim. soir hors sais.)* 70/150 – 32 – **18 ch** 230/290 – ½ P 230.

CITROEN Gar. Vidal ✆ 66 31 71 85

MAMERS 72600 Sarthe 60 ⑭ **G. Normandie Vallée de la Seine** – 6 071 h alt. 128.

Syndicat d'Initiative avec A.C. pl. République ✆ 43 97 60 63.

Paris 183 – Alençon 26 – ◆Le Mans 43 – Mortagne-au-Perche 24 – Nogent-le-Rotrou 38.

XX **Bon Laboureur** avec ch, 1 r. P.-Bert ✆ 43 97 60 27, Fax 43 97 16 19 – TV ☎. AE GB
fermé vend. et sam. midi d'oct. à mai – **R** 58/175, enf. 45 – 25 – **10 ch** 150/280 – ½ P 210/240.

au Pérou (61 Orne) E : 6 km par rte Bellême – ✉ **61360** Chemilly :

X **Petite Auberge,** ✆ 33 73 11 34, – P. GB
fermé lundi soir et mardi – **R** 120/260, enf. 50.

CITROEN Autos du Saosnois, 103 rte du Mans ✆ 43 97 60 17 N ✆ 43 97 98 77
PEUGEOT TALBOT Gar. du Saosnois, rte de Bellême à Suré ✆ 43 97 64 92
RENAULT Foullon-Dagron, Le Magasin à St-Rémy-des-Monts ✆ 43 97 63 03 N ✆ 43 97 63 03

MANCIET 32 Gers 82 ③ – rattaché à Eauze.

MANDELIEU-LA-NAPOULE 06210 Alpes-Mar. 84 ⑧ 115 ㉞ **G. Côte d'Azur** – 16 493 h alt. 25.

Voir N : Route de Mandelieu ≤★★.

Golf-Club de Cannes-Mandelieu ✆ 93 49 55 39, S : 2 km ; Riviera Golf Club, ✆ 93 38 32 55, SO : 2 km.

Maison du Tourisme bd de la Tavernière "Les Vigies" ✆ 92 97 86 46, Télex 462043 ; av. Cannes ✆ 93 49 14 39 et bd H.-Clews ✆ 93 49 95 31.

Paris 896 – Cannes 7 – Fréjus 29 – Brignoles 86 – Draguignan 53 – ◆Nice 37 – St-Raphaël 32.

Domaine d'Olival M sans rest, 778 av. Mer ✆ 93 49 31 00, Fax 92 97 69 28, « Jardin fleuri », – cuisinette TV ☎ P. AE GB
fermé 31 oct. au 10 janv. – 58 – **7 ch** 925, 11 appart..

Host. du Golf M, 780 av. Mer ✆ 93 49 11 66, Télex 470948, Fax 92 97 04 01, – TV ☎ P – 25. AE GB
R 140/180, enf. 70 – 40 – **45 ch** 570/860, 10 appart. – ½ P 480.

Les Bruyères M sans rest, 1400 av. Fréjus ✆ 93 49 92 01, Fax 93 49 21 55, – cuisinette TV ☎ P. AE GB
40 – **14 ch** 500/550.

Acadia sans rest, 681 av. Mer ✆ 93 49 28 23, Fax 92 97 55 54, – TV ☎ P. GB.
fermé 1er au 20 déc. – 35 – **27 ch** 390/590.

Méditerranée, 454 av. Vacqueries ✆ 93 93 00 93, Fax 92 97 55 64, – TV ☎. AE GB
R 65/140 – 40 – **20 ch** 340/420 – ½ P 310/330.

La Napoule – alt. 18 – ✉ **06210.**

Voir Site★ du château-musée.

Paris 899 – Cannes 8,5 – Mandelieu-la-Napoule 3 – ◆Nice 40 – St-Raphaël 32.

Royal M, ✆ 92 97 70 00, Télex 461820, Fax 93 49 51 50, ≤, – ch TV ☎ P – 70 à 700. AE GB
R 220/350 – 95 – **185 ch** 980/1850, 17 appart., 9 duplex – ½ P 895/1245.

Ermitage du Riou, av. H.-Clews ✆ 93 49 95 56, Télex 470072, Fax 92 97 69 05, ≤, – ch TV ☎ P – 25. AE GB
R *(fermé 3 nov. au 22 déc.)* 185/320, enf. 75 – **40 ch** 810/1340 – ½ P 685/860.

Parisiana sans rest, r. Argentière ✆ 93 49 93 02 – ☎.
Pâques-20 oct. – 28 – **12 ch** 230/380.

Corniche d'Or sans rest, pl. Fontaine ✆ 93 49 92 51 –
25 avril-15 oct. – 25 – **12 ch** 155/270.

XXXX ✿✿ **L'Oasis,** 📞 93 49 95 52, Fax 93 49 64 13, « Patio ombragé et fleuri » – AE GB JCB
fermé le midi du 15 juil. au 7 sept. sauf dim., dim. soir et lundi hors sais. – **R** 450/600 et carte 430 à 560
Spéc. Foie gras chaud en verdure de blettes. Turbot en meunière de betteraves aux câpres. Langouste aux herbes thaïes. **Vins** Côtes de Provence.

XXX **La Maison de Bruno et Judy,** pl. Château 📞 93 49 95 15, – AE GB JCB
fermé 1er nov. au 15 déc. et mardi de déc. à mars – **R** 160/200.

XX **Brocherie II,** au Port 📞 93 49 80 73, <, décor marin – GB
fermé 3 janv. au 10 fév., lundi soir et mardi hors sais. – **R** 180.

XX **La Pomme d'Amour,** 209 av. 23-Août 📞 93 49 95 19, – GB
fermé janv., mardi (sauf le soir de juil. à sept.) et merc. midi – **R** 140/185.

MANDEREN **57** Moselle 57 ④ – rattaché à Sierck-les-Bains.

MANERBE **14** Calvados 55 ⑬ – rattaché à Lisieux.

MANIGOD **74230** H.-Savoie 74 ⑦ – 636 h alt. 950.

Voir Vallée de Manigod★★, G. Alpes du Nord.

Office de Tourisme Chef Lieu 📞 50 44 92 44.

Paris 562 – Annecy 26 – Chamonix-Mont-Blanc 73 – Albertville 40 – Bonneville 37 – La Clusaz 17 – Megève 38 – Thônes 6.

Chalet H. Croix-Fry ➤, rte Col de la Croix-Fry : 5,5 km 📞 50 44 90 16, Fax 50 44 94 87, < montagnes, – cuisinette – 25. GB JCB. rest
15 juin-20 sept. et 15 déc.-15 avril – **R** 140/350 – 55 – **10 ch** 650/1100 – ½ P 550/650.

au col de Croix-Fry NE : 7 km – ✉ **74230** Thônes :

Rosières ➤, 📞 50 44 90 27, Fax 50 44 94 70, <, – GB
fermé 12 mai au 1er juin et 15 nov. au 11 déc. – **R** 70/105, enf. 40 – 30 – **17 ch** 180/210 – ½ P 215/245.

MANOSQUE **04100** Alpes-de-H.-P. 81 ⑮ G. Alpes du Sud – 19 107 h alt. 387.

Voir Porte Saunerie★ – Sarcophage★ dans l'église N.-D. de Romigier – Fondation Carzou★ M – <★ du Mont d'Or NE : 1,5 km – <★ de la chapelle St-Pancrace 2 km par ③.

Country Club de Pierrevert (privé) 📞 92 72 17 19 ; SO : 7 km par ③ et D 6.

Office de Tourisme avec A.C. pl. Dr.-P.-Joubert 📞 92 72 16 00.

Paris 761 ③ – Digne-les-Bains 58 ① – Aix-en-P. 53 ② – Avignon 91 ③ – ◆Grenoble 191 ① – ◆Marseille 85 ②.

MANOSQUE

Grande (R.) 10
Hôtel-de-Ville (Pl. de l') 13
Marchands (R. des) 15

Arthur-Robert (R.) 2
Aubette (R. d') 3
Bret (Bd M.) 5
Chacundier (R.) 6
Dauphine (R.) 8
Giono (Av. J.) 9
Guilhempierre (R.) 12
J.-J. Rousseau (R.) 14
Mirabeau (Bd) 16
Mont d'Or (R. du) 17
Observantins (Pl. des) 19
Ormeaux (Pl. des) 20
Pelloutier (Bd C.) 22
Plaine (Bd de la) 23
République (R. de la) 26
St-Lazare (Av.) 28
Saunerie (R. de la) 30
Soubeyran (R.) 32
Tanneurs (R. des) 33
Tourelles (R. des) 34
Voland (R.) 35
Vraies-Richesses (Montée des) 36

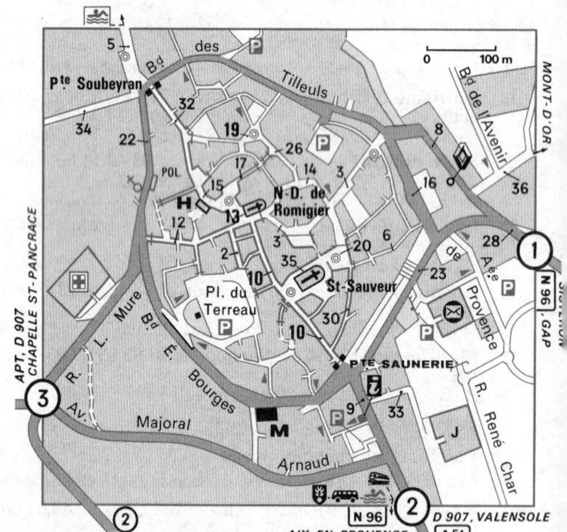

Pré St-Michel M ➤, N : 1,5 km par bd M. Bret et rte Dauphin 📞 92 72 14 27 – GB
R voir rest. **la Source** ci-après – 30 – **18 ch** 275 – ½ P 238.

Campanile, par ① 📞 92 87 59 00, Télex 405915, – AE GB
R 80 bc/102 bc, enf. 39 – 29 – **31 ch** 268.

XX **La Source,** N : 1,5 km par bd M. Bret et rte Dauphin 📞 92 72 12 79 – GB
fermé mardi midi et lundi – **R** 98/225, enf. 50.

à La Fuste SE : 6,5 km sur D 4 par ② et D 907 – ✉ **04210** Valensole :

Host. de la Fuste (Jourdan) , ☎ 92 72 05 95, Fax 92 72 92 93, <, , « Parc fleuri », – TV ☎ & P. AE ⓓ GB
fermé 5 janv. au 1er mars, dim. soir et lundi du 30 sept. au 30 juin sauf fériés – **R** (nombre de couverts limité - prévenir) 280/480 et carte 370 à 600, enf. 140 – ☕ 90 – **14 ch** 600/1100 – ½ P 800/1050
Spéc. Truffes du pays. Agneau de lait. Gibier (saison). **Vins** Côtes du Lubéron, Palette.

à Villeneuve par ① et N 96 : 12 km – ✉ **04180** :

Mas St Yves , ☎ 92 78 42 51, Fax 92 78 59 93, <, , parc, – TV ☎ P. GB. rest
fermé 15 déc. au 1er fév., dim. soir du 15 oct. à Pâques et lundi midi sauf juil.-août – **R** 79/265, enf. 45 – ☕ 35 – **15 ch** 265/365 – ½ P 285/335.

à St-Maime N : 14 km par ① et D13 – ✉ **04300** :

XX **Bois d'Asson,** ☎ 92 79 51 20, Fax 92 79 50 50, – P. AE GB
fermé 24 août au 1er sept., vacances de fév., dim. soir d'oct. à mars et mardi – **R** 152/300, enf. 85.

CITROEN Alpes de Provence Autom., rte de Marseille par ② ☎ 92 72 09 94
FORD Gar. Chailan, N 96, rte de Marseille ☎ 92 72 41 70
PEUGEOT-TALBOT Gar. Renardat Autos, 237 rte de Marseille ☎ 92 87 87 90 N ☎ 92 75 53 90
RENAULT SEPAL, rte d'Aix-en-Provence par ② ☎ 92 70 14 70
RENAULT Roubaud, 14 r. Dauphine ☎ 92 72 06 09

ROVER Gar. Staino, 45 r. G.-Pompidou ☎ 92 72 55 03
VOLVO Gar. de la Durance, 240 av. du Lubéron ☎ 92 72 34 99

Euromaster Piot Pneu, rte de la Durance ☎ 92 87 72 00
Meizenq-Pneus, ZI de St-Joseph, 144 av. 1er-Mai ☎ 92 72 36 61

Le MANS P **72000** Sarthe 60 ⑬ 64 ③ **G. Châteaux de la Loire** – 145 502 h Communauté urbaine 185 506 h alt. 71.

Voir Cathédrale★★ : chevet★★★ BV – Le Vieux Mans★★ : maison de la Reine Bérengère★ BV **M2** – Église de la Couture★ : Vierge★★ BX **B** – Église Ste-Jeanne-d'Arc★ BY **E** – Musée de Tessé★ BV **M1** – Abbaye de l'Épau★ : 4 km par D 152 Z – Musée de l'Automobile★★ : 5 km par ⑤.

18 ☎ 43 42 00 36, par ⑤ : 11 km.

Circuit des 24 heures et circuit Bugatti : 5 km par ⑤.

Office de Tourisme Hôtel des Ursulines, r. Étoile ☎ 43 28 17 22, Télex 720006 avec A.C. ☎ 43 28 17 13.

Paris 205 ② – Angers 95 ⑤ – ♦Le Havre 219 ⑨ – ♦Nantes 185 ⑤ – ♦Rennes 152 ⑦ – ♦Tours 80 ④.

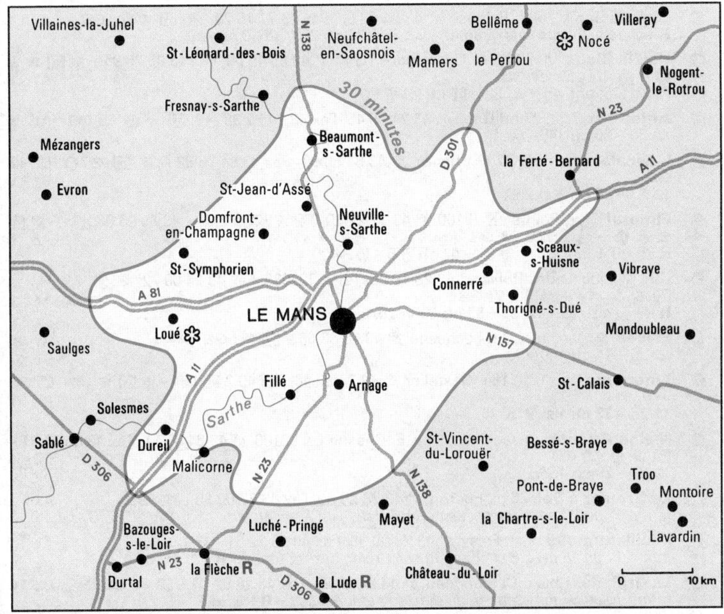

LE MANS

Ambroise Paré (R.) . . . . Z 2
Ballon (R. de) . . . . Z 3
Bertinière (R. de la) . . . . Z 4
Bollée (Av.) . . . . Z 6
Brossolette (Bd P.) . . . . Z 7
Carnot (Bd) . . . . Z 8
Cogner (R. du) . . . . Z 10
Cugnot (Bd N.) . . . . Z 12
Demorieux (Bd) . . . . Z 13
Dr-Mac (Av. du) . . . . Z 15
Estienne-d'Orves (Bd d') . . . Z 17
Gèneslay (Av. F.) . . . . Z 19
Grande-Maison (R.) . . . . Z 20
Heuzé (Av. Olivier) . . . . Z 21
Maillets (R. des) . . . . Z 23
Mariette (R. de la) . . . . Z 24
Montheard (R. de) . . . . Z 25
Pied-Sec (R. de) . . . . Z 27
Polygone (Rue du) . . . . Z 28
Rhin-et-Danube (Av.) . . . . . . Z 29
Riffaudières (Bd) . . . . Z 31
Rubillard (Av.) . . . . Z 32
St-Lazare (⊞) . . . . Z 35
St-Martin (⊞) . . . . Z 36
Victimes du
Nazisme (R. des) . . . . Z 39

Une réservation confirmée par écrit est toujours plus sûre.

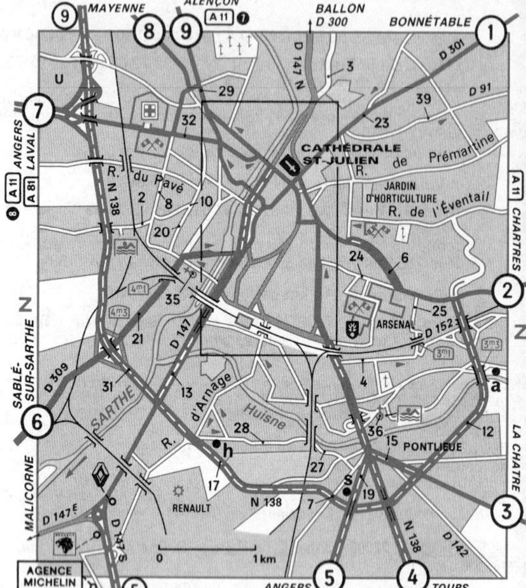

Concorde, 16 av. Gén. Leclerc ✆ 43 24 12 30, Télex 720487, Fax 43 24 85 74, – AE GB JCB – 40. AX **b**
R 135/190 – ☕ 52 – **58 ch** 525/790 – ½ P 430/510.

Novotel M, bd R.-Schumann ✉ 72100 ✆ 43 85 26 80, Télex 720706, Fax 43 75 31 76, ch rest – 200. AE GB Z **a**
R carte environ 160, enf. 50 – ☕ 48 – **94 ch** 410/460.

Chantecler M, 50 r. Pelouse ✆ 43 24 58 53, Fax 43 77 16 28 – GB AY **f**
R voir rest. **Feuillantine** ci-après – ☕ 28 – **32 ch** 280/325, 3 appart.

Relais Bleus M, 79 bd A. Oyon (gare TGV) ✆ 43 85 49 00, Fax 43 85 25 95 – 100. AE GB AY **a**
R 70/130, enf. 45 – ☕ 32 – **66 ch** 290/380.

Anjou sans rest, 27 bd Gare ✆ 43 24 90 45, Fax 43 24 82 38 – AE GB AY **s**
☕ 30 – **30 ch** 145/250.

L'Escale sans rest, 72 r. Chanzy ✆ 43 84 55 92, Fax 43 84 76 82 – AE GB BY **u**
☕ 27 – **46 ch** 160/260.

Fimotel M, r. Pointe ✉ 72100 ✆ 43 72 27 20, Télex 722092, Fax 43 85 96 06, – 25. AE GB JCB Z **h**
R 75/89, enf. 36 – ☕ 34 – **42 ch** 255 – ½ P 400.

Ibis M, quai Ledru-Rollin ✆ 43 23 18 23, Télex 722035, Fax 43 24 00 72, ch – 40. AE GB AX **a**
R 83, enf. 39 – ☕ 33 – **83 ch** 290/325.

Élysée sans rest, 7 r. Lechesne ✆ 43 28 83 66 – GB. AY **m**
☕ 30 – **14 ch** 140/260.

Emeraude sans rest, 18 r. Gastelier ✆ 43 24 87 46, Fax 43 24 60 64 – AE GB JCB AY **z**
☕ 26 – **33 ch** 195/215.

Maine Atlantique sans rest, 24 r. E. Chesne ✉ 72100 ✆ 43 84 35 11, Fax 43 85 75 41 – AE GB Z **s**
☕ 25 – **29 ch** 155/250.

XXX **Le Grenier à Sel,** 26 pl. Éperon ✆ 43 23 26 30, Fax 43 77 00 80 – GB AX **x**
fermé 1er au 20 août, vacances de fév., dim. sauf fêtes et sam. midi – **R** 120/270, enf. 80.

XX **Feuillantine,** 19 bis r. Foisy ✆ 43 28 00 38, Fax 43 23 22 31 – GB AY **f**
fermé 11 au 18 avril, 8 au 15 août, sam. midi, dim. et fériés – **R** 70/300 bc.

XX **La Grillade,** 1 bis r. C. Blondeau ✆ 43 24 21 87, Fax 43 28 52 04 – AE GB. BX **n**
fermé 15 au 31 juil., sam. midi, dim. soir et lundi soir – **R** 100/280.

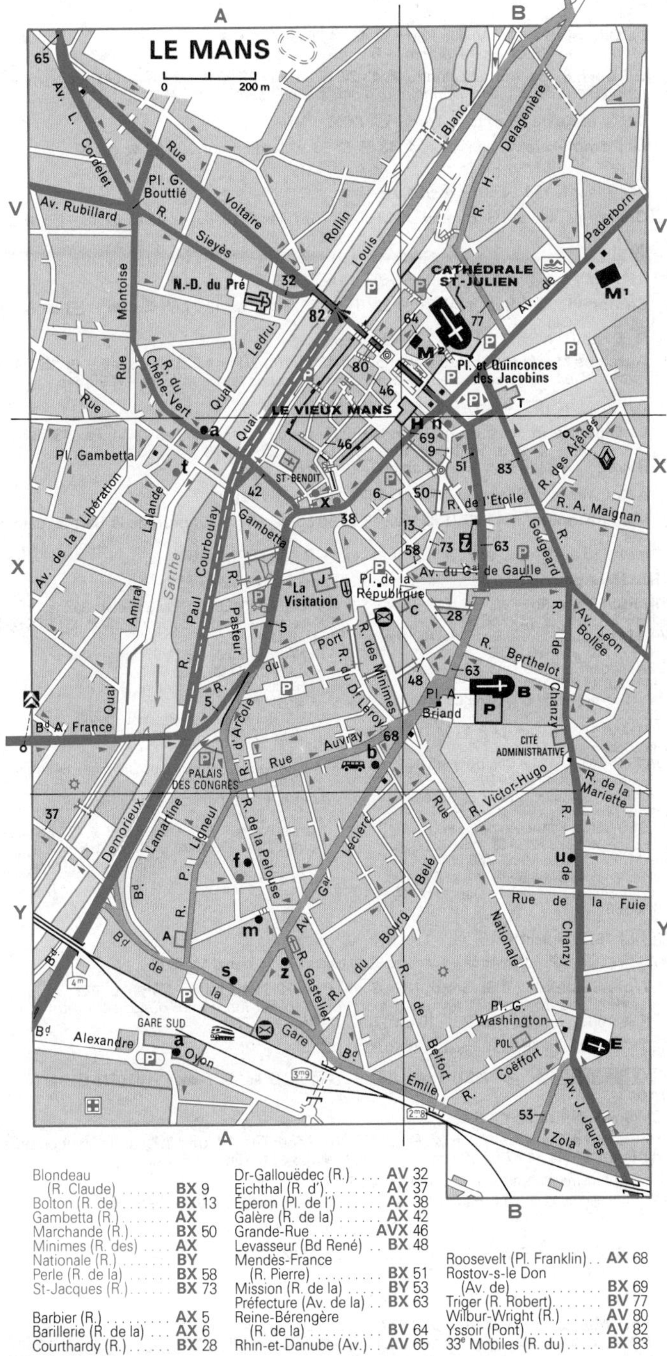

LE MANS
0
200 m
A
B
V
X
Y
Av. L. Cordelet
Rue Voltaire
Pl. G. Bouttié
Av. Rubillard
R. Sieyès
Rollin
Louis Blanc
R. H. Delagenière
Av. de Paderborn
CATHÉDRALE ST-JULIEN
N.-D. du Pré
Rue Montoise
R. du Chêne-Vert
Quai Ledru-Rollin
Pl. et Quinconces des Jacobins
LE VIEUX MANS
Rue
Pl. Gambetta
Av. de la Libération
Lalande
Sarthe
R. Paul Courboulay
Quai Amiral Lalande
ST-BENOIT
Gambetta
R. Pasteur
La Visitation
Pl. de la République
R. de l'Étoile
R. A. Maignan
R. des Arènes
Av. du Gal de Gaulle
R. Gougeard
Av. Léon Bollée
R. Berthelot
R. de Chanzy
Port du
R. des Minimes
R. du Dr Leroy
Pl. A. Briand
CITÉ ADMINISTRATIVE
Bd A. France
R. d'Arcole
Rue Auvray
PALAIS DES CONGRÈS
R. Victor-Hugo
R. de la Mariette
Bd Demorieux
R. Lamartine
R. P. Ligneul
R. de la Pelouse
Av. Gal Leclerc
Rue Belé
Rue de la Fuie
Nationale
R. de Chanzy
R. du Bourg
R. Gastelier
R. de Belfort
Pl. G. Washington
POL.
R. Coëffort
Bd de la Gare
GARE SUD
Bd Alexandre Oyon
Bd Émile Zola
Av. J. Jaurès

XX **La Ciboulette,** 14 r. Vieille Porte ✆ 43 24 65 67 – AE GB — AX x
fermé 1er au 25 août, sam. et dim. – **R** carte 180 à 250 ♁.

XX **Gd Cerf,** 8 quai Amiral Lalande ✆ 43 24 16 83, Fax 43 23 98 72, ☂ – GB — AX t
fermé 9 au 15 août, dim. sauf le midi d'oct. à juin et sam. midi – **R** 70/200 ♁.

par ② et rte de l'Éventail : 4 km – ✉ **72000** Le Mans :

La Pommeraie ⛰ sans rest, ✆ 43 85 13 93, « Jardin fleuri » – TV ☎ P. ✂
☕ 22 – **34 ch** 84/200.

par ④ sur N 138 : 4 km – ✉ **72000** Le Mans :

Green 7 M, 447 av. G. Durand ✆ 43 85 05 73, Télex 711948, Fax 43 86 62 78 – TV ☎ ♿ P – 🏢 45
40 ch.

à Arnage par ⑤ et N 23 : 9 km – 5 600 h. – ✉ **72230** :

Campanile, Z.I. Sud ✆ 43 21 81 21, Télex 722803, Fax 43 21 66 45, 🌳 – TV ☎ ♿ P – 🏢 30. AE GB
R 80 bc/102 bc, enf. 39 – ☕ 29 – **42 ch** 268.

XXX **Aub. des Matfeux,** 289 rte Nationale ✆ 43 21 10 71, Fax 43 21 25 23, 🌳 – P. AE ⓓ GB
fermé 26 juil. au 10 août, 3 au 26 janv., dim. soir, feriés le soir et lundi – **R** 98/315.

par ⑦ sur N 157 : 4 km – ✉ **72000** Le Mans :

La Closerie et rest. de la Foresterie M, rte de Laval ✆ 43 28 28 44, Fax 43 28 54 58, ☂, 🏊, 🌳 – |♦| ▤ rest TV ☎ ♿ P – 🏢 30 à 100. AE ⓓ GB
R 102/280, enf. 70 – ☕ 43 – **29 ch** 360/490 – ½ P 320/385.

à Neuville-sur-Sarthe par ⑨ et D 197 : 11 km – ✉ **72190** :

XX **Vieux Moulin,** ✆ 43 25 31 84, Fax 43 25 50 80, ≤, ☂, « Au bord de la Sarthe, parc » – GB. ✂
fermé 15 au 31 oct., janv., dim. soir et lundi – **R** 180/450, enf. 80.

MICHELIN, Agence, 54 à 58 r. Pierre-Martin, ZI Sud Z ✆ **43 72 15 85**

AUSTIN-ROVER Gar. Soupizet, 153 bd P.-Lefaucheux à Arnage ✆ 43 21 68 50
BMW Le Mans-Sud-Auto, ZI Sud, rte d'Allonnes ✆ 43 85 00 11 N ✆ 43 85 66 99
CITROEN Alteam, bd P.-Lefaucheux, ZI Sud par D 147 Z ✆ 43 84 20 90
CITROEN Loinard, 49-51 bd A.-France ✆ 43 28 12 84
FIAT SADAM, ZIN r. L.-Delage ✆ 43 24 13 82 N ✆ 43 85 66 99
MAZDA S.O.V.M.A., 124 r. Chanzy ✆ 43 84 53 08 et 4 r. de Bazeilles ✆ 43 84 19 97
MAZDA Geneslay Autos, 108 av. F.-Geneslay ✆ 43 84 32 74
MERCEDES-BENZ Sarthe-Automobiles, 425 av. Bollée ✆ 43 72 72 33 N ✆ 88 72 00 94
OPEL-G.M. GT Opel Le Mans, ZI Sud, rte d'Allonnes ✆ 43 84 54 60 N ✆ 43 85 66 99
PEUGEOT Cottereau, 125 av. G.-Durand par ④ ✆ 43 84 05 99
PEUGEOT-TALBOT Gds Gar. de la Sarthe, bd P.-Lefaucheux, ZI Sud par D 147 Z ✆ 43 86 06 80 N ✆ 43 41 02 52
RENAULT Succursale, 261 bd Demorieux ✆ 43 24 12 24 N ✆ 05 05 72 72
RENAULT Gar. des Jacobins, 8 r. Cirque ✆ 43 81 73 50
V.A.G Robineau, r. L.-Breguet, ZI Sud ✆ 43 86 22 39 N ✆ 43 85 66 99

Ⓜ Euromaster le Royal, 6 pl. Gambetta et ZI Nord ✆ 43 24 27 74
Marsat Pneus Tourisme, 7 et 9 r. Pasteur ✆ 43 23 83 93
Marsat Pneus, r. P. Martin, ZI Sud ✆ 43 72 91 19
Sofrap, 26 av. O.-Heuzé ✆ 43 24 75 82
Tours Pneus Interpneus, ZI Sud rte d'Allonnes ✆ 43 85 84 31

MANSLE 16230 Charente 72 ③ ④ – 1 601 h alt. 60.

Paris 419 – Angoulême 25 – Cognac 52 – ♦Limoges 92 – Poitiers 83 – St-Jean-d'Angély 61.

Trois Saules ⛰, à St-Groux, NO : 3 km ✆ 45 20 31 40, parc – TV ☎ P. GB
fermé 1er au 15 nov., 21 fév. au 6 mars, dim. soir et lundi midi du 26 sept. au 31 mai – **R** 58/160 ♁, enf. 35 – ☕ 25 – **10 ch** 170/240 – ½ P 170/200.

PEUGEOT-TALBOT Gar. Suire-Huguet ✆ 45 20 30 31 N

MANTES-LA-JOLIE ⟨SP⟩ 78200 Yvelines 55 ⑱ 106 ⑮ G. Ile de France – 45 087 h Mantes-la-Ville : 16 710 h alt. 34.

Voir Collégiale N.-Dame★ B **B**.

18 18 du Prieuré à Sailly-en-Vexin ✆ (1) 34 76 70 12, par ① : 12 km ; 18 18 de la Vaucouleurs à Civry-la-Forêt ✆ (1) 34 87 62 29 ; sortie S par ③ N 183 et D 166 : 21,5 km.

🅸 Office de Tourisme pl. Jean-XXIII ✆ (1) 34 77 10 30.

Paris 59 ③ – Beauvais 73 ① – Chartres 77 ④ – Évreux 45 ④ – ♦Rouen 79 ④ – Versailles 45 ③.

Plan page suivante

XX **La Galiote,** 1 r. Fort ✆ (1) 34 77 03 02, Fax (1) 34 77 07 90 – AE GB — B e
fermé dim. soir et lundi soir – **R** 145/250.

à Dennemont par ① : 3 km – ✉ **78520** :

XX **Port Maria,** 35 r. J. Jaurès ✆ 34 77 18 22, ☂ – P. AE GB
fermé 15 au 30 nov., dim. soir et lundi – **R** 140/260, enf. 75.

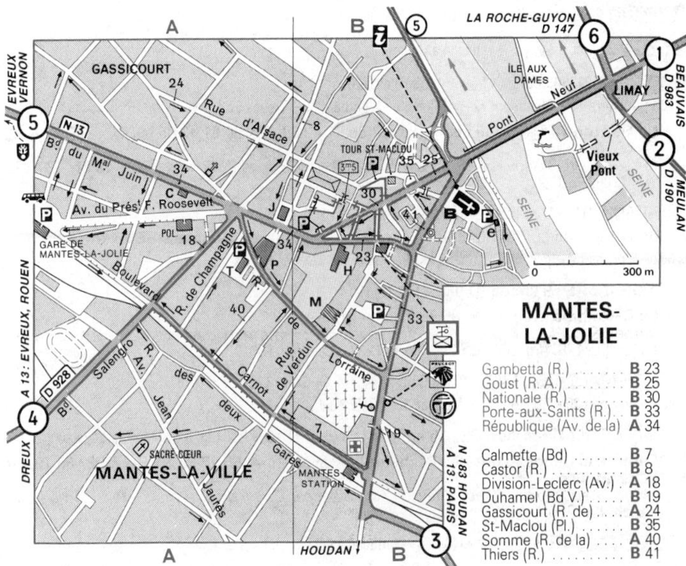

à Mantes-la-Ville par ③ : 2 km – 19 081 h. – ✉ **78200** :

XX **Moulin de la Reillère,** 171 rte Houdan ✆ (1) 30 92 22 00, ☂, parc – **P**. AE GB
fermé 16 au 23 août, dim. soir et merc. – **R** 150/240, enf. 60.

à Rosay par ③ : 10 km – ✉ **78790** :

XX **Aub. de la Truite,** ✆ (1) 34 76 30 52, Fax 34 76 30 65, ☂ – AE GB
fermé dim. soir et lundi sauf fêtes – **R** 150/250, enf. 80.

à St Martin-la-Garenne par ⑥ et D 147 : 7 km – ✉ **78520** :

XX **Aub. St-Martin,** ✆ (1) 34 77 58 45 – GB
fermé 2 au 31 août, lundi et mardi – **R** 110/140.

AUSTIN, ROVER Dupille, rte de Dreux à Magnanville ✆ (1) 34 77 28 08
CITROËN Nord-Ouest Auto, 87 bd Salengro à Mantes-la-Ville par ④ ✆ (1) 34 77 04 30
FIAT Gar. de l'Avenue, 4 r. de la Somme ✆ (1) 34 77 02 00
FORD Gd Gar. Chantereine, 2 r. Chantereine à Mantes-la-Ville ✆ (1) 34 77 31 75
MERCEDES, TOYOTA Gar. Mongazons, rte de Dreux à Magnanville ✆ (1) 34 77 10 75
OPEL Buchelay Autos, 11 r. Ouest, ZI Buchelay à Mantes-la-Ville ✆ (1) 30 92 41 11
PEUGEOT-TALBOT Courtois Autom., 13 bd Duhamel ✆ (1) 34 77 08 27
RENAULT Succursale, 6 r. Ouest à Mantes-la-Ville par ④ ✆ (1) 30 98 28 28 **N** ✆ 05 05 15 15
V.A.G MPL Automobiles, 2 av. de la Durance, ZA à Buchelay ✆ 30 63 85 25

Bertault, 45 r. Martraits ✆ (1) 34 77 11 88
Marsat-Pneus Au Service du Pneu, 141 bd Mar.-Juin ✆ (1) 30 94 07 40
Marsat-Pneus-Mantes Tourisme, 125 bd R.-Salengro à Mantes-la-Ville ✆ (1) 30 92 49 49

MANTES-LA-VILLE **78** Yvelines **55** ⑱ – rattaché à Mantes-la-Jolie.

MANZAC-SUR-VERN **24110** Dordogne **75** ⑤ – 488 h alt. 90.

Paris 513 – Périgueux 19 – Bergerac 33 – ◆Bordeaux 107.

XX **Lion d'Or** avec ch, ✆ 53 54 28 09, ☂, ⛱ – ☎. AE ⓓ GB
fermé 25 oct. au 13 nov., vacances de fév., dim. sauf juil.-août et lundi – **Repas** 95/190, enf. 50 – ☕ 30 – **7 ch** 180/190 – ½ P 210.

MARANS **17230** Char.-Mar. **71** ⑫ **G. Poitou Vendée Charentes** – 4 170 h alt. 13.

Paris 460 – La Rochelle 23 – La Roche-sur-Yon 60 – Fontenay-le-Comte 26 – Niort 48.

X **Porte Verte,** 20 quai Foch ✆ 46 01 09 45, ☂ – GB
fermé vacances de fév., merc. et dim. soir du 15 sept. au 15 juin – **Repas** (nombre de couverts limité, prévenir) 85/165.

MARBOUÉ 28 E.-et-L. 60 ⑰ – rattaché à Châteaudun.

MARÇAY 37 I.-et-L. 67 ⑨ – rattaché à Chinon.

MARCENAY 21330 Côte-d'Or 65 ⑧ – 130 h alt. 220.

Paris 233 – Auxerre 70 – Chaumont 72 – ♦Dijon 89 – Montbard 35 – Troyes 67.

Le Santenoy M, au Lac : 1 km ℘ 80 81 40 08, Fax 80 81 43 05, <, – ☎ & – 60. GB
fermé 15 au 30 nov. et 15 au 31 janv. – **R** 65/178, enf. 50 – ☐ 22 – **18 ch** 120/220 – ½ P 170/195.

MARCIGNY 71110 S.-et-L. 73 ⑦ G. Bourgogne – 2 261 h alt. 259.

Voir Charpente★ de la tour du Moulin – Église★ de Semur-en-Brionnais SE : 5 km.

Paris 392 – Moulins 73 – Roanne 30 – Charolles 29 – Lapalisse 37 – Mâcon 83.

à Ste-Foy E : 9 km par D 989 – ✉ **71110** :

Le Brionnais avec ch, ℘ 85 25 83 27 – . GB
fermé 29 août au 6 sept., 2 au 10 janv., – **R** *(fermé dim. soir et lundi, sauf juil.-août et fériés)* 88/178, enf. 50 – ☐ 22 – **6 ch** 120/170 – ½ P 130.

MARCILLAC-LA-CROISILLE 19320 Corrèze 75 ⑩ G. Berry Limousin – 787 h alt. 560.

Paris 486 – Argentat 25 – Égletons 17 – Mauriac 38 – Tulle 27.

au Pont du Chambon SE : 15 km par D 978 et D 13 – ✉ **19320** St-Merd-de-Lapleau :

Fabry (Au Rendez-vous des Pêcheurs) avec ch, ℘ 55 27 88 39, Fax 55 27 83 19, – ☎ . GB
fermé 12 au 20 déc., 19 au 27 fév., vend. soir et sam. midi d'oct. à mars – **R** 72/215 – ☐ 30 – **8 ch** 230/260 – ½ P 225/235.

MARCQ-EN-BAROEUL 59 Nord 51 ⑯ – rattaché à Lille.

MARENNES 17320 Char.-Mar. 71 ⑭ G. Poitou Vendée Charentes – 4 634 h alt. 10.

Voir ✻★ de la tour de l'église.

Env. Remparts★★ de Brouage NE : 6,5 km.

Pont de la Seudre : passage gratuit.

Paris 492 – La Rochelle 56 – Royan 33 – Rochefort 22 – Saintes 42.

à Bourcefranc-le-Chapus NO : 5 km – ✉ **17560** :

Voir A la pointe du Chapus <★ sur le pont d'Oléron NO : 3 km.

Terminus, au port du Chapus ℘ 46 85 02 42, Fax 46 85 32 39, < – ☎. GB
fermé 4 au 18 oct., 15 janv. au 7 fév. et lundi de nov. à mai – **R** 62/180, enf. 50 – ☐ 30 – **10 ch** 170/230 – ½ P 225/245.

CITROEN Gar. Poitevin ℘ 46 85 04 75 N
℘ 46 85 20 84

Maison du C/c Pneu +, ℘ 46 85 00 08

MARGAUX 33460 Gironde 71 ⑧ G. Pyrénées Aquitaine – 1 387 h alt. 16.

Paris 602 – ♦Bordeaux 27 – Lesparre-Médoc 41.

Relais de Margaux M, au N : 2 km par VO ℘ 56 88 38 30, Télex 572530, Fax 56 88 31 73, <, parc, – ch ☎ – 80. AE GB JCB. rest
hôtel : fermé 22 déc. au 31 mars ; rest. : fermé 22 déc. au 1er fév. – **R** 220/330, enf. 95 – ☐ 75 – **28 ch** 975/1350, 3 appart. – ½ P 875/925.

Aub. Le Savoie, ℘ 56 88 31 76, –
fermé 25 janv. au 15 fév., dim. et fériés – **Repas** 80 (sauf sam. soir)/120.

à Arcins NO : 6 km sur D 2 – ✉ **33460** :

Lion d'Or, ℘ 56 58 96 79 – . AE
fermé 1er au 31 juil., 1er au 7 janv., lundi sauf fériés et dim. – **R** 60 bc/197, enf. 42.

MARGES 26260 Drôme 77 ② – 532 h alt. 285.

Paris 546 – Valence 34 – ♦Grenoble 88 – Hauterives 15 – Romans-sur-Isère 11,5 – Tournon-sur-Rhône 23.

Le Pont du Chalon, S : 3 km sur D 538 ℘ 75 45 62 13, , – ☎ . AE GB
fermé mi-sept. à mi-oct., 1er au 7 janv. et lundi – **R** 75/200 – ☐ 30 – **9 ch** 180/260 – ½ P 230/240.

MARGUERITTES 30320 Gard 80 ⑲ – 7 548 h.

Paris 706 – Montpellier 56 – Avignon 35 – Alès 56 – Arles 79 – Nîmes 8.

L'Hacienda, Le Mas de Brignon SE : 2 km par VO ✉ 30320 ℘ 66 75 02 25, Fax 66 75 45 58, , , – ☎ . GB. rest
fermé début janv. à fin fév. – **R** *(fermé dim. et lundi midi du 15 oct. au 15 mars)* 200/310 – ☐ 60 – **12 ch** 420/550 – ½ P 425/550.

MARIENTHAL 67 B.-Rhin 57 ⑲ – rattaché à Haguenau.

MARIGNANE **13700** B.-du-R. 84 ⑫ G. Provence – 32 325 h alt. 13.

Voir Canal souterrain du Rove★ SE : 3 km.

✈ de Marseille-Provence : ☎ 42 78 24 78.

ℹ Office de Tourisme 4 bd F.-Mistral ☎ 42 09 78 83 – A.C. 8 r. Vieux Fours ☎ 42 77 29 53.

Paris 756 – ♦Marseille 23 – Aix-en-Provence 25 – Martigues 15 – Salon-de-Provence 34.

à l'aéroport au Nord – ✉ **13700** Marignane :

Sofitel Ⓜ, ☎ 42 78 42 78, Télex 401980, Fax 42 78 42 70, ☂, Ⅎ6, ⛱, ☐, ✂ – |♦| ⇆ ch ▤ 📺 ☎ ♿ Ⓟ – 🏛 300. AE ⓪ GB
Le Clipper *(fermé août, sam., dim. et fériés)* **R** 180 – **Café de Provence R** 105 ♁ – ☕ 70 – **177 ch** 650, 3 appart.

Primotel Ⓜ, ✉ 13127 Vitrolles ☎ 42 79 79 19, Télex 420809, Fax 42 89 69 18, ☂, ⛱, ☐, ✂ – |♦| ⇆ ch ▤ 📺 ☎ ♿ Ⓟ – 🏛 150. AE ⓪ GB
R 65/110 ♁, enf. 45 – ☕ 45 – **120 ch** 347/384.

Ibis Ⓜ, ☎ 42 79 61 61, Télex 402085, Fax 42 89 93 13, ☂, ⛱ – |♦| ⇆ ch ▤ 📺 ☎ ♿ Ⓟ – 🏛 50. AE GB
R 90 ♁, enf. 40 – ☕ 33 – **85 ch** 290/320.

à Vitrolles N : 8 km – 35 397 h. – ✉ **13127** :

Voir ✳★ 15 mn.

Novotel Ⓜ, Z.I. les Estroublans ☎ 42 89 90 44, Télex 420670, Fax 42 79 07 04, ☂, ⛱, ☐ – |♦| ⇆ ch ▤ 📺 ☎ ♿ Ⓟ – 🏛 25 à 300. AE ⓪ GB
R carte environ 160, enf. 50 – ☕ 45 – **145 ch** 400/430.

CITROEN SADAM, av. 8-Mai-1945 ☎ 42 89 92 90
PEUGEOT-TALBOT Provence-Auto-Service, 45 av. 8-Mai-1945 ☎ 42 88 54 54
RENAULT Marignane-Auto, av. 8-Mai-1945 ☎ 42 89 93 94
RENAULT Vitrolles Autos Sces, N 113 ZAC Griffon à Vitrolles ☎ 42 89 92 99
Denizon Pneu Sce, av. 8-Mai-1945 à St-Victoret ☎ 42 79 79 42
Euromaster Omnica, 11 r. 2ème Av., ZI à Vitrolles ☎ 42 79 70 23
Gay Pneus, 29 1e ave ZI à Vitrolles ☎ 42 89 06 97
St-Victoret Pneus, 59 av. J.-Moulin à St-Victoret ☎ 42 89 07 88

AYME PNEUS 2e av. RN 4, ZI Estroublans à Vitrolles ☎ 42 79 04 00

MARIGNIER **74** H.-Savoie 74 ⑦ – 4 322 h alt. 475 – ✉ **74130** Bonneville.

Paris 567 – Chamonix-Mont-Blanc 47 – Thonon-les-Bains 51 – Annecy 50 – Bonneville 9 – Cluses 7 – Megève 32 – Morzine 28.

XX **Le Pontvys,** ☎ 50 34 63 58, ☂ – Ⓟ. AE GB
fermé 1er au 15 août, dim.soir et lundi – **R** 140/360.

MARIGNY **50570** Manche 54 ⑬ – 1 668 h alt. 71.

Paris 318 – St-Lô 13 – Carentan 27 – Coutances 17.

XX **Poste,** ☎ 33 55 11 08, Fax 33 55 25 67 – AE ⓪ GB
fermé 20 sept. au 5 oct., 2 au 10 janv., dim. soir et lundi – **R** 110/340, enf. 55.

RENAULT Gar. Vigot ☎ 33 55 15 28 N

MARINGUES **63350** P.-de-D. 73 ⑤ G. Auvergne – 2 345 h alt. 315.

Paris 417 – ♦Clermont-Ferrand 27 – Lezoux 16 – Riom 18 – Thiers 23 – Vichy 28.

XX **Clos Fleuri** avec ch, rte Clermont ☎ 73 68 70 46, Fax 73 68 75 58, ☂, « Jardin ombragé » – 📺 ☎ ♿ Ⓟ. GB. ✻ ch
fermé fév., dim. soir et lundi du 15 sept. au 15 juin – **R** 100/220 ♁ – ☕ 30 – **16 ch** 175/275 – ½ P 210/240.

PEUGEOT-TALBOT Larzat et Meyronne ☎ 73 68 70 50

MARLENHEIM **67520** B.-Rhin 62 ⑨ – 2 956 h alt. 184.

Paris 467 – ♦Strasbourg 20 – Haguenau 35 – Molsheim 12 – Saverne 18.

Host. Reeb, ☎ 88 87 52 70, Télex 871308, Fax 88 87 69 73, ☂ – ▤ rest 📺 ☎ Ⓟ – 🏛 25. AE ⓪ GB. ✻ ch
fermé 10 au 28 janv., dim. soir et lundi – **R** 95/265 ♁, enf. 60 – ☕ 35 – **35 ch** 250/285 – ½ P 250/300.

XXX ✿✿ **Le Cerf** (Husser) avec ch, ☎ 88 87 73 73, Fax 88 87 68 08, ☂, ☐ – 📺 ☎ Ⓟ – 🏛 25. AE ⓪ GB
fermé fin fév. à début mars, mardi et merc. – **R** 310 (déj.)/550 et carte 330 à 580 ♁, enf. 90 – ☕ 65 – **15 ch** 500/650
Spéc. Presskopf de tête de veau poêlé, sauce gribiche. Choucroute au cochon de lait et foie gras fumé. Aumonière aux griottines et glace au fromage blanc. **Vins** Sylvaner.

CITROEN Gar. Kah-Fuchs, 10 rte de Strasbourg à Furdenheim ☎ 88 69 01 39

MARLIEUX 01240 Ain 74 ② – 633 h alt. 270.

Paris 428 – Mâcon 37 – Bourg-en-Bresse 19 – ◆Lyon 45 – Villefranche-sur-Saône 35.

X **Lion d'Or** avec ch, ☎ 74 42 85 15, 🏠, 🏊 – 📺 ☎. GB. ✗ ch
fermé vacances de fév., lundi soir et mardi sauf juil.-août – **R** 95/290 – ☕ 30 – **8 ch** 280 – ½ P 280.

CITROEN Gar. Clerc ☎ 74 42 85 13 N

MARLY-LE-ROI 78 Yvelines 55 ⑲, 101 ⑫ – voir à Paris, Environs.

MARMAGNE 71710 S.-et-L. 69 ⑧ – 1 339 h alt. 311.

Paris 310 – Chalon-sur-Saône 45 – Autun 19 – Le Creusot 9 – Mâcon 97 – Montceau-les-Mines 23.

XX **Vieux Jambon** avec ch, rte Creusot ☎ 85 78 20 32 – ☎ Ⓟ. GB
◆ *fermé 16 nov. au 3 déc., dim. soir et lundi* – **R** 58/190 🍼 – ☕ 30 – **13 ch** 150/235 – ½ P 235.

RENAULT Gar. Détang, D 61 à St-Symphorien-de-Marmagne ☎ 85 54 40 43 N

MARMANDE SP 47200 L.-et-G. 79 ③ **G. Pyrénées Aquitaine** – 17 568 h alt. 32.

⛳ ☎ 53 20 87 60, E : 4 km.

ℹ Office de Tourisme bd Gambetta ☎ 53 64 44 44.

Paris 644 ④ – Agen 67 ② – Bergerac 58 ① – ◆Bordeaux 90 ③ – Libourne 65 ④.

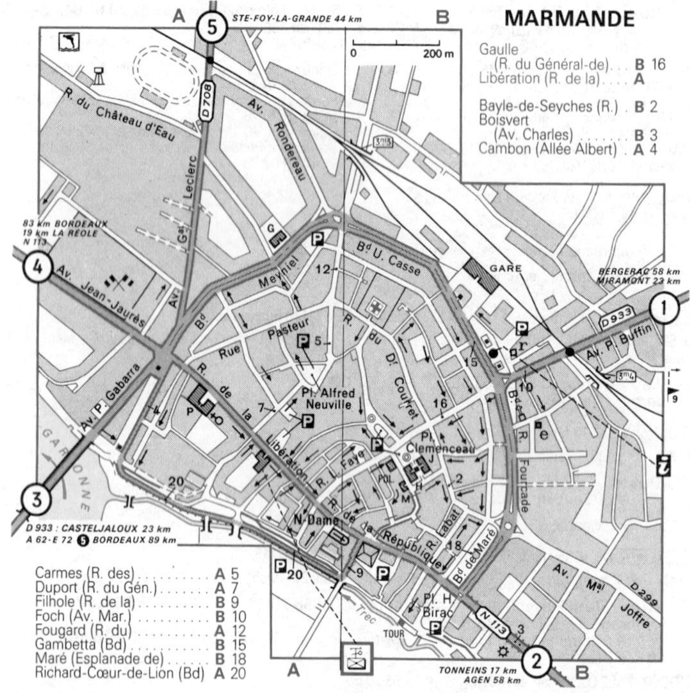

🏨 **Capricorne,** rte Agen par ② ☎ 53 64 16 14, Fax 53 20 80 18, 🏊, 🌳 – 📺 ☎ Ⓟ – 🏛 60.
◆ GB
fermé 17 déc. au 2 janv., dim. midi de juil. à sept., dim. soir d'oct. à juin et sam. midi – **R** 75/300 🍼 – ☕ 28 – **34 ch** 250/270 – ½ P 220.

🏨 **Europ'H.** M sans rest, pl. Couronne ☎ 53 20 93 93, Fax 53 64 46 31 – 🛗 📺 ☎ 🚗. ⓓ GB
☕ 30 – **21 ch** 220/240. B r

XX **Thierry Arbeau,** 10 r. C. Baylac ☎ 53 64 24 03, 🏠 – GB. ✗
R 120/250. B e

à Virazeil par ① : 5 km – ✉ **47200** :

XX **Le Moulin d'Ané,** ☎ 53 20 18 25, Fax 53 89 67 99 – ▤ Ⓟ. AE ⓓ GB JCB
fermé 17 août au 8 sept., vacances de fév., dim. soir et lundi sauf fériés – **Repas** 95/280 🍼, enf. 55.

par ③ près échangeur A 62 : 9 km – ✉ 47430 Le Mas d'Agenais :

Les Rives de l'Avance Ⓜ sans rest, ✆ 53 20 60 22, Fax 53 20 98 76, parc – TV ☎ ♿ Ⓟ. GB
35 – **16 ch** 190/280.

à Mauvezin-sur-Gupie par ⑤ : 11 km par D 708 et V 6 – ✉ 47200 Marmande :

✕ **Poulet à la Ficelle,** ✆ 53 94 21 26, « Cadre rustique », – Ⓟ
R (nombre de couverts limité - prévenir) 135, enf. 70.

CITROEN Baudrin, rte de Bordeaux, Ste-Bazeille par ④ ✆ 53 64 30 53 N
FORD Auto Aquitaine, rte de Bordeaux ✆ 53 64 75 71
PEUGEOT-TALBOT Guyenne et Gascogne Autom., 95 av. J.-Jaurès par ④ ✆ 53 64 34 47
RENAULT A.M.C., rte de Bordeaux à Ste-Bazeille par ④ ✆ 53 20 80 80 N ✆ 53 89 92 64

Euromaster Central Pneu Service, ZA Michelon ✆ 53 20 88 76
La Maison du Pneu, 37, av. Jean Jaurès ✆ 53 64 23 52
Relais Marmandais, 123 av. J.-Jaurès ✆ 53 89 26 74 N

MARMOUTIER 67440 B.-Rhin 62 ⑨ G. Alsace Lorraine – 2 235 h alt. 230.
Voir Église★★.
Paris 455 – ◆Strasbourg 32 – Molsheim 21 – Saverne 6,5 – Wasselonne 7,5.

✕✕ **Aux Deux Clefs** avec ch, ✆ 88 70 61 08, Fax 88 71 42 31 – ☎. AE GB
fermé fév., dim. soir et lundi – **R** 47/185 – 23 – **15 ch** 155/230 – ½ P 200/210.

Pour vos voyages,
en complément indispensable de ce guide
utilisez
les **cartes Michelin** détaillées à 1/200 000.

MARNAY-SUR-MARNE 52800 H.-Marne 62 ⑫ – 245 h alt. 346.
Paris 264 – Chaumont 16 – Bourbonne-les-Bains 52 – Langres 21.

✕ **Vallée** avec ch, N 19 ✆ 25 31 10 11, – Ⓟ. GB
fermé dim. soir et lundi sauf juil.-août – **R** 58/250, enf. 42 – 22 – **6 ch** 100/200 – ½ P 200.

MARNE-LA-VALLÉE 77 S.-et-M. 56 ⑫, 106 ㉑ – voir à Paris, Environs.

MARNES-LA-COQUETTE 92 Hauts-de-Seine 60 ⑩, 101 ㉓ – voir à Paris, Environs.

MARQUAY 24620 Dordogne 75 ⑰ – 473 h alt. 225.
Paris 516 – Brive-la-Gaillarde 57 – Périgueux 58 – Sarlat-la-Canéda 11,5 – Les Eyzies-de-Tayac 13.

Bories , ✆ 53 29 67 02, Fax 53 29 64 15, ≤, – ☎ Ⓟ. GB
4 avril-15 nov. – **R** *(fermé lundi midi)* 85/240, enf. 50 – 30 – **30 ch** 210/260 – ½ P 270/300.

La Condamine , rte Meyrals 1 km ✆ 53 29 64 08, ≤, – ☎ ♿ Ⓟ. AE GB
3 avril-15 nov. – **R** snack (dîner seul.) carte 80 à 170 – 30 – **12 ch** 230 – ½ P 230/260.

MARQUISE 62250 P.-de-C. 51 ① – 4 453 h alt. 57.
Paris 295 – ◆Calais 20 – Arras 115 – Boulogne-sur-Mer 12 – St-Omer 47.

✕✕ **Gd Cerf,** av. Ferber ✆ 21 87 55 05, Fax 21 33 61 09 – GB
fermé dim. soir et lundi – **R** 95/320.

Clinique du Pneu, ✆ 21 92 86 61

MARSANNAY-LA-CÔTE 21 Côte-d'Or 66 ⑫ – rattaché à Dijon.

MARSEILLAN 34340 Hérault 83 ⑯ G. Gorges du Tarn – 4 950 h.
Paris 802 – ◆Montpellier 46 – Agde 7 – Béziers 30 – Pézenas 15 – Sète 26.

Château du Port Ⓜ sans rest, 9 quai Résistance ✆ 67 77 65 65, Fax 63 61 67 52 – TV ☎. AE GB
avril-oct. – 40 – **15 ch** 290/500.

✕✕ **La Table d'Emilie,** 8 pl. Couverte ✆ 67 77 63 59 – GB
fermé 8 fév. au 10 mars, lundi midi du 1er juil. au 15 sept. et merç. hors sais. – **R** 95/270, enf. 55.

à Marseillan-Plage S : 6 km par D 51e5 – ✉ 34340 Marseillan :

Richmont , front de mer ✆ 67 21 97 79, Fax 67 21 99 51, ≤, – TV ☎. GB.
hôtel : 1er avril-15 oct. ; rest. : 1er juin-30 sept. et fermé mardi en juin – **R** 118/168, enf. 70 – 39 – **38 ch** 360/395 – ½ P 325/340.

MARSEILLE 🅿 **13000** B.-du-R. 84 ⑬ **G. Provence** – 800 550 h.

Voir Basilique N.-D.-de-la-Garde ※*** EV – Vieux Port** DETU – Basilique St-Victor* : crypte** DU – Palais Longchamp* GS : musée des Beaux-Arts*, muséum d'Histoire naturelle* – Ancienne cathédrale de la Major* DS **N** – Parc du Pharo ≤* DU – La Vieille Charité* DS **R** : musée d'Archéologie méditerranéenne* (collection d'antiquités égyptiennes**), chapelle* – Musées : Grobet-Labadié** GS **M7**, Cantini* FU **M5**, Vieux Marseille* DT **M3** – Marché aux poissons (quai des Belges ET 5) – Un ferry-boat assure la traversée de la place des Huiles à l'Hôtel de Ville.

Env. Route en corniche** de Callelongue S : 13 km par la Promenade de la plage BZ.

Excurs. : Château d'If** (※***) 1 h 30.

18 de Marseille-Aix ✆ 42 24 20 41, par ① : 22 km ; 18 d'Allauch-Fonvieille (privé) ✆ 91 05 20 60, sortie Marseille Est ; 15 km par D 2 et D 4[A] ; 18 Country Club de la Salette ✆ 91 27 12 16, par ② : 10 km.

✈ de Marseille-Provence : ✆ 42 78 24 78, par ① : 28 km.

🚗 ✆ 91 08 50 50.

⛴ pour la Corse : Société Nationale Corse-Méditerranée (S.N.C.M.), 61 bd des Dames (2e) Renseignements : ✆ 91 56 30 10 DS - Réservations : ✆ 91 56 30 30.

ℹ Office de Tourisme 4 Canebière, 13001 ✆ 91 54 91 11, Télex 430402 et gare St-Charles ✆ 91 50 59 18
A.C. de Provence, 149 bd Rabatau, 13010 ✆ 91 78 83 00.

Paris 772 ④ – ♦Lyon 312 ④ – ♦Nice 188 ② – Torino 372 ② – ♦Toulon 64 ② – ♦Toulouse 401 ④.

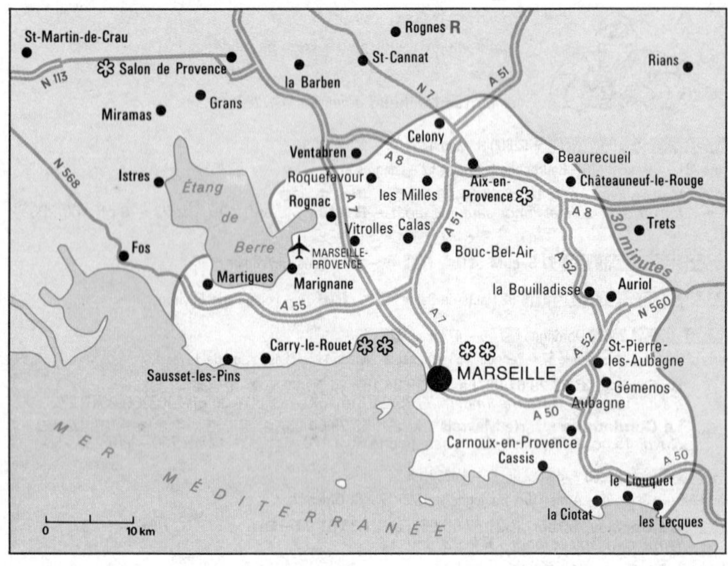

🏨 **Sofitel Vieux Port** Ⓜ, 36 bd Ch. Livon ✉ 13007 ✆ 91 52 90 19, Télex 401270, Fax 91 31 46 52, « Restaurant panoramique ≤ vieux port », 🏊 – 🛗 ⇔ ch ▤ 📺 ☎ ♿ 🚗 – 🏛 180. AE ⓓ GB p. 4 DU **n**
Les Trois Forts R 145/195 – ☕ 70 – **127 ch** 700/960, 3 appart. – ½ P 565/695.

🏨 **Mercure-Centre** Ⓜ, r. Neuve St Martin ✉ 13001 ✆ 91 39 20 00, Télex 401886, Fax 91 56 24 57, ≤ – 🛗 ⇔ ch ▤ 📺 ☎ 🚗 – 🏛 200. AE ⓓ GB p. 4 EST **g**
Oursinade *(fermé août)* **R** 150/220 🍷, enf. 50 – **Oliveraie** *(déj. seul.) (fermé dim.)* **R** 75/120 🍷, enf. 50 – ☕ 60 – **198 ch** 575/750.

🏨 **Pullman Beauvau** sans rest, 4 r. Beauvau ✉ 13001 ✆ 91 54 91 00, Télex 401778, Fax 91 54 15 76, « Mobilier ancien » – 🛗 ⇔ ch 📺 ☎ – 🏛 30. AE ⓓ GB p. 4 ET **r**
☕ 65 – **71 ch** 600/800.

🏨 **Holiday Inn** Ⓜ, 103 av. Prado ✉ 13008 ✆ 91 83 10 10, Fax 91 79 84 12 – 🛗 ⇔ ch ▤ 📺 ☎ ♿ – 🏛 60 à 200. AE ⓓ GB p. 3 BZ **u**
R 155 – ☕ 55 – **116 ch** 580/640, 4 appart.

🏨 **Concorde Prado** Ⓜ, 11 av. Mazargues ✉ 13008 ✆ 91 76 51 11, Télex 420209, Fax 91 77 95 10 – 🛗 ▤ 📺 ☎ 🚗 – 🏛 180. AE ⓓ GB JCB. ✻ rest p. 3 BZ **r**
R carte 160 à 220 – ☕ 60 – **100 ch** 480/730.

New H. Bompard sans rest, 2 r. Flots Bleus ✉ 13007 ☎ 91 52 10 93, Télex 400430, Fax 91 31 02 14, – 40. AE ① GB JCB p. 2 AZ e
☕ 48 – **46 ch** 395/450.

Novotel Marseille Centre M, 36 bd Ch. Livon ✉ 13007 ☎ 91 59 22 22, Télex 402937, Fax 91 31 15 48, ←, – ch – 350. AE ① GB JCB
R carte environ 160, enf. 50 – ☕ 48 – **90 ch** 500/560. p. 4 DU n

St-Ferréol's M sans rest, 19 r. Pisançon ✉ 13001 ☎ 91 33 12 21, Fax 91 54 29 97 – . AE GB p. 5 FU h
fermé 25 juil. au 21 août – ☕ 38 – **19 ch** 276/432.

Alizé M sans rest, 35 quai Belges ✉ 13001 ☎ 91 33 66 97, Fax 91 54 80 06, ← – . AE ① GB p. 4 ETU b
☕ 35 – **35 ch** 275/425.

New H. Astoria sans rest, 10 bd Garibaldi ✉ 13001 ☎ 91 33 33 50, Fax 91 54 80 75 – . AE ① GB JCB. p. 5 FT f
☕ 48 – **58 ch** 325/440.

New H. Sélect sans rest, 4 allée Gambetta ✉ 13001 ☎ 91 50 65 50, Télex 402175, Fax 91 50 45 56 – – 25. AE ① GB JCB. p. 5 FS k
☕ 48 – **60 ch** 325/440.

Castellane M sans rest, 31 r. Rouet ✉ 13006 ☎ 91 79 27 54, Télex 402326, Fax 91 25 44 07 – . AE GB p. 5 GV f
☕ 43 – **55 ch** 310/437.

Rome et St Pierre sans rest, 7 cours St Louis ✉ 13001 ☎ 91 54 19 52, Télex 430641, Fax 91 54 34 56 – – 30. AE ① GB JCB p. 5 FT y
☕ 42 – **50 ch** 256/422.

Fimotel M, 23 bd Rabatau ✉ 13008 ☎ 91 25 66 66, Télex 402672, Fax 91 78 09 66 – ch – 90. AE ① GB p. 3 BZ a
R *(fermé août, sam. midi et dim.)* 75 ♂, enf. 55 – ☕ 36 – **120 ch** 310/330.

Phocea sans rest, 6 r. Beauvau ✉ 13001 ☎ 91 33 02 33, Télex 430221, Fax 91 33 21 34 – . AE ① GB p. 4 ET r
☕ 32 – **49 ch** 290/330.

Sud sans rest, 18 r. Beauvau ✉ 13001 ☎ 91 54 38 50, Fax 91 54 75 62 – . AE GB p. 4 EU n
☕ 26 – **24 ch** 220/300.

Hermès M, 2 r. Bonneterie ✉ 13002 ☎ 91 90 34 51, Fax 91 91 14 44, ← – . AE GB p. 4 ET a
R *(fermé août, sam. midi et dim.)* (dîner seul.) carte 155 à 225 ♂ – ☕ 30 – **27 ch** 255/390.

La Capitainerie des Galères, 46 r. Sainte ✉ 13001 ☎ 91 54 73 73, Télex 420808, Fax 91 54 77 77, – – 120. AE GB p. 4 EU x
R *(fermé sam. et dim.)* 90 ♂ – ☕ 34 – **141 ch** 320/340.

XXX **Jambon de Parme**, 67 r. La Palud ✉ 13006 ☎ 91 54 37 98 – . AE ① GB JCB
fermé 11 juil. au 24 août, dim. soir et lundi – **R** carte 210 à 330. p. 5 FU s

XXX **Patalain**, 49 r. Sainte ✉ 13001 ☎ 91 55 02 78, Fax 91 54 15 29, « Cadre élégant » – . AE ① GB p. 4 EU f
fermé 14 juil. au 2 sept., sam. midi, dim. et fériés – **R** 195/350, enf. 90.

XXX **La Ferme**, 23 r. Sainte ✉ 13001 ☎ 91 33 21 12 – . AE ① GB p. 4 EU m
fermé août, sam. midi et dim. – **R** 180 (déj.)/250.

XXX **Les Échevins**, 44 r. Sainte ✉ 13001 ☎ 91 33 08 08 – . AE ① GB JCB p. 4 EU x
fermé 14 juil. au 15 août, sam. midi et dim. – **R** 150/210.

XXX ✿ **Miramar** (Ninguelle), 12 quai Port ✉ 13002 ☎ 91 91 10 40, Fax 91 56 64 31, ←, – . AE ① GB p. 4 ET v
fermé 31 juil. au 23 août, 23 déc. au 6 janv. et dim. – **R** carte 265 à 430 ♂
Spéc. Sar grillé au beurre de Pisala et olives noires. Bouillabaisse. Bourride.

XXX **Au Pescadou**, 19 pl. Castellane ✉ 13006 ☎ 91 78 36 01, Fax 91 83 02 94 – . AE GB
fermé juil.-août et dim. soir – **R** produits de la mer 158/198. p. 5 FV v

XX **Michel-Brasserie des Catalans**, 6 r. Catalans ✉ 13007 ☎ 91 52 30 63, Fax 91 59 23 05 – . AE GB JCB p. 2 AY e
R produits de la mer – carte 260 à 370.

XX **Chez Caruso**, 158 quai Port ✉ 13002 ☎ 91 90 94 04, Fax 91 56 56 55, – AE GB p. 4 DT q
fermé 15 oct. au 15 nov., dim. soir et lundi – **R** spécialités italiennes – carte 180 à 270.

XX **Calypso**, 3 r. Catalans ✉ 13007 ☎ 91 52 40 60, ← – AE GB p. 2 AY p
R produits de la mer 230.

XX **L'Ambassade des Vignobles**, 42 pl. aux Huiles ✉ 13001 ☎ 91 33 00 25, Fax 91 54 25 60 – . AE GB p. 4 EU h
fermé août, sam. midi et dim. – **R** 140 bc/280 bc.

XX **Les Arcenaulx**, 25 cours d'Estienne d'Orves ☎ 91 54 77 06, Fax 91 54 76 33, , « Restaurant-librairie dans un décor ancien » – . AE ① GB JCB p. 4 EU s
fermé dim. sauf le midi en hiver – **R** 180/225, enf. 80.

RÉPERTOIRE DES RUES

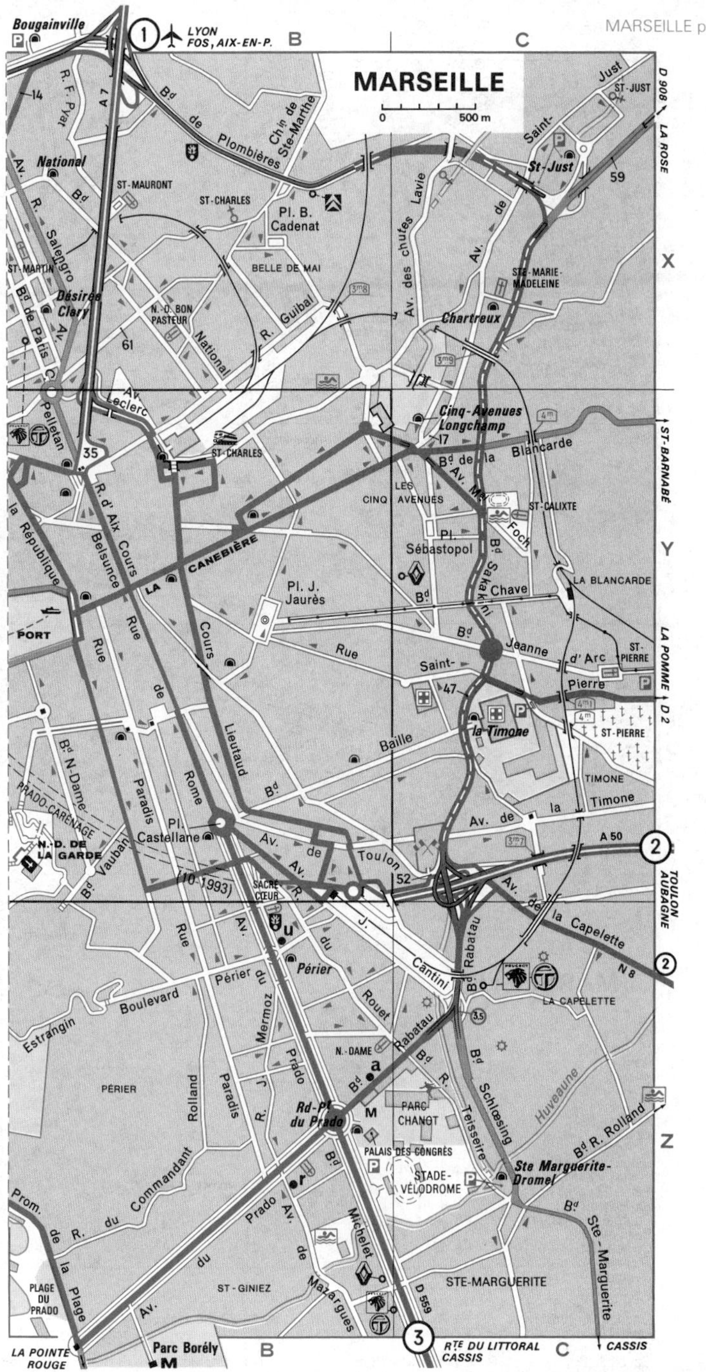
MARSEILLE
0
500 m
Bougainville
LYON
FOS, AIX-EN-P.
B
C
X
Y
Z
Bd de Plombières
Ch.in de Ste-Marthe
National
ST-MAURONT
ST-CHARLES
Pl. B. Cadenat
BELLE DE MAI
ST-MARTIN
Désirée Clary
Bd de Paris
R. Salengro
N.-D. BON PASTEUR
R. Guibal
Av. des chutes Lavie
Av. de St-Just
ST-JUST
St-Just
STE-MARIE-MADELEINE
Chartreux
Cinq-Avenues Longchamp
Bd de la Blancarde
Av. Leclerc
ST-CHARLES
Pelletan
LES CINQ AVENUES
ST-CALIXTE
Pl. Sébastopol
Bd Sakakini
LA BLANCARDE
LA CANEBIÈRE
la République
R. d'Aix
Cours Belsunce
PORT
Pl. J. Jaurès
Bd Chave
Bd Jeanne d'Arc
Rue Saint-Pierre
ST-PIERRE
la Timone
TIMONE
Av. de la Timone
Bd Baille
Cours Lieutaud
Rue de Rome
Rue Paradis
Bd N.-Dame
PRADO-CARENAGE
N.-D. DE LA GARDE
Bd Vauban
Pl. Castellane
Av. de Toulon
(10-1993)
SACRÉ CŒUR
R. J. Cantini
Av. de la Capelette
A 50
N 8
LA CAPELETTE
Bd Rabatau
Rue Périer
Boulevard Estrangin
Av. du Prado
Rue du Rouet
Périer
Av. Mermoz
N.-DAME
PÉRIER
Rolland
Paradis
R. J.
Rd-Pt du Prado
PARC CHANOT
PALAIS DES CONGRÈS
STADE-VÉLODROME
Bd Schlœsing
Bd R. Teisseire
Huveaune
Bd R. Rolland
Ste Marguerite-Dromel
Bd Ste-Marguerite
STE-MARGUERITE
R. du Commandant Rolland
Prom. de la Plage
PLAGE DU PRADO
ST-GINIEZ
Av. de Mazargues
Bd Michelet
D 559
LA POINTE ROUGE
Parc Borély
RTE DU LITTORAL CASSIS
CASSIS
D 908 LA ROSE
ST-BARNABÉ
LA POMME D 2
TOULON AUBAGNE
14
35
61
17
47
52
59

MARSEILLE

Aix (R. d') .... **ES**
Canebière (La) .... **FT**
Gaulle (Pl. Gén.-de) .... **ET** 31
Paradis (R.) .... **FUV**
St-Ferréol (R.) .... **FU**
St-Pierre (R.) .... **GU**

Athènes (Bd d') .... **FS** 2
Ballard (Crs Jean) .... **EU** 3
Barbusse (R. Henri) .... **ET** 4
Belges (Quai des) .... **ET** 5
Belles-Écuelles (R.) .... **ES** 6
Bir-Hakeim (R.) .... **ET** 8
Bourdet (Bd Maurice) .... **FS** 13
Busquet (R.) .... **GV** 15
Colbert (R.) .... **ES** 18
Delphes (Av. de) .... **GV** 20
Delpuech (Bd) .... **GV** 21
Dessemond (R. Capitaine) .... **DV** 22
Dugommier (Bd) .... **FT** 23
Fabres (R. des) .... **FT** 27
Fort-du-Sanctuaire (R. du) .... **EV** 29
Garibaldi (Bd) .... **FT** 30

Grand'Rue .... **ET** 33
Grignan (R.) .... **EU** 34
Guesde (Pl. J.) .... **ES** 35
Iéna (R. d') .... **GV** 36

Leblanc (R. V.) .... **DS** 40
Liberté (Bd de la) .... **FS** 42
Moisson (R. F.) .... **ES** 45
Montricher (Bd) .... **GS** 46

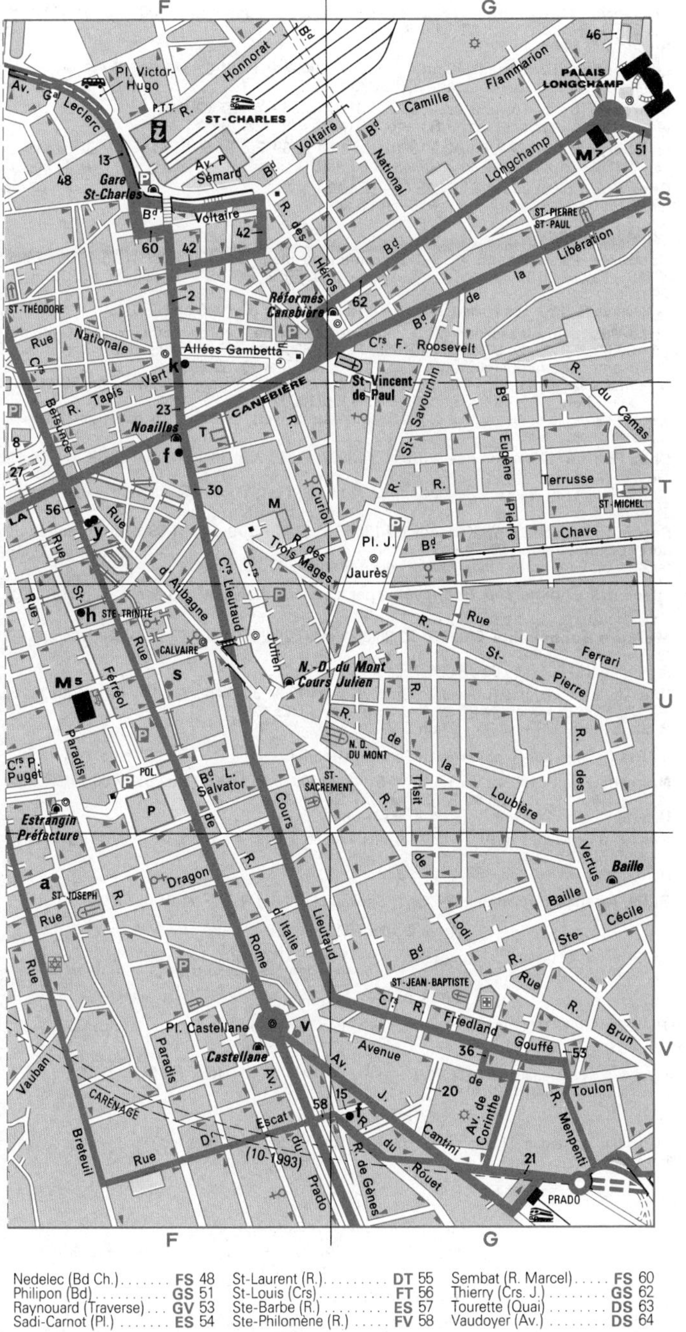

Nedelec (Bd Ch.) .... **FS** 48
Philipon (Bd) .... **GS** 51
Raynouard (Traverse) ... **GV** 53
Sadi-Carnot (Pl.) .... **ES** 54
St-Laurent (R.) .... **DT** 55
St-Louis (Crs) .... **FT** 56
Ste-Barbe (R.) .... **ES** 57
Ste-Philomène (R.) ..... **FV** 58
Sembat (R. Marcel) ..... **FS** 60
Thierry (Crs. J.) .... **GS** 62
Tourette (Quai) .... **DS** 63
Vaudoyer (Av.) .... **DS** 64

XX **Brasserie New-York Vieux Port**, 7 quai Belges ✉ 13001 ☎ 91 33 60 98, Fax 91 33 29 46, 🍽 – ▤. AE ⓓ GB JCB p. 4 ETU **e**
R carte 180 à 260 ♂.

XX **Le Chaudron Provençal**, 48 r. Caisserie ✉ 13002 ☎ 91 91 02 37 – ▤. AE GB
R *(fermé sam. midi et dim.)* carte 250 à 330. p. 4 DT **k**

X **Béarnais**, 16 r. S. Torrents ✉ 13006 ☎ 91 37 01 96 – ▤. AE ⓓ GB p. 5 FV **a**
fermé août, sam.midi et dim. – **R** carte 160 à 280, enf. 120.

X **La Charpenterie**, 22 r. Paix ✉ 13001 ☎ 91 54 22 89, Fax 91 55 51 41, 🍽 – AE ⓓ GB
fermé 1er au 15 août et 24 au 29 déc. – **R** 99/160. p. 4 EU **d**

X **Chez Soi**, 5 r. Papère ☎ 91 54 25 41 – AE GB p. 5 FT **f**
fermé dim. soir et lundi en juil.-août – **R** 65 ♂.

sur la Corniche :

Concorde-Palm Beach M ♨, 2 promenade Plage ✉ 13008 ☎ 91 16 19 00, Télex 401894, Fax 91 16 19 39, ←, 🍽, ⛱, – |♦| ▤ TV ☎ ⇔ P – 🏛 450. AE ⓓ GB JCB. ✱ rest p. 2 AZ **s**
La Réserve **R** 205 – Les Voiliers **R** carte 140 à 200 ♂ – ▭ 60 – **145 ch** 515/803.

✿✿ **Le Petit Nice** (Passédat) M ♨, anse de Maldormé (hauteur 160 corniche Kennedy) ✉ 13007 ☎ 91 59 25 92, Télex 401565, Fax 91 59 28 08, 🍽, « Villas dominant la mer, beaux aménagements intérieurs, ← », ⛱ – |♦| ▤ TV ☎ P. AE GB p. 2 AZ **d**
R *(fermé sam. midi et dim. de nov. à mars sauf fériés)* 300 bc (déj.)/650 et carte 450 à 650 – ▭ 100 – **13 ch** 1000/1900, 3 appart. – ½ P 1150/1600
Spéc. Gâteau de grenouilles aux pieds de porc. Loup de palangre. Grosse tomate aux supions et crème de sarriette (été). **Vins** Bandol, Palette.

XX **Chez Fonfon**, 140 vallon des Auffes ✉ 13007 ☎ 91 52 14 38, Fax 91 59 27 32, ← – ▤. AE ⓓ GB p. 2 AY **t**
fermé 4 oct. au 4 nov., 24 déc. au 2 janv., dim. et lundi – **R** produits de la mer – carte 270 à 390.

XX **Peron**, 56 corniche Prés. Kennedy ✉ 13007 ☎ 91 52 43 70, Fax 91 59 16 40, ← entrée du port et château d'If – AE ⓓ GB p. 2 AY **m**
fermé 1 au 9 mai, janv., dim. soir et lundi – **R** carte 200 à 375.

au centre commercial Bonneveine par corniche Kennedy : 8 km - AZ – ✉ **13008** Marseille :

Mercure Bonneveine M, ☎ 91 22 96 00, Fax 91 25 20 02, 🍽, ⛱, ✗ – |♦| ⇔ ch ▤ TV ☎ ♿ ⇔. AE ⓓ GB
R 95, enf. 50 – ▭ 50 – **69 ch** 580/750.

Ibis M, av. E. Triolet (près parc Borely) ☎ 91 72 34 34, Télex 420845, Fax 91 25 32 78, 🍽, ⛱, ✗ – |♦| ⇔ ch ▤ TV ☎ ♿ ⇔ P – 🏛 45. AE GB
R 63/83 ♂, enf. 39 – ▭ 35 – **88 ch** 297/320.

à l'Est 11,5 km par ② et sortie La Penne-St-Menet :

Novotel M, à St Menet ✉ 13011 ☎ 91 43 90 60, Télex 400667, Fax 91 27 06 74, 🍽, ⛱, ✗ – |♦| ⇔ ch ▤ rest TV ☎ ♿ P – 🏛 200. AE ⓓ GB
R carte environ 170, enf. 50 – ▭ 45 – **131 ch** 390/410.

Ibis M, à St-Menet ☎ 91 27 12 27, Télex 420686, Fax 91 43 31 14, 🍽 – |♦| ▤ TV ☎ ♿ P – 🏛 50. AE GB
R 79 ♂, enf. 39 – ▭ 33 – **82 ch** 295/320.

MICHELIN, Agence régionale, 22-24 r. F. Sauvage (14e) par N 8 AX ☎ 91 02 08 02

1er et 2e Arrondissements

BMW Gar. Station 7, 42 bd de Dunkerque (2e) ☎ 91 91 92 42 **N** ☎ 91 47 90 90

PEUGEOT-TALBOT Filiale, SIAP Nord 27 bd de Paris (2e) BX ☎ 91 91 90 65 **N** ☎ 91 97 34 39

3e et 4e Arrondissements

CITROEN Succursale, 53 bd Guigou (3e) BX ☎ 91 84 40 40

Ⓜ Ayme-Pneus, 6 r. Esperandieu ☎ 91 50 71 07
Denizon, 34 bd Battala (3e) ☎ 91 02 40 40

Escoffier-Pneus, 19 à 23 bd de Briançon (3e) ☎ 91 50 77 91
Pneus 13, 114 bd F. Duparc ☎ 91 49 02 51
Pneus 13, 42 bd Pardigon ☎ 91 08 42 57

5e Arrondissement

RENAULT Gd Gar. de Verdun, 11 r. de Verdun CY ☎ 91 94 91 25

Ⓜ Diff. Comm. Accessoires, 15 r. Ste-Cécile ☎ 91 78 63 58

Pneus et Services Phocéens, 60 r. L.-Astruc ☎ 91 42 50 83

6e et 7e Arrondissements

BMW Bernabeu, 50 av. Prado (6e) ☎ 91 37 74 34
MERCEDES-BENZ Paris Méditerranée Auto, 166 cours Lieutaud (6e) ☎ 91 94 91 40
V.A.G VAB, 45 av. J. Cantini ☎ 91 80 91 01 **N** ☎ 91 59 40 40

VOLVO Actena Marseille, 27 av. J.-Cantini (6e) ☎ 91 17 42 10

8e Arrondissement

ALFA-ROMEO Var France, 241 av. Prado ✆ 91 80 91 44
CITROEN Succursale, 96 bd Rabatau CZ ✆ 91 80 90 20 N ✆ 91 52 30 75
FIAT Sud-Autos, 110 et 116 av. Cantini ✆ 91 78 12 11
FORD Agence Centrale Ford, 33 av. de la Capelette ✆ 91 17 43 17
LANCIA S.O.D.I.A., 150 av. Prado ✆ 91 53 55 22
OPEL GM Auto Service Réparation, 3 et 5 bd Rabatau ✆ 91 83 57 57

PEUGEOT-TALBOT Filiale, SIAP Prado Michelet 204 bd Michelet BCZ ✆ 91 22 92 92 N ✆ 91 97 34 39
RENAULT Succursale Marseille Michelet, 134 bd Michelet BZ ✆ 91 30 33 00 N ✆ 05 05 15 15

Ⓜ Central-Pneus, 104 av. Cantini ✆ 91 79 79 86
Euromaster Omnica, 4 r. R.-Teissère/pl. Rabatau ✆ 91 79 18 12
VSD Pneus, Caparros, 25 bd du Sablier ✆ 91 73 32 22

9e, 10e et 11e Arrondissements

FERRARI, HONDA Gar. Pagani, 47 bd Cabot (9e) ✆ 91 82 06 66
MERCEDES-BENZ M.A.S.A., 108 bd Pont-de-Vivaux (10e) ✆ 91 79 56 56
PEUGEOT-TALBOT SIAP-Lombard, 37 av. J.-Lombard (11e) par D 2 CY ✆ 91 94 91 21 N ✆ 91 97 34 39

Ⓜ Alberola, 167 bd R.-Rolland (10e) ✆ 91 79 75 81
Ayme-Pneus, 322 bd Romain-Rolland ✆ 91 26 16 17
Ayme-Pneus, 7 av. de la Capelette ✆ 91 80 15 15
Euromaster Omnica, 37 r. Capitaine-Galinat (10e) ✆ 91 78 10 13

12e, 13e et 14e Arrondissements

V.A.G S.O.D.R.A., 1 chemin Ste-Marthe (14e) ✆ 91 50 19 30

Ⓜ Ayme-Pneus, 80 bd Barry St-Just (13e) ✆ 91 66 25 12

Euromaster Omnica, 15 bd Gay-Lussac (14e) ✆ 91 98 90 11
Gay Pneus, 47 bd Burel ✆ 91 95 91 13
Sirvent-Pneus, 194 bd D.-Casanova (14e) ✆ 91 67 22 20

15e et 16e Arrondissements

FORD Marseille-Nord-Automobiles, 64 r. de Lyon (15e) ✆ 91 95 90 42
PEUGEOT-TALBOT Gar. Gastaldi, 48 rte Nationale de St-Antoine (15e) par N 8 AX ✆ 91 51 32 37
RENAULT Éts Lodi, 124 rte Nationale, la Viste (15e) par N 8 AX ✆ 91 69 90 71
RENAULT Cap Pinède Automobiles, av. du Cap Pinède ✆ 91 58 71 14

Gar. Corradi, 111 r. Condorcet, St-André (16e) ✆ 91 46 50 77

Ⓜ Sirvent, Compt. Pneu, 428 rte Nationale St-Antoine (15e) ✆ 91 51 24 13

2e Arrondissement

Ⓜ MENDEZ PNEU 17 bd des Dames ✆ 91 90 25 77

Banlieue

Relais des Pennes, Les Pennes-Mirabeau ✆ 42 02 71 26

Ⓜ Morillas Pneus, Septemes les Vallons ✆ 91 51 01 20

MARTEL 46600 Lot 75 ⑱ G. Périgord Quercy – 1 462 h alt. 225.

Voir Place des Consuls★ – Belvédère de Copeyre ≤★ sur cirque de Montvalent★ SE : 4 km.

Syndicat d'Initiative à la Mairie ✆ 65 37 30 03.

Paris 518 – Brive-la-Gaillarde 33 – Cahors 79 – Figeac 58 – Gourdon 43 – St-Céré 32 – Sarlat-la-C. 45.

à Gluges : S : 5 km par N 140 – ✉ **46600** Martel :

Voir Site★.

Falaises, ✆ 65 37 33 59, – ☎ P. GB. ch
1er mars-30 nov. – **R** 95/250 – ☕ 35 – **14 ch** 200/300 – ½ P 210/260.

MARTIGUES 13500 B.-du-R. 84 ⑫ G. Provence – 42 678 h alt. 1.

Voir Pont St-Sébastien ≤★ Z B – Étang de Berre★ Z – Viaduc autoroutier de Caronte★ – Chapelle N.-D.-des-Marins ☼★ 3,5 km par ④.

Office de Tourisme quai P.-Doumer ✆ 42 80 30 72.

Paris 761 ② – ◆Marseille 35 ② – Aix-en-Provence 44 ② – Arles 53 ④ – Salon-de-Provence 38 ①.

Plan page suivante

St-Roch, sortie Martigues Nord ✆ 42 80 19 73, Télex 402925, Fax 42 80 01 80, ≤, parc, – ▤ TV ☎ ♿ P – 🏛 60. AE ⓓ GB — Y x
R 120/160 – ☕ 48 – **40 ch** 400/520 – ½ P 370.

Campanile, par ① : 1,5 km rte Istres ✆ 42 80 14 00, Télex 401378, Fax 42 80 01 72, – ▤ rest TV ☎ ♿ P – 🏛 30. AE GB
R 80 bc/102 bc, enf. 39 – ☕ 29 – **43 ch** 268.

XX **Le Berjac "Un bouchon à la Mer",** 19 quai Toulmont ✆ 42 80 36 80, – ▤. AE GB
fermé sam. midi et lundi – **R** 95/175 ♂, enf. 75. — Z a

ALFA-ROMEO Gar. Nlle Europe, RN 568 Croix Sainte ✆ 42 80 13 90
FORD Autom. de Provence, 48 av. F.-Mistral ✆ 42 81 08 63 N ✆ 42 80 72 44
RENAULT Aragon, av. J.-Macé ✆ 42 07 03 54

Ⓜ Euromaster Omnica, Puits de Pouane, RN 568 ✆ 42 06 63 27
Maison du Pneu, ZI Martigues Sud ✆ 42 07 07 71
Morcel, av. Fleming ✆ 42 80 44 49

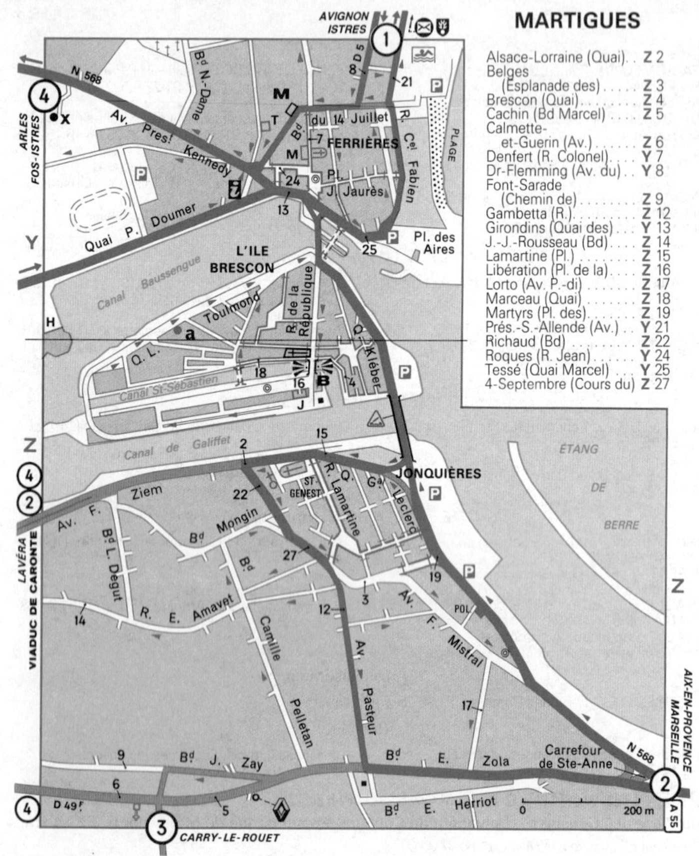

MARTIMPRÉ (Col de) **88** Vosges 62 ⑰ – rattaché à Gérardmer.

MARTIN-ÉGLISE **76** S.-Mar. 52 ④ – rattaché à Dieppe.

MARTRES-TOLOSANE **31220** H.-Gar. 82 ⑯ **G. Pyrénées Roussillon** – 1 929 h alt. 264.

Paris 756 – Bagnères-de-Luchon 76 – ♦Toulouse 60 – Auch 79 – Auterive 45 – Pamiers 77 – St-Gaudens 29 – St-Girons 40.

Castet, face gare ✆ 61 98 80 20, , – TV ☎. GB
fermé 15 fév. au 15 mars, dim. soir et lundi de sept. à fin juin – **R** 55/150 – 25 – **14 ch** 160/250 – ½ P 190.

Pons, à Cazères ✆ 61 97 27 33

MARVEJOLS **48100** Lozère 80 ⑤ **G. Gorges du Tarn** (plan) – 5 476 h alt. 651.

Voir Porte de Soubeyran★.

Syndicat d'Initiative pl. du Soubeyran ✆ 66 32 02 14.

Paris 582 – Mende 29 – Espalion 64 – Florac 53 – Millau 71 – Rodez 85 – St-Chély-d'Apcher 31.

Gare et Rochers , pl. Gare ✆ 66 32 10 58, Fax 66 32 14 65, ←, – ☎ . GB
fermé 15 janv. au 10 mars – **R** *(fermé sam. hors sais.)* 68/190 – 28 – **30 ch** 200/220 – ½ P 200/220.

XX **Viz Club,** rte du Nord ✆ 66 32 17 69 – . AE GB
fermé 2 janv. au 31 fév. – **R** (nombre de couverts limité, prévenir) 90/220.

rte de Mende par N 108 : 3,5 km – ✉ **48100** Marvejols :

XX **Moulin de la Chaze,** ✆ 66 32 36 07, ☂ – **P**. GB
fermé 1er au 15 oct. et lundi sauf fériés – **R** (week-ends prévenir) 95/180, enf. 45.

CITROEN Rel du Gévaudan, rte de St-Flour ✆ 66 32 15 62 **N**
FORD Garde ✆ 66 32 01 04
PEUGEOT-TALBOT Rouvière ✆ 66 32 00 88
Covinhes 9 bd de Chambrun ✆ 66 32 17 00
Vulc Lozérienne, 26 bd de Chambrun ✆ 66 32 07 11

MAS-BLANC-DES-ALPILLES **13** B.-du-R. 81 ⑪ – rattaché à St-Rémy-de-Provence.

Le MAS-D'AZIL **09290** Ariège 86 ④ – 1 307 h alt. 292.
Voir Grotte★★ S : 1,5 km, G. Pyrénées Roussillon.
Paris 774 – Auch 113 – Foix 34 – Montesquieu-Volvestre 24 – Pamiers 31 – St-Girons 24.

MASEVAUX **68290** H.-Rhin 66 ⑧ G. Alsace Lorraine – 3 267 h alt. 405.
Env. Descente du col du Hundsrück ≤★★ NE : 13 km.
Office de Tourisme Fossé Flagellants ✆ 89 82 41 99.
Paris 433 – ◆Mulhouse 29 – Altkirch 30 – Belfort 24 – Colmar 56 – Thann 15 – Le Thillot 36.

XX **Host. Alsacienne** avec ch, r. Foch ✆ 89 82 45 25 – GB
fermé 7 au 27 juin, 15 fév. au 1er mars, dim. soir et lundi – **R** 80/210 – ☐ 32 – **9 ch** 160/210 – ½ P 195.

MASLACQ **64** Pyr.-Atl. 78 ⑧ – rattaché à Orthez.

La MASSANA 86 ⑭ – voir à Andorre (Principauté d').

MASSAT **09320** Ariège 86 ③ ④ G. Pyrénées Aquitaine – 624 h alt. 650.
Env. Sommet de Portel ✻★★ NE : 9,5 km puis 15 mn, G. Pyrénées Roussillon.
Paris 823 – Ax-les-Thermes 55 – Foix 37 – St-Girons 27.

Repas 100/130 A good moderately priced meal.

MASSERET **19510** Corrèze 72 ⑱ – 669 h.
Paris 438 – ◆Limoges 41 – Guéret 98 – Tulle 46 – Ussel 97.

La Tour ⚲, ✆ 55 73 40 12 – TV ☎. GB
R 90/180 – ☐ 32 – **16 ch** 250 – ½ P 230.

MASSEUBE **32140** Gers 82 ⑮ – 1 453 h alt. 205.
Paris 811 – Auch 26 – Mirande 21 – St-Gaudens 48 – Tarbes 58 – ◆Toulouse 95.

à Panassac S : 5 km sur D 929 – ✉ **32140** :

X **Le Bailly,** ✆ 62 66 13 44, Fax 62 66 17 94, ☂, ☂ – **P**. AE GB
◆ *fermé 1er au 10 sept., dim. soir et lundi sauf fériés* – **R** 75/210, enf. 50.

RENAULT Gar. Fautrier ✆ 62 66 03 43 **N**

MASSIAC **15500** Cantal 76 ④ G. Auvergne – 1 881 h alt. 537.
Voir N : Gorges de l'Alagnon★.
Office de Tourisme r. Paix ✆ 71 23 07 76 et av. Gén.-de-Gaulle ✆ 71 23 11 86.
Paris 491 – Aurillac 84 – Brioude 22 – Issoire 38 – Murat 35 – St-Flour 26.

Gd H. Poste, 26 av. Ch. de Gaulle ✆ 71 23 02 01, Télex 990989, Fax 71 23 09 23, Fб, ⛱,
◆ ⛱, ☂ – |♦| TV ☎ **P** – 🏃 30. AE ⓓ GB
R 68/171 – ☐ 30 – **34 ch** 185/315 – ½ P 240/285.

au Chalet N : 2,5 km par VO – ✉ **15500** Massiac :

X **Aub. de Chalet,** Chapelle Ste-Madeleine ✆ 71 23 00 67, ☂ – **P**. GB
fermé 3 au 13 avril, 6 janv. au 9 fév. et jeudi – **R** carte 110 à 200, enf. 55.

CITROEN Auto-Gar. Brunet, pl. Pupilles-de-la-Nation ✆ 71 23 02 23 **N**
PEUGEOT-TALBOT Richard, 20 av. Gén.-de-Gaulle ✆ 71 23 02 25
RENAULT Gar. Delmas, RN 9 Le Gravairas, 103 av. Gén.-de-Gaulle ✆ 71 23 02 11 **N**

MASSY **91** Essonne 60 ⑩, 106 ㉛ – voir à Paris, Environs.

MATIGNON **22550** C.-d'Armor 59 ⑤ – 1 613 h alt. 41.
Paris 421 – St-Malo 30 – Dinan 31 – Dol-de-Bretagne 46 – Lamballe 23 – St-Brieuc 45 – St-Cast 6.

Poste, ✆ 96 41 02 20 – ☎. AE GB
◆ *fermé merc. d'oct. à mai* – **R** 69/158, enf. 48 – ☐ 22 – **14 ch** 120/200 – ½ P 211/291.

RENAULT Hamon ✆ 96 41 02 31 **N**

MAUBEUGE **59600** Nord 53 ⑥ **G. Flandres Artois Picardie** – 34 989 h alt. 134.

Office de Tourisme Porte de Bavay ☎ 27 62 11 93 – A.C. Porte de France, av. Gare ☎ 27 64 62 34.

Paris 243 ⑤ – Charleville-Mézières 94 ④ – Mons 20 ① – St-Quentin 77 ④ – Valenciennes 36 ⑤.

MAUBEUGE

Albert-1er (R.) .... **B** 2
France (Av. de) .... **B**
Gare (Av. de la) .... **A**
Mabuse (Av.) .... **B** 12
Mail de la Sambre .... **AB** 14

Paillot (R. G.) .... **B** 21
Roosevelt (Av. Franklin) **AB** 28
Vauban (Pl.) .... **B** 29
145e-Régt-d'Inf. (R. du) .. **B** 31

Concorde (Pl. de la) ..... **B** 4
Coutelle (R.) .... **A** 5

Intendance (R. de l') ..... **B** 10
Mabuse (Pl.) .... **B** 13
Musée (R. du) .... **B** 18
Nations (Pl. des) .... **B** 19
Pasteur (Bd) .... **A** 24
Porte-de-Bavay (Av.) ..... **A** 25
Provinces-Françaises (Av.) **B** 26

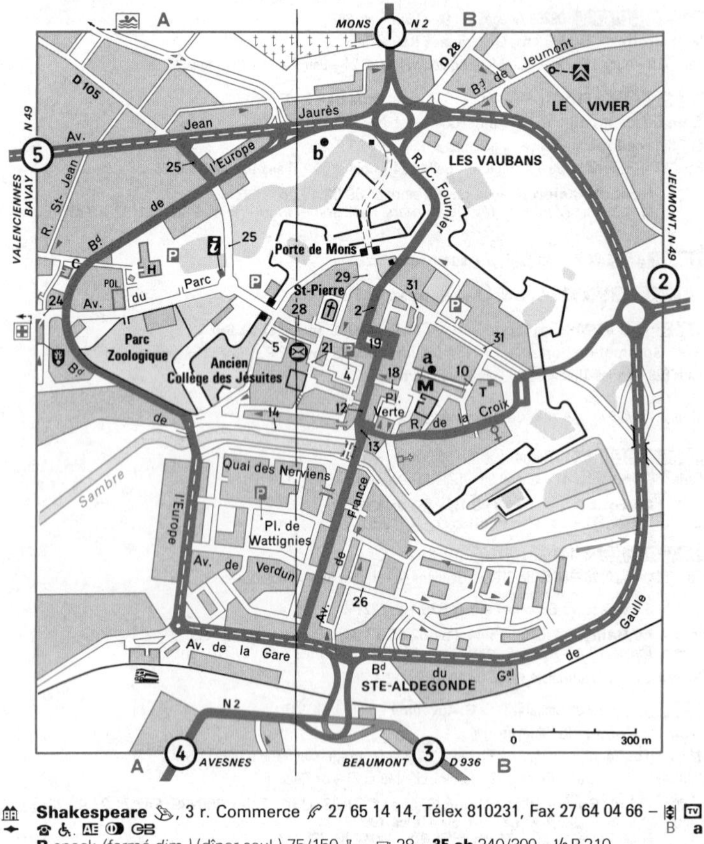

Shakespeare , 3 r. Commerce ☎ 27 65 14 14, Télex 810231, Fax 27 64 04 66 – ☎ ♿. AE ⓓ GB — B **a**
R snack *(fermé dim.)* (dîner seul.) 75/150 – ☕ 28 – **35 ch** 240/300 – ½ P 210.

Campanile, av. J. Jaurès ☎ 27 64 00 91, Télex 810482, Fax 27 65 34 47, – ☎ ♿ Ⓟ. AE GB — B **b**
R 80 bc/102 bc, enf. 39 – ☕ 29 – **38 ch** 268.

sur rte d'Avesnes par ④ et N 2 : 6 km – ✉ **59330** Beaufort :

XX **Aub. de l'Hermitage,** ☎ 27 67 89 59 – Ⓟ. AE GB
fermé 23 juil. au 13 août, sam. midi, dim. soir et lundi soir – **R** 135/250, enf. 80.

CITROEN Deshayes, 18 bd de Jeumont ☎ 27 62 07 12
RENAULT S.A.F.D.A., 124 rte de Valenciennes à Feignies par ⑤ ☎ 27 62 30 74 ☎ 27 69 33 33

Auto-Sécurité, bd Lamartine ☎ 27 64 97 91
Pneus et Services D.K., 13 porte de Paris ☎ 27 62 17 65

MAUBUISSON **33** Gironde 71 ⑱ – alt. 15 – ✉ **33121** Carcans.

Paris 635 – ♦Bordeaux 59 – Lacanau-Océan 13 – Lesparre-Médoc 38.

Lac, ☎ 56 03 30 03, – ☎ Ⓟ. AE GB
1er avril-30 sept. – **R** 98/158 – ☕ 38 – **40 ch** 176/310 – ½ P 229/284.

MAULÉON 79700 Deux-Sèvres 67 ⑥ ⑯ G. Poitou Vendée Charentes – 8 779 h alt. 187.

Paris 363 – Cholet 24 – ◆Nantes 75 – Niort 85 – Parthenay 53 – La Roche-sur-Yon 65 – Thouars 45.

Terrasse, 7 pl. Terrasse ☎ 49 81 47 24, Fax 49 81 65 04, – TV ☎. GB
fermé 15 au 23 mai, 1er au 10 août, 7 au 14 nov., vacances de fév. et week-ends d'oct. à mai – **R** *(fermé dim. de juin à sept.)* 75/180, enf. 45 – 30 – **13 ch** 210/300 – ½ P 215/235.

Europe avec ch, 15 r. Hôpital ☎ 49 81 40 33 – TV ☎ P. GB
fermé 26 avril au 2 mai, 1er au 15 oct., 29 déc. au 3 janv., 22 au 28 fév. et lundi sauf juil.-août – **R** 65/130 – 27 – **11 ch** 120/200 – ½ P 220/260.

CITROEN Gar. Olivier ☎ 49 81 47 75 N

MAULÉON-LICHARRE 64130 Pyr.-Atl. 85 ④ ⑤ G. Pyrénées Aquitaine – 3 533 h alt. 141.

Office de Tourisme 10 r. J.-B.-Heugas ☎ 59 28 02 37.

Paris 808 – Pau 58 – Oloron-Ste-M. 29 – Orthez 39 – St-Jean-Pied-de-Port 40 – Sauveterre-de-B. 26.

Bidegain, r. Navarre ☎ 59 28 16 05, Fax 59 28 09 96, – ☎. AE GB
fermé 22 au 29 nov. et 15 déc. au 15 janv. – **R** *(fermé dim. soir, vend. soir et sam. midi sauf juil.-août)* 70/200, enf. 50 – 30 – **30 ch** 150/285 – ½ P 190/220.

PEUGEOT-TALBOT Armagnague ☎ 59 28 03 92
PEUGEOT-TALBOT Sarlang ☎ 59 28 07 61
RENAULT Gar. le Rallye ☎ 59 28 13 70 N ☎ 59 28 13 78
RENAULT Gar. Jaury ☎ 59 28 15 13
Euromaster Central Pneu Service, 3 r. Mar.-Harispe ☎ 59 28 07 90

MAULETTE 78 Yvelines 60 ⑧, 106 ⑭ – rattaché à Houdan.

MAURE-DE-BRETAGNE 35330 I.-et-V. 63 ⑤ ⑥ – 2 552 h alt. 35.

Paris 382 – ◆Rennes 36 – Châteaubriant 56 – Ploërmel 32 – Redon 35.

Centre sans rest, 2 pl. Poste ☎ 99 34 91 52 – ☎. GB
20 – **16 ch** 120/225.

MAUREILLAS-LAS-ILLAS 66400 Pyr.-Or. 86 ⑲ – 2 037 h alt. 120.

Paris 934 – ◆Perpignan 26 – Gerona 70 – Port-Vendres 31 – Prades 56.

à Las Illas SO : 11 km par D 13 – ✉ 66400 Maureillas Las Illas :

Hostal dels Trabucayres avec ch, ☎ 68 83 07 56, ←, – P. GB. ch
hôtel : ouvert 1er mai -30 sept. et fermé mardi soir et merc. sauf du 10 juin au 10 sept. – **R** *(fermé 2 janv. au 20 fév., mardi soir et merc. sauf du 10 juin au 10 sept.)* 57 bc/225 bc – 21 – **5 ch** 125/155 – ½ P 156.

CITROEN Gar. Coste ☎ 68 83 06 10

MAUREPAS 78 Yvelines 60 ⑨ – voir à St-Quentin-en-Yvelines.

MAURIAC SP 15200 Cantal 76 ① G. Auvergne (plan) – 4 224 h alt. 722.

Voir Basilique★ – Le Vigean : châsse★ dans l'église NE : 2 km.

Env. Barrage de l'Aigle★★ : 11 km par D 678 et D105, G. Berry Limousin.

Office de Tourisme pl. G.-Pompidou ☎ 71 67 30 26.

Paris 499 – Aurillac 52 – Le Mont-Dore 77 – ◆Clermont-Ferrand 110 – Le Puy-en-Velay 181 – Tulle 65.

Serre M sans rest, r. du 11 Novembre ☎ 71 68 19 10, Fax 71 68 17 77, – TV ☎ P. GB.
fermé 31 déc. au 1er fév. – 26 – **13 ch** 210/300.

PEUGEOT-TALBOT Mouret, rte de Clermont ☎ 71 68 06 24
RENAULT Balmisse, au Vigean ☎ 71 68 06 77 N
Gar. Dutuel, av. Auguste Chauvet ☎ 71 68 15 24
Haag, r. du 19 Mars ☎ 71 68 09 81

MAUROUX 46 Lot 79 ⑥ – rattaché à Puy-l'Évêque.

MAURS 15600 Cantal 76 ⑪ G. Auvergne – 2 350 h alt. 280.

Voir Buste-reliquaire★ et statues★ dans l'église.

Office de Tourisme pl. Champ-de-Foire (vacances scolaires matin seul., 15 juin-15 sept.) ☎ 71 46 73 72.

Paris 617 – Aurillac 43 – Rodez 60 – Entraygues-sur-Truyère 47 – Figeac 22 – Tulle 98.

La Châtelleraie M, à St-Étienne, NE : 1,5 km par rte Aurillac ☎ 71 49 09 09, Fax 71 49 07 07, , parc, – TV ☎ P. GB. rest
3 avril-15 nov. – **R** (résidents seul.) 95/180 – 40 – **23 ch** 350 – ½ P 320.

Périgord sansrest, av. Gare ☎ 71 49 04 25 – TV ☎ P. AE GB
30 – **17 ch** 190/210.

CITROEN Gar. Central ☎ 71 49 01 95
PEUGEOT-TALBOT Balitrand ☎ 71 49 02 04 N
RENAULT Gar. Lavigne ☎ 71 49 00 20

MAUSSAC 19 Corrèze 73 ⑪ – rattaché à Meymac.

MAUSSANE-LES-ALPILLES 13520 B.-du-R. 84 ① – 1 886 h alt. 28.

Paris 714 – Avignon 29 – Arles 18 – ♦Marseille 78 – Martigues 44 – St-Rémy-de-Pr. 9,5 – Salon-de-Pr. 28.

Fabian des Baux M, rte St-Rémy : 2,5 km ℘ 90 54 37 87, Fax 90 54 42 44, GB
R 98/160 – 50 – **31 ch** 390/780 – ½ P 263/525.

Pré des Baux M sans rest, r. Vieux Moulin ℘ 90 54 40 40, GB
fermé 10 janv. au 15 mars – 49 – **10 ch** 540/640.

Touret sans rest, ℘ 90 54 31 93, GB.
29 – **16 ch** 290/320.

La Petite France, av. Vallée des Baux ℘ 90 54 41 91 – GB
fermé 17 au 24 nov., 2 au 31 janv., jeudi midi et merc. – **R** 180/280, enf. 60.

Ou Ravi Provençau, av. Vallée des Baux ℘ 90 54 31 11, Fax 90 54 41 03, – GB
fermé 15 au 25 juin, 1er au 15 déc. et mardi – **R** 160/260, enf. 70.

La Pitchoune, pl. Église ℘ 90 54 34 84, – GB
R *(fermé lundi)* 78/135, enf. 40.

MAUVEZIN 32120 Gers 82 ⑥ – 1 671 h alt. 157.

Paris 704 – Auch 27 – Agen 71 – Montauban 55 – ♦Toulouse 59.

La Rapière, ℘ 62 06 80 08, AE GB.
fermé 15 juin au 5 juil., mardi soir et merc. – **Repas** 95/260, enf. 50.

RENAULT Gar. Douard ℘ 62 06 80 11

MAUVEZIN-SUR-GUPIE 47 L.-et-G. 79 ③ – rattaché à Marmande.

MAUZAC 24 Dordogne 75 ⑮ ⑯ – 958 h alt. 49 – ✉ 24150 Mauzac-et-Grand-Castang.

Paris 544 – Périgueux 51 – Bergerac 28 – Brive-la-Gaillarde 95 – Sarlat-la-Canéda 53.

La Métairie, rte de Trémolat, 3 km ℘ 53 22 50 47, Fax 53 22 52 93, ≤, parc, – GB
1er avril-15 oct. – **R** *(fermé mardi sauf le soir du 15 juin au 15 oct.)* 95/250, enf. 65 – 60 – **9 ch** 518/860 – ½ P 472/690.

Poste, ℘ 53 22 50 52, ≤, – AE GB
1er mars-31 oct. – **R** *(fermé lundi)* 65/180, enf. 40 – 25 – **18 ch** 150/260 – ½ P 200/250.

MAUZÉ-SUR-LE-MIGNON 79210 Deux-Sèvres 71 ② – 2 378 h alt. 21.

Paris 429 – La Rochelle 40 – Niort 22 – Rochefort 38.

Relais de la Fourche en Pré, rte Niort ℘ 49 26 32 36, – AE GB
fermé dim. soir et lundi – **R** 65/200, enf. 43 – 30 – **12 ch** 235/338 – ½ P 325.

France avec ch, ℘ 49 26 30 15 – GB
fermé 19 au 29 déc. – **R** 70/170 – 25 – **7 ch** 125/150 – ½ P 165/180.

MAYENNE SP 53100 Mayenne 59 ⑳ **G. Normandie Cotentin** – 13 549 h alt. 124.

Voir Ancien château ≤★ **B.**

Office de Tourisme quai de Waiblingen (fermé après-midi hors saison) ℘ 43 04 19 37.

Paris 283 ② – Alençon 61 ② – Flers 57 ① – Fougères 45 ⑤ – Laval 31 ④ – ♦Le Mans 88 ④.

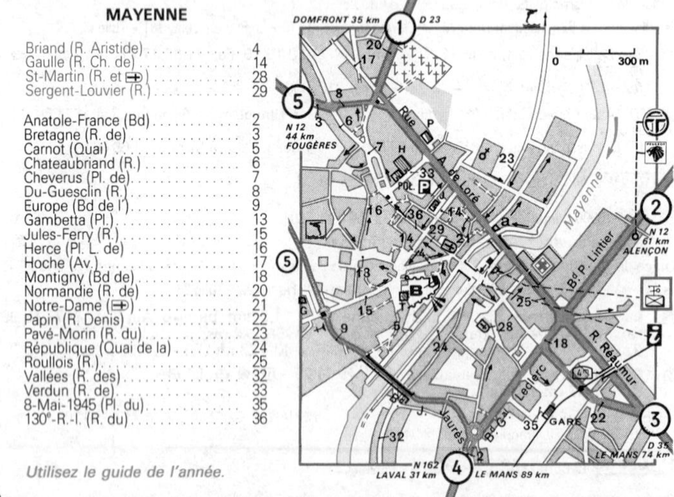

Utilisez le guide de l'année.

Gd Hôtel, 2 r. A. de Loré **(a)** ✆ 43 00 96 00, Fax 43 32 08 49 – TV ☎ P. GB
fermé 23 déc. au 3 janv., vend. soir et sam. du 1er nov. au 31 mars – **R** 92/285, enf. 55 – ☕ 40 – **30 ch** 249/375 – ½ P 257/315.

XXX **Croix Couverte** avec ch, rte Alençon par ② : 2 km sur N 12 ✆ 43 04 32 48, Fax 43 04 43 69, , – TV ☎ P. AE ① GB
fermé 23 au 30 déc. – **R** *(fermé dim. d'oct. à avril)* 92/265 ♖, enf. 52 – ☕ 30 – **13 ch** 220/280 – ½ P 220/270.

par ④ N 162 et VO : 6,5 km – ✉ **53100** Mayenne :

XXX **La Marjolaine** avec ch, au domaine du Bas-Mont ✆ 43 00 48 42, Fax 43 08 10 58, parc – TV ☎ P. GB
fermé 20 au 29 déc., vacances de fév., dim. soir et lundi (sauf hôtel) – **R** 140/220, enf. 90 – ☕ 45 – **12 ch** 250/320 – ½ P 270/375.

BMW **TOYOTA** Bassaler Automobiles, 92 r. P.-Lintier ✆ 43 04 15 84 N ✆ 43 69 32 32
CITROEN SODIAM, 250 rte de Rennes ✆ 43 04 36 71 N ✆ 43 00 29 83
PEUGEOT-TALBOT Mallecot Père et Fils, 622 bd P.-Lintier ✆ 43 04 10 76
RENAULT Mayenne-Auto, D 35 rte d'Aron par ③ ✆ 43 04 58 86 N ✆ 43 90 82 01
Euromaster Tricard Pneus, 412 bd P.-Lintier ✆ 43 04 19 47

MAYET **72360** Sarthe 64 ③ – 2 877 h alt. 74.
Paris 225 – ♦Le Mans 29 – Château-la-Vallière 27 – La Flèche 31 – ♦Tours 57 – Vendôme 75.

X **Aub. des Tilleuls,** ✆ 43 46 60 12 – GB
fermé fév., dim. soir, lundi soir, mardi soir et merc. – **R** 45/140 ♖, enf. 45.

Le MAYET-DE-MONTAGNE **03250** Allier 73 ⑥ G. Auvergne – 1 609 h alt. 545.
Syndicat d'Initiative Chalet Cantonal pl. Foires ✆ 70 59 38 40.
Paris 365 – ♦Clermont-Fd 73 – Lapalisse 23 – Moulins 71 – Roanne 47 – Thiers 41 – Vichy 25.

Relais du Lac, S : 0,5 km sur D 7 ✆ 70 59 70 23 – TV ☎ P.
R 95/170 ♖, enf. 40 – ☕ 28 – **7 ch** 220/250 – ½ P 220/240.

CITROEN Gar. St-Christophe ✆ 70 59 70 42
RENAULT Tartarin ✆ 70 59 70 61

MAZAGRAN **57** Moselle 57 ⑭ – rattaché à Metz.

MAZAMET

Barbey (R. Édouard)	
Brenac (R. Paul)	2
Gambetta (Pl.)	9
Olombel (Pl. Ph.)	16
Caville (R. du Pont de)	4
Champ-de-la-Ville (R. du)	5
Chevalière (Av. de la)	7
Galibert-Ferret (R.)	8
Guynemer (Av. G.)	10
Lattre-de-Tassigny (Bd de)	13
Nouvela (R. du)	14
Reille (Cours R.)	17
St-Jacques (R.)	19
Tournier (Pl. G.)	20
Tournier (R. Alphonse)	22

Les plans de villes sont orientés le Nord en haut.

Pour un bon usage des plans de villes, voir les signes conventionnels dans l'introduction.

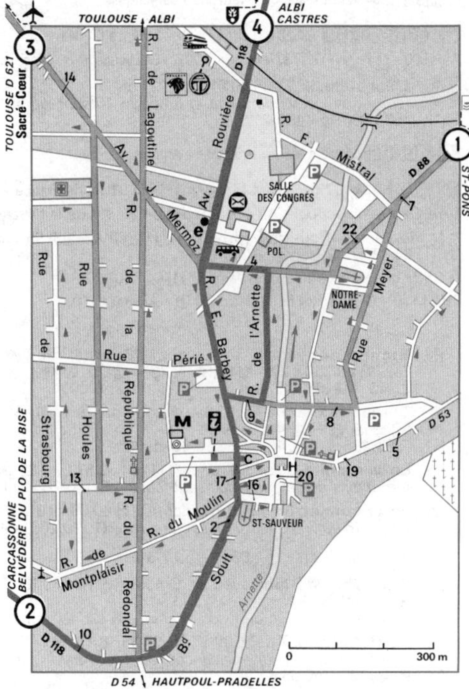

MAZAMET 81200 Tarn 83 ⑪ ⑫ G. Gorges du Tarn – 11 481 h alt. 241.

de la Barouge (privé) ℘ 63 61 06 72, par ① : 3,5 km.

de Castres-Mazamet : T.A.T. ℘ 63 70 32 62, par ③ : 14 km.

Office de Tourisme r. des Casernes ℘ 63 61 27 07 et D 118, le Plô de la Bise (juil.-août) ℘ 63 61 25 54.

Paris 772 ④ – ♦Toulouse 82 ③ – Albi 60 ④ – Béziers 87 ① – Carcassonne 45 ② – Castres 18 ④.

Plan page précédente

Les Comtes d'Hautpoul, face gare ℘ 63 61 98 14, Fax 63 98 95 76, – TV ☎ P. GB
fermé août et sam. – **R** 68/220 – 35 – **40 ch** 180/260 – ½ P 200.

H. Jourdon, 7 av. A. Rouvière **(e)** ℘ 63 61 56 93, Fax 63 61 83 38 – rest TV ☎. AE GB.
Repas *(fermé dim. sauf fériés)* 80/280, enf. 45 – 38 – **11 ch** 240/280 – ½ P 250.

à Bout-du-Pont-de-Larn par ① et D 54 : 2 km – ✉ **81660** :

La Métairie Neuve, ℘ 63 61 23 31, Fax 63 61 94 75, ←, – TV ☎ P – 25. GB
fermé 15 déc. au 15 janv. – **R** *(fermé sam. sauf le soir du 15 avril au 30 sept.)* 100/250, enf. 50 – 50 – **11 ch** 290/430 – ½ P 330/350.

par ① D 109 et D 54 : 5 km – ✉ **81660** Pont-de-Larn :

Host. du Château de Montlédier, ℘ 63 61 20 54, Fax 63 98 22 51, ←, « Demeure du 12e siècle dans un parc », – TV ☎ P – 50. AE GB
fermé janv. – **R** *(fermé dim. soir et lundi sauf juil.-août)* 100/195 – 48 – **10 ch** 260/590 – ½ P 410/450.

à St-Amans-Soult par ① : 9 km – ✉ **81240** :

Host. des Cèdres avec ch, N 112 ℘ 63 98 36 73, , parc – ☎. GB
fermé dim. soir et lundi – **R** 85/240 – 35 – **12 ch** 150/295 – ½ P 195/360.

ALFA-ROMEO, OPEL Auto Garage, 11 r. Cormouls-Houlès ℘ 63 61 06 94
CITROEN S.M.A., Bout du Pont de Larn à Mazamet par ③ ℘ 63 61 39 41
PEUGEOT-TALBOT Gd Gar. Gare, av. Ch.-Sabatier ℘ 63 61 01 89
RENAULT Gar. Labessant, av. Mar.-Juin ℘ 63 61 13 19 N ℘ 05 05 15 15

Cousinié-Pneus, 14 r. République ℘ 63 61 80 17
Euromaster Central Pneu Service, RN 112 La Richarde ℘ 63 61 08 98

MAZAN 84 Vaucluse 81 ⑬ – rattaché à Carpentras.

MAZET-ST-VOY 43520 H.-Loire 76 ⑧ – 1 077 h alt. 1 043.

Paris 580 – Le Puy-en-Velay 39 – Lamastre 36 – ♦St-Étienne 62 – Yssingeaux 17.

L'Escuelle, ℘ 71 65 00 51 – ch
fermé nov., janv., dim. soir et lundi du 10 sept. au 30 juin – **R** 65/140 – 28 – **11 ch** 150/230 – ½ P 150/210.

MÉAUDRE 38 Isère 77 ④ – rattaché à Autrans.

MEAUX 77100 S.-et-M. 56 ⑫ ⑬ 106 ㉒ G. Ile de France – 48 305 h alt. 52.

Voir Centre épiscopal★ ABY : cathédrale★ B, ←★ de la terrasse des remparts.

de Meaux-Boutigny (privé) ℘ (1) 60 25 63 98, par ③ ; du Lac de Germigny ℘ (1) 64 33 57 00, par ① : 10 km.

Office de Tourisme 2 r. Notre-Dame ℘ (1) 64 33 02 26.

Paris 54 ③ – Compiègne 66 ⑤ – Melun 54 ③ – ♦Reims 97 ②.

Plan page suivante

Richemont sans rest, quai Grande Ile ℘ (1) 60 25 12 10, Télex 691792, Fax (1) 60 25 18 27 – TV ☎ P – 25. AE GB — AZ **s**
40 – **42 ch** 280/300.

Climat de France M, 32 av. Victoire par ② ℘ (1) 64 33 15 47, Fax (1) 64 33 83 80, – TV ☎ P – 40. AE GB
R 55/125, enf. 40 – 32 – **60 ch** 295.

Le Marinone, 30 pl. Marché ℘ (1) 64 33 57 37 – AE GB — ABZ **t**
fermé dim. soir et lundi soir sauf fériés – **R** 140/280, enf. 60.

Le Briçonnet, 8 r. Fg St Nicolas ℘ (1) 60 09 29 31 – AE GB JCB — BY **e**
fermé 15 au 30 août, mardi soir et dim. – **R** 120/260, enf. 50.

à Varreddes par ① : 6 km – ✉ **77910** :

Aub. Cheval Blanc avec ch, D 405 ℘ (1) 64 33 18 03, Fax (1) 60 23 29 68, – TV ☎ P. AE GB
fermé 2 au 24 août, dim. soir et lundi – **R** 198/380, enf. 98 – 49 – **8 ch** 298/350.

Au Petit Nain, 7 r. Orsoy ℘ (1) 64 33 18 12, Fax (1) 64 34 39 60, – AE GB
fermé 15 au 30 juil., vacances de fév., mardi soir, jeudi soir et merc. sauf fériés – **R** 105/295, enf. 65.

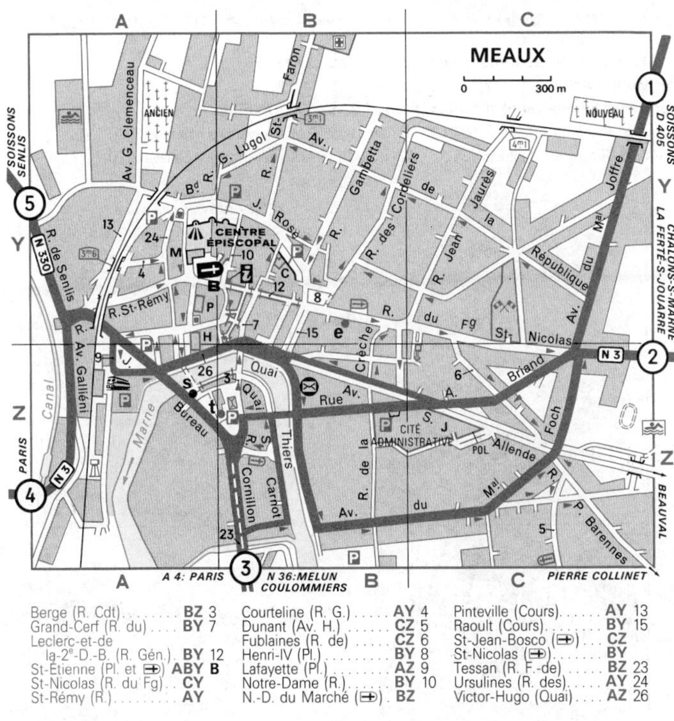

Berge (R. Cdt) . . . . BZ 3
Grand-Cerf (R. du) . . . . BY 7
Leclerc-et-de la-2e-D.-B. (R. Gén.) . BY 12
St-Étienne (Pl. et ⊞) ABY B
St-Nicolas (R. du Fg) . . CY
St-Rémy (R.) . . . . AY

Courteline (R. G.) . . . . . AY 4
Dunant (Av. H.) . . . . . . CZ 5
Fublaines (R. de) . . . . . CZ 6
Henri-IV (Pl.) . . . . BY 8
Lafayette (Pl.) . . . . AZ 9
Notre-Dame (R.) . . . . . . BY 10
N.-D. du Marché (⊞) . BZ

Pinteville (Cours) . . . . . . AY 13
Raoult (Cours) . . . . BY 15
St-Jean-Bosco (⊞) . . . CZ
St-Nicolas (⊞) . . . . . . BY
Tessan (R. F.-de) . . . . . BZ 23
Ursulines (R. des) . . . . . AY 24
Victor-Hugo (Quai) . . . . AZ 26

à Germigny-l'Évêque par ① et D 97 : 8 km – ⊠ **77910** :

XXX **Le Gonfalon** avec ch, 2 r. Église ✆ (1) 60 25 29 29, Fax (1) 64 33 25 59, ≤, – TV ☎. AE ⓓ GB
fermé 1er janv. au 5 fév., dim. soir et lundi – **R** 250/330, enf. 50 – 40 – **10 ch** 280/340.

à Poincy par ② : 5 km – ⊠ **77470** :

XXX **Moulin de Poincy**, ✆ (1) 60 23 06 80, Fax (1) 60 23 12 56, , – Ⓟ. AE GB JCB
fermé mardi soir et merc. – **R** 195/340.

ALFA ROMEO-TOYOTA Trouble, 17 av. de la Foulée à Nanteuil-les-Meaux ✆ (1) 64 33 30 00
BMW Verdier, 12 r. Buttes-Blanches ZI ✆ (1) 60 09 35 35 **N** ✆ 05 00 16 24
CITROEN Victoire Autom., 101 av. Victoire, ZI par ② ✆ (1) 64 34 90 90
FORD Gar. Brie et Picardie, 44 r. Crèche ✆ (1) 64 34 06 51
MERCEDES-BENZ Compagnie de l'Est, 137 av. Victoire ✆ (1) 64 33 05 52 **N** ✆ (1) 64 33 90 90
OPEL Meaux Autom., 71-73 av. F.-Roosevelt ✆ (1) 60 25 32 00
PEUGEOT-TALBOT Métin, 81 av. Roosevelt par ② ✆ (1) 64 33 20 00
RENAULT Vance, 37 av. Roosevelt par ② ✆ (1) 64 34 90 76 **N** ✆ (1) 60 25 71 77
V.A.G Gar. Carnot, 26 et 67 av. F.-Roosevelt ✆ (1) 60 25 10 66

Ⓜ Central-Pneumatiques, ZI, 57 av. Victoire ✆ (1) 64 34 12 67
Distripneu Meaux, ZAC Bordes Rouges à Nanteuil-les-Meaux ✆ 64 33 88 55
Ets Vernières, 101 r. Fg-St-Nicolas ✆ (1) 64 34 44 48
Euromaster La Centrale du Pneu, 19 r. Gén. de Gaulle à Crouy-sur-Ourcq ✆ (1) 64 35 61 10
Hurand Pneu, à Trilport ✆ (1) 64 33 41 41
Ile-de-France Pneum., 180 r. Fg-St-Nicolas ✆ (1) 64 33 29 79

MÉDAN 78670 Yvelines 55 ⑲ 106 ⑰ G. Ile de France – 1 387 h.

Paris 40 – Mantes-la-Jolie 27 – Pontoise 21 – Rambouillet 51 – St-Germain-en-Laye 15 – Versailles 26.

XX **Le Moulin Rouge**, 1 r. Seine ✆ (1) 39 75 80 85, Fax (1) 39 75 32 92, – AE GB
fermé dim. soir et lundi d'oct. à mai – **R** 150.

Si vous êtes retardé sur la route, dès 18 h, confirmez votre réservation par téléphone, c'est plus sûr... et c'est l'usage.

MEGÈVE 74120 H.-Savoie 74 ⑦ ⑧ G. Alpes du Nord – 4 750 h alt. 1 113 – Sports d'hiver : 1 113/2 350 m 🚡9 ⛷74 ⛷ – Casino AY.

Voir Mont d'Arbois au terminus de la télécabine ※★★★ BZ.

⛳18 du Mont d'Arbois ✆ 50 21 29 79, E : 2 km BZ.

Altiport de Megève-Mont-d'Arbois ✆ 50 21 33 67, SE : 7 km BZ.

ℹ Office de Tourisme r. Poste ✆ 50 21 27 28, Télex 385532 et réservations hôtels ✆ 50 21 29 52.

Paris 596 ① – Chamonix-Mont-Blanc 35 ① – Albertville 31 ② – Annecy 61 ② – ♦Genève 69 ①.

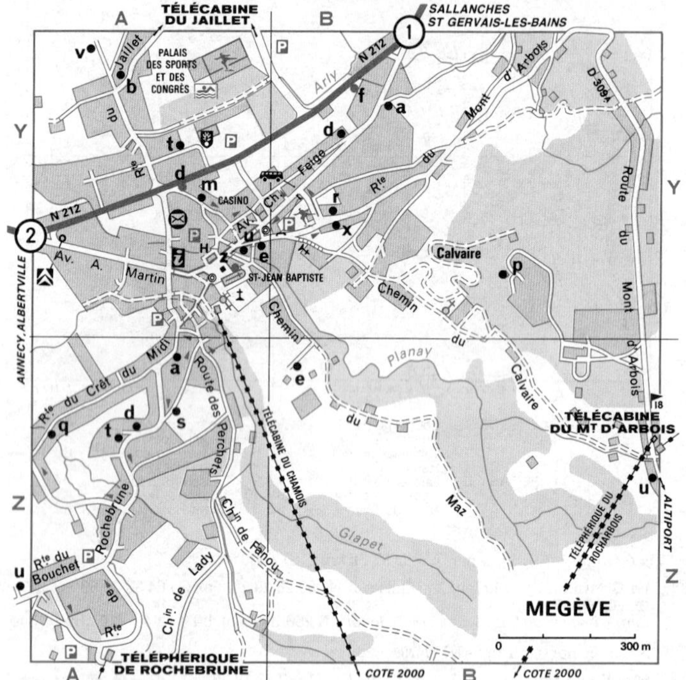

Parc des Loges M, 100 r. d'Arly ✆ 50 93 05 03, Télex 385854, Fax 50 93 09 52, 余, « Décoration style "art-déco" », Fø, ⛱, 🛋 – 🛗 📺 ☎ ♿ 🚗 🅟 – 🔥 30. AE ⓓ GB AY **m**
10 juil.-15 oct. et 15 déc.-15 avril – **R** 150/200 🍷 – ☕ 85 – **40 ch** 750/2000, 13 appart. – ½ P 980/1280.

Les Fermes de Marie M 🐌, chemin de Riante Colline par ② ✆ 50 93 03 10, Fax 50 93 09 84, ≤, 余, « Anciennes fermes savoyardes reconstituées en hameau », Fø, ⛱, 🛋 – 🛗 📺 ☎ ♿ 🚗 🅟 – 🔥 30. AE GB
hôtel : 15 juin-20 sept. et 15 déc.-20 avril ; rest. : 31 juin-31 août et 15 déc.-20 avril – **R** carte 230 à 360 – **46 ch** ☕ 1260/1680, 7 appart., 3 duplex – ½ P 735/1470.

Chalet du Mont d'Arbois M 🐌, rte Mt-d'Arbois ✆ 50 21 25 03, Fax 50 21 24 79, ≤, 余, 🛋, 🎾 – 🛗 📺 ☎ 🅟. AE ⓓ GB BY **p**
19 juin-3 oct. et 18 déc.-début avril – **R** 260/400, enf. 90 – **20 ch** ☕ 1670/1840 – ½ P 1130/1180.

Fer à Cheval, rte Crêt ✆ 50 21 30 39, Fax 50 93 07 60, 余, « Élégant décor rustique », Fø, ⛱, 🛋 – 🛗 📺 ☎ ♿ 🚗 🅟 – 🔥 30. GB. ⛔ rest BY **a**
1er juil.-10 sept. et Noël-10 avril – **R** (dîner seul.) carte 230 à 350 – **30 ch** (½ pens. seul.) – ½ P 645/850.

Grange d'Arly M 🐌 sans rest, 10 r. Allobroges ✆ 50 58 77 88, Fax 50 93 07 13, « Belle décoration intérieure » – 🛗 📺 ☎ ♿ 🚗 🅟. AE ⓓ GB JCB. ⛔ AY **t**
15 juin-20 nov. et 17 déc.-30 avril – **22 ch** ☕ 900/1040.

Coin du Feu, rte Rochebrune ✆ 50 21 04 94, Fax 50 21 20 15, ≤, « Décor et ambiance savoyards » – 🛗 📺 ☎. AE GB AZ **t**
hôtel : 20 juil.-5 sept. et 18 déc.-5 a vril – **Saint Nicolas** *(20 déc.-5 avril)* **R** (dîner seul.) 160/200 – **23 ch** ☕ 720/920 – ½ P 555/700.

Le Manège [M] sans rest, rond-point de Rochebrune ✆ 50 21 21 08, Fax 50 58 95 32, ⅂₆, ⛱, ⛰ – |♦| cuisinette [TV] ☎ ⇔ ℗. AE ⓓ GB. ✱ AZ **a**
fermé 1er nov. au 13 déc. – **18 ch** ☐ 780/980, 14 appart.

Le Triolet ⛰, rte Bouchet ✆ 50 21 08 96, Fax 50 70 77 75, ≤ – [TV] ☎ ⇔. AE GB. ✱ rest AZ **u**
Noël-Pâques – **R** (nombre de couverts limité, prévenir) 260/400 – ☐ 75 – **10 ch** 900/1000, 3 appart. – ½ P 750/1300.

Mont-Joly ⛰, rte Crêt du Midi ✆ 50 21 26 14, Fax 50 58 75 20, ≤, ⛱, ⛰ – |♦| [TV] ☎. AE ⓓ GB JCB. ✱ rest AZ **q**
15 juin-15 sept. et 20 déc.-10 avril – **R** 280/320 – ☐ 48 – **22 ch** 700 – ½ P 660.

La Prairie [M], av. Ch. Feige ✆ 50 21 48 55, Fax 50 21 42 13, ≤, ⛰ – |♦| [TV] ☎ ⇔ ℗. AE ⓓ GB. ✱ rest BY **d**
hôtel : 19 juin-26 sept. et 18 déc.-1er mai ; rest. : 16 juil.-29 août et 20 déc.-début avril – **R** (dîner seul) carte environ 150 ♁ – ☐ 44 – **32 ch** 430/788.

Sapins ⛰, rte Rochebrune ✆ 50 21 02 79, Fax 50 93 07 54, ⛱, ⛱, ⛰ – |♦| [TV] ☎. GB. ✱ rest AZ **s**
15 juin-15 sept. et 20 déc.-20 avril – **R** 160/267, enf. 88 – ☐ 39 – **19 ch** 308/520 – ½ P 390/476.

Ferme Hôtel Duvillard, plateau du Mt d'Arbois ✆ 50 21 14 62, Fax 50 21 42 82, ≤, ⛱, ⛱, ⛰ – [TV] ☎ ℗. GB BZ **u**
hôtel : 1er juil.-15 sept. et 15 déc.-15 avril ; rest. : 1er juil.-31 août et 15 déc.-15 avril – **R** (½ pens. seul.) ♁, enf. 60 – **19 ch** ☐ 628/1014 – ½ P 500/618.

Alpina, pl. Casino ✆ 50 21 54 77, Fax 50 21 53 79 – [TV] ☎. AE ⓓ GB. ✱ ch AY **e**
R *(fermé lundi hors sais.)* (déj. seul.) 100 bc ♁ – **12 ch** ☐ 600/1050.

St-Jean ⛰, chemin du Maz ✆ 50 21 24 45, Fax 50 58 78 50, ≤, ⛰ – [TV] ☎ ℗. ✱ BZ **e**
1er juil.-11 sept. et 19 déc.-10 avril – **R** 110 – ☐ 35 – **15 ch** 260/420 – ½ P 350.

Coeur de Megève sans rest, av. Ch. Feige ✆ 50 21 25 30, Fax 50 91 91 27 – |♦| [TV] ☎. GB. ✱ AY **u**
fermé mi-mai à mi-juin et mi-nov. à mi-déc. – **25 ch** ☐ 454/670.

Fleur des Alpes, rte Jaillet ✆ 50 21 11 42, ≤, ⛱, ⛰ – [TV] ☎ ℗ – ⛺ 50. GB. ✱ rest AY **b**
20 mai-20 sept. et 15 déc.-20 avril – **R** 120/180 – **18 ch** ☐ 400/490 – ½ P 435/500.

Week-End sans rest, rte Rochebrune ✆ 50 21 26 49, Fax 50 58 90 40 – [TV] ☎ ℗. GB AZ **d**
mai-oct. et nov.-avril – **16 ch** ☐ 530.

L'Auguille ⛰ sans rest, chemin de l'Auguille ✆ 50 21 40 00, Fax 50 58 78 78, ≤, ⛰ – |♦| [TV] ☎ ⇔ ℗. GB. ✱ AY **v**
10 juin-20 sept. et 15 déc.-20 avril – ☐ 35 – **11 ch** 440.

Les Mourets ⛰, rte Odier par ① : 1 km ✆ 50 21 04 76, Fax 50 58 78 78, ≤ – |♦| [TV] ☎ ⇔ ℗. GB. ✱ rest
20 mai-15 sept. et 20 déc.-31 mars – **R** 100 – ☐ 35 – **24 ch** 390 – ½ P 400.

Patinoire sans rest, rte Mt d'Arbois ✆ 50 21 11 33, Fax 50 58 90 39 – [TV] ☎. AE GB JCB ☐ 30 – **13 ch** 420. BY **x**

Clos Joli, rte Sallanches par ① ✆ 50 21 20 48, Fax 50 58 78 39, ⛰ – ☎ ℗. GB. ✱ rest
fermé 31 oct. au 15 déc. – **R** 85/90 – ☐ 33 – **24 ch** 225/350.

Rond-Point d'Arbois, rte Mt-d'Arbois ✆ 50 21 17 50, Fax 50 58 90 24, ⛰ – [TV] ☎. GB
20 juin-15 sept. et 15 déc.-30 avril – **R** 100/150 – **13 ch** ☐ 430/480 – ½ P 340. BY **r**

XX **Michel Gaudin,** carr. d'Arly ✆ 50 21 02 18 – GB AY **d**
fermé mardi hors sais. – **R** 95/270, enf. 70.

XX **Aub. Les Griottes,** rte Nationale ✆ 50 93 05 94, ⛱ – AE GB JCB BY **f**
fermé 11 nov. au 22 déc., le soir (sauf sam.) en mai, juin, oct. et nov., dim. soir et lundi – **R** 115/165.

XX **Le Prieuré,** pl. Eglise ✆ 50 21 01 79, ⛱ – AE ⓓ GB AY **z**
fermé 3 nov. au 1er déc., 2 au 30 juin et lundi hors sais. – **R** 139/179, enf. 70.

XX **Bouquet Garni,** rte Sallanches par ① ✆ 50 21 26 82, ⛱ – ℗. AE ⓓ GB
fermé 7 au 20 juin, 1er au 14 oct., mardi soir et merc. du 1er mai au 7 juil. et du 1er oct. au 15 déc. – **R** 90/135, enf. 48.

X Tire-Bouchon, r. d'Arly ✆ 50 21 14 73 AY **n**

à Petit Bois par ① : 3 km – ✉ **74120** :

Princesse de Megève [M] ⛰, les Poëx ✆ 50 93 08 08, Fax 50 21 45 65, ≤, ⛱, ⛱ (été), « Bel aménagement dans une ancienne ferme savoyarde », ⅂₆, ⛰ – [TV] ☎ ♿ ⇔ ℗. AE ⓓ GB. ✱ rest
fermé 15 nov. au 20 déc. – **R** *(fermé merc. du 15 avril au 15 juin et du 15 sept. au 15 nov.)* carte 215 à 300 – **11 ch** ☐ 680/1750 – ½ P 690/1040.

au sommet du Mont d'Arbois par télécabine du Mt d'Arbois ou télécabine de la Princesse – ✉ **74170** St-Gervais :

L'Igloo [M] ⛰, ✆ 50 93 05 84, Fax 50 21 02 74, ⛱, ⛱ (été), « ✱ chaîne du Mont Blanc » – [TV] ☎. GB JCB
15 juin-20 sept. et 20 déc.-10 mai – **R** 100/225, enf. 85 – **11 ch** (½ pens. seul.) – ½ P 500/800.

à l'altiport SE : 7,5 km par rte Mont d'Arbois - BZ – alt. 1 450 – ✉ **74120** Megève :

X **Cote 2000,** ✆ 50 21 31 84, ≤, 🏞, « Authentique châlet savoyard » – GB
ouvert : août et Noël-Pâques – **R** 130 dîner à la carte, enf. 85.

CITROEN Mont-Blanc Gar., 356 r. A.-Martin ✆ 50 21 05 72
FIAT, LANCIA-AUTOBIANCHI Gar. Gachet, 444 av. Ch. Feige ✆ 50 21 21 23

MERCEDES **V.A.G** Muffat Méridol rte d'Albertville ✆ 50 21 00 27 **N** ✆ 50 58 76 22

MEHUN-SUR-YÈVRE 18500 Cher 64 ⑳ G. Berry Limousin – 7 227 h alt. 120.

ℹ Syndicat d'Initiative pl. 14-Juillet (15 juin-15 sept.) ✆ 48 57 35 51.

Paris 225 – Bourges 17 – Cosne-sur-Loire 67 – Gien 77 – Issoudun 32 – Vierzon 15.

XXX **Les Abiès,** rte Vierzon ✆ 48 57 39 31, 🏞, 🌳 – Ⓟ. AE GB
fermé vacances de fév., dim. soir et lundi – **R** 100/220.

MÉJANNES-LÈS-ALÈS 30 Gard 80 ⑱ – rattaché à Alès.

MÉLICOCQ 60 Oise 56 ② – rattaché à Compiègne.

MELUN Ⓟ 77000 S.-et-M. 61 ② 106 ㊺ G. Ile de France – 35 319 h alt. 54.

Env. Vaux-le-Vicomte : château★★ et jardins★★★ 6 km par ②.

⛳ la Croix des Anges à Réau ✆ (1) 60 60 18 76, par ⑨ N 105 : 8,5 km.

ℹ Office de Tourisme 2 av. Gallieni ✆ (1) 64 37 11 31.

Paris 55 ⑧ – Fontainebleau 16 ⑤ – Châlons-sur-Marne 144 ① – Chartres 102 ⑧ – Meaux 54 ② – ♦Orléans 103 ⑥ – ♦Reims 144 ② – Sens 65 ⑤ – Troyes 116 ③.

Plan page suivante

🏨 **Gd Monarque-Concorde** M 🔇, par ⑤ : 2,5 km rte Fontainebleau ✆ (1) 64 39 04 40, Télex 690140, Fax (1) 64 39 94 10, 🏞, parc, 🏊, 🎾 – 🛗 ▤ rest 📺 ☎ Ⓟ – 🏛 150. AE ⓓ GB
R 160/195 – ☕ 48 – **45 ch** 450/545, 5 appart. – ½ P 515.

🏨 **Ibis** M, 81 av. Meaux ✆ (1) 60 68 42 45, Télex 691779, Fax 64 09 62 00 – 🚭 ch 📺 ☎ ♿ Ⓟ – 🏛 30. AE GB X **a**
R 86 🍷, enf. 39 – ☕ 32 – **74 ch** 280/300.

X **La Melunoise,** 5 r. Gâtinais ✆ (1) 64 39 68 27 – GB X **b**
fermé 16 au 30 août, vacances de fév., fêtes le soir et lundi – **R** 135/250, enf. 50.

à Dammarie-les-Lys - X – 21 148 h. – ✉ **77190** :

🏨 **Campanile,** 346 r. B. de Pôret par ⑥ - N 372 ✆ (1) 64 37 51 51, Télex 691621, Fax (1) 64 37 75 18 – 📺 ☎ ♿ Ⓟ – 🏛 50. AE GB
R 80 bc/102 bc, enf. 39 – ☕ 29 – **47 ch** 268.

à Rubelles par ② : 3 km – ✉ **77950** :

XXX **L'Orée de Rubelles,** ✆ (1) 64 09 56 56, Fax (1) 60 68 27 19, 🏞, parc, « Gentilhommière du 18e siècle » – Ⓟ. AE ⓓ GB
fermé 2 au 31 août, 23 déc. au 3 janv., sam. midi, dim. soir et lundi soir – **R** 160/350.

à Crisenoy par ② : 10 km – ✉ **77390** :

XX **Aub. de Crisenoy,** Gde Rue ✆ (1) 64 38 83 06, 🏞, 🌳 – GB
fermé 24 au 30 déc., vacances de fév., dim. soir et lundi – **R** 98/190, enf. 55.

à Vaux-le-Pénil - X – 8 143 h. – ✉ **77000** :

🏨 **Relais de Vaux** M 🔇, 338 r. R. Hervillard par ④ ✆ (1) 64 52 71 81, Fax (1) 64 52 71 81 – 📺 ☎ ♿ Ⓟ – 🏛 25. AE GB
R 100/180 🍷, enf. 45 – ☕ 33 – **42 ch** 260/290 – ½ P 240/290.

au Plessis-Picard par ⑧ : 8 km – ✉ **77550** :

XX **La Mare au Diable,** ✆ (1) 64 10 20 90, Fax (1) 64 10 20 91, 🏞, 🏊, 🎾 – Ⓟ. AE ⓓ GB
fermé dim. soir et lundi – **R** 150/330, enf. 45.

à Pouilly-le-Fort par ⑨ : 6 km – ✉ **77240** :

XXX **Le Pouilly,** r. Fontaine ✆ (1) 64 09 56 64, 🏞 – Ⓟ. AE ⓓ GB
fermé 23 août au 7 sept., 24 au 31 déc., 20 au 28 fév., dim. soir et midi – **R** 195/320, enf. 100.

CITROEN SOGAME, 100 rte de Montereau à Vaux-le-Pénil ✆ (1) 64 37 92 10
FORD Gd Gar. de la Gare, N 6 ZAC les Caves à Vert-St-Denis ✆ (1) 60 68 22 57
MERCEDES-BENZ TECHSTAR 77 140 ✆ (1) 64 14 15 16
OPEL Gar. de Brie et Champagne, 27 rte de Montereau ✆ (1) 64 39 37 08
PEUGEOT, TALBOT Duport-Automobiles, N 6, Vert-St-Denis par ⑧ ✆ (1) 60 68 69 70 **N** ✆ (1) 64 52 35 14

RENAULT Redele, 23 rte de Montereau ✆ (1) 64 39 95 77 **N** ✆ (1) 05 05 15 15
ROVER Nelson Automobiles, 9 rte de Nangis ✆ 64 39 31 61

Ⓟ Euromaster La Centrale du Pneu, 11 r. de Ponthierry ✆ (1) 64 37 20 99
Euromaster Piot Pneu, 22 r. Mar-Juin, ZI à Vaux-le-Pénil ✆ (1) 64 39 12 63
Vaysse, r. des Frères Thibault à Dammarie-les-Lys ✆ 64 37 50 07

MELUN

Carnot (R.) . . . . AY 6
Doumer (R. Paul) . . BY 13
Miroir (R. du) . . . . . AY 25
Pouteau (R. René) . BY 34
St-Ambroise (R.) . . . AZ
St-Aspais (R.) . . . . . BY 41
St-Étienne (R.) . . . . AZ 43

Alsace-Lorr. (Q.) . . . BZ 2
Chartrettes (Rte de) . X 3
Chasse (R. de la) . . . . X 7
Corbeil (Av. de) . . . . . X 8
Courtille (R. de la) . . BZ 9
Godin (Av. E.) . . . . . AZ 19
Jaurès (Av. J.) . . . . . . X 20
Leclerc (Av. Gén.) . . . X 22
Libération (Av. de la) . . . . X 23
Montagne-du-Mée (R. de la) . . . . AY 26
N.-Dame (Pl.) . . . . . BZ 32
Pompidou (Av. G.) . . . X 33
Prés.-Despatys (R.) AY 35
Rossignol (Q. H.) . . . . X 39
St-Liesne (R.) . . . . X 44
Vaux (R. de) . . . . X 45
Voisenon (Rte de) . . . X 46
13e-Dragons (Av.) . . . X 49
31e-d'Inf. (Av. du) . . . X 50

LE MÉE-SUR-SEINE

Courtilleraies (Av.) . . . X 10
Dauvergne (Av. M.) . . X 12

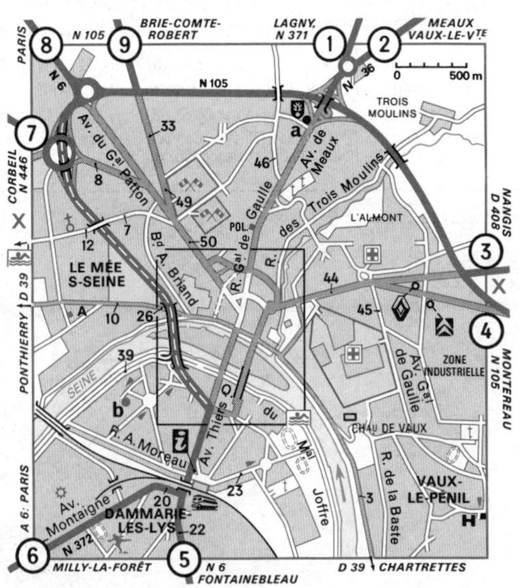

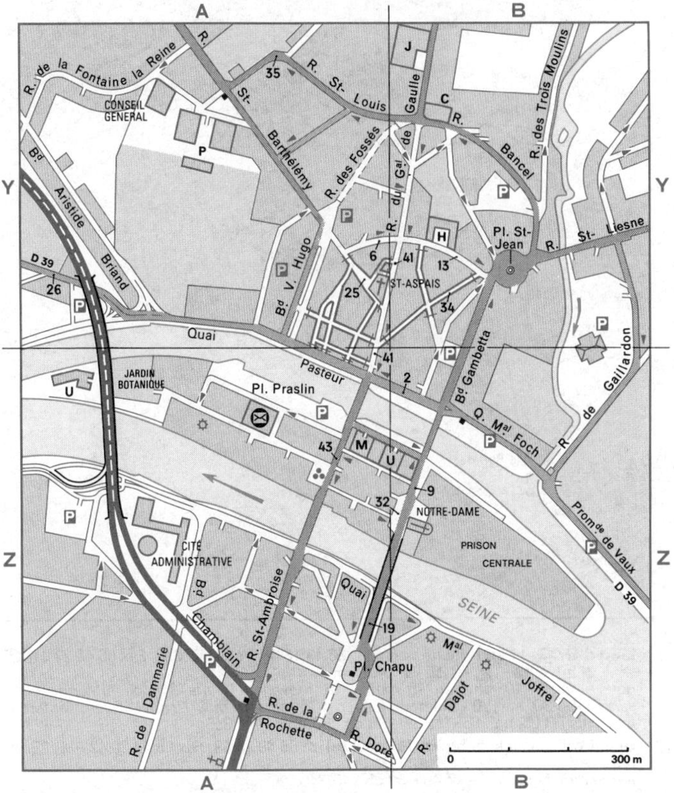

A B
Y Y
Z Z
R. de la Fontaine la Reine
CONSEIL GÉNÉRAL
R. St-Barthélémy
35
R. St-Louis
R. du Gal de Gaulle
J
C
R. Bancel
R. des Trois Moulins
Bd Aristide Briand
R. des Fossés
Bd V. Hugo
H
Pl. St-Jean
R. St-Liesne
D 39
26
6
41
13
ST-ASPAIS
25
34
Quai Pasteur
41
2
Bd Gambetta
R. de Gaillardon
JARDIN BOTANIQUE
U
Pl. Praslin
Q. Mal Foch
43
M
U
9
32
NOTRE-DAME
Promde de Vaux
D 39
PRISON CENTRALE
CITÉ ADMINISTRATIVE
Bd Chamblain
R. St-Ambroise
Quai
SEINE
19
Mal Joffre
Pl. Chapu
R. de Dammarie
R. Dajot
R. de la Rochette
R. Doré
0
300 m

La MEMBROLLE-SUR-CHOISILLE 37 I.-et-L. 64 ⑮ – rattaché à Tours.

MENDE P 48000 Lozère 80 ⑤ ⑥ G. Gorges du Tarn – 12 667 h alt. 731.

Voir **Cathédrale★ – Pont N.-Dame★ – Route du col de Montmirat★★** par ③.

Syndicat d'Initiative bd Henri Bourillon ✆ 66 65 02 69 – A.C. 3 r. Chapitre ✆ 66 49 20 54.

Paris 598 ① – Alès 106 ③ – Aurillac 155 ① – Gap 304 ② – Issoire 145 ① – Millau 96 ③ – Montélimar 149 ② – Le Puy-en-Velay 89 ② – Rodez 114 ③ – Valence 176 ②.

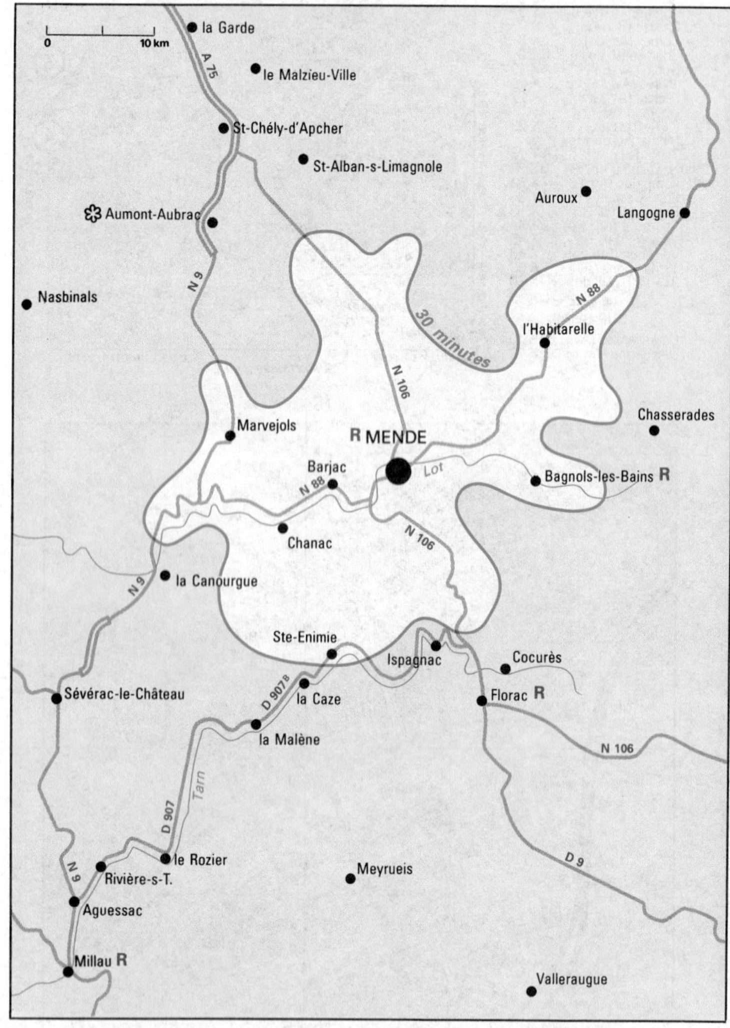

Lion d'Or M, 12 bd Britexte par ② ✆ 66 49 16 46, Télex 480302, Fax 66 49 23 31, ⌂, ⛱, – |‡| TV ☎ P – 40. AE ① GB JCB
hôtel : fermé 10 janv. au 15 mars – **R** *(ouvert : 15 mai-31 oct. et fermé dim. hors sais.)* 110/230, enf. 70 - **Brasserie** *(ouvert : 15 mars-15 mai, 1er nov.-10 janv. et fermé dim. hors sais.)* **R** 85, enf. 65 – ☕ 37 – **40 ch** 280/450 – ½ P 355.

Urbain V sans rest, 9 bd Th. Roussel **(s)** ✆ 66 49 14 49, Fax 66 49 20 42 – |‡| TV ☎ 🚗. GB
fermé dim. hors sais. – ☕ 45 – **60 ch** 240/340.

MENDE

Angiran (R. d') 4
Beurre (Pl. au) 5
Droite (R.) 15
Estoup (Pl. René) 22
République (Pl. et R.) 30
Soubeyran (R. du) 34

Aigues-Passes (R. d') 2
Ange (R. de l') 3
Blé (Pl. au) 6
Britexte (Bd) 7
Capucins (Bd des) 8
Carmes (Cité des) 9
Chanteronne (R.) 12
Chaptal (R.) 13
Chastel (R. du) 14
Collège (R. du) 18
Écoles (R. des) 20
Épine (R. de l') 21
Gaulle (Pl. Ch.-de) 23
Montbel (R. du Fg) 24
Piencourt (Allée) 25
Planche (Pont de la) 26
Pont N.-Dame (R. du) 27
Roussel (Pl. Th.) 32
Soubeyran (Bd du) 33
Soupirs (Allée des) 36
Urbain V (Place) 37

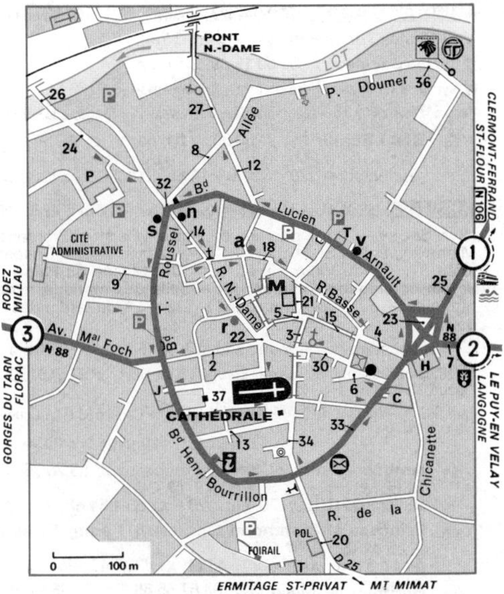

Pour un bon usage des plans de villes voir les signes conventionnels dans l'introduction.

Pont Roupt, av. 11-Novembre par ③ ✆ 66 65 01 43, Fax 66 65 22 96, – ▯ TV ☎ P – 30. GB.
fermé 1er fév. au 15 mars – **R** *(fermé dim. soir et lundi)* 90/270 bc – ☐ 35 – **28 ch** 230/300 – ½ P 270/310.

France, 9 bd L. Arnault **(v)** ✆ 66 65 00 04, Fax 66 49 30 47, – TV ☎. GB
fermé 15 déc. au 15 janv. – **Repas** *(dim. soir et lundi hors sais.)* 85/200 – ☐ 32 – **28 ch** 220/300 – ½ P 230/260.

Relais de la Tour M, 30 av. Gorges du Tarn par ③ ✆ 66 49 05 50, Fax 66 65 05 21, – TV ☎ ♿ P – 35. AE GB
R 68, enf. 38 – ☐ 35 – **41 ch** 250/360 – ½ P 275/290.

Mimat sans rest, 7 quai Petite Roubeyrolle ✆ 66 49 13 65 – TV ☎ P. GB.
☐ 25 – **12 ch** 250/280.

Remparts sans rest, pl. Th. Roussel **(n)** ✆ 66 65 02 29 – TV ☎ P
fermé 24 déc. au 2 janv. – ☐ 22 – **10 ch** 180/190.

Le Mazel, 25 r. Collège **(a)** ✆ 66 65 05 33, – ▤. GB
fermé lundi soir et mardi – **R** 75/155.

La Gogaille, 5 r. Notre-Dame **(r)** ✆ 66 65 08 79,
fermé dim. soir et lundi – **R** 70/160, enf. 40.

CITROEN Gar. des Causses, 27 av. Gorges-du-Tarn par ③ ✆ 66 49 11 22
PEUGEOT-TALBOT Giral, 7 allée Soupirs ✆ 66 49 00 15 **N** ✆ 66 49 91 34

Escoffier-Pneus, 31 av. Gorges-du-Tarn ✆ 66 65 08 69
Vulc Lozérienne, 9 bd Britexte ✆ 66 65 03 98

La guida cambia, cambiate la guida ogni anno.

MÉNESQUEVILLE **27850** Eure 55 ⑦ G. Normandie Vallée de la Seine – 358 h alt. 43.

Paris 100 – ♦Rouen 28 – Les Andelys 15 – Évreux 57 – Gournay-en-Bray 31 – Lyons-la-Forêt 7.

Relais de la Lieure, ✆ 32 49 06 21, Fax 32 49 53 87, – TV ☎ ♿ P. GB.
fermé 24 déc. au 10 fév. – **R** *(fermé dim. soir et lundi sauf juil.-août)* 75/245 – ☐ 40 – **16 ch** 230/300 – ½ P 260/330.

Le MÉNIL **88** Vosges 66 ⑧ – rattaché au Thillot.

La MÉNITRÉ **49250** M.-et-L. 64 ⑪ – 1 780 h alt. 21.

Paris 293 – Angers 27 – Baugé 21 – Saumur 25.

Aub. de l'Abbaye, Port St-Maur ✉ 49250 ✆ 41 45 64 67 – AE GB
fermé fév., le soir du 15 oct. au 1er mars (sauf vend. et sam.), dim. soir, fériés le soir et lundi – **R** 98/225, enf. 65.

MENTHON-ST-BERNARD 74290 H.-Savoie 74 ⑥ G. Alpes du Nord – 1 517 h alt. 482.

Voir Château de Menthon★ : ≤★ E : 2 km.

18 du lac d'Annecy ✆ 50 60 12 89, S : 1 km.

Syndicat d'Initiative (fermé après-midi oct.-mai) ✆ 50 60 14 30.

Paris 547 – Annecy 9,5 – Albertville 36 – Bonneville 44 – Megève 53 – Talloires 3 – Thônes 13.

Beau Séjour ⛵, ✆ 50 60 12 04, parc – ☎ Ⓟ. ✂ rest
hôtel : 15 avril-fin sept. ; rest. : mai-fin sept. – **R** (fermé le midi sauf dim.) (dîner seul. pour résidents) 140/170 – ☕ 40 – **18 ch** 400/420 – ½ P 380/390.

MENTON 06500 Alpes-Mar. 84 ⑩ ⑳ 115 ㉘ G. Côte d'Azur – 29 141 h alt. 16 – Casino du Soleil AZ.

Voir Site★★ – Bord de mer et vieille ville★★ : Promenade du Soleil★★ ABYZ, Parvis St-Michel★★, Église St-Michel★ BY **F** – , Façade★ de la Chapelle de la Conception BY**B**, ≤★ de la jetée BV, ≤★ du Vieux cimetière BX**D** – Musée du Palais Carnolès★ AX**M1** – Garavan★ BV – Jardin botanique exotique★ BV**E** – Salle des mariages★ de l'Hôtel de Ville BY**H** – Statuettes féminines★ du musée municipal BY**M2** – ≤★ du jardin des Colombières BV – Vallée du Careï★ par ①.

Env. Monastère de l'Annonciade ✻★ N : 6 km AV – Gorbio : site★ NO : 9 km.

Office de Tourisme "Palais de l'Europe", 8 av. Boyer ✆ 93 57 57 00, Télex 462207 avec A.C. ✆ 93 35 77 39 et Pinède du Bastion ✆ 93 28 26 27.

Paris 962 ③ – Monaco 10,5 ③ – Aix-en-P. 206 ① – Cannes 63 ① – Cuneo 97 ① – Monte-Carlo 09 ③ – ♦Nice 29 ①.

Plan page suivante

Ambassadeurs Ⓜ, 3 rue Partouneaux ✆ 93 28 75 75, Télex 461887, Fax 93 35 62 32 – 🛗 ▤ TV ☎ 🚗 – 🏛 30 à 80. AE ⓓ GB — AY **k**
La Véranda R 180/270, enf. 120 – ☕ 65 – **54 ch** 760/1300 – ½ P 560/900.

Princess et Richmond sans rest, 617 prom. Soleil ✆ 93 35 80 20, Fax 93 57 40 20, ≤ – 🛗 TV ☎ Ⓟ. AE ⓓ GB — AZ **s**
fermé 3 nov. au 16 déc. – **44 ch** ☕ 430/540 – ½ P 395/435.

Aiglon, 7 av. Madone ✆ 93 57 55 55, Fax 93 35 92 39, 🍴, 🏊, 🌳 – 🛗 ▤ ch TV ☎ Ⓟ. AE ⓓ GB — AZ **b**
fermé 3 nov. au 16 déc. – **Le Riaumont** *(fermé merc.)* **R** 185/320 enf. 80 – **29 ch** ☕ 420/650, 3 appart. – ½ P 405/500.

Napoléon, 29 Porte de France ✆ 93 35 89 50, Télex 470312, Fax 93 35 49 22, ≤, 🏊 – 🛗 ▤ TV ☎ Ⓟ. AE ⓓ GB. ✂ rest — BV **s**
fermé 1er nov. au 18 déc. – **R** 120/155 – ☕ 40 – **40 ch** 480/620 – ½ P 420/490.

Chambord sans rest, 6 av. Boyer ✆ 93 35 94 19, Fax 93 41 30 55 – 🛗 ▤ TV ☎ 🚗. AE ⓓ GB — AYZ **a**
☕ 35 – **40 ch** 415/560.

Méditerranée, 5 r. République ✆ 93 28 25 25, Télex 461361, Fax 93 57 88 38 – 🛗 ▤ rest TV ☎ ♿ 🚗 – 🏛 30. AE ⓓ GB. ✂ rest — BY **m**
R 110/120 ⅋, enf. 65 – ☕ 35 – **90 ch** 460/500 – ½ P 350.

Prince de Galles, 4 av. Gén. de Gaulle ✆ 93 28 21 21, Télex 462540, Fax 93 35 92 91, ≤, 🍴 – 🛗 TV ☎ Ⓟ – 🏛 35. AE ⓓ GB. ✂ ch — AX **e**
Petit Prince *(fermé 16 nov. au 22 déc. et mardi)* **R** 92/200 ⅋, enf. 45 – ☕ 42 – **68 ch** 305/510.

Dauphin, 28 av. Gén. de Gaulle ✆ 93 35 76 37, Fax 93 35 31 74, ≤ – 🛗 TV ☎. AE GB. ✂ ch — AZ **y**
fermé 20 oct. au 20 déc. – **R** *(fermé dim.)* carte 125 à 200 – **30 ch** ☕ 240/490.

Orly, 27 Porte de France ✆ 93 35 60 81, Fax 93 35 49 13, ≤, 🍴 – ▤ ch TV ☎ Ⓟ. AE ⓓ GB — BV **e**
fermé 13 nov. au 28 déc. – **R** *(fermé mardi d'oct. à juin)* 90/130 – **30 ch** ☕ 350/600 – ½ P 250/400.

Beau Rivage sans rest, 1 av. Blasco Ibanez ✆ 93 28 08 08, Télex 970339, Fax 93 57 41 47 – 🛗 ▤ TV ☎ Ⓟ. AE GB — BV **r**
☕ 42 – **40 ch** 540.

Moderne sans rest, 1 cours George V ✆ 93 57 20 02, Fax 93 35 71 87 – 🛗 TV ☎ – 🏛 60. AE ⓓ GB — AZ **e**
33 ch ☕ 350/400.

Céline Rose Ⓜ, 57 av. Sospel ✆ 93 28 28 38, Fax 92 10 00 92 – 🛗 ▤ TV ☎ ♿. AE GB. ✂ rest — ABV **d**
fermé 15 déc. au 10 janv. et dim. midi – **R** (résidents seul.) 90 – ☕ 30 – **37 ch** 300/320 – ½ P 280.

Narev's H. Ⓜ sans rest, 12bis r. Lorédan Larchey ✆ 93 35 21 31, Fax 93 35 21 20 – 🛗 ▤ TV ☎ ♿ 🚗. AE ⓓ GB — BY **u**
☕ 35 – **35 ch** 315/470.

Amirauté sans rest, 3 Porte de France ✆ 93 35 59 41, Fax 93 57 74 44 – 🛗 TV ☎. GB — BX **s**
☕ 35 – **18 ch** 370/455.

Paris Rome, 79 Porte de France ✆ 93 35 73 45, Fax 93 35 29 30 – TV ☎. AE ⓓ GB. ✂ ch — BV **n**
hôtel : fermé 12 nov. au 23 déc. – **R** *(fermé lundi du 20 nov. au 15 déc.)* 87/175 ⅋ – ☕ 35 – **22 ch** 350/450 – ½ P 275/325.

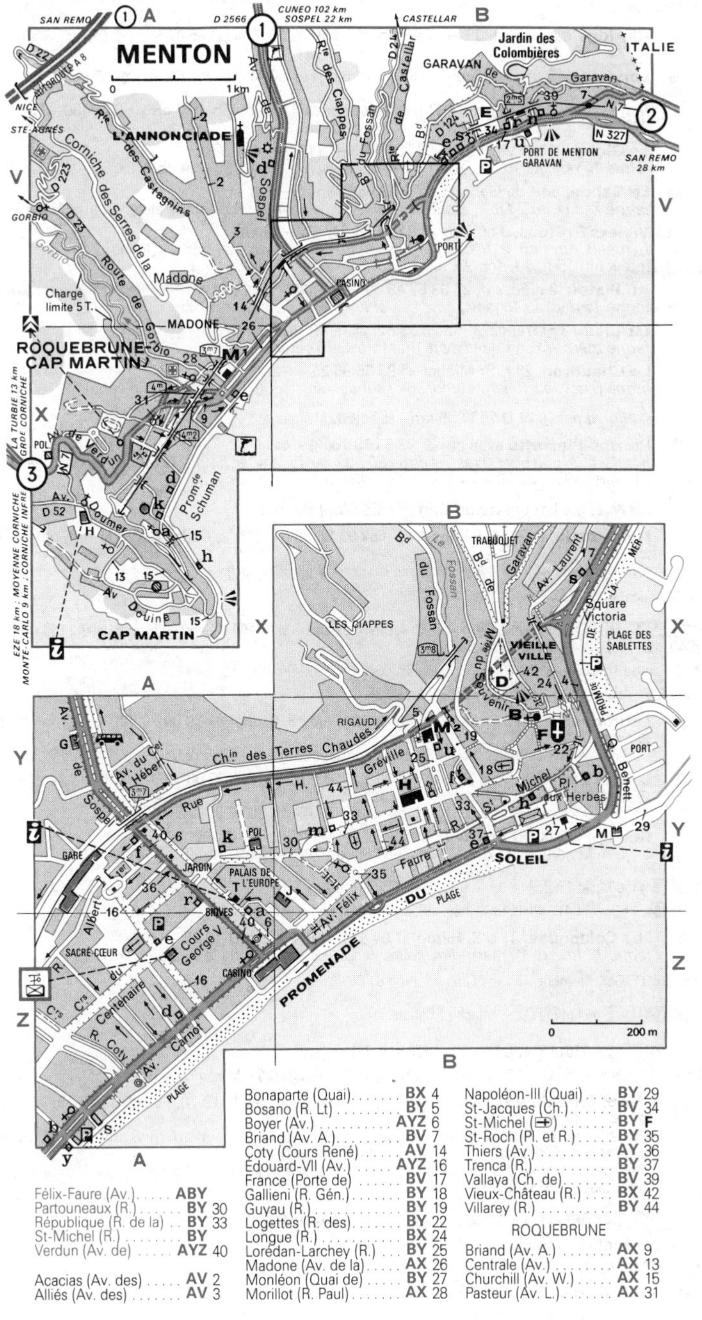

- Félix-Faure (Av.) ...... **ABY**
- Partouneaux (R.) ...... **BY** 30
- République (R. de la) .. **BY** 33
- St-Michel (R.) .... **BY**
- Verdun (Av. de) ...... **AYZ** 40

- Acacias (Av. des) ..... **AV** 2
- Alliés (Av. des) .... **AV** 3
- Bonaparte (Quai) .... **BX** 4
- Bosano (R. Lt) .... **BY** 5
- Boyer (Av.) .... **AYZ** 6
- Briand (Av. A.) .... **BV** 7
- Coty (Cours René) ..... **AV** 14
- Édouard-VII (Av.) ..... **AYZ** 16
- France (Porte de) ...... **BV** 17
- Gallieni (R. Gén.) .... **BY** 18
- Guyau (R.) .... **BY** 19
- Logettes (R. des) .... **BY** 22
- Longue (R.) .... **BX** 24
- Lorédan-Larchey (R.) ... **BY** 25
- Madone (Av. de la) ..... **AX** 26
- Monléon (Quai de) ..... **BY** 27
- Morillot (R. Paul) ...... **AX** 28
- Napoléon-III (Quai) .... **BY** 29
- St-Jacques (Ch.) ...... **BV** 34
- St-Michel (⊞) .... **BY F**
- St-Roch (Pl. et R.) ..... **BY** 35
- Thiers (Av.) .... **AY** 36
- Trenca (R.) .... **BY** 37
- Vallaya (Ch. de) .... **BV** 39
- Vieux-Château (R.) .... **BX** 42
- Villarey (R.) .... **BY** 44

ROQUEBRUNE

- Briand (Av. A.) .... **AX** 9
- Centrale (Av.) .... **AX** 13
- Churchill (Av. W.) ..... **AX** 15
- Pasteur (Av. L.) .... **AX** 31

Les plans de villes sont orientés le Nord en haut.

Claridge's sans rest, 39 av. Verdun ☎ 93 35 72 53, Fax 93 35 42 90 – 📺 ☎. GB AY **f**
29 – **39 ch** 235/370.

Londres, 15 av. Carnot ☎ 93 35 74 62, Fax 93 41 77 78, – 📺 ☎. AE GB. rest AZ **d**
fermé 15 nov. au 10 janv. – **R** *(fermé merc.)* 98/120, enf. 55 – **27 ch** 242/430 – ½ P 252/320.

Le Globe, 21 av. Verdun ☎ 93 35 73 03 – 📺 ☎. GB. ch AY **r**
fermé 15 nov. au 15 déc. – **R** *(fermé jeudi)* 95/230 – 30 – **24 ch** 300/350 – ½ P 270/295.

Le Galion, port de Garavan ☎ 93 35 89 73, – GB BV **u**
fermé 7 janv. au 20 fév., lundi soir hors sais. et mardi – **R** cuisine italienne carte 160 à 330.

Viviers Bretons, 6 pl. Cap ☎ 93 35 24 24, – AE GB BY **b**
fermé 5 nov. au 5 déc., mardi sauf le soir de juil. à sept. – **R** produits de la mer (prévenir) 150/350, enf. 90.

Au Pistou, 2 r. Fossan ☎ 93 57 45 89, – GB BY **f**
fermé 15 déc. au 15 janv., dim. soir et lundi – **R** 75/95, enf. 35.

L'Oursin, 3 r. Trenca ☎ 93 28 33 62, – AE GB BY **e**
fermé merc. – **R** produits de la mer (prévenir) carte 250 à 350.

Le Chaudron, 28 r. St Michel ☎ 93 35 90 25 – GB BY **h**
fermé 5 nov. au 15 janv., lundi soir sauf de juin à sept. et mardi – **R** (prévenir) 83/130.

à Monti par ① et D 2566 : 5 km – ✉ **06500** Menton :

Pierrot-Pierrette avec ch, ☎ 93 35 79 76, ← – GB
hôtel : 1er avril-31 oct. ; rest. : fermé 30 nov. au 15 janv. et lundi – **R** (déj. seul. du 15 janv. au 31 mars) 135 – 35 – **7 ch** 220/320 – ½ P 320.

au NO : 3,5 km par rte de Gorbio – ✉ **06500** Menton :

L'Hacienda, D 23 ☎ 93 35 84 44, Fax 93 28 88 04, , « Cadre rustique original » – AE GB AV
fermé 5 janv. au 4 fév. – **R** produits de la ferme 230/270.

FORD Idéal Gar., 1 av. Riviéra ☎ 93 35 79 20

Les MENUIRES 73 Savoie 77 ⑦ ⑧ G. Alpes du Nord – alt. 1 700 – Sports d'hiver : 1 400/2 850 m 11 43 – ✉ 73440 St-Martin-de-Belleville.

Office de Tourisme ☎ 79 00 73 00, Télex 980084.

Paris 635 – Albertville 53 – Chambéry 99 – Moûtiers 25.

Latitudes, Les Bruyères ☎ 79 00 75 10, Télex 319138, Fax 79 00 70 70, ← – ch 📺 ☎ – 30 à 60. AE GB. rest
20 déc.-20 avril – **R** 150/270 – **95 ch** (½ pens. seul.) – ½ P 585/685.

L'Ours Blanc M, à Reberty 2000 ☎ 79 00 61 66, Fax 79 00 63 67, ←, , – 📺 ☎ – 70. AE GB. rest
11 déc.-1er mai – **R** 150/310, enf. 65 – 45 – **47 ch** 690/730 – ½ P 435/455.

Carla, ☎ 79 00 73 73, Fax 79 00 73 76, ← – 📺 ☎. AE GB
27 juin-12 sept. et 11 déc.-1er mai – **R** 90, enf. 48 – **32 ch** 435/675 – ½ P 415.

MER 41500 L.-et-Ch. 64 ⑦ ⑧ – 5 950 h alt. 87.

Paris 164 – ◆Orléans 41 – Blois 18 – Châteaudun 49 – Romorantin-Lanthenay 45.

Les Calanques, 21 r. S. Héme ☎ 54 81 00 55, Fax 54 81 10 62 – AE GB
fermé 1er fév. au 1er mars, dim. soir et lundi – **R** produits de la mer 98/170, enf. 70.

PEUGEOT Gar. Clément, 15 rte d'Orléans ☎ 54 81 03 75

MERCUÈS 46 Lot 79 ⑧ – rattaché à Cahors.

MERCUREY 71640 S.-et-L. 69 ⑨ – 1 276 h alt. 241.

Paris 345 – Chalon-sur-Saône 13 – Autun 39 – Chagny 11 – Le Creusot 29 – Mâcon 72.

Hôtellerie du Val d'Or (Cogny), Grande-Rue ☎ 85 45 13 70, Fax 85 45 18 45, – 📺 ☎. GB.
fermé 10 au 14 mai, 30 août au 6 sept., 12 déc. au 10 janv., mardi midi et lundi – **R** 160/370 et carte 225 à 330, enf. 85 – 47 – **13 ch** 310/390
Spéc. Oeufs en meurette à la Bourguignonne. Charolais poêlé au jus de truffe. Millefeuille de pain d'épices glacé au sorbet framboise. **Vins** Rully, Mercurey.

MÉRIBEL-LES-ALLUES 73550 Savoie 74 ⑱ G. Alpes du Nord.

Voir Sommet de la Saulire ✻★★ SE par télécabine.

18 ☎ 79 00 52 67, NE : 4,5 km.

Altiport ☎ 79 08 61 33, NE : 4,5 km.

Office de Tourisme de la Vallée des Allues ☎ 79 08 60 01, Télex 980001.

Paris 624 ① – Albertville 42 ① – Annecy 88 ① – Chambéry 88 ① – ◆Grenoble 119 ① – Moûtiers 15 ①.

à Méribel – alt. 1 700 – Sports d'hiver : 1 400/2 950 m 15 32 – 73550 Méribel-les-Allues :

L'Antarès M, au Belvédère **(z)** 79 23 28 23, Fax 79 23 28 18, montagnes, – 30. rest
1er juil.-15 sept. et 20 déc.-15 avril – **Le Cassiopée R** 180/450, enf. 70 – **L'Altaïr** *(20 déc.-15 avril) (dîner seul.)* **R** 220/320, enf. 70 – **60 ch** 1530/2460, 16 appart. – ½ P 1430/1530.

Aspen Park M, au rd-pt des Pistes **(x)** 79 00 51 77, Télex 309143, Fax 79 00 53 74, – ch – 80. rest
15 juin-30 sept. et 15 déc.-10 mai – **Les Belles Gourmandes R** 185/365, enf. 110 – **Le Marrakech** cuisine nord-africaine **R** (dîner seul.) carte 180 à 260 – **Le Fujiyama** cuisine japonaise **R** (dîner seul.) carte 210 à 340 – **65 ch**, 7 appart. – ½ P 1250/1700.

Le Chalet M, au Belvédère **(b)** 79 23 28 23, Fax 79 00 56 22, « Belle décoration intérieure », – rest
20 déc.-15 avril – **R** 300 – **29 ch** 1390/2080, 6 appart. – ½ P 1290/1340.

Gd Coeur , **(a)** 79 08 60 03, Fax 79 08 58 38, (été), –
20 déc.-mi-avril – **R** 190/300 – **45 ch** (½ pens. seul.) – ½ P 830/1835.

Allodis M, au Belvédère **(d)** 79 00 56 00, Fax 79 00 59 28, – – 100.
1er juil.-15 sept et 15 déc.-25 avril – **R** 180/250 – **31 ch** 900/1400, 12 appart. – ½ P 980/1250.

La Chaudanne M, **(e)** 79 08 61 76, Fax 79 08 57 75, – cuisinette – 50 à 70. rest
20 juin-15 sept. et 15 déc.-30 avril – **R** 150/400, enf. 70 – **65 ch** 1100/1800, 10 appart., 3 duplex – ½ P 700/1100.

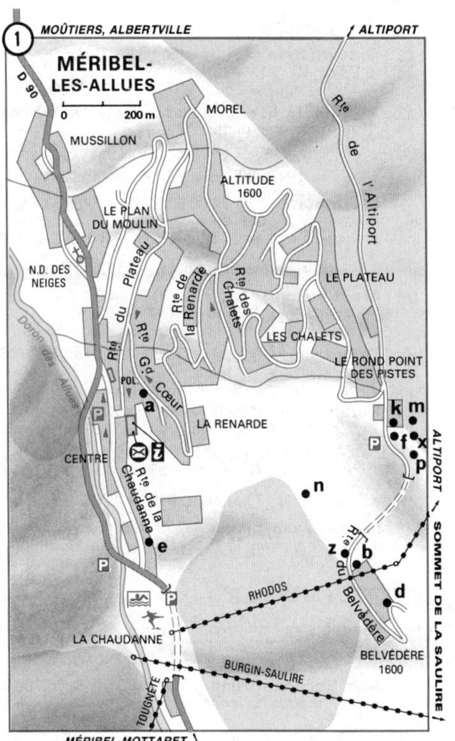

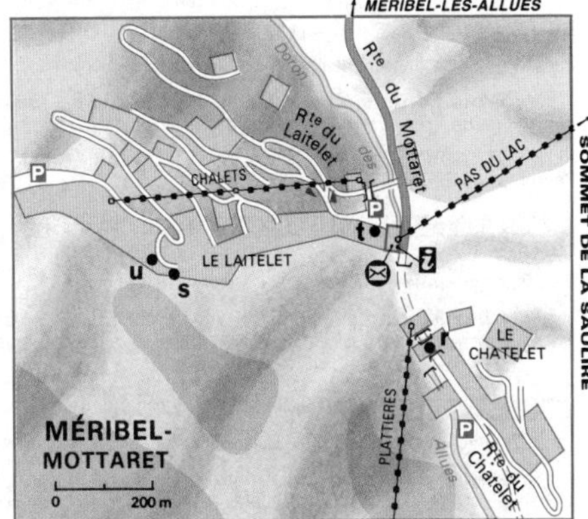

Le Yeti M, rd-pt des Pistes **(p)** 79 00 51 15, Fax 79 00 51 73, (été) – rest
26 juin-5 sept. et 15 déc.-20 avril – **R** 180/250 – **28 ch** 900/1940 – ½ P 900/970.

Le Mérilys M sans rest, rd-pt des Pistes **(m)** 79 08 69 00, Fax 79 08 68 99, – cuisinette
26 juin-5 sept. et 18 déc.-3 mai – **28 ch** 800/1160, 15 appart.

Alba M, rd-pt des Pistes **(f)** 79 08 55 55, Fax 79 00 55 63, – rest
15 déc.-15 avril – **R** 180/250 – 45 – **20 ch** (½ pens. seul.) – ½ P 780/850.

Orée du Bois, rd-pt des Pistes **(k)** 79 00 50 30, Fax 79 08 57 52, €, (été), – . AE GB.
1er juil.-31 août et 22 déc.-8 mai – **R** 160/180, enf. 55 – **37 ch** 620/820 – ½ P 540/640.

Adray Télé-Bar, sur les pistes (accès piétonnier) **(n)** 79 08 60 26, Fax 79 08 53 85, € montagnes et pistes, –
18 déc.-23 avril – **R** 190 – 58 – **24 ch** 400/680 – ½ P 560/640.

à l'altiport NE : 4,5 km – ✉ **73550** Méribel-les-Allues :

H. Altiport, 79 00 52 32, Fax 79 08 57 54, € montagnes, , (été), , – – 25. GB. rest
fin juin-30 sept. et 20 déc.-20 avril – **R** 190, enf. 85 – **39 ch** 1400/2000 – ½ P 920.

à Méribel-Mottaret S : 6 km – ✉ **73550** Méribel-les-Allues :

Mont Vallon M, **(r)** 79 00 44 00, Télex 309192, Fax 79 00 46 93, €, , , – – 150. AE GB. rest
19 déc.-17 avril – **R** (dîner seul.) 240/290 – **90 ch** (½ pens. seul.) – ½ P 1200.

Tarentaise M, **(s)** 79 00 42 43, Fax 79 00 46 99, €, , – – 30. AE GB. rest
1er juil.-31 août et déc.-avril – **R** 250/380 – **45 ch** (½ pens. seul.) – ½ P 850/900.

Ruitor, **(t)** 79 00 48 48, Fax 79 00 48 31, € – . AE GB
18 déc.-20 avril – **R** (résidents seul.) 180 – **49 ch** 750/1600 – ½ P 750/900.

Les Arolles, **(u)** 79 00 40 40, Fax 79 00 45 50, €, – . GB. rest
15 déc.-4 mai – **R** 150/200 – **59 ch** 790/1400 – ½ P 800.

aux Allues N : 7 km par D 915A – ✉ **73550** :

Lacroix Jean-Claude, 79 08 61 05, – . GB
fermé 30 avril au 15 mai et 30 sept. au 25 oct. – **R** 140/280 – 40 – **16 ch** 250/480 – ½ P 350/460.

MÉRIGNAC 33 Gironde 71 ⑨ – rattaché à Bordeaux.

MERKWILLER-PECHELBRONN 67250 B.-Rhin 57 ⑲ G. Alsace Lorraine – 825 h alt. 376.

Paris 477 – ◆Strasbourg 45 – Haguenau 16 – Wissembourg 19.

XX **Aub. Baechel-Brunn**, 88 80 78 61, Fax 88 80 75 90, – P. GB.
fermé 15 août au 3 sept., 15 janv. au 1er fév., dim. soir, lundi soir et mardi – **R** 100/250, enf. 50.

MERLETTE 05 H.-Alpes 77 ⑰ – rattaché à Orcières.

MÉRU 60110 Oise 55 ⑳ – 11 928 h alt. 89.

Paris 61 – Compiègne 66 – Beauvais 26 – Clermont 32 – Senlis 40.

X **Trois Toques**, 21 r. P. Curie 44 52 01 15 – GB
fermé 16 août au 9 sept., mardi soir et merc. sauf fériés – **R** 125/200, enf. 58.

PEUGEOT-TALBOT Gar. Jean Jaurès, 12 pl. Jeu de Paume 44 22 11 60

Euromaster Centrale du Pneu, 4 r. Lamartine 44 52 24 73

MERVILLE-FRANCEVILLE-PLAGE 14810 Calvados 55 ② G. Normandie Vallée de la Seine – 1 317 h alt. 2.

Paris 229 – ◆Caen 19 – Arromanches-les-Bains 41 – Cabourg 6.

XX **Chez Marion** avec ch, 31 24 23 39, Fax 31 24 88 75 – . AE GB
fermé janv., lundi soir et mardi (sauf vacances scolaires et fériés) – **R** 130/440, enf. 60 – 45 – **14 ch** 260/460 – ½ P 305/399.

MERY-CORBON 14370 Calvados 54 ⑰ – 873 h alt. 19.

Paris 224 – ◆Caen 26 – Falaise 35 – Lisieux 30.

XX **Relais du Lion d'Or**, au Lion d'Or S : 3 km sur N 13 31 23 65 30 – P. GB
fermé 29 juin au 11 juil., 21 déc. au 7 janv., mardi soir et merc. – **R** 72/160.

MESCHERS-SUR-GIRONDE 17132 Char.-Mar. 71 ⑮ G. Poitou Vendée Charentes – 1 862 h alt. 22.

Syndicat d'Initiative pl. Verdun (juil.-août) 46 02 70 39.

Paris 506 – Royan 10,5 – Blaye 75 – Jonzac 53 – Pons 36 – La Rochelle 84 – Saintes 43.

XX **Grottes de Matata** avec ch, 46 02 70 02, €, « Cavernes creusées dans une falaise dominant l'estuaire » – GB
R *(ouvert 1er juil.-31 août)* (en sem., dîner seul.) 140 – 38 – **6 ch** 350/450.

MESNIÈRES-EN-BRAY 76 S.-Mar. 52 ⑮ – rattaché à Neufchâtel-en-Bray.

Le MESNIL-ESNARD 76 S.-Mar. 55 ⑥ ⑦ – rattaché à Rouen.

MESNIL-ST-PÈRE 10140 Aube 61 ⑰ G. Champagne – 287 h alt. 130.

Voir Parc naturel régional de la forêt d'Orient★★.

Paris 177 – Troyes 22 – Bar-sur-Aube 32 – Châtillon-sur-Seine 53 – St-Dizier 76 – Vitry-le-François 70.

XX **Aub. du Lac et rest. Vieux Pressoir** avec ch, ☎ 25 41 27 16, Fax 25 41 57 59, – TV ☎ P. GB
fermé dim. soir du 12 sept. au 1er avril – **R** 98/300 – ☕ 38 – **15 ch** 250/310 – ½ P 290.

Le MESNIL-SUR-OGER 51190 Marne 56 ⑯ G. Champagne – 1 118 h alt. 134.

Paris 144 – ♦Reims 39 – Châlons-sur-Marne 29 – Épernay 14 – Vertus 6,5.

XXX **Le Mesnil**, ☎ 26 57 95 57, Fax 26 57 78 57 – ▤. AE GB
fermé 16 août au 3 sept., vacances de fév., lundi soir et merc. – **R** (dim. prévenir) 100/350, enf. 60.

RENAULT Gar. Ewen, rte d'Oiry ☎ 26 57 52 25

MESNIL-VAL 76 S.-Mar. 52 ⑤ – ✉ 76910 Criel-sur-Mer.

Paris 176 – ♦Amiens 85 – Dieppe 25 – Le Tréport 5.

Host. Vieille Ferme ☎ 35 86 72 18, Fax 35 86 12 67, – TV ☎ P – 30. AE ⓓ GB
R 75/215 , enf. 52 – ☕ 35 – **37 ch** 290/480 – ½ P 320/360.

Les MESNULS 78490 Yvelines 60 ⑨ 106 ㉘ – 793 h alt. 110.

Paris 45 – Dreux 40 – Mantes-la-Jolie 32 – Rambouillet 16 – Versailles 25.

XXX ✿ **Toque Blanche** (Philippe), 12 Gde Rue ☎ (1) 34 86 05 55, Fax (1) 34 86 82 18 – AE ⓓ GB
fermé 10 au 30 août, 21 au 30 déc., dim. soir et lundi – **R** 360 et carte 300 à 440
Spéc. Huîtres chaudes au cerfeuil. Filet de turbot aux fines herbes. Volaille de Houdan à la vapeur de truffes.

MÉTABIEF 25 Doubs 70 ⑥ – voir à Jougne et aux Hôpitaux Neufs.

MÉTHAMIS 84570 Vaucluse 81 ⑬ – 352 h alt. 300.

Paris 696 – Apt 39 – Carpentras 17.

X **Lou Roucas**, ☎ 90 61 81 04, – AE GB. ✻
fermé jeudi sauf le soir en juil.-août – **R** 60/175, enf. 45.

METZ P 57000 Moselle 57 ⑬ ⑭ G. Alsace Lorraine – 119 594 h alt. 173.

Voir Cathédrale St-Etienne★★★ CDV – Porte des Allemands★ DV – Esplanade★ CV : église St-Pierre-aux-Nonnains★ CX **E** – Place St-Louis★ DVX – Église St-Maximin★ DVX – Narthex★ de l'église St-Martin DX – ≤★ du Moyen Pont CV – La Cour d'Or, musées★★ DV **M**1.

18 de Metz-Cherisey ☎ 87 52 70 18, par ⑤ : 14 km ; 18 du Technopole ☎ 87 20 33 11, par ④ : 5 km ; 18 de la Grange-aux-Ormes, ☎ 87 63 10 62, S par D 5 : 3 km.

✈ de Metz-Nancy-Lorraine : ☎ 87 56 70 00, par ⑤ : 23 km – ☎ 87 63 50 50.

Office de Tourisme et Accueil de France (Informations et réservations d'hôtels, pas plus de 5 jours à l'avance) pl. d'Armes, ☎ 87 75 65 21, Télex 860411 et Bureau Gare – A.C. 10 r. Ferme St-Ladre à Marly ☎ 87 66 80 15.

Paris 332 ① – Bonn 277 ① – Bruxelles 283 ① – ♦Dijon 264 ⑦ – ♦Lille 368 ① – Luxembourg 64 ① – ♦Nancy 53 ⑦ – ♦Reims 190 ① – Saarbrücken 67 ③ – ♦Strasbourg 161 ③.

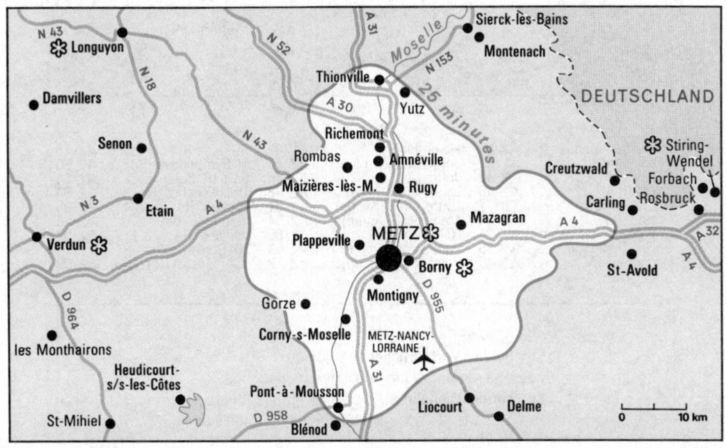

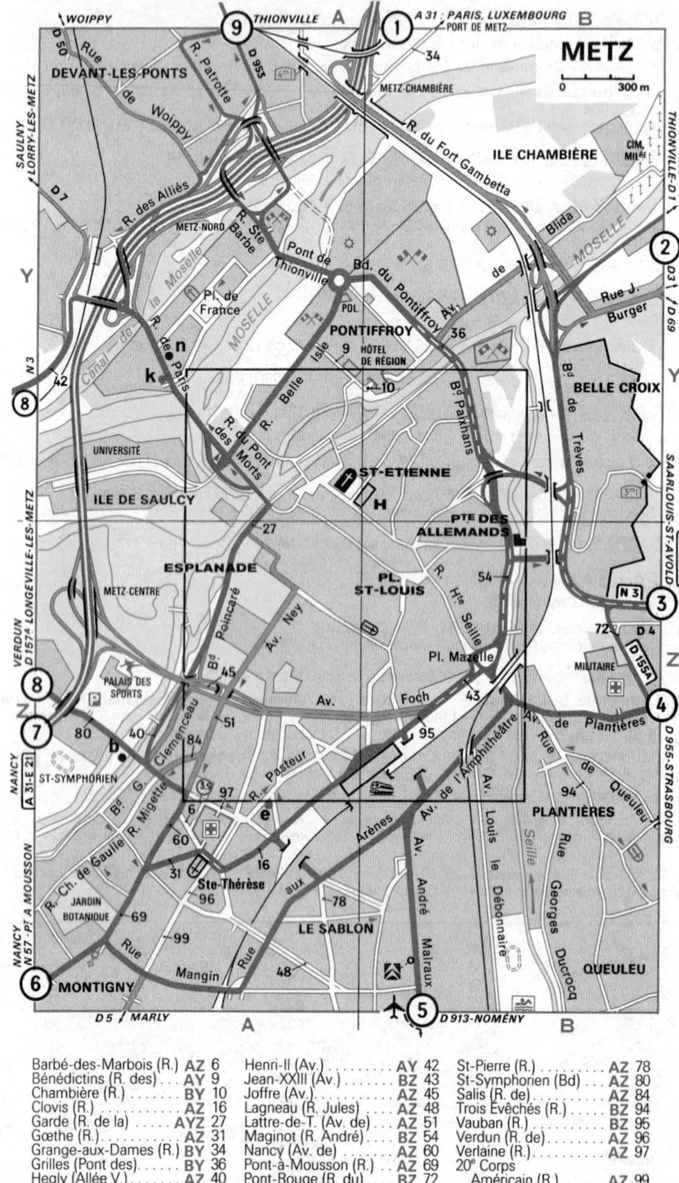

Barbé-des-Marbois (R.) **AZ** 6
Bénédictins (R. des) . . . **AY** 9
Chambière (R.) . . . . **BY** 10
Clovis (R.) . . . . **AZ** 16
Garde (R. de la) . . . . . **AYZ** 27
Gœthe (R.) . . . . **AZ** 31
Grange-aux-Dames (R.) **BY** 34
Grilles (Pont des) . . . . . . **BY** 36
Hegly (Allée V.) . . . . **AZ** 40

Henri-II (Av.) . . . . **AY** 42
Jean-XXIII (Av.) . . . . **BZ** 43
Joffre (Av.) . . . . **AZ** 45
Lagneau (R. Jules) . . . . . **AZ** 48
Lattre-de-T. (Av. de) . . . **AZ** 51
Maginot (R. André) . . . . **BZ** 54
Nancy (Av. de) . . . . **AZ** 60
Pont-à-Mousson (R.) . . **AZ** 69
Pont-Rouge (R. du) . . . . **BZ** 72

St-Pierre (R.) . . . . **AZ** 78
St-Symphorien (Bd) . . . **AZ** 80
Salis (R. de) . . . . **AZ** 84
Trois Évêchés (R.) . . . . . **BZ** 94
Vauban (R.) . . . . **BZ** 95
Verdun (R. de) . . . . **AZ** 96
Verlaine (R.) . . . . **AZ** 97
20e Corps
Américain (R.) . . . . . . **AZ** 99

Pour vos voyages, en complément de ce guide, utilisez :

– Les guides **Verts Michelin** régionaux
paysages, monuments et routes touristiques.
– Les **cartes Michelin à** 1/1 000 000 grands itinéraires
1/200 000 cartes détaillées.

METZ

Ambroise-Thomas (R.)	CV	2
Clercs (R. des)	CV	
En Fournirue	DV	
Fabert (R.)	CV	21
Jardins (R. des)	DV	
Palais (R. du)	CV	63
Petit-Paris (R. du)	CV	64
St-Louis (Pl.)	DVX	
Schuman (Av. R.)	CX	
Serpenoise (R.)	CV	
Tête d'Or (R. de la)	DV	91
Amphithéâtre (Av.)	DX	3
Armes (Pl. d')	DV	4
Augustins (R. des)	DX	5
Belle-Isle (R.)	CV	7
Chambière (R.)	DV	10
Chambre (Pl. de)	CV	12
Chanoine-Collin (R.)	DV	13
Charlemagne (R.)	CX	15
Coëtlosquet (R. du)	CX	18
Coislin (Pl.)	DX	19
Faisan (R. du)	CV	22
Fontaine (R. de la)	DX	24
Gaulle (Pl. du Gén. de)	DX	28
George (Pl. du Roi)	CX	30
Gde-Armée (R. de la)	DV	33
Hache (R. de la)	DV	39
Hegly (Allée V.)	CX	40
La Fayette (R.)	CX	46
Lasalle (R.)	DX	49
Lattre-de-T. (Av. de)	CX	51
Leclerc-de-H. (Av.)	CX	52
Mondon (Pl. R.)	CX	57
Morts (Pont des)	CV	58
Paix (R. de la)	CV	61
Pierre-Hardie (R. de la)	CV	66
Poncelet (R.)	CV	67
Prés. Kennedy (Av.)	CX	73
République (Pl. de la)	CX	75
St-Eucaire (R.)	DV	76
St-Simplice (Pl.)	DV	79
St-Thiébault (Pl.)	DX	81
Ste-Marie (R.)	CV	82
Salis (R. de)	CX	84
Sérot (Bd Robert)	CV	85
Serpenoise (Porte)	CX	87
Taison (R.)	DV	88
Tanneurs (R. des)	DV	90
Trinitaires (R. des)	DV	93
Verlaine (R.)	CX	97

Novotel M, pl. Paraiges ☎ 87 37 38 39, Télex 861815, Fax 87 36 10 00, ⛱, ⛱ – |‡| ⇔ ch ▤ rest TV ☎ ♿ ⇔ – 🏛 30 à 150. AE ⦿ GB JCB — DV **t**
R carte environ 150, enf. 50 – ☐ 49 – **117 ch** 480.

Mercure-Altéa St-Thiébault M, 29 pl. St-Thiébault ☎ 87 38 50 50, Télex 930417, Fax 87 75 48 18, ⛱ – |‡| ▤ rest TV ☎ P – 🏛 30 à 250. AE ⦿ GB — DX **d**
Les 4 Saisons R 98/180 ♁, enf. 50 – ☐ 50 – **108 ch** 450/630.

Royal-Concorde, 23 av. Foch ☎ 87 66 81 11, Télex 860425, Fax 87 56 13 16 – |‡| ⇔ ch TV ☎ – 🏛 60. AE ⦿ GB JCB — DX **s**
- **Le Caveau R** 140/185, enf. 75 – ☐ 65 – **75 ch** 520/600, 11 appart.

Théâtre M, Port-St-Marcel ☎ 87 31 10 10, Télex 861375, Fax 87 30 04 66, ⛱, « Maison du 17e siècle », ₣₺, ⛱ – |‡| TV ☎ ♿ ⇔ – 🏛 50. AE ⦿ GB — CV **b**
Pont-St-Marcel ☎ 87 30 12 29 *(fermé dim. soir et lundi)* **R** 98/155 ♁ – **Bistrot du Port** ☎ 87 30 70 70 *(fermé merc. midi et mardi)* **R** 168/258 ♁, enf. 55 – ☐ 50 – **36 ch** 450/590 – ½ P 415/465.

Arc-en-Ciel M sans rest, Ilôt Citadelle ✆ 87 56 00 01, Fax 87 56 00 09 – TV ☎ P – 300. AE ⓓ GB AZ **b**
45 – **42 ch** 345/380.

Ibis M sans rest, 3 bis r. Vauban ✆ 87 75 53 43, Télex 930281, Fax 87 37 04 11 – ch TV ☎. AE GB DX **b**
32 – **72 ch** 270/300.

Bristol sans rest, 7 r. La Fayette ✆ 87 66 74 22, Télex 861759, Fax 87 50 67 89 – TV ☎. GB CX **u**
fermé Noël au Jour de l'An – 25 – **66 ch** 110/280.

Foch sans rest, 8 pl. R. Mondon ✆ 87 74 40 75, Fax 87 74 49 90 – TV ☎. GB CX **v**
25 – **38 ch** 189/298.

Gare sans rest, 20 r. Gambetta ✆ 87 66 74 03, Fax 87 63 82 50 – TV ☎. AE ⓓ GB DX **q**
25 – **40 ch** 205/258.

Métropole sans rest, 5 pl. Gén. de Gaulle ✆ 87 66 26 22, Télex 861661, Fax 87 66 29 91 – TV ☎. AE GB DX **q**
23 – **80 ch** 135/240.

Cécil sans rest, 14 r. Pasteur ✆ 87 66 66 13, Fax 87 56 96 02 – ch TV ☎. GB. CX **x**
fermé 26 déc. au 2 janv. – 25 – **39 ch** 175/265.

Ibis M, 47 r. Chambière, quartier Pontiffroy ✆ 87 31 01 73, Télex 930278, Fax 87 31 25 46, – ch TV ☎ – 25. AE GB DV **e**
R 83, enf. 39 – 33 – **79 ch** 280/310.

Moderne sans rest, 1 r. La Fayette ✆ 87 66 57 33, Fax 87 55 98 59 – TV ☎. AE ⓓ GB CX **m**
26 – **43 ch** 130/270.

Lutèce, 11 r. Paris ✆ 87 30 27 25 – TV ☎. AE GB. rest AY **n**
fermé 20 déc. au 5 janv. – **R** *(fermé sam., dim. et fériés)* 65/100, enf. 42 – 23 – **20 ch** 140/230 – ½ P 160/200.

XXX **Maire**, 1 r. Pont des Morts ✆ 87 32 43 12, Fax 87 31 16 75, – AE ⓓ GB JCB CV **f**
fermé 24 août au 9 sept., vacances de fév., mardi soir et merc. – **R** 180/360, enf. 70.

XXX **La Dinanderie**, 2 r. Paris ✆ 87 30 14 40, Fax 87 32 44 23 – . AE GB AY **k**
fermé 8 au 31 août, 24 déc. au 2 janv., vacances de fév., dim. et lundi – **R** 160/350.

XXX **Chambertin**, 22 pl. St-Simplice ✆ 87 37 32 81, Fax 87 36 70 89 – AE ⓓ GB DV **u**
fermé 22 août au 6 sept., 7 au 20 janv., dim. soir et lundi – **R** 158/250, enf. 105.

XXX **des Roches**, 29 r. Roches ✆ 87 74 06 51, – AE ⓓ GB CV **n**
fermé dim. soir – **R** 170/280, enf. 70.

XXX **Le Bouquet Garni**, 10 r. Pasteur ✆ 87 66 85 97 – . AE ⓓ GB CX **h**
fermé 1er au 18 août, Noël au Jour de l'An, sam. midi et dim – **R** 150 bc/350.

XX **Flo**, 2 bis r. Gambetta ✆ 87 55 94 95, Fax 87 38 09 26 – . AE ⓓ GB CX **b**
R brasserie 97/140.

XX **Ville de Lyon**, 7 r. Piques ✆ 87 36 07 01, Fax 87 74 47 17 – P. AE ⓓ GB DV **a**
fermé 27 juil. au 24 août, dim. soir et lundi – **R** 105/300.

XX **Le Chat Noir**, 30 r. Pasteur ✆ 87 56 99 19, Fax 87 66 67 64 – AE ⓓ GB AZ **e**
fermé dim. – **R** 90/220, enf. 60.

X **L'Assiette du Bistrot**, 9 r. Faisan ✆ 87 37 06 44, Fax 87 32 44 23 – GB CV **s**
fermé 8 au 31 août, 24 déc. au 2 janv., vacances de fév., lundi midi et dim. – **R** 82/160.

X **La Gargouille**, 29 pl. Chambre ✆ 87 36 65 77 – GB CV **r**
fermé 24 déc. au 2 janv., dim. et fériés – **R** 158 bc/198 bc.

par ① : A 31 sortie la Maxe : 5 km - AY – ✉ **57140** Woippy :

Mercure M, Z. I. Metz Nord ✆ 87 34 20 00, Télex 860891, Fax 87 32 73 11, – TV ☎ P – 100. AE ⓓ GB
R 98, enf. 45 – 50 – **83 ch** 400/510.

à Maizières-les-Metz par ① et A 31 : 10 km – 8 901 h. – ✉ **57210** :

Novotel M, ✆ 87 80 41 11, Télex 860191, Fax 87 80 36 00, , , – ch rest TV ☎ P – 80. AE ⓓ GB
R carte environ 160, enf. 50 – 47 – **132 ch** 400/440.

à Rugy N : 12 km par ② et D 1 – ✉ **57640** Argancy :

La Bergerie M , ✆ 87 77 82 27, Fax 87 77 87 07, , – TV ☎ P – 50. GB
R *(fermé 22 déc. au 2 janv.)* (déj. seul.) 250/300 – 35 – **42 ch** 290/350.

par ③ direction Vallières : 3 km – ✉ **57070** Metz :

XXX ✿ **Crinouc** (Lamaze) avec ch, 79 r. Gén. Metman ✆ 87 74 12 46, Fax 87 36 96 92 – TV ☎ P. AE ⓓ GB. ch
fermé 15 au 22 août, vacances de fév., sam. midi, dim. soir et lundi – **R** 180/370 et carte 275 à 410 – 35 – **8 ch** 250/350
Spéc. Gourmandise de ris de veau et foie gras. Baron d'agneau en croûte à la fleur de thym. Soufflé chaud au chocolat noir. Vins Auxerrois.

à Mazagran par ③ et D 954 : 13 km – ✉ **57530** Courcelles-Chaussy :

XXX **Aub. de Mazagran,** ✆ 87 76 62 47 – Ⓟ. AE GB. ✻
fermé mardi soir et merc. – **R** 100/320.

à Borny E par ④ et rte Strasbourg : 3 km - BZ – ✉ **57070** Metz :

XXX ✿ **Le Jardin de Bellevue** (Krompholtz), 58 r. Pange (près Technopole Metz 2000) ✆ 87 37 10 27, Fax 87 37 15 45, ☂ – Ⓟ. GB
fermé 2 au 21 août, dim. soir, fêtes le soir et lundi – **R** 210/320 et carte 230 à 380, enf. 95
Spéc. Croustillant de tête de veau (mars à déc.). Bouchée à la Reine et quenelle cloutée à la pistache (nov. à mars). Sandre rôti, crème d'échalote et choucroute croquante. **Vins** Côtes de Toul.

à la Grange-aux-Bois par ④ et rte de Strasbourg : 5 km – ✉ **57070** Metz :

Saphyr M ♨, 3 r. Pré Chaudron ✆ 87 75 30 97, Télex 861262, Fax 87 75 29 10 – |♦| TV ☎ ♿ Ⓟ – 🎤 60. AE ① GB JCB
R *(fermé dim. soir du 1er déc. au 30 avril)* 85/130 🍷 – ☕ 40 – **55 ch** 340/430.

à Montigny-lès-Metz S : 3 km par D 5 (rte de l'aéroport) - AZ – 21 983 h. – ✉ **57158** :

Air sans rest, 54 bis r. Franiatte ✆ 87 63 30 22, Fax 87 66 68 42 – TV ☎ 🚗 – 🎤 25. AE ① GB
fermé 1er au 8 août – ☕ 21 – **21 ch** 135/250.

à Plappeville par av. Henri II - AY : 7 km – ✉ **57050** :

XX **La Grignotière,** 50 r. Gén. de Gaulle ✆ 87 30 36 68, Fax 87 31 98 87 – AE ① GB
fermé 15 juil. au 8 août, 27 déc. au 4 janv., dim. soir et lundi – **R** 155/290, enf. 85.

ALFA-ROMEO Jacquot, 17 r. R.-Schumann, Longeville-lès-Metz ✆ 87 32 53 06
BMW Molinari 19 r. de Paris à Rozerieulles ✆ 87 60 42 40
CITROEN Filiale, 71 av. A.-Malraux ✆ 87 65 51 33
FIAT Gar. Parachini, bretelle autoroute à Talange ✆ 87 71 47 30
FIAT Gar. de la Lorraine, 195 r. Gén.-Metman, Actipole Metz Borny ✆ 87 74 95 83 N ✆ 87 65 60 17
FORD Romanazzi, 11 r. Drapiers, ZIL Borny ✆ 87 74 44 91
MERCEDES-BENZ Gar. de l'Étoile, 130 rte de Thionville ✆ 87 32 53 49
NISSAN Gangloff, 63 rte de Thionville à Woippy ✆ 87 30 00 31
OPEL Eurauto, 191 r. Gén.-Metman, Actipole Borny ✆ 87 74 95 82
PEUGEOT TALBOT Jacquot, 2 r. P.-Boileau par ⑨ ✆ 87 32 52 90 N
PEUGEOT-TALBOT Mosellane-Autom., 199 r. Gén.-Metman par ③ ✆ 87 74 17 90 N
RENAULT Auto Losange, 50 r. Gén.-Metman par ③ ✆ 87 39 40 40 N ✆ 05 05 15 15
RENAULT Chevalier, 57 bd St-Symphorien, à Longeville par ⑧ ✆ 87 66 80 22 N ✆ 05 05 15 15
ROVER Gar. Jactard, à Scy-Chazelles ✆ 87 60 56 32
ROVER Gar. Corroy, 6 r. Chaponost à Moulins-lès-Metz ✆ 87 62 32 15
V.A.G Philippe Automobiles, à Augny ✆ 87 38 35 36
V.A.G Philippe Automobiles, à Woippy ✆ 87 30 46 47

Ⓜ Laglasse-Pneus, 53 r. Haute-Seille ✆ 87 36 00 42
Leclerc-Pneu, 57 av. Abbaye St-Eloy ✆ 87 32 53 17
Leclerc-Pneu, 3 pl. Mondon ✆ 87 65 49 33
Leclerc-Pneu, ZI Nord à Hauconcourt ✆ 87 80 49 80
Leclerc-Pneu, 59 av. République à Jarny (54) ✆ 82 33 44 59
Metz-Pneus, 100 av. Strasbourg ✆ 87 74 16 28
Pneus Diffusion, Actipole ZI Borny, 3 r. des Verriers ✆ 87 74 63 55 N ✆ 87 01 36 83

CONSTRUCTEUR : Renault Véhicules Industriels, à Batilly ✆ **87 22 34 99**

METZERAL

68380 H.-Rhin 62 ⑱ – 1 041 h alt. 484.

Paris 451 – Colmar 25 – Gérardmer 39 – Guebwiller 30 – Thann 43.

Aux Deux Clefs ♨, ✆ 89 77 61 48, ≤ – ☎ Ⓟ. AE ① GB. ✻ rest
Pâques-1er nov. – **R** (résidents seul.) – ☕ 25 – **12 ch** 230/240 – ½ P 225/235.

X **Pont** avec ch, ✆ 89 77 60 84, ☂, 🌳 – TV ☎ Ⓟ. GB
fermé 25 nov. au 25 déc. et lundi d'oct. à mai – **R** 80/250 🍷, enf. 50 – ☕ 30 – **15 ch** 180/250 – ½ P 220.

RENAULT Friederich, r. Principale à Sondernach ✆ 89 77 60 02

MEUDON

92 Hauts-de-Seine 60 ⑩, 101 ㉔ – voir à Paris, Environs.

MEULAN

78250 Yvelines 55 ⑲ 106 ④ ⑯ – 8 101 h alt. 26.

⛳ de Gadancourt ✆ (1) 34 66 12 77, par D 913 et D 43 : 13 km ; ⛳ de Seraincourt ✆ (1) 34 75 47 28, par D 913 : 3,5 km.

Paris 47 – Beauvais 62 – Mantes-la-Jolie 19 – Pontoise 21 – Rambouillet 51 – Versailles 33.

Mercure M ♨, l'Ile Belle (dir. Mureaux) ✆ (1) 34 74 63 63, Télex 695295, Fax (1) 34 74 00 98, ≤, ☂, 🌳 – |♦| TV ☎ ♿ Ⓟ – 🎤 30. AE ① GB JCB
R 135/190 🍷, enf. 48 – ☕ 52 – **69 ch** 520/580.

XX La Flottille, 10 r. Bignon à Hardricourt ✆ (1) 34 74 21 67, Fax (1) 34 74 90 51, ≤, ☂.

aux Mureaux : au Sud – 33 089 h. – ✉ 78130 :

XX **Avenir,** 7 r. Seine ☎ (1) 34 74 02 58 – Ⓟ. GB
fermé lundi soir et mardi – **R** 70/200, enf. 42.

CITROEN Mureaux Autom., 14 r. Ampère aux Mureaux ☎ (1) 34 74 01 95
PEUGEOT-TALBOT Basse-Seine-Autos, 2 av. Seine aux Mureaux ☎ (1) 30 99 77 11
RENAULT PHP Autom., 4 r. A.-Briand aux Mureaux ☎ (1) 34 74 17 92
RENAULT Gar. des Sports, 6 r. Stade ☎ (1) 34 74 00 22
RENAULT Carnot Automobiles, 8 bd Carnot à Hardricourt ☎ 34 74 01 80
RENAULT Phénix Auto, 21 av. de Paris à Gargenville ☎ 30 93 63 12

La Station du Pneu, 90 av. Mar.-Foch aux Mureaux ☎ (1) 34 74 19 28
Marsat-Pneus Meulan-Pneu, 41 bis av. Gambetta ☎ (1) 34 74 84 44
Nony Pneus, RN 190 à Gargenville ☎ (1) 30 93 65 27

MEUNG-SUR-LOIRE 45130 Loiret 64 ⑧ G. Châteaux de la Loire – 5 993 h alt. 100.
Voir Église St-Liphard★ – Basilique★ de Cléry-St-André E : 5 km par D 18.
Syndicat d'Initiative 42 r. J.-de-Meung (avril-sept.) ☎ 38 44 32 28.
Paris 144 – ◆Orléans 22 – Beaugency 7 – Blois 39.

XX **Aub. St-Jacques** avec ch, r. Gén. de Gaulle ☎ 38 44 30 39 – ▤ rest TV ☎. AE GB. ✻ ch
R 92/260 ♨, enf. 50 – ☕ 28 – **12 ch** 190/260 – ½ P 190/250.

MEURSAULT 21 Côte-d'Or 69 ⑨ – rattaché à Beaune.

Le MEUX 60 Oise 56 ② – rattaché à Compiègne.

MEXIMIEUX 01800 Ain 74 ③ – 6 230 h alt. 226.
Paris 471 – ◆Lyon 36 – Bourg-en-Bresse 44 – Chambéry 95 – ◆Genève 115 – ◆Grenoble 121.

La Bérangère M, rte Lyon ☎ 74 34 77 77, Fax 74 34 70 27, ☂, ⛱, ✂ – TV ☎ ♿ Ⓟ – 🏛 50. AE GB
R *(fermé sam. midi)* 75/160 – ☕ 27 – **33 ch** 220/254.

XXX ✿ **Claude Lutz** avec ch, 17 r. Lyon ☎ 74 61 06 78, Fax 74 34 75 23, ☂ – ▤ rest TV ☎ Ⓟ – 🏛 80. AE GB JCB
fermé 19 au 26 juil., 18 oct. au 8 nov. et vacances de fév. – **R** (prévenir) 140/330 et carte 220 à 300, enf. 70 – ☕ 37 – **13 ch** 170/340
Spéc. Cassolette d'escargots aux champignons. Noisettes de lotte poêlées à l'ail en chemise. Poulet de Bresse à la crème et aux morilles. Vins Chardonnay et Gamay du Bugey.

au Pont de Chazey-Villieu E : 3 km sur N 84 – ✉ 01800 Meximieux :

XXX **La Mère Jacquet** avec ch, ☎ 74 61 94 80, Fax 74 61 92 07, ⛱, ☂, ✂ – TV ☎ ♿ Ⓟ. GB
fermé 20 déc. au 10 janv. – **R** *(fermé dim. soir et lundi)* 180/380, enf. 75 – ☕ 45 – **19 ch** 260/450.

PEUGEOT Gar. du Centre ☎ 74 61 06 00
PEUGEOT, TALBOT Gar. Chabran ☎ 74 61 18 09
RENAULT Gar. Paviot ☎ 74 61 07 89

MEYLAN 38 Isère 77 ⑤ – rattaché à Grenoble.

MEYMAC 19250 Corrèze 73 ⑪ G. Berry Limousin – 2 796 h alt. 702.
Voir Vierge noire★ dans l'église abbatiale.
Syndicat d'Initiative pl. Hôtel-de-Ville ☎ 55 95 18 43.
Paris 449 – Aubusson 57 – ◆Limoges 95 – Neuvic 29 – Tulle 49 – Ussel 17.

à la Chapelle S : 10 km par D 36 et N 89 – alt. 630 – ✉ 19250 :

Chatel M, sur N 89 ☎ 55 94 22 64, Fax 55 94 24 62, ☂ – TV ☎ Ⓟ – 🏛 30. AE GB
fermé 15 déc. au 8 janv. et sam. en hiver – **R** 100/200 – ☕ 45 – **30 ch** 260 – ½ P 250.

à Maussac S : 9 km par D 36 et N 89 – ✉ 19250 :

Europa M, sur N 89 ☎ 55 94 25 21, Fax 55 94 26 08 – TV ☎ ♿ Ⓟ – 🏛 25. AE ◑ GB
R 55/130 ♨, enf. 38 – ☕ 28 – **24 ch** 190/250 – ½ P 200.

CITROEN Vergne ☎ 55 95 11 36
PEUGEOT,TALBOT Longerinas ☎ 55 95 10 32
RENAULT Gar. Mauriange ☎ 55 95 10 54

MEYRUEIS 48150 Lozère 80 ⑤ ⑮ G. Gorges du Tarn – 907 h alt. 706.
Voir NO : Gorges de la Jonte★★.
Env. Aven Armand★★★ NO : 11 km – Grotte de Dargilan★★ NO : 8,5 km.
Office de Tourisme Tour de l'Horloge (fermé après-midi hors saison) ☎ 66 45 60 33.
Paris 650 – Mende 56 – Florac 35 – Millau 41 – Rodez 100 – Sévérac-le-Château 50 – Le Vigan 53.

Château d'Ayres ⛰, E : 1,5 km par D 57 ☎ 66 45 60 10, Fax 66 45 62 26, <, ☂, « Parc », ⛱, ✂ – TV ☎ Ⓟ. AE ◑ GB. ✻ rest
1er avril-15 nov. – **R** 140/300, enf. 75 – ☕ 55 – **23 ch** 510/780 – ½ P 350/550.

Renaissance, ℘ 66 45 60 19, Fax 66 45 65 94, « Maison du 16ᵉ siècle », – TV ☎. AE ① GB
1er avril-12 nov. – **R** 98/250, enf. 40 – ☕ 40 – **20 ch** 300/480 – ½ P 300/360.

Gd H. Europe, ℘ 66 45 60 05, Fax 66 45 65 31 – |$| ☎ P. GB. ✲ rest
vacances de Pâques-vacances de nov. – **R** 65/130 – ☕ 30 – **30 ch** 200/270 – ½ P 240.

Family H., ℘ 66 45 60 02, Fax 66 45 66 54, ⛱, – |$| ☎. AE GB
1er avril-3 nov. – **R** 69 bc ⚲, enf. 40 – **48 ch** ☕ 210 – ½ P 210.

Mont Aigoual, r. Barrière ℘ 66 45 65 61, Fax 66 45 64 25, ⛱, – |$| ☎. GB. ✲ rest
début avril-début nov. – **R** 80/150 – ☕ 40 – **30 ch** 240/260 – ½ P 240.

CITROEN Giraud ℘ 66 45 60 04

MEYZIEU 69 Rhône 74 ⑫ – rattaché à Lyon.

MÉZANGERS 53 Mayenne 60 ⑪ – rattaché à Evron.

MÈZE 34140 Hérault 83 ⑯ G. Gorges du Tarn – 6 502 h alt. 6.

ℹ Syndicat d'Initiative r. Massaloup ℘ 67 43 93 08.

Paris 789 – ◆Montpellier 33 – Agde 20 – Béziers 41 – Lodève 59 – Pézenas 18 – Sète 19.

de Thau sans rest, r. Parée ℘ 67 43 83 83, Fax 67 43 69 45 – ☎. GB
☕ 25 – **13 ch** 200/240.

à Bouzigues NE : 4 km par N 113 et VO – ✉ 34140 :

Côte Bleue M ⛰, ℘ 67 78 31 42, Fax 67 78 35 49, ≤, ⛱, – TV ☎ P – 🏛 40. GB. ✲
R produits de la mer *(fermé janv.)* 148/380 – ☕ 34 – **32 ch** 260/350.

Thau-Pneus, 35 rte de Pézenas ℘ 67 43 93 38

MÉZENC (Mont) 07 Ardèche 76 ⑱ G. Vallée du Rhône – alt. 1754.

Voir ✻★★★.

Accès par la Croix de Boutières ≤★★ (1 h 1/2 AR) ou par la Croix de Peccata (1 h AR).

MÉZÉRIAT 01660 Ain 74 ② – 1 995 h alt. 198.

Paris 411 – Mâcon 21 – Bourg-en-Bresse 17 – Villefranche-sur-Saône 46.

XX **Les Bessières** avec ch, ℘ 74 30 24 24, – GB
fermé janv. et lundi de sept. à mai – **R** 128/170 – ☕ 30 – **6 ch** 180/240 – ½ P 240/280.

MÉZIÈRES-EN-BRENNE 36290 Indre 68 ⑥ G. Berry Limousin – 1 194 h alt. 90.

ℹ Office de Tourisme "Le Moulin" r. du Nord ℘ 54 38 12 24.

Paris 277 – Le Blanc 26 – Châteauroux 40 – Châtellerault 58 – Poitiers 89 – ◆Tours 89.

X **Boeuf Couronné** avec ch, ℘ 54 38 04 39 – ☎. GB. ✲ ch
fermé 1er au 15 oct., 2 au 25 janv., dim. soir et lundi – **R** 60/235, enf. 36 – ☕ 26 – **8 ch** 155/210 – ½ P 222.

RENAULT Gar. Fradet ℘ 54 38 00 02

MÉZOS 40170 Landes 78 ⑮ – 851 h alt. 45.

Paris 703 – Mont-de-Marsan 63 – ◆Bordeaux 114 – Castets 24 – Mimizan 16 – Tartas 51.

Boucau ⛰ sans rest, ℘ 58 42 61 38, – P. AE ① GB. ✲
1er juin-30 sept. – ☕ 30 – **9 ch** 250/300.

XX **Verdier,** ℘ 58 42 61 27, – P. GB
1er avril-30 oct. et fermé dim. soir et lundi sauf du 1er juil. au 15 sept. – **R** 100, enf. 38.

MIALET 30 Gard 80 ⑰ – rattaché à Anduze.

MIEUSSY 74440 H.-Savoie 74 ⑦ G. Alpes du Nord – 1 346 h alt. 636.

ℹ Syndicat d'Initiative ℘ 50 43 02 72.

Paris 567 – Chamonix-Mont-Blanc 57 – Thonon-les-Bains 48 – Annecy 61 – Bonneville 19 – ◆Genève 38 – Megève 41 – Morzine 24.

Accueil Savoyard, ℘ 50 43 01 90, Fax 50 43 09 59, – ☎ P. GB
fermé 20 au 27 juin et 16 oct au 13 nov. – **R** 55/160 – ☕ 28 – **19 ch** 120/290 – ½ P 163/240.

RENAULT Gar. Jacquard ℘ 50 43 00 86 N

MIGENNES 89400 Yonne 65 ⑤ – 8 235 h alt. 87.

ℹ Office de Tourisme pl. E.-Laporte ℘ 86 80 03 70.

Paris 157 – Auxerre 21 – Joigny 10 – Nogent-sur-Seine 72 – St-Florentin 16 – Seignelay 11,5.

XX **Paris** M avec ch, 57 av. J. Jaurès ℘ 86 80 23 22, Fax 86 80 31 04 – TV ☎. GB
fermé 1er au 29 août, 2 au 17 janv., vend. soir, sam. midi et dim. soir – **Repas** 90/250 ⚲, enf. 50 – **10 ch** ☕ 200/350 – ½ P 300.

PEUGEOT-TALBOT Prudhomme, 17 allée Industrie ℘ 86 80 02 60 N ℘ 86 80 03 03

RENAULT Gar. Picot-Clemente, 148 av. J.-Jaurès ℘ 86 80 35 15

MILLAU 12100 Aveyron 80 ⑭ G. Gorges du Tarn – 21 788 h alt. 379.

Voir Musée archéologique : poteries★ BZ **M.**

Env. Gorges du Tarn★★★ 21 km par ① – Canyon de la Dourbie★★ 8 km par ②.

Office de Tourisme av. A.-Merle ✆ 65 60 02 42.

Paris 654 ① – Mende 96 ① – Rodez 66 ⑤ – Albi 109 ④ – Alès 138 ③ – Béziers 123 ③ – ♦Montpellier 113 ③.

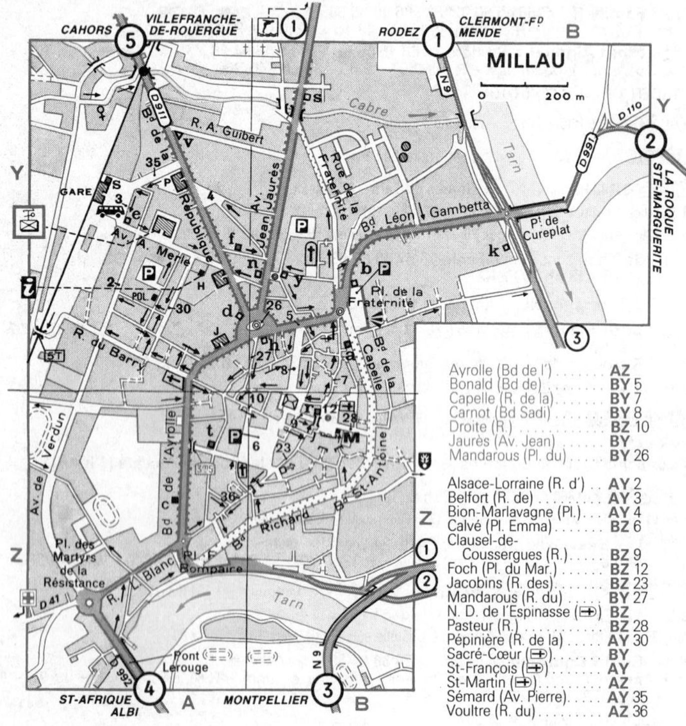

International M, 1 pl. Tine ✆ 65 60 20 66, Télex 520629, Fax 65 59 11 78, ≤ – |♦| TV ☎ P – 50 à 250. AE ① GB – **R** *(fermé dim. soir et lundi hors sais.)* 100/325, enf. 65 – ☕ 45 – **110 ch** 391/438 – ½ P 263/399. BY **y**

La Musardière, 34 av. République ✆ 65 60 20 63, Fax 65 61 02 05, « Parc » – |♦| ☎ P. AE ① GB. ✻ rest AY **v**
4 avril-4 nov. – **R** *(fermé mardi midi et lundi sauf août)* (dim. et fêtes prévenir) 120/240 – ☕ 50 – **12 ch** 350/560 – ½ P 480/530.

Cévenol H. et rest. Pot d'Etain M, 115 r. Rajol ✆ 65 60 74 44, Fax 65 60 85 99, ≤ – |♦| ☎ ♿ P. ① GB. ✻ rest BY **k**
fermé 10 déc. au 4 janv. et sam. du 15 nov. au 6 mars – **R** *(fermé 3 au 10/10, 27/11 au 4/1, sam. en hiver, lundi midi et dim. d'oct. à juin et vend. midi de juil. à sept.)* 85/175 ♁ – ☕ 32 – **42 ch** 278/295 – ½ P 263/283.

Moderne, 11 av. J. Jaurès ✆ 65 60 59 23, Télex 520629, Fax 65 59 11 78 – |♦| ☎ P. AE ① GB
1er avril-30 sept. – **R** grill *(fermé mardi midi et vend. midi)* 90/120 ♁, enf. 45 – ☕ 35 – **45 ch** 173/200 – ½ P 180/225. BY **n**

La Capelle ⛰ sans rest, 7 pl. Fraternité ✆ 65 60 14 72 – ☎. GB. ✻ BY **b**
vacances de printemps-début oct. – ☕ 30 – **46 ch** 135/250.

Causses, 56 av. J. Jaurès ✆ 65 60 03 19, Fax 65 60 86 90 – TV ☎. GB BY **s**
R *(fermé 23 déc. au 2 janv., dim. soir hors sais. et sam.)* 80/155 ♁ – ☕ 28 – **22 ch** 205/300 – ½ P 220/230.

Jalade sans rest, 18 bis av. A. Merle ✆ 65 60 62 00, Fax 65 60 74 01 – |♦| TV ☎. AE GB
☕ 28 – **23 ch** 220/275. AY **e**

Cristal sans rest, 5 pl. Mandarous ✆ 65 60 02 18, Fax 65 60 90 40 – |♦| TV ☎. AE GB
mars-oct. et fermé dim. de mars à juin – ☕ 26 – **15 ch** 155/230. AY **d**

Commerce sans rest, 8 pl. Mandarous ✆ 65 60 00 56 – |♦| ☎. GB BY **h**
fermé 24 déc. au 1er janv. – ☕ 23 – **17 ch** 130/200.

XX **Buffet de France,** pl. Gare ✆ 65 60 09 04, 余 – ◑ GB — AY **s**
fermé fév. – **R** 68/180 ♁, enf. 40.

XX **Capion,** 3 r. J.-F. Alméras ✆ 65 60 00 91 – AE GB — AY **f**
fermé 15 au 31 janv. – **R** 85/190 ♁, enf. 42.

XX **La Braconne,** 7 pl. Mar. Foch ✆ 65 60 30 93, 余 – AE ◑ GB — BZ **r**
fermé 13 au 20 mai, 10 au 30 nov., dim. soir et lundi – **Repas** 98/180.

X **Le Square,** 10 r. St-Martin ✆ 65 61 26 00, 余 – GB — AZ **t**
fermé dim. soir et lundi sauf juil. août – **R** 80/165, enf. 40.

X **La Marmite du Pêcheur,** 14 bd Capelle ✆ 65 61 20 44, 余 – AE GB — BY **a**
fermé merc. hors sais. – **R** 80/198 ♁, enf. 40.

par ④ rte St-Affrique : 2 km :

Château de Creissels ⛰, ✆ 65 60 16 59, Fax 65 61 24 63, ≤, 余, parc – ☎ P. AE ◑ GB JCB
fermé 28 déc. au 10 fév. – **Repas** *(fermé mardi hors sais.)* 103/187 ♁, enf. 53 – ☕ 35 – **33 ch** 203/340 – ½ P 220/305.

PEUGEOT-TALBOT Pujol, 85 av. J.-Jaurès par ① ✆ 65 60 09 21

◍ Lassale, 275 r. E.-Delmas ✆ 65 60 27 85

Pneus-2000, 8 av. Martel ✆ 65 60 09 77
Treillet Pneus, 325 r. E.-Delmas ✆ 65 60 05 56 N ✆ 65 60 23 04

MILLEMONT **78940** Yvelines 60 ⑧ 106 ⑮ – 173 h alt. 184.
Paris 51 – Dreux 31 – Mantes 24 – Rambouillet 27 – Versailles 31.

XX **Aub. de la Malvina,** la Haute Perruche ✉ 78890 Garancières ✆ (1) 34 86 45 76, Fax 34 86 46 11, 余 – GB
fermé 1 au 15 sept., janv., merc. soir et jeudi sauf fériés – **R** 160/250.

Les MILLES **13** B.-du-R. 84 ③ – rattaché à Aix-en-Provence.

MILLY-LA-FORÊT **91490** Essonne 61 ⑪ 106 ㊹ G. Ile de France – 4 307 h alt. 65.
Voir Parc de Courances★★ N : 5 km.
Paris 61 – Fontainebleau 18 – Étampes 25 – Évry 32 – Melun 23 – Nemours 27.

à Auvers (S.-et-M.) S : 4 km par D 948 – ✉ **77123** Noisy-sur-École :

XX **Aub. d'Auvers Galant,** ✆ (1) 64 24 51 02, 余 – AE GB
fermé 22 au 31 août, vacances de fév., lundi sauf le midi de sept. à juin et mardi – **R** 155/280, enf. 75.

MIMIZAN **40200** Landes 78 ⑭ G. Pyrénées Aquitaine – 6 710 h alt. 12 – Casino.
Paris 687 – Mont-de-M. 76 – Arcachon 65 – ◆Bayonne 108 – ◆Bordeaux 98 – Dax 70 – Langon 107.

à Mimizan-Bourg :

XXX ✿ **Au Bon Coin du Lac** (Caule) ⛰ avec ch, au lac N : 1,5 km ✆ 58 09 01 55, Fax 58 09 40 84, ≤, 余, 🌳 – ▤ rest TV ☎ 🚗 P. AE GB. ✂ ch
fermé 1er fév. au 1er mars, dim. soir et lundi sauf juil.-août – **R** 150/350 et carte 330 à 460 – ☕ 60 – **4 ch** 480/580, 4 appart. – ½ P 500/600
Spéc. Pot au feu de la mer. Coussin de foie gras aux pommes acidulées. Grand dessert. **Vins** Jurançon, Madiran.

à Mimizan-Plage O : 6 km par D 626 – ✉ **40200** :

ℹ Office de Tourisme 38 av. M.-Martin ✆ 58 09 11 20.

Plage Nord :

France sans rest, 18 av. Côte d'Argent ✆ 58 09 09 01 – ☎ P. GB. ✂
mai-sept. – ☕ 30 – **21 ch** 230/260.

Bellevue, 34 av. M. Martin ✆ 58 09 05 23, Fax 58 09 19 15 – ☎ P. GB
mars-oct. – **R** 70 bc/140, enf. 40 – **36 ch** ☕ 139/330 – ½ P 243/339.

Plage Sud :

Parc ⛰, 6 r. Papeterie ✆ 58 09 13 88, Fax 58 09 25 44, 余, 🌳 – TV ☎ P. AE ◑ GB. ✂ ch
fermé janv. et fév. – **R** 80/210 ♁ – ☕ 32 – **16 ch** 300/400 – ½ P 280/300.

Émeraude des Bois, 68 av. Courant ✆ 58 09 05 28, 🌳 – ☎ P. GB. ✂ rest
hôtel : Pâques-fin sept. ; rest. : juin-mi-sept. – **R** (dîner seul.) 98 – ☕ 28 – **16 ch** 161/255 – ½ P 206/256.

Plaisance, 10 r. Cormorans ✆ 58 09 08 06, 余 – TV ☎. GB. ✂
fermé 15 janv. au 15 fév. – **R** *(fermé dim. soir et mardi hors sais.)* 70/260, enf. 45 – ☕ 28 – **9 ch** 185/241 – ½ P 240/253.

Mermoz, 16 av. Courant ✆ 58 09 09 30, Fax 58 09 06 92, 余 – ☎. AE ◑ GB. ✂
hôtel : avril-oct. ; rest. : 20 juin-10 sept. – **R** 75/190 ♁ – ☕ 30 – **18 ch** 195/280 – ½ P 226/270.

CITROEN Auto Mimizanaise, 15 av. de Bordeaux à Mimizan-Bourg ✆ 58 09 09 81
FORD Gar. Claverie, 1 av. Maurice Martin ✆ 58 09 21 24

RENAULT Gar. Poisson, 48 av. de Bordeaux à Mimizan-Bourg ✆ 58 09 08 73 N
RENAULT Gar. Caignieu, 8 r. Papeterie ✆ 58 09 08 84 N ✆ 58 09 00 17

MINDIN 44 Loire-Atl. 67 ① – rattaché à St-Brévin-les-Pins.

MINERVE 34210 Hérault 83 ⑬ G. Gorges du Tarn – 104 h alt. 227.

Voir Village★.

Paris 868 – Béziers 44 – Carcassonne 44 – Narbonne 32 – St-Pons 29.

- **Relais Chantovent** avec ch, 68 91 14 18, ≤, – GB
fermé 1er janv. au 15 mars, dim. soir et lundi sauf juil.-août – **R** 90/210, enf. 40 – 28 – **7 ch** 180/250 – ½ P 280.

MIONNAY 01390 Ain 74 ② – 1 103 h alt. 288.

Paris 456 – ♦Lyon 23 – Bourg-en-Bresse 42 – Meximieux 25 – Montluel 11,5 – Villefranche-sur-S. 27.

- **Alain Chapel** avec ch, 78 91 82 02, Fax 78 91 82 37, , « Jardin fleuri » – TV ☎ P. AE ⓓ GB
fermé janv., mardi midi et lundi – **R** 320 (déj.)/780 et carte 475 à 725 – 77 – **13 ch** 700/825
Spéc. Crème de primeurs à l'estragon, en gelée de crustacés (avril à juin). Pommes de terre farcies aux truffes blanches et cuisses de grenouilles à la ciboulette. Rognon de veau rôti dans sa graisse. **Vins** Mâcon Villages, Bourgogne.

MIONS 69780 Rhône 74 ⑫ – 9 145 h alt. 219.

Paris 487 – ♦Lyon 19 – Bourgoin-Jallieu 30 – Vienne 18.

- **Parc,** r. Libération 78 20 16 41, – rest TV ☎ P. GB
fermé 1er au 21 août, lundi (sauf hôtel) et dim. soir – **R** 89/289, enf. 69 – 45 – **20 ch** 210/260 – ½ P 180/205.

MIRAMAR 06 Alpes-Mar. 84 ⑧ 115 ㉞ G. Côte d'Azur – ✉ 06590 Théoule-sur-Mer.

Voir Pointe de l'Esquillon ≤★★ NE : 1 km puis 15 mn.

Paris 907 – Cannes 17 – Grasse 27 – ♦Nice 48 – St-Raphaël 23.

- **St-Christophe** (réouverture prévue en mai 93), 93 75 41 36, Télex 470878, Fax 93 75 44 83, ≤, « Jardin en terrasses », – ch TV ☎ P – 40. AE ⓓ GB
R 150/250, enf. 90 – 60 – **48 ch** 865/1080 – ½ P 660/925.
- **Tour de l'Esquillon,** 93 75 41 51, Fax 93 75 49 99, accès plage par minibus privé, « Beau jardin et ≤ mer », – TV ☎ P. AE ⓓ GB.
1er fév.-10 oct. – **R** 150/220 – 70 – **25 ch** 600/800.
- **Mas Provençal** sans rest, 93 75 40 20, Fax 93 75 44 83, – TV ☎ P. AE ⓓ GB
30 – **27 ch** 370/540.
- **Père Pascal,** N 98 93 75 40 11, Fax 93 75 03 28, ≤, – P. AE ⓓ GB
1er fév.-1er nov. et fermé jeudi sauf juil.-août – **R** 140/198, enf. 90.

MIRAMAS 13140 B.-du-R. 84 ① – 21 602 h alt. 49.

Office de Tourisme pl. J.-Jaurès 90 58 08 24.

Paris 734 – ♦Marseille 52 – Arles 34 – Martigues 25 – St-Rémy-de-Provence 32 – Salon-de-Pr. 11.

- **Borel** sans rest, 37 r. L. Pasquet 90 58 18 73 – ☎ P
30 – **22 ch** 120/170.

MIRAMBEAU 17150 Char.-Mar. 71 ⑥ – 1 409 h alt. 65.

Paris 516 – ♦Bordeaux 71 – Cognac 46 – Montendre 18 – Saintes 52.

- **Château de Mirambeau** , rte Montendre 46 70 71 77, Fax 46 70 71 10, parc, , – TV ☎ P. GB. rest
fermé 4 janv. au 1er avril – **R** 220 – 70 – **52 ch** 600/1900 – ½ P 580/805.

PEUGEOT Gar. Bret, RN 46 49 60 81

MIRANDE 32300 Gers 82 ⑭ G. Pyrénées Aquitaine – 3 565 h alt. 174.

Voir Musée des Beaux-Arts★.

Office de Tourisme r. Évêché 62 66 68 10.

Paris 784 – Auch 25 – Mont-de-Marsan 98 – Tarbes 50 – ♦Toulouse 104.

- **Pyrénées,** r. d'Etigny 62 66 51 16, Fax 62 66 79 96, – TV ☎ P. AE GB JCB
R *(fermé lundi sauf fériés)* 90/170, enf. 40 – 35 – **22 ch** 220/350 – ½ P 250/300.

RENAULT Central Garage 62 66 50 19

MIRANDOL-BOURGNOUNAC 81 Tarn 80 ⑪ – rattaché à Carmaux.

Le pastiglie numerate delle piante di città ①, ②, ③ sono riportate anche sulle carte stradali Michelin *in scala 1/200 000. Questi riferimenti, comuni nella guida e nella carta stradale, facilitano il passaggio di una pubblicazione all'altra.*

MIREBEAU **21310** Côte-d'Or 66 ⑬ – 1 464 h alt. 202.

Paris 337 – ♦Dijon 25 – Châtillon-sur-Seine 93 – Dole 43 – Gray 24 – Langres 65.

XX **Aub. Marronniers** avec ch, ✆ 80 36 71 05, Fax 80 36 75 92, – ☎. GB. ✻
fermé 20 déc. au 5 janv., vend. soir du 30 sept. au 30 avril et dim. soir – **R** 55/170 ₰, enf. 40 – ☕ 22 – **17 ch** 160/250 – ½ P 170/210.

RENAULT Hinsinger ✆ 80 36 71 15 N

MIRECOURT **88500** Vosges 62 ⑮ G. Alsace Lorraine – 6 900 h alt. 292.

Paris 338 – Épinal 33 – Lunéville 49 – Luxeuil-les-Bains 74 – ♦Nancy 47 – Neufchâteau 39 – Vittel 23.

Le Luth M, rte Neufchâteau ✆ 29 37 12 12, Fax 29 65 68 88 – TV ☎ ♿ P – 🏃 50. GB
fermé vend. soir et sam. sauf hôtel en sais. – **R** *(fermé 26 juil. au 16 août)* 75/150 ₰, enf. 45 – ☕ 25 – **29 ch** 200/250 – ½ P 220.

MIREPOIX **09500** Ariège 86 ⑤ G. Pyrénées Roussillon – 2 993 h alt. 303.

Voir Place principale★★.

Paris 778 – Foix 36 – Carcassonne 48 – Castelnaudary 33 – Limoux 34 – Pamiers 24 – Quillan 45.

Commerce, près église ✆ 61 68 10 29, Fax 61 68 20 99, – ☎. AE ⓓ GB
fermé 1er au 15 oct., et janv. – **R** *(fermé sam. sauf juil.-août)* 63/180 – ☕ 26 – **30 ch** 170/260 – ½ P 170/210.

RENAULT Jean ✆ 61 68 15 64 — Ⓜ Service de l'Hers ✆ 61 68 15 76

MIRIBEL-LES-ECHELLES **38380** Isère 74 ⑭ – 1 607 h alt. 599.

Paris 544 – ♦Grenoble 38 – Chambéry 28 – Le Pont-de-Beauvoisin 20.

X **Les Trois Biches,** ✆ 76 55 28 02 – GB
fermé 20 au 30 juin, 1er au 10 sept., 10 au 20 fév. et merc. sauf juil.-août – **R** 65/190 ₰, enf. 35.

PEUGEOT Gar. Montagnat ✆ 76 55 27 38

MIRMANDE **26** Drôme 77 ⑫ – rattaché à Saulce-sur-Rhône.

MISON **04200** Alpes-de-H.-P. 81 ⑤ – 764 h alt. 617.

Paris 701 – Digne-les-Bains 51 – Gap 46 – Sault 69 – Serres 25 – Sisteron 13.

XX **l'Iris de Suse,** au vieux village O : 2 km ✆ 92 62 21 69, – GB
1er avril-30 oct. – **R** 98/250, enf. 75.

MISSILLAC **44780** Loire-Atl. 63 ⑮ G. Bretagne – 3 915 h alt. 30.

Voir Retable★ dans l'église – Site★ du château de la Bretesche O : 1 km.

18 de la Bretesche ✆ 40 88 30 03, O : 2 km.

Paris 438 – ♦Nantes 61 – Redon 22 – St-Nazaire 36 – Vannes 53.

Golf de la Bretesche ⑤, O : 1 km par D 2 ✆ 40 88 30 05, Télex 701976, Fax 40 66 99 47, ≤, parc, – TV ☎ P – 🏃 60. GB. ✻ rest
fermé fév. – **R** 140/290 – ☕ 42 – **27 ch** 300/620 – ½ P 300/460.

RENAULT Gar. de Bretagne à Pontchâteau ✆ 40 01 62 27 N

MISY-SUR-YONNE **77130** S.-et-M. 61 ⑬ – 515 h alt. 59.

Paris 97 – Fontainebleau 32 – Melun 42 – Provins 32 – Sens 27.

XX **La Gaule,** ✆ (1) 64 31 31 11, – P. GB
fermé 30 août au 13 sept., 19 déc. au 2 janv., 21 au 28 fév., dim. soir, mardi soir, merc. soir et lundi – **R** (nombre de couverts limité, prévenir) 230, enf. 50.

MITTELBERGHEIM **67140** B.-Rhin 62 ⑨ G. Alsace Lorraine – 628 h alt. 205.

Paris 499 – ♦Strasbourg 37 – Barr 1,5 – Erstein 21 – Molsheim 22 – Sélestat 17.

XX **Winstub Gilg** avec ch, ✆ 88 08 91 37 – ☎ P. AE ⓓ GB
fermé 20 juin au 15 juil., 10 janv. au 2 fév., mardi soir et merc. – **R** 130/325 ₰ – ☕ 30 – **10 ch** 185/330.

XX **Am Lindeplatzel,** ✆ 88 08 10 69 – AE ⓓ GB
fermé 26 juil. au 5 août, vacances de fév., merc. soir et jeudi – **R** 95/240 ₰.

MITTELHAUSEN **67170** B.-Rhin 62 ⑨ 87 ④ – 490 h alt. 185.

Paris 469 – ♦Strasbourg 18 – Haguenau 17 – Saverne 22.

L'Étoile, 12 r. La Hey ✆ 88 51 28 44, Fax 88 51 24 79, – ☎ ♿ P. GB
R *(fermé 12 juil. au 4 août, vacances de fév., dim. soir et lundi)* 60/210 ₰, enf. 50 – ☕ 25 – **23 ch** 105/260 – ½ P 200/215.

MITTELWIHR **68630** H.-Rhin 87 ⑰ G. Alsace Lorraine – 732 h alt. 220.

Paris 441 – Colmar 9,5 – Gérardmer 56 – Saint-Dié 51 – Sélestat 17.

XX **A la Maison Blanche,** 1 r. Bouxhof ✆ 89 49 03 04, Fax 89 49 01 07, – P. GB
fermé dim. soir et lundi – **R** 150/320 ₰, enf. 60.

MITTERSHEIM **57930** Moselle 57 ⑯ – 627 h alt. 233.

Paris 410 – ◆ Nancy 60 – ◆Metz 82 – Sarrebourg 22 – Sarre-Union 16 – Saverne 39.

XX **L'Escale** avec ch, rte Dieuze ✆ 87 07 67 01, Fax 87 07 54 57, ≤, 🍴, 🐕 – ☎ ⓟ. AE ⓓ GB. ✻
fermé fév. et merc. sauf juil.-août – **R** 65/160 🍷 – ☕ 28 – **13 ch** 180/250 – ½ P 220/260.

MIZOËN **38** Isère 77 ⑥ – rattaché au Freney-d'Oisans.

MODANE **73500** Savoie 77 ⑧ **G. Alpes du Nord** – 4 250 h alt. 1 057 – Sports d'hiver : 1 550/2 737 m 🚡2 ⛷11.

Tunnel du Fréjus : Péage en 1992 aller simple : autos 82, 124 ou 164 F, P.L. : 408, 620 ou 820 F - Tarifs spéciaux AR (Validité limitée).

ℹ Office de Tourisme pl. Replaton (saison) ✆ 79 05 22 35.

Paris 647 – Albertville 93 – Chambéry 103 – Lanslebourg-Mont-Cenis 23 – Col du Lautaret 59 – St-Jean-de-Maurienne 31.

🏨 **Perce Neige,** cours J. Jaurès ✆ 79 05 00 50, Fax 79 05 12 92 – 🛗 📺 ☎. GB. ✻
fermé 1er au 15 mai et 17 oct. au 3 nov. – **R** 74/102 🍷, enf. 49 – ☕ 26 – **18 ch** 224/310 – ½ P 212/255.

CITROEN Gar. Lombardo ✆ 79 05 02 60 🅽
FIAT-TOYOTA Gar. Durieux, 36 av. de la Liberté à Fourneaux ✆ 79 05 07 74
PEUGEOT-TALBOT Bellussi J.-P. ✆ 79 05 07 68 🅽
RENAULT Gar. Soto, 20 av. de la Liberté à Fourneaux ✆ 79 05 09 19 🅽 ✆ 79 05 08 10

MOËLAN-SUR-MER **29350** Finistère 58 ⑪ ⑫ **G. Bretagne** – 6 596 h alt. 52.

ℹ Office de Tourisme r. des Moulins (fermé après-midi sauf vacances de printemps, 15 juin-15 sept.) ✆ 98 39 67 28.

Paris 516 – Quimper 47 – Carhaix-Plouguer 65 – Concarneau 26 – Lorient 26 – Quimperlé 10.

🏨 **Les Moulins du Duc** Ⓜ 🌿, NO : 2 km ✆ 98 39 60 73, Télex 940080, Fax 98 39 75 56, ≤, 🍴, « Moulins dans un cadre de verdure, parc », 🏋, 🏊 – 📺 ☎ ⓟ – 🏛 25. AE ⓓ GB
fermé 15 janv. à fin fév. – **R** *(fermé mardi du 15 oct. au 31 mars)* 140/330, enf. 65 – ☕ 55 – **22 ch** 510/860, 5 appart. – ½ P 650/750.

🏨 **Manoir de Kertalg** Ⓜ 🌿 sans rest, O : 3 km par D 24 et chemin privé ✆ 98 39 77 77, Fax 98 39 72 07, ≤, parc – 📺 ☎ ⓟ. GB
8 avril-3 nov. – ☕ 60 – **8 ch** 590/980.

MOERNACH **68** H.-Rhin 66 ⑨ – rattaché à Ferrette.

MOIRANS **38430** Isère 77 ④ – 7 133 h alt. 192.

Paris 552 – ◆ Grenoble 24 – Chambéry 48 – ◆Lyon 84 – Valence 77.

XXX **Beauséjour,** rte Grenoble ✆ 76 35 30 38, Fax 76 35 59 80, 🍴 – ⓟ. AE ⓓ GB
fermé 2 au 24 août, 3 au 17 janv., dim. soir et lundi – **R** 150/495, enf. 70.

CITROEN Peretti, ZA La Pichatière ✆ 76 35 31 00
PEUGEOT-TALBOT Gar. de la Gare, av. Gare ✆ 76 35 30 51

MOIRANS-EN-MONTAGNE **39260** Jura 70 ⑭ – 2 018 h.

Voir Belvédère du Regardoir ≤★ NO : 3 km puis 15 mn, **G. Jura.**

Paris 435 – Bourg-en-Bresse 64 – Lons-le-Saunier 39 – Nantua 39 – Saint-Claude 21.

N : 3,5 km par rte de Lons-le-Saunier – ✉ **39260** Moirans-en-Montagne :

X **Aub. Jurassienne,** ✆ 84 42 01 32, 🍴 – ⓟ. GB
fermé 23 déc. au 23 janv., dim. soir et lundi – **Repas** 89/115 🍷, enf. 55.

MOIRAX **47** L.-et-G. 79 ⑮ – rattaché à Agen.

MOIRON **39** Jura 70 ⑭ – rattaché à Lons-le-Saunier.

MOISSAC **82200** T.-et-G. 79 ⑯ ⑰ **G. Pyrénées Roussillon** – 11 971 h alt. 76.

Voir Église St-Pierre★ : portail méridional★★★, cloître★★.

Env. Boudou ✻★ 7 km par ③.

⛳9 Golf Club d'Espalais ✆ 63 29 04 56, par ③ N 113 : 20 km.

ℹ Office de Tourisme pl. Durand-de-Bredon ✆ 63 04 01 85.

Paris 655 ① – Agen 42 ③ – Cahors 61 ① – Auch 85 ② – Montauban 31 ① – ◆Toulouse 69 ②.

Plan page suivante

🏨 **Chapon Fin,** pl. Récollets **(a)** ✆ 63 04 04 22 – ☎. AE ⓓ GB JCB
fermé nov. – **R** 85/270 🍷 – ☕ 30 – **29 ch** 160/300 – ½ P 190/235.

Ⓜ Taquipneu, "La Dérocade" ✆ 63 04 07 85

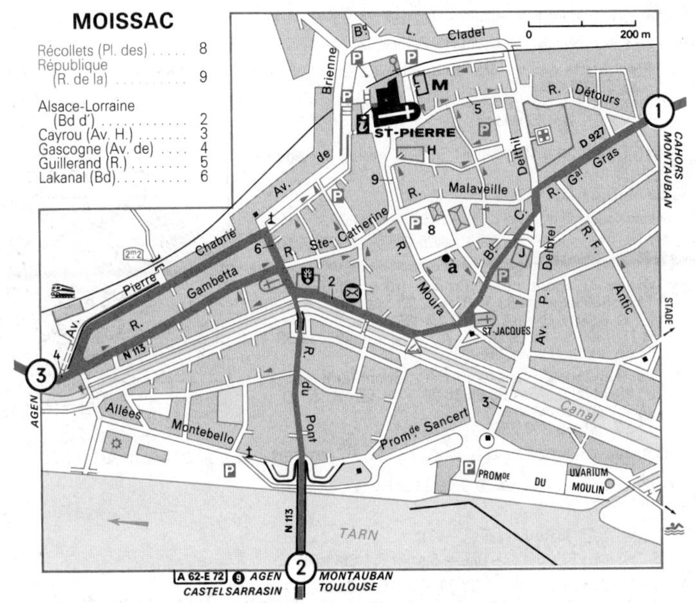

MOISSAC-BELLEVUE 83 Var 84 ⑥ – rattaché à Aups.

MOLINES-EN-QUEYRAS 05350 H.-Alpes 77 ⑲ G. Alpes du Sud – 336 h alt. 1 762 – Sports d'hiver : 1 750/2 450 m 8.

Office de Tourisme ✆ 92 45 83 22.

Paris 732 – Briançon 46 – Gap 87 – Guillestre 27 – St-Véran 5,5.

Le Cognarel, au Coin E : 3 km par D 205 et VO ✆ 92 45 81 03, Fax 92 45 81 17, ←, – ☎. AE ⓓ GB JCB
5 juin-26 sept. et 19 déc.-30 avril – **R** *(fermé lundi)* 100/168, enf. 55 – 33 – **25 ch** 275/352 – ½ P 330.

L'Équipe, rte St-Véran ✆ 92 45 83 20, Fax 92 45 81 85, ←, – ☎ P. AE ⓓ GB
29 mai-3 nov. et 19 déc.-13 avril – **R** 62/146, enf. 38 – 32 – **22 ch** 270 – ½ P 251.

Le Chamois, ✆ 92 45 83 71, Fax 92 45 80 58, ← – ☎ P. AE ⓓ GB
6 mai-31 oct. et 20 déc.-29 avril – **R** 84/175, enf. 53 – 30 – **17 ch** 260/273 – ½ P 256.

MOLINEUF 41 L.-et-Ch. 64 ⑦ – rattaché à Blois.

MOLITG-LES-BAINS 66500 Pyr.-Or. 86 ⑰ G. Pyrénées Roussillon – 185 h alt. 500 – Stat. therm. (29 mars-30 oct.).

Paris 957 – ◆Perpignan 47 – Prades 7 – Quillan 54.

Château de Riell M, ✆ 68 05 04 40, Télex 500705, Fax 68 05 04 37, ← Canigou, , parc, , – cuisinette TV ☎ P – 70. AE GB. rest
1er avril-1er nov. – **R** 270/390 et carte 280 à 410, enf. 160 – 84 – **18 ch** 940/1160, 3 appart. – ½ P 817/890
Spéc. Tarte feuilletée aux anchois. Filets de daurade à la mitonnée de légumes. Agneau rôti au thym et pimientos confits. Vins Corbières.

Gd Hôtel Thermal, ✆ 68 05 00 50, Télex 500705, Fax 68 05 02 91, ←, , « Parc », , – rest ☎ P – 150. AE GB. rest
1er avril-31 oct. – **R** 117/180, enf. 64 – 32 – **56 ch** 145/495 – P 264/421.

MOLLANS-SUR-OUVÈZE 26170 Drôme 81 ③ G. Alpes du Sud – 782 h alt. 280.

Paris 682 – Carpentras 30 – Nyons 20 – Vaison-la-Romaine 12.

St Marc, pl. Gare ✆ 75 28 70 01, Fax 75 28 78 63, , , , – ☎ P. GB.
20 mars-20 nov. – **R** 115/215, enf. 60 – 44 – **30 ch** 250/395 – ½ P 290/340.

PEUGEOT-TALBOT Gar. Magnet, ✆ 75 28 71 42

MOLLKIRCH 67190 B.-Rhin 62 ⑨ – 552 h alt. 325.

Paris 481 – ♦Strasbourg 36 – Molsheim 11 – Saverne 32.

- **Fischhutte** ⛰, rte Grendelbruch : 3,5 km ✆ 88 97 42 03, Fax 88 97 51 85, ≤, – TV ☎ – 30. AE GB. ✻
  fermé 15 fév. au 15 mars – **R** *(fermé lundi soir et mardi)* 150/250 ₰, enf. 55 – ☐ 35 – **18 ch** 210/340 – ½ P 250/330.

MOLSHEIM 67120 B.-Rhin 62 ⑨ **G. Alsace Lorraine** – 7 973 h alt. 200.

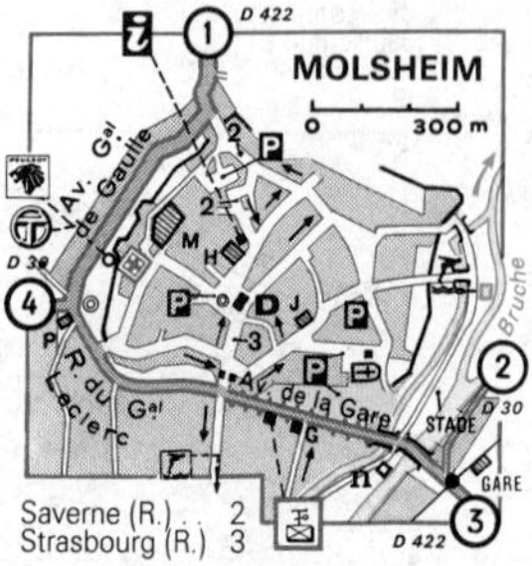

Voir La Metzig★ **D.**

🅸 Office de Tourisme pl. Hôtel de Ville ✆ 88 38 11 61.

Paris 477 ① – ♦Strasbourg 26 ③ – Lunéville 90 ④ – St-Dié 64 ④ – Saverne 28 ① – Sélestat 36 ③.

- **Diana** M, pont de la Bruche **(n)** ✆ 88 38 51 59, Télex 890559, Fax 88 38 87 11, – | TV ☎ ♿ 🅿 – 65. AE ⓓ GB JCB
  R 130/300 ₰ - **La Taverne R** 75/95 ₰, enf. 40 – ☐ 39 – **58 ch** 300/395 – ½ P 285/315.
- **Le Bugatti** M sans rest, r. Commanderie par ③ ✆ 88 49 89 00, Fax 88 38 36 00 – | TV ☎ ♿ 🅿 – 60. AE ⓓ GB
  ☐ 35 – **45 ch** 250/280.

Saverne (R.) . . 2
Strasbourg (R.) 3

PEUGEOT, TALBOT Kenck, 2 r. Gén.-de-Gaulle ✆ 88 38 10 97
RENAULT Wietrich, RN 422 par ③ ✆ 88 38 21 62 N ✆ 88 49 38 88
ROVER Krantz, 6 av. Gare ✆ 88 38 11 57 N

Les MOLUNES 39310 Jura 70 ⑮ – 93 h.

Paris 469 – ♦Genève 53 – Gex 32 – Lons-le-Saunier 75 – St-Claude 15.

- **Pré Fillet** ⛰, ✆ 84 41 62 89, Fax 84 41 64 75, ≤ – ☎ 🅿. GB
  fermé 10 oct. au 29 nov. – **R** *(fermé dim. soir hors sais.)* 52 bc/92 ₰ – ☐ 22 – **20 ch** 160/230 – ½ P 160/175.

MOMMENHEIM 67 B.-Rhin 57 ⑲ – rattaché à Brumath.

MONACO (Principauté de) 84 ⑩ 115 ㉗ ㉘ **G. Côte d'Azur** – 29 972 h alt. 65 – Casino.

Plans pages suivantes

Beausoleil 06240 Alpes-Mar. – 12 326 h.

Voir Mont des Mules ✻★ N : 1 km puis 30 mn.

Paris 954 ⑤ – Menton 13 ② – ♦Nice 19 ③ – San Remo 39 ①.

- **Olympia** sans rest, 17 bis bd Gén. Leclerc ✆ 93 78 12 70, Fax 93 41 85 04 – | TV ☎. GB. ✻ DX **f**
  ☐ 30 – **32 ch** 245/295.

Ⓜ Sera-Technic-Pneu, 38 r. des Martyrs ✆ 93 78 59 16

Monaco Capitale de la Principauté – ✉ **98000.**

Voir Jardin exotique★★ CZ : ≤★ – Grotte de l'Observatoire★ CZ **B** – Jardins St-Martin★ DZ – Ensemble de primitifs niçois★★ dans la cathédrale DZ – Christ gisant★ dans la chapelle de la Miséricorde D **D** – Place du Palais★ CZ – Palais du Prince★ CZ – Musées : océanographique★★ DZ (aquarium★★, ≤★★ de la terrasse), d'anthropologie préhistorique★ CZ **M**[1], napoléonien et des archives monégasques★ CZ **M**[4].

Circuit automobile urbain.

🅸 A.C.M. 23 bd Albert-1er ✆ 93 15 26 00, Télex 469003, fax 93 25 80 08.

Paris 953 ⑤ – Menton 10,5 ② – ♦Nice 19 ③ – San Remo 44 ①.

à Monaco Ville, sur le Rocher :

- **Castelroc**, pl. Palais ✆ 93 30 36 68, Fax 93 30 59 88, ≤, – AE GB CZ **p**
  fermé 20 nov. au 31 janv. et sam. – **R** (déj. seul.) 115/210.

à Fontvieille :

- **Abela** M, 23 av. Papalins ✆ 92 05 90 00, Télex 489307, Fax 92 05 91 67, ≤, – | ch TV ☎ ♿ – 50 à 180. AE ⓓ GB AV **s**
  R 150/250 – ☐ 90 – **192 ch** 890/1500.

FORD Gar. Melchiorre, pl. du Crédit Lyonnais ✆ 93 50 63 26
MERCEDES-BENZ SAMGF, 1 bd Charles-III ✆ 93 30 49 05 N ✆ 88 72 00 94
V.A.G Gar. du Pont, 35 bd Rainier-III, Ste-Dévote ✆ 93 30 82 03
Ⓜ Portier Tiberti, 4 av. Princesse Grace ✆ 93 15 90 21

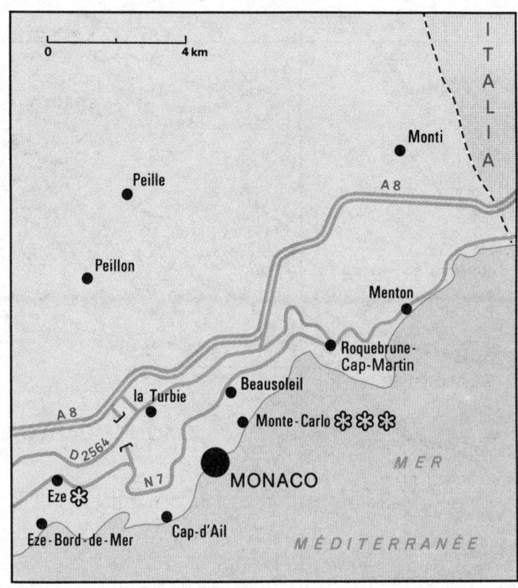

Monte-Carlo Centre mondain de la Principauté – Casinos Grand Casino DY, Monte-Carlo Sporting Club BU, Sun Casino DX – ✉ **98000.**

Voir Terrasse★★ du Grand casino DXY – Musée de poupées et automates★ DX **M**[5].

18 de Monte-Carlo Golf Club ☎ 93 41 09 11, par ④ : 11 km.

i Direction du Tourisme et des Congrès 2 A bd Moulins ☎ 93 30 87 01, Télex 469760.

Paris 953 ⑤ – Menton 9 ② – ♦Nice 21 ③ – San Remo 40 ①.

Paris, pl. Casino ☎ **92 16 30 00, Télex 469925, Fax 93 15 90 03,** ←, – – 25 à 70. AE GB JCB. rest DY **y**
R voir rest. **Louis XV** et **Le Grill** ci-après - **Salle Empire** *(24 juin-3 oct.)(dîner seul.)* **R** carte 515 à 810 – 140 – **164 ch** 2600/2900, 41 appart.

Hermitage, square Beaumarchais ☎ **92 16 40 00, Télex 479432, Fax 93 50 47 12,** ←, , « Salle à manger de style baroque », – – 25 à 80. AE GB. rest DY **r**
R 320/450 – 140 – **215 ch** 1700/2700, 25 appart.

Loews M, 12 av. Spélugues ☎ **93 50 65 00, Télex 479435, Fax 93 30 01 57,** ←, , casino et cabaret sur place, , – – 30 à 2 000. AE GB JCB. rest DX **e**
Le Foie Gras (dîner seul.) **R** carte 365 à 480 – **L'Argentin** (dîner seul.) **R** carte 260 à 410 – **Le Pistou** (dîner seul. du 30/09 au 01/05) **R** 200/330 – **Café de la mer R** carte 150 à 270 – 115 – **600 ch** 1700/2000, 35 appart.

Métropole Palace M, 4 av. Madone ☎ **93 15 15 15, Télex 489836, Fax 93 25 24 44,** – – 50 à 150. AE GB JCB DX **z**
Les Ambassadeurs R 250 – 100 – **98 ch** 1400/1950, 30 appart.

Beach Plaza M, av. Princesse Grace, à la plage du Larvotto ☎ **93 30 98 80, Télex 479617, Fax 93 50 23 14,** ←, , « Bel ensemble balnéaire, piscines, plage aménagée » – – 50 à 300. AE GB JCB. rest BU **b**
La Terrasse R 185/220 – 115 – **304 ch** 1680/2150, 9 appart.

Mirabeau M, 1 av. Princesse Grace ☎ **92 16 65 65, Télex 479413, Fax 93 50 84 85,** ←, – – 25 à 100. AE GB JCB. rest DX **n**
R voir rest. **La Coupole** ci-après – 135 – **99 ch** 1500/2000, 4 appart.

Alexandra sans rest, 35 bd Princesse Charlotte ☎ **93 50 63 13, Télex 489286, Fax 92 16 06 48** – . AE GB. DX **r**
50 – **56 ch** 650/780.

Balmoral, 12 av. Costa ☎ **93 50 62 37, Télex 479436, Fax 93 15 08 69,** ← – ch . AE GB JCB. DY **b**
R snack *(fermé nov., dim. soir, lundi et fêtes)* carte 130 à 180 – 55 – **77 ch** 500/850.

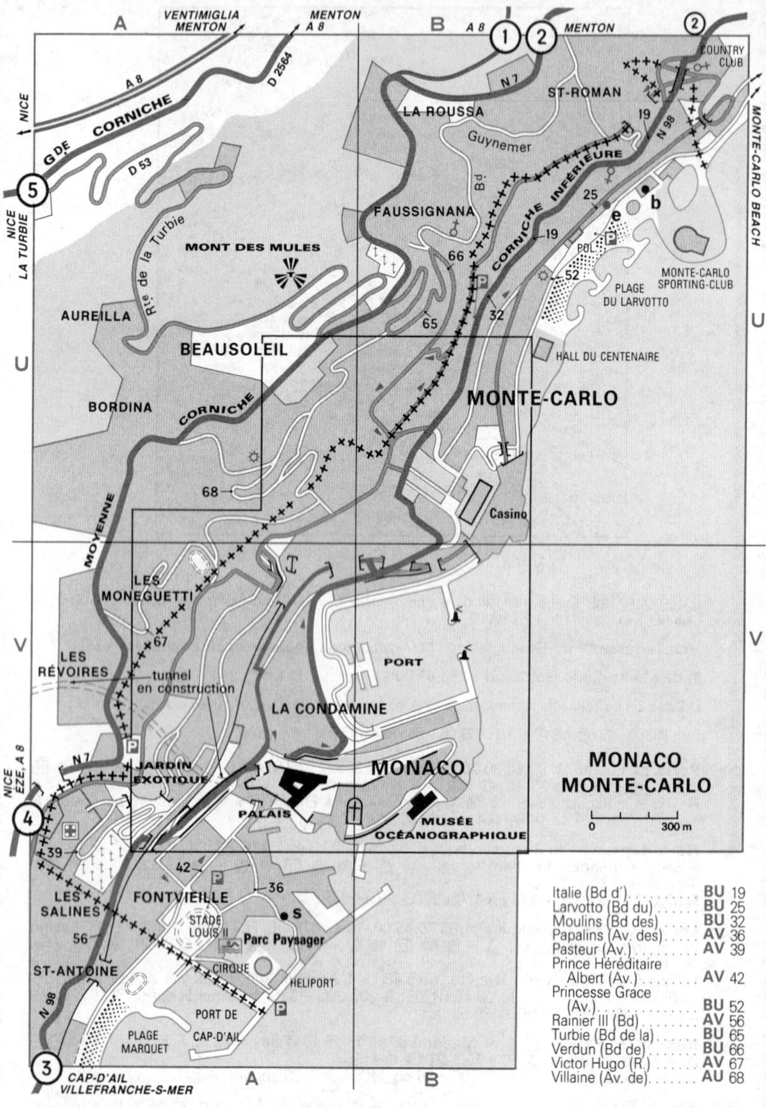

XXXXX ✪✪✪ **Le Louis XV** - Hôtel de Paris, pl. Casino ☎ 92 16 30 01, Télex 469925, Fax 92 16 30 04, ☂ – ▤ **P**. AE ⓓ GB JCB. ✂ DY **y**
fermé 30 nov. au 29 déc., 15 fév. au 2 mars, mardi et merc. sauf le soir du 23 juin au 25 août – **R** 680/790 et carte 620 à 800
Spéc. Légumes des jardins de Provence mijotés à la truffe noire. Pigeonneau cuit sur la braise, cèpes piqués d'ail confit. Baba au rhum. **Vins** Côtes de Provence.

XXXX ✪ **Grill de l'Hôtel de Paris,** pl. Casino ☎ 92 16 30 02, Télex 469925, Fax 92 16 30 04, « Au 8e étage, toit ouvrant et ≤ la Principauté » – ▤ **P**. AE ⓓ GB JCB. ✂ DY **y**
fermé 10 janv. au 9 fév. – **R** carte 460 à 600
Spéc. Risotto à la fleur de courgette et copeaux de pancetta. Rougets de roche en filets poêlés "niçoise". Chaud-froid vanille-chocolat au caramel d'oranges. **Vins** Côtes de Provence rosé et rouge.

Albert-1er (Bd) . . . . CYZ
Grimaldi (R.) . . . . CYZ
Moulins (Bd des) . . . . . . DX 32
Ostende (Av. d') . . . . . . DY 34
Pcesse Caroline (R.) . . . . CZ 48
Pcesse Charlotte (Bd) . DXY

Armes (Pl. d') . . . . CZ 2
Basse (R.) . . . . CDZ 3
Castro (R. Col.-de) . . . . . . CZ 7
Comte-Félix-Gastaldi (R.) . . . . DZ 10
Crovetto-Frères (Av.) . . . . CZ 12
Gaulle (Av. du Gén.-de) . DX 14
Kennedy (Av. J.-F.) . . . . . DY 23
Larvotto (Bd du) . . . . DX 25
Leclerc (Bd du Gén.) . . . DX 26
Madone (Av. de la) . . . . . DX 27
Major (Rampe) . . . . CZ 29
Monte-Carlo (Av. de) . . . DY 30
Palais (Pl. du) . . . . CZ 35
Papalins (Av. des) . . . . . . CZ 36
Pêcheurs (Ch. des) . . . . . DZ 40
Porte-Neuve (Av. de la) . DZ 41
Prince Héréditaire Albert (Av.) . . . . CZ 42

Prince Pierre (Av.) . . . . CZ 44
Princesse Antoinette (Av.) . . . . CY 46
Pcesse Marie-de Lorraine (R.) . . . . DZ 54

République (Bd de la) . . . . . . DX 58
Spélugues (Av. des) . . . . DX 62
Ste-Dévote (Pl.) . . . . CY 63
Suffren-Reymond (R.) . . . . CZ 64

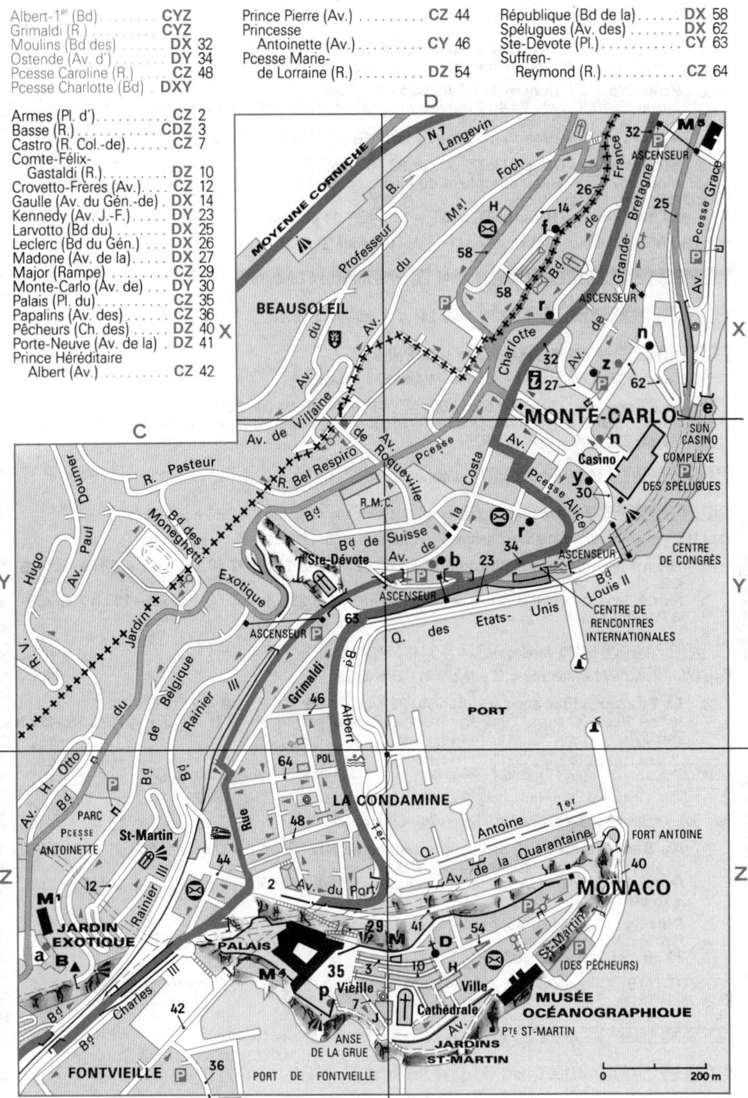

XXX ✿ **La Coupole** - Hôtel Mirabeau, 1 av. Princesse Grace ☎ 92 16 66 99, Télex 479413, Fax 93 50 84 85, – ▤ 🅟. AE ⓓ GB JCB. DX **n**
fermé le midi en juil.-août – **R** 280/410 et carte 380 à 520
Spéc. Noix de Saint-Jacques rôties, fondue de mache et flan de langues d'oursins (saison). Trilogie de poissons au beurre de crustacés. Ravioli de chocolat, crémeux tiède à la pistache.

XXX **Le Saint Benoit,** 10 ter av. Costa ☎ 93 25 02 34, Fax 93 30 52 64, ≤ port et le Rocher, – ▤. AE ⓓ GB JCB DY **b**
fermé 13 déc. au 6 janv. et lundi – **R** 165/230.

XX **Café de Paris,** pl. Casino ☎ 93 50 57 75, Fax 93 25 46 98, , « Evocation de brasserie 1900 » – ▤. AE ⓓ GB JCB DY **n**
R carte 200 à 340.

XX **Chez Gianni,** 39 av. Princesse Grace ✆ 93 30 46 33, – AE GB BU **e**
fermé sam. midi – **R** cuisine italienne carte 225 à 330.

X **Polpetta,** 6 av. Roqueville ✆ 93 50 67 84 – GB CY **f**
fermé 15 au 31 oct., 1er au 21 fév., sam. midi et mardi – **R** cuisine italienne 150, enf. 75.

à Monte-Carlo-Beach (06 Alpes-Mar.) NE BU : 2,5 km – ✉ **06190** Roquebrune-Cap-Martin :

Monte-Carlo Beach H. M, ✆ 93 28 66 66, Télex 462010, Fax 93 78 14 18, ≤ mer et Monaco, , « Beau complexe de loisirs balnéaire », – ch TV. AE GB JCB. rest
19 mai-10 oct. – **R** carte 260 à 420 – 140 – **44 ch** 2300/2500.

ROVER-JAGUAR British-Motors, 15 bd Princesse Charlotte ✆ 93 25 64 84

MONCEL-LÈS-LUNÉVILLE

54 M.-et-M. 62 ⑥ – rattaché à Lunéville.

MONCHEL-SUR-CANCHE

62 P.-de-C. 51 ⑬ – rattaché à Frévent.

MONCRABEAU

47600 L.-et-G. 79 ⑭ – 789 h alt. 93.

Paris 720 – Agen 38 – Condom 10,5 – Mont-de-Marsan 83 – Nérac 12.

XX **Le Phare** avec ch, ✆ 53 65 42 08, , – TV. AE GB
fermé 5 au 29 oct., vacances de fév., lundi soir et mardi sauf juil.-août – **R** 60/210 – 28 – **8 ch** 220/360 – ½ P 255/325.

MONDEVILLE

14 Calvados 55 ⑫ – rattaché à Caen.

MONDOUBLEAU

41170 L.-et-Ch. 60 ⑮ ⑯ G. Châteaux de la Loire – 1 557 h alt. 135.

Paris 167 – ♦Le Mans 63 – Blois 59 – Chartres 80 – Châteaudun 38 – ♦Orléans 89.

Grand Monarque, r. Chrétien ✆ 54 80 92 10, Fax 54 80 77 40, , – TV. GB
fermé dim. soir et lundi du 1er oct. au 15 avril – **R** 78/230, enf. 50 – 28 – **13 ch** 200/235 – ½ P 215/230.

MONDRAGON

84430 Vaucluse 81 ① – 3 118 h alt. 42.

Paris 645 – Avignon 44 – Montélimar 40 – Nyons 41 – Orange 16.

XX **La Beaugravière** avec ch, ✆ 90 40 82 54, – . AE GB
fermé 15 au 30 sept., lundi soir d'oct. à Pâques et dim. soir – **R** 125/375 – 25 – **3 ch** 245/375.

MONESTIER-DE-CLERMONT

38650 Isère 77 ⑭ G. Alpes du Nord – 905 h alt. 832.

Syndicat d'Initiative Parc Municipal (20 juin-10 sept. matin seul.) ✆ 76 34 15 99.

Paris 603 – ♦Grenoble 33 – La Mure 30 – Serres 74 – Sisteron 108.

Au Sans Souci, à St-Paul-lès-Monestier NO : 2 km sur D 8 - alt. 800 ✆ 76 34 03 60, ≤, , , , – TV. GB
fermé 15 déc. à fin janv., dim. soir et lundi sauf juil. et août – **Repas** 89/200, enf. 48 – 33 – **15 ch** 170/270 – ½ P 249.

Piot, ✆ 76 34 07 35, parc – . GB
fermé déc., janv., mardi soir et merc. du 15 sept. au 15 juin – **R** 72/150, enf. 46 – 25 – **20 ch** 135/270 – ½ P 180/230.

PEUGEOT-TALBOT Gar. des Alpes ✆ 76 34 08 20 N ✆ 76 34 14 08
RENAULT Gar. Charvet ✆ 76 34 05 13 N

Le MONETIER-LES-BAINS

05 H.-Alpes 77 ⑦ – rattaché à Serre-Chevalier.

MONFLANQUIN

47150 L.-et-G. 79 ⑤ G. Pyrénées Aquitaine – 2 431 h.

Voir ≤★.

Maison du Tourisme pl. Arcades ✆ 53 36 40 19.

Paris 588 – Agen 48 – Bergerac 48 – Cahors 67 – Marmande 54.

Prince Noir, pl. Arcades ✆ 53 36 50 25 – . GB
fermé 15 janv. au 1er fév. – **R** *(fermé dim. soir et lundi d'oct. à juin)* 95/250 – 45 – **10 ch** 300/430 – ½ P 340/420.

PEUGEOT-TALBOT Gar. Lompech, ✆ 53 36 41 03

La MONGIE 65 H.-Pyr. 85 ⑱ ⑲ G. Pyrénées Aquitaine – alt. 1 800 – Sports d'hiver : 1 800/2 500 m 2 26 – ✉ 65200 Bagnères-de-Bigorre.

Voir Le Taoulet ≤** N par téléphérique.

Office de Tourisme ✆ 62 91 94 15.

Paris 841 – Pau 85 – Arreau 37 – Bagnères-de-Bigorre 25 – Lourdes 48 – Luz-St-Sauveur 22 – Tarbes 47.

Pourteilh, ✆ 62 91 93 33, Fax 62 91 90 88 – TV. AE GB. rest
15 déc.-20 avril – **R** 95/150 – 45 – **43 ch** 400/460 – ½ P 340/370.

Annexe Le Taoulet, ✆ 62 91 92 16, Fax 62 91 90 88 – . AE GB
R 80/150 – 35 – **28 ch** 190/250 – ½ P 210/240.

Pic d'Espade, ✆ 62 91 92 27, Fax 62 91 90 64, ≤ – . AE GB. rest
15 juin-30 sept. (sans rest.) et 15 déc.-20 avril – **R** 75/85 – 40 – **30 ch** 300/350 – ½ P 300/350.

MONNAIE 37380 I.-et-L. 64 ⑮ – 2 829 h alt. 113.

Paris 226 – ◆Tours 17 – Château-Renault 15 – Vouvray 11.

Soleil Levant, ✆ 47 56 10 34 – GB
fermé août, 15 au 28 fév., merc. soir et jeudi – **R** 100/270, enf. 50.

MONPAZIER 24540 Dordogne 75 ⑯ G. Perigord Quercy – 531 h alt. 195.

Voir Place centrale*.

Syndicat d'Initiative ✆ 53 22 68 59.

Paris 563 – Bergerac 45 – Fumel 29 – Périgueux 73 – Sarlat-la-Canéda 49 – Villeneuve-sur-Lot 39.

Edward 1er sans rest, ✆ 53 22 44 00, Fax 53 22 57 99, ≤, « Demeure du 19e siècle », – TV . AE GB
10 avril-10 nov. – 60 – **13 ch** 370/900.

MONSÉGUR 33580 Gironde 79 ③ – 1 537 h alt. 69.

Paris 629 – Bergerac 54 – Castillonnès 47 – Langon 34 – Libourne 49 – Marmande 21 – La Réole 15.

Gd Hôtel, ✆ 56 61 60 28 – . GB. ch
R *(fermé lundi midi en oct.)* 52/160 – 20 – **11 ch** 100/220 – ½ P 180/200.

PEUGEOT-TALBOT Vigneau ✆ 56 61 61 37

MONT voir au nom propre du mont.

Si vous êtes retardé sur la route, dès 18 h,
confirmez votre réservation par téléphone,
c'est plus sûr... et c'est l'usage.

MONTAGNY 42840 Loire 73 ⑧ – 1 124 h alt. 480.

Paris 404 – Roanne 15 – ◆Lyon 75 – Montbrison 75 – ◆Saint-Étienne 94 – Thizy 7.

Poste, ✆ 77 66 11 31, – . AE GB
fermé 15 au 30 août, 15 fév. au 1er mars, dim. soir et lundi – **R** 100/225, enf. 45.

MONTAGNY-LÈS-BEAUNE 21 Côte-d'Or 69 ⑨ – rattaché à Beaune.

MONTAIGU 85600 Vendée 67 ④ – 4 323 h alt. 48.

Paris 387 – ◆Nantes 33 – La Roche-sur-Yon 39 – Cholet 36 – Fontenay-le-C. 78 – Noirmoutier 83.

Voyageurs, rte Nantes ✆ 51 94 00 71, Télex 701877, Fax 51 94 07 78, , , – ch TV – 60. AE GB
R 89/195 , enf. 38 – 45 – **33 ch** 250/550 – ½ P 260/380.

FIAT Gar. Maine Automobiles, ZA Mirville à Boufféré ✆ 51 46 35 52
PEUGEOT-TALBOT Beauvois Automobiles, ZI, rte de Nantes ✆ 51 94 04 97
V.A.G. Gar. Rineau, ✆ 51 94 00 92

MONTAIGU-DE-QUERCY 82150 T.-et-G. 79 ⑯ – 1 634 h alt. 186.

Paris 622 – Agen 38 – Cahors 50 – Moissac 33 – Montauban 54 – Villeneuve-sur-Lot 29.

Vieux Relais avec ch, ✆ 63 94 46 63 – GB. ch
fermé 1er au 15 nov. et 1er au 15 janv. – **R** *(fermé sam. midi et dim. soir du 15 sept. au 1er nov. et du 15 janv. au 15 mai)* 95/195 – 35 – **4 ch** 185/205 – ½ P 230.

PEUGEOT-TALBOT Gar. Sztandéra ✆ 63 94 47 20

MONTAIGUT-SUR-SAVE 31530 H.-Gar. 82 ⑦ – 972 h alt. 124.

Las Martines ✆ 62 07 27 12, S par D 17 : 13 km.

Paris 688 – ◆Toulouse 23 – Auch 58 – Montauban 42.

Host. Le Ratelier , SE : 3 km par D 17 et VO ✆ 61 85 43 36, Fax 61 85 76 98, ≤, , – TV – 30. AE GB
R *(fermé mardi)* 78/160 , enf. 52 – 30 – **25 ch** 220/355 – ½ P 217/278.

MONTARGIS <SP> **45200** Loiret **61** ⑫ **G. Bourgogne** – **15 020 h** alt. 88.

Voir Collection Girodet★ du musée Z **M**[1] – **🅸** Office de Tourisme pl. du Pâtis ☏ 38 98 00 87.

Paris 114 ① – Auxerre 81 ② – Autun 206 ② – Bourges 117 ④ – Chartres 115 ⑤ – Chaumont 211 ② – Fontainebleau 52 ① – Nevers 126 ④ – ♦Orléans 71 ⑤ – Sens 53 ②.

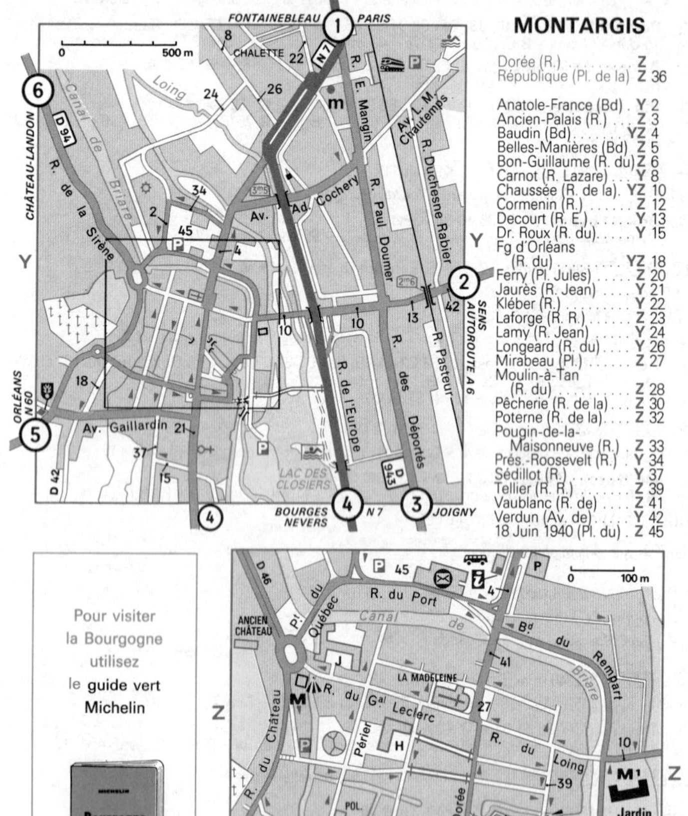

MONTARGIS

Dorée (R.) . . . . Z
République (Pl. de la) Z 36

Anatole-France (Bd) . Y 2
Ancien-Palais (R.) . . . Z 3
Baudin (Bd) . . . . YZ 4
Belles-Manières (Bd) Z 5
Bon-Guillaume (R. du) Z 6
Carnot (R. Lazare) . . . Y 8
Chaussée (R. de la) . YZ 10
Cormenin (R.) . . . . . . Z 12
Decourt (R. E.) . . . . . . Y 13
Dr. Roux (R. du) . . . . . Y 15
Fg d'Orléans (R. du) . . . . YZ 18
Ferry (Pl. Jules) . . . . . Z 20
Jaurès (R. Jean) . . . . Y 21
Kléber (R.) . . . . Y 22
Laforge (R. R.) . . . . . . Z 23
Lamy (R. Jean) . . . . . Y 24
Longeard (R. du) . . . . Y 26
Mirabeau (Pl.) . . . . . . Z 27
Moulin-à-Tan (R. du) . . . . Z 28
Pêcherie (R. de la) . . . Z 30
Poterne (R. de la) . . . . Z 32
Pougin-de-la-Maisonneuve (R.) . Z 33
Prés.-Roosevelt (R.) . Y 34
Sédillot (R.) . . . . Y 37
Tellier (R. R.) . . . . Z 39
Vaublanc (R. de) . . . . Z 41
Verdun (Av. de) . . . . . Y 42
18 Juin 1940 (Pl. du) . Z 45

🏨 **Ibis** M, 2 pl. V. Hugo ☏ 38 98 00 68, Télex 780461, Fax 38 89 14 37 – 🛗 ⇆ ch 📺 ☎ ♿ 🚗 🅟 – 🧑‍🏫 40. AE GB — Z **b**
Brasserie de la Poste R carte 130 à 170 🍷, enf. 38 – ☕ 33 – **49 ch** 275/295.

XXX ✿ **Gloire** (Jolly) avec ch, 74 av. Gén. de Gaulle ☏ 38 85 04 69 – ▤ rest 📺 ☎ 🚗. GB. ✂ rest — Y **m**
fermé 15 au 27 août, vacances de fév., mardi soir et merc. – **R** 160/400 et carte 300 à 400, enf. 70 – ☕ 40 – **11 ch** 250/350
Spéc. Foie gras chaud à la vinaigrette de Xérès. Homard sauté au jus d'oseille et basilic. Suprême de canette à la moutarde. **Vins** Sancerre blanc, Menetou-Salon rouge.

XX **Coche de Briare** avec ch, 72 pl. République ☏ 38 85 30 75 – ▤ rest 📺 ☎. GB — Z **a**
fermé 1er au 15 juil., vacances de fév., dim. soir et lundi sauf fériés – **R** 110/250, enf. 80 – ☕ 25 – **11 ch** 170/230.

par ① : N 7, rte de Ferrières et VO : 10 km – ✉ **45210** Fontenay-sur-Loing :

Domaine de Vaugouard M, 38 95 71 85, Télex 783582, Fax 38 95 77 47, parc, « Dans un domaine de loisirs, golf », – cuisinette rest – 80. AE GB JCB.
Le Domaine R 85/240, enf. 50 – 55 – **39 ch** 360/450 – ½ P 375/498.

à Amilly par ③ : 5 km – 11 029 h. – ✉ **45200** :

Le Belvédère sans rest, 192 r. J. Ferry 38 85 41 09, Fax 38 98 75 63, – ch. GB
30 – **24 ch** 169/220.

Aub. Écluse, rte Mormant 38 85 44 24 – . GB.
fermé vacances de Noël, dim. soir et lundi – **R** 135/225.

par ④ et N 7 – ✉ **45200** Montargis :

Climat de France M, av. Antibes (centre commercial) : 3 km 38 98 20 21, Télex 783706, Fax 38 89 19 16 – – 30. GB
R 85/120, enf. 38 – 32 – **41 ch** 280.

Relais du Miel, rte Nevers : 6,5 km 38 85 32 02, Télex 780880, Fax 38 98 47 60, – . GB JCB
R carte 80 à 190, enf. 40.

VOLVO Gar. Schnaidt, 36/38 r. Jean-Jaurès 38 93 28 10

Dominicé, 64 r. J.-Jaurès 38 93 38 33
Euromaster La Centrale du Pneu, 3 r. de Nevers 38 85 12 80

Périphérie et environs

CITROEN S.M.A., 1176 av. d'Antibes à Amilly par ④ 38 85 73 25
PEUGEOT-TALBOT Corre Automobiles, N 60 à Villemandeur par ⑤ 38 85 03 29 N 38 71 60 86
RENAULT Basty, 1400 av. d'Antibes à Amilly par ③ 38 95 15 15 N

V.A.G Gar. St-Christophe, 330 av. d'Antibes à Amilly 38 85 22 84

La Maison du Pneu, 180 rte de Viroy à Amilly 38 85 31 28

MONTASTRUC-LA-CONSEILLÈRE **31380** H.-Gar. 82 ⑧ – 2 101 h alt. 234.

Paris 695 – ♦Toulouse 20 – Castres 65 – Gaillac 35 – Montauban 42.

Relais de la Conseillère, N 88 61 84 21 23, Fax 61 84 17 12, – ch – 25. AE GB
R 80/170, enf. 50 – 27 – **26 ch** 140/240 – ½ P 235/300.

Le MONTAT **46** Lot 79 ⑱ – rattaché à Cahors.

MONTAUBAN P **82000** T.-et-G. 79 ⑰ ⑱ G. Pyrénées Roussillon – 51 224 h alt. 87.

Voir Musée Ingres★★ Z – Place Nationale★ Z – Dernier Centaure mourant★ (bronze de Bourdelle) Z **B.**

des Aiguillons 63 31 35 40, N par D 959 : 8 km.

Office de Tourisme, Ancien Collège pl. Prax 63 63 60 60 – A.C. 22 allées Mortarieu 63 63 22 35.

Paris 648 ① – ♦Toulouse 52 ③ – Agen 73 ④ – Albi 74 ② – Auch 85 ③ – Cahors 60 ①.

Plan page suivante

Ingres M sans rest, 10 av. Mayenne 63 63 36 01, Télex 520319, Fax 63 66 02 90, – . AE GB — Y **u**
40 – **31 ch** 310/450.

Host. des Coulandrières, rte Castelsarrasin par ④ : 4 km ✉ 82290 Montbeton 63 67 47 47, Fax 63 67 46 45, « Parc fleuri, piscine » – – 50. GB
R *(fermé dim. soir du 1er nov. au 31 mai)* 120/280 – 50 – **22 ch** 380/440 – ½ P 350.

Orsay et rest. La Cuisine d'Alain avec ch, face gare 63 66 06 66, Fax 63 66 19 39, – ch – 25. AE GB JCB — Y **f**
fermé 1er au 9 mai, 8 au 22 août, 23 déc. au 5 janv., lundi midi, dim. et fériés – **R** 95/280, enf. 70 – 30 – **20 ch** 240/330 – ½ P 270.

Chapon Fin, 1 pl. St-Orens 63 63 12 10 – . GB — Y **d**
fermé 24 juil. au 22 août, vend. soir et sam. – **R** 78/250, enf. 65.

MONTAUBAN

Nationale (Pl.) . . . . Z
République (R. de la) . . . . . Z 63
Résistance (R. de la) . . . . . Z 64

Abbaye (R. de l') . . . . . . YZ
Alsace-Lorraine (Bd) . . . . . X 3
Barbazan (R.) . . . . Z
Bourdelle (Pl. A.) . . . . Z 8
Briand (Av. A.) . . . . Y
Chamier (Av.) . . . . Y
Cladel (R. L.) X
Consul-Dupuy (Allées du) . . . . Z 14
Coq (Pl. du) . . . . Z 16
Dr-Alibert (R.) X
Dr-Lacaze (R. du) . . . . Z 19
Doumerc (Bd B.) X
Foch (Pl. Mar.) . . . . Z
Fort (R. du) . . . . Z
Gambetta (Av.) . . . . YZ
Garrisson (Bd G.) . . . . YZ
Grand'Rue de Sapiac . . . . Z
Grand'Rue Villenouvelle . . . . X 28
Guibert (Pl.) . . . . Z 29
Hôtel-de-Ville (R. de l') . . . . Z 30
Ingres (R.) . . . . YZ
Lacapelle (Fg) . . . . YZ
Lagrange (R. L.) . . . . Y 35
Lalaque (Pl.) . . . . Y
Libération (Pl. de la) X
Lycée (R. du) . . . . Z
Mandoune (R. de la) . . . . Z
Marceau-Hamecher (Av.) . . . . Y 37
Marty (Pl. A.) . . . . XY
Martyrs (Pl. des) . . . . Z
Mary-Lafon (R.) . . . . Z 48
Mayenne (Av.) . . . . Y 50
Midi-Pyrénées (Bd) . . . . . . Z 52
Montauriol (Bd) . . . . Y
Montmurat (Q. de) . . . . . . Z 54
Mortarieu (Allées de) . . . . . Z 56
Moustier (Fg du) . . . . YZ
Notre-Dame (R.) . . . . Z 60
Picard (Sq. Gén.) . . . . Z 62
Roosevelt (Pl. F.) . . . . Z 66
St-Jean (R.) . . . . X 67
Ste-Claire (R.) . . . . Z
Sapiac (Pont) . . . . YZ 68
Sarrail (R. Gén.) . . . . Y 70
Verdun (Q. de) . . . . Z
10e Dragons (Av. du) X
IIe-Rég.-d'Infanterie (Av. du) . . . . X 73
19-Août-1944 (Av. du) . . . . X 75
22-Septembre (Pl.du) . . . . . Z 76

Les plans de villes sont orientés le Nord en haut.

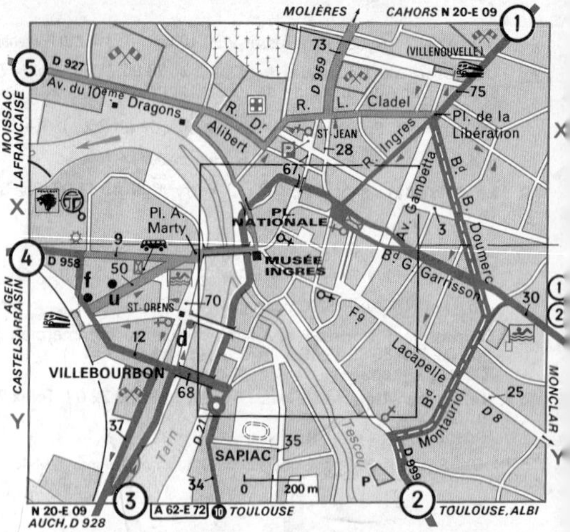

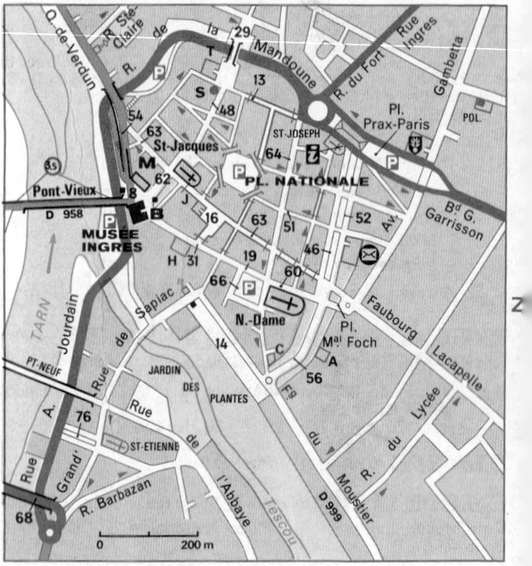

XX **Ambroisie**, 41 r. Comédie ✆ 63 66 27 40 – ▤. ⓓ GB. ✗ Z s
fermé 1er au 15 juil., dim. et fériés – **Repas** 100/220.

XX **Au Fil de l'Eau**, 14 quai dr Lafforgue ✆ 63 66 11 85 – AE GB
fermé 25 au 31 juil., 1er au 10 janv., dim. soir et lundi – **R** 103/270, enf. 70.

par ① et N 20 : 4 km – ✉ **82000** Montauban :

Confortel Ⓜ sans rest, ✆ 63 66 51 61, Fax 63 66 70 80 – TV ☎ ♿ P – 🏛 30. GB
☕ 32 – **38 ch** 220/260.

à Brial par ③ : 9 km sur N 20 – ✉ **82710** Bressols :

XXX ✿ **Depeyre**, ✆ 63 23 05 06, Fax 63 02 18 18, ☂, parc – ▤ P. AE ⓓ GB
fermé 8 au 18 juin, 4 janv. au 4 fév., dim. soir et lundi sauf fériés – **R** 145 (déj.)/320 et carte 300 à 400, enf. 100
Spéc. Rillettes de thon blanc sur coulis de tomate glacée (été). Vol au vent de langoustines. Croustade aux pommes et au rhum. **Vins** Côtes du Frontonnais, Gaillac.

ALFA ROMEO-TOYOTA Gar. Suères, 44/46 r. Léon Cladel ✆ 63 03 42 06
CITROEN Midi Auto 82, N 20, ZI Nord par ①
✆ 63 03 15 30
MERCEDES-BENZ Gar. Hamecher, ZI Sud, rte de Toulouse ✆ 63 23 07 70
PEUGEOT, TALBOT Macard, r. Bac ✆ 63 63 76 00
RENAULT Tarn-et-Garonne Autom., 200 rte du Nord par ① ✆ 63 03 23 23 N ✆ 05 05 15 15
Almayrac et Despoux, 200 r. Camp-d'Aviation
✆ 63 63 44 52

Doumerc-Pneus, 281 av. de Toulouse
✆ 63 63 09 76
Euromaster Central Pneu Service, ZI Nord r. Voltaire
✆ 63 66 85 86
Le Palais du Pneu, 17 pl. Lalaque ✆ 63 63 15 80
Pereira, 52 av. du 10e-Dragon ✆ 63 03 53 98
Taquipneu, 69 av. Gambetta ✆ 63 03 30 14

MONTAUROUX **83440** Var 84 ⑧ 115 ㉓ G. Côte d'Azur – 2 773 h alt. 350.

Syndicat d'Initiative pl. du Clos ✆ 94 47 75 90.

Paris 895 – Cannes 31 – Draguignan 39 – Fréjus 28 – Grasse 20.

La Marjolaine ✆ 94 76 43 32, Fax 94 47 73 09, ←, ☂, ☂ – TV ☎. AE ① GB
fermé dim. soir et merc. sauf juil.-août – **R** (déj. seul. du 1er nov. à Pâques) 110/250, enf. 70 – ☕ 35 – **19 ch** 185/300 – ½ P 225/280.

rte de Draguignan S : 4 km – ✉ **83440** Fayence :

XX **La Bécassière,** D 562 ✆ 94 76 43 96, ☂, ☂ – P. AE ① GB
fermé 5 au 12 avril, oct., le soir de nov. à mai (sauf vend. et sam.), dim. soir et lundi – **R** 98/200, enf. 60.

X **Le St-Vincent,** D 562 ✆ 94 47 75 41, ☂ – ① GB
fermé 15 au 30 nov., 15 janv. au 5 fév., dim. soir hors sais. et lundi – **R** 95/180, enf. 50.

au Sud : 5 km par D 562 et VO – ✉ **83440** Fayence :

XX **Aub. du Puits Jaubert** avec ch, ✆ 94 76 44 48, ☂, parc, « Ancienne bergerie » – P. GB
fermé 15 nov. au 15 déc. et mardi – **R** *(fermé le soir en janv.-fév. sauf week-end)* 180/250, enf. 60 – ☕ 35 – **8 ch** 250/300 – ½ P 300/350.

Ne prenez pas la route au hasard !
Michelin vous apporte à domicile
ses conseils routiers, touristiques, hôteliers :
36.15 MICHELIN sur votre Minitel !

MONTBARD **21500** Côte-d'Or 65 ⑦ G. Bourgogne (plan) – 7 108 h alt. 211.

Voir Parc Buffon★.

Env. Abbaye de Fontenay★★★ E : 6 km par D 905.

Office de Tourisme avec A.C. r. Carnot ✆ 80 92 03 75.

Paris 235 – ♦Dijon 82 – Autun 100 – Auxerre 72 – Troyes 100.

Gare (annexe M 14 ch parc), 10 av. Mar. Foch ✆ 80 92 02 12, Fax 80 92 41 72 – TV ☎ P – 50. GB
fermé 23 déc. au 15 janv. – **R** voir rest. **Le Cyclamen** ci-après – ☕ 32 – **34 ch** 210/305.

Écu, 7 r. A. Carré ✆ 80 92 11 66, Télex 351102, Fax 80 92 14 13 – ch TV ☎. AE ① GB
R 100/250, enf. 60 – ☕ 35 – **25 ch** 250/400 – ½ P 330.

XX **Le Cyclamen,** 6 av. Mar. Foch ✆ 80 92 06 46, Fax 80 92 08 62 – GB
fermé dim. soir et lundi – **R** 95/175, enf. 48.

à Fain-lès-Montbard SE : 6 km sur N 905 – ✉ **21500** :

Château de Malaisy ✆ 80 89 46 54, Fax 80 92 30 16, parc, – TV ☎ P – 40 à 150. GB.
R 125/245, enf. 70 – ☕ 38 – **22 ch** 270/780 – ½ P 319/463.

à St-Rémy NO : 4 km par rte Tonnerre – ✉ **21500** :

XXX **St-Rémy,** ✆ 80 92 13 44 – P. AE ① GB
fermé 27 déc. au 31 janv., lundi (sauf fériés) et le soir sauf sam. – **R** 100/260, enf. 45.

CITROEN Gar. Monnet, rte de Dijon
✆ 80 92 06 09 N
PEUGEOT-TALBOT Gar. Carnot, 7 r. Carnot
✆ 80 92 01 83 N ✆ 80 92 17 27

RENAULT Montbard-Autom., 39 r. Abrantès
✆ 80 92 06 23 N ✆ 80 92 70 35

MONTBAZENS **12220** Aveyron 80 ① – 1 389 h alt. 472.

Paris 605 – Rodez 37 – Aurillac 78 – Figeac 28 – Marcillac-Vallon 25 – Villefranche-de-Rouergue 26.

Levant, rte Rignac ✆ 65 80 60 24, – cuisinette TV ☎ P. GB. ch
fermé 20 sept. au 15 oct. – **R** *(fermé dim. soir et lundi sauf juil.-août)* 70/170 – ☕ 25 – **6 ch** 280, 3 appart. – ½ P 220/280.

Gar. du Fargal, ✆ 65 80 62 23

MONTBAZON 37250 I.-et-L. 64 ⑮ G. Châteaux de la Loire – 3 354 h alt. 71.

Pavillon du Tourisme av. Gare (juin-sept.) ✆ 47 26 97 87.

Paris 248 – ♦Tours 15 – Châtellerault 59 – Chinon 41 – Loches 32 – Montrichard 40 – Saumur 68.

Château d'Artigny ⛰, SO : 2 km par D 17 ✆ 47 26 24 24, Télex 750900, Fax 47 65 92 79, « Parc, ≤ sur l'Indre, pavillon de 8 ch. au bord de la rivière », Fб, ⛱, ✗ – |‡| TV ☎ P – 60. GB
fermé 28 nov. au 8 janv. – **R** 280/440 et carte 300 à 470, enf. 95 – ☕ 85 – **51 ch** 600/1575 – ½ P 730/1220.

Domaine de la Tortinière ⛰, N : 2 km par N 10 et D 287 ✆ 47 26 00 19, Télex 752186, Fax 47 65 95 70, « Dans un parc ≤ vallée de l'Indre », ⛱, ✗ – TV ☎ P – 30. GB. ✗
1er mars-20 déc. – **R** 270/350 – ☕ 60 – **14 ch** 545/830, 7 appart. – ½ P 525/850.

Relais de Touraine, N : 2 km rte Tours ✆ 47 26 06 57, Fax 47 26 18 40, parc – TV ☎ P – 50. AE GB
fermé 2 au 17 janv., dim. soir et lundi – **R** 145/190, enf. 55 – ☕ 40 – **21 ch** 260/340 – ½ P 330.

XXX ✿✿ **La Chancelière,** 1 pl. Marronniers ✆ 47 26 00 67, Fax 47 73 14 82, « Élégant décor » – ▤. GB
fermé 5 au 15 sept., 8 fév. au 6 mars, dim. (sauf le midi de sept. à juin) et lundi sauf fériés – **R** 350 et carte 310 à 470 - **Le Jeu de Cartes R** 230bc (déj.)/250
Spéc. Ravioles d'huîtres au Champagne (sept. à juin). Sauté de homard au lard et champignons (saison). Colvert aux figues fraîches (fin août à oct.). **Vins** Touraine-Mesland, Vouvray.

XX **Courtille,** av. Gare ✆ 47 26 28 26 – GB
fermé 7 au 31 août, dim. soir et merc. – **R** 148/200, enf. 60.

à l'ouest : 5 km par N 10, D 287 et D 87 – ✉ **37250** Montbazon :

XX **Moulin Fleuri** ⛰ avec ch, ✆ 47 26 01 12, ≤, « Ancien moulin au bord de l'Indre », – TV ☎ P. AE GB
fermé 1er au 9 mars, fév. et lundi sauf fériés – **R** 150, enf. 50 – ☕ 46 – **12 ch** 170/310 – ½ P 240/330.

PEUGEOT-TALBOT Gar. Rousseau ✆ 47 26 06 50

Sie finden sich in der Umgebung von Paris nicht zurecht?

*Dann benutzen Sie doch die **Michelin-Karte** Nr. 101 und die **Pläne der Vororte** Nr. 17-18, 19-20, 21-22, 23-24.*

Sie sind übersichtlich, präzise und aktuell.

MONTBÉLIARD SP 25200 Doubs 66 ⑧ G. Jura – 29 005 h alt. 318.

18 de Prunevelle ✆ 81 98 11 77, par ④ : 10 km.

Office de Tourisme 1 rue H.-Mouhot ✆ 81 94 45 60.

Paris 483 ⑦ – ♦Besançon 85 ⑦ – ♦Mulhouse 57 ③ – ♦Basel 95 ④ – Belfort 21 ③ – Pontarlier 101 ⑦ – Vesoul 59 ①.

Plan page suivante

Bristol sans rest, 2 r. Velotte ✆ 81 94 43 17, Télex 361080, Fax 81 94 15 29 – TV ☎ P – 40. AE GB. ✗ AZ **b**
fermé août et 27 déc. au 4 janv. – ☕ 30 – **43 ch** 285/390.

Joffre sans rest, 34 bis av. Mar. Joffre ✆ 81 94 44 64, Fax 81 94 37 40 – |‡| ch TV ☎ P. AE ⓓ GB AX **a**
☕ 30 – **48 ch** 260/290.

Mulhouse, pl. Gare ✆ 81 94 46 35, Fax 81 32 20 32 – |‡| TV ☎. GB AZ **a**
R *(fermé vend. soir, sam. soir et dim. soir)* 75/150 – ☕ 33 – **54 ch** 250/300 – ½ P 325/350.

Les Relais Verts M, le Pied des Gouttes ✆ 81 90 10 69, Télex 360724, Fax 81 90 15 18, – |‡| TV ☎ ♿ P – 30. AE ⓓ GB AX **v**
R 80/250, enf. 45 – ☕ 35 – **40 ch** 260/290 – ½ P 150/228.

Ibis M, r. J. Foillet ✆ 81 90 21 58, Télex 361555, Fax 81 90 44 37 – ch TV ☎ ♿ P – 40. AE GB AX **v**
R 79, enf. 39 – ☕ 34 – **62 ch** 275/300.

XXX **Tour Henriette,** 59 fg Besançon ✆ 81 91 03 24, Fax 81 96 71 43 – AE ⓓ GB AZ **r**
fermé août, sam. midi, fériés le soir et dim. sauf fêtes – **R** 125/350.

X **St-Martin,** 1 r. Gén. Leclerc ✆ 81 91 18 37 – AE GB AZ **u**
fermé 1er au 22 août, 20 au 27 fév. et dim. – **R** 85.

X **Le Comté,** 18 r. Belfort ✆ 81 91 48 42 – GB AZ **k**
fermé 5 au 30 août, 24 déc. au 2 janv., sam. midi et lundi – **R** 86/145, enf. 40.

FIAT Mercier, 1 r. Keller à Arbouans ✆ 81 35 57 62
FIAT Gar. Mercier, Centre des Allies ✆ 81 95 27 95
PEUGEOT-TALBOT Succursale, 16 av. Helvétie ✆ 81 99 14 00
RENAULT Filiale, 87 fg de Besançon ✆ 81 96 75 75
N ✆ 81 32 93 40

Pneus et Services D.K., 7a r. Port ✆ 81 98 25 29
ZI Charmontet 20 r. Jeanperrin ✆ 81 95 38 33

CONSTRUCTEUR : S.A. des Automobiles Peugeot, ✆ 81 91 83 42

MONTCEAU-LES-MINES

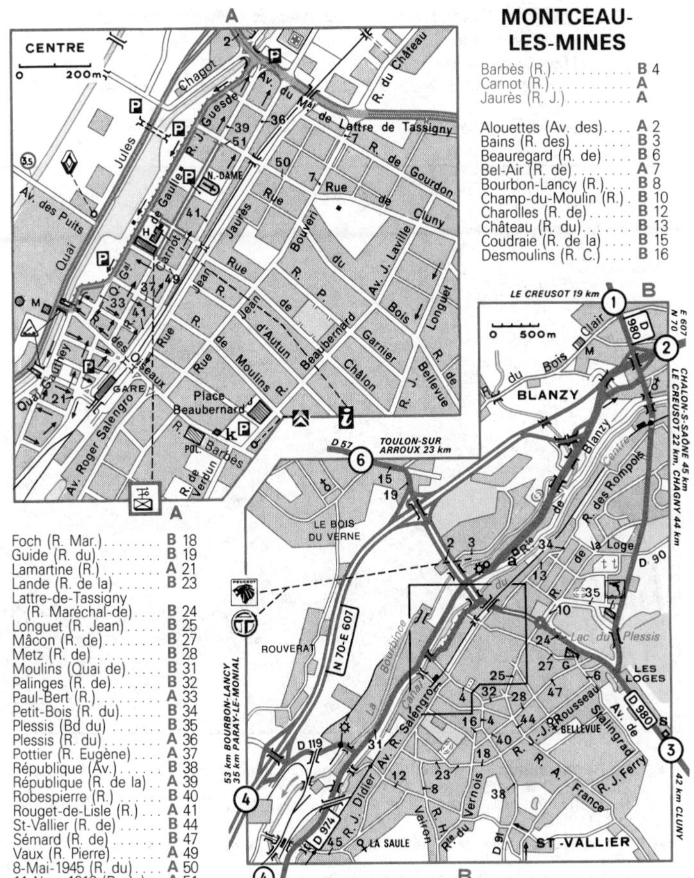

Barbès (R.) . . . . B 4
Carnot (R.) . . . . A
Jaurès (R. J.) . . . . A

Alouettes (Av. des) . . . . A 2
Bains (R. des) . . . . B 3
Beauregard (R. de) . . . . B 6
Bel-Air (R. de) . . . . A 7
Bourbon-Lancy (R.) . . . . B 8
Champ-du-Moulin (R.) . B 10
Charolles (R. de) . . . . . . B 12
Château (R. du) . . . . B 13
Coudraie (R. de la) . . . . B 15
Desmoulins (R. C.) . . . . B 16

Foch (R. Mar.) . . . . B 18
Guide (R. du) . . . . B 19
Lamartine (R.) . . . . A 21
Lande (R. de la) . . . . B 23
Lattre-de-Tassigny (R. Maréchal-de) . . . . B 24
Longuet (R. Jean) . . . . . B 25
Mâcon (R. de) . . . . B 27
Metz (R. de) . . . . B 28
Moulins (Quai de) . . . . . B 31
Palinges (R. de) . . . . B 32
Paul-Bert (R.) . . . . A 33
Petit-Bois (R. du) . . . . . . B 34
Plessis (Bd du) . . . . B 35
Plessis (R. du) . . . . A 36
Pottier (R. Eugène) . . . . A 37
République (Av.) . . . . . . B 38
République (R. de la) . . A 39
Robespierre (R.) . . . . . . B 40
Rouget-de-Lisle (R.) . . . . A 41
St-Vallier (R. de) . . . . . . B 44
Sémard (R. de) . . . . B 47
Vaux (R. Pierre) . . . . A 49
8-Mai-1945 (R. du) . . . . A 50
11-Nov.-1918 (R. du) . . A 51

à Galuzot SO : 5 km par D 974 – ✉ **71230** St Vallier :

X **Moulin de Galuzot,** SO : 5 km sur D 974 ℘ 85 57 18 85 – **P**. GB
fermé mi-juil. à mi-août, mardi soir et merc. – **R** 98/180 🍷.

CITROEN Aubert, 57/59 r. Beaubernard ℘ 85 57 16 45
PEUGEOT-TALBOT Gar. Rebeuf-Garnier, rte Express, av. Mar.-Leclerc ℘ 85 57 29 30
RENAULT Gar. Central, quai J.-Chagot ℘ 85 57 25 17 **N** ℘ 85 77 32 77

Ⓜ Goésin, D 974, ZI des Alouettes, av. Mar. Leclerc ℘ 85 57 36 01
Okrzesik, bd Maugrand ℘ 85 57 47 00
Okrzesik, 9 r. Verdun ℘ 85 57 00 55

MONTCHANIN **71** S.-et-L. 69 ⑧ – rattaché au Creusot.

MONTCHAUVROT **39** Jura 70 ④ – rattaché à Poligny.

MONTCHENOT **51** Marne 56 ⑯ – rattaché à Reims.

MONT-CINDRE **69** Rhône 74 ⑪ – rattaché à Lyon.

MONT-DAUPHIN GARE **05** H.-Alpes 77 ⑱ – rattaché à Guillestre.

Prices For notes on the prices quoted in this Guide, see the explanatory pages.

MONT-DE-MARSAN P 40000 Landes 82 ① G. Pyrénées Aquitaine – 28 328 h alt. 58.

Voir Musée municipal★ BY **M.**

18 ✆ 58 75 63 05, par ① : 10 km.

i Office de Tourisme 2 pl. Gén.-Leclerc ✆ 58 75 22 23 – A.C. av. Corps Franc Pommiès à St-Pierre-du-Mont ✆ 58 75 03 24.

Paris 708 ① – Agen 109 ① – ◆Bayonne 102 ⑥ – ◆Bordeaux 128 ① – Pau 81 ③ – Tarbes 101 ③.

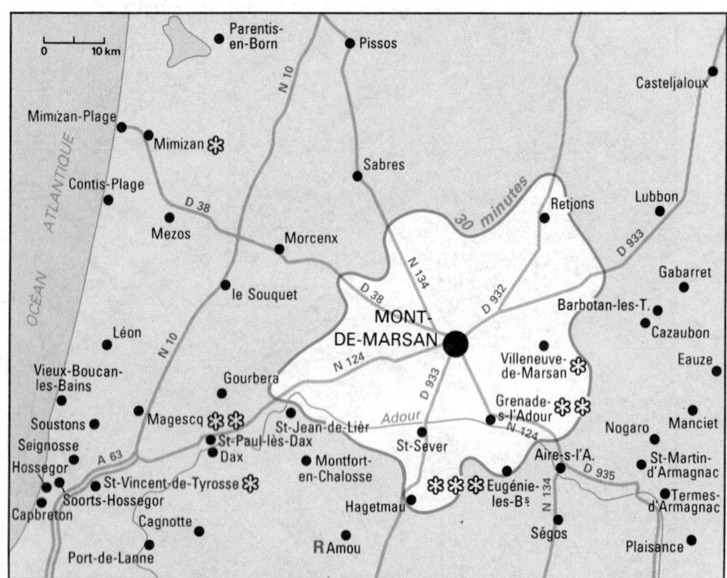

Le Renaissance M, rte Villeneuve par ② : 2 km ✆ 58 51 51 51, Fax 58 75 29 07, ≤, 🏊, 🌳 – TV ☎ & P – 🏛 40. AE GB
R *(fermé dim. soir d'oct. à mars et sam. midi)* 105/250 🍷 – ☕ 30 – **28 ch** 250/390 – ½ P 260/300.

Richelieu, 3 r. Wlerick ✆ 58 06 10 20, Fax 58 06 00 68 – 🛗 TV ☎ 🚗 – 🏛 40. AE ⓓ GB JCB — BY **r**
R *(fermé sam. hors sais. sauf fêtes)* 78/225 – ☕ 30 – **48 ch** 135/275 – ½ P 220/245.

Abor M, rte Grenade par ④ : 3 km ✉ 40280 St-Pierre-du-Mont ✆ 58 51 58 00, Fax 58 75 78 78, ≤, 🏊 – 🛗 ▤ TV ☎ & P – 🏛 80. AE GB
R *(fermé sam. midi)* 88 bc/125 bc, enf. 45 – ☕ 32 – **68 ch** 280/390 – ½ P 250/270.

La Siesta, 8 pl. J. Jaurès ✆ 58 06 44 44, Fax 58 75 78 78 – TV ☎. AE GB — BZ **e**
R *(fermé dim. soir du 15 déc. au 15 mars)* 68/140 🍷, enf. 38 – ☕ 30 – **16 ch** 200/250 – ½ P 220/240.

Hexagone, rte Langon par ① : 2 km ✆ 58 06 20 21 – TV ☎ & P. GB
R *(fermé sam. midi et dim.)* 78/125 🍷, enf. 45 – ☕ 25 – **22 ch** 180/205 – ½ P 215/235.

XX **Le Corsaire,** 2083 av. Mar. Juin par ① : 3 km ✆ 58 46 46 24, Fax 58 06 46 21, ≤, 🌳 – P. GB
fermé dim. soir et lundi – **R** produits de la mer 100/210 🍷, enf. 50.

X **Zanchettin** avec ch, rte Villeneuve par ② : 3 km ✆ 58 75 19 52, ≤, 🌳 – ☎ P. GB. ✂ ch
fermé 16 août au 15 sept., vacances de fév., lundi (sauf hôtel) et dim. soir – **R** 65/140 🍷 – ☕ 22 – **9 ch** 160/220 – ½ P 150/170.

X **Le Midou,** 12 pl. Porte Campet ✆ 58 75 24 26 – AE GB — AY **a**
fermé 24 au 27 déc. et dim. soir – **R** 68/160 🍷, enf. 40.

CITROEN Mont-de-Marsan Autom., 1596 av. Mar.-Juin par ① ✆ 58 75 12 10 **N** ✆ 05 05 24 24
FORD La Hiroire-Auto, 995 bd Alingsas ✆ 58 75 36 62 **N** ✆ 58 06 16 16
PEUGEOT-TALBOT Labarthe, av. Corps-Franc-Pommiès à St-Pierre-du-Mont par ⑥ ✆ 58 51 55 55
RENAULT SODIAM, 935 av. Mar.-Juin par ① ✆ 58 46 14 80 **N** ✆ 58 06 73 08

ROVER Gar. Continental, 839 av. Mar.-Foch ✆ 58 06 32 32

Euromaster Central Pneu Service, 89 che. Lubet bd Kennedy à St-Pierre-du-Mont ✆ 58 06 31 83
Pedarré Pneus, 14 bd Candau ✆ 58 75 01 18

MONT-DE-MARSAN

Dans la liste des rues des plans de villes, les noms en rouge indiquent les principales voies commerçantes.

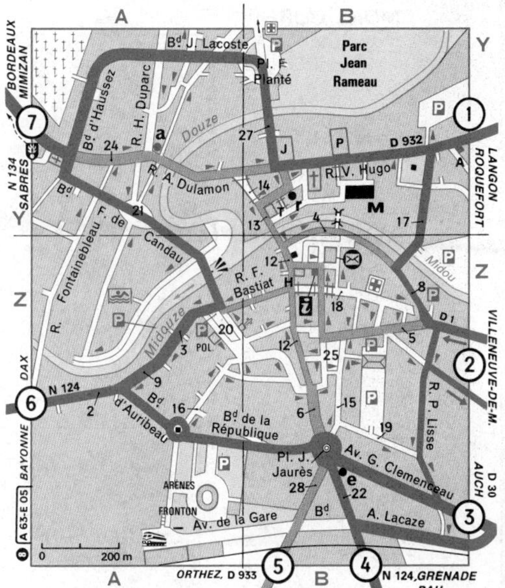

Routes enneigées

Pour tous renseignements pratiques, consultez les cartes Michelin « **Grandes Routes** » 918, 919, 915 ou 989.

MONTDIDIER 80500 Somme 52 ⑲ G. Flandres Artois Picardie – 6 262 h alt. 97.

Office de Tourisme Hôtel de Ville ☏ 22 78 92 00.

Paris 107 – ◆Amiens 36 – Compiègne 33 – Beauvais 49 – Péronne 47 – St-Quentin 62.

Dijon, 1 pl. 10-Août-1918 (rte de Rouen) ☏ 22 78 01 35 – TV ☎. GB
fermé 1er au 18 août, 26 déc. au 20 janv., dim. soir, lundi midi et fêtes le soir – **R** 85/210 – 35 – **14 ch** 215/310 – ½ P 188/203.

Le MONT-DORE 63240 P.-de-D. 73 ⑬ G. Auvergne – 1 975 h alt. 1 050 – Stat. therm. (15 mai-sept.) – Sports d'hiver : 1 250/1 850 m 2 18.

Voir Puy de Sancy ※★★★ 5 km par ② puis 1 h. AR de téléphérique et de marche – Cascade du Queureuilh★ 2 km par ① puis 30 mn.

Env. Col de Guéry ≤★★ sur roches Tuilière et Sanadoire★★ et lac★ 9 km par ① – Col de la Croix-St-Robert ※★★ 6,5 km par ②.

9 ☏ 73 65 00 79, par ③ : 2,5 km.

Office de Tourisme av. Libération ☏ 73 65 20 21, Télex 990332.

Paris 473 ① – ◆Clermont-Fd 44 ① – Aubusson 84 ⑤ – Issoire 49 ① – Mauriac 77 ④ – Ussel 56 ④.

Plan page suivante

Panorama, av. Libération ☏ 73 65 11 12, Fax 73 65 20 80, ≤, – TV ☎ P. GB. rest Z **u**
15 mai-15 oct. et 25 déc.-30 mars – **R** 130/230, enf. 70 – 55 – **40 ch** 320/380 – ½ P 300/360.

Castelet, av. M. Bertrand ☏ 73 65 05 29, Fax 73 65 27 95, – TV ☎ P. GB. rest Y **t**
15 mai-30 sept. et 20 déc.-31 mars – **R** 110/205, enf. 48 – 33 – **37 ch** 249/308 – ½ P 288.

Parc, r. Meynadier ☏ 73 65 02 92, Fax 73 65 28 36 – TV ☎. AE GB. rest Z **k**
fermé 15 oct. au 20 déc. – **R** 85/110, enf. 40 – 35 – **33 ch** 300 – ½ P 260/280.

Oise, av. Libération ☏ 73 65 04 68, ≤ – cuisinette ☎ P. AE GB. rest Z **p**
15 mai-3 oct., vacances, de Noël, de fév. et de printemps – **R** 87/120 – 35 – **43 ch** 190/370 – ½ P 170/290.

Paris M, 11 pl. Panthéon ☏ 73 65 01 79, Fax 73 65 20 98, – TV ☎. GB. rest Z **v**
fermé 24 avril au 12 mai et 20 oct. au 20 déc. – **R** 71/155 – 28 – **23 ch** 260/290.

MONT-DORE

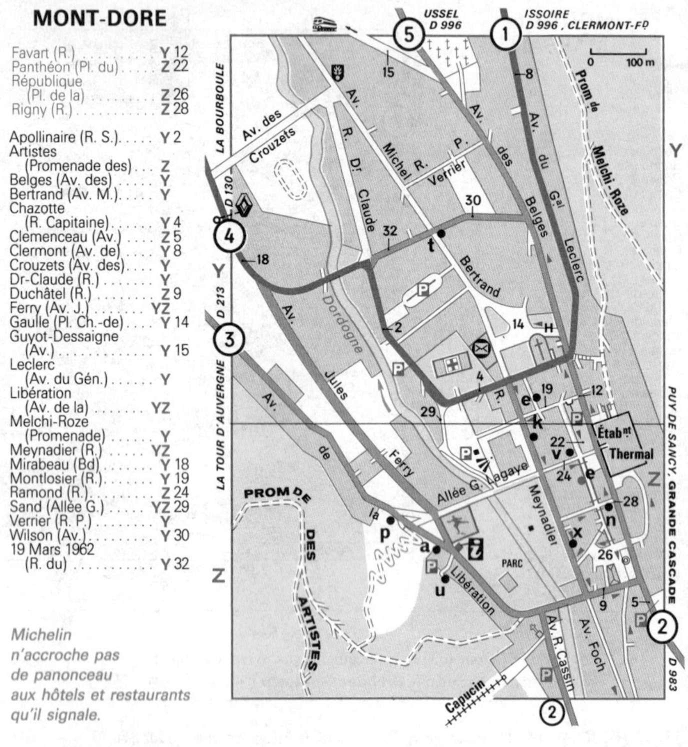

Michelin n'accroche pas de panonceau aux hôtels et restaurants qu'il signale.

Paix, r. Rigny ☎ 73 65 00 17, Fax 73 65 00 31 – ☎. AE ⓓ GB Z **n**
fermé 15 oct. au 22 déc. sauf vacances de nov. – **R** 78/135, enf. 38 – ☕ 26 – **36 ch** 200/250 – ½ P 260.

Les Charmettes sans rest, 30 av. G. Clemenceau par ② ☎ 73 65 05 49, Fax 73 65 20 28 – ☎ ♿ Ⓟ. GB. ✻
15 mai-5 oct., vacances de Noël, de fév., de printemps et week-ends en hiver – ☕ 25 – **21 ch** 175/225.

Londres sans rest, r. Meynadier ☎ 73 65 01 12 – ☎. GB Z **x**
15 mars-15 nov. – ☕ 25 – **23 ch** 180/230.

Madalet sans rest, av. Libération ☎ 73 65 03 13 – ☎. AE GB Z **a**
14 mai-30 sept. et Noël-Pâques – ☕ 26 – **18 ch** 155/230.

Les Mouflons sans rest, par ② rte du Sancy : 0,5 km ☎ 73 65 02 90, ← – ☎ Ⓟ. GB
fermé 20 oct. au 15 déc. et 20 au 28 avril – ☕ 24 – **28 ch** 110/190.

Mon Clocher, r. M. Sauvagnat ☎ 73 65 05 41, Fax 73 65 20 80 – ☎. GB Y **e**
13 mai-30 sept, vacances de fév. et week-ends en hiver – **R** 70/100 ♃, enf. 30 – ☕ 26 – **30 ch** 152/230 – ½ P 200/230.

Louisiane, r. J. Moulin ☎ 73 65 03 14 – GB Z **e**
fermé 1ᵉʳ nov. au 15 déc., 5 au 30 janv. et merc. sauf vacances scolaires – **R** 82/160, enf. 35.

au Genestoux par ⑤ : 3,5 km sur D 996 – ✉ 63240 Mont-Dore :

Le Pitsounet, ☎ 73 65 00 67, ☂ – Ⓟ. GB
fermé 1ᵉʳ nov. au 15 déc. et lundi sauf juil.-août et fév. – **R** (nombre de couverts limité - prévenir) 68/140 ♃, enf. 45.

au pied du Sancy par ② : 4 km – ✉ 63240 Le Mont-Dore :

Puy Ferrand ⛰, ☎ 73 65 18 99, Fax 73 65 28 38, ← le Sancy – TV ☎ Ⓟ. AE ⓓ GB. ✻ rest
fermé 28 mars au 9 avril et 10 oct. au 18 déc. – **R** 105/260, enf. 50 – ☕ 38 – **40 ch** 210/360 – ½ P 270/320.

RENAULT Gar. des Thermes, 5 bd Mirabeau ☎ 73 65 02 33 N

MONTE-CARLO Principauté de Monaco 84 ⑩, 115 ㉗ ㉘ – voir à Monaco.

MONTECH **82700** T.-et-G. 79 ⑰ – 3 091 h alt. 112.

Voir Pente d'eau★ N : 1 km, G. Pyrénées Roussillon.

Paris 661 – ♦Toulouse 46 – Auch 72 – Beaumont-de-Lomagne 23 – Castelsarrasin 14 – Montauban 13.

Notre Dame, pl. J. Jaurès ✆ 63 64 77 45 – ☎ – 🏔 50
12 ch.

MONTÉLIER **26120** Drôme 77 ⑫ – 2 738 h alt. 200.

Paris 567 – Valence 10,5 – Crest 23 – Romans-sur-Isère 12.

La Martinière M, rte Chabeuil ✆ 75 59 60 65, Fax 75 59 69 20, ⛱, ⛱ – TV ☎ ♿ P – 🏔 35. GB
R 80/240, enf. 60 – ☕ 30 – **30 ch** 220/280 – ½ P 190.

MONTÉLIMAR **26200** Drôme 81 ① G. Vallée du Rhône – 29 982 h alt. 81.

Env. Site★★ du Château de Rochemaure, 7 km par ⑤.

18 la Valdaine ✆ 75 01 86 66, par ② : 4 km ; 9 la Drôme Provençale à Clansayes ✆ 75 98 57 03, par ③ : 21 km.

Office de Tourisme allées Champ-de-Mars ✆ 75 01 00 20.

Paris 607 ① – Valence 46 ① – Aix-en-Provence 154 ③ – Alès 99 ③ – Avignon 83 ③ – Nîmes 106 ③ – Le Puy-en-Velay 131 ④ – Salon-de-Provence 118 ③.

MONTÉLIMAR

Julien (R. Pierre) ...... YZ

Alexis (Chemin des) ..... Z
Armes (Pl. d') .... Y
Aygu (Av.) .... Z 4
Briand (Bd Aristide) .... Y
Champs-de-Mars (Allées) .... Y
Clercs (Pl. des) .... Y
Daujat (R. R.) .... Y
Desmarais (Bd Marre) .... Y 6
Dormoy (Pl. M.) .... Z 8
Espoulette (Av. d') .... Z 9
Europe (Pl. de l') .... Z
Fust (Bd du) .... Z
Fust (Pl. du) .... Y 10
Gaulle (Bd Gén. de) .... Z
Loubet (Pl. Émile) .... Z 12
Marché (Pl. du) .... Y
Meyer (R. M.) .... Y 14
Meynot (Bd) .... Z
Monnaie-Vieille (R.) ..... Y 15
Montant-au-Château (R.) .... Y 16
Poyol (R. R.) .... Z
Rochemaure (Av. de) .... Y 18
Roubion (Pl. du) .... Z
St-Gaucher (R.) .... Y
St-Martin (Av.) .... Y
St-Martin (Montée) .... Y 20
St-Martin-Pl.) .... Y
St-Martin (R.) .... Y
Théâtre (Pl. du) .... Z
Villeneuve (Av. de) ...... Y 24
Quatre-Alliances (R.) .... Y

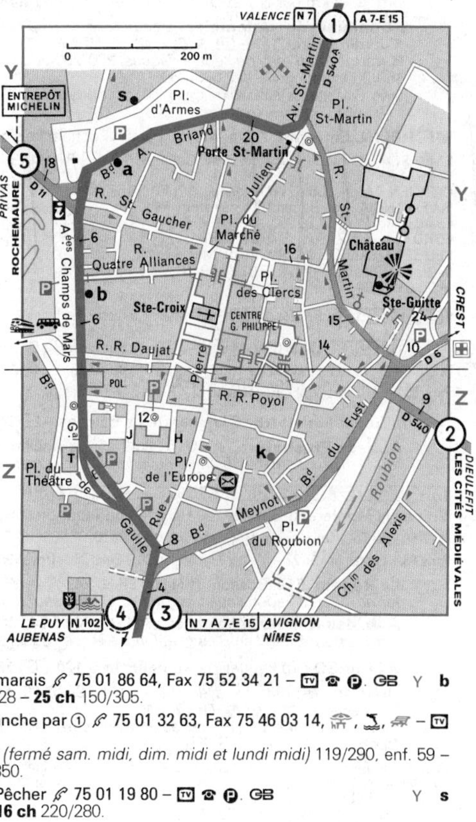

Sphinx sans rest, 19 bd Desmarais ✆ 75 01 86 64, Fax 75 52 34 21 – TV ☎ P. GB Y **b**
fermé 24 déc. au 3 janv. – ☕ 28 – **25 ch** 150/305.

Printemps 🐦, 8 chemin Manche par ① ✆ 75 01 32 63, Fax 75 46 03 14, ⛱, ⛱, 🌳 – TV ☎ P. AE ① GB. ✻ rest
fermé 28 nov. au 13 déc. – **R** *(fermé sam. midi, dim. midi et lundi midi)* 119/290, enf. 59 – ☕ 45 – **16 ch** 180/390 – ½ P 350.

Beausoleil sans rest, 14 bd Pêcher ✆ 75 01 19 80 – TV ☎ P. GB Y **s**
fermé 7 au 22 août – ☕ 32 – **16 ch** 220/280.

Crémaillère sans rest, 138 rte Marseille par ③ ✆ 75 01 87 46, Fax 75 52 36 87, ⛱ – TV ☎ P. AE GB
fermé 20 au 31 déc. – ☕ 30 – **20 ch** 215/310.

Provence sans rest, rte Marseille par ③ ✆ 75 01 11 67 – ☎ 🚗 P
fermé 15 janv. au 15 fév. et sam. de nov. à fév. – ☕ 28 – **16 ch** 135/210.

XX **Francis,** rte Marseille par ③ : 2,5 km ✆ 75 01 43 82 – ▤ Ⓟ. GB
fermé 28 juil. au 25 août, mardi soir et merc. – **Repas** 78 (sauf sam. soir)/148, enf. 63.

X **Le Grillon,** 40 r. Cuiraterie ✆ 75 01 79 02 – AE GB Z **k**
fermé janv., dim. midi et jeudi – **R** 90/180.

X **Le Moderne,** 25 bd A. Briand ✆ 75 01 31 90 – GB Y **a**
fermé 20 août au 1er sept., 24 déc. au 2 janv., sam. sauf juil.-août et vend. soir – **R** 64/120 ♁, enf. 40.

à Montboucher-sur-Jabron par ② et D 940 : 4,5 km – ✉ **26740** :

Château de Montboucher ⚘, ✆ 75 46 08 16, Fax 75 01 44 09, ≤, 〒, ⛱, ⌂ – TV ☎ Ⓟ. GB
R 140/225, enf. 70 – ☕ 50 – **13 ch** 400/700 – ½ P 400/475.

par ③ rte Les Champs et D 206 : 5 km – ✉ **26200** Montélimar :

Château du Perchoir M ⚘, ✆ 75 01 93 36, Fax 75 53 79 10, ≤, 〒, « Parc », ⛱, ✂ – |♦| ⇆ ch TV ☎ ♿ Ⓟ – ♣ 40. GB
fermé 20 déc. au 1er fév., dim. soir et lundi (sauf hôtel de mai à août) – **R** 135/190 – ☕ 55 – **12 ch** 450/580 – ½ P 470.

sur N 7 par ③ : 7,5 km – ✉ **26780** Chateauneuf-du-Rhône :

XX **Pavillon de l'Étang,** ✆ 75 90 76 82, 〒 – Ⓟ. AE GB
fermé 1er au 16 mars, 30 août au 6 sept., dim. soir et lundi – **R** 130/250, enf. 50.

par ③ : 9 km par N 7 et D 144A, rte Donzère – ✉ **26780** Malataverne :

✿ **Domaine du Colombier** (Barette) M ⚘, ✆ 75 90 86 86, Fax 75 90 79 40, ≤, 〒, « Jardin fleuri, ⛱ » – TV ☎ Ⓟ – ♣ 30. AE ① GB
R *(fermé lundi midi de sept. à Pâques)* 220/250 et carte 250 à 350, enf. 100 – ☕ 65 – **20 ch** 450/860, 5 appart. – ½ P 675/860
Spéc. Omelette aux truffes et foie gras. Papillotes de langoustines. Noix de ris de veau au Champagne. **Vins** Coteaux du Tricastin, Côtes du Rhône.

MICHELIN, Entrepôt, ZA du Meyrol par av. Rochemaure par ⑤ ✆ **75 01 80 91**

BMW SEAT Chevalier-Lagarde, ZI av. Gournier ✆ 75 51 83 65
CITROEN Magne, bd des Présidents ✆ 75 01 20 55
FIAT, LANCIA Gar. Bernard, ZI, déviation Poids-Lourds Sud ✆ 75 51 86 75
FORD Croullet, ZI Sud ✆ 75 51 02 31
PEUGEOT-TALBOT Moulin, rte de Marseille, le Grand Pélican par ③ ✆ 75 01 74 99 N ✆ 75 01 57 04
RENAULT Éts Jean, rte de Valence par ① ✆ 75 01 77 00 N ✆ 75 53 11 48

Ⓜ Ayme-Pneus, ZI Sud av. Gournier ✆ 75 01 32 77
Euromaster Piot Pneu, 112 av. J.-Jaurès ✆ 75 01 88 11

MONTENACH **57** Moselle 57 ④ – rattaché à Sierck-les-Bains.

MONTENDRE **17130** Char.-Mar. 71 ⑦ **G. Poitou Vendée Charentes** – 3 140 h alt. 88.

ℹ Office de Tourisme av. Royan (juil.-août) ✆ 46 49 46 45.

Paris 534 – ◆Bordeaux 62 – Angoulême 72 – Blaye 27 – Saintes 70.

à Sousmoulins NE : 8 km par rte de Baignes – ✉ **17130** :

X **Aub. du Presbytère,** ✆ 46 70 38 49, 〒, « Ancien presbytère », ⌂ – Ⓟ. GB
fermé 15 au 30 mars, 15 au 30 nov., lundi soir et mardi – **R** 90/170, enf. 62.

MONTEREAU-FAUT-YONNE **77130** S.-et-M. 61 ⑬ 106 ㊼ **G. Ile de France** – 18 657 h alt. 52.

Voir au N Montereau-Surville : ≤★ sur le confluent de la Seine et de l'Yonne, 15 mn.

ℹ Office de Tourisme 2 bis r. D.-Casanova ✆ (1) 64 32 07 76.

Paris 88 – Fontainebleau 22 – Meaux 77 – Melun 30 – Sens 35 – Troyes 98.

XXX **Le Régent,** 6 pl. Bosson ✆ (1) 60 96 35 74, 〒 – AE GB
fermé 16 au 30 août, vacances de fév. et dim. sauf fériés – **R** 105/260.

X **Aub. des Noues,** 22 r. Arches ✆ (1) 64 32 05 34, 〒 – GB
fermé août, 25 déc. au 3 janv. et lundi – **R** (déj. seul.) 95/135.

à Flagy SO : 10 km par rte Nemours et D 120 – ✉ **77940** :

XXX **Host. du Moulin** ⚘ avec ch, ✆ (1) 60 96 67 89, Fax (1) 60 96 69 51, 〒, « Moulin du 13e siècle », ⌂ – ☎ Ⓟ. AE ① GB
fermé 12 au 24 sept., 19 déc. au 21 janv., dim. soir et lundi – **R** 160/200 ♁, enf. 75 – ☕ 40 – **10 ch** 200/435 – ½ P 305/385.

FORD Gar. Félix, rte du Petit Fossard à Varennes-sur-Seine ✆ (1) 64 32 00 76
PEUGEOT-TALBOT Gar. de la Gare, 11 r. Chatelet par av. Gén.-de-Gaulle ✆ (1) 64 70 51 31
RENAULT Coulet, av. 8-Mai-1945 à Varennes-sur-Seine ✆ (1) 64 32 09 25 N
Agrinel, 30 rte de Petit Fossard à Varennes-sur-Seine ✆ 64 70 51 00

Ⓜ Sovic, ZI, carrefour Central ✆ (1) 64 32 11 98

MONTEUX **84** Vaucluse 81 ⑫ – rattaché à Carpentras.

MONTFAUCON **25** Doubs 66 ⑮ – rattaché à Besançon.

MONTFAVET 84 Vaucluse 81 ⑫ – rattaché à Avignon.

MONTFERRAT 83131 Var 84 ⑦ – 629 h alt. 480.

Voir S : Gorges de Châteaudouble★, G. Côte d'Azur.

Paris 880 – Castellane 44 – Draguignan 15 – Toulon 98.

X **Ferme du Baudron,** S : 1 km par D 955 ✆ 94 70 91 03, « Cadre rustique », – ⓟ
fermé 15 janv. au 28 fév. et merc. – **Repas** (nombre de couverts limité, prévenir) 75 carte le dim.

MONTFORT-EN-CHALOSSE 40380 Landes 78 ⑦ G. Pyrénées Aquitaine – 1 116 h alt. 101.

Paris 742 – Mont-de-Marsan 35 – Aire-sur-l'Ad. 56 – Dax 18 – Hagetmau 27 – Orthez 28 – Tartas 15.

Aux Tauzins, E : 1,5 km par D 32 et D 2 ✆ 58 98 60 22, – ☎ ⓟ – 30. GB. ch
fermé 15 janv. au 15 fév. et lundi du 15 fév. au 30 juin – **R** 100/185, enf. 45 – 30 – **16 ch** 200/260 – ½ P 210/230.

MONTFORT-L'AMAURY 78490 Yvelines 60 ⑨ 106 ㉗ G. Ile de France (plan) – 2 651 h alt. 186.

Voir Église★ – Ancien charnier★ (au cimetière) – Ruines du château ≤★.

Syndicat d'Initiative à la Mairie ✆ (1) 34 86 00 40.

Paris 46 – Dreux 37 – Houdan 16 – Mantes-la-Jolie 29 – Rambouillet 19 – Versailles 26.

XXX ❀ **Aub. de l'Arrivée** (Habans), D 76 (à Méré) ✆ (1) 34 86 00 28, Fax (1) 34 86 84 94, – GB
fermé 23 août au 23 sept., 22 fév. au 11 mars, lundi soir et mardi – **R** 350 et carte 275 à 400
Spéc. Foie gras de canard et sa gelée au Sauternes. Cassolette de homard. Fondant au chocolat.

XXX **Chez Nous,** 22 r. Paris ✆ (1) 34 86 01 62 – GB
fermé dim. soir et lundi sauf fériés – **R** 200.

MONTGENÈVRE 05100 H.-Alpes 77 ⑱ G. Alpes du Sud – 519 h alt. 1 854 – Sports d'hiver : 1 860/2 700 m 2 21.

✆ 92 21 94 23.

Office de Tourisme ✆ 92 21 90 22, Télex 440440.

Paris 698 – Briançon 12 – Gap 100 – Lanslebourg-Mont-Cenis 76 – Torino 96.

Valérie, ✆ 92 21 90 02 – ☎. GB. rest
1er juil.-10 sept. et 20 déc.-début avril – **R** 140 (dîner seul. en été) – 30 – **19 ch** 240/350.

MONTGRÉSIN 60 Oise 56 ⑪, 106 ⑧ – rattaché à Chantilly.

Les MONTHAIRONS 55 Meuse 57 ⑪ – rattaché à Verdun.

MONTHERMÉ 08800 Ardennes 53 ⑱ G. Champagne (plan) – 2 866 h alt. 140.

Voir Roche aux Sept Villages ≤★★ S : 3 km – Roc de la Tour ≤★★ E : 3,5 km puis 20 mn – Longue Roche ≤★★ NO : 2,5 km puis 30 mn – Roche à Sept Heures ≤★ N : 2 km – Roche de Roma ≤★ S : 4 km – Les Dames de Meuse★ NO : 5 km – E : Vallée de la Semoy★.

Env. Roches de Laifour★★ NO : 6 km.

Office de Tourisme r. Etienne Dolet (juil.-15 sept.) ✆ 24 53 07 46 et (hors saison) ✆ 24 53 06 50.

Paris 243 – Charleville-Mézières 18 – Fumay 28.

Franco-Belge, 2 r. Pasteur ✆ 24 53 01 20 – ☎. GB.
fermé 30 déc. au 15 janv., vend. soir et dim. soir sauf juil.-août – **R** 88/260 – 32 – **18 ch** 200/270 – ½ P 220/260.

PEUGEOT-TALBOT Modern Gar., 3 r. Dr-Lemaire ✆ 24 53 00 46

MONTI 06 Alpes-Mar. 84 ⑳ – rattaché à Menton.

MONTIGNAC 24290 Dordogne 75 ⑦ G. Périgord Quercy – 2 938 h alt. 77.

Voir Lascaux II★★ SE : 2,5 km.

Env. Le Thot, espace cro-magnon★ S : 7 km – Église★★ de St-Amand de Coly E : 7 km.

Syndicat d'Initiative pl. Léo Magne ✆ 53 51 82 60.

Paris 497 – Périgueux 48 – Sarlat-la-Canéda 25 – Bergerac 88 – Brive-la-Gaillarde 37 – ♦Limoges 100.

❀ **Château de Puy Robert**, SO : 1,5 km par D 65 ✆ 53 51 92 13, Télex 550616, Fax 53 51 80 11, ≤, parc, « Élégante décoration intérieure », – ☎ ⓟ – 30. AE ⓓ GB JCB
1er mai-15 oct. – **R** *(fermé merc. midi)* 220/430 et carte 260 à 390, enf. 85 – 70 – **32 ch** 960/1100, 6 appart. – ½ P 695/920
Spéc. Foie gras mi-cuit en terrine. Magret de canard poêlé au verjus. Crème brûlée aux noix. Vins Bergerac, Cahors.

Relais du Soleil d'Or, r. 4-Septembre ✆ 53 51 80 22, Fax 53 50 27 54, – ☎ ⓟ. AE GB
fermé 15 janv. au 15 fév. – **R** 120/350 – 50 – **28 ch** 270/380, 4 appart. – ½ P 320/380.

Roseraie, pl. d'Armes ✆ 53 50 53 92, Fax 53 51 02 23, – ☎. GB
Pâques-1er oct. – **R** *(fermé mardi soir et merc. sauf juil.-août)* 110/240 – 42 – **14 ch** 320/500 – ½ P 300/380.

MONTIGNY-AUX-AMOGNES 58130 Nièvre 69 ④ – 498 h alt. 218.

Paris 248 – Château-Chinon 57 – Decize 36 – Nevers 10,5 – Prémery 18.

XX **Aub. des Amognes,** ✆ 86 58 61 97, ☂, ⛱ – P. GB
fermé le lundi – **Repas** (prévenir) 98/150, enf. 70.

MONTIGNY-LA-RESLE 89230 Yonne 65 ⑤ – 548 h alt. 153.

Paris 175 – Auxerre 15 – St-Florentin 18 – Tonnerre 28.

Soleil d'Or M, ✆ 86 41 81 21, Fax 86 41 86 88 – TV ☎ P. AE ① GB. ✻ ch
fermé 5 au 31 janv. et merc. midi – **R** 90/325 ♁, enf. 58 – ☕ 26 – **16 ch** 235/265 – ½ P 230/240.

MONTIGNY-LE-BRETONNEUX 78 Yvelines 60 ⑨, 101 ㉑ – voir à St-Quentin-en-Yvelines.

MONTIGNY-LE-ROI 52 H.-Marne 62 ⑬ – 2 167 h alt. 405 – ✉ 52140 Val de Meuse.

Paris 289 – Chaumont 34 – Bourbonne-les-Bains 21 – Langres 23 – Neufchâteau 57 – Vittel 49.

Moderne M, ✆ 25 90 30 18, Fax 25 90 71 80 – TV ☎ ♿ 🚗 P – 🏠 30. AE ① GB
R 80/220 ♁, enf. 42 – ☕ 30 – **26 ch** 210/280 – ½ P 210/240.

PEUGEOT-TALBOT Gar. Flagez rte de Chaumont ✆ 25 90 30 34 N ✆ 25 90 71 71

RENAULT Gar. Rabert ✆ 25 90 31 15 N ✆ 25 90 37 19

MONTIGNY-LÈS-METZ 57 Moselle 57 ⑬ ⑭ – rattaché à Metz.

MONT-L'ÉVÊQUE 60 Oise 56 ⑫ – rattaché à Senlis.

MONTLHÉRY 91310 Essonne 60 ⑩ 106 ㉚ 101 ㉞ G. Ile de France – 5 195 h alt. 120.

Voir ✻★ de la tour – Marcoussis : Vierge★ dans l'église O : 3 km.

Autodrome permanent de Linas-Montlhéry SO : 2,5 km.

ℹ Syndicat d'Initiative pl. Hôtel de Ville ✆ (1) 69 01 70 11.

Paris 26 – Étampes 24 – Évry 14 – Versailles 26.

FIAT Gar. Docteur ✆ (1) 69 01 02 00
PEUGEOT-TALBOT Paulmier ✆ (1) 69 01 02 17
RENAULT E.D.A.M., 72 RN 20 ✆ (1) 69 01 41 20
ROVER Gar. de l'Autodrome ✆ (1) 69 01 00 55

Les pages explicatives de l'introduction vous aideront à mieux profiter de votre guide Michelin

MONT-LOUIS 66210 Pyr.-Or. 86 ⑯ G. Pyrénées Roussillon – 200 h alt. 1 600.

Voir Remparts★.

ℹ Syndicat d'Initiative r. Marché (saison) ✆ 68 04 21 97.

Paris 989 – Andorre-la-Vieille 84 – Carcassonne 120 – Foix 118 – ◆Perpignan 80 – Prades 36.

à la Llagonne N : 3 km par D 118 – ✉ 66210 Mont-Louis :

Corrieu ⛰, ✆ 68 04 22 04, ←, ✻ – ☎ P. AE GB. ✻ rest
7 au 23 avril, 3 juin-29 sept. et 18 déc.-28 mars – **R** 82/138 ♁, enf. 46 – ☕ 32 – **28 ch** 138/340 – ½ P 190/280.

PEUGEOT-TALBOT Gar. Giraud, carr. Monument Brousse à la Cabanasse ✆ 68 04 20 22 N

MONTLOUIS-SUR-LOIRE 37270 I.-et-L. 64 ⑮ G. Châteaux de la Loire – 8 309 h alt. 60.

ℹ Syndicat d'Initiative pl. Mairie (Pâques-1er oct.) ✆ 47 45 00 16.

Paris 235 – ◆Tours 12 – Amboise 13 – Blois 47 – Château-Renault 36 – Loches 38 – Montrichard 31.

de la Ville, pl. Mairie ✆ 47 50 84 84, Fax 47 45 08 43, ☂ – TV ☎ P. GB
R 80/130 – ☕ 35 – **29 ch** 270/340 – ½ P 205/270.

MONTLUÇON SP 03100 Allier 69 ⑪ ⑫ G. Auvergne – 44 248 h alt. 211.

Voir Le Vieux Montluçon★ BCZ : intérieur★ de l'église St-Pierre (sainte Madeleine★★) CYZ, esplanade du château ←★ – Collection de vielles★ au musée municipal CZ **M.**

⛳18 du Val de Cher ✆ 70 06 71 15, N : 17 km par D 301.

ℹ Office de Tourisme 1 av. Marx-Dormoy ✆ 70 05 05 92 et 5 pl. E.-Piquand (mai-sept. après-midi seul.) ✆ 70 05 50 70 – A.C. 10 r. Michelet ✆ 70 64 70 38.

Paris 333 ① – Moulins 78 ② – Bourges 100 ① – ◆Clermont-Ferrand 88 ① – ◆Limoges 135 ⑤ – Poitiers 207 ⑥.

Plan page suivante

Host. du Château St-Jean M ⛰, près hippodrome par ③ ✆ 70 05 04 65, Télex 283155, Fax 70 05 97 75, ☂, « Belle demeure en bordure d'un parc », 🏊, ⛱ – |♦| TV ☎ ♿ P – 🏠 40 à 150. AE ① GB
R 120/250, enf. 90 – ☕ 65 – **20 ch** 530/650, 6 appart. – ½ P 600.

Univers sans rest, 38 av. Marx Dormoy ✆ 70 05 33 47, Télex 392309, Fax 70 28 44 30 – |♦| TV ☎ – 🏠 70. AE GB BZ **k**
☕ 33 – **53 ch** 195/252.

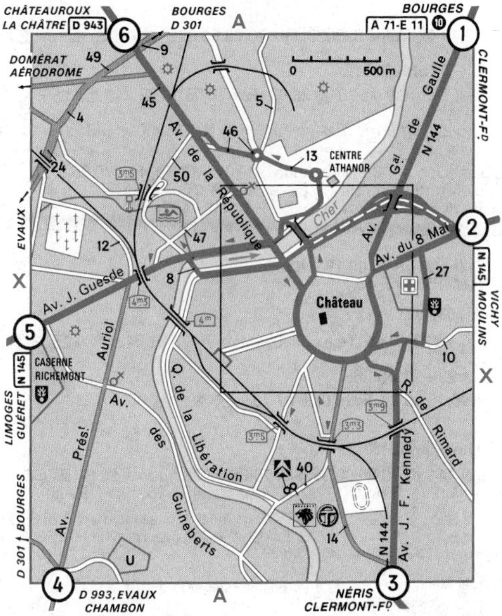

MONTLUÇON

Rue	Carreau	N°
Barathon (R.)	**CZ**	2
Courtais (Bd de)	**BCZ**	
République (Av.)	**BY**	
St-Pierre (R. Fg)	**BY**	35
Beaulieu (R.)	**AX**	4
Blanzat (R. de)	**AX**	5
Château (R. du)	**CZ**	6
Châtelet (Pont du)	**AX**	8
Desmoulins (R. C.)	**AX**	9
Dienat (R. du)	**AX**	10
Egalité (R. de l')	**AX**	12
Einstein (R. A.)	**AX**	13
Faucheroux (R.)	**AX**	14
Favières (Q.)	**BY**	15
Fontaine (R.)	**CZ**	16
Forges (R. Porte)	**CZ**	17
Jaurès (Pl. Jean)	**CZ**	18
Menut (R. L.)	**CY**	22
Nègre (Av. J.)	**AX**	24
Notre-Dame (Pl.)	**CZ**	25
Notre-Dame (R.)	**CZ**	26
Pamparoux (R.)	**AX**	27
Petit (R. P.)	**CY**	30
Picasso (R. P.)	**CY**	31
Piquant (R. E.)	**BZ**	32
St-Pierre (Pl.)	**BCZ**	36
St-Roch (R.)	**BCZ**	38
Semard (R. P.)	**AX**	40
Serruriers (R.)	**BCZ**	42
Thomas (Av. A.)	**AX**	45
Verrerie (R. et Pl. de la)	**AX**	46
Victor-Hugo (R.)	**AX**	47
Villon (R. P.)	**AX**	49
Voltaire (R.)	**AX**	50
5 Piliers (R. des)	**CZ**	52

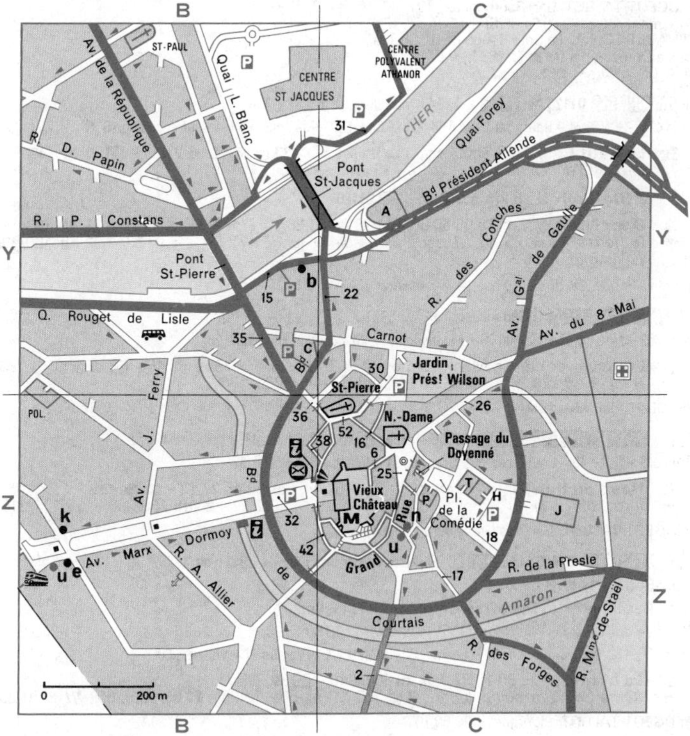

Ibis M, r. Nicolaïs ✆ 70 28 48 42, Télex 393029, Fax 70 28 58 62 – ch rest ☎ – 40. AE GB BY b
R 76/129, enf. 39 – 33 – **63 ch** 255/285.

des Bourbons, 47 av. Marx Dormoy ✆ 70 05 28 93, Fax 70 05 16 92 – ☎ – 25. AE GB BZ e
Aux Ducs de Bourbon ✆ 70 05 22 79 *(fermé dim. soir et lundi)* **R** 105/200, enf. 50 – 30 – **43 ch** 210/260.

XXX ✿ **Grenier à Sel** (Corlouër) avec ch, 8 r. Ste-Anne ✆ 70 05 53 79, Fax 70 05 87 91, « Hôtel particulier du vieux Montluçon », – ☎. AE GB CZ n
fermé dim. soir et lundi – **R** 120/340 et carte 200 à 350 – 50 – **4 ch** 500
Spéc. Salade tiède de crustacés et coquillages. Fricassée de pigeon et foie gras poêlé. Assiette des desserts. Vins Sancerre, Saint-Pourçain.

X **Safran d'Or,** 12 pl. des Toiles ✆ 70 05 09 18 – GB CZ u
fermé dim. soir et lundi – **R** 85/156, enf. 40.

par ① : 5 km sur N 144 – ✉ 03410 St-Victor :

Campanile, rte Bourges ✆ 70 28 48 48, Télex 393004, Fax 70 28 51 04, – ☎ – 30. AE GB
R 80 bc/102 bc, enf. 39 – 29 – **47 ch** 268.

Primevère, rte Bourges ✆ 70 28 88 88, Fax 70 28 87 73 – ☎ – 40
42 ch.

à Estivareilles par ① : 10 km – ✉ 03190 :

XX **Host. Lion d'Or** avec ch, N 144 ✆ 70 06 00 35, Fax 70 06 09 78, parc – ☎. AE GB
fermé août, fév., dim. soir et lundi – **R** 80/260 – 27 – **10 ch** 145/195 – ½ P 190/200.

ALFA-ROMEO Gar. Andrieu, 21 r. H.-Berlioz ✆ 70 28 41 34
CITROEN Grand Gar. Montluçonnais, r. de Pasquis ZA AX ✆ 70 05 32 07
MERCEDES-BENZ Auvity, 23 à 27 quai Stalingrad ✆ 70 29 07 93
OPEL S.I.V.R.A.C., 162 av. Gén.-de-Gaulle ✆ 70 28 39 01
PEUGEOT-TALBOT Gar. Bourbonnais, 10 r. P.-Sémard AX ✆ 70 05 34 37 N
RENAULT I.D.E.A., La Cote Rouge rte de Châteauroux à Domérat par ⑥ ✆ 70 08 13 00 N ✆ 70 05 28 80
TOYOTA Saga, quai de Stalingrad ✆ 70 28 88 50
V.A.G Europe Gar., 18 quai Forey ✆ 70 05 31 33 N ✆ 70 05 39 10

Euromaster Estager Pneu, 1 r. de Blanzat ✆ 70 03 74 30
Godignon Pneu +, ZI r. E.-Sue ✆ 70 29 64 85 N ✆ 70 06 42 82

MONTLUEL 01120 Ain 74 ② – 5 954 h alt. 198.

Paris 474 – ♦Lyon 24 – Bourg-en-Bresse 58 – Chalamont 20 – Meximieux 14 – Villefranche-sur-S. 45.

Le Petit Casset M sans rest, à **La Boisse** SO : 2 km ✆ 78 06 21 33 – ☎. GB
fermé 23 déc. au 2 janv. – 37 – **15 ch** 290/320.

à Ste-Croix N : 5 km par D 61 – ✉ 01120 :

Chez Nous, ✆ 78 06 60 60, Fax 78 06 63 26, – ☎ – 40. GB
R *(fermé nov., 25 au 31 déc., dim. soir et lundi)* 75/400 – 32 – **32 ch** 160/290 – ½ P 210/255.

Relais Pneus, ZA du Petit Rosait à la Boisse ✆ 78 06 41 01

MONTMARAULT 03390 Allier 69 ⑬ – 1 597 h.

Paris 353 – Moulins 45 – Gannat 39 – Montluçon 32 – St-Pourçain-sur-Sioule 28.

XX **France** avec ch, 1 r. Marx Dormoy ✆ 70 07 60 26, Fax 70 07 68 45 – ☎. GB
R 70/190, enf. 45 – 32 – **8 ch** 195/270 – ½ P 230.

PEUGEOT Gar. Mercadal, ✆ 70 07 61 06
RENAULT Gar. Maillard ✆ 70 07 67 97

MONTMARTIN-SUR-MER 50590 Manche 54 ⑫ – 880 h alt. 42.

Paris 345 – St-Lô 40 – Coutances 11 – Granville 21 – Villedieu-les-Poêles 32.

Host. du Bon Vieux Temps, ✆ 33 47 54 44, Fax 33 46 27 12 – ☎. GB
fermé dim. soir du 1er nov. à Pâques – **R** 58/82 – 22 – **20 ch** 130/290 – ½ P 171/215.

PEUGEOT-TALBOT Gar. des Gravelets ✆ 33 47 60 15

MONTMÉDY 55600 Meuse 57 ① G. Alsace Lorraine (plan) – 1 943 h alt. 198.

Voir Remparts★.

Env. Basilique★★ et Recevresse★ d'Avioth N : 8 km.

Office de Tourisme Ville Haute (15 fév.-15 nov.) ✆ 29 80 15 90.

Paris 260 – Charleville-Mézières 66 – Longwy 40 – ♦Metz 103 – Verdun 47 – Vouziers 60.

Le Mady, ✆ 29 80 10 87, Fax 29 80 02 40 – ☎. GB
fermé fév., dim. soir et lundi – **R** 63/250, enf. 50 – 25 – **11 ch** 250/260 – ½ P 210/230.

PEUGEOT-TALBOT Bigorgne ✆ 29 80 10 34

MONTMÉLIAN 73800 Savoie 74 ⑯ G. Alpes du Nord – 3 930 h alt. 285.

Voir ✻★ du rocher.

Paris 557 – ♦ Grenoble 50 – Albertville 40 – Allevard 25 – Chambéry 13 – St-Jean-de-Maurienne 57.

- **Primevère** Ⓜ, N 6 ✆ 79 84 12 01, Fax 79 84 23 01, 🏞 – TV ☎ ♿ P – 🏛 30. GB
  R 75/100 🍷, enf. 39 – ☕ 30 – **42 ch** 260.
- **George,** N 6 ✆ 79 84 05 87 – ☎ 🚗 P. GB. ✂ ch
  hôtel : fermé nov. ; rest. : fermé mi-oct. à mi-nov. et mardi – **R** ✆ 79 84 22 41 - 62/130 🍷, enf. 38 – ☕ 25 – **12 ch** 135/200.
- XXX **Host. des Cinq Voûtes,** N 6 ✆ 79 84 05 78, « Voûtes moyenâgeuses » – P. AE ⓓ GB
  fermé 15 au 30 nov., jeudi soir de sept. à juin et merc. soir – **R** 180/300, enf. 70.
- XX **L'Arlequin** (Centre technique hôtelier), N 6 ✆ 79 84 21 54, Fax 79 84 25 77 – P. GB
  fermé 5 juil. au 16 août et merc. – **R** 72/155, enf. 40.
- X **Viboud** avec ch, Vieux Montmélian ✆ 79 84 07 24 – ▤ rest ☎ P. AE ⓓ GB
  fermé 27 sept. au 10 oct., 4 au 10 janv., le soir (sauf hôtel) du 1er juin au 11 juil., dim. soir et lundi – **Repas** 90/150 🍷, enf. 45 – ☕ 25 – **17 ch** 100/225 – ½ P 190.

NISSAN Joguet, à Francin ✆ 79 84 23 78 — RENAULT Gar. Novel ✆ 79 84 04 52

MONTMERLE-SUR-SAÔNE 01090 Ain 74 ① – 2 596 h alt. 170.

Paris 422 – Mâcon 29 – Bourg-en-Bresse 42 – Chauffailles 48 – ♦Lyon 45 – Villefranche-sur-Saône 12.

- **Rivage,** au pont ✆ 74 69 33 92, Fax 74 69 49 21, 🏞 – cuisinette ☎ P – 🏛 30. GB
  fermé 15 nov. au 15 déc., dim. soir au 15 sept. au 31 mai et lundi sauf le soir du 1er juin au 15 sept. – **R** 90/280 🍷, enf. 70 – ☕ 35 – **21 ch** 220/350, 4 appart. – ½ P 320/350.
- XX **Castel de Valrose** avec ch, ✆ 74 69 30 52, 🏞, 🌳 – TV ☎ – 🏛 25. GB
  fermé mardi du 15 oct. au 30 avril – **R** 140/300, enf. 90 – ☕ 40 – **7 ch** 250/370.

RENAULT Gar. Deschampt ✆ 74 69 37 20

Come districarsi nei sobborghi di Parigi?

Utilizzando la **carta stradale Michelin** *n.* **101**
e le **piante** *n.* **17-18, 19-20, 21-22, 23-24** *: chiare, precise ed aggiornate.*

MONTMEYRAN 26120 Drôme 77 ⑫ – 2 360 h alt. 189.

Paris 579 – Valence 14 – Crest 14 – Romans-sur-Isère 25.

- XX **La Vieille Ferme,** Les Dorelons E : 1,5 km par D 125 ✆ 75 59 31 64, 🏞, « Intérieur rustique, jardin » – P. GB
  fermé août, dim. soir, lundi soir et mardi – **R** (prévenir) 170/200.

MONTMIRAIL 84 Vaucluse 81 ⑫ – rattaché à Gigondas.

MONTMORENCY 95 Val-d'Oise 56 ⑪, 101 ⑤ – voir Paris, Environs.

MONTMORILLON ⟨SP⟩ 86500 Vienne 68 ⑮ G. Poitou Vendée Charentes (plan) – 6 667 h alt. 105.

Voir Fresques★ dans la crypte de l'église N.-Dame.

ℹ Office de Tourisme 21 av. F.-Tribot ✆ 49 91 11 96.

Paris 360 – Poitiers 50 – Angoulême 118 – Châteauroux 87 – ♦Limoges 83.

- **France-Mercier,** 2 bd Strasbourg ✆ 49 91 00 51, Fax 49 91 29 03 – TV ☎. AE ⓓ GB JCB
  fermé janv., dim. soir et lundi sauf fêtes – **R** (dim. et fêtes - prévenir) 110/300, enf. 65 – ☕ 35 – **25 ch** 185/230.

CITROEN Perrot, rte de Lussac-les-Châteaux ✆ 49 91 00 05 — PEUGEOT-TALBOT G.M.G.A., 59 bd Gambetta ✆ 49 91 11 33

MONTMOROT 39 Jura 70 ④ – rattaché à Lons-le-Saunier.

MONTMORT 51270 Marne 56 ⑮ ⑯ G. Champagne – 583 h alt. 206.

Env. Fromentières : retable★★ de l'église SO : 11 km.

Paris 123 – ♦ Reims 43 – Châlons-sur-Marne 46 – Épernay 18 – Montmirail 24 – Sézanne 26.

- **Cheval Blanc,** ✆ 26 59 10 03, Fax 26 59 15 88 – TV ☎ P. GB
  fermé 15 fév. au 1er mars et vend. du 1er nov. à Pâques – **R** 70/270 🍷 – ☕ 30 – **19 ch** 140/250 – ½ P 230/330.

MONTOIRE-SUR-LE-LOIR 41800 L.-et-Ch. 64 ⑤ G. Châteaux de la Loire (plan) – 4 065 h alt. 70.

Voir Chapelle St-Gilles★ : peintures murales★★ – Pont ≤★.

ℹ Syndicat d'Initiative à la Mairie (juil.-août) ✆ 54 85 00 29.

Paris 189 – ♦ Le Mans 68 – Blois 43 – Château-Renault 21 – La Flèche 80 – St-Calais 23 – Vendôme 18.

- XX **Cheval Rouge** avec ch, pl. Foch ✆ 54 85 07 05, Fax 54 85 17 42 – ☎ 🚗. AE GB
  fermé 31 janv. au 4 mars, mardi soir et merc. – **R** (dim. prévenir) 115/280, enf. 48 – ☕ 26 – **15 ch** 115/216 – ½ P 202/247.

à Lavardin SE : 2,5 km par D 108 – ✉ **41800** :

XX **Relais d'Antan,** ✆ 54 86 61 33, Fax 54 86 62 08, 余 – GB
fermé 1er au 10 sept., vacances de fév., mardi soir et merc. – **R** 123/205, enf. 55.

PEUGEOT Gar. Hervio ✆ 54 85 02 40 N

MONTORY **64470** Pyr.-Atl. 85 ⑤ – 379 h alt. 264.

Paris 825 – Pau 57 – Mauléon-Licharre 17 – Oloron-Ste-Marie 22 – St-Jean-Pied-de-Port 56.

Aub. de L'Etable, ✆ 59 28 56 34, Fax 59 28 70 07, – ☎ ♿ P. GB. ch
fermé 13 au 20 nov. et 23 au 28 déc. – **R** 71/176 – ☐ 28 – **29 ch** 220/240 – ½ P 250.

MONTPELLIER P **34000** Hérault 83 ⑦ **G. Gorges du Tarn** – 207 996 h alt. 50.

Voir Vieux Montpellier★★ : hôtel de Varennes★ FY **M1**, hôtel des Trésoriers de la Bourse★ FY **X**, rue de l'Ancien Courrier★ EFY **4** – Promenade du Peyrou★★ : ≤★ de la terrasse supérieure AU – Musée Fabre★★ FY – Musée Atger★ (dans la faculté de médecine) EX.

Env. Parc zoologique de Lunaret★ 6 km par av. Bouisson-Bertrand ABT – Château de la Mogère★ E : 5 km par D 24 DU.

18 de Coulondres ✆ 67 84 13 75, 12 km par ⑦ ; 18 9 de Fontcaude à Juvignac ✆ 67 03 34 30, 9 km par ⑥ ; 18 de Massane à Baillargues ✆ 67 87 87 87, 13 km par ①.

✈ de Montpellier-Fréjorgues : Air France ✆ 67 92 12 11, SE par ③ : 7 km.

i Office de Tourisme 78 av. Pirée ✆ 67 22 06 16, au Triangle allée Tourisme ✆ 67 58 67 58 et Gare SNCF r. J.-Ferry ✆ 67 92 90 03 A.C. Hérault-Aveyron, 3 r. Maguelone ✆ 67 58 44 12.

Paris 759 ② – ♦Marseille 164 ② – ♦Nice 325 ② – Nîmes 51 ② – ♦Toulouse 241 ⑤.

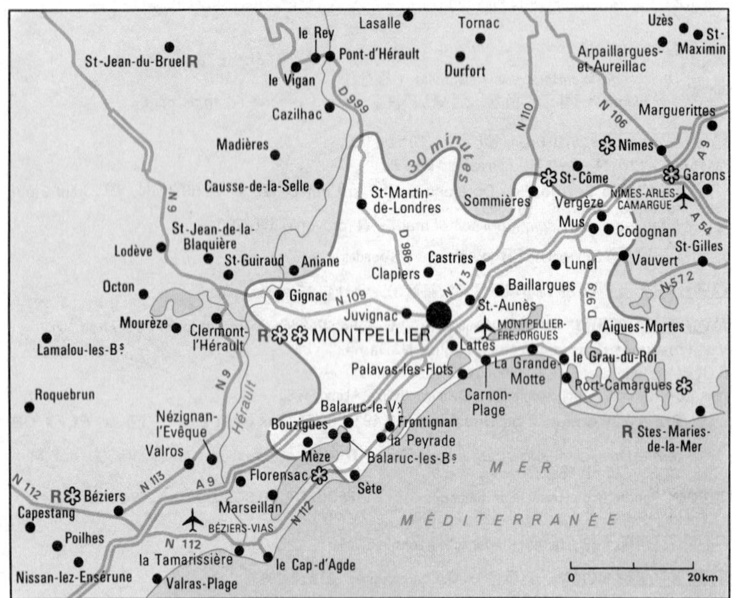

Métropole M, 3 r. Clos René ✆ 67 58 11 22, Télex 480410, Fax 67 92 13 02, 余, – |‡| ch ▤ TV ☎ – 40 à 70. AE ① GB JCB FZ **b**
R *(fermé sam. et dim.)* 180/200 – ☐ 55 – **81 ch** 580/640, 4 appart.

Pullman Antigone M, r. Pertuisanes ✆ 67 65 62 63, Télex 485875, Fax 67 65 17 50, 余, – |‡| ch ▤ TV ☎ ♿ – 130. AE ① GB CU **v**
R *(fermé sam. et dim.)* 100/160 – ☐ 75 – **88 ch** 575/675.

Mercure M, 285 bd de l'Aéroport International ✆ 67 20 63 63, Télex 485892, Fax 67 20 63 64, 余 – |‡| ch ▤ ☎ ♿ – 80. AE ① GB JCB DU **k**
R 90/200 – ☐ 56 – **108 ch** 490/560, 6 appart.

Sofitel M sans rest, au Triangle ✆ 67 58 45 45, Télex 480140, Fax 67 58 77 50 – |‡| ch TV ☎. AE ① GB JCB CU **h**
☐ 65 – **96 ch** 575.

Astron Suite Hôtel M sans rest, av. Pyrée ✆ 67 20 57 57, Fax 67 20 58 58, – ch DU **t**
77 – **23 ch** 350/480, 117 appart. 480/550.

Mercure-Altéa Antigone M, au Polygone ✆ 67 64 65 66, Télex 480362, Fax 67 22 22 21, – ch – 30 à 350. AE GB CU **a**
Lou Païrol *(fermé sam. midi et dim. midi)* **R** 85/175 enf. 50 – 55 – **115 ch** 425/570.

Noailles sans rest, 2 r. Ecoles-Centrales ✆ 67 60 49 80, Fax 67 66 08 26, « Demeure du 17e siècle » – AE GB JCB FY **t**
38 – **30 ch** 250/470.

Chevalier d'Assas M sans rest, 18 av. d'Assas ✆ 67 52 02 02, Fax 67 04 18 02, – AE GB AT **x**
57 – **14 ch** 440/580.

George V, 42 av. St-Lazare ✆ 67 72 35 91, Télex 480953, Fax 67 72 53 33 – AE GB CT **a**
R *(fermé dim.)* 98/118 – 35 – **39 ch** 360/470 – ½ P 360/380.

Gd. H. du Midi sans rest, 22 bd V. Hugo ✆ 67 92 69 61, Télex 490752, Fax 67 92 73 63 – ch – 30. AE GB JCB FZ **v**
48 – **47 ch** 395/620.

Princes M sans rest, pl. A. Gibert ✆ 67 58 93 94, Fax 67 92 21 63 – AE GB. FZ **n**
40 – **40 ch** 300/440.

Parc sans rest, 8 r. A. Bège ✆ 67 41 16 49, Fax 67 54 10 05 – AE GB BT **k**
40 – **19 ch** 230/350.

Guilhem sans rest, 18 r. J.-J. Rousseau ✆ 67 52 90 90, Fax 67 60 67 67 – AE GB EY **a**
47 – **33 ch** 330/550.

Ulysse M sans rest, 338 av. St Maur ✆ 67 02 02 30, Fax 67 02 16 50 – AE GB CT **f**
35 – **30 ch** 250/320.

Palais sans rest, 3 r. Palais ✆ 67 60 47 38, Fax 67 60 40 23 – GB EY **m**
38 – **26 ch** 220/360.

Relais Bleus M sans rest, 890 av. J. Mermoz-Antigone ✆ 67 64 88 50, Fax 67 64 04 15 – – 40. AE GB CU **z**
32 – **93 ch** 286/291.

Arceaux sans rest, 33 bd Arceaux ✆ 67 92 03 03, Fax 67 92 05 09 – GB AU **n**
32 – **18 ch** 230/320.

XXX ✿✿ **Jardin des Sens** (Pourcel), 11 av. St-Lazare ✆ 67 79 63 38, Fax 67 72 13 05, « Élégant décor contemporain » – AE GB JCB CT **e**
fermé 25 juil. au 15 août, 2 au 12 janv. et dim. – **R** (nombre de couverts limité, prévenir) 165 (déj.)/400 et carte 310 à 480
Spéc. Petits encornets farcis de ratatouille. Galette de cèpes, pommes de terre et jambon de pays. Colvert rôti, jus au vin de figues et zestes d'orange (sept. à mars). **Vins** Coteaux du Languedoc.

XXX ✿ **Chandelier** (Furlan), 3 r. A. Leenhardt ✆ 67 92 61 62 – AE GB FZ **s**
fermé lundi midi et dim. – **R** 130 (déj.)/350 et carte 290 à 390
Spéc. Fondants de tomate au coulis de poivrons. Ragoût de homard aux herbes en lasagnes. Croustade de pigeon et graines de couscous aux pruneaux. **Vins** Costières de Nîmes, Faugères.

XXX **Réserve Rimbaud,** quartier des Aubes, 820 av. St-Maur ✆ 67 72 52 53, <, parc, « Terrasse au bord du Lez » – AE GB. DT **e**
fermé mi-janv. à mi-fév., dim. soir et lundi – **R** carte 200 à 330.

XXX **Isadora,** 6 r. Petit Scel ✆ 67 66 25 23, – AE GB EY **n**
fermé sam. midi et dim. – **R** 120/180.

XX ✿ **L'Olivier** (Breton), 12 r. A. Olivier ✆ 67 92 86 28 – AE GB FZ **u**
fermé 15 au 31 août, dim., lundi et fériés – **R** (prévenir) 138/178 et carte 240 à 360
Spéc. Filets de rougets en tapenade. Safranée de filets de sole et cigale de mer. Friands tièdes à la mousse caramel et coulis d'abricots.

XX **Le Ménestrel,** pl. Préfecture ✆ 67 60 62 51, « Ancienne halle aux grains du 13e siècle » – GB EY **f**
fermé dim. et lundi – **Repas** 130, enf. 70.

XX **Castel Ronceray,** 71 av. Toulouse par ⑤ ✉ 34070 ✆ 67 42 46 30, – GB
fermé août, vacances de fév., lundi soir, dim. et fériés – **R** 165/200.

XX **Le Gourmandin,** 4 r. Adolphe Mion ✆ 67 65 15 69 – GB BV **r**
fermé août et dim. – **R** 135/235.

X **Le Louvre,** 2 r. Vieille ✆ 67 60 59 37 – GB FY **q**
fermé 23 mai au 15 juin, 25 au 31 oct., 28 fév. au 8 mars, dim. et lundi – **R** 130.

X **Le Pique Feu,** 40 av. St-Lazare ✆ 67 72 16 39, – GB CT **b**
fermé 15 au 31 août, 24 déc. au 1er janv., sam. midi et dim. – **R** 85/160, enf. 60.

MONTPELLIER

Polygone (Le) . . . . **CU**

Anatole-France (R.). . . . . . **BU** 3

Arceaux (Bd des) . . . . . . **AU** 6
Bazille (R. F.) . . . . **BCV** 12
Blum (R. Léon) . . . . **CU** 13
Broussonnet (R. A.). . . . . . **AT** 18
Chancel (Av.). . . . . **AT** 25
Citadelle (Allée). . . . . **CU** 26

Clapiès (R.) . . . . **AU** 28
Comte (R. A.) . . . . **AU** 29
Délicieux (R. B.). . . . . **CT** 31
Etats-du-Languedoc (Av.) **CU** 35
Fabre-de-Morlhon (Bd) . **BV** 36
Fg-Boutonnet (R.) . . . . . . **BT** 37

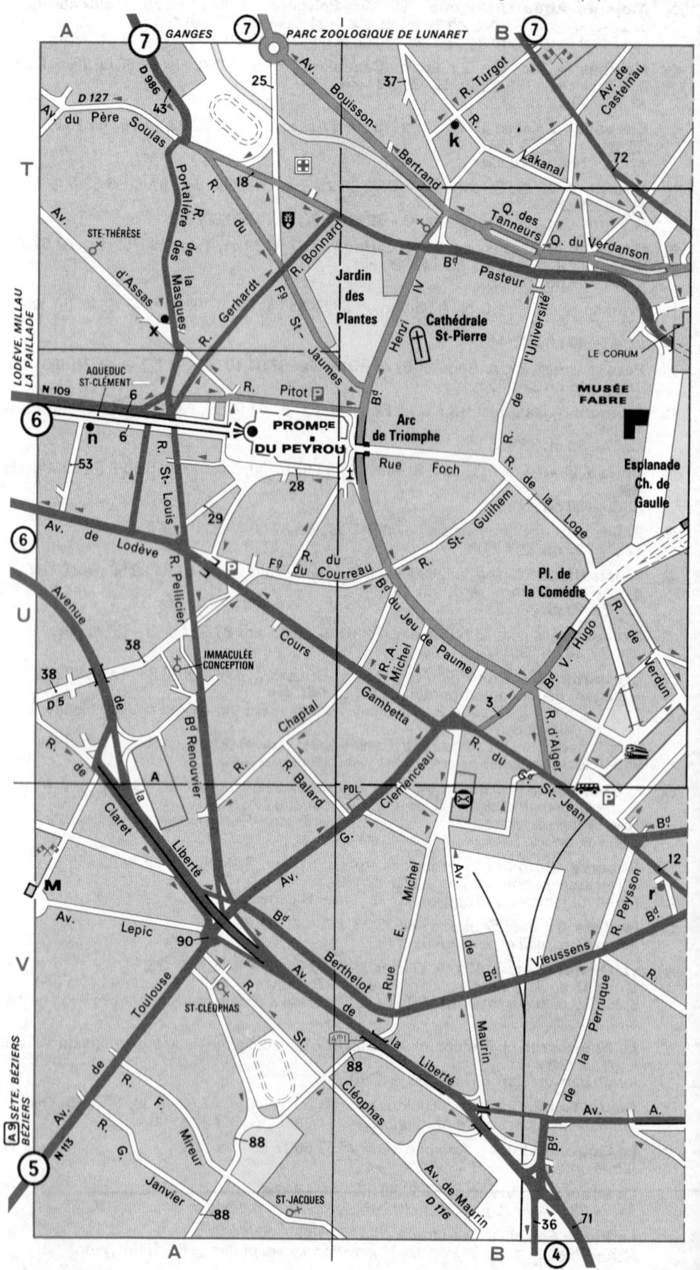

Fg-Figuerolles (R.) . . . . . **AU** 38
Fg-de-Nîmes (R.) . . . . . . **CT** 40
Flahault (Av. Ch.). . . . . . . **AT** 43
Fontaine-de-Lattes (R.) . **CU** 44
Henri-II-de-Montmorency (Allée) . **CU** 51

Hippolyte (R.) . . . . **AU** 53
Leclerc (Av. du Mar.) . . . **CV** 58
Ollivier (R. A.) . . . . **CU** 66
Pont-de-Lattes (R. du) . . . . **CU** 68
Pont-Juvénal (Av.). . . . **CDU** 69

Près-d'Arènes (Av. des) . **BV** 71
Proudhon (R.) . . . . **BT** 72
René (R. H.). . . . . **CV** 73
Villeneuve-d'Angoulême (Av.). . **ABV** 88
8-Mai-1945 (Pl. du). . . . . **AV** 90

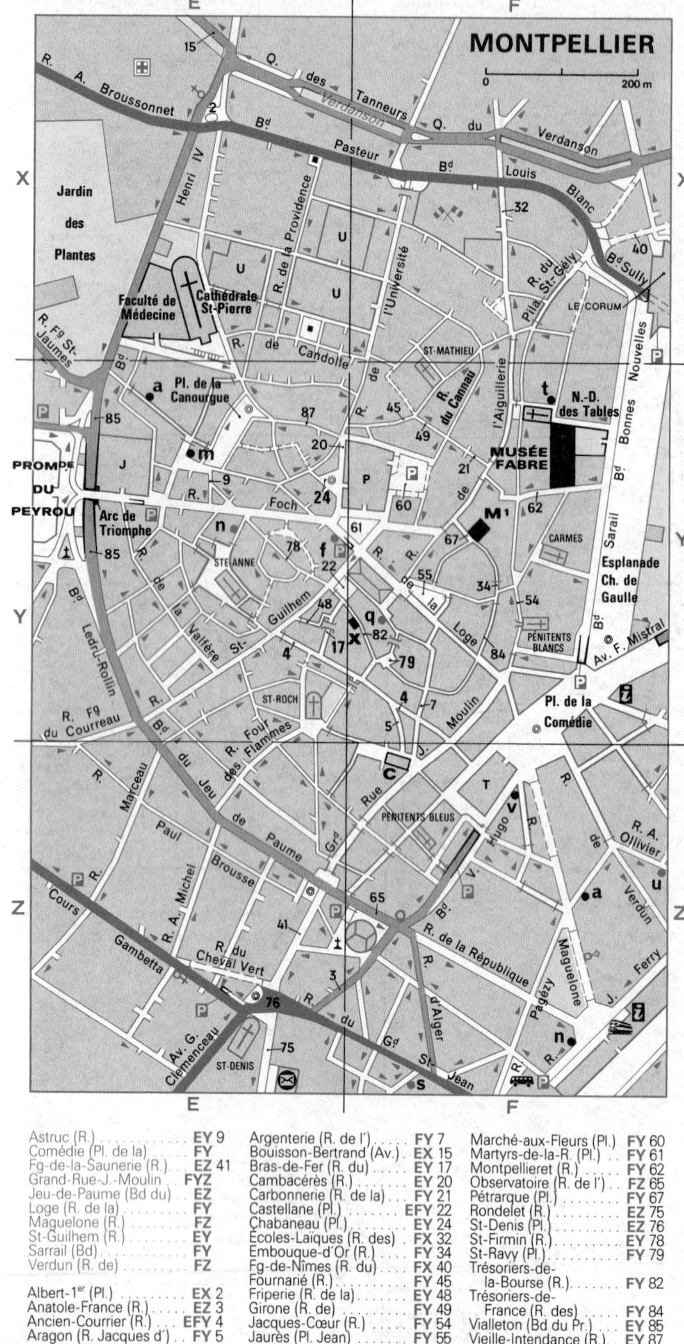

MONTPELLIER
0
200 m
E
F
X
Y
Z
R. A. Broussonnet
Q. des Tanneurs
Verdanson
Q. du Verdanson
Bd Pasteur
Bd Louis Blanc
Bd Sully
LE CORUM
Jardin des Plantes
Henri IV
R. de la Providence
l'Université
Faculté de Médecine
Cathédrale St-Pierre
R. Fg St-Jaumes
R. de Candolle
ST-MATHIEU
R. du St-Gely
Pila St-Gely
R. du Cannau
l'Aiguillerie
N.-D. des Tables
MUSÉE FABRE
Bd Bonnes Nouvelles
Pl. de la Canourgue
PROMDE DU PEYROU
Arc de Triomphe
R. Foch
ST-ANNE
CARMES
Esplanade Ch. de Gaulle
Bd Sarrail
R. de la Loge
St-Guilhem
PÉNITENTS BLANCS
Av. F. Mistral
Bd Ledru-Rollin
R. de la Valfère
R. Fg du Courreau
ST-ROCH
R. Four des Flammes
Pl. de la Comédie
Moulin
Bd du Jeu de Paume
Rue Grd
PÉNITENTS BLEUS
Hugo
R. A. Ollivier
R. de Verdun
R. Marceau
R. Paul Brousse
R. A. Michel
Cours Gambetta
R. du Cheval Vert
R. de la République
Maguelone
Pagézy
J. Ferry
R. d'Alger
R. du Gd St-Jean
Av. G. Clemenceau
ST-DENIS

à St-Aunès par ① : 9 km – ✉ **34130** :

Cetus M, N 113 ✆ 67 70 38 40, Fax 67 87 38 04, ☂, ℔, ⛱, ⛺ – |♦| ▤ TV ☎ ♿ P – 🏔 30. AE ◑ GB
R *(fermé dim. soir d'oct. à mars)* 80/250 – ☕ 35 – **50 ch** 290/350 – ½ P 320.

Le Millénaire par ② : 1 km – ✉ **34000** Montpellier :

Campanile, ✆ 67 64 85 85, Télex 485659, Fax 67 22 19 25, ☂ – |♦| ▤ rest TV ☎ ♿ P – 🏔 30. AE GB
R 80 bc/102 bc, enf. 39 – ☕ 29 – **82 ch** 268.

au Sud de l'échangeur A9-Montpellier-Est : 2 km sur D 66 – ✉ **34130** Mauguio :

Relais de Fréjorgues M, espace commercial Fréjorgues-Ouest ✆ 67 22 06 50, Télex 485652, Fax 67 22 37 63, ☂ – ▤ TV ☎ ♿ P – 🏔 25. AE GB
R *(fermé dim. midi et fériés midi)* 78/159 🍷, enf. 41 – ☕ 32 – **49 ch** 255 – ½ P 225.

à l'Est : 4 km par D 24 et D 172^{E} - DU – ✉ **34000** Montpellier :

Demeure des Brousses 🐦 sans rest, rte Vauguières ✆ 67 65 77 66, Fax 67 22 22 17, parc, « Demeure du 18ᵉ siècle dans un parc » – TV ☎ P. AE ◑ GB
fermé fév. – ☕ 50 – **17 ch** 390/600.

Le Mas, rte Vauguières ✆ 67 65 52 27, Fax 67 65 21 93, ☂ – P. AE ◑ GB
fermé 10 au 31 janv., lundi soir hors sais. et dim. soir – **R** 200/350, enf. 120.

rte de Carnon-Pérols par ③ : 6 km – ✉ **34470** Pérols :

Eurotel M, ZAC Le Fenouillet ✆ 67 50 27 27, Télex 485481, Fax 67 50 23 27, ☂, ⛱ – |♦| ▤ TV ☎ ♿ P – 🏔 40 à 100. AE ◑ GB
R 69/159 🍷, enf. 32 – ☕ 32 – **42 ch** 300/350 – ½ P 260.

à l'échangeur A9-Montpellier-sud par ④ : 2 km – ✉ **34000** Montpellier :

Novotel M, 125 bis av. Palavas ✆ 67 64 04 04, Télex 490433, Fax 67 65 40 88, ☂, ⛱ – |♦| ⇔ ch ▤ rest TV ☎ ♿ P – 🏔 25 à 200. AE ◑ GB
R carte environ 160, enf. 50 – ☕ 48 – **162 ch** 450/495.

Ibis M, 164 av. Palavas ✆ 67 58 82 30, Télex 480578, Fax 67 92 17 76, ☂ – |♦| ⇔ ch ▤ TV ☎ ♿ P – 🏔 25 à 100. AE GB
R 83, enf. 39 – ☕ 33 – **165 ch** 287/327.

à Lattes par ④ : 5 km – 10 203 h. – ✉ **34970** :

Le Mazerand, rte Fréjorgues CD 172 ✆ 67 64 82 10, ☂, « Terrasses ombragées ouvrant sur le parc » – ▤ P. AE ◑ GB
fermé sam. midi et lundi – **R** 120/300.

par ⑤ et N 112 : 6 km – ✉ **34430** St-Jean-de-Vedas :

Yan's M, Parc St Jean ✆ 67 47 07 45, Fax 67 47 16 90, ☂, ⛱ – ▤ TV ☎ ♿ P – 🏔 35. AE GB
R *(fermé dim.)* 90/135 🍷 – ☕ 35 – **40 ch** 315/360 – ½ P 270.

à l'échangeur A9 - St-Jean-de-Vedas par ⑤ et N 113 : 8 km – ✉ **34430** St-Jean-de-Vedas :

Relais St Jean, av. Condamine ✆ 67 69 01 11, Fax 67 69 19 51, ☂, ⛱ – |♦| ▤ TV ☎ ♿ P. AE ◑ GB
R *(fermé 24 au 29 déc.)* 90/230 🍷 – ☕ 35 – **50 ch** 265/305 – ½ P 230.

à Juvignac par ⑥ : 6 km – ✉ **34990** :

Golf H. de Fontcaude M 🐦, au golf NO : 3 km par rte de Millau et VO ✆ 67 03 34 10, Fax 67 03 34 51, ←, ☂, ⛱ – |♦| ▤ TV ☎ ♿ P – 🏔 40. AE GB
R *(fermé dim. soir)* 100/170 🍷, enf. 45 – ☕ 35 – **46 ch** 375/495 – ½ P 370/405.

rte de Ganges par ⑦ : 7 km :

Juvena M 🐦, ✉ 34000 Montpellier ✆ 67 04 25 10, Fax 67 54 57 52, ←, ☂ – |♦| ⇔ ch ▤ TV ☎ ♿ P. AE GB
R *(fermé sam. et dim.)* 150/220 – ☕ 60 – **21 ch** 390/440.

à Clapiers par ⑦ et D 65 : 8 km – ✉ **34830** :

Les Pins M 🐦, chemin Romarins ✆ 67 59 33 00, Fax 67 59 33 99, ←, ☂, « Dans une pinède », ℔, ⛱, 🎾 – |♦| cuisinette ▤ rest TV ☎ ♿ P – 🏔 50. AE GB
R 180/300 – ☕ 50 – **80 ch** 362/507.

au N : 5 km par D 17 – ✉ **34980** Montferrier-sur-Lez :

Confortel Louisiane, rte de Mende, rd-pt Agropolis ✆ 67 59 90 91, Fax 67 59 91 04, ☂ – cuisinette ▤ TV ☎ ♿ P – 🏔 50. AE GB
R 75/145 🍷, enf. 42 – ☕ 30 – **49 ch** 255/275, 6 studios.

MICHELIN, Agence régionale, 120 av. M.-Dassault à Castelnau-le-Lez par ① ✆ 67 79 50 79

ALFA-ROMEO, PORSCHE-MITSUBISHI Mourier, ZI, av. Mas-d'Argelliers ✆ 67 92 33 47
BMW Auto Méditerranée, ZI, 361 r. Industrie ✆ 67 92 97 29
CITROEN Succursale, 852 av. Mer, rte de Carnon DV ✆ 67 65 73 10
CITROEN Succursale, rte de Sète à St-Jean-de-Védas par ⑤ ✆ 67 69 03 30 **N** ✆ 67 92 22 18
FIAT SODAM Diffusion, Rte de Carnon à Boirargues ✆ 67 65 78 80
FORD Gar. Imbert, rte de Sète à St-Jean-de-Védas ✆ 67 42 46 22
FORD Fenouillet-Autom., Zone Com. Fenouillet, rte de Carnon à Pérols ✆ 67 50 34 20
LADA-SKODA Gar. Guitard, ZI Marché-Gare, r. Mas-St-Pierre ✆ 67 58 13 13
MERCEDES-BENZ SODIRA, ZA de l'Aube Rouge à Castelnau-le-Lez ✆ 67 79 40 50 **N** ✆ 23 72 11 08
NISSAN-VOLVO Auto Contrôle Clemenceau, r. Montels L'Église à Lattes ✆ 67 92 95 47
OPEL France-Auto, 56 av. Marché-Gare, ZI ✆ 67 92 63 74
OPEL France Auto, Parc de l'Aube Rouge à Castelnau-le-Lez ✆ 67 72 20 40
PEUGEOT-TALBOT Gds Gar. de l'Hérault, r. Industrie par ④ ✆ 67 06 25 25 **N** ✆ 05 44 24 24
RENAULT Paillade-Autos, av. de l'Europe par ⑥ ✆ 67 84 74 74 **N**
RENAULT Succursale, 700 r. de l'Industrie, ZI par av. des Prés d'Arènes BV ✆ 67 07 87 87 **N** ✆ 67 04 95 12
SEAT P.H.F., 500 av. de l'Europe à Castelnau-le-Lez ✆ 67 79 44 76
SEAT P.H.F. Auto, 1 678 av. de Toulouse ✆ 67 27 23 62
TOYOTA C.D.B., 1134 av. de l'Europe à Castelnau-le-Lez ✆ 67 79 41 71
V.A.G Montpellier-Autos-Sud, rd-pt Rieucoulon à St-Jean-de-Védas ✆ 67 07 83 83 **N** ✆ 67 92 22 18
V.A.G Cerf-Autos, 145 rte de Nîmes au Crès ✆ 67 70 50 00 **N** ✆ 05 00 24 24

Ⓜ Ayme Pneus, 49 av. de Toulouse ✆ 67 42 82 25
Ayme Pneus, 210 rte de Nimes au Cres ✆ 67 70 80 01
Ayme-Pneus, av. Mas-d'Argelliers, ZI ✆ 67 92 72 62
Escoffier-Pneus, 685 r. Industrie ✆ 67 92 00 30
Euromaster Piot Pneu, ZI av. Mas-d'Argelliers ✆ 67 92 05 93
Mendez Pneu, 18 r. St-Louis ✆ 67 58 54 50

MONTPINCHON **50** Manche 54 ⑫ ⑬ – rattaché à Coutances.

MONTPON-MÉNESTEROL **24700** Dordogne 75 ③ ⑬ – 5 481 h alt. 39.

Paris 533 – Bergerac 38 – Libourne 38 – Périgueux 56 – Ste-Foy-la-Grande 24.

Puits d'Or, 7 r. Carnot ✆ 53 80 33 07, – TV ☎. AE ⓓ GB
fermé dim. soir et lundi midi hors sais. – **R** 95/200 – ☕ 30 – **21 ch** 186/205 – ½ P 230.

à Ménesterol N : 1 km par D 708, D 730 et D 3^{E1} – ✉ **24700** Montpon-Ménesterol :

Aub. de l'Éclade, ✆ 53 80 28 64 – ▤. GB
fermé 15 au 31 mars, fin sept. au 15 oct., mardi soir et merc. – **Repas** 110/210, enf. 55.

CITROEN Montpon-Autom., 1 av. G.-Pompidou ✆ 53 80 31 00
PEUGEOT TALBOT Gar. Bonnet, 51 av. J. Moulin ✆ 53 80 33 57

Ⓜ Service du Pneu, 74 rte de Bordeaux ✆ 53 80 37 21

MONTRÉAL **32250** Gers 79 ⑬ **G. Pyrénées Aquitaine** – 1 221 h alt. 98.

Paris 732 – Agen 54 – Auch 57 – Condom 15 – Mont-de-Marsan 66 – Nérac 26.

Gare avec ch, S : 3 km par D 29 et voie privée ✆ 62 29 43 37, , ancienne gare au décor 1900, – ☎ P. AE ⓓ GB. ch
fermé 15 au 31 oct., janv., jeudi soir sauf juil.-août et vend. . – **R** 60/200 – ☕ 25 – **5 ch** 200 – ½ P 195.

MONTREDON **11** Aude 83 ⑪ – rattaché à Carcassonne.

MONTREDON-LABESSONNIÉ **81360** Tarn 83 ① – 2 111 h alt. 520.

Paris 746 – Albi 34 – Castres 21 – Lacaune 41 – ♦Toulouse 92.

Host. de Parc, ✆ 63 75 14 08, Fax 63 75 10 47, , – ☎. GB
fermé 15 janv. au 28 fév., dim. soir et lundi de nov. à avril – **R** 70/180 , enf. 43 – ☕ 26 – **22 ch** 160/260 – ½ P 195/230.

CITROEN Gar. Rahoux, ✆ 63 75 14 11

MONTRÉJEAU **31210** H.-Gar. 85 ⑳ **G. Pyrénées Aquitaine** – 2 857 h alt. 468.

Voir ⩽★.

Office de Tourisme pl. V.-Abeille ✆ 61 95 80 22.

Paris 842 – Bagnères-de-Luchon 38 – Auch 77 – Lannemezan 16 – St-Gaudens 14 – ♦Toulouse 104.

Leclerc, av. St-Gaudens ✆ 61 95 80 43, Fax 61 95 45 78, ⩽ Pyrénées – TV ☎ . AE GB
fermé 7 nov. au 5 déc. – **R** *(fermé dim. soir et lundi d'oct. à fin avril sauf vacances scolaires)* 90/140 – ☕ 25 – **19 ch** 110/280 – ½ P 185/240.

MONTREUIL SP **62170** P.-de-C. 51 ⑫ **G. Flandres Artois Picardie** (plan) – 2 450 h alt. 45.

Voir Site★ – Citadelle★ : ⩽★★ – Remparts★ – Mobilier★ de la chapelle de l'Hôtel-Dieu – Église St-Saulve★.

Office de Tourisme pl. Poissonnerie (15 avril-30 sept.) ✆ 21 06 04 27 et à la Mairie (1er oct.-14 avril) ✆ 21 06 01 33.

Paris 235 – ♦Calais 70 – Abbeville 42 – Arras 83 – Boulogne-sur-Mer 37 – ♦Lille 116 – St-Omer 56.

Château de Montreuil (Germain), chaussée Capucins 21 81 53 04, Fax 21 81 36 43, « Belle demeure dans un parc » – GB. ch
fermé 12 déc. au 5 fév., lundi d'oct. à avril et jeudi midi – **R** 270 bc (déj.)/380 bc et carte 300 à 430 – 60 – **13 ch** 660/900 – ½ P 690/835
Spéc. Foie gras de canard poêlé aux lentilles vertes. Barquettes de turbot montreuilloise. Grouse d'Ecosse (12 août au 31 oct.).

Bellevue, av. du 11 Novembre 21 06 04 19, Fax 21 81 01 94 – GB. rest
fermé 5 au 25 janv. – **R** 85/150 – 32 – **13 ch** 190/290 – ½ P 250/280.

France sans rest, 2 r. Coquempot 21 06 05 36, Fax 21 81 22 60 – GB.
fermé 15 déc. au 15 fév. – 40 – **15 ch** 180/350.

Le Darnetal avec ch, pl. Darnetal 62170 21 06 04 87 – GB. ch
fermé 28 juin au 8 juil., 4 au 14 oct., lundi soir (sauf juil.-août) et mardi – **R** 95/185 – 30 – **4 ch** 200/300.

à La Madelaine-sous-Montreuil O : 2,5 km par D 917 et D 139 – **62170** Madelaine-sous-Montreuil :

Aub. La Grenouillère (Gauthier) avec ch, 21 06 07 22, Fax 21 86 36 36, – GB. ch
fermé 15 déc. au 15 janv., vacances de fév., mardi sauf juil.-août et merc. – **R** 130 (déj.)/330 et carte 270 à 375 – 40 – **4 ch** 300/500
Spéc. Cuisses de grenouilles des Dombes. Fricassée de caille aux écrevisses (juil. à sept.). Crêpes Suzette.

à Attin NO : 5 km par N 39 – **62170** :

Bon Accueil, 21 06 04 21 – GB
fermé 16 août au 6 sept., vacances de fév., merc. soir de sept. à avril, dim. soir et lundi – **R** 80 bc/188, enf. 65.

Pneus Lagrange, à St-Justin 21 06 09 97

MONTREUIL 93 Seine-St-Denis 56 ⑪, 101 ⑰ – voir à Paris, Environs.

MONTREUIL-BELLAY 49260 M.-et-L. 67 ⑧ G. Châteaux de la Loire (plan) – 4 041 h alt. 54.

Voir Château★★ – Site★.

Syndicat d'Initiative r. du Marché (mai-sept.) 41 52 32 39 et à la Mairie (hors saison) 41 52 33 86.

Paris 326 – Angers 50 – Châtellerault 73 – Chinon 39 – Cholet 59 – Poitiers 82 – Saumur 15.

Splendid (annexe Relais du Bellay), r. Dr Gaudrez 41 53 10 00, Fax 41 52 45 17 – – 30. GB
R *(fermé dim. soir du 15 oct. au 1er avril)* 70/230, enf. 35 – 40 – **60 ch** 190/350 – ½ P 260/340.

MONTREUIL-L'ARGILLÉ 27390 Eure 55 ⑭ – 706 h alt. 172.

Paris 159 – L'Aigle 25 – Argentan 50 – Bernay 21 – Évreux 56 – Lisieux 32 – Vimoutiers 27.

Aub. de la Truite, 32 44 50 47, « Collection d'orgues de Barbarie » – GB
fermé 20 janv. au 15 fév., mardi soir et merc. – **R** 79/180.

MONTREVEL-EN-BRESSE 01340 Ain 70 ⑫ – 1 973 h alt. 230.

Paris 397 – Mâcon 24 – Bourg-en-Bresse 17 – Pont-de-Vaux 22 – St-Amour 24 – Tournus 34.

Léa (Monnier), 74 30 80 84, Fax 74 30 85 66 – GB
fermé juil., 24 déc. au 20 janv., dim. soir, fériés le soir et merc. – **R** (nombre de couverts limité-prévenir) 150/320 et carte 230 à 370
Spéc. Gâteau de foies blonds au coulis d'écrevisses. Suprême de volaille de Bresse aux morilles. Marquise au chocolat amer. **Vins** Montagnieu, Seyssel.

CITROEN Gar. Berret 74 30 80 06
FIAT-LANCIA Gar. Roux 74 25 45 46
PEUGEOT-TALBOT Petit 74 30 82 22

MONTRICHARD 41400 L.-et-Ch. 64 ⑯ ⑰ G. Châteaux de la Loire – 3 786 h alt. 68.

Voir Donjon★ : ★★.

Office de Tourisme r. Pont (Pâques-sept.) 54 32 05 10.

Paris 219 – Tours 42 – Blois 35 – Châteauroux 84 – Châtellerault 88 – Loches 32 – Vierzon 74.

Château de la Menaudière M, NO : 2,5 km par rte Amboise D 115 54 32 02 44, Télex 751246, Fax 54 71 34 58, <, parc, – – 25. GB. rest
mars-nov. et fermé dim. soir et lundi du 15 oct. au 30 nov. sauf fériés – **R** 190/300, enf. 120 – 55 – **25 ch** 380/720 – ½ P 505/715.

Tête Noire, 24 r. Tours 54 32 05 55, Fax 54 32 78 37 – GB
fermé 3 janv. au 1er fév. – **R** 95/250 – 34 – **38 ch** 190/315 – ½ P 273/340.

Bellevue, quai du Cher 54 32 06 17, Télex 751673, Fax 54 32 48 06, < – rest GB
R 80/240 – 33 – **29 ch** 275/375 – ½ P 280/315.

Croix blanche M sans rest, 64 r. Nationale 54 32 30 87 – GB
20 mars-2 nov. – 25 – **19 ch** 225/305.

à Chissay en Touraine O : 4 km par N 76 – ✉ **41400** :

Château de Chissay ⛰, ✆ 54 32 32 01, Télex 750393, Fax 54 32 43 80, ≤, 🌳, « Château du 15ᵉ siècle, parc, ⛱ » – |♦| ☎ 🅿. AE ⓓ GB. ✻ rest
fermé 5 janv. au 1ᵉʳ mars – **R** 165/295 – ☕ 65 – **24 ch** 650/1000, 7 appart. – ½ P 620/700.

CITROEN Giraudon ✆ 54 32 15 33 PEUGEOT-TALBOT Ferrand ✆ 54 32 00 61

MONTRICOUX **82800** T.-et-G. 79 ⑱ ⑲ **G. Périgord Quercy** – 909 h alt. 105.

Voir Bruniquel : site★, vieux bourg★, château ≤★ SE : 5 km.

Paris 635 – Cahors 47 – Gaillac 35 – Montauban 24 – Villefranche-de-Rouergue 57.

Relais du Postillon, S : 0,5 km par D 964 ✆ 63 67 23 58, 🌳, 🏞 – 🅿. GB. ✻
fermé 15 au 30 nov., vend. soir et sam. midi du 15 sept. au 30 juin – **R** 70/180 🍷, enf. 35 – ☕ 22 – **11 ch** 100/175 – ½ P 200/240.

MONTROC-LE-PLANET **74** H.-Savoie 74 ⑨ – rattaché à Argentière.

MONTROND-LES-BAINS **42210** Loire 73 ⑱ **G. Vallée du Rhône** – 3 627 h alt. 356 – Stat. therm. (mars-nov.) – Casino.

Paris 499 – ♦St-Étienne 28 – ♦Lyon 62 – Montbrison 12 – Roanne 49 – Thiers 81.

✿✿ **Host. La Poularde** (Etéocle), ✆ 77 54 40 06, Télex 307002, Fax 77 54 53 14, 🏞 – ⇆ ch ▤ rest 📺 ☎ 🚗 – 🏛 40. AE ⓓ GB JCB
fermé 2 au 15 janv., mardi midi et lundi – **R** (dim. prévenir) 180/490 et carte 380 à 550 – ☕ 60 – **11 ch** 300/480, 3 duplex.
Spéc. Filet de bar étuvé aux ravioles d'écrevisses. Suprême de poulette fermière cuit à l'os. Charolais en papillote au jus de viande. **Vins** Condrieu, Saint-Joseph.

XXX **Vieux Logis,** 4 rte Lyon ✆ 77 54 42 71, 🌳 – GB
fermé 1ᵉʳ au 15 sept., vacances de fév., dim. soir et lundi – **R** 100/350, enf. 60.

CITROEN Protière ✆ 77 54 44 28 RENAULT Décultieux ✆ 77 54 41 32

MONTROUGE **92** Hauts-de-Seine 60 ⑩, 101 ㉕ – voir à Paris, Environs.

MONT-ST-AIGNAN **76** S.-Mar. 55 ⑥ – rattaché à Rouen.

Le MONT-ST-MICHEL **50116** Manche 59 ⑦ **G. Normandie Cotentin, G. Bretagne** – 72 h alt. 154.

Voir Abbaye★★★ – Remparts★★ – Grande-Rue★ – Jardins de l'abbaye★ – Musée historique : coqs de montres★ – le Mont est entouré d'eau aux pleines mers des grandes marées.

ℹ Office de Tourisme Corps de Garde des Bourgeois ✆ 33 60 14 30.

Paris 363 – St-Malo 53 – Alençon 135 – Avranches 22 – Dinan 55 – Fougères 47 – ♦Rennes 66.

Saint Pierre et Logis du Chapeau Blanc, ✆ 33 60 14 03, Télex 772094, Fax 33 48 59 82, ≤, 🌳 – 📺 ☎. AE GB
1ᵉʳ mars-30 nov. – **R** 84/250, enf. 48 – ☕ 47 – **21 ch** 520/580 – ½ P 415/470.

XX **Mouton Blanc** avec ch, ✆ 33 60 14 08, Fax 33 60 05 62, 🌳 – ☎. GB
fermé mi-nov. à début fév. et merc. d'oct. à mai – **R** 90/260, enf. 55 – ☕ 45 – **22 ch** 220/500.

à la Digue S : 2 km sur D 976 :

Relais du Roy, ✆ 33 60 14 25, Télex 170561, Fax 33 60 37 69 – 📺 ☎ ♿ 🅿. AE GB. ✻ ch
27 mars-30 nov. – **R** 85/240, enf. 45 – ☕ 39 – **27 ch** 308/385 – ½ P 341/385.

Digue, ✆ 33 60 14 02, Télex 170157, Fax 33 60 37 59, ≤ – ▤ rest 📺 ☎ 🅿. AE ⓓ GB JCB. ✻ ch
1ᵉʳ avril-15 nov. – **R** 85/220, enf. 48 – ☕ 50 – **35 ch** 310/420 – ½ P 350/400.

à Beauvoir S : 4 km par D 976 – ✉ **50170** Pontorson :

Beauvoir, ✆ 33 60 09 39, Fax 33 48 59 65, 🌳 – 📺 ☎ 🅿. GB
15 fév.-15 nov. – **R** 85/230, enf. 50 – ☕ 38 – **18 ch** 255/350.

au Sud : 5,5 km sur D 976 – ✉ **50170** Moidrey :

XX **Au Vent des Grèves,** ✆ 33 60 01 63, 🌳 – 🅿. GB
fermé 15 janv. au 15 fév., mardi soir et merc. sauf vacances scolaires – **R** 95/285, enf. 65.

MONTSALVY **15120** Cantal 76 ⑫ **G. Auvergne** – 970 h alt. 800.

Voir Puy-de-l'Arbre ✷★ NE : 1,5 km.

ℹ Office de Tourisme ✆ 71 49 21 43.

Paris 604 – Aurillac 32 – Rodez 61 – Entraygues-sur-Truyère 14 – Figeac 55.

Nord, ✆ 71 49 20 03, Fax 71 49 29 00 – 📺 ☎ 🅿. AE ⓓ GB JCB
1ᵉʳ avril-31 déc. – **Repas** 80/250, enf. 38 – ☕ 35 – **26 ch** 160/315 – ½ P 230/275.

X **Aub. Fleurie** avec ch, ✆ 71 49 20 02 – GB
fermé 15 janv. au 15 fév. – **R** 50/175 🍷, enf. 30 – ☕ 25 – **11 ch** 120/160 – ½ P 133/153.

PEUGEOT-TALBOT Cazal ✆ 71 49 26 65 N ✆ 71 47 80 56 RENAULT Lacombe ✆ 71 49 20 27 N

MONTSAUCHE-LES-SETTONS 58230 Nièvre 65 ⑯ G. Bourgogne – 714 h alt. 650.

Voir Lac des Settons★ SE : 5 km.

Paris 257 – Autun 41 – Avallon 40 – Château-Chinon 24 – Clamecy 56 – Nevers 88 – Saulieu 25.

Idéal, ✆ 86 84 51 26, – ☎ P. GB. ch
vacances de printemps-4 nov. – **R** 75/150 – ☕ 30 – **15 ch** 200/275 – ½ P 200/235.

CITROEN Bouché-Pillon ✆ 86 84 52 26

MONT-SAXONNEX 74130 H.-Savoie 74 ⑦ G. Alpes du Nord – 880 h alt. 997 – Sports d'hiver : 1 100/1 570 m ⛷7.

Voir Église ✳★★ 15 mn.

🅸 Syndicat d'Initiative le Bourgeal (saison) ✆ 50 96 97 27.

Paris 569 – Chamonix-Mont-Blanc 51 – Thonon-les-Bains 57 – Annecy 52 – Bonneville 11 – Cluses 10,5 – Megève 35 – Morzine 38.

Jalouvre ⛰, ✆ 50 96 90 67, ≤, – ☎ P. GB. rest
fermé 3 au 31 mai, 15 sept. au 1ᵉʳ nov. et merc. hors sais. – **R** 84/137 , enf. 37 – ☕ 28 – **14 ch** 125/220 – ½ P 220/240.

Les MONTS-DE-VAUX 39 Jura 70 ④ – rattaché à Poligny.

MONTSOREAU 49730 M.-et-L. 64 ⑫ ⑬ G. Châteaux de la Loire – 561 h alt. 36.

Voir ✳★★ – Église★ de Candes-St-Martin SE : 1,5 km.

Paris 294 – Angers 60 – Châtellerault 66 – Chinon 18 – Poitiers 80 – Saumur 11 – ◆Tours 56.

Bussy et Diane de Méridor, ✆ 41 51 70 18, Fax 41 38 15 93, ≤, – P. GB
hôtel : fermé 15 déc. au 31 janv. et mardi d'oct. à mai – **R** *(fermé 15 déc. au 31 janv., lundi soir d'oct. à mai et mardi sauf le soir en juil.-août)* 80/230, enf. 50 – ☕ 35 – **15 ch** 140/320 – ½ P 240/300.

Loire avec ch, ✆ 41 51 70 06, – ☎ P. GB.
fermé 15 janv. au 15 mars, jeudi soir et vend. hors sais. – **R** 76/155 – ☕ 28 – **14 ch** 155/250.

MOOSCH 68690 H.-Rhin 66 ⑧ ⑨ G. Alsace Lorraine – 1 906 h alt. 395.

Paris 451 – ◆Mulhouse 27 – Colmar 48 – Gérardmer 41 – Thann 7 – Le Thillot 30.

Aux Trois Rois avec ch, ✆ 89 82 34 66, – P. GB
fermé 17 nov. au 1ᵉʳ déc., 17 janv. au 16 fév. – **R** *(fermé mardi soir et merc.)* 58/230 , enf. 40 – ☕ 35 – **6 ch** 250/300 – ½ P 260.

V.A.G Sovra, à Fellering ✆ 89 82 63 90 🅽

Les localités dont les noms sont soulignés de rouge sur les cartes Michelin à 1/200 000 sont citées dans ce guide. Utilisez une carte récente pour profiter de ce renseignement.

MORANGIS 91 Essonne 61 ①, 101 ㉟ – voir à Paris, Environs.

MORBIER 39400 Jura 70 ⑮ – 1 964 h alt. 823.

Paris 454 – Champagnole 30 – Lons-le-Saunier 55 – Morez 3 – Pontarlier 60 – Saint-Claude 25.

L'Escale Jurassienne, N 5 ✆ 84 33 41 82, Fax 84 33 44 70, – AE ⓓ GB
fermé 28 avril au 10 mai, 26 juil. au 3 août, dim. soir et lundi – **R** 75/250, enf. 55.

MORCENX 40110 Landes 78 ⑤ – 4 332 h alt. 74.

Paris 699 – Mont-de-Marsan 40 – Bayonne 88 – ◆Bordeaux 110 – Mimizan 36.

Bellevue, rte Sabres ✆ 58 07 85 07, – TV ☎ P. GB.
fermé 25 déc. au 10 janv. et weed-ends d'oct. à Pâques – **R** 87/170 , enf. 47 – ☕ 32 – **21 ch** 295/475 – ½ P 260/335.

RENAULT Gar. Samson, à Garrosse ✆ 58 07 81 09 🅽

MORESTEL 38510 Isère 74 ⑭ G. Vallée du Rhône – 2 972 h alt. 214.

Paris 499 – Bourg-en-Bresse 68 – Chambéry 49 – ◆Grenoble 68 – ◆Lyon 60 – La Tour-du-Pin 15.

France M, Gde rue ✆ 74 80 04 77, Fax 74 33 07 47 – TV ☎ – 30. AE GB
fermé dim. soir et lundi midi – **R** 105/360, enf. 80 – ☕ 35 – **11 ch** 245/400 – ½ P 230/260.

Servothel, N 75 ✆ 74 80 06 22, Fax 74 80 25 89, – TV ☎ P. AE GB
R grill *(fermé 21 déc. au 3 janv. et lundi midi)* 52/120 , enf. 30 – ☕ 25 – **20 ch** 140/220 – ½ P 150/170.

La Grille, N 75 ✆ 74 80 02 88 – P. AE GB
fermé 24 déc. au 3 janv., vend. soir et sam. midi sauf juil.-août – **R** 70/180 , enf. 50.

PEUGEOT-TALBOT Grégot, les Avenières ✆ 74 33 60 10 🅽
RENAULT Lavalette ✆ 74 80 07 54
RENAULT Gar. du Parc, les Avenières ✆ 74 33 61 30 🅽

Norda-Pneu ✆ 74 80 24 82

MORET-SUR-LOING 77250 S.-et-M. 61 ⑫ 106 ㊻ G. Ile de France (plan) – 4 174 h alt. 70.

Voir Site★.

Office de Tourisme pl. Samois ✆ (1) 60 70 41 66.

Paris 75 – Fontainebleau 10 – Melun 26 – Montereau-Faut-Yonne 11 – Nemours 16 – Sens 43.

Aub. de la Terrasse, 40 r. Pêcherie ✆ (1) 60 70 51 03, Fax (1) 60 70 51 69, ← – TV ☎. GB
R *(fermé dim. soir et lundi)* 98/190, enf. 60 – ☐ 33 – **20 ch** 195/370 – ½ P 265/325.

XX **Aub. de la Palette,** av. J. Jaurès ✆ (1) 60 70 50 72 – GB
fermé mardi soir et merc. – **R** 92/258, enf. 50.

à Veneux-les-Sablons O : 3,5 km – 4 298 h. – ✉ 77250 :

XX **Pavillon Bon Abri,** av. Fontainebleau ✆ (1) 60 70 55 40, Fax 64 31 12 27 – GB
fermé mardi soir, merc. soir et jeudi soir de janv. à mars, dim. soir et lundi – **R** 99/225, enf. 60.

MOREZ 39400 Jura 70 ⑮ G. Jura (plan) – 6 957 h alt. 702.

Voir Site★ – La Roche au Dade ←★ 30 mn – O : Gorges de la Bienne★.

de Beauregard à Longchaumois, S : 15 km par D 69.

Office de Tourisme pl. J.-Jaurès ✆ 84 33 08 73.

Paris 457 – Bourg-en-B. 99 – Champagnole 33 – ♦Genève 50 – Lons-le-Saunier 58 – Pontarlier 63.

Poste, 165 r. République ✆ 84 33 11 03, Fax 84 33 09 23, – ☎ . AE GB
fermé 15 déc. au 15 janv. – **R** *(fermé sam. hors sais. sauf fériés)* 90/300 – ☐ 28 – **40 ch** 120/280 – ½ P 180/250.

CITROEN Lambert, 2 r. V.-Poupin ✆ 84 33 06 72
FORD Gar. Raguin, 144 r. République ✆ 84 33 04 48
PEUGEOT Ganeval, 34 bis r. de la République ✆ 84 33 03 55 N ✆ 84 35 94 06
RENAULT Morez-Autom., 74 r. République ✆ 84 33 14 70 N ✆ 84 35 93 74
CARRONNIER 23 r. de la République ✆ 84 33 16 24
Jura-Pneu, 17 r. Lamartine ✆ 84 33 19 97

MORGAT 29 Finistère 58 ⑭ G. Bretagne – ✉ 29160 Crozon.

Voir Phare ←★ – Grandes Grottes★.

Office de Tourisme bd de la Plage (saison) ✆ 98 27 07 92 et à Crozon Ancienne Mairie, pl. Église (oct.-mai matin seul.) ✆ 98 27 29 49.

Paris 583 – Quimper 55 – ♦Brest 60 – Châteaulin 36 – Douarnenez 46 – Morlaix 80.

Ville d'Ys , ✆ 98 27 06 49, Fax 98 26 21 88, ← – ☎ P. GB.
Pâques-30 sept. – **R** *(fermé le midi sauf dim. et fêtes)* 100/220, enf. 68 – ☐ 35 – **42 ch** 240/385 – ½ P 240/325.

Julia , ✆ 98 27 05 89, – ☎ P. AE GB. rest
fermé 11 nov. au 23 déc., 4 janv. au 20 fév. et lundi hors sais. – **R** 75/275, enf. 45 – ☐ 28 – **22 ch** 150/260 – ½ P 210/270.

XX **Le Roof,** ✆ 98 27 08 40, – GB
fermé 2 au 30 nov. et lundi hors sais. – **R** 98/195, enf. 50.

MORIÈRES-LÈS-AVIGNON 84 Vaucluse 81 ⑫ – rattaché à Avignon.

MORILLON 74 H.-Savoie 74 ⑧ – rattaché à Samoëns.

MORLAAS 64160 Pyr.-Atl. 85 ⑦ G. Pyrénées Aquitaine – 3 094 h alt. 295.

Paris 768 – Pau 11,5 – Tarbes 38.

Glisia, ✆ 59 33 41 12, – TV ☎ P. GB
fermé 19 au 31 juil. – **R** *(fermé sam. midi et dim.)* 60/85 – ☐ 23 – **20 ch** 90/200 – ½ P 135/175.

XX **Le Bourgneuf,** ✆ 59 33 44 02 – P. AE GB
fermé 10 au 31 oct., dim. soir et lundi – **R** 55/230 , enf. 50.

CITROEN Gar. Saubade ✆ 59 33 40 09 N
RENAULT Gar. du Bourg-Neuf, à St-Jammes ✆ 59 33 41 44

MORLAIX SP 29600 Finistère 58 ⑥ G. Bretagne – 16 701 h alt. 61.

Voir Viaduc★ ABY – Grand'Rue★ BZ – Maison "de la Reine Anne" : intérieur★ BZ **B** – Vierge★ dans l'église St-Mathieu BZ – Musée★ BZ **M.**

Env. Calvaire★★ de Plougonven SE : 12 km par D 9 BZ.

✆ 98 63 25 98, E : 4 km par ②.

Office de Tourisme pl. Otages ✆ 98 62 14 94.

Paris 536 ② – ♦Brest 58 ③ – Quimper 76 ③ – St-Brieuc 83 ②.

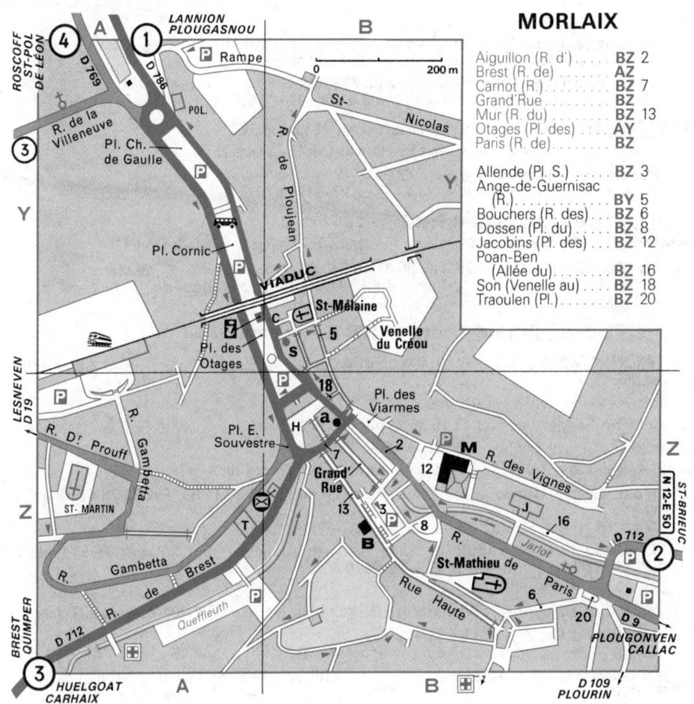

Europe, 1 r. Aiguillon ✆ 98 62 11 99, Télex 941676, Fax 98 88 83 38 – 🛗 TV ☎ – 🏋 35. AE ⓓ GB. ✗ rest — BZ **a**
R 130/190, enf. 50 - **Le Lof** ✆ 98 88 81 15 **R** 79 🍷 – ☕ 35 – **58 ch** 235/350 – ½ P 250/320.

Fontaine sans rest, ZA la Boissière par ① et rte Lannion : 3 km ✆ 98 62 09 55, Fax 98 63 82 51 – ☎ ♿ 🅟. GB
fermé 23 déc. au 16 janv. – ☕ 33 – **38 ch** 310/330.

Les Bruyères sans rest, par ② : 3 km sur D 712 ✆ 98 88 08 68, Fax 98 88 66 54, 🌳 – TV ☎ 🅟. GB
fermé 15 déc. au 15 janv. – ☕ 28 – **32 ch** 220/250.

Minimote St-Martin M sans rest, au Ctre Com. St-Martin par r. de la Villeneuve AY O : 3 km ✉ 29210 ✆ 98 88 35 30, Fax 98 63 33 99 – TV ☎. AE ⓓ GB
fermé 20 déc. au 5 janv. – ☕ 32 – **22 ch** 245/335.

Marée Bleue, 3 rampe St Mélaine ✆ 98 63 24 21 – GB — BY **s**
fermé mi-nov. à mi-déc., vacances de fév., dim. soir de sept. à juin et lundi – **R** 73/235 🍷.

à St-Antoine par ① et D 46 : 9 km – ✉ 29252 :

Menez M 🐚 sans rest, ✆ 98 67 28 85, ≤, « Jardin » – ☎ 🅟. ✗
1er juin-12 sept. – ☕ 25 – **10 ch** 255.

BMW Style Autom., Rte de Paris Croix Rouge ✆ 98 63 30 30
CITROEN SOMODA, bd St-Martin à St-Martin-des-Champs par r. de la Villeneuve AY ✆ 98 62 09 68 N ✆ 98 88 05 74
FORD Gar. Bourven, rte de Paris, La Roseraie ✆ 98 88 18 02
HONDA-SEAT Gar. Morlaix, ZA la Boissière ✆ 98 63 37 37
NISSAN Gar. Allain, ZI de Keriven à St-Martin-des-Champs ✆ 98 88 06 16
PEUGEOT-TALBOT Gar. de Bretagne, La Croix Rouge, rte de Paris par ② ✆ 98 62 03 11
RENAULT Gar. Huitric, La Croix Rouge, rte de Paris par ② ✆ 98 62 04 22
V.A.G Gar. Beyou, à St-Martin-des-Champs, rte de Plouvorn ✆ 98 88 23 80

Ⓜ Simon-Pneus, rte de St-Sève à St-Martin-des-Champs ✆ 98 88 01 43

MORNAC-SUR-SEUDRE 17113 Char.-Mar. 71 ⑭ ⑮ G. Poitou Vendée Charentes – 640 h alt. 5.

Paris 505 – Royan 12 – Marennes 24 – Rochefort 36 – La Rochelle 70 – Saintes 39.

Mornac sans rest, r. des Halles ✆ 46 22 63 20 – TV ☎. GB
fermé 5 janv. au 15 mars – ☕ 30 – **9 ch** 280.

XX **La Gratienne,** rte Breuillet ✆ 46 22 73 90, « Jardin fleuri » – Ⓟ. GB
4 avril-30 sept. et fermé merc. et jeudi sauf juil.-août – **R** 160/300.

X **La Colombière,** r. du Port ✆ 46 22 62 22 – GB
Pâques-fin sept. et fermé mardi sauf juil.-août – **R** 105/220, enf. 48.

MORNANT **69440** Rhône 74 ⑪ G. Vallée du Rhône – 3 900 h alt. 367.
Paris 481 – ♦Lyon 27 – ♦St-Étienne 36 – Givors 10 – Rive-de-Gier 13 – Vienne 22.

Poste, ✆ 78 44 00 40 – ☎. GB
R *(fermé dim. soir et lundi)* 80/240 – 27 – **12 ch** 150/280 – ½ P 220/280.

MORNAS **84550** Vaucluse 81 ① G. Provence – 2 087 h alt. 38.
Paris 649 – Avignon 40 – Bollène 10 – Montélimar 44 – Nyons 45 – Orange 12 – Pont-St-Esprit 13.

Le Manoir, ✆ 90 37 00 79, Fax 90 37 10 34, – ch ☎ Ⓟ. AE GB
fermé 12 nov. au 8 déc., 10 janv. au 12 fév., dim. soir et lundi du 15 sept. au 15 juin – **R** 130/175, enf. 50 – 45 – **25 ch** 250/385 – ½ P 310.

MORSANG-SUR-ORGE **91** Essonne 61 ①, 101 ㊱ – voir à Paris, Environs.

MORTAGNE-AU-PERCHE **61400** Orne 60 ④ G. Normandie Vallée de la Seine (plan) – 4 584 h alt. 255.
Voir Boiseries★ de l'église N.-Dame.
18 de Bellême-St-Martin ✆ 33 73 15 35, S par D 938 : 17 km.
Office de Tourisme pl. Gén.-de-Gaulle ✆ 33 85 11 18.
Paris 156 – Alençon 38 – Chartres 80 – Lisieux 85 – ♦Le Mans 71 – Verneuil-sur-Avre 39.

XX **Host. Genty-Home** avec ch, 4 r. Notre Dame ✆ 33 25 11 53, Fax 33 25 41 38 – TV ☎. GB
R 77/169, enf. 55 – 35 – **7 ch** 240/295 – ½ P 210/250.

Château des Carreaux sans rest, rte Alençon : 5,5 km par D 912 et N 12 ✆ 33 25 02 00, parc – TV ☎ Ⓟ – 25. GB
35 – **5 ch** 315/445.

au Pin-la-Garenne S : 9 km par rte Bellême sur D 938 – ✉ **61400** Mortagne-au-Perche :

XX **La Croix d'Or,** ✆ 33 83 80 33 – Ⓟ. GB
fermé 10 fév. au 1er mars, mardi soir et merc. – **R** 75/190, enf. 45.

CITROEN Seram, à St-Langis-lès-Mortagne ✆ 33 25 06 66
FORD Gd Gar. du Panorama ✆ 33 25 37 45
PEUGEOT-TALBOT Gar. du Valdieu, à St-Langis-lès-Mortagne ✆ 33 25 27 00 N ✆ 33 29 22 22
RENAULT Perche-Autom. ✆ 33 25 21 45
V.A.G Poirier, N 12, Gaillons à St-Hilaire-le-Châtel ✆ 33 25 30 88

MORTAGNE-SUR-GIRONDE **17120** Char.-Mar. 71 ⑥ G. Poitou Vendée Charentes – 972 h alt. 51.
Voir Chapelle★ de l'Ermitage St-Martial S : 1,5 km.
Paris 509 – Royan 30 – Blaye 52 – Jonzac 30 – Pons 25 – La Rochelle 98 – Saintes 38 – Saujon 30.

Aub. de la Garenne, ✆ 46 90 63 69, Fax 46 90 50 93, ←, – ☎ Ⓟ. GB
fermé 13 oct. au 5 nov., mardi soir et merc. d'oct. à Pâques – **R** 80/195, enf. 40 – 33 – **11 ch** 165/295 – ½ P 190/230.

MORTAGNE-SUR-SÈVRE **85290** Vendée 67 ⑤ G. Poitou Vendée Charentes – 5 724 h alt. 175.
Paris 360 – Angers 68 – La Roche-sur-Yon 54 – Bressuire 40 – Cholet 9,5 – ♦Nantes 57.

France, pl. Dr Pichat ✆ 51 65 03 37, Télex 711403, Fax 51 65 27 83, – rest TV ☎ – 25 à 80. AE GB
fermé 20 déc. au 10 janv. et sam. d'oct. à mai – **R** 75/140, enf. 45 **La Taverne** ✆ 51 65 03 79 **R** 145/330, enf. 45 – 40 – **24 ch** 240/380 – ½ P 347/362.

PEUGEOT-TALBOT Fièvre ✆ 51 65 00 96 N
RENAULT Soulard ✆ 51 65 02 33

MORTAIN **50140** Manche 59 ⑨ G. Normandie Cotentin (plan) – 2 416 h alt. 232.
Voir Site★ – Grande Cascade★ – Petite chapelle ←★.
Syndicat d'Initiative r. Bourglopin (juil.-août) ✆ 33 59 19 74 et à la Mairie (hors saison) ✆ 33 59 00 51.
Paris 277 – Avranches 34 – Domfront 24 – Flers 41 – Mayenne 52 – Le Mont-St-Michel 50 – St-Lô 63 – Villedieu-les-Poêles 35.

Poste, pl. Arcades ✆ 33 59 00 05, Fax 33 69 53 89 – ch TV ☎ Ⓟ. GB
fermé 15 janv. au 15 fév., dim. soir et lundi de nov. à fév. – **R** 88/240, enf. 60 – 35 – **29 ch** 140/340 – ½ P 188/268.

CITROEN Dubois-Helleux ✆ 33 59 01 63 N
PEUGEOT-TALBOT Prieur, Le Neufbourg ✆ 33 59 00 14 N
RENAULT Langlois, 27 r. Rocher ✆ 33 59 00 53

MORTEAU **25500** Doubs 70 ⑦ G. Jura (plan) – 6 458 h alt. 772.
Voir Fermes★ de Grand'Combe-Châteleu SO : 4 km.
Syndicat d'Initiative pl. Gare (15 juin-15 sept.) ✆ 81 67 18 53 et à la Mairie (hors saison) ✆ 81 67 14 78.
Paris 472 – ♦Besançon 63 – ♦Basel 121 – Belfort 87 – Montbéliard 70 – Neuchâtel 44 – Pontarlier 31.

🏠 **La Guimbarde,** 10 pl. Carnot ✆ 81 67 14 12, Fax 81 67 48 27, ☂ – TV ☎ ⇔ Ⓟ. AE GB
R *(fermé oct., dim. soir de nov. à avril et lundi midi sauf fêtes)* 90/260 ♁, enf. 45 – ☐ 30 – **19 ch** 160/350 – ½ P 280/300.

XX ✿ **Aub. de la Roche** (Feuvrier), au pont de la Roche SO : 3 km par D 437 ✉ 25570 Gd Combe Chateleu ✆ 81 68 80 05, Fax 81 68 87 64, ☂ – Ⓟ. GB
fermé 28 juin au 9 juil., 13 au 21 sept., 4 au 31 janv., dim. soir et lundi sauf fériés – **R** 130/405 et carte 230 à 370, enf. 90
Spéc. Escalope de foie de canard au caramel de Vin de Paille. Fricassée de cuisses de grenouilles désossées à l'émulsion de cresson. Médaillons de volaille de Bresse farcis. **Vins** Arbois blanc et rouge.

FORD Gar. Franc-Comtois, Beuque La Tanche-les-Fins ✆ 81 67 07 99
PEUGEOT-TALBOT Gar. Central, 40 r. Louhière ✆ 81 67 08 12 **N**

Ⓜ Pneus Roland, av. Charles-de-Gaulle ✆ 81 67 31 50

MORTEMART **87330** H.-Vienne 72 ⑥ **G. Berry Limousin** – 152 h alt. 301.

Paris 395 – ♦Limoges 39 – Bellac 14 – Confolens 32 – St-Junien 20.

XX **Le Relais** avec ch, D 675 ✆ 55 68 12 09 – GB
fermé vacances de fév., mardi soir et merc. – **R** 87/240 – ☐ 33 – **5 ch** 220/250.

MORZINE **74110** H.-Savoie 74 ⑧ **G. Alpes du Nord** – 2 967 h alt. 960 – Sports d'hiver : 1 000/2 460 m ⛰6 ⛷64 ⛷.

Voir Le Pléney ✻★ S : par téléphérique A.

Env. Col de Joux Plane ✻★★ S : 10 km B.

ℹ Office de Tourisme pl. Crusaz ✆ 50 79 03 45, Télex 385620.

Paris 591 ② – Thonon-les-Bains 32 ① – Annecy 78 ② – Chamonix-Mont-Blanc 68 ② – Cluses 28 ② – ♦Genève 62 ②.

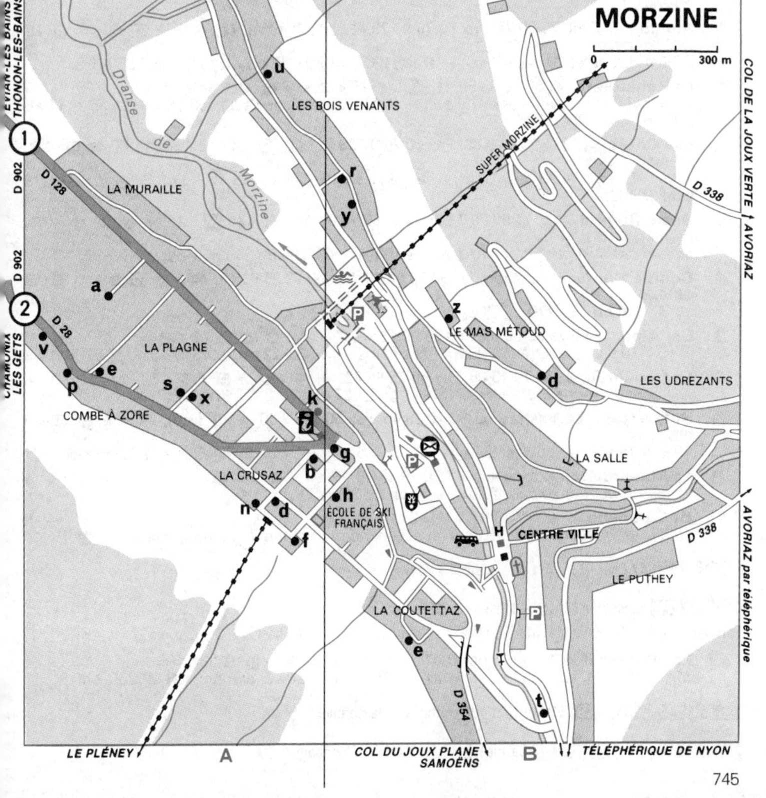

Le Dahu, ℰ 50 75 92 92, Fax 50 75 92 50, ≤, ⛱, ℔, ⛱, 🖾, ⚘ – 🛗 📺 ☎ Ⓟ. GB. ✻ rest B z
19 juin-18 sept. et 18 déc.-10 avril – **R** *(fermé mardi en hiver)* 160/285 – ☕ 50 – **40 ch** 470/850, 4 appart. – ½ P 575/860.

Les Airelles, ℰ 50 74 71 21, Télex 385178, Fax 50 79 17 49, ≤, ⛱, ℔, 🖾, ⚘ – 🛗 cuisinette 📺 ☎ 🚗 Ⓟ – 🧑‍🤝‍🧑 30 à 50. AE ⓓ GB JCB. ✻ rest A b
15 mai-20 sept. et 1er déc.-20 avril – - **Les Jardins d'Ulysse** *(1er juin-20 sept. et 1er déc.-20 avril)* **R** 120/280 enf. 65 – ☕ 45 – **38 ch** 490/780 – ½ P 650/720, 9 studios.

Champs Fleuris, ℰ 50 79 14 44, Fax 50 79 27 75, ≤, ℔, 🖾, ⚘, 🎾 – 🛗 📺 ☎ 🚗 Ⓟ. GB. ✻ rest A f
19 juin-5 sept. et 18 déc.-13 avril – **R** 155/200 – ☕ 55 – **45 ch** 500/850 – ½ P 490/750.

La Bergerie Ⓜ sans rest, ℰ 50 79 13 69, Fax 50 75 95 71, ≤, « Intérieur savoyard », ℔, ⛱, ⚘ – 🛗 cuisinette 📺 ☎ 🚗. ⓓ GB B h
fin juin-début sept. et mi-déc.-fin avril – ☕ 50 – **5 ch** 350/450.

Le Tremplin, ℰ 50 79 12 31, Télex 385246, Fax 50 75 95 70, ≤, ⛱, ⚘ – 🛗 📺 ☎ 🚗 Ⓟ. AE GB. ✻ rest A n
3 juil.-4 sept. et 18 déc.-16 avril – **R** 160/260 🍷 – **34 ch** ☕ 400/1000 – ½ P 500/700.

La Chicane 🐦 sans rest, ℰ 50 79 05 99, Fax 50 79 27 13, ≤, ⛱, ⚘ – cuisinette ☎ Ⓟ. GB
15 juin-15 sept. et 15 déc.-30 avril – ☕ 34 – **14 ch** 280/460. A a

Le Samoyède, ℰ 50 79 00 79, Fax 50 79 07 91, ≤, ⛱, ⚘ – 🛗 ☎ Ⓟ. AE ⓓ GB. ✻ rest B g
1er juin-fin sept. et 15 déc.-20 avril – **R** 98/213, enf. 62 – ☕ 39 – **27 ch** 216/363 – ½ P 393.

Carlina, ℰ 50 79 01 03, Fax 50 75 94 11, ⛱ – ⇆ ch 📺 ☎. GB. ✻ rest A d
hôtel : 20 juin-15 nov. et 15 déc.-vac. de printemps ; rest. : 12 juil.-6 sept. et 15 déc.-vac. de printemps – **R** *(dîner seul. en été)* 140/160 🍷, enf. 75 – ☕ 58 – **18 ch** 320/450 – ½ P 400/440.

Clef des Champs 🐦, ℰ 50 79 10 13, Fax 50 79 08 18, ≤, ⚘ – ☎ Ⓟ. GB. ✻ rest B e
15 juin-10 sept. et 18 déc.-fin avril – **R** 130/140 – ☕ 35 – **27 ch** 294/350 – ½ P 324/341.

Ours Blanc 🐦, ℰ 50 79 04 02, Fax 50 75 97 82, ≤, ⛱, ⚘ – ☎ Ⓟ. GB. ✻ rest A u
19 juin-5 sept. et vacances de Noël-15 avril – **R** 110/130 – ☕ 34 – **23 ch** 200/300 – ½ P 280/300.

Alpina 🐦, ℰ 50 79 05 24, Fax 50 75 94 23, ≤, ⛱, ⛱ (été), ℔, ⚘ – 🛗 📺 ☎ 🚗 Ⓟ. AE GB. ✻ rest B y
25 juin-8 sept. et 20 déc.-15 avril – **R** 100/180 – ☕ 50 – **17 ch** 240/390 – ½ P 350/380.

La Renardière, ℰ 50 79 03 50, ≤, ⛱, ⚘ – 📺 ☎ 🚗 Ⓟ. GB. ✻ rest A v
15 juin-15 sept. et 15 déc.-15 avril – **R** (en hiver dîner seul.) 110/350 – ☕ 35 – **17 ch** 260/360 – ½ P 280/320.

Les Côtes 🐦, ℰ 50 79 09 96, Fax 50 75 97 38, ≤, ℔, 🖾, ⚘ – cuisinette 📺 ☎ Ⓟ. GB. ✻ rest B d
1er juil.-11 sept. et 18 déc.-10 avril – **R** (dîner seul.) 95/110 – ☕ 40 – **6 ch** 320 – ½ P 310, 19 studios 560.

Beau Regard 🐦, ℰ 50 79 11 05, Fax 50 79 07 41, ≤, ℔, 🖾, ⚘ – 🛗 ☎ Ⓟ. GB. ✻ rest B r
fin juin-début sept. et Noël-10 avril – **R** 150 – ☕ 40 – **34 ch** 250/360 – ½ P 310/330.

Combe Humbert sans rest, ℰ 50 79 06 70, Fax 50 79 25 03, ≤, ⚘ – 🛗 📺 ☎ 🚗 Ⓟ. AE ⓓ GB A p
☕ 30 – **10 ch** 230/270.

Bel'Alpe, ℰ 50 79 05 50, Fax 50 79 20 22, ≤, ⛱, ⚘ – ☎ Ⓟ. AE ⓓ GB JCB. ✻ rest
1er juil.-10 sept. et 20 déc.-10 avril – **R** 110/150 – ☕ 30 – **22 ch** 200/310 – ½ P 270/280. A x

Le Concorde, ℰ 50 79 13 05, Fax 50 75 95 82, ≤, ⚘ – 🛗 ☎ Ⓟ. GB. ✻ rest A e
juil.-août et Noël-Pâques – **R** 90/150 – ☕ 33 – **27 ch** 270/330 – ½ P 290/320.

Soly et rest. Le Varnay, ℰ 50 79 09 45, Fax 50 79 22 20, ≤, ⛱ (été), ⚘ – ☎ Ⓟ. AE ⓓ GB B t
19 juin-18 sept. et 18 déc.-20 avril – **R** 95/135 – ☕ 37 – **19 ch** 220/280 – ½ P 275/315.

La Musardière 🐦 sans rest, ℰ 50 79 13 48, ≤, – ☎ 🚗 Ⓟ A s
1er juil.-31 août et 20 déc.-20 avril – **10 ch** ☕ 205/250.

XX **La Chamade,** ℰ 50 79 13 91, – AE ⓓ GB JCB A k
15 déc.-1er mai et 30 juin-15 sept. et fermé merc. midi et mardi – **R** (1er étage) 240/400.

MOSNAC 17 Char.-Mar. 71 ⑥ – rattaché à Pons.

La MOTTE 83920 Var 84 ⑦ – 1 993 h alt. 72.

Paris 861 – Fréjus 19 – Brignoles 51 – Cannes 53 – Draguignan 10 – St-Raphaël 22 – Ste-Maxime 27.

XX **Les Pignatelles,** E : 1 km par D 47 ℰ 94 70 25 70, ⛱ – Ⓟ. AE GB JCB
fermé 13 au 20 oct., 15 fév. au 13 mars, dim. soir hors sais. et merc. – **R** 98/260, enf. 80.

La MOTTE-AU-BOIS 59 Nord 51 ⑭ – rattaché à Hazebrouck.

La MOTTE-SERVOLEX 73 Savoie 74 ⑮ – rattaché à Chambéry.

Le MOTTIER 38260 Isère 74 ⑬ – 468 h alt. 450.

Paris 532 – Bourgoin-Jallieu 23 – ♦Grenoble 46 – St-Étienne-de-St-Geoirs 11 – Vienne 45.

XX **Les Donnières**, près Mairie ✆ 74 54 42 06 – AE
fermé 14 juil. au 15 août, janv., dim. soir, merc. et jeudi – **Repas** (nombre de couverts limité, prévenir) carte 80 à 130.

MOUANS-SARTOUX 06370 Alpes-Mar. 84 ⑧ 115 ㉔ – 7 989 h alt. 125.

Paris 909 – Cannes 9,5 – Antibes 15 – Grasse 7 – Mougins 3 – ♦Nice 34.

au SO par D 409 :

Confortel, parc de l'Argile, 3 km ✆ 92 92 21 92, Fax 92 92 17 25, ☂, ☰ – TV ☎ ♿ P – 🏛 50. AE GB
R 78/95 ♁, enf. 38 – ☕ 30 – **40 ch** 285/315 – ½ P 265.

XX **Palais des Coqs**, parc de l'Argile, 3 km ✆ 93 75 61 57, Fax 92 92 91 71, ☂, ♣ – P. AE GB
fermé 14 au 25 juin, 11 au 30 janv., merc. soir hors sais. et jeudi – **R** (prévenir) 180/280, enf. 60.

X **Relais de la Pinède**, à 1,5 km ✆ 93 75 28 29, ☂ – P
fermé vacances de fév. et merc. sauf le soir en juil.-août – **R** (prévenir) 95/250, enf. 65.

MOUCHARD 39330 Jura 70 ④ ⑤ – 997 h alt. 277.

Paris 400 – ♦Besançon 38 – Arbois 10 – Dole 36 – Lons-le-Saunier 48 – Salins-les-Bains 8.

XX **Chalet Bel'Air** avec ch, ✆ 84 37 80 34, Fax 84 73 81 18, ♣ – ▤ rest TV ☎ P. AE ① GB
R *(fermé 23 au 30 juin, 17 nov. au 8 déc. et merc. sauf vacances scolaires)* 195/245 ♁ - **Rôtisserie Repas** carte environ 145 ♁, enf. 68 – ☕ 40 – **9 ch** 240/400 – ½ P 260.

RENAULT Gar. Conry ✆ 84 37 82 43 N

MOUDEYRES 43150 H.-Loire 76 ⑱ – 111 h alt. 1 177.

Paris 573 – Le Puy-en-Velay 25 – Aubenas 62 – Langogne 57 – St-Agrève 40 – Yssingeaux 35.

✿ **Aub. Pré Bossu** (Grootaert) ⛰, ✆ 71 05 10 70, Fax 71 05 10 21 – ☎ P. AE GB. ✂ rest
3 avril-11 nov. – **R** *(fermé le midi hors sais. sauf sam. et dim.)* (prévenir) 155/365 et carte 275 à 400, enf. 70 – **10 ch** ☕ 375/510 – ½ P 430/480
Spéc. Andouillette d'escargots aux orties. Pot-au-feu de pigeonneau, queue de boeuf et crêtes de coq aux lentilles vertes. Côtelettes de pigeon-ramier aux raisins (sept. à nov.). **Vins** Côtes d'Auvergne, Crozes-Hermitage.

MOUGINS 06250 Alpes-Mar. 84 ⑨ 115 ㉔ ㊳ **G. Côte d'Azur** – 13 014 h alt. 260.

Voir Site★ – Ermitage N.-D. de Vie : site★, ≤★ SE : 3,5 km.

⛳18 Country-Club de Cannes-Mougins ✆ 93 75 79 13, E : 2 km.

ℹ Syndicat d'Initiative av. J.-Ch.-Mallet ✆ 93 75 87 67.

Paris 906 – Cannes 7 – Antibes 14 – Grasse 10 – ♦Nice 31 – Vallauris 10.

Mas Candille ⛰, bd Rebuffel ✆ 93 90 00 85, Fax 92 92 85 56, ≤, ☂, ☰, ♣, ✗ – ▤ ch TV ☎ P – 🏛 25. AE ① GB
R *(fermé nov. à mi-déc.)* 215/290 – ☕ 65 – **21 ch** 900/950.

Manoir de l'Étang ⛰, aux Bois de Font-Merle E : 2 km par D 35 et VO ✆ 93 90 01 07, Fax 92 92 20 70, ≤, ☂, parc, « Isolé dans la campagne », ☰ – TV ☎ P – 🏛 25. AE GB. ✂
fermé 15 nov. au 15 déc. et fév. – **R** *(fermé dim. soir et mardi hors sais.)* 190 – ☕ 50 – **15 ch** 500/850 – ½ P 500/700.

Arc H. M ⛰, 1082 rte Valbonne ✆ 93 75 77 33, Télex 462190, Fax 92 92 20 57, ☂, ☰, ♣, ✗ – TV ☎ ♿ P – 🏛 50. AE ① GB. ✂ rest
R 140/180, enf. 65 – ☕ 40 – **44 ch** 465/510.

XXXX ✿✿ **Moulin de Mougins** (Vergé) avec ch, à Notre-Dame-de-Vie SE : 2,5 km par D 3 ✆ 93 75 78 24, Télex 970732, Fax 93 90 18 55, ☂, « Ancien moulin à huile du 16e siècle », ♣ – ▤ TV ☎ P. AE ① GB
fermé 31 janv. au 2 avril – **R** *(fermé lundi sauf le soir du 15 juil. au 31 août et jeudi midi)* 550/700 et carte 600 à 800 – ☕ 75 – **5 ch** 800/1300
Spéc. Poupeton de fleur de courgette aux truffes du Vaucluse. Fricassée des viviers d'Audierne en crème de Sauternes. **Vins** Cassis, Côtes de Provence.

XXX ✿ **Les Muscadins** M avec ch, au village ✆ 93 90 00 43, Fax 92 92 88 23, ≤, ☂ – ▤ ch TV ☎ P. AE ① GB
fermé 31 janv. au 15 mars – **R** *(fermé merc. midi et mardi sauf juil.-août)* (dîner seul. en juil.-août) 150/260 et carte 275 à 410 – ☕ 60 – **8 ch** 900/1350
Spéc. Auréole de loup en tartare à l'anis. Marmite du pêcheur safranée en cocotte. Grenadin de veau fermier et fricassée de champignons des bois.

XXX ✿ **Ferme de Mougins,** à St-Basile ✆ 93 90 03 74, Fax 92 92 21 48, 余, « Jardin » – P. AE ① GB JCB
fermé fév., dim. soir et lundi d'oct. à avril – **R** 250/380 et carte 400 à 550, enf. 180
Spéc. Loup au sésame, sauce soja aux cébettes. Turbot en croûte fondante de mie de pain, sauce aux herbes. Côtes d'agneau poêlées aux câpres et au citron vert. **Vins** Bellet.

XXX ✿ **Relais à Mougins** (Surmain), **au village ✆ 93 90 03 47, Télex 462559, Fax 93 75 72 83,** 余 – AE GB
fermé 1er au 8 mars, 10 au 25 nov., mardi midi et lundi sauf fériés – **R** 150/435 et carte 350 à 480
Spéc. Papillotes de langoustines au foie gras. Selle d'agneau "en chemise". Aumonière de ris de veau en croûte de pomme de terre. **Vins** Cassis, Côtes de Provence.

XX **Le Petit Moulin,** au village ✆ 93 90 00 91, Fax 93 90 18 55, 余 – AE ① GB
R carte 130 à 200.

XX **Feu Follet,** au village ✆ 93 90 15 78, Fax 92 92 92 62, 余 – GB
fermé 8 au 21 mars, mardi midi de mi-juin à mi-sept., dim. soir hors sais. et lundi – **Repas** 150/185, enf. 110.

XX **La Terrasse,** au village ✆ 93 90 14 70, ←, 余 – GB
fermé 2 au 30 nov., 6 au 15 janv. et lundi sauf juil.-août et fériés – **R** 140/190.

XX **Clos St Basile,** à St-Basile ✆ 92 22 93 03, Fax 92 92 19 34, 余 – AE GB
fermé mars et merc. sauf juil.-août et fériés – **R** 160/190, enf. 100.

XX **Bistrot de Mougins,** au village ✆ 93 75 78 34 – ▤. GB
fermé 6 déc. au 19 janv. – **R** (prévenir) 165/180.

au SE par D 3 : 3,5 km (près échangeur A-8) – ✉ **06250** Mougins :

🏨 **Saphir** M, 245 chemin du Belvédère ✆ 93 69 46 46, Fax 93 69 96 97, ←, 余, ⛱ – 🛗 ▤ TV ☎ ♿ P. AE GB
R 85/145, enf. 49 – ☕ 45 – **62 ch** 495.

PEUGEOT-TALBOT Ortelli, 235 rte du Cannet (bretelle autoroute) ✆ 93 69 60 60

*Avec votre guide Rouge utilisez la **carte** et le **guide Vert Michelin** : ils sont inséparables.*

MOULIN-DES-PONTS 01 Ain 70 ⑬ – rattaché à Coligny.

MOULINS P **03000** Allier 69 ⑭ **G. Auvergne** – 22 799 h alt. 221.

Voir Cathédrale★ : triptyque★★★, vitraux★★ DY – Jacquemart★ DY – Mausolée du duc de Montmorency★ (chapelle du lycée) CDY **B** – Musée d'Art et d'Archéologie★ : œuvres médiévales★★, collection de faïences★ DY **M²**.

⛳ des Avenelles ✆ 70 20 00 95, par ④ N 7 : 7 km.

ℹ Office de Tourisme pl. Hôtel de Ville ✆ 70 44 14 14 – A.C. Parc de Villars ✆ 70 20 19 15.

Paris 293 ① – Bourges 101 ① – Chalon-sur-Saône 134 ③ – Châteauroux 153 ① – ◆Clermont-Ferrand 104 ⑤ – Mâcon 138 ③ – Montluçon 78 ⑥ – Nevers 54 ① – Roanne 97 ④ – Vichy 55 ④.

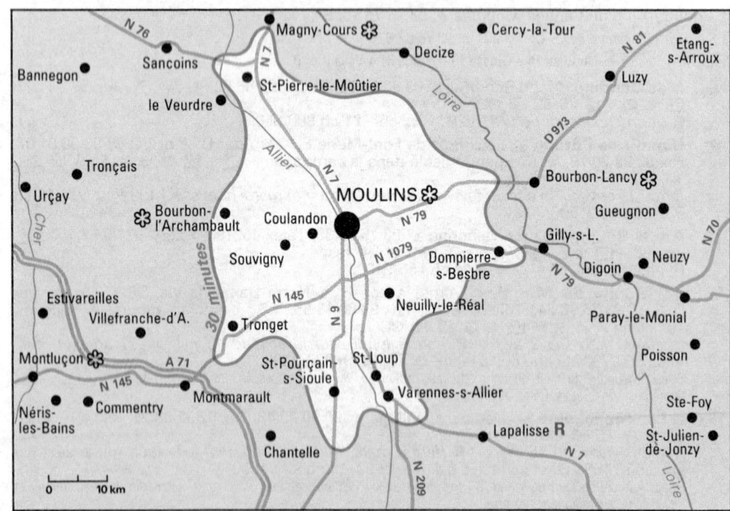

MOULINS

Allier (Pl. d') . . . CDZ
Allier (R. d') . . . DYZ
Flèche (R. de la) . DZ 20
Horloge (R. de l') DZ 26

Alsace-Lorraine (Av. d') . . . . . . BX 3
Ancien-Palais (R.) DY 4
Bourgogne (R. de) . . . . DY 6
Bréchimbault (R.) DZ 7
Cerf-Volant (R.) . BV 8
Desboutins (R.) . BX 16
Diderot (R.) . . . . . DY 17
Dombasle (R. M. de) . . . . CZ 18
Fausses-Braies (R. des) . . . . . . DY 19
France (Crs A.) . . DY 22
Grenier (R.) . . . . . DY 25
Hôtel de Ville (Pl. de l') . . . . . DY 27
Leclerc (Av. Gén.) . . . . BX 30
Orfèvres (R. des) DY 33
Pascal (R. Blaise-) . . . CZ 34
Péron (R. F.) . . . . DY 35
République (Av.) BX 36
Roche (R. A.) . . . CZ 37
Tanneries (R. des) DY 38
Tinland (R.M.) . . CY 39
Vert-Galant (R. du) . . . . . CDY 40
Voltaire (R.) . . . . . DY 41
4-Septembre (R.) DZ 42

N 7 NEVERS, PARIS BOURGES
D 919A, DECIZE
0 300 m
Allées des Soupirs
Av. du Gal de Gaulle
Crs de Bercy
R. de Paris
R. de Decize
PALAIS DES SPORTS
R. Félix Mathé
CATHÉDRALE N-DAME
N 79, BOURBON-LANCY, MÂCON
D 13 LUCY-LÉVIS
Pont de Regemortes
Bd Ledru-Rollin
R. de Lyon
Bd de Courtais
R. Ph. Thomas
Av. d'Orvilliers
Q. d'Allier
ALLIER
Av. Meunier
D 525
MONTLUÇON, D 945
N 9 VICHY CLERMONT-FD
ROANNE N 7 LYON
VICHY

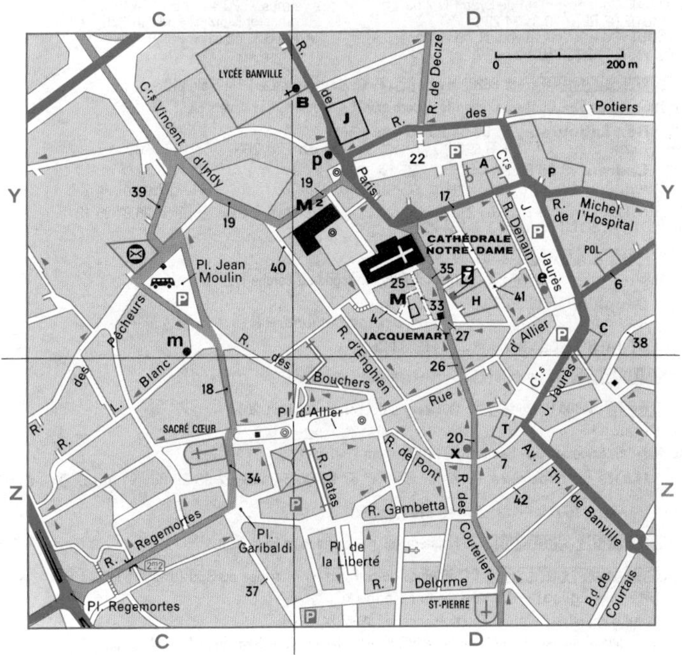

Plans de villes : *Les rues sont sélectionnées en fonction de leur importance pour la circulation et le repérage des établissements cités. Les rues secondaires ne sont qu'amorcées.*

Paris-Jacquemart (de Roberty), 21 r. Paris ✆ 70 44 00 58, Fax 70 34 05 39, – rest ☎ – 30. AE GB JCB DY **p**
R *(fermé 1er au 15 mai, 3 au 24 janv., dim. soir et lundi)* 160/400 et carte 340 à 440 – 50 – **24 ch** 330/980 – ½ P 550/800
Spéc. Ravioli d'escargots au safran et cerfeuil. Papillote de homard à la verveine. Soufflé au chocolat bitter et crème pistache. Vins Saint-Pourçain, Ménetou-Salon.

Moderne, 9 pl. J. Moulin ✆ 70 44 05 06, Télex 392968, Fax 70 44 89 79 – ☎ – 100. GB CY **m**
R *(fermé 5 nov. au 15 déc. et sam. midi du 1er nov. aux vacances de printemps)* 74/160, enf. 60 – **42 ch** 240/325 – ½ P 250.

Parc, 31 av. Gén. Leclerc ✆ 70 44 12 25, Fax 70 46 79 35 – rest ☎. GB BX **a**
fermé 15 au 23 juil., 1er au 15 oct. et 23 déc. au 8 janv. – **R** *(fermé sam.)* 88/200 – 32 – **27 ch** 190/320 – ½ P 290.

XXX **des Cours,** 36 cours J. Jaurès ✆ 70 44 32 56 – AE GB DY **e**
fermé 10 au 31 juil., 25 nov. au 2 déc. et 13 au 20 fév. – **R** 125/290.

X **Pégase,** 37 r. Flèche ✆ 70 44 33 10 – GB DZ **x**
fermé 26 juil. au 16 août, dim. soir et lundi – **R** 82/130, enf. 45.

rte de Paris par ① : 8 km – ✉ **03460** Trevol :

Mercure, ✆ 70 42 61 43, Télex 392999, Fax 70 42 64 03, parc, – ch ☎ – 150. AE GB
R 80/200, enf. 39 – 32 – **42 ch** 280/320.

à Coulandon par ⑥ D 945 et VO : 7 km – ✉ **03000** :

Le Chalet, ✆ 70 44 50 08, Fax 70 44 07 09, ←, « Parc » – ☎. AE GB
fermé 15 déc. au 31 janv. – **R** 95/200 – 36 – **25 ch** 260/400 – ½ P 285/320.

BMW Gar. Thévenin, 29 r. Charles Rispal ✆ 70 44 60 81
CITROEN Dubois-Dallois, Le Pré Vert RN 7 par ① ✆ 70 44 34 98 **N** ✆ 70 44 38 38
MERCEDES-BENZ Gar. St-Christophe, 119 r. de Paris ✆ 70 44 13 60
PEUGEOT Cognet, 175 rte de Lyon RN 7 par ④ ✆ 70 46 07 07 **N** ✆ 70 34 34 28
RENAULT Gd Gar. Paris-Lyon, N 7 à Avermes par ① ✆ 70 44 30 12 **N**
RENAULT Vernet, 63 rte de Bourgogne à Yzeure par ③ ✆ 70 46 07 55
TOYOTA Gar. de la Gare, 119 r. de Lyon ✆ 70 44 23 84

Euromaster Estager Pneu, 36 rte de Moulins, Avermes ✆ 70 44 11 55
Euromaster Moulins Pneu, 103 rte de Lyon ✆ 70 46 31 42 **N** ✆ 70 43 92 55

MOULINS-ENGILBERT

58290 Nièvre 69 ⑥ **G. Bourgogne** – 1 711 h alt. 210.

Paris 295 – Autun 52 – Château-Chinon 16 – Corbigny 38 – Moulins 72 – Nevers 58.

Bon Laboureur, ✆ 86 84 20 55 – ☎. GB
fermé 3 au 17 fév. – **R** 59/220 – 30 – **21 ch** 220/280 – ½ P 150/200.

XX **Cadran,** ✆ 86 84 33 44, – AE GB
fermé vacances de fév., merc. soir et lundi sauf juil.-août – **R** 83/195, enf. 40.

CITROEN Gar. Lavalette ✆ 86 84 21 68
PEUGEOT-TALBOT Perraudin ✆ 86 84 23 55
RENAULT Gar. Pessin ✆ 86 84 25 13

MOULINS-LA-MARCHE

61380 Orne 60 ④ – 816 h alt. 255.

Paris 158 – Alençon 43 – L'Aigle 18 – Argentan 48 – Mortagne-au-Perche 17.

X **Dauphin,** ✆ 33 34 50 55 – GB
fermé 6 au 29 sept., 2 au 18 fév., dim. soir et lundi – **R** 65/165.

PEUGEOT-TALBOT Gar. Bazin ✆ 33 34 55 33 **N**

Le MOULLEAU

33 Gironde 78 ② ⑫ – rattaché à Arcachon.

MOURÈZE

34800 Hérault 83 ⑤ **G. Gorges du Tarn** – 100 h alt. 200.

Voir Cirque★★.

Paris 736 – ◆Montpellier 48 – Bédarieux 23 – Clermont-l'Hérault 8.

Hauts de Mourèze sans rest, ✆ 67 96 04 84, Fax 67 96 25 85, ←, parc, – . GB.
30 mars-15 oct. – 30 – **16 ch** 250/350.

MOUSTERLIN (Pointe de)

29 Finistère 58 ⑮ – rattaché à Fouesnant.

MOUSTIERS-STE-MARIE

04360 Alpes-de-H.-P. 81 ⑰ **G. Alpes du Sud** (plan) – 580 h alt. 631.

Voir Site★★ – Église★ – Musée de la Faïence★.

Syndicat d'Initiative (fermé matin hors saison) ✆ 92 74 67 84.

Paris 775 – Digne-les-Bains 47 – Aix-en-Provence 87 – Castellane 45 – Draguignan 61 – Manosque 48.

Le Colombier sans rest, rte Castellane : 0,5 km ✆ 92 74 66 02, ←, – ☎. GB.
30 – **22 ch** 230/340.

Bonne Auberge, ✆ 92 74 66 18, Fax 92 74 65 11, – ☎. AE GB
15 fév.-15 nov. – **R** *(fermé lundi)* 95/155, enf. 48 – 32 – **16 ch** 280 – ½ P 280.

XX ✿ **Les Santons** (Abert), pl. Église ✆ 92 74 66 48, ⌂ – ⓓ GB
fermé 1er déc. au 1er fév., lundi soir sauf juil.-août et mardi – **R** (nombre de couverts limité, prévenir) 320 et carte 300 à 450
Spéc. Nouilles fraîches au foie gras et aux truffes. Carré d'agneau rôti au jus de farigoulette. Brioche perdue aux poires et glace à la cannelle. **Vins** Côtes du Lubéron, Côtes de Provence.

RENAULT Gar. Honorat ✆ 92 74 66 30 N

Gar. Achard ✆ 92 74 66 24

MOUTHIER-HAUTE-PIERRE 25920 Doubs 70 ⑥ G. Jura – 356 h alt. 430.

Voir Belvédère de Mouthier ≤★★ SE : 2,5 km – Gorges de Nouailles★ SE : 3,5 km – Roche de Haute-Pierre ≤★ N : 5 km puis 30 mn.

Paris 447 – ♦Besançon 38 – Baume-les-Dames 53 – Levier 27 – Pontarlier 21 – Salins-les-Bains 42.

La Cascade ⑤, ✆ 81 60 95 30, Fax 81 60 94 55, ≤ vallée – ☎ ♿ ℗. GB. ✻
15 fév.-15 nov. – **Repas** 100/275 – ☐ 35 – **23 ch** 245/310 – ½ P 250/285.

MOÛTIERS 73600 Savoie 74 ⑰ G. Alpes du Nord – 4 295 h alt. 479.

☐ Office de Tourisme pl. St-Pierre ✆ 79 24 04 23.

Paris 608 – Albertville 26 – Chambéry 73 – St-Jean-de-Maurienne 87.

Ibis, colline Champoulet ✆ 79 24 27 11, Télex 980611, Fax 79 24 30 03, ≤ – |♦| ⇔ ch TV ☎ ℗. AE GB
R 85 ♂, enf. 39 – ☐ 33 – **61 ch** 285/330.

Welcome's et rest. Souvenir, r. Greyffié de Bellecombe ✆ 79 24 00 48, Fax 79 22 99 96 – |♦| TV ☎ – 🏔 30. AE GB
R *(fermé dim. soir)* 105/300 – ☐ 40 – **22 ch** 270/300 – ½ P 290.

Aub. de Savoie, square Liberté ✆ 79 24 20 15, Fax 79 24 54 65 – TV ☎. GB
R *(fermé juin, sam. hors sais. et lundi en sais.)* 75/180 ♂ – ☐ 30 – **20 ch** 240/280 – ½ P 225.

PEUGEOT-TALBOT Peugeot Bernard ✆ 79 24 10 66 N ✆ 79 22 93 73
RENAULT Moutiers Automobiles, av. des Thermes à Salins-les-Thermes ✆ 79 24 29 55

Ⓜ La Maison du Pneu ✆ 79 24 21 95

Les MOÛTIERS-EN-RETZ 44580 Loire-Atl. 67 ② G. Poitou Vendée Charentes – 739 h alt. 6.

Paris 434 – ♦Nantes 45 – Challans 35 – St.-Nazaire 40.

XX **Bonne Auberge,** av. Mer ✆ 40 82 72 03 – AE GB. ✻
fermé déc., janv., dim. soir hors sais., mardi soir et merc. sauf juil.-août – **Repas** 110/300, enf. 65.

MOUX-EN-MORVAN 58230 Nièvre 65 ⑰ – 744 h alt. 496.

Paris 265 – Autun 30 – Château-Chinon 28 – Clamecy 71 – Nevers 92 – Saulieu 15.

Beau Site, ✆ 86 76 11 75, Fax 86 76 15 84, ≤, parc – ⇔ ℗. GB. ✻ rest
hôtel : fermé 20 nov. au 15 fév., dim. soir et lundi du 15 oct. au 20 mars sauf fériés – **R** *(fermé 18 déc. au 31 janv., dim. soir et lundi du 15 oct. au 20 mars sauf fériés)* 60/180 ♂, enf. 50 – ☐ 26 – **19 ch** 135/280 – ½ P 180/250.

CITROEN Gar. Bureau ✆ 86 76 14 05 N

MOUZON 08210 Ardennes 56 ⑩ G. Champagne – 2 637 h alt. 160.

Voir Église Notre-Dame★.

Paris 259 – Charleville-Mézières 40 – Carignan 7 – Longwy 71 – Sedan 17 – Verdun 62.

XX **Les Échevins,** 33 r. Ch. de Gaulle ✆ 24 26 10 90 – GB
fermé 1er au 21 août, dim. soir et lundi sauf fériés – **R** 110/230, enf. 60.

PEUGEOT Fedricq, RN 64 ✆ 24 26 13 87

RENAULT Rogier, 4 r. Porte de France ✆ 24 26 11 84 N ✆ 24 26 11 84

MOYE 74 H.-Savoie 74 ⑤ – rattaché à Rumilly.

MOYENMOUTIER 88420 Vosges 62 ⑦ G. Alsace Lorraine – 3 304 h alt. 312.

Voir Église★ d'Étival-Clairefontaine O : 5 km.

Paris 380 – Épinal 50 – ♦Strasbourg 82 – Lunéville 42 – St-Dié 15.

Host. de l'Abbaye, r. Hôtel de Ville ✆ 29 41 54 31 – ☎. AE ⓓ GB
fermé 26 sept. au 31 oct., 24 au 27 déc., 13 au 20 fév., dim. soir et lundi sauf juil.-août – **R** 60/200 ♂ – ☐ 28 – **12 ch** 140/200 – ½ P 150/190.

MUHLBACH-SUR-MUNSTER 68380 H.-Rhin 62 ⑱ G. Alsace Lorraine – 631 h alt. 465.

Paris 450 – Colmar 24 – Gérardmer 37 – Guebwiller 31.

Perle des Vosges ⑤, ✆ 89 77 61 34, Fax 89 77 74 40, ≤ – |♦| ☎ ℗. ✻ rest
fermé 15 nov. au 1er déc., 3 janv. au 2 fév. et lundi – **R** 65/200 ♂ – ☐ 25 – **40 ch** 200/300 – ½ P 195/300.

MULHOUSE ⟨SP⟩ 68100 H.-Rhin 66 ⑨ ⑩ G. Alsace Lorraine – 108 357 h alt. 240.

Voir Parc zoologique et botanique★★ CV – Place de la Réunion★ EFY 113 : Hôtel de Ville★ FY **H** – Vitraux★ du temple St-Étienne FY **D** – Musées : Automobile★★★ BU, Historique★★ (hôtel de ville) FY **M**[1], Français du Chemin de fer★ AV **M**[3], de l'Impression sur étoffes★ FZ **M**[2].

Env. Musée du Papier peint★ : collection★★ à Rixheim E : 6 km DV **M**[7].

du Rhin à Chalampé ✆ 89 26 07 86, par ① : 19 km.

de Bâle-Mulhouse par ② : 27 km, ✆ 89 69 00 00 à St-Louis (France) et 061 ✆ 325 31 11 à Bâle (Suisse).

Office de Tourisme 9 av. Mar.-Foch ✆ 89 45 68 31, Télex 881285 – A.C. Résidence du Parc, 15 bd Europe ✆ 89 45 38 72.

Paris 532 ⑤ – ◆Basel 39 ② – Belfort 40 ⑤ – ◆Besançon 134 ⑤ – Colmar 43 ⑧ – ◆Dijon 223 ⑤ – Freiburg 54 ⑨ – ◆Nancy 175 ⑧ – ◆Reims 371 ⑥ – ◆Strasbourg 112 ⑧.

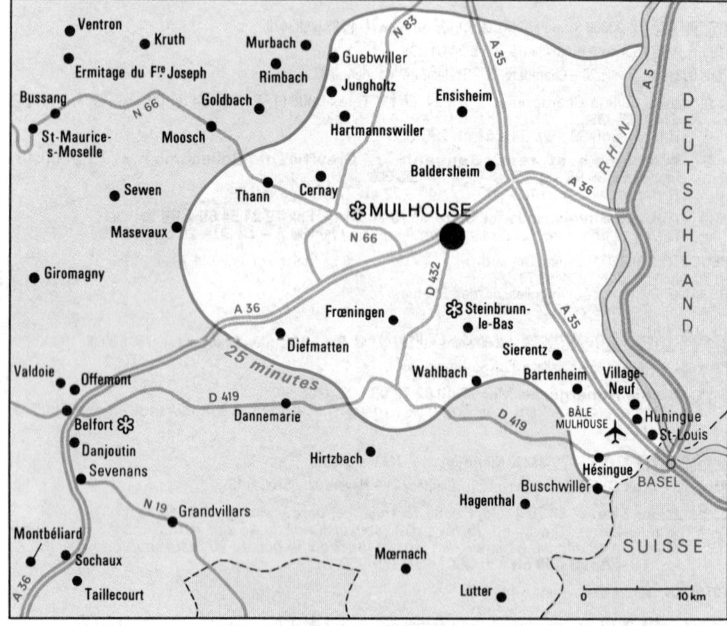

Parc M, 26 r. Sinne ✆ 89 66 12 22, Télex 881790, Fax 89 66 42 44 – ch – 70. AE GB FZ **a**
R *(fermé sam. midi et dim. soir)* 250/350 – 65 – **73 ch** 580/990, 3 appart. – ½ P 640.

des Maréchaux M sans rest, 15 r. Lambert ✆ 89 66 44 77, Télex 871929, Fax 89 46 30 66, – ch – 60. AE GB FY **t**
48 – **60 ch** 380/450.

Bourse sans rest, 14 r. Bourse ✆ 89 56 18 44, Télex 881264, Fax 89 56 60 51 – ch . AE GB FZ **d**
fermé 22 déc. au 5 janv. – 42 – **50 ch** 340/480.

Bristol sans rest, 18 av. Colmar ✆ 89 42 12 31, Fax 89 42 50 57 – ch . AE GB JCB FY **e**
32 – **65 ch** 250/380.

Europe sans rest, 11 av. Mar.-Foch ✆ 89 45 19 18, Fax 89 45 29 89 – . AE GB JCB FZ **g**
38 – **46 ch** 360/410.

Wir, 1 porte Bâle ✆ 89 56 13 22, Fax 89 46 44 91 – . AE GB FY **s**
R *(fermé 15 juil. au 15 août)* 180/280 – 32 – **39 ch** 150/310.

Arcade M sans rest, 53 r. Bâle ✆ 89 46 41 41, Télex 871916, Fax 89 56 24 26 – – 50 FY **f**
66 ch.

Bâle sans rest, 19 passage Central ✆ 89 46 19 87, Fax 89 66 07 06 – . GB FY **p**
31 – **32 ch** 170/280.

MULHOUSE

Colmar (Av. de) . . . . . EXY
Prés.-Kennedy (Av. du) EFY
Sauvage (R. du) . . . . . . FY 145

Altkirch (Av. et Pt d') . . . FZ 3
Arsenal (R. de l') . . . . . . EY 4
Bonbonnière (R.) . . . . . EY 13
Bonnes-Gens (R. des) . . FZ 14
Bons-Enfants (R. des) . . EY 18
Briand (Av. Aristide) . . . EY 19
Cloche (Quai de la) . . . . EY 24
Dreyfus (R. du Capit.) . . FX 29
Ehrmann (R. Jules) . . . . FZ 32
Ensisheim (R. d') . . . . . . FY 33
Europe (Pl. de l') . . . . . . FY 34
Fleurs (R. des) . . . . EZ 37
Foch (Av. du Mar.) . . . . . FZ 38
Franciscains (R. des) . . . EY 40

Gaulle (Pl. Gén. de) . . . . FZ 43
Guillaume-Tell (Pl.) . . . . FZ 48
Heilmann (R. Josué) . . EXY 52
Henner (R. J.-J.) . . . . . . FZ 53
Henriette (R.) . . . . EY 56
Joffre (Av. du Mar.) . . . . FZ 65
Lattre-de-T. (Av. Mar.) . FY 71
Leclerc (Av. du Gén.) . . . FZ 72
Loi (R. de la) . . . . EY 76
Loisy (R. du Lt de) . . . . . FX 77
Lorraine (R. de) . . . . EY 78
Maréchaux (R. des) . . . . EY 82
Mertzau (R. de la) . . . . . EX 87
Metz (R. de) . . . . FY 88
Moselle (R. de la) . . . . . FY 91
Norfeld (R. du) . . . . FY 98
Oran (Quai d') . . . . FZ 99
Pasteur (R. Louis) . . . . . FY 103
Poincaré (R.) . . . . FZ 107
Prés.-Roosevelt (Bd) . . EXY 108
Raisin (R. du) . . . . EY 109

République (Pl. de la) . FY 112
Réunion (Pl. de la) . . . . FY 113
St-Étienne (⊞) . . . . . . EZ 124
St-Fridolin (⊞) . . . . . . EX 128
Ste-Claire (R.) . . . . EZ 137
Ste-Geneviève (⊞) . . FY 138
Ste-J.-d'Arc (⊞) . . . . FX 139
Ste-Marie (⊞) . . . . EY 140
Somme (R. de la) . . . . . FY 146
Stalingrad (R. de) . . . . FY 149
Stoessel (Bd Charles) . EZ 152
Tanneurs (R. des) . . . . . EY 153
Tour-du-Diable (R.) . . . EZ 155
Trois-Rois (R. des) . . . . EZ 156
Vauban (Pl.) . . . . FX 159
Wicky (Av. Auguste) . . . FZ 165
Wilson (R.) . . . . FZ 166
Wolf (R. de) . . . . FX 167
Wyler (Allée William) . FX 168
Zillisheim (R. de) . . . . . EZ 170
17-Novembre (R. du) . FZ 173

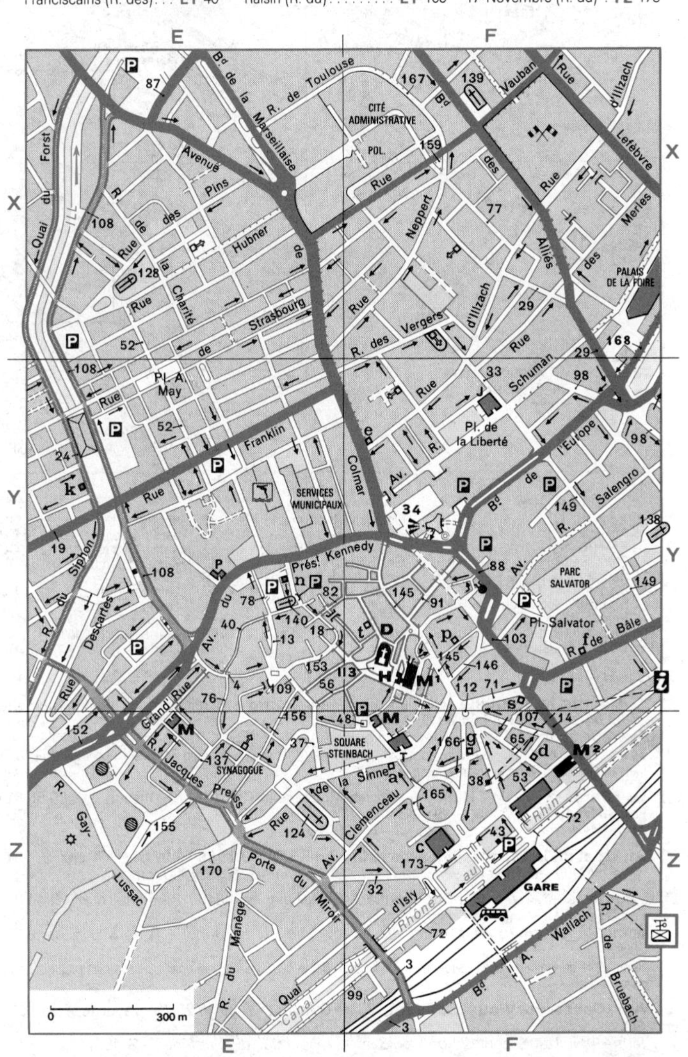

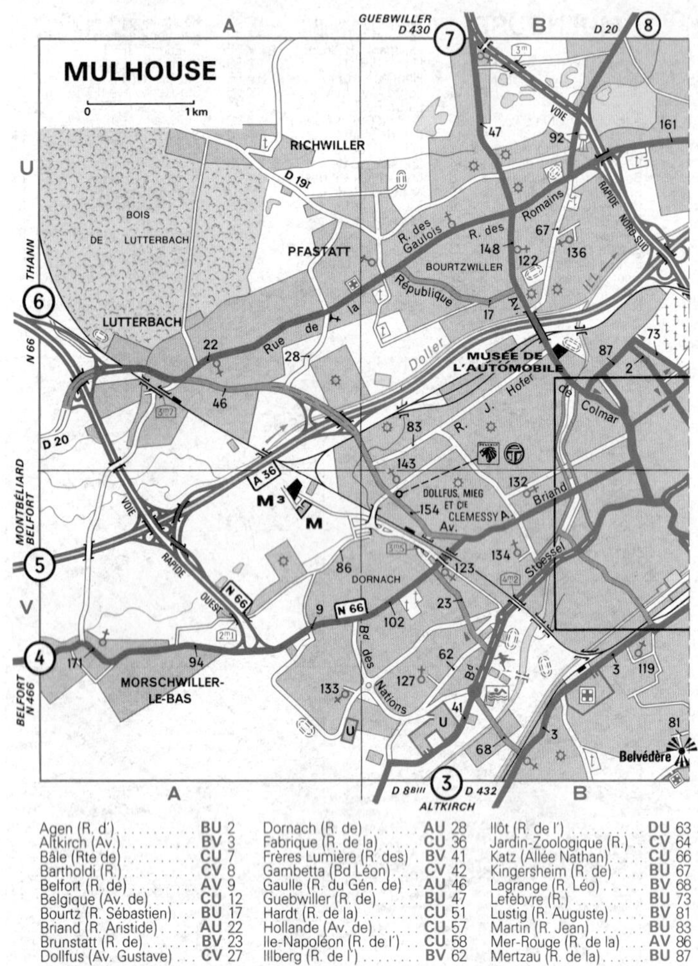

Agen (R. d')	**BU** 2	Dornach (R. de)	**AU** 28	Ilôt (R. de l')	**DU** 63
Altkirch (Av.)	**BV** 3	Fabrique (R. de la)	**CU** 36	Jardin-Zoologique (R.)	**CV** 64
Bâle (Rte de)	**CU** 7	Frères Lumière (R. des)	**BV** 41	Katz (Allée Nathan)	**CU** 66
Bartholdi (R.)	**CV** 8	Gambetta (Bd Léon)	**CV** 42	Kingersheim (R. de)	**BU** 67
Belfort (R. de)	**AV** 9	Gaulle (R. du Gén. de)	**AU** 46	Lagrange (R. Léo)	**BV** 68
Belgique (Av. de)	**CU** 12	Guebwiller (R. de)	**BU** 47	Lefèbvre (R.)	**BU** 73
Bourtz (R. Sébastien)	**BU** 17	Hardt (R. de la)	**CU** 51	Lustig (R. Auguste)	**BV** 81
Briand (R. Aristide)	**AU** 22	Hollande (Av. de)	**CU** 57	Martin (R. Jean)	**BU** 83
Brunstatt (R. de)	**BV** 23	Ile-Napoléon (R. de l')	**CU** 58	Mer-Rouge (R. de la)	**AV** 86
Dollfus (Av. Gustave)	**CV** 27	Illberg (R. de l')	**BV** 62	Mertzau (R. de la)	**BU** 87

XXX ✿ **Aub. de la Tonnelle** (Hirtzlin), 61 r. Mar.-Joffre à **Riedisheim** ✉ 68400 Riedisheim ✆ 89 54 25 77, Fax 89 64 29 85 – Ⓟ. ◑ GB CV **u**
fermé 14 août au 1er sept., sam. midi et dim. soir – **R** 160/220 et carte 210 à 370 ♂
Spéc. Crème d'escargots dans son feuilleté doré. Noix de ris de veau braisée au Banyuls. Nougat glacé et coulis de fruits rouges. **Vins** Muscat, Tokay-Pinot gris.

XXX **Le Parc,** 8 r. V. Hugo à **Illzach-Modenheim** ✉ 68110 Illzach ✆ 89 56 61 67, Fax 89 56 13 85, ⛱, 🍽 – Ⓟ. GB CU **k**
fermé sam. midi, dim. soir et lundi – **R** 195/380.

XXX **Au Quai de la Cloche,** 5 quai de la Cloche ✉ 68200 ✆ 89 43 07 81 – ◑ GB EY **k**
fermé 26 juil. au 18 août, sam. midi, dim. soir et lundi – **R** 165/330, enf. 40.

XX ✿ **Poste** (Kieny), 7 r. Gén. de Gaulle à **Riedisheim** ✉ 68400 Riedisheim ✆ 89 44 07 71, Fax 89 64 32 79 – Ⓟ. GB JCB CV **d**
fermé 26 juil. au 18 août, vacances de fév., dim. soir et lundi – **R** 180/390 et carte 260 à 380 ♂
Spéc. Pavé de lentilles vertes et foie gras. Grillade de Saint-Pierre au caramel épicé. Douceur au pralin et amandes caramélisées.

X **Aux Caves du Vieux Couvent,** 23 r. Couvent ✆ 89 46 28 79, Taverne – ▤. AE ◑ GB EY **n**
fermé 18 juil. au 9 août, 24 déc. au 3 janv., lundi midi, dim. et fériés – **R** 45/110.

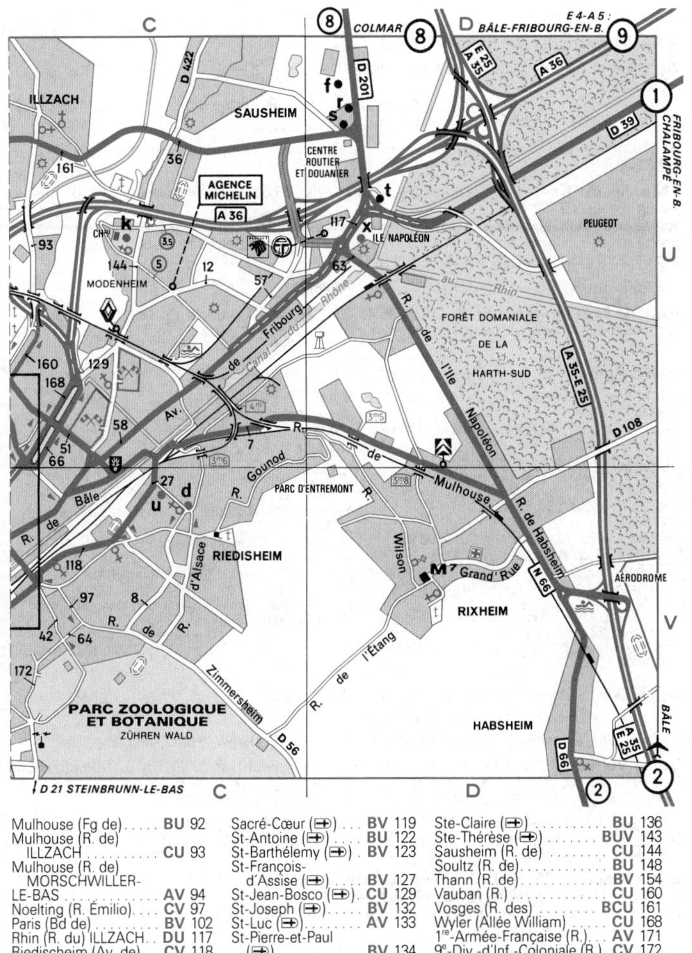

Mulhouse (Fg de) . . . . . BU 92
Mulhouse (R. de) ILLZACH . . . . CU 93
Mulhouse (R. de) MORSCHWILLER-LE-BAS . . . . AV 94
Noelting (R. Émilio) . . . . CV 97
Paris (Bd de) . . . . BV 102
Rhin (R. du) ILLZACH . . DU 117
Riedischeim (Av. de) . . CV 118
Sacré-Cœur (⊞) . . . BV 119
St-Antoine (⊞) . . . . BU 122
St-Barthélemy (⊞) . BV 123
St-François-d'Assise (⊞) . . . . . BV 127
St-Jean-Bosco (⊞) . CU 129
St-Joseph (⊞) . . . . . BV 132
St-Luc (⊞) . . . . AV 133
St-Pierre-et-Paul (⊞) . . . . BV 134
Ste-Claire (⊞) . . . . BU 136
Ste-Thérèse (⊞) . . . . BUV 143
Sausheim (R. de) . . . . CU 144
Soultz (R. de) . . . . BU 148
Thann (R. de) . . . . BV 154
Vauban (R.) . . . . CU 160
Vosges (R. des) . . . . BCU 161
Wyler (Allée William) . . . . . CU 168
1re-Armée-Française (R.) . . . AV 171
9e-Div.-d'Inf.-Coloniale (R.) . CV 172

au NE – ✉ **68390** Sausheim :

Mercure, ✆ 89 61 87 87, Télex 881757, Fax 89 61 88 40, 余, 🏊, 🎾 – 🛗 ⇔ ch ▤ TV ☎ ♿ P – 🏛 35 à 130. AE ⓓ GB — DU **r**
La Tissandière R 100/180 ✿, enf. 50 – ☐ 52 – **100 ch** 430/580.

Novotel Ⓜ, ✆ 89 61 84 84, Télex 881673, Fax 89 61 77 99, 余, 🏊 – ⇔ ch ▤ TV ☎ P – 🏛 80. AE ⓓ GB — DU **s**
R carte environ 150 ✿, enf. 50 – ☐ 48 – **77 ch** 410/430.

Ile Napoléon, ✆ 89 31 35 35, Télex 881980, Fax 89 31 35 36, 余, 🏊 – 🛗 ⇔ ch ▤ rest TV ☎ ♿ P – 🏛 150. AE ⓓ GB — DU **t**
R carte 140 à 210 ✿, enf. 50 – ☐ 52 – **98 ch** 405/510.

Ibis, ✆ 89 61 83 83, Télex 881970, Fax 89 61 78 10, 余 – 🛗 ⇔ ch TV ☎ ♿ P – 🏛 40. AE GB — DU **f**
R 83 ✿, enf. 39 – ☐ 33 – **76 ch** 290/310.

NE : île Napoléon – ✉ **68110** Illzach :

XXX **La Closerie,** ✆ 89 61 88 00, Fax 89 61 95 49 – P. GB — DU **x**
fermé 15 au 31 juil., 22 déc. au 4 janv., lundi soir, sam. midi et dim. – **R** 190/270, enf. 60.

à Baldersheim par ⑧ : 8 km – ✉ **68390** :

Au Cheval Blanc, ✆ 89 45 45 44, Fax 89 56 28 93, ⛹, 🏊 – |♦| ⇆ ch ▤ rest 📺 ☎ ♿ 🅟 – 🏛 30. GB
fermé 12 au 25 juil. (sauf hôtel), et 22 déc. au 2 janv. – **R** *(fermé dim. soir et jeudi)* 78/220 🍷, enf. 55 – ☕ 37 – **73 ch** 275/295 – ½ P 230/250.

à Steinbrunn-le-Bas SE CV : 9,5 km par rte parc zoologique, Bruebach et D 21 – ✉ **68440** :

XX ✿ **Moulin du Kaegy** (Bégat), ✆ 89 81 30 34, Fax 89 81 31 10, « Maison du 16e siècle, jardin » – 🅟. AE ⓓ GB
fermé janv., dim. soir et lundi – **R** (dim.prévenir) 280/480 et carte 270 à 400
Spéc. Blinis de maïs, saumon cru, caviar et coulis de concombre. Pigeonneau en croûte fine et gousses d'ail confites. Rognon de veau sauté au verjus. **Vins** Tokay-Pinot gris, Clevner.

à Froeningen : SO : 9 km par D 8BIII - BV – ✉ **68720** :

XX **Aub. de Froeningen** avec ch, ✆ 89 25 48 48, ⛱, 🌳 – ⇆ ch ☎ 🅟. GB
fermé 16 au 30 août, 10 au 31 janv., dim. soir et lundi – **R** carte 200 à 310 – ☕ 38 – **7 ch** 270/350.

MICHELIN, Agence, 35 av. de Belgique à Illzach CU ✆ **89 61 70 55**

FIAT, LANCIA Gar. Hess, 1 bis r. de Sausheim à Illzach ✆ 89 66 57 66
FORD Safor Autom., 56 av. de Belgique à Illzach ✆ 89 61 76 33
FORD Gar. Sax, 12 r. Couvent ✆ 89 56 52 22
HONDA, MAZDA, VOLVO Gar. Christen, 21 r. Thann ✆ 89 42 09 44
NISSAN Gar. Manu Est, 26 r. Manulaine ✆ 89 52 35 80
OPEL-GM Gar. Muller, 23 r. Thann ✆ 89 43 98 88
PEUGEOT, TALBOT S.I.A.M., 22 r. Thann ✆ 89 59 65 65
PEUGEOT-TALBOT S.I.A.M, 7 r. de Berne à Illzach ✆ 89 61 83 23
RENAULT Gd. Gar. Mulhousien, r. Sausheim à Illzach ✆ 89 36 22 22
TOYOTA SDA Rixheim, 64 rte de Mulhouse à Rixheim ✆ 89 44 40 50
V.A.G Gar. Schelcher, 27 fg de Mulhouse à Kingersheim ✆ 89 52 45 22
V.A.G Générale Autom. Diffusion, 228 av. de Fribourg, Illzach ✆ 89 61 89 61 N

Ⓜ Euromaster Arni-Hohler, 3 r. L.-Pasteur ✆ 89 45 85 27
Euromaster Arni-Hohler, Z.I. av. d'Italie à Illzach ✆ 89 61 81 00
Kautzmann, 276 av. d'Altkirch à Brunstatt ✆ 89 06 08 44
Pneus et Services D. K, 6 r. Amidonniers ✆ 89 42 30 06
Pneus et Services D.K., 14 av. de Hollande, Z.I. à Illzach ✆ 89 61 76 76

MUNSTER 68140 H.-Rhin 62 ⑱ G. Alsace Lorraine – 4 657 h alt. 381.

ℹ Office de Tourisme pl. du Marché ✆ 89 77 31 80.

Paris 445 – Colmar 19 – Gérardmer 32 – Guebwiller 28 – ♦Mulhouse 59 – St-Dié 54 – ♦Strasbourg 88.

Verte Vallée M 🐦, 10 r. A. Hartmann, parc de la Fecht ✆ 89 77 15 15, Télex 870586, Fax 89 77 17 40, ⛱, ⛹, 🏊, 🌳 – |♦| ▤ rest 📺 ☎ ♿ 🅟 – 🏛 100. AE ⓓ GB
fermé 3 au 27 janv. – **R** 80/250 🍷 – ☕ 44 – **107 ch** 330/450 – ½ P 285.

Cigogne M, pl. Marché ✆ 89 77 32 27, Fax 89 77 28 64 – |♦| 📺 ☎ 🚗. GB. ✗
R *(fermé 21 au 30 juin, 22 nov. au 12 déc., dim. soir et lundi)* 100/200 🍷 – ☕ 38 – **21 ch** 320/450 – ½ P 280/340.

Deux Sapins, 49 r. 9e Zouaves par rte Gérardmer ✆ 89 77 33 96, Télex 870560, Fax 89 77 03 90 – |♦| 📺 ☎ 🅟. AE ⓓ GB
fermé 15 nov. au 15 déc., dim. soir et lundi hors sais. – **R** 70/200 🍷, enf. 42 – ☕ 28 – **19 ch** 220/300 – ½ P 210/250.

FORD Gar. Sary ✆ 89 77 33 44
PEUGEOT, TALBOT Gar. Schmidt ✆ 89 77 40 78 N
RENAULT Gar. Gissler ✆ 89 77 37 44
V.A.G Gar. du Centre ✆ 89 77 33 41 N

MURAT 15300 Cantal 76 ③ G. Auvergne (plan) – 2 409 h alt. 917.

Voir Site★ – Église★ de Bredons S : 2,5 km.

ℹ Office de Tourisme pl. Hôtel-de-Ville ✆ 71 20 09 47.

Paris 526 – Aurillac 49 – Brioude 57 – Issoire 73 – Le Puy-en-Velay 118 – St-Flour 24.

Les Breuils sans rest, ✆ 71 20 01 25, Fax 71 20 02 43, 🌳 – ☎ 🅟. GB. ✗
fermé avril et 1er nov. à début déc. – ☕ 38 – **10 ch** 410/450.

Les Messageries (Annexe Le Bredons 14 ch), ✆ 71 20 04 04, Télex 283155, Fax 71 20 02 81, 🏊, 🌳 – 📺 ☎. AE GB
fermé 3 nov. au 25 déc. – **R** 80/190 🍷, enf. 40 – ☕ 27 – **24 ch** 190/230 – ½ P 205.

au Jarrousset E : 5 km par N 122 – ✉ **15300** Murat :

XXX ✿ **Jarrousset** (Andrieu), ✆ 71 20 10 69, ⛱, 🏊, 🌳 – 🅟. GB. ✗
fermé 1er au 10 sept., 2 au 12 janv., lundi soir et merc. hors sais. – **R** 110/320
Spéc. Escalope de foie gras aux pommes caramélisées. Filet de sandre rôti au jus de veau. Côte de Salers aux échalotes confites. **Vins** Chanturgue.

CITROEN Gar. Meissonnier, Le Martinet ✆ 71 20 13 87 N ✆ 71 20 05 55
PEUGEOT-TALBOT Gar. Delrieu ✆ 71 20 06 22 N
RENAULT Dolly ✆ 71 20 03 93

MURBACH 68 H.-Rhin 62 ⑱ – rattaché à Guebwiller.

MUR-DE-BARREZ **12600** Aveyron 76 ⑫ **G. Gorges du Tarn** – 1 109 h alt. 789.

Paris 576 – Aurillac 38 – Rodez 76 – St-Flour 59.

Aub. du Barrez M, 65 66 00 76, Fax 65 66 07 98 – TV ☎ P. AE GB
fermé 1er janv. au 8 fév., dim. soir de nov. à Pâques et lundi – **Repas** 60/180 – 30 – **10 ch** 200/240 – ½ P 215.

PEUGEOT-TALBOT Gar. Manhes 65 66 02 25 N 65 66 16 70
Gar. Yerles 65 66 02 24 N 65 66 16 94

MUR-DE-BRETAGNE **22530** C.-d'Armor 58 ⑲ **G. Bretagne** – 2 049 h alt. 225.

Voir Rond-Point du lac ≤★ – Lac de Guerlédan★★ O : 2 km.

Syndicat d'Initiative pl. Église (15 juin-15 sept.) 96 28 51 41.

Paris 459 – St-Brieuc 45 – Carhaix-Pl. 46 – Guingamp 44 – Loudéac 21 – Pontivy 16 – Quimper 97.

XXX ✿ **Aub. Grand'Maison** (Guillo) avec ch, 96 28 51 10, Fax 96 28 52 30 – TV ☎. AE GB
fermé oct., vacances de fév., dim. soir et lundi – **R** (nombre de couverts limité-prévenir) 170/400 et carte 330 à 450, enf. 110 – 50 – **12 ch** 270/620 – ½ P 400/560
Spéc. Profiteroles de foie gras au coulis de truffes. Galettes de pommes de terre en crème océane. Queues de langoustines panées à la noix de coco.

La MURE **38350** Isère 77 ⑮ **G. Alpes du Nord** – 5 480 h alt. 885.

Paris 608 – ♦Grenoble 39 – Gap 65.

Murtel M, 76 30 96 10, Fax 76 30 91 38, – TV ☎ P. GB
R 69/89, enf. 38 – 28 – **40 ch** 240/260 – ½ P 190/210.

CITROEN Gar. Gay, 76 81 02 57
PEUGEOT-TALBOT Gar. Reynier 76 81 03 78 N
RENAULT Gar. Reynaud 76 81 01 69

How do you find your way around the Paris suburbs?

Use the ***Michelin map*** *no* **101**
and the four ***street maps*** *nos* **17-18**, **19-20**, **21-22** *and* **23-24** *:*
clear, precise, up to date.

Les MUREAUX **78** Yvelines 55 ⑲, 106 ⑯ – rattaché à Meulan.

MURET SP **31600** H.-Gar. 82 ⑰ **G. Pyrénées Roussillon** – 18 134 h alt. 169.

Paris 715 – ♦Toulouse 19 – Auch 74 – St-Gaudens 69 – Pamiers 52.

Aragon sans rest, 15 r. Aragon 61 56 18 19 – ☎
fermé dim. – 21 – **20 ch** 108/158.

à ***Labarthe-sur-Lèze*** E : 6 km par D 19 – 3 772 h. – ✉ **31860** :

XX **Poêlon,** 61 08 68 49, Fax 61 08 78 08, – GB
fermé 8 au 21 janv. et merc. – **R** 89/220.

XX **Rose des Vents,** carrefour D 19-D 4 61 08 67 01, – P. AE GB
fermé 30 août au 13 sept., dim. soir et lundi – **R** 90/180, enf. 55.

CITROEN G.A.M., N 117 61 51 01 02
CITROEN Dedieu, à Rieumes 61 91 81 28
FIAT Sud Garonne Autom., 7 r. Berges, ZI Marclan 61 56 82 82
FORD Llédo, N 117 61 51 03 30
MERCEDES Antras Autom., 44 av. de l'Europe 61 51 16 26 N 61 51 00 66
PEUGEOT-TALBOT SO.NO.MA., 50 av. de Toulouse 61 56 18 15 N 62 22 29 32
RENAULT S.A.D.A.M., 254 av. des Pyrénées 61 51 05 44 N 61 17 76 50

Muret-Pneus, ZI Joffrery 61 51 09 39
Vialatte Pneus, 179 av. de Toulouse 61 51 48 34

MUROL **63790** P.-de-D. 73 ⑬ ⑭ **G. Auvergne** (plan) – 606 h alt. 833.

Voir Château★★.

Syndicat d'Initiative r. de Jassaguet 73 88 62 62.

Paris 465 – ♦Clermont-Fd. 37 – Besse-en-Chandesse 11,5 – Condat 39 – Issoire 30 – Le Mont-Dore 19.

Les Volcans M sans rest, 73 88 60 77, – ☎ P. GB
15 juin-30 sept. et vacances de fév. – 25 – **10 ch** 220/260.

Pins, 73 88 60 50, – ☎ P. GB
1er mai-30 sept. – **R** 55/150, enf. 45 – 30 – **29 ch** 220/260 – ½ P 250/260.

Paris, 73 88 60 09, – ☎. AE GB. rest
vacances de printemps-25 sept. et vacances de fév. – **R** 55/120, enf. 36 – 25 – **20 ch** 150/200 – ½ P 190/200.

PEUGEOT-TALBOT Pons 73 88 60 22 N
RENAULT Gar. Dabert 73 88 63 43

MUS **30121** Gard 83 ⑧ – 768 h.

Paris 730 – ♦Montpellier 35 – Aigues-Mortes 24 – Nîmes 20.

XX **Aub. de la Paillère** avec ch, 66 73 78 79, Fax 66 73 79 28, – TV ☎. AE GB
fermé janv. – **R** *(fermé lundi)* 120/250, enf. 45 – 25 – **8 ch** 380/480.

MUSSIDAN **24400** Dordogne 75 ④ **G. Périgord Quercy** – 2 985 h alt. 57.

Syndicat d'Initiative r. Libération (fermé fév.) ℘ 53 81 04 77.

Paris 533 – Périgueux 39 – Angoulême 86 – Bergerac 25 – Libourne 55 – Ste-Foy-la-Grande 28.

Midi 🐦, à la gare ℘ 53 81 01 77, 🏊, 🌳 – TV ☎ 🅟. GB. 🐕
fermé 4 au 18 janv., vend. soir et sam. hors sais. – **R** 68/250 🍷, enf. 48 – ☕ 30 – **10 ch** 210/300 – ½ P 220/250.

Gd Café sans rest, 1 av. Gambetta ℘ 53 81 00 07
☕ 20 – **11 ch** 90/160.

XX **Relais de Gabillou,** rte de Périgueux ℘ 53 81 01 42, 🌳 – 🅟. GB
fermé 15 au 29 nov., vacances de fév., dim. soir et lundi – **R** 80/260 🍷, enf. 50.

X **Velours rouge,** r. L. Maine ℘ 53 80 17 56 – AE ⓓ GB JCB
fermé 8 au 21 nov., 8 au 28 fév. et merc. – **R** 75/195, enf. 42.

rte de Bordeaux par N 89 : 6 km – ✉ **24400** Mussidan :

XX **Clos Joli,** ℘ 53 81 10 01, 🌳, « Jardin fleuri » – 🅟. AE ⓓ GB
fermé 1er au 15 juin, 15 au 26 déc., dim. soir et lundi soir hors sais. et mardi – **R** 85/249, enf. 50.

PEUGEOT TALBOT Rousseau ℘ 53 81 04 47

MUTRECY **14220** Calvados 54 ⑮ – 219 h alt. 80.

Paris 252 – ◆Caen 17 – Falaise 34 – Lisieux 56 – St-Pierre-sur-Dives 36.

Aub. des Pommiers 🐦, ℘ 31 79 32 03 – ▤ rest ☎ 🅟. GB
fermé 8 au 28 fév. et mardi du 1er oct. au 15 mai – **R** 72/170, enf. 45 – ☕ 28 – **12 ch** 140/210 – ½ P 180/240.

MUTZIG **67190** B.-Rhin 62 ⑨ **G. Alsace Lorraine** – 4 552 h alt. 187.

Paris 480 – ◆Strasbourg 26 – Obernai 12 – Saverne 31 – Sélestat 37.

L'Ours Noir, pl. Fontaine ℘ 88 38 13 20, Télex 890664, Fax 88 38 76 41, 🌳 – 🛗 TV ☎ ♿ 🚗 🅟 – 🎤 45. AE ⓓ GB JCB
R *(fermé 23 déc. au 2 janv.)* 55/170 🍷, enf. 38 – ☕ 42 – **32 ch** 260/300 – ½ P 250/260.

Host. de la Poste, pl. Fontaine ℘ 88 38 38 38, Fax 88 49 82 05, 🌳 – TV ☎ 🚗. AE GB. 🐕
R 80/280 🍷 – ☕ 34 – **19 ch** 200/300 – ½ P 250/290.

XX **Aub. Alsacienne "au Nid de Cigogne",** r. 18-Novembre ℘ 88 38 11 97 – GB
fermé 5 au 12 janv., mardi soir et merc. – **R** 70 (sauf sam.)/200 🍷, enf. 65.

Kautzmann ℘ 88 38 61 78

MUZILLAC **56190** Morbihan 63 ⑭ – 3 471 h alt. 23.

Paris 447 – Vannes 25 – ◆Nantes 85 – Redon 37 – La Roche-Bernard 15.

Aub Pen-Mur, 20 rte Vannes ℘ 97 41 67 58, 🌳 – TV ☎ 🅟 – 🎤 25. GB
R 70/175 🍷, enf. 45 – ☕ 28 – **18 ch** 200/300 – ½ P 205/250.

à Billiers S : 2,5 km par D 5 – ✉ **56190** :

X **Glycines** avec ch, pl. Église ℘ 97 41 64 63 – GB. 🐕
fermé fév. et lundi hors sais. – **R** 78/240 🍷 – ☕ 26 – **11 ch** 130/170 – ½ P 175/205.

à la Pointe de Pen-Lan S : 5 km par D 5 **G. Bretagne** – ✉ **56190** Muzillac :

Voir ⩤★.

✿ **Domaine du Château de Rochevilaine** 🐦, ℘ 97 41 61 61, Fax 97 41 44 85, « Demeures anciennes avec jardin, ⩤ littoral », 🏊 – TV ☎ ♿ 🅟 – 🎤 45. AE ⓓ GB JCB. 🐕 rest
fermé 15 janv. au 1er mars – **R** 240/440, enf. 120 – ☕ 60 – **25 ch** 580/1150 – ½ P 510/875
Spéc. Feuilleté de maquereaux, crème de moutarde à l'échalote. Galette de homard aux pommes de terre (avril à sept.). Poitrine de pigeon légèrement fumée, pommes fondantes (mai à sept.). **Vins** Muscadet.

NAINTRÉ **86** Vienne 68 ④ – rattaché à Châtellerault.

NAJAC **12270** Aveyron 79 ⑳ **G. Gorges du Tarn** – 766 h alt. 350.

Voir Site★★ – Ruines du château★ : ⩤★.

Syndicat d'Initiative pl. Faubourg ℘ 65 29 72 05.

Paris 631 – Rodez 71 – Albi 50 – Cahors 69 – Gaillac 49 – Montauban 68 – Villefranche-de-R. 19.

Belle Rive 🐦, NO : 2 km par D 39 ℘ 65 29 73 90, ⩤, 🌳, « Dans les gorges de l'Aveyron », 🏊, 🌳, 🎾 – TV ☎ 🅟 – 🎤 30. AE ⓓ GB
2 avril-2 nov. – **Repas** 78/230, enf. 50 – ☕ 40 – **37 ch** 240/280 – ½ P 260/280.

XXX **Oustal del Barry** 🐦 avec ch, ℘ 65 29 74 32, Fax 65 29 75 32, ⩤, 🌳, « Jardin » – 🛗 TV ☎. AE GB
1er avril-31 oct. et fermé lundi (sauf fériés) en avril et oct. et lundi midi en mai et juin – **Repas** 130/320, enf. 65 – ☕ 44 – **21 ch** 226/420 – ½ P 290/325.

au NE : 7 km par D 39 et D 638 – ✉ **12270** Najac :

Longcol , ✆ 65 29 63 36, Fax 65 29 64 28, ←, , parc, , – ☎ Ⓟ. AE GB
1er avril-15 nov. – **R** *(fermé mardi sauf du 15 juin au 15 sept.)* 170/280 – ☕ 50 – **23 ch** 500/700 – ½ P 465/565.

NAMPONT-ST-MARTIN 80120 Somme 51 ⑫ G. Flandres Artois Picardie – 242 h alt. 41.

Paris 221 – ♦Calais 83 – Abbeville 28 – ♦Amiens 71 – Hesdin 25 – Montreuil 14 – Le Touquet 28.

Les Contrebandiers avec ch, sur N 1 ✆ 22 29 90 43, – ⓓ GB
fermé janv., fév., dim. soir et lundi sauf juil.-août – **R** 85/220 , enf. 40 – ☕ 25 – **4 ch** 180/220.

NANCY P 54000 M.-et-M. 62 ⑤ G. Alsace Lorraine – 99 351 h alt. 212.

Voir Ensemble 18e s. : Place Stanislas★★★ BY, Arc de Triomphe★ BY **B** – Place de la Carrière★ BY **21** et Palais du Gouvernement★ BX **W** – Palais ducal★★ BX : musée Historique lorrain★★★ – Église et Couvent des Cordeliers★ BX **E** : gisant de Philippe de Gueldre★★ – Porte de la Craffe★ AX **F** – Église N.-D.-de-Bon-Secours★ EX – Façade★ de l'église St-Sébastien BY – Musées : Beaux-Arts★★ BY **M**2, Ecole de Nancy★★ DX **M**3, Zoologie (aquarium tropical★) CY **M**4.

Env. Basilique★★ de St-Nicolas-de-Port par ② : 12 km.

18 de Nancy-Aingeray ✆ 83 24 53 87, par ⑥ : 17 km.

✈ de Metz-Nancy-Lorraine : ✆ 87 56 70 00, par ⑥ : 43 km.

✆ 83 56 50 50.

i Office de Tourisme et Accueil de France (Informations et réservations d'hôtels, pas plus de 5 jours à l'avance) 14 pl. Stanislas ✆ 83 35 22 41, Télex 960414 - A.C. Lorrain, 49 pl. de la Carrière ✆ 83 35 04 65.

Paris 307 ⑤ – Chaumont 117 ④ – ♦Dijon 208 ⑤ – ♦Metz 53 ⑥ – ♦Reims 229 ⑤ – ♦Strasbourg 146 ①.

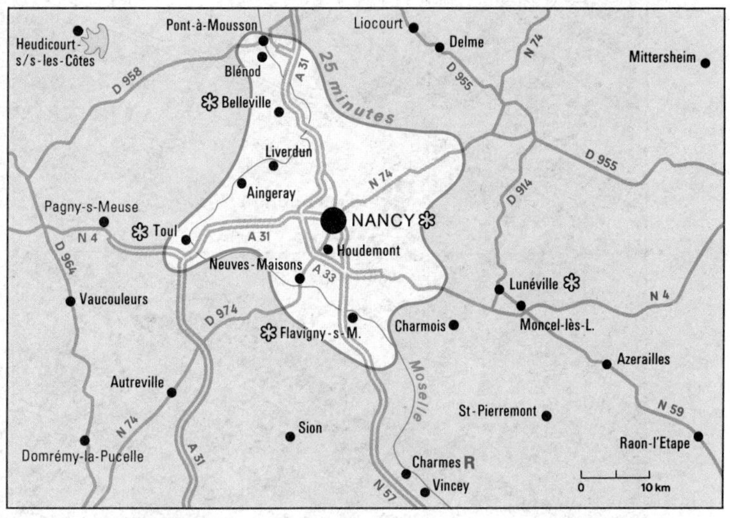

Gd H. de la Reine et rest. Stanislas, 2 pl. Stanislas ✆ 83 35 03 01, Télex 960367, Fax 83 32 86 04, « Palais du 18e siècle sur la place Stanislas » – |\$| ▤ rest TV ☎ ♿ Ⓟ – 50. AE ⓓ GB. rest BY **d**
R 230/275 et carte 230 à 410, enf. 100 – ☕ 75 – **44 ch** 600/1350, 6 appart.
Spéc. Emietté de queue de boeuf aux pistaches. Compotée de lapereau en feuilles de choux et miel d'acacia. Baba "Stanislas" glacé à la bière de mars.

Mercure-Altéa Thiers M, 11 r. R. Poincaré ✆ 83 39 75 75, Télex 960034, Fax 83 32 78 17 – |\$| ▤ TV ☎ ♿ – 300. AE ⓓ GB JCB AY **r**
La Toison d'Or *(fermé 25 juil. au 22 août)* **R** 175/225 enf. 100 – ☕ 52 – **178 ch** 475/600.

Mercure M sans rest, 5 r. Carmes ✆ 83 35 32 10, Télex 960413, Fax 83 32 92 49 – |\$| ch TV ☎ Ⓟ. AE ⓓ GB BY **m**
☕ 55 – **80 ch** 425/550.

Albert 1er-Astoria sans rest, 3 r. Armée Patton ✆ 83 40 31 24, Télex 850895, Fax 83 28 47 78, – |\$| TV ☎ Ⓟ – 60. AE ⓓ GB JCB AY **d**
☕ 37 – **126 ch** 285/405.

NANCY

Dominicains (R. des) . . . . BY 31
Gambetta (R.) . . . . BY 35
Grande-Rue . . . . BXY 37
Héré (R.) . . . . BY 40
Mazagran (R.) . . . . . . AY 53
Mengin (Pl. Henri) . . BY 55
Mouja (R. du Pont) . . BY 63
Poincaré (R. R.) . . . . . AY 71
Point-Central . . . . BY 72
Ponts (R. des) . . . . . BYZ 73
Raugraff (R.) . . . . BY 74
St-Dizier (R.) . . . . BY
St-Georges (R.) . . . . . CY
St-Jean (R.) . . . . BY
Stanislas (R.) . . . . BY 100
Trois-Maisons (R. du Fg des) . . . . AX 103

Adam (R. Sigisbert) . . . . . BX 2
Albert-1er (Bd) . . . . . . DV 3
Alliance (Pl. d') . . . . . CY 4
Anatole-France (Av.) . . . . DV 6
Armée-Patton (R.) . . DV 7
Auxonne (R. d') . . . . DV 8
Barrès (R. Maurice) . . . . . CY 10
Barthou (Bd Louis) . . EX 12
Bazin (R. H.) . . . . CY 13
Braconnot (R.) . . . . . BX 19
Carmes (R. des) . . . . . BY 20
Carrière (Pl. de la) . . . BY 21
Chanoine-Jacob (R.) AX 23
Clemenceau (Bd G.) . EX 25
Craffe (R. de la) . . . . AX 28
Europe (Bd de l') . . . DY 32
Foch (Av.) . . . . DV 33
Gaulle (Pl. Gén.-de) . BX 36
Haut-Bourgeois (R.) . AX 39
Ile de Corse (R. l') . . . CY 41
Jaurès (Bd Jean) . . . . EX 42
Jaurès (Bd Jean) VANDŒUVRE . . . DX 43
Jeanne-d'Arc (R.) . DEX 44
Jeanne-d'Arc (Av.) VANDŒUVRE . . . EY 45
Keller (R. Charles) . . . AX 46
Leclerc (Av. Gén.) VANDŒUVRE . . . DY 49
Loups (R. des) . . . . . AX 51
Mareville (R. de) . . . . DX 52
Mirecourt (Route de) . . . . EX 59
Molitor (Rue) . . . . CZ 60
Monnaie (R. de la) . . . . BY 61
Nabécor (R. de) . . . . EX 64
N.-D. de Lourdes (⊞) . . . . DX 67

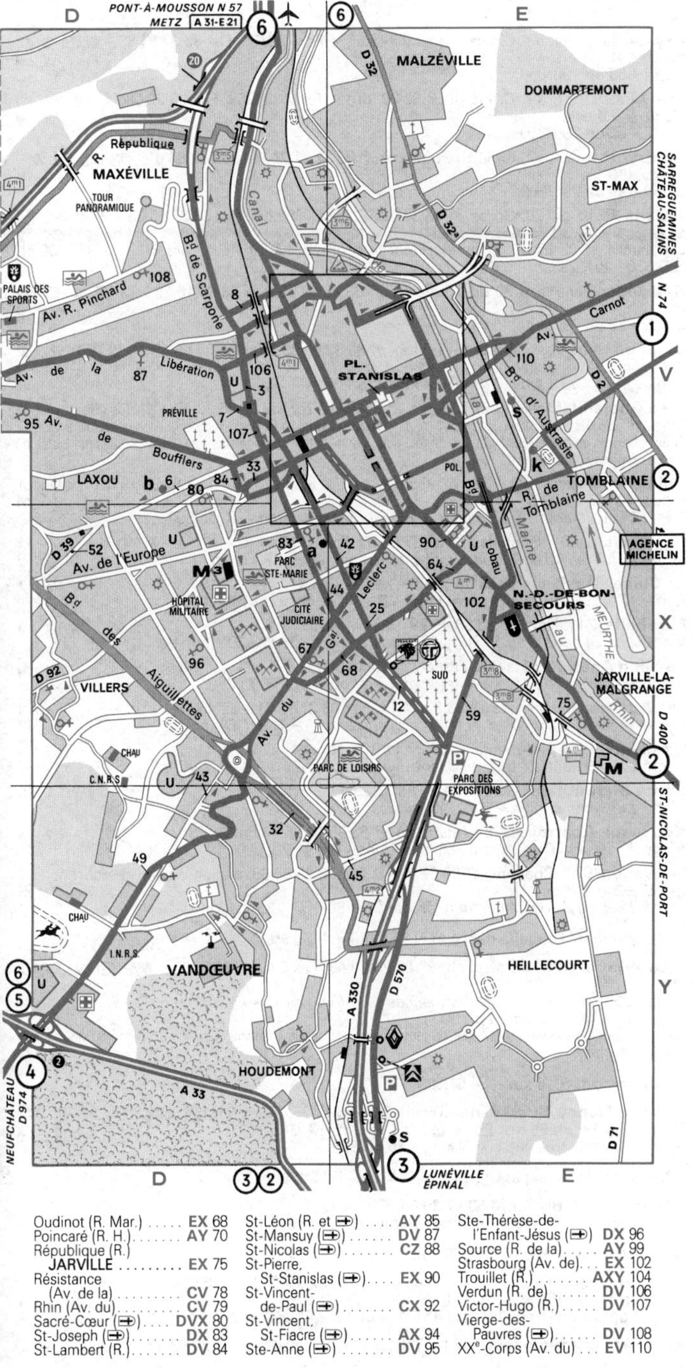

Oudinot (R. Mar.) ..... **EX** 68
Poincaré (R. H.) .... **AY** 70
République (R.) **JARVILLE** .... **EX** 75
Résistance (Av. de la) .... **CV** 78
Rhin (Av. du) .... **CV** 79
Sacré-Cœur (⊞) .... **DVX** 80
St-Joseph (⊞) .... **DX** 83
St-Lambert (R.) .... **DV** 84
St-Léon (R. et ⊞) .... **AY** 85
St-Mansuy (⊞) ...... **DV** 87
St-Nicolas (⊞) .... **CZ** 88
St-Pierre, St-Stanislas (⊞) .... **EX** 90
St-Vincent-de-Paul (⊞) .... **CX** 92
St-Vincent, St-Fiacre (⊞) ...... **AX** 94
Ste-Anne (⊞) .... **DV** 95
Ste-Thérèse-de-l'Enfant-Jésus (⊞) **DX** 96
Source (R. de la) ..... **AY** 99
Strasbourg (Av. de) ... **EX** 102
Trouillet (R.) .... **AXY** 104
Verdun (R. de) ..... **DV** 106
Victor-Hugo (R.) ..... **DV** 107
Vierge-des-Pauvres (⊞) ..... **DV** 108
XXe-Corps (Av. du) ... **EV** 110

Crystal sans rest, 5 r. Chanzy ℘ 83 35 41 55, Télex 850139, Fax 83 37 84 85 – |‡| TV ☎ ♿. AE ① GB — AY **a**
⊐ 36 – **56 ch** 195/350.

Ibis M sans rest, 3 r. Crampel ℘ 83 32 90 16, Télex 961959, Fax 83 32 08 77 – |‡| ⇔ ch TV ☎ ♿. AE GB — AY **e**
⊐ 33 – **62 ch** 290/310.

Central H. sans rest, 6 av. R. Poincaré ℘ 83 32 21 24, Fax 83 37 84 61, ⇌ – |‡| TV ☎ – 25. GB — AY **k**
⊐ 30 – **68 ch** 200/300.

Arcade M, 42 av. 20ᵉ Corps ℘ 83 37 10 10, Télex 850264, Fax 83 37 66 33 – |‡| ▤ rest TV ☎ ♿ – 30. AE GB. ✂ rest — CY **v**
L'Aquarelle ℘ 83 37 99 40 *(fermé lundi midi et dim.)* **R** 60/195bc, enf. 50 – ⊐ 38 – **60 ch** 305/330 – ½ P 295.

Résidence sans rest, 30 bd J. Jaurès ℘ 83 40 33 56, Fax 83 90 16 28 – |‡| TV ☎. AE ① GB — DEX **a**
⊐ 35 – **22 ch** 230/330.

Cigogne sans rest, 4 bis r. Ponts ℘ 83 32 89 33, Fax 83 35 45 85 – |‡| TV ☎. AE GB — BY **s**
fermé 20 déc. au 3 janv. – ⊐ 29 – **44 ch** 175/260.

XXXX ✿ **Le Goéland** (Mengin), 27 r. Ponts ℘ 83 35 17 25, Fax 83 35 72 49 – ▤. AE GB — BY **e**
fermé 1ᵉʳ au 18 août, lundi midi et dim. – **R** produits de la mer 165/260 et carte 350 à 500
Spéc. Lasagnes de grenouilles au beurre de foie gras. Goujonnettes de sole panées au coulis de tomate. Mijotée de pigeon de Bresse. **Vins** Côtes de Toul.

XXX **Capucin Gourmand**, 31 r. Gambetta ℘ 83 35 26 98, Fax 83 35 75 32, « Décor modern'style » – GB — BY **m**
fermé 1ᵉʳ au 15 août, 1ᵉʳ au 8 janv., dim. sauf fériés et lundi – **R** 120/500.

XXX **Cap Marine**, 60 r. Stanislas ℘ 83 37 05 03, Fax 83 37 01 32 – ▤. AE ① GB — BY **t**
fermé 25 juil. au 16 août, sam. midi et dim. sauf fériés – **R** 110/260.

XX **La Chine**, 31 r. Ponts ℘ 83 30 13 89 – ▤. AE ① GB — BY **r**
fermé 10 au 30 août, dim. soir et lundi – **R** cuisine chinoise 135/175.

XX **Mirabelle**, 24 r. Héré ℘ 83 30 49 69 – GB — BY **f**
fermé 2 au 24 août, 3 au 10 janv., dim. soir et lundi – **R** 120/290, enf. 80.

XX **Pavillon Anatole**, 62 av. A. France ℘ 83 40 63 30, ☂ – ▤. AE GB — DVX **b**
fermé 14 juil. au 16 août, sam. midi, dim. soir et lundi – **R** 150/280.

XX **Les Agaves**, 2 r. Carmes ℘ 83 32 14 14, Fax 83 37 13 31 – AE ① GB — BY **u**
fermé 1ᵉʳ au 22 août, 20 au 28 fév., lundi soir et dim. – **R** 90/165, enf. 65.

XX **L'Amandier**, 24 pl. Arsenal ℘ 83 32 11 01 – ▤. GB — AY **s**
fermé 2 au 19 août, 24 déc. au 3 janv., sam. midi et dim. – **R** 139/172.

X **Petite Marmite**, 8 r. Gambetta ℘ 83 35 25 63 – GB — BY **b**
fermé sam. midi et dim. – **R** 85/145.

X **Nouveaux Abattoirs**, 4 bd Austrasie ℘ 83 35 46 25 – ▤. GB — EV **s**
fermé 20 juil. au 16 août, sam., dim. et fériés – **R** 70/220 ₰.

X **Le Wagon**, 57 r. Chaligny ℘ 83 32 32 16, Fax 83 35 68 36, ancien wagon-restaurant – ▤ P. AE GB — EV **k**
fermé 3 juil. au 3 août, sam., dim. et fêtes – **R** 80/180 ₰, enf. 40.

à Flavigny-sur-Moselle par ③ et N 57 : 16 km – ✉ **54630** :

XXX ✿ **Le Prieuré** (Roy) M avec ch, ℘ 83 26 70 45, Fax 83 26 75 51, ☂, ⇌ – TV ☎. AE ① GB
fermé 25 août au 6 sept., vacances de fév., dim. soir, et merc. – **R** 250/400 et carte 330 à 420 – ⊐ 55 – **4 ch** 600
Spéc. Persillé de grenouilles et pommes de terre. Turbot à la moëlle et au vin rouge. Pigeon poché au vin rouge et ravioli de foie gras.

à Houdemont S : 6 km – ✉ **54180** :

Novotel Nancy Sud M, rte Épinal ℘ 83 56 10 25, Télex 961124, Fax 83 57 62 20, ☂, ⛱, ⇌ – |‡| ⇔ ch ▤ rest TV ☎ P – 150. AE ① GB — EY **s**
R carte environ 160, enf. 50 – ⊐ 48 – **86 ch** 390.

à Neuves-Maisons par ④ : 14 km – 6 432 h. – ✉ **54230** :

XX **L'Union**, 1 r. A. Briand ℘ 83 47 30 46, ☂ – GB
fermé 17 juil. au 10 août., vacances de fév., dim. soir et lundi – **R** 90/300.

rte de Paris O : 4 km – ✉ **54520** Laxou :

Novotel Nancy Ouest M, ℘ 83 96 67 46, Télex 850988, Fax 83 98 57 07, ☂, ⛱, ⇌ – |‡| ⇔ ch ▤ rest TV ☎ ♿ P – 25 à 250. AE ① GB — CV **a**
R carte environ 160, enf. 50 – ⊐ 45 – **119 ch** 395/420.

MICHELIN, Agence régionale, 117 bd Tolstoï à Tomblaine EX ℘ 83 21 83 21

BMW Hazard, 105 bd Austrasie ✆ 83 32 32 41
FIAT S.O.D.E.A., 51/53 r. G. Mouilleron ✆ 83 27 52 52
FORD Gras, 11 r. A.-Lebrun ✆ 83 36 51 75 **N** ✆ 83 35 90 90
MERCEDES Etoile 54, 107 bd Austrasie ✆ 83 35 00 55
NISSAN Gar. Lorraine-Auto, 39 av. Garenne ✆ 83 40 22 57

OPEL S.A.N.E., 11 r. Tapis-Vert ✆ 83 32 10 24
RENAULT Mr Roth Building Joffre, 29 bd Joffre BZ ✆ 83 32 96 03 **N**
ROVER Charmois Automobiles, 304 av. Gén.-Leclerc ✆ 83 51 45 52

Le Circulaire, 37 r. Sigisbert-Adam ✆ 83 37 06 23
Leclerc-Pneu, r. M.-Barrès ✆ 83 37 06 57
Leclerc-Pneu, 11 r. A.-Krug ✆ 83 35 28 31

Périphérie et environs

CITROEN Central Autom. de Lorraine, N 57 à Houdemont EY ✆ 83 51 29 30
FORD Nancy-Laxou Autom., 21 av. Résistance à Laxou ✆ 83 98 43 43 **N** ✆ 83 35 90 90
PEUGEOT, TALBOT S.I.A.L., av. P.-Doumer à Vandoeuvre EX ✆ 83 50 38 00 **N** ✆ 05 44 24 24
PEUGEOT-TALBOT S.I.A.L., 1 à 3 av. de la Résistance à Laxou CV **a** ✆ 83 96 34 21 **N** ✆ 05 44 24 24
PORSCHE-MITSUBISHI Richard Alcaray Automobiles, 4 pl. Gérard d'Alsace à Vandoeuvre-les-Nancy ✆ 83 56 20 80
RENAULT Renault Nancy, av. Résistance, Direction Paris à Laxou CV ✆ 83 95 33 33 **N** ✆ 05 05 15 15

RENAULT Renault Nancy, N 57, rte d'Epinal à Houdemont EY ✆ 83 95 32 32 **N** ✆ 05 05 15 15
TOYOTA Nasa Automobiles, 28 av. du 69e RI à Essey-lès-Nancy ✆ 83 21 47 47
V.A.G SODATEC, Aéroport de Nancy av. Eugène Potier à Tomblaine ✆ 83 21 38 90 **N** ✆ 83 33 27 69
V.A.G. SODATEC, 111 av. du Gén.-Leclerc à Vandoeuvre-les-Nancy ✆ 83 53 22 07 **N** ✆ 83 33 27 69

Euromaster PAD, 97 av. 69e-R.I. à Essey-lès-Nancy ✆ 83 21 24 03
Vulca Pneus, r. des Mailly ZAC de Pulnoy à Essey-les-Nancy ✆ 83 29 25 53

NANDY 77176 S.-et-M. 61 ① – 5 429 h alt. 81.

Paris 48 – Fontainebleau 25 – Brie-Comte-Robert 18 – Corbeil-Essonnes 8 – Melun 9,5.

L'Écurie M, 1 r. Arqueil (N 446) ✆ (1) 60 63 63 63, Fax (1) 60 63 64 39, – TV ☎ ♿ P – 25 à 70. AE GB
R *(fermé dim. soir)* 118 – 35 – **43 ch** 330.

NANGIS 77370 S.-et-M. 61 ③ 106 ㊱ ㊽ – 7 013 h alt. 130.

Voir Église★ de Rampillon E : 4,5 km par D 62, G. Ile de France.

Paris 75 – Fontainebleau 33 – Coulommiers 34 – Melun 26 – Provins 21 – Sens 53.

Dauphin avec ch, 9 bis r. A. Briand ✆ (1) 64 08 00 27, Télex 693525 – TV ☎ P. AE GB JCB
fermé dim. soir – **R** 130/310 carte le dim. – 35 – **18 ch** 140/310 – ½ P 190/250.

CITROEN Gar. Barbier, 31 ter r. Écoles ✆ (1) 64 08 01 03
CITROEN S.N.M.A., 3 av. Gén.-de-Gaulle ✆ (1) 64 08 00 48 **N**

Nangis Accessoires Pièces, 33 bd V. Hugo ✆ (1) 64 08 73 21

NANS-LES-PINS 83860 Var 84 ⑭ – 2 485 h alt. 430.

Paris 800 – Aix-en-Provence 43 – Brignoles 25 – ♦Marseille 42 – Rians 35 – ♦Toulon 69.

Domaine de Châteauneuf, au Châteauneuf N : 3,5 km par D 80 et N 560 ✆ 94 78 90 06, Télex 400747, Fax 94 78 63 30, « dans un parc, golf », – TV ☎ P – 30. AE GB
27 mars-30 nov. – **R** *(fermé lundi hors sais.)* 230/410 – 70 – **24 ch** 560/1160, 6 appart. – ½ P 570/870.

RENAULT Gar. Cardillo ✆ 94 78 92 53

NANS-SOUS-STE-ANNE 25330 Doubs 70 ⑤ G. Jura – 142 h alt. 365.

Voir Source du Lison★★★ 15 mn, Grotte Sarrazine★★ 30 mn, Creux Billard ★ 30 mn, SE : 3 km.

Paris 421 – ♦ Besançon 44 – Pontarlier 36 – Salins-les-Bains 13.

Poste , ✆ 81 86 62 57, ← – ☎. GB
fermé janv. et merc. du 15 oct. au 1er avril – **R** 85/130, enf. 35 – 30 – **10 ch** 190/220 – ½ P 180/210.

NANTERRE 92 Hauts-de-Seine 55 ⑳, 101 ⑬ – voir Paris, Environs.

Write us...

If you have any comments on the contents of this Guide.
Your praise as well as your criticisms will receive careful consideration and, with your assistance, we will be able to add to our stock of information and, where necessary, amend our judgments.

Thank you in advance!

NANTES P 44000 Loire-Atl. 67 ③ G. Bretagne – 244 995 h alt. 8.

Voir Intérieur★★ de la cathédrale HY – Château ducal★★ : musées d'art populaire régional★ et des Salorges★ HY – La ville du 19ᵉ s. ★ : passage Pommeraye★ GZ **135**, cours Cambronne★ FZ – Jardin des Plantes★ HY – Palais Dobrée★ FZ – Ancienne île Feydeau★ GZ – Belvédère Ste-Anne ≤★ EZ **S** – Musées : Beaux-Arts★★ HY **M1**, Histoire naturelle★★ FZ **M2**, Archéologie régionale★ (dans les jardins du palais Dobrée) FZ **M3**, Jules Verne★ EZ **M**[5].

18 ☎ 40 63 25 82, D 81 : 16 km AV.

International Nantes-Atlantique : ☎ 40 84 80 00, par D 85 : 8,5 km BX.

☎ 40 50 50 50.

Office de Tourisme et Accueil de France (Informations, change et réservations d'hôtels, pas plus de 5 jours a l'avance) pl. Commerce ☎ 40 47 04 51, Télex 710905 et pl. Marc Elder (saison) – A.C. 6 bld G.-Guisth'au ☎ 40 48 56 19.

Paris 384 ① – Angers 89 ① – ♦Bordeaux 324 ④ – ♦Lyon 611 ① – Quimper 230 ⑦ – ♦Rennes 108 ⑨.

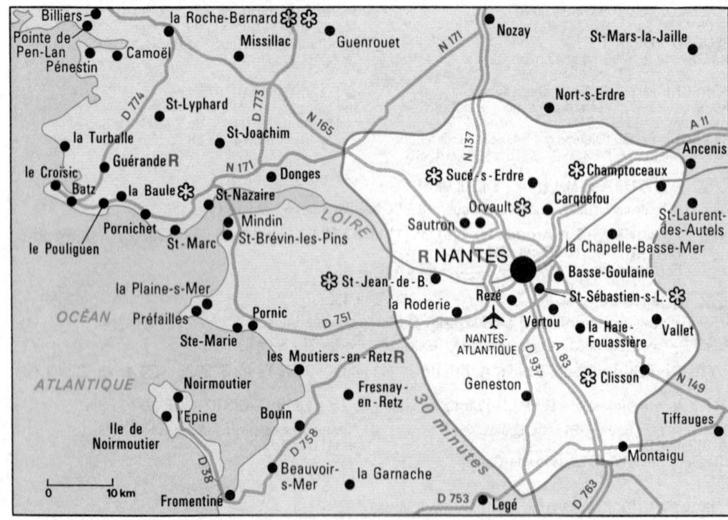

Holiday Inn Garden Court M, 1 bd Martyrs Nantais ☎ 40 47 77 77, Télex 710297, Fax 40 47 36 52, – ✈ ch ▤ rest TV ☎ ♿ – 🅟 – 50. AE ⓓ GB JCB HZ **v**
R 89/120 – 52 – **108 ch** 450/840 – ½ P 367/387.

Mercure M, Ile Beaulieu ✉ 44200 ☎ 40 47 61 03, Télex 710990, Fax 40 48 23 83, ≤, – ch ▤ TV ☎ ♿ 🅟 – 150. AE ⓓ GB. rest CX **a**
R 108/125 – 50 – **98 ch** 480/530.

Pullman Beaulieu M, Ile Beaulieu ✉ 44200 ☎ 40 41 30 00, Télex 711440, Fax 40 89 69 14 – ▤ rest TV ☎ 🅟 – 40 à 200. AE ⓓ GB CX **u**
R 95/170 bc – 55 – **149 ch** 395/485.

Adagio Central H. M, 4 r. Couëdic ☎ 51 82 10 00, Télex 710673, Fax 51 82 10 10 – cuisinette ✈ ch ▤ TV ☎ ♿ – 200. AE ⓓ GB GZ **m**
R 90 – 55 – **157 ch** 530/590, 5 appart.

L'Hôtel M sans rest, 6 r. Henry IV ☎ 40 29 30 31, Télex 701569, Fax 40 29 00 95 – TV ☎ ♿. AE ⓓ GB JCB HY **e**
37 – **31 ch** 360/400.

Jules Verne M sans rest, 3 r. Couëdic ☎ 40 35 74 50, Télex 701166, Fax 40 20 09 35 – ▤ TV ☎ ♿. AE ⓓ GB. GZ **h**
39 – **65 ch** 389.

Relais Bleus M, 50 quai Malakoff (gare sud) ☎ 40 35 30 30, Fax 40 89 35 43 – TV ☎ ♿ – 25 à 150. AE GB HY **m**
R 88 bc/130 – 32 – **91 ch** 310.

Amiral sans rest, 26 bis r. Scribe ☎ 40 69 20 21, Télex 711783, Fax 40 73 98 13 – TV ☎ ♿. AE ⓓ GB FZ **a**
35 – **49 ch** 269/319.

Le Martray M, 10 pl. Viarme ☎ 40 89 62 62, Fax 40 89 43 78 – TV ☎ ♿ – 40. AE GB FY **k**
R (brasserie) *(fermé 17 juil. au 22 août, sam. soir et dim.)* 88/160 – 40 – **58 ch** 275/340 – ½ P 335.

Astoria sans rest, 11 r. Richebourg ✆ 40 74 39 90, Fax 40 14 05 49 – GB HY **k**
fermé 31 juil. au 29 août – 35 – **45 ch** 260/335.

Colonies sans rest, 5 r. Chapeau Rouge ✆ 40 48 79 76, Fax 40 12 49 25 – AE GB FZ **q**
28 – **39 ch** 259.

Graslin sans rest, 1 r. Piron ✆ 40 69 72 91, Télex 701619, Fax 40 69 04 44 – ch – 25. AE GB FZ **v**
38 – **47 ch** 290/360.

Gd Hôtel sans rest, 2 r. Santeuil ✆ 40 73 46 68, Fax 40 69 65 98 – AE GB FZ **p**
26 – **41 ch** 245/259.

Le Concorde sans rest, 2 allée d'Orléans ✆ 40 48 75 91, Fax 40 47 15 34 – GB
30 – **38 ch** 225/320. GY **f**

Bourgogne sans rest, 9 allée Cdt Charcot ✆ 40 74 03 34, Fax 40 14 03 86 – ch AE GB JCB HY **g**
fermé 14 au 31 juil., 24 déc. au 10 janv. – 28 – **42 ch** 170/330.

Cholet sans rest, 10 r. Gresset ✆ 40 73 31 04, Fax 40 73 78 82 – AE GB FZ **n**
25 – **38 ch** 175/245.

Paris sans rest, 2 r. Boileau ✆ 40 48 78 79, Télex 701242, Fax 40 47 63 75 – – 50. AE GB FZ **f**
28 – **50 ch** 240/310.

Vendée sans rest, 8 allée Cdt Charcot ✆ 40 74 14 54, Télex 701395, Fax 40 74 77 68 – – 30. AE GB JCB HY **g**
42 – **94 ch** 250/380.

Ibis Centre M, 3 allée Baco ✆ 40 20 21 20, Télex 701382, Fax 40 89 45 08, – ch – 60. AE GB HZ **q**
R 87 , enf. 39 – 34 – **104 ch** 310/335.

Duquesne sans rest, 12 allée Duquesne ✆ 40 47 57 24 – AE GB GY **e**
24 – **27 ch** 180/245.

Gare sans rest, 5 allée Cdt Charcot ✆ 40 74 37 25, Fax 40 93 33 71 – AE GB
25 – **28 ch** 200/260. HY **z**

Fourcroy sans rest, 11 r. Fourcroy ✆ 40 44 68 00 – FZ **k**
fermé 18 déc. au 2 janv. – 22 – **19 ch** 112/172.

San Francisco, 3 chemin Bateliers ✉ 44300 ✆ 40 49 59 42, – AE GB CX **s**
fermé août, dim. soir et lundi – **R** 140/330, enf. 80.

L'Esquinade, 7 r. St-Denis ✆ 40 48 17 22 – AE GB GY **a**
fermé 10 au 31 juil., dim. (sauf le midi de sept. à juin) et lundi – **R** 162/225.

Le Gavroche, 139 r. Hauts Pavés ✆ 40 76 22 49, – AE GB BV **u**
fermé 1er au 10 mai, 1er au 23 août, dim. soir et lundi – **R** 135/280, enf. 90.

L'Atlantide, 15 quai E. Renaud, centre les Salorges, 4e étage ✆ 40 73 23 23, Fax 40 73 76 46, ≤ – GB EZ **a**
fermé 2 au 22 août, sam. midi et dim. – **R** 130/280, enf. 70.

Torigaï, île de Versailles ✆ 40 37 06 37, Fax 40 93 34 29, ≤, – GB. CV **a**
fermé 8 au 23 août et dim. – **R** 240/410.

Aub. du Château, 5 pl. Duchesse Anne ✆ 40 74 05 51 – GB HY **e**
fermé 31 juil. au 23 août, 23 déc. au 3 janv., dim. et lundi – **Repas** (nombre de couverts limité - prévenir) 128/178.

Coq Hardi, 22 allée Cdt Charcot ✆ 40 74 14 25 – AE GB HY **r**
fermé 10 juil. au 7 août, vacances de Noël, vend. soir et sam. – **R** 92/145, enf. 40.

Le Colvert, 14 r. A. Brossard ✆ 40 48 20 02 – AE GB. GY **r**
fermé 23 août au 5 sept., 23 au 29 déc. et dim. – **R** 80/310.

L'Océanide, 2 r. P. Bellamy ✆ 40 20 32 28, Fax 40 48 08 55 – AE GB GY **n**
fermé 15 au 31 août et dim. – **R** 94/260.

La Cigale, 4 pl. Graslin ✆ 40 69 76 41, Fax 40 73 75 37, « Brasserie 1900 » – GB FZ **d**
R carte 135 à 200, enf. 39.

La Palombière, 13 bd Stalingrad ✆ 40 74 05 15 – AE GB CX **x**
fermé 8 au 26 août, sam. midi et dim. soir – **R** 86/210.

Rôtisserie du Palais, 1 pl. A. Briand ✆ 40 89 20 12 – AE GB JCB FY **n**
fermé 9 au 22 août, 26 fév. au 13 mars et dim. – **R** 90/260, enf. 35.

Margotte, 2 r. Santeuil ✆ 40 73 27 40 – GB. FZ **u**
fermé 8 au 22 août, 10 au 20 fév., sam. midi et dim. – **R** 125/260.

Le Change, 11 r. Juiverie ✆ 40 48 02 28 – AE GB. GY **u**
fermé 15 au 30 juil., fév., dim. soir et lundi – **R** 100/200.

Le Bouchon, 7 r. Bossuet ✆ 40 20 08 44, – GB GY **v**
fermé sam. midi et dim. – **R** 145/160.

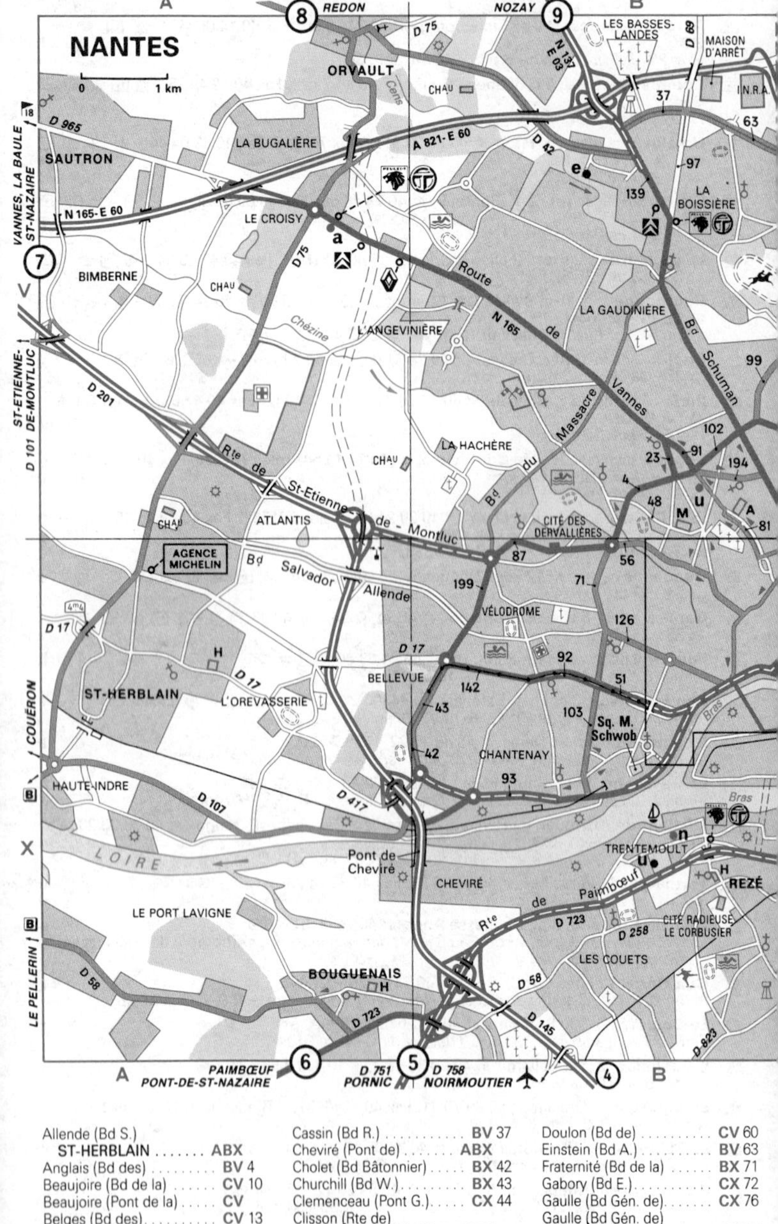

Allende (Bd S.)
ST-HERBLAIN . . . . **ABX**
Anglais (Bd des) . . . . **BV** 4
Beaujoire (Bd de la) . . . . . . **CV** 10
Beaujoire (Pont de la) . . . . . **CV**
Belges (Bd des) . . . . **CV** 13
Bellamy (R. P.) . . . . **CV** 14
Bellevue (Pont de)
STE-LUCE-S-L . . . . **DV**
Boulay Paty (Bd) . . . . **BV** 23
Bourcy (Bd Joseph) . . . . . **CDV**
Buat (R. Gén.) . . . . **CV** 32
Carquefou (Rte de) . . . . **CV**

Cassin (Bd R.) . . . . **BV** 37
Cheviré (Pont de) . . . . **ABX**
Cholet (Bd Bâtonnier) . . . . . **BX** 42
Churchill (Bd W.) . . . . **BX** 43
Clemenceau (Pont G.) . . . . . **CX** 44
Clisson (Rte de)
ST-SÉBASTIEN-S-L . . **CDX**
Constant (Bd Clovis) . . . . . . **BV** 48
Coty (Bd R.) . . . . **BX** 51
Courbet (Bd Amiral) . . . . . . **CV** 52
Dalby (Bd E.) . . . . **CV** 54
Dervallières (R. des) . . . . . . **BX** 56
Dos-d'Ane (R.) . . . . **CX** 59

Doulon (Bd de) . . . . **CV** 60
Einstein (Bd A.) . . . . **BV** 63
Fraternité (Bd de la) . . . . . . **BX** 71
Gabory (Bd E.) . . . . **CX** 72
Gaulle (Bd Gén. de) . . . . **CX** 76
Gaulle (Bd Gén. de)
REZÉ . . . . **CX** 77
Hauts-Pavés (R. des) . . . . . . **BV** 81
Ingres (B. J.) . . . . **BX** 87
Jaurès (R. J.) **REZÉ** . . . . **CX**
Jean XXIII (Bd) . . . . **BV** 91
Jouhaux (Bd L.) . . . . **BX** 92
Juin (Bd Mar.) . . . . **BX** 93

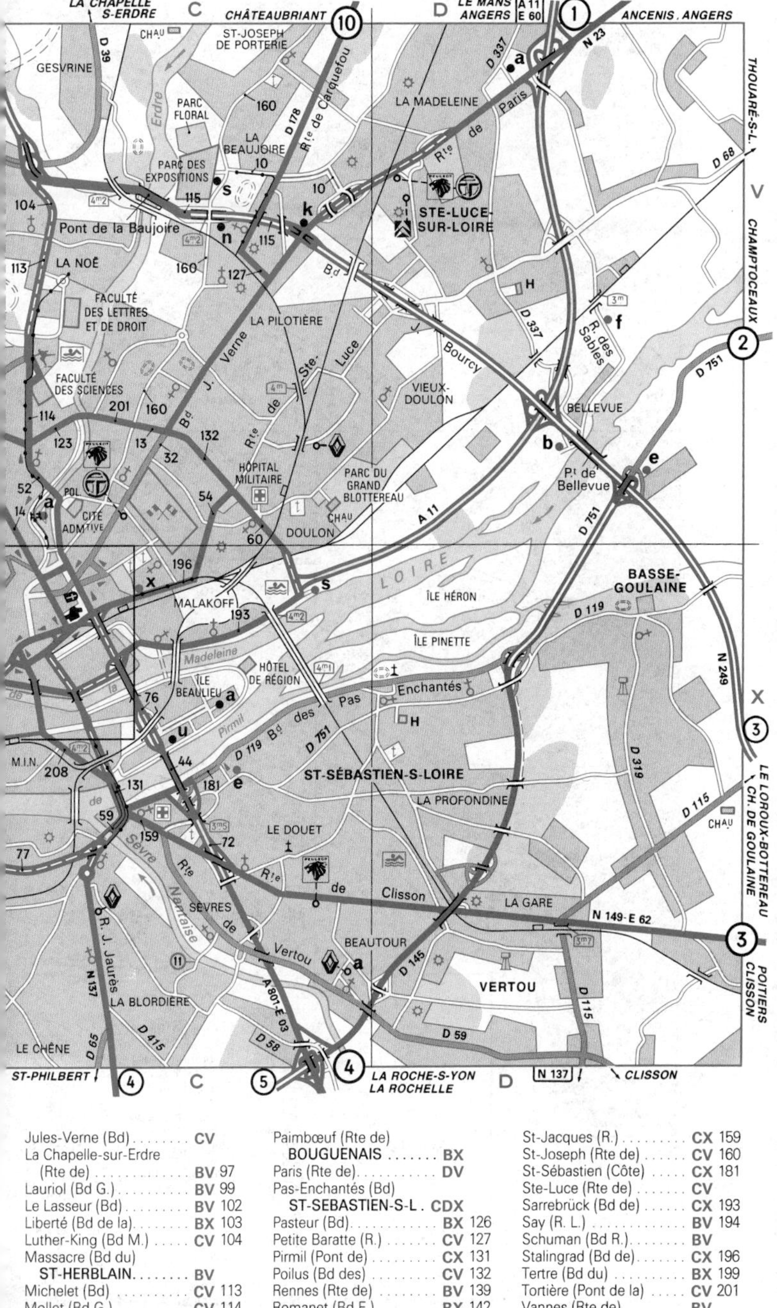

Jules-Verne (Bd) . . . . **CV**
La Chapelle-sur-Erdre
(Rte de) . . . . **BV** 97
Lauriol (Bd G.) . . . . **BV** 99
Le Lasseur (Bd) . . . . **BV** 102
Liberté (Bd de la). . . . . **BX** 103
Luther-King (Bd M.) . . . . . **CV** 104
Massacre (Bd du)
ST-HERBLAIN. . . . . **BV**
Michelet (Bd) . . . . **CV** 113
Mollet (Bd G.) . . . . **CV** 114
Monod (Bd du Prof. J.). . . **CV** 115
Orieux (Bd E.) . . . . **CV** 123

Paimbœuf (Rte de)
BOUGUENAIS . . . . **BX**
Paris (Rte de). . . . . **DV**
Pas-Enchantés (Bd)
ST-SEBASTIEN-S-L . **CDX**
Pasteur (Bd). . . . . **BX** 126
Petite Baratte (R.) . . . . **CV** 127
Pirmil (Pont de) . . . . **CX** 131
Poilus (Bd des) . . . . **CV** 132
Rennes (Rte de) . . . . **BV** 139
Romanet (Bd E.) . . . . **BX** 142
St-Étienne-de Montluc
(Rte de) **ST-HERBLAIN** **AV**

St-Jacques (R.) . . . . **CX** 159
St-Joseph (Rte de) . . . . . . **CV** 160
St-Sébastien (Côte) . . . . . **CX** 181
Ste-Luce (Rte de) . . . . **CV**
Sarrebrück (Bd de) . . . . . . **CX** 193
Say (R. L.) . . . . **BV** 194
Schuman (Bd R.). . . . . **BV**
Stalingrad (Bd de). . . . . **CX** 196
Tertre (Bd du) . . . . **BX** 199
Tortière (Pont de la) . . . . . **CV** 201
Vannes (Rte de). . . . . **BV**
Vertou (Rte de) . . . . **CX**
Victor-Hugo (Bd). . . . . **CX** 208

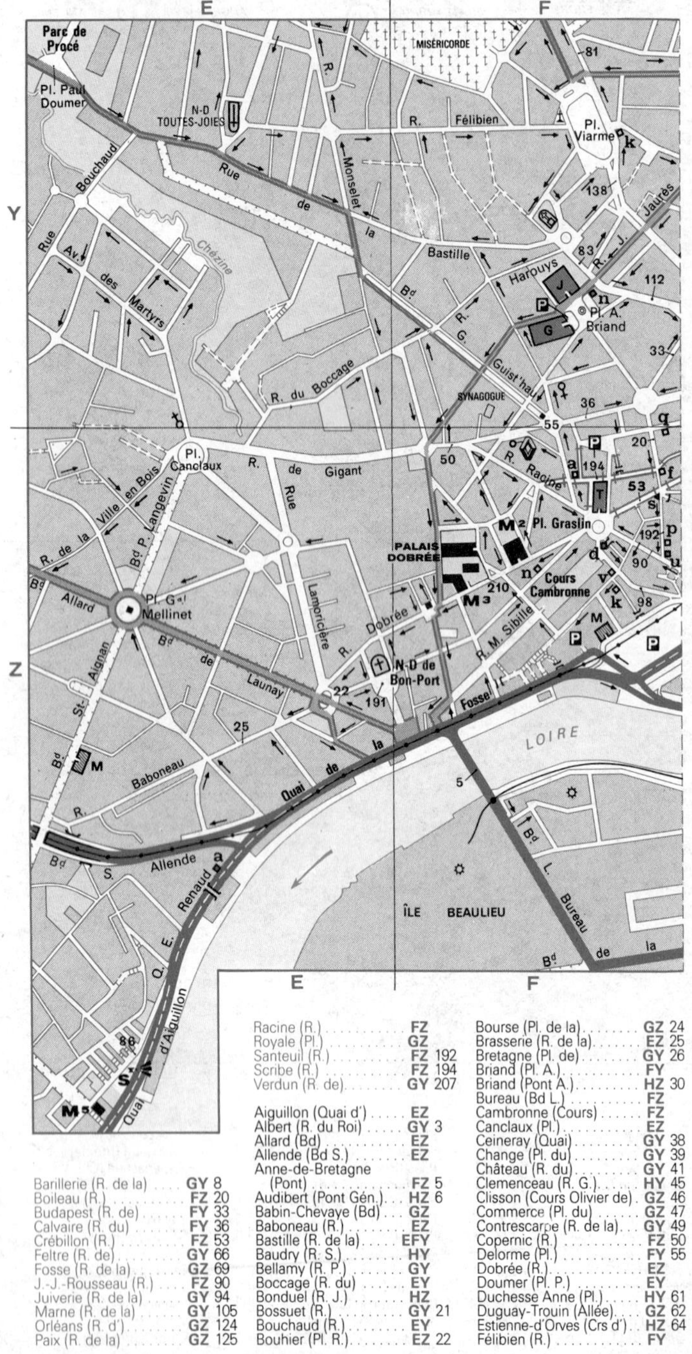

E
F
Y
Z
Parc de Procé
Pl. Paul Doumer
N-D TOUTES-JOIES
MISÉRICORDE
R. Félibien
Pl. Viarme
138
81
Rue de la Bastille
Monselet
Bouchaud
Chézine
Rue Av. des Martyrs
Bd R. G. Guist'hau
Harouys
Pl. A. Briand
112
33
R. J. Jaurès
83
R. du Boccage
SYNAGOGUE
36
55
20
Pl. Canclaux
R. de Gigant
Rue Lamoricière
R. de la Ville en Bois
Bd P. Langevin
50
R. Racine
194
53
M2 Pl. Graslin
192
90
PALAIS DOBRÉE
M3
210
Cours Cambronne
98
Pl. Gal Mellinet
Bd Allard
Bd de Launay
R. Dobrée
N-D de Bon-Port
22
191
R. M. Sibille
Fosse
St-Aignan
25
LOIRE
Quai de la Fosse
Bd R. Baboneau
5
Bd S. Allende
Renaud
Bd L. Bureau
ÎLE BEAULIEU
Bd de la
Q. E. Renaud
Quai d'Aiguillon
86
M5

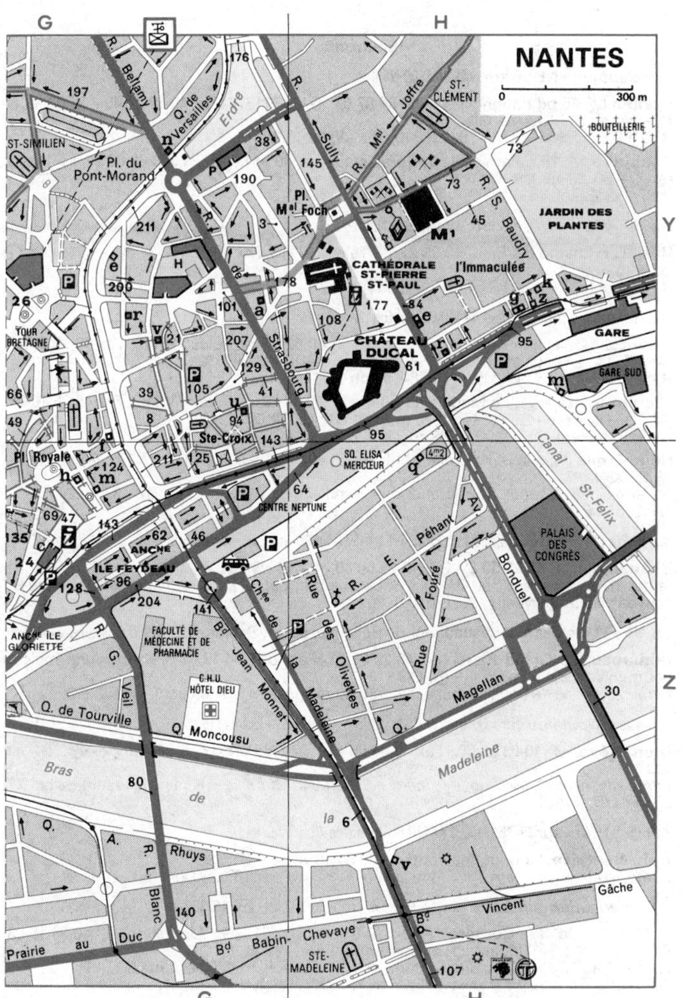

Foch (Pl. Mar.) . . . . HY
Fosse (Quai de la) . . . . EFZ
Fouré (R.) . . . . HZ
Gâche (Bd V.) . . . . HZ
Gambetta (R.) . . . . HY 73
Gigant (R. de) . . . . EZ
Graslin (Pl.) . . . . FZ
Guist'hau (Bd G.) . . . . . . FY
Harouys (R.) . . . . FY
Haudaudine (Pont) . . . . GZ 80
Hauts-Pavés (R. des) . . . FY 81
Hélie (R. F.) . . . . FY 83
Henri IV (R.) . . . . HY 84
Hermitage (R. de l') . . . . EZ 86
Jaurès (R. J.) . . . . FY
Joffre (R. Mar.) . . . . HY
Kennedy (Cours J.-F.) . . HY 95
Kervégan (R.) . . . . GZ 96
Lamoricière (R.) . . . . EZ
Langevin (Bd P.) . . . . EZ
Launay (Bd de) . . . . EZ
Lattre-de-Tassigny
(R. Mar. de-) . . . . FZ 98

Leclerc (R. Mar.) . . . . GY 101
Louis-Blanc (R.) . . . . GZ
Madeleine (Chée) . . . . GHZ
Magellan (Quai) . . . . HZ
Martyrs (Av. des) . . . . EY
Martyrs-Nantais-
de la Résist. (Bd) . . . . . HZ 107
Mathelin-Rodier (R.) . . . . HY 108
Mellinet (Pl. Gén.) . . . . . . EZ
Mercœur (R.) . . . . FY 112
Moncousu (Quai) . . . . GZ
Monnet (Bd Jean) . . . . . . GZ
Monselet (R. Ch.) . . . . . . EY
Olivettes (R. des) . . . . . . HZ
Péhant (R. E.) . . . . HZ
Petite-Hollande (Pl.) . . . . GZ 128
Pilori (Pl. du) . . . . GY 129
Pommeraye (Pas.) . . . . . . GZ 135
Pont-Morand (Pl. du) . . . GY
Porte-Neuve (R.) . . . . FY 138
Prairie-au-Duc (Bd) . . . . FGZ
Renaud (Q. E.) . . . . EZ
République (Pl. de la) . . . GZ 140

Rhuys (Q. A.) . . . . GZ
Ricordeau (Pl. A.) . . . . . GZ 141
Roosevelt (Crs F.) . . . . . GZ 143
St-Aignan (Bd) . . . . EZ
St-André (Crs) . . . . HY 145
St-Mihiel (Pont) . . . . GY 176
St-Pierre (Cours) . . . . . . HY 177
St-Pierre (Pl.) . . . . GY 178
Salengro (Pl. R.) . . . . . . GY 190
Sanitat (Pl.) . . . . EZ 191
Sibille (R. M.) . . . . FZ
Strasbourg (R. de) . . . . . GY
Sully (R.) . . . . HY
Talensac (R.) . . . . GY 197
Thiers (R.) . . . . GY 200
Tourville (Quai de) . . . . . GZ
Turenne (Allée de) . . . . . GZ 204
Veil (R. G.) . . . . GZ
Versailles (Quai de) . . . . GY
Viarme (Pl.) . . . . FY
Ville-en-Bois (R. de la) . EZ
Voltaire (R.) . . . . FZ 210
50-Otages (Crs des) . . GYZ 211

Environs

à la Beaujoire NE : 5 km – ✉ **44300** Nantes :

Otelinn Ⓜ, 45 bd Batignolles ✆ 40 50 07 07, Télex 711373, Fax 40 49 41 40 – 🛗 📺 ☎ ♿ 🅟 – 🧑‍🏫 30 à 150. AE ⓓ GB CV **n**
R 72/500, enf. 55 – ☕ 42 – **60 ch** 310/340 – ½ P 250/265.

Beaujoire Ⓜ, 15 r. Pays de Loire (près stade) ✆ 40 93 00 01, Fax 40 68 98 32 – 📺 ☎ ♿ 🅟 – 🧑‍🏫 50. AE ⓓ GB CV **s**
R 87/128 🍷, enf. 45 – ☕ 30 – **42 ch** 270/290 – ½ P 215.

rte de Paris vers ① : 5 km – ✉ **44300** Nantes :

Ibis Ⓜ, r. Champ de Tir ✆ 40 93 22 22, Télex 701113, Fax 40 52 17 73, 🌳 – 🛗 🚭 ch 📺 ☎ ♿ 🅟 – 🧑‍🏫 40. AE GB CV **k**
R 80 🍷, enf. 39 – ☕ 34 – **64 ch** 280/300.

rte d'Angers par ① – ✉ **44470** Carquefou :

Novotel Ⓜ 🐌, à la Belle Étoile : 12 km ✆ 40 52 64 64, Télex 711175, Fax 40 93 70 78, 🌳, 🏊, 🌲 – 🚭 ch ▤ rest 📺 ☎ ♿ 🅟 – 🧑‍🏫 30 à 150. AE ⓓ GB
R carte environ 160, enf. 50 – ☕ 48 – **96 ch** 385/440.

Mercure-Altéa 🐌, La Madeleine : 9 km ✆ 40 30 29 24, Télex 710962, Fax 40 25 16 21, 🌳, 🏊 – 🛗 🚭 ch ▤ rest 📺 ☎ ♿ 🅟 – 🧑‍🏫 120. AE ⓓ GB DV **a**
R 69/150 🍷, enf. 55 – ☕ 49 – **76 ch** 340/440.

Belle Étoile Ⓜ, à la Belle Étoile : 11,5 km ✆ 40 68 01 69, Fax 40 68 07 27 – 📺 ☎ ♿ 🅟 – 🧑‍🏫 25. GB
R *(fermé 1er au 21 août, 24 déc. au 2 janv., sam. et dim.)* 70/160 🍷 – ☕ 32 – **37 ch** 240/260 – ½ P 235/300.

au pont de Bellevue E : 9 km par A 11 – ✉ **44980** Ste-Luce-sur-Loire :

XXX **Beauséjour**, ✆ 40 25 60 39, Fax 40 25 60 30, ← – AE ⓓ GB DV **b**
fermé 1er au 8 mars, 1er au 21 août, vacances de Noël, dim. soir et lundi – **R** (nombre de couverts limité, prévenir) 125/275, enf. 80.

au NE : 11 km par A 11, échangeur de Bellevue, puis r. Sables – ✉ **44980** Ste-Luce-sur-Loire :

XXX **Bénureau**, Le Grand Plessis ✆ 40 25 95 25, Fax 40 25 84 17, 🌳, « Ancienne maison bourgeoise dans un parc » – 🅟. GB DV **f**
fermé 26 juil. au 19 août, vacances de fév., jeudi soir, dim. soir et lundi – **R** 145/230.

à Basse-Goulaine vers ② sur D 751 : 8 km – 5 910 h. – ✉ **44115** :

XXX **Mon Rêve**, ✆ 40 03 55 50, Fax 40 06 05 41, 🌳, « Parc et roseraie » – 🅟. AE ⓓ GB DV **e**
fermé vacances de nov., de fév., mardi soir et merc. hors sais. – **R** (dim. prévenir) 156 bc/320 bc, enf. 70.

par ② : 15 km sur D 751 – ✉ **44450** St-Julien-de-Concelles :

XX **Aub. Nantaise**, Le Bout des Ponts ✆ 40 54 10 73, ← – AE GB
fermé 10 au 25 juil., sam. midi, dim. soir et lundi soir – **R** 105/240, enf. 60.

à St-Sébastien-sur-Loire par D 751 : 4 km – 22 202 h. – ✉ **44230** :

XXX ✿ **Manoir de la Comète** (Thomas-Trophime), 21 av. Libération ✆ 40 34 15 93, Fax 40 34 46 23, « Élégant cadre contemporain » – ▤ 🅟. AE GB CX **e**
fermé 1er au 17 août, 2 au 8 janv., sam. midi et dim. – **R** 160/300 et carte 260 à 350
Spéc. Aumonière de homard et girolles au beurre rouge (mars à nov.). Turbot rôti aux salicornes (juin à sept.). Canard sauvage aux cèpes (15 sept. au 20 déc.). **Vins** Muscadet.

rte de Poitiers par ③ et N 149 : 11 km – ✉ **44115** Haute-Goulaine :

La Lande St-Martin, à Haute-Goulaine ✆ 40 06 20 06, Télex 700520, Fax 40 06 15 41, 🌳, parc – 📺 ☎ 🅟 – 🧑‍🏫 150. GB
R 85/215, enf. 45 – ☕ 35 – **34 ch** 250/330.

à La Haie Fouassière par ③, N 149 et D 74 : 15 km – ✉ **44690** :

XX **Cep de Vigne**, à la Gare N : 1 km par D 74 ✆ 40 36 93 90 – GB
fermé 15 juil. au 7 août, dim. soir, mardi soir et merc. – **R** 85 bc/300, enf. 65.

à Vertou SE : 10 km par D 59 DX – 18 235 h. – ✉ **44120** :

Haute-Forêt, bd Europe ✆ 40 34 01 74, 🌲 – 📺 ☎ 🅟. GB
R *(fermé 25 déc. au 2 janv.)* 50/150, enf. 30 – ☕ 25 – **35 ch** 190/240.

rte des Sables d'Olonne par ④ et D 178 : 12 km – ✉ **44840** Les Sorinières :

Abbaye de Villeneuve 🐌, ✆ 40 04 40 25, Télex 710451, Fax 40 31 28 45, ←, 🌳, « Belle demeure du 18e siècle dans un parc », 🏊 – 🚭 ch 📺 ☎ 🅟 – 🧑‍🏫 25 à 250. AE ⓓ GB
R 160/190 – ☕ 65 – **17 ch** 450/890, 3 appart. – ½ P 410/925.

à Rezé SO : 6 km par D 723 – 33 262 h. – ✉ **44400** :

Fimotel M, Atout Sud, Z.I. de Rezé ☎ 40 04 20 30, Fax 40 75 73 83 – 🛗 TV ☎ ♿ P – 35. AE O GB – **R** 60/130 , enf. 36 – ☕ 36 – **42 ch** 275/285. BX **u**

L'Aquarelle, 33 rue Gén.-Leclerc ☎ 40 75 18 33, – GB BX **n**
fermé août, vacances de Noël, lundi soir, sam. midi et dim. – **R** 94/220.

à l'Aéroport SO : 10 km par rte de Pornic – ✉ **44340** Bouguenais :

Océania M, ☎ 40 05 05 66, Télex 700091, Fax 40 05 12 03, , , , – 🛗 ch TV ☎ ♿ P – 25 à 130. AE O GB. rest
R 130/200 – ☕ 50 – **87 ch** 490/640.

Mascotte M sans rest, ☎ 40 32 14 14, Télex 710312, Fax 40 32 14 13, – 🛗 TV ☎ ♿ P. AE O GB – ☕ 38 – **69 ch** 310/360, 4 appart.

rte de Pornic par ⑤ : 15 km sur D 751 – ✉ **44830** Bouaye :

Les Champs d'Avaux M, ☎ 40 65 43 50, Fax 40 32 64 83, , , – TV ☎ ♿ P – 80. AE GB – *fermé 15 au 31 déc., sam. sauf juil.-août et dim. soir* – **R** 85/240 – ☕ 40 – **42 ch** 250/280 – ½ P 250.

à St-Jean-de-Boiseau O : 18 km par D 723 et D 58 - AX – 4 120 h. – ✉ **44640** :

✿ **L'Enclos de la Cruaudière** (Durand), ☎ 40 65 66 10, Fax 40 65 63 98, « Jardin ombragé » – P. GB
fermé 1er au 30 août, 21 déc. au 3 janv., dim. (sauf fêtes) et lundi – **R** (nombre de couverts limité - prévenir) 180/280 et carte 250 à 350
Spéc. Salade de rouget en marinade. Sandre au beurre blanc nantais. Filet de canard sauvage (15 sept. au 31 janv.). **Vins** Muscadet, Savennières.

rte de Vannes vers ⑦ : 7 km – ✉ **44800** St-Herblain :

Le Pavillon, ☎ 40 94 99 99, Fax 40 94 96 07, – P. AE GB AV **a**
fermé 8 au 22 août, sam. midi et dim. – **R** 120 bc/320, enf. 80.

par ⑦ et rte de Vannes : 17 km

Mercure M, ✉ 44360 Vigneux-de-Bretagne ☎ 40 57 10 80, Télex 711823, Fax 40 57 13 30, , , , – rest TV ☎ ♿ P – 30 à 150. AE O GB
R 99 , enf. 50 – ☕ 50 – **90 ch** 420.

à Sautron NO : 11 km - AV – 6 026 h. – ✉ **44880** :

Le Romarin, 79 r. Bretagne (D 965) ☎ 40 63 15 87 – GB
fermé dim. soir et lundi – **R** 95/240.

à Orvault NO : 8 km - ABV – 23 115 h. – ✉ **44700** :

✿ **Domaine d'Orvault** (Bernard) , par N 137 et voie pavillonaire ☎ 40 76 84 02, Télex 700454, Fax 40 76 04 21, , « Élégante hostellerie dans un parc », , – 🛗 rest TV ☎ ♿ P – 25. AE O GB BV **e**
hôtel : fermé week-ends en fév. ; rest. : fermé 11 fév. au 14 mars et lundi midi – **R** 210/440 et carte 330 à 480 – ☕ 65 – **25 ch** 430/600 – ½ P 625/660
Spéc. Fantaisie de bar aux langoustines. Turbot aux palourdes et petits farcis bretons. Foie gras de canard poêlé aux cèpes et verjus. **Vins** Muscadet de Sèvre et Maine, Anjou rouge.

Orée du Bois, rte Garenne ☎ 40 63 63 54, Fax 40 63 91 79, , « Terrasse avec pièce d'eau », – P. GB
fermé 8 au 15 mars, 2 au 28 août, dim. soir et lundi – **R** 99/360, enf. 80.

à Sucé-sur-Erdre : 16 km par D 69 - BV – 4 806 h. – ✉ **44240** :

✿ **La Châtaigneraie** (Delphin), 156 rte Carquefou ☎ 40 77 90 95, Fax 40 77 90 08, ≤, , « Manoir du 19e siècle dans un parc au bord de l'Erdre » – P. AE O GB
fermé 4 au 25 janv., 26 juil. au 9 août, lundi (sauf le soir du 1er juin au 31 août) et dim. soir – **R** 170 (déj.)/235 et carte 290 à 370, enf. 100
Spéc. Duo de grenouilles et ris de veau au persil. Estouffade de turbot au Muscadet. Filet de pigeon en croûte. **Vins** Muscadet, Chinon.

Au Cordon Bleu avec ch, ☎ 40 77 71 34, Fax 40 77 73 44 – ☎. GB
fermé 15 au 31 août, 2 au 9 janv., dim. soir et lundi – **R** 85/220, enf. 50 – ☕ 30 – **8 ch** 160/240 – ½ P 180/220.

par ⑩ et rte de la Chantrerie : 9 km – ✉ **44300** Nantes :

Manoir de la Régate, 155 rte Gachet ☎ 40 30 02 97, Fax 40 25 23 36, , parc – O GB
fermé 16 août au 12 sept., vacances de fév., dim. soir, fériés le soir et lundi – **R** 160/330, enf. 70.

à Carquefou par ⑩ : 11 km – 12 877 h. – ✉ **44470** :

Aub. du Cheval Blanc, r. 9 août-1944 ☎ 40 50 88 05 – GB
fermé 1er au 23 août, dim. soir et lundi soir – **R** 105/235.

Les Calanques, r. Bel Air ☎ 40 25 10 25, Fax 40 25 28 14, – P. AE GB
fermé 17 juil. au 1er août, 24 déc. au 1er janv., sam. midi et dim. – **R** produits de la mer 130/160.

MICHELIN, Agence régionale, 13 r. du Rémouleur ZI à St-Herblain AX ☎ **40 92 15 44**

AUSTIN, ROVER Armoric-Auto, 2 bis r. Lamoricière ☎ 40 73 12 24
AUSTIN-ROVER Le Moigne, 18 allée Baco ☎ 40 47 77 16
CITROEN Centre de gros automobiles, 14 r. Marché Commun ☎ 40 49 65 97
FORD Conté Automobiles, 16 bd Stalingrad ☎ 40 74 30 11
NISSAN SOBA 25 bd des Martyrs Nantais ☎ 40 47 73 73
OPEL Longchamp Autom., 37 rte de Vannes ☎ 40 67 68 00
PEUGEOT Raguideau, 170 rte de Clisson CX ☎ 40 34 20 63 N ☎ 40 74 66 66
PEUGEOT-TALBOT S.I.A.O., 40 r. de Monaco, centre de gros, rte de Paris DV ☎ 40 93 96 96
PEUGEOT-TALBOT Dugast, 105 r. Gén.-Buat CV ☎ 40 74 18 04
PEUGEOT-TALBOT S.I.A.O., 7 bd Martyrs-Nantais HZ ☎ 40 35 16 16
PEUGEOT-TALBOT Gar. Charpentier, 78 r. de Rennes BV ☎ 40 76 69 66
RENAULT Gar. Louis XVI, 41 r. Gambetta HY ☎ 40 29 15 15 N
RENAULT Gar. Lizé, 82 r. du Landreau CV ☎ 40 49 49 17
RENAULT Gar. Copernic, 5 r. Copernic FZ ☎ 40 73 34 04
V.A.G Auto-Gar. de l'Ouest, 8 r. Sully ☎ 40 29 40 00
Sena, 215 bd J.-Verne ☎ 40 50 71 72 N ☎ 40 74 66 66

Euromaster Pneumatique Nantais, 104 rte de Vannes ☎ 40 76 11 98
Euromaster Vallée Pneus, 13 bd Martyrs-Nantais-de-la-Résistance ☎ 40 47 87 14
Nantes-Pneumatiques, 83 rte de Paris ☎ 40 49 36 19
SOFRAP, 10 quai H.-Barbusse ☎ 40 74 05 69
Station Magellan Pneu + Nord Ouest, 58 r. Fouré ☎ 40 89 52 00

Périphérie et environs

ALFA-ROMEO-FERRARI Gar. Barteau, r. Ordronneau, ZI à Rezé ☎ 40 04 11 00
CITROEN SORDA, 9 r. Ch.-Rivière à Rezé par ④ ☎ 40 75 24 44 N ☎ 40 74 66 66
CITROEN CAPAL, 351 rte de Vannes à St-Herblain AV ☎ 40 94 24 24 N ☎ 40 74 66 66
CITROEN Gar. Robin, 133 rte de Rennes à Orvault BV ☎ 40 76 81 50
FIAT Loire-Océans-Autos, 272 bd M.-Paul à St-Herblain ☎ 40 94 84 14
FORD Mustière Automobiles, 365 rte de Vannes à St-Herblain ☎ 40 16 11 12 N ☎ 40 74 66 66
FORD Sud Loire Autom., rte des Sorinières à Rezé ☎ 40 32 10 00
HONDA Gar. Victor Hugo, 223 et 225 rte de Vannes à St-Herblain ☎ 40 76 20 21
MERCEDES-BENZ Gar. Paris-Maine, 307 rte de Vannes à St-Herblain ☎ 40 16 81 81 N ☎ 05 24 24 30
PEUGEOT-TALBOT S.I.A.O., rte de Vannes le Croisy à Orvault AV ☎ 40 67 76 76
PEUGEOT-TALBOT Rez'Auto, rte de Pornic à Rezé BX ☎ 40 32 21 21
RENAULT Cora, 100 rte Sorinières à Rezé par r. J.-Jaurès CX ☎ 40 84 49 49 N ☎ 40 75 21 21
RENAULT Gar. Mecan'auto, 30 r. Fontenelle à Vertou CX **a** ☎ 40 34 17 02
RENAULT Gar. Moinet, 25 r. J.-Jaurès à Rezé CX ☎ 40 04 04 00
RENAULT Gar. Dabireau, 25 r. A.-Arnaud à Vertou par D 59 ☎ 40 34 21 04 N ☎ 40 33 16 26
RENAULT Succursale, Les Lions, rte de Vannes à St-Herblain AV ☎ 40 67 27 27
RENAULT Plaisance Auto, rte de Machecoul à St-Philbert-de-Grand-Lieu par D 65 ☎ 40 78 77 71 N
TOYOTA Gar. Grimaud, à Treillières ☎ 40 72 87 87

Euromaster Le Gall Pneus, 36 r. Grande Bretagne à Carquefou ☎ 40 25 25 05
Euromaster Vallée Pneus, Zone Atlantis, bd S.-Allendé à St-Herblain ☎ 40 92 00 05
Lemaux-Pneu, 67 r. A.-Briand à Rezé ☎ 40 75 84 16
Nantex Atlantique 7 r. Jochardière, ZI à St-Herblain ☎ 40 94 86 07
Vertou Centre Auto Pneus, 117 rte de la Gare à Vertou ☎ 40 33 10 11

When looking for a hotel or restaurant use the most efficient method.
Look for the names of towns underlined in red
on the ***Michelin maps*** *scale: 1:200 000.*
But make sure you have an up-to-date map!

NANTILLY **70** H.-Saône 66 ⑬ – rattaché à Gray.

NANTUA ⟨SP⟩ **01130** Ain 74 ④ **G. Jura** (plan) – 3 602 h alt. 479.

Voir Cluse★★ – Lac★ – Bords du lac <★.

Office de Tourisme r. Collège (juin-15 sept.) ☎ 74 75 00 05 et à la Mairie (hors saison matin seul.) ☎ 74 75 20 55.

Paris 477 – Aix-les-B. 77 – Annecy 64 – Bourg-en-B. 48 – ◆Genève 64 – ◆Lyon 90.

France, 44 r. Dr Mercier ☎ 74 75 00 55, Fax 74 75 26 22 – TV ☎ ⇔ P. AE GB
fermé 1er nov. au 20 déc. et mardi sauf juil.-août – **R** 125/195 – ☐ 32 – **17 ch** 195/400.

L'Embarcadère, av. Lac ☎ 74 75 22 88, Fax 74 75 22 25, < – TV ☎ P – 30. GB. ✻ rest
fermé 1er au 7 mai et 22 déc. au 22 janv. – **R** *(fermé lundi)* 108/280 – ☐ 33 – **50 ch** 250/310 – ½ P 280/320.

aux Neyrolles SE – alt. 563 – ✉ **01130** :

Daphnés, ☎ 74 75 01 42, ⛰, ⛰ – ☎ ⇔. GB. ✻ rest
fermé 4 au 19 mai, 1er oct. au 31 déc., lundi soir de sept. à juin et mardi sauf le soir en juil.-août – **R** 110/270 – ☐ 30 – **12 ch** 220/280 – ½ P 240/260.

PEUGEOT Gar. Tarrare, La Cluse ☎ 74 76 01 61 N ☎ 74 76 11 14
RENAULT Gar. du Lac, 16 rte de Lyon à Port N 84 ☎ 74 76 07 33 N

La NAPOULE 06 Alpes-Mar. 84 ⑧ – voir à Mandelieu-La-Napoule.

NARBONNE 11100 Aude 83 ⑭ G. Pyrénées Roussillon – 45 849 h alt. 11.

Voir Cathédrale St-Just★★ (Trésor : tapisserie représentant la Création★★) BY **B** – Donjon Gilles Aycelin★ (※★) BY **M** – Choeur★ de la basilique St-Paul-Serge AZ **E** – Palais des Archevêques BY **M** : musée d'Art★ et musée archéologique★ – Musée lapidaire★ BZ **M**[1].

Env. Abbaye de Fontfroide★★ 14 km par ④.

☎ 67 62 50 50.

Office de Tourisme pl. R.-Salengro ☎ 68 65 15 60.

Paris 851 ② – ◆Perpignan 64 ③ – Béziers 27 ① – Carcassonne 60 ③ – ◆Montpellier 94 ②.

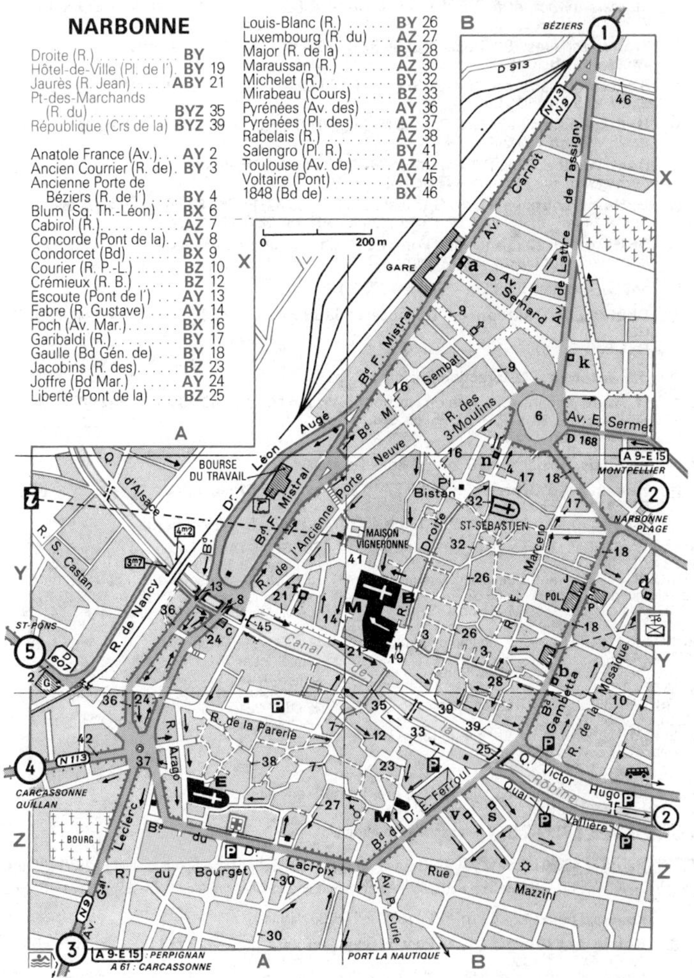

Motel d'Occitanie M, av. Mer par ② : 2 km ☎ 68 65 23 71, Télex 505562, Fax 68 65 09 17 – 100. AE GB
Le Silène *(fermé dim. soir et lundi sauf juil.-août)* **R** 90/195 – ☕ 38 – **55 ch** 340/380.

Novotel M, par ③ : 3 km ☎ 68 42 72 00, Télex 500480, Fax 68 42 72 10 – ch – 25 à 150. AE GB
R carte environ 180, enf. 50 – ☕ 48 – **96 ch** 390/450.

La Résidence sans rest, 6 r. 1er-Mai 68 32 19 41, Fax 68 65 51 82, « Bel aménagement intérieur » – . GB AY **r**
40 – **26 ch** 270/440.

Languedoc, 22 bd Gambetta 68 65 14 74, Télex 505167, Fax 68 65 81 48 – rest – 40. AE GB JCB BY **b**
R *(5 avril-1er oct. et fermé dim. soir et lundi)* 80/220, enf. 40 – 40 – **42 ch** 250/450 – ½ P 235/325.

Mirabeau M sans rest, 4 r. B. Limouzy 68 65 12 01, Fax 68 32 60 71 – . GB BZ **v**
30 – **19 ch** 250/300.

Lion d'Or, 39 av. P. Sémard 68 32 06 92, Fax 68 65 51 13 – . AE GB BX **k**
mi-mars-mi-oct. et fermé dim. hors sais. – **R** 80/160, enf. 40 – 30 – **27 ch** 192/244 – ½ P 230.

France sans rest, 6 r. Rossini 68 32 09 75 – . AE GB BZ **s**
25 – **15 ch** 100/200.

Regent sans rest, 15 r. Suffren 68 32 02 41 – . AE GB BY **d**
27 – **15 ch** 140/250.

H. Alsace sans rest, 2 av. Carnot 68 32 01 86, Fax 68 90 43 81 – . GB BX **a**
25 – **20 ch** 130/240.

XXX **Rest. Alsace,** 2 av. P. Sémard 68 65 10 24 – . AE GB BX **a**
fermé lundi soir et mardi – **R** 110/330, enf. 80.

XX **Le Saint-Loup,** par ② rte Gruissan 68 32 40 62, Fax 68 65 56 55 – . AE GB
fermé 14 juil. au 15 août, dim. soir et lundi – **R** 180/300.

XX **St Germain,** 22 r. Ancienne Porte de Beziers 68 32 28 27 – GB BXY **n**
fermé juil., août, sam. midi et dim. – **R** 95/250, enf. 60.

à Coursan par ① : 9 km – 5 137 h. – **11110** :

XXX **Château de Coursan,** av. Toulouse 68 33 51 94, Fax 68 33 91 63, – . AE GB
R 88/350, enf. 60.

par autoroute A9 direction Béziers : 6 km

H. Aude M sans rest, Aire de Narbonne-Vissan Nord 68 45 25 00, Fax 68 45 25 20 – ch – 25. AE GB
35 – **59 ch** 290/330.

à Ornaisons par ④ et D 24 : 14 km – **11200** :

Relais Val d'Orbieu , 68 27 10 27, Fax 68 27 52 44, ←, , , , – . AE GB JCB
R 190/410, enf. 110 – 65 – **13 ch** 450/750, 7 appart. – ½ P 695/795.

ALFA-ROMEO Gar. Occitan, 38 av. de Bordeaux 68 42 11 44
CITROEN Plaisance-Autos Service, ZI Plaisance, rte de Perpignan par ③ 68 41 69 62
FORD Villefranque, 20 bd M.-Sembat 68 32 30 11
HONDA Gar. Auto Plaisir, av. Champ de Mars 68 42 14 97
LADA Croix Sud Autom., ZI Croix Sud 68 41 43 87
MERCEDES-BENZ, **TOYOTA** Gar. Deville, ZI Plaisance 68 41 22 38
OPEL-GM Narbonauto, av. Champ-de-Mars, ZI Plaisance 68 41 14 81
PEUGEOT-TALBOT Audoise Automobile, rte de Perpignan, le Peyrou par ③ 68 42 54 25
RENAULT Languedoc Auto, Croix Sud rte de Perpignan 68 42 50 00 N 05 05 15 15
V.A.G Marty, 87 av. Gén.-Leclerc 68 41 16 10

Éts Escande, 1 av. de Toulouse 68 41 01 03
Brunel, 31 et 33 bd Mar.-Joffre 68 42 27 53
Distri-Pneu, ZI Croix sud 68 41 36 14
Euromaster Piot Pneu, ZI, rte de Perpignan 68 41 23 24
Gastou-Pneus, ZI Croix Sud 68 41 69 03

Repas 100/130 Sorgfältig zubereitete, preiswerte Mahlzeiten.

La NARTELLE 83 Var 84 ⑰ – rattaché à Ste-Maxime.

NASBINALS 48260 Lozère 76 ⑭ **G. Gorges du Tarn** – 503 h alt. 1 180 – Sports d'hiver : 1 250/1 321 m 1.
Paris 573 – Aurillac 107 – Mende 59 – Rodez 66 – Aumont-Aubrac 23 – Chaudes-Aigues 27 – Espalion 34 – St-Flour 56.

au Nord par D 12 : 4 km – alt. 1 080 – **48260** Nasbinals :

Relais de l'Aubrac , au **Pont de Gournier** (carrefour D 12 - D 112) 66 32 52 06, – . GB. rest
fermé 15 nov. au 26 déc. – **R** 80/160 dîner à la carte, enf. 45 – 35 – **22 ch** 220/240 – ½ P 210/240.

NATZWILLER 67130 B.-Rhin 62 ⑧ – 634 h alt. 540.
Paris 415 – ◆Strasbourg 55 – Barr 32 – Molsheim 30 – St-Dié 42.

Aub. Metzger, 88 97 02 42, Fax 88 97 93 59, , – . AE GB
fermé 20 au 26 déc., 4 au 25 janv., dim. soir et lundi sauf vacances scolaires – **R** 55/250, enf. 45 – 35 – **10 ch** 215/230 – ½ P 240/245.

NAUCELLE 12800 Aveyron 80 ① – 1 929 h alt. 469.

Paris 665 – Rodez 32 – Albi 47 – Millau 87 – St-Affrique 75 – Villefranche-de-Rouergue 49.

Host. Voyageurs, pl. Hôtel de Ville ✆ 65 47 01 34, – ☎. AE GB
fermé 27 oct. au 7 nov. et lundi sauf du 15 juin au 15 sept. – **R** 49/135 ♂, enf. 35 – ☕ 25 – **15 ch** 75/190 – ½ P 125/185.

à Castelpers SE : 12,5 km sur D 10 – ✉ 12170 Réquista :

Château de Castelpers avec ch, ✆ 65 69 22 61, Fax 65 69 25 31, ≤, « Parc au bord de l'eau » – TV ☎ P. AE GB. rest
1er avril-1er oct. – **R** *(fermé mardi)* 130/275 ♂, enf. 57 – ☕ 40 – **9 ch** 240/455 – ½ P 270/340.

NAUZAN 17 Char.-Mar. 71 ⑮ – voir St-Palais-sur-Mer et Royan.

NAVAROSSE 40 Landes 78 ⑬ – rattaché à Biscarrosse.

NAVARRENX 64190 Pyr.-Atl. 85 ⑤ G. Pyrénées Aquitaine – 1 036 h alt. 125.

Syndicat d'Initiative pl. des Casernes ✆ 59 66 14 93.

Paris 803 – Pau 41 – Oloron-Ste-M. 22 – Orthez 22 – St-Jean-Pied-de-Port 62 – Sauveterre-de-B. 21.

Commerce, ✆ 59 66 50 16 – ☎ – 30. GB
fermé 15 au 31 oct., 23 déc. au 23 janv., dim. soir et lundi sauf juil.-août – **R** 63/190 ♂ – ☕ 25 – **28 ch** 140/250 – ½ P 190.

CITROEN Labrit ✆ 59 66 16 32 N ✆ 59 34 36 75

NAY 64800 Pyr.-Atl. 85 ⑦ – 3 591 h alt. 352.

Paris 788 – Pau 18 – Laruns 34 – Lourdes 25 – Oloron-Ste-Marie 36 – Tarbes 32.

Voyageurs, pl. Marcadieu ✆ 59 61 04 69, Fax 59 61 15 68 – ☎. GB
R 70/190 ♂, enf. 45 – ☕ 26 – **22 ch** 170/250 – ½ P 190/240.

Aub. Chez Lazare, Les Labassères SO : 3 km par D 36 et D 287 ✆ 59 61 05 26, – TV ☎ P. GB JCB
fermé 24 juil. au 9 août – **R** *(fermé lundi midi et dim.)* (dîner seul.)(prévenir) 80/185 – ☕ 30 – **8 ch** 230/250 – ½ P 200.

PEUGEOT Gar. Manuel ✆ 59 61 27 67
RENAULT Gar. Fouraa ✆ 59 61 06 18
RENAULT Gar. Bonnasse-Gahot, à Bénéjacq ✆ 59 61 07 25 N ✆ 59 61 26 99

NÉANT-SUR-YVEL 56430 Morbihan 63 ④ – 882 h alt. 75.

Paris 408 – ♦Rennes 59 – Dinan 57 – Loudéac 40 – Ploërmel 11,5 – Vannes 58.

Aub. Table Ronde avec ch, ✆ 97 93 03 96, Fax 97 93 05 26 – ☎. GB
fermé 20 au 27 sept., janv., dim soir et lundi sauf juil.-août – **R** 56/170 ♂ – ☕ 25 – **10 ch** 100/210 – ½ P 115/155.

NEAU 53150 Mayenne 60 ⑪ – 652 h alt. 91.

Paris 267 – Alençon 62 – Laval 27 – ♦Le Mans 72 – Mayenne 22 – Ste-Suzanne 14 – Vaiges 14.

Croix Verte, ✆ 43 98 23 41 – TV ☎. GB
R 55/195 ♂ – ☕ 25 – **14 ch** 140/200 – ½ P 220/240.

RENAULT Gar. Terrier ✆ 43 98 22 37

NEAUPHLE-LE-CHÂTEAU 78640 Yvelines 60 ⑨ 106 ⑯ G. Ile de France – 2 499 h alt. 185.

Paris 38 – Dreux 43 – Mantes-la-Jolie 29 – Rambouillet 25 – St-Nom-la-Bretèche 11,5 – Versailles 18.

Le Verbois M, ✆ (1) 34 89 11 78, Télex 699981, Fax (1) 34 89 57 33, ≤, parc, – TV ☎ P – 40. GB.
fermé 28 juil. au 25 août – **R** *(fermé dim. et lundi midi)* 155/199 carte le dim. – ☕ 65 – **20 ch** 450/760 – ½ P 410/540.

La Griotte, 58 av. République ✆ (1) 34 89 19 98, « Jardin fleuri » – AE GB
fermé Noël au Jour de l'An, dim. soir et lundi soir – **R** 150/300, enf. 60.

PEUGEOT-TALBOT Cabailh, 7 r. des Frères-Lumière à Plaisir ✆ (1) 30 55 53 45 N
RENAULT Gar. des Petits Prés, 16 r. de la Gare à Plaisir ✆ (1) 30 55 80 84 N ✆ (1) 44 03 95 60

NEMOURS 77140 S.-et-M. 61 ⑫ G. Ile de France – 12 072 h alt. 62.

Voir Musée de Préhistoire de l'Ile de France★ par ②.

Office de Tourisme 41 quai V.-Hugo ✆ (1) 64 28 03 95.

Paris 79 ① – Fontainebleau 16 ⑥ – Chartres 126 ① – Melun 32 ⑥ – Montargis 34 ① – ♦Orléans 89 ④ – Sens 48 ②.

Plan page suivante

Les Roches, av. L. Pelletier à St-Pierre-lès-Nemours ✆ (1) 64 28 01 43, Fax (1) 64 28 04 27, – TV ☎. AE GB A h
fermé 23 oct. au 2 nov., lundi (sauf hôtel) et dim. soir sauf juil.-août – **R** 95/260, enf. 45 – ☕ 40 – **15 ch** 140/320 – ½ P 220/275.

Vieux Moulin, 5 av. Lyon ✆ (1) 64 28 02 98 – GB B a
fermé mardi soir et merc. – **R** 68/158, enf. 45.

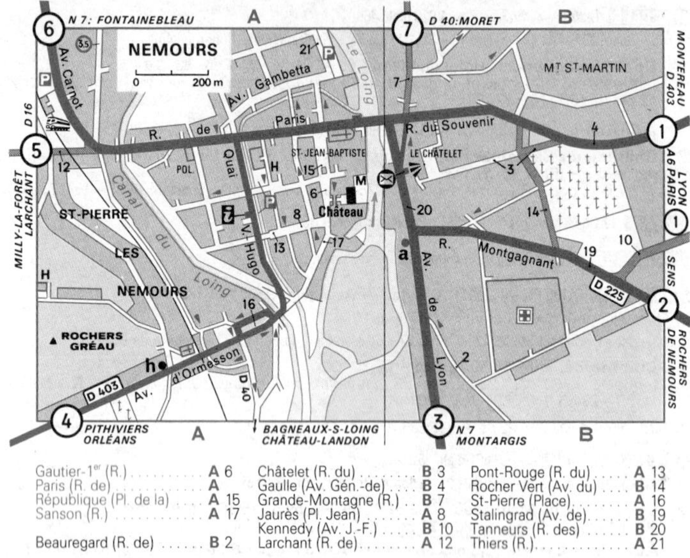

Gautier-1er (R.) . . . . **A** 6
Paris (R. de) . . . . **A**
République (Pl. de la) . . . . **A** 15
Sanson (R.) . . . . **A** 17

Beauregard (R. de) . . . . . . **B** 2

Châtelet (R. du) . . . . **B** 3
Gaulle (Av. Gén.-de) . . . . . **B** 4
Grande-Montagne (R.) . . **B** 7
Jaurès (Pl. Jean) . . . . **A** 8
Kennedy (Av. J.-F.) . . . . . **B** 10
Larchant (R. de) . . . . **A** 12

Pont-Rouge (R. du) . . . . . **A** 13
Rocher Vert (Av. du) . . . . **B** 14
St-Pierre (Place) . . . . **A** 16
Stalingrad (Av. de) . . . . . . **B** 19
Tanneurs (R. des) . . . . . . **B** 20
Thiers (R.) . . . . **A** 21

Autoroute A 6 sur l'aire de service, SE 2 km, accès par A 6 ou D 225 – ✉ **77140** Nemours :

🏨 **Mercure-Altéa** M sans rest, ✆ (1) 64 28 10 32, Télex 690243, Fax (1) 64 28 60 59, – TV ☎ P. AE ① GB
☕ 50 – **102 ch** 360/495.

à Glandelles par ③ : 7 km – ✉ **77167** Bagneaux-sur-Loing :

XX **Les Marronniers** N 7, ✆ (1) 64 28 07 04, – AE GB. ✻
fermé 10 au 31 août, 20 janv. au 10 fév., mardi soir et merc. – **R** 95/170, enf. 55.

XX **La Glandelière,** S : 1 km N 7 ✆ (1) 64 28 10 20, – P. GB
fermé 15 sept. au 5 oct., 24 au 31 déc., 15 fév. au 5 mars, jeudi soir, lundi soir et mardi – **R** 105/215, enf. 55.

CITROEN Nemours Autom., ZI r. d'Egreville ✆ (1) 64 28 11 17 N
PEUGEOT-TALBOT Coffre, 18 av. Kennedy B ✆ (1) 64 28 03 27
RENAULT S N C A, 107 av. Carnot à St-Pierre par ⑥ ✆ (1) 64 28 01 50

Jean Bohec, 16 av. Gén-de-Gaulle ✆ (1) 64 28 29 10
Ⓜ Dominicé, 90 r. de Paris ✆ (1) 64 28 11 21
Pneu Sce, 45 av. Carnot à St-Pierre-lès-Nemours ✆ (1) 64 28 04 67

NÉRAC

<SP> **47600** L.-et-G. 79 ⑭ **G. Pyrénées Aquitaine** (plan) – 7 015 h alt. 71.

⛳18 d'Albret à Barbaste ✆ 53 65 53 69, NO par D 930 : 8 km.

ℹ Maison du Tourisme av. Mondenard ✆ 53 65 27 75.

Paris 707 – Agen 27 – ♦Bordeaux 127 – Condom 21 – Marmande 53.

🏨 **d'Albret,** 42 allées d'Albret ✆ 53 65 01 47, Fax 53 65 20 26, – ▤ TV ☎ – 🏨 25. AE GB
fermé 1er au 8 mars, sept. et lundi d'oct. à mai – **R** 65/270 ♁ – ☕ 35 – **23 ch** 200/480 – ½ P 210/350.

NÉRIS-LES-BAINS

03310 Allier 73 ② **G. Auvergne** – 2 831 h alt. 354 – Stat. therm. (avril-23 oct.) – Casino .

⛳18 Ste-Agathe ✆ 70 03 21 77, par ③ : 4 km.

ℹ Office de Tourisme carrefour des Arènes (2 avril-26 oct.) ✆ 70 03 11 03.

Paris 343 ③ – Moulins 71 ① – ♦Clermont-Fd 80 ② – Montluçon 8 ③ – St-Pourçain-sur-Sioule 54 ①.

Plan page suivante

🏨 **Garden,** 12 av. Marx Dormoy **(d)** ✆ 70 03 21 16, Fax 70 03 10 67, – TV ☎ P – 🏨 25. GB. ✻ ch
fermé 22 oct. au 22 nov., 5 au 20 janv., dim. soir et vend. du 22 nov. au 1er avril – **R** 75/200 ♁, enf. 50 – ☕ 30 – **19 ch** 200/270 – P 250/280.

🏨 **Parc des Rivalles** ⑤, r. Parmentier **(k)** ✆ 70 03 10 50, Fax 70 03 11 05, parc – ▤ ☎ P. GB. ✻ rest
13 avril-14 oct. – **R** 78/270 ♁ – ☕ 30 – **28 ch** 155/230 – P 224/270.

NÉRIS-LES-BAINS

Arènes (Bd des)	2
Boisrot-Desserviers (R.)	3
Constans (R.)	5
Cuvier (R.)	7
Dormoy (Av. Marx)	8
Gaulle (R. du Gén.-de)	9
Kars (R. des)	10
Marceau (R.)	12
Migat (R. du Capitaine)	14
Molière (R.)	15
Parmentier (R.)	18
Reignier (Av.)	19
République (Pl. de la)	21
Rieckötter (R.)	23
St-Joseph (R.)	25
Thermes (Pl. des)	27
Voltaire (R.)	29

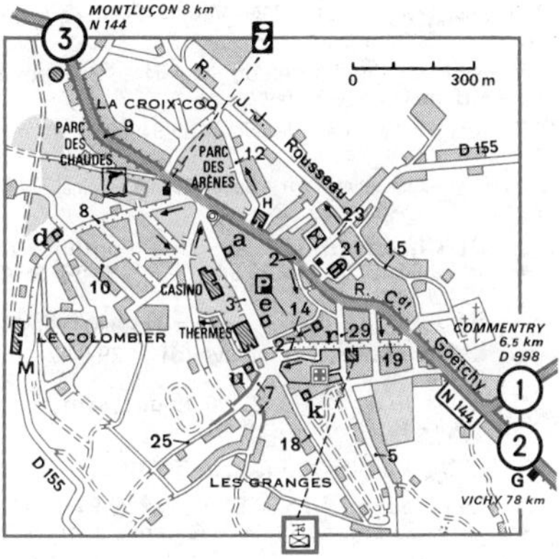

Promenade, 38 r. Boisrot Desserviers **(e)** ✆ 70 03 26 26, Fax 70 03 25 62 – |♦| TV ☎ P – 60. GB. ✻
hôtel : 30 mars-30 oct. ; rest. : 15 avril-15 oct. – **R** 85/188 – ☐ 30 – **42 ch** 250/300 – P 315/350.

Les Pervenches sans rest, 11 r. Cap. Migat **(r)** ✆ 70 03 14 03, Fax 70 03 21 58 – cuisinette TV ☎. ✻
30 mars-24 oct. – ☐ 30 – **10 ch** 200/220.

Terrasse, 52 r. Boisrot-Desserviers **(a)** ✆ 70 03 10 42, Fax 70 03 15 41 – |♦| TV ☎. GB. ✻ rest
15 avril-15 oct. – **R** 83/100 – ☐ 27 – **22 ch** 200/250 – P 250/268.

Source ♨, pl. Thermes **(u)** ✆ 70 03 10 20, parc – ☎ P. GB. ✻ rest
1er mai-18 oct. – **R** 79/120 – ☐ 26 – **38 ch** 88/200 – P 192/245.

NÉRONDES **18350** Cher 69 ② – 1 521 h alt. 189.

Paris 242 – Bourges 36 – Montluçon 83 – Nevers 33 – St-Amand-Montrond 43.

XX **Lion d'Or** avec ch, pl. Mairie ✆ 48 74 87 81 – ☎. GB
fermé 3 au 9 janv., 7 au 28 fév. et merc. – **R** 75/190, enf. 44 – ☐ 30 – **12 ch** 120/240.

NESTIER **65150** H.-Pyr. 85 ⑳ – 196 h alt. 500.

Paris 839 – Bagnères-de-Luchon 48 – Auch 75 – Lannemezan 13 – Saint-Gaudens 23 – ♦Toulouse 113.

XX **Relais du Castéra** avec ch, ✆ 62 39 77 37, ☂ – ☎ P. AE GB. ✻
fermé 24 au 30 juin, 24 au 30 oct., 6 au 30 janv., dim.soir et lundi – **R** 98/220, enf. 45 – ☐ 40 – **8 ch** 250/300 – ½ P 260.

NEUF-BRISACH **68600** H.-Rhin 62 ⑲ **G. Alsace Lorraine** – 2 092 h alt. 205.

18 du Rhin à Chalampé ✆ 89 26 07 86, S par D 468 : 25 km.

Office de Tourisme pl. d'Armes ✆ 89 72 56 66.

Paris 462 – Colmar 16 – ♦Basel 61 – Belfort 77 – Freiburg 29 – ♦Mulhouse 39 – Sélestat 30 – Thann 48.

Soleil, ✆ 89 72 51 28, Fax 89 72 83 77 – TV ☎. AE GB
R *(fermé vacances de Noël, dim. soir et lundi)* 55/220 ⅓ – ☐ 30 – **25 ch** 260 – ½ P 205.

X **La Petite Palette,** ✆ 89 72 73 50 – GB
fermé 15 au 31 août, mardi soir et lundi – **R** 100/290.

à Biesheim N : 3 km par D 468 – ✉ **68600** :

Deux Clefs, ✆ 89 72 51 20, Télex 890861, Fax 89 72 92 94, ☂ – TV ☎ P – 25. AE ⓓ GB
R *(fermé 1er au 15 janv.)* 85/275 ⅓, enf. 60 – ☐ 33 – **28 ch** 270/400 – ½ P 310/400.

à Vogelgrün E : 5 km par N 415 – ✉ **68600**.

Voir Bief hydro-électrique★ – ≤★ du pont-frontière.

L'Européen M ♨, à la frontière, sur l'île du Rhin ✆ 89 72 51 57, Fax 89 72 74 54, ☂, ⛱, ☂ – |♦| ⟷ ch ▤ ch TV ☎ ♿ P – 40. AE ⓓ GB
R *(fermé dim. soir et lundi du 1er déc. au 1er mai)* 150/350 – ☐ 45 – **46 ch** 330/500 – ½ P 450/500.

FORD Ebelin-Vonarb ✆ 89 72 51 76
RENAULT Gar. Haeffeli, ZI CD 52 à Biesheim ✆ 89 72 54 83
RENAULT Gar. Venturini ✆ 89 72 69 11 N

NEUFCHÂTEAU ⟨SP⟩ 88300 Vosges 62 ⑬ G. Alsace Lorraine – 7 803 h alt. 298.

Voir Escalier★ de l'hôtel de ville H – Groupe en pierre★ dans l'église St-Nicolas K.

Syndicat d'Initiative à la Mairie ✆ 29 94 14 75 et Chalet Parking de la Poste (saison).

Paris 295 ① – Chaumont 57 ⑥ – Belfort 152 ④ – Épinal 72 ③ – Langres 80 ⑤ – Verdun 103 ①.

St-Christophe, 1 av. Gde Fontaine **(e)** ✆ 29 94 16 28, Fax 29 94 12 77 – TV ☎ P. AE ① GB
R 65/200 ⅛, enf. 40 – ☐ 45 – **36 ch** 270/360.

L'Amie Lune, 12 r. Neuve **(d)** ✆ 29 94 28 76 – AE ① GB
fermé 15 au 27 juil., 1er au 15 déc., dim. soir et lundi – **R** 90/260 ⅛, enf. 42.

à Rouvres-la-Chétive par ③ : 10 km – ✉ 88170 :

La Frezelle, ✆ 29 94 51 51, Fax 29 94 27 07 – ☎ P. AE ① GB. ✗ ch
fermé 23 déc. au 4 janv. – **R** *(fermé sam.)* 68/250 ⅛ – ☐ 27 – **7 ch** 210/310 – ½ P 211/270.

CITROEN Anotin, rte de Langres par ⑤ ✆ 29 94 10 33
FIAT Gar. de l'Étoile, 1 quai Pasteur ✆ 29 94 17 65
PEUGEOT, TALBOT Dutemple-Gaxotte, rte de Langres par ⑤ ✆ 29 94 88 88 N ✆ 29 06 21 15
RENAULT Gar. Reuchet, 95 av. Gén.-de-Gaulle par ⑤ ✆ 29 94 19 20 N ✆ 29 06 20 43

RENAULT Reuchet, rte de Nancy par ② ✆ 29 94 05 57 N ✆ 29 06 20 43

D. G. Pneus, 89 av. Kennedy ✆ 29 94 19 76
Néo-Pneu, ZI, rte de Frebécourt ✆ 29 94 10 47 N ✆ 29 06 01 06

Si vous êtes retardé sur la route, dès 18 h, confirmez votre réservation par téléphone, c'est plus sûr... et c'est l'usage.

NEUFCHÂTEL-EN-BRAY 76270 S.-Mar. 52 ⑮ G. Normandie Vallée de la Seine – 5 322 h alt. 99.

Env. Forêt d'Eawy★★ 10 km au SO.

Office de Tourisme 6 pl. Notre-Dame ✆ 35 93 22 96.

Paris 134 – ♦Amiens 69 – ♦Rouen 45 – Abbeville 53 – Dieppe 35 – Gournay-en-B. 37.

Les Airelles avec ch, 2 passage Michu ✆ 35 93 14 60, Fax 35 93 89 03, ☂, ☂ – TV ☎ – 30. AE GB
fermé vacances de fév. – **R** 90/250 – ☐ 30 – **14 ch** 200/250.

à Mesnières-en-Bray NO : 5,5 km par D 1 – ✉ 76270 :

Voir Château★.

Aub. Bec Fin, ✆ 35 94 15 15, Fax 35 94 42 14, ☂ – P. AE GB
fermé 4 au 17 oct., 10 au 23 janv. et lundi – **R** 115/165, enf. 50.

RENAULT Sibra, 31 Grande-R. St-Pierre ✆ 35 93 00 82 N
V.A.G Gar. Duparc, 9 rte de Foucarmont ✆ 35 93 02 66 N

Thérier, 1 et 3 Grande-R. St-Pierre ✆ 35 93 00 75

Réparpneu, 16 bd Mar.-Joffre ✆ 35 94 15 01

NEUFCHÂTEL-EN-SAOSNOIS 72600 Sarthe 60 ⑬ – 794 h.

Paris 196 – Alençon 15 – ♦Le Mans 49 – La Ferté-Bernard 44.

Relais des Etangs de Guibert M ⛵ avec ch, NE : 1 km par VO ✆ 43 97 15 38, Fax 43 97 66 42, ≤, ☂, « Ancienne ferme aménagée avec élégance » – TV ☎ P – 30. ① GB. ✗ ch
fermé 1er janv. au 15 fév. – **R** *(fermé dim. soir et lundi)* 120/230, enf. 70 – ☐ 35 – **14 ch** 250/500 – ½ P 255/355.

NEUFCHATEL-SUR-AISNE 02190 Aisne 56 ⑥ – 483 h.

Paris 165 – ♦Reims 22 – Laon 44 – Rethel 30 – Soissons 60.

Le Jardin, ✆ 23 23 82 00, Fax 23 23 84 05 – GB
fermé 16 au 31 août, 17 au 31 janv., dim. soir, lundi et mardi – **R** 90/290, enf. 60.

NEUFGRANGE 57 Moselle 57 ⑰ – rattaché à Sarreguemines.

NEUF-MARCHÉ 76220 S.-Mar. 55 ⑧ – 568 h alt. 104.

Paris 89 – ♦Rouen 51 – Les Andelys 34 – Beauvais 33 – Gisors 18 – Gournay-en-Bray 7.

Aub. du Puits de Corval, ✆ 35 09 12 25 – ① GB
fermé mardi soir et lundi – **R** 100/145, enf. 50.

André de Lyon, D 915 ✆ 35 90 10 01 – GB
fermé 17 août au 4 sept., 17 fév. au 6 mars et merc. – **R** (déj. seul.) carte 140 à 210.

NEUILLÉ-LE-LIERRE 37380 I.-et-L. 64 ⑮ ⑯ – 514 h alt. 88.

Paris 217 – ◆Tours 26 – Amboise 12 – Château-Renault 10 – Montrichard 30 – Reugny 4,5.

XX **Aub. de la Brenne,** ✆ 47 52 95 05 – P. AE GB
fermé 19 janv. au 10 mars, mardi soir et merc. – **Repas** (dim. prévenir) 77/189, enf. 57.

NEUILLY-EN-THELLE 60530 Oise 55 ⑳ 106 ⑦ – 2 683 h alt. 130.

Paris 48 – Compiègne 55 – Beaumont-sur-Oise 9,5 – Beauvais 32 – Pontoise 32 – Senlis 25.

X Aub. du Centre, ✆ 44 26 70 01.

Merlin Pneus, à Ercuis ✆ 44 26 53 38

NEUILLY-LE-REAL 03340 Allier 69 ⑭ – 1 287 h alt. 253.

Paris 308 – Moulins 14 – Mâcon 129 – Roanne 82 – Vichy 49.

XX **Logis Henri IV,** ✆ 70 43 87 64, « Auberge rustique » – GB
fermé vacances de fév., dim. soir et lundi – **R** 125/220.

NEUILLY-SUR-SEINE 92 Hauts-de-Seine 55 ⑳, 101 ⑭ ⑮ – voir à Paris, Environs.

NEUVÉGLISE 15260 Cantal 76 ⑭ – 1 078 h alt. 938.

Env. Château d'Alleuze★★ : site★★ NE : 14 km, G. Auvergne.

Syndicat d'Initiative le Bourg ✆ 71 23 85 43.

Paris 537 – Aurillac 78 – Entraygues-sur-T. 70 – Espalion 67 – St-Chély-d'Apcher 41 – St-Flour 19.

Central Hôtel, ✆ 71 23 81 28 – GB
fermé oct., dim. (sauf hôtel) et sam. hors sais. – **R** 75/95 – 30 – **20 ch** 80/190 – ½ P 220/240.

à Cordesse E : 1,5 km – ✉ 15260 Neuvéglise :

Relais de la Poste M, ✆ 71 23 82 32, Fax 71 23 86 23, – TV ☎ P. GB
15 mars-15 nov. – **R** 68/200, enf. 40 – 30 – **8 ch** 190/300 – ½ P 230/250.

RENAULT Mabit Alain ✆ 71 23 81 53 Gar. Sauret ✆ 71 23 80 90 N ✆ 71 23 84 47

NEUVES-MAISONS 54 M.-et-M. 62 ⑤ – rattaché à Nancy.

NEUVIC 19160 Corrèze 76 ① G. Berry Limousin – 1 829 h alt. 610.

9 ✆ 55 95 98 89 à la base de loisirs, E : 3 km par D 20.

Syndicat d'Initiative r. Tour Cinq Pierres ✆ 55 95 88 78.

Paris 473 – Aurillac 78 – Mauriac 26 – Tulle 55 – Ussel 21.

Lac, à Neuvic-Plage E : 3 km ✆ 55 95 81 43, Fax 55 95 05 15, ←, – ☎ P. GB. rest
15 avril-fin sept. – **R** 150/250 – 45 – **15 ch** 280/290 – ½ P 280.

CITROEN Bordas ✆ 55 95 80 29

La NEUVILLE 59239 Nord 51 ⑯ – 588 h.

Paris 208 – ◆Lille 19 – Douai 20 – Lens 25 – Valenciennes 43.

XX **Leu Pindu,** 1 r. Gén. de Gaulle ✆ 20 86 57 59, Fax 20 55 09 17, « Jardin à l'orée de la forêt » – P. GB
fermé août et sam. – **R** (déj. seul.) 100/170, enf. 80.

NEUVILLE-AUX-BOIS 45170 Loiret 60 ⑲ – 3 870 h.

Paris 94 – ◆Orléans 26 – Chartres 64 – Étampes 44 – Pithiviers 21.

L'Hostellerie M, 48 pl. Gén. Leclerc ✆ 38 75 50 00, Fax 38 91 86 81, – ch TV ☎ P – 25 à 80. AE GB
Escapade *(avril-sept. et fermé dim. soir et lundi)* **R** 180/240 – **Brasserie** *(fermé dim. soir)* **R** 70, carte le dim., enf. 50 – 40 – **34 ch** 340/390 – ½ P 300.

NEUVILLE-DE-POITOU 86170 Vienne 68 ⑬ – 3 840 h alt. 121.

Paris 332 – Poitiers 17 – Châtellerault 31 – Parthenay 40 – Saumur 75 – Thouars 50.

XX **Saint-Fortunat,** 6 r. Bangoura-Moridé ✆ 49 54 56 74 – GB
fermé 19 au 28 juil., 16 au 25 août, vacances de fév., dim. soir et lundi – **R** 95/210.

NEUVILLE-ST-AMAND 02 Aisne 53 ⑭ – rattaché à St-Quentin.

NEUVILLE-SUR-SAONE 69250 Rhône 74 ① G. Vallée du Rhône – 6 762 h alt. 172.

Paris 448 – ◆Lyon 18 – Bourg-en-Bresse 49 – Villefranche-sur-Saône 19.

à Albigny-sur-Saône par rive droite : 2,5 km – ✉ 69250 :

XX **Le Cellier,** quai Saône ✆ 78 98 26 16, Fax 72 08 90 10, – P. AE GB
fermé 16 au 23 août, 26 déc. au 8 janv., sam. midi hors sais., dim. soir et lundi – **R** 150/320, enf. 70.

NEUVILLE-SUR-SARTHE 72 Sarthe 60 ⑬ – rattaché au Mans.

NEUVY-SAUTOUR 89 Yonne 61 ⑮ – rattaché à St-Florentin.

NEUZY 71 S.-et-L. 69 ⑯ – rattaché à Digoin.

NEVERS P 58000 Nièvre 69 ③ ④ G. Bourgogne – 41 968 h alt. 186 Pèlerinage de Ste Bernadette d'avril à octobre : couvent St-Gildard.

Voir Cathédrale★ Z – Palais ducal★ Z – Église St-Étienne★ Y – Porte du Croux★ Z – Faïences de Nevers★ du musée municipal Z **M1**.

18 du Nivernais ✆ 86 58 18 30, à Magny-Cours par ④.

Circuit Automobile permanent à Magny-Cours SE : 3,5 km.

Office de Tourisme 31 r. du Rempart ✆ 86 59 07 03 – A.C. 1 av. Gén.-de-Gaulle, résidence Carnot ✆ 86 61 27 75.

Paris 239 ① – Bourges 69 ④ – Chalon-sur-Saône 155 ③ – ◆Clermont-Ferrand 158 ④ – ◆Dijon 187 ③ – Montargis 125 ① – Montluçon 103 ④ – Moulins 54 ④ – ◆Orléans 162 ① – Roanne 151 ④.

Plan page suivante

Loire, quai Médine ✆ 86 61 50 92, Télex 801112, Fax 86 59 43 29, ← – rest ☎ – 80. AE GB JCB Z a
R *(fermé 10 déc. au 15 janv. et sam.)* 125/270 – 35 – **58 ch** 310/410.

Diane, 38 r. Midi ✆ 86 57 28 10, Télex 801021, Fax 86 59 45 08 – ☎ – 30. AE GB JCB Z u
fermé 20 déc. au 15 janv. – **R** carte 130 à 190 – 40 – **30 ch** 380/600.

Molière sans rest, 25 r. Molière ✆ 86 57 29 96, Fax 86 36 00 13 – ch ☎. GB V k
29 – **18 ch** 147/241.

Abeilles M, rte Paris par ① : 3km ✉ 58640 Varennes Vauzelles ✆ 86 57 58 11, Fax 86 21 46 15 – ☎ – 100. AE GB
R *(fermé 1er au 25 août et dim.)* 80/160, enf. 40 – 30 – **32 ch** 270 – ½ P 230.

Ibis M, rte de Moulins par ④ ✆ 86 37 56 00, Télex 800221, Fax 86 37 64 48, – ch rest ☎ – 30. AE GB
R 85/98, enf. 39 – 33 – **56 ch** 276/310.

Climat de France M, 35 bd V. Hugo ✆ 86 21 42 88, Télex 800579, Fax 86 36 08 16 – ☎ – 80. AE GB V f
R 82/120, enf. 37 – 35 – **54 ch** 260.

Villa du Parc sans rest, 16 ter r. Lourdes ✆ 86 61 09 48 – ☎. AE GB Y d
28 – **28 ch** 130/250.

Clèves sans rest, 8 r. St-Didier ✆ 86 61 15 87 – ☎. AE GB Z x
25 – **15 ch** 149/229.

XXX Aub. Porte du Croux, 17 r. Porte du Croux ✆ 86 57 12 71, Fax 86 36 08 80, Z e

XX **Puits St Pierre,** 21 r. Mirangron ✆ 86 59 28 88, Fax 86 61 29 81 – GB Y v
fermé août, vacances de fév., dim. soir et lundi – **R** 105/240, enf. 55.

XX **Morvan** avec ch, 28 r. Mouësse ✆ 86 61 14 16 – ☎. GB X b
fermé 6 au 29 juil. et 4 au 20 janv. – **Repas** *(fermé mardi soir et merc.)* 100/220 – 30 – **8 ch** 205/250.

XX **La Botte de Nevers,** r. Petit Château ✆ 86 61 16 93, Fax 86 36 42 22, « Cadre d'inspiration médiévale » – AE GB Y n
fermé 2 au 29 août, dim. soir et lundi – **R** 105/250, enf. 50.

par ① rte de Paris : 4 km – ✉ **58640** Varennes-Vauzelles :

XX **Relais du Bengy,** N 7 ✆ 86 38 02 84, – GB
fermé 21 juil. au 11 août, vacances de fév. et dim. – **Repas** (déj. seul. sauf vend.) 89/220, enf. 45.

par ① N 7 et chemin privé : 5 km – ✉ **58640** Varennes-Vauzelles :

Château de la Rocherie, ✆ 86 38 07 21, Fax 86 38 23 01, ←, , parc – ☎. AE GB
fermé 15 au 30 nov., sam. midi et dim. – **R** 110/265 – 40 – **15 ch** 235/395.

à Magny-Cours par ④ rte Moulins : 12 km – ✉ **58470** :

La Renaissance (Dray) M, au village ✆ 86 58 10 40, Fax 86 21 22 60, – ☎. AE GB
fermé 1er au 17 août, 20 fév. au 16 mars, dim. soir et lundi – **R** (nombre de couverts limité-prévenir) 230 bc (déj.)/400 et carte 440 à 580, enf. 150 – 80 – **6 ch** 500/700, 3 appart.
Spéc. Museau de porc aux graines de moutarde. Foie gras de canard poché et sa marmelade de rhubarbe. Pièce de charolais au pinot de Sancerre. **Vins** Pouilly Fumé, Sancerre.

Holiday Inn M, ✆ 86 21 22 23, Télex 802534, Fax 86 21 22 03, ←, , , , – ch ☎ – 150. AE GB
R 98/160 – 60 – **70 ch** 450/495 – ½ P 400.

du Circuit M, sur N 7 ✆ 86 58 04 88, Fax 86 58 00 25 – ☎ – 30. AE GB
fermé 23 déc. au 4 janv. – **R** *(fermé lundi midi et dim.)* 55/90 – 38 – **32 ch** 290 – ½ P 214.

NEVERS

Commerce (R. du) YZ
Gaulle (Av. Gén.-de) . . YZ
Nièvre (R. de) . . . . . Y 21
Pelleterie (R. de la) . Y 24
Préfecture (R. de la) Y 27
St-Martin (R.) . . . . . Y 40

Ardilliers (R. des) . . . Y 2
Banlay (R. du) . . . . . V 3
Barre (R. de la) . . . . Y 4
Bourgeois (R. Mlle) . V 5
Champ-de-Foire (R. du) . . . . Z 6
Charnier (R. du) . . . . Y 7
Chauvelles (R. des) . V 8
Cloître-St-Cyr (R. du) . . . . Z 9
Colbert (Av.) . . . . . . Y 10
Coquille (Pl. G.) . . . . Y 12
Docks (R. des) . . . . . V 13
Francs-Bourgeois (R.) . . . . Y 14
Gautron-du-Coudray (Bd) . Y 15
Jacobins (R. des) . . . Z 16
Lattre-de-Tassigny (Bd Mar. de) . . . . V 17
Mantoue (Quai de) . Z 18
Mariniers (Quai des) Z 19
Midi (R. du) . . . . Z 20
Ouches (R. des) . . YZ 22
Remigny (R. de) . . . Y 23
Petit-Mouësse (R. du) . . . . X 26
Rempart (R. du) . . . . Y 29
Renardats (R. des) . V 30
République (Bd de la) . . . . X 32
République (Pl. de la) . . . . Z 34
Roy (R.C.) . . . . Y 36
Tillier (R.C.) . . . . Z 38
Vaillant-Couturier (R. Paul) . . . . V 42
14-Juillet (R. du) . . . Z 45

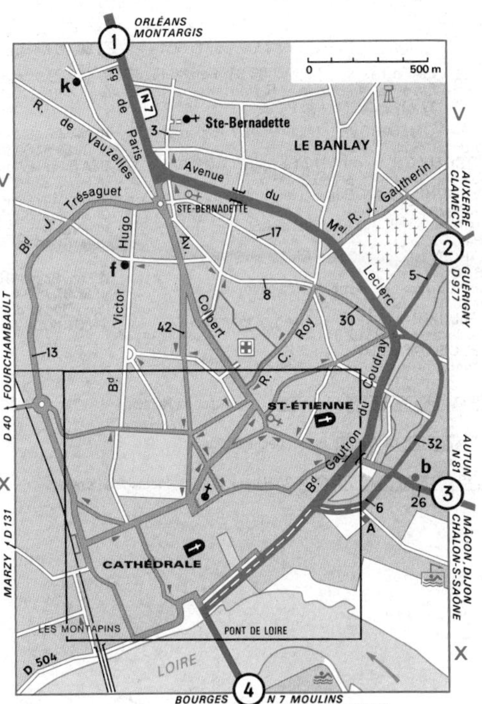

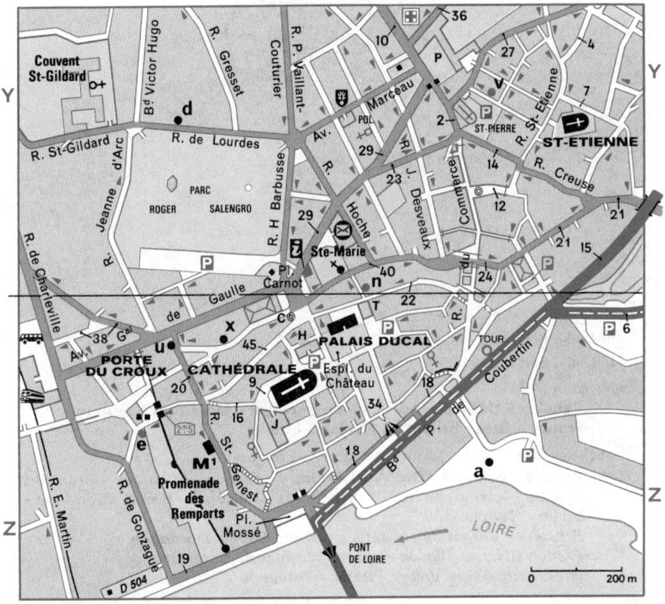

Couvent St-Gildard
R. St-Gildard
R. de Lourdes
Bd Victor Hugo
R. Gresset
Couturier
R. P. Vaillant-Couturier
Av. Marceau
R. H Barbusse
PARC ROGER SALENGRO
R. Jeanne d'Arc
R. de Charleville
Ste-Marie
Pl. Carnot
Hoche
R. J. Desveaux
R. du Commerce
ST-PIERRE
R. St-Étienne
ST-ETIENNE
R. Creuse
Av. Gal de Gaulle
PORTE DU CROUX
CATHÉDRALE
PALAIS DUCAL
Espl. du Château
TOUR
Coubertin
Bd P. de
R. St-Genest
Promenade des Remparts
Pl. Mossé
R. E. Martin
R. de Gonzague
D 504
LOIRE
PONT DE LOIRE
0
200 m

rte des Saulaies O : 4 km par D 504 - X – ✉ **58000** Nevers :

La Folie ⛰, ✆ 86 57 05 31, Fax 86 57 66 99, ☂, ⛱, 🎾 – TV ☎ P – 🏔 30. GB
fermé 1er au 8 mars – **R** *(fermé dim. soir et vend. sauf juil.-août)* 95/145 ♖, enf. 43 – ☕ 32 – **37 ch** 240/265 – ½ P 230.

ALFA-ROMEO, ROVER Tenailles, 18 r. Pasteur ✆ 86 59 28 55
CITROEN Gar. Vincent, N 7 Les Bourdons à Varennes-Vauzelles par ① ✆ 86 68 22 00
DATSUN-NISSAN Gar. Doulet, 203 rte de Lyon à Challuy ✆ 86 37 61 07
FIAT Auto Hall, à la Baratte, N 81 St-Éloi ✆ 86 36 22 11
LANCIA Gar. de la Cité, r. M.-Turpin à Vauzelles ✆ 86 57 15 45
MERCEDES Gar. Bezin, RN 7 à Sermoise ✆ 86 68 21 70
OPEL SORAMA, RN 7, Le Bengy à Varennes-Vauzelles ✆ 86 38 02 94
PEUGEOT-TALBOT C.A.T.A.R., rte de Fourchambault par D 40 X ✆ 86 57 36 80
RENAULT Éts Decelle, 39 à 49 fg de Paris par ① ✆ 86 59 84 00 **N** ✆ 05 05 15 15
SEAT Nevers gare Autom., 42 av. Gén.-de-Gaulle ✆ 86 57 32 36
V.A.G Gds Champs Autom., ZAC des Grands Champs ✆ 86 59 58 44 **N** ✆ 86 37 50 01
VOLVO Gar. Jacquey, 139 Fg. du Grand Moüesse ✆ 86 61 12 47

Ⓜ Euromaster Piot-Pneu, 3 r. Mouësse ✆ 86 57 76 33
Pneu Plus Centre, 1 r. Petit-Mouësse ✆ 86 61 02 51

Les NEYROLLES **01** Ain 74 ④ – rattaché à Nantua.

NEYRON **01** Ain 74 ⑫ – rattaché à Lyon.

NÉZIGNAN-L'ÉVÊQUE **34** Hérault 83 ⑮ – rattaché à Pézenas.

NICE P 06000 Alpes-Mar. 84 ⑨ ⑩ 115 ㉖ ㉗ **G. Côte d'Azur** – 342 439 h alt. 5 – Casino Ruhl FZ.

Voir Site★★ – Promenade des Anglais★★ EFZ – Vieux Nice★ : Château ≤★★ JZ, Intérieur★ de l'église St-Martin-St-Augustin HY, Escalier monumental★ du Palais Lascaris HZ **K**, Intérieur★ de la cathédrale Ste-Réparate HZ, Église St-Jacques★ HZ, Décors★ de la chapelle Saint-Giaume HZ **R** – Mosaïque★ de Chagall dans la Faculté de droit DZ **U** – Palais des Arts★ HJY – Chapelle de la Miséricorde★ HZ **S** – A Cimiez : Monastère★ (Primitifs niçois★★ dans l'église) HV **Q**, site gallo-romain★ HV – Musées : Marc Chagall★★ GX, des Beaux-Arts★★ DZ **M**, d'Art moderne et d'Art contemporain★★ HY **M**[9], Matisse★ HV **M**[2], Masséna★ FZ **M**[1], International d'Art Naïf★ AU **M10** – Carnaval★★★ (avant Mardi-Gras) – Mont Alban ≤★★ 5 km CT – Mont Boron ≤★ 3 km CT – Église St-Pons★ : 3 km BS.

Env. Plateau St-Michel ≤★★ 9,5 km par ①.

18 de Biot ✆ 93 65 08 48, par ④ : 22 km.

✈ de Nice-Côte-d'Azur : ✆ 93 21 30 12, 7 km AU.

✆ 93 87 50 50.

pour la Corse : S.N.C.M. - Ferryterranée, quai du Commerce ✆ **93 13 66 66** JZ.

B Office de Tourisme et Accueil de France (Réservations d'hôtels, pas plus de 7 jours à l'avance) av. Thiers ✆ 93 87 07 07, Télex 460042 ; 5 av. Gustave-V ✆ 93 87 60 60 et Nice-Ferber près Aéroport ✆ 93 83 32 64 – A.C. 9 r. Massenet ✆ 93 87 18 17.

Paris 932 ⑤ – Cannes 32 ⑤ – Genova 194 ⑨ – ♦Lyon 472 ⑤ – ♦Marseille 188 ⑤ – Torino 220 ⑧.

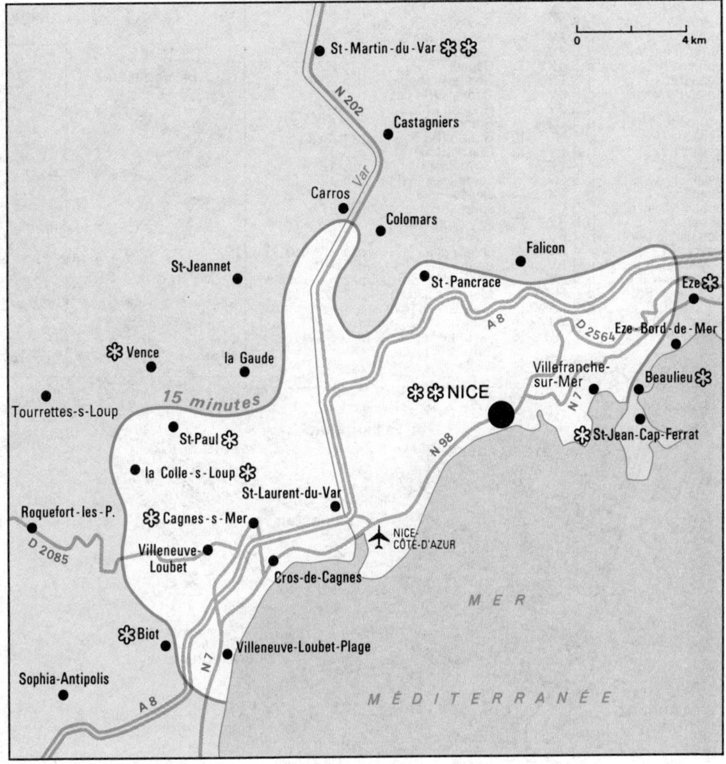

The ***Michelin Road Atlas FRANCE*** *offers:*

– all of France, covered at a scale of 1:200 000, in one volume

– plans of principal towns and cities

– comprehensive index

It makes the ideal navigator.

RÉPERTOIRE DES RUES

Rue	Page	Carreau	N°
Félix-Faure	p. 5	**GZ**	21
France (R. de)	p. 4	**DFZ**	
Gambetta (Bd)	p. 4	**EXZ**	
Gioffredo (R.)	p. 5	**HY**	
Hôtel-des-Postes (R. de l')	p. 5	**HY**	30
Liberté (R. de la)	p. 5	**GZ**	35
Masséna (Esp., Pl.)	p. 5	**GZ**	
Masséna (R.)	p. 5	**FGZ**	43
Médecin (Av. J.)	p. 5	**FGY**	44
Paradis (R.)	p. 5	**GZ**	55
Pastorelli (R.)	p. 5	**GY**	58
République (R.)	p. 5	**JXY**	64
Alberti (R.)	p. 5	**HY**	2
Alphonse-Karr (R.)	p. 4	**FYZ**	
Alsace-Lorraine (Jardin d')	p. 4	**EZ**	3
Anglais (Prom. des)	p. 4	**EFZ**	
Arène (Av. P.)	p. 4	**DXY**	
Arènes-de-Cimiez (Av.)	p. 5	**HVX**	
Armée-des-Alpes (Bd de l')	p. 3	**CT**	4
Armée-du-Rhin (Pl. de l')	p. 5	**JX**	5
Arson (Pl. et R.)	p. 5	**JY**	
Auber (Av.)	p. 4	**FY**	
Auriol (Pont V.)	p. 5	**JV**	7
Barberis (R.)	p. 5	**JXY**	
Barel (Bd V.)	p. 3	**CT**	
Barel (Pl. Max)	p. 5	**JY**	
Barla (R.)	p. 5	**JY**	
Baumettes (Av.)	p. 4	**DZ**	
Bellanda (Av.)	p. 5	**HV**	10
Berlioz (R.)	p. 4	**FY**	12
Besset (Av. C.)	p. 4	**EFV**	
Bieckert (Av. E.)	p. 5	**HX**	
Binet (R. A.)	p. 4	**FX**	
Bischoffsheim (Bd)	p. 3	**CT**	
Bonaparte (R.)	p. 5	**JY**	13
Borriglione (Av.)	p. 4	**FV**	
Bounin (R. P.)	p. 4	**FV**	
Boyer (Sq. R.)	p. 4	**EV**	
Brancolar (Ch.)	p. 4	**FV**	
Carabacel (Bd)	p. 5	**HXY**	
Carlone (Bd)	p. 2	**AT**	14
Carnot (Bd)	p. 5	**CT**	15
Cassin (Bd R.)	p. 2	**AU**	16
Cassini (R.)	p. 5	**JY**	
Cavell (Av. E.)	p. 5	**GV**	
Cessole (Bd de)	p. 4	**EV**	
Châteauneuf (R.)	p. 4	**DEY**	
Cimiez (Bd de)	p. 5	**GVX**	
Clemenceau (Av.)	p. 4	**FY**	
Comboul (Av. R.)	p. 4	**FX**	
Congrès (R. du)	p. 4	**FZ**	
Cyrnos (Av.)	p. 4	**EV**	
Dante (R.)	p. 4	**EZ**	
Delfino (Bd Gén.)	p. 5	**JX**	
Desambrois (Av.)	p. 5	**HX**	18
Diables-Bleus (Av. des)	p. 5	**JX**	19
Dubouchage (Bd)	p. 5	**GHY**	
Durante (Av.)	p. 4	**FY**	
Estienne-d'Orves (Av. d')	p. 4	**DEY**	
États-Unis (Q.)	p. 5	**GHZ**	
Fleurie (Corniche)	p. 2	**AU**	22
Fleurs (Av. des)	p. 4	**DEZ**	
Flora (Av.)	p. 5	**GVX**	
Flirey (Av. de)	p. 5	**HV**	
Foch (Av. Mar.)	p. 5	**GY**	
Gal (R. A.)	p. 5	**JXY**	
Gallieni (Av.)	p. 5	**HJX**	23
Garibaldi (Pl.)	p. 5	**HJY**	
Garnier (Bd J.)	p. 4	**EFX**	
Gaulle (Av. Gén. de) ST-LAURENT-DU-VAR	p. 2	**AU**	
Gaulle (Pl. Ch.-de)	p. 4	**FX**	
Gautier (Pl. P.)	p. 5	**HZ**	25
George-V (Av.)	p. 5	**GVX**	
Gorbella (Bd de)	p. 4	**EV**	
Gounod (R.)	p. 4	**FY**	
Grenoble (Rte de)	p. 2	**AU**	27
Grosso (Bd F.)	p. 4	**DYZ**	
Guisol (R. F.)	p. 5	**JY**	
Guynemer (Pl.)	p. 5	**JZ**	
Ile-de-Beauté (Pl.)	p. 5	**JZ**	32
Jaurès (Bd J.)	p. 5	**HYZ**	33
Joffre (R. Mar.)	p. 4	**EFZ**	
Joly (Corniche A.-de-)	p. 3	**CT**	
Lunel (Quai)	p. 5	**JZ**	37
Lyautey (Q. Mar.)	p. 5	**JVX**	
Madeleine (Bd)	p. 2	**AT**	
Maeterlinck (Bd)	p. 3	**CU**	39
Malausséna (Av.)	p. 4	**FX**	
Malraux (Tunnel et Voie)	p. 5	**HX**	

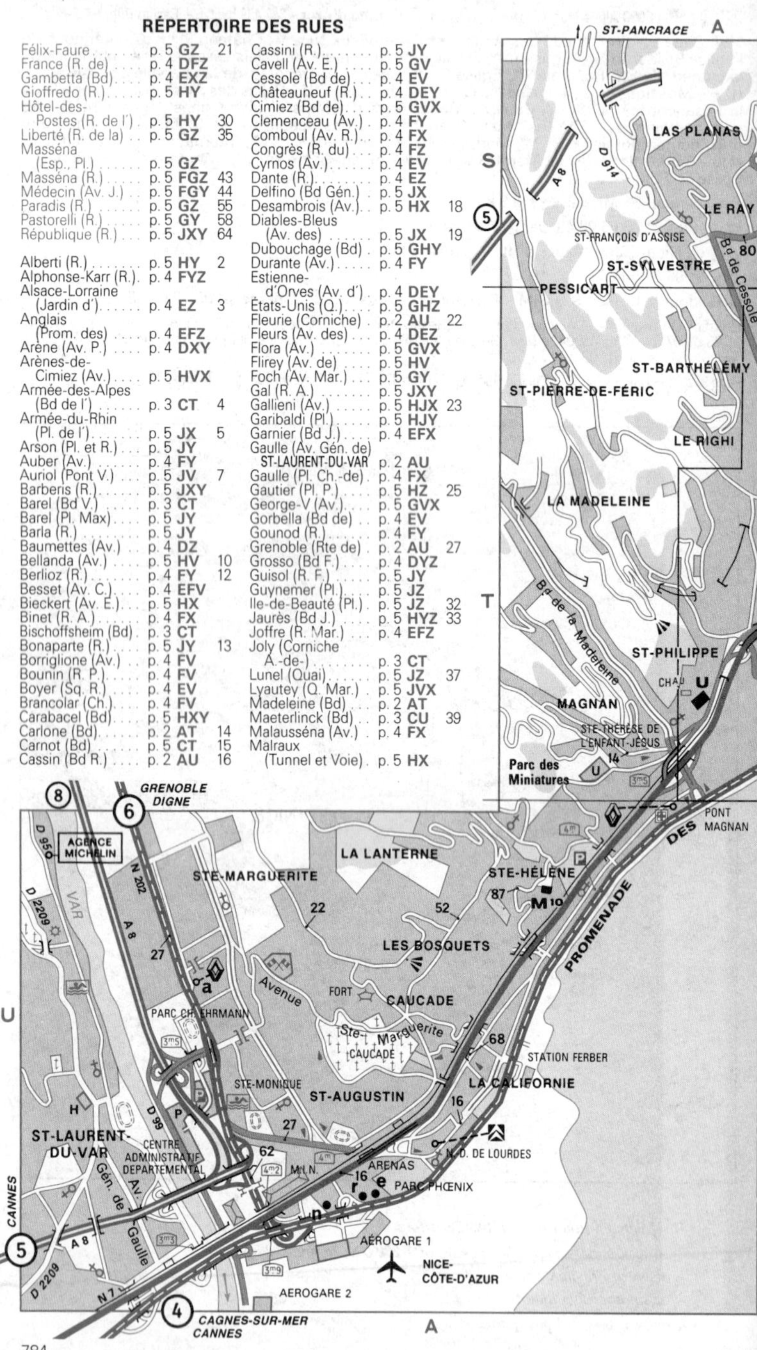

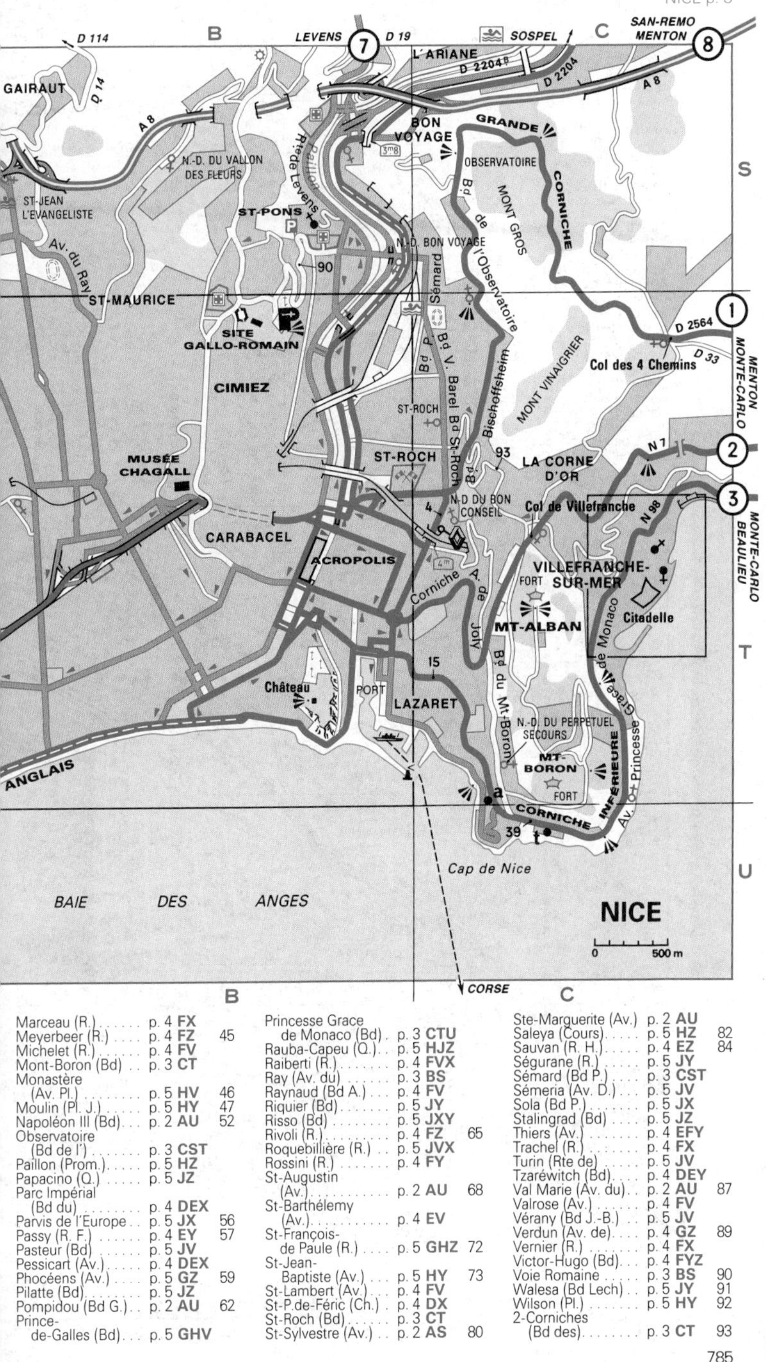
D 114
B
LEVENS
7
D 19
SOSPEL
C
SAN-REMO
MENTON
8
L'ARIANE
D 2204B
D 2204
A 8
GAIRAUT
D 14
A 8
BON
VOYAGE
GRANDE
3m8
N.-D. DU VALLON
DES FLEURS
OBSERVATOIRE
S
ST-JEAN
L'EVANGELISTE
Rte de Levens
Paillon
ST-PONS
Bd de l'Observatoire
MONT GROS
CORNICHE
N.-D. BON VOYAGE
Av. du Ray
90
Bd P. Sémard
ST-MAURICE
1
D 2564
SITE
GALLO-ROMAIN
D 33
MONT VINAIGRIER
Col des 4 Chemins
MENTON
MONTE-CARLO
Bd V. Barel
CIMIEZ
Bischoffsheim
ST-ROCH
Bd St-Roch
N 7
2
MUSÉE
CHAGALL
ST-ROCH
93
LA CORNE
D'OR
Bd de
N-D DU BON
CONSEIL
Col de Villefranche
3
4
N 98
CARABACEL
MONTE-CARLO
BEAULIEU
ACROPOLIS
4m
VILLEFRANCHE-
SUR-MER
FORT
Corniche
A. de Joly
MT-ALBAN
Citadelle
T
15
Bd du Mt-Boron
Grace de Monaco
Château
PORT
LAZARET
N.-D. DU PERPETUEL
SECOURS
Princesse
MT-
BORON
ANGLAIS
INFERIEURE
FORT
a
CORNICHE
Av.
39
Cap de Nice
U
BAIE
DES
ANGES
NICE
0
500 m
CORSE
B
C

NICE

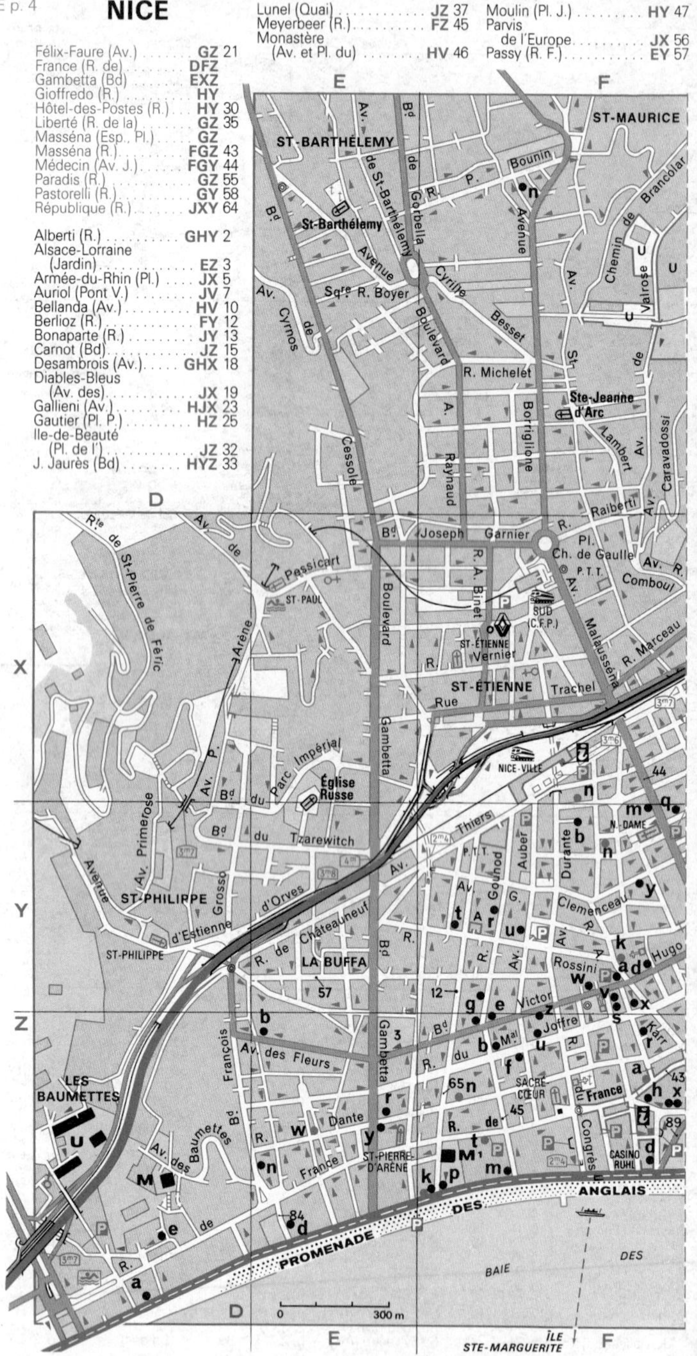
E
F
D
X
Y
Z
ST-MAURICE
ST-BARTHÉLEMY
St-Barthélemy
Sq^re R. Boyer
Av. de St-Barthélemy
Bd de Gorbella
Avenue Cyrille Besset
Bounin
Chemin de Brancolar
Av. Valrose
Av. Cyrnos
Boulevard Cessole
R. Michelet
A. Raynaud
Borriglione
Ste-Jeanne d'Arc
St-Lambert
Av. Caravadossi
Raiberti
Bd Joseph Garnier
Pl. Ch. de Gaulle
P.T.T.
Comboul
R. A. Binet
SUD (C.F.P.)
ST-ÉTIENNE
R. Vernier
Av. Malausséna
R. Marceau
Rue Trachel
Rte de St-Pierre de Féric
Av. de Pessicart
ST-PAUL
Av. P. Arène
Boulevard Gambetta
NICE-VILLE
Bd du Parc Impérial
Église Russe
Bd du Tzarewitch
Av. Primerose
Avenue
ST-PHILIPPE
Grosso
d'Estienne d'Orves
Thiers
N.-DAME
Auber
Durante
Gounod
G. Clemenceau
R. de Châteauneuf
LA BUFFA
Rossini
Hugo
Victor
Joffre
Karr
Bd du Mal
Av. des Fleurs
Bd François
SACRÉ-CŒUR
France
Congrès
Dante
R. de France
ST-PIERRE-D'ARÊNE
CASINO RUHL
LES BAUMETTES
Av. des Baumettes
PROMENADE DES ANGLAIS
BAIE DES
ÎLE STE-MARGUERITE
0
300 m

Phocéens (Av. des) . . . . . **GZ** 59
Rivoli (R.) . . . . **FZ** 65
St-François-de Paule (R.) . . . . **GHZ** 72
St-Jean-Baptiste (Av.) . . **HY** 73
Saleya (Cours) . . . . **HZ** 82
Sauvan (R. H.) . . . . **EZ** 84
Verdun (Av. de) . . . . . . **FGZ** 89
Walesa (Bd Lech) . . . . . **JYZ** 91
Wilson (Pl.) . . . . **HY** 92

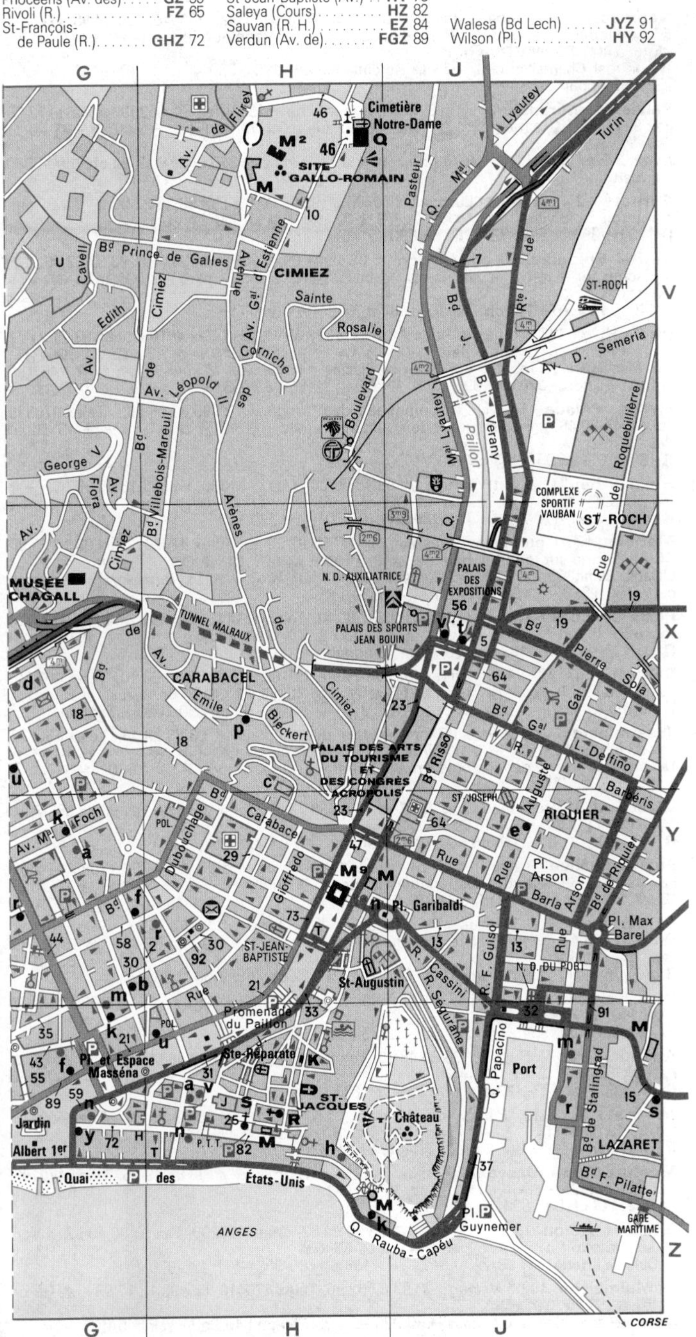

Négresco, 37 promenade des Anglais ℘ 93 88 39 51, Télex 460040, Fax 93 88 35 68, ←, , « Mobilier d'époque : 17e et 18e siècle, Empire, Napoléon III » – rest – 50 à 400. AE ① GB JCB p. 4 FZ **k**
R voir rest **Chantecler** ci-après - **La Rotonde R** carte 190 à 330 – 110 – **132 ch** 1550/2250, 18 appart.

Palais Maeterlinck M, 6 km par corniche inférieure ✉ 06300 ℘ 92 00 72 00, Fax 92 00 72 10, ← mer, , , – cuisinette ch – 25. AE GB. p. 3 CU **t**
fermé 3 janv. au 16 fév. – **R** *(fermé dim. soir et lundi)* 220/370 – 80 – **22 ch** 1800/3500, 6 appart.

Sofitel M, 2-4 parvis de l'Europe ✉ 06300 ℘ 92 00 80 00, Fax 93 26 27 00, , « Piscine sur le toit, ← la ville » – ch – 60. AE ① GB p. 5 JX **t**
R 120 bc/350 bc – 75 – **152 ch** 830.

Sofitel Splendid, 50 bd V. Hugo ℘ 93 16 41 00, Télex 460938, Fax 93 87 02 46, , « Piscine sur le toit ← la ville » – ch – 30 à 100. AE ① GB JCB. rest p. 4 FYZ **g**
R 140 – 75 – **113 ch** 790/1060, 14 appart. – ½ P 655/745.

Abela H. M, 223 promenade des Anglais ℘ 93 37 17 17, Télex 461635, Fax 93 71 21 71, , « Piscine sur le toit ← baie », – ch – 400. AE ① GB JCB
Les Mosaïques R 165/175 enf. 80 – **La Piscine** grill *(ouvert 15 juin-15 sept.)* **R** 148/188, enf. 80 – 85 – **320 ch** 1095/1395, 12 appart. – ½ P 850/995. p. 4 DZ **a**

Élysée Palace M, 59 promenade des Anglais ℘ 93 86 06 06, Télex 970336, Fax 93 44 50 40, « Piscine sur le toit ← la ville », – – 45. AE ① GB. rest p. 4 EZ **d**
R 180/270 – 95 – **143 ch** 1000/1950, 4 appart.

Holiday Inn M, 20 bd V. Hugo ℘ 93 16 55 00, Télex 461630, Fax 93 16 55 55, – ch – 100. AE ① GB JCB. p. 4 FY **a**
R *(fermé dim.)* 170 – 80 – **129 ch** 810/960 – ½ P 730.

Méridien M, 1 promenade des Anglais ℘ 93 82 25 25, Télex 470361, Fax 93 16 08 90, , « Piscine sur le toit ← baie » – – 400. AE ① GB p. 4 FZ **d**
L'Habit Blanc *(fermé dim. et lundi en juil.-août)* **R** 240 – **La Terrasse** *(mai-sept.)* **R** carte 180 à 380 – 95 – **314 ch** 1130/3300.

Plaza Concorde, 12 av. Verdun ℘ 93 87 80 41, Télex 461443, Fax 93 82 50 70, ←, « Terrasse sur le toit » – – 30 à 400. AE ① GB JCB p. 5 GZ **f**
R 100/130 – 80 – **183 ch** 800/1500, 10 appart.

Beau Rivage M, 24 r. St-François-de-Paule ✉ 06300 ℘ 93 80 80 70, Télex 462708, Fax 93 80 55 77, – ch – 40. AE ① GB JCB. rest p. 5 GZ **y**
R *(fermé sam. soir et dim. soir)* carte 200 à 300 – 89 – **98 ch** 850/1050, 10 appart.

Westminster Concorde, 27 promenade des Anglais ℘ 93 88 29 44, Télex 460872, Fax 93 82 45 35, ←, – – 40 à 350. AE ① GB JCB. p. 4 FZ **m**
Le Farniente *(fermé dim. de nov. à mars) (dîner seul. en juil.-août)* **R** carte 210 à 400 – 75 – **105 ch** 700/1200.

West End, 31 promenade des Anglais ℘ 93 88 79 91, Télex 460879, Fax 93 88 85 07, ←, – – 150. AE ① GB JCB p. 4 FZ **p**
R 165/290 – 80 – **130 ch** 500/1300, 5 appart. – ½ P 460/890.

Pullman Nice sans rest, 28 av. Notre-Dame ℘ 93 13 36 36, Télex 470662, Fax 93 62 61 69, « Jardin suspendu au 2e étage, au 8e, ← » – – 25 à 120. AE ① GB – 70 – **200 ch** 590/930. p. 4 FXY **q**

La Pérouse , 11 quai Rauba-Capéu ✉ 06300 ℘ 93 62 34 63, Télex 461411, Fax 93 62 59 41, , « ← Nice et la Baie des Anges », – ch – 25. AE ① GB JCB. rest p. 5 HZ **k**
R grill *(15 mai-16 sept.)* carte 190 à 230 – 75 – **62 ch** 460/1150, 3 appart.

Park, 6 av. de Suède ℘ 93 87 80 25, Télex 970176, Fax 93 82 29 27, ← – – 100. AE ① GB JCB p. 4 FZ **x**
Le Passage *(fermé dim.)* **R** 120/160 – 75 – **131 ch** 650/1250.

Atlantic, 12 bd V. Hugo ℘ 93 88 40 15, Télex 460840, Fax 93 88 68 60, – – 30 à 80. AE ① GB JCB p. 4 FY **d**
R 130/150 – 65 – **123 ch** 600/850 – ½ P 645.

Novotel M, 8-10 Parvis de l'Europe ✉ 06300 ℘ 93 13 30 93, Télex 460243, Fax 93 13 09 04, , – ch – 90. AE ① GB p. 5 JX **v**
R carte environ 160, enf. 50 – 50 – **173 ch** 510/575.

Mercure-Altea Masséna M sans rest, 58 r. Gioffredo ℘ 93 85 49 25, Télex 470192, Fax 93 62 43 27 – ch . AE ① GB p. 5 GZ **k**
60 – **116 ch** 520/830.

Grand H. Aston, 12 av. F. Faure ℘ 93 80 62 52, Télex 470290, Fax 93 80 40 02, « Terrasse sur le toit » – – 80. AE ① GB p. 5 HZ **u**
Le Café de l'Horloge R 99/250 – 70 – **156 ch** 600/900 – ½ P 495/570.

La Malmaison, 48 bd V. Hugo ℘ 93 87 62 56, Télex 470410, Fax 93 16 17 99 – ch . AE ① GB JCB p. 4 FYZ **e**
R *(fermé nov., dim. soir et lundi)* 120/230 – 35 – **50 ch** 540/950 – ½ P 545/645.

Ambassador sans rest, 8 av. Suède ☎ 93 87 90 19, Télex 460025, Fax 93 82 14 90 – 🛗 ▤ 📺 ☎ ♿. AE ⓓ GB JCB p. 4 FZ **x**
fermé déc. et janv. – ☕ 50 – **45 ch** 570/850.

Frantour Napoléon sans rest, 6 r. Grimaldi ☎ 93 87 70 07, Télex 460949, Fax 93 16 17 80, Fitness – 🛗 📺 ☎. AE ⓓ GB p. 4 FZ **r**
☕ 55 – **83 ch** 500/800.

Petit Palais 🌿 sans rest, 10 av. E. Bieckert ☎ 93 62 19 11, Télex 462233, Fax 93 62 53 60, ≤ Nice et mer – 🛗 📺 ☎. AE ⓓ GB p. 5 HX **p**
☕ 50 – **25 ch** 480/680.

Victoria sans rest, 33 bd V. Hugo ☎ 93 88 39 60, Télex 461337, Fax 93 88 39 60, 🌳 – 🛗 📺 ☎. AE ⓓ GB JCB p. 4 FYZ **z**
39 ch ☕ 570/660.

Lausanne sans rest, 36 r. Rossini ☎ 93 88 85 94, Télex 461269, Fax 93 88 15 88 – 🛗 📺 ☎ **36 ch.** p. 4 FY **t**

Windsor, 11 r. Dalpozzo ☎ 93 88 59 35, Télex 970072, Fax 93 88 94 57, Fitness, 🏊, 🌳 – 🛗 ▤ ch 📺 ☎. AE ⓓ GB. ✂ rest p. 4 FZ **f**
R (snack) *(fermé dim.)* carte 175 à 195 – ☕ 40 – **60 ch** 405/650 – ½ P 425/485.

Apogia M sans rest, 26 r. Smolett ✉ 06300 ☎ 93 89 18 88, Télex 461118, Fax 93 89 16 06 – 🛗 📺 ☎ P. AE ⓓ GB p. 5 JY **e**
☕ 50 – **101 ch** 650.

Gounod sans rest, 3 r. Gounod ☎ 93 88 26 20, Télex 461705, Fax 93 88 23 84 – 🛗 ▤ 📺 ☎ P. AE ⓓ GB JCB p. 4 FYZ **g**
☕ 30 – **44 ch** 490/580, 6 appart.

Vendôme M sans rest, 26 r. Pastorelli ☎ 93 62 00 77, Télex 461762, Fax 93 13 40 78 – 🛗 ▤ 📺 ☎ P. AE ⓓ GB p. 5 GY **f**
☕ 40 – **56 ch** 495/560, 5 duplex.

Gourmet Lorrain, 7 av. Santa Fior ✉ 06100 ☎ 93 84 90 78, Fax 92 09 11 25, 🍽 – ▤ 📺 ☎. AE ⓓ GB JCB p. 4 FV **n**
R *(fermé dim. soir et lundi)* 145/300 – ☕ 35 – **11 ch** 300/350 – ½ P 260.

Alexandra sans rest, 41 r. Lamartine ☎ 93 62 14 43, Télex 461802, Fax 93 62 30 34 – 🛗 📺 ☎. AE ⓓ GB p. 5 GX **u**
☕ 45 – **53 ch** 435/515.

Chatham M sans rest, 9 r. A. Kaar ☎ 93 87 80 61, Télex 970753, Fax 93 82 30 97 – 🛗 ▤ 📺 ☎. AE ⓓ GB p. 4 FY **x**
49 ch ☕ 500/700.

St-Georges sans rest, 7 av. G. Clemenceau ☎ 93 88 79 21, Fax 93 16 22 85 – 🛗 📺 ☎. GB p. 4 FY **y**
☕ 32 – **30 ch** 250/330.

Durante 🌿 sans rest, 16 av. Durante ☎ 93 88 84 40, Fax 93 87 77 76, 🌳 – 🛗 cuisinette 📺 ☎ P. GB. ✂ p. 4 FY **b**
fermé 3 nov. au 16 déc. – ☕ 40 – **26 ch** 225/450.

Brice, 44 r. Mar. Joffre ☎ 93 88 14 44, Télex 470658, Fax 93 87 38 54, 🍽, Fitness, 🌳 – 🛗 📺 ☎ – 🏛 30. AE ⓓ GB JCB. ✂ rest p. 4 FZ **b**
R 120 – **61 ch** ☕ 430/672 – ½ P 366/430.

Cigognes sans rest, 16 r. Maccarani ☎ 93 88 65 02, Télex 462019 – 🛗 📺 ☎. GB. ✂
☕ 25 – **30 ch** 388/428. p. 4 FY **s**

Agata sans rest, 46 bd Carnot ✉ 06300 ☎ 93 55 97 13, Télex 462426, Fax 93 55 67 38, ≤ – 🛗 ✗ ch ▤ 📺 ☎ 🚗. AE GB p. 5 JZ **s**
☕ 40 – **45 ch** 400/550.

Oasis 🌿 sans rest, 23 r. Gounod ☎ 93 88 12 29, Fax 93 16 14 40, 🌳 – 🛗 📺 ☎ P. AE ⓓ GB JCB p. 4 FY **r**
☕ 38 – **37 ch** 340/420.

Gd Hôtel de Florence sans rest, 3 r. P. Déroulède ☎ 93 88 46 87, Télex 470652, Fax 93 88 43 65 – 🛗 ▤ 📺 ☎. AE ⓓ GB p. 5 GY **r**
☕ 35 – **57 ch** 350/510.

Nouvel H. sans rest, 19 bis bd V. Hugo ☎ 93 87 15 00, Télex 462926, Fax 93 16 00 67 – 🛗 ▤ 📺 ☎. AE ⓓ GB p. 4 FY **v**
☕ 15 – **60 ch** 343/466.

Busby, 38 r. Mar. Joffre ☎ 93 88 19 41, Télex 461053, Fax 93 87 73 53 – 🛗 📺 ☎. AE ⓓ GB JCB p. 4 FZ **u**
hôtel : fermé 15 nov. au 20 déc. ; rest. : ouvert 20 déc.-31 mai – **R** 120 🍷 – ☕ 25 – **80 ch** 475/650.

Carlton sans rest, 26 bd V. Hugo ☎ 93 88 87 83, Fax 93 88 18 87 – 🛗 📺 ☎. AE ⓓ GB JCB
☕ 30 – **29 ch** 350/500. p. 4 FY **w**

Georges 🌿 sans rest, 3 r. H. Cordier ☎ 93 86 23 41, Fax 93 44 02 30 – 🛗 ▤ 📺 ☎ P. AE GB – ☕ 31 – **18 ch** 320/450. p. 4 DZ **e**

Kent sans rest, 16 r. Chauvain ☎ 93 80 76 11, Télex 461784, Fax 93 80 02 94 – 🛗 ▤ 📺 ☎. AE ⓓ GB JCB p. 5 GY **b**
☕ 35 – **32 ch** 390/450.

La Fontaine M sans rest, 49 r. France ✆ 93 88 30 38, Fax 93 88 98 11 – ⏚ ▤ TV ☎. AE GB. ✗ p. 4 FZ **t**
☕ 40 – **29 ch** 450/700.

Armenonville ⛰ sans rest, 20 av. Fleurs ✆ 93 96 86 00, – TV ☎ P. ✗ p. 4 EZ **b**
☕ 30 – **13 ch** 250/525.

Buffa sans rest, 56 r. Buffa ✆ 93 88 77 35 – ▤ ☎ p. 4 EZ **r**
☕ 30 – **13 ch** 320/360.

Harvey sans rest, 18 av. Suède ✆ 93 88 73 73, Télex 461687, Fax 93 82 53 55 – ⏚ ▤ ☎. AE ⓓ GB. ✗ p. 4 FZ **h**
20 fév.-1er nov. – ☕ 25 – **62 ch** 290/360.

Avenida sans rest, 41 av. J. Médecin ✆ 93 88 55 03, Fax 93 88 02 88 – ⏚ cuisinette ▤ TV ☎. AE ⓓ GB. ✗ p. 4 FY **m**
☕ 26 – **35 ch** 290/360.

Trianon sans rest, 15 av. Auber ✆ 93 88 30 69, Télex 970984, Fax 93 88 11 35 – ⏚ TV ☎. AE ⓓ GB p. 4 FY **u**
☕ 28 – **32 ch** 260/320.

Carlone sans rest, 2 bd F. Grosso ✆ 93 44 71 61, Fax 93 97 69 59 – TV ☎. GB p. 4 EZ **n**
☕ 25 – **22 ch** 189/380.

Alizé sans rest, 65 r. Buffa ✆ 93 88 99 46 – ▤ ☎. GB p. 4 EZ **y**
☕ 30 – **11 ch** 280/360.

Star H. sans rest, 14 r. Biscarra ✆ 93 85 19 03, Fax 93 13 04 23 – TV ☎. AE ⓓ GB p. 5 GY **k**
☕ 30 – **19 ch** 220/320.

Marbella sans rest, 120 bd Carnot ✉ 06300 ✆ 93 89 39 35, Fax 92 04 22 56, ≤ – TV ☎. AE GB. ✗ p. 3 CT **a**
☕ 28 – **17 ch** 230/430.

XXXXX ✿✿ **Chantecler** - Hôtel Négresco, 37 promenade des Anglais ✆ 93 88 39 51, Télex 460040, Fax 93 88 35 68 – ▤. AE ⓓ GB JCB p. 4 FZ **k**
fermé mi-nov. à mi-déc. – **R** 250 bc (déj.)/550 et carte 400 à 600
Spéc. Ravioli ouvert aux artichauts et langoustines à l'huile d'olive (1er janv. au 15 mai). Filet de Saint-Pierre au jus de ratatouille et palets d'aubergines. Filets de rouget en aïoli. **Vins** Côtes de Provence.

XXX ✿ **Florian** (Gillon), 22 r. A. Karr ✆ 93 88 86 60, Fax 93 87 31 98 – ▤. GB p. 4 FY **k**
fermé 13 juil. au 1er sept., sam. midi et dim. – **R** 250/350 et carte 270 à 350
Spéc. Pastilla de pied de porc aux truffes. Ravioles de daube niçoise. Pigeon de Bresse confit. **Vins** Bellet, Côtes de Provence.

XXX **L'Ane Rouge,** 7 quai Deux-Emmanuel ✉ 06300 ✆ 93 89 49 63 – AE ⓓ GB JCB
fermé 20 juil. au 1er sept., sam., dim. et fériés – **R** carte 370 à 520. p. 5 JZ **m**

XXX **La Toque Blanche,** 40 r. Buffa ✆ 93 88 38 18 – ▤. AE ⓓ GB p. 4 FZ **n**
fermé dim. soir et lundi – **R** (nombre de couverts limité, prévenir) 140/160.

XX **Les Dents de la Mer,** 2 r. St-François-de-Paule ✉ 06300 ✆ 93 80 99 16, Fax 93 85 05 78, ☂, « Décor original de galion englouti » – ▤. AE ⓓ GB JCB
R produits de la mer 145/255. p. 5 HZ **n**

XX **Boccaccio,** 7 r. Masséna ✆ 93 87 71 76, Fax 93 82 09 06, « Décor de Caravelle » – ▤. AE ⓓ GB p. 5 GZ **f**
R produits de la mer – carte 260 à 360.

XX **Flo,** 4 r. S. Guitry ✆ 93 80 70 10, Fax 93 62 37 79, brasserie – ▤. AE ⓓ GB p. 5 GYZ **m**
R 99 bc/145 bc.

XX **Chez les Pêcheurs,** 18 quai Docks ✉ 06300 ✆ 93 89 59 61, Fax 93 81 01 09 – AE GB
fermé 1er nov. à mi-déc., mardi soir de déc. à avril, jeudi midi de mai à oct. et merc. –
R produits de la mer carte 240 à 380. p. 5 JZ **r**

XX **Don Camillo,** 5 r. Ponchettes ✉ 06300 ✆ 93 85 67 95 – ▤. GB p. 5 HZ **h**
fermé dim. et lundi – **R** 180.

XX Les Préjugés du Palais, 1 pl. Palais ✉ 06300 ✆ 93 62 37 03, ☂ – ▤ p. 5 HZ **v**

XX **Chez Rolando,** 3 r. Desboutins ✉ 06300 ✆ 93 85 76 79 – ▤. AE GB p. 5 GZ **n**
fermé juil., dim., fériés et le midi en août – **R** cuisine italienne – carte 200 à 270 ♁.

XX **Aux Gourmets,** 12 r. Dante ✆ 93 96 83 53 – ▤. AE ⓓ GB JCB p. 4 EZ **w**
fermé 28 juin au 13 juil., dim. soir et lundi – **R** 152/345, enf. 88.

XX **Albert's Bar,** 1 r. M. Jaubert ✆ 93 16 27 69, ☂ – AE ⓓ GB. ✗ p. 4 FZ **a**
fermé dim. – **R** 75/220 ♁, enf. 55.

XX **Bông-Laï,** 14 r. Alsace-Lorraine ✆ 93 88 75 36 – ▤. AE ⓓ JCB p. 4 FX **n**
fermé 5 au 26 déc., lundi et mardi – **R** cuisine vietnamienne – carte 160 à 200.

XX **L'Olivier,** 2 pl. Garibaldi ✉ 06300 ✆ 93 26 89 09 – ▤. AE GB. ✗ p. 5 HY **n**
fermé août, dim. et lundi – **R** 170/220.

X **Le St-Laurent,** 12 r. Paganini ✆ 93 87 18 94 – ▤. AE ⓓ GB JCB p. 4 FY **n**
fermé 18 juil. au 21 août et merc. – **R** 76/150 ♁, enf. 50.

X **Le Bistrot du Florian,** 22 r. A. Karr ✆ 93 16 08 49, Fax 93 87 31 98 – ▤. GB
fermé août, sam. midi et dim. – **R** carte 150 à 220. p. 4 FY **k**

% **La Nissarda,** 17 r. Gubernatis ✆ 93 85 26 29 – GB p. 5 HY **r**
◆ *fermé août et dim.* – **R** 75/135 ♁.

% **La Casbah,** 3 r. Dr Balestre ✆ 93 85 58 81 – GB p. 5 GY **a**
fermé 30 juin au 1er sept., dim. soir et lundi – **R** couscous 100/155.

% **Mireille,** 19 bd Raimbaldi ✆ 93 85 27 23 – ▤. GB p. 5 GX **d**
fermé 7 juin au 9 juil., lundi et mardi sauf fériés – **R** plat unique : paëlla carte environ 140.

% **La Merenda,** 4 r. Terrasse ✉ 06300 p. 5 HZ **a**
fermé août, fév., sam., dim. et lundi – **R** cuisine niçoise – carte 150 à 180.

à l'Aéroport : 7 km – ✉ **06200** Nice :

Holiday Inn M, 179 bd R. Cassin ✆ 93 83 91 92, Télex 970202, Fax 93 21 69 57, 余, ⛱ – |‡| ⇔ ch ▤ TV ☎ ♿ ⇐ – 🔔 150. AE ⓓ GB JCB p. 2 AU **n**
R 95/150 ♁, enf. 50 – ☐ 78 – **150 ch** 850/950.

Nice Arenas M, 455 promenade des Anglais ✆ 93 21 22 50, Télex 461660, Fax 93 21 63 50 – |‡| ⇔ ch ▤ TV ☎ ♿ P – 🔔 200. AE ⓓ GB p. 2 AU **r**
R 90/225 – ☐ 47 – **130 ch** 480/580.

Campanile M, 459 promenade des Anglais ✆ 93 21 20 20, Télex 461640, Fax 93 83 83 96 – |‡| ▤ TV ☎ ♿ ⇐ – 🔔 25 à 80. AE GB p. 2 AU **e**
R 88 bc/115 bc, enf. 39 – ☐ 30 – **170 ch** 370.

à St-Pancrace N : 8 km par D 914 AS – alt. 302 – ✉ **06100** Nice :

%% **Cicion,** ✆ 92 09 95 09, Fax 93 51 62 91, ≤ Nice et littoral, 余 – P. AE GB
fermé 3 au 31 janv. et merc. – **R** (en saison, prévenir) 170/210, enf. 80.

MICHELIN, Agence régionale, ZI, quartier Pugets à St-Laurent-du-Var par ⑤ AU ✆ 93 31 66 09

AUSTIN-ROVER Kennings, 9 r. Veillon ✆ 93 80 56 83
BMW Gar. Azur-Autos, Nice la Plaine 1 Contre Allée RN 202 ✆ 93 18 22 00
CITROEN Succursale, 74 bd R.-Cassin AU ✆ 93 83 66 66 N ✆ 93 89 80 89
CITROEN Succursale, complexe J. Bouin Palais des Sports HJX ✆ 93 92 26 06 N ✆ 93 89 80 89
FIAT Diffusion Automobiles, 69 bd Madeleine ✆ 93 97 51 00
FIAT LANCIA Diam Nouvelle, 3 et 4 r. Meyerbeer ✆ 93 88 87 46
MERCEDES-BENZ Succursale, 83 bd Gambetta ✆ 93 96 15 49 N ✆ 05 24 24 30
MITSUBISHI-PORSCHE Somédia, 1 et 3 av. Notre-Dame ✆ 93 92 44 12
NISSAN Gds Gar. Mériterranéens, 45 r. Buffa ✆ 93 88 13 27
OPEL Détroit-Motors, 87 r. de France ✆ 93 87 62 45
PEUGEOT, TALBOT Gds Gar. Nice et Littoral, 132 bd Pasteur HV ✆ 93 62 20 26 N ✆ 92 06 36 25
RENAULT Succursale de Nice Riquier, 2 bd Armée-des-Alpes CT ✆ 93 14 21 21 N ✆ 05 05 15 15
RENAULT Gar. Macagno, 17 av. de la Californie AU ✆ 93 86 59 81
RENAULT Gar. des Résidences, 9 r. Combattants en AFN ✆ 93 88 18 59
RENAULT Succursale de Nice, 254 rte de Grenoble AU **a** ✆ 93 14 22 22 N ✆ 05 05 15 15
TOYOTA Gar. Albert 1er, 5 r. Cronstadt ✆ 93 88 39 35
V.A.G S.M.A., 146 rte de Turin ✆ 92 00 35 35 N ✆ 93 29 87 87
Gar. de Touraine 151 bd Cessole ✆ 93 51 29 63

Ⓜ Cagnol, 3 r. Gare du Sud ✆ 93 84 52 29
Euromaster Piot Pneu, angle R.-Nicot de Villemain et 17 bd P.-Montel ✆ 93 83 10 92
Euromaster Piot Pneu, 3 rte de Laghet à la Trinité ✆ 93 54 76 00
Massa-Pneu, 336 rte de Turin ✆ 93 27 93 93
Nice-Pneu, 14 r. L.-Ackermann ✆ 93 87 49 07
Office du Pneu, 116 bd Gambetta ✆ 93 88 45 84
Omnium-Niçois du C/c, 298 rte de Turin ✆ 93 27 91 00
Vulca-202, 762 rte de Grenoble ✆ 93 08 14 84

NIEDERBRONN-LES-BAINS

67110 B.-Rhin 57 ⑱ ⑲ **G. Alsace Lorraine** – 4 372 h alt. 192 – Stat. therm. – Casino – ℹ Office de Tourisme pl. Hôtel de Ville ✆ 88 09 17 00.

Paris 460 – ◆Strasbourg 50 – Haguenau 21 – Sarreguemines 56 – Saverne 40 – Wissembourg 33.

Gd Hôtel ⛰, av. Foch ✆ 88 09 02 60, Télex 890151, Fax 88 80 38 75, 🌳, 🎾 – |‡| ⇔ ch TV ☎ P – 🔔 100. AE ⓓ GB
R voir rest. **Parc** ci-après – ☐ 35 – **55 ch** 280/520, 5 appart. – ½ P 315/400.

Bristol, pl. H. de Ville ✆ 88 09 61 44, Fax 88 09 01 20 – |‡| ▤ rest TV ☎ P. AE ⓓ GB
◆ *fermé 28 déc. au 31 janv.* – **R** *(fermé merc.)* 60/300 ♁, enf. 40 – ☐ 30 – **28 ch** 190/295 – ½ P 245/290.

Cully, r. République ✆ 88 09 01 42, Fax 88 09 05 80 – |‡| ☎ P. AE ⓓ GB. ✻ ch
◆ **R** 50/300 ♁ – ☐ 28 – **39 ch** 120/280 – ½ P 190/233.

%%% **Parc** - Gd Hôtel, pl. Thermes ✆ 88 09 66 48, ≤ – AE ⓓ GB
fermé 1er au 26 fév. et jeudi – **R** 98/170.

%% **Muller** avec ch, av. Libération ✆ 88 63 38 38, Télex 871327, Fax 88 09 02 79, 余, parc – TV ☎ P. AE ⓓ GB. ✻ rest
◆ **R** *(fermé janv., dim. soir et lundi)* 55/220 ♁, enf. 46 – ☐ 30 – **14 ch** 149/250 – ½ P 160/206.

Annexe Muller M ⛰, av. Libération ✆ 88 63 38 38, Télex 871327, Fax 88 63 38 39,
◆ parc, ⛹, ⛱ – |‡| TV ☎ ♿ ⇐ P – 🔔 40. AE ⓓ GB. ✻ rest
R *(fermé janv., dim. soir et lundi)* 55/220 ♁, enf. 46 – ☐ 37 – **30 ch** 315/380 – ½ P 314.

%% **Les Acacias,** 35 r. Acacias ✆ 88 09 00 47, ≤, 余 – P. AE ⓓ GB
fermé 1er au 15 sept., 24 janv. au 15 fév., sam. midi de sept. à mai et vend. – **R** 88/280 ♁, enf. 55.

à Untermuhlthal (57 Moselle) O : 11 km par D 28 et D 141 – ✉ **57230** Bitche :

XXX ✿ **L'Arnsbourg** (Mme Klein), ☎ 87 06 50 85, Fax 87 06 57 67, – **P**. AE ⓓ GB
fermé 6 au 22 juil. et mi-janv. à mi-fév. – **R** 189/349 et carte 290 à 390
Spéc. Strudel au foie gras d'oie (oct. à mars). Pot-au-feu de langoustines et joues de lotte. Boudin de Sauvageon aux pommes (oct. à mars). **Vins** Riesling, Pinot noir.

CITROEN Krebs ☎ 88 09 03 66
PEUGEOT Jung, à Gundershoffen ☎ 88 72 92 46
RENAULT Gar. Moderne, 22 r. des Romains à Reichshoffen ☎ 88 09 04 58 N

NIEDERHASLACH **67280** B.-Rhin 62 ⑨ G. Alsace Lorraine – 1 088 h alt. 255.

Voir Église★.

Paris 481 – ◆Strasbourg 39 – Molsheim 13 – St-Dié 55 – Saverne 32.

Pomme d'Or, face église ☎ 88 50 90 21, Fax 88 50 95 17 – TV ☎. GB. ch
fermé 24 au 30 juin, fév., dim. soir et lundi sauf hôtel de mai à sept. – **R** 90/160 – 33 – **20 ch** 160/250 – ½ P 230.

RENAULT Gar. Ludwig ☎ 88 50 90 08 N

NIEDERSCHAEFFOLSHEIM **67500** B.-Rhin 57 ⑲ – 1 267 h alt. 183.

Paris 473 – ◆Strasbourg 23 – Haguenau 6 – Saverne 31.

XX **Au Boeuf Rouge** avec ch, ☎ 88 73 81 00, – TV ☎ **P** – 50. AE ⓓ GB
fermé 13 juil. au 2 août et vacances de fév. – **R** *(fermé dim. soir et lundi sauf fêtes)* 110/290, enf. 50 – 32 – **15 ch** 190/270 – ½ P 230/240.

NIEDERSTEINBACH **67510** B.-Rhin 57 ⑲ G. Alsace Lorraine – 161 h alt. 225.

Paris 462 – ◆Strasbourg 64 – Bitche 24 – Haguenau 35 – Lembach 9 – Wissembourg 24.

Cheval Blanc , ☎ 88 09 55 31, Fax 88 09 50 24, , , , – ☎ **P**. GB. rest
fermé 17 au 30 juin, 1er au 12 déc. et 1er fév. au 12 mars – **Repas** *(fermé vend. midi et jeudi hors sais.)* 88/270 – 43 – **29 ch** 240/300 – ½ P 300.

NIEUIL **16270** Charente 72 ⑤ – 954 h alt. 153.

Paris 436 – Angoulême 41 – Confolens 25 – ◆Limoges 64 – Nontron 51 – Ruffec 34.

✿ **Château de Nieuil** (Mme Bodinaud) , à l'Est par D 739 et VO ☎ 45 71 36 38, Télex 791230, Fax 45 71 46 45, ←, , « Belle demeure Renaissance dans un parc », , – TV ☎ **P**. AE ⓓ GB
29 avril-2 nov. – **R** (nombre de couverts limité - prévenir) 230/300 et carte 270 à 375 – 70 – **11 ch** 630/1250, 3 appart. – ½ P 710/880
Spéc. Truite fumée, pommes à l'huile. Petit salé de poissons en croûte de sel. Cuisses de canette en daube.

NIEUL-SUR-MER 17 Char.-Mar. 71 ⑫ – rattaché à La Rochelle.

NIMES **P** **30000** Gard 80 ⑲ G. Provence – 128 471 h alt. 39.

Voir Arènes★★★ CV – Maison Carrée★★★ CU : musée des Antiques★ – Jardin de la Fontaine★★ AX : Tour Magne★, ←★ – Intérieur★ de la chapelle des Jésuites DU **B** – Musées : Archéologie★ DU **M**1, Beaux-Arts★ ABY **M**2, Vieux Nîmes★ CU **M**3.

18 de Nîmes-Arles-Camargue ☎ 66 70 17 37, par ⑤ : 11 km ; 18 des Hauts-de-Nîmes à Vacquerolles ☎ 66 23 33 33, E : 6 km par ⑦.

✈ de Nîmes-Camargue : ☎ 66 70 06 88, par ⑤ : 8 km.

ℹ Office de Tourisme et Accueil de France (Informations et réservations d'hôtels, pas plus de 5 jours à l'avance) 6 r. Auguste ☎ 66 67 29 11, Télex 490926 et à la gare SNCF ☎ 66 84 18 13 – A.C. 5 bd Talabot ☎ 66 29 12 54.

Paris 711 ② – ◆Montpellier 51 ⑤ – Aix-en-Provence 107 ④ – Avignon 44 ② – ◆Clermont-Ferrand 307 ② – ◆Grenoble 245 ② – ◆Lyon 251 ② – ◆Marseille 118 ④ – ◆Nice 279 ④ – ◆St-Étienne 268 ②.

Plans pages suivantes

✿ **Le Cheval Blanc** M, pl. Arènes ☎ 66 76 32 32, Télex 480856, Fax 66 76 32 33, « Élégant décor contemporain » – ch TV ☎ – 35. AE ⓓ GB DV **b**
R *(fermé août, sam. midi et dim.)* 230/480 et carte 260 à 460, enf. 100 - **Bistrot des Costières** *(fermé le soir, sam. midi et dim.)* **R** carte 110 à 150 – 70 – **26 ch** 500/1900
Spéc. Agneau cuit de trois façons et légumes en cocotte au basilic. Soupe de tomates au basilic et petits rougets aux jeunes poireaux. Pavé de morue fraîche à la concassée de tomates au pistou. **Vins** Costières de Nîmes.

Imperator Concorde, quai de la Fontaine ✉ 30900 ☎ 66 21 90 30, Télex 490635, Fax 66 67 70 25, , « Jardin fleuri » – ch TV ☎ – 50. AE ⓓ GB JCB AX **g**
Enclos de la Fontaine R 230/260 enf. 85 – 65 – **62 ch** 530/850, 3 appart. – ½ P 520/645.

Vatel M (Écolehôtelière), 140 r. Vatel par av. Kennedy AY ☎ 66 62 57 57, Fax 66 62 57 50, ←, , , – TV ☎ **P** – 100. ⓓ GB. rest
Les Palmiers *(fermé août et dim. soir)* **R** 130/190, enf.45 – **Grill R** carte 110 à 160 – 40 – **42 ch** 380/600, 4 appart. – ½ P 360.

Novotel Atria Nîmes Centre M, 5 bd Prague ☎ 66 76 56 56, Télex 485618, Fax 66 76 26 36, – ch TV ☎ – 25 à 480. AE ⓓ GB JCB DV **f**
Les 7 Collines R carte environ 160, enf. 50 – 47 – **119 ch** 480/530.

NÎMES

Gambetta (Bd) . . . . **ABX**
République (R. de la) . . . . **AYZ**

Briçonnet (R.). . . . . **BY** 8
Cirque-Romain (R. du) . . . . **AY** 13
Fontaine (Q. de la) . . . . **AX** 20
Gamel (Av. P.) . . . . **BZ** 22
Générac (R. de). . . . . **AYZ** 23

Mallarmé (R. Steph.). . . . . . **AX** 34
Martyrs-de-la-R. (Pl.). . . . . . **AZ** 36
Mendès-France (Av. P.) . . . **BZ** 39
Ste-Anne (R.). . . . . **AY** 46
Verdun (R. de). . . . . **AY** 47

Mercure Nîmes Centre M sans rest, 21 r. Nationale 🕻 66 76 28 42, Fax 66 76 28 45, « Hôtel particulier du vieux Nîmes » – ch AE GB JCB — DU **b**
49 – **33 ch** 430/600.

L'Orangerie M, 755 r. Tour de l'Évêque 🕻 66 84 50 57, Fax 66 29 44 55, – 30. AE GB JCB — BZ **k**
R 160/240, enf. 70 – 45 – **31 ch** 390/550 – ½ P 315/370.

Tuileries M sans rest, 22 r. Roussy 🕻 66 21 31 15, Fax 66 67 48 72 – AE GB JCB — DV **n**
40 – **10 ch** 360/390.

Niméa M, 61 bis av. J. Jaurès 🕻 66 29 57 57, Télex 490120, Fax 66 29 21 31 – ch – 30 à 100. AE GB — AZ **d**
R *(fermé sam. midi et dim.)* 82/130 – 37 – **60 ch** 295/385 – ½ P 280/310.

Carrière, 6 r. Grizot 🕻 66 67 24 89, Télex 490580, Fax 66 67 28 08 – AE GB — DU **a**
R *(fermé 3 au 15 janv.)* 67/130, enf. 50 – 30 – **54 ch** 220/285 – ½ P 225/250.

Plazza M sans rest, 10 r. Roussy 🕻 66 76 16 20, Fax 66 67 65 99 – AE GB JCB — DU **r**
45 – **28 ch** 250/420.

Milan sans rest, 17 av. Feuchères 🕻 66 29 29 90, Fax 66 29 05 31 – GB — BY **u**
30 – **33 ch** 199/286.

Amphithéâtre sans rest, 4 r. Arènes 🕻 66 67 28 51, Fax 66 67 07 79 – GB — CV **h**
fermé 20 déc. au 20 janv. – 33 – **18 ch** 160/250.

Majestic sans rest, 10 r. Pradier 🕻 66 29 24 14, Fax 66 29 77 33 – ch GB — DV **z**
38 – **26 ch** 210/230.

NÎMES

Aspic (R. de l')	CUV	
Courbet (Bd Amiral)	DUV	14
Crémieux (Rue)	DU	16
Curaterie (R.)	DU	17
Daudet (Bd A.)	CU	18
Gambetta (Bd)	CDU	
Grand'Rue	DU	24
Guizot (R.)	CU	26
Madeleine (R.)	CU	32
Nationale (R.)	CDU	
Perrier (R. Gén.)	CU	
République (R. de la)	CV	43
Victor-Hugo (Bd)	CUV	
Arènes (Bd des)	CV	2
Auguste (R.)	CU	4
Bernis (R. de)	CV	6
Chapitre (R. du)	CU	12
Esclafidous (Pl. des)	DU	19
Fontaine (Q. de la)	CU	20
Halles (R. des)	CU	27
Horloge (R. de l')	CU	28
Libération (Bd de la)	DV	30
Maison carrée (Pl. de la)	CU	33
Marchands (R. des)	CU	35
Prague (Bd de)	DV	42
Saintenac (Bd E.)	DU	45

XXX **Le Magister,** 5 r. Nationale ☎ 66 76 11 00 – ▤. AE ⓓ GB JCB — DU **q**
fermé 1er au 21 août, vacances de fév., sam. midi et dim. – **R** 230, enf. 60.

XX **Le Lisita,** 2 bd Arènes ☎ 66 67 29 15 – ⓓ GB — CV **h**
fermé 1er au 21 août, dim. soir et sam. – **R** 120/160.

XX **Lou Mas,** 5bis r. Sauve ✉ 30900 ☎ 66 23 24 71, Fax 66 62 07 02 – AE ⓓ GB — AXY **e**
R 115/210 ♁.

près échangeur Nîmes-Est (A 9-N 86) par ② : 6 km – ✉ **30320** Marguerittes :

🏨 **Confortel Louisiane,** ☎ 66 26 30 50, Fax 66 26 44 66, ⛱, 🏊 – |♦| ▤ rest 📺 ☎ ♿ Ⓟ – 🏋 25. GB
R 79/120 ♁, enf. 40 – ☕ 32 – **45 ch** 270/290.

par ④, N 113 puis rte de Caissargues par D 135 : 6,5 km – ✉ **30132** Caissargues :

🏨 **Climat de France,** ☎ 66 84 21 52, Télex 485201, Fax 66 29 76 81, 🏊, 🌳 – ▤ rest 📺 ☎ ♿ Ⓟ. AE GB JCB
R 68/120 ♁, enf. 35 – ☕ 32 – **44 ch** 265.

par ⑤ : 2,5 km par rte de l'Aéroport – ✉ **30000** Nîmes :

XXX **Mas des Abeilles,** rte parc G. Besse (ancienne rte St-Gilles) ☎ 66 38 28 57, ⛱ – Ⓟ. GB
fermé 10 août au 10 sept., 3 au 10 janv., dim. soir et lundi – **R** produits de la mer 130 bc et carte 245 à 390.

à Garons par ⑤, D 42 et D 442 : 9 km – 3 648 h. – ✉ **30128** :

XXX ✿ **Alexandre** (Kayser), ☎ 66 70 08 99, Fax 66 70 01 75, ⛱, « Jardin » – ▤ Ⓟ. AE GB
fermé 24 août au 7 sept., 26 fév. au 13 mars, dim. soir et lundi – **R** 170 (déj.)/480 et carte 300 à 450, enf. 90
Spéc. Ile flottante aux truffes sur velouté de cèpes. Pieds et langues d'agneau mijotés dans leur jus. Chariot de desserts. **Vins** Costières de Nîmes, Châteauneuf-du-Pape.

près échangeur A9 - A54 parc hôtelier Ville Active par ⑤ : 3 km – ✉ **30900** Nîmes :

Mercure Nîmes-Ouest M, ℘ 66 84 14 55, Télex 490746, Fax 66 38 01 44, – ch – 25 à 100. AE GB
Le Mazet **R** carte 140 à 240, enf. 45 – ☐ 50 – **98 ch** 400/540.

Novotel Nîmes-Ouest M, ℘ 66 84 60 20, Télex 480675, Fax 66 38 02 31, – ch rest – 25 à 100. AE GB
R carte environ 160, enf. 50 – ☐ 48 – **96 ch** 400/450.

César Palace, ℘ 66 29 86 87, Télex 485768, Fax 66 84 72 76, – – 60. AE GB JCB
R 82/225 – ☐ 40 – **54 ch** 340/416 – ½ P 320.

Nimotel, ℘ 66 38 13 84, Télex 490592, Fax 66 38 14 06, – – 150. AE GB JCB
R 85/160 ♁, enf. 65 – ☐ 32 – **180 ch** 250/290.

Ibis, ℘ 66 38 00 65, Télex 490180, Fax 66 29 19 56, – ch – 40 à 80. AE GB
R 90 ♁, enf. 40 – ☐ 33 – **108 ch** 275/320.

à St-Côme-et-Maruéjols O : 15 km par D 40, D 103 et D 1 – ✉ **30870** :

XX ✿ **La Vaunage** (Villenueva), ℘ 66 81 33 29, – GB.
fermé 1er au 18 mars, 1er au 18 sept., lundi et mardi – **R** carte 230 à 330
Spéc. Parmentière de homard. Marinière de turbot aux parfums de la garrigue. Croustillant de pommes au caramel de cidre. **Vins** Costières de Nîmes, Lirac.

MICHELIN, Agence, 32 r. Mallet Stevens Ville Active BZ ℘ **66 84 99 05**

ALFA ROMEO-SEAT Auto-Sport, 2210 rte de Montpellier ℘ 66 84 03 55
BMW Méridional-Autos, av. Pavlov, ZI St-Césaire ℘ 66 62 10 90
CITROEN K 2 Auto, 2290 rte de Montpellier par ⑤ ℘ 66 84 60 05 N ℘ 66 67 85 51
FIAT Gar. Europe, 1976 av. Mar.-Juin ℘ 66 84 04 40
FORD Méditerranée-Autom., 655 av. Mar.-Juin ℘ 66 84 08 01
MERCEDES-BENZ SODIRA, 328 rte d'Avignon ℘ 66 26 04 99 N ℘ 66 26 06 24
PEUGEOT TALBOT Gds Gar. du Gard, 1667 av. Mar.-Juin par ⑥ ℘ 66 84 69 11 N ℘ 66 20 90 67
RENAULT Succursale, 1412 av. Mar.-Juin par ⑥ ℘ 66 62 72 72 N ℘ 66 87 94 61
TOYOTA Veyrunes, bd Périphérique Sud, r. F. Cantier ℘ 66 21 71 22

Ayme Pneus, 2 500 rte de Montpellier ℘ 66 84 94 21
Escoffier Pneus, bd Périphérique Sud ℘ 66 84 02 01
Escoffier-Pneus, 2 et 4 r. République ℘ 66 67 32 72
Pneu Service Folcher, 2722 rte de Montpellier ℘ 66 84 85 40
Pneu Service Folcher, 55 bd Talabot ℘ 66 67 94 17
Rigon-Pneus, Arche 18, bd Talabot ℘ 66 84 15 26
Sud-Pneus, 128 bd Sergent-Triaire ℘ 66 84 70 94

NIORT

P **79000** Deux-Sèvres **71** ② **G. Poitou Vendée Charentes** – 57 012 h alt. 29.

Voir Donjon★ : salle de la chamoiserie et de la ganterie★ AY – Le Pilori★ BY.

Env. Château du Coudray-Salbart★ 10 km par ①.

Club Niortais ℘ 49 09 01 41, S à l'hippodrome : 3 km.

Office de Tourisme pl. Poste ℘ 49 24 18 79 – A.C. 1 av. République ℘ 49 24 90 80.

Paris 406 ② – La Rochelle 63 ⑤ – Angoulême 106 ③ – ◆Bordeaux 182 ④ – ◆Limoges 160 ③ – ◆Nantes 145 ⑥ – Poitiers 74 ② – Rochefort 60 ⑤.

Plan page suivante

Mercure-Altéa Porte Océane M, 17 r. Bellune ℘ 49 24 29 29, Télex 793120, Fax 49 28 00 90, – ch – 25 à 80. AE GB — BY **a**
R 98/180 – ☐ 50 – **60 ch** 415/590.

Gd Hôtel sans rest, 32 av. Paris ℘ 49 24 22 21, Fax 49 24 42 41, – ch . AE GB — BY **v**
☐ 35 – **39 ch** 295/450.

Moulin M sans rest, 27 r. Espingole ℘ 49 09 07 07, Fax 49 09 19 40 – . AE GB — AZ **a**
fermé 27 déc. au 9 janv. – ☐ 25 – **34 ch** 240/280.

Paris sans rest, 12 av. Paris ℘ 49 24 93 78, Fax 49 28 27 57 – . GB — BY **n**
fermé 23 déc. au 2 janv. – ☐ 30 – **47 ch** 180/350.

Avenue sans rest, 43 av. St-Jean-d'Angély ℘ 49 79 28 42 – . GB. — AZ **t**
☐ 20 – **20 ch** 95/185.

XXX **Belle Étoile,** 115 quai M. Métayer (près périph. ouest) -AY- O : 2,5 km ℘ 49 73 31 29, Fax 49 09 05 59, – . AE GB
fermé 2 au 16 août, dim. soir et lundi – **R** 120/380 bc, enf. 85.

XXX ✿ **Relais St-Antoine** (Cardin), pl. Brèche ℘ 49 24 02 76, Fax 49 24 79 11, – AE GB — BY **f**
fermé sam. midi et dim. soir – **R** 135/380 et carte 240 à 370, enf. 80
Spéc. Foie gras de canard du Poitou. Civet de marcassin aux pâtes fraîches (saison). Pigeonneau aux gousses d'ail. **Vins** Anjou, Haut-Poitou.

X **Quatre saisons,** 21 r. Faisan ℘ 49 24 96 97 – GB — BY **b**
fermé sam. midi et dim. – **R** 69/150 ♁, enf. 45.

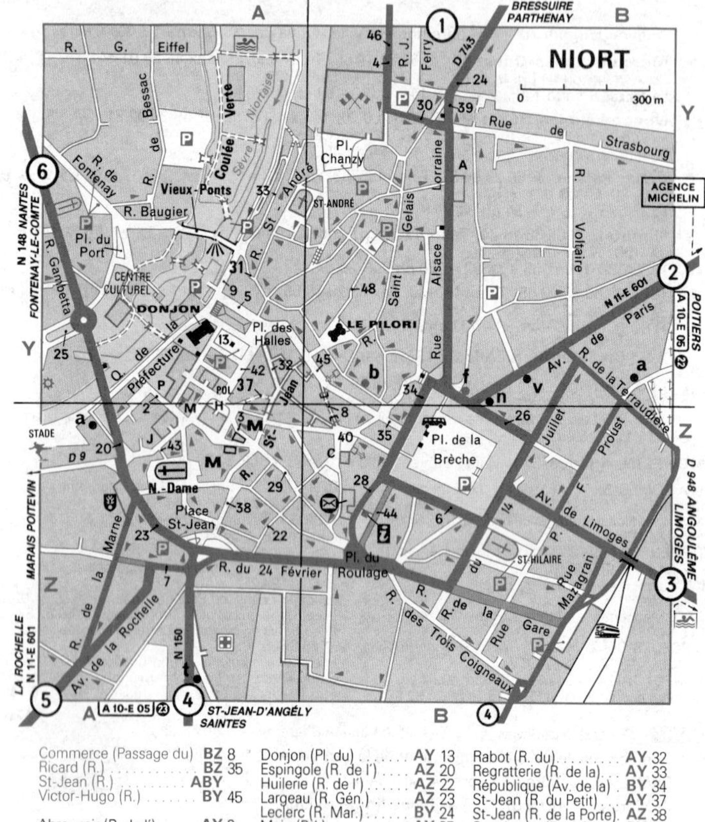

par ② : 5 km sur N 11 – ✉ **79180** Chauray :

Solana Ⓜ sans rest, ℰ 49 33 33 33, Fax 49 33 33 33 – TV ☎ ♿ P – 🏛 40. AE ⓓ GB. ✻
30 – **50 ch** 226/300.

Victor, ℰ 49 33 13 70, 🏡 – ▤ P. AE ⓓ GB
R 70/160, enf. 50.

par ② et D 5 rte Chavagné : 11 km – ✉ **79260** La Crèche :

des Rocs Ⓜ 🐎, ℰ 49 25 50 38, Télex 790632, Fax 49 05 31 57, ←, 🏡, parc, 🚲, ⛱, 🎾 – TV ☎ ♿ P – 🏛 50. AE ⓓ GB
fermé 15 fév. au 7 mars – **Le Golden** *(fermé sam. midi de nov. à mars)* **R** 150/380, enf. 70 – **Le Sloop** (grill) *(1er mai-30 sept.)* **R** 135, enf. 70 – ☕ 50 – **50 ch** 350/490 – ½ P 370/405.

sur autoroute A 10 aire Les Ruralies ou accès de Niort par ③ et VO : 9 km – ✉ **79230** Prahecq :

Les Ruralies Ⓜ, ℰ 49 75 67 66, Fax 49 75 80 29 – 🛗 ▤ TV ☎ ♿ P – 🏛 25 à 50. GB
La Mijotière (rest. d'autoroute) **R** 95/135 🍷, enf. 38 – ☕ 35 – **51 ch** 280/380 – ½ P 260.

rte de Saintes par ④ : 12 km – ✉ **79360** Granzay-Gript :

Domaine du Griffier Ⓜ 🐎, ℰ 49 32 62 62, Fax 49 32 62 63, ←, 🏡, parc, ⛱ – TV ☎ ♿ P – 🏛 25 à 100. AE GB
fermé 1er au 15 janv. – **R** 105/200, enf. 60 – ☕ 45 – **29 ch** 320/500.

rte de La Rochelle par ⑤ : 4,5 km sur N 11 – ✉ **79000** Niort :

Reix H. M sans rest, ✆ 49 09 15 15, Fax 49 09 14 13, – TV ☎ ♿ P. AE GB
fermé 20 déc. au 5 janv. – ☕ 30 – **36 ch** 250/300.

Espace H. M sans rest, ✆ 49 09 08 07, Fax 49 09 16 07 – TV ☎ ♿ P – 25. AE GB
☕ 30 – **33ch** 260/300.

La Tuilerie, ✆ 49 09 12 45, Fax 49 09 16 22, – P. GB
fermé dim. soir – **R** 148/248, enf. 55.

à St-Rémy par ⑥ : 6 km sur N 148 – ✉ **79410** Échiré :

Relais du Poitou, ✆ 49 73 43 99, Fax 49 73 44 67 – TV ☎ P. GB
R *(fermé 25 déc. au 25 janv. et lundi)* 80/220, enf. 37 – ☕ 32 – **22 ch** 195/220.

MICHELIN, Agence régionale, Lot. d'Activité Economique de Bardon, r. Jean Baptiste Colbert par ② ✆ **49 33 00 42**

ALFA-ROMEO Gar. de Paris, 55 bis r. Terraudière ✆ 49 24 72 40
BMW Gar. Tapy, 45 r. des Maisons Rouges, ZA ✆ 49 33 01 46 N ✆ 49 73 37 70
CITROEN Niort-Autom., 80 av. St-Jean-d'Angély par ④ ✆ 49 79 24 22 N ✆ 49 73 55 10
CITROEN Gar. Dupont, 362 av. de Limoges par ③ ✆ 49 24 12 85
FIAT Gar. Touzalin, 459 av. de Paris ✆ 49 33 00 55
FORD Genève Automobiles, 119 av. de Nantes ✆ 49 73 45 20 N ✆ 49 73 55 10
LADA-LANCIA Gar. Beauchamp, ZC Mendès France r. Cail ✆ 49 24 25 05
MERCEDES-BENZ S.A.V.I.A., r. Pied de Fonds ZI de St-Liguaire ✆ 49 73 41 90
OPEL Gar. Hurtaud, rte de La Rochelle à Bessines ✆ 49 09 13 02
PEUGEOT-TALBOT Sodan, 475 av. de Paris par ② ✆ 49 33 02 05 N ✆ 49 05 49 04
RENAULT Gar. St-Christophe, 214 av. de Paris par ② ✆ 49 33 34 22 N ✆ 05 05 15 15
V.A.G International Gar., bd de l'Atlantique ✆ 49 73 19 66
Gar. Aumonier, 630 rte de Niort à Aiffres ✆ 49 32 02 57

Chouteau, 36 av. de Paris ✆ 49 24 68 81
Chouteau, 640 rte de Paris à Chauray par ② ✆ 49 33 08 63
Pneumatec, ZC des Trente-Ormeaux, r. Vaumorin ✆ 49 33 12 08
Woodman-Pneus Pneu +, 39 av. de Verdun ✆ 49 28 14 22

Repas 100/130 A good moderately priced meal.

NISSAN-LEZ-ENSÉRUNE

34440 Hérault 83 ⑭ **G. Gorges du Tarn** – 2 835 h alt. 21.

Voir Oppidum d'Ensérune★ : musée★, ≤★ NO : 5 km.

Paris 834 – ♦Montpellier 77 – Béziers 11 – Capestang 9 – Narbonne 16 – St-Pons 49.

La Résidence, ✆ 67 37 00 63, Fax 67 37 68 63, – ☎. GB.
fermé 1er au 15 nov. et 1er au 15 fév. – **R** (dîner seul.) (résidents seul.) 90 bc, enf. 43 – ☕ 32 – **19 ch** 220/280.

NITRY

89310 Yonne 65 ⑥ – 336 h alt. 246.

Paris 195 – Auxerre 32 – Avallon 22 – Vézelay 31.

Axis M sans rest, échangeur A 6 ✆ 86 33 60 92, Fax 86 33 64 14 – TV ☎ ♿ P. AE GB
☕ 28 – **41 ch** 180/230.

Aub. la Beursaudière, ✉ 89310 Noyers-sur-Serein ✆ 86 33 62 51, Fax 86 33 65 21, – P. AE GB
R 71/190, enf. 45.

NOAILLES

60430 Oise 55 ⑩ – 2 415 h alt. 91.

Paris 60 – Compiègne 52 – Beauvais 16 – Chantilly 27 – Clermont 18 – Creil 31 – Gisors 37 – L'Isle-Adam 27.

Moulin de Blainville, à Blainville N : 1 km ✆ 44 03 31 00, Fax 44 07 45 65, « Cadre rustique » – P. AE GB.
fermé 16 août au 8 sept., dim. soir et lundi – **R** 145.

PEUGEOT-TALBOT Bochent, 20 r. de Calais ✆ 44 03 30 25

NOCÉ

61 Orne 60 ⑮ – rattaché à Bellême.

NOÉ

31410 H.-Gar. 82 ⑰ – 1 975 h alt. 194.

Paris 730 – ♦Toulouse 37 – Auch 73 – Auterive 20 – Foix 60 – St-Gaudens 57 – St-Girons 67.

L'Arche sans rest, ✆ 61 87 40 12, Fax 61 87 06 67, – TV ☎ P – 25. AE GB
☕ 30 – **20ch** 140/250.

NOEUX-LES-MINES

62290 P.-de-C. 51 ⑭ – 12 351 h alt. 31.

Paris 208 – ♦Lille 41 – Arras 25 – Béthune 6 – Bully-les-Mines 6,5 – Doullens 48 – Lens 16.

Les Tourterelles, 374 r. Nationale ✆ 21 66 90 75, Fax 21 26 98 98, – TV ☎ P. GB
R *(fermé sam. midi, dim. soir et fériés le soir)* 115/210 – ☕ 35 – **19 ch** 200/350 – ½ P 225/275.

Paix, 115 r. Nationale ✆ 21 26 37 66 – GB
fermé 28 juil. au 28 août et sam. – **R** 85/160, enf. 60.

NOGARO 32110 Gers 82 ② – 2 008 h alt. 98.

Paris 728 – Mont-de-Marsan 44 – Agen 86 – Auch 62 – Pau 71 – Tarbes 65.

Otelinn M, N : 1 km sur N 124 ✆ 62 09 12 11, Fax 62 69 08 65, – TV ☎ ♿ – 30 à 150. AE GB
R 65/210 ♨, enf. 50 – ☕ 25 – **50 ch** 235/270 – ½ P 215.

CITROEN Gar. Bounet ✆ 62 09 00 39 RENAULT Gar. Ducourneau ✆ 62 09 00 80

NOGENT-EN-BASSIGNY 52800 H.-Marne 62 ⑫ **G. Champagne** – 4 754 h alt. 400.

Paris 270 – Chaumont 21 – Bourbonne-les-Bains 36 – Langres 22 – Neufchâteau 54 – Vittel 64.

Commerce, pl. Gén. de Gaulle ✆ 25 31 81 14, Fax 25 31 74 00 – TV ☎. GB
R *(fermé dim. soir du 1er nov. à Pâques)* 90/200 ♨, enf. 50 – ☕ 27 – **19 ch** 170/300 – ½ P 180/240.

PEUGEOT, TALBOT Ponce ✆ 25 31 80 44

NOGENT-LE-ROI 28210 E.-et-L. 60 ⑧ 106 ㉖ **G. Ile de France** – 3 832 h alt. 93.

9 18 de Maintenon ✆ 37 27 18 09, SE : 8 km par D 983.

Paris 74 – Chartres 26 – Ablis 32 – Dreux 18 – Maintenon 8 – Mantes-la-Jolie 47 – Rambouillet 27.

XX **Relais des Remparts,** 2 pl. Marché aux Légumes ✆ 37 51 40 47 – GB
fermé 3 au 24 août, vacances de fév., dim. soir (sauf juil.), mardi (sauf le midi d'août à juin) et merc. – **R** 79/210 ♨, enf. 50.

PEUGEOT-TALBOT Jeunesse, à Chaudon ✆ 37 51 41 47

RENAULT Gar. Bourinet, 19 r. de Verdun à Lormaye ✆ 37 51 42 95

NOGENT-LE-ROTROU SP 28400 E.-et-L. 60 ⑮ **G. Normandie Vallée de la Seine** – 11 591 h alt. 108.

18 du Perche ✆ 37 29 17 33, par ③ : 9 km.

Office de Tourisme 44 r. Villette-Gaté ✆ 37 52 22 16.

Paris 146 ① – Alençon 65 ⑤ – ♦Le Mans 74 ④ – Chartres 54 ① – Châteaudun 53 ③ – Mortagne-au-Perche 36 ⑤.

NOGENT-LE-ROTROU

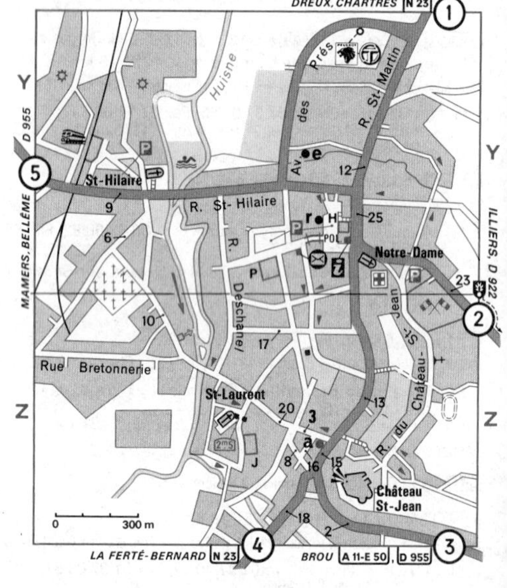

Si vous êtes retardé sur la route, dès 18 h, confirmez votre réservation par téléphone, c'est plus sûr... et c'est l'usage.

Inter Hôtel Le Couronnet M, 12 r. Viennes ✆ 37 52 85 00, Fax 37 52 14 28 – rest TV ☎ ♿ – 50. AE GB Y **e**
R *(fermé fév., dim. et lundi)* 90/185 – ☕ 48 – **42 ch** 310/390 – ½ P 368.

Lion d'Or, 28 pl. St-Pol ✆ 37 52 01 60 – TV ☎ – 25. GB. ch Y **r**
fermé 3 au 23 août, 23 déc. au 5 janv., vend. soir et sam. – **R** 100/250, enf. 65 – ☕ 34 – **14 ch** 250/340 – ½ P 280/320.

XXX **Host. de la Papotière,** 3 r. Bourg le Comte ✆ 37 52 18 41, Fax 37 52 94 71, « Maison du 16e siècle » – . GB Z **a**
fermé dim. soir et lundi – **R** 145/195, enf. 60.

à Villeray (61 Orne) par ① D 918 et D 10 : 11 km – ✉ **61110** Condeau :

XXX **Moulin de Villeray** 🔇 avec ch, ✆ 33 73 30 22, Fax 33 73 38 28, ≤, 🍽, parc – ☎ Ⓟ. GB
fermé 4 janv. au 14 fév. – **R** 130/300 – ☕ 55 – **12 ch** 590/740 – ½ P 535/725.

CITROEN Répar. Autos Nogentaise, rte d'Alençon par ⑤ ✆ 37 52 47 48 🅽
FORD Gar. de l'Huisne, av. des Prés à Margon ✆ 37 52 05 97
PEUGEOT-TALBOT Thibault, av. des Prés à Margon Z ✆ 37 52 13 26 🅽
RENAULT N.A.S.A., rte de Paris par ① à Margon ✆ 37 52 58 70 🅽
RENAULT Auto du Perche, 1 bis r. G.-Hayes par r. Bretonnerie Z ✆ 37 52 18 91 🅽

NOGENT-SUR-AUBE 10240 Aube 61 ⑦ – 311 h alt. 103.

Paris 186 – Troyes 29 – Châlons-sur-Marne 65 – Romilly-sur-Seine 47.

XX **Assiette Champenoise,** D 441 ✆ 25 37 66 74, 🍽, « Jardin fleuri » – Ⓟ. GB
fermé le soir (sauf jeudi, vend. et sam.) – **R** (dim. prévenir) 95/225.

NOGENT-SUR-MARNE 94 Val-de-Marne 56 ⑪, 101 ㉗ – voir Paris, Environs.

NOGENT-SUR-OISE 60 Oise 56 ① – rattaché à Creil.

NOGENT-SUR-SEINE SP 10400 Aube 61 ④ ⑤ G. Champagne – 5 505 h alt. 65.

Paris 104 – Troyes 49 – Châlons-sur-M. 92 – Épernay 82 – Fontainebleau 66 – Provins 18 – Sens 40.

🏨 **Loisirotel** M, 19 r. Fossés ✆ 25 39 71 46, Fax 25 24 95 29, 🏊 – TV ☎ ♿ 🚗 – 🏛 40. GB
➜ **R** 75/180 🍷 – ☕ 40 – **44 ch** 250/290.

XX **Beau Rivage** 🔇 avec ch, r. Villiers-aux-Choux, près piscine ✆ 25 39 84 22, 🍽 – GB.
➜ 🐕 ch
fermé 16 août au 2 sept. et vacances de fév. – **R** *(fermé dim. soir et lundi sauf fériés)* 69/178 🍷 – ☕ 25 – **7 ch** 100/185 – ½ P 158/188.

XX **Cygne de la Croix,** 22 r. Ponts ✆ 25 39 91 26, Fax 25 39 81 79, 🍽 – GB
➜ **R** 70 bc/180 🍷.

à la Chapelle-Godefroy E : 3 km par N 19 – ✉ **10400** Nogent-sur-Seine :

XX **Host. du Moulin,** ✆ 25 39 88 32, parc – Ⓟ. GB
fermé lundi soir – **R** 125/215, enf. 60.

CITROEN Gar. Legrand, 48 bis av. Pasteur ✆ 25 39 87 09
PEUGEOT-TALBOT Gar. St-Laurent, 11 bis av. J.-C.-Perrier ✆ 25 39 83 17
RENAULT Gar. Corbin, 16-20 av. Gén.-de-Gaulle ✆ 25 39 84 39

NOGENT-SUR-VERNISSON 45290 Loiret 65 ② – 2 357 h alt. 125.

Paris 131 – Auxerre 73 – Bonny-sur-Loire 34 – Gien 21 – Montargis 17 – ◆Orléans 75.

X **Commerce,** ✆ 38 97 60 37 – GB
fermé 19 août au 9 sept., 21 janv. au 6 fév. et jeudi – **R** (déj. seul. sauf vend. et sam. : déj. et dîner) 80/200 🍷, enf. 45.

NOIRÉTABLE 42440 Loire 73 ⑯ G. Auvergne – 1 719 h alt. 722.

ℹ Syndicat d'Initiative à la Mairie ✆ 77 24 70 12.

Paris 485 – Roanne 45 – Ambert 57 – ◆Lyon 112 – Montbrison 45 – ◆St-Étienne 88 – Thiers 24.

🏨 **Au Rendez-vous des Chasseurs,** O : 2 km par D 53 ✆ 77 24 72 51 – ☎ Ⓟ. GB
➜ *fermé 15 au 30 sept., dim. soir et lundi d'oct. à juin* – **R** 50/160 🍷 – ☕ 25 – **15 ch** 115/230 – ½ P 130/170.

RENAULT Gar. Dejob ✆ 77 24 70 31 🅽

NOIRMOUTIER (Ile de) 85 Vendée 67 ① G. Poitou Vendée Charentes.

Accès : par le pont routier au départ de Fromentine. Péage, auto et véhicule inférieur à 1,5 t : 8 F, camion et véhicule supérieur à 1,5 t : 10 F.

- par le passage du Gois : 4,5 km.

- pendant le premier ou le dernier quartier de la lune par beau temps (vents hauts) d'une heure et demie environ avant la basse mer, à une heure et demie environ après la basse mer.

- pendant la pleine lune ou la nouvelle lune par temps normal : deux heures avant la basse mer à deux heures après la basse mer.

- en toutes périodes par mauvais temps (vents bas) ne pas s'écarter de l'heure de la basse mer.

L'Épine – 1 653 h alt. 3 – ✉ **85740**.

Paris 471 – ◆Nantes 79 – La Roche-sur-Yon 76 – Cholet 118 – Noirmoutier-en-l'Ile 3.

🏨 **Punta Lara** 🔇, S : 2 km par D 95 et VO ✉ 85680 La Guérinière ✆ 51 39 11 58, Fax 51 39 69 12, ≤, 🍽, « Dans une pinède en bordure de mer », 🏊, 🎾 – ☎ Ⓟ – 🏛 100. AE ⓓ GB
Pâques-oct. – **R** 225/325 – ☕ 53 – **62 ch** 740/1260 – ½ P 565/595.

Noirmoutier-en-l'Ile – 4 846 h – ✉ **85330**.

Voir Collection de faïences anglaises* au château.

ℹ Office de Tourisme rte du Pont ✆ 51 39 80 71 et quai J.-Bart (vacances scolaires) ✆ 51 39 12 42.

Paris 471 – ♦Nantes 80 – La Roche-sur-Yon 77 – Cholet 119.

Fleur de Sel M, ✆ 51 39 21 59, Fax 51 39 75 66, ←, « Jardin », – TV ☎ ♿ P – 30. GB. ch
20 fév.-31 oct. – **R** 155/235, enf. 70 – ☕ 45 – **35 ch** 490/570 – ½ P 445/485.

Les Douves, 11 r. Douves ✆ 51 39 02 72, Fax 51 39 73 09, – TV ☎. AE ⓓ GB
R *(fermé 15 déc. au 1er fév.)* 95/231 – ☕ 33 – **22 ch** 336/409 – ½ P 363.

La Quichenotte, 32 av. J. Pineau ✆ 51 39 11 77 – ☎ P. GB
hôtel : fermé 15 oct. au 25 déc. – **R** *(ouvert 1er avril-30 sept. et fermé dim. soir et lundi d'avril à juin)* 75/95 – ☕ 30 – **29 ch** 170/360 – ½ P 225/290.

L'Etier, rte Épine SO : 1 km ✆ 51 39 10 28, – P. AE GB
fév.-fin sept., vacances de nov. et fermé merc. hors sais. – **R** 80/150, enf. 45.

Côté Jardin, 1 bis r. Grand Four (derrière le château) ✆ 51 39 03 02, – AE GB
fermé mi-janv. à mi-fév., dim. soir et lundi sauf juil.-août – **R** 85/180, enf. 40.

au Bois de la Chaize E : 2 km – ✉ **85330** Noirmoutier :

Voir Bois*.

St-Paul , ✆ 51 39 05 63, Fax 51 39 73 98, « Beau jardin », – TV ☎. AE GB. rest
hôtel : 20 fév.-3 nov. ; rest. : 29 mars-3 nov. et fermé lundi en oct. – **R** 175/290, enf. 90 – ☕ 45 – **34 ch** 490/620 – ½ P 525.

Les Prateaux , ✆ 51 39 12 52, Fax 51 39 46 28, « Jardin » – ☎ P. AE ⓓ GB.
15 avril-31 oct. – **R** carte 170 à 290 – ☕ 50 – **22 ch** 550/650 – ½ P 320/550.

Les Capucines (annexe -11 ch), ✆ 51 39 06 82, – TV ☎ P. GB. ch
hôtel : 15 fév.-15 nov. et fermé merc. hors sais. sauf vacances scolaires – **R** *(ouvert : 3 avril-3 oct. et fermé merc. hors sais. sauf vacances scolaires)* 75/170, enf. 48 – ☕ 32 – **21 ch** 300/370 – ½ P 260/340.

NOISY-LE-GRAND **93** Seine-St-Denis 56 ⑪, 101 ⑱ – voir Paris, Environs.

NOIZAY **37** I.-et-L. 64 ⑮ – rattaché à Vouvray.

NOLAY **21340** Côte-d'Or 69 ⑨ **G. Bourgogne** – 1 551 h alt. 324.

Voir site* du Château de la Rochepot E : 5 km – Site* du Cirque du Bout-du-Monde NE : 5 km.

ℹ Syndicat d'Initiative Maison des Halles (juil.-août) ✆ 80 21 80 73 et r. St-Pierre ✆ 80 21 70 96.

Paris 314 – Chalon-sur-Saône 34 – Autun 28 – Beaune 20 – ♦Dijon 64.

Parc H. sans rest, pl. H. de Ville ✆ 80 21 84 01 – ☎ P. GB
15 mars-15 déc. – ☕ 30 – **8 ch** 210/247.

Chevreuil, pl. H.-de-Ville ✆ 80 21 71 89, Fax 80 21 82 18, – TV ☎. AE ⓓ GB
fermé 1er au 30 déc. et merc. – **R** 75/136 , enf. 40 – ☕ 33 – **14 ch** 170/280 – ½ P 235/280.

NONANCOURT **27320** Eure 60 ⑥ ⑦ **G. Normandie Vallée de la Seine** – 2 184 h alt. 125.

Paris 93 – Châteauneuf-en-Thymerais 27 – Dreux 13 – Évreux 29 – Verneuil-sur-Avre 21.

Gd Cerf avec ch, ✆ 32 58 15 27, – P. AE GB
fermé dim. soir et lundi – **R** 85/185 , enf. 55 – ☕ 28 – **8 ch** 165/255 – ½ P 245/325.

Les NONIÈRES **26** Drôme 77 ⑭ – alt. 850 – ✉ **26410** Châtillon-en-Diois.

Env. Cirque d'Archiane** O : 9,5 km, **G. Alpes du Sud.**

Paris 642 – Die 25 – Gap 85 – ♦Grenoble 72 – Valence 91.

Le Mont-Barral , ✆ 75 21 12 21, Fax 75 21 12 70, ←, – ☎ P – 25. GB
fermé 15 nov. au 20 déc. et mardi sauf juil.-août – **R** 70/150 , enf. 40 – ☕ 28 – **24 ch** 166/225 – ½ P 199/227.

NONTRON SP **24300** Dordogne 72 ⑮ **G. Berry Limousin** – 3 558 h alt. 182.

ℹ Syndicat d'Initiative r. Verdun (saison) ✆ 53 56 25 50.

Paris 465 – Angoulême 45 – Libourne 119 – ♦Limoges 70 – Périgueux 51 – Rochechouart 42.

Gd Hôtel, 3 pl. A. Agard ✆ 53 56 11 22, Fax 53 56 59 94, – ☎ P – 100. GB
Repas 75/240 , enf. 50 – ☕ 30 – **26 ch** 140/300 – ½ P 200/270.

CITROEN Limousin ✆ 53 56 01 42 PEUGEOT Bayer ✆ 53 56 00 21

NORT-SUR-ERDRE **44390** Loire-Atl. 63 ⑰ – 5 362 h alt. 11.

Paris 374 – ◆ Nantes 29 – Ancenis 27 – Châteaubriant 35 – ◆Rennes 82 – St-Nazaire 61.

XX **Bretagne** avec ch, 41 r. A. Briand ✆ 40 72 21 95, 🏔, 🏞 – TV ☎ P. GB. ✂ ch
fermé vacances de fév., dim. soir et lundi – **R** 78/210, enf. 45 – ☕ 30 – **7 ch** 200/260 – ½ P 260/280.

NORVILLE **76330** S.-Mar. 55 ⑤ – 827 h alt. 45.

Voir Château d'Etelan★ S : 1 km, **G. Normandie Vallée de la Seine.**

Paris 177 – ◆ Rouen 45 – Bolbec 19 – ◆Le Havre 45 – Honfleur 48 – Lisieux 73.

X **Aub. de Norville** avec ch, ✆ 35 39 91 14 – TV ☎. GB
◆ **R** *(fermé dim. soir et lundi)* 70/200, enf. 46 – ☕ 28 – **10 ch** 200/260.

NOTRE-DAME-DE-BELLECOMBE **73850** Savoie 74 ⑦ **G. Alpes du Nord** – 459 h alt. 1 134 – Sports d'hiver : 1 150/2 060 m ⛷17.

ℹ Office de Tourisme ✆ 79 31 61 40.

Paris 592 – Chamonix-Mont-Blanc 49 – Albertville 24 – Annecy 53 – Bonneville 48 – Chambéry 74 – Megève 11.

🏠 **Le Tétras,** rte Saisies E : 4 km ✆ 79 31 61 70, Fax 79 31 77 31, ←, 🏔 – TV ☎ ♿ P. ⓓ GB
20 mai-2 oct. et 10 déc.-23 avril – **R** 78/160, enf. 45 – ☕ 40 – **19 ch** 280/360 – ½ P 360.

NOTRE-DAME-DE-BONDEVILLE **76** S.-Mar. 55 ⑥ – rattaché à Rouen.

NOTRE-DAME-DE-MONTS **85690** Vendée 67 ⑪ – 1 333 h alt. 5.

Paris 458 – La Roche-sur-Yon 62 – Challans 21 – ◆Nantes 72 – Noirmoutier-en-l'Ile 25 – Pornic 45.

🏨 **Plage,** ✆ 51 58 83 09, Fax 51 58 97 12, ←, 🏔 – 🛗 ☎ P. AE ⓓ GB
1er mars-5 nov. et fermé dim. soir et lundi sauf vacances scolaires – **R** 98/210 🍷, enf. 50 – ☕ 40 – **49 ch** 216/453 – ½ P 290/396.

🏠 **Centre,** pl. Église ✆ 51 58 83 05, Fax 51 59 16 62 – ☎ ♿ P. GB
◆ *fermé 20 déc. au 23 janv. et dim. soir hors sais. sauf vacances scolaires* – **R** 59/320 🍷, enf. 43 – ☕ 32 – **19 ch** 220/290 – ½ P 250/310.

Repas 100/130 Pasti accurati a prezzi contenuti.

NOUAN-LE-FUZELIER **41600** L.-et-Ch. 64 ⑲ – 2 274 h alt. 139.

ℹ Syndicat d'Initiative pl. Mairie ✆ 54 88 76 75.

Paris 177 – ◆ Orléans 43 – Blois 58 – Cosne-sur-Loire 71 – Gien 55 – Lamotte-Beuvron 8 – Salbris 12.

🏠 **Charmilles** 🐦 sans rest, D 122 - rte Pierrefitte-sur-Sauldre ✆ 54 88 73 55, « Parc » – TV ☎ P. GB. ✂
15 mars-1er déc. – **12 ch** ☕ 260/380.

🏠 **Moulin de Villiers** 🐦, rte Chaon NE : 3 km par D 44 ✆ 54 88 72 27, ←, « En forêt, étang
◆ privé », 🏞 – TV ☎ P. GB. ✂
fermé 1er au 15 sept., 3 janv. au 25 mars, mardi soir et merc. en nov. et déc. – **R** 75/185 🍷 – ☕ 35 – **19 ch** 190/350 – ½ P 210/275.

XX **Le Dahu,** 14 r. H. Chapron ✆ 54 88 72 88, 🏔, « Jardin » – P. AE GB
fermé 20 fév. au 20 mars, mardi soir et merc. – **R** 125/230, enf. 62.

XX **Le Raboliot,** av. Mairie ✆ 54 88 70 67, Fax 54 88 77 86 – AE GB
fermé 11 janv. au 12 fév., mardi soir de nov. à mi-avril et merc. – **R** 80/260 🍷, enf. 50.

à St Viâtre : O : 8 km par D 93 – ✉ **41210** :

XX **Aub. de la Chichone** avec ch, pl. Eglise ✆ 54 88 91 33, Fax 54 96 18 06, 🏔 – 🚭 ch ☎. AE GB
fermé mars, mardi soir hors sais. et merc. – **R** 90/195, enf. 60 – ☕ 35 – **7 ch** 300 – ½ P 340.

Le NOUVION-EN-THIÉRACHE **02170** Aisne 53 ⑮ – 2 905 h alt. 185.

Paris 194 – St-Quentin 48 – Avesnes-sur-Helpe 21 – Le Cateau 19 – Guise 21 – Hirson 26 – Laon 62 – Vervins 27.

🏠 **Paix,** r. J. Vimont-Vicary ✆ 23 97 04 55, Fax 23 98 98 39, 🏔, 🏞 – TV ☎ P. GB
fermé 16 juil. au 6 août, 24 déc. au 12 janv., lundi midi et dim. soir – **R** 80/210 🍷, enf. 48 – ☕ 28 – **22 ch** 110/320 – ½ P 190/280.

Gar. Hannecart 36 r. Jean Vimont Vicary ✆ 23 97 01 05

NOUZERINES **23** Creuse 68 ⑳ – rattaché à Boussac.

NOUZONVILLE **08700** Ardennes 53 ⑱ **G. Champagne** – 6 970 h alt. 142.

Paris 232 – Charleville-Mézières 7 – Givet 53 – Rocroi 26.

XX **La Potinière,** N : 1 km rte Joigny-sur-Meuse ✆ 24 53 13 88, 🏔, 🏞 – P. GB
fermé fév., dim. soir et lundi sauf fériés – **R** 85/160, enf. 65.

CITROEN Gar. Brunet, 14 bd J.-B.-Clément ✆ 24 53 82 08 N ✆ 24 53 11 54

NOVALAISE **73** Savoie 74 ⑮ – rattaché à Aiguebelette-le-Lac.

NOVES 13550 B.-du-R. 81 ⑫ G. Provence – 4 021 h alt. 40.

Paris 691 – Avignon 12 – Arles 37 – Carpentras 29 – Cavaillon 14 – ◆Marseille 86 – Orange 35.

✿ Aub. de Noves (Lalleman) ⑤, NO : 2 km par D 28 ✆ 90 94 19 21, Télex 431312, Fax 90 94 47 76, ←, parc, « Élégante hostellerie aménagée dans un ancien domaine, belle vue », ⛱, % – |‡| ▤ TV ☎ ♿ P – 🏛 40. AE ⓓ GB
fermé 2 janv. au 15 fév. – **R** *(fermé merc. sauf le soir du 1er avril au 15 oct.)* 250/475 (déj.) et carte 335 à 470, enf. 140 – ☕ 100 – **19 ch** 1100/1400, 4 appart. – ½ P 1075/1225
Spéc. Bouillon de homard au pistou. Souris d'agneau braisées au thym et romarin. Crêpe soufflée au chocolat et glace à l'orange. **Vins** Châteauneuf du Pape blanc, Côtes du Rhône.

NOYAL-SUR-VILAINE 35 I.-et-V. 59 ⑰ – rattaché à Rennes.

NOYON 60400 Oise 56 ③ G. Flandres Artois Picardie (plan) – 14 426 h alt. 52.

Voir Cathédrale★★ – Abbaye d'Ourscamps★ 5 km par N 32.

🅸 Office de Tourisme pl. Hôtel de Ville ✆ 44 44 21 88.

Paris 104 – Compiègne 22 – St-Quentin 38 – ◆Amiens 65 – Laon 52 – Péronne 43 – Soissons 37.

Le Cèdre M sans rest (rest. prévu), 8 r. Évêché ✆ 44 44 23 24, Fax 44 09 53 79 – TV ☎ ♿ P – 🏛 60. AE GB
☕ 38 – **35ch** 290/350.

Saint-Eloi, 81 bd Carnot ✆ 44 44 01 49, Fax 44 09 20 90 – TV ☎ P – 🏛 80. AE GB
fermé en août – **R** *(fermé dim. soir)* 160/195 – ☕ 35 – **22 ch** 250/290 – ½ P 280/320. B **n**

XX **Dame Journe,** 2 bd Mony ✆ 44 44 01 33 – ▤. AE GB
fermé 8 au 22 août, 1er au 7 janv., mardi soir, dim. soir et lundi – **R** 100/160.

à Pont l'Évêque S : 3 km par N 32 et D 165 – ✉ 60400 :

XX **L'Auberge,** ✆ 44 44 05 17, ←, ⛱ – P. GB
fermé 25 au 31 août, 21 au 31 janv., dim. soir, lundi soir et mardi soir – **R** 100/150.

CITROEN Wargnier, 15 av. J.-Jaurès ✆ 44 44 05 40
PEUGEOT-TALBOT Gd Gar. de l'Avenue, 69 av. J.-Jaurès ✆ 44 44 10 19 🅽
V.A.G Éts Thiry, 82 bd Carnot ✆ 44 44 02 78

Ⓜ Euromaster Fischbach Pneu Service, 5 bd Ernest Noël ✆ 44 44 01 59

NOZAY 44170 Loire-Atl. 63 ⑰ – 3 050 h alt. 50.

Paris 382 – ◆Nantes 44 – Ancenis 44 – Châteaubriant 27 – Redon 40 – ◆Rennes 65 – St-Nazaire 59.

X **Gergaud** avec ch, rte Nantes ✆ 40 79 47 54 – P. GB
◆ *fermé 2 au 20 janv., dim. soir et lundi* – **R** 60/165 ♁ – ☕ 24 – **9 ch** 125/150 – ½ P 145/150.

PEUGEOT Gar. F. Robert ✆ 40 79 47 45

RENAULT Gar. Gouret à Blain ✆ 40 79 18 16

NUAILLÉ 49 M.-et-L. 67 ⑥ – rattaché à Cholet.

NUCES 12 Aveyron 80 ② – rattaché à Valady.

NUITS-ST-GEORGES 21700 Côte-d'Or 66 ⑫ G. Bourgogne – 5 569 h alt. 234.

🅸 Syndicat d'Initiative r. Sonays ✆ 80 61 22 47.

Paris 321 – ◆Dijon 22 – Beaune 21 – Chalon-sur-Saône 44 – Dole 50.

Host. St-Vincent M, r. Gén. de Gaulle ✆ 80 61 14 91, Fax 80 61 24 65, ⛱ – |‡| TV ☎ ♿ P – 🏛 40. AE ⓓ GB JCB
fermé 20 au 31 déc. – **R** *(fermé lundi)* 120/200 – ☕ 50 – **23 ch** 350/380 – ½ P 350.

Host. Gentilhommière ⑤, rte Meuilley O : 1,5 km ✆ 80 61 12 06, Fax 80 61 30 33, ⛱, parc, « Jardin avec basse-cour », ⛱, % – ☎ P – 🏛 30. AE ⓓ GB JCB
fermé mi-déc. à mi-janv. – **R** *(fermé mardi midi et lundi sauf fériés)* 180/240 – ☕ 50 – **20 ch** 380.

Ibis M, av. Chambolland ✆ 80 61 17 17, Télex 350954, Fax 80 61 26 33, ⛱ – TV ☎ ♿ P – 🏛 30. AE GB
R *(fermé sam. midi et dim. midi)* 83 ♁, enf. 39 – ☕ 33 – **52 ch** 260/310.

XXX ✿ **Côte d'Or** (Guillot) avec ch, r. Thurot ✆ 80 61 06 10, Fax 80 61 36 24 – TV ☎. AE ⓓ GB. ✻ ch
fermé 12 janv. au 12 fév., jeudi midi et merc. – **R** 160/410 et carte 280 à 400 – ☕ 45 – **7 ch** 340/630 – ½ P 500/630.
Spéc. Ravioli d'escargots au jus de légumes. Filets de rouget et sa purée de pommes de terre à l'huile d'olive. Assiette chocolat. **Vins** Nuits-Saint-Georges.

à l'échangeur Autoroute A 31 - carrefour de l'Europe – ✉ 21700 Nuits-St-Georges :

St Georges M (annexe M 17 ch.), ✆ 80 61 15 00, Télex 351370, Fax 80 61 23 80, ⛱, ⛱ – |‡| ▤ rest TV ☎ ♿ ⇔ P – 🏛 30. AE ⓓ GB
R 95/252 ♁, enf. 52 – ☕ 39 – **47 ch** 265/336 – ½ P 270/290.

à Curtil-Vergy NO : 7 km par D 25, D 35 et VO – ✉ 21220 :

X **Aub. La Ruellée,** ✆ 80 61 44 11, ⛱ – AE GB
fermé vacances de fév. et mardi – **R** 89/148, enf. 65.

CITROEN Gar.Blondeau ✆ 80 61 02 40 🅽 ✆ 80 61 05 71
MERCEDES-BENZ Gar. Aubin ✆ 80 61 03 85

PEUGEOT-TALBOT Gar. des Gds Crus ✆ 80 61 02 23 🅽
RENAULT Gar. Montelle ✆ 80 61 06 31
RENAULT Gar. Meunier ✆ 80 61 10 43

NYONS <SP> 26110 Drôme 81 ③ G. Provence – 6 353 h alt. 270.

Voir Rue des Grands Forts★ – Pont Roman★.

Office de Tourisme pl. Libération ✆ 75 26 10 35.

Paris 656 ④ – Alès 106 ③ – Gap 105 ① – Orange 42 ③ – Sisteron 98 ① – Valence 96 ④.

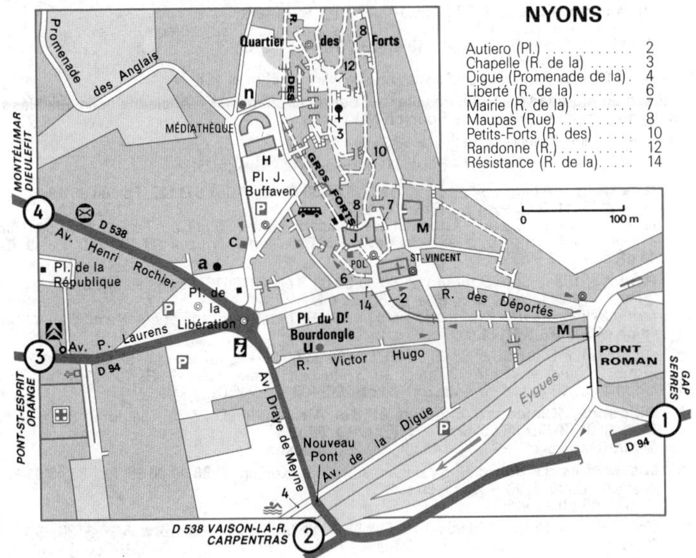

Colombet, pl. Libération **(a)** ✆ 75 26 03 66, Fax 75 26 42 37 – rest. GB
fermé 10 nov. au 10 janv. – **R** 92/220 – ☐ 38 – **29 ch** 170/360 – ½ P 220/300.

Caravelle sans rest, r. Antignans par prom. Digue ✆ 75 26 07 44, Fax 75 26 23 79, – GB
fermé 12 au 20 nov. et 6 au 28 fév. – ☐ 45 – **11 ch** 345/395.

Les Alizés sans rest, 77 av. H.-Rochier par ④ ✆ 75 26 08 11 – GB
fermé 1er janv. au 6 fév. – ☐ 35 – **22 ch** 220/345.

La Picholine, prom. Perrière par prom. des Anglais N : 1 km ✆ 75 26 06 21, Fax 75 26 40 72, ←, – 25. GB
fermé fév. – **R** *(fermé lundi soir hors sais. et mardi sauf le soir du 1er juin au 31 août)* 118/185, enf. 60 – ☐ 38 – **16 ch** 280/360 – ½ P 310/350.

Le Petit Caveau, 9 r. V. Hugo **(u)** ✆ 75 26 20 21 – GB
fermé déc., dim. soir et lundi hors sais. – **R** 95/300, enf. 70.

Les Oliviers avec ch, 2 r. Escoffier **(n)** ✆ 75 26 11 44, Fax 75 26 05 03, – AE GB
R *(fermé dim. soir de nov. à juin)* 84/198 – ☐ 29 – **10 ch** 148/178 – ½ P 165/180.

à Aubres par ① et D 757 : 4 km – ✉ 26110 Nyons :

Aub. du Vieux Village, ✆ 75 26 12 89, Fax 75 26 38 10, ← montagnes et vallée, « Au vieux village », – AE GB
fermé 15 nov. au 15 déc. – **R** *(fermé jeudi midi et merc. sauf juil.-août)* 80/240, enf. 45 – ☐ 52 – **20 ch** 300/780, 4 appart. – ½ P 360/657.

rte de Gap par ① : 7 km sur D 94 – ✉ 26110 Nyons :

La Charrette Bleue, ✆ 75 27 72 33, – GB
fermé 2 au 8 déc., 13 janv. au 16 fév., mardi soir sauf juil.-août et merc. – **Repas** 84/152, enf. 44.

rte d'Orange par ③ : 6 km sur D 94 – ✉ 26110 Nyons :

Croisée des Chemins, ✆ 75 27 61 19, Fax 75 27 68 55, – GB
fermé 7 au 11 juin, nov., jeudi hors sais. et vend. – **R** 102/250, enf. 42.

CITROEN Monod ✆ 75 26 12 11 N

OBERHASLACH **67280** B.-Rhin 62 ⑨ **G. Alsace Lorraine** – 1 333 h alt. 250.

Paris 480 – ◆Strasbourg 40 – Molsheim 14 – Saverne 31 – St-Dié 56.

St-Florent M, ✆ 88 50 94 10, Fax 88 50 99 61 – |‡| ▤ rest ☎ ♿ P – 🏟 40. AE ⓓ GB. ✻ ch
fermé 15 déc. au 15 fév., dim. soir et lundi – **R** 85/250 ⅌ – ☕ 30 – **25 ch** 220/270 – ½ P 225/240.

Ruines du Nideck, ✆ 88 50 90 14, 🏞 – TV ☎ P. GB
fermé 9 au 20 nov., 4 au 22 janv., mardi soir et merc. sauf hôtel du 1er avril au 9 nov. – **R** 110/210 ⅌, enf. 50 – ☕ 28 – **13 ch** 230/310 – ½ P 220/270.

OBERNAI **67210** B.-Rhin 62 ⑨ **G. Alsace Lorraine** (plan) – 9 610 h alt. 181.

Voir Place du Marché★★ – Hôtel de ville★ – Tour de la Chapelle★ – Ancienne halle aux blés★ – Maisons anciennes★ – Place★ de Boersch NO : 4 km.

🅸 Office de Tourisme Chapelle du Beffroi ✆ 88 95 64 13.

Paris 488 – ◆Strasbourg 31 – Colmar 47 – Erstein 14 – Molsheim 11,5 – Sélestat 25.

A la Cour d'Alsace M ⛰, 3 r. Gail ✆ 88 95 07 00, Télex 871122, Fax 88 95 19 21, 🍽, 🏞 – |‡| TV ☎ ♿ P – 🏟 80. AE ⓓ GB. ✻ rest
fermé 18 déc. au 9 janv. – **Le Jardin des Remparts** *(fermé 25 juil. au 9 août, sam. midi, dim. soir et lundi* **R** carte 250 à 340 – **Le Caveau de Gail** *(fermé dim. soir)* **R** 190/245 ⅌ – ☕ 75 – **43 ch** 630/780 – ½ P 570.

Parc ⛰, 169 r. Gén. Gouraud ✆ 88 95 50 08, Télex 870615, Fax 88 95 37 29, 🍽, 🏋, 🏊, 🏊, 🏞 – |‡| ▤ rest TV ☎ ♿ P – 🏟 80. AE GB
fermé 27 juin au 10 juil. et 5 déc. au 5 janv. – **R** *(fermé dim. soir et lundi)* 200/350 – ☕ 50 – **48 ch** 400/605 – ½ P 380/600.

Gd Hôtel, r. Dietrich ✆ 88 95 51 28, Fax 88 95 50 93 – |‡| TV ☎ – 🏟 80. AE ⓓ GB. ✻
fermé 28 juin au 5 juil., 20 déc. au 3 janv. et 9 au 24 fév. – **R** *(fermé dim. soir et lundi)* 110/210 ⅌, enf. 67 – ☕ 35 – **24 ch** 290/400 – ½ P 350.

Diligence, Résidence Exquisit et Bel Air sans rest, 23 pl. Mairie ✆ 88 95 55 69, Télex 880133, Fax 88 95 42 46 – |‡| TV ☎ P. AE GB
fermé 10 au 25 juil. – ☕ 40 – **46 ch** 220/390, 4 appart..

Les Jardins d'Adalric M ⛰ sans rest, r. Mar. Koenig ✆ 88 49 90 90, Fax 88 49 91 80 – |‡| ⚭ ch TV ☎ ♿ P – 🏟 25. AE GB
☕ 38 – **45 ch** 280/350.

Vosges, 5 pl. Gare ✆ 88 95 53 78, Fax 88 49 92 65, 🍽, 🏋 – |‡| TV ☎ ♿ – 🏟 30. GB
R *(fermé 21 juin au 5 juil., 5 au 26 janv., dim. soir hors sais. et lundi)* 77/280 ⅌ – ☕ 37 – **20 ch** 240/270 – ½ P 280.

Host. Duc d'Alsace sans rest, 6 r. Gare ✆ 88 95 55 34, Fax 88 95 00 92 – TV ☎ – 🏟 25. AE ⓓ GB
☕ 35 – **19 ch** 300/360.

Le Chambellan M avec ch, 1 r. Gén. Leclerc ✆ 88 95 09 88, Fax 88 49 90 34, 🍽 – TV ☎. GB. ✻ ch
R *(fermé dim. soir d'oct. à avril, mardi midi de mai à sept. et lundi)* 85/200 ⅌ – ☕ 38 – **10 ch** 300/450 – ½ P 330/375.

à Ottrott O : 4 km – ✉ **67530** :

Voir Couvent de Ste-Odile : ✱★★ de la terrasse, chapelle de la Croix★ SO : 11 km - pèlerinage 13 décembre.

Clos des Délices M, rte Klingenthal NO : 1 km par D 426 ✆ 88 95 81 00, Fax 88 95 97 71, 🍽, parc, 🏋, 🏊 – |‡| TV ☎ ♿ P – 🏟 40. AE ⓓ GB. ✻ rest
R *(fermé dim. soir et merc.)* 180/380 – ☕ 50 – **25 ch** 480/680 – ½ P 520/620.

Host. des Châteaux M ⛰, Ottrott-le-Haut ✆ 88 95 81 54, Télex 870439, Fax 88 95 95 20, ≤, 🏋, 🏊, 🏞 – |‡| ▤ ch TV ☎ ♿ P – 🏟 30 à 100. AE ⓓ GB
fermé 1er fév. au 1er mars – **R** *(fermé dim. soir et lundi hors sais.)* 180/380, enf. 75 – ☕ 60 – **60 ch** 380/650, 5 appart. – ½ P 390/700.

Beau Site M, Ottrott-le-Haut ✆ 88 95 80 61, Fax 88 95 86 41, 🍽, « Salle à manger "Spindler" » – ⚭ ch ☎ 🚗 P. AE ⓓ GB
R *(fermé dim. soir et lundi sauf fériés)* 150/380 ⅌, enf. 70 – ☕ 45 – **15 ch** 290/620 – ½ P 370/470.

Domaine Le Moulin M ⛰, rte Klingenthal NO : 1 km par D 426 ✆ 88 95 87 33, Fax 88 95 98 03, 🍽, parc, 🎾 – |‡| TV ☎ ♿ P. GB
fermé 1er au 7 juil. et 20 déc. au 15 janv. – **R** 99/220 ⅌, enf. 75 – ☕ 38 – **21 ch** 280/380 – ½ P 280/320.

A l'Ami Fritz, Ottrott-le-Haut ✆ 88 95 80 81, Fax 88 95 84 85, 🍽 – P. AE ⓓ GB
fermé 28 juin au 11 juil., 2 au 15 janv. et merc. – **Repas** 125/285 ⅌.

Annexe H. A l'Ami Fritz M ⛰, à 500 m. ✆ 88 95 87 39, ≤, 🏞 – TV ☎ P – 🏟 25. AE ⓓ GB
fermé 2 au 15 janv. – ☕ 35 – **16 ch** 205/335 – ½ P 310/340.

à Boersch O : 4 km par D 322 – ✉ **67530** :

Le Chatelain, ✆ 88 95 83 33, Fax 88 95 80 63 – P. AE ⓓ GB
fermé lundi – **R** 85/295 ⅌, enf. 50.

à Klingenthal O : 6 km – ✉ **67530** Boersch :

Vosges, ✆ 88 95 82 86, Fax 88 95 90 84, 🍽, Lo, ⬜, 🌳, 🎾 – |‡| TV ☎ Ⓟ – 🏛 120. AE ⓓ GB
hôtel : fermé 30 déc. au 6 janv. ; rest. : fermé 5 au 16 juil., 20 déc. au 6 janv., dim. soir et lundi – **R** 100/250, enf. 60 – ☕ 40 – **64 ch** 360/520 – ½ P 310/390.

CITROEN Dagorn, 24 A r. Gén.-Gouraud ✆ 88 95 52 78
CITROEN Juen Automobiles, Zone Artisanale Sud ✆ 88 95 00 00
FIAT-LANCIA Haus, r. Gén.-Leclerc ✆ 88 95 53 72 N
NISSAN-VOLVO Gar. Gruss, 202a r. Gén.-Gouraud ✆ 88 95 58 48
OPEL Gar. Keller, r. de l'Artisanat ZA Sud ✆ 88 95 47 47 N ✆ 88 95 01 91
PEUGEOT, TALBOT Gillmann-Auto, 10 r. Gén.-Gouraud ✆ 88 95 52 56
RENAULT Wietrich Auto, r. de l'Artisanat, ZA Sud ✆ 88 95 36 36

OBERSTEIGEN

67 B.-Rhin 62 ⑧ **G. Alsace Lorraine** – alt. 500 – ✉ **67710** Wangenbourg.
Voir Vallée de la Mossig★ E : 2 km.
Paris 460 – ♦Strasbourg 38 – Molsheim 27 – Sarrebourg 31 – Saverne 16 – Wasselonne 12.

Host. Belle Vue 🐦, ✆ 88 87 32 39, Fax 88 87 37 77, ≤, Lo, ⛱, 🌳 – |‡| TV ☎ Ⓟ – 🏛 40. GB. ✂ rest
fermé 1er fév. au 18 mars, dim. soir et lundi en hiver – **R** 150/280 🍷 – ☕ 40 – **38 ch** 320/570 – ½ P 330/450.

Au Goldbrunnen, ✆ 88 87 31 01, ≤, 🌳 – ☎ Ⓟ – 🏛 30. AE GB
1er avril-1er nov. – **R** 90/150 🍷, enf. 45 – ☕ 30 – **16 ch** 140/220 – ½ P 150/190.

OBERSTEINBACH

67510 B.-Rhin 57 ⑱ ⑲ **G. Alsace Lorraine** – 199 h alt. 239.
Paris 460 – ♦Strasbourg 64 – Bitche 22 – Haguenau 37 – Wissembourg 26.

XXX **Anthon** 🐦 avec ch, ✆ 88 09 55 01, Fax 88 09 50 52, 🌳 – ☎ Ⓟ – 🏛 30. GB
fermé 16 au 25 août, 6 au 15 déc., 3 au 28 janv., mardi et merc. – **R** 95/315 🍷, enf. 70 – ☕ 45 – **9 ch** 220/250.

OBJAT

19130 Corrèze 75 ⑧ – 3 163 h alt. 126.
Paris 473 – Brive-la-Gaillarde 19 – Arnac-Pompadour 21 – ♦Limoges 80 – Tulle 44 – Uzerche 29.

France, av. G.-Clemenceau ✆ 55 25 80 38, Fax 55 25 91 87 – ☎ Ⓟ. GB
fermé 10 sept. au 5 oct., 24 déc. au 2 janv., sam. soir (sauf hôtel) et dim. hors sais. – **R** 75/180 🍷 – ☕ 35 – **30 ch** 130/220 – ½ P 220/260.

XX **Pré Fleuri** avec ch, rte Pompadour ✆ 55 25 83 92, 🍽, 🌳 – ☎. AE GB
fermé 10 au 25 janv. et lundi hors sais. – **R** 100/270 – ☕ 30 – **7 ch** 160/200 – ½ P 250.

X **Chez Tony,** pl. Gare ✆ 55 25 02 23 – GB. ✂
fermé juin, dim. soir et lundi – **R** 70/180 🍷, enf. 40.

à St-Aulaire par rte des 4 chemins : 3 km – ✉ **19130** :

Bellevue 🐦, ✆ 55 25 81 39, ≤, 🍽 – ☎ Ⓟ. ⓓ GB. ✂ ch
fermé janv., vend. soir et sam. midi hors sais. – **R** 65/220, enf. 35 – ☕ 25 – **10 ch** 140/270 – ½ P 190/220.

OCHIAZ

01 Ain 74 ⑤ – rattaché à Bellegarde-sur-Valserine.

OCTON

34800 Hérault 83 ⑤ – 350 h alt. 120.
Paris 727 – ♦Montpellier 54 – Béziers 54 – Lodève 19.

Mas de Clergues 🐦, ✆ 67 96 08 84, ≤, ⛱ – Ⓟ
Pâques-15 oct. – **R** 150 bc/220 bc – ☕ 25 – **7 ch** 260/290 – ½ P 280.

ODEILLO

66 Pyr.-Or. 86 ⑯ – rattaché à Font-Romeu.

ODENAS

69460 Rhône 74 ① – 750 h alt. 298.
Paris 424 – Mâcon 32 – Bourg-en-Bresse 51 – ♦Lyon 49 – Villefranche-sur-Saône 16.

X **Christian Mabeau,** ✆ 74 03 41 79, 🍽 – GB
fermé 1er au 16 mars, 1er au 22 sept., dim. soir et lundi – **R** 123/215, enf. 75.

OFFEMONT

90 Ter.-de-Belf. 66 ⑧ – rattaché à Belfort.

OFFENDORF

67850 B.-Rhin 57 ⑲ – 1 640 h alt. 127.
Paris 497 – ♦Strasbourg 27 – Haguenau 18 – Karlsruhe 65 – Saverne 57.

XX **A la Forêt du Rhin,** 2 r. Principale ✆ 88 96 49 53 – Ⓟ. AE ⓓ GB
fermé 15 au 31 juil., 15 au 28 fév., mardi soir et merc. – **R** 95/185.

OIRON

79100 Deux-Sèvres 68 ② **G. Poitou Vendée Charentes** – 1 009 h alt. 85.
Voir Château★ : galerie★★ – Collégiale★.
Paris 324 – Poitiers 57 – Loudun 14 – Parthenay 40 – Thouars 12.

XX **Relais du Château,** ✆ 49 96 54 96, Fax 49 96 54 45, 🍽 – GB
fermé dim. soir et lundi – **R** 65/170 🍷, enf. 40.

OISLY 41700 L.-et-Ch. 64 ⑰ – 319 h alt. 120.

Paris 207 – ◆Tours 59 – Blois 26 – Châteauroux 80 – Romorantin-Lanthenay 32.

X **St-Vincent,** ✆ 54 79 50 04 – GB
fermé fin oct. à fin nov., dim. soir, fêtes le soir et lundi – **R** 85/190, enf. 40.

OLARGUES 34390 Hérault 83 ③ **G. Gorges du Tarn** – 512 h alt. 183.

Env. Gorges d'Héric★★ NE : 8 km.

Syndicat d'Initiative r. de la Place ✆ 67 97 71 26.

Paris 768 – Béziers 49 – Lodève 55 – ◆Montpellier 97 – St-Affrique 76 – St-Pons 19.

Domaine de Rieumégé ⛰, 2,5 km par rte St-Pons ✆ 67 97 73 99, Fax 67 97 78 52, ≤, 🏖, 🏊, 🌳, 🎾 – ☎ 🅟. GB
3 avril-1er nov. – **R** 135/255, enf. 65 – ☕ 55 – **14 ch** 303/563 – ½ P 434/471.

OLEMPS 12 Aveyron 80 ② – rattaché à Rodez.

OLÉRON (Ile d') ★ 17 Char.-Mar. 71 ⑬ ⑭ **G. Poitou Vendée Charentes.**

⛳9 d'Oléron ✆ 46 47 11 59, S par D 126 : 2 km.

Accès par le pont viaduc. **Passage gratuit.**

Boyardville – alt. 3 – ✉ 17190 St-Georges-d'Oléron.

⛳9 d'Oléron ✆ 46 47 11 59, S par D 126 : 2 km.

Paris 520 – La Rochelle 78 – Marennes 25 – Rochefort 46 – Saintes 66.

XX **La Perrotine,** au port ✆ 46 47 01 01, Fax 46 47 37 85 – GB
fermé janv. et mardi sauf vacances scolaires – **R** 130/170, enf. 60.

XX **Bains** avec ch, au port ✆ 46 47 01 02, 🏖 – ☎. AE ⓓ GB
20 mai-19 sept. – **R** 95/285, enf. 55 – ☕ 35 – **11 ch** 189/240 – ½ P 265/305.

Le Château-d'Oléron – 3 544 h alt. 3 – ✉ **17480.**

Office de Tourisme pl. République ✆ 46 47 60 51.

Paris 504 – La Rochelle 68 – Royan 41 – Marennes 14 – Rochefort 34 – Saintes 54.

France, ✆ 46 47 60 07 – TV ☎. AE GB
fermé janv. dim. soir et lundi du 15 sept. au 15 juin – **R** 90/145 – ☕ 32 – **11 ch** 220/260 – ½ P 260/300.

RENAULT Gar. S.O.A. ✆ 46 47 67 22

La Cotinière – ✉ **17310** St-Pierre-d'Oléron.

Paris 520 – La Rochelle 78 – Royan 51 – Marennes 25 – Rochefort 45 – Saintes 65.

Motel Ile de Lumière M ⛰ sans rest, ✆ 46 47 10 80, Fax 46 47 30 87, ≤, 🏊, 🌳, 🎾 – TV ☎ 🅟. GB
4 avril-1er oct. – **45 ch** ☕ 550/620.

Face aux Flots, ✆ 46 47 10 05, Fax 46 47 45 95, ≤, 🏊 – TV ☎ ♿. GB
fermé 15 nov. au 20 déc. et 16 janv. au 10 fév. – **R** *(fermé vend. en fév.-mars)* 99/190 – ☕ 39 – **20 ch** 300/390 – ½ P 320/380.

Dolus-d'Oléron – 2 440 h alt. 6 – ✉ **17550.**

Syndicat d'Initiative pl. Hôtel de Ville (fermé après-midi 15 sept.-avril) ✆ 46 75 32 84.

Paris 513 – La Rochelle 72 – Royan 46 – Marennes 18 – Rochefort 39 – Saintes 59.

Floratel M, rte Boyardville ✆ 46 75 46 40, Fax 46 75 46 50, 🏊, 🌳 – ▤ rest TV ☎ ♿ 🅟. GB
Pâques-30 nov. – **R** 75/180, enf. 44 – ☕ 30 – **50 ch** 400/420 – ½ P 330.

La Remigeasse – ✉ **17550** Dolus-d'Oléron.

Paris 516 – La Rochelle 78 – Royan 51 – Marennes 21 – Rochefort 41 – Saintes 61.

Gd Large et rest. Amiral M ⛰, à la plage ✆ 46 75 37 89, Fax 46 75 49 15, ≤, parc, 🏊, 🎾 – TV ☎ 🅟. GB
Pâques-fin sept. – **R** 260/360 – ☕ 80 – **21 ch** 690/1530, 5 appart. – ½ P 705/1125.

St-Pierre-d'Oléron – 5 365 h alt. 11 – ✉ **17310.**

Voir Église ※★.

Office de Tourisme pl. Gambetta ✆ 46 47 11 39.

Paris 518 – La Rochelle 78 – Royan 51 – Marennes 23 – Rochefort 44 – Saintes 64.

Otelinn M, D 734 ✆ 46 47 19 92, Fax 46 47 47 19, 🌳 – ⇆ ch TV ☎ ♿ 🅟 – 🏛 30. AE GB
R 85/225, enf. 53 – ☕ 60 – **34 ch** 400 – ½ P 300.

XX **Moulin du Coivre,** D 734 ✆ 46 47 44 23 – 🅟. AE GB
fermé dim. soir et lundi sauf fériés et vacances scolaires – **R** 120/240.

XX **La Campagne,** D 734 ✆ 46 47 25 42, 🏖, 🌳 – 🅟. AE GB. ✻
1er mars-15 nov., Noël-Jour de l'An et fermé dim. soir et lundi hors sais. – **R** 185/240.

PEUGEOT, TALBOT Belluteau, pl. Gambetta ✆ 46 47 02 26 N

V.A.G Pacreau, Zone Ind. rte St Georges ✆ 46 47 13 21

St-Trojan-les-Bains – 1 490 h alt. 4 – ✉ **17370.**

ℹ Office de Tourisme carrefour du Port ☎ 46 76 00 86.

Paris 513 – La Rochelle 72 – Royan 45 – Marennes 18 – Rochefort 38 – Saintes 58.

Novotel Ⓜ, plage de Gatseau S : 2,5 km ☎ 46 76 02 46, Télex 790910, Fax 46 76 09 33, ≤, centre de thalassothérapie, « En forêt près de la mer », ch – 30. AE ① GB
R carte environ 200 , enf. 70 – ☕ 52 – **80 ch** 720/770 – ½ P 525/550.

La Forêt Ⓜ, bd P. Wiehn ☎ 46 76 00 15, Fax 46 76 14 67, – ☎ Ⓟ. GB
hôtel : 3 avril-15 nov. ; rest. : 4 avril-15 oct. – **R** 80/180, enf. 50 – ☕ 35 – **44 ch** 290/460 – ½ P 280/380.

Les Cleunes sans rest, ☎ 46 76 03 08, Fax 46 76 08 95, ≤, – TV ☎ Ⓟ. AE ① GB
20 mars-10 nov. – ☕ 38 – **49 ch** 245/540.

L'Albatros, ☎ 46 76 00 08, ≤, – TV ☎ Ⓟ. GB
mi-fév.-mi-nov. – **R** 75/165 – ☕ 32 – **13 ch** 238/266 – ½ P 254/275.

La Marée, au port ☎ 46 76 04 96, – AE ① GB JCB
15 mars-15 oct. et fermé lundi sauf juil.-août – **R** 100/160, enf. 48.

RENAULT Testard, ☎ 46 76 01 07

OLETTE 66360 Pyr.-Or. 86 ⑰ G. Pyrénées Roussillon – 447 h alt. 627.

Paris 969 – Font-Romeu 29 – Mont-Louis 20 – ♦Perpignan 60 – Prades 16.

La Fontaine, ☎ 68 97 03 67 – AE ① GB
fermé janv., mardi soir et merc. – **R** 70/190, enf. 40.

OLIVET 45 Loiret 64 ⑨ – rattaché à Orléans.

Les OLLIÈRES-SUR-EYRIEUX 07360 Ardèche 76 ⑲ ⑳ – 769 h alt. 174.

Paris 595 – Valence 34 – Le Cheylard 29 – Lamastre 34 – Montélimar 52 – Privas 19.

Aub. de la Vallée avec ch, ☎ 75 66 20 32 – rest ☎ Ⓟ. GB.
fermé 20 au 27 sept., 1er fév. au 15 mars, dim. soir et lundi hors sais. sauf fériés – **R** 90/300 – ☕ 35 – **7 ch** 200/300.

PEUGEOT-TALBOT Gar. de Veyes ☎ 75 66 20 86

OLLIOULES 83190 Var 84 ⑭ G. Côte d'Azur – 10 398 h alt. 50.

Voir Gorges d'Ollioules★.

Paris 832 – ♦Toulon 10 – Aix-en-Provence 75 – ♦Marseille 59.

L'Assiette Gourmande, pl. H. Duprat (parvis de l'église) ☎ 94 63 04 61, – GB
fermé fév., mardi soir hors sais. et merc. – **R** (nombre de couverts limité, prévenir) 120/180, enf. 49.

V.A.G Star, quart. Lagoubran, chemin des Canniers ☎ 94 09 23 12

OLONNE-SUR-MER 85340 Vendée 67 ⑫ – 8 546 h alt. 27.

Paris 482 – La Roche-sur-Yon 34 – Les Sables-d'Olonne 5 – St-Gilles-Croix-de-Vie 26.

au NO par D 80 : 7 km – ✉ **85340** Olonne-sur-Mer :

Aub. de la Forêt, ☎ 51 90 52 29, – Ⓟ. AE GB
fermé 20 janv. au 15 mars, lundi et mardi du 20 sept. au 20 juin – **R** 98/265, enf. 50.

OPEL Gar. de l'Atlantique, 37 bis rte d'Olonne ☎ 51 32 08 43

RENAULT Central Gar., 6 rte de Nantes ☎ 51 21 01 07 🅽 ☎ 51 32 40 70

OLORON-STE-MARIE SP 64400 Pyr.-Atl. 85 ⑤ ⑥ G. Pyrénées Aquitaine – 11 067 h alt. 221.

Voir Portail★★ de l'église Ste-Marie A.

ℹ Office de Tourisme pl. Résistance ☎ 59 39 98 00.

Paris 823 ⑤ – Pau 35 ② – ♦Bayonne 93 ⑤ – Dax 79 ⑤ – Lourdes 60 ② – Mont-de-Marsan 96 ①.

Plan page suivante

Alysson Ⓜ, bd Pyrénées ☎ 59 39 70 70, Fax 59 39 24 47, ≤, ch rest TV ☎ Ⓟ – 60. GB
R *(fermé sam. midi)* 98/220 – ☕ 40 – **32 ch** 300/400 – ½ P 330/430.

Darroze, 4 pl. Mairie ☎ 59 39 00 99, Fax 59 39 17 88, – TV ☎. AE ① GB — B **e**
fermé 15 au 31 janv., sam. midi et vend. d'oct. à mai – **R** 95/250 – ☕ 40 – **30 ch** 290/420 – ½ P 315.

Brun, pl. Jaca ☎ 59 39 64 90 – TV ☎. GB — A **s**
R snack *(fermé vend. soir et sam.)* 55/70 – ☕ 25 – **20 ch** 240/340 – ½ P 220.

Paix sans rest, 24 av. Sadi-Carnot ☎ 59 39 02 63, Fax 59 39 98 20, – TV ☎ Ⓟ. — A **n**
☕ 25 – **24 ch** 140/250.

OLORON-STE-MARIE

Barthou (R. Louis)	B
Camou (R.)	B
Gambetta (Pl.)	B 12
Résistance (Pl. de la)	B 18
Bellevue (Promenade)	B 2
Biscondau	B 3
Bordelongue (R. A.)	B 4
Casamayor-Dufaur (R.)	A 5
Cathédrale (R.)	A 6
Dalmais (R.)	B 8
Despourins (R.)	A 9
Gabe (Pl. Amédée)	B 10
Jaca (Pl. de)	A 13
Jeliotte (R.)	B 14
Mendiondou (Pl.)	B 15
Moureu (Av. Charles et Henri)	A 16
St-Grat (R.)	A 19
Vigny (Av. Alfred de)	A 23
4-Septembre	A 24

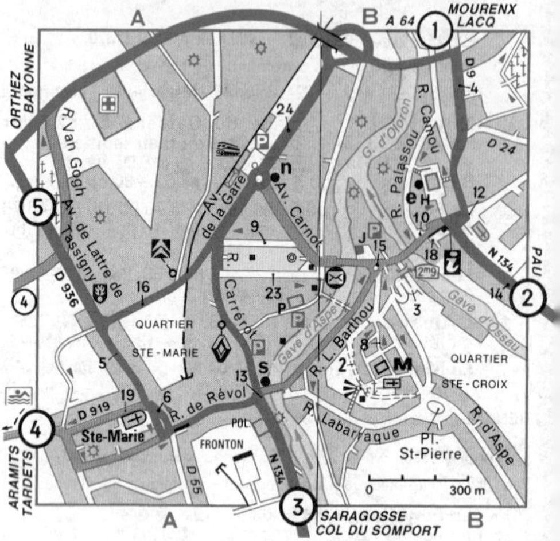

Découvrez la France avec les ***guides Verts Michelin :*** *24 titres illustrés en couleurs.*

ALFA ROMEO-FIAT Guiraud, av. Ch.-Moureu ℘ 59 39 02 43 N ℘ 59 39 19 92
CITROEN Atomic Gar., 5 av. 14-Juillet A ℘ 59 39 53 00
PEUGEOT, TALBOT Tristan, av. de Lattre-de-Tassigny par ⑤ ℘ 59 39 10 73 N ℘ 59 38 82 44

RENAULT Haurat, 41 r. Carrérot ℘ 59 39 01 93 N ℘ 59 38 81 25
RENAULT Gar. Biscay, à Ledeuix par ① ℘ 59 39 12 08 N
V.A.G Gar. Loustaunau, 71 av. d'Espagne à Bidos ℘ 59 39 26 55

Découvrez la France avec les ***guides Verts Michelin :*** *24 titres illustrés en couleurs.*

OMAHA BEACH 14 Calvados 54 ④ ⑭ – voir à Vierville-sur-Mer.

OMONVILLE-LA-PETITE 50440 Manche 54 ① – 137 h.
Paris 385 – Cherbourg 24 – Barneville Carteret 45 – Nez de Jobourg 6,5 – Saint-Lô 101.

- **La Fossardière** sans rest, au hameau de la Fosse ℘ 33 52 19 83 – ☎ P. GB
  fermé 15 déc. au 1er mars – ☕ 35 – **8 ch** 230/310.

ONZAIN 41150 L.-et-Ch. 64 ⑯ – 3 080 h alt. 67.
Voir Château★★ de Chaumont-sur-Loire S : 3 km, G. Châteaux de la Loire.
Paris 198 – ◆Tours 47 – Amboise 20 – Blois 16 – Château-Renault 23 – Montrichard 21.

- ✿✿ **Domaine des Hauts de Loire** M, NO : 3 km par D 1 et voie privée ℘ 54 20 72 57, Télex 751547, Fax 54 20 77 32, « Élégant relais de chasse dans un parc », – TV ☎ ♿ P – 80. AE ① GB.
  1er mars-1er déc. – **R** *(fermé mardi midi et lundi en mars et nov.)* 280/300 et carte 300 à 450 – ☕ 75 – **25 ch** 900/1300, 9 appart.
  Spéc. Salade d'anguilles croustillantes à la vinaigrette d'échalotes (saison). Mousse tiède de persil à l'huile de noisettes (saison). Filet de boeuf poché au vin de Montlouis. Vins Touraine blanc, Mesland rouge.
- **La Carte** M, SE : 4,5 km sur N 152 ℘ 54 20 49 00, Fax 54 20 43 78, « Au milieu de son golf », – TV ☎ ♿ P – 30. AE GB
  10 mars-30 nov. – **R** 210 – ☕ 60 – **20 ch** 490/840 – ½ P 495/610.
- **Château des Tertres** sans rest, O : 1,5 km par D 58 ℘ 54 20 83 88, Fax 54 20 89 21, ←, « Gentilhommière dans un parc » – ☎ P. AE GB.
  27 mars-14 nov. – ☕ 37 – **19 ch** 460.

PEUGEOT, TALBOT Gar. Guyader ℘ 54 20 70 37 N
RENAULT Gar. Lefebvre, à Onzain ℘ 54 20 98 65 N ℘ 54 20 97 96

OPIO 06 Alpes-Mar. 84 ⑧, 115 ㉔ – rattaché à Grasse.

ORADOUR-SUR-GLANE 87520 H.-Vienne 72 ⑥ ⑦ G. Berry Limousin – 1 998 h alt. 275.
Voir "Village martyr" dont la population a été massacrée en juin 1944.
Paris 403 – ◆Limoges 22 – Angoulême 89 – Bellac 25 – Confolens 35 – Nontron 70.

- **Le Milord** avec ch, ℘ 55 03 10 35, Fax 55 03 21 76, – P. AE GB
  fermé fév. et merc. soir d'oct. à fév. – **R** 55/180 ⅌, enf. 32 – ☕ 22 – **8 ch** 145 – ½ P 140.

ORANGE 84100 Vaucluse 81 ⑪ ⑫ G. Provence – 26 964 h alt. 46.

Voir Théâtre antique★★★ BZ – Arc de Triomphe★★ AY – Colline St-Eutrope ≤★ BZ.

du Moulin ✆ 90 34 34 04, par ② : 4 km.

Office de Tourisme et Accueil de France (Informations, change et réservations d'hôtels pas plus de 5 jours à l'avance) cours A.-Briand ✆ 90 34 70 88, Télex 432357 et pl. Frères Mounet (juin-sept.).

Paris 659 ⑤ – Avignon 31 ⑤ – Alès 78 ⑤ – Carpentras 23 ③ – Montélimar 54 ⑤ – Nîmes 54 ⑤.

ORANGE

République (R. de la) . . . . . . BY 9
St-Martin (R.) . . . . AY 13

Arc de Triomphe (Av. de l') . . . . . . AY
Artaud (Av. A.) . . . . ABY
Blanc (R. A.) . . . . BZ
Briand (Crs A.) . . . . AYZ
Caristie (R.) . . . . BY 2
Châteauneuf (R. de) . . . . . . BZ 3
Clemenceau (Pl. G.) . . . . . . BY 4
Concorde (R. de la) . . . . BY
Contrescarpe (R. de la) . . . . BY
Daladier (Av. E.) . . . . ABY
Fabre (Av. H.) . . . . BY
Frères-Mounet (Pl. des) . . . . BY 5
Guillaume-le Taciturne (Av.) . . . . BY
Lacour (R.) . . . . AY
Leclerc (Av. Gén.) . . . . BZ
Levade (R. de la) . . . . BY
Mistral (Av. F.) . . . . BY 6
Noble (R. du) . . . . ABY
Pourtoules (Cours) . . . . BZ
Pourtoules (R.) . . . . BZ 7
Princes d'Orange-Nassau (Mtée des) . . . . . AZ
République (Pl. de la) . . . . . BY 8
Roch (R. Madeleine) . . . . . . BZ 10
St-Clement (Rue) . . . . AZ
St-Florent (R.) . . . . BY 12
St-Jean (Rue) . . . . AY
Tanneurs (R. des) . . . . AY 16
Thermes (Av. des) . . . . AZ
Tourre (R. de) . . . . AZ 20
Victor-Hugo (Rue) . . . . AY

Promeneurs,
campeurs,
fumeurs,
Soyez prudents!
Le feu
est le plus terrible ennemi
de la forêt.

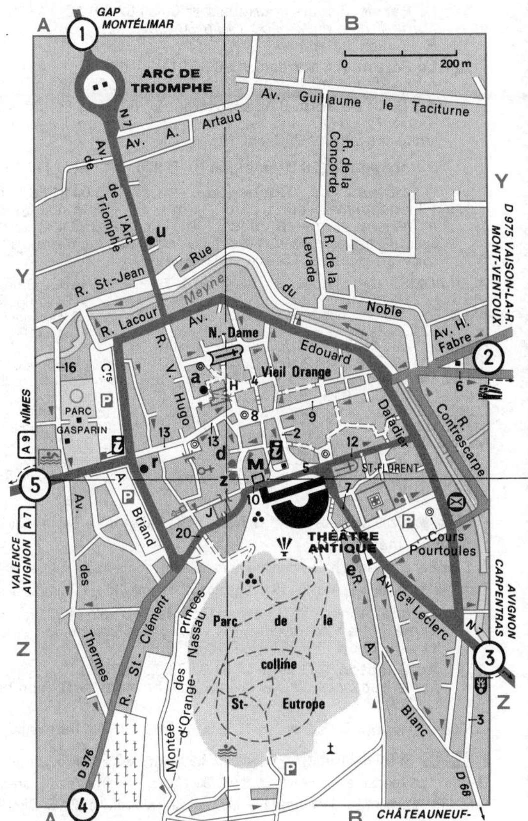

Mercure-Altéa M, rte Caderousse par ⑤ ✆ 90 34 24 10, Télex 431550, Fax 90 34 85 48, , , – ▤ TV ☎ P – 30 à 150. AE ⓓ GB
R 115/240, enf. 55 – ☕ 52 – **99 ch** 390/530.

Arène sans rest, pl. Langes ✆ 90 34 10 95, Fax 90 34 91 62 – ▤ TV ☎. AE ⓓ GB
fermé 1er nov. au 15 déc. – ☕ 40 – **30 ch** 300/400. AY **a**

Mas des Aigras sans rest, chemin des Aigras par ①, N 7 et VO : 4 km ✆ 90 34 81 01, Fax 90 34 05 66, « Joli mas provençal », , , – ☎ P. GB
☕ 40 – **11 ch** 350/490.

Glacier sans rest, 46 cours A. Briand ✆ 90 34 02 01, Fax 90 51 13 80 – TV ☎. AE GB AY **r**
fermé 22 déc. au 1er fév. et dim. soir du 1er nov. à Pâques – ☕ 29 – **28 ch** 240/280.

Ibis M, rte Caderousse par ⑤ ✆ 90 34 35 35, Télex 432752, Fax 90 34 96 47, , – ch TV ☎ ♿ P – 30. AE GB
R *(fermé sam. midi et dim. midi de nov. à janv.)* 85 , enf. 39 – ☕ 33 – **72 ch** 280/305.

Climat de France M, 86 av. de l'Arc de Triomphe ✆ 90 51 87 87, Fax 90 34 35 89 – ▤ rest TV ☎ – 30. AE GB AY **u**
R 80/125 , enf. 38 – ☕ 30 – **60 ch** 258/279 – ½ P 239/250.

Louvre et Terminus, 89 av. F. Mistral (à la Gare) ✆ 90 34 10 08, Fax 90 34 68 71, – rest. AE GB
fermé 20 déc. au 8 janv. – **R** *(fermé lundi de fin oct. à début mars et sam. midi)* 90/180, enf. 38 – 35 – **34 ch** 260/370 – ½ P 250/280.

Campanile, rte Caderousse par ⑤ ✆ 90 51 68 68, Télex 431885, Fax 90 34 04 67, – rest – 40. AE GB
R 80 bc/102 bc, enf. 39 – 29 – **39 ch** 268.

Le Parvis, 3 cours Pourtoules ✆ 90 34 82 00, – . AE GB — BZ **e**
fermé 7 nov. au 2 déc., 15 au 30 janv., dim. soir et lundi sauf du 1er juil. au 15 août – **R** 135/265, enf. 60.

Le Forum, 3 r. Mazeau ✆ 90 34 01 09 – GB — BY **z**
fermé 25 déc. au 1er janv., 20 au 30 sept. et le soir de déc. à fév. – **R** 95/180.

Au Goût de Jour, 9 pl. aux Herbes ✆ 90 34 10 80, – GB. — BY **d**
fermé 1er au 10 janv. et dim. sauf le soir en juil.-août – **Repas** (nombre de couverts limité-prévenir) 99/210, enf. 60.

à Rochegude (26 Drôme) par ①, D 976, D 11 et D 117 : 14 km – ✉ **26790** :

Château de Rochegude, ✆ 75 04 81 88, Télex 345661, Fax 75 04 89 87, « Élégante installation, parc, », – rest – 25. AE GB JCB
fermé janv. et fév. – **R** 190 (déj.)/450 et carte 285 à 480 – 80 – **25 ch** 650/1500, 4 appart.
Spéc. Ravioles de Romans en velouté de morilles. Noisettes d'agneau à la crème d'ail. Croustillant café-chocolat, sauce café épicée. **Vins** Côtes du Rhône-Villages.

ALFA-ROMEO Gar. Masoero, rte d'Avignon, N 7 ✆ 75 34 62 91
BMW Foch-Autom., 655 av. Mar.-Foch ✆ 90 34 24 35
CITROEN Auto-Forum, ZAC du Coudoulet par ③ ✆ 90 34 04 50 N ✆ 90 34 30 60
FIAT, LANCIA Gemelli, rte de Jonquières ✆ 90 34 69 04 N ✆ 90 51 75 64
FORD Auto-Sce-Leader, rte d'Avignon N 7 ✆ 90 51 82 41
MERCEDES SAVIA, rte d'Avignon ✆ 90 34 72 70 N ✆ 88 72 00 94
OPEL-GM Balbi, 191 r. de Lattre-de-Tassigny ✆ 90 34 04 16
RENAULT Brun, N 7 rte de Lyon par ① ✆ 90 34 02 68 N
V.A.G Orangeoise-Autom., rte de Jonquières ✆ 90 34 61 83

Ayme-Pneus, rte de Caderousse ✆ 90 34 24 65
Pneus Service, 18 r. A.-Lacour ✆ 90 34 34 03
Pneus Service, 280 av. de Lattre-de-Tassigny ✆ 90 34 14 66
Provence Pneus, ZI Coudoulet, r. des Pays-Bas ✆ 90 51 02 20
Valerian Pneus, 54 rte de Jonquières ✆ 90 34 86 86 N ✆ 90 51 55 65

ORBEC 14290 Calvados 55 ⑭ G. Normandie Vallée de la Seine – 2 642 h alt. 120.

Voir Vieux manoir★.

Syndicat d'Initiative r. Guillonnière (juin-15 sept. après-midi seul.) ✆ 31 32 87 15.

Paris 170 – L'Aigle 37 – Alençon 79 – Argentan 52 – Bernay 16 – ◆Caen 72 – Lisieux 21.

France (Annexe 11 ch), r. Grande ✆ 31 32 74 02, Fax 31 32 27 77, – . GB
fermé 17 déc. au 17 janv. – **R** *(fermé dim. soir du 15 oct. au 15 mars)* 83/160, enf. 45 – 28 – **23 ch** 116/317 – ½ P 169/270.

Au Caneton, r. Grande ✆ 31 32 73 32 – AE GB
fermé vacances de fév., lundi soir et mardi – **R** (nombre de couverts limité-prévenir) 130/280.

CITROEN Decaux, à la Vespière ✆ 31 32 80 49 N
Gar. Derriennic ✆ 31 32 83 53

ORBEY 68370 H.-Rhin 62 ⑱ G. Alsace Lorraine – 3 282 h alt. 500.

Office de Tourisme à la Mairie ✆ 89 71 30 11 et à Hachimette (mi juin-mi sept.) ✆ 89 47 53 11.

Paris 431 – Colmar 22 – Gérardmer 40 – Munster 20 – Ribeauvillé 22 – St-Dié 40 – Sélestat 35.

Bois Le Sire et son Motel, ✆ 89 71 25 25, Fax 89 71 30 75, – – 30. AE GB
fermé 2 janv. au 14 fév. – **R** *(fermé mardi midi de sept. à juin et lundi sauf le soir en sais.)* 75/240, enf. 50 – 48 – **36 ch** 233/346 – ½ P 263/323.

Saut de la Truite, à Remomont NO : 1 km par VO ✉ 68370 Orbey ✆ 89 71 20 04, Fax 89 71 30 59, ←, – – 30. GB.
fermé 1er déc. au 1er fév. et merc. sauf juil.-août – **R** 100/210 – 42 – **22 ch** 205/310 – ½ P 255/310.

Croix d'Or, r. Église ✆ 89 71 20 51, Fax 89 71 35 60, – . AE GB. rest
fermé 16 nov. au 24 déc. et merc. hors sais. – **R** *(fermé merc. midi et lundi en sais.)* 90/260, enf. 59 – 39 – **18 ch** 260 – ½ P 260/270.

à Basses-Huttes S : 4 km par D 48 – ✉ **68370** Orbey :

Wetterer, ✆ 89 71 20 28 – . GB.
fermé 7 nov. au 20 déc., lundi midi et merc. de sept. à juin – **R** 75/180, enf. 45 – 32 – **17 ch** 230/260 – ½ P 230/240.

à Pairis SO : 3 km sur D 48 II – alt. 700 – ✉ **68370** Orbey :

Voir Lac Noir★ : ←★ 30 mn O : 5 km.

Bon Repos, ✆ 89 71 21 92, Fax 89 71 24 51 – . AE GB
fermé 14 nov. au 24 déc. et merc. midi – **R** 75/150, enf. 42 – 30 – **18 ch** 150/225 – ½ P 215/225.

XX **Pairis** avec ch, 89 71 20 15, , – ☎ ℗. AE ⓓ GB
fermé 3 janv. au 14 fév. et lundi hors sais. – **R** 60/300 ₰, enf. 55 – ☕ 32 – **15 ch** 210 – ½ P 235.

CITROEN Gar. Eberlé 89 71 20 35 N 89 71 23 45

ORCHAMPS-VENNES 25390 Doubs 66 ⑰ G. Jura – 1 497 h alt. 750.

Paris 457 – ♦Besançon 48 – Baume-les-Dames 40 – Montbéliard 70 – Morteau 17 – Pontarlier 36.

XX **Barrey** avec ch, face église 81 43 50 97 – TV ☎ ℗. GB
fermé 7 au 15 juin., 6 au 14 sept., 11 au 19 oct., dim. soir et lundi hors sais. – **R** 60/250 ₰, enf. 45 – ☕ 30 – **13 ch** 180/240 – ½ P 230/240.

à Fuans E : 3 km par D 461 – ✉ **25390** :

Patton, 81 43 51 01, Fax 81 43 62 48, ≤ – TV ☎ ℗. AE ⓓ GB. ⚘
fermé 11 nov. au 10 déc. et lundi d'oct. à juin – **R** 100/230 ₰ – ☕ 30 – **10 ch** 140/230 – ½ P 180/230.

à Loray NO : 4,5 km par D 461 – ✉ **25390** :

XX **Vieille-Robichon** avec ch, 81 43 21 67, Fax 81 43 26 10, – ☎ ℗. GB
fermé 1er au 7 janv., dim. soir et lundi sauf juil.-août – **R** 70/250 ₰, enf. 50 – ☕ 35 – **9 ch** 205/225 – ½ P 250.

CITROEN Gar. Cartier 81 43 60 52 N 81 43 57 72

RENAULT Gar. Gaiffe 81 43 52 36

ORCHIES 59310 Nord 51 ⑯ – 6 945 h alt. 38.

Paris 216 – ♦Lille 26 – Denain 26 – Douai 19 – St-Amand-les-Eaux 17 – Tournai 19 – Valenciennes 28.

XX **La Chaumière,** S : 3 km D 957, rte Marchiennes 20 71 86 38, , – ℗. AE ⓓ GB
fermé fév., jeudi soir et vend. – **R** 78/230.

ORCIÈRES 05170 H.-Alpes 77 ⑰ G. Alpes du Sud – 841 h alt. 1 439 – Sports d'hiver à Orcières-Merlette : 1 850/2 650 m 2 27.

Env. Vallée du Drac Blanc★★ NO : 14 km.

Maison du Tourisme 92 55 70 39, Télex 401162.

Paris 686 – Briançon 110 – Gap 33 – ♦Grenoble 116 – La Mure 77 – Saint-Bonnet-en-Champsaur 27.

Poste, 92 55 70 04, ≤, – ch TV ☎. AE GB
R 75/120 ₰, enf. 45 – ☕ 25 – **20 ch** 200/280 – ½ P 260/280.

à Merlette N : 5 km par D 76 – ✉ **05170** Orcières :

Le Montagnou M sans rest, 92 55 74 37, Fax 92 55 63 45, ≤ – TV ☎ . GB. ⚘
15 juin-15 sept. et 15 déc.-15 mai – ☕ 35 – **20 ch** 280.

Les Gardettes , 92 55 71 11, ≤ – ☎ ℗. GB. ⚘
15 juin-1er oct. et 1er déc.- 1er mai – **R** (dîner seul. en été) 110 ₰ – ☕ 32 – **15 ch** 215/320 – ½ P 250/305.

ORCINES 63 P.-de-D. 73 ⑭ – rattaché à Clermont-Ferrand.

ORCIVAL 63210 P.-de-D. 73 ⑬ G. Auvergne – 283 h alt. 860.

Voir Basilique Notre-Dame★★.

Paris 451 – ♦Clermont-F. 26 – Aubusson 82 – Le Mont-Dore 17 – Rochefort-Montagne 5 – Ussel 56.

Roche sans rest, 73 65 82 31, – ☎. GB. ⚘
fermé 11 nov. au 15 déc. et vend. hors sais. – ☕ 28 – **9 ch** 145/200.

Notre-Dame, 73 65 82 02 – ☎. GB
ouvert 1er avril-11 nov., vacances de Noël, de fév. et fermé mardi soir et merc. – **R** 65/108 ₰, enf. 40 – ☕ 28 – **9 ch** 145/185 – ½ P 145/185.

L'Ajasserie d'Orcival sans rest, 73 65 81 54 – GB. ⚘
Pâques-1er nov. – ☕ 25 – **14 ch** 125/320.

Les Bourelles sans rest, 73 65 82 28, ≤, – ℗. ⚘
ouvert : vacances de printemps-1er oct. et vacances de fév. – ☕ 21 – **7 ch** 105/140.

ORDINO 86 ⑭ – voir à Andorre (Principauté d').

ORGELET 39270 Jura 70 ⑭ G. Jura – 1 700 h alt. 503.

Paris 413 – Bourg-en-Bresse 63 – Lons-le-Saunier 20 – Nantua 51 – St-Claude 40.

La Valouse, 84 25 40 64, Fax 84 35 55 28, – ☎ ℗. AE ⓓ GB
fermé 20 au 31 déc. (sauf hôtel), dim. soir et lundi hors sais. – **R** 73/208 ₰, enf. 45 – ☕ 40 – **17 ch** 189/235 – ½ P 223/244.

CITROEN Gar. Jeunet et Guyot 84 25 41 87 N 84 25 43 09
PEUGEOT, TALBOT Gar. Bernard 84 25 42 11

RENAULT Gar. Masini 84 25 40 22 N 84 35 53 25

ORGEVAL 78630 Yvelines 55 ⑲ 106 ⑰ 101 ⑪ – 4 509 h alt. 100.

Paris 35 – Mantes-la-Jolie 23 – Pontoise 27 – Rambouillet 46 – St-Germain-en-Laye 10,5 – Versailles 21.

Novotel M, à l'échangeur A 13, D 113 ✆ (1) 39 22 35 11, Télex 697174, Fax (1) 39 75 48 93, – ch – 200. AE GB
R carte environ 160, enf. 50 – 50 – **119 ch** 460/490.

ORGNAC-L'AVEN 07150 Ardèche 80 ⑨ – 327 h alt. 290.

Voir Aven d'Orgnac★★★ NO : 2 km, **G. Provence.**

Paris 661 – Alès 43 – Aubenas 46 – Pont-St-Esprit 24.

Stalagmites, ✆ 75 38 60 67, – . GB.
1er mars-1er déc. – **R** 65/130, enf. 40 – 25 – **24 ch** 130/250 – ½ P 170/215.

ORINCLES 65 H.-Pyr. 85 ⑧ – rattaché à Lourdes.

When looking for a hotel or restaurant use the most efficient method.
Look for the names of towns underlined in red
on the ***Michelin maps*** *scale: 1:200 000.*
But make sure you have an up-to-date map!

ORLÉANS P 45000 Loiret 64 ⑨ **G. Châteaux de la Loire** – 105 111 h alt. 110.

Voir Cathédrale Ste-Croix★ EY : boiseries★★ – Maison de Jeanne d'Arc★ DZ **E** – Quai Fort-des-Tourelles ≤★ EZ60 – Musée des Beaux-Arts★★ EY **M1** – Musée Historique★ EZ **M2** – Museum d'histoire naturelle★ EY **M3**.

Env. Olivet : parc floral de la Source★★ SE : 8 km CZ.

18 d'Orléans Val de Loire ✆ 38 59 25 15, E : 17 km par N 460 CY ; 18 Parc de Limere, S : 9 km par D 326 BZ ; 18 de Marcilly ✆ 38 76 11 73, SE par D 14 et D 108 : 18 km.

Office de Tourisme et Accueil de France (Informations et réservations d'hôtels, pas plus de 5 jours à l'avance) pl. Albert-Ier ✆ 38 53 05 95, Télex 781188 A.C. r. A.-Brillat-Savarin, Expo-Sud ✆ 38 66 50 50.

Paris 130 ⑪ – ♦Caen 260 ⑪ – ♦Clermont-Ferrand 301 ⑥ – ♦Dijon 300 ② – ♦Limoges 274 ⑥ – ♦Le Mans 141 ⑩ – ♦Reims 267 ② – ♦Rouen 219 ⑪ – ♦Tours 115 ⑨.

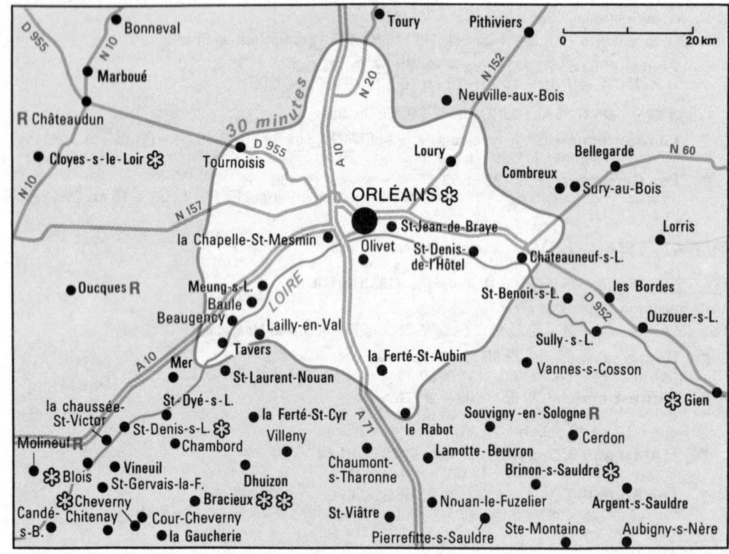

Mercure M, 44 quai Barentin ✆ 38 62 17 39, Télex 780073, Fax 38 53 95 34, ≤, – ch – 100. AE GB DZ **t**
Le Gourmandin R 160/200 – 55 – **109 ch** 420/550.

Holiday Inn Garden Court M, Quartier Madeleine - Rive de Loire ✆ 38 43 92 92, Fax 38 88 75 60, – ch – 80. AE GB BY **e**
R 85/160 – 45 – **110 ch** 435.

Sanotel sans rest, 16 quai St Laurent ✆ 38 54 47 65, Télex 783684, Fax 38 62 05 91 – – 100. AE GB DZ **q**
40 – **50 ch** 298/380.

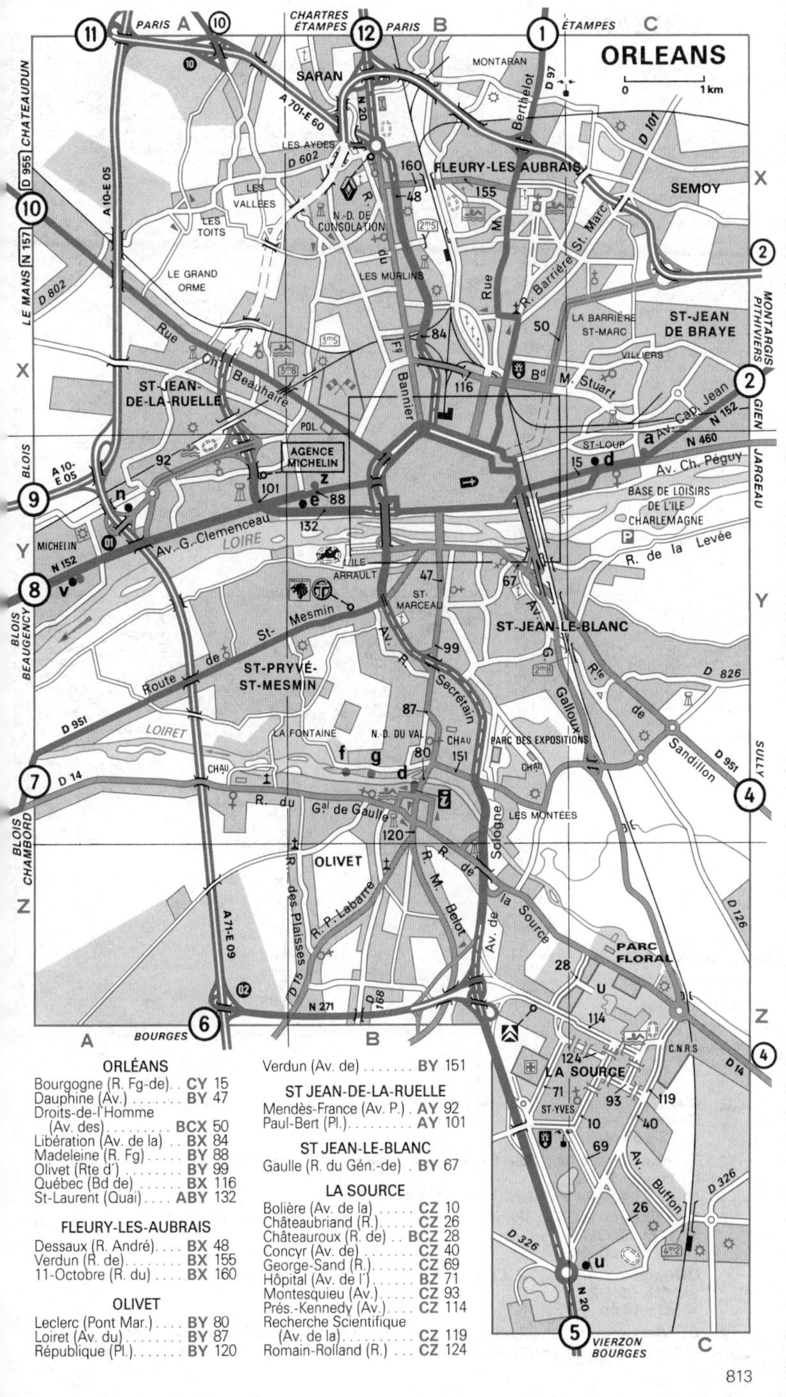

ORLÉANS

Bourgogne (R. Fg-de). . **CY** 15
Dauphine (Av.) . . . . **BY** 47
Droits-de-l'Homme (Av. des). . . . . **BCX** 50
Libération (Av. de la) . . **BX** 84
Madeleine (R. Fg) . . . . . **BY** 88
Olivet (Rte d') . . . . **BY** 99
Québec (Bd de) . . . . . . **BX** 116
St-Laurent (Quai) . . . . **ABY** 132

FLEURY-LES-AUBRAIS

Dessaux (R. André). . . . **BX** 48
Verdun (R. de). . . . . **BX** 155
11-Octobre (R. du) . . . . **BX** 160

OLIVET

Leclerc (Pont Mar.) . . . . **BY** 80
Loiret (Av. du) . . . . **BY** 87
République (Pl.). . . . . **BY** 120
Verdun (Av. de) . . . . **BY** 151

ST JEAN-DE-LA-RUELLE

Mendès-France (Av. P.) . **AY** 92
Paul-Bert (Pl.). . . . . **AY** 101

ST JEAN-LE-BLANC

Gaulle (R. du Gén.-de) . **BY** 67

LA SOURCE

Bolière (Av. de la) . . . . . **CZ** 10
Châteaubriand (R.). . . . . **CZ** 26
Châteauroux (R. de) . . **BCZ** 28
Concyr (Av. de) . . . . **CZ** 40
George-Sand (R.). . . . . . **CZ** 69
Hôpital (Av. de l') . . . . . **BZ** 71
Montesquieu (Av.). . . . . **CZ** 93
Prés.-Kennedy (Av.). . . . **CZ** 114
Recherche Scientifique (Av. de la). . . . . **CZ** 119
Romain-Rolland (R.) . . . **CZ** 124

ORLÉANS

Bannier (R.) . . . . **DY**
Jeanne-d'Arc (R.) . . . . **EY**
République (R. de la) . . . . **EY**
Royale (R.) . . . . **EZ** 125
Tabour (R. du) . . . . **EZ** 145

Antigna (R.) . . . . **DY** 4
Bourgogne (R. Fg-de) . . . . . . **FZ** 15
Bretonnerie (R. de la) . . . . . . **DY** 16
Briand (Bd A.) . . . . **FY** 19
Champ-de-Mars (Av.) . . . . . . **DZ** 25
Châtelet (Square du) . . . . **EZ** 32
Charpenterie (R. de la) . . . . . . **EZ** 34
Chollet (R. Théophile) . . . . . . **EY** 36
Claye (R. de la) . . . . **FY** 38
Coligny (R.) . . . . **FZ** 39
Croix-de-la-Pucelle (R.) . . . . . **EZ** 43
Dauphine (Av.) . . . . **EZ** 47
Dolet (R. Étienne) . . . . **EZ** 49
Dunois (Pl.) . . . . **DY** 52
Dupanloup (R.) . . . . **EY** 53
Escures (R. d') . . . . **EY** 55
Étape (Pl. de l') . . . . **EY** 56
Ételon (R. de l') . . . . **FY** 57
Folie (R. de la) . . . . **FZ** 58
Fort-des-Tourelles (Q.) . . . . . **EZ** 60
Gaulle (Pl. Gén.-de) . . . . **DZ** 65
Hallebarde (R. de la) . . . . **DY** 70
Madeleine (R. Fg) . . . . **DZ** 88
Motte-Sanguin (Bd de) . . . . **FZ** 95
Notre-Dame-de-Recouvrance (R.) . . . . **DZ** 97
Oriflamme (R. de l') . . . . **FZ** 98
Parisie (R.) . . . . **EZ** 100
Poirier (R. du) . . . . **EZ** 106
Pte-Madeleine (R.) . . . . **DY** 108
Pte-St-Jean (R.) . . . . **DY** 109
Pothier (R.) . . . . **EZ** 112
Prague (Quai) . . . . **DZ** 113
Rabier (R. F.) . . . . **EY** 117
St-Euverte (Bd) . . . . **FYZ** 126
St-Euverte (R.) . . . . **FY** 127
Ste-Catherine (R.) . . . . **EZ** 138
Ste-Croix (Pl.) . . . . **EYZ** 139
Secrétain (Av. R.) . . . . **DZ** 140
Tourneuve (R. de la) . . . . **FZ** 147
Verdun (Bd de) . . . . **DY** 152
Vieux-Marché (Pl.) . . . . **DZ** 159

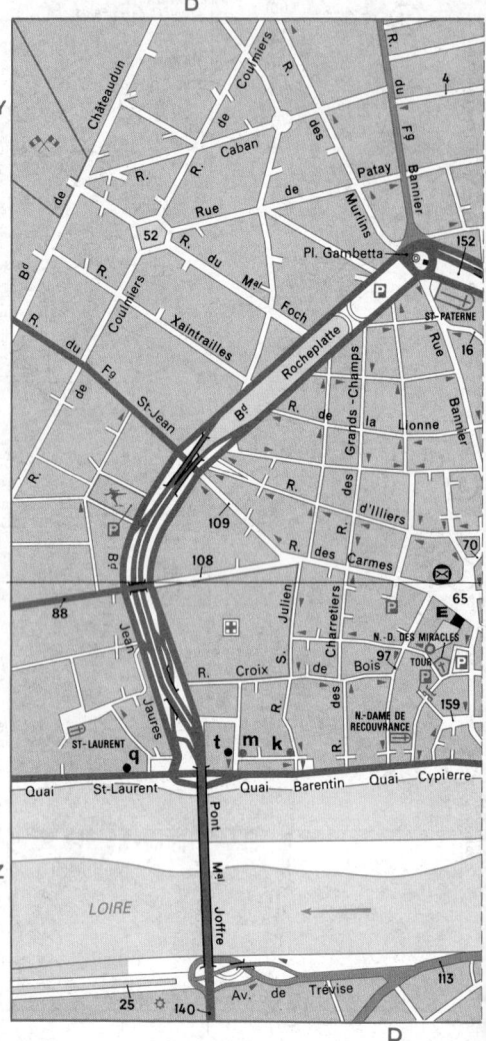

Les numéros de sorties des villes ①, ②.. sont identiques sur les plans et les cartes Michelin.

d'Arc sans rest, 37 r. République ℘ 38 53 10 94, Télex 760297, Fax 38 81 77 47 – |‡| TV ☎. AE ① GB JCB — EY **g**
⊒ 40 – **35 ch** 310/450.

Terminus sans rest, 40 r. République ℘ 38 53 24 64, Télex 782230, Fax 38 53 24 18 – |‡| TV ☎. AE ① GB — EY **z**
fermé 24 déc. au 6 janv. – ⊒ 35 – **47 ch** 325/370.

Ibis M sans rest, 17 r. Paris ℘ 38 62 40 40, Télex 760080, Fax 38 77 13 59 – |‡| ⇔ ch TV ☎ ♿ P. AE GB — EY **s**
⊒ 32 – **66 ch** 290/320.

Orléans sans rest, 6 r. A. Crespin ℘ 38 53 35 34, Télex 760235, Fax 38 53 68 20 – |‡| TV ☎ ⇔. AE ① GB — EY **t**
⊒ 35 – **18 ch** 260/370.

St-Martin sans rest, 52 bd A. Martin ℘ 38 62 47 47, Fax 38 81 13 28 – ☎. GB. ⇔
fermé 24 déc. au 2 janv. – ⊒ 22 – **22 ch** 118/266. — EY **r**

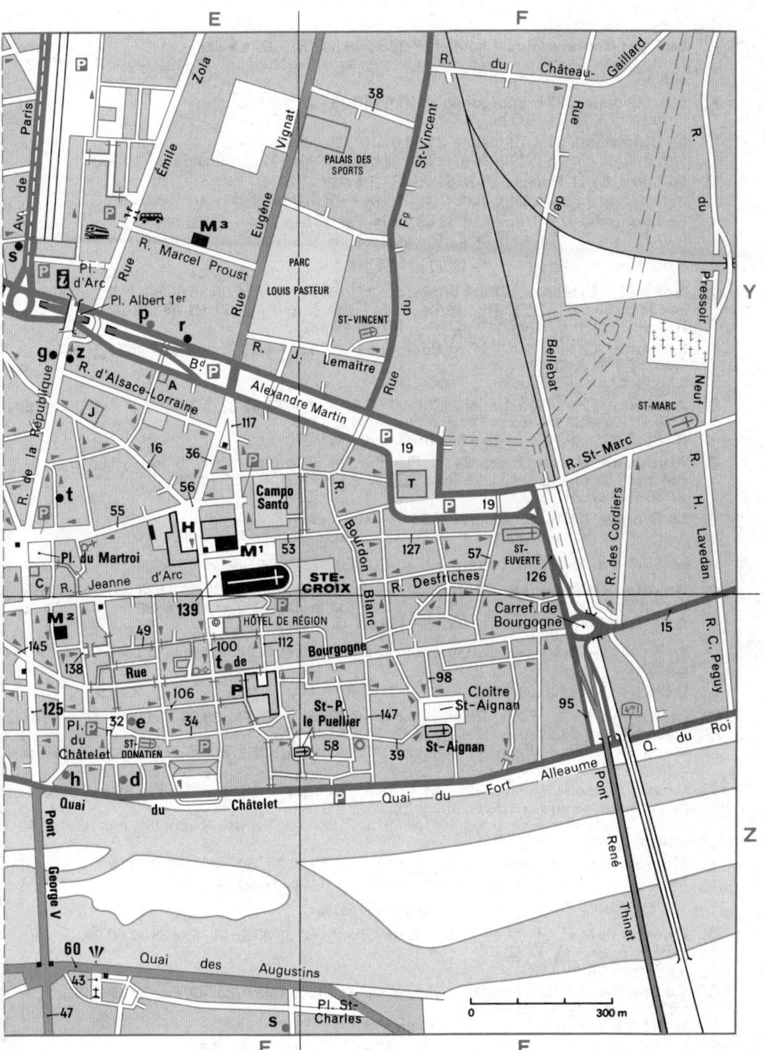

XXX ❀ **Les Antiquaires** (Pipet), 2 r. au Lin ✆ 38 53 52 35, Fax 38 62 06 95 – AE ⓓ GB EZ **d**
fermé 11 au 19 avril, 1er au 24 août, 25 déc. au 3 janv., dim. et lundi – **R** 190/290 et carte 210 à 360
Spéc. Gâteau de lapereau au romarin. Sandre et friture de Loire. Gibier (saison). Vins Touraine.

XXX ❀ **La Poutrière** (Le Bras), 8 r. Brèche ✉ 45100 ✆ 38 66 02 30, Fax 38 51 19 38, 🏡, 🍽 – AE GB
fermé 12 au 26 avril, 24 déc. au 10 janv., dim. soir et lundi – **R** 150/240 et carte 240 à 350, enf. 90 EZ **s**
Spéc. Gâteau de homard au coulis de cerfeuil. Poitrine de canard rôtie au vinaigre de cidre et au miel. Croquant de pommes tièdes amandine et sorbet abricot.

XX **Le Florian,** 70 bd A. Martin ✆ 38 53 08 15, Fax 38 53 08 49, 🏡 – AE GB EY **p**
fermé 1er au 8 mai, 10 au 25 août et dim. – **R** 110/190.

XX **L'Archange,** 66 r. fg Madeleine ✆ 38 88 64 20 – GB BY **z**
fermé 1er au 24 août, 25 déc. au 4 janv., dim. et lundi – **R** 100/135, enf. 60.

XX **Le Petit Boulais,** 26 pl. Châtelet ☎ 38 54 09 54, 🍽 – AE ⓓ GB — EZ **e**
fermé 20 déc. au 5 janv., 15 fév. au 1er mars, sam. midi sauf juil.-août et dim. – **R** 90/170 ♁, enf. 45.

XX **L'Ambroisie,** 222 r. Bourgogne ☎ 38 68 13 33 – ▤. AE GB — EZ **t**
fermé dim. – **R** 120/180 bc.

XX **Le Bigorneau,** 54 r. Turcies ☎ 38 68 01 10 – AE ⓓ GB — DZ **k**
fermé 1er au 8 mars, 11 au 26 juil., dim., lundi et fériés – **R** produits de la mer 150.

XX **La Loire,** 6 r. J. Hupeau ☎ 38 62 76 48 – AE GB — EZ **h**
fermé 1er au 15 août, sam. midi, dim. et fériés – **R** 120 (sauf sam. soir)/280, enf. 80.

X **Le Lyonnais,** 82 r. Turcies ☎ 38 53 15 24, Fax 38 54 67 54 – ▤. AE GB — DZ **m**
fermé 1er au 22 août, sam. midi, dim. et fêtes – **R** 100/120.

à St-Jean-de-Braye - CXY – 16 387 h. – ✉ **45800** :

Novotel Orléans Charbonnière M, N 152 ☎ 38 55 65 65, Télex 760717, Fax 38 55 66 61, 🍽, ⛱, 🌳 – 🛗 ⇜ ch ▤ TV ☎ ♿ P – 🏛 150. AE ⓓ GB JCB
R carte environ 160, enf. 50 – ☕ 48 – **107 ch** 435/490.

Promotel M sans rest, 117 fg Bourgogne ☎ 38 53 64 09, Fax 38 62 70 62, ⛱, 🌳 – 🛗 ⇜ ch TV ☎ ♿ P. GB. ✗ — CY **d**
☕ 35 – **83 ch** 260/350.

Antares M, 2 av. Gén. Leclerc ☎ 38 21 59 59, Fax 38 61 52 32, 🍽 – 🛗 ⇜ ch TV ☎ ♿ P – 🏛 25. AE GB. ✗ rest
R 68/130 ♁, enf. 45 – ☕ 35 – **60 ch** 265/295 – ½ P 250.

Abraysien H. sans rest, 24 r. Planche de Pierre par ② : 6 km ☎ 38 21 62 62, Fax 38 70 03 17 – 🛗 cuisinette ⇜ ch TV ☎ ♿ 🚗 – 🏛 30. AE ⓓ GB
☕ 30 – **44 ch** 240/270.

XX **La Grange,** 205 fg Bourgogne ☎ 38 86 43 36 – GB — CY **a**
fermé 1er au 10 mars, août, dim. et lundi sauf fêtes le midi – **R** 95/140.

au Sud vers ⑤ : 11 km carrefour N 20-CD 326 – ✉ **45100** Orléans :

Novotel Orléans La Source M, r. H. de Balzac ☎ 38 63 04 28, Télex 760619, Fax 38 69 24 04, 🍽, ⛱, 🎾 – 🛗 ⇜ ch ▤ TV ☎ ♿ P – 🏛 200. AE ⓓ GB — CZ **u**
R carte environ 170, enf. 55 – ☕ 50 – **119 ch** 420/470.

à Olivet : S : 5 km par av. Loiret et bords du Loiret G. Châteaux de la Loire – 17 572 h. – ✉ **45160** :

ℹ Office de Tourisme 226 r. Paul-Génain ☎ 38 63 49 68.

Le Rivage M 🐚, 635 r. Reine Blanche ☎ 38 66 02 93, Fax 38 56 31 11, ≤, 🍽, « Terrasse au bord de l'eau », 🎾 – TV ☎ P. AE ⓓ GB JCB — BY **f**
fermé 24 déc. au 18 janv. et dim. soir de nov. à Pâques – **R** 160/270 – ☕ 50 – **17 ch** 350/450 – ½ P 425/500.

XXX **Quatre Saisons** 🐚 avec ch, 351 r. Reine Blanche ☎ 38 66 14 30, Fax 38 66 78 59, ≤, 🍽, « Terrasse au bord de l'eau » – TV ☎ P. AE GB — BY **g**
fermé 19 janv. au 8 fév., dim. soir et lundi du 1er oct. au 30 avril – **R** 165/280, enf. 60 – ☕ 40 – **10 ch** 250/400 – ½ P 400.

X **Eldorado,** 10 r. M. Belot ☎ 38 64 29 74, Fax 38 69 14 33, 🍽, 🌳 – P. AE GB — BY **d**
fermé 1er au 15 août, vacances de fév. et lundi – **R** (déj. seul.) 100/190.

à la Chapelle-St-Mesmin AY – 8 207 h. – ✉ **45380** :

Orléans Parc H. M 🐚 sans rest, 55 rte Orléans ☎ 38 43 26 26, Fax 38 72 00 99, ≤, parc – TV ☎ ♿ P – 🏛 30. AE GB — AY **v**
☕ 42 – **34 ch** 310/450.

Campanile, Z.A. Les Portes de Micy ☎ 38 72 23 23, Télex 783799, Fax 38 88 21 81, 🍽 – TV ☎ ♿ P – 🏛 30. AE GB — AY **n**
R 80 bc/102 bc, enf. 39 – ☕ 29 – **48 ch** 268.

XXX **Ciel de Loire,** ☎ 38 72 29 51, Fax 38 72 29 67, 🍽, parc – P. GB — AY **v**
fermé 25 avril au 2 mai, 1er au 23 août., sam. midi et dim. – **R** 190/260.

MICHELIN, Agence régionale, 1 allée des Mistigris à St-Jean-de-la-Ruelle AY ☎ 38 88 02 20

FIAT Diffusion Auto Orléanaise, 54 r. fg Bannier ☎ 38 54 51 51
MAZDA Gar. du Martroi, 29 fg de Bourgogne ☎ 38 62 60 71
MERCEDES-BENZ Gar. Jousselin, 12 r. Jousselin ☎ 38 53 61 04
PEUGEOT-TALBOT Agence Générale Autom., 22 av. St-Mesmin BY ☎ 38 66 10 97

Ⓜ Euromaster La Centrale du Pneu, 5 r. Rape ☎ 38 53 57 18
Interpneus, 44 quai Madeleine ☎ 38 88 68 08
Orléans-Pneu, 42 quai St-Laurent ☎ 38 62 24 54

Périphérie et environs

ALFA ROMEO Prestige Automobiles, ZAC des Aulnaies à Olivet ☎ 38 69 65 65
CITROEN France et Delaroche, rte Nationale 20 à Saran par ⑫ ☎ 38 73 50 60
CITROEN France et Delaroche, r. de Bourges à Olivet BZ ☎ 38 63 02 62

FORD ASFIR Sud, 764 r. du Rosier à Olivet ☎ 38 69 32 88
HONDA Orléans Motors, N 20 à Fleury-les-Aubrais ☎ 38 43 95 95
PORSCHE-MITSUBISHI Loire Auto, r. Bergeresse ZAC Aulnaies à Olivet ☎ 38 69 33 69

RENAULT Succursale, 539 fg Bannier à Saran BX ✆ 38 79 30 30 **N**
ROVER-TOYOTA Gar. du Pressoir, Parc Activité Pôle 45 à Saran ✆ 38 73 76 76
SEAT-SAAB Gar. Central, 11 r. Dessaux à Fleury-les-Aubrais ✆ 38 43 60 04

V.A.G Gar. Pillon, 20 r. A. Dessaux à Fleury-les-Aubrais ✆ 38 88 53 29 **N** ✆ 38 73 41 41

Euromaster Perry Pneu Service, ZA r. d'Alsace à Olivet ✆ 38 63 41 64
Interpneus, ZI de Montaran à Saran ✆ 38 73 13 13

ORLY (Aéroports de Paris) **94** Val-de-Marne 61 ①, 106 ㉗, 101 ㉖ – voir à Paris, Environs.

ORNAISONS **11** Aude 83 ⑬ – rattaché à Narbonne.

ORNANS **25290** Doubs 66 ⑯ **G. Jura** (plan) – 4 016 h alt. 315.

Voir Grand Pont ≤★ – Miroir de la Loue★ – Musée Courbet – O : Vallée de la Loue★★ – Le Château ≤★ N : 2,5 km.

Office de Tourisme r. P.-Vernier (avril-sept.) ✆ 81 62 21 50.

Paris 428 – ◆Besançon 25 – Baume-les-Dames 42 – Morteau 53 – Pontarlier 34 – Salins-les-Bains 37.

France, r. P. Vernier ✆ 81 62 24 44, Fax 81 62 12 03, – TV ☎ P. GB.
1er fév.-1er nov. et fermé dim. soir et lundi sauf vacances scolaires – **R** 130/350 – 40 – **31 ch** 180/400 – ½ P 400.

rte de Bonnevaux-le-Prieuré NO : 8 km par D 67 et D 280 – ✉ **25620** Mamirolle :

Moulin du Prieuré avec ch, ✆ 81 59 21 47, Fax 81 59 28 79, – TV ☎ ♿ P. AE GB
7 mars-11 nov. et fermé dim. soir et lundi d'oct. à avril et mardi de mai à sept. – **R** 220/350 – 30 – **8 ch** 330/350 – ½ P 460/650.

CITROEN Gar. Magnin ✆ 81 62 17 69
PEUGEOT, TALBOT Pernot Automobiles Services ✆ 81 62 15 24 **N** ✆ 81 57 40 40

RENAULT Gar. de la Vallée ✆ 81 62 18 68 **N** ✆ 81 62 21 35

OROUET **85** Vendée 67 ⑫ – rattaché à St-Jean-de-Monts.

ORPIERRE **05700** H.-Alpes 81 ⑤ **G. Alpes du Sud** – 335 h alt. 683.

Paris 696 – Digne-les-Bains 70 – Gap 55 – Château-Arnoux 45 – Serres 19 – Sisteron 31.

aux Bégües SO : 4,5 km – ✉ **05700** Orpierre :

Le Céans, ✆ 92 66 24 22, Fax 92 66 28 29, ≤, – ☎ P. AE GB. rest
15 mars-30 oct. – **R** 80/200 – 30 – **22 ch** 200/280 – ½ P 250.

ORSAY **91** Essonne 60 ⑩ ⑩, 133 – voir à Paris, Environs.

ORTHEZ **64300** Pyr.-Atl. 78 ⑧ **G. Pyrénées Aquitaine** – 10 159 h alt. 62.

Voir Pont Vieux★ AZ – d'Hélios à Salies-de-Béarn ✆ 59 38 37 59, par ⑤ : 17 km.

Office de Tourisme Maison Jeanne-d'Albret ✆ 59 69 02 75.

Paris 775 ⑥ – Pau 41 ② – ◆Bayonne 66 ⑤ – Dax 37 ⑥ – Mont-de-Marsan 53 ①.

ORTHEZ

Briand (R. Aristide) .... BY 8
Jacobins (R. des) .... BZ 22
St-Gilles (R.) .... BZ

Albret (R. Jeanne-d') .... BZ 2
Aquitaine (Av. d') .... AY 3
Argote (R. Daniel) .... AZ 4
Armes (Pl. d') .... BZ 5
Baillères (R. Paul) .... BZ 6
Bourg-Vieux (R.) .... AZ 7
Brossers (Pl.) .... BZ 9
Corps-Franc-Pommiès (Av. du) .... AY 12
Darget (Av. Xavier) .... BZ 13
Foy (R. du Gén.) .... BY 14
Frères-Reclus (R. des) .... AZ 16
Horloge (R. de l') .... BY 21
Jammes (Av. Francis) .... BZ 23
Lasserre (R. Pierre) .... ABZ 26
Moncade (R.) .... BY 28
Moulin (R. du) .... BZ 29
Moutète (Pl. de la) .... AZ 30
Pont-Neuf (Av. du) .... ABZ 32
Poustelle (Pl. de la) .... BY 33
St-Pierre (Pl. et ⛪) .... AY 35
St-Pierre (R.) .... AY 36
Tilleuls (Av. des) .... BY 38
Viaduc (R. du) .... AY 40

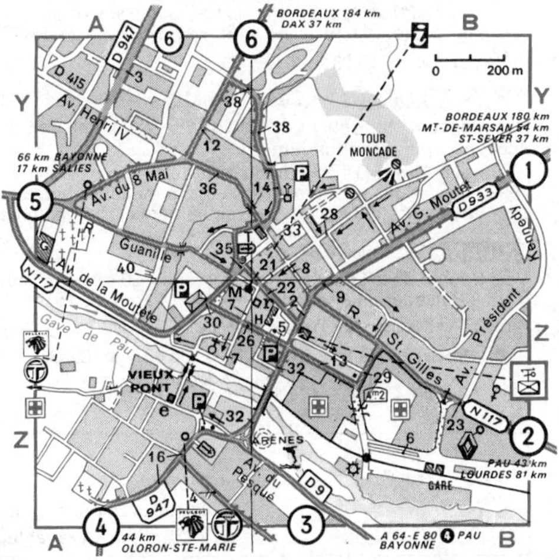

Au Temps de la Reine Jeanne, 44 r. Bourg-Vieux ☎ 59 67 00 76, Fax 59 69 09 63 – TV ☎ ♿. AE GB AZ **r**
fermé 1er au 7 mars – **R** 80/120 – 25 – **20 ch** 210/275 – ½ P 200/220.

Aub. St-Loup, 20 r. Pont Vieux ☎ 59 69 15 40, – AE GB AZ **e**
fermé lundi – **R** 120/200, enf. 65.

à Maslacq par ③ : 9 km – ✉ **64300** Orthez :

Maugouber, ☎ 59 38 78 00, Fax 59 38 78 29, – TV ☎. GB. rest
R *(fermé 23 déc. au 3 janv., vend. soir, sam. et fériés)* 60/180 – 30 – **26 ch** 210/280 – ½ P 195/240.

CITROEN Béarn-Auto, rte de Bayonne par ⑤ ☎ 59 38 79 29
FIAT Gar. Molia, 26 av. 8-mai ☎ 59 69 94 55
FORD Diris, rte de Pau ☎ 59 69 16 34
PEUGEOT, TALBOT Orthézienne-Automobiles, 19 av. du 8 Mai ☎ 59 69 08 22
PEUGEOT-TALBOT Gar. Flous, 52 r. Frères-Reclus ☎ 59 69 13 63
RENAULT Gar. Mousques, 10 av. F.-Jammes ☎ 59 69 09 78
RENAULT Autom. Ortheziennes, Nat 117, ZI des Soarns par ② ☎ 59 67 00 00 N ☎ 05 05 15 15

Pédarre Pneus, RN 117 à Castétis ☎ 59 69 06 15

ORVAULT 44 Loire-Atl. 67 ③ – rattaché à Nantes.

OSNY 95 Val-d'Oise 55 ⑲, 106 ⑤ – rattaché à Cergy-Pontoise.

OSQUICH (Col d') 64 Pyr.-Atl. 85 ④ **G. Pyrénées Aquitaine** – alt. 392.

Voir ✻★ – Paris 810 – Biarritz 71 – Mauléon-Licharre 14 – Oloron-Ste-Marie 44 – Pau 72 – St-Jean-Pied-de-Port 26.

Col d'Osquich M, ✉ 64130 Mauléon ☎ 59 37 81 23, ←, – TV ☎ ♿ P. GB
1er juin-11 nov. et week-ends de Pâques à mai – **R** 80/190, enf. 50 – 24 – **23 ch** 180/230 – ½ P 230.

OSSÈS 64780 Pyr.-Atl. 85 ③ – 692 h alt. 120.

Paris 813 – Biarritz 44 – Cambo-les-Bains 24 – Pau 104 – St-Étienne-de-Baïgorry 10,5 – St-Jean-Pied-de-Port 14.

Mendi Alde, pl. église ☎ 59 37 71 78, – TV ☎ P – 50. AE GB
fermé 11 nov. au 15 déc. et lundi – **R** 65/170, enf. 40 – 30 – **20 ch** 200/270 – ½ P 210/240.

OTTROTT 67 B.-Rhin 62 ⑨ – rattaché à Obernai.

OUCHAMPS 41120 L.-et-Ch. 64 ⑰ – 648 h alt. 92.

Voir Château de Fougères-sur-Bièvre★ NO : 5 km, **G. Châteaux de la Loire.**

Paris 198 – ♦Tours 55 – Blois 16 – Montrichard 18 – Romorantin-Lanthenay 38.

Relais des Landes M, ☎ 54 44 03 33, Télex 751454, Fax 54 44 03 89, parc – TV ☎ P – 30. AE GB JCB
fermé 1er déc. au 3 janv. – **R** 200/295, enf. 100 – 50 – **28 ch** 495/685 – ½ P 523/623.

OUCQUES 41290 L.-et-Ch. 64 ⑦ – 1 473 h alt. 118.

Paris 160 – ♦Orléans 55 – Beaugency 28 – Blois 27 – Châteaudun 30 – Vendôme 20.

Commerce avec ch, ☎ 54 23 20 41, Fax 54 23 02 88 – rest TV ☎. GB
fermé 20 déc. au 31 janv., lundi (sauf le soir en juil.-août) et dim. soir de sept. à juin – **Repas** (dim. prévenir) 90/250 – 38 – **12 ch** 220/400 – ½ P 280.

RENAULT Péan ☎ 54 23 20 25 N

OUESSANT (Ile d') ★★ 29242 Finistère 58 ② **G. Bretagne** – 1 062 h alt. 30.

Voir Rochers★★★ – Phare du Stiff ✻★★ – Pointe de Pern★.

Accès par transports maritimes.

depuis **Brest** (1er éperon du port de commerce) avec escales au Conquet et à Molène. En 1992 : 3 rotations quotidiennes de mai à mi-sept ; hors saison, 1 service quotidien - Traversée 2 h - Voyageurs 158 F (AR). Renseignements : Cie Maritime Penn Ar Bed ☎ 98 80 24 68 (Brest).

OUHANS 25520 Doubs 70 ⑥ – 287 h alt. 640.

Voir Source de la Loue★★★ N : 2,5 km puis 30 mn – Belvédère du Moine de la Vallée ✻★★ NO : 5 km – Belvédère de Renédale ←★ NO : 4 km puis 15 mn, **G. Jura.**

Paris 457 – ♦Besançon 48 – Pontarlier 16 – Salins-les-Bains 39.

Sources de la Loue, ☎ 81 69 90 06 – ☎. AE GB
fermé vacances de nov., 20 déc. au 31 janv. et merc. sauf vacances scolaires – **R** 80/190, enf. 40 – 25 – **15 ch** 160/200 – ½ P 210.

OUISTREHAM **14150** Calvados 55 ② **G. Normandie Cotentin** (plan) – 6 709 h alt. 11 – Casino (Riva Bella).
Voir Église St Samson★.
18 de Caen ✆ 31 94 72 09, S par D 514 : 13 km.
Office de Tourisme Jardins du Casino (saison) ✆ 31 97 18 63, fax 31 96 87 33.
Paris 239 – ◆Caen 14 – Arromanches-les-Bains 31 – Bayeux 43 – Cabourg 19.

au Port d'Ouistreham :

Delta H. M, 37 r. Dunes ✆ 31 96 20 20, Télex 772584, Fax 31 97 10 10, – ch TV ☎ & P – 60. GB
R 75/135 , enf. 38 – 44 – **51 ch** 305/340 – ½ P 300.

à Riva-Bella :

Métropolitain, 1 rte Lion ✆ 31 97 18 61, « Évocation d'un wagon de métropolitain de 1900 » – AE GB
fermé 14 au 22 nov., mardi soir et merc. d'oct. à juin – **R** 89/160.

à Colleville-Montgomery bourg O : 3,5 km par D 35^A – ✉ **14880** :

Ferme St-Hubert, ✆ 31 96 35 41, Fax 31 97 45 79, , – P. AE GB JCB
fermé 23 déc. au 10 janv., dim. soir et lundi sauf juil.-août et fériés – **R** 90/255.

OUSSE **64** Pyr.-Atl. 85 ⑦ – ✉ **64320** Idron-Lee-Ousse-Sendets.
Paris 775 – Pau 11 – Aire-sur-l'Adour 52 – Lourdes 32 – Tarbes 32.

Pyrénées, ✆ 59 81 71 51, Fax 59 81 78 47, , – TV ☎ P – 35. AE GB. ch
fermé janv. – **R** *(fermé dim. soir et lundi midi de nov. à mai)* 76/200, enf. 45 – 30 – **20 ch** 250/310 – ½ P 220/240.

Ne prenez pas la route au hasard !
Michelin vous apporte à domicile
ses conseils routiers, touristiques, hôteliers :
36.15 MICHELIN sur votre Minitel !

OUZOUER-SUR-LOIRE **45570** Loiret 65 ① – 2 310 h alt. 153.
Paris 142 – ◆Orléans 52 – Gien 16 – Montargis 44 – Pithiviers 53 – Sully-sur-Loire 10.

Abricotier, 106 r. Gien ✆ 38 35 07 11 – GB
fermé 13 au 16 avril, 16 août au 7 sept., 24 au 31 déc., dim. soir, lundi sauf fériés et merc. soir – **R** 128/310, enf. 50.

OYE-ET-PALLET **25160** Doubs 70 ⑥ – 467 h alt. 870.
Paris 475 – ◆Besançon 66 – Champagnole 40 – Morez 56 – Pontarlier 6,5.

Parnet, ✆ 81 89 42 03, Fax 81 89 41 47, ≤, parc, , – TV ☎ P. GB.
fermé 20 déc. au 1er fév., dim. soir et lundi hors sais. – **R** 100/260 – 40 – **18 ch** 290/340 – ½ P 350/380.

OYONNAX **01100** Ain 70 ⑭ **G. Jura** – 23 869 h alt. 540.
Office de Tourisme 1 r. Bichat ✆ 74 77 94 46.
Paris 486 ③ – Bellegarde-sur-V. 29 ② – Bourg-en-B. 59 ④ – Lons-le-Saunier 60 ① – Nantua 15 ③.

Plan page suivante

Gdes Roches et rest. Les Feuillantines , rte Bourg par ④ : 1,5 km ✆ 74 77 27 60, Fax 74 73 89 87, ≤, , – TV ☎ P – 50. AE GB
R *(fermé sam. midi et dim. soir)* 85/195 , enf. 65 – 35 – **38 ch** 285/420 – ½ P 265/323.

Ibis M, r. Bichat ✆ 74 73 90 15, Télex 340999, Fax 74 77 23 19 – ch TV ☎ & – 60. AE GB Y **b**
R 85 , enf. 40 – 34 – **53 ch** 290/320.

Buffard, pl. Eglise ✆ 74 77 86 01, Fax 38 90 00 36 – TV ☎. GB. YZ **e**
R *(fermé 1er au 16 août, dim. soir, vend. soir et sam.)* 75/185 – 26 – **27 ch** 120/300 – ½ P 180/230.

au Lac Génin par ② et D 13 : 10 km – ✉ **01130** Charix.
Voir Site★ du lac★.

Aub. du Lac Genin avec ch, ✆ 74 75 52 50, Fax 74 75 51 15, ≤, – ☎ P. GB.
fermé 15 oct. au 1er déc., dim. soir et lundi – **R** 85/100 , enf. 35 – 25 – **6 ch** 110/180.

CITROEN Gar. Vailloud, à Bellignat par D 85 ✆ 74 77 24 30
CITROEN Dara, 6 cours de Verdun ✆ 74 77 31 22
LANCIA-HONDA-FORD Gar. Capelli, 178 r. A.-France ✆ 74 77 18 86
PEUGEOT Peugeot-Bernard, rte de la Forge à Bellignat ✆ 74 77 45 09
RENAULT Gar. du Lac, rte de St-Claude, ZI Nord par ① ✆ 74 77 46 42 N

Gar. Humbert, 15 rte de Marchon ✆ 74 77 03 97
Gar. Oyonnaxien, 9 r. Vaugelas ✆ 74 73 59 77

Alain-Pneu, 53 cours de Verdun ✆ 74 73 51 88
Ayme Pneus, 53 r. B.-Savarin ✆ 74 77 88 88
Carronnier, 61 r. Castellion ✆ 74 73 64 00

OYONNAX

Anatole-France (R.) . . . . YZ
Jean Jaurès (Av.) . . . . . . Z 10
Michelet (R.) . . . . Y
Sonthonnax (R. J.) . . . . . Y 18

Vandel (R.) . . . . Y 22
Voltaire (R.) . . . . Z
Zola (Pl. Émile) . . . . Z 25
8-Mai-1945 (R. du) . . . . . Z 26

Bichat (R.) . . . . YZ 2
Brunet (R.) . . . . Y 3

Château (R. du) . . . . Z 4
Muret (R. du) . . . . Z 12
Paix (R. de la) . . . . Z 14
Renan (R.) . . . . Z 15
Roosevelt (Av. Prés.) . . . . Y 16
Vaillant-Couturier (Pl.) . . . Y 20
Victoire (R. de la) . . . . . . Z 23

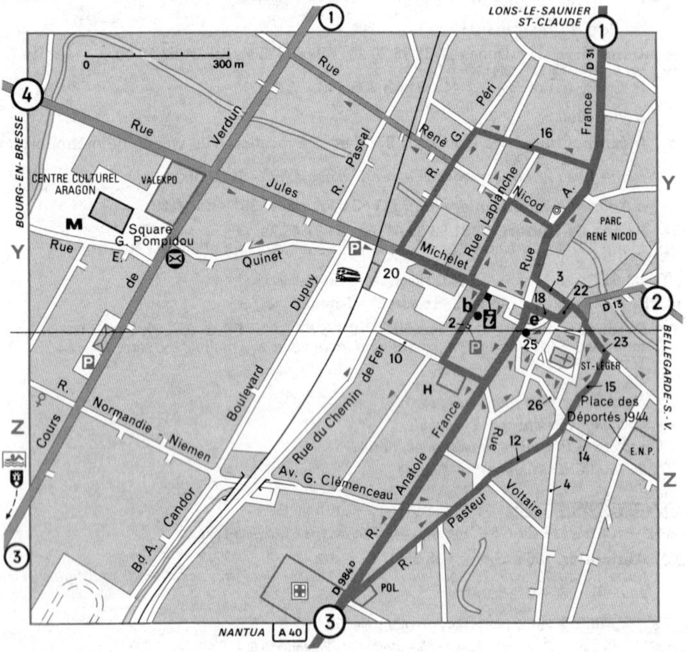

OZOIR-LA-FERRIÈRE 77330 S.-et-M. 61 ② 106 ㉝ 101 ㉚ – 19 031 h alt. 112.

🏌🏌🏌 ✆ (1) 60 02 60 79, O : 2 km.

Paris 35 – Coulommiers 41 – Lagny-sur-M. 16 – Melun 30 – Sézanne 82.

XX **La Gueulardière,** 66 av. Gén. de Gaulle ✆ (1) 60 02 94 56, Fax (1) 60 02 98 51, 🏖 – GB
fermé août, 15 au 25 fév., sam. midi et dim. – **R** 140/210.

XX **Le Relais d'Ozoir,** 73 av. Gén. de Gaulle ✆ (1) 60 02 91 33 – GB
fermé 14 juil. au 4 août, vacances de fév., dim. soir et lundi – **R** 130/240.

FIAT Couffignal 38 av. Gén.-de-Gaulle ✆ (1) 60 02 60 77

PACY-SUR-EURE 27120 Eure 55 ⑰ 106 ① **G. Normandie Vallée de la Seine** – 4 295 h alt. 45.

Paris 84 – ◆Rouen 60 – Dreux 38 – Évreux 17 – Louviers 31 – Mantes-la-Jolie 27 – Vernon-sur-Eure 14.

XX **Mère Corbeau,** face gare ✆ 32 36 98 49, 🏖 – GB
fermé 15 déc. au 15 janv., mardi soir et merc. – **R** 62/225 🍷.

à Douains NE : 6 km par D 181 et D 75 – ✉ **27120** :

Château de Brécourt 🐌, ✆ 32 52 40 50, Télex 172250, Fax 32 52 69 65, ≤, parc, « Château du 17ᵉ siècle », 🏊, 🎾 – ☎ 🅟 – 🏛 100. AE ⓓ GB
R 225/350 – 🍵 60 – **29 ch** 480/1210 – ½ P 590/870.

à Cocherel NO : 6,5 km par D 836 – ✉ **27120** Pacy-sur-Eure :

XXX **Ferme de Cocherel** 🐌 avec ch, ✆ 32 36 68 27, Fax 32 26 28 18, 🏖 – 🅟. AE ⓓ GB JCB
fermé 3 au 27 janv., mardi et merc. sauf fériés – **R** carte 280 à 420 – **3 ch** 🍵 325/400.

à Jouy-sur-Eure NO : 9 km par D 836 et D 57 – ✉ **27120** :

XX **Relais Du Guesclin,** pl. Église ✆ 32 36 62 75, 🏖 – AE ⓓ GB
fermé merc. – **R** (déj. seul.) 140 🍷.

PEUGEOT-TALBOT Gar. de la Prudence, Z.I. rte de Paris ✆ 32 36 10 44 🅽

RENAULT Gar. Bonneau, 19 r. Albert-Camus ✆ 32 36 11 88

PADIRAC 46500 Lot 75 ⑲ – 160 h alt. 360.

Paris 538 – Brive-la-Gaillarde 53 – Cahors 63 – Figeac 39 – Gourdon 47 – Gramat 10,5 – St-Céré 15.

au Village :

Montbertrand, ✆ 65 33 64 47, , – ☎ Ⓟ. GB.
3 avril-24 oct. – **R** 80/175 – ☕ 27 – **7 ch** 205/245 – ½ P 200/218.

au Gouffre N : 2,5 km – ✉ 46500 Gramat :

Voir Gouffre★★★, G. Périgord Quercy.

Padirac H. , ✆ 65 33 64 23, Fax 65 33 72 03, – ☎ Ⓟ. GB
1er avril-10 oct. – **R** 57/175, enf. 35 – ☕ 32 – **23 ch** 98/200 – ½ P 150/190.

PAGNY-SUR-MEUSE 55190 Meuse 62 ③ – 841 h alt. 252.

Paris 269 – ♦Nancy 38 – Bar-le-Duc 44 – Commercy 15 – Vaucouleurs 13.

E : 1 km Z.A.C. des Herbues – ✉ 55190 Pagny-sur-Meuse :

Les Orchidées Ⓜ, ✆ 29 90 66 65, Fax 29 90 66 63 – TV ☎ ♿ Ⓟ – 40. GB
R 75/170, enf. 50 – ☕ 30 – **38 ch** 235 – ½ P 198.

PAILHEROLS 15800 Cantal 76 ⑬ – 171 h alt. 1 040.

Paris 569 – Aurillac 34 – Entraygues-sur-Truyère 48 – Murat 43 – Raulhac 11 – Vic-sur-Cère 14.

Aub. des Montagnes , ✆ 71 47 57 01, Fax 71 49 63 83, , – ☎ Ⓟ. GB
fermé 15 oct. au 20 déc. sauf vacances de nov. – **Repas** 65/115 – ☕ 28 – **18 ch** 193/203 – ½ P 210/220.

PAIMPOL 22500 C.-d'Armor 59 ② G. Bretagne – 7 856 h alt. 12.

Voir Abbaye de Beauport★ SE : 2 km par ② – Tour de Kerroc'h ≤★ 3 km par ① puis 15 mn.

Env. Pointe de Minard★★ SE : 11 km par ②.

18 du Bois-Gelin ✆ 96 22 31 24 à Tréméven, par ③ : 12 km.

Office de Tourisme r. P.-Feutren ✆ 96 20 83 16.

Paris 495 ② – St-Brieuc 43 ② – Guingamp 31 ④ – Lannion 33 ⑤.

PAIMPOL

Martray (Pl. du) 13
République (Pl. de la) 16

Bertho (R. Sylvain) 2
Botrel (Sq. T.) 3
Église (R. de l') 4
Fromal (R. H.) 5
Gaulle (Av. Gén.-de) 7
Islandais (R. des) 8
Labenne (R. de) 9
Leclerc (R. Gén.) 10
Marne (R. de la) 12
Morand (Quai) 14
Pasteur (R.) 15
St-Vincent (R.) 17
Verdun (Pl. de) 19
18-Juin (R. du) 22

Michelin n'accroche pas de panonceau aux hôtels et restaurants qu'il signale.

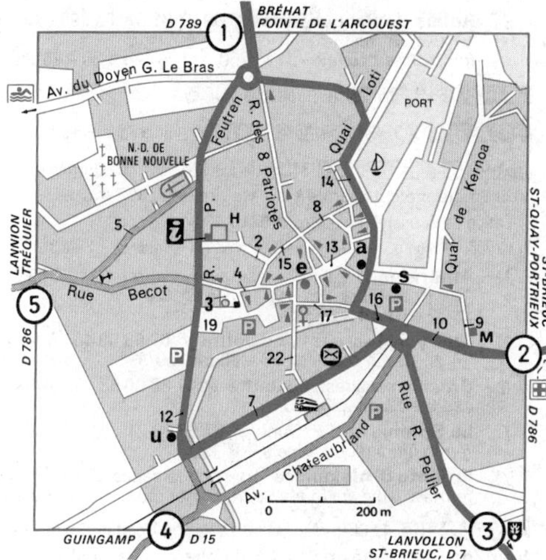

Paimpol-Eurotel Ⓜ, par ③ : 1 km ✆ 96 20 81 85, Fax 96 20 48 24 – TV ☎ ♿ Ⓟ – 25. AE GB
fermé nov. – **R** *(fermé dim. soir et lundi midi hors sais.)* 62/135 , enf. 35 – ☕ 40 – **30 ch** 200/320 – ½ P 250/275.

Marne, 30 r. Marne **(u)** ✆ 96 20 82 16 – TV ☎ Ⓟ. GB
fermé 15 au 30 nov., 13 au 22 fév., dim. soir et lundi sauf juil.-août et fériés – **R** 90/340 , enf. 65 – ☕ 35 – **12 ch** 290/320 – ½ P 260/280.

Le Goëlo sans rest, quai Duguay-Trouin (au port) **(s)** ✆ 96 20 82 74 – TV ☎. GB
☕ 30 – **33 ch** 150/250.

Chalutiers sans rest, 5 quai Morand **(a)** ✆ 96 20 82 15, ≤ –
3 avril-3 oct. – ☕ 25 – **21 ch** 100/300.

XX **Vieille Tour,** 13 r. Église **(e)** ✆ 96 20 83 18 – GB
fermé 15 nov. au 8 déc., lundi midi en juil.-août, dim. soir et merc. hors sais. – **Repas** 106/260, enf. 65.

à Ploubazlanec par ① : 2 km – 3 725 h. – ✉ **22620** :

Motel Nuit et Jour M sans rest, rte Ile-de-Bréhat ✆ 96 20 97 97, – cuisinette ch
TV ☎ ♿ P. GB
35 – **9 ch** 295/385.

à Pors-Even par ① : 5 km – ✉ **22620** Ploubazlanec :

Bocher, ✆ 96 55 84 16 – P. GB.
avril-nov. – **R** 110/225, enf. 70 – 30 – **15 ch** 160/290 – ½ P 240/300.

à la Pointe de l'Arcouest par ① : 6 km – ✉ **22620** Ploubazlanec :

Voir ≤★★.

Le Barbu ✆ 96 55 86 98, Fax 96 55 73 87, ≤ Ile de Bréhat, « Jardin avec piscine » – TV ☎ ♿ P – 30. GB
fermé 3 janv. au 15 fév. – **R** 150/400 – 60 – **20 ch** 500/700 – ½ P 600/700.

près du pont de Lézardrieux par ⑤ : 4,5 km sur D 786 – ✉ **22500** Paimpol :

Relais des Pins ✆ 96 20 11 05, Fax 96 22 16 27, ≤, « Parc fleuri sur le Trieux », –
TV ☎ P – 25. AE GB
hôtel : mars-oct. ; rest. : avril-oct. – **R** *(fermé mardi midi en juil.-août, dim. soir de sept. à juin et lundi midi)* 150/480, enf. 90 – 70 – **16 ch** 350/1800 – ½ P 395/770.

CITROEN Gar. Landais, rte de Lanvollon par ③ ✆ 96 20 88 43 N
FORD Gar. Chapalain, quai Duguay-Trouin ✆ 96 20 80 55 N
RENAULT Poidevin, rte de Lanvollon par ③ ✆ 96 20 73 15 N

Trégor Pneus Pneu + Armorique, rte de Lanvollon ✆ 96 22 03 18

PAIMPONT **35380** I.-et-V. 63 ⑤ G. Bretagne – 1 385 h alt. 155.

Voir Forêt de Paimpont★.

Paris 389 – ◆Rennes 40 – Dinan 55 – Ploërmel 23 – Redon 48.

Relais de Brocéliande, ✆ 99 07 81 07, Fax 99 07 80 60, – TV ☎ P – 40. AE GB. rest
fermé 1er au 15 fév. – **R** 70/260, enf. 50 – 30 – **25 ch** 170/270 – ½ P 195/250.

PAIRIS **68** H.-Rhin 62 ⑱ – rattaché à Orbey.

PALAISEAU **91** Essonne 60 ⑩, 101 ㉞ – voir à Paris, Environs.

PALAVAS-LES-FLOTS **34250** Hérault 83 ⑦ ⑰ G. Gorges du Tarn – 4 748 h – Casino.

Voir Ancienne cathédrale★ de Maguelone SO : 4 km.

Office de Tourisme bd Joffre ✆ 67 07 73 34.

Paris 766 – ◆Montpellier 12 – Aigues-Mortes 23 – Nîmes 58 – Sète 31.

Amérique H. M sans rest, av. F. Fabrège ✆ 67 68 04 39, Télex 480800, Fax 67 68 07 83, – TV ☎ P – 40. AE GB
32 – **47 ch** 260/320.

Mar y Sol sans rest, bd Joffre ✆ 67 68 00 46, Télex 485082, Fax 67 68 93 10, – TV ☎. AE GB – 30 – **38 ch** 250/391.

Brasilia sans rest, bd Joffre ✆ 67 68 00 68, Fax 67 68 40 41 – TV ☎. AE GB
28 – **22 ch** 220/360.

XX **Le Sphinx,** quai P. Cunq ✆ 67 68 00 21, – AE GB
fermé lundi d'oct. à mars – **R** 190.

XX **Frégate d'Alexandre,** port de Plaisance ✆ 67 68 93 68, ≤, – GB
fermé 8 janv. au 15 fév., dim. soir et merc. d'oct. à mai – **R** 150, enf. 70.

La PALMYRE **17** Char.-Mar. 71 ⑮ G. Poitou Vendée Charentes – ✉ **17570** Les Mathes.

Voir Zoo de la Palmyre★ – ★ du phare de la Coubre★ NO : 5 km – Forêt de la Coubre★ N : 5 km.

Paris 521 – Royan 15 – Marennes 21 – Rochefort 42 – La Rochelle 76 – Saintes 54.

Palmyrotel M ✆ 46 23 65 65, Télex 790527, Fax 46 22 44 13, – TV ☎ ♿ P – 40. GB
hôtel : 1er mars-1er nov. et 20 déc.-3 janv. ; rest. : 28 mars-1er nov. et 20 déc.-3 janv. – **R** carte 170 à 240, enf. 40 – 28 – **46 ch** 290/360 – ½ P 298.

La PALUD-SUR-VERDON **04120** Alpes-de-H.-P. 81 ⑰ G. Alpes du Sud – 243 h alt. 890.

Paris 793 – Digne-les-Bains 65 – Castellane 25 – Draguignan 60 – Manosque 66.

Gorges du Verdon S : 1 km ✆ 92 77 38 26, Fax 92 77 35 00, ≤, – TV ☎ P – 30. AE GB
3 avril-10 oct. – **R** 85/200, enf. 50 – 50 – **27 ch** 370/520 – ½ P 345/420.

Provence ⚘, ☏ 92 77 38 88, ≤, ☂ – ☎ 🅟. GB. ✗ rest
Pâques-1er nov. – **R** 78/150 ₰, enf. 45 – ☕ 38 – **20 ch** 200/250 – ½ P 230.

Aub. des Crêtes, E : 1 km sur D 952 ☏ **92 77 38 47,** ☂ – ☎ 🅟. GB
10 avril-10 oct. – **R** *(fermé merc. sauf juil.-août et vacances scolaires)* 75/266, enf. 50 – ☕ 28 – **12 ch** 210/235 – ½ P 223/235.

PAMIERS ⟨SP⟩ **09100** Ariège 86 ④ ⑤ **G. Pyrénées Roussillon** – 12 965 h alt. 278.

Office de Tourisme bd Delcassé ☏ 61 67 20 30.

Paris 759 – Foix 19 – Auch 134 – Carcassonne 72 – Castres 96 – ♦Toulouse 63.

France, 13 r. Hospice ☏ 61 60 20 88, Fax 61 67 29 48 – ▤ rest TV ☎ 🚗 🅟. AE ⓞ GB
R *(fermé 22 déc. au 3 janv. et dim. du 1er oct. au 25 mai)* 82/220, enf. 53 – ☕ 30 – **31 ch** 240/320 – ½ P 210/245.

ALFA-ROMEO LADA Gar. Brillas, rte de Mirepoix, la Tour-du-Crieu ☏ 61 60 13 31
CITROEN Lopez, Côtes de la Cavalerie ☏ 61 67 11 45
FIAT S.C.A.A., 33 av. des Pyrénées à St-Jean-du-Falga ☏ 61 67 12 08
PEUGEOT, TALBOT Labail, N 20 à St-Jean-du-Falga ☏ 61 68 01 00
RENAULT Pamiers-Autom., N 20 à St-Jean-du-Falga ☏ 61 68 01 41 N ☏ 61 02 52 45

Euromaster Central Pneu Service, 3 av. Terrassa ☏ 61 60 54 34

PANASSAC **32** Gers 82 ⑮ – rattaché à Masseube.

PANTIN **93** Seine-St-Denis 56 ⑪, 101 ⑯ – voir à Paris, Environs.

PARAMÉ **35** I.-et-V. 59 ⑥ – voir à St-Malo.

PARAY-LE-MONIAL **71600** S.-et-L. 69 ⑰ **G. Bourgogne** – 9 859 h alt. 245.

Voir Basilique du Sacré-Coeur★★ – Hôtel de ville★ **H** – Tympan★ du musée du Hiéron **M**.

Office de Tourisme av. Jean-Paul-II ☏ 85 81 10 92.

Paris 368 ⑤ – Moulins 71 ⑤ – Autun 77 ⑤ – Mâcon 66 ② – Montceau-les-M. 35 ① – Roanne 55 ④.

PARAY-LE-MONIAL

République (R.)	27
Victor-Hugo (R.)	29
Alsace-Lorraine (Pl.)	2
Billet (R.)	3
Chapelains (Allée des)	5
Charolles (av. de)	6
Commerce (Quai du)	7
Dauphin-Louis (Bd)	8
Derischard (R. Louis)	9
Deux-Ponts (R.)	12
Dr. Griveaud (R.)	13
Four (R. du)	14
Gaulle (Av. Ch.-de)	15
Guignaud (Pl.)	17
Industrie (Quai de l')	18
Jaurès (Cours Jean)	20
Lamartine (Pl.)	21
Marché (R. du)	22
Paix (R. de la)	23
Regnier (Bd H. de)	26
St-Vincent (R.)	28
Visitation (R.)	30

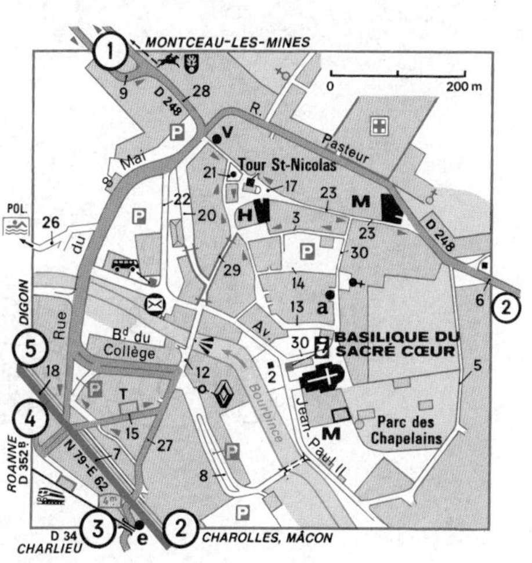

Trois Pigeons, 2 r. Dargaud **(v)** ☏ 85 81 03 77, Fax 85 81 58 59 – ⏶ ☎ ♿ 🚗. AE GB
1er mars-1er déc. – **R** 100/230 ₰ – ☕ 31 – **45 ch** 210/305 – ½ P 222/262.

Gd H. Basilique, 18 r. Visitation **(a)** ☏ 85 81 11 13, Fax 85 88 83 70 – ⏶ ☎. AE ⓞ GB JCB
1er avril-30 oct. – **R** 69/180 ₰ – ☕ 28 – **60 ch** 160/270 – ½ P 190/250.

Vendanges de Bourgogne, 5 r. D. Papin **(e)** ☏ 85 81 13 43, Fax 85 88 87 59 – TV ☎ 🚗 🅟. AE GB
fermé 24 nov. au 20 déc. et dim. soir du 1er oct. au 1er juin – **R** 68/180 ₰, enf. 50 – ☕ 28 – **17 ch** 150/195 – ½ P 190/250.

à l'Est : par ② : 3 km sur D 248 – ✉ **71600** Paray-le-Monial :

Val d'Or, ☏ 85 81 05 07, Fax 85 88 84 46, ☂ – TV ☎ 🚗 🅟. GB
fermé 4 au 19 janv. et merc. du 1er oct. au 15 avril – **R** 72/200 ₰ – ☕ 28 – **15 ch** 160/230 – ½ P 198/230.

à Poisson par ③ : 8 km sur D 84 – ✉ **71600** :

XX **Poste,** ✆ 85 81 10 72, 🏠, 🌳 – GB
fermé fév., lundi soir et mardi – **R** 85/330 ♁, enf. 50.

par ⑤ : 4 km sur N 79 – ✉ **71600** Paray-le-Monial :

Motel Grill Le Charollais Ⓜ, ✆ 85 81 03 35, Fax 85 81 50 31, 🏠, 🌳 – TV ☎ ♿ P. AE GB
R grill 55/135 ♁, enf. 35 – ☕ 36 – **20 ch** 300/360 – ½ P 376.

CITROEN Milli Automobiles, ZA Le Champ Bossu par ① ✆ 85 88 88 21 **N** ✆ 85 85 06 02
FIAT Lauferon, 16 r. Deux-Ponts ✆ 85 81 13 41
MAZDA-INNOCENTI Serieys Modern Gar., La Beluze par av. de Charolles ✆ 85 81 09 31 **N**
PEUGEOT Gar. de la Beluze la Beluze par av. de Charolles à Volesvres ✆ 85 81 43 45 **N**
RENAULT Taillardat, 13 bd Dauphin-Louis ✆ 85 81 44 12 **N** ✆ 85 26 70 54

PARCEY **39** Jura 70 ③ – rattaché à Dole.

PARENT **63** P.-de-D. 73 ⑭ ⑮ – rattaché à Vic-le-Comte.

PARENTIGNAT **63** P.-de-D. 73 ⑮ – rattaché à Issoire.

PARENTIS-EN-BORN **40160** Landes 78 ③ **G. Pyrénées Aquitaine** – 4 056 h alt. 32.

Syndicat d'Initiative pl. Gén.-de-Gaulle ✆ 58 78 43 60.

Paris 663 – ◆Bordeaux 74 – Mont-de-Marsan 77 – Arcachon 41 – Mimizan 24.

XX **Poste,** av. 8-Mai-1945 ✆ 58 78 40 23 – GB
fermé dim. soir et lundi sauf juil.-août – **R** 55 bc/130.

X **Cousseau** avec ch, r. St-Barthélemy ✆ 58 78 42 46 – P. GB
fermé 17 au 23 mai, 16 oct. au 7 nov., vend. soir et dim. soir – **R** 65/270 – ☕ 28 – **10 ch** 140/250.

CITROEN Gar. Dumartin ✆ 58 78 43 00 **N** ✆ 58 78 40 40
RENAULT Gar. Larrieu ✆ 58 78 43 50 **N**

Paris et environs

PARIS **P** 75 Plans : **10**, **11**, **12** et **14** **G. Paris** – 2 152 333 h. – Région d'Ile-de-France 10 651 000 h. – alt. Observatoire 60 m – Place de la Concorde 34 m – ✪ 1

Aérogares urbaines (Terminal) : esplanade des Invalides (7e) ✆ 43 23 97 10 et Palais des Congrès Porte Maillot ✆ 42 99 20 18.

Aéroports de Paris : voir à Orly et à Roissy-en-France, rubrique environs.

Trains Autos : renseignements ✆ 45 82 50 50.

Distances : A chacune des localités du Guide est donnée la distance du centre de l'agglomération à Paris (Notre-Dame) calculée par la route la plus pratique.

CURIOSITÉS

quelques idées pour profiter au mieux d'un séjour à Paris :

PARIS VU D'EN HAUT

Tour Eiffel★★★ – Tour Montparnasse★★★ – Tour Notre-Dame★★★ – Dôme du Sacré Cœur★★★ – Plate-forme de l'Arc de Triomphe★★★.

PERSPECTIVES CÉLÈBRES DE PARIS

Arc de Triomphe★★★ – Champs-Élysées – Place de la Concorde : ≤ depuis le Rond-Point des Champs-Élysées.
La Madeleine★★★ – Place de la Concorde – Assemblée Nationale : ≤ depuis l'Obélisque au centre de la Place de la Concorde.
Trocadéro★★★ – Tour Eiffel – École Militaire : ≤ depuis la terrasse du Palais de Chaillot.
Invalides★★★ – Grand et Petit Palais : ≤ depuis le Pont Alexandre III.

QUELQUES MONUMENTS HISTORIQUES

Le Louvre★★★ (cour carrée, colonnade de Perrault, la pyramide) – Tour Eiffel★★★ – Notre-Dame★★★ – Sainte-Chapelle★★★ – Arc de Triomphe★★★ – Invalides★★★ (Tombeau de Napoléon) – Palais-Royal★★ – Opéra★★ – Conciergerie★★ – Panthéon★★ – Luxembourg★★ (Palais et Jardins).

Églises : La Madeleine★★ – Sacré-Cœur★★ – St Germain-des-Prés★★ – St Étienne du Mont★★ – St Germain l'Auxerrois★★.

Dans le Marais : Place des Vosges★★ – Hôtel Lamoignon★★ – Hôtel Guénégaud★★ (musée de la Chasse) – Palais Soubise★★ (musée de l'Histoire de France).

QUELQUES MUSÉES

Le Louvre★★★ – Orsay★★★ (milieu du 19e s. jusqu'au début du 20e s.) – Art moderne★★★ (au Centre Pompidou) – Armée★★★ (aux Invalides) – Arts décoratifs★★ (107, rue de Rivoli) – Musée National du Moyen Âge et Thermes de Cluny★★ – Rodin★★ (Hôtel de Biron) – Carnavalet★★ (Histoire de Paris) – Picasso★★ – Cité des Sciences et de l'Industrie★★★ (La Villette) – Marmottan★★ (collection de peintres Impressionnistes) – Orangerie★★ (des Impressionnistes à 1930).

MONUMENTS CONTEMPORAINS

La Défense★★ (C.N.I.T., la Grande Arche) – Centre Georges-Pompidou★★ – Forum des Halles – Institut du Monde Arabe★ – Opéra-Bastille – Bercy (Palais Omnisports, Ministère des Finances).

QUARTIERS PITTORESQUES

Montmartre★★★ – Ile St-Louis★★ – les Quais★★ (entre le Pont des Arts et le Pont de Sully) – Quartier St Séverin★★.

LE SHOPPING

Grands magasins :
Boulevard Haussmann, Rue de Rivoli, Rue de Sèvres.

Commerce de luxe :
Faubourg St-Honoré, Rue de la Paix, Rue Royale, av. Montaigne.

Occasions et antiquités :
Marché aux Puces (Porte Clignancourt), Village Suisse (av. de la Motte-Piquet) – Louvre des Antiquaires.

Pour rechercher une adresse, consulter le **PARIS PLAN Michelin n° 11**.

Pour approfondir une visite touristique, consulter le **guide vert Michelin PARIS.**

OFFICES DE TOURISME

Office du Tourisme et des Congrès de Paris et Accueil de France :

(tous les jours de 9 à 20 h), 127 av. des Champs-Élysées (8e) ✆ 49 52 53 54 ; Télex 645439 – Informations et réservations d'hôtels (pas plus de 5 jours à l'avance pour la province).

Bureaux Annexes :

Gare de l'Est ✆ 46 07 17 73 ; Gare de Lyon ✆ 43 43 33 24 ; Gare du Nord ✆ 45 26 94 82 ; Gare d'Austerlitz ✆ 45 84 91 70 ; Tour Eiffel (de mai à septembre) ✆ 45 51 22 15 ; Gare Montparnasse ✆ 43 22 19 19.

Province et étranger :

Voir adresses dans Index et Plan de Paris Michelin n° 11

RENSEIGNEMENTS PRATIQUES

BUREAUX DE CHANGE

- Principales banques : ferment à 17 h et sam., dim.
- A l'aéroport d'Orly-Sud : de 6 h 30 à 23 h 30
- A l'aéroport Roissy-Charles de Gaulle : de 6 h 30 à 23 h 30 (aérogare 1)
  de 7 h à 23 h 30 (aérogare 2)

TRANSPORTS

Taxi : faire signe aux véhicules libres (lumière jaune allumée) – Aires de stationnement – De jour et de nuit : appels téléphonés.

Bus-Métro : se reporter au plan de Paris Michelin n° 11. Le bus permet une bonne vision de la ville, surtout pour courtes distances.

POSTES-TÉLÉPHONE

Chaque quartier a un bureau de Postes ouvert jusqu'à 19 h, fermé samedi après-midi et dim.

Bureau ouvert 24 h sur 24 : 52, rue du Louvre.

COMPAGNIES AÉRIENNES FRANÇAISES

Air France	119, Champs-Élysées	✆ 45 35 61 61
Air Inter	49, Champs-Élysées	✆ 45 46 90 00

DÉPANNAGE AUTOMOBILE

Il existe, à Paris et dans la Région Parisienne, des ateliers et des services permanents de dépannage.

Les postes de Police vous indiqueront le dépanneur le plus proche de l'endroit où vous vous trouvez.

MICHELIN à Paris et en banlieue

Services généraux :

46 av. Breteuil ✆ 45 66 12 34 – 75324 PARIS CEDEX 07 – Télex MICHLIN 270789 F. Ouverts du lundi au vendredi de 8 h 45 à 16 h 30 (16 h le vendredi).

Agences régionales :

Ouvertes du lundi au vendredi de 8 h à 12 h et de 14 h à 18 h (17 h le vendredi).

Aubervilliers : 34 r. des Gardinoux ✆ 48 33 07 58 – BP 79 – 93302 AUBERVILLIERS CEDEX.

Maisons-Alfort : r. Charles-Martigny – Z.I. des Petites Haies - ✆ 48 99 55 60 – BP 50 – 94702 MAISONS ALFORT CEDEX.

Nanterre : 13, 15, 17 r. des Fondrières ✆ 47 21 67 21 – BP 505 – 92005 NANTERRE CEDEX.

Sartrouville : 43, rue Calmette-et-Guérin ✆ 39 13 00 96 – BP 130 – 78505 SARTROUVILLE.

Agences :

Buc : 417 av. R. Garros – Z.I. Centre – ✆ 39 56 10 66 – 78530 BUC.

ARRONDISSEMENTS

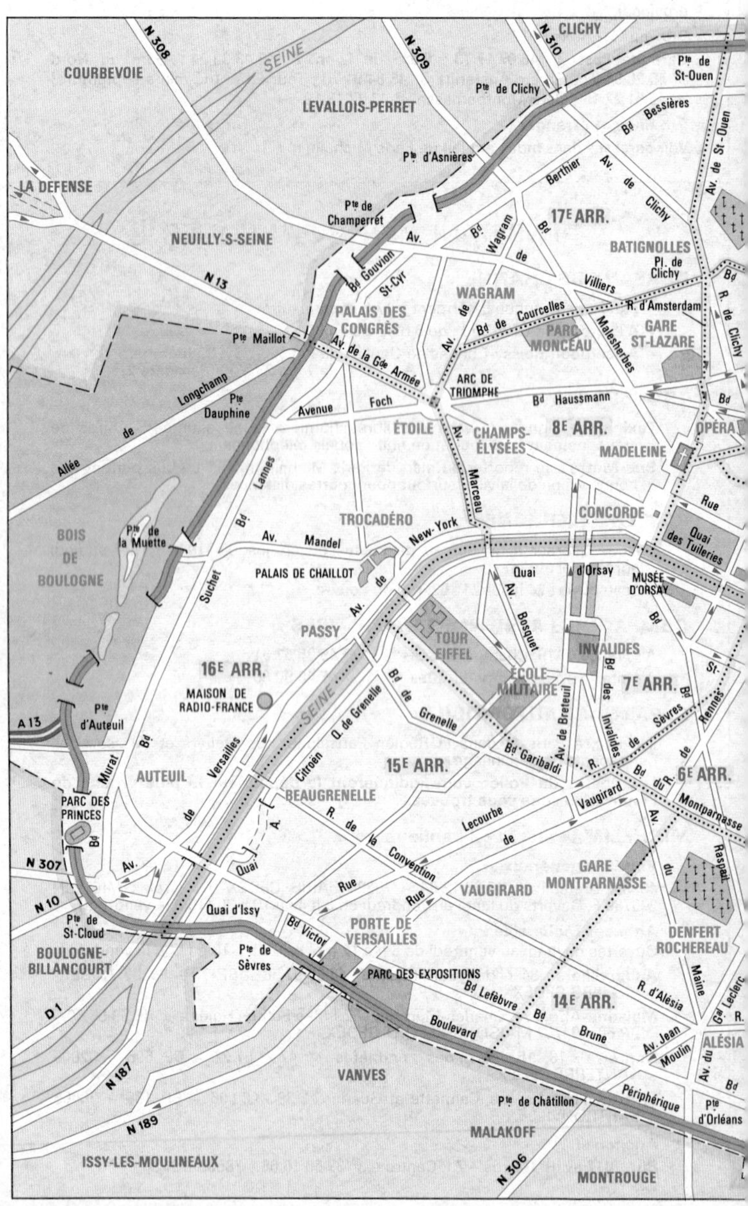

ET QUARTIERS

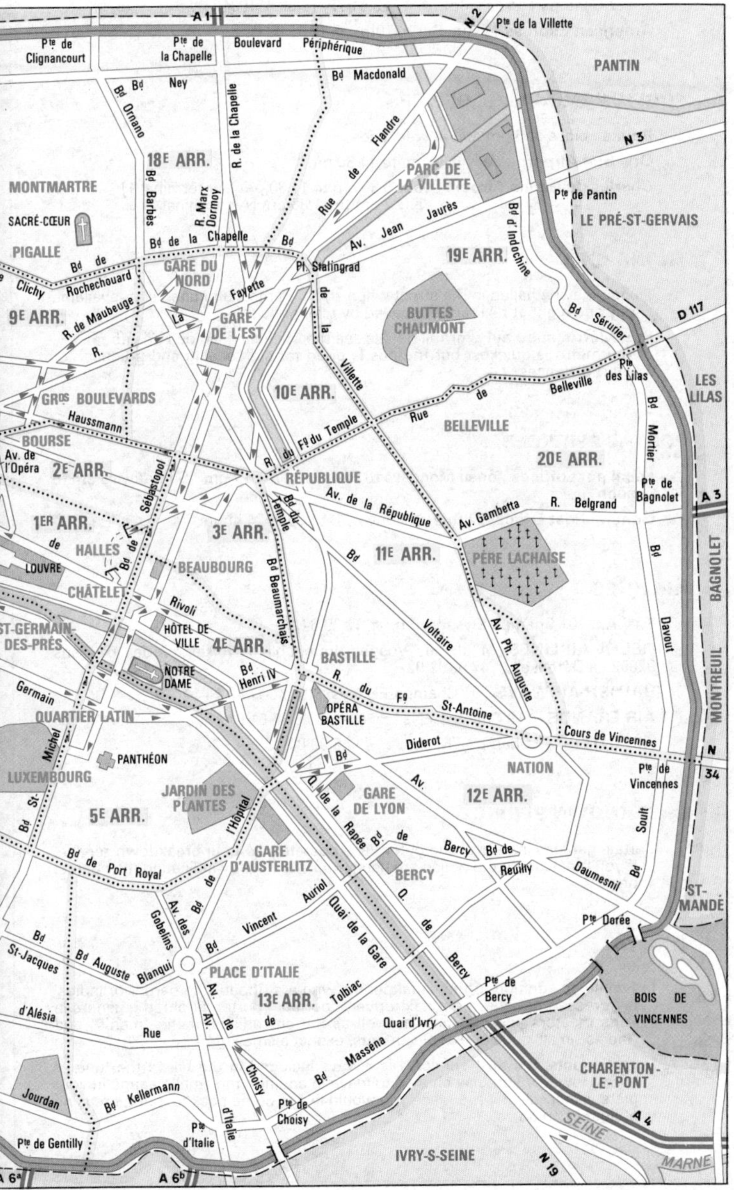

PRACTICAL INFORMATION

TOURIST INFORMATION

Paris "Welcome" Office (Office de Tourisme de Paris - Accueil de France) : 127 Champs-Élysées, 8th, ✆ 47 23 61 72, Telex 611984

American Express 11 Rue Scribe, 9th, ✆ 42 66 09 99

FOREIGN EXCHANGE OFFICES

Banks : close at 5 pm and at weekends

Orly Sud Airport : daily 6.30 am to 11.30 pm

Charles de Gaulle Airport : daily 6.30 am to 11.30 pm (Air terminal 1)
daily 7 am to 11.30 pm (Air terminal 2)

TRANSPORT

Taxis : may be hailed in the street when showing the illuminated sign-available day and night at taxi ranks or called by telephone

Bus-Métro (subway) : for full details see the Michelin Plan de Paris no 11. The métro is quickest but the bus is good for sightseeing and practical for short distances

POSTAL SERVICES

Local post offices : open Mondays to Fridays 8 am to 7 pm ; Saturdays 8 am to noon

General Post Office, 52 Rue du Louvre, 1st : open 24 hours

AIRLINES

T.W.A. : 101 Champs-Élysées, 8th, ✆ 47 20 62 11

DELTA AIRLINES : 4 pl. des Vosges, Immeuble Lavoisier, Cedex 64 Paris 92052 La Défense, ✆ 47 68 92 92

BRITISH AIRWAYS : 91 Champs-Élysées, 8th, ✆ 47 78 14 14

AIR FRANCE : 119 Champs-Élysées, 8th, ✆ 45 35 61 61

AIR INTER : 49 Champs-Élysées, ✆ 45 46 90 00

BREAKDOWN SERVICE

Certain garages in central and outer Paris operate a 24-hour breakdown service. If you break down the police are usually able to help by indicating the nearest one.

TIPPING

In France, in addition to the usual people who are tipped (the barber or ladies' hairdresser, hat-check girl, taxi-driver, doorman, porter, et al.), the ushers in Paris theaters and cinemas, as well as the custodians of the "men's" and "ladies" in all kinds of establishments, expect a small gratuity.

In restaurants, the tip ("service") is always included in the bill to the tune of 15 %. However you may choose to leave in addition the small change in your plate, especially if it is a place you would like to come back to, but there is no obligation to do so.

LISTE ALPHABÉTIQUE
des hôtels et restaurants

D

E

F

G

N

O

P

Q

R

RESTAURANTS
de Paris et de la Banlieue

Les bonnes tables... à étoiles

✿✿✿

		Arr.	Page
XXXXX	**Lucas Carton** (Senderens)	8e	39
XXXXX	**Taillevent** (Vrinat)	8e	39
XXXXX	**Tour d'Argent** (Terrail)	5e	32
XXXX	**Ambroisie (L')** (Pacaud)	4e	29
XXXX	**Jamin** (Robuchon)	16e	53

✿✿

		Arr.	Page
XXXXX	Ambassadeurs (Les)	8e	40
XXXXX	Espadon	1er	25
XXXXX	Lasserre	8e	39
XXXXX	Laurent	8e	40
XXXX	Arpège	7e	35
XXXX	Carré des Feuillants	1er	26
XXXX	Chiberta	8e	40
XXXX	Clos de Longchamp (Le)	17e	56
XXXX	Duc d'Enghien	à Enghien-les-Bains	66
XXXX	Duquesnoy	7e	35
XXXX	Faugeron	16e	54
XXXX	Gérard Besson	1er	26
XXXX	Goumard-Prunier	1er	26
XXXX	Grand Vefour	1er	25
XXXX	Guy Savoy	17e	56
XXXX	Le Divellec	7e	35
XXXX	Michel Rostang	17e	56
XXXX	Pré Catelan	16e	55
XXXX	Trois Marches (Les)	à Versailles	83
XXXX	Vivarois	16e	53
XXX	Amphyclès	17e	57
XXX	Apicius	17e	57
XXX	Jacques Cagna	6e	32
XXX	Tastevin (Le)	à Maisons-Laffitte	70

✿

		Arr.	Page
XXXXX	Bristol	8e	40
XXXXX	Ledoyen	8e	40
XXXXX	Régence	8e	40
XXXX	Célébrités (Les)	15e	49
XXXX	Drouant	2e	26
XXXX	Élysée Lenôtre	8e	40
XXXX	Élysées (Les)	8e	40
XXXX	Étoile d'or	17e	56
XXXX	Fouquet's Europe	à La Défense	66
XXXX	Grande Cascade	16e	55
XXXX	Manoir de Paris	17e	56
XXXX	Marée (La)	8e	40
XXXX	Meurice (Le)	1er	26
XXXX	Montparnasse 25	14e	49
XXXX	Princes (Les)	8e	40
XXXX	Relais de Sèvres	15e	49
XXXX	Rest Opéra-Café de la Paix	9e	44
XXX	Beauvilliers	18e	59
XXX	Boule d'Or (La)	7e	35
XXX	Cantine des Gourmets	7e	35
XXX	Céladon (Le)	2e	26
XXX	Clovis (Le)	8e	40
XXX	Cochon d'Or	19e	59
XXX	Communautés (Les)	à La Défense	66
XXX	Copenhague	8e	40
XXX	Couronne (La)	8e	40
XXX	Dariole de Viry	à Viry-Châtillon	87
XXX	Faucher	17e	57
XXX	Grande Sirène (La)	à Versailles	83

✿

	Restaurant	Arr.	Page
XXX	Jacqueline Fénix	à Neuilly-sur-Seine	73
XXX	Magnolias (Les)	au Perreux-sur-Marne	75
XXX	Mercure Galant	1er	26
XXX	Miravile	4e	29
XXX	Morot-Gaudry	15e	50
XXX	Paris	6e	32
XXX	Port Alma	16e	54
XXX	Pressoir (Au)	12e	46
XXX	15 Montaigne Maison Blanche	8e	40
XXX	Relais Louis XIII	6e	32
XXX	Sormani	17e	57
XXX	Table d'Anvers (La)	9e	44
XXX	Timgad	17e	57
XXX	Toit de Passy	16e	54
XXX	Truffe Noire	à Neuilly-sur-Seine	73
XXX	Vancouver	8e	41
XX	Bellecour (Le)	7e	35
XX	Benoît	4e	29
XX	Cagouille (La)	14e	51
XX	Conti	16e	54
XX	Dodin Bouffant	5e	32
XX	Ferme St-Simon	7e	35
XX	Fontaine d'Auteuil	16e	54
XX	Pauline (Chez)	1er	26
XX	Petit Colombier (Le)	17e	57
XX	Petite Bretonnière	15e	50
XX	Petite Tour (La)	16e	54
XX	Pharamond	1er	26
XX	Pierre au Palais Royal	1er	26
XX	Pile ou face	2e	26
XX	Récamier	7e	35
XX	Relais d'Auteuil	16e	54
XX	Sousceyrac (A)	11e	29
XX	Timonerie (La)	5e	32
XX	Trou Gascon (Au)	12e	46
X	Pouilly-Reuilly (Au)	au Pré St-Gervais	76

Pour le souper après le spectacle

(Nous indiquons entre parenthèses l'heure limite d'arrivée)

	Restaurant	Arr.	Page
XXXX	Drouant (Café Drouant) (0 h 30)	2e	26
XXXX	Fouquet's (rez-de-chaussée) (1 h)	8e	40
XXX	Charlot Ier « Merveilles des mers » (1 h)	18e	59
XXX	Charlot « Roi des Coquillages » (1 h)	9e	44
XXX	Grill (Le) (1 h)	8e	41
XXX	Louis XIV (Le) (1 h)	10e	44
XXX	Pierre « A la Fontaine Gaillon » (0 h 30)	1er	26
XXX	Procope (Le) (1 h)	6e	32
XXX	Relais Plaza (1 h 30)	8e	41
XXX	Vong (Chez) (0 h 30)	1er	26
XX	Arbuci (L') (3 h)	2e	33
XX	Baumann Marbeuf (1 h)	8e	41
XX	Ballon des Ternes (Le) (0 h 30)	17e	58
XX	Bœuf sur le Toit (Le) (2 h)	8e	41
XX	Bofinger (Brasserie) (1 h)	4e	29
XX	Brasserie Café de la Paix (1 h 15)	9e	44
XX	Brasserie Flo (1 h 30)	10e	44
XX	Coupole (La) (2 h)	14e	50
XX	Dôme (Le) (0 h 45)	14e	50
XX	Écailler du Palais (L') (1 h)	17e	57
XX	Gand Café Capucines (jour et nuit)	9e	44
XX	Grand Colbert (Le) (1 h)	2e	27
XX	Guirlande de Julie (1 h)	4e	29
XX	Julien (1 h 30)	10e	44
XX	Pied de Cochon (Au) (jour et nuit)	1er	26
XX	Regency 1925 (1 h)	à St-Maur-des-Fossés	80
XX	Terminus Nord (0 h 30)	10e	45
XX	Vaudeville (2 h)	2e	27
X	Bistro des Deux Théâtres (0 h 30)	9e	45
X	Brasserie de la Poste (1 h)	16e	54
X	Butte Chaillot (La) (1 h)	16e	54
X	Main à la Pâte (La) (0 h 30)	1er	27
X	Poule au Pot (La) (5 h)	1er	27
X	Thoumieux (0 h 30)	7e	36

Il est conseillé d'avoir une tenue vestimentaire adaptée à la classe et à la réputation de l'établissement choisi.

Le plat que vous recherchez

Une andouillette

Ambassade d'Auvergne	3e	29
Bistrot d'Alex	6e	33
Cochon d'Or	19e	59
Comme Chez Soi	9e	44
Coupole (La)	14e	50
Ferme des Mathurins	8e	41
Gastroquet (Le)	15e	51
Georges (Chez)	1er	27
Marlotte (La)	6e	33
Moissonnier	5e	33
Nuit de St-Jean	7e	36
Petits Pères « Chez Yvonne » (Aux)	2e	27
Pharamond	1er	26
Pied de Cochon (Au)	1er	26
Pierre (Chez)	15e	51
Pouilly-Reuilly (Au)	au Pré-St-Gervais	76
Relais Beaujolais	9e	45
Rhône (Le)	13e	47
St-Vincent	15e	51
Sousceyrac (A)	11e	29
Traversière (Le)	12e	47

Du boudin

Ambassade d'Auvergne	3e	29
Cochon d'Or	19e	59
Coquille (La)	17e	57
D'Chez Eux	7e	35
Marlotte (La)	6e	33
Moissonnier	5e	33
Pouilly-Reuilly (Au)	Au Pré-St-Gervais	76
Rhône (Le)	13e	47
Yvette (Chez)	15e	51

Une bouillabaisse

Augusta (Chez)	17e	57
Charlot Ier « Merveilles des Mers »	18e	59
Charlot « Roi des Coquillages »	9e	44
Dôme (Le)	14e	50
Écailler du Palais (L')	17e	57
Frégate (La)	12e	47
Jarrasse	à Neuilly-sur-Seine	74
Marius	16e	54
Marius et Janette	8e	41
Moniage Guillaume	14e	50
Senteurs de Provence	15e	50
Truite Vagabonde (La)	17e	57

Un cassoulet

Brasserie de la Poste	16e	54
Clef du Périgord (La)	1er	27
Cochon Doré	2e	27
D'Chez Eux	7e	35
Etchegorry	13e	47
Flambée (La)	12e	47
Flamberge (La)	7e	35
Gourmets Landais (Aux)	à la Garenne Colombes	67
Julien	10e	44
Léon (Chez)	17e	57
Lous Landès	14e	50
Pyrénées-Cévennes	11e	29
Quercy (Le)	9e	44
Quincy (Le)	12e	47
Sarladais (Le)	8e	41
Sousceyrac (A.)	11e	29
Thoumieux	7e	36
Trou Gascon (Au)	12e	46
Vendanges (Les)	14e	50

Une choucroute

Baumann Ternes	17e	57
Bofinger	4e	29
Brasserie de la Poste	16e	54
Brasserie Flo	10e	44
Coupole (La)	14e	50
Luneau (Le)	12e	47
Terminus Nord	9e	45

Un confit

Aub. Landaise	à Enghien-les-Bains	66
Brasserie de la Poste	16e	54
Cazaudehore	à St-Germain-en-Laye	79
Clef du Périgord (La)	1er	27
Closerie Périgourdine	à Argenteuil	60
Cochon Doré	2e	27
Comme Chez Soi	9e	44
D'Chez Eux	7e	35
Etchegorry	13e	47
Flambée (La)	12e	47
Flamberge (La)	7e	35
Françoise (Chez)	13e	47
Gastroquet (Le)	15e	51
Giberne (La)	15e	50
Jean l'Auvergnat (Chez)	9e	45
Lous Landès	14e	50
Pyrénées-Cévennes	11e	29
Quercy (Le)	9e	44
Sarladais (Le)	8e	41
Trinquet (Le)	à St-Mandé	80
Trou Gascon (Au)	12e	46
Vendanges (Les)	14e	50

Des coquillages, crustacés, poissons

Baumann Ternes	17e	57
Armes de Bretagne	14e	50
Augusta (Chez)	17e	57
Ballon des Ternes (Le)	17e	58
Bœuf sur le Toit (Le)	8e	41
Bofinger	4e	29
Cagouille (La)	14e	51
Charlot Ier « Merveilles des Mers »	18e	59
Charlot « Roi des Coquillages »	9e	44
Coupole (La)	14e	50
Dodin-Bouffant	5e	32
Dôme (Le)	14e	50
Eau Vive (L')	à Chelles	63
Ecailler du Palais (L')	17e	57
El Chiquito	à Reuil-Malmaison	77
Frégate (La)	12e	47
Gaya	1er	26
Goumard-Prunier	1er	26
Grand Café Capucines	9e	44
Jarrasse	à Neuilly-sur-Seine	74
Le Divellec	7e	35
Louis XIV (Le)	10e	44
Luna (La)	8e	41
Luneau (Le)	12e	47
Marée (La)	8e	40
Marée de Versailles (La)	à Versailles	83
Marius et Janette	8e	41
Marty	5e	32
Mère Michel	17e	58

Orée du Bois (L')	à Vélizy-Villacoublay	82
Pétrus	17e	57
Pied de Cochon (Au)	1er	26
Pierre « A la Fontaine Gaillon »	2e	26
Port Alma	16e	54
Senteurs de Provence	15e	50
Table Richelieu (La)	3e	29
Vancouver	8e	41
Vaudeville	2e	27

Des escargots

Coquille (La)	17e	57
Escargot de Linas (L')	à Linas	69
Escargot Montorgueil (L')	1er	27
Léon (Chez)	17e	57
Moissonnier	5e	33
Quincy (Le)	12e	47
Relais Beaujolais	9e	45

Une paëlla

Etchegorry	13e	47
Pyrénées-Cévennes	11e	29
San Valero	à Neuilly-sur-Seine	74

Une grillade

Baumann Marbeuf	8e	41
Bœuf Couronné (Au)	19e	59
Bœuf sur le Toit (Le)	8e	41
Cochon d'Or	19e	59
Grilladin (Au)	6e	33
Julien	10e	44
Quai d'Orsay (Au)	7e	35

Rôtisserie du Beaujolais	5e	33
Saint-Vincent (Le)	15e	51
Terminus Nord	9e	45
Train Bleu	12e	46

De la tête de veau

Apicius	17e	57
Bistrot d'Alex	6e	33
Bœuf Couronné (Au)	19e	59
Caves Petrissans	17e	58
Cochon d'Or	19e	59
Georges (Chez)	17e	58
Grille (La)	10e	45
Léon (Chez)	17e	57
Marty	5e	32
Paul	1er	27
Petite Tour (La)	16e	54
Petit Riche	9e	44
Pierre (Chez)	15e	51
Pierre Vedel	15e	51

Des tripes

Bistro d'Alex (Le)	6e	33
Nuit de St-Jean	7e	36
Pharamond	1er	26
Pied de Cochon	1er	26
Thoumieux	7e	36

Des fromages choisis

Androuët	8e	41

Des soufflés

Soufflé (Le)	1er	27

Spécialités étrangères

Chinoises et Indochinoises

Délices de Szechuen (Aux)	7e	35
Foc Ly	7e	35
Foc Ly	à Neuilly-sur-Seine	73
Ngo (Chez)	16e	54
Palais du Trocadéro	16e	54
Palanquin (Le)	6e	33
P'tite Tonkinoise (La)	10e	45
Tan Dinh	7e	36
Tong-Yen	8e	41
Tsé-Yang	16e	54
Village d'Ung et Li Lam	8e	41
Vong (Chez)	1er	26

Belges

Entre Siècle (L')	15e	50

Espagnoles

San Valero	à Neuilly-sur-Seine	74

Indiennes

Indra	8e	41
Lal Qila	15e	50
Mina Mahal	15e	51
Yugaraj	6e	32

Italiennes

Beato	7e	35
Bice (H. Balzac)	8e	37
Carpaccio (Le) (H. Royal Monceau)	8e	36
Châteaubriant (Au)	10e	44
Conti	16e	54
Fellini	15e	51
Finzi	8e	41
Gildo	7e	36
Giulio Rebellato	7e	35
Giulio Rebellato	16e	54
Il Ristorante	17e	57
Main à la Pâte (La)	1er	27
Sormani (Le)	17e	57
Stresa	8e	41
Velloni	1er	27
Villa Vinci	16e	54

Japonaises

Benkay (H. Nikko)	15e	47
Gokado	9e	45
Kinugawa	1er	26
Kinugawa	8e	41
Suntory	8e	41
Yamato (H. Méridien)	17e	55

Libanaises

Noura	16e	54
Pavillon Noura	16e	54

Nord-Africaines

Al Mounia	16e	54
Caroubier (Le)	14e	50
Étoile Marocaine (L')	8e	41
Oriental (L')	18e	59
Timgad	17e	57
Tour de Marrakech (La)	à Antony	60
Wally	4e	29

Portugaises

Saudade	1er	26

Russes

Datcha Lydie (La)	15e	51

Scandinaves

Copenhague	8e	40

Thaïlandaises

Blue Elephant	11e	29

Quelques restaurants où vous trouverez un menu à moins de 170 F

1er arrondissement

XX	Bonne Fourchette	27
XX	Chatelet Gourmand	27
XX	Gabriel (Chez)	27
XX	Palais Cardinal	26
XX	Petit Bourbon (Le)	27
X	Clef du Périgord (La)	27

2e arrondissement

XXX	Corbeille (La)	26
XX	Coup de Cœur	27
XX	Grand Colbert (Le)	27
XX	St-Amour (Le)	27
XX	Vaudeville	27
X	Cochon Doré	27
X	Petits Pères « Chez Yvonne » (Aux)	27

3e arrondissement

XX	Alisier (L')	29
X	Premier Rendez-Vous	29

4e arrondissement

XX	Bofinger	29
X	Grizzli (Le)	29
X	Monde des Chimères (Le)	29

5e arrondissement

XX	Marty	32
XX	Pactole (Au)	32
XX	Truffière (La)	32
X	Rôtisserie du Beaujolais	33

6e arrondissement

XX	Arrosée (L')	32
XX	Bistrot d'Alex	33
XX	Calvet	32
XX	Grilladin (Au)	33
X	Palanquin (Le)	33
X	Valérie Tortu	33
X	Vigneraie (La)	33

7e arrondissement

XXX	Foc Ly	35
XX	Champ de Mars (Le)	36
XX	Club (Le)	35
XX	Clémentine	36
XX	Ribe (Chez)	36
X	Calèche (La)	36
X	Collinot (Chez)	36
X	Maupertu (Le)	36
X	Nuit de St-Jean	36
X	Œillade (L')	36
X	P'tit Troquet (Le)	36
X	Sédillot	36

8e arrondissement

XXX	Yvan	41
XX	Bœuf sur le Toit (Le)	41
XX	Bosc (Chez)	41
XX	Étoile Marocaine (L')	41
XX	Fermette Marbeuf	41
XX	Village d'Ung et Li Lam	41
X	Bouchon Gourmand	41
X	Ferme des Mathurins	41
X	Petite Auberge (La)	41

9e arrondissement

XX	Bistrot Papillon	44
XX	Brasserie Flo Printemps	44
XX	Comme Chez Soi	44
XX	Franche-Comté (Le)	44
XX	Quercy (Le)	44
X	Bistro des Deux Théâtres	45
X	Petit Batailley	45
X	Jean l'Auvergnat (Chez)	45

10e arrondissement

XX	Brasserie Flo	44
XX	Chateaubriant (Au)	44
XX	Deux Canards (Aux)	44
XX	Julien	44
XX	Terminus Nord	45

11e arrondissement

XX	Amognes (Les)	29
XX	Repaire de Cartouche	29
X	Astier	29
X	Fernand (Chez)	29

12e arrondissement

XX	Café Fouquet's Bastille	47
XX	Escapade en Touraine (L')	47
XX	Flambée (La)	47
XX	Luneau (Le)	47
XX	Traversière (Le)	47
X	Biche au Bois (A la)	47
X	Mange Tout	47
X	Temps des Cerises (Le)	47

13e arrondissement

XX	Vieux Métiers de France (Les)	47
X	Etchegorry	47
X	Françoise (Chez)	47
X	Rhône (Le)	47

14e arrondissement

XX	Caroubier (Le)	50
XX	Chaumière des Gourmets	50
XX	Coupole (La)	50
XX	Vendanges (Les)	50
X	Cagouille (La)	51
X	Régalade (La)	51

15e arrondissement

16e arrondissement

17e arrondissement

18e arrondissement

19e arrondissement

20e arrondissement

Banlieue

Antony

Argenteuil

Asnières

Bois Colombes

Bonneuil-sur-Marne

Bougival

Boulogne-Billancourt

La Celle-St-Cloud

Chelles

Clichy

Cormeilles-en-Parisis

Créteil

Croissy-sur-Seine

Fontenay-sous-Bois

La Garenne-Colombes

Houilles

Levallois-Perret

Louveciennes

Marly-le-Roi

Meudon

Montreuil

Morsang-sur-Orge

Nanterre

Neuilly-sur-Seine
- XX Feuilles Libres (Les) 74
- X Catounière (La) 74

Petit-Clamart
- XX Rendez-vous de Chasse (Au) . . 75

Le Port-Marly
- XX Aub. du Relais Breton 75

Puteaux
- XX Chaumière (La) 76

La Queue-en-Brie
- XX Aub. du Petit Caporal 76

Romainville
- XXX Henri (Chez) 77

Rueil-Malmaison
- XX Plat d'Étain. 77

Rungis
- XX Charolais (Le) 78

St Germain-en-Laye
- X Feuillantine (La) 78

St-Mandé
- X Trinquet (Le) 80

St-Maur-des-Fossés
- XXX Bretèche (La). 80
- XX Chez Nous comme chez Vous 80
- XX Jardin d'Ohé (Le) 80

Sartrouville
- XX Jardin Gourmand (Le) 80

Sucy-en-Brie
- XXX Terrasse Fleurie. 81

Suresnes
- XX Jardins de Camille (Les) 81

Tremblay-en-France
- XX Cénacle (Le) 82

Vanves
- XX Pyramide (La) 82

Versailles
- XXX Rescatore. 83
- XX Connemara (Le) 83
- XX Potager du Roy 83
- XX Pot-au-Feu 83

Viroflay
- XX Aub. La Chaumière. 87

Plein air

XXXXX	✿✿	Laurent	8e	40
XXXX	✿	Grande Cascade.	16e	55
XXXX	✿✿	Pré Catelan	16e	55
XXX		Pavillon Puebla	19e	59

Chennevières-sur-Marne	XXX		Écu de France	64
Draveil	XXX		Bouquet de la Forêt	66
Maisons-Laffitte	XXX	✿✿	Tastevin (Le)	70
Rueil-Malmaison	XXX		El Chiquito	77
St-Germain-en-Laye	XXX		Cazaudehore	79
Vaucresson	XX		Poularde (La)	82

Restaurants avec salons particuliers

Restaurants ouverts samedi et dimanche

Banlieue

HOTELS, RESTAURANTS

par arrondissements

(Liste alphabétique des Hôtels et Restaurants, voir p. 7 à 13)

G 12 : Ces lettres et chiffres correspondent au carroyage du **Plan de Paris** Michelin n° 10, **Paris Atlas** n° 11, **Plan avec répertoire** n° 12 et **Plan de Paris** n° 14.

En consultant ces quatre publications vous trouverez également les parkings les plus proches des établissements cités.

Opéra, Palais-Royal, Halles, Bourse.

1er et 2e arrondissements - 1er : ✉ 75001 - 2e : ✉ 75002

Ritz, 15 pl. Vendôme (1er) ✆ 42 60 38 30, Télex 220262, Fax 42 60 23 71, « Belle piscine et luxueux centre de remise en forme » – AE GB JCB. rest G 12
R voir rest. **Espadon** ci-après – 170 – **142 ch** 2850/4150, 45 appart.

Meurice, 228 r. Rivoli (1er) ✆ 44 58 10 10, Télex 220256, Fax 44 58 10 15 – ch – 40 à 100. AE GB JCB. rest G 12
R voir rest. **Le Meurice** ci-après – 130 – **138 ch** 2200/2900, 42 appart.

Inter-Continental, 3 r. Castiglione (1er) ✆ 44 77 11 11, Télex 220114, Fax 44 77 14 60, – 500. AE GB JCB. rest G 12
Café Tuileries (coffee shop) **R** 115 et carte 200 à 300 – **La Terrasse Fleurie** *(fermé 18 déc. au 3 janv.)* **R** carte 330 à 520 – 120 – **450 ch** 2200/2750, 20 appart.

Lotti, 7 r. Castiglione (1er) ✆ 42 60 37 34, Télex 240066, Fax 40 15 93 56 – ch – 25. AE GB JCB G 12
R 240 et carte 280 à 450 – 120 – **129 ch** 1700/3300.

Westminster, 13 r. Paix (2e) ✆ 42 61 57 46, Télex 680035, Fax 42 60 30 66 – ch ch – 40. AE GB JCB G 12
R voir rest. **Le Céladon** ci-après – 110 – **84 ch** 1950/2500, 18 appart.

du Louvre, pl. A. Malraux (1er) ✆ 44 58 38 38, Télex 240412, Fax 44 58 38 01 – – 100. AE GB JCB H 13
Brasserie Le Louvre R 160 et carte 170 à 260 , enf.80 – 90 – **178 ch** 1500/2000, 22 appart.

Édouard VII et rest. le Delmonico, 39 av. Opéra (2e) ✆ 42 61 56 90, Télex 680217, Fax 42 61 47 73 – – 40. AE GB G 13
R *(fermé 31 juil. au 31 août, sam. et dim.)* 148/450 – 60 – **68 ch** 1000/1130, 4 appart.

Normandy, 7 r. Échelle (1er) ✆ 42 60 30 21, Télex 670250, Fax 42 60 45 81 – – 50. AE GB JCB H 13
L'Échelle *(fermé sam. et dim.)* **R** 155 et carte 180 à 300 – 68 – **123 ch** 1065/1875, 7 appart.

Mayfair sans rest, 3 r. Rouget-de-Lisle (1er) ✆ 42 60 38 14, Télex 240037, Fax 40 15 04 78 – . AE GB JCB. G 12
75 – **53 ch** 900/1630.

Régina, 2 pl. Pyramides (1er) ✆ 42 60 31 10, Télex 670834, Fax 40 15 95 16, – ch rest – 25 à 30. AE GB JCB. rest H 13
R 210/520 – 85 – **117 ch** 1450/1850, 13 appart.

Cambon sans rest, 3 r. Cambon (1er) ✆ 42 60 38 09, Télex 240814, Fax 42 60 30 59 – . AE GB JCB G 12
70 – **43 ch** 930/1480.

L'Horset Opéra M sans rest, 18 r. d'Antin (2e) ✆ 44 71 87 00, Télex 282676, Fax 42 66 55 54 – . AE GB G 13
80 – **54 ch** 1100/1250.

Stendhal sans rest, 22 r. D. Casanova (2e) ✉ 75002 ☎ 44 58 52 52, Fax 44 58 52 00 – AE ① GB G 12
☕ 80 – **20 ch** 1400/1800.

Novotel Paris Halles M, 8 pl. M.-de-Navarre (1er) ☎ 42 21 31 31, Télex 216389, Fax 40 26 05 79, – ch TV ☎ ♿ – 40 à 100. AE ① GB H 14
R carte environ 160, enf. 55 – ☕ 58 – **280 ch** 830/900, 5 appart.

de Noailles M sans rest, 9 r. Michodière (2e) ☎ 47 42 92 90, Télex 290644, Fax 49 24 92 71 – TV ☎. AE GB G 13
☕ 40 – **58 ch** 650/800.

Favart sans rest, 5 r. Marivaux (2e) ☎ 42 97 59 83, Télex 213126, Fax 40 15 95 58 – TV ☎ ♿. AE GB F 13
37 ch ☕ 510/620.

Relais du Louvre sans rest, 19 r. Prêtres-St-Germain-L'Auxerrois (1er) ☎ 40 41 96 42, Fax 40 41 96 44 – TV ☎. AE ① GB H 14
☕ 50 – **18 ch** 570/880.

Montana Tuileries sans rest, 12 r. St-Roch (1er) ☎ 42 60 35 10, Télex 214404, Fax 42 61 12 28 – TV ☎. AE ① GB JCB G 12
☕ 50 – **25 ch** 690/1050.

Louvre St-Honoré M sans rest, 141 r. St-Honoré (1er) ☎ 42 96 23 23, Télex 215044, Fax 42 96 21 61 – TV ☎ ♿. AE ① GB H 14
☕ 45 – **40 ch** 735/945.

Duminy Vendôme sans rest, 3 r. Mont Thabor (1er) ☎ 42 60 32 80, Télex 213492, Fax 42 96 07 83 – TV ☎ – 30. AE ① GB JCB G 12
79 ch ☕ 700/935.

Molière sans rest, 21 r. Molière (1er) ☎ 42 96 22 01, Télex 213292, Fax 42 60 48 68 – TV ☎. AE ① GB. G 13
☕ 50 – **33 ch** 450/700, 3 appart.

Lautrec Opéra M sans rest, 8 r. d'Amboise (2e) ☎ 42 96 67 90, Télex 216502, Fax 42 96 06 83 – TV ☎. AE GB JCB. F 13
30 ch ☕ 600/900.

Baudelaire Opéra sans rest, 61 r. Ste Anne (2e) ☎ 42 97 50 62, Télex 216116, Fax 42 86 85 85 – TV ☎. AE ① GB JCB G 13
☕ 33 – **24 ch** 450/600, 5 duplex.

Gd H. de Champagne sans rest, 17 r. J.-Lantier (1er) ☎ 42 36 60 00, Télex 215955, Fax 45 08 43 33 – TV ☎. AE ① GB J 14
40 ch ☕ 770/910, 3 appart.

Gaillon-Opéra sans rest, 9 r. Gaillon (2e) ☎ 47 42 47 74, Télex 215716, Fax 47 42 01 23 – TV ☎. AE ① GB JCB G 13
☕ 35 – **26 ch** 780/1050.

Britannique sans rest, 20 av. Victoria (1er) ☎ 42 33 74 59, Télex 220240, Fax 42 33 82 65 – TV ☎. AE ① GB. J 14
☕ 45 – **40 ch** 510/710.

Ducs de Bourgogne sans rest, 19 r. Pont-Neuf (1er) ☎ 42 33 95 64, Télex 216367, Fax 40 39 01 25 – TV ☎. AE ① GB JCB. H 14
☕ 44 – **50 ch** 480/610.

Marsollier Opéra sans rest, 13 r. Marsollier (2e) ☎ 42 96 68 14, Télex 217801, Fax 42 60 53 84 – TV ☎. AE ① GB JCB G 13
☕ 30 – **29 ch** 480/620.

Ducs d'Anjou sans rest, 1 r. Ste-Opportune (1er) ☎ 42 36 92 24, Télex 218681, Fax 42 36 16 63 – TV ☎. AE ① GB JCB H 14
☕ 42 – **38 ch** 432/614.

Vivienne sans rest, 40 r. Vivienne (2e) ☎ 42 33 13 26, Fax 40 41 98 19 – ch TV ☎. GB F 14
☕ 40 – **44 ch** 340/430.

XXXXX ✿✿ **Espadon** - Hôtel Ritz, 15 pl. Vendôme (1er) ☎ 42 60 38 30, Télex 220262, Fax 42 60 23 71, – . AE ① GB JCB. G 12
R 330 (déj.)/550 et carte 420 à 660
Spéc. Homard. Agneau des Causses Lozériens (nov. à mai). Chariot de desserts.

XXXX ✿✿ **Grand Vefour,** 17 r. Beaujolais (1er) ☎ 42 96 56 27, Fax 42 86 80 71, « Ancien café du Palais Royal fin 18e siècle » – . AE ① GB JCB. G 13
fermé août, sam. et dim. – **R** 305 (déj.) et carte 500 à 720, enf. 150
Spéc. Langue de boeuf et salade de céleri. Ravioles de foie gras et crème truffée. Millefeuille au moka et poire caramélisée.

XXXX ✿ **Le Meurice** - Hôtel Meurice, 228 r. Rivoli (1er) ✆ 44 58 10 50, Télex 220256, Fax 44 58 10 15 – ▤. AE ⓞ GB JCB. ✻ G 12
R 300 et carte 325 à 500, enf. 150
Spéc. Ravioles de homard et petite salade d'herbes. Blanc de turbot au cresson et jus de carotte. Palette de saveurs au caramel.

XXXX ✿✿ **Carré des Feuillants** (Dutournier), 14 r. Castiglione (1er) ✆ 42 86 82 82, Fax 42 86 07 71 – ▤. AE ⓞ GB JCB G 12
fermé 1er au 30 août, sam. midi et dim. – **R** 260 (déj.) et carte 450 à 580
Spéc. Emincé de Saint-Jacques en "chaud-froid" de céleri truffé (oct. à mars). Rouget rôti aux pommes de terre à la moelle (printemps à automne). Lièvre à la royale "façon Aquitaine" (oct. à déc.).

XXXX ✿ **Drouant,** pl. Gaillon (2e) ✆ 42 65 15 16, Fax 49 24 02 15 – ▤. AE ⓞ GB G 13
R 340 (déj.) et carte 450 à 550 - **Café Drouant R** 230 (dîner et dim.) et carte 250 à 330
Spéc. Charlotte de langoustines aux aubergines confites. Rouget rôti à la tapenade et au safran. Pigeonneau rôti en croûte de pommes de terre.

XXXX ✿✿ **Goumard-Prunier,** 9 r. Duphot (1er) ✆ 42 60 36 07, Fax 42 60 04 54 – ▤. AE ⓞ GB JCB G 12
fermé dim. et lundi – **R** produits de la mer - carte 400 à 580
Spéc. Coquilles Saint-Jacques caramélisées et sauté de cardons aux truffes (oct. à mai). Turbot de ligne rôti au cidre, crêpes de sarrazin aux pommes. Homard breton sauce Cayenne.

XXXX ✿✿ **Gérard Besson,** 5 r. Coq Héron (1er) ✆ 42 33 14 74, Fax 42 33 85 71 – ▤. AE ⓞ GB
fermé sam. de fév. à août et dim. – **R** 260 (déj.) et carte 400 à 550 H 14
Spéc. Homard et poissons de la baie d'Erquy. Champignons, truffes (en saison). Gibier (saison).

XXX ✿ **Mercure Galant,** 15 r. Petits-Champs (1er) ✆ 42 96 98 89, Fax 42 96 08 89 – GB G 13
fermé sam. midi, dim. et fêtes – **R** 250 (déj.)/400 et carte 320 à 450
Spéc. Filets de rougets poêlés, lentilles vertes et pied de cochon. Saint-Jacques panées, beurre de saumon et choux croquants (oct. à mars). Coeur de Charolais à la moelle en papillote.

XXX ✿ **Le Céladon** - Hôtel Westminster, 15 r. Daunou (2e) ✆ 47 03 40 42, Télex 680035, Fax 42 60 30 66 – ▤. AE ⓞ GB JCB G 12
fermé 30 juil. au 29 août, sam., dim. et fériés – **R** 250/450 et carte 370 à 500
Spéc. Oeufs brouillés aux oursins (hiver). Effeuillée de raie aux herbes en papillote de choux. Corolle de pommes sautées au beurre, jus de cidre (hiver).

XXX **Pierre " A la Fontaine Gaillon ",** pl. Gaillon (2e) ✆ 42 65 87 04, 🏠 – ▤. AE ⓞ GB
fermé août, sam. midi et dim. – **R** carte 195 à 405. G 13

XXX **Serge Granger,** 36 pl. Marché St-Honoré (1er) ✆ 42 60 03 00, Fax 42 60 00 89, 🏠 – ▤. AE ⓞ GB G 13
fermé sam. midi et dim. – **R** 170/250.

XXX **La Corbeille,** 154 r. Montmartre (2e) ✆ 40 26 30 87 – GB. ✻ G 14
fermé sam. midi et dim. – **R** 150/295.

XXX **Chez Vong,** 10 r. Grande-Truanderie (1er) ✆ 40 39 99 89 – ▤. AE ⓞ GB H 15
fermé dim. – **R** cuisine chinoise et vietnamienne - carte 180 à 330.

XX **Au Pied de Cochon** (ouvert jour et nuit), 6 r. Coquillière (1er) ✆ 42 36 11 75, Fax 45 08 48 90 – ▤. AE ⓞ GB H 14
R carte 200 à 300.

XX **Gaya,** 17 r. Duphot (1er) ✆ 42 60 43 03, Fax 42 60 04 54, « Belles fresques d'azulejos » – ▤. AE GB G 12
fermé dim. et lundi – **R** produits de la mer - carte 200 à 330.

XX ✿ **Chez Pauline** (Génin), 5 r. Villédo (1er) ✆ 42 96 20 70, Fax 49 27 99 89 – AE GB G 13
fermé 24 juil. au 16 août, sam. sauf le midi d'oct. à mars et dim. – **R** (▤ 1er étage) 220 (déj.) et carte 300 à 450
Spéc. Jambon persillé. Salade tiède de tête de veau. Ris de veau en croûte.

XX ✿ **Pierre Au Palais Royal,** 10 r. Richelieu (1er) ✆ 42 96 09 17 – ⓞ GB. ✻ H 13
fermé août, sam., dim. et fériés – **R** 270 et carte 240 à 390
Spéc. Escalopes de foie gras de canard chaud. Lotte en papillote à la tomate fraiche. Boeuf à la ficelle.

XX **Saudade,** 34 r. Bourdonnais (1er) ✆ 42 36 30 71 – ▤. AE ⓞ GB. ✻ H 14
fermé dim. – **R** cuisine portugaise - carte 170 à 270.

XX **Kinugawa,** 9 r. Mont Thabor (1er) ✆ 42 60 65 07, Fax 42 60 45 21 – ▤. AE GB JCB. ✻
fermé 24 déc. au 8 janv. et dim. – **R** cuisine japonaise 145 (déj.)/545. G 12

XX ✿ **Pharamond,** 24 r. Grande-Truanderie (1er) ✆ 42 33 06 72, Fax 40 28 01 81 – AE ⓞ GB JCB H 15
fermé lundi midi et dim. – **R** carte 230 à 380
Spéc. Tripes à la mode de Caen. Coquilles Saint-Jacques au cidre (15 oct. au 30 avril). Poêlée de langoustines au beurre d'estragon.

XX **Le Poquelin,** 17 r. Molière (1er) ✆ 42 96 22 19, Fax 42 96 05 72 – ▤. AE ⓞ GB JCB G 13
fermé 1er au 20 août, sam. midi et dim. – **R** carte 240 à 360.

XX **Palais Cardinal,** 43 r. Montpensier (1er) ✆ 42 61 20 23 – GB G 13
fermé 8 au 29 août, sam. midi et dim. – **R** 100/148.

XX ✿ **Pile ou Face,** 52 bis r. N.-D. des Victoires (2e) ✆ 42 33 64 33, Fax 42 36 61 09 – ▤. GB
fermé 31 juil. au 30 août, 24 au 31 déc., sam., dim. et fériés – **R** 235 (déj.) et carte 300 à 450
Spéc. Escalope de foie gras de canard poêlée au pain d'épices. Pigeonneau rôti à l'huile de truffe. Fagilité "Bernard Paget". G 14

XX **Bernard Chirent,** 28 r. Mont-Thabor (1er) ✆ 42 86 80 05 – AE GB G 12
fermé sam. midi et dim. – **R** 170 bc/250 bc.

XX **Velloni,** 22 r. des Halles (1er) ✆ 42 21 12 50 – AE ⓓ GB JCB. ✻ H 14
fermé dim. – **R** cuisine italienne - carte 190 à 300.

XX **A la Grille St-Honoré,** 15 pl. Marché St-Honoré (1er) ✆ 42 61 00 93, Fax 47 03 31 64 – ▤. AE GB G 12
fermé 1er au 17 août, 25 déc. au 3 janv. et dim. – **R** 180/230 ♁.

XX **Le Petit Bourbon,** 15 r. Roule (1er) ✆ 40 26 08 93 – AE ⓓ GB H 14
fermé 15 au 31 août, dim. soir et lundi – **R** 95/230.

XX **La Passion,** 41 r. Petits Champs (1er) ✆ 42 97 53 41 – ▤. GB. ✻ G 13
fermé 25 juil. au 15 août, sam. midi et dim. – **R** 170/360.

XX **Vaudeville,** 29 r. Vivienne (2e) ✆ 40 20 04 62, Fax 49 27 08 78, brasserie – AE ⓓ GB
R 159 bc et carte 160 à 270 ♁. G 14

XX **Chatelet Gourmand,** 13 r. Lavandières Ste-Opportune (1er) ✆ 40 26 45 00 – AE ⓓ GB
fermé 9 au 22 août, sam. midi et dim. – **R** 160 et carte 230 à 350. J 14

XX **Le Grand Colbert,** 2 r. Vivienne (2e) ✆ 42 86 87 88, brasserie – ▤. AE GB G 13
fermé août – **R** 155 bc et carte 150 à 300 ♁.

XX **Coup de Coeur,** 19 r. St Augustin (2e) ✆ 47 03 45 70 – ▤. AE GB G 13
fermé sam. midi et dim. – **R** 140/180.

XX **Le Soufflé,** 36 r. Mont Thabor (1er) ✆ 42 60 27 19, Fax 42 60 54 98 – ▤. AE ⓓ GB JCB G 12
fermé dim. et fériés – **R** 180/210.

XX **Les Cartes Postales,** 7 r. Gomboust (1er) ✆ 42 61 02 93 – GB G 13
fermé sam. midi et dim. – **R** (nombre de couverts limité, prévenir) 135 (déj.)/350.

XX **Chez Gabriel,** 123 r. St-Honoré (1er) ✆ 42 33 02 99 – ▤. AE ⓓ GB JCB. ✻ H 14
fermé 29 juil. au 26 août, 24 déc. au 3 janv., dim. et fêtes – **R** 150/240.

XX **Le Saint Amour,** 8 r. Port Mahon (2e) ✆ 47 42 63 82 – ▤. AE ⓓ GB G 13
fermé 1er au 22 juil., sam. (sauf le soir du 1er sept. au 15 juin), dim. et fêtes – **R** 165 et carte 210 à 360.

XX **Escargot Montorgueil,** 38 r. Montorgueil (1er) ✆ 42 36 83 51, Fax 42 36 35 05, « Cadre bistrot 1830 » – AE ⓓ GB H 14
fermé 12 au 19 août – **R** 180/290.

XX **Caveau du Palais,** 19 pl. Dauphine (1er) ✆ 43 26 04 28, Fax 43 26 81 84 – AE GB J 14
fermé sam. d'oct. à mai et dim. – **R** carte 210 à 330.

XX **Bonne Fourchette,** 320 r. St Honoré, au fond de la cour (1er) ✆ 42 60 45 27 – ▤. ⓓ GB. ✻ G 12
fermé août, dim. midi et sam. – **R** 108/148 ♁, enf. 90.

X **La Main à la Pâte,** 35 r. St-Honoré (1er) ✆ 45 08 85 73 – AE ⓓ GB H 14
fermé dim. – **R** cuisine italienne - carte 210 à 330.

X **Aux Petits Pères " Chez Yvonne ",** 8 r. N.-D.-des-Victoires (2e) ✆ 42 60 91 73 – ▤. AE GB G 14
fermé août, sam., dim. et fêtes – **R** 165 et carte 200 à 285.

X **Chez Georges,** 1 r. Mail (2e) ✆ 42 60 07 11 – ▤. AE GB G 14
fermé dim. et fêtes – **R** carte 200 à 330.

X **La Clef du Périgord,** 38 r. Croix des Petits Champs (1er) ✆ 40 20 06 46 – GB G 14
fermé 1er au 15 mai, 15 au 31 août, sam. midi et dim. – **R** 155/210 bc.

X **Cochon Doré,** 16 r. Thorel (2e) ✆ 42 33 29 70 – ▤. GB F 15
fermé lundi – **R** 150 ♁.

X **Paul,** 15 pl. Dauphine (1er) ✆ 43 54 21 48 – GB. ✻ J 14
fermé août et lundi – **R** carte 180 à 250.

X **La Poule au Pot,** 9 r. Vauvilliers (1er) ✆ 42 36 32 96 – GB JCB. ✻ H 14
R (dîner seul.) carte 220 à 350.

Find your way in PARIS using the following **Michelin publications :**

No 9 for public transport

No 10 the town plan on one sheet

with No 12, a street index.

No 11 the town plan, in atlas form, with street index, useful addresses and a public transport leaflet.

No 14 the town plan, in atlas form, with street index.

For sightseeing in PARIS : the **Green Tourist Guide**

These publications are designed to be used in conjunction with each other.

Bastille, République, Hôtel de Ville.

3e, 4e et 11e arrondissements.
3e : ✉ 75003
4e : ✉ 75004
11e : ✉ 75011

Pavillon de la Reine sans rest, 28 pl. Vosges (3e) ✆ 42 77 96 40, Télex 216160, Fax 42 77 63 06 – AE (D) GB J17
85 – **32 ch** 1250/1650, 23 appart.

Holiday Inn, 10 pl. République (11e) ✆ 43 55 44 34, Télex 210651, Fax 47 00 32 34, – ch – 200. AE (D) GB JCB. rest G 17
Belle Epoque *(fermé 31 juil. au 31 août, sam. midi et dim.)* **R** 245(déj.)/410 bc, enf. 90 – **304 ch** 1800/3900, 7 appart.

Jeu de Paume sans rest, 54 r. St-Louis-en-l'Ile (4e) ✆ 43 26 14 18, Télex 205160, Fax 40 46 02 76, « Ancien jeu de paume du 17e siècle » – – 30. AE (D) GB JCB
75 – **32 ch** 870/1130, 8 duplex. K 16

Atlantide République sans rest, 114 bd Richard-Lenoir (11e) ✆ 43 38 29 29, Télex 216907, Fax 43 38 03 18 – AE (D) GB H 18
35 – **27 ch** 440/660.

Beaubourg sans rest, 11 r. S. Le Franc (4e) ✆ 42 74 34 24, Fax 42 78 68 11 – AE (D) GB. H 15
35 – **28 ch** 480/560.

Bretonnerie sans rest, 22 r. Ste-Croix-de-la-Bretonnerie (4e) ✆ 48 87 77 63, Fax 42 77 26 78 – GB. J 16
42 – **30 ch** 620/730.

Méridional sans rest, 36 bd Richard-Lenoir (11e) ✆ 48 05 75 00, Fax 43 57 42 85 – AE (D) GB JCB J 18
40 – **36 ch** 600.

Lutèce sans rest, 65 r. St-Louis-en-l'Ile (4e) ✆ 43 26 23 52, Fax 43 29 60 25 –
40 – **23 ch** 620/770. K 16

Bastille Spéria sans rest, 1 r. Bastille (4e) ✆ 42 72 04 01, Télex 214327, Fax 42 72 56 38 – AE (D) GB. J 17
40 – **42 ch** 500/580.

Rivoli Notre Dame sans rest, 19 r. Bourg Tibourg (4e) ✆ 42 78 47 39, Télex 215314, Fax 40 29 07 00 – AE (D) GB J 16
38 – **31 ch** 480/640.

Meslay République sans rest, 3 r. Meslay (3e) ✆ 42 72 79 79, Télex 213021, Fax 42 72 76 94 – AE (D) GB. G 16
35 – **39 ch** 550/660.

Vieux Saule sans rest, 6 r. Picardie (3e) ✆ 42 72 01 14, Télex 216840, Fax 40 27 88 21 – AE (D) GB JCB. H 17
40 – **31 ch** 380/500.

Little Palace, 4 r. Salomon de Caus (3e) ✆ 42 72 08 15, Fax 42 72 45 81 – AE GB – **R** *(fermé sam. et dim.)* carte 120 à 220 – 40 – **57 ch** 470/670. G 15

Bel Air sans rest, 5 r. Rampon (11e) ✆ 47 00 41 57, Fax 47 00 21 56 – AE GB. – 40 – **48 ch** 490/640. G 17

Campanile sans rest, 9 r. Chemin Vert (11e) ✆ 43 38 58 08, Télex 218019, Fax 43 38 52 28 – AE GB J 18
30 – **157 ch** 410.

Deux Iles sans rest, 59 r. St-Louis-en-l'Ile (4e) ✆ 43 26 13 35, Fax 43 29 60 25 –
45 – **17 ch** 800. K 16

Axial Beaubourg sans rest, 11 r. Temple (4e) ✆ 42 72 72 22, Fax 42 72 03 53 – AE (D) GB. J 15
35 – **39 ch** 450/590.

Nord et Est sans rest, 49 r. Malte (11e) ✆ 47 00 71 70, Fax 43 57 51 16 – GB.
fermé août et 24 déc. au 2 janv. – 35 – **45 ch** 320/360. G 17

Vieux Marais sans rest, 8 r. Plâtre (4e) ✆ 42 78 47 22, Fax 42 78 34 32 – GB.
fermé août – 30 – **30 ch** 360/510. H 16

Prince Eugène sans rest, 247 bd Voltaire (11e) ✆ 43 71 22 81, Télex 215603, Fax 43 71 24 71 – AE (D) GB K 21
32 – **35 ch** 330/390.

🏨 **Paris Voltaire** M sans rest, 79 r. Sedaine (11e) ✆ 48 05 44 66, Télex 215401, Fax 48 07 87 96 – |‡| TV ☎. AE GB JCB. ✄ J 19
fermé 15 au 31 août et 20 au 26 déc. – ☐ 35 – **28 ch** 380/500.

🏨 **Mondia** sans rest, 22 r. Gd Prieuré (11e) ✆ 47 00 93 44, Fax 43 38 66 14 – |‡| TV ☎. AE ⓓ GB – ☐ 35 – **23 ch** 320/370. G 17

🏨 **Place des Vosges** sans rest, 12 r. Birague (4e) ✆ 42 72 60 46, Fax 42 72 02 64 – |‡| ☎. AE ⓓ GB – ☐ 40 – **16 ch** 290/415. J 17

XXXX ✿✿✿ **L'Ambroisie** (Pacaud), 9 pl. des Vosges (4e) ✆ 42 78 51 45 – GB. ✄ J 17
fermé 1er au 23 août, vacances de fév., dim. et lundi – **R** carte 580 à 830
Spéc. Blanc de turbot poêlé aux épices. Croquant d'oreille de veau farcie aux rillons de ris de veau. Tarte fine sablée au cacao amer et glace vanille.

XXX ✿ **Miravile** (Epié), 72 quai Hôtel de Ville (4e) ✆ 42 74 72 22, Fax 42 74 67 55 – ▤. AE GB
fermé sam. midi et dim. – **R** 175 (déj.) et carte 340 à 530, enf. 100 J 15
Spéc. Beignet de foie gras au Porto. Saint-Jacques à la moelle et aux truffes (15 nov. au 15 avril). Mokafeuilles au chocolat.

XXX **Ambassade d'Auvergne,** 22 r. Grenier St-Lazare (3e) ✆ 42 72 31 22, Fax 42 78 85 47 – ▤. AE GB H 15
fermé fin juil. à mi-août – **R** carte 170 à 230.

XX **Bofinger,** 5 r. Bastille (4e) ✆ 42 72 87 82, Fax 42 72 97 68, brasserie, « Décor Belle Époque » – AE ⓓ GB J 17
R 166 bc et carte 170 à 260 🍷.

XX ✿ **Benoît,** 20 r. St-Martin (4e) ✆ 42 72 25 76 J 15
fermé août, sam. et dim. – **R** carte 350 à 450
Spéc. Compotiers de boeuf et museau. Cassoulet. Boeuf mode à l'ancienne.

XX ✿ **A Sousceyrac** (Asfaux), 35 r. Faidherbe (11e) ✆ 43 71 65 30, Fax 40 09 79 75 – ▤. AE GB – *fermé août, sam. midi et dim.* – **R** 175 (déj.) et carte 230 à 350 J 19
Spéc. Foie gras en terrine. Ris de veau étuvé entier. Cassoulet comme à Sousceyrac.

XX **Blue Elephant,** 43 r. Roquette (11e) ✆ 47 00 42 00, Fax 47 00 45 44, « Décor thaïlandais » – AE ⓓ GB J 18
fermé sam. midi – **R** 150 (déj.)/285 🍷.

XX **Repaire de Cartouche,** 8 bd Filles-du-Calvaire (11e) ✆ 47 00 25 86 – AE ⓓ GB H 17
fermé 27 juil. au 24 août, sam. midi et dim. – **R** 150/350.

XX **L'Aiguière,** 37 bis r. Montreuil (11e) ✆ 43 72 42 32 – ▤. AE ⓓ GB K 20
fermé sam. midi et dim. – **R** 120 (déj.) et carte 270 à 370.

XX **Coconnas,** 2 bis pl. Vosges (4e) ✆ 42 78 58 16, 🏖 – GB J 17
fermé mi-janv. à mi-fév., lundi et mardi – **R** carte 215 à 300 🍷.

XX **L'Alisier,** 26 r. Montmorency (3e) ✆ 42 72 31 04, Fax 42 72 74 83 – AE GB. ✄ H 16
fermé août, sam. midi et dim. – **R** 149 et carte 180 à 290.

XX **La Table Richelieu,** 276 bd Voltaire (11e) ✆ 43 72 31 23 – ▤. AE GB K 21
fermé sam. midi – **R** 145 bc (déj.) et carte 200 à 345.

XX **Wally,** 16 r. Le Regrattier (4e) ✆ 43 25 01 39, Fax 45 86 08 35 – ⓓ GB. ✄ K 15
fermé lundi midi et dim. – **R** cuisine nord-africaine 300 bc, enf. 160.

XX **Les Amognes,** 243 r. Fg St-Antoine (11e) ✆ 43 72 73 05 – GB K 20
fermé 1er au 21 août, dim. et lundi – **R** 160 et carte 190 à 275.

XX **Pyrénées Cévennes,** 106 r. Folie-Méricourt (11e) ✆ 43 57 33 78 – AE GB G 17
fermé août, sam. et dim – **R** carte 205 à 320.

XX **Guirlande de Julie,** 25 pl. des Vosges (3e) ✆ 48 87 94 07, 🏖 – ▤. GB J 17
fermé janv. – **R** carte 170 à 250 🍷.

X **Le Navarin,** 3 av. Philippe Auguste (11e) ✆ 43 67 17 49 – GB JCB K 21
fermé sam. midi et dim. soir – **R** 125 bc (déj) et carte 190 à 350.

X **Le Monde des Chimères,** 69 r. St-Louis-en-L'Ile (4e) ✆ 43 54 45 27 – GB K 16
fermé vacances de fév., dim. et lundi – **R** 155 et carte 230 à 310.

X **Le Grizzli,** 7 r. St-Martin (4e) ✆ 48 87 77 56 – AE GB J 15
fermé 24 déc. au 3 janv., lundi midi et dim. – **R** 110 (déj.)/145.

X **Astier,** 44 r. J.-P. Timbaud (11e) ✆ 43 57 16 35 – ▤. GB G 18
fermé 24 avril au 9 mai, 31 juil. au 5 sept., vacances de Noël, sam., dim. et fériés – **R** 135.

X **Le Maraîcher,** 5 r. Beautreillis (4e) ✆ 42 71 42 49 – GB K 17
fermé 1er août au 3 sept., 20 au 26 déc., lundi midi et dim. – **R** 120 (déj.)/450.

X **Chez Fernand,** 17 r. Fontaine au Roi (11e) ✆ 43 57 46 25 – GB G 18
fermé 2 au 23 août, dim. et lundi – **R** 130 (déj.) et carte 160 à 280 - **Les Fernandises** ✆ 48 06 16 96 **R** 100/130 🍷.

X **Premier Rendez-Vous,** 6 r. Dupuis (3e) ✆ 42 72 55 00 – ▤. AE GB G 17
fermé 10 au 25 août, lundi soir et dim. – **R** 95 (déj.)/138.

Quartier Latin, Luxembourg, Jardin des Plantes,

5e et 6e arrondissements.
5e : ✉ 75005
6e : ✉ 75006

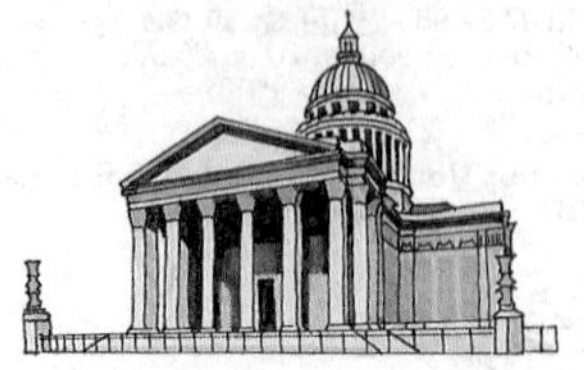

Lutétia, 45 bd Raspail (6e) ℘ 49 54 46 46, Télex 270424, Fax 49 54 46 00 – |‡| ▤ TV ☎ – 🔑 400. AE Ⓓ GB JCB K 12
R voir rest. **Le Paris** ci-après - **Brasserie Lutétia** ℘ 49 54 46 76 **R** 150/175 ♁, enf. 60 – ☕ 105 – **252 ch** 1500/2050, 28 appart.

Relais Christine 🅼 ⛱ sans rest, 3 r. Christine (6e) ℘ 43 26 71 80, Télex 202606, Fax 43 26 89 38, « Bel aménagement intérieur » – |‡| TV ☎ 🚗. AE Ⓓ GB J 14
☕ 85 – **38 ch** 1450, 13 appart.

Quality Inn 🅼 sans rest, 92 r. Vaugirard (6e) ℘ 42 22 00 56, Télex 206900, Fax 42 22 05 39 – |‡| ⇔ ch ▤ TV ☎ ♿ 🚗. AE Ⓓ GB JCB L 12
☕ 62 – **134 ch** 785/870.

Latitudes St Germain 🅼 sans rest, 7-11 r. St-Benoit (6e) ℘ 42 61 53 53, Télex 213531, Fax 49 27 09 33 – |‡| ▤ TV ☎ ♿. AE Ⓓ GB J 13
☕ 60 – **117 ch** 930.

Victoria Palace ⛱ sans rest, 6 r. Blaise-Desgoffe (6e) ℘ 45 44 38 16, Télex 270557, Fax 45 49 23 75 – |‡| TV ☎. AE Ⓓ GB. ⚘ L 11
☕ 50 – **110 ch** 820/1300.

Littré ⛱ sans rest, 9 r. Littré (6e) ℘ 45 44 38 68, Télex 203852, Fax 45 44 88 13 – |‡| TV ☎ – 🔑 25. AE Ⓓ GB JCB. ⚘ L 11
☕ 50 – **93 ch** 685/910, 4 appart.

Madison H. sans rest, 143 bd St-Germain (6e) ℘ 40 51 60 00, Télex 201628, Fax 40 51 60 01 – |‡| ▤ TV ☎. AE Ⓓ GB J 13
55 ch ☕ 680/1220.

St-Grégoire 🅼 sans rest, 43 r. Abbé Grégoire (6e) ℘ 45 48 23 23, Télex 205343, Fax 45 48 33 95 – |‡| TV ☎. AE Ⓓ GB JCB. ⚘ L 12
☕ 60 – **20 ch** 720/1200.

Abbaye St-Germain ⛱ sans rest, 10 r. Cassette (6e) ℘ 45 44 38 11, Fax 45 48 07 86 – |‡| ☎. AE GB. ⚘ K 12
46 ch ☕ 800/1500, 4 duplex.

Relais Médicis 🅼 sans rest, 23 r. Racine (6e) ℘ 43 26 00 60, Fax 40 46 83 39, « Bel aménagement intérieur » – |‡| ▤ TV ☎. AE Ⓓ GB K 13
16 ch ☕ 1130/1480.

Relais St Germain 🅼 sans rest, 9 carrefour de l'Odéon (6e) ℘ 43 29 12 05, Télex 201889, Fax 46 33 45 30, « Bel aménagement intérieur » – |‡| ▤ TV ☎. AE Ⓓ GB
☕ 60 – **10 ch** 1230/1430. K 13

Sainte Beuve 🅼 sans rest, 9 r. Ste Beuve (6e) ℘ 45 48 20 07, Télex 270182, Fax 45 48 67 52 – |‡| TV ☎. AE GB JCB. ⚘ L 12
☕ 80 – **23 ch** 650/1250.

Left Bank H. 🅼 sans rest, 9 r. Ancienne Comédie (6e) ℘ 43 54 01 70, Télex 200502, Fax 43 26 17 14 – |‡| ▤ TV ☎. AE Ⓓ GB JCB K 13
☕ 30 – **30 ch** 895/990.

La Villa 🅼 sans rest, 29 r. Jacob (6e) ℘ 43 26 60 00, Télex 202437, Fax 46 34 63 63, « Original décor contemporain » – |‡| ▤ TV ☎. AE GB J 13
☕ 80 – **29 ch** 1100/1950, 3 appart.

Angleterre sans rest, 44 r. Jacob (6e) ℘ 42 60 34 72, Fax 42 60 16 93 – |‡| TV ☎. AE Ⓓ GB. ⚘ J 13
☕ 45 – **29 ch** 800/1200.

St-Germain-des-Prés sans rest, 36 r. Bonaparte (6e) ℘ 43 26 00 19, Télex 200409, Fax 40 46 83 63, « Bel aménagement intérieur » – |‡| TV ☎. GB. ⚘ J 13
30 ch ☕ 800/1200.

Villa des Artistes 🅼 ⛱ sans rest, 9 r. Grande Chaumière (6e) ℘ 43 26 60 86, Télex 204080, Fax 43 54 73 70 – |‡| ▤ TV ☎. AE Ⓓ GB. ⚘ L 12
59 ch ☕ 600/800.

Ferrandi sans rest, 92 r. Cherche-Midi (6e) ℘ 42 22 97 40, Fax 45 44 89 97 – |‡| TV ☎. AE Ⓓ GB JCB. ⚘ – ☕ 60 – **41 ch** 440/900. L 11

Panthéon 🅼 sans rest, 19 pl. Panthéon (5e) ℘ 43 54 32 95, Télex 206435, Fax 43 26 64 65, ⋞ – |‡| TV ☎. AE Ⓓ GB. ⚘ L 14
☕ 35 – **34 ch** 615/730.

Grands Hommes 🅼 sans rest, 17 pl. Panthéon (5e) ℘ 46 34 19 60, Télex 200185, Fax 43 26 67 32, ⋞ – |‡| TV ☎. AE Ⓓ GB. ⚘ L 14
☕ 35 – **32 ch** 615/730.

Résidence Henri IV [M] sans rest, 50 r. Bernardins (5e) ✆ 44 41 31 81, Fax 46 33 93 22 – [lift] cuisinette [TV] ☎. AE GB. [no dogs] K 15
☕ 40 – **9 ch** 900, 5 appart.

des Saints-Pères sans rest, 65 r. des Sts-Pères (6e) ✆ 45 44 50 00, Fax 45 44 90 83 – [lift] [TV] ☎. GB. [no dogs] J 12
☕ 50 – **34 ch** 450/1500, 3 appart.

Odéon H., [M] sans rest, 3 r. Odéon (6e) ✆ 43 25 90 67, Télex 202943, Fax 43 25 55 98 – [lift] [air-conditioning] [TV] ☎. AE [Diners] GB. [no dogs] K 13
☕ 55 – **34 ch** 700/1100.

de Fleurie sans rest, 32 r. Grégoire de Tours (6e) ✆ 43 29 59 81, Télex 206153, Fax 43 29 68 44 – [lift] [TV] ☎. AE [Diners] GB. [no dogs] K 13
☕ 50 – **29 ch** 580/1100.

Le Régent [M] sans rest, 61 r. Dauphine (6e) ✆ 46 34 59 80, Télex 206257, Fax 40 51 05 07 – [lift] [air-conditioning] [TV] ☎ [disabled access]. AE [Diners] GB JCB J 13
☕ 50 – **25 ch** 750/900.

Parc St-Séverin [M] sans rest, 22 r. Parcheminerie (5e) ✆ 43 54 32 17, Fax 43 54 70 71 – [lift] [TV] ☎. AE GB. [no dogs] K 14
☕ 50 – **27 ch** 450/1500.

St Christophe [M] sans rest, 17 r. Lacépède (5e) ✆ 43 31 81 54, Fax 43 31 12 54 – [lift] [TV] ☎. AE [Diners] GB JCB L 15
☕ 40 – **31 ch** 650.

Select [M] sans rest, 1 pl. Sorbonne (5e) ✆ 46 34 14 80, Télex 201207, Fax 46 34 51 79 – [lift] [air-conditioning] [TV] ☎. AE [Diners] GB K 14
☕ 30 – **67 ch** 650/780.

Belloy St-Germain [M] sans rest, 2 r. Racine (6e) ✆ 46 34 26 50, Télex 206234, Fax 46 34 66 18 – [lift] [TV] ☎. AE GB JCB K 14
☕ 40 – **50 ch** 860.

Elysa Luxembourg [M] sans rest, 6 r. Gay-Lussac (5e) ✆ 43 25 31 74, Télex 206881, Fax 46 34 56 27 – [lift] [TV] ☎. AE [Diners] GB. [no dogs] L 14
☕ 35 – **30 ch** 595/695.

Aramis St Germain sans rest, 124 r. Rennes (6e) ✆ 45 48 03 75, Télex 205098, Fax 45 44 99 29 – [lift] [TV] ☎ – [seminar] 30. AE [Diners] GB JCB. [no dogs] L 12
☕ 45 – **42 ch** 650/850.

de l'Odéon sans rest, 13 r. St-Sulpice (6e) ✆ 43 25 70 11, Télex 206731, Fax 43 29 97 34, « Maison du 16e siècle » – [lift] [air-conditioning] [TV] ☎. AE [Diners] GB K 13
☕ 42 – **29 ch** 580/830.

Jardin des Plantes [M] sans rest, 5 r. Linné (5e) ✆ 47 07 06 20, Télex 203684, Fax 47 07 62 74 – [lift] [TV] ☎. AE [Diners] GB L15
☕ 40 – **33 ch** 390/640.

Jardin de Cluny sans rest, 9 r. Sommerard (5e) ✆ 43 54 22 66, Télex 206975, Fax 40 51 03 36 – [lift] [TV] ☎. AE [Diners] GB JCB. [no dogs] K 14
☕ 45 – **40 ch** 530/700.

Notre Dame [M] sans rest, 1 quai St-Michel (5e) ✆ 43 54 20 43, Télex 206650, Fax 43 26 61 75, [view] – [lift] [TV] ☎. AE [Diners] GB JCB K 14
☕ 37 – **23 ch** 490/790, 3 duplex.

Avenir sans rest, 65 r. Madame (6e) ✆ 45 48 84 54, Télex 200428, Fax 45 49 26 80 – [lift] [TV] ☎. AE [Diners] GB. [no dogs] L 12
35 ch ☕ 485/670.

Agora St-Germain sans rest, 42 r. Bernardins (5e) ✆ 46 34 13 00, Télex 205965, Fax 46 34 75 05 – [lift] [TV] ☎. AE [Diners] GB JCB. [no dogs] K 15
☕ 40 – **39 ch** 580/640.

Collège de France [M] sans rest, 7 r. Thénard (5e) ✆ 43 26 78 36, Fax 46 34 58 29 – [lift] [TV] ☎. AE. [no dogs] K 14
☕ 30 – **29 ch** 500/530.

Trois Collèges [M] sans rest, 16 r. Cujas (5e) ✆ 43 54 67 30, Télex 206034, Fax 46 34 02 99 – [lift] [TV] ☎. AE [Diners] GB JCB. [no dogs] K 14
☕ 40 – **44 ch** 350/590.

Bréa sans rest, 14 r. Bréa (6e) ✆ 43 25 44 41, Télex 202053, Fax 44 07 19 25 – [lift] [TV] ☎. AE [Diners] GB JCB – ☕ 40 – **23 ch** 550/690. L 12

Terminus Montparnasse sans rest, 59 bd Montparnasse (6e) ✆ 45 48 99 10, Télex 202636, Fax 45 48 59 10 – [lift] [air-conditioning] [TV] ☎. AE [Diners] GB JCB L 11
fermé 1er au 29 août – ☕ 38 – **63 ch** 570/650.

Pas-de-Calais sans rest, 59 r. Sts-Pères (6e) ✆ 45 48 78 74, Télex 270476, Fax 45 44 94 57 – [lift] [TV] ☎. AE GB JCB J 12
☕ 40 – **41 ch** 560/680.

Delavigne sans rest, 1 r. Casimir Delavigne (6e) ✆ 43 29 31 50, Télex 201579, Fax 43 29 78 56 – [lift] [TV] ☎. GB. [no dogs] K 13
☕ 40 – **34 ch** 530/550.

Albe [M] sans rest, 1 r. Harpe (5e) ✆ 46 34 09 70, Télex 203328, Fax 40 46 85 70 – [lift] [TV] ☎. AE [Diners] GB JCB. [no dogs] – ☕ 35 – **45 ch** 478/554. K 14

Louis II sans rest, 2 r. St-Sulpice (6e) ✆ 46 33 13 80, Fax 46 33 17 29 – [lift] [TV] ☎. AE [Diners] GB
☕ 38 – **22 ch** 460/680. K 13

🏨 **Marronniers** 🔇 sans rest, 21 r. Jacob (6e) ✆ 43 25 30 60, Fax 40 46 83 56 – |‡| ☎. ⛔
☕ 45 – **37 ch** 620/680. J 13

🏨 **Nations** sans rest, 54 r. Monge (5e) ✆ 43 26 45 24, Télex 200397, Fax 46 34 00 13 – |‡| TV ☎. AE ⓓ GB JCB L 15
☕ 55 – **38 ch** 550/600.

🏨 **La Sorbonne** sans rest, 6 r. Victor Cousin (5e) ✆ 43 54 58 08, Télex 206373, Fax 40 51 05 18 – |‡| TV ☎. GB K 14
☕ 35 – **37 ch** 400/500.

🏨 **Gd H. Suez** sans rest, 31 bd St-Michel (5e) ✆ 46 34 08 02, Télex 202019, Fax 40 51 79 44 – |‡| TV ☎. AE ⓓ GB JCB. ⛔ K 14
49 ch ☕ 360/495.

XXXXX ✿✿✿ **Tour d'Argent** (Terrail), 15 quai Tournelle (5e) ✆ 43 54 23 31, Fax 44 07 12 04, « ≤ Notre-Dame, Petit musée de la table. Dans les caves, spectacle historique sur le vin » – AE ⓓ GB K 16
fermé lundi – **R** 375 (déj.) et carte 680 à 990
Spéc. Quenelles de brochet André Terrail. Caneton Tour d'Argent. Flambée de pêches.

XXX ✿✿ **Jacques Cagna,** 14 r. Gds Augustins (6e) ✆ 43 26 49 39, Fax 43 54 54 48, « Maison du Vieux Paris » – ▤. AE ⓓ GB JCB J 14
fermé 1er au 23 août, sam. midi et dim. – **R** 260 (déj.) et carte 500 à 630
Spéc. Beignets de langoustines aux chips d'artichaut. Filet de barbue farci d'huîtres, sauce cresson. Poularde de Houdan en deux services.

XXX ✿ **Paris** - Hôtel Lutétia, 45 bd Raspail (6e) ✆ 49 54 46 90, Télex 270424, Fax 49 54 46 00, « Cadre paquebot "Art Déco" » – ▤. AE ⓓ GB JCB K 12
fermé août, vacances de fév., sam., dim. et fériés – **R** 250 (déj.) et carte 380 à 470
Spéc. Ravioles de tourteau au chou vert. Tronçon de turbot rôti au lard et rattes du Touquet. Carré de porc braisé, pommes fondantes aux champignons des bois.

XXX ✿ **Relais Louis XIII,** 1 r. Pont de Lodi (6e) ✆ 43 26 75 96, Fax 44 07 07 80, « Caveau du 16e siècle, beau mobilier » – ▤. AE ⓓ GB JCB J 14
fermé 19 juil. au 22 août, lundi midi et dim. – **R** carte 430 à 570
Spéc. Ravioli de langoustines à l'estragon. Saint-Jacques en feuilles croustillantes à l'étuvée de légumes (oct. à avril). Filet de boeuf aux truffes.

XXX **Lapérouse,** 51 quai Gds Augustins (6e) ✆ 43 26 68 04, Fax 43 26 99 39, « Salons Belle Époque » – ▤. AE ⓓ GB. ⛔ J 14
fermé 8 au 24 août, lundi midi et dim. – **R** 390/540.

XXX **Le Procope,** 13 r. Ancienne Comédie (6e) ✆ 43 26 99 20, Fax 43 54 16 86, « Ancien café littéraire du 18e siècle » – AE ⓓ GB K 13
R 289 bc et carte 170 à 310 🍷.

XX **Aub. des Deux Signes,** 46 r. Galande (5e) ✆ 43 25 46 56, Fax 46 33 20 49, « Cadre médiéval » – AE ⓓ GB JCB K 14
fermé août, sam. midi et dim. – **R** 140 (déj.) et carte 300 à 500, enf. 100.

XX **Au Pactole,** 44 bd St-Germain (5e) ✆ 46 33 31 31, Fax 46 33 07 60 – AE GB JCB K 15
fermé sam. midi et dim. – **R** 149/279.

XX ✿ **Dodin-Bouffant,** 25 r. F.-Sauton (5e) ✆ 43 25 25 14, Fax 43 29 52 61, 🏠 – ▤. AE ⓓ GB JCB K 15
fermé 8 au 22 août, Noël au Jour de l'An et dim. – **R** 195 et carte 350 à 400
Spéc. Foie gras. Daube d'huîtres et pied de porc. Soufflé chaud aux fruits de saison.

XX **Calvet,** 165 bd St-Germain (6e) ✆ 45 48 93 51 – ▤. AE ⓓ GB JCB J 12
fermé août – **R** 139/195.

XX **Campagne et Provence,** 25 quai Tournelle (5e) ✆ 43 54 05 17, Fax 42 74 67 55 – ▤. GB – *fermé sam. midi et dim.* – **R** carte environ 190. K 15

XX **Yugaraj,** 14 r. Dauphine (6e) ✆ 43 26 44 91 – ▤. AE ⓓ JCB. ⛔ J 14
fermé lundi midi – **R** cuisine indienne 130 (déj.) et carte 190 à 260.

XX **L'Arrosée,** 12 r. Guisarde (6e) ✆ 43 54 66 59 – ▤. AE ⓓ GB JCB. ⛔ K 13
fermé 2 au 9 janv., sam. midi et dim. midi – **R** 145/350.

XX **La Truffière,** 4 r. Blainville (5e) ✆ 46 33 29 82 – ▤. AE ⓓ GB L 15
fermé dim. et lundi – **R** 105/180 🍷.

XX **La Petite Cour,** 8 r. Mabillon (6e) ✆ 43 26 52 26, 🏠 – GB K 13
R 165 (déj.)/185.

XX **Marty,** 20 av. Gobelins (5e) ✆ 43 31 39 51, Fax 43 37 63 70 – AE ⓓ GB M 15
R 159 bc et carte 170 à 330.

XX ✿ **La Timonerie** (de Givenchy), 35 quai Tournelle (5e) ✆ 43 25 44 42 – ▤. GB K 15
fermé 22 au 28 fév., dim. et lundi – **R** 195 (déj.) et carte 280 à 400
Spéc. Fleurs de courgettes aux aubergines (juin à sept.). Foie gras rôti sur pomme de terre (oct. à fév.). Tarte fine au chocolat.

XX **L'Arbuci,** 25 r. Buci (6e) ✆ 44 41 14 14, Fax 44 41 14 10 – ▤. GB J 13
R carte 150 à 300.

XX **La Marlotte,** 55 r. Cherche-Midi (6e) ✆ 45 48 86 79 – AE ⓓ GB JCB. ✂ K 12
fermé août et dim. – **R** carte 190 à 300.

XX **Bistrot d'Alex,** 2 r. Clément (6e) ✆ 43 54 09 53 – ▤. AE GB JCB K 13
fermé 24 déc. au 2 janv. et dim. – **R** 140/190 ♁.

XX **Au Régent,** 97 r. Cherche Midi (6e) ✆ 42 22 32 44 – AE ⓓ GB L 11
fermé 26 juil. au 23 août, dim. et lundi – **R** 170 et carte 210 à 350 ♁.

XX **Petit Germain,** 11 r. Dupin (6e) ✆ 42 22 64 56 – AE GB K 12
fermé 10 au 19 avril, 7 au 30 août, sam. et dim. – **R** carte 180 à 270.

XX **Le Sybarite,** 6 r. Sabot (6e) ✆ 42 22 21 56, Fax 42 22 26 21 – ▤. AE ⓓ GB K 12
fermé 2 au 29 août, sam. midi et dim. – **R** 78 (déj.)/170.

XX **Joséphine** "Chez Dumonet", 117 r. Cherche-Midi (6e) ✆ 45 48 52 40, Fax 42 84 06 83 – GB – *fermé juil., sam. et dim.* – **R** 170 bc (déj.) et carte 230 à 370 - **La Rôtisserie** ✆ 42 22 81 19 *(fermé août, lundi et mardi)* **R** 140 bc (déj.) et carte 170 à 290. L 11

XX **Chez Maître Paul,** 12 r. Monsieur-le-Prince (6e) ✆ 43 54 74 59 – AE ⓓ GB K 13
fermé sam. midi et dim. – **R** 180 bc et carte 160 à 300.

XX **Au Grilladin,** 13 r. Mézières (6e) ✆ 45 48 30 38 – AE GB K 12
fermé août, 23 déc. au 4 janv., lundi midi et dim. – **R** 154 et carte 190 à 280.

XX **Chez Toutoune,** 5 r. Pontoise (5e) ✆ 43 26 56 81 – AE GB K 15
fermé lundi midi et dim. – **R** 179.

X **Allard,** 41 r. St-André-des-Arts (6e) ✆ 43 26 48 23 – AE ⓓ GB K 14
fermé 31 juil. au 1er sept., 23 déc. au 3 janv., sam. et dim. – **R** carte 280 à 400.

X **Moissonnier,** 28 r. Fossés-St-Bernard (5e) ✆ 43 29 87 65 – GB K 15
fermé 31 juil. au 7 sept., dim. soir et lundi – **R** carte 150 à 220.

X **Moulin à Vent "Chez Henri",** 20 r. Fossés-St-Bernard (5e) ✆ 43 54 99 37 – GB. ✂
fermé 1er août au 1er sept., dim. et lundi – **R** carte 240 à 470. K 15

X **Rôtisserie du Beaujolais,** 19 quai Tournelle (5e) ✆ 43 54 17 47, Fax 44 07 12 04 – GB
fermé lundi – **R** 160 bc/230 bc, enf. 100. K 15

X **Rôtisserie d'en Face,** 2 r. Christine (6e) ✆ 43 26 40 98 – ▤. GB J 14
fermé sam. midi et dim. – **R** 180.

X **Le Palanquin,** 12 r. Princesse (6e) ✆ 43 29 77 66 – GB K 13
fermé 8 au 22 août et dim. – **R** cuisine vietnamienne 118/149.

X **Balzar,** 49 r. Écoles (5e) ✆ 43 54 13 67 brasserie, ☂ – AE ⓓ GB K 14
fermé août et 24 déc. au 1er janv. – **R** carte 140 à 270.

X **Valérie Tortu,** 11 r. Grande Chaumière (6e) ✆ 46 34 07 58 – GB L 12
fermé août, sam. midi et dim. – **R** 78/145.

X **La Vigneraie,** 16 r. Dragon (6e) ✆ 45 48 57 04 – AE ⓓ GB J 12
fermé août, dim. midi et lundi – **R** 168 et carte 210 à 310.

Faubourg-St-Germain, Invalides, École Militaire.

7e arrondissement.
7e : ✉ 75007

Pont Royal et rest. Les Antiquaires, 7 r. Montalembert ✆ 45 44 38 27, Fax 45 44 92 07 – ⇅ ▤ TV ☎ – 🏛 30. AE ⓓ GB J 12
R *(fermé 31 juil. au 1er sept., 23 déc. au 4 janv., sam. et dim.)* 160 – **74 ch** ☕ 1000/1600, 4 appart.

Montalembert M, 3 r. Montalembert ✆ 45 48 68 11, Télex 200132, Fax 42 22 58 19, ☂, « Décoration originale » – ⇅ ▤ TV ☎ – 🏛 25. AE ⓓ GB J 12
R 170 (déj.) et carte 230 à 340 – ☕ 95 – **51 ch** 1525/1950, 5 appart.

Duc de Saint-Simon sans rest, 14 r. St-Simon ✆ 45 48 35 66, Télex 203277, Fax 45 48 68 25, « Belle décoration intérieure » – ⇅ TV ☎. ✂ J 11
☕ 70 – **29 ch** 1000/1500, 5 appart.

Cayré M sans rest, 4 bd Raspail 45 44 38 88, Télex 270577, Fax 45 44 98 13 – TV. AE GB JCB J 12
126 ch 1250/1600.

La Bourdonnais, 111 av. La Bourdonnais 47 05 45 42, Télex 201416, Fax 45 55 75 54 – TV. GB JCB J 9
R voir rest. **La Cantine des Gourmets** ci-après – **60 ch** 465/650.

Eiffel Park H. M sans rest, 17 bis r. Amélie 45 55 10 01, Télex 202950, Fax 47 05 28 68 – TV – 40. AE GB JCB. J 9
49 – **36 ch** 735/930.

Les Jardins d'Eiffel M sans rest, 8 r. Amélie 47 05 46 21, Télex 206582, Fax 45 55 28 08 – ch TV. AE GB JCB H 9
44 ch 690/850.

Bellechasse M sans rest, 8 r. Bellechasse 45 50 22 31, Fax 45 51 52 36 – ch TV. AE GB H 11
60 – **43 ch** 650/720.

Bersoly's sans rest, 28 r. Lille 42 60 73 79, Fax 49 27 05 55 – TV. GB J 13
fermé août – 50 – **16 ch** 580/680.

Sèvres Vaneau M sans rest, 86 r. Vaneau 45 48 73 11, Fax 45 49 27 74 – ch TV. AE GB K 11
60 – **39 ch** 650/720.

Splendid M sans rest, 29 av. Tourville 45 51 24 77, Télex 206879, Fax 44 18 94 60 – TV. AE GB. J 9
42 – **45 ch** 560/760.

Londres M sans rest, 1 r. Augereau 45 51 63 02, Télex 206398, Fax 47 05 28 96 – TV. AE GB JCB J 8
40 – **30 ch** 470/590.

Lenox Saint-Germain sans rest, 9 r. Université 42 96 10 95, Fax 42 61 52 83 – TV. AE GB. J 12
45 – **32 ch** 530/870.

Suède sans rest, 31 r. Vaneau 47 05 00 08, Télex 200596, Fax 47 05 69 27 – . AE GB. K 11
40 ch 560/880.

Bourgogne et Montana, 3 r. Bourgogne 45 51 20 22, Télex 270854, Fax 45 56 11 98 – rest TV. AE GB H 11
R *(fermé 1er au 21 août, sam. et dim.)* carte environ 160 – 60 – **28 ch** 770/1080, 5 appart.

Chomel sans rest, 15 r. Chomel 45 48 55 52, Télex 206522, Fax 45 48 89 76 – TV. AE GB JCB. K 12
40 – **23 ch** 520/740.

St-Germain sans rest, 88 r. Bac 45 48 62 92, Fax 45 48 26 89 – TV. AE GB. J 11
39 – **29 ch** 350/680.

Beaugency M sans rest, 21 r. Duvivier 47 05 01 63, Télex 201494, Fax 45 51 04 96 – TV. AE GB J 9
30 – **30 ch** 500/600.

Élysées Maubourg M sans rest, 35 bd La Tour-Maubourg 45 56 10 78, Télex 206227, Fax 47 05 65 08 – TV. AE GB JCB H 10
40 – **29 ch** 540/1000.

De Varenne sans rest, 44 r. Bourgogne 45 51 45 55, Télex 205329, Fax 45 51 86 63 – TV. AE GB J 10
40 – **24 ch** 470/630.

France sans rest, 102 bd Latour-Maubourg 47 05 40 49, Télex 205020, Fax 45 56 96 78 – TV. AE GB. J 9
35 – **60 ch** 330/450.

Derby H. sans rest, 5 av. Duquesne 47 05 12 05, Télex 206236, Fax 47 05 43 43 – ch TV. AE GB J 9
55 – **43 ch** 630/690.

Saxe Résidence sans rest, 9 villa Saxe 47 83 98 28, Télex 270139, Fax 47 83 85 47 – TV. AE GB. K 9
60 – **52 ch** 600/800.

Solférino sans rest, 91 r. Lille 47 05 85 54, Télex 203865, Fax 45 55 51 16 – . GB.
– *fermé 22 déc. au 3 janv.* – 35 – **32 ch** 245/598. H 11

L'Empereur sans rest, 2 r. Chevert 45 55 88 02, Fax 45 51 88 54 – TV. GB J 9
36 – **34 ch** 420/460.

Mars H. sans rest, 117 av. La Bourdonnais 47 05 42 30, Fax 47 05 45 91, « Collection de pots à tabac » – TV. GB. J 9
40 – **24 ch** 330/400.

Champ de Mars sans rest, 7 r. Champ de Mars 45 51 52 30 – . GB J 9
fermé 12 au 29 août – 35 – **25 ch** 340/400.

Résidence Orsay sans rest, 93 r. Lille 47 05 05 27, Fax 47 05 29 48 – TV. GB.
fermé août – 30 – **32 ch** 200/440. H 11

XXXXX **Jules Verne,** 2e étage Tour Eiffel, ascenseur privé pilier sud ✆ 45 55 61 44, Télex 205789, Fax 47 05 94 40, ≤ Paris – ▤. AE ⓓ GB. ✈ J 7
R 290 (déj.) et carte 430 à 660.

XXXXX ✿✿ **Le Divellec,** 107 r. Université ✆ 45 51 91 96, Fax 45 51 31 75 – ▤. AE ⓓ GB JCB. ✈ – *fermé août, 24 déc. au 3 janv., dim. et lundi* – **R** produits de la mer 270/370 (déj.) et carte 400 à 680 H 10
Spéc. Homard à la presse avec son corail. Filet de barbue au vin de Champagne et salpicon d'huîtres. Marinière de langues de morue aux coquillages.

XXXXX ✿✿ **Arpège** (Passard), 84 r. Varenne ✆ 45 51 47 33, Fax 44 18 98 39 – ▤. AE ⓓ GB J 10
fermé dim. midi et sam. – **R** 290 (déj.)/790 et carte 460 à 750
Spéc. Homard et navet en vinaigrette aigre-douce. Canard "Louise Passard". Feuilletage au chocolat.

XXXXX ✿✿ **Duquesnoy,** 6 av. Bosquet ✆ 47 05 96 78, Fax 44 18 90 57 – ▤. AE GB H 9
fermé 1er au 14 août, sam. midi et dim. – **R** 250 (déj.)/520 et carte 420 à 640
Spéc. Ballotines de Saint-Jacques et saumon fumé (oct. à mai). Rouelles d'abats de la "saint cochon". Desserts au chocolat.

XXX ✿ **La Cantine des Gourmets,** 113 av. La Bourdonnais ✆ 47 05 47 96, Fax 45 51 09 29 – ▤. AE ⓓ GB JCB J 9
R 220 bc (déj.)/380 et carte 300 à 450 ♁
Spéc. Soufflé de homard, soupe de crustacés. Meunière de turbot, tourte de pommes de terre. Millefeuille de veau fermier et lasagnes à l'estragon.

XXX **La Flamberge,** 12 av. Rapp ✆ 47 05 91 37, Fax 47 23 60 98 – ▤. AE ⓓ GB. ✈ H 8
fermé 14 au 25 août, sam. midi et dim. – **R** 230 et carte 260 à 400.

XXX **Chez les Anges,** 54 bd La Tour Maubourg ✆ 47 05 89 86, Fax 45 56 03 83 – ▤. AE ⓓ GB JCB J 9
fermé dim. soir et fériés – **R** 230/320 bc.

XXX ✿ **La Boule d'Or,** 13 bd La Tour Maubourg ✆ 47 05 50 18 – ▤. AE ⓓ GB JCB H 10
fermé sam. midi et lundi – **R** 195/360 et carte 250 à 370
Spéc. Foie gras de canard. Tourte de langoustines aux poireaux. Soufflé chaud au citron.

XXX **Beato,** 8 r. Malar ✆ 47 05 94 27 – ▤. AE GB. ✈ H 9
fermé 1er au 22 août, 25 déc. au 2 janv., dim. et lundi – **R** cuisine italienne 145 (déj.) et carte 230 à 320.

XXX **Foc Ly,** 71 av. Suffren ✆ 47 83 27 12 – ▤. AE GB K 8
R cuisine chinoise et thaïlandaise 100 (déj.)/160 bc.

XX ✿ **Ferme St-Simon** (Vandenhende), 6 r. St-Simon ✆ 45 48 35 74, Fax 40 49 07 31 – ▤. AE GB J 11
fermé 1er au 21 août, sam. midi et dim. – **R** 160 (déj.) et carte 260 à 360
Spéc. Mesclun de coquillages et crustacés à l'huile de homard (janv. à sept.). Ballotine de lièvre en feuilleté (oct. à déc.). Millefeuille aux fruits rouges (avril à sept.).

XX ✿ **Récamier** (Cantegrit), 4 r. Récamier ✆ 45 48 86 58, Fax 42 22 84 76, 🏱 – ▤. AE ⓓ GB JCB K 12
fermé dim. – **R** carte 280 à 440
Spéc. Oeufs en meurette. Mousse de brochet sauce Nantua. Sauté de boeuf bourguignon.

XX **Au Quai d'Orsay,** 49 quai d'Orsay ✆ 45 51 58 58 – AE GB H 9
R 180 et carte 250 à 360.

XX **Chez Marius,** 5 r. Bourgogne ✆ 45 51 79 42 – ▤. AE ⓓ GB H 11
fermé 1er au 30 août, sam. midi et dim. – **R** 180/450.

XX ✿ **Le Bellecour** (Goutagny), 22 r. Surcouf ✆ 45 51 46 93, Fax 45 50 30 11 – AE ⓓ GB
fermé 1er au 21 août, sam. (sauf le soir du 1er oct. au 1er juil.) et dim. – **R** 160 (déj.)/380 et carte 285 à 425 H 9
Spéc. Langoustines rôties aux cheveux de poireaux frits (mars à oct.). Turbot rôti à la crème de carotte et cumin. Lièvre à la cuillère (oct. à janv.).

XX **Le Petit Laurent,** 38 r. Varenne ✆ 45 48 79 64, Fax 45 44 15 95 – AE ⓓ GB J 11
fermé 1er au 23 août, sam. midi et dim. – **R** 175/240.

XX **Giulio Rebellato,** 20 r. Monttessuy ✆ 45 55 79 01 – ▤. AE GB. ✈ H 8
fermé août, sam. midi et dim. – **R** cuisine italienne 180 bc et carte 230 à 350.

XX **D'Chez Eux,** 2 av. Lowendal ✆ 47 05 52 55 – AE ⓓ GB J 9
fermé août et dim. – **R** carte 240 à 400.

XX **Les Glénan,** 54 r. Bourgogne ✆ 47 05 96 65 – ▤. AE GB J 10
fermé août, 1er au 7 janv., sam. et dim. – **R** produits de la mer 240 (dîner)/350 ♁.

XX **Aux Délices de Szechuen,** 40 av. Duquesne ✆ 43 06 22 55, 🏱 – ▤. AE GB K 10
fermé 27 juil. au 24 août et lundi – **R** cuisine chinoise 96 (sauf dim.) et carte 155 à 260 ♁.

XX **Le Club,** (Au Bon Marché) 38 r. Sèvres - 1er étage magasin 2 ✆ 45 48 95 25, Fax 45 49 27 99 – ▤. AE ⓓ GB K 11
fermé août et dim. – **R** (déj. seul.) 149 et carte 180 à 275.

XX **Chez Ribe,** 15 av. Suffren ℘ 45 66 53 79 – AE ⓓ GB — J 7
fermé 15 au 31 août, sam. midi et dim. – **R** 168 ⅊, enf. 98.

XX **Tan Dinh,** 60 r. Verneuil ℘ 45 44 04 84, Fax 45 44 36 93 — J 12
fermé août et dim. – **R** cuisine vietnamienne - carte 230 à 270.

XX **Gildo,** 153 r. Grenelle ℘ 45 51 54 12, Fax 45 51 57 42 – ⊟. GB — J 9
fermé 25 juil. au 25 août, 23 déc. au 3 janv., lundi midi et dim. – **R** cuisine italienne 160 (déj.) et carte 230 à 340.

XX **Le Champ de Mars,** 17 av. La Motte-Picquet ℘ 47 05 57 99 – AE ⓓ GB — J 9
fermé 18 juil. au 25 août, mardi soir et lundi – **R** 118/159.

XX **Clémentine,** 62 av. Bosquet ℘ 45 51 41 16 – GB — J 9
fermé 15 au 31 août, 24 déc. au 1er janv., sam. midi et dim. – **R** 168.

X **Le Maupertu,** 94 bd La Tour Maubourg ℘ 45 51 37 96 – GB. ✻ — J 10
fermé 7 au 29 août, 13 au 20 fév., sam. midi et dim. – **R** 130 et carte 200 à 300.

X **Vin sur Vin,** 20 r. Monttessuy ℘ 47 05 14 20 – GB — H 8
fermé 1er au 7 mai, 12 au 31 août, 22 déc. au 3 janv., lundi midi, sam. midi et dim. – **R** carte 250 à 350.

X **L'Oeillade,** 10 r. St-Simon ℘ 42 22 01 60 – ⊟. GB — J 11
fermé 15 au 31 août, sam. midi et dim. – **R** 155.

X **Chez Collinot,** 1 r. P. Leroux ℘ 45 67 66 42 – GB — K 11
fermé août, sam. et dim. – **R** 130 et carte 170 à 290.

X **Bistrot de Breteuil,** 3 pl. Breteuil ℘ 45 67 07 27, Fax 42 73 11 08, 斋 – GB — L 10
R 172 bc.

X **Nuit de St-Jean,** 29 r. Surcouf ℘ 45 51 61 49, Fax 47 05 36 40 – AE ⓓ GB. ✻ — H 9
fermé 17 au 26 avril, 1er au 15 août, 24 déc. au 3 janv., sam. midi et dim. – **R** 120 et carte 140 à 210.

X **La Calèche,** 8 r. Lille ℘ 42 60 24 76 – AE ⓓ GB — J 12
fermé 11 au 31 août, Noël au Jour de l'An, sam. et dim. – **R** 130/170.

X **Le Sédillot,** 2 r. Sédillot ℘ 45 51 95 82, « Décor Art Nouveau » – AE GB — H 8
fermé sam. midi et dim. – **R** 120.

X **Le P'tit Troquet,** 28 r. Exposition ℘ 47 05 80 39 – GB — J 9
fermé 1er au 21 août et dim. – **R** 115/135 ⅊.

X **Thoumieux,** 79 r. St Dominique ℘ 47 05 49 75, Fax 47 05 36 96 – ⊟. GB — H 9
R carte 100 à 200.

X **La Fontaine de Mars,** 129 r. St-Dominique ℘ 47 05 46 44 – GB — J 9
fermé dim. – **R** carte 150 à 230.

X **Du Côté 7ème,** 29 r. Surcouf ℘ 47 05 81 65 – AE GB — H 9-10
fermé 10 au 25 août, 25 déc. au 1er janv. et lundi – **R** 175 bc, enf. 110.

X **La Ferronnerie,** 18 r. Chaise ℘ 45 49 22 43 – GB — K 12
fermé 8 au 22 août, lundi midi et dim. – **R** 150 (déj.) et carte 180 à 270 ⅊.

Champs-Élysées, St-Lazare, Madeleine.

8e arrondissement.
8e : ✉ 75008

🏨 **Plaza-Athénée,** 25 av. Montaigne ℘ 47 23 78 33, Télex 650092, Fax 47 20 20 70 – 🛗 ⊟ ch 📺 ☎ – 🏛 30 à 100. AE ⓓ GB JCB — G 9
R voir rest. **Régence** et **Relais Plaza** ci-après – ☕ 120 – **211 ch** 2660/4160, 42 appart.

🏨 **Crillon,** 10 pl. Concorde ℘ 44 71 15 00, Télex 290204, Fax 44 71 15 02 – 🛗 ⊟ 📺 ☎ – 🏛 30 à 60. AE ⓓ GB JCB. ✻ rest — G 11
R voir rest. **Les Ambassadeurs** ci-après- **L'Obélisque** ℘ 44 71 15 15 *(fermé août et fériés)* **R** 250 – ☕ 140 – **122 ch** 2600/3900, 41 appart.

🏨 **Bristol,** 112 r. Fg St-Honoré ℘ 42 66 91 45, Télex 280961, Fax 42 66 68 68, 🏊, 斋 – 🛗 ⊟ ch 📺 ☎ 🚗 – 🏛 30 à 60. AE ⓓ GB JCB. ✻ — F 10
R voir rest. **Bristol** ci-après – ☕ 140 – **152 ch** 2450/3500, 45 appart.

🏨 **George V,** 31 av. George-V ℘ 47 23 54 00, Télex 650082, Fax 47 20 40 00, 斋 – 🛗 ⊟ ch 📺 ☎ – 🏛 350 à 600. AE ⓓ GB JCB — G 8
R voir rest. **Les Princes** et **Le Grill** ci-après – ☕ 115 – **298 ch** 1930/3850, 53 appart.

🏨 **Royal Monceau,** 37 av. Hoche ℘ 45 61 98 00, Télex 650361, Fax 45 63 28 93, 斋, « Piscine et centre de remise en forme » – 🛗 ⊟ 📺 ☎ – 🏛 30 à 300. AE ⓓ GB JCB. ✻
Le Jardin R 280 (déj.) et carte 330 à 490 – **Carpaccio** *(fermé août)* **R** cuisine italienne 280 (déj.) et carte 300 à 440 – ☕ 135 – **180 ch** 1950/2950, 39 appart. — E 8

🏨 **Prince de Galles,** 33 av. George-V ℘ 47 23 55 11, Télex 651627, Fax 47 20 96 92, 斋 – 🛗 ⇆ ch ⊟ 📺 ☎ – 🏛 40 à 110. AE ⓓ GB JCB — G 8
R (dim. brunch seul. 250) 235/600 – ☕ 110 – **141 ch** 2600/2800, 30 appart.

Vernet, 25 r. Vernet ✆ 47 23 43 10, Télex 651357, Fax 40 70 10 14 – AE GB. rest F 8
R voir rest. **Les Élysées** ci-après – 100 – **60 ch** 1450/2200, 3 appart.

De Vigny M sans rest, 9 r. Balzac ✆ 40 75 04 39, Télex 651822, Fax 40 75 05 81, « Élégante installation » – ch . AE GB F 8
90 – **25 ch** 1700/2200, 12 appart.

San Régis, 12 r. J. Goujon ✆ 43 59 41 90, Télex 643637, Fax 45 61 05 48, « Bel aménagement intérieur » – ch . AE GB. G 9
R carte 275 à 415 – 100 – **34 ch** 1400/2625, 10 appart.

La Trémoille, 14 r. La Trémoille ✆ 47 23 34 20, Télex 640344, Fax 40 70 01 08 – 35. AE GB JCB G 9
R 195 et carte 260 à 400 – 100 – **94 ch** 1910/2870, 14 appart.

Lancaster, 7 r. Berri ✆ 43 59 90 43, Télex 640991, Fax 42 89 22 71, – ch . AE GB JCB F 9
R 230 et carte 300 à 470 – 110 – **52 ch** 1950/2550, 7 appart.

Élysées Star M sans rest, 19 r. Vernet ✆ 47 20 41 73, Télex 651153, Fax 47 23 32 15 – ch – 30. AE GB F8
90 – **38 ch** 1700/1900, 4 appart.

Warwick M, 5 r. Berri ✆ 45 63 14 11, Télex 642295, Fax 42 56 77 59 – ch – 30 à 110. AE GB. rest F 9
R voir rest. **La Couronne** ci-après – 105 – **142 ch** 2030/2560, 5 appart.

Balzac M, 6 r. Balzac ✆ 45 61 97 22, Télex 651298, Fax 42 25 24 82 – . AE GB F 8
Bice ✆ 42 89 86 34 - cuisine italienne *(fermé 8 au 30 août, 22 déc. au 3 janv., sam. midi et dim.)* **R** carte 280 à 380 – 90 – **56 ch** 1550/2100, 14 appart.

Golden Tulip St-Honoré M, 220 r. Fg St-Honoré ✆ 49 53 03 03, Télex 650657, Fax 40 75 02 00, – cuisinette ch – 120. AE GB JCB. E 8
Relais Vermeer R 210 et carte 275 à 420 – 110 – **52 ch** 1550/1850, 20 appart.

Relais Carré d'Or M, 46 av. George V ✆ 40 70 05 05, Télex 640561, Fax 47 23 30 90, – cuisinette . AE GB JCB. F 8
R *(fermé sam., dim. et fériés)* 215 (déj.)/315, 18 appart., 5 duplex.

Pullman Windsor, 14 r. Beaujon ✆ 45 63 04 04, Télex 650902, Fax 42 25 36 81 – ch – 120. AE GB JCB F 8
R voir rest. **Le Clovis** ci-après – 90 – **135 ch** 1250/1500, 6 appart.

Château Frontenac, 54 r. P.-Charron ✆ 47 23 55 85, Télex 644994, Fax 47 23 03 32 – – 30. GB. G 9
Pavillon Frontenac ✆ 47 20 60 69 *(fermé sam. midi et dim.)* **R** 140 (déj.) et carte 140 à 270 – 75 – **99 ch** 880/1350, 4 appart.

Bedford, 17 r. de l'Arcade ✆ 42 66 22 32, Télex 290506, Fax 42 66 51 56 – – 80. GB. rest F 11
R *(fermé 1er au 29 août, sam. et dim.)* (déj. seul.) carte 230 à 370 – **137 ch** 720/1050, 10 appart.

Napoléon, 40 av. Friedland ✆ 47 66 02 02, Télex 640609, Fax 47 66 82 33 – – 100. AE GB JCB F 8
Le Napoléon ✆ 42 27 99 50 *(fermé 1er au 21 août, 23 déc. au 3 janv., sam. et dim.)* **R** 240/420 – 70 – **70 ch** 1150/1650, 32 appart.

Résidence du Roy sans rest, 8 r. François 1er ✆ 42 89 59 59, Télex 648452, Fax 40 74 07 92 – cuisinette – 25. AE GB JCB G 9
80, 28 appart.2980, 5 studios 1180, 3 duplex.

California, 16 r. Berri ✆ 43 59 93 00, Télex 644634, Fax 45 61 03 62 – ch – 90. AE GB JCB F 9
R *(fermé 14 juil. au 15 août, sam., dim. et fériés)* (déj. seul.) carte 190 à 240 – 120 – **160 ch** 2200.

Queen Elizabeth, 41 av. Pierre-1er-de-Serbie ✆ 47 20 80 56, Télex 641179, Fax 47 20 89 19 – ch – 25 à 30. AE GB JCB G 8
R *(fermé août et dim.)* (déj. seul.) 160 bc/210 – 85 – **54 ch** 1100/1850, 12 appart.

Claridge Bellman, 37 r. François 1er ✆ 47 23 54 42, Télex 641150, Fax 47 23 08 84 – . AE GB. G 9
R *(fermé 2 au 31 août, 24 déc. au 3 janv., sam. et dim.)* 160/220 et carte 230 à 380 – 70 – **42 ch** 950/1350.

Concorde-St-Lazare, 108 r. St-Lazare ✆ 40 08 44 44, Fax 42 93 01 20 – – 150. AE GB JCB. rest E 12
Café Terminus ✆ 40 08 43 30 - **R** 98/250 , enf. 60 – 90 – **295 ch** 1350/1950, 5 appart.

Beau Manoir sans rest, 6 r. de l'Arcade ✆ 42 66 03 07, Fax 42 68 03 00, « Bel aménagement intérieur » – . AE GB JCB F 11
30 – **29 ch** 920/1040, 3 appart.

Sofitel-Paris-Élysées M, 8 r. J. Goujon ✆ 43 59 52 41, Télex 651838, Fax 49 53 08 42 – ch – 150. AE GB JCB G 9
Les Saveurs ✆ 45 63 17 44 *(fermé 1er au 22 août, sam. et dim.)* **R** 220 et carte 210 à 350 – 100 – **40 ch** 1250.

Chateaubriand M sans rest, 6 r. Chateaubriand ☎ 40 76 00 50, Télex 641012, Fax 40 76 09 22 – ch TV ☎ ♿. AE ⓓ GB F 9
☐ 70 – **28 ch** 1500/1700.

Montaigne M sans rest, 6 av. Montaigne ☎ 47 20 30 50, Télex 648051, Fax 47 20 94 12 – TV ☎ ♿. AE ⓓ GB G 9
☐ 90 – **29 ch** 950/1750.

Royal Alma M sans rest, 35 r. J. Goujon ☎ 42 25 83 30, Télex 641428, Fax 45 63 68 64 – TV ☎. AE ⓓ GB JCB. G 9
☐ 90 – **57 ch** 1365/1600, 7 appart.

François 1er M, 7 r. Magellan ☎ 47 23 44 04, Télex 648880, Fax 47 23 93 43 – ch TV ☎ – 30. AE ⓓ GB JCB F 8
R 175/400, enf. 100 – ☐ 95 – **38 ch** 1350/1480.

Marignan, 12 r. Marignan ☎ 40 76 34 56, Fax 40 76 34 34 – ch TV ☎ – 50. AE ⓓ GB JCB G 9
R carte 220 à 420 – ☐ 115 – **59 ch** 1900/2200.

Sofitel St-Honoré sans rest, 15 r. Boissy d'Anglas ☎ 42 66 93 62, Télex 240366, Fax 42 66 14 98 – ch TV ☎. AE ⓓ GB G 11
☐ 85 – **104 ch** 760/995, 8 appart.

de l'Élysée sans rest, 12 r. Saussaies ☎ 42 65 29 25, Fax 42 65 64 28 – TV ☎. AE ⓓ GB JCB. F 11
☐ 60 – **32 ch** 560/950.

Élysées Ponthieu et résidence Le Cid sans rest, 24 r. Ponthieu ☎ 42 25 68 70, Télex 640053, Fax 42 25 80 82 – cuisinette ch TV ☎ ♿. AE ⓓ GB JCB F 9
☐ 75 – **92 ch** 780/1600, 6 appart.

Concortel sans rest, 19 r. Pasquier ☎ 42 65 45 44, Télex 660228, Fax 42 65 18 33 – TV ☎. AE ⓓ GB F 11
☐ 35 – **46 ch** 570/700.

Royal H. sans rest, 33 av. Friedland ☎ 43 59 08 14, Télex 651465, Fax 45 63 69 92 – TV ☎. AE ⓓ GB JCB F 8
☐ 65 – **57 ch** 1050/1250.

Résidence Champs-Elysées sans rest, 92 r. La Boëtie ☎ 43 59 96 15, Télex 650695, Fax 42 56 01 38 – TV ☎. ⓓ GB. F 9
☐ 70 – **83 ch** 750/1240.

Résidence Monceau sans rest, 85 r. Rocher ☎ 45 22 75 11, Fax 45 22 30 88 – TV ☎ ♿. AE ⓓ GB. E 11
☐ 44 – **51 ch** 610.

Résidence St-Honoré sans rest, 214 r. Fg St-Honoré ☎ 42 25 26 27, Télex 640524, Fax 45 63 30 67 – TV ☎. AE ⓓ GB JCB E 9
☐ 60 – **91 ch** 850/1050.

Powers sans rest, 52 r. François-1er ☎ 47 23 91 05, Télex 642051, Fax 49 52 04 63 – TV ☎. AE ⓓ GB G 9
☐ 60 – **48 ch** 800/1100.

Castiglione, 40 r. Fg-St-Honoré ☎ 42 65 07 50, Télex 240362, Fax 42 65 12 27 – ch TV ☎ – 80. AE ⓓ GB G 11
R 160 et carte 200 à 380 – **107 ch** ☐ 1760/1800, 14 appart.

New Roblin et rest. le Mazagran, 6 r. Chauveau-Lagarde ☎ 44 71 20 80, Télex 285154, Fax 42 65 19 49 – TV ☎ – 25. AE ⓓ GB JCB. rest F 11
R *(fermé sam., dim. et fériés)* 145 et carte 220 à 320 – ☐ 55 – **74 ch** 675/875, 3 appart.

West End sans rest, 7 r. Clément-Marot ☎ 47 20 30 78, Télex 645434, Fax 47 20 34 42 – TV ☎. AE ⓓ GB JCB G 9
☐ 45 – **54 ch** 650/1250.

Lido M sans rest, 4 passage Madeleine ☎ 42 66 27 37, Télex 281039, Fax 42 66 61 23 – TV ☎. AE ⓓ GB JCB F 11
☐ 30 – **32 ch** 740/820.

Cordélia sans rest, 11 r. Greffulhe ☎ 42 65 42 40, Télex 281760, Fax 42 65 11 81 – TV ☎. AE ⓓ GB F 12
☐ 45 – **30 ch** 710/730.

Newton Opéra sans rest, 11 bis r. de l'Arcade ☎ 42 65 32 13, Télex 280340, Fax 42 65 30 90 – TV ☎. AE ⓓ GB. F 11
☐ 50 – **31 ch** 690/850.

Galiléo M sans rest, 54 r. Galilée ☎ 47 20 66 06, Fax 47 20 67 17 – TV ☎ ♿. AE GB. F 8
☐ 50 – **27 ch** 800/980.

Franklin Roosevelt sans rest, 18 r. Clément-Marot ☎ 47 23 61 66, Télex 643665, Fax 47 20 44 30 – TV ☎. AE GB. G 9
45 ch ☐ 700/900.

Atlantic sans rest, 44 r. Londres ☎ 43 87 45 40, Télex 285477, Fax 42 93 06 26 – TV ☎. AE GB JCB. E 12
☐ 48 – **93 ch** 452/774.

Rochambeau sans rest, 4 r. La Boëtie ☎ 42 65 27 54, Télex 285030, Fax 42 66 03 81 – ch TV ☎. AE ⓓ GB JCB F 11
☐ 50 – **50 ch** 1050/1200.

Waldorf Madeleine sans rest, 12 bd Malesherbes ☎ 42 65 72 06, Télex 285557, Fax 40 07 10 45 – ch . GB JCB F 11
50 – **44 ch** 950/1050.

Mayflower sans rest, 3 r. Chateaubriand ☎ 45 62 57 46, Télex 640727, Fax 42 56 32 38 – . GB F 9
50 – **24 ch** 650/950.

Alison sans rest, 21 r. Surène ☎ 42 65 54 00, Télex 285435, Fax 42 65 08 17 – . AE GB JCB. F 11
45 – **35 ch** 440/690.

L'Orangerie sans rest, 9 r. Constantinople ☎ 45 22 07 51, Télex 285294, Fax 45 22 16 49 – . AE GB. E 11
35 – **29 ch** 565/665.

Fortuny sans rest, 35 r. de l'Arcade ☎ 42 66 42 08, Télex 280656, Fax 42 66 00 32 – . AE GB F 11
45 – **30 ch** 650/750.

Astoria sans rest, 42 r. Moscou ☎ 42 93 63 53, Télex 290061, Fax 42 93 30 30 – ch . AE GB JCB. D 11
50 – **83 ch** 990.

Plaza Haussmann sans rest, 177 bd Haussmann ☎ 45 63 93 83, Télex 643716, Fax 45 61 14 30 – . AE GB JCB F 9
30 – **41 ch** 620/710.

Élysées sans rest, 100 r. La Boétie ☎ 43 59 23 46, Télex 648572, Fax 42 56 33 80 – . AE GB. F 9
25 – **29 ch** 560/640.

Angleterre-Champs-Élysées sans rest, 91 r. La Boétie ☎ 43 59 35 45, Télex 640317, Fax 45 63 22 22 – . AE GB F 9
31 – **40 ch** 480/605.

Bradford sans rest, 10 r. St-Philippe-du-Roule ☎ 45 63 20 20, Télex 648530, Fax 45 63 20 07 – . AE GB JCB. F 9
65 – **48 ch** 990/1290.

Lord Byron sans rest, 5 r. Chateaubriand ☎ 43 59 89 98, Télex 649662, Fax 42 89 46 04, – . AE GB. F 9
60 – **31 ch** 650/900.

Rond-Point des Champs-Elysées sans rest, 10 r. Ponthieu ☎ 43 59 55 58, Télex 642386, Fax 45 63 99 75 – . AE GB. F 10
35 – **44 ch** 450/775.

Charing Cross sans rest, 39 r. Pasquier ☎ 43 87 41 04, Télex 290681, Fax 42 93 70 45 – . AE GB JCB F 11
35 – **31 ch** 370/435.

Madeleine Haussmann M sans rest, 10 r. Pasquier ☎ 42 65 90 11, Télex 281472, Fax 42 68 07 93 – . AE GB F 11
30 – **36 ch** 520.

Ministère sans rest, 31 r. Surène ☎ 42 66 21 43, Fax 42 66 96 04 – . AE GB JCB F 11
40 – **28 ch** 400/640.

New Orient sans rest, 16 r. Constantinople ☎ 45 22 21 64, Fax 42 93 83 23 – . AE GB JCB E 11
35 – **30 ch** 360/460.

XXXXX ✿✿✿ **Lucas-Carton** (Senderens), 9 pl. Madeleine ✉ 75008 ☎ 42 65 22 90, Télex 281088, Fax 42 65 06 23, « Authentique décor 1900 » – . GB. G 11
fermé 31 juil. au 25 août, 23 déc. au 2 janv., sam. midi et dim. – **R** 375 (déj.)/780 et carte 600 à 940
Spéc. Foie gras au chou. Homard à la vanille. Canard Apicius.

XXXXX ✿✿ **Lasserre,** 17 av. F.-D.-Roosevelt ☎ 43 59 53 43, Fax 45 63 72 23, Toit ouvrant – . AE GB. G 10
fermé 1er au 30 août, lundi midi et dim. – **R** carte 540 à 750
Spéc. Rouget poêlé aux herbes et jus de crustacés. Sauvageon grillé aux épices et pommes craquantes. Truffier "Marco Polo".

XXXXX ✿✿✿ **Taillevent** (Vrinat), 15 r. Lamennais ☎ 45 61 12 90, Fax 42 25 95 18 – . GB. F 9
fermé 24 juil. au 23 août, sam., dim. et fériés – **R** (nombre de couverts limité - prévenir) carte 550 à 700
Spéc. Escargots "petit gris" en hochepot. Andouillette de pied de porc truffé. Soufflé chaud à l'orange amère.

XXXXX ✿✿ **Les Ambassadeurs** - Hôtel Crillon, 10 pl. Concorde ✆ 44 71 16 16, Télex 290204, Fax 44 71 15 02, « Cadre 18e siècle » – ▤. AE ⓞ GB JCB. ✗ G 11
R 320 (déj.)/570 et carte 400 à 670
Spéc. Foie gras poêlé aux épices et miel d'acacia. Bar croustillant aux poivrons doux et graines de sésame. Quasi de veau de lait en cocotte, jus corsé au goût d'herbes.

XXXXX ✿✿ **Laurent,** 41 av. Gabriel ✆ 42 25 00 39, Fax 45 62 45 21, « Agréable terrasse d'été » – AE ⓞ GB. ✗ G 10
fermé sam. midi, dim. et fériés – **R** 380 (déj.)/880 et carte 600 à 900
Spéc. "Mille-chou" aux champignons des bois (sept. à avril). Quasi de veau de lait en cocotte. Friand de framboises à l'orgeat.

XXXXX ✿ **Bristol** - Hôtel Bristol, 112 r. Fg St-Honoré ✆ 42 66 91 45, Télex 280961, Fax 42 66 68 68 – ▤. AE ⓞ GB JCB. ✗ F 10
R 440/590 et carte 460 à 730
Spéc. Foie gras de canard poêlé et galette de pommes de terre. Médaillons de Saint-Pierre rôti. Coffret brioché de langoustines, ris de veau et champignons.

XXXXX ✿ **Régence** - Hôtel Plaza Athénée, 25 av. Montaigne ✆ 47 23 78 33, Télex 650092, Fax 47 20 20 70, 🏕 – ▤. AE ⓞ GB JCB G 9
R 330 et carte 450 à 700
Spéc. Soufflé de homard "Plaza Athénée". Noix de Saint-Jacques à la nage (oct. à avril). Filet d'agneau rôti parfumé à l'origan.

XXXXX ✿ **Ledoyen,** carré Champs-Élysées ✆ 47 42 23 23, Télex 282358, Fax 47 42 55 01, 🏕 – ▤ Ⓟ. AE ⓞ GB. ✗ G 10
R (1er étage) *(fermé août, sam. et dim.)* 290 (déj.)/480 et carte 400 à 610 - **Le Carré** ✆ 47 42 76 02 *(fermé dim.)* **R** carte 250 à 370
Spéc. Langoustines sautées, pommes de terre à la truffe. Saint-Jacques à la nage parfumées à la bière et fritot de houblon (oct. à mars). Pigeonneau aux deux cuissons aux girolles, pommes "Alex Imbert".

XXXX ✿ **Élysée Lenôtre,** 10 av. Champs Élysées ✆ 42 65 85 10, Fax 42 65 76 23, 🏕 – |‡| ▤ Ⓟ. AE ⓞ GB G 10
fermé sam. midi – **Rez-de-Chaussée R** (déj. seul.) 300 bc/340 – **1er étage R** (diner seul) 340/580 et carte 370 à 580
Spéc. Foie gras de canard poêlé. Blanc de turbot dans une courte nage. Chiboust au fromage blanc et citron vert.

XXXX ✿ **Les Princes** - Hôtel George V, 31 av. George V ✆ 47 23 54 00, Télex 650082, Fax 47 20 40 00, 🏕 – ▤. AE ⓞ GB JCB G 8
R 350 bc/450 et carte 310 à 630
Spéc. Croustillant de rouget au confit de légumes de Provence. Noisettes d'empereur rôties aux épices. Côtelettes de caille des Dombes poêlées en persillade d'amandes.

XXXX ✿✿ **Chiberta,** 3 r. Arsène-Houssaye ✆ 45 63 77 90, Fax 45 62 85 08 – ▤. AE ⓞ GB JCB
fermé 1er au 29 août, 24 déc. au 3 janv., sam., dim. et fériés – **R** carte 420 à 580 F 8
Spéc. Salade de St-Jacques aux truffes fraîches (déc. à mars). Saint-Pierre rôti aux oignons rouges confits. Côte de veau poêlée aux pommes confites.

XXXX ✿ **Les Élysées** - Hôtel Vernet, 25 r. Vernet ✆ 47 23 43 10 – ▤. AE ⓞ GB F 8
fermé 23 juil. au 24 août, sam. et dim. – **R** 270 (déj.)/420 et carte 335 à 480, enf. 100
Spéc. Bar de ligne rôti et brandade de petits piments. Papeton de pigeonneau croustillé aux olives et cèpes. Damier au chocolat "Guanaja" et aux pistaches caramélisées.

XXXX ✿ **La Marée,** 1 r. Daru ✆ 43 80 20 00, Fax 48 88 04 04 – ▤. ⓞ GB E 8
fermé août, sam. et dim. – **R** produits de la mer - carte 360 à 565
Spéc. Salade de homard aux pêches de vigne. Cabillaud à la vanille. Gigotin de lotte rôti à l'ananas.

XXXX **Fouquet's,** 99 av. Champs Élysées ✆ 47 23 70 60, Télex 648227, Fax 47 20 08 69 – AE ⓞ GB F 8
Rez-de-Chaussée (grill) **R** carte 265 à 400 – **1er Étage R** carte 310 à 420.

XXXX **Richemond Trémoille,** 7 r. Trémoille ✆ 47 23 88 18 – AE ⓞ GB G 9
fermé août, sam. et dim. – **R** 250 bc/300 et carte 230 à 300.

XXX ✿ **15 Montaigne Maison Blanche,** 15 av. Montaigne (6e étage) ✆ 47 23 55 99, Fax 47 20 09 56, ≤, 🏕, « Décor contemporain » – |‡| ▤. AE GB G 9
fermé sam. midi et dim. – **R** carte 380 à 520
Spéc. Ravioli de tomates confites. Saint-Jacques poêlées aux cèpes (25 sept. au 15 déc.). Sablé de pommes, cannelle et romarin.

XXX ✿ **Le Clovis** - Hôtel Pullman Windsor, 4 r. B.-Albrecht ✆ 45 61 15 32, Télex 650902, Fax 42 25 36 81 – ▤. AE ⓞ GB F 8
fermé 2 au 29 août, 27 déc. au 2 janv., sam., dim. et fériés – **R** 190 et carte 340 à 450
Spéc. Mimosa de légumes à la vinaigrette de truffes. Carré d'agneau rôti, lait d'amandes et pommes soufflées. Assiette de quatre douceurs.

XXX ✿ **La Couronne** - Hôtel Warwick, 5 r. Berri ✆ 45 63 78 49, Télex 642295, Fax 42 56 77 59 – ▤. AE ⓞ GB. ✗ F 9
fermé août et dim. – **R** 220 (déj.)/500 et carte 350 à 480
Spéc. Mosaïque de homard et de St-Jacques aux pois gourmands (saison). Filet de boeuf à la moelle et au vin rouge. Dominance de chocolat à la glace de pain d'épices.

XXX **Le 30 - Fauchon,** pl. Madeleine ✆ 47 42 56 58, Fax 42 66 38 95, 🏕 – ▤. AE ⓞ GB JCB
fermé dim. – **R** 250 et carte 270 à 400. F 12

XXX ✿ **Copenhague,** 142 av. Champs-Élysées (1er étage) ✆ 44 13 86 26, Fax 42 25 83 10, 🏕 – ▤. AE ⓞ GB. ✗ F 8
fermé 2 au 29 août, 1er au 7 janv., sam. midi en été, dim. et fériés – **R** cuisine danoise 285 et carte 280 à 450 - **Flora Danica R** carte 250 à 340
Spéc. Saumon mariné à l'aneth. Mignons de renne aux épices. Mandelrand avec sorbets et fruits.

XXX **Relais-Plaza** - Hôtel Plaza Athénée, 21 av. Montaigne ✆ 47 23 46 36, Télex 650092, Fax 47 20 20 70 – ▤. AE ⓓ GB JCB G 9
R 285 et carte 310 à 535.

XXX **Le Grill** - Hôtel George V, 31 av. George V ✆ 47 23 60 80, Télex 650082, Fax 47 20 40 00 – ▤. AE ⓓ GB JCB G 8
fermé 24 juil. au 24 août – **R** 198/250.

XXX **Yvan,** 1bis r. J. Mermoz ✆ 43 59 18 40, Fax 45 63 78 69 – ▤. AE ⓓ GB JCB F-G 10
fermé sam. midi et dim. – **R** 168/298.

XXX **Les Géorgiques,** 36 av. George V ✆ 40 70 10 49 – ▤. AE ⓓ GB JCB. ✻ G 8
fermé sam. midi et dim. – **R** 180 (déj.)/360.

XXX ✿ **Vancouver** (Decout), 4 r. Arsène Houssaye ✆ 42 56 77 77, Fax 42 56 50 52 – ▤. AE GB
fermé 1er au 30 août, 25 déc. au 1er janv., sam., dim. et fériés – **R** produits de la mer 190 et carte 260 à 390 F 8
Spéc. Cassolette de homard et champignons. Bouillabaisse "Parisienne". Paris-Brest au craquelin.

XXX **Indra,** 10 r. Cdt-Rivière ✆ 43 59 46 40 – ▤. AE ⓓ GB F 9
fermé sam. midi – **R** cuisine indienne 220/300.

XX **Baumann Marbeuf,** 15 r. Marbeuf ✆ 47 20 11 11, Fax 47 23 69 65 – AE ⓓ GB G 9
fermé 9 au 15 août – **R** carte 195 à 300 ♁.

XX **Fermette Marbeuf,** 5 r. Marbeuf ✆ 47 23 31 31, Fax 40 70 02 11, « Décor 1900, céramiques et vitraux d'époque » – ▤. AE ⓓ GB G 9
R 160 et carte 210 à 300 ♁.

XX **La Luna,** 69 r. Rocher ✆ 42 93 77 61, Fax 40 08 02 44 – ▤. AE GB. ✻ E 11
fermé dim. – **R** produits de la mer - carte 270 à 410.

XX **Chez Tante Louise,** 41 r. Boissy d'Anglas ✆ 42 65 06 85, Fax 42 65 28 19 – ▤. AE ⓓ GB JCB – *fermé août, sam. et dim.* – **R** 200 et carte 250 à 400. F 11

XX **Kinugawa,** 4 r. St-Philippe du Roule ✆ 45 63 08 07 – ▤. AE GB JCB. ✻ F 9
fermé 24 déc. au 10 janv. et dim. – **R** cuisine japonaise - carte 170 à 350.

XX **Le Bœuf sur le Toit,** 34 r. Colisée ✆ 43 59 83 80, Fax 45 63 45 40, brasserie – AE ⓓ GB – **R** 159 bc et carte 160 à 270 ♁. F 10

XX **Le Grenadin,** 46 r. Naples ✆ 45 63 28 92 – ▤. AE GB E 11
fermé Noël au Jour de l'an, sam. (sauf le soir d'oct. à avril) et dim. – **R** 200/370.

XX **Le Sarladais,** 2 r. Vienne ✆ 45 22 23 62 – ▤. AE GB E 11
fermé août, sam. sauf le soir de sept. à juin et dim. – **R** 145 (dîner) et carte 230 à 335.

XX **Androuët,** 41 r. Amsterdam ✆ 48 74 26 93, Télex 280466, Fax 49 95 02 54 – ▤. AE ⓓ GB JCB – *fermé dim. et fériés* – **R** fromages et cuisine fromagère 175 (déj.)/250. E 12

XX **Marius et Janette,** 4 av. George V ✆ 47 23 41 88, Fax 47 23 07 19, 🏖 – ▤. AE GB G 8
fermé 21 au 27 déc. – **R** produits de la mer 320/450.

XX **Finzi,** 24 av. George V ✆ 47 20 14 78, Fax 47 20 10 08 – ▤. AE ⓓ GB. ✻ G 8
fermé 8 au 15 août et dim. midi – **R** cuisine italienne - carte 225 à 300 ♁.

XX **Le Pichet,** 68 r. P. Charron ✆ 43 59 50 34, Fax 45 63 07 81 – ▤. AE ⓓ GB G 9-F 9
fermé 10 au 31 août, 19 déc. au 2 janv., sam. midi et dim. – **R** carte 260 à 360.

XX **Le Lloyd's,** 23 r. Treilhard ✆ 45 63 21 23 – AE GB E 10
fermé 24 déc. au 2 janv., sam. et dim. – **R** 200 bc/300.

XX **Artois,** 13 r. Artois ✆ 42 25 01 10 – GB F 9
fermé sam. midi et dim. – **R** (prévenir) 170 (dîner) et carte 230 à 350.

XX **Village d'Ung et Li Lam,** 10 r. J. Mermoz ✆ 42 25 99 79 – ▤. AE ⓓ GB F 10
R cuisine sino-thaïlandaise 89/119.

XX **Stresa,** 7 r. Chambiges ✆ 47 23 51 62 – AE ⓓ G 9
fermé août et 22 déc. au 3 janv. – **R** cuisine italienne - carte 260 à 400.

XX **L'Étoile Marocaine,** 56 r. Galilée ✆ 47 20 54 45 – ▤. AE ⓓ GB. ✻ F 8
R cuisine marocaine 161/243.

XX **Tong Yen,** 1 bis r. J. Mermoz ✆ 42 25 04 23, Fax 45 63 51 57 – ▤. AE ⓓ GB F 10
fermé 1er au 25 août – **R** cuisine chinoise - carte 170 à 250.

XX **Chez Bosc,** 7 r. Richepanse ✆ 42 60 10 27 – ⓓ GB G 12
fermé août, sam. midi et dim. – **R** 135/190.

XX **Suntory,** 13 r. Lincoln ✆ 42 25 40 27, Fax 45 63 25 86 – ▤. AE ⓓ GB JCB. ✻ F 9
fermé sam. midi, dim. et fériés – **R** cuisine japonaise 400/600.

X **Bistrot du Sommelier,** 97 bd Haussmann ✆ 42 65 24 85, Fax 42 94 03 26 – ▤. AE ⓓ GB JCB F 11
fermé 24 juil. au 22 août, 25 déc. au 2 janv., sam. et dim. – **R** carte 250 à 370, enf. 70.

X **Le Bouchon Gourmand,** 25 r. Colisée ✆ 43 59 25 29, Fax 42 56 33 97 – AE ⓓ GB F 9
fermé 2 au 22 août, sam. midi et dim. – **R** 130.

X **Bistrot de Marius,** 6 av. George V ✆ 40 70 11 76, 🏖 – AE GB G 8
R produits de la mer 200 bc/320 bc.

X **La Petite Auberge,** 48 r. Moscou ✆ 43 87 91 84 – GB D 11
fermé sam., dim. et fériés – **R** 135 et carte 200 à 280.

X **Ferme des Mathurins,** 17 r. Vignon ✆ 42 66 46 39 – GB F 12
fermé août, dim. et fériés – **R** 150/200.

X **Finzi,** 182 bd Haussmann ✆ 45 62 88 68 – ▤. AE GB F 8
fermé dim. midi – **R** cuisine italienne - carte 160 à 310.

Opéra, Gare du Nord, Gare de l'Est, Grands Boulevards.

9e et 10e arrondissements.
9e : ✉ 75009
10e : ✉ 75010

Grand Hôtel Inter-Continental, 2 r. Scribe (9e) ℘ 40 07 32 32, Télex 220875, Fax 42 66 12 51, 🏋 – |♦| ⇔ ch ▤ TV ☎ ♿ – 🎤 350. AE ⓓ GB JCB. ✻ rest F 12
R voir rest. **Opéra et Brasserie Café de la Paix** ci-après - rest. **La Verrière** ℘ 40 07 31 00 *(fermé le soir en août, dim. soir et lundi soir)* **R** 285 (déj.)/375 – ☕ 150 – **490 ch** 2300/2900, 23 appart.

Scribe Ⓜ, 1 r. Scribe (9e) ℘ 44 71 24 24, Télex 214653, Fax 42 65 39 97 – |♦| ⇔ ch ▤ TV ☎ ♿ – 🎤 80. AE ⓓ GB JCB. ✻ rest F 12
Le Jardin des Muses R 140 et carte environ 210 ♂ – **Les Muses** ℘ 44 71 24 26 *(fermé 31 juil. au 29 août, sam., dim. et fériés)* **R** 190 et carte environ 300 – ☕ 125 – **206 ch** 1450/1950, 11 appart.

Ambassador, 16 bd Haussmann (9e) ℘ 42 46 92 63, Télex 285912, Fax 42 46 19 84 – |♦| ⇔ ch ▤ TV ☎ – 🎤 110. AE ⓓ GB JCB F 13
Le Venantius ℘ 48 00 06 38 *(fermé août, 12 au 20 fév., sam. sauf le soir de sept. à juin et dim.)* **R** 250 et carte 320 à 540 – ☕ 100 – **298 ch** 1600/2500.

Commodore, 12 bd Haussmann (9e) ℘ 42 46 72 82, Télex 280601, Fax 47 70 23 81 – |♦| TV ☎ – 🎤 25. AE ⓓ GB JCB F 13
- **Cancans** (snack) **R** carte 150 à 240 ♂ – **Le Carvery** (déj. seul.) *(fermé juil.-août et week-ends)* **R** 250 – ☕ 90 – **151 ch** 1950/2050, 11 appart.

L'Horset Pavillon Ⓜ, 38 r. Échiquier (10e) ℘ 42 46 92 75, Télex 283905, Fax 42 47 03 97 – |♦| ▤ TV ☎. AE ⓓ GB JCB F 15
R *(fermé sam. et dim.)* 160 bc et carte 180 à 300, enf. 50 – ☕ 75 – **92 ch** 790/890.

Blanche Fontaine Ⓜ 🐎 sans rest, 34 r. Fontaine (9e) ℘ 45 26 72 32, Télex 660311, Fax 42 81 05 52 – |♦| TV ☎ 🚗. AE GB. ✻ D 13
☕ 38 – **45 ch** 445/575.

Cidotel Lafayette Ⓜ sans rest, 49 r. Lafayette (9e) ℘ 42 85 05 44, Télex 283025, Fax 49 95 06 60 – |♦| ⇔ ch TV ☎. AE ⓓ GB JCB F 14
☕ 75 – **75 ch** 780/840.

Brébant, 32 bd Poissonnière (9e) ℘ 47 70 25 55, Télex 280127, Fax 42 46 65 70 – |♦| ▤ rest TV ☎ – 🎤 60. AE ⓓ GB JCB F 14
R 89/198 – **122 ch** ☕ 750/890.

St-Pétersbourg sans rest, 33 r. Caumartin (9e) ℘ 42 66 60 38, Télex 680001, Fax 42 66 53 54 – |♦| TV ☎ – 🎤 100. AE ⓓ GB F 12
100 ch ☕ 505/960.

Opéra Cadet Ⓜ sans rest, 24 r. Cadet (9e) ℘ 48 24 05 26, Télex 282287, Fax 42 46 68 09 – |♦| ▤ TV ☎ ♿ 🚗. AE ⓓ GB F 14
☕ 48 – **85 ch** 660/710.

Bergère sans rest, 34 r. Bergère (9e) ℘ 47 70 34 34, Télex 290668, Fax 47 70 36 36 – |♦| TV ☎. AE ⓓ GB JCB F 14
☕ 50 – **131 ch** 950/990.

Mercure-Altéa Ronceray Ⓜ sans rest, 10 bd Montmartre (9e) ℘ 42 47 13 45, Télex 283906, Fax 42 47 13 63 – |♦| ⇔ ch TV ☎ – 🎤 65. AE ⓓ GB F 14
☕ 65 – **117 ch** 730/1070.

Trinité Plaza Ⓜ sans rest, 41 r. Pigalle (9e) ℘ 42 85 57 00, Télex 280110, Fax 45 26 41 20 – |♦| TV ☎. AE ⓓ GB JCB E 13
42 ch ☕ 550/660.

Paix République sans rest, 2 bis bd St Martin (10e) ℘ 42 08 96 95, Télex 680632, Fax 42 06 36 30 – |♦| TV ☎. AE ⓓ GB. ✻ G 16
☕ 40 – **45 ch** 560/950.

Anjou-Lafayette Ⓜ sans rest, 4 r. Riboutté (9e) ℘ 42 46 83 44, Fax 48 00 08 97 – |♦| TV ☎. AE ⓓ GB JCB E 14
☕ 35 – **39 ch** 460/660.

Carlton's H. sans rest, 55 bd Rochechouart (9e) ℘ 42 81 91 00, Télex 285649, Fax 42 81 97 04 – |♦| TV ☎. AE ⓓ GB D 14
☕ 46 – **94 ch** 614/668.

Frantour Paris Est Ⓜ, cour d'Honneur (10e) ℘ 44 89 27 00, Télex 217916, Fax 44 89 27 49 – |♦| ▤ ch TV ☎. AE GB E 16
R 125 bc/300 bc – ☕ 70 – **44 ch** 490/950.

Mercure Monty Ⓜ, 5 r. Montyon (9e) ℘ 47 70 26 10, Télex 660677, Fax 42 46 55 10 – |♦| TV ☎ – 🎤 50. AE ⓓ GB F 14
R *(fermé sam. et dim.)* 95/160, enf. 50 – ☕ 58 – **71 ch** 520/770.

Printania sans rest, 19 r. Château d'Eau (10e) ℘ 42 01 84 20, Télex 215425, Fax 42 39 55 12 – TV ☎. AE GB. F 16
41 – **51 ch** 490/580.

Caumartin sans rest, 27 r. Caumartin (9e) ℘ 47 42 95 95, Télex 680702, Fax 47 42 88 19 – TV ☎. AE GB JCB F 12
75 – **40 ch** 770/860.

Albert 1er sans rest, 162 r. La Fayette (10e) ℘ 40 36 82 40, Télex 212887, Fax 40 35 72 52 – TV ☎. AE GB. E 16
35 – **59 ch** 500/645.

La Tour d'Auvergne sans rest, 10 r. La Tour d'Auvergne (9e) ℘ 48 78 61 60, Télex 281604, Fax 49 95 99 00 – ch TV ☎. AE GB JCB.
40 – **25 ch** 550/650. E 14

Celte La Fayette sans rest, 25 r. Buffault (9e) ℘ 49 95 09 49, Télex 280554, Fax 49 95 01 88 – TV ☎. AE GB. E 14
40 – **50 ch** 495/680.

Corona sans rest, 8 cité Bergère (9e) ℘ 47 70 52 96, Télex 281081, Fax 42 46 83 49 – TV ☎. AE GB JCB F 14
40 – **56 ch** 540/680, 4 appart.

Résidence du Pré sans rest, 15 r. P. Sémard (9e) ℘ 48 78 26 72, Fax 42 80 64 83 – TV ☎. AE GB E 15
40 – **40 ch** 395/450.

du Pré sans rest, 10 r. Pierre Sémard (9e) ℘ 42 81 37 11, Fax 40 23 98 28 – TV ☎. AE GB – 40 – **41 ch** 395/510. E 15

Gd H. Montmartre sans rest, 2 r. Calais (9e) ℘ 48 74 87 76, Télex 649906, Fax 42 81 31 31 – ch TV ☎. AE GB D 12
60 – **40 ch** 580/750.

Libertel du Moulin sans rest, 39 r. Fontaine (9e) ℘ 42 81 93 25, Télex 660055, Fax 40 16 09 90 – ch TV ☎. AE GB JCB. D 13
60 – **50 ch** 650/720.

Gd H. Haussmann sans rest, 6 r. Helder (9e) ℘ 48 24 76 10, Télex 285390, Fax 48 00 97 18 – TV ☎. AE GB. F 13
47 – **59 ch** 460/740.

Florida sans rest, 7 r. Parme (9e) ℘ 48 74 47 09, Télex 285410, Fax 42 80 29 96 – TV ☎. AE GB. D 12
30 – **31 ch** 490/760.

Gare du Nord sans rest, 33 r. St-Quentin (10e) ℘ 48 78 02 92, Télex 281255, Fax 45 26 88 31 – TV ☎. AE GB. E 16
38 – **48 ch** 370/520.

Gotty sans rest, 11 r. Trévise (9e) ℘ 47 70 12 90, Télex 660330, Fax 47 70 21 26 – TV ☎. AE GB F 14
25 – **44 ch** 630/740.

Monterosa sans rest, 30 r. La Bruyère (9e) ℘ 48 74 87 90, Télex 281154, Fax 42 81 01 12 – TV ☎. AE GB JCB. E 13
32 – **36 ch** 380/600.

Peyris sans rest, 10 r. Conservatoire (9e) ℘ 47 70 50 83, Fax 40 22 95 91 – TV ☎ GB
25 – **50 ch** 390/540. F 14

Français sans rest, 13 r. 8-Mai 1945 (10e) ℘ 40 35 94 14, Télex 220401, Fax 40 35 55 40 – TV ☎. AE GB E 16
30 – **71 ch** 410/450.

Caravelle sans rest, 68 r. Martyrs (9e) ℘ 48 78 43 31, Télex 285052, Fax 40 23 98 72 – TV ☎. AE GB JCB D 14
40 – **31 ch** 510/540.

Morny sans rest, 4 r. Liège (9e) ℘ 42 85 47 92, Télex 660822, Fax 40 16 44 84 – TV ☎. AE GB JCB. E 12
40 – **41 ch** 460/580.

Athènes sans rest, 21 r. d'Athènes (9e) ℘ 48 74 00 55, Télex 285119, Fax 42 81 04 75 – TV ☎. AE GB JCB. E 12
42 – **36 ch** 510/600.

Montréal sans rest, 23 r. Godot-de-Mauroy (9e) ℘ 42 65 99 54, Fax 49 24 07 33 – TV ☎. AE GB F 12
fermé août – 35 – **14 ch** 285/600, 5 appart.

Modern' Est sans rest, 91 bd Strasbourg (10e) ℘ 40 37 77 20, Fax 40 37 17 55 – TV ☎. GB. E 16
28 – **30 ch** 350/430.

Capucines sans rest, 6 r. Godot de Mauroy (9e) ℘ 47 42 06 37, Fax 42 68 05 05 – ☎. AE GB JCB F 12
32 – **46 ch** 290/580.

D'Estrées sans rest, 2 bis cité Pigalle (9e) ℘ 48 74 39 22, Télex 290609, Fax 45 96 04 09 – TV ☎. AE GB E 13
40 – **23 ch** 560/590.

Ibis Lafayette sans rest, 122 r. Lafayette (10e) ✆ 45 23 27 27, Télex 290272, Fax 42 46 73 79 – ch. AE GB E 16
36 – **70 ch** 390/440.

Fénelon sans rest, 23 r. Buffault (9e) ✆ 48 78 32 18, Télex 281781, Fax 48 78 38 15 – . AE GB E 14
39 ch 400/570.

Riboutté-Lafayette sans rest, 5 r. Riboutté (9e) ✆ 47 70 62 36, Fax 48 00 91 50 – . AE GB E 14
30 – **24 ch** 470.

Résidence Magenta sans rest, 35 r. Y.-Toudic (10e) ✆ 42 40 17 72, Télex 216543, Fax 42 02 59 66 – . AE GB. F 17
30 – **32 ch** 300/360.

Baccarat sans rest, 19 r. Messageries (10e) ✆ 47 70 96 92, Télex 648895, Fax 47 70 96 92 – . AE GB E 15
30 – **31 ch** 380/470.

XXXX **Rest. Opéra-Café de la Paix** - Le Grand Hôtel, pl. Opéra (9e) ✆ 40 07 30 10, Télex 220875, Fax 42 66 12 51, « Cadre Second Empire » – . AE GB JCB. F 12
fermé août, sam. et dim. – **R** 285 bc/450 et carte 370 à 630
Spéc. Fricassée de chapon aux morilles, pommes aux artichauts (automne-hiver). Subric de Saint-Pierre en homardine. Boudin blanc au foie gras, mousseline de pommes de terre (hiver).

XXX **La Table d'Anvers** (Conticini), 2 pl. d'Anvers (9e) ✆ 48 78 35 21, Fax 45 26 66 67 – . AE GB D 14
fermé 1er au 15 août, sam. midi et dim. – **R** 190 (déj.)/550 et carte 385 à 465
Spéc. Croustillant poivré de langoustines et tourteau. Selle d'agneau rôtie, oignons et aubergines confits au citron. Croquettes au chocolat fondant.

XXX **Charlot "Roi des Coquillages",** 81 bd Clichy (9e) ✆ 48 74 49 64, Fax 40 16 11 00 – . AE GB D 12
R produits de la mer 196 et carte 240 à 410.

XXX **Le Louis XIV,** 8 bd St-Denis (10e) ✆ 42 08 56 56, Fax 42 08 23 50 – AE GB JCB G 15
fermé mai à août – **R** carte 230 à 420.

XX **Au Chateaubriant,** 23 r. Chabrol (10e) ✆ 48 24 58 94, collection de tableaux – . AE GB. E 15
fermé août, dim. et lundi – **R** cuisine italienne 150 et carte 210 à 390.

XX **Chez Michel,** 10 r. Belzunce (10e) ✆ 48 78 44 14 – . AE GB JCB E 15
fermé 7 au 29 août, Noël au jour de l'An, sam. et dim. – **R** (nombre de couverts limité - prévenir) 175 (déj.) et carte 280 à 420.

XX **Brasserie Flo Printemps,** (Printemps de la Mode - 6e étage) 64 bd Haussman (9e) ✆ 42 82 58 81, Fax 45 26 31 24 – . AE GB F 12
fermé dim. et fêtes – **R** (déj. seul.) 159 bc/245 bc.

XX **Brasserie Café de la Paix** - Le Grand Hôtel, 12 bd Capucines (9e) ✆ 40 07 30 20, Télex 220875, Fax 42 66 12 51 – AE GB JCB. F 12
R 192 et carte 190 à 320, enf. 85.

XX **Grand Café Capucines** (ouvert jour et nuit), 4 bd Capucines (9e) ✆ 47 42 19 00, Fax 47 42 74 22, « Décor "Belle Époque" » – AE GB F 13
R 185 (déj.) et carte 200 à 320.

XX **Le Quercy,** 36 r. Condorcet (9e) ✆ 48 78 30 61 – AE GB E 14
fermé août, dim. et fériés – **R** 148 et carte 180 à 300.

XX **Comme Chez Soi,** 20 r. Lamartine (9e) ✆ 48 78 00 02 – . AE GB JCB E 14
fermé août, sam. et dim.
R 140/300.

XX **Le Saintongeais,** 62 r. Fg Montmartre (9e) ✆ 42 80 39 92 – AE GB E 14
fermé 5 au 25 août, sam. et dim. – **R** carte 180 à 270.

XX **Julien,** 16 r. Fg St Denis (10e) ✆ 47 70 12 06, Fax 42 47 00 65, « Brasserie "Belle Époque" » – . AE GB – **R** 99 bc/159 bc. F 15

XX **Le Franche-Comté,** 2 bd Madeleine (Maison de la Franche-Comté) (9e) ✆ 49 24 99 09, Fax 49 24 01 63 – AE GB JCB F 12
fermé dim. et fêtes – **R** 110/175.

XX **Petit Riche,** 25 r. Le Peletier (9e) ✆ 47 70 68 68, Fax 48 24 10 79, « Cadre fin 19e siècle » – AE GB JCB – *fermé dim.* – **R** 180 bc et carte 170 à 320. F 13

XX **Bistrot Papillon,** 6 r. Papillon (9e) ✆ 47 70 90 03 – AE GB E 15
fermé vacances de printemps, 7 au 29 août, sam. et dim. – **R** 135 et carte 200 à 300, enf. 60.

XX **Aux Deux Canards,** 8 r. fg Poissonnière (10e) ✆ 47 70 03 23, rest. non-fumeurs exclusivement – . AE GB JCB F 15
fermé 30 juil. au 23 août, sam. midi et dim. – **R** 150/200 bc.

XX **Grange Batelière,** 16 r. Grange Batelière (9e) ✆ 47 70 85 15 – GB G 10
fermé 2 au 30 août, lundi soir, dim. et fériés – **R** 198 et carte 220 à 300.

XX **Brasserie Flo,** 7 cour Petites-Écuries (10e) ✆ 47 70 13 59, Fax 42 47 00 80, « Cadre 1900 » – . AE GB – **R** 99 bc/159 bc. F 15

XX **Gokado,** 18 r. Caumartin (9e) 47 42 08 82, Fax 47 42 76 19 – AE GB JCB F 12
fermé sam. soir et dim. – **R** cuisine japonaise 120 (déj.)/700.

XX **Terminus Nord,** 23 r. Dunkerque (10e) 42 85 05 15, Fax 40 16 13 98, brasserie – AE GB – **R** 159 bc et carte 160 à 270. E 16

XX **La P'tite Tonkinoise,** 56 r. Fg Poissonnière (10e) 42 46 85 98 – GB F 15
fermé 1er août au 15 sept., 2 déc. au 5 janv., dim. et lundi – **R** cuisine vietnamienne - carte 140 à 250.

X **Relais Beaujolais,** 3 r. Milton (9e) 48 78 77 91 – GB E 14
fermé sam. et dim. – **R** 130 (déj.) et carte 180 à 290.

X **Petit Batailley,** 26 r. Bergère (9e) 47 70 85 81 – AE GB F 14
fermé 1er au 30 août, 1er au 10 janv., sam. midi, dim. et fériés – **R** 139/205.

X **La Grille,** 80 r. Fg Poissonnière (10e) 47 70 89 73 – AE GB E 15
fermé 15 au 31 août, vacances de fév., vend. soir, sam. et dim. – **R** carte 200 à 280.

X **Chez Jean l'Auvergnat,** 52 r. Lamartine (9e) 48 78 62 73, Fax 48 78 39 29 – GB E 14
fermé 13 au 23 août, sam. midi et dim. – **R** 130.

X **Bistro des Deux Théâtres,** 18 r. Blanche (9e) 45 26 41 43 – GB E 12
R 165 bc.

Bastille, Gare de Lyon, Place d'Italie, Bois de Vincennes.

12e et 13e arrondissements.
12e : ✉ 75012
13e : ✉ 75013

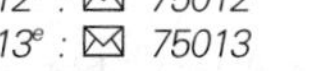

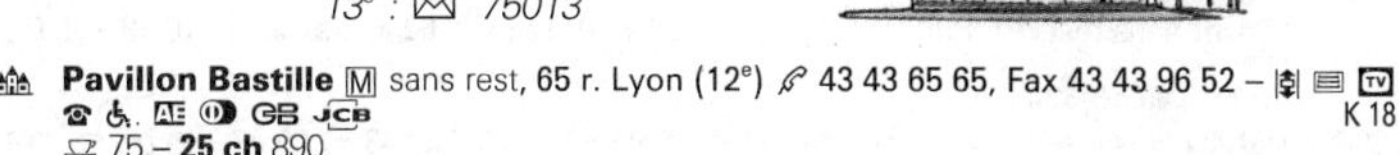

Pavillon Bastille M sans rest, 65 r. Lyon (12e) 43 43 65 65, Fax 43 43 96 52 – AE GB JCB K 18
75 – **25 ch** 890.

Novotel Paris Bercy M, 85 r. Bercy (12e) 43 42 30 00, Télex 218332, Fax 43 45 30 60, – ch – 30 à 100. AE GB M 19
R carte environ 170, enf. 55 – 58 – **129 ch** 730/760.

Mercure-Altéa Place d'Italie M sans rest, 178 bd Vincent Auriol (13e) 44 24 01 01, Télex 203424, Fax 44 24 07 07 – – 25. AE GB N 16
62 – **70 ch** 650/900.

Mercure Pont de Bercy M, 6 bd Vincent Auriol (13e) 45 82 48 00, Télex 205010, Fax 45 82 19 16 – ch rest – 40. AE GB M 18
R *(fermé 31 juil. au 29 août, 24 déc. au 3 janv., sam., dim. et fériés)* carte 170 à 230 – 60 – **89 ch** 680/800.

Mercure Paris Tolbiac M sans rest, 21 r. Tolbiac (13e) 45 84 61 61, Télex 250822, Fax 45 84 43 38 – ch – 25. AE GB P 18
60 – **71 ch** 520/750.

Équinoxe sans rest, 40 r. Le Brun (13e) 43 37 56 56, Télex 201476, Fax 45 35 52 42 – AE GB JCB N 15
30 – **49 ch** 450/590.

Relais de Lyon sans rest, 64 r. Crozatier (12e) 43 44 22 50, Télex 216690, Fax 43 41 55 12 – AE GB. K 19
33 – **34 ch** 415/515.

Quatre Saisons Bastille M sans rest, 67 r. Lyon (12e) 40 01 07 17, Télex 214223, Fax 40 01 07 27 – – 25. AE GB K 18
45 – **36 ch** 760/950.

Modern H. Lyon sans rest, 3 r. Parrot (12e) 43 43 41 52, Télex 220083, Fax 43 43 81 16 – AE GB. L 18
37 – **48 ch** 495/640.

Média M sans rest, 22 r. Reine Blanche (13e) 45 35 72 72, Télex 206702, Fax 43 31 43 31 – ch – 25. AE GB JCB M 15
30 – **19 ch** 450/560.

de Weha M sans rest, 205 av. Choisy (13e) 45 86 06 06, Télex 206898, Fax 43 31 42 06 – ch AE GB P 16
40 – **34 ch** 539/660.

Belle Époque sans rest, 66 r. Charenton (12e) 43 44 06 66, Télex 211551, Fax 43 44 10 25 – – 25. AE GB JCB K 18
50 – **30 ch** 530/670.

Terminus-Lyon sans rest, 19 bd Diderot (12e) 43 43 24 03, Télex 220117, Fax 43 44 09 00 – AE GB JCB. L 18
38 – **61 ch** 520.

Slavia sans rest, 51 bd St-Marcel (13e) ✆ 43 37 81 25, Fax 45 87 05 03 – TV ☎. AE GB. ✻ M 16
☕ 30 – **37 ch** 310/350, 6 appart.

Midi sans rest, 114 av. Daumesnil (12e) ✆ 43 07 72 03, Télex 215917, Fax 43 43 21 75 – TV ☎. AE ⓓ GB JCB L 20
☕ 35 – **36 ch** 375/450.

Résidence Vert Galant M, 43 r. Croulebarbe (13e) ✆ 44 08 83 50, Télex 202371, Fax 44 08 83 69 – TV ☎ ♿. AE ⓓ GB. ✻ ch N 15
R voir rest. **Etchegorry** ci-après – ☕ 35 – **15 ch** 400/500.

Ibis Paris Bercy M, 77 r. Bercy (12e) ✆ 43 42 91 91, Télex 216391, Fax 43 42 34 79, – ch ▤ rest TV ☎ ♿ – 25 à 180. AE GB M 19
R 98 ♨, enf. 39 – ☕ 35 – **368 ch** 465.

Corail sans rest, 23 r. Lyon (12e) ✆ 43 43 23 54, Télex 212002, Fax 43 43 82 55 – TV ☎. AE ⓓ GB JCB L 18
☕ 35 – **50 ch** 340/410.

Marceau sans rest, 13 r. J. César (12e) ✆ 43 43 11 65, Télex 214006, Fax 43 41 67 70 – TV ☎. GB. ✻ K 17
fermé 15 juil. au 15 août – ☕ 35 – **53 ch** 340/390.

Campanile sans rest, 15 bis av. Italie (13e) ✆ 45 84 95 95, Télex 205256, Fax 45 70 73 06 – TV ☎. AE ⓓ GB. ✻ P 16
☕ 30 – **122 ch** 365/410.

Nouvel H. sans rest, 24 av. Bel Air (12e) ✆ 43 43 01 81, Télex 240139, Fax 43 44 64 13, – TV ☎. AE ⓓ GB L 21
☕ 40 – **28 ch** 395/575.

Gd H. Gobelins sans rest, 57 bd St Marcel (13e) ✆ 43 31 79 89, Fax 45 35 43 56 – TV ☎. AE GB M 16
☕ 30 – **45 ch** 400/450.

des Trois Gares sans rest, 1 r. J. César (12e) ✆ 43 43 01 70, Fax 43 41 36 58 – TV ☎. GB. ✻ K 17
☕ 35 – **36 ch** 230/420.

Viator sans rest, 1 r. Parrot (12e) ✆ 43 43 11 00, Télex 216236, Fax 43 43 10 89 – TV ☎. GB. ✻ L 18
☕ 35 – **45 ch** 320/370.

Palym H. sans rest, 4 r. E.-Gilbert (12e) ✆ 43 43 24 48, Fax 43 41 69 47 – TV ☎. GB
☕ 35 – **51 ch** 320/380. L 18

Ibis sans rest, 177 r. Tolbiac (13e) ✆ 45 80 16 60, Télex 200821, Fax 45 80 95 80 – ch TV ☎ ♿. AE GB P 15
☕ 35 – **60 ch** 370/400.

Résidence Les Gobelins sans rest, 9 r. Gobelins (13e) ✆ 47 07 26 90, Télex 206566, Fax 43 31 44 05 – TV ☎. AE ⓓ GB. ✻ N 15
☕ 34 – **32 ch** 340/420.

Timhôtel sans rest, 22 r. Barrault (13e) ✆ 45 80 67 67, Télex 205461, Fax 45 89 36 93 – TV ☎. AE ⓓ GB JCB P 15
☕ 47 – **73 ch** 425.

Terminus et Sports sans rest, 96 cours Vincennes (12e) ✆ 43 43 97 93, Télex 217581, Fax 43 43 45 30 – TV ☎. GB. ✻ L 23
☕ 32 – **40 ch** 190/390.

Arts sans rest, 8 r. Coypel (13e) ✆ 47 07 76 32, Fax 43 31 18 09 – ☎. AE GB N 16
☕ 27 – **37 ch** 240/330.

XXX ✿ **Au Pressoir** (Séguin), 257 av. Daumesnil (12e) ✆ 43 44 38 21, Fax 43 43 81 77 – ▤. GB M 22
fermé août, vacances de fév., sam. et dim. – **R** 370 et carte 320 à 480
Spéc. Terrine de lièvre au foie gras (oct. à déc.). Sandre au vin rouge, mousseline de céleri. Ravioli de homard en cassolette.

XXX **Train Bleu**, Gare de Lyon (12e) ✆ 43 43 09 06, Fax 43 43 97 96, « Cadre 1900 - fresques évoquant le voyage de Paris à la Méditerranée » – AE ⓓ GB L 18
R (1er étage) 280 et carte 220 à 350.

XX ✿ **Au Trou Gascon**, 40 r. Taine (12e) ✆ 43 44 34 26, Fax 43 07 80 55 – ▤. AE ⓓ GB JCB
fermé août, Noël au Jour de l'An, sam. et dim. – **R** (nombre de couverts limité - prévenir) 200 et carte 300 à 440 M 21
Spéc. Demi-homard en gaspacho blanc (juin à oct.). Petit pâté chaud de cèpes. Perdreau sauvage rôti en cocotte (oct. à déc.).

XX **La Gourmandise**, 271 av. Daumesnil (12e) ✆ 43 43 94 41 – AE GB M 22
fermé 8 au 22 août, dim. et lundi – **R** 190/350, enf. 92.

XX **Café Fouquet's Bastille,** 130 r. Lyon (12e) ✆ 43 42 18 18, Fax 43 42 08 20 – ▤. AE ⓞ GB JCB K 18
fermé août, sam. midi et dim. – **R** 165 et carte 170 à 300.

XX **Les Vieux Métiers de France,** 13 bd A. Blanqui (13e) ✆ 45 88 90 03 – ▤. AE ⓞ GB JCB – *fermé dim. et lundi* – **R** 165/290. P 15

XX **L'Oulette,** 15 pl. Lachambeaudie (12e) ✆ 40 02 02 12, 斎 – ▤. AE GB N 20
fermé 1er au 15 août, sam. midi et dim. – **R** 130 (déj.) et carte 220 à 320.

XX **Au Petit Marguery,** 9 bd. Port-Royal (13e) ✆ 43 31 58 59 – AE ⓞ GB M 15
fermé août, 25 déc. au 2 janv., dim. et lundi – **R** 160 (déj.)/400.

XX **Le Luneau,** 5 r. Lyon (12e) ✆ 43 43 90 85 – AE ⓞ GB L 18
R 143 et carte 210 à 320 ♁, enf. 82.

XX **La Frégate,** 30 av. Ledru-Rollin (12e) ✆ 43 43 90 32 – ▤. AE GB L 18
fermé août, sam. et dim. – **R** produits de la mer 200/300.

XX **La Flambée,** 4 r. Taine (12e) ✆ 43 43 21 80 – AE GB JCB M 20
fermé 2 au 23 août, 20 au 27 déc., dim. soir et lundi – **R** 129/175.

XX **Le Traversière,** 40 r. Traversière (12e) ✆ 43 44 02 10 – AE ⓞ GB JCB K 18
fermé août, dim. soir et fériés – **R** 160 et carte 200 à 350.

XX **La Sologne,** 164 av. Daumesnil (12e) ✆ 43 07 68 97 – GB JCB M 21
fermé sam. midi, dim. et fériés – **R** 175/250.

XX **L'Escapade en Touraine,** 24 r. Traversière (12e) ✆ 43 43 14 96 – GB JCB L 18
fermé 31 juil. au 30 août, sam., dim. et fériés – **R** 100 (dîner)/140.

X **Mange Tout,** 24 bd Bastille (12e) ✆ 43 43 95 15 – AE GB K 17
fermé 15 au 30 août et dim. – **R** 98 bc/190.

X **Le Quincy,** 28 av. Ledru-Rollin (12e) ✆ 46 28 46 76 – ▤ L 17
fermé 10 août au 10 sept., sam., dim. et lundi – **R** carte 210 à 360.

X **Etchegorry,** 41 r. Croulebarbe (13e) ✆ 44 08 83 51, Fax 44 08 83 69 – ▤. AE ⓞ GB N 15
fermé dim. – **R** 140 bc/190 bc.

X **Chez Françoise,** 12 r. Butte aux Cailles (13e) ✆ 45 80 12 02, Fax 45 65 13 67 – AE ⓞ GB.
◆ ⚘ – *fermé 28 juil. au 1er sept., sam. midi et dim.* – **R** 66 bc (déj.)/134. P 15

X **Le Temps des Cerises,** 216 fg St-Antoine (12e) ✆ 43 67 52 08 – ▤. AE GB K 20
R 90/200 ♁.

X **A la Biche au Bois,** 45 av. Ledru-Rollin (12e) ✆ 43 43 34 38 – AE ⓞ GB K 18
fermé 15 juil. au 15 août, Noël au Jour de l'An, sam. et dim. – **R** 95/108 ♁.

X **Le Rhône,** 40 bd Arago (13e) ✆ 47 07 33 57, 斎 – GB N 14
fermé août, sam., dim. et fêtes – **R** 80/160 ♁.

Vaugirard, Gare Montparnasse, Grenelle, Denfert-Rochereau.

14e et 15e arrondissements.
14e : ✉ 75014
15e : ✉ 75015

🏨 **Hilton** Ⓜ, 18 av. Suffren (15e) ✆ 42 73 92 00, Télex 200955, Fax 47 83 62 66, 斎 – |‡| ⇸ ch ▤ rest TV ☎ ♿ – 🚶 100. AE ⓞ GB J 7
Western R 170 et carte 245 à 340 ♁, enf. 80 – **La Terrasse R** 140/170 ♁, enf. 75 – ☕ 120 – **436 ch** 1850/2300, 20 appart.

🏨 **Nikko** Ⓜ, 61 quai Grenelle (15e) ✆ 40 58 20 00, Télex 205811, Fax 45 75 42 35, ≤, ₺, ☒ – |‡| ⇸ ch ▤ TV ☎ 🚗 – 🚶 800. AE ⓞ GB JCB K 6
R voir rest. **Les Célébrités** ci-après - **Brasserie Pont Mirabeau R** 175 et carte 190/400, enf.85 – **Rest. japonais Benkay** *(fermé lundi)* **R** carte 280 à 450 – ☕ 80 – **761 ch** 1660/2460, 7 appart.

🏨 **Méridien Montparnasse** Ⓜ, 19 r. Cdt-Mouchotte (14e) ✆ 44 36 44 36, Télex 200135, Fax 44 36 49 00, ≤ – |‡| ⇸ ch ▤ TV ☎ ♿ – 🚶 1 400. AE ⓞ GB JCB. ⚘ rest M 11
R voir rest. **Montparnasse 25** ci-après - **Justine** ✆ 44 36 44 00 **R** carte 175 à 230, enf. 110 – ☕ 115 – **918 ch** 1250/1950, 35 appart.

🏨 **Sofitel Paris Porte de Sèvres** Ⓜ, 8 r. L.-Armand (15e) ✆ 40 60 30 30, Télex 200484, Fax 45 57 04 22, ≤, piscine intérieure panoramique, ₺ – |‡| ⇸ ch ▤ TV ☎ ♿ 🚗 – 🚶 1 200. AE ⓞ GB JCB N 5
R voir rest. **Le Relais de Sèvres** ci-après - **La Tonnelle** (brasserie) **R** 105 bc/180 bc – ☕ 85 – **601 ch** 750/980, 14 appart.

🏨 **Pullman St-Jacques** Ⓜ, 17 bd St-Jacques (14e) ✆ 40 78 79 80, Télex 270740, Fax 45 88 43 93 – |‡| ⇸ ch ▤ TV ☎ 🚗 – 🚶 40 à 1 200. AE ⓞ GB JCB N 13-14
Brasserie Le Français R 179 bc, enf. 59 – ☕ 110 – **783 ch** 1230/1360, 14 appart.

Mercure Paris Vaugirard [M], porte de Versailles (15e) ✆ 44 19 03 03, Télex 205628, Fax 48 28 22 11 – ascenseur ch TV ☎ & – 120. AE ⓓ GB N 7
R 150, enf. 45 – ☕ 70 – **91 ch** 790/1400.

Mercure Paris Montparnasse [M], 20 r. Gaîté (14e) ✆ 43 35 28 28, Télex 201532, Fax 43 27 98 64 – TV ☎ & – 100. AE ⓓ GB JCB M 11
Bistrot de la Gaîté R 120/180 ♨, enf. 50 – ☕ 68 – **178 ch** 790/930, 7 appart.

L'Aiglon sans rest, 232 bd Raspail (14e) ✆ 43 20 82 42, Télex 206038, Fax 43 20 98 72 – cuisinette ☎. AE ⓓ GB JCB M 12
☕ 35 – **38 ch** 470/690, 9 appart.

Lenox Montparnasse [M] sans rest, 15 r. Delambre (14e) ✆ 43 35 34 50, Télex 205937, Fax 43 20 46 64 – TV ☎. AE ⓓ GB JCB M 12
☕ 45 – **52 ch** 510/950.

Orléans Palace H. sans rest, 185 bd Brune (14e) ✆ 45 39 68 50, Télex 205490, Fax 45 43 65 64 – TV ☎ – 35. AE ⓓ GB R 11
☕ 45 – **92 ch** 470/540.

Mercure Paris XV [M] sans rest, 6 r. St-Lambert (15e) ✆ 45 58 61 00, Télex 206936, Fax 45 54 10 43 – TV ☎ &. AE ⓓ GB M 7
☕ 50 – **56 ch** 580/680.

Messidor sans rest, 330 r. Vaugirard (15e) ✆ 48 28 03 74, Télex 204606, Fax 48 28 75 17, – TV ☎. AE ⓓ GB JCB M 8
☕ 50 – **72 ch** 480/940.

Waldorf [M] sans rest, 17 r. Départ (14e) ✆ 43 20 64 79, Télex 201677, Fax 43 35 17 52 – TV ☎. AE ⓓ GB JCB. ✻ L 11
☕ 42 – **30 ch** 600/780.

Raspail [M] sans rest, 203 bd Raspail (14e) ✆ 43 20 62 86, Fax 43 20 50 79 – TV ☎. AE ⓓ GB. ✻ M 12
☕ 40 – **36 ch** 550/850.

Alizé Grenelle [M] sans rest, 87 av. É. Zola (15e) ✆ 45 78 08 22, Télex 250095, Fax 40 59 03 06 – TV ☎. AE ⓓ GB JCB L 7
☕ 32 – **50 ch** 380/420.

Beaugrenelle St-Charles [M] sans rest, 82 r. St-Charles (15e) ✆ 45 78 61 63, Télex 270263, Fax 45 79 04 38 – TV ☎. AE ⓓ GB JCB K 7
☕ 32 – **51 ch** 350/420.

Renoir [M] sans rest, 39 r. Montparnasse (14e) ✆ 43 21 72 50, Télex 205436, Fax 43 21 68 72 – TV ☎. AE ⓓ GB. ✻ L 12
☕ 35 – **29 ch** 500/630.

Versailles [M] sans rest, 213 r. Croix Nivert (15e) ✆ 48 28 48 66, Télex 200473, Fax 45 30 16 22 – TV ☎. AE ⓓ GB N 7
☕ 40 – **41 ch** 470/690.

Châtillon H. sans rest, 11 square Châtillon (14e) ✆ 45 42 31 17, Fax 45 42 72 09 – TV ☎. GB. ✻ P 11
☕ 28 – **31 ch** 300/330.

Terminus Vaugirard sans rest, 403 r. Vaugirard (15e) ✆ 48 28 18 72, Télex 206562, Fax 48 28 56 34 – ch TV ☎. GB. ✻ N 7
fermé 20 au 26 déc. – ☕ 45 – **89 ch** 480/600.

Wallace sans rest, 89 r. Fondary (15e) ✆ 45 78 83 30, Télex 205277, Fax 40 58 19 43 – TV ☎. AE ⓓ GB JCB. ✻ L 8
☕ 40 – **35 ch** 530/550.

Acropole sans rest, 199 bd Brune (14e) ✆ 45 39 64 17, Télex 203131, Fax 45 42 18 21 – TV ☎. AE ⓓ GB. ✻ R 12
☕ 30 – **41 ch** 350/460.

L'Alligator sans rest, 39 r. Delambre (14e) ✆ 43 35 18 40, Télex 270545, Fax 43 35 30 71 – TV ☎. AE ⓓ GB M 12
☕ 45 – **35 ch** 430/650.

Résidence St-Lambert sans rest, 5 r. E. Gibez (15e) ✆ 48 28 63 14, Télex 205459, Fax 45 33 45 50 – TV ☎. AE ⓓ GB JCB N 8
☕ 38 – **48 ch** 490/550.

Alésia Montparnasse sans rest, 84 r. R. Losserand (14e) ✆ 45 42 16 03, Fax 45 42 11 60 – ch TV ☎. AE ⓓ GB JCB N 10
☕ 40 – **45 ch** 490/520.

Primavera sans rest, 147 ter r. Alésia (14e) ✆ 45 42 06 37, Télex 206831, Fax 45 42 44 56 – TV ☎. AE ⓓ GB P 11
☕ 48 – **70 ch** 420/460.

Bailli de Suffren sans rest, 149 av. Suffren (15e) ✆ 47 34 58 61, Fax 45 67 75 82 – ch TV ☎. GB L 9
☕ 65 – **25 ch** 560/650.

France Eiffel sans rest, 8 r. St-Charles (15e) ✆ 45 79 33 35, Télex 204057, Fax 45 79 40 84 – TV ☎. AE ⓓ GB JCB K 7
☕ 40 – **37 ch** 480/580.

Arès sans rest, 7 r. Gén. de Larminat (15e) ✆ 47 34 74 04, Télex 206083, Fax 47 34 48 56 – TV ☎. AE GB JCB. ✻ K 8
☕ 38 – **43 ch** 490/550.

Tourisme sans rest, 66 av. La-Motte-Picquet (15e) ☎ 47 34 28 01, Fax 47 83 66 54 – ▯ TV ☎. GB. ✻ K 8
30 – **60 ch** 280/410.

Sophie Germain sans rest, 12 r. Sophie Germain (14e) ☎ 43 21 43 75, Télex 206720, Fax 43 20 82 89 – ▯ TV ☎. AE ⓓ GB. ✻ NP 12
35 – **33 ch** 485/555.

L'Orchidée sans rest, 65 r. de l'Ouest (14e) ☎ 43 22 70 50, Télex 203026, Fax 42 79 97 46 – ▯ TV ☎ ♿. AE ⓓ GB. ✻ N 11
35 – **40 ch** 550/690.

France sans rest, 46 r. Croix-Nivert (15e) ☎ 47 83 67 02, Fax 47 83 67 02 – ▯ TV ☎. GB. ✻ – 35 – **30 ch** 500/540. L 8

Carladez Cambronne sans rest, 3 pl. Gén. Beuret (15e) ☎ 47 34 07 12, Télex 206823, Fax 40 65 95 68 – ▯ TV ☎. AE GB M 9
30 – **27 ch** 370/415.

Apollon Montparnasse M sans rest, 91 r. Ouest (14e) ☎ 43 95 62 00, Fax 43 95 62 10 – ▯ TV ☎. AE ⓓ GB. ✻ N 10-11
35 – **32 ch** 380/450.

Lion M sans rest, 1 av. Gén. Leclerc (14e) ☎ 40 47 04 00, Fax 43 20 38 18 – ▯ ⇔ ch TV ☎. AE GB N 12
40 – **33 ch** 370/570.

Lilas Blanc M sans rest, 5 r. Avre (15e) ☎ 45 75 30 07, Fax 45 78 66 65 – ▯ TV ☎. AE ⓓ GB JCB K 8
30 – **32 ch** 375/435.

Ariane Montparnasse sans rest, 35 r. Sablière (14e) ☎ 45 45 67 13, Télex 203554, Fax 45 45 39 49 – ▯ TV ☎. AE GB N 11
35 – **30 ch** 390/500.

Fondary sans rest, 30 r. Fondary (15e) ☎ 45 75 14 75, Fax 45 75 84 42 – ▯ TV ☎. AE GB
38 – **20 ch** 375/405. L 8

Istria sans rest, 29 r. Campagne Première (14e) ☎ 43 20 91 82, Télex 203618, Fax 43 22 48 45 – ▯ TV ☎. AE GB JCB M 12
40 – **26 ch** 510/560.

Cécil'H. sans rest, 47 r. Beaunier (14e) ☎ 45 40 93 53, Fax 45 40 43 26 – ▯ TV ☎. AE GB. ✻ – 32 – **25 ch** 360/395. R 12

Agenor sans rest, 22 r. Cels (14e) ☎ 43 22 47 25, Télex 203994, Fax 42 79 94 01 – ▯ TV ☎. AE GB. ✻ M 11
32 – **19 ch** 350/440.

Modern H. Val Girard sans rest, 14 r. Pétel (15e) ☎ 48 28 53 96, Fax 48 28 69 94 – ▯ TV ☎. AE GB M 8
35 – **39 ch** 360/440.

Pasteur sans rest, 33 r. Dr.-Roux (15e) ☎ 47 83 53 17, Fax 45 66 62 39 – ▯ TV ☎. GB
fermé août – 38 – **19 ch** 310/450. M 10

des Bains sans rest, 33 r. Delambre (14e) ☎ 43 20 85 27, Fax 42 79 82 78 – ▯ TV ☎
40 – **41 ch** 340/410. M 12

Friant sans rest, 8 r. Friant (14e) ☎ 45 42 71 91, Fax 45 42 04 67 – ▯ TV ☎. GB. ✻ P 11
42 – **27 ch** 330/370.

Sèvres-Montparnasse sans rest, 153 r. Vaugirard (15e) ☎ 47 34 56 75, Télex 206300, Fax 40 65 01 86 – ▯ TV ☎. AE ⓓ GB. ✻ L 10
35 – **35 ch** 400/500.

XXXX ✿ **Les Célébrités** - Hôtel Nikko, 61 quai Grenelle (15e) ☎ 40 58 20 00, Télex 205811, Fax 45 75 42 35, ← – ▤. AE ⓓ GB JCB K 6
fermé 8 au 22 août – **R** 280/680 et carte 450 à 700
Spéc. Salade tiède de langoustines aus cèpes (saison). Tronçon de turbot à la tomate et basilic. Lièvre à la royale (10 oct. au 31 déc.).

XXXX ✿ **Montparnasse 25** - Hôtel Méridien Montparnasse, 19 r. Cdt Mouchotte (14e) ☎ 44 36 44 25, Télex 200135, Fax 44 36 49 00 – ▤ P. AE ⓓ GB. ✻ M 25
fermé 31 juil. au 29 août, 21 au 27 déc., sam. et dim. – **R** 230 (déj.)/450 et carte 270 à 400
Spéc. Grosses langoustines et ris de veau poêlés (mars à juil.). Saumon sauvage rôti et navets confits à la poitrine de porc fumée (mai à oct.). Carré d'agneau de Pauillac en croûte d'épices.

XXXX ✿ **Relais de Sèvres** - Hôtel Sofitel Paris, 8 r. L.-Armand (15e) ☎ 40 60 33 66, Télex 200484, Fax 45 57 04 22 – ▤. AE ⓓ GB JCB N 5
fermé août, Noël au Jour de l'An et week-ends – **R** 320 (déj.)/430 et carte 300 à 400
Spéc. Minute de haddock en salade de pommes aux truffes. Fricassée de sole à l'aigre-doux. Coeur de filet de boeuf à la mitonnée de pleurotes.

XXX ❀ **Morot Gaudry,** 6 r. Cavalerie (15ᵉ) (8ᵉ étage) ✆ 45 67 06 85, Fax 45 67 55 72, 🏛 – ▤. AE GB JCB K 8
fermé sam. et dim. – **R** 220 bc (déj.)/550 bc et carte 340 à 450
Spéc. Blanc de turbot à l'huile vierge et coulis de tomate. Côte de veau de lait aux champignons sauvages. Grouse rôtie, gratin de navet et topinambour (15 sept. au 28 fév.).

XXX **Pavillon Montsouris,** 20 r. Gazan (14ᵉ) ✆ 45 88 38 52, Fax 45 88 63 40, ←, 🏛, « Pavillon 1900 en bordure du parc » – P. AE ⓓ GB. ✽ R 14
R 185/255, enf. 100.

XXX **Armes de Bretagne,** 108 av. Maine (14ᵉ) ✆ 43 20 29 50 – ▤. AE ⓓ GB N 11
fermé août – **R** 200 et carte 245 à 440.

XXX **Moniage Guillaume** avec ch, 88 r. Tombe-Issoire (14ᵉ) ✆ 43 22 96 15, Fax 43 27 11 79 – TV ☎. AE ⓓ GB JCB P 12
fermé 10 au 31 août et dim. – **R** 195 bc (déj.)/260 et carte 260 à 460 – ☐ 30 – **5 ch** 280/350.

XXX **Lous Landès,** 157 av. Maine (14ᵉ) ✆ 45 43 08 04 – ▤. AE ⓓ GB N 11
fermé 1ᵉʳ au 25 août, sam. midi et dim. – **R** 295 et carte 275 à 400.

XXX **Olympe,** 8 r. Nicolas Charlet (15ᵉ) ✆ 47 34 86 08, Fax 44 49 05 04 – ▤. AE ⓓ GB JCB L 10
fermé sam. midi, dim. midi et lundi – **R** 160 bc/285 bc, enf. 150.

XX **Lal Qila,** 88 av. É. Zola (15ᵉ) ✆ 45 75 68 40, « Décor original » – ▤. AE GB. ✽ L 7
fermé sam. midi – **R** cuisine indienne 105 (déj.)/185.

XX **Jacques Hébert,** 38 r. Sébastien Mercier (15ᵉ) ✆ 45 57 77 88 – GB. ✽ L 5
fermé 1ᵉʳ au 16 août, dim. et lundi – **R** 185/260 et carte 250 à 400.

XX **L'Aubergade,** 53 av. La Motte-Picquet (15ᵉ) ✆ 47 83 23 85 – AE GB J 9
fermé 5 au 15 avril, 1ᵉʳ au 26 août, dim. soir et lundi – **R** 150 bc (déj.) et carte 250 à 380.

XX **La Chaumière des Gourmets,** 22 pl. Denfert-Rochereau (14ᵉ) ✆ 43 21 22 59 – AE GB N 12
fermé août, sam. midi et dim. – **R** 165/240.

XX **Le Dôme,** 108 bd Montparnasse (14ᵉ) ✆ 43 35 25 81, Fax 42 79 01 19 – ▤. AE ⓓ GB LM 12
fermé lundi – **R** produits de la mer - carte 300 à 400.

XX **Bistro 121,** 121 r. Convention (15ᵉ) ✆ 45 57 52 90 – AE ⓓ GB JCB M 7
R 200 bc et carte 210 à 360.

XX **La Coupole,** 102 bd Montparnasse (14ᵉ) ✆ 43 20 14 20, Fax 43 35 46 14, « Brasserie parisienne des années 20 » – AE ⓓ GB L 12
R 159 bc et carte 180 à 280 🍷.

XX ❀ **Petite Bretonnière** (Lamaison), 2 r. Cadix (15ᵉ) ✆ 48 28 34 39 – GB N 7
fermé août, sam. midi et dim. – **R** carte 280 à 400
Spéc. Salade de langoustines rôties. Coeur de rumsteack de boeuf de Chalosse au vin de Madiran. Consommé de cèpes au foie gras chaud (oct. à déc.).

XX **Yves Quintard,** 99 r. Blomet (15ᵉ) ✆ 42 50 22 27 – GB M 8
fermé août – **R** 160 et carte 250 à 350.

XX **Didier Délu,** 85 r. Leblanc (15ᵉ) ✆ 45 54 20 49, Fax 40 60 74 88 – AE ⓓ GB M 5
fermé 1ᵉʳ au 22 août, 23 déc. au 1ᵉʳ janv., sam. et dim. – **R** 180 (déj.)/300.

XX **L'Entre Siècle,** 29 av. Lowendal (15ᵉ) ✆ 47 83 51 22 – AE GB K 9
fermé août, sam. midi et dim. – **R** spécialités belges 160 (déj.) et carte 240 à 330.

XX **Aux Senteurs de Provence,** 295 r. Lecourbe (15ᵉ) ✆ 45 57 11 98 – AE ⓓ GB M 6
fermé 3 au 23 août, dim. et lundi – **R** produits de la mer 158 (déj.)/198.

XX **Napoléon et Chaix,** 46 r. Balard (15ᵉ) ✆ 45 54 09 00 – ▤. GB M 5
fermé août, sam. midi et dim. – **R** carte 210 à 310.

XX **Monsieur Lapin,** 11 r. R. Losserand (14ᵉ) ✆ 43 20 21 39 – AE GB N 11
fermé août, sam. midi et lundi – **R** 120 (déj.) et carte 210 à 330.

XX **Le Caroubier,** 122 av. Maine (14ᵉ) ✆ 43 20 41 49 – ▤. GB N 11
fermé août, dim. soir et lundi – **R** cuisine nord-africaine 130 🍷.

XX **Le Copreaux,** 15 r. Copreaux (15ᵉ) ✆ 43 06 83 35 – GB M 9
fermé sam. sauf le soir de sept. à juil. et dim. – **R** 145/255, enf. 80.

XX **L'Étape,** 89 r. Convention (15ᵉ) ✆ 45 54 73 49 – ▤. GB M 6
fermé 24 déc. au 2 janv. – **R** 150 bc/190 bc.

XX **Le Clos Morillons,** 50 r. Morillons (15ᵉ) ✆ 48 28 04 37 – GB N 8
fermé 1ᵉʳ au 22 août, vacances de fév., sam. midi et dim. – **R** 160/285.

XX **Filoche,** 34 r. Laos (15ᵉ) ✆ 45 66 44 60 – GB. ✽ K 8
fermé 14 juil. au 20 août, 20 déc. au 3 janv., sam. et dim. – **R** carte 200 à 280.

XX **La Giberne,** 42 bis av. de Suffren (15ᵉ) ✆ 47 34 82 18 – AE ⓓ GB JCB J 8
fermé 25 juil. au 21 août, sam. midi et dim. – **R** 165 bc/350 🍷.

XX **Les Vendanges,** 40 r. Friant (14ᵉ) ✆ 45 39 59 98 – GB R 11
fermé août, sam. midi, dim. et fériés – **R** 155 et carte 215 à 340.

XX **Pierre Vedel,** 19 r. Duranton (15e) ☎ 45 58 43 17, Fax 45 58 42 65 – GB. ✻ M 6
fermé Noël au Jour de l'An, sam. et dim. – **R** carte 210 à 290.

XX **Mina Mahal,** 25 r. Cambronne (15e) ☎ 47 34 19 88 – ▤. AE ⓓ GB. ✻ L 8
fermé sam. midi – **R** cuisine indienne 230/350.

XX **La Roseraie,** 15 r. Ferdinand Fabre (15e) ☎ 48 28 60 24 – AE GB M 8
fermé août, sam. midi et dim. – **R** 160 et carte 200 à 320.

XX **La Chaumière,** 54 av. F.-Faure (15e) ☎ 45 54 13 91 – AE ⓓ GB M 7
fermé août, lundi soir et mardi – **R** 150 et carte 180 à 300.

XX **de la Tour,** 6 r. Desaix (15e) ☎ 43 06 04 24 – AE GB J 8
fermé 1er au 25 août, sam. midi et dim. – **R** 118 bc (déj.)/168 ♁.

X ✿ **La Cagouille** (Allemandou), 10 pl. Constantin Brancusi (14e) ☎ 43 22 09 01, Fax 45 38 57 29, 🏠 – AE GB M 11
fermé 1er au 10 mai, 8 au 30 août et 24 déc. au 3 janv. – **R** produits de la mer 150/250 bc et carte 260 à 400
Spéc. Chaudrée charentaise (hiver). Pétoncles noirs au four (oct. à nov.). Céteaux à la poêle.

X **L'Épopée,** 89 av. E. Zola (15e) ☎ 45 77 71 37 – GB L 7
fermé sam. midi et dim. soir – **R** 165.

X **Bistrot du Dôme,** 1 r. Delambre (14e) ☎ 43 35 32 00 – AE ⓓ GB M 12
R produits de la mer - carte environ 175.

X **Oh! Duo,** 54 av. É. Zola (15e) ☎ 45 77 28 82 – GB L 6
fermé 14 juil. au 15 août, sam. et dim. – **R** 133/140 ♁.

X **Le Gastroquet,** 10 r. Desnouettes (15e) ☎ 48 28 60 91 – GB N 7
fermé fin juil.-début août, dim. sauf le soir en hiver et sam. – **R** 140 et carte 170 à 260.

X **La Bonne Table,** 42 r. Friant (14e) ☎ 45 39 74 91 – GB R 11
fermé juil., 25 déc. au 4 janv., sam. et dim. – **R** carte 200 à 350.

X **La Datcha Lydie,** 7 r. Dupleix (15e) ☎ 45 66 67 77 – GB K 8
fermé 12 juil. au 31 août et merc. – **R** cuisine russe 125 bc et carte 130 à 280.

X **Chez Pierre,** 117 r. Vaugirard (15e) ☎ 47 34 96 12 – ▤. AE GB L 11
fermé août, sam. midi, dim. et fériés – **R** 145 bc/210 bc et carte 185 à 265.

X **L'Armoise,** 67 r. Entrepreneurs (15e) ☎ 45 79 03 31 – GB L 7
fermé 1er au 22 août, vacances de fév., sam. midi et dim. – **R** 125 et carte 130 à 150 ♁.

X **Les Cévennes,** 55 r. Cévennes (15e) ☎ 45 54 33 76 – AE GB. ✻ L 6
fermé 15 au 31 août, sam. midi et dim. – **R** 110 et carte 115 à 290, enf. 80.

X **Chez Yvette,** 46 bis bd Montparnasse (15e) ☎ 42 22 45 54 – GB L 11
fermé août, sam. et dim. – **R** carte 150 à 250.

X **L'Amuse Bouche,** 186 r. Château (14e) ☎ 43 35 31 61 – AE GB N 11
fermé 2 au 16 août, sam. midi et dim. – **R** (nombre de couverts limité, prévenir) 145 (déj.) et carte 210 à 360.

X **La Gitane,** 53 bis av. La Motte-Picquet (15e) ☎ 47 34 62 92, 🏠 – GB K8
fermé sam. et dim. – **R** carte 130 à 210.

X **La Régalade,** 49 av. J. Moulin (14e) ☎ 45 45 68 58 – GB. ✻ R 11
fermé sam. midi, dim. et lundi – **R** (prévenir) 150.

X **Fellini,** 58 r. Croix-Nivert (15e) ☎ 45 77 40 77 – ▤. GB. ✻ L 8
fermé août, sam. midi et dim. – **R** cuisine italienne - carte 200 à 300.

X **St-Vincent,** 26 r. Croix-Nivert (15e) ☎ 47 34 14 94 – ▤. GB. ✻ L 8
fermé 15 au 22 août, sam. et dim. – **R** carte 170 à 220.

Passy, Auteuil, Bois de Boulogne, Chaillot, Porte Maillot.

16e arrondissement.
16e : ✉ 75016

Le Parc Victor Hugo M, 55 av. Poincaré ✉ 75116 ☎ 44 05 66 66, Télex 643862, Fax 44 05 66 00, « Beau mobilier anglais » – ch – 30 à 250. AE GB JCB G 6
Le Relais du Parc ☎ 44 05 66 10 **R** carte 175 à 260 – ☐ 115 – **111 ch** 1600/2200.

Raphaël, 17 av. Kléber ✉ 75116 ☎ 44 28 00 28, Télex 645356, Fax 45 01 21 50, « Élégant cachet ancien » – ch rest – 50. AE GB JCB F 7
R 225 et carte 270 à 450 – ☐ 95 – **64 ch** 1600/2700, 23 appart.

St-James Paris, 5 pl. Chancelier Adenauer ✉ 75116 ☎ 47 04 29 29, Télex 643850, Fax 45 53 00 61, « Bel hôtel particulier néo-classique », – – 25. AE GB JCB. rest F 5
fermé sam. et dim. – **R** (résidents seul.) carte 310 à 480 – ☐ 110 – **20 ch** 1400/1900, 20 appart., 8 duplex.

Baltimore M, 88 bis av. Kléber ✉ 75116 ☎ 44 34 54 54, Télex 645284, Fax 44 34 54 44 – ch rest – 30 à 100. AE GB JCB. rest G 7
L'Estournel *(fermé août, sam. et dim.)* **R** 210 et carte 260 à 400 – ☐ 115 – **104 ch** 1900/2500.

Garden Elysée M, 12 r. St-Didier ✉ 75116 ☎ 47 55 01 11, Télex 648157, Fax 47 27 79 24, – . AE GB JCB. G 7
R *(fermé août, sam. et dim.)* 160/250 et carte 210 à 305 – ☐ 80 – **48 ch** 1450/1600.

Villa Maillot M sans rest, 143 av. Malakoff ✉ 75116 ☎ 45 01 25 22, Télex 649808, Fax 45 00 60 61 – – 30. AE GB JCB F 6
☐ 110 – **39 ch** 1550/2300, 3 appart.

Pergolèse M sans rest, 3 r. Pergolèse ✉ 75116 ☎ 40 67 96 77, Télex 651618, Fax 45 00 12 11 – . AE GB E 6
☐ 70 – **40 ch** 1200/1500.

Majestic sans rest, 29 r. Dumont d'Urville ✉ 75116 ☎ 45 00 83 70, Télex 640034, Fax 45 00 29 48 – ch . AE GB JCB F 7
☐ 55 – **27 ch** 900/1400, 3 appart.

Floride Etoile M, 14 r. St-Didier ✉ 75116 ☎ 47 27 23 36, Télex 643715, Fax 47 27 82 87 – rest – 40. AE GB JCB. G 7
fermé août, sam. et dim. – **R** snack - snack carte environ 190 – ☐ 45 – **60 ch** 810/860 – ½ P 595.

Alexander sans rest, 102 av. V. Hugo ✉ 75116 ☎ 45 53 64 65, Télex 645373, Fax 45 53 12 51 – . AE GB JCB. G 6
☐ 65 – **59 ch** 830/1300, 3 appart.

Frémiet sans rest, 6 av. Frémiet ✉ 75016 ☎ 45 24 52 06, Télex 645329, Fax 42 88 77 46 – . AE GB JCB J 6
☐ 40 – **34 ch** 775/915.

Victor Hugo sans rest, 19 r. Copernic ✉ 75116 ☎ 45 53 76 01, Télex 645939, Fax 45 53 69 93 – . AE GB. G 7
☐ 50 – **76 ch** 630/765.

Union H. Étoile sans rest, 44 r. Hamelin, ✉ 75116 ☎ 45 53 14 95, Télex 645217, Fax 47 55 94 79 – cuisinette . AE GB JCB G 7
☐ 40 – **28 ch** 680/790, 13 appart.

Rond-Point de Longchamp M, 86 r. Longchamp ✉ 75116 ☎ 45 05 13 63, Télex 640883, Fax 47 55 12 80 – – 40. AE GB G 6
R (snack) carte environ 180 – ☐ 65 – **57 ch** 780/870.

Massenet sans rest, 5 bis r. Massenet ✉ 75116 ☎ 45 24 43 03, Télex 640196, Fax 45 24 41 39 – . AE GB JCB. J 6
☐ 40 – **41 ch** 525/820.

Sévigné sans rest, 6 r. Belloy ✉ 75116 ☎ 47 20 88 90, Télex 645219, Fax 40 70 98 73 – . AE GB JCB G 7
☐ 45 – **30 ch** 620/740.

Résidence Bassano M sans rest, 15 r. Bassano ✉ 75116 ☎ 47 23 78 23, Télex 649872, Fax 47 20 41 22 – cuisinette . AE GB G 8
☐ 70 – **27 ch** 850/1300, 3 appart.

Élysées Régencia M sans rest, 41 av. Marceau ✉ 75016 ✆ 47 20 42 65, Télex 644965, Fax 49 52 03 42, « Belle décoration » – ▮ ▤ TV ☎. AE ⓓ GB G 8
☕ 80 – **35 ch** 1200/1500.

Elysées Bassano sans rest, 24 r. de Bassano ✉ 75116 ✆ 47 20 49 03, Télex 645280, Fax 47 23 06 72 – ▮ ⇎ ch TV ☎. AE ⓓ GB JCB G 8
☕ 75 – **40 ch** 790/820.

Résidence Impériale M sans rest, 155 av. Malakoff ✉ 75116 ✆ 45 00 23 45, Télex 651158, Fax 45 01 88 82 – ▮ ▤ TV ☎. AE ⓓ GB JCB E 6
☕ 45 – **37 ch** 740/890.

Kléber sans rest, 7 r. Belloy ✉ 75116 ✆ 47 23 80 22, Télex 642478, Fax 49 52 07 20 – ▮ ⇎ ch TV ☎. AE ⓓ GB G 7
☕ 45 – **21 ch** 780.

Résidence Kléber M sans rest, 97 r. Lauriston ✉ 75116 ✆ 45 53 83 30, Télex 642707, Fax 47 55 92 52 – ▮ TV ☎. AE ⓓ GB JCB G 7
☕ 40 – **51 ch** 780.

Résidence Foch sans rest, 10 r. Marbeau ✉ 75116 ✆ 45 00 46 50, Télex 645886, Fax 45 01 98 68 – ▮ TV ☎. AE ⓓ GB F 6
☕ 40 – **21 ch** 650/740, 4 appart.

Murat M sans rest, 119 bis bd Murat ✉ 75016 ✆ 46 51 12 32, Télex 648963, Fax 46 51 70 01 – ▮ TV ☎. AE ⓓ GB. ✻ M 3
☕ 35 – **28 ch** 525/575.

Ambassade sans rest, 79 r. Lauriston ✉ 75116 ✆ 45 53 41 15, Télex 613643, Fax 45 53 30 80 – ▮ TV ☎. AE ⓓ GB. ✻ G 7
☕ 40 – **38 ch** 458/560.

Longchamp sans rest, 68 r. Longchamp ✉ 75116 ✆ 47 27 13 48, Fax 47 55 68 26 – ▮ TV ☎. AE ⓓ GB G 6
☕ 50 – **23 ch** 640/780.

Résidence Chambellan Morgane M sans rest, 6 r. Keppler ✉ 75116 ✆ 47 20 35 72, Télex 643166, Fax 47 20 95 69 – ▮ TV ☎. AE ⓓ GB. ✻ GF 8
☕ 50 – **20 ch** 600/900.

Étoile Maillot sans rest, 10 r. Bois de Boulogne (angle r. Duret) ✉ 75116 ✆ 45 00 42 60, Fax 45 00 55 89 – ▮ TV ☎. AE ⓓ GB F 6
27 ch ☕ 560/720.

Passy Eiffel sans rest, 10 r. Passy ✉ 75016 ✆ 45 25 55 66, Télex 643753, Fax 42 88 89 88 – ▮ TV ☎. AE ⓓ GB JCB J 6
☕ 30 – **50 ch** 560/620.

Résidence Marceau sans rest, 37 av. Marceau ✉ 75116 ✆ 47 20 43 37, Télex 648509, Fax 47 20 14 76 – ▮ TV ☎. AE ⓓ GB JCB. ✻ G 8
fermé 1er au 21 août – ☕ 35 – **30 ch** 530/620.

Beauséjour Ranelagh sans rest, 99 r. Ranelagh ✉ 75016 ✆ 42 88 14 39, Fax 40 50 81 21 – ▮ TV ☎. AE GB J 4
☕ 35 – **30 ch** 400/650.

Hameau de Passy M 🔇 sans rest, 48 r. Passy ✉ 75016 ✆ 42 88 47 55, Télex 651469, Fax 42 30 83 72 – TV ☎. AE GB J 5-6
32 ch ☕ 500/560.

Eiffel Kennedy M sans rest, 12 r. Boulainvilliers ✉ 75016 ✆ 45 24 45 75, Télex 643679, Fax 42 30 83 32 – ▮ TV ☎. AE ⓓ GB. ✻ K 5
☕ 40 – **30 ch** 450/600.

Keppler sans rest, 12 r. Keppler ✉ 75116 ✆ 47 20 65 05, Fax 47 23 02 29 – ▮ TV ☎. AE GB. ✻ F 8
☕ 26 – **49 ch** 400/410.

XXXX ✿✿✿ **Jamin** (Robuchon), 32 r. Longchamp (transfert prévu à l'automne : 59 av. R. Poincaré) ✉ 75116 ✆ 47 27 12 27 – ▤. GB G 7
fermé juil., sam. et dim. – **R** (nombre de couverts limité, prévenir) 890 et carte 550 à 950
Spéc. Petite crème aux oursins et fenouil (oct. à avril). Tarte friande de truffes aux oignons et lard fumé (déc. à mars). Lièvre à la Royale du sénateur Couteaux (oct. à déc.).

XXXX ✿✿ **Vivarois** (Peyrot), 192 av. V.-Hugo, ✉ 75116 ✆ 45 04 04 31, Fax 45 03 09 84 – ▤. AE ⓓ GB JCB G 5
fermé août, sam. et dim. – **R** 345 (déj.) et carte 385 à 650
Spéc. Fondant de légumes et sa purée d'olive. Ravioli Rastellini. Rissolettes de pieds d'agneau et ses artichauts à la provençale.

XXXX ✿✿ **Faugeron,** 52 r. Longchamp ✉ 75116 ℘ 47 04 24 53, Fax 47 55 62 90 – ▤. GB. ✂
fermé août, 23 déc. au 2 janv., sam. (sauf le soir d'oct. à avril) et dim. – **R** 340 (déj.) et carte 450 à 600 G 7
Spéc. Parmentier de truffes aux fines épices (janv. à mars). Croustillant de ris de veau aux asperges et jus de truffes (mai à juil.). Millefeuille "Amadeus" en duo de chocolat.

XXX ✿ **Toit de Passy** (Jacquot), 94 av. P. Doumer (6ᵉ étage) ✉ 75016 ℘ 45 24 55 37, Fax 45 20 94 57, ☂ – ▤ Ⓟ. AE GB H J 5
fermé sam. midi, dim. et fériés – **R** 295/495 et carte 370 à 530
Spéc. Foie gras froid de canard, poché au vin de Graves. Pigeonneau en croûte de sel. Tarte au chocolat sans sucre(15 oct. au 15 avril).

XXX **Pavillon Noura,** 21 av. Marceau ✉ 75116 ℘ 47 20 33 33, Fax 47 20 60 31, ☂ – ▤. AE ⓓ GB G 8
R cuisine libanaise 280/320.

XXX **Sully d'Auteuil,** 78 r. Auteuil ✉ 75016 ℘ 46 51 71 18, Fax 46 51 70 60, ☂ – ▤. AE GB
fermé août, 25 déc. au 2 janv., sam. midi et dim. – **R** carte 320 à 420. K 3

XXX **Tsé-Yang,** 25 av. Pierre 1ᵉʳ de Serbie ✉ 75016 ℘ 47 20 68 02, « Cadre élégant » – ▤. AE ⓓ GB G 8
R cuisine chinoise - carte 150 à 235.

XXX ✿ **Port Alma,** 10 av. New York ✉ 75116 ℘ 47 23 75 11 – ▤. AE ⓓ GB H 8
fermé août et dim. – **R** produits de la mer 200 (déj.) et carte 300 à 420, enf. 150
Spéc. Langoustines poêlées aux beignets de courgettes-fleurs. Bar en croûte de sel de Guérande. Macaronade au citron et coulis de coings (saison).

XXX ✿ **Relais d'Auteuil** (Pignol), 31 bd. Murat ✉ 75016 ℘ 46 51 09 54, Fax 40 71 05 03 – ▤. AE GB L 3
fermé 1ᵉʳ au 15 août, sam. midi et dim. – **R** 200 (déj.)/440 et carte 400 à 500
Spéc. Amandine de foie gras. Dos de bar grillé au poivre. Madeleines au miel, glace miel et noix.

XXX **Le Pergolèse,** 40 r. Pergolèse ✉ 75016 ℘ 45 00 21 40, Fax 45 00 81 31 – AE GB F 6
fermé 1ᵉʳ au 23 août, sam. et dim. – **R** 230 et carte 265 à 405.

XXX **Chez Ngo,** 70 r. Longchamp ✉ 75116 ℘ 47 04 53 20 – ▤. AE GB JCB. ✂ G 6
R cuisine sino-thaïlandaise - carte 150 à 220.

XX **Al Mounia,** 16 r. Magdebourg ✉ 75116 ℘ 47 27 57 28 – ▤. AE GB. ✂ G 7
fermé 10 juil. au 31 août et dim. – **R** cuisine marocaine - (le soir, prévenir) carte 200 à 260.

XX ✿ **Conti,** 72 r. Lauriston ✉ 75116 ℘ 47 27 74 67 – ▤. AE ⓓ GB G 7
fermé 9 au 30 août, 24 déc. au 2 janv., sam. et dim. – **R** 265 bc (déj.) et carte 300 à 450
Spéc. Turbot rôti au jus de viande et petits farcis. Rognon de veau confit à l'huile d'olive (printemps). Figues rôties au Vino Santo (août à oct.).

XX **Giulio Rebellato,** 136 r. Pompe ✉ 75116 ℘ 47 27 50 26 – ▤. AE GB. ✂ G 6
fermé août – **R** cuisine italienne 230 bc/300 bc.

XX ✿ **Fontaine d'Auteuil** (Grégoire), 35bis r. La Fontaine ℘ 42 88 04 47 – AE ⓓ GB K 5
fermé août, vacances de fév., sam. midi et dim. – **R** 170 (déj.) et carte 280 à 420
Spéc. Salade de homard, vinaigrette de Sauternes et gingembre. Millefeuille de crabe, crème cocktail au curry (mai à sept.). Pâté chaud de pigeon sauce salmis.

XX **Villa Vinci,** 23 r. P. Valéry ✉ 75116 ℘ 45 01 68 18 – ▤. GB. ✂ F 7
fermé août, sam. et dim. – **R** cuisine italienne 175 (déj.) et carte 220 à 360.

XX **Paul Chêne,** 123 r. Lauriston ✉ 75116 ℘ 47 27 63 17 – ▤. AE ⓓ GB G 6
fermé 31 juil. au 30 août, 24 déc. au 3 janv., sam. et dim. – **R** 250 et carte 225 à 445.

XX **Sous l'Olivier,** 15 r. Goethe ✉ 75116 ℘ 47 20 84 81, Fax 47 20 73 75 – AE GB. ✂ G 8
fermé 8 au 22 août, sam., dim. et fériés – **R** 175 et carte 210 à 345.

XX **Palais du Trocadéro,** 7 av. Eylau ✉ 75016 ℘ 47 27 05 02 – ▤. AE GB H 6
R cuisine chinoise - carte 150 à 200.

XX ✿ **La Petite Tour** (Israël), 11 r. Tour ✉ 75116 ℘ 45 20 09 31 – AE ⓓ GB JCB H 6
fermé août et dim. – **R** carte 260 à 410
Spéc. Foie de canard chaud aux myrtilles. Fleurs de courgettes soufflées (mai à oct.). Homard breton à la nage.

XX **Marius,** 82 bd Murat ✉ 75016 ℘ 46 51 67 80, ☂ – GB M 2
fermé août, 20 déc. au 3 janv., sam. midi et dim. – **R** carte 200 à 280.

X **La Butte Chaillot,** 112 av. Kléber ✉ 75016 ℘ 47 27 88 88, Fax 47 04 85 70 – ▤. AE GB JCB – **R** 110 bc (déj.) et carte 210 à 300. G 7

X **Chez Géraud,** 31 r. Vital ✉ 75016 ℘ 45 20 33 00, « Belle fresque en faïence de Longwy » – GB H 5
fermé août, sam. (sauf le soir d'oct. à fév.) et dim. – **R** 200 et carte 220 à 370.

X **Bistrot de l'Étoile,** 19 r. Lauriston ✉ 75016 ℘ 40 67 11 16 – ▤. AE F 7
fermé sam. midi et dim. – **R** carte 190 à 250.

X **Brasserie de la Poste,** 54 r. Longchamp ✉ 75116 ℘ 47 55 01 31 – AE GB G 7
R carte 130 à 290.

X **Beaujolais d'Auteuil,** 99 bd Montmorency ✉ 75016 ℘ 47 43 03 56, Fax 46 51 27 31 – AE GB K 3
fermé sam. midi et dim. – **R** 119 bc/200 et carte 170 à 240.

X **Noura,** 27 av. Marceau ✉ 75016 ℘ 47 23 02 20, Fax 49 52 01 26 – ▤. AE ⓓ GB. ✂ G 8
R cuisine libanaise - carte 110 à 170.

Au Bois de Boulogne :

XXXX ✿✿ **Pré Catelan,** rte Suresnes ✉ 75016 ✆ 45 24 55 58, Télex 643692, Fax 45 24 43 25, 🏞, 🌳 – 🅟. AE ⓓ GB JCB H 2
fermé vacances de fév., dim. soir et lundi – **R** 350 (déj.)/690 et carte 440 à 600
Spéc. Risotto de langoustines. Pied de cochon aux champignons. Gâteau moelleux chocolat pistache.

XXXX ✿ **Grande Cascade,** allée de Longchamp (face hippodrome) ✉ 75016 ✆ 45 27 33 51, Fax 42 88 99 06, 🏞 – 🅟. AE ⓓ GB
fermé 20 déc. au 20 janv. et le soir du 1er nov. au 15 avril – **R** 285 (déj.) et carte 380 à 550
Spéc. Filet de turbotin poêlé et effeuillé d'endives caramélisées à l'orange. Noisettes de filet de biche sauce Grand Veneur (saison). Tarte fine aux pommes vertes et sa crème glacée.

XXX **Pavillon Royal,** rte Suresnes ✉ 75116 ✆ 40 67 11 56, Fax 45 00 31 24, ≤, 🏞 – 🅟. AE GB
fermé sam. d'oct. à mai et dim. sauf le midi en sais. – **R** 195 (déj.) et carte 280 à 410. G 4

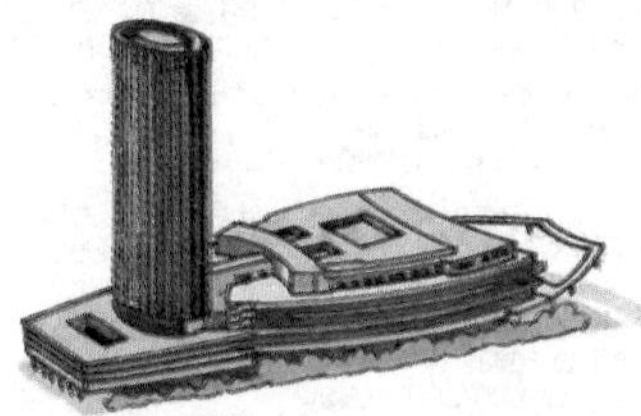

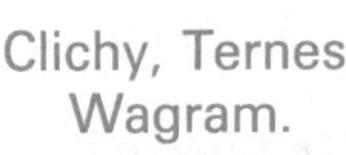

Clichy, Ternes, Wagram.

17e arrondissement.
17e : ✉ 75017

🏨 **Concorde La Fayette** M, 3 pl. Gén.-Koenig ✆ 40 68 50 68, Télex 650892, Fax 40 68 50 43, « Bar panoramique au 34e étage ≤ Paris » – ⧉ ⚡ ch ▤ TV ☎ – 🏛 40 à 2 000. AE ⓓ GB JCB E 6
R voir rest. **Étoile d'Or** ci-après - **L'Arc-en-Ciel** ✆ 40 68 51 25 **R** 185/215 🍷, enf. 100 – **Les Saisons** (coffee shop) ✆ 40 68 51 19 **R** 89 (dîner) et carte 175 à 250 🍷 – ☕ 95 – **973 ch** 1800/2100, 27 appart.

🏨 **Méridien** M, 81 bd Gouvion St Cyr ✆ 40 68 34 34, Télex 651952, Fax 40 68 31 31 – ⧉ ⚡ ch ▤ TV ☎ – 🏛 50 à 800. AE ⓓ GB JCB E 6
R voir rest. **Clos de Longchamp** ci-après - **Café l'Arlequin R** 148/156 – **Le Yamato** (rest. japonais) *(fermé août, 1er au 7 janv., dim. et lundi)* **R** 135/165 (déj.) et carte 170 à 280 – **La Maison Beaujolaise** *(fermé août, 25 au 31 déc. et dim.)* **R** 152/190 – ☕ 95 – **989 ch** 1650/1950, 17 appart.

🏨 **Splendid Etoile** sans rest, 1 bis av. Carnot ✆ 45 72 72 00, Télex 651773, Fax 45 72 72 01 – ⧉ ▤ TV ☎. ⓓ GB. ✗ F 7
☕ 70 – **50 ch** 880/1450, 7 appart.

🏨 **Regent's Garden** 🐌 sans rest, 6 r. P.-Demours ✆ 45 74 07 30, Télex 640127, Fax 40 55 01 42, « Jardin » – ⧉ TV ☎. AE ⓓ GB JCB E 7
☕ 36 – **39 ch** 620/920.

🏨 **Quality Inn Pierre** M sans rest, 25 r. Th.-de-Banville ✆ 47 63 76 69, Télex 643003, Fax 43 80 63 96 – ⧉ ⚡ ch TV ☎ ♿ – 🏛 30. AE ⓓ GB JCB. ✗ D 8
☕ 63 – **50 ch** 780/840.

🏨 **Balmoral** sans rest, 6 r. Gén.-Lanrezac ✆ 43 80 30 50, Télex 642435, Fax 43 80 51 56 – ⧉ ⚡ ch TV ☎. AE ⓓ GB E 7
☕ 38 – **57 ch** 500/700.

🏨 **Mercure Paris Etoile** M sans rest, 27 av. Ternes ✆ 47 66 49 18, Télex 650679, Fax 47 63 77 91 – ⧉ ▤ TV ☎. AE ⓓ GB E 8
☕ 60 – **56 ch** 730/980.

🏨 **Résidence St-Ferdinand** M sans rest, 36 r. St-Ferdinand ✆ 45 72 66 66, Télex 649565, Fax 45 74 12 92 – ⧉ ▤ TV ☎. AE ⓓ GB JCB E 6-7
☕ 60 – **42 ch** 720/880.

🏨 **Magellan** 🐌 sans rest, 17 r. J.B.-Dumas ✆ 45 72 44 51, Télex 644728, Fax 40 68 90 36, 🌳 – ⧉ TV ☎. AE ⓓ GB. ✗ D 7
☕ 35 – **75 ch** 530/560.

🏨 **Banville** sans rest, 166 bd Berthier ✆ 42 67 70 16, Télex 643025, Fax 44 40 42 77 – ⧉ TV ☎. AE GB D 8
☕ 40 – **39 ch** 600/700.

🏨 **Tilsitt Étoile** M sans rest, 23 r. Brey ✆ 43 80 39 71, Télex 640629, Fax 47 66 37 63 – ⧉ TV ☎. AE ⓓ GB. ✗ E 8
☕ 45 – **39 ch** 570/920.

🏨 **Cheverny** M sans rest, 7 Villa Berthier ✆ 43 80 46 42, Télex 648848, Fax 47 63 26 62 – ⧉ TV ☎. AE ⓓ GB JCB D 7
☕ 35 – **46 ch** 520/760.

🏨 **De Neuville,** 3 r. Verniquet ✆ 43 80 26 30, Fax 43 80 38 55 – ⧉ TV ☎. AE ⓓ GB JCB
R *(fermé août et week-ends)* 100/170 – ☕ 45 – **28 ch** 680. C 8

Mercédès [M] sans rest, 128 av. Wagram ☎ 42 27 77 82, Télex 644751, Fax 40 53 09 89 – 🛗 ▤ 📺 ☎. AE GB. ✻ D 9
☕ 50 – **35 ch** 540/680.

Étoile Pereire 🐎 sans rest, 146 bd Péreire ☎ 42 67 60 00, Fax 42 67 02 90 – 🛗 📺 ☎. AE ⦿ GB. ✻ D 7
☕ 50 – **21 ch** 500/700, 5 duplex.

Abrial [M] sans rest, 176 r. Cardinet ☎ 42 63 50 00, Fax 42 63 50 03 – 🛗 📺 ☎ ♿. AE GB JCB C 11
☕ 39 – **80 ch** 630/680.

Monceau sans rest, 7 r. Rennequin ☎ 47 63 07 52, Fax 47 66 84 44 – 🛗 ⇆ ch 📺 ☎. AE ⦿ GB E 8
25 ch ☕ 620/690.

Étoile Park H. sans rest, 10 av. Mac Mahon ☎ 42 67 69 63, Télex 649266, Fax 43 80 18 99 – 🛗 ⇆ ch 📺 ☎. AE ⦿ GB E 8
fermé 24 déc. au 2 janv. – ☕ 49 – **28 ch** 490/770.

Harvey sans rest, 7 bis r. Débarcadère ☎ 45 74 27 19, Télex 650855, Fax 40 68 03 56 – 🛗 📺 ☎. AE ⦿ GB JCB E 6
☕ 35 – **32 ch** 480/680.

Star H. Étoile sans rest, 18 r. Arc de Triomphe ☎ 43 80 27 69, Télex 643569, Fax 40 54 94 84 – 🛗 📺 ☎. AE ⦿ GB JCB E 7
☕ 39 – **62 ch** 440/690.

Monceau Étoile sans rest, 64 r. de Levis ☎ 42 27 33 10, Télex 643170, Fax 42 27 59 58 – 🛗 📺 ☎. GB. ✻ D 10
26 ch ☕ 500/590.

Royal Magda sans rest, 7 r. Troyon ☎ 47 64 10 19, Télex 641068, Fax 47 64 02 12 – 🛗 📺 ☎. AE ⦿ GB E 8
☕ 35 – **26 ch** 590/660, 11 appart.

Acacias Étoile sans rest, 11 r. Acacias ☎ 43 80 60 22, Télex 643551, Fax 48 88 96 40 – 🛗 📺 ☎. AE ⦿ GB JCB E 7
☕ 37 – **37 ch** 500/630.

Empire H. sans rest, 3 r. Montenotte ☎ 43 80 14 55, Télex 643232, Fax 47 66 04 33 – 🛗 ⇆ ch 📺 ☎ – 🧑‍🏫 25. AE ⦿ GB JCB E 8
☕ 45 – **49 ch** 400/650.

Palma sans rest, 46 r. Brunel ☎ 45 74 74 51, Télex 644183, Fax 45 74 40 90 – 🛗 📺 ☎. GB. ✻ E 7
☕ 35 – **37 ch** 355/450.

Campanile [M], 4 bd Berthier ✉ 75017 ☎ 46 27 10 00, Télex 282920, Fax 46 27 00 57, 🍴 – 🛗 ▤ 📺 ☎ ♿ 🚗 – 🧑‍🏫 40. AE GB B 10
R 88 bc/118 bc, enf. 39 – ☕ 30 – **247 ch** 395 – ½ P 320/350.

XXXX ✿✿ **Guy Savoy,** 18 r. Troyon ☎ 43 80 40 61, Fax 46 22 43 09 – ▤. AE GB E 8
fermé sam. sauf le soir d'oct. à Pâques et dim. – **R** 680 et carte 570 à 700
Spéc. Foie gras de canard au sel gris et gelée de canard. Bar en écailles grillées aux épices douces. "Craquant-moelleux" vanille et pomme.

XXXX ✿✿ **Michel Rostang,** 20 r. Rennequin ☎ 47 63 40 77, Fax 47 63 82 75 – ▤. AE GB D 8
fermé 1er au 21 août, sam. sauf le soir de sept. à juin et dim. – **R** 285 (déj.)/680 et carte 490 à 650
Spéc. Galette d'artichaut au foie gras de canard (déc. à mars). Grosse sole de ligne et sa compotée d'échalote. Tarte chaude au chocolat amer.

XXXX ✿✿ **Le Clos Longchamp** - Hôtel Méridien, 81 bd Gouvion-St-Cyr (Pte Maillot) ☎ 40 68 00 70, Télex 651952, Fax 40 68 30 81 – ▤. AE ⦿ GB JCB E 6
fermé 7 au 16 août, sam. et dim. – **R** 250 (déj.)/470 et carte 420 à 570
Spéc. Marbré de foie de canard au Beaumes de Venise. Blanc de turbot aux girolles (mai à oct.). Rognon de veau entier à la moutarde violette.

XXXX ✿ **Étoile d'Or** - Hôtel Concorde La Fayette, 3 pl. Gén.-Koenig ☎ 40 68 51 28, Fax 40 68 50 43 – ▤. AE ⦿ GB JCB E 6
fermé août, sam. midi et dim. – **R** 250/600 et carte 340 à 550
Spéc. Maraîchère de homard au miel de romarin. La "fameuse" joue de boeuf en ravigotte Soufflé chaud au chocolat.

XXXX ✿ **Manoir de Paris,** 6 r. P. Demours ☎ 45 72 25 25, Fax 45 74 80 98 – ▤. AE ⦿ GB JCB
fermé sam. sauf le soir de sept. à mai et dim. – **R** 295 (déj.)/460 et carte 370 à 530 E 7
Spéc. Effeuillée de morue fraîche aux oeufs de caille et chorizo (janv. à juil.). Carré de cochon de lait rôti à la sauge (oct. à mars). Merveille à la fleur d'oranger.

XXX ✿✿ **Apicius** (Vigato), 122 av. Villiers ✆ 43 80 19 66, Fax 44 40 09 57 – ▤. AE GB D 8
fermé août, sam. et dim. – **R** carte 460 à 600
Spéc. Poêlée de foie gras chaud aux radis noirs confits. Gelée de crustacés à l'eau de mer. Grand dessert au chocolat.

XXX ✿✿ **Amphyclès** (Groult), 78 av. Ternes ✆ 40 68 01 01, Fax 40 68 91 88 – ▤. AE ⓓ GB
fermé sam. midi et dim. – **R** 260 (déj.)/680 et carte 550 à 750, enf. 220 E 7
Spéc. Gelée de pied de veau au fumet de truffes. Risotto à l'étuvée de homard aux girolles. Joue de boeuf braisée aux carottes confites.

XXX ✿ **Le Sormani** (Fayet), 4 r. Gén.-Lanrezac ✆ 43 80 13 91 – ▤. GB E 7
fermé 12 au 18 avril, 1er au 22 août, 23 déc. au 4 janv., sam., dim. et fériés – **R** cuisine italienne 300/400 et carte 300 à 420, enf. 180
Spéc. Risotto au beurre de truffes blanches et calamars (oct. à janv.). Soupe de pâtes aux haricots blancs (oct. à mars). Polenta gratinée à la morue et au mascarpone.

XXX ✿ **Faucher,** 123 av. Wagram ✆ 42 27 61 50, Fax 46 22 25 72, 🏠 – AE GB D 8
fermé 8 au 16 août, sam. midi et dim. – **R** 180 (déj.)/390 et carte 280 à 430
Spéc. Millefeuille de boeuf cru, sauce digoinaise. Filets de rougets à l'huile d'olive et macaroni farcis. Ris de veau croustillant et réduction de Porto.

XXX **Pétrus,** 12 pl. Mar. Juin ✆ 43 80 15 95 – ▤. AE ⓓ GB D 8
fermé 10 au 25 août – **R** 250 et carte 300 à 400.

XXX ✿ **Timgad** (Laasri), 21 r. Brunel ✆ 45 74 23 70, Télex 649239, Fax 40 68 76 46 « Décor mauresque » – ▤. AE ⓓ GB. ✗ E 7
R cuisine nord-africaine - carte 250 à 550, enf. 190
Spéc. Couscous princier. Tagine d'agneau aux pruneaux. Tagine de poulet au citron confit.

XXX **Paul et France,** 27 av. Niel ✆ 47 63 04 24, Fax 44 15 92 20 – ▤. AE ⓓ GB D 8
fermé août, sam. midi et dim. – **R** 230 et carte 250 à 480.

XXX **Augusta,** 98 r. Tocqueville ✆ 47 63 39 97, Fax 42 27 21 71 – ▤. GB C 9
fermé 7 au 23 août, sam. sauf le soir d'oct. à avril et dim. – **R** produits de la mer - carte 370 à 500.

XXX **La Table de Pierre,** 116 bd Péreire ✆ 43 80 88 68, 🏠 – AE GB D 8
fermé dim. soir – **R** 210 et carte 210 à 325.

XXX **Il Ristorante,** 22 r. Fourcroy ✆ 47 63 34 00 – ▤. AE GB D 8
fermé 8 au 18 août et dim. – **R** cuisine italienne 165 (déj.) et carte 220 à 360.

XX **Le Madigan,** 22 r. Terrasse ✆ 42 27 31 51, Fax 42 67 70 29, 🏠 – ▤. AE ⓓ GB. ✗ D 10
fermé 9 août au 4 sept., sam. midi et dim. – **R** 150 (déj.)/280 ♨.

XX ✿ **Le Petit Colombier** (Fournier), 42 r. Acacias ✆ 43 80 28 54, Fax 44 40 04 29 – AE GB E 7
fermé 1er au 18 août, dim. midi, sam. et fériés – **R** 200 (déj.) et carte 310 à 440
Spéc. Oeufs rôtis à la broche aux truffes fraîches (nov. à fév.). Filet de boeuf "Blonde d'Aquitaine" en feuilletage, sauce Périgueux. Pigeonneau rôti à la "croque au sel" et jus de truffe.

XX **Billy Gourmand,** 20 r. Tocqueville ✆ 42 27 03 71 – GB D 10
fermé 9 au 18 avril, 5 au 23 août, sam. sauf le soir en hiver, dim. et fériés – **R** 155 (diner) et carte 240 à 370.

XX **Graindorge,** 15 r. Arc de Triomphe ✆ 47 54 00 28 – AE GB E 7
fermé sam. midi et dim. – **R** 160 (déj.) et carte 185 à 250.

XX **Le Beudant,** 97 r. des Dames ✆ 43 87 11 20 – ▤. AE ⓓ GB JCB D 11
fermé sam. midi et dim. – **R** 150/285, enf. 80.

XX **La Truite Vagabonde,** 17 r. Batignolles ✆ 43 87 77 80, 🏠 – AE GB JCB D 11
fermé dim. soir – **R** 160 et carte 230 à 380.

XX **Le Cougar,** 10 r. Acacias ✆ 47 66 74 14, Fax 47 66 74 14 – ▤. AE ⓓ GB E 7
fermé 9 au 15 août, sam. midi et dim. – **R** 150/320.

XX **La Coquille,** 6 r. Débarcadère ✆ 45 74 25 95 – ▤. AE GB E 7
fermé 28 juil. au 1er sept., 24 déc. au 4 janv., dim., lundi et fériés – **R** carte 250 à 410.

XX **Baumann Ternes,** 64 av. Ternes ✆ 45 74 16 66, Fax 45 72 44 32 – ▤. AE ⓓ GB E 7
R carte 190 à 350 ♨.

XX **La Soupière,** 154 av. Wagram ✆ 42 27 00 73 – ▤. AE GB D 9
fermé 7 au 15 août, sam. midi et dim. – **R** 160/270.

XX **La Braisière,** 54 r. Cardinet ✆ 47 63 40 37, Fax 47 63 04 76 – AE GB D 9
fermé 1er au 7 mai, août, sam. et dim. – **R** 175/320.

XX **La Niçoise,** 4 r. P. Demours ✆ 45 74 42 41, Fax 45 74 80 98 – ▤. AE ⓓ GB JCB E 7
fermé sam. sauf le soir de sept. à juin et dim. – **R** 145 (déj.) et carte 180 à 250.

XX **Epicure 108,** 108 r. Cardinet ✆ 47 63 50 91 – GB D 10
fermé sam. midi et dim. – **R** 170/230.

XX **L'Écailler du Palais,** 101 av. Ternes ✆ 45 74 87 07, Fax 40 68 75 37 – ▤. AE ⓓ GB JCB
R fruits de mer 175 bc et carte 230 à 380. E 6

XX **Chez Léon,** 32 r. Legendre ✆ 42 27 06 82 – ⓓ GB D 10
fermé août, vacances de fév., sam., dim. et fériés – **R** 150/230.

XX **La Petite Auberge,** 38 r. Laugier ✆ 47 63 85 51 – GB D 7-8
fermé 1er au 16 août, dim. soir et lundi – **R** (nombre de couverts limité - prévenir) 160 et carte 235 à 350.

XX **Ballon des Ternes,** 103 av. Ternes ✆ 45 74 17 98, Fax 45 72 18 84 – AE GB — E 6
fermé 30 juil. au 30 août – **R** carte 170 à 300.

XX **Chez Georges,** 273 bd Péreire ✆ 45 74 31 00, Fax 45 74 02 56 – GB. ✻ — E 6
fermé août – **R** carte 180 à 340.

XX **Chez Laudrin,** 154 bd Péreire ✆ 43 80 87 40 – ▤. AE GB — D 7
fermé sam. sauf le soir de sept. à mai et dim. – **R** carte 270 à 390.

XX **Chez Guyvonne,** 14 r. Thann ✆ 42 27 25 43 – AE GB — D 10
fermé 6 au 30 août, 24 déc. au 31 janv., sam. et dim. – **R** 200/230 ♁, enf. 125.

XX **Aub. des Dolomites,** 38 r. Poncelet ✆ 42 27 94 56 – AE GB — E 8
fermé août, sam. midi et dim. – **R** 165.

X **Bistrot de l'Étoile,** 75 av. Niel ✆ 42 27 88 44 – ▤. AE GB — D 8
fermé dim. – **R** carte 190 à 270.

X **Les Béatilles,** 127 r. Cardinet ✆ 42 27 95 64 – GB — D 10
fermé 1er au 7 mai, 1er au 21 août, sam., dim. et fériés – **R** 130 (déj.)/290.

X **La Rôtisserie d'Armaillé,** 6 r. Armaillé ✆ 42 27 19 20 – ▤. GB — E 7
fermé sam. midi et dim. – **R** 185.

X **Mère Michel,** 5 r. Rennequin ✆ 47 63 59 80 – AE GB — E 8
fermé août, sam. midi et dim. – **R** (nombre de couverts limité - prévenir) 195 et carte 210 à 390.

X **Bistro du 17e,** 108 av. Villiers ✆ 47 63 32 77 – GB — D 8
R 165 bc.

X **Caves Petrissans,** 30 bis av. Niel ✆ 42 27 83 84, Fax 40 54 87 56, ☂ – AE GB — D 8
fermé 1er au 22 août, sam., dim. et fériés – **R** carte 180 à 270.

X **Bistrot d'à Côté Flaubert,** 10 r. G. Flaubert ✆ 42 67 05 81, Fax 47 63 82 75 – AE GB — D 8
R carte 180 à 270.

X **Bistrot de l'Étoile,** 13 r. Troyon ✆ 42 67 25 95 – ▤. AE GB — E 8
fermé sam. et dim. – **R** carte environ 200.

Montmartre, La Villette, Belleville.

18e, 19e et 20e arrondissements.
18e : ✉ 75018
19e : ✉ 75019
20e : ✉ 75020

Terrass'H. M, 12 r. J. de Maistre (18e) ✆ 46 06 72 85, Télex 280830, Fax 42 52 29 11 – ⧉ ⇔ ch ▤ rest TV ☎ P – ⚐ 120. AE ⊙ GB JCB — C 13
La Terrasse **R** 160♁ – ☕ 70 – **88 ch** 880/1160, 13 appart.

Mercure Paris Montmartre M sans rest, 1 r. Caulaincourt (18e) ✆ 42 94 17 17, Télex 285605, Fax 42 93 66 14 – ⧉ ▤ TV ☎ ♿ – ⚐ 120. AE ⊙ GB JCB — D 12
☕ 68 – **308 ch** 760/940.

Belgrand M sans rest, 60 r. Belgrand (20e) ✆ 43 61 28 38, Télex 233620, Fax 40 30 03 50 – ⧉ TV ☎. AE ⊙ GB — G 22
☕ 35 – **27 ch** 370/420.

Roma Sacré Coeur M sans rest, 101 r. Caulaincourt (18e) ✆ 42 62 02 02, Télex 281671, Fax 42 54 34 92 – ⧉ TV ☎. AE ⊙ GB JCB — C 14
☕ 37 – **57 ch** 410/430.

H. Le Laumière sans rest, 4 r. Petit (19e) ✆ 42 06 10 77, Fax 42 06 72 50 – ⧉ TV ☎. GB — D 19
☕ 33 – **54 ch** 250/360.

Palma sans rest, 77 av. Gambetta (20e) ✆ 46 36 13 65, Télex 216056, Fax 46 36 03 27 – ⧉ TV ☎. AE ⊙ GB. ✻ — G 21
☕ 30 – **32 ch** 330/380.

Regyn's Montmartre sans rest, 18 pl. Abbesses (18e) ✆ 42 54 45 21, Fax 42 54 45 21 – ⧉ TV ☎. GB — D 13
☕ 40 – **22 ch** 360/470.

Eden H. sans rest, 90 r. Ordener (18e) ✆ 42 64 61 63, Fax 42 64 11 43 – |‡| TV ☎. AE ① GB B 14
⊡ 30 – **35 ch** 340/370.

des Arts sans rest, 5 r. Tholozé (18e) ✆ 46 06 30 52, Fax 46 06 10 83 – |‡| TV ☎. AE GB. ⚘ D 13
⊡ 30 – **50 ch** 390/440.

Super H. sans rest, 208 r. Pyrénées (20e) ✆ 46 36 97 48, Fax 46 36 26 10 – |‡| TV ☎. GB G 21
fermé août – ⊡ 30 – **28 ch** 280/450.

Pyrénées Gambetta sans rest, 12 av. Père Lachaise (20e) ✆ 47 97 76 57, Fax 47 97 17 61 – |‡| TV ☎. AE GB H 21
⊡ 28 – **32 ch** 170/420.

Climat de France M, 2 av. Prof. A. Lemierre (20e) ✆ 40 31 08 80, Télex 232711, Fax 40 31 09 66 – |‡| ⇔ ch ▤ TV ☎ ♿ P – 🏛 100. AE ① GB. ⚘ ch J 23
R 95/130 ⚱, enf. 40 – ⊡ 38 – **325 ch** 430.

Prima-Lepic sans rest, 29 r. Lepic (18e) ✆ 46 06 44 64, Télex 281162, Fax 46 06 66 11 – |‡| TV ☎. GB. ⚘ D 13
⊡ 35 – **38 ch** 320/380.

Capucines Montmartre sans rest, 5 r. A.-Bruant (18e) ✆ 42 52 89 80, Télex 281648, Fax 42 52 29 57 – |‡| TV ☎. AE ① GB D 13
29 ch ⊡ 305/420.

City H. M sans rest, 11 r.Boucry (18e) ✆ 42 09 30 62, Télex 213417, Fax 42 09 02 49 – |‡| TV ☎ ♿. AE GB B 16-17
⊡ 35 – **46 ch** 350/390.

XXX ✿ **Beauvilliers** (Carlier), 52 r. Lamarck (18e) ✆ 42 54 54 42, Fax 42 62 70 30, ☂, « Décor original, terrasse » – AE GB JCB. ⚘ C 14
fermé 30 août au 6 sept., lundi midi et dim. – **R** 180 bc (déj.)/700 bc et carte 350 à 440
Spéc. Ris de veau en aspic de Sauternes au foie gras. Turbot rôti au jarret de veau. Grande assiette aux trois chocolats.

XXX **Pavillon Puebla,** Parc Buttes-Chaumont, entrée : av Bolivar, r. Botzaris (19e) ✆ 42 08 92 62, Fax 42 39 83 16, ☂, « Agréable situation dans le parc » – P. GB E 19
fermé dim. et lundi – **R** 230 et carte 300 à 450.

XXX ✿ **Cochon d'Or,** 192 av. J.-Jaurès (19e) ✆ 42 45 46 46, Fax 42 40 43 90 – ▤. AE ① GB C 20
R 240 et carte 270 à 500
Spéc. Salade de tête de veau sauce moutarde. Ris et rognon de veau aux girolles. Grillades.

XXX **Charlot 1er "Merveilles des Mers",** 128 bis bd Clichy (18e) ✆ 45 22 47 08, Fax 44 70 07 50 – ▤. AE ① GB D 12
fermé lundi en juil.-août – **R** produits de la mer - carte 250 à 400.

XX **La Chaumière,** 46 av. Secrétan (19e) ✆ 42 06 54 69 – AE ① GB E 18
fermé août et dim. – **R** 143/198 bc.

XX **Cottage Marcadet,** 151 bis r. Marcadet (18e) ✆ 42 57 71 22 – ▤. GB. ⚘ C 13
fermé 30 avril au 11 mai, 14 au 31 août et dim. – **R** 200 bc et carte 200 à 370.

XX **Au Clair de la Lune,** 9 r. Poulbot (18e) ✆ 42 58 97 03 – AE GB D 14
fermé 1er au 15 fév. – **R** 170 et carte 210 à 300.

XX **Poulbot Gourmet,** 39 r. Lamarck (18e) ✆ 46 06 86 00 – GB C 14
fermé dim. – **R** carte 190 à 290.

XX **Au Bœuf Couronné,** 188 av. J. Jaurès (19e) ✆ 42 39 44 44, Fax 42 39 17 30 – AE ① GB C 20
fermé dim. – **R** 140 et carte 180 à 380 ⚱.

XX **Grandgousier,** 17 av. Rachel (18e) ✆ 43 87 66 12 – AE ① GB D 12
fermé 8 au 22 août, fériés le midi, sam. midi et dim. – **R** 145 et carte 170 à 240.

X **Marie-Louise,** 52 r. Championnet (18e) ✆ 46 06 86 55 – ① GB B 15
fermé fin juil. à début sept., dim., lundi et fériés – **R** 120 et carte 140 à 210.

X **Le Sancerre,** 13 av. Corentin Cariou (19e) ✆ 40 36 80 44 – AE ① GB B 19
fermé août, sam. et dim. – **R** 120 et carte 180 à 230.

X **Aucune Idée ,** 2 pl. St-Blaise (20e) ✆ 40 09 70 67 – AE GB H 22
fermé 1er au 21 août, dim. soir et lundi – **R** 110/215 ⚱, enf. 45.

X **L'Oriental,** 76 r. Martyrs (18e) ✆ 42 64 39 80 – AE GB. ⚘ D 14
fermé 1er au 25 août et lundi – **R** cuisine nord-africaine 70 carte le dim.

ENVIRONS

25 km environ autour de Paris

Pour appeler de province les localités suivantes, composez le 1 avant le numéro à 8 chiffres.

F 15 : Ces lettres et ces chiffres correspondent au carroyage des **plans Michelin Banlieue de Paris** n° 18, n° 20, n° 22, n° 24.

Alfortville 94140 Val-de-Marne 101 ㉖ 24 – 36 119 h.

Paris 10 – Créteil 5 – Maisons-Alfort 1 – Melun 41.

Guangdong M, centre Chinagora, 1 pl. Confluent France-Chine ✆ 43 53 58 88, Fax 49 77 57 17, – ch – 25 à 80. AE GB AE 35
R 140/250 – 55 – **187 ch** 750, 4 appart.

Antony 92160 Hauts-de-Seine 101 ㉕ 22 – 57 771 h alt. 65.

Paris 11,5 – Bagneux 7,5 – Corbeil-Essonnes 29 – Nanterre 24 – Versailles 16.

XX **L'Amandier,** 8 r. Église ✆ 46 66 22 02 – . GB. AM24-25
fermé dim. soir et lundi – **R** 150 , enf. 80.

XX **La Tour de Marrakech,** 72 r. Division leclerc ✆ 46 66 00 54 – GB. AN 25
fermé août et lundi – **R** cuisine nord-africaine - carte 140 à 280.

Arcueil 94110 Val-de-Marne 101 ㉕ 22 – 20 334 h alt. 51.

Paris 6,5 – Boulogne-Billancourt 8,5 – Longjumeau 18 – Montrouge 2,5 – Versailles 23.

Campanile, 73 av. A. Briand, N 20 ✆ 47 40 87 09, Télex 632426, Fax 45 47 51 93 – – 25. AE GB AF 27
R 88 bc/115 bc, enf. 39 – 30 – **83 ch** 340.

Equipneu, 32 r. de la Gare ✆ 46 65 10 44

Argenteuil SP 95100 Val-d'Oise 101 ⑭ 18 **G. Ile de France** – 93 096 h alt. 42.

Paris 16 – Chantilly 35 – Pontoise 19 – St-Germain-en-Laye 14.

Campanile M, 1 r. Ary Scheffer ✆ 39 61 34 34, Télex 688268, Fax 39 61 44 20, – – 25 à 50. AE GB P 20
R 88 bc/115 bc, enf. 39 – 30 – **100 ch** 340.

XXX **La Ferme d'Argenteuil,** 2 bis r. Verte ✆ 39 61 00 62 – AE GB N 20
R carte 245 à 385.

XX **Closerie Périgourdine,** 85 bd J.-Allemane ✆ 39 80 01 28 – AE GB L 21
fermé sam. midi et dim. soir – **R** 135/198 bc.

XX **La Colombe** avec ch, 20 bd Héloïse ✆ 39 61 01 38, Fax 30 76 23 29, – . AE GB. rest N 21
R (1er étage) *(fermé dim.)* 190 - **Brasserie** (rez-de-chaussée) **R** 75 – 30 – **20 ch** 150/450.

ALFA-ROMEO Gar. Busson, 21 r. Chapeau Rouge à Sannois ✆ 39 81 43 27
CITROEN SEDA, 117 bd J.-Allemane ✆ 39 82 81 81
FORD Gar. des Grandes Fontaines, 70 bd J. Allemane ✆ 39 81 61 61
OPEL Argenteuil Motors, 114 av. de Stalingrad ✆ 34 10 20 80
PEUGEOT-TALBOT SODISTO, 45 r. H.-Barbusse ✆ 39 47 09 79
RENAULT S.R.P.A., 181 bd Général Delambre ✆ 39 81 51 95 N ✆ 05 02 83 07

Monteils Pneumatiques, 48-50 av. Stalingrad ✆ 34 11 44 44

Asnières 92600 Hauts-de-Seine 101 ⑮ 18 **G. Ile de France** – 71 850 h alt. 32.

Paris 10 – Argenteuil 5,5 – Nanterre 7,5 – Pontoise 27 – Saint-Denis 8 – Saint-Germain-en-Laye 17.

Wilson H. M sans rest, 10 bis r. Château ✆ 47 93 01 66, Télex 610350, Fax 47 33 74 98 – ch . AE GB T 24
35 – **62 ch** 320/400.

XXX **Le Van Gogh,** Port Van Gogh ✆ 47 91 05 10, Fax 47 93 00 93, – . AE GB. S 25
fermé 13 au 24 août, 19 déc. au 10 janv., sam., dim. et fériés – **R** carte 195 à 360.

XX **Le Périgord,** 3 quai Aulagnier ☎ 47 90 19 86, Fax 47 90 19 86 – P. AE GB S 25
fermé sam. midi et dim. – **R** 230 bc.

XX **La Petite Auberge,** 118 r. Colombes ☎ 47 93 33 94 – GB S 23
fermé 3 au 13 mai, 26 juil. au 24 août, merc. soir, dim. soir et lundi – **R** 140 et carte 210 à 320.

PEUGEOT-TALBOT Gar. Hôtel de Ville, 18 r. P.-Brossolette ☎ 47 33 02 60

TOYOTA S.I.D.A.T., 3 r. de Normandie ☎ 46 13 46 70

Athis-Mons **91200** Essonne 101 ㊱ – 29 123 h alt. 80.

Paris 18 – Créteil 17 – Évry 11,5 – Fontainebleau 48.

La Rotonde M sans rest, 25 bis r. H. Pinson ☎ 69 38 97 78 – TV ☎ P. GB.
25 – **22 ch** 260/300.

ALFA-ROMEO Gar. Bellanger, 37 rte de Fontainebleau à Paray-Vieille-Poste ☎ 69 38 50 72

BMW VP Automobiles, 111 r. R.-Schumann ☎ 69 38 64 36

Aubervilliers **93300** Seine-St-Denis 101 ⑯ 20 – 67 557 h.

Paris 9 – Bobigny 8 – Saint-Denis 2.

Le Relais M, 53 r. Commune de Paris ☎ 48 39 07 07, Télex 232726, Fax 48 39 16 72 – cuisinette TV ☎ – P – 60. AE GB S 33
R 82 – **259 ch** 360/430.

Aulnay-sous-Bois **93600** Seine-St-Denis 101 ⑰ 20 – 82 314 h alt. 50.

Paris 18 – Bobigny 7 – Lagny-sur-Marne 26 – Meaux 34 – St-Denis 11 – Senlis 36.

Novotel M, rte Gonesse N 370 ☎ 48 66 22 97, Télex 230121, Fax 48 66 99 39, – ch TV ☎ P – 200. AE GB L 42
R carte environ 150, enf. 50 – 50 – **138 ch** 480/530.

XXX **Aub. Saints Pères,** 212 av. Nonneville ☎ 48 66 62 11, Fax 48 66 25 22 – AE GB JCB. R 42
fermé août, vacances de fév., dim. et lundi – **R** 250/360 et carte 370 à 490, enf. 150.

XX **A l'Escargot,** 40 rte Bondy ☎ 48 66 88 88 – AE GB P 42
fermé août, vacances de fév. et lundi – **R** (déj. seul. sauf vend. et sam.) 190 et carte 200 à 370, enf. 120.

CITROEN Gar. des Petits Ponts, 153 rte de Mitry ☎ 43 83 70 81

FORD Bocquet, 37 av. A. France ☎ 48 66 47 33

RENAULT Paris Nord Autos, r. J.-Duclos RN 370 ☎ 48 66 30 65

Bagnolet **93170** Seine-St-Denis 101 ⑯ 20 – 32 600 h alt. 86.

Paris 6,5 – Bobigny 9,5 – Lagny-sur-Marne 31 – Meaux 40.

Novotel Paris Bagnolet M, av. République, échangeur porte de Bagnolet ☎ 49 93 63 00, Télex 235136, Fax 43 60 83 95, <, – ch TV ☎ – 500. AE GB Y 36
Grill R carte environ 180, enf. 55 – 55 – **611 ch** 630/670, 11 appart.

Campanile M, 30 av. Gén. de Gaulle, échangeur Porte de Bagnolet ☎ 48 97 36 00, Télex 230049, Fax 48 97 36 60 – TV ☎ – 100. AE GB Y 36
R 88 bc/115 bc, enf. 39 – 29 – **274 ch** 395.

PEUGEOT-TALBOT Botzaris, 210 r. de Noisy-le-Sec ☎ 43 61 17 90

Bobigny **93000** Seine-St-Denis 101 ⑰ 20 – 44 659 h alt. 53.

Paris 15 – St-Denis 7.

Campanile M, 304 av. Paul Vaillant-Couturier ☎ 48 31 37 55, Télex 233027, Fax 48 31 53 30 – TV ☎ P – 25 à 50. AE GB T 39
R 88 bc/115 bc, enf. 39 – 30 – **120 ch** 340.

PEUGEOT-TALBOT Nouvelle Centrale Auto, Nouvelle Centrale Auto à Bondy ☎ 48 47 31 19

Bois-Colombes **92270** Hauts-de-Seine 101 ⑭ 18 – 24 415 h alt. 65.

Paris 11 – Nanterre 8 – Pontoise 26 – Saint-Denis 9 – Saint-Germain-en-Laye 15.

XX **Le Bouquet Garni,** 7 r. Ch. Chefson ☎ 47 80 55 51 – GB S 23
fermé août, sam. midi, dim. soir et lundi – **R** 140/280.

CITROEN Gar. Central, 17 bis av. Gambetta ☎ 42 42 11 00

CITROEN Gd Gge Hauts de Seine, 249 av. d'Argenteuil ☎ 47 82 41 00

Bonneuil-sur-Marne **94380** Val-de-Marne 101 ㉗ 24 – 13 626 h alt. 45.

Paris 17 – Chennevières-sur-Marne 5,5 – Créteil 3,5 – Lagny-sur-Marne 32 – St-Maur-des-Fossés 5.

Campanile, ZI Petits Carreaux, 2 av. Bleuets ☎ 43 77 70 29, Télex 264197, Fax 43 99 42 96, – TV ☎ P – 25. AE GB AL 42
R 80 bc/102 bc, enf. 39 – 29 – **50 ch** 268.

XX **Aub. du Moulin Bateau,** r. Moulin Bateau ☎ 43 77 00 10, <, , « Terrasse en bordure de Marne », – P. AE GB AJ 43
fermé sam. midi et dim. soir – **R** 140/400, enf. 100.

CITROEN Soulard et Faure, av. du 19 Mars 1962 ✆ 43 39 63 66
MERCEDES Segmat, ZI des Petits Carreaux ✆ 43 39 70 11
RENAULT Central Gar., 11 r. Col.-Fabien ✆ 43 39 62 76
RENAULT Central Gar., 3 av. de Boissy ✆ 43 39 62 39

Bougival **78380** Yvelines 101 ⑬ 18 **G. Ile de France** – 8 552 h alt. 40.

Paris 19 – Rueil-Malmaison 5 – St-Germain-en-Laye 6 – Versailles 6,5 – Le Vésinet 4.

des Maréchaux M sans rest, 10 côte de la Jonchère ✆ 30 82 77 11, Télex 699597, Fax 30 82 78 40, parc – 120. AE GB Y 12
40 – **40 ch** 550/630.

Coq Hardy, 16 quai Rennequin-Sualem (N 13) ✆ 39 69 01 43, Fax 39 69 40 93, « Jardins en terrasses », – . AE GB X 10
fermé dim. soir et lundi – **R** 260 et carte 280 à 410.

du Quai, 6 quai G. Clemenceau ✆ 39 69 18 98, Fax 39 18 33 18 – AE GB Y 11
fermé août et dim. soir – **R** 118 et carte 170 à 235.

Boulogne-Billancourt **92100** Hauts-de-Seine 101 ㉔ 22 **G. Ile de France** – 101 743 h alt. 35.

Voir Jardin Albert Kahn★ – Musée Paul Landowski★.

Paris 9 – Nanterre 10,5 – Versailles 15.

Acanthe M sans rest, 9 rd-pt Rhin et Danube ✆ 46 99 10 40, Télex 633062, Fax 46 99 00 05 – . AE GB AB 18
60 – **33 ch** 760.

Adagio M, 20 r. Abondances ✆ 48 25 80 80, Télex 632189, Fax 48 25 33 13, – rest – 60. AE GB JCB. rest AB 19
R *(fermé sam.)* 155 bc/165 bc – 60 – **75 ch** 695/790.

Sélect H. sans rest, 66 av. Gén.-Leclerc ✆ 46 04 70 47, Télex 633587, Fax 46 04 07 77 – . AE GB. AC 19
38 – **63 ch** 480/560.

Excelsior sans rest, 12 r. Ferme ✆ 46 21 08 08, Fax 46 21 76 15 – . AE GB AC 19
35 – **52 ch** 360/430.

Paris sans rest, 104 bis r. Paris ✆ 46 05 13 82, Fax 48 25 10 43 – . AE GB AB19-20
34 – **31 ch** 325/395, 4 appart.

Olympic H. sans rest, 69 av. V. Hugo ✆ 46 05 20 69, Télex 633378, Fax 46 04 04 07 – . AE GB AC 20
30 – **36 ch** 315/400.

Au Comte de Gascogne, 89 av. J.-B. Clément ✆ 46 03 47 27, Fax 46 04 55 70, « Jardin d'hiver » – . AE GB JCB AB 19
fermé sam. midi et dim. – **R** carte 345 à 525.

L'Auberge, 86 av. J.-B. Clément ✆ 46 05 67 19, Fax 46 05 23 16 – . AE GB AB 19
fermé 31 juil. au 29 août, sam., dim. et fériés – **R** 150 bc/190.

La Bretonnière, 120 av. J.-B. Clément ✆ 46 05 73 56 – GB AB 19
fermé sam. et dim. – **R** 200.

Le Boeuf au Bistrot, 189 r. Galiéni ✆ 48 25 11 84 – GB AC 19
R 134 bc, enf. 50.

ALFA-ROMEO Lov'Auto, 23 r. Solférino ✆ 46 21 50 60
BMW Zol'Auto, 24 r. du Chemin Vert ✆ 46 09 91 43 N ✆ 46 08 23 00
CITROEN Augustin, 53 r. Danjou ✆ 46 09 93 75
FIAT-LANCIA Fiat Auto France, 58 r. Denfert-Rochereau ✆ 46 05 41 62
JAGUAR, ROVER Adam Clayton, 77 av. P.-Grenier ✆ 46 09 15 32
MERCEDES SOPDA, 32 bis rte de la Reine ✆ 46 03 50 50
OPEL Cap Ouest Automobiles, 6 bis r. de la Ferme ✆ 46 94 07 06
PEUGEOT-TALBOT Paris Ouest Autom., 74 rte de la Reine ✆ 46 05 43 43
PEUGEOT-TALBOT Paris Ouest Autom., 21/23 quai A.-Le Gallo ✆ 46 05 43 43
RENAULT Succursale, 577 av. Gén.-Leclerc ✆ 47 61 39 39 N ✆ 05 05 15 15
RENAULT, ALPINE Centre Alpine, 120 r. Thiers ✆ 46 20 12 13
V.A.G Aguesseau Autom., 183 r. Gallieni ✆ 46 05 62 60

Cent Mille Pneus, 148 rte de la Reine ✆ 46 03 02 02
Etter-Pneus, 57 r. Thiers ✆ 46 20 18 55

Le Bourget **93350** Seine-St-Denis 101 ⑰ 20 **G. Ile de France** – 11 699 h alt. 66.

Voir Musée de l'Air et de l'Espace★★.

Paris 11 – Bobigny 5 – Chantilly 37 – Meaux 41 – St-Denis 6,5 – Senlis 37.

Novotel M, ZA pont Yblon au Blanc Mesnil ✉ 93150 ✆ 48 67 48 88, Télex 230115, Fax 45 91 08 27, , , – ch – 25 à 200. AE GB JCB L 38
R carte environ 150 , enf. 50 – 50 – **143 ch** 470/510.

Bleu Marine M, aéroport du Bourget - Zone aviation d'affaires ✆ 49 34 10 38, Télex 236600, Fax 49 34 10 35 – ch – 40. AE GB K 38
R 165, enf. 49 – 60 – **86 ch** 510.

FIAT, LANCIA-AUTOBIANCHI Actis-Barone, 77 av. Division-Leclerc ✆ 48 37 91 30
RENAULT Gar. Bon, 132 av. Division-Leclerc ✆ 48 37 01 12

Euromaster Piot Pneu, 190 av. Ch.-Floquet à Blanc-Mesnil ✆ 48 67 17 40

Bourg-la-Reine **92340** Hauts-de-Seine 101 ㉕ 22 – 18 499 h.

Paris 9 – Boulogne-Billancourt 10,5 – Évry 25 – Versailles 17.

Alixia sans rest, 82 av. Gén. Leclerc ✆ 46 60 56 56, Fax 46 60 57 34 – AE GB AJ 26
45 – **39 ch** 530/550.

Bry-sur-Marne **94360** Val-de-Marne 101 ⑱ 24 – 13 826 h alt. 39.

Paris 16 – Créteil 10,5 – Lagny-sur-Marne 19.

Bryhôtel M, 1 av. Europe (Z.A.C. Fontaines Giroux) ✆ 49 83 87 20, Fax 49 83 89 98 – GB AC 46
R *(fermé dim.)* 75/132, enf. 35 – 30 – **44 ch** 258.

Buc **78530** Yvelines 101 ㉓ 22 – 5 434 h alt. 112.

Paris 24 – Bièvres 7,5 – Chevreuse 12 – Versailles 4,5.

Climat de France, Z.A.C. du Haut Buc ✆ 39 56 48 11, Fax 39 56 81 54, – 25. AE GB AL 9
R 86/130 , enf. 40 – 35 – **43 ch** 285.

XXX **Relais de Courlande** avec ch, 2 r. Collin-Mamet au Haut Buc ✆ 39 56 24 29, Fax 39 56 03 92, – . AE GB AL 9
R *(fermé 9 au 24 août, dim. soir et lundi)* 120/360 – 35 – **12 ch** 250/350.

RENAULT Succursale, ZI, r. R. Garros ✆ 30 84 60 00 N ✆ (1) 05 05 15 15

Bussy-St-Georges **77** S.-et-M. 101 ⑳ – rattaché à Marne-la-Vallée.

La Celle-St-Cloud **78170** Yvelines 101 ⑬ 18 – 22 834 h alt. 120.

Paris 20 – Rueil-Malmaison 6,5 – St-Germain-en-Laye 7,5 – Versailles 5 – Le Vésinet 9,5.

X **Au Petit Chez Soi,** pl. Église ✆ 39 69 69 51 – AE GB AA 11
fermé 24 déc. au 1er janv. et dim. soir d'oct. à avril – **R** 155.

Champs-sur-Marne **77** S.-et-M. 101 ⑲ – rattaché à Marne-la-Vallée.

Charenton-le-Pont **94220** Val-de-Marne 101 ㉖ 24 **G. Île de France** – 21 872 h.

Voir Musée Français du Pain★.

Paris 9 – Alfortville 4 – Ivry-sur-Seine 6.

Novotel Atria M, 5 pl. Marseillais (r. Paris) ✆ 46 76 60 60, Télex 261665, Fax 49 77 68 00 – ch – 25 à 180. AE GB JCB AD 35
R carte environ 140, enf. 50 – 51 – **132 ch** 600/670.

XX **Victory,** 164 r. Paris ✆ 43 68 22 66 – GB AD 34-35
fermé août, sam. midi, dim. soir et lundi soir – **R** 145 bc (déj.)/345.

Châteaufort **78117** Yvelines 101 ㉒ 22 – 1 427 h alt. 153.

Paris 30 – Arpajon 28 – Rambouillet 25 – Versailles 10.

XXX **La Belle Epoque,** ✆ 39 56 21 66, , « Auberge rustique dominant le vallon » – AE GB AR 6
fermé dim. soir et lundi – **R** carte 300 à 400.

Chaville **92370** Hauts-de-Seine 101 ㉓ 22 – 17 784 h alt. 87.

Paris 13 – Nanterre 14 – Versailles 5.

XX **La Tonnelle,** 29 r. Lamennais ✆ 47 50 42 77, – AE GB AG 15
fermé dim. soir et lundi – **R** 180/240, enf. 90.

OPEL Chaville Autos, 403 av. Roger Salengro ✆ 47 50 84 61

Chelles **77500** S.-et-M. 101 ⑲ 20 – 45 365 h alt. 45.

Paris 22 – Coulommiers 46 – Meaux 27 – Melun 45.

Climat de France M, D 34, rte Claye-Souilly ✆ 60 08 75 58, Télex 691149, Fax 60 08 90 94, – – 50. AE GB W 52
R 85/118 , enf. 39 – 25 – **43 ch** 310.

XX **L'Eau Vive,** 42 r. Gambetta ✆ 60 08 10 10 – . GB W 51
fermé 8 août au 6 sept., dim. soir et lundi – **R** produits de la mer 145 et carte 255 à 400 , enf. 70.

XX **Rôt. Briarde,** 43 r. A. Meunier ✆ 60 08 02 78, Fax 60 20 99 85, , – . AE GB X 51
fermé août, vacances de fév., lundi soir et mardi – **R** 160/220, enf. 65.

CITROEN Pacha, 59 av. Mar.-Foch ✆ 60 08 56 01 N ✆ 64 26 17 96
FORD Dubos, 92 av. Mar.-Foch ✆ 60 20 43 42
OPEL Chelles-Autom., ZI, av. de Sylvie ✆ 60 08 53 02
PEUGEOT-TALBOT Metin, 53 av. Mar.-Foch ✆ 60 08 57 57
RENAULT Gar. de Chelles, 9 av. du Marais ✆ 64 21 19 81 N ✆ 60 26 15 88
V.A.G Gar. Lourdin, 33 r. G.-Nast ✆ 60 08 38 42

Euromaster La Centrale du Pneu, 41 r. A.-Meunier ✆ 60 08 07 68

Chennevières-sur-Marne 94430 Val-de-Marne 101 ㉘ 24 – 17 857 h alt. 100.

d'Ormesson ✆ 45 76 20 71, SE : 3 km.

Paris 19 – Coulommiers 48 – Créteil 9 – Lagny-sur-Marne 22.

XXX **Écu de France,** 31 r. Champigny ✆ 45 76 00 03, ←, « Cadre rustique, terrasse fleurie en bordure de rivière », – P. GB. AG 45
fermé 30 août au 6 sept., dim. soir et lundi – **R** carte 260 à 350.

BMW Gar. du Bac, 2 et 4 r. Lavoisier ✆ 45 76 33 33
FIAT Carrefour des Nations, 2 rte de la Libération ✆ 45 76 56 05
RENAULT SOVEA, 96 rte de la Libération ✆ 45 76 96 70
VOLVO Volvo Alma, 102 rte de la Libération ✆ 45 93 04 00

Clamart 92140 Hauts-de-Seine 101 ㉔ 22 – 47 214 h.

Paris 10 – Boulogne-Billancourt 5 – Issy-les-Moulineaux 3,5 – Nanterre 16 – Versailles 14.

du Trosy sans rest, 41 r. P. Vaillant-Couturier ✆ 47 36 37 37, Télex 631956, Fax 47 36 88 38 – TV ☎ AE GB AG 21
35 – **40 ch** 330/360.

OPEL VISION SUD AUTOMOBILES 323 av. Gén.-de-Gaulle ✆ 46 30 45 90
PEUGEOT-TALBOT Claudis, 182 av. Gén.-de-Gaulle ✆ 41 07 90 20
RENAULT Clamart Automobiles, 185 av. V.-Hugo ✆ 46 44 38 03 N ✆ 05 05 15 15
V.A.G S.T.N.A., 154 av. Victor-Hugo ✆ 46 42 20 61

Clamart Pneus, 329 av. Gén.-de-Gaulle ✆ 46 31 12 04

Clichy 92110 Hauts-de-Seine 101 ⑮ 18 – 48 030 h alt. 30.

Paris 8 – Argenteuil 8 – Nanterre 8 – Pontoise 28 – St-Germain-en-Laye 20.

Victoria sans rest, 15 rue Pierre Curie ✆ 47 56 05 00, Télex 615798, Fax 47 56 08 80 – ch TV ☎. AE GB JCB T 26
35 – **28 ch** 380/400.

Sovereign sans rest, 14 r. Dagobert ✆ 47 37 54 24, Fax 47 30 05 80 – TV ☎. AE GB T 25
40 – **42 ch** 450.

Le Ruthène sans rest, 35 r. Klock ✆ 47 37 02 51, Télex 613461 – TV ☎. GB. U 26
30 – **20 ch** 350/380.

des Chasses M sans rest, 49 r. des Chasses ✆ 47 37 01 73, Télex 615388, Fax 47 31 40 98 – TV ☎. AE GB T 25
30 – **35 ch** 350/390.

L'Europe sans rest, 52 bd Gén. Leclerc ✆ 47 37 13 10, Fax 40 87 11 06 – TV ☎. AE GB
30 – **43 ch** 350/380. T 26

XXX **Barrière de Clichy,** 1 r. Paris ✆ 47 37 05 18, Fax 47 37 77 05 – AE GB U 26
fermé 1er au 16 août, sam. midi et dim. – **R** 190 (déj.)/370.

XX **Dagobert,** 76 r. Martre ✆ 42 70 05 64 – GB T 25
fermé sam. midi et dim. – **R** 130 et carte 180 à 310, enf. 125.

XX **La Bonne Table,** 119 bd J.-Jaurès ✆ 47 37 38 79 – GB T 25
fermé 10 août au 7 sept., sam. midi et dim. – **R** produits de la mer 260/360.

BMW G.P.M., 8 rue de Belfort ✆ 47 39 99 40
CITROEN Centre Citroën Clichy, 125 bd J.-Jaurès ✆ 42 70 17 17
CITROEN Succursale, 15-17 r. Fournier ZAC ✆ 47 37 30 02

Central-Pneumatique, 22 r. Dr- Calmette ✆ 42 70 99 94
P.S.T.A., 107 bd V.-Hugo ✆ 42 70 11 43

Collégien 77 S.-et-M. 101 ㉚ – rattaché à Marne-la-Vallée.

Cormeilles-en-Parisis 95240 Val-d'Oise 101 ③ ④ 18 – 17 417 h alt. 115.

Paris 24 – Argenteuil 7 – Maisons-Laffitte 8,5 – Pontoise 14.

XX **Aub de l'Hexagone,** 32 r. Pommiers ✆ 39 78 77 49 – P. AE GB. K 16
fermé août et dim. – **R** 120/175, enf. 80.

RENAULT Gar. Parisis, 29 bd Joffre ✆ 39 78 41 32
SEAT J.C.A. Automobiles, 19 bd Mar.-Joffre ✆ 39 78 11 06

Courbevoie 92400 Hauts-de-Seine 101 ⑭ 18 G. Ile de France – 65 389 h alt. 34.

Paris 10 – Asnières-sur-Seine 3 – Levallois-Perret 5,5 – Nanterre 4 – St-Germain-en-Laye 16.

George Sand sans rest, 18 av. Marceau ✆ 43 33 57 04, Télex 615305, Fax 47 88 59 38, « Décor évoquant l'époque de George Sand » – AE GB U 20
37 – **31 ch** 400/480.

Blois sans rest, 85 bd St-Denis ✆ 43 33 13 35, Télex 612576, Fax 47 88 24 80 – AE GB U 21-22
38 – **33 ch** 390/430.

Central sans rest, 99 r. Cap. Guynemer ✆ 47 89 25 25, Télex 612333, Fax 46 67 02 21 – GB JCB U 20
30 – **55 ch** 340/400.

Quartier Charras :

Mercure, 18 r. Baudin ✆ 49 04 75 00, Télex 610470, Fax 47 68 83 32 – ch rest – 25 à 300. AE GB. rest U 20
L'Atelier R 145 , enf. 45 – 68 – **494 ch** 720/920.

au Parc de Bécon :

Trois Marmites, 215 bd St-Denis ✆ 43 33 25 35 – AE GB U 22
fermé août, sam. et dim. – **R** 200.

RENAULT Succursale, 8 bd G.-Clemenceau ✆ 46 67 55 55 N ✆ 05 05 15 15

Cenci-Pneu, 8 r. de Bitche ✆ 43 33 25 36

Créteil P 94000 Val-de-Marne 101 ㉗ 24 G. Ile de France – 82 088 h alt. 49.

Voir Hôtel de ville★ : parvis★.

Office de Tourisme 1 r. F.-Mauriac ✆ 48 98 58 18.

Paris 14 – Bobigny 19 – Évry 35 – Lagny-sur-Marne 28 – Melun 35.

Novotel M , au lac ✆ 42 07 91 02, Télex 264177, Fax 48 99 03 48, , – ch – 50. AE GB AJ 38
R carte environ 160, enf. 55 – 50 – **110 ch** 470/520.

Ibis M, carrefour Pompadour, 14 r. Basse Quinte ✆ 49 80 12 22, Télex 262378, Fax 43 99 04 45 – ch – 30. AE GB AK 38
R 91 , enf. 39 – 33 – **84 ch** 310/330.

Le Cristolien, 29 av. P. Brossolette, N 19 ✆ 48 98 12 01, Fax 42 07 24 47 – GB
fermé sam. midi et dim. – **R** 200/325. AH 40

La Terrasse, 39 av. Verdun ✆ 42 07 15 94, Fax 48 98 46 84 – AE GB AG 40
fermé 15 au 31 août, sam. midi et dim. – **R** 150 et carte 180 à 250.

CITROEN Citroën Palais Sport Auto, 30 r. de Valenton ✆ 42 07 21 00
PEUGEOT-TALBOT SCA-SVICA, 89 av. Gén.-de-Gaulle ✆ 43 39 50 00
RENAULT SVAC, ZI Petites Haies, 37 r. de Valenton ✆ 48 99 72 50

Créteil-Pneu, 90 av. Mar.-de-Lattre-de-Tassigny ✆ 42 07 36 58

Croissy-Beaubourg 77 S.-et-M. 101 ㉚ – rattaché à Marne-la-Vallée.

Croissy-sur-Seine 78290 Yvelines 101 ⑬ 18 – 9 098 h.

Paris 20 – Maisons-Laffitte 10 – Pontoise 23 – Saint-Germain-en-Laye 4,5 – Versailles 9.

La Buissonnière, 9 av. Mar. Foch ✆ 39 76 73 55 – GB W 11
fermé août, dim. soir et lundi – **R** 150 et carte 165 à 250.

FORD Croissy Automobiles, 4 r. des Ponts ✆ 39 76 22 17

La Défense 92 Hauts-de-Seine 101 ⑭ 18 G. Paris – ✉ 92400 Courbevoie.

Voir Quartier★★ : perspective★ du parvis.

Paris 8,5 – Courbevoie 1,5 – Nanterre 2,5 – Puteaux 1.

Sofitel Paris CNIT M , 2 pl. Défense ✆ 46 92 10 10, Télex 613782, Fax 46 92 10 50 – ch ch . AE GB JCB. rest U 19-V 19
R voir rest. **Les Communautés** ci-après – 90 – **141 ch** 1280/1600, 6 appart.

Sofitel Paris La Défense M , 34 cours Michelet, par bd circulaire sortie Défense 4 ✆ 47 76 44 43, Télex 612189, Fax 47 73 72 74 – ch – 50. AE GB JCB V 20
Les 2 Arcs *(fermé dim. midi et sam.)* **R** 325 (déj.) et carte 260 à 380 – 90 – **149 ch** 1150.

Novotel Paris La Défense M, 2 bd Neuilly ✆ 47 78 16 68, Télex 630288, Fax 47 78 84 71, ← – ch – 25 à 150. AE GB JCB V 21
R carte environ 160, enf. 55 – 58 – **278 ch** 750/790.

Ibis Paris La Défense M, 4 bd Neuilly ✆ 47 78 15 60, Télex 611555, Fax 47 78 94 16, – ch – 120. AE GB V 21
R 100 , enf. 39 – 36 – **284 ch** 495.

XXXX ✿ **Fouquet's Europe,** au CNIT, 2 pl. Défense, 5e étage ✆ 46 92 28 04, Fax 46 92 28 16 – ▤. AE ⓓ GB JCB. ⚘ V 19
fermé sam. et dim. – **R** carte 270 à 400
Spéc. Tarte de poivrons doux sur émincé d'encornets. Rouget rôti au romarin croustillant. Feuilletage à la vanille.

XXX ✿ **Les Communautés** - Hôtel Sofitel Paris CNIT, 2 pl. Défense ✆ 46 92 10 10, Fax 46 92 10 50 – ▤. AE ⓓ GB JCB. ⚘ UV 19
fermé sam., dim. et fériés – **R** 285 (déj.) et carte 280 à 390
Spéc. Chartreuse de champignons sauvages au foie gras (automne-hiver). Morue fraîche à la chair de tourteau, lentilles vertes du Puy. Queue de boeuf mijotée à l'ancienne.

Draveil 91210 Essonne 101 ㊱ – 27 867 h alt. 55.

Office de Tourisme Parc de l'Hôtel de Ville ✆ 69 03 09 39.

Paris 22 – Arpajon 18 – Évry 5,5.

Arpège M ⛰, 46 av. Bellevue ✆ 69 42 28 16, Fax 69 03 94 04 – |‡| TV ☎ ⇐ P – ⛺ 30. AE GB
R (dîner seul.)(résidents seul.) 70 bc/100 – ☕ 30 – **33 ch** 270/300.

à Champrosay SE : 3 km par N 448 – ✉ **91210** :

XXX **Bouquet de la Forêt,** rte l'Ermitage ✆ 69 42 56 08, ☂, « A l'orée de la forêt » – P. GB
fermé 26 juil. au 23 août et lundi – **R** *(déj. seul. sauf vend. et sam.)* carte 200 à 380.

FORD A.M.V., ZI Réveil Matin Ancienne RN 5 Montgeron ✆ 69 40 76 00
RENAULT Gar. du Plateau, 156 bis av. de la République à Montgeron ✆ 69 03 28 52
RENAULT Gar. Pouvreau, 50 av. H.-Barbusse ✆ 69 42 22 34

Émerainville 77 S.-et-M. 101 ㉙ – rattaché à Marne-la-Vallée.

Enghien-les-Bains 95880 Val-d'Oise 101 ⑤ 18 G. Ile de France – 10 077 h alt. 50 – Stat. therm. (fermé janv.) – Casino.

Voir Lac★ – Deuil-la-Barre : chapiteaux historiés★ de l'église N.-Dame NE : 2 km.

⛳ de Domont Montmorency ✆ 39 91 07 50, N : 8 km.

Office de Tourisme 2 bd Cotte ✆ 34 12 41 15.

Paris 19 – Argenteuil 4,5 – Chantilly 31 – Pontoise 21 – St-Denis 7 – St-Germain-en-Laye 19.

Grand Hôtel M ⛰, 85 r. Gén. de Gaulle ✆ 34 12 80 00, Télex 607842, Fax 34 12 73 81, ☂, ⛲ – |‡| ▤ ch TV ☎ P – ⛺ 25. AE ⓓ GB K 25
R 165/450 – ☕ 70 – **48 ch** 980/1100, 3 appart.

XXXX ✿✿ **Duc d'Enghien,** au Casino ✆ 34 12 90 00, Fax 34 12 41 70, ≤ lac, ☂ – ▤. AE ⓓ GB J 25
fermé 2 août au 2 sept., 3 au 13 janv., dim. soir et lundi – **R** 340/460 et carte 450 à 640
Spéc. Filets de rouget et leur nage d'artichaut à l'anis étoilé. Turbot rôti aux oignons frits et tomates confites. Aiguillettes de canette rôtie et la cuisse en Parmentier.

XX **Aub. Landaise,** 32 bd d'Ormesson ✆ 34 12 78 36 – ▤. AE GB JCB J 26
fermé août, 17 au 23 fév., dim. soir et merc. – **R** carte 155 à 280.

CITROEN Namont, 150 av. Division Leclerc ✆ 34 12 75 06
OPEL Enghien-Automobile, 211 av. Division Leclerc ✆ 39 89 14 17
PEUGEOT-TALBOT Gar. des 3 Communes, 8 rte de St-Denis à Deuil-la-Barre ✆ 39 83 22 62
RENAULT Succursale, 65/67 av. Division Leclerc à Deuil-la-Barre ✆ 34 12 46 46 N ✆ 05 05 15 15

Épinay-sur-Seine 93800 Seine-St-Denis 101 ⑮ 18 – 48 762 h alt. 38.

Paris 14 – Argenteuil 4,5 – Bobigny 16 – Pontoise 21 – St-Denis 5,5.

Ibis M, 1 av. 18-Juin-1940 ✆ 48 29 83 41, Télex 236655, Fax 48 22 93 03, ☂ – |‡| ⇆ ch TV ☎ ♿ ⇐ – ⛺ 55. AE ⓓ GB L 25
R 91 ⅉ, enf. 39 – ☕ 35 – **91 ch** 310/330.

Euromaster Piot Pneu, 123-125 av. Mar.-de-Lattre ✆ 48 41 43 75

Euro-Disney 77 S.-et-M. 101 ⑳ – rattaché à Marne-la-Vallée.

Fontenay-aux-Roses 92260 Hauts-de-Seine 101 ㉕ 22 – 23 322 h.

Paris 8,5 – Boulogne-Billancourt 7,5 – Nanterre 18 – Versailles 15.

Climat de France M, 32 av. J. M. Dolivet ✆ 43 50 02 04, Fax 46 83 81 20 – |‡| TV ☎ ♿ P – ⛺ 40. AE ⓓ GB AH 24
R 88/130 ⅉ, enf. 46 – ☕ 35 – **58 ch** 340.

CITROEN B.F.A., 98 r. Boucicaut ✆ 46 61 21 75
FORD Mecanoel, 2 r. des Benards angle av. Lombart ✆ 46 61 11 14
RENAULT Beck, 17 av. Jean-Moulin ✆ 43 50 61 90

Fontenay-sous-Bois **94120** Val-de-Marne 101 ⑰ 20 24 – 51 868 h alt. 102.

Paris 10,5 – Créteil 9,5 – Lagny-sur-Marne 23 – Villemomble 7 – Vincennes 4.

Mercure M, av. Olympiades ✆ 49 74 88 88, Télex 262159, Fax 43 94 17 73, – ch TV ☎ ♿ – 80. AE GB Z 42
R carte 150 à 200 ♁, enf. 48 – ☕ 52 – **139 ch** 570/630.

Climat de France, 18 av. Rabelais ✆ 48 76 21 98, Télex 262629, Fax 48 76 25 96 – TV ☎ ♿ P – 25. AE GB AA 41
R 87/118 ♁, enf. 36 – ☕ 34 – **59 ch** 310.

La Musardière, 61 av. Mar. Joffre ✆ 48 73 96 13 – . GB AA 42
fermé 1 au 22 août, lundi soir, mardi soir et dim. – **R** 140.

Garches **92380** Hauts-de-Seine 101 ⑬ 22 – 17 957 h alt. 114.

18 18 (privé) ✆ 47 01 01 85, parc de Buzenval, 60 r. 19-Janvier.

Paris 15 – Courbevoie 8,5 – Nanterre 8 – St-Germain-en-Laye 14 – Versailles 8,5.

La Tardoire, 136 Grande Rue ✆ 47 41 41 59 – GB AB 15
fermé 19 juil. au 18 août, 3 au 13 janv., dim. soir et lundi – **R** 110 (déj.)/170.

CITROEN Gar. Magenta, 4 bd Gén de Gaulle ✆ 47 41 67 36

La Garenne-Colombes **92250** Hauts-de-Seine 101 ⑭ 18 – 21 754 h alt. 25.

Syndicat d'Initiative 24 r. E.-d'Orves ✆ 47 85 09 90.

Paris 11,5 – Argenteuil 6 – Asnières-sur-Seine 4,5 – Courbevoie 2 – Nanterre 2 – Pontoise 27 – St-Germain-en-Laye 14.

Aub. du 14 Juillet, 9 bd République ✆ 42 42 21 79 – AE GB T 21
fermé 1er au 14 mai, sam., dim. et fêtes – **R** 220 bc et carte 230 à 370.

Aux Gourmets Landais, 5 av. Joffre ✆ 42 42 22 86, – AE GB T 20
fermé 15 août au 15 sept., dim. soir et lundi – **R** 120/200 ♁, enf. 52.

La Sartorine, 23 r. Sartoris ✆ 47 60 14 40, – AE GB T 21
fermé 15 au 31 août, sam. et dim. – **R** 150/290, enf. 85.

FIAT-LANCIA-ALFA ROMEO, Lutèce Autom., 86 r. Faidherbe ✆ 47 80 10 10 N ✆ 42 43 64 87

PEUGEOT-TALBOT Succursale, 9 bd National ✆ 47 80 71 67

Gennevilliers **92230** Hauts-de-Seine 101 ⑮ 18 – 44 818 h alt. 29.

Office de Tourisme 177 av. G.-Péri (fermé matin) ✆ 47 99 33 92.

Paris 11,5 – Nanterre 11 – Pontoise 23 – St-Denis 4,5 – St-Germain-en-Laye 18.

Résidence du Parc sans rest, 14 r. E. Varlin ✆ 47 92 05 62, Fax 47 94 04 07 – TV ☎. GB P 24
☕ 29 – **20 ch** 290.

Gentilly **94250** Val-de-Marne 101 ㉕ 24 – 17 093 h alt. 47.

Paris 6 – Créteil 13.

Saphir Paris Gentilly M, 51 av. Raspail ✆ 47 40 87 87, Fax 47 40 15 88, – ch rest TV ☎ ♿ P – 35. AE GB AF 29
R 85/145 – ☕ 45 – **84 ch** 540/580.

Ibis M, 13 r. Val de Marne ✆ 49 69 94 94, Télex 634802, Fax 45 46 41 52 – ch TV ☎ – 25 à 100. AE GB AE 30
R 98 ♁, enf. 39 – ☕ 37 – **296 ch** 350.

Goussainville **95190** Val-d'Oise 101 ⑦ – 24 812 h.

Paris 27 – Chantilly 23 – Pontoise 33 – Senlis 28.

Campanile, Z.A.E. Ch. de Gaulle ✆ 39 92 93 36, Télex 605251, Fax 39 92 93 73 – TV ☎ ♿ P. AE GB
R 88 bc/115 bc ♁, enf. 39 – ☕ 30 – **70 ch** 340.

Houilles **78800** Yvelines 101 ⑬ 18 – 29 650 h.

Paris 17 – Argenteuil 6 – Maisons-Laffitte 4,5 – Pontoise 21 – Saint-Germain-en-Laye 10 – Versailles 20.

Le Gambetta, 41 r. Gambetta ✆ 39 68 52 12, Fax 30 86 97 22 – AE GB R 15
fermé dim. sauf fêtes – **R** 150/210.

CITROEN Gar. Clement, 28 r. Gambetta ✆ 39 68 74 12
FORD Boustany Automobiles, 71-73 bd Henri-Barbusse ✆ 39 14 25 25

OVIL Pneu Maintenance 56 bis bd Emile Zola ✆ 39 68 26 86

Issy-les-Moulineaux **92130** Hauts-de-Seine 101 ㉔ 22 – 46 127 h alt. 37.

Paris 6,5 – Boulogne-Billancourt 3 – Clamart 3,5 – Nanterre 12 – Versailles 16.

Campanile M, 213 r. J.-J. Rousseau ✆ 47 36 42 00, Télex 631246, Fax 47 36 88 93 – TV ☎ ♿ P – 70. AE GB AD 21
R 88 bc/115 bc, enf. 39 – ☕ 30 – **168 ch** 355.

XX **La Manufacture,** r. E. Renan ☏ 40 93 08 98, Fax 40 93 57 22, 🏖 – ▤. AE GB AD 23
fermé 10 au 24 août, sam. midi et dim. – **R** 190 (déj.) et carte 230 à 300.

XX **L'Olivier,** 22 r. E. Renan ☏ 40 93 42 00, Fax 40 93 02 19 – AE ⓓ GB AD 23
fermé sam. midi et dim. – **R** 155 (déj.)/265 bc.

ALFA ROMEO Var France, 41 quai Président Roosevelt ☏ 46 62 78 78

ALFA ROMEO Var France 41 quai Président Roosevelt ☏ 46 62 78 78

Ivry-sur-Seine 94200 Val-de-Marne 101 ㉖ 24 – 53 619 h alt. 33.

Paris 7,5 – Créteil 9,5 – Lagny-sur-Marne 28.

Campanile M, 9 r. R. Villars, Pte d'Ivry ☏ 46 71 00 17, Télex 263966, Fax 46 58 91 00 – |ʘ| TV ☎ ♿ 🚗 – 🏛 25. AE GB AE 32
R 88 bc/115 bc, enf. 39 – ☕ 30 – **159 ch** 355.

Ⓜ Michardière 30 av. de Verdun ☏ 46 72 65 48

Pneu Service 14-16 bd Brandenbourg ☏ 46 72 16 47

Joinville-le-Pont 94340 Val-de-Marne 101 ㉗ 24 – 16 657 h alt. 35.

i Office de Tourisme à la Mairie ☏ 42 83 41 16.

Paris 11 – Créteil 6 – Lagny-sur-Marne 23 – Maisons-Alfort 4 – Vincennes 4,5.

Campanile M, 1 allée E. L'Heureux (N 4) ☏ 48 89 89 99, Télex 261664, Fax 48 89 76 49, 🏖 – |ʘ| TV ☎ ♿ 🚗. AE GB AE 40
R 88 bc/115 bc, enf. 39 – ☕ 30 – **122 ch** 340.

Cinépole 🔇 sans rest, 8 av. Platanes ☏ 48 89 99 77, Fax 48 89 43 92 – TV ☎ ♿ 🚗. AE ⓓ GB AE 41
☕ 30 – **34 ch** 290.

PEUGEOT-TALBOT Restellini, 49/57 av. Gén.-Gallieni ☏ 48 86 30 30
RENAULT Girardin, 118 av. Roger Salengro à Champigny-sur-Marne ☏ 48 82 11 05 N ☏ 44 22 52 32
V.A.G Bonnet, 134 R. Salengro à Champigny ☏ 48 81 90 10

Ⓜ Euromaster Piot Pneu, 146 av. R. Salengro à Champigny ☏ 48 81 32 12
Inter Pneu, 33 av. Gén.-de-Gaulle à Champigny-sur-Marne ☏ 48 83 66 67

Jouy-en-Josas 78350 Yvelines 101 ㉓ 22 **G. Ile de France** – 7 687 h alt. 87.

Voir Église : la "Diège"* (statue).

Paris 21 – Arpajon 26 – Évry 29 – Rambouillet 37 – Versailles 7.

XXX **Rest. du Château,** à la Fondation Cartier, 3 r. Manufacture ☏ 39 56 46 46, Télex 696674, Fax 39 56 05 71, 🏖, « Dans un parc, exposition permanente d'art contemporain » – ▤ **P**. AE ⓓ GB. ✂ AL 14
fermé 1er au 22 août et 20 déc. au 3 janv. – **R** *(fermé dim. sauf le midi de mai à oct., mardi soir, merc. soir, jeudi midi, vend. midi, sam. midi et lundi)* 290/400.

Le Kremlin-Bicêtre 94270 Val-de-Marne 101 ㉖ 24 – 19 348 h alt. 69.

Paris 6 – Boulogne-Billancourt 10 – Évry 29 – Versailles 25.

Campanile M, bd Gén.-de-Gaulle ☏ 46 70 11 86, Télex 265328, Fax 46 70 64 47, 🏖 – |ʘ| TV ☎ ♿ 🚗 – 🏛 30 à 150. AE GB AE 31
R 88 bc/115 bc, enf. 39 – ☕ 30 – **155 ch** 355.

Lagny-sur-Marne 77 S.-et-M. 101 ⑳ – rattaché à Marne-la-Vallée.

Levallois-Perret 92300 Hauts-de-Seine 101 ⑮ 18 – 47 548 h alt. 30.

Paris 8 – Argenteuil 10 – Nanterre 6,5 – Pontoise 30 – St-Germain-en-Laye 18.

Parc M sans rest, 18 r. Baudin ☏ 47 58 61 60, Télex 615488, Fax 47 48 07 92 – |ʘ| TV ☎. GB JCB U 23
☕ 38 – **51 ch** 285/415.

ABC Champerret sans rest, 63 r. Danton ☏ 47 57 01 55, Télex 615933, Fax 47 57 54 23 – |ʘ| TV ☎. AE ⓓ GB V 23
☕ 30 – **39 ch** 310/360.

Espace Champerret sans rest, 26 r. Louise Michel ☏ 47 57 20 71, Fax 47 57 31 39 – |ʘ| TV ☎. AE ⓓ GB V 24
☕ 35 – **36 ch** 365/400.

Splendid'H. sans rest, 75 r. Louise Michel ☏ 47 37 47 03, Fax 47 37 50 01 – |ʘ| TV ☎. AE ⓓ GB V 24
☕ 35 – **47 ch** 330/419.

Champagne H. M sans rest, 20 r. Baudin ☏ 47 48 96 00, Télex 614817, Fax 47 58 13 79 – |ʘ| TV ☎. GB U 23
☕ 30 – **30 ch** 290/390.

Hermès sans rest, 22 r. Baudin ☏ 47 59 96 00, Télex 620308, Fax 47 48 90 84 – |ʘ| TV ☎. AE GB U 23
☕ 40 – **33 ch** 340/400.

XXX **La Cerisaie,** 56 r. Villiers ✆ 47 58 40 61 – AE GB — V 23
fermé sam. et dim. en juil.-août – **R** 180/230.

XX **Le Chou Farci,** 113 r. L. Rouquier ✆ 47 37 13 43 – ▤. GB. ✻ — V 24
fermé 1er au 24 août, lundi soir et dim. – **R** 160/200.

XX **La Rôtisserie,** 24 r. A. France ✆ 47 48 13 82, Fax 47 48 07 87 – AE GB — V 24
fermé 15 au 22 août et dim. – **R** 150.

XX **Le Jardin,** 9 pl. Jean Zay ✆ 47 39 54 02 – AE ⓓ GB — U 24
fermé 15 au 19 août, sam. midi et dim. – **R** 155/300.

X **Le Boeuf au Bistrot,** 39 r. J. Jaurès ✆ 47 31 91 16, Fax 46 05 55 85 – GB — V 24
R 134 bc ♁, enf. 50.

BMW Pozzi, 114-116 r. A.-Briand ✆ 47 39 46 60
FERRARI, Pozzi, 109. r. A.-Briand ✆ 47 39 96 50 N ✆ 46 42 41 78
FIAT, LANCIA Fiat Auto France, 80/82 quai Michelet ✆ 47 30 50 00
HONDA Japauto, 62 r. Marjolin ✆ 47 37 52 94
JAGUAR Franco Britannic Autos., 25 r. P.-Vaillant-Couturier ✆ 47 57 50 80 N ✆ 46 42 41 78
JAGUAR Gar. Wilson-Lacour, 116 r. Prés.-Wilson ✆ 47 39 92 50
MERCEDES, MITSUBISHI, PORSCHE Sonauto, 53 r. Marjolin ✆ 47 39 97 40
RENAULT Gar. Redele, 7-9 promenade des Ponts Ctre Eiffel ✆ 47 39 32 00

Ⓜ Coudert Pneus, 2 r. de Bretagne ✆ 47 37 89 16
Euromaster Central Pneu Service, 101 r. A.-France ✆ 47 58 56 70

Linas 91310 Essonne 101 ㉞ – 4 767 h.

Paris 26 – Arpajon 5,5 – Évry 15 – Montlhéry 0,5.

XX **Escargot de Linas,** 136 av. Div. Leclerc (rte Orléans) ✆ 69 01 00 30, 㷌 – Ⓟ. AE GB
fermé août, lundi soir et dim. – **R** 200 et carte 255 à 360.

Livry-Gargan 93190 Seine-St-Denis 101 ⑱ 20 – 35 387 h alt. 63.

ℹ Office de Tourisme pl. Hôtel de Ville ✆ 43 30 61 60.

Paris 18 – Aubervilliers 13 – Aulnay-sous-Bois 4 – Bobigny 6,5 – Meaux 28 – Senlis 39.

XXX **Aub. St-Quentinoise,** 23 bd République ✆ 43 81 13 08, 㷌 – AE GB — T 45
fermé dim. soir et lundi – **R** 180/280, enf. 100.

XX **Petite Marmite,** 8 bd République ✆ 43 81 29 15, 㷌 – ▤. GB — T 45
fermé 15 août au 1er sept. et merc. – **R** carte 200 à 320, enf. 100.

OPEL Gar. Guiot, 1-3 av. A.-Briand ✆ 43 02 63 31
Ⓜ Bonnet, 4 av. C.-Desmoulins ✆ 43 81 53 13

Longjumeau 91160 Essonne 101 ㉟ – 19 864 h alt. 72.

Paris 20 – Chartres 69 – Dreux 85 – Évry 16 – Melun 38 – ♦Orléans 111 – Versailles 26.

Relais des Chartreux Ⓜ, à Saulxier SO : 2 km, sur N 20 ✉ 91160 Longjumeau ✆ 69 09 34 31, Télex 601245, Fax 69 34 57 70, ≤, 㷌, ⚲, ⛱, ⛱, ⚲ – ⧉ ▤ rest TV ☎ Ⓟ – 🏛 180. AE GB
R 160/250, enf. 100 – ⊐ 35 – **100 ch** 400/425.

X **St-Pierre,** 42 Grande Rue ✆ 64 48 81 99, Fax 69 34 25 53 – ▤. AE ⓓ GB
fermé 24 juil. au 17 août, vacances de fév., lundi soir, mardi soir, merc. soir et dim. – **R** 170.

à Saulx-les-Chartreux SO par D 118 – 4 141 h. – ✉ **91160** :

Relais St-Georges Ⓜ ⛱, rte de Montlhéry : 1 km ✆ 64 48 36 40, Télex 603038, Fax 64 48 89 48, ≤, parc, 㷌, ⚲ – ⧉ TV ☎ Ⓟ – 🏛 150. AE GB
fermé mi-juil. à mi-août – **R** 190/450 – ⊐ 40 – **40 ch** 380/430.

Climat de France Ⓜ, av. S. Allendé (D 118) ✆ 64 48 09 00, Télex 600609, Fax 64 48 99 00, 㷌 – ⇄ ch TV ☎ ♿ Ⓟ – 🏛 40. AE GB
R 89/140 ♁, enf. 38 – ⊐ 30 – **54 ch** 305.

Ⓜ Euromaster La Centrale du Pneu, 5 rte de Versailles ✆ 69 34 11 50

Louveciennes 78430 Yvelines 101 ⑫ ⑬ 18 G. Ile de France – 7 446 h alt. 130.

Paris 22 – St-Germain-en-Laye 5 – Versailles 8.

XX **Aux Chandelles,** 12 pl. Église ✆ 39 69 08 40, 㷌, ⛱ – AE GB — Y 8
fermé sam. midi et merc. – **R** 160/260, enf. 90.

RENAULT Gar. de la Princesse, 17 rte de la Princesse ✆ 39 69 81 23

Maisons-Alfort 94700 Val-de-Marne 101 ㉗ 24 – 53 375 h alt. 35.

Paris 9,5 – Créteil 4 – Évry 35 – Melun 38.

XX **La Bourgogne,** 164 r. J. Jaurès ✆ 43 75 12 75, Fax 43 68 05 86 – ▤. AE GB — AG 37
fermé août, sam. et dim. – **R** 205 bc et carte 210 à 410.

RENAULT M.A.E.S.A., 8 av. Prof.-Cadiot ✆ 43 76 63 70 N ✆ 05 05 15 15
V.A.G Gar. de la Pointe, 65 av. E.-Cossonneau à Noisy-le-Grand ✆ 43 03 30 92
Ⓜ Le Page Pneus, 19 av. G.-Clemenceau ✆ 43 68 14 14
Vaysse, 249 av. de la République ✆ 42 07 36 85

Maisons-Laffitte **78600** Yvelines 101 ⑬ 18 **G. Ile de France** – 22 173 h alt. 40.

Voir Château★.

Paris 21 – Argenteuil 10,5 – Mantes-la-Jolie 41 – Poissy 8 – Pontoise 18 – St-Germain-en-Laye 9,5 – Versailles 18.

XXX ✿✿ **Le Tastevin** (Blanchet), 9 av. Eglé ✆ 39 62 11 67, Fax 39 62 73 09, 余, 🌳 – AE ⓓ GB JCB — M 11
fermé 7 au 17 août, vacances de fév., lundi soir et mardi – **R** 230 et carte 350 à 500
Spéc. Escalope de foie gras poêlée aux deux pommes. Fricassée de queues de langoustines et de pommes de terre. Millefeuille au caramel et aux noix (automne).

XX **Le Laffitte,** 5 av. St-Germain ✆ 39 62 01 53 – AE GB — M 11
fermé 26 juil. au 1er sept., dim. soir et lundi – **R** 220/320.

CITROEN Gar. du Parc, 75 r. de Paris ✆ 39 62 04 78
CITROEN Selier, 4 av. Longueil ✆ 39 62 04 05
RENAULT Gar. Pereira 5 r. du Fossé ✆ 39 62 05 45

Malakoff **92240** Hauts-de-Seine 101 ㉕ 22 – 30 959 h.

Paris 5 – Boulogne-Billancourt 5,5 – Évry 30 – Versailles 19.

🏨 **City H.** sans rest, 122 av. P. Brossolette ✆ 46 56 11 52, Fax 46 56 18 57 – 🛗 ⇆ ch TV ☎ ♿ 🚗. AE GB — AE 26
☕ 40 – **53 ch** 335/385.

Marly-le-Roi **78160** Yvelines 101 ⑫ 18 **G. Ile de France** – 16 741 h alt. 150.

Voir Parc★.

Paris 22 – St-Germain-en-Laye 4 – Versailles 8.

XX **Les Chevaux de Marly** avec ch, 5 pl. Abreuvoir ✆ 39 58 47 61, Fax 39 16 65 56, 余, 🏊 – 🛗 TV ☎. GB — Y 7
R 168/270 bc – ☕ 45 – **9 ch** 360/390.

☛ *Pas de publicité payée dans ce guide.*

Marne-la-Vallée **77206** S.-et-M. 101 ⑲ ⑳ 24 **G. Ile de France.**

⛳18 de Bussy-St-Georges (privé) ✆ 64 66 00 00.

Paris 28 – Meaux 28 – Melun 40.

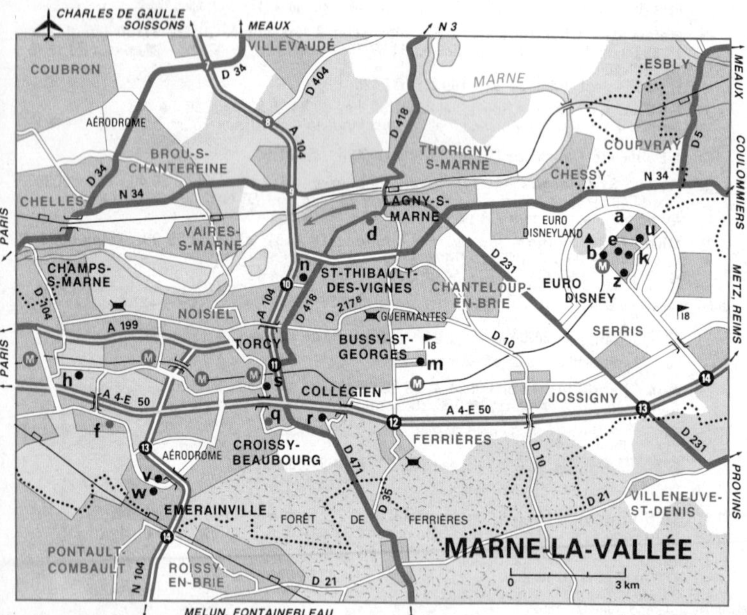

à Bussy-St-Georges – 1 545 h. – ✉ **77600** :

Golf H. M, 15 av. Golf **(m)** ☎ 64 66 30 30, Télex 693322, Fax 64 66 04 36, – ch – 140. AE GB
R 155, enf. 70 – 60 – **96 ch** 460/580.

à Champs-sur-Marne – 21 611 h. – ✉ **77436** :

Voir Château★ : salon chinois★★ et parc★★.

Arcade M, cité Descartes, bd Newton **(h)** ☎ 64 68 00 83, Télex 693702, Fax 64 68 02 60, – – 80. AE GB
R *(fermé sam., dim. et fériés)* 99 – 37 – **110 ch** 320/350.

à Collégien – 2 331 h. – ✉ **77090** :

Novotel M, à l'échangeur de Lagny A 4 **(r)** ☎ 64 80 53 53, Télex 691990, Fax 64 80 48 37, – ch – 130. AE GB JCB
R carte environ 160, enf. 60 – 55 – **203 ch** 490/570.

à Croissy-Beaubourg – 2 396 h. – ✉ **77183** :

L'Aigle d'Or, (q) ☎ 60 05 31 33, Fax 64 62 09 39, – . AE GB
fermé dim. soir et lundi – **R** 250/450, enf. 150.

à Émerainville – 6 766 h. – ✉ **77184** :

Fimotel M, ZI Pariest bd Beaubourg **(v)** ☎ 60 17 88 39, Télex 693274, Fax 64 62 12 34 – – 80. AE GB
R 88/110, enf. 36 – 39 – **80 ch** 380.

Fimetap M sans rest, Z.I. Pariest r. Emery **(w)** ☎ 60 06 38 34, Fax 60 17 86 05 – ch – 25. AE GB
35 – **40 ch** 295/330.

Au Faisan Doré, sur D 406 à Malnoue Emerainville **(f)** ☎ 64 61 71 90, Fax 64 61 68 66, – . AE GB
fermé 31 juil. au 24 août, dim. soir et lundi – **R** 260/500 bc, enf. 100.

à Euro Disney accès par autoroute A 4 et bretelle Euro-Disney :

Voir Parc Euro Disneyland★★★.

Disneyland M, **(b)** ☎ 60 45 65 00, Fax 60 45 65 33, ≤, , « Bel ensemble de style victorien à l'entrée du parc d'attractions », – ch . AE GB.
California Grill R carte 250 à 400, enf. 65 – **Inventions R** 220 – 75 – **479 ch** 1950/2300, 21 appart.

New-York M, **(e)** ☎ 60 45 73 00, Fax 60 45 73 33, ≤, , « Ambiance du Manhattan des années 30 », – ch – 1 500. AE GB.
Club Manhattan (dîner dansant) *(fermé dim. et lundi)* **R** carte 250 à 400 – **Parkside Diner R** carte 150 à 200, enf. 55 – 75 – **537 ch** 1600/2100, 36 appart.

Newport Bay Club M, **(z)** ☎ 60 45 55 00, Fax 60 45 55 33, ≤, , « Évocation du bord de mer de la Nouvelle Angleterre », – ch rest – 30. AE GB.
Cape Cod R 225, enf. 110 – **Yacht Club R** carte 150 à 300, enf. 50 – 65 – **1 083 ch** 950/1700, 15 appart.

Séquoia Lodge M, **(k)** ☎ 60 45 51 00, Fax 60 45 51 33, ≤, , « Atmosphère d'un hôtel des Montagnes Rocheuses », – ch rest – 80. AE GB.
Hunter's Grill R carte 200 à 300 – 65 – **997 ch** 900/1550, 14 appart.

Cheyenne M, **(a)** ☎ 60 45 62 00, Fax 60 45 62 33, , « Reconstitution d'une petite ville du Far-West » – ch rest . AE GB.
Chuck Wagon Café self **R** carte 150 à 200, enf. 60 – 60 – **1 000 ch** 750.

Santa Fé M, **(u)** ☎ 60 45 78 00, Fax 60 45 78 33, , « Construction évoquant les pueblos du Nouveau Mexique » – ch rest . AE GB.
La Cantina self **R** carte 100 à 150 – 60 – **1 000 ch** 550.

à Lagny-sur-Marne – 18 643 h. – ✉ **77400** :

Voir Galerie★ du Château de Guermantes S : 3 km par D 35.

Office de Tourisme 5 cour Abbaye ☎ 64 30 68 77.

Egleny, 13 av. Gén. Leclerc **(d)** ☎ 64 30 52 69, Fax 60 07 56 79, – . AE GB
fermé août, 3 au 10 janv., jeudi soir, dim. soir et lundi – **R** 230/380, enf. 80.

à St-Thibault-des-Vignes – 4 207 h. – ✉ **77400** :

Relais de l'Ecuyer M, **(n)** ☎ 64 02 02 44, Télex 693908, Fax 64 02 40 70, – – 25 à 35. AE GB
R 65/106, enf. 47 – 35 – **66 ch** 335/370.

à Torcy G. Ile de France – 18 681 h. – ✉ **77200** :

Campanile M, 34 r. Gén. de Gaulle **(s)** ☎ 60 17 84 85, Télex 691571, Fax 64 62 06 91, – – 150. AE GB
R 88 bc/115 bc, enf. 39 – 30 – **164 ch** 340.

CITROEN Yvois, 57 av. Leclerc à St-Thibault-des-Vignes ✆ 64 30 53 67
FORD Gar. Jamin, 34 av. Gén.-Leclerc à Lagny-sur-Marne ✆ 64 30 02 90
MERCEDES Compagnie de l'Est, 57 allée des Frènes à Champs-sur-Marne ✆ 64 68 70 87
PEUGEOT-TALBOT Métin Marne, 2 av. Gén.-Leclerc à Pomponne ✆ 64 30 30 30
PEUGEOT-TALBOT Queillé, 127 av. Gén. Leclerc à Lagny-sur-Marne ✆ 64 02 82 83
RENAULT Gar. Brie des Nations, 4-6 av. P.-Mendès-France à Noisiel ✆ 60 05 92 92

Euromaster La Centrale du Pneu, ZI, 6-8 r. C.-Chappe à Lagny-sur-Marne ✆ 64 30 55 00
Stand Pneus, ZAC le Ru de Nesles à Champs-sur-Marne ✆ 64 28 21 99

Marnes-la-Coquette 92430 Hauts-de-Seine 101 ㉓ 22 G. Ile de France – 1 594 h alt. 136.

Voir Institut Pasteur - musée des Applications de la Recherche★.

Paris 18 – Nanterre 11,5 – St-Germain-en-Laye 12 – Versailles 6,5.

XX **Host. Tête Noire,** 6 pl. Mairie ✆ 47 41 06 28 – AE GB — AC 14
fermé 1er au 24 août, dim. soir et lundi – **R** carte 215 à 330.

Massy 91300 Essonne 101 ㉟ 22 – 38 574 h.

Paris 19 – Arpajon 18 – Évry 22 – Palaiseau 2,5 – Rambouillet 40.

Mercure M, 21 av. Carnot (gare T.G.V.) ✆ 69 32 80 20, Télex 681670, Fax 69 32 80 25, – ch TV – 50. AE GB — AS 22
R 115 ₰, enf. 48 – ☕ 52 – **116 ch** 485.

CITROEN Massy Automobiles, rte de Chilly ✆ 69 30 27 27
RENAULT Villaine Automobiles, 8 r. de Versailles ✆ 69 30 13 70
Euromaster La Centrale du Pneu, 12 r. Marcel Paul, ZI de la Bonde ✆ 69 20 38 20

Meudon 92190 Hauts-de-Seine 101 ㉔ 22 G. Ile de France (plan) – 45 339 h alt. 100.

Voir Terrasse★ : ✱★ – Forêt de Meudon★.

Paris 11,5 – Boulogne-Billancourt 4,5 – Clamart 2,5 – Nanterre 15 – Versailles 12.

XXX **Relais des Gardes,** à Bellevue, 42 av. Gallieni ✆ 45 34 11 79, – AE GB JCB — AE 19
fermé sam. midi et dim. soir – **R** 190/300.

XX **Lapin Sauté,** 12 av. Le Corbeiller ✆ 46 26 68 68 – . AE GB — AF 19
fermé 31 juil. au 31 août, dim. soir et lundi – **R** 165 et carte 200 à 330.

au sud à Meudon-la-Forêt – ✉ **92360** :

Forest Hill M, 40 av. Mar. de Lattre de Tassigny ✆ 46 30 22 55, Fax 46 32 16 54, – TV – 150. AE GB — AJ 18-19
R 98 bc/190 bc ₰, enf. 69 – ☕ 55 – **155 ch** 420/550.

Ibis M, rte Verrières ✆ 45 37 09 09, Télex 632453, Fax 40 94 00 19, – TV – 25. GB — AH 18
R 91/160 ₰, enf. 39 – ☕ 35 – **64 ch** 350/370.

CITROEN Gar. Rabelais, 31 bd Nations-Unies ✆ 46 26 45 50
RENAULT Gar. de l'Orangerie, 16 r. de l'Orangerie ✆ 45 34 27 18
RENAULT Biguet, 5 r. Docteur Arnaudet ✆ 46 26 27 80
RENAULT Biguet, 1 av. Gén.-de-Gaulle ✆ 46 31 65 40

Montmorency 95160 Val-d'Oise 101 ⑤ G. Ile de France – 20 920 h alt. 130.

Voir Collégiale St-Martin★.

Env. Château d'Écouen★★ : musée de la Renaissance★★ (tenture de David et de Bethsabée★★★).

Paris 19 – Enghien-les-Bains 3,5 – Pontoise 24 – St-Denis 9,5.

Gem H. M, 42 av. Domont ✆ 34 17 00 02, Télex 688531, Fax 34 28 04 71, – TV – 60. AE GB
R *(fermé dim. soir)* 85/185 ₰ – ☕ 38 – **42 ch** 296/320.

V.A.G Gar. des Loges, 242 r. Jules Ferry à Montmagny ✆ 34 28 60 00

Montreuil 93100 Seine-St-Denis 101 ⑰ 20 G. Ile de France – 94 754 h alt. 75.

Voir Musée de l'Histoire vivante★.

Office de Tourisme 1 r. Kléber ✆ 42 87 38 09.

Paris 7 – Bobigny 9 – Lagny-sur-Marne 30 – Meaux 40 – Senlis 46.

Confortel M, 15-19 r. Franklin ✆ 48 59 00 03, Fax 48 59 54 46, – ch TV – 80. AE GB — Y 38
R *(fermé sam. et dim.)* 75/109 ₰, enf. 51 – ☕ 40 – **89 ch** 370/390.

Modern'H. sans rest, 8 bd P. Vaillant-Couturier ✆ 42 87 48 35 – . GB — Y 38
☕ 25 – **40 ch** 135/260.

XXX **Le Gaillard,** 28 r. Colbert ✆ 48 58 17 37, – . AE GB — Y 37
fermé 13 au 19 août, dim. sauf le midi de mai à juil. et lundi soir – **R** 160 et carte 200 à 360.

CITROEN Succursale, 224-226 bd A.-Briand ✆ 48 59 64 00
RENAULT Succursale Renault-Montreuil, 57 r. A.-Carrel ✆ 49 20 38 38

Franor, 97 bd de Chanzy ✆ 42 87 39 60
Pneu-Service, 65 r. de St-Mandé ✆ 48 51 93 79

Montrouge **92120** Hauts-de-Seine 101 ㉕ 22 – 38 106 h alt. 74.

Paris 5 – Boulogne-Billancourt 6,5 – Longjumeau 16 – Nanterre 15 – Versailles 19.

Mercure M, 13 r. F.-Ory ✆ 46 57 11 26, Télex 632978, Fax 47 35 47 61 – ch 150. AE GB JCB AE 27
R carte environ 200, enf. 48 – 58 – **186 ch** 690/910.

CITROEN Verdier-Montrouge Automobile, 99 av. Verdier ✆ 46 57 12 00
MERCEDES-BENZ Euro-Gar, 73 av. A.-Briand ✆ 47 35 52 20
RENAULT Colin-Montrouge, 59 av. République ✆ 46 55 26 20

Morangis **91420** Essonne 101 ㉟ – 10 043 h alt. 76.

Paris 21 – Évry 14 – Longjumeau 4 – Versailles 23.

XXX **Le Sabayon,** 15 r. Lavoisier ✆ 69 09 43 80 – GB
fermé août, lundi soir, sam. midi et dim. – **R** 200 bc/450, enf. 100.

PEUGEOT TALBOT Gar. Grandchamp, av. Ch.-de-Gaulle à Wissous ✆ 69 20 64 42
RENAULT Station Richard, rte de Savigny ✆ 69 09 47 50

Morsang-sur-Orge **91390** Essonne 101 ㊱ – 19 401 h alt. 75.

Paris 24 – Corbeil-Essonnes 18 – Évry 8,5 – Versailles 30.

XX **La Causette,** 47 bd Gribelette ✆ 60 15 16 85 – GB
fermé août, merc. soir, sam. midi et dim. soir – **R** 95/135, enf. 60.

CITROEN Essauto Diffusion, 91 rte de Corbeil ✆ 69 04 21 68

Nanterre P **92000** Hauts-de-Seine 101 ⑬ 18 – 84 565 h alt. 38.

Paris 12 – Beauvais 73 – Rouen 123 – Versailles 14.

Adagio La Défense M, r. des 3 Fontanot ✆ 46 69 68 00, Télex 616552, Fax 47 25 46 24 – ch rest AE GB JCB U 18
Les Cinq Continents R 170 – 60 – **97 ch** 830.

XX **La Rôtisserie,** 180 av. G. Clemenceau ✆ 46 97 12 11, Fax 46 97 12 09, – AE GB V 17
fermé 8 au 22 août et dim. – **R** (prévenir) 150, enf. 100.

CITROEN Succursale, 100 av. F. Arago ✆ 47 80 71 20

Euromaster Piot Pneu, 74 av. V.-Lénine ✆ 47 24 61 01

Neuilly-sur-Seine **92200** Hauts-de-Seine 101 ⑮ 18 **G. Ile de France** – 61 768 h alt. 36.

Paris 7,5 – Argenteuil 10 – Nanterre 3,5 – Pontoise 32 – St-Germain-en-Laye 15 – Versailles 17.

L'Hôtel International de Paris, 58 bd V. Hugo ✆ 47 58 11 00, Télex 610971, Fax 47 58 75 52, – 120. AE GB V 23
R 160/175 – 75 – **318 ch** 950/1300, 3 appart.

Jardin de Neuilly sans rest, 5 r. P. Déroulède ✆ 46 24 51 62, Télex 612004, Fax 46 37 14 60 – AE GB JCB. W 23
50 – **30 ch** 900/1200.

Paris Neuilly M sans rest, 1 av. Madrid ✆ 47 47 14 67, Télex 613170, Fax 47 47 97 42 – AE GB JCB W 21
53 – **74 ch** 780/850, 6 appart.

Parc sans rest, 4 bd Parc ✆ 46 24 32 62, Fax 46 40 77 31 – GB U 22
28 – **71 ch** 295/450.

Roule sans rest, 37 bis av. Roule ✆ 46 24 60 09, Fax 40 88 37 89 – GB.
35 – **35 ch** 370/500. W 23

XXX ✿ **Jacqueline Fénix,** 42 av. Ch. de Gaulle ✆ 46 24 42 61 – AE GB W 23
fermé août, 25 déc. au 2 janv., sam. et dim. – **R** (nombre de couverts limité-prévenir) 290/400 et carte 320 à 400
Spéc. Tarte croustillante de rougets au basilic. Poitrine de canette caramélisée aux graines de sésame. Fondant de chocolat, salade d'agrumes.

XXX ✿ **Truffe Noire** (Jacquet), 2 pl. Parmentier ✆ 46 24 94 14, Fax 46 37 27 02 – AE GB. W 23
fermé août, sam. et dim. – **R** 230/400 et carte 270 à 370
Spéc. Mitonnée potagère de poulet et foie gras (sept. à déc.). Salade de truffes aux pommes de terre crémées (10 janv. au 30 mars). Mousseline de brochet au beurre blanc.

XXX **Foc Ly,** 79 av. Ch. de Gaulle ✆ 46 24 43 36, Fax 46 24 48 46 – AE GB V 21
fermé dim. en août – **R** cuisine chinoise - carte 160 à 270.

XX **Tonnelle Saintongeaise,** 32 bd Vital Bouhot ✆ 46 24 43 15, – GB U 22
fermé 1er au 21 août, vacances de Noël, sam. et dim. – **R** carte 160 à 250.

XX **San Valero,** 209 ter av. Ch. de Gaulle ✆ 46 24 07 87 – AE ⓓ GB. V 21
fermé 24 déc. au 2 janv., sam. midi, dim. et fériés – **R** cuisine espagnole 150/190.

XX **Jarrasse,** 4 av. Madrid ✆ 46 24 07 56, Fax 40 88 35 60 – AE ⓓ GB W 21
fermé 26 juil. au 31 août et dim. soir – **R** 220 et carte 270 à 515.

XX **Les Feuilles Libres,** 34 r. Perronet ✆ 46 24 41 41, Fax 46 40 77 61 – ▤. AE ⓓ GB V 22
fermé 1er au 22 août, sam. midi et dim. – **R** 150/255 bc.

XX **Carpe Diem,** 10 r. Église ✆ 46 24 95 01 – ▤. ⓓ GB V 22
fermé 25 juil. au 26 août, 24 déc. au 4 janv., sam. midi et dim. – **R** (nombre de couverts limité, prévenir) 180 (dîner) et carte 265 à 345.

X **Bistrot d'à Côté Neuilly,** 4 r. Boutard ✆ 47 45 34 55, Fax 47 63 82 75 – AE GB W 21
fermé 1er au 21 août, sam. sauf le soir de sept. à juin et dim. – **R** 175.

X **La Catounière,** 4 r. Poissonniers ✆ 47 47 14 33 – ▤. GB W 22
fermé 1er au 16 mai, août, sam. midi et dim. – **R** 173 bc.

CITROEN Succursale, 124 av. A.-Peretti ✆ 47 47 11 22
VOLVO Actena, 16 r. d'Orléans ✆ 46 43 14 40
Ⓜ Maillot-Pneus, 69 av. Gén.-de-Gaulle ✆ 46 24 33 69

Nogent-sur-Marne

SP 94130 Val-de-Marne 101 ㉗ 24 G. Ile de France – 25 248 h alt. 56.

Office de Tourisme 5 av. Joinville (fermé matin) ✆ 48 73 73 97.

Paris 10 – Créteil 8 – Montreuil 4,5 – Vincennes 3,5.

Nogentel, 8 r. Port ✆ 48 72 70 00, Télex 264549, Fax 48 72 86 19, – TV ☎ – 25 à 200. AE ⓓ GB AC 42
Le Panoramic *(fermé août et dim. soir)* **R** 220/250 – **Le Canotier** grill **R** 150 bc, enf. 65 – ☕ 50 – **60 ch** 570/620.

Campanile, quai du port (Pt de Nogent) ✆ 48 72 51 98, Télex 263592, Fax 48 72 05 09, – TV ☎ ♿ – 30. AE GB AC 42-43
R 88 bc/115 bc, enf. 39 – ☕ 30 – **91 ch** 340.

PEUGEOT Royal-Nogent-Gar., 44 Gde R. Ch.-de-Gaulle ✆ 48 73 68 90
Ⓜ Technigum Pneus, 2 av. A. Briand à Neuilly-sur-Marne ✆ 43 08 44 11

Noisy-le-Grand

93160 Seine-St-Denis 101 ⑱ 24 G. Île de France – 54 032 h.

Paris 20 – Bobigny 18 – Lagny-sur-Marne 12 – Meaux 37.

Adagio M, 2 bd Levant ✆ 45 92 47 47, Fax 45 92 47 10, , – ch ▤ rest TV ☎ ♿ – 150. AE ⓓ GB AB 47
Les Météores R carte 150 à 260, enf. 65 – ☕ 60 – **192 ch** 570/690.

Novotel Atria M, 2 allée Bienvenüe-quartier Horizon ✆ 48 15 60 60, Fax 43 04 78 83, – ch ▤ TV ☎ ♿. AE ⓓ GB AB-AC 47
R carte environ 160, enf. 50 – ☕ 50 – **142 ch** 490/550.

Ibis M, 4 allée Bienvenüe-quartier Horizon ✆ 43 05 20 20, Télex 233700, Fax 43 03 41 10, – ch TV ☎ ♿ – 50. AE GB AB-AC 47
R 91, enf. 39 – ☕ 36 – **161 ch** 330/360.

Orly (Aéroports de Paris)

94310 Val-de-Marne 101 ㉖ 24 – 21 646 h alt. 89.

✈ ✆ 49 75 15 15.

Paris 15 – Corbeil-Essonnes 23 – Créteil 14 – Longjumeau 12 – Villeneuve-St-Georges 8,5.

Hilton Orly M, près aérogare ✉ 94544 ✆ 46 87 33 88, Télex 265971, Fax 49 78 06 75 – ch ▤ TV ☎ ♿ Ⓟ – 300. AE ⓓ GB JCB AR 31
R 185 – ☕ 80 – **359 ch** 1000/1500.

Mercure Paris Orly M, N 7, Z.I. Nord ✉ 94547 ✆ 46 87 23 37, Télex 265665, Fax 46 87 71 92 – ch ▤ TV ☎ ♿ Ⓟ – 30. AE ⓓ GB
R carte 155 à 250, enf. 50 – ☕ 57 – **193 ch** 630/870.

Aérogare d'Orly Sud :

XX Le Grillardin, 3e étage ✉ 94542 ✆ 49 75 78 23, Fax 49 75 36 69, ≤ – ▤
R (déj. seul.).

Aérogare d'Orly Ouest :

XXXX **Maxim's,** 2e étage ✉ 94546 ✆ 46 86 87 84, Télex 265247, Fax 46 87 05 39, ≤ – ▤. AE ⓓ GB
fermé août, sam., dim. et fériés – **R** carte 400 à 540.

XXX **Le Grill,** 2e étage ✉ 94546 ✆ 46 87 16 16, Télex 265247, Fax 46 87 05 39, ≤ – ▤. AE ⓓ GB.
R 260 bc et carte 250 à 330.

Voir aussi à ***Rungis***

RENAULT S.A.P.A., Bât. 225, Aérogares ✆ 49 75 25 60

Orsay 91400 Essonne 101 ㉝ G. Ile de France – 14 863 h.

Paris 29 – Arpajon 19 – Évry 29 – Rambouillet 29.

XX **Le Boudin Sauvage,** 6 r. Versailles ☎ 69 28 42 93, – AE ⓓ GB
fermé 6 au 29 août, sam., dim., fériés et le soir sauf mardi et vend. – **R** 260 (déj.)/420.

Palaiseau SP 91120 Essonne 101 ㉞ 22 – 28 395 h alt. 80.

Paris 21 – Arpajon 17 – Chartres 70 – Évry 21 – Rambouillet 38.

Novotel M, Z.I. de Massy ☎ 69 20 84 91, Télex 601595, Fax 64 47 17 80, – ch TV – 25 à 120. AE ⓓ GB AS 22
R carte environ 160, enf. 50 – 50 – **151 ch** 450/490.

I.D.F. M, 82 r. Gutenberg, Z.A.E. Le Cardon ☎ 60 11 19 19, Télex 600769, Fax 60 11 05 90 – rest TV – 250. AE ⓓ GB
Grill R 110/160 ♁, enf. 45 – 50 – **84 ch** 420/490.

CITROEN Jean-Jaurès-Auto, 33 av. J.-Jaurès ☎ 60 14 03 92
RENAULT Palaiseau Autom., 14 r. E.-Branly ☎ 60 10 61 76

Pantin 93500 Seine-St-Denis 101 ⑯ 20 – 47 303 h alt. 45.

Paris 7 – Bobigny 4 – Montreuil 6 – St-Denis 7.

Mercure Porte de Pantin M, r. Scandicci ☎ 48 46 70 66, Télex 230742, Fax 48 46 07 90 – TV – 25 à 150. AE ⓓ GB U 34-V 34
R 98/130 ♁, enf. 50 – 55 – **129 ch** 615/740, 9 appart.

Confortel M, 96 av. Gén. Leclerc ☎ 48 91 05 51, Fax 48 43 97 35 – TV – 25 à 150. GB U 35
R 79/250 ♁, enf. 40 – 32 – **89 ch** 370/390.

CITROEN Succursale, 68 av. Gén.-Leclerc ☎ 49 15 10 00
RENAULT Succursale, 13 av. Gén.-Leclerc ☎ 49 42 38 38
Maillot Pneus, 160 av. J.-Jaurès ☎ 48 45 25 85
Steier-Pneus, 217 av. J.-Lolive ☎ 48 44 36 80

Le Perreux-sur-Marne 94170 Val-de-Marne 101 ⑱ 24 – 28 477 h alt. 54.

Office de Tourisme pl. R.-Belvaux ☎ 43 24 26 58.

Paris 16 – Créteil 11,5 – Lagny-sur-Marne 22 – Villemomble 7,5 – Vincennes 6,5.

XXX ❀ **Les Magnolias** (Royant), 48 av. de Bry ☎ 48 72 47 43 – . AE GB AC 43
fermé vacances de printemps, 1er au 15 août, sam. midi et dim. – **R** 200/380
Spéc. Ravioli de langoustines au beurre de crustacés. Méli-mélo de ris et rognons de veau au Xérès. Millefeuille tout chocolat.

CITROEN S.A.G.A., 131 av. P.-Brossolette, niv. A4 ☎ 43 24 13 50
PEUGEOT-TALBOT Sabrié, 9/15 av. République à Fontenay-sous-Bois ☎ 48 75 06 10
RENAULT Gar. Hoel, 46 av. Bry ☎ 43 24 52 00
RENAULT Rel. des Nations, 258 av. République à Fontenay-sous-Bois ☎ 48 76 42 72 N ☎ 05 05 15 15
Maison du Pneu 94, 103 bd Alsace-Lorraine ☎ 43 24 41 43

Petit-Clamart 92 Hauts-de-Seine 101 ㉔ 22 – alt. 110 – ✉ 92140 Clamart.

Voir Bièvres : Musée français de la photographie★ S : 1 km, G. Ile de France.

Paris 16 – Antony 8 – Clamart 5 – Meudon 4 – Nanterre 16 – Sèvres 7,5 – Versailles 8,5.

XX **Au Rendez-vous de Chasse,** 1 av. du Gén. Eisenhower ☎ 46 31 11 95, Fax 40 94 11 40 – . AE ⓓ GB AK 19
fermé dim. soir – **R** 100/200, enf. 90.

Pontault-Combault 77340 S.-et-M. 101 ㉙ 24 – 26 804 h alt. 101.

Paris 27 – Créteil 22 – Lagny-sur-Marne 13 – Melun 34.

Saphir H. M, aire des Berchères sur CD 51 ☎ 64 43 45 47, Télex 693585, Fax 64 40 52 43, , , , – TV – 150. AE ⓓ GB
Le Jardin grill **R** 115/145 ♁, enf. 50 – **Le Canadel** *(fermé 30 juil. au 31 août, sam. et dim.)* **R** 170/235 – 52 – **158 ch** 485/530, 21 appart.

Le Port-Marly 78560 Yvelines 101 ⑫ 18 – 4 181 h alt. 32.

Paris 20 – St-Germain-en-Laye 2,5 – Versailles 9,5.

XX **Aub. du Relais Breton,** 27 r. Paris ☎ 39 58 64 33, , « Auberge rustique », – AE GB W 8
fermé 1er au 28 août, dim. soir et lundi – **R** 159/209 bc, enf. 100.

MERCEDES-BENZ Port-Marly Gar., 10 r. St-Germain ☎ 39 58 44 38 N ☎ 05 24 24 30

Le Pré St-Gervais **93310** Seine-St-Denis 101 ⑯ 20 – 15 373 h alt. 71.

Paris 7,5 – Bobigny 5,5 – Lagny-sur-Marne 36 – Meaux 41 – Senlis 48.

X ✿ **Au Pouilly Reuilly** (Thibault), 68 r. A. Joineau ✆ 48 45 14 59 – AE ⓓ GB. ✻ V 35
fermé fin juil. au 6 sept., dim. et fêtes – **R** carte 170 à 330
Spéc. Pâté de grenouilles. Rognons de veau sautés, flambés et moutardés. Gibier (saison).

Puteaux **92800** Hauts-de-Seine 101 ⑭ 18 – 42 756 h alt. 36.

Paris 9,5 – Nanterre 4 – Pontoise 32 – St-Germain-en-Laye 13 – Versailles 16.

Syjac M sans rest, 20 quai de Dion-Bouton ✆ 42 04 03 04, Télex 614164, Fax 45 06 78 69, « Élégante installation » – ch TV ☎ – 30. AE ⓓ GB. ✻ W 20
▭ 56 – **30 ch** 570/800, 3 appart., 3 duplex.

Princesse Isabelle M sans rest, 72 r. J. Jaurès ✆ 47 78 80 06, Télex 613923, Fax 47 75 25 20, – ch TV ☎. AE ⓓ GB W 20
▭ 50 – **30 ch** 640.

Le Dauphin M sans rest, 45 r. J. Jaurès ✆ 47 73 71 63, Télex 615989, Fax 47 75 25 20, – ch TV ☎. AE ⓓ GB W 20
▭ 40 – **30 ch** 470.

Victoria sans rest, 85 bd R. Wallace ✆ 45 06 55 51, Télex 615295, Fax 40 99 05 97 – TV ☎. AE ⓓ GB W 19
▭ 35 – **32 ch** 395/560.

XX **La Chaumière,** 127 av. Prés. Wilson - rd-pt des Bergères ✆ 47 75 05 46 – ▤. AE GB W 18
fermé 10 au 31 août, sam. midi, dim. soir et lundi soir – **R** 130.

XX **La Table d'Alexandre,** 7 bd Richard-Wallace ✆ 45 06 33 63 – AE GB W 20
fermé sam. et dim. – **R** carte 170 à 330.

Maison André, 20 r. des Fusillés ✆ 47 75 36 31

La Queue-en-Brie **94510** Val-de-Marne 101 ㉙ 24 – 9 897 h alt. 97.

Paris 22 – Coulommiers 49 – Créteil 13 – Lagny-sur-Marne 20 – Melun 32 – Provins 65.

Relais de Pincevent M, av. Hippodrome ✆ 45 94 61 61, Télex 262209, Fax 45 93 32 69 – TV ☎ ♿ P – 25 à 80. GB AH 48
R 90/120 ♁, enf. 42 – ▭ 30 – **56 ch** 280.

XX **Aub. du Petit Caporal,** 42 r. Gén. de Gaulle (N 4) ✆ 45 76 30 06 – ▤. AE GB AJ 50
fermé août, mardi soir, merc. soir et dim. – **R** 150/200 bc.

Le Raincy SP **93340** Seine-St-Denis 101 ⑱ 20 **G. Ile de France** – 13 478 h alt. 76.

Voir Eglise N.-Dame ★.

Paris 16 – Bobigny 5,5 – Lagny-sur-Marne 22 – Livry-Gargan 3 – Meaux 31 – Senlis 42.

XX **Chalet des Pins,** 13 av. Livry ✆ 43 81 01 19, Fax 43 02 75 42, – AE ⓓ GB U 45
fermé lundi en juil.-août et dim. soir – **R** carte 210 à 385.

Ris-Orangis **91130** Essonne 101 ㊱ – 24 677 h alt. 51.

Paris 30 – Évry 3,5.

Ris H. M sans rest, N 7 ✆ 69 25 81 81, Fax 69 43 65 55 – ch TV ☎ ♿ P. AE GB
▭ 35 – **50 ch** 300/330.

Roissy-en-France (Aéroports de Paris) **95700** Val-d'Oise 101 ⑧ – 2 054 h alt. 85.

✈ Charles-de-Gaulle ✆ 48 62 22 80.

Paris 26 – Chantilly 26 – Meaux 36 – Pontoise 38 – Senlis 26.

à Roissy-ville :

Copthorne M, allée Verger ✆ 34 29 33 33, Télex 606055, Fax 34 29 03 05, – ch ▤ ch TV ☎ ♿ P – 200. AE ⓓ GB JCB
Brasserie l'Europe *(fermé sam. midi)* **R** carte 250 à 300, enf. 100 – ▭ 75 – **238 ch** 1050/1250.

Holiday Inn M, allée Verger ✆ 34 29 30 00, Télex 605143, Fax 34 29 90 52, – ch ▤ TV ☎ P – 25 à 200. AE ⓓ GB JCB
R 145/240, enf. 60 – ▭ 75 – **240 ch** 760/980.

Mercure, allée Verger ✆ 34 29 40 00, Télex 605205, Fax 34 29 00 18 – ch ▤ TV ☎ ♿ P – 30 à 160. AE ⓓ GB JCB
Brasserie R 90/160 ♁, enf. 50 – ▭ 65 – **198 ch** 660/910, 4 appart.

Ibis M, av. Raperie ✆ 34 29 34 34, Télex 688413, Fax 34 29 34 19 – ▤ TV ☎ ♿ P – 25 à 80. AE ⓓ GB
R 105 ♁, enf. 41 – ▭ 37 – **200 ch** 445/495.

dans le domaine de l'aéroport :

Sofitel M, ℘ 48 62 23 23, Télex 230166, Fax 48 62 78 49, – ch – 25 à 180. AE GB
Les Valois rest. panoramique *(fermé sam. midi, dim. midi et fériés le midi)* **R** carte 260 à 370 – **Le Jardin** brasserie (rez-de-chaussée) **R** carte 140 à 230, enf. 72 – 80 – **344 ch** 1050, 8 appart.

Novotel M, ℘ 48 62 00 53, Télex 232397, Fax 48 62 00 11 – ch – 25 à 70. AE GB JCB
R carte environ 150, enf. 50 – 52 – **201 ch** 660/695.

dans l'aérogare n° 1 :

Maxim's, ℘ 48 62 16 16, Télex 236356, Fax 48 62 45 96 – AE GB
R (déj. seul.) 250 et carte 280 à 490.

Grill Maxim's, ℘ 48 62 16 16, Télex 236356, Fax 48 62 45 96 – AE GB
R 220 bc et carte 200 à 310.

Z.I. Paris Nord II – ✉ **95912** :

Hyatt Regency M, av. Bois de la Pie ℘ 48 17 12 34, Fax 48 17 17 17, « Original décor contemporain », – ch ch – 250. AE GB JCB
Brasserie Espace R 170, enf. 60 – **Le Mirage R** carte 150 à 240, enf. 60 – 75 – **383 ch** 1050/1650, 5 appart.

Romainville 93230 Seine-St-Denis 101 ⑰ 20 – 23 563 h alt. 118.

Paris 9,5 – Bobigny 3 – St-Denis 11 – Vincennes 4,5.

Chez Henri, 72 rte Noisy ℘ 48 45 26 65, Fax 48 91 16 74 – AE GB U 37
fermé août, lundi soir, sam. midi, dim. et fériés – **R** 145/200.

Rosny-sous-Bois 93110 Seine-St-Denis 101 ⑰ 20 – 37 489 h alt. 81.

℘ 48 94 01 81.

Paris 11 – Bobigny 6,5 – Le Perreux-sur-Marne 5 – St-Denis 15.

Sweet H. M, 4 r. Rome ℘ 48 94 33 08, Télex 232098, Fax 48 94 30 05, – ch rest – 25 à 150. AE GB X 41
Grand Carré R carte 150 à 250, enf. 49 – 50 – **97 ch** 520/540.

Fimotel M, 1 r. Lisbonne ℘ 48 94 78 78, Fax 45 28 83 69 – ch rest – 100. AE GB W 41
R *(fermé sam. et dim.)* 90/120, enf. 36 – 39 – **100 ch** 390/420.

Euromaster Piot Pneu, 183 bd Alsace-Lorraine ℘ 45 28 15 96

Rueil-Malmaison 92500 Hauts-de-Seine 101 ⑬ 18 G. Ile de France – 66 401 h alt. 15.

Voir Château de Bois-Préau★ – Buffet d'orgues★ de l'église – Malmaison : musée★★ du château.

Paris 14 – Argenteuil 10,5 – Nanterre 3 – St-Germain-en-Laye 9 – Versailles 11,5.

Cardinal sans rest, 1 pl. Richelieu ℘ 47 08 20 20, Télex 634001, Fax 47 08 35 84 – ch AE GB X 14
48 – **61 ch** 570/680, 4 duplex.

Arts M sans rest, 3 bd Mar. Joffre ℘ 47 52 15 00, Télex 632328, Fax 47 14 90 19 – ch AE GB W 14
38 – **32 ch** 470/540.

El Chiquito, 126 av. P. Doumer ℘ 47 51 00 53, Fax 47 49 19 61, « Jardin » – AE GB W 15
fermé 13 au 31 août, sam. et dim. – **R** produits de la mer 250 (dîner) et carte 330 à 500.

Relais de St-Cucufa, 114 r. Gén. Miribel ℘ 47 49 79 05, – AE GB Y 13
fermé 10 au 25 août, dim. soir et lundi soir – **R** 250 bc.

Plat d'Étain, 2 r. Marronniers ℘ 47 51 86 28, – AE GB Y 13
fermé août, dim. soir et lundi – **R** 160.

Rungis 94150 Val-de-Marne 101 ㉖ 24 – 2 939 h alt. 80 - Marché d'Intérêt National.

Paris 14 – Antony 5 – Corbeil-Essonnes 28 – Créteil 14 – Longjumeau 10,5.

à Pondorly : accès : de Paris, A6 et bretelle d'Orly ; de province, A6 et sortie Rungis :

Pullman Orly M, 20 av. Ch. Lindbergh ✉ 94656 ℘ 46 87 36 36, Télex 260738, Fax 46 87 08 48, – ch – 25 à 250. AE GB AM 29
La Rungisserie R 150/185 – 75 – **196 ch** 600/750.

Holiday Inn M, 4 av. Ch. Lindbergh ✉ 94656 ℘ 46 87 26 66, Télex 265803, Fax 45 60 91 25, – ch – 50 à 200. AE GB JCB AM 29
R 130/180, enf. 65 – 70 – **172 ch** 950.

Ibis M, 1 r. Mondétour ✉ 94656 ℘ 46 87 22 45, Télex 261173, Fax 46 87 84 72, – ch – 80. AE GB AM 29
R 91, enf. 39 – 36 – **119 ch** 340/370.

à Rungis-ville :

XX **Le Charolais,** 13 r. N.-Dame ✆ 46 86 16 42 – AE ⓓ GB AN 30
fermé 15 au 31 août, sam. et dim. – **R** 160, enf. 100.

Euromaster Piot Pneu, 2 r. des Transports, Centre Routier ✆ 46 86 46 01

Vertadier, 88 av. Stalingrad à Chevilly-Larue ✆ 46 87 25 48

Saclay 91400 Essonne 101 ㉓ 22 – 2 894 h alt. 157.

de St-Aubin ✆ 69 41 25 19, SO : 2,5 km.

Paris 24 – Arpajon 22 – Chartres 68 – Évry 27 – Rambouillet 31 – Versailles 11,5.

Novotel M, près rd-point Christ de Saclay ✆ 69 35 66 00, Télex 601856, Fax 69 41 01 77, – ch TV ☎ & P – 200. AE ⓓ GB
R carte environ 150, enf. 50 – 49 – **136 ch** 450/490.

St-Cloud 92210 Hauts-de-Seine 101 ⑭ 22 G. Ile de France – 28 597 h alt. 60.

Voir Parc★★ (Grandes Eaux★★) – Église Stella Matutina★.

(privé) ✆ 47 01 01 85 parc de Buzenval à Garches, O : 4 km.

Paris 11,5 – Nanterre 9,5 – Rueil-Malmaison 6,5 – St-Germain 16 – Versailles 10,5.

Villa Henri IV et rest. Le Bourbon, 43 bd République ✆ 46 02 59 30, Télex 631893, Fax 49 11 11 02 – TV ☎ P. AE ⓓ GB. rest AB 17
R *(fermé 16 juil. au 16 août, dim. soir et sam.)* 100/185 – 45 – **36 ch** 440/520.

Quorum et rest. La Désirade M, 2 bd République ✆ 47 71 22 33, Télex 631618, Fax 46 02 75 64, – TV ☎ & P. AE ⓓ GB AB 17
R 160 – 55 – **58 ch** 460/580.

XX **Le Florian,** 14 r. Église ✆ 47 71 29 90, Fax 47 71 12 62 – AE ⓓ GB AB 18
fermé sam. midi et dim. – **R** carte 225 à 350.

PEUGEOT-TALBOT St-Cloud-Autom., 147 av. Foch ✆ 47 71 83 80

V.A.G Gar. de St-Cloud, 38 r. Dailly ✆ 46 02 56 20

St-Cyr-l'École 78210 Yvelines 101 ㉒ – 14 829 h alt. 133.

Paris 26 – Dreux 56 – Rambouillet 26 – St-Germain-en-Laye 13 – Versailles 4.

Aérotel sans rest, 88 r. Dr Vaillant ✆ 30 45 07 44, Fax 34 60 35 96 – TV ☎ P. AE ⓓ GB
34 – **26 ch** 270/365.

RENAULT Gar. de l'Octroi, 28 av. Division-Leclerc ✆ 30 45 00 16
Lantran, 39 r. D.-Casanova ✆ 34 60 60 40

Euromaster La Centrale du Pneu, 10 av. H.-Barbusse ✆ 30 45 29 72
St-Cyr-Pneu, 86 av. P.-Curie ✆ 34 60 43 80

St-Denis 93200 Seine-St-Denis 101 ⑯ 20 G. Ile de France – 89 988 h alt. 33.

Voir Cathédrale★★★.

Office de Tourisme 2 r. Légion d'Honneur ✆ 42 43 33 55.

Paris 9 – Argenteuil 10,5 – Beauvais 67 – Bobigny 7 – Chantilly 32 – Pontoise 27 – Senlis 41.

Campanile M, 2 quai St-Ouen ✆ 48 20 29 88, Télex 231156, Fax 48 20 11 04 – TV ☎ & – 80. AE GB P 28
R 88 bc/113 bc, enf. 39 – 30 – **75 ch** 340.

CITROEN Succursale, 43 bd Libération ✆ 49 33 10 00 N
FORD Bocquet, 13 bis bd Carnot ✆ 48 22 20 95
MERCEDES-BENZ Moderne Autos, 35 bd Carnot ✆ 48 09 24 24 N ✆ 64 33 90 90
PEUGEOT-TALBOT Neubauer, 227 bd A.-France ✆ 49 33 60 60
RENAULT Succursale, 93 r. de la Convention à la Courneuve ✆ 48 36 95 06 N ✆ 05 05 15 15

SEAT SMJ, 64 bd M.-Sembat ✆ 42 43 31 20

Bertrand Pneus, 29 r. R. Salengro à Villetaneuse ✆ 48 21 20 24
Pegaud et Cie, 16 av. R.-Semat ✆ 48 22 12 14
St-Denis Pneum., 20 bis r. G.-Péri ✆ 48 20 10 77

St-Germain-en-Laye SP 78100 Yvelines 101 ⑫ 18 G. Ile de France – 39 926 h alt. 78.

Voir Terrasse★★ BY – Jardin anglais★ BY – Château★ BZ : musée des Antiquités nationales★★ – Musée du Prieuré★ AZ.

(privé) ✆ 34 51 75 90, par ④ : 3 km ; de Fourqueux (privé) ✆ 34 51 41 47, par r. de Mareil AZ.

Office Municipal de Tourisme 38 r. Au Pain ✆ 34 51 05 12.

Paris 23 ③ – Beauvais 75 ① – Chartres 79 ③ – Dreux 63 ③ – Mantes-la-Jolie 34 ④ – Versailles 12 ③.

Pavillon Henri IV , 21 r. Thiers ✆ 39 10 15 15, Télex 695822, Fax 39 73 93 73, ≤ Paris et Seine, – rest TV ☎ P – 200. AE ⓓ GB BZ **s**
R 240/700 – 50 – **42 ch** 500/1300, 3 appart.

X **La Feuillantine,** 10 r. Louviers ✆ 34 51 04 24, Fax 39 21 07 70 – AE GB AZ **a**
R 140.

ST-GERMAIN EN-LAYE

Bonnenfant (R.A.) . . . . . AZ 3
Marché-Neuf (Pl. du) . . AZ
Pain (R. au) . . . . AZ 20

Paris (R. de) . . . . AZ
Poissy (R. de) . . . . AZ 22
Vieux-Marché (R. du) . . AZ 33

Coches (R. des) . . . . AZ 4
Denis (R. M.) . . . . AZ 5
Detaille (Pl.) . . . . AY 6
Giraud-Teulon (R.) . . . . . BZ 9

Gde-Fontaine (R.) . . . . . . AZ 10
Loges (Av. des) . . . . AY 14
Malraux (Pl. A.) . . . . BZ 16
Mareil (Pl.) . . . . AZ 19
Pologne (R. de) . . . . AY 23
Surintendance (R. de la) . AY 28
Victoire (Pl. de la) . . . . . . AY 30
Vieil-Abreuvoir (R. du) . . . AZ 32

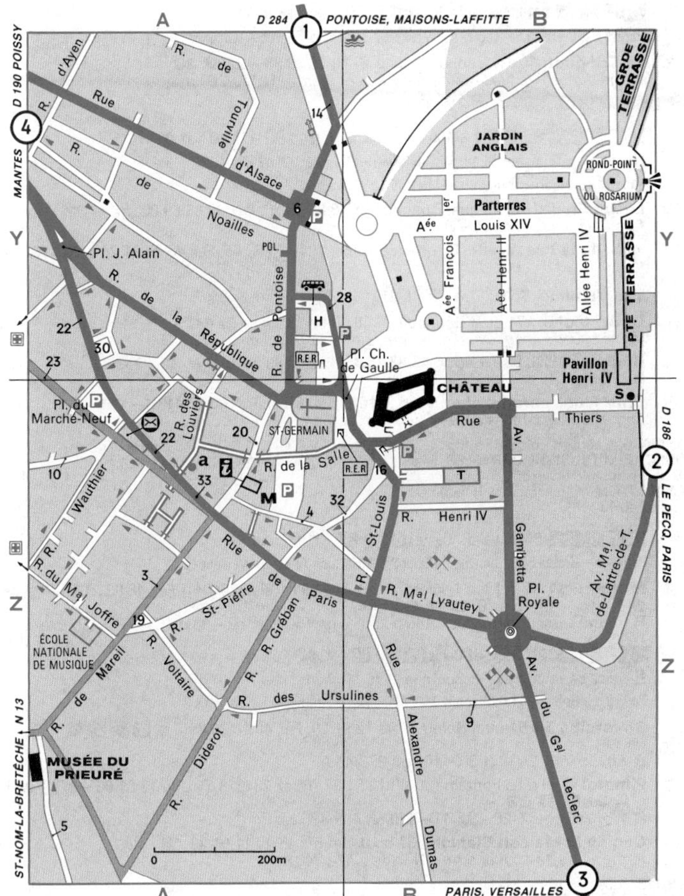

au NO par ① : 2,5 km par N 284 et rte des Mares – ✉ **78100** St-Germain-en-Laye :

La Forestière Ⓜ, 1 av. Prés. Kennedy ☎ 39 73 36 60, Télex 696055, Fax 39 73 73 88, – 30. GB JCB
R voir rest. **Cazaudehore** ci-après – ☐ 65 – **25 ch** 680/830, 5 appart.

Cazaudehore, 1 av. Prés. Kennedy ☎ 34 51 93 80, Télex 696055, Fax 39 73 73 88, « Jardin fleuri en forêt » – Ⓟ. GB JCB
fermé lundi sauf fériés – **R** 240 (déj.) et carte 300 à 465, enf. 120.

CITROEN Ouest-Automobile, 45 rte de Mantes N 13 à Chambourcy par ④ ☎ 39 65 42 00
FORD G.A.O., r. Clos de la Famille à Chambourcy ☎ 39 65 50 00

PEUGEOT-TALBOT Vauban Autom., pl. Vauban par ④ ☎ 30 87 15 15

Relais du Pneu, 22 r. Péreire ☎ 34 51 19 33

St-Gratien 95210 Val-d'Oise 101 ⑤ 18 – 19 338 h alt. 53.

Paris 18 – Argenteuil 3,5 – Chantilly 33 – Enghien-les-Bains 2 – Saint-Denis 10 – Saint-Germain-en-Laye 18.

Gem H. M, 54 bd Gare ✆ 39 89 01 11, Fax 34 28 01 39, 余 – 🛗 ⇔ ch TV ☎ ♿. AE GB — K 23-24
R *(fermé 1er au 15 août et dim. soir)* 125/185 ♂, enf. 48 – ☕ 38 – **50 ch** 330/380.

St-Mandé 94160 Val-de-Marne 101 ㉖ 24 – 18 684 h alt. 50.

Paris 5,5 – Créteil 9,5 – Lagny-sur-Marne 28 – Maisons-Alfort 5 – Vincennes 2.

X **Le Trinquet,** 44 av. Gén. de Gaulle ✆ 43 28 23 93 – AE ⓓ GB — AB 36
fermé dim. soir en juil.-août, mardi soir et merc. – **R** 150/260 bc.

Gar. Drecourt 186 av. Gallieni ✆ 43 28 30 21

St-Maur-des-Fossés 94100 Val-de-Marne 101 ㉗ 24 – 77 206 h alt. 39.

ℹ Office de Tourisme 34 av. République (fermé août) ✆ 42 83 84 74.

Paris 13 – Créteil 5 – Nogent-sur-Marne 4,5.

XX **Le Jardin d'Ohé,** 29 quai Bonneuil ✆ 48 83 08 26, Fax 48 83 89 00, 余 – GB — AJ 42
fermé dim. soir et lundi – **R** 150/220.

XX **Aub. de la Passerelle,** 37 quai de la Pie ✆ 48 83 59 65, Fax 48 89 91 24 – ▤. GB — AH 41
fermé 15 au 31 août, dim. soir et merc. – **R** 185/255, enf. 110.

à La Varenne-St-Hilaire – ✉ 94210 :

XXX **La Bretèche,** 171 quai Bonneuil ✆ 48 83 38 73, 余 – AE GB — AJ 44
fermé vacances de fév., dim. soir et lundi – **R** 160 et carte 215 à 350.

XX **Régency 1925,** 98 r. Bac ✆ 48 83 15 15, Fax 48 89 99 74 – ▤. AE ⓓ GB — AH 45
R 170.

XX **Chez Nous comme chez Vous,** 110 av. du Mesnil ✆ 48 85 41 61 – GB — AG 45
fermé août, vacances de fév., dim. soir et merc. – **R** 148 bc/428.

LANCIA Gar. Léglise 7 bis av. Foch ✆ 48 83 06 83
PORSCHE, MITSUBISHI, CHRYSLER Fast, 102 av. Foch ✆ 48 85 45 55
RENAULT Gar. National, 28 av. République ✆ 42 83 46 40
V.A.G S.M.C.D.A., 48 r. de la Varenne ✆ 48 86 41 42 N ✆ 05 00 24 24

St-Maurice 94410 Val-de-Marne 101 ㉗ 24 – 11 157 h alt. 33.

Paris 7,5 – Créteil 6,5 – Joinville-le-Pont 3,5 – Maisons-Alfort 2 – Vincennes 7.

Mercure M, 12 r. Mar. Leclerc ✆ 43 75 94 94, Télex 264041, Fax 48 93 21 14 – 🛗 ▤ TV ☎ ♿ 🚗 – 🏛 25 à 70. AE ⓓ GB JCB — AE 36
R *(fermé sam. et dim.)* carte 140 à 220 ♂, enf. 50 – ☕ 52 – **93 ch** 540/690, 6 duplex.

St-Ouen 93400 Seine-St-Denis 101 ⑯ 18 – 42 343 h alt. 36.

ℹ Office de Tourisme pl. République ✆ 40 11 77 36.

Paris 9,5 – Bobigny 11 – Chantilly 34 – Meaux 48 – Pontoise 27 – St-Denis 3.

Sovereign M, 54 quai Seine ✆ 40 12 91 29, Fax 40 10 89 49 – 🛗 TV ☎ ♿ P – 🏛 45. AE ⓓ GB — R 28
R 72/115, enf. 34 – ☕ 35 – **104 ch** 330/450.

Fimotel M, 9 r. La Fontaine ✆ 40 12 51 97, Télex 234078, Fax 40 12 61 00 – 🛗 TV ☎ ♿ P – 🏛 90. AE ⓓ GB — U 27
R 105/150 ♂, enf. 36 – ☕ 41 – **120 ch** 405/435.

XX **Coq de la Maison Blanche,** 37 bd J. Jaurès ✆ 40 11 01 23, 余 – GB — S 28
fermé 1er au 15 août et dim. – **R** carte 220 à 340.

FORD Bocquet, 45-57 av. Michelet ✆ 40 11 13 10
Gar. Michelet, 5 r. Auguste-Rodin ✆ 40 11 85 61
Ⓜ Sté Nouvelle du Pneumatique, 87 bd V.-Hugo ✆ 40 11 08 66
Technigum Pneus, 165 r. Docteur Bauer ✆ 40 11 08 56

St-Thibault-des-Vignes 77 S.-et-M. 101 ⑳ – rattaché à Marne-la-Vallée.

Sartrouville 78500 Yvelines 101 ⑬ 18 – 50 329 h.

Paris 20 – Argenteuil 9 – Maisons-Laffitte 1,5 – Pontoise 20 – Saint-Germain-en-Laye 7,5 – Versailles 19.

XX **Le Jardin Gourmand,** 109 rte Pontoise ✆ 39 13 18 88 – ▤. AE GB JCB — M 16
fermé 1er au 21 août, sam. et dim. – **R** 135/250, enf. 60.

Ⓜ C.B. Maintenance, 34 av. Georges-Clemenceau ✆ 39 13 56 18

Savigny-sur-Orge 91600 Essonne 101 ㊱ – 33 295 h alt. 80.

Paris 22 – Évry 12 – Longjumeau 5 – Versailles 28.

Gd Panorama, 5 r. Mont-Blanc ✆ 69 96 17 61, Fax 69 96 28 82, 余 – TV ☎. AE GB
R *(fermé merc.)* 80/335 bc ♂ – ☕ 26 – **25 ch** 195/245.

Sceaux **92330** Hauts-de-Seine 101 ㉕ 22 **G. Ile de France** – 18 052 h alt. 100.

Voir Parc★★ et Musée de l'Ile-de-France★ – L'Hay-les-Roses : roseraie★★ E : 3 km – Châtenay-Malabry : église St-Germain l'Auxerrois★, Maison de Chateaubriand★ SO : 3 km.

Office de Tourisme 68 r. Houdan (fermé matin) ☏ 46 61 19 03.

Paris 10,5 – Antony 3,5 – Bagneux 4 – Corbeil-Essonnes 32 – Nanterre 20 – Versailles 15.

BMW Éts Loiseau, 3 r. de la Flèche ☏ 47 02 72 50

Vaysse, 77 r. V. Fayo à Châtenay-Malabry ☏ 46 61 14 18

Vaysse, 30 av. du Gén.-Leclerc à Bourg-la-Reine ☏ 46 65 67 69

Sevran **93270** Seine-St-Denis 101 ⑱ 20 – 48 478 h alt. 55.

Paris 20 – Bobigny 9 – Meaux 28 – Villepinte 3.

Campanile, r. A. Léonov ☏ 43 84 67 77, Télex 233030, Fax 43 83 27 40 – 25. AE GB M 45
R 88 bc/115 bc, enf. 39 – 30 – **58 ch** 340.

Otico, 7 allée du Mar.-Bugeaud ☏ 43 84 36 30

Sèvres **92310** Hauts-de-Seine 101 ㉔ 22 **G. Ile de France** – 21 990 h alt. 95.

Voir Musée National de céramique★★ – Étangs★ de Ville d'Avray O : 3 km.

Paris 11,5 – Boulogne-Billancourt 2,5 – Nanterre 11 – St-Germain-en-Laye 17 – Versailles 7,5.

Adagio M, 13 Grande Rue ☏ 46 23 20 00, Télex 631286, Fax 46 23 02 32, – ch – 80. AE GB AD 18
R 95/160 – 65 – **95 ch** 790/830.

Aub. Garden, 24 rte Pavé des Gardes ☏ 46 26 50 50, Fax 46 26 58 58, – GB AF 17
fermé août, lundi soir, mardi soir et dim. – **R** carte 200 à 380.

CITROEN Gar. Pont de Sèvres, ZAC, 2 av. Cristallerie ☏ 45 34 01 93

Stains **93240** Seine-St-Denis 101 ⑯ 20 – 34 879 h alt. 41.

Paris 14 – Chantilly 29 – Meaux 48 – Pontoise 30 – Senlis 44 – St-Denis 5.

Chez Bibi, 41 allée Val du Moulin ☏ 48 26 64 10 – GB L 33
fermé 11 au 31 août, vacances de Noël, sam. et dim. – **R** 200 et carte 230 à 300.

Sucy-en-Brie **94370** Val-de-Marne 101 ㉘ 24 – 25 839 h alt. 96.

Voir Château de Gros Bois★ : mobilier★★ S : 5 km, **G. Ile de France.**

Paris 21 – Créteil 6,5 – Chennevières-sur-Marne 3,5.

quartier les Bruyères SE : 3 km :

Le Tartarin M, carrefour de la Patte d'Oie ☏ 45 90 42 61, – – 40. AE GB AM 48
R *(fermé août, mardi soir, merc. soir, jeudi soir et lundi)* 170/260 – 30 – **11 ch** 295/310.

Terrasse Fleurie, 1 rte Marolles ☏ 45 90 40 07, – . AE GB AM 48
fermé 1er au 26 août, 20 déc. au 15 janv., mardi et merc. – **R** 160/240, enf. 80.

PEUGEOT-TALBOT Éts Paulmier, 89 r. Gén.-Leclerc ☏ 45 90 95 95

RENAULT Boissy Autos, 51/53 av. Gén. Leclerc à Boissy-St-Léger ☏ 45 69 96 30 N ☏ 44 02 10 74

Suresnes **92150** Hauts-de-Seine 101 ⑭ 18 **G. Ile de France** – 35 998 h alt. 42.

Voir Fort du Mont Valérien (Mémorial National de la France combattante).

Paris 12 – Nanterre 4,5 – Pontoise 35 – St-Germain-en-Laye 13 – Versailles 13.

Novotel M, 7 r. Port aux Vins ☏ 40 99 00 00, Télex 611909, Fax 45 06 60 06 – ch – 25 à 100. AE GB X 19
R carte environ 150 – 58 – **109 ch** 650/720.

Atrium M sans rest, 68 bd H. Sellier ☏ 42 04 60 76, Télex 616516, Fax 46 97 71 61 – – 80. AE GB JCB Y 18
50 – **42 ch** 600/700.

Astor sans rest, 19 bis r. Mt Valérien ☏ 45 06 15 52, Fax 42 04 65 29 – . GB X 18
30 – **51 ch** 320.

Les Jardins de Camille, 70 av. Franklin Roosevelt ☏ 45 06 22 66, Fax 47 72 42 25, – GB X 18
fermé dim. soir et lundi – **R** 150, enf. 80.

Pont de Suresnes, 58 r. Pasteur ☏ 45 06 66 56, Fax 45 06 65 09, – . AE GB Y 18
R carte 200 à 300.

Euromaster La Centrale du Pneu, 4 r. E. Nieuport ☏ 47 72 43 21

Taverny 95150 Val-d'Oise 101 ④ **G. Ile de France** – 25 151 h alt. 91.

Voir église★.

Paris 28 – Beauvais 55 – Chantilly 30 – L'Isle-Adam 15 – Pontoise 13.

Campanile, centre commercial les Portes de Taverny ✆ 30 40 10 85, Télex 606050, Fax 30 40 10 87 – TV ☎ ♿ P – 25. AE GB
R 80 bc/102 bc, enf. 39 – 29 – **77 ch** 268.

CITROEN Gar. Vincent Père et Fils, 183 r. d'Herblay ✆ 39 95 44 00

PEUGEOT-TALBOT Gar. des Lignières, 29 r. de Beauchamp ✆ 39 60 13 58

Torcy 77 S.-et-M. 101 ⑲ – rattaché à Marne-la-Vallée.

Tremblay-en-France 93290 Seine-St-Denis 101 ⑧ 20 – 31 385 h alt. 63.

Paris 23 – Aulnay-sous-Bois 7,5 – Bobigny 12 – Villepinte 4.

au Tremblay-Vieux-Pays :

XX **Le Cénacle**, 1 r. Mairie ✆ 48 61 32 91, Fax 48 60 43 89 – AE GB H 48
fermé août, 24 au 27 déc., sam. midi et dim. – **R** 150/290, enf. 100.

Les Ulis 91940 Essonne 101 ㉚ – 27 164 h alt. 159.

Paris 31 – Arpajon 17 – Évry 27 – Rambouillet 29 – Versailles 19.

Mercure M, Z.A. de Courtaboeuf ✆ 69 07 63 96, Télex 601247, Fax 69 07 92 00, ☂, ⛱ – ⇅ ▤ TV ☎ ♿ P – 200. AE ⓓ GB
R carte 150 à 210 ♀, enf. 50 – 48 – **108 ch** 530, 5 appart.

Campanile, Z.A. de Courtaboeuf ✆ 69 28 60 60, Télex 603094, Fax 69 28 06 35, ☂ – TV ☎ ♿ P – 25. AE GB
R 80 bc/102 bc, enf. 39 – 29 – **50 ch** 268.

RENAULT S.D.A.O., av. des Tropiques, ZA Courtaboeuf-les-Ulis ✆ 69 07 78 35 N ✆ 44 04 16 19

Vanves 92170 Hauts-de-Seine 101 ㉕ 22 – 25 967 h alt. 47.

Paris 7,5 – Boulogne-Billancourt 4 – Nanterre 13.

Mercure Paris Porte de la Plaine, r. Moulin ✆ 46 42 93 22, Télex 631628, Fax 46 42 40 64, Fø – ⇅ ▤ TV ☎ ♿ – 350. AE ⓓ GB JCB AD 24
R brasserie carte 130 à 235 ♀, enf. 45 – 58 – **380 ch** 690/930, 4 appart.

Parc des Expositions M sans rest, 18 r. E. Baudouin ✆ 45 29 00 68, Fax 45 29 00 78 – ⇅ ⊬ ch TV ☎ ♿ 🚗. AE ⓓ GB. ✻ AD 23
45 – **38 ch** 750.

XXX **Pavillon de la Tourelle**, 10 r. Larmeroux ✆ 46 42 15 59, Fax 46 42 06 27, ☂, 🌳 – P. AE ⓓ GB AE 23
fermé août, vacances de fév., dim. soir et lundi – **R** 195 et carte 275 à 490.

XX **La Pyramide**, 9 r. Gaudray ✆ 46 45 42 76, Fax 46 45 88 70 – AE ⓓ GB AD 24
fermé août et dim. soir – **R** 120 et carte 200 à 340, enf. 60.

La Varenne-St-Hilaire 94 Val-de-Marne 101 ㉘, 24 – rattaché à St-Maur-des-Fossés.

Vaucresson 92420 Hauts-de-Seine 101 ㉓ 22 – 8 118 h alt. 142.

Voir Etang de St-Cucufa★ NE : 2,5 km, **G. Ile de France.**

Paris 16 – Mantes-la-Jolie 43 – Nanterre 14 – St-Germain-en-Laye 10,5 – Versailles 5.

voir plan de Versailles.

XX **La Poularde**, 36 bd Jardy (près autoroute) D 182 ✆ 47 41 13 47, ☂ – P. AE ⓓ GB U **a**
fermé août, vacances de fév., dim. soir, mardi soir et merc. – **R** carte 200 à 380.

RENAULT Moriceau, 106 bd République ✆ 47 41 12 40

Vélizy-Villacoublay 78140 Yvelines 101 ㉓ 22 – 20 725 h alt. 174.

Paris 17 – Antony 13 – Chartres 76 – Meudon 8,5 – Versailles 6.

Holiday Inn M, av. Europe, près centre commercial Vélizy II ✆ 39 46 96 98, Télex 696537, Fax 34 65 95 21, Fø, ⛱ – ⇅ ⊬ ch ▤ ch TV ☎ ♿ P – 250. AE ⓓ GB JCB. ✻ rest AJ 18
R 175/220 ♀, enf. 65 – 75 – **182 ch** 795/995.

XX **Orée du Bois**, 2 r. M. Sembat ✆ 39 46 38 40, Fax 30 70 88 67, ☂ – AE GB AH 14
fermé sam. et dim. – **R** carte 260 à 370.

RENAULT BSE-Vélizy, av. L.-Breguet ✆ 39 46 96 03

Versailles P 78000 Yvelines 101 ㉒ 22 G. Ile de France – 87 789 h alt. 132.

Voir Château*** Y – Jardins*** (Grandes Eaux*** et fêtes de nuit*** en été) V – Ecuries Royales* Y – Trianon** V – Musée Lambinet* Y M.

de la Boulie (privé) ☎ 39 50 59 41, par ③ : 2,5 km.

Office de Tourisme 7 r. Réservoirs ☎ 39 50 36 22.

Paris 20 ① – Beauvais 88 ⑦ – Dreux 60 ⑥ – Évreux 88 ⑦ – Melun 61 ③ – ♦Orléans 121 ③.

Plans pages suivantes

Trianon Palace M, 1 bd Reine ☎ 30 84 38 00, Télex 698863, Fax 39 49 00 77, ←, parc, « Élégant décor début de siècle », – ch – AE GB JCB. rest X r
R voir rest. Les Trois Marches ci-après – 95 – **69 ch** 1500/3500, 25 appart.

Pullman Place d'Armes M, 2 av. Paris ☎ 39 53 30 31, Télex 697042, Fax 39 53 87 20 – ch rest – 150. AE GB JCB Y a
R 135/180 – 65 – **146 ch** 690, 6 appart.

Trianon Hôtel M, 1 bd Reine ☎ 30 84 38 00, Télex 699210, Fax 39 51 57 79, parc, – – 400. AE GB JCB X r
R 165 – 85 – **96 ch** 990/1370.

Novotel M, 4 bd St-Antoine au Chesnay ✉ 78150 ☎ 39 54 96 96, Télex 689624, Fax 39 54 94 40 – ch – 25 à 150. AE GB X z
R carte environ 160, enf. 50 – 52 – **102 ch** 520/550.

Mercure M sans rest, r. Marly-le-Roi au Chesnay, face centre commercial Parly II ✉ 78150 ☎ 39 55 11 41, Télex 695205, Fax 39 55 06 22 – ch . AE GB
49 – **78 ch** 510/550. U e

Résidence du Berry M sans rest, 14 r. Anjou ☎ 39 49 07 07, Télex 689058, Fax 39 50 59 40 – . AE GB Z s
40 – **38 ch** 370/440.

Arcade M sans rest, 4 av. Gén. de Gaulle ☎ 39 53 03 30, Télex 695652, Fax 39 50 06 31 – – 25. AE GB Y u
42 – **85 ch** 370/490.

Ibis M sans rest, av. Dutartre au Chesnay, centre commercial Parly II ✉ 78150 ☎ 39 63 37 93, Télex 689188, Fax 39 55 18 66 – ch . AE GB U n
36 – **72 ch** 350/380.

Home St-Louis sans rest, 28 r. St-Louis ☎ 39 50 23 55, Fax 30 21 62 45 – . AE GB JCB – 30 – **27ch** 265/320. Z d

Paris sans rest, 14 av. Paris ☎ 39 50 56 00, Fax 39 50 21 83 – . AE GB YZ e
35 – **37 ch** 213/366.

XXXX ✿✿ **Les Trois Marches** (Vié), 1 bd Reine ☎ 39 50 13 21, Fax 30 21 01 25, ←, – . AE GB JCB. X r
fermé 29 août au 7 sept., dim. soir et lundi – **R** 260 (déj.) sauf sam./595 et carte 400 à 650
Spéc. Foie gras de canard cuit entier au poivre. Canette mijotée au Madère, flambée au lard de jambon. Côte de veau au jus truffé.

XXX ✿ **La Grande Sirène,** 25 r. Mar. Foch ☎ 39 53 08 08, Fax 39 53 37 15 – . AE GB.
fermé 2 au 10 mai, août, dim. et lundi – **R** 175 (déj.)/240 et carte 310 à 420, enf. 85 Y v
Spéc. Trilogie de canard. Saint-Pierre rôti au jus de veau. Pyramide de chocolat fondant.

XXX **Rescatore,** 27 av. St-Cloud ☎ 39 50 23 60, Fax 30 21 96 57 – . AE GB Y s
fermé sam. midi et dim. – **R** produits de la mer 145/200, enf. 100.

XX **Le Chesnoy,** 24 r. Pottier au Chesnay ✉ 78150 ☎ 39 54 01 01 – . AE GB U x
fermé 1er au 21 août, dim. soir et lundi – **R** carte 200 à 300.

XX **Marée de Versailles,** 22 r. au Pain ☎ 30 21 73 73, Fax 39 50 55 87 – . GB Y t
fermé août, 23 déc. au 2 janv., lundi soir et dim. – **R** produits de la mer 240 .

XX **Potager du Roy,** 1 r. Mar.-Joffre ☎ 39 50 35 34, Fax 30 21 69 30 – . GB Z r
fermé dim. et lundi sauf fêtes – **R** 120/169.

XX **Le Connemara,** 41 rte Rueil au Chesnay ✉ 78150 ☎ 39 55 63 07 – AE GB U b
fermé 7 au 13 mars, 1er au 25 août, dim. et lundi – **R** 155.

XX **Le Pot au Feu,** 22 r. Satory ☎ 39 50 57 43 – GB. Y m
fermé 15 au 22 août, sam. midi et dim. – **R** 115/175.

AUTOBIANCHI-LANCIA Gar. de Versailles, 18/22 r. de Conde ☎ 39 51 06 68
BMW Gar. Lostanlen, 10 r. de la Celle, Le Chesnay ☎ 39 54 75 20
CITROEN Succursale, 124 av. des États-Unis ☎ 30 21 52 53
FIAT Sodiam 78, 9 r. Benjamin Franklin ☎ 39 50 64 10
OPEL-SAAB, Espace Vergennes, 18 r. de Vergennes ☎ 30 21 56 56
RENAULT Succursale, 12 r. Haussmann ☎ 30 84 60 00 N ☎ 05 05 15 15
RENAULT Succursale, 81 r. de la Paroisse ☎ 30 84 60 00 N ☎ 05 05 15 15
RENAULT Succursale, 46 av. de St-Cloud ☎ 30 84 60 00 N ☎ 05 05 15 15
V.A.G Gd Gar. des Chantiers, 58 r. des Chantiers ☎ 39 50 04 97

Euromaster La Centrale du Pneu, 77 r. des Chantiers ☎ 30 21 24 25

VERSAILLES

Bellevue (Av. de) . . . . **U** 2
Coste (R.) . . . . **V** 9
Dr-Schweitzer (Av. du) . . **U** 12
Franchet-d'Esperey
(Av. du Mar.) . . . . **U** 15
Glatigny (Bd de) . . . . **U** 19
Leclerc (Av. du Gén.) . . . . **V** 22
Marly-le-Roi (R. de) . . . . . **U** 26
Mermoz (R. Jean) . . . . . . **V** 27
Moxouris (R.) . . . . **U** 29
Napoléon III (Rte) . . . . . . **U** 30
Pelin (R. L.) . . . . **U** 32
Porchefontaine
(Av. de) . . . . **V** 33
Pottier (R.) . . . . **U** 35
Rocquencourt (Av. de) . . . **U** 39
St-Antoine (Allée) . . . . . . **V** 40
Sports (R. des) . . . . **U** 43
Vauban (R.) . . . . **V** 45

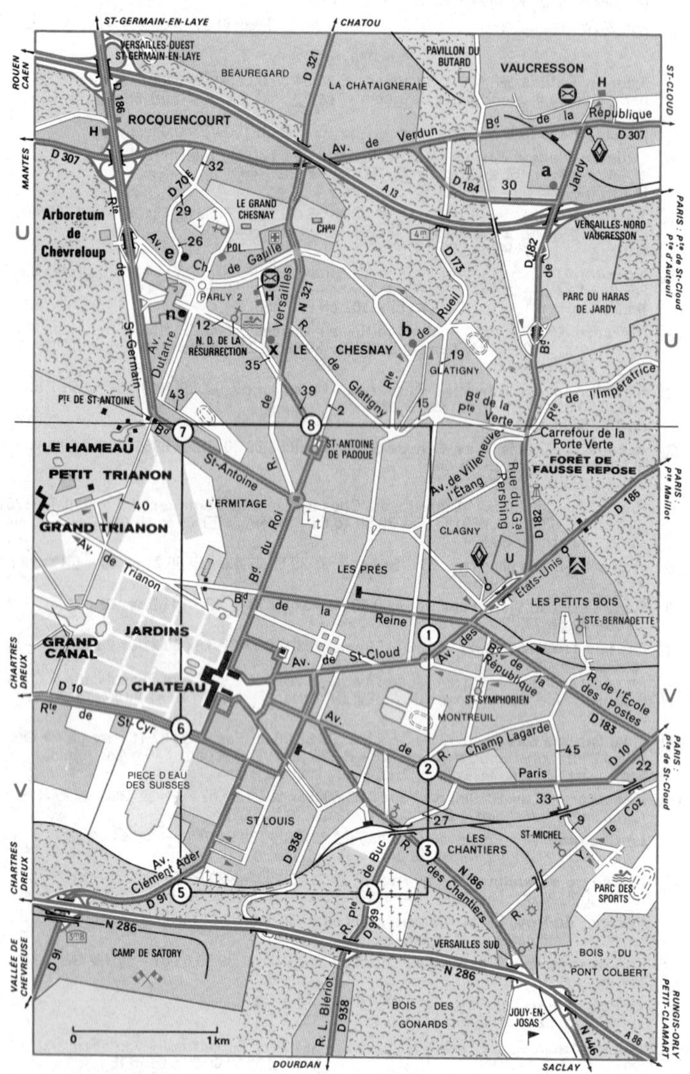

VERSAILLES

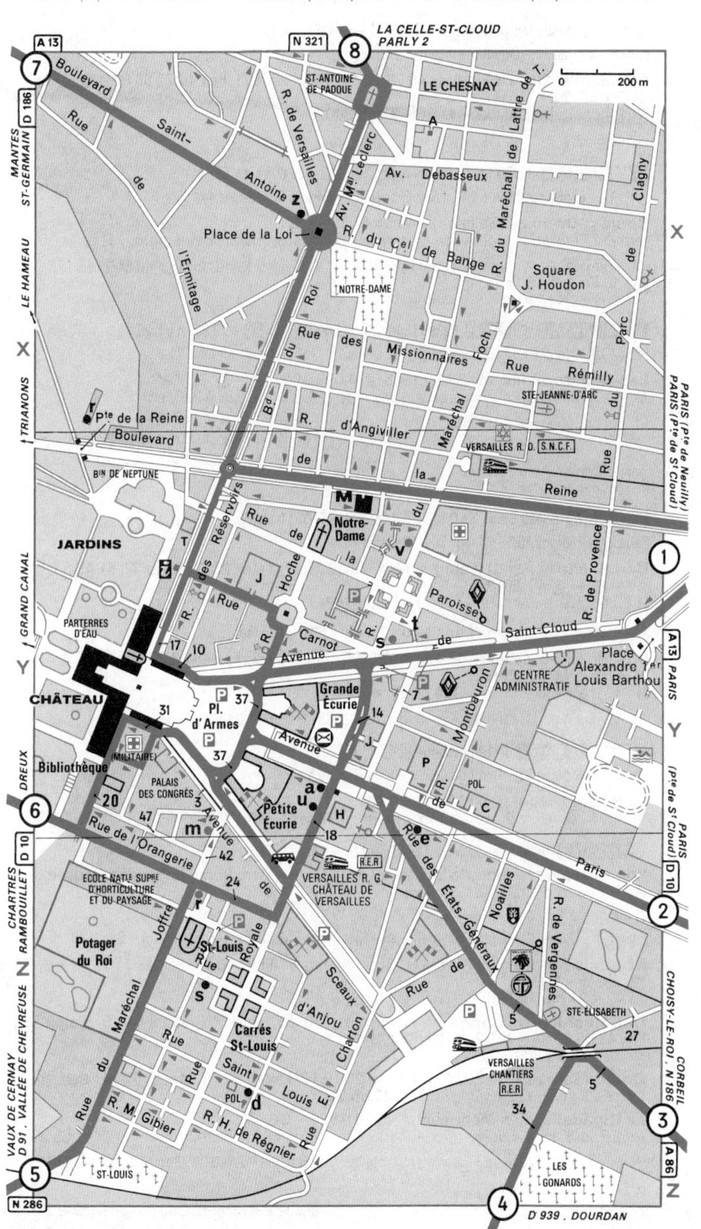

LA CELLE-ST-CLOUD
PARLY 2
A 13
N 321
D 186
MANTES
ST-GERMAIN
LE HAMEAU
TRIANONS
GRAND CANAL
DREUX
D 10
CHARTRES
RAMBOUILLET
VAUX DE CERNAY
D 91 . VALLÉE DE CHEVREUSE
N 286
D 939 . DOURDAN
CORBEIL
CHOISY-LE-ROI . N 186
A 86
PARIS (Pte de St Cloud)
PARIS
A 13
PARIS (Pte de Neuilly)
PARIS (Pte de St Cloud)
200 m
LE CHESNAY
ST-ANTOINE DE PADOUE
Boulevard Saint-Antoine
Rue de l'Ermitage
R. de Versailles
Av. Mal Leclerc
Av. Debasseux
R. du Maréchal de Lattre de T.
Clagny
Place de la Loi
R. du Cel de Bange
NOTRE-DAME
Square J. Houdon
Rue du Parc de Clagny
Bd du Roi
Rue des Missionnaires
R. du Maréchal Foch
Rue Rémilly
STE-JEANNE-D'ARC
Pte de la Reine
Boulevard de la Reine
R. d'Angiviller
VERSAILLES R. D.
S.N.C.F.
Rue du Provence
BIN DE NEPTUNE
JARDINS
Rue des Réservoirs
Rue de la Paroisse
Notre-Dame
Hoche
R. de Provence
PARTERRES D'EAU
Rue Carnot
Avenue de Saint-Cloud
Place Alexandre 1er Louis Barthou
CENTRE ADMINISTRATIF
Montbauron
CHÂTEAU
Pl. d'Armes
Grande Écurie
Avenue de Paris
Bibliothèque
(MILITAIRE)
PALAIS DES CONGRÈS
Petite Écurie
POL.
Rue de l'Orangerie
Avenue de Sceaux
VERSAILLES R. G. CHÂTEAU DE VERSAILLES
R.E.R
ECOLE NATLE SUPRE D'HORTICULTURE ET DU PAYSAGE
Potager du Roi
Rue du Maréchal Joffre
St-Louis
Rue Royale
Rue des États-Généraux
Noailles
R. de Vergennes
Rue de Noailles
Rue d'Anjou
Charton
STE-ÉLISABETH
Carrés St-Louis
Rue Saint-Louis
VERSAILLES CHANTIERS
R.M. Gibier
R. H. de Régnier
ST-LOUIS
LES GONARDS
X
Y
Z

Le Vésinet **78110** Yvelines 101 ⑬ 18 – 15 945 h alt. 44.

Paris 18 – Maisons-Laffitte 8,5 – Pontoise 22 – St-Germain-en-Laye 3 – Versailles 14.

Aub. des Trois Marches, 15 r. J. Laurent ☎ 39 76 87 93, Fax 39 76 62 58 – TV ☎. AE ① GB — V 10
fermé 16 au 22 août – **R** *(fermé dim. soir)* 150 – ☐ 45 – **15 ch** 450/510.

Villejuif **94800** Val-de-Marne 101 ㉖ 22 – 48 405 h alt. 103.

Paris 8 – Créteil 12 – Orly 8,5 – Vitry-sur-Seine 3.

Campanile, 20 r. Dr Pinel ☎ 46 78 10 11, Télex 260883, Fax 46 77 88 94 – TV ☎ ♿ P – 50. AE GB — AG 29
R 88 bc/115 bc, enf. 39 – ☐ 30 – **72 ch** 340.

La Pneumathèque, 21 r. de Verdun ☎ 46 77 06 06

Villemomble **93250** Seine-St-Denis 101 ⑱ 20 – 26 863 h alt. 58.

Paris 14 – Lagny-sur-Marne 24 – Livry-Gargan 4,5 – Meaux 32 – Senlis 44.

Boule d'Or, 10 av. Gallieni ☎ 48 54 47 26 – GB — V 44
fermé 27 juil. au 3 sept., vacances de fév., dim. soir, mardi soir et merc. – **R** carte 150 à 260.

RENAULT Villemomble-Autom., 19 av. de Rosny ☎ 48 94 16 16 N ☎ 05 05 15 15
V.A.G Gar. du Progrès, 25 rte Noisy ☎ 45 28 66 30

Barillet, 19 rte Noisy ☎ 48 54 29 25

Villeneuve-la-Garenne **92390** Hauts-de-Seine 101 ⑮ 20 – 23 824 h alt. 28.

Paris 10,5 – Nanterre 13 – Pontoise 25 – St-Denis 2,5 – St-Germain-en-Laye 21.

Les Chanteraines, av. 8 Mai 1945 ☎ 47 99 31 31, ← – P. AE GB — N 27
fermé 15 au 31 août, dim. soir et sam. – **R** 170 et carte 210 à 370, enf. 80.

RENAULT Raynal, 16 av. M. Sangnier ☎ 47 94 09 09

Euromaster Central Pneu Service, 23 av. M. Sangnier ☎ 47 98 08 10

Euromaster La Centrale du Pneu, 8 av. de la Redoute, ZI ☎ 47 94 22 85

Villepinte **93420** Seine-St-Denis 101 ⑧ 20 – 30 303 h alt. 63.

Paris 22 – Bobigny 10,5 – Meaux 30 – St-Denis 18.

Campanile M, 2 r. J. Fourgeaud ☎ 48 60 35 47, Télex 231773, Fax 48 61 49 33, – TV ☎ ♿ P – 40. AE GB — K 48
R 80 bc/102 bc, enf. 39 – ☐ 29 – **52 ch** 268.

Parc des Expositions Paris Nord II – ✉ **93420** Villepinte :

Ibis M, sortie visiteurs ☎ 48 63 89 50, Télex 233822, Fax 48 63 23 10, – ch TV ☎ ♿ P – 60. AE GB — K 44
R 91 ⅃, enf. 39 – ☐ 37 – **124 ch** 320/410.

RENAULT Verdier 4 av. G.-Clemenceau ☎ 48 61 96 65 N ☎ 05 05 15 15

Villiers-le-Bâcle **91190** Essonne 101 ㉝ 22 – 953 h alt. 151.

Paris 27 – Arpajon 25 – Rambouillet 28 – Versailles 10,5.

La Petite Forge, ☎ 60 19 03 88 – GB — AS 9
fermé 1er au 16 août, sam., dim. et fériés – **R** carte 300 à 400.

Vincennes **94300** Val-de-Marne 101 ⑰ 24 – 42 267 h alt. 60.

Voir Château★★ – Bois de Vincennes★★ : Zoo★★, Parc floral de Paris★★, Musée des Arts d'Afrique et d'Océanie★, **G. Paris.**

Office de Tourisme 11 av. Nogent ☎ 48 08 13 00.

Paris 6,5 – Créteil 13 – Lagny-sur-Marne 25 – Meaux 46 – Melun 51 – Montreuil 1,5 – Senlis 48.

St-Louis M sans rest, 2 bis r. R. Giraudineau ☎ 43 74 16 78, Fax 43 74 16 49 – TV ☎ – 25. AE ① GB — AB 37
☐ 42 – **23 ch** 550/650.

Daumesnil Vincennes M sans rest, 50 av. Paris ☎ 48 08 44 10, Télex 264644, Fax 43 65 10 94 – TV ☎. AE ① GB — AB 37
☐ 32 – **50 ch** 360/430.

Donjon sans rest, 22 r. Donjon ☎ 43 28 19 17, Fax 49 57 02 04 – TV ☎. GB. — AB 37
fermé 23 juil. au 22 août – ☐ 27 – **25 ch** 270/380.

La Rigadelle, 26 r. Montreuil ☎ 43 28 04 23 – GB — AB 37
fermé août, sam. midi et dim. – **R** (nombre de couverts limité, prévenir) carte 205 à 350.

CITROEN Succursale, 120 av. de Paris ☎ 43 74 12 25
FORD Deshayes, 232 r. de Fontenay ☎ 43 74 97 40

PEUGEOT-TALBOT Sabrié, 3 av. de Paris ☎ 43 28 37 54

Pneu-Service, 12 r. de Fontenay ☎ 43 28 14 79

Viroflay **78220** Yvelines 101 ㉓ 22 – 14 689 h alt. 115.

Paris 14 – Antony 15 – Boulogne-Billancourt 6,5 – Versailles 4.

XX **Aub. la Chaumière,** 3 av. Versailles ☎ 30 24 48 76, Fax 30 24 48 76, 🍽 – AE GB AG 13
fermé dim. soir et lundi – **R** 160/190.

PEUGEOT-TALBOT Gar. de l'Ile de France, 17 av. du Gén.-Leclerc ☎ 30 84 87 00
ROVER SOGA Versailles, 189 av. du Gén.-Leclerc ☎ 30 24 06 16

Euromaster La Centrale du Pneu, 199 av. Gén.-Leclerc ☎ 30 24 49 96

Viry-Châtillon **91170** Essonne 101 ㊱ – 30 580 h alt. 36.

Paris 26 – Corbeil-Essonnes 17 – Évry 8 – Longjumeau 8,5 – Versailles 31.

XXX ✿ **La Dariole de Viry** (Richard), 21 r. Pasteur ☎ 69 44 22 40, Fax 69 96 88 87 – ▤. AE GB
fermé 18 juil. au 8 août, sam. midi et dim. – **R** carte 270 à 360
Spéc. Blinis aux escargots. Navarin de terre et mer au curry. Gibier (15 oct. au 15 janv.).

CITROEN Gd Gar. de l'Essonne, 137 av. Gén.-de-Gaulle ☎ 69 21 35 90
RENAULT Come et Bardon, 119 av. Ch.-de-Gaulle ☎ 69 96 91 40 N ☎ 05 05 15 15
SEAT Gar. Marchand, 113 av. Gén.-de-Gaulle ☎ 69 05 38 49

Euromaster La Centrale du Pneu, 134 rte Nationale 7 ☎ 69 44 30 07

PRINCIPALES MARQUES D'AUTOMOBILES

Constructeurs Français

Alpine-Renault (Sté des Autom.) : 120 r. Thiers, 92109 Boulogne-Billancourt ℘ 46 09 62 36

Citroën : 62 bd Victor-Hugo, 92200 Neuilly ℘ 47 48 41 41
Magasin d'exposition : 42 av. Champs-Élysées, 75008 Paris ℘ 43 59 62 20

Peugeot-Talbot : siège et services commerciaux : 75 av. Gde-Armée, 75116 Paris ℘ 40 66 55 11
Magasin d'exposition : 136 av. Champs-Élysées, 75008 Paris ℘ 45 62 70 20

Renault : 8 av. Émile-Zola, BP 103, 92109 Boulogne-Billancourt ℘ 41 04 04 04
Magasin d'exposition : 49 av. Champs-Élysées, 75008 Paris ℘ 42 25 54 44

Renault V.I. : 40 rue Pasteur, BP 302, 92156 Suresnes ℘ 47 72 33 33

Importateurs

(Agents en France : demander la liste aux adresses ci-dessous.)

Alfa-Romeo : 41-45 quai Président-Roosevelt, 92130 Issy-les-Moulineaux ℘ 45 54 92 04

Austin Rover France : (Austin, Land Rover, Morris, Rover) r. Ambroise-Croizat, Zone Ind., 95102 Argenteuil ℘ 39 82 09 22

BMW : 3 av. Ampère, Montigny-le-Bretonneux 78886 St-Quentin-en-Yvelines ℘ 30 43 93 00

Chevrolet-Pontiac-Buick-Cadillac : NAVI S.A., 41 rue des Peupliers, 92000 Nanterre ℘ 47 69 93 78

Nissan : Sté Richard, ZA du Parc de Pissaloup, av. Jean-d'Alembert, 78194 Trappes Cedex ℘ 30 69 25 00

Ferrari : Autom. Ch. Pozzi S.A., 109 r. Aristide-Briand, 92300 Levallois-Perret ℘ 47 39 96 50

Fiat (Lancia-Autobianchi) : 80/82 quai Michelet, 92532 Levallois-Perret Cedex ℘ 47 30 50 00

Ford : 344 av. Napoléon-Bonaparte, 92506 Rueil-Malmaison Cedex ℘ 47 32 60 00

General-Motors : (Bedford, Opel), 1-9 av. du Marais, 95101 Argenteuil Cedex ℘ 34 26 30 00

Honda-France : Parc d'Activité Paris-Est-La Madeleine, BP 46, 77312 Marne-la-Vallée Cedex 2 ℘ 60 05 90 12

Jaguar France : 64 r. Marjolin, 92302 Levallois-Perret ℘ 42 70 82 20

Lada : Ets Poch, bd des Martyrs-de-Châteaubriant, 95103 Argenteuil ℘ 39 82 09 21

Lotus : Polymark, Les Glaisières N 13, 78630 Orgeval ℘ 39 75 71 93

Maserati : 164, Av. de Suffren, 75015 Paris

Matra Automobile : ZI « Le Chêne Sorcier » CD 161, BP 47, 78340 Les Clayes-sous-Bois ℘ 30 55 82 82

Mazda : Sté France-Motors, ZI Moimont II, 95670 Marly-la-Ville ℘ 34 72 13 00

Mercedes-Benz : Parc de Rocquencourt, 78150 Le Chesnay ℘ 30 21 06 00
Magasin d'exposition : 118 av. Champs-Élysées, 75008 Paris ℘ 45 62 24 04

Morgan : J. Savoye, 237 bd Pereire, 75017 Paris ℘ 45 74 82 80

Polski-Zastava : S.A. Chardonnet, 165 av. Henri-Barbusse, 93003 Bobigny ℘ 48 30 12 30

Porsche-Mitsubishi-Chrysler-Hyundai-Jeep : Sonauto, 1 av. du Fief, Z.A. des Béthunes de St-Ouen l'Aumône, 95005 Cergy-Pontoise ℘ 30 37 92 92

Rolls-Royce, Bentley : Franco-Britannic, 25 r. P.-Vaillant-Couturier, 92300 Levallois-Perret ℘ 47 57 90 24

Saab : 12 r. des Peupliers. Parc d'Activité du Petit Nanterre, 92007 Nanterre ℘ 47 86 72 22

Seat : 2 et 4 av. de l'Éguillette, ZI du Vert Galant, 95310 St-Ouen l'Aumône ℘ 30 36 06 00

Subaru : 21 rue des Peupliers, 92000 Nanterre ℘ 47 69 93 89

Suzuki : 8 av. des Frères-Lumières, 78190 Trappes ℘ 34 82 14 00

Toyota France : 20-30 Bd de la République, 92420 Vaucresson Cedex ℘ 47 10 81 25

V.A.G. France : 50 bd Malesherbes, 75008 Paris ℘ 42 56 42 82

Volvo : 6 bd de l'Oise, 95036 Cergy Pontoise Cedex ℘ 34 20 11 00

PARS-LÈS-ROMILLY 10 Aube 61 ⑤ – rattaché à Romilly-sur-Seine.

PARTHENAY 79200 Deux-Sèvres 67 ⑱ G. Poitou Vendée Charentes – 10 809 h alt. 172.

Voir Site★ : ≤★ du Pont-Neuf – Pont et porte St-Jacques★ Y **B** – Rue de la Vaux-St-Jacques★ Y – Église★ de Parthenay-le-Vieux par ④ : 1,5 km.

18 du Petit Chêne à Mazières ✆ 49 63 28 33, par ④ : 18 km ; 9 9 9 du Château des Forges ✆ 49 69 91 77, E : 23 km par D 59 Z.

Office de Tourisme Palais des Congrès, square R.-Bigot ✆ 49 64 24 24.

Paris 372 ② – Poitiers 51 ② – Bressuire 31 ① – Châtellerault 71 ② – Fontenay-le-Comte 51 ④ – Niort 42 ④ – Thouars 37 ①.

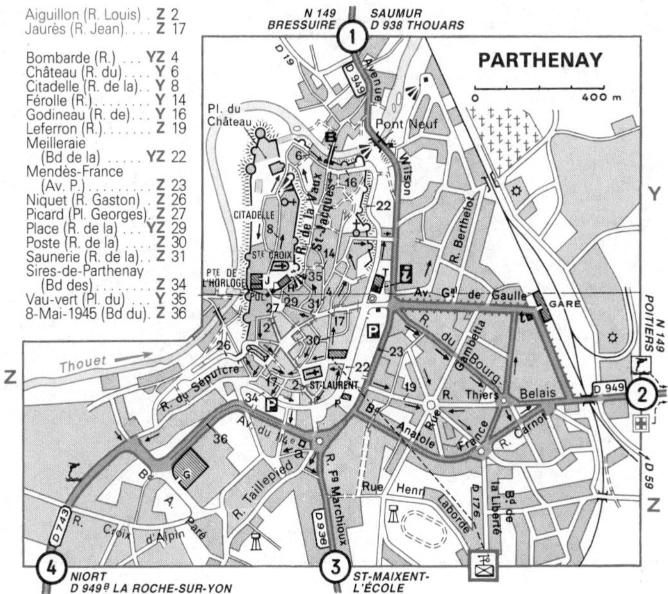

🏨 **St-Jacques** Ⓜ sans rest, 13 av. 114e R.I. ✆ 49 64 33 33, Fax 49 94 00 69 – 🛗 📺 ☎ ♿ Ⓟ – 🏛 50. AE ⓓ GB Z **a**
☕ 34 – **46 ch** 190/315.

🏨 **Renotel** Ⓜ, bd Europe par ② : 1 km ✆ 49 94 06 44, Fax 49 64 01 94 – 🛗 📺 ☎ ♿ Ⓟ. GB
R 75/250 🍷 – ☕ 39 – **41 ch** 270/350 – ½ P 310/380.

✕✕ **Nord** avec ch, 86 av. Gén. de Gaulle ✆ 49 94 29 11, Fax 49 64 11 72 – ▤ rest ☎. AE GB Z **t**
fermé 20 déc. au 9 janv. et sam. – **R** 65/220 🍷 – ☕ 28 – **10 ch** 250/280.

FORD Gar. Thoron, 52 av. A.-Briand ✆ 49 64 10 91
RENAULT Gâtine Espace Automobiles, 114 av. A.-Briand ✆ 49 94 04 00 N
Ⓜ Coutan-Pneus, pl. Martyrs-de-la-Résistance ✆ 49 94 34 22

PARVILLE 27 Eure 55 ⑯ – rattaché à Évreux.

PASSENANS 39 Jura 70 ④ – rattaché à Poligny.

PAU Ⓟ 64000 Pyr.-Atl. 85 ⑥ ⑦ G. Pyrénées Aquitaine – 82 157 h alt. 210.

Voir Boulevard des Pyrénées ≤★★★ ABZ – Château★★ : tapisseries★★★ AZ – Musée des Beaux-Arts★ BY **M**.

18 ✆ 59 32 02 33 AVX.

Circuit automobile urbain.

✈ de Pau-Pyrénées : ✆ 59 33 21 29, par ⑥ : 12 km.

Office Municipal de Tourisme pl. Royale ✆ 59 27 27 08 et pl. Monnaie ✆ 59 27 41 24 A.C. Basco-Béarnais 1 bd Aragon ✆ 59 27 01 94.

Paris 774 ⑥ – ◆Bayonne 107 ⑤ – ◆Bordeaux 194 ⑥ – ◆Toulouse 192 ② – Zaragoza 241 ④.

🏨 **Continental,** 2 r. Mar. Foch ✆ 59 27 69 31, Télex 570906, Fax 59 27 99 84 – 🛗 📺 ☎ 🚗 – 🏛 90. AE ⓓ GB JCB — BY **e**
R 135/270 – ☕ 40 – **80 ch** 325/540 – ½ P 340/415.

🏨 **Paris** 🔇 sans rest, 80 r. E. Garet ✆ 59 82 58 00, Télex 541595, Fax 59 27 30 20 – 🛗 📺 ☎ 🅿 – 🏛 35. AE ⓓ GB — BY **n**
41 ch ☕ 390/490.

🏨 **Commerce,** 9 r. Mar. Joffre ✆ 59 27 24 40, Télex 540193, Fax 59 83 81 74, 🌳 – 🛗 📺 ☎ – 🏛 70. AE ⓓ GB — AZ **q**
R *(fermé dim. sauf fêtes)* 75/145 🍷, enf. 62 – ☕ 36 – **51 ch** 300/330 – ½ P 265/285.

🏨 **de Gramont** Ⓜ sans rest, 3 pl. Gramont ✆ 59 27 84 04, Fax 59 27 62 23 – 🛗 📺 ☎. AE ⓓ GB — AY **t**
☕ 40 – **36 ch** 220/450.

🏨 **Le Navarre** Ⓜ, 9 av. Mar. Leclerc ✆ 59 30 25 39, Fax 59 02 63 95, 🌳 – 🛗 📺 ☎ ♿ 🚗 🅿. GB — BV **m**
R snack carte environ 120 🍷 – ☕ 30 – **31 ch** 260/280.

🏨 **Le Bourbon** Ⓜ sans rest, 12 pl. Clemenceau ✆ 59 27 53 12, Fax 59 82 90 99 – 🛗 ▤ 📺 ☎. AE ⓓ GB — BY **d**
☕ 33 – **33 ch** 250/300.

🏨 **Montpensier** sans rest, 36 r. Montpensier ✆ 59 27 42 72, Fax 59 27 70 95 – 🛗 📺 ☎ 🅿. AE ⓓ GB — AY **h**
☕ 32 – **22 ch** 200/350.

🏨 **Roncevaux** sans rest, 25 r. L. Barthou ✆ 59 27 08 44, Télex 570849, Fax 59 82 92 79 – 🛗 📺 ☎ 🅿. AE ⓓ GB — AZ **f**
☕ 35 – **40 ch** 320/400.

🏨 **Atlantic H.** sans rest, 222 av. J. Mermoz ✆ 59 32 38 24, Fax 59 62 40 24 – 🛗 📺 ☎ 🚗 🅿. AE ⓓ GB — AV **r**
☕ 27 – **31 ch** 170/230.

PAU

Barthou (R. Louis) . . . . . . **BZ** 3
Cordeliers (R. des) . . . . . **AY** 25
Henri-IV (R.) . . . . **AZ** 44
St-Louis (R.) . . . . **AZ** 77
Serviez (R.) . . . . **AY**

Barèges (Av. de) . . . . **BX** 2
Bérard (Cours Léon) . . . . **AV** 8
Bernadotte (R.) . . . . **AY** 9
Bizanos (R. de) . . . . **BX** 12
Bordenave-d'Abère (R.) **AZ** 13
Champetier-de-Ribes (Bd) . . . . **AV** 20
Clemenceau (Pl. G.) . . **ABZ** 22
Clemenceau (R. G.) . . . **BX** 24
Corps-Franc-Pommies et du 49e R. I. (Bd) . . . **BV** 26
Dufau (Av.) . . . . **AV** 27
Édouard VII (Av.) . . . . **BV** 29
Espagne (Pont d') . . . . . . **AX** 30
Espalungue (R. d') . . . . . . **AZ** 31
Etigny (R. d') . . . . **AV** 32
Gambetta (R.) . . . . **BY** 38
Gassion (R.) . . . . **AZ** 40
Gaulle (Av. Gén. de) . . . . **BV** 41
Lyautey (Cours) . . . . **BV** 48
Poeymirau (Av. Gén.) . . . **BX** 66
Terrier (R. Jacques) . . . . . **AX** 92
Vallées (Av. des) . . . . **AX** 93
14-Juillet (R. du) . . . . **AX** 95

ÉGLISES

NOTRE-DAME	BY	
N.-D.-BOUT-DU-PONT	AX	63
ST-CHARLES	AV	72
ST-JACQUES	AY	
ST-JEAN-BAPTISTE	BV	75
ST-JULIEN	AV	76
ST-MAGNE	BX	
ST-MARTIN	AZ	
ST-MICHEL	AX	81
ST-PAUL	BV	82
ST-PIERRE	AV	84
ST-VINCENT-DE-P.	BV	85
STE-BERNADETTE	BV	87
STE-MARIE	AX	89
STE-THÉRÈSE	BV	90

Arcade [M] sans rest, 26 r. Samonzet ✆ 59 83 71 83, Télex 571439, Fax 59 83 82 51 – |‡| TV ☎ ♿ P – 🏛 40. AE ⦿ GB — BY **a**
☕ 40 – **60 ch** 300/325.

Corona, 71 av. Gén. Leclerc ✆ 59 30 64 77, Fax 59 02 62 64 – ▤ rest TV ☎ P. AE GB
R *(fermé 20 déc. au 10 janv., vend. soir et sam.)* 80/150 – ☕ 27 – **20 ch** 110/260 – ½ P 230/270. — BV **a**

Central sans rest, 15 r. L. Daran ✆ 59 27 72 75, Fax 59 27 33 28 – TV ☎. AE ⦿ GB
☕ 32 – **28 ch** 111/270. — BZ **t**

Postillon sans rest, 10 cours Camou ✆ 59 72 83 00, Fax 59 72 83 13 – TV ☎ ♿. GB
☕ 32 – **28 ch** 220/280. — AY **a**

XXX ✿ **Chez Pierre** (Casau), 16 r. L. Barthou ✆ 59 27 76 86, Fax 59 27 08 14 – AE ⦿ GB JCB — BZ **x**
fermé 17 au 30 janv., sam. midi et dim. sauf fériés – **R** carte 230 à 340
Spéc. Pleurotes craquantes et foie de canard au vinaigre de Madiran. Filet de bar sur lit de courgettes. Pigeon doré aux choux craquants. **Vins** Jurançon, Madiran.

XX **Fin Gourmet,** face gare ✆ 59 27 47 71, Fax 59 82 96 77, 🏖 – AE ⦿ GB — AZ **v**
fermé lundi – **R** 85/180 🍼, enf. 65.

XX **L'Agripaume,** 14 r. Latapie ✆ 59 27 68 70 – AE GB — BZ **k**
fermé 8 au 22 août, sam. midi et dim. sauf fêtes – **R** 105 bc/410 bc 🍼.

XX ✿ **Le Viking** (David), 33 bd Tourasse ✆ 59 84 02 91 – P. AE GB. 🐕 — BV **s**
fermé 1er au 15 août, vacances de fév., sam., dim., lundi et fériés – **R** (nombre de couverts limité, prévenir) 160 et carte 250 à 350
Spéc. Huîtres chaudes à la nantaise. Suprême de turbot grillé au beurre aillé. Noisettes d'agneau "Laurette". **Vins** Jurançon, Madiran.

XX **St-Jacques,** 9 r. Parlement ✆ 59 27 58 97, Fax 59 27 91 24, 🏖 – ▤. AE GB — AZ **d**
fermé 29 août au 8 sept., 3 au 15 janv., sam. midi et dim. – **R** (nombre de couverts limité, prévenir) 98/135.

X **Brasserie Le Berry,** 4 r. Gachet ✆ 59 27 42 95 – ▤. GB — BZ **u**
fermé 1er au 15 mars – **R** carte 100 à 150 🍼.

par ① près échangeur A 64, sortie 7 : 5 km – ✉ **64000** Pau :

Le Renaissance [M], ✆ 59 80 20 51, Fax 59 80 27 80, 🏖 – ▤ TV ☎ P – 🏛 40. AE ⦿ GB
R *(fermé sam. midi et dim.)* 110/280 – ☕ 50 – **36 ch** 410/690.

Mercure [M], ✆ 59 84 29 70, Télex 541852, Fax 59 84 56 11, 🏖, 🏊 – |‡| ⇔ ch ▤ TV ☎ ♿ P – 🏛 160. AE ⦿ GB
R 98 bc/130 bc, enf. 50 – ☕ 50 – **92 ch** 410/570.

à Jurançon : 2 km – 7 538 h. – ✉ **64110** :

XXX **Castel du Pont d'Oly** avec ch, 2 av. Rauski par ④ ✆ 59 06 13 40, Fax 59 06 10 53, 🏖, 🏊, 🌳 – TV ☎ P. GB
R *(fermé dim. soir)* 220/500 – ☕ 50 – **6 ch** 350/450 – ½ P 700.

XXX **Ruffet,** 3 av. Ch. Touzet ✆ 59 06 25 13, 🏖, cadre rustique – AE ⦿ GB — AX **e**
fermé août, dim. soir et lundi – **R** carte 200 à 300.

rte de Bayonne par ⑤ :

Novotel [M], à 6 km, centre commercial ✉ 64230 Lescar ✆ 59 32 17 32, Télex 570939, Fax 59 32 34 98, 🏖, 🏊, 🌳 – ⇔ ch ▤ TV ☎ ♿ P – 🏛 30. AE ⦿ GB JCB
R carte environ 160, enf. 55 – ☕ 50 – **89 ch** 415/455.

Primevère [M], à 5 km ✉ 64140 Lons ✆ 59 62 82 00, Fax 59 62 81 96, 🏖 – TV ☎ ♿ P – 🏛 30. GB
R 66/99 🍼, enf. 39 – ☕ 30 – **42 ch** 290.

à Lescar par ⑤ : 7,5 km – 5 793 h. – ✉ **64230** :

Bilaa 🐦 sans rest, chemin de Lons : 1,5 km ✆ 59 81 03 00, Télex 541856, Fax 59 81 15 24 – |‡| TV ☎ P – 🏛 30. AE GB
fermé 22 déc. au 5 janv. – ☕ 30 – **80 ch** 260/310.

rte de Bordeaux par ⑥ : 4 km – ✉ **64000** Pau :

Trinquet [M] sans rest, 66 av. D. Daurat ✆ 59 62 71 23, Fax 59 92 04 51, 🎾 – |‡| TV ☎ 🚗 P. AE ⦿ GB
☕ 30 – **32 ch** 230/260.

Climat de France [M], centre commercial ✆ 59 72 74 00, Fax 59 72 74 01 – |‡| ▤ rest TV ☎ ♿ P – 🏛 50. AE GB
R 60/125 🍼 – ☕ 30 – **58 ch** 295 – ½ P 225/263.

MICHELIN, Agence régionale, av. Lavoisier, ZI Induspal à Lons par ⑤ ✆ 59 32 56 33

ALFA-ROMEO Auto Sprint, rte de Bordeaux à Lons ℘ 59 32 05 73
BMW Bochet Maxime, ZA r. B. Palissy à Lescar ℘ 59 81 18 00
CITROEN Domingue, rte de Tarbes BV ℘ 59 02 75 18
CITROEN Gar. Brandam, à Jurançon ℘ 59 06 16 04
CITROEN Gar. Domingues, 11 r. des Entrepreneurs à Billère ℘ 59 62 83 73
FIAT Navarre-Auto, rte de Bayonne à Lescar ℘ 59 81 06 28 N ℘ 05 05 34 28
FORD Petit, rte de Bayonne à Lescar ℘ 59 81 09 17
MERCEDES-BENZ SOPAVIA, 108 rte de Bayonne à Lons ℘ 59 62 64 64
PEUGEOT Sté Paloise Autom., 7 rte de Bayonne à Billère ℘ 59 72 79 70
PEUGEOT Gar. Dubroca, à Jurançon ℘ 59 06 06 52
RENAULT P.P.D.A., rte de Tarbes par ② ℘ 59 92 77 77 N ℘ 05 05 15 15
RENAULT Gar. Bordeau-Lamiou, à Jurançon ℘ 59 06 22 83
RENAULT Gar. des Lilas, 19 av. des Lilas ℘ 59 02 88 11
RENAULT Gar. Barat, rte de Gan à Jurançon par ④ ℘ 59 06 22 09
RENAULT Gar. Layus, 284 bd Cami Salie par ① ℘ 59 02 65 14
RENAULT PPDA, av. Santos Dumont à Lescar ℘ 59 62 36 44
V.A.G Éts Lavillauroy, rte de Bayonne à Lescar ℘ 59 77 71 97
VOLVO Gar. Davan, 12 bd Corps-Franc-Pommiès ℘ 59 02 70 20

Baudorre, 171 av. J.-Mermoz à Lons ℘ 59 32 43 85
Dours Pneus, 16 bis r. d'Étigny ℘ 59 27 20 21
Euromaster Central Pneu Service, 3 r. Chênes à Billère ℘ 59 32 42 99
Manaute, r. J.-Zay ZI Indusnor ℘ 59 30 58 50
Toupneu, 9 r. Bordeu ℘ 59 30 30 68

PAUILLAC **33250** Gironde 71 ⑦ **G. Pyrénées Aquitaine** – 5 670 h alt. 5.

Voir château Mouton Rothschild★ : musée★★ NO : 2 km.

Paris 557 – ◆Bordeaux 48 – Arcachon 111 – Blaye 14 – Lesparre-Médoc 20.

Château Cordeillan Bages M, ℘ 56 59 24 24, Télex 573050, Fax 56 59 01 89, – TV ☎ P. AE GB
fermé 22 déc. au 1er fév. – **R** *(fermé lundi, sauf le soir d'avril à nov. et dim. sauf le midi de nov. à avril)* 175/380 – ☕ 60 – **15 ch** 770 – ½ P 710.

France et Angleterre M, 3 quai A. Pichon ℘ 56 59 01 20, Fax 56 59 02 31, – TV ☎ – 25. AE GB
fermé 20 déc. au 10 janv. – **R** *(fermé dim. soir et lundi du 1er oct. au 1er mai)* 85/240, enf. 45 – ☕ 33 – **29 ch** 310/350 – ½ P 250.

PAULHAGUET **43230** H.-Loire 76 ⑤ ⑥ – 921 h alt. 551.

Paris 503 – Le Puy-en-Velay 46 – Ambert 55 – Brioude 16 – La Chaise-Dieu 26 – Langeac 14 – St-Flour 64.

Lagrange, ℘ 71 76 60 11, – ☎. GB
fermé 15 sept. au 15 oct. et sam. de nov. à Pâques – **R** 60/150 – ☕ 25 – **15 ch** 120/250 – ½ P 250/260.

RENAULT Laurent ℘ 71 76 60 68

La PAULINE 83 Var 84 ⑮ – rattaché à Toulon.

PAYRAC **46350** Lot 75 ⑱ – 492 h alt. 320.

Paris 536 – Cahors 48 – Sarlat-la-Canéda 31 – Bergerac 103 – Brive-la-Gaillarde 51 – Figeac 62 – Périgueux 101.

Host. de la Paix, ℘ 65 37 95 15, Télex 521291, Fax 65 37 90 37, – ☎ P – 25. AE GB
fermé 1er janv. au 20 fév. – **R** 70/150 – ☕ 27 – **50 ch** 265/310 – ½ P 275.

PÉAULE **56130** Morbihan 63 ⑭ – 2 188 h alt. 89.

Paris 437 – Ploërmel 47 – Redon 26 – La Roche-Bernard 10 – Vannes 36.

Armor Vilaine, pl. Église ℘ 97 42 91 03, Fax 97 42 82 27 – TV ☎. AE GB
fermé 16 au 30 nov., vacances de fév., dim. soir et lundi sauf juil.-août et fériés – **R** 65/230, enf. 55 – ☕ 35 – **21 ch** 220/290 – ½ P 230/280.

Relax sans rest, ℘ 97 42 91 22, – ☎. GB.
1er avril-1er oct. – ☕ 30 – **15 ch** 250.

PÉDERNEC **22540** C.-d'Armor 59 ① – 1 633 h alt. 125.

Paris 494 – St-Brieuc 41 – Carhaix-P. 54 – Guingamp 10 – Lannion 22 – Morlaix 47 – Plouaret 28.

Host. du Méné-Bré, ℘ 96 45 22 33 – AE GB
fermé vacances de fév., de nov., dim. soir (sauf juil.-août) et lundi – **R** 65/180.

RENAULT Gar. Madigou ℘ 96 45 22 51 N

PÉGOMAS **06580** Alpes-Mar. 84 ⑧ 115 ㉞ – 4 618 h alt. 22.

Paris 902 – Cannes 10 – Draguignan 59 – Grasse 9,5 – ◆Nice 39 – St-Raphaël 38.

du Bosquet sans rest, chemin des Périssols par rte Mouans Sartoux ℘ 93 42 22 87, – cuisinette ☎ P.
fermé 10 janv. au 10 fév. – ☕ 28 – **18 ch** 150/280, 7 studios.

L'Écluse, au bord de la Siagne, O : 1,5 km par VO ℘ 93 42 22 55, ←, – GB
fermé nov., 15 au 31 janv. et jeudi d'oct. à avril – **R** 98/145, enf. 75.

à St-Jean SE : 2 km par D 9 – ✉ **06550** La Roquette-sur-Siagne :

Chasseurs sans rest, ℘ 93 47 19 96 – cuisinette ☎ P.
☕ 30 – **17 ch** 200/230, 3 studios.

PEILLAC **56220** Morbihan 63 ⑤ – 1 694 h alt. 65.

Paris 415 – Redon 14 – ◆Rennes 69 – Vannes 44.

Chez Antoine, ✆ 99 91 24 43, – ☎ Ⓟ. AE GB
fermé fév., dim. soir et lundi – **R** 60/168 – ☕ 27 – **12 ch** 180/205.

PEILLE **06440** Alpes-Mar. 84 ⑲ G. Côte d'Azur – 1 836 h alt. 630.

Voir Le bourg★ – Monument aux morts ≤★.

Paris 958 – Monaco 18 – L'Escarène 14 – Menton 26 – ◆Nice 27 – Sospel 35.

Aub. du Seuillet, S : 2,5 km par D 53 ✆ 93 41 17 39, – GB
fermé juil., le soir (sauf sam.) d'oct. à mai et merc. – **R** (prévenir) 115/160.

PEILLON **06440** Alpes-Mar. 84 ⑩ 115 ㉗ G. Côte d'Azur – 1 139 h alt. 376.

Voir Village★ – Fresques★ dans la chapelle des Pénitents Blancs.

Paris 953 – Monaco 27 – Contes 12 – L'Escarène 13 – Menton 36 – ◆Nice 19 – Sospel 35.

Aub. de la Madone , ✆ 93 79 91 17, ≤, , « Au pied d'un village pittoresque, jardin et terrasse fleurie », – ☎ Ⓟ. GB. ch
fermé 20 oct. au 20 déc., 7 au 24 janv. et merc. – **R** 160/340 – ☕ 58 – **20 ch** 410/780 – ½ P 440/680.

PEISEY-NANCROIX **73210** Savoie 74 ⑱ G. Alpes du Nord – 521 h alt. 1 300 – ✉ **73210** Aime.

Office de Tourisme ✆ 79 07 94 28.

Paris 637 – Albertville 55 – Bourg-St-Maurice 15.

Vanoise , à Plan Peisey : 4 km ✆ 79 07 92 19, Fax 79 07 97 48, ≤, , (été) – TV ☎ Ⓟ. GB
15 juin-15 sept. et 15 déc.-30 avril – **R** 85/110, enf. 48 – ☕ 35 – **34 ch** 250/360 – ½ P 270/300.

L'Ancolie, A Nancroix SE : 2 km ✆ 79 07 93 20, – Ⓟ. GB
1er juil.-15 sept., 20 déc.-4 mai et fermé lundi en hiver – **R** 120/200.

Découvrez la France avec les ***guides Verts Michelin*** *:*
24 titres illustrés en couleurs.

PÉLUSSIN **42410** Loire 76 ⑩ G. Vallée du Rhône – 3 132 h alt. 410.

Paris 513 – ◆St-Étienne 39 – Annonay 30 – Tournon-sur-Rhône 56 – Vienne 23.

de l'Ancienne Gare avec ch, ✆ 74 87 61 51, Fax 74 87 63 96, – ☎. GB. rest
fermé 12 au 18 juil., vacances de nov., de fév., dim. soir et sam. du 1er oct. au 3 mai – **R** 98/250 – ☕ 25 – **7 ch** 160/350 – ½ P 240/310.

PELVOUX (Commune de) **05340** H.-Alpes 77 ⑰ G. Alpes du Sud – 335 h – Sports d'hiver : 1 200/2 300 m 6 .

Voir Route des Choulières : ≤★★ E.

Paris 709 – Briançon 23 – L'Argentière-la-Bessée 12 – Gap 85 – Guillestre 32.

Le Sarret :

La Condamine , ✆ 92 23 35 48, ≤, – ☎ Ⓟ. GB. rest
1er juin-15 sept. et 20 déc.-31 mars – **R** 75/110 – ☕ 33 – **19 ch** 150/220 – ½ P 235.

Ailefroide – alt. 1 510.

Voir Pré de Madame Carle : paysage★★ NO : 6 km.

Chalet H. Rolland , ✆ 92 23 32 01, ≤, , – ☎ Ⓟ. GB. rest
15 juin-15 sept. – **R** 85/150 – ☕ 30 – **26 ch** 230 – ½ P 210.

PÉNESTIN **56760** Morbihan 63 ⑭ – 1 394 h alt. 20.

Voir Pointe du Bile ≤★ S : 5 km, G. Bretagne.

Syndicat d'Initiative r. de Tremer ✆ 99 90 37 74.

Paris 457 – Nantes 85 – La Baule 32 – La Roche-Bernard 18 – St-Nazaire 40 – Vannes 46.

Loscolo M, Pointe de Loscolo SO : 4 km ✆ 99 90 31 90, Fax 99 90 32 14, ≤, , – rest ☎ ♿ Ⓟ. GB
3 avril-1er nov. – **R** *(fermé mardi midi et merc. midi sauf juil.-août et fériés)* 140/380, enf. 80 – ☕ 48 – **16 ch** 320/510 – ½ P 338/443.

Cynthia sans rest, Plage de la Mine d'Or SO : 2,5 km ✉ 56760 ✆ 99 90 33 05, Fax 99 90 43 56, ≤ – TV ☎ Ⓟ. GB
fermé fév. – ☕ 35 – **10 ch** 255/280.

PENHORS **29** Finistère 58 ⑭ – rattaché à Pouldreuzic.

PEN-LAN (Pointe de) **56** Morbihan 63 ⑭ – rattaché à Muzillac.

PENNEDEPIE **14** Calvados 55 ③ – rattaché à Honfleur.

PENVÉNAN **22710** C.-d'Armor **59** ① – 2 489 h alt. 70.

Paris 510 – St-Brieuc 59 – Guingamp 32 – Lannion 18 – Perros-Guirec 16 – La Roche-Derrien 9 – Tréguier 7,5.

✗ **Crustacé** avec ch, ✆ **96 92 67 46** – GB
hôtel : fermé 11 oct. au 31 mars, mardi soir et merc. sauf juil.-août – **R** *(fermé 11 au 28 oct., 22 janv. au 17 fév., mardi soir et merc. sauf juil.-août)* 80/310, enf. 50 – ☕ 28 – **7 ch** 160 – ½ P 205.

RENAULT Gar. Henry ✆ 96 92 65 22

PENVINS **56** Morbihan **63** ⑬ – rattaché à Sarzeau.

PÉRIGNAC **17** Char.-Mar. **71** ⑤ – rattaché à Pons.

PÉRIGNAT-LÈS-SARLIÈVE **63** P.-de-D. **73** ⑭ – rattaché à Clermont-Ferrand.

PÉRIGNY **86** Vienne **68** ⑬ – rattaché à Poitiers.

PÉRIGUEUX P **24000** Dordogne **75** ⑤ **G. Périgord Quercy** – 30 280 h alt. 86.

Voir Cathédrale St-Front★ : retable★★ dans l'abside BZ – Église St-Étienne de la Cité★ AZ **K** – Quartier du Puy St-Front★ : rue Limogeanne★ BY, escalier★ de la maison Lajoubertie BY **E** – Galerie Daumesnil★ face au n° 3 de la rue Limogeanne YZ 38 – Musée du Périgord★ BY **M**[1].

18 ✆ 53 53 02 35, par ⑤ : 5 km.

Office de Tourisme 26 pl. Francheville ✆ 53 53 10 63 – A.C. 14 r. Wilson ✆ 53 53 35 19.

Paris 494 ① – Agen 139 ③ – Albi 231 ② – Angoulême 87 ⑤ – ♦Bordeaux 121 ④ – Brive-la-Gaillarde 74 ② – ♦Limoges 99 ① – Pau 264 ③ – Poitiers 195 ⑤ – ♦Toulouse 237 ②.

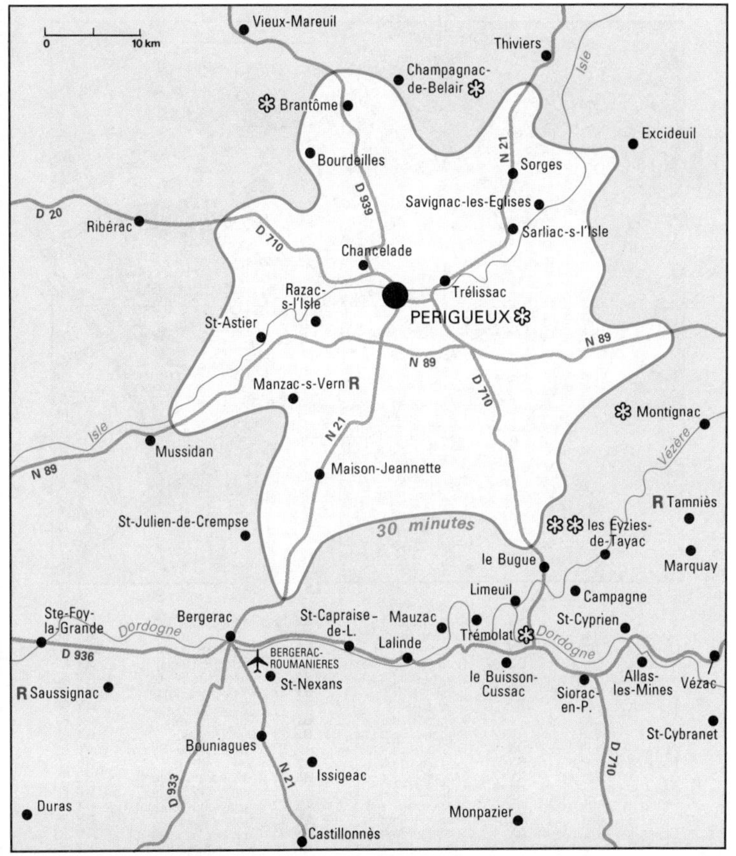

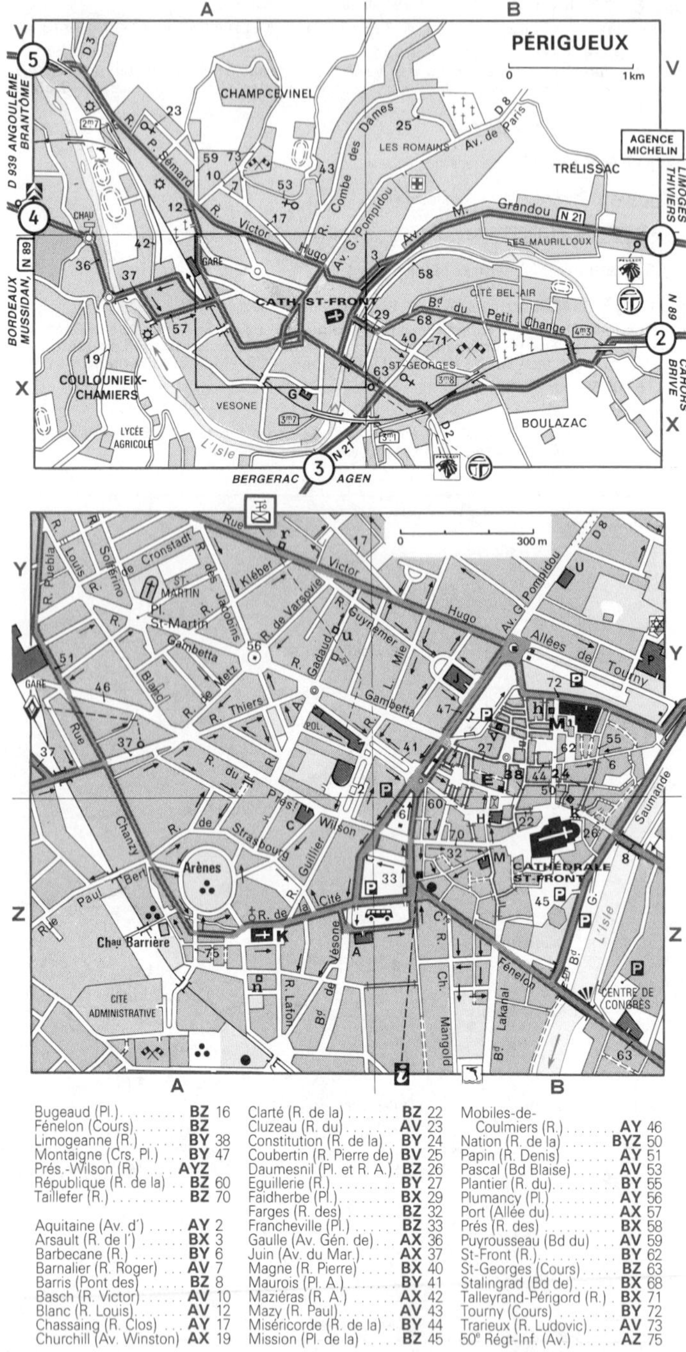

Bugeaud (Pl.) . . . . **BZ** 16
Fénelon (Cours) . . . . . . **BZ**
Limogeanne (R.) . . . . . . **BY** 38
Montaigne (Crs, Pl.) . . . **BY** 47
Prés.-Wilson (R.) . . . . **AYZ**
République (R. de la) . . **BZ** 60
Taillefer (R.) . . . . **BZ** 70

Aquitaine (Av. d') . . . . . **AY** 2
Arsault (R. de l') . . . . . . **BX** 3
Barbecane (R.) . . . . **BY** 6
Barnalier (R. Roger) . . . **AV** 7
Barris (Pont des) . . . . . . **BZ** 8
Basch (R. Victor) . . . . . . **AV** 10
Blanc (R. Louis) . . . . **AV** 12
Chassaing (R. Clos) . . . **AY** 17
Churchill (Av. Winston) **AX** 19
Clarté (R. de la) . . . . **BZ** 22
Cluzeau (R. du) . . . . **AV** 23
Constitution (R. de la) . . **BY** 24
Coubertin (R. Pierre de) **BV** 25
Daumesnil (Pl. et R. A.) . **BZ** 26
Eguillerie (R.) . . . . **BY** 27
Faidherbe (Pl.) . . . . **BX** 29
Farges (R. des) . . . . **BZ** 32
Francheville (Pl.) . . . . . . **BZ** 33
Gaulle (Av. Gén. de) . . . **AX** 36
Juin (Av. du Mar.) . . . . . **AX** 37
Magne (R. Pierre) . . . . . **BX** 40
Maurois (Pl. A.) . . . . **BY** 41
Maziéras (R. A.) . . . . **AX** 42
Mazy (R. Paul) . . . . **AV** 43
Miséricorde (R. de la) . . **BY** 44
Mission (Pl. de la) . . . . . **BZ** 45
Mobiles-de-Coulmiers (R.) . . . . . . **AY** 46
Nation (R. de la) . . . . . . **BYZ** 50
Papin (R. Denis) . . . . **AY** 51
Pascal (Bd Blaise) . . . . . **AV** 53
Plantier (R. du) . . . . **BY** 55
Plumancy (Pl.) . . . . **AY** 56
Port (Allée du) . . . . **AX** 57
Prés (R. des) . . . . **BX** 58
Puyrousseau (Bd du) . . . **AV** 59
St-Front (R.) . . . . **BY** 62
St-Georges (Cours) . . . . . **BZ** 63
Stalingrad (Bd de) . . . . . **BX** 68
Talleyrand-Périgord (R.) . **BX** 71
Tourny (Cours) . . . . **BY** 72
Trarieux (R. Ludovic) . . . **AV** 73
50e Régt-Inf. (Av.) . . . . . . **AZ** 75

Bristol sans rest, 37 r. A. Gadaud ✆ 53 08 75 90, Fax 53 07 00 49 – ▮ ▤ TV ☎ P. AE GB AY **u**
fermé 20 déc. au 2 janv. – ☕ 35 – **29 ch** 250/340.

Périgord, 74 r. V. Hugo ✆ 53 53 33 63, ⛱, ⛱ – TV ☎. GB JCB. ✄ ch AY **r**
fermé 20 oct. au 3 nov., vacances de fév. et vend. soir (sauf rest.) d'oct. à mars – **R** *(fermé dim. soir et sam.)* 85/168 ♀, enf. 50 – ☕ 33 – **20 ch** 190/290 – ½ P 235/250.

Arènes sans rest, 21 r. Gymnase ✆ 53 53 49 85, Fax 53 09 69 45 – ☎. GB. ✄ AZ **n**
☕ 35 – **16 ch** 178/298.

XXX ✿ **L'Oison** (Chiorozas), 31 r. St-Front ✆ 53 09 84 02 – ▤. AE ⓓ GB BY **h**
fermé 1er au 15 juil., 15 fév. au 3 mars, dim. soir et lundi – **R** (nombre de couverts limité, prévenir) 180/420 et carte 320 à 430
Spéc. Foie gras de canard mi-cuit. Mixed-grill de poissons. Gibier (saison). **Vins** Buzet, Pécharmant.

XXX **Tournepiche,** 2 r. Nation ✆ 53 08 90 76, Fax 53 04 29 63, « Salle du 18e siècle » – ▤. AE GB BYZ **k**
fermé 30 déc. au 5 janv., lundi soir et dim. – **R** 135/325.

XX **La Flambée,** 2 r. Montaigne ✆ 53 53 23 06 – GB BY **v**
fermé dim. et fériés – **R** 125.

rte de Limoges par ① : 4 km – ✉ **24000** Périgueux :

Campanile, carrefour Les Parats N 221 ✆ 53 09 00 37, Télex 572705, Fax 53 09 03 95, ⛱ – TV ☎ ♿ P – 🏛 40. AE GB
R 80 bc/102 bc, enf. 39 – ☕ 29 – **39 ch** 268.

à Trélissac par ① : 5 km – 6 660 h. – ✉ **24750** :

Climat de France, ✆ 53 04 36 36, Fax 53 54 08 97, ⛱ – TV ☎ ♿ P – 🏛 50. GB
R 85/125 ♀, enf. 36 – ☕ 34 – **62 ch** 290.

à Razac-sur-l'Isle par ④ : 11 km – ✉ **24430** :

Château de Lalande ⛰, NO : 2 km par D 3E et D 3 ✆ 53 54 52 30, Fax 53 07 46 67, ⛱, parc, 🏊 – ☎ P – 🏛 25. AE ⓓ GB
15 mars-15 nov. – **R** *(fermé merc. midi hors sais.)* 95/295, enf. 46 – ☕ 37 – **22 ch** 245/420 – ½ P 285/375.

à Chancelade par ⑤, D 710 et D 1 : 5,5 km – 3 718 h. – ✉ **24650** :.
Voir Abbaye★.

Château des Reynats Ⓜ ⛰, ✆ 53 03 53 59, Fax 53 03 44 84, ⛱, parc, 🏊, 🎾 – ▮ TV ☎ ♿ P – 🏛 100. AE ⓓ GB
R 130/360, enf. 65 – ☕ 45 – **32 ch** 490/520, 5 appart. – ½ P 420/450.

MICHELIN, Agence, rte de Limoges à Trélissac par ① ✆ **53 03 98 13**

BMW Gar. Jessus, 46 r. Chanzy ✆ 53 08 99 30
CITROEN Gar. Deluc, rte de Limoges à Trélissac par ① ✆ 53 02 70 10
CITROEN S.O.V.R.A., 74 av. Gén.-de-Gaulle à Chamiers ✆ 53 08 31 02
FIAT, LANCIA Rebière, 15 cours Fénelon ✆ 53 08 09 44
HONDA Gar. Borie, 156 av. Mar.-Juin ✆ 53 53 60 16
MERCEDES-BENZ-TOYOTA Éts Magot, 192 rte de Lyon ✆ 53 02 34 34
PEUGEOT, TALBOT Gar. Serreau, 202 av. de Limoges à Trélissac par ① ✆ 53 08 05 84 N ✆ 53 03 09 49
PEUGEOT-TALBOT Gar. Brout, 18 cours St-Georges ✆ 53 08 28 55 N ✆ 53 03 08 83
RENAULT Sarda, rte de Limoges à Trélissac par ① ✆ 53 02 41 41 N ✆ 53 03 05 14
RENAULT S.A.R.D.A., 74 av. Maréchal Juin ✆ 53 53 43 43 N ✆ 53 03 05 14
ROVER Gar. Pradier, 5 r. A.-Gadaud ✆ 53 53 53 94

Ⓜ Barrier, N 21 Les Jalots à Trélissac ✆ 53 53 54 17
Distripneus, rte Périgueux à Marsac-sur-l'Isle ✆ 53 04 13 48
Fontana-Pneus, 4 bis av. H.-Barbusse ✆ 53 08 80 47
Périgord-Pneus, à Trélissac ✆ 53 54 41 27 N ✆ 53 04 36 54
Réparpneu, ZAE av. L. Suder à Marsac ✆ 53 04 95 52
Réparpneu, 18 r. Gambetta ✆ 53 53 44 14
Réparpneu, 145 bd Petit-Change ✆ 53 53 46 83

PERNES-LES-FONTAINES 84210 Vaucluse 81 ⑫ G. Provence (plan) – 8 304 h alt. 90.

Voir Porte Notre-Dame★.

ℹ Office de Tourisme pl. du Comtat Venaissin ✆ 90 61 31 04.

Paris 684 – Avignon 24 – Apt 43 – Carpentras 6 – Cavaillon 19.

L'Hermitage ⛰ sans rest, rte Carpentras par D 938 : 2 km ✆ 90 66 51 41, Fax 90 61 36 41, parc, 🏊, 🏊 – TV ☎ P – 🏛 25. ⓓ GB
☕ 40 – **20 ch** 300/350.

PÉRONNE ⟨SP⟩ **80200** Somme 53 ⑬ **G. Flandres Artois Picardie** – 8 497 h alt. 56.

🅸 Office de Tourisme pl. du Château ✆ 22 84 42 38.

Paris 140 ② – St-Quentin 30 ① – ♦Amiens 51 ② – Arras 47 ① – Doullens 55 ③.

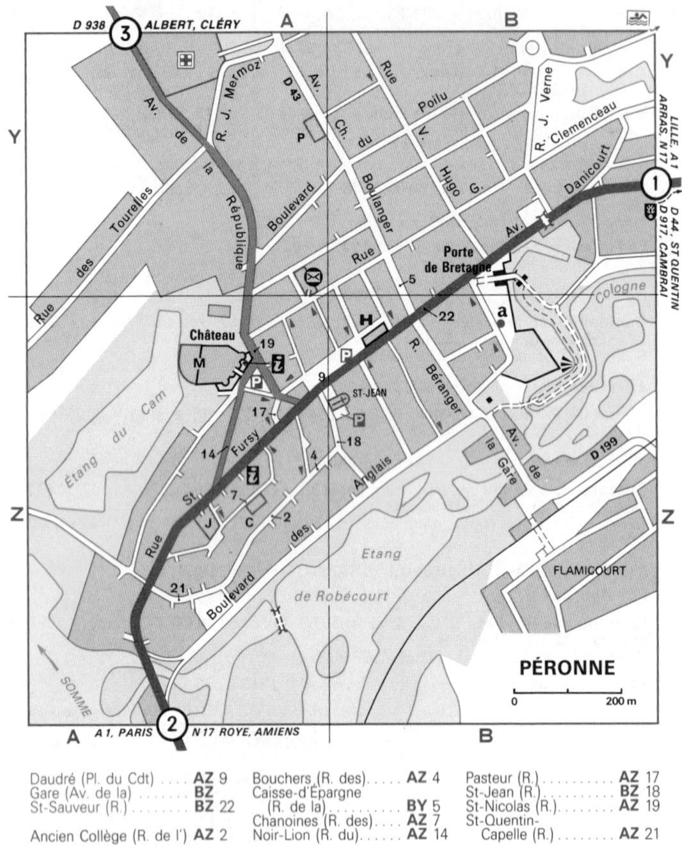

Daudré (Pl. du Cdt) .... AZ 9	Bouchers (R. des) ..... AZ 4	Pasteur (R.) .... AZ 17
Gare (Av. de la) .... BZ	Caisse-d'Épargne (R. de la) .... BY 5	St-Jean (R.) .... BZ 18
St-Sauveur (R.) .... BZ 22	Chanoines (R. des) .... AZ 7	St-Nicolas (R.) .... AZ 19
Ancien Collège (R. de l') AZ 2	Noir-Lion (R. du) ...... AZ 14	St-Quentin-Capelle (R.) .... AZ 21

XX **La Quenouille,** 4 av. Australiens N 17 par ① ✆ 22 84 00 62, 🏞, 🍽 – 🅿. AE ⓓ GB
fermé 27 avril au 17 mai, 16 au 30 août, dim. soir et lundi – **R** 95/175 🍼.

XX **Host. des Remparts** avec ch, 21 r. Beaubois ✆ 22 84 01 22, Fax 22 84 31 96, 🏞 – TV ☎ 🚗 – 🎪 30. AE ⓓ GB JCB BZ **a**
R 80/250 – ☕ 32 – **16 ch** 180/400 – ½ P 340/380.

Aire d'Assevillers sur A 1 par ② et D 164ᴱ : 9 km – ✉ **80200** Péronne :

🏨 **Mercure** Ⓜ, ✆ 22 84 12 76, Télex 140943, Fax 22 85 28 92, 🏞, 🏊 – 🛗 ⇔ ch ▤ TV ☎ ♿
🅿 – 🎪 40 à 120. AE ⓓ GB
R 70/150 🍼 – ☕ 49 – **85 ch** 550/590.

CITROEN Gar. de Picardie, av. des Australiens, Mont-St-Quentin par ① ✆ 22 84 00 34
MAZDA, OPEL Gar. du Château, 6 fg de Paris ✆ 22 84 16 56
RENAULT Péronne-Autos., rte de Roisel par ① **puis D 6** ✆ 22 83 50 00 🅽 ✆ 22 83 71 41

Ⓜ Joncourt-Pneus, 29 fg de Bretagne ✆ 22 84 29 41

How do you find your way around the Paris suburbs?

Use the ***Michelin map*** *no* **101**
and the four ***street maps*** *nos* **17-18**, **19-20**, **21-22** *and* **23-24** *:*
clear, precise, up to date.

PÉROUGES 01800 Ain 74 ② ③ **G. Vallée du Rhône** (plan) – 851 h alt. 290.

Voir Cité★★ : place de la Halle★★★.

Paris 473 – ♦Lyon 36 – Bourg-en-Bresse 46 – St-André-de-Corcy 19 – Villefranche-sur-Saône 57.

Ostellerie du Vieux Pérouges, ☎ 74 61 00 88, Télex 306898, Fax 74 34 77 90, « Intérieur vieux bressan », – ☎ – 25. GB
fermé 15 janv. au 1er fév., jeudi midi et merc. hors sais. – **R** 170/390, enf. 95 – 60 – **13 ch** 700/980.

A l'annexe – GB
60 – **13 ch** 390/550.

Ne prenez pas la route au hasard !
Michelin vous apporte à domicile
ses conseils routiers, touristiques, hôteliers :
36.15 MICHELIN sur votre Minitel !

PERPIGNAN P 66000 Pyr.-Or. 86 ⑲ **G. Pyrénées Roussillon** – 105 983 h alt. 37.

Voir Le Castillet★ BY – Loge de mer★ BY **E** – Hôtel de Ville★ BY **H** – Cathédrale★ BCY – Palais des Rois de Majorque★ BCZ – Cabestany : tympan★ de l'église SE : 4 km par D 22 CZ.

9 18 de Saint-Cyprien ☎ 68 21 01 71, par ③ : 15 km.

de Perpignan-Rivesaltes : ☎ 68 61 28 98, par ① : 6 km.

Office Municipal de Tourisme et Accueil de France (Informations et réservations d'hôtels, pas plus de 7 jours à l'avance) Palais des Congrès, pl. A.-Lanoux ☎ 68 66 30 30, Télex 500500 Comité Départemental du Tourisme Pyrénées Roussillon 7 quai de Lattre-de-Tassigny ☎ 68 34 29 94, Télex 500776 – A.C. du Roussillon, 47 bd Clémenceau ☎ 68 34 93 88.

Paris 909 ① – Andorra la Vella 168 ⑥ – Béziers 94 ① – ♦Montpellier 153 ① – ♦Toulouse 206 ①.

Plan page suivante

Villa Duflot M, 109 av. V. Dalbiez par ④ puis direction autoroute ☎ 68 56 67 67, Fax 68 56 54 05, , parc, « Patio », – ☎ – 50 à 100. AE GB. ch
R carte 170 à 240 – 55 – **24 ch** 540/740 – ½ P 500/600.

Park H. et Rest. Chapon Fin M, 18 bd J. Bourrat ☎ 68 35 14 14, Télex 506161, Fax 68 35 48 18 – rest ☎ – 70. AE GB CY **y**
R *(fermé 15 au 29 août, 26 déc. au 9 janv. et dim.)* 180/350 et carte 260 à 400, enf. 90 – 38 – **67 ch** 260/500
Spéc. Petits rougets de roche aux aromates. Filet de boeuf au foie gras, sauce poivrade et raisins. Volaille de Bresse en vessie. **Vins** Collioure, Côtes du Roussillon.

Mas des Arcades M, par ④ : 2 km sur N 9 ☎ 68 85 11 11, Télex 500176, Fax 68 85 21 41, , , , – ☎ – 200. GB.
fermé 23 déc. au 2 janv. – **Relais Jacques 1er** *(fermé dim. soir et lundi)* **R** 150/290, enf. 85 – **L'Aquarium** *(fermé dim. midi et sam. d'oct. à juin)* **R** 90 , enf. 45 – 42 – **132 ch** 320/450, 3 appart..

Mercure M, 5 cours Palmarole ☎ 68 35 67 66, Télex 506196, Fax 68 35 58 13 – ch ☎ – 50. AE GB BY **b**
En Haut de l'Escalier *(fermé sam. et dim.)* **R** carte 150 à 230, enf.50 – 55 – **55 ch** 410/520.

Windsor sans rest, 8 bd Wilson ☎ 68 51 18 65, Fax 68 51 01 00 – ch ☎ – 50. AE GB BY **t**
45 – **52 ch** 300/470, 4 appart..

New Christina M, cours Lassus ☎ 68 35 12 21, Fax 68 35 67 01, – ☎ . GB CY **w**
R 85 – 30 – **25 ch** 340 – ½ P 285.

France et rest. l'Echanson, 16 quai Sadi-Carnot ☎ 68 34 92 81, Fax 68 34 26 01 – rest ☎ – 50. AE GB BY **r**
R *(fermé 27 juin au 20 juil. et dim.)* 100/160 – 35 – **34 ch** 180/390, 4 appart. – ½ P 205.

H. de la Loge sans rest, pl. Loge ☎ 68 34 41 02, Fax 68 34 25 13 – ☎. AE GB BY **e**
45 – **22 ch** 275/380.

Kennedy M sans rest, 9 av. P. Cambre ✉ 66100 ☎ 68 50 60 02 – ☎ . AE GB CZ **k**
29 – **26 ch** 235/285.

Mallorca, 2 r. Fontfroide ☎ 68 34 57 57, Télex 506257, Fax 68 35 49 71 – ☎ – 120 BY **n**
Benoit XIII *(fermé dim. soir et lundi)* – **Brasserie des Corts** – **65 ch.**

Aragon sans rest, 17 av. Brutus ☎ 68 54 04 46 – ☎. GB BZ **n**
32 – **33 ch** 220/340.

Paris-Barcelone sans rest, pl. Gare ☎ 68 34 42 60, Fax 68 35 28 12 – ☎. AE GB AZ **s**
25 – **36 ch** 165/290.

Ibis M, 16 cours Lazare Escarguel ☎ 68 35 62 62, Télex 506270, Fax 68 35 13 38 – ch ☎ – 300. AE GB AY **a**
R 75/95 , enf. 40 – 33 – **100 ch** 350.

Mondial H., 40 bd Clemenceau ☎ 68 34 23 45, Télex 506184, Fax 68 34 55 07 – ☎. AE GB BY **k**
R *(fermé août)* (dîner seul.) 80 – 32 – **41 ch** 270/300 – ½ P 240/260.

PERPIGNAN

Alsace-Lorraine (R. d') . . **BY** 2
Arago (Pl.) . . . . **BZ** 3
Argenterie (R. de l') . . . . . **BY** 5
Barre (R. de la) . . . . **BY** 6
Clemenceau (Bd) . . . . . . **BY**
Louis-Blanc (R.) . . . . **BY** 34
Marchands (R. des) . . . . **BY** 35
Mirabeau (R.) . . . . **BY** 37
Péri (Pl. Gabriel) . . . . **BZ** 39
Théâtre (R. du) . . . . **BZ** 46

Bartissol (R. E.) . . . . **BY** 7
Batello (Quai F.) . . . . **BY** 8
Carnot (Quai Sadi) . . . . . **BY** 20
Castillet (R. du) . . . . **BY** 21
Cloche d'Or (R.) . . . . **BYZ** 22
Côte des Carmes (R.) . . . **CZ** 23
Fabrique d'En Nabot . . . . **BY** 24
Fontaine-Neuve (R.) . . . . **CZ** 25
Gambetta (Pl.) . . . . **BY** 27
Grande-la-Monnaie (R.) . **BZ** 28
Lattre-de-Tassigny
(Quai de) . . . . **BZ** 32
Loge (R. et pl. de la) . . . . **BY** 33
Mermoz (Av. J.) . . . . **CZ** 38
Petite-la-Monnaie
(R.) . . . . **BZ** 40
Porte-de-l'Assaut (R.) . . . **BZ** 41
Remparts-la-Réal (R.) . . . **BZ** 42
Résistance (Pl. de la) . . . . **BY** 43
Rigaud (Pl.) . . . . **BZ** 44
St-Jean (R.) . . . . **BY** 45
Variétés (pl. des) . . . . **BY** 48
Vauban (Quai) . . . . **BY** 49
Verdun (Pl. de) . . . . **BY** 50
Victoire (Pl. de la) . . . . . . **BY** 51
Vielledent (R. J.) . . . . **CZ** 52
Waldeck-Rousseau
(R.) . . . . **CZ** 55

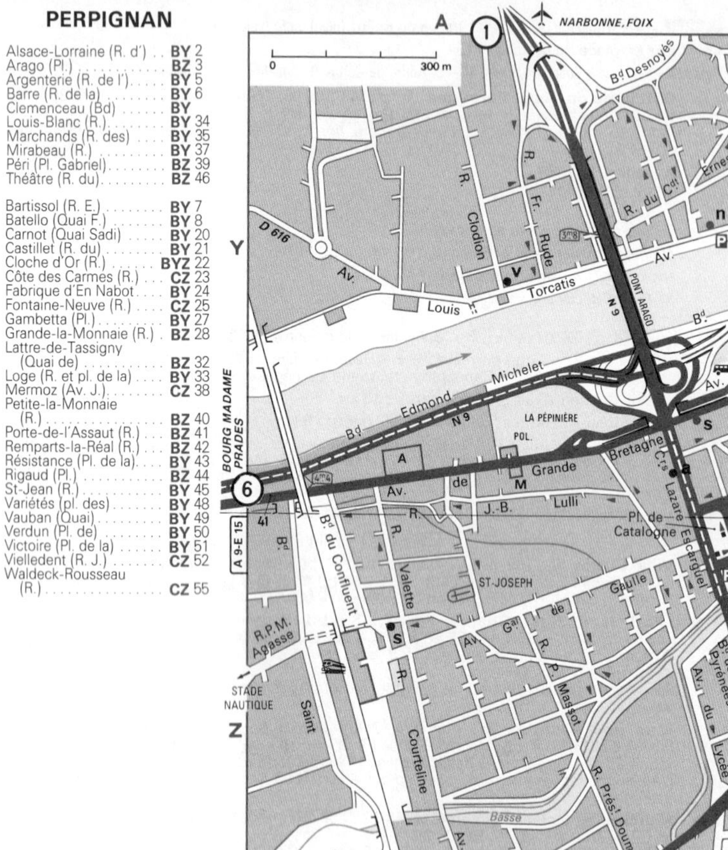

Les principales voies commerçantes figurent en rouge au début de la liste des plans de villes.

🏨 **Christina H.** sans rest, 50 cours Lassus ✆ 68 35 24 61, Fax 68 35 67 01 – |♦| ☎ 🚗. GB — CY **w**
☕ 30 – **37 ch** 145/260.

🏨 **Pyrénées H.** sans rest, 122 av. L. Torcatis D 616 ✆ 68 61 19 66 – ☎ Ⓟ. AE GB — AY **v**
☕ 25 – **20 ch** 130/220.

🏨 **Poste et Perdrix,** 6 r. Fabriques-d'En-Nabot ✆ 68 34 42 53, Fax 68 34 58 20 – |♦| TV ☎. AE ⓓ GB — BY **x**
fermé 20 janv. au 20 fév. – **R** *(fermé dim. soir d'oct. à juin et lundi)* 78/135 🍷 – ☕ 26 – **38 ch** 120/260 – ½ P 170/220.

XXX **Le Bourgogne,** 63 av. Gén. Leclerc ✆ 68 34 96 05 – ▤. ⓓ GB — AY **s**
fermé 28 juin au 15 juil., 21 au 28 fév., dim. (sauf le midi de sept. à juin) et lundi – **R** 180/290.

XXX **Festin de Pierre,** 7 r. Théâtre ✆ 68 51 28 74 – ▤. AE ⓓ GB — BZ **d**
fermé 15 au 30 juin, 8 au 28 fév., mardi soir et merc. – **R** 150.

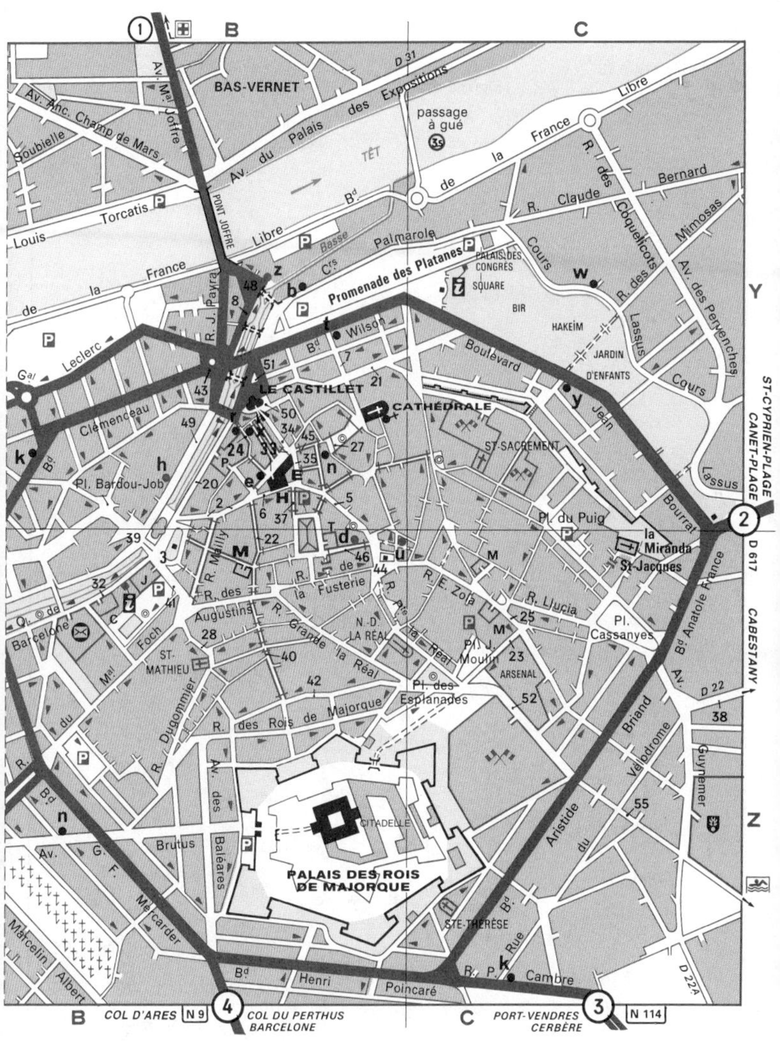

XX	**Les Antiquaires,** pl. Desprès ✆ 68 34 06 58, Fax 68 35 04 47 – AE ⓓ GB *fermé 2 au 19 juil., dim. soir et lundi* – **R** 130/200.	BZ	**u**
XX	**La Passerelle,** 1 cours Palmarole ✆ 68 51 30 65 – GB *fermé 21 déc. au 4 janv., lundi midi et dim.* – **R** spécialités de poissons 180 bc/280.	BY	**z**
XX	**Les Casseroles en Folie,** 72 av. Torcatis ✆ 68 52 48 03 – ▤. AE GB *fermé 1er au 15 janv., dim. soir et lundi* – **R** 80/120 ⚲, enf. 70.	AY	**n**
X	**Brasserie Vauban,** 29 quai Vauban ✆ 68 51 05 10 – ▤. GB *fermé dim.* – **R** 135 ⚲.	BY	**h**

par ① : échangeur Perpignan-Nord – ✉ **66600** Rivesaltes :

Novotel Ⓜ, sur N9 : 10 km ✆ 68 64 02 22, Télex 500851, Fax 68 64 24 27, ☂, ⛱, ⛟ – ⇹ ch ▤ TV ☎ ♿ Ⓟ – 🏛 200. AE ⓓ GB
R carte environ 160, enf. 50 – ☕ 45 – **86 ch** 390/450.

MICHELIN, Agence, chem. du Mas Juanola Prolonge AZ ✆ 68 54 53 10

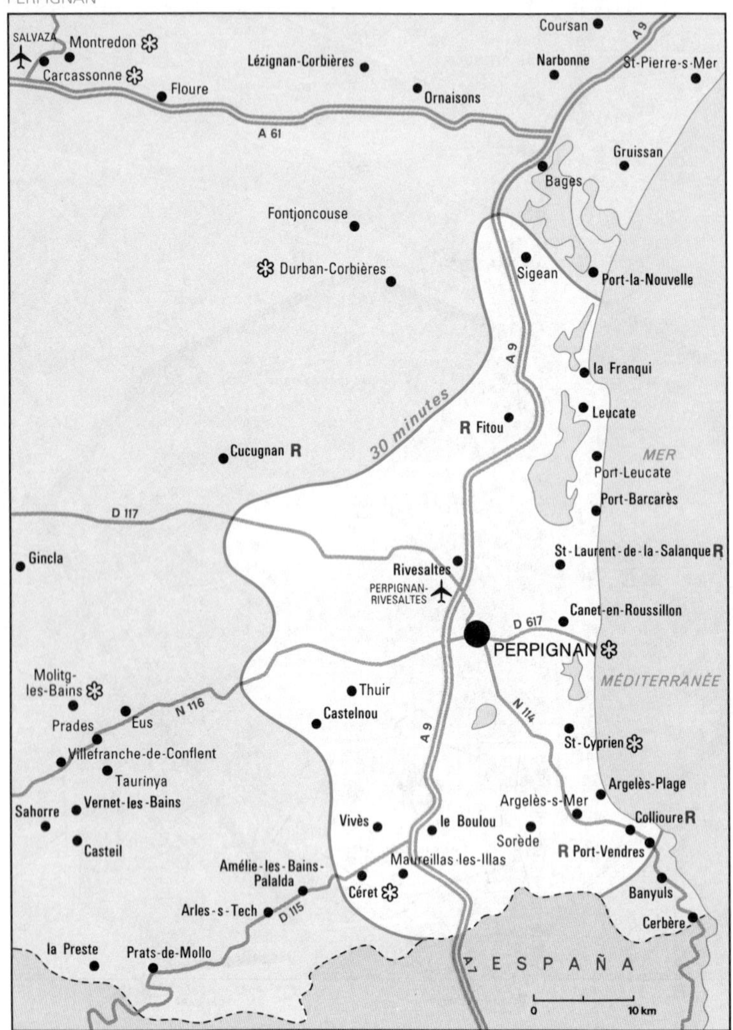

ALFA-ROMEO Gar. Chapat, 77 rte de Thuir ☎ 68 56 77 78
BMW Gar. Alart, 20 av. de Grande-Bretagne ☎ 68 34 07 83
CITROEN Tressol-Chabrier, 95 av. Mar.-Juin par ③ ☎ 68 66 26 26 **N** ☎ 62 10 52 77
FIAT Perpignan Autom., 210 rte de Prades ☎ 68 54 63 54
HONDA, PORSCHE-MITSUBISHI Gar. Coll, 83 av. d'Espagne ☎ 68 85 17 25
LANCIA Style Auto, 208 rte de Prades ☎ 68 56 79 02
MAZDA Valauto, 2 bd des Pyrénées ☎ 68 56 96 96
MERCEDES-BENZ Monopole, 301 av. du Languedoc ☎ 68 61 22 93
NISSAN, Nivol, 15 bd Kennedy ☎ 68 50 60 45

OPEL, GM Auto 66, Km 1, rte de Prades ☎ 68 56 79 15
PEUGEOT-TALBOT SCA les Gds Gar. Pyrénéens, N 9 rte du Perthus par ④ ☎ 68 85 68 85
RENAULT Filiale, N 9, Km 3 rte du Perthus par ④ ☎ 68 56 24 24 **N** ☎ 05 05 15 15
TOYOTA Sudria, rte de Perpignan à Cabestany ☎ 68 50 50 75
V.A.G Europe-Auto, rte de Thuir, ZI 1 km ☎ 68 85 01 92 **N** ☎ 68 61 15 64
Gar. Cuesta, 3 r. A.-Saisset ☎ 68 61 06 51

Ayme-Pneus, 156 av. du Languedoc ZIN ☎ 68 61 26 38
Escoffier Pneus, Km 4, rte de Prades ☎ 68 56 65 34

Euromaster Piot Pneu, 33 av. V.-Dalbiez ☏ 68 54 57 78
Euromaster Piot Pneu, ZI St-Charles ☏ 68 54 30 11
Figuères, ZI St-Charles ☏ 68 55 23 10
Figuères, 29 r. H.-Bataille ☏ 68 61 20 02
Pagès, ZI St-Charles ☏ 68 54 67 30
Sté Nouvelle Perpignan-Pneu, 18 r. J.-Verne ☏ 68 54 15 21

Le PERRAY-EN-YVELINES 78610 Yvelines 60 ⑨ 106 ㉘ – 4 645 h alt. 180.

Paris 45 – Chartres 47 – Arpajon 34 – Mantes-la-Jolie 42 – Rambouillet 6 – Versailles 24.

XX **Aub. des Bréviaires,** aux **Bréviaires** : 3,5 km par D 61 ☏ (1) 34 84 98 47, Fax (1) 34 84 65 88, – AE GB
fermé 4 au 21 août, vacances de fév., lundi soir et mardi – **R** 180/250.

XX **Aub. de l'Artoire,** N : 2 km par D 910 ☏ (1) 34 84 97 91, – P. GB
fermé lundi soir et mardi – **R** 150.

Le PERRÉON 69460 Rhône 73 ⑨ – 901 h.

Paris 429 – Mâcon 36 – Bourg-en-Bresse 56 – Chauffailles 38 – ♦Lyon 49 – Villefranche-sur-Saône 16.

Host. Les Vignerons M, ☏ 74 03 27 12, Fax 74 03 27 60, – TV ☎ P – 60. AE GB
fermé 20 au 29 déc., 7 fév. au 5 mars, dim. soir du 15 sept. au 15 juin et lundi (sauf hôtel en saison) – **R** 120/390 – ☐ 42 – **10 ch** 355/470.

Le PERREUX-SUR-MARNE 94 Val-de-Marne 56 ⑪, 106 ⑰ ⑱ – voir à Paris, Environs.

PERRIER 63 P.-de-D. 73 ⑭ – rattaché à Issoire.

PERRIGNY-LÈS-DIJON 21 Côte-d'Or 66 ⑫ – rattaché à Dijon.

PERROS-GUIREC 22700 C.-d'Armor 59 ① G. Bretagne – 7 497 h alt. 70 – Casino A.

Voir Nef romane★ de l'église B B – Pointe du château ←★ B – Table d'orientation ←★ B E – Sentier des douaniers★★ A – Chapelle N.-D. de la Clarté★ 3 km par ② – Sémaphore ←★ 3,5 km par ②.

18 de St-Samson ☏ 96 23 87 34, SO : 7 km.

Office de Tourisme et Accueil de France (Informations, change et réservations d'hôtels pas plus de 5 jours à l'avance) 21 pl. Hôtel de Ville ☏ 96 23 21 15, Télex 740637.

Paris 520 ① – St-Brieuc 76 ① – Lannion 11 ① – Tréguier 20 ①.

Plan page suivante

Printania M, 12 r. Bons Enfants ☏ 96 23 21 00, Télex 741431, Fax 96 91 16 36, ← mer et les îles, – TV ☎ P. AE GB JCB. A e
fermé 15 déc. au 15 janv. – **R** *(fermé sam. midi de juin à sept., dim. soir en hiver et lundi midi)* 140/190, enf. 80 – ☐ 47 – **32 ch** 540/650 – ½ P 460/520.

Marc'Otel M, bd Thalassa ☏ 96 91 22 11, Télex 741892, Fax 96 91 24 78 – TV ☎. AE GB A x
Les Balandres ☏ 96 91 03 18 *(fermé 1er déc. au 31 janv., dim. soir et lundi du 15 sept. au 15 mars)* **R** 90/130 – ☐ 45 – **49 ch** 460/560 – ½ P 380/405.

Gd H. de Trestraou, bd J. Le Bihan ☏ 96 23 24 05, Télex 741261, Fax 96 23 21 50, ← – TV ☎ P. AE GB. rest A t
R 100/250 – ☐ 40 – **63 ch** 350/460 – ½ P 345/400.

Le Sphinx M, 67 chemin de la Messe ☏ 96 23 25 42, Fax 96 91 26 13, ←mer et les îles, – TV ☎ P. AE GB. B e
fermé 5 janv. au 15 fév. – **R** *(fermé lundi midi sauf fériés)* 125/260, enf. 70 – ☐ 42 – **20 ch** 500/550 – ½ P 550.

Feux des Iles, 53 bd Clemenceau ☏ 96 23 22 94, Fax 96 91 07 30, ←, – TV ☎ P. AE GB. B d
fermé 1er au 6 oct., vacances de fév., dim. soir et lundi d'oct. à avril sauf fériés – **Repas** 115/340, enf. 82 – ☐ 42 – **18 ch** 330/600 – ½ P 390/520.

Les Sternes M sans rest, rd-pt Perros-Guirec par ① ☏ 96 91 03 38, Fax 96 23 13 01 – TV ☎ P. GB
☐ 30 – **20 ch** 195/290.

Bon Accueil, 16 r. Landerval ☏ 96 23 25 77, Fax 96 23 12 66, – TV ☎ P. GB. B v
R *(fermé 22 sept. au 6 oct., 23 déc. au 6 janv. et dim. soir de sept. à Pâques)* 80/190, enf. 60 – ☐ 30 – **21 ch** 230/310 – ½ P 300/320.

France, 14 r. Rouzig ☏ 96 23 20 27, Télex 741907, Fax 96 91 19 57, ←, – TV ☎ P. GB. B r
9 avril-2 oct. – **R** 100/160 – ☐ 35 – **30 ch** 295/340 – ½ P 275/300.

Port sans rest, sur le port ☏ 96 23 21 79, Fax 96 91 18 59, ← – TV ☎. GB. B m
☐ 27 – **16 ch** 240/280.

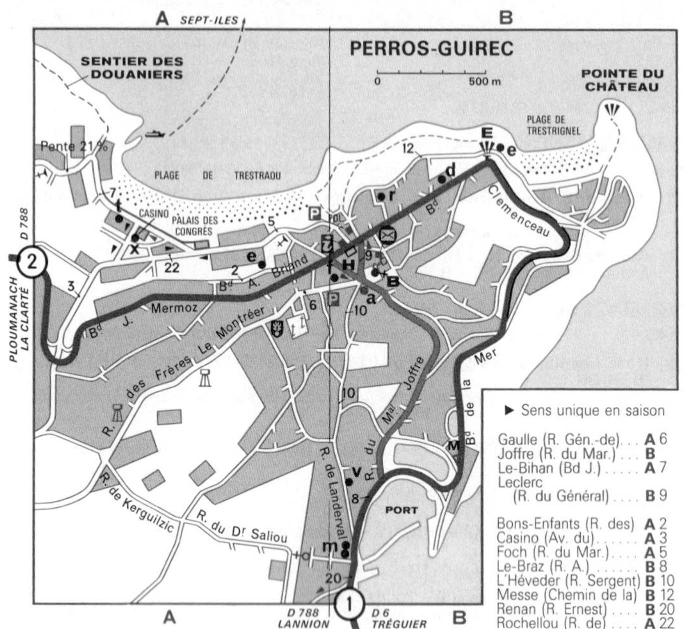

Levant, sur le port ✆ 96 23 20 15, Fax 96 23 36 31, ≤ – |♦| TV ☎. GB — B **m**
fermé 26 sept. au 12 oct. et 19 déc. au 18 janv. – **R** *(fermé dim. soir et vend. sauf juil.-août et sam. midi)* 85/200 ♨, enf. 55 – ☐ 32 – **21 ch** 300/330 – ½ P 275/330.

Hermitage ⛰, 20 r. Frères Le Montréer ✆ 96 23 21 22, Fax 96 91 16 56, 🌳 – TV ☎ P. AE GB. ✗ rest — B **f**
20 mai-20 sept. – **R** (résidents seul.) 90/110 – ☐ 29 – **23 ch** 210/288 – ½ P 245/265.

XX **Crémaillère,** pl. Église ✆ 96 23 22 08 – AE ⓓ GB — B **a**
fermé 4 au 19 mars, 14 nov. au 3 déc., dim. soir hors sais. et lundi – **R** 85/195, enf. 45.

à Ploumanach par ② : 6 km – ✉ **22700** Perros-Guirec.
Voir Rochers★★ – Parc municipal★★.

Europe sans rest, ✆ 96 91 40 76, Fax 96 91 49 74 – TV ☎ ♿ P. GB
fermé 7 janv. au 14 fév. – ☐ 30 – **18 ch** 240/290.

Parc, ✆ 96 91 40 80, Fax 96 91 60 48 – TV ☎. GB
1er avril-25 sept. – **R** 75/160, enf. 48 – ☐ 26 – **11 ch** 250/270 – ½ P 245/270.

Oratoire sans rest, ✆ 96 91 40 84 – ✗
vacances de printemps-fin sept. – ☐ 23 – **8 ch** 125/195.

XXX ✿ **Rochers** avec ch, ✆ 96 91 44 49, Fax 96 91 43 64, ≤ – ☎. GB. ✗ rest
Pâques-fin sept. – **R** *(fermé merc. hors sais.)* (nombre de couverts limité, prévenir) 145/398 et carte 210 à 355 – ☐ 43 – **15 ch** 396/498 – ½ P 340/443
Spéc. Homard grillé "Façon Justin". Turbot rôti aux fanes de persil et oignons confits. Crêpe "Nanou" aux pommes caramélisées et Calvados.

PEUGEOT TALBOT Gar. de la Clarté, bd Corniche par ② ✆ 96 91 46 23

PERTHES 52 H.-Marne 61 ⑨ – rattaché à St-Dizier.

Per viaggiare in Europa, utilizzate :

Le carte Michelin scala 1/1 000 000 **Le Grandi Strade;**

Le carte Michelin dettagliate;

Le guide Rosse Michelin (alberghi e ristoranti) :
Benelux - Deutschland - España Portugal - Main Cities Europe - France - Great Britain and Ireland - Italia

Le guide Verdi Michelin che descrivono le curiosità e gli itinerari di visita : musei, monumenti, percorsi turistici interessanti.

PERTUIS 84120 Vaucluse 84 ③ G. Provence – 15 791 h alt. 216.

Office de Tourisme pl. Mirabeau ✆ 90 79 15 56.

Paris 748 – Digne-les-Bains 94 – Aix-en-Provence 20 – Apt 35 – Avignon 71 – Cavaillon 44 – Manosque 41 – Salon-de-Provence 41.

Sevan, rte Manosque E : 1,5 km ✆ **90 79 19 30, Télex 431470, Fax 90 79 35 77,** ≤, – 60 à 120. AE GB. rest
fermé janv. – **L'Olivier** ✆ 90 79 08 19 **R** 98/230 – 44 – **36 ch** 405/625 – ½ P 413/480.

XX **Le Boulevard,** 50 bd Pecout ✆ 90 09 69 31 – GB
fermé 1er au 15 août, 3 au 10 janv., dim. soir et merc. – **R** 98/165.

XX **L'Aubarestiëro** avec ch, pl. Garcin ✆ **90 79 14 74,** – GB
R 70/240 ♂, enf. 50 – 24 – **13 ch** 160/290 – ½ P 178/208.

AUSTIN-ROVER Gar. Staiano, D 9 à Sannes ✆ 99 77 75 61
CITROEN Citroën Pertuis, ZI rte d'Aix ✆ 90 09 62 37
FIAT Moullet, 159 bd J.-B.-Pecout ✆ 90 79 01 70
FORD Novo, ZA du Terre du Fort, rte d'Aix ✆ 90 09 73 33
RENAULT SEPAL, rte d'Aix-en-Provence ✆ 90 79 09 66

Meysson-Pneu, rte d'Aix-en-Provence ✆ 90 79 07 31

Le PERTUISET 42 Loire 76 ⑧ – rattaché à Firminy.

PESMES 70140 H.-Saône 66 ⑭ G. Jura – 1 006 h alt. 210.

Paris 358 – ♦Besançon 38 – ♦Dijon 46 – Dole 25 – Gray 19.

X **France** avec ch, ✆ 84 31 20 05, – GB
fermé 20 janv. au 20 fév. – **R** 90/170 ♂ – 33 – **10 ch** 170/230 – ½ P 250/270.

PESSAC 33 Gironde 71 ⑨ – rattaché à Bordeaux.

PETIT-CLAMART 92 Hauts-de-Seine 60 ⑩, 101 ㉔ – voir à Paris, Environs.

La PETITE-PIERRE 67290 B.-Rhin 57 ⑰ G. Alsace Lorraine – 623 h alt. 339.

Paris 434 – ♦Strasbourg 55 – Haguenau 42 – Sarrebourg 32 – Sarreguemines 49 – Sarre-Union 25.

La Clairière M , rte d'Ingwiller, 1 km ✆ **88 70 47 76, Fax 88 70 41 05,** – 60. AE GB
R 98/278, enf. 68 – 48 – **50 ch** 370/610 – ½ P 333/483.

Aux Trois Roses , ✆ **88 89 89 00, Fax 88 70 41 28,** ≤, rest – 30. GB. ch
fermé 3 janv. au 10 fév. – **R** *(fermé dim. soir et lundi)* 97/245 ♂ – 49 – **44 ch** 315/530 – ½ P 280/430.

Lion d'Or, ✆ **88 70 45 06, Fax 88 70 45 56,** rest AE GB
fermé janv. – **R** *(fermé merc. soir et jeudi)* 100/260 ♂, enf. 60 – 48 – **40 ch** 220/400 – ½ P 300/350.

Vosges, ✆ **88 70 45 05, Fax 88 70 41 13,** ≤, – 30. GB. ch
fermé 15 nov. au 20 déc. et mardi – **R** 100/280 ♂, enf. 70 – 37 – **30 ch** 270/445 – ½ P 350/395.

à l'Étang d'Imsthal Se : 3,5 km par D 178 – ✉ 67290 Wingen-sur-Moder :

Aub. d'Imsthal , ✆ **88 70 45 21, Fax 88 70 40 26,** ≤, – 25. AE GB. rest
R *(fermé 20 nov. au 20 déc., lundi soir et mardi)* 80/250 ♂ – 48 – **23 ch** 200/620 – ½ P 300/460.

à Graufthal SO : 11 km par D 178 et D 122 – ✉ 67320 Eschbourg :

Vieux Moulin , ✆ **88 70 17 28,** ≤, GB
fermé 3 janv. au 7 fév. – **R** *(fermé lundi soir et mardi)* 87/177 ♂ – 23 – **14 ch** 174/325 – ½ P 200/276.

RENAULT Gar. Letscher, à Petersbach ✆ 88 70 45 53 N

Le PETIT-PRESSIGNY 37350 I.-et-L. 68 ⑤ – 394 h alt. 131.

Paris 285 – Poitiers 72 – Le Blanc 39 – Châtellerault 35 – Châteauroux 71 – ♦Tours 61.

XX ✿ **La Promenade** (Dallais), ✆ **47 94 93 52, Fax 47 91 06 03** – GB
fermé 27 sept. au 12 oct., 2 au 25 janv., dim. soir et lundi – **R** 98/320 et carte 250 à 320, enf. 60
Spéc. Consommé de lièvre à la royale (oct. à janv.). Pigeon rôti au citron vert et girolles. Fondant de chocolat chaud à la réglisse et moka. **Vins** Touraine, Chinon.

Le PETIT QUEVILLY 76 S.-Mar. 55 ⑥ – rattaché à Rouen.

La PEYRADE 34 Hérault 83 ⑯ ⑰ – rattaché à Frontignan.

PEYRAT-LE-CHÂTEAU **87470** H.-Vienne 72 ⑲ **G. Berry Limousin** – 1 194 h alt. 428.

Paris 409 – ◆Limoges 52 – Aubusson 45 – Guéret 54 – Tulle 81 – Ussel 80 – Uzerche 60.

Aub. Bois de l'Étang, ✆ 55 69 40 19, Fax 55 69 42 93 – ☎ Ⓟ – 🏛 40. GB
fermé 15 déc. au 15 janv., dim. soir et lundi de nov. à mars – **R** 75/195, enf. 45 – ☕ 40 – **29 ch** 135/265 – ½ P 160/210.

Bellerive, ✆ 55 69 40 67 – ✂
fermé janv. et fév. – **R** 70/165 – ☕ 26 – **9 ch** 120/165 – ½ P 180.

Voyageurs, ✆ 55 69 40 02 – GB. ✂ ch
1er mars-30 sept. – **R** 70/150 🍷 – ☕ 28 – **14 ch** 170/270 – ½ P 180/220.

au Lac de Vassivière E : 7 km par D 13 et D 222 – ✉ **87470** Peyrat-le-Château :.

Voir Lac de Vassivière★★ – Centre d'art contemporain de l'île de Vassivière★★.

La Caravelle 🐚, ✆ 55 69 40 97, Fax 55 69 49 51, 🏖, « Au bord du lac, ≤ » – ☎ Ⓟ – 🏛 25. GB. ✂ ch
10 mars-31 déc. – **R** 160/260 – ☕ 50 – **21 ch** 300/310 – ½ P 360.

Golf du Limousin 🐚, ✆ 55 69 41 34, Fax 55 69 49 16, 🏖, 🌳 – 📺 ☎ Ⓟ. GB. ✂ rest
27 mars-18 oct. et fermé mardi en oct. – **R** 75/198 🍷, enf. 48 – ☕ 32 – **18 ch** 195/245 – ½ P 198/228.

Gar. Ratat-Champétinaud ✆ 55 69 40 11

PEYREHORADE **40300** Landes 78 ⑦ ⑰ **G. Pyrénées Aquitaine** – 3 056 h alt. 8.

Office de Tourisme promenade Sablot (juil.-août) ✆ 58 73 00 52.

Paris 760 – Biarritz 46 – ◆Bayonne 40 – Cambo-les-Bains 47 – Dax 23 – Oloron-Ste-Marie 63 – Pau 75.

✿ **Central** Ⓜ, pl. A. Briand ✆ 58 73 03 22 – 🛗 📺 ☎ – 🏛 25. AE ⓓ GB
fermé 20 au 29 déc., 22 fév. au 17 mars, dim. soir et lundi sauf juil.-août – **Repas** 100/195 et carte 230 à 340 – ☕ 38 – **16 ch** 300/320 – ½ P 280
Spéc. Terrine de foie gras. Tournedos Rossini. Brioche grillée aux poires, chocolat chaud.

PEUGEOT-TALBOT Gar. Lannot-Vergé ✆ 58 73 00 29

PEYRELEVADE **19290** Corrèze 72 ⑳ **G. Berry Limousin** – 1 012 h alt. 840.

Paris 430 – Aubusson 38 – Bourganeuf 46 – ◆Limoges 78 – Tulle 74.

La Cramaillotte, ✆ 55 94 73 73 – ☎ ♿. AE GB
fermé 15 au 31 janv. et merc. d'oct. à avril – **R** 58/160 🍷 – ☕ 30 – **10 ch** 180/225 – ½ P 190/215.

RENAULT Gar. du Plateau, ZA ✆ 55 94 71 96 **N** ✆ 55 94 70 40

PEYRENS 11 Aude 82 ⑳ – rattaché à Castelnaudary.

PEYRUIS **04310** Alpes-de-H.-P. 81 ⑯ **G. Alpes du Sud** – 2 036 h alt. 405.

Voir Rochers des Mées★ E : 5 km.

Env. Prieuré de Ganagobie★ : mosaïques★★ dans l'église, ≤★★ de l'allée des Moines, ≤★ de l'allée de Forcalquier S : 10 km.

Paris 732 – Digne-les-Bains 28 – Forcalquier 20 – Manosque 28 – Sisteron 21.

Aub. Faisan Doré, S : 2 km par N 96 ✆ 92 68 00 51, 🏖, 🏊, 🌳, 🎾 – 📺 ☎ Ⓟ – 🏛 25. AE ⓓ GB
R 85/300 🍷, enf. 60 – ☕ 40 – **10 ch** 220/270 – ½ P 275/300.

CITROEN Gar. Milési ✆ 92 68 00 45 **N**

PÉZENAS **34120** Hérault 83 ⑮ **G. Gorges du Tarn** (plan) – 7 613 h alt. 20.

Voir Vieux Pézenas★★ : Hôtels de Lacoste★, d'Alfonce★,de Malibran★.

Maison du Tourisme, pl. Gambetta ✆ 67 98 35 45.

Paris 754 – Montpellier 51 – Agde 22 – Béziers 23 – Lodève 46 – Sète 37.

au NE par N 9, N 113 et D 32 : 11 km – ✉ **34230** Paulhan :

Château de Rieutort 🐚, ✆ 67 25 00 61, Fax 67 25 29 92, parc, « Ancienne demeure de maître », 🏊 – 📺 ☎ Ⓟ. GB. ✂ ch
1er avril-31 oct. – **R** (dîner seul.) (résidents seul.) 90/150 – ☕ 65 – **7 ch** 520/750 – ½ P 475/500.

à Nézignan-l'Évêque S : 5 km par N 9 et D 13 – ✉ **34120** Pézenas :

Host. de St-Alban Ⓜ 🐚, 31 rte Agde ✆ 67 98 11 38, Fax 67 98 91 63, ≤, 🏊, 🌳, 🎾 – 📺 ☎ ♿ Ⓟ. GB. ✂
fermé janv. – **R** *(fermé sam. midi et dim. soir sauf de juin à sept.)* 125/350 – ☕ 45 – **14 ch** 350/480 – ½ P 400/465.

CITROEN Gar. Vidal, N 113, rte d'Agde ✆ 67 98 11 27
PEUGEOT TALBOT Gd Gar. Piscenois, 36 av. de Verdun ✆ 67 98 32 32
RENAULT Occitane-Autos, N 113, rte de Béziers par ② ✆ 67 98 97 73
Gautrand-Pneus, 26 av. de Verdun ✆ 67 98 12 17

PÉZENS 11 Aude 83 ⑫ – rattaché à Carcassonne.

PFAFFENHOFFEN 67350 B.-Rhin 57 ⑱ G. Alsace Lorraine – 2 285 h alt. 170.

Voir Musée de l'Imagerie peinte et populaire alsacienne★.

Paris 460 – ◆Strasbourg 37 – Haguenau 15 – Sarrebourg 51 – Sarre-Union 51 – Saverne 27.

XX **Agneau** avec ch, ✆ 88 07 72 38, Fax 88 72 20 24 – ☎ ⇔. GB. ✻
R 60/290 ♁ – ☕ 30 – **17 ch** 140/220 – ½ P 200/320.

RENAULT Keller ✆ 88 07 71 01

PHALSBOURG 57370 Moselle 57 ⑰ G. Alsace Lorraine – 4 189 h alt. 330.

ℹ Syndicat d'Initiative r. Lobau (juin-sept.) ✆ 87 24 29 97.

Paris 436 – ◆Strasbourg 58 – ◆Metz 107 – Sarrebourg 16 – Sarreguemines 51.

Erckmann-Chatrian, pl. d'Armes ✆ 87 24 31 33, Fax 87 24 27 81 – ⇔ ch TV ☎ – 🏛 30. GB
R *(fermé mardi midi et lundi)* 60/240 ♁ – ☕ 39 – **18 ch** 200/280.

Notre-Dame, à Bonne-Fontaine E : 4 km par N 4 et VO ✆ 87 24 34 33, Fax 87 24 24 64, ≤, ⛱ – |♦| TV ☎ ♿ P – 🏛 80. AE ⓓ GB
fermé 10 au 29 janv. et 27 fév. au 7 mars – **R** 76/230 bc – ☕ 31 – **34 ch** 230/400 – ½ P 255/300.

XXX ✿ **Au Soldat de l'An II** (Schmitt), 1 rte Saverne ✆ 87 24 16 16, Fax 87 24 18 18 – GB
fermé 6 au 9 sept., 15 au 26 nov., 3 au 21 janv., dim. soir et lundi – **R** 185 (déj.)/420 et carte 300 à 450 ♁, enf. 85
Spéc. Foie gras d'Alsace. Millefeuille de sandre. Gibier (saison). **Vins** Gewürztraminer, Muscat.

PEUGEOT Klein, 6 r. 23-Novembre ✆ 87 24 35 36 N ✆ 87 24 24 24

PHILIPPSBOURG 57230 Moselle 57 ⑱ – 504 h alt. 215.

Paris 452 – ◆Strasbourg 57 – Haguenau 28 – Wissembourg 41.

XX **Tilleul,** ✆ 87 06 50 10 – P. AE ⓓ GB
fermé 6 au 22 sept., 24 janv. au 16 fév., mardi soir et merc. – **R** 120/278 ♁, enf. 48.

à l'étang de Hanau NO : 5 km par N 62 et VO – ✉ 57230 Phillppsbourg :.

Voir Étang★, G. Alsace Lorraine.

Beau Rivage M ⛰, ✆ 87 06 50 32, Fax 87 06 57 46, ≤, ⛱, Fō, ⛱, ⛺ – TV ☎ ♿ P. GB. ✻ ch
fermé 3 au 30 nov. – **R** *(fermé lundi)* 85/180 ♁, enf. 45 – ☕ 35 – **25 ch** 170/380 – ½ P 280/300.

PICHERANDE 63113 P.-de-D. 73 ⑬ – 491 h alt. 1 123.

Paris 486 – ◆Clermont-Ferrand 68 – Issoire 47 – Le Mont-Dore 33.

Central Hôtel, ✆ 73 22 30 79 – GB
fermé oct. et nov. – **R** 70/140 ♁ – ☕ 25 – **20 ch** 80/140 – ½ P 145.

PIERRE-BÉNITE 69 Rhône 74 ⑪ – rattaché à Lyon.

PIERRE-DE-BRESSE 71270 S.-et-L. 70 ③ G. Bourgogne – 1 981 h alt. 202.

Voir Château★.

Paris 357 – Chalon-sur-Saône 39 – Beaune 47 – Dole 33 – Lons-le-Saunier 36.

Poste, face Château ✆ 85 76 24 47 – ☎ P. GB
R 90/190 ♁ – ☕ 25 – **15 ch** 130/230 – ½ P 175.

à Charette NO : 6,5 km par D 73 – ✉ 71270 :

Doubs Rivage ⛰, ✆ 85 76 23 45, Fax 85 72 89 18, ⛱, ⛱ – ☎ P. GB
fermé 20 déc. au 1er mars, dim. soir et lundi sauf juil.-août – **R** 85/220 ♁, enf. 50 – ☕ 30 – **10 ch** 170/220 – ½ P 220.

PIERREFITTE-SUR-SAULDRE 41300 L.-et-Ch. 64 ⑳ – 835 h alt. 130.

Paris 185 – Bourges 56 – ◆Orléans 50 – Aubigny-sur-Nère 22 – Blois 72 – Salbris 13.

XX **Lion d'Or,** ✆ 54 88 62 14, ⛱ – GB
fermé 1er au 9 mars, 6 au 22 sept., lundi et mardi sauf fériés – **R** 125/200.

PIERREFONTAINE-LES-VARANS 25510 Doubs 66 ⑰ – 1 505 h alt. 694.

Paris 463 – ◆Besançon 52 – Montbéliard 52 – Morteau 32 – Pontarlier 48.

X **Commerce** avec ch, ✆ 81 56 10 50 – ☎ P. GB
fermé 20 déc. au 20 janv., dim. soir et lundi hors sais. – **R** 55/170 ♁ – ☕ 25 – **10 ch** 100/250 – ½ P 200/250.

X **Franche-Comté** avec ch, ✆ 81 56 12 62, Fax 81 56 06 08, ⛱ – GB
fermé 15 déc. au 15 janv. et lundi d'oct. à avril – **R** 52/165 ♁ – ☕ 24 – **7 ch** 110/220 – ½ P 180.

PIERRELATTE **26700** Drôme 81 ① – 11 770 h alt. 60.

Syndicat d'Initiative pl. Champs-de-Mars ☎ 75 04 07 98.

Paris 627 – Bollène 14 – Montélimar 22 – Nyons 47 – Orange 32 – Pont-St-Esprit 16 – Valence 66.

Centre, 6 pl. Église ☎ 75 04 28 59, Fax 75 98 83 29 – TV ☎ P. GB
R voir rest. **Les Recollets** ci-après – 30 – **20 ch** 220/325.

Tricastin sans rest, r. Caprais-Favier ☎ 75 04 05 82 – TV ☎ P. GB
30 – **13 ch** 218/228.

Les Recollets - Hôtel du Centre, 6 pl. Église ☎ 75 96 83 10, Fax 75 96 46 18 – P. AE GB
fermé 4 au 28 août, vacances de fév., vend. soir et sam. – **R** 80/160 ♮, enf. 38.

au Sud 4 km sur N 7 :

Motel de Pierrelatte, ☎ 75 04 07 99, Fax 75 04 18 54 – ☎ P. GB
fermé 15 janv. au 28 fév. – **R** *(fermé merc.)* 85/198, enf. 50 – 35 – **21 ch** 160/300.

PEUGEOT-TALBOT Gar. du Midi, rte de St-Paul ☎ 75 04 00 27

Jérome-Pneus, quartier Beauregard, N 7 ☎ 75 04 29 76

PILAT (Mont) ★★ **42** Loire 76 ⑨ **G. Vallée du Rhône.**

Voir Crêt de l'Oeillon ※★★★ 15 mn – Crêt de la Perdrix ※★ 15 mn.

Paris 537 – ♦St-Étienne 26.

PILAT-PLAGE **33** Gironde 78 ⑫ – voir à Pyla-sur-Mer.

Le PIN-LA-GARENNE **61** Orne 60 ④ – rattaché à Mortagne-au-Perche.

PINSOT **38** Isère 77 ⑥ – rattaché à Allevard.

PIRIAC-SUR-MER **44420** Loire-Atl. 63 ⑬ **G. Bretagne** – 1 442 h.

Voir Pointe du Castelli ≤★ SO : 1 km.

Paris 467 – ♦Nantes 90 – La Baule 19 – La Roche-Bernard 32 – Saint-Nazaire 32.

Parc Diotis M sans rest, r. Vieux Moulin ☎ 40 23 66 23, Fax 40 23 66 55, – TV ☎ ♿ P. GB
fermé 3 déc. au 15 fév. et lundi sauf vacances scolaires – 42 – **27 ch** 410/450.

PISSOS **40410** Landes 78 ④ **G. Pyrénées Aquitaine** – 970 h.

Paris 664 – Mont-de-Marsan 55 – Biscarrosse 32 – ♦Bordeaux 75 – Castets 62 – Mimizan 47.

Café de Pissos, ☎ 58 08 90 16, – P. GB
fermé 15 au 30 nov., mardi soir et merc. sauf juil.-août – **R** 115/225 ♮, enf. 50.

PITHIVIERS SP **45300** Loiret 60 ⑳ **G. Châteaux de la Loire** – 9 327 h alt. 120.

Office de Tourisme Mail-Ouest Gare Routière ☎ 38 30 50 02.

Paris 82 ① – Fontainebleau 45 ② – ♦Orléans 44 ⑤ – Chartres 72 ⑥ – Châteaudun 75 ⑥ – Montargis 44 ④.

Plan page suivante

Relais Saint-Georges, av. du 8 Mai **(d)** ✉ 45300 ☎ 38 30 40 25, Télex 783773, – ch TV ☎ ♿ P. AE GB
R *(fermé dim. et fêtes le soir)* 85/110 ♮, enf. 40 – 30 – **41 ch** 250/330 – ½ P 240/280.

Péché Mignon, 48 fg Paris **(r)** ☎ 38 30 05 32 – P. GB
fermé 25 juil. au 8 août, 15 au 31 janv., mardi soir, dim. soir et lundi – **R** 150 bc/250.

CITROEN Molvaut, 6 av. République ☎ 38 30 19 22
FIAT Guenier Diffusion Autom., av. du 8 Mai ☎ 38 30 77 77
PEUGEOT, TALBOT Balançon-Malidor, 76 fg d'Orléans par ⑤ ☎ 38 30 21 58
RENAULT Beauce-Gâtinais-Automobiles, av. 11-Novembre ☎ 38 30 28 56

V.A.G Delafoy-Caillette, rte d'Étampes ☎ 38 30 16 05

Euromaster La Centrale du Pneu, r. Gare-de-Marchandises ☎ 38 30 20 08

Write us...
If you have any comments on the contents of this Guide.
Your praise as well as your criticisms will receive careful consideration and, with your assistance, we will be able to add to our stock of information and, where necessary, amend our judgments.

Thank you in advance!

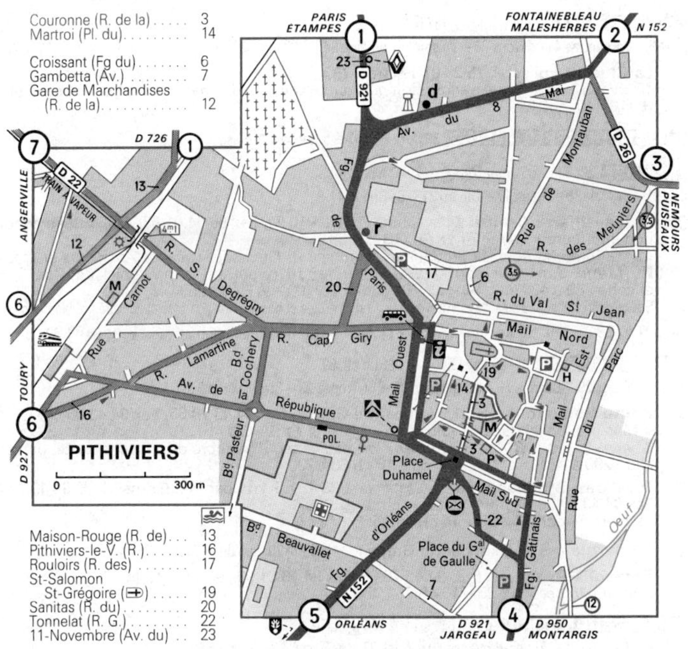

En juin et en septembre,

les hôtels sont moins chers qu'en pleine saison, le service est plus soigné.

PIZAY **69** Rhône 74 ① – rattaché à Belleville.

La PLAGNE **73** Savoie 74 ⑱ **G. Alpes du Nord** – alt. 1 980 – Sports d'hiver : 1 250/3 250 m 9 97 –
✉ **73210** Macot-La-Plagne.

Voir La Grande Rochette ※★★ (accès par télécabine) – Télécabine de Bellecôte ≤★★ à Plagne-Bellecôte E : 3 km.

Office du Tourisme le Chalet ☎ 79 09 02 01, Télex 980043.

Paris 642 – Albertville 60 – Bourg-St-Maurice 27 – Chambéry 107 – Moûtiers 33.

Graciosa ⛰, ☎ 79 09 00 18, Fax 79 09 04 08, ≤ – TV ☎ P. AE ① GB. ※ rest
juil.-août (sans rest.) et déc.-fin avril – **R** 185/230 – ☐ 48 – **14 ch** 400/460 – ½ P 560.

La PLAINE-SUR-MER **44770** Loire-Atl. 67 ① – 2 104 h alt. 33.

Paris 446 – ♦Nantes 57 – Pornic 9 – St-Michel-Chef-Chef 6,5 – St-Nazaire 26.

Anne de Bretagne M ⛰, au **Port de Gravette** NO : 3 km ☎ 40 21 54 72, Fax 40 21 02 33, ≤, ⛱, ⛺, ※ – TV ☎ P – 30 à 150. AE GB. ※ rest
R *(fermé lundi sauf le soir du 1er mai au 30 sept. et dim. soir)* 125/290 – ☐ 42 – **25 ch** 325/440 – ½ P 385/475.

PLAINPALAIS (Col de) **73** Savoie 74 ⑯ – rattaché à La Féclaz.

PLAISANCE **12550** Aveyron 83 ② – 228 h alt. 253.

Paris 703 – Albi 42 – Millau 70 – ♦Montpellier 167 – Rodez 71.

XX **Les Magnolias** ⛰ avec ch, ☎ 65 99 77 34, Fax 65 99 70 57, ⛱, ⛺ – TV ☎. AE GB.
※ rest
15 mars-15 nov. – **Repas** 68/295 – ☐ 35 – **6 ch** 220/300 – ½ P 200/255.

PLAISANCE **32160** Gers 82 ③ – 1 657 h alt. 133.

Paris 754 – Auch 55 – Mont-de-Marsan 61 – Pau 59 – Aire-sur-L'Adour 30 – Condom 58 – Tarbes 44.

XX **La Ripa Alta** avec ch, ☎ 62 69 30 43, Fax 62 69 36 99 – TV ☎. AE ① GB JCB
fermé 2 janv. au 15 fév. et lundi sauf du 15 avril au 15 sept. – **R** 78/380 – ☐ 35 – **12 ch** 165/480 – ½ P 185/285.

CITROEN Gar. Lenfant ☎ 62 69 32 13

PLAISIANS **26170** Drôme 81 ③ – 157 h.

Paris 695 – Carpentras 44 – Nyons 34 – Vaison-la-Romaine 26.

X **La Clue,** pl. Église ✆ 75 28 01 17, ☂ – Ⓟ
1er avril-30 sept., week-ends et fériés du 6 nov. au 31 mars et fermé lundi en été – **R** 110/140, enf. 50.

Les PLANCHES-PRES-ARBOIS **39** Jura 70 ⑤ – rattaché à Arbois..

PLANCOËT **22130** C.-d'Armor 59 ⑤ – 2 507 h alt. 28.

Paris 418 – St-Malo 28 – Dinan 17 – Dinard 21 – St-Brieuc 47.

XXX ✿ **Jean-Pierre Crouzil** Ⓜ avec ch, ✆ 96 84 10 24, Fax 96 84 01 93, ☂, « Belle décoration intérieure », – TV ☎ Ⓟ. GB. ✻ ch
fermé 15 au 30 nov., 11 au 31 janv., dim. soir et lundi sauf vacances scolaires et fériés – **R** *(fermé dim. soir sauf juil.-août et lundi)* (week-ends prévenir) 125 (déj.)/480 et carte 280 à 430, enf. 90 – ☕ 70 – **7 ch** 520/700 – ½ P 480/650
Spéc. Huîtres chaudes au sabayon de Vouvray. Gratin de sole et homard aux pommes et au safran. Gibier (saison).

PEUGEOT-TALBOT Gar. Neute René ✆ 96 84 11 24 | Émeraude Pneumatiques ✆ 96 84 11 82

PLAN-DE-LA-TOUR **83120** Var 84 ⑰ – 1 991 h alt. 69.

Paris 879 – Fréjus 29 – Cannes 71 – Draguignan 36 – St-Tropez 23 – Ste-Maxime 9,5.

Ponte Romano ⑤, S : 1,5 km par rte Grimaud ✆ 94 43 70 56, Fax 94 43 05 56, ≤, ☂, « Mas provençal dans un joli jardin », ⛱ – ☎ Ⓟ. AE GB
1er avril-10 oct. – **R** *(fermé lundi en avril, mai et sept.)* (nombre de couverts limité, prévenir) carte 290 à 440, enf. 100 – ☕ 60 – **10 ch** 600/700.

Mas des Brugassières ⑤ sans rest, S : 1,5 km par rte Grimaud ✆ 94 43 72 42, Fax 94 43 00 20, ⛱, ✿, ✂ – ⇆ ch ☎ Ⓟ. GB
15 mars-31 oct. – ☕ 38 – **14 ch** 480/550.

à Courruero S : 3,5 km par rte Grimaud – ✉ **83120** Plan de la Tour :

Parasolis ⑤ sans rest, ✆ 94 43 76 05, Fax 94 43 01 90, ≤, ✿ – ☎ Ⓟ. ✻
20 mars-15 oct. – ☕ 35 – **15 ch** 360/450.

PLAN-D'ORGON **13750** B.-du-R. 84 ① – 2 294 h alt. 70.

Paris 701 – Avignon 21 – Aix-en-Provence 60 – Arles 37 – ♦Marseille 73 – Nîmes 55.

Flamant Rose ⑤, rte St-Rémy ✆ 90 73 10 17, Fax 90 73 19 61, ☂, ⛱ – ⇆ ch ▤ rest ☎ Ⓟ. GB
R *(fermé 1er déc. au 1er mars)* 90/200 ♨, enf. 45 – ☕ 35 – **28 ch** 230/350 – ½ P 230/260.

XX **Les Grès Hauts,** rte de Cavaillon, 1 km par D 99 ✆ 90 73 19 12, ☂ – ⓪ GB
fermé mars, sam. midi d'oct. à mai et merc. – **R** 155/250, enf. 70.

PLAN-DU-VAR **06** Alpes-Mar. 84 ⑲ 115 ⑯ – alt. 141 – ✉ **06670** Levens.

Voir Gorges de la Vésubie★★★ NE – Défilé du Chaudan★★ N : 2 km.

Env. Bonson : site★, ≤★★ de la terrasse de l'église, retable de St-Benoît★ dans l'église NO : 9 km, G. Côte d'Azur.

Paris 870 – Antibes 39 – Cannes 49 – ♦Nice 31 – Puget-Théniers 32 – St-Étienne-de-T. 59 – Vence 28.

XX **Cassini** avec ch, rte Nationale ✆ 93 08 91 03, Fax 93 08 45 48, ☂ – ☎. AE GB
fermé en juin, 2 au 17 janv., dim. soir et lundi sauf juil.-août – **R** 115/180, enf. 55 – ☕ 25 – **22 ch** 150/260 – ½ P 180/235.

PLAPPEVILLE **57** Moselle 57 ⑬ – rattaché à Metz.

PLASCASSIER **06** Alpes-Mar. 84 ⑧ ⑨, 115 ㉔ – rattaché à Grasse.

PLATEAU D'ASSY **74480** H.-Savoie 74 ⑧ G. Alpes du Nord – alt. 1 000.

Voir ✻★★★ – Église★ : décoration★★ – Pavillon de Charousse ✻★★ O : 2,5 km puis 30 mn – Lac Vert★ NE : 5 km.

Env. Plaine-Joux ≤★★ NE : 5,5 km.

🅸 Office de Tourisme av. J.-Arnaud ✆ 50 58 80 52.

Paris 598 – Chamonix-Mont-Blanc 29 – Annecy 80 – Bonneville 40 – Megève 21 – Sallanches 11,5.

Tourisme sans rest, ✆ 50 58 80 54, ≤, ✿ – ☎ Ⓟ. GB
fermé 15 au 30 juin, 15 au 31 oct. et lundi hors sais. – ☕ 29 – **15 ch** 120/220.

PEUGEOT-TALBOT Gar. Legon, à Passy ✆ 50 78 33 74 | RENAULT Ducoudray, à Chedde Passy ✆ 50 78 33 77

PLÉLAN-LE-GRAND **35380** I.-et-V. 63 ⑤ – 2 566 h alt. 137.

Paris 384 – ♦Rennes 35 – Ploërmel 26 – Redon 47.

Bruyères, ✆ 99 06 81 38, Fax 99 06 81 75, ✿ – TV ☎ Ⓟ. GB. ✻ rest
hôtel : fermé vacances de fév. et dim. soir d'oct. à mars – **R** *(fermé Noël au Jour de l'An, vacances de fév., dim. soir et lundi d'oct. à mars)* 57/150, enf. 47 – ☕ 30 – **16 ch** 120/220 – ½ P 150/200.

PLÉNEUF-VAL-ANDRÉ 22370 C.-d'Armor 59 ④ – 3 600 h alt. 70 – Casino au Val-André.
Paris 449 – St-Brieuc 29 – Dinan 47 – Erquy 9 – Lamballe 17 – St-Cast 29 – St-Malo 53.

au Val-André O : 2 km, G. Bretagne – ✉ 22370 Pléneuf-Val-André.

Voir Pointe de Pléneuf★ N 15 mn – Le tour de la Pointe de Pléneuf ≤★★ N 30 mn.

Office de Tourisme 1 r. W.-Churchill ☎ 96 72 20 55.

Gd H. du Val André ⑤, r. Amiral Charner ☎ 96 72 20 56, Fax 96 63 00 24, ≤ – |‡| ⇆ ch TV ☎ P – 🏔 30. GB. ✻ rest
hôtel : 15 mars-11 nov. ; rest. : 3 avril-26 sept. – **R** 125/215, enf. 70 – ☐ 37 – **39 ch** 338/378 – ½ P 378/420.

Clemenceau sans rest, 131 r. Clemenceau ☎ 96 72 23 70 – |‡| TV ☎ P. GB
fermé 11 au 29 janv. – ☐ 30 – **23 ch** 240/350.

Casino ⑤ sans rest, 10 r. Ch. Cotard ☎ 96 72 20 22 – ☎ P. ✻
avril-oct. – ☐ 27 – **15 ch** 135/240.

XX ✿ **La Cotriade** (Le Saout), au port de Piégu : 1 km ☎ 96 72 20 26, ≤ port – AE GB
fermé 10 janv. au 11 fév., lundi soir et mardi – **R** (nombre de couverts limité - prévenir) 185/260 et carte 290 à 410
Spéc. Homard grillé "Cotriade". Filet de Saint-Pierre. Filets de sole en marinière.

XX **Au Biniou,** 121 r. Clemenceau ☎ 96 72 24 35 – GB
vacances de fév., 4 avril-20 déc. et fermé jeudi sauf juil.-août – **R** 80/240, enf. 45.

XX **Mer** avec ch, r. Amiral Charner ☎ 96 72 20 44, Fax 96 72 85 72 – P. AE GB
fermé 15 nov. au 15 déc., 10 au 31 janv. et mardi du 15 nov. au 15 avril – **R** 89/235, enf. 45 – ☐ 27 – **13 ch** 160/260 – ½ P 225/260.

Annexe Nuit et Jour sans rest, – cuisinette TV ☎ ♿ P. AE GB
fermé mardi du 15 oct. au 15 avril – ☐ 27 – **8 ch** 240/260.

PLÉRIN 22 C.-d'Armor 59 ③ – rattaché à St-Brieuc.

PLESSIS-PICARD 77 S.-et-M. 61 ① ②, 106 ㉝ – rattaché à Melun.

PLESTIN-LES-GRÈVES 22310 C.-d'Armor 58 ⑦ G. Bretagne – 3 237 h alt. 114.
Voir Lieue de Grève★ – Corniche de l'Armorique★ N : 2 km.
Syndicat d'Initiative à la Mairie (vacances scolaires) ☎ 96 35 61 93.
Paris 530 – ✦Brest 77 – Guingamp 46 – Lannion 18 – Morlaix 19 – St-Brieuc 77.

Côtes d'Armor ⑤, rte Corniche N : 4 km par D 42 ☎ 96 35 63 11, Fax 96 35 67 04, ≤ – ☎ P. AE ⓓ GB
début avril-fin sept. – **R** *(fermé lundi midi)* 100/170, enf. 70 – ☐ 40 – **20 ch** 210/300 – ½ P 250/300.

PLEURS 51230 Marne 61 ⑥ – 713 h alt. 93.
Paris 126 – Troyes 52 – Châlons-sur-Marne 48 – Épernay 50 – Sézanne 13 – Vitry-le-François 55.

XX **Paix** avec ch, ☎ 26 80 10 14 – TV ☎ P. GB
fermé 5 au 25 juil., 22 fév. au 7 mars, dim. soir et lundi – **R** 57/245 ♁ – ☐ 21 – **7 ch** 180.

PLÉVEN 22130 C.-d'Armor 59 ⑤ – 578 h alt. 80.
Voir Ruines du château de la Hunaudaie★ SO : 4 km, G. Bretagne.
Paris 431 – Saint-Malo 38 – Dinan 25 – Dinard 31 – Saint-Brieuc 39.

Manoir de Vaumadeuc ⑤, ☎ 96 84 46 17, Fax 96 84 40 16, « Manoir du 15e siècle dans un parc » – ☎ P – 🏔 30. AE ⓓ GB. ✻ rest
Pâques-5 janv. – **R** *(fermé merc. d'oct. à juin et le midi du lundi au vend.)* (nombre de couverts limité - prévenir) 185/295, enf. 110 – ☐ 45 – **12 ch** 550/950 – ½ P 430/660.

PLOEMEUR 56270 Morbihan 58 ⑫ – 17 637 h.
18 de Ploemeur-Océan ☎ 97 32 81 82, O par D 162[E] : 8 km.
Paris 501 – Vannes 63 – Concarneau 49 – Lorient 5,5 – Quimper 66.

Les Astéries M, 1 pl. FFL (près église) ☎ 97 86 21 97, Télex 951573, Fax 97 86 34 33, – |‡| TV ☎ ♿ P – 🏔 50. GB. ✻ rest
fermé dim. (sauf hôtel) et sam. du 15 sept. au 15 juin – **R** 70/110 ♁ – ☐ 35 – **36 ch** 290/340 – ½ P 260/280.

à Lomener S : 4 km par D 163 – ✉ 56270 Ploemeur :

Le Vivier, ☎ 97 82 99 60, Fax 97 82 88 89, ≤ – ▤ rest TV ☎ ⇔ P. AE ⓓ GB
fermé 3 au 21 janv. – **R** *(fermé dim. soir d'oct. à avril)* 96/235, enf. 65 – ☐ 40 – **14 ch** 265/340 – ½ P 340/380.

PLOEUC-SUR-LIÉ 22150 C.-d'Armor 58 ⑩ – 2 932 h alt. 210.
Paris 448 – St-Brieuc 22 – Lamballe 26 – Loudéac 24.

Commerce, ☎ 96 42 10 36, – ☎ P. GB. ✻ rest
fermé 1er au 30 oct., dim. soir et lundi du 1er nov. au 1er mars – **R** 80/170 ♁, enf. 45 – ☐ 27 – **42 ch** 220/240 – ½ P 220/240.

PLOGOFF 29770 Finistère 58 ⑬ – 1 902 h alt. 65.

Paris 603 – Quimper 46 – Audierne 10 – Douarnenez 32 – Pont-L'Abbé 42.

Ker-Moor, E : 2,5 km plage du Loch ✆ 98 70 62 06, Fax 98 70 32 69, ≤ – ☎ **P**. GB
R *(fermé dim. soir et lundi d'oct. à fév.)* 95/245 – ☕ 33 – **19 ch** 180/300 – ½ P 220/285.

PLOMBIÈRES-LES-BAINS 88370 Vosges 62 ⑯ G. Alsace Lorraine – 2 084 h alt. 456 – Stat. therm. (27 avril-3 oct.) – Casino B – **Voir** La Feuillée Nouvelle ≤★ 5 km par ②.

🅸 Office de Tourisme r. Stanislas (fermé matin oct.-avril) ✆ 29 66 01 30.

Paris 372 ④ – Épinal 35 ④ – Belfort 74 ② – Gérardmer 41 ① – Vesoul 55 ② – Vittel 60 ④.

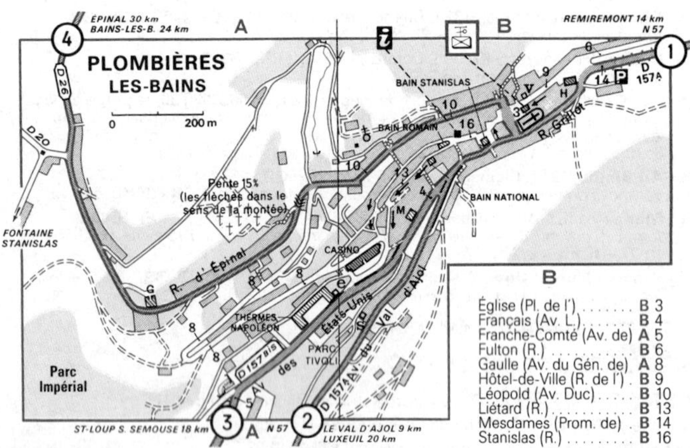

Gd Hôtel, 2 av. États-Unis ✆ 29 66 00 03, Fax 29 66 09 62, 🌳, 🎾 – 🛗 **P**. GB — AB **e**
2 mai-30 sept. – **Les Thermes** ✆ 29 66 03 23 **R** 110 🍷 – ☕ 28 – **115 ch** 130/295 – ½ P 230/420.

Modern'H, av. Th. Gautier ✆ 29 66 04 02, Fax 29 66 09 92, ≤ – 📺 ☎. AE ⓓ GB. ✗ rest
15 avril-15 oct. – **R** 95/175 🍷, enf. 55 – ☕ 27 – **48 ch** 165/220 – ½ P 200/220. — B **s**

Host. Les Rosiers 🐌, par ② : 1 km ✆ 29 66 02 66, ≤, 🏊, 🌳 – ☎ **P**. AE ⓓ GB JCB
fermé 15 déc. au 15 fév. et lundi d'oct. au 1er mai – **R** 90/250, enf. 45 – ☕ 30 – **20 ch** 150/250 – ½ P 250/320.

Commerce, r. Hôtel de Ville ✆ 29 66 00 47, 🏊 – 📺 ☎. GB — B **v**
1er mai-30 sept. – **R** 75/160 🍷 – ☕ 26 – **42 ch** 140/185 – ½ P 160/180.

près de la Fontaine Stanislas -A-SO : 4 km – alt. 600 – ✉ 88370 Plombières-les-B. :

Fontaine Stanislas 🐌, ✆ 29 66 01 53, Fax 29 30 04 31, ≤, « En forêt, jardin » – ⇆ ch ☎ 🚗 **P**. AE GB. ✗ rest
1er avril-30 sept. – **R** 85/250, enf. 56 – ☕ 30 – **19 ch** 125/270 – ½ P 190/250.

par ④ et D 26 : 3 km – ✉ 88370 Plombières-les-Bains :

Aux Quatre Saisons, ✆ 29 66 04 92, 🌳 – **P**. GB
fermé 2 au 31 janv., dim. soir et lundi – **R** 165/230.

PLOMEUR 29120 Finistère 58 ⑭ G. Bretagne – 3 272 h alt. 31.

Paris 574 – Quimper 25 – Douarnenez 34 – Pont-l'Abbé 6.

Ferme du Relais Bigouden Ⓜ 🐌 sans rest, à Pendreff, S : 2,5 km par D 57 ✆ 98 58 01 32, 🌳 – 📺 ☎ ♿ **P**. GB
fermé janv. et week-ends de nov. à fév. sauf vacances scolaires – ☕ 32 – **16 ch** 250/280.

Relais Bigouden Ⓜ avec ch, ✆ 98 82 04 79, Fax 98 82 09 62, 🌳 – 📺 ☎ – 🏛 40. GB
fermé janv., dim. soir et lundi de nov. à fév. – **R** 62/320, enf. 46 – ☕ 32 – **14 ch** 220/250 – ½ P 250/270.

PLOMODIERN 29550 Finistère 58 ⑮ – 1 912 h alt. 112.

Voir Retables★ de la chapelle Ste-Marie-du-Ménez-Hom N : 3,5 km – Charpente★ de la chapelle St-Côme NO : 4,5 km – **Env.** Ménez-Hom ❄★★★ N : 7 km par D 47, G. Bretagne.

Paris 559 – Quimper 28 – ♦Brest 61 – Châteaulin 12 – Crozon 23 – Douarnenez 19.

Relais Porz-Morvan 🐌 sans rest, E : 3 km ✆ 98 81 53 23, 🌳, 🎾 – **P**. GB
Pâques-fin sept. – ☕ 35 – **12 ch** 290/310.

La Crémaillère, ✆ 98 81 50 10, 🌳 – 🚗. GB
fermé oct., sam. et dim. de nov. à Pâques – **R** 75/150 – ☕ 26 – **26 ch** 180/240 – ½ P 210/270.

PLONÉOUR-LANVERN **29720** Finistère 58 ⑭ – 4 619 h alt. 75.

Paris 574 – Quimper 24 – Douarnenez 26 – Guilvinec 13 – Plouhinec 20 – Pont-l'Abbé 7.

Mairie, r. J. Ferry ✆ 98 87 61 34, Fax 98 87 77 04, – ☎ P. GB
fermé 20 déc. au 20 janv. – **R** 68/330 ⅋, enf. 50 – ☐ 32 – **18 ch** 160/295 – ½ P 220/290.

Voyageurs, 1 r. J. Jaurès ✆ 98 87 61 35, Fax 98 82 62 82 – ▤ rest TV ☎ P. AE ⓓ GB
fermé nov., vend. soir et sam. midi du 15 sept. au 30 avril – **R** 82/320 ⅋, enf. 48 – ☐ 30 – **12 ch** 205/285 – ½ P 250/280.

Ty Didrouz ⅋, r. Croas ar Bléon ✆ 98 87 62 30 – TV ☎ P. ⓓ GB.
fermé 20 déc. au 20 janv. – **R** *(fermé vend. soir hors sais.)* 90/250 ⅋ – ☐ 26 – **11 ch** 215 – ½ P 225.

PLOUBAZLANEC **22** C.-d'Armor 59 ② – rattaché à Paimpol.

PLOUDALMÉZEAU **29830** Finistère 58 ③ – 4 874 h alt. 50.

Voir Clocher-porche★ de Lampaul-Ploudalmézeau N : 3 km, G. Bretagne.

Office de Tourisme pl. Église (vacances de printemps, 15 juin-15 sept.) ✆ 98 48 11 88.

Paris 611 – ◆ Brest 25 – Landerneau 39 – Morlaix 73 – Quimper 95.

Voyageurs avec ch, pl. Église ✆ 98 48 10 13, Fax 98 48 19 92 – TV ☎. GB
fermé 15 au 29 mars, 15 nov. au 6 déc. et lundi – **R** 78/180 ⅋ – ☐ 28 – **9 ch** 180/240.

à Kersaint O : 4 km par D 168 – ✉ **29840** Porspoder.

Voir Parc de stationnement de Trémazan ≤★ NO : 2 km – Route touristique★ NO : 2 km, G. bretagne.

Host. du Castel, ✆ 98 48 63 35 – P. GB
Pâques-30 sept. et fermé dim. soir et lundi – **R** 70/285 – **17 ch** (½ pens. seul.) – ½ P 240/305.

PLOUESCAT **29430** Finistère 58 ⑤ G. Bretagne – 3 689 h alt. 33.

Syndicat d'Initiative r. St Julien (15 juin-août) ✆ 98 69 62 18 et à la Mairie ✆ 98 69 60 13.

Paris 572 – ◆ Brest 42 – Brignogan-Plage 15 – Morlaix 34 – Quimper 95 – St-Pol-de-Léon 15.

Caravelle, 20 r. Calvaire ✆ 98 69 61 75, Fax 98 61 92 61 – TV ☎ – 🎪 30. AE ⓓ GB
R *(fermé 24 janv. au 22 fév. et lundi sauf juil.-août)* 63/250 ⅋ – ☐ 32 – **17 ch** 200/285 – ½ P 230/250.

Baie du Kernic, rte Brest O : 1,5 km sur D 10 ✆ 98 69 63 41 – ☎ P. GB
1er mars-3 nov. – **R** *(fermé dim. soir et lundi du 1er mars au 15 juin)* 70/280 – ☐ 35 – **16 ch** 140/250 – ½ P 250/280.

L'Azou avec ch, r. Gén. Leclerc ✆ 98 69 60 16 – AE ⓓ GB
fermé 26 sept. au 20 oct., merc. midi et mardi sauf juil.-août – **R** 75/300 ⅋ – ☐ 30 – **5 ch** 175/215 – ½ P 250.

CITROEN Rouxel ✆ 98 69 60 03 N ✆ 98 69 83 43
PEUGEOT Gar. Bossard ✆ 98 69 65 26
RENAULT Quillec ✆ 98 69 61 10 N

PLOUFRAGAN **22** C.-d'Armor 59 ③ – rattaché à St-Brieuc.

PLOUGASNOU **29630** Finistère 58 ⑥ G. Bretagne – 3 530 h alt. 51.

Voir St-Jean du Doigt : Enclos paroissial : trésor★★, église★, fontaine★ SE : 2,5 km – Ste-Barbe ≤★ NO : 2 km – Pointe de Primel★ NO : 4 km puis 30 mn.

Syndicat d'Initiative r. des Martyrs (fermé après-midi hors saison) ✆ 98 67 31 88.

Paris 546 – ◆ Brest 76 – Guingamp 61 – Lannion 34 – Morlaix 17 – Quimper 95.

France, pl. Église ✆ 98 67 30 15, – ☎ P. GB.
R *(ouvert : 10 avril-15 oct. et fermé lundi sauf de juin à oct.)* 75/280 ⅋ – ☐ 25 – **20 ch** 150/240 – ½ P 240.

CITROEN Gar. Moal Frères ✆ 98 67 35 20
RENAULT Gar. Prigent, à Kermébel ✆ 98 72 30 65
RENAULT Gar. Nicolas ✆ 98 67 34 53

PLOUGASTEL-DAOULAS **29470** Finistère 58 ④ G. Bretagne – 11 139 h alt. 110.

Voir Calvaire★★ – Site★ de la chapelle St-Jean NE : 5 km – Kernisi ☼★ SO : 4,5 km.

Env. Pointe de Kerdéniel ☼★★ SO : 8,5 km puis 15 mn.

Paris 578 – ◆ Brest 10,5 – Morlaix 55 – Quimper 62.

Kastel Roc'h, à l'échangeur de la D 33 ✆ 98 40 32 00, Fax 98 04 25 40, – |‡| TV ☎ P – 🎪 80. AE ⓓ GB JCB
R *(fermé sam. midi et vend.)* 76/145 ⅋, enf. 55 – ☐ 35 – **46 ch** 242/280.

Le Chevalier de l'Auberlac'h, ✆ 98 40 54 56 – AE GB
fermé lundi hors sais. et dim. soir – **R** 120/145, enf. 35.

CITROEN Gar. du Centre, 2 r. Neuve ✆ 98 40 36 23

PLOUGUERNEAU **29880** Finistère 58 ④ – 5 255 h alt. 62.

Paris 602 – ◆Brest 26 – Landerneau 35 – Morlaix 67 – Quimper 94.

à la Plage de Lilia NO : 5 km par D 71 :

Castel Ac'h, ✆ 98 04 70 11, Fax 98 04 58 43, ← – ☎ ♿ Ⓟ. AE GB
R 80/200 ♨, enf. 48 – ☕ 32 – **29 ch** 160/260 – ½ P 225/260.

PLOUHARNEL **56** Morbihan 63 ⑪ ⑫ – rattaché à Carnac.

PLOUHINEC **29780** Finistère 58 ⑭ – 4 524 h alt. 101.

Paris 589 – Quimper 31 – Audierne 4,5 – Douarnenez 18 – Pont-l'Abbé 27.

Ty Frapp, r. de Rozavot ✆ 98 70 89 90, Fax 98 70 81 04 – TV ☎ Ⓟ. GB. ✈ ch
fermé 24 déc. au 31 janv., dim. soir et lundi sauf juil.-août – **R** 110/210 ♨ – ☕ 35 – **25 ch** 160/260 – ½ P 250/300.

PLOUIDER **29260** Finistère 58 ④ – 1 818 h alt. 75.

Paris 578 – ◆Brest 29 – Landerneau 21 – Morlaix 45 – Quimper 82 – St-Pol-de-Léon 27.

de la Butte, ✆ 98 25 40 54, Fax 98 25 44 17, ←, 🌳 – |◆| TV ☎ ♿ Ⓟ – 🏛 25. AE ⓓ GB
R *(fermé dim. soir en hiver)* 90/250 ♨, enf. 48 – ☕ 38 – **29 ch** 280/400 – ½ P 350/370.

PLOUMANACH **22** C.-d'Armor 59 ① – rattaché à Perros-Guirec.

PLOUNÉRIN **22780** C.-d'Armor 58 ⑦ – 649 h alt. 186.

Paris 515 – St-Brieuc 61 – Carhaix-Plouguer 49 – Lannion 23 – Morlaix 22.

XXX ✿ **Patrick Jeffroy** avec ch, ✆ 96 38 61 80, Fax 96 38 66 29 – TV ☎ Ⓟ. GB
fermé 1er au 7 juin, 15 au 30 nov., vacances de fév., dim. soir et lundi sauf du 20 juin au 12 sept. – **R** (nombre de couverts limité, prévenir) 175/360 et carte 235 à 355, enf. 80 – ☕ 45 – **3 ch** 300/350 – ½ P 450/570
Spéc. Langouste royale à l'artichaut (juin à oct.). Rougets à l'arête en croûte d'herbes (juin à sept.). Figues fraîches rôties au ratifia de cassis (15 août à fin oct.).

PLUGUFFAN **29** Finistère 58 ⑮ – rattaché à Quimper.

Le POËT-LAVAL **26** Drôme 81 ② – rattaché à Dieulefit.

POILHES **34** Hérault 83 ⑭ – rattaché à Capestang.

POINCY **77** S.-et-M. 56 ⑬ – rattaché à Meaux.

POINTE voir au nom propre de la pointe.

POINT-SUBLIME **04** Alpes-de-H.-P. 84 ⑥ **G. Alpes du Sud** – alt. 783 – ✉ **04120** Castellane.

Voir ←★★★ sur Grand Canyon du Verdon 15 mn – Couloir Samson★★ S : 1,5 km – Rougon ←★ N : 2,5 km – Clue de Carejuan★ E : 4 km.

Env. Belvédères SO : de l'Escalès★★★ 9 km, de Trescaïre★★ 8 km, du Tilleul★★ 10 km, des Glacières★★ 11 km, de l'Imbut★★ 13 km.

Paris 796 – Digne-les-Bains 71 – Castellane 18 – Draguignan 53 – Manosque 73 – Salernes 65 – Trigance 13.

X **Aub. Point Sublime** 🐎 avec ch, ✆ 92 83 60 35, Fax 92 83 74 31, ←, 🌳 – ☎ Ⓟ. GB
1er avril-2 nov. – **R** 76/258, enf. 47 – ☕ 29 – **14 ch** 200/250 – ½ P 205/226.

POINT-SUBLIME **48** Lozère 80 ⑤ **G. Gorges du Tarn** – alt. 861.

Voir ✳★★★ sur Canyon du Tarn.

Le POIRÉ-SUR-VIE **85170** Vendée 67 ⑬ – 5 326 h alt. 54.

Paris 434 – La Roche-sur-Yon 14 – Cholet 68 – Nantes 53 – Les Sables-d'Olonne 41.

Centre, ✆ 51 31 81 20, Fax 51 31 88 21, 🏊, 🌳 – TV ☎ ♿. AE GB
◆ *fermé 24 déc. au 5 janv.* – **R** *(fermé vend. soir et dim. soir hors sais.)* 73/286 ♨, enf. 50 – ☕ 30 – **32 ch** 138/340.

CITROEN Gar. Piveteau, 2 r. Écoliers ✆ 51 31 80 42 RENAULT Gar. Bretaudeau ✆ 51 06 45 00 N ✆ 51 31 85 08

POISSON **71** S.-et-L. 69 ⑰ – rattaché à Paray-le-Monial.

POISSY **78300** Yvelines 55 ⑲ 106 ⑰ 101 ⑪ ⑫ **G. Ile de France** – 36 745 h alt. 27.

Voir Église N.-Dame*.

🅘 Syndicat d'Initiative 132 r. Gén.-de-Gaulle ✆ (1) 30 74 60 65.

Paris 36 ③ – Mantes-la-Jolie 30 ④ – Pontoise 17 ② – Rambouillet 48 ④ – St-Germain-en-Laye 6 ③.

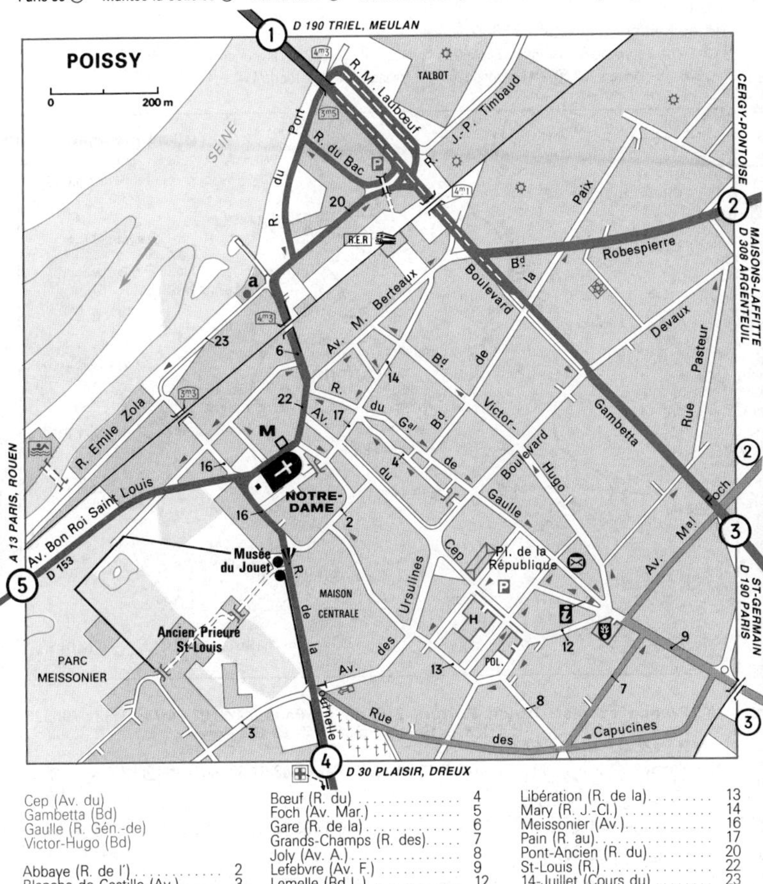

Cep (Av. du)
Gambetta (Bd)
Gaulle (R. Gén.-de)
Victor-Hugo (Bd)

Abbaye (R. de l') 2
Blanche-de-Castille (Av.) 3
Bœuf (R. du) 4
Foch (Av. Mar.) 5
Gare (R. de la) 6
Grands-Champs (R. des) 7
Joly (Av. A.) 8
Lefebvre (Av. F.) 9
Lemelle (Bd L.) 12
Libération (R. de la) 13
Mary (R. J.-Cl.) 14
Meissonier (Av.) 16
Pain (R. au) 17
Pont-Ancien (R. du) 20
St-Louis (R.) 22
14-Juillet (Cours du) 23

XX **Esturgeon,** 6 cours 14-Juillet **(a)** ✆ (1) 39 65 00 04, ≤ – AE ⓓ GB
fermé août et jeudi – **R** carte 260 à 390.

XX **La Cour-St-Jacques,** 25 av. F. Lefèbvre ✆ (1) 30 65 93 00 – GB
R 140/200, enf. 80.

FORD Gar. Gambetta, 45 bd Gambetta ✆ (1) 39 65 17 67
RENAULT Bagros-Heid, 1 r. Pont à Triel-sur-Seine par ① ✆ (1) 39 70 60 29
RENAULT Gar. Pihan, 78 bd Robespierre par ② ✆ (1) 39 65 40 94 **N** ✆ (1) 39 11 50 00

Marsat-Pneus Poissy-Pneus, 40 bd Robespierre ✆ (1) 39 65 29 09

CONSTRUCTEUR : Talbot, 45 r. J.-P.-Timbaud ✆ **(1) 39 65 40 00**

POITIERS P 86000 Vienne 68 ⑬ ⑭ G. Poitou Vendée Charentes – 78 894 h alt. 116.

Voir Église N.-D.-la-Grande★★ : façade★★★ DY – Église St-Hilaire-le-Grand★★ CZ – Cathédrale★ DZ – Église Ste-Radegonde★ DZ Q – Baptistère St-Jean★ DZ – Grande salle★ du Palais de Justice DY J – Boulevard Coligny ≤★ BVX – Musée Ste-Croix★★ DZ.

9 18 ☏ 49 46 70 27, E : 3 km par D 6 BVX ; 9 18 du Haut-Poitou ☏ 49 62 53 62, par ① N 10 : 22 km.

✈ de Poitiers-Biard : ☏ 49 58 27 96 AV.

Office de Tourisme 8 r. Grandes-Écoles ☏ 49 41 21 24 – A.C. 2 r. Claveurier ☏ 49 41 65 27.

Paris 336 ① – Angers 132 ⑦ – ♦Limoges 120 ③ – ♦Nantes 180 ⑥ – Niort 74 ⑤ – ♦Tours 102 ①.

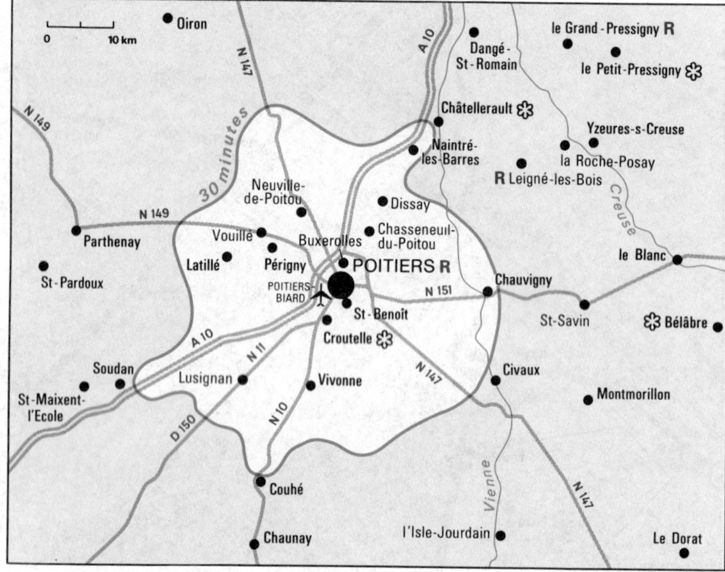

France et rest. Royal Poitou, 215 rte de Paris ☏ 49 01 74 74, Télex 790526, Fax 49 01 74 73, – | ☎ ♿ P – 25 à 50. AE O GB JCB — BV **a**
R 100/250 – ☕ 35 – **57 ch** 370/440.

Europe sans rest, 39 r. Carnot ☏ 49 88 12 00, Fax 49 88 97 30, – | ☎ ♿ P. AE O GB — CZ **n**
☕ 36 – **88 ch** 250/480.

Continental M sans rest, 2 bd Solférino ☏ 49 37 93 93, Fax 49 53 01 16 – | ☎. AE O GB — CY **r**
☕ 34 – **39 ch** 239/277.

Ibis Beaulieu M, quartier Beaulieu ☏ 49 61 11 02, Télex 790354, Fax 49 01 72 76 – ch ☎ ♿ P – 40. AE GB JCB — BX **t**
R *(fermé dim. midi d'oct. à mai)* 74/135 , enf. 40 – ☕ 33 – **47 ch** 250/290.

Come Inn M, Z.I. République 2 ☏ 49 88 42 42, Fax 49 88 42 44, – ☎ ♿ P – 30. GB — AV **d**
R *(fermé dim. midi)* 80/175 – ☕ 30 – **46 ch** 240/260 – ½ P 230.

Gibautel M sans rest, rte Nouaillé ☏ 49 46 16 16, Fax 49 46 85 97 – ☎ ♿ P – 30. AE GB — BX **b**
☕ 30 – **36 ch** 230/260.

Plat d'Étain sans rest, 7 r. Plat d'Étain ☏ 49 41 04 80 – ☎ . AE O GB — DY **s**
fermé 19 déc. au 10 janv. – ☕ 35 – **24 ch** 150/350.

Relais Pictave M, 220 av. Jacques Coeur (près CHRU) par ③ ☏ 49 45 07 07, Fax 49 45 07 08 – ☎ ♿ P – 25. GB — BX **a**
R *(fermé dim.)* 78/230 , enf. 38 – ☕ 30 – **43 ch** 195/270 – ½ P 213/238.

Climat de France, quartier Beaulieu ☏ 49 61 38 75, Télex 792022, Fax 49 44 24 42, – ☎ ♿ P – 80. AE GB — BX **d**
R 87/117 , enf. 42 – ☕ 30 – **70 ch** 220/280.

Arcade M sans rest, 15 r. Petit Bonneveau ☏ 49 88 30 42, Télex 793167, Fax 49 55 11 87 – | ☎ ♿ P – 40. AE GB — CZ **f**
☕ 38 – **75 ch** 290/310.

POITIERS

Aérospatiale (R. de l') . . . . **AV** 3
Allende (R. Salvador) . . . . . **BX** 5
Blaiserie (R. de la) . . . . **AV** 6
Ceuille-Mirebalaise (R.) . . . **AV** 15
Coligny (Bd) . . . . **BX** 18
Demi-Lune (Carref. de la) . **AV** 22
Fg-Ceuille-Mirebalaise (R. du) . . . . . **AV** 24
Fg-du-Pont-Neuf (R. du) . . **BX** 27
Fg-St-Cyprien (R. du) . . . . **AX** 28
Fief-de-Grimoire (R.) . . . . . . **AX** 30
Gibauderie (R. de la) . . . . . **BX** 33
Guynemer (R.) . . . . **AX** 36
Maillochon (R. de) . . . . **AX** 52
Miletrie (R. de la) . . . . **BX** 56
Montbernage (R. de) . . . . . **BV** 58
Montmidi (R. de) . . . . **AX** 62
Pierre-Levée (R.) . . . . **BX** 69
Rataudes (R. des) . . . . **AX** 70
Schuman (Av. R.) . . . . **BV** 88
Vasles (Rte de) . . . . **AX** 93

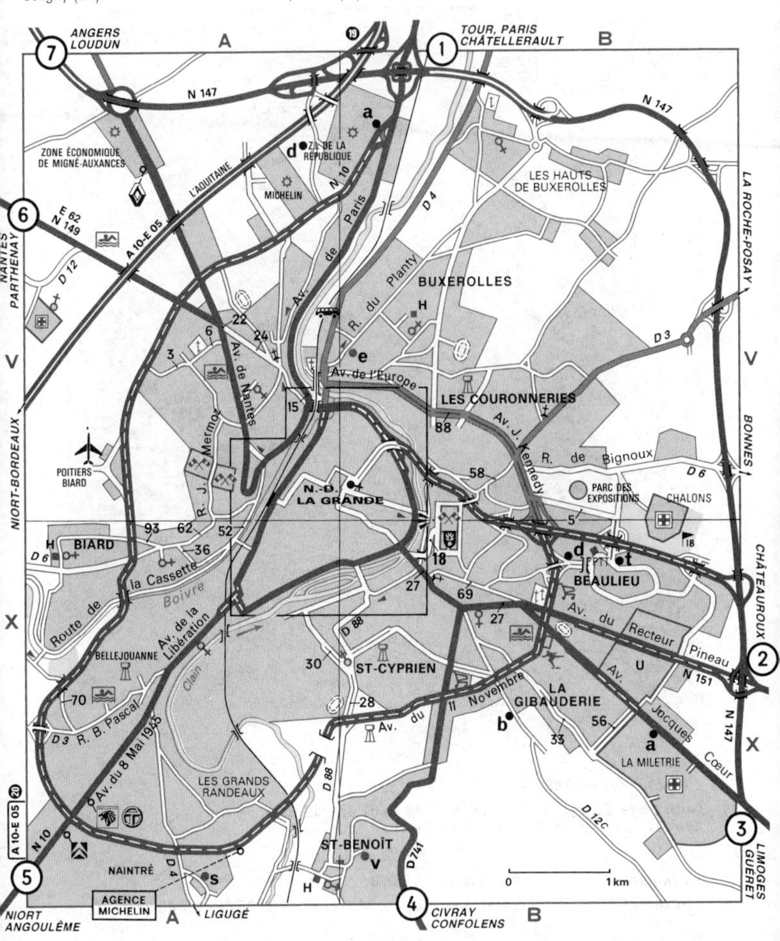

Dans la liste des rues des plans de villes,
les noms en rouge indiquent les principales voies commerçantes.

XXX **Maxime,** 4 r. St-Nicolas ✆ 49 41 09 55 – AE GB DZ **u**
fermé 10 au 20 juil., 10 au 20 août, 5 au 15 janv., sam. et dim. – **R** 99/235.

XX **Armes d'Obernai,** 19 r. A. Ranc ✆ 49 41 16 33 – ▤. AE ⓓ GB CY **e**
fermé 16 fév. au 7 mars, 31 août au 12 sept., dim. soir et lundi – **Repas** (nombre de couverts limité - prévenir) 100/220.

XX **St Hilaire,** 65 r. T. Renaudot ✆ 49 41 15 45, « Salle voûtée du 12e siècle » – GB CZ **b**
fermé 30 juil. au 24 août, 23 déc. au 5 janv., sam. (sauf juil.-août) et dim. – **R** 110/250, enf. 80.

X **Chez Vladimir,** 10 r. Jean Macé ✆ 49 41 69 72 – GB. ✈ DY **k**
fermé 16 juil. au 15 sept., dim. et lundi – **R** cuisine russe - (dîner seul.) carte environ 140.

POITIERS

Carnot (R.) . . . . CZ 9
Cordeliers (R. des) . . . . . DY 17
Gambetta (R.) . . . . DY 31
Grand-Rue. . . . . DY
Marché (R. du) . . . . DYZ 54

Abbé-Frémont (Bd) . . . . DY 2
Bouchet (R. Jean). . . . . . DY 7
Coligny (Bd) . . . . DZ 15
Descartes (R.) . . . . DY 23
Gaulle (Pl. Ch. de). . . . . . DY 32
Intend.-le-Nain (R.). . . . . DY 40
Jaurès (R. J.) . . . . DY 44

Jean-de-Berry (Pl.) . . . . . DY 47
Jeanne-d'Arc (Bd) . . . . . DY 48
Macé (R. Jean) . . . . DY 50
Marne (R. de la) . . . . CY 55
Mouton (R. du) . . . . DY 63

Oudin (R. H.) . . . . DY 67
Riffault (R.) . . . . DY 74
Solférino (Bd) . . . . CY 89
Tison (Bd de). . . . . CZ 92
Verdun (Bd de) . . . . CY 94

au Nord :

à Buxerolles – ✉ **86180** :

XX **Aub. de la Cigogne**, 20 r. Planty ☎ 49 45 61 47 – AE GB BV **e**
fermé 1er au 15 août, dim. soir et lundi – **R** 95/195.

par la sortie ①

à Chasseneuil-du-Poitou : 9 km – ✉ **86360** :

Château Clos de la Ribaudière 🐦, près Mairie ☎ 49 52 86 66, Fax 49 52 86 32, parc – TV ☎ ♿ P – 🎤 30. AE ⓓ GB. ✻ rest
R 145/265 – ☕ 50 – **19 ch** 320/600 – ½ P 400/550.

sur N 10 : 9 km – ✉ **86360** Chasseneuil-du-Poitou :

Novotel M, ☎ 49 52 78 78, Télex 791944, Fax 49 52 86 04, 🌳, parc, 🏊, 🎾 – 🛗 ✈ ch ▤ rest TV ☎ ♿ P – 🎤 100. AE ⓓ GB JCB
R carte environ 150, enf. 50 – ☕ 49 – **89 ch** 425/495.

Mercure Relais de Poitiers M, ☎ 49 52 90 41, Télex 790502, Fax 49 52 51 72, 🏊, 🌳 – 🛗 ✈ ch ▤ rest TV ☎ P – 🎤 25 à 1 000. AE ⓓ GB
R 89/165, enf. 49 – ☕ 47 – **91 ch** 325/480, 5 appart..

au Futuroscope★★ : 12 km – ✉ **86360** Chasseneuil-du-Poitou :

Deltasun M, ☎ 49 49 01 01, Fax 49 49 01 10, 🌳, 🏊 – 🛗 ▤ rest TV ☎ ♿ P – 🎤 60. AE ⓓ GB
R 75/175 ₰, enf. 40 – ☕ 40 – **75 ch** 275/350 – ½ P 270/290.

Ibis Futuroscope M, ☎ 49 49 90 00, Télex 793253, Fax 49 49 90 09, 🌳, 🏊 – 🛗 ✈ ch ▤ TV ☎ ♿ P – 🎤 30. AE GB
R 98 bc, enf. 39 – ☕ 35 – **80 ch** 290/410.

par la sortie ③

rte de Limoges : 10 km – ✉ **86800** Mignaloux-Beauvoir :

Manoir de Beauvoir Ⓜ, ☎ 49 55 47 47, Fax 49 55 31 95, ←, « Demeure du 19e siècle et golf dans un parc » – cuisinette TV ☎ ♿ Ⓟ – 80. AE ① GB. rest
R 140/240 – 45 – **46 ch** 510/620 – ½ P 440.

au Sud :

à St-Benoît : 4 km – ✉ **86280** :

XXX **Chalet de Venise** avec ch, r. Square (par D 88) ☎ 49 88 45 07, Fax 49 52 95 44, , – ☎ Ⓟ – 25. AE GB BX **v**
fermé 1er au 10 sept., 1er au 15 fév., dim. soir et lundi – **R** 159/250 – 28 – **10 ch** 200/240.

XX **A l'Orée des Bois** avec ch, rte Ligugé ☎ 49 57 11 44 – TV ☎ Ⓟ. GB AX **s**
fermé vacances de nov., de fév., 1er au 15 août, lundi (sauf hôtel) et dim. soir – **R** 72/298, enf. 50 – 25 – **16 ch** 190/355.

par la sortie ⑤

sur N 10 : 3 km – ✉ **86000** Poitiers :

Ibis Sud Ⓜ, S : 3 km sur N 10 par ⑤ ☎ 49 53 13 13, Télex 791556, Fax 49 53 03 73, – ch TV ☎ ♿ Ⓟ – 30 à 80. AE GB
R 95, enf. 39 – 34 – **116 ch** 265/315.

à Croutelle : 6 km sur N 10 – ✉ **86240** :

Mondial Ⓜ sans rest, ☎ 49 55 44 00, Télex 793376, Fax 49 55 33 49, – TV ☎ ♿ Ⓟ – 30. AE ① GB
fermé 24 déc. au 3 janv. – 30 – **40 ch** 270/465.

XXX ✿ **Pierre Benoist,** ☎ 49 57 11 52, , – Ⓟ. AE ① GB
fermé 1er au 7 août, 10 au 24 janv., dim. soir et lundi – **R** (nombre de couverts limité-prévenir) 165 et carte 250 à 370, enf. 100
Spéc. Salade de Saint-Jacques et foie gras poêlé (oct. à avril). Turbot à la crème de persil et aux coquillages. Noix de ris de veau braisée au Noilly. **Vins** Chinon, Haut-Poitou.

rte d'Angoulême : 7 km – ✉ **86240** Ligugé :

Bois de la Marche, ☎ 49 53 10 10, Télex 790133, Fax 49 55 32 25, parc, – ch TV ☎ ♿ Ⓟ – 100. AE ① GB JCB
R 100/250 – 35 – **53 ch** 285/475.

par la sortie ⑥

à Périgny par N 149 et D 43 : 17 km – ✉ **86190** Vouillé :

Château de Périgny , ☎ 49 51 80 43, Télex 791400, Fax 49 51 90 09, ←, , parc, , – TV ☎ Ⓟ – 25 à 100. AE ① GB
fermé janv. et fév. – **R** 175/240, enf. 70 – 70 – **39 ch** 470/975, 3 appart. – ½ P 540/740.

MICHELIN, Agence, 174 av. des Hauts de la Chaume à St-Benoît AX ☎ 49 57 13 59

BMW Auto Hall, N 10 ZA à Fontaine-le-Comte ☎ 49 53 16 72
CITROEN Diffusion Automobile du Poitou, 157 av. 8-Mai-1945 ☎ 49 53 00 30 **N** ☎ 49 44 63 11
CITROEN S.E.D.P. Auto, à Croutelle par ⑤ ☎ 49 53 06 14
FORD R. M.-Autom., rte de Saumur à Migné-Auxances ☎ 49 51 69 09
MERCEDES-PORSCHE-MITSUBISHI Gar. Etoile 86, rte de Saumur ☎ 49 37 37 73
NISSAN Gar. Bourgoin, 12 r. Torchaise à Vouneuil-sous-Biard ☎ 49 57 10 07
PEUGEOT-TALBOT Sté Com. Automobile du Poitou, 137 av. 8-Mai-1945 ☎ 49 53 04 51 **N** ☎ 49 62 40 39
RENAULT S.A.C.O.A., rte de Saumur à Migné-Auxances ☎ 49 51 61 61
ROVER Auto-Sport, N 147 à Migné-Auxances ☎ 49 51 57 57
SEAT Europe Autos, rte de Saumur ☎ 49 51 54 63
V.A.G Brillant Autom., ZI Demi-Lune, rte de Nantes ☎ 49 58 23 29

Ⓜ Chouteau, r. Moulin à St-Benoît ☎ 49 57 20 77
Euromaster Perry Pneu Service, 174 av. 8-Mai-1945 ☎ 49 57 25 82
Euromaster Perry Pneu Service, 27 bd Pont-Joubert ☎ 49 01 83 11
Tours Pneus Interpneus, 13 bd Jeanne-d'Arc ☎ 49 88 11 89
Tours Pneus Interpneus, r. de Talweg, ZI République ☎ 49 88 11 92

POIX-DE-PICARDIE 80290 Somme 52 ⑰ G. Flandres Artois Picardie – 2 191 h alt. 106.

ℹ Office de Tourisme r. St-Denis ☎ 22 90 08 25.

Paris 122 – ♦Amiens 27 – Abbeville 43 – Beauvais 46 – Dieppe 76 – Forges-les-Eaux 43.

Le Cardinal Ⓜ, ☎ 22 90 08 23, Fax 22 90 18 61 – TV ☎ – 30 à 100. AE ① GB
R 70/195, enf. 38 – 38 – **35 ch** 225/250.

à Caulières O : 7 km par N 29 – ✉ **80590** :

XXX **Aub. de la Forge,** ☎ 22 38 00 91, Fax 22 38 08 48 – GB
fermé 10 au 27 août et 10 au 23 janv. – **R** (dim.-prévenir) 110/260, enf. 50.

POLIGNY 39800 Jura 70 ④ G. Jura (plan) – 4 714 h alt. 327.

Voir Statues★ dans la collégiale – Culée de Vaux★ S : 2 km.

Env. Cirque de Ladoye ←★★ S : 8 km.

Office de Tourisme cour des Ursulines ✆ 84 37 24 21.

Paris 399 – ◆Besançon 58 – Chalon-sur-Saône 77 – Dole 37 – Lons-le-Saunier 30 – Pontarlier 61.

Paris, 7 r. Travot ✆ 84 37 13 87, – . GB
fermé 2 nov. au 1er fév. – **Repas** *(fermé mardi midi et lundi sauf juil.-août)* 78/240 , enf. 55 – 28 – **25 ch** 150/300 – ½ P 270/300.

Nouvel H. avec ch, 11 av. Gare (rte Dôle) ✆ 84 37 01 80, Fax 84 37 14 38 – . GB. ch
fermé 22 oct. au 5 nov., dim. soir et lundi midi – **R** 68/178 – 28 – **10 ch** 130/240 – ½ P 294.

aux Monts de Vaux SE : 4,5 km par rte de Genève – alt. 560 – ✉ 39800 Poligny.

Voir ←★.

Host. Monts de Vaux , ✆ 84 37 12 50, Télex 361493, Fax 84 37 09 07, ←, , parc, – . AE GB
fermé fin oct. à fin déc., merc. midi de sept. à juin et mardi sauf le soir en juil.-août – **R** 170 – 60 – **7 ch** 550/850, 3 appart. 1000 – ½ P 600/860.

à Passenans SO : 11 km par N 83 et D 57 – ✉ 39230 :

Le Revermont , ✆ 84 44 61 02, Fax 84 44 64 83, ←, , parc, , – . AE GB. rest
fermé 1er janv. au 1er mars, dim. soir et lundi d'oct. à mars – **Repas** 95/260, enf. 50 – 38 – **28 ch** 220/355 – ½ P 235/300.

à Montchauvrot SO : 13 km sur N 83 – ✉ 39230 Sellières :

La Fontaine, ✆ 84 85 50 02, Fax 84 85 56 18, , parc – – 50. GB
fermé 23 déc. au 1er fév., dim. soir et lundi hors sais. – **R** 80/260, enf. 45 – 30 – **20 ch** 240/350 – ½ P 280/320.

RENAULT Comte-Automobile ✆ 84 37 24 80 N ✆ 84 82 82 67

Chevassu-Pneus ✆ 84 37 15 67

POLLIAT 01310 Ain 74 ② – 2 025 h alt. 213.

Paris 415 – Mâcon 25 – Bourg-en-Bresse 10 – ◆Lyon 75 – Villefranche-sur-Saône 52.

Place, ✆ 74 30 40 19 – . GB
fermé 4 au 18 oct., 3 au 11 janv., lundi (sauf hôtel) et dim. soir – **R** 82/220 , enf. 50 – 28 – **9 ch** 123/270 – ½ P 240/270.

Coq Bressan, ✆ 74 30 40 16 – GB
fermé 16 juin au 2 juil., 13 au 28 oct., merc. soir et jeudi – **R** 75/170.

RENAULT Gar. Guigue ✆ 74 30 41 63

POLMINHAC 15800 Cantal 76 ⑫ – 1 135 h alt. 650.

Paris 560 – Aurillac 15 – Murat 34 – Vic-sur-Cère 5.

Parasols, N 122 ✆ 71 47 40 10, ←, – . GB
fermé 2 au 30 nov., 2 au 20 janv., vend. d'oct. à mars et dim. soir sauf vacances scolaires – **R** 65/130, enf. 40 – 30 – **25 ch** 165/210 – ½ P 185.

Bon Accueil , près gare ✆ 71 47 40 21, ←, , – rest . GB.
fermé 10 oct. au 1er déc. et dim. soir sauf vacances scolaires – **R** 50/120 , enf. 35 – 30 – **23 ch** 195/250 – ½ P 205/235.

PONS 17800 Char.-Mar. 71 ⑤ G. Poitou Vendée Charentes – 4 412 h alt. 20.

Voir Donjon★ de l'ancien château – Hospice des Pèlerins★ SO par D 732 – Boiseries★ du château d'Usson 1 km par D 249.

Syndicat d'Initiative Donjon de Pons (15 juin-15 sept.) ✆ 46 96 13 31.

Paris 491 – Royan 42 – Blaye 59 – ◆Bordeaux 95 – Cognac 23 – La Rochelle 92 – Saintes 21.

Aub. Pontoise (Chat), 23 av. Gambetta ✆ 46 94 00 99, Fax 46 91 33 40, – rest . AE GB
fermé 20 déc. au 30 janv., lundi (sauf le soir du 1er juil. au 15 sept.) et dim. soir du 15 sept. au 1er juil – **R** 160/320 et carte 280 à 420 – 55 – **22 ch** 230/420
Spéc. Homard sauté à l'ail et au persil. Lamproie au vin de Bordeaux. Escalopes de foie gras de canard poêlées à l'aigre-doux.

Bordeaux, 1 r. Gambetta ✆ 46 91 31 12, Fax 46 91 22 25, – . GB
fermé nov. – **Repas** *(fermé sam. midi et dim. d'oct. à mai)* 80/180 – 30 – **15 ch** 190/250 – ½ P 225.

à Pérignac NE : 8 km par rte de Cognac – ✉ 17800 :

La Gourmandière, ✆ 46 96 36 01, , – GB
fermé vacances de fév., dim. soir hors sais. et lundi – **R** 100/240, enf. 60.

à Mosnac S : 11 km par rte Bordeaux et D 134 – ✉ **17240** :

Moulin de Marcouze (Bouchet) M, ☎ 46 70 46 16, Fax 46 70 48 14, parc, « Élégante hostellerie au bord de la Seugne », – TV ☎ & P. GB JCB
fermé 15 au 30 nov., fév., merc. midi et mardi du 15 sept. au 15 juin sauf fêtes – **R** 195/420 et carte 340 à 460 – 75 – **10 ch** 530/1100 – ½ P 710/760
Spéc. Tarte aux pommes de terre, saumon fumé et crème au caviar. Gigot d'agneau de sept heures à la cuillère. Pêche glacée sur granité de Champagne.

à St-Léger NO : 5 km par N 137 et D 249 – ✉ **17800** :

Le Rustica avec ch, ☎ 46 96 91 75 – P. GB
fermé 11 au 24 oct., 15 au 28 fév., mardi soir et merc. du 15 sept. au 15 juin – **R** 70/280, enf. 40 – 26 – **7 ch** 120/140 – ½ P 195.

PEUGEOT, TALBOT Relais de Saintonge, 7 cours Alsace-Lorraine ☎ 46 91 32 47

RENAULT Menet, 3 r. G. Clemenceau ☎ 46 91 26 30

PONTACQ 64530 Pyr.-Atl. 85 ⑦ – 2 683 h alt. 365.

Paris 792 – Pau 28 – Laruns 46 – Lourdes 14 – Nay 13 – Oloron-Ste-Marie 50 – Tarbes 19.

Béarn Bigorre, S : 2 km rte Lourdes ✉ 65380 Ossun ☎ 59 53 57 55, – P. GB
Pâques-mi-oct. – **R** 75/120, enf. 50 – 29 – **18 ch** 170/260 – ½ P 180/225.

RENAULT Gar. Pujo ☎ 59 53 50 57 N

PONT-A-MOUSSON 54700 M.-et-M. 57 ⑬ G. Alsace Lorraine (plan) – 14 645 h alt. 181.

Voir Place Duroc★ – Anc. abbaye des Prémontrés★.

Syndicat d'Initiative 52 pl. Duroc ☎ 83 81 06 90.

Paris 327 – ♦Metz 27 – ♦Nancy 27 – Toul 48 – Verdun 65.

Bagatelle M, 47 r. Gambetta ☎ 83 81 03 64, Fax 83 81 12 63, – TV ☎ P. AE ⓓ GB JCB
R *(fermé 25 déc. au 5 janv., sam. midi et dim.)* 90/250, enf. 45 – 40 – **18 ch** 290/400.

Relais de la Poste, 42 bis r. V. Hugo ☎ 83 81 01 16 – TV ☎. GB
R *(fermé août, sam. midi et dim. soir)* 95/245, enf. 50 – 28 – **18 ch** 220/260 – ½ P 290.

Le Horne, 37 pl. Duroc (1er étage) ☎ 83 81 04 50 – AE GB
fermé lundi soir – **R** 60/160, enf. 40.

à Blénod-lès-Pont-à-Mousson S : 2 km par N 57 – 4 768 h. – ✉ **54700** :

Aub. des Thomas, 100 av. V. Claude ☎ 83 81 07 72, – AE ⓓ GB
fermé 2 au 23 août, vacances de fév., merc. soir, dim. soir et lundi – **R** (nombre de couverts limité, prévenir) 135/250, enf. 75.

CITROEN Europ Auto RM, av. des États-Unis ☎ 83 81 01 31
PEUGEOT-TALBOT Gar. André, r. Pont-Mouja, Blénod ☎ 83 81 01 08

Pneu Cella-Dimoff, 111 r. R.-Blum ☎ 83 81 15 35

PONTARION 23250 Creuse 72 ⑨ G. Berry Limousin – 350 h alt. 443.

Paris 379 – Limoges 57 – Aubusson 29 – Bourganeuf 10 – Guéret 24 – Montluçon 78.

Rôtisserie du Thaurion, ☎ 55 64 50 78, – P. AE ⓓ GB JCB.
1er mars-15 nov. et fermé dim. soir et lundi de sept. à mai – **R** 75/220 – 28 – **14 ch** 90/230 – ½ P 190/220.

PONTARLIER SP 25300 Doubs 70 ⑥ G. Jura – 18 104 h alt. 837.

Voir Vitraux modernes★ de l'église St-Bénigne B – Les Rosiers ≤★★ 2 km par ② – Cluse★★ de Pontarlier 4 km par ② – Château de Joux★ 4 km par ②.

Env. Grand Taureau ※★★ par ② : 11 km.

Office de Tourisme 56 r. République ☎ 81 46 48 33.

Paris 467 ③ – ♦Besançon 58 ④ – ♦Basel 153 ① – Beaune 167 ③ – Belfort 127 ④ – Dole 88 ③ – ♦Genève 119 ② – Lausanne 70 ② – Lons-le-Saunier 77 ③ – Neuchâtel 53 ②.

Plan page suivante

Parc sans rest, 1 r. Moulin Parnet ☎ 81 46 85 92 – TV ☎ P. AE ⓓ GB — A s
30 – **18 ch** 150/320.

Commerce, 18 r. Dr Grenier ☎ 81 39 04 09, Fax 81 46 71 48 – TV ☎ P. AE GB — A u
fermé vend. soir et sam. du 12 nov. au 15 avril sauf vacances scolaires – **R** 74/200, enf. 45 – 45 – **30 ch** 220/360 – ½ P 255/305.

Campanile, par ③ : 1 km ☎ 81 46 66 66, Télex 361835, Fax 81 39 51 56, – TV ☎ & P – 30. AE GB
R 80 bc/102 bc, enf. 39 – 29 – **48 ch** 268.

Villages H., par ③ : 1 km ☎ 81 46 71 78, Fax 81 46 67 37 – TV ☎ & P – 60. AE ⓓ GB
R 65/150, enf. 45 – 30 – **52 ch** 220/250 – ½ P 215/240.

PONTARLIER

République (R. de la) .. **AB**
St-Étienne (R. du Fg) .... **B**
St-Pierre (Pl.) .... **A**
Ste-Anne (R.) .... **AB** 35

Arçon (Pl. d') .... **A** 2
Augustins (R. des) ...... **B** 3
Bernardines (Pl. des) .. **AB** 4
Bernardines (R. des) .... **B** 6
Capucins (R. des) .... **A** 7
Crétin (Pl.) .... **B** 8
Ecorces (R. des) .... **A** 12
Gambetta (R.) .... **B** 13
Halle (R. de la) .... **A** 15
Lattre-de-Tassigny (Pl. Mar.) .... **B** 19
Mathez (R. Jules) .... **B** 26
Mirabeau (R.) .... **B** 27
Moulin Parnet (R. du) ... **A** 29
Pagnier (Pl. J.) .... **B** 30
Parc (R. du) .... **A** 31
Salengro (Pl. R.) .... **A** 36
Tissot (R.) .... **AB** 37
Vanolles (R. de) .... **B** 38
Vieux-Château (R. du) ... **A** 39
Villingen-Schwenningen (Pl. de) **A** 40

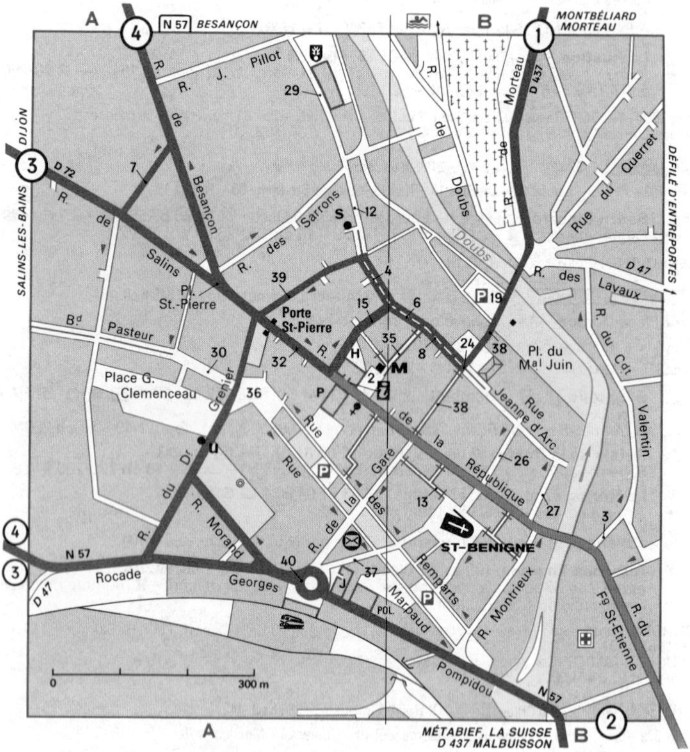

XX **La Gourmandine,** 1 av. Armee de l'Est ✆ 81 46 65 89 – GB
fermé 1er au 15 juil. et merc. – **R** 100/300, enf. 40.

CITROEN SERA, 8 r. Donnet Zedel par ③ ✆ 81 46 54 77
FIAT Gar. Dornier, 55 r. Salins ✆ 81 39 09 85
FORD Gar. Roussillon, 115 rte de Besançon ✆ 81 39 11 68
OPEL, GM Gar. Belle-Rive, 78 r. de Besançon ✆ 81 39 14 42
PEUGEOT, TALBOT Gar. Beau-Site, 29 av. Armée-de-l'Est par ② ✆ 81 39 23 95 N
RENAULT Gar. Deffeuille, r. Fée-Verte ZI par ③ ✆ 81 46 56 55 N ✆ 81 46 91 75
TOYOTA Graber, 73 r. de Besançon ✆ 81 39 17 80

La Maison du Pneu, 3 et 8 bis r. des Lavaux ✆ 81 39 19 01
Pneu Pontissalien, 35 r. Eiffel ✆ 81 39 33 87

PONTAUBAULT **50220** Manche 59 ⑧ – 492 h alt. 31.

Paris 349 – St-Malo 58 – Avranches 8,5 – Dol-de-Bretagne 35 – Fougères 35 – ◆Rennes 68 – St-Lô 67.

13 Assiettes, N : 1 km sur N 176 ✆ 33 58 14 03, Télex 772173, Fax 33 68 28 41, – TV ☎ P. AE GB
fermé 2 janv. au 15 mars – **R** 79/300, enf. 42 – ☐ 30 – **34 ch** 210/300 – ½ P 200/290.

rte de Pontorson O : 2,5 km sur N 175 – ✉ **50220** Céaux :

Relais du Mont, ✆ 33 70 92 55, Télex 772425, Fax 33 70 94 57, – TV ☎ ♿ P – 50. GB
R 75/170, enf. 42 – ☐ 35 – **28 ch** 250/350 – ½ P 230/260.

à Céaux O : 4 km sur D 43 – ✉ **50220** :

Au P'tit Quinquin, ✆ 33 70 97 20 – TV ☎ P. GB
1er mars-11 nov. et fermé dim. soir et lundi hors sais. – **R** 68/165 ♁, enf. 40 – ☕ 28 – **20 ch** 140/240 – ½ P 190/230.

PONTAUBERT 89 Yonne 65 ⑯ – rattaché à Avallon.

PONT-AUDEMER 27500 Eure 55 ④ G. Normandie Vallée de la Seine – 8 975 h alt. 9.

Voir Vitraux★ de l'église St-Ouen.

Office de Tourisme pl. Maubert ✆ 32 41 08 21.

Paris 168 ① – ◆Rouen 50 ① – ◆Caen 74 ⑤ – Évreux 68 ② – ◆Le Havre 48 ① – Lisieux 35 ④.

PONT-AUDEMER

Clemencin (R. Paul) . . . 5
Gambetta (R.) . . . 13
Jaurès (R. Jean) . . . 18
République (R. de la) . . . 27
Thiers (R.) . . . 32
Victor-Hugo (Pl.) . . . 35

Canel (R. Alfred) . . . 2
Carmélites (R. des) . . . 3
Cordeliers (R. des) . . . 6
Delaquaize (R. S.) . . . 7
Déportés (R. des) . . . 8
Épée (Impasse de l') . . . 9
Félix-Faure (Quai)
Ferry (R. Jules)
Gaulle (Pl. Général de) . . . 14
Gilain (Pl. Louis) . . . 16
Goulley (Pl. J.)
Joffre (R. Mar.) . . . 20
Kennedy (Pl.)
Leblanc (Quai R.) . . . 21
Maquis-Surcouf (R.) . . . 22
Maubert (Pl.) . . . 23
N.-D. du Pré (R.)
Pasteur (Bd)
Pot-d'Étain (Pl. du) . . . 25
Président-Coty (R. du) . . . 26
Président-Pompidou (Av. du)
Sadi-Carnot (R.)
St-Ouen (Impasse) . . . 29
Seule (Rue de la) . . . 30
Verdun (Pl. de) . . . 34

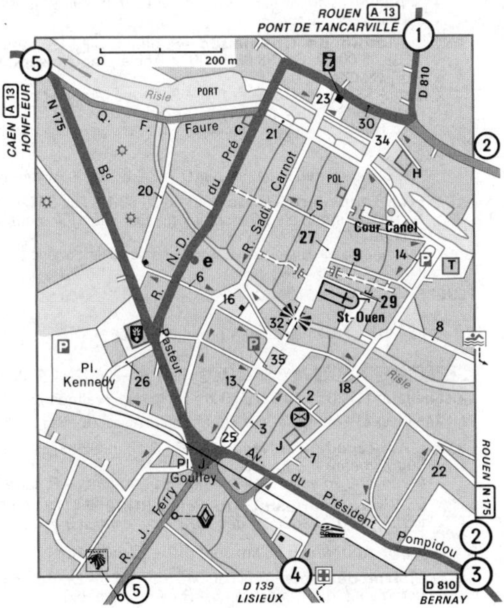

Les plans de villes sont orientés le Nord en haut.

Belle Isle sur Risle ⛰, 112 rte Rouen ✆ 32 56 96 22, Télex 306022, Fax 32 42 88 96, « Sur une île, parc », ⛰, ⛱, 🎾 – ⇆ ch TV ☎ P. AE ⓓ GB JCB
R 290/560 bc – ☕ 68 – **17 ch** 575/1250 – ½ P 690/1100.

Aub. du Vieux Puits ⛰ avec ch, 6 r. N.-D.-du-Pré **(e)** ✆ 32 41 01 48, « Maison normande ancienne, bel intérieur rustique, jardin » – TV ☎ P. GB. ✂ ch
fermé 20 déc. au 27 janv., lundi soir et mardi hors sais. – **R** 280 – ☕ 38 – **12 ch** 240/390.

à Campigny par ③ et D 29 : 6 km – ✉ **27500** :

Le Petit Coq aux Champs ⛰, ✆ 32 41 04 19, Fax 32 56 06 25, ⛱, parc, « Chaumière normande dans la campagne », ⛱ – ☎ P. AE ⓓ GB JCB
fermé 3 au 20 janv. – **R** 190/300, enf. 90 – ☕ 50 – **11 ch** 500/800 – ½ P 625/675.

CITROEN Gar. Roulin, Z.I. r. Gén.-Koening par ② ✆ 32 41 01 56
CITROEN M. Testu Jean-Claude à Lieurey ✆ 32 57 93 47
FIAT Vacher, 16 r. Maquis-Surcouf ✆ 32 41 03 04
FORD Service Auto, 20 rte de Honfleur à St-Germain-Village ✆ 32 41 05 48
NISSAN Gar. Hartog, 7 pl. L.-Gillain ✆ 32 41 04 16
OPEL Gar. des Deux Ponts, 22 r. Notre-Dame-du-Pré ✆ 32 41 00 13
PEUGEOT Delamare, ZI Rocade Sud ✆ 32 41 00 47
RENAULT Sovère, rte d'Honfleur à St-Germain-Village par r. J.-Ferry ✆ 32 41 31 64 N ✆ 32 43 81 45
RENAULT V.A.S., 13 r. J.-Ferry ✆ 32 41 11 98 N
RENAULT M. Lidor Marceau, rte de Cormeilles à Lieurey ✆ 32 57 90 67
RENAULT Gar. Deschamps, rte de Bernay à Lieurey par ③ ✆ 32 57 91 77 N
V.A.G Durfort, 10 rte de Rouen ✆ 32 41 01 57

Marsat Pneus, rte de Bernay à St-Germain-Village ✆ 32 42 15 46
Stat. La Risle, 67 rte de Rouen ✆ 32 41 14 11
Subé-Pneurama, r. Fossés ✆ 32 41 14 89

PONTAULT-COMBAULT 77 S.-et-M. 61 ② ⑩, 101 ㉙ – voir à Paris, Environs.

PONTAUMUR **63380** P.-de-D. 73 ⑬ – 859 h alt. 538.

Paris 399 – ◆Clermont-Ferrand 42 – Aubusson 46 – Le Mont-Dore 55 – Montluçon 66 – Ussel 62.

Poste, ✆ 73 79 90 15, Fax 73 79 73 17 – TV ☎ – 25. GB. ch
fermé 15 déc. au 1er fév., dim. soir et lundi sauf juil.-août – **Repas** 85/240 – 32 – **15 ch** 190/260 – ½ P 180/210.

PEUGEOT Thiallier-Comes ✆ 73 79 90 02

PONT-AVEN **29930** Finistère 58 ⑪ ⑯ **G. Bretagne** – 3 031 h alt. 30.

Voir Promenade au Bois d'Amour★.

Office de Tourisme pl. Hôtel de Ville ✆ 98 06 04 70.

Paris 529 – Quimper 34 – Carhaix-Plouguer 61 – Concarneau 15 – Quimperlé 17 – Rosporden 14.

Ajoncs d'Or, pl. Hôtel de Ville ✆ 98 06 02 06, Fax 98 06 18 91 – TV ☎. GB. ch
R *(fermé 1er au 20 déc., 3 au 20 janv., dim. soir et lundi)* 105/385, enf. 50 – 42 – **24 ch** 260/345 – ½ P 275/290.

XXX ✪ **Moulin de Rosmadec** (Sébilleau) M avec ch, **près pont centre ville** ✆ **98 06 00 22, Fax 98 06 18 00, « Ancien moulin sur l'Aven, décor et mobilier bretons »** – TV ☎. GB
fermé 18 oct. au 5 nov. et fév. – **R** *(fermé dim. soir du 5 sept. au 20 juin et merc.)* (nombre de couverts limité - prévenir) 160/295 et carte 290 à 380 – 40 – **4 ch** 400/470
Spéc. Homard breton grillé "Rosmadec". Saint-Pierre grillé aux artichauts. Croquant de fraises et framboises (avril à oct.).

rte Concarneau O : 4 km par D 783 – ✉ **29930** Pont-Aven :

XXX ✪ **La Taupinière** (Guilloux), ✆ 98 06 03 12, Fax 98 06 16 46, – P. AE GB.
fermé 20 sept. au 20 oct., lundi soir sauf juil.-août et mardi – **R** (prévenir) 260/480 et carte 270 à 400
Spéc. Croustillant de semoule et langoustines. Joues de morue fricassées aux dés de légumes. Croûtes de melon poêlées, sorbet melon (juil. à sept.).

PEUGEOT-TALBOT Quénéhervé, à Croissant-Kergoz ✆ 98 06 03 11

Repas 100/130   Pasti accurati a prezzi contenuti.

PONTCHARTRAIN **78** Yvelines 60 ⑨ 106 ⑯ – alt. 112 – ✉ **78760** Jouars-Pontchartrain.

18 Isabella ✆ (1) 30 54 10 62, E : 3 km ; 9 18 des Yvelines ✆ (1) 34 86 48 89, O par N 12 : 13,5 km.

Paris 37 – Dreux 43 – Mantes-la-Jolie 29 – Montfort-l'Amaury 9 – Rambouillet 23 – Versailles 17.

XXX **L'Aubergade,** rte Nationale ✆ (1) 34 89 02 63, Fax (1) 34 89 85 72, , « Beau jardin fleuri, volière » – P. GB
fermé 2 au 25 août, dim. soir hors sais. et lundi – **R** carte 250 à 340.

XX **Le Bistro Gourmand,** 7 rte Pontel RN 12 ✆ (1) 34 89 25 36 – GB
fermé 1er au 24 août, 24 déc. au 3 janv., dim. soir et lundi – **R** 140/185.

à Ste-Appoline E : 3 km sur N 12 – ✉ **78370** Plaisir :

XXX **Maison des Bois,** ✆ (1) 30 54 23 17, , « Demeure rustique, jardin » – P. AE GB
fermé août, dim. soir et jeudi – **R** carte 215 à 380.

au SE : 5 km par D 13 et D 25 – ✉ **78760** Jouars-Pontchartrain :

XX **Aub. d'Ergal,** 2 r. Chambord ✆ (1) 34 89 87 87, Fax (1) 34 89 55 65, , – P. GB
fermé 22 août au 12 sept., dim. soir et lundi – **R** 130/190, enf. 110.

CITROEN Palazzi, 24 rte de Paris ✆ (1) 34 89 02 68

PONT-DE-BARRET **26160** Drôme 77 ⑫ – 453 h alt. 246.

Paris 610 – Valence 47 – Crest 18 – ◆Grenoble 128 – Montélimar 25.

Savena, ✆ 75 90 17 77, – ☎ P. GB
R *(fermé lundi soir et mardi soir)* 60/145 , enf. 37 – 35 – **7 ch** 140/180 – ½ P 180.

Le PONT-DE-BEAUVOISIN **38480** Isère 74 ⑭ ⑮ **G. Alpes du Nord** – 2 369 h alt. 230.

Paris 525 – ◆Grenoble 57 – Chambéry 36 – Bourg-en-Bresse 94 – ◆Lyon 74 – La Tour-du-Pin 19.

Morris, SE : 2 km par D 82 ✆ 76 37 02 05, – P. GB
fermé 15 déc. au 1er fév. et dim. soir hors sais. – **R** 110/250 – 32 – **20 ch** 170/320 – ½ P 210/310.

AUSTIN-ROVER, **LADA, SKODA** Gar. Termoz ✆ 76 37 05 60 N ✆ 76 37 21 04
CITROEN Chaboud ✆ 76 37 03 10 N
FORD Angelin-Autom. ✆ 76 37 25 49 N
PEUGEOT-TALBOT Cloppet ✆ 76 37 25 63
RENAULT Autos Isère ✆ 76 37 04 18
Prieur Pneus ✆ 76 37 34 38

PONT-DE-BRAYE **72** Sarthe 64 ⑤ – rattaché à Bessé-sur-Braye.

PONT-DE-BRIQUES **62** P.-de-C. 51 ⑪ – rattaché à Boulogne-sur-Mer.

PONT-DE-CHAZEY-VILLIEU **01** Ain 74 ③ – rattaché à Meximieux.

PONT-DE-CHERUY **38230** Isère 74 ⑬ – 4 700 h alt. 220.

Paris 488 – ♦Lyon 36 – Belley 55 – Bourgoin-Jallieu 27 – ♦Grenoble 91 – Meximieux 22 – Vienne 42.

Bergeron sans rest, près Église ✆ 78 32 10 08, Fax 78 32 11 70, – ☎
fermé 15 au 31 août – ☕ 25 – **16 ch** 120/200.

Gar. Roudinsky, r. de la Lechère à Tignieu ✆ 78 32 22 21

Relais Pneus, 2 ZA des 4 buissons à Tignieu ✆ 72 02 93 76

PONT-DE-DORE **63** P.-de-D. 73 ⑮ – rattaché à Thiers.

PONT-DE-L'ARCHE **27340** Eure 55 ⑥ **G. Normandie Vallée de la Seine** – 3 022 h alt. 24.

Paris 118 – ♦Rouen 18 – Les Andelys 27 – Elbeuf 12 – Évreux 34 – Gournay-en-Bray 54 – Louviers 11,5.

XX **La Pomme, aux Damps** 1,5 km au bord de l'Eure ✆ 35 23 00 46, , – ℗. GB
fermé 8 au 23 mars, 2 au 24 août, mardi soir, dim. soir et merc. – **R** 115/185, enf. 60.

PONT-DE-L'ISÈRE **26** Drôme 77 ② – rattaché à Valence.

PONT-DE-MENAT **63** P.-de-D. 73 ③ – ✉ **63560** Menat.

Voir Gorges de la Sioule★★ N et S, **G. Auvergne.**

Paris 373 – ♦Clermont-Ferrand 49 – Aubusson 82 – Gannat 29 – Montlucon 39 – Riom 34 – St-Pourçain-sur-Sioule 48.

XX **Aub. Maître Henri** avec ch, ✆ 73 85 50 20, – ℗. GB
fermé 12 au 21 juin et merc. d'oct. à fin avril – **R** 75/200 – ☕ 30 – **10 ch** 120/200 – ½ P 200.

Gorges de Chouvigny★★ NE par D 915 **G. Auvergne** – ✉ **63560** Menat.

Voir Site★ du château de Chouvigny.

XX **Vindrié** , à 2 km ✆ 73 85 51 48, Fax 73 85 55 24, ≤, , – ℗. AE ⓓ GB
fermé janv., mardi soir et merc. de déc. à mars – **R** 69/270, enf. 58.

X **Gorges de Chouvigny** avec ch, à 7 km ✉ 03450 Ébreuil ✆ 70 90 42 11, ≤, – ☎ ♿ ℗. GB
fermé vacances de Noël au 1er mars, mardi soir et merc. du 15 sept. au 1er mai – **Repas** 90/180 , enf. 45 – ☕ 25 – **7 ch** 190/200 – ½ P 260.

Repas 100/130 Verzorgde maaltijden voor redelijke prijzen.

Le PONT-DE-PACÉ **35** I.-et-V. 59 ⑯ – rattaché à Rennes.

PONT-DE-PANY **21410** Côte d'Or 66 ⑪ – alt. 290.

Paris 293 – ♦Dijon 20 – Avallon 86 – Beaune 36 – Saulieu 55.

XX **Pont de Pany,** ✆ 80 23 60 59, Fax 80 23 68 90, – ℗. AE ⓓ GB
fermé janv. à mi-fév., dim. soir hors sais. et lundi – **R** 95/230 , enf. 50.

PONT-DE-POITTE **39130** Jura 70 ⑭ **G. Jura** – 638 h alt. 439.

Paris 410 – Champagnole 34 – ♦Genève 91 – Lons-le-Saunier 17.

XX **Ain** avec ch, ✆ 84 48 30 16 – ▤ rest TV ☎. GB
fermé janv., dim. soir (sauf juil.-août) et lundi – **Repas** 100/300 – ☕ 32 – **10 ch** 200/300 – ½ P 210/260.

PONT-DE-SALARS **12290** Aveyron 80 ③ – 1 422 h alt. 690.

Paris 642 – Rodez 23 – Albi 87 – Millau 46 – St-Affrique 56 – Villefranche-de-Rouergue 69.

Voyageurs, ✆ 65 46 82 08, Fax 65 46 89 99 – ch ▤ rest TV ☎ ℗. AE GB JCB
fermé fév., dim. soir et lundi d'oct. à mai – **Repas** 80 bc/230 , enf. 50 – ☕ 28 – **30 ch** 210/300 – ½ P 300.

RENAULT Capoulade ✆ 65 46 83 16 N

PONT-DE-SUMÈNE **43** H.-Loire 76 ⑦ – rattaché au Puy-en-Velay.

PONT-DE-VAUX **01190** Ain 70 ⑫ – 1 913 h alt. 177.

Paris 382 – Mâcon 20 – Bourg-en-Bresse 39 – Lons-le-Saunier 59 – St-Amour 33 – Tournus 20.

XXX **Commerce** avec ch, ✆ 85 30 30 56 – ☎ . AE ⓓ GB JCB
fermé 8 au 24 juin, 23 nov. au 23 déc., mardi et merc. du 2 sept. au 29 juin – **R** 85/195 , enf. 85 – ☕ 43 – **10 ch** 180/298 – ½ P 270/310.

XX ✿ **Le Raisin** (Chazot) avec ch, ✆ 85 30 30 97, Fax 85 30 67 89 – ▤ rest TV ☎ . AE ⓓ GB. ch
fermé 18 au 22 oct., 3 janv. au 5 fév., dim. soir et lundi sauf fériés – **R** 95/295 et carte 175 à 295 – ☕ 33 – **8 ch** 220/300
Spéc. Grenouilles fraîches à la "Maître d'Hôtel". Crêpes Parmentier. Poulet de Bresse aux morilles et à la crème. **Vins** Mâcon-Uchizy, Brouilly.

CITROEN Grospellier ✆ 85 30 31 13 N

PONT-D'HÉRAULT **30** Gard 80 ⑯ – rattaché au Vigan.

PONT-D'OUILLY 14690 Calvados 55 ⑪ G. Normandie Cotentin – 1 002 h alt. 81.

Voir Roche d'Oëtre** S : 6,5 km.

Paris 274 – ◆ Caen 41 – Briouze 24 – Falaise 18 – Flers 20 – Villers-Bocage 36 – Vire 38.

Commerce, ✆ 31 69 80 16, – . ch
fermé 2 janv. au 3 fév., dim. soir et lundi du 1er sept. au 30 juin – **R** 60/160 – 25 – **16 ch** 160/260 – ½ P 220/250.

à St-Christophe N : 2 km par D 23 – ✉ **14690** Pont d'Ouilly :

Aub. St-Christophe avec ch, ✆ 31 69 81 23, – . AE GB
fermé vacances de nov., de fév., dim. soir et lundi – **R** 88/230, enf. 52 – 40 – **7 ch** 250 – ½ P 260.

PONT-DU-BOUCHET 63 P.-de-D. 73 ③ – ✉ **63380** Pontaumur.

Env. Méandre de Queuille** NE : 11,5 km puis 15 mn, G. Auvergne.

Paris 391 – ◆ Clermont-Ferrand 40 – Pontaumur 12 – Riom 36 – St-Gervais-d'Auvergne 19.

La Crémaillère , ✆ 73 86 80 07, ≤, , « Jardin » – . GB.
fermé 15 déc. au 15 janv., vend. soir et sam. midi hors sais. – **R** 68/195 – 27 – **16 ch** 200/270 – ½ P 177/219.

PONT-DU-CHAMBON 19 Corrèze 75 ⑩ – rattaché à Marcillac-la-Croisille.

PONT-DU-DOGNON 87 H.-Vienne 72 ⑧ G. Berry Limousin – alt. 290 – ✉ **87400** Le Châtelet-en-Dognon.

Paris 395 – ◆ Limoges 31 – Bellac 51 – Bourganeuf 27 – La Jonchère-St-Maurice 8,5 – La Souterraine 42.

Chalet du Lac , ✆ 55 57 10 53, Fax 55 57 11 46, ≤ lac, , – – 50. AE GB
R *(fermé dim. soir sauf juil.-août)* 90/230 – 30 – **16 ch** 250/350 – ½ P 250.

Rallye , ✉ 87340 St-Laurent-les-Églises ✆ 55 56 56 11, Fax 55 56 50 67, ≤ lac – – 30. GB. rest
Pâques-15 oct. et fermé mardi midi et lundi hors sais. – **R** (prévenir) 100/200, enf. 55 – 35 – **18 ch** 190/280 – ½ P 190/250.

PONT-DU-GARD 30 Gard 80 ⑲ G. Provence – alt. 27 – ✉ **30210** Remoulins.

Voir Pont-aqueduc romain***.

Maison du Tourisme (saison) ✆ 66 37 00 02.

Paris 693 – Avignon 26 – Alès 48 – Arles 39 – Nîmes 23 – Orange 37 – Pont-St-Esprit 42 – Uzès 14.

Vieux Moulin , rive gauche ✆ 66 37 14 35, Fax 66 37 26 48, ≤ Pont du Gard, – – 30. AE GB
15 mars-15 nov. – **R** 180/220, enf. 65 – 60 – **14 ch** 275/545 – ½ P 368/478.

Le Colombier , E : 0,8 km par D 981 (rive droite) ✆ 66 37 05 28, Fax 66 37 35 75, , – . AE GB
R 87/250, enf. 50 – 30 – **10 ch** 200/275 – ½ P 225/250.

au NO : 4 km sur D 981 – ✉ **30210** Vers-Pont-du-Gard :

La Bégude St Pierre M, ✆ 66 22 10 10, Fax 66 22 73 73, , , – – 50. AE GB
R 200/350 – 60 – **27 ch** 505/1050 – ½ P 815/1250.

à Castillon-du-Gard NE : 4 km par D 19 et D 228 – ✉ **30210** :

Le Vieux Castillon M , ✆ 66 37 00 77, Télex 490946, Fax 66 37 28 17, , patio, « Au coeur d'un village médiéval », – – 30 à 60. GB
fermé début janv. à début mars – **R** 260/360 et carte 330 à 450 – 75 – **33 ch** 600/1250 – ½ P 695/1020
Spéc. Mignardises de brandade de morue au pistou. Filet d'agneau de lait rôti au jus d'olives. Tarte au chocolat. **Vins** Côtes du Rhône blanc et rouge.

Serge Lanoix, ✆ 66 37 05 04, Fax 66 37 25 94 – . AE GB
fermé 2 au 12 nov., 4 janv. au 4 fév., merc. midi et mardi de fin sept. à fin juin – **R** (nombre de couverts limité, prévenir) 195/380, enf. 85.

à Collias O : 7 km par D 981 et D 112 – ✉ **30210** Remoulins :

Host. Le Castellas , Grand'rue ✆ 66 22 88 88, Fax 66 22 84 28, , « Décor original dans une ancienne demeure gardoise », , – . AE GB
fermé 6 janv. au 6 mars – **R** 165/360, enf. 85 – 60 – **14 ch** 440/590 – ½ P 555/745.

PONT-DU-LOUP 06 Alpes-Mar. 84 ⑨ 115 ㉔ – alt. 300 – ✉ **06490** Tourrette-sur-Loup.

Voir N : Gorges du Loup** – Cascade de Courmes* N : 3 km, G. Côte d'Azur.

Paris 922 – Antibes 26 – La Colle-sur-Loup 12 – Coursegoules 19 – Grasse 12 – ◆Nice 28 – Vence 13.

PONTEMPEYRAT 43 H.-Loire 76 ⑦ – alt. 750 – ✉ **43500** Craponne-sur-Arzon.

Paris 526 – Le Puy-en-Velay 43 – Ambert 39 – Montbrison 49 – ◆St-Étienne 55 – Yssingeaux 41.

Mistou , ✆ 77 50 62 46, Fax 77 50 66 70, « Parc au bord de l'Ance » – – 40. AE GB. rest
10 avril-1er nov. – **R** *(fermé le midi sauf juil.-août, week-ends et fériés)* 135/290, enf. 70 – 40 – **28 ch** 275/420 – ½ P 305/440.

PONT-EN-ROYANS **38680** Isère 77 ③ **G. Alpes du Nord** (plan) – 879 h alt. 208.
Voir Site★ – Petits Goulets★ SE : 2 km – E : Gorges de la Bourne★★★.
Env. Grottes de Chorance★ : grotte de Coufin★★ E : 11 km puis 30 mn.
Paris 589 – ◆Grenoble 62 – Valence 43 – Die 58 – St-Marcellin 14 – Villard-de-Lans 24.

Le PONTET **84** Vaucluse 81 ⑫ – rattaché à Avignon.

PONT-ÉVÊQUE **38** Isère 74 ⑫ – rattaché à Vienne.

PONT-FARCY **14380** Calvados 59 ⑨ – 487 h alt. 66.
Paris 301 – St-Lô 25 – ◆Caen 60 – Villedieu-les-Poêles 17 – Villers-Bocage 34 – Vire 18.

Coq Hardi, ☎ 31 68 86 03 – GB
fermé mardi soir et merc. sauf juil.-août – **R** 55/110 ♀, enf. 35.

PONTGIBAUD **63230** P.-de-D. 73 ⑬ **G. Auvergne** – 801 h alt. 672.
Paris 437 – ◆Clermont-Ferrand 24 – Aubusson 65 – Le Mont-Dore 40 – Riom 24 – Ussel 69.

Poste, ☎ 73 88 70 02 – ☎ . AE GB
fermé 1er au 15 oct., janv., dim. soir et lundi sauf juil.-août – **R** 70/185 ♀ – ☕ 28 – **10 ch** 150/200 – ½ P 195/220.

à La Courteix E : 4 km sur D 941B – ✉ **63230** :

L'Ours des Roches, rte Clermont ☎ 73 88 92 80, « Décor original » – **P**. AE ⓓ GB
fermé 2 au 21 janv., dim. soir et lundi sauf fériés – **R** 120/360, enf. 95.

PONTHIERRY **77** S.-et-M. 61 ① 106 ㊹ – alt. 60 – ✉ **77310** St-Fargeau-Ponthierry.
Paris 45 – Fontainebleau 18 – Corbeil-Essonnes 11,5 – Étampes 35 – Melun 10,5.

Aub. du Bas Pringy, à Pringy - N 7 ☎ (1) 60 65 57 75, Fax (1) 60 65 48 57, ☂ – **P**. AE ⓓ GB – *fermé août, 20 fév. au 2 mars, lundi soir et mardi sauf fêtes* – **R** 95/220, enf. 52.

Aub. Cheval Blanc, N 7 ☎ (1) 60 65 70 21 – AE GB – *fermé dim. soir* – **R** 152/195.

PEUGEOT-TALBOT Gar. des Bordes, 107 av. de Fontainebleau à St-Fargeau ☎ (1) 60 65 71 13 N ☎ (1) 64 09 99 97

RENAULT Gar. Tractaubat, pl. Gén.-Leclerc ☎ (1) 60 65 70 39

PONTIVY

Nationale (R.)	YZ
Pont (R. du)	Y 28
Anne-de-Bretagne (Pl.)	Y 2
Caïnain (R.)	Z 3
Couvent (Q. du)	Y 4
Dr-Guépin (R. du)	Y 5
Fil (R. du)	Y 6
Friedland (R.)	Y 8
Jaurès (R. Jean)	Z 10
Lamennais (R. J.-M.-de)	Z 13
Le Goff (R.)	Z 16
Lorois (R.)	Y 17
Marengo (R.)	Z 19
Martray (Pl. du)	Y 20
Niémen (Q.)	Y 27
Presbourg (Q.)	Y 32
Viollard (Bd)	Z 33

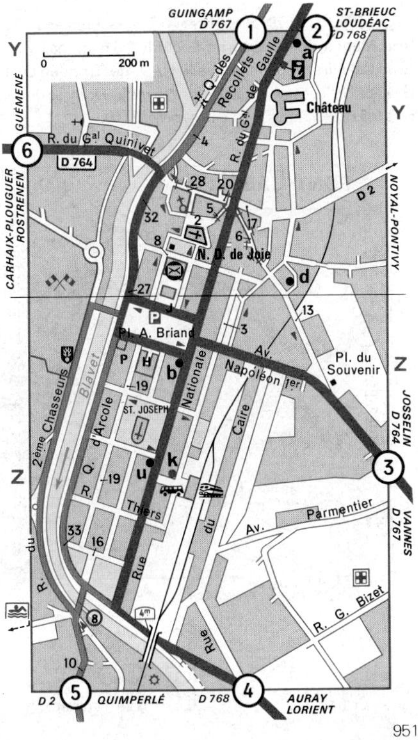

PONTIVY 56300 Morbihan 58 ⑲ **G. Bretagne** – 13 140 h alt. 60.

Voir Maisons anciennes★ (rues du Fil, du Pont, du Dr-Guépin Y) – Stival : vitraux★ de la chapelle St-Mériadec NO : 3,5 km par ⑥.

Maison du Tourisme 61 r. Gén.-de-Gaulle ✆ 97 25 04 10.

Paris 458 ② – Vannes 54 ③ – Concarneau 85 ⑤ – Lorient 56 ④ – ♦Rennes 106 ② – St-Brieuc 57 ②.

Plan page précédente

Rohan M sans rest, 90 r. Nationale ✆ 97 25 02 01, Fax 97 25 02 85 – TV ☎ ♿ P – 30. AE ⓓ GB — Z u
fermé dim. d'oct. à avril – ☕ 40 – **18 ch** 295/500.

Europe, 14 pl. A. Briand ✆ 97 25 11 14, Fax 97 25 48 04, – TV ☎ P. AE ⓓ GB — Z b
R *(fermé Noël-Jour de l'An, sam. et dim. hors sais.)* 70/120 – ☕ 35 – **20 ch** 250/350 – ½ P 270/300.

Porhoët sans rest, 41 r. Gén. de Gaulle ✆ 97 25 34 88, Fax 97 25 57 57 – TV ☎. GB — Y a
☕ 29 – **28 ch** 190/270.

Napoléon sans rest, r. Butte ✆ 97 25 13 58 – ☎. — Y d
fermé fév. et dim. hors sais. – ☕ 21 – **14 ch** 130/170.

Gambetta, pl. Gare ✆ 97 25 53 70 – AE ⓓ GB — Z k
fermé dim. soir et lundi – **R** 90/180, enf. 40.

CITROEN Gar. Laloge J.C., rte de Vannes par ③ ✆ 97 25 30 56
PEUGEOT-TALBOT Gar. Lainé, rte de Lorient par ④ ✆ 97 25 12 19 N ✆ 99 24 16 50
RENAULT Gar. Centre Bretagne, Rte de Guémené par ⑥ ✆ 97 28 50 00 N ✆ 97 28 60 22

Piété, 6 r. de Mun et r. Guynemer ✆ 97 25 02 77
Pontivy Pneus Pneu + Armorique, rte de Lorient par ④ ✆ 97 25 41 70

When looking for a hotel or restaurant use the most efficient method.
Look for the names of towns underlined in red
on the ***Michelin maps*** *scale: 1:200 000.*
But make sure you have an up-to-date map!

PONT-L'ABBÉ 29120 Finistère 58 ⑭ ⑮ **G. Bretagne** – 7 374 h alt. 4.

Voir Manoir de Kerazan-en-Loctudy★ 3,5 km par ②.

Env. Calvaire★★ de la chapelle N.-D.-de-Tronoën O : 8 km.

Office de Tourisme "Château" (fermé matin vacances de Printemps-mai, juin-sept.) ✆ 98 82 37 99.

Paris 568 ① – Quimper 18 ① – Douarnenez 33 ④.

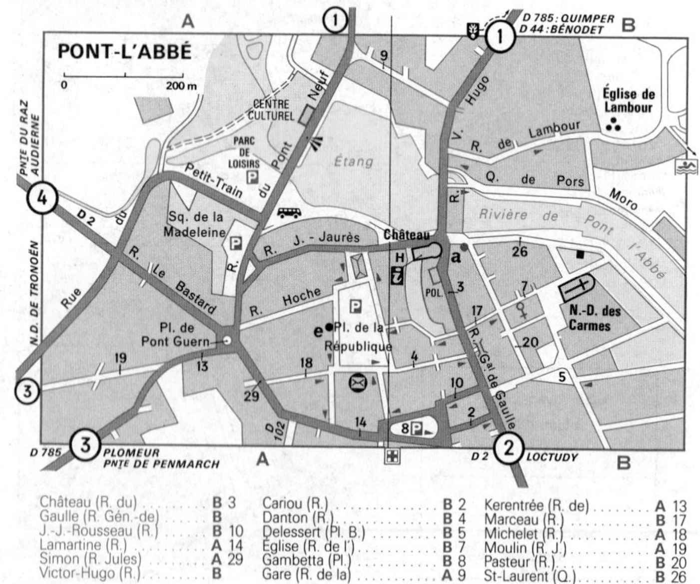

Château (R. du) . . . . B 3
Gaulle (R. Gén.-de) . . . . . . B
J.-J.-Rousseau (R.) . . . . . B 10
Lamartine (R.) . . . . A 14
Simon (R. Jules) . . . . A 29
Victor-Hugo (R.) . . . . B

Cariou (R.) . . . . B 2
Danton (R.) . . . . B 4
Delessert (Pl. B.) . . . . B 5
Église (R. de l') . . . . B 7
Gambetta (Pl.) . . . . B 8
Gare (R. de la) . . . . A 9

Kerentrée (R. de) . . . . A 13
Marceau (R.) . . . . B 17
Michelet (R.) . . . . A 18
Moulin (R. J.) . . . . A 19
Pasteur (R.) . . . . B 20
St-Laurent (Q.) . . . . B 26

Château de Kernuz, par ③ : 3 km ✆ 98 87 01 59, Fax 98 66 02 36, « Château du 15ᵉ siècle dans un parc », – ☎ Ⓟ. GB. rest
1ᵉʳ avril-30 sept. – **R** 150 – 35 – **20 ch** 370/450, 5 appart. – ½ P 360/410.

Bretagne, 24 pl. République ✆ 98 87 17 22, Fax 98 82 39 31 – cuisinette TV ☎. AE GB. ch A e
fermé 15 janv. au 5 fév. – **R** *(fermé lundi hors sais.)* 100/380, enf. 65 – 34 – **18 ch** 220/350 – ½ P 260/320.

Relais de Ty-Boutic, par ③ : 3 km ✆ 98 87 03 90, Fax 98 87 30 63, – Ⓟ. GB
fermé début fév. au 15 mars, lundi en juil.-août, mardi soir et merc. de sept. à juin – **R** 225/300, enf. 55 - **Le Buffet R** 120/150.

Voyageurs, 6 quai St-Laurent ✆ 98 87 00 37 – GB B a
fermé nov., vacances de Noël, dim. soir d'oct. à mars et lundi – **R** 75/140.

CITROEN Gar. Chapalain, rte de Plomeur à Kerouan par ③ ✆ 98 87 16 37
PEUGEOT-TALBOT Gar. Chatalen, rte de Quimper à Kermaria par ① ✆ 98 87 29 08 N ✆ 98 98 90 79
RENAULT Gar. de l'Helgoualc'h à Loctudy ✆ 98 87 53 55

PONT-LES-MOULINS 25 Doubs 66 ⑯ – rattaché à Baume-les-Dames.

PONT-L'ÉVÊQUE 14130 Calvados 55 ③ G. Normandie Vallée de la Seine – 3 843 h alt. 16.

de St-Julien ✆ 31 64 30 30, SE par D 579 : 3 km.

Syndicat d'Initiative à la Mairie ✆ 31 64 12 77.

Paris 195 – ◆Caen 47 – ◆Le Havre 64 – ◆Rouen 77 – Trouville-sur-Mer 11.

Climat de France, Base de loisirs, SE : 2 km par D 48 ✆ 31 64 64 00, Fax 31 64 12 28, – ch TV ☎ & Ⓟ – 70. GB
R 85/125, enf. 38 – 30 – **56 ch** 350.

Aub. de la Touques, pl. Église ✆ 31 64 01 69 – AE GB
fermé 6 au 22 déc., 3 au 27 janv. et merc. – **R** 95/158, enf. 50.

à St-Martin-aux-Chartrains NO : 3,5 km sur N 177 – ✉ 14130 Pont-l'Évêque :

Aub. de la Truite, ✆ 31 65 21 64, Fax 31 65 28 78, , – Ⓟ. AE GB
fermé dim. soir et lundi du 15 sept. à Pâques sauf fériés – **R** 98/280, enf. 50.
Le Bistrot des Chartrains ✆ 31 65 20 36 – **R** 75, enf. 40.

St-André-d'Hébertot rte de Pont-Audemer E : 8 km par N 175 et VO – ✉ 14130 Pont-l'Évêque :

Le Prieuré, ✆ 31 64 03 03, Fax 31 64 16 66, « Prieuré du 13ᵉ siècle », – TV ☎. GB
fermé 15 janv. au 28 fév. et merc. hors sais. – **R** 140/180 dîner à la carte – 42 – **7 ch** 345/620 – ½ P 370/455.

CITROEN Dupuits, 5 r. St-Mélaine ✆ 31 64 01 86
Pont-l'Evêque Pneus, ZI r. P. Gamare ✆ 31 65 00 67

PONT-L'ÉVÊQUE 60 Oise 56 ③ – rattaché à Noyon.

PONTMAIN 53220 Mayenne 59 ⑲ – 935 h.

Paris 324 – Domfront 42 – Fougères 17 – Laval 51 – Mayenne 46.

Aub. de l'Espérance (Centre d'Aide par le Travail), 9 r. Grange ✆ 43 05 08 10, Fax 43 05 03 19, – TV ☎ &. GB. ch
R 50/80, enf. 32 – 22 – **11 ch** 126/201.

PONTOISE 95 Val-d'Oise 55 ⑳, 106 ⑤ ⑥, 101 ② – voir à Cergy-Pontoise.

PONTORSON 50170 Manche 59 ⑦ G. Normandie Cotentin – 4 376 h alt. 18.

Office de Tourisme pl. Église (juin-août) ✆ 33 60 20 65.

Paris 362 – St-Malo 44 – Avranches 22 – Dinan 46 – Fougères 38 – ◆Rennes 57.

Montgomery, r. Couesnon ✆ 33 60 00 09, Télex 171332, Fax 33 60 37 66, , « Maison du 16ᵉ siècle » – ch TV ☎. AE GB
fermé 15 nov. au 10 déc., 3 janv. au 25 mars, mardi midi d'oct. à avril et lundi – **R** 116/207, enf. 64 – 46 – **32 ch** 295/460 – ½ P 287/483.

Bretagne, r. Couesnon ✆ 33 60 10 55 – TV ☎. GB
fermé 15 nov. au 1ᵉʳ déc., 3 au 30 janv., mardi midi et lundi – **R** 130/220, enf. 38 – 30 – **11 ch** 250/380.

Relais Clemenceau, bd Clemenceau ✆ 33 60 10 96, Fax 33 60 25 71 – TV ☎. GB
fermé 16 janv. au 19 fév. et hôtel : fermé dim. soir et lundi du 15 sept. au 15 avril ; rest. : fermé lundi – **R** 58/200, enf. 38 – 28 – **20 ch** 120/250 – ½ P 190/235.

à Brée NE : 5 km sur N 175 – ✉ 50170 Pontorson :

Sillon de Bretagne avec ch, ✆ 33 60 13 04, Fax 33 70 91 75, – TV ☎ Ⓟ. AE GB
fermé 15 janv. au 15 fév., 15 au 30 nov., merc. soir et jeudi d'oct. à mars – **R** 70/200, enf. 39 – 35 – **10 ch** 180/240 – ½ P 225.

NE 9 km par rte d'Avranches et D 466 – ✉ 50170 Macey :

XX **La Pommeraie** avec ch, rte Vergoncey ✆ 33 60 19 37, Fax 33 60 37 81, – **P**. GB
fermé 3 janv. au 15 fév., dim. soir et vend. hors sais. – **R** 75/250, enf. 40 – ☐ 35 – **4 ch** 300/400.

CITROEN Jamin, 14 r. Libération ✆ 33 60 00 29
PEUGEOT-TALBOT Galle-Vettori ✆ 33 60 00 37
RENAULT Gar. Boulaux ✆ 33 60 10 76

PONT-ST-ESPRIT 30130 Gard 80 ⑩ **G. Provence** (plan) – 9 277 h alt. 59.

Office de Tourisme r. Vauban ✆ 66 39 44 45.

Paris 642 – Avignon 45 – Alès 61 – Montélimar 37 – ♦Nîmes 61 – Nyons 45.

St-Jean-Baptiste M sans rest, rte Nîmes ✆ 66 39 33 24, Fax 66 39 10 46, – **P**. AE GB
☐ 43 – **28 ch** 310/420.

PONT-ST-PIERRE 27360 Eure 55 ⑦ **G. Normandie Vallée de la Seine** – 882 h alt. 17.

Voir Boiseries★ de l'église – Côte des Deux-Amants ≤★★ SO : 4,5 km puis 15 mn – Ruines de l'abbaye de Fontaine-Guérard★ NE : 3 km.

Paris 106 – ♦Rouen 21 – Les Andelys 18 – Évreux 45 – Louviers 22 – Pont-de-l'Arche 11.

XXX **Bonne Marmite** avec ch, ✆ 32 49 70 24, Fax 32 48 12 41 – – 25. AE GB. ch
fermé 23 juil. au 13 août, 20 fév. au 11 mars, dim. soir de sept. à mars, sam. midi et vend. – **R** 140/310, enf. 98 – ☐ 42 – **9 ch** 325/420 – ½ P 340/360.

XX **Aub. de l'Andelle,** ✆ 32 49 70 18 – GB
fermé 15 au 31 août, dim. soir, mardi soir et lundi sauf fêtes – **R** 113/174 ♂.

CITROEN Gar. Grandserre, à Neuville-Chant-d'Oisel ✆ 35 79 91 91
Brunel Pneus, Le Petit Nojeon à Fleury-sur-Andelle ✆ 32 49 01 22

Sie finden sich in der Umgebung von Paris nicht zurecht?

Dann benutzen Sie doch die Michelin-Karte *Nr.* 101 *und die* Pläne der Vororte *Nr.* 17-18, 19-20, 21-22, 23-24.

Sie sind übersichtlich, präzise und aktuell.

PONT-STE-MARIE 10 Aube 61 ⑰ – rattaché à Troyes.

Le PORGE 33680 Gironde 78 ① – 1 230 h alt. 20.

Paris 623 – ♦Bordeaux 47 – Andernos-les-Bains 18 – Lacanau-Océan 24 – Lesparre-Médoc 52.

XX **Vieille Auberge,** ✆ 56 26 50 40, « Jardin » – **P**. GB
fermé 6 janv. au 10 fév., mardi soir hors sais. et merc. sauf le soir en sais. – **Repas** 125/280.

PORNIC 44210 Loire-Atl. 67 ① **G. Poitou Vendée Charentes** (plan) – 9 815 h alt. 5 – Casino le Môle.

9 ✆ 40 82 06 69, O : 1 km.

Office de Tourisme quai du Cdt L'Herminier ✆ 40 82 04 40.

Paris 438 – ♦Nantes 49 – La Roche-s-Y. 79 – Les Sables-d'O. 94 – St-Nazaire 29.

Holiday Inn M, plage de la source S : 1 km ✆ 40 82 21 21, Télex 710285, Fax 40 82 80 89, ≤, centre de thalassothérapie, – ch rest **P** – 25 à 80. AE GB
R rest. pour non-fumeurs 165 – ☐ 55 – **90 ch** 485/670 – ½ P 495/560.

Relais St-Gilles, 7 r. F. de Mun ✆ 40 82 02 25 – . GB. rest
hôtel : 1er avril-10 oct. ; rest. : 10 juin-20 sept. – **R** (dîner seul.) 115 – ☐ 32 – **29 ch** 265/330 – ½ P 255/290.

à Ste-Marie O : 3 km – ✉ 44210 Pornic :

Les Sablons M, ✆ 40 82 09 14, Fax 40 82 04 26, – **P**. GB.
R *(fermé dim. soir et lundi du 15 sept. au 15 juin)* 110/260, enf. 53 – ☐ 35 – **30 ch** 300/440 – ½ P 315/350.

CITROEN Gar. du Môle, 26 quai Leray ✆ 40 82 00 08
PEUGEOT-TALBOT Route Bleue Autom., rte Bleue ✆ 40 82 00 26
RENAULT Guitteny, 7 r. Gén.-de-Gaulle ✆ 40 82 01 17
V.A.G Gar. de la Côte de Jade, 21 r. des Champs-Francs Prolongée ZI ✆ 40 82 37 00

PORNICHET 44380 Loire-Atl. 63 ⑭ **G. Bretagne** – 8 133 h alt. 5 – Casino.

Office de Tourisme 3 bd République ✆ 40 61 33 33 et pl. A.-Briand (Pâques-Toussaint) ✆ 40 61 08 92.

Paris 449 – ♦Nantes 72 – La Baule 7 – St-Nazaire 11.

Sud Bretagne M, 42 bd République ✆ 40 11 65 00, Fax 40 61 73 70, « Jolie décoration intérieure », – **P** – 40. AE GB. rest
R 190/450 – ☐ 60 – **27 ch** 450/1200, 3 appart. – ½ P 850.

Charmettes M, 7 av. Flornoy ✆ 40 11 57 00, Télex 710391, Fax 40 61 86 47, – TV ☎ – 25. GB
R 140/280 – ☐ 39 – **21 ch** 520 – ½ P 430.

Ibis M, 66 bd Océanides ✆ 40 61 52 52, Télex 710384, Fax 40 61 74 74 – TV ☎ – 50. AE GB
R 86, enf. 39 – ☐ 38 – **86 ch** 425/490.

PEUGEOT-TALBOT BSA 2 000, voie express de St-Nazaire RP Villes Babin ✆ 40 61 46 40 N ✆ 40 14 78 46

RENAULT Le Cam, 19 bd République ✆ 40 61 04 10

PORQUEROLLES (Ile de) ★★★ 83400 Var 84 ⑯ G. Côte d'Azur.

Accès par transports maritimes.

depuis **La Tour Fondue** (presqu'île de Giens). En 1991 : 30 juin-août, 20 services quotidiens ; hors saison, 5 à 10 services quotidiens - Traversée 20 mn - 62 F (AR). Renseignements : Transports Maritimes et Terrestres du Littoral Varois ✆ 94 58 21 81 (La Tour Fondue).

depuis **Cavalaire.** (traversée : 1 h 15 mn) ou le Lavandou (traversée : 50 mn). En 1992 : 4 services hebdomadaires du 6 avril au 30 sept. (1 quotidien du 11 juil. au 30 août) Renseignements : S.A. Vildor 15 quai Gabriel Péri ✆ 94 71 01 02 (Le Lavandou).

depuis **Toulon.** En 1992 : du 1er avril au 20 sept. 1 à 4 services quotidiens - Traversée 1 h - 80 F (AR) Renseignements : Transmed, 2000 quai Stalingrad ✆ 94 92 96 82 (Toulon).

Aub. des Glycines, ✆ 94 58 30 36, Fax 94 58 35 22, « Cadre provençal » – ch TV ☎. GB. ch
10 avril-15 oct. – **R** carte 200 à 300 – **17 ch** ☐ 700/860 – ½ P 700/900.

Orée du Bois, ✆ 94 58 30 57, Fax 94 58 35 31, – GB
1er mars-30 oct. – **R** 135/295.

à l'Ouest : 3,5 km du port :

Mas du Langoustier, ✆ 94 58 30 09, Fax 94 58 36 02, ≤, parc, « dans un site sauvage dominant le littoral », – TV ☎ – 40. AE GB
1er mai-17 oct. – **R** (pens. seul.) 300/400 et carte 310 à 440 – **53 ch** (pension seul.), 4 appart. – P 796/1305
Spéc. Salade de langoustines rôties au romarin. Pageot grillé à l'aubergine et pommes acidulées. Pigeon fermier en cocotte. **Vins** Côtes de Provence, Porquerolles.

Repas 100/130 Comida esmerada a precios moderados.

PORS ÉVEN 22 C.-d'Armor 59 ② – rattaché à Paimpol.

PORT-BARCARES 66 Pyr.-Or. 86 ⑩ – rattaché à Barcarès.

PORT-BLANC 22 C.-d'Armor 59 ① G. Bretagne – ✉ 22710 Penvénan.

Paris 513 – St-Brieuc 62 – Guingamp 35 – Lannion 20 – Perros-Guirec 17 – Tréguier 10,5.

Isles, ✆ 96 92 66 49 – ⓟ. GB
fermé 1er oct. au 31 janv. sauf week-ends et vacances scolaires – **R** 80/210, enf. 48 – ☐ 30 – **25 ch** 120/280 – ½ P 180/250.

Le Rocher sans rest, ✆ 96 92 64 97 – ⓟ.
15 juin-15 sept. – ☐ 25 – **10 ch** 160/240.

PORT-CAMARGUE 30 Gard 83 ⑱ – rattaché au Grau-du-Roi.

PORT-CROS (Ile de) ★★ 83400 Var 84 ⑯ ⑰ G. Côte d'Azur.

Accès par transports maritimes.

depuis **Le Lavandou.** En 1992 : Pâques à fin oct., 4 à 8 services quotidiens ; hors saison, 3 services hebdomadaires - Traversée 35 mn – 90 F (AR) par S.A. Vildor 15 quai Gabriel Péri ✆ 94 71 01 02 (Le Lavandou).

depuis **Cavalaire.** En 1992 : Juil.-août, 3 services quotidiens ; Pâques-juin et sept. 3 services hebdomadaires - Traversée 1 h - 90 F (AR) par S.A. Vildor 15 quai Gabriel Péri ✆ 94 71 01 02 (Le Lavandou).

depuis le **Port de la Plage d'Hyères.** En 1991 : du 1er avril au 29 sept., 1 à 5 services quotidiens ; du 30 sept. à fév., 4 services hebdomadaires - Traversée 1 h – 73 F (AR). Renseignements : Transports Maritimes et Terrestres du Littoral Varois ✆ 94 58 21 81 (La Tour Fondue).

Le Manoir , ✆ 94 05 90 52, Fax 94 05 90 89, ≤, parc, – ☎. GB.
hôtel : 1er mai-3 oct. ; rest. : 15 mai-26 sept. – **R** 250/300 – **20 ch** (½ pens. seul.) – ½ P 750/950.

PORT-DE-CARHAIX 29 Finistère 58 ⑰ – rattaché à Carhaix.

PORT-DE-GAGNAC 46 Lot 75 ⑲ – rattaché à Bretenoux.

PORT-DE-LA-MEULE 85 Vendée 67 ⑪ – voir à Yeu (île d').

PORT-DE-LANNE 40300 Landes 78 ⑰ – 665 h alt. 10.

Paris 757 – Biarritz 35 – Mont-de-Marsan 71 – ♦Bayonne 28 – Dax 20 – Peyrehorade 6,5 – St-Vincent-de-T. 21.

XX **Vieille Auberge** avec ch, ✆ 58 89 16 29, Fax 58 89 12 89, « Cadre ancien, jardin fleuri, petit musée des traditions locales », – ☎ P
début juin-fin sept. – **R** *(fermé lundi midi)* 110/175 – 30 – **8 ch** 200/550 – ½ P 270/320.

PORT-DONNANT 56 Morbihan 63 ⑪ – voir à Belle-Ile-en-Mer.

PORT-EN-BESSIN 14 Calvados 54 ⑭ **G. Normandie Cotentin** – 2 308 h alt. 10 – ✉ **14520** Port-en-Bessin-Huppain.

Paris 277 – ♦Caen 39 – Bayeux 9 – Cherbourg 92.

La Chenevière M, S : 1,5 km par D 6 ✆ 31 21 47 96, Télex 171997, Fax 31 21 47 98, parc, « Demeure du 19e siècle » – TV ☎ P. AE GB
1er mars-15 déc. – **R** *(fermé merc. midi et mardi hors sais.)* 195/295, enf. 85 – 55 – **15 ch** 700/800 – ½ P 600/700.

Mercure-Altéa M, sur le Golf O : 2 km par D 514 ✆ 31 22 44 44, Télex 772478, Fax 31 22 36 77, – TV ☎ P – 80. GB
fermé 1er déc. au 20 fév. – **R** *(fermé mardi et le soir du 16 nov. au 15 mars)* 60/140 – 50 – **46 ch** 450/590.

RENAULT David, rte de Bayeux ✆ 31 21 72 34 N

Les PORTES-EN-RÉ 17 Char.-Mar. 71 ⑫ – voir à Ré (Ile de).

PORTET-SUR-GARONNE 31 H.-Gar. 82 ⑱ – rattaché à Toulouse.

PORT-GOULPHAR 56 Morbihan 63 ⑪ – voir à Belle-Ile-en-Mer.

PORT-GRIMAUD 83 Var 84 ⑰ **G. Côte d'Azur** – alt. 1 – ✉ **83310** Cogolin.

Voir ≤★ de la tour de l'Église oecuménique.

Paris 871 – Fréjus 27 – Brignoles 62 – Hyères 48 – St-Tropez 7 – Ste-Maxime 7 – ♦Toulon 68.

Giraglia M, sur la plage ✆ 94 56 31 33, Télex 470494, Fax 94 56 33 77, ≤ golfe, – TV ☎ – 40. AE GB. rest
2 avril-3 oct. – **R** 245/315, enf. 120 – **48 ch** 1355/2150.

XX **L'Amandier**, entrée cité lacustre ✆ 94 43 48 47, – GB
Pâques-mi-oct. et fermé merc. sauf de juil. à sept – **R** 155, enf. 90.

XX **La Tartane**, ✆ 94 56 38 32, ≤, – AE GB
fermé 5 nov. au 20 déc., 5 janv. au 17 fév., mardi et le soir du 15 oct. à Pâques – **R** 155/260, enf. 65.

à **La Foux** S : 2 km sur N 98 – ✉ **83310** Cogolin :

XX **Port Diffa**, ✆ 94 56 29 07, – P. AE
fermé 15 nov. au 23 déc. et lundi d'oct. à juin – **R** cuisine marocaine 165.

PORT-HALIGUEN 56 Morbihan 63 ⑫ – rattaché à Quiberon.

PORT-JOINVILLE 85 Vendée 67 ⑪ – voir à Yeu (Ile d').

PORT-LA-NOUVELLE 11210 Aude 86 ⑩ **G. Pyrénées Roussillon** – 4 822 h alt. 2.

Maison du Tourisme la Jetée ✆ 68 48 00 51.

Paris 872 – ♦Perpignan 44 – Carcassonne 77 – Narbonne 27 – Quillan 103.

Méditerranée, bd Front de Mer ✆ 68 48 03 08, Télex 500712, Fax 68 48 53 81, ≤, – TV ☎ P – 30. AE GB JCB
fermé 5 janv. au 5 fév. – **R** 65/290, enf. 45 – 35 – **31 ch** 260/460 – ½ P 290/370.

PEUGEOT TALBOT Gar. Marill, 111 r. St-Exupéry ✆ 68 48 04 86

PORT-LEUCATE 11 Aude 86 ⑩ – rattaché à Leucate.

PORT-LOUIS 56290 Morbihan 63 ① **G. Bretagne** – 2 986 h alt. 10.

Voir Citadelle★★ : musée de la Compagnie des Indes★★, musée de l'Arsenal★.

Paris 495 – Vannes 49 – Auray 29 – Lorient 23 – Pontivy 55 – Quiberon 39 – Quimperlé 38.

Commerce, pl. Marché ✆ 97 82 46 05, Fax 97 82 11 02 – TV ☎. GB. ch
fermé 23 oct. au 15 nov., vacances de fév., dim. soir et lundi d'oct. à mai – **R** 110/250, enf. 55 – 35 – **40 ch** 128/350 – ½ P 216/295.

PEUGEOT-TALBOT Gar. Fouillen ✆ 97 82 52 14 — RENAULT Gar. de l'Avancée ✆ 97 82 47 85

PORT-MANECH 29 Finistère 58 ⑪ **G. Bretagne** – ✉ **29920** Névez.

Paris 541 – Quimper 43 – Carhaix-Plouguer 70 – Concarneau 18 – Pont-Aven 12 – Quimperlé 29.

du Port, ✆ 98 06 82 17, – ☎. GB. ch
Pâques-fin sept. – **R** *(fermé lundi midi)* 88/105 – 35 – **35 ch** 200/370 – ½ P 215/325.

Ar Moor, ✆ 98 06 82 48, ≤ – ☎ P. GB
Pâques-30 sept. – **R** 85/320, enf. 60 – 30 – **36 ch** 100/340 – ½ P 245/340.

PORT MARLY 78 Yvelines 55 ⑳, 101 ⑫, 106 ⑱ – voir à Paris, Environs.

PORT-MORT 27940 Eure 55 ⑰ 106 ① – 839 h alt. 16.

Paris 90 – ♦Rouen 51 – Les Andelys 10,5 – Évreux 33 – Vernon-sur-Eure 11.

XX **Aub. des Pêcheurs,** ✆ 32 52 60 43, Fax 32 52 07 62, 余, 🛋 – GB
fermé août, vacances de fév., lundi soir et mardi – **R** 136/185.

PORT-NAVALO 56 Morbihan 63 ⑫ **G. Bretagne** – alt. 9 – ✉ **56640** Arzon.

Voir Tumulus de Tumiac ✻★ E : 4 km puis 30 mn.

Paris 486 – Vannes 33 – Auray 54 – Lorient 92 – Quiberon 82 – La Trinité-sur-Mer 63.

XX **Grand Largue,** ✆ 97 53 71 58, ≤, 余 – GB
fermé 16 nov. au 20 déc., 4 janv. au 3 fév., lundi midi en juil.-août, lundi soir et mardi de sept. à juin – **R** 100/290, enf. 50.

au Port du Crouesty E : 2 km – ✉ **56640** Arzon :

Miramar M ⛵, ✆ 97 67 68 00, Télex 951859, Fax 97 67 68 99, ≤, institut de thalassothérapie, « Architecture originale évoquant un paquebot », 🏋, 🏊 – |‡| ▤ TV ☎ ♿ 🚗 P – 🏛 80. AE ⓓ GB. ✻ rest
La Salle à Manger R carte 280 à 435, enf. 125 – **Le Diététique R** 275, enf. 125 – ☕ 100 – **108 ch** 1300/1740, 12 appart. – ½ P 1240/1458.

Au Vieux Safran M, ✆ 97 53 87 91 – TV ☎ P. GB. ✻ rest
R 100/200 – ☕ 37 – **26 ch** 350/420 – ½ P 297/347.

PORTS 37800 I.-et-L. 68 ④ – 343 h alt. 43.

Paris 283 – ♦Tours 50 – Châtellerault 26 – Chinon 33 – Loches 45.

X **Le Grillon,** Le Bec des Deux Eaux SE : 2 km ✆ 47 65 02 74 – GB. ✻
fermé 1er au 10 juil., 23 sept. au 4 oct., jeudi soir et vend. – **R** 50/180 🍷, enf. 30.

Comment s'y retrouver dans la banlieue parisienne?

Utilisez la **carte** *et les* **plans Michelin**

nos 101, 17-18, 19-20, 21-22, 23-24 *: clairs, précis, à jour.*

PORT-SUR-SAÔNE 70170 H.-Saône 66 ⑤ – 2 521 h alt. 261.

Paris 339 – ♦Besançon 62 – Bourbonne-les-Bains 46 – Épinal 76 – Gray 53 – Jussey 24 – Langres 62 – Vesoul 13.

à Vauchoux S : 3 km par D 6 – ✉ **70170** :

XXX ✿ **Château de Vauchoux** (Turin), ✆ 84 91 53 55, Fax 84 91 65 38, « Belle décoration intérieure, parc », 🏊, 🎾 – P. GB. ✻
fermé 15 janv. au 28 fév., mardi midi et lundi – **R** 240/420 et carte 370 à 500
Spéc. Panaché de poissons aux crustacés. Rosace de pigeonneau "Edwige Feuillère". Ris de veau "François Parisot".
Vins Gy, Champlitte.

PORT-VENDRES 66660 Pyr.-Or. 86 ⑳ **G. Pyrénées Roussillon** – 5 370 h alt. 25.

Env. Tour Madeloc ✻★★ SO : 8 km puis 15 mn.

ℹ Office de Tourisme quai P.-Forgas ✆ 68 82 07 54.

Paris 944 – ♦Perpignan 31.

La Résidence M, rte Banyuls ✆ 68 82 01 05, Fax 68 82 22 13, ≤, 余, 🏊, 🛋 – TV ☎ P. AE ⓓ GB
fermé 15 déc. au 1er mars – **Le Cèdre** *(fermé sam. midi et lundi de sept. à mai)* **R** 95/180, enf. 70 – ☕ 35 – **18 ch** 310/380 – ½ P 305/530.

St-Elme sans rest, 2 quai P. Forgas ✆ 68 82 01 07 – ☎ 🚗
28 ch.

XX **Côte Vermeille,** quai Fanal ✆ 68 82 05 71, ≤ – ▤. GB
fermé 12 nov. au 20 déc. et merc. sauf du 14 juil. au 31 août – **Repas** 128/185, enf. 60.

XX **Chalut,** 8 quai F. Joly ✆ 68 82 00 91, Fax 68 82 23 44, 余 – AE ⓓ GB
fermé 20 déc. au 25 janv., dim. soir d'oct. à juin et lundi – **R** 70/230 🍷, enf. 45.

XX **L'Archipel,** 6 quai Douane ✆ 68 82 07 96, 余 – AE GB
fermé mars, 25 au 31 oct., mardi soir et merc. – **R** 82/215, enf. 48.

PORT-VILLEZ 78 Yvelines 55 ⑱, 106 ② – rattaché à Vernon.

La POTERIE 22 C.-d'Armor 59 ④ – rattaché à Lamballe.

POUANCÉ 49420 M.-et-L. 63 ⑧ **G. Châteaux de la Loire** – 3 279 h alt. 89.

ℹ Syndicat d'Initiative r. de la Porte Angevine (saison) ✆ 41 92 45 86.

Paris 335 – Angers 60 – Ancenis 43 – Châteaubriant 16 – Laval 50 – ♦Rennes 59 – Vitré 46.

Porte Angevine M, rte de Craon ✆ 41 92 68 52, Fax 41 92 47 54 – TV ☎ ♿ P – 🏛 100. GB
fermé 15 au 28 fév. et, dim. du 15 sept. au 15 mai – **R** 63/180 🍷, enf. 40 – ☕ 24 – **19 ch** 210/240 – ½ P 180/195.

PEUGEOT Gar. Houtin ✆ 41 92 44 12 | RENAULT Gar. des Remparts ✆ 41 92 41 00 N

POUDENAS **47170** L.-et-G. 79 ⑬ – 274 h alt. 66.

Paris 715 – Agen 44 – Aire-sur-l'Adour 64 – Condom 19 – Mont-de-Marsan 67 – Nérac 17.

XX ✿ **La Belle Gasconne** (Mme Gracia) M avec ch, ✆ 53 65 71 58, Fax 53 65 87 39, ⛱, – ☎ ℗. AE ⓓ GB
fermé 6 au 12 déc., 2 au 31 janv., dim. soir et lundi hors sais. – **R** (nombre de couverts limité, prévenir) 165/260 et carte 220 à 330 – ☕ 45 – **6 ch** 420/540 – ½ P 540/715
Spéc. Salade de foie gras de canard chaud. Tourte aux blancs de poireaux, aux rosés des prés et ris de veau. Civet de canard au vin vieux de Buzet. **Vins** Colombard, Côtes de Duras.

POUILLY-EN-AUXOIS **21320** Côte-d'Or 65 ⑱ **G. Bourgogne** – 1 372 h alt. 384.

Paris 273 – ◆ Dijon 43 – Avallon 66 – Beaune 46 – Montbard 58.

à Chailly-sur-Armançon E : 6,5 km par D 977bis – ✉ **21320** Pouilly-en-Auxois :

Château de Chailly M, ✆ 80 90 30 30, Télex 352208, Fax 80 90 30 00, ⛱, ⛱, – |‡| TV ☎ ♿ ℗ – 🏛 80. AE ⓓ GB JCB
fermé 23 déc. au 31 janv. – **L'Armançon R** 240/360, enf. 65 – **Le Rubillon R** 115, enf. 65 – ☕ 70 – **42 ch** 900/2200, 3 appart..

à Ste-Sabine SE : 8 km par N 81, D 977bis et D 970 – ✉ **21320** Pouilly-en-Auxois :

Château de Ste-Sabine M, ✆ 80 49 22 01, Fax 80 49 20 01, ≤, ⛱, – |‡| TV ☎ ℗ – 🏛 25. GB.
R 150 – ☕ 50 – **18 ch** 320/550 – ½ P 340/456.

FORD Mr Omont ✆ 80 90 73 21
RENAULT Gar. Orset, rte d'Autun à Créancey ✆ 80 90 80 45 N
V.A.G Jeannin ✆ 80 90 82 11 N

Repas 100/130 Refeiões cuidadas a preços moderados.

POUILLY-LE-FORT **77** S.-et-M. 61 ② – rattaché à Melun.

POUILLY-SOUS-CHARLIEU **42720** Loire 73 ⑧ – 2 834 h alt. 264.

Paris 411 – Roanne 14 – Charlieu 5,5 – Digoin 41 – Vichy 75.

XXX **de la Loire,** ✆ 77 60 81 36, ⛱ – ℗. AE ⓓ GB
fermé 30 août au 10 sept., 3 au 10 janv., vacances de fév., merc. soir hors sais., dim. soir et lundi – **R** 90/275, enf. 60.

FIAT Gar. Coudert, ✆ 77 60 70 23 N ✆ 77 60 98 33

POUILLY-SUR-LOIRE **58150** Nièvre 65 ⑬ **G. Bourgogne** – 1 708 h alt. 177.

Syndicat d'Initiative r. W.-Rousseau (fermé après-midi hors saison) ✆ 86 39 03 75.

Paris 202 – Bourges 57 – Château-Chinon 89 – Clamecy 57 – Cosne-sur-Loire 15 – Nevers 38 – Vierzon 77.

Le Relais Fleuri et rest. Coq Hardi, SE : 0,5 km ✆ 86 39 12 99, Fax 86 39 14 15, ⛱, « Jardin fleuri et ≤ sur la Loire » – TV ☎ ℗ – 🏛 25. AE GB
fermé 15 janv. au 15 fév., merc. soir et jeudi d'oct. à Pâques – **R** 100/240, enf. 40 – ☕ 34 – **9 ch** 250/270.

Bouteille d'Or, rte Paris ✆ 86 39 13 84 – ☎. GB
fermé 10 janv. au 25 fév., dim. soir et lundi sauf juil.-août – **Repas** 90/270, enf. 55 – ☕ 33 – **28 ch** 170/290 – ½ P 230/250.

XX **L'Espérance** avec ch, r. Couard ✆ 86 39 07 69, ⛱ – ℗. AE GB
fermé dim. soir et lundi hors sais. – **R** 90/250 – ☕ 35 – **3 ch** 220.

XX **La Vieille Auberge** avec ch, N 7 déviation sud ✆ 86 39 17 98, ⛱ – ℗. GB
fermé 20 fév. au 8 mars, mardi soir et merc. hors sais. – **R** 78/190 ♿, enf. 42 – ☕ 30 – **3 ch** 150/200 – ½ P 200/250.

à Charenton SE : 2 km sur N 7 – ✉ **58150** Pouilly-sur-Loire :

H. de Pouilly et rest. Relais Grillade M, ✆ 86 69 07 00, Fax 86 69 02 43, ⛱, ⛱ – TV ☎ ♿ ℗. AE GB
R 82/155 ♿, enf. 42 – ☕ 36 – **23 ch** 240/360 – ½ P 275/295.

CITROEN Gar. Prulière ✆ 86 39 14 44 N
PEUGEOT Gar. S.A.P.L. ✆ 86 39 14 65 N ✆ 86 39 16 44

POULAINS (Pointe des) **56** Morbihan 63 ⑪ ⑫ – voir à Belle-Ile-en-Mer.

POULDREUZIC **29710** Finistère 58 ⑭ – 1 854 h alt. 56.

Paris 583 – Quimper 25 – Audierne 16 – Douarnenez 17 – Pont-l'Abbé 15.

Moulin de Brénizenec sans rest, rte Audierne : 3 km ✆ 98 91 30 33, ≤, « Jardin » – ☎ ℗
Pâques-25 sept. – ☕ 45 – **10 ch** 350/420.

Ker Ansquer, à Lababan NO : 2 km par D 2 ✉ 29710 Plogastel-St-Germain ✆ 98 54 41 83, sculptures régionales – TV ☎ ℗. GB. rest
1er avril-30 sept. et vacances de Noël – **R** (fermé le midi sauf week-ends) 95/295 – ☕ 35 – **11 ch** 310 – ½ P 310.

à Penhors O : 4 km par D 40 – ✉ **29710** Plogastel-St-Germain :

Breiz Armor Ⓜ, ✆ 98 51 52 53, Télex 941863, Fax 98 51 52 30, ≤, – ☎ ♿ Ⓟ – 50. GB
hôtel : 3 avril-10 oct., vacances de Noël et fermé lundi – **R** *(13 mars-1er janv. sauf vacances de nov. et fermé lundi sauf juil.-août)* 90/230, enf. 55 – ☐ 35 – **23 ch** 340 – ½ P 335.

Le POULDU 29 Finistère 58 ⑫ **G. Bretagne** – ✉ **29360** Clohars-Carnoët.

Office de Tourisme r. Ch.-Filiger (fermé oct.) ✆ 98 39 93 42.

Paris 515 – Quimper 57 – Concarneau 37 – Lorient 24 – Moëlan-sur-Mer 10,5 – Quimperlé 16.

Armen, ✆ 98 39 90 44, Fax 98 39 98 69, – ☎ Ⓟ. AE ⓓ GB. rest
24 avril-27 sept. – **R** 78/230, enf. 52 – ☐ 45 – **38 ch** 290/460 – ½ P 370/450.

Panoramique Ⓜ sans rest, au Kérou-plage ✆ 98 39 93 49, Fax 98 96 90 16 – ☎ ♿ Ⓟ. AE GB
1er avril-30 sept. – ☐ 35 – **25 ch** 290/330.

Bains, ✆ 98 39 90 11, ≤ – ☎ Ⓟ. AE GB. rest
10 avril-25 sept. – **R** 90/260 – ☐ 20 – **49 ch** 195/350 – ½ P 250/340.

POULIGNY-NOTRE-DAME 36 Indre 68 ⑲ – rattaché à La Châtre.

Le POULIGUEN 44510 Loire-Atl. 63 ⑭ **G. Bretagne** – 4 912 h alt. 4.

18 de La Baule à St-André-des-Eaux ✆ 40 60 46 18, NE : 10 km.

Office de Tourisme Port Sterwitz ✆ 40 42 31 05.

Paris 456 – ◆Nantes 83 – La Baule 8 – Guérande 8 – St-Nazaire 25.

Voir plan de La Baule.

Beau Rivage, 11 r. J. Benoit ✆ 40 42 31 61, Fax 40 42 82 98, ≤, – ☎ Ⓟ – 35. GB. rest AZ r
Pâques-fin sept. – **R** 130/175 – ☐ 37 – **66 ch** 350 – ½ P 315/360.

Orée du Bois sans rest, r. Mar. Foch ✆ 40 42 32 18 – ☎. GB. AZ t
☐ 35 – **15 ch** 230/270.

Voile d'Or, av. Plage ✆ 40 42 31 68, – AE GB AZ u
fermé lundi (sauf le soir en juil.-août) et dim. soir – **R** 130/290, enf. 70.

TOYOTA Gar. de la Plage ✆ 40 42 31 07

POULLAOUEN 29246 Finistère 58 ⑥ ⑦ – 1 574 h alt. 164.

Paris 516 – ◆Brest 82 – Carhaix-Plouguer 10 – Châteaulin 45 – Huelgoat 11 – Landerneau 54 – Morlaix 37.

Le Louis XIII, ✆ 98 93 54 22 – AE GB
fermé 27 sept. au 12 oct., lundi soir et mardi sauf du 14 juil. au 15 août – **R** 95/290, enf. 45.

POURVILLE-SUR-MER 76 S.-Mar. 52 ④ **G. Normandie Vallée de la Seine** – alt. 5 – ✉ **76119** Varengeville-sur-mer.

Paris 172 – Dieppe 7 – Fécamp 61 – Fontaine-le-Dun 21 – ◆Rouen 62 – Saint-Valéry-en-Caux 29.

Au Trou Normand, ✆ 35 84 59 84 – AE GB
fermé 1er au 23 août, 23 déc. au 4 janv., merc. soir et dim. – **R** 90/160.

POUZAUGES 85700 Vendée 67 ⑯ **G. Poitou Vendée Charentes** (plan) – 5 473 h alt. 225.

Voir Puy Crapaud ✻★★ SE : 2,5 km – Moulins du Terrier-Marteau★ : ≤★ sur le bocage O : 1 km par D 752 – Bois de la Folie ≤★ NO : 1 km.

Env. St-Michel-Mont-Mercure : ✻★★ de la tour de l'Église NO : 7 km par D 752.

Office de Tourisme cour de la Poste (fermé matin hors saison) ✆ 51 91 82 46 et à la Mairie ✆ 51 57 01 37.

Paris 386 – La Roche-sur-Y. 55 – Bressuire 28 – Chantonnay 21 – Cholet 36 – ◆Nantes 86.

Aub. de la Bruyère, par rte de Bressuire ✆ 51 91 93 46, Télex 701804, Fax 51 57 08 18, ≤ plaine vendéenne, – ☎ Ⓟ – 25 à 100. AE ⓓ GB
R *(fermé dim. soir et lundi du 15 sept. au 15 juin)* 77/216 ₰, enf. 44 – ☐ 35 – **26 ch** 247/384 – ½ P 278/320.

POUZAY 37 I.-et-L. 68 ④ – rattaché à Ste-Maure-de-Touraine.

Le POUZIN 07250 Ardèche 76 ⑳ **G. Vallée du Rhône** – 2 693 h alt. 95.

Paris 587 – Valence 27 – Avignon 107 – Die 61 – Montélimar 26 – Privas 14.

Avenue, ✆ 75 63 80 43, Fax 75 85 93 27 – ☎. AE ⓓ GB
fermé 17 au 24 mai, 23 août au 13 sept., 24 déc. au 3 janv., dim. (sauf le soir en juil.-août) et sam. midi – **R** 65 ₰ – ☐ 25 – **15 ch** 185/220 – ½ P 195/210.

CITROEN Pheby ✆ 75 63 80 16 N ✆ 75 85 95 56 RENAULT Gar. Combe ✆ 75 85 98 16

PRADES 66500 Pyr.-Or. 86 ⑰ G. Pyrénées Roussillon – 6 009 h.

Voir Abbaye St-Michel-de-Cuxa★ S : 3 km.

Syndicat d'Initiative r. V.-Hugo ✆ 68 96 27 58.

Paris 953 – ◆Perpignan 43 – Mont-Louis 36 – Olette 16 – Vernet-les-Bains 11,5.

Pradotel M sans rest, av. Festival, sur la rocade ✆ 68 05 22 66, Fax 68 05 23 22, ←, – ch TV ☎ ♿ P – 25. GB
fermé nov. – 30 – **39 ch** 285/315.

Hexagone M, rd-pt de Molitg, sur la rocade ✆ 68 05 31 31, Fax 68 05 24 89 – ch TV ☎ ♿ P. AE GB
hôtel : fermé 8 au 20 janv. ; rest. : fermé 30 juin au 1er sept. – **R** (résidents seul.)(dîner seul.) 75/85 – 30 – **30 ch** 240/260 – ½ P 205/235.

à Eus par D 35 : 5 km – ✉ 66500 :

Voir Village★.

XX **Grangousier,** au village ✆ 68 96 28 32, Fax 68 96 33 69, – AE GB
fermé 15 au 30 oct., mardi soir et merc. – **R** 170/250.

à Taurinya S : 6 km par D 27 – alt. 550 – ✉ 66500 :

XX **Aub. des Deux Abbayes,** ✆ 68 96 49 53, – GB
fermé mardi soir et merc. – **R** 145/185 , enf. 40.

RENAULT Gar. Bosom ✆ 68 96 11 14 — Pneu Service ✆ 68 96 43 23

Le PRADET 83220 Var 84 ⑮ – 9 704 h alt. 30.

Office de Tourisme pl. Gén.-de-Gaulle ✆ 94 21 71 69.

Paris 847 – ◆Toulon 10 – Draguignan 78 – Hyères 10,5.

Azur , 163 av. Raimu ✆ 94 21 68 50, Fax 94 08 27 00, , , – ch TV ☎ P – 30. AE GB
R *(fermé dim. soir et lundi)* 90/200 – 45 – **22 ch** 400/800.

XXX **Le Stratos,** av. Raimu ✆ 94 21 23 62 – . AE GB
fermé vacances de fév., dim. soir (sauf été) et lundi – **R** 150/320, enf. 100.

aux Oursinières S : 3 km par D 86 – ✉ 83220 Le Pradet :

L'Escapade , ✆ 94 08 39 39, Fax 94 08 31 30, « Jardin fleuri », – ☎ . GB. ch
R voir rest. La Chanterelle ci-après – 50 – **19 ch** 495/980.

XX **La Chanterelle,** ✆ 94 08 52 60, Fax 94 08 31 30, – GB.
fermé janv., vacances de fév. et merc. du 15 oct. à Pâques – **R** 155/230, enf. 80.

PRALOGNAN-LA-VANOISE 73710 Savoie 74 ⑱ G. Alpes du Nord – 667 h alt. 1 404 – Sports d'hiver : 1 460/2 500 m 1 13 .

Voir Site★ – Parc national de la Vanoise★★ – La Chollière★ SO : 1,5 km puis 30 mn – Mont Bochor ←★ par téléphérique.

Office de Tourisme ✆ 79 08 71 68, Télex 980240.

Paris 636 – Albertville 53 – Chambéry 100 – Moûtiers 26.

Vanoise M, ✆ 79 08 70 34, Fax 79 08 75 79 – TV ☎ ♿. GB
fermé du 5 nov. au 15 déc. – **R** *(fermé du 30 sept. au 22 oct., 2 nov. au 15 déc.)* 80/150 , enf. 50 – 40 – **24 ch** 300/390 – ½ P 390.

Les Airelles , les Darbelays, N : 1 km ✆ 79 08 70 32, ←, – ☎ P. GB. rest
1er juin-26 sept. et 18 déc.-24 avril – **R** 115 – 35 – **22 ch** 290/400 – ½ P 315/345.

Grand Bec, ✆ 79 08 71 10, Fax 79 08 72 22, ←, , (été), , – TV ☎ P. GB. rest
5 juin-26 sept. et 18 déc.-25 avril – **R** 105/180, enf. 50 – 50 – **39 ch** 450 – ½ P 320/335.

Capricorne , ✆ 79 08 71 63, Fax 79 08 76 25, ← – ☎ P. GB.
juin-sept. et 20 déc.-20 avril – **R** 110/165 – 33 – **15 ch** 230/360.

Parisien, ✆ 79 08 72 31, ←, – ☎ P. GB. rest
5 juin-20 sept. et 18 déc.-20 avril – **R** 90/120, enf. 50 – 29 – **24 ch** 160/310 – ½ P 270/310.

PRA-LOUP 04 Alpes-de-H.-P. 81 ⑧ – rattaché à Barcelonnette.

PRAMOUSQUIER 83 Var 84 ⑰ – rattaché à Cavalière.

Le PRARION 74 H.-Savoie 74 ⑧ – rattaché aux Houches.

PRATS-DE-MOLLO-LA-PRESTE 66230 Pyr.-Or. 86 ⑱ G. Pyrénées Roussillon (plan) – 1 102 h alt. 745.

Voir Ville haute★.

Office de Tourisme pl. Le Foirail ✆ 68 39 70 83.

Paris 967 – ◆Perpignan 61 – Céret 31.

Park H. d'Estamarius , ✆ 68 39 70 04, ←, parc, , – ☎ P – 70. GB
30 avril-30 oct. – **R** 75/180, enf. 35 – 29 – **85 ch** 185/400 – ½ P 180/285.

Touristes, ✆ 68 39 72 12, ←, – ☎ P. GB
1er avril-30 oct. – **R** 80/125, enf. 45 – 30 – **30 ch** 190/250 – ½ P 250.

Bellevue, ✆ 68 39 72 48 – ▤ rest TV ☎ P. GB
1er mars-1er nov. et vacances scolaires – **R** 95/190, enf. 49 – ☕ 23 – **18 ch** 170/230 – ½ P 160/210.

Costabonne, Le Foiral ✆ 68 39 70 24 – ☎. GB
fermé 18 nov. au 18 déc. – **R** 70/120 ₰ – ☕ 24 – **18 ch** 140/200 – ½ P 155/180.

Ausseil, ✆ 68 39 70 36, ⛱ – ⇆ ch. GB
R 75/95 ₰ – ☕ 25 – **20 ch** 100/180 – ½ P 165/180.

à La Preste – Stat. therm. (5 avril-30 oct.) – ✉ **66230** Prats-de-Mollo-La-Preste :

Val du Tech ⛰, ✆ 68 39 71 12, ≤ – |‡| TV ☎. GB. ✻ rest
4 avril-23 oct. et week-ends de déc. à mars – **R** 95/115 – ☕ 29 – **43 ch** 170/280 – ½ P 210/290.

Ribes ⛰, ✆ 68 39 71 04, ≤ vallée, ⛱ – ☎ P. GB. ✻ rest
28 mars-24 oct. – **R** 76/80 ₰ – ☕ 22 – **25 ch** 130/272 – ½ P 164/202.

CITROEN Pagès-Xatart ✆ 68 39 71 34

Les PRAZ-DE-CHAMONIX 74 H.-Savoie 74 ⑧ ⑨ – rattaché à Chamonix.

PRAZ-SUR-ARLY 74120 H.-Savoie 74 ⑦ – 922 h alt. 1 036 – Sports d'hiver : 1 036/2 000 m ⛷14.

ℹ Office de Tourisme pl. Mairie ✆ 50 21 90 57.

Paris 601 – Chamonix-Mont-Blanc 40 – Albertville 27 – Chambéry 77 – Megève 4,5.

Edelweiss sans rest, rte Megève ✆ 50 21 93 87, ≤, ⛱ – ☎ 🚗 P. GB. ✻
☕ 40 – **16 ch** 400/480.

Le Cannibal's, rte Megève : 1 km ✆ 50 21 91 94, ⛱ – P. GB
fermé juin, 15 nov. au 20 déc., mardi soir et merc. hors sais. – **R** 95/150 ₰.

FORD Gar. du Crèt du Midi ✆ 50 21 90 30 N ✆ 50 21 40 84

PRÉCY-SOUS-THIL 21390 Côte-d'Or 65 ⑰ G. Bourgogne – 603 h alt. 333.

Paris 246 – ♦ Dijon 66 – Auxerre 83 – Avallon 39 – Beaune 79 – Montbard 31 – Saulieu 16.

Loriot, ✆ 80 64 56 33, ⛱, ⛱ – TV ☎ P. GB
fermé dim. soir et lundi midi d'oct. à Pâques – **R** 80/190 – ☕ 35 – **11 ch** 250/270 – ½ P 230.

RENAULT Orset, rte de Semur ✆ 80 64 50 56

PRÉCY-SUR-OISE 60460 Oise 56 ⑪ 106 ⑦ – 3 137 h alt. 33.

Voir Église★ de St-Leu-d'Esserent NE : 3,5 km, G. Ile de France.

Paris 44 – Compiègne 46 – Beauvais 37 – Chantilly 8 – Creil 11 – Pontoise 37 – Senlis 17.

Le Condor, 14 r. Watteau ✆ 44 27 60 77, Fax 44 27 62 18 – ▤. GB
fermé 16 août au 1er sept., 1er au 15 fév., mardi soir et merc. – **R** 150, enf. 100.

PRÉFAILLES 44770 Loire-Atl. 67 ① – 857 h alt. 33.

Voir Pointe St-Gildas★ O : 2 km, G. Poitou Vendée Charentes.

ℹ Office de Tourisme Grande-Rue ((fermé après-midi sauf juin-15 sept.) ✆ 40 21 62 22.

Paris 449 – ♦ Nantes 60 – Pornic 12 – St-Brévin-les-Pins 18.

La Flottille M, pointe St-Gildas, O : 2 km ✆ 40 21 61 18, Télex 701962, Fax 40 64 51 72, ≤ – ▤ ch TV ☎ P. AE ① GB JCB
R 90/280, enf. 49 – ☕ 45 – **13 ch** 380 – ½ P 420.

St-Paul, ✆ 40 21 60 25, Fax 40 64 52 21, ⛱, ⛱, ⛱ – ☎ 🚗 – 🏛 30. GB
15 mars-15 nov. – **R** 75/220, enf. 40 – ☕ 28 – **41 ch** 200/310 – ½ P 310/340.

CITROEN Gar. Hamon ✆ 40 21 65 80 N ✆ 40 21 65 36

PRÉMERY 58700 Nièvre 65 ⑭ G. Bourgogne – 2 377 h alt. 237.

Paris 234 – La Charité-sur-Loire 27 – Château-Chinon 56 – Clamecy 40 – Cosne-sur-L. 47 – Nevers 27.

Le P'tit Premery, pl. Champ de Foire ✆ 86 68 11 96 – GB
fermé 15 au 31 août, mardi soir, merc. soir, jeudi soir, dim. soir et lundi – **R** 78/170 ₰, enf. 65.

CITROEN Modern. Gar. ✆ 86 68 12 82 RENAULT Caliste ✆ 86 68 10 76

La PRENESSAYE 22 C.-d'Armor 58 ⑳ – rattaché à Loudéac.

Le PRÉ-ST-GERVAIS 93 Seine-St-Denis 56 ⑪, 101 ⑯ – voir à Paris, Environs.

La PRESTE 66 Pyr.-Or. 86 ⑰ – rattaché à Prats-de-Mollo.

PRIAY 01160 Ain 74 ③ – 948 h alt. 235.

Paris 455 – ♦ Lyon 57 – Bourg-en-Bresse 26 – Nantua 37.

Mère Bourgeois, ✆ 74 35 61 81, ⛱ – 🚗. GB
fermé 28 juin au 4 juil., 12 nov. au 5 déc., dim. soir de nov. à mars, mardi soir et merc. de sept. à juin – **R** 98/258 ₰, enf. 70.

PRIVAS 🅿 **07000** Ardèche **76** ⑲ **G. Vallée du Rhône** – **10 080 h alt. 294.**

Office de Tourisme 3 r. E.-Reynier ✆ 75 64 33 35.

Paris 601 ② – Valence 41 ② – Alès 104 ④ – Mende 135 ④ – Montélimar 33 ③ – Le Puy-en-Velay 117 ④.

PRIVAS

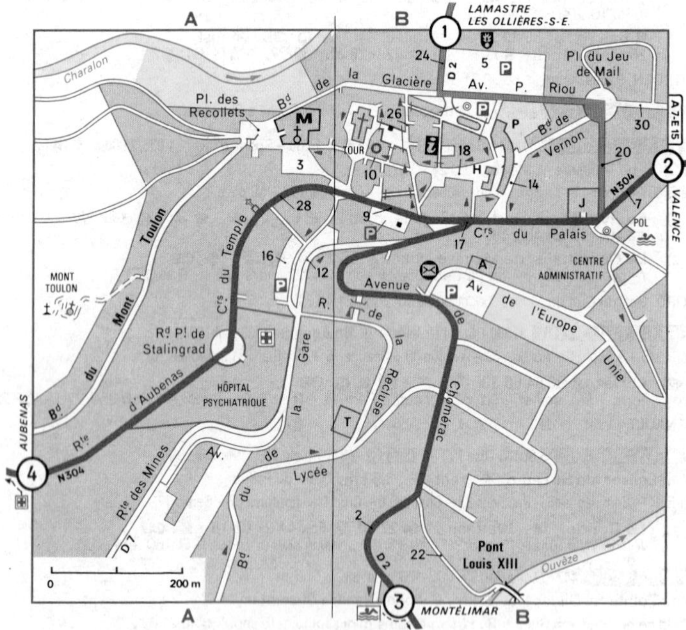

à Alissas par ③ : 5 km – ✉ **07210** :

XX **Lous Esclos,** sur D 2 ✆ 75 65 12 73, – ▤ 🅟. GB
fermé 1er au 15 août, 20 déc. au 10 janv., sam. midi, dim. soir et lundi – **R** 95/165, enf. 40.

au col de l'Escrinet par ④ : 13 km – ✉ **07200** Aubenas :

Panoramic Escrinet , ✆ 75 87 10 11, Fax 75 87 10 34, ≤ vallée, , – TV ☎ 🅟. AE ⓓ GB. rest
15 mars-16 nov., fermé dim. soir et lundi midi (sauf juil.-août et fériés) – **R** (prévenir) 120/220 – ☕ 35 – **20 ch** 270/470 – ½ P 320/360.

CITROEN Gar. Viazac par ③ ✆ 75 64 31 90 **N** ✆ 75 64 30 86
FORD Privas Automobiles, N 104 à Veyras ✆ 75 64 33 33
PEUGEOT, TALBOT Gds Gar. Midi, N 104 à Coux par ② ✆ 75 64 23 33
RENAULT Seita, rte de Montélimar par ③ ✆ 75 64 33 01
V.A.G Gar. Perrier, ZI rte de Montélimar ✆ 75 64 02 07

R.I.P.A., ZI du Lac ✆ 75 64 05 56

PROVENCHÈRES-SUR-FAVE **88490** Vosges **62** ⑱ **G. Alsace Lorraine** – **733 h alt. 407.**

Paris 399 – Colmar 55 – Épinal 66 – St-Dié 15 – Sélestat 35 – ♦Strasbourg 75.

Aub. du Spitzemberg , à la Petite Fosse, NO : 7 km par D 45 et voie forestière ✆ 29 51 20 46, ≤, « Dans la forêt vosgienne », – ☎ 🅟 – 25. GB
fermé mardi – **R** 65/135 , enf. 50 – ☕ 30 – **11 ch** 230/290 – ½ P 155/220.

Les prix Pour toutes précisions sur les prix indiqués dans ce guide, reportez-vous aux pages explicatives.

PROVINS <SP> **77160** S.-et-M. **61** ④ **G. Champagne** – 11 608 h alt. 92.

Voir Ville Haute★★ ABY : remparts ★★ AY, tour de César★★ : ≤★ BY, Grange aux Dîmes★ AY **E** – Groupe de statues★★ dans l'église St-Ayoul CZ **D** – Choeur★ de l'église St-Quiriace BZ – Musée du Provinois : collections★ de sculptures et de céramiques ABY **M.**

Env. St-Loup-de-Naud : portail★★ de l'église★ 7 km par ④.

ℹ Office de Tourisme pl. H. de Balzac ☎ (1) 64 00 16 35 et Tour César ☎ (1) 64 00 05 31.

Paris 86 ⑤ – Fontainebleau 55 ④ – Châlons-sur-M. 97 ② – Meaux 63 ⑤ – Melun 47 ⑤ – Sens 46 ④.

PROVINS

Cordonnerie (R. de la) . **CZ** 24
Friperie (R. de la) . . . . . **CZ** 37
Hugues le Grand (R.) . . **CZ** 43
Leclerc (Pl. du Mar.) . . . **BZ** 47
Val (R. du) . . . . **BZ** 79

Anatole-France (Av.) . . **BZ** 2
Arnoul (R. Victor) . . . . . **CZ** 3
Balzac (Pl. Honoré de) . **BZ** 4
Bordes (R. des) . . . . **CZ** 7
Bourquelot (R. Félix) . . **CY** 8
Capucins (R. des) . . . . . **BZ** 12
Champbenoist (Rte de) **CZ** 13
Changis (R. de) . . . . **CZ** 14
Châtel (Pl. du) . . . . **AY** 18
Chomton (Bd Gilbert) . . **BZ** 19
Collège (R. du) . . . . **BY** 23
Courloison (R.) . . . . **CY** 27
Couverte (R.) . . . . **AY** 28
Desmarets (R. Jean) . . **AY** 29
Ferté (Av. de la) . . . . . . **CY** 33
Fourtier-Masson (R.) . . . **BZ** 34
Garnier (R. Victor) . . . . . **BZ** 39
Gd Quartier Gén.
(Bd du) . . . . **CZ** 42
Jacobins (R. des) . . . . . **BY** 44
Nocard (R. Edmond) . . **CZ** 54
Opoix (R. Christophe) . . . **BZ** 57
Palais (R. du) . . . . **BYZ** 59
Plessier (Bd du Gén.) . . . **CZ** 64
Pompidou (Av. G.) . . . . . **BY** 67
Pont-Pigy (R. du) . . . . . . **BZ** 68
Prés (R. des) . . . . **BY** 69
Remparts (Allée des) . . . **AY** 72
St-Ayoul (Pl.) . . . . **CZ** 73
St-Ayoul (⊞) . . . . **CZ D**
St-Jean (R.) . . . . **AY** 74
St-Quiriace (Pl. et ⊞) . . **BZ** 77
Ste-Croix (⊞) . . . . **BYZ**
Souvenir (Av. du) . . . . . . **CY** 78
Verdun (Av. de) . . . . **CY** 82
29e Dragons (Pl. du) . . . . **CY** 84

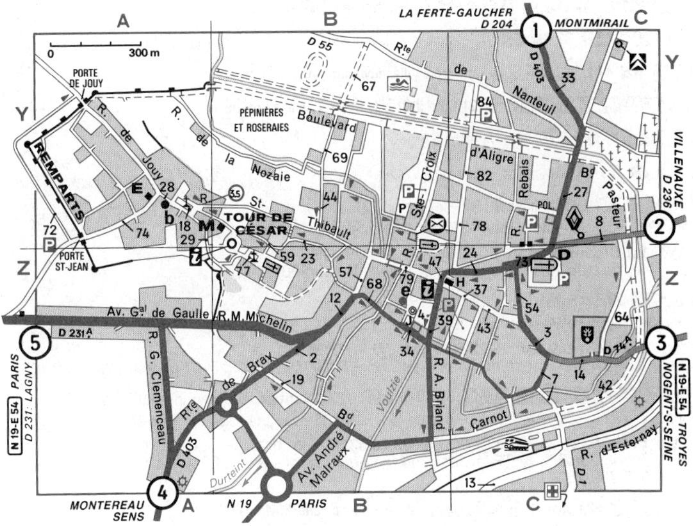

🏨 **Vieux Remparts** Ⓜ, 3 r. Couverte - Ville Haute ☎ (1) 64 08 94 00, Télex 692260, Fax (1) 60 67 77 22, 🌳 – 🛗 📺 ☎ ♿ 🅟 – 🏔 35. AE ⓓ GB JCB AY **b**
R 180/360, enf. 90 – ☕ 50 – **25 ch** 360/550 – ½ P 500/550.

🏨 **Ibis** Ⓜ, par ⑤ : 1 km rte Paris ☎ (1) 60 67 66 67, Télex 691882, Fax (1) 60 67 86 67 – ⇔ ch 📺 ☎ ♿ 🅟 – 🏔 60. AE GB
R 83 🍷, enf. 39 – ☕ 33 – **51 ch** 270/310.

✗✗ **Le Médiéval,** 6 pl. H. de Balzac ☎ (1) 64 00 01 19, 🌳 – AE GB BZ **e**
fermé fév., dim. soir et lundi – **R** 139/178, enf. 55.

CITROEN SPDA, 32 rampe St-Syllas ☎ (1) 64 08 92 70
FORD Auto Sces du Dome, 5 av. A.-France ☎ (1) 64 00 00 95
OPEL Gar. de Champagne, 2 r. A.-Briand ☎ (1) 64 00 04 86
PEUGEOT-TALBOT Autom. de la Brie, 1 av. Voulzie, ZI par rte de Champbenoist CZ ☎ (1) 64 00 11 50

RENAULT Gar. Briard, 19 r. Bourquelot ☎ (1) 64 60 20 20 **N** ☎ (1) 64 00 09 76

Ⓜ Agricopneu, 11 av. Patton à St-Brice ☎ (1) 64 08 92 55
Erric, à Jutigny ☎ (1) 64 08 62 10
Euromaster La Centrale du Pneu, 39 r. Courloison ☎ (1) 64 00 03 23

PUGET-THÉNIERS **06260** Alpes-Mar. 81 ⑲ 115 ⑬ ⑭ **G. Alpes du Sud** (plan) – 1 703 h alt. 410.

Voir Vieille ville★ – Groupe sculpté★ et retable de N.-D-de-Secours★ dans l'église – Statue★ de Maillol.

Env. Entrevaux : Site★★, Ville forte★, ≤★ de la citadelle O : 7 km.

Syndicat d'Initiative (juil.-août) ✆ 93 05 05 05.

Paris 838 – Barcelonnette 96 – Cannes 82 – Digne-les-Bains 88 – Draguignan 95 – Manosque 145 – ◆Nice 63.

Alizé sans rest, N 202 ✆ 93 05 06 20, – ch. GB
30 – **16 ch** 250/280.

Les Acacias, E : 1,5 km sur N 202 ✆ 93 05 05 25, – . AE GB
fermé janv., le soir (sauf vend. et sam. du 1er oct. au 15 mai) et lundi – **R** 115/155, enf. 45.

Cigalon, N 202 ✆ 93 05 06 34 – GB
fermé 15 au 30 sept., 1er au 8 fév., dim. soir et lundi – **R** 98/295, enf. 45.

CITROEN Casalengo, quartier St-Roch ✆ 93 05 00 25 N

PUGIEU **01510** Ain 74 ⑭ – 123 h alt. 248.

Paris 00 – Aix-les-Bains 41 – Annecy 59 – Belley 8 – Bourg-en-Bresse 69.

Le Moulin du Martinet, O : 1 km sur N 504 ✆ 79 87 82 03, , – . GB
fermé 23 au 30 mars, oct., lundi soir du 1er mai au 31 août, mardi soir et merc. du 1er sept. au 30 avril – **R** 95/180, enf. 45.

PUGNY-CHATENOD **73** Savoie 74 ⑮ – rattaché à Aix-les-Bains.

PUJAUDRAN **32** Gers 82 ⑦ – rattaché à l'Isle-Jourdain.

PUJOLS **47** L.-et-G. 79 ⑤ – rattaché à Villeneuve-sur-Lot.

PULIGNY-MONTRACHET **21** Côte-d'Or 69 ⑨ – rattaché à Beaune.

PUPILLIN **39** Jura 70 ④ – rattaché à Arbois..

PUSEY **70** H.-Saône 66 ⑤ – rattaché à Vesoul.

PUSIGNAN **69330** Rhône 74 ⑫ – 2 720 h alt. 221.

Paris 481 – ◆Lyon 18 – Montluel 14 – Meyzieu 5 – Pont-de-Chéruy 9.

La Closerie, ✆ 78 04 40 50, – AE GB
fermé 9 au 29 août, dim. soir et lundi – **R** 125/280.

PUSSY **73** Savoie 74 ⑰ – alt. 750 – ✉ **73260** La Lechère.

Paris 606 – Albertville 24 – Chambéry 70 – Moûtiers 13.

Bellachat, ✆ 79 22 50 87, ≤, – AE GB.
fermé 15 au 30 oct. et mardi hors sais. – **R** 70/155 – 25 – **7 ch** 210/225 – ½ P 190.

PUTANGES-PONT-ECREPIN **61210** Orne 60 ② **G. Normandie Cotentin** – 1 032 h alt. 127.

Paris 213 – Alençon 58 – Argentan 19 – Briouze 15 – Falaise 16 – La Ferté-Macé 23 – Flers 32.

Lion Verd, ✆ 33 35 01 86, Fax 33 39 53 32 – . GB
fermé 23 déc. au 1er fév. et vend. soir hors sais. – **R** 70/250 – 22 – **20 ch** 120/350 – ½ P 200/260.

PUTEAUX **92** Hauts-de-Seine 55 ⑳, 101 ⑭ – voir à Paris, Environs.

PUTTELANGE-LÈS-THIONVILLE **57570** Moselle 57 ④ – 510 h alt. 185.

Paris 349 – Luxembourg 23 – ◆Metz 52 – Thionville 22 – Trier 57.

Aub. du Blé d'Or, ✆ 82 51 26 66 – AE GB.
fermé 6 au 24 sept., 3 au 14 janv., sam. midi et lundi – **R** 150/230.

PUY DE DÔME **63** P.-de-D. 73 ⑬ ⑭ **G. Auvergne** – alt. 1 465 – ✉ **63870** Orcines.

Voir Balcon d'orientation ★★★.

Droit d'accès au Sommet du Puy-de-Dôme.

Paris 440 – ◆Clermont-Ferrand 14.

Le PUY-EN-VELAY P **43000** H.-Loire 76 ⑦ **G. Vallée du Rhône** – 21 743 h alt. 630 Pèlerinage (15 août).

Voir Site★★★ – La cité épiscopale★★★ BY : Cathédrale★★★ (trésor★★ et cloître★★),Trésor d'Art religieux★★, peinture des Arts Libéraux★ dans la chapelle des – Reliques – Chapelle St-Michel d'Aiguilhe★★ AY – Rocher Corneille ≤★ BY – Musée Crozatier : section lapidaire★, dentelles★ AZ – Espaly St-Marcel : ≤★ du rocher St-Joseph 2 km par ③.

Env. Ruines du château de Polignac★ : ★ 6 km par ④ – Christ★ dans l'église de Lavoûte-sur-Loire et souvenirs de famille★ – dans le château de Lavoûte-Polignac 13 km par ①.

9 du Cros-du-Loup ✆ 71 09 17 77 à Ceyssac, par ③ : 7 km.

Office de Tourisme pl. du Breuil ✆ 71 09 38 41 et 23 r. Tables (juil.-août) ✆ 71 05 99 02.

Paris 548 ④ – Alès 139 ② – Aurillac 167 ④ – Avignon 203 ② – ◆Clermont-Ferrand 130 ④ – ◆Grenoble 184 ① – ◆Lyon 134 ① – Mende 89 ② – ◆St-Étienne 76 ① – Valence 114 ①.

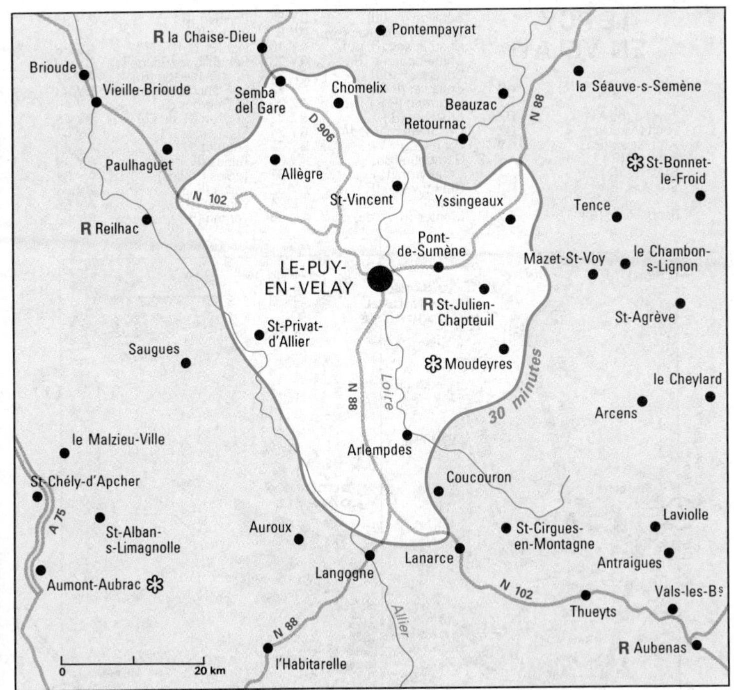

Chris'tel [M], 15 bd A. Clair par D 31 AZ ✆ 71 02 24 44, Télex 990971, Fax 71 02 52 68 – |♦| ⇔ ch [TV] ☎ [P] – 60. AE ⓓ GB JCB. ✻ rest
fermé dim. de nov. au 15 mars – **R** 95/150 – ☐ 40 – **30 ch** 250/390 – ½ P 305/335.

Brivas [M], à Vals-près-du-Puy par D 31 ✆ 71 05 68 66, Fax 71 05 65 88, ☂ – |♦| ⇔ ch [TV] ☎ ♿ [P]. AE ⓓ GB JCB
R 90/220 – ☐ 32 – **60 ch** 240/280 – ½ P 260.

Parc [M] sans rest, 4 av. C. Charbonnier ✆ 71 02 40 40, Fax 71 02 18 72 – |♦| [TV] ☎. AE ⓓ GB AZ **s**
☐ 35 – **24 ch** 280/355.

Regina [M], 34 bd Mar. Fayolle ✆ 71 09 14 71, Fax 71 09 18 57 – |♦| [TV] ☎ – 60. AE ⓓ GB JCB. ✻ rest BZ **d**
fermé sam. (sauf rest.) et dim. du 1er nov. au 15 mars – **R** 80/190 ♂ – ☐ 35 – **40 ch** 250/295 – ½ P 295/325.

Bristol, 7 av. Mar. Foch ✆ 71 09 13 38, Fax 71 09 51 70, ☂ – |♦| ☎ ⇔. AE ⓓ GB BZ **e**
fermé vacances de nov., de Noël et de fév. – **R** *(fermé dim. soir de nov. à mars et lundi)* 85/150 – ☐ 30 – **37 ch** 195/290 – ½ P 190/235.

Licorn'H. [M], 25 av. Ch. Dupuy BZ ✆ 71 02 46 22, Télex 393341, Fax 71 02 14 28, ⚒, ≋ – |♦| [TV] ☎ ♿ – 240. AE GB
fermé sam. et dim. de nov. à mars – **R** 85/125 ♂, enf. 48 – ☐ 40 – **66 ch** 210/300 – ½ P 210/250.

Ibis [M], 1 av. Aiguilhe ✆ 71 02 22 22, Télex 392519, Fax 71 09 22 96 – |♦| ⇔ ch [TV] ☎ ♿ ⇔ [P] – 40. AE GB AY **b**
R 82 ♂, enf. 40 – ☐ 34 – **57 ch** 300/320.

Val Vert, rte Mende par ② : 1,5 km sur N 88 ✆ 71 09 09 30, Fax 71 09 36 49 – [TV] ☎ [P]. GB
fermé 15 déc. au 15 janv. et dim. hors sais. – **R** (dîner seul.) (résidents seul.) 74, enf. 48 – ☐ 32 – **26 ch** 160/260 – ½ P 194/234.

Ibis sans rest, 47 bd Mar. Fayolle ✆ 71 09 32 36, Fax 71 09 20 97 – |♦| ⇔ ch [TV] ☎ ♿. AE GB BZ **a**
☐ 34 – **50 ch** 300/320.

Dyke H. sans rest, 37 bd Mar. Fayolle ✆ 71 09 05 30 – [TV] ☎ ⇔. AE ⓓ GB BZ **r**
☐ 30 – **15 ch** 190/250.

LE PUY-EN-VELAY

Aiguières (R. Porte) ..... **AZ** 2
Chaussade (R.) ..... **BZ**
Fayolle (Bd Mar.) ..... **BZ**
Foch (Av. Mar.) ..... **BZ**
Pannessac (R.) ..... **AY**
Raphaël (R.) ..... **AY** 39
St-Gilles (R.) ..... **AZ**
St-Louis (Bd) ..... **AZ**

Becdelièvre (R.) ..... AY 4
Bouillon (R. du) ..... **BY** 5
Card.-de-Polignac (R.) . **BY** 8
Chamarlenc (R. du) ..... **AY** 10
Chênebouterie (R.) ..... **AY** 13
Collège (R. du) ..... **BZ** 17
Consulat (R. du) ..... **AY** 19
Courrerie (R.) ..... **AZ** 20
Crozatier (R.) ..... **BZ** 23
Dr-Chantemesse (Av.) . **AY** 24
For (Pl. du) ..... **BY** 27
Gambetta (Bd) ..... **AY** 30
Gouteyron (R.) ..... **AY** 31
Grangevieille (R.) ..... **AY** 32
Martouret (Pl. du) ..... **ABZ** 34
Monteil (R. A. de) ..... **AY** 35
Philibert (R.) ..... **AY** 36
Pierret (R.) ..... **BZ** 37
Plot (Pl. du) ..... **AZ** 38
République (Bd. de la) . **BY** 40
Roche-Taillade (R.) ..... **AY** 42
St-François Régis (R.) . **BY** 43
St-Georges (R.) ..... **BY** 45
St-Jean (R. du Fg) ..... **BY** 46
St-Maurice (Pl.) ..... **AY** 47
Séguret (R.) ..... **AY** 48
Tables (Pl. des) ..... **AY** 49
Tables (R. des) ..... **AY** 52
Vallès (R. J.) ..... **BY** 54
Vaneau (R.) ..... **AY** 55
Verdun (R.) ..... **BY** 58

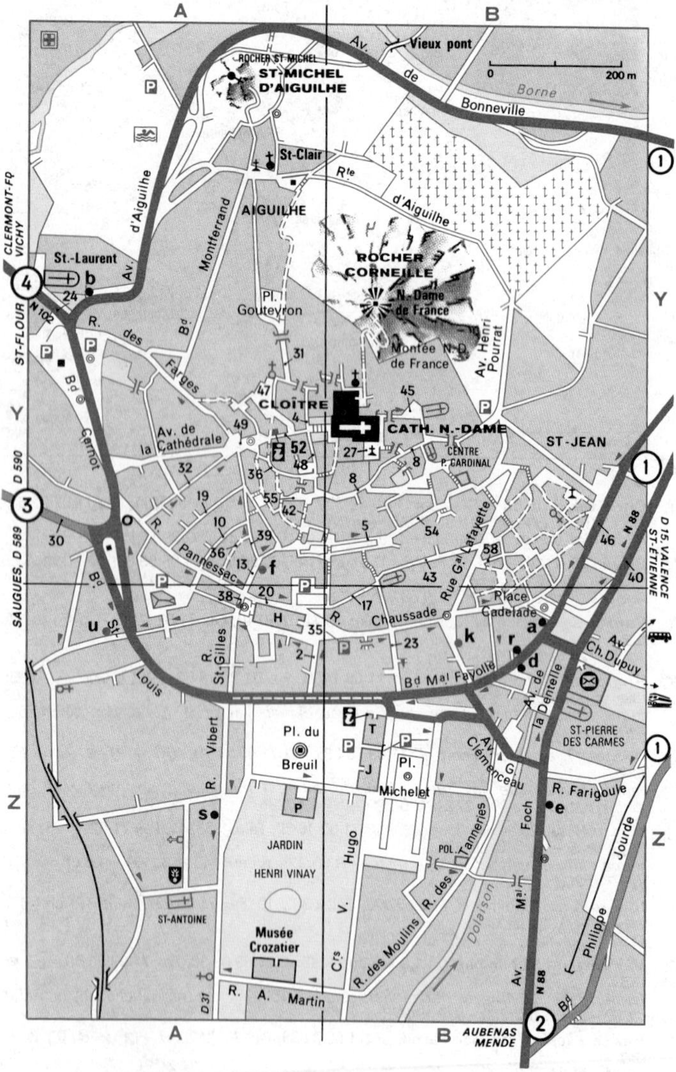

Dans la liste des rues des plans de villes, les noms en rouge indiquent les principales voies commerçantes.

XX **Tournayre,** 12 r. Chênebouterie ☎ 71 09 58 94 – GB AY **f**
fermé oct., lundi hors sais. et dim. soir – **R** 95/290, enf. 55.

XX **Bateau Ivre,** 5 r. Portail d'Avignon ☎ 71 09 67 20 – GB BZ **k**
fermé 1er au 15 nov., dim. (sauf le midi en juil.-août) et lundi – **R** 100/280.

X **Lapierre,** 6 r. Capucins ☎ 71 09 08 44 – GB. ✻ AZ **u**
fermé 16 juin au 3 juil., 1er au 15 oct., 6 au 22 fév., mardi soir et merc. sauf juil.-août – **R** 100/250.

au Pont de Sumène : 8 km par ①, N 88 et VO – ✉ **43540** Blavozy :

Moulin de Barette ⑤, ☎ 71 03 00 88, Fax 71 03 00 51, parc, ⛱, ✻ – cuisinette TV ☎ ⓟ – 50 à 500. GB
fermé 1er janv. au 15 fév., dim. soir et lundi d'oct. à Pâques – **R** 70/230 ♁, enf. 55 – ☐ 40 – **30 ch** 260/280 – ½ P 260/330.

CITROEN Pouderoux, ZI de Corsac à Brives-Charensac par ① ☎ 71 05 44 88
FIAT Gar. Roche, 53 r. Gazelle ☎ 71 05 64 64
FORD Velay-Autom., ZI à Brives-Charensac ☎ 71 09 61 35
OPEL Gar. Trescarte, 26 bd République ☎ 71 05 56 44
PEUGEOT-TALBOT Gd Gar. de Corsac, ZI de Corsac à Brives-Charensac par ① ☎ 71 09 39 55
RENAULT Gd Gar. Velay, ZI de Corsac à Brives-Charensac par ① ☎ 71 02 36 55 N ☎ 71 05 15 15
TOYOTA Escudero, 18 bd République ☎ 71 09 02 81

Gar. Bonnet, 44 bd St-Louis ☎ 71 09 20 59
Gar. du Parc, 6 pl. Cl.-Charbonnier ☎ 71 09 32 03

Carlet Pneus, 45 av. de la Bernarde à Espaly ☎ 71 02 38 40
Chaussende Pneus, ZI de Corsac à Brives-Charensac ☎ 71 02 05 01
Pascal-Pneu, La Chartreuse à Brives-Charensac ☎ 71 09 35 89
R.I.P.A., 44 av. Ch.-Dupuy à Brives-Charensac ☎ 71 02 13 41

Europe — Si le nom d'un hôtel figure en petits caractères demandez, à l'arrivée, les conditions à l'hôtelier.

PUY-L'ÉVÊQUE 46700 Lot 79 ⑦ G. Périgord Quercy – 2 209 h alt. 110.

Paris 589 – Cahors 31 – Gourdon 39 – Sarlat-la-Canéda 53 – Villeneuve-sur-Lot 43.

Bellevue, pl. de la Truffière ☎ 65 21 30 70, Fax 65 21 37 76, ≤ vallée du Lot, ⛱, ⛱, ✻ – ☎. AE GB
15 mars-15 nov. – **R** 90/273 ♁, enf. 48 – ☐ 31 – **15 ch** 165/263 – ½ P 227/257.

à Touzac O : 8 km par D 8 – ✉ **46700** :

La Source Bleue ⑤, ☎ 65 36 52 01, Fax 65 24 65 69, ≤, ⛱, « Anciens moulins dans un joli parc au bord du Lot », ⛱, ⛱ – ☎ ♿ ⓟ – 25. AE GB JCB
4 avril-31 déc. – **R** *(fermé mardi)* 135/200 – ☐ 35 – **12 ch** 280/435 – ½ P 295/345.

à Montcabrier NO : 10 km par D 911, D 68 et D 58 – ✉ **46700** :

Relais de la Dolce ⑤, ☎ 65 36 53 42, Fax 65 24 61 25, ⛱, parc, ⛱ – ☎ ⓟ. AE ⓓ GB
hôtel : Pâques-31 oct. ; rest. : 15 mai-30 sept. – **R** 120/190 – ☐ 30 – **11 ch** 390 – ½ P 345.

à Mauroux SO : 12 km par D 8 et D 5 – ✉ **46700** :

Le Vert ⑤, ☎ 65 36 51 36, Fax 65 36 56 84, ⛱, ✻ – TV ☎ ⓟ. AE GB
fermé 1er déc. au 14 fév. – **R** *(fermé vend. midi et jeudi)* 95/190, enf. 50 – ☐ 35 – **7 ch** 240/340 – ½ P 260/310.

FIAT LADA Gar. Foissac ☎ 65 21 30 10
RENAULT Gar. Cros ☎ 65 21 30 49

PUYMIROL 47270 L.-et-G. 79 ⑮ G. Pyrénées Aquitaine – 777 h alt. 153.

Paris 636 – Agen 17 – Moissac 32 – Villeneuve-sur-Lot 31.

✻✻ **L'Aubergade** (Trama) M ⑤, 52 r. Royale ☎ 53 95 31 46, Fax 53 95 33 80, ⛱, « Maison du 13e siècle » – ▤ ch TV ☎ ⇐ – 40. AE ⓓ GB
fermé fév. et lundi hors sais. sauf fériés – **R** 160 (déj.)/470 et carte 330 à 550 – ☐ 90 – **10 ch** 1050/1200 – ½ P 900
Spéc. Papillote de pomme de terre aux truffes. Hamburger de foie gras chaud. Cristalline de pomme verte. **Vins** Buzet, Côtes de Duras.

PUYOO 64270 Pyr.-Atl. 78 ⑦ ⑧ – 1 007 h alt. 41.

Paris 766 – Pau 59 – Dax 28 – Orthez 11,5 – Peyrehorade 16 – Salies-de-Béarn 8 – Tartas 40.

Voyageurs, N 117 ☎ 59 65 12 83, Fax 59 65 15 42, ⛱, ✻ – TV ☎ ⓟ. GB
fermé 20 déc. au 6 janv., dim. soir sauf juil.-août – **R** 80/160 – ☐ 25 – **15 ch** 180/250 – ½ P 200.

PUY-ST-VINCENT 05290 H.-Alpes 77 ⑰ G. Alpes du Sud – 235 h alt. 1 390 – Sports d'hiver : 1 400/2 700 m ⛷1 ⛷14.

Voir Les Prés ≤★ SE : 2 km – Église★ de Vallouise N : 4 km.

B Maison du Tourisme Bâtiment Communal ☎ 92 23 35 80, Télex 405948.

Paris 706 – Briançon 20 – Gap 82 – L'Argentière-la-B. 9,5 – Guillestre 29 – Pelvoux (Commune de) 7,5.

Saint-Roch, aux Prés E : 1 km par D 4 92 23 32 79, Fax 92 23 45 11, vallée et montagnes, – . GB.
15 juin-3 sept. et 15 déc.-5 avril – **R** (self le midi en hiver) 120/210, enf. 70 – 47 – **15 ch** 320/350 – ½ P 320/340.

La Pendine, aux Prés E : 1 km par D 4 92 23 32 62, Fax 92 23 46 63, – . GB.
18 juin-10 sept. et 10 déc.-10 avril – **R** 80/180, enf. 50 – 35 – **28 ch** 170/325 – ½ P 222/290.

PYLA-SUR-MER 33115 Gironde 78 ⑫ G. Pyrénées Aquitaine – alt. 7.

Office de Tourisme rond-point du Figuier 56 54 02 22 et Grande Dune de Pyla (juin-sept.) 56 22 12 85.

Paris 654 – ◆Bordeaux 65 – Arcachon 7,5 – Biscarrosse 33.

Voir plan d'Arcachon agglomération.

Maminotte sans rest, allée Acacias 56 54 55 73, Fax 57 52 24 30 – . GB. AY **n**
35 – **12 ch** 350/430.

Moussours, 35 bd Océan 56 54 07 94, – GB AY **e**
15 fév.-15 nov. et fermé dim. soir et lundi sauf juil.-août – **R** carte 200 à 320.

La Guitoune avec ch, bd Océan 56 22 70 10, Fax 56 22 14 39, – ch . AE GB AY **g**
R 150/250 – 45 – **21 ch** 300/580 – ½ P 550.

à Pilat-Plage S : 3 km par D 218 – 33115 Pyla-sur-Mer.

Voir Dune★★ : ★★.

Oyana, 56 22 72 59, bassin, – . GB
1er avril-1er oct. – **R** *(fermé lundi)* 75/120, enf. 45 – 30 – **16 ch** 270/380 – ½ P 295/312.

Corniche avec ch, 56 22 72 11, Fax 56 22 70 21, bassin, – . GB
15 avril-15 oct. – **R** *(fermé merc. sauf juil.-août)* 89/145, enf. 55 – 40 – **15 ch** 290/520 – ½ P 320/500.

QUARRÉ-LES-TOMBES 89630 Yonne 65 ⑯ G. Bourgogne – 735 h alt. 460.

Paris 235 – Auxerre 72 – Avallon 18 – Château-Chinon 46 – Clamecy 48 – ◆Dijon 97 – Saulieu 28.

aux Brizards SE : 8 km par D 55 et D 355 – 89630 Quarré-les-Tombes :

Aub. des Brizards, 86 32 20 12, Fax 86 32 27 40, , , – . AE GB
fermé 4 janv. au 11 fév. – **R** 100/280 – 40 – **27 ch** 250/500 – ½ P 350/450.

aux Lavaults : SE : 5 km par D 10 – 89630 Quarré-les-Tombes :

Aub. de l'Atre, 86 32 20 79, « Jardin fleuri » – . AE GB JCB
fermé 23 nov. au 9 déc., 25 janv. au 15 mars, mardi soir et merc. du 10 sept. au 30 juin – **R** (prévenir) 195/265, enf. 65.

Gar. Naulot 86 32 23 58

QUATRE-ROUTES-D'ALBUSSAC 19 Corrèze 75 ⑨ – alt. 600 – 19380 St-Chamant.

Voir Roche de Vic ★ S : 2 km puis 15 mn, G. Berry Limousin.

Paris 505 – Brive-la-Gaillarde 27 – Aurillac 74 – Mauriac 69 – St-Céré 40 – Tulle 21.

Roche de Vic, 55 28 15 87, , , – . GB
fermé janv., fév. et lundi sauf juil.-août et fériés – **R** 75/160, enf. 45 – 25 – **13 ch** 120/230 – ½ P 200/230.

Aub. Limousine, 55 28 15 83, , – . GB
fermé 1er nov. au 15 déc. et lundi sauf juil.-août – **R** 60/130 – 30 – **12 ch** 180/240 – ½ P 220.

QUÉDILLAC 35290 I.-et-V. 59 ⑮ – 1 018 h alt. 76.

Paris 392 – ◆Rennes 40 – Dinan 29 – Lamballe 40 – Loudéac 52 – Ploërmel 42.

Relais de la Rance, 99 06 20 20, Fax 99 06 24 01 – . AE GB
fermé 24 déc. au 11 janv. et dim. soir sauf juil.-août – **Repas** 105/450, enf. 60 – 35 – **13 ch** 205/380.

Les QUELLES 67 B.-Rhin 62 ⑧ – alt. 530 – 67130 Schirmeck.

Paris 416 – ◆Strasbourg 59 – St-Dié 51 – Senones 37.

Neuhauser, 88 97 06 81, Fax 88 97 14 29, , – rest . GB. rest
fermé 15 au 30 nov., 15 au 31 janv. et merc. de déc. à fév. – **R** 130/300 – 35 – **14 ch** 240/300 – ½ P 275/300.

QUEMIGNY-POISOT 21220 Côte-d'Or 65 ⑲ – 167 h alt. 397.

Paris 303 – ◆Dijon 26 – Avallon 96 – Beaune 30 – Saulieu 65.

Orée du Bois, 80 49 78 77 – GB
fermé 16 déc. au 31 janv., dim. soir et lundi – **R** 75/130, enf. 55.

Le QUESNOY 59530 Nord 53 ⑤ G. Flandres Artois Picardie (plan) – 4 890 h alt. 125.

Voir Fortifications★.

Office de Tourisme r. Mar.-Joffre ☏ 27 49 05 28.

Paris 222 – ◆ Lille 68 – Cambrai 33 – Guise 41 – Maubeuge 33 – Valenciennes 16.

L'Anzac, 2 r. Weibel ☏ **27 49 27 49** – GB
fermé 1er au 15 sept., 31 janv. au 15 fév., dim. soir et lundi – **R** 70 bc/200 , enf. 50.

CITROEN Lyskawa ☏ 27 49 02 60

RENAULT Lebrun, 74 chemin des Croix ☏ 27 49 08 36

QUESTEMBERT 56230 Morbihan 63 ④ G. Bretagne – 5 076 h alt. 100.

Paris 433 – Vannes 27 – Ploërmel 35 – Redon 33 – ◆Rennes 87 – La Roche-Bernard 24.

✕✕✕✕ ✿✿ **Bretagne** (Paineau) M avec ch, r. St-Michel ☏ **97 26 11 12, Fax 97 26 12 37,** – TV ☎ P. AE GB
fermé 5 janv. au 15 fév., dim. soir et lundi (sauf de juin à sept. et fériés) – **R** (nombre de couverts limité - prévenir) 270/480 et carte 320 à 500, enf. 100 – ☕ 75 – **11 ch** 780/980, 3 appart. – ½ P 1110
Spéc. Huîtres en paquets à la vapeur d'estragon. Homard rôti aux épices. Pièce de turbot au jus de cresson. **Vins** Muscadet.

CITROEN Gar. Le Ray ☏ 97 26 10 43

RENAULT Gar. Marquer ☏ 97 26 10 41 N ☏ 97 01 67 84

Questembert Pneus ☏ 97 26 67 72

QUETTEHOU 50630 Manche 54 ③ G. Normandie Cotentin – 1 395 h.

Syndicat d'Initiative pl. de la Mairie (15 juin-sept.) ☏ 33 43 63 21.

Paris 348 – Cherbourg 26 – Barfleur 10 – St-Lô 65 – Valognes 15.

Demeure du Perron sans rest, ☏ **33 54 56 09, Fax 33 43 69 28,** – TV ☎ ♿ P. GB
fermé dim. soir du 15 nov. au 15 mars – ☕ 30 – **15 ch** 195/255.

La Chaumière avec ch, ☏ **33 54 14 94** – TV ☎. GB
R 55/190 – ☕ 25 – **6 ch** 130/300 – ½ P 150/180.

CITROEN Gar. Godefroy ☏ 33 54 13 50 N

RENAULT Gar. Dujardin ☏ 33 54 11 44 N

La QUEUE-EN-BRIE 94 Val-de-Marne 61 ① ②, 101 ㉘ ㉙ – voir à Paris, Environs.

QUEYRAC 33 Gironde 71 ⑯ – rattaché à Lesparre-Médoc.

QUIBERON 56170 Morbihan 63 ⑫ G. Bretagne – 4 623 h alt. 11 – Casino.

Voir Côte sauvage★★ NO : 2,5 km.

Office de Tourisme et Accueil de France (Informations et réservations d'hôtels pas plus de 5 jours à l'avance) 7 r. Verdun ☏ 97 50 07 84, Télex 950538.

Paris 504 ① – Vannes 49 ① – Auray 29 ① – Concarneau 100 ① – Lorient 55 ①.

Plan page suivante

Sofitel M , pointe du Goulvars ☏ **97 50 20 00, Télex 730712, Fax 97 50 07 34,** ←, centre de thalassothérapie, – ch TV ☎ ♿ P – 40. AE GB. rest — B a
fermé 2 au 31 janv. – **Thalassa R** 225/300 , enf. 120 – ☕ 75 – **116 ch** 1225/1550, 17 appart. – ½ P 780/990.

Ker Noyal , 51 ch. des Dunes ☏ **97 50 08 41, Fax 97 30 58 20,** « Jardin fleuri » – TV ☎ P – 40. AE GB. — B e
1er mars-31 oct. – **R** 190/220 – ☕ 50 – **100 ch** 510/545 – ½ P 510.

Roch Priol , r. Sirènes ☏ **97 50 04 86, Fax 97 30 50 09** – TV ☎ P. GB. rest — B h
fermé 15 nov. au 15 fév. – **R** 89/145 – ☕ 35 – **51 ch** 220/380 – ½ P 320/345.

Bellevue , r. Tiviec ☏ **97 50 16 28, Fax 97 30 44 34,** – TV ☎ P. GB. rest — B d
28 mars-4 nov. – **R** 135/200 – ☕ 48 – **42 ch** 410/670 – ½ P 390/500.

Petite Sirène, 15 bd R. Cassin ☏ **97 50 17 34, Fax 97 50 03 73,** ← – cuisinette TV ☎ P. GB. — B b
21 mars-5 nov. – **R** *(fermé merc. hors sais.)* 88/250 – ☕ 37 – **14 ch** 300/387.

Ibis M, r. Marronniers, pointe du Goulvars ☏ **97 30 47 72, Télex 951935, Fax 97 30 55 78,** – ch TV ☎ ♿ P – 80. AE GB — B r
R 97/122 , enf. 50 – ☕ 37 – **95 ch** 430/500 – ½ P 365.

Neptune, 4 quai de Houat à **Port Maria** ☏ **97 50 09 62, Fax 97 50 41 44,** ← – TV ☎. GB
fermé 20 déc. au 5 fév. et lundi du 2 nov. au 11 avril – **R** 75/260, enf. 50 – ☕ 36 – **22 ch** 300/380 – ½ P 300/330. — A p

Gulf Stream M sans rest, bd Chanard ☏ **97 50 16 96, Fax 97 50 35 64,** ←, – TV ☎. AE GB — B g
fermé 15 nov. au 1er fév. – **24 ch** ☕ 420/580.

Druides, 6 r. Port Maria ☏ **97 50 14 74, Fax 97 50 35 72** – TV ☎. GB. ch — A n
hôtel : 1er mars-15 nov. ; rest. : 10 avril-31 oct. – **R** 80/165, enf. 45 – ☕ 38 – **32 ch** 300/480 – ½ P 320/390.

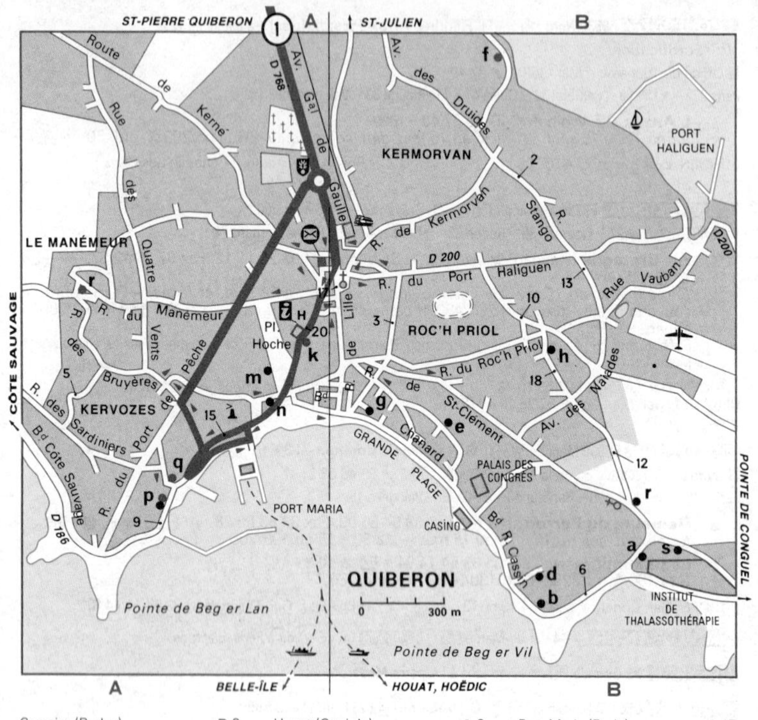

Corsaire (R. des) . . . . **B** 2
France (Bd A.) . . . . **B** 3
Genêts (R. des) . . . . **A** 5
Goviro (Bd du) . . . . **B** 6
Houat (Quai de) . . . . **A** 9
Korrigans (R. des) . . . . **B** 10
Marronniers (Av. des) . . . . . . **B** 12
Peupliers (R. des) . . . . **B** 13
Port-Maria (R. de) . . . . **A** 15
Repos (Pl. du) . . . . **AB** 17
Sirènes (R. des) . . . . **B** 18
Verdun (R. de) . . . . **A** 20

XX **Le Relax,** 27 bd Castero à la plage de Kermorvan ✆ 97 50 12 84, ←, – **P**. GB — B **f**
fermé 24 nov. au 4 déc., 2 janv. au 12 fév., dim. soir du 15 sept. au 30 avril et lundi du 15 sept. au 30 juin – **R** 62/130, enf. 38.

XX **La Roseraie,** 2 quai Houat à Port-Maria ✆ 97 30 40 83 – AE GB — A **p**
fermé 3 janv. au 15 fév., merc. midi et mardi – **R** 135.

XX **Ancienne Forge,** 20 r. Verdun ✆ 97 50 18 64 – AE GB — A **k**
fermé 5 janv. au 15 fév. et merc sauf juil.-août – **R** 85/120, enf. 58.

XX **La Goursen,** quai Océan à **Port Maria** ✆ 97 50 07 94 – GB — A **q**
avril-nov. et fermé mardi sauf le soir en juil.-août et merc. midi hors sais. – **R** carte 200 à 330.

X **La Chaumine,** à Manémeur ✆ 97 50 17 67 – GB — A **r**
mi-mars-1er nov. et fermé dim. soir et lundi sauf juil.-août – **R** 140/260.

à Port Haliguen E : 2 km par D 200 – ✉ **56170** Quiberon :

Europa, ✆ 97 50 25 00, Fax 97 50 39 30, ←, – cuisinette TV ☎ **P**. GB. rest
1er avril-11 nov. – **R** 100/160, enf. 70 – 45 – **53 ch** 350/650 – ½ P 400/490.

à St-Julien N : 2 km – ✉ **56170** Quiberon :

Baie sans rest, ✆ 97 50 08 20, Fax 97 50 41 51 – ☎ **P**. GB
Pâques-15 nov. – 26 – **19 ch** 185/310.

Au Vieux Logis, ✆ 97 50 12 20, – ☎ **P**. GB. rest
hôtel : Pâques-30 sept. ; rest. : 1er mai-20 sept. – **R** 68/150, enf. 38 – 28 – **22 ch** 162/245 – ½ P 230/280.

à St-Pierre-Quiberon N : 4,5 km par D 768 – ✉ **56510**.

Voir Pointe du Percho ← ★ au NO : 2,5 km.

Plage, ✆ 97 30 92 10, Fax 97 30 99 61, ← – cuisinette TV ☎ **P**. AE GB. rest
10 avril-mi-oct. – **R** 92/170, enf. 65 – 46 – **49 ch** 500/600 – ½ P 350/460.

CITROEN Gar. St-Christophe, 21 av. Gén.-de-Gaulle par ① ✆ 97 50 07 71
PEUGEOT Gar. Le Garrec, 6 av. Gén.-de-Gaulle par ① ✆ 97 50 08 01
RENAULT S.O.D.A.P., 12 av. Gén.-de-Gaulle par ① ✆ 97 50 07 42 N

QUIBERVILLE 76860 S.-Mar. 52 ③ – 429 h alt. 74.

Paris 182 – Dieppe 18 – ♦Rouen 59 – St-Valéry-en-Caux 18.

L'Huitrière, ✆ 35 83 02 96, Fax 35 04 28 23 – TV ☎ P. GB
1er fév.-15 nov. – **R** 120/220 – ☐ 32 – **19 ch** 225/300 – ½ P 250/300.

QUIÉVRECHAIN 59 Nord 53 ⑤ – rattaché à Valenciennes.

QUILLAN 11500 Aude 86 ⑦ G. Pyrénées Roussillon – 3 818 h alt. 291.

Voir Défilé de Pierre Lys★ S : 5 km.

Office de Tourisme pl. Gare ✆ 68 20 07 78.

Paris 822 – Foix 61 – Andorra la Vella 116 – Carcassonne 52 – Limoux 27 – ♦Perpignan 75 – Prades 61.

La Chaumière, bd Ch. de Gaulle ✆ 68 20 17 90 – TV ☎ ⇔. GB. ✻ ch
fermé 15 déc. au 21 janv. et lundi de janv. à mars – **R** 72/250, enf. 48 – ☐ 34 – **18 ch** 300/360 – ½ P 320/340.

Pierre Lys, av. Carcassonne ✆ 68 20 08 65, ≤, ⛱ – ☎ P. GB
fermé mi-nov. à mi-déc. et dim. soir de janv. à mars – **R** 65/235 ♁, enf. 50 – ☐ 35 – **16 ch** 160/260 – ½ P 185/195.

Cartier, bd Ch. de Gaulle ✆ 68 20 05 14, Fax 68 20 22 57 – |‡| TV ☎. AE GB
1er mars-20 déc. – **R** *(fermé sam. d'oct. à mars)* 77/160, enf. 42 – ☐ 35 – **30 ch** 249/340 – ½ P 260/300.

au Sud : 10 km sur D117 (carrefour D117 - D107) – ✉ 11140 Axat :

Rébenty, ✆ 68 20 50 78 – AE GB
fermé oct., dim. soir et lundi sauf du 13 juil. au 29 août – **R** 95/130.

CITROEN Nivet, rte de Carcassonne, N 118 ✆ 68 20 04 27
PEUGEOT-TALBOT Gar. Roosli, 4 bd Ch.-de-Gaulle ✆ 68 20 01 01
RENAULT Gar. Escur, rte de Carcassonne, ZA ✆ 68 20 06 66 N ✆ 68 20 01 79
V.A.G Gar. Dubois, ZA, rte de Carcassonne ✆ 68 20 07 92

Saunier, 65 bd Ch.-de-Gaulle ✆ 68 20 00 49

QUIMPER P 29000 Finistère 58 ⑮ G. Bretagne – 59 437 h alt. 8.

Voir Cathédrale★★ BZ – Grandes fêtes de Cornouaille★ (fin juillet) – Le vieux Quimper★ : Rue Kéréon★ ABY – Jardin de l'Évêché ≤★ BZ **K** – Mont-Frugy ≤★ ABZ – Musée des Beaux-Arts★★ BY **H** – Musée départemental breton★ BZ **M**1 – Musée de la faïence Jules Verlingue★ AX **M**2 – Descente de l'Odet★★ en bateau 1 h 30.

9 de Quimper et de Cornouaille ✆ 98 56 97 09 ; à la Forêt-Fouesnant par ④ : 17 km ; 9 18 de l'Odet ✆ 98 54 87 88 à Clohars-Fouesnant : 12 km.

de Quimper-Cornouaille ✆ 98 94 30 30, par D 40 : 8 km AX.

✆ 98 90 50 50.

Office de Tourisme avec A.C. pl. Résistance ✆ 98 53 04 05.

Paris 557 ③ – ♦Brest 72 ① – Lorient 66 ③ – ♦Rennes 208 ③ – St-Brieuc 130 ① – Vannes 119 ③.

Plan page suivante

Griffon et rest. Créach Gwenn M, 131 rte Bénodet ✆ 98 90 33 33, Télex 940063, Fax 98 53 06 67, ⛱, ⛱ – ⇔ ch TV ☎ P – 🏛 30 à 150. AE ⓓ GB JCB — BX **s**
R *(fermé dim. midi)* 95/215 – ☐ 47 – **49 ch** 300/450.

Novotel M, par bd Le Guennec, près centre commercial de Kerdrezec ✆ 98 90 46 26, Télex 941362, Fax 98 53 01 96, ⛱, ⛱ – |‡| ⇔ ch ▤ rest TV ☎ ♿ P – 🏛 200. AE ⓓ GB JCB — AX **n**
R 80/200, enf. 50 – ☐ 50 – **92 ch** 440/520.

Tour d'Auvergne, 13 r. Réguaires ✆ 98 95 08 70, Télex 941100, Fax 98 95 17 31 – |‡| TV ☎ P. AE GB — BZ **e**
R *(fermé 18 déc. au 22 janv., sam. midi du 1er oct. au 15 juil., lundi midi et dim. d'oct. à avril)* 145/230, enf. 80 – ☐ 44 – **43 ch** 365/465 – ½ P 392/428.

Gradlon sans rest, 30 r. Brest ✆ 98 95 04 39, Fax 98 95 61 25 – TV ☎. AE ⓓ GB. ✻ — BY **a**
☐ 46 – **23 ch** 340/650.

Relais Arcade M sans rest, 21 bis av. gare ✆ 98 90 31 71, Télex 941224, Fax 98 53 09 81, ⛱ – |‡| TV ☎ ♿ P – 🏛 40. AE ⓓ GB — BX **a**
☐ 35 – **63 ch** 280/365.

Ibis M, r. G. Eiffel ✆ 98 90 53 80, Télex 940007, Fax 98 52 18 41 – ⇔ ch TV ☎ ♿ P – 🏛 60. AE GB — BV **f**
R 83 ♁, enf. 39 – ☐ 34 – **72 ch** 280/325.

Sapinière sans rest, rte Bénodet par ⑤ : 4 km ✆ 98 90 39 63, Télex 940034, ✻ – TV ☎ P – 🏛 100. AE ⓓ GB. ✻
fermé 15 sept. au 12 oct. – ☐ 32 – **39 ch** 130/250.

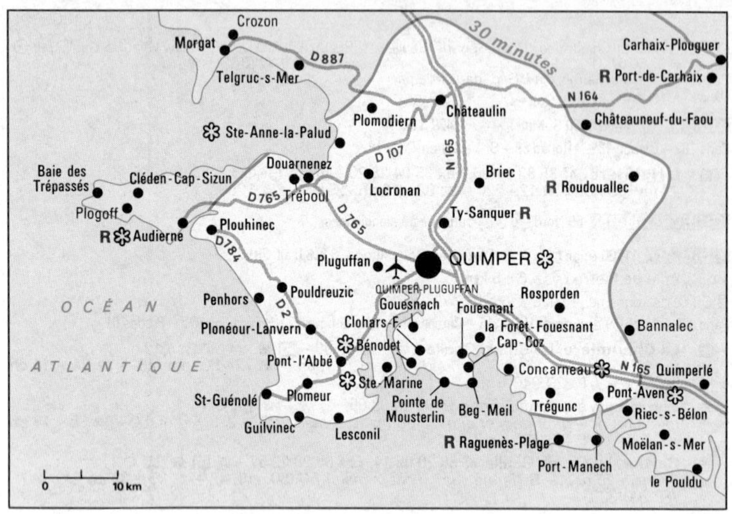

XXX **Les Acacias,** au S: Z.A. Creac'h Gwen par bd le Guennec AX ℰ 98 52 15 20, ⛱ – **P**. GB
fermé dim. soir – **R** 155/280, enf. 50.

XXX ✿ **Le Capucin Gourmand** (Conchon), 29 r. Réguaires ℰ 98 95 43 12 – GB BZ **r**
fermé 5 au 25 juil., vacances de fév., sam. (sauf le soir d'oct. à mai), dim. et fériés – **R** 160/350 et carte 280 à 460
Spéc. Croustillant de langoustines. Ragoût de homard aux morilles et à la crème. Feuillantines caramélisées aux poires fondantes.

XX **L'Ambroisie,** 49 r. Elie Fréron ℰ 98 95 00 02 – GB BY **u**
fermé lundi soir hors sais. – **R** 109/278, enf. 65.

XX **Fleur de Sel,** 1 quai Neuf ℰ 98 55 04 71 – GB AX **v**
fermé 1er au 8 mai, 24 déc. au 9 janv., sam. midi et dim. – **R** 98/210.

à Ty Sanquer : 7 km par ① et D 770 – ✉ **29000** Quimper :

XX **Aub. Ty Coz,** ℰ 98 94 50 02 – **P**. GB
fermé 23 avril au 12 mai, 10 sept. au 5 oct., dim. soir et lundi – **Repas** 90/210.

au Sud : 5 km par rte de Pont-l'Abbé, sortie Z.A. Bel-air – ✉ **29700** Pluguffan :

XXX **La Roseraie de Bel Air,** ℰ 98 53 50 80, 🌳 – **P**. GB
fermé dim. soir et lundi – **R** 136/250, enf. 86.

à Pluguffan O : 7 km par D 40 AX – 3 238 h. – ✉ **29700** :

🏠 **La Coudraie** 🐎 sans rest, impasse du Stade ℰ 98 94 03 69, Fax 98 94 08 42, 🌳 – 📺 ☎ **P**. GB
fermé 29 août au 4 sept., 28 oct. au 7 nov., vacances de fév., sam. et dim. en hiver – ☕ 30 – **11 ch** 200/285.

ALFA-ROMEO Jourdain, 36 rte de Bénodet ℰ 98 90 60 64
AUSTIN-ROVER Kemper-Autom., 13 av. Libération ℰ 98 90 50 00
CITROEN S.C.A.F. Diffusion Automobiles, rte de Bénodet à Ménez-Bily par ⑤ ℰ 98 90 33 47 **N** ℰ 98 90 28 05
FIAT Ouest Atlantique Autom., 136 av. Ty Bos, rte de Concarneau ℰ 98 90 84 00
FORD Bretagne-Autom., 105 av. de Ty-Bos ℰ 98 90 32 00 **N** ℰ 98 90 28 05
MERCEDES-BENZ Belléguic, ZI rte de Coray, ℰ 98 90 03 69 **N** ℰ 98 90 24 24
PEUGEOT-TALBOT Gar. G. Nédélec, 66 rte de Brest ℰ 98 95 42 74

RENAULT Gar. de l'Odet, ZAC de Kernevez rte de Douarnenez par ⑦ ℰ 98 55 29 46 **N** ℰ 98 90 24 24
V.A.G Gar. Honoré, KM 4 rte de Rosporden ℰ 98 94 63 00

Ⓜ Bégot Pneus, 79 rte de Brest ℰ 98 95 09 33
Lorans-Pneus Pneu + Armorique, r. O.-de-Serre ZI Hippodrome ℰ 98 53 35 26
Nouveaux Ets CAP, r. Lebon ZI Hippodrome ℰ 98 90 18 87
Simon Pneus, Le Melenec, rte d'Elliant à Ergué-Gabéric ℰ 98 90 17 73

Europe

Si le nom d'un hôtel figure en petits caractères demandez, à l'arrivée, les conditions à l'hôtelier.

QUIMPER

Astor (R.) . . . . **AYZ** 2
Chapeau-Rouge (R.) . . **AY** 9
Kéréon (R.) . . . . **AY**
Kerguélen (Bd de) . . . . **BZ** 23
Parc (R. du) . . . . **ABZ** 34
St-François (R.) . . . . . . **BZ** 45
St-Mathieu (R.) . . . . . . **AZ** 47

Bécharles (Av. de) . . . **BV** 3
Beurre (Pl. au) . . . . **BY** 4
Boucheries (R. des) . . **BY** 6
Concarneau (R. de) . . . **BX** 10
Frugy (R. du) . . . . **ABX** 14
Gare (Av. de la) . . . . . . **BX** 15
Guéodet (R. du) . . . . . **BY** 16
Jacob (Pont Max) . . . . **AZ** 18
Le Hars (R. Th.) . . . . . . **BZ** 24
Libération (Av. de la) . . **BX** 25

Locmaria (Allées) . . . . . **AZ** 26
Luzel (R.) . . . . **BY** 28
Mairie (R. de la) . . . . **BY** 29
Moulin-Vert (R. du) . . . . **AV** 30
Pont-l'Abbé (R. de) . . . . **AX** 35
Potiers (Ch. des) . . . . . . **BX** 37
Poulguinan (Bd de) . . . . **AX** 38
Résistance et du Gén.
de Gaulle (Pl. de la) . . **AZ** 40

Ronarc'h (R. Amiral) . . . . **AZ** 42
St-Corentin (Pl.) . . . . **BZ** 43
Ste-Catherine (R.) . . . . . . **BZ** 48
Sallé (R. du) . . . . **BY** 52
Steir (Q. du) . . . . **AZ** 53
Terre-aux-Ducs (Pl.) . . . . **AY** 54
Tourbie (Pl. de la) . . . . . . **BY** 57
Tour-d'Auvergne (R.) . . . **BX** 58
Ty-Nay (Rte de) . . . . **BV** 60

QUIMPERLÉ **29300** Finistère 58 ⑫ ⑰ **G. Bretagne** (plan) – 10 748 h alt. 35.

Voir Église Ste-Croix★★ – Rue Dom-Morice★.

Office de Tourisme Pont Bourgneuf ✆ 98 96 04 32.

Paris 511 – Quimper 48 – Carhaix-Plouguer 55 – Concarneau 31 – Pontivy 54 – ◆Rennes 162 – St-Brieuc 111 – Vannes 73.

- **Novalis** M sans rest, rte Concarneau : 1,5 km ✆ 98 39 24 00, Fax 98 39 12 10 – TV ☎ ♿ P – 🏢 60. AE GB
  ☐ 30 – **24 ch** 220/240.
- XX **Relais du Roch**, S : 2 km par D 49 ✆ 98 96 12 97 – P. GB
  fermé 15 déc. au 5 janv., vacances de fév., dim. soir et lundi – **R** 82/350, enf. 40.
- XX **Bistro de la Tour**, 2 r. Dom. Morice ✆ 98 39 29 58, Fax 98 39 21 77 – AE GB
  fermé 25 au 29 déc., sam. midi et dim. soir sauf du 15 juil. au 31 août et lundi – **R** 99/290 bc.
- X **Aub. de Toulfoën** avec ch, S : 3 km par D 49 ✆ 98 96 00 29 – P. AE ⓓ GB. ✘ ch
  fermé 25 sept. au 31 oct. et lundi sauf juil.-août – **R** 100/255 – ☐ 30 – **6 ch** 180/375.

CITROEN Gar. Gaudart, rte de Quimper à Roz-Glass ✆ 98 96 20 30
FIAT Central Auto, 22 rte de Lorient ✆ 98 39 08 39
OPEL Auto Service 29, ZAC de Kervidannou ✆ 98 96 14 74
RENAULT Sodiqa, 117 r. de Pont-Aven ✆ 98 39 26 39
V.A.G Gar. Quimperlois, 41 rte de Lorient ✆ 98 39 32 24

Lorans-Pneus Pneu + Armorique, 40 rte de Quimper ✆ 98 96 01 39

QUINCIÉ-EN-BEAUJOLAIS **69430** Rhône 73 ⑨ – 1 059 h alt. 319.

Paris 422 – Roanne 68 – Beaujeu 6,5 – Bourg-en-Bresse 51 – ◆Lyon 57 – Mâcon 30.

- **Mont-Brouilly**, E : 2,5 km par D 37 ✆ 74 04 33 73, Fax 74 69 00 72, ⛱, 🌳 – ▤ rest TV ☎ ♿ P – 🏢 30. AE GB
  fermé 20 au 27 déc., fév., lundi (sauf le soir d'avril à sept.) et dim. soir d'oct. à mars – **R** 90/240, enf. 50 – ☐ 35 – **29 ch** 250/320 – ½ P 245/260.
- XX **Aub. du Pont des Samsons**, E : 2,5 km par D 37 ✆ 74 04 32 09, 🍴 – P. GB
  fermé jeudi – **R** 88/200 🍷, enf. 50.

QUINSAC **33360** Gironde 75 ⑪ – 1 866 h alt. 49.

Paris 591 – ◆Bordeaux 13 – Langon 33 – Libourne 33.

- XX **Robinson** 🐌 avec ch, SE : 2 km sur D 10 ✆ 56 21 31 09, ≤, 🍴, 🌳, ✘ – ☎ P. AE ⓓ GB
  fermé janv. – **R** 130/200 – ☐ 35 – **5 ch** 300.

QUINSON **04480** Alpes-de-H.-P. 84 ⑤ – 274 h alt. 370.

Paris 792 – Digne-les-Bains 60 – Aix-en-Provence 75 – Brignoles 44 – Castellane 75.

- **Relais Notre-Dame**, ✆ 92 74 40 01, 🍴, ⛱, 🌳 – ☎ P. GB. ✘ ch
  15 mars-15 déc. et fermé dim. soir et lundi du 1er oct. à Pâques – **R** 84/170, enf. 38 – ☐ 36 – **14 ch** 144/270 – ½ P 202/255.

QUINTIN **22800** C.-d'Armor 59 ⑫ ⑬ **G. Bretagne** – 2 602 h alt. 179.

Paris 465 – St-Brieuc 19 – Guingamp 30 – Lamballe 35 – Loudéac 31.

- **Commerce**, r. Rochonen ✆ 96 74 94 67 – TV ☎. GB
  fermé 15 nov. au 15 déc. – **R** *(fermé dim. soir et lundi midi sauf du 1er juil. au 15 sept.)* 68/290 🍷 – ☐ 28 – **13 ch** 145/230 – ½ P 175/225.

PEUGEOT Auto Quintinaise, Les Quartiers à St-Brandan ✆ 96 74 87 96 N ✆ 96 74 83 31
RENAULT Gar. du Gouet, r. de St-Eutrope à St-Brandan ✆ 96 74 83 99

RABOT **41** L.-et-Ch. 64 ⑨ – rattaché à Lamotte-Beuvron.

RACOU-PLAGE **66** Pyr.-Or. 86 ⑳ – rattaché à Argelès-sur-Mer.

RAGUENÈS-PLAGE **29** Finistère 58 ⑪ **G. Bretagne** – ✉ **29139** Névez.

Paris 540 – Quimper 42 – Carhaix-Plouguer 69 – Concarneau 17 – Pont-Aven 11 – Quimperlé 29.

- **Chez Pierre** 🐌, ✆ 98 06 81 06, 🍴, 🌳 – ☎ P. GB. ✘ rest
  3 avril-28 sept. et fermé merc. (sauf hôtel) du 15 juin au 15 sept. – **Repas** 100/245, enf. 70 – ☐ 28 – **35 ch** 187/374 – ½ P 219/318.
- **Men Du** 🐌 sans rest, ✆ 98 06 84 22, ≤, 🌳 – ☎ P. GB. ✘
  1er avril-27 sept. – ☐ 32 – **14 ch** 280/300.

Le RAINCY **93** Seine-St-Denis 56 ⑪ – voir à Paris, Environs.

RAISMES **59** Nord 53 ④ – rattaché à Valenciennes.

RAMATUELLE **83350** Var 84 ⑰ **G. Côte d'Azur** – 1 945 h alt. 135.

Voir Col de Collebasse ≤★ S : 4 km.

Paris 878 – Fréjus 36 – Hyères 53 – Le Lavandou 36 – St-Tropez 9,5 – Ste-Maxime 16 – ◆Toulon 73.

- **Le Baou** 🐌, ✆ 94 79 20 48, Télex 462152, Fax 94 79 28 36, ≤ vieux village et mer, 🍴, ⛱, 🌳 – 🛗 TV ☎ 🚗 P – 🏢 50. AE ⓓ GB. ✘ rest
  1er mars-15 nov. – **R** 250 bc/350 – ☐ 65 – **31 ch** 700/1600.

Ferme d'Hermès sans rest, rte l'Escalet, SE : 2,5 km ☎ 94 79 27 80, Fax 94 79 26 86, « Demeure provençale dans le vignoble », ⛱, – cuisinette TV ☎ P. GB
1er avril-31 oct. – ☐ 70 – **10 ch** 750/900.

à la Bonne Terrasse E : 5 km par D 93 et rte Camarat – ✉ **83350** Ramatuelle :

Chez Camille, ☎ 94 79 80 38, ≤ – P. GB
1er avril-30 sept. et fermé mardi sauf le soir du 16 juin au 15 sept. – **R** produits de la mer (week-end et saison, prévenir) 220/450.

RAMBOUILLET SP **78120** Yvelines 60 ⑧ ⑨ 106 ㉗ ㉘ **G. Ile de France** – 24 343 h alt. 160.

Voir Boiseries★ du château Z – Parc★ YZ : laiterie de la Reine★ Z **B**, chaumière des coquillages★ Z **E** – Bergerie nationale★ Z – Forêt de Rambouillet★.

9 18 de Maintenon (28) ☎ 37 27 18 09, par ④ : 22 km.

Office de Tourisme à l'Hôtel de Ville ☎ (1) 34 83 21 21.

Paris 51 ① – Chartres 41 ③ – Étampes 39 ③ – Mantes-la-Jolie 48 ① – ♦Orléans 89 ③ – Versailles 31 ①.

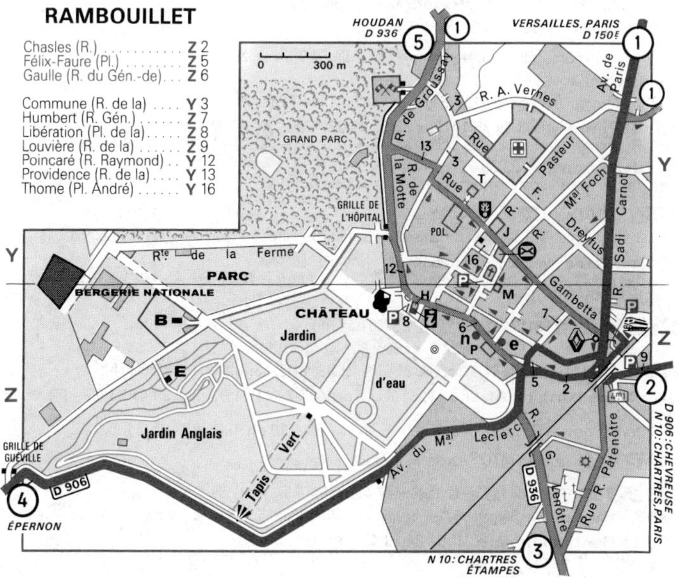

Climat de France M, N 10 par ② ☎ (1) 34 85 62 62, Télex 695645, Fax (1) 30 59 23 57, ⛱, ✕ – TV ☎ ♿ P – 🏛 30. AE GB
R 80/120 ♂, enf. 36 – ☐ 32 – **65 ch** 229/275.

La Bonne Étoile sans rest, Le Bel Air N 10 par ③ ☎ (1) 34 85 58 58 – TV ☎ ♿ P – 🏛 40
44 ch.

Cheval Rouge, 78 r. Gén. de Gaulle ☎ (1) 30 88 80 61, Fax 34 83 91 60, – ▤. AE ⓓ GB — Z **n**
fermé 15 juil. au 17 août et dim. soir – **R** 125/200.

Poste, 101 r. Gén. de Gaulle ☎ (1) 34 83 03 01 – AE GB — Z **e**
fermé 1er au 7 janv., dim. soir et lundi sauf fêtes – **R** 118/186 ♂.

aux Chaises par ④ et D 80 : 11 km – ✉ **78120** Rambouillet :

Maison des Champs, ☎ (1) 34 83 50 19, « Jardin fleuri » – P. AE GB
fermé 29 juil. au 28 août, vacances de fév., lundi soir, mardi soir et merc. – **R** (nombre de couverts limité - prévenir) carte 175 à 250.

BMW Soravia 29 r. Pâtenôtre ☎ (1) 34 85 77 77
CITROEN Van de Maele, r. G.-Lenôtre par ③ ☎ (1) 30 41 81 81
PEUGEOT Préhel, 56 r. Le Nôtre, Le Bel Air par ③ ☎ (1) 30 41 01 70
RENAULT Gar. de la Gare, 9 r. Sadi-Carnot ☎ (1) 30 59 89 42
V.A.G Sofriga, 122 r. de Clairefontaine ☎ (1) 30 41 87 68

RANCÉ **01390** Ain 74 ⑩ – 410 h alt. 282.

Paris 442 – ♦Lyon 33 – Bourg-en-Bresse 42 – Villefranche-sur-Saône 12.

Rancé, ☎ 74 00 81 83, Fax 74 00 87 08 – GB
fermé dim. soir, lundi soir et mardi soir sauf août – **R** 130/265, enf. 70.

RANÇON 87290 H.-Vienne 72 ⑦ G. Berry Limousin – 544 h alt. 217.

Paris 374 – ◆ Limoges 38 – Bellac 12 – La Souterraine 33.

L'Oie et le Gril, ☎ 55 68 15 06 – GB
fermé 15 sept. au 15 oct., 23 fév. au 2 mars, mardi soir et merc. – **R** 110.

RANDAN 63310 P.-de-D. 73 ⑤ G. Auvergne – 1 429 h alt. 407.

Voir Villeneuve les Cerfs : pigeonnier★ O : 2 km.

Syndicat d'Initiative à la Mairie (fermé après-midi) ☎ 70 41 50 02.

Paris 408 – ◆ Clermont-Ferrand 39 – Aigueperse 13 – Gannat 18 – Riom 24 – Thiers 29 – Vichy 15.

Centre avec ch, ☎ 70 41 50 23 – GB
fermé 20 oct. au 1er déc., mardi soir et merc. sauf juil.-août – **R** 60/200 – 25 – **10 ch** 140/180 – ½ P 210/230.

à St-Priest-Bramefant E : 7,5 km par D 59 – ✉ 63310 :

Château de Maulmont, ☎ 70 59 03 45, Fax 70 59 11 88, ≤, « Château du 19e siècle dans un parc », – ☎ – 50. AE GB
R 140/300 – 55 – **27 ch** 275/900 – ½ P 360/635.

CITROEN Elambert ☎ 70 41 51 62

RÂNES 61150 Orne 60 ② G. Normandie Cotentin – 1 015 h alt. 250.

Syndicat d'Initiative à la Mairie ☎ 33 39 73 87.

Paris 216 – Alençon 40 – Argentan 19 – Bagnoles-de-l'Orne 19 – Falaise 34.

St Pierre, ☎ 33 39 75 14, Fax 33 35 49 23 – ☎ – 80. AE ① GB
R *(fermé vend. soir hors sais.)* 66/215, enf. 48 – 30 – **12 ch** 240/340 – ½ P 275.

Jean Anne, ☎ 33 39 75 16 – AE GB
fermé mardi soir et merc. sauf fériés – **R** 59/195.

RANG 25250 Doubs 66 ⑰ – 474 h alt. 287.

Paris 458 – ◆ Besançon 59 – Baume-les-Dames 22 – Belfort 38 – Lure 39 – Montbéliard 27 – Vesoul 52.

Moderne avec ch, ☎ 81 96 32 54 – Ⓟ. AE GB
fermé 1er au 15 nov., 15 janv. au 7 fév. et lundi – **R** 50/180 – 22 – **10 ch** 90/170 – ½ P 145/170.

RAON-L'ÉTAPE 88110 Vosges 62 ⑦ – 6 780 h alt. 291.

Syndicat d'Initiative r. J.-Ferry (mi juin-mi sept.) ☎ 29 41 83 25.

Paris 372 – Épinal 44 – ◆ Nancy 64 – Lunéville 34 – Neufchâteau 112 – St-Dié 17 – Sarrebourg 51.

Relais Lorraine Alsace M, 31 r. J. Ferry ☎ 29 41 61 93, Fax 29 41 93 09 – TV ☎. AE ① GB
fermé nov. – **R** *(fermé lundi)* 65/145 – 30 – **10 ch** 190/290 – ½ P 185/235.

RASTEAU 84 Vaucluse 81 ② – rattaché à Vaison-la-Romaine.

RAUZAN 33420 Gironde 75 ⑫ G. Pyrénées Aquitaine – 978 h alt. 100.

Paris 609 – ◆ Bordeaux 37 – Bergerac 57 – Libourne 22 – Marmande 45.

La Gentilhommière, ☎ 57 84 13 42 – Ⓟ. AE ① GB
fermé 15 au 30 nov. et lundi sauf fêtes – **R** 100/240, enf. 60.

RAZAC-SUR-L'ISLE 24 Dordogne 75 ⑤ – rattaché à Périgueux.

RAZÈS 87640 H.-Vienne 72 ⑧ – 919 h alt. 436.

Paris 374 – ◆ Limoges 33 – Argenton-sur-Creuse 69 – Bellac 33 – Guéret 65.

Familles, ☎ 55 71 03 61, – Ⓟ. ch
fermé 15 nov. au 15 déc., vend. soir et sam. soir d'oct. à mai – **R** 55/120 – 18 – **7 ch** 90/140 – ½ P 160/200.

RAZ (Pointe du) ★★★ 29 Finistère 58 ⑬ G. Bretagne – alt. 72.

Voir ✻★★.

Paris 608 – Quimper 51 – Douarnenez 37 – Pont-L'Abbé 47.

à La Baie des Trépassés par D 784 et VO : 3,5 km :

Baie des Trépassés, ✉ 29770 Plogoff ☎ 98 70 61 34, Fax 98 70 35 20, ≤ – ☎ Ⓟ. GB
fermé 5 janv. au 12 fév. – **R** 90/265, enf. 52 – 33 – **27 ch** 212/326 – ½ P 257/341.

Relais de la Pointe du Van, ✉ 29770 Cléden-Cap-Sizun ☎ 98 70 62 79, ≤, – ☎ Ⓟ. GB
1er avril-30 sept. – **R** snack 90 – 33 – **25 ch** 240/352 – ½ P 291/347.

RÉ (Ile de) ★ 17 Char.-Mar. 71 ⑫ G. Poitou Vendée Charentes.

Trousse Chemise ☎ 46 29 58 05, S par D 101 : 3,5 km.

Accès : par le pont routier (voir à La Rochelle).

Syndicat d'Initiative pl. Antioche ☎ 46 30 22 92.

Ars-en-Ré – 1 165 h alt. 3 – ✉ **17590**.

Syndicat d'Initiative pl. Carnot (saison) ✆ 46 29 46 09.

Paris 503 – La Rochelle 34 – Fontenay-le-Comte 81 – Luçon 69.

Le Parasol M, rte St-Clément des Baleines, NO : 0,5 km ✆ **46 29 46 17**, – cuisinette TV ☎ ♿ P. GB
fermé 15 nov. au 15 déc. et 7 au 21 janv. – **R** *(fermé mardi d'oct. à mars)* 110/170 – 36 – **29 ch** 335/415 – ½ P 310/345.

Le Martray, Le Martray E : 3 km par D 735 ✆ **46 29 40 04, Fax 46 29 41 19**, – TV ☎ P. AE ① GB
1er avril-2 nov. – **R** 110/190 – 40 – **14 ch** 320/350 – ½ P 340.

CITROEN Gar. de Beauregard, ✆ 46 29 40 43

La Flotte – 2 452 h alt. 5 – ✉ **17630**.

Office de Tourisme quai Sénac (fermé matin sauf juin-sept.) ✆ 46 09 60 38.

Paris 486 – La Rochelle 18 – Fontenay-le-Comte 65 – Luçon 53.

✿ **Richelieu** M, ✆ **46 09 60 70, Fax 46 09 50 59**, ←, centre de thalassothérapie, – TV ☎ P – 60. GB
R *(fermé 5 janv. au 15 fév.)* 220/400 et carte 310 à 450 – 80 – **40 ch** 800/2000, 3 appart. – ½ P 800/2000
Spéc. Homard grillé au beurre rouge. Langoustines grillées laquées d'épices. Suprême de lotte aux pétales de tomate.
Vins Blanc et rouge de Ré.

Hippocampe sans rest, ✆ **46 09 60 68** – ☎
21 – **18 ch** 90/219.

XX **Le Lavardin,** r. H. Lainé ✆ **46 09 68 32** – GB
fermé 15 nov. au 15 déc., 15 janv. au 15 fév., lundi soir et mardi de déc. à mars – **R** 150/330.

X **L'Écailler,** 3 quai Senac ✆ **46 09 56 40**, – GB
10 avril-1er nov., vacances de Noël et fermé lundi sauf juil.-août – **R** produits de la mer seul. – carte 180 à 290.

PEUGEOT, TALBOT Gar. Chauffour ✆ 46 09 60 25

Les Portes-en-Ré – 660 h alt. 2 – ✉ **17880**.

Trousse Chemise ✆ 46 29 69 37, S par D 101 : 3,5 km.

Syndicat d'Initiative pl. de la Chanterelle ✆ 46 29 52 71.

Paris 510 – La Rochelle 42 – Fontenay-le-Comte 89 – Luçon 77.

XX **Aub. de la Rivière,** O : 1 km sur D 101 ✆ **46 29 54 55, Fax 46 29 40 32**, – P. AE GB
fermé 15 nov. au 17 déc., lundi soir et mardi hors sais. – **R** 100/340, enf. 50.

Rivedoux-Plage – 1 163 h – ✉ **17940**.

Syndicat d'Initiative pl. République (fermé après-midi hors saison) ✆ 46 09 80 62.

Paris 481 – La Rochelle 13 – Fontenay-le-Comte 60 – Luçon 48.

Rivotel M, 154 av. Dunes ✆ **46 09 89 51, Fax 46 09 89 04**, ←, – TV ☎ ♿ P. GB
hôtel : 2 avril-14 nov. – **Le Lamparo** *(10 avril-3 oct.)* **R** 140/260 – 45 – **29 ch** 420/700 – ½ P 410/510.

Aub. de la Marée, rte St-Martin ✆ **46 09 80 02, Fax 46 09 88 25**, ←, « Jardin fleuri et piscine » – ch TV ☎. GB
hôtel : 4 avril-11 nov. ; rest. : 20 mai-début oct. et fermé lundi midi et mardi midi hors sais. – **R** 170/330, enf. 65 – 40 – **34 ch** 450/900 – ½ P 350/600.

St-Clément-des-Baleines – 607 h – ✉ **17590**.

Voir L'Arche de Noé (parc d'attractions) : Naturama★ (collection d'animaux naturalisés) – Phare des Baleines ★ N : 2,5 km.

Syndicat d'Initiative r. Mairie (fermé après-midi hors saison) ✆ 46 29 24 19.

Paris 506 – La Rochelle 37 – Fontenay-le-Comte 84 – Luçon 72.

XX **Le Chat Botté,** ✆ **46 29 42 09, Fax 46 29 29 77**, – GB
fermé 1er au 9 mars, 18 au 25 oct., vacances de fév. et merc. du 15 sept. au 15 juin – **R** 100/320, enf. 50.

St-Martin-de-Ré – 2 512 h alt. 11 – ✉ **17410**.

Voir Fortifications★.

Office de Tourisme av. V.-Bouthillier ✆ 46 09 20 06.

Paris 490 – La Rochelle 22 – Fontenay-le-Comte 69 – Luçon 57.

Le Galion M sans rest, allée Guyane ✆ **46 09 03 19, Fax 46 09 13 26**, ← – TV ☎ ♿. AE ① GB
45 – **31 ch** 490/550.

Les Colonnes, 19 quai Job-Foran ✆ 46 09 21 58, Fax 46 09 21 49, ≤ – TV ☎. GB
fermé 15 déc. au 1er fév. – **R** *(fermé merc.)* 100/200 ♁, enf. 45 – ☕ 39 – **30 ch** 350/450 – ½ P 370/420.

RENAULT Gar. Neveur ✆ 46 09 44 22

Ste-Marie-de-Ré – 1 806 h – ✉ **17740**.

Syndicat d'Initiative pl. Antioche ✆ 46 30 22 92.

Paris 490 – La Rochelle 16 – Fontenay-le-Comte 63 – Luçon 52.

aux Grenettes O par D 201 et VO : 3 km – ✉ **17740** Ste-Marie-de-Ré :

Les Grenettes M, ✆ 46 30 22 47, Fax 46 30 24 64, ≤, – TV ☎ ♿. GB
R *(1er avril-15 oct.)* 98/300, enf. 48 – ☕ 40 – **33 ch** 465/650 – ½ P 380/500.

RÉALMONT 81120 Tarn 83 ① – 2 631 h alt. 212.

Paris 731 – ♦ Toulouse 74 – Albi 19 – Castres 22 – Graulhet 17 – Lacaune 56 – St-Affrique 85.

XXX **Noël** avec ch, r. H. de Ville ✆ 63 55 52 80, – TV ☎ – 50. AE ① GB.
fermé vacances de fév., dim. soir et lundi sauf juil.-août – **R** 120/250, enf. 60 – ☕ 28 – **8 ch** 195/300 – ½ P 210/265.

RENAULT Conrazier ✆ 63 55 51 38

REDON <SP> 35600 I.-et-V. 63 ⑤ **G. Bretagne** – 9 260 h alt. 12.

Voir Tour* de l'église St-Sauveur Y.

Office de Tourisme pl. Parlement ✆ 99 71 06 04.

Paris 411 ① – Châteaubriant 58 ② – ♦Nantes 77 ② – Ploërmel 44 ① – ♦Rennes 65 ① – St-Nazaire 53 ② – Vannes 58 ③.

REDON

Douves (R. des)	YZ
États (R. des)	Y 12
Grande-Rue	Z 23
Notre-Dame (R.)	Y 32
Victor-Hugo (R.)	Y 50
Bonne-Nouvelle (Bd)	Y 2
Bretagne (Pl. de)	Y 3
Desmars (R. Joseph)	Y 5
Douves (Pont des)	Z 6
Duchesse-Anne (Pl.)	Y 7
Duguay-Trouin (Quai)	Z 8
Duguesclin (R.)	YZ 9
Enfer (R. d')	Z 13
Foch (R. du Mar.)	Y 16
Gare (Av. de la)	Y 17
Gascon (Av. E.)	Y 19
Jeanne-d'Arc (R.)	Z 25
Jeu-de-Paume (R. du)	Z 26
Liberté (Bd de la)	Y 30
Parlement (Pl. du)	Y 31
Plessis (R. du)	Z 33
Port (R. du)	Z 36
Richelieu (R.)	Y 39
St-Nicolas (Pont)	Z 43

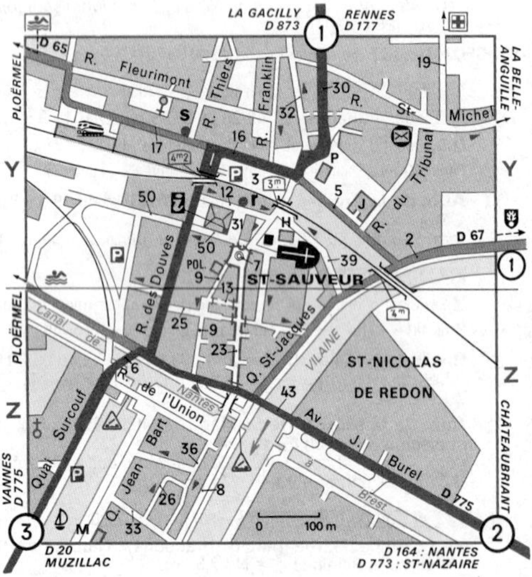

Bel Hôtel M sans rest, 42 av. J. Burel à St-Nicolas-de-Redon par ② ✉ 44460 St-Nicolas-de-Redon ✆ 99 71 10 10, Fax 99 72 33 03 – TV ☎ ♿ P. ① GB
☕ 30 – **34 ch** 215/285.

XXX **Jean-Marc Chandouineau** avec ch, 10 av. Gare ✆ 99 71 02 04, Fax 99 71 08 81 – TV ☎ P. AE ① GB JCB — Y s
fermé 30 juil. au 12 août, 27 fév. au 7 mars, dim. soir et sam. sauf fériés de sept. à juin – **R** 120/300 – ☕ 40 – **7 ch** 290/450.

XX **La Bogue,** 3 r. des Etats ✆ 99 71 12 95 – GB. — Y r
fermé dim. soir – **R** 70/250, enf. 70.

rte de la Gacilly par ① et D 873 : 3 km – ✉ **35600** Redon :

XXX **Moulin de Via,** ✆ 99 71 05 16, – P. GB
fermé dim. soir et lundi – **R** 95/195, enf. 75.

rte de Nantes par ② et D 164 – ✉ **44460** St-Nicolas-de-Redon (Loire-Atl.) :

Bonotel, à 3,5 km ✆ 99 72 23 23, Fax 99 72 33 03 – P – 60. GB
R snack *(fermé 21 déc. au 2 janv., sam. et dim. du 1er nov. au 1er avril)* (dîner seul.) 80/115 – 28 – **32 ch** 165/235 – ½ P 190/260.

XXX **Aub. du Poteau Vert,** ✆ 99 71 13 12, Fax 99 71 34 73, – P. AE GB JCB
R 180/280, enf. 80.

CITROEN Gar. Vinouze, av. J.-Burel à St-Nicolas-de-Redon (44) par ② ✆ 99 71 00 36
FORD Gar. Rouxel, 8 r. de la Barre ✆ 99 71 17 65
LANCIA Yves Pemzec Automobiles, 10 Quai Surcouf ✆ 99 72 12 50 N ✆ 99 71 27 80
RENAULT Ets Ménard et fils, zone Briangaud, rte de Rennes ✆ 99 70 52 27 N ✆ 99 72 81 88

V.A.G Gar. Mazarguil, 120 r. de Vannes ✆ 99 71 17 81

Euromaster Métayer Pneus, ZI Portuaire, rte de Vannes ✆ 99 71 18 50

REICHSFELD **67140** B.-Rhin 62 ⑨ – 295 h alt. 340.

Paris 505 – ♦Strasbourg 43 – Barr 8 – Sélestat 18 – Molsheim 29 – Villé 13.

XX **Bleesz** avec ch, ✆ 88 85 50 61 – P. GB
fermé janv., fév., merc. soir et jeudi – **R** 120/270 – 28 – **8 ch** 230 – ½ P 230.

REICHSTETT **67** B.-Rhin 62 ⑩ – rattaché à Strasbourg.

REILHAC **43** H.-Loire 76 ⑤ – rattaché à Langeac.

REIMS SP **51100** Marne 56 ⑥ ⑯ **G. Champagne** – 180 620 h alt. 83.

Voir Cathédrale★★★ BY : Tapisseries★★ – Basilique St-Remi★★ CZ : intérieur★★★ – Palais du Tau★★ BY **S** – Caves de Champagne★★ BCX, CZ – Place Royale★ BY – Porte Mars★ BX – Hôtel de la Salle★ BY **E** – Chapelle Foujita★ BX – Bibliothèque★ de l'ancien Collège des Jésuites BZ **W** – Musée St-Rémi★★ BZ **M**3 – Musée-hôtel Le Vergeur★ BX **M**2 – Musée des Beaux Arts★ BY **M**1 – Centre historique de l'automobile française★ CY **M.**

Env. Fort de la Pompelle : casques allemands★ 9 km par ③.

18 Reims-Champagne ✆ 26 03 60 14, à Gueux par ⑦ : 9,5 km.

Reims-Champagne ✆ 26 07 15 15, par ⑩ : 6 km.

✆ 26 88 50 50.

Office de Tourisme et Accueil de France (Informations et réservations d'hôtels, pas plus de 5 jours à l'avance) 2 r. G.-de-Machault ✆ 26 47 25 69, Télex 840890 - A.C. de Champagne, 7 bd Lundy ✆ 26 47 34 76, fax 26 88 52 24.

Paris 144 ⑦ – Bruxelles 225 ⑩ – Châlons-sur-Marne 48 ④ – ♦Lille 203 ⑨ – Luxembourg 215 ④.

Plan page suivante

✿✿✿ **Boyer "Les Crayères"** M, 64 bd Vasnier ✆ 26 82 80 80, Télex 830959, Fax 26 82 65 52, <, , « Élégante demeure dans un parc », – P. AE GB — CZ **a**
fermé 23 déc. au 13 janv. – **R** *(fermé mardi midi et lundi)* (nombre de couverts limité - prévenir) carte 480 à 650 – 89 – **16 ch** 990/1760, 3 appart.
Spéc. Pied de porc farci au foie gras et aux cèpes. Filet de Saint-Pierre au poivre blanc. Pigeonneau en habit vert et fumet de truffes. **Vins** Champagne.

Les Templiers M sans rest, 22 r. Templiers ✆ 26 88 55 08, Fax 26 47 80 60, – ch P. AE GB — BX **a**
80 – **19 ch** 950/1400.

Mercure-Altéa Champagne M, 31 bd P. Doumer ✆ 26 84 49 49, Télex 830629, Fax 26 84 49 84 – cuisinette ch – 30 à 150. AE GB — AY **v**
Les Ombrages *(fermé sam. midi)* **R** 120/180 – 50 – **115 ch** 430/500, 9 appart..

Liberté M, 55 r. Boulard ✆ 26 40 52 61, Fax 26 47 27 38 – P – 40. AE GB — AY **t**
R *(fermé sam. midi et dim.)* 155/370 – 45 – **80 ch** 390/420.

Paix, 9 r. Buirette ✆ 26 40 04 08, Télex 830974, Fax 26 47 75 04, , – ch – 50 à 100. AE GB JCB — AY **q**
R brasserie carte 150 à 200 – 50 – **105 ch** 370/500.

Gd H. du Nord sans rest, 75 pl. Drouet-d'Erlon ✆ 26 47 39 03, Télex 842157, Fax 26 40 92 26 – . AE GB — AY **m**
fermé 24 déc. au 3 janv. – 30 – **50 ch** 275/320.

New H. Europe M sans rest, 29 r. Buirette ✆ 26 47 39 39, Télex 842145, Fax 26 40 14 37 – P – 30. AE GB JCB — AY **u**
48 – **54 ch** 415/480.

Univers, 41 bd Foch ✆ 26 88 68 08, Télex 842120, Fax 26 40 95 61 – – 70. AE GB JCB — AX **a**
R *(fermé dim. soir)* 75/160 – 30 – **42 ch** 220/310.

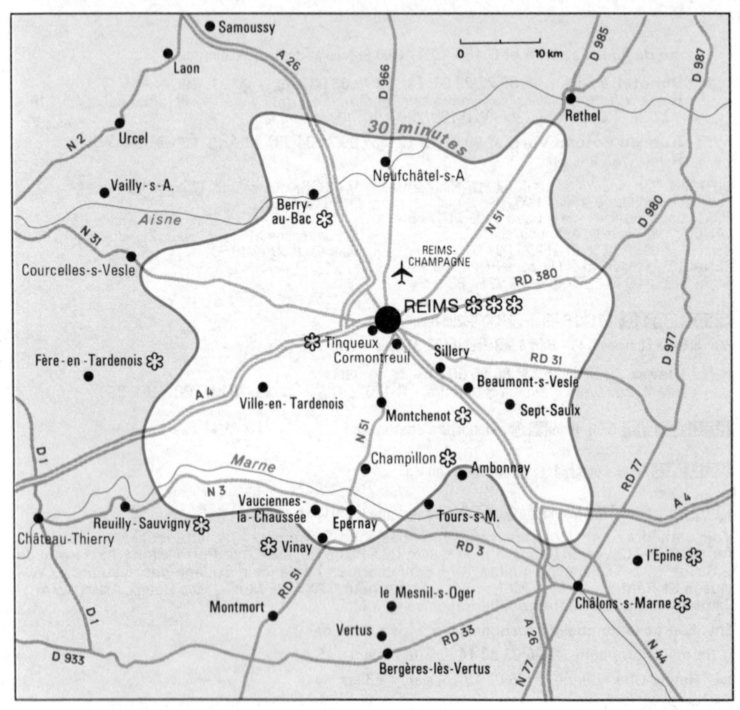

Arcade sans rest, 28 bd Joffre ✆ 26 40 03 24, Télex 842602, Fax 26 88 33 19 – |‡| TV ☎ ♿ – 🏛 60. AE GB — AX **d**
☕ 37 – **94 ch** 305/330.

Bristol sans rest, 76 pl. Drouet d'Erlon ✆ 26 40 52 25, Télex 842155, Fax 26 40 05 08 – |‡| TV ☎. AE ⓓ GB — AY **x**
☕ 27 – **40 ch** 240/295.

Continental sans rest, 93 pl. Drouet-d'Erlon ✆ 26 40 39 35, Télex 830585, Fax 26 47 51 12 – |‡| TV ☎. AE ⓓ GB JCB — AXY **r**
☕ 35 – **50 ch** 220/450.

Crystal 🔕 sans rest, 86 pl. Drouet-d'Erlon ✆ 26 88 44 44, Télex 830485, Fax 26 47 49 28 – |‡| TV ☎. AE GB — AXY **n**
☕ 27 – **31 ch** 230/330.

Campanile-Sud, av. G. Pompidou - Val de Murigny ✆ 26 36 66 94, Télex 830262, Fax 26 49 95 40, 🌂 – TV ☎ ♿ Ⓟ – 🏛 25. AE GB — V **k**
R 80 bc/102 bc, enf. 39 – ☕ 29 – **60 ch** 268.

Libergier sans rest, 20 r. Libergier ✆ 26 47 28 46, Fax 26 88 65 81 – TV ☎. GB — AY **e**
fermé 23 déc. au 4 janv. – ☕ 30 – **17 ch** 220/325.

Le Bon Moine, 14 r. Capucins ✆ 26 47 33 64, Fax 26 40 43 87 – TV ☎. GB JCB. ✻ rest
fermé dim. (sauf hôtel de juil. à oct.) – **R** brasserie 72/140 🌡 – ☕ 27 – **10 ch** 210/295 – ½P 212/214. — AY **b**

Consuls sans rest, 7 r. Gén. Sarrail ✆ 26 88 46 10, Fax 26 88 66 33 – ▤ TV ☎. AE ⓓ GB
☕ 50 – **28 ch** 420/520. — BX **s**

XXX ✿ **Le Florence,** 43 bd Foch ✆ 26 47 12 70, Fax 26 40 07 09, 🌂 – AE ⓓ GB JCB — AX **n**
fermé 1er au 23 août et dim. sauf fêtes – **R** 170 (déj.)/440 et carte 300 à 450
Spéc. Pot-au-feu de foie gras. Croustillant de saumon aux herbes, pommes de terre et andouille. Gibier (saison). **Vins** Chouilly, Cumières rouge.

XXX **Le Chardonnay,** 184 av. Épernay ✆ 26 06 08 60, Fax 26 05 81 56 – AE ⓓ GB — V **a**
fermé 7 au 22 août, 25 déc. au 9 janv., sam. midi et dim. – **R** 185/430 et carte 320 à 450, enf. 120

REIMS

Brébant (Av.) .... U 7
Brimontel (R. de) .... U 10
Carré (R. du Gén.) .... UV 20
Champagne (Av. de) .... V 22
Cognacq-Jay (R.) .... V 25
Danton (R.) .... U 30
Dr-Lemoine (R.) .... U 34
Dr-Roux (Bd) .... V 35
Europe (Av. de l') .... V 42
Farman (Av. Henri) .... V 43
Maison-Blanche (R.) .... V 64
Paris (Av. de) .... V 69
Pompidou (Av. G.) .... V 70
Robespierre (Bd) .... U 72
Tinqueux (R. de) .... V 87
Vaillant-Couturier (Av.) ... V 89
Witry (Route de) .... U 90
Zola (R. Émile) .... U 91

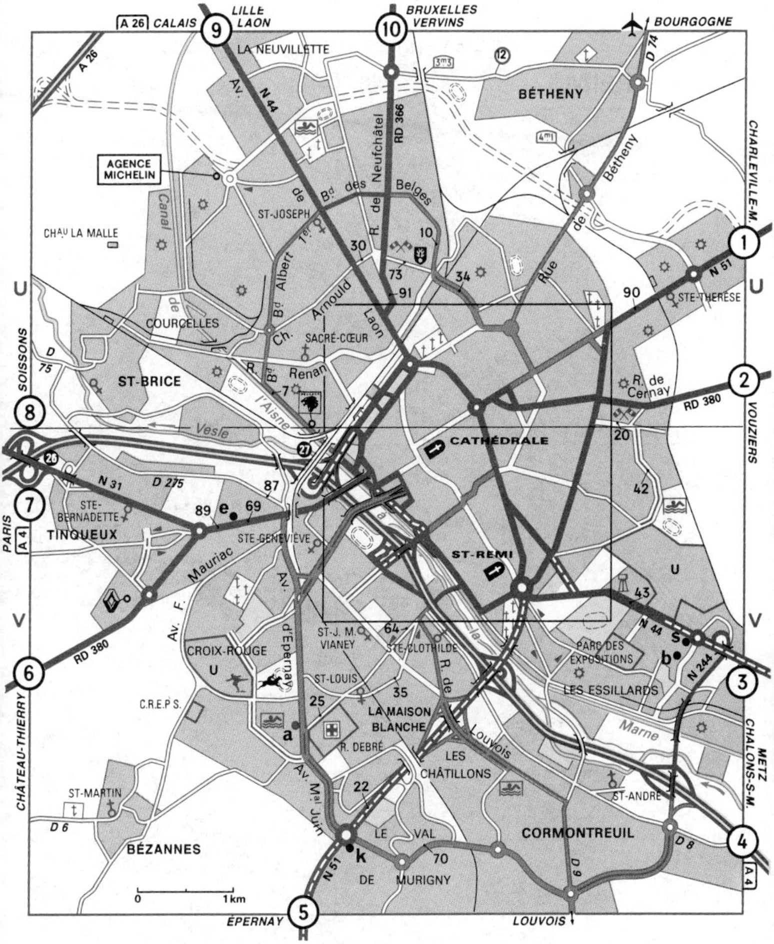

XX **Foch,** 37 bd Foch ℰ 26 47 48 22, Fax 26 88 78 22 – AE ⓓ GB — AX **a**
fermé dim. soir et lundi – **R** 155/300, enf. 80.

XX **Continental,** 95 pl. Drouet d'Erlon ℰ 26 47 01 47, Fax 26 40 95 60 – AE ⓓ GB JCB
R 95/300, enf. 66. — AXY **r**

XX **Vonelly-Gambetta** avec ch, 13 r. Gambetta ℰ 26 47 41 64, Fax 26 47 22 43 – TV ☎. GB. ⅋ rest — BY **d**
R *(fermé 3 au 9 mars, 26 juil. au 17 août, dim. soir et lundi)* 120/310 – ☕ 25 – **14 ch** 200/250 – ½ P 240.

XX **Le Vigneron,** pl. P. Jamot ℰ 26 47 00 71, Fax 26 47 87 66, ⛱, « Belle collection d'affiches anciennes » – ▤. GB — BY **a**
fermé 1er au 16 août, 24 déc. au 2 janv., sam. midi, dim. et fériés – **R** (nombre de couverts limité, prévenir) 155.

XX **La Vigneraie,** 14 r. Thillois ℰ 26 88 67 27, Fax 26 40 26 67 – ⓓ GB — AY **a**
fermé 1er au 23 août, 2 au 17 janv., dim. soir et lundi – **R** (nombre de couverts limité, prévenir) 130/260.

RÉPERTOIRE DES RUES

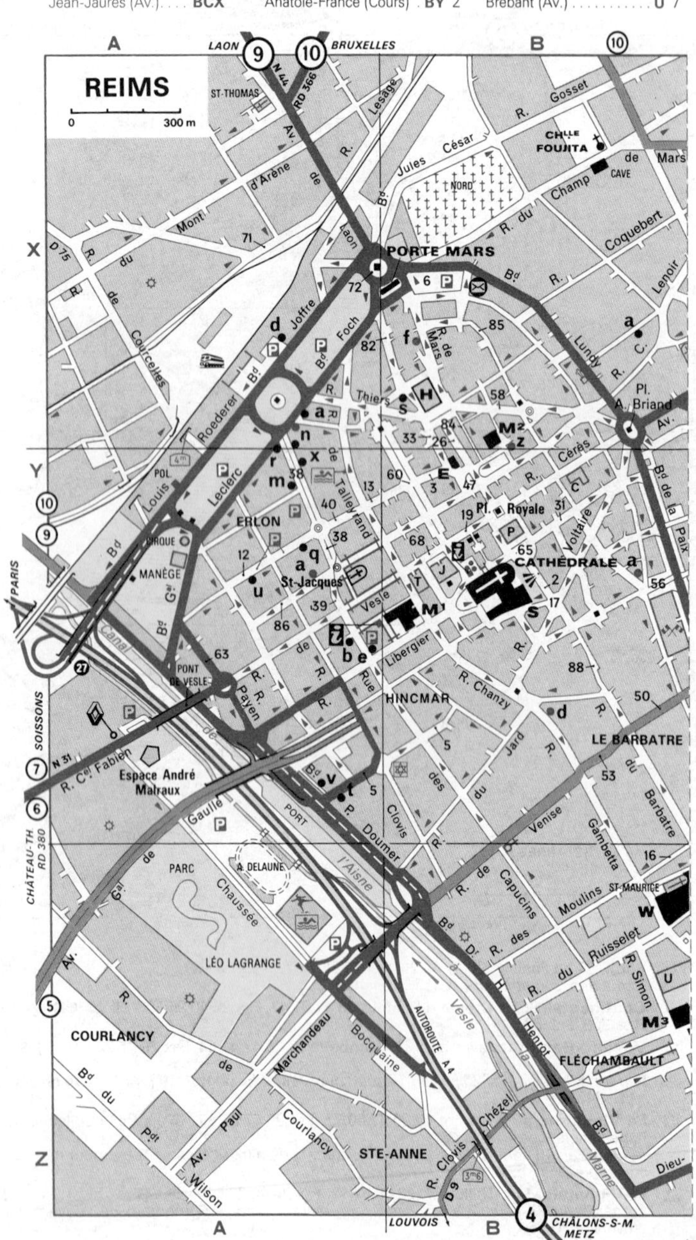

Briand (Pl. Aristide) . . . . **BX**
Brimontel (R. de) . . . . **U** 10
Buirette (R.) . . . . **AY** 12
Capucins (R. des) . . . . **ABYZ**
Carmes (R. des) . . . . **BZ** 16
Carnégie (Pl.) . . . . **BY** 17
Carré (R. Gén.) . . . . **UV** 20
Carteret (Bd) . . . . **CX**

Cérès (R.) . . . . **BXY**
Cernay (R. de) . . . . **CX**
Champagne (Av. de) . . . . **V** 22
Champ de Mars (R. du) . . . . . **BX**
Chanzy (R.) . . . . **BY**
Chézel (R. Clovis) . . . . **BZ**
Clemenceau (Av. G.) . . . . **CY**
Clovis (R.) . . . . **ABY**

Cognacq-Jay (R.) . . . . **V** 25
Colbert (R.) . . . . **BXY** 26
Coquebert (R.) . . . . . **BX**
Courcelles (R. de) . . . **AX**
Courlancy (R. de) . . . **AZ**
Crayères (R. des) . . . **CZ**
Danton (R.) . . . . **U** 30
Dauphinot (Bd) . . . . . **CX**
Desteuque (R. E.) . . . **BY** 31
Diancourt (Bd) . . . . . **CZ**
Dieu-Lumière (Bd) . . **BZ**
Dieu-Lumière (R.) . . . **CZ** 32
Dr-Henrot (Bd) . . . . . **BZ**
Dr-Jacquin (R.) . . . . **BXY** 33
Dr-Lemoine (R.) . . . . . **U** 34
Dr-Roux (Bd) . . . . **V** 35
Doumer (Bd Paul) . . . **AY**
Droits-de-l'Homme
(Pl. des) . . . . **CZ** 37
Dubois (R. Th.) . . . . . **AY** 39
Epernay (Av. d') . . . . . . **V**
Europe (Av. de l') . . . . . **V** 42
Fabien (R. Col.) . . . . . **AY**
Farman (Av. H.) . . . . . . **V** 43
Foch (Bd) . . . . **AX**
Forum (Pl.) . . . . **BY** 47
Gambetta (R.) . . . . . **BYZ**
Gaulle (Av. de) . . . . **AYZ**
Gerbert (R.) . . . . . . **BCY** 50
Giraud (Av. Gén.) . . . **CZ**
Gobelins (R. des) . . . **CX**
Gosset (R.) . . . . **BX**
Gouraud (Rd-Pt Gén.) **CZ** 51
Grand-Cerf (R. du) . . **CZ** 52
Herduin (R. Lt) . . . . . **BY** 53
Jamin (Bd) . . . . **CX**
Jamot (Pl. Paul) . . . . . **BY** 56
Jard (R. du) . . . . **BY**
J.-J.-Rousseau (R.) . . **BX** 58
Joffre (Bd) . . . . **AX**
Juin (Av. Mar.) . . . . **V**
Jules-César (Bd) . . . . **BX**
Lambert (Bd Victor) . . **CZ** 59
Langlet (Crs J.-B.) . . . **BY** 60
Laurent (R. Gust.) . . . **CY**
Leclerc (Bd Gén.) . . . **AY**
Lenoir (R. C.) . . . . . **BCX**
Lesage (R.) . . . . **ABX**
Libergier (R.) . . . . . . **ABY**
Louvois (R. de) . . . . **V**
Lundy (Bd) . . . . **BX**
Magdeleine (R.) . . . . **AY** 63
Maison-Blanche (R.) . . **V** 64
Marchandeau (Av. P.) **AZ**
Mars (R. de) . . . . **BX**
Martyrs de la
Résistance (Pl.) . . . **BY** 65
Mauriac (Av. F.) . . . . . . **V** 66
Mont d'Arène (R.) . . . **AX**
Montlaurent (R.) . . . . **CY** 67
Moulins (R. des) . . . . **BZ**
Myron-Herrick (Pl.) . . **BY** 68
Neufchâtel (R. de) . . . . **U**
Paix (Bd de la) . . . . **BCY**
Paris (Av. de) . . . . **V** 69
Payen (R.) . . . . **AY**
Pasteur (Bd) . . . . **CY**
Pommery (Bd) . . . . . **CYZ**
Pompidou (Av. G.) . . . . **V** 70
Prés.-Roosevelt (R.) . **AX** 71
Prés. Wilson (Bd) . . . **AZ**
Renan (R. Ernest) . . . . **U**
République (Pl.) . . . . **BX** 72
Robespierre (Bd) . . . . . **U** 73
Roederer (Bd L.) . . . **AXY**
Ruisselet (R. du) . . . . **BZ**
Royale (Pl.) . . . . **BY**
St-Marceaux (Bd) . . . **CY**
St-Nicaise (Pl.) . . . . . **CZ** 78
Sarrail (R. Gén.) . . . **ABX** 82
Sillery (R. de) . . . . . . **CY**
Simon (R.) . . . . **BZ**
Temple (R. du) . . . . . **BX** 85
Thiers (R.) . . . . **AX**
Thillois (R.) . . . . **AY** 86
Tinqueux (R. de) . . . . . **V** 87
Université (R. de l') . . **BY** 88
Vaillant-Couturier (Av.) **V** 89
Vasnier (Bd H.) . . . . . **CZ**
Venise (R. de) . . . . . **BYZ**
Voltaire (R.) . . . . **BY**
Witry (Route de) . . . . . **U** 90
Yser (Av. de l') . . . . . **CY**
Zola (R. Émile) . . . . **U** 91

X **Au Petit Comptoir,** 17 r. Mars ✆ 26 40 58 58 – ▤. GB — BX **f**
fermé 8 au 24 août, 22 déc. au 12 janv., sam. midi et dim. – **R** carte 150 à 220.

X **Le Forum,** 34 pl. Forum ✆ 26 47 56 87 – GB — BXY **z**
fermé 15 août au 6 sept., 20 déc. au 3 janv., lundi soir et dim. – **R** 65/175 🍷.

rte de Châlons-sur-Marne par ③ : 3 km – ✉ **51100** Reims :

Mercure M, ✆ 26 05 00 08, Télex 830782, Fax 26 85 64 72, 余, ⛱ – 🛗 ⇔ ch TV ☎ ♿ P – 🏃 200. AE ⦿ GB JCB — V **s**
R carte 150 à 220, enf. 50 – ☕ 50 – **103 ch** 360/480.

Reflets Bleus, 12 r. G. Voisin ✆ 26 82 59 79, Télex 842121, Fax 26 82 53 92, 余 – TV ☎ P – 🏃 25. AE GB — V **b**
R *(fermé vend. soir, sam. midi en juil.-août et dim. soir)* 89/179, enf. 45 – ☕ 35 – **40 ch** 290/390.

à Sillery par ③ et D 8ᴱ : 11 km – ✉ **51500** :

XX **Relais de Sillery,** ✆ 26 49 10 11, Fax 26 49 12 07, 余, 🌳 – GB
fermé 1ᵉʳ au 15 fév., dim. soir et lundi – **R** 138/210.

à Cormontreuil par ④ : 4 km – 5 745 h. – ✉ **51350** :

Confortel, Z.A.C de Cormontreuil ✆ 26 82 01 02, Télex 830382, Fax 26 82 74 01 – TV ☎ ♿ P. GB
R *(fermé dim.)* 58/82 🍷 – ☕ 28 – **31 ch** 225/270 – ½ P 210/230.

à Montchenot par ⑤ : 11 km – ✉ **51500** Rilly-la-Montagne :

XXX ✿ **Aub. du Gd Cerf,** N 51 ✆ 26 97 60 07, Fax 26 97 64 24, 余, 🌳 – P. AE GB
fermé 1ᵉʳ au 15 mars, dim. soir et merc. – **R** 175/420 et carte 280 à 450
Spéc. Homard et melon en vinaigrette aigre douce. Terrine de saumon cru aux huîtres en gelée. Pied de cochon farci au ris de veau. **Vins** Cumières rouge, Bouzy rouge.

à Tinqueux O : par ⑦ : 5 km – 10 154 h. – ✉ **51430** :

✿ **L'Assiette Champenoise** (Lallement) M 🔇, 40 av. Paul Vaillant-Couturier ✆ 26 04 15 56, Télex 830267, Fax 26 04 15 69, « Parc », ⛱ – 🛗 TV ☎ ♿ P – 🏃 60. AE ⦿ GB — V **e**
R 350/500 et carte 375 à 500 – ☕ 70 – **60 ch** 500/785 – ½ P 730
Spéc. Marbré de foie gras aux marrons. Fricassée de homard et coulis de Sauternes. Noisettes d'agneau au gingembre confit. **Vins** Coteaux champenois blanc et rouge.

par autoroute A 4 sortie Tinqueux : 6 km – ✉ **51430** Tinqueux :

Novotel M, ✆ 26 08 11 61, Télex 830034, Fax 26 08 72 05, 余, ⛱ – ⇔ ch ▤ TV ☎ ♿ P – 🏃 180. AE ⦿ GB
R carte environ 160 🍷, enf. 55 – ☕ 50 – **127 ch** 420/460.

Ibis M, ✆ 26 04 60 70, Télex 842116, Fax 26 84 24 40 – ⇔ ch TV ☎ ♿ P – 🏃 60. AE GB
R *(fermé dim.)* (dîner seul.) 85 🍷, enf. 41 – ☕ 34 – **75 ch** 285/305.

Campanile-Ouest, ZA Sarah Bernhard ✆ 26 04 09 46, Télex 842038, Fax 26 84 25 87, 余 – TV ☎ ♿ P – 🏃 25. AE GB
R 80 bc/102 bc, enf. 39 – ☕ 29 – **50 ch** 268.

par autoroute A 4 sortie Tinqueux et rte de Soissons : 7 km – ✉ **51370** St-Brice-Courcelles :

XXX ✿ **La Garenne** (Laplaige), sur N 31 ✆ 26 08 26 62, Fax 26 84 24 13 – P. AE ⦿ GB
fermé 1ᵉʳ au 22 août, vacances de fév., dim. soir et lundi – **R** 150/370 et carte 250 à 370, enf. 60
Spéc. Salade de homard sauce aux truffes. Filet de sole à la crème d'orties (juin à déc.). Gratin de fraises des bois (juin à oct.).

MICHELIN, Agence régionale, Chemin de St-Thierry, ZI des 3 Fontaines à St-Brice-Courcelles U ✆ 26 09 19 32

ALFA-ROMEO-SAAB Venise Auto, 86 r. de Venise ✆ 26 82 20 02
BMW Héraut, 16 av. de Paris ✆ 26 08 63 68 N ✆ 26 04 15 15
FORD Gar. St-Christophe, 35 r. Col.-Fabien ✆ 26 08 24 66
LANCIA Fornage, 397 av. de Laon ✆ 26 09 20 52
PEUGEOT Gds Gar. de Champagne, 16 av. Brébant U ✆ 26 04 95 00 N ✆ 26 04 15 15
PORSCHE-MITSUBISHI J.P.M., 57 r. Pasteur, ZAC Neuvillette ✆ 26 09 44 46
RENAULT Succursale, 8 r. Col.-Fabien AY ✆ 26 08 96 50 N ✆ 26 02 89 71

V.A.G Gar. du Rhône, 412 av. de Laon ✆ 26 87 13 61

Euromaster Fischbach Pneu Service, 2 av. A. Margot La Neuvillette ✆ 26 47 70 52
Leclerc-Pneu, 19 r. Magdeleine ✆ 26 88 20 77
Leclerc-Pneu, ZI Sud-Est bd Val-de-Vesle ✆ 26 05 03 45
Pneumatiques Maltrait-Cunrath, 12 r. Cloître ✆ 26 47 48 47
Reims-Pneus, 27 r. Champ-de-Mars ✆ 26 88 30 15

Périphérie et environs

CITROEN Citroën Nord, 38 av. Paul Vaillant à Tinqueux ✆ 26 08 96 24
OPEL-GM Reims-Autos, 2 av. R.-Salengro à Tinqueux ✆ 26 08 21 08

RENAULT Gar. Moine, ZI Moulin de l'Écaille à Tinqueux V ✆ 26 08 96 31 N ✆ 26 61 99 99
VOLVO Gar. Delhorbe, 35 av. Nationale, La Neuvillette ✆ 26 09 21 31

REIPERTSWILLER **67340** B.-Rhin 87 ⑬ **G. Alsace Lorraine** – 946 h alt. 230.

Paris 449 – ◆ Strasbourg 56 – Bitche 20 – Haguenau 34 – Sarreguemines 48 – Saverne 34.

La Couronne M, 13 r. Wimmenau ☎ 88 89 96 21, Fax 88 89 98 22, – TV ☎ & P. GB
fermé 15 au 30 nov. et fév. – **R** *(fermé lundi soir et mardi)* 135/155 – ☐ 30 – **17 ch** 250/330 – ½ P 230/270.

Le RELECQ-KERHUON **29** Finistère 58 ④ – rattaché à Brest.

La REMIGEASSE **17** Char.-Mar. 71 ⑭ – voir à Oléron (Ile d').

REMIREMONT **88200** Vosges 62 ⑯ **G. Alsace Lorraine** – 9 068 h alt. 400.

Voir Rue Ch.-de-Gaulle★ AB – Crypte★ de l'abbatiale St-Pierre A.

Office de Tourisme 2 pl. H.-Utard ☎ 29 62 23 70.

Paris 398 ⑤ – Épinal 25 ⑤ – Belfort 71 ② – Colmar 79 ① – ◆Mulhouse 80 ② – Vesoul 66 ④.

REMIREMONT

Courtine (R. de la) . . . . . . A
Gaulle (R. Ch. de) . . . . . AB
Xavée (R. de la) . . . . A 13
Abbaye (Pl. de l') . . . . A 2
Calvaire (Av. du) . . . . A 3
Écoles (R. des) . . . . A 5
États-Unis (R. des) . . . . A 6
Franche-Pierre (R.) . . . . A 7
Point-du-Jour (R. du) . . . . . A 12
Utard (Pl. H.) . . . . A 15
5e et 15e B.C.P. (R. du) . . . . B 18

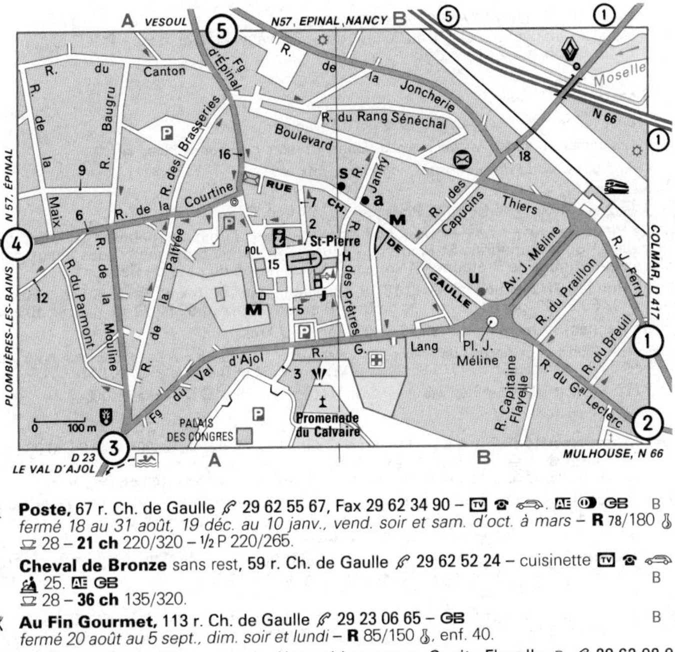

Poste, 67 r. Ch. de Gaulle ☎ 29 62 55 67, Fax 29 62 34 90 – TV ☎. AE GB — B **a**
fermé 18 au 31 août, 19 déc. au 10 janv., vend. soir et sam. d'oct. à mars – **R** 78/180 – ☐ 28 – **21 ch** 220/320 – ½ P 220/265.

Cheval de Bronze sans rest, 59 r. Ch. de Gaulle ☎ 29 62 52 24 – cuisinette TV ☎ – 25. AE GB — B **s**
☐ 28 – **36 ch** 135/320.

Au Fin Gourmet, 113 r. Ch. de Gaulle ☎ 29 23 06 65 – GB — B **u**
fermé 20 août au 5 sept., dim. soir et lundi – **R** 85/150, enf. 40.

Le Clos Heurtebise, chemin Heurtebise par r. Capit. Flayelle B ☎ 29 62 08 04, Fax 29 62 38 80, – P. GB.
fermé 1er au 7 juil., dim. soir et lundi – **R** 130/240, enf. 60.

à Dommartin-lès-Remiremont par ② et D 23 : 4 km – ✉ **88200** :

Le Karélian, ☎ 29 62 44 05 – GB
fermé 15 au 31 juil., sam. midi et dim. soir – **R** 120/240.

à Fallières par ④ et D 3 : 4 km – ✉ **88200** :

Logis des Prés Braheux, ☎ 29 62 23 67, Fax 29 62 01 40, parc – ☎ P. AE GB.
fermé 26 juil. au 9 août et 3 au 10 janv. – **R** *(fermé dim. soir et lundi)* 130/400, enf. 35 – ☐ 40 – **17 ch** 150/340 – ½ P 300/350.

CITROEN Remiremont Anotin, Les Bruyères, rte de Mulhouse par ② ☎ 29 23 29 45 **N** ☎ 29 23 00 07
PEUGEOT-TALBOT Choux Autom., à St-Étienne-les-Remiremont par ② et D 23 ☎ 29 23 18 28 **N**

RENAULT Gar. Pierre, rte de St-Etienne ☎ 29 62 55 95

Comptoir du Pneu, 2 r. J.-Ferry ☎ 29 23 23 32
Pneu Villaume, Ranfaing à St-Nabord ☎ 29 62 23 13

REMOULINS 30210 Gard 80 ⑲ ⑳ **G. Provence** – 1 771 h alt. 27.

Paris 690 – Avignon 23 – Alès 50 – Arles 36 – Nîmes 20 – Orange 34 – Pont-St-Esprit 39.

Moderne, pl. des Gds Jours ✆ 66 37 20 13, Fax 66 37 01 85 – AE GB
fermé 23 oct. au 21 nov., vacances de fév., vend. soir d'oct. à mars et sam. sauf juil.-août – **R** 75/105, enf. 40 – ☐ 30 – **24 ch** 200/300 – ½ P 210/280.

à St-Hilaire-d'Ozilhan NE : 4,5 km par D792 – ✉ **30210** :

L'Arceau M, ✆ 66 37 34 45, Fax 66 37 33 90, – AE GB
fermé 1er janv. au 1er mars, dim. soir et lundi du 1er oct. au 1er mai – **R** 90/220, enf. 50 – ☐ 30 – **25 ch** 250/300 – ½ P 240/270.

CITROEN Julien et Fils ✆ 66 37 08 31 N
✆ 66 37 04 45

RENAULT S.O.D.E.M. ✆ 66 37 04 25

REMY 60 Oise 56 ② – rattaché à Compiègne.

RENAISON 42370 Loire 73 ⑦ – 2 563 h alt. 380.

Voir Barrage de la Tache : rocher-belvédère★ O : 5 km, **G. Vallée du Rhône.**

Paris 381 – Roanne 11,5 – Chauffailles 43 – Lapalisse 39 – ◆St-Étienne 88 – Thiers 58 – Vichy 54.

Jacques-Coeur avec ch, ✆ 77 64 25 34, Fax 77 64 43 88, – AE GB
fermé 18 fév. au 16 mars, 1er au 7 sept., dim. soir et lundi – **R** 86/200 – ☐ 33 – **8 ch** 185/275 – ½ P 229/267.

Central avec ch, ✆ 77 64 25 39 – GB
fermé 28 sept. au 28 oct., 10 au 20 fév., dim. soir (sauf hôtel) et merc. – **R** 75/240, enf. 50 – ☐ 32 – **8 ch** 180/240 – ½ P 180/225.

*Un conseil **Michelin** :*

pour réussir vos voyages, préparez-les à l'avance.

*Les **cartes** et **guides Michelin**, vous donnent toutes indications utiles sur :*

itinéraires, visite des curiosités, logement, prix, etc.

RENNES P 35000 I.-et-V. 59 ⑰ **G. Bretagne** – 197 536 h alt. 30.

Voir Le Vieux Rennes★★ ABY – Palais de Justice★★ BY J – Jardin du Thabor★★ BY – Retable★★ à l'intérieur★ de la cathédrale St-Pierre AY – Musées BY **M** : de Bretagne★★, des Beaux-Arts★★ – Musée automobile de Bretagne★ 4 km par ② – Ecomusée du pays de Rennes★ VD.

9 18 de Rennes-St-Jacques ✆ 99 30 18 18, Chavagne, par ⑦ : 6 km ; 18 de la Freslonnière au Rheu ✆ 99 60 84 09, par ⑧ : 7 km ; 18 de Cicé-Blossac à Bruz ✆ 99 52 79 79, par ⑦ : 10 km.

✈ de Rennes-St-Jacques : ✆ 99 29 60 00, par ⑦ : 7 km.

Office de Tourisme et Accueil de France (Informations et réservations d'hôtels, pas plus de 5 jours à l'avance) Pont de Nemours ✆ 99 79 01 98, Télex 741218 – A.C. 11 pl. Bretagne ✆ 99 30 89 88.

Paris 347 ③ – Angers 119 ④ – ◆Brest 245 ⑨ – ◆Caen 174 ② – ◆Le Mans 152 ③ – ◆Nantes 108 ⑥.

Plans pages suivantes

Mercure-Altéa M, 1 r. Cap. Maignan ✆ 99 29 73 73, Télex 730905, Fax 99 30 06 30 – rest – 30 à 300. AE GB JCB — ABZ m
Le Goëlo *(fermé 23 déc. au 2 janv.)* **R** 100/175, enf. 45 – ☐ 55 – **140 ch** 360/480.

Novotel M, près centre commercial par r. Alma BZ ✆ 99 50 61 32, Télex 740144, Fax 99 32 39 62, – ch – 25 à 150. AE GB — CV e
R carte environ 150, enf. 55 – ☐ 50 – **99 ch** 430/470.

Mercure M sans rest, r. Paul Louis Courier ✆ 99 78 32 32, Télex 741850, Fax 99 78 33 44 – ch – 30. AE GB — BZ t
☐ 52 – **104 ch** 455/590.

Anne de Bretagne M sans rest, 12 r. Tronjolly ✆ 99 31 49 49, Télex 741255, Fax 99 30 53 48 – – 30. AE GB — AZ q
☐ 42 – **42 ch** 360/440.

Président sans rest, 27 av. Janvier ✆ 99 65 42 22, Fax 99 65 49 77 – AE GB JCB — BZ n
fermé 17 déc. au 3 janv. – ☐ 40 – **34 ch** 310/370.

Central H. sans rest, 6 r. Lanjuinais ✆ 99 79 12 36, Fax 99 79 65 76 – – 30. AE GB — AY n
☐ 40 – **45 ch** 275/325.

Sévigné sans rest, 47 av. Janvier ✆ 99 67 27 55, Télex 741058, Fax 99 30 66 10 – ch AE GB — BZ a
☐ 30 – **46 ch** 270/310.

Nemours M sans rest, 5 r. Nemours ✆ 99 78 26 26, Fax 99 78 25 40 – ch GB. — AZ s
☐ 37 – **26 ch** 220/345.

Astrid M sans rest, 32 av. L. Barthou ✆ 99 30 82 38, Fax 99 31 88 55 – ch AE GB — BZ u
☐ 30 – **30 ch** 240/300.

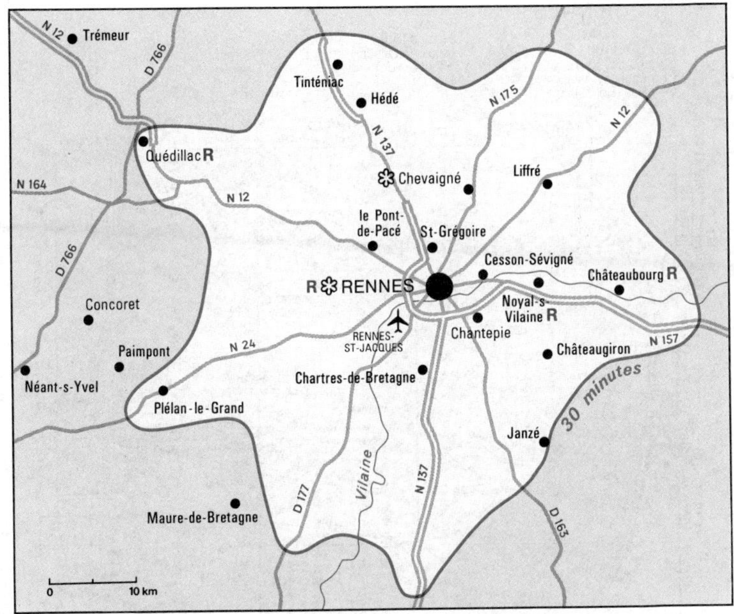

Lanjuinais Ⓜ sans rest, 11 r. Lanjuinais ✆ 99 79 02 03, Fax 99 79 03 97 – AE GB — AZ v
☕ 33 – **33 ch** 200/310.

Brest Ⓜ sans rest, 15 pl. Gare ✆ 99 30 35 83, Fax 99 30 08 60 – GB — BZ e
☕ 40 – **48 ch** 210/300.

Campanile, par ③ Zone Universitaire de Beaulieu, r. A. de Becquerel ✉ 35700 ✆ 99 38 37 27, Télex 741184, Fax 99 38 27 93, ←, – 25 à 70. AE GB
R 80 bc/102 bc, enf. 39 – ☕ 29 – **42 ch** 268.

Voyageurs sans rest, 28 av. Janvier ✆ 99 31 73 33, Fax 99 30 50 54 – AE GB JCB. — BZ b
fermé 25 déc. au 9 janv. – ☕ 24 – **34 ch** 177/250.

Angélina sans rest, 1 quai Lamennais ✆ 99 79 29 66, Fax 99 79 61 01 – AE GB — AY f
☕ 28 – **28 ch** 240/305.

Garden-H. sans rest, 3 r. Duhamel ✆ 99 65 45 06, Fax 99 65 02 62 – AE GB — BZ r
☕ 28 – **24 ch** 170/265.

XXXX ✿ **Le Piré** (Angelle) Ⓜ avec ch, 23 r. Mar. Joffre ✆ 99 79 31 41, Fax 99 79 04 18, – AE GB — ABZ f
fermé sam. midi et dim. – **R** 125/440 et carte 330 à 480 – ☕ 70 – **4 ch** 750/950
Spéc. "Kig ar Farz" de homard. Pièce de bar aux épices. Pigeonneau à l'andouille de Guéméné.

XXX ✿ **Palais** (Tizon), 7 pl. Parlement de Bretagne ✆ 99 79 45 01, Fax 99 79 12 41 – AE GB — BY e
fermé dim. soir et lundi – **R** 120/200 et carte 270 à 430
Spéc. "Kuign Patatez" à l'andouille (hiver-printemps). Turbot rôti aux épices des Mascareignes. Biscuit chaud au chocolat. **Vins** Muscadet.

XXX **L'Ouvrée,** 18 pl. Lices ✆ 99 30 16 38 – AE GB — AY z
fermé sam. midi et lundi – **R** 125/185, enf. 80.

XXX ✿ **Corsaire** (Luce), 52 r. Antrain ✉ 35700 ✆ 99 36 33 69 – AE GB — BX y
fermé 31 juil. au 18 août, lundi fériés et dim. soir – **R** 108/182 et carte 210 à 350, enf. 62
Spéc. Poêlée de langoustines et de foie de canard. Ormeaux au beurre persillé (saison). Queue de boeuf braisée à l'ancienne. **Vins** Muscadet.

XXX **Escu de Runfao,** 11 r. Chapître ✆ 99 79 13 10, Fax 99 79 43 80, – AE GB JCB — AY a
fermé 1er au 9 mai, 1er au 17 août, 3 au 10 janv., sam. midi et dim. soir – **R** 110/400, enf. 100.

RENNES

Bourgeois (Bd L.) . . . . . **DV** 3
Canada (Av. du) . . . . . . **CV** 6
Churchill (Av. W.) . . . . . **CU** 12
Combes (Bd. E.) . . . . . . **DV** 13
Duchesse Anne (Bd de la) . . . . **DU** 15
Laennec (Bd) . . . . **DU** 31
Leroux (Bd Oscar) . . . . **DV** 36
Lorient (R. de) . . . . **CU** 38
Maginot (Av. du Sergent) . . . . **DU** 39
Pompidou (Bd G.) . . . . . **CV** 55
St-Jean-Baptiste de la Salle (Bd) . . . . . **CU** 70
Strasbourg (Bd de) . . . . **DU** 83
Vitrée (Bd de) . . . . **DU** 87
Yser (Bd de l') . . . . **CV** 88
3-Croix (Bd des) . . . . . . **CU** 89

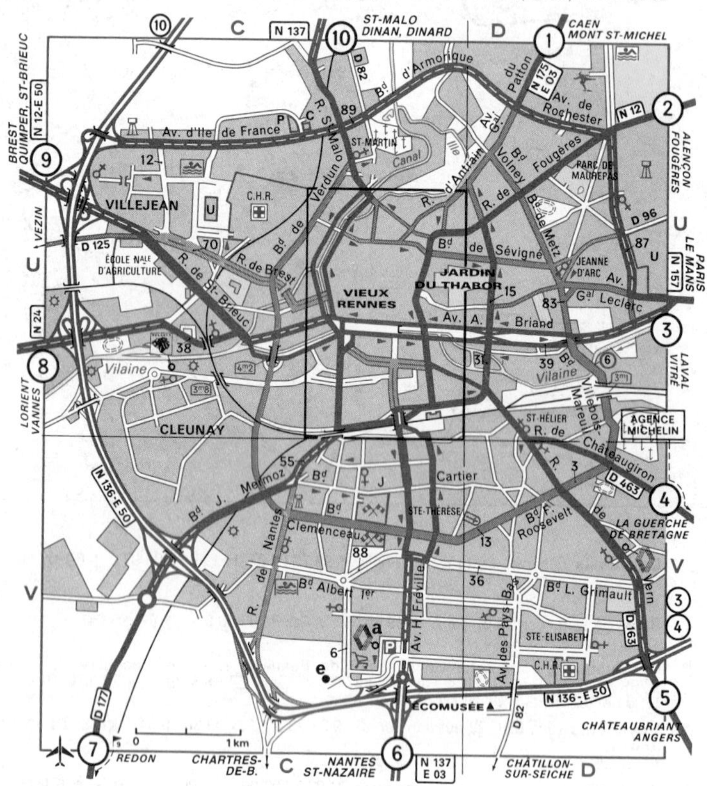

[XX] **Four à Ban,** 4 r. St-Mélaine [phone] 99 38 72 85 – GB — ABY **s**
fermé 1er au 10 mai, 15 au 31 août, 2 au 9 janv., dim. soir et lundi – **Repas** 98/198, enf. 60.

[XX] **Ti-Koz,** 3 r. St-Guillaume (près cathédrale) [phone] 99 79 33 89, « Vieille maison du 16e siècle, intérieur breton » – [card symbols] GB — AY **e**
fermé dim. – **Repas** 98/155 [wine], enf. 58.

[XX] **La Korrigane,** 26 r. Dr F. Joly [phone] 99 30 60 36 – AE [card symbols] GB — AZ **u**
fermé 1er au 23 août, sam. midi et dim. soir – **Repas** 95/158.

[XX] **Piccadilly Brasserie,** 15 galerie du Théâtre [phone] 99 78 17 17, Fax 99 79 20 14, [terrace] – GB — ABY **k**
R (ouvert jour et nuit) carte 135 à 210 [wine].

[XX] **Chouin,** 12 r. Isly [phone] 99 30 87 86 – GB — BZ **h**
fermé dim. et lundi – **R** poissons et fruits de mer – carte 140 à 230.

[XX] **Le Florian,** 12 r. Arsenal [phone] 99 67 25 35 – GB — AZ **b**
fermé 1er au 8 mai, août, 2 au 8 janv., dim. (sauf le midi de sept. à juin) et sam. midi – **R** 97/205, enf. 80.

[X] **Petit Sabayon,** 16 r. Trente [phone] 99 35 02 04 – AE GB — AZ **t**
fermé 12 juil. au 3 août, sam. midi, dim. et fériés – **R** 95/155 [wine].

à St-Grégoire N : 5,5 km par D 82 CU – 5 809 h. – [post] **35760** :

[hotel] **Otelinn** [M], 6 av. St-Vincent [phone] 99 68 76 76, Fax 99 68 83 01, [terrace] – [no smoking] ch [TV] [phone] [disabled] [parking] – [meeting] 30. AE [card symbols] GB
R 75/151 [wine], enf. 50 – [breakfast] 32 – **51 ch** 258/278 – ½ P 205.

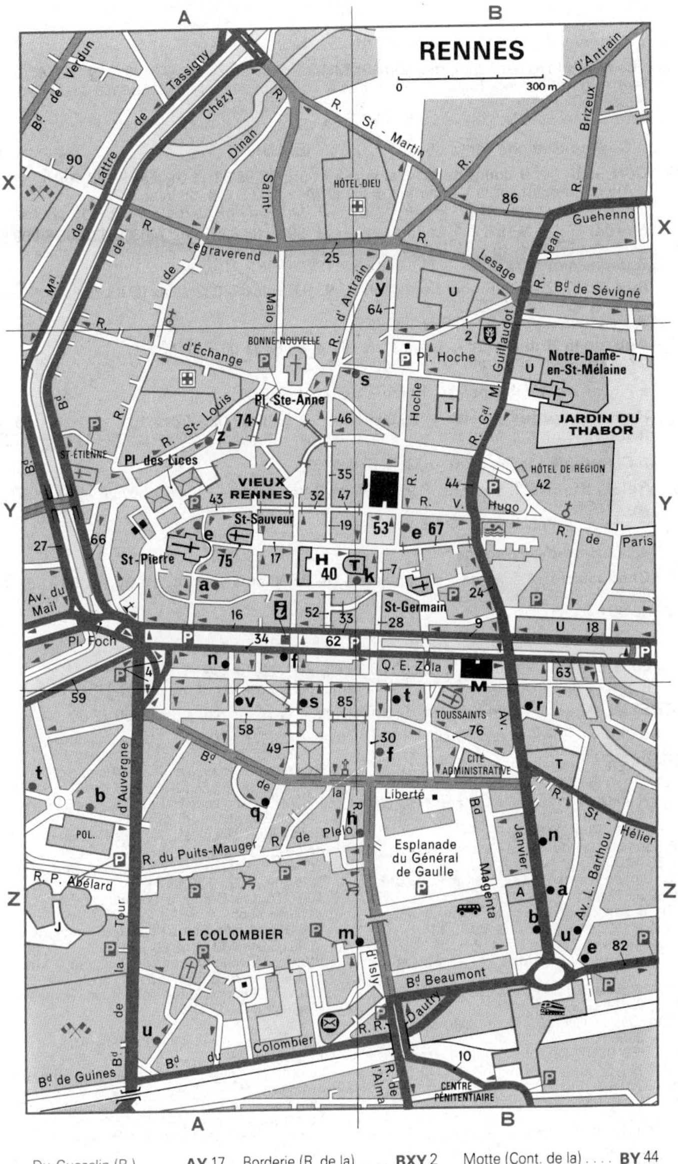

Du-Guesclin (R.) . . . . AY 17
Estrées (R. d') . . . . AY 19
Jaurès (R. Jean) . . . . . . BY 28
Joffre (R. Mar.) . . . . BZ 30
La-Fayette (R.) . . . . AY 32
Le-Bastard (R.) . . . . AY 35
Liberté (Bd de la) . . . . ABZ
Monnaie (R. de la) . . . . AY 43
Motte-Fablet (R.) . . . . . AY 46
Nationale (R.) . . . . ABY 47
Nemours (R. de) . . . . . . AZ 49
Orléans (R. d') . . . . AY 52
Palais (Pl. du) . . . . BY 53
Vasselot (R.) . . . . AZ 85

Borderie (R. de la) . . . . BXY 2
Bretagne (Pl. de) . . . . . . AY 4
Cavell (R. Edith) . . . . . . BY 7
Châteaubriand (Quai) . . . BY 9
Châtillon (R. de) . . . . . . BZ 10
Duguay-Trouin (Quai) . . . AY 16
Dujardin (Quai) . . . . BY 18
Gambetta (R.) . . . . BY 24
Hôtel-Dieu (R. de l') . . . . AX 25
Ille-et-Rance (Quai) . . . . AY 27
Lamartine (Quai) . . . . . ABY 33
Lamennais (Quai) . . . . . . AY 34
Mairie (Pl. de la) . . . . . . AY 40
Martenot (R.) . . . . BY 42

Motte (Cont. de la) . . . . BY 44
Poullain-Duparc (R.) . . . AZ 58
Prévalaye (Q. de la) . . . AY 59
République (Pl. de la) . . AY 62
Richemont (Q. de) . . . . BY 63
Robien (R. de) . . . . BX 64
St-Cast (Quai) . . . . AY 66
St-Georges (R.) . . . . . . BY 67
St-Michel (R.) . . . . AY 74
St-Sauveur (R.) . . . . . . AY 75
St-Thomas (R.) . . . . . . BZ 76
Solférino (Bd) . . . . BZ 82
Vincennes (R. de) . . . . . BX 86
41e-d'Infanterie (R.) . . . AX 90

à Chevaigné par ① : 12 km par N 175 – ✉ **35250** :

XX ✿ **La Marinière** (Lejeune), rte Mont-St-Michel ✆ 99 55 74 64, 🏡, 🌳 – **P**. AE ⓓ GB
fermé 15 au 30 nov., 15 au 28 fév., fériés le soir, dim. soir et lundi sauf fêtes – **R** 130 (sauf fêtes)/350 et carte 190 à 300
Spéc. Coquilles Saint-Jacques (oct. à avril). Poissons et crustacés. Agneau de pré-salé (Pâques au 15 août).

à Cesson-Sévigné par ③ : 6 km – 12 708 h. – ✉ **35510** :

Germinal 🐦, 9 cours de la Vilaine, au bourg ✆ 99 83 11 01, Fax 99 83 45 16, ←, 🏡, « Ancien moulin sur la Vilaine » – 🛗 TV ☎ **P** – 🏛 25. GB. ✂ rest
fermé 1er au 21 août et 19 déc. au 5 janv. – **R** *(fermé dim.)* 90/280 – ☕ 45 – **19 ch** 280/350.

Floréal Ⓜ 🐦, N 157, Z.A. La Rigourdière ✆ 99 83 82 82, Télex 740600, Fax 99 83 89 62 – 🛗 ▤ rest TV ☎ ♿ **P** – 🏛 80. GB
R *(fermé dim.)* 65/135 ♂ – ☕ 33 – **48 ch** 250/280 – ½ P 210/260.

Ibis, N 157, Z.A. La Rigourdière ✆ 99 83 93 93, Télex 740321, Fax 99 83 89 63 – 🛗 ⇆ ch TV ☎ ♿ **P** – 🏛 25. AE GB
R 85 ♂, enf. 39 – ☕ 33 – **76 ch** 275/305.

XX **Aub. de la Hublais**, 28 r. Rennes - N 157 ✆ 99 83 11 06 – **P**. AE GB
fermé 16 au 31 août, dim. soir et lundi – **R** 80/280, enf. 30.

à Noyal-sur-Vilaine par ③ : 12 km – 4 089 h. – ✉ **35530** :

XX **Host. les Forges** avec ch, ✆ 99 00 51 08, Fax 99 00 62 02 – TV ☎ **P** – 🏛 25. AE ⓓ GB
fermé 22 janv. au 5 fév., dim. soir et fériés le soir – **Repas** 120/250 – ☕ 35 – **11 ch** 225/330.

à Chantepie par ④ : 5 km – 5 898 h. – ✉ **35135** :

Relais Bleus, Z.I. Sud-Est ✆ 99 32 34 34, Télex 741466, Fax 99 53 57 26 – TV ☎ ♿ **P** – 🏛 25. GB
R 78/135 ♂, enf. 45 – ☕ 32 – **50 ch** 250.

à Chartres-de-Bretagne par ⑥ : 10 km – 5 543 h. – ✉ **35131** :

Chaussairie Ⓜ sans rest, sur ancienne rte de Nantes ✆ 99 41 14 14, Fax 99 41 33 44 – TV ☎ ♿ **P** – 🏛 30. AE ⓓ GB
☕ 30 – **33 ch** 230/290.

au Pont-de-Pacé par ⑨ : 10 km – ✉ **35740** Pacé :

XX **La Griotte**, ✆ 99 60 62 48, Fax 99 60 26 84, 🌳 – AE ⓓ GB
fermé 28 juil. au 26 août, 14 au 28 fév., dim. soir, mardi soir et merc. – **R** 115/245, enf. 82.

MICHELIN, Agence régionale, Z.I. de Chantepie, r. Veyettes par ④ ✆ **99 50 72 00**

ALFA ROMEO SA Guénée, Longs Champs, rte de Fougères ✆ 99 38 59 59
BMW-ROVER J.-Huchet, 316 rte de St-Malo ✆ 99 25 06 06 **N** ✆ 99 59 12 43
CITROEN Succursale-Ouest, 4 r. Breillou ZI Sud-Est à Chantepie par ④ ✆ 99 53 15 15 **N** ✆ 99 50 70 56
FIAT Sobredia, 9 r. de Paris à Cesson-Sévigné ✆ 99 83 40 00
FORD Gar. de l'Europe, 73 av. Mail ✆ 99 59 01 52 **N** ✆ 99 59 12 43
FORD Gar. de Sévigné, 73 r. de Rennes à Cesson-Sévigné ✆ 99 83 19 19 **N** ✆ 99 59 12 43
HONDA Guénée, 21 r. de Brest ✆ 99 59 24 02
JAGUAR-SAAB Gar. du Mail, 17 r. Doyen Leroy ✆ 99 59 12 24
LANCIA Scadia, 9 r. de Paris à Cesson-Sévigné ✆ 99 83 80 00
MAZDA Gar. de l'Ouest, 132 r. Pottier, ZAC de Cleunay ✆ 99 65 01 01
MERCEDES-BENZ Delourmel-Autom., 9 r. Cerisaie, ZI à St-Grégoire ✆ 05 24 24 30 **N** ✆ 88 72 00 94
PEUGEOT Sourget, 14 r. J.-Valles CU ✆ 99 31 01 55
PEUGEOT-TALBOT Filiale, rte de Paris, Cesson-Sévigné par ③ ✆ 99 83 16 06 **N** ✆ 99 24 13 14
RENAULT Succursale, rte de Fougères, lieu-dit les Longs-Champs par ② ✆ 99 87 67 67 **N** ✆ 05 05 15 15
RENAULT Goupil, av. Joseph Jan à Bruz par ⑥ ✆ 99 52 61 13
RENAULT Gar. Coulon, 147 r. de Vern DV ✆ 99 50 57 56
RENAULT Succursale, Centre Alma, r. du Bosphore CV a ✆ 99 87 67 68 **N** ✆ 05 05 15 15
RENAULT Gar. Louyer, 1 av. des Peupliers à Cesson-Sévigné ✆ 99 83 40 30
RENAULT Celta Ouest, Agence Renault Ouest, 145 rte de Lorient ✆ 99 54 03 63 **N** ✆ 99 36 38 36
RENAULT Bagot Landry, 57 bd Mar.-de-Lattre-de-Tassigny ✆ 99 59 55 48
TOYOTA Gar. Defrance, 98 rte de Lorient ✆ 99 59 11 66
V.A.G Floc, 53 bis r. de Rennes à Cesson-Sévigné ✆ 99 83 94 94 **N** ✆ 99 59 12 43
V.A.G. Générale Automobile Rennaise, r. Meynier, ZA Meynier ✆ 99 59 61 87
VOLVO Defrance Automobile, 40 av. Sergent-Maginot ✆ 99 67 21 11

Ⓜ Euromaster Fresnel Pneus, 70 av. Mail ✆ 99 59 35 29
Euromaster Vallée Pneus, r. Charmilles à Cesson-Sévigné ✆ 99 53 77 77
Euromaster Vallée Pneus, ZI rte de Lorient, 67 r. Manoir-de-Servigné ✆ 99 59 13 47
Euromaster Vallée Pneus, 58 r. Poulain-Duparc ✆ 99 30 57 55
Pneu Plus Nord-Ouest ZI Sud-Est 30 r. Bignon à Chantepie ✆ 99 53 71 00

RETHEL ⟨SP⟩ **08300** Ardennes 56 ⑦ **G. Champagne** – 7 923 h alt. 76.

Paris 182 – Charleville-Mézières 40 – ♦Reims 38 – Laon 59 – Verdun 106.

Moderne, pl. Gare ✆ 24 38 44 54, Télex 842898, Fax 24 38 37 84 – TV ☎ 🚗 – 🏛 100. AE ⓓ GB
fermé 23 déc. au 3 janv. – **R** 79/125 ♂, enf. 45 – ☕ 30 – **24 ch** 170/255 – ½ P 177/225.

CITROEN Rethel-Automobiles, Rue de la Sucrerie ☎ 24 38 19 89 N ☎ 24 72 94 95
FIAT Sodine Auto, 37 av. Gambetta ☎ 24 38 44 18
FORD S.R.A., r. Achille-Berquet ☎ 24 38 19 48
PEUGEOT-TALBOT Dachy Auto Loisirs, r. Comtesse, ZI de Pargny ☎ 24 38 51 88 N

RENAULT Centre-Auto-Rethélois, r. Sucrerie ☎ 24 38 19 20

Euromaster Fischbach Pneu Service, ZI de Pargny, r. de Bastogne ☎ 24 38 01 70

RETHONDES 60 Oise 56 ③, 106 ⑪ – rattaché à Compiègne.

RETJONS 40120 Landes 79 ⑫ – 313 h alt. 98.

Paris 679 – Mont-de-Marsan 29 – Aire-sur-l'Adour 45 – Auch 104 – Langon 53 – Marmande 70.

XX **Host. Landaise** avec ch, S : 1,5 km sur D 932 ☎ 58 93 36 33, Fax 58 93 35 36, parc – TV ☎ P. AE GB
fermé 2 au 12 janv., lundi soir et mardi du 1er oct. au 1er juin – **R** 70/280, enf. 45 – 36 – **3 ch** 250/280 – ½ P 221.

RETOURNAC 43130 H.-Loire 76 ⑦ **G. Vallée du Rhône** – 2 270 h alt. 509.

Voir Gorges de la Loire★ NE et O – Église★ de Chamalières-sur-Loire O : 5 km.

Paris 569 – Le Puy-en-Velay 38 – ♦St-Étienne 50 – Ambert 58 – Monistrol-sur-Loire 21 – Yssingeaux 14.

Univers, ☎ 71 59 40 06, – ☎. GB
fermé 1er au 28 oct. et merc. sauf juil.-août – **R** 50/140 , enf. 40 – 27 – **11 ch** 120/200 – ½ P 155/195.

PEUGEOT TALBOT Gar. Durand, av. Gare ☎ 71 59 20 83

REUILLY-SAUVIGNY 02 Aisne 56 ⑮ – rattaché à Château-Thierry.

REVARD (Mont) 73 Savoie 74 ⑮ **G. Alpes du Nord** – alt. 1 538 – Sports d'hiver : 1 300/1 550 m 5 –
✉ 73100 Aix-les-Bains.

Voir ★★★.

Accès : d'Aix-les-Bains par ② et D 913 : 21 km.

Paris 561 – Annecy 50 – Aix-les-Bains 22 – Chambéry 26 – Trévignin 15.

Chalet Bouvard , ☎ 79 54 00 80, ←, – ☎ P. AE GB. rest
1er juin-30 sept. et 15 déc.-15 avril – **R** 85/120 – **30 ch** 150/260 – ½ P 240/250.

X **Quatre Vallées,** ☎ 79 54 00 43, ← lac et montagnes, , – P. GB
fermé 15 nov. au 15 déc., mardi du 15 sept. au 15 juin sauf vacances scolaires – **R** (déj. seul.) 70/180, enf. 45.

REVEL 31250 H.-Gar. 82 ⑳ **G. Gorges du Tarn** – 7 520 h alt. 210.

Syndicat d'Initiative pl. Philippe-VI-de-Valois ☎ 61 83 50 06.

Paris 747 – ♦Toulouse 50 – Carcassonne 44 – Castelnaudary 20 – Castres 27 – Gaillac 60.

Midi, 34 bd Gambetta ☎ 61 83 50 50, Fax 61 83 34 74, – TV ☎. AE GB
R *(fermé 12 nov. au 6 déc., dim. soir et lundi midi de nov. à mars)* 90/280, enf. 50 – 25 – **21 ch** 170/300 – ½ P 300/440.

XXX **Le Lauragais,** 25 av. Castelnaudary ☎ 61 83 51 22, , « Intérieur rustique », – P. AE GB
R 115/390 , enf. 60.

N par D 622 : 4 km – ✉ 31250 Revel :

XX **Mazies** avec ch, rte de Castres ☎ 61 27 69 70, – TV ☎ P. GB. ch
fermé 1er au 15 oct. et vacances de fév. – **R** *(fermé dim. soir et lundi)* 80/225, enf. 50 – 28 – **7 ch** 240/285 – ½ P 230/250.

à St-Ferréol SE : 3 km par D 629 – ✉ 31350.

Voir Bassin de St-Ferréol★.

Hermitage sans rest, ☎ 61 83 52 61, ←, – TV ☎ P. AE GB
1er mars-20 oct. – 27 – **14 ch** 170/252.

CITROEN Fabre, 6 av. Gare ☎ 61 83 53 37
PEUGEOT Baylet, 29 av. de Castres ☎ 61 83 54 10
RENAULT D.S.A., 58 rte de Castres ☎ 61 27 65 33 N

Espace Pneu, rte de Castelnaudary ☎ 61 83 50 09

REVENTIN-VAUGRIS 38 Isère 74 ⑪ – rattaché à Vienne..

REVIGNY-SUR-ORNAIN 55800 Meuse 56 ⑲ – 3 528 h.

Paris 210 – Bar-le-Duc 17 – Saint-Dizier 30 – Vitry-le-François 33.

XX **Les Agapes,** 7 r. A. Maginot ☎ 29 70 56 00 – AE GB
fermé 26 avril au 3 mai, 25 déc. au 3 janv. et lundi – **R** (nombre de couverts limité, prévenir) 145/210, enf. 50.

RÉVILLE **50760** Manche 54 ③ – 1 205 h alt. 9.

Voir La Pernelle ✻★★ du blockhaus O : 3 km – Pointe de Saire : blockhaus ≤★ SE : 2,5 km, **G. Normandie Cotentin.**

Paris 355 – Cherbourg 31 – Carentan 43 – St-Lô 71 – Valognes 21.

✕ **Au Moyne de Saire** avec ch, ✆ 33 54 46 06 – ☎ 🅟. GB
fermé janv. – **R** 80/200, enf. 40 – ☕ 35 – **11 ch** 140/260 – ½ P 190/240.

REY **30** Gard 80 ⑯ – rattaché au Vigan.

REZÉ **44** Loire-Atl. 67 ③ – rattaché à Nantes.

Le RHIEN **70** H.-Saône 66 ⑦ – rattaché à Ronchamp.

RHINAU **67860** B.-Rhin 62 ⑩ – 2 286 h alt. 159.

Paris 516 – ♦Strasbourg 36 – Marckolsheim 25 – Molsheim 40 – Obernai 26 – Sélestat 25.

✕✕ ✿ **Au Vieux Couvent** (Albrecht), ✆ 88 74 61 15, Fax 88 74 89 19 – ⓓ GB
fermé 5 au 21 juil., 25 au 29 oct., 3 au 14 janv., mardi et merc. – **R** 180/440 et carte 300 à 380, enf. 100
Spéc. Foie gras d'oie. Assiette "tout veau". Trois chaussons à l'alsacienne. **Vins** Riesling, Pinot noir.

CITROEN Gar. du Rhin ✆ 88 74 60 59

RIANS **83560** Var 84 ④ – 2 720 h alt. 455.

🅸 Syndicat d'Initiative (saison) ✆ 94 80 33 37 et à la Mairie (hors saison) ✆ 94 80 30 23.

Paris 775 – ♦Marseille 70 – Aix-en-Provence 40 – Avignon 98 – Draguignan 69 – Manosque 32 – ♦Toulon 79.

Esplanade, ✆ 94 80 31 12, ≤ – TV ☎ 🚗
fermé sam. hors sais. – **R** 70/140 🍷 – ☕ 30 – **9 ch** 150/200 – ½ P 160/180.

au Sud : 5 km par rte de St-Maximin – ✉ **83560** Rians :

Le Bois St-Hubert M 🌿, ✆ 94 80 31 00, Fax 94 80 55 71, ⛱, parc, « Belle décoration intérieure », 🏊, 🎾 – TV ☎ 🅟 – 🏛 30. AE GB
fermé 5 janv. au 15 mars, lundi soir et mardi du 15 sept. au 15 juin – **R** 190/400, enf. 130 – ☕ 70 – **9 ch** 600/900 – ½ P 550/700.

RENAULT Sepulveda, N 561, quartier St-Esprit ✆ 94 80 30 78 🅽 ✆ 94 80 36 92

Repas 100/130 Pasti accurati a prezzi contenuti.

RIBEAUVILLÉ <SP> **68150** H.-Rhin 62 ⑱ ⑲ **G. Alsace Lorraine** – 4 774 h alt. 240.

Voir Tour des Bouchers★ A – Hunawihr : Centre de réintroduction des cigognes★ S : 3 km par ④.

🅸 Office de Tourisme Grand'Rue ✆ 89 73 62 22.

Paris 433 ⑤ – Colmar 15 ③ – Gérardmer 61 ④ – ♦Mulhouse 57 ④ – St-Dié 42 ⑤ – Sélestat 12 ②.

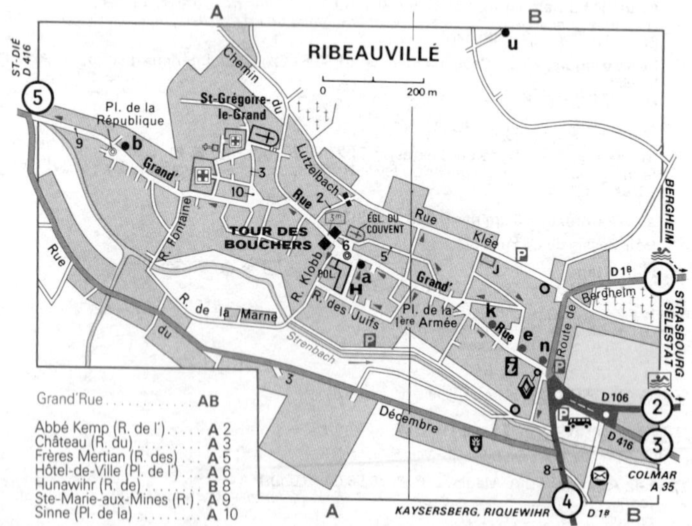

Clos St-Vincent ⛺, NE : 1,5 km par VO ✆ 89 73 67 65, Fax 89 73 32 20, «« Dans le vignoble dominant la plaine d'Alsace, ≤ », – ☎ ⓟ. GB B u
mi-mars-mi-nov. – **R** *(fermé mardi et merc.)* 170/270 – **12 ch** 630/880, 3 appart.

Le Ménestrel M sans rest, 27 av. Gén. de Gaulle par ④ ✆ 89 73 80 52, Fax 89 73 32 39, ≤, – ☎ ⓟ – 30. AE GB
fermé 15 fév. au 15 mars – 50 – **29 ch** 390/480.

Tour sans rest, 1 r. Mairie ✆ 89 73 72 73, Fax 89 73 38 74 – ☎ ⓟ. GB. A a
fermé 10 janv. au 28 fév. – 32 – **35 ch** 260/400.

Cheval Blanc, 122 Gd'rue ✆ 89 73 61 38, Fax 89 73 37 03 – ☎. GB A b
fermé déc. et janv. – **R** *(fermé lundi sauf fériés)* 95/200, enf. 40 – 28 – **25 ch** 170/240 – ½ P 190/210.

XXX ✿ **Les Vosges** (Matter) M avec ch, 2 Gd'rue ✆ 89 73 61 39, Fax 89 73 34 21 – ☎. AE GB. B e
fermé fév. – **R** *(fermé mardi midi et lundi de juil. à oct.)* 160/380 et carte 260 à 350 – 50 – **18 ch** 255/395 – ½ P 350
Spéc. Croustillant de foie d'oie aux pommes acidulées. Sandre et sole en matelote à la badiane. Gibier (saison). **Vins** Riesling, Tokay-Pinot gris.

XX **Haut-Ribeaupierre,** 1 rte Bergheim ✆ 89 73 62 64 – . AE GB B n
R 150/320, enf. 60.

X **Wistub Züm Pfifferhüs,** 14 Gd'rue ✆ 89 73 62 28 – GB. B k
fermé 1er au 21 mars, 1er au 10 juil., Noël au Jour de l'An, merc. et jeudi sauf fériés – **R** (prévenir) carte 140 à 190.

rte de Ste Marie-aux-Mines par ⑤ : 4 km :

La Pépinière ⛺, ✆ 89 73 64 14, Fax 89 73 88 78, ≤, – ☎ ⓟ – 30. GB
8 avril-28 nov. – **R** *(fermé merc. midi et mardi)* 155/360, enf. 60 – 35 – **20 ch** 310/410 – ½ P 380/400.

CITROEN Gar. Wickersheim, à Hunawihr par ④ ✆ 89 73 62 02
RENAULT Gar. Jessel ✆ 89 73 61 33 N

Repas 100/130 Verzorgde maaltijden voor redelijke prijzen.

RIBÉRAC **24600** Dordogne 75 ④ **G. Périgord Quercy** – 4 118 h alt. 68.

Syndicat d'Initiative pl. Gén.-de-Gaulle (fermé après-midi sauf 15 avril-15 oct.) ✆ 53 90 03 10.

Paris 507 – Périgueux 38 – Angoulème 59 – Barbezieux 58 – Bergerac 51 – Libourne 68 – Nontron 51.

France, r. M. Dufraisse ✆ 53 90 00 61, – ☎ – 40. AE GB
fermé 5 au 27 janv. – **R** 68/270, enf. 45 – 25 – **20 ch** 180/240 – ½ P 160/193.

CITROEN Lafargue ✆ 53 90 05 38
PEUGEOT-TALBOT Fargeout ✆ 53 90 01 09 N
RENAULT D.A.P. ✆ 53 90 19 19
Périgord Pneus ✆ 53 90 05 06 N ✆ 53 04 36 54

Les RICEYS **10340** Aube 61 ⑰ – 1 421 h alt. 175.

Paris 203 – Troyes 46 – Bar-sur-Aube 52 – Châtillon-sur-Seine 32 – St-Florentin 57 – Tonnerre 39.

XX **Le Magny** M ⛺ avec ch, ✆ 25 29 38 39 – ☎ ⓟ. GB
fermé 30 août au 9 sept., 25 janv. au 20 fév., mardi soir et merc. – **R** 65/200 – 25 – **7 ch** 185/205 – ½ P 175/195.

RENAULT Mme Roy ✆ 25 29 30 33

RICHELIEU **37120** I.-et-L. 68 ③ **G. Châteaux de la Loire** (plan) – 2 223 h alt. 53.

Voir Ville★ du 17e s..

Env. Champigny-sur-Veude : vitraux★★ de la Sainte-Chapelle★ N.

Office de Tourisme Grande Rue (Pâques-sept.) ✆ 47 58 13 62.

Paris 296 – ♦Tours 62 – Châtellerault 30 – Chinon 21 – Loudun 19.

Puits Doré, ✆ 47 58 10 59, Fax 47 58 24 39, – ☎. GB
fermé 15 déc. au 31 janv., dim. soir et sam. du 1er oct. au 31 mars – **R** 79/180, enf. 41 – 26 – **17 ch** 205/310 – ½ P 200/240.

RICHEMONT **57270** Moselle 57 ③ ④ – 1 769 h alt. 174.

Paris 325 – ♦Metz 22 – Briey 18 – Longwy 44 – Rombas 8,5 – Thionville 9 – Verdun 71.

XX **L'Ornelle,** D 953 ✆ 87 71 24 10 – ⓟ. AE GB
fermé 15 au 30 août, merc. soir en juil.-août, dim. soir et lundi – **R** 150/180.

RIEC-SUR-BÉLON **29340** Finistère 58 ⑪ ⑯ – 4 014 h alt. 48.

Syndicat d'Initiative pl. Église (fermé après-midi hors saison) ✆ 98 06 97 65.

Paris 523 – Quimper 40 – Carhaix-Plouguer 60 – Concarneau 19 – Quimperlé 13.

Aub. de Kerland M ⛺, SE : 3 km par D 24 ✆ 98 06 42 98, Fax 98 06 45 38, ≤, « Dans un parc dominant le Bélon » – ☎ ⓟ – 80. GB
R *(fermé lundi midi)* 98/310, enf. 85 – 45 – **17 ch** 400/650 – ½ P 440/565.

RIEUPEYROUX 12240 Aveyron 80 ① – 2 348 h alt. 718.

Paris 669 – Rodez 37 – Albi 54 – Carmaux 38 – Millau 92 – Villefranche-de-Rouergue 23.

Commerce, ✆ 65 65 53 06, – ☎ Ⓟ. ⓓ GB
fermé 16/12 au 16/1, vacances de nov., lundi soir de nov. à fév., dim. soir et lundi midi sauf juil.-août – **R** 60/190 , enf. 40 – ☐ 29 – **26 ch** 140/350 – ½ P 190/230.

RENAULT Gar. Costes ✆ 65 65 54 15

RIEUX-MINERVOIS 11160 Aude 83 ⑫ **G. Pyrénées Roussillon** – 1 868 h alt. 110.

Voir Église★.

Paris 879 – Carcassonne 25 – Narbonne 38 – ♦Perpignan 00.

Logis de Merinville avec ch, ✆ 68 78 12 49, – GB.
fermé 12 nov. au 8 déc., 1er fév. au 1er mars, mardi soir et merc. – **R** 100/160 – ☐ 25 – **8 ch** 150/240 – ½ P 210/235.

RIEZ 04500 Alpes de H.P. 81 ⑯ **G. Alpes du Sud** (plan) – 1 707 h.

Voir Baptistère★ – Echassier fossile★ au musée "Nature en Provence" – Mont St-Maxime ※★ NE : 2 km.

Syndicat d'Initiative pl. de la Colonne (juin-sept.) ✆ 92 77 81 81.

Paris 769 – Brignoles 63 – Castellane 58 – Digne-les-Bains 41 – Manosque 33 – Salernes 46.

Carina sans rest, ✆ 92 77 85 43 – ☎ ♿ Ⓟ. GB.
30 mars-15 nov. – ☐ 30 – **30 ch** 230/300.

PEUGEOT Gar. Arnoux ✆ 92 77 80 15
RENAULT Gar. Marchandy ✆ 92 77 80 60
Gar. Oberti ✆ 92 77 80 16

RIGNAC 12390 Aveyron 80 ① – 1 668 h alt. 500.

Paris 657 – Rodez 27 – Aurillac 88 – Figeac 39 – Villefranche-de-Rouergue 28.

Marre, ✆ 65 64 51 56, – ☎ Ⓟ. GB
fermé vacances de Pâques, de Noël et dim. sauf juil.-août – **R** 60 bc/130 , enf. 43 – ☐ 24 – **16 ch** 110/190 – ½ P 180/220.

Delhon, ✆ 65 64 50 27 – ☎. GB
R *(fermé dim. soir et sam.)* 45/100 – ☐ 19 – **18 ch** 85/115 – ½ P 130.

RIGNY 70 H.-Saône 66 ⑭ – rattaché à Gray.

RILLÉ 37340 I.-et-L. 64 ⑬ – 275 h alt. 82.

Paris 275 – ♦Tours 37 – Angers 73 – Chinon 40 – Saumur 38.

Logis du Lac , O : 2 km par D 49 ✆ 47 24 66 61, , – ☎ ♿ Ⓟ. AE GB
fermé 1er fév. au 15 mars et mardi hors sais. – **R** 70 bc/135 , enf. 45 – ☐ 35 – **7 ch** 200/225 – ½ P 195.

RILLIEUX-LA-PAPE 69 Rhône 74 ⑪ ⑫ – rattaché à Lyon.

RILLY-SUR-LOIRE 41150 L.-et-Ch. 64 ⑯ – 321 h alt. 65.

Paris 203 – ♦Tours 38 – Amboise 13 – Blois 21 – Montrichard 18.

Aub. des Voyageurs, ✆ 54 20 98 85 – ☎. GB
fermé 15 déc. au 15 fév. et merc. d'oct. à mai – **R** 76/155 , enf. 55 – ☐ 30 – **16 ch** 180/270 – ½ P 245.

Château de la Hte Borde, rte Blois : 1,5 km ✆ 54 20 98 09, Fax 54 20 97 16, , « Parc » – ☎ – 35. GB. ch
fermé 15 déc. au 15 janv. – **R** 76/165, enf. 50 – ☐ 30 – **18 ch** 140/285 – ½ P 212/292.

RIMBACH-PRÈS-GUEBWILLER 68500 H.-Rhin 62 ⑱ – 223 h alt. 563.

Paris 547 – ♦Mulhouse 26 – Belfort 54 – Cernay 15 – Colmar 33 – Guebwiller 11 – Thann 25.

Aigle d'Or , ✆ 89 76 89 90, – ☎ . AE ⓓ GB
fermé 18 fév. au 15 mars, 6 au 10 déc. et lundi de fin sept. à juin – **R** 55/170 , enf. 45 – ☐ 20 – **21 ch** 85/195 – ½ P 160/190.

RIOM SP 63200 P.-de-D. 73 ④ **G. Auvergne** – 18 793 h alt. 353.

Voir Église N.-D.-du-Marthuret★ : Vierge à l'Oiseau★★★ – Maison des Consuls★ **B** – Hôtel Guimoneau★ **D** – Ste-Chapelle★ du Palais de Justice **L** – Cour★ de l'Hôtel de Ville **H** – Musées : Auvergne★ **M**[1], Mandet★ **M**[2] – Mozac : chapiteaux★★, trésor★★ de l'église★ 2 km par ④ – Marsat : Vierge noire★★ dans l'église SO : 3 km par D 83.

Env. Châteaugay : donjon★ du château et ※★ 7,5 km par ③ – Volvic : coulée de lave★ dans la maison de la pierre 7 km par ④ – Ruines du château de Tournoël★★ : ※★ 8 km par ④.

Office de Tourisme 16 r. Commerce ✆ 73 38 59 45.

Paris 412 ① – ♦Clermont-Fd 15 ③ – Montluçon 73 ① – Moulins 82 ① – Thiers 41 ② – Vichy 39 ①.

RIOM

Commerce (R. du) 5
Horloge (R. de l') ....
Hôtel-de-Ville (R. de l') 13
St-Amable (R.) 27

Bade (Fg de la) 2
Chabrol (R.) 3
Châtelguyon (Av. de) 4
Croisier (R.) 6
Daurat (R.) 7
Delille (R.) 8
Fédération (Pl. de la) 10
Hôtel-des-Monnaies (R. de l') 12
Laurent (Pl. J.-B.) 14
Layat (Fg de) 15
Libération (Av. de la) 16
Madeline (Av. du Cdt) 17
Marthuret (R. du) 18
Martyrs-de-la-Résistance (Pl. des) 19
Menut (Pl. Marinette) 20
Pré-Madame (Promenade du) 21
République (Bd de la) 22
Reynouard (Av. J.) 23
Romme (R. G.) 26
St-Louis (R.) 29
Taules (Carrefour des) 30

Le Guide change, changez de guide tous les ans.

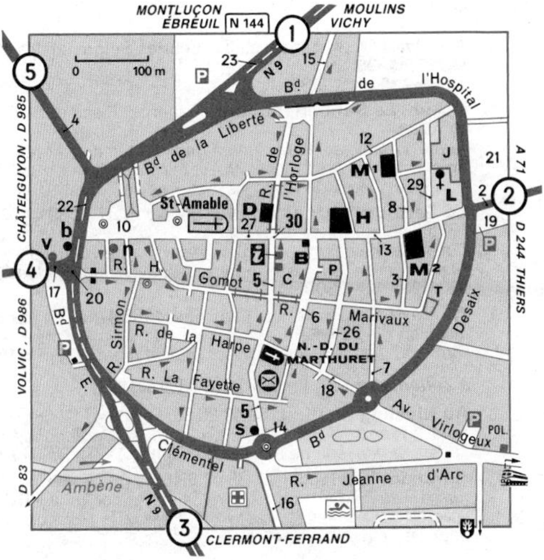

MONTLUÇON
ÉBREUIL
N 144
MOULINS
VICHY
100 m
Bd de la Liberté
Bd de l'Hospital
St-Amable
R. de l'Horloge
Gomot
Marivaux
Desaix
R. de la Harpe
R. Sirmon
R. La Fayette
N.-D. DU MARTHURET
Av. Virlogeux
Clémentel
R. Jeanne d'Arc
Ambène
N 9
CHÂTELGUYON, D 985
VOLVIC, D 986
D 83
A 71
D 244 THIERS
CLERMONT-FERRAND
POL.

Le Pacifique, rte Paris : 1 km par ① ✆ 73 38 15 65, Fax 73 38 94 92 – TV ☎ P. GB
fermé 20 déc. au 10 janv. – **R** *(fermé dim. soir et lundi midi d'oct. à mai)* 62/120 – ☕ 32 – **16 ch** 198/290.

Mikégé sans rest, 40 pl. J.-B. Laurent **(s)** ✆ 73 38 04 12, Fax 73 38 05 08 – TV ☎. GB – *fermé 20 déc. au 10 janv.* – ☕ 28 – **15 ch** 190/280.

La Caravelle sans rest, 21 bd République **(b)** ✆ 73 38 31 90, Fax 73 33 11 30 – TV ☎ P. AE GB – ☕ 25 – **27 ch** 120/240.

Lyon sans rest, 107 fg La Bade par ② ✆ 73 38 07 66, – ☎ P
fermé 30 avril au 10 mai et 28 août au 19 sept. – ☕ 21 – **15 ch** 100/150.

Les Petits Ventres, 6 r. A. Dubourg **(n)** ✆ 73 38 21 65, Fax 73 63 12 21 – AE GB
fermé 10 au 16 mai, 23 août au 5 sept., 15 au 31 janv., sam. midi, dim. soir et lundi soir – **R** 100/280, enf. 60.

Le Magnolia, 11 av. Cdt Madeline **(v)** ✆ 73 38 08 25 – GB
fermé 15 juil. au 10 août – **R** 70/190.

rte de Marsat SO : 2,5 km par D 83 – ✉ **63200** Riom :

Moulin de Villeroze, ✆ 73 38 58 23, Fax 73 38 92 26, – AE GB
fermé dim. soir et lundi – **R** 170/320, enf. 65.

PEUGEOT-TALBOT SCA Clermontoise-Auto, 81 av. de Clermont par av. Libération ✆ 73 38 23 05 N ✆ 73 43 36 88
RENAULT Gaudoin, ZA à Mozac par ④ ✆ 73 38 20 76

Poughon Pneu Plus, 10 r. A.-Faucon ✆ 73 38 18 72

RIORGES 42 Loire 73 ⑦ – rattaché à Roanne.

RIOZ 70190 H.-Saône 66 ⑮ – 883 h alt. 264.
Paris 424 – ♦Besançon 23 – Belfort 76 – Gray 46 – Vesoul 23 – Villersexel 37.

Logis Comtois, ✆ 84 91 83 83, – ☎ P. GB
fermé 15 déc. au 31 janv. – **R** *(fermé dim. soir et lundi midi)* 68/130 – ☕ 25 – **27 ch** 146/240 – ½ P 166/213.

RENAULT Pernin ✆ 84 91 82 10

RIQUEWIHR 68340 H.-Rhin 62 ⑱ ⑲ **G. Alsace Lorraine** (plan) – 1 075 h alt. 300.
Voir Village★★★.
Office de Tourisme r. 1ère-Armée (vacances scolaires, mars-nov.) ✆ 89 47 80 80.
Paris 437 – Colmar 12 – Gérardmer 59 – Ribeauvillé 4 – St-Dié 46 – Sélestat 16.

Le Riquewihr M sans rest, rte Ribeauvillé ✆ 89 47 83 13, Fax 89 47 99 76, ≤ – TV ☎ P. AE GB – ☕ 38 – **49 ch** 230/305.

H. Le Schoenenbourg M, r. Piscine ✆ 89 49 01 11, Fax 89 47 95 88, ≤, – TV ☎ P. GB
R voir rest. **Aub. Le Schoenenbourg** ci-après – ☕ 43 – **43 ch** 335/510 – ½ P 420/493.

Couronne M sans rest, 5 r. Couronne ✆ 89 49 03 03, Fax 89 49 01 01 – TV ☎ P. GB
☕ 38 – **36 ch** 255/355.

A L'Oriel M sans rest, 3 r. Ecuries Seigneuriales ✆ 89 49 03 13, Fax 89 47 92 87 – ☎. AE GB
38 – **19 ch** 320/390.

XXX ✿ **Aub. Le Schoenenbourg** (Kiener), r. Piscine ✆ 89 47 92 28, Fax 89 47 89 84, – P. GB
fermé 17 janv. au 19 fév., jeudi midi et merc. du 17 nov. au 30 juin – **R** 160/340
Spéc. Terrine de foie gras maison. Duo de saumons tièdes à la crème de raifort et choucroute. Assiette du chasseur aux spätzle (1er oct. au 31 janv.). **Vins** Tokay-Pinot gris.

XX **Le Sarment d'Or** M avec ch, 4 r. Cerf ✆ 89 47 92 85, Fax 89 47 99 23, « Maison du 17e siècle » – TV ☎. GB. ch
hôtel : fermé 4 janv. au 8 fév. ; rest. : fermé 28 juin au 5 juil. et 4 janv. au 8 fév. – **R** *(fermé mardi midi de juil. à oct., dim. soir de nov. à juin et lundi)* 95/260 , enf. 45 – 39 – **10 ch** 260/420 – ½ P 330/400.

XX **Au Petit Gourmet,** 5 r. 1e Armée ✆ 89 47 98 77, Fax 89 49 04 56, « Cadre typiquement alsacien » – AE GB
fermé 10 janv. au 26 fév., merc. midi et mardi – **R** 185/195.

à Zellenberg E : 1 km sur D 1B – ✉ **68340** :

Au Riesling M , ✆ 89 47 85 85, Fax 89 47 92 08, ← – ☎ ♿ P. AE GB.
hôtel : fermé 15 déc. au 15 fév., dim. soir et lundi de nov. à avril – **R** *(fermé 15 déc. au 10 fév. et dim. soir de mai à oct.)* 95/185 – 35 – **40 ch** 230/310 – ½ P 290/320.

XXX ✿ **Maximilien** (Eblin), ✆ 89 47 99 69 – P. AE GB
fermé 9 au 23 août, 2 au 21 janv., dim. soir et lundi – **R** 185/360 et carte 250 à 400
Spéc. Carpaccio de filet d'agneau fumé. Petit baeckeofa d'escargots à l'ail. Blanc de turbot en croûte de pomme de terre. **Vins** Riesling, Pinot auxerrois.

We suggest:
for a successful tour, that you prepare it in advance.
Michelin Maps and Guides, will give you much useful information on route planning, places of interest, accommodation, prices etc.

RIS-ORANGIS 91 Essonne 61 ①, 101 ㊱ – voir à Paris, Environs.

RISTOLAS 05460 H.-Alpes 77 ⑲ – 72 h alt. 1590.
Paris 738 – Briançon 53 – Gap 95 – Guillestre 34.

Chalet de Ségure , ✆ 92 46 71 30, ← – ☎. GB. rest
28 mai-26 sept. et 26 déc.-15 avril – **R** *(fermé lundi sauf le midi en juil-août)* 90/130 – 30 – **10 ch** 220/230 – ½ P 220/240.

RIVA-BELLA 14 Calvados 55 ② – voir à Ouistreham-Riva-Bella.

RIVALET 63 P.-de-D. 73 ⑭ – rattaché à St-Nectaire.

RIVE-DE-GIER 42800 Loire 73 ⑲ **G. Vallée du Rhône** – 15 623 h alt. 242.
Paris 497 – ♦Lyon 37 – ♦St-Étienne 21 – Montbrison 54 – Roanne 106 – Thiers 128 – Vienne 26.

XXX **Host. Renaissance** avec ch, 41 r. A. Marrel ✆ 77 75 04 31, Fax 77 83 68 58, , – ☎ P. AE GB
fermé dim. soir et lundi – **R** 95/450 – 65 – **6 ch** 240/400.

à Ste-Croix-en-Jarez SE : 10 km par D 30 – ✉ **42800** :

X **Le Prieuré** avec ch, ✆ 77 20 20 09 – TV ☎. AE GB.
fermé fév. – **R** *(fermé lundi sauf juil.-août)* 68/180 – 28 – **4 ch** 240/260 – ½ P 235/280.

CITROEN Bellon, 9 r. J.-Guesde ✆ 77 75 00 39
OPEL Putinier, 18 av. Mar.-Juin ✆ 77 75 02 30
PEUGEOT-TALBOT Boutin, 44 r. Cl.-Drivon ✆ 77 75 04 22 N

RIVEDOUX-PLAGE 17 Char.-Mar. 71 ⑫ – voir à Ré (Ile de).

RIVESALTES 66600 Pyr.-Or. 86 ⑨ ⑲ **G. Pyrénées Roussillon** – 7 110 h alt. 29.
Env. Fort de Salses★★ N : 11 km.
de Perpignan-Rivesaltes : ✆ 68 61 28 98 : 4 km.
Syndicat d'Initiative r. L.-Rollin ✆ 68 64 04 04.
Paris 901 – ♦Perpignan 10 – Narbonne 56 – Quillan 67.

Alta Riba, av. Gare ✆ 68 64 01 17, Fax 68 64 60 91 – ch TV ☎ ♿ P. GB
R 65/160 , enf. 45 – 30 – **53 ch** 170/250 – ½ P 230.

Tour de l'Horloge , 11 r. A. Barbès (près église) ✆ 68 64 05 88, Fax 68 64 66 67 – TV ☎ . GB
fermé 15 au 30 nov., 30 janv. au 15 fév., dim. soir et lundi midi sauf juil.-août – **R** 70/110 enf. 35 – 30 – **17 ch** 130/210 – ½ P 190/300.

CITROEN Galabert, 13 av. Gambetta ✆ 68 64 07 67
RENAULT Gar. Sales, 68 bd Arago ✆ 68 64 15 73

RIVIÈRE-SUR-TARN **12640** Aveyron 80 ④ – 757 h alt. 379.

Paris 652 – Mende 71 – Millau 12 – Rodez 65 – Sévérac-le-Château 28.

Le Clos d'Is, ☎ 65 59 81 40, , – P. GB
R 69/160 – ☐ 30 – **22 ch** 140/230 – 1/2 P 190/235.

RENAULT Gar. Vayssière ☎ 65 59 80 05

La RIVIÈRE-THIBOUVILLE **27** Eure 55 ⑮ – alt. 72 – ✉ **27550** Nassandres.

Paris 139 – ◆Rouen 48 – Bernay 15 – Évreux 35 – Lisieux 38 – Le Neubourg 15 – Pont-Audemer 33.

XX **Soleil d'Or** avec ch, ☎ 32 45 00 08, , – TV ☎ P. GB
fermé vacances de Noël, 17 fév. au 10 mars, dim. soir hors sais. et merc. – **R** 89/215 – ☐ 32 – **12 ch** 160/280.

PEUGEOT-TALBOT Gar. Chaise, N 13 à Nassandres ☎ 32 45 00 33 N

ROANNE SP **42300** Loire 73 ⑦ **G. Vallée du Rhône** – 41 756 h alt. 279.

Env. Belvédère de Commelle-Vernay ≤★ : 7 km au S par quai Sémard BV.

9 de Champlong à Villerest ☎ 77 69 70 60, par ③.

✈ Roanne-Renaison : ☎ 77 66 83 55, par D 9 AV : 5 km.

i Office de Tourisme du Roannais cours République ☎ 77 71 51 77 A.C. pl. Mar. de Lattre de Tassigny ☎ 77 72 08 91.

Paris 391 ④ – Bourges 199 ④ – Chalon-sur-Saône 136 ① – ◆Clermont-Ferrand 118 ③ – ◆Dijon 205 ① – ◆Lyon 87 ② – Montluçon 140 ④ – ◆St-Étienne 84 ② – Valence 186 ② – Vichy 72 ④.

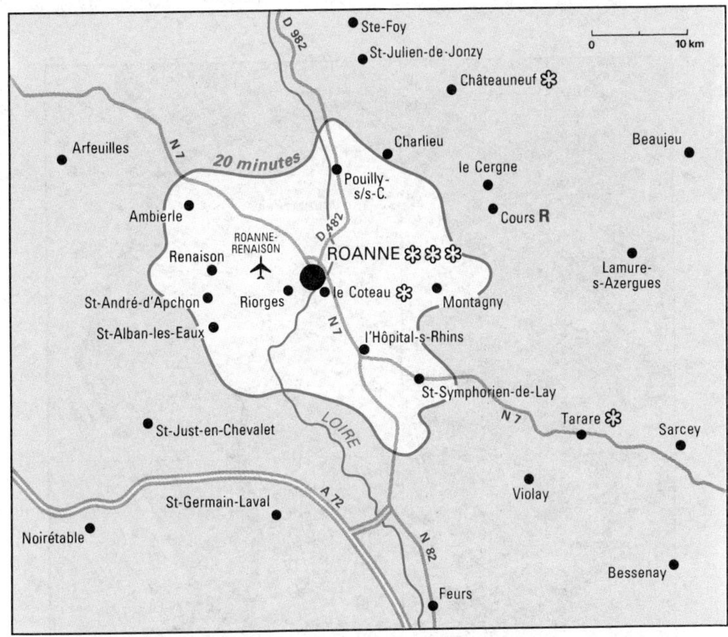

✿✿✿ **Troisgros** M, pl. Gare ☎ 77 71 66 97, Fax 77 70 39 77, « Élégant décor contemporain », – TV ☎ P. AE O GB JCB — CX r
fermé vacances de fév., mardi soir et merc. – **R** (nombre de couverts limité - prévenir) 490/610 et carte 420 à 650, enf. 120 – ☐ 100 – **14 ch** 700/1400, 3 appart., 3 duplex
Spéc. Effiloché de crabe dormeur à la gelée de tomate. Saumon à l'oseille "Version 1993". Fleur de tournesol (dessert).
Vins Bourgogne blanc, Côte Roannaise rouge.

Grand Hôtel sans rest, 18 cours République ☎ 77 71 48 82, Fax 77 70 42 40 – TV ☎ P – 100. AE O GB — CX f
fermé 1er au 17 août et 23 déc. au 2 janv. – ☐ 36 – **33 ch** 235/360.

Terminus sans rest, face gare ☎ 77 71 79 69, Fax 77 72 90 26 – TV ☎ P. GB — CX f
☐ 27 – **55 ch** 179/270.

ROANNE

Alsace-Lor. (Av.) . . . **CY** 2
Anatole-France (R.) **CY** 3
Foch (R. Mar.) . . . **CDY**
Gaulle (R. Ch.-de) . . **CY** 18
Jaurès (R. Jean) . **CDY**

Benoît (Bd C.) . . . . . **BV** 5
Cadore (R. de) . . . . **CX** 7
Carnot (R.) . . . . **BV** 8
Clemenceau (Pl.) . . **DX** 10
Clermont (R. de) . . . **CY** 12
Dourdein (R. A.) . . . **AV** 14
Edgar-Quinet (Bd) . **BV** 15
Gaulle (Av. Ch.-de) **AV** 16
Gaulle (Bd Ch.-de) . **BV** 17
Hoche (R.) . . . . **AV** 19
Hôtel-de-Ville (Pl.) . **DY** 20
Joffre (Bd Mar.) . . . **BV** 21
Lattre-de-T. (Pl. de) **CX** 22
Libération (Av. de la) **DY** 23
Loire (Levée de la) . **DY** 24
Marne (Av. de la) . . **BV** 26
Renaison (Levée du) **DY** 28
République (Av.) . . **BV** 30
République (Crs) . **CXY** 32
Roche (R. A.) . . . . . **DX** 34
Semard (Q. P.) . . . . **BV** 35
Thiers (Bd de) . . . . . **AV** 36
Thomas (Bd A.) . . . **AV** 38
Vachet (R. J.) . . . . . **AV** 40
Villemontais (R. de) **AV** 42

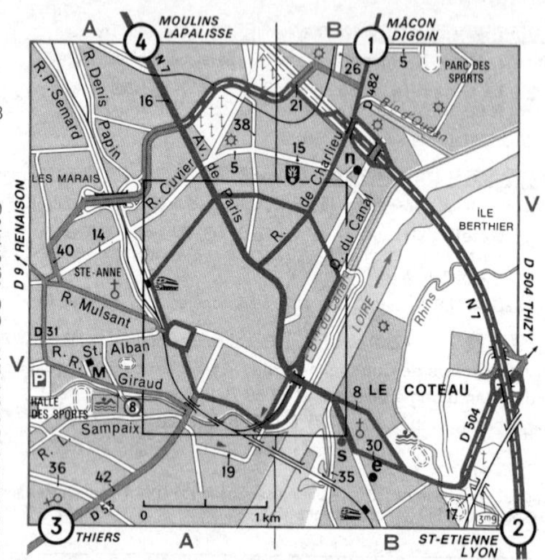

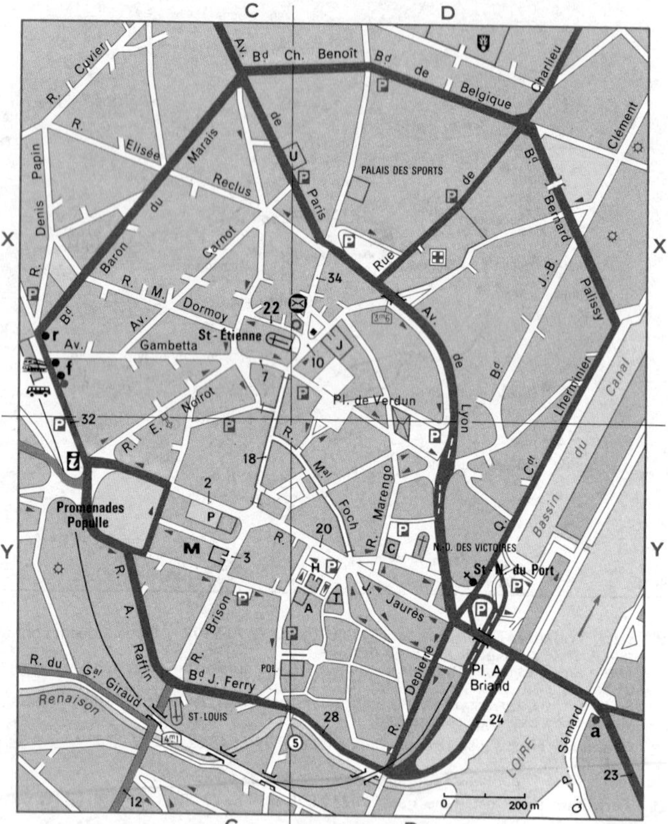

Campanile, 38 r. Mâtel ✆ 77 72 72 73, Télex 307591, Fax 77 72 77 61, – TV ☎ ♿ P – 30. AE GB BV n
R 80 bc/102 bc, enf. 39 – 29 – **50 ch** 268.

XXX **L'Astrée,** 17 bis cours République ✆ 77 72 74 22, Fax 77 72 72 23 – GB CX f
fermé 28 juil. au 18 août, 24 déc. au 10 janv., sam. et dim. – **R** 120/380, enf. 90.

au Coteau (rive droite de la Loire) – 7 469 h. – ✉ **42120** Le Coteau :

Artaud, 133 av. Libération ✆ 77 68 46 44, Fax 77 72 23 50 – TV ☎ – 150. AE GB JCB BV e
R (*fermé 24 juil. au 15 août et dim. sauf fêtes*) 95/350 – 33 – **25 ch** 240/400.

Ibis M, 53 bd Ch. de Gaulle, ZI Le Coteau - BV ✆ 77 68 36 22, Télex 300610, Fax 77 71 24 99, – ch TV ☎ ♿ P – 25 à 70. AE GB
R 80/102, enf. 40 – 34 – **67 ch** 285/310.

XXX ✿ **Aub. Costelloise** (Alex), 2 av. Libération ✆ 77 68 12 71 – GB DY a
fermé 27 juil. au 24 août, 29 déc. au 5 janv., dim. et lundi – **R** 120/330 et carte 230 à 315
Spéc. Soupière d'escargots aux herbes potagères. Emincé de poissons en bouillabaisse safranée. Fricassée de volaille à la crème et aux morilles. **Vins** Côte Roannaise.

XX **Ma Chaumière,** 3 r. St-Marc ✆ 77 67 25 93 – GB BV s
fermé 25 juil. au 21 août, dim. soir et lundi – **R** 95/230.

à Riorges O : 3 km par D 31 - AV – 9 868 h. – ✉ **42153** :

XXX **Le Marcassin** avec ch, rte St-Alban-les-Eaux ✆ 77 71 30 18, – TV ☎. AE GB. ch
fermé 1er au 22 août et vacances de fév. – **R** *(fermé dim. soir et sam.)* 100/300 – 30 – **10 ch** 200/260.

par ② rte de Lyon : 6 km – ✉ **42120** Roanne :

Primevère M, N 7 ✆ 77 62 84 84, Fax 77 62 02 09, – TV ☎ ♿ P – 30. GB
R 99, enf. 39 – 30 – **41 ch** 260.

par ④ rte de St-Germain : 7 km – ✉ **42640** St-Germain-l'Espinasse :

Relais de Roanne, ✆ 77 71 97 35, Fax 77 70 88 15, – rest TV ☎ P – 40. AE GB
R 78/275 – 35 – **30 ch** 220/300 – ½ P 240/300.

VOLVO Gd Gar. Gobelet, 54 av. Gambetta ✆ 77 72 30 22

Comptoir Roannais C/c, bd C.-Benoit ✆ 77 72 47 33

Périphérie et environs

BMW Gar. Barberet, 36 bd Ch.-de-Gaulle - Le Coteau BV ✆ 77 70 42 22
CITROEN Lagoutte, 212 av. de la Libération au Coteau BV ✆ 77 67 00 22 N ✆ 77 72 41 77
MERCEDES SOGEMO, Aiguilly, D 482 à Vougy ✆ 77 72 26 22
PEUGEOT SAGG, rte de Paris, Riorges N 7 par ④ ✆ 77 44 88 00 N ✆ 77 44 15 42
V.A.G Gar. Route Bleue, 29 bd Étines ZI ✆ 77 67 34 00

Comptoir du Pneu, 4 pl. Église, Le Coteau ✆ 77 67 05 15
Euromaster Piot Pneu, 47 bd Ch.-de-Gaulle, ZI, Le Coteau ✆ 77 70 04 44

ROCAMADOUR 46500 Lot 75 ⑱ ⑲ G. Périgord Quercy (plan) – 627 h alt. 210.

Voir Site★★★ – Remparts ✻★★★ – Tapisseries★ dans l'Hôtel de Ville – Vierge noire★ dans la chapelle Notre-Dame – Musée-trésor Francis-Poulenc★ – Féerie du rail : maquette★.

Office de Tourisme à la Mairie (mars-nov.) ✆ 65 33 62 59.

Paris 539 – Cahors 56 – Brive-la-Gaillarde 54 – Figeac 45 – Gourdon 35 – St-Céré 29 – Sarlat-la-C. 51.

Beau Site et Notre Dame, ✆ 65 33 63 08, Télex 520421, Fax 65 33 65 23, <, – ch TV ☎ P. AE GB JCB
1er avril-11 nov. – **R** 98/230, enf. 49 – 45 – **44 ch** 300/440 – ½ P 362/398.

du Château , rte du Château : 1,5 km ✆ 65 33 62 22, Télex 521871, Fax 65 33 69 00, – TV ☎ ♿ P – 40. AE GB
8 avril-8 nov. – **R** 68/240, enf. 45 – 30 – **60 ch** 280/400 – ½ P 295/326.

Annexe Relais Amadourien , – ☎ P. AE GB
Pâques-10 oct. – **R** voir **du Château** – 29 – **24 ch** 200/265 – ½ P 250/260.

Belvédère, à l'Hospitalet ✆ 65 33 63 25, Fax 65 33 69 25, <Rocamadour, – TV ☎ P. AE GB
1er avril-2 nov. – **R** 60/235, enf. 35 – 30 – **19 ch** 225/330 – ½ P 230/240.

Panoramic, à l'Hospitalet ✆ 65 33 63 06, Fax 65 33 69 26, <, – TV ☎ P. AE GB
15 fév.-4 nov. – **R** *(fermé vend. sauf vacances scolaires et fériés)* 66/230, enf. 48 – 33 – **21 ch** 220/270 – ½ P 229/254.

Lion d'Or, ✆ 65 33 62 04, Fax 65 33 72 54 – ☎ P. GB
3 avril-2 nov. – **R** 59/210, enf. 39 – 30 – **35 ch** 180/250 – ½ P 230/250.

Ste-Marie , ✆ 65 33 63 07, Fax 65 33 69 08, <, , « Terrasse avec vue agréable » – ☎ P. GB. rest
4 avril-15 oct. – **R** 60/270, enf. 38 – 30 – **22 ch** 165/260 – ½ P 255/275.

rte de Brive 2,5 km par D 673 – ✉ **46500** Rocamadour :

Troubadour ⛰, ✆ 65 33 70 27, Fax 65 33 71 99, ⛱, 🏊, 🌳 – ▤ rest 📺 ☎ 🅿. 💳 GB
15 fév.-15 nov. – **R** (dîner seul.)(résidents seul.) 95/160, enf. 45 – ☕ 40 – **10 ch** 350 – ½ P 340.

à la Rhue rte de Brive : 6 km par D 673, N 140 et VO – ✉ **46500** Rocamadour :

Domaine de la Rhue Ⓜ ⛰ sans rest, ✆ 65 33 71 50, Fax 65 33 72 48, ≤, « Anciennes écuries élégamment aménagées », 🏊, 🌳 – ☎ 🅿. GB
9 avril-17 oct. – ☕ 42 – **13 ch** 370/570.

rte de Payrac 4 km par D 673 et VO – ✉ **46500** Rocamadour :

Les Vieilles Tours ⛰, ✆ 65 33 68 01, Fax 65 33 68 59, ≤, parc, 🏊 – ☎ 🅿. GB. ✗ rest
9 avril-8 nov. – **R** (dîner seul.) 110/250, enf. 55 – ☕ 46 – **16 ch** 210/440 – ½ P 245/360.

Gar. Sirieys ✆ 65 33 63 15

La ROCHE-BERNARD **56130** Morbihan 63 ⑭ G. Bretagne – 766 h alt. 30.

Voir Pont★.

🏌18 de la Bretesche ✆ 40 88 30 03, SE : 11 km.

Paris 439 – ◆Nantes 70 – Ploërmel 59 – Redon 27 – St-Nazaire 35 – Vannes 40.

Le Manoir du Rodoir Ⓜ, N 165 ✆ 99 90 82 68, Fax 99 90 76 22, ⛱, parc – 📺 ☎ ♿ 🅿 – 🎪 80. AE GB. ✗ ch
fermé janv. – **R** *(fermé dim. soir et lundi d'oct. à fév.)* 138/295 – ☕ 52 – **26 ch** 380/595 – ½ P 495.

Deux Magots, ✆ 99 90 60 75, Fax 99 90 87 87 – 📺 ☎. GB. ✗
fermé 15 déc. au 15 janv., dim. soir du 15 sept. au 30 juin et lundi sauf hôtel en juil.-août et fériés – **R** 80/340 – ☕ 32 – **15 ch** 280/480.

Bretagne sans rest, ✆ 99 90 60 65 – ☎ 🅿. GB. ✗
Pâques-nov. et fermé sam. sauf juil.-août – ☕ 29 – **13 ch** 280/330.

XXXX ✿✿ **Aub. Bretonne** (Thorel) avec ch, ✆ 99 90 60 28, Fax 99 90 85 00 – 🛗 📺 ☎ ♿ 🚗. GB
fermé 15 nov. au 5 déc., 6 au 21 janv., vend. midi et jeudi – **R** 250/450 – ☕ 60 – **11 ch** 350/850
Spéc. Charlotte d'araignée de mer aux pois gourmands (avril à août). Volaille farcie de macaroni aux truffes (15 déc. au 15 mars). Délices de Solange.

XX **Aub. Rochoise,** ✆ 99 90 77 37 – GB
fermé fév., lundi soir et mardi hors sais. – **R** 78/200, enf. 45.

à Camoël SO : 10 km par D 774 et rte de Pénestin – ✉ **56130.**

Voir Pointe du Scal★ NO : 5 km.

La Vilaine, ✆ 99 90 01 96 – ☎ 🅿. GB
R *(fermé mardi sauf juil.-août)* 75/120, enf. 45 – ☕ 30 – **24 ch** 205/305.

CITROEN Gar. Biton ✆ 99 90 61 11

RENAULT Gar. Priour, ZA des Métairies, rte de St-Dolay ✆ 99 90 71 90 🅽 ✆ 99 90 72 92

La ROCHE-CANILLAC **19320** Corrèze 75 ⑩ – 186 h alt. 460.

Paris 511 – Brive-la-Gaillarde 48 – Argentat 16 – Aurillac 71 – Mauriac 52 – St-Céré 56 – Tulle 27 – Ussel 60.

Aub. Limousine, ✆ 55 29 12 06, Fax 55 29 27 03, 🏊 – ☎ 🅿. GB. ✗ rest
Pâques-30 sept. – **R** 85/200, enf. 50 – ☕ 30 – **52 ch** 140/286 – ½ P 210/260.

La ROCHE-CHALAIS **24490** Dordogne 75 ③ – 2 860 h alt. 65.

Paris 511 – Bergerac 61 – Blaye 63 – ◆Bordeaux 67 – Périgueux 69.

Soleil d'Or Ⓜ, 14 r. Apre Côte ✆ 53 90 86 71, Fax 53 90 28 21, ⛱ – 📺 ☎ ♿ 🅿. GB. ✗
R 105/195, enf. 40 – ☕ 30 – **15 ch** 200/350 – ½ P 200/285.

ROCHECORBON **37** I.-et-L. 64 ⑮ – rattaché à Tours.

ROCHEFORT ⟨SP⟩ **17300** Char.-Mar. 71 ⑬ G. Poitou Vendée Charentes – 25 561 h alt. 5 – Stat. therm. (10 fév.-19 déc.).

Voir Corderie royale★ BY – Maison de Loti★ BZ **B** – Musée d'Art et d'Histoire★ BZ **M**[1] – Les Métiers de Mercure★ (musée) BZ **D** – Echillais : façade★ de l'église 4,5 km par ③.

Accès Pont de Martrou. Péage en 1992 : auto 30 F (AR 45 F), voiture et caravane 45 F. Renseignements : Régie d'Exploitation des Ponts ✆ 46 83 01 01, Fax 46 83 05 54.

🅸 Office de Tourisme av. Sadi-Carnot ✆ 46 99 08 60.

Paris 467 ① – La Rochelle 34 ④ – Royan 40 ③ – ◆Limoges 192 ② – Niort 60 ① – Saintes 40 ②.

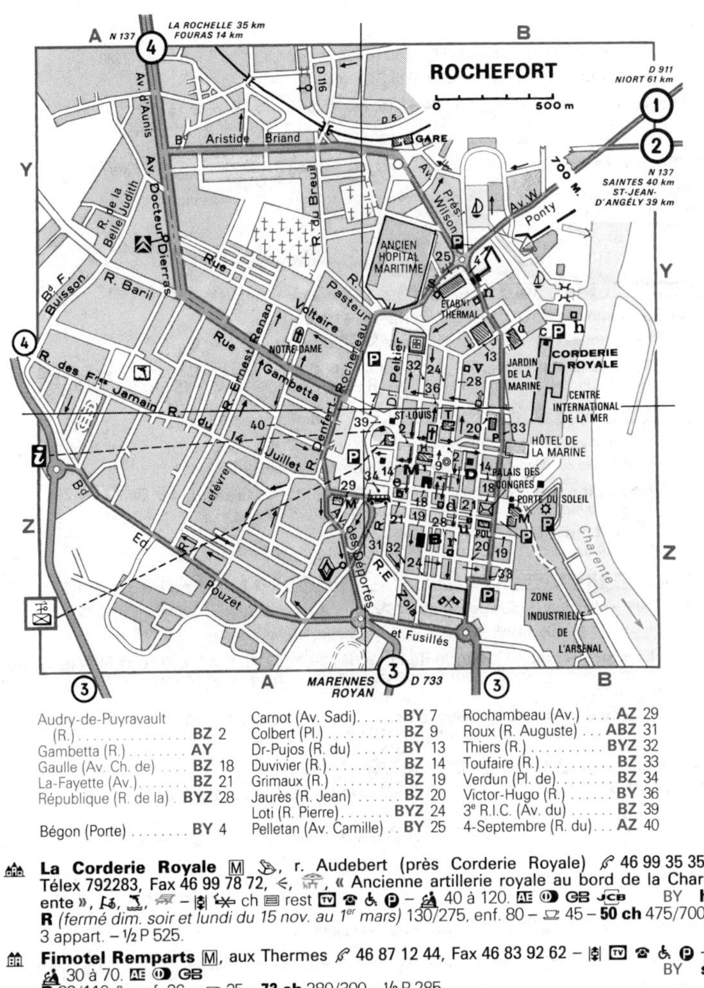

Audry-de-Puyravault (R.) . . . . . BZ 2	Carnot (Av. Sadi) . . . . . BY 7	Rochambeau (Av.) . . . . AZ 29
Gambetta (R.) . . . . . AY	Colbert (Pl.) . . . . . BZ 9	Roux (R. Auguste) . . . ABZ 31
Gaulle (Av. Ch. de) . . . . BZ 18	Dr-Pujos (R. du) . . . . . BY 13	Thiers (R.) . . . . . BYZ 32
La-Fayette (Av.) . . . . . BZ 21	Duvivier (R.) . . . . . BZ 14	Toufaire (R.) . . . . . BZ 33
République (R. de la) . BYZ 28	Grimaux (R.) . . . . . BZ 19	Verdun (Pl. de) . . . . . BZ 34
	Jaurès (R. Jean) . . . . . BZ 20	Victor-Hugo (R.) . . . . . BY 36
	Loti (R. Pierre) . . . . . BYZ 24	3e R.I.C. (Av. du) . . . . . BZ 39
Bégon (Porte) . . . . . BY 4	Pelletan (Av. Camille) . . BY 25	4-Septembre (R. du) . . . AZ 40

La Corderie Royale M, r. Audebert (près Corderie Royale) ☎ 46 99 35 35, Télex 792283, Fax 46 99 78 72, ←, « Ancienne artillerie royale au bord de la Charente », ‒ ch ▤ rest TV ☎ ♿ P – 40 à 120. AE ① GB JCB BY **h**
R *(fermé dim. soir et lundi du 15 nov. au 1er mars)* 130/275, enf. 80 – ☐ 45 – **50 ch** 475/700, 3 appart. – ½ P 525.

Fimotel Remparts M, aux Thermes ☎ 46 87 12 44, Fax 46 83 92 62 – TV ☎ ♿ P – 30 à 70. AE ① GB BY **s**
R 89/110 ♂, enf. 36 – ☐ 35 – **73 ch** 280/300 – ½ P 285.

Le Paris, 27 av. La Fayette ☎ 46 99 33 11, Fax 46 99 77 34 – ‒ ch ▤ rest TV ☎ – 40. GB BZ **d**
R *(fermé 24 déc. au 15 janv. et dim.)* 90/180 ♂, enf. 55 – ☐ 30 – **38 ch** 230/315 – ½ P 235/280.

Roca-Fortis sans rest, 14 r. République ☎ 46 99 26 32, – TV ☎. GB BY **v**
fermé 23 déc. au 9 janv. – ☐ 25 – **16 ch** 180/260.

des Vermandois M sans rest, 33 r. E. Combes ☎ 46 87 09 87, Fax 46 83 21 74 – TV ☎. GB BZ **r**
☐ 28 – **11 ch** 230/260, 5 appart..

Arcade M, 1 r. Bégon ☎ 46 99 31 31, Télex 791695, Fax 46 87 24 09 – TV ☎ ♿ P – 30. AE GB. rest BY **n**
R snack 65/85 ♂ – ☐ 35 – **44 ch** 250/290.

Lafayette sans rest, 10 av. Lafayette ☎ 46 99 03 31 – ☎. GB BZ **u**
fermé du 24 déc. au 1er janv. – ☐ 26 – **23 ch** 140/220.

Tourne-Broche, 56 av. Ch. de Gaulle ☎ 46 99 20 19 – AE GB BZ **e**
fermé 1er au 13 juil., 20 au 30 janv., dim. soir et lundi – **Repas** 85/260 ♂.

par ③ : 3 km rte de Royan avant pont de Martrou – ✉ **17300** Rochefort :

La Belle Poule, ☎ 46 99 71 87, Fax 46 83 99 77, – TV ☎ P – 25. AE ① GB
fermé dim. soir hors sais. – **R** 98/152 – ☐ 28 – **21 ch** 240/270 – ½ P 245.

à Soubise par ③, pont de Martrou (péage) et D 238^{E1} : 8,5 km – ✉ **17780**.
Voir Croix hosannière★ de Moëze SO : 3,5 km.

XXX **Le Soubise** avec ch, ✆ 46 84 92 16, Fax 46 84 91 35, – ☎ Ⓟ. ⓓ GB
fermé 4 au 24 oct., 10 au 23 janv., dim. soir et lundi sauf juil.-août et fériés – **R** (en sais. prévenir) 100/170 – ☐ 31 – **23 ch** 170/370 – ½ P 300/380.

CITROEN Rochefort Autom., 46/48 av. Dr Dieras ✆ 46 87 41 55
FORD Gar. Zanker, 76 r. Gambetta ✆ 46 87 07 55
PEUGEOT-TALBOT S.O.C.A.R., 58 av. 11-Novembre par ③ ✆ 46 99 02 76
RENAULT Peyronnet, av. Déportés-et-Fusillés ✆ 46 87 36 20 N ✆ 46 68 76 16
ROVER Gar. Central, 31 av. Lafayette ✆ 46 99 00 65
SEAT Gar. l'Empereur, 32 av. Wilson ✆ 46 99 24 06

Ⓜ Euromaster Piot Pneu, ZC de la Fraternité à Tonnay-Charente ✆ 46 99 01 13
Euromaster Piot Pneu, 80 r. Grimaux ✆ 46 99 02 67

ROCHEFORT-DU-GARD 30650 Gard 80 ⑳ **G. Provence** – 4 107 h alt. 97.
Voir Sanctuaire de N.-D. de Grâce : terrasse ≤★ NE : 2 km.
Paris 681 – Avignon 12 – Alès 62 – Arles 45 – Nîmes 33 – Orange 24 – Remoulins 12.

Mas de la Rouvette, NE : 1 km sur D 976 ✆ 90 31 73 11, – ☎ Ⓟ – 50. GB. ✻ ch
fermé 28 janv. au 1er mars et mardi – **R** 90 ♁, enf. 40 – ☐ 45 – **15 ch** 220 – ½ P 250.

ROCHEFORT-EN-TERRE 56220 Morbihan 63 ④ **G. Bretagne** – 645 h alt. 52.
Voir Site★ – Maisons anciennes★.
Paris 424 – Ploërmel 33 – Redon 25 – ◆Rennes 78 – La Roche-Bernard 25 – Vannes 34.

XXX **Host. Lion d'Or,** ✆ 97 43 32 80, Fax 97 43 30 12, « Maison du 16e siècle » – GB
fermé 10 janv. au 10 fév. et lundi sauf juil.-août et fériés – **R** 98/265, enf. 60.

XX **Vieux Logis,** ✆ 97 43 31 71 – GB
fermé mars, dim. soir (sauf juil. et août) et lundi – **R** 110/280.

ROCHEFORT-EN-YVELINES 78730 Yvelines 60 ⑨ 106 ㊶ **G. Ile de France** – 783 h alt. 113.
Voir Site★ – Vaisseau★ de l'église de St-Arnoult-en-Yvelines NE : 3,5 km.
Paris 50 – Chartres 42 – Dourdan 8 – Étampes 25 – Rambouillet 15 – Versailles 33.

XX **La Brazoucade,** 51 r. Guy le Rouge ✆ (1) 30 41 49 09, Fax (1) 30 88 41 55 – Ⓟ. AE GB
fermé 18 août au 1er sept., vacances de fév., mardi soir et merc. – **R** 140 (sauf sam. midi)/190.

XX **L'Escu de Rohan,** 15 r. Guy le Rouge ✆ (1) 30 41 31 33 – GB
fermé dim. soir et lundi sauf fériés – **R** carte 200 à 375.

ROCHEFORT-MONTAGNE 63210 P.-de-D. 73 ⑬ – 948 h alt. 850.
Paris 455 – ◆Clermont-Ferrand 31 – Aubusson 79 – Mauriac 79 – Le Mont-Dore 22 – Ussel 51.

Centre, ✆ 73 65 82 10, – . ✻
15 avril-10 oct. et fermé sam. et dim. hors sais. – **R** (dîner seul.) 70 ♁ – ☐ 22 – **14 ch** 100/180.

CITROEN Clermont ✆ 73 65 82 17 N
PEUGEOT-TALBOT Lassalas ✆ 73 65 82 70
RENAULT Gar. Bony, Massagettes RN 89 à St-Pierre-Roche ✆ 73 65 83 24

ROCHEFORT-SUR-NENON 39 Jura 66 ⑭ – rattaché à Dôle.

La ROCHEFOUCAULD 16110 Charente 72 ⑭ **G. Poitou Vendée Charentes** (plan) – 3 448 h alt. 85.
Voir Château★.
Ⓘ Syndicat d'Initiative Halle aux Grains pl. Gourville (juin-sept.) ✆ 45 63 07 45.
Paris 441 – Angoulême 22 – Confolens 41 – ◆Limoges 81 – Nontron 37 – Ruffec 39.

Vieille Auberge, 13 fg La Souche ✆ 45 62 02 72, Fax 45 63 01 88 – TV ☎ Ⓟ – 80. AE ⓓ GB
R 53/195 ♁, enf. 25 – ☐ 28 – **33 ch** 180/270 – ½ P 180/230.

Auberivières, rte Mansle ✆ 45 63 10 10, Fax 45 63 02 60 – TV ☎ Ⓟ. GB. ✻ ch
fermé dim. – **R** 62/150 ♁ – ☐ 30 – **10 ch** 185/230 – ½ P 165/175.

CITROEN Bordron-Chabernaud ✆ 45 62 01 41
RENAULT Cyclope ✆ 45 63 03 91 N ✆ 45 63 94 95

ROCHEGUDE 26 Drôme 81 ② – rattaché à Orange.

La ROCHE-GUYON 95780 Val-d'Oise 55 ⑱ 106 ② ③ **G. Ile de France** – 561 h alt. 14.
Voir Bords de la Seine ≤★ – Route des Crêtes★ : ≤★★ N : 3 km.
Paris 77 – ◆Rouen 75 – Évreux 41 – Gisors 30 – Mantes-la-Jolie 17 – Pontoise 46 – Vernon-sur-Eure 12.

La ROCHE-L'ABEILLE 87 H.-Vienne 72 ⑰ – rattaché à St-Yrieix-la-Perche.

ROCHE-LEZ-BEAUPRÉ 25 Doubs 66 ⑮ – rattaché à Besançon.

La ROCHELLE P **17000** Char.-Mar. **71** ⑫ **G. Poitou Vendée Charentes** – 71 094 h alt. 7 – Casino X.

Voir Vieux Port★★ Z – Tour de la Lanterne★ : ✻★★ Z **B** – Le quartier ancien★★ : Hôtel de Ville★ Z **H**, Hôtel de la Bourse★ Z **C**, Maison Henri II★ Y **K**, – Porte de la Grosse Horloge★ Z **F**, Rues du Palais★ Z, Chaudrier★ Y, – du Minage (arcades★) Y, des Merciers★ Y, de l'Escale★ Z – Tour St-Nicolas★ Z **D** – Plan-relief★ (tour de la Chaîne) Z **E** – Parc Charruyer★ Y – Aquarium★ – Musées : Histoire naturelle★★ Y **M1**, d'Orbigny-Bernon★ Y **M4**, Beaux-Arts★ Y **M3**, du Nouveau Monde★ Y **M**².

18 de la Prée ✆ 46 01 24 42, par D 104 : 11 km.

Accès par le Pont de l'île de Ré par ⑤. **Péage** en 1992 : auto (AR) 110 F (saison) 60 F (hors saison), camion 115 à 335 F, moto 30 F, vélo 10 F, gratuit pour piétons..

Renseignements par Régie d'Exploitation des Ponts : ✆ 46 42 61 48, Fax 46 43 04 71.

✈ de la Rochelle-Laleu : T.A.T. ✆ 46 42 18 27, NO : 4,5 km X.

ℹ Office de Tourisme et Accueil de France (Informations et réservations d'hôtels, pas plus de 5 jours à l'avance) quartier du Gabut, pl. Petite Sirène ✆ 46 41 14 68, Télex 791661.

Paris 470 ② – Angoulême 141 ③ – ♦Bordeaux 182 ④ – ♦Nantes 140 ② – Niort 63 ②.

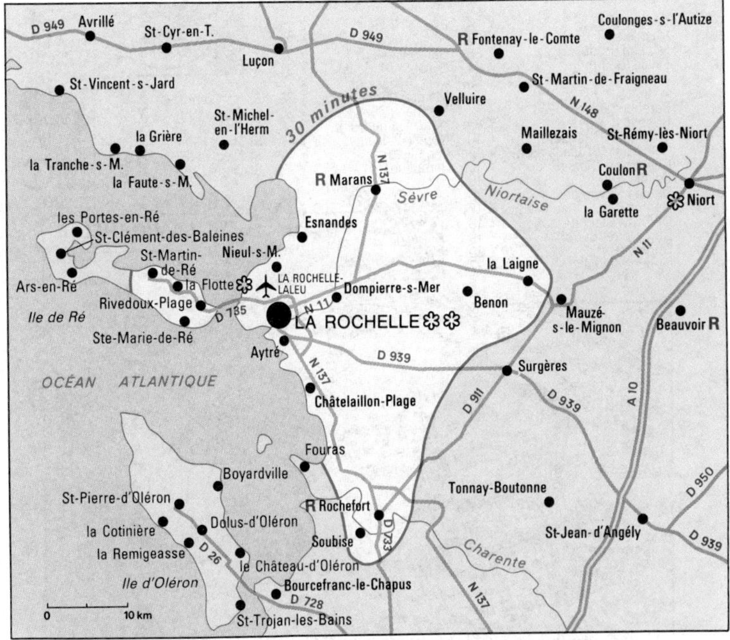

Novotel M, av. Porte Neuve ✆ 46 34 24 24, Télex 793371, Fax 46 34 58 32, – – ch ☎ ♿ P – 60. AE GB — Y **t**
R carte environ 170, enf. 52 – ☐ 52 – **94 ch** 455/630.

Les Brises M sans rest, chemin digue Richelieu (av. P. Vincent) ✆ 46 43 89 37, Fax 46 43 27 97, « Terrasse en bordure de mer et ≤ les îles » – ☎ P. GB — X **q**
☐ 45 – **48 ch** 300/590.

France-Angleterre et Champlain sans rest, 20 r. Rambaud ✆ 46 41 34 66, Télex 790717, Fax 46 41 15 19, « Ancien hôtel particulier avec agréable jardin » – ☎ – 40. AE GB — Y **b**
☐ 45 – **37 ch** 295/440, 4 appart.

Monnaie M sans rest, 3 r. Monnaie ✆ 46 50 65 65, Fax 46 50 63 19, « Demeure du 17e siècle » – ☎ ♿ P – 30. AE GB — Z **z**
☐ 50 – **32 ch** 450/580, 4 appart.

L'Océanide M, quai L. Prunier ✆ 46 50 61 50, Télex 791735, Fax 46 41 24 31, ≤ – ☎ ♿ – 200. AE GB — Z **e**
R 95/140, enf. 46 – ☐ 52 – **123 ch** 410/510 – ½ P 345/370.

Mercure Yachtman M, 23 quai Valin ✆ 46 41 20 68, Télex 790762, Fax 46 41 81 24, – ☎ – 80. AE GB — Z **r**
R *(fermé dim. soir et lundi d'oct. à avril)* 98/270, enf. 50 – ☐ 50 – **43 ch** 440/500 – ½ P 400.

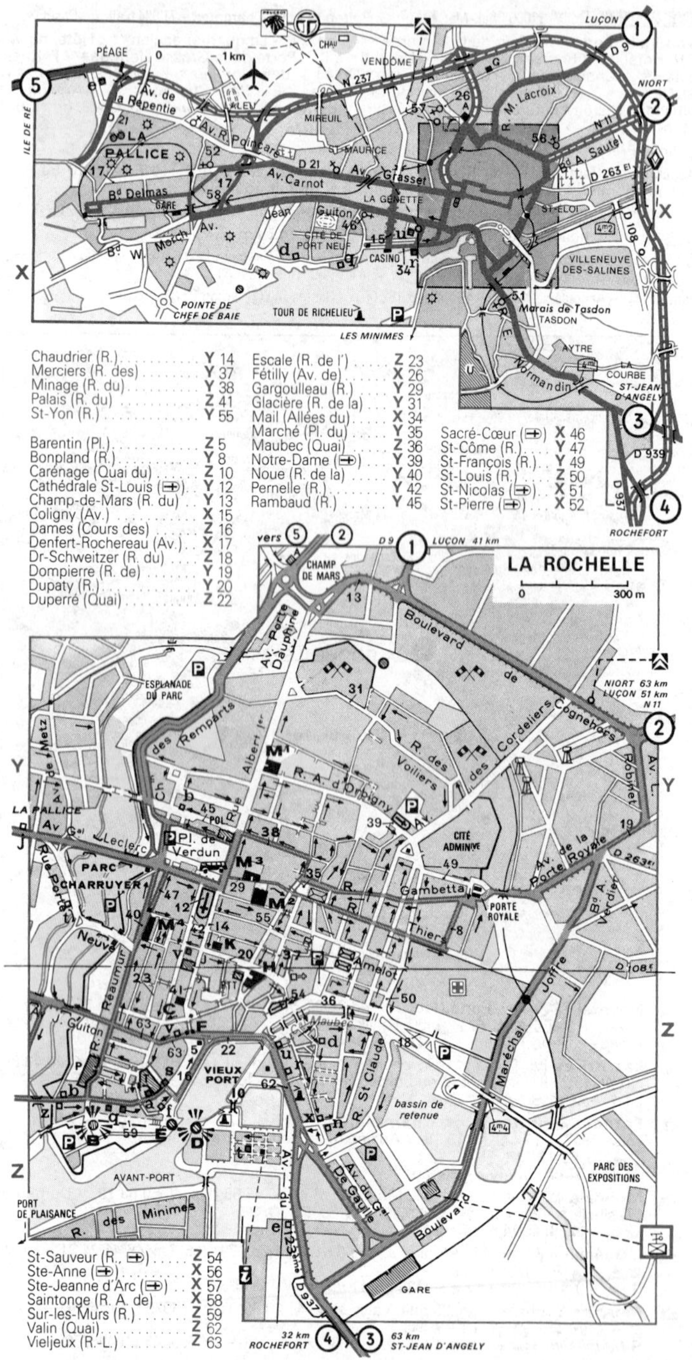

Chaudrier (R.)	Y	14
Merciers (R. des)	Y	37
Minage (R. du)	Y	38
Palais (R. du)	Z	41
St-Yon (R.)	Y	55
Barentin (Pl.)	Z	5
Bonpland (R.)	Y	8
Carénage (Quai du)	Z	10
Cathédrale St-Louis (⊞)	Y	12
Champ-de-Mars (R. du)	Y	13
Coligny (Av.)	X	15
Dames (Cours des)	Z	16
Denfert-Rochereau (Av.)	X	17
Dr-Schweitzer (R. du)	Z	18
Dompierre (R. de)	Y	19
Dupaty (R.)	Y	20
Duperré (Quai)	Z	22
Escale (R. de l')	Z	23
Fétilly (Av. de)	X	26
Gargoulleau (R.)	Y	29
Glacière (R. de la)	Y	31
Mail (Allées du)	X	34
Marché (Pl. du)	Y	35
Maubec (Quai)	Z	36
Notre-Dame (⊞)	Y	39
Noue (R. de la)	Y	40
Pernelle (R.)	Y	42
Rambaud (R.)	Y	45
Sacré-Cœur (⊞)	X	46
St-Côme (R.)	Y	47
St-François (R.)	Y	49
St-Louis (R.)	Z	50
St-Nicolas (⊞)	X	51
St-Pierre (⊞)	X	52
St-Sauveur (R., ⊞)	Z	54
Ste-Anne (⊞)	X	56
Ste-Jeanne d'Arc (⊞)	X	57
Saintonge (R. A. de)	X	58
Sur-les-Murs (R.)	Z	59
Valin (Quai)	Z	62
Vieljeux (R.-L.)	Z	63

Trianon et Plage, 6 r. Monnaie ✆ 46 41 21 35, Fax 46 41 95 78, – TV ☎ P. AE GB. rest Z b
fermé 22 déc. au 1er fév. – **R** *(fermé vend. du 15 oct. au 15 mars)* 90/180, enf. 60 – ☕ 38 – **25 ch** 310/390 – ½ P 320/360.

St-Jean d'Acre et rest. Au Vieux Port M, 4 pl. Chaîne ✆ 46 41 73 33, Télex 790913, Fax 46 41 10 01, – TV ☎ ♿ – 35. AE GB Z f
R 95/148, enf. 58 – ☕ 45 – **70 ch** 320/600 – ½ P 420.

St-Nicolas M sans rest, 13 r. Sardinerie ✆ 46 41 71 55, Télex 793075, Fax 46 41 70 46 – TV ☎ ♿ P – 25. AE GB Z d
☕ 33 – **79 ch** 360/395.

Le Rochelois M sans rest, 66 bd W. Churchill ✆ 46 43 34 34, Fax 46 42 10 37, ≤ les îles, – cuisinette TV ☎ ♿ P – 25. GB X d
☕ 39 – **36 ch** 350.

Ibis M sans rest, 4 r. L. Vieljeux ✆ 46 50 68 68, Télex 791726, Fax 46 41 34 94 – ch TV ☎ ♿. AE GB Z v
☕ 33 – **77 ch** 330.

Le Manoir sans rest, 8 bis av. Gén. Leclerc ✆ 46 67 47 47, Fax 46 67 38 92 – TV ☎. GB Y j
fermé dim. de nov. à fév. – ☕ 35 – **18 ch** 350/480.

Ibis, pl. Cdt de la Motte Rouge ✆ 46 41 60 22, Télex 791431, Fax 46 41 93 47 – ch TV ☎ ♿ – 40. AE GB Z n
R 90 , enf. 40 – ☕ 33 – **76 ch** 340.

Terminus sans rest, 11 pl. Cdt de la Motte Rouge ✆ 46 50 69 69, Fax 46 41 73 12 – TV ☎. AE GB Z x
fermé 15 nov. au 15 déc. – ☕ 32 – **30 ch** 230/300.

Tour de Nesle M sans rest, 2 quai L. Durand ✆ 46 41 05 86, Fax 46 41 95 17, ≤ – TV ☎. AE GB Z u
☕ 30 – **28 ch** 220/350.

XXXX ✿✿ **Richard Coutanceau,** plage de la Concurrence ✆ 46 41 48 19, Fax 46 41 99 45, ≤ – . AE GB X r
fermé lundi du 15 sept. au 15 juin et dim. – **R** 200/420 et carte 300 à 420
Spéc. Millefeuille de homard aux pétales d'artichauts (avril à nov.). Daurade royale rôtie sur sa peau (mai à nov.). Suprême de turbot, sauce aux truffes. **Vins** Haut-Poitou, Mareuil.

XXX ✿ **La Marmite** (Marzin), 14 r. St-Jean du Pérot ✆ 46 41 17 03, Fax 46 41 43 15, « Cadre élégant » – . AE GB Z a
fermé merc. hors sais. – **R** 180/380 et carte 250 à 400, enf. 110
Spéc. Mouclade rochelaise (juin à nov.). Aile de raie aux ravioles et échalotes. Cassolette de homard au Sauternes. **Vins** Haut-Poitou, Mareuil.

XXX **Serge,** 46 cours des Dames ✆ 46 41 18 80, Fax 46 41 95 76, – AE GB Z s
R 128/220, enf. 72.

XX **Les Quatre Sergents,** 49 r. St Jean du Pérot ✆ 46 41 35 80, Fax 46 41 95 64, décor de jardin d'hiver – . AE GB Z q
fermé dim. soir et lundi – **R** 76/158 , enf. 39.

XX **L'Ecaille Rochelaise,** quartier Gabut pl. Coureauleurs 1er étage ✆ 46 41 03 00, ≤, – . GB Z t
fermé lundi midi et dim. du 1er oct. au 30 juin – **R** 95/180, enf. 60.

XX **Toque Blanche,** 39 r. St-Jean du Pérot ✆ 46 41 60 55, Fax 46 50 51 08 – . AE GB Z q
fermé sam. midi – **R** 98/290, enf. 55.

XX **L'Entracte,** 22 r. St Jean du Pérot ✆ 46 50 62 60 – . GB Z a
fermé dim. – **R** 140/160.

XX **Le Claridge,** 1 r. Admyrauld ✆ 46 50 64 19, Fax 46 41 91 16 – AE GB Y v
fermé sam. midi et dim. – **R** 105/160 , enf. 55.

X **La Galathée,** 45 r. St-Jean du Pérot ✆ 46 41 17 06 – GB Z q
fermé mardi soir et merc. sauf juil.-août – **R** 74/150, enf. 45.

X **Parc,** 38 r. Th. Renaudot ✆ 46 34 15 58 – AE GB X u
fermé dim. soir et lundi – **R** 80/180 , enf. 48.

X **Assiette St-Jean,** 18 r. St-Jean du Pérot ✆ 46 41 75 75 – GB Z a
fermé dim. sauf juil., août et sept. – **R** (nombre de couverts limité, prévenir) 90, enf. 50.

à Dompierre-sur-Mer par ② : 8 km – 3 627 h. – ✉ **17139** :

XX **Aub. du Vieux Noyer** avec ch, ✆ 46 35 31 32, , – TV P. GB
fermé 10 au 30 nov., 30 janv. au 10 fév. et lundi du 1er oct. au 30 juin – **R** 120/260 – ☕ 40 – **5 ch** 270/300.

à Aytré par ④ : 5 km – 7 786 h. – ✉ **17440** :

XXX **La Maison des Mouettes,** bd Plage ✆ 46 44 29 12, ≤, , – P. AE GB JCB
fermé lundi sauf juil.-août et fêtes – **R** 119/300, enf. 80.

au Pont de l'Ile de Ré : 7 km – ✉ **17000** La Rochelle :

XXX **Le Pavillon,** ✆ 46 42 62 62, ≤ – P. ⓓ GB
10 avril-27 sept. et fermé dim. soir et lundi – **R** 140/175, enf. 65.

X **Bistrot du Belvédère,** ✆ 46 42 62 62, ≤, ☂ – P. ⓓ GB X **e**
fermé 1er au 15 nov., 1er au 15 fév., dim. soir et lundi sauf juil., à sept. – **R** 65/150, enf. 45.

à Nieul-sur-Mer NO : 7 km par D 105 – 4 957 h. – ✉ **17137** :

XX **Le Nalbret,** rte Lauzières ✆ 46 37 81 56, ☂ – P. GB
fermé fin sept. au 15 oct., vacances de fév., dim. soir et lundi – **R** 90 (sauf week-ends)/290, enf. 50.

AUSTIN-ROVER L.G.A ZAC Beaulieu à Puilboreau ✆ 46 67 45 45 N ✆ 46 67 56 26
BMW Cormier, ZAC de Beaulieu à Puilboreau ✆ 46 27 34 36 N ✆ 46 67 56 26
CITROEN S.O.R.D.A., 99 bd de Cognehors ✆ 46 27 19 68 N ✆ 46 27 16 06
CITROEN Gar. Bretonnier, 8 r. Trompette ✆ 46 34 79 79
FIAT Atlantique Autom., 170 r. E.-Normandin ✆ 46 44 46 24
FORD Porte Dauphine Autom., 2 à 12 av. Porte-Dauphine ✆ 46 67 51 11
MERCEDES-BENZ S.A.V.I.A., centre commercial de Beaulieu à Puilboreau ✆ 46 67 54 22 N ✆ 88 72 00 94
PEUGEOT-TALBOT Brenuchot, 1 av. Guiton ✆ 46 34 87 82 N ✆ 49 08 31 21
PEUGEOT-TALBOT Brenuchot, ZAC de Beaulieu à Puilboreau ✆ 46 67 36 44
RENAULT Gar. Chataignier, ZAC Villeneuve Salines, r. J.-P.-Sartre ✆ 46 44 01 00 N ✆ 46 68 76 35
V.A.G Comptoir Autom.-Rochelais, 141 av. E.-Normandin ✆ 46 44 30 47 N ✆ 46 67 16 16

Euromaster Perry Pneu Service, 46 bd André-Sautel ✆ 46 27 05 89
Euromaster Perry Pneu Service, 9 r. St-Louis ✆ 46 41 13 20
Euromaster Perry Pneu Service, 153 bd A.-Sautel ✆ 46 34 85 71
Euromaster Piot Pneu, N 137 à Angoulins ✆ 46 56 80 94
Euromaster Piot Pneu, 31 av. de Rompsay ✆ 46 27 08 00

La ROCHE-MAURICE

29 Finistère 58 ⑤ – rattaché à Landerneau.

Le località sottolineate in rosso sulle carte stradali Michelin *in scala 1/200 000 figurano in questa guida. Approfittate di questa informazione, utilizzando una carta di edizione recente.*

La ROCHE-POSAY

86270 Vienne 68 ⑤ **G. Poitou Vendée Charentes** – 1 444 h alt. 73 – Stat. therm. – Casino.

18 du Connétable ✆ 49 86 20 21.

Office de Tourisme cours Pasteur ✆ 49 86 20 37.

Paris 316 – Poitiers 60 – Le Blanc 29 – Châteauroux 77 – Châtellerault 23 – Loches 48 – ◆Tours 82.

St-Roch M, ✆ 49 86 21 03, Fax 49 86 21 69, – |‡| ch ch TV ☎ ♿ P. GB. rest
fermé 20 déc. au 19 janv. – **R** 75/178 – ☕ 25 – **36 ch** 250/350 – P 400/450.

Europe sans rest, ✆ 49 86 21 81, – |‡| ☎ ♿ P. GB
avril-mi-oct. – ☕ 20 – **31 ch** 145/185.

Host. St Louis, ✆ 49 86 20 54 – TV ☎ P. GB
10 mars-20 oct. – **R** 68/190 ♨, enf. 42 – ☕ 24 – **20 ch** 130/240 – P 220/280.

Esplanade, ✆ 49 86 20 48, Fax 49 86 64 64 – |‡| TV ☎ P. GB
1er mars-30 nov. – **R** 60/135 ♨, enf. 35 – ☕ 25 – **35 ch** 120/190 – P 180/210.

Les ROCHES-DE-CONDRIEU

38370 Isère 74 ⑪ – 1 836 h alt. 153.

Paris 502 – ◆Lyon 42 – Annonay 36 – ◆Grenoble 101 – Rive-de-Gier 22 – Vienne 12.

Bellevue, ✆ 74 56 41 42, ≤ – TV ☎ – 30. GB
fermé 2 au 13 août, 7 fév. au 4 mars, dim. soir d'oct. à mars, mardi midi d'avril à sept. et lundi – **R** (dim. et fêtes prévenir) 110/300 ♨ – ☕ 34 – **18 ch** 120/320.

PEUGEOT-TALBOT, RENAULT Capellaro ✆ 74 56 41 32

La ROCHE-SUR-FORON

74800 H.-Savoie 74 ⑥ **G. Alpes du Nord** – 7 116 h alt. 547.

Office de Tourisme pl. Andrevetan ✆ 50 03 36 68.

Paris 555 – Annecy 32 – Thonon-les-Bains 42 – Bonneville 8,5 – ◆Genève 25.

Les Afforets sans rest, r. Egalité ✆ 50 03 35 01, Fax 50 25 82 47 – |‡| TV ☎. AE GB
☕ 30 – **28 ch** 220/280.

Le Foron M sans rest, N 203 ✆ 50 25 82 76, Fax 50 25 81 54 – TV ☎ ♿ P. AE ⓓ GB
☕ 28 – **26 ch** 242/305.

XX **La Renaissance,** av. Ch. de Gaulle ✆ 50 03 13 13, Fax 50 25 98 92, ☂ – GB
fermé 15 au 30 août et dim. – **R** 62/200 ♨, enf. 55.

à Amancy E : 2,5 km – ✉ **74800** :

XXX ✿ **Le Marie-Jean** (Signoud), rte Bonneville ✆ 50 03 33 30 – Ⓟ. AE ⓓ GB
fermé 1er au 21 août, 22 au 28 fév., dim. soir et lundi – **R** 200/265 et carte 240 à 360
Spéc. Foie gras de canard confit et lentilles en salade. Cassoulet de grenouilles et langoustines. Blanc de pigeonneau et son aligot. **Vins** Roussette de Savoie, Mondeuse.

PEUGEOT-TALBOT Lemuet, RN 203 à Amancy ✆ 50 25 96 08

Euromaster Piot Pneu, av. L.-Rannard ✆ 50 03 10 46

La ROCHE-SUR-YON P **85000** Vendée **67** ⑬ ⑭ **G. Poitou Vendée Charentes** – 45 219 h alt. 74.

de la Domangère ✆ 51 07 60 15 par ④, D 746 puis D 85 : 8 km.

Office de Tourisme Galerie Bonaparte, pl. Napoléon ✆ 51 36 00 85, Télex 700747 – A.C. 17 r. Lafayette ✆ 51 36 24 60.

Paris 415 ② – Cholet 64 ② – ◆Nantes 69 ① – Niort 88 ③ – La Rochelle 72 ③.

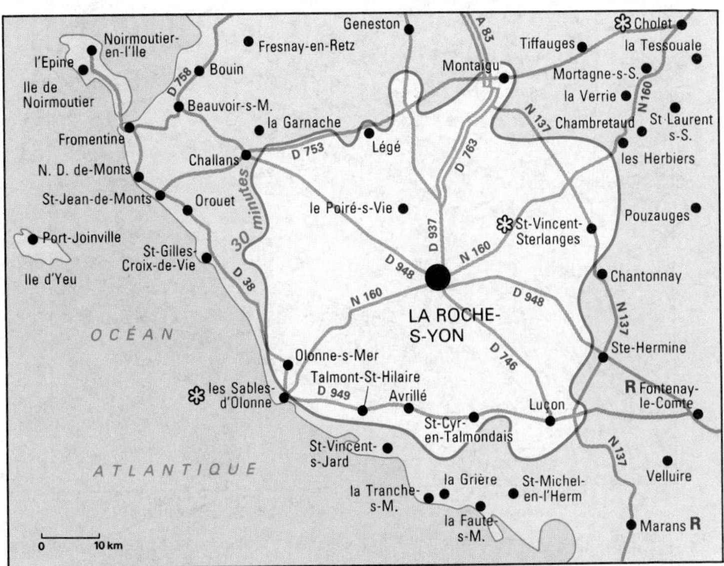

Napoléon sans rest, 50 bd A. Briand **(r)** ✆ 51 05 33 56, Fax 51 62 01 69 – TV ☎ – 60. AE ⓓ GB JCB – *fermé 24 déc. au 9 janv.* – ☕ 38 – **26 ch** 250/380.

Le Vincennes M sans rest, 81 bd Mar. Leclerc **(s)** ✆ 51 62 73 22, Fax 51 37 45 85 – cuisinette TV ☎. AE ⓓ GB – ☕ 26 – **21 ch** 155/270.

XX **L'Halbran,** 86 r. de Gaulle **(t)** ✆ 51 07 08 09, Fax 51 37 66 90 – GB
fermé 31 juil. au 29 août, 25 au 29 déc., sam. midi et dim. – **R** 97/320 ♁, enf. 60.

XX **Rivoli,** 31 bd A.-Briand **(a)** ✆ 51 37 43 41 – AE GB
fermé 1er au 15 août, sam. soir et dim. – **R** 85/180.

rte de Nantes par ① : 2 km – ✉ **85000** La Roche-sur-Yon :

Campanile, ✆ 51 37 27 86, Télex 701766, Fax 51 46 23 14, – ☎ ♿ Ⓟ – 30. AE GB
R 80 bc/102 bc, enf. 39 – ☕ 29 – **56 ch** 268.

rte de Cholet par ② : 5 km – ✉ **85000** La Roche-sur-Yon :

XX **Aub. de Noiron,** ✆ 51 37 05 34 – Ⓟ. AE ⓓ GB JCB
fermé 14 au 28 fév., dim. soir et lundi – **R** 80/270, enf. 30.

à l'Est par ③, D 948 et D 80 : 5 km :

Logis de la Couperie sans rest, ✆ 51 37 21 19, – ☎ Ⓟ. AE GB.
☕ 38 – **7 ch** 260/385.

au Sud par ③, D 746 et D 85 : 8 km – ✉ **85000** La Roche-sur-Yon :

Domaine de la Domangère M, ✆ 51 07 60 15, Fax 51 07 64 09, <, « Parc, golf 18 trous », – TV ☎ ♿ Ⓟ – 35. AE ⓓ GB
R *(fermé dim. soir du 1er oct. au 30 mars)* 135/175 – ☕ 40 – **19 ch** 290/490 – ½ P 370/450.

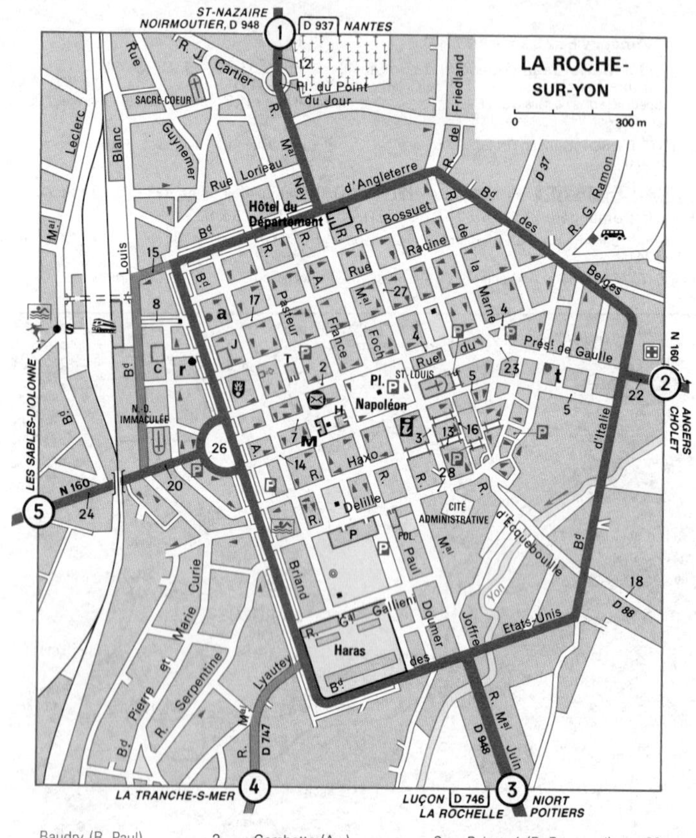

Baudry (R. Paul)	3	Gambetta (Av.)	8	Poincaré (R. Raymond)	20
Carnot (R. Sadi)	5	Gutenberg (R.)	12	Pompidou (R. G.)	22
Clemenceau (R. G.)	7	La Fayette (R.)	14	Résistance (Pl. de la)	23
Halles (R. des)	13	Manuel (R.)	15	Salengro (R. R.)	24
		Marché (R. du)	16	Vendée (Pl. de la)	26
Allende (R. S.)	2	Molière (R.)	17	Victor-Hugo (R.)	27
Berthelot (R. M.)	4	Moulin Rouge (R. du)	18	93e R.I (R. du)	28

ALFA-ROMEO Gar. Barteau, rte de Nantes à Mouillon-le-Captif ℘ 51 62 01 04 N
BMW Gar. Napoléon, 4 rte de Nantes, ZI Nord ℘ 51 37 36 27 N ℘ 51 36 19 40
CITROEN Guénant-Auto, rte de Nantes par ① ℘ 51 62 29 64
FIAT Gar. Hermouet, 46 av. Alienor d'Aquitaine ℘ 51 62 22 22
FORD Gar. Baudry, bd Lavoisier ℘ 51 36 22 35
OPEL Gar. des Jaulnières, rte d'Aubigny ZA des Jaulnières ℘ 51 05 36 74
PEUGEOT-TALBOT Sorin, 17 bd Sully par rte de Nantes par ① ℘ 51 37 08 15 N ℘ 51 36 90 36

RENAULT Gd Gar. Moderne, rte de Nantes par ① ℘ 51 45 18 18 N ℘ 51 36 19 40
SEAT N.A.S.A., rte de Nantes ℘ 51 37 31 23 N ℘ 51 37 34 56
V.A.G Tixier, RN 160 rte des Sables, Les Clouzeaux ℘ 51 05 19 33

Ⓜ Chouteau Pneus Vendée, r. du Commerce, ZI Sud ℘ 51 36 07 15
Le Pneu Yonnais, rte de Nantes, ZI Nord ℘ 51 37 05 77

ROCHETAILLÉE **42100** Loire 76 ⑨ – alt. 780.

Paris 524 – ♦Saint-Étienne 8 – Annonay 44 – Le Puy-en-Velay 78.

X **Le Coissou,** ℘ 77 32 88 48, ≤ – AE ① GB
fermé août, sam. midi et dim. – **R** 115/270, enf. 48.

La ROCHETTE 73110 Savoie 74 ⑯ – 3 124 h alt. 347.
Voir Vallée des Huiles★ NE, G. Alpes du Nord.
Paris 573 – ◆ Grenoble 47 – Albertville 41 – Allevard 9 – Chambéry 29.

Parc avec ch, ✆ 79 25 53 37, ☂, ⚘ – Ⓟ. AE ⓓ GB
fermé sam. du 1er sept. au 15 déc. et dim. soir du 1er sept. au 30 juin – **R** 75/185 ♁ – ☕ 32 – **12 ch** 140/190 – ½ P 190/210.

CITROEN Gar. Fachinger ✆ 79 25 52 73 FORD Gar. Blanchin ✆ 79 25 50 28 N

La RODERIE 44 Loire-Atl. 67 ③ – rattaché à Bouaye.

RODEZ P 12000 Aveyron 80 ② G. Gorges du Tarn – 24 701 h alt. 632.
Voir Clocher★★★ de la cathédrale N.-Dame★★ BY – Musée Fenaille★ BZ M1.
✈ de Rodez-Marcillac : T.A.T. ✆ 65 42 20 30, par ③ : 10 km.
ℹ Office de Tourisme pl. Foch ✆ 65 68 02 27.
Paris 633 ① – Albi 78 ② – Alès 206 ① – Aurillac 93 ① – Brive-la-Gaillarde 156 ③ – ◆Clermont-Ferrand 215 ① – Montauban 132 ② – Périgueux 217 ③ – ◆Toulouse 156 ②.

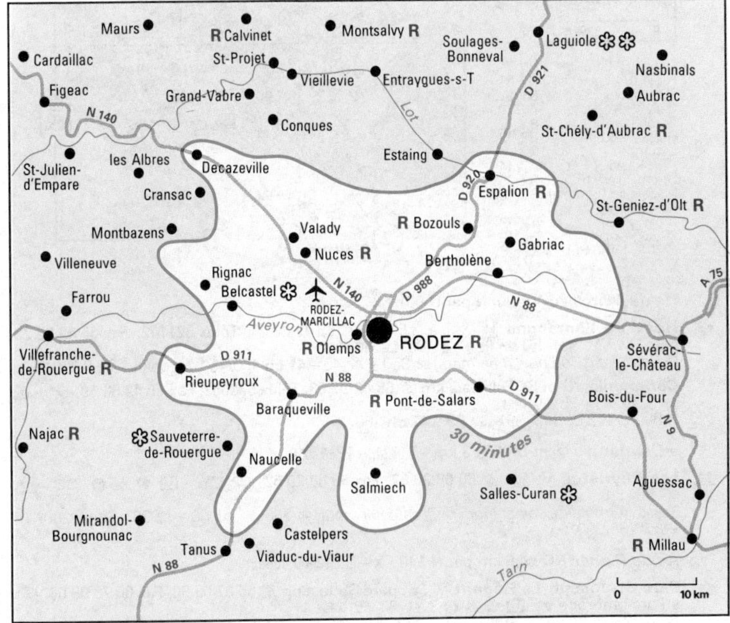

Tour Maje M sans rest, bd Gally ✆ 65 68 34 68, Fax 65 68 27 56 – ⧉ TV ☎ – 🔏 30. AE ⓓ GB BZ **s**
☕ 35 – **44 ch** 285/360.

Biney ⛲ sans rest, 7 bd Gambetta ✆ 65 68 01 24, Fax 65 68 50 45 – ⧉ TV ☎. ⓓ GB
fermé 19 déc. au 3 janv. – ☕ 35 – **28 ch** 210/260. BY **k**

Concorde, 12-14 r. Béteille ✆ 65 68 31 61 – ⧉ TV ☎ ♿. AE GB BY **a**
R *(fermé sam.)* 75/140 ♁ – ☕ 30 – **25 ch** 150/270 – ½ P 220/270.

Midi, 1 r. Béteille ✆ 65 68 02 07 – ⧉ TV ☎ Ⓟ. GB AY **b**
fermé 15 déc. au 15 janv., lundi midi en juil.-août, sam. et dim. de nov. à janv. – **R** 60/145 ♁ – ☕ 30 – **34 ch** 135/285.

Clocher ⛲ sans rest, 4 r. Séguy ✆ 65 68 10 16, Fax 65 68 64 27 – ⧉ TV ☎. GB BY **d**
☕ 28 – **25 ch** 130/270.

St-Amans, 12 r. Madeleine ✆ 65 68 03 18 – ▤. GB BZ **v**
fermé 15 fév. au 15 mars, dim. soir et lundi – **Repas** 120/280, enf. 60.

rte d'Espalion par ① et D 988 : 3 km – ✉ **12850** Onet-le-Château :

Bowling M, ✆ 65 67 08 15, Fax 65 67 43 32, ☂ – ⧉ TV ☎ Ⓟ. AE GB
R *(fermé 24 déc. au 2 janv. et lundi)* 80/160 ♁, enf. 39 – ☕ 35 – **38 ch** 250/280 – ½ P 215/230.

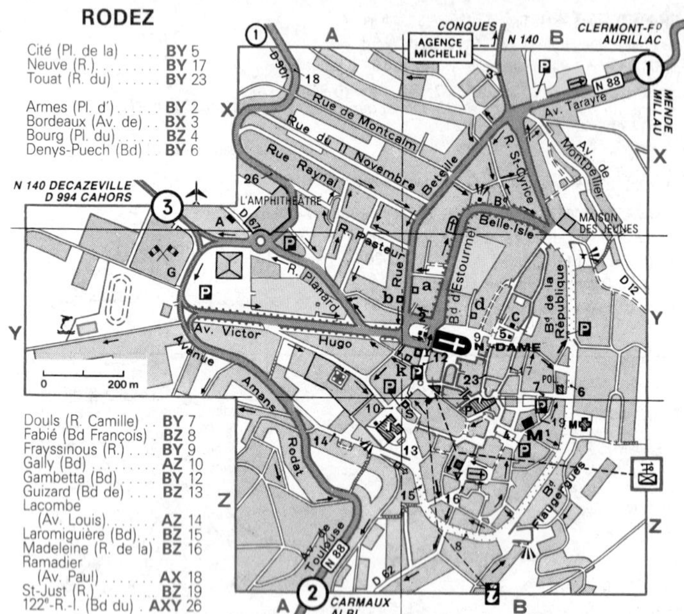

rte de Marcillac-Vallon N par D 901 AX

Host. de Fontanges Ⓜ, à 3,5 km ✆ 65 42 20 28, Télex 521142, Fax 65 42 82 29, parc, , , – ▣ ☎ Ⓟ – 100. AE ⓓ GB
R *(fermé dim. de nov. à fin mars)* 98/350 – ☕ 45 – **41 ch** 400/450, 4 appart. – ½ P 350/380.

Campanile, rd-pt St-Félix, à 2 km ✆ 65 42 97 08, Télex 533662, Fax 65 42 66 69, – ▣ ☎ ♿ Ⓟ – 25. AE GB
R 80 bc/102 bc, enf. 39 – ☕ 29 – **47 ch** 268.

à Olemps par ② et D 653 : 3 km – 3 032 h. – ✉ **12510** :

Les Peyrières Ⓜ, ✆ 65 68 20 52, Fax 65 68 20 52, , – ▣ ☎ ♿ Ⓟ. GB JCB. ch
Repas *(fermé dim. soir et lundi midi sauf juil.-août)* 90/250, enf. 80 – ☕ 38 – **50 ch** 290/350 – ½ P 235/300.

rte de Rignac NO : 4,5 km par N 140 - X – ✉ **12000** Rodez :

Parc St-Joseph-Le Régent Ⓜ, parc St Joseph ✆ 65 67 03 30, Fax 65 78 08 04, , « Parc ombragé » – ▣ ☎ ♿ Ⓟ – 80. AE GB
fermé 23 au 30 déc. – **R** 100/280, enf. 50 – ☕ 45 – **20 ch** 300/450 – ½ P 320/470.

MICHELIN, Agence, r. des Artisans, ZA de Bel Air par av. de Bordeaux BY ✆ **65 42 17 88**

ALFA-ROMEO-SEAT Gar. Fabre, 21 rte de Séverac à Onet-le-Château ✆ 65 67 07 02
BMW Gar. Escat, ZA Bel Air ✆ 65 42 84 21
CITROEN Rouergue Automobiles, rte d'Espalion à Sébazac-Concourès par ① ✆ 65 46 96 50
FIAT Gar. ADS, rte de Decazeville la Gineste ✆ 65 42 20 11
FORD Boutonnet, La Gineste, rte de Decazeville ✆ 65 42 20 12
MERCEDES, OPEL Gar. Benoit, La Primaube à Luc ✆ 65 71 48 31
PEUGEOT-TALBOT Caussignac et Guiet, rte de Conques par av. de Bordeaux BY ✆ 65 42 20 18
RENAULT Gge Fabre-Rudelle, rte d'Espalion à Onet-le-Château par ① ✆ 65 67 04 10 N
V.A.G Gar. Besset et Jean, ZA Bel-Air ✆ 65 42 20 14

Escoffier-Pneus, ZI de la Prade à Onet-le-Château ✆ 65 67 07 43
Euromaster Central Pneu Service, Parc St-Marc rte Espalion à Onet-le-Château ✆ 65 67 16 11
Tout Pour le Pneu, 40 r. Béteille ✆ 65 68 01 13

ROGNAC **13340** B.-du-R. 84 ② – 11 099 h alt. 24.

Paris 747 – ♦Marseille 27 – Aix-en-Provence 24 – Martigues 26 – Salon-de-Provence 25.

XX **Host. Royal Provence** avec ch, au Sud par N 113 ✆ 42 87 00 27, ←, – rest TV P. AE ⓓ GB
fermé 14 juil. au 14 août et 2 au 10 janv. – **R** *(fermé dim. soir et lundi soir)* 80/240, enf. 65 – 30 – **10 ch** 190/220 – ½ P 160.

Chapus Pneus, 71 av. Ambroise Croizat à Berre l'Étang ✆ 42 85 40 14

ROGNES **13840** B.-du-R. 84 ③ **G. Provence** – 3 450 h alt. 353.

Voir Retables★ dans l'église.

Paris 737 – ♦Marseille 49 – Aix-en-Provence 19 – Cavaillon 37 – Manosque 52 – Salon-de-Provence 23.

XX **Les Olivarelles,** NO : 6 km par D 66 et VO ✆ 42 50 24 27, Fax 42 50 17 99, – P. GB
fermé 15 au 30 janv., dim. soir et lundi sauf fêtes – **Repas** (prévenir) 90/260, enf. 60.

ROGNY-LES-SEPT-ÉCLUSES **89220** Yonne 65 ② **G. Bourgogne** – 725 h alt. 148.

Paris 145 – Auxerre 64 – Gien 24 – Montargis 33.

X **Aub. des Sept Ecluses** avec ch, ✆ 86 74 52 90 – ☎. AE GB
fermé 15 au 30 sept., 1er janv. au 15 fév., lundi soir et mardi – **R** 120/200 – 35 – **7 ch** 170/250 – ½ P 250/300.

ROHAN **56580** Morbihan 58 ⑲ **G. Bretagne** – 1 604 h.

Paris 443 – Vannes 52 – Lorient 72 – Pontivy 17 – Quimperlé 87.

XX **L'Eau d'Oust,** rte de Loudéac ✆ 97 38 91 86, – GB
fermé 7 au 15 sept., 1er au 15 fév., dim. soir et lundi – **Repas** 105/205.

RENAULT Gar. des Vallées ✆ 97 38 98 98 N ✆ 97 38 80 15

ROISSY-EN-FRANCE **95** Val-d'Oise 56 ⑪, 101 ⑧ – voir à Paris, Environs.

ROMAGNE-SOUS-MONTFAUCON **55110** Meuse 56 ⑩ – 193 h alt. 230.

Voir Cimetière américain, **G. Alsace Lorraine.**

Paris 234 – Bar-le-Duc 79 – Ste-Menehould 39 – Verdun 37 – Vouziers 35.

XX Aub. du Coq Gaulois, ✆ 29 85 14 24.

ROMAINVILLE **93** Seine-St-Denis 56 ⑪, 101 ⑰ – voir à Paris, Environs.

ROMANÈCHE-THORINS **71570** S.-et-L. 74 ① **G. Vallée du Rhône** – 1 710 h alt. 187.

Paris 408 – Mâcon 16 – Chauffailles 48 – ♦Lyon 56 – Villefranche-sur-Saône 23.

✿ **Maritonnes** (Fauvin), près gare ✆ 85 35 51 70, Fax 85 35 58 14, « Parc fleuri, », – TV ☎ P – 30. AE ⓓ GB
fermé mi-déc. à fin janv., dim. soir hors sais., mardi midi et lundi – **R** 180/400 et carte 270 à 390, enf. 100 – 50 – **20 ch** 360/480 – ½ P 490/540
Spéc. Feuilleté d'escargots à la crème d'ail et persil. Poulet de Bresse au Beaujolais. Andouillette poêlée au vin blanc du Mâconnais. **Vins** Chenas, Saint Véran.

ROMANS-SUR-ISÈRE **26100** Drôme 77 ② **G. Vallée du Rhône** – 32 734 h alt. 167.

Voir Tentures★★ de l'église St-Barnard BY – Musée de la Chaussure★ CY **M** – Musée diocésain d'Art sacré★ à Mours-St-Eusèbe, 4 km par ①.

18 de Saint-Didier, ✆ 75 59 67 01, par ④ : 15 km.

Office de Tourisme Le Neuilly, pl. J.-Jaurès ✆ 75 02 28 72.

Paris 561 ⑤ – Valence 18 ④ – Die 74 ④ – ♦Grenoble 79 ② – ♦St-Étienne 119 ⑤ – Vienne 71 ⑤.

Plan page suivante

Cendrillon sans rest, 9 pl. Carnot ✆ 75 02 83 77, Fax 75 05 35 33 – ☎. AE ⓓ GB AZ **s**
24 – **28 ch** 150/245.

Magdeleine sans rest, 31 av. P. Sémard ✆ 75 02 33 53 – TV ☎. GB AZ **e**
fermé dim. sauf juil.-août – 25 – **16 ch** 170/250.

XX **Parc,** 6 av. Gambetta par ② ✆ 75 70 26 12, , – GB
fermé dim. soir – **R** 130/280.

XX **Ponton,** 40 pl. Jacquemart ✆ 75 02 29 91, – AE ⓓ GB BY **t**
fermé 16 au 30 juil., 20 nov. au 10 déc., lundi soir et mardi – **R** 110/180 , enf. 60.

à Bourg-de-Péage AZ – 9 248 h. alt. 126 – ✉ **26300** :

Yan's M, av. Alpes-Provence ✆ 75 72 44 11, Fax 75 02 66 75, , , – ch rest TV ☎ P – 25. AE GB AZ **u**
R 120 – 35 – **25 ch** 280/350.

XX **Astier,** à Pizançon par ③ : 2 km par N 532 ✆ 75 70 06 27 – GB
fermé 1er au 15 août et mardi – **R** 125/195.

à l'Est : par ② et N 92 : 4 km – ✉ **26750** St-Paul-lès-Romans :

Karene H. M sans rest, ✆ 75 05 12 50, Fax 75 05 25 17, , – TV ☎ & P – 30. AE ⓓ GB
fermé 23 déc. au 3 janv. – 32 – **24 ch** 250/300.

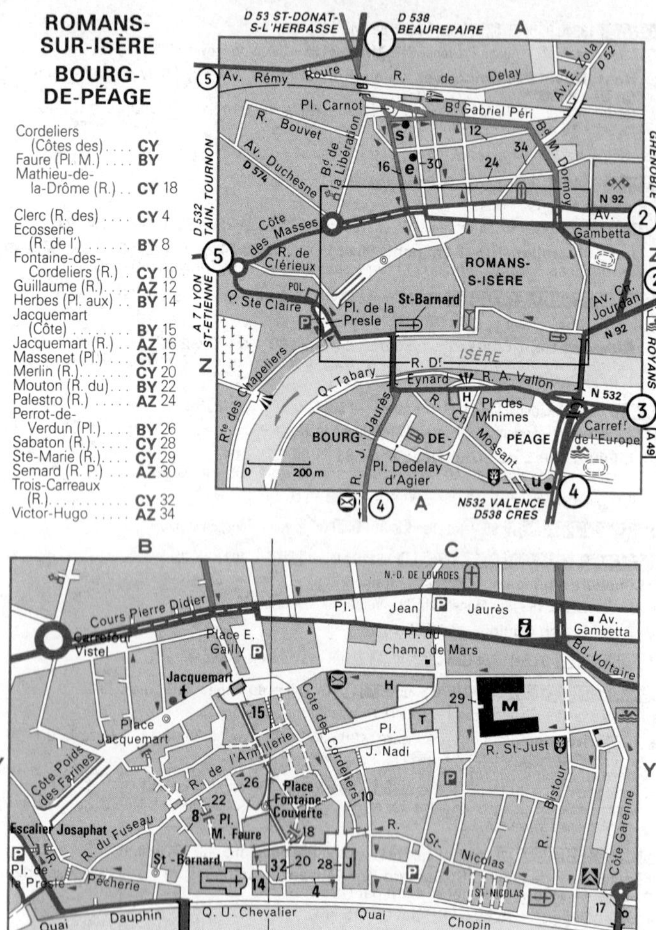

*à **Granges-lès-Beaumont** par ⑤ : 6 km – ✉ 26600 :*

XXX ✿ **Les Cèdres** (Bertrand), ✆ 75 71 50 67, Fax 75 71 64 39, ☂, ⛱, 🌳 – **P**. GB
fermé 7 au 27 sept., vacances de fév., jeudi soir et lundi – **R** (nombre de couverts limité, prévenir) 160/410, enf. 80
Spéc. Foie gras de canard en torchon. Filet de daurade rôti au four. Macaron moelleux au guanaja. **Vins** Crozes-Hermitage blanc, Hermitage rouge.

XX **Lanaz** avec ch, ✆ 75 71 50 56, 🌳 – ☎ **P**. GB
fermé 1er au 10 mai, 17 août au 6 sept. et sam. – **R** 75/185 ♂, enf. 35 – ☕ 22 – **7 ch** 159/237 – ½ P 160/200.

*à **St-Paul-lès-Romans** par ② : 8 km – ✉ 26750 :*

XXX **La Malle Poste**, ✆ 75 45 35 43 – ▤. AE ⓓ GB
fermé dim. soir et lundi – **R** 180/300, enf. 50.

CITROEN Romans-Automobiles, pl. Massenet **CY** ✆ 75 70 00 66
FORD Larat ZI RN 92 ✆ 75 70 07 01
PEUGEOT-TALBOT Gar. des Dauphins, ZI, N 92 par ② ✆ 75 70 24 66

Ⓜ Dorcier Ayme Pneus, 41 cours P.-Didier ✆ 75 02 24 64
Drom Pneus, à Bourg-de-Péage ✆ 75 02 49 31
Euromaster Piot Pneu, ZI, N 92 ✆ 75 70 45 67

ROMANSWILLER 67 B.-Rhin 87 ⑭ – rattaché à Wasselonne.

ROMBAS 57120 Moselle 57 ③ – 10 844 h alt. 173.

Paris 316 – ♦ Metz 20 – Briey 15 – Thionville 19 – Verdun 63.

Europa, 19 r. Clemenceau à **Clouange** ✉ 57120 Rombas ☏ 87 67 07 88 – Ⓟ. GB
fermé 11 au 31 août, 1er au 15 fév. vend. soir et sam. midi – **R** 70/180 – ☕ 20 – **19 ch** 150/250 – ½ P 200.

ROMENAY 71470 S.-et-L. 69 ⑳ – 1 566 h alt. 204.

Paris 378 – Chalon-sur-Saône 43 – Mâcon 35 – Bourg-en-Bresse 36 – Louhans 18.

Aub. la Maillardière, D 975 ☏ 85 40 31 25, Fax 85 40 33 12 – Ⓟ. GB
fermé 30 juin au 7 juil., 3 au 9 janv. et merc. – **R** 79/185, enf. 60.

ROMILLY-SUR-SEINE 10100 Aube 61 ⑤ – 15 557 h alt. 75.

Paris 124 – Châlons-s.-Marne 73 – Nogent-sur-S. 18 – Sens 60 – Sézanne 26 – Troyes 38.

Aub. de Nicey Ⓜ, 24 r. Carnot ☏ 25 24 10 07, Fax 25 24 47 01, – TV ☎ ♿ – 30. AE ⓓ GB
fermé 8 au 21 août, 1er au 8 janv., sam. midi d'oct. à mars sauf fériés et dim. soir – **R** 80/220 – ☕ 40 – **12 ch** 320/380 – ½ P 250/280.

à Pars-lès-Romilly S : 3 km par D 440 rte de Marcily-le-Hayer – ✉ 10100 :

Host. Le Bourdeau, ☏ 25 24 34 93 – Ⓟ. AE ⓓ GB.
fermé 1er au 22 août, 20 fév. au 7 mars, dim. soir et merc. – **R** 70/200.

CITROEN Garnerot, 126 r. A.-Briand N 19 ☏ 25 24 79 48
FORD Gar. D'Agostino, 6 r. E.-Zola ☏ 25 24 71 58
PEUGEOT-TALBOT Lesaffre, rond-point Val-Thibault ☏ 25 24 74 45
RENAULT Cadot, 1/3 bd Robespierre ☏ 25 24 85 77
V.A.G Gar. Rocca, RN 19 - 64 ter av. Diderot ☏ 25 24 90 42
Euromaster Centrale Pneu, 223 r. A.-Briand ☏ 25 24 79 40

ROMORANTIN-LANTHENAY SP 41200 L.-et-Ch. 64 ⑱ G. Châteaux de la Loire – 17 865 h alt. 88.

Voir Maisons anciennes★ **B** – Vues des ponts★ – Musée de Sologne★ **H.**

Office de Tourisme pl. Paix ☏ 54 76 43 89.

Paris 203 ① – Bourges 71 ③ – Blois 40 ⑤ – Châteauroux 68 ③ – ♦Orléans 67 ① – ♦Tours 91 ④ – Vierzon 34 ③.

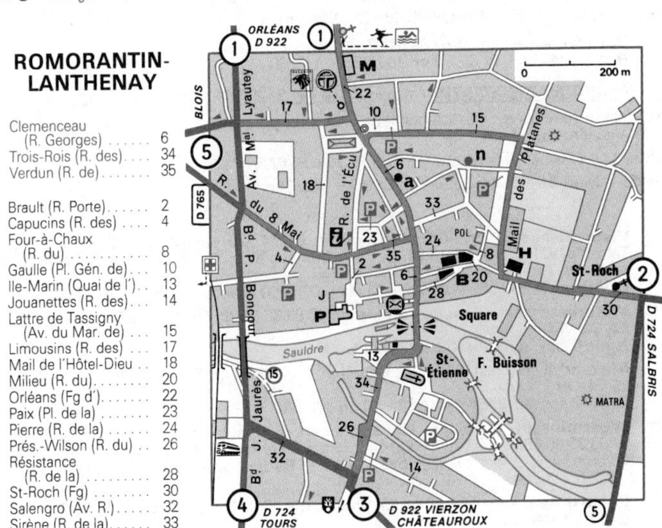

Gd H. Lion d'Or Ⓜ, 69 r. Clemenceau **(a)** ☏ 54 76 00 28, Télex 750990, Fax 54 88 24 87, « Belle décoration intérieure, patio fleuri » – ▤ rest TV ☎ ♿ Ⓟ – 50. AE ⓓ GB JCB
fermé début janv. à mi-fév. – **R** (nombre de couverts limité - prévenir) 400 (déj.)/630 et carte 475 à 590 – ☕ 110 – **13 ch** 600/1800, 3 appart.
Spéc. Cuisses de grenouilles à la rocambole. Langoustines rôties à la poudre d'épices douces. Flan de poires au curry et au caramel de lait. **Vins** Bourgueil, Vouvray.

XX **Le Lanthenay** avec ch, à **Lanthenay** par ① 2,5 km, pl. Église ☎ 54 76 09 19, Fax 54 76 72 91, – TV ☎. GB. ch
fermé dim. soir et lundi – **R** 98/260, enf. 45 – ☐ 28 – **10 ch** 240/270 – ½ P 250.

XX **Le Colombier** avec ch, 18 pl. Vieux Marché **(n)** ☎ 54 76 12 76, – TV ☎ P. GB
fermé mi-janv. à mi-fév. – **R** 95/160 – ☐ 31 – **10 ch** 230/290 – ½ P 235/250.

X **La Cabrière,** 30 av. Villefranche par ③ ☎ 54 76 38 94 – GB
fermé dim. soir et lundi – **R** 59/178, enf. 35.

FORD Girard, 86 fg d'Orléans par ① ☎ 54 76 11 01
PEUGEOT-TALBOT Hureau, 14 fg d'Orléans ☎ 54 76 01 98
RENAULT Gar. de Paris, 12-14 av. de Paris par fg d'Orléans ☎ 54 76 06 68 N ☎ 54 95 00 83

RONCE-LES-BAINS 17 Char.-Mar. 71 ⑭ **G. Poitou Vendée Charentes** – ✉ **17390** La Tremblade.
Syndicat d'Initiative pl. Brochard (fermé après-midi hors saison) ☎ 46 36 06 02.
Paris 500 – Royan 26 – Marennes 10 – Rochefort 30 – La Rochelle 64.

Le Grand Chalet, 2 av. La Cèpe ☎ 46 36 06 41, ≤ île d'Oléron, – ☎ P. GB. rest
15 fév.-15 nov. – **R** *(fermé mardi)* 130/260 – ☐ 30 – **28 ch** 230/290 – ½ P 265/295.

RONCHAMP 70250 H.-Saône 66 ⑦ – 3 088 h alt. 353.
Voir Chapelle★★, **G. Jura.**
Paris 393 – ◆Besançon 95 – Belfort 20 – Lure 12 – Luxeuil-les-Bains 31 – Vesoul 44.

Le Ronchamp sans rest, rte de Belfort ☎ 84 20 60 35, Fax 84 63 58 46, – TV ☎ P. GB
☐ 30 – **20 ch** 230/280.

au Rhien N : 3 km – ✉ **70250** Ronchamp :

XX **Rhien Carrer** avec ch, ☎ 84 20 62 32, Fax 84 63 57 08, – TV ☎ ♿ P. GB
R 55/220, enf. 35 – ☐ 25 – **22 ch** 110/200 – ½ P 138/180.

à Champagney E : 4,5 km par D 4 – 3 283 h. – ✉ **70290** :

Commerce, ☎ 84 23 13 24, – ☎ P. AE ① GB
fermé 1er au 15 fév. et lundi sauf fériés – **R** 65/230 – ☐ 25 – **25 ch** 120/250 – ½ P 220.

ROQUEBRUN 34460 Hérault 83 ⑭ **G. Gorges du Tarn** – 550 h alt. 89.
Paris 777 – ◆Montpellier 97 – Béziers 29 – Lodève 63 – Narbonne 46 – St-Pons 37.

X **Petit Nice** avec ch, ☎ 67 89 64 27, ≤,
R 85 bc/240 bc – ☐ 30 – **8 ch** 160/230 – ½ P 230.

ROQUEBRUNE-CAP-MARTIN 06190 Alpes-Mar. 84 ⑩ 115 ㉘ **G. Côte d'Azur** – 12 376 h alt. 69.
Voir Village perché★★ : rue Moncollet★, ✻★★ du donjon★ – Cap Martin ≤★★ X – ≤★★ de l'hôtel Vistaëro SO : 4 km.
Office Municipal de Tourisme 20 av. P.-Doumer ☎ 93 35 62 87.
Paris 956 – Monaco 8,5 – Menton 5,5 – Monte-Carlo 7 – ◆Nice 24.

Plans : voir à Menton.

Vista Palace M, Grande Corniche O : 4 km par ③ et D 2564 ☎ 93 35 01 50, Télex 461021, Fax 93 35 18 94, « ≤ Monaco et la côte », – ch TV ☎ ♿ P – 25 à 100. AE ① GB JCB. rest
Le Vistaero **R** 300/550 – ☐ 100 – **63 ch** 1200/2500, 5 appart. – ½ P 1100/1600.

Victoria sans rest, 7 prom. Cap-Martin ☎ 93 35 65 90, Fax 93 28 27 02, ≤ – TV ☎ P. AE ① GB. — AX **k**
fermé 5 janv. au 5 fév. – ☐ 35 – **32 ch** 400/510.

Alexandra sans rest, 93 av. W. Churchill ☎ 93 35 65 45, Fax 93 57 96 51, ≤ – TV ☎ P. AE ① GB — AX **a**
fermé 7 nov. au 16 déc. – ☐ 38 – **40 ch** 400/690.

Westminster, 14 av. L. Laurent, quartier Bon Voyage par ③ et N 98 : 3 km ☎ 93 35 00 68, Fax 93 28 88 50, ≤, « Jardin en terrasses » – TV ☎. GB.
hôtel : 15 fév.-30 oct. ; rest. : 15 fév.-10 oct. – **R** (dîner seul.)(résidents seul.) 75/120 – ☐ 30 – **30 ch** 217/384 – ½ P 255/320.

Reine d'Azur sans rest, 29 prom. Cap-Martin ☎ 93 35 76 84, Fax 93 28 02 91 – cuisinette ☎. AE ① GB — AX **d**
☐ 30 – **32 ch** 300/460.

Regency sans rest, 98 av. J. Jaurès par ③ et N 98 : 2,5 km ☎ 93 35 00 91, Fax 93 28 99 55, ≤ – ☎. GB.
fermé 11 nov. au 26 déc. – ☐ 25 – **12 ch** 225/300.

XXX **Roquebrune,** 100 av. J. Jaurès par ③ et N 98 : 2,5 km ☎ 93 35 00 16, Fax 93 28 98 36, ≤, – AE ① GB
fermé 6 nov. au 5 déc., le midi de juin à août sauf week-ends, mardi midi et lundi de sept. à mai – **R** (prévenir) 230/360.

XX **Au Grand Inquisiteur,** (accès piétonnier)r. Château, au village par ③ : 3,5 km ✆ 93 35 05 37, « Salle rustique voûtée » – ▤. GB. ✻
fermé 22 mars au 2 avril, 2 nov. au 25 déc., le midi de mai à oct. et lundi – **R** (prévenir) 140/232.

XX **Le Corail,** 7 prom. du Cap ✆ 93 41 37 69, ≤, ☂ – ▤. AE ⊙ GB AX **k**
fermé 15 nov. au 15 déc. et lundi – **R** cuisine vietnamienne et chinoise 88.

XX **Deux Frères** avec ch, pl. Deux Frères, au village par ③ : 3,5 km ✆ 93 28 99 00, Fax 93 28 99 10, ☂ – TV ☎. AE GB
fermé 4 nov. au 9 déc. – **R** *(fermé vend. midi et jeudi)* carte 210 à 330 – ☕ 35 – **10 ch** 325/420.

XX **Hippocampe,** av. W. Churchill ✆ 93 35 81 91, ≤ baie et littoral, ☂ – AE GB
fermé 3 au 25 mai, 10 oct. au 10 nov., 10 au 26 janv., le soir d'oct. à juin et lundi – **R** (prévenir) 190/320. AX **h**

FORD Gar. de la Gare, 161 av. de Verdun ✆ 93 57 23 39

La ROQUE D'ANTHÉRON 13640 B.-du-R. 84 ② G. Provence – 3 923 h.

Voir Abbaye de Silvacane★★ E : 2 km.

Paris 730 – Aix-en-Provence 28 – Cavaillon 31 – Manosque 57 – ♦Marseille 58 – Salon-de-Provence 27.

🏠 **Mas de Livany** M, av. Parc ✆ 42 50 47 41, Fax 42 50 49 26, ☂ – TV ☎ ♿ P – 🏛 40. GB
fermé 15 janv. au 15 fév. – **R** 80/190, enf. 50 – ☕ 32 – **24 ch** 300 – ½ P 250/260.

CITROEN Gar. Ricard ✆ 42 50 46 87 RENAULT Gar. Villa ✆ 42 28 40 81

ROQUEFAVOUR 13 B.-du-R. 84 ② ③ – ✉ 13122 Ventabren.

Voir Aqueduc★, G. Provence.

Paris 753 – ♦Marseille 29 – Aix-en-Provence 13 – Martigues 36 – Salon-de-Provence 27.

🏠 **Arquier** 🐦, ✆ 42 24 20 45, Fax 42 24 29 52, ≤, ☂, 🪑 – TV ☎ P – 🏛 30. GB. ✻
fermé 31 janv. au 16 mars – **R** 120/270, enf. 60 – ☕ 40 – **16 ch** 150/320 – ½ P 278/293.

ROQUEFORT-LES-PINS 06330 Alpes-Mar. 84 ⑨ – 4 714 h alt. 175.

ℹ Syndicat d'Initiative pl. Jean-Civatte (saison) ✆ 93 09 66 16.

Paris 917 – ♦Nice 22 – Cannes 17 – Grasse 13.

🏠 **Aub. du Colombier** 🐦, ✆ 93 77 10 27, Fax 93 77 07 03, ≤, ☂, parc, 🏊, 🎾 – TV ☎ P – 🏛 25. AE ⊙ GB
fermé 10 janv. au 10 fév. – **R** *(fermé mardi d'oct. à mars)* 140/180 – ☕ 50 – **18 ch** 270/650 – ½ P 870/1090.

ROQUEFORT-SUR-SOULZON 12250 Aveyron 80 ⑭ G. Gorges du Tarn – 789 h alt. 630.

Voir Caves de Roquefort★ – Rocher St-Pierre ≤★.

Paris 678 – Lodève 64 – Millau 24 – Rodez 80 – St-Affrique 11,5 – Le Vigan 76.

🏠 ✿ **Grand Hôtel** (Lenfant), ✆ 65 59 90 20, Fax 65 59 97 92 – ☎ P. AE ⊙ GB
1er avril-15 oct. et fermé dim. soir et lundi sauf juil.-août – **R** 150/320 et carte 180 à 370 🍷 – ☕ 58 – **15 ch** 290/380
Spéc. Huîtres gratinées au Roquefort. Oeufs brouillés aux queues d'écrevisses. Jambonnette de volaille aux morilles. Vins Coteaux du Languedoc, Costières de Nîmes.

La ROQUE-GAGEAC 24250 Dordogne 75 ⑰ G. Périgord Quercy – 447 h alt. 150.

Voir Site★★.

Paris 535 – Brive-la-Gaillarde 65 – Sarlat-la-Canéda 12 – Cahors 54 – Fumel 54 – Lalinde 45 – Périgueux 69.

🏠 **Belle Étoile,** ✆ 53 29 51 44, Fax 53 29 45 63, ≤, ☂ – ▤ rest ☎ 🚗. GB. ✻ ch
Pâques-15 oct. – **Repas** 120/320, enf. 60 – ☕ 35 – **17 ch** 230/350 – ½ P 300/310.

🏠 **Gardette,** ✆ 53 29 51 58, ☂ – ☎ P. GB. ✻
4 avril-15 oct. – **R** 120/265 – ☕ 28 – **15 ch** 180/300 – ½ P 270/300.

XX **Plume d'Oie** M avec ch, ✆ 53 29 57 05, Fax 53 29 15 28 – TV ☎. GB
fermé fin janv. à début mars – **R** *(fermé mardi midi et lundi hors sais.,sam. midi et lundi midi en juil.-août)* 145/245 – ☕ 55 – **4 ch** 350/380.

rte de Vitrac SE : 4 km par D 703 – ✉ 24250 La Roque Gageac:

🏠 **Le Périgord** 🐦, ✆ 53 28 36 55, Fax 53 28 38 73, parc, 🏊, 🎾 – TV ☎ P. AE GB
1er avril-15 nov. – **R** 100/300, enf. 55 – ☕ 35 – **40 ch** 280/350 – ½ P 270/350.

ROQUEMAURE 30150 Gard 81 ⑪ ⑫ G. Provence – 4 647 h alt. 19.

Paris 670 – Avignon 19 – Alès 71 – Bagnols-sur-Cèze 20 – Nîmes 46 – Orange 11 – Pont-St-Esprit 30.

🏠 **Château de Cubières,** ✆ 66 82 64 28, ☂, « Demeure du 18e siècle, parc » – ☎ P – 🏛 30
hôtel : fermé 18 fév. au 15 mars et 15 au 30 nov. – **R** ✆ 66 82 89 33 - Fax 66 82 60 04 *(fermé 1er au 15 mars, 15 au 30 nov., merc. midi et mardi hors sais.)* 150/260, enf. 75 – ☕ 39 – **17 ch** 255/390.

à St-Géniès-de-Comolas E : 3 km par D 980 – ✉ 30150 :

Château Correnson, ☎ 66 50 30 21, Fax 66 50 42 66, ←, parc, « Demeure provençale du 18e siècle », – TV ☎ & P – 30. AE GB
1er mars-31 oct. – **R** *(fermé dim. soir et lundi d'oct. à mai)* 125/220, enf. 70 – 40 – **17 ch** 350/700 – ½ P 375/500.

ROSAY **78** Yvelines 55 ⑱, 106 ⑮ – rattaché à Mantes-la-Jolie.

ROSBRUCK **57** Moselle 57 ⑯ – rattaché à Forbach.

ROSCOFF **29680** Finistère 58 ⑥ **G. Bretagne** (plan) – 3 711 h alt. 7.

Voir Église N.-D.-de-Kroaz-Batz★ Y – Aquarium Ch. Pérez★ Y.

Maison du Tourisme 46 r. Gambetta ☎ 98 61 12 13.

Paris 565 ① – ◆ Brest 65 ① – Landivisiau 27 ① – Morlaix 27 ① – Quimper 99 ①.

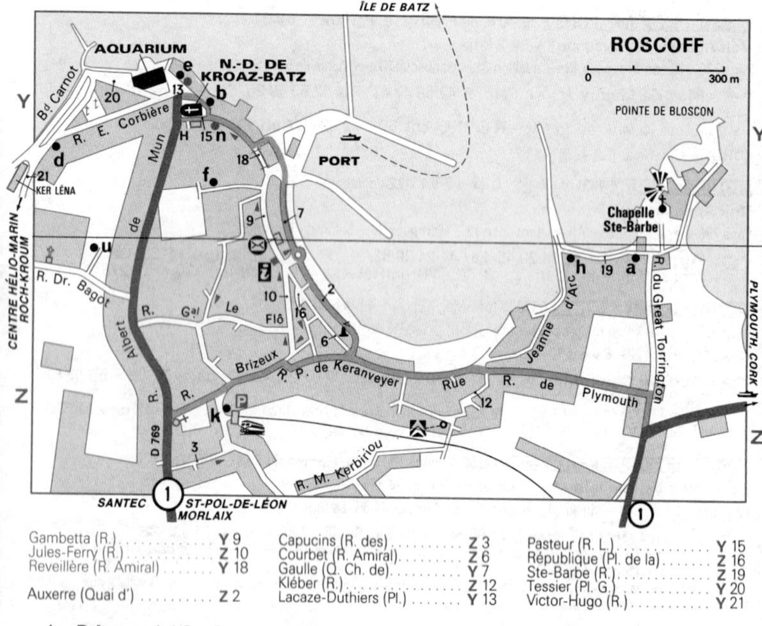

Gambetta (R.) . . . . Y 9	Capucins (R. des) . . . . Z 3	Pasteur (R. L.) . . . . Y 15
Jules-Ferry (R.) . . . . Z 10	Courbet (R. Amiral) . . . . Z 6	République (Pl. de la) . . . . Z 16
Reveillère (R. Amiral) . . . . Y 18	Gaulle (Q. Ch. de) . . . . Y 7	Ste-Barbe (R.) . . . . Z 19
	Kléber (R.) . . . . Z 12	Tessier (Pl. G.) . . . . Y 20
Auxerre (Quai d') . . . . Z 2	Lacaze-Duthiers (Pl.) . . . . Y 13	Victor-Hugo (R.) . . . . Y 21

Brittany, bd Ste Barbe ☎ 98 69 70 78, Fax 98 61 13 29, ←, – TV ☎ P – 40. AE GB. rest — Z a
29 mars-31 oct. et fermé lundi midi – **R** 145/250 – 49 – **25 ch** 390/840 – ½ P 390/510.

Gulf Stream , r. Marquise de Kergariou ☎ 98 69 73 19, Fax 98 61 11 89, ←, , – TV ☎ P. AE GB.
15 mars-16 oct. – **R** 130/480 – 40 – **32 ch** 420 – ½ P 400/470.

Talabardon, pl. Église ☎ 98 61 24 95, Fax 98 61 10 54, ← – TV ☎ P. AE GB — Y b
15 fév.-15 nov. – **R** *(fermé dim. soir)* 118/265, enf. 60 – 45 – **38 ch** 355/535 – ½ P 345/390.

Armen Le Triton sans rest, r. Dr Bagot ☎ 98 61 24 44, Fax 98 69 77 97, , – TV ☎ P. AE GB — Z u
fermé déc. et janv. – 33 – **45 ch** 230/350.

Thalasstonic M , av. V. Hugo ☎ 98 29 20 20, Fax 98 61 22 73, ←, – TV ☎ & P. AE GB. rest
fermé 2 janv. au 13 fév. – **R** 140 – 35 – **50 ch** 375/470 – ½ P 370/400.

Ibis-Le Corsaire sans rest, pl. Lacaze-Duthiers ☎ 98 61 22 61, Télex 941659, Fax 98 61 11 94, ← – TV ☎ &. AE GB — Y e
37 – **40 ch** 300/400.

Les Tamaris sans rest, r. Édouard Corbière ☎ 98 61 22 99, Fax 98 69 74 36, ← – TV ☎. GB — Y d
1er avril-15 oct. – 30 – **27 ch** 220/300.

La Résidence sans rest, r. des Johnies ☎ 98 69 74 85, – ☎. GB — Y f
32 – **31 ch** 220/280.

🏨 **Bellevue,** r. Jeanne d'Arc ✆ 98 61 23 38, Fax 98 61 11 80, ≤ – TV ☎. GB. ✻ rest Z **h**
hôtel : 20 mars-11 nov.; rest. : 20 mars-15 janv. et fermé merc. de mi-sept. à mi-juin – **R** 98/240, enf. 60 – ☕ 35 – **18 ch** 250/380 – ½ P 270/340.

🏨 **Régina,** r. Ropartz Morvan ✆ 98 61 23 55, Fax 98 61 10 89 – |‡| TV ☎ Ⓟ. AE GB. ✻ rest
hôtel : 15 mars-30 oct. ; rest. : 1er avril-15 oct. – **R** 82/235, enf. 45 – ☕ 35 – **50 ch** 270/370 – ½ P 300. Z **k**

XXX **Le Temps de Vivre,** pl. Église ✆ 98 61 27 28 – AE GB Y **e**
fermé vacances de nov., 23 au 30 déc., vacances de fév., dim. soir et lundi – **R** 110/340.

XX **Chardons Bleus** avec ch, 4 r. A. Réveillère ✆ 98 69 72 03 – ☎. GB Y **n**
fermé 25 nov. au 10 fév. et jeudi sauf juil.-août – **R** 78/200, enf. 50 – ☕ 33 – **10 ch** 250/300 – ½ P 250/260.

CITROEN Gar. Scouarnec, r. J.-Bara ✆ 98 61 23 05

ROSHEIM 67560 B.-Rhin 62 ⑨ G. Alsace Lorraine – 4 016 h alt. 194.

Voir Église St-Pierre et St-Paul★.

ℹ Syndicat d'Initiative à la Mairie (fermé matin sauf 15 juin-15 oct.) ✆ 88 50 75 38.

Paris 484 – ◆ Strasbourg 27 – Erstein 19 – Molsheim 7,5 – Obernai 6 – Sélestat 31.

🏨 **Host. du Rosenmeer** M, NE : 2 km sur D 35 ✆ 88 50 43 29, Fax 88 49 20 57, 🍽 – TV ☎ 🚗 Ⓟ – 🎪 25. GB
fermé janv. – **R** *(fermé dim. soir et lundi de nov. à Pâques)* 100/400 🍷 - **Winstub** *(fermé dim. soir et lundi de nov. à Pâques)* **R** 40/200 🍷 – ☕ 50 – **19 ch** 250/450 – ½ P 320/340.

XX **Aub. du Cerf,** 120 r. Gén. de Gaulle ✆ 88 50 40 14 – GB
fermé 15 au 22 mars, dim. soir et lundi – **R** 85/230 🍷.

X **La Petite Auberge,** 41 r. Gén. de Gaulle ✆ 88 50 40 60 – GB
fermé 22 janv. au 16 fév., mardi soir du 1er nov. au 1er juin et merc. – **R** 95/250 🍷.

PEUGEOT-TALBOT Gar. Jost, ✆ 88 50 40 53 N

La ROSIÈRE 73 Savoie 74 ⑱ ⑲ G. Alpes du Nord – alt. 1 820 – Sports d'hiver : 1 850/2 650 m 1 14 – ✉ 73700 Bourg-St-Maurice.

Altiport ✆ 79 06 83 40.

ℹ Office de Tourisme (15 déc.-12 mai) ✆ 79 06 80 51.

Paris 663 – Albertville 71 – Bourg-St-Maurice 18 – Chambéry 117 – Chamonix-Mont-Blanc 58 – Val-d'Isère 32.

🏨 **Relais Petit St-Bernard** 🐦, ✆ 79 06 80 48, ≤ montagnes, 🍽 – ☎ Ⓟ. GB. ✻ ch
20 juin-12 sept. et 20 déc.-1er mai – **R** 85/98 – ☕ 30 – **20 ch** 180/265.

Les ROSIERS 49350 M.-et-L. 64 ⑫ G. Châteaux de la Loire – 2 204 h alt. 24.

ℹ Syndicat d'Initiative pl. Mail (juin-sept.) ✆ 41 51 90 22.

Paris 300 – Angers 31 – Baugé 27 – Bressuire 65 – Cholet 62 – La Flèche 46 – Saumur 18.

XXX ✿ **Jeanne de Laval** (Augereau) avec ch, rte Nationale ✆ 41 51 80 17, Fax 41 38 04 18, « Jardin fleuri » – ▤ rest TV ☎ Ⓟ. AE ⓓ GB. ✻ rest
fermé 8 janv. au 16 fév. – **R** *(fermé lundi sauf fériés)* (nombre de couverts limité - prévenir) 180 (déj.)/420 et carte 270 à 420, enf. 80 – ☕ 50 – **14 ch** 350/650 – ½ P 560/650
Spéc. Foie gras de canard au torchon. Saumon de Loire au beurre blanc. Ecrevisses à la nage (mai à oct.).

Annexe Ducs d'Anjou 🏨 🐦 sans rest, ✆ 41 51 80 17, Fax 41 38 04 18, parc – TV ☎ Ⓟ. AE ⓓ GB
fermé 8 janv. au 16 fév., lundi sauf fériés et dim. soir en hiver – ☕ 50 – **8 ch** 400/650.

XX **La Toque Blanche,** O : 0,5 km par D 952 ✆ 41 51 80 75 – ▤. GB
fermé 5 au 25 janv., mardi soir et merc. – **Repas** (prévenir) 90 bc/230, enf. 75.

XX **Val de Loire** avec ch, pl. Église ✆ 41 51 80 30 – TV ☎. GB
◆ *fermé 1er fév. au 15 mars, dim. soir et lundi hors sais.* – **R** 65/175 🍷, enf. 50 – ☕ 25 – **10 ch** 140/200 – ½ P 205/275.

ROSNY-SOUS-BOIS 93 Seine-St-Denis 56 ⑪, 101 ⑰ – voir à Paris, Environs.

ROSPORDEN 29140 Finistère 58 ⑯ G. Bretagne – 6 485 h alt. 118.

Voir Clocher★ de l'église.

ℹ Syndicat d'Initiative r. Ernest Prévost (juil.-août) ✆ 98 59 27 26.

Paris 538 – Quimper 24 – Carhaix-Plouguer 47 – Châteaulin 46 – Concarneau 14 – Quimperlé 26.

🏨 **Bourhis** M, pl. Gare ✆ 98 59 23 89, Télex 941808, Fax 98 66 90 24 – |‡| TV ☎ ♿. AE ⓓ GB
fermé dim. soir et lundi du 1er oct. au 31 mai – **R** 170/390, enf. 50 - **Grill Le Jardin** *(fermé dim. soir et lundi du 1er oct. au 31 mai et fériés)* **R** 65/99 🍷, enf. 50 – ☕ 45 – **27 ch** 350/370 – ½ P 350/420.

🏨 **Gai Logis,** rte Quimper ✆ 98 59 22 38, 🌳 – TV ☎ Ⓟ. GB
◆ *fermé vend. soir d'oct. à mai* – **R** 69/120 🍷 – ☕ 36 – **17 ch** 150/270 – ½ P 190/280.

PEUGEOT-TALBOT Monfort, rte de Concarneau ✆ 98 59 22 72

RENAULT Castrec, 1 r. Gare ✆ 98 59 20 25

ROTHÉNEUF 35 I.-et-V. 59 ⑥ – rattaché à St-Malo.

au-dessus voir plan de Tourcoing

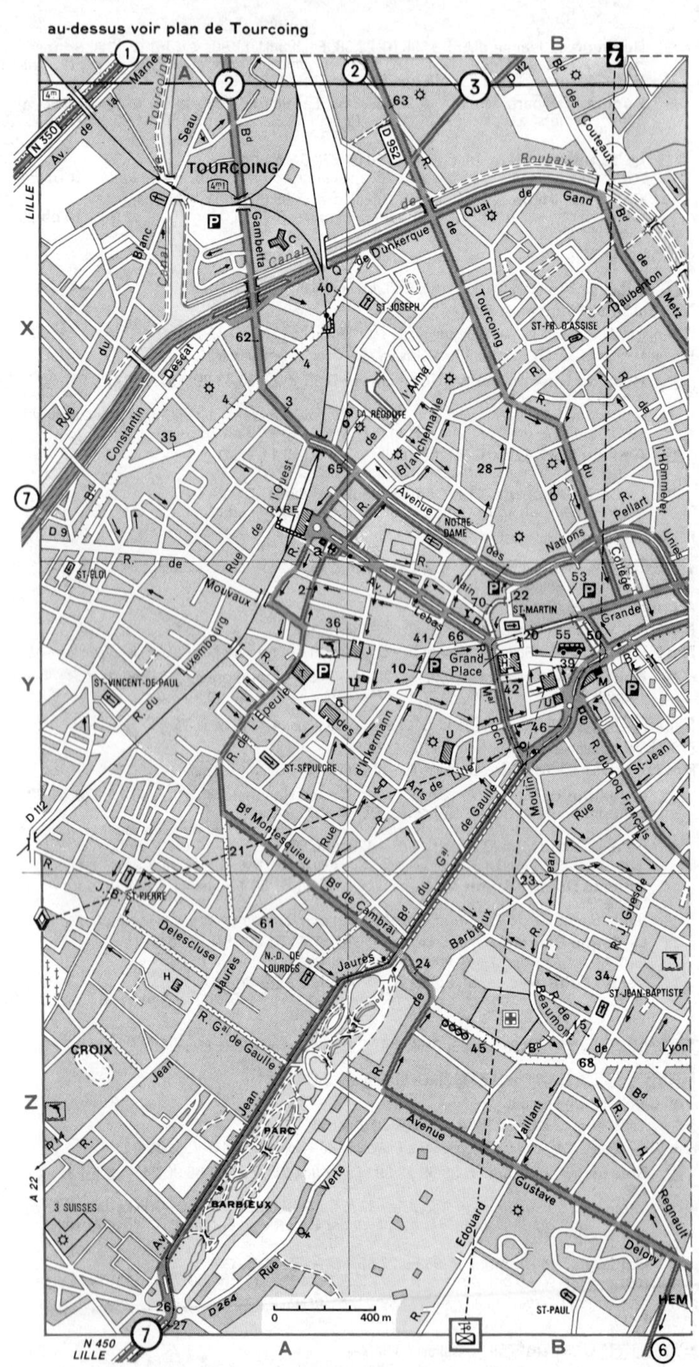

ROUBAIX

Epeule (R. de l') .... AY
Grand-Place .... BY
Grande-Rue .... BCY
Lannoy (R. de) .... CZ
Lebas (Av. J.) .... BY
Motte (R. Pierre) .... BY 55
Sarrail (R. du Général) .... BY 66

Alger (R. d') CX
Alma (R. de l') .... ABX
Alouette (R. de l') .... AY 2
Alsace (R. d') .... AX 3
Armentières (Bd d') .... AX 4
Arts (R. des) .... ABY
Avelghem (R. d') .... CX 8
Barbieux (R. de) .... BZ
Beaumont (R. de) .... BZ
Beaurepaire (Bd de) .... CY
Belfort (Bd de) .... CY
Blanchemaille (R. de) .... BX

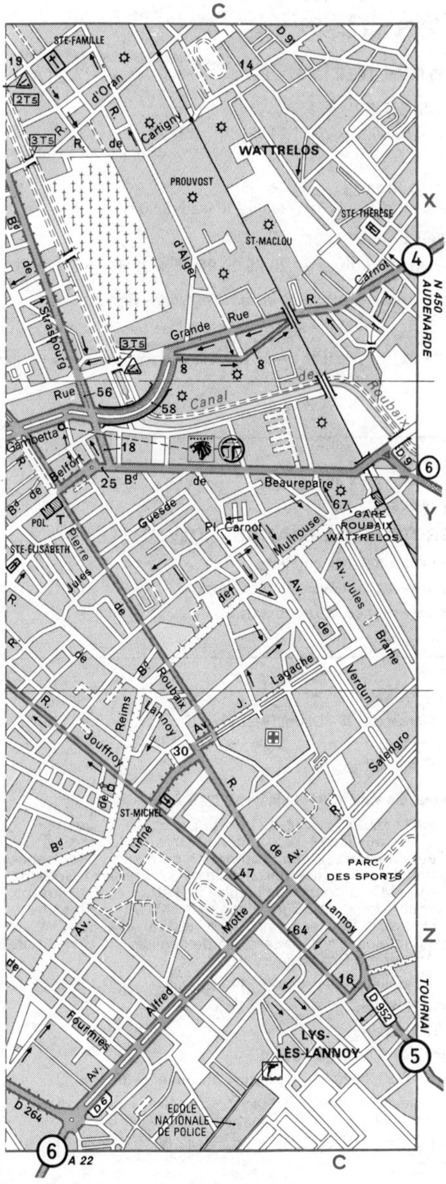

Blanc-Seau (R. du) .... AX
Bois (R. du) .... BY 10
Brame (Av. Jules) .... CY
Cambrai (Bd de) .... ABZ
Carnot (Pl.) .... CY
Carnot (R.) CX
Cartigny (R. de) CX
Castermant (R. Ch.) .... CX 14
Cateau (Bd du) .... BZ 15
Chemin Vert (R. du) .... CZ 16
Collège (R. du) .... BXY
Colmar (Bd de) .... CY 18
Constantine (R. de) .... CX 19
Contour St-Martin .... BY 20
Coq Français (R. du) .... BY
Courbet (R. Amiral) .... AYZ 21
Couteaux (Bd des) .... BX
Curé (R. du) .... BY 22
Daguessau (R.) .... BZ 23
Daubenton (R.) .... BX
Delescluse (R. J.-B.) .... AYZ
Delory (Av. Gustave) .... BZ
Descat (Bd Constantin) .... AX
Douai (Bd de) .... BZ 24
Dunkerque (Q. de) .... ABX
Faidherbe (Pl. du Gén.) .... CY 25
Fer à Cheval (Carr. du) .... AZ 26
Flandre (Av. de) .... AZ 27
Fosse-aux-Chênes (R.) .... BX 28
Foch (R. Mar.) .... BY
Fourmies (Bd de) .... BCZ
Fraternité (Pl. de la) .... CZ 30
Gambetta (Bd) .... BCY
Gambetta (Bd) TOURCOING .... AX
Gand (Quai de) .... BX
Gaulle (Bd du Gén. de) .... BYZ
Gaulle (R. Gén. de) .... AZ
Goujon (R. Jean) .... BZ 34
Gounod (R. Ch.) .... AX 35
Grand chemin (R. du) .... ABY 36
Guesde (R. Jules) .... BCYZ
Halle (R. de la) .... BY 39
Halluin (Bd) .... ABX 40
Hommelet (R. de l') .... BX
Hospice (R. de l') .... BY 41
Hôtel-de-Ville (R. de l') .... BY 42
Inkermann (R. d') .... ABY
Jaurès (Av. J.) .... ABZ
Jaurès (R. J.) CROIX .... AZ
Jouffroy (R.) .... CZ
Lacordaire (Bd) .... BZ 45
Lagache (Av. J.) .... CYZ
Leclerc (Bd Gén.) .... BY 46
Leconte-Baillon (R.) .... CZ 47
Liberté (Pl. de la) .... BY 50
Lille (R. de) .... BY
Linné (Av.) .... CZ
Luxembourg (R. du) .... AY
Lyon (Bd de) .... BCZ
Marne (Av. de la) TOURCOING .... AX
Metz (Bd de) .... BX
Monnet (R. Jean) .... BY 53
Montesquieu (Bd) .... AY
Motte (Av. Alfred) .... CZ
Moulin (R. Jean) .... BYZ
Mouvaux (R. de) .... AXY
Mulhouse (Bd de) .... CY
Nadaud (R.) .... CY 56
Nain (R.) .... BY
Nyckès (Pont) .... CY 58
Oran (R. d') CX
Ouest (R. de l') .... AXY
Pellart (R.) .... BX
Prof. Langevin (R. du) .... AZ 61
Regnault (R. Henri) .... BZ
Reims (Bd de) .... CZ
République (Bd de la) .... AX 62
Roubaix (R. Pierre de) .... CY
Roubaix (R. de) TOURCOING .... BX 63
Rousseau (R. J.-J.) .... CZ 64
St-Jean (R.) .... BY
St-Vincent-de-Paul (R.) .... ABX 65
Salengro (Av. R.) .... CZ
Sévigné (R. de) .... CY 67
Strasbourg (Bd de) CX
Tourcoing (R. de) .... BX
Travail (Pl. du) .... BZ 68
Vaillant (R. Ed.) .... BZ
Verdun (Av. de) .... CY
Verte (R.) .... AZ
Vieil abreuvoir (R. du) .... BY 70

ROUBAIX 59100 Nord 51 ⑥ ⑯ G. Flandres Artois Picardie – 97 746 h alt. 22.

Voir Chapelle d'Hem★ : vitraux★★ 5 km par ⑥ voir plan de Lille KS **B**.

⛳ des Flandres (privé) ☎ 20 72 20 74, par ⑦ : 8 km ; ⛳ du Sart (privé) ☎ 20 72 02 51, par ⑦ : 5 km ; ⛳ de Brigode à Villeneuve-d'Ascq ☎ 20 91 17 86, par ⑦ : 6 km ; ⛳⛳ de Bondues ☎ 20 23 20 62, par D 9 : 8 km AX.

Office de Tourisme 78 bd Gal-Leclerc ☎ 20 65 31 90 A.C. du Nord, 42 r. Mar.-Foch ☎ 20 73 92 80.

Paris 230 ⑦ – ◆ Lille 13 ⑦ – Kortrijk 22 ② – Tournai 19 ⑤.

Plan pages précédentes

Gd Hôtel Mercure-Altéa, 22 av. J. Lebas ☎ 20 73 40 00, Télex 132301, Fax 20 73 22 42 – ch ☎ – 30 à 100. AE GB JCB — BY **r**
R 80/180 – 50 – **92 ch** 490.

Ibis M, bd Mar. Leclerc ☎ 20 45 00 00, Télex 131471, Fax 20 73 59 31 – ch ☎ – 25. AE GB — BY **e**
R 80/130 ♂, enf. 34 – 33 – **94 ch** 285/310.

Le Caribou, 8 r. Mimerel ☎ 20 70 87 08, Fax 20 11 24 52 – P. GB. — BY **u**
fermé vacances de printemps, 10 juil. à fin août, vacances de nov., le soir (sauf vend.) et sam. – **R** 196/290.

Chez Charly, 127 r. J. Lebas ☎ 20 70 78 58 – GB. — AX **a**
fermé vacances de printemps, août et dim. – **R** (déj. seul.) 110 (sauf fêtes).

à Lys-lez-Lannoy par ⑤ et D 206 : 5 km – 12 300 h. – ✉ **59390** :

Aub. de la Marmotte, 5 r. J.-B. Lebas ☎ 20 75 30 95, Fax 20 81 16 34 – P. GB — plan de Lille LS **f**
fermé vacances de fév., août, le soir (sauf jeudi, vend. et sam.) et lundi – **R** 90/300.

AUSTIN-ROVER Gar. Devernay, 17 r. Mar.-Foch ☎ 20 73 07 27
PEUGEOT-TALBOT V.L.D., 196 bd Gambetta CY ☎ 20 73 91 00
RENAULT Succursale, 55 r. Mar.-Foch BY ☎ 20 99 43 00

Crépy Pneus, 29 r. de l'Ouest ☎ 20 70 98 02
Prévost, 29 r. V.-Hugo ☎ 20 75 53 79
Réform Pneus, 76 r. Carnot à Wattrelos ☎ 20 02 79 19

ROUDOUALLEC 56110 Morbihan 58 ⑯ – 772 h alt. 169.

Paris 521 – Quimper 34 – Carhaix-Plouguer 25 – Concarneau 36 – Lorient 70 – Vannes 109.

Bienvenue, ☎ 97 34 50 01 – P. AE GB
fermé 1er au 15 fév. – **Repas** 60/219, enf. 50.

ROUEN P 76000 S.-Mar. 55 ⑥ G. Normandie Vallée de la Seine – 102 723 h alt. 10.

Voir Cathédrale★★★ EY – Le Vieux Rouen★★★ DEXY : ✻★★ du beffroi DY, Église St-Ouen★★ FX, Église★★ et Aître★★ St-Maclou FY, Palais de Justice★★ DEX **J**, Rue du Gros Horloge★★ DEY 39, Rue St-Romain★★ EY 57, Place du Vieux-Marché★ DX 65, Verrière★★ de l'église Ste-Jeanne d'Arc DX **K**, Rue Ganterie★ EX, Rue Damiette★ FY 28, Rue Martainville★ FGY, Église St-Godard★ EX **S**, Demeure★ (musée de l'Education) FY **M5** – Vitraux★ de l'église St-Patrice DX **F** – Musées: Beaux-Arts★★ EX **M1**, Le Secq des Tournelles★★ EX **M2**, Céramique★★ EX **M4**, Antiquités★★ FVX **M3** – Côte Ste-Catherine ✻★★★ B, 3,5 km – Bonsecours : ✻★★ du calvaire et ≤★★ du monument à Jeanne d'Arc B **N**, 3 km – Canteleu ≤★ de la terrasse de l'église A, 4 km – Route d'accès au Centre Universitaire A **R** ✻★★ par rue Chasselièvre AB 23.

Env. St-Martin de Boscherville : anc. abbatiale St-Georges★★, 11 km par ⑦.

⛳ ☎ 35 76 38 65, près Mont-St-Aignan, N : 4 km AB.

Circuit automobile de Rouen-les-Essarts 13 km par ⑥.

✈ de Rouen-Vallée de Seine : ☎ 35 79 41 00, par ③ : 9 km.

Bacs: de Dieppedalle : renseignements ☎ 35 36 20 81 ; du Petit-Couronne ☎ 35 32 40 21.

Office de Tourisme et Accueil de France (Informations, change et réservations d'hôtels pas plus de 5 jours à l'avance) 25 pl. Cathédrale ☎ 35 71 41 77, Télex 770940 – A.C. 46 r. Gén.-Giraud ☎ 35 71 44 89.

Paris 137 ⑥ – ◆Amiens 114 ① – ◆Caen 122 ⑥ – ◆Calais 209 ① – ◆Le Havre 86 ⑧ – ◆Lille 230 ① – ◆Le Mans 194 ⑥ – ◆Rennes 297 ⑥ – ◆Tours 273 ⑥.

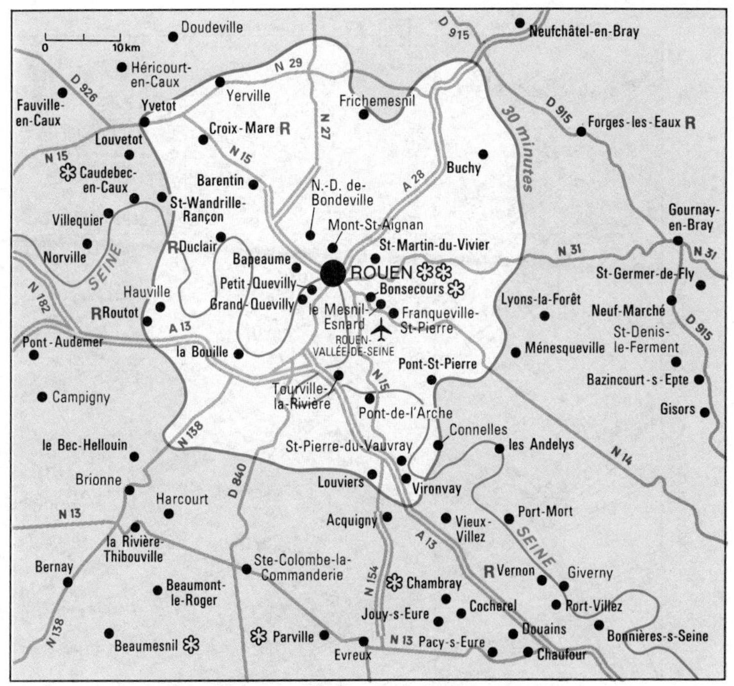

Mercure Altéa Champ de Mars M, av. A. Briand ✆ 35 52 42 32, Télex 172242, Fax 35 08 15 06 – |₿| ⇔ ch TV ☎ ♿ ⇔ P – 🏛 160. AE ① GB — GZ **j**
R 90/270 – ☕ 50 – **139 ch** 530/600.

Mercure Centre M ⛓ sans rest, r. Croix de Fer ✆ 35 52 69 52, Télex 180949, Fax 35 89 41 46 – |₿| TV ☎ ⇔ – 🏛 50. AE ① GB — EY **f**
☕ 55 – **121 ch** 510, 4 appart..

Dieppe et rest. Le Quatre Saisons, pl. B. Tissot ✆ 35 71 96 00, Télex 180413, Fax 35 89 65 21 – |₿| TV ☎. AE ① GB JCB — EV **z**
R 135/195 – ☕ 40 – **42 ch** 415/585 – ½ P 419.

Colin's M ⛓ sans rest, 15 r. Pie ✆ 35 71 00 88, Télex 771770, Fax 35 70 75 94 – |₿| TV ☎ ♿ ⇔ – 🏛 30 à 60. AE ① GB JCB — DX **h**
☕ 50 – **48 ch** 435/650.

Versan M sans rest, 3 r. Thiers ✆ 35 70 22 00, Fax 35 70 22 60 – |₿| TV ☎ ♿. AE ① GB — FX **s**
☕ 48 – **34 ch** 316/355.

Ibis Rouen Centre M, 56 quai G. Boulet ✆ 35 70 48 18, Télex 771393, Fax 35 71 68 95, 🍽 – |₿| ⇔ ch TV ☎ ♿ P – 🏛 30 à 70. AE GB — CX **a**
R 83 🍷, enf. 39 – ☕ 33 – **88 ch** 305/330.

Ibis St-Sever M sans rest, 44 r. Amiral Cécille ✆ 35 63 27 27, Télex 172399, Fax 35 63 27 11 – |₿| ⇔ ch TV ☎ ♿ ⇔. AE GB — CZ **m**
☕ 32 – **81 ch** 290/310.

Québec sans rest, 18 r. Québec ✆ 35 70 09 38, Télex 771530, Fax 35 15 80 15 – |₿| TV ☎. AE GB — EY **q**
fermé 23 déc. au 2 janv. – ☕ 30 – **38 ch** 150/315.

Astrid sans rest, pl. Gare ✆ 35 71 75 88, Fax 35 88 53 25 – |₿| TV ☎. AE ① GB — EV **s**
☕ 33 – **40 ch** 230/350.

Viking sans rest, 21 quai Havre ✆ 35 70 34 95, Télex 770092, Fax 35 89 97 12 – |₿| TV ☎. AE GB — DY **y**
☕ 37 – **38 ch** 280/350.

Vieille Tour sans rest, 42 pl. Haute Vieille Tour ✆ 35 70 03 27 – |₿| TV ☎. AE ① GB — EY **d**
☕ 25 – **23 ch** 145/290.

Lisieux sans rest, 4 r. Savonnerie ✆ 35 71 87 73, Fax 35 89 31 52 – TV ☎. GB — EY **b**
fermé 24 déc. au 2 janv. – ☕ 29 – **30 ch** 190/300.

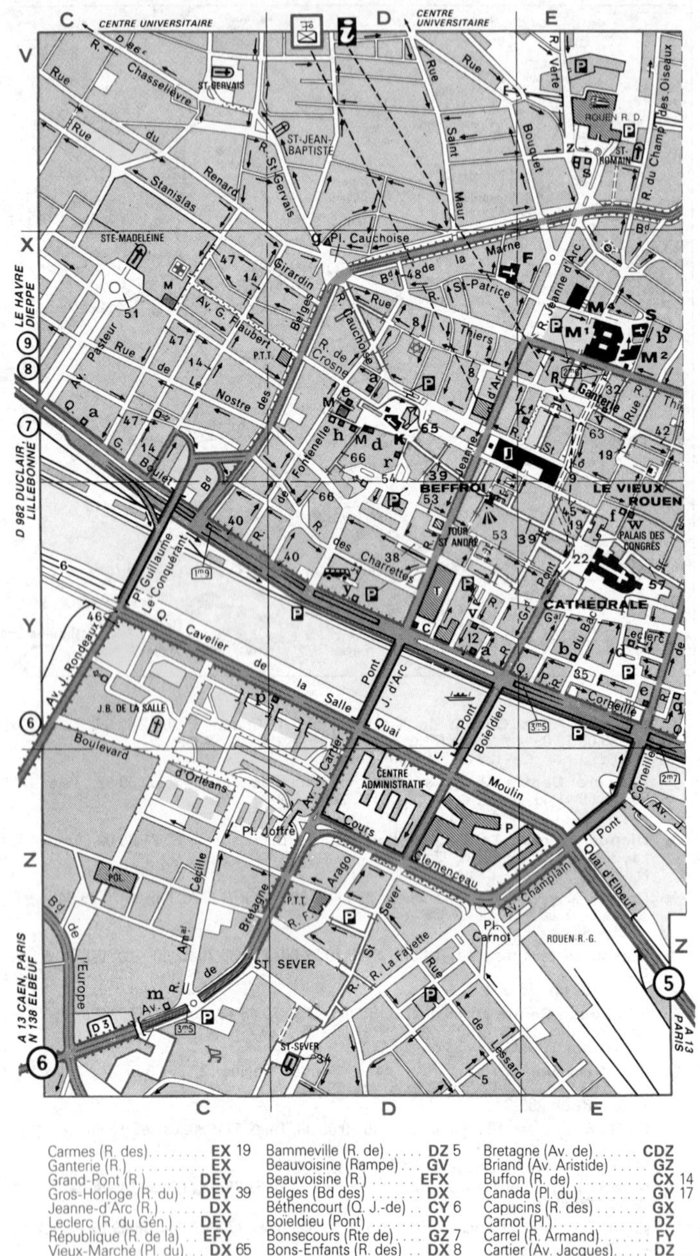

C
CENTRE UNIVERSITAIRE
D
CENTRE UNIVERSITAIRE
E
V
X
Y
Z
R. Chasselièvre
Rue du Renard
Rue Stanislas
ST-GERVAIS
ST-JEAN-BAPTISTE
R. St Gervais
Rue Saint Maur
Rue Bouquet
R. Verte
ROUEN R. D.
ST-ROMAIN
R. du Champ des Oiseaux
STE-MADELEINE
Pl. Cauchoise
Bd de la Marne
R. St-Patrice
Girardin
Av. G. Flaubert
Rue de Le Nostre
Av. Pasteur
Q. G. Boulet
Bd des Belges
P.T.T.
R. Cauchoise
R. de Crosne
Rue Thiers
R. Jeanne d'Arc
R. Ganterie
R. Fontenelle
BEFFROI
LE VIEUX ROUEN
TOUR ST ANDRÉ
PALAIS DES CONGRÈS
CATHÉDRALE
R. des Charrettes
Pl. Guillaume le Conquérant
LE HAVRE DIEPPE
D 982 DUCLAIR, LILLEBONNE
Q. Cavelier de la Salle
Pont J. d'Arc
Pont Boieldieu
Av. J. Rondeaux
J.B. DE LA SALLE
Boulevard d'Orléans
Quai J. Moulin
CENTRE ADMINISTRATIF
Cours Clemenceau
Av. J. Cartier
Pl. Joffre
Pont Corneille
Quai d'Elbeuf
Av. Champlain
Pl. Carnot
ROUEN-R.-G.
POL.
Bd de l'Europe
R. Amal Cécille
Av. de Bretagne
R. Arago
R. St Sever
R. La Fayette
Rue de Lessard
ST SEVER
ST-SEVER
A 13 CAEN, PARIS N 138 ELBEUF
A 13 PARIS

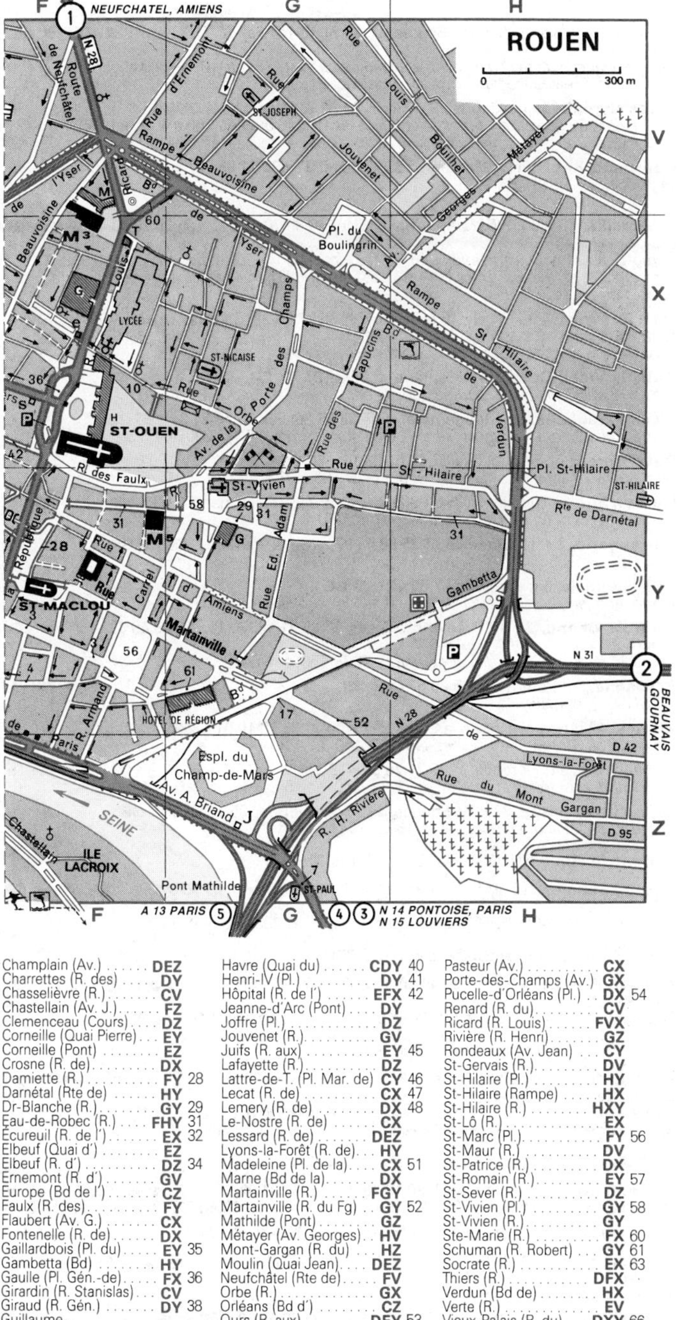

Champlain (Av.) . . . . . . DEZ
Charrettes (R. des) . . . . . DY
Chasselièvre (R.) CV
Chastellain (Av. J.) . . . . . . FZ
Clemenceau (Cours) . . . . DZ
Corneille (Quai Pierre) . . . EY
Corneille (Pont) . . . . EZ
Crosne (R. de) . . . . DX
Damiette (R.) . . . . FY 28
Darnétal (Rte de) . . . . . . HY
Dr-Blanche (R.) . . . . GY 29
Eau-de-Robec (R.) . . . . FHY 31
Écureuil (R. de l') . . . . EX 32
Elbeuf (Quai d') . . . . EZ
Elbeuf (R. d') . . . . DZ 34
Ernemont (R. d') . . . . GV
Europe (Bd de l') . . . . CZ
Faulx (R. des) . . . . FY
Flaubert (Av. G.) CX
Fontenelle (R. de) . . . . . . DX
Gaillardbois (Pl. du) . . . . . EY 35
Gambetta (Bd) . . . . HY
Gaulle (Pl. Gén.-de) . . . . . FX 36
Girardin (R. Stanislas) . . . CV
Giraud (R. Gén.) . . . . DY 38
Guillaume-le-Conquérant (Pont) . CY

Havre (Quai du) . . . . . . CDY 40
Henri-IV (Pl.) . . . . DY 41
Hôpital (R. de l') . . . . . . EFX 42
Jeanne-d'Arc (Pont) . . . . DY
Joffre (Pl.) . . . . DZ
Jouvenet (R.) . . . . GV
Juifs (R. aux) . . . . EY 45
Lafayette (R.) . . . . DZ
Lattre-de-T. (Pl. Mar. de) CY 46
Lecat (R. de) . . . . CX 47
Lemery (R. de) . . . . DX 48
Le-Nostre (R. de) CX
Lessard (R. de) . . . . DEZ
Lyons-la-Forêt (R. de) . . . HY
Madeleine (Pl. de la) . . . . CX 51
Marne (Bd de la) . . . . DX
Martainville (R.) . . . . FGY
Martainville (R. du Fg) . . GY 52
Mathilde (Pont) . . . . GZ
Métayer (Av. Georges) . . . HV
Mont-Gargan (R. du) . . . . HZ
Moulin (Quai Jean) . . . . DEZ
Neufchâtel (Rte de) . . . . . . FV
Orbe (R.) . . . . GX
Orléans (Bd d') . . . . CZ
Ours (R. aux) . . . . DEY 53
Paris (Quai de) . . . . EFZ

Pasteur (Av.) CX
Porte-des-Champs (Av.) GX
Pucelle-d'Orléans (Pl.) . . DX 54
Renard (R. du) CV
Ricard (R. Louis) . . . . . . FVX
Rivière (R. Henri) . . . . GZ
Rondeaux (Av. Jean) . . . . CY
St-Gervais (R.) . . . . DV
St-Hilaire (Pl.) . . . . HY
St-Hilaire (Rampe) . . . . . . HX
St-Hilaire (R.) . . . . HXY
St-Lô (R.) . . . . EX
St-Marc (Pl.) . . . . FY 56
St-Maur (R.) . . . . DV
St-Patrice (R.) . . . . DX
St-Romain (R.) . . . . EY 57
St-Sever (R.) . . . . DZ
St-Vivien (Pl.) . . . . GY 58
St-Vivien (R.) . . . . GY
Ste-Marie (R.) . . . . FX 60
Schuman (R. Robert) . . . . GY 61
Socrate (R.) . . . . EX 63
Thiers (R.) . . . . DFX
Verdun (Bd de) . . . . HX
Verte (R.) . . . . EV
Vieux-Palais (R. du) . . . DXY 66
Yser (Bd de l') . . . . FV

XXXX ✿✿ **Gill** (Tournadre), 9 quai Bourse ✆ 35 71 16 14, Fax 35 71 96 91 – ▤. AE ⓓ GB JCB DY **a**
fermé vacances de fév., dim. sauf le midi d'oct. à avril et lundi – **R** 185/360 et carte 320 à 450
Spéc. Queues de langoustines rôties en chutney. Pigeon à la rouennaise. Millefeuille.

XXX ✿ **Les Nymphéas** (Kukurudz), 9 r. Pie ✆ 35 89 26 69, 佘 – AE GB DX **h**
fermé 22 août au 6 sept., dim. soir et lundi – **R** 160/240 et carte 260 à 400, enf. 120
Spéc. Filets de sole normande. Salmis de caneton rouennais. Soufflé chaud aux pommes et Calvados.

XXX **Couronne,** 31 pl. Vieux Marché ✆ 35 71 40 90, Fax 35 71 05 78, « Maison normande du 14e siècle » – AE ⓓ GB DX **d**
R 150/270.

XXX ✿ **L'Écaille** (Tellier), 26 rampe Cauchoise ✆ 35 70 95 52, Fax 35 70 83 49 – ▤. AE GB DVX **g**
fermé 1er au 24 août, sam. midi, dim. soir et lundi – **R** 145/300 et carte 280 à 400, enf. 120
Spéc. Choux de langoustines au beurre de vinaigre de cidre. Homard grillé et sa sauce corail. Feuillantine glacée aux pommes caramélisées.

XXX ✿ **Le Beffroy** (Mme Engel), 15 r. Beffroy ✆ 35 71 55 27, Cadre normand – GB EX **b**
fermé dim. soir – **R** 155/275 et carte 235 à 315
Spéc. Foie gras aux pommes. Canard à la rouennaise. Gibier (saison).

XXX **Aub. du Vieux Carré,** 34 r. Ganterie ✆ 35 71 67 70, 佘 – GB EX **v**
fermé 18 au 31 juil., dim. (sauf le midi de sept. à juin) et lundi – **R** 110/220.

XXX **P'tits Parapluies,** 2 pl Rougemare ✆ 35 88 55 26, Fax 35 70 24 31 – AE GB FX **e**
fermé 7 au 23 août, vacances de fév., dim. soir et lundi – **R** 150/290, enf. 75.

XX **Reverbère,** 5 pl. République ✆ 35 07 03 14 – AE GB EY **e**
fermé 9 au 29 août, 1er au 8 janv., et dim. – **R** 160 bc/330 bc.

XX **Dufour,** 67 r. St-Nicolas ✆ 35 71 90 62, « Cadre vieux normand » – AE GB EY **w**
fermé 2 au 23 août, dim. soir et lundi – **R** 160/240.

XX **L'Orangerie,** 2 r. T. Cormeille ✆ 35 88 43 97, « Salle voûtée » – AE ⓓ GB DX **e**
R 95/160, enf. 55.

XX **Le Rouennais,** 5 r. Pie ✆ 35 07 55 44 – AE GB DX **h**
fermé lundi en juil.-août et dim. soir – **R** 99/230, enf. 50.

XX **Au Bois Chenu,** 23 pl. Pucelle d'Orléans ✆ 35 71 19 54, Fax 35 89 49 83 – AE ⓓ GB JCB DX **r**
fermé 1er au 8 sept., mardi soir et merc. – **R** 98/150, enf. 55.

X **Pascaline,** 5 r. Poterne ✆ 35 89 67 44 – GB EX **k**
✦ **R** 55/125 ♨, enf. 28.

X **Marine,** 42 quai Cavelier de la Salle ✉ 76100 ✆ 35 73 10 01 – GB DY **p**
fermé 15 au 31 août, dim. soir et sam. – **R** 150.

X **La Marmite,** 3 r. Florence ✆ 35 71 75 55 – AE GB DX **a**
fermé dim. sauf fériés et sam. midi – **R** 95/260, enf. 50.

X **La Vieille Auberge,** 37 r. St-Étienne-des-Tonneliers ✆ 35 70 56 65 – GB DY **v**
✦ *fermé 1er au 20 août et lundi* – **R** 69/168.

à Mont-St-Aignan N : 3 km – 19 961 h. – ✉ **76130** :

XXX **Pascal Saunier,** 12 r. Belvédère ✆ 35 71 61 06, Fax 35 89 90 87, ≤, 佘, 🐎 – Ⓟ. GB B **u**
fermé 1er au 14 août, dim. soir et lundi sauf fériés – **R** 230/350, enf. 80.

à St-Martin-du-Vivier par ① : 8 km – ✉ **76160** :

🏨 **La Bertelière** Ⓜ 🐎, ✆ 35 60 44 00, Fax 35 61 56 63, 佘, 🐎 – 📺 ☎ ♿ Ⓟ – 🏛 200. AE ⓓ GB B **k**
R *(fermé sam. midi et dim. soir)* 130/210 – ☕ 50 – **44 ch** 385/435 – ½ P 425.

à Bonsecours par ③ : 3,5 km – 6 898 h. – ✉ **76240** :

XXX ✿ **La Butte** (Hervé), 69 rte Paris ✆ 35 80 43 11, Fax 35 80 69 74, 佘, « Coquette auberge normande » – AE ⓓ GB B **n**
fermé août, vacances de Noël, dim. et lundi – **R** 200/320 et carte 310 à 450
Spéc. Salade de homard au beurre de truffe. Poêlée de poires et foie gras. Canardeau à la rouennaise.

au Mesnil-Esnard par ③ : 6 km – 6 092 h. – ✉ **76240** :

🏨 **St-Léonard** 🐎, pl. Église ✆ 35 80 16 88, Fax 35 80 07 82, 佘 – 📺 ☎ Ⓟ. GB B **a**
R *(fermé dim. soir de nov. à fév.)* 90/180, enf. 50 – ☕ 30 – **13 ch** 220/230 – ½ P 280/290.

à Franqueville-St-Pierre par ③ et N 14 : 9 km – 4 230 h. – ✉ **76520** :

🏨 **Otelinn** Ⓜ, ✆ 35 79 00 99, Télex 172262, Fax 35 79 88 13, 佘 – 📺 ☎ ♿ Ⓟ – 🏛 50. AE ⓓ GB B **d**
R *(fermé dim. soir)* 78/180 ♨, enf. 40 – ☕ 32 – **40 ch** 265/295.

🏨 **Le Vert Bocage,** rte Paris ✆ 35 80 14 74, Fax 35 80 55 73 – 📺 ☎ Ⓟ. GB
R *(fermé dim. soir et lundi du 1er sept. au 31 mars)* 98/200 ♨ – ☕ 26 – **19 ch** 230/270.

ROUEN

Alliés (Av. des) . . . . **A** 2
Ango (R. Jean) . . . . **A** 4
Béthencourt (Quai de) . **A** 6
Bonsecours (Rte de) . . . **B** 7
Brossolette (Bd) . . . . . . **A** 9
Bruyères (Rd-Pt des) . . . **A** 13
Caen (Av. de) . . . . **AB** 15
Canteleu (Rte de) . . . . . **A** 18
Carnot (Av.) . . . . **A** 21
Chasselièvre (R.) . . . . . . **AB** 23
Clères (Chemin de) . . . . . **B** 24
Corneille (R. Pierre) . . . . . **B** 25
Corniche (Rte de la) . . . . . **B** 26
Elbeuf (R. d') . . . . **B** 34
Havre (Rte du) . . . . **A** 35
Jaurès (Av. Jean) . . . . **A** 36
Jaurès (Bd Jean) . . . . **A** 37
Leclerc-de-Hautecloque (Av. du Gén.) . . . . **A** 38
Lesseps (Bd F.) . . . . **A** 39
Mont-Riboudet (Av. du) . **A** 42
Pène (R. Annie-de) . . . . . **B** 44
Pitres (Chemin de) . . . . . **B** 45
Renard (R. du) . . . . **AB** 48
Rondeaux (Av. Jean) . . . . **A** 50
Roosevelt (Bd Franklin) . . **A** 51
Ste-Lucie (Rd-Pt) . . . . **A** 52
Siegfried (Bd André) . . . . **A** 53
Sotteville (R. de) . . . . **B** 54
Val-d'Eauplet (R. du) . . . . **B** 55
Verdun (Bd de) . . . . **A** 56
11-Novembre (Bd du) . . . **A** 57
14-Juillet (Av. du) . . . . . . **B** 58

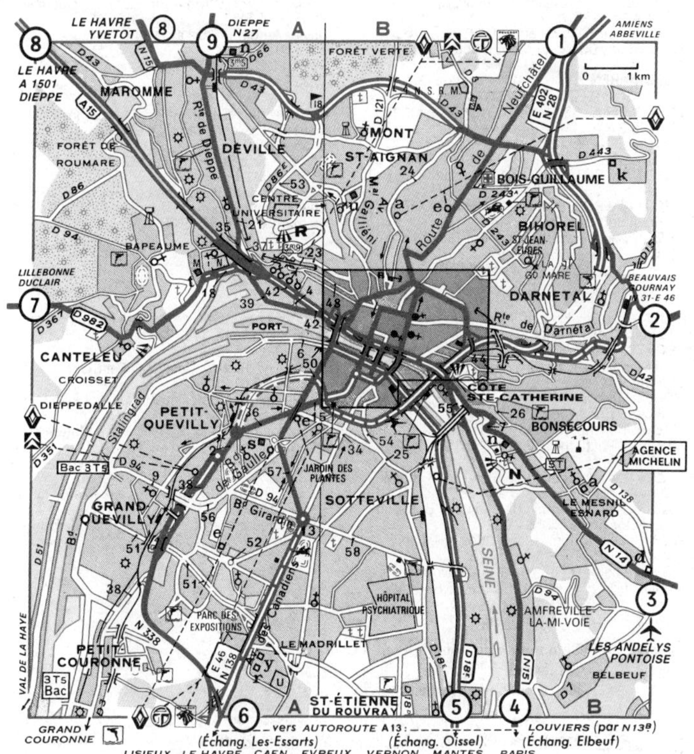

au Parc des Expositions par ⑥ et N 138 : 6 km – ✉ **76800** St-Étienne-du-Rouvray :

Novotel M, ☎ 35 66 58 50, Télex 180215, Fax 35 66 15 56, ⚘, ♨, ☐, ✗ – |‡| ✗ ch ▤ rest ▣ ☎ ♿ ℗ – 🏛 200. AE ⓓ GB — A **y**
R carte environ 160, enf. 45 – ☐ 48 – **134 ch** 430/480.

Ibis M, ☎ 35 66 03 63, Télex 771014, Fax 35 66 62 55 – ✗ ch ▣ ☎ ♿ ℗ – 🏛 30 à 140. AE ⓓ GB — A **r**
R 95, enf. 39 – ☐ 33 – **108 ch** 300/315.

au Grand Quevilly SO : 5,5 km près Parc des Expositions – 27 658 h. – ✉ **76120** :

Soretel M, av. Provinces ☎ 35 69 63 50, Télex 180743, Fax 35 69 42 28 – |‡| ▣ ☎ ℗ – 🏛 120. AE ⓓ GB — A **e**
R *(fermé sam. midi et dim. soir)* 85/165 ♁ – ☐ 40 – **45 ch** 320/375 – ½ P 270/300.

au Petit Quevilly SO : 3 km – 22 600 h. – ✉ **76140** :

XXX **Les Capucines,** 16 r. J. Macé ☎ 35 72 62 34, Fax 35 03 23 84, ⚘ – ℗. AE ⓓ GB — A **s**
fermé dim. soir – **R** 160/260, enf. 80.

à Bapeaume-lès-Rouen NO : 3 km – ✉ **76820** :

XX **Vieux Moulin,** 3 r. S. Lecoeur ☎ 35 36 39 59, Fax 35 36 02 56 – ℗. AE ⓓ GB — A **t**
R 110/250, enf. 60.

à Notre-Dame-de-Bondeville par ⑨ : 7,5 km – 7 584 h. – ✉ **76960** :

XX **Les Elfes** avec ch, ✆ **35 74 36 21** – GB A **n**
fermé merc. – **R** 95/195, enf. 40 – ☕ 25 – **7 ch** 165/195.

MICHELIN, Agence régionale, 24 bd Industriel à Sotteville-lès-Rouen B ✆ **35 73 63 73**

BMW S.R.D.A., 122 r. de Constantine ✆ 35 98 33 77
CITROEN Citroën Normandie, 144 av. Mont Riboudet A ✆ 35 98 35 50
FORD Gar. Guez, 135 r. Lafayette ✆ 35 72 76 84
HONDA Sporty 65 av. du Mont Riboudet, 3e C. ✆ 35 88 13 88
MERCEDES-BENZ Autotechnic, 99 r. de Constantine ✆ 35 88 16 88 **N** ✆ 35 71 93 57
NISSAN S.E.R.A., 32 av. de Caen ✆ 35 63 01 10
NISSAN S.E.R.A., 115 r. de Constantine ✆ 35 89 01 53
OPEL-GM S.N.O.A., 31 av. de Caen ✆ 35 72 11 63
PEUGEOT-TALBOT S.I.A. de Normandie, 71/73 av. de Caen **A e** ✆ 35 72 24 84
PEUGEOT-TALBOT S.I.A. de Normandie, 116 av. Mont-Riboudet A ✆ 35 89 81 44
RENAULT Succursale, 184 av Mont-Riboudet A ✆ 35 88 21 21 **N** ✆ 05 05 15 15
TOYOTA SIDAT Toyota France rte de Lillebonne ✆ 35 15 13 13
V.A.G Blet, 90 av. Mont-Riboudet ✆ 35 88 45 45 **N** ✆ 35 88 03 88
Olivier Autos, 118 bis av. Mont-Riboudet ✆ 35 70 84 24
SUBE PNEURAMA 23 r. de Roanne à Elbeuf ✆ 35 81 04 47

Ⓜ Ansselin-Pneus, 55 av. de Caen ✆ 35 62 00 24
Blard Pneus Center, 46 r. de Lillebonne ✆ 35 71 72 97
CAP 226 av. des Alliés à Petit Quevilly ✆ 35 03 33 23
CAP, Hangar n° 10 quai de Lesseps ✆ 35 07 08 99
Marsat-Pneus Normandie-Pneus, 28 r. F.-Arago pl. Emmurées ✆ 35 72 32 38

Périphérie et environs

CITROEN Succursale Normandie, centre commercial de Bois-Cany au Grand-Quevilly A ✆ 35 69 77 77 **N** ✆ 35 74 11 26
FIAT Albion-Auto, r. Canal à Bapeaume ✆ 35 74 46 74
FORD Gar. Thibaud 128 av. J.-Jaurès au Petit-Quevilly ✆ 35 72 96 96
RENAULT Renault, Rouen Rive Gauche 20 pl. Chartreux au Petit-Quevilly A ✆ 35 58 22 22 **N** ✆ 05 05 15 15
RENAULT Gar. du Chemin de Clères, 138 chemin de Clères à Bois-Guillaume **B a** ✆ 35 71 22 70
RENAULT Renault, Rouen Rive Gauche Bois Cany au Grand Quévilly ✆ 35 58 22 22
ROVER Rédélé-Autom., 226 av. des Alliés au Petit-Quevilly ✆ 35 73 24 02
V.A.G Blet, centre commercial, rue Lavoisier au Grand-Quevilly ✆ 35 69 69 45 **N** ✆ 35 88 03 88
V.A.G Socap, 164 r. de Paris au Mesnil-Esnard ✆ 35 80 15 55 **N** ✆ 35 73 39 56

Ⓜ Regnier, 18 av. J.-Jaurès au Petit-Quevilly ✆ 35 72 67 01
Rouen-Pneus, r. Cateliers ZI Madrillet à St-Étienne-du-Rouvray ✆ 35 65 34 13
Réparpneu, 141/143 pl. A.-Briand à Maromme ✆ 35 74 27 69
S.R.C.-Pneus, bd Industriel à Sotteville-lès-Rouen ✆ 35 72 50 90
SITEC, 51 à 59 bd 11-Novembre, Le Petit Quevilly ✆ 35 72 16 06
Subé-Pneurama, r. Chesnaie, St-Étienne-du-Rouvray ✆ 35 65 24 53

Europe — Si le nom d'un hôtel figure en petits caractères demandez, à l'arrivée, les conditions à l'hôtelier.

ROUFFACH **68250** H.-Rhin 62 ⑲ **G. Alsace Lorraine** – 4 303 h alt. 204.
Paris 458 – Colmar 15 – ♦Basel 60 – Belfort 55 – Guebwiller 10,5 – ♦Mulhouse 27 – Thann 26.

Château d'Isenbourg 🐌, ✆ 89 49 63 53, Télex 880819, Fax 89 78 53 70, ≤, ☂, 🏋, 🏊, 🏊, 🌳, 🎾 – 🛗 ⇹ ch 📺 ☎ ♿ 🅿 – 🏛 30. GB JCB
fermé 10 janv. au 13 mars – **R** 260/360 – ☕ 80 – **37 ch** 750/1360, 3 appart. – ½ P 770/1075.

A la Ville de Lyon, r. Poincaré ✆ 89 49 65 51, Fax 89 49 76 67 – 🛗 📺 ☎ 🅿 – 🏛 40. AE ⓓ GB
fermé 1er au 22 mars – **R** voir rest. **Philippe Bohrer** ci-après – ☕ 40 – **43 ch** 250/390 – ½ P 285/305.

XX ✿ **Philippe Bohrer,** r. Poincaré ✆ 89 49 62 49, Fax 89 49 62 49 – ▤. AE ⓓ GB
fermé 1er au 22 mars et lundi – **R** 110/380 et carte 240 à 320 🍷, enf. 75
Spéc. Pot-au-feu d'escargots à la mousse de raifort. Pied de cochon rôti en crépinette aux lentilles vertes. Bonbonnière de mignon de biche, sauce poivrade (sept. à janv.).

à Bollenberg SO : 6 km par N 83 et VO – ✉ **68250** Rouffach :

Bollenberg 🐌 sans rest, ✆ 89 49 62 47, Télex 880896, Fax 89 49 77 66, ≤, 🏋, 🎾 – 📺 ☎ ♿ 🅿 – 🏛 60
50 ch.

XX **Vieux Pressoir,** ✆ 89 49 60 04, Fax 89 49 76 16, ☂, « Décor alsacien » – 🅿. AE ⓓ GB
fermé 20 au 28 déc. – **R** 140/390 🍷, enf. 65.

CITROEN Sauter ✆ 89 49 61 46
FORD Habermacher ✆ 89 49 60 08 **N**

ROUFFIAC-TOLOSAN **31** H.-Gar. 82 ⑧ – rattaché à Toulouse.

ROUFFILLAC **24** Dordogne 75 ⑱ – ✉ **24370** Carlux.

Paris 534 – Brive-la-Gaillarde 49 – Sarlat-la-Canéda 16 – Gourdon 18.

Cayre, ✆ 53 29 70 24, ⛱, 🎾 – TV ☎ 🅟. GB
fermé oct. – **R** 70/220 – ☕ 30 – **18 ch** 242/364 – ½ P 280.

ROUGÉ **44660** Loire-Atl. 63 ⑦ – 2 167 h alt. 80.

Paris 352 – Châteaubriant 9,5 – Laval 79 – ✦Rennes 47.

Koste Ar C'Hoad, ✆ 40 28 84 18 – 🅟. GB
R *(fermé 9 au 15 août et 25 déc. au 1er janv.)* (dîner pour résidents seul.) 50/60 ⅛ – ☕ 20 – **15 ch** 90/200 – ½ P 160/270.

Le ROUGET **15290** Cantal 76 ⑪ – 910 h alt. 606.

Paris 597 – Aurillac 24 – Figeac 41 – Laroquebrou 15 – St-Céré 38 – Tulle 79.

Voyageurs, ✆ 71 46 10 14 – ☎ 🅟. ✻ ch
R 55/160 ⅛ – ☕ 19 – **38 ch** 180/220 – ½ P 160.

CITROEN Gar. Fau ✆ 71 46 11 03 N
PEUGEOT-TALBOT Gar. Lajarrige à Cayrols ✆ 71 46 15 63
RENAULT Gar. Montimart ✆ 71 46 15 47

ROUGIVILLE **88** Vosges 62 ⑰ – rattaché à St-Dié.

ROULLET **16** Charente 72 ⑬ – rattaché à Angoulême.

Die im ***Michelin-Führer***
verwendeten Zeichen und Symbole haben –
dünn oder ***fett*** *gedruckt, in einer Kontrastfarbe oder* schwarz *–*
jeweils eine andere Bedeutung.
Lesen Sie daher die Erklärungen aufmerksam durch.

Les ROUSSES **39220** Jura 70 ⑮ ⑯ **G. Jura** – 2 840 h alt. 1 120 – Sports d'hiver : 1 120/1 680 m ⛷40 ⛷.

Voir Gorges de la Bienne★ O : 3 km.

⛳9 ✆ 84 60 06 25 sur D 29E1.

ℹ Office de Tourisme ✆ 84 60 02 55.

Paris 466 – ✦Genève 41 – Gex 29 – Lons-le-Saunier 66 – Nyon 20 – St-Claude 32.

✿ **France** (Petit), ✆ 84 60 01 45, Fax 84 60 04 63, ☂ – TV ☎ 🅟 – 🏢 30. AE ⓓ GB JCB
fermé 7 juin au 2 juil. et 21 nov. au 17 déc. – **R** 135/405 et carte 300 à 440 – ☕ 45 – **33 ch** 350/460 – ½ P 310/415
Spéc. Suprême de volaille et dos de lapin en gelée. Aiguillette de filets de sole au Savagnin. Roulades d'agneau aux herbes et jus d'épices. **Vins** Arbois, Pupillin.

La Redoute, ✆ 84 60 00 40, Fax 84 60 04 59 – TV ☎ 🅟. GB
fermé 15 nov. au 1er déc. – **R** 85/200, enf. 50 – ☕ 30 – **26 ch** 300/350 – ½ P 320.

Annexe Le Noirmont 🏨 🐦 sans rest, à 3 km ✆ 84 60 30 15, Fax 84 60 04 59, 🏊 – TV ☎ 🅟 – 🏢 30. GB
☕ 30 – **7 ch** 350/380.

Relais des Gentianes, ✆ 84 60 50 64, Fax 84 60 04 58, ☂ – TV ☎. AE ⓓ GB
fermé 1er juin au 1er juil., 15 au 30 oct. et lundi hors sais. – **R** 105/280 – ☕ 40 – **14 ch** 295/320 – ½ P 335.

Chamois 🐦, à Noirmont N : 3 km ✆ 84 60 01 48, ≤ – ☎ 🅟. GB
fermé vend. soir et sam. du 1er nov. au 10 déc. – **R** 78/130 ⅛, enf. 40 – ☕ 28 – **12 ch** 220/240 – ½ P 260.

à la Cure SE : 2,5 km – ✉ **39220** Les Rousses :

XX **Arbez,** ✆ 84 60 02 20, ☂ – GB. ✻
fermé 15 nov. au 15 déc., lundi soir et mardi hors sais. – **R** 90/190, enf. 50.

OPEL Gar Michelin P. ✆ 84 60 51 46
RENAULT Gar. des Neiges ✆ 84 60 02 54 N

ROUSSILLON **84220** Vaucluse 81 ⑬ **G. Provence** (plan) – 1 165 h alt. 390.

Voir Site★ du village★.

ℹ Office de Tourisme pl. de la Poste (avril-oct.) ✆ 90 05 60 25.

Paris 725 – Apt 11,5 – Avignon 45 – Bonnieux 10,5 – Carpentras 36 – Cavaillon 26 – Sault 32.

Mas de Garrigon 🐦, N : sur D 2 : 3 km par C 7 ✆ 90 05 63 22, Fax 90 05 70 01, ≤, ☂, ⛱ – TV ☎ 🅟. AE ⓓ GB. ✻ rest
R *(fermé 15 nov. au 27 déc., dim. soir et lundi)* (prévenir) 160/300 – ☕ 70 – **7 ch** 695/730 – ½ P 680/800.

Résidence des Ocres sans rest, rte Gordes 90 05 60 50 – . GB
fermé 14 nov. au 20 déc. et 9 janv. au 15 fév. – 37 – **16 ch** 260/320.

David, Place Poste 90 05 60 13, ≤ falaises et vallée – GB
fermé 25 nov. au 18 déc., fév., lundi et mardi – **R** (week-ends et fêtes prévenir) 125 bc/280, enf. 50.

La Tarasque, 90 05 63 86, ≤ – AE GB
fermé 15 fév. au 15 mars et merc. – **R** (prévenir) 180/270.

Val des Fées, 90 05 64 99, – GB.
fermé janv., fév., merc. hors sais. et jeudi – **R** 98/165.

ROUSSILLON **38150** Isère 77 ① – 7 365 h.

Paris 511 – Annonay 27 – ♦Grenoble 87 – ♦Saint-Étienne 68 – Tournon-sur-Rhône 42 – Vienne 20.

Le Médicis M sans rest, r. Fernand Léger 74 86 22 47, Fax 74 86 48 05 – – 60. GB
30 – **15 ch** 200/270.

Europa, rte Valence 74 86 28 84, Fax 74 86 15 11 – ch . GB
fermé 24 déc. au 2 janv. – **R** *(fermé sam. et dim.)* (dîner seul.) (résidents seul.) 75 – 32 – **26 ch** 190/230 – ½P 250.

CITROEN Drisar-Autom., 132 RN7 Salaise-sur-Sanne 74 86 04 20
CITROEN Pleynet, 5 r. Puits-sans-Tour à Péage-de-Roussillon 74 86 20 12
PEUGEOT-TALBOT Bourget, 79 av. G.-Péri 74 86 23 38
Ayme Pneus, RN 7 quartier La Prat à Chanas 74 84 28 73
Euromaster Piot Pneu, N 7 ZI à Salaise-sur-Sanne 74 29 42 62

ROUTOT **27350** Eure 54 ⑲ G. Normandie Vallée de la Seine – 1 043 h alt. 145.

Voir La Haye-de-Routot : ifs millénaires★ N : 4 km.

Paris 152 – ♦Rouen 34 – Bernay 44 – Évreux 68 – ♦Le Havre 57 – Pont-Audemer 18.

L'Écurie, 32 57 30 30 – GB
fermé 2 au 9 août, mi-janv. à mi-fév., merc. soir, dim. soir et lundi – **Repas** 95/225.

CITROEN Gar. Bocquier 32 57 30 48
PEUGEOT-TALBOT Gar. du Centre 32 57 31 23

ROUVRAY **21530** Côte-d'Or 65 ⑰ – 601 h alt. 396.

Voir Église de Ste-Magnance : tombeau★ NO : 3,5 km, G. Bourgogne.

Paris 229 – Avallon 18 – ♦Dijon 83 – Saulieu 20.

Axeal M, N 6 80 64 79 79, Télex 352234, Fax 80 64 79 56, , – ch – 30. AE GB
R grill 75, enf. 40 – 28 – **26 ch** 250/330 – ½P 240/260.

ROUVRES-EN-XAINTOIS **88500** Vosges 62 ⑭ – 337 h alt. 318.

Paris 347 – Épinal 40 – Lunéville 57 – Mirecourt 7,5 – ♦Nancy 54 – Neufchâteau 32 – Vittel 16.

Burnel, au village 29 65 64 10, Fax 29 65 68 88, , – . AE GB
fermé 21 au 31 déc. et dim. soir hors sais. – **R** 75/235 – 26 – **17 ch** 155/265 – ½P 185/235.

ROUVRES-LA-CHÉTIVE **88** Vosges 62 ⑬ – rattaché à Neufchâteau.

ROYAN **17200** Char.-Mar. 71 ⑮ G. Poitou Vendée Charentes – 16 837 h alt. 20 – Casino Royan Pontaillac A.

Voir Front de mer★ C – Église N.-Dame★ B – Corniche★ et Conche★ de Pontaillac A.

18 de Royan Côte de Beauté 46 23 16 24, par ④ : 7 Km.

Bac: pour le Verdon-s-Mer : renseignements 56 09 60 84.

Office de Tourisme Palais des Congrès 46 38 65 11, Télex 790441 et pl. Poste 46 05 04 71.

Paris 506 ① – ♦Bordeaux 120 ② – Périgueux 172 ② – Rochefort 40 ⑤ – Saintes 40 ①.

Novotel M, Bd Carnot - Conche du Chay 46 39 46 39, Télex 793270, Fax 46 39 46 46, ≤ Mer, , centre de thalassothérapie, – ch – 120. AE GB A **b**
R carte environ 170, enf. 60 – 60 – **83 ch** 660/720.

Family Golf H. M sans rest, 28 bd Garnier 46 05 14 66, Fax 46 06 52 56, ≤ Pointe de Grave – . GB C **m**
3 avril-30 sept. – 40 – **33 ch** 350/450.

Beau Rivage sans rest, 9 façade Foncillon 46 39 43 10, Fax 46 38 22 50, ≤ – ch . GB. B **z**
fermé 15 nov. au 15 janv. – 34 – **22 ch** 300/390.

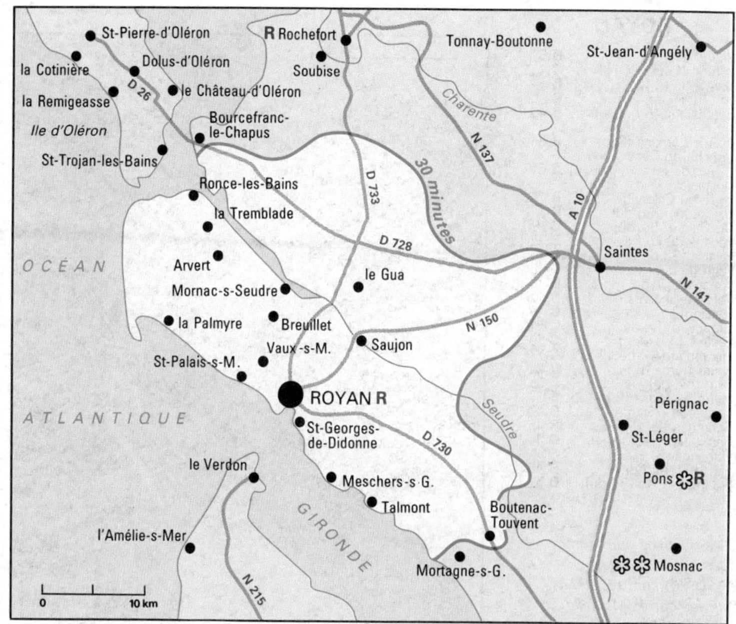

Beauséjour, 32 av. Grande Conche ✆ 46 05 09 40, – TV ☎. GB — C **e**
fermé 15 déc. au 15 janv., dim. le midi d'oct. à Pâques – **R** 92/105 – ☕ 30 – **14 ch** 240/310 – ½ P 260/320.

Bleuets, 21 façade Foncillon ✆ 46 38 51 79 – TV ☎. GB. — B **a**
R *(fermé 15 déc. au 15 janv., vend., sam. et dim. hors sais.)* (dîner seul.) 65/95 – ☕ 30 – **16 ch** 300/360 – ½ P 250/285.

Corinna sans rest, 5 r. Amazones ✆ 46 39 82 53 – ☎ P. — A **d**
Pâques-fin sept. – ☕ 26 – **14 ch** 230/250.

Saintonge sans rest, 14 r. Gambetta ✆ 46 05 78 24 – TV ☎. GB — B **b**
☕ 30 – **14 ch** 160/360.

Vialard sans rest, 23 bd A.-Briand ✆ 46 05 84 22 – TV ☎. GB — B **p**
☕ 30 – **23 ch** 160/270.

XXX **Trois Marmites,** 37 av. Ch. Regazzoni ✆ 46 38 66 31, – AE GB — B **r**
dim. soir et lundi d'oct. à juin sauf vacances scolaires – **R** 135/230.

XX **Le Chalet,** 6 bd La Grandière ✆ 46 05 04 90 – . AE GB — C **u**
fermé fév. et merc. sauf juil.-août – **R** 98/280, enf. 45.

XX **Rest. le France,** 2 r. Gambetta ✆ 46 05 17 41 – AE GB — B **h**
fermé dim. soir et lundi hors sais. – **R** 80/180 , enf. 38.

XX **Relais de la Mairie,** 1 r. Chay ✆ 46 39 03 15 – . AE GB — A **k**
fermé 12 nov. au 3 déc., vacances de fév., dim. soir hors sais. et mardi – **Repas** 70 (sauf fêtes)/160 , enf. 45.

X **La Coraline,** 102 av. Semis ✆ 46 05 51 34 – GB — C **x**
fermé 14 fév. au 14 mars et jeudi – **R** 130/280, enf. 50.

à Pontaillac :

Gd H. de Pontaillac sans rest, 195 av. Pontaillac ✆ 46 39 00 44, Fax 46 39 04 05, ←, – TV ☎ . GB — A **u**
1er mai-20 sept. – ☕ 40 – **40 ch** 400/500.

Miramar sans rest, 173 av. Pontaillac ✆ 46 39 03 64, Fax 46 39 23 75, ← – TV ☎. AE GB — A **n**
Pâques-15 oct. – ☕ 40 – **27 ch** 330/420.

Résidence de Saintonge et rest Pavillon Bleu , allée des Algues ✆ 46 39 00 00, Fax 46 39 07 00 – TV ☎ P. GB. rest — A **q**
3 avril-30 sept. – **R** 65/180 – ☕ 38 – **40 ch** 220/340 – ½ P 360.

Bellevue sans rest, 122 av. Pontaillac ✆ 46 39 06 75, ← – TV ☎ P. GB — A **f**
1er mars-1er nov. – ☕ 30 – **18 ch** 235/315.

ROYAN

Briand (Av. A.) . . . . B 5
Europe (Cours de l') C
Gambetta (R.) . . . . B
Loti (R. Pierre) . . . . B
République (Bd de la) . . . . B 40

Alsace-Lorraine (R.) . . . . . . B 3
Conche-du-Chay (Av. de la) . . . . A 6
Desplats (R. du Colonel) . . . . B 7
Dr. Audoin (Bd du) . . . . . . B 8
Dr. Gantier (Pl. du) . . . . . . C 9
Façade de Foncillon . . . . . B 12
Falaise (Bd de la) . . . . . AB 13
Foch (Pl. Mar.) . . . . C 15
Foncillon (R. de) . . . . B 16
Font-de-Cherves (R.) . . . . . B 17
Gaulle (Pl. Ch. de) . . . . B 19
Grandière (Bd de la) . . . . . C 21
Leclerc (Av. Mar.) . . . . C 26
Libération (Av. de la) . . . . C 28
Notre-Dame (R.) . . . . B 32
Parc (Av. du) . . . . C 35
Pierre-de-Mons (R.) . . . . . . B 37
Rochefort (Av. de) . . . . B 42
Schuman (Pl. R.) . . . . B 45
Semis (Av. des) . . . . C 46
Thibeaudeau (Rd-Pt. du Cdt.) . . . . B 48
5-Janvier-1945 (Bd du) . . . B 52

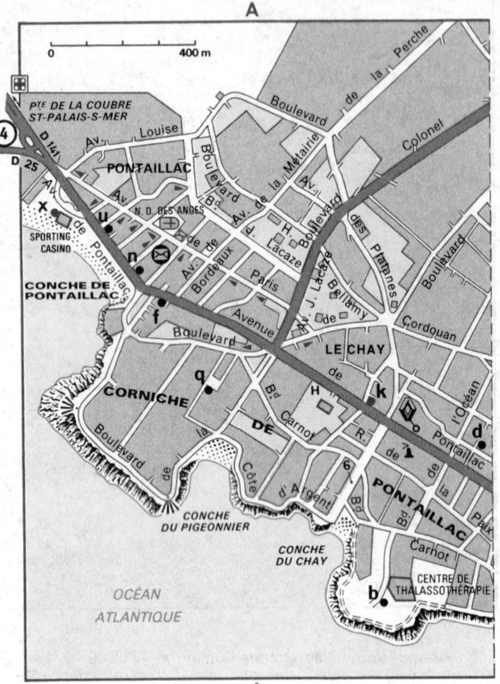

Les pastilles numérotées des plans de villes **① , ② , ③ sont répétées sur les cartes Michelin** *à 1/200 000. Elles facilitent ainsi le passage entre les* **cartes** *et les* **guides Michelin.**

XX **La Jabotière,** près Casino ✆ 46 39 91 29, < – GB — A x
fermé 20 au 26 déc., 3 au 31 janv., dim. soir et lundi sauf juil.-août – **R** 160/330, enf. 60.

rte de St-Palais par ④ : 3,5 km – ✉ **17640** Vaux-sur-Mer :

Résidence de Rohan sans rest, conche de Nauzan ✆ 46 39 00 75, Fax 46 38 29 99, <, « Villas dans un parc dominant la plage », – TV ☎ P. AE GB
1er avril-15 nov. – 45 – **41 ch** 460/650.

X **La Biche au Bois** avec ch, D 25 ✆ 46 39 01 52, – ☎. GB.
15 fév.-30 sept. et fermé jeudi de fév. à mai – **R** 50/152, enf. 33 – 23 – **12 ch** 220/250 – ½ P 190/205.

à Vaux-sur-Mer par ④ et D 141 : 4,5 km – 3 054 h. – ✉ **17640** :

XX **Logis de Mélisandre** avec ch, av. Malakoff - D 141 ✆ 46 38 46 00, , – rest ☎ P. GB
fermé 2 au 31 janv., dim. soir et lundi d'oct. à Pâques – **R** 115/210 – 30 – **10 ch** 200/250 – ½ P 300.

BMW Gar. Bienvenue, 43 av. M.-Bastié ✆ 46 05 01 62
CITROEN Casagrande, 24 bd de Lattre-de-Tassigny ✆ 46 05 04 26
CITROEN Corpron, 20 bd Clemenceau ✆ 46 05 07 66
FORD Gar. Zanker, 11 r. Notre-Dame ✆ 46 05 69 87
MERCEDES-BENZ, Thomas, Zone Commerciale, 74 av. Louis Bouchet ✆ 46 05 05 49
NISSAN Gar. Cassagnau, 44 av. Mar.-Leclerc ✆ 46 05 01 66
PEUGEOT-TALBOT Gar. Richard, Zone Commerciale, rte de Saintes par ① ✆ 46 05 03 55 N ✆ 46 05 24 24
RENAULT Gar. du Chay, 75 av. de Pontaillac ✆ 46 38 48 88

Euromaster Piot Pneu, 50 bd de Lattre-de-Tassigny ✆ 46 05 54 24
Royan-Pneus, av. Libération ✆ 46 05 46 93

Teilen Sie uns Ihre Meinung über die von uns empfohlenen Restaurants, ihre Spezialitäten und die angebotenen Landweine mit.

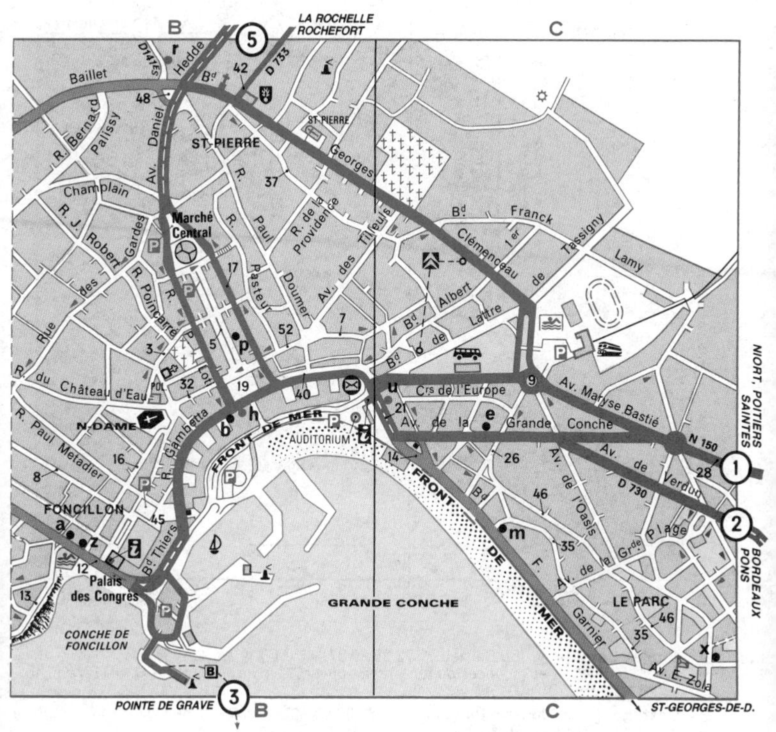

ROYAT 63130 P.-de-D. 73 ⑭ **G. Auvergne** – 3 950 h alt. 456 – Stat. therm. (avril-oct.).

Voir Église St-Léger★ A.

⛳9 ⛳18 des Volcans à Orcines ☎ 73 62 15 51, par ③ : 9 km ; ⛳9 de Charade ☎ 73 35 73 09, SO : 6 km par ②, D 5 et D 5[F].

Circuit automobile de montagne d'Auvergne.

ℹ Office de Tourisme pl. Allard ☎ 73 35 81 87.

Paris 429 ① – ◆Clermont-Fd 3,5 ① – Aubusson 87 ③ – La Bourboule 45 ③ – Le Mont-Dore 41 ②.

Accès et sorties : voir plan de Clermont-Ferrand.

🏨🏨🏨 **Métropole,** bd Vaquez ☎ 73 35 80 18, Fax 73 35 66 67 – |♿| ☎ Ⓟ. AE GB. ✂ rest — B **h**
2 mai-26 sept. – **R** 160/190, enf. 80 – ☕ 40 – **71 ch** 280/570, 5 appart. – P 330/575.

🏨🏨🏨 **Royal H. St-Mart,** av Gare ☎ 73 35 80 01, Fax 73 35 75 92, 🌳 – |♿| ☎ Ⓟ. GB — B **n**
2 mai-27 sept. – **R** 120/240 – ☕ 30 – **61 ch** 220/400 – ½ P 220/385.

🏨🏨 **Richelieu,** av. A. Rouzaud ☎ 73 35 86 31, Fax 73 35 63 98 – |♿| TV ☎. GB. ✂ rest — B **e**
début avril-9 oct. – **R** 100 – ☕ 28 – **60 ch** 180/400 – P 226/360.

🏨🏨 **Barrieu** M, 1 bd Barrieu ☎ 73 35 82 50, Fax 73 35 63 31 – |♿| TV ☎ Ⓟ. AE GB. ✂ rest — B **t**
1er avril-30 oct. – **R** 80/120 – ☕ 26 – **30 ch** 225/315 – P 270/300.

🏨🏨 **Univers,** av. Gare ☎ 73 35 81 28, Fax 73 35 66 79 – |♿| ☎. GB. ✂ rest — B **p**
2 mai-30 sept. – **R** 65/120 – ☕ 26 – **44 ch** 135/275 – P 250/295.

🏨🏨 **Castel H.,** pl. Dr Landouzy ☎ 73 35 80 14, Fax 73 35 80 49 – |♿| ⇔ ch ☎. AE GB. ✂ — B **b**
28 mars-20 oct. – **R** 75/120 – ☕ 27 – **57 ch** 115/310 – P 255/345.

🏨 **Athena** sans rest, av. A. Rouzaud ☎ 73 35 80 32 – |♿| TV ☎. AE ⓓ GB JCB — B **s**
☕ 27 – **24 ch** 220/330.

🏨 **Le Chatel,** av. Vallée ☎ 73 35 82 78, Fax 73 35 79 49 – |♿| TV ☎. GB — B **k**
1er mars-30 nov. – **R** 89/152, enf. 35 – ☕ 30 – **25 ch** 220/300 – ½ P 250/263.

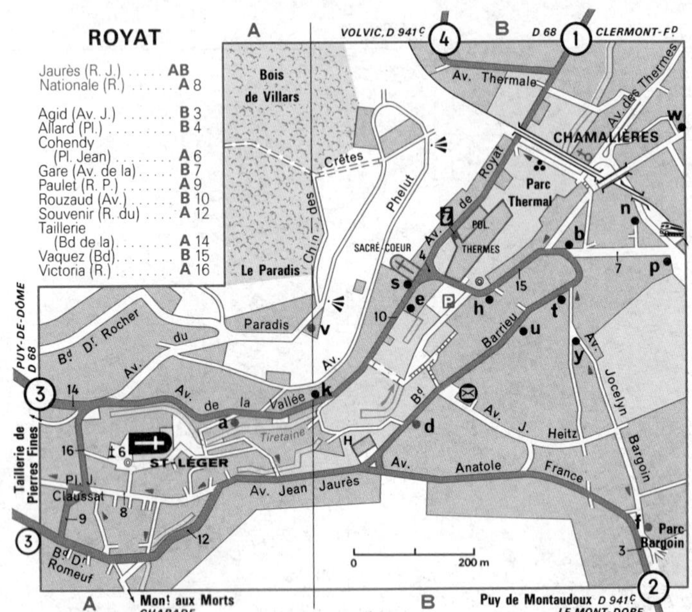

Chalet Camille ⑤, bd Barrieu ☎ 73 35 80 87, ← – TV ☎ P. GB. ※ rest B **u**
hôtel : fermé nov. et vacances de fév. ; rest. : ouvert 1er mars au 30 oct. – **R** 75/110, enf. 45 – ☐ 28 – **22 ch** 220/260 – ½ P 200/245.

Cottage ⑤, av. Jocelyn Bargoin ☎ 73 35 82 53, ← – ☎ P. ※ rest B **y**
début avril-30 sept. – **R** 70/94 – ☐ 20 – **35 ch** 120/230 – P 220/265.

XXX **Le Paradis,** av. Paradis ☎ 73 35 85 46, Fax 73 35 64 41, ⁂, « Demeure surplombant Royat et Clermont » – P. AE GB AB **v**
fermé 2 au 31 janv., vacances de nov., dim. soir et lundi – **R** 140/260, enf. 60.

XXX **Belle Meunière** avec ch, av. Vallée ☎ 73 35 80 17, ⁂ – TV ☎ ⇔. AE ⓓ GB A **a**
fermé 15 au 30 nov., 1er au 15 fév., dim. soir et merc. – **R** 140/260, enf. 65 – ☐ 30 – **6 ch** 280 – P 335/380.

XX **La Pépinière** avec ch, av. Pasteur par bd Dr Romeuf ☎ 73 35 81 19, Fax 73 35 94 23 – ▤ rest ☎ P. GB
hôtel : 5/4-20/10 ; rest. : fermé 1er/11 au 15/12, mardi du 15/12 au 30/3 et lundi sauf le midi d'avril à oct. – **R** 70/190 ♁ – ☐ 23 – **21 ch** 105/160 – P 200/290.

XX **L'Hostalet,** bd Barrieu ☎ 73 35 82 67 – GB B **d**
fermé 1er janv. au 31 mars, mardi midi, dim. soir et lundi – **R** 115 bc/185, enf. 55.

XX **L'Oasis,** 31 av. Bargoin ☎ 73 35 82 79, Fax 73 35 62 93, ← – GB B **f**
fermé fév., dim. soir et lundi sauf fériés le midi – **R** 80/165, enf. 60.

CITROEN Gar. Boyer, 50 av. Thermes, à Chamalières ☎ 73 37 71 57

RENAULT Valleix, 57 bd Gambetta, à Chamalières B ☎ 73 93 11 43

ROYE **80700** Somme 52 ⑳ **G. Flandres Artois Picardie** – 6 333 h alt. 88.

Paris 111 ⑤ – ♦Amiens 43 ⑥ – Compiègne 37 ⑤ – Arras 75 ⑦ – St-Quentin 44 ②.

Plan page suivante

Motel des Lions M, rte Rosières **(u)** ☎ 22 87 20 61, Télex 140586, Fax 22 87 24 83 – TV ☎ ♿ P – 🏂 130. AE ⓓ GB
R 90/160 ♁ – ☐ 40 – **43 ch** 310/350 – ½ P 250/275.

XXX ✿ **La Flamiche,** pl. H. de Ville **(a)** ☎ 22 87 00 56 – AE ⓓ GB
fermé 13 au 20 juil., 21 déc. au 11 janv., dim. soir et lundi – **R** 190/395 et carte 280 à 480, enf. 100
Spéc. Flamiche aux poireaux (oct. à mai). Gratin d'anguilles aux pommes de terre. Colvert au jus de betteraves rouges (juil. à janv.).

XX **Central et rest. Florentin** avec ch, 36 r. Amiens **(s)** ☎ 22 87 11 05, Fax 22 87 42 74 – ▤ rest TV. GB. ※ ch
fermé 30 août au 6 sept., 23 déc. au 5 janv., 7 au 15 mars, dim. soir et lundi – **Repas** 85/200 – ☐ 28 – **8 ch** 230/320.

ROYE

Évitez de fumer au cours du repas vous altérez votre goût et vous gênez vos voisins.

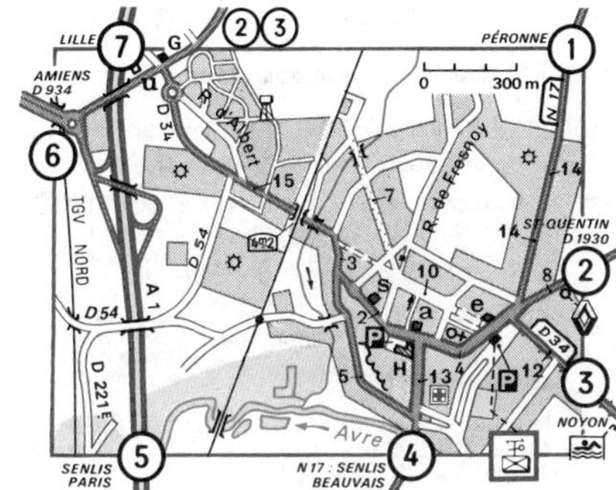

XX **Nord** avec ch, pl. République **(e)** ✆ 22 87 10 87, Fax 22 87 46 88 – ☎. GB
fermé 15 au 30 juil., 5 au 28 fév., mardi soir et merc. sauf fériés – **R** 95/265 – ☕ 25 – **7 ch** 160/255.

CITROEN Gar. François, 20 r. du Fg St-Nicolas à Nesle par ② ✆ 22 88 25 47
RENAULT Péronne Automobile Roye, 10 r. de Nesle ✆ 22 87 07 88

Euromaster Fischbach Pneu Service, 12 r. de Péronne ✆ 22 87 11 03

ROZAY-EN-BRIE **77540** S.-et-M. 61 ③ G. Ile de France – 2 380 h alt. 103.

Paris 60 – Coulommiers 19 – Meaux 38 – Melun 29 – Provins 31 – Sézanne 58.

Les 3 Épis Ⓜ, 2 av. Épi (près N 4) ✆ (1) 64 25 65 25, Fax (1) 64 25 70 04 – TV ☎ ♿ P. AE ⓓ GB
R 98/145 ♂ – ☕ 40 – **55 ch** 280/310.

XX **France** avec ch, ✆ (1) 64 25 77 57 – ☎. GB
R 125/175 – ☕ 32 – **10 ch** 145/245.

PEUGEOT Gar. Mirat ✆ (1) 64 25 60 54

Le ROZIER **48150** Lozère 80 ④ ⑤ G. Gorges du Tarn – 157 h alt. 390.

Voir Terrasses du Truel ≤★ E : 3,5 km – Gorges du Tarn★★★.

Env. Chaos de Montpellier-le-Vieux★★★ S : 11,5 km – Corniche du Causse Noir ≤★★ SE : 13 km puis 15 mn.

Syndicat d'Initiative ✆ 65 62 60 89.

Paris 640 – Mende 62 – Florac 62 – Millau 21 – Sévérac-le-Château 28 – Le Vigan 72.

Gd H. Muse et Rozier Ⓜ, **à la Muse** (D 907) rive dte du Tarn ✉ 12720 Peyreleau (Aveyron) ✆ 65 62 60 01, Fax 65 62 63 88, ≤, , « Au bord de l'eau », , – TV ☎ P – 45. AE ⓓ GB JCB
6 mars-28 nov. – **R** 160/340, enf. 70 – ☕ 50 – **35 ch** 454/583, 3 appart. – ½ P 424/484.

Voyageurs, ✆ 65 62 60 09, Fax 65 62 64 01 – ☎. AE GB. ch
mars-oct. et vacances de nov. – **R** 85/200 ♂, enf. 50 – ☕ 35 – **29 ch** 240/400 – ½ P 240/320.

Doussière sans rest, ✆ 65 62 60 25 – GB
Pâques-11 nov. – ☕ 26 – **24 ch** 140/250.

RUBELLES **77** S.-et-M. 61 ② – rattaché à Melun.

RUCH **33350** Gironde 75 ⑬ – 509 h alt. 75.

Voir Moulin de Labarthe★ SO : 4 km, G. Pyrénées Aquitaine.

Paris 558 – ◆Bordeaux 45 – Bergerac 55 – Libourne 26 – La Réole 26.

Château Lardier, NE : 2 km par D 232 et VO ✆ 57 40 54 11, Fax 57 40 70 38, – ☎ P. GB
8 mars-15 nov. et fermé dim. soir et lundi (sauf hôtel de juin à sept.) – **R** 80/260 ♂, enf. 40 – ☕ 30 – **9 ch** 210/315 – ½ P 240/300.

RUE **80120** Somme 52 ⑥ G. Flandres Artois Picardie – 2 942 h alt. 10.

Voir Chapelle du St-Esprit★.

Paris 218 – ◆Amiens 68 – Abbeville 24 – Berck-Plage 22 – Le Crotoy 8,5.

Lion d'Or Ⓜ, r. Barrière ✆ 22 25 74 18, Fax 22 25 66 63 – TV ☎. GB. ch
R *(fermé dim. soir du 1er oct. au 31 mai sauf fêtes)* 75/160 ♂, enf. 55 – ☕ 32 – **16 ch** 250/350 – ½ P 230/250.

RENAULT Dupont Frères, RD 940 à Quend ✆ 22 27 46 08

RUEIL-MALMAISON 92 Hauts-de-Seine 55 ⑳, 101 ⑬ – voir à Paris, Environs.

RUGY 57 Moselle 57 ④ – rattaché à Metz.

RUMILLY 74150 H.-Savoie 74 ⑤ G. Alpes du Nord – 9 991 h alt. 345.

Paris 533 – Annecy 16 – Aix-les-Bains 20 – Bellegarde-sur-Valserine 37 – Belley 45 – ♦Genève 64.

XX **L'Améthyste,** 27 r. Pont-Neuf ☎ 50 01 02 52 – ▤. GB
fermé 31 juil. au 13 août, lundi soir et sam. midi – **R** 120/350, enf. 85.

à Sales N : 3 km par D 16 – ✉ **74150** :

X **La Salière,** ☎ 50 01 48 70, 🏠 – **P**. GB
fermé 23 août au 1er sept., mardi soir et merc. – **R** 100/195.

à Moye NO : 4 km par D 231 – ✉ **74150** :

🏨 **Relais du Clergeon** 🔇, ☎ 50 01 23 80, ←, 🏠, 🌳 – ☎ **P** – 🏛 50. **O** GB. ✻ ch
✦ *fermé 30 août au 6 sept., 3 au 29 janv., dim. soir et lundi* – **R** 75/250 🍷, enf. 45 – ☕ 29 – **19 ch** 150/320 – ½ P 220/280.

CITROEN Gar. Lacrevaz, 7 r. J.-Béard ☎ 50 01 11 75

PEUGEOT-TALBOT Gar. Central, rte d'Aix-les-Bains ☎ 50 01 41 81 **N** ☎ 05 44 24 24

RUNGIS 94 Val-de-Marne 61 ①, 101 ㉕ ㉖ – voir à Paris, Environs.

Ferienreisen wollen gut vorbereitet sein.
*Die **Straßenkarten** und **Führer** von **Michelin***
geben Ihnen Anregungen und praktische Hinweise zur Gestaltung Ihrer Reise :
Streckenvorschläge, Auswahl und Besichtigungsbedingungen
der Sehenswürdigkeiten, Unterkunft, Preise ... u. a. m.

RUOMS 07120 Ardèche 80 ⑨ G. Provence – 1 858 h alt. 120.

Voir Défilé★ NO : 2,5 km – Gorges de la Beaume★ O : 4 km – Auriolles : Promenade★ à Labeaume SO : 4 km puis 30 mn.

Paris 655 – Alès 54 – Aubenas 24 – Pont-St-Esprit 47.

XX **Terrasses de l'Ardèche,** rte de l'Argentière : 1 km ☎ 75 39 74 34, 🏠 – GB
avril-nov. et fermé merc. de sept. à avril – **R** 95/165, enf. 65.

rte des Vans - D 111 – ✉ **07120** Ruoms :

🏨 **Château de Sampzon** 🔇, 4 km et VO ☎ 75 39 67 14, ←, 🏠, 🌳 – ☎ **P**. GB. ✻ rest
hôtel : Pâques-31 oct. ; rest. : Pâques-30 sept. – **R** 90/180 – ☕ 32 – **12 ch** 280/340 – ½ P 280.

🏨 **La Chapoulière,** à 3,5 km ☎ 75 39 65 43, 🏠 – ☎ **P**. GB
1er avril-30 nov. – **R** *(fermé lundi sauf juil.-août)* 90/180, enf. 45 – ☕ 35 – **12 ch** 260/300 – ½ P 220/245.

domaine du Rouret près Grospierres, SO : 13 km par D 111 – ✉ **07120** Grospierres :

🏨 Le Caleou Ⓜ 🔇, ☎ 75 93 60 00, Télex 345478, Fax 75 93 97 46, ←, 🏠, « Parc ombragé et complexe de loisirs », ⛹, 🏊, 🏊, ✻ – |♦| ▤ 📺 ☎ ♿ **P** – 🏛 200
saisonnier – **118 ch.**

CITROEN Dupland ☎ 75 39 61 23 **N** ☎ 75 39 61 94

RENAULT Bouschon ☎ 75 39 61 08 **N**

RUPT-SUR-MOSELLE 88360 Vosges 62 ⑯ ⑰ – 3 470 h alt. 425.

Paris 410 – Épinal 37 – Lure 37 – Luxeuil-les-Bains 30 – Remiremont 12 – Le Thillot 11.

XX **Centre** avec ch, r. Église ☎ 29 24 34 73, Fax 29 24 45 26 – 📺 ☎ 🚗 **P**. AE **O** GB JCB
fermé janv., dim. soir et lundi sauf vacances scolaires – **R** 98/300 🍷, enf. 50 – ☕ 30 – **11 ch** 125/310 – ½ P 180/250.

RUYNES-EN-MARGERIDE 15320 Cantal 76 ⑭ ⑮ – 605 h alt. 914.

Paris 528 – Aurillac 86 – Langeac 44 – Le Puy-en-Velay 87 – St-Chély-d'Apcher 31 – St-Flour 13.

🏨 **Moderne,** ☎ 71 23 41 17, 🌳 – ☎ **P** – 🏛 50. GB
✦ *mi-mars-début oct.* – **R** 55/125 🍷, enf. 42 – ☕ 26 – **33 ch** 125/170 – ½ P 170/190.

RENAULT Brun ☎ 71 23 42 31

Les SABLES-D'OLONNE SP 85100 Vendée 67 ⑫ G. Poitou Vendée Charentes – 15 830 h alt. 4 – Casinos de la plage AZ, Casino des Sports CY.

Voir Le Remblai★ BCZ.

ℹ Office Municipal de Tourisme (Informations et réservations d'hôtels), en saison r. Mar.-Leclerc ☎ 51 32 03 28.

Paris 485 ② – La Roche-sur-Yon 37 ② – Angoulême 203 ③ – Cholet 101 ② – ♦Nantes 104 ② – Niort 110 ③ – Poitiers 182 ③ – Rochefort 128 ③ – La Rochelle 89 ③.

LES SABLES-D'OLONNE

Bisson (R.) .... **BZ** 8
Guynemer (R.) .... **CZ**
Halles (R. des) .... **BZ** 29
H.-de-Ville (R. de l') .... **BZ**
Nationale (R.) .... **CZ**

Travot (R.) .... **BZ** 60

Anjou (Av. d') .... **BY** 2
Aquitaine (Av. de l') .... **CY** 3
Arago (Bd) .... **BY** 4
Baudry (R. P.) .... **BY** 5
Baudère (R. de la) ..... **CZ** 6
Beauséjour (R.) .... **BY** 7
Briand (Av. A.) .... **CY** 9
Caisse-d'Épargne (R.) .. **BZ** 10

Castelnau (Bd de) ..... **BY** 12
Château-d'Olonne (Av.) **CY** 13
Collineau (Pl. du Gén.) . **BZ** 14
Commerce (Pl. du) .... **AZ** 15
Coty (Av. R.) .... **CY** 16
Dingler (Quai) .... **AZ** 18
Dr-Canteleau (R. du) ... **AY** 19
Dr-Schweitzer (R. du) .. **CY** 22
Doumer (Av. P.) ...... **CY** 23
Église (Pl. de l') .... **BZ** 24

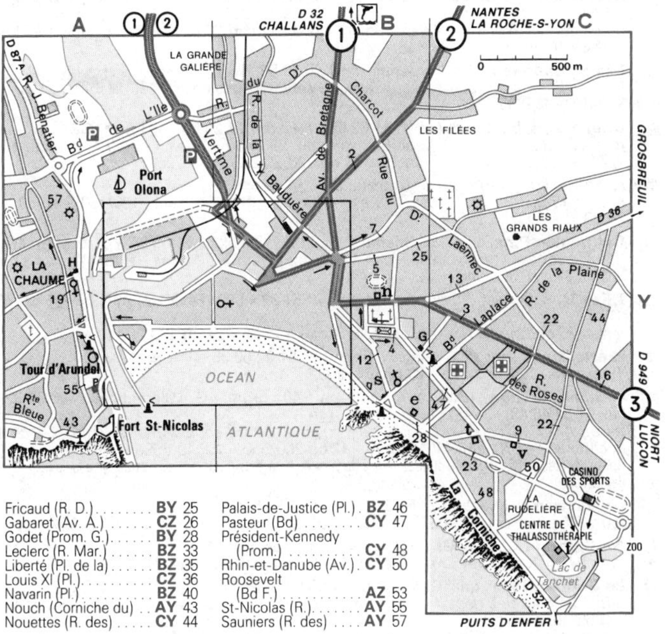

Fricaud (R. D.) .... **BY** 25
Gabaret (Av. A.) .... **CZ** 26
Godet (Prom. G.) ...... **BY** 28
Leclerc (R. Mar.) ...... **BZ** 33
Liberté (Pl. de la) ...... **BZ** 35
Louis XI (Pl.) .... **CZ** 36
Navarin (Pl.) .... **BZ** 40
Nouch (Corniche du) .. **AY** 43
Nouettes (R. des) ..... **CY** 44

Palais-de-Justice (Pl.) . **BZ** 46
Pasteur (Bd) .... **CY** 47
Président-Kennedy (Prom.) .... **CY** 48
Rhin-et-Danube (Av.) . **CY** 50
Roosevelt (Bd F.) .... **AZ** 53
St-Nicolas (R.) .... **AY** 55
Sauniers (R. des) .... **AY** 57

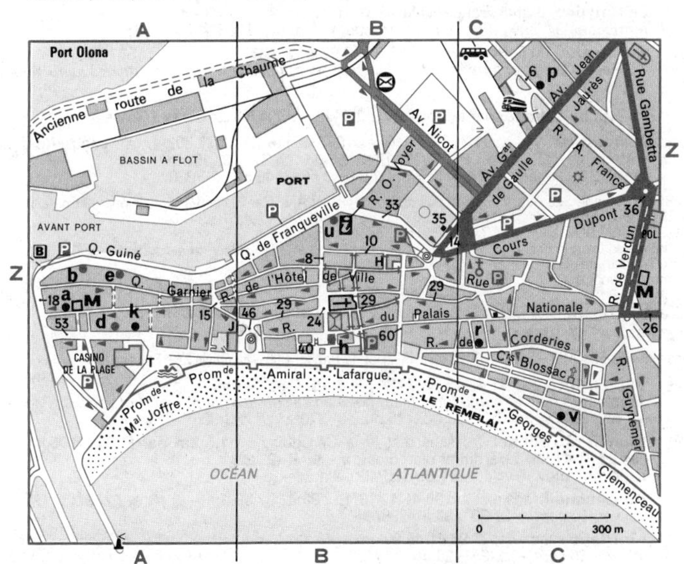

Atlantic H. [M], 5 prom. Godet ☎ 51 95 37 71, Fax 51 95 37 30, ←, – rest – 30. AE GB BY e
R *(fermé déc. et vend. d'oct. à avril)* 98/230 – ☐ 48 – **30 ch** 435/725 – ½ P 502/570.

Roches Noires [M] sans rest, 12 prom. G. Clemenceau ☎ 51 32 01 71, Télex 710474, ← – AE GB BY s
☐ 40 – **37 ch** 410/628.

Arundel, 8 bd F. Roosevelt ☎ 51 32 03 77, Fax 51 32 86 28 – ch – 30. AE GB AZ k
hôtel : fermé 15 déc. au 15 janv. ; rest. : ouvert 1er juin-30 sept. – **R** (résidents seul.) – ☐ 45 – **42 ch** 480/580 – ½ P 430/445.

Les Hirondelles, 44 r. Corderies ☎ 51 95 10 50, Fax 51 32 31 01 – GB CZ r
hôtel : 15 mars-30 sept. ; rest. : 7 avril-30 sept. – **R** (résidents seul.) 85/140 – ☐ 32 – **65 ch** 350/370 – ½ P 300/340.

Chêne Vert, 5 r. Baudùère ☎ 51 32 09 47, Fax 51 21 29 65 – GB CZ p
fermé 24/9 au 17/10, 17/12 au 8/1, sam. du 19/10 au 1/4 (sauf hôtel) et dim. du 19/10 au 1/7 – **R** 47/125, enf. 35 – ☐ 27 – **33 ch** 220/290 – ½ P 225/255.

Antoine, 60 r. Napoléon ☎ 51 95 08 36 – GB. AZ a
hôtel : 15 fév.-31 oct. ; rest. : 15 avril-30 sept. – **R** (dîner seul.) 100/130 – ☐ 30 – **19 ch** 250/310 – ½ P 245/290.

Calme des Pins, 43 av. A. Briand ☎ 51 21 03 18, Fax 51 21 59 85 – GB
hôtel : Pâques-30 sept. ; rest : 15 mai -30 sept et fermé lundi soir – **R** 85/140 – ☐ 32 – **51 ch** 330/370 – ½ P 300/340. CY v

Alizé H. sans rest, 78 av. A. Gabaret ☎ 51 32 44 90, Fax 51 21 49 59 – AE GB. BY n
fermé 20 déc. au 15 fév. et dim. d'oct. à mai – ☐ 25 – **24 ch** 190/260.

Merle Blanc sans rest, 59 av. A. Briand ☎ 51 32 00 35, – CY t
15 mars-30 sept. – ☐ 25 – **23 ch** 100/260.

XXX ✿ **Beau Rivage** (Drapeau) avec ch, 40 prom. G. Clemenceau ☎ 51 32 03 01, Fax 51 32 46 48, ← – AE GB JCB CZ v
fermé 4 au 14 oct., janv., dim. soir et lundi de fin sept. à mai sauf fêtes – **R** 180/460 et carte 360 à 570, enf. 110 – ☐ 40 – **12 ch** 280/550 – ½ P 490/590
Spéc. Millefeuille de langouste et de pommes de terre au beurre de mousserons. Filet de bar à la lie de vin. Farandole de desserts.

XX **Le Navarin,** pl. Navarin ☎ 51 21 11 61, ←, – GB BZ h
fermé 1er au 15 oct., 1er au 15 fév., dim. soir et lundi sauf juil.-août – **R** 150/280, enf. 70.

XX **Au Capitaine,** 5 quai Guiné ☎ 51 95 18 10 – AE GB AZ e
fermé 4 au 10 oct., fév., mardi soir et merc. sauf juil.-août – **R** 75/198.

XX **Le Clipper,** 19 bis quai Guiné ☎ 51 32 03 61 – GB AZ b
fermé 24 nov. au 2 déc., 4 fév. au 4 mars, merc. (sauf le soir en sais.) et mardi soir hors sais. – **R** 65/185, enf. 50.

XX **La Calypso,** 6 quai Franqueville ☎ 51 21 31 57 – AE GB BZ u
fermé 2 au 31 janv., dim. soir et lundi sauf juil.-août – **R** 98/262, enf. 65.

X **Théâtre,** 20 bd F. Roosevelt ☎ 51 32 00 92 – GB AZ d
1er mars-30 sept. et fermé lundi 1er au 15 sept., mardi soir et merc. de mars à juin – **R** 57/160, enf. 40.

au Lac de Tanchet par la Corniche : 2,5 km – ✉ 85100 Les Sables d'Olonne :

Mercure [M], ☎ 51 21 77 77, Télex 700739, Fax 51 21 77 80, ←, , centre de thalassothérapie, – ch rest – 120. AE GB CY f
fermé 2 au 21 janv. – **R** 145/155, enf. 48 – ☐ 56 – **100 ch** 520/680.

CITROEN Olonne Sce Autom., av. du Pas du Bois au Château-d'Olonne par ③ ☎ 51 21 36 36
PEUGEOT-TALBOT Olonauto, ZAC le Pas du Bois, au Château-d'Olonne par ③ ☎ 51 21 06 18
TOYOTA Gar. des Olonnes, av. R.-Coty, au Château-d'Olonne ☎ 51 32 01 63
V.A.G Gar. Tixier, La Mouzinière, au Château-d'Olonne ☎ 51 32 41 04
Pneus Sablais, 14 av. J.-Jaurès ☎ 51 32 03 92

SABLES-D'OR-LES-PINS 22 C.-d'Armor 59 ④ G. Bretagne – ✉ 22240 Fréhel.

18 ☎ 96 41 42 57, SE.

Paris 459 – St-Brieuc 39 – St-Malo 45 – Dinan 45 – Dol-de-Bretagne 60 – Lamballe 27 – St-Cast 20.

Voile d'Or, ☎ 96 41 42 49, ←, – GB. ch
15 mars-15 nov. et fermé lundi (sauf hôtel en saison) et mardi midi sauf vacances scolaires – **Repas** 88/305, enf. 51 – ☐ 36 – **25 ch** 290/370 – ½ P 256/365.

Manoir St-Michel sans rest, à la Carquois, E : 1,5 km par D 34 ☎ 96 41 48 87, Fax 96 41 41 55, « Jardin et plan d'eau » – GB
Pâques-1er nov. – ☐ 40 – **17 ch** 190/450, 3 duplex.

Bon Accueil sans rest, ☎ 96 41 42 19, Fax 96 41 57 59, – GB
1er avril-30 sept. – ☐ 30 – **38 ch** 285/340.

Morgane sans rest, ☎ 96 41 46 90, – GB
1er avril-30 sept. – ☐ 38 – **20 ch** 300/420.

Diane, ✆ 96 41 42 07, Fax 96 41 42 67, – | ☎ P. AE GB
9 avril-30 sept. – **R** 75/175, enf. 45 – ☐ 35 – **29 ch** 190/350 – ½ P 210/300.

Pins, ✆ 96 41 42 20, – P. GB
3 avril-30 sept. – **R** 68/170, enf. 46 – ☐ 32 – **22 ch** 210/290 – ½ P 260.

à Pléhérel-plage E : 3,5 km par D 34 – ✉ **22240** Fréhel :

Plage et Fréhel ✆ 96 41 40 04, ≤, – ☎ P. GB. rest
1er avril-3 oct., 23 oct.-14 nov. et fermé mardi en avril-mai sauf vacances scolaires – **R** 75/210 – ☐ 30 – **27 ch** (½ pens. seul.) – ½ P 190/252.

Gar. Hamon ✆ 96 41 42 48

SABLÉ-SUR-SARTHE **72300** Sarthe 64 ① G. Châteaux de la Loire – 12 178 h alt. 27.

Office de Tourisme pl. R.-Elizé ✆ 43 95 00 60.

Paris 257 – ◆Le Mans 58 – Angers 64 – La Flèche 26 – Laval 43 – Mayenne 60.

Grill de Sablé, 9 av. Ch. de Gaulle ✆ 43 95 30 53, Fax 43 95 71 49, , – TV ☎ ♿ P – 30. GB
R 65/89 🍷, enf. 35 – ☐ 25 – **39 ch** 220 – ½ P 179.

Escu du Roy avec ch, 20 r. L. Legludic (près Eglise) ✆ 43 95 90 31 – TV ☎. GB
fermé vend. soir et dim. soir – **R** 75/230 🍷 – ☐ 40 – **11 ch** 200/250 – ½ P 290.

à Solesmes NE : 3 km par D 22 – ✉ **72300**.

Voir Statues des "Saints de Solesmes"★★ dans l'église abbatiale★ (chant grégorien) – Pont ≤★.

Grand Hôtel M, ✆ 43 95 45 10, Télex 722903, Fax 43 95 22 26, , – | TV ☎ – 60. AE ⓓ GB
R 120/280, enf. 60 – ☐ 45 – **34 ch** 400/480 – ½ P 330/370.

SE : 3 km rte de La Flèche – ✉ **72300** Sablé-sur-Sarthe :

Aster, ✆ 43 92 28 96, Fax 43 95 22 66 – TV ☎ ♿ P. GB
R *(fermé dim. soir)* 59/102 🍷, enf. 35 – ☐ 30 – **30 ch** 184.

CITROEN Gar. Alteam, rte du Mans ✆ 43 95 06 51
PEUGEOT Sablé Autom., r. de la Briquetterie ✆ 43 92 55 55
RENAULT Centr. Auto Tuilerie, rte du Mans ✆ 43 95 55 67 N
Euromaster Perry Pneu Service, RN ZA rte de la Flèche ✆ 43 92 20 35

SABRES **40630** Landes 78 ④ G. Pyrénées Aquitaine – 1 096 h alt. 78.

Voir Ecomusée★ de la grande Lande NO : 4 km.

Paris 683 – Mont-de-Marsan 36 – Arcachon 92 – ◆Bayonne 111 – ◆Bordeaux 94 – Mimizan 40.

Aub. des Pins ✆ 58 07 50 47, Fax 58 07 56 74, , parc – ch TV ☎ ♿ P – 40. GB.
fermé janv., dim. soir et lundi hors sais. – **R** 85/380, enf. 65 – ☐ 38 – **26 ch** 250/600 – ½ P 280/350.

SACHÉ **37190** I.-et-L. 64 ⑭ G. Châteaux de la Loire – 868 h.

Paris 262 – ◆Tours 23 – Azay-le-Rideau 6 – Chinon 25.

Aub. du XIIe siècle, ✆ 47 26 88 77, , – AE GB
fermé mi-janv. à fin fév., mardi soir du 15 août au 14 juil. et merc. sauf le soir en saison – **R** 170/350, enf. 98.

SACLAY **91** Essonne 60 ⑩, 101 ㉓ – voir à Paris, Environs.

SAHORRE **66** Pyr.-Or. 86 ⑰ – rattaché à Vernet-les-Bains.

SAIGNES **15240** Cantal 76 ② G. Auvergne – 1 009 h alt. 500.

Paris 489 – Aurillac 79 – ◆Clermont-Ferrand 89 – Mauriac 27 – Le Mont-Dore 56 – Ussel 37.

Relais Arverne, ✆ 71 40 62 64, Fax 71 40 61 14, – ☎ P. GB
fermé 1er au 15 oct., 1er au 21 fév., vend. soir et dim. soir hors sais. – **R** 60/190 🍷, enf. 45 – ☐ 24 – **10 ch** 140/190 – ½ P 142/172.

PEUGEOT Gar. Brigoux, rte d'Auzer ✆ 71 40 62 11 N
RENAULT Gar. Tribout, av. Gare ✆ 71 40 61 11

SAIGNON **84** Vaucluse 81 ⑭ – rattaché à Apt.

SAILLAGOUSE **66800** Pyr.-Or. 86 ⑯ G. Pyrénées Roussillon – 825 h alt. 1 305.

Voir Gorges du Sègre★ E : 2 km.

Syndicat d'Initiative (fermé matin) ✆ 68 04 72 89.

Paris 886 – Font-Romeu 12 – Bourg-Madame 9 – Mont-Louis 12 – ◆Perpignan 92.

Planes (La Vieille Maison Cerdane), ✆ 68 04 72 08, Fax 68 04 75 93 – | TV ☎ ♿. AE GB
fermé 15 oct. au 20 déc. – **R** 100/250, enf. 58 – ☐ 28 – **18 ch** 180/230 – ½ P 220/245.

Planotel M sans rest, ✆ 68 04 72 08, Fax 68 04 75 93, ≤, , – TV ☎ P. AE GB
1er juin-30 sept., 20 déc.-3 janv. et vacances de fév. – **R** voir H. **Planes** – ☐ 28 – **20 ch** 200/250.

à Llo E : 3 km par D 33 – alt. 1412 – ✉ **66800**.

Voir Site★.

Aub. Atalaya ⛰, ☎ 68 04 70 04, Fax 68 04 01 29, ≤, 🏞, « Jolie auberge rustique », 🏊 – 📺 ☎. AE GB. ⚘ rest
fermé 5 nov. au 20 déc. – **R** *(fermé mardi midi et lundi hors sais.)* 145/370 – ☕ 50 – **13 ch** 480/560 – ½ P 435/515.

à Eyne NE : 8 km par N 116 et D 29 – alt. 1 600 – ✉ **66800** :

Aub. d'Eyne, ☎ 68 04 71 12, Fax 68 04 06 17, ≤, « Jolie auberge rustique », 🏞 – ☎ 🚗 **P**. AE ⊙ GB
fermé 15 nov. au 5 déc. – **R** *(fermé lundi sauf vacances scolaires)* 99/200 – ☕ 45 – **11 ch** 445 – ½ P 363.

CITROEN Éts Rougé ☎ 68 04 70 55

RENAULT Gar. Domenech ☎ 68 04 70 30 **N**

SAINS-DU-NORD **59177** Nord 53 ⑥ **G. Flandres Artois picardie** – 3 219 h alt. 240.

Paris 208 – St-Quentin 68 – Avesnes-sur-Helpe 8,5 – Fourmies 10,5 – Guise 40 – Hirson 24 – ♦Lille 101 – Vervins 33.

Centre avec ch, r. Léo Lagrange ☎ 27 59 15 02 – **P**. GB. ⚘ ch
fermé 16 août au 5 sept., 4 au 10 janv. et vend. – **R** 60 bc/135 🍷 – ☕ 22 – **7 ch** 170/200 – ½ P 280.

ST-AFFRIQUE **12400** Aveyron 80 ⑬ **G. Gorges du Tarn** (plan) – 7 798 h alt. 329.

ℹ Office de Tourisme bd Verdun (avril-août) ☎ 65 99 09 05.

Paris 681 – Albi 82 – Castres 92 – Lodève 66 – Millau 27 – Rodez 79.

Moderne, à la gare ☎ 65 49 20 44, Fax 65 49 36 55 – 📺 ☎ ♿. AE GB
hôtel : fermé 20 déc. au 20 janv. ; rest. : fermé 4 au 10 oct. et 20 déc. au 20 janv. – **R** 95/260 🍷 – ☕ 30 – **28 ch** 250/390 – ½ P 211/265.

Tilleuls sans rest, à la gare ☎ 65 99 07 24 – ☎. GB
☕ 30 – **18 ch** 120/180.

CITROEN Bousquet, 29 bd V.-Hugo ☎ 65 49 30 15
PEUGEOT-TALBOT Pujol, 36 bd E.-Borel ☎ 65 49 21 09
PEUGEOT-TALBOT Martin, av. J.-Bourgougnon ☎ 65 99 01 42

Ⓜ Maury, rte de Vabres, Le Vern ☎ 65 99 06 83
Treillet Pneus, av. J. Bourgougnon, ☎ 65 49 22 08 **N** ☎ 65 60 23 04
Vaygalier-Maison du Pneu, 7 bd de Verdun ☎ 65 49 01 23

ST-AGRÈVE **07320** Ardèche 76 ⑨ ⑲ **G. Vallée du Rhône** (plan) – 2 762 h alt. 1 050.

Voir Mont Chiniac ≤★★.

ℹ Syndicat d'Initiative à la Mairie (juin-1er oct., vacances scolaires) ☎ 75 30 15 06.

Paris 581 – Le Puy-en-Velay 52 – Aubenas 66 – Lamastre 20 – Privas 64 – ♦St-Étienne 69 – Yssingeaux 34.

L'Arraché sans rest, ☎ 75 30 10 12, 🏊 – ☎. GB
fermé mardi – ☕ 25 – **10 ch** 200/250.

Faurie sans rest, ☎ 75 30 11 60, 🏞 – 🚗 **P**
30 mai-fin sept. – ☕ 26 – **30 ch** 110/235.

Boissy-Teyssier, ☎ 75 30 12 43 – ☎
fermé 20 sept. au 20 oct. – **R** 70/130 🍷 – ☕ 29 – **10 ch** 145/240 – ½ P 180/240.

Cévennes, ☎ 75 30 10 22, 🏞 – ☎. GB
fermé 15 nov. au 15 déc. et merc. du 15 sept. au 15 juin – **R** 95/195 – ☕ 32 – **10 ch** 140/220 – ½ P 200/240.

RENAULT Gar. Chareyron ☎ 75 30 14 12 **N**

ST-AIGNAN **41110** L.-et-Ch. 64 ⑰ **G. Châteaux de la Loire** (plan) – 3 672 h alt. 84.

Voir Crypte★★ de l'église★.

ℹ Office de Tourisme (juil.-août) ☎ 54 75 22 85.

Paris 220 – ♦Tours 60 – Blois 39 – Châteauroux 65 – Romorantin-Lanthenay 32 – Vierzon 57.

Clos du Cher Ⓜ ⛰ sans rest, le Boeuf Couronné, N : 1 km ✉ 41140 Noyers-sur-Cher ☎ 54 75 00 03, Fax 54 75 03 79, parc – 📺 ☎ ♿ **P**. AE ⊙ GB. ⚘
1er mars-15 nov. et fermé mardi hors sais. – ☕ 55 – **10 ch** 390/560.

Gd H. St-Aignan, ☎ 54 75 18 04, ≤ – ☎ 🚗 **P** – 🏛 25. AE GB
fermé 15 au 22 nov., 13 au 28 fév., dim. soir et lundi de début nov. à fin mars – **R** 75/175 🍷 – ☕ 24 – **23 ch** 85/290 – ½ P 170/290.

Gare avec ch, à la gare de Noyers N : 2 km sur D 675 ✉ 41140 Noyers-sur-Cher ☎ 54 75 16 38 – **P**. GB. ⚘ ch
fermé 4 janv. au 2 fév., dim. soir et lundi sauf fériés – **R** 62/125 🍷 – ☕ 24 – **11 ch** 100/150 – ½ P 180/220.

PEUGEOT-TALBOT Gar. Danger, La Croix-Michel ☎ 54 75 19 72

RENAULT Touraine Sologne Autom., à Seigy ☎ 54 75 40 18 **N** ☎ 54 75 37 99

ST-ALBAN-DE-MONTBEL 73 Savoie 74 ⑮ – rattaché à Aiguebelette-le-Lac.

ST-ALBAN-LES-EAUX **42370** Loire 73 ⑦ – 843 h alt. 470.

Paris 387 – Roanne 12 – Lapalisse 45 – Montbrison 65 – ♦St-Étienne 85 – Thiers 49 – Vichy 60.

XX **St-Albanais,** ✆ 77 65 84 23 – GB
fermé 1er au 15 août, vacances de fév., mardi soir et merc. – **R** 65/220, enf. 40.

ST-ALBAN-SUR-LIMAGNOLE **48120** Lozère 76 ⑮ – 1 928 h alt. 950.

Paris 549 – Mende 41 – Le Puy-en-Velay 75 – Espalion 74 – Saint-Chély-d'Apcher 13 – Sévérac-le-Château 79.

Relais St Roch M, Château de la Chastre ✆ 66 31 55 48, Fax 66 31 53 26, – TV ☎ P. GB
1er avril-30 nov. – **R** *(fermé mardi midi hors sais. et lundi sauf le soir en juil.-août)* 98/198, enf. 78 – ▭ 44 – **10 ch** 320/520 – ½ P 322/405.

Centre, ✆ 66 31 50 04 – ☎. AE GB
fermé janv. – **R** 75/140 – ▭ 35 – **20 ch** 100/280 – ½ P 135/190.

ST-AMAND-MONTROND SP **18200** Cher 69 ① ⑪ **G. Berry Limousin** – 11 937 h alt. 162.

Voir Ancienne abbaye de Noirlac★★ 4 km par ⑥.

Env. Château de Meillant★★ 8 km par ①.

Office de Tourisme pl. République ✆ 48 96 16 86.

Paris 288 ⑤ – Bourges 44 ⑤ – Châteauroux 66 ⑤ – Montluçon 49 ④ – Moulins 86 ③ – Nevers 70 ③.

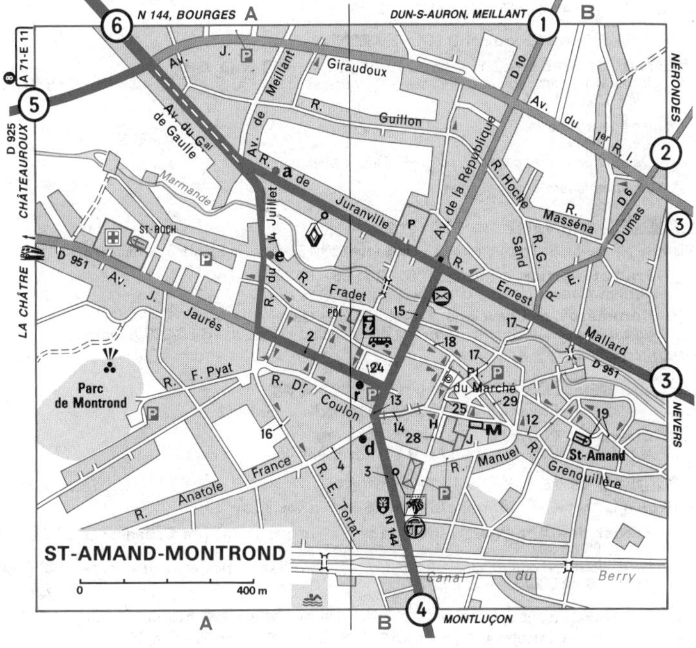

Barbusse (R. H.) . . . . . . **AB** 2	Dr-Vallet (R. du) . . . . **A** 4	Porte-Verte (R.) . . . . **B** 19
Mutin (Pl.) . . . . **B** 13	Hôtel-Dieu (R. de l') . . . . . **B** 12	République (Av. de la) . . . **B** 23
Mutin (R. Porte) . . . . **B** 14	Petit-Vougan (R. du) . . . . **A** 16	République (Pl. de la) . . . **B** 24
Nationale (R.) . . . . **B** 15	Pont-Pasquet (R. du) . . . . **B** 17	Rochette (R.) . . . . **B** 25
Constant (R. B.) . . . . **B** 3	Porte-de-Bourges (R.) . . . **B** 18	Valette (R. J.) . . . . **B** 28
		Vieilles-Prisons (R. des) . . **B** 29

L'Amandois M, 7 r. H. Barbusse ✆ 48 63 72 00, Fax 48 96 77 11 – TV ☎ ♿ P. AE ⓓ GB — B **r**
fermé 15 au 28 fév. et dim. soir du 23 nov. au 1er mars – **R** 68/150, enf. 50 – ▭ 33 – **27 ch** 270/320 – ½ P 250.

Le Noirlac M, rte Bourges par ⑥ : 2 km ✆ 48 96 80 80, Fax 48 96 63 88, – TV ☎ ♿ P – 50. AE GB
R *(fermé dim. soir de nov. à avril)* 80/180, enf. 40 – ▭ 30 – **44 ch** 240/285 – ½ P 243.

Poste, 9 r. Dr Vallet ✆ 48 96 27 14 – TV ☎ P. GB — B **d**
fermé 27 nov. au 13 janv. et lundi hors sais. sauf fériés – **R** 95/230 – ▭ 32 – **22 ch** 160/280.

XX **Croix d'Or** avec ch, 28 r. 14-Juillet ☎ 48 96 09 41, Fax 48 96 72 89 – ☎ ⇔. GB A e
fermé 15 au 31 janv. (sauf hôtel) et vend. soir hors sais. sauf fêtes – **R** 80/270 – ☐ 35 – **14 ch** 160/270.

X **Boeuf Couronné,** 86 r. Juranville ☎ 48 96 42 72 – P. GB A a
fermé 23 juin au 7 juil., 5 au 26 janv., mardi soir et merc. – **Repas** 90/210, enf. 45.

à Bruère-Allichamps par ⑥ : 8,5 km – ✉ **18200** :

Les Tilleuls, rte Noirlac ☎ 48 61 02 75, 余 – ☎ P. GB. ✱ ch
fermé 20 au 31 déc., fév., dim. soir de nov. à mars et lundi – **R** 94/205 ♁ – ☐ 30 – **12 ch** 150/210 – ½ P 190/205.

FORD Gar. Marembert, 94 av. Gén.-de-Gaulle ☎ 48 96 26 93
PEUGEOT-TALBOT Charbonnier, 15 r. B.-Constant ☎ 48 96 10 07 N ☎ 05 44 24 24
RENAULT Gar. Centre, 45 r. Juranville ☎ 48 96 05 89 N ☎ 48 57 54 97

Godignon Pneu +, 99 av. Gén.-de-Gaulle ☎ 48 96 11 21

ST-AMANS-SOULT **81** Tarn 83 ⑫ – rattaché à Mazamet.

ST-AMBROIX **30500** Gard 80 ⑧ – 3 517 h alt. 151.

Office de Tourisme pl. Ancien Temple (fermé après-midi hors saison) ☎ 66 24 33 36.

Paris 690 – Alès 18 – Aubenas 56 – Mende 107.

à St-Brès N : 1,5 km par D 904 – ✉ **30500** :

XX **Aub. St-Brès** avec ch, ☎ 66 24 10 79, 余, 帚 – TV ☎ P. GB
fermé nov., dim. soir et lundi sauf juil.-août – **R** 75 bc/280 ♁, enf. 50 – ☐ 40 – **9 ch** 180/230 – ½ P 220/245.

Thomas-Pneus ☎ 66 24 17 91

Découvrez la France avec les **guides Verts Michelin** *:*

24 titres illustrés en couleurs.

ST AMOUR **39160** Jura 70 ⑬ – 2 200 h alt. 253.

Paris 405 – Mâcon 48 – Bourg-en-Bresse 29 – Chalon-sur-Saône 68 – Lons-le-Saunier 33 – Tournus 43.

XX **Fred et Martine,** r. Bresse ☎ 84 48 71 95 – AE ⓓ GB
fermé vacances de fév., dim. soir et lundi – **R** 85/270 ♁.

XX **Commerce,** pl. Chevalerie ☎ 84 48 73 05 – GB
fermé 19 déc. au 25 janv., dim. soir et lundi sauf juil.-août – **R** 86/200 ♁, enf. 65.

RENAULT Gar. Comas ☎ 84 48 73 52

ST-AMOUR-BELLEVUE **71570** S.-et-L. 74 ① – 492 h alt. 306.

Paris 403 – Mâcon 11 – Bourg-en-B. 47 – ♦Lyon 68 – Villefranche-sur-Saône 32.

XX **Chez Jean Pierre,** ☎ 85 37 41 26, 余 – GB
fermé fév., merc. soir et jeudi – **R** 90/195 ♁, enf. 45.

ST-ANDIOL **13690** B.-du-R. 84 ① – 2 253 h.

Paris 695 – Avignon 16 – Aix-en-Provence 65 – Arles 36 – ♦Marseille 78.

XX **Berger des Abeilles** ♨ avec ch, N : 2 km par D 74^E (rte Cabanes) ☎ 90 95 01 91, Fax 90 95 48 26, 余, 帚 – TV ☎ P. AE GB
fermé 15 au 30 oct. et vacances de fév. – **R** *(fermé sam. midi et merc. hors sais.)* 155/250 – ☐ 50 – **6 ch** 300/350 – ½ P 320.

ST-ANDRÉ-D'APCHON **42370** Loire 73 ⑦ G. Vallée du Rhône – 1 720 h alt. 417.

Paris 383 – Roanne 11 – Lapalisse 41 – Montbrison 67 – ♦St-Étienne 86 – Thiers 56 – Vichy 56.

XXX **Lion d'Or** avec ch, ☎ 77 65 81 53 – AE ⓓ GB
fermé dim. soir – **R** 102/290 ♁ – ☐ 32 – **6 ch** 190/240 – ½ P 195/245.

ST-ANDRÉ-DE-CORCY **01390** Ain 74 ② – 2 547 h alt. 297.

Paris 453 – ♦Lyon 27 – Bourg-en-Bresse 38 – Meximieux 21 – Villefranche-sur-Saône 24.

à St-Marcel N : 3 km par N 83 – ✉ **01390** :

XX **La Colonne,** ☎ 72 26 11 06 – GB
fermé 5 au 12 juil., 22 déc. au 25 janv., lundi soir et mardi – **R** 98/210, enf. 58.

ST-ANDRÉ-DE-CUBZAC **33240** Gironde 71 ⑧ – 6 341 h alt. 30.

Paris 558 – ♦Bordeaux 24 – Angoulême 92 – Blaye 25 – Jonzac 63 – Libourne 21 – Saintes 94.

à St Gervais NO : 3,5 km par N 137 et D 151E – ✉ **33240** :

XX **Au Sarment,** ☎ 57 43 44 73, 余 – AE ⓓ GB JCB
fermé 8 août au 4 sept., vacances de fév., dim. soir et lundi – **R** 95/245, enf. 65.

à Gueynard NE : 8 km sur N 10 – ✉ **33240** St-André-de-Cubzac :

Le Girondin avec ch, ☎ 57 68 71 32, Fax 57 68 04 04, – ☎ 🅿. GB
fermé mi-déc. à mi-janv., dim. soir et lundi – **R** 60/180, enf. 40 – 28 – **10 ch** 190.

CITROEN Darroman, RN 10 ☎ 57 43 06 49
FORD Gar. de l'Europe, 168 RN ☎ 57 43 03 95
OPEL Gar. Abbadie, 25 RN 10 ☎ 57 43 01 42
PEUGEOT, TALBOT Gar. Cluzeau, RN 10 ☎ 57 43 10 77

ST-ANDRÉ-D'HÉBERTOT **14** Calvados 55 ④ – rattaché à Pont-l'Évêque.

ST-ANDRÉ-LES-ALPES **04170** Alpes-de-H.-P. 81 ⑱ G. Alpes du Sud – 794 h alt. 894.

Syndicat d'Initiative pl. M.-Pastorelli (15 juin-15 sept.) ☎ 92 89 02 39.

Paris 792 – Digne-les-Bains 43 – Castellane 21 – Colmars 28 – Manosque 93 – Puget-Théniers 45.

Monge sans rest, ☎ 92 89 01 06, – ☎ 🅿. GB.
40 – **25 ch** 210/250.

Clair Logis, rte Digne ☎ 92 89 04 05, ≤, , – ☎ 🅿. AE GB. rest
fermé 12 nov. au 15 janv. – **R** 68/170, enf. 38 – 30 – **12 ch** 170/240 – ½ P 220/240.

Aub. du Parc, ☎ 92 89 00 03, , – 🅿
fermé 15 déc. au 15 fév. et vend. soir hors sais. – **R** 80/220, enf. 45.

ST-ANDRÉ-LES-VERGERS **10** Aube 61 ⑯ – rattaché à Troyes.

ST-ANTHÈME **63660** P.-de-D. 73 ⑰ G. Vallée du Rhône – 880 h alt. 940 – Sports d'hiver : 1 200/1 410 m 3.

Paris 510 – St-Étienne 50 – Ambert 22 – Clermont-Ferrand 97 – Montbrison 24.

Voyageurs, ☎ 73 95 40 16, Fax 73 95 80 94 – ☎. GB
fermé 1er nov. au 20 déc., début janv. aux vacances de fév., dim. soir et lundi du 15 sept. au 15 juin – **R** 53/163 – 23 – **32 ch** 175/289 – ½ P 227/289.

à Raffiny S par D 261 : 5 km – ✉ **63660** St Romain :

Pont de Raffiny, ☎ 73 95 49 10, Fax 73 95 80 21 – ☎ 🅿. GB
fermé janv., dim. soir et lundi du 15 sept. au 1er juil. – **Repas** 75/150, enf. 50 – 25 – **12 ch** 170/220 – ½ P 185.

ST-ANTOINE **38160** Isère 77 ③ G. Vallée du Rhône – 873 h alt. 350.

Voir Abbatiale★.

Paris 563 – Valence 44 – Grenoble 64 – Romans-sur-Isère 25 – St-Marcellin 12.

Aub. de l'Abbaye, Mail de l'Abbaye ☎ 76 36 42 83, , « Maison ancienne face à l'Abbaye » – AE GB
fermé 3 au 30 janv., lundi soir et mardi sauf juil.-août – **R** 120/260, enf. 60.

ST-ANTOINE **29** Finistère 58 ⑥ – rattaché à Morlaix.

ST-ANTONIN-NOBLE-VAL **82140** T.-et-G. 79 ⑲ G. Périgord Quercy – 1 867 h alt. 129.

Voir Ancien hôtel de ville★ – Gorges de l'Aveyron★ par route de corniche★★ (D 115B) SO : 3,5 km.

Office de Tourisme à la Mairie ☎ 63 30 63 47.

Paris 642 – Cahors 55 – Albi 55 – Montauban 40 – Villefranche-de-Rouergue 41.

RENAULT Gar. Blatger ☎ 63 30 61 42

ST-ASTIER **24110** Dordogne 75 ⑤ G. Périgord Quercy – 4 780 h alt. 140.

Paris 512 – Périgueux 18 – Bergerac 46.

Pomme d'Amour, 7 pl. Église ☎ 53 07 29 00, – GB
fermé 25 août au 10 sept., 12 au 27 fév., dim. soir de sept. à mai et merc. – **R** 120 bc/270, enf. 55.

RENAULT Gar. Seaut ☎ 53 54 06 75

ST-AUBAN **04** Alpes-de-H.-P. 81 ⑯ – rattaché à Château-Arnoux.

ST-AUBIN-SUR-MER **14750** Calvados 55 ① G. Normandie Cotentin – 1 526 h alt. 7.

Office de Tourisme Digue Favereau (vacances scolaires, juin-sept.) ☎ 31 97 30 41.

Paris 256 – Caen 18 – Arromanches-les-Bains 18 – Bayeux 27 – Cabourg 31.

Clos Normand, ☎ 31 97 30 47, Fax 31 96 46 23, ≤, – ☎ 🅿. GB JCB
1er avril-3 oct. – **R** 95/168, enf. 58 – 32 – **29 ch** 280/320 – ½ P 280/330.

St-Aubin, ☎ 31 97 30 39, Fax 31 97 41 56, ≤ – ☎ 🅿. GB
fermé 15 nov. au 1er fév., dim. soir et lundi sauf de mai à sept. – **R** 110/260, enf. 50 – 38 – **26 ch** 270/310 – ½ P 280/310.

ST-AULAIRE **19** Corrèze 75 ⑧ – rattaché à Objat.

ST-AUNÈS **34** Hérault 83 ⑦ – rattaché à Montpellier.

ST-AUVENT 87310 H.-Vienne 72 ⑯ – 817 h alt. 295.

Paris 431 – ◆Limoges 34 – Chalûs 22 – Rochechouart 9,5 – St-Junien 13.

Vallée de la Gorre, ✆ 55 00 01 27 – GB
fermé 1er au 15 sept., dim. soir et lundi soir – **R** 62/200 ꞩ.

ST-AVÉ 56 Morbihan 63 ③ – rattaché à Vannes.

ST-AVOLD 57500 Moselle 57 ⑮ **G. Alsace Lorraine** – 16 533 h alt. 230.

Voir Groupe sculpté★ dans l'église St-Nabor.

Office de Tourisme à la Mairie ✆ 87 91 30 19.

Paris 371 – ◆Metz 42 – Haguenau 112 – Lunéville 74 – ◆Nancy 71 – Saarbrücken 30 – Sarreguemines 28 – ◆Strasbourg 123 – Thionville 68 – Trier 96.

Novotel M, sur N 33 (échangeur A 32) ✆ 87 92 25 93, Télex 860966, Fax 87 92 02 47, « A l'orée de la forêt », – ch rest TV ☎ & P – 30 à 200. AE ⓓ GB
R carte environ 150, enf. 50 – ⊐ 45 – **61 ch** 380.

Europe, 7 r. Altmayer ✆ 87 92 00 33, Fax 87 92 01 23, – TV ☎ P – 50. AE ⓓ GB
R *(fermé sam. midi et dim.)* 120/180 ꞩ – ⊐ 48 – **34 ch** 340/390 – ½ P 300/350.

Le Neptune, à la piscine ✆ 87 92 27 90, Fax 87 92 38 10 – P. AE ⓓ GB JCB
fermé août, 2 au 10 janv., sam. midi, dim. soir et lundi – **R** 160/350, enf. 60.

au NO par D 72 et D 25D : 5 km – ✉ 57740 Longeville-lès-St-Avold :

Moulin d'Ambach, ✆ 87 92 18 40, Fax 87 29 08 68 – P. AE GB
fermé 11 juil. au 3 août, 1er au 16 mars, lundi soir et mardi – **R** 99/250 ꞩ, enf. 45.

CITROEN Gar. Rein, 65 r. Gén.-Mangin ✆ 87 29 24 24
FORD Gar. Schwaller, r. du 27-Novembre ✆ 87 29 27 27
PEUGEOT DERR St-Avold Auto, RN 3, ZI Longeville ✆ 87 29 20 50
RENAULT Moselle Automobile, 67 av. Patton ✆ 87 91 83 83 N
V.A.G LOR Auto, RN 3 à Longeville-les-St-Avold ✆ 87 92 00 57

Leclerc-Pneu, 10 r. Mar.-Foch ✆ 87 92 24 68

ST-AYGULF 83370 Var 84 ⑱ 115 ㉝ **G. Côte d'Azur** – alt. 15.

Office de Tourisme pl. Poste ✆ 94 81 22 09.

Paris 878 – Fréjus 6 – Brignoles 68 – Draguignan 33 – St-Raphaël 8 – Ste-Maxime 14.

Catalogne sans rest, ✆ 94 81 01 44, Fax 94 81 32 42, – TV ☎ P. AE ⓓ GB.
Pâques-15 oct. – ⊐ 40 – **32 ch** 470/500.

Plein Soleil M sans rest, ✆ 94 81 09 57, Fax 94 81 76 65, – TV ☎ P. AE GB
12 ch ⊐ 700/950.

ST-BEAUZEIL 82150 T.-et-G. 79 ⑯ – 120 h alt. 138.

Paris 624 – Agen 35 – Cahors 56 – Montauban 63 – Villeneuve-sur-Lot 23.

Château de l'Hoste , rte Agen (D 656) ✆ 63 95 25 61, Fax 63 95 25 50, ←, , parc, – TV ☎ & P
32 ch.

ST-BENOIT 01300 Ain 74 ⑭ – 488 h alt. 210.

Paris 501 – Belley 17 – Bourg-en-Bresse 70 – ◆Lyon 71 – La Tour-du-Pin 27 – Vienne 70 – Voiron 41.

Billiemaz, au pont d'Evieu SO : 2,5 km ✆ 74 39 72 56 – P. AE ⓓ GB
fermé 1er au 9 juil., 1er au 11 sept., mardi soir et merc. – **R** 68/210 ꞩ.

ST-BENOIT 86 Vienne 68 ⑬ ⑭ – rattaché à Poitiers.

ST-BENOIT-SUR-LOIRE 45730 Loiret 64 ⑩ **G. Châteaux de la Loire** – 1 880 h alt. 100.

Voir Basilique★★ (chant grégorien).

Paris 137 – ◆Orléans 40 – Bourges 92 – Châteauneuf-sur-Loire 10 – Gien 31 – Montargis 43.

Labrador sans rest, ✆ 38 35 74 38, Fax 38 35 78 33, – TV ☎ & P – 30. AE GB
fermé 1er janv. au 15 fév. – ⊐ 37 – **45 ch** 165/360.

ST-BERTRAND-DE-COMMINGES 31510 H.-Gar. 85 ⑳ **G. Pyrénées Aquitaine** – 217 h alt. 446.

Voir Site★★ – Cathédrale★ : boiseries★★, cloître★★ et trésor★ – Basilique Saint-Just★ de Valcabrère NE : 2 km.

Paris 811 – Bagnères-de-Luchon 33 – Lannemezan 25 – Saint-Gaudens 17 – Tarbes 57 – ◆Toulouse 107.

L'Oppidum M , r. Poste ✆ 61 88 33 50, Fax 61 95 94 04 – ☎ &. AE GB
fermé 29 nov. au 16 déc., 15 au 31 janv. et merc. sauf vacances scolaires – **R** 78/160 ꞩ – ⊐ 35 – **15 ch** 220/340 – ½ P 250/280.

ST-BOIL 71940 S.-et-L. 70 ⑪ – 377 h alt. 230.

Paris 362 – Chalon-sur-Saône 24 – Cluny 27 – Montceau-les-Mines 34 – Mâcon 50.

Aub. Cheval Blanc M avec ch, ✆ 85 44 03 16, Fax 85 44 07 25, , – TV ☎ P. GB. ch
fermé 15 fév. au 15 mars et merc. – **R** 85/230 – ⊐ 38 – **14 ch** 170/350 – ½ P 320/450.

ST-BONNET-DE-JOUX 71220 S.-et-L. 69 ⑱ – 845 h alt. 382.

Voir Château de Chaumont★ NO : 3 km.

Env. Butte de Suin ※★★ SE : 7 km puis 15 mn, G. Bourgogne.

Paris 362 – Mâcon 48 – Chalon-sur-Saône 53 – Charolles 14 – Montceau-les-Mines 31.

- **Val de Joux** avec ch, ✆ 85 24 72 39, – ☎. GB
  fermé 1er janv. au 15 fév., dim. soir d'oct. à mai et lundi – **R** 75/205 ♂, enf. 50 – ☕ 25 – **5 ch** 120/220 – ½ P 180/210.

ST-BONNET-EN-CHAMPSAUR 05500 H.-Alpes 77 ⑯ G. Alpes du Sud – 1 371 h alt. 1 025.

Env. ≤★★ du col du Noyer O : 13,5 km.

Syndicat d'Initiative r. Maréchaux ✆ 92 50 02 57.

Paris 652 – Gap 15 – ◆Grenoble 90 – La Mure 52.

- **La Crémaillère** ⑤, ✆ 92 50 00 60, ≤, – TV ☎ P. GB JCB. ✻ rest
  1er avril-30 sept. – **R** 90/220 – ☕ 30 – **21 ch** 260/300 – ½ P 240/270.

PEUGEOT-TALBOT Champsaur-Auto. ✆ 92 50 52 33
RENAULT Gar. Piot, à La Fare-en-Champsaur ✆ 92 50 53 80 N
Gar. Central, ✆ 92 50 52 52

ST-BONNET-LE-CHÂTEAU 42380 Loire 76 ⑦ G. Vallée du Rhône – 1 687 h alt. 870.

Voir Chevet de la collégiale ≤★ – Chemin des Murailles★.

Paris 558 – ◆Saint-Étienne 35 – Ambert 43 – Montbrison 33 – Le Puy-en-Velay 65.

- **La Calèche,** 7 r. F. Valette ✆ 77 50 15 58 – GB
  fermé 1er au 8 sept., 15 fév. au 15 mars, merc. (sauf le midi en août) et mardi soir – **R** 78/228, enf. 48.

ST-BONNET-LE-FROID 43290 H.-Loire 76 ⑨ – 180 h alt. 1 127.

Paris 561 – Le Puy-en-Velay 56 – Valence 68 – Aubenas 86 – Annonay 26 – ◆St-Étienne 51 – Tournon-sur-Rhône 51 – Yssingeaux 30.

- ✿ **Aub. des Cimes** (Marcon) M avec ch, ✆ 71 59 93 72, Fax 71 59 93 40, – ▤ ch TV ☎ P. GB
  Pâques-15 nov. et fermé dim. soir hors sais. et merc. – **R** 125/450 et carte 235 à 330 – ☕ 65 – **6 ch** 320/400
  Spéc. Brochette "Margaridou". Agneau en croûte de foin. Menu champignons (saison). Vins Crozes-Hermitage, Viognier.

ST-BRÈS 30 Gard 80 ⑧ – rattaché à St-Ambroix.

ST-BRÉVIN-LES-PINS 44250 Loire-Atl. 67 ① G. Poitou Vendée Charentes – 8 688 h alt. 8 – Casino à St-Brévin-l'Océan.

Voir Pont routier St-Nazaire-St-Brévin★, G. Bretagne.

Pont de St-Nazaire : Péage en 1992 : auto 22 à 30 F (conducteur et passagers compris), auto et caravane 38 F, camion et véhicule supérieur à 1,5 t : 38 à 95 F, moto 5 F (gratuit pour vélos et piétons) – Tarifs spéciaux pour les résidents de la Loire Atlantique.

Office de Tourisme 10 r. Église (saison) ✆ 40 27 24 32 et pl. Ouessant (saison) ✆ 40 27 24 33.

Paris 443 – ◆Nantes 56 – Challans 63 – Noirmoutier-en-l'Ile 70 – Pornic 18 – St-Nazaire 13.

- **Estuaire** M sans rest, parc d'activités de la Guerche, SE : 1 km ✆ 40 27 39 40, Fax 40 64 40 98 – ☎ ♿ P – 🏛 30. GB
  ☕ 30 – **25 ch** 250/300.

à Mindin N : 3 km – ✉ 44250 St-Brévin-les-Pins :

- **La Boissière** ⑤, ✆ 40 27 21 79, – ☎ P. GB. ✻ rest
  Pâques-oct. – **R** 85/185 – ☕ 32 – **23 ch** 295/410 – ½ P 250/370.
- **Débarcadère** avec ch, ✆ 40 27 20 53, Fax 40 27 33 97, ≤, – ☎ P. AE GB
  fermé 1er déc. au 15 janv. – **R** *(fermé dim. soir et sam. sauf juil.-août)* 100/150 – ☕ 30 – **14 ch** 200/280 – ½ P 230/270.

RENAULT Gar. Clisson, Parc d'Activité de la Guerche ✆ 40 27 20 07 N

ST-BRIAC-SUR-MER 35800 I.-et-V 59 ⑤ – 1 825 h alt. 19.

Syndicat d'Initiative 49 Grande Rue (vacances de Printemps, 15 juin-15 sept.) ✆ 99 88 32 47.

Paris 429 – Saint-Malo 16 – Dinan 23 – Dol-de-Bretagne 32 – Lamballe 42 – Saint-Brieuc 63 – Saint-Cast-le-Guildo 21.

- **Marc'Otel** M ⑤, bd de la Houle ✆ 99 88 00 63, Fax 99 88 08 27, – TV ☎ ♿ P – 🏛 25 à 100. AE GB
  R *(fermé janv.)* 90/130, enf. 50 – ☕ 40 – **40 ch** 450/500 – ½ P 365/390.

à Lancieux SO : 2 km par D 786 – ✉ 22770 :

- **Bains** M sans rest, 20 r. Poncel ✆ 96 86 31 33, Fax 96 86 22 85, – cuisinette TV ☎ ♿ P. GB
  fermé 1er janv. au 15 fév. – ☕ 38 – **12 ch** 320/500.

ST-BRICE-EN-COGLÈS **35460** I.-et-V. 59 ⑱ – 2 484 h alt. 105.

Paris 339 – St-Malo 61 – Avranches 35 – Fougères 15 – ♦Rennes 43.

Lion d'Or, r. Chateaubriand ✆ 99 98 61 44, – ☎ P. GB
R *(fermé dim. soir sauf juil.-août)* 60/150 – 25 – **27 ch** 100/220 – ½ P 150/200.

FORD Gar. Guerinel ✆ 99 98 61 27 N ✆ 99 98 67 67

ST-BRIEUC P **22000** C.-d'Armor 59 ③ **G. Bretagne** – 44 752 h alt. 99.

Voir Cathédrale★ AY – Tertre Aubé ≤★ BV.

Env. Pointe du Roselier★ NO : 8,5 km par D 24 BV.

de la Crinière ✆ 96 32 72 60 aux Ponts-neufs, par ② : 15 km.

de St-Brieuc-Armor : ✆ 96 94 95 00, 10 km par ①.

✆ 96 94 50 50.

Office de Tourisme 7 r. St-Gouéno ✆ 96 33 32 50 – A.C. 6 pl. Duguesclin ✆ 96 33 16 20.

Paris 453 ② – ♦Brest 143 ① – ♦Caen 226 ② – Cherbourg 252 ② – Dinan 59 ② – Lorient 114 ③ – Morlaix 83 ① – Quimper 130 ③ – ♦Rennes 101 ② – St-Malo 74 ②.

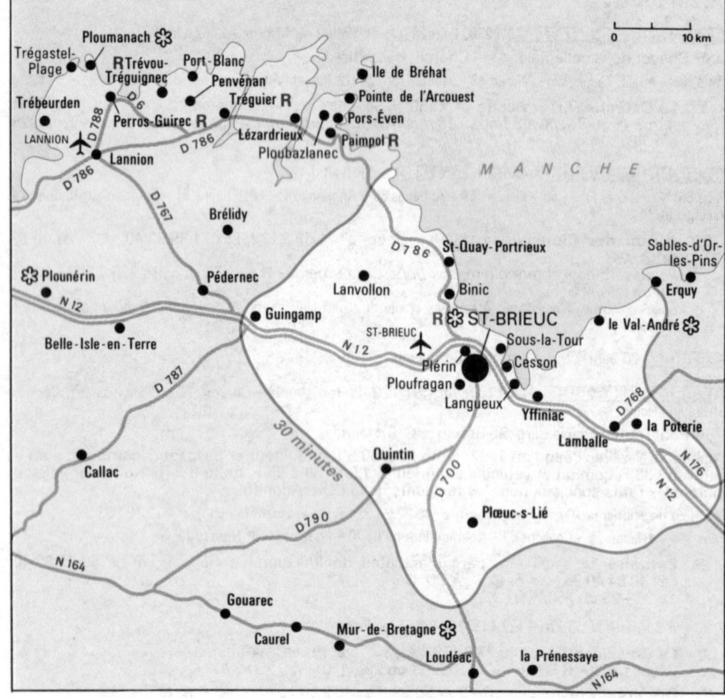

De Clisson M sans rest, 36 r. Gouët ✆ 96 62 19 29, Fax 96 61 06 95, – ☎ P. GB. AY **e**
32 – **24 ch** 260/425.

Ker Izel sans rest, 20 r. Gouët ✆ 96 33 46 29, Télex 741811, Fax 96 61 86 12 – ☎ GB. AY **a**
32 – **22 ch** 215/298.

Champ de Mars M sans rest, 13 r. Gén. Leclerc ✆ 96 33 60 99, Fax 96 33 60 05 – ☎ AE GB BZ **s**
fermé 26 déc. au 3 janv. – 30 – **21 ch** 230/280.

Quai des Etoiles M sans rest, 51 r. Gare ✆ 96 78 69 96, Fax 96 78 69 90 – ☎ AE GB AZ **e**
35 – **41 ch** 225/280.

St-Georges sans rest, 1 ter r. Robien ✆ 96 94 24 06, Fax 96 61 53 12 – AX **b**
fermé 27 déc. au 2 janv. et dim. hors sais. – 23 – **26 ch** 120/150.

ST-BRIEUC

Chapitre (R. du) . . . . . . AZ 3
Charbonnerie (R.) . . . . AY 4
Glais-Bizoin (R.) . . . . ABY 20
Jouallan (R.) . . . . AY 26
St-Gilles (R.) . . . . AY 43
St-Guillaume (R.) . . . . BZ 46

Abbé-Garnier (R.) . . . . . AX 2
Commune (Bd de la) . . BY 12
Corderie (R. de la) . . . . . AX 13
Ferry (R. Jules) . . . . AX 16
Gambetta (Bd) . . . . AV 17
Hérault (Bd) . . . . AV 23
Le Gorrec (R.P.) . . . . AZ 28
Libération (Av. de la) . . . BZ 29
Lycéens-Martyrs (R.) . . AZ 32

Martray (Pl. du) . . . . AY 33
Plélo (Bd de) . . . . BV 34
Quinquaine (R.) . . . . AY 38
Résistance (Pl. de la) . . AY 39
Rohan (R. de) . . . . AYZ 40
St-Gouéno (R.) . . . . AY 44
Victor-Hugo (R.) . . . . . . BX 50
3-Frères-Le Goff (R.) . . . AY 52
3-Frères-Merlin (R.) . . . AY 53

XXX **Aux Pesked,** 59 r. Légué ☎ 96 33 34 65, ← – P. AE GB AV a
fermé 2 au 16 août, 25 déc. au 3 janv. vacances de fév., sam. midi , dim. soir et lundi – **R** 82/495 bc, enf. 80.

XX **Amadeus,** 22 r. Gouët ☎ 96 33 92 44 – GB AY b
fermé 16 août au 2 sept., lundi midi et dim. – **Repas** 100 bc/280, enf. 50.

à Plérin N : 3 km – 12 108 h. – ✉ **22190** :

Chêne Vert, échangeur St-Laurent-de-la-Mer ☎ 96 74 63 20, Télex 741323, Fax 96 74 75 49 – cuisinette TV ☎ ♿ P – 50. AE GB
R *(fermé 20 déc. au 5 janv., sam. midi en juil.-août et dim. sauf le soir en sais.)* 72/170, enf. 40 – ☕ 33 – **70 ch** 260/300 – ½ P 245.

XXX **Relais des Rosaires,** échangeur Plérin-les-Rosaires, rte Rosaires ☎ 96 74 54 55 – P. AE GB
fermé merc. sauf en juil.-août et mardi soir – **R** 98/245.

à Sous-la-Tour NE : 3 km par Port Légué et D 24 BV – ✉ **22190** Plérin :

XX ✿ **La Vieille Tour** (Hellio), ☎ 96 33 10 30, Fax 96 33 10 30 – ▤. GB
fermé 1er au 15 sept., 2 au 15 janv., dim. soir et lundi – **R** (nombre de couverts limité, prévenir) 110/350 et carte 260 à 370, enf. 100
Spéc. Homard grillé et son légume de saison. Saint-Jacques au jus vert (nov. à mars). Millefeuille aux fruits de saison.

à Cesson E : 3 km par r. Genève BV – ✉ **22000** :

XXX **Croix Blanche,** 61 r. Genève ☎ 96 33 16 97, – GB
fermé dim. soir et lundi – **R** 89/220, enf. 70.

XX **Le Quatre Saisons,** 61 chemin Courses ☎ 96 33 20 38, , – GB
fermé dim. soir et lundi – **R** 110/390.

à Langueux SE : 4 km par r. Dr Rahuel BX – 5 938 h. – ✉ **22360** :

Pomme d'Or, ☎ 96 61 12 10, Télex 950766, Fax 96 61 53 12 – TV ☎ P – 50 à 120. AE GB JCB
R *(fermé dim. midi)* 55/85 – ☕ 36 – **46 ch** 252/290 – ½ P 230.

Campanile, ☎ 96 33 65 66, Télex 741665, Fax 96 33 86 87 – TV ☎ ♿ P – 25. AE GB
R 80 bc/102 bc, enf. 39 – ☕ 29 – **38 ch** 268.

à Yffiniac par ② : 8 km – 3 510 h. – ✉ **22120** :

La Baie M, aire de repos N 12 ☎ 96 72 64 10, Fax 96 72 71 55 – TV ☎ ♿ P – 100. AE GB
R 74/165 , enf. 40 – ☕ 42 – **42 ch** 245/275 – ½ P 238.

rte de Vannes par ③ : 3 km – ✉ **22950** Trégueux :

Climat de France M, rd-pt Brézillet ☎ 96 78 44 55, Fax 96 78 27 74 – TV ☎ ♿ P – 30. AE GB
R *(fermé sam. et dim.)* 79/110 , enf. 39 – ☕ 32 – **42 ch** 250.

à Ploufragan SO : 5 km par r. Luzel AX – 10 583 h. – ✉ **22440** :

Beaucemaine , ☎ 96 78 05 60, Fax 96 78 08 33 – ☎ P. GB. rest
fermé 20 déc. au 5 janv. – **R** *(fermé dim. soir)* 70/100 – ☕ 25 – **25 ch** 135/270 – ½ P 160/200.

rte de Guingamp par r. Corderie AX **13** :

XX **Le Buchon,** à Trémuson : 8 km ✉ 22440 ☎ 96 94 85 84 – GB
fermé 15 au 30 oct., lundi soir et sam. – **R** 78/300.

MICHELIN, Agence, ZAC de la Hazaie à Langueux par ② ☎ 96 33 44 61

ALFA-ROMEO Gar. Boscher, ZI la Hazaie à Trégueux ☎ 96 61 21 74
BMW Style Automobiles 22, ZI de Douvenant, r. Landes à Langueux ☎ 96 33 20 42
CITROEN S.A.V.R.A., 101 r. Gouédic ☎ 96 33 24 05 N ☎ 96 33 44 07
FIAT Générale Autom. de l'Ouest, 2 av. L.-Aragon ☎ 96 94 01 20 N ☎ 96 33 44 07
MERCEDES Hamon Autom., 1 r. Gay Lussac ☎ 96 33 33 45
OPEL Gar. Hamon, 19 bd de l'Atlantique ☎ 96 94 43 59
PEUGEOT-TALBOT Gds Gar. des Côtes-d'Armor, 65 r. Chaptal, ZI par ② ☎ 96 62 24 24 N ☎ 96 01 91 77
RENAULT S.B.D.A., r. Monge, ZI par r. de Gouédic BX ☎ 96 33 66 28 N ☎ 96 34 39 41
RENAULT Monfort, 28 r. Vallée à Plérin par ① ☎ 96 74 52 61
V.A.G Sélection Auto, 14 r. Chaptal ☎ 96 33 18 48

Andrieux Pneu + Armorique, 6 r. de Paris ☎ 96 33 71 50
Desserrey-Pneu + Armorique, 2 r. Ampère ☎ 96 60 46 65
Euromaster Vallée Pneus, ZAC r. Lecuyer à Plérin par ① ☎ 96 74 70 56

ST-CALAIS 72120 Sarthe 64 ⑤ G. Châteaux de la Loire (plan) – 4 063 h alt. 105.

Voir Façade★ de l'église N.-Dame.

🅸 Office de Tourisme pl. Hôtel de Ville ☎ 43 35 82 95.

Paris 187 – ♦Le Mans 45 – Châteaudun 58 – Nogent-le-Rotrou 54 – ♦Orléans 96 – ♦Tours 66.

Angleterre, r. Guichet ☎ 43 35 00 43 – ☎ P. AE GB
fermé dim. soir et lundi – **R** 64/175 , enf. 50 – ☕ 29 – **12 ch** 160/210 – ½ P 140/170.

CITROEN Costes, rte du Mans ✆ 43 35 00 59
CITROEN Parisse, rte du Mans ✆ 43 35 01 26
FORD Daguenet, rte de Vendôme ✆ 43 35 03 59 N ✆ 43 35 03 59
RENAULT Gar. Ribault, av. Gén.-de-Gaulle ✆ 43 35 00 98 N ✆ 43 35 28 47

ST-CANNAT **13760** B.-du-R. 84 ② G. Provence – 3 918 h alt. 210.

Paris 736 – ♦Marseille 46 – Aix-en-Provence 16 – Apt 39 – Cavaillon 36 – Salon-de-Provence 19.

Aub. St-Cannat, ✆ 42 57 20 22 – GB
R 82/138, enf. 58.

ST-CAPRAISE-DE-LALINDE **24** Dordogne 75 ⑮ – rattaché à Lalinde.

ST-CAST-LE-GUILDO **22380** C.-d'Armor 59 ⑤ G. Bretagne – 3 093 h alt. 45.

Voir Pointe de St-Cast ←★★ – Pointe de la Garde ←★★ – Pointe de Bay ←★ S : 5 km.

18 de Pen Guen ✆ 96 41 91 20, S : 4 km.

Office de Tourisme pl. Gén.-de-Gaulle ✆ 96 41 81 52.

Paris 424 – St-Malo 34 – Avranches 88 – Dinan 34 – St-Brieuc 51.

Dunes, r. Primauguet ✆ 96 41 80 31, Fax 96 41 85 34, – TV ☎ P. GB.
1er avril-3 nov. et fermé dim. soir et lundi en oct. – **R** 98/360 – 36 – **27 ch** 300/350 – ½ P 320/360.

Arcades, r. Piétonne ✆ 96 41 80 50, Fax 96 41 77 34 – TV ☎. AE GB
1er avril-30 sept. – **R** 75/175, enf. 38 – 32 – **32 ch** 325/460 – ½ P 295/370.

Bon Abri, r. Sémaphore ✆ 96 41 85 74, Fax 96 41 99 11 – ☎ P. GB
hôtel : 20 mai-10 sept. ; rest. : 1er juin-10 sept. – **R** 98/122, enf. 50 – 25 – **42 ch** 240 – ½ P 187/235.

Le Biniou, à Pen-Guen S : 1,5 km ✆ 96 41 94 53, ← – P. GB
1er mars-11 nov. et fermé mardi sauf vacances scolaires – **Repas** 98/280, enf. 60.

PEUGEOT-TALBOT Gar. Depagne, 13 bd Vieuxville ✆ 96 41 86 67
Gar. des Dunes, bd Vieuxville ✆ 96 41 84 26 N

ST-CÉRÉ **46400** Lot 75 ⑲ ⑳ G. Périgord Quercy (plan) – 3 760 h alt. 152.

Voir Site★ – Tapisseries de Jean Lurçat★ au casino – Atelier-musée Jean Lurçat★ – Château de Montal★★ O : 3 km.

Env. Cirque d'Autoire★ : ←★★ par Autoire (site★) O : 8 km.

Office de Tourisme pl. République (fermé matin oct.-mars) ✆ 65 38 11 85.

Paris 543 – Brive-la-Gaillarde 54 – Aurillac 65 – Cahors 74 – Figeac 42 – Tulle 61.

Trois Soleils de Montal M, rte de Gramat O : 2 km par D 673 ✆ 65 38 20 61, Fax 65 38 30 66, ←, – TV ☎ P – 50. GB. rest
R 120/285, enf. 70 – 45 – **26 ch** 380/450 – ½ P 410.

France, av. F. de Maynard ✆ 65 38 02 16, Fax 65 38 02 98, – TV ☎ P. GB. rest
fermé 1er au 15 nov. – **Repas** *(fermé mardi midi et sam. midi sauf juil.-août)* 100/240, enf. 50 – 40 – **22 ch** 300/380 – ½ P 320/350.

Le Coq Arlequin, bd Dr Roux ✆ 65 38 02 13, Fax 65 38 37 27, – TV ☎. GB. rest
R *(1er mars-11 nov.)* 100/280, enf. 65 – 45 – **18 ch** 200/400 – ½ P 300/380.

du Touring sans rest, pl. République ✆ 65 38 30 08, Fax 65 38 18 67 – ☎. GB
fermé 20 oct. au 15 nov. – 35 – **28 ch** 230/290.

Ric M avec ch, rte Leyme par D 48 : 2 km ✆ 65 38 04 08, Fax 65 38 00 14, ←, – TV ☎ P. GB
fermé fév. et lundi (sauf juil.-août et fêtes) – **R** 100/250 – 40 – **6 ch** 320/400 – ½ P 350.

MERCEDES-V.A.G. Payrot, av. F.-de-Maynard ✆ 65 38 01 07
Meublat, rte de Monteil ✆ 65 38 16 54

ST-CERGUES **74140** H.-Savoie 70 ⑯ ⑰ – 2 337 h alt. 615.

Paris 549 – Thonon-les-Bains 20 – Annecy 54 – Annemasse 9 – Bonneville 25 – ♦Genève 16.

France, ✆ 50 43 50 32, Fax 50 94 66 45, – TV ☎ P – 40. GB
fermé 26 avril au 2 mai, 16 oct. au 22 nov., dim. soir et lundi du 11 sept. au 15 juin – **R** 100/230, enf. 50 – 28 – **21 ch** 135/260 – ½ P 175/230.

ST-CERNIN **15310** Cantal 76 ② G. Auvergne – 1 164 h alt. 767.

Voir Boiseries★ de l'église St-Louis.

Paris 532 – Aurillac 21 – Brive-la-Gaillarde 121 – Mauriac 33.

Tilleuls, ✆ 71 47 60 73, ← – ☎ P. GB
fermé oct. – **R** 65/95 – 25 – **12 ch** 130/160 – ½ P 170/190.

ST-CÉZAIRE-SUR-SIAGNE **06780** Alpes-Mar. 84 ⑧ G. Côte d'Azur – 2 182 h alt. 475.

Voir Site★ – Point de vue★ – Grottes de St-Cézaire★ NE : 4 km.

Syndicat d'Initiative à la Mairie (vacances scolaires) ✆ 93 60 84 30.

Paris 910 – Cannes 32 – Castellane 62 – Draguignan 57 – Grasse 16 – ♦Nice 55.

✗ **Aub. Puits d'Amon** avec ch, ☎ 93 60 28 50 – ▤ rest. GB
fermé 1er au 10 juil., 28 sept. au 5 oct., 20 janv. au 10 fév., dim. soir et lundi sauf du 14 juil. à fin août – **R** 130/180 – ☕ 35 – **5 ch** 220/280 – ½ P 210.

✗ **Petite Auberge** avec ch, ☎ 93 60 26 60, ☂ – GB
fermé mi-déc. à mi-janv., lundi soir et mardi sauf juil.-août – **R** 75/150 ♖, enf. 48 – ☕ 28 – **6 ch** 110/160 – ½ P 165.

ST-CHAMOND 42400 Loire **73** ⑲ **G. Vallée du Rhône** – 38 878 h alt. 375.

Paris 512 ① – ◆St-Étienne 11 ④ – Feurs 50 ④ – ◆Lyon 52 ① – Montbrison 43 ④ – Vienne 41 ①.

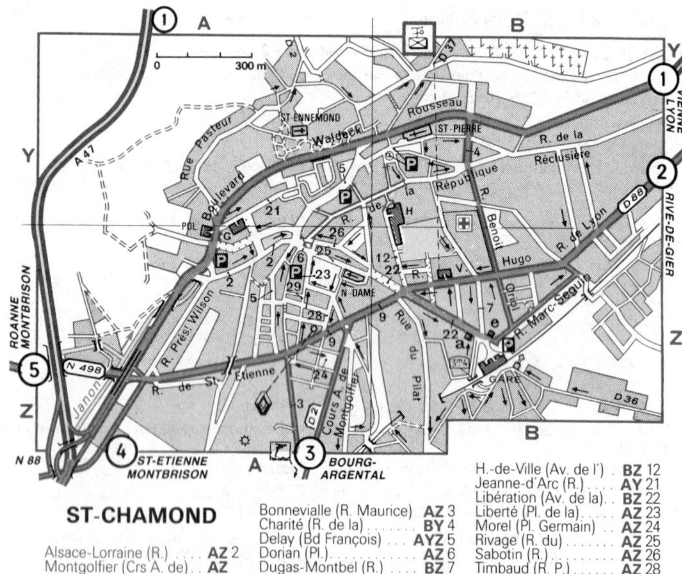

ST-CHAMOND

Alsace-Lorraine (R.) . . . . **AZ** 2	Bonnevialle (R. Maurice) **AZ** 3	H.-de-Ville (Av. de l') . **BZ** 12
Montgolfier (Crs A. de) . . **AZ**	Charité (R. de la) . . . . . . **BY** 4	Jeanne-d'Arc (R.) . . . . **AY** 21
République (R. de la) . . **ABY**	Delay (Bd François) . . . **AYZ** 5	Libération (Av. de la) . . **BZ** 22
	Dorian (Pl.) . . . . **AZ** 6	Liberté (Pl. de la) . . . . . **AZ** 23
	Dugas-Montbel (R.) . . . . **BZ** 7	Morel (Pl. Germain) . . **AZ** 24
	Gambetta (R.) . . . . **ABZ** 9	Rivage (R. du) . . . . **AZ** 25
		Sabotin (R.) . . . . **AZ** 26
		Timbaud (R. P.) . . . . . . **AZ** 28
		Trois-Frères (R. des) . . **AZ** 29

✗✗ **Ambassadeurs** avec ch, 28 av. Libération ☎ 77 22 85 80, Fax 77 31 96 95 – ▣ ☎. AE ⓓ GB — BZ **a**
hôtel : fermé 1er au 15 août ; rest. : fermé 1er au 22 août, vacances de fév., vend. soir et sam. – **R** 80/290 ♖, enf. 50 – ☕ 25 – **19 ch** 120/320 – ½ P 240/265.

✗✗ **Chemin de Fer** avec ch, 27 av. Libération ☎ 77 22 00 15 – ☎. GB — BZ **e**
fermé août – **R** *(fermé dim. soir, vend. soir et sam.)* 59 bc/215 bc, enf. 45 – ☕ 24 – **10 ch** 110/180 – ½ P 160/170.

à l'Horme par ② : 3 km – 4 689 h. – ✉ **42152** :

🏨 **Vulcain** ⛱ sans rest, ☎ 77 22 17 11, Fax 77 29 07 95 – |‡| ▣ ☎ 🚗 Ⓟ. AE GB
☕ 31 – **30 ch** 205/352.

PEUGEOT-TALBOT I.C.A.R. Vallée du Gier, sortie autoroute St-Julien par ② ☎ 77 31 42 42
RENAULT Fonsala-Autom., bd Fonsala par ② ☎ 77 22 22 98
RENAULT Varenne, 26 r. Gambetta ☎ 77 22 02 58

V.A.G Quinson-Tardy 14 rte de St-Étienne ☎ 77 22 03 17
Quiblier, 38 r. V.-Hugo ☎ 77 22 03 75

◉ Hall du Pneu, 8 pl. G.-Morel ☎ 77 22 28 96

ST-CHARTIER 36 Indre **68** ⑲ – rattaché à La Châtre.

ST-CHÉLY-D'APCHER 48200 Lozère **76** ⑮ – 4 570 h alt. 1 000.

🅸 Office de Tourisme pl. 19-Mars-1962 ☎ 66 31 03 67.

Paris 551 – Aurillac 109 – Mende 46 – Le Puy-en-Velay 80 – Rodez 97 – St-Flour 35.

⌂ **Jeanne d'Arc,** 49 av. Gare ☎ 66 31 00 46, Fax 66 31 28 85, ☂ – ▣ ☎ 🚗. GB. ✻
R 70/180 ♖ – ☕ 28 – **15 ch** 220/250 – ½ P 210/220.

à La Garde N : 9 km par D 4 – ✉ **48200** Albaret-Ste-Marie :

🏠 **Rocher Blanc** (Annexe 🏨), N 9 ☎ 66 31 90 09, Fax 66 31 93 67, ⛱, ☂ – ▣ ☎ Ⓟ. GB
15 mars-15 déc. et fermé dim. soir sauf vacances scolaires – **R** 78/190 ♖ – ☕ 35 – **18 ch** 190/290 – ½ P 230/290.

◉ Terrisson-Pneus, Croix des Anglais, N 9 ☎ 66 31 23 93

ST-CHÉLY-D'AUBRAC 12470 Aveyron 80 ③ ④ – 547 h alt. 800 – Sports d'hiver à Brameloup : 1 200/1 388 m 9.

Paris 589 – Rodez 52 – Espalion 20 – Mende 75 – St-Flour 72 – Sévérac-le-Château 60.

Voyageurs-Vayrou, 65 44 27 05 – GB. ch
11 avril-30 sept. et fermé sam. sauf juil.-août – **Repas** 66/160 – 23 – **13 ch** 160/200 – ½ P 180.

ST-CHÉRON 91530 Essonne 60 ⑩ – 4 082 h alt. 75.

Paris 43 – Fontainebleau 61 – Chartres 52 – Dourdan 9 – Étampes 17 – ♦Orléans 87 – Rambouillet 28 – Versailles 36.

à St-Évroult S : 1,5 km par V 6 – 91530 St-Chéron :

Aub. de la Cressonnière, (1) 64 56 60 55, – GB
fermé 15 fév. au 1er mars, 15 au 30 sept., dim. soir et lundi sauf fériés – **R** 135/200.

PEUGEOT Gar. Fighen-Ghenname, 35 av. de Dourdan (1) 64 56 63 53

RENAULT P.O.G. Auto, r. P. Payenneville (1) 64 56 50 42

ST-CHRISTAU 64 Pyr.-Atl. 85 ⑥ – voir à Lurbe-St-Christau.

ST-CHRISTOL-LÈS-ALÈS 30 Gard 80 ⑱ – rattaché à Alès.

ST-CIERS-DE-CANESSE 33710 Gironde 71 ⑧ – 713 h alt. 45.

Paris 548 – ♦ Bordeaux 45 – Blaye 8 – Jonzac 50 – Libourne 41.

au N : 2 km par D 250 et D 135E – 33710 St-Ciers-de-Canesse :

La Closerie des Vignes M, Village Arnauds 57 64 81 90, Fax 57 64 94 44, – GB
fermé fév., dim. soir et mardi hors sais. – **R** 115/150 – 30 – **9 ch** 340 – ½ P 295.

Repas 100/130 Refeiões cuidadas a preços moderados.

ST-CIRGUES-DE-JORDANNE 15590 Cantal 76 ② ⑫ – 199 h alt. 800.

Paris 582 – Aurillac 17 – Murat 34.

Tilleuls, 71 47 92 19, Fax 71 47 91 06, – 25. GB
Pâques-vacances de nov. et fermé dim. soir et lundi – **R** 60/190, enf. 35 – 25 – **14 ch** 250/270 – ½ P 240/260.

ST-CIRGUES-EN-MONTAGNE 07510 Ardèche 76 ⑱ – 361 h alt. 1044.

Paris 595 – Le Puy-en-Velay 53 – Aubenas 38 – Privas 66 – Langogne 32.

Parfum des Bois, 75 38 93 93 – AE GB
fermé 12 nov. au 26 déc. – **R** 80/210, enf. 35 – 35 – **24 ch** 200/280 – ½ P 200/230.

ST-CIRGUES-LA-LOUTRE 19220 Corrèze 75 ⑩ – 230 h alt. 460.

Voir Tours de Merle★★ SO : 4 km, G. Berry Limousin.

Paris 519 – Argentat 23 – Aurillac 47 – Mauriac 38 – St-Céré 50 – Tulle 55.

ST-CIRQ-LAPOPIE 46330 Lot 79 ⑨ G. Périgord Quercy – 187 h alt. 137.

Voir Site★★ – Vestiges de l'ancien château ★★ – Le Bancourel ★.

Paris 592 – Cahors 25 – Figeac 43 – Villefranche-de-Rouergue 37.

La Pélissaria, 65 31 25 14, Fax 65 30 25 52, « Maison du 13e siècle », – GB
10 avril-12 nov. – **R** *(fermé jeudi et vend.)* carte 170 à 240 – 47 – **7 ch** 400/650.

Aub. du Sombral "Aux Bonnes Choses" avec ch, 65 31 26 08, Fax 65 30 26 37, – GB
1er avril-11 nov. et fermé mardi soir et merc. sauf vacances scolaires – **Repas** 95/230 – 45 – **8 ch** 320/400.

à Tour-de-Faure E : 2 km par D 40 – 46330 :

Les Gabarres M sans rest, 65 30 24 57, Fax 65 30 25 85, – AE GB
30 – **28 ch** 210/290.

ST-CLAIR 83 Var 84 ⑯ – rattaché au Lavandou.

ST-CLAUDE 39200 Jura 70 ⑮ G. Jura – 12 704 h alt. 434.

Voir Site★★ – Cathédrale St-Pierre★ : stalles★★ Z – Place Louis-XI ★ Z – Exposition de pipes et diamants Z E – Gorges du Flumen★ par ②.

Env. Route de Morez (D 69) ★★ 7 km par ① – Crêt Pourri ★ E : 6 km puis 30 mn par D 304 Z.

de Villard-Saint-Sauveur 84 45 44 44, par ② : 5 km.

Office de Tourisme 1 av. Belfort 84 45 34 24 – A.C. r. St-Blaise 84 45 67 57.

Paris 453 ③ – Annecy 86 ② – Bourg-en-Bresse 72 ③ – ♦Genève 69 ② – Lons-le-Saunier 60 ③.

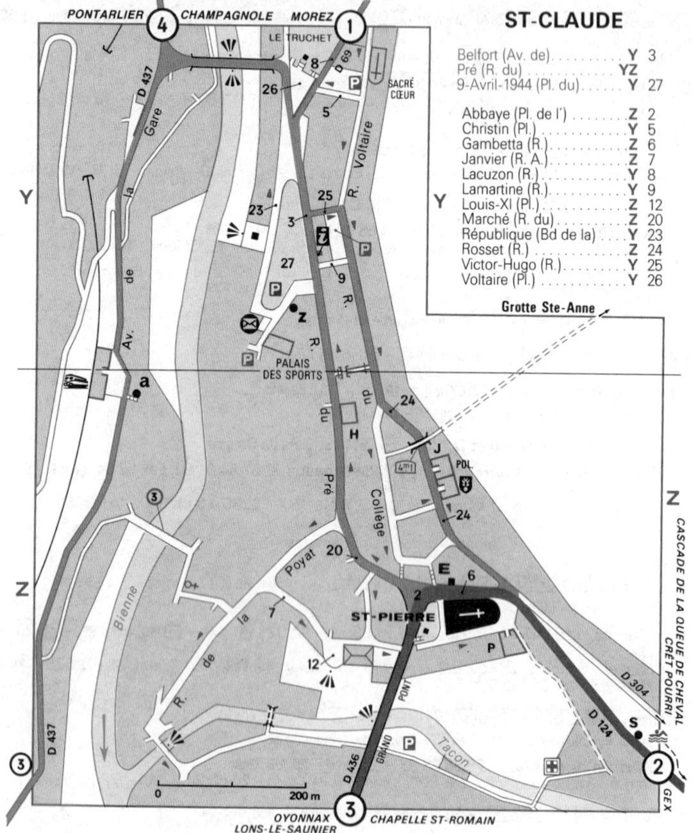

🏨 **St-Hubert**, pl. St-Hubert ✆ 84 45 10 70, Fax 84 45 64 76 – 🛗 ⇆ ch 📺 ☎ 🅟. GB Z **s**
fermé 3 au 10 oct. (sauf hôtel) et 20 déc. au 2 janv. – **R** *(fermé lundi midi et dim. hors sais.)* 86/250 🍷 – ☕ 32 – **30 ch** 225/395 – ½ P 235/255.

🏨 **Jura** sans rest, 40 av. Gare ✆ 84 45 24 04, Fax 84 45 58 10 – 📺 ☎ 🚗. GB Z **a**
☕ 26 – **23 ch** 180/300.

🏨 **Poste** sans rest, 1 r. Reybert ✆ 84 45 52 34 – ☎. GB Y **z**
☕ 22 – **15 ch** 130/210.

au Martinet par ② et D 290 : 3 km – ✉ **39200** St-Claude :

🏨 **Joly** 🐦, au Martinet ✆ 84 45 12 36, Fax 84 41 02 49, 🏛, parc – 📺 ☎ 🅟. AE ⓓ GB
fermé 3 au 24 janv., dim. soir et lundi d'oct. à juin – **R** 110/200, enf. 65 – ☕ 33 – **15 ch** 180/330 – ½ P 255/280.

à Villard-St-Sauveur par ② et D 290 : 5 km – alt. 580 – ✉ **39200** St-Claude :

🏨 **Au Retour de la Chasse** 🐦, ✆ 84 45 44 44, Fax 84 45 13 95, <, 🎾 – cuisinette 📺 ☎ 🅟 – 🏊 30. AE ⓓ GB
fermé 18 au 29 déc., dim. soir et lundi (sauf du 30 juin au 20 sept. et vacances scolaires) – **R** 100/330 – ☕ 32 – **16 ch** 230/340 – ½ P 280/320.

CITROEN Duchène, 21 rte Valfin par ④ ✆ 84 45 12 07
FIAT Gar. de Genève, 11 r. Lt-Froidurot ✆ 84 45 21 01
FORD Gar. Grenard, 23 r. Carnot ✆ 84 45 06 48 N ✆ 84 45 42 34
PEUGEOT Ganeval, ZA d'Étables, rte de Lyon par ③ ✆ 84 45 11 07 N ✆ 84 35 94 06
RENAULT Lacuzon-Autom., 21 r. Carnot par ③ ✆ 84 45 12 03 N ✆ 05 05 15 15
V.A.G Central Gar., 6 r. Voltaire ✆ 84 45 01 52

Ⓜ Carronnier, 21 bis r. Carnot ✆ 84 45 58 78
Euromaster Tessaro Pneus, r. Plan d'Acier, ZI ✆ 84 45 12 74
Jura-Pneu, 28 r. Collège ✆ 84 45 15 37

ST-CLÉMENT-DES-BALEINES 17 Char.-Mar. 71 ⑫ – voir à Ré (île de).

ST-CLOUD 92 Hauts-de-Seine 55 ⑳, 101 ⑭ – voir à Paris, Environs.

ST-CÔME-ET-MARUEJOLS 30 Gard 80 ⑮ – rattaché à Nîmes.

ST-CYBRANET 24250 Dordogne 75 ⑰ – 310 h alt. 79.

Paris 538 – Cahors 51 – Périgueux 72 – Sarlat-la-Canéda 15 – Fumel 47 – Gourdon 20 – Lalinde 48.

Relais Fleuri, ☎ 53 28 33 70, – – *saisonnier.*

ST-CYPRIEN 24220 Dordogne 75 ⑯ G. Périgord Quercy – 1 593 h alt. 72.

Paris 534 – Périgueux 55 – Sarlat-la-Canéda 20 – Bergerac 54 – Cahors 68 – Fumel 51 – Gourdon 37.

L'Abbaye, ☎ 53 29 20 48, Fax 53 29 15 85, – . AE GB. rest
25 avril-15 oct. – **R** 140/320 – 47 – **23 ch** 340/660 – ½ P 375/530.

Terrasse, ☎ 53 29 21 69, Fax 53 29 60 88, – . GB
15 mars-2 nov. et fermé lundi sauf d'avril à sept. – **R** 100/220 – 33 – **17 ch** 198/350 – ½ P 240/320.

à Allas-les-Mines SO : 5 km par D 703 et C 204 – ✉ 24220 :

Gabarrier, ☎ 53 29 22 51, « En bordure de la Dordogne », – . GB
fermé 15 nov. au 15 janv. et merc. hors sais. – **R** 115/255, enf. 70.

RENAULT Castillon-Veyssière à Castels ☎ 53 29 20 23 — Sauvanet Pneus ☎ 53 29 23 21

ST-CYPRIEN 66750 Pyr.-Or. 86 ⑳ G. Pyrénées Roussillon – 6 892 h alt. 6 – Casino.

☎ 68 21 01 71, N : 1 km.

Office de Tourisme parking Nord du Port ☎ 68 21 01 33.

Paris 921 – ♦Perpignan 16 – Céret 30 – Port-Vendres 21.

Belvédère, r. P. Benoit ☎ 68 21 05 93, ←, – . GB
1er juin-30 sept. – **R** 75/160 – 30 – **30 ch** 260/300 – ½ P 290.

à St-Cyprien-Plage NE : 3 km par D 22 – ✉ 66750 St-Cyprien :

Le Mas d'Huston M, au golf ☎ 68 21 01 71, Télex 500834, Fax 68 21 11 33, ←, « Parc », – – 120. AE GB. rest
fermé 29 nov. au 17 déc. et fév. – **R** 150/200 **Les Parasols R** (déj. seul.) 140, enf. 75 – **50 ch** 535/770 – ½ P 490.

Mar i Sol, r. Rodin ☎ 68 21 00 17, Fax 68 37 03 11, ← – . GB
fermé 31 déc. au 28 fév. et merc. de nov. à mai – **R** 85/135 – 30 – **45 ch** 270/300 – ½ P 230/250.

Ibis M sans rest, au port ☎ 68 21 30 30, Télex 500459, Fax 68 21 28 32, ← – ch . GB
33 – **34 ch** 345.

Le Plaisance, quai A.-Rimbaud ☎ 68 21 14 34, ←, – GB
fermé 2 janv. au 5 fév., dim. soir et lundi – **R** 100/150, enf. 68.

à St-Cyprien-Sud : 3 km – ✉ 66750 St-Cyprien :

✿ **L'Ile de la Lagune** M, ☎ 68 21 01 02, Fax 68 21 06 28, ←, – – 60. AE GB
fermé 4 janv. au 26 fév., dim. soir et lundi du 15 oct. au 1er avril – **L'Almandin** *(fermé dim. soir et lundi du 15 sept. au 15 juin)* **R** 160/340 et carte 245 à 350 – 55 – **18 ch** 700/800, 4 appart. – ½ P 630/700
Spéc. Blinis aux anchois de Collioure, à la tapenade et au caviar d'aubergines. Navarin de baudroie. Craquelin pralin amande sauce chocolat. **Vins** Côtes du Roussillon, Collioure.

PEUGEOT Gar. des Albères ☎ 68 21 02 44 — RENAULT Gar. Vandellos ☎ 68 21 05 47

ST-CYR-EN-TALMONDAIS 85540 Vendée 71 ⑪ – 274 h alt. 36.

Voir Collections d'art★ du château de la Court d'Aron E : 1 km, G. Poitou Vendée Charentes.

Paris 441 – La Rochelle 54 – La Roche-sur-Yon 29 – Luçon 13 – Les Sables-d Olonne 36 – La Tranche-sur-Mer 20.

Aub. de la Court d'Aron, ☎ 51 30 81 80, – . GB
fermé janv., fév., merc. soir et jeudi sauf juil.-août – **R** 80/160, enf. 50.

ST-CYR-L'ÉCOLE 78 Yvelines 60 ⑩, 101 ㉒ – voir à Paris, Environs.

ST-DALMAS-DE-TENDE 06 Alpes-Mar. 84 ⑩ ⑳, 115 ⑧ ⑨ – rattaché à Tende.

ST-DALMAS-VALDEBLORE 06 Alpes-Mar. 84 ⑲, 115 ⑥ – voir à Valdeblore.

ST-DENIS 93 Seine-St-Denis 56 ⑪, 101 ⑯ – voir à Paris, Environs.

ST-DENIS-D'ANJOU 53290 Mayenne 64 ① G. Châteaux de la Loire – 1 278 h alt. 38.

Paris 267 – Angers 44 – ♦Le Mans 68 – Sablé-sur-Sarthe 10,5.

Aub. Roi René avec ch, ☎ 43 70 52 30, Fax 43 70 58 75, – . AE GB
R *(fermé dim. soir et lundi de nov. à fév.)* 90/250 – 50 – **3 ch** 400.

La Calèche avec ch, ☎ 43 70 61 00 – . GB
fermé 15 au 30 oct., 15 au 28 fév., dim. soir et mardi sauf juil.-août – **R** 68/165, enf. 40 – 30 – **8 ch** 230 – ½ P 215/250.

ST-DENIS-DE-L'HÔTEL **45 Loiret** 64 ⑩ – rattaché à Jargeau.

ST-DENIS-LE-FERMENT **27 Eure** 55 ⑧ – 405 h alt. 65.

Paris 82 – ♦ Rouen 55 – Beauvais 42 – Évreux 67 – Gisors 7,5 – Mantes-la-Jolie 50.

XX **Auberge de l'Atelier,** ☎ 32 55 24 00, – P. GB
fermé 15 au 31 juil., dim. soir et lundi sauf fériés – **R** 165/205, enf. 95.

ST-DENIS-SUR-LOIRE **41 L.-et-Ch.** 64 ⑦ – rattaché à Blois.

ST-DENIS-SUR-SARTHON **61420 Orne** 60 ② – 971 h alt. 196.

Paris 203 – Alençon 11,5 – Argentan 40 – Domfront 49 – Falaise 63 – Flers 59 – Mayenne 49.

La Faïencerie, ☎ 33 27 30 16, , parc – ☎ P. GB
hôtel : Pâques-fin oct. ; rest. : Pâques-fin sept. et fermé mardi midi – **R** 95 et carte dim. midi – ☕ 35 – **18 ch** 180/350 – ½ P 350/450.

RENAULT Gar. Poirier ☎ 33 27 30 32

ST-DÉZERY **19 Corrèze** 73 ⑪ – rattaché à Ussel.

ST-DIDIER-DE-LA-TOUR **38 Isère** 74 ⑭ – rattaché à La Tour-du-Pin.

Den Katalog der ***Michelin-Veröffentlichungen***
erhalten Sie bei Ihrem Buchhändler.

ST-DIÉ **88100 Vosges** 62 ⑰ **G. Alsace Lorraine** – 22 635 h alt. 343.

Voir **Cathédrale★** B – **Cloître gothique★** AB.

Office de Tourisme 31 r. Thiers ☎ 29 56 17 62.

Paris 389 ③ – Colmar 57 ① – Épinal 50 ② – Belfort 123 ① – ♦Mulhouse 99 ① – ♦Strasbourg 89 ①.

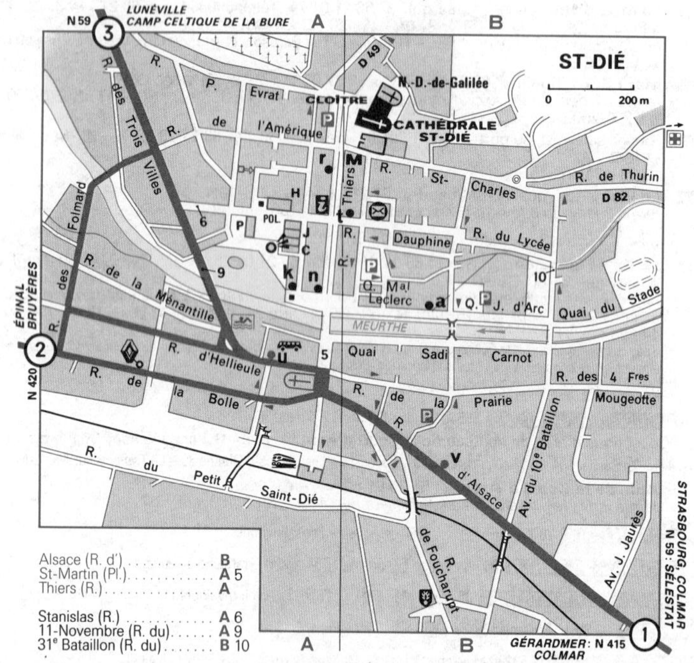

Ibis M, 5 quai Jeanne d'Arc ☎ 29 55 43 44, Télex 850165, Fax 29 55 49 15 – ch TV ☎ & P – 45. AE GB
R 83 , enf. 39 – ☕ 33 – **49 ch** 300/320. B **a**

Vosges et Commerce sans rest, 57 r. Thiers ☎ 29 56 16 21, Fax 29 55 48 71 – TV ☎ & – 40. AE GB
☕ 24 – **30 ch** 115/280. A **r**

France sans rest, 1 r. Dauphine ✆ 29 56 32 61, Fax 29 56 01 09 – TV ☎ ⇔. AE GB — B **t**
☐ 25 – **11 ch** 220/250.

Parc sans rest, 5 r. J.-J. Baligan ✆ 29 56 36 54 – TV ☎. GB — A **k**
☐ 26 – **7 ch** 210/250.

Globe sans rest, 2 quai de Lattre de Tassigny ✆ 29 56 13 40 – ☎ – 🏛 30. AE GB — A **n**
fermé 18 au 31 oct. et dim. soir du 1er janv. au 28 fév. – ☐ 28 – **18 ch** 100/300.

XX **Voyageurs,** 22 r. Hellieule ✆ 29 56 21 56, Fax 29 56 60 80 – GB — A **u**
fermé 18 juil. au 10 août, vacances de Noël, dim. soir et lundi – **R** 100/300 ♁.

X **Moderne** M avec ch, 64 r. Alsace ✆ 29 56 11 71, Fax 29 56 45 06 – TV ☎ P. GB. ✂ ch
fermé 17 déc. au 3 janv., vend. soir et sam. sauf juil.-août – **R** 75/170 ♁ – ☐ 30 – **10 ch** 220/275 – ½ P 180/220. — B **v**

à Rougiville O : 6 km par ② – ✉ **88100** St-Dié :

Le Haut Fer ⛰, ✆ 29 55 03 48, Fax 29 55 23 40, ≤, ⛵, ✂ – TV ☎ P – 🏛 60. AE GB
fermé 1er janv. au 6 fév., dim. soir et lundi hors sais. – **R** 70/190 ♁ – ☐ 26 – **16 ch** 260/280 – ½ P 320.

FORD Gar. Thouzet, rte de Raon ✆ 29 56 23 30
PEUGEOT-TALBOT Gar. Autos Vincent, 134 r. d'Alsace par ① ✆ 29 56 68 37 N ✆ 29 52 52 18
RENAULT Éts Husson, 52 r. Bolle ✆ 29 51 62 62 N ✆ 29 56 60 70

Pneu Villaume, RN 59 rte de Raon ✆ 29 56 14 18
Pneus et Services D.K., 126 r. d'Alsace ✆ 29 56 11 34

ST-DISDIER 05250 H.-Alpes 77 ⑮ G. Alpes du Nord – 157 h alt. 1028.

Voir Défilé de la Souloise★ N.

Paris 642 – Gap 44 – ♦Grenoble 73 – La Mure 34.

Aub. La Neyrette ⛰, ✆ 92 58 81 17, ≤, 🏞, ⛱ – ☎ P. AE ⓓ GB
fermé 1er oct. au 15 déc. – **R** 94/185 – ☐ 27 – **10 ch** 220/260 – ½ P 240.

ST-DIZIER ⟨SP⟩ 52100 H.-Marne 61 ⑨ G. Champagne – 33 552 h alt. 146.

Env. Lac du Der-Chantecoq★★ 11 km par ④.

⛳ de Combles-en-Barrois ✆ 29 45 16 03, par ① : 23 km.

ℹ Office de Tourisme Pavillon du Jard ✆ 25 05 31 84.

Paris 207 ⑤ – Bar-le-Duc 24 ① – Chaumont 75 ③ – ♦Nancy 100 ② – Troyes 85 ④ – Vitry-le-F. 29 ⑤.

ST-DIZIER

Gambetta (R.) . . . . B 8
Liberté (Pl. de la) . . . . B 12
République (Av. de la) . . . A
Alsace-Lorraine (Av. d') . . B 3
Anatole-France (R.) . . . . . B 4
Commune-de-Paris (Av. de la) . . . . AB 7
Gaulle (Pl. du Gén. de) . . . B 9
Giros (R. E.) . . . . B 10
Pasteur (Av.) . . . . B 13
République (Pl. de la) . . . A 14
Tanneurs (R. des) . . . . . . B 15
Vergy (Pont de) . . . . A 16

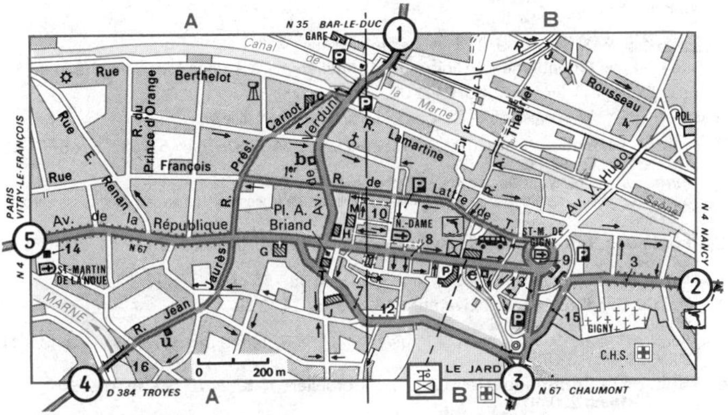

Gambetta M, 62 r. Gambetta ✆ 25 56 52 10, Télex 842365, Fax 25 56 39 47 – |‡| ▤ rest TV ☎ ♿ ⇔ P – 🏛 250. AE ⓓ GB — B **e**
R *(fermé dim. soir et fériés le soir du 15 sept. au 15 juin)* 55/125 ♁, enf. 50 – ☐ 30 – **63 ch** 220/390 – ½ P 220/300.

Ibis M, rte Bar-le-Duc par ① : 2 km ✆ 25 05 68 22, Télex 840946, Fax 25 56 37 77, ⛵ – |‡| TV ☎ ♿ P – 🏛 100. AE ⓓ GB
R *(fermé sam. midi et dim. soir)* 99/149 ♁, enf. 40 – ☐ 33 – **62 ch** 285/345.

Picardy sans rest, 15 av. Verdun ✆ 25 05 09 12, Fax 25 05 36 81, ⛱ – TV ☎ P. GB — A **b**
☐ 22 – **12 ch** 125/195.

XX **La Gentilhommière,** 29 r. J. Jaurès ✆ 25 56 32 97 – ⓓ GB. ✂ — A **u**
fermé sam. midi, dim. soir et lundi soir – **R** 80/158 ♁, enf. 55.

à Perthes par ⑤ : 10 km – ✉ 52100 :

XX **La Cigogne Gourmande** avec ch, ✆ 25 56 40 29 – rest TV. AE GB JCB
fermé 1er au 30 juil. – **R** (nombre de couverts limité - prévenir) 80/305, enf. 60 – ☐ 30 – **6 ch** 185/280.

CITROEN Gar. Fontaine, 34 av. R.-Salengro par ⑤ ✆ 25 05 20 68
FORD Dynamic-Motors, rte de Bar-le-Duc ✆ 25 56 03 98
PEUGEOT-TALBOT C.A.B., 6 av. Parchim ✆ 25 56 19 72 N ✆ 80 61 52 71
RENAULT Fogel, 20 av. des États-Unis par ② ✆ 25 56 19 79 N ✆ 25 94 91 82
V.A.G Auto Hall 52, 2 bis rte de Bar-le-Duc ✆ 25 05 09 90

Barrois-Pneus, rte de Bar-le-Duc, Bettancourt-la-Ferrée ✆ 25 05 19 16
Saunier-St-Dizier-Pneu, 111 r. E.-Renan ✆ 25 05 23 54

ST-DONAT-SUR-L'HERBASSE 26260 Drôme 77 ② G. Vallée du Rhône – 2 658 h alt. 210.

Paris 550 – Valence 27 – ♦Grenoble 86 – Hauterives 19 – Romans-sur-Isère 13 – Tournon-sur-Rhône 16.

XXX **Chartron** M avec ch, ✆ 75 45 11 82, Fax 75 45 01 36, – rest TV ☎ P. AE GB
fermé 3 au 15 janv., lundi soir (sauf juil.-août) et mardi – **R** 130/395 – ☐ 40 – **7 ch** 270/340 – ½ P 290.

ST-DOULCHARD 18 Cher 69 ① – rattaché à Bourges.

ST-DYÉ-SUR-LOIRE 41500 L.-et-Ch. 64 ⑦ ⑧ G. Châteaux de la Loire – 895 h alt. 75.

Paris 172 – ♦Orléans 49 – Beaugency 21 – Blois 16 – Romorantin-Lanthenay 43.

Manoir Bel Air , ✆ 54 81 60 10, Fax 54 81 65 34, ←, , parc – TV ☎ P – 25 à 40. GB. rest
fermé 15 janv. au 20 fév. – **R** 118/208 – ☐ 32 – **40 ch** 220/680 – ½ P 340.

SAINTE voir après la nomenclature des Saints.

ST-ELOY-LES-MINES 63700 P.-de-D. 73 ③ – 4 721 h alt. 500.

Paris 363 – ♦Clermont-Ferrand 59 – Guéret 84 – Montluçon 29 – Moulins 70 – Vichy 57.

Le St-Joseph M, r. J. Jaurès ✆ 73 85 21 50, Fax 73 85 47 73 – TV ☎ ♿ P – 25. AE GB
R 60/215 , enf. 38 – ☐ 26 – **29 ch** 215/230 – ½ P 210.

CITROEN Gar. Mercier, 1 r. J.-Jaurès ✆ 73 85 03 68
PEUGEOT-TALBOT Gar. H et W, rte des Nigonnes ✆ 73 85 03 92
PEUGEOT-TALBOT Gar. St-Christophe, 112 r. J.-Jaurès ✆ 73 85 06 60
RENAULT Gar. Gidel, RN 144 "La Boule" ✆ 73 85 06 83 N ✆ 73 85 16 16

ST-EMILION 33330 Gironde 75 ⑫ G. Pyrénées Aquitaine – 2 799 h alt. 102.

Voir Site★ – Église monolithe★ – Cloître des Cordeliers★ – ←★ de la tour du château du Roi.

Office de Tourisme pl. Créneaux ✆ 57 24 72 03.

Paris 586 – ♦Bordeaux 37 – Bergerac 57 – Langon 48 – Libourne 8 – Marmande 60.

✿ **Host. Plaisance** (Quilain) M, pl. Clocher ✆ 57 24 72 32, Télex 573032, Fax 57 74 41 11, – ☎. AE GB
fermé janv. – **R** 130/260 – ☐ 49 – **12 ch** 475/775
Spéc. Foie gras de canard. Bar au Saint-Emilion. Aiguillettes de pigeonneau, sauce salmis et cuisse confite. **Vins** Saint-Emilion.

Logis des Remparts sans rest, r. Guadet ✆ 57 24 70 43, Fax 57 74 47 44, – TV ☎ P. GB.
fermé 20 déc. au 31 janv. et dim. hors sais. – ☐ 48 – **15 ch** 350/650.

Palais Cardinal, pl. 11 Novembre 1918 ✆ 57 24 72 39, , , – TV ☎ . GB. ch
hôtel : 1er mars-30 nov. ; rest. : 1er avril-30 nov. – **R** *(fermé merc.)* 78/130 – ☐ 40 – **17 ch** 300/355 – ½ P 332/350.

Aub. de la Commanderie sans rest, r. Cordeliers ✆ 57 24 70 19 – ☎. GB.
☐ 45 – **16 ch** 200/400.

XX **Francis Goullée,** r. Guadet ✆ 57 24 70 49, Fax 57 74 47 96 – GB
fermé 1er au 14 août, lundi du 20 sept. au 15 avril et dim. soir – **R** 120/210, enf. 45.

XX **Le Tertre,** r. Tertre de la Tente ✆ 57 74 46 33, Fax 57 74 49 87 – . GB
fermé 15 nov. au 4 janv., dim. soir et merc. de janv. à mai – **R** 130/280, enf. 80.

X **Clos du Roy,** 12 r. Petite Fontaine ✆ 57 74 41 55 – GB
fermé 15 au 28 fév., dim. soir et merc. hors sais. – **R** 95/260.

O : 5 km sur D 670 – ✉ 33330 St-Emilion :

Otelinn M, ✆ 57 51 52 05, Fax 57 51 66 37, , , , – TV ☎ ♿ P – 30. AE GB
R 85/210 , enf. 45 – ☐ 35 – **50 ch** 275/285 – ½ P 250.

Vallade ✆ 57 24 72 68

ST-ESTEBEN 64640 Pyr.-Atl. 85 ③ G. Pyrénées Aquitaine – 391 h alt. 139.

Paris 789 – Biarritz 39 – ◆Bayonne 33 – Orthez 53 – Pau 93 – St-Jean-Pied-de-Port 28.

XX **Chez Onésime,** ☎ 59 29 65 51, « Cadre rustique », – P. GB.
fermé 15 nov. au 10 déc. et merc. sauf juil.- août – **R** 130/240.

ST-ÉTIENNE P 42000 Loire 73 ⑲ 76 ⑨ G. Vallée du Rhône – 199 396 h alt. 517.

Voir Musée d'Art moderne★★ T **M** – Musée d'Art et d'Industrie : Armes★ Z.

Env. Guizay ≤★★ S : 10 km V.

✈ de St-Étienne-Bouthéon : ☎ 77 36 54 79, par ⑤ : 15 km.

ℹ Office de Tourisme pl. Roannelle ☎ 77 25 12 14 – A.C. du Forez 9 r. Gén. Foy ☎ 77 32 55 99.

Paris 520 ① – ◆Clermont-Ferrand 147 ④ – ◆Grenoble 158 ① – ◆Lyon 60 ① – Valence 118 ②.

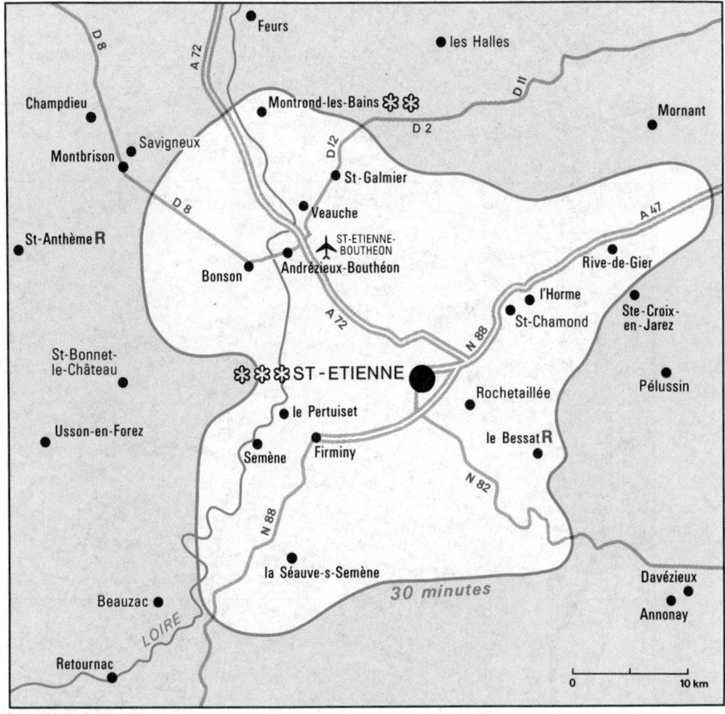

🏨 **Mercure-Altéa Parc de l'Europe** M, r. Wuppertal SE du plan, par cours Fauriel ✉ 42100 ☎ 77 25 22 75, Télex 300050, Fax 77 41 14 81, – 🛗 ▤ rest TV ☎ – P – 🏛 50 à 200. AE ◑ GB JCB U **a**
La Ribandière *(fermé 24 déc. au 4 janv., sam., dim. et fériés)* **R** 170/280, enf. 60 – ☐ 52 – **120 ch** 470/550.

🏨 **Albatros** M, face au golf par r. Revollier T ☎ 77 41 41 00, Fax 77 38 28 16, ≤, , – 🛗 TV ☎ ♿ P – 🏛 25 à 50. AE GB
R *(fermé lundi en juil.-août, sam. et dim. soir)* 105/225 – ☐ 48 – **45 ch** 390/450 – ½ P 495.

🏨 **Midi** sans rest, 19 bd Pasteur ✉ 42100 ☎ 77 57 32 55, Télex 300012, Fax 77 59 11 43 – 🛗 ch TV ☎ . AE ◑ GB V **e**
fermé août – ☐ 36 – **33 ch** 310/380.

🏨 **Terminus du Forez,** 31 av. Denfert-Rochereau ☎ 77 32 48 47, Télex 307191, Fax 77 34 03 30 – 🛗 ch ▤ rest TV ☎ P – 🏛 60. AE ◑ GB Y **h**
R *(fermé août, lundi midi, sam. midi et dim.)* 65/140, enf. 55 – ☐ 48 – **65 ch** 255/340.

🏨 **Astoria** sans rest, r. H. Déchaud SE du plan par cours Fauriel ✉ 42100 ☎ 77 25 09 56, Télex 307237, Fax 77 25 58 28 – 🛗 ch TV ☎ P – 🏛 30. AE ◑ GB JCB
☐ 30 – **33 ch** 270/320. U **d**

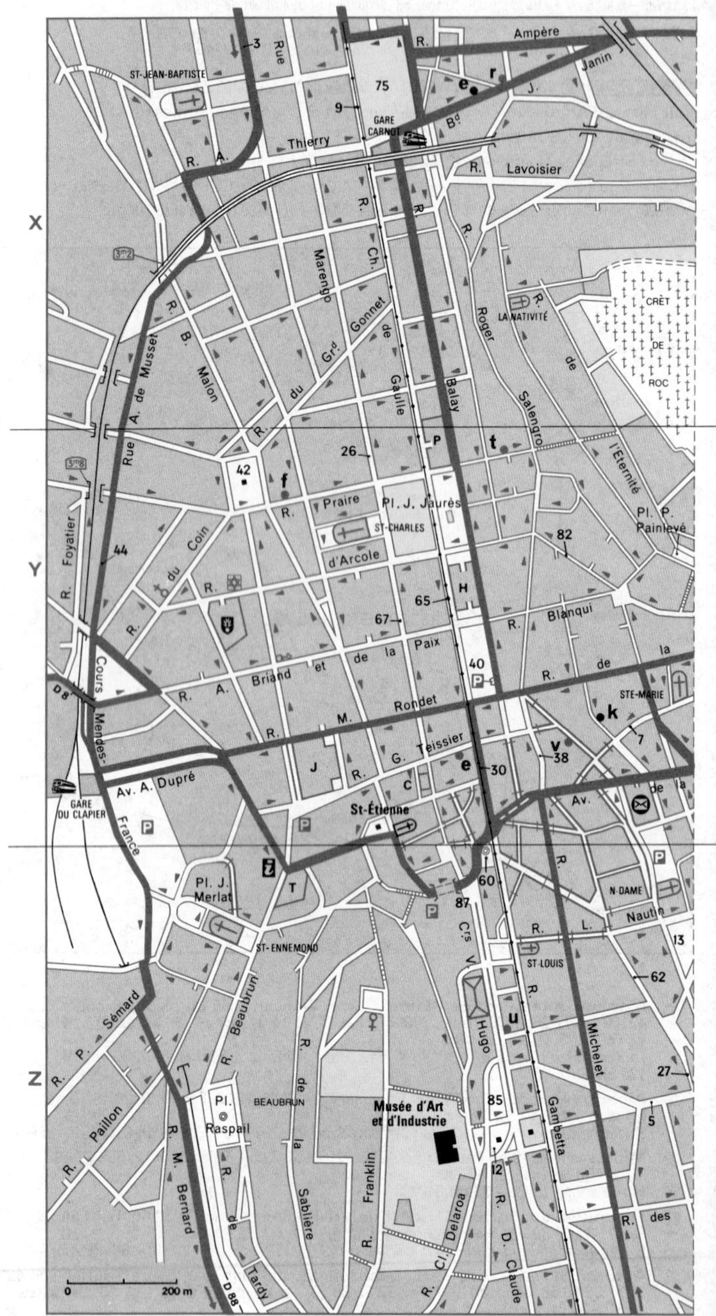

X
Y
Z
ST-JEAN-BAPTISTE
Rue
R. A.
Thierry
GARE CARNOT
75
Ampère
Janin
Bd
R. Lavoisier
Marengo
R. Ch. de Gaulle
R. Balay
R. Roger Salengro
LA NATIVITÉ
CRÊT DE ROC
R. de l'Éternité
R. du Grd Gonnet
R. B. Malon
Rue A. de Musset
R. Foyatier
R. du Coin
R. Praire
Pl. J. Jaurès
ST-CHARLES
d'Arcole
Pl. P. Painlevé
R. Blanqui
R. A. Briand et de la Paix
R. M. Rondet
R. G. Teissier
R. de la
STE-MARIE
Cours Mendes-France
Av. A. Dupré
GARE DU CLAPIER
St-Étienne
Av. de la
Pl. J. Merlat
ST-ENNEMOND
N-DAME
R. L. Nautin
ST-LOUIS
Crs V. Hugo
R. Michelet
R. Gambetta
R. P. Sémard
R. Paillon
R. M. Bernard
Pl. Raspail
R. Beaubrun
BEAUBRUN
R. de la Sablière
R. de Tardy
R. Franklin
Musée d'Art et d'Industrie
R. Cl. Delaroa
R. D. Claude
R. des
D 8
D 88
0
200 m

ST-ÉTIENNE

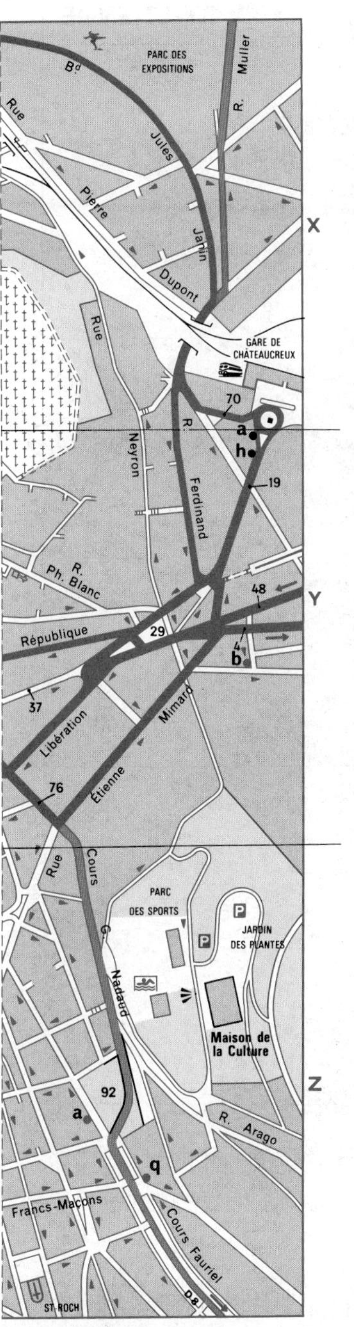

Bérard (R. P.) . . . . . Y 7
Foy (R. Gén.) . . . . . Y 30
Gambetta (R.) . . . . . Z
Gaulle (R. Ch.-de) X
Gervais (R. E.) . . . . . Y 37
Grand-Moulin (R. du) . . . . . Y 38
Hôtel-de-Ville (Pl. de l') . . . . . Y 40
Libération (Av. de la) . . . . . Y
Michelet (R.) . . . . . Z
Peuple (Pl. du) . . . . . Z 60
Président-Wilson (R.) . . . . . Y 65
République (R. de la) . . . . . Y
Résistance (R. de la) . . . . . Y 67

Albert-1er (Bd) . . . . . X 3
Alliés (R. des) . . . . . Y 4
Ampère (R.) X
Arago (R.) . . . . . Z
Arcole (R. d') . . . . . Y
Badouillère (R. de la) . . . . . Z 5
Balay (R.) X
Beaubrun (R.) . . . . . Z
Bergson (R.) . . . . . X 9
Bernard (R. M.) . . . . . Z
Blanc (R. Ph.) . . . . . Y
Blanqui (R.) . . . . . Y
Bouchard (Crs J.) . . . . . Z 12
Briand et de la Paix (R. A.) . . . . . Y
Chavanelle (Pl.) . . . . . Z 13
Claude (R. D.) . . . . . Z
Coin (R. du) . . . . . Y
Delaroa (R. Cl.) . . . . . Z
Denfert-Rochereau (Av.) . . . . . Y 19
Dormoy (R. M.) . . . . . Y 26
Dupont (R. P.) X
Dupré (Av. A.) . . . . . Y
Éternité (R. de l') . . . . . XY
Fauriel (Cours) . . . . . Z
Ferdinand (R.) . . . . . XY
Fougerolle (R.) . . . . . Z 27
Fourneyron (Pl.) . . . . . Y 29
Foyatier (R.) . . . . . Y
Francs-Maçons (R. des) . . . . . Z
Franklin (R.) . . . . . Z
Grand-Gonnet (R. du) . . . . . XY
Jacquard (Pl.) . . . . . Y 42
Janin (Bd J.) X
Jaurès (Pl. J.) . . . . . Y
Krumnow (Bd F.) . . . . . Y 44
Lavoisier (R.) X
Malon (R. B.) X
Marengo (R.) X
Mendès-France (Crs) . . . . . YZ
Merlat (Pl. J.) . . . . . Z
Mimard (R. E.) . . . . . YZ
Montat (R. de la) . . . . . Y 48
Muller (R.) X
Musset (Bd A.-de) . . . . . XY
Nadaud (Crs G.) . . . . . Z
Nautin (R. L.) . . . . . Z
Neyron (R.) . . . . . XY
Paillon (R.) . . . . . Z
Painlevé (Pl. P.) . . . . . Y
Pointe-Cadet (R.) . . . . . Z 62
Praire (R.) . . . . . Y
Raspail (Pl.) . . . . . Z
Rivière (R. du Sergent) . . . . . X 70
Rondet (R. M.) . . . . . Y
Sablière (R. de la) . . . . . Z
Sadi-Carnot (Pl.) . . . . . X 75
Salengro (R. R.) . . . . . XY
Sauzéa (R. H.) . . . . . Y 76
Sernard (R. P.) . . . . . Z
Servet (R. M.) . . . . . Y 82
Tardy (R. de) . . . . . Z
Teissier (R. G.) . . . . . Y
Thierry (R. A.) X
Thomas (Pl. A.) . . . . . Z 85
Ursules (Pl. des) . . . . . Z 87
Victor-Hugo (Crs) . . . . . Z
Villebœuf (Pl.) . . . . . Z 92

*Les **cartes Michelin** sont constamment tenues à jour.*

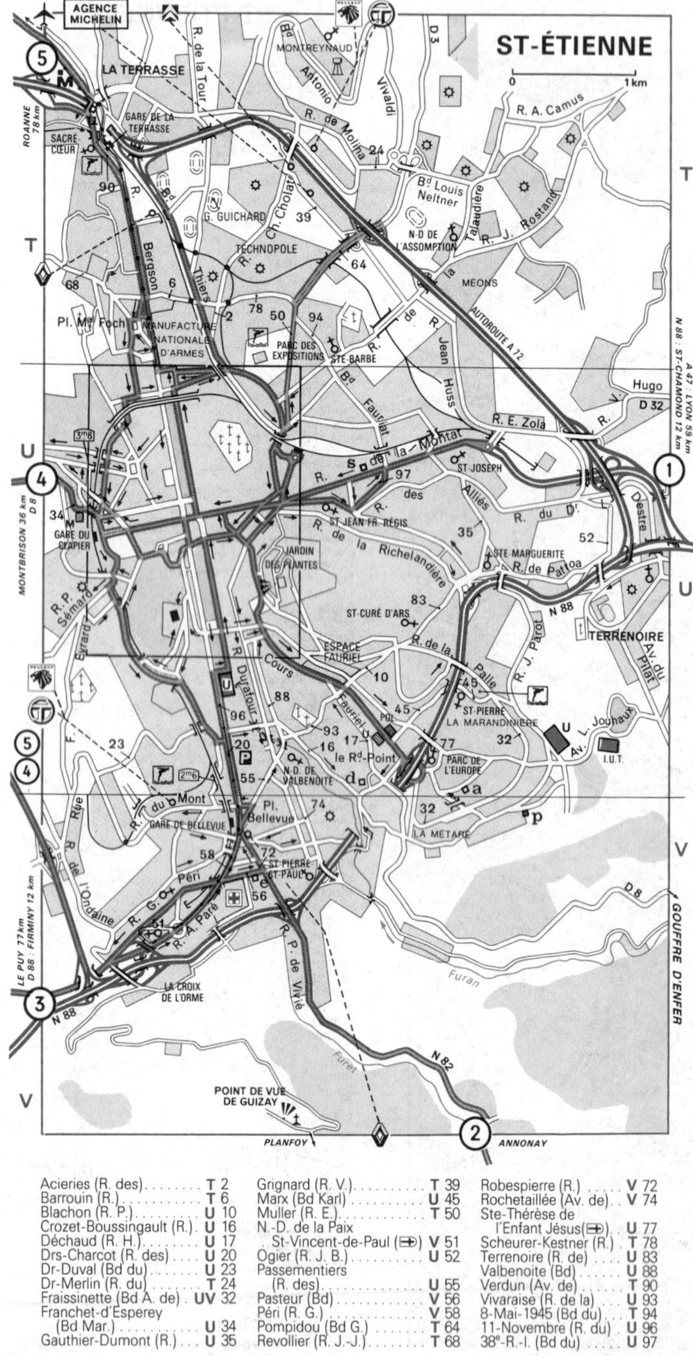

Acieries (R. des) . . . . T 2
Barrouin (R.) . . . . T 6
Blachon (R. P.) . . . . U 10
Crozet-Boussingault (R.) . U 16
Déchaud (R. H.) . . . . U 17
Drs-Charcot (R. des) . . . . U 20
Dr-Duval (Bd du) . . . . U 23
Dr-Merlin (R. du) . . . . T 24
Fraissinette (Bd A. de) . UV 32
Franchet-d'Esperey (Bd Mar.) . . . . U 34
Gauthier-Dumont (R.) . . . U 35
Grignard (R. V.) . . . . T 39
Marx (Bd Karl) . . . . U 45
Muller (R. E.) . . . . T 50
N.-D. de la Paix St-Vincent-de-Paul (⊞) V 51
Ogier (R. J. B.) . . . . U 52
Passementiers (R. des) . . . . U 55
Pasteur (Bd) . . . . V 56
Péri (R. G.) . . . . V 58
Pompidou (Bd G.) . . . . T 64
Revollier (R. J.-J.) . . . . . . T 68
Robespierre (R.) . . . . . V 72
Rochetaillée (Av. de) . . V 74
Ste-Thérèse de l'Enfant Jésus (⊞) . U 77
Scheurer-Kestner (R.) . T 78
Terrenoire (R. de) . . . . U 83
Valbenoite (Bd) . . . . . . U 88
Verdun (Av. de) . . . . T 90
Vivaraise (R. de la) . . . U 93
8-Mai-1945 (Bd du) . . . T 94
11-Novembre (R. du) . . U 96
38e-R.-I. (Bd du) . . . . . U 97

🏨 **Primevère** M, 77 r. Montat ✆ 77 21 12 21, Télex 651530, Fax 77 41 57 28 – 🛗 TV ☎ ♿ 🚗 – 🏛 80. GB U s
R 73/98 🍷, enf. 39 – ☕ 39 – **68 ch** 265.

🏨 **Ibis** M, 35 av. Denfert-Rochereau ✆ 77 37 90 90, Fax 77 38 47 65 – 🛗 🚭 ch ▤ ch TV ☎ ♿ 🚗. AE GB Y a
R Brasserie carte 150 à 190 🍷 – ☕ 32 – **88 ch** 315/340.

🏨 **Ibis** M, 35 pl. Massenet, NO du plan par bd Thiers ou A 72 ✆ 77 93 31 87, Télex 307340, Fax 77 93 71 29 – 🛗 🚭 ch TV ☎ ♿ 🚗 P – 🏛 120. AE GB T u
R 105 🍷, enf. 40 – ☕ 34 – **85 ch** 295/330.

🏨 **Carnot** sans rest, 11 bd J. Janin ✆ 77 74 27 16, Fax 77 74 25 79 – 🛗 TV ☎ P. GB X e
☕ 29 – **24 ch** 170/300.

🏨 **Cheval Noir** sans rest, 11 r. F. Gillet ✆ 77 33 41 72, Fax 77 37 79 19 – 🛗 TV ☎. AE ⓓ GB Y k
fermé 1er au 30 août – ☕ 28 – **45 ch** 130/260.

XXXX ✿✿✿ **Pierre Gagnaire,** 7 r. Richelandière ✆ 77 42 30 90, Fax 77 42 30 91, « Villa 1930 aménagée avec élégance et originalité » – ▤. AE ⓓ GB Y b
fermé 15 au 22 août, 14 au 22 fév., dim. soir et merc. – **R** 280 (déj.)/635 et carte 350 à 560, enf. 70
Spéc. Attereaux de crêtes de coq et jus de cuisson au miel. Fricassée de lapin frotté de cannelle et de genièvre frais. Le grand dessert Pierre Gagnaire. **Vins** Crozes-Hermitage, Saint-Joseph.

XXX **Clos des Lilas,** 28 r. Virgile SE du plan par cours Fauriel ✉ 42100 ✆ 77 25 28 13, Fax 77 41 58 91, 🌂 – GB V p
fermé août, vacances de fév., mardi soir, dim. soir et lundi – **R** 180/390, enf. 60.

XXX **Le Chantecler,** 5 cours Fauriel ✉ 42100 ✆ 77 25 48 55, Fax 77 37 62 75 – ▤. AE ⓓ GB Z q
fermé août, sam. et dim. – **R** 140/195.

XX **Les Passementiers,** 3 r. G. Teissier ✆ 77 41 87 99 – GB Y e
fermé 8 au 29 août et 14 au 21 fév. – **R 200** 🍷, enf. 50.

XX **André Barcet,** 19 bis cours V. Hugo ✆ 77 32 43 63 – ▤. AE ⓓ GB Z u
fermé 10 au 20 juil. – **R** 160/320.

XX **Le Bouchon,** 7 r. Robert ✆ 77 32 93 32 – ▤. AE ⓓ GB. 🐕 Y t
fermé 10 juil. au 2 août, dim. sauf le midi d'oct. à Pâques et sam. midi – **R 120**/340.

XX **Evohé,** 10 pl. Villeboeuf ✆ 77 32 70 22, Fax 77 93 20 65 – AE GB Z a
fermé 26 juil. au 22 août et dim. sauf fériés – **R** 150/190.

XX **Praire,** 14 r. Praire ✆ 77 37 85 74, Fax 77 25 17 10 – AE GB Y f
fermé 1er au 17 mai, 7 au 23 août, dim. sauf le midi d'oct. à avril, lundi midi et sam. midi – **R** produits de la mer **98**/195 dîner à la carte.

XX **Le Régency,** 17 bd J. Janin ✆ 77 74 27 06 – GB X r
fermé août, lundi soir de juin à oct., sam. sauf le soir de juin a oct. et dim. – **R** 140/250, enf. 90.

X **Le Gratin,** 30 r. St-Jean ✆ 77 32 32 60 – AE ⓓ GB Y v
✦ *fermé sam. midi et dim. soir* – **R 70**/185 🍷, enf. 55.

MICHELIN, Agence Régionale, ZI de Montreynaud, 9 r. V.-Grignard T ✆ **77 74 22 88**

CITROEN Citroën, 1 r. V.-Grignard T ✆ 77 74 91 77 **N** ✆ 77 37 22 64
FIAT Autorama 42, ZI de Montreynaud, r. J.-Neyret ✆ 77 79 08 45
FORD E.D.A., ZI de Montreynaud, 17-19 r. G.-Delory ✆ 77 74 42 44
MERCEDES-BENZ SALTA, 82 r. Marengo ✆ 77 74 57 77
OPEL St-Étienne Autom., 50 rue D.-Claude ✆ 77 32 50 25
PEUGEOT-TALBOT Boniface, ZI de Montreynaud, 13-15 r. G.-Delory T ✆ 77 74 74 66 **N** ✆ 77 88 34 94
PEUGEOT-TALBOT Boniface, 24 à 28 r. Mont V ✆ 77 57 17 37 **N** ✆ 77 88 34 94
RENAULT Succursale, 5 r. C.-Oddé T ✆ 77 43 49 49 **N**
RENAULT Bellevue-Autom.-Granet, 1 r. Thimonier V ✆ 77 57 28 28
V.A.G Gar. Rocle, 6 r. E.-Mimard ✆ 77 25 40 28

⊛ Euromaster Briday Pneus, 36 r. Montat ✆ 77 33 06 20
Euromaster Piot Pneu, 22 r. J.-Neyret ✆ 77 33 06 81
Fournier Autocenter, 1 et 3 r. Nicéphore Niepce ✆ 77 57 25 13
Métifiot, ZI de Montreynaud, 12 r. V.-Grignard ✆ 77 79 06 03
Pastourel, 2 r. J.-Snella ✆ 77 74 42 66
Pastourel, 22 r. Voltaire ✆ 75 25 44 05

ST-ÉTIENNE-DE-BAÏGORRY 64430 Pyr.-Atl. 85 ③ G. Pyrénées Aquitaine – 1 565 h alt. 162.

Voir Église St-Etienne★.

ℹ Syndicat d'Initiative pl. Église ✆ 59 37 47 28.

Paris 820 – Biarritz 53 – Cambo-les-Bains 31 – Pau 114 – Saint-Jean-Pied-de-Port 11.

🏨 **Arcé** 🐦, ✆ 59 37 40 14, Fax 59 37 40 27, 🌂, « Terrasse au bord de l'eau », 🏊, 🌳, 🎾 – TV ☎ P. GB
mi-mars-mi-nov. – **R** 110/220, enf. 70 – ☕ 45 – **18 ch** 400/695, 5 appart. – ½ P 375/505.

🏨 **Cortéa,** E : 1,5 km sur D 15 ✆ 59 37 41 89, 🌂, 🌳 – 📵 P. ⓓ GB. 🐕 ch
15 mars-15 nov. – **R** 125/225 – ☕ 42 – **20 ch** 250/440 – ½ P 420/450.

ST-ÉTIENNE-DE-FURSAC 23 Creuse 72 ⑧ – rattaché à La Souterraine.

ST-ÉTIENNE-LES-ORGUES 04230 Alpes-de-H.-P. 81 ⑮ G. Alpes du Sud – 1 091 h alt. 697.

Syndicat d'Initiative à la Mairie ✆ 92 76 02 57.

Paris 736 – Digne-les-Bains 46 – Forcalquier 17 – Sault 47 – Sisteron 30.

St Clair, S : 2 km par D 13 ✆ 92 73 07 09, ≤, – ☎ Ⓟ. GB. ch
fermé 21 nov. au 7 fév. – **R** 95/160, enf. 50 – 37 – **28 ch** 204/370 – ½ P 209/301.

ST-FARGEAU 89170 Yonne 65 ③ G. Bourgogne – 1 884 h alt. 193.

Voir Château★.

Paris 173 – Auxerre 44 – Cosne-sur-Loire 32 – Gien 41 – Montargis 53.

Relais du Château, promenade Grillon ✆ 86 74 01 75, Fax 86 74 09 73 – ch ☎ – 40. AE GB
fermé 15 janv. au 15 fév. – **R** 80/300 bc, enf. 50 – 35 – **24 ch** 210/300 – ½ P 230.

FORD Ciechelski, 7 av. Grande-Demoiselle ✆ 86 74 01 39 N

PEUGEOT-TALBOT Chambrillon, promenade du Grillon ✆ 86 74 08 20 N

ST-FÉLIX 74540 H.-Savoie 74 ⑮ G. Alpes du Nord – 1 356 h alt. 368.

Paris 542 – Annecy 18 – Aix-les-Bains 14 – Rumilly 9.

Relais des Deux Savoies, ✆ 50 60 90 02, , – ch rest Ⓟ – 50. AE GB
fermé début janv. à fin fév. – **R** 160/320 – 45 – **20 ch** 250/650.

ST-FÉLIX-LAURAGAIS 31540 H.-Gar. 82 ⑲ G. Pyrénées Roussillon – 1 177 h alt. 327.

Voir Site★.

Paris 740 – ◆Toulouse 42 – Auterive 45 – Carcassonne 57 – Castres 36 – Gaillac 61.

Aub. du Poids Public, ✆ 61 83 00 20, Fax 61 83 86 21, ≤, , – ☎ Ⓟ – 25. AE GB
fermé 1er janv. au 7 fév. et dim. soir d'oct. à avril – **Repas** 125/200 – 38 – **13 ch** 240/290 – ½ P 250/300.

Si vous cherchez un hôtel tranquille,
consultez d'abord les cartes de l'introduction
ou repérez dans le texte les établissements indiqués avec le signe

ST-FERRÉOL 31 H.-Gar. 82 ⑳ – rattaché à Revel.

ST-FIRMIN 05800 H.-Alpes 77 ⑯ G. Alpes du Nord – 408 h alt. 900.

Paris 645 – Gap 31 – Corps 11 – ◆Grenoble 75 – La Mure 36 – St-Bonnet-en-Champsaur 18.

au Séchier E : 4 km – alt. 900 – ✉ 05800 St-Firmin :

Loubet, ✆ 92 55 21 12, ≤, – ☎ Ⓟ
15 juin-30 sept. – **R** 48/130 – 22 – **23 ch** 138/248 – ½ P 168/241.

ST-FLORENTIN 89600 Yonne 61 ⑮ G. Bourgogne – 6 433 h alt. 105.

Voir Vitraux★ de l'église E.

Office de Tourisme 10 r. Terrasse ✆ 86 35 11 86.

Paris 172 ④ – Auxerre 33 ③ – Troye 51 ① – Chaumont 137 ② – ◆Dijon 162 ② – Sens 42 ④.

ST-FLORENTIN

Grande-Rue	5
St-Martin (R.)	15
Avant (R. du Fg-d')	2
Dilo (Pl.)	3
Dilo (R. du Fg)	4
Guimbarde (R. de la)	6
Halle (Pl. de la)	7
Landrecies (Fg)	9
Leclerc (R. Gén.)	10
Montarmance (R.)	12
Pont (R. du)	13
Rempart (R. Basse-du)	14
St-Martin (R. du Fg)	17

Une réservation confirmée par écrit est toujours plus sûre.

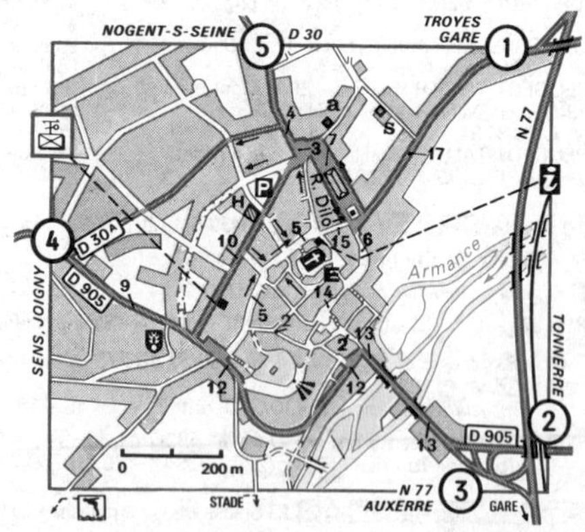

🏨 **Tilleuls** 🔇, 3 r. Decourtive **(s)** ☎ 86 35 09 09, 🍽, 🌳 – 📺 ☎ 🅿. AE GB
fermé 21 déc. au 4 janv., 15 fév. au 8 mars, lundi soir (sauf hôtel) et dim. soir – **R** 110/220 🍷 – ☕ 36 – **9 ch** 220/295.

XXX ✿ **Grande Chaumière** (Bonvalot) M 🔇 avec ch, 3 r. Capucins **(a)** ☎ 86 35 15 12, Fax 86 35 33 14, 🍽, « Jardin fleuri » – 📺 ☎ 🅿. AE ⦿ GB. 🐕 ch
fermé 1er au 8 sept., 20 déc. au 17 janv. et merc. sauf juin-août – **R** 190/480 et carte 295 à 390 – ☕ 48 – **11 ch** 300/750 – ½ P 490/590

Spéc. Pâté d'anguille à la vinaigrette d'huile de noix. Blanc de bar au beurre de truffe. Jambonnette de volaille fourrée au ris de veau et aux pistaches. **Vins** Epineuil, Chablis.

à Neuvy-Sautour par ① : 7 km – ✉ **89570** :

XX **Dauphin,** ☎ 86 56 30 01, Fax 86 56 40 00 – 🅿. GB.
fermé 4 au 18 janv., dim. soir et lundi – **R** 95/280 🍷, enf. 40.

CITROEN Gar. Bleu, rte de Troyes ☎ 86 35 12 52 N ☎ 86 35 32 49
OPEL-TOYOTA Gar. Moderne, M. Roy, 17 pl. Dilo ☎ 86 35 02 50
PEUGEOT-TALBOT Gar. de l'Europe, av. 8-Mai par ④ ☎ 86 35 06 05 N ☎ 86 35 12 81
RENAULT Autoflo rte de Paris par ④ ☎ 86 35 06 26 N ☎ 05 05 15 15

ST-FLORENT-LE-VIEIL 49410 M.-et-L. 63 ⑲ G. Châteaux de la Loire – 2 511 h alt. 16.

Voir Tombeau★ dans l'église – Esplanade ≤★.

ℹ Office de Tourisme à la Mairie ☎ 41 72 62 32.

Paris 336 – Angers 42 – Ancenis 15 – Châteaubriant 67 – Château-Gontier 63 – Cholet 37.

🏨 **Host. de la Gabelle,** ☎ 41 72 50 19, Fax 41 72 54 38, ≤ – 📺 ☎. AE ⦿ GB
R 70/180 🍷, enf. 38 – ☕ 30 – **19 ch** 180/270 – ½ P 230/250.

PEUGEOT-TALBOT Gar. Alloyer ☎ 41 72 50 07

Rauchen bei Tisch verändert den Geschmack und stört die Nachbarn. Denken Sie im Restaurant daran.

ST-FLOUR ⟨SP⟩ 15100 Cantal 76 ④ ⑭ G. Auvergne – 7 417 h alt. 881.

Voir Site★★ – Cathédrale★ B – Brassard★ dans le musée de la Haute Auvergne B H – Plateau de la Chaumette : calvaire ≤★ S : 3 km par D 40 puis 30 mn.

ℹ Office Municipal de Tourisme 2 pl. Armes ☎ 71 60 22 50.

Paris 517 ① – Aurillac 73 ④ – Issoire 64 ① – Millau 138 ② – Le Puy-en-Velay 109 ① – Rodez 115 ③.

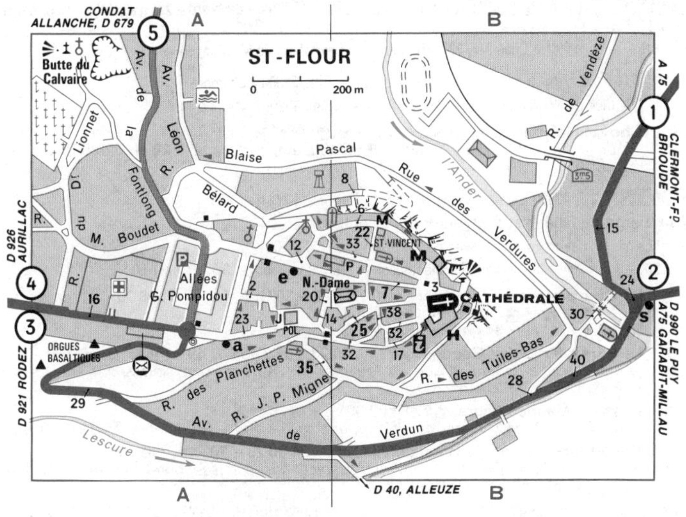

Armes (Pl. d') B 3	Cardinal Bernet (R. du) B 8	Odilon de Mercœur (Place) B 28
Breuil (R. du) B 7	Collégiale (R. de la) A 14	Orgues (Av. des) A 29
Collège (R. du) A 12	Delorme (Av. du Cdt) B 15	Pont-Vieux (R. du) B 30
Lacs (R. des) A 23	Dr Mallet (Av. du) A 16	Rollandie (R. de la) B 32
Liberté (Pl. de la) B 24	Frauze (R. de la) B 17	Sorel (R.) B 33
Marchande (R.) B 25	Halle aux Bleds (Pl. de la) AB 20	Tuiles-Haut (R. des) B 35
Agials (R. des) A 2	Jacobins (R. des) B 22	Traversière (R.) B 38
Belloy (R. de) B 6		11-Novembre (Av. du) B 40

Ville basse :

L'Étape (Annexe 11 ch), 18 av. République par ② ✆ 71 60 13 03, Fax 71 60 48 05 – AE GB JCB
R *(fermé dim. soir et lundi hors sais.)* 86/260, enf. 50 – 34 – **23 ch** 295/340 – ½ P 250.

Les Messageries et rest. Nautilus, 23 av. Ch. de Gaulle par ② ✆ 71 60 11 36, Fax 71 60 46 79, – GB
fermé mi-janv. à mi-fév. et vend. – **Repas** 78/360, enf. 60 – 40 – **17 ch** 195/395 – ½ P 235/315.

St-Jacques, 6 pl. Liberté ✆ 71 60 09 20, Fax 71 60 33 81, – GB B s
fermé 11 nov. au 5 janv., vend. soir et sam. midi de nov. à Pâques – **R** 82/200 – 35 – **28 ch** 230/360 – ½ P 240/280.

Nouvel H. Bonne Table, av. République par ② ✆ 71 60 05 86, Fax 71 60 41 60 – GB
4 avril-1er nov. – **R** 67/160, enf. 45 – 32 – **48 ch** 200/320 – ½ P 220/270.

Aub. La Providence, 1 r. Château d'Alleuze ✆ 71 60 12 05, Fax 71 60 33 94 – ch AE GB JCB. rest
fermé vacances de nov., vacances de Noël, dim. soir hors sais. et lundi midi – **R** 75/130 – 30 – **10 ch** 250/280 – ½ P 220/250.

L'Eventail, 9 av. République par ② ✆ 71 60 14 07 – GB
R 70/115 – 25 – **23 ch** 140/180 – ½ P 180.

Ville haute :

Europe, 12 cours Ternes ✆ 71 60 03 64, Fax 71 60 03 45, ≤ vallée – GB A a
fermé 5 au 25 janv. – **Repas** 73/250, enf. 55 – 35 – **45 ch** 230/340 – ½ P 195/300.

Gd H. Voyageurs, 25 r. Collège ✆ 71 60 34 44, Fax 71 60 00 21 – GB A e
2 avril-2 nov. – **R** 88/210, enf. 50 – 32 – **33 ch** 150/325 – ½ P 190/290.

CITROEN Gar. Bardoux, 47 av. République par ② ✆ 71 60 12 39
FIAT Gar. des Orgues, av. de Verdun ✆ 71 60 34 76
FORD Saint Flour Autles, Les Rosiers, rte de Clermont ✆ 71 60 21 25
OPEL LADA Gar. Universel, 1 r. M.-Boudet ✆ 71 60 09 64
PEUGEOT-TALBOT Montplain-Autom. av. Lioran, ZI Montplain par ④ ✆ 71 60 02 43 N ✆ 71 60 18 85
RENAULT Berthet, av. République par ② ✆ 71 60 01 81
SEAT-ALFA-ROMEO Teissedre, ZI Montplain, rte d'Aurillac ✆ 71 60 20 66 N ✆ 71 60 10 35

ST-FRANÇOIS-LONGCHAMP

73130 Savoie 74 ⑰ G. Alpes du Nord – 236 h alt. 1450 – Sports d'hiver : 1 415/2 525 m 17.

Paris 615 – Albertville 61 – Chambéry 73 – Moûtiers 36 – Saint-Jean-de-Maurienne 24.

Station Haute : Longchamp – alt. 1 610 – ✉ 73130 La Chambre.

Office de Tourisme (saison) ✆ 79 59 10 56, Télex 309951.

Cheval Noir, ✆ 79 59 10 88, ≤, – GB. rest
1er juil.-4 sept. et 22 déc.-20 avril – **R** 95/160, enf. 55 – 35 – **20 ch** 320/585, 7 duplex – ½ P 355.

ST-GALMIER

42330 Loire 73 ⑱ G. Vallée du Rhône – 4 272 h alt. 400.

Voir Vierge du Pilier★ et triptyque★ dans l'église.

Office Municipal du Tourisme avec A.C. bd Sud ✆ 77 54 06 08.

Paris 501 – ♦St-Étienne 23 – ♦Lyon 59 – Montbrison 23 – Montrond-les-B. 10,5 – Roanne 60.

La Charpinière ✆ 77 54 10 20, Télex 307194, Fax 77 54 18 79, parc, – 60. AE GB. rest
R 80/225 – 45 – **34 ch** 395/660 – ½ P 350.

Le Forez, 6 r. Didier Guetton ✆ 77 54 00 23, Fax 77 54 07 49 – AE GB
fermé 23 août au 5 sept. et Noël au Jour de l'An – **R** *(fermé dim. soir)* 65/350, enf. 49 – 35 – **18 ch** 190/350 – ½ P 185/200.

Poste, r. Maurice André ✆ 77 54 00 30, ≤ – AE GB
fermé 22 au 31 juil., 17 janv. au 5 fév., merc. soir et jeudi – **R** (dim. prévenir) 80/250, enf. 50.

Voyageurs avec ch, pl. Hôtel de Ville ✆ 77 54 00 25 – GB
fermé 1er au 22 août, 1er au 20 janv., vend. soir et dim. soir (sauf hôtel) et sam. – **R** 60/170 – 25 – **11 ch** 150/215 – ½ P 210/250.

CITROEN Gar. Brosse ✆ 77 54 00 13
PEUGEOT-TALBOT Morel ✆ 77 54 00 92
RENAULT Gar. Pailleux ✆ 77 54 06 71

ST-GAUDENS

SP 31800 H.-Gar. 86 ① G. Pyrénées Aquitaine – 11 266 h alt. 405.

Voir Boulevards Jean-Bepmale et des Pyrénées ≤★ Z.

Office de Tourisme pl. Mas-St-Pierre ✆ 61 89 15 99.

Paris 785 ② – Bagnères-de-Luchon 47 ④ – Auch 74 ① – Foix 87 ② – Lourdes 83 ⑤ – Tarbes 63 ⑤ – ♦Toulouse 89 ②.

ST-GAUDENS

République (R. de la) Y 14
Thiers (R.) Y 15
Victor-Hugo (R.) Z

Boulogne (Av. de) Y 2
Foch (Av. Mar.) Z 3
Fossés (R. des) Y 4
Isle (Av. de l') Y 5
Jaurès (Pl. Jean) YZ 6
Joffre (Av. Mar.) Z 7
Leclerc (R. Gén.) Y 8
Mathe (R.) Y 9
Palais (Pl. du) Y 10
Pasteur (Bd) Y 12
Pyrénées (Bd des) Z 13
Toulouse (Av. de) Y 16

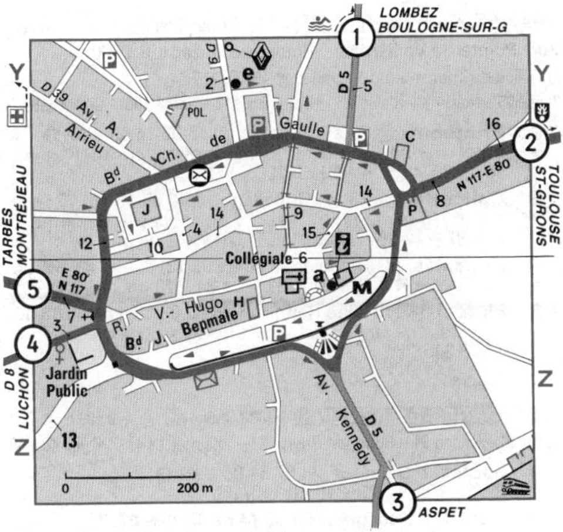

Les ***guides Rouges,***
les ***guides Verts*** *et*
les ***cartes Michelin***
sont complémentaires.
Utilisez-les ensemble.

Commerce, av. Boulogne ✆ 61 89 44 77, Fax 61 95 06 96 – |‡| ▤ TV ☎ ♿. AE GB. Y e
fermé 25 déc. au 28 janv. – **R** 90/210 ♁, enf. 50 – ☕ 32 – **50 ch** 250/370 – ½ P 250/350.

Esplanade sans rest, 7 pl. Mas St-Pierre ✆ 61 89 15 90 – |‡| ☎. GB Z a
☕ 30 – **12 ch** 170/280.

à ***Villeneuve-de-Rivière*** par ⑤ : 6 km – ✉ **31800** :

Host. des Cèdres ⑤, ✆ 61 89 36 00, Fax 61 88 31 04, ☂, parc, ⚽, ⛱ – TV ☎ **P**. GB
R *(fermé 1er au 22 déc., dim. soir et lundi midi du 15 nov. au 15 avril)* 260/445 – ☕ 58 – **24 ch** 390/1150 – ½ P 440/620.

CITROEN G.A.M., av. de Toulouse par ② ✆ 61 95 13 69
FORD SORVA, rte Nat. 117 à Landorthe ✆ 61 89 23 79
PEUGEOT, TALBOT Comet, N 117 à Landorthe par ② ✆ 61 89 60 00 **N** ✆ 05 44 24 24
RENAULT S.I.A.C., 14 av. de Boulogne ✆ 61 89 54 00 **N** ✆ 05 05 15 15

Ⓜ Comptoir du Pneu, 162 av. de Toulouse ✆ 61 89 28 25
Euromaster Central Pneu Service, 47 bd Ch.-de-Gaulle ✆ 61 89 11 24
Pyrénées Pneus, rte Nat. 117 à Villeneuve-de-Rivière ✆ 61 95 58 58 **N**

ST-GÉNIÈS-DE-COMOLAS 30 Gard 80 ⑳ – rattaché à Roquemaure.

ST-GENIEZ-D'OLT 12130 Aveyron 80 ④ G. Gorges du Tarn – 1 988 h alt. 420.

ℹ Syndicat d'Initiative les Cloîtres (saison) ✆ 65 70 43 42.

Paris 627 – Rodez 47 – Espalion 26 – Florac 93 – Mende 69 – Sévérac-le-Château 24.

France Ⓜ, ✆ 65 70 42 20, Fax 65 47 41 38 – |‡| TV ☎ – 🏛 80. GB
15 mars-15 nov. – **Repas** 70/170 ♁, enf. 45 – ☕ 30 – **48 ch** 245/285 – ½ P 260/295.

Poste ⑤, ✆ 65 47 43 30, Fax 65 47 42 75, ☂, ☂, ✗ – |‡| ☎ **P**. GB
1er avril-15 nov. et fermé lundi sauf de juin à sept. – **R** 85/190 ♁, enf. 46 – ☕ 35 – **50 ch** 195/280 – ½ P 275/345.

Fages ✆ 65 70 41 40

ST-GENIS-POUILLY 01630 Ain 70 ⑮ – 5 696 h alt. 450.

Paris 523 – Bellegarde-sur-Valserine 26 – Bourg-en-Bresse 95 – ♦Genève 11 – Gex 10.

XXX **La Menthe Sauvage**, 1 pl. Fontaine ✆ 50 42 20 50 – ▤. AE ⓓ GB
fermé 1er au 15 août, 22 déc. au 3 janv., sam. midi et dim. – **R** 185/265.

XX **L'Amphitryon**, N : 2 km sur D 984 c ✆ 50 20 64 64, Fax 50 42 06 98, ☂ – **P**. GB
fermé 25 juil. au 8 août, 27 déc. au 4 janv., dim. soir et lundi – **R** 150/250.

XX **Auberge Charaux**, SO : 2 km sur D 984 ✆ 50 42 29 38, ≤, ☂ – **P**. AE ⓓ GB
fermé 12 au 19 juil., 16 au 23 août, 27 déc. au 3 janv., 21 au 27 fév., dim. soir et lundi – **R** 120/285, enf. 50.

CITROEN Gar. du Centre ✆ 50 42 10 03 **N** ✆ 50 42 06 19
RENAULT Pelletier ✆ 50 42 12 91

Ⓜ Pneu 01 ✆ 50 42 07 85

En juin et en septembre,
les hôtels sont moins chers qu'en pleine saison, le service est plus soigné.

ST-GEORGES-DE-DIDONNE **17110** Char.-Mar. 71 ⑮ G. Poitou Vendée Charentes – 4 705 h alt. 10.

Voir Pointe de Vallières★ – Pointe de Suzac★ S : 3 km.

Office de Tourisme bd Michelet ✆ 46 05 09 73.

Paris 505 – Royan 3 – Blaye 78 – ◆Bordeaux 117 – Jonzac 58 – La Rochelle 75.

- **Printemps**, 7 av. Pelletan ✆ 46 05 14 65 – ☎ P. *hôtel : fermé 20 déc. au 3 janv. ; rest. : ouvert 1er avril-15 oct.* – **R** (dîner seul.)(résidents seul.) 75 – 25 – **12 ch** 190 – ½ P 210.
- **Colinette**, 16 av. Gde Plage ✆ 46 05 15 75, – ☎. GB *hôtel : 15 fév.-2 nov. ; rest. : 4 avril-2 nov.* – **R** *(fermé dim. soir et lundi hors sais.)* 60/140, enf. 37 – 25 – **26 ch** 135/220 – ½ P 178/218.
- **Bégonias**, pl. Michelet ✆ 46 05 08 13, – GB. ch *avril-oct.* – **R** 75/140, enf. 32 – 34 – **20 ch** 150/200 – ½ P 240.
- **Floréal**, 10 allée Repos ✆ 46 05 08 12, Fax 46 06 30 70, – ch P. GB *hôtel : fermé janv. ; rest. : ouvert 5 avril-30 sept.* – **R** 75/95, enf. 39 – 26 – **18 ch** 180/250 – ½ P 245/265.

FORD Augeraud ✆ 46 05 07 50

Saint-Georges Automobiles ✆ 46 05 08 14 N

ST-GEORGES-DE-RENEINS **69830** Rhône 74 ① – 3 509 h alt. 222.

Paris 420 – Mâcon 31 – Bourg-en-Bresse 43 – Chauffailles 47 – ◆Lyon 40 – Villefranche-sur-Saône 9.

- **Sables**, r. Saône ✆ 74 67 64 08 – ☎ P **R** 73/110 – 23 – **18 ch** 115/185.
- XX **Host. St-Georges**, N 6 ✆ 74 67 62 78 – GB *fermé 1er au 25 août, vacances de Noël, dim. soir, mardi soir et merc.* – **R** 99/225.

ST-GEORGES-D'ESPÉRANCHE **38790** Isère 74 ⑫ – 2 221 h alt. 400.

Paris 496 – ◆Lyon 35 – Bourgoin-Jallieu 21 – ◆Grenoble 88 – Vienne 21.

- XX **Le Castel**, ✆ 74 59 18 45, Fax 74 59 04 40, , – P. GB *fermé 15 août au 10 sept., 15 janv. au 1er fév., mardi et merc.* – **R** 135/320, enf. 70.

RENAULT Gar. Berthon ✆ 74 59 02 09 N ✆ 74 59 19 66

ST-GEORGES-LA-POUGE **23250** Creuse 72 ⑩ – 328 h alt. 565.

Paris 384 – Limoges 69 – Aubusson 21 – Bourganeuf 21 – Guéret 29 – Montluçon 71.

- **Domaine des Mouillères**, N : 2 km par D 3 et VO ✆ 55 66 60 64, Fax 55 66 68 80, ←, , « Dans la campagne limousine », – ☎ P. GB. ch *20 mars-1er oct.* – **R** (dîner seul.)(résidents seul.) carte environ 150 – 38 – **7 ch** 350 – ½ P 250/350.

ST-GEORGES-SUR-LOIRE **49170** M.-et-L. 63 ⑲ ⑳ G. Châteaux de la Loire – 3 101 h alt. 20.

Voir Château de Serrant★★ NE : 2 km.

Paris 312 – Angers 18 – Ancenis 33 – Châteaubriant 63 – Château-Gontier 54 – Cholet 46.

- XX **Relais d'Anjou**, r. Nationale ✆ 41 39 13 38, Fax 41 39 13 69, – AE GB *fermé 1er au 13 juil., 2 au 20 janv., mardi soir, dim. soir et lundi* – **R** 98/300.
- X **Tête Noire**, r. Nationale ✆ 41 39 13 12 – GB. *fermé 1er au 14 août, vacances de fév., vend. soir et sam.* – **R** 98/220.

ST-GERMAIN-DE-JOUX **01130** Ain 74 ④ ⑤ – 465 h alt. 515.

Paris 488 – Bellegarde-sur-Valserine 11 – Belley 63 – Bourg-en-Bresse 59 – Nantua 13 – St-Claude 33.

- **Reygrobellet**, N 84 ✆ 50 59 81 13 – TV ☎ P. GB. *fermé 16 au 23 mars, 28 juin au 5 juil., 4 oct. au 2 nov., dim. soir et lundi* – **R** 95/260 – 29 – **10 ch** 200/250 – ½ P 240.

ST-GERMAIN-DES-VAUX **50440** Manche 54 ① – 489 h alt. 67.

Voir Baie d'Ecalgrain★★ S : 3 km – Port de Goury★ NO : 2 km.

Env. Nez de Jobourg★★ S : 7,5 km puis 30 mn – ←★★ sur anse de Vauville SE : 9,5 km par Herqueville, G. Normandie Cotentin.

Paris 388 – Cherbourg 27 – Barneville-Carteret 48 – Nez de Jobourg 6,5 – St-Lô 104.

- XX **Moulin à Vent**, ✆ 33 52 75 20, – P. GB *fermé sam. midi, dim. soir et lundi* – **R** 95, enf. 38.

PEUGEOT-TALBOT Troude, à Beaumont-Hague ✆ 33 52 70 12

RENAULT Lecocq, à Beaumont ✆ 33 52 76 58 N ✆ 33 52 73 16

ST-GERMAIN-DE-TALLEVENDE 14 Calvados 59 ⑨ – rattaché à Vire.

ST-GERMAIN-DU-BOIS **71330** S.-et-L. 70 ③ G. Bourgogne – 1 856 h alt. 210.

Paris 368 – Chalon-sur-Saône 31 – Dole 55 – Lons-le-Saunier 31 – Mâcon 73 – Tournus 44.

- X **Host. Bressane** avec ch, ✆ 85 72 04 69, Fax 85 72 07 75 – ☎ P. GB *fermé 26 avril au 2 mai, 22 déc. au 9 janv., dim. soir sauf juil.-août et vend.* – **R** 55/130, enf. 36 – 22 – **9 ch** 105/240 – ½ P 170/195.

ST-GERMAIN-DU-CRIOULT 14 Calvados 59 ⑩ – rattaché à Condé-sur-Noireau.

ST-GERMAIN-DU-PLAIN 71370 S.-et-L. 70 ② ⑫ – 1 698 h alt. 192.

Paris 352 – Chalon-sur-Saône 15 – Bourg-en-Bresse 62 – Lons-le-Saunier 50 – Tournus 21.

Poste sans rest, ✆ 85 47 31 56 – . GB
fermé dim. soir – ☕ 27 – **9 ch** 120/320.

ST-GERMAIN-EN-LAYE 78 Yvelines 55 ⑲ ⑳, 101 ⑫ – voir à Paris, Environs.

ST-GERMAIN-LAVAL 42260 Loire 73 ⑰ G. Vallée du Rhône – 1 510 h alt. 430.

Syndicat d'Initiative à la Mairie ✆ 77 65 41 30.

Paris 419 – Roanne 34 – L'Arbresle 68 – Montbrison 29 – ♦St-Étienne 66 – Thiers 53 – Vichy 86.

Touristes avec ch, ✆ 77 65 41 08 – . GB
fermé mardi sauf juil.-août – **R** 60/200 – ☕ 22 – **12 ch** 95/210 – ½ P 165/190.

PEUGEOT-TALBOT Rambaud ✆ 77 65 41 09 N

ST-GERMAIN-L'HERM 63630 P.-de-D. 73 ⑯ – 533 h alt. 1 000.

Paris 484 – ♦ Clermont-Ferrand 66 – Ambert 28 – Brioude 32 – Le Puy-en-Velay 67 – ♦St-Étienne 103.

France, ✆ 73 72 00 27, – . GB
fermé oct. et merc. hors sais. – **R** 75/140 – ☕ 30 – **20 ch** 100/210 – ½ P 170/190.

ST-GERMER-DE-FLY 60850 Oise 55 ⑧ ⑨ G. Flandres Artois Picardie – 1 585 h alt. 101.

Voir Église★ – ≤★ de la D 129 SE : 4 km.

Paris 92 – ♦ Rouen 57 – Les Andelys 40 – Beauvais 27 – Gisors 20 – Gournay-en-Bray 7,5.

Aub. de l'Abbaye, ✆ 44 82 50 73, Fax 44 82 64 54 – GB
fermé 18 août au 1er sept., 5 au 26 janv., dim. soir (sauf fêtes), mardi soir et merc. – **R** 96/152, enf. 60.

ST-GERVAIS 33 Gironde 75 ⑪ – rattaché à St-André-de-Cubzac.

ST-GERVAIS-D'AUVERGNE 63390 P.-de-D. 73 ③ G. Auvergne – 1 419 h alt. 725.

Syndicat d'Initiative à la Mairie ✆ 73 85 71 53.

Paris 379 – ♦ Clermont-Ferrand 53 – Aubusson 73 – Gannat 42 – Montluçon 46 – Riom 38 – Ussel 89.

Castel H. 1904, ✆ 73 85 70 42, Fax 73 85 84 39, – TV ☎ P. GB.
3 avril-11 nov. – **R** 110/280, enf. 70 - **Comptoir à Moustaches** (bistrot) **R** 70 – ☕ 38 – **17 ch** 250/270 – ½ P 220/240.

Relais d'Auvergne, rte Châteauneuf ✆ 73 85 70 10 – ☎ P. GB. rest
R 65/140, enf. 45 – ☕ 25 – **12 ch** 100/210 – ½ P 145/185.

ST-GERVAIS-LA-FORÊT 41 L.-et-Ch. 64 ⑦ – rattaché à Blois.

ST-GERVAIS-LES-BAINS 74170 H.-Savoie 74 ⑧ G. Alpes du Nord – 5 124 h alt. 807 – Stat. therm. (4 mai-21 nov.) – Sports d'hiver : 1 400/2 350 m 3 34 .

Env. Route du Bettex★★★ 8 km par ③ puis D 43 – Le Planey ★★ S : 10,5 km par D 43 – Site★★ de St-Nicolas-de-Véroce S : 9 km par D 43 – Le Plateau de la Croix ★★ S : 12 km par D 43.

✆ 50 66 50 50.

Office de Tourisme av. Mont-Paccard ✆ 50 78 22 43, Télex 385607.

Paris 598 ⑤ – Annecy 80 ⑤ – Bonneville 40 ⑤ – Chamonix-Mont-Blanc 23 ① – Megève 11 ③ – Morzine 56 ⑤.

Plan page suivante

Carlina, r. Rosay **(w)** ✆ 50 93 41 10, Fax 50 93 56 26, ≤, , , – TV ☎ P. AE GB.
15 juin-30 sept. et 20 déc.-15 avril – **R** 180 – ☕ 45 – **34 ch** 380/550 – ½ P 590/630.

Val d'Este, pl. Église **(b)** ✆ 50 93 65 91, Fax 50 47 76 29, ≤ – ☎. AE GB
R *(fermé 15 nov. au 15 déc. et merc. en oct.-nov.)* 95/172 – ☕ 40 – **14 ch** 300/420 – ½ P 310/360.

L'Adret sans rest, chemin La Mollaz **(d)** ✆ 50 93 50 60, ≤ – .
1er juin-26 sept., 20 déc.-6 janv. et 1er fév.-15 avril – ☕ 28 – **15 ch** 210/325.

Edelweiss sans rest, chemin du Vorassay par ② **(u)** ✆ 50 93 44 48, Fax 50 47 75 05, ≤ – ☎ P. GB
☕ 32 – **14 ch** 175/298.

au Bettex SO : 8 km par D 43 ou par télécabine, station intermédiaire – alt. 1 400 – ✉ 74170 St-Gervais-les-Bains

Arbois-Bettex M, ✆ 50 93 12 22, Fax 50 93 14 42, ≤ Massif Mt-Blanc, , , – TV ☎ P. GB. rest
1er juil.-5 sept. et 20 déc.-15 avril – **R** 95 (déj. en hiver)/160 (en hiver) et carte en été, enf. 60 – ☕ 40 – **33 ch** 390/860 – ½ P 440/580.

Flèche d'Or, ✆ 50 93 11 54, ≤ Massif Mt-Blanc, – ☎. GB. rest
juil.-août et Noël-Pâques – **R** 80/140, enf. 60 – ☕ 35 – **16 ch** 400 – ½ P 400.

au Mont d'Arbois par télécabine – ✉ **74190** Le Fayet :

🏨 **Chez la Tante** 🔇, à la station supérieure (accès pietonnier) ✆ 50 21 31 30, 🍽, « ✻ exceptionnel de la chaîne des Aravis au Mt-Blanc », 🏋 – ☎. GB
1er juil.-15 sept. et 20 déc.-20 avril – **R** (self au déj.) 90/130 🍷 – ☕ 28 – **25 ch** 340 – ½ P 415.

FORD Tuaz ✆ 50 78 30 75

Le Fayet – alt. 567 – ✉ **74190**.

ℹ Syndicat d'Initiative r. de la Poste ✆ 50 93 64 64.

🏨 **La Chaumière,** av. Genève **(a)** ✆ 50 93 60 10, Fax 50 78 37 23 – 📺 ☎ 🅿. AE ⓓ GB JCB
fermé 17 avril au 2 mai et 20 oct. au 2 déc. – **R** 95/250, enf. 55 – ☕ 38 – **22 ch** 290/360 – ½ P 320/380.

ST-GERVAIS-LES-BAINS LE FAYET

Comtesse (R.) 2
Gontard (Av.) 4
Miage (Av. de) 5
Mont-Blanc (R. et jardin du) 6
Mont-Lachat (R. du) 7

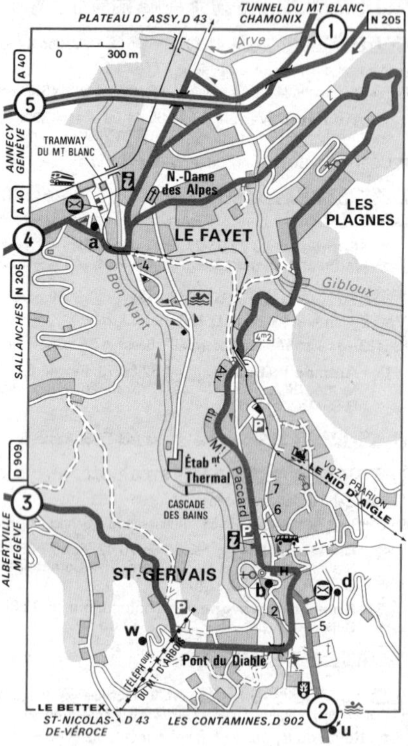

ST-GILLES 30800 Gard 83 ⑨ G. Provence (plan) – 11 304 h alt. 7.

Voir Façade★★ et crypte★ de l'église – Vis de St-Gilles★.

ℹ Syndicat d'Initiative pl. F.-Mistral ✆ 66 87 33 75.

Paris 728 – ♦Montpellier 56 – Aigues-Mortes 36 – Arles 17 – Beaucaire 25 – Lunel 31 – Nîmes 19.

🏨 **Cours,** 10 av. F. Griffeuille ✆ 66 87 31 93, Fax 66 87 31 83, 🍽 – 📺 ☎. AE ⓓ GB
fermé 12 déc. au 16 fév. – **R** 45/138, enf. 36 – ☕ 27 – **34 ch** 130/255 – ½ P 165/230.

✕ **La Rascasse,** 16 av. F. Griffeuille ✆ 66 87 42 96 – ▤. GB
fermé fév., mardi soir hors sais. et merc. – **R** 67/105.

rte d'Arles E : 3,5 km – ✉ **13200** Arles :

🏨 **Les Cabanettes** M 🔇, ✆ 66 87 31 53, Télex 480451, Fax 66 87 35 39, 🍽, 🏊, 🌳 – ▤ 📺 ☎ 🚗 🅿 – 🎤 30. AE ⓓ GB JCB
fermé 25 janv. au 28 fév. – **R** 133, enf. 75 – ☕ 45 – **29 ch** 420 – ½ P 375.

PEUGEOT TALBOT Crumière, 71 bd Gambetta ✆ 66 87 31 25

Ⓜ Ayme Pneus, rte de Nîmes ✆ 66 87 08 30

ST-GILLES-CROIX-DE-VIE 85800 Vendée 67 ⑫ G. Poitou Vendée Charentes – 6 296 h alt. 6.

⛳18 St-Jean-de-Monts ✆ 51 58 82 73, N par D 38 : 20 km ; ⛳18 des Fontenelles ✆ 51 54 13 94, E par D 6 : 11 km.

ℹ Office de Tourisme forum du Port de Plaisance, bd Égalité ✆ 51 55 03 66.

Paris 457 – La Roche-sur-Yon 43 – Challans 20 – Cholet 106 – ♦Nantes 78 – Les Sables-d'Olonne 30.

🏨 **Embruns,** 16 bd Mer ✆ 51 55 11 40, Fax 51 55 11 20, ← – 📺 ☎ 🚗. GB. 🚫 ch
fermé 15 nov. au 15 déc., dim. soir et lundi sauf de mai à sept. – **R** 90/250, enf. 60 – ☕ 45 – **14 ch** 260/400 – ½ P 280/390.

✕✕ **Bourrine de Riez,** sur la Corniche, O : 2 km ✉ 85270 St-Hilaire-de-Riez ✆ 51 55 01 83, Fax 51 55 52 31 – AE GB
mars-nov. et fermé lundi soir et mardi sauf juil.-août – **R** 95/130, enf. 45.

CITROEN Goillandeau, rte des Sables, Km 3 à Givrand ✆ 51 55 89 94
PEUGEOT-TALBOT EL.ME.CA., 2 r. Pasteur ✆ 51 55 10 19

RENAULT Gar. Raffin, à le Fenouiller ✆ 51 55 84 92

ST-GINGOLPH **74500** H.-Savoie 70 ⑱ G. Alpes du Nord – 677 h alt. 385.

Syndicat d'Initiative à la Mairie ✆ 50 76 72 28.

Paris 595 – Thonon-les-Bains 26 – Annecy 100 – Évian-les-Bains 17 – Montreux 29.

National, ✆ **50 76 72 97, Fax 50 76 71 93,** ←, – ☎ 🅟. AE GB. ✻
fermé 20 oct. au 20 nov., vacances de fév., mardi soir et merc. hors sais. – **R** 95/250 – ☐ 30 – **14 ch** 170/300 – ½ P 230/290.

Ducs de Savoie avec ch, ✆ **50 76 73 09, Fax 50 76 74 31,** ← – ☎ 🅟. GB
fermé lundi et mardi hors sais. – **R** 125/280 – ☐ 29 – **12 ch** 170/235 – ½ P 255/300.

ST-GIRONS ⟨SP⟩ **09200** Ariège 86 ③ – 6 596 h alt. 391.

Voir St-Lizier : Cloître★ de la cathédrale N : 2 km, G. Pyrénées Aquitaine.

Office de Tourisme pl. A.-Sentein ✆ 61 66 14 11, Fax 61 66 25 59.

Paris 795 ① – Foix 44 ② – Auch 112 ① – St-Gaudens 43 ① – ♦Toulouse 99 ①.

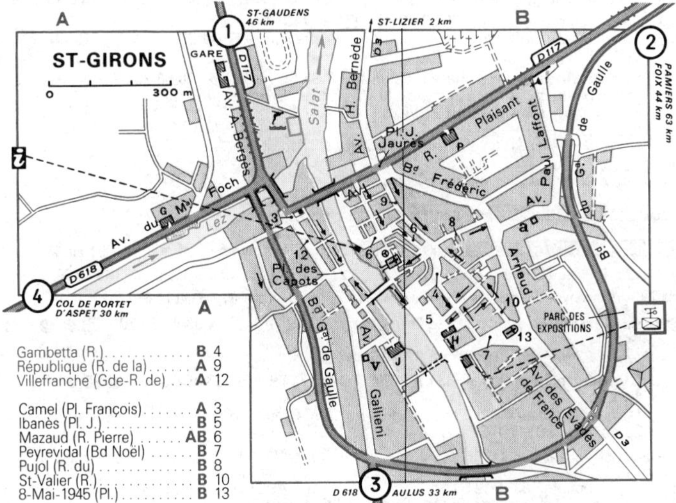

✿ **Eychenne** , **8 av. P. Laffont** ✆ **61 66 20 55, Fax 61 96 07 20,** , « **Bel aménagement intérieur** », , – |♦| ▤ rest ☐ ☎ 🅟 – 35. AE ⓓ GB — B **a**
fermé 22 déc. au 1er fév., dim. soir et lundi de nov. à mars sauf fériés – **R** 122/305 et carte 200 à 300 – ☐ 44 – **42 ch** 270/505 – ½ P 339/392
Spéc. Foie de canard aux raisins, Confit de canard aux cèpes, Soufflé au Grand Marnier. **Vins** Madiran.

Château de Seignan , **par ② : 2,5 km** ✆ **61 96 08 80, Fax 61 96 08 20,** , **parc,** , – ☐ ☎ 🅟. GB. ✻ rest
fermé 1er nov. au 15 déc. – **R** *(fermé mardi midi et lundi du 15 sept. au 15 juin)* 145/250 – ☐ 42 – **9 ch** 420/850 – ½ P 395/580.

Mirouze, **19 av. Gallieni** ✆ **61 66 12 77,** – ☎ 🅟. GB — A **v**
fermé 22 au 31 déc. – **R** 76/140 – ☐ 28 – **24 ch** 110/250 – ½ P 160/210.

à Lorp-Sentaraille par ① : 4 km – ✉ **09190** St-Lizier :

Horizon 117, ✆ **61 66 26 80, Fax 61 66 26 08,** , , , – ☐ ☎ 🅟 – 25. AE ⓓ GB
fermé nov., sam. midi et dim. soir sauf du 1er juin au 30 sept. – **R** 75/205 , enf. 50 – ☐ 35 – **20 ch** 230/330 – ½ P 260/280.

CITROEN Sté Autom. du Couserans, av. Résistance, l'Arial par ③ ✆ 61 66 34 45
PEUGEOT SEGAC, rte de Toulouse à St-Lizier par ① ✆ 61 66 31 00 **N** ✆ 61 02 55 87
RENAULT Austria-Autos, rte de Toulouse à St-Lizier par ① ✆ 61 66 32 32 **N** ✆ 61 96 09 09

Euromaster Central Pneu Service, Chantereine, St-Lizier ✆ 61 66 00 81
Reynes, 48 bd F.-Arnaud ✆ 61 66 07 53

ST-GOBAIN **02410** Aisne 56 ④ G. Flandres Artois Picardie – 2 321 h alt. 200.

Voir Forêt★★.

Paris 131 – Compiègne 52 – St-Quentin 30 – La Fère 7,5 – Laon 20 – Noyon 30 – Soissons 30.

Parc, ✆ **23 52 80 58,** , – 🅟. GB
fermé 15 juil. au 14 août, dim. soir et lundi – **R** 90/170, enf. 50.

ST-GRATIEN 95 Val-d'Oise 55 ⑳ – voir à Paris, Environs.

ST-GRÉGOIRE 35 I.-et-V. 59 ⑰ – rattaché à Rennes.

ST-GUÉNOLÉ 29 Finistère 58 ⑭ G. Bretagne – ✉ 29760 Penmarch.

Voir Musée préhistorique★ – ≤★★ du phare d'Eckmühl★ S : 2,5 km – Église★ de Penmarch SE : 3 km – Pointe de la Torche ≤★ NE : 4 km.

Office de Tourisme pl. J.-Ferry ✆ 98 58 81 44.

Paris 582 – Quimper 33 – Douarnenez 42 – Guilvinec 8 – Plonéour-Lanvern 16 – Pont-l'Abbé 14.

Sterenn M, rte phare Eckmühl ✆ 98 58 60 36, Fax 98 58 71 28, ≤ pointe de Penmarch – rest TV ☎ P. AE GB. ✻
4 avril-10 oct. et fermé merc. sauf du 16 juin au 22 sept. – **R** 80/330, enf. 50 – ☕ 36 – **16 ch** 320/390 – ½ P 350/380.

Héol M, r. L. Le Lay ✆ 98 58 71 71, Fax 98 58 64 02, ≤, 🏊, – TV ☎ P. GB
1er juin-26 sept. et fermé lundi sauf juil.-août – **R** voir **H. Sterenn** – ☕ 36 – **18 ch** 280/420.

Mer, 184 r. F. Péron ✆ 98 58 62 22 – TV ☎. GB. ✻ rest
fermé 5 janv. au 20 fév., dim. soir et lundi hors sais. – **R** 110/260 – ☕ 37 – **15 ch** 250/310 – ½ P 310/340.

Les Ondines, rte phare d'Eckmühl ✆ 98 58 74 95, Fax 98 58 73 99 – ☎. GB
fermé 5 janv. au 1er avril et mardi du 15 sept. au 15 juin sauf vacances de printemps – **R** voir H. **Sterenn** – ☕ 30 – **16 ch** 210/270.

ST-GUIRAUD 34 Hérault 83 ⑤ – rattaché à Clermont-l'Hérault.

ST-HENRI 46 Lot 79 ⑧ – rattaché à Cahors.

ST-HILAIRE-D'OZILHAN 30 Gard 80 ⑲ – rattaché à Remoulins.

ST-HILAIRE-DU-HARCOUËT 50600 Manche 59 ⑨ G. Normandie Cotentin – 4 489 h alt. 83.

Office de Tourisme pl. Église (saison) ✆ 33 49 15 27 et à la Mairie (hors saison) ✆ 33 49 10 06.

Paris 290 – Alençon 99 – Avranches 27 – ◆Caen 98 – Fougères 28 – Laval 66 – Saint-Lô 69.

La Résidence sans rest, rte Fougères ✆ 33 49 10 14, Fax 33 49 53 70 – TV ☎ P – 80. GB
fermé 23 déc. au 4 janv. – ☕ 32 – **25 ch** 225/340.

Cygne, rte Fougères ✆ 33 49 11 84, Télex 171445, Fax 33 49 53 70 – TV ☎ – 60. AE GB
fermé 23 déc. au 4 janv. et vend. soir du 15 nov. au 31 mars – **R** 70/180 , enf. 39 – ☕ 32 – **20 ch** 185/290 – ½ P 245/275.

CITROEN Gar. Ledebt-Aubril, 77 r. de Paris ✆ 33 49 10 89
FORD Gar. Lerbourg ✆ 33 49 12 56
OPEL Gar. Lemaréchal-Lelandais, 98 r. de Paris ✆ 33 49 21 90
PEUGEOT-TALBOT Gar. Lemonnier, rte de Paris ✆ 33 49 24 90
RENAULT Gar. Boulaux, 64 r. de Paris ✆ 33 49 20 71
Gar. Garnier, 126 r. de Mortain ✆ 33 49 12 02

ST-HILAIRE-DU-ROSIER 38840 Isère 77 ③ – 1 731 h alt. 201.

Paris 581 – Valence 38 – ◆Grenoble 61 – Romans-sur-Isère 19 – St-Marcellin 8,5.

XXX ✿ **Bouvarel** avec ch, à St-Hilaire-gare, S : 4 km ✆ 76 64 50 87, Fax 76 64 58 47, , « Jardin fleuri », 🏊 – TV ☎ P. AE GB
fermé 10 au 24 janv., dim. soir et lundi hors sais. – **R** 195/450 et carte 300 à 500 – ☕ 60 – **14 ch** 330/390 – ½ P 540
Spéc. Ravioles. Turbot braisé au Champagne. Poulet sauté aux écrevisses (juin à janv.). **Vins** Chante-Alouette, Saint-Joseph.

ST-HILAIRE-LE-CHÂTEAU 23250 Creuse 72 ⑨ ⑩ – 296 h alt. 459.

Paris 380 – ◆Limoges 63 – Aubusson 25 – Bourganeuf 14 – Guéret 31 – Montluçon 81.

XXX **du Thaurion** avec ch, ✆ 55 64 50 12, Fax 55 64 90 92, , – TV ☎ P – 30. AE GB
fermé 20 déc. au 28 fév. et merc. sauf juil.-août – **Repas** 80/400 – ☕ 40 – **10 ch** 230/350 – ½ P 280/350.

ST-HILAIRE-PETITVILLE 50 Manche 54 ⑬ – rattaché à Carentan.

ST-HILAIRE-ST-FLORENT 49 M.-et-L. 64 ⑫ – rattaché à Saumur.

ST-HIPPOLYTE 25190 Doubs 66 ⑱ G. Jura – 1 128 h alt. 380.

Voir Site★.

Syndicat d'Initiative à la Mairie ✆ 81 96 53 75.

Paris 488 – ◆Besançon 89 – ◆Basel 85 – Belfort 47 – Montbéliard 29 – Pontarlier 72.

Le Bellevue, rte Maîche ✆ 81 96 51 53, Fax 81 96 52 40 – TV ☎ P. AE GB
fermé vacances de nov., vend. soir, sam. midi et dim. soir d'oct. à mars – **R** 78/185 , enf. 55 – ☕ 34 – **15 ch** 135/280 – ½ P 170/230.

ST-HIPPOLYTE **68590** H.-Rhin 62 ⑲ G. Alsace Lorraine – 1 078 h alt. 250.

Env. Château du Haut-Koenigsbourg★★.

Paris 433 – Colmar 20 – Ribeauvillé 7 – St-Dié 41 – Sélestat 9 – Villé 17.

Aux Ducs de Lorraine ⑤, ☎ 89 73 00 09, Fax 89 73 05 46, ≤, « Aile récente avec ch. de grand confort », – |‡| TV ☎ P – 25 à 40. GB. ch
fermé 30 nov. au 15 déc. et 10 janv. au 1er mars – **R** *(fermé dim. soir hors sais. et lundi)* 110/310 – 50 – **38 ch** 350/700, 4 appart. – ½ P 440/600.

Parc ⑤, ☎ 89 73 00 06, Fax 89 73 04 30, , , – |‡| ch TV ☎ & P – 30. AE GB
R *(fermé 1er au 7 mars, 21 au 30 juin et lundi)* 85/300 – 40 – **42 ch** 260/750 – ½ P 260/400.

La Vignette, ☎ 89 73 00 17, Fax 89 73 05 69 – |‡| ☎. GB. ch
fermé 16 déc. au 15 fév. et jeudi – **R** 85/250 – 28 – **24 ch** 160/280 – ½ P 195/255.

ST-HIPPOLYTE **63** P.-de-D. 73 ④ – rattaché à Châtelguyon.

ST-HONORAT (Ile) ★★ **06** Alpes-Mar. 84 ⑨ 115 ㊱ ㊴ G. Côte d'Azur.

Voir Ancien monastère fortifié★ : ≤★★ – Tour de l'île★★.

Accès par transports maritimes.

depuis **Golfe-Juan et Juan-les-Pins** (escale à l'Ile Ste Marguerite). Pâques à début oct., 3 à 4 services quotidiens - Traversée 45 mn – Tarifs se renseigner : Transports Maritimes Cap d'Antibes, Port de Golfe Juan ☎ 93 63 81 31 (Golfe-Juan).

depuis **Cannes** (escale à l'Ile Ste Marguerite). En 1992 : en saison, au moins 7 rotations quotidiennes ; hors saison, 5 au moins - Traversée 30 mn – 40 F (AR) par Cie Esterel-Chanteclair, gare maritime des Iles ☎ 93 39 11 82 (Cannes).

La guida cambia, cambiate la guida ogni anno.

ST-HONORÉ-LES-BAINS **58360** Nièvre 69 ⑥ G. Bourgogne – 754 h alt. 302 – Stat. therm. (30 mars-sept.) – Casino .

Office de Tourisme pl. F.-Bazot (mai-sept.) ☎ 86 30 71 70.

Paris 306 – Château-Chinon 27 – Luzy 22 – Moulins 68 – Nevers 69 – St-Pierre-le-Moutier 66.

Lanoiselée, 4 av. Jean Mermoz ☎ 86 30 75 44, Fax 86 30 75 66, , – TV ☎ & P. AE GB. rest
fermé déc. et janv. – **R** *(fermé dim. soir et lundi d'oct. à avril)* 110/195 – 30 – **18 ch** 270/365 – P 280.

Aub. du Pré Fleuri, ☎ 86 30 74 96, , – TV ☎ P. AE GB
fermé vacances de fév., dim. soir et lundi de nov. à mars – **R** 88/172, enf. 65 – 32 – **9 ch** 260/320 – P 310/330.

ST-IGNACE (Col de) **64** Pyr.-Atl. 85 ② – rattaché à Ascain.

ST-JACQUES **06** Alpes-Mar. 84 ⑧ – rattaché à Grasse.

ST-JACQUES-DES-BLATS **15800** Cantal 76 ③ – 352 h alt. 991.

Paris 543 – Aurillac 32 – Brioude 73 – Issoire 90 – St-Flour 41.

Le Griou M, ☎ 71 47 06 25, Fax 71 47 00 16, ≤, , – ☎ P. GB
10 avril-15 oct. et 20 déc.-31 mars – **R** 60/160, enf. 42 – 28 – **20 ch** 160/280 – ½ P 180/225.

Touristes (annexe ⑤ & ☎), ☎ 71 47 05 86, – P. GB. rest
15 avril-15 oct. et 20 déc.-30 mars – **R** 70/135, enf. 40 – 25 – **20 ch** 140/200 – ½ P 160/195.

ST-JACUT-DE-LA-MER **22750** C.-d'Armor 59 ⑤ G. Bretagne – 797 h alt. 8.

Voir Pointe du chevet ≤★ : 2 km.

Env. Château d'eau de Ploubalay ✳★★ SE : 9 km.

Syndicat d'Initiative r. du Châtelet (15 juin-15 sept.) ☎ 96 27 71 91.

Paris 416 – St-Malo 24 – Dinan 25 – Dol-de-B. 40 – Lamballe 39 – St-Brieuc 60 – St-Cast 16.

Vieux Moulin ⑤, ☎ 96 27 71 02, , – ☎ P. GB.
Pâques-oct. – **R** (dîner seul.) 80/140 – 35 – **29 ch** 160/320 – ½ P 260/320.

ST-JAMES **50240** Manche 59 ⑧ G. Normandie Cotentin – 2 976 h alt. 110.

Voir Cimetière américain.

Paris 346 – St-Malo 58 – Avranches 19 – Fougères 22 – ◆Rennes 59 – St-Lô 78.

Normandie, pl. Bagot ☎ 33 48 31 45 – TV ☎. GB
fermé 23 déc. au 4 janv. – **R** *(fermé vend. soir de déc. à fév.)* 68/215, enf. 55 – 32 – **15 ch** 185/260, 4 appart. – ½ P 260.

ST-JEAN-AUX-BOIS **60** Oise 56 ② ③ – rattaché à Compiègne.

ST-JEAN-CAP-FERRAT **06230** Alpes-Mar. 84 ⑩ 115 ㉗ **G. Côte d'Azur** – **2 248 h alt. 20.**

Voir Fondation Ephrussi-de-Rothschild★★ **M** : site★★, musée Ile de France★★, jardins★ – Phare ※★★ – Pointe de St-Hospice ⩤★ de la chapelle.

Office de Tourisme av. D.-Semeria ✆ 93 76 08 90.

Paris 942 ④ – ♦ **Nice 10,5** ④ – **Menton 26** ③.

ST-JEAN-CAP-FERRAT

Les flèches noires indiquent les sens uniques supplémentaires l'été

Albert-1er (Av.) 2
Centrale (Av.) 3
États-Unis (Av. des) . 5
Gaulle (Bd Gén. de) . 6
Grasseuil (Av.) 7
Libération (Bd) 9
Mermoz (Av. J.) 12
Passable (Ch. de) . . . 13
Phare (Av. du) 14
St-Jean (Pont) 16
Sauvan (Bd H.) 17
Semeria (Av. D.) 18
Verdun (Av. de) 20
Vignon (Av. C.) 21

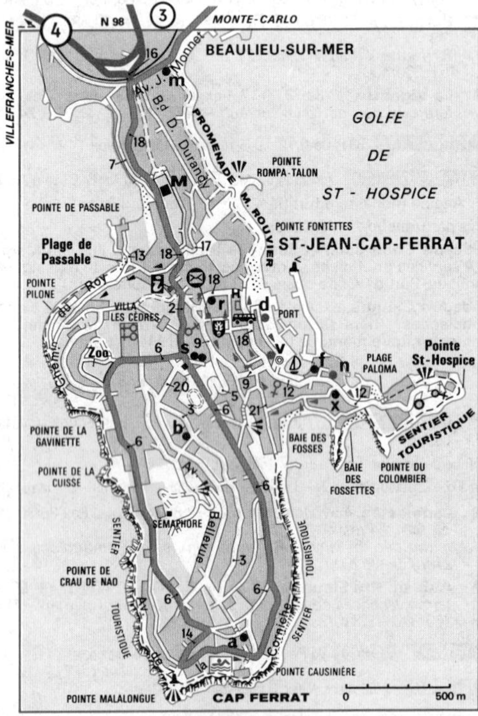

Bel-Air-Cap-Ferrat Ⓜ, bd Gén. de Gaulle au **Cap Ferrat (a)** ✆ 93 76 50 50, Télex 470184, Fax 93 76 13 02, ⩤, « Vaste parc, jardin fleuri, en bord de mer, funiculaire privé », – ▤ 70. AE ⓓ GB. rest
R 420/540 et carte 390 à 570 - **Club Dauphin** à la piscine **R** (déj. seul.) 280/400, enf. 130 – **55 ch** ☐ 2900/5400, 4 appart.
Spéc. Trois petites salades de langoustines, homard et scampi. Filet de Saint-Pierre rôti aux artichauts barigoule. Tatin de pêche jaune.

Voile d'Or Ⓜ, au port **(f)** ✆ 93 01 13 13, Télex 470317, Fax 93 76 11 17, ⩤ port et golfe, – ▤ rest ☎ – 25
12 mars-31 oct. – **R** 350/550 et carte 390 à 550 – ☐ 95 – **50 ch** 1310/3210, 5 appart.
Spéc. Millefeuille de saumon au beurre de cerfeuil. Saint-Pierre au plat. Agneau de Sisteron, petits farcis provençaux. Vins Bandol, Côtes de Provence.

Royal Riviera Ⓜ, av. J. Monnet **(m)** ✆ 93 01 20 20, Télex 470302, Fax 93 01 23 07, ⩤, « Jardin fleuri, », – ▤ ☎ ♿ Ⓟ – 40 à 80. AE ⓓ GB JCB. rest
Le Panorama R 295/310 – ☐ 95 – **77 ch** 1300/2500.

Panoramic sans rest, av. Albert 1er **(s)** ✆ 93 76 00 37, Fax 93 76 15 78, ⩤ Cap et golfe, – ☎ Ⓟ. AE ⓓ GB
fermé 4 nov. au 20 déc. – ☐ 45 – **20 ch** 370/675.

Brise Marine sans rest, av. J. Mermoz **(x)** ✆ 93 76 04 36, Fax 93 76 11 49, ⩤ Cap et golfe, – ▤ ☎. GB
1er fév.-début nov. – ☐ 55 – **16 ch** 600/655.

Belle Aurore, av. D. Séméria **(r)** ✆ 93 76 04 59, Fax 93 76 15 10, – ☎ Ⓟ. AE ⓓ GB JCB
R *(mai-oct.)* 160 – ☐ 46 – **19 ch** 450/620 – ½ P 460/516.

Clair Logis sans rest, av. Centrale **(b)** ☎ 93 76 04 57, Fax 93 76 11 85, « Parc » – ☎ P. AE ⓓ GB
fermé 15 nov. au 15 déc. – ☕ 40 – **18 ch** 290/630.

La Bastide, av. Albert 1er **(s)** ☎ 93 76 06 78, ≤, – P. AE GB
fermé 1er nov. au 22 déc. – **R** 170 – ☕ 25 – **14 ch** 260 – ½ P 280.

XXX ✿ **Le Provençal** (Jouteux), av. D. Sémeria **(v)** ☎ 93 76 03 97, Fax 93 76 05 39, « Décor élégant, ≤ port et golfe » – ▤. GB
fermé fév., dim. soir d'oct. à avril et lundi – **R** 200 (déj.)/550 et carte 460 à 600, enf. 150
Spéc. Fond d'artichaut violet au homard. Saint-Pierre en feuilles de figue. Canette en croûte d'épices. **Vins** Bellet, Coteaux Varois.

XX **Le Sloop,** au nouveau port **(d)** ☎ 93 01 48 63, – AE ⓓ GB
fermé 15 nov. au 15 déc. et merc. de mi-sept. à Pâques sauf vacances scolaires – **R** 250.

XX **Capitaine Cook,** av. J. Mermoz **(n)** ☎ 93 76 02 66, – GB
fermé 15 nov. au 15 janv., lundi midi et jeudi – **R** 130/160.

ST-JEAN (Col) 04 Alpes-de-H.-P. 81 ⑦ – rattaché à La Seyne.

Quando cercate un albergo o un ristorante, siate pratici.
Approfittate delle località sottolineate in rosso sulle **carte stradali** *1:200 000.*
Ma che le carte siano recenti!

ST-JEAN-D'ANGÉLY ◇ **17400** Char.-Mar. 71 ③ ④ **G. Poitou Vendée Charentes** – 8 060 h alt. 30.

ℹ Syndicat d'Initiative square Libération (fermé matin hors saison) ☎ 46 32 04 72.

Paris 444 ② – La Rochelle 63 ④ – Royan 70 ③ – Angoulême 64 ② – Cognac 35 ③ – Niort 47 ① – Saintes 34 ⑤.

ST-JEAN-D'ANGÉLY

Bancs (R. des) .... A 4
Gambetta (R.) .... A
Grosse-Horloge (R.) ...... B 8
Hôtel-de-Ville (Pl. de l') ... B 9
Taillebourg (Fg) .... A
Abbaye (R. de l') ...... A 2
Aguesseau (R. d') ..... A 3
Bourcy (R. Pascal) ..... B 6
Dubreuil (R. L. A.) ..... A 7
Jacobins (R. des) ...... B 12
Niort (R. de la Porte de) .... B 13
Port-Mahon (Av. du) ... AB 14
Remparts (R. des) ...... B 15
Rose (R.) .... B 16
Texier (R. Michel) ...... A 17
Tour-Ronde (R.) .... B 19
Verdun (R. de) .... A 21

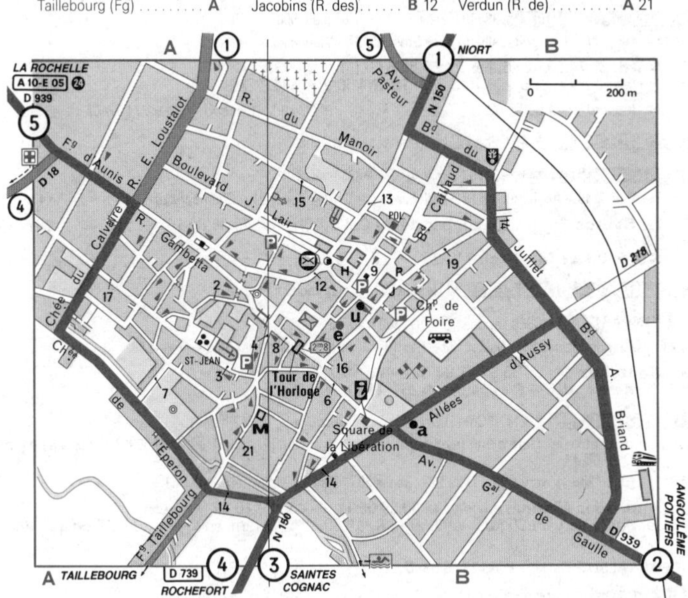

Paix, 4 allées Aussy ☎ 46 32 00 93, Fax 46 32 08 74 – ch TV ☎ & P – 25 à 100. AE GB — B **a**
R 65/150 ♂, enf. 45 – ☕ 25 – **39 ch** 110/240 – ½ P 170/190.

Place, pl. Hôtel de Ville ☎ 46 32 01 44, – TV ☎. GB — B **u**
fermé 15 déc. au 1er janv. – **R** *(fermé dim. soir et lundi midi du 1er sept. au 15 avril)* 60/150 ♂ – ☕ 27 – **10 ch** 195/230 – ½ P 165/180.

XX **Le Scorlion,** 8 r. Gallérand ✆ 46 32 52 61 – GB B e
fermé mi-janv. au 28 fév., dim. soir et lundi – **R** 130/310, enf. 60.

CITROEN Gar. Delaleau, ZI de la Sacristinerie par ② ✆ 46 32 44 44
FORD Gar. Sarrazin, 4 av. de Saintes ✆ 46 32 46 33
MERCEDES-BENZ S.A.V.I.A., ZI du Point-du-Jour n° 2 ✆ 46 59 03 03 N ✆ 88 72 00 94
PEUGEOT, TALBOT Nouraud-Amy, ZI, 27 av. Point-du-Jour par ② ✆ 46 59 09 09
RENAULT SAGA, rte de Saintes par ③ ✆ 46 32 40 22 N ✆ 46 97 32 51
V.A.G Gar. Drevet, 19 fg Taillebourg ✆ 46 32 01 74

Pneu-équipement Pneu +, ZI av. Point-du-Jour ✆ 46 32 12 43

ST-JEAN-D'ARVEY 73230 Savoie 74 ⑮ ⑯ – 1 182 h alt. 578.

Paris 552 – ◆Grenoble 61 – Albertville 55 – Annecy 44 – Chambéry 9 – Les Déserts 5,5.

Therme ⑤, ✆ 79 28 40 33, Fax 79 28 46 63, ≤, – P. GB. ch
R 95/130 – 26 145/180 – ½ P 175/200.

ST-JEAN-D'ASSÉ 72380 Sarthe 60 ⑬ – 1 021 h alt. 68.

Paris 214 – ◆Le Mans 17 – Alençon 32 – La Ferté-Bernard 61 – Mamers 33.

X **La Petite Auberge,** rte Nationale ✆ 43 25 25 15, , – P. GB
fermé juil., dim. soir et lundi – **R** 62/175 , enf. 35.

CITROEN Gar. Bardet ✆ 43 25 25 23

ST-JEAN-DE-BLAIGNAC 33420 Gironde 75 ⑫ – 405 h alt. 34.

Paris 594 – ◆Bordeaux 36 – Bergerac 54 – Libourne 15 – La Réole 29.

XXX **Aub. St-Jean,** ✆ 57 74 95 50 – AE GB
R 58/250 , enf. 25.

ST-JEAN-DE-BOISEAU 44 Loire-Atl. 67 ③ – rattaché à Nantes.

ST-JEAN-DE-BOURNAY 38440 Isère 74 ⑫ – 3 764 h alt. 500.

Paris 514 – ◆Lyon 46 – Bourgoin-Jallieu 17 – ◆Grenoble 67 – Vienne 23.

Nord, ✆ 74 58 52 25, Fax 74 58 66 57 – TV ☎ P. GB
R *(fermé mardi)* 95/250 – 35 – **19 ch** 250/280 – ½ P 230.

CITROEN Bouvard ✆ 74 58 51 60
RENAULT Brissaud ✆ 74 58 71 76 N

ST-JEAN-DE-BRAYE 45 Loiret 64 ⑨ – rattaché à Orléans.

ST-JEAN-DE-CHEVELU 73170 Savoie 74 ⑮ – 485 h alt. 310.

Paris 528 – Annecy 49 – Aix-les-Bains 15 – Bellegarde-sur-V. 61 – Belley 21 – Chambéry 20 – La Tour-du-Pin 43.

La Source ⑤, S : 3,5 km par rte du Col du Chat ✆ 79 36 80 16, ≤, , – ☎ & P. ch
R 90/210 – 40 – **14 ch** 140/280 – ½ P 190/280.

ST-JEAN-DE-LA-BLAQUIÈRE 34 Hérault 83 ⑤ – rattaché à Lodève.

ST-JEAN-DE-LIER 40380 Landes 78 ⑥ – 309 h alt. 13.

Paris 735 – Mont-de-Marsan 36 – Castets 28 – Dax 18 – Montfort-en-Chalosse 11,5 – Orthez 39.

Cantelutz ⑤, ✆ 58 57 21 94, – P. rest
1er mars-1er déc. – **R** 60/145 – 26 – **11 ch** 98/185.

ST-JEAN-DE-LOSNE 21170 Côte-d'Or 70 ③ G. Bourgogne – 1 342 h alt. 184.

Syndicat d'Initiative av. Gare d'Eau (avril-sept., fermé matin sauf juil.-août) ✆ 80 29 05 48 et à la Mairie (hors saison) ✆ 80 29 05 44.

Paris 344 – ◆Dijon 33 – Auxonne 19 – Dole 22 – Genlis 20 – Gray 53 – Lons-le-Saunier 63.

Aub. de la Marine, à Losne ✆ 80 29 05 11, Fax 80 29 10 45 – ☎. GB
fermé 20 déc. au 25 janv. et lundi – **R** 55/200 et carte dim. soir – 28 – **16 ch** 180/260 – ½ P 160/200.

PEUGEOT-TALBOT Gaillard ✆ 80 29 05 53 N

ST-JEAN-DE-LUZ 64500 Pyr.-Atl. 85 ② G. Pyrénées Aquitaine – 13 031 h alt. 3.

Voir Église St-Jean-Baptiste** AZ **B** – Maison de l'Infante* AZ **D** – Maison Louis-XIV* AZ **E** – Corniche basque** par ④ – Sémaphore de Socoa ≤** 5 km par ④.

18 de la Nivelle ✆ 59 47 18 99, par ③ et D 704 : 1 km ; 18 de Chantaco ✆ 59 26 14 22, par ② : 2,5 km.

Office de Tourisme pl. Mar.-Foch ✆ 59 26 03 16.

Paris 793 ① – Biarritz 16 ① – ◆Bayonne 21 ① – Pau 128 ① – San-Sebastián 33 ③.

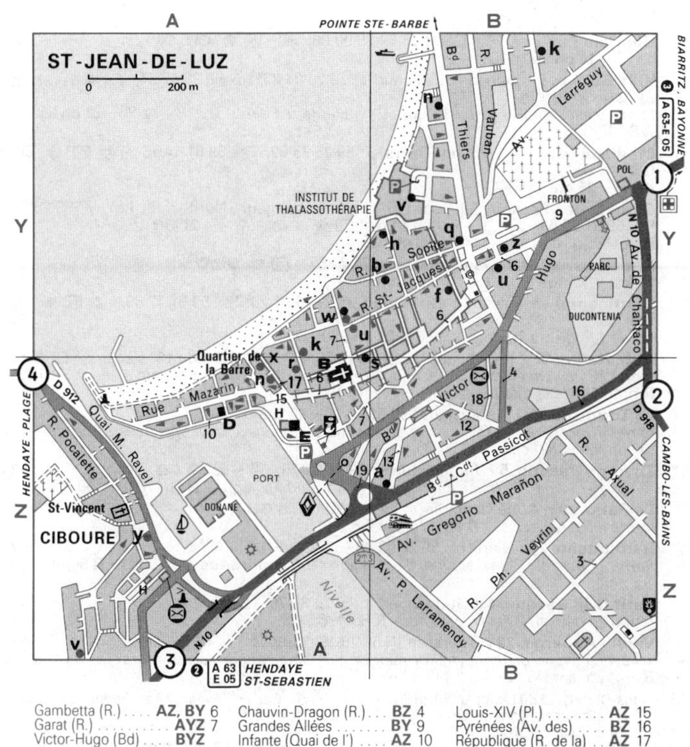

Gambetta (R.)	**AZ, BY** 6	Chauvin-Dragon (R.) ...	**BZ** 4	Louis-XIV (Pl.)	**AZ** 15
Garat (R.)	**AYZ** 7	Grandes Allées	**BY** 9	Pyrénées (Av. des)	**BZ** 16
Victor-Hugo (Bd)	**BYZ**	Infante (Quai de l')	**AZ** 10	République (R. de la) ..	**AZ** 17
		Jaurréguiberry (Av.) ...	**BZ** 12	Salagoity (R. de)	**BZ** 18
Bibal (R. F.)	**BZ** 3	Labrouche (Av.)	**BZ** 13	Verdun (Av. de)	**AZ** 19

Hélianthal Ⓜ, pl. M. Ravel ✆ 59 51 51 60, Télex 573415, Fax 59 51 51 54, ☂, institut de thalassothérapie – 🛗 ▤ 📺 ☎ ♿ 🅟 – 🏛 40. AE GB. ✂ rest BY **v**
R 175 – ☕ 65 – **90 ch** 665/1180 – ½ P 580/795.

Chantaco, face au golf par ② : 2 km ✆ 59 26 14 76, Télex 540016, Fax 59 26 35 97, ≤, ☂, « Élégant intérieur, jardin fleuri, 🏊 » – 📺 ☎ 🅟. AE ⓓ GB JCB. ✂ rest
avril-nov. – **R** 245/320 – ☕ 80 – **24 ch** 1150/1800 – ½ P 1100/1150.

✿ **Grand Hôtel,** 43 bd Thiers ✆ 59 26 35 36, Télex 571810, Fax 59 51 19 91, ≤, ☂, 🚲, 🏊 – 🛗 ✂ ch ▤ 📺 ☎ 🚗 – 🏛 30. AE ⓓ GB. ✂ BY **n**
fermé 9 janv. au 15 fév. – **R** 210 et carte 270 à 420 – ☕ 100 – **44 ch** 980/1290, 5 appart. – ½ P 775/900
Spéc. Langoustines rôties aux graines de sésame. Agnelet des Pyrénées aux trois accords et senteurs des prés. Millefeuille croustillant aux fruits rouges. **Vins** Irouléguy.

Parc Victoria Ⓜ 🔇, 5 r. Cépé ✆ 59 26 78 78, Fax 59 26 78 08, ☂, « Décor élégant, jardin fleuri, 🏊 » – 🛗 📺 ☎ ♿ 🅟. AE ⓓ GB. ✂ rest
hôtel : 1er avril-15 nov. ; rest. : 1er juin-30 sept. – **R** 200/250 – ☕ 65 – **12 ch** 800/1400 – ½ P 700/850.

La Réserve 🔇, rd-pt Ste-Barbe N : 2 km par bd Thiers ✆ 59 26 04 24, Fax 59 26 11 74, ≤, ☂, 🏊, 🌳, 🎾 – cuisinette 📺 ☎ ♿ 🚗 🅟 – 🏛 30. AE ⓓ GB
R 150/250 – ☕ 45 – **60 ch** 550/750, 26 appart., 11 studios – ½ P 510/575.

La Devinière sans rest, 5 r. Loquin ✆ 59 26 05 51, « Bel aménagement intérieur », 🌳 – ☎. GB. ✂ – ☕ 50 – **8 ch** 500/600. BY **f**

La Marisa Ⓜ sans rest, 16 r. Sopite ✆ 59 26 95 46, Fax 59 51 17 06 – 🛗 📺 ☎ ♿. GB BY **b**
fermé 15 janv. au 28 fév. – ☕ 40 – **16 ch** 460.

Gd H. Poste sans rest, 83 r. Gambetta ✆ 59 26 04 53, Fax 59 26 42 14 – 📺 ☎. AE ⓓ GB
☕ 35 – **34 ch** 345/410. BY **z**

Les Goëlands, 4 et 6 av. Etcheverry ✆ 59 26 10 05, Fax 59 47 26 08, 🌳 – 📺 ☎ 🅟. AE GB. ✂ rest BY **k**
R *(Pâques-30 sept.)* (résidents seul.) 110/130 ☕ 35 – **35 ch** 170/300.

Ohartzia sans rest, 28 r. Garat ☎ 59 26 00 06, – TV ☎. GB. AY **w**
35 – **18 ch** 350/410.

Villa Bel Air, Promenade J. Thibaud ☎ 59 26 04 86, Fax 59 26 62 34, ← – rest TV ☎ P. GB. rest BY **h**
hôtel : 9 avril-2 nov. ; rest. : 1er juin-30 sept. et fermé dim. – **R** 118 – 35 – **23 ch** 350/450 – ½ P 340/375.

Madison sans rest, 25 bd Thiers ☎ 59 26 35 02, Fax 59 51 14 76 – TV ☎. AE GB BY **q**
37 – **25 ch** 300/440.

Climat de France M, par ①, près échangeur Nord : 2 km ☎ 59 26 21 21, Fax 59 51 20 50, – ch rest TV ☎ P – 45. AE GB
R 85/135, enf. 42 – 35 – **68 ch** 320.

Agur sans rest, 96 r. Gambetta ☎ 59 26 21 55 – TV ☎. AE GB. BY **u**
15 mars-15 nov. – 30 – **19 ch** 315/335.

Continental sans rest, 15 av. Verdun ☎ 59 26 01 23, Fax 59 51 17 63 – TV ☎. AE GB BZ **a**
fermé 11 nov. au 20 déc. – 35 – **21 ch** 320/360.

Aub. Kaïku, 17 r. République ☎ 59 26 13 20, , « Maison du 16e siècle » – AE GB
fermé 12 nov. au 20 déc., lundi midi du 15 juin au 15 sept. et merc. du 15 sept. au 15 juin – **R** produits de la mer (en saison, prévenir) 190, enf. 45. AZ **x**

Le Tourasse, 25 r. Tourasse ☎ 59 51 14 25 – AE GB AZ **r**
fermé 13 janv. au 13 fév., mardi soir et merc. hors sais. sauf vacances scolaires – **R** (en saison, prévenir) carte 210 à 300.

Taverne Basque, 5 r. République ☎ 59 26 01 26, – AE GB AZ **n**
fermé 15 janv. au 1er mars, lundi soir et mardi sauf juil.-août – **R** 95/170, enf. 50.

Le Patio, 10 r. Abbé Onaindia ☎ 59 26 99 11 – AE GB AYZ **s**
fermé lundi hors sais. – **R** 98/175, enf. 58.

Ramuntcho, 24 r. Garat ☎ 59 26 03 89 – AE GB AY **w**
fermé 11 nov. au 1er fév. et lundi d'oct. à juin sauf vacances de printemps – **R** 90/165, enf. 40.

Petit Grill Basque, 4 r. St-Jacques ☎ 59 26 80 76 – AE GB AY **u**
fermé 20 déc. au 20 janv. et vend. – **R** 85/135.

Vieille Auberge, 22 r. Tourasse ☎ 59 26 19 61 – GB AY **k**
1er avril-1er nov. et fermé mardi midi en juil.-août, mardi soir et merc. de sept. à juin – **R** 74/125, enf. 40.

FORD Autos-Durruty, ZI de Layatz ☎ 59 26 45 94
RENAULT Gar. Lamerain, Zone de Layatz, N 10 par ① ☎ 59 26 94 80 N ☎ 59 35 45 09
RENAULT Gar. Lamerain, 4 bd V.-Hugo ☎ 59 26 04 02 N ☎ 59 35 45 09
V.A.G Gar. de l'Avenir, 13 av. Errepira à Ciboure ☎ 59 47 26 56
Côte Basque Pneus, ZI de Jalday ☎ 59 26 45 81

Ciboure AZ du plan – 5 849 h – ✉ **64500**.

Voir Chapelle N.-D. de Socorri : site★ 5 km par ③.

Lehen Tokia, chemin Achotazetta ☎ 59 47 18 16, Fax 59 47 38 04, ←, , ambiance guest house, « Villa basque, bel aménagement intérieur », , – ch TV ☎. GB.
R (sur réservation seul.) 200 – 50 – **6 ch** 600.

Chez Dominique, 15 quai M. Ravel ☎ 59 47 29 16, – AE GB AZ **y**
fermé fév., dim. soir et lundi de mi-sept. à juin – **R** produits de la mer – carte 230 à 310.

Chez Pantxua, au port de Socoa par ④ : 2 km ☎ 59 47 13 73, ←, – GB
fermé 15 nov. au 15 fév., lundi (sauf le midi en hiver) et mardi (sauf le soir en été) – **R** carte 175 à 260.

Chez Mattin, 63 r. E. Baignol ☎ 59 47 19 52 – AE GB. AZ **v**
fermé janv., fév. et lundi – **R** carte 185 à 275.

par rte de la Corniche par ④ : 3 km – ✉ **64122** Urrugne :

Aub. de la Corniche, ☎ 59 47 30 23, ← Océan et Pyrénées, , – P. GB
10 avril-31 oct., dim. en hiver et fermé lundi – **R** 95/115.

ST-JEAN-DE-MAURIENNE

SP **73300** Savoie 77 ⑦ **G. Alpes du Nord** – 9 439 h alt. 546.

Voir Ciborium★ et stalles★ de la cathédrale AY.

Office de Tourisme pl. Cathédrale ☎ 79 64 03 12.

Paris 617 ① – Albertville 63 ① – Chambéry 73 ① – ♦Grenoble 104 ① – Torino 134 ②.

Plan page suivante

Nord, pl. Champ de Foire ☎ 79 64 02 08, Fax 79 59 91 31 – TV ☎ P. GB.
R *(fermé dim. et fériés)* 58/98 – 30 – **20 ch** 165/210. AY **e**

St Georges sans rest, 334 r. République ☎ 79 64 01 06, Fax 79 59 84 84 – TV ☎ P. AE GB AZ **s**
30 – **22 ch** 140/250.

Europe et rest. Le Délice, 15 av. Mt Cenis ☎ 79 64 00 21, Fax 79 83 21 81 – ch TV ☎ P. AE GB JCB AZ **a**
R 68/199 – 25 – **27 ch** 160/220 – ½ P 240.

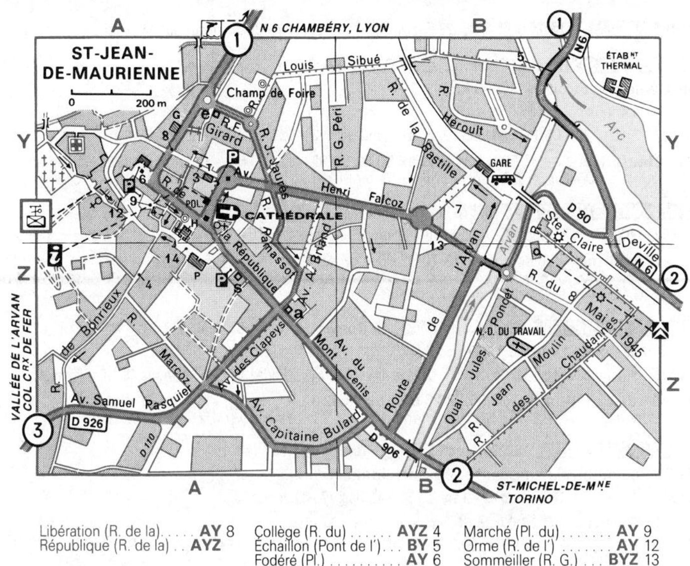

Libération (R. de la) ..... **AY** 8	Collège (R. du) ...... **AYZ** 4	Marché (Pl. du) .... **AY** 9
République (R. de la) .. **AYZ**	Échaillon (Pont de l') ... **BY** 5	Orme (R. de l') .... **AY** 12
	Fodéré (Pl.) .... **AY** 6	Sommeiller (R. G.) ... **BYZ** 13
Brun-Rollet (R.) .... **AY** 3	Gare (Av. de la) .... **BY** 7	Sous-Préfecture (R.) ... **AZ** 14

ALFA ROMEO FIAT LANCIA D.D.A., ZI les Plans, rte de Villargondran ☎ 79 64 00 51
CITROEN Deléglise, quai J.-Poncet ☎ 79 64 03 00 **N**
PEUGEOT-TALBOT Alpettaz, ZI Les Plans par ② ☎ 79 64 13 88 **N** ☎ 79 59 60 22
RENAULT Duverney, ZI le Parquet ☎ 79 64 12 33 **N** ☎ 79 59 63 69
V.A.G Jean Lain, ZI Le Parquet ☎ 79 64 26 63

Euromaster Piot Pneu, pl. Champ-de-Foire ☎ 79 64 05 74

ST-JEAN-DE-MONTS 85160 Vendée 67 ⑪ G. Poitou Vendée Charentes – 5 959 h alt. 8 – Casino La Pastourelle.

18 ☎ 51 58 82 73, O : 2,5 km.

Office de Tourisme Palais des Congrès, 67 esplanade de la Mer ☎ 51 58 00 48, Télex 711391 et 4 r. Plage (15 juin-15 sept., fermé après-midi sauf juil.-août) ☎ 51 58 02 21.

Paris 453 – La Roche-sur-Yon 56 – Cholet 99 – ♦Nantes 72 – Noirmoutier-en-l'Ile 33 – Les Sables-d'O. 47.

Mercure-Altéa M, av. Pays de Monts ☎ 51 59 15 15, Télex 701893, Fax 51 59 91 03, ←, ... – ☎ ♿ P. AE ① GB
7 mars-7 nov. – **R** 150, enf. 70 – ☕ 50 – **44 ch** 410/650 – ½ P 475/510.

L'Espadon, 8 av. Forêt ☎ 51 58 03 18, Fax 51 59 16 11 – ☎ ♿ P. AE ① GB
R *(fermé 15 nov. au 1er mars)* 80/180, enf. 55 – ☕ 32 – **60 ch** 240/300 – ½ P 260/300.

Robinson, 28 bd Gén. Leclerc ☎ 51 58 21 01, Fax 51 58 88 03, – ☎ P. AE ① GB
fermé 30 nov. au 1er fév. – **R** 69/215, enf. 57 – ☕ 31 – **66 ch** 185/280 – ½ P 222/260.

Tante Paulette, 32 r. Neuve ☎ 51 58 01 12, – ☎. AE ① GB.
1er mars-2 nov. – **R** 70/305, enf. 45 – ☕ 26 – **36 ch** 195/260.

La Cloche d'Or, 26 av. Tilleuls ☎ 51 58 00 58 – ☎. GB. rest
15 avril-30 sept. – **R** 76/145 – ☕ 30 – **25 ch** 240/340 – ½ P 260/360.

XX **Le Richelieu** avec ch, 8 av. Oeillets ☎ 51 58 06 78 – TV ☎. AE GB. ch
1er avril-15 nov. – **R** 97/240, enf. 35 – ☕ 30 – **8 ch** 260/280 – ½ P 290.

XX **Jacques Rondeau,** 9 av. Forêt ☎ 51 58 02 66 – AE GB
fermé lundi – **R** 92/155.

sur D 38 (rte N.-D. de Monts) : 3 km – ✉ **85160** St-Jean-de-Monts :

X **La Quich'Notte,** ☎ 51 58 62 64, « Bourrine aménagée » – P. AE GB
1er mars-15 sept. et fermé mardi midi et lundi sauf juil.-août – **R** 89/199, enf. 35.

à Orouet SE : 7 km – ✉ **85160** St-Jean-de-Monts :

Aub. de la Chaumière, D 38 ☎ 51 58 67 44, Fax 51 58 98 12, – ☎ ♿ P. AE GB. rest
10 avril-30 sept. – **R** 98/220, enf. 60 – ☕ 31 – **29 ch** 300/400 – ½ P 280/350.

PEUGEOT, TALBOT Gar. Besseau ☎ 51 58 88 88
RENAULT Gar. Vrignaud, 30 et 35 rte de Challans ☎ 51 58 26 74 **N**
RENAULT Gar. Marionneau, 354 r. de Notre-Dame ☎ 51 58 83 14

ST-JEAN-DE-REBERVILLIERS 28 E.-et-L. 60 ⑦ – rattaché à Châteauneuf-en-Thymerais.

ST-JEAN-DE-SIXT 74450 H.-Savoie 74 ⑦ **G. Alpes du Nord** – 852 h alt. 956.

Voir Défilé des Étroits★ NO : 3 km.

Office de Tourisme ✆ 50 02 70 14.

Paris 577 – Annecy 29 – Chamonix-Mont-Blanc 78 – Bonneville 22 – La Clusaz 3 – ◆Genève 48.

Beau Site ⛰, ✆ 50 02 24 04, Fax 50 02 35 82, ←, ⛱, 🌳 – ☎ 🚗 **P**. GB. ✗ rest
20 juin-10 sept. et 20 déc.-10 avril – **R** 75/140 – ☕ 27 – **20 ch** 185/300 – ½ P 210/260.

ST-JEAN-DES-OLLIÈRES 63520 Puy-de-Dôme 73 ⑮ – 363 h alt. 685.

Paris 459 – ◆Clermont-Ferrand 42 – Ambert 40 – Billom 16 – Issoire 28 – Thiers 34.

L'Archou ⛰ avec ch, ✆ 73 70 92 00 – ☎. AE GB
fermé janv., dim. soir du 1er oct. au 31 mars et jeudi soir – **R** 90/200, enf. 50 – ☕ 25 – **7 ch** 140/200 – ½ P 180/220.

ST-JEAN-DU-BRUEL 12230 Aveyron 80 ⑮ **G. Gorges du Tarn** – 820 h alt. 520.

Env. Gorges de la Dourbie★★ NE : 10 km.

Paris 695 – ◆Montpellier 98 – Le Caylar 26 – Lodève 44 – Millau 41 – Rodez 107 – St-Affrique 48 – Le Vigan 36.

Midi-Papillon ⛰, ✆ 65 62 26 04, Fax 65 62 12 97, ←, ⛱, 🌳 – ☎ **P**. GB
3 avril-11 nov. – **Repas** 67/183 🍷, enf. 40 – ☕ 21 – **19 ch** 93/182 – ½ P 162/207.

ST-JEAN-DU-DOIGT 29228 Finistère 58 ⑥ **G. Bretagne** – 661 h alt. 15.

Voir Enclos paroissial : trésor★★, église★, fontaine★.

Paris 546 – ◆Brest 77 – Guingamp 62 – Lannion 34 – Morlaix 17 – Quimper 96.

Le Ty Pont, ✆ 98 67 34 06, 🌳 – ☎. GB. ✗ ch
Pâques-mi-oct. et fermé dim. soir et lundi d'oct. à mai – **R** 62/235 – ☕ 25 – **31 ch** 120/205 – ½ P 183/200.

ST-JEAN-DU-GARD 30270 Gard 80 ⑰ **G. Gorges du Tarn** – 2 441 h alt. 189.

Voir Musée des Vallées Cévenoles★.

Paris 688 – Alès 27 – Florac 53 – Lodève 92 – ◆Montpellier 73 – Nîmes 59 – Le Vigan 50.

Aub. du Péras, rte Anduze ✆ 66 85 35 94, Fax 66 52 30 32, 🍽 – ☎ **P**. AE ⓓ GB
10 mars-2 déc. – **R** 78/186, enf. 28 – ☕ 28 – **10 ch** 268/290 – ½ P 238.

PEUGEOT, TALBOT Rossel ✆ 66 85 30 32

ST-JEAN-EN-ROYANS 26190 Drôme 77 ③ **G. Alpes du Nord** – 2 895 h alt. 253.

Office de Tourisme Pavillon du Tourisme ✆ 75 48 61 39.

Paris 589 – ◆Grenoble 68 – Valence 43 – Die 63 – Romans-sur-Isère 27 – St-Marcellin 20 – Villard-de-Lans 33.

Castel Fleuri M, pl. Champ de Mars ✆ 75 47 58 01, ←, 🍽, 🌳 – TV ☎ **P**. GB
fermé 12 au 17 nov., 4 au 12 fév. dim. soir (sauf hôtel) et lundi hors sais. – **R** 85/240, enf. 58 – ☕ 35 – **10 ch** 280.

au col de la Machine SE : 11 km par D 76 – alt. 1 010.

Voir Combe Laval★★★.

du Col ⛰, ✆ 75 48 26 36, Fax 75 48 29 12, ←, ⛱ – ☎ 🚗 **P**. GB
fermé 8 au 13 mars, 12 nov. au 5 déc., dim. soir et lundi hors sais. – **R** 85/135, enf. 45 – ☕ 34 – **16 ch** 145/255 – ½ P 175/235.

FIAT Gar. Royannais ✆ 75 48 66 86

RENAULT Usclard ✆ 75 47 55 39 **N** ✆ 75 47 53 92

ST-JEAN-LES-DEUX-JUMEAUX 77660 S.-et-M. 56 ⑬ – 1 152 h.

Paris 61 – Château-Thierry 38 – Meaux 11 – Melun 62 – Senlis 49.

Le Beau Rivage, 72 r. Pasteur ✆ (1) 64 35 75 75, 🍽 – GB
fermé 5 janv. au 5 fév., merc. soir et jeudi – **R** 98 bc/245 🍷, enf. 75.

ST-JEAN-LE-THOMAS 50530 Manche 59 ⑦ – 398 h alt. 25.

Paris 348 – St-Lô 61 – St-Malo 82 – Avranches 16 – Granville 16 – Villedieu-les-Poêles 30.

Bains, ✆ 33 48 84 20, Fax 33 48 66 42, ⛱, 🌳 – ☎ **P**. AE ⓓ GB
4 avril-7 nov. et fermé merc. du 6 oct. au 7 nov. – **R** 71/188, enf. 48 – ☕ 31 – **31 ch** 166/292 – ½ P 208/286.

ST-JEANNET 06640 Alpes-Mar. 84 ⑨ 115 ㉕ ㉖ **G. Côte d'Azur** – 3 188 h alt. 400.

Voir Site★ – ←★.

Paris 934 – ◆Nice 22 – Antibes 24 – Cannes 34 – Grasse 33 – St-Martin-Vésubie 58 – Vence 8.

Aub. St.-Jeannet avec ch, ✆ 93 24 90 06, Fax 93 24 70 60, ←, 🍽 – ⇔ ch TV ☎. AE ⓓ GB. ✗ ch
fermé 10 janv.au 10 fév. et lundi sauf juil.-août – **R** *(fermé lundi soir en juil.-août et lundi midi hors sais.)* 100/240, enf. 60 – ☕ 35 – **9 ch** 240/350 – ½ P 350/370.

ST-JEAN-PIED-DE-PORT 64220 Pyr.-Atl. 85 ③ G. Pyrénées Aquitaine – 1 432 h alt. 163.

Voir Trajet des pèlerins★.

Syndicat d'Initiative pl. Ch.-de-Gaulle ✆ 59 37 03 57.

Paris 825 ③ – Biarritz 57 ③ – ◆Bayonne 53 ③ – Dax 103 ① – Oloron-Ste-Marie 69 ① – Pau 98 ① – San-Sebastián 97 ③.

ST-JEAN-PIED-DE-PORT

Citadelle (R. de la) 3
Espagne (R. d') 4
Gaulle (Pl. Ch.-de) 10

Eyhéraberry (Allée d') 5
Floquet (Pl.) 6
France (Porte de) 7
Lasse (Rte de) 12
Pont Neuf 13
Renaud (Av.) 14
St-Jacques (Ch. de) 15
St-Jacques (Porte) 16
St-Michel (Rte de) 18
Ste-Eulalie (Rue) 19
11-Novembre (R. du) 21

Demandez chez le libraire le catalogue des publications Michelin.

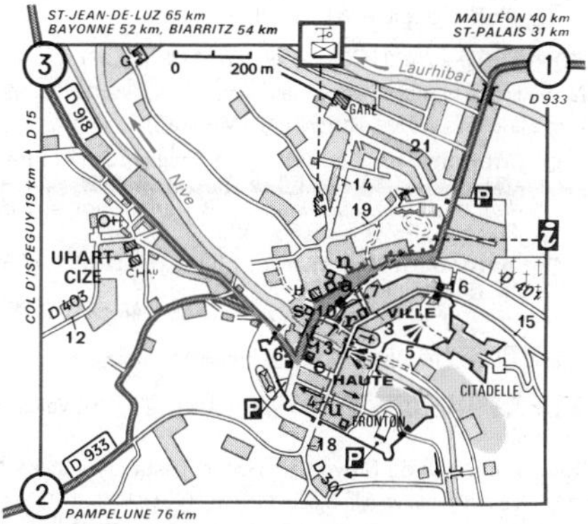

Pyrénées (Arrambide), pl. Ch. de Gaulle **(a)** ✆ 59 37 01 01, Télex 570619, Fax 59 37 18 97, – 30. AE GB JCB.
fermé 20 nov. au 22 déc., 5 au 28 janv., lundi soir de nov. à mars et mardi du 15 sept. au 1er juil. sauf fériés – **R** (dim. et saison - prévenir) 220/480 et carte 330 à 450 – 70 – **20 ch** 520/1000 – ½ P 720

Spéc. Terrine chaude de cèpes aux herbes. Salade de langoustines au gazpacho de poivrons rouges. Lasagne au foie gras et aux truffes. **Vins** Jurançon, Irouléguy.

Continental sans rest, 3 av. Renaud **(n)** ✆ 59 37 00 25, Fax 59 37 27 81 – AE GB.
Pâques-30 nov. – 45 – **22 ch** 290/450.

Central, pl. Ch. de Gaulle **(s)** ✆ 59 37 00 22, Télex 573443, Fax 59 37 27 79, – AE GB.
fermé 22 déc. au 8 fév. – **R** 98/220, enf. 60 – 40 – **14 ch** 290/390 – ½ P 380/390.

Ramuntcho, r. France **(r)** ✆ 59 37 03 91, Fax 59 37 35 17, – AE GB
fermé 20 nov. au 25 déc. – **R** *(fermé merc.)* 75/105 – 38 – **17 ch** 295/380 – ½ P 295/315.

Haïzpea, à Uhart-Cize 1,5 km par D 403, rte Sarre ✆ 59 37 05 44, ←, parc, – . ch
1er juin-1er oct. – **R** (résidents seul.) – **10 ch** (½ pens. seul.) – ½ P 245/305.

Plaza Berri sans rest, av. Fronton **(u)** ✆ 59 37 12 79 – .
fermé 15 nov. au 15 déc. – 35 – **8 ch** 210/280.

Ipoutchaïnia avec ch, à **Ascarat** O : 1,5 km par D 15 ✆ 59 37 02 34, – .
fermé 15 nov. au 15 déc. – **R** 70/140, enf. 45 – 32 – **12 ch** 200 – ½ P 210.

Etche Ona avec ch, pl. Floquet **(e)** ✆ 59 37 01 14 – . GB. ch
fermé 5 nov. au 20 déc. et vend. d'oct. à juin – **R** 110/240 – 38 – **5 ch** 320 – ½ P 320/380.

à Aincillé par ① et D 18 : 7 km – ✉ **64220** :

Pecoïtz avec ch, ✆ 59 37 11 88, ←, –
fermé 1er janv. au 1er mars – **R** 72/185 – 25 – **16 ch** 150/210 – ½ P 165/210.

à Estérençuby S : 8 km par D 301 – ✉ **64220** :

Sources de la Nive, S : 4 km par VO ✆ 59 37 10 57, ← –
fermé janv. et mardi du 15 nov. au 15 fév. – **R** 50/150 – 28 – **26 ch** 190/230 – ½ P 185.

ST-JEOIRE 74490 H.-Savoie 74 ⑦ – 2 209 h alt. 588.

Paris 561 – Annecy 55 – Chamonix-Mont-Blanc 56 – Thonon-les-Bains 42 – Bonneville 17 – ◆Genève 31 – Megève 40 – Morzine 30.

Alpes, ✆ 50 35 80 33, – . GB
fermé 10 au 25 mai, 15 oct. au 15 déc., lundi hors sais. et vacances scolaires – **R** 65/250, enf. 55 – 25 – **20 ch** 150/260 – ½ P 200/280.

Come districarsi nei sobborghi di Parigi?

Utilizzando la ***carta stradale Michelin*** *n.* **101**
e le ***piante*** *n.* **17-18, 19-20, 21-22, 23-24** *: chiare, precise ed aggiornate.*

ST-JOACHIM 44720 Loire-Atl. 63 ⑮ G. Bretagne – 3 994 h.
Voir Tour de l'île de Fédrun★ O : 4,5 km – Promenade en chaland★★.
Paris 440 – ◆ Nantes 62 – Redon 41 – St-Nazaire 16 – Vannes 61.

Aub. du Parc avec ch, Ile de Fedrun ✆ 40 88 53 01, Fax 40 91 67 44, « Chaumière briéronne », – **P**. GB. ch
fermé 19 déc. au 1er mars, dim. soir et lundi sauf juil.-août – **R** 150/290, enf. 75 – 37 – **3 ch** 230/290 – ½ P 280/310.

ST-JORIOZ 74410 H.-Savoie 74 ⑥ – 4 178 h alt. 467.
Syndicat d'Initiative (fermé matin hors saison) ✆ 50 68 61 82.
Paris 546 – Annecy 9,5 – Albertville 36 – Megève 51.

Manoir Bon Accueil, à Epagny : 2,5 km par D 10 A ✆ 50 68 60 40, Fax 50 68 94 84, – TV **P** – 30. GB. rest
fermé 20 déc. au 20 janv. – **R** *(fermé dim. soir du 20 sept. au 20 avril)* 120/200 – 40 – **28 ch** 300/500 – ½ P 360/480.

Semnoz, à **Monnetier** O : 1,5 km par D 10 A ✆ 50 68 60 28, Fax 50 68 98 38, – **P**. GB. rest
15 avril-15 oct. – **R** 90/120 – 35 – **48 ch** 320/380 – ½ P 380/400.

ST-JULIEN 56 Morbihan 63 ⑫ – rattaché à Quiberon.

ST-JULIEN-CHAPTEUIL 43260 H.-Loire 76 ⑦ G. Vallée du Rhône – 1 664 h alt. 821.
Voir Site★.
Env. Montagne du Meygal★ : Grand Testavoyre ✻★★ NE : 14 km puis 30 mn.
Syndicat d'Initiative à la Mairie (juil.-août) ✆ 71 08 77 70.
Paris 568 – Le Puy-en-Velay 20 – Lamastre 53 – Privas 87 – St-Agrève 32 – Yssingeaux 16.

Barriol, av. J. Romains ✆ 71 08 70 17, Fax 71 08 74 19 – TV. GB.
fermé 5 nov. au 31 janv., dim. soir et lundi sauf juil.-août – **R** 68/185, enf. 50 – 37 – **16 ch** 120/255 – ½ P 155/217.

Vidal, ✆ 71 08 70 50, Fax 71 08 40 14 – AE GB
fermé 15 janv. au 1er mars, lundi soir et mardi sauf juil.-août – **Repas** 110/330, enf. 70.

PEUGEOT-TALBOT Gar. Abrial ✆ 71 08 72 20 **N**
RENAULT Gar. de Chapteuil ✆ 71 08 72 79 **N** ✆ 71 08 72 79

ST-JULIEN-DE-CIVRY 71610 S.-et-L. 69 ⑰ – 526 h alt. 290.
Paris 377 – Mâcon 64 – Charolles 10 – Charlieu 31.

Le Chidhouarn, sur rte Lugny N : 5km par D 20 et D 270 ✆ 85 88 32 07, Fax 85 24 06 21 – **P**. AE GB
fermé vacances de fév. et lundi sauf juil.-août – **R** 98/240, enf. 45.

ST-JULIEN-DE-CREMPSE 24 Dordogne 75 ⑮ – rattaché à Bergerac.

ST-JULIEN-DE-JONZY 71110 S.-et-L. 73 ⑧ G. Bourgogne – 282 h alt. 498.
Voir Portail★ de l'église.
Paris 390 – Moulins 82 – Roanne 29 – Charolles 32 – Lapalisse 46 – Mâcon 79.

Pont avec ch, ✆ 85 84 01 95, Fax 85 84 14 61 – TV **P**. GB
fermé vacances de fév. – **R** *(fermé lundi soir de sept. à juin)* 70/147, enf. 40 – 28 – **7 ch** 175/220 – ½ P 180/195.

ST-JULIEN-DE-JORDANNE 15 Cantal 76 ② – alt. 920 – ✉ 15590 Mandailles-St-Julien.
Voir Vallée de Mandailles★★, G. Auvergne.
Paris 544 – Aurillac 24 – Mauriac 54 – Murat 28.

Touristes, ✆ 71 47 94 71, – **P**. AE GB
vacances de printemps-1er oct., vacances de Noël, de fév. et dim. midi en hiver – **R** 70/130 – 30 – **18 ch** 100/250 – ½ P 170/190.

ST-JULIEN D'EMPARE 12 Aveyron 79 ⑩ – rattaché à Figeac.

ST-JULIEN-DU-VERDON 04170 Alpes-de-H.-P. 81 ⑱ G. Alpes du Sud – 94 h alt. 914.
Voir Clue de Vergons★ E : 2 km – Lac de Castillon★.
Paris 800 – Digne-les-Bains 51 – Castellane 13 – Puget-Théniers 37.

Le Pidanoux, ✆ 92 89 05 87, – **P**
18 ch.

ST-JULIEN-EN-CHAMPSAUR 05500 H.-Alpes 77 ⑯ – 252 h alt. 1 140.
Paris 659 – Gap 17 – ◆ Grenoble 95 – La Mure 57 – Orcières 20.

Les Chenêts, ✆ 92 50 03 15 – . GB. rest
fermé 13 au 29 avril et 1er nov. au 22 déc. – **R** 78/140, enf. 48 – 28 – **19 ch** 180/300 – ½ P 240/250.

ST-JULIEN-EN-GENEVOIS 74160 H.-Savoie 74 ⑥ – 7 922 h alt. 461.

Country Club de Bossey ✆ 50 43 75 25.

Paris 528 – Annecy 34 – Thonon-les-Bains 45 – Bonneville 35 – ♦Genève 9 – Nantua 55.

- **Savoie H.** sans rest, av. L. Armand ✆ 50 49 03 55, Fax 50 49 06 23 – AE GB
  ☕ 27 – **20 ch** 205/295.
- **Le Soli** M sans rest, r. Mgr Paget ✆ 50 49 11 31, Fax 50 35 14 64 – AE GB
  fermé 23 déc. au 3 janv. – ☕ 30 – **27 ch** 200/265.
- XXX **Diligence et Taverne du Postillon,** av. Genève ✆ 50 49 07 55 – AE GB JCB
  fermé 25 juil. au 16 août (sauf brasserie du 25 juil. au 8 août), 1er au 10 janv., dim. soir et lundi – **R** (brasserie) 120 ₰, enf. 55 - **Taverne** (sous-sol) **R** 150/350, enf. 130.

à Bossey E : 5 km par N 206 – ✉ 74160 :

- XXX **Ferme de l'Hospital,** ✆ 50 43 61 43, Fax 50 95 31 53, – GB
  fermé 1er au 7 nov., 15 au 28 fév., dim. soir et merc. – **R** 185/250, enf. 100.

au Sud par N 201 – ✉ 74350 Cruseilles :

- **H. Rey,** au Col du Mont Sion : 9,5 km ✆ 50 44 13 29, Fax 50 44 05 48, ←, , parc, , – GB. ch
  fermé 21 oct. au 12 nov. et 6 au 27 janv. – **Clef des Champs** ✆ 50 44 13 11 *(fermé vend. midi et jeudi)* **R** 97/305, enf. 65 – ☕ 36 – **31 ch** 304/459 – ½ P 302/382.

OPEL Leclerc et Maréchal, rte d'Annecy ✆ 50 49 28 31
PEUGEOT Lemuet ZA à Neydens ✆ 50 35 19 30
PEUGEOT-TALBOT Megevand, 3 r. Platière ✆ 50 49 28 33
RENAULT Rond-Point-Auto, rte d'Annemasse ✆ 50 49 07 35

ST-JUNIEN 87200 H.-Vienne 72 ⑥ G. Berry Limousin – 10 604 h alt. 179.

Voir Collégiale★ Y **B.**

Office de Tourisme pl. Champ-de-Foire ✆ 55 02 17 93.

Paris 412 ① – ♦Limoges 30 ① – Angoulême 73 ③ – Bellac 34 ① – Confolens 28 ③ – Ruffec 69 ③.

ST-JUNIEN

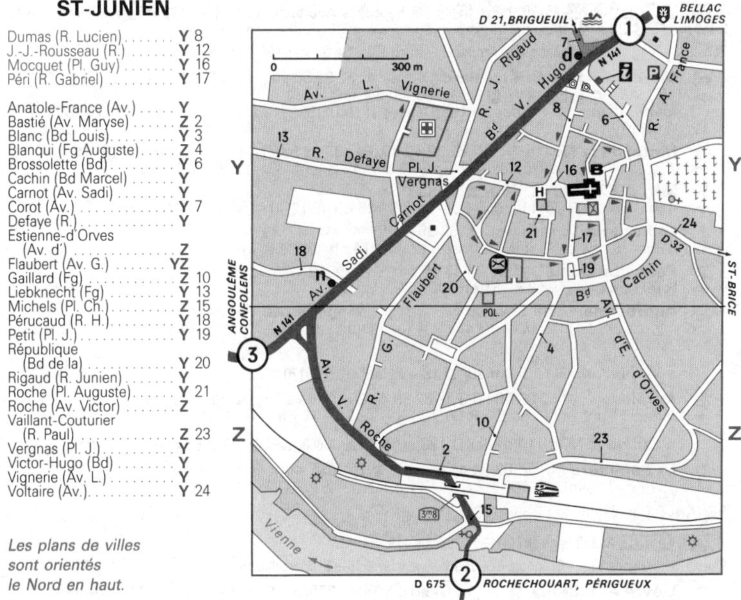

- **Relais de Comodoliac,** 22 av. Sadi-Carnot ✆ 55 02 27 26, Télex 590336, Fax 55 02 68 79, , – 40. AE GB Y **n**
  fermé dim. soir de nov. à fév. – **R** 105/265 – ☕ 33 – **28 ch** 200/320.
- **Boeuf Rouge,** 57 bd V. Hugo ✆ 55 02 31 84, Fax 55 02 62 40, – 25. AE GB Y **d**
  R 75/218 ₰, enf. 55 – ☕ 30 – **30 ch** 270/350 – ½ P 295/325.

au pont à la Planche par ① et D 675 : 5 km – ✉ **87200** St-Junien :

✗ **Rendez-vous des Chasseurs** avec ch, ✆ 55 02 19 73 – ▤ rest ℗. GB
fermé 15 oct. au 1er nov., 15 fév. au 1er mars, dim. soir et vend. – **R** 70/220 ⅓, enf. 40 – ☕ 25 – **7 ch** 130/200 – ½ P 180/220.

CITROEN Gar. Vigier, Le Pavillon par ① ✆ 55 02 31 29 🅽
PEUGEOT-TALBOT Gar. Guéroux, 4 av. d'Oradour-sur-Glane par ① ✆ 55 02 16 28

RENAULT St-Junien-Autos, ZI RN 141 ✆ 55 02 38 37 🅽 ✆ 55 06 57 51

Pneus et C/c, 1 r. de Montrozier ✆ 55 02 14 57

ST-JUST **01** Ain 74 ③ – rattaché à Bourg-en-Bresse.

ST-JUST-EN-CHEVALET **42430** Loire 73 ⑦ – 1 422 h alt. 654.
Paris 395 – Roanne 30 – L'Arbresle 86 – Montbrison 47 – ♦St-Étienne 84 – Thiers 29 – Vichy 50.

Poste, r. Thiers ✆ 77 65 01 42, 🌳 – ⓓ GB
fermé 1er au 20 fév., dim. soir (sauf hôtel en sais.) et mardi du 1er nov. au 30 avril – **R** 70/200 ⅓, enf. 40 – ☕ 35 – **15 ch** 170/220 – ½ P 200/230.

✗ **Londres** avec ch, pl. Rochetaillée ✆ 77 65 02 42 – GB. ✻
fermé vacances de nov., de printemps, vend. soir et sam. sauf juil.-août – **R** 84/200 – ☕ 30 – **7 ch** 120/135.

PEUGEOT, TALBOT Chaux ✆ 77 65 04 13 🅽

Gar. Dulac, à Juré ✆ 77 62 54 13

ST-LAMBERT **78** Yvelines 60 ⑨ 106 ㉙ 101 ㉑ G. Ile de France – 382 h alt. 120 – ✉ **78470** St-Lambert-des-Bois – Voir Vestiges de l'abbaye de Port-Royal des Champs ★ NO : 1,5 km.
Paris 37 – Rambouillet 22 – Versailles 14.

✗✗✗ ✿ **Les Hauts de Port Royal** (Poirier), D 91 ✆ (1) 30 44 10 21, Fax (1) 30 64 44 10, 🌳, « Jardin » – ℗. AE GB
fermé dim. soir et lundi – **R** 180/300 et carte 275 à 370
Spéc. Fondue de tomate et rouget à la sauce safranée et parfait de crustacés. Noix de ris de veau et homard à l'indienne. Pomme en chemise à la cannelle.

ST-LAMBERT-DES-LEVEES **49** M.-et-L. 64 ⑫ – rattaché à Saumur.

ST-LARY-SOULAN **65170** H.-Pyr. 85 ⑲ G. Pyrénées Aquitaine – 1 108 h alt. 830 – Sports d'hiver : 1 680/2 450 m ⛷2 ⛷29 – ℹ Office de Tourisme r. Principale ✆ 62 39 50 81, Télex 520360.
Paris 863 – Bagnères-de-Luchon 44 – Arreau 12 – Auch 103 – St-Gaudens 64 – Tarbes 69.

Mercure-Altéa Cristal Parc Ⓜ 🐦, ✆ 62 99 50 00, Télex 532916, Fax 62 99 50 10, ←, 🌳, 🏞 – |‡| 📺 ☎ 🚗 ℗ – 🏛 100. AE ⓓ GB
fermé 1er nov. à mi-déc. – **Les Délices R** 140/190 ⅓, enf. 45 – ☕ 53 – **65 ch** 350/510 – ½ P 410.

Motel de la Neste 🐦, ✆ 62 39 42 79, Fax 62 39 58 77, ← – ▤ rest 📺 ☎ ℗. GB. ✻
1er juin-30 sept. et 15 déc.-30 avril – **R** 65/145 ⅓, enf. 38 – ☕ 39 – **21 ch** 275/285 – ½ P 255.

Mir, ✆ 62 39 40 03, 🏞 – ☎. AE GB. ✻ ch
fermé nov. – **R** 70/110, enf. 30 – ☕ 38 – **26 ch** 190/240 – ½ P 225/240.

La Pergola 🐦 sans rest, ✆ 62 39 40 46, ←, 🏞 – ☎ ℗. ✻
8 juin-15 oct. et 15 déc.-1er mai – ☕ 25 – **14 ch** 150/250.

Pons "Le Dahu", ✆ 62 39 43 66, 🏞 – ☎ ℗. AE GB. ✻ rest
R 50 bc/85 ⅓ – ☕ 22 – **31 ch** 140/220 – ½ P 200.

Andredena, ✆ 62 39 43 59, ←, 🌳, 🏊 – ☎ ℗. ⓓ GB. ✻ rest
juin-fin sept. et 20 déc.-10 mai – **R** (résidents seul) 85 – ☕ 35 – **14 ch** 260/300 – ½ P 230/255.

à Vielle-Aure N : 1,5 km sur D 19 – alt. 800 – ✉ **65170** :

Aurélia 🐦, ✆ 62 39 56 90, Fax 62 39 43 75, 🌳, 🏞 – |‡| ☎ ℗. GB. ✻
fermé 1er oct. au 15 déc. – **R** 65/108 ⅓ – ☕ 30 – **18 ch** 240 – ½ P 245.

à Espiaube NO : 11 km par D 123 et VO – alt. 1 600 – ✉ **65170** St-Lary-Soulan :

La Sapinière 🐦, ✆ 62 98 44 04, ← – ☎ ℗. GB. ✻ rest
15 déc.-1er avril – **R** 100 – ☕ 30 – **17 ch** 350 – ½ P 300.

RENAULT Gar. Celotti, ✆ 62 39 40 39

ST-LATTIER **38840** Isère 77 ③ – 1 028 h alt. 179.
Paris 576 – Valence 33 – ♦Grenoble 67 – Romans-sur-Isère 15 – St-Marcellin 15.

Lièvre Amoureux 🐦, ✆ 76 64 50 67, Télex 308534, Fax 76 64 31 21, 🌳, « Jardin fleuri, 🏊 » – ☎ ℗. AE ⓓ GB
15 fév.-15 oct. et fermé dim. soir et lundi du 1er oct. au 10 avril – **R** 195, enf. 65 – ☕ 50 – **14 ch** 180/430 – ½ P 400/450.

Brun, Les Fauries, N 92 ✆ 76 64 54 76, 🌳 – 📺 ☎ ℗. GB
R 90/190 ⅓ – ☕ 35 – **11 ch** 160/200 – ½ P 165.

✗✗ **Aub. Viaduc** Ⓜ 🐦 avec ch, N 92 ✆ 76 64 51 65, Fax 76 64 30 93, 🌳, 🏊 – 📺 ☎ ℗. GB
fermé 2 au 28 déc. et merc. – **R** 150/350 – ☕ 55 – **6 ch** 450/650 – ½ P 470/580.

ST-LAURENT-DE-LA-SALANQUE 66250 Pyr.-Or. 86 ⑳ – 7 186 h alt. 4.

Env. Fort de Salses** NO : 9 km, G. Pyrénées Roussillon.

Syndicat d'Initiative pl. Gambetta (saison) ✆ 68 28 31 03.

Paris 898 – ◆Perpignan 17 – Elne 22 – Narbonne 60 – Quillan 79 – Rivesaltes 10.

- **Aub. du Pin,** rte Perpignan ✆ 68 28 01 62, Fax 68 28 39 14, ☂, ☂ – ☎ Ⓟ. GB
  fermé 15 nov. au 15 déc., dim. soir et lundi sauf juil.-août – **R** 100/150 – ☐ 32 – **19 ch** 222/264 – ½ P 210/230.
- XX **Commerce** avec ch, bd Révolution ✆ 68 28 02 21 – ▤ rest ☎ ⇔ – ♣ 25. GB. ✱
  fermé vacances de nov., de fév., dim. soir et lundi sauf juil.-août – **Repas** 85/190 – ☐ 28 – **14 ch** 180/250 – ½ P 203/238.

CITROEN Gar. Formenty, ✆ 68 28 01 08
PEUGEOT-TALBOT Gar. Balouet, ✆ 68 28 32 73
RENAULT Gar. Tarrius, ✆ 68 28 14 67 🅽 ✆ 68 61 95 55
RENAULT Billes, Z.A. ✆ 68 28 54 54

ST-LAURENT-DE-MURE 69720 Rhône 74 ⑫ – 4 513 h alt. 252.

Paris 487 – ◆Lyon 19 – Pont-de-Chéruy 16 – La Tour-du-Pin 37 – Vienne 33.

- **Host. Le St-Laurent,** ✆ 78 40 91 44, Fax 78 40 45 41, ☂, parc – TV ☎ Ⓟ. AE ⓓ GB JCB
  fermé dim. soir, fériés le soir et sam. – **R** 80/250 ß – ☐ 30 – **30 ch** 240/350.

Repas 100/130 Sorgfältig zubereitete, preiswerte Mahlzeiten.

ST-LAURENT-DES-ARBRES 30126 Gard 80 ⑳ – 1 683 h alt. 87.

Paris 677 – Avignon 20 – Alès 67 – Nîmes 45 – Orange 21.

- **La Galinette** M ⛰ sans rest, pl. de l'Arbre ✆ 66 50 14 14, Fax 66 50 46 30, « Bel aménagement intérieur » – TV ☎. GB. ✱
  ☐ 40 – **7 ch** 300/400, 3 appart..

ST-LAURENT-DES-AUTELS 49270 M.-et-L. 67 ④ – 1 510 h alt. 93.

Paris 358 – ◆Nantes 33 – Ancenis 10 – Cholet 41 – Clisson 26.

- XX **Cheval Blanc,** ✆ 40 83 90 05 – GB
  fermé 1er au 15 août, dim. soir, mardi soir et merc. – **R** 86/280, enf. 70.

ST-LAURENT-DU-PONT 38380 Isère 77 ⑤ G. Alpes du Nord – 4 061 h alt. 416.

Voir Gorges du Guiers Mort** SE : 2 km – Site* de la Chartreuse de Curière SE : 4 km.

Paris 546 – ◆Grenoble 32 – Chambéry 29 – La Tour-du-Pin 40 – Voiron 15.

- **Voyageurs,** r. Pasteur ✆ 76 55 21 05, Fax 76 55 12 68 – TV ☎. GB
  fermé 15 déc. au 15 janv. – **R** *(fermé vend. soir et dim. soir sauf du 14 juil. au 20 août)* 58/220 – ☐ 28 – **17 ch** 120/270.
- XX **La Blache,** av. Gare ✆ 76 55 29 57, ☂, ☂ – Ⓟ. GB
  fermé 16 au 31 août, vacances de fév. et lundi – **R** 110/225, enf. 55.

RENAULT Gar. Montagnat-Giraud ✆ 76 55 21 03

ST-LAURENT-DU-VAR 06700 Alpes-Mar. 84 ⑨ 115 ㉖ G. Côte d'Azur – 24 426 h alt. 17.

Voir Corniche du Var* N.

Maison du Tourisme rte du Bord de Mer Port-St-Laurent ✆ 93 07 68 58.

Paris 925 – ◆Nice 9 – Antibes 15 – Cagnes-sur-Mer 6 – Cannes 25 – Grasse 28 – Vence 14.

Voir plan de NICE Agglomération.

au Cap 3000 – ✉ 06700 :

- **Novotel** M, 80 av. Verdun ✆ 93 31 61 15, Télex 470643, Fax 93 07 62 25, ☂, ⛱, ☂ – |♦| ✱ ch ▤ TV ☎ ♿ Ⓟ – ♣ 120. AE ⓓ GB
  R carte environ 160, enf. 50 – ☐ 46 – **103 ch** 450/560.
- **Galaxie** sans rest, av. Mar. Juin ✆ 93 07 73 72, Télex 470431, Fax 93 14 32 14 – |♦| ▤ TV ☎ Ⓟ. AE ⓓ GB
  ☐ 40 – **28 ch** 430/590.

au Port St-Laurent – ✉ 06700 :

- XX **Le Centurion,** ✆ 93 07 99 10 – ▤. AE GB
  fermé 15 oct. au 15 nov., dim. soir et merc. sauf juil.-août – **R** 100/290, enf. 50.

ST-LAURENT-EN-GRANDVAUX 39150 Jura 70 ⑮ G. Jura – 1 781 h alt. 908.

Paris 446 – Champagnole 22 – Lons-le-Saunier 46 – Morez 12 – Pontarlier 60 – Saint-Claude 30.

- **Commerce,** ✆ 84 60 11 41, ☂ – TV ☎ ⇔. GB
  fermé 18 avril au 4 mai, 11 nov. au 20 déc., dim. soir et lundi de sept. à juin sauf vacances de fév. – **R** 68/165 ß, enf. 38 – ☐ 28 – **13 ch** 140/280 – ½ P 180/220.
- **Poste,** ✆ 84 60 15 39 – ☎ ⇔. GB
  fermé 20 oct. au 6 déc. – **R** 80/130 ß – ☐ 25 – **10 ch** 180/230 – ½ P 180.

ST-LAURENT-EN-ROYANS 26190 Drôme 77 ③ – 1 330 h alt. 312.

Paris 589 – ◆ Grenoble 68 – Valence 43 – Romans-sur-Isère 27 – St-Marcellin 20 – Villard-de-Lans 29.

X **Bérard** avec ch, ℘ 75 48 61 13, – GB
fermé janv., lundi soir et mardi sauf juil.-août – **R** 75/180 – 25 – **8 ch** 120/140 – ½ P 180.

RENAULT Gar. Magnan ℘ 75 48 65 38 N

ST-LAURENT-NOUAN 41220 L.-et-Ch. 64 ⑧ G. Châteaux de la Loire – 3 399 h alt. 89.

18 des Bordes ℘ 54 87 72 13, à 6 km.

Paris 160 – ◆ Orléans 30 – Beaugency 8,5 – Blois 27.

Relais des Sapins, D 951 ℘ 54 87 70 71, Fax 54 87 21 99, , , , – TV – 80. AE GB
R 60/160 – 40 – **42 ch** 220/280 – ½ P 250/400.

ST-LAURENT-SUR-SÈVRE 85290 Vendée 67 ⑤ G. Poitou Vendée Charentes – 3 247 h alt. 125.

Paris 362 – Angers 70 – La Roche-sur-Yon 57 – Bressuire 35 – Cholet 12 – ◆Nantes 63.

Hermitage, r. Jouvence ℘ 51 67 83 03, Fax 51 67 84 11, – . AE GB
fermé 1er au 15 août, vacances de fév. et sam. d'oct. à fin avril – **R** 68/150, enf. 45 – 27 – **16 ch** 190/280 – ½ P 230/250.

à La Trique N : 1 km – ✉ 85290 Mortagne-sur-Sèvre :

XXX **Baumotel La Chaumière** avec ch, ℘ 51 67 88 12, Télex 701758, Fax 51 67 82 87, , parc, « Atmosphère originale évoquant l'époque de la Vendée Militaire », – TV . AE GB
fermé 8 au 15 fév. – **R** *(fermé sam. midi hors sais.)* 98/280, enf. 59 – 39 – **23 ch** 320/490 – ½ P 290/480.

ST-LÉGER 17 Char.-Mar. 71 ⑤ – rattaché à Pons.

ST-LÉGER-LES-MÉLÈZES 05260 H.-Alpes 77 ⑯ G. Alpes du Nord – 182 h alt. 1 260 – Sports d'hiver : 1 260/2 001 m 14 .

Paris 674 – Gap 21 – Grenoble 105.

Ecureuil, ℘ 92 50 40 49, Fax 92 50 71 64, ≤, , – – 60. GB. rest
1er juil.-1er sept. et 26 déc.-1er avril – **R** 90/180 – 40 – **40 ch** 250/280 – ½ P 240/260.

Entrez au restaurant le guide à la main et posez le sur la table.

ST-LÉONARD-DE-NOBLAT 87400 H.-Vienne 72 ⑱ G. Berry Limousin – 5 024 h alt. 346.

Voir Église★ : clocher★★.

18 de la Porcelaine ℘ 55 31 10 69, O par D 941 puis VC : 14 km.

Office de Tourisme r. R.-Salengro (fermé matin) ℘ 55 56 25 06.

Paris 402 – ◆ Limoges 19 – Aubusson 67 – Brive-la-Gaillarde 92 – Guéret 62.

Gd St Léonard, rte Clermont ℘ 55 56 18 18, Fax 55 56 98 32 – TV . AE GB
fermé 15 déc. au 15 janv. et lundi sauf le soir du 15 juin au 15 sept. – **R** 105/280 – 45 – **14 ch** 240/270 – ½ P 260/290.

XX **Modern** avec ch, 6 bd A. Pressmann ℘ 55 56 00 25 – TV . GB
fermé 1er fév. au 3 mars, dim. soir et lundi soir d'oct. à juin et lundi midi – **R** 110/250 – 34 – **8 ch** 240/280 – ½ P 265/285.

CITROEN Gar. MBA, 21 av. Champ Mars ℘ 55 56 04 53

PEUGEOT-TALBOT Gar. Ducros, rte de Bujaleuf ℘ 55 56 17 17

ST-LÉONARD-DES-BOIS 72590 Sarthe 60 ⑫ G. Normandie Cotentin – 497 h alt. 98.

Voir Alpes Mancelles★.

Paris 212 – Alençon 19 – ◆ Le Mans 49 – Fresnay-sur-Sarthe 12 – Laval 75 – Mayenne 46.

Touring H. M , ℘ 43 97 28 03, Télex 722006, Fax 43 97 07 72, ≤, « Jardin au bord de la Sarthe », , – TV – 25 à 80. AE GB JCB. rest
15 fév.-15 nov. – **R** *(fermé vend. soir et sam. sauf fériés du 15 oct. au 15 mars)* (dim. prévenir) 105/235, enf. 57 – 45 – **35 ch** 245/435 – ½ P 268/353.

ST-LÔ P 50000 Manche 54 ⑬ G. Normandie Cotentin – 21 546 h alt. 14.

Voir Haras★ B.

Syndicat d'Initiative 2 r. Havin ℘ 33 05 02 09.

Paris 303 ② – ◆Caen 65 ② – Cherbourg 78 ⑦ – Fougères 98 ⑤ – Laval 136 ⑤ – ◆Rennes 133 ⑤.

Plan pages suivantes

Ibis M sans rest, 1 av. Briovère ℘ 33 05 10 84, Télex 772504, Fax 33 56 46 92, ≤, – ch TV – 90. AE GB A s
33 – **34 ch** 270/320.

Voyageurs, 5 av. Briovère ℘ 33 05 08 63, Télex 170753, Fax 33 05 14 34, – ch TV . AE GB A s
fermé 20 déc. au 10 janv., dim. soir et lundi (sauf juil.-août) – **R** 100/220, enf. 50 – 40 – **15 ch** 220/320 – ½ P 260.

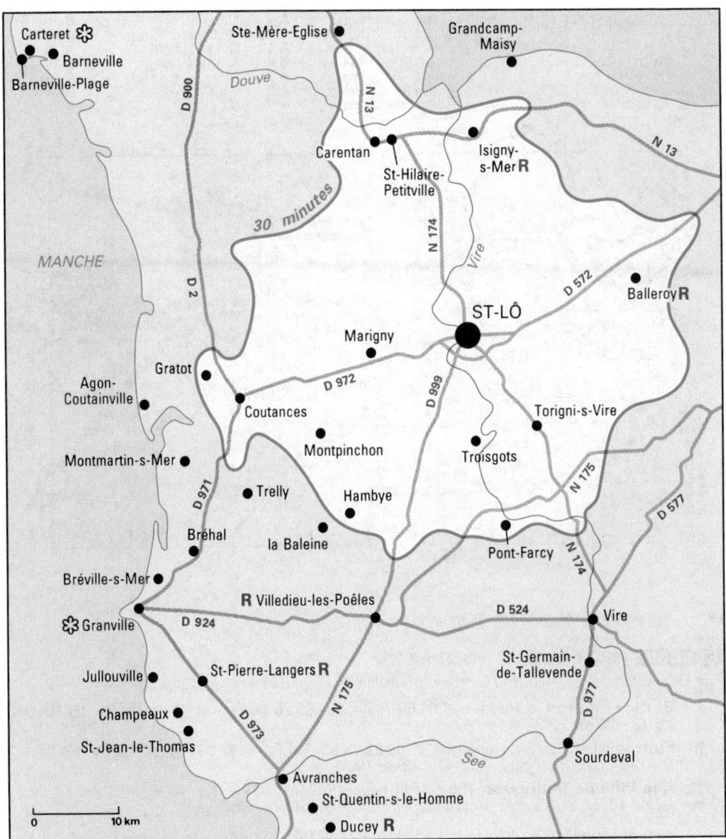

Armoric sans rest, 15 r. Marne ✆ 33 05 61 32 – TV ☎. AE GB — A a
⊒ 20 – **20 ch** 200/270.

Régence sans rest, 18 r. St-Thomas ✆ 33 05 50 80, Fax 33 05 30 61 – TV ☎. AE GB — A u
⊒ 20 – **14 ch** 120/195.

XXX **La Gonivière,** rd-pt 6 Juin (1er étage) ✆ 33 05 15 36 – AE GB — A r
fermé dim. – **R** 98/260.

au Calvaire par ② et D 972 : 7 km – ✉ **50810** St-Pierre-de-Semilly :

XXX **Les Glycines,** ✆ 33 05 02 40, Fax 33 56 29 32, – **P**. AE GB
fermé vacances de fév., dim. soir et lundi – **R** 118/288.

Z.A. La Chevalerie par ③ : 4 km – ✉ **50000** St-Lô :

Ibis M, ✆ 33 57 78 38, Télex 171669, Fax 33 55 27 67, , – ch TV ☎ ♿ **P** – 100. AE GB
R 83 , enf. 40 – ⊒ 33 – **48 ch** 270/320.

ALFA ROMEO SEAT Manche Alfa, rte de Coutances à Agneaux ✆ 33 05 19 34
CITROEN DI.CO.MA., ZA la Chevalerie par ④ ✆ 33 57 48 30
FORD Manche Auto Services, 700 av. de Paris ✆ 33 05 39 39
NISSAN Gar. Dessoude, Zone Delta ✆ 33 05 30 52
PEUGEOT-TALBOT Henri Duval av. de Paris par ② ✆ 33 57 04 50 N ✆ 33 06 25 84
RENAULT Briocar, ZAC La Chevalerie par ③ ✆ 33 05 04 04 N

ROVER Gar. Fair Play, rte de Bayeux ✆ 33 72 09 09
V.A.G Gar. Lebon, Zone Delta - rte de Bayeux ✆ 33 72 07 95
Gar. Marie, 164 rte de Tessy ✆ 33 57 12 98

Euromaster Vallée-Pneus, 1 r. Fontaine-Venise ✆ 33 57 52 37
La Chevalerie Pneus, r. J.-Vallés ZI la Chevalerie ✆ 33 57 43 44
Ledoyen Pneus, 559 av. de Paris ✆ 33 57 73 04
Schmitt-pneus, 290 av. de Paris ✆ 33 57 40 57

ST-LÔ

Havin (R.) . . . . A 13
Leclerc (R. Mar.) . . . . B
St-Thomas (R.) . . . . A
Torteron (R.) . . . . A
Alsace-Lorraine (R.) . . . . . A 2
Baltimore (R. de) . . . . A 3
Belle (R. du) . . . . A 4
Champ-de-Mars (Pl.) . . . . B 5
Feuillet (R. Octave) . . . . . A 7
Gaulle (Pl. Gén. de) . . . . . A 8
Grimouville (R. de) . . . . . . A 9
Lattre-de-T. (R. Mar. de) . B 14
Neufbourg (R. du) . . . . . . B 15
Notre-Dame (Pl.) . . . . A 18
Noyers (R. des) . . . . A 19
Poterne (R. de la) . . . . A 23
Ste-Croix (Pl.) . . . . B 24
80e et 136e (R. des) . . . . . A 25

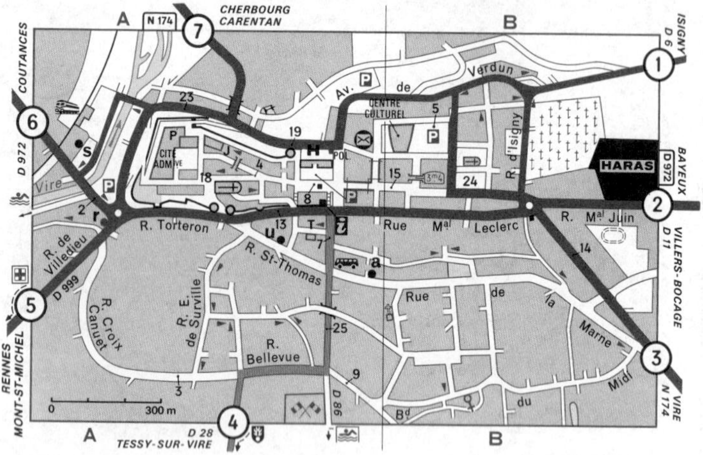

☛ *Pas de publicité payée dans ce guide.*

ST-LOUIS 68300 H.-Rhin 66 ⑩ – 19 547 h alt. 225.

Paris 564 – ♦Mulhouse 34 – Altkirch 27 – ♦Basel 5 – Belfort 72 – Colmar 62 – Ferrette 23.

- **Berlioz** sans rest, r. Henner ✆ 89 69 74 44, Fax 89 70 19 17 – ⧉ TV ☎ ⇔ P. AE ⓓ GB
  ☕ 32 – **20 ch** 210/300.
- **Europe** sans rest, 2 r. Huningue ✆ 89 69 73 55, Fax 89 67 92 06 – ⧉ ☎. AE ⓓ GB
  fermé 24 déc. au 2 janv. – ☕ 40 – **30 ch** 190/370.
- **A la Ville de Mulhouse,** 105 r. Mulhouse ✆ 89 69 17 77 – GB. ✻
  fermé 15 juil. au 15 août, mardi soir et merc. – **R** 62/250, enf. 35.

à Huningue E : 2 km par D 469 – 6 252 h. – ✉ **68330** :

- **Tivoli,** 15 av. Bâle ✆ 89 69 73 05, Télex 881113, Fax 89 67 82 44 – ⧉ ▤ TV ☎ P – 🏛 30. GB
  R *(fermé 1er au 25 août, 24 déc. au 6 janv., sam. midi et dim.)* 150/380 ⚱ – ☕ 40 – **44 ch** 300/380 – ½ P 295/350.

à Village-Neuf NE : 3 km par N 66 et D 21 – ✉ **68300** :

- XXX **Mayer,** 2 r. St-Louis ✆ 89 67 11 15, Fax 89 65 45 08 – P. GB
  fermé 1er au 30 août, 24 déc. au 4 janv., dim. soir de juil. à mars et lundi – **R** 195/380.

à Hésingue O : 4 km par D 419 – ✉ **68220** :

- XXX **Au Boeuf Noir,** ✆ 89 69 76 40, Fax 89 67 77 29 – GB
  fermé 15 août au 1er sept., vacances de fév., sam. midi et dim. – **R** 250/330, enf. 70.

à l'Aéroport de Bâle-Mulhouse NO : 5 km par N 66 et D 12 : voir ***Bâle***

CITROEN Flury, 11 r. du Rhône ✆ 89 69 13 02
FORD Sax-Autom., 10 r. Prés ✆ 89 67 47 94
OPEL-GM Gar. Feldbauer, 20 r. Prés ✆ 89 69 22 26
PEUGEOT, TALBOT Gar. Ledy, pl. de l'Europe ✆ 89 69 80 35 N
RENAULT Gar. Bader, 81 av. Gén.-de-Gaulle ✆ 89 69 00 15 N ✆ 05 05 15 15

Ⓜ Pneus et Services D. K., 65 r. Gén.-de-Gaulle ✆ 89 69 81 08

ST-LOUIS-DE-MONTFERRAND 33440 Gironde 71 ⑧ – 1 808 h alt. 3.

Paris 571 – ♦Bordeaux 14 – Blaye 45 – Libourne 36 – Saint-André-de-Cubzac 17.

- X **Relais du Marais,** ✆ 56 77 41 19 – P. GB. ✻
  fermé 18 juil. au 15 août, 24 déc. au 3 janv., sam. soir, dim. et fériés – **R** 105 bc/165 bc.

ST-LOUP 03 Allier 69 ⑭ – rattaché à Varennes-sur-Allier.

ST-LOUP-DE-VARENNES 71 S.-et-L. 69 ⑨ – rattaché à Chalon-sur-Saône.

ST-LOUP-SUR-SEMOUSE 70800 H.-Saône 66 ⑥ – 4 677 h alt. 245.

Paris 354 – Épinal 43 – Bourbonne-les-Bains 48 – Gray 82 – Remiremont 33 – Vesoul 35 – Vittel 58.

Trianon, pl. J.-Jaurès ✆ 84 49 00 45, Fax 84 94 22 34, – TV ☎. GB
fermé 1er au 15 fév. – **R** *(fermé sam. midi du 1er sept. au 31 mars)* 70/220 – ☕ 28 – **13 ch** 180/250 – ½ P 240/260.

FORD Gar. Dormoy ✆ 84 49 02 46

ST-LYPHARD 44410 Loire-Atl. 63 ⑭ **G. Bretagne** – 2 889 h alt. 12.

Voir Clocher de l'église ※★★.

Paris 449 – ◆Nantes 71 – La Baule 16 – Redon 38 – St-Nazaire 21.

XX **Le Nézil,** SO : 3 km par D 47 ✆ 40 91 41 41, « Chaumière briéronne », – P. GB
fermé vacances de nov., de fév., mardi soir sauf juil.-août et merc. – **R** 110/200, enf. 50.

à Bréca S : 6 km par D 47 et VO – ✉ 44410 St-Lyphard :

XX **Aub. de Bréca,** ✆ 40 91 41 42, , « Chaumière briéronne dans un jardin fleuri » – P. AE GB
2 avril-2 nov. et fermé dim. soir et jeudi sauf juil.-août. – **R** 105/150, enf. 55.

ST-MACAIRE 33 Gironde 79 ② – rattaché à Langon.

ST-MACAIRE-EN-MAUGES 49450 M.-et-L. 67 ⑤ – 5 543 h alt. 96.

Paris 355 – Angers 61 – Ancenis 39 – Cholet 12 – ◆Nantes 48.

La Gâtine, ✆ 41 55 30 23 – TV ☎. GB.
fermé 17 juil. au 17 août – **R** *(fermé dim. soir et lundi)* 69/200 – ☕ 25 – **15 ch** 110/210.

ST-MACLOU 27210 Eure 55 ④ – 458 h alt. 114.

Paris 177 – Bolbec 31 – Évreux 77 – ◆Le Havre 45 – Honfleur 15 – Pont-Audemer 9.

X **La Crémaillère** avec ch, ✆ 32 41 17 75 – GB
fermé 19 sept. au 9 oct., 1er au 12 mars, merc. soir et jeudi – **R** 60/165 – ☕ 25 – **7 ch** 130/230 – ½ P 175/205.

ST-MAIME 04 Alpes-de-H.-Pr 81 ⑮ – rattaché à Manosque.

ST-MAIXENT-L'ÉCOLE 79400 Deux-Sèvres 68 ⑫ **G. Poitou Vendée Charentes** (plan) – 6 893 h alt. 65.

Voir Église abbatiale★ – Musée militaire : série d'uniformes★.

18 du Petit Chêne à Mazières ✆ 49 63 28 33, O par D 6 : 20 km.

Office de Tourisme Porte Châlon ✆ 49 05 54 05.

Paris 384 – Poitiers 51 – Angoulême 99 – Niort 23 – Parthenay 29.

Logis St Martin M , chemin Pissot ✆ 49 05 58 68, Fax 49 76 19 93, ←, , parc, « Demeure du 17e siècle » – TV ☎ P – 25. AE GB
fermé 15 nov. au 15 fév. – **R** *(fermé lundi de sept. à avril)* 120/160 – ☕ 45 – **9 ch** 300/380 – ½ P 350/420.

Lika M, rte Niort ✆ 49 05 63 64, Fax 49 05 53 63, , – rest TV ☎ P – 30. AE GB
fermé 23 déc. au 6 janv. – **R** 70/180 – ☕ 30 – **19 ch** 210/240 – ½ P 370.

à Soudan E : 7,5 km par N 11 – ✉ 79800 :.

Voir Tumulus de Bougon★ SE : 8 km.

L'Orangerie, ✆ 49 06 56 06, – ☎ P. GB.
fermé 1er janv. au 7 fév. et dim. du 15 nov. au 1er avril – **R** 85/180, enf. 40 – ☕ 40 – **9 ch** 160/190.

PEUGEOT-TALBOT Gar. Courtois, 87 r. Clemenceau ✆ 49 76 13 42
RENAULT Gar. Mouzin, 13 av. Wilson ✆ 49 05 50 72

Moinet Pneus, 12 av. de Blossac ✆ 49 05 50 22

ST-MALO SP 35400 I.-et-V. 59 ⑥ **G. Bretagne** – 48 057 h alt. 8 – Casino AXY.

Voir Site★★★ – Remparts★★★ DZ – Château★★ DZ : musée de la ville★ M2, Tourelles de guet ※★★, Quic-en-Groigne★ DZ E – Fort national★ : ←★★ 15 mn AX – Vitraux★ de la cathédrale St-Vincent DZ – Usine marémotrice de la Rance : digue ←★ S : 4 km par ④.

18 9 du Tronchet ✆ 99 58 96 69, par ③ : 24 km.

de Dinard-Pleurtuit-St-Malo : ✆ 99 46 18 46, par ③ : 14 km.

Office de Tourisme esplanade St-Vincent ✆ 99 56 64 48.

Paris 423 ③ – Alençon 177 ③ – Avranches 64 ③ – Dinan 29 ③ – ◆Rennes 69 ③ – St-Brieuc 75 ③.

Plan page suivante

Intra muros :

Central et rest. la Frégate, 6 Gde rue ✆ 99 40 87 70, Fax 99 40 47 57 – TV ☎ – 25. AE GB DZ **n**
R *(fermé 24 janv. au 12 fév. et dim. soir du 15 nov. au 15 avril)* 130/190, enf. 70 – ☕ 55 – **47 ch** 425/630 – ½ P 406/515.

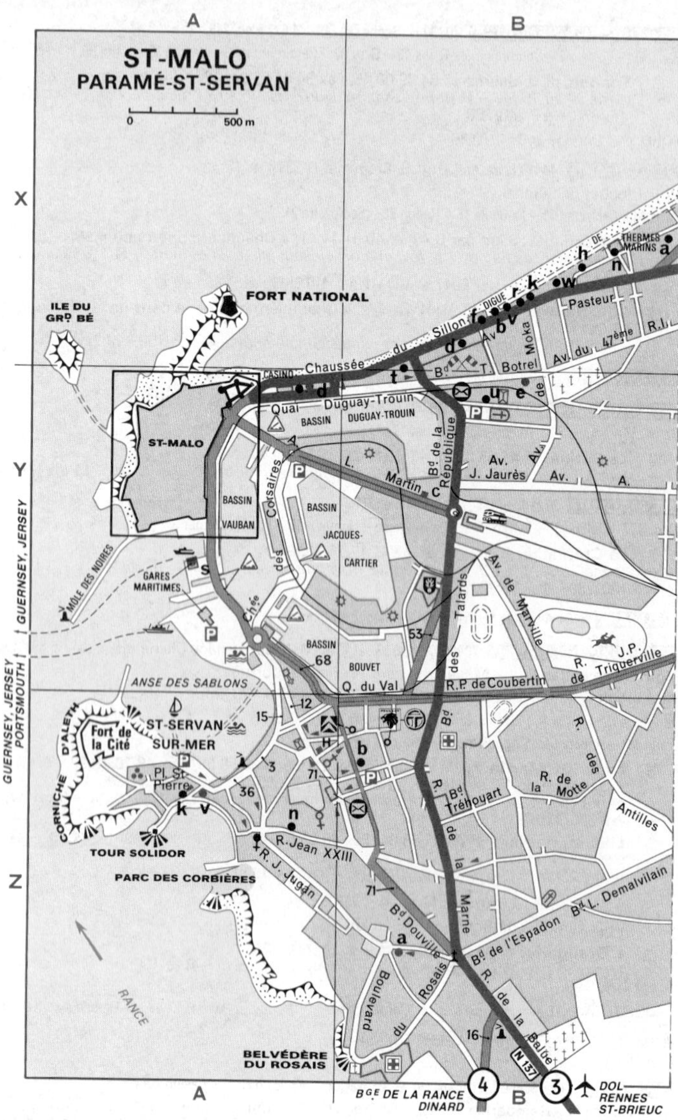

🏨 **La Cité** Ⓜ sans rest, 26 r. Ste-Barbe ✆ 99 40 55 40, Télex 741714, Fax 99 40 10 04 – 🛗 📺 ☎ ♿ 🚗. AE GB
☕ 38 – **41 ch** 425/500. DZ **v**

🏨 **Ajoncs d'Or** sans rest, 10 r. Forgeurs ✆ 99 40 85 03, Fax 99 40 80 70 – 🛗 📺 ☎. AE ⓓ GB JCB
fermé 15 nov. au 16 déc. – ☕ 42 – **22 ch** 390/500. DZ **a**

🏨 **Quic en Groigne** sans rest, 8 r. d'Estrées ✆ 99 40 86 81, Fax 99 40 11 64 – 📺 ☎ 🚗. GB. 🐕
☕ 38 – **15 ch** 250/360. DZ **u**

🏨 **Bristol Union** sans rest, 4 pl. Poissonnerie ✆ 99 40 83 36 – 🛗 📺 ☎. GB DZ **r**
fermé 15 nov. au 31 janv. – ☕ 30 – **27 ch** 220/330.

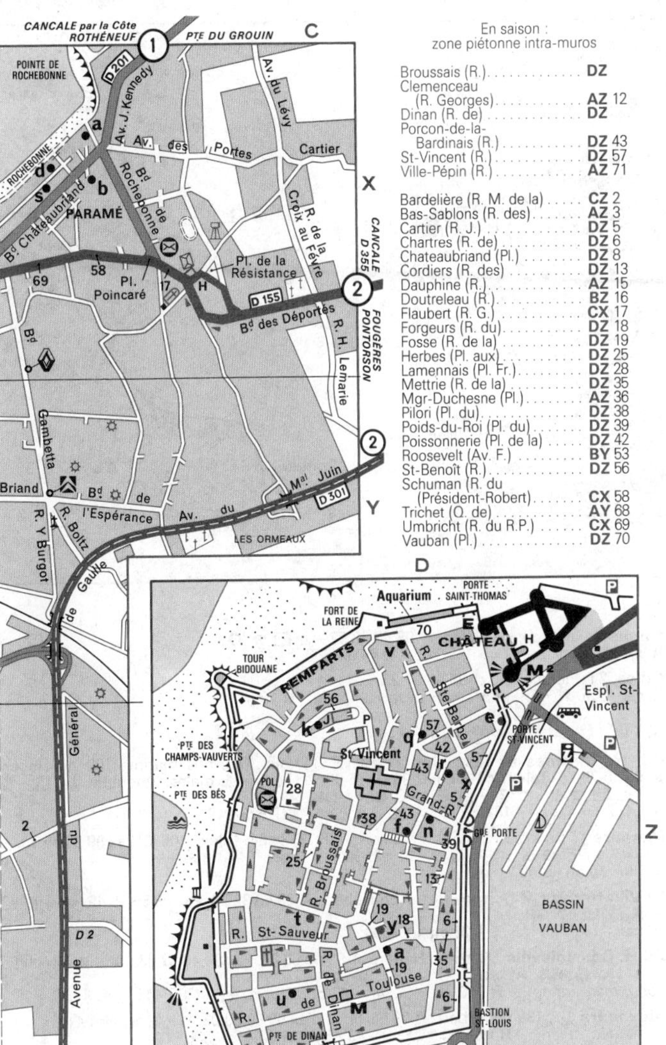

En saison : zone piétonne intra-muros

Broussais (R.) . . . . DZ
Clemenceau (R. Georges) . . . . AZ 12
Dinan (R. de) . . . . DZ
Porcon-de-la-Bardinais (R.) . . . . DZ 43
St-Vincent (R.) . . . . DZ 57
Ville-Pépin (R.) . . . . AZ 71

Bardelière (R. M. de la) . . . . . CZ 2
Bas-Sablons (R. des) . . . . . . AZ 3
Cartier (R. J.) . . . . DZ 5
Chartres (R. de) . . . . DZ 6
Chateaubriand (Pl.) . . . . DZ 8
Cordiers (R. des) . . . . DZ 13
Dauphine (R.) . . . . AZ 15
Doutreleau (R.) . . . . BZ 16
Flaubert (R. G.) . . . . CX 17
Forgeurs (R. du) . . . . DZ 18
Fosse (R. de la) . . . . DZ 19
Herbes (Pl. aux) . . . . DZ 25
Lamennais (Pl. Fr.) . . . . DZ 28
Mettrie (R. de la) . . . . DZ 35
Mgr-Duchesne (Pl.) . . . . AZ 36
Pilori (Pl. du) . . . . DZ 38
Poids-du-Roi (Pl. du) . . . . . . DZ 39
Poissonnerie (Pl. de la) . . . . . DZ 42
Roosevelt (Av. F.) . . . . BY 53
St-Benoît (R.) . . . . DZ 56
Schuman (R. du Président-Robert) . . . . . . CX 58
Trichet (Q. de) . . . . AY 68
Umbricht (R. du R.P.) . . . . . . CX 69
Vauban (Pl.) . . . . DZ 70

Louvre sans rest, 2 r. Marins ✆ 99 40 86 62, Fax 99 40 86 93 – 📶 ☎. GB — DZ **f**
1er mars-12 nov., vacances de Noël et de fév. – ☕ 30 – **41 ch** 240/350.

Brochet sans rest, 1 r. Corne de Cerf ✆ 99 56 30 00, Fax 99 56 55 54 – 📶 TV ☎. GB. ✂ — DZ **q**
Pâques-15 nov. – ☕ 30 – **22 ch** 230/310.

Palais sans rest, 8 r. Toullier ✆ 99 40 07 30 – 📶 TV ☎. AE GB — DZ **k**
fermé 15 déc. au 22 janv. – ☕ 35 – **18 ch** 260/350.

XX ✿ **A la Duchesse Anne** (Thirouard), 5 pl. Guy La Chambre ✆ 99 40 85 33, Fax 99 40 00 28, 🏞 – GB JCB. ✂ — DZ **e**
fermé déc., janv., dim. soir d'oct. à mai et merc. sauf fériés – **R** carte 180 à 340
Spéc. Foie gras de canard. Homard grillé "Duchesse Anne". Tarte Tatin (oct. à mai).

XX **Delaunay,** 6 r. Ste Barbe ✆ 99 40 92 46, Fax 99 56 88 91 – AE GB — DZ **x**
fermé mars, 15 nov. au 15 déc., lundi de nov. à mars et dim. – **R** 110/190.

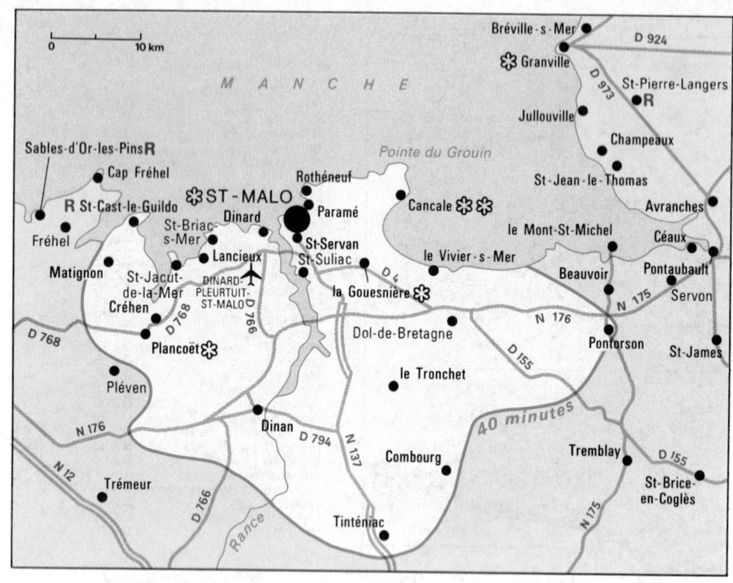

X **Noguette** avec ch, 9 r. Fosse ✆ 99 40 83 57 – |\$| TV ☎. GB — DZ **y**
R 89/265 – ☕ 29 – **12 ch** 185/265 – ½ P 230/280.

X **Gilles**, 2 r. Pie qui boit ✆ 99 40 97 25 – GB — DZ **t**
fermé 15 au 28 nov., dim. soir hors sais. et jeudi – **R** 105/170.

St-Malo Est et Paramé – ✉ 35400 St-Malo :

Gd. H. Thermes et rest. Cap Horn M, aux Thermes marins, 100 bd Hébert ✆ 99 40 75 75, Télex 740184, Fax 99 40 76 00, <, centre de thalassothérapie, – |\$| rest TV ☎ ♿ P – 25 à 80. AE ⓓ GB. rest — BX **n**
R 185/290 – ☕ 60 – **182 ch** 305/1180, 7 appart. – ½ P 573/940.

Mercure M sans rest, 2 chaussée Sillon ✆ 99 56 84 84, Télex 740583, Fax 99 56 45 73, < – |\$| ch TV ☎ ♿ – 50. AE ⓓ GB — AY **d**
☕ 50 – **70 ch** 430/910.

La Villefromoy M sans rest, 7 bd Hébert ✆ 99 40 92 20, Fax 99 56 79 49, – |\$| TV ☎ ♿ P. AE ⓓ GB — CX **s**
19 mars-14 nov. – ☕ 55 – **22 ch** 400/600.

Gd H. Courtoisville, 69 bd Hébert ✆ 99 40 83 83, Fax 99 40 57 83, – |\$| ch TV ☎ ♿ P. GB. rest — BX **a**
début mars-mi-nov. – **R** 110/180 – ☕ 40 – **47 ch** 550/580 – ½ P 385/445.

Alexandra, 138 bd Hébert ✆ 99 56 11 12, Fax 99 56 30 03, < – |\$| ☎. AE GB — BX **h**
fermé déc. et janv. – **R** 110/300 – ☕ 50 – **43 ch** 460/850 – ½ P 390/500.

Brocéliande sans rest, 43 chaussée Sillon ✆ 99 56 86 60, Fax 99 40 42 47, < – TV ☎ P. GB. — BX **v**
fermé 1er au 26 déc. et dim. soir du 15 nov. au 1er fév. – ☕ 42 – **9 ch** 460.

Beaufort M sans rest, chaussée Sillon ✆ 99 40 99 99, Fax 99 40 99 62, < – |\$| TV ☎. GB. — BX **b**
☕ 45 – **21 ch** 390/690.

Alba sans rest, 17 r. Dunes ✆ 99 40 37 18, Fax 99 40 96 40, < – TV ☎ P. AE GB. — BX **w**
10 fév. au 15 nov. – ☕ 50 – **20 ch** 380/650.

Digue sans rest, 49 chaussée Sillon ✆ 99 56 09 26, Télex 730736, Fax 99 56 41 65, < – |\$| TV ☎. AE ⓓ GB — BX **r**
12 fév.-14 nov. – ☕ 38 – **53 ch** 320/470.

Mascotte, 76 chaussée Sillon ✆ 99 40 36 36, Télex 741560, Fax 99 40 18 78, – |\$| ch TV ☎ ♿ – 60. AE ⓓ GB — BX **d**
R (dîner seul.)(résidents seul.) 75/95 – ☕ 40 – **74 ch** 345/500, 12 duplex – ½ P 337/385.

Chateaubriand sans rest, 8 bd Hébert ✆ 99 56 01 19, < – TV ☎ P. GB. — CX **d**
fermé 15 nov. au 20 déc. et 7 janv. au 7 fév. – ☕ 28 – **23 ch** 270/430.

Ibis sans rest, 58 chaussée Sillon ✆ 99 40 57 77, Télex 741968, Fax 99 40 57 78 – ch. AE GB BXY **t**
35 – **60 ch** 350/460.

Ambassadeurs sans rest, 11 chaussée Sillon ✆ 99 40 26 26, Fax 99 40 12 86, ≤ – . GB BX **f**
38 – **20 ch** 420.

Eden sans rest, 1 r. Étang ✆ 99 40 23 48, Fax 99 40 55 86 – . AE GB CX **b**
fermé 15 nov. au 16 déc. et 2 janv. au 23 fév. – 30 – **27 ch** 190/280.

Jersey sans rest, 53 chaussée Sillon ✆ 99 56 10 41, ≤ – . GB. BX **k**
fermé 15 nov. au 15 fév. – 32 – **19 ch** 260/400.

Océan sans rest, plage Rochebonne ✆ 99 56 48 48, Fax 99 40 58 29 – . GB CX **a**
15 mars-13 nov. – 30 – **25 ch** 190/320.

Arméric sans rest, 5 bd La Tour d'Auvergne ✆ 99 40 52 00 – . GB BY **u**
fermé 18 déc. au 3 janv. – 28 – **15 ch** 180/240.

XXX **Le Franklin,** 4 chaussée Sillon ✆ 99 40 50 93, Fax 99 40 19 19, ≤ – AE GB AY **d**
fermé fév., dim. soir et lundi – **R** 160/350, enf. 90.

XX **La Confiance,** 22 bd T. Botrel ✆ 99 40 90 16, Fax 99 40 99 63 – AE GB BY **e**
fermé dim. soir hors sais. sauf fêtes – **R** 105/150.

St-Malo Sud et St-Servan-sur-Mer – ✉ **35400** St-Malo.

Voir Corniche d'Aleth ≤★★ AZ – Parc des Corbières ≤★ AZ – Belvédère du Rosais★ ABZ - Tour Solidor★ AZ : musée du Cap Hornier★, ≤★.

Valmarin M sans rest, 7 r. Jean XXIII ✆ 99 81 94 76, Fax 99 81 30 03, « Élégante malouinière du 18e siècle, parc » – . AE GB AZ **n**
fermé 15 nov. au 20 déc. et 7 janv. au 15 fév. – 48 – **12 ch** 490/650.

La Korrigane M sans rest, 39 r. Le Pomellec ✆ 99 81 65 85, Fax 99 82 23 89, « Demeure ancienne au confort raffiné », – . AE GB BZ **b**
fermé 15 nov. au 15 déc. – 55 – **10 ch** 500/700.

Manoir de la Grassinais M, quartier La Grassinais S : 3 km par av. Gén. de Gaulle ✆ 99 81 33 00, Fax 99 81 60 90 – . GB CZ
fermé fév. – **R** *(fermé dim. soir et lundi hors sais.)* 98/270 – 30 – **29 ch** 250/320 – ½ P 280.

La Rance M sans rest, 15 quai Sébastopol (port Solidor) ✆ 99 81 78 63, Fax 99 81 44 80, ≤ – . GB AZ **k**
40 – **11 ch** 370/470.

Ibis M, centre com. La Madeleine S : 3 km par av. Gén. de Gaulle CZ ✆ 99 82 10 10, Télex 730626, Fax 99 82 35 74 – ch – 60. AE GB
R 85/90, enf. 39 – 35 – **73 ch** 335/380 – ½ P 290.

XXX **Métairie de Beauregard,** par ③ et rte Château Malo ✆ 99 81 37 06, – . AE GB
fermé janv. et fév. – **R** 150/180, enf. 65.

XX **Les Écluses,** gare maritime de la Bourse ✆ 99 56 81 00, ≤ – . GB AY **s**
fermé 11 au 17 nov. et dim. soir hors sais. – **R** 92/170, enf. 50.

XX **St-Placide,** pl. Poncel ✆ 99 81 70 73 – GB. BZ **a**
fermé 4 au 17 oct., vacances de fév., sam. midi en sais., mardi soir hors sais. et merc. – **R** 98/178, enf. 55.

X **L'Atre,** 7 espl. Cdt Menguy (port Solidor) ✆ 99 81 68 39, ≤ – AE GB. AZ **v**
fermé 15 déc. à 15 janv., le soir de déc. à fév. sauf week-ends, mardi soir hors sais. et merc. – **R** 75/125.

à Rothéneuf par ① : 3 km – ✉ **35400**.

Voir Manoir de Jacques Cartier★.

Terminus sans rest, 16 r. Goélands ✆ 99 56 97 72, Fax 99 40 58 17 – . GB
fermé 14 nov. au 22 déc., 3 janv. au 15 fév. et jeudi du 26 sept. à Pâques – 28 – **30 ch** 187/269.

CITROEN Gar. Côte d'Émeraude, 131 bd Gambetta CY ✆ 99 81 66 69 **N** ✆ 99 82 08 97
CITROEN Gar. de l'Hôtel de Ville, 25 r. Georges-V ABZ ✆ 99 81 62 13
FORD Carrosserie Malouine, 65 av. Gén.-de Gaulle ✆ 99 81 92 15
NISSAN Gar. de la Rance, 12 bd de la Rance ✆ 99 81 89 83
PEUGEOT TALBOT Goibert, 3 r. E.-Brouard BZ ✆ 99 81 60 77
PEUGEOT-TALBOT Dutan, ZAC la Madeleine, N 137 par ③ ✆ 99 82 77 77 **N** ✆ 99 24 18 90

RENAULT Gar. Malouins, 61 bd Gambetta CX ✆ 99 56 11 02 **N** ✆ 99 82 94 09
V.A.G Gar. du Gd St-Malo, ZAC la Grassinais r. Gén.-de-Gaulle ✆ 99 81 58 60

Euromaster Vallée Pneus, 49 quai Duguay-Trouin ✆ 99 56 74 74
Service Pneus Conan, 16 r. de la Marne ✆ 99 81 20 93

ST-MANDÉ **94** Val-de-Marne 56 ⑪, 101 ㉖ – voir à Paris, Environs.

ST-MARC **44** Loire-Atl. 63 ⑭ – rattaché à St-Nazaire.

ST-MARCEL **01** Ain 74 ② – rattaché à St-André-de-Corcy.

ST-MARCEL **36** Indre 68 ⑰ ⑱ – rattaché à Argenton-sur-Creuse.

ST-MARCEL 71 S.-et-L. 69 ⑨ – rattaché à Chalon-sur-Saône.

ST-MARCELLIN 38160 Isère 77 ③ **G. Vallée du Rhône** – 6 696 h alt. 281.

Office de Tourisme av. Collège ✆ 76 38 53 85.

Paris 565 – ♦Grenoble 52 – Valence 44 – Die 72 – Vienne 71 – Voiron 36.

Savoyet-Serve (annexe [M]), 16 bd Gambetta ✆ 76 38 04 17, Fax 76 64 02 99 – rest TV ☎ P – 35 à 50. GB
fermé lundi midi d'oct. à mai et dim. soir – **Repas** 80/240, enf. 45 – ☕ 35 – **60 ch** 120/360 – ½ P 235/335.

XXX **La Tivollière,** Château du Mollard ✆ 76 38 21 17, Fax 76 64 02 99, – P. GB
fermé dim. soir et lundi – **R** 138/300, enf. 70.

CITROEN Gar. Costaz, 16 av. des Alpes ✆ 76 38 09 25
FORD Giraud, 4 rte de Romans ✆ 76 38 07 06
OPEL Lascoumes, 27 av. de Provence ✆ 76 38 12 34 N ✆ 76 64 06 07
PEUGEOT-TALBOT Cuzin, rte de Chatte ✆ 76 38 25 90

Mouren, 19 av. de Provence ✆ 76 38 01 14

ST-MARS-LA-JAILLE 44540 Loire-Atl. 63 ⑱ – 2 114 h alt. 28.

Paris 345 – ♦Nantes 54 – Ancenis 18 – Angers 51 – Châteaubriant 28.

XXX **Relais St-Mars,** 1 r. Industrie ✆ 40 97 00 13 – AE GB
fermé 1er au 15 août, vacances de fév., merc. soir de nov. à mars, dim. soir et fériés le soir – **R** 90/350, enf. 65.

ST-MARTIN-AUX-CHARTRAINS 14 Calvados 55 ③ – rattaché à Pont-l'Évêque.

ST-MARTIN-BELLE-ROCHE 71 S.-et-L. 70 ⑪ – rattaché à Macon.

ST-MARTIN-BELLEVUE 74 H.-Savoie 74 ⑥ – rattaché à Annecy.

ST-MARTIN-D'ARMAGNAC 32110 Gers 82 ② – 205 h alt. 120.

Paris 735 – Mont-de-Marsan 51 – Agen 93 – Aire-sur-l'Adour 20 – Auch 69 – Tarbes 60.

XX **Aub. du Bergerayre** avec ch, ✆ 62 09 08 72, Fax 62 09 09 74, , , – TV ☎ P. GB
fermé 15 janv. au 15 fév. – **R** *(fermé le soir de nov. à avril et merc.)* 90 bc/200, enf. 50 – ☕ 35 – **14 ch** 280/380 – ½ P 245/305.

ST-MARTIN-D'AUXIGNY 18110 Cher 65 ⑪ – 1 909 h alt. 208.

Paris 229 – Bourges 16 – Bonny-sur-Loire 61 – Gien 62 – ♦Orléans 105 – Salbris 41 – Vierzon 29.

St-Georges, D 940 ✆ 48 64 50 14, Fax 48 64 13 67 – TV ☎ P – 30. GB
fermé 15 au 22 juil., 31 janv. au 28 fév. et dim. soir de nov. à mars – **Repas** 74/185, enf. 70 – ☕ 35 – **10 ch** 155/350 – ½ P 190/270.

CITROEN Pinet ✆ 48 64 50 21
RENAULT Fachaux ✆ 48 64 50 26

ST-MARTIN-DE-BELLEVILLE 73440 Savoie 74 ⑰ **G. Alpes du Nord** – 2 341 h alt. 1 450 – Sports d'hiver : 1 400/3 200 m 6.

Paris 629 – Albertville 45 – Chambéry 92 – Moûtiers 19.

XX **La Bouitte,** à St-Marcel SE : 2 km ✆ 79 08 96 77, – P. AE GB
1er juil.-6 sept., 15 déc.-2 mai et fermé mardi en été – **R** 150/400, enf. 65.

ST-MARTIN-DE-CRAU 13310 B.-du-R. 83 ⑩ – 11 040 h alt. 18.

Paris 724 – ♦Marseille 73 – Arles 16 – Martigues 39 – St-Rémy-de-Pr. 19 – Salon-de-Pr. 23.

Aub. des Épis, 13 av. Plaisance ✆ 90 47 31 17, – TV ☎ P. GB
fermé 1er fév. au 10 mars, dim. soir et lundi du 15 oct. à Pâques – **R** 95/175, enf. 58 – ☕ 32 – **11 ch** 240/260 – ½ P 270.

XX **Mas de la Closière,** 3,5 km sur rte de Moulès ✆ 90 47 31 09 – P
fermé 1er fév. au 15 mars, dim. soir et lundi sauf fériés – **R** 110/190, enf. 45.

Crau-Pneus, 20 Zone du Cabrau ✆ 90 47 00 74

ST-MARTIN-DE-FRAIGNEAU 85 Vendée 71 ① – rattaché à Fontenay-le-Comte.

ST-MARTIN-DE-LA-PLACE 49160 M.-et-L. 64 ⑫ – 1 129 h alt. 25.

Voir Château de Boumois★ SE : 3 km, **G. Châteaux de la Loire.**

Paris 302 – Angers 38 – Baugé 28 – La Flèche 46 – Les Rosiers 7,5 – Saumur 7,5.

XX **Cheval Blanc** avec ch, ✆ 41 38 42 96, Fax 41 38 42 62 – ☎. GB. rest
fermé dim. soir et lundi sauf de juin à sept. – **R** 90/250, enf. 55 – ☕ 29 – **12 ch** 205/350 – ½ P 270/300.

ST-MARTIN-DE-LONDRES 34380 Hérault 83 ⑥ **G. Gorges du Tarn** – 1 623 h alt. 187.

Paris 784 – ♦Montpellier 25 – Le Vigan 37.

XXX **Les Muscardins,** 19 rte Cévennes ✆ 67 55 75 90, Fax 67 55 70 28 – AE GB
fermé fév., mardi midi et lundi sauf juil.-août et fériés – **R** 160/350, enf. 80.

X **Pastourelle,** chemin de la Prairie ✆ 67 55 72 78, , – P. AE GB
fermé 15 au 30 sept., 1er au 15 janv. et merc. – **R** 95/190, enf. 50.

ST-MARTIN-DE-RÉ 17 Char.-Mar. 71 ⑫ – voir à Ré (Ile de).

ST-MARTIN-DE-VALAMAS 07310 Ardèche 76 ⑲ – 1 386 h alt. 550.

Env. Ruines de Rochebonne★ : site★★ E : 7 km, G. Vallée du Rhône.

Syndicat d'Initiative r. Poste (saison) ✆ 75 30 47 72.

Paris 595 – Aubenas 59 – Le Cheylard 9,5 – Lamastre 30 – Privas 58 – Le Puy-en-Velay 57 – St-Agrève 14.

RENAULT Gar. Mounier Frères ✆ 75 30 44 97 N

ST-MARTIN-DU-FAULT 87 H.-Vienne 72 ⑦ – rattaché à Limoges.

ST-MARTIN-DU-TOUCH 31 H.-Gar. 82 ⑦ – rattaché à Toulouse.

ST-MARTIN-DU-VAR 06670 Alpes-Mar. 84 ⑨ 115 ⑯ – 1 869 h alt. 122.

Paris 942 – ♦Nice 26 – Antibes 34 – Cannes 44 – Puget-Théniers 37 – St-Martin-V. 39 – Vence 23.

XXXX ✿✿ **Jean-François Issautier**, S : 3 km sur N 202 ✆ 93 08 10 65, Fax 93 29 19 73 – ▤ P. AE ⓓ GB
fermé 2 au 10 nov., mi-fév. à mi-mars, dim. (sauf le midi de sept. à juin) et lundi – **R** (nombre de couverts limité, prévenir) 260/465 et carte 450 à 600
Spéc. Courgette de Gattières avec sa fleur farcie. Marinière de poissons de roche aux aromates. Rognon de veau rôti entier en casserole. **Vins** Bellet, Côtes de Provence.

ST-MARTIN-DU-VIVIER 76 S.-Mar. 55 ⑦ – rattaché à Rouen.

ST-MARTIN-EN-BRESSE 71620 S.-et-L. 69 ⑩ – 1 603 h alt. 192.

Paris 354 – Chalon-sur-Saône 17 – Beaune 36 – ♦Dijon 85 – Dôle 52 – Lons-le-Saunier 49.

Au Puits Enchanté, ✆ 85 47 71 96, Fax 85 47 74 58 – ☎ P. GB
fermé 1er au 7 sept., vacances de fév., dim. soir et mardi – **Repas** 90/195, enf. 55 – ☐ 32 – **14 ch** 140/250 – ½ P 190/215.

ST-MARTIN-LA-GARENNE 78 Yvelines 55 ⑱, 106 ③ – rattaché à Mantes.

ST-MARTIN-LA-MÉANNE 19320 Corrèze 75 ⑩ – 362 h alt. 485.

Voir Barrage du Chastang★ SE : 5 km, G. Berry Limousin.

Paris 510 – Brive-la-Gaillarde 54 – Aurillac 68 – Mauriac 50 – St-Céré 52 – Tulle 33 – Ussel 58.

Voyageurs, ✆ 55 29 11 53, Fax 55 29 27 70, – ☎ . GB
fermé 2 au 31 janv., dim. soir et lundi hors sais. – **R** 85/185 – ☐ 25 – **8 ch** 230/300 – ½ P 210/230.

ST-MARTIN-LE-BEAU 37270 I.-et-L. 64 ⑮ G. Châteaux de la Loire – 2 427 h alt. 56.

Paris 232 – ♦Tours 19 – Amboise 9,5 – Blois 43 – Loches 27.

XX **La Treille** avec ch, ✆ 47 50 67 17, Fax 47 50 20 14 – TV ☎ . GB
fermé 15 sept. au 8 oct., 1er au 20 fév., dim. soir et lundi sauf juil.-août – **R** 65/250 – ☐ 32 – **8 ch** 200/240 – ½ P 225/250.

ST-MARTIN-LE-GAILLARD 76260 S.-Mar. 52 ⑤ G. Normandie Vallée de la Seine – 279 h.

Paris 167 – ♦Amiens 76 – Dieppe 26 – Eu 12 – Neufchâtel-en-Bray 34 – ♦Rouen 79.

XX **Moulin du Becquerel**, NO : 1,5 km sur D 16 ✆ 35 86 74 94, , « Dans la campagne », – P. GB
fermé fév., dim. soir et lundi hors sais. – **R** 180/240, enf. 70.

ST-MARTIN-LE-VINOUX 38 Isère 77 ⑤ – rattaché à Grenoble.

ST-MARTIN-VÉSUBIE 06450 Alpes-Mar. 84 ⑲ 115 ⑥ G. Côte d'Azur (plan) – 1 041 h alt. 960.

Voir Venanson : ≤★, fresques★ de la chapelle St-Sébastien S : 4,5 km.

Env. Le Boréon★★ (cascade★) N : 8 km – Vallon de la Madone de Fenestre★ et cirque★★ NE : 12 km.

Syndicat d'Initiative pl. F.-Faure (saison) ✆ 93 03 21 28.

Paris 858 – Antibes 73 – Barcelonnette 116 – Cannes 83 – Menton 66 – ♦Nice 65.

Aub. St-Pierre sans rest, ✆ 93 03 30 40, ≤, – TV ☎ ♿ P. GB.
15 mai-15 sept. – ☐ 40 – **20 ch** 400/550.

Edward's et Châtaigneraie , ✆ 93 03 21 22, Fax 93 03 33 99, , parc – ☎ P. AE GB. ch
1er juin-25 sept. – **R** (résidents seul.) – ☐ 20 – **35 ch** 400/440 – ½ P 320.

ST-MATHIEU (Pointe de) 29 Finistère 58 ③ – rattaché au Conquet.

ST-MAUR-DES-FOSSÉS 94 Val-de-Marne 101 ㉗ – voir à Paris, Environs.

ST-MAURICE 94 Val-de-Marne 56 ⑪, 101 ㉖ ㉗ – voir à Paris, Environs.

ST-MAURICE-DE-BEYNOST 01700 Ain 74 ⑫ – 3 468 h.

Paris 463 – ◆Lyon 21 – Bourg-en-Bresse 67 – Chalamont 27 – Meximieux 23 – Villefranche-sur-Saône 35.

Le Relais de Genève M, proche sortie St-Maurice-de-Beynost A 42 ☎ 78 55 90 90, Télex 310250, Fax 78 55 90 05 – |‡| ⇔ ch ▤ TV ☎ ⇔ P – 🏛 300. AE ① GB
Le Brillat-Savarin R 70/200 ₰ – ☕ 48 – **78 ch** 390/420, 4 appart. – ½ P 285.

ST-MAURICE-LES-CHARENCEY 61190 Orne 60 ⑤ – 442 h alt. 204.

Paris 133 – Alençon 58 – L'Aigle 17 – Mortagne-au-Perche 22 – Verneuil-sur-Avre 17.

XX **Le Gué Hamel,** N 12 ☎ 33 25 61 17, 🌳 – P. GB
fermé mardi – **Repas** 90/200.

PEUGEOT Houssay ☎ 33 25 62 55 RENAULT Gar. Soret ☎ 33 25 72 55 N

ST-MAURICE-SUR-MOSELLE 88560 Vosges 66 ⑧ **G. Alsace Lorraine** – 1 615 h alt. 549 – Sports d'hiver au Ballon d'Alsace : 900/1 250 m ≴3 et à la Tête du Rouge Gazon ≴5.

Env. Ballon d'Alsace ✻★★★ 9,5 km au Sud par D 465 puis 30 mn.

ℹ Syndicat d'Initiative au Chalet (juil.-août) ☎ 29 25 12 34 et à la Mairie ☎ 29 25 11 21.

Paris 415 – Épinal 57 – ◆Mulhouse 51 – Belfort 39 – Bussang 3,5 – Thann 31 – Le Thillot 7.

Au Pied des Ballons, ☎ 29 25 12 54, ≤, 🌳, ✂ – TV ☎ ⇔ P. GB
fermé nov. et lundi midi hors sais. sauf vacances scolaires – **R** 66/290 ₰ – ☕ 28 – **12 ch** 215/290, 10 chalets – ½ P 210/240.

CITROEN Gar. Vuillemin ☎ 29 25 11 23 N

ST-MAXIMIN 30 Gard 80 ⑲ – rattaché à Uzès.

ST-MAXIMIN-LA-STE-BAUME 83470 Var 84 ④ ⑤ **G. Provence** – 9 594 h alt. 303.

Voir Basilique★★ – Ancien couvent royal★.

⛳18 Sainte-Baume à Nans-les-Pins ☎ 94 78 60 12, S par N 560 : 9 km.

ℹ Syndicat d'Initiative Hôtel de Ville ☎ 94 78 00 09.

Paris 792 – Aix-en-Provence 38 – Brignoles 20 – Draguignan 69 – ◆Marseille 50 – Rians 23 – ◆Toulon 55.

France, av. Albert 1er ☎ 94 78 00 14, Fax 94 59 83 80, 🍽, 🏊 – ▤ ch TV ☎ ⇔ – 🏛 25 à 40. GB
fermé 22 nov. au 14 déc. – **R** 110/230, enf. 70 – ☕ 38 – **27 ch** 270/350 – ½ P 275/300.

Plaisance M sans rest, 20 pl. Malherbe ☎ 94 78 16 74 – TV ☎ ⇔. AE ① GB. ✂
fermé 15 au 30 janv. – ☕ 38 – **10 ch** 320/420.

XX **Chez Nous,** bd J. Jaurès ☎ 94 78 02 57, 🍽 – AE ① GB
fermé 20 déc. au 20 janv. et merc. – **R** 100/300, enf. 60.

Ⓜ Gérard-Pneus, ZI N 7 ☎ 94 78 14 49

ST-MÉDARD 46150 Lot 79 ⑦ – 136 h.

Paris 578 – Cahors 19 – Gourdon 30 – Villeneuve-sur-Lot 58.

XXX ✿ **Le Gindreau** (Pelissou), ☎ 65 36 22 27, Fax 65 36 24 54, ≤, 🍽 – AE GB
fermé 15 nov. au 8 déc., dim. soir hors sais. et lundi sauf fériés – **R** (dim. et fêtes prévenir) 145/320 et carte 280 à 420, enf. 70
Spéc. Escalope de foie gras de canard poêlée. Rosette d'agneau au jus d'ail. Truffes fraîches (15 déc. au 1er mars). **Vins** Cahors.

ST-MÉDARD-EN-JALLES 33 Gironde 71 ⑨ – rattaché à Bordeaux.

ST-MICHEL-DE-MAURIENNE 73140 Savoie 77 ⑦ – 2 919 h alt. 712.

Paris 621 – Albertville 75 – Briançon 80 – Chambéry 84 – Modane 17 – Saint-Jean-de-Maurienne 14.

Alpes, r. Gén. Férrié ☎ 79 56 51 22, Fax 79 59 21 61, 🍽 – ☎. AE ① GB JCB
fermé 15 au 30 déc., dim. soir et lundi du 15 sept. au 15 juin – **R** 80/150 ₰ – ☕ 28 – **22 ch** 120/280 – ½ P 180/230.

CITROEN Gar. Gros ☎ 79 56 53 61 N Gar. Juillard ☎ 79 56 55 85 N ☎ 79 56 61 30

ST-MICHEL-DE-MONTAIGNE 24230 Dordogne 75 ⑬ – 292 h alt. 81.

Paris 547 – Bergerac 41 – ◆Bordeaux 51 – La Réole 43.

Jardin d'Eyquem M 🐇 sans rest, ☎ 53 24 89 59, 🏊, 🌳 – cuisinette TV ☎ ♿ P. GB. ✂
1er mars-30 nov. – ☕ 40, 5 appart. 750.

ST-MICHEL-DES-ANDAINES 61 Orne 60 ① – rattaché à La Ferté-Macé.

ST-MICHEL-EN-L'HERM 85580 Vendée 71 ⑪ **G. Poitou Vendée Charentes** – 1 999 h alt. 8.

Paris 448 – La Rochelle 44 – La Roche-sur-Yon 47 – Luçon 15 – Les Sables-d'Olonne 53.

Central, pl. Abbaye ☎ 51 30 20 24, 🌳 – P. GB
fermé fin sept. à fin oct. et lundi sauf juil.-août – **R** 65/128 ₰, enf. 40 – ☕ 22 – **26 ch** 130/215 – ½ P 180/215.

CITROEN Sourdonnier ☎ 51 30 23 09

ST-MIHIEL **55300** Meuse **57** ⑫ **G. Alsace Lorraine** (plan) – 5 367 h alt. 226.

Voir Sépulcre★★ dans l'église St-Étienne – Pâmoison de la Vierge★ dans l'église St-Michel.

⛳ du Lac de Madine ☏ 29 89 56 00 à la base de Loisirs ; à Heudicourt-sous-les-Côtes par D 901.

ℹ Office de Tourisme pl. J.-Bailleux ☏ 29 89 06 47.

Paris 286 – Bar-le-Duc 33 – ◆ Metz 59 – ◆ Nancy 71 – Toul 48 – Verdun 35.

à Heudicourt-sous-les-Côtes NE : 15 km par D 901 et D 133 – ✉ **55210**.

Voir Butte de Montsec : ※★★, monument★ S : 13 km.

Lac de Madine (annexe cuisinette), ☏ 29 89 34 80, Fax 29 89 39 20, – TV ☎ P. GB

fermé janv. et lundi d'oct. à mars – **R** 74/235 ♨, enf. 50 – ☕ 30 – **48 ch** 240/320 – ½ P 250/290.

Knutti, 8 pl. du Quartier Colson Blaise ☏ 29 90 27 05

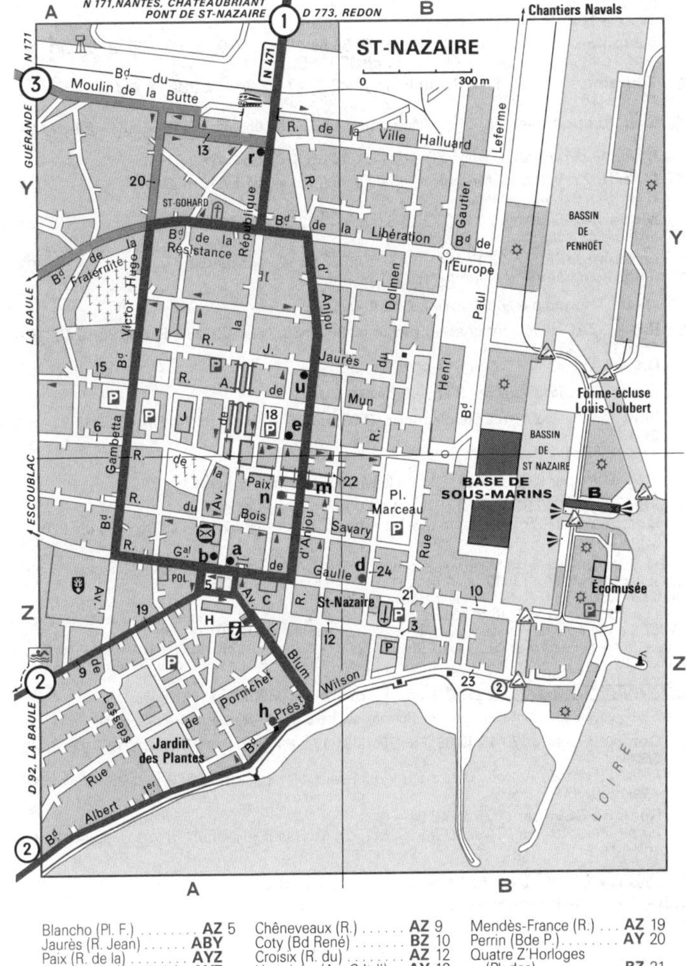

Blancho (Pl. F.) .... **AZ** 5	Chêneveaux (R.) ...... **AZ** 9	Mendès-France (R.) ... **AZ** 19
Jaurès (R. Jean) ...... **ABY**	Coty (Bd René) .... **BZ** 10	Perrin (Bde P.) .... **AY** 20
Paix (R. de la) .... **AYZ**	Croisix (R. du) .... **AZ** 12	Quatre Z'Horloges (Pl. des) .... **BZ** 21
République (Av. de la) . **AYZ**	Herminier (Av. Cdt-l') . . **AY** 13	Salengro (R. R.) .... **AZ** 22
Auriol (R. Vincent) ...... **BZ** 3	Lechat (R.) .... **AY** 15	Verdun (Bd de) .... **BZ** 23
Briand (R. Aristide) ..... **AY** 6	Martyrs-de-la-Résistance (Pl. des) . **AY** 18	28-Février-1943 (R. du) . **BZ** 24

ST-NAZAIRE <SP> **44600** Loire-Atl. 63 ⑮ **G. Bretagne** – 64 812 h alt. 11.

Voir Base de sous-marins★ et sortie sous-marine du port★ BZ – Terrasse panoramique★ BZ **B** – Pont routier de St-Nazaire-St-Brévin★..

Pont de St-Nazaire : Péage en 1992 : auto 22 à 30 F (conducteur et passagers compris), auto et caravane 38 F, camion et véhicule supérieur à 1,5 t : 38 à 95 F, moto 5 F (gratuit pour vélos et piétons) – Tarifs spéciaux pour les résidents de la Loire Atlantique.

Office de Tourisme pl. F.-Blancho ℘ 40 22 40 65 A.C. 33 r. Gén.-de-Gaulle ℘ 40 01 99 82.

Paris 439 ① – ◆Nantes 61 ① – La Baule 12 ② – Vannes 75 ③.

Plan page précédente

Berry M, 1 pl. Gare ℘ 40 22 42 61, Télex 700952, Fax 40 22 45 34 – ch TV ☎. AE ① GB JCB — AY **r**
R 72/199 – 45 – **29 ch** 250/450 – ½ P 285/375.

Europe sans rest, 2 pl. Martyrs de la Résistance ℘ 40 22 49 87, Fax 40 66 23 28 – TV ☎ P. AE ① GB — AY **e**
31 – **39 ch** 180/350.

Bretagne sans rest, 7 av. République ℘ 40 66 55 66, Télex 701992, Fax 40 66 10 58 – TV ☎. AE ① GB — AZ **b**
27 – **32 ch** 175/290.

Dauphin sans rest, 33 r. J. Jaurès ℘ 40 66 59 61, Fax 40 01 87 63 – TV ☎. AE GB — AY **u**
fermé 24 déc. au 3 janv. – 27 – **21 ch** 150/285.

Touraine sans rest, 4 av. République ℘ 40 22 47 56, – ☎. AE ① GB — AZ **a**
26 – **18 ch** 107/215.

XXX **Bon Accueil** avec ch, 39 r. Marceau ℘ 40 22 07 05, Fax 40 19 01 58 – TV ☎. AE ① GB — AZ **n**
R *(fermé dim.)* 120/280, enf. 50 – 49 – **10 ch** 320/370 – ½ P 350.

XX **L'An II,** 2 r. Villebois-Mareuil ℘ 40 00 95 33, Fax 40 53 57 18 – AE GB — AZ **h**
R 89/185, enf. 60.

XX **Moderne,** 46 r. Anjou ℘ 40 22 55 88, Fax 40 22 26 42 – AE GB — AZ **m**
fermé dim. soir et lundi – **R** 75/170, enf. 50.

X **Le Quimperlé,** 7 r. 28-Février 1943 ℘ 40 22 53 12 – AE ① GB — BZ **d**
fermé août, dim. soir et lundi – **R** 71/159, enf. 45.

rte de Trignac par ① : 3 km – ✉ **44570** Trignac :

Ibis M, ZAC de la Fontaine Aubrun ℘ 40 90 39 39, Télex 701231, Fax 40 90 19 49, – TV ☎ P – 40. AE GB
R 82/98, enf. 39 – 33 – **45 ch** 330.

rte de Pornichet par ② : 3 km – ✉ **44600** St-Nazaire :

Parc sans rest, 27 rte Côte d'Amour (D 92) par ② ℘ 40 70 56 74, Fax 40 53 15 71 – TV ☎ P. GB
30 – **32 ch** 240/280.

à St-Marc par ② et D 292 : 8 km – ✉ **44600** St-Nazaire :

Plage, ℘ 40 91 99 01, Fax 40 91 92 00, ← – TV ☎ P. GB. rest
R *(fermé 2 au 25 janv., dim. soir et lundi hors sais.)* 80/250 – 35 – **33 ch** 220/330 – ½ P 250/345.

CITROEN SONADIB, Étoile du Matin voie express Pornichet par ② ℘ 40 53 40 40 N ℘ 40 70 21 60
PEUGEOT-TALBOT S.I.N.A., 374 rte de la Côte d'Amour par ② ℘ 40 53 34 77 N ℘ 40 95 30 81
RENAULT Centre-Auto de l'Étoile, voie express St-Nazaire-Pornichet par ② ℘ 40 70 35 07 N ℘ 05 05 15 15

RENAULT Jarsalé, La Torse à Montoir de Bretagne par ① ℘ 40 90 02 78

Clinique Pneu Pneu + Nord Ouest, 18-22 bd Hôpital ℘ 40 70 07 19
Picaud-Pneus, 210 rte Côte d'Amour ℘ 40 70 00 39
SOFRAP, 20 r. H.-Gautier ℘ 40 66 15 15

ST-NAZAIRE-EN-ROYANS **26190** Drôme 77 ③ **G. Alpes du Nord** – 531 h alt. 175.

Paris 580 – ◆Grenoble 63 – Pont-en-Royans 9 – Romans-sur-Isère 18 – St-Marcellin 14 – Valence 34.

XX **Rome** avec ch, ℘ 75 48 40 69, Fax 75 48 31 17, ← – rest TV ☎ P – 25. AE ① GB
fermé 20 oct. au 27 nov., dim. soir et lundi sauf juil.-août – **R** 88/230 – 26 – **9 ch** 180/220 – ½ P 200/260.

X **Rest. du Royans,** ℘ 75 48 40 84 – GB
fermé 7 au 16 juin, 27 sept. au 27 oct., merc. (sauf juil.-août) et mardi soir – **R** 95/210, enf. 40.

ST-NAZAIRE-LE-DÉSERT **26340** Drôme 81 ③ – 168 h alt. 580.

Paris 631 – Valence 68 – Die 38 – Nyons 39.

Aub. du Désert, ℘ 75 27 51 43, Fax 75 27 52 33, – ☎ P. GB
fermé 12 au 30 nov., fév., lundi soir et mardi de sept. à avril – **R** 85/185, enf. 45 – 35 – **9 ch** 195/310 – ½ P 210/265.

ST-NECTAIRE 63710 P.-de-D. 73 ⑭ G. Auvergne (plan) – 664 h alt. 760 – Stat. therm. (3 avril-15 oct.).

Voir Église★★ : trésor★★ – Puy de Mazeyres ※★ E : 3 km puis 30 mn.

Office de Tourisme Anciens Thermes (15 mai-sept.) ✆ 73 88 50 86.

Paris 459 – ◆Clermont-Ferrand 41 – Issoire 24 – Le Mont-Dore 25.

Le Savoy, ✆ 73 88 50 28, Fax 73 88 54 49 – ☎. ✻ rest
20 mai-20 sept. – **R** 78/128, enf. 45 – ☕ 27 – **32 ch** 150/240 – P 260.

Paix, ✆ 73 88 50 20 – ☎ Ⓟ. AE ⓓ GB
fermé 11 nov. au 20 déc., 10 janv. au 15 fév., merc. soir et jeudi – **R** 80/180, enf. 45 – ☕ 35 – **26 ch** 175/220 – P 270.

à Rivalet E : 7 km sur D 996 – ✉ **63320** Montaigut-le-Blanc :

XX Le Rivalet avec ch, ✆ 73 96 73 92, Fax 73 96 27 49 – TV ☎ Ⓟ
7 ch.

ST-NEXANS 24 Dordogne 75 ⑮ – rattaché à Bergerac.

ST-NICOLAS-DES-EAUX 56 Morbihan 63 ② G. Bretagne – ✉ **56930** Pluméliau.

Paris 465 – Vannes 48 – Lorient 48 – Pontivy 14 – Quimperlé 47.

Vieux Moulin, ✆ 97 51 81 09, Fax 97 51 83 12, – TV ☎ Ⓟ. GB
fermé fév., dim. soir et lundi du 15 sept. au 15 mai – **R** 67/162 – ☕ 22 – **10 ch** 188/267 – ½P 226/248.

ST-NICOLAS-LA-CHAPELLE 73 Savoie 74 ⑦ – rattaché à Flumet.

Un conseil Michelin :

pour réussir vos voyages, préparez-les à l'avance.

Les cartes et guides Michelin, vous donnent toutes indications utiles sur :

itinéraires, visite des curiosités, logement, prix, etc.

ST-NIZIER-DU-MOUCHEROTTE 38250 Isère 77 ④ G. Alpes du Nord – 575 h alt. 1 160 – Sports d'hiver : 1 160/1 250 m ⛷2 ⛷.

Voir Belvédère ※★★.

Syndicat d'Initiative ✆ 76 53 40 60.

Paris 579 – ◆Grenoble 17 – Villard-de-Lans 18.

Le Concorde, ✆ 76 53 42 61, ← – ☎ Ⓟ. GB. ✻ ch
fermé 20 oct. au 20 déc. – **R** 76/160 – ☕ 30 – **31 ch** 180/250 – ½P 193/216.

ST-OMER SP 62500 P.-de-C. 51 ③ G. Flandres Artois Picardie – 14 434 h alt. 21.

Voir Cathédrale N.-Dame★★ AZ – Hôtel Sandelin et musée★★ AZ **K** – Anc. chapelle des Jésuites★ AZ **F** – Jardin public★ AZ.

Env. Ascenseur des Fontinettes★ 5,5 km par ②.

18 du Bois de Ruminghem ✆ 21 85 30 33, par ④ ; 9 18 Aa St-Omer Golf Club ✆ 21 38 59 90, par ④ N 42 et D 225 : 15 km.

Office de Tourisme bd P.-Guillain ✆ 21 98 70 00.

Paris 256 ④ – ◆Calais 46 ④ – Abbeville 87 ③ – ◆Amiens 111 ② – Arras 79 ④ – Béthune 43 ④ – Boulogne-sur-Mer 49 ④ – Dunkerque 40 ① – Ieper 54 ② – ◆Lille 67 ②.

Plan page suivante

Bretagne, 2 pl. Vainquai ✆ 21 38 25 78, Télex 133290, Fax 21 93 51 22 – TV ☎ Ⓟ – 80. AE ⓓ GB. ✻ ch — BY **r**
Le Best *(fermé 2 au 15 août, 2 au 12 janv., dim. soir, soir de fêtes et sam.)* **R** 185 bc – **Maëva** grill *(fermé 22 déc. au 1er janv., sam. midi et lundi)* **R** 72 – ☕ 50 – **75 ch** 250/400.

St-Louis, 25 r. Arras ✆ 21 38 35 21, Fax 21 38 57 26 – ▤ rest TV ☎ ♿ Ⓟ. GB. ✻ rest — BZ **s**
R 65/140 – ☕ 29 – **30 ch** 170/280.

Ibis M, 2 r. H. Dupuis ✆ 21 93 11 11, Télex 135206, Fax 21 93 11 11 – ch TV ☎ ♿ Ⓟ. AE GB — AZ **v**
R 83, enf. 39 – ☕ 32 – **66 ch** 262/310.

XX **Le Cygne,** 8 r. Caventou ✆ 21 98 20 52 – GB — AZ **e**
fermé lundi soir et mardi – **R** 72/180.

à Hallines par ③ et D 211 : 6 km – ✉ **62570** :

XXX **Host. St Hubert** avec ch, ✆ 21 39 77 77, Fax 21 93 00 86, « Demeure 19e siècle, parc avec rivière » – TV ☎ Ⓟ. ⓓ GB
fermé dim. soir et lundi – **R** 120/310 – ☕ 45 – **8 ch** 350/800.

à Tilques par ④, N 42, N 43 et VO : 6 km – ✉ **62500** :

Château Tilques, ✆ 21 93 28 99, Télex 133360, Fax 21 38 34 23, ←, « Parc et lac », – TV ☎ ♿ Ⓟ – 25 à 150. AE ⓓ GB. ✻
R *(fermé sam. midi)* 175/195, enf. 40 – ☕ 60 – **52 ch** 410/850.

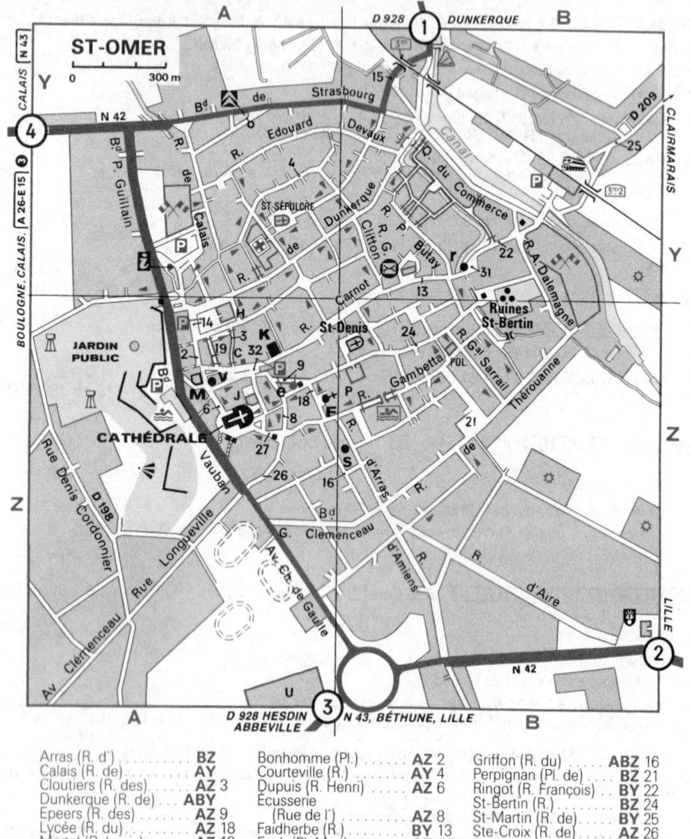

Arras (R. d') . . . . **BZ**
Calais (R. de) . . . . **AY**
Cloutiers (R. des) . . . . . . **AZ** 3
Dunkerque (R. de) . . . **ABY**
Epeers (R. des) . . . . **AZ** 9
Lycée (R. du) . . . . **AZ** 18
Martel (R. Louis) . . . . . . **AZ** 19
Victor-Hugo (Pl.) . . . . . . **AZ** 32

Bonhomme (Pl.) . . . . . . **AZ** 2
Courteville (R.) . . . . **AY** 4
Dupuis (R. Henri) . . . . . **AZ** 6
Écusserie (Rue de l') . . . . **AZ** 8
Faidherbe (R.) . . . . **BY** 13
Foch (Pl. Mar.) . . . . **AZ** 14
Gaîté (R. de la) . . . . **BY** 15

Griffon (R. du) . . . . . **ABZ** 16
Perpignan (Pl. de) . . . . **BZ** 21
Ringot (R. François) . . **BY** 22
St-Bertin (R.) . . . . **BZ** 24
St-Martin (R. de) . . . . . **BY** 25
Ste-Croix (R. de) . . . . . **AZ** 26
Sithieu (Pl.) . . . . **AZ** 27
Vainquai (Pl. du) . . . . . **BY** 31

BMW Lengaigne, 42 av. Joffre ℘ 21 98 50 00
CITROEN Gar. Boulant, 35 r. J.-Derheims ℘ 21 38 20 88 **N** ℘ 21 98 42 13
FORD Gar. de l'Europe, centre commercial Maillebois à Longuenesse ℘ 21 38 00 95 **N** ℘ 21 98 42 13
LANCIA Dassonneville, 144 r. Léon Blum à Wizernes ℘ 21 93 34 04
MAZDA Gar. Rebergue, 59 rte de Calais à St-Martin-au-Laërt ℘ 21 38 01 41
PEUGEOT-TALBOT Damide, Av. Gustave Courbet par av. Clemenceau à Longuenesse AZ ℘ 21 98 04 44 **N** ℘ 05 44 24 24

RENAULT Gar. Audomarois, rte d'Arques à Longuenesse par ② ℘ 21 38 25 77 **N**
ROVER Gar. Molmy, 83 av. L.-Blum à Longuenesse ℘ 21 38 12 07
V.A.G Gar. Delattre, rte Nationale de Calais à Salperwick ℘ 21 93 68 37

Ⓜ Equipneu, r. Lobel, ZI, Arques ℘ 21 38 42 43
Equipneu, 35 bis bd de Strasbourg ℘ 21 88 58 34
Euromaster Fischbach Pneu Service, 16 bis r. Pasteur ℘ 21 38 43 66

ST-OMER-EN-CHAUSSÉE **60860** Oise 55 ⑨ – 1 092 h alt. 101.

Paris 89 – Compiègne 72 – Aumale 34 – Beauvais 13 – Breteuil 29 – Gournay-en-Bray 28 – Poix-de-Picardie 31.

XX **Aub. de Monceaux,** aux Monceaux S : 1 km sur D 901 ℘ 44 84 50 32, « Cadre rustique » – **P**. GB
fermé 2 au 12 août, janv., merc. soir et jeudi – **R** (dim. prévenir) 160, enf. 70.

ST-OUEN **93** Seine-St-Denis 55 ⑳, 101 ⑮ – voir à Paris, Environs.

ST-OUEN-L'AUMÔNE **95** Val-d'Oise 55 ⑳, 106 ⑥, 101 ② – rattaché à Cergy Pontoise.

ST-OUEN-LES-VIGNES **37** I.-et-L. 64 ⑯ – rattaché à Amboise.

ST-OYEN-MONTBELLET 71 S.-et-L. 69 ⑲ ⑳ – rattaché à Fleurville.

ST-PALAIS 64120 Pyr.-Atl. 85 ④ G. Pyrénées Aquitaine – 2 055 h alt. 51.

Syndicat d'Initiative pl. Hôtel de Ville ☎ 59 65 71 78.

Paris 792 – Biarritz 60 – ♦Bayonne 54 – Dax 54 – Pau 72 – St-Jean-Pied-de-Port 31.

Trinquet, ☎ 59 65 73 13, Fax 59 65 83 84 – TV ☎. GB
fermé 15 avril au 10 mai, 25 sept. au 20 oct., dim. soir et lundi – **R** 80/260 🍷, enf. 40 – ☕ 25 – **12 ch** 240/280 – ½ P 220.

ST-PALAIS-SUR-MER 17420 Char.-Mar. 71 ⑮ G. Poitou Vendée Charentes – 2 736 h alt. 15.

Voir La Grande Côte★★ NO : 3 km.

18 de Royan Côte de Beauté ☎ 46 23 16 24, N : 3 km.

Syndicat d'Initiative Résidence St-Palais (fermé après-midi nov.-fév.) ☎ 46 23 11 09.

Paris 514 – Royan 5,5 – La Rochelle 78.

Primavera 🐦, rte Gde Côte NO : 2 km ☎ 46 23 20 35, Fax 46 23 28 78, ←, « Élégantes villas 1900 dans un parc face à la mer », 🏊, 🎾 – 🛗 TV ☎ 🅟 – 🏛 30. AE ⓓ GB. ✂ ch
fermé 1er au 24 déc. et vacances de fév. – **R** *(fermé mardi soir et merc. d'oct. à mars)* 115/230, enf. 50 – ☕ 45 – **46 ch** 350/700 – ½ P 350/500.

Résidence Frivole 🐦 sans rest, 10 av. Platin ☎ 46 23 25 00, Fax 46 23 20 25, 🌳 – ☎. AE ⓓ GB
8 avril-8 nov. – ☕ 44 – **11 ch** 280/390.

à la plage de Nauzan SE : 1,5 km par rte Royan – ✉ 17420 St-Palais-sur-Mer :

Téthys 🐦, ☎ 46 23 33 61, ←, 🏖 – TV ☎ 🅟. GB
1er juin-15 sept. – **R** 75/250, enf. 43 – ☕ 32 – **23 ch** 275/330 – ½ P 273/340.

CITROEN Gar. Valz ☎ 46 23 10 53

ST-PANCRACE 06 Alpes-Mar. 84 ⑨ – rattaché à Nice.

ST-PARDOUX 63440 P.-de-D. 73 ④ – 363 h alt. 600.

Paris 383 – ♦ Clermont-Ferrand 39 – Aubusson 92 – Montluçon 49 – Vichy 39.

Bon Accueil, ☎ 73 97 40 02 – 🅟. AE GB
fermé 10 oct. au 10 nov. et sam. – **R** 65/150 🍷 – ☕ 22 – **10 ch** 120/190 – ½ P 210/230.

RENAULT Malleret ☎ 73 97 40 94

ST-PARDOUX 79310 Deux-Sèvres 68 ⑪ – 1 202 h alt. 195.

Paris 380 – Poitiers 63 – Fontenay-le-Comte 47 – Niort 33 – Parthenay 11 – St-Maixent-l'École 24.

Voyageurs, ☎ 49 63 40 11 – GB
fermé vacances de fév. et lundi sauf fériés – **R** 60/190 🍷, enf. 55.

CITROEN Guérin ☎ 49 63 40 06

ST-PARDOUX-LA-CROISILLE 19320 Corrèze 75 ⑩ – 173 h alt. 520.

Paris 477 – Brive-la-Gaillarde 50 – Aurillac 81 – Mauriac 45 – St-Céré 71 – Tulle 28 – Ussel 51.

Beau Site 🐦, ☎ 55 27 79 44, ←, parc, 🏊, 🎾 – ☎ 🅟. GB. ✂ rest
1er mai-1er oct. – **R** 99/245 – ☕ 33 – **32 ch** 195/265 – ½ P 238/271.

ST-PATERNE-RACAN 37370 I.-et-L. 64 ④ G. Châteaux de la Loire – 1 449 h alt. 67.

Voir Vierge à l'Enfant★ dans l'église.

Paris 252 – ♦ Tours 30 – Angers 91 – Blois 79 – ♦Le Mans 53.

Centre, pl. République ☎ 47 29 21 37 – TV ☎. GB
fermé 18 déc. au 9 janv. et vend. soir – **R** (dîner seul.) 72/153 🍷, enf. 37 – ☕ 27 – **13 ch** 153/226 – ½ P 181/201.

ST-PATRICE 37 I.-et-L. 64 ⑬ 67 ⑩ – 593 h alt. 39 – ✉ 37130 Langeais.

Paris 272 – ♦ Tours 34 – Angers 75 – Chinon 27 – Saumur 33.

Château de Rochecotte M, ☎ 47 96 91 28, Fax 47 96 90 59, ←, « Jardin à la française, parc » – TV ☎ 🅟 – 🏛 40. AE ⓓ GB. ✂ rest
fermé fév. – **R** 190 – ☕ 50 – **25 ch** 350/830, 3 appart. – ½ P 355/615.

ST-PAUL 06570 Alpes-Mar. 84 ⑨ 115 ㉕ G. Côte d'Azur – 2 903 h alt. 150.

Voir Site★ – Remparts★ – Fondation Maeght★★.

Office de Tourisme Maison Tour, r. Grande ☎ 93 32 86 95.

Paris 926 – ♦ Nice 18 – Antibes 16 – Cagnes-sur-Mer 7 – Cannes 26 – Grasse 21 – Vence 4.

Le Saint-Paul M 🐦, 86 r. Grande ☎ 93 32 65 25, Fax 93 32 52 94, 🏖, « Élégante décoration intérieure » – 🛗 🚭 ch ▤ TV ☎ ♿. AE ⓓ GB
fermé fin janv. à fin fév. – **R** *(fermé jeudi midi et merc. hors sais.)* 290/420 – ☕ 85 – **15 ch** 900/1200, 3 appart. – ½ P 1275/1575.

La Colombe d'Or, ☎ 93 32 80 02, Télex 970607, Fax 93 32 77 78, 🏖, « Peintures modernes, cadre "vieille Provence" 🏊 et jardin romain » – ▤ ch TV ☎ 🅟. AE ⓓ GB
fermé 5 nov. au 20 déc. – **R** carte 245 à 380 – ☕ 55 – **15 ch** 1100, 10 appart. – ½ P 750/850.

par route de la Colle-sur-loup

⌂ ✿ **Mas d'Artigny** ⛰, rte des Hauts de St-Paul ✆ 93 32 84 54, Télex 470601, Fax 93 32 95 36, 🍽, « Appartements avec piscines privées, ≤, ⛱, parc », 🎾 – |‡| ▤ ch TV ☎ P – 🏛 40 à 250. AE GB
R 300/410 et carte 360 à 480 – ☕ 115 – **53 ch** 795/1830, 29 appart. – ½ P 840/1310
Spéc. Salade gourmande aux queues de langoustines. Filet de loup en bohémienne. Rosace de filet d'agneau. Vins Côtes de Provence.

⌂ **Le Hameau** ⛰ sans rest, D 7[D] ✆ 93 32 80 24, Fax 93 32 55 75, ≤, « Jardin en terrasses », ⛱ – ☎ P. AE GB
fermé 16 nov. au 22 déc. et 7 janv. au 15 fév. – ☕ 45 – **14 ch** 360/500, 3 appart..

⌂ **Messugues** ⛰ sans rest, quartier Gardettes par rte Fondation Maeght ✆ 93 32 53 32, Fax 93 32 94 15, « piscine originale », 🍽 – |‡| ☎ ♿ P. AE ⓓ GB
1er avril-30 nov. – ☕ 45 – **15 ch** 450/600.

ST-PAUL 04520 Alpes-de-H.-P. 81 ⑧ ⑨ **G. Alpes du Sud** – 593 h alt. 1470.
Voir Pont du Châtelet★★ NE : 4,5 km.

ST-PAUL-CAP-DE-JOUX 81220 Tarn 82 ⑩ – 924 h alt. 158.
Paris 709 – ◆Toulouse 51 – Albi 49 – Castelnaudary 47 – Castres 23 – Montauban 72.

à Viterbe NO par D 112 et D 143 : 7 km – ✉ 81220 :

XX **Marronniers,** ✆ 63 70 64 96, ≤, 🍽 – P. AE ⓓ GB
◆ *fermé 1er au 10 oct., mardi soir d'oct. mars et merc.* – **R** 70/175 🍷, enf. 40.

ST-PAUL-DES-LANDES 15250 Cantal 76 ⑪ – 1 105 h alt. 540.
Paris 587 – Aurillac 12 – Figeac 63 – Laroquebrou 12 – Mauriac 56 – St-Céré 52 – Tulle 74.

⌂ **Voyageurs,** ✆ 71 46 30 05 – P. AE ⓓ
◆ **R** 70/125 🍷 – ☕ 26 – **12 ch** 195/380 – ½ P 230.

RENAULT Gar. Nangeroni ✆ 71 46 30 01 N

ST-PAUL-DE-VARCES 38 Isère 77 ④ – rattaché à Grenoble.

ST-PAUL-LE-JEUNE 07460 Ardèche 80 ⑧ – 862 h alt. 255.
Voir Banne : ruines de la citadelle ≤★ N : 5 km, **G. Provence.**
Paris 675 – Alès 30 – Aubenas 44 – Pont-St-Esprit 53 – Vallon-Pont-d'Arc 28 – Villefort 37.

XX **Moderne** avec ch, ✆ 75 39 82 75 – 🚗. GB
fermé fév. et merc. hors sais. – **R** 85/170, enf. 50 – ☕ 25 – **11 ch** 95/170 – ½ P 195.

ST-PAUL-LÈS-DAX 40 Landes 78 ⑦ – rattaché à Dax.

ST-PAUL-LÈS-ROMANS 26 Drôme 77 ③ – rattaché à Romans-sur-Isère.

ST-PAUL-TROIS-CHATEAUX 26130 Drôme 81 ① **G. Vallée du Rhône** – 6 789 h alt. 90.
Voir Cathédrale★.
Env. Barry ≤★★ S : 8 km.
ℹ Office de Tourisme r. République ✆ 75 96 61 29.
Paris 632 – Montélimar 28 – Nyons 38 – Orange 33 – Vaison-la-Romaine 34 – Valence 71.

⌂ **L'Esplan** M, pl. l'Esplan ✆ 75 96 64 64, Fax 75 04 92 36, 🍽, « Décor contemporain » – |‡| TV ☎. AE ⓓ GB JCB
fermé 20 déc. au 4 janv. – **R** *(fermé dim. soir du 15 oct. au 15 avril)* 98/228 🍷, enf. 48 – ☕ 35 – **36 ch** 260/490 – ½ P 295/345.

XX **La Chapelle,** ✆ 75 96 60 88, 🍽 – GB. 🐕
fermé 20 déc. au 10 janv., dim. et lundi sauf fériés – **R** 140/300.

ST-PÉE-SUR-NIVELLE 64310 Pyr.-Atl. 85 ② – 3 463 h alt. 30.
Paris 791 – Biarritz 17 – ◆Bayonne 19 – Cambo-les-Bains 18 – Pau 126 – St-Jean-de-Luz 13.

à Ibarron O : 1,5 km – ✉ 64310 Ascain :

XX **Fronton** avec ch, ✆ 59 54 10 12, 🍽 – AE ⓓ GB
fermé 1er au 22 mars, mardi soir et merc. soir d'oct. à avril – **R** 125/238 – ☕ 30 – **7 ch** 280/350 – ½ P 230/250.

O : 4 km par rte de St-Jean-de-Luz et D 307 – ✉ 64310 Ascain :

⌂ **Aub. Basque** ⛰ sans rest, ✆ 59 54 10 15, ≤, « Jardin ombragé » – ☎ P. GB. 🐕
Pâques-fin sept. – ☕ 30 – **19 ch** 200/300.

ST-PÉRAY 07130 Ardèche 77 ⑪ ⑫ – 5 886 h alt. 128.
Voir Ruines du château de Crussol : site★★★ et ≤★★ SE : 2 km, **G. Vallée du Rhône.**
Env. Saint-Romain-de-Lerps ☀★★★ NO : 9,5 km par D 287.
ℹ Syndicat d'Initiative 45 r. République ✆ 75 40 46 75.
Paris 566 – Valence 5 – Lamastre 36 – Privas 39 – Tournon-sur-Rhône 14.

Pôle 2000 M, rte Granges-lès-Valence ✆ 75 40 55 56, Fax 75 40 29 72 – TV ☎ ♿ P. AE ① GB
R *(fermé août, vend. soir et dim.)* 75/120 – ☕ 25 – **25 ch** 190/235 – ½ P 215.

à Cornas N : 2 km par N 86 – ✉ **07130** :

Ollier, ✆ 75 40 32 17, 🏠 – ▤. GB
fermé 13 août au 4 sept., vacances de fév., lundi soir d'oct. à avril, mardi soir et merc. – **Repas** 85/180, enf. 50.

à Soyons S : 7 km par N 86 – ✉ **07130** :

Domaine de la Musardière M, ✆ 75 60 83 55, Télex 346387, Fax 75 60 85 21, 🏠, parc, Ls, 🏊, 🎾 – |♦| cuisinette ▤ ch TV ☎ P – 🏛 30. AE ① GB JCB
fermé 1er déc. au 31 janv. – **R** 130/390 – ☕ 85 – **20 ch** 550/1500, 3 appart. – ½ P 650/900.

ST-PÈRE 89 Yonne 65 ⑮ ⑯ – rattaché à Vézelay.

ST-PÉREUSE 58110 Nièvre 69 ⑥ – 260 h alt. 370.
Paris 273 – Autun 50 – Château-Chinon 14 – Clamecy 56 – Nevers 56.

La Madonette, ✆ 86 84 45 37, 🏠, « Jardin fleuri » – GB
fermé 13 déc. au 4 fév., le soir sauf week-ends d'oct. à avril et merc. du 1er sept. au 15 juin – **R** 58/200 🍷, enf. 50.

ST-PIERRE-DE-BOEUF 42520 Loire 77 ① – 1 174 h alt. 155.
Paris 512 – Annonay 24 – ♦Lyon 52 – ♦St-Étienne 55 – Tournon-sur-Rhône 40 – Vienne 22.

La Diligence, ✆ 74 87 12 19, Fax 74 87 10 08 – ▤ P. AE GB
fermé 19 juil. au 2 août, dim. soir et lundi sauf fériés – **R** 92/250.

ST-PIERRE-DE-CHARTREUSE 38380 Isère 77 ⑤ **G. Alpes du Nord** – 650 h alt. 888 – Sports d'hiver : 900/1 800 m 🚡1 ⛷13 ⛷.

Voir Terrasse de la Mairie ≤★ – Prairie de Valombré ≤★ sur couvent de la Grande Chartreuse O : 4 km – Site★ de Perquelin E : 3 km – La Correrie : musée Cartusien★ du couvent de la Grande Chartreuse NO : 3,5 km – Décoration★ de l'église de St-Hugues-de-Chartreuse S : 4 km.

🛈 Office de Tourisme ✆ 76 88 62 08.
Paris 555 – ♦Grenoble 29 – Belley 66 – Chambéry 40 – La Tour-du-Pin 51 – Voiron 26.

Beau Site, ✆ 76 88 61 34, Fax 76 88 64 69, ≤, 🏊 – |♦| cuisinette ☎ ♿ – 🏛 30. GB
fermé 15 oct. au 15 déc. – **R** *(fermé dim. soir et lundi hors sais.)* 90/180, enf. 50 – ☕ 35 – **31 ch** 300/360 – ½ P 300/330.

Le Saint-Pierre, La Diat SO : 1 km ✆ 76 88 65 79 – AE ① GB. ✗ rest
fermé oct., dim. soir et merc. – **R** 85/140, enf. 45 – ☕ 40 – **6 ch** 170/180 – ½ P 200/240.

Aub. Atre Fleuri 🐌 avec ch, S : 3 km sur D 512 ✆ 76 88 60 21, 🏠, 🌳 – ☎ P. GB
fermé 22 au 26 juin, 23 oct. au 16 déc., mardi soir et merc. hors sais. – **R** 70/190, enf. 50 – ☕ 26 – **8 ch** 180/200 – ½ P 200/210.

au Col du Cucheron N : 3,5 km par D 512 – Sports d'hiver au Planolet : 1 050/1 500 m ⛷7 – ✉ **38380** St-Laurent-du-Pont :

Chalet H. du Cucheron 🐌 avec ch, ✆ 76 88 62 06, Fax 76 88 65 43, ≤, 🏠 – P. AE ① GB. ✗ rest
fermé 15 oct. au 20 déc., 3 au 14 janv. et mardi sauf vacances scolaires – **R** 90/170 🍷, enf. 47 – ☕ 25 – **7 ch** 126/190 – ½ P 178/210.

ST PIERRE D'ENTREMONT 73670 Savoie 74 ⑮ **G. Alpes du Nord** – 294 h alt. 640.

Voir Cirque de St-Même★★ SE : 4,5 km – Gorges du Guiers Vif★★ et Pas du Frou★★ O : 5 km – Château du Gouvernement★ : ≤★ SO : 3 km.

🛈 Syndicat d'Initiative de la Vallée des Entremont ✆ 79 65 81 90.
Paris 551 – ♦Grenoble 46 – Belley 59 – Chambéry 25 – Les Echelles 11,5 – ♦Lyon 100.

H. du Château de Montbel, ✆ 79 65 81 65 – |♦| ☎ 🚗. GB. ✗
fermé vacances de printemps, fin oct. à début déc., dim. soir et lundi hors sais. – **R** 80/160 – ☕ 30 – **15 ch** 200/230 – ½ P 200/240.

Aub. du Cozon, N : 1 km rte Granier ✆ 79 65 80 09, Fax 79 65 86 01, 🏠 – AE ① GB. ✗
fermé 15 nov. au 15 janv., dim. soir et lundi sauf vacances scolaires – **R** 98/185 🍷, enf. 60.

ST-PIERRE-DES-CORPS 37 I.-et-L. 64 ⑮ – rattaché à Tours.

ST-PIERRE-DES-NIDS 53370 Mayenne 60 ② – 1 595 h alt. 184.
Paris 207 – Alençon 15 – Argentan 43 – Domfront 48 – Laval 79 – Mayenne 48.

Dauphin avec ch, rte Alençon ✆ 43 03 52 12, Fax 43 03 55 49, 🌳 – TV ☎ P. GB. ✗
fermé 18 août au 1er sept., vacances de fév. et merc. – **Repas** 85/255 🍷 – ☕ 35 – **9 ch** 145/275 – ½ P 245.

ST-PIERRE-D'OLÉRON 17 Char.-Mar. 71 ⑬ – voir à Oléron (Ile d').

ST-PIERRE-DU-VAUVRAY 27 Eure 55 ⑰ – rattaché à Louviers.

ST-PIERRE-LANGERS **50530** Manche 59 ⑦ – 357 h alt. 41.

Paris 344 – Saint-Lô 64 – Saint-Malo 83 – Avranches 16 – Granville 10,5.

XX **Le Jardin de l'Abbaye,** Croix Barrée ℘ 33 48 49 08 – P. GB
fermé 26 sept. au 12 oct., 6 au 28 fév., dim. soir sauf juil.-août et lundi – **Repas** 88/270, enf. 63.

ST-PIERRE-LE-MOUTIER **58240** Nièvre 69 ③ **G. Bourgogne** – 2 091 h alt. 214.

Syndicat d'Initiative à la Mairie ℘ 86 37 42 09.

Paris 263 – Bourges 71 – Moulins 31 – Château-Chinon 86 – Montluçon 75 – Nevers 23.

Vieux Puits sans rest, près Eglise ℘ 86 37 41 96 – TV ☎. GB
fermé 10 au 24 janv. – ☕ 30 – **11 ch** 230/245.

XX **La Vigne** M avec ch, rte Decize ℘ 86 37 41 66, Fax 86 37 28 90, parc – TV ☎ ♿ P. GB
fermé vacances de fév., dim. soir du 15 oct. au 15 mars et merc. (sauf hôtel) – **R** (dim. et fêtes prévenir) 99/260 – ☕ 40 – **12 ch** 250/310 – ½ P 285/350.

CITROEN Gar. Belli, pl. Jeanne-d'Arc ℘ 86 37 40 60
PEUGEOT-TALBOT St-Pierroise Rép. Auto, rte de Moulins ℘ 86 37 40 74 N ℘ 86 37 46 99
RENAULT Gar. Garnaud, 32 r. Cdt-Leiffeit ℘ 86 37 42 50 N

ST-PIERRE-LÈS-AUBAGNE **13** B.-du-R. 84 ⑭ – rattaché à Aubagne.

ST-PIERREMONT **88700** Vosges 62 ⑥ – 167 h alt. 257.

Paris 357 – ♦ Nancy 53 – Lunéville 24 – St-Dié 39.

XX **Relais Vosgien** avec ch, ℘ 29 65 02 46, Fax 29 65 02 83, – TV ☎ ♿ P – 35. GB
R *(fermé vend. soir et sam. midi de sept. à avril)* 70/230 , enf. 40 – ☕ 28 – **14 ch** 190/280 – ½ P 250/300.

ST-PIERRE-QUIBERON **56** Morbihan 63 ⑪ ⑫ – rattaché à Quiberon.

ST-PIERRE-SUR-MER **11560** Aude 83 ⑭ **G. Pyrénées Roussillon.**

Paris 847 – ♦ Perpignan 81 – Carcassonne 77 – Narbonne 23.

XX Floride, au port ℘ 68 49 81 31, .

ST-POL-DE-LÉON **29250** Finistère 58 ⑥ **G. Bretagne** – 7 261 h alt. 41.

Voir Clocher** de la chapelle du Kreisker* : ** de la tour – Ancienne cathédrale* – Rocher Ste-Anne : * dans la descente.

Office de Tourisme pl. de l'Évêché ℘ 98 69 05 69.

Paris 558 – ♦ Brest 61 – Brignogan-Plages 31 – Morlaix 20 – Roscoff 5.

France, r. Minimes ℘ 98 29 14 14, Fax 98 29 10 57, – TV ☎ P – 60. AE GB
R 80/290 – ☕ 35 – **22 ch** 290/600 – ½ P 260/300.

Caroff Pneus, 26 r. de Brest ℘ 98 69 08 87 N ℘ 98 69 08 33

ST-POL-SUR-TERNOISE **62130** P.-de-C. 51 ⑬ – 5 215 h alt. 87.

Paris 219 – ♦ Calais 93 – Abbeville 56 – Arras 37 – Béthune 29 – Boulogne-sur-Mer 80 – Doullens 28 – St-Omer 53.

H. Lion d'Or sans rest, 68 r. Hesdin ℘ 21 03 12 93, Fax 21 03 24 17, – ☎. GB
fermé 15 déc. au 5 janv. et dim. – ☕ 25 – **32 ch** 150/250.

XX **Rest. Lion d'Or** avec ch, 74 r. Hesdin ℘ 21 03 10 44, Fax 21 41 47 87 – ☎. AE GB
R 76/220 , enf. 48 – ☕ 35 – **20 ch** 220/300 – ½ P 250/290.

CITROEN Gar. St-Christophe, 171 r. de Hesdin ℘ 21 03 46 46
OPEL GME Martinage, rte Nationale à St-Michel-sur-Ternoise ℘ 21 41 01 54 N
RENAULT Bailleul, 184 r. Béthune ℘ 21 03 06 55 N
Leroux Fils, r. d'Hesdin à Ramecourt ℘ 21 41 18 88

ST-PONS-DE-THOMIÈRES **34220** Hérault 83 ⑬ **G. Gorges du Tarn** – 2 566 h alt. 301.

Voir Grotte de la Devèze* SO : 5 km.

Syndicat d'Initiative pl. Foirail ℘ 67 97 06 65.

Paris 771 – Béziers 50 – Carcassonne 61 – Castres 51 – Lodève 74 – Narbonne 57.

Château de Ponderach , S : 1,2 km par rte Narbonne ℘ 67 97 02 57, Fax 67 97 29 75, , parc – ☎ P – 25. AE O GB
1er avril-15 oct. – **R** 175/375, enf. 80 – ☕ 73 – **11 ch** 295/470 – ½ P 550/680.

au Nord : 10 km sur D 907 – ✉ **34220** St-Pons :

XX **Aub. du Cabaretou** avec ch, ℘ 67 97 02 31, vallée et montagne, – TV P. AE O GB.
fermé 3 nov. au 18 janv., dim. soir et lundi du 15 sept. au 1er avril – **R** 95/300, enf. 60 – ☕ 40 – **9 ch** 140/260 – ½ P 210/245.

ST-POURÇAIN-SUR-SIOULE 03500 Allier 69 ⑭ G. Auvergne – 5 159 h alt. 237.

Voir Église Ste-Croix★ AY B – Musée de la Vigne et du Vin★ AY M.

Syndicat d'Initiative bd L.-Rollin ✆ 70 45 32 73.

Paris 378 ① – Moulins 31 ① – Montluçon 59 ⑤ – Riom 50 ③ – Roanne 79 ② – Vichy 30 ③.

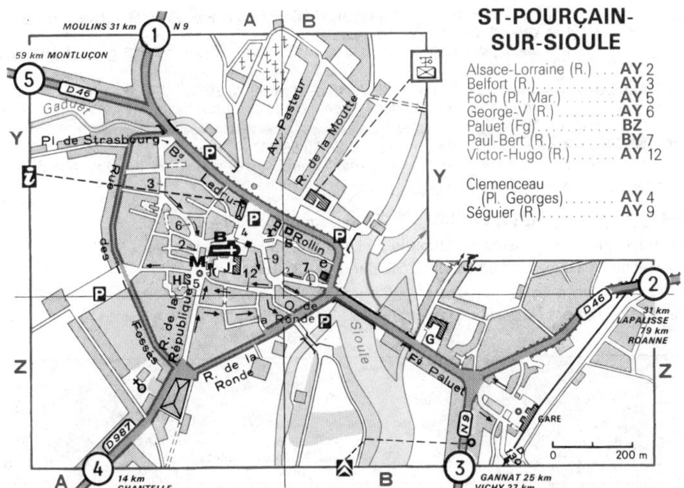

Chêne Vert, bd Ledru-Rollin ✆ 70 45 40 65, Fax 70 45 68 50, – TV ☎ – 80. AE ⓓ GB — ABY **s**
fermé 11 au 31 janv., lundi (sauf hôtel) et dim. soir d'oct. à fin avril – **R** 90/200, enf. 40 – ☐ 40 – **32 ch** 270/410.

Le Club sans rest, r. Chêne Vert ✆ 70 45 43 18 – . GB — AY **r**
fermé 14 mai au 2 juin, 18 nov. au 13 déc. et vend. d'oct. à juin – ☐ 26 – **12 ch** 90/240.

Host. des Cours, bd Ledru-Rollin ✆ 70 45 31 92 – . GB — BY **e**
fermé 15 juin au 5 juil., merc. soir et jeudi – **R** 80/200.

CITROEN Gar. Poubeau, 53 rte de Gannat ✆ 70 45 33 99 N
FORD Gaulmin, 7 pl. Liberté ✆ 70 45 37 39

PEUGEOT-TALBOT Gar. Orpelière, 39/41 rte de Montmarault par ⑤ ✆ 70 45 51 36
Euromaster Moulins Pneu, 1 r. Gare ✆ 70 45 59 15

ST-PREST 28 E.-et-L. 60 ⑧ – rattaché à Chartres.

ST-PRIEST 69 Rhône 74 ⑫ – rattaché à Lyon.

ST-PRIEST-BRAMEFANT 63 P.-de-D. 73 ⑤ – rattaché à Randan.

ST-PRIEST-TAURION 87480 H.-Vienne 72 ⑧ G. Berry Limousin – 2 506 h alt. 240.

Env. Ambazac : chasse★★ et dalmatique★ dans l'église, <★ du parc de Montméry N : 9 km par D 44.

Paris 395 – ♦ Limoges 14 – Bellac 45 – Bourganeuf 34 – La Souterraine 53.

Relais du Taurion, ✆ 55 39 70 14, – ☎ ⓟ. GB. rest
fermé 15 déc. au 15 janv., dim. et lundi sauf juil.-août – **R** 95/190 – ☐ 30 – **11 ch** 160/270 – ½ P 150/260.

ST-PRIVAT-D'ALLIER 43460 H.-Loire 76 ⑯ – 430 h alt. 800.

Paris 541 – Le Puy-en-Velay 23 – Brioude 54 – Cayres 21 – Langogne 52 – St-Chély-d'Apcher 57.

Vieille Auberge, ✆ 71 57 20 56 – ☎. GB
fermé fév. – **R** 65/175 ♂, enf. 50 – ☐ 26 – **23 ch** 120/180 – ½ P 140/170.

ST-PROJET-DE-CASSANIOUZE 15 Cantal 76 ⑪ ⑫ – alt. 220 – ✉ 15340 Calvinet.

Paris 619 – Aurillac 46 – Rodez 47 – Entraygues-sur-Truyère 22 – Figeac 38 – Villefranche-de-R. 62.

Pont, ✆ 71 49 94 21, <, parc – . AE ⓓ GB
10 avril-4 nov. – **R** 78/175 ♂, enf. 60 – ☐ 30 – **16 ch** 140/200 – ½ P 200/210.

Prices For notes on the prices quoted in this Guide, see the explanatory pages.

ST-QUAY-PORTRIEUX 22410 C.-d'Armor 59 ③ G. Bretagne – 3 018 h alt. 60 – Casino.

18 des Ajoncs d'Or ☎ 96 71 90 74, O : 7 km.

Office de Tourisme et Accueil de France (Informations, change et réservations d'hôtels pas plus de 5 jours à l'avance) 17 bis r. Jeanne-d'Arc ☎ 96 70 40 64, Télex 950702.

Paris 471 – St-Brieuc 19 – Étables-sur-Mer 2,5 – Guingamp 28 – Lannion 53 – Paimpol 26.

Ker Moor M, 13 r. Prés. le Sénécal ☎ 96 70 52 22, Fax 96 70 50 49, ← côte et mer, – |‡| TV ☎ P – 50. AE GB. rest
fermé 20 déc. au 20 janv. et dim. du 15 nov. au 15 mars – **R** 105/450 – ☕ 50 – **29 ch** 410/530 – ½ P 475/520.

Gerbot d'Avoine, bd Littoral ☎ 96 70 40 09, Fax 96 70 39 99 – TV ☎ P. GB
fermé 15 nov. au 6 déc., 3 au 24 janv., dim. soir et lundi hors sais. – **R** 72/265 , enf. 48 – ☕ 38 – **20 ch** 180/320 – ½ P 225/305.

Mouton Blanc, 52 quai République ☎ 96 70 58 44, ← – GB
fermé 12 nov. au 10 déc., 15 fév. au 5 mars, mardi soir et merc. – **R** 105/150, enf. 60.

CITROEN Gar. du Port, 46 quai République ☎ 96 70 40 70

ST-QUENTIN SP 02100 Aisne 53 ⑭ G. Flandres Artois Picardie – 60 644 h alt. 74.

Voir Basilique★ BY – Pastels de Quentin de La Tour★★ au musée Lécuyer AY **M**[1].

9 à Mesnil-St-Laurent ☎ 23 68 19 48, SE par ③ D 12 : 10 km.

Office de Tourisme espace St-Jacques, 14 r. Sellerie ☎ 23 67 05 00 – A.C. 14 r. Alsace ☎ 23 62 30 34.

Paris 142 ⑤ – ♦Amiens 74 ⑥ – Charleroi 118 ③ – ♦Lille 109 ⑥ – ♦Reims 95 ③ – Valenciennes 79 ⑥.

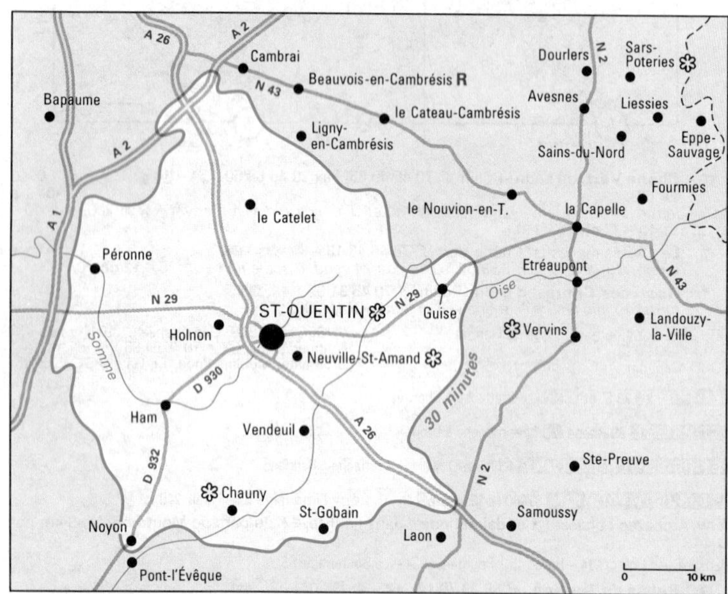

Gd Hôtel et rest. Président M, 6 r. Dachery ☎ 23 62 69 77, Télex 140225, Fax 23 62 53 52 – |‡| ch TV ☎ P – 40. AE GB BZ **n**
R *(fermé 2 au 30 août, 19 au 27 déc., sam. et dim. sauf fériés)* 160/330 et carte 350 à 480 – ☕ 60 – **24 ch** 420/600
Spéc. Meurette d'anguilles (sept. à fév.). Soissoulet d'agneau à la picarde. Soufflé à la chicorée à café.

Diamant M, 14 pl. Basilique ☎ 23 64 19 19, Télex 145886, Fax 23 62 69 36 – |‡| cuisinette TV ☎ . AE GB ABZ **r**
R *(fermé dim. soir)* 98/170 , enf. 45 – ☕ 38 – **50 ch** 310/480.

Mémorial sans rest, 8 r. Comédie ☎ 23 09 20 09, Fax 23 67 25 50 – TV ☎ P. AE GB AZ **b**
☕ 34 – **17 ch** 280/390.

Paix et Albert 1er**,** 3 pl. 8-Octobre ☎ 23 62 77 62, Télex 140225, Fax 23 62 53 52 – |‡| TV ☎ P – 50. AE GB JCB BZ **a**
Le Brésilien R carte 120 à 170, enf. 60 – **Le Carnotzet R** carte environ 150, enf. 60 – ☕ 30 – **82 ch** 140/300.

ST-QUENTIN

Croix-Belle-Porte (R.) . . **AY** 6
États-Généraux (R. des) **AY** 8
Hôtel-de-Ville (Pl. de l'). **AZ** 17
Isle (R. d') . . . . **BZ**
Lyon (R. de) . . . . **BZ** 24
Raspail (R.) . . . . **AY**
Sellerie (R. de la) . . . . . . **BZ** 33
Zola (R. Émile) . . . . **AZ**

Basilique (Pl. de la) . . **ABY** 2
Brossolette (R. Pierre) . . **AZ** 3
Canonniers (R. des) . . . **AZ** 4
Danton (R.) . . . . **BZ** 7
Faidherbe (Av.) . . . . **AZ** 10
Fontaine (R.) . . . . **AZ** 12
Gaulle (Av. Gén. de) . . . **BZ** 13
Gouvernement (R. du) . **BY** 15
Lafayette (Pl.) . . . . **AY** 20
Leclerc (R. Gén.) . . . . . . **BZ** 21
Lécuyer (R.) . . . . **AY** 22
Le Sérurier (R.) . . . . **AY** 23
Marché-Franc (Pl. du) . . . . **BZ** 25
Mulhouse (R. de) . . . . . **BY** 26
Péri (R. Gabriel) . . . . **AZ** 27
Picard (R. Ch.) . . . . **BY** 28
Pompidou (R. G.) . . . . . **AY** 29
Prés. J.-F.-Kennedy (R. du) . . . . **AY** 30
St-André (R.) . . . . **AY** 32
Sous-Préfecture (R. de la) . . . . **BZ** 34
Thomas (R. A.) . . . . **AY** 36
Toiles (R. des) . . . . **BZ** 37
Verdun (Bd) . . . . **AZ** 38
Voltaire (R.) . . . . **AZ** 39
8-Octobre (Pl. du) . . . . . **BZ** 41

France et Angleterre sans rest, 28 r. E. Zola ✆ 23 62 13 10, Fax 23 62 63 44 – TV ☎ 🚗. AE GB — AZ **d**
☕ 28 – **28 ch** 155/250.

*à **Neuville-St-Amand*** SE : 3 km par ③ et D 12 – ✉ **02100** :

XXX ✿ **Le Château** (Meiresonne) 🌳 avec ch, ✆ 23 68 41 82, Fax 23 68 46 02, parc – ⇔ ch ☎ **P** – 🏛 30. AE ◑ GB. ⚘ ch
fermé 31 juil. au 22 août, 24 au 31 déc., vacances de fév., dim. soir et sam. – **R** (prévenir) 175/340 et carte 240 à 370 – ☕ 45 – **15 ch** 320/380
Spéc. Mousseline de saumon aux poireaux. Ris de veau aux crêtes de coq. Noisettes d'agneau en chemise au basilic.

par ⑥ et N 29 : 2 km – ✉ **02100** St-Quentin :

Campanile Ⓜ, ✆ 23 09 21 22, Télex 150596, Fax 23 67 49 55 – TV ☎ ♿ **P** – 🏛 50. AE GB
R 80 bc/102 bc, enf. 39 – ☕ 29 – **40 ch** 268.

*à **Holnon*** par ⑥ et N 29 : 6 km – ✉ **02760** :

XX **Pot d'Étain** (chambres prévues), ✆ 23 09 61 46, Fax 23 09 66 55, 🌳, 🍽 – **P**. AE GB JCB
R 88 bc/280, enf. 90.

MICHELIN, Agence, ZAC La Vallée par ⑥ ✆ **23 64 17 44**

FIAT P.P.B Automobiles, 92 av. Fusillés-Fontaine-Notre-Dame ✆ 23 68 19 87
PEUGEOT-TALBOT Center-Auto, 418 rte de Paris par ⑤ ✆ 23 62 34 23
RENAULT Gueudet, ZAC La Vallée, r. A.-Parmentier par ⑥ ✆ 23 67 47 47 **N** ✆ 23 08 04 82
SAAB Hubault 4, r. Charles Linne - ZAC la Vallée ✆ 23 64 81 82
SEAT Lesot Automobiles, 23 bd Henri-Martin ✆ 23 67 14 15
V.A.G Gar. du Cambrésis, 98 r. A.-Dumas ✆ 23 62 45 43

VOLVO Éts Lesot, 52 av. Faidherbe ✆ 23 62 29 41
Gar. des Champs Elysées 174 r. Kennedy ✆ 23 62 37 80

Joncourt-Pneus, 51 ter av. Gén.-de-Gaulle ✆ 23 06 67 67
Pneus-Lepilliez-Dubois, 3 pl. Basilique ✆ 23 62 33 30
Pneus-Lepilliez-Dubois, 155 r. de Fayet ✆ 23 62 33 30
Pneus-Lepilliez-Dubois, ZI r. de Picardie à Gauchy ✆ 23 62 33 30

ST-QUENTIN-EN-YVELINES **78** Yvelines 60 ⑨ 106 ㉙ 101 ㉑.

Coignières 60 ⑨ 106 ㉘ – 4 157 h alt. 169 – ✉ **78310**.

Paris 37 – St-Quentin-en-Yvelines 6,5.

Primevère M, 1 r. Prévenderie ✆ (1) 34 61 00 90, Fax (1) 34 61 15 87 – 35. GB
R 75/99, enf. 39 – 30 – **72 ch** 260.

XXX **Aub. du Capucin Gourmand** (Lebrault), N 10 ✆ (1) 34 61 46 06, Fax (1) 34 61 73 46, – P. AE GB
R *(fermé dim. sauf fériés)* 240 et carte 300 à 450
Spéc. Foie gras poêlé sur lit d'épinards. Marmite de homard aux pleurotes. Rognon et ris de veau des capucins.

XXX **Aub. d'Angèle,** N 10 ✆ (1) 34 61 64 62, Fax (1) 34 61 94 30, – P. GB
fermé dim. soir et lundi – **R** 150/315.

CITROEN Gar. Collet, 21 RN 10 ✆ (1) 30 50 11 30
FORD Gar. Poroux 88 rte Nationale ✆ 34 61 31 00
LADA G.A.B., 26 r. de la Gare ✆ (1) 34 61 43 03
PEUGEOT Coignières Automobiles, 2 r. Fresnel ZI Pariwest ✆ (1) 34 82 03 30

VOLVO Pariwest Automobiles, ZA 8 r. du Commerce ✆ (1) 30 50 67 00

Euromaster La Centrale du Pneu, 109-115 RN 10 ✆ (1) 34 61 47 37

Maurepas 60 ⑨ 106 ㉘ – 19 718 h alt. 170 – ✉ **78310**.

Paris 35 – St-Quentin-en-Yvelines 4,5.

Mercure M, N 10 ✆ (1) 30 51 57 27, Télex 695427, Fax (1) 30 66 70 14, – ch – 150. AE GB
R 170 bc/200 bc, enf. 50 – 52 – **91 ch** 470/530.

Montigny-le-Bretonneux 60 ⑨ 106 ㉙ – 31 687 h alt. 163 – ✉ **78180**.

Club National ✆ (1) 30 43 36 00, E par D 36 et D 912 : 5 km.

Paris 30 – St-Quentin-en-Yvelines 3,5.

Adagio M, 9 pl. Choiseul ✆ (1) 30 57 00 57, Télex 689344, Fax (1) 30 57 15 22 – ch – 60. AE GB
R *(fermé dim. midi, vend. soir et sam.)* 150 – 58 – **72 ch** 590/670.

Campanile M, 2 pl. Ovale (quartier gare) ✆ (1) 30 57 49 50, Télex 689589, Fax (1) 30 44 27 37 – – 30. AE GB
R 88 bc/115 bc, enf. 39 – 30 – **108 ch** 340.

Fimotel M, r. J.-P. Timbaud ✆ (1) 34 60 50 24, Fax (1) 30 58 28 67 – P – 45. AE GB
R 78/180, enf. 38 – 39 – **81 ch** 340/350.

X **Kankyo,** 11 quai Pouillon (centre commercial St-Quentin) ✆ (1) 30 57 94 80, Fax (1) 30 57 94 70 – AE GB
fermé dim. – **R** cuisine japonaise 110/250, enf. 65.

CITROEN S.C.A.O., 11 av. Prés, ZAS ✆ (1) 30 43 99 51
FIAT SODIAM, 1 r. Nicolas Copernic à Guyancourt ✆ (1) 30 43 39 39

PEUGEOT-TALBOT SOVEDA, RN 286 ✆ (1) 30 45 09 42
V.A.G M.B.A., ZAS 10 av. des Prés ✆ (1) 30 44 12 12

Voisins-le-Bretonneux 60 ⑨ 106 ㉙ – 11 220 h alt. 165 – ✉ **78960**.

Paris 32 – St-Quentin-en-Yvelines 6.

Port Royal sans rest, 20 r. H. Boucher ✆ (1) 30 44 16 27, Fax (1) 30 57 52 11, – P. GB
28 – **36 ch** 215/280.

Le Relais de Voisins M, av. Grand-Pré ✆ (1) 30 44 11 55, Fax (1) 30 44 02 04, – P – 40. GB
R *(fermé dim. soir)* 79/159 – 32 – **54 ch** 295/370.

au golf national E : 2 km par D 36 – ✉ **78114** Magny-les-Hameaux :

Novotel St-Quentin Golf National M, ✆ (1) 30 57 65 65, Télex 695378, Fax (1) 30 57 65 00, ≤, – ch P – 200. AE GB JCB
R carte environ 170, enf. 50 – 50 – **131 ch** 470/510.

RENAULT Gar. Nodarian, 34 r. H. Boucher ✆ (1) 30 43 74 99

ST-QUENTIN-SUR-LE-HOMME 50 Manche 59 ⑧ – rattaché à Avranches.

ST-RAPHAËL 83700 Var 84 ⑧ 115 ㉝ **G. Côte d'Azur** – 26 616 h alt. 6 – Casino Z.

Voir Collection d'amphores★ dans le musée archéologique Y **M.**

[golf] 18 de Valescure ✆ 94 82 40 46, NE par D 37 : 6 km.

[i] Maison du Tourisme avec A.C. r. W.-Rousseau ✆ 94 95 16 87.

Paris 875 ③ – Fréjus 3 – Aix-en-Provence 119 ③ – Cannes 39 ④ – ♦Toulon 93 ③.

Accès et sorties : voir plan de Fréjus..

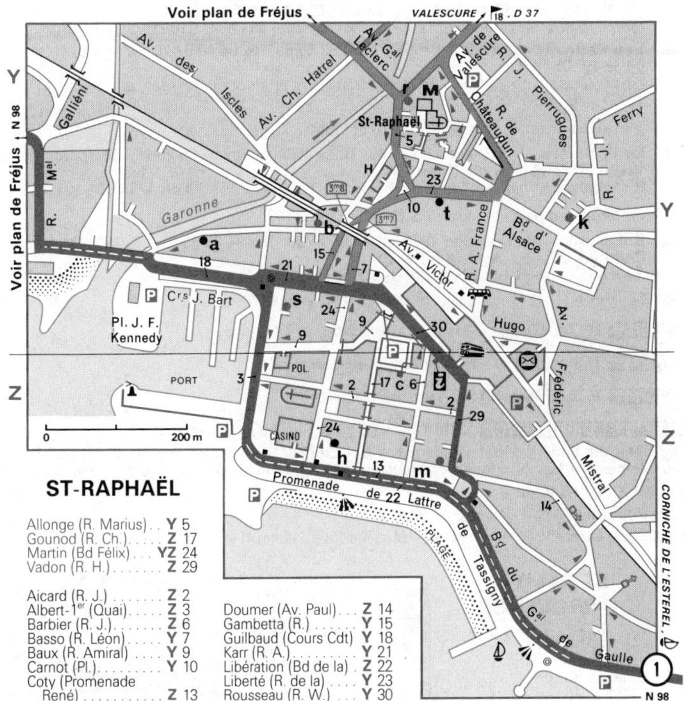

[hôtel] **Excelsior** [M], 193 bd F. Martin (prom. R. Coty) ✆ 94 95 02 42, Fax 94 95 33 82, ≤, [terrasse] – [ascenseur] [climatisation] [TV] [téléphone] [handicapés]. AE [Diners] GB — Z **h**
R 120/250 [enf.] – [petit déj.] 50 – **36 ch** 450/700, 3 appart. – ½ P 410/510.

[hôtel] **Epulias** [M] sans rest, 56 r. Liberté ✆ 94 95 53 21, Fax 94 95 61 05 – [ascenseur] [climatisation] [TV] [téléphone] [handicapés]. AE GB — Y **t**
[petit déj.] 40 – **40 ch** 395/530.

[hôtel] **Relais Bleus Les Congrès** [M], port Santa-Lucia par ① ✆ 94 95 31 31, Fax 94 82 21 46, [terrasse], [fitness], [piscine] – [ascenseur] [climatisation] [TV] [téléphone] [handicapés] [garage] – [salle] 30. AE [Diners] GB JCB
R 99/145 [enf.], enf. 48 – [petit déj.] 45 – **100 ch** 530 – ½ P 385/410.

[hôtel] **Provençal** sans rest, 197 r. Garonne ✆ 94 95 01 52, Fax 94 83 92 61 – [téléphone]. GB. [chiens interdits] — Y **a**
fermé janv. – [petit déj.] 28 – **28 ch** 230/280.

XXX **Le Sirocco,** 35 quai Albert 1er ✆ 94 95 39 99, Fax 94 83 87 35, ≤, [terrasse] – [climatisation]. AE [Diners] GB JCB
fermé 15 nov. au 15 déc. – **R** 105/285. — Y **s**

XX **L'Arbousier,** 6 av. Valescure ✆ 94 95 25 00, Fax 94 83 81 04 – [climatisation]. AE GB — Y **r**
fermé vacances de fév., mardi midi en juil.-août et merc. sauf le soir en sais. – **R** carte 230 à 330.

XX **Pastorel,** 54 r. Liberté ✆ 94 95 02 36, Fax 94 95 64 07, [terrasse] – AE [Diners] GB — Y **t**
fermé le midi en août, dim. soir et lundi – **R** 155/190, enf. 90.

XX **L'Orangerie,** prom. R. Coty ✆ 94 83 10 50, [terrasse] – AE [Diners] GB — Z **m**
fermé lundi midi, mardi midi et merc. midi en juil.-août, dim. soir et lundi de sept. à juin – **R** 98/128.

XX **Le Tisonnier,** 70 r. Garonne ✆ 94 95 28 51 – AE ⓓ GB — Y **b**
fermé mi-nov. à mi-déc. et merc. hors sais. – **R** 115/250, enf. 80.

XX **L'Aristocloche,** 15 bd St Sébastien ✆ 94 95 28 36 – ▤. AE ⓓ — Y **k**
fermé 14 au 30 juin, dim. et lundi – **R** carte 145 à 210.

au NE : 5 km par D 37 et rte Golf – ✉ **83700** St-Raphaël :

Latitudes Ⓜ ⛰, av. Golf ✆ 94 82 42 42, Fax 94 44 61 37, ≤, ⛱, parc, Lб, ⛱, ⚲ – ⛣ ⛔ ch ▤ TV ☎ ♿ ⓟ – 🔔 180. AE GB. ✗
R carte 150 à 210, enf. 48 – ☕ 50 – **89 ch** 690/1290, 6 appart. – ½ P 605/755.

H. Golf de Valescure ⛰, ✆ 94 82 40 31, Télex 461085, Fax 94 82 41 88, ≤, ⛱, parc, ⛱, ⚲ – ⛣ ▤ ch TV ☎ ♿ ⓟ – 🔔 40 à 60. AE ⓓ GB. ✗ rest
fermé 15 nov. au 20 déc. et 7 au 31 janv. – **R** 180 – **40 ch** ☕ 610/860 – ½ P 545.

San Pedro Ⓜ ⛰, av. Col. Brooke ✆ 94 83 65 69, Fax 94 40 57 20, ⛱, parc, ⛱ – ⛣ ▤ ch TV ☎ ⓟ. AE ⓓ GB. ✗ rest
fermé 15 janv. au 1er fév. – **R** *(fermé dim. soir et lundi du 15 sept. au 15 juin)* 175/350 – ☕ 60 – **28 ch** 550/690.

à Boulouris par ① : 5 km – ✉ **83700** St-Raphaël :

La Potinière Ⓜ ⛰, ✆ 94 95 21 43, Télex 409000, Fax 94 95 29 10, ⛱, parc, ⛱, ⚲ – ⛔ ch TV ☎ ⓟ – 🔔 60. AE ⓓ GB
R *(fermé jeudi midi du 1er oct. au 30 juin)* 110/220 – ☕ 45 – **29 ch** 425/650 – ½ P 425.

au Dramont par ① : 6 km – ✉ **83700** St-Raphaël :

Sol e Mar, rte Corniche d'Or ✆ 94 95 25 60, Fax 94 83 83 61, ≤ Ile d'Or et cap du Dramont, ⛱, ⛱, ⛺ – ⛣ TV ☎ ⓟ. GB
8 avril-15 oct. – **R** 145/210 – ☕ 50 – **47 ch** 500/640 – ½ P 420/540.

FORD Gar. Vagneur, 142 av. Valescure ✆ 94 95 42 78 **N** ✆ 94 53 86 32

ST-RÉMY **21** Côte-d'Or 65 ⑦ – rattaché à Montbard.

ST-RÉMY **71** S.-et L. 69 ⑨ – rattaché à Chalon-sur-Saône.

ST-RÉMY **79** Deux-Sèvres 71 ① – rattaché à Niort.

ST-RÉMY-DE-PROVENCE **13210** B.-du-R. 81 ⑫ **G. Provence** – 9 340 h alt. 60.

Voir Hôtel de Sade : dépôt lapidaire★ Y L – Cloître★ de l'ancien monastère de St-Paul-de-Mausole par ③ – Les Antiques★★ : Mausolée★★, Arc municipal★ – Glanum★ 1 km par ③.

Env. ✻★★ de la Caume 7 km par ③.

i Office de Tourisme pl. J.-Jaurès ✆ 90 92 05 22.

Paris 705 ① – Avignon 19 ① – Arles 24 ④ – ♦Marseille 86 ② – Nîmes 41 ④ – Salon-de-Pr. 37 ②.

ST-RÉMY-DE-PROVENCE

Lafayette (R.) . . . . Z 6

Carnot (R.) . . . . Y
Combette (Ch. de la) . . Z
Commune (R.) . . . . Z 2
Durant-Maillane (Av.) . Z
Fauconnet (Av.) . . . . . . Z
Favier (Pl.) . . . . Y
Gambetta (Bd) . . . . Y
Gras (Av. F.) . . . . Y
Hoche (R.) . . . . Z 4
Jaurès (Pl. J.) . . . . Z
Libération (Av.) . . . . . . Y 7
Marceau (Bd) . . . . Y
Mirabeau (Bd) . . . . YZ 8
Mistral (Av. F.) . . . . Y
Mistral (Av. L.) . . . . Y
Nostradamus (R.) . . . . . Y 10
Parage (R.) . . . . Y 12
Pasteur (Av.) . . . . Z
Pelissier (Pl. J.) . . . . . . Z
République (Pl. de la) . Z
Résistance (Av.) . . . . . . Z 13
Roux (R.) . . . . Z 14
Salengro (R. R.) . . . . . . Y 15
Schweitzer (Av. A.) . . . Y
Taillandier (Av.) . . . . . . Y
Victor-Hugo (Bd) . . . . . Z
8-Mai-1945 (R. du) . . . Z 16

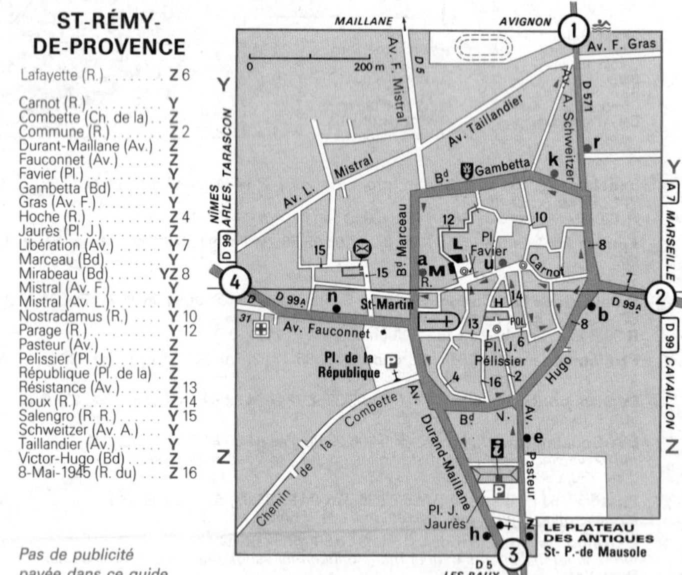

Pas de publicité payée dans ce guide.

Host. du Vallon de Valrugues Ⓜ, chemin Canto Cigalo par ② 90 92 04 40, Télex 431677, Fax 90 92 44 01, ≤, « Terrasse fleurie au bord de la piscine », – ⓟ. AE ① GB JCB. rest
R 210 (déj.)/430 et carte 330 à 460, enf. 100 – 85 – **41 ch** 650/960, 12 appart. – ½ P 790/940
Spéc. Filets de rouget sur salade de légumes à l'anchoïade. Pigeon au miel de lavande. Marbré de chocolat chaud sur sa crème d'amande. **Vins** Coteaux des Baux de Provence.

Château des Alpilles, O : 2 km par D 31 90 92 03 33, Télex 431487, Fax 90 92 45 17, « Demeure du 19e siècle dans un parc », – ch ⓟ. AE ① GB. rest
20 mars-14 nov. et 20 déc.-4 janv. – **R** snack (dîner seul.)(résidents seul.) carte 160 à 225, enf. 75 – 65 – **15 ch** 810/980, 4 appart..

Les Antiques sans rest, 15 av. Pasteur 90 92 03 02, Fax 90 92 50 40, « Beaux salons, parc », – ⓟ. AE ① GB Z **e**
3 avril-20 oct. – 52 – **27 ch** 340/480.

Canto Cigalo sans rest, chemin Canto Cigalo par ② 90 92 14 28, – ⓟ. GB.
début mars-début-nov. – 36 – **20 ch** 250/320.

Castelet des Alpilles, pl. Mireille 90 92 07 21, Fax 90 92 52 03, – ⓟ. AE ① GB Z **h**
4 avril-31 oct. – **R** *(fermé mardi midi et lundi sauf fériés)* 120/230, enf. 75 – 40 – **18 ch** 220/450 – ½ P 340/400.

Soleil sans rest, 35 av. Pasteur 90 92 00 63, Fax 90 92 61 07, – ⓟ. AE GB. Z **z**
26 fév.-15 nov. – 35 – **18 ch** 250/335.

Cheval Blanc sans rest, 6 av. Fauconnet 90 92 09 28 – ⓟ. GB Z **n**
25 – **22 ch** 200/270.

Van Gogh sans rest, 1 av. J. Moulin par ② 90 92 14 02, – ⓟ. GB.
1er mars-15 nov. – 30 – **19 ch** 270/300.

Mas des Carassins sans rest, 1 chemin Gaulois par ③ 90 92 15 48, ≤, – ⓟ. GB.
fermé 15 nov. au 15 mars – 45 – **10 ch** 420/505.

Acacia, rte Maillane : 1 km par av. F. Mistral 90 92 13 43, – ⓟ. GB
fermé 5 janv. au 28 fév. – **R** *(fermé lundi d'oct. à juin sauf fêtes)* 75/145, enf. 55 – 30 – **12 ch** 215/270 – ½ P 225/245.

Aub. Reine Jeanne, 12 bd Mirabeau ✉ 13210 90 92 15 33, Fax 90 92 49 65, – . AE GB. ch Z **b**
fermé 15 déc. au 15 mars et mardi du 1er oct. au 1er avril – **R** 120/175 – 35 – **10 ch** 250/350.

Marceau, 13 bd Marceau 90 92 37 11 – . AE ① GB Y **a**
fermé 1er au 15 mars, jeudi midi et merc. – **R** 170/270.

Jardin de Frédéric, 8 bd Gambetta 90 92 27 76, – GB Y **k**
fermé fév. et merc. – **R** 160/240.

La Gousse d'Ail, 25 rue Carnot ✉ 13210 90 92 16 87 – . AE ① GB Y **u**
fermé 15 janv. au 15 fév., sam. midi et merc. – **R** 145, enf. 65.

Picodon, 1 av. Charles Mauron ✉ 13210 90 92 45 10 – AE ① GB Y **r**
fermé fév., jeudi midi et merc. – **R** 130.

au NE : 1 km par ② rte de Noves – ✉ **13210** St-Rémy-de-Provence :

L'Amandière sans rest, av. Th. Aubanel 90 92 41 00 – ⓟ.
36 – **26 ch** 245/315.

à Verquières par ②, D 30 et D 29 : 11 km – ✉ **13670** :

Croque Chou (Ravoux), pl. Eglise 90 95 18 55, –
fermé lundi et mardi sauf fêtes – **R** (prévenir) 180/305, enf. 130
Spéc. Galantine de gigot d'agneau aux senteurs de Provence. Daurade à la fondue de fenouil et au vin des Alpilles. Filet mignon de lapin à l'infusion de sauge. **Vins** Cairanne, Coteaux des Baux-de-Provence.

par ④ et rte des Baux D 27 : 4,5 km – ✉ **13210** St-Rémy-de-Provence :

Domaine de Valmouriane, 90 92 44 62, Fax 90 92 37 32, « Mas provençal aménagé avec élégance, jardin, », – ch ⓟ. AE GB
fermé 11 janv. au 12 fév. – **R** *(fermé mardi midi et lundi)* 170/350, enf. 90 – 60 – **12 ch** 940/1310 – ½ P 745/930.

au Mas-Blanc-des-Alpilles O : 7 km par ④ – ✉ **13150** :

Mistral Ⓜ, 90 49 02 28, – ⓟ. GB.
R *(fermé 6 janv. au 1er fév, le midi sauf dim. de sept. à mars, mardi midi et merc. midi d'avril à août)* 78/130, enf. 57 – 27 – **11 ch** 220/230 – ½ P 210.

La Rode, 90 49 07 21, – . GB
fermé 12 au 20 nov., fév., le soir du 1er nov. au 15 mars (sauf sam.), dim. soir et lundi – **R** 95/145.

à Maillane NO : 7 km par D 5 – ✉ **13910** :

XX **Oustalet Maïanen,** ✆ 90 95 74 60, ☂ – GB
1er avril-30 sept. et fermé dim. soir et lundi – **R** 85/130 ♁, enf. 70.

CITROEN Gar. des Alpilles, rte de Tarascon, av. Gleize par ④ ✆ 90 92 09 34

FORD Merklen, ZA ✆ 90 92 01 24

ST-RÉMY-LÈS-CHEVREUSE

78470 Yvelines 60 ⑨ ⑩ 106 ㉙ 101 ㉜ – 5 589 h alt. 73.

Voir Chevreuse : site★, vallée de Chevreuse★, O : 3 km.

Env. Château de Breteuil★, SO : 8 km, G. Ile de France.

⛳ de Chevry ✆ (1) 60 12 40 33, SE : 4,5 km.

Paris 37 – Chartres 60 – Longjumeau 21 – Rambouillet 21 – Versailles 14.

XX ❁ **La Cressonnière** (Toulejbiez), 46 r. de Port Royal, direction Milon ✆ (1) 30 52 00 41, ☂ – AE GB
fermé 19 août au 9 sept., vacances de fév., dim. soir de nov. à avril, mardi et merc. – **R** 185/285 (sauf dim.) et carte 330 à 430
Spéc. Saint-Jacques poêlées au parfum des bois (oct. à avril). Cassolette de homard et filet de sole à la ciboulette. Aiguillettes de canette bachiques.

TOYOTA Gar. du Claireau ✆ (1) 30 52 41 00

ST-RÉMY-SUR-DUROLLE

63550 P.-de-D. 73 ⑥ G. Auvergne – 2 033 h alt. 650.

Voir Calvaire ✻★ 15 mn.

Paris 468 – ♦Clermont-Ferrand 51 – Chabreloche 12 – Thiers 7.

XX **Vieux Logis** avec ch, N : 3,5 km sur D 201 ✆ 73 94 30 78, ≤, ☂ – Ⓟ. GB
fermé 24 août au 8 sept., 13 au 28 fév., dim. soir et lundi – **R** 95/155 – ☕ 20 – **4 ch** 150.

ST-RESTITUT

26130 Drôme 81 ① G. Vallée du Rhône – 947 h alt. 150.

Voir Décoration★ de l'église – Belvédère ≤★ 3 km par D59A puis 15 mn.

Env. Clansayes ≤★★ N : 8 km.

Paris 635 – Bollène 9 – Montélimar 30 – Nyons 37 – Valence 75.

🏨 **Aub. des Quatre-Saisons** 🐦, ✆ 75 04 71 88, Fax 75 04 70 88, ☂, « Maisons romanes aménagées en hostellerie » – TV ☎. AE ⓓ GB
fermé 2 au 30 janv. et sam. midi – **R** 130/195 – ☕ 40 – **10 ch** 270/450.

ST-ROMAIN-D'AY

07 Ardèche 76 ⑩ – rattaché à Satillieu.

ST-ROMAIN-EN-GAL

69 Rhône 74 ⑪ – rattaché à Vienne (Isère).

ST-ROMAIN-EN-VIENNOIS

84 Vaucluse 81 ③ – rattaché à Vaison-la-Romaine.

ST-ROMAIN-SUR-CHER

41 L.-et-Ch. 64 ⑰ – 1 236 h alt. 90 – ✉ **41140** Noyers-sur-Cher.

Paris 214 – ♦Tours 64 – Blois 33 – Montrichard 23 – Romorantin-Lanthenay 36.

X **St-Romain,** ✆ 54 71 71 10, Fax 54 71 72 89 – Ⓟ. GB
➡ *fermé 6 sept. au 4 oct., dim. soir et lundi sauf juil.-août* – **R** 62/198.

ST-ROME-DE-CERNON

12490 Aveyron 80 ⑬ ⑭ – 871 h alt. 110.

Paris 671 – Lodève 56 – Millau 17 – Rodez 73 – St-Affrique 10 – Le Vigan 69.

🏠 **Commerce,** ✆ 65 62 33 92 – ✂ ch
fermé 18 déc. au 3 janv., dim. soir et lundi d'oct. à Pâques – **R** 90/140 ♁ – ☕ 25 – **13 ch** 130/160 – ½ P 160/180.

ST-SALVADOUR

19 Corrèze 75 ⑨ – rattaché à Seilhac.

ST-SAMSON-DE-LA-ROQUE

27680 Eure 55 ④ – 271 h alt. 72.

Voir Phare de la Roque ✻★ N : 2 km, G. Normandie Vallée de la Seine.

Paris 185 – Beuzeville 12 – Bolbec 23 – Évreux 98 – ♦Le Havre 38 – Honfleur 21 – Pont-Audemer 13.

XXX **Relais du Phare,** ✆ 32 57 61 68, ☂, 🌳 – AE ⓓ GB
fermé dim. soir et lundi – **R** 170/220, enf. 90.

ST-SATUR

18 Cher 65 ⑫ – rattaché à Sancerre.

ST-SAUD-LACOUSSIÈRE

24470 Dordogne 72 ⑯ – 951 h alt. 340.

Paris 453 – ♦Limoges 58 – Brive-la-Gaillarde 96 – Châlus 22 – Nontron 16 – Périgueux 57.

🏨 **Host. St-Jacques** 🐦, ✆ 53 56 97 21, Fax 53 56 91 33, ☂, « Terrasse et jardin fleuris », 🏊, 🎾 – TV ☎ Ⓟ. GB
début avril-mi-oct. et fermé dim. soir et lundi – **R** 115/250 – ☕ 45 – **22 ch** 300/500 – ½ P 253/410.

ST-SAUVES D'AUVERGNE

63 P.-de-D. 73 ⑬ – rattaché à La Bourboule.

ST-SAVIN

65 H.-Pyr. 85 ⑰ – rattaché à Argelès-Gazost.

ST-SAVIN **86310** Vienne 68 ⑮ G. Poitou Vendée Charentes – 1 089 h alt. 83.

Voir Abbaye★★ : Peintures murales★★★ – Pont-Vieux ≤★.

Paris 349 – Poitiers 44 – Le Blanc 19.

France, pl. République ☎ 49 48 19 03, Fax 49 48 97 07 – TV ☎ P. GB JCB
R 75/210 ⅓, enf. 45 – ☐ 30 – **10 ch** 180/240 – ½ P 180/200.

ST-SAVINIEN **17350** Char.-Mar. 71 ④ G. Poitou Vendée Charentes – 2 340 h alt. 15.

Env. Château de la Roche Courbon★ et Jardins★ : ≤★★ SO : 10 km.

Office de Tourisme r. Bel Air ☎ 46 90 21 07.

Paris 458 – Rochefort 28 – La Rochelle 59 – St-Jean-d'Angély 15 – Saintes 15 – Surgères 30.

CITROEN Gar. Roy ☎ 46 90 21 12 N — RENAULT Gar. Garnier ☎ 46 90 20 24

ST-SÉBASTIEN-SUR-LOIRE **44** Loire-Atl. 67 ③ – rattaché à Nantes.

ST SEINE L'ABBAYE **21440** Côte-d'Or 65 ⑲ G. Bourgogne – 326 h alt. 451.

Paris 290 – ◆Dijon 28 – Autun 74 – Châtillon-sur-Seine 57 – Montbard 47.

Poste ⑤, ☎ 80 35 00 35, Fax 80 35 07 64, ⛱ – ☎ ⛍ P. GB
1er mars-15 nov. – **R** 70/190, enf. 35 – ☐ 30 – **22 ch** 140/300 – ½ P 205/275.

ST-SERNIN-SUR-RANCE **12380** Aveyron 80 ⑫ G. Gorges du Tarn – 563 h alt. 290.

Paris 713 – Albi 50 – Cassagnes-Bégonhès 57 – Castres 68 – Lacaune 30 – Rodez 82 – St-Affrique 32.

Carayon ⑤, ☎ 65 99 60 26, Fax 65 99 69 26, ≤, ⛱, ⛱, ⛱ – |$| ☎ P. AE GB
fermé nov., dim soir et lundi de déc. à mars – **Repas** 67/300 ⅓, enf. 49 – ☐ 31 – **43 ch** 179/339 – ½ P 235/315.

CITROEN Gar. Bardy ☎ 65 99 61 61

ST-SERVAN-SUR-MER **35** I.-et-V. 59 ⑥ – voir à St-Malo.

ST-SEVER **40500** Landes 78 ⑥ G. Pyrénées Aquitaine – 4 536 h alt. 102.

Voir Chapiteaux★ de l'église.

Office de Tourisme pl. Tour-du-Sol ☎ 58 76 34 64.

Paris 726 – Mont-de-Marsan 16 – Aire-sur-l'Adour 31 – Dax 47 – Orthez 37 – Pau 68 – Tartas 23.

XXX **Relais du Pavillon** avec ch, au N : 2 km carrefour D 933 et D 924 ☎ 58 76 20 22, Fax 58 76 25 81, ⛱, ⛱, ⛱ – TV ☎ P – ⛱ 30. AE GB
fermé dim. soir d'oct. à mars – **R** 100/280 – ☐ 40 – **14 ch** 230/310 – ½ P 340.

PEUGEOT Junca, 24 r. du Castallet ☎ 58 76 02 95 — Gar. Cazenave 27 r. du Castallet ☎ 58 76 00 19

STS-GEOSMES **52** H.-Marne 66 ③ – rattaché à Langres.

ST-SORLIN-D'ARVES **73530** Savoie 77 ⑥ ⑦ G. Alpes du Nord – 291 h alt. 1 550.

Voir Site★ de l'église de St-Jean-d'Arves SE : 2,5 km.

Env. Col de la Croix de Fer ✵★★ O : 7,5 km puis 15 mn – Col du Glandon ≤★ puis Combe d'Olle★★ O : 10 km.

Paris 637 – Albertville 83 – Le Bourg-d'Oisans 49 – Chambéry 93 – St-Jean-de-Maurienne 20.

Chardon Bleu ⑤, ☎ 79 59 71 47, Fax 79 59 76 02, ≤, ⛱ – ⛱ ch ☎ P. GB. ⛱
1er juil.-31 août et 15 déc.-15 avril – **R** 85/120 – ☐ 28 – **28 ch** 190/230 – ½ P 260/280.

ST-SULIAC **35430** I.-et-V 59 ⑥ – 802 h alt. 20.

Paris 415 – Saint-Malo 12 – Dinan 19 – Dol-de-Bretagne 20 – Lamballe 56 – ◆Rennes 61 – Saint-Cast-le-Guildo 36.

XX **La Grève,** ☎ 99 58 33 83, ≤, ⛱ – AE GB
fermé 4 au 21 oct., dim. soir et lundi sauf juil.-août – **R** 90/160, enf. 70.

ST-SULPICE **81370** Tarn 82 ⑨ – 4 354 h alt. 91.

Paris 687 – ◆Toulouse 29 – Albi 48 – Castres 53 – Montauban 42.

XX **Aub. de la Pointe,** ☎ 63 41 80 14, Fax 63 41 90 24, ≤, ⛱, ⛱, ⛱ – P. AE GB
fermé mardi soir et merc. sauf de juil. à sept. – **R** 90/170 ⅓, enf. 50.

CITROEN Graniti, ☎ 63 40 01 70 — RENAULT Gomez ☎ 63 41 80 57 N

ST-SULPICE-SUR-LÈZE **31410** H.-Gar. 82 ⑰ – 1 423 h alt. 198.

Paris 730 – ◆Toulouse 34 – Auterive 13 – Foix 53 – St-Gaudens 61.

XX **La Commanderie,** ☎ 61 97 33 61, ⛱, ⛱ – GB
fermé 26 sept. au 18 oct., 16 fév. au 1er mars, lundi soir et mardi – **R** 85/260 ⅓, enf. 50.

ST-SYLVESTRE-SUR-LOT **47** L-et-G. 79 ⑥ – rattaché à Villeneuve-sur-Lot.

ST SYMPHORIEN **72480** Sarthe 60 ⑫ – 469 h.

Paris 227 – ◆Le Mans 26 – Alençon 51 – Laval 62 – Mayenne 52.

XX **Relais de la Charnie** avec ch, ☎ 43 20 72 06, Fax 43 20 70 59, ⛱ – TV ☎. GB. ⛱ ch
fermé fév., dim. soir et lundi – **R** 78/190 ⅓, enf. 52 – ☐ 30 – **14 ch** 200/320 – ½ P 250/310.

ST-SYMPHORIEN-DE-LAY 42470 Loire 73 ⑧ – 1 489 h alt. 480.

Paris 409 – Roanne 18 – ◆Lyon 69 – Montbrison 54 – ◆St-Étienne 74 – Thizy 20.

NE par N 7 et D 26 : 1,5 km – ✉ **42470** St-Symphorien-de-Lay :

XX **Aub. des Terrasses,** ✆ 77 64 72 87, ≤, – P. GB
fermé 2 au 9 août, 3 au 31 janv., dim. soir et lundi – **R** 70/150.

ST-THÉGONNEC 29410 Finistère 58 ⑥ **G. Bretagne** – 2 139 h alt. 112.

Voir Enclos paroissial★★.

Env. Enclos paroissial★★ de Guimiliau SO : 7,5 km.

Paris 550 – ◆Brest 48 – Châteaulin 50 – Landivisiau 12 – Morlaix 12 – Quimper 70 – St-Pol-de-Léon 28.

XXX **Aub. St-Thégonnec** M avec ch, ✆ 98 79 61 18, Fax 98 62 71 10, – TV ☎ ♿ P. AE ⓓ GB. ✗ rest
fermé 15 déc. au 1er fév., dim. soir et lundi du 15 sept. au 15 juin – **Repas** 90/200, enf. 70 – ☕ 35 – **19 ch** 250/400 – ½ P 300/380.

ST-THIBAULT 18 Cher 65 ⑫ ⑬ – rattaché à Sancerre.

ST-THIBAULT-DES-VIGNES 77 S.-et-M. 56 ⑫, 101 ⑳ – voir à Paris, Environs (Marne-la-Vallée).

ST-TROJAN-LES-BAINS 17 Char.-mar. 71 ⑭ – voir à Oléron (Ile d').

☛ *Le località sottolineate in rosso sulle carte stradali Michelin in scala 1/200 000 figurano in questa guida. Approfittate di questa informazione, utilizzando una carta di edizione recente.*

ST-TROPEZ 83990 Var 84 ⑰ **G. Côte d'Azur** – 5 754 h alt. 5.

Voir Musée de l'Annonciade★★ Z – Port★ YZ – Môle Jean Réveille ≤★ Y – Citadelle★ Y : ≤★ des remparts, ☀★★ du donjon – Chapelle Ste-Anne ≤★ S : 4 km par av. P. Roussel Z.

ℹ Office de Tourisme Gare Routière ✆ 94 97 41 21 et quai J.-Jaurès ✆ 94 97 45 21.

Paris 876 – Fréjus 34 – Aix-en-Provence 119 – Brignoles 66 – Cannes 70 – Draguignan 48 – ◆Toulon 71.

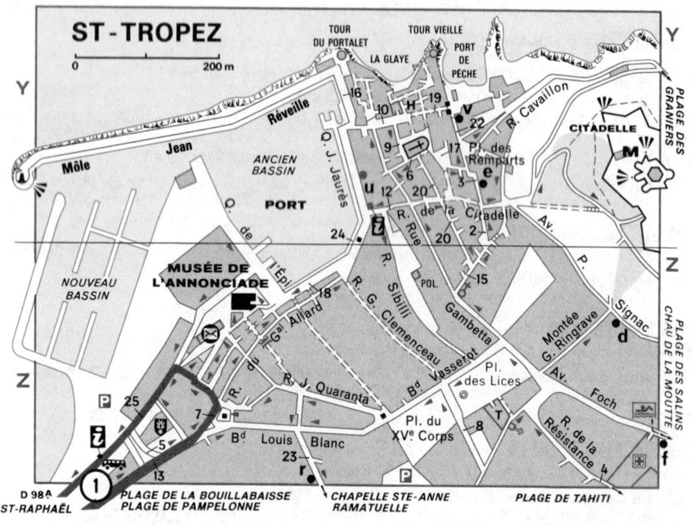

En saison : zone piétonne dans la vieille ville.

Aire-du-Chemin (R.)	Y	2	Guichard (R. du Cdt)	Y	9	Péri (Quai Gabriel)	Z	18
Aumale (Bd d')	Y	3	Hôtel-de-Ville (Pl. de l')	Y	10	Ponche (R. de la)	Y	19
Belle-Isnarde (Ch. de la)	Z	4	Laugier (R. V.)	Y	12	Portail-Neuf (R. du)	YZ	20
Blanqui (Pl. Auguste)	Z	5	Leclerc (Av. Général)	Z	13	Remparts (R. des)	Y	22
Clocher (R. du)	Y	6	Miséricorde (R.)	Z	15	Roussel (Av. Paul)	Z	23
Croix-de-Fer (Pl. de la)	Z	7	Mistral (Quai Frédéric)	Y	16	Suffren (Quai)	Y	24
Grangeon (Av.)	Z	8	Ormeau (Pl. de l')	Y	17	11-Novembre (Av. du)	Z	25

Byblos M, av. P. Signac ✆ 94 97 00 04, Télex 470235, Fax 94 97 40 52, <, « Demeures provençales richement meublées », – ▤ TV ☎ P – 50. AE GB Z **d**
avril-oct. – **Les Arcades R** carte 330 à 480 – ☐ 100 – **60 ch** 1200/2730, 47 appart..

✿ **Résidence de la Pinède** M, à la plage de la Bouillabaisse par ① : 1 km ✆ 94 97 04 21, Télex 470489, Fax 94 97 73 64, <, – ch ▤ TV ☎ P – 25. AE GB
1er avril-15 oct. – **R** 250 (déj.)/480 et carte 400 à 650 – ☐ 95 – **35 ch** 1600/2700, 6 appart. – ½ P 1150/1625
Spéc. Salade tiède de coquillages, fruits de mer et crustacés. Pavé de loup cuit sur la peau. Moëlleux et croustillant de chocolat guanaja.

La Bastide de St Tropez M, rte Carles : 1 km par av. P. Roussel - Z ✆ 94 97 58 16, Fax 94 97 21 71, « Belle décoration intérieure, » – ▤ ch TV ☎ P. AE GB
fermé 3 janv. au 5 fév. – **L'Olivier** *(fermé mardi midi et lundi d'oct. à avril)* **R** carte 210 à 480, enf. 110 – ☐ 105 – **20 ch** 1950, 6 appart. – ½ P 1175/1300.

Domaine de l'Astragale M, par ① : 1,5 km, chemin de la Gassine ✆ 94 97 48 98, Fax 94 97 16 01, – ▤ TV ☎ P – 35. AE GB
15 mai-10 oct. – **R** 290 – ☐ 95 – **34 ch** 2100/2450.

La Mandarine M, S: 0,5 km par av. P. Roussel, rte Tahiti ✆ 94 79 06 66, Télex 970461, Fax 94 97 33 67, – ▤ ch TV ☎ P. AE GB
8 avril-10 oct. – **R** carte 255 à 350 – **38 ch** ☐ 1100/2200, 4 appart. – ½ P 800/1350.

Le Yaca sans rest, 1 bd Aumale ✆ 94 97 11 79, Télex 462140, Fax 94 97 58 50, – ▤ TV ☎. AE GB Y **e**
1er avril-15 oct. – ☐ 70 – **22 ch** 1100/2000.

La Ponche, pl. Révelin ✆ 94 97 02 53, Fax 94 97 78 61, – ▤ TV ☎. AE GB JCB Y **v**
15 mars-15 oct. – **R** 195 – ☐ 60 – **20 ch** 750/2050.

Le Provençal, par ① : 2 km, chemin Bonnaventure ✆ 94 97 00 83, Télex 462155, Fax 94 97 05 75, – ▤ ch ☎ P. AE GB. rest
R snack de piscine *(1er juin-1er sept.)* 180 – **18 ch** ☐ 700/1000.

Lou Troupelen sans rest, chemin des Vendanges ✆ 94 97 44 88, Fax 94 97 41 76, – ☎ P. AE GB. Z **f**
2 avril-1er nov. – ☐ 45 – **45 ch** 320/490.

Lou Cagnard sans rest, av. P. Roussel ✆ 94 97 04 24, – ☎ P Z **r**
fermé 15 nov. au 4 janv. – ☐ 35 – **19 ch** 260/400.

XX **Le Girelier**, au port ✆ 94 97 03 87, Fax 94 97 43 86, <, – ▤. AE GB Y **u**
fermé 1er janv. au 15 mars et jeudi sauf le soir en juil.-août – **R** 180.

au SE : par av. Foch - Z – ✉ **83990** St-Tropez :

Levant M sans rest, à 2,5 km ✆ 94 97 33 33, Fax 94 97 76 13, « Jardin », – TV ☎ P. AE GB
27 mars-15 oct. – ☐ 52 – **28 ch** 595/825.

La Tartane M, à 3 km ✆ 94 97 21 23, Fax 94 97 09 16, « Jardin », – ▤ ch TV ☎ P. AE GB. rest
hôtel : 15 mars-5 nov. ; rest. : 15 juin-15 sept. – **R** snack de piscine (déj. seul.) carte 150 à 300 – ☐ 68 – **14 ch** 690/900.

La Barlière M sans rest, à 1,5 km ✆ 94 97 41 24, Fax 94 97 73 40, – TV ☎ P. GB
☐ 60 – **22 ch** 500/850.

Pré de la Mer sans rest, à 2,5 km ✆ 94 97 12 23, Fax 94 97 43 91, « Jardin » – cuisinette TV ☎ P. GB
15 avril-10 oct. – ☐ 50 – **12 ch** 600/800.

La Bastide des Salins sans rest, à 4 km ✆ 94 97 24 57, Fax 94 54 89 03, « Jardin », – TV ☎ P. AE GB
Pâques-1er nov. – ☐ 90 – **15 ch** 980/1700.

au SE : par av. Paul Roussel et rte de Tahiti – ✉ **83350** Ramatuelle :

St-Vincent M, à 4 km ✆ 94 97 36 90, Fax 94 54 80 37, <, – TV ☎ P. GB
hôtel : 4 avril-17 oct. ; rest. : 15 mai-15 sept. – **R** grill carte 185 à 250 – **16 ch** ☐ 900/1100, 4 duplex.

La Figuière M, à 4 km ✆ 94 97 18 21, Fax 94 97 68 48, – ▤ ch TV ☎ P. GB
9 avril-10 oct. – **R** grill carte 160 à 300 – ☐ 60 – **44 ch** 500/900.

La Garbine M sans rest, à 4 km ✆ 94 97 11 84, Fax 94 97 34 18, <, – ▤ TV ☎ P. AE GB
Pâques-15 nov. et vacances de Noël – ☐ 50 – **20 ch** 550/950.

La Ferme d'Augustin sans rest, à 4 km 94 97 23 83, Fax 94 97 40 30, – AE GB
26 mars-18 oct. – 70 – **34 ch** 580/1600.

St-André sans rest, à 4 km 94 97 21 54, Fax 94 97 37 80, – GB.
1er avril-30 sept. – 50 – **28 ch** 750.

par ① et D 93 rte de Ramatuelle – **83350** Ramatuelle :

Les Bergerettes M, à 5 km 94 97 40 22, Fax 94 97 37 55, ≤, , parc, – ch AE GB. rest
Pâques-oct. – **R** snack de piscine carte 150 à 250 – 65 – **29 ch** 900/950.

Les Bouis M sans rest, à 6 km 94 79 87 61, Fax 94 79 85 20, ≤ mer, – GB
15 mars-15 oct. – 65 – **16 ch** 1000/1350, 4 appart..

Deï Marres sans rest, à 3 km 94 97 26 68, Fax 94 97 62 76, ≤, , , – AE GB.
15 mars-30 oct. et vacances de Noël – 45 – **21 ch** 650/1600.

Aub. des Vieux Moulins avec ch, à 4 km 94 97 17 22, Fax 94 97 70 72, – AE GB
1er avril-15 oct. – **R** (dîner seul.) 300 – 60 – **5 ch** 600.

par ① domaine du Treizain : 3 km – **83580** Gassin :

Treizain, 94 97 70 08, Fax 94 97 67 25, ≤, , – ch . AE GB
1er avril-1er oct. – **R** snack carte environ 100 – **16 ch** 700/900.

Les Capucines sans rest, 94 97 70 05, Fax 94 97 55 85, , – . AE GB
1er avril-15 oct. – 50 – **24 ch** 580/980.

CITROEN Azzena, à Gassin par ① 94 56 10 38

Comment s'y retrouver dans la banlieue parisienne ?

Utilisez la **carte** *et les* **plans Michelin**

nos **101**, **17-18**, **19-20**, **21-22**, **23-24** *: clairs, précis, à jour.*

ST-VAAST-LA-HOUGUE 50550 Manche 54 ③ **G. Normandie Cotentin** – 2 134 h alt. 4.

de Fontenay-en-Cotentin 33 21 44 27, S : 16 km.

Syndicat d'Initiative quai Vauban (avril-sept.) 33 54 41 37.

Paris 351 – Cherbourg 29 – Carentan 39 – St-Lô 67 – Valognes 17.

France et Fuchsias, 33 54 42 26, Fax 33 43 46 79, , – . AE GB. ch
fermé 10 janv. au 23 fév. et lundi sauf vacances scolaires – **R** 72/235, enf. 50 – 38 – **32 ch** 170/375 – ½ P 210/310.

La Granitière, 33 54 58 99, Fax 33 20 34 91, – . GB. rest
fermé 15 fév. au 31 mars, mardi et merc. d'oct. à avril – **R** (dîner seul.)(résidents seul.) 85/165, enf. 45 – 37 – **10 ch** 280/480 – ½ P 262/362.

ST-VALÉRIEN 89150 Yonne 61 ⑬ – 1 666 h alt. 165.

Paris 112 – Fontainebleau 48 – Auxerre 65 – Nemours 32 – Sens 15.

Aub. du Gatinais, 86 88 62 78 – GB
fermé mardi soir et merc. – **R** 90/250, enf. 60.

PEUGEOT-TALBOT Gar. Février 86 88 61 05

ST-VALÉRY-EN-CAUX 76460 S.-Mar. 52 ③ **G. Normandie Vallée de la Seine** – 4 595 h alt. 8 – Casino.

Voir Falaise d'Aval ≤★ O : 15 mn.

Office de Tourisme pl. Hôtel de Ville (transfert prévu) 35 97 00 63.

Paris 196 – Bolbec 42 – Dieppe 34 – Fécamp 32 – ◆Rouen 59 – Yvetot 30.

Mercure-Altéa M, 14 av. Clemenceau 35 97 35 48, Télex 172308, Fax 35 97 65 40, ≤ – – 100. AE GB. rest
R 120/150, enf. 39 – 50 – **145 ch** 310/600, 4 appart..

Terrasses, à la plage 35 97 11 22, ≤ – . GB
fermé 25 déc. au 30 janv. et merc. sauf juil.-août – **R** 130/198 – 35 – **12 ch** 220/350 – ½ P 300/325.

Port, quai d'Amont 35 97 08 93, Fax 35 97 28 32, ≤ – GB
fermé dim. soir et lundi – **R** 115/198.

Pigeon Blanc, près vieille église 35 97 90 22 – GB
fermé 1er au 25 déc., 1er au 15 fév., dim. soir et lundi – **R** 68/140, enf. 45.

par rte Fécamp : par D 925 et D 68 le Bourg Ingouville – **76460** Ingouville-sur-Mer :

Les Hêtres, 35 57 09 30, Fax 35 57 09 31, « Jardin fleuri » – . GB
fermé fév., lundi soir et mardi – **R** 160/230.

CITROEN Soudé 35 97 01 88 RENAULT Gar. Dupuis rte de Neville 35 97 08 44

ST-VALLIER **26240** Drôme 77 ① G. Vallée du Rhône – 4 115 h alt. 138.

Paris 530 – Valence 31 – Annonay 20 – ◆St-Étienne 61 – Tournon-sur-Rhône 16 – Vienne 39.

XXX **Terminus et rest. Albert Lecomte** M avec ch, 116 av. J. Jaurès, rte Lyon ℘ 75 23 01 12, Fax 75 23 38 82 – TV ☎. AE ⓞ GB
fermé 10 au 23 août, vacances de fév., dim. soir et lundi – **R** 145/380, enf. 80 – ☕ 50 – **10 ch** 270/380 – ½ P 290/330.

XX **Voyageurs,** 2 av. J. Jaurès ℘ 75 23 04 42 – . AE ⓞ GB
fermé 11 nov. au 11 déc. – **Repas** 80/210, enf. 60.

PEUGEOT-TALBOT Gar. de l'Europe ℘ 75 23 02 65
RENAULT Martin-Nave ℘ 75 23 13 34 N ℘ 75 84 29 61
Gar. Trouiller ℘ 75 23 07 78

ST-VALLIER-DE-THIEY **06460** Alpes-Mar. 84 ⑧ 115 ㉓ G. Côte d'Azur – 1 536 h alt. 724.

Voir Pas de la Faye ≤★★ NO : 5 km – Col de la Lèque ≤★ SO : 5 km.

☐ Syndicat d'Initiative pl. du Tour ℘ 93 42 78 00.

Paris 912 – Cannes 28 – Castellane 51 – Draguignan 59 – Grasse 12 – ◆Nice 47.

Le Préjoly, ℘ 93 42 60 86, Fax 93 42 67 80, , , – TV ☎. AE ⓞ GB
fermé déc., janv., dim. soir et lundi sauf juil.-août – **R** 100/195, enf. 60 – ☕ 35 – **17 ch** 320/350 – ½ P 340/360.

Relais Impérial, ℘ 93 42 60 07, Fax 93 42 66 21 – TV ☎. AE ⓞ GB
fermé 15 nov. au 20 déc. – **R** 105/195 – ☕ 23 – **31 ch** 280/400 – ½ P 290/335.

ST-VÉRAN **05350** H.-Alpes 77 ⑲ G. Alpes du Sud – 257 h alt. 2 040 : la plus haute commune d'Europe – Sports d'hiver : 1 785/2 800 m 15 .

Voir Village★★.

☐ Syndicat d'Initiative ℘ 92 45 82 21.

Paris 737 – Briançon 51 – Guillestre 32.

Chateaurenard M , ℘ 92 45 85 43, Fax 92 45 84 20, ≤ vallée et montagnes, – TV ☎ P. GB. rest
R 95/110, enf. 55 – ☕ 35 – **20 ch** 280/350 – ½ P 270/290.

Grand Tétras , ℘ 92 45 82 42, Fax 92 45 85 98, ≤, – ☎. GB
5 juin-12 sept. et 19 déc.-15 avril – **R** 70/100 , enf. 40 – ☕ 35 – **21 ch** 210/335 – ½ P 245/298.

ST-VÉRAND **71570** S.-et-L. 74 ① – 191 h alt. 300.

Paris 404 – Mâcon 12 – Bourg-en-Bresse 48 – ◆Lyon 69 – Villefranche-sur-Saône 33.

Aub. St-Vérand, ℘ 85 37 16 50, , – P. GB
hôtel : fermé 1er déc. au 15 janv., dim. soir et lundi de nov. à janv. – **R** *(fermé 1er déc. au 15 janv. et lundi)* 70/120 , enf. 45 – ☕ 20 – **11 ch** 130/200 – ½ P 200.

ST-VIANCE **19** Corrèze 75 ⑧ – rattaché à Brive-la-Gaillarde.

ST-VIATRE **41** L.-et-Ch. 64 ⑲ – rattaché à Nouan-le-Fuzelier.

ST-VICTOR-DES-OULES **30** Gard 80 ⑲ – rattaché à Uzès.

ST-VINCENT **43800** H.-Loire 76 ⑦ – 806 h.

Paris 548 – Le Puy-en-Velay 17 – La Chaise-Dieu 35 – ◆Saint-Étienne 72.

XX **La Renouée,** à Cheyrac, N par D 103 ℘ 71 08 55 94 – GB.
fermé 26 sept. au 3 oct., 15 janv. au 28 fév., lundi (sauf juil.-août) et dim. soir – **R** 98/200, enf. 50.

ST-VINCENT-DE-MERCUZE **38660** Isère 77 ⑤ – 1 060 h alt. 300.

Voir Château du Touvet★ S : 3 km, G. Alpes du Nord.

Paris 571 – ◆Grenoble 31 – Belley 63 – Chambéry 27 – La Tour-du-Pin 74.

XX **Aub. St-Vincent** avec ch, ℘ 76 08 46 97, Fax 76 08 49 55, – TV ☎ P. AE GB
fermé 21 au 30/4, 1 au 10/9, 26/10 au 6/11, 2 au 7/1, lundi (sauf hôtel) et dim. soir d'oct. à mai – **R** 100/380, enf. 60 – ☕ 45 – **15 ch** 280/340 – ½ P 360/390.

RENAULT Gar. Gherardi ℘ 76 08 42 04

ST-VINCENT-DE-TYROSSE **40230** Landes 78 ⑰ – 5 075 h alt. 23.

Paris 744 – Biarritz 34 – Mont-de-Marsan 72 – ◆Bayonne 25 – Dax 24 – Pau 99 – Peyrehorade 24.

Côte d'Argent sans rest, rte Hossegor ℘ 58 77 02 16, – ch TV ☎ P. AE ⓞ GB JCB
☕ 28 – **23 ch** 250/300.

Twickenham, av. Gare ℘ 58 77 01 60, Fax 58 77 95 15, , – TV ☎ P – 40. GB
fermé 22 déc au 11 janv. – **R** *(fermé dim. soir d'oct. à mai)* 110/200 – ☕ 28 – **30 ch** 240/280 – ½ P 280/300.

XXX ✿ **Le Hittau** (Dando), ✆ 58 77 11 85, ☂, « Ancienne bergerie dans un jardin fleuri » – P. AE ① GB
fermé fév., dim. soir de sept. à juin et lundi (sauf le soir en juil.-août) – **R** 160/400 et carte 260 à 335
Spéc. Escalopines de magret de canard au poivre vert. Foie chaud de canard au vinaigre de Xérès. Pigeon rôti à l'ail doux confit. **Vins** Jurançon, Madiran.

XX **Les Gourmets,** N10 ✆ 58 77 16 97, ☂ – GB
fermé 23 déc. au 1er janv., mardi soir et merc. sauf juil.-août – **R** 60/165 ♿, enf. 45.

RENAULT Darrigade ✆ 58 77 03 33 N — Comptoir Landais Pneu ✆ 58 77 00 88

ST-VINCENT-DU-LOROUËR

72150 Sarthe 64 ④ – 724 h alt. 85.

Voir Forêt de Bercé★, **G. Châteaux de la Loire.**

Paris 210 – ◆Le Mans 32 – La Flèche 51 – ◆Tours 59 – Vendôme 54.

XX **Aub. L'Hermitière,** sources Hermitière, SO : 5 km par D 304, D 137 et VO ✆ 43 44 84 45, ☂, « Pavillon forestier », ☂ – P. AE ① GB
1er avril-3 nov. et fermé lundi soir et mardi – **R** 75 bc/210, enf. 50.

ST-VINCENT-STERLANGES

85110 Vendée 67 ⑮ – 550 h alt. 65.

Paris 402 – La Roche-sur-Yon 33 – Cholet 46 – ◆Nantes 67 – Niort 77.

XX ✿ **Lionel Guilbaud,** ✆ 51 40 23 17, Fax 51 40 26 46, ⛱, ☂ – P. AE ① GB
fermé 1er au 15 mars, 1er au 15 oct., dim. soir et lundi – **R** 115 bc/285 bc et carte 270 à 350 ♿, enf. 70
Spéc. Soufflé de homard et son beurre. Filet de canard au sang "Clovis Burgaud". Tartes "bonne femme" aux fruits confits en cheminée. **Vins** Pissotte, Mareuil.

ST-VINCENT-SUR-JARD

85520 Vendée 67 ⑪ **G. Poitou Vendée Charentes** – 658 h alt. 10.

ℹ Syndicat d'Initiative le Bourg (juil.-août) ✆ 51 33 62 06.

Paris 449 – La Rochelle 67 – La Roche-sur-Yon 34 – Challans 68 – Luçon 32 – Les Sables-d'Olonne 22.

Océan ⚘, S : 1 km (près maison de Clemenceau) ✆ 51 33 40 45, ⛱ – ☎ P. GB
fermé 15 nov. au 15 fév. et jeudi hors sais. – **R** 72/190 ♿ – ☕ 28 – **38 ch** 170/390 – ½ P 260/340.

Chabosselières sans rest, rte Jard ✆ 51 33 43 32, ☂ – ☎ P. GB
Pâques-30 sept. et fermé mardi sauf juil.-août – ☕ 26 – **10 ch** 210/230.

X **Chalet St Hubert** avec ch, rte Jard ✆ 51 33 40 33, ☂ – ☎ P. GB
fermé 15 nov. au 14 déc., dim. soir et lundi du 15 sept. au 15 juin – **R** 70/265, enf. 40 – ☕ 22 – **10 ch** 180/210 – ½ P 187/197.

ST-VIT

25410 Doubs 66 ⑭ ⑮ – 3 774 h alt. 251.

Paris 390 – ◆Besançon 17 – Dole 28 – Gray 39 – Pontailler-sur-Saône 36 – Salins-les-Bains 35.

XX **Le Tisonnier,** E : 5 km rte Besançon ✆ 81 58 50 01, Fax 81 58 63 46, ☂ – P. AE GB
fermé lundi – **R** 110/225 ♿, enf. 50.

ST-VRAIN

91770 Essonne 60 ⑩ 106 ㊸ – 2 307 h alt. 60.

Voir Parc animalier et de loisirs ★, **G. Ile de France.**

Paris 41 – Fontainebleau 38 – Corbeil-Essonnes 16 – Étampes 20 – Melun 29.

XX **Host. de St-Caprais** avec ch, r. St-Caprais ✆ (1) 64 56 15 45, ☂, ☂ – AE GB
fermé 15 juil. au 8 août – **R** *(fermé dim. soir et lundi)* 138/185, enf. 72 – ☕ 35 – **6 ch** 290/320 – ½ P 320.

ST-WANDRILLE-RANÇON

76490 S.-Mar. 55 ⑤ **G. Normandie Vallée de la Seine** – 1 151 h alt. 25.

Voir Abbaye★ (chant grégorien).

Paris 167 – ◆Rouen 31 – Barentin 17 – Duclair 12 – Lillebonne 19 – Yvetot 15.

XX **Aub. Deux Couronnes,** ✆ 35 96 11 44, « Maison normande ancienne » – AE GB
fermé 6 au 24 sept., dim. soir et lundi – **R** 120/145, enf. 54.

ST-YORRE

03 Allier 73 ⑤ – rattaché à Vichy.

ST-YRIEIX-LA-PERCHE

87500 H.-Vienne 72 ⑰ **G. Berry Limousin** – 7 558 h alt. 369.

Voir Collégiale du Moûtier★.

ℹ Office de Tourisme 6 r. Plaisances (saison) ✆ 55 75 94 60 et à la Mairie (hors saison) ✆ 55 75 00 04.

Paris 436 – ◆Limoges 39 – Brive-la-Gaillarde 60 – Périgueux 62 – Rochechouart 52 – Tulle 70.

XX **Host. Tour Blanche** avec ch, 74 bd Hôtel de Ville ✆ 55 75 18 17, Fax 55 08 23 11 – TV ☎ P. GB
fermé 15 fév. au 15 mars et merc. du 1er oct. au 15 avril sauf fêtes – **R** 78/215 – ☕ 27 – **11 ch** 205/285 – ½ P 215/275.

à la Roche l'Abeille NE : 12 km par D 704 et 17^A – ✉ **87800** :

✿✿ **Moulin de la Gorce** (Bertranet) ⚘, S : 2 km par D 17 ✆ 55 00 70 66, Fax 55 00 76 57, ⩽, « En bordure d'étang, parc » – TV ☎ P. AE ① GB
fermé 3 janv. au 3 fév., dim. soir et lundi du 16 sept. au 30 avril – **R** 180/450 et carte 280 à 440 – ☕ 70 – **9 ch** 450/700 – ½ P 800
Spéc. Oeufs brouillés aux truffes en coque. Poêlée de langoustines à l'estragon. Lièvre à la royale (15 oct. au 31 déc.).

CITROEN Gar. Texier-Bouzat, av. de Périgueux ✆ 55 75 00 30
RENAULT Saint-Yrieix Autom., rte de Limoges ✆ 55 75 90 80 N ✆ 55 08 18 18

V.A.G Faurel, 9 bis bd Hôtel de Ville ✆ 55 75 10 70

Pneus et Caoutchouc, 3 av. de Limoges ✆ 55 08 14 98

STE-ADRESSE **76** S.-Mar. 55 ③ – rattaché au Havre.

STE-ANNE-D'AURAY **56400** Morbihan 63 ② G. Bretagne – 1 630 h alt. 34.

Voir Trésor★ de la basilique – Pardon (26 juil.).

Paris 477 – Vannes 15 – Auray 6,5 – Hennebont 35 – Locminé 27 – Lorient 45 – Quimperlé 60.

Croix Blanche, ✆ 97 57 64 44, Fax 97 57 50 60, – TV ☎ P. AE O GB.
fermé 15 janv. au 15 fév., dim. soir et lundi d'oct. à avril – **R** 76/231, enf. 48 – ☕ 36 – **23 ch** 200/341 – ½ P 227/287.

Le Myriam sans rest, ✆ 97 57 70 44, Fax 97 57 50 61 – TV ☎ P. GB
1er mai-20 sept. et fermé lundi soir et mardi sauf juil.-août – ☕ 23 – **30 ch** 240/265.

Paix, ✆ 97 57 65 08 – ☎. GB
Pâques-1er oct. et fermé lundi soir et mardi sauf juil.-août – **R** 60/120 – ☕ 23 – **24 ch** 180.

L'Auberge avec ch, ✆ 97 57 61 55, – P. AE GB
fermé 11 au 26 oct., 10 janv. au 2 fév., mardi soir et merc. – **Repas** 73/300, enf. 60 – ☕ 30 – **6 ch** 260/290 – ½ P 233/248.

RENAULT Gar. Josset ✆ 97 57 64 13 N ✆ 97 57 74 30

STE-ANNE-LA-PALUD (Chapelle de) **29** Finistère 58 ⑭ G. Bretagne – alt. 65 – ✉ **29127** Plonevez-Porzay.

Voir Pardon (fin août).

Paris 566 – Quimper 25 – ◆Brest 68 – Châteaulin 19 – Crozon 35 – Douarnenez 16 – Plomodiern 12.

✿ **Plage**, à la plage ✆ 98 92 50 12, Télex 941377, Fax 98 92 56 54, ←, , , – rest TV ☎ P – 30. AE O GB. rest
1er avril-12 oct. – **R** 200/400 et carte 260 à 370 – ☕ 66 – **26 ch** 650/950, 4 appart. – ½ P 660/770
Spéc. Homard et langouste grillés. Saint-Pierre aux langoustines. Petites crêpes farcies aux pommes et miel de bruyère.

STE-CÉCILE-LES-VIGNES **84290** Vaucluse 81 ② – 1 927 h alt. 106.

Paris 650 – Avignon 50 – Bollène 12 – Nyons 26 – Orange 16 – Vaison-la-Romaine 22.

Le Relais M, ✆ 90 30 84 39, Fax 90 30 81 79, , – TV ☎ P. AE GB
fermé 1er au 16 mars, 5 au 19 oct., dim. soir et lundi – **R** 155 bc/260, enf. 50 – ☕ 50 – **12 ch** 480/850.

Comtat-Pneus ✆ 90 30 88 11

STE-COLOMBE **84** Vaucluse 81 ⑬ – rattaché à Bédoin.

STE-COLOMBE-LA-COMMANDERIE **27110** Eure 55 ⑯ – 546 h.

Paris 122 – ◆Rouen 43 – Bernay 32 – Évreux 19 – Louviers 27 – Verneuil-sur-Avre 45.

Aub. des Templiers, R N 13 ✆ 32 35 40 04 – AE O GB
fermé 19 août au 9 sept. et vacances de fév. – **R** *(fermé mardi soir et merc. d'avril à oct. et le soir de nov. à mars sauf vend., sam. et dim.)* 55/125, enf. 45.

STE-CROIX **01** Ain 74 ② – rattaché à Montluel.

STE-CROIX-AUX-MINES **68160** H.-Rhin 62 ⑱ – 1 932 h alt. 314.

Voir Vallée de la Liepvrette★ E, G. Alsace Lorraine.

Paris 416 – Colmar 38 – Ribeauvillé 23 – St-Dié 25 – Sélestat 18.

Central avec ch, ✆ 89 58 73 27 – ☎. GB. ch
fermé 15 au 30 juin, 15 fév. au 5 mars, dim. soir et lundi – **R** 95/300 – ☕ 30 – **9 ch** 140/220.

STE-CROIX-EN-JAREZ **42** Loire 73 ⑲ – rattaché à Rive-de-Gier.

STE-ÉNIMIE **48210** Lozère 80 ⑤ G. Gorges du Tarn (plan) – 473 h alt. 470.

Env. ←★★ sur le canyon du Tarn S : 6,5 km par D 986.

Office de Tourisme à la Mairie ✆ 66 48 53 44.

Paris 624 – Mende 27 – Florac 27 – Meyrueis 29 – Millau 56 – Sévérac-le-Château 46 – Le Vigan 82.

Burlatis sans rest, ✆ 66 48 52 30 – ☎. GB.
1er mai-1er oct. et fermé mardi en mai et juin – ☕ 28 – **18 ch** 255/325.

STE-FEYRE **23** Creuse 72 ⑩ – rattaché à Guéret.

STE-FOY **71** S.-et-L. 73 ⑧ – rattaché à Marcigny.

STE-FOY-LA-GRANDE 33220 Gironde 75 ⑬ ⑭ G. Périgord Quercy – 2 745 h alt. 20.

Syndicat d'Initiative r. République ✆ 57 46 03 00.

Paris 557 ⑤ – Périgueux 67 ① – ♦Bordeaux 65 ⑤ – Langon 58 ④ – Marmande 44 ③.

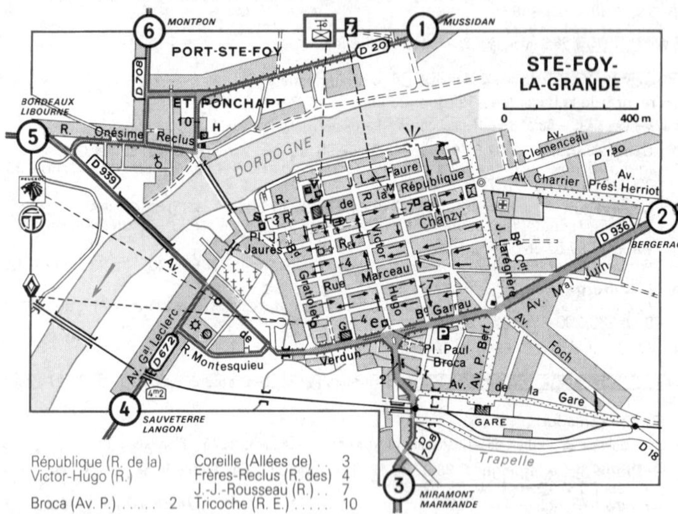

Gd Hôtel, r. République **(a)** ✆ 57 46 00 08, Fax 57 46 50 70, – TV ☎ . AE GB JCB
R *(fermé 15 au 30 oct., 1er au 21 fév., merc. et sam. midi)* 80/210, enf. 40 – ☐ 35 – **17 ch** 220/280.

Victor Hugo, r. V. Hugo **(e)** ✆ 57 46 18 03 – TV ☎ . AE ⓓ GB
fermé 15 sept. au 1er oct. – **R** brasserie *(fermé lundi midi et dim.)* carte 100 à 150 – ☐ 30 – **12 ch** 180/250 – ½ P 250/300.

Boule d'Or, pl. J. Jaurès **(s)** ✆ 57 46 00 76, – TV ☎ . AE ⓓ GB. ch
fermé 1er au 16 sept., 21 déc. au 18 fév. et lundi sauf juil.-août – **R** 65/170, enf. 40 – ☐ 25 – **24 ch** 160/240 – ½ P 210.

Vieille Auberge avec ch, r. Pasteur **(v)** ✆ 57 46 04 78 – GB
fermé 7 au 21 juin, 22 nov. au 13 déc., dim. soir et lundi – **R** 72/230, enf. 50 – ☐ 26 – **7 ch** 125/160 – ½ P 160/170.

AUSTIN, JAGUAR, ROVER, TRIUMPH Letellier, 5 pl. Broca ✆ 57 46 15 85
PEUGEOT-TALBOT A.C.A.L., à Pineuilh ✆ 57 46 33 10

RENAULT Daniel, 26 bd Gratiolet ✆ 57 46 01 63

Service du Pneu, à Port-Ste-Foy ✆ 53 24 76 00

STE-FOY-TARENTAISE 73640 Savoie 74 ⑲ G. Alpes du Nord – 643 h alt. 1 051.

Paris 647 – Albertville 65 – Chambéry 111 – Moûtiers 37 – Val-d'Isère 19.

Le Monal, ✆ 79 06 90 07, Fax 79 06 94 72 – ☎. AE GB. rest
fermé 9 mai au 14 juin et 22 oct. au 22 nov. – **R** 100/140, enf. 40 – ☐ 32 – **24 ch** 130/330 – ½ P 235/250.

STE-GEMME-MORONVAL 28 E.-et-L. 60 ⑦, 106 ㉕ – rattaché à Dreux.

STE-GENEVIÈVE-SUR-ARGENCE 12420 Aveyron 76 ⑬ – 1 143 h alt. 800.

Env. Barrage de Sarrans★★ N : 8 km, G. Gorges du Tarn.

Paris 570 – Aurillac 59 – Chaudes-Aigues 33 – Espalion 47.

Voyageurs, ✆ 65 66 41 03, – . GB
fermé 20 sept. au 10 oct. – **R** *(fermé sam. de nov. à juin)* 65/160 – ☐ 25 – **15 ch** 170/220 – ½ P 190/230.

STE-HERMINE 85210 Vendée 67 ⑮ – 2 285 h alt. 30.

Paris 418 – La Roche-sur-Yon 34 – Fontenay-le-Comte 22 – ♦Nantes 90 – Les Sables-d'Olonne 63.

Relais de la Marquise avec ch, ✆ 51 27 30 11 – Ⓟ. GB
fermé 1er au 7 sept., 21 au 30 nov., 1er au 15 fév., dim. soir sauf juil.-août et lundi – **R** 60/180, enf. 42 – ☐ 22 – **10 ch** 120/196 – ½ P 130/160.

Repas 100/130 Sorgfältig zubereitete, preiswerte Mahlzeiten.

STE-LIVRADE-SUR-LOT **47110** L.-et-G. 79 ⑤ – 5 938 h alt. 53.

Voir Fongrave : retable★ de l'église O : 5 km, G. Pyrénées Aquitaine.

Syndicat d'Initiative av. R.-Bouchon (saison) ✆ 53 01 45 88 et à la Mairie (hors saison) ✆ 53 01 04 76.

Paris 604 – Agen 29 – Marmande 41 – Nérac 51 – Tonneins 24 – Villeneuve-sur-Lot 9,5.

Midi, ✆ 53 01 00 32, Fax 53 88 10 22 – cuisinette ☎. AE ⓓ GB JCB
2 mai-15 déc. – **R** 66/170 – ☐ 25 – **23 ch** 170/230.

FORD Mandelli 890 r. Tour-de-Ville ✆ 53 01 04 61

STE-MARGUERITE (Ile) ★★ **06** Alpes-Mar. 84 ⑨ 115 ㊲ ㊴ G. Côte d'Azur – ✉ **06400** Cannes.

Voir Forêt★★ – ≤★ de la terrasse du Fort-Royal.

Accès par transports maritimes.

depuis **Cannes**. En 1992 : en saison, au moins 7 rotations quotidiennes ; hors saison, au moins 5 - Traversée 15 mn - 35 F (AR) par Cie Esterel-Chanteclair, gare maritime des Iles ✆ 93 39 11 82 (Cannes).

depuis **Golfe-Juan et Juan-les-Pins.** Pâques à oct., 3 à 4 départs quotidiens - Traversée 30 mn – Tarifs se renseigner : Transports Maritimes Cap d'Antibes, Port de Golfe Juan ✆ 93 63 81 31 (Golfe Juan).

STE-MARIE **44** Loire-Atl. 67 ① – rattaché à Pornic.

STE-MARIE-AUX-MINES **68160** H.-Rhin 87 ⑯ G. Alsace Lorraine – 5 767 h alt. 374.

Tunnel de Ste-Marie-aux-Mines. Péage aller simple : autos 15,50 F, camions 31 à 62 F, motos 9,50 F - Renseignements par S.A.P.R.R. ✆ 29 51 21 71.

Paris 414 – Colmar 34 – Saint-Dié 23 – Sélestat 22.

Aux Mines d'Argent, r. Dr Weisgerber ✆ 89 58 55 75 – GB
fermé 27 août au 10 sept., 15 fév. au 2 mars, mardi soir et merc. – **R** 62/265 🍷, enf. 48.

CITROEN Gar. Vogel, ✆ 89 58 74 73 PEUGEOT Gar. Moeglen, ✆ 89 58 70 40

STE-MARIE-DE-CAMPAN **65** H.-Pyr. 85 ⑲ – alt. 857 – ✉ **65710** Campan.

Env. ✱★★★ du col d'Aspin SE : 13 km, G. Pyrénées Aquitaine.

Paris 828 – Bagnères-de-Luchon 60 – Pau 74 – Arreau 24 – Bagnères-de-Bigorre 12 – Luz-St-Sauveur 35 – Tarbes 34.

Chalet H., NO : 1 km sur D 935 ✆ 62 91 85 64, Fax 62 91 86 17, ≤, 🌳, 🏊 (été), 🌳, 🎾 – ⓟ. GB
fermé 10 au 28 mai et 2 nov. au 20 déc. – **R** 60/130, enf. 50 – ☐ 24 – **25 ch** 159/286 – 1/2 P 170/243.

à Campan NO : 6,5 km par D 935 G. Pyrénées Aquitaine – ✉ **65710**.

Voir Vallée de Gripp★ S.

Beauséjour, ✆ 62 91 75 30 – ☎
fermé 15 nov. au 15 déc. – **R** 52/150 🍷 – ☐ 24 – **20 ch** 120/200 – 1/2 P 160/200.

STE-MARIE-DE-RÉ **17** Char.-Mar. 71 ⑫ – voir à Ré (Ile de).

STE-MARIE-DE-VARS **05** H.-Alpes 77 ⑱ – rattaché à Vars.

STES-MARIES-DE-LA-MER – voir après Saintes.

STE-MARINE **29** Finistère 58 ⑮ G. Bretagne – ✉ **29120** Pont-l'Abbé.

Paris 561 – Quimper 19 – Bénodet 5,5 – Concarneau 26 – Pont-l'Abbé 9,5.

XX ✿ **L'Agape** (Le Guen), ✆ 98 56 32 70 – ⓟ. GB
fermé 15 janv. au 15 fév., mardi soir et merc. sauf juil.-août – **R** 150/250 et carte 260 à 380, enf. 65
Spéc. Agapes de poissons marinés. Galette de turbot au jus de viande. Jardinière de homard.

STE-MAURE **10** Aube 61 ⑯ – rattaché à Troyes.

STE-MAURE-DE-TOURAINE **37800** I.-et-L. 68 ④ ⑤ G. Châteaux de la Loire – 3 983 h alt. 72.

Syndicat d'Initiative r. du Château (juil.-août) ✆ 47 65 66 20.

Paris 271 – ◆Tours 37 – Le Blanc 69 – Châtellerault 35 – Chinon 33 – Loches 31 – Thouars 71.

Host. Hauts de Ste-Maure Ⓜ, av. Ch. de Gaulle ✆ 47 65 50 65, Fax 47 65 60 24, 🌳, 🌳 – 🛗 TV ☎ ♿ ⓟ – 🏛 80. ⓓ GB
fermé vacances de Noël, dim. soir d'oct. à avril (sauf rest.) et dim. midi – **R** 108/190 🍷 – ☐ 50 – **19 ch** 280/380 – 1/2 P 300/400.

XX **Gueulardière** avec ch, av. Ch. de Gaulle ✆ 47 65 40 71 – TV ☎ ⓟ. GB. 🚫 rest
fermé 15 au 30 nov., dim. soir de nov. à fév. et lundi – **R** 75/200, enf. 50 – ☐ 28 – **16 ch** 130/240 – 1/2 P 180/220.

XX **Veau d'Or** avec ch, r. Dr Patry ✆ 47 65 40 41 – ☎ ⓟ. AE ⓓ GB
fermé fév., mardi soir et merc. – **R** 80/200 🍷 – ☐ 28 – **11 ch** 140/200 – 1/2 P 220.

près échangeur autoroute A 10 O : 2,5 km sur D 760 – ✉ **37800** Noyant-de-Touraine :

XX **La Ciboulette,** 78 rte Chinon ✆ 47 65 84 64, 🌳 – ⓟ. GB
R 100/320 🍷, enf. 50.

à Pouzay SO : 8 km – ✉ **37800** :

✗ **Gardon Frit,** ✆ 47 65 21 81, 🏠 – **①** **GB**
fermé 2 au 10 mars, 12 au 26 janv., mardi et merc. – **R** 86/200 ♂, enf. 35.

CITROEN Gar. Rico, 78 av. Gén.-de-Gaulle ✆ 47 65 40 46 **N**

PEUGEOT-TALBOT Saint-Aubin ✆ 47 65 40 85 **N**
RENAULT Gar. de Vauzelles, ✆ 47 65 41 13

STE-MAXIME **83120** Var **84** ⑰ **G. Côte d'Azur** – 10 015 h – Casino A.

Voir Sémaphore ✻★ N : 1,5 km.

⛳ de Beauvallon ✆ 94 96 16 98, par ③ : 4 km.

i Office de Tourisme avec A.C. promenade S.-Lorière ✆ 94 96 19 24, Télex 970080.

Paris 877 ① – Fréjus 20 ② – Aix-en-Provence 120 ① – Cannes 56 ② – Draguignan 34 ① – ◆Toulon 75 ③.

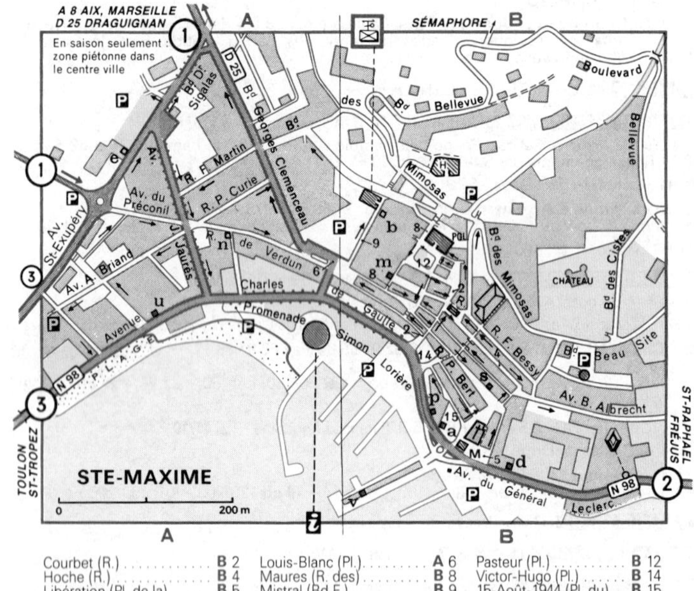

Courbet (R.)	**B** 2	Louis-Blanc (Pl.)	**A** 6	Pasteur (Pl.)	**B** 12
Hoche (R.)	**B** 4	Maures (R. des)	**B** 8	Victor-Hugo (Pl.)	**B** 14
Libération (Pl. de la)	**B** 5	Mistral (Bd F.)	**B** 9	15-Août-1944 (Pl. du)	**B** 15

🏨 **Belle Aurore** Ⓜ, 4 bd Jean Moulin par ③ ✆ **94 96 02 45**, Fax **94 96 63 87**, ≤ golfe de St-Tropez, « En bordure de mer », 🏊, 🏖 – TV ☎ **P**. **AE** **①** **GB**
hôtel : mars-nov., rest. : Pâques-nov. – **R** *(fermé merc. midi hors sais.)* 220/380 – ☕ 70 – **16 ch** 950/1700 – ½ P 825/1250.

🏨 **Domaine du Calidianus** Ⓜ 🐦, quartier de la Croisette par ③ ✆ 94 96 23 21, Fax 94 49 12 10, ≤, 🏊, 🌳, 🎾 – TV ☎ **P**. **AE** **GB**
R *(ouvert 12 juin-12 sept.)* carte environ 200 – ☕ 50 – **33 ch** 690/930.

🏨 **Petit Prince** Ⓜ sans rest, 11 av. St-Exupéry ✆ 94 96 44 47, Fax 94 49 03 38 – 🛗 ▤ TV ☎ ♿ **P**. **AE** **①** **GB** — A **e**
☕ 45 – **29 ch** 500/750.

🏨 **La Croisette** 🐦, bd Romarins par ③ ✆ 94 96 17 75, Fax 94 96 52 40, 🏠, 🌳 – 🛗 TV ☎ ♿. **AE** **GB**
hôtel : 1er mars-30 oct. ; rest. : 1er mars-30 sept. – **R** (dîner seul.) 100/150 – ☕ 50 – **17 ch** 500/800 – ½ P 690.

🏨 **Poste** sans rest, 7 bd F. Mistral ✆ 94 96 18 33, Fax 94 96 41 68, 🏊 – 🛗 TV ☎. **AE** **①** **GB** — B **b**
20 mai-20 oct. – ☕ 45 – **24 ch** 500/570.

🏨 **Les Santolines** sans rest, La Croisette par ③ ✆ 94 96 31 34, Fax 94 49 22 12, « Jardin fleuri », 🏊 – TV ☎ **P**. **GB**
8 avril-5 oct. – ☕ 45 – **12 ch** 500/550.

🏨 **Montfleuri** 🐦, av. Montfleuri par ② ✆ 94 96 19 57, 🏠, 🌳 – 🛗 TV ☎ **P**. **GB**
15 mars-15 oct. – **R** 147/230 – ☕ 47 – **31 ch** 310/525 – ½ P 325/450.

🏨 **Chardon Bleu** sans rest, r. Verdun ✆ 94 96 02 08, Fax 94 43 90 89 – TV ☎. **AE** **GB** — A **n**
☕ 37 – **25 ch** 410/440.

XXX **L'Amiral,** galerie marchande du port ✆ 94 43 99 36, ≤ port et golfe, 斎 – AE GB B **v**
fermé 15 nov. au 15 déc., dim. soir et lundi hors sais. – **R** 150/290.

XX **L'Esquinade,** av. Ch. de Gaulle ✆ 94 96 01 65 – ⓓ GB B **p**
fermé 2 nov. au 20 déc. et merc. sauf du 10 juil. au 31 août – **R** produits de la mer – carte 240 à 370.

XX **Le Daniéli,** av. Gén. Leclerc ✆ 94 43 96 45, 斎 – GB B **d**
fermé 10 janv. au 10 fév. et lundi du 15 sept. au 15 juin – **R** 119/250.

XX **L'Hermitage,** av. Ch. de Gaulle ✆ 94 96 17 77, 斎 – ▤. GB B **a**
R 155.

X **Sans Souci,** r. P. Bert ✆ 94 96 18 26, 斎 – GB B **s**
15 mars-30 oct. et fermé mardi en avril, mai et oct. – **R** 92/125.

X **Le Dauphin,** av. Ch. de Gaulle ✆ 94 96 31 56 – GB A **u**
fermé 15 déc. au 15 janv. et merc. hors sais. – **R** (nombre de couverts limité, prévenir) 90/200.

X **Sarrazin,** pl. Colbert ✆ 94 96 10 84 – GB B **m**
fermé 5 janv. au 6 fév. mardi sauf le soir en juil.-août – **R** (dîner seul. en juil.-août) 110/220.

à La Nartelle par ② : 4 km – ✉ **83120** Ste-Maxime :

Host. Vierge Noire sans rest, ✆ 94 96 33 11, Fax 94 49 28 90, ⛱, 🌳 – TV ☎ P. GB. ✻
☕ 47 – **11 ch** 470/580.

Plage sans rest, ✆ 94 96 14 01, Fax 94 49 23 53, ≤ – ☎ P. GB. ✻
7 avril-1er oct. – ☕ 32 – **18 ch** 267/415.

RENAULT Gar. de l'Arbois, av. Gén.-Leclerc ✆ 94 96 14 03

STE-MENEHOULD

51800 Marne 56 ⑲ **G. Champagne** – 5 177 h alt. 139.

Voir ≤★ du "château".

ℹ Office de Tourisme 15 pl. Gén.-Leclerc (fermé matin sept.-juin) ✆ 26 60 85 83.

Paris 220 – Bar-le-Duc 50 – Châlons-sur-Marne 45 – ♦Reims 78 – Verdun 46 – Vitry-le-François 52.

Cheval Rouge, 1 r. Chanzy ✆ 26 60 81 04, Fax 26 60 93 11 – ☎. AE ⓓ GB
fermé dim. soir (sauf hôtel) et lundi de sept. à avril – **Repas** 85/130 – ☕ 35 – **18 ch** 230/260 – ½ P 190/210.

à Florent-en-Argonne NE : 7,5 km par D 85 – ✉ **51800** :

Le Jabloire M 🐦 sans rest, ✆ 26 60 82 03 – TV ☎ P. AE GB. ✻
fermé fév. – ☕ 32 – **12 ch** 220/380.

XX **Aub. la Menyère,** ✆ 26 60 93 70, 斎, « Maison du 16e siècle » – GB
fermé 15 au 28 fév., dim. soir et lundi – **R** 60/140 carte le dim. 🍷, enf. 45.

à l'Est par N 3 et D 2 : 13 km – ✉ **55120** Futeau :

XXX **L'Orée du Bois** 🐦 avec ch, ✆ 29 88 28 41, Fax 29 88 24 52, ≤, 🌳 – TV ☎ P. GB
fermé 24 au 30 nov., janv., dim. soir et mardi du 15 sept. au 15 avril – **R** 110/340, enf. 85 – ☕ 45 – **7 ch** 275/360 – ½ P 400.

PEUGEOT-TALBOT Crochet Frères, rte de Châlons ✆ 26 60 84 78 **N** ✆ 26 53 91 47

RENAULT Roudier, rte de Châlons ✆ 26 60 80 80

STE-MÈRE-ÉGLISE

50480 Manche 54 ③ **G. Normandie Cotentin** – 1 556 h.

Paris 324 – Cherbourg 37 – Bayeux 56 – St-Lô 41.

Le Sainte-Mère M, rte Caen ✆ 33 21 00 30, Fax 33 41 38 40 – |‡| TV ☎ & P – 🏛 70. AE ⓓ GB
hôtel : fermé dim. soir de nov. à fév. ; rest. : fermé dim. soir et lundi midi du 15 nov. au 1er mars – **R** 75/170, enf. 36 – ☕ 30 – **42 ch** 220/250 – ½ P 240.

RENAULT Gar. Lecathelinais, r. Cap. Laine, rte de Cherbourg ✆ 33 41 43 09

STE-MONTAINE

18 Cher 64 ⑳ – rattaché à Aubigny-sur-Nère.

STE-PREUVE

02 Aisne 56 ⑥ – ✉ **02350** Liesse 75 h.

Paris 161 – St-Quentin 65 – Laon 23 – ♦Reims 52 – Rethel 42 – Soissons 58 – Vervins 28.

Château de Barive 🐦, ✆ 23 22 15 15, Fax 23 22 08 39, parc, ⛱, ✂ – cuisinette TV ☎ P – 🏛 25. AE ⓓ GB
R *(fermé le midi sauf dim.)* 210 – ☕ 55 – **16 ch** 380/980 – ½ P 490/590.

SAINTES

17100 Char.-Mar. 71 ④ **G. Poitou Vendée Charentes** – 25 874 h alt. 8.

Voir Vieille ville★ AZ – Arènes★ Y – Église St-Eutrope : église inférieure★ AZ **D** – Abbaye aux Dames : église abbatiale★ BZ – Arc de Germanicus★ BZ **F** – Musée des Beaux-Arts★ AZ **M2**.

⛳9 Louis-Rouyer-Guillet ✆ 46 74 27 61, N 150 par ② : 5 km.

ℹ Office de Tourisme Villa Musso, 62 cours National ✆ 46 74 23 82.

Paris 470 ⑧ – Royan 40 ⑦ – ♦Bordeaux 115 ⑥ – Niort 73 ⑧ – Poitiers 138 ⑧ – Rochefort 40 ⑨.

SAINTES

Alsace-Lorraine (R.) **AZ** 3
Gambetta (Av.) .... **BZ**
National (Cours) ... **AZ**

Allende (Av. Salvador) .... **Y** 2
Arc de Triomphe (R.) ... **BZ** 4
Bassompierre (Pl.) . **BZ** 5
Berthonnière (R.) .. **AZ** 7
Blair (Pl.) .... **AZ** 9
Bois d'Amour (R.) .. **AZ** 10
Bourignon (R.) ...... **Y** 12
Brunaud (R. A.) .... **AZ** 13
Clemenceau (R.) ... **AZ** 15
Denfert-Rochereau (R.) .. **BZ** 16
Dufaure (Av. J.) ..... **Y** 18
Foch (Pl. Mar.) .... **AZ** 20
Jacobins (R. des) .. **AZ** 25
Jean (R. du Doc.) ... **Y** 27
Kennedy (Av. J.-F.) . . **Y** 31
Lacurie (R.) .... **Y** 33
Leclerc (Crs Mar.) ... **Y** 34
Lemercier (Cours) . **AZ** 35
Marne (Av. de la) .. **BZ** 37
Mestreau (R. F.) ... **BZ** 38
Monconseil (R.) ... **AZ** 39
République (Quai) . **AZ** 41
St-Eutrope (R.) .... **AZ** 42
St-François (R.) ...... **AZ** 43
St-Macoult (R.) .... **AZ** 45
St-Pierre (R.) .... **AZ** 46
St-Vivien (Pl.) .... **AZ** 47
Victor-Hugo (R.) .... **AZ** 49

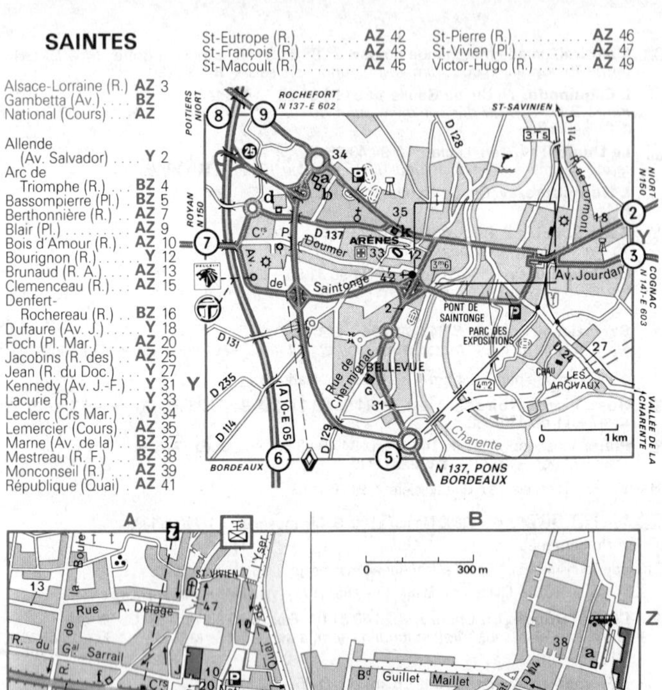

🏨 **Relais du Bois St-Georges** Ⓜ 🐦, r. Royan (D 137) ☎ 46 93 50 99, Télex 790488, Fax 46 93 34 93, ←, 🏞, « Dans un parc avec étang », 🏊 – 🚭 ch 📺 ☎ ♿ 🚗 Ⓟ – 🏛 70. GB — Y **d**
R 170/250 bc, enf. 110 – ☕ 70 – **30 ch** 350/1100, 3 appart..

🏨 **Trois Sapins** Ⓜ sans rest, rte Rochefort ☎ 46 74 42 70 – 📺 ☎ ♿ Ⓟ. GB. 🐕 — Y **a**
☕ 27 – **36 ch** 230/300.

🏨 **Bosquets** Ⓜ 🐦 sans rest, 107 cours Mar. Leclerc ☎ 46 74 04 47, Fax 46 74 27 89, 🏞 – 🚭 ch 📺 ☎ Ⓟ. GB JCB — Y **b**
fermé 23 déc. au 4 janv. – ☕ 28 – **35 ch** 240/270.

🏨 **Messageries** 🐦 sans rest, r. Messageries ☎ 46 93 64 99, Fax 46 92 14 34 – ▤ 📺 ☎ 🚗. GB — AZ **r**
fermé 19 déc. au 2 janv. – ☕ 31 – **35 ch** 210/300.

🏨 **Avenue** Ⓜ sans rest, 114 av. Gambetta ☎ 46 74 05 91, Fax 46 74 32 16 – 📺 ☎ Ⓟ – 🏛 50. GB — BZ **s**
fermé 27 déc. au 3 janv. – ☕ 26 – **15 ch** 162/260.

🏨 **Au Terminus** sans rest, 2 r. J. Moulin ☎ 46 74 35 03, Fax 46 97 24 47 – 📺 ☎. AE GB — BZ **a**
fermé 23 déc. au 15 janv. – ☕ 29 – **28 ch** 195/355.

🏨 **Bleu Nuit** Ⓜ sans rest, 1 r. Pasteur ☎ 46 93 01 72 – 🛗 ☎ ♿. AE GB — AZ **f**
☕ 24 – **35 ch** 160/215.

XXX **Logis Santon,** 54 cours Genêt ✆ 46 74 20 14, Fax 46 74 49 79, 🏡, 🌳 – 🅿. AE ⓓ GB Y k
fermé 15 au 30 sept., 22 au 28 fév., dim. soir et lundi – **R** 130/230, enf. 70.

X **Brasserie Louis,** 116 av. Gambetta ✆ 46 74 16 85 – GB BZ s
fermé lundi soir – **R** 59/155 🍷.

CITROEN Ardon, rte de Bordeaux par ⑤ ✆ 46 93 37 22 🅽 ✆ 46 91 10 33
FIAT Dufour, 20 av. S.-Allende à Bellevue ✆ 46 93 12 04
FORD S.A.V.I.A.L. Automobiles, ZI des Charriers, rte de Bordeaux ✆ 46 93 43 44
PEUGEOT-TALBOT Guerry, av. de Saintonge, ZI Ormeau de Pied ✆ 46 93 48 33 🅽 ✆ 46 97 36 76
RENAULT Bagonneau, ZI, 137 cours P.-Doumer ✆ 46 92 35 35 🅽 ✆ 46 97 32 36
V.A.G Voiville Auto, av. de Saintonge ✆ 46 92 01 44

Ⓜ Euromaster Perry Pneu Service, ZI de l'Ormeau de Pied, rte Clos Fleuri ✆ 46 93 11 03
Euromaster Piot Pneu, ZI Ormeau de Pied 22 r. Chem. Ferré ✆ 46 95 02 60
Euromaster Piot Pneu, 14 r. Gauthier ✆ 46 74 26 86
Pneus Plus Ouest, D. 137 ZI de l'Ormeau de Pied ✆ 46 94 08 18

STE-SABINE 21 Côte-d'Or 65 ⑱ – rattaché à Pouilly-en-Auxois.

STE-SAVINE 10 Aube 61 ⑯ – rattaché à Troyes.

Der Rote MICHELIN-Hotelführer : Main Cities EUROPE für Geschäftsreisende und Touristen.

STES-MARIES-DE-LA-MER 13460 B.-du-R. 83 ⑲ G. Provence (plan) – 2 232 h alt. 1.

Voir Église★ – Pèlerinage des Gitans★★ (24 et 25 mai).

ℹ Office de Tourisme av. Van Gogh ✆ 90 97 82 55.

Paris 764 – ◆Montpellier 61 – Aigues-Mortes 32 – Arles 38 – ◆Marseille 129 – ◆Nîmes 53 – Saint-Gilles 34.

🏨 **Galoubet** sans rest, rte Cacharel ✆ 90 97 82 17, Fax 90 97 71 20, ←, 🏊 – TV ☎ 🅿. GB. ✂
fermé 10 janv. au 15 fév. – ☕ 35 – **20 ch** 300/410.

🏨 **Mas des Rièges** 🐦 sans rest, par rte Cacharel et VO : 1 km ✆ 90 97 85 07, Fax 90 97 72 26, ←, 🏊, 🌳 – TV ☎ 🅿. AE GB. ✂
27 mars-5 nov. – ☕ 40 – **18 ch** 390/520.

🏠 **Lou Marquès** 🐦 sans rest, ✆ 90 97 82 89, Fax 90 97 72 24 – ☎. GB. ✂
15 mars-20 oct. – ☕ 26 – **14 ch** 205/245.

🏠 **Mirage** sans rest, ✆ 90 97 80 43, Fax 90 97 72 22, 🌳 – ☎. GB. ✂
27 mars-18 oct. – ☕ 25 – **27 ch** 230/250.

🏠 **Le Fangassier** sans rest, rte Cacharel ✆ 90 97 85 02 – ☎. ✂
20 mars-20 oct. – ☕ 25 – **20 ch** 215/285.

🏠 **Méditerranée** sans rest, ✆ 90 97 82 09 – ☎. ✂
fermé 11 nov. au 20 déc. et 7 janv. au 7 fév. – ☕ 26 – **14 ch** 175/280.

XXX **Brûleur de Loups,** ✆ 90 97 83 31, Fax 90 97 73 17, ← – AE ⓓ GB
13 mars-14 nov. et fermé merc. sauf en mai, août et sept. – **R** 140/238, enf. 80.

XX **Hippocampe** avec ch, ✆ 90 97 80 91, Fax 90 97 73 05, 🏡 – GB
14 mars-7 nov. et fermé mardi sauf du 7 juil. au 28 sept. – **R** 125/259 – ☕ 28 – **4 ch** 350.

X **Impérial,** ✆ 90 97 81 84, 🏡 – GB
3 avril-11 nov. et fermé mardi d'oct. à juin – **R** 108/165 🍷, enf. 60.

X **Lou Cardelino,** 25 r. F. Mistral ✆ 90 97 96 23, 🏡 – GB
fermé 22 au 27 nov., 31 janv. au 19 fév., merc. sauf le soir du 1er juil. au 30 sept. – **R** 85/185, enf. 45.

au Nord : rte Arles D 570 – ✉ 13460 Stes-Maries-de-la-Mer :

🏨 **Mas du Tadorne** Ⓜ 🐦, à 2,5 km et VO ✆ 90 97 93 11, Fax 90 97 71 04, 🏡, 🏊, 🌳 – ▤ ch TV ☎ 🅿. AE ⓓ GB. ✂ rest
fermé 7 janv. au 15 mars – **R** 180/250, enf. 80 – ☕ 65 – **11 ch** 850/1300 – ½ P 610.

🏨 **Aub. Cavalière** 🐦, à 1 km ✆ 90 97 88 88, Télex 403761, Fax 90 97 84 07, 🏡, « Cabanes de gardians dans le marais », 🏊, 🌳, 🎾 – ▤ ch TV ☎ ♿ 🅿 – 🎪 50. AE ⓓ GB JCB
R 100/280, enf. 70 – ☕ 50 – **20 ch** 850/1000, 21 bungalows – ½ P 650/725.

🏨 **Pont des Bannes,** à 1 km ✆ 90 97 81 09, Télex 403222, Fax 90 97 89 28, 🏡, « Cabanes de gardians dans les marais », 🏊, 🌳 – TV ☎ 🅿 – 🎪 25. AE ⓓ GB. ✂ rest
fermé 4 janv. au 20 mars – **R** 135/310, enf. 80 – **25 ch** ☕ 860 – ½ P 645.

Annexe Mas-Sainte-Hélène 🏨🐦, ✆ 90 97 83 29, Télex 403222, Fax 90 97 89 28, ← – TV ☎ 🅿. AE ⓓ GB. ✂ rest
fermé 4 janv. au 20 mars – **15 ch** ☕ 680 – ½ P 555.

🏨 **L'Étrier Camarguais** 🐦, à 2 km et VO ✆ 90 97 81 14, Fax 90 97 88 11, 🏡, 🏊, 🌳, 🎾 – TV ☎ 🅿. AE ⓓ GB JCB
1er avril-1er nov. – **R** *(fermé lundi hors sais.)* 200 – ☕ 50 – **27 ch** 560 – ½ P 510.

Le Boumian ⑤, à 1,5 km ✆ 90 97 81 15, Fax 90 97 89 94, ⛱, ⛱ – ☐ ☎ ℗ – 🏲 50. AE ⓓ GB
R 105/300, enf. 80 – **28 ch** ☐ 500/550 – ½ P 445/470.

Mas des Roseaux ⑤ sans rest, à 1 km ✆ 90 97 86 12, ≤, ⛱ – ☎ ℗. ✻
9 avril-30 sept. – **11 ch** ☐ 550.

Les Rizières ⑤ sans rest, ✆ 90 97 91 91, Fax 90 97 70 77, ⛱ – ☐ ☎ ℗. GB
☐ 40 – **27 ch** 450.

Pont de Gau avec ch, à 5 km ✆ 90 97 81 53, Fax 90 97 98 54, ⛱ – ☐ ☎ ℗. AE GB
fermé 4 janv. au 23 fév. – **Repas** *(fermé merc. du 20 oct. à Pâques sauf vacances scolaires)* 95/250, enf. 70 – ☐ 30 – **9 ch** 240 – ½ P 300.

rte du Bac du Sauvage NO – ✉ **13460** Stes-Maries-de-la-Mer :

Mas de la Fouque M ⑤, 4 km par D 38 et chemin privé ✆ 90 97 81 02, Fax 90 97 96 84, ≤, ⛱, parc, « Dans la Camargue », ⛱, ✻ – ☐ ☐ ☎ ℗. AE ⓓ GB
1er mars-3 nov. – **R** *(fermé mardi sauf fêtes)* 240/380 – ☐ 75 – **13 ch** 1310/1960 – ½ P 965/1295.

L'Estelle M ⑤, 4 km par D 38 ✆ 90 97 89 01, Fax 90 97 96 84, ⛱, ⛱ – ☐ ☎ ♿ ℗ – 🏲 50. AE ⓓ GB
1er mars-3 nov. – **R** *(fermé merc. sauf fêtes)* (déj. seul.) 95/125 – ☐ 55 – **17 ch** 600/640.

Clamador ⑤ sans rest, 4 km par D 38 ✆ 90 97 84 26, Fax 90 97 93 38, ≤, ⛱ – ☎ ℗. AE GB
1er avril-15 oct. – ☐ 32 – **20 ch** 342/518.

Les SAISIES **73620** Savoie 74 ⑰ **G. Alpes du Nord** – Sports d'hiver : 1 650/1 950 m ⛷24 ⛷.

Voir Signal de Bisanne ✻** O : 5 km.

Le Calgary M ⑤, ✆ 79 38 98 38, Fax 79 38 98 00, ≤, ⛱, ☐, ⛱ – |☐| ☐ ☎ ♿ ⇔ ℗. AE ⓓ GB. ✻ rest
26 juin-5 sept. et 11 déc.-25 avril – **R** 130 – ☐ 50 – **40 ch** 520/780, 4 appart. – ½ P 510/560.

Les Nantives M ⑤, ✆ 79 38 90 23, Fax 79 38 96 32, ≤, ⛱, ⛱ – ☐ ☎ ♿ ⇔ ℗ – 🏲 30
36 ch, 4 appart..

SAÏX **81** Tarn 83 ① – rattaché à Castres.

SALBRIS **41300** L.-et-Ch. 64 ⑲ **G. Châteaux de la Loire** – 6 083 h alt. 112.

⛳18 de Rivaulde ✆ 54 97 21 85, E par D 724 : 1 km.

Paris 188 – Bourges 50 – Blois 64 – Montargis 101 – ♦Orléans 64 – Vierzon 23.

Parc, 8 av. Orléans ✆ 54 97 18 53, Fax 54 97 24 34, ⛱, parc – ☐ ☎ ⇔ ℗. AE ⓓ GB
R *(fermé dim. soir et lundi de mi-janv. à fin mars)* 150/340, enf. 70 – ☐ 40 – **27 ch** 200/440 – ½ P 270/365.

Domaine de Valaudran M ⑤, SO : 1,5 km par D 724 ✆ 54 97 20 00, Fax 54 97 12 22, ⛱, parc – ⇔ ch ☐ ☎ ♿ ℗ – 🏲 25 à 60. AE ⓓ GB JCB. ✻ ch
R 135/195 – ☐ 55 – **36 ch** 390/580 – ½ P 400.

La Sauldraie, 81 av. Orléans ✆ 54 97 17 76, ⛱, parc – ☐ ☎ ℗. GB
fermé 1er au 7 mars, 13 au 19 sept. – **R** *(femé dim. soir et lundi sauf juil.-août)* 95/205 – ☐ 35 – **11 ch** 215/260.

Clé des Champs, rte Orléans ✆ 54 97 14 15 – ℗. AE GB
fermé mardi soir et merc. – **R** 65/185 ♁, enf. 45.

CITROEN Gar. Vincent, 41 bd République ✆ 54 97 16 46

PEUGEOT Gar. Deniau, 70 bd de la République, ✆ 54 97 00 42 **N** ✆ 54 97 23 97

SALERNES **83690** Var 84 ⑥ **G. Côte d'Azur** – 3 012 h.

Paris 836 – Aix-en-Provence 81 – Brignoles 32 – Draguignan 23 – Manosque 66.

Host. Allègre avec ch, ✆ 94 70 60 30, ⛱ – ☎ ⇔. GB
fermé 22 janv. à fin fév., dim. soir et lundi – **R** 70/140 ♁ – ☐ 26 – **25 ch** 150/235 – ½ P 192/215.

CITROEN Gar. Piaget, ✆ 94 70 60 44 **N** ✆ 94 70 70 53

SALERS **15410** Cantal 76 ② **G. Auvergne** (plan) – 439 h alt. 951.

Voir Grande-Place** – Église* – Esplanade de Barrouze ≤*.

Paris 519 – Aurillac 42 – Brive-la-Gaillarde 109 – Mauriac 20 – Murat 43.

Le Bailliage M ⑤, ✆ 71 40 71 95, Fax 71 40 74 90, ⛱, ⛱, ⛱ – ☐ ☎ ⇔ ℗. AE GB
fermé 15 nov. au 20 déc. – **Repas** 62/150 – ☐ 38 – **30 ch** 220/350 – ½ P 250/290.

Le Gerfaut M ⑤ sans rest, rte Puy Mary, NE : 1 km par D 680 ✆ 71 40 75 75, Fax 71 40 73 45, ≤, ⛱, ⛱ – |☐| cuisinette ☐ ☎ ♿ ℗. AE ⓓ GB
fermé 15 nov. au 15 fév. – ☐ 32 – **21 ch** 360/420.

Remparts ⑤ (annexe M ⑤ - 13 ch), ✆ 71 40 70 33, Fax 71 40 75 32, ≤ Monts du Cantal – ☐ ☎. GB
fermé 20 oct. au 20 déc. – **Repas** 65/130, enf. 40 – ☐ 30 – **31 ch** 260/310 – ½ P 230/275.

Les Templiers, r. Couvent ✆ 71 40 71 35, Fax 71 40 73 45 – AE ⓓ GB
fermé 15 nov. au 15 fév. – **R** 61/130 ♁, enf. 38.

au Theil SO : 6 km par D 35 et D 37 – ✉ **15140** St-Martin-Valmeroux :

Host. de la Maronne Ⓜ, ✆ 71 69 20 33, Fax 71 69 28 22, ≤, « Jardin fleuri », – rest ☎ ⓟ. GB. rest
3 avril-5 nov. – **R** (fermé le midi sauf dim.) 190/320 – ☕ 50 – **25 ch** 350/550 – ½ P 415/465.

CITROEN Gar. Moderne ✆ 71 40 70 80 N RENAULT Gar. Roux ✆ 71 40 72 04 N

SALES **74** H.-Savoie 74 ⑤ – rattaché à Rumilly.

SALÈVE (Mont) ★★ **74** H.-Savoie 74 ⑥ G. Alpes du Nord – alt. 1 380 au Grand Piton, 1 184 à la table d'orientation des Treize Arbres ★★ (13 km SO d'Annemasse par ④, D 41 puis 15 mn).
Paris 540 – Annecy 31 – Thonon-les-Bains 45 – Bellegarde-sur-Valserine 46 – Bonneville 34.

Dusonchet, à la Croisette - Alt. 1 176 ✉ 74560 Monnetier-Mornex ✆ 50 94 52 04, ≤, – ☎ ⓟ. GB.
fermé 25 oct. au 10 déc. et merc. – **R** *(fermé dim. soir)* 75/140 – ☕ 30 – **10 ch** 200/300 – ½ P 230/240.

SALIES-DE-BÉARN **64270** Pyr.-Atl. 78 ⑧ G. Pyrénées Aquitaine – 4 974 h alt. 45 – Stat. therm. (fév.-déc.).

d'Hélios ✆ 59 38 37 59, 2 km par ① rte d'Orthez.

Office de Tourisme 1 bd St-Guily ✆ 59 38 00 33.

Paris 770 ① – Pau 62 ① – ♦Bayonne 57 ① – Dax 36 ① – Orthez 15 ① – Peyrehorade 19 ③.

SALIES-DE-BÉARN

Coustère (R. Élysée) 4
Jardin-Public (Cours du) 8
Jeanne d'Albret (Pl.) 10
St-Vincent (R.) 24

Bains (R. des) 2
Bignot (Pl. du) 3
Docteurs-Foix (Av. des) 5
Gare (Av. de la) 7
Lanabère (Bd du Gén.) 15
Leclerc (Av. du Mar.) 16
Martinàa (R.) 18
Pécaut (Av. Félix) 19
Pyrénées (Av. des) 21
St-Martin (R.) 23
Tannerie (R. de la) 26
Temple (Pl. du) 27
Toulet (R. Paul-Jean) 28

Pour aller loin rapidement, utilisez les cartes Michelin des pays d'Europe à 1/1 000 000.

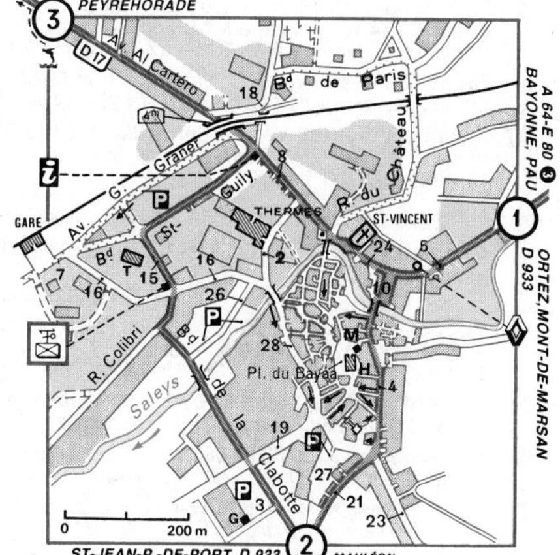

du Golf Ⓜ sans rest, par ① : 1 km ✆ 59 65 02 10, Fax 59 38 05 84, – ☎ ⓟ. GB
avril-fin sept. – ☕ 35 – **33 ch** 250/300.

à Castagnède par ③, D 17, D 27 et VO : 8 km – ✉ **64270** :

La Belle Auberge avec ch, ✆ 59 38 15 28, – ☎ ⓟ. GB
fermé mi-déc. à fin janv. – **R** *(fermé dim. soir sauf juil.-août)* 55/95 – ☕ 22 – **8 ch** 160/190 – P 230.

RENAULT Gar. Hourdebaigt ✆ 59 38 06 19 N

SALIGNAC-EYVIGUES **24590** Dordogne 75 ⑰ G. Périgord Quercy – 964 h alt. 299.
Paris 520 – Brive-la-Gaillarde 35 – Sarlat-la-Canéda 17 – Cahors 81 – Périgueux 68.

La Terrasse, ✆ 53 28 80 38, Fax 53 28 99 67 – ☎. GB
4 avril-15 oct. – **R** *(fermé sam. midi hors sais.)* 80/200, enf. 50 – ☕ 36 – **15 ch** 220/360 – ½ P 260/270.

NO : 2,5 km par D 62^B et VO – ✉ **24590** Salignac-Eyvigues :

La Meynardie, ✆ 53 28 85 98, Fax 53 28 82 79, – ⓟ. GB
fermé 12 nov. au 16 déc., 15 janv. au 24 fév., lundi midi en juil.-août et merc. de sept. à juin – **Repas** 98/250, enf. 75.

SALINS D'HYÈRES **83** Var 84 ⑯ – rattaché à Hyères.

SALINS-LES-BAINS 39110 Jura 70 ⑤ G. Jura (plan) – 3 629 h alt. 331 – Stat. therm. (6 avril-28 nov.) – Casino.

Voir Site* – Fort Belin* – Fort St-André* O : 4 km par D 94.

Syndicat d'Initiative pl. Salines 84 73 01 34.

Paris 408 – ◆Besançon 42 – Dole 44 – Lons-le-Saunier 52 – Poligny 24 – Pontarlier 44.

Gd H. des Bains sans rest, pl. Alliés 84 37 90 50, Fax 84 37 96 80 – 40. AE GB
fermé 4 au 25 janv. et dim. soir d'oct. à avril – 34 – **31 ch** 230/385.

XX **Rest. des Bains,** pl. des Alliés 84 73 07 54, Fax 84 37 99 43 – AE GB
fermé lundi sauf juil.-août – **R** 96/270, enf. 40.

CITROEN-FORD Gar. Salinois 84 73 08 63 N
PEUGEOT-TALBOT Vurpillot 84 73 05 45 N
RENAULT Gar. Vieille-Girardet 84 73 11 56

SALLANCHES 74700 H.-Savoie 74 ⑧ G. Alpes du Nord – 12 767 h alt. 554.

Voir ** sur le Mt-Blanc – Chapelle de Médonnet : ** – Cascade d'Arpenaz* N : 5 km.

Office de Tourisme 31 quai Hôtel de Ville 50 58 04 25.

Paris 586 – Chamonix-Mont-Blanc 26 – Annecy 69 – Bonneville 29 – Megève 10 – Morzine 43.

Host. Prés du Rosay (Perrin) M, rte du Rosay 50 58 06 15, Fax 50 58 48 70, – 25. AE GB JCB. rest
R *(fermé dim. soir sauf du 10 juil. au 20 août)* 180/400 et carte 260 à 430 – 65 – **15 ch** 380/480 – ½ P 430
Spéc. Duo de foie gras de canard. Omble-chevalier (saison). Grand dessert. Vins Bugey, Mondeuse.

La Crémaillère M, 1,5 km par ancienne rte Combloux 50 58 32 50, Télex 385398, Fax 50 93 74 16, chaîne Mt-Blanc, – 25 à 50. AE GB JCB
fermé 1er au 8 janv. – **R** 98/275 – 45 – **43 ch** 305/450 – ½ P 320/350.

Mont-Blanc sans rest, 8 r. Mont Blanc 50 58 12 47, – AE GB JCB
fermé 2 au 16 mai et 2 au 18 oct. – 27 – **24 ch** 125/255.

XXX **Bernard Villemot,** 57 r. Dr Berthollet 50 93 74 82 – AE GB
fermé 5 au 19 nov., 7 au 28 janv., dim. soir et lundi – **R** (dîner seul. du 15 juin au 15 sept.) 150/260, enf. 70.

à **Cordon** SO : 4 km par D 113 – alt. 871 – Sports d'hiver : 1 050/1 600 m 6 – 74700 :

Chamois d'Or, 50 58 05 16, Fax 50 93 72 96, chaîne Mt-Blanc, – 25. AE GB
1er juin-15 sept. et 20 déc.-15 avril – **R** 135/280 – 50 – **32 ch** 380/600 – ½ P 350/500.

Roches Fleuries, 50 58 06 71, Fax 50 47 82 30, chaîne Mt-Blanc, – AE GB. rest
1er mai-fin sept. et 20 déc.-15 avril – **R** 130/265 – 50 – **28 ch** 360/600 – ½ P 400/475.

Le Cordonant M, 50 58 34 56, chaîne Mt-Blanc, – GB. rest
17 mai-26 sept. et 20 déc.-1er mai – **Repas** 102/165 – 38 – **16 ch** 285/320 – ½ P 310/340.

Solneige, 50 58 04 06, chaîne Mt-Blanc, – GB
fermé 20 sept. au 20 déc. – **R** 90/140 – 28 – **29 ch** 222/264 – ½ P 228/235.

Les Rhodos, 50 58 13 54, Fax 50 58 57 23, chaîne Mt-Blanc – GB. rest
1er juin-20 sept. et 20 déc.-20 avril – **R** 72/140 – 33 – **30 ch** 200/240 – ½ P 220/250.

Le Perron, 50 58 11 18, Mt-Blanc – GB. rest
R 90/200 – 30 – **14 ch** 280/320 – ½ P 280/320.

Le Planet, 50 58 04 91, chaîne Mt-Blanc, – AE GB
20 déc.-25 avril et 20 mai-30 sept. – **R** 85/125 – 30 – **35 ch** 200/220 – ½ P 215/240.

Quatre Saisons, 50 58 04 40, – GB. rest
fermé 20 oct. au 20 déc. – **R** 72/120 – 28 – **15 ch** 190/240 – ½ P 215/240.

CITROEN Gar. Greffoz, 1 222 av. de Genève 50 58 20 49
FIAT Gar. St-Martin, rte de Passy, St-Martin-sur-Arve 50 58 41 88
FORD Gar. des Alpes, av. A.-Lasquin 50 58 14 44
PEUGEOT Lemuet, 1501 rte du Fayet 50 58 24 75
RENAULT Alpautomobiles, 2 374 av. de Genève 50 93 71 62 N 05 05 15 15
V.A.G MERCEDES-BENZ Gar. des Fontanets, 850 rte de Chamonix 50 58 36 44 N 50 58 76 22

Dhoomun Centre du Pneu, ZI sortie autoroute 50 58 47 45

SALLES-ARBUISSONNAS-EN-BEAUJOLAIS 69 Rhône 73 ⑨ G. Vallée du Rhône – 507 h alt. 343 – 69460 Salles Arbuissonnas.

Paris 428 – Mâcon 38 – Bourg-en-Bresse 50 – Chauffailles 46 – ◆Lyon 42 – Villefranche-sur-Saône 11.

Host. St-Vincent, 74 67 55 50, Fax 74 67 58 86, – 100. GB
fermé 1er au 10 janv., dim. soir et lundi de nov. à mars – **R** 130/270, enf. 60 – 35 – **16 ch** 260/400 – ½ P 325.

X **La Benoite,** 74 67 52 93, – GB
fermé 26 juil. au 14 août, 20 fév. au 10 mars, mardi soir et merc. – **R** 58/160, enf. 50.

CITROEN Gar. du Chapitre, à Fond-de-Salles 74 67 54 09

SALLES-CURAN **12410** Aveyron 80 ⑬ – 1 277 h alt. 833.

Paris 653 – Rodez 38 – Albi 77 – Millau 37 – St-Affrique 41.

✿ **Host. du Lévézou** (Bouviala) ⛰, ☎ 65 46 34 16, Fax 65 46 01 19, ☂, Demeure du 14e siècle, ☂ – ☎ Ⓟ. AE ① GB
Pâques-mi-oct. et fermé dim. soir et lundi sauf de fin juin au 10 sept. – **R** (dim.et fêtes prévenir) 130/350 et carte 185 à 340 – ☕ 35 – **20 ch** 120/325 – ½ P 250/320
Spéc. Toast de foie de canard aux baies sauvages. Feuilleté de ris d'agneau aux morilles. Râble de lapereau grillé sur la braise. **Vins** Faugères, Cahors.

Les SALLES-SUR-VERDON **83630** Var 84 ⑥ G. Alpes du Sud – 154 h alt. 503.

Paris 786 – Digne-les-Bains 58 – Brignoles 54 – Draguignan 48 – Manosque 59 – Moustiers-Ste-Marie 13.

Aub. des Salles ⛰, ☎ 94 70 20 04, Fax 94 70 21 78, ≤, ☂ – ☎ Ⓟ. GB
15 mars-15 nov. et fermé mardi hors sais. – **R** 90/215, enf. 40 – ☕ 30 – **22 ch** 240/300 – ½ P 265/295.

Le Verdon sans rest, ☎ 94 70 20 02, Fax 94 84 23 00, ≤ – ☎. GB. ✗
1er mars-30 nov. – ☕ 30 – **19 ch** 260/370.

SALMIECH **12120** Aveyron 80 ⑫ – 671 h alt. 605.

Paris 655 – Rodez 23 – Albi 65 – Millau 69.

du Céor, ☎ 65 46 70 13, ☂, ☂ – GB JCB
ouvert 1er mars-15 oct., vacances de nov., de Noël, de fév., et fermé lundi – **R** 55/185 ♂ – ☕ 20 – **29 ch** 130/175 – ½ P 160/210.

SALON-DE-PROVENCE **13300** B.-du-R. 84 ② G. Provence – 34 054 h alt. 82.

Voir Château de l'Empéri : musée** BYZ.

Env. Table d'orientation de Lançon ≤** 12 km par ② puis 15 mn.

Office de Tourisme avec A.C. 56 cours Gimon ☎ 90 56 27 60.

Paris 723 ① – Marseille 50 ② – Aix-en-Pr. 37 ② – Arles 39 ③ – Avignon 46 ① – Nîmes 70 ③.

SALON-DE-PROVENCE

Carnot (Cours) .... AY 4
Crousillat (Pl.) .... BY 12
Frères-Kennedy (R. des) .... AY
Gimon (Cours) .... BZ
Victor-Hugo (Cours) .... BY 38

Ancienne Halle (Pl.) .... BY 2
Capucins (Bd des) ...... BZ 3
Centuries (Pl. des) ...... BY 6
Clemenceau (Bd Georges) .... AY 7
Coren (Bd Léopold) .... AY 8
Craponne (Allées de) .... BZ 10
Farreyroux (Pl.) .... BZ 13
Ferrage (Pl. de la) ...... BZ 14
Fileuses-de-Soie (R. des) .... AY 15
Gambetta (Pl.) .... BZ 18
Horloge (R. de l') ...... BY 20
Ledru-Rollin (Bd) ...... AY 22
Massenet (R.) .... AY 23
Médicis (Pl. C. de) ...... BZ 24
Mistral (Bd Frédéric) .... BY 26
Moulin d'Isnard (R.) .... BY 27
Nostradamus (Bd) ...... AY 28
Pasquet (Bd Louis) ..... BZ 30
Pelletan (Cours Camille) ...... AY 32
République (Bd de la) .... AY 33
Raynaud-d'Ursule (R.) ... BZ 34
St-Laurent (Square) .... BY 35
St-Michel (R.) .... BY 36

Midi, 518 allées Craponne par ② ☎ 90 53 34 67, Fax 90 53 37 41 – |‡| ▤ rest TV ☎ Ⓟ. AE GB
R 68/95 ♂ – ☕ 33 – **27 ch** 220/280.

Angleterre sans rest, 98 cours Carnot ☎ 90 56 01 10, Fax 90 56 71 75 – TV ☎ – 🏊 50. AE GB JCB
☕ 28 – **28 ch** 190/280. AY **b**

Vendôme sans rest, 34 r. Mar. Joffre ✆ 90 56 01 96 – ☎. AE ⓓ GB JCB. ※ BY **v**
▭ 28 – **23 ch** 145/260.

Sélect sans rest, 35 r. Suffren ✆ 90 56 07 17, Fax 90 56 42 48 – TV ☎. GB. ※
▭ 25 – **18 ch** 170/220. AY **s**

XXX **Le Mas du Soleil** M avec ch, 38 chemin St-Côme ✆ 90 56 06 53, Fax 90 56 21 52, « Bel aménagement intérieur », – ▤ TV ☎ ♿ P. AE ⓓ GB
R *(fermé dim. soir et lundi)* 190/420 – ▭ 50 – **10 ch** 480/850 – ½ P 550/700.

XX **Craponne,** 146 allées Craponne ✆ 90 53 23 92, – GB BZ **m**
fermé 11 au 31 juil., 24 déc. au 4 janv., merc. soir, dim. soir et lundi – **R** 89/180.

au NE :5 km par D 17 BY puis D 16 – ✉ **13300** Salon-de-Provence :

✿ **Abbaye de Sainte-Croix**, ✆ 90 56 24 55, Fax 90 56 31 12, ←, parc, – TV ☎ P – 30 à 150. AE ⓓ GB JCB. ※ rest
1ᵉʳ mars-1ᵉʳ nov. – **R** *(fermé lundi midi)* 220/520 et carte 320 à 480, enf. 130 – ▭ 95 – **19 ch** 550/1080, 5 appart. – ½ P 730/980
Spéc. Escalope de foie gras grillée. Sabodet de lotte du fumoir et lentilles blondes. Poitrine de pigeonneau rôti en paillasson. **Vins** Coteaux d'Aix-en-Provence, Bandol.

rte de Pélissanne :SE : 2 km par ② – ✉ **13300** Salon-de-Provence :

Ibis M, ✆ 90 42 23 57, Télex 441591, Fax 90 42 10 17, – ▤ rest TV ☎ ♿ P – 30. AE GB
R 85 ♨, enf. 39 – ▭ 33 – **60 ch** 280/310.

Campanile, ✆ 90 42 14 14, Télex 403503, Fax 90 53 51 26, – ▤ rest TV ☎ ♿ P – 25
50 ch.

à la Barben SE : 8 km par ②, D 572 et D 22E – ✉ **13330** :

XX **La Touloubre** avec ch, ✆ 90 55 16 85, Fax 90 55 17 99, – ☎ P. GB
fermé 15 au 30 nov., vacances de fév., dim. soir et lundi – **R** 120/240, enf. 65 – ▭ 30 – **7 ch** 240 – ½ P 300.

sur Autoroute A7 - Aire de Lançon SE : 11 km par ② – ✉ **13680** Lançon :

Mercure M, ✆ 90 42 87 11, Télex 440183, Fax 90 42 88 71, – ch ▤ ch TV ☎ ♿ P – 50. AE ⓓ GB
R carte environ 150 ♨, enf. 45 – ▭ 50 – **98 ch** 315/515.

au SO :5 km par ②, N 113 et D 19 – ✉ **13250** Cornillon :

Devem de Mirapier M, ✆ 90 55 99 22, Fax 90 55 86 14, ←, parc, – ▤ rest TV ☎ ♿ P – 25 à 50. AE ⓓ GB. ※ rest
fermé 15 déc. au 15 janv. et week-ends d'oct. à mars – **R** 135/195, enf. 90 – ▭ 50 – **16 ch** 450/620 – ½ P 550.

ALFA ROMEO HONDA A B Autom., Parc d'Activités Quintin la Gandonne ✆ 90 42 38 00
CITROEN Gar. Chabert, 306 av. Michelet par ③ ✆ 90 42 39 39
FORD Ets Cardona, rte de Miramas, quart. des Aires de la Dime ✆ 90 42 17 80
PEUGEOT Blanc Frères, rte de Miramas par ③ ✆ 90 56 23 71

Ⓜ Bues-Pneus, quartier Crau-Sud déviation N 113 ✆ 90 53 30 40
Euromaster Omnica, bd Roi-René ✆ 90 53 15 75
Pyrame, 411 bd Roi-René ✆ 90 53 30 38

Les SALVAGES 81 Tarn 83 ① – rattaché à Castres.

SALVAGNY 74 H.-Savoie 74 ⑧ – rattaché à Samoëns.

Le SAMBUC 13 B.-du-R. 83 ⑩ – alt. 2 – ✉ **13200** Arles.
Paris 763 – Arles 24 – ♦Marseille 90 – Stes Maries-de-la-Mer 49.

Longo Maï, ✆ 90 97 21 91, – cuisinette ☎. GB
fermé fév. et le midi sauf sam. et dim. – **R** 95/115 ♨, enf. 50 – ▭ 34 – **16 ch** 233/362 – ½ P 240/323.

SAMOËNS 74340 H.-Savoie 74 ⑧ G. Alpes du Nord – 2 148 h alt. 720 – Sports d'hiver : 800/2 500 m 2 15.

Voir Place du Gros Tilleul★ – Jardin alpin Jaysinia★.

Env. La Rosière ←★★ N : 6 km – Cascade du Rouget★★ S : 10 km – Cirque du Fer à Cheval★★ E : 13 km.

Office de Tourisme ✆ 50 34 40 28, Télex 385924, Fax 50 34 95 82.

Paris 584 – Chamonix-Mont-Blanc 61 – Thonon-les-Bains 59 – Annecy 71 – Bonneville 30 – Cluses 21 – ♦Genève 55 – Megève 46 – Morzine 29.

Neige et Roc, ✆ 50 34 40 72, Fax 50 34 14 48, ←, – cuisinette TV ☎ P – 25. GB. ※ rest
1ᵉʳ juin-25 sept. et 20 déc.-15 avril – **R** 120/220 – ▭ 40 – **32 ch** 440, 18 studios – ½ P 295/390.

Les Glaciers, ✆ 50 34 40 06, Fax 50 34 16 75, – TV ☎ P. AE ⓓ GB
15 juin-15 sept. et 26 déc.-10 avril – **R** 100/140, enf. 60 – ▭ 40 – **50 ch** 400 – ½ P 340.

Gai Soleil, ℘ 50 34 40 74, Fax 50 34 10 78, <, ☂, 🏋, 🏊, ⛱ – 🛗 cuisinette ☎ 🅟. GB. ❀ rest
12 juin-12 sept. et 18 déc.-15 avril – **R** 75/175 🍷 – ☕ 36 – **24 ch** 290/330 – ½ P 300.

Edelweiss 🐦, NO : 1,5 km par rte Planpraz ℘ 50 34 41 32, Fax 50 34 18 75, < montagnes, ☂ – ☎ 🅟. GB. ❀ rest
12 juin-12 sept. et 19 déc.-15 avril – **R** 100/200 – ☕ 35 – **20 ch** 220/300 – ½ P 300.

La Licorne, E : 1 km par rte d'été du col de Joux Plane ℘ 50 34 98 80 – GB JCB
R 120/180.

à Morillon O : 4,5 km – ✉ **74440** :

Le Sauvageon 🐦, SE : 1,5 km par D 255 et VO ℘ 50 90 10 25, Fax 50 90 13 08, <, ☂, ⛱, 🎾 – ☎ 🅟. GB. ❀ rest
fermé 15 oct. au 1er déc. – **R** *(fermé dim. soir et lundi hors sais.)* 95/180 – ☕ 30 – **20 ch** 150/275 – ½ P 250/280.

Morillon, ℘ 50 90 10 32, Fax 50 90 70 08, <, 🏊 (été), ⛱ – ☎ 🅟. AE ⓓ GB. ❀
15 juin-15 sept. et 20 déc.-10 avril – **R** 80/120 – ☕ 35 – **25 ch** 380 – ½ P 320.

à Verchaix O : 6 km par D 907 – ✉ **74440** :

Chalet Fleuri 🐦, au village ℘ 50 90 10 11, <, ⛱ – ❀ rest
1er juin-30 sept. et 20 déc.-30 avril – **R** 81/108 – ☕ 28 – **30 ch** 135/180 – ½ P 185/195.

Rouge Gorge, D 907 ℘ 50 90 16 77 – GB JCB
fermé 15 au 30 juin, 15 au 30 nov., dim. soir et lundi – **Repas** 98/200, enf. 52.

à Salvagny SE : 9 km par D 907 et D 29 – ✉ **74740** Sixt-Fer-à-Cheval :

Le Petit Tetras 🐦, ℘ 50 34 42 51, Fax 50 34 12 02, <, ☂, 🏊, ⛱ – ☎ 🅟. ⓓ GB. ❀ rest
1er mai-18 sept. et 19 déc.-30 mars – **R** 85/185, enf. 55 – ☕ 38 – **26 ch** 220/320 – ½ P 320.

CITROEN Gar. Central ℘ 50 34 43 82 N

SAMOIS-SUR-SEINE

SAMOIS-SUR-SEINE 77920 S.-et-M. 61 ② 106 ㊻ G. Ile de France – 1 916 h alt. 84.

Voir Ensemble★ (quai, île du Berceau) – Tour Dénecourt ❋★ SO : 5 km.

Paris 63 – Fontainebleau 9 – Melun 14 – Montereau-Faut-Yonne 21.

Host. Country Club 🐦, quai F.-D. Roosevelt ℘ (1) 64 24 60 34, Fax (1) 64 24 80 76, <, ☂, 🎾 – TV ☎ 🅟 – 🏛 30. GB. ❀ ch
1er mars-11 nov. – **R** 105/195, enf. 50 – ☕ 35 – **15 ch** 300/360 – ½ P 250/305.

Maison de Champgosier, à Samois-le-haut ℘ (1) 64 24 60 71, Fax (1) 64 24 80 93, ☂, ⛱ – AE GB
fermé 16 au 20 août, 24 janv. au 17 fév., lundi soir et mardi – **R** 150 (sauf week-ends)/260.

Le Surcouf, ℘ (1) 64 24 60 47, ☂ – AE ⓓ GB
fermé 1er au 15 fév., dim. soir et lundi d'oct. à mars – **R** 145.

SAMOUSSY 02 Aisne 56 ⑤ – rattaché à Laon.

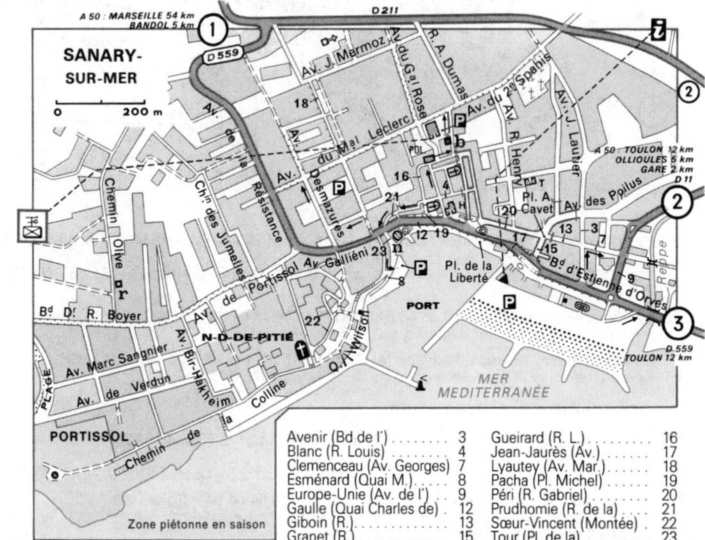

SANARY-SUR-MER 83110 Var 84 ⑭ G. Côte d'Azur – 14 730 h alt. 20.

Voir Chapelle N.-D.-de-Pitié ←★ – Site★ de N.-D.-de-Pépiole 5 km par ③.

☐ Maison du Tourisme Jardins de la Ville ✆ 94 74 01 04.

Paris 827 ① – ♦Toulon 12 ② – Aix-en-Provence 70 ① – La Ciotat 29 ① – ♦Marseille 54 ①.

Plan page précédente

Tour, quai Gén. de Gaulle **(n)** ✆ 94 74 10 10, Fax 94 74 69 49, ←, – TV ☎. AE ① GB
R *(fermé 30 nov. au 8 janv. et mardi hors sais.)* 120/230 – ☐ 35 – **26 ch** 300/420 – ½ P 300/350.

Synaya ⛰, chemin Olive **(r)** ✆ 94 74 10 50, – ☎ P. GB. ✻ rest
1er avril-31 oct. – **R** (résidents seul.) 75 – ☐ 30 – **11 ch** 190/260 – ½ P 200/240.

XX **Relais de la Poste,** pl. Poste **(b)** ✆ 94 74 22 20 – AE GB
fermé 5 au 20 janv., dim. soir et lundi – **R** 128/250, enf. 80.

SANCERRE 18300 Cher 65 ⑫ G. Berry Limousin – 2 059 h alt. 312.

Voir Site★ – Esplanade de la porte César ←★★ – Tour des Fiefs ✻★ – Carrefour D 923 et D 7 ←★★ O : 4 km.

18 du Sancerrois ✆ 48 54 11 22 par ① puis D 955 : 4 km.

☐ Syndicat d'Initiative à l'Hôtel de Ville ✆ 48 54 00 26 et Nouvelle Place (juin-sept.) ✆ 48 54 08 21.

Paris 197 ① – Bourges 47 ③ – La Charité-sur-Loire 28 ② – Salbris 70 ③ – Vierzon 66 ③.

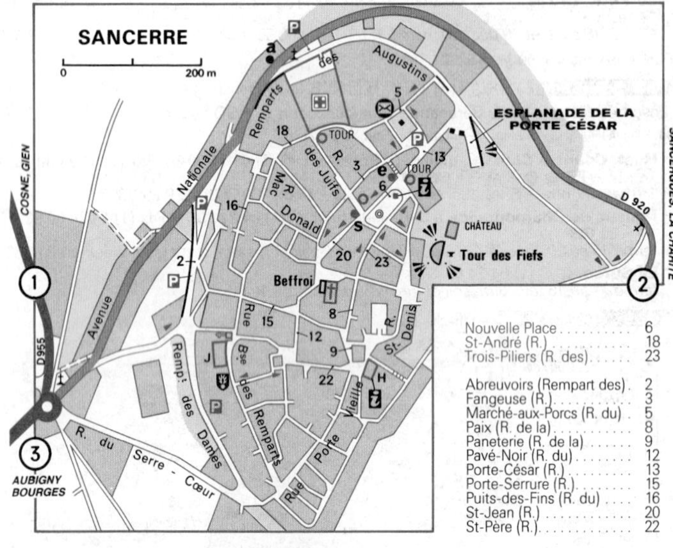

Panoramic M, rempart des Augustins **(a)** ✆ 48 54 22 44, Télex 783433, Fax 48 54 39 55, ←, – rest TV ☎ ♿ – 80. AE GB
Tasse d'Argent ✆ 48 54 01 44 *(fermé janv.)* **R** 90/270, enf. 48 – ☐ 33 – **55 ch** 280/330 – ½ P 275/375.

XXX **La Tour,** Nouvelle Place **(e)** ✆ 48 54 00 81, Fax 48 78 01 54 – AE GB
fermé mardi sauf juil.-août et lundi soir – **R** 110/170, enf. 65.

X **La Moussière,** 13 Nouvelle Place **(s)** ✆ 48 54 15 01, Fax 48 54 07 62 – ☐. GB
fermé 20 déc. au 20 janv., mardi midi et lundi – **Repas** 75/140.

à St-Satur par ① : 3 km – ✉ **18300** :

Verger Fleuri ⛰, 22 r. Basse des Moulins ✆ 48 54 31 82, Fax 48 54 38 42, – TV ☎ P. AE GB
fermé 15 déc. au 15 janv. – **R** *(fermé lundi)* 72/180 – ☐ 32 – **12 ch** 240/280 – ½ P 190/210.

Le Laurier, 29 r. Commerce ✆ 48 54 17 20, Fax 48 54 04 54 – TV ☎. GB
fermé 15 au 30 nov., 7 au 28 fév., dim. soir et lundi sauf juil.-août – **R** 70/250, enf. 50 – ☐ 30 – **8 ch** 100/280 – ½ P 150/205.

à St-Thibault par ① et D 4 : 4 km – ✉ **18300** Sancerre :

XX **L'Étoile,** quai Loire ✆ 48 54 12 15, ≤, 🍽 – 🅟
10 mars-15 nov. et fermé merc. sauf juil.-août – **R** 105/320.

CITROEN Gar. Declomesnil, à St-Satur par ① ✆ 48 54 11 34
PEUGEOT-TALBOT Gar. Cotat-Mulhausen, 1 av. de Verdun par ③ ✆ 48 54 00 62
RENAULT Bonlieu, rte de Bourges par ③ ✆ 48 54 12 82 🅽 ✆ 48 54 32 91
RENAULT Gar. Pinglot, à St-Satur par ① ✆ 48 54 11 59

SANCOINS **18600** Cher 69 ③ G. Berry Limousin – 3 634 h alt. 206.

Syndicat d'Initiative r. M.-Lucas (juin-sept.) ✆ 48 74 65 85.

Paris 297 – Bourges 53 – Moulins 48 – Montluçon 69 – Nevers 32 – St-Amand-Montrond 38.

Parc ⛰ sans rest, r. M. Audoux ✆ 48 74 56 60, Fax 48 74 61 30 – ☎ 🚗 🅟. ✗
fermé 2 au 16 janv. – ☕ 24 – **11 ch** 170/230.

CITROEN Central Gar., Les Cachons, RN 76 ✆ 48 74 50 42 🅽

SANCY (Puy de) **63** P.-de-D. 73 ⑬ – voir ressources hôtelières au **Mont-Dore.**

SAND **67230** B.-Rhin 62 ⑩ – 941 h alt. 143.

Paris 502 – ♦Strasbourg 29 – Barr 13 – Erstein 7,5 – Molsheim 25 – Obernai 14 – Sélestat 20.

Host. La Charrue ⛰, ✆ 88 74 42 66, Fax 88 74 12 02 – 📺 ☎ 🅟. AE GB. ✗
fermé 20 au 28 juin, 20 au 27 déc. et dim. soir – **R** *(fermé lundi)* 95/160 🍷 – ☕ 35 – **26 ch** 250 – ½ P 240.

SANDARVILLE **28** E.-et-L. – rattaché à Bailleau-le-Pin.

SAN-PEIRE-SUR-MER **83** Var 84 ⑰ ⑱ – rattaché aux Issambres.

SANTA-COLOMA 86 ⑭ – voir à Andorre (Principauté d').

SANTENAY **41190** L.-et-Ch. 64 ⑥ – 229 h alt. 115.

Paris 199 – ♦Tours 43 – Amboise 24 – Blois 17 – Château-Renault 17 – Herbault 5 – Vendôme 32.

Union, ✆ 54 46 11 03 – 🅟. GB. ✗
fermé fév., dim. soir et lundi – **R** 60/220 🍷 – ☕ 28 – **6 ch** 180/200 – ½ P 220/240.

SANT-JULIA-DE-LORIA 86 ⑭ – voir à Andorre (Principauté d').

Le SAPPEY-EN-CHARTREUSE **38700** Isère 77 ⑤ G. Alpes du Nord – 762 h alt. 940 – Sports d'hiver au Sappey et au Col de Porte : 1 000/1 700 m ⛷ 12 ⛷.

Env. Charmant Som ✲★★★ NO : 9 km puis 1 h.

Paris 584 – ♦Grenoble 13 – Chambéry 52 – St-Pierre-de-Chartreuse 14 – Voiron 38.

Skieurs ⛰, ✆ 76 88 80 15, Fax 76 88 85 76, ≤, 🍽, 🏊, 🌳 – 📺 ☎ 🅟 – 🏛 50. GB
fermé avril et 1er nov. au 21 déc. – **R** *(fermé dim. soir et lundi sauf vacances scolaires)* 120/260 – ☕ 40 – **18 ch** 200/310.

XX **Le Pudding,** ✆ 76 88 80 26, Fax 76 88 84 66, 🍽 – GB. ✗
fermé 5 au 28 janv., dim. soir et lundi – **Repas** 130/300, enf. 65.

SARCEY **69490** Rhône 73 ⑨ – 690 h alt. 358.

Paris 458 – Roanne 53 – ♦Lyon 33 – Tarare 12 – Villefranche-sur-Saône 22.

Chatard M ⛰, ✆ 74 26 85 85, Fax 74 26 89 99, 🍽, 🏊, 🌳, 🎾 – 📺 ☎ ♿ 🅟 – 🏛 30. GB
R *(fermé 2 janv. au 1er fév.)* 140/200, enf. 50 – ☕ 40 – **38 ch** 200/300 – ½ P 225/240.

SARE **64310** Pyr.-Atl. 85 ② G. Pyrénées Aquitaine – 2 054 h alt. 70.

Paris 799 – Biarritz 25 – Cambo-les-Bains 19 – Pau 134 – St-Jean-de-Luz 13 – St-Pée-sur-Nivelle 8.

Arraya, ✆ 59 54 20 46, Fax 59 54 27 04, 🍽, « Cadre rustique basque, jardin » – 📺 ☎ 🅟. AE GB. ✗ ch
1er mai-8 nov. – **R** 130/220, enf. 55 – ☕ 50 – **20 ch** 385/530 – ½ P 415/475.

Pikassaria ⛰, S : 2 km par VO ✆ 59 54 21 51, Fax 59 54 27 40, ≤, 🌳 – ☎ ♿ 🅟. GB
20 mars-17 nov. et fermé merc. d'oct. à juin – **R** 88/162, enf. 62 – ☕ 30 – **36 ch** 200/260 – ½ P 210.

SARLAT-LA-CANÉDA ⟨SP⟩ **24200** Dordogne 75 ⑰ G. Périgord Quercy – 9 909 h alt. 145.

Voir Vieux Sarlat★★ : place des Oies★ Y, rue des Consuls★ Y, hôtel Plamon★ Y **E**, hôtel de Malleville★ Y **B**, maison de La Boétie★ Z **D** – Musée-aquarium★ Y **M**[1].

Env. Décor★ et mobilier★ du château de Puymartin NO : 7 km par ④.

⛳9 de Rochebois à Vitrac ✆ 53 28 18 01, par ③ : 6 km.

Office de Tourisme pl. Liberté ✆ 53 59 27 67 et av. Gén.-de-Gaulle (juil.-août) ✆ 53 59 18 87.

Paris 522 ① – Brive-la-Gaillarde 52 ① – Bergerac 74 ③ – Cahors 62 ③ – Périgueux 66 ④.

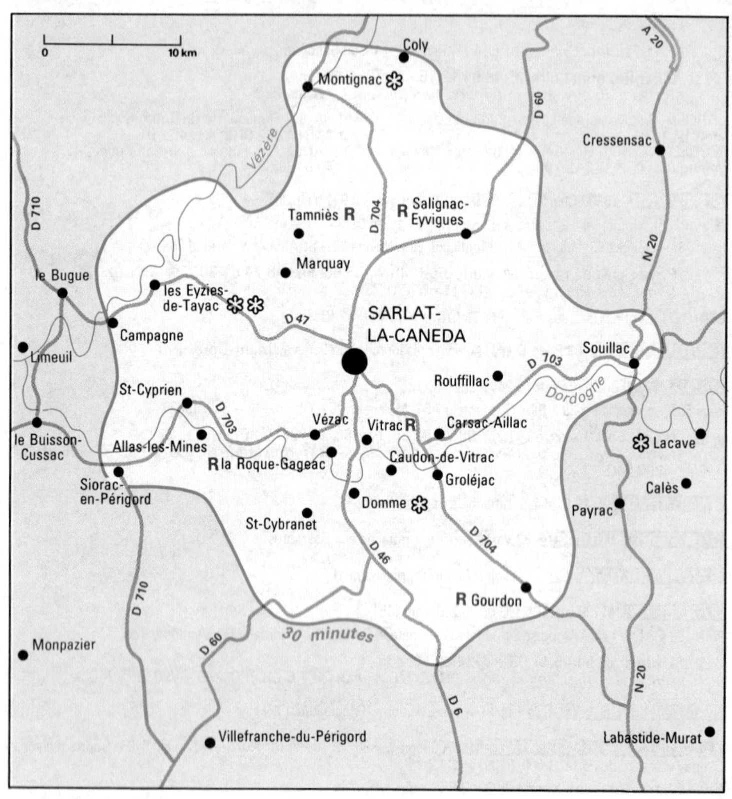

de Selves [M] sans rest, 21 av. de Selves ✆ 53 31 50 00, Fax 53 31 23 52, [pool], [garden] – [lift] [air-cond.] [TV] ☎ ♿ [P] – [conf.] 30. AE GB — Y **v**
fermé 12 janv. au 12 fév. – ☕ 40 – **40 ch** 350/460.

La Madeleine, 1 pl. Petite Rigaudie ✆ 53 59 10 41, Fax 53 31 03 62, [terrace] – [lift] [air-cond.] ch [TV] ☎ [garage]. AE ⓓ GB — Y **e**
hôtel : 13 mars-14 nov. ; rest. : 2 avril-14 nov. et fermé lundi midi – **R** 130/295, enf. 65 – ☕ 41 – **19 ch** 322/400 – ½ P 380/458.

St Albert et Montaigne (annexe [M]), pl. Pasteur ✆ 53 31 55 55, Fax 53 59 19 99 – [lift] [air-cond.] rest [TV] ☎ – [conf.] 25. AE ⓓ GB. [no dogs] ch — Z **n**
fermé lundi (sauf hôtel) et dim. soir du 1er nov. à Pâques – **R** 108/230 – ☕ 35 – **61 ch** 270/295 – ½ P 260/290.

Salamandre sans rest, r. Abbé Surguier ✆ 53 59 35 98, Fax 53 31 22 32, [pool] – [TV] ☎. AE ⓓ GB. [no dogs] — Z **s**
☕ 30 – **30 ch** 320/370.

Compostelle sans rest, 18 av. Selves ✆ 53 59 08 53 – [lift] [no smoking] ch [TV] ☎. GB — Y **r**
1er avril-11 nov. – ☕ 34 – **23 ch** 255/280.

La Couleuvrine, 1 pl. Bouquerie ✆ 53 59 27 80, Fax 53 31 26 83 – [lift] [TV] ☎. AE ⓓ GB — Y **d**
fermé 15 au 30 nov. et 10 au 31 janv. – **R** 98/210, enf. 58 – ☕ 34 – **26 ch** 200/350 – ½ P 230/320.

Mas del Pechs [quiet] sans rest, Les Pechs, E : 1,5 km par VO ✆ 53 31 12 11, [pool], [garden] – [TV] ☎ ♿ [P]. AE ⓓ GB
☕ 40 – **14 ch** 270/300.

Marcel avec ch, 8 av. Selves ✆ 53 59 21 98 – [TV] ☎ [P]. ⓓ GB — Y **a**
15 fév.-15 nov. – **R** *(fermé lundi sauf juil.-août)* 80/220 [wine], enf. 45 – ☕ 30 – **12 ch** 200/230 – ½ P 225/245.

au Sud par ② et C 1 : 3 km :

La Hoirie, ℘ 53 59 05 62, Fax 53 31 13 90, « Maisons périgourdines dans un parc », – . AE GB. rest
15 mars-14 nov. – **R** 130/300 – 53 – **15 ch** 340/550 – ½ P 360/465.

Mas de Castel sans rest, ℘ 53 59 02 59, . GB.
Pâques-11 nov. – 29 – **13 ch** 200/350.

par ③ rte de Bergerac et VO : 3 km – ✉ **24200** Sarlat-la-Canéda :

Relais de Moussidière M, ℘ 53 28 28 74, Fax 53 28 25 11, ←, « Parc », – – 25. AE GB
R (dîner seul.) 140/210 – 55 – **28 ch** 550/590 – ½ P 450/470.

par ④ rte des Eyzies et VO : 3 km

Host. Meysset, ℘ 53 59 08 29, Fax 53 28 47 61, ←, , parc – . AE GB
28 avril-9 oct. – **R** *(fermé merc. midi)* 165/250 – 50 – **22 ch** 375/448, 4 appart. – ½ P 400/440.

CITROEN Sarlat-Autos, rte de Vitrac par ③ ℘ 53 59 10 64
FIAT-LANCIA-AUTOBIANCHI Lacombe, 23 bis av. de Selves ℘ 53 59 00 93
FORD Fournet, rte de Vitrac ℘ 53 59 05 23 N ℘ 53 59 07 35
PEUGEOT-TALBOT S.M.A.S., av. Dordogne par ③ ℘ 53 59 10 75 N ℘ 53 31 90 91
RENAULT Robert, 33 av. Thiers ℘ 53 59 35 21
Marchese 13 bis r. A.-Briand ℘ 53 59 37 67

Sauvanet Pneus, ZI de Madrazés ℘ 53 31 08 59
Service du Pneu, rte du Lot ℘ 53 59 00 33

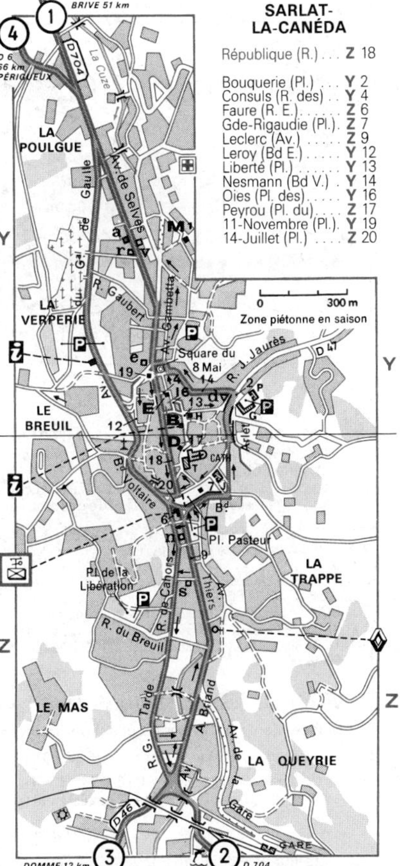

SARLIAC-SUR-L'ISLE 24420 Dordogne 75 ⑥ – 798 h alt. 102.

Paris 483 – Périgueux 14 – Brive-la-Gaillarde 65 – ♦Limoges 88.

Chabrol, ℘ 53 07 83 39, – GB.
fermé sept. et lundi sauf de juin à août – **R** 65/220 – 25 – **10 ch** 150/200 – ½ P 185/200.

SARRAS 07370 Ardèche 77 ① – 1 837 h alt. 134.

Voir De la D 506 coup d'oeil★★ sur le défilé de St-Vallier★ S : 5 km, G. Vallée du Rhône.

Paris 531 – Valence 33 – Annonay 19 – ♦Lyon 71 – ♦St-Étienne 59 – Tournon-sur-Rhône 16.

Vivarais, ℘ 75 23 01 88, –
fermé 1er fév. au 10 mars et mardi – **R** 70/170 – 26 – **10 ch** 145/210.

Commerce, ℘ 75 23 03 88 – . GB. ch
fermé 11 oct. au 15 nov., dim. soir et lundi midi – **R** 60/110 – 18 – **11 ch** 100/180.

SARREBOURG 57400 Moselle 62 ⑧ G. Alsace Lorraine – 13 311 h alt. 250.

Voir Vitrail★ dans la chapelle des Cordeliers **B**.

Office de Tourisme Chapelle des Cordeliers ℘ 87 03 11 82.

Paris 426 ④ – ♦Strasbourg 72 ② – Épinal 85 ④ – Lunéville 53 ④ – ♦Metz 93 ④ – St-Dié 68 ④ – Sarreguemines 53 ①.

Les Cèdres M, par ③ et chemin d'Imling : 3 km ℘ 87 03 55 55, Télex 861533, Fax 87 03 66 33, – ch – 100. AE GB
fermé 2 au 16 août (sauf hôtel) et 23 déc. au 7 janv. – **R** *(fermé sam. midi et dim. soir)* 65/210 – 35 – **42 ch** 310/340 – ½ P 245.

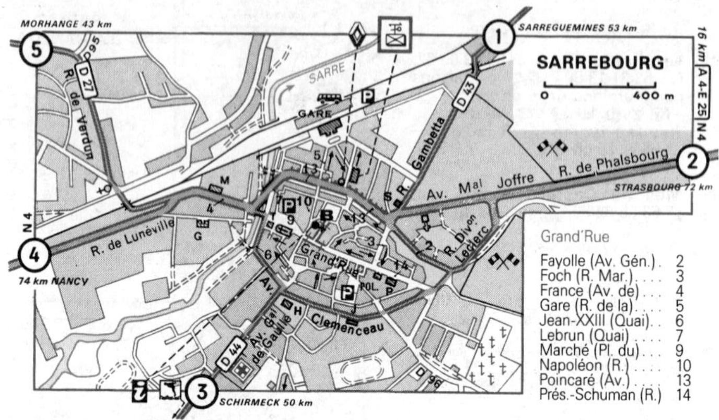

XX ✿ **Mathis,** 7 r. Gambetta **(s)** ✆ **87 03 21 67, Fax 87 23 00 64** – AE GB
fermé 26 juil. au 12 août, 1er au 11 janv., dim. soir mardi soir et lundi – **R** 165/290 et carte 250 à 380 ₰, enf. 95
Spéc. Presskopf de lotte et mousseline au raifort (juin à oct.). Suprême de sandre, fondue de poireaux et radis (mai à oct.). Pigeonneau rôti et poêlée de foie d'oie en chou-rave (oct. à mai). **Vins** Pinot Auxerrois, Riesling.

CITROEN Gar. Oblinger, N 4 par ④ ✆ 87 23 89 56
FIAT Europ'Auto, ZA rte de Niderviller ✆ 87 03 22 12
FORD Gar. des Deux Sarre, ZA Ariane à Buhl-Lorraine ✆ 87 03 32 60
PEUGEOT-TALBOT Berthel Auto, N 4, à Imling par ④ ✆ 87 23 89 66 **N** ✆ 87 03 23 23
RENAULT Billiar, 25 av. Poincaré ✆ 87 23 22 22 **N** ✆ 87 69 24 50
V.A.G Gar. Lett Automobiles, rte de Hesse ✆ 87 03 14 02

Ⓜ Kautzmann, 5 r. Dr-Schweitzer ✆ 87 03 23 53
Pneus et Services D.K., voie A.-Malraux ✆ 87 03 21 87

SARREGUEMINES

57200 Moselle **57** ⑯ ⑰ **G. Alsace Lorraine** – **23 117 h alt. 220.**

Voir Musée : jardin d'hiver★★, collection de céramiques★ BY **M.**

Office de Tourisme r. Maire-Massing ✆ 87 98 80 81.

Paris 396 ③ – ♦Strasbourg **105** ② – **Colmar 151** ② – **Épinal 150** ② – **Karlsruhe 138** ① – **Lunéville 92** ② – ♦**Metz 68** ③ – ♦**Nancy 89** ② – **St-Dié 134** ② – **Saarbrücken 18** ③.

Plan page suivante

Alsace et Rôtisserie Ducs de Lorraine, 10 r. Poincaré ✆ **87 98 44 32, Fax 87 98 39 85,** – 🛗 TV ☎ **P** – 🏛 30. AE ⓓ GB. ✻ — ABY **r**
R *(fermé dim. soir)* 100/315 ₰ - **La Taverne R** carte 85 à 160 ₰, enf. 32 – ☕ 39 – **26 ch** 300/370.

Deux Étoiles sans rest, 4 r. Gén. Crémer ✆ **87 98 46 32** – ☎. GB — AY **a**
☕ 24 – **18 ch** 145/235.

X **Laroche,** 3 pl. Gare ✆ **87 98 03 23** – GB — ABZ **x**
fermé 10 au 31 juil., 23 déc. au 8 janv., vend. soir et sam. – **R** 68/190 ₰, enf. 42.

à Woelfling-lès-Sarreguemines par ① et rte de Bitche : 11 km – ✉ **57200** :

XX **Pascal Dimofski,** N 62 ✆ **87 02 38 21,** , – **P**. AE ⓓ GB
fermé 23 août au 8 sept., vacances de fév., lundi soir et mardi – **R** 160/330, enf. 65.

à Neufgrange au S par D 919 BZ : 3 km – ✉ **57910** :

XXX **Aub. du Grillon,** 1 r. Tuilerie ✆ **87 98 43 60** – **P**. GB
R *(fermé dim. soir et lundi)* 75/260 ₰.

par ③ : 2 km – ✉ **57200** Sarreguemines :

XXX ✿ **Aub. St-Walfrid** (Schneider), rte Grosbliederstroff ✆ **87 98 43 75, Fax 87 95 76 75,** , – **P**. AE GB
fermé 1er au 16 août, 1er au 18 janv., dim. et lundi – **R** 160/350 et carte 220 à 350 ₰
Spéc. Salade de lentilles au saucisson de pieds de porc et queue de boeuf. Lobe de foie gras aux épices. Colvert (15 août au 31 janv.). **Vins** Côtes de Toul gris et rouge.

XXX **Vieux Moulin,** 135 r. France ✆ **87 98 22 59** – **P**. GB
fermé 18 août au 8 sept., mardi et merc. – **R** 140/320 ₰.

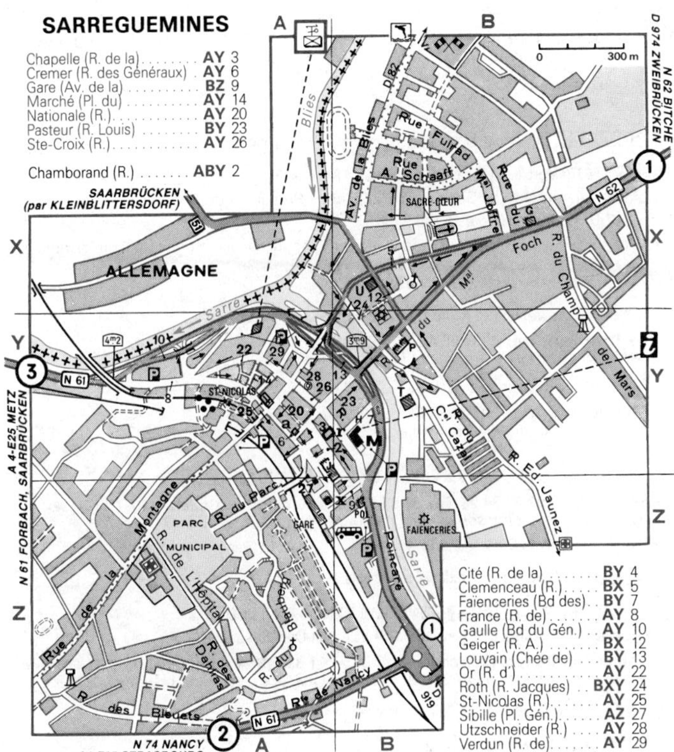

BMW Gar. Haas, ZI r. des Frères Lumière ☎ 87 95 06 26 **N** ☎ 87 95 25 31
CITROEN Gar. Herber, rue des Frères Remy ZI ☎ 87 98 84 81
FORD Salon de l'Auto, 29 r. Poincaré ☎ 87 98 49 30
NISSAN Bang Sarreguemines, 17 av. Gare ☎ 87 95 63 93
OPEL S.A.M.A., à Grosbliederstroff ☎ 87 98 10 04
PEUGEOT-TALBOT Derr, r. Gutenberg ZI par ① ☎ 87 95 67 94

RENAULT Gar. Rebmeister, ZI r. Frères-Lumière par ① ☎ 87 95 10 88 **N** ☎ 05 05 15 15
ROVER Siebert Automobiles, r. des Frères Rémy ☎ 87 85 06 70
V.A.G Gd Gar. Niederlender, 1 A rte de Nancy ☎ 87 98 54 78

Relais du Pneu, 120 av. Foch ☎ 87 95 18 24

SARRE-UNION 67260 B.-Rhin 57 ⑰ – 3 159 h alt. 240.

Paris 409 – ◆Strasbourg 83 – Lunéville 71 – ◆Metz 81 – ◆Nancy 77 – St-Avold 38 – Sarreguemines 24.

Au Cheval Noir, r. Phalsbourg ☎ 88 00 12 71, Fax 88 00 19 09 – TV ☎ P – 80. AE GB. ch
fermé 1er au 21 oct. – **R** *(fermé lundi)* 50/250 – 30 – **20 ch** 120/250 – ½ P 210/260.

SE : 9 km par N 61 – ✉ **67320** Berg :

Relais du Kirchberg M, N 61 ☎ 88 00 60 60, Fax 88 00 76 45, ≤ – TV ☎ P. AE GB
R *(fermé 15 au 28 fév. et jeudi)* 74/154 – 35 – **10 ch** 180/320 – ½ P 185/245.

CITROEN Gar. Stutzmann ☎ 88 00 10 70 **N**

Weiss-Pneus, à Diemeringen ☎ 88 00 42 60

SARS-POTERIES 59216 Nord 53 ⑥ G. Flandres Artois Picardie – 1 496 h alt. 176.

Voir Musée du Verre★.

Paris 218 – St-Quentin 77 – Avesnes-sur-Helpe 10 – Charleroi 43 – ◆Lille 105 – Maubeuge 16.

H. Fleuri sans rest, ☎ 27 61 62 72, – ☎ P. GB
fermé 22 déc. au 4 janv. – 35 – **11 ch** 180/275.

XXX ✿ **Auberge Fleurie** (Lequy), ✆ 27 61 62 48, Fax 27 59 32 16 – P. AE ⓓ GB JCB
fermé 23 au 31 août, 15 au 31 janv., dim. et lundi sauf fériés – **R** (nombre de couverts limité - prévenir) 200 bc/300 et carte 220 à 330, enf. 80
Spéc. Homard beurre blanc à l'estragon. Blanc de sandre au vieux genièvre de Houlle. Feuilleté de chocolat aux fruits rouges.

SARTROUVILLE 78 Yvelines 55 ⑳, 106 ⑱ – voir à Paris, Environs.

SARZEAU 56370 Morbihan 63 ⑬ G. Bretagne – 4 972 h alt. 21.

Voir Ruines★ du château de Suscinio SE : 3,5 km – Presqu'île de Rhuys★.

18 Kerver ✆ 97 45 30 09, O par D 780 : 7 km.

Syndicat d'Initiative Bâtiment des Trinitaires, r. Gén.-de-Gaulle (fermé après-midi hors saison) ✆ 97 41 82 37.

Paris 475 – Vannes 22 – ◆Nantes 110 – Redon 62.

à St-Colombier NE : 4 km par D 780 – ✉ 56370 Sarzeau :

X **Le Tournepierre,** ✆ 97 26 42 19 – AE GB
fermé 15 au 30 nov., dim. soir et lundi hors sais. – **R** 130/250, enf. 65.

à Penvins SE : 7 km par D 198 – ✉ 56370 Sarzeau :

Mur du Roy ✆ 97 67 34 08, ≤, – ☎ ♿ P
fermé janv., lundi soir (sauf hôtel) et mardi de sept. à juin – **R** 98/245 – ☕ 35 – **10 ch** 285/295 – ½ P 273/278.

à la Grée-Penvins SE : 7,5 km par D 198 – ✉ 56370 Sarzeau :

XXX **Espadon,** ✆ 97 67 34 26, Fax 97 67 38 43, « Auberge rustique » – P. AE ⓓ GB
fermé janv., fév., dim. soir et lundi de nov. à Pâques – **Repas** 99/330, enf. 75.

CITROEN Clinchard, rte de St-Gildas ✆ 97 41 81 23 — RENAULT Pépion, 17 r. Venetes ✆ 97 41 84 12

SASSENAGE 38 Isère 77 ④ – rattaché à Grenoble.

SASSETOT-LE-MAUCONDUIT 76540 S.-Mar. 52 ⑫ – 944 h alt. 80.

Paris 204 – Bolbec 28 – Fécamp 15 – ◆Rouen 63 – St-Valéry-en-Caux 20 – Yvetot 27.

XX **Relais des Dalles,** près château ✆ 35 27 41 83, « Jardin fleuri » – AE GB JCB
fermé 21 au 30 déc., mardi soir et merc. sauf juil.-août – **R** (dim. prévenir) 120/195.

SATHONAY-CAMP 69 Rhône 74 ⑫ – rattaché à Lyon.

SATILLIEU 07290 Ardèche 76 ⑨ – 1 818 h alt. 476.

Paris 548 – Valence 47 – Annonay 13 – Lamastre 37 – Privas 87 – St-Vallier 20 – Tournon-sur-Rhône 30 – Yssingeaux 53.

Julliat-Roche, ✆ 75 34 95 86, – ▤ rest TV ☎. AE ⓓ GB
R *(fermé dim. soir hors sais. et vend. soir)* 66/158 – ☕ 30 – **10 ch** 200/280 – ½ P 250/280.

à St-Romain-d'Ay NE : 4,5 km par D 578^A et D 6 – ✉ 07290 :

XX **Régis Poinard** avec ch, ✆ 75 34 42 01, Fax 75 34 48 23, – ▤ rest ☎. GB. ch
hôtel : fermé 1er janv. au 30 mars, dim. soir et lundi ; rest. : fermé 15 janv. au 20 fév., dim. soir et lundi – **R** 90/280 – ☕ 32 – **8 ch** 230/260 – ½ P 250.

SAUGUES 43170 H.-Loire 76 ⑯ G. Auvergne – 2 089 h alt. 960.

Syndicat d'Initiative à la Mairie (juil.-15 sept.) ✆ 71 77 84 46.

Paris 537 – Le Puy-en-Velay 44 – Brioude 50 – Mende 72 – St-Chély-d'Apcher 36 – St-Flour 51.

La Terrasse, ✆ 71 77 83 10 – ☎. GB. rest
fermé janv., dim. soir et lundi du 15 oct. au 15 mars – **R** 68/180, enf. 40 – ☕ 25 – **17 ch** 154/250 – ½ P 160/192.

SAUJON 17600 Char.-Mar. 71 ⑮ G. Poitou Vendée Charentes – 4 891 h alt. 5 – Stat. therm..

Voir Chapiteaux★ dans l'église.

Syndicat d'Initiative pl. Ch.-de-Gaulle ✆ 46 02 83 77.

Paris 495 – Royan 12 – ◆Bordeaux 117 – Marennes 25 – Rochefort 33 – La Rochelle 67 – Saintes 28.

Commerce, r. Saintonge ✆ 46 02 80 50, – ☎ P. GB
fermé 15 déc. au 15 mars, dim. soir et lundi hors sais. – **R** 78/145 – ☕ 27 – **19 ch** 144/278 – ½ P 215/285.

au Gua N : 6 km par D 1 – ✉ 17680 :

Moulin de Châlons, Châlons O : 1 km rte Royan ✆ 46 22 82 72, Fax 46 22 91 07, parc, « Ancien moulin à marée du 18e siècle » – ☎ P. AE ⓓ GB
10 mai-20 sept. et fermé merc. midi et mardi hors sais. – **R** 145/380, enf. 50 – ☕ 50 – **14 ch** 360/480 – ½ P 400/465.

XX **La Galiote** avec ch, Châlons O : 1 km rte Royan ✆ 46 22 81 94, – ☎ P. GB
fermé 1er au 15 oct., merc. soir (sauf hôtel) et jeudi de sept. à juin – **R** 120/220, enf. 39 – 30 – **9 ch** 140/300 – ½ P 230/260.

CITROEN Central Gar. ✆ 46 02 80 25

SAULCE-SUR-RHÔNE **26270** Drôme 77 ⑪ – 1 443 h alt. 103.

Paris 591 – Valence 31 – Crest 22 – Montélimar 18 – Privas 25.

Clutier, 62 av. Provence ✆ 75 63 00 22, Fax 75 63 12 60, – TV ☎ P – 50. GB
fermé 16 au 25 oct., 23 déc. au 23 janv., dim. soir et lundi hors sais. – **R** 68/190 , enf. 50 – 27 – **20 ch** 190/300 – ½ P 230/270.

à Mirmande SE : 3 km par D 204 G. Vallée du Rhône – ✉ **26270** :

La Capitelle , ✆ 75 63 02 72, Fax 75 63 02 50, ←, , « Demeure ancienne » – ☎. GB. rest
fermé 15 nov. au 15 janv., merc. midi et mardi – **R** 145/205, enf. 60 – 42 – **10 ch** 260/430 – ½ P 302/402.

SAULCHOY **62870** P.-de-C. 51 ⑫ – 260 h alt. 13.

Paris 216 – ◆Calais 84 – Abbeville 31 – Arras 77 – Berck-sur-Mer 22 – Doullens 43 – Hesdin 17 – Montreuil 16.

XX **Val d'Authié**, ✆ 21 90 30 20, – GB.
fermé 30 août au 4 sept. et jeudi du 1er oct. au 30 avril sauf fériés – **R** 75 bc/160 .

SAULGES **53340** Mayenne 60 ⑪ G. Normandie Cotentin – 333 h alt. 80.

Paris 248 – ◆Le Mans 51 – Château-Gontier 36 – La Flèche 46 – Laval 35 – Mayenne 42.

Ermitage M , ✆ 43 90 52 28, Télex 723405, Fax 43 90 56 61, – TV ☎ ♿ P – 60. AE GB
fermé fév., dim. soir et lundi du 1er oct. au 15 avril – **R** 95/300, enf. 70 – 42 – **35 ch** 275/390 – ½ P 320/380.

How do you find your way around the Paris suburbs?
Use the **Michelin map** *no* 101
and the four **street maps** *nos* 17-18, 19-20, 21-22 *and* 23-24 :
clear, precise, up to date.

SAULIEU **21210** Côte-d'Or 65 ⑰ G. Bourgogne – 2 917 h alt. 514.

Voir Basilique St-Andoche★ – Le Taureau★ (sculpture) par Pompon.

Maison du Tourisme r. d'Argentine ✆ 80 64 00 21.

Paris 249 ① – ◆Dijon 73 ② – Autun 41 ④ – Avallon 38 ① – Beaune 64 ② – Clamecy 76 ①.

SAULIEU

Marché (R. du)	17
Abattoir (R. de l')	2
Argentine (R. d')	3
Bertin (R. J.)	4
Collège (R. du)	6
Courtépée (R.)	7
Foire (R. de la)	8
Gambetta (R.)	10
Gare (Av. de la)	12
Gaulle (Pl. Ch. de)	14
Grillot (R.)	15
Sallier (R.)	18
Tanneries (R. des)	20
Vauban (R.)	21

Les localités citées dans le guide Michelin sont soulignées de rouge sur les cartes Michelin à 1/200 000.

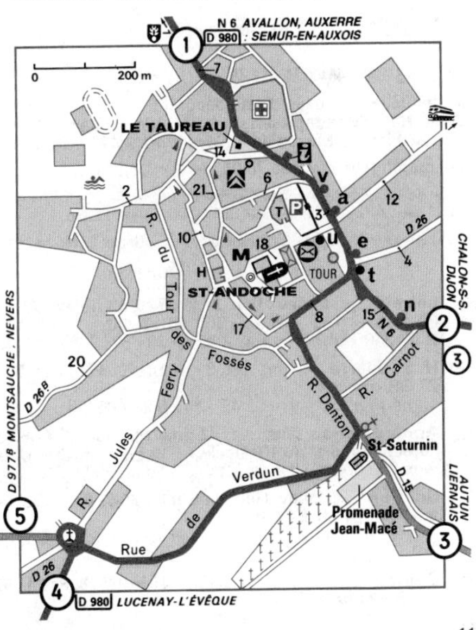

🏨 ✿✿✿ **Côte d'Or** (Loiseau) M 🐦, 2 r. Argentine **(e)** ✆ 80 64 07 66, Fax 80 64 08 92, « Élégante hostellerie agrémentée d'un jardin fleuri » – TV ☎ 🚗 – 🏛 25. AE ⓓ GB JCB
fermé 28 nov. au 29 déc., mardi midi et lundi de janv. à mars sauf fériés – **R** 290 (déj.)/690 et carte 580 à 900, enf. 90 – ☕ 95 – **15 ch** 310/980, 4 appart., 3 duplex
Spéc. Jambonnettes de grenouilles à la purée d'ail. Sandre à la fondue d'échalotes sauce au vin rouge. Blanc de volaille au foie gras chaud et aux truffes. **Vins** Chablis, Savigny-lès-Beaune.

🏨 **Poste,** 1 r. Grillot **(t)** ✆ 80 64 05 67, Fax 80 64 10 82 – ▤ rest TV ☎ P – 🏛 40. AE ⓓ GB
R 128/298, enf. 60 – ☕ 35 – **48 ch** 170/485 – ½ P 350/450.

Tour d'Auxois, square A. Dumaine **(u)** ✆ 80 64 13 30, 🌳 – 🚗 P. GB
fermé 6 au 14 juin, 10 au 18 oct., 5 janv. au 5 fév., dim. soir et lundi – **R** 80/160, enf. 45 – ☕ 25 – **20 ch** 90/180.

XX **Borne Impériale** avec ch, 16 r. Argentine **(v)** ✆ 80 64 19 76, 🌳 – ☎ P. GB
fermé 15 nov. au 15 déc., mardi soir et merc. sauf juil.-août – **R** 98/285, enf. 65 – ☕ 35 – **7 ch** 165/280.

XX **Aub. du Relais** avec ch, 8 r. Argentine **(a)** ✆ 80 64 13 16, Fax 80 64 08 33 – AE GB
R 98/210 bc 🍷, enf. 62 – ☕ 30 – **5 ch** 210/260 – ½ P 225/275.

X **Vieille Auberge** avec ch, 17 r. Grillot **(n)** ✆ 80 64 13 74 – P. GB
◆ *fermé 1er déc. au 15 janv., mardi soir et merc.* – **R** 70/170 🍷 – ☕ 30 – **6 ch** 105/260.

CITROEN Gar. de l'Étape ✆ 80 64 17 99
RENAULT S.C.A.S.A., par ② ✆ 80 64 03 45 N
Gar. Moderne, ✆ 80 64 08 08

SAULT 84390 Vaucluse 81 ⑭ G. Alpes du Sud – 1 206 h alt. 765.

Env. Gorges de la Nesque★★ : belvédère★★ SO : 11 km par D 942 – Mont Ventoux ✻★★★ NO : 26 km.

ℹ Office de Tourisme av. Promenade (saison) ✆ 90 64 01 21.

Paris 718 – Digne-les-Bains 90 – Aix-en-Provence 82 – Apt 31 – Avignon 65 – Carpentras 40 – Gap 102.

🏨 **Albion** sans rest, ✆ 90 64 06 22 – ☎. GB
avril-oct. – ☕ 30 – **10 ch** 240/260.

à Aurel N : 5 km par D 942 – ✉ 84390 :

🏨 **Relais du Ventoux** 🐦, ✆ 90 64 00 62 – GB
1er mars-15 nov. et fermé vend. hors sais. – **R** 85/135 🍷, enf. 45 – ☕ 32 – **14 ch** 150/200 – ½ P 250.

RENAULT Gar. de la Lavande ✆ 90 64 02 41

SAULX-LES-CHARTREUX 91 Essonne 60 ⑩, 101 ㉞ – voir à Paris, Environs (Longjumeau).

SAULZET-LE-CHAUD 63 P.-de-D. 73 ⑭ – rattaché à Ceyrat.

SAUMUR ⟨SP⟩ 49400 M.-et-L. 64 ⑫ G. Châteaux de la Loire – 30 131 h alt. 30.

Voir Château★★ : musée d'Arts décoratifs★★, musée du Cheval★, tour du Guet ✻★ BZ – Église N.-D.-de-Nantilly★ : tapisseries★★ BZ – Vieux quartier★ BY : Hôtel de ville★ H, Tapisseries★ de l'église St-Pierre – Musée de la Cavalerie★ AY M¹ – Musée des Blindés★ AY M².

⛳18 de Loudun (86) ✆ 49 98 78 06, par ② : 18,5 km.

ℹ Office de Tourisme et Accueil de France (Informations, change et réservations d'hôtels pas plus de 5 jours à l'avance) avec A.C. pl. Bilange ✆ 41 51 03 06, Télex 722386.

Paris 310 ① – Angers 49 ① – Châtellerault 77 ③ – Cholet 67 ③ – ◆Le Mans 97 ① – Poitiers 91 ③ – ◆Tours 66 ①.

Plan page suivante

🏨 **Loire** M 🐦, r. Vieux Port ✆ 41 67 22 42, Télex 723279, Fax 41 67 88 80, ≤, 🏋 – |♦| ▤ rest TV ☎ ♿ 🚗 P – 🏛 25 à 100. AE ⓓ GB BY **g**
R 98/250, enf. 60 – ☕ 48 – **45 ch** 395/575 – ½ P 320/400.

🏨 **H. St-Pierre** 🐦 sans rest, 8 r. Haute-St-Pierre ✆ 41 50 33 00, Fax 41 50 38 68 – |♦| TV ☎. AE GB JCB. ✻ BY **b**
fermé 1er au 20 fév. – ☕ 45 – **14 ch** 280/650.

🏨 **Anne d'Anjou** sans rest, 32 quai Mayaud ✆ 41 67 30 30, Fax 41 67 51 00, ≤, « Ancien hôtel particulier du 18e siècle » – |♦| TV ☎ ♿ P – 🏛 50. AE ⓓ GB JCB. ✻ BY **e**
fermé 23 déc. au 5 janv. – ☕ 45 – **50 ch** 260/640.

🏨 **Roi René** M, 94 av. Gén. de Gaulle ✆ 41 67 45 30, Télex 723266, Fax 41 67 74 59 – |♦| TV ☎ 🚗 – 🏛 30. AE GB BX **a**
R *(fermé 16 nov. au 16 mars et sam. midi)* 95/255, enf. 50 – ☕ 30 – **38 ch** 250/325 – ½ P 270.

🏨 **Central** sans rest, 23 r. Daillé ✆ 41 51 05 78, Fax 41 67 82 35 – TV ☎ 🚗. AE GB BY **d**
☕ 28 – **27 ch** 210/310.

SAUMUR

Beaurepaire (R.) .... AY
Bilange (Pl. de la) ...... BY 2
Gaulle (Av. Général de) . BX
Leclerc (R. du Mar.) ..... AZ
Orléans (R. d') .... ABY
Portail-Louis (R. du) ... BY 10
Roosevelt (R. Fr.) ...... BY 13
St-Jean (R.) .... BY 15

Cadets (Ponts des) ..... BX 3
Dr-Bouchard (R. du) ... AZ 4
Dupetit-Thouars (Pl.)... BZ 5
Fardeau (R.) .... AZ 6
Nantilly (R. de) .... BZ 7
Poitiers (R. de) .... AZ 9
République (Pl. de la) .. BY 12
St-Pierre (Pl.) .... BY 16
Tonnelle (R. de la) ...... BY 17

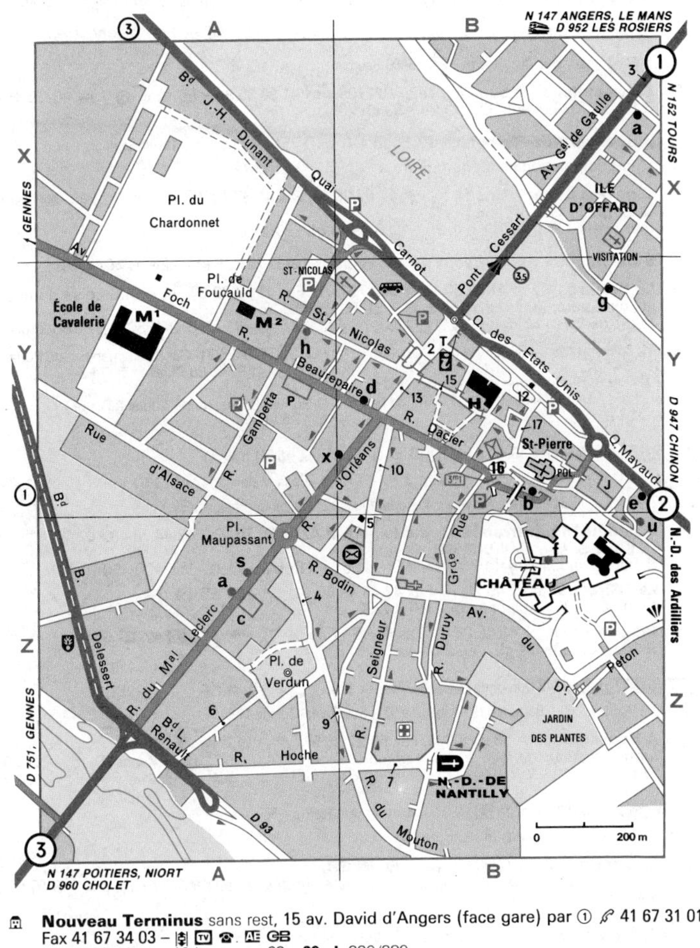

🏨 **Nouveau Terminus** sans rest, 15 av. David d'Angers (face gare) par ① ✆ 41 67 31 01, Fax 41 67 34 03 – |‡| TV ☎. AE GB
fermé 20 déc. au 10 janv. – ☕ 32 – **39 ch** 220/280.

🏨 **Londres** sans rest, 48 r. Orléans ✆ 41 51 23 98, Fax 41 51 12 63 – ☎ Ⓟ. AE ⓓ GB
☕ 30 – **27 ch** 200/260. ABY **x**

🏨 **Croix Verte,** 49 r. Rouen par ① ✆ 41 67 39 31, Fax 41 67 74 98 – TV ☎ Ⓟ. ⓓ GB
fermé 2 au 8 août, 25 au 28 déc., 4 au 31 janv., dim. soir et lundi d'oct. à avril – **R** 70/160 ♨, enf. 45 – ☕ 25 – **18 ch** 130/210.

XXX **Délices du Château,** cour du château ✆ 41 67 65 60, Fax 41 67 74 60, 余 – Ⓟ. AE ⓓ GB BZ **f**
fermé déc., dim. soir et lundi du 1er oct. au 14 mai – **R** 170/320.

XXX **Les Menestrels,** 11 r. Raspail ✆ 41 67 71 10 – AE ⓓ GB BZ **u**
fermé 17 au 30 déc., dim. et lundi de nov. à mars – **R** 160/340, enf. 65.

XX **Les Chandelles,** 71 r. St-Nicolas ✆ 41 67 20 40 – AE ⓓ GB AY **h**
fermé 1er fév. au 5 mars et merc. – **R** 120/290, enf. 60.

XX **L'Escargot,** 30 r. Mar. Leclerc ✆ 41 51 20 88 – AE ⓓ GB AZ **s**
fermé 2 au 30 janv. et merc. du 1er sept. au 15 juin – **R** 73/115, enf. 40.

La Croquière, 42 r. Mar. Leclerc ✆ 41 51 31 45 – GB AZ **a**
fermé dim. soir et lundi – **R** 70/157.

à St-Lambert-des-Levées par ① : 2,5 km – ✉ **49400** Saumur :

Chéops Ⓜ, **N 147 ✆ 41 67 17 18, Fax 41 67 18 85,** – TV ☎ ♿ P – 40. AE ① GB JCB
fermé dim. de nov. à mars – **R** 82/180 ♫, enf. 45 – ☕ 39 – **40 ch** 275/320 – ½ P 257.

à Bagneux par ③ : 3 km – ✉ **49400** Saumur :

Campanile, ✆ **41 50 14 40, Télex 722709, Fax 41 38 35 36** – TV ☎ ♿ P – 40. AE GB
R 80 bc/102 bc, enf. 39 – ☕ 29 – **53 ch** 268.

à St-Hilaire-St-Florent par av. Foch AXY et D 751 : 3 km – ✉ **49400** Saumur.
Voir École nationale d'Équitation★.

Clos des Bénédictins Ⓜ, ✆ **41 67 28 48, Fax 41 67 13 71,** ←, , , – ▤ rest TV ☎ ♿ P. AE GB. ✂ rest
fermé fév. – **R** 180/280, enf. 75 – ☕ 52 – **23 ch** 280/430 – ½ P 350/430.

à Chênehutte-les-Tuffeaux par av. Foch AXY et D 751 : 8 km – ✉ **49350** Gennes :

Le Prieuré , ✆ **41 67 90 14, Télex 720379, Fax 41 67 92 24,** ←, **« Site boisé dominant la Loire, parc,** **»,** – TV ☎ P – 50. AE GB JCB
fermé 5 janv. au 5 mars – **R** 250/420, enf. 130 – ☕ 70 – **33 ch** 650/1350 – ½ P 780/1100.

CITROEN Jolly, bd Mar.-Juin par bd J.-H.-Dunant AX ✆ 41 50 41 01
PEUGEOT-TALBOT Guillemet Automobiles, 103 r. Pont-Fouchard à Bagneux par ③ ✆ 41 50 11 33 N ✆ 41 50 24 24
PEUGEOT-TALBOT Gar. Guillemet, 5 r. de Rouen par ① ✆ 41 67 48 68 N ✆ 41 50 24 24

Godelu-Pneus, rte de Cholet à Distré ✆ 41 50 17 96

SAUSSET-LES-PINS **13960** B.-du-R. 84 ⑫ **G. Provence** – **5 541 h alt. 11.**

Syndicat d'Initiative bd Ch.-Roux (saison) ✆ 42 45 16 34 et à la Mairie ✆ 42 44 51 51.

Paris 772 – ♦Marseille 34 – Aix-en-Provence 43 – Martigues 12 – Salon-de-Provence 50.

Paradou-Méditerranée Ⓜ, **sur le port ✆ 42 44 76 76, Fax 42 44 78 48,** ←, , – ▤ TV ☎ ♿ P – 40. AE GB. ✂ rest
R *(fermé sam. midi)* 130/200, enf. 80 – ☕ 54 – **41 ch** 450/750 – ½ P 400/450.

Les Girelles, ✆ **42 45 26 16, Fax 42 45 49 65,** ←, – ▤. AE ① GB
fermé fév., dim. soir et lundi – **R** 150/230, enf. 70.

Plage avec ch, ✆ **42 45 06 31, Fax 42 45 12 65,** ←, – ▤ rest TV ☎. AE GB
R 165 – ☕ 35 – **11 ch** 240/350 – ½ P 320.

SAUSSIGNAC **24240** Dordogne 75 ⑭ – **378 h alt. 123.**

Paris 568 – Périgueux 66 – Bergerac 19 – Libourne 53 – Ste-Foy-la-Grande 11.

A Saussignac, ✆ **53 27 92 08, Fax 53 27 96 57,** – ☎ – 25. AE GB
fermé vacances de fév., dim. soir et lundi soir du 1er oct. au 1er mai – **Repas** 95/160 – ☕ 25 – **17 ch** 160/240 – ½ P 183/217.

SAUTERNES **33210** Gironde 79 ① **G. Pyrénées Aquitaine** – **589 h.**

Paris 628 – ♦Bordeaux 48 – Bazas 18 – Langon 9,5.

Le Saprien, ✆ **56 76 60 87,** – P. AE GB
fermé 25 nov. au 15 déc., 20 fév. au 10 mars, lundi sauf juil.-août et dim. soir – **R** 97/250, enf. 68.

SAUTRON **44** Loire-Atl. 67 ③ – rattaché à Nantes.

SAUVETERRE **30150** Gard 81 ⑪ – **1 378 h alt. 28.**

Paris 674 – Avignon 12 – Alès 74 – Nîmes 49 – Orange 14 – Pont-St-Esprit 34 – Villeneuve-lès-Avignon 7,5.

Host. De Varenne, ✆ **66 82 59 45, Fax 66 82 84 83,** , **« Demeure du 18e siècle »,** – TV ☎ P. AE ① GB. ✂ rest
fermé 1er au 15 fév. et merc. hors sais. sauf vacances scolaires – **R** 160/320 bc – ☕ 45 – **13 ch** 320/650 – ½ P 320/500.

SAUVETERRE-DE-BÉARN **64390** Pyr.-Atl. 85 ④ **G. Pyrénées Aquitaine** – **1 366 h alt. 67.**

Voir Site★ – ←★★ du vieux pont.

Syndicat d'Initiative à la Mairie ✆ 59 38 50 17.

Paris 786 – Pau 71 – ♦Bayonne 66 – Dax 45 – Mont-de-Marsan 73 – Oloron-Ste-Marie 41.

CITROEN Serres ✆ 59 38 50 21 N
RENAULT Bidegain ✆ 59 38 52 52

SAUVETERRE-DE-COMMINGES 31510 H.-Gar. 86 ① – 730 h alt. 480.

Paris 795 – Bagnères-de-Luchon 35 – Lannemezan 28 – St-Gaudens 9,5 – Tarbes 61 – ♦Toulouse 100.

Host. des 7 Molles , à Gesset S : 3 km par D 9 ✆ 61 88 30 87, Télex 533359, Fax 61 88 36 42, ≤, parc, , – | ☎ – 30. AE GB
fermé fin oct. à mi-déc. et mi-janv. à fin mars – **R** 170/280 – 70 – **18 ch** 550/900 – ½ P 580/650.

SAUVETERRE-DE-ROUERGUE 12800 Aveyron 80 ① G. Gorges du Tarn – 888 h alt. 460.

Voir Place centrale★.

Paris 665 – Rodez 33 – Albi 54 – Millau 88 – St-Affrique 82 – Villefranche-de-Rouergue 43.

XX ❀ **Aub. du Sénéchal** (Truchon) avec ch, ✆ 65 47 05 78, Fax 65 47 02 65, – ☎. AE GB. rest
1er avril-31 oct. et fermé dim. soir et lundi sauf juil.-août – **R** 150/400, enf. 90 – 60 – **14 ch** 240/260 – ½ P 320/350
Spéc. "Petits gris" au bouillon d'anis sauvage. Noisette de boeuf au vin d'épices et fruits rouges. Craquelin de fraises. Vins Entraygues blanc, Marcillac.

SAUVIGNY-LES-BOIS 58160 Nièvre 69 ④ – 1 591 h alt. 220.

Paris 249 – Autun 95 – Decize 27 – Nevers 9,5.

XX **Moulin de l'Etang**, ✆ 86 37 10 17, – . GB
fermé vacances de fév., merc. soir et lundi – **R** 98/220, enf. 35.

SAUX 65 H.-Pyr. 85 ⑧ – rattaché à Lourdes.

SAUXILLANGES 63490 P.-de-D. 76 ⑮ G. Auvergne – 1 109 h alt. 448.

Voir Pic d'Usson ☀★ SO : 4 km.

Paris 465 – ♦Clermont-Ferrand 47 – Ambert 44 – Issoire 12 – Thiers 46 – Vic-le-Comte 19.

X **Chalut** avec ch, ✆ 73 96 80 71 – . GB
fermé 16 au 20 juin, 5 au 25 sept., 1er au 15 fév., dim. soir et lundi – **R** 55/250, enf. 40 – 25 – **6 ch** 130/190 – ½ P 190.

*Les nouveaux **Guides Verts** touristiques **Michelin**, c'est :*
– un texte descriptif plus riche,
– une information pratique plus claire,
– des plans, des schémas et des photos en couleurs,
– ... et, bien sûr, une actualisation détaillée et fréquente.
Utilisez toujours la dernière édition.

Le SAUZE 04 Alpes-de-H.-P. 81 ⑧ – rattaché à Barcelonnette.

SAUZON 56 Morbihan 63 ⑪ – voir à Belle-Ile-en-Mer.

SAVERNE 67700 B.-Rhin 57 ⑱ G. Alsace Lorraine – 10 278 h alt. 210.

Voir Château★ : façade★★ B – Maisons anciennes★ B E – St-Jean-Saverne : chapelle St-Michel★, ≤★ N : 4,5 km par D 115 puis 30 mn A – Château du Haut-Barr★ : ≤★★ SO : 5 km par D 102 puis D 171 A – Vallée de la Zorn★ par ④.

Office de Tourisme Château des Rohan ✆ 88 91 80 47.

Paris 447 ① – ♦Strasbourg 39 ③ – Lunéville 82 ⑤ – St-Avold 87 ① – Sarreguemines 62 ①.

Plan page suivante

Chez Jean, 3 r. Gare ✆ 88 91 10 19, Fax 88 91 27 45 – | ☎ – 40. AE GB. A d
fermé 22 déc. au 8 janv., vacances de fév., dim. soir et lundi d'oct. à juin – **R** 99/298 - **Winstub R** carte 130 à 210 – 37 – **25 ch** 298/345 – ½ P 300/310.

Geiswiller, 17 r. Côte ✆ 88 91 18 51, Télex 890901, Fax 88 71 15 36 – | ☎ . AE GB JCB. rest A a
R *(fermé 15 juil. au 15 août et sam. hors sais.)* 90/280 – 45 – **40 ch** 200/430.

Europe sans rest, 7 r. Gare ✆ 88 71 12 07, Fax 88 71 11 43 – | ☎ . AE GB A e
35 – **29 ch** 240/350.

Boeuf Noir, 22 Gd'rue ✆ 88 91 10 53, Fax 88 71 02 26 – ☎ . GB A b
fermé 1er au 10 mars, 1er au 21 juil., dim. soir et mardi – **Repas** 95/185 – 30 – **12 ch** 185/265 – ½ P 245/275.

X **Zum Staeffele**, 1 r. Poincaré ✆ 88 91 63 94 – AE GB. B a
fermé 21 au 27 juin, 6 au 19 sept., 10 au 24 janv., sam. midi, dim. soir et lundi – **R** 175/210.

FORD Saverne-Autos, 40 rte de Paris ✆ 88 91 12 55
OPEL Gar. Diemer, 32 r. Ermitage ✆ 88 91 19 00 N
RENAULT Billiar, 116 r. St-Nicolas par ③ ✆ 88 71 55 55 N ✆ 88 57 72 25

Pneus et Services D.K., 26 r. Ermitage ✆ 88 91 18 22

SAVERNE

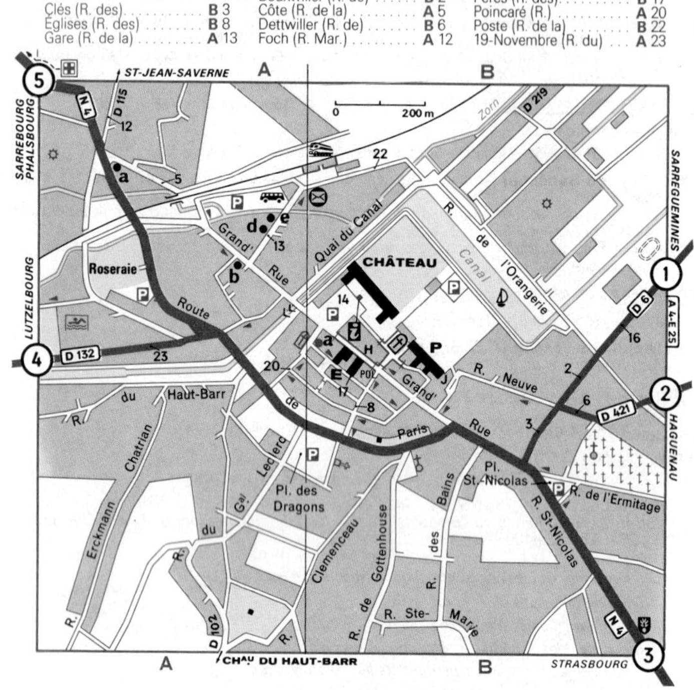

Les **cartes routières**, les **atlas**, les **guides Michelin** sont indispensables aux déplacements professionnels comme aux voyages d'agrément.

SAVIGNAC-LES-ÉGLISES **24420** Dordogne 75 ⑥ – 853 h alt. 111.

Paris 477 – Périgueux 21 – Brive-la-Gaillarde 63 – Limoges 80.

Le Parc M (École hôt. sup. d'application), ✆ **53 05 07 60, Fax 53 05 39 65**, parc, – ch – 30. AE GB
R *(ouvert juil.-août et fermé lundi et le midi sauf dim. et fériés)* 190/250, enf. 80 – 55 – **11 ch** 480/650 – ½ P 455/470.

SAVIGNEUX **42** Loire 73 ⑰ – rattaché à Montbrison.

SAVIGNIES **60** Oise 55 ⑨ – rattaché à Beauvais.

SAVIGNY-LÈS-BEAUNE **21** Côte-d'Or 69 ⑨ – rattaché à Beaune.

SAVIGNY-SUR-CLAIRIS **89150** Yonne 61 ⑬ – 236 h alt. 165.

Paris 119 – Auxerre 53 – Nemours 42 – Sens 22.

Host. du Château de Clairis, N : 1 km par D 103 ✆ **86 86 30 01**, Fax **86 86 39 40**, parc, « Château du 19e siècle dans un complexe de loisirs » – – 70. AE GB JCB
fermé 22 déc. au 8 janv. et dim. soir (sauf rest.) du 30 nov. au 31 janv. – **R** 150/275, enf. 75 – 45 – **23 ch** 447/469 – ½ P 630.

RENAULT Gar. Chapuis ✆ 86 86 33 48

SAVIGNY-SUR-ORGE **91** Essonne 61 ①, 101 ㉟ ㊱ – voir à Paris, Environs.

SAVINES-LE-LAC **05160** H.-Alpes 81 ⑦ G. Alpes du Sud – 759 h alt. 810.

Voir Forêt de Boscodon** SE : 15 km.

Office de Tourisme ✆ 92 44 20 44.

Paris 695 – Gap 28 – Barcelonnette 45 – Briançon 60 – Digne-les-Bains 83 – Guillestre 32 – Sisteron 73.

Eden Lac, ✆ 92 44 20 53, Fax 92 44 29 17, ←, – TV ☎ P. AE GB
fermé 15 nov. au 10 fév. – **R** 90/170 , enf. 40 – ☕ 36 – **23 ch** 310/350 – ½ P 290/330.

Flots Bleus, ✆ 92 44 20 89, , – ☎ P. AE GB
R 85/180 – ☕ 32 – **21 ch** 265/350 – ½ P 280/325.

Relais Fleuri, ✆ 92 44 20 32, Fax 92 44 26 92, ←, – . GB
Pâques-1er nov. et fermé lundi hors sais. – **R** 90/180, enf. 53.

SCEAUX **92** Hauts-de-Seine 60 ⑩, 101 ㉕ – voir à Paris, Environs.

SCEAUX-SUR-HUISNE **72160** Sarthe 60 ⑭ ⑮ – 472 h alt. 93.

Paris 172 – ♦ Le Mans 32 – La Ferté-Bernard 12 – Nogent-le-Rotrou 33 – St-Calais 33 – Vibraye 16.

Aub. Panier Fleuri, N 23 ✆ 43 93 40 08, Fax 43 93 43 86 – GB
fermé mardi soir et merc. – **R** 68/184, enf. 50.

SCHIRMECK **67130** B.-Rhin 62 ⑧ G. Alsace Lorraine – 2 167 h alt. 317.

Voir Vallée de la Bruche* N et S.

Syndicat d'Initiative Hôtel de Ville ✆ 88 97 00 02.

Paris 405 – ♦ Strasbourg 48 – ♦ Nancy 97 – St-Dié 41 – Saverne 45 – Sélestat 44.

La Rubanerie , à la Claquette SO : 2 km ✆ 88 97 01 95, Fax 88 47 17 34, « Jardin » – TV ☎ ♿ P. AE GB. rest
R *(fermé dim. et fêtes)* 135/255 – ☕ 44 – **16 ch** 270/430 – ½ P 305/360.

à Barembach NE : 1,5 km – ✉ **67130** :

Château de Barembach , 5 r. Mar. de Lattre de Tassigny ✆ 88 97 97 50, Fax 88 47 17 19, , – TV ☎ P – 30. AE GB. rest
R 185/400, enf. 65 – ☕ 55 – **15 ch** 385/850 – ½ P 475/653.

CITROEN Gar. Beraud, à la Broque ✆ 88 97 05 43

La SCHLUCHT (Col de) **88** Vosges 62 ⑱ G. Alsace Lorraine – alt. 1 139 – Sports d'hiver : 1 100/1 300 m 7 .

Voir Route des Crêtes*** N et S – Le Hohneck *** S : 5 km.

Paris 427 – Colmar 37 – Épinal 60 – Gérardmer 14 – Guebwiller 45 – St-Dié 36 – Thann 43.

Collet, au Collet : 2 km sur rte Gérardmer ✉ 88400 Gérardmer, ✆ 29 60 09 57, Fax 29 60 08 77, ←, – TV ☎ P. AE GB
fermé 11 nov. au 20 déc. – **R** *(fermé merc. hors sais.)* 90/220 , enf. 50 – ☕ 45 – **22 ch** 320/420 – ½ P 320/360.

SCHWEIGHOUSE-SUR-MODER **67** B.-Rhin 57 ⑲ – rattaché à Haguenau.

La SÉAUVE-SUR-SEMÈNE **43140** H.-Loire 76 ⑧ – 1 074 h alt. 735.

Paris 544 – Le Puy-en-Velay 52 – ♦ St-Étienne 26.

Source, ✆ 71 61 03 79, ← – ☎ P. GB. ch
R 55/110 , enf. 30 – ☕ 22 – **19 ch** 130/180 – ½ P 160.

SEBOURG **59** Nord 53 ⑤ – rattaché à Valenciennes.

Le SECHIER **05** H.-Alpes 77 ⑯ – rattaché à St-Firmin.

SECLIN **59113** Nord 51 ⑯ G. Flandres Artois Picardie – 12 281 h alt. 26.

Voir Cour* de l'hôpital.

Paris 211 – ♦ Lille 13 – Lens 28 – Tournai 32 – Valenciennes 44.

Aub. du Forgeron avec ch, 17 r. Roger Bouvry ✆ 20 90 09 52, Fax 20 32 70 87, – TV ☎ P – 25. AE GB
fermé 6 au 30 août et 24 déc. au 2 janv. – **R** *(fermé sam. soir et dim.)* 120/280 – ☕ 46 – **18 ch** 280/460 – ½ P 290.

MERCEDES-SEAT Philippe, ZI ✆ 20 90 88 00
RENAULT Gar. Wacrenier, bd Hentges ✆ 20 90 12 32 N ✆ 28 40 35 44

Euromaster Fischbach Pneu Service, ZI A ✆ 20 90 65 54

Routes enneigées

Pour tous renseignements pratiques, consultez les cartes Michelin **« Grandes Routes »** 916, 919, 915 ou 989.

SEDAN **08200** Ardennes 53 ⑲ G. Champagne – 21 667 h alt. 157.

Voir Château fort★ BY.

Office de Tourisme parking du Château (fermé matin 16 sept.-14 mars) ☏ 24 27 73 73.

Paris 244 ② – Charleville-Mézières 24 ② – Châlons-sur-Marne 112 ② – Liège 166 ① – Luxembourg 101 ① – ♦Metz 150 ① – Namur 108 ① – ♦Reims 100 ② – Thionville 134 ① – Verdun 79 ①.

SEDAN

Armes (Pl. d') . . . . **BY** 3
Carnot (R.) . . . . **BY** 6
Gambetta (R.) . . . . **BY** 12
Halle (Pl. de la) . . . . **BY** 15
Leclerc (Av. du Mar.) . . **BY** 24
Ménil (R. du) . . . . **BY**

Alsace-Lorraine (Pl. d') . **BZ** 2
Blanpain (R.) . . . . **BY** 4
Calonne (Pl.) . . . . **BY** 5
Crussy (Pl.) . . . . **BY** 8
Fleuranges (R. de) . . . . **AY** 10
Goulden (Pl.) . . . . **BY** 14
Horloge (R. de l') . . . . . **BY** 17
Jardin (Bd du Gd) . . . . . **BY** 18
La Rochefoucauld (R. de) . . . . **BY** 20
Lattre-de-Tassigny (Bd Mar.-de) . . . . **AZ** 21
Margueritte (Av. du G.) **ABY** 26
Martyrs-de-la-Résistance (Av. des) . **AY** 27
Nassau (Pl.) . . . . **BZ** 31
Pasteur (Av.) . . . . **AZ** 32
Promenoir-des-Prêtres . **BY** 33
Rochette (Bd de la) . . . . **BY** 35
Rovigo (R.) . . . . **BY** 36
Strasbourg (R. de) . . . . . **BZ** 39
Turenne (Pl.) . . . . **BY** 41
Vesseron-Lejay (R.) . . . **AY** 42
Wuidet-Bizot (R.) . . . . . . **BZ** 44

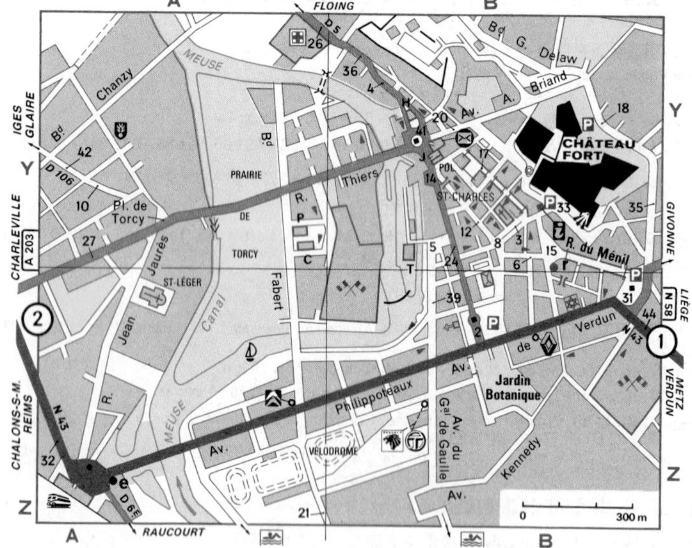

🏨 **Europe,** 5 pl. Gare ☏ 24 27 18 71, Fax 24 29 32 00 – |♦| TV ☎ P. GB. rest — AZ **e**
R 99/160, enf. 50 – ☕ 40 – **25 ch** 180/250 – ½ P 205/220.

XX **Au Bon Vieux Temps,** 3 pl. Halle ☏ 24 29 03 70 – AE ⓓ GB. — BYZ **r**
fermé 25 janv. au 1er mars, dim. soir et lundi sauf fériés – **R** 150/320.

à Bazeilles par ① : 3 km – ✉ **08140** :

Château de Bazeilles M, ☏ 24 27 09 68, Fax 24 27 64 20, parc – TV ☎ ♿ P. GB
R voir rest. **L'Orangerie** ci-après – ☕ 38 – **20 ch** 330/390 – ½ P 303.

Aub. du Port, bord de Meuse : 1 km au sud de Bazeilles ✉ 08450 Remilly-Aillicourt ☏ 24 27 13 89, Télex 840279, Fax 24 29 35 58, – TV ☎ P – 25. AE ⓓ GB. rest
fermé 16 août au 2 sept., 23 déc. au 15 janv., vend. soir d'oct. à avril (sauf hôtel), sam. midi et dim. soir – **R** 85/260 – ☕ 35 – **20 ch** 220/260 – ½ P 250.

XXX ✿ **L'Orangerie** (Belloir), ☏ 24 27 52 11 – GB
fermé 14 juil. au 15 août, vacances de fév., dim. soir et lundi – **R** 110/280 et carte 240 à 330, enf. 70
Spéc. Gaufre de morue fraîche sur canapé de saumon fumé. Dos d'agneau rôti à la croûte de pain et herbes. Clafoutis d'amandes et coulis de griottes sauvages.

OPEL-GM Gar. St-Christophe, 1 av. Philippoteaux ☏ 24 27 17 89
PEUGEOT-TALBOT S.I.S.A., 6 av. Gén.-de-Gaulle ☏ 24 27 13 25 N ☏ 05 44 24 24
RENAULT Ardennes-Autos, 19 av. de Verdun ☏ 24 27 35 40 N
V.A.G Poncelet, 2 pl. de Torcy ☏ 24 27 01 01
Pneu-Station, 45 av. Ch.-de-Gaulle, Balan ☏ 24 27 44 22

SÉES 61500 Orne 60 ③ G. Normandie Cotentin (plan) – 4 547 h alt. 188.

Voir Cathédrale★ : choeur et transept★★ – Forêt d'Ecouves★★ SO : 5 km.

Syndicat d'Initiative pl. Gén.-de-Gaulle ✆ 33 28 74 79.

Paris 187 – Alençon 22 – L'Aigle 41 – Argentan 22 – Domfront 65 – Mortagne-au-Perche 33.

The Garden H. sans rest, 12 r. Ardrillers ✆ 33 27 98 27, Fax 33 28 90 07, – ☎. GB
▭ 22 – **25 ch** 120/250.

Dauphin avec ch, 31 pl. Halles ✆ 33 27 80 07, Fax 33 28 80 33 – ☎. AE GB JCB
fermé 15 au 21 nov., 1er au 15 fév., dim. soir et lundi hors sais. – **R** 100/350, enf. 65 – ▭ 45 – **6 ch** 270/360 – ½ P 350.

Cheval Blanc avec ch, 1 pl. St-Pierre ✆ 33 27 80 48, Fax 33 28 58 05 – ☎. GB.
fermé 15 oct. au 15 nov., vacances de fév., jeudi soir en sais., sam. hors sais. et vend. sauf le midi hors sais. – **R** 65/180, enf. 38 – ▭ 26 – **9 ch** 195/260 – ½ P 160/190.

à Macé : 5,5 km par rte d'Argentan et D 303 – ✉ 61500 :.

Voir Château d'O★ NO : 5 km.

Ile de Sées, ✆ 33 27 98 65, Fax 33 28 41 22, parc, – ☎ – 30. GB.
fermé 15 fév. au 15 mars, dim. soir et lundi – **R** 95/250, enf. 55 – ▭ 32 – **16 ch** 300 – ½ P 310.

CITROEN Gar. Hugeron, 60 r. République ✆ 33 27 80 13
PEUGEOT Gar. Portilla, ZI la Croix Ragaine ✆ 33 27 93 76
RENAULT Gar. Herouin, rte de Mortagne ✆ 33 27 84 10 ✆ 33 27 94 30

SEGOS 32 Gers 82 ② – rattaché à Aire-sur-l'Adour.

SEGRÉ 49500 M.-et-L. 63 ⑨ G. Châteaux de la Loire – 6 434 h alt. 31.

Voir Château de la Lorie★ SE : 2 km.

Syndicat d'Initiative 3 r. Capitaine Hautecloque (juin-sept.) ✆ 41 92 86 83.

Paris 308 – Ancenis 45 – Angers 36 – Châteaubriant 40 – Laval 53 – ◆Rennes 84 – Vitré 59.

La Corvette, 37 quai Tribunal ✆ 41 61 06 94 – AE GB
fermé 2 au 11 janv., 10 au 27 fév., dim. soir et lundi sauf fêtes – **R** 65/165, enf. 41.

au Bourg-d'Iré SO : 10 km par D 775 et D 219 – ✉ 49780 :

Château La Douve, ✆ 41 61 54 54, Fax 41 61 59 29, ≤, « Château du 19e siècle dans un parc », – ch ☎ – 70. AE GB
fermé 10 janv. au 15 fév., dim. soir et lundi d'oct. à mai – **R** 130/198, enf. 60 – ▭ 50 – **19 ch** 600/1200 – ½ P 450/750.

CITROEN Gar. Bellanger, 34 r. Lamartine ✆ 41 92 23 11
PEUGEOT Gar. Chesneau, à Ste-Gemme-d'Andigne ✆ 41 92 22 52

SÉGURET 84 Vaucluse 81 ② – rattaché à Vaison-la-Romaine.

SÉGUR-LES-VILLAS 15300 Cantal 76 ③ – 318 h alt. 1 000.

Paris 529 – Aurillac 67 – Allanche 12 – Condat 18 – Mauriac 56 – Murat 18 – St-Flour 42.

Santoire, à La Carrière du Monteil de Ségur S : 4 km sur D 3 ✆ 71 20 70 68, Fax 71 20 73 44, ≤, – ☎ – 40. GB
R 70/150, enf. 45 – ▭ 30 – **28 ch** 200/240 – ½ P 252.

SEICHES-SUR-LE-LOIR 49140 M.-et-L. 64 ① – 2 248 h alt. 28.

Paris 273 – Angers 21 – Château-Gontier 41 – Château-la-Vallière 52 – La Flèche 27 – Saumur 48.

à Matheflon N : 2 km par VO – ✉ 49140 Seiches-sur-le-Loir :

Host. St-Jacques, ✆ 41 76 20 30, Fax 41 76 61 51, – ☎. AE GB
hôtel : ouvert 15 mars-2 nov. et fermé dim. et lundi en avril et oct. – **R** *(fermé 1er au 14 nov., fév., lundi sauf le soir de mai à sept. et dim. soir)* 66/190, enf. 38 – ▭ 22 – **10 ch** 110/225 – ½ P 160/220.

SEIGNELAY 89250 Yonne 65 ⑤ G. Bourgogne – 1 538 h alt. 126.

Paris 170 – Auxerre 16 – Chablis 25 – Joigny 21 – Nogent-sur-S. 76 – St-Florentin 20 – Tonnerre 38.

Commerce, ✆ 86 47 71 21 – GB
fermé août, dim. (sauf hôtel) et lundi – **R** 49/90 – ▭ 18 – **8 ch** 85/140.

SEIGNOSSE 40510 Landes 78 ⑰ – 1 630 h alt. 24.

Paris 751 – Biarritz 37 – Mont-de-Marsan 80 – Dax 29 – Soustons 12.

au Golf O : 4 km par D 86 – ✉ 40510 Seignosse :

Allibird Golf H., ✆ 58 43 30 00, Fax 58 43 20 90, – rest ☎ – 30. AE GB
R 140/190, enf. 60 – ▭ 48 – **45 ch** 490/850 – ½ P 525/595.

SEILHAC 19700 Corrèze 75 ⑨ – 1 540 h alt. 490.

Paris 468 – Brive-la-Gaillarde 32 – Aubusson 101 – ♦Limoges 71 – Tulle 15 – Uzerche 15.

Relais des Monédières, rte de Tulle : 1 km ☎ 55 27 04 74, parc, – TV ☎ P. GB
fermé 15 déc. au 15 janv. – **R** 65/165 – 27 – **14 ch** 180/270 – ½ P 190/210.

à St-Salvadour NE : 8 km par D 940, D 44 et D 173E – ✉ **19700** :

Ferme du Léondou, ☎ 55 21 60 04 – P. GB
fermé 15 au 30 nov., 15 fév. au 15 mars et merc. sauf le midi en juil.-août – **R** 58/225.

SEILLANS 83440 Var 84 ⑦ 115 ㉒ G. Côte d'Azur – 1 793 h alt. 366.

Voir N.-D. de l'Ormeau : retable★★ SE : 1 km.

Syndicat d'Initiative Le Valat ☎ 94 76 85 91.

Paris 892 – Castellane 56 – Draguignan 30 – Fayence 7,5 – Grasse 31 – St-Raphaël 42.

France et rest. Clariond, ☎ 94 76 96 10, Télex 970530, Fax 94 76 89 20, ←, – TV ☎ P. AE GB
fermé 5 janv. au 2 fév. et merc. hors sais. – **R** 170/250, enf. 80 – 38 – **20 ch** 380/500 – ½ P 380/420.

SEIX 09140 Ariège 86 ③ G. Pyrénées Aquitaine – 806 h alt. 510.

Voir Vallée du Haut Salat★ S.

Paris 813 – Foix 61 – Ax-les-Thermes 75 – St-Girons 18.

Aub. des Deux Rivières avec ch, au **pont de la Taule** S : 5 km ☎ 61 66 83 57, – GB
fermé 1er au 15 oct. et lundi de mars à mai et de mi- sept. à janv. – **R** 70/140, enf. 35 – 25 – **11 ch** 100/170 – ½ P 120/160.

L'EUROPE en une seule feuille
Carte Michelin n° 970.

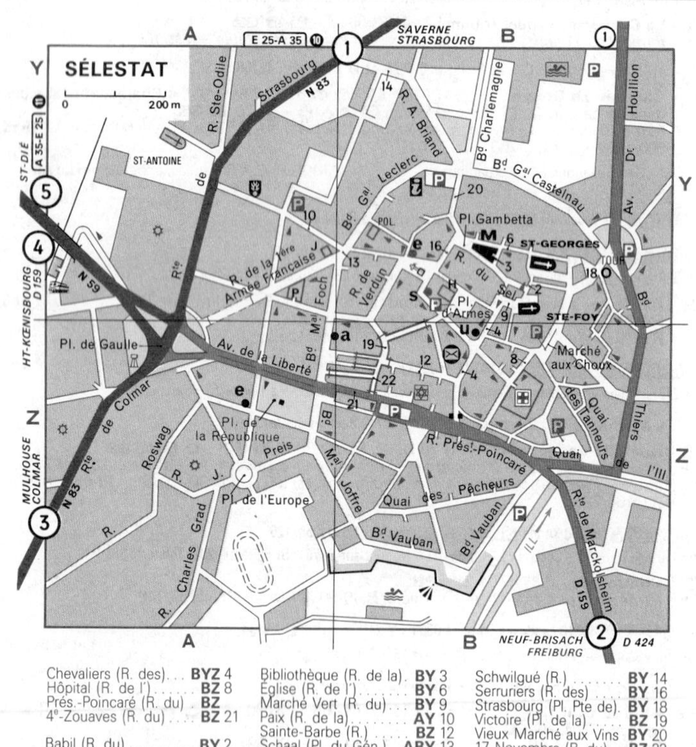

Chevaliers (R. des) ... **BYZ** 4	Bibliothèque (R. de la) . **BY** 3	Schwilgué (R.) .... **BY** 14
Hôpital (R. de l') .... **BZ** 8	Église (R. de l') .... **BY** 6	Serruriers (R. des) .... **BY** 16
Prés.-Poincaré (R. du) . **BZ**	Marché Vert (R. du) ... **BY** 9	Strasbourg (Pl. Pte de). **BY** 18
4e-Zouaves (R. du) .... **BZ** 21	Paix (R. de la) .... **AY** 10	Victoire (Pl. de la) .... **BZ** 19
	Sainte-Barbe (R.) ..... **BZ** 12	Vieux Marché aux Vins **BY** 20
Babil (R. du) .... **BY** 2	Schaal (Pl. du Gén.) . **ABY** 13	17-Novembre (R. du) .. **BZ** 22

SÉLESTAT <SP> 67600 B.-Rhin 62 ⑲ G. Alsace Lorraine – 15 538 h alt. 182.

Voir Vieille ville★ : église Ste-Foy★ BY, église St-Georges★ BY, Bibliothèque humaniste★ BY M – Volerie des Aigles : démonstrations de dressage★ au château de Kintzheim : 5 km par ④ puis 30 mn.

Env. Ebermunster : intérieur★★ de l'église abbatiale★, 9 km par ①.

Office de Tourisme La Commanderie, bd Gén.-Leclerc ✆ 88 92 02 66, Télex 870581.

Paris 434 ① – Colmar 22 ③ – Gérardmer 65 ③ – St-Dié 43 ⑤ – ◆Strasbourg 47 ①.

Plan page précédente

Host. de l'Abbaye la Pommeraie M, 8 av. Mar. Foch ✆ 88 92 07 84, Fax 88 92 08 71, – AE GB — ABZ a
R *(fermé dim. de mars à oct.)* 450 – 90 – **12 ch** 850/1500.

Aub. des Alliés M, 39 r. Chevaliers ✆ 88 92 09 34, Fax 88 92 12 88 – ch rest . GB — BZ u
R *(fermé 28 juin au 13 juil., 18 janv. au 2 fév., dim. soir et lundi)* 98/225 – 40 – **19 ch** 250/360 – ½ P 350.

Vaillant, pl. République ✆ 88 92 09 46, Télex 871244, Fax 88 82 95 01, – . GB. rest — AZ e
R *(Pâques-oct. et fermé lundi midi et dim.)* 80/250 – 42 – **47 ch** 240/390 – ½ P 250/305.

XXX ✿ **Edel,** 7 r. Serruriers ✆ 88 92 86 55, Fax 88 92 87 26, – AE GB — BY e
fermé 27 juil. au 18 août, 16 janv au 2 fév., dim. soir, mardi soir et merc. – **R** 170/370 et carte 250 à 400 , enf. 90
Spéc. Foie gras de canard. Suprême de volaille fermière à la choucroute. Mousse au kirsch à l'alsacienne. **Vins** Tokay-Pinot gris, Pinot Auxerrois.

XX **Vieille Tour,** 8 r. Jauge ✆ 88 92 15 02, Fax 88 92 19 42 – GB JCB — BY s
fermé 22 fév. au 8 mars et lundi – **R** 90/270 , enf. 60.

à Baldenheim E : 8,5 km par D 21 - BY - et D 209 – ✉ **67600** :

XXX ✿ **La Couronne,** r. Sélestat ✆ 88 85 32 22, Fax 88 85 36 27 – . AE GB
fermé 26 juil. au 6 août, 16 au 24 janv., dim. soir et lundi sauf fériés – **R** 150/395 et carte 280 à 400 , enf. 80
Spéc. Nouillettes safranées au foie d'oie chaud et girolles. Matelote du Ried au grand cru Frankstein. Noisettes de chevreuil forestière (1er juin au 1er janv.). **Vins** Tokay-Pinot gris, Pinot noir.

CITROEN Gar. Ménétré, 89 rte de Strasbourg par ① ✆ 88 92 08 42
CITROEN Automobiles Beyrath, ZI Nord, r. Grenchen ✆ 88 82 97 00
FIAT Gar. Ligner, 24 rte de Sélestat à Châtenois ✆ 88 82 05 20
FORD Gar. Keller 1 r. Waldkirch, ZI Nord ✆ 88 92 22 68
MAZDA Gar. Walter, 43 rte de Ste-Marie-aux-Mines à Châtenois ✆ 88 82 07 22
PEUGEOT-TALBOT Maison Rouge Automobiles, Rond Point Maison Rouge ✆ 88 58 80 58 N ✆ 88 26 56 47
RENAULT Centre Alsace Autom., ZI Nord, r. Westrich par ① ✆ 88 92 88 77 N ✆ 88 92 40 57
V.A.G Gar. Michel, 2 r. Grenchen ZI Nord ✆ 88 57 44 44

Éts Kautzmann, 28 rte de Colmar ✆ 88 92 38 00
Pneus et Services D.K., 95 rte de Colmar ✆ 88 92 14 95

SELLES-SUR-CHER 41130 L.-et-Ch. 64 ⑱ G. Châteaux de la Loire – 4 751 h alt. 70.

Syndicat d'Initiative à la Mairie (15 juin-15 sept.) ✆ 54 97 40 19.

Paris 223 – Blois 41 – ◆Orléans 100 – Romorantin-Lanthenay 19 – St-Aignan 16 – Valençay 14.

Lion d'Or, 14 pl. Paix ✆ 54 97 40 83, – . GB
fermé dim. soir et lundi d'oct. à mai – **R** 120/220 – 35 – **10 ch** 210/250 – ½ P 215/240.

SELONNET 04 Alpes-de-H.-P. 81 ⑦ – rattaché à Seyne.

SELTZ 67470 B.-Rhin 87 ③ – 2 584 h.

Paris 509 – ◆ Strasbourg 52 – Haguenau 31 – Karlsruhe 35 – Wissembourg 27.

XX **Aub. de la Forêt,** 42 r. Strasbourg ✆ 88 86 50 45, Fax 88 86 17 16 – GB
fermé 15 au 31 juil., 20 déc. au 15 janv., jeudi soir et lundi – **R** 130/350 **Winstub R** carte 110 à 200 .

SEMBADEL 43 H.-Loire 76 ⑥ – rattaché à La Chaise-Dieu.

SEMBLANÇAY 37360 I.-et-L. 64 ⑭ – 1 489 h alt. 107.

Paris 247 – ◆ Tours 15 – Angers 100 – Blois 74 – ◆Le Mans 67.

Mère Hamard, pl. Eglise ✆ 47 56 62 04, Fax 47 56 53 61 – . GB
fermé vacances de nov., de fév., dim. soir et lundi du 15 oct. à Pâques – **Repas** 98/220, enf. 60 – 35 – **9 ch** 184/245 – ½ P 245/260.

SEMÈNE 43 H.-Loire 76 ⑧ – rattaché à Aurec-sur-Loire.

SEMNOZ (Montagne du) 74 H.-Savoie 74 ⑥ ⑯ G. Alpes du Nord – ✉ 74000 Annecy.

Voir Crêt de Châtillon ✻★★★ (accès par D 41 : d'Annecy 20 km ou du col de Leschaux 14 km, puis 15 mn).

Paris 555 – Annecy 18 – Aix-les-Bains 40 – Albertville 61 – Chambéry 57.

sur D 41 – ✉ 74000 Annecy :

Rochers Blancs ✎, près du sommet, alt. 1 650 ✆ 50 01 23 60, Fax 50 01 40 68, ≤, – TV ☎ P. GB
fermé nov. – **R** 68/90 ✎, enf. 42 – ☐ 35 – **23 ch** 230/320 – ½ P 210/250.

Semnoz Alpes ✎, au sommet, alt. 1 704 ✆ 50 01 23 17, ≤ Mont-Blanc, – ☎ P. AE GB. ✻ rest
hôtel : 30/05-30/09 et 20/12-vacances de printemps ; rest. : 1/05-30/09 et 20/12-vacances de printemps – **R** 75/130, enf. 38 – ☐ 30 – **16 ch** 160/280 – ½ P 240/260.

SEMUR-EN-AUXOIS 21140 Côte-d'Or 65 ⑰ ⑱ G. Bourgogne – 4 545 h alt. 290.

Voir Site★ – Église N.-Dame★ – Pont Joly ≤★.

ℹ Maison du Tourisme avec A.C. 2 pl. Gaveau ✆ 80 97 05 96.

Paris 247 ③ – ♦Dijon 79 ③ – Auxerre 84 ③ – Avallon 40 ③ – Beaune 81 ③ – Montbard 18 ①.

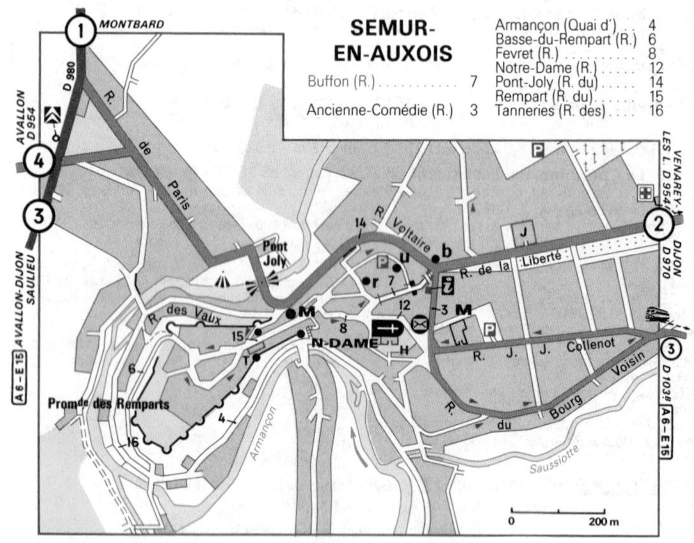

Host. d'Aussois M ✎, rte Saulieu par ③ ✆ 80 97 28 28, Fax 80 97 34 56, ≤, , – TV ☎ ♿ P – 40. AE GB
R 85/180, enf. 45 – ☐ 35 – **43 ch** 300/360 – ½ P 300.

Lac ✎, au lac de Pont E : 3 km par D 103B ✆ 80 97 11 11, Fax 80 97 29 25 – ☎ P. GB. ✻ ch
fermé 15 déc. au 31 janv., dim. soir et lundi sauf juil.-août – **R** 90/238 ✎, enf. 55 – ☐ 33 – **23 ch** 180/330 – ½ P 300/340.

Cymaises ✎ sans rest, 7 r. Renaudot **(u)** ✆ 80 97 21 44, Fax 80 97 18 23, – ☎ P. GB
fermé 22 oct. au 7 nov. et vacances de fév. – ☐ 29 – **18 ch** 210/280.

Côte d'Or, (b) ✆ 80 97 03 13, Fax 80 97 29 83 – TV ☎ . AE GB
fermé 24 nov. au 18 janv. et merc. (sauf hôtel du 30 avril au 30 sept.) – **R** 90/210, enf. 50 – ☐ 32 – **14 ch** 210/300 – ½ P 242/484.

Gourmets, r. Varenne **(r)** ✆ 80 97 09 41, – AE GB
fermé déc., 1er au 7 juin, lundi soir et mardi – **R** 90/200 ✎.

CITROEN Éts Martin ✆ 80 97 07 89
PEUGEOT-TALBOT Cremer, par ② ✆ 80 96 61 23
N ✆ 80 49 63 72
Pignon ✆ 80 97 07 18

SÉNAILLAC-LATRONQUIÈRE 46210 Lot 75 ⑳ – 169 h alt. 558.

Paris 567 – Aurillac 49 – Cahors 89 – Figeac 32 – Lacapelle-Marival 25 – St-Céré 25 – Sousceyrac 8.

Le Grangousier, ✆ 65 40 23 05
fermé janv., mardi midi et lundi sauf juil.-août – **R** 90/180, enf. 50.

SÉNAS 13560 B.-du-R. 84 ② – 5 113 h alt. 95.

Paris 713 – Avignon 35 – Aix-en-Provence 48 – ♦Marseille 61 – St-Rémy-de-Pr. 24 – Salon-de-Pr. 12.

✗ **Luberon** avec ch, N 7 ☎ 90 57 20 10, – . AE GB. ⚹
fermé sam. soir et dim. – **R** 60 ⅄ – ☕ 25 – **7 ch** 130/230 – ½ P 170/240.

SENLIS ⟨SP⟩ 60300 Oise 56 ⑪ ⑫ 106 ⑧ ⑨ **G. Ile de France** – 14 439 h alt. 76.

Voir Cathédrale N.-Dame★★ BY – Vieilles rues★ ABY – Place du Parvis★ BY – Église St-Frambourg★ BY **B** – Jardin du Roy ⋞★ AY – Forêt d'Halatte★ 5 km par la rue du Moulin Rieul BY – Butte d'Aumont ☼★ 4,5 km par la rue du Moulin Rieul BY puis 30 mn – **Env.** Parc Astérix★ S : 12 km par autoroute A1.

9 18 de Morfontaine (privé) ☎ 44 54 68 27, par ④ : 10 km – Office de Tourisme pl. Parvis-Notre-Dame ☎ 44 53 06 40.

Paris 50 ③ – Compiègne 32 ③ – ♦Amiens 102 ③ – Beauvais 52 ⑥ – Mantes-la-Jolie 106 ⑤ – Meaux 37 ③ – Soissons 59 ③.

SENLIS

Halle (Pl. de la) . . . . . . **BY** 12

Apport-au-Pain (R.) . . **AY** 2
Boutteville (Cours) . . . **BY** 5
Gaulle (Av. Gén.-de) . . . **BY** 9
Heaume (R. du) . . . . **AZ** 13
Henri-IV (Pl.) . . . . **AY** 14
Leclerc (Av. Gén.) . . . . . **BY** 15
Moulin Rieul (R. du) . . . **BY** 16
Parvis (Pl. du) . . . . **BY** 18
Poterne (R. de la) . . . . . **BZ** 22
St-Yves-à-l'Argent (R.) . **BZ** 23
Ste-Geneviève (R.) . . . . **BZ** 25
Treille (R. de la) . . . . **AY** 28
Vernois (Av. F.) . . . . **AY** 29
Villevert (R. de) . . . . **BY** 32

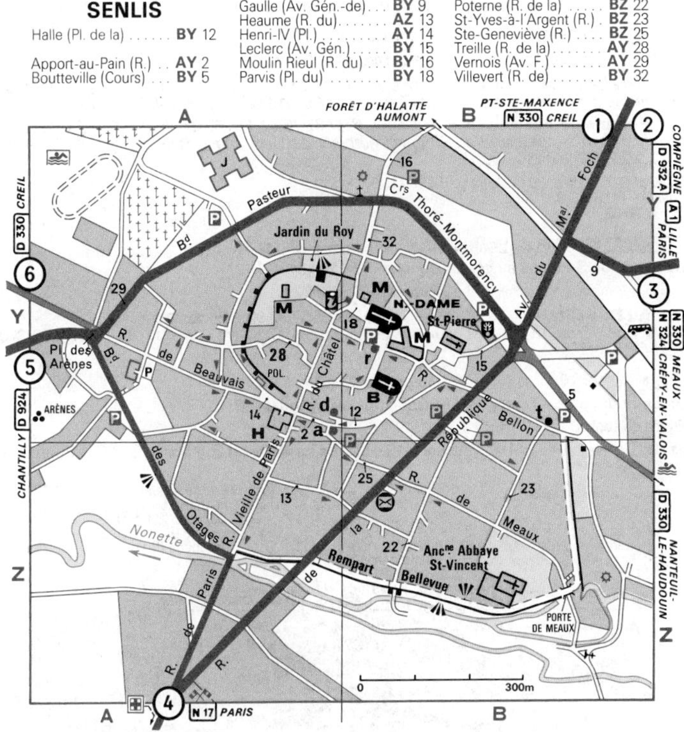

🏨 **Host. de la Porte Bellon,** 51 r. Bellon ☎ 44 53 03 05, Fax 44 53 29 94, , – TV ☎. GB. ⚹ ch — BY **t**
fermé 20 déc. au 10 janv. – **R** 110/320 – ☕ 30 – **19 ch** 200/450 – ½ P 225/315.

✗✗ **Scaramouche,** 4 pl. N.-Dame ☎ 44 53 01 26, Fax 44 53 46 14, – AE ⓓ GB — BY **r**
fermé 15 au 30 août et merc. – **R** 170/350, enf. 50.

✗✗ **Les Gourmandins,** 3 pl. Halle ☎ 44 60 94 01, Fax 44 53 44 06 – GB — AY **d**
fermé 2 au 25 août, lundi soir et mardi sauf fériés – **R** 120/310.

✗✗ **Aub. La Mitonnée,** 93 r. Moulin St-Tron N : 1,5 km par r. Moulin Rieul ☎ 44 53 10 05, Fax 44 53 13 99 – GB
fermé dim. soir – **R** 120/185.

✗✗ **Vieille Auberge,** 8 r. Long Filet ☎ 44 60 95 50, – AE GB — AY **a**
fermé dim. soir et lundi – **R** 125/165, enf. 45.

par ③ *sur N 324 : 2 km* – ✉ 60300 Senlis :

🏨 **Ibis** M, ☎ 44 53 70 50, Télex 140101, Fax 44 53 51 93 – TV ☎ ♿ Ⓟ – 100. AE GB
R *(fermé 24 au 31 déc.)* 91 ⅄, enf. 39 – ☕ 33 – **92 ch** 300/340.

à Mont l'Évêque SE : 4 km par D 330 – ✉ 60300 :

XX **Poivre et Sel,** 26 r. Meaux ☏ 44 60 94 99 – GB
fermé 26 juil. au 4 août, 19 déc. au 7 janv., sam. midi, dim. soir et lundi – **R** 97/145, enf. 50.

CITROEN SO.FI.DAC., angle av. E.-Audibert/ F.-Louat par ③ ☏ 44 60 00 01
PEUGEOT-TALBOT Safari-Senlis, 56 av. de Creil par ⑥ ☏ 44 53 16 46

RENAULT S.A.C.L.I., 64 av. Gén.-de-Gaulle par ③ ☏ 44 53 08 18 N ☏ 44 61 03 78

SENNECÉ-LÈS-MÂCON 71 S.-et-L. 69 ⑲ – rarraché à Mâcon.

SENNECEY-LÈS-DIJON 21 Côte-d'Or 66 ⑫ – rattaché à Dijon.

SENON 55230 Meuse 57 ② G. Alsace Lorraine – 205 h alt. 231.

Paris 297 – ♦ Metz 54 – Longuyon 20 – Verdun 29.

XX **La Tourtière,** ☏ 29 85 98 30 – GB
fermé 28 août au 10 sept., 20 fév. au 5 mars, mardi soir et merc. – **R** 108/260 ♖, enf. 42.

SENONCHES 28250 E.-et-L. 60 ⑥ – 3 171 h alt. 220.

Paris 116 – Chartres 37 – Dreux 38 – Mortagne-au-Perche 41 – Nogent-le-Rotrou 33.

XX **Forêt** avec ch, pl. Champ de Foire ☏ 37 37 78 50, Fax 37 37 74 98, 🌳 – TV ☎. AE GB
fermé mars – **R** *(fermé merc.)* 65/175 ♖ – ☕ 25 – **13 ch** 160/350 – ½ P 210/380.

XX **Pomme de Pin** avec ch, r. M. Cauty ☏ 37 37 76 62, Fax 37 37 86 61, 🌳 – TV ☎. AE GB
fermé 15 au 28 juil., 3 au 23 janv., dim. soir et lundi midi – **R** 85/250 ♖ – ☕ 32 – **10 ch** 220/280 – ½ P 210/230.

CITROEN Gar. Central, 39 r. Peuret ☏ 37 37 71 18
PEUGEOT-TALBOT Blondeau, 20 r. Michel Cauty ☏ 37 37 70 82

SENONES 88210 Vosges 62 ⑦ G. Alsace Lorraine – 3 157 h alt. 340.

Env. Route de Senones au col du Donon★ NE : 20 km.

Paris 386 – Épinal 56 – ♦ Strasbourg 76 – Lunéville 48 – Saint-Dié 20.

X **Au Bon Gîte** avec ch, ☏ 29 57 92 46, Fax 29 57 93 92 – TV ☎. GB
fermé 1er au 15 mars et dim. soir – **Repas** 95/150 ♖, enf. 40 – ☕ 28 – **7 ch** 220/300 – ½ P 220/260.

SENS <SP> 89100 Yonne 61 ⑭ G. Bourgogne – 27 082 h alt. 69.

Voir Cathédrale★★ – Trésor★★ – Musée et palais synodal★ M.

ℹ Office de Tourisme pl. J.-Jaurès ☏ 86 65 19 49.

Paris 119 ⑤ – Fontainebleau 54 ⑤ – Auxerre 58 ③ – Châlons-sur-Marne 134 ① – Montargis 53 ④ – Troyes 61 ②.

SENS

Cornet (Av. Lucien) 9
Déportés-et-de-la-Résistance (R. des)
Grande-Rue 15
République (Pl. de la) 27
République (R. de la) 28
Alsace-Lorraine (R. d') 2
Chambonas (Cours) 8
Cousin (Square J.) 10
Foch (Bd Mar.) 12
Garibaldi (Bd des) 13
Leclerc (R. du Gén.) 19
Maupeou (Bd de) 21
Moulin (Quai J.) 23

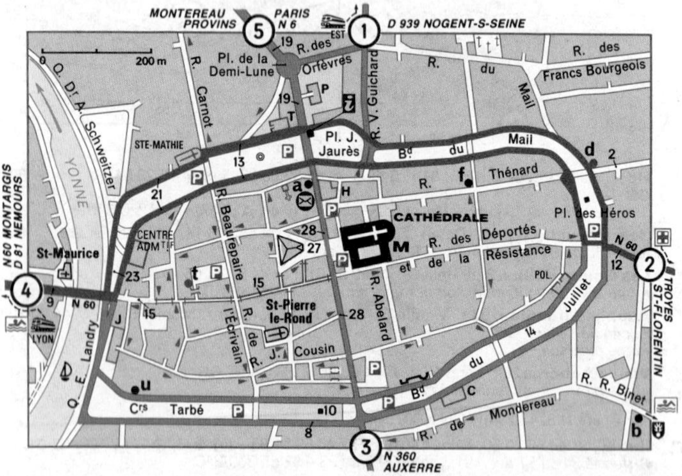

Paris et Poste, 97 r. République **(a)** ✆ 86 65 17 43, Fax 86 64 48 45, « Salle à manger rustique bourguignon » – rest – 30. AE GB JCB
R 140/300 – 46 – **21 ch** 365/490, 4 appart. – ½ P 390.

Virginia M, par ② rte de Troyes : 3 km ✆ 86 64 66 66, Fax 86 65 75 11, – – 50. AE GB
R grill *(fermé dim. soir)* 80/95, enf. 55 – 30 – **100 ch** 215/260 – ½ P 250.

Arcade sans rest, 9 cours Tarbé **(u)** ✆ 86 64 26 99, Télex 801654, Fax 86 64 46 29 – – 25. AE GB
35 – **44 ch** 265/350.

H. Résidence R. Binet sans rest, 20 r. R. Binet **(b)** ✆ 86 95 21 50, Fax 86 65 78 16 – . GB
24 – **33 ch** 135/285.

Brennus sans rest, 21 r. Trois Croissants **(f)** ✆ 86 64 04 40, Fax 86 65 44 10 – ch – 30. AE GB
35 – **30 ch** 260/310.

La Madeleine, 1 r. Alsace-Lorraine **(d)** ✆ 86 65 09 31, Fax 86 95 37 41 – . AE GB
fermé 24 au 30 déc., dim. soir et lundi – **R** 160/340, enf. 80.

Aub. de la Vanne, 176 av. de Senigallia par ③ ✆ 86 65 13 63, Fax 86 65 90 85, « Terrasse au bord de l'eau », – . AE GB
fermé 16 au 22 avril, 3 au 10 sept., 17 déc. au 10 janv., jeudi soir et vend. – **R** 82/225, enf. 60.

Clos des Jacobins, 49 Gde rue **(t)** ✆ 86 95 29 70 – . AE GB
fermé 15 au 31 août, 22 déc. au 2 janv., 22 fév. au 4 mars, mardi soir et merc. – **R** (prévenir) 140/270.

La Potinière, 51 r. Cécile de Marsangis par ④ ✆ 86 65 31 08, Fax 86 64 60 19, « Terrasse au bord de l'eau » – GB
fermé 1er au 7 sept., vacances de fév., lundi soir et mardi – **R** (prévenir) 152/270.

à Soucy par ① : 7 km – ✉ **89100** :

Aub. du Regain avec ch, ✆ 86 86 64 62, – GB
fermé 23 août au 13 sept., 15 au 28 fév., dim. soir et lundi – **R** 95/220, enf. 70 – 25 – **6 ch** 130/200 – ½ P 170/220.

à Malay-le-Petit par ② : 8 km – ✉ **89100** :

Aub. Rabelais avec ch, ✆ 86 88 21 44, – . GB
fermé 1er au 15 nov., 1er au 15 fév., merc. soir et jeudi sauf fêtes – **R** 100/220 – 33 – **6 ch** 165/260.

à Subligny par ④ : 7 km sur N 60 – ✉ **89100** :

Haie Fleurie, ✆ 86 88 84 44, – . GB
fermé dim. soir, merc. soir et jeudi – **R** 180/240.

Relais de Subligny, ✆ 86 88 83 22, , – . GB
fermé dim. soir, merc. soir et lundi – **R** 130/195, enf. 55.

à Villeneuve-la-Dondagre SO : 12 km par ④, N 60 et D 63 – ✉ **89150** :

Castel Boname M, ✆ 86 86 04 10, Fax 86 86 08 80, , parc, , , – . GB
fermé 17 janv. au 25 fév., dim. soir et lundi d'oct. à mai – **R** 90/330 – 45 – **14 ch** 500/650 – ½ P 640/775.

à Villeroy par ④ : 6 km – ✉ **89100** :

Relais de Villeroy M avec ch, ✆ 86 88 81 77, – . AE GB
fermé 15 déc. au 15 janv., lundi (sauf hôtel) et dim. soir – **R** 130/320 – 35 – **8 ch** 230/280.

BMW Éts Berni, 13 av. Lörrach ✆ 86 65 70 90 N ✆ 86 65 19 97
CITROEN Gd Gar. de l'Yonne, rte de Lyon par ③ ✆ 86 65 12 92
PEUGEOT-TALBOT S.E.G.A.M., 16 bd Kennedy, par ③ ✆ 86 65 19 12
RENAULT Sté Senonaise d'Autom., carrefour Ste-Colombe N 6 à St-Denis-les-Sens par ⑤ ✆ 86 65 18 33 N ✆ 86 96 72 31
RENAULT Gar. Martineau, 11 rte de Nogent à Thorigny-sur-Oreuse par ① ✆ 86 88 42 03 N

Euromaster La Centrale du Pneu, 105 r. Gén.-de-Gaulle ✆ 86 65 24 33
Serdin Pneus, 78 rte de Paris ✆ 86 65 26 03
Sovic, 18 bd Kennedy ✆ 86 65 25 05

SEPT-SAULX 51400 Marne 56 ⑰ – 484 h alt. 96.

Paris 167 – ♦ Reims 23 – Châlons-sur-Marne 28 – Épernay 31 – Rethel 46 – Vouziers 58.

Cheval Blanc, ✆ 26 03 90 27, Télex 830885, Fax 26 03 97 09, , , – . AE GB
fermé 15 janv. au 15 fév. – **R** 190/360 – 50 – **18 ch** 340/450, 7 appart. – ½ P 540/900.

SÉREILHAC 87620 H.-Vienne 72 ⑰ – 1 614 h alt. 312.

Paris 415 – ♦ Limoges 20 – Châlus 15 – Confolens 50 – Nontron 49 – Périgueux 78 – St-Yrieix-la-P. 35.

Motel des Tuileries, aux Betoulles NE : 2 km sur N 21 ✆ 55 39 10 27, , – . GB
fermé 15 au 30 nov., 11 au 31 janv., dim. soir et lundi sauf juil.-août – **R** (dim. prévenir) 68/250, enf. 40 – 28 – **10 ch** 230/260 – ½ P 230.

XXX ✪ **La Meule** (Mme Jouhaud) avec ch, N 21 ✆ 55 39 10 08, Fax 55 39 19 66 – TV ☎ P – 35. AE ⓓ GB JCB
fermé 3 au 24 janv., dim. soir et mardi de nov. à Pâques – **R** 210/360 et carte 290 à 420 – ☕ 65 – **10 ch** 330/370
Spéc. Ambroisie de volaille. Bar aux épices sauce verjus. Tarte au chocolat.

SEREZIN-DU-RHÔNE **69360** Rhône 74 ⑪ – 2 257 h alt. 164.
Paris 478 – ♦Lyon 18 – Rive-de-Gier 23 – La Tour-du-Pin 53 – Vienne 18.

La Bourbonnaise, ✆ 78 02 80 58, Télex 301456, Fax 78 02 17 39, – TV ☎ P – 30. AE ⓓ GB
R 120/320, enf. 75 - **Grill** *(fermé dim. midi)* **R** 67/89 ₰, enf. 39 – ☕ 33 – **41 ch** 173/283 – ½ P 225/285.

SÉRIGNAN-DU-COMTAT **84830** Vaucluse 81 ② – 2 069 h.
Paris 653 – Avignon 42 – Bollène 16 – Nyons 34.

XX **Host. du Vieux Château** avec ch, rte Ste-Cécile ✆ 90 70 05 58, Fax 90 70 05 62, – TV ☎ ♿ P. AE GB
fermé 20 au 30 déc. et dim. soir du 15 oct. au 15 mars – **R** 140/350 – ☕ 40 – **6 ch** 400/800 – ½ P 370/570.

SERRABONE **66** Pyr.-Or. 86 ⑱ **G. Pyrénées Roussillon.**
Voir Le Prieuré★★.

SERRAVAL **74230** H.-Savoie 74 ⑰ – 430 h alt. 763.
Paris 566 – Annecy 30 – Albertville 26 – Bonneville 41 – Faverges 10 – Megève 41 – Thônes 10.

Tournette, ✆ 50 27 50 13, ≤, – TV P. GB
fermé 15 oct. au 15 nov. et mardi hors sais. – **R** 75/110 ₰ – ☕ 28 – **18 ch** 170/270 – ½ P 170/230.

SERRE-CHEVALIER **05240** H.-Alpes 77 ⑱ **G. Alpes du Sud** – Sports d'hiver : 1 350/2 830 m 7 58
– **Voir** ✻★★.
Paris 672 – Briançon 10 – Gap 94 – ♦Grenoble 111 – Col du Lautaret 18.

à Chantemerle – alt. 1 350 – ✉ **05330** St-Chaffrey.
Voir Col de Granon ✻★★ N : 12 km.
Office de Tourisme ✆ 92 24 71 88, Télex 400152.

Plein Sud M sans rest, ✆ 92 24 17 01, Fax 92 24 10 21, ≤, – ch TV ☎ P – 25. GB.
19 juin-19 sept. et 18 déc.-10 avril – ☕ 45 – **42 ch** 460/590.

La Balme M, ✆ 92 24 01 89, Fax 92 24 07 74, ≤, – ch TV ☎ P. AE ⓓ GB JCB
début juin-fin sept. et début déc.-30 avril – **R** snack (dîner seul.) carte 180 à 230 – **25 ch** ☕ 400/500.

à Villeneuve-la-Salle – alt. 1 452 – ✉ **05240** La-Salle-les-Alpes.
Voir Eglise St-Marcellin★ de La-Salle-les-Alpes.
Office de Tourisme ✆ 92 24 71 88, Télex 400152.

Christiania, ✆ 92 24 76 33, Fax 92 24 83 82, ≤, – TV ☎ P. GB. rest
26 juin-12 sept. et début déc.-20 avril – **R** 95/155, enf. 45 – ☕ 40 – **29 ch** 400 – ½ P 360.

Trois Pistes, ✆ 92 24 74 50, Fax 92 24 85 22 – TV ☎ P. GB
20 juin-15 sept. et 1er déc.-30 avril – **R** 85/130, enf. 45 – ☕ 40 – **18 ch** 330 – ½ P 335/360.

X **Aub. Ensoleillée** avec ch, ✆ 92 24 74 04, Fax 92 24 86 25, – ☎. GB
15 juin-15 sept. et 1er déc.-30 avril – **R** 100/175 ₰, enf. 70 – ☕ 32 – **8 ch** 180/280 – ½ P 245/295.

X **Le Bidule,** au Bez ✆ 92 24 77 80, Fax 92 24 85 51 – AE GB
18 juin-30 sept. et 29 nov.-8 mai – **R** (prévenir) 110/200, enf. 40.

au Monêtier-les-Bains – alt. 1 470 – ✉ **05220** :

Aub. du Choucas M, ✆ 92 24 42 73, Fax 92 24 51 60, « Décor montagnard, belle salle de restaurant voûtée », – TV ☎. GB
fermé 2 nov. au 15 déc. – **R** *(fermé mardi midi, dim. soir et lundi du 15 avril au 15 juin et du 1er oct. au 2 nov.)* 200/380, enf. 80 – ☕ 64 – **8 ch** 590/690 – ½ P 505/585.

Europe, ✆ 92 24 40 03, Fax 92 24 52 17 – ☎. AE ⓓ GB
1er juin-30 sept. et 1er déc.-30 avril – **R** 82/120 – ☕ 37 – **31 ch** 300/470 – ½ P 370.

Castel Pélerin, au Lauzet NO : 6 km par rte Lautaret et VO ✆ 92 24 42 09, ≤ – P
20 juin-31 août et 20 déc.-5 avril – **R** 85/145 – ☕ 25 – **6 ch** (½ pens. seul.) – ½ P 205.

Bergerie, ✆ 92 24 41 20 – ☎. GB
20 juin-12 sept. et 20 déc.-15 avril – **R** 78/100 ₰ – ☕ 29 – **12 ch** 180/245 – ½ P 280.

CITROEN Gar. Langner, à St-Chaffrey ✆ 92 24 00 07

OPEL Gar. du Téléphérique, à St-Chaffrey ✆ 92 24 01 65 N

SERRE-PONÇON (Barrage et Lac de) ★★ 05 H.-Alpes 81 ⑦ G. Alpes du Sud.
Voir Belvédère Ivan-Wilhem★★.

SERRES 05700 H.-Alpes 81 ⑤ G. Alpes du Sud – 1 106 h alt. 663.
Syndicat d'Initiative pl. du Lac ✆ 92 67 00 67.
Paris 677 – Gap 41 – Die 65 – La Mure 80 – Manosque 84 – Nyons 64.

Fifi Moulin, ✆ 92 67 00 01, Fax 92 67 07 56, – AE GB
fermé janv. – **R** 70/158 – 32 – **25 ch** 260/280 – ½ P 240/260.

CITROEN Gar. du Buech ✆ 92 67 00 28 N
PEUGEOT-TALBOT Gonsolin ✆ 92 67 03 60 N ✆ 92 67 04 26
RENAULT Keyser, 4 av. M.-Meyère ✆ 92 67 00 11 N

SERRIÈRES 07340 Ardèche 77 ① G. Vallée du Rhône – 1 154 h alt. 139.
Syndicat d'Initiative quai J.-Roche (juil.-août) ✆ 75 34 06 01.
Paris 519 – Annonay 16 – Privas 90 – Rive-de-Gier 40 – ♦St-Étienne 55 – Tournon-sur-Rhône 32 – Vienne 28.

Schaeffer avec ch, ✆ 75 34 00 07, Fax 75 34 08 79, – ch GB
fermé janv., lundi soir et mardi sauf juil.-août – **R** 110/300 – 32 – **12 ch** 160/280.

Parc, ✆ 75 34 00 08, – GB
fermé 1er au 10 oct., dim. soir en hiver et lundi – **R** 125/225, enf. 50.

à l'Ouest : 5 km par N 82 et VO – ✉ 07340 Serrières :

Coq Hardi, ✆ 75 34 83 56, – GB
fermé 16 au 19 août, 13 au 20 sept., 21 au 28 fév., lundi soir et mardi – **R** 65/180, enf. 55.

V.A.G Gar. Gines ✆ 75 34 02 25 N ✆ 75 59 13 16

SERVON 50170 Manche 59 ⑧ – 202 h alt. 36.
Paris 355 – Saint-Malo 51 – Avranches 15 – Dol-de-Bretagne 28 – Saint-Lô 73.

Aub. du Terroir avec ch, ✆ 33 60 17 92, – GB
fermé 17 au 29 oct., 14 nov. au 3 déc. et 16 janv. au 3 fév. – **R** *(fermé sam. midi et merc. d'oct. à avril)* 85/250, enf. 40 – 35 – **8 ch** 180/220 – ½ P 200/230.

SERVOZ 74310 H.-Savoie 74 ⑧ G. Alpes du Nord – 619 h alt. 815.
Voir Gorges de la Diosaz★ : chutes★★ E : 1 km.
Syndicat d'Initiative Le Bouchet, pl. Église (saison) ✆ 50 47 21 68.
Paris 600 – Chamonix-Mont-Blanc 14 – Annecy 82 – Bonneville 42 – Megève 23 – St-Gervais-les-Bains 12.

Chamois sans rest, ✆ 50 47 20 09, Fax 50 47 24 87, ←, – GB
fermé 4 au 16 oct. – 35 – **7 ch** 220/270.

SESSENHEIM 67770 B.-Rhin 57 ⑳ 87 ③ G. Alsace Lorraine – 1 542 h alt. 103.
Paris 494 – ♦Strasbourg 35 – Haguenau 18 – Wissembourg 44.

A L'Agneau, sur D 468 ✆ 88 86 95 55, Fax 88 86 04 43 – GB
fermé 13 au 28 juin, 13 au 28 fév., dim. soir et lundi – **R** carte 210 à 320.

SÈTE 34200 Hérault 83 ⑯ G. Gorges du Tarn – 41 510 h alt. 6.
Voir Circuit★ du Mt-St-Clair ★★ 1,5 km, AZ.
Office de Tourisme 60 Grand'Rue Mario-Roustan ✆ 67 74 71 71.
Paris 791 ③ – ♦Montpellier 30 ③ – Béziers 54 ② – Lodève 68 ③.

Plan page suivante

Grand Hôtel, 17 quai Mar. de Lattre de Tassigny ✆ 67 74 71 77, Télex 480225, Fax 67 74 29 27 – ch ch – 40. AE GB AY **t**
La Rotonde ✆ 67 46 12 20 *(fermé sam. midi)* **R** 145/215, enf. 50 – 34 – **43 ch** 285/480, 4 appart.

Port Marine M, Môle St-Louis ✆ 67 74 92 34, Fax 67 74 92 33, ← – AE GB AZ **d**
fermé 2 janv. au 15 mars – **R** 100/250, enf. 70 – 40 – **36 ch** 300/450, 6 appart. – ½ P 350/410.

Hippocampe sans rest, 3 r. Longuyon ✆ 67 74 51 14 – GB BY **s**
30 – **20 ch** 230/250.

Hermann Facélina, 14 quai L. Suquet ✆ 67 74 34 74 – GB ABY **a**
fermé 31 août au 15 sept., 24 au 30 déc., 26 fév. au 13 mars, dim. soir et lundi – **R** carte 250 à 460, enf. 50.

Les Saveurs Singulières, 5 quai Ch. Lemaresquier ✆ 67 74 14 41 – AE GB BZ **b**
fermé 1er au 15 nov., 1er au 15 fév., le midi en juil.-août, dim. soir et lundi de sept. à juin – **R** 175/350.

La Palangrotte, rampe P. Valéry ✆ 67 74 80 35 – AE GB AZ **r**
fermé mi-janv. à mi- fév., dim. soir et lundi d'oct. à juin – **R** produits de la mer 140/350, enf. 80.

Rest. Alsacien, 25 r. P. Sémard ✆ 67 74 77 94 – GB BY **e**
fermé juil., 22 déc. au 3 janv., dim. soir et lundi – **R** carte 160 à 300.

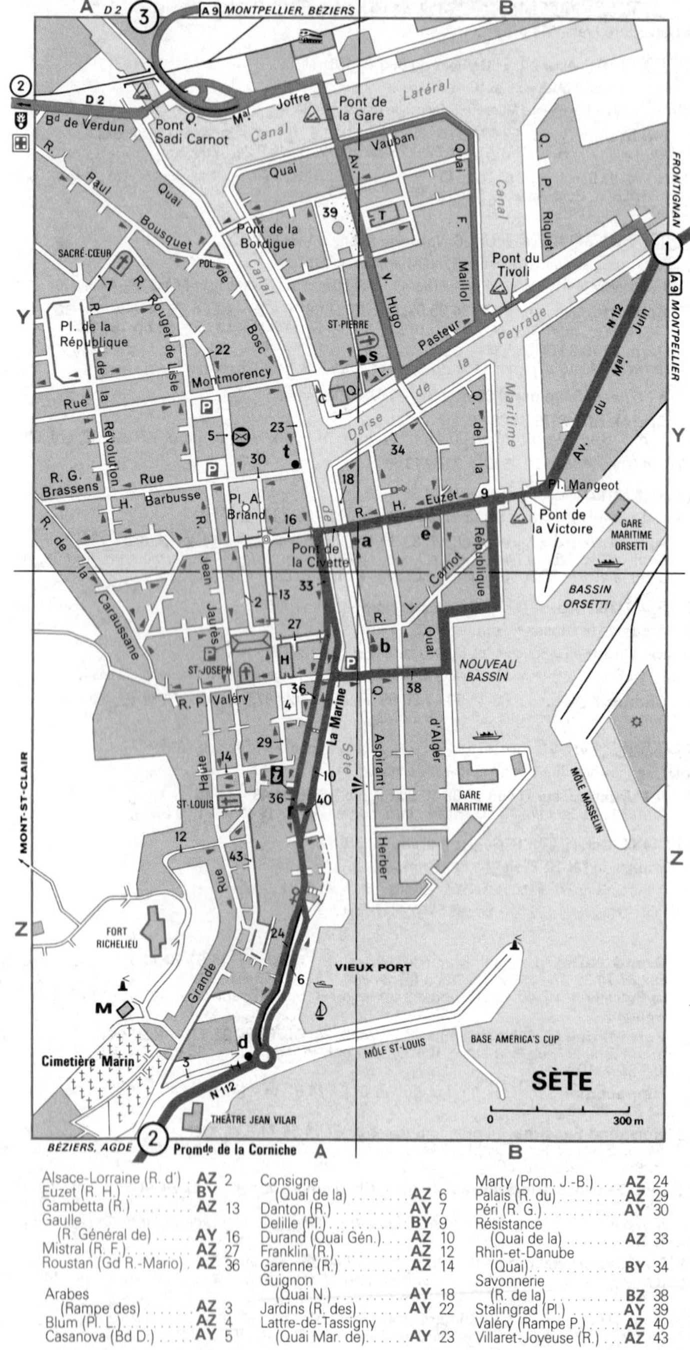

Alsace-Lorraine (R. d') . **AZ** 2	Consigne (Quai de la) . . . . **AZ** 6	Marty (Prom. J.-B.) . . . . **AZ** 24
Euzet (R. H.) . . . . **BY**	Danton (R.) . . . . **AY** 7	Palais (R. du) . . . . **AZ** 29
Gambetta (R.) . . . . **AZ** 13	Delille (Pl.) . . . . **BY** 9	Péri (R. G.) . . . . **AY** 30
Gaulle (R. Général de) . . . . . **AY** 16	Durand (Quai Gén.) . . . . **AZ** 10	Résistance (Quai de la) . . . . **AZ** 33
Mistral (R. F.) . . . . **AZ** 27	Franklin (R.) . . . . **AZ** 12	Rhin-et-Danube (Quai) . . . . **BY** 34
Roustan (Gd R.-Mario) . **AZ** 36	Garenne (R.) . . . . **AZ** 14	Savonnerie (R. de la) . . . . **BZ** 38
Arabes (Rampe des) . . . . . . **AZ** 3	Guignon (Quai N.) . . . . **AY** 18	Stalingrad (Pl.) . . . . **AY** 39
Blum (Pl. L.) . . . . **AZ** 4	Jardins (R. des) . . . . **AY** 22	Valéry (Rampe P.) . . . . . **AZ** 40
Casanova (Bd D.) . . . . . **AY** 5	Lattre-de-Tassigny (Quai Mar. de) . . . . . . **AY** 23	Villaret-Joyeuse (R.) . . . **AZ** 43

sur la Corniche par ② : 2 km :

Impérial sans rest, pl. É. Herriot ☏ 67 53 28 32, Télex 480046, Fax 67 53 37 49 – 30. AE GB JCB
35 – **40 ch** 390/690.

Les Terrasses du Lido M, rond-point Europe ☏ 67 51 39 60, Fax 67 53 26 96, – 25. AE GB
fermé fév. – **R** *(fermé dim. soir et lundi sauf juil.-août)* 120/280, enf. 70 – 40 – **8 ch** 350/450 – ½ P 380/400.

Joie des Sables, plage de la Corniche ☏ 67 53 11 76, – 25. AE GB. ch
Les Flots d'Azur ☏ 67 53 01 52 *(fermé 15 nov. au 31 janv. et lundi midi)* **R** 85/140, enf. 53 – 30 – **25 ch** 320 – ½ P 288.

Sables d'Or sans rest, pl. É. Herriot ☏ 67 53 09 98 – AE GB.
28 – **30 ch** 222/306.

Les Tritons sans rest, bd Joliot-Curie ☏ 67 53 03 98, Fax 67 53 38 31, – AE GB JCB
35 – **36 ch** 210/295.

La Corniche, pl. É. Herriot ☏ 67 53 03 30, – GB
fermé 10 janv. au 28 fév., dim. soir hors sais. et lundi – **R** 95/170, enf. 40.

MERCEDES MAZDA Sadler, 9 quai Vauban ☏ 67 74 60 52
OPEL France-Auto, ZI des Eaux Blanches ☏ 67 48 48 61
PEUGEOT Automobiles Sètoises, 81 bd C. Blanc par ② ☏ 67 51 33 51
RENAULT Sète-Exploitation-Autos, ZI des Eaux Blanches par ③ ☏ 67 48 79 79

SEAT Sète-Autom., 46 quai Bosc ☏ 67 74 36 66

Comptoir Méridional du C/c, 1005 rte de Montpellier ☏ 67 48 80 50
Escoffier-Pneus, 73 parc Aquatechnique ☏ 67 51 07 00
Guittard, 2 quai L.-Pasteur ☏ 67 74 08 91
Martinez-Pneus, 24 quai République ☏ 67 74 93 61

Demandez chez le libraire le catalogue des **publications Michelin.**

SEURRE 21250 Côte-d'Or 69 ⑩ 70 ② G. Bourgogne – 2 728 h alt. 181.

Paris 337 – Chalon-sur-Saône 38 – Beaune 27 – Dijon 42 – Dole 42.

Le Castel, av. Gare ☏ 80 20 45 07, – GB
fermé 2 janv. au 6 fév. et lundi du 5 nov. au 30 avril – **R** 95/280 – 35 – **22 ch** 150/280.

CITROEN Gar. Milan, à Labruyère ☏ 80 21 05 78
CITROEN Gar. François ☏ 80 21 12 84

PEUGEOT-TALBOT Gar. Fuant ☏ 80 20 41 46 N

SEVENANS 90 Ter.-de-Belf. 66 ⑧ – rattaché à Belfort.

SÉVÉRAC-LE-CHÂTEAU 12150 Aveyron 80 ④ G. Gorges du Tarn – 2 486 h alt. 750.

Syndicat d'Initiative r. des Douves (15 juin-août) ☏ 65 47 67 31.

Paris 623 – Mende 65 – Rodez 50 – Espalion 46 – Florac 73 – Millau 30.

Commerce, ☏ 65 71 61 04, Fax 65 47 66 01 – AE GB
fermé janv., sam. soir et dim. soir d'oct. à avril sauf vacances scolaires – **R** 60/250, enf. 38 – 30 – **28 ch** 260/350 – ½ P 250.

Moderne Terminus, à Sévérac-gare ☏ 65 47 64 10 – GB
Pâques-30 sept. et fermé lundi midi en juil.-août et sam. sauf juil.-août – **R** 75/150, enf. 40 – 35 – **22 ch** 180/266 – ½ P 150/210.

Causses, à Sévérac-gare ☏ 65 71 60 15 – GB. rest
fermé oct. et dim. sauf juil.-août – **R** (dîner seul.) 65/80, enf. 40 – 30 – **15 ch** 130/220 – ½ P 155/200.

PEUGEOT Gar. Delmas, Lapanouse ☏ 65 47 62 16

SÉVIGNACQ-MEYRACQ 64260 Pyr.-Atl. 85 ⑥ – 437 h alt. 469.

Paris 797 – Pau 23 – Lourdes 40 – Oloron-Ste-Marie 20.

Bains de Secours avec ch, NE : 3,5 km par D 934 et VO ☏ 59 05 62 11, – AE GB
fermé dim. soir et lundi sauf hôtel de juin à sept. – **R** (prévenir) 80/150 dîner à la carte – 36 – **7 ch** 270/350 – ½ P 240.

SEVRAN 93 Seine-St-Denis 56 ⑪, 101 ⑱ – voir à Paris, Environs.

SÈVRES 92 Hauts-de-Seine 60 ⑩, 101 ㉔ – voir à Paris, Environs.

SÉVRIER 74320 H.-Savoie 74 ⑥ G. Alpes du Nord – 2 980 h alt. 456.

Voir Musée de la Cloche★.

Office de Tourisme ☏ 50 52 40 56.

Paris 542 – Annecy 5,5 – Albertville 40 – Megève 55.

Eramotel, ✆ 50 52 43 83, ⛱, 🏊, 🌳 – ☎ 🅟. GB. ✂ rest
hôtel : 1er fév.-30 sept. ; rest. : 15 juin-15 sept. – **R** (dîner seul.) 128 🍷 – ☕ 30 – **18 ch** 350/395 – ½ P 325/365.

Résidel M sans rest, Sous les Crêts ✆ 50 52 67 50, Fax 50 52 67 11, ≤, 🌳 – cuisinette TV ☎ ♿ 🅟. AE GB
☕ 30 – **12 ch** 250, 6 duplex.

à Letraz N : 2 km sur N 508 – ✉ **74320** Sévrier :

✿ **Aub. de Létraz** (Collon) M, ✆ 50 52 40 36, Fax 50 52 63 36, ≤, ⛱, 🏊, 🌳 – |‡| TV ☎ ♿ 🚗 🅟 – 🏛 25 à 80. AE ⓓ GB JCB
R *(fermé dim. soir et lundi de début oct. à fin mai)* 195/420 et carte 270 à 400 – ☕ 54 – **24 ch** 565/925 – ½ P 488/705
Spéc. Palette de poissons du lac (fév. à mi-oct.). Pigeon en ballotine chaude au foie gras. Nougat glacé au Grand-Marnier. **Vins** Roussette de Seyssel, Pinot noir de Savoie.

Beauregard, rte d'Annecy ✆ 50 52 40 59, Télex 370679, Fax 50 52 44 71, ≤, ⛱, 🌳 – |‡| TV ☎ 🅟 – 🏛 100. GB
fermé 15 déc. au 15 janv. – **R** 110/185, enf. 57 – ☕ 31 – **45 ch** 290/350 – ½ P 275/310.

La Fauconnière, ✆ 50 52 41 18, Fax 50 52 63 33, ⛱, 🌳 – TV ☎ 🅟. GB. ✂
fermé 2 janv. au 8 fév. – **R** 105/195, enf. 50 – ☕ 37 – **29 ch** 240/280 – ½ P 264/284.

CITROEN Alp'Auto ✆ 50 52 41 44

SEWEN 68290 H.-Rhin 66 ⑧ – 539 h alt. 500.

Voir Lac d'Alfeld★ O : 4 km, **G. Alsace Lorraine.**

Paris 448 – Épinal 76 – ◆Mulhouse 38 – Altkirch 38 – Belfort 32 – Colmar 64 – Thann 24 – Le Thillot 27.

Au Relais des Lacs, ✆ 89 82 01 42, ≤, 🌳 – ⅹ ch TV ☎ 🅟 – 🏛 35. AE ⓓ GB JCB
fermé 25 août au 10 sept., 6 janv. au 6 fév., mardi soir et merc. de sept. à mai – **R** 90/192 🍷 – ☕ 38 – **13 ch** 275 – ½ P 220/280.

Vosges, E : 0,5 km ✆ 89 82 00 43, ≤, 🌳 – ☎ 🚗 🅟. AE ⓓ GB
fermé 15 nov. au 20 déc., dim. soir et jeudi sauf juil.-août – **R** 120/280, enf. 55 – ☕ 30 – **19 ch** 230/280 – ½ P 225/260.

SEYNE 04140 Alpes-de-H.-P. 81 ⑦ G. Alpes du Sud – 1 222 h alt. 1 200 – Sports d'hiver : 1 348/1 800 m ⛷9 ⛷.

Voir Col du Fanget ≤★ SO : 5 km.

ℹ Syndicat d'Initiative pl. Armes (vacances scolaires) ✆ 92 35 11 00.

Paris 719 – Digne-les-Bains 41 – Gap 45 – Barcelonnette 41 – Guillestre 74.

Au Vieux Tilleul 🐦, SE : 1,5 km par D 7 et VO ✆ 92 35 00 04, ≤, ⛱, 🏊, 🌳 – ☎ 🅟. AE GB. ✂ rest
Pâques-10 oct. et vacances scolaires – **R** 80/200, enf. 55 – ☕ 35 – **18 ch** 260/340 – ½ P 280/300.

à Selonnet NO : 4 km par D 900 – ✉ **04460** :

Relais de la Forge M 🐦, ✆ 92 35 16 98 – ☎ 🅟. AE GB
◆ *fermé 15 nov. au 13 déc. et lundi sauf vacances scolaires* – **R** 72/165 🍷 – ☕ 26 – **15 ch** 150/250 – ½ P 180/220.

au col St-Jean au N : 12 km par D 900 – alt. 1 333 – Sports d'hiver : 1 300/2 400 m ⛷15 ⛷ – ✉ **04140** Seyne :

Espace M, ✆ 92 35 37 00, Fax 92 35 14 93, ≤ – |‡| ☎ ♿ – 🏛 45. AE GB
R 95/220 – ☕ 32 – **45 ch** 175/265 – ½ P 295.

Les Alisiers, S : 1 km par D 207 ✆ 92 35 30 88 – 🅟. GB
◆ *fermé 12 nov. au 20 déc. et mardi sauf vacances scolaires* – **R** 62/200, enf. 37.

La SEYNE-SUR-MER 83500 Var 84 ⑮ G. Côte d'Azur – 59 968 h alt. 1.

Voir ≤★ de la terrasse du fort Balaguier E : 3 km.

ℹ Office de Tourisme pl. L.-Rollin ✆ 94 94 73 09 et esplanade des Rablettes (saison).

Paris 833 – ◆Toulon 7 – Aix-en-Provence 76 – La Ciotat 35 – ◆Marseille 60.

Moderne sans rest, 2 r. L. Blum ✆ 94 94 86 68, Fax 94 87 05 34 – TV ☎. AE GB
☕ 30 – **26 ch** 170/300.

XX **Aubergade,** 20 r. Faidherbe ✆ 94 94 81 95 – ▤. GB
fermé août, dim. soir et lundi – **R** 130/195, enf. 45.

à Fabrégas S : 4 km par D 18 et VO – ✉ **83500** La Seyne-sur-Mer :

XX **Chez Daniel "rest. du Rivage",** ✆ 94 94 85 13, ⛱ – 🅟. GB
fermé fév. et merc. hors sais. – **R** produits de la mer 230/350.

CITROEN NDRA, quartier Berthe, 501 av. St-Exupéry ✆ 94 94 71 90
PEUGEOT TALBOT S.O.T.R.A., av. E.-d'Orves, q. Bregaillon ✆ 94 94 18 95
RENAULT La Seyne Automobiles, camp Laurent, bretelle-autoroute ✆ 94 11 05 05 🅽 ✆ 05 05 15 15

Auto Sce 83, Centre Commercial Mammouth ✆ 94 30 13 87

Ⓜ Aude, 105 av. Gambetta ✆ 94 87 09 38
Vulcanisation Seynoise, 2 r. Mabily ✆ 94 94 83 48

SEYNOD 74 H.-Savoie 74 ⑥ – rattaché à Annecy.

SEYSSEL 74910 H.-Savoie 74 ⑤ G. Jura – 1 630 h alt. 258.

Office de Tourisme Maison du Pays ✆ 50 59 26 56.

Paris 519 – Annecy 34 – Aix-les-B. 31.

dans le Val du Fier S : 3 km par D 991 et D 14 G. Alpes du Nord – ✉ 74910 Seyssel.

Voir Val du Fier★.

XXX **Rôt. du Fier,** ✆ 50 59 21 64, Fax 50 56 20 54, «Jardin fleuri», – P. GB.
fermé 1er au 15 sept., vacances de fév., mardi soir et merc. – **R** 135/300.

CITROEN Gar. Rossi ✆ 50 59 21 85 N

SEYSSINET-PARISET 38 Isère 77 ④ – rattaché à Grenoble.

SÉZANNE 51120 Marne 61 ⑤ G. Champagne – 5 829 h alt. 137.

Syndicat d'Initiative pl. République (saison) ✆ 26 80 51 43.

Paris 113 – Troyes 60 – Châlons-sur-Marne 57 – Meaux 79 – Melun 87 – Sens 78.

Ménil sans rest, 42 bis r. Parisot-Dufour ✆ 26 81 41 11 – TV ☎ P. AE O GB
fermé dim. – ☐ 23 – **9 ch** 196.

Croix d'Or, 53 r. Notre-Dame ✆ 26 80 61 10, Fax 26 80 65 20 – TV ☎ P. AE O GB
fermé 3 au 17 janv. – **R** *(fermé lundi)* 66/180 – ☐ 35 – **13 ch** 200/260 – ½ P 290.

Relais Champenois, 157 r. Notre-Dame ✆ 26 80 58 03, Fax 26 81 35 32 – TV ☎ ♿. AE GB
fermé 25 déc. au 1er janv., vacances de fév., vend. soir et dim. soir (sauf juil.-août) – **R** 85/220, enf. 45 – ☐ 38 – **16 ch** 160/310.

X **Soleil,** 17 r. Paris ✆ 26 80 63 13, Fax 26 80 67 92 – GB
fermé 12 au 30 nov., vacances de fév., mardi soir et merc. – **R** 68/220, enf. 38.

CITROEN Petit Vissuzaine, av. J.-Jaurès ✆ 26 80 50 02

PEUGEOT-TALBOT Gar. Notre-Dame, ZI, rte de Troyes ✆ 26 80 71 01

RENAULT S.C.A.T., ZI, rte de Troyes ✆ 26 80 57 31

Euromaster Fischbach Pneu Service, carrefour RN 4 Fontainebleau ✆ 26 80 57 78

SIERCK-LES-BAINS 57480 Moselle 57 ④ G. Alsace Lorraine – 1 825 h alt. 202.

Voir ≤★ du château fort.

Paris 355 – ◆ Metz 45 – Luxembourg 36 – Thionville 17 – Trier 52.

XXX **La Vénerie,** ✆ 82 83 72 41, parc, «Cadre élégant» – P. O GB
fermé fév., merc. soir et lundi – **R** 133/245, enf. 50.

à Montenach SE : 3,5 km sur D 956 – ✉ 57480 :

X **Aub. de la Klauss,** ✆ 82 83 72 38, Fax 82 83 73 00 – GB
fermé 24 déc. au 8 janv. et lundi – **R** 100/175.

à Manderen E : 7 km par N 153 et D 64 – ✉ 57480 :

XX **Au Relais du Château Mensberg** avec ch, ✆ 82 83 73 16, – P. AE O GB
R *(fermé merc.)* 60/250, enf. 40 – ☐ 30 – **4 ch** 200/230 – ½ P 205.

SIERENTZ 68510 H.-Rhin 66 ⑩ – 2 106 h.

Paris 551 – ◆ Mulhouse 15 – Altkirch 18 – ◆ Basel 18 – Belfort 58 – Colmar 51.

XX **Aub. St-Laurent,** 1 r. Fontaine ✆ 89 81 52 81, Fax 89 81 67 08 – P. GB
fermé 18 juil. au 1er août., 15 fév. au 1er mars, lundi et mardi – **R** 200/350, enf. 60.

PEUGEOT TALBOT Gar. Bissel ✆ 89 81 50 00

SIGEAN 11130 Aude 86 ⑩ G. Pyrénées Roussillon – 3 373 h alt. 17.

Env. Réserve africaine de Sigean★ NO : 7 km.

Paris 865 – ◆ Perpignan 42 – Carcassonne 71 – Narbonne 21.

au Nord : 4 km par N 9 et VO – ✉ 11130 Sigean :

Château de Villefalse, ✉ 11130 ✆ 68 48 54 29, Fax 68 48 34 37, parc, – ch TV ☎ P – 25. AE O GB
fermé janv. – **R** *(fermé dim. soir et lundi du 26 sept. au 14 mai)* 340 bc – ☐ 85 – **25 ch** 1200/2500 – ½ P 960/1440.

CITROEN Gar. Roques, ✆ 68 48 20 07

SIGNY-L'ABBAYE 08460 Ardennes 53 ⑰ G. Champagne – 1 422 h alt. 206.

Paris 205 – Charleville-Mézières 29 – Hirson 38 – Laon 71 – Rethel 23 – Rocroi 30 – Sedan 50.

XX **Aub. de l'Abbaye** avec ch, ✆ 24 52 81 27 – TV ☎. GB
fermé 2 janv. au 28 fév., merc. soir et jeudi – **R** 70/145 – ☐ 25 – **10 ch** 170/300 – ½ P 180/250.

CITROEN Gar. Thomassin, rte de Rethel ✆ 24 52 80 24

RENAULT Turquin ✆ 24 52 81 37

SILLERY 51 Marne 56 ⑰ – rattaché à Reims.

SION 54 M.-et-M. 62 ④ G. Alsace Lorraine – alt. 497 – ✉ 54330 Vézelise.

Voir ✻★ du calvaire – Signal de Vaudémont ✻★★ (monument à Barrès) S : 2,5 km.

Paris 322 – Épinal 50 – ♦Nancy 35 – Toul 38 – Vittel 40.

Notre Dame ✎, ✆ 83 25 13 31, Fax 83 25 16 12, ≤, – ☎ ℗. GB
15 mars-15 nov. – **R** 80/125 ♖ – ☐ 29 – **15 ch** 127/220 – ½ P 200/230.

SIORAC-EN-PÉRIGORD 24170 Dordogne 75 ⑯ G. Périgord Quercy – 904 h alt. 77.

Paris 547 – Périgueux 57 – Sarlat-la-Canéda 28 – Bergerac 46 – Cahors 67.

Aub. Petite Reine, rte de Belvès : 1 km ✆ 53 31 60 42, Fax 53 31 69 60, ⛱, ✂ – ▤ rest ☎ ℗. GB. ✂ ch
avril-oct. – **R** 95/180 ♖, enf. 35 – ☐ 37 – **39 ch** 210/315 – ½ P 268/292.

SISTERON 04200 Alpes-de-H.-P. 81 ⑤ ⑥ G. Alpes du Sud – 6 594 h alt. 482.

Voir Site★★ – Citadelle★ : ≤★ Y – Église Notre-Dame★ Z.

Office de Tourisme à l'Hôtel de Ville ✆ 92 61 12 03.

Paris 711 ① – Digne-les-Bains 39 ② – Barcelonnette 97 ① – Gap 49 ①.

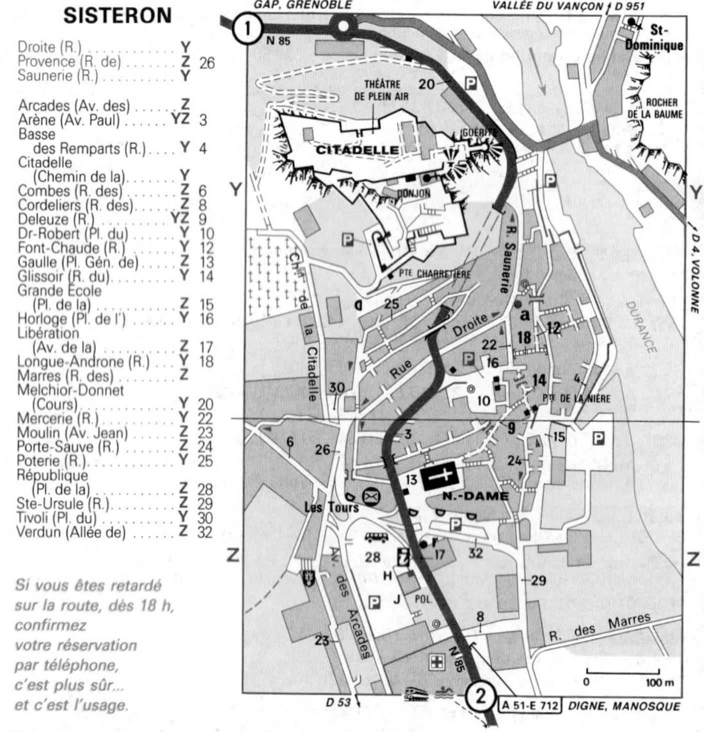

Gd H. du Cours sans rest, pl. Église ✆ 92 61 04 51, Télex 405923, Fax 92 61 41 73 – ☎. AE ⓓ GB Z **r**
1er mars-1er déc. – ☐ 37 – **50 ch** 215/420.

Touring Napoléon, 22 av. Libération par ② ✆ 92 61 00 06, Fax 92 61 01 19 – ▤ rest ☎ ℗. AE ⓓ GB JCB
R 55/150 ♖, enf. 40 – ☐ 35 – **28 ch** 220/320 – ½ P 200/220.

Becs Fins, 16 r. Saunerie ✆ 92 61 12 04 – AE GB Y **a**
fermé 16 au 23 juin, 8 au 28 fév., dim. soir et merc. d'oct. à juin – **R** 86/250, enf. 48.

au NO par ① et N 85 – ✉ 04200 Sisteron :

Ibis M, à 4 km ✆ 92 62 62 00, Fax 92 62 62 10, ⛱ – ch ☎ ♿ ℗ – 25. AE GB
R 96 ♖, enf. 39 – ☐ 33 – **44 ch** 279/298.

Les Chênes, à 2 km ✆ 92 61 13 67, Fax 92 61 16 92, ⛱, – ☎ ℗ – 25. GB
fermé 25 oct. au 11 nov., 20 déc. au 18 janv. et dim. sauf juil.-août – **R** 83/150 – ☐ 33 – **25 ch** 170/320 – ½ P 185/255.

ALFA-ROMEO, TOYOTA Alpes-Sud-Autom., av. Libération ✆ 92 61 01 64 N ✆ 92 61 24 64
FIAT Gar. Moderne, rte de Marseille ✆ 92 61 03 17 N ✆ 92 61 39 90
MERCEDES Diffusion-Auto-Grandes-Alpes, ZI de Proviou-Sud ✆ 92 61 06 66
OPEL Espitallier, 1 av. J.-Jaurès ✆ 92 61 07 09

RENAULT Gar. Meyer, rte de Gap par ① ✆ 92 61 43 77 N ✆ 92 65 13 82
V.A.G Rocca, ZI de Proviou Sud RN 75 ✆ 92 61 46 61 N ✆ 92 62 45 23

Ayme-Pneus, av. Libération ✆ 92 61 08 15

SIX-FOURS-LES-PLAGES 83140 Var 84 ⑭ G. Côte d'Azur – 28 957 h alt. 30.

Voir Fort de Six-Fours ✱★ N : 2 km – Presqu'île de St-Mandrier★ : ✱★★ E : 5 km – ✱★★ du cimetière de St Mandrier-sur-Mer E : 4 km.

Env. Chapelle N.-D.-du-Mai ✱★★ S : 6 km.

Syndicat d'Initiative plage de Bonnegrâce ✆ 94 07 02 21 et au Brusc quai St-Pierre (juil.-août) ✆ 94 34 03 88.

Paris 833 – ♦Toulon 12 – Aix-en-Provence 77 – La Ciotat 35 – ♦Marseille 60.

Clos des Pins M, 101 bis r. République ✆ 94 25 43 68, Fax 94 07 63 07, – TV ☎ ♿ P. AE GB. rest
fermé 15 nov. au 15 déc. – **R** *(fermé sam. et dim. du 15 sept. au 15 juin)* 76 , enf. 39 – 34 – **34 ch** 265/320 – ½ P 245/265.

XXX **Aub. St-Vincent,** carrefour Pont-du-Brusc (D 559) ✆ 94 25 70 50, Fax 94 25 54 64, – P. AE GB
fermé dim. soir et lundi hors sais. – **R** 149/199.

XX **Verdi,** carrefour Pont-du-Brusc (D 559) ✆ 94 25 50 95, Fax 94 25 54 64, , – P. AE GB
fermé dim. soir et lundi hors sais. – **R** cuisine italienne 95/165.

à la Plage de Bonnegrâce NO : 3 km par rte de Sanary – ✉ 83140 Six-Fours-les-Plages :

XX **Le Dauphin,** 36 square Bains ✆ 94 07 61 58, – GB
fermé 1er au 15 janv. et lundi soir hors sais. – **R** 130/350.

au Brusc S : 4 km – ✉ 83140 Six-Fours-les-Plages :

Parc , 112 r. Bondil ✆ 94 34 00 15, Fax 94 34 16 94, – ☎ P. GB.
1er avril-5 oct. et fermé dim. hors sais. – **R** 95/115, enf. 60 – 30 – **18 ch** 210/320 – ½ P 245/300.

XX **St-Pierre - Chez Marcel,** ✆ 94 34 02 52, – AE GB
fermé mardi soir et merc. hors sais. – **R** produits de la mer 135/205, enf. 65.

XX **Mont-Salva,** chemin Mont Salva ✆ 94 34 03 93, – P. AE GB
fermé 15 au 22 nov., 12 janv. au 18 fév., lundi soir et mardi sauf juil.-août – **R** 105/200, enf. 54.

Mendez Pneus, 454 av. Mar.-Juin ✆ 94 74 70 80

SIZUN 29450 Finistère 58 ⑤ G. Bretagne – 1 728 h alt. 113.

Voir Enclos paroissial★ – Bannières★ dans l'église de Locmélar N : 5 km.

Office de Tourisme pl. Abbé-Broch (15 juin-15 sept.) ✆ 98 68 88 40.

Paris 574 – ♦Brest 37 – Carhaix-Plouguer 44 – Châteaulin 33 – Landerneau 15 – Morlaix 33 – Quimper 57.

Voyageurs (annexe), ✆ 98 68 80 35, Fax 98 24 11 49 – ☎ ♿ P. GB
fermé 11 sept. au 3 oct. – **R** *(fermé sam. soir de nov. à début mars)* 55/110 – 27 – **28 ch** 170/230 – ½ P 155/210.

CITROEN Gar. Jegou ✆ 98 68 80 47

RENAULT Dolou ✆ 98 68 80 38 N

SOCHAUX 25600 Doubs 66 ⑧ G. Jura – 4 419 h alt. 318.

Voir Musée Peugeot★ AX.

Paris 483 – ♦Besançon 84 – ♦Mulhouse 52 – Audincourt 8 – Belfort 16 – Montbéliard 4,5.

Voir plan de Montbéliard agglomération

Campanile, r. Collège ✆ 81 95 23 23, Télex 361036, Fax 81 32 21 49, – TV ☎ ♿ P. AE GB AX **d**
R 80 bc/102 bc, enf. 39 – 29 – **62 ch** 268.

XXX **Luc Piguet,** 9 r. Belfort ✆ 81 95 15 14, Fax 81 95 51 21, – P. AE GB AX **z**
fermé 2 au 11 janv., dim. soir et lundi sauf fériés – **R** 105/360 , enf. 60.

CONSTRUCTEUR : S.A. des Automobiles Peugeot, ✆ 81 91 83 42

SOISSONS SP 02200 Aisne 56 ④ G. Flandres Artois Picardie – 29 829 h alt. 55.

Voir Anc. Abbaye de St-Jean-des-Vignes★★ AZ – Intérieur★★ de la Cathédrale★ AY – Musée de l'anc. abbaye de St-Léger★ BY **M**.

Office de Tourisme 1 av. Gén.-Leclerc ✆ 23 53 08 27.

Paris 101 ⑥ – Compiègne 38 ⑦ – Laon 35 ② – Meaux 61 ⑥ – ♦Reims 56 ③ – St-Quentin 59 ① – Senlis 59 ⑥.

SOISSONS

Collège (R. du) . . . . . . **AY** 5
Commerce (R. du) . . . . **BY** 6
St-Christophe (R.) . . . **AY** 33
St-Martin (R.) . . . . **BY** 35

Arquebuse (R. de l') . . **BZ** 2
Château-Thierry (Av.) . **BZ** 4
Compiègne (Av.) . . . . . **AY** 8
Desmoulins (Bd C.) . . . **BZ** 12
Gambetta (Bd L.) . . . . **BY** 14
Intendance (R. de l') . . **BY** 15
Leclerc (Av. Gén.) . . . . **BZ** 22
Marquigny (Pl. F.) . . . . **BY** 23
Paix (R. de la) . . . . **BY** 24
Panleu (R. de) . . . . **AY** 25
Prés. Kennedy (Av.) . . . **AZ** 26
Quinquet (R.) . . . . **ABY** 28
Racine (R.) . . . . **BZ** 29
République (Pl. de la) . . . . **BZ** 30
St-Antoine (R.) . . . . . . **BY** 31
St-Christophe (Pl.) . . . **AY** 32
St-Jean (R.) . . . . **AZ** 34
St-Quentin (R.) . . . . . . **BY** 36
St-Rémy (R.) . . . . **AY** 37
Strasbourg (Bd de) . . **BY** 38
Villeneuve (R. de) . . . . **BZ** 39

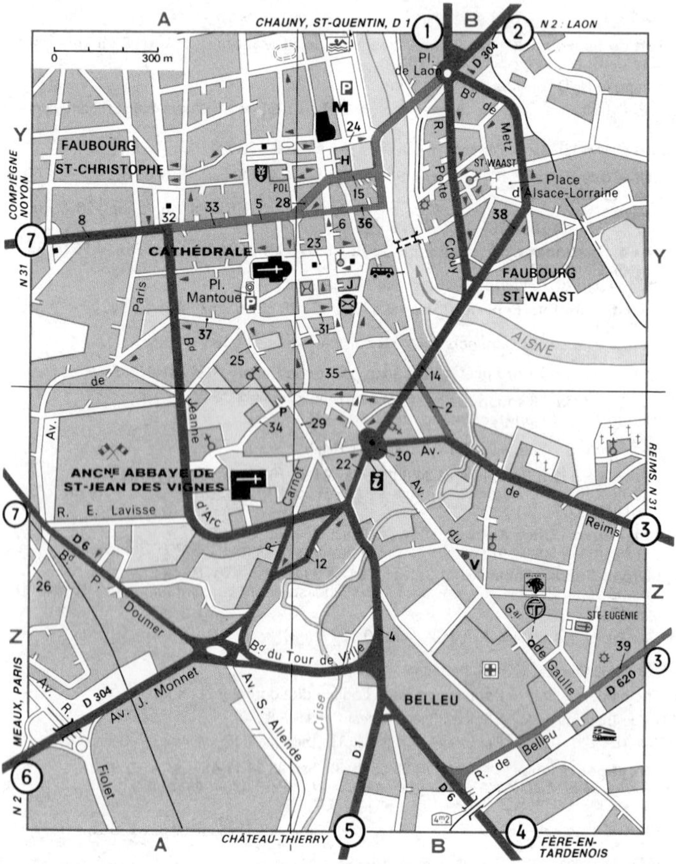

🏨 **La Pyramide,** rte Reims par ③ : 3 km ✆ 23 73 29 83, Fax 23 73 49 60 – TV ☎ P – 50. AE ⓓ GB
R 90/140 – 39 – **28 ch** 270/310 – ½ P 260/270.

XX **Avenue,** 35 av. Gén. de Gaulle ✆ 23 53 10 76 – GB BZ **v**
fermé août, 20 au 28 fév., lundi soir et dim. – **R** 95/220.

FIAT S.E.V.A., 94 av. de Compiègne ✆ 23 53 31 63
FORD Europ Auto, 55 av. Gén.-de-Gaulle ✆ 23 59 03 29
MERCEDES-BENZ Idoine, 3 av. de Compiègne ✆ 23 53 04 41 N
OPEL S.D.A., 10 av. de Compiègne ✆ 23 53 10 69
PEUGEOT-TALBOT Gar. des Lions, 57 av. Gén.-de-Gaulle BZ ✆ 23 74 52 03
RENAULT Larminaux, rte de Reims par ③ ✆ 23 73 34 34 N ✆ 23 72 10 64
ROVER Auto Pneu Savart 7 av. de Laon ✆ 23 59 42 31
TOYOTA Gar. Central, 7 r. St-Jean ✆ 23 53 27 57
V.A.G Veltour Automobiles, 96 bd Jeanne-d'Arc ✆ 23 53 59 59
VOLVO Ile-de-France-Autom., 34 r. C.-Desmoulins ✆ 23 53 30 72
BACHELET Rond Point de l'Archer ✆ 23 73 92 92

Euromaster Fischbach Pneu Service, 60 av. de Compiègne ✆ 23 53 25 76
Hurand Pneu, r. Salvador Allende - ZAC Chevreux ✆ 23 73 90 00

Une réservation confirmée par écrit est toujours plus sûre.

SOLDEU 86 ⑮ – voir à Andorre (Principauté d').

SOLESMES 72 Sarthe 64 ① ② – rattaché à Sablé-sur-Sarthe.

SOLLIÈS-TOUCAS 83210 Var 84 ⑮ – 3 439 h alt. 99.

Paris 833 – ◆ Toulon 18 – Bandol 35 – Brignoles 32.

XX **Le Sassandra,** ✆ 94 28 80 38, 🏞 – AE ⓓ GB
fermé 3 nov. au 3 déc., dim. soir sauf juil.-août et lundi sauf fêtes – **R** 160/300, enf. 70.

SOLLIÈS-VILLE 83210 Var 84 ⑮ G. Côte d'Azur – 1 895 h alt. 228.

Voir ≤★ de l'esplanade de la Montjoie.

Paris 842 – ◆ Toulon 15 – Brignoles 37 – Draguignan 70 – ◆Marseille 79.

XX **L'Amourié,** pl. J. Aicard ✆ 94 33 74 72 – AE GB
fermé 18 juil. au 5 août, 18 janv. au 5 fév., merc. soir et jeudi – **R** 100/225, enf. 50.

SOMMIÈRES 30250 Gard 83 ⑧ G. Gorges du Tarn (plan) – 3 250 h alt. 34.

ℹ Office de Tourisme place des Docteurs-Dax ✆ 66 80 99 30.

Paris 739 – ◆ Montpellier 30 – Aigues-Mortes 29 – Alès 42 – Lunel 13 – Nîmes 26 – Le Vigan 63.

XX **L'Olivette,** 11 r. Abbé Fabre ✆ 66 80 97 71 – AE ⓓ GB
fermé 5 au 31 janv., mardi soir en hiver et merc. – **R** 100/160, enf. 45.

Ⓜ Bourrel-Pneus, rte de Saussines ✆ 66 80 91 31

SONNAZ 73 Savoie 74 ⑮ – rattaché à Chambéry.

SOORTS-HOSSEGOR 40 Landes 78 ⑰ – rattaché à Hossegor.

SOPHIA-ANTIPOLIS 06 Alpes-Mar. 84 ⑨ – rattaché à Valbonne.

SORÈDE 66690 Pyr.-Or. 86 ⑲ G. Pyrénées Roussillon – 2 160 h alt. 64.

ℹ Syndicat d'Initiative r. de l'Église ✆ 68 89 31 17.

Paris 936 – ◆ Perpignan 23 – Amélie-les-Bains-Palada 30 – Argelès-sur-Mer 6,5 – Le Boulou 15.

🏠 **St-Jacques** 🐦 sans rest, 45 r. St-Jacques ✆ 68 89 00 60, ≤, 🏊 – ☎ Ⓟ
1er mars-30 oct. – ☕ 30 – **15 ch** 260.

X **Salamandre,** 3 rte Laroque ✆ 68 89 26 67 – AE ⓓ GB
fermé 1 au 23/3, 11 au 26/10, 12/1 au 28/2, lundi sauf le soir du 15/7 au 15/9 et dim. soir du 15/9 au 15/7 – **R** 108, enf. 40.

SORGES 24420 Dordogne 75 ⑥ G. Périgord Quercy – 1 074 h alt. 178.

ℹ Syndicat d'Initiative Maison de la Truffe (fermé matin) ✆ 53 05 90 11.

Paris 474 – Périgueux 20 – Brantôme 24 – ◆Limoges 79 – Nontron 37 – Thiviers 14 – Uzerche 70.

🏠 **Aub. de la Truffe,** sur N 21 ✆ 53 05 02 05, Fax 53 05 39 27, 🏞, 🏊 – TV ☎ Ⓟ – 🏛 30. AE GB
R 70/250 🍷, enf. 50 – ☕ 35 – **19 ch** 200/295 – ½ P 225/260.

SORGUES 84700 Vaucluse 81 ⑫ – 17 236 h alt. 30.

Paris 677 – Avignon 11 – Carpentras 16 – Cavaillon 29 – Orange 18.

🏠 **Davico,** 67 r. St Pierre ✆ 90 39 11 02, Fax 90 83 48 42 – TV ☎. GB. 🚫 ch
fermé 15 au 31 août (sauf hôtel) et 24 déc. au 17 janv. – **R** *(fermé sam. midi et dim.)* 99/205 🍷, enf. 60 – ☕ 36 – **28 ch** 245/310 – ½ P 239/283.

à Entraigues-sur-Sorgues E : 4,5 km par D 38 – 5 788 h. – ✉ **84300** :

🏠 **Parc,** rte Carpentras ✆ 90 83 62 43, Fax 90 83 29 11, 🏞, parc, 🏊 – ▤ ch TV ☎ ♿ Ⓟ – 🏛 30. GB. 🚫
R 90/250 🍷 – ☕ 36 – **30 ch** 250/300 – ½ P 251/276.

🏠 **Le Béal,** ✆ 90 83 17 22, Fax 90 83 64 96, 🏞 – TV ☎ Ⓟ. ⓓ GB
R *(fermé 27 déc. au 5 janv., dim. hors sais. et sam. midi)* 70/245 🍷, enf. 45 – ☕ 28 – **21 ch** 156/230 – ½ P 170/250.

CITROEN Gar. Rolland, 224 rte d'Orange ✆ 90 83 30 04
PEUGEOT-TALBOT Sorgues Automobiles, ZAC Fournalet 2 ✆ 90 83 02 44
Gar. Lan, 21 rte de Carpentras à Entraigues-sur-Sorgues ✆ 90 83 18 73

Ⓜ Manu-Pneus, Village d'Entreprises Ero ✆ 90 39 66 89

Gli alberghi o ristoranti ameni sono indicati nella guida con un simbolo rosso.

Contribuite a mantenere la guida aggiornata segnalandoci gli alberghi e ristoranti dove avete soggiornato piacevolmente.

🏨 ... 🏠

XXXXX ... X

SOSPEL **06380** Alpes-Mar. 84 ⑳ 115 ⑱ **G. Côte d'Azur** – 2 592 h alt. 349.

Voir Retable de l'Immaculée Conception★ dans l'église St-Michel – Route★ du col de Brouis ≤★ N – Vallée de la Bévera★ et gorges de Piaon★★ NO : 4 km.

Paris 971 – Menton 15 – ◆Nice 39.

Aub. Provençale ⛰, rte col de Castillon : 1,5 km ☎ 93 04 00 31, ≤, – TV ☎ P
fermé 11 nov. au 11 déc. – **R** *(fermé jeudi midi d'oct. à fin mars)* 75/150 – ☕ 30 – **9 ch** 120/290 – ½ P 195/265.

Rey-Autos-Bévéra-Roya ☎ 93 04 01 24

SOTTEVILLE-SUR-MER **76740** S.-Mar. 52 ③ – 365 h alt. 47.

Paris 200 – Dieppe 25 – Fontaine-le-Dun 9,5 – ◆Rouen 60 – Saint-Valéry-en-Caux 11.

XX **Les Embruns,** ☎ 35 97 77 99 – GB
fermé 27 sept. au 4 oct., 24 janv. au 14 fév., lundi sauf juil.-août et dim. soir – **R** 125/225.

SOUBISE **17** Char.-Mar. 71 ⑬ ⑭ – rattaché à Rochefort.

SOUCY **89** Yonne 61 ⑭ – rattaché à Sens.

SOUDAN **79** Deux-Sèvres 68 ⑫ – rattaché à St-Maixent-l'École.

SOUESMES **41300** L.-et-Ch. 64 ⑳ – 1 135 h alt. 127.

Paris 192 – Bourges 48 – Aubigny-sur-Nère 21 – Blois 75 – Cosne-sur-Loire 61 – Gien 51 – Salbris 11.

Aub. Croix Verte, ☎ 54 98 83 70 – P
fermé 1er au 15 sept., 1er au 15 fév., dim. soir et lundi – **R** 80/130 – ☕ 28 – **21 ch** 120/180.

Some useful weights and measures

1 kilogram (1,000 grams) = 2.2 lb.

1 kilometer (1,000 meters) = 0.621 mile

10° C = 50° F   21° C = 70° F

1 liter = 1 ¾ pints   10 liters = 2.62 U.S. gals.

SOUILLAC

Abbaye (Pl. de l') .... Z 2
Barebaste (R.) .... Z 4
Barnichou (Pl.) .... Z 5
Bénétou (Rue) .... Y 7
Betz (Pl. Pierre) .... Z
Bouchier (Pl. J.-B.) .... Z 8
Doussot (Pl.) .... Z 9
Figuier (Pl. du) .... Y 12
Forail-Marsalès (Pl. du) .... YZ
Fréguière (R. de la) .... Z
Gambetta (Av.) .... Y 14
Gaulle (Av. du Gén. de) .... Y 15
Gourgue (R. de) .... Z 16
Granges (R. des) .... Z
Grozel (R. de) .... Y
Halle (R. de la) .... Y 17
Juillet (R. de) .... Y
Laborie (Pl. de) .... Y 20
Laborie (R. de) .... Y
Louqsor (Rue) .... Z 21
Malvarès (Rue) .... Y 22
Malvy (Bd Louis-Jean) .... YZ
Malvy (Av. Martin) .... Y
Morlet (Rue) .... Z 24
Pons (Pl. de l'Abbé) .... Y 25
Pont (R. du) .... Z 26
Puits (Pl. du) .... Y 28
Rajol (Pl. du) .... Y 29
Recège (R. de la) .... Y
St-Martin (Rue) .... Z 32
Sarlat (Av. de) .... Z
Verlhac (Av. P.) .... Y

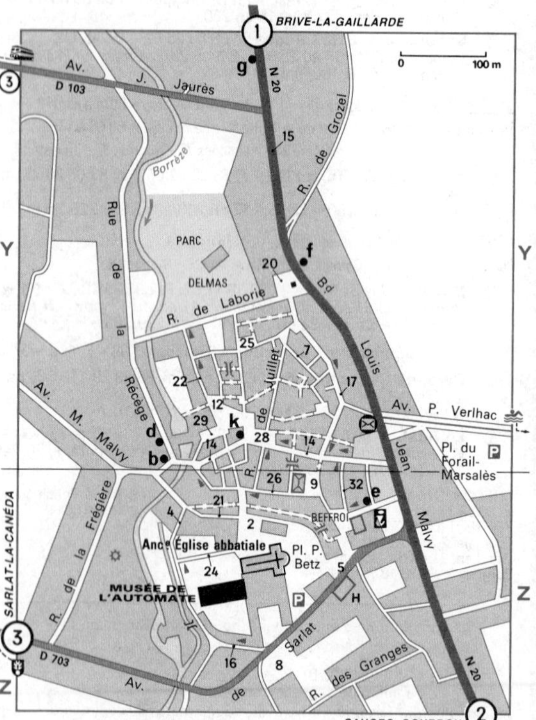

Les guides Rouges, les guides Verts et les Cartes Michelin sont complémentaires. Utilisez-les ensemble.

SOUILLAC **46200** Lot 75 ⑱ **G. Périgord Quercy** – 3 459 h alt. 104.

Voir Anc. église abbatiale : bas-relief "Isaïe"★★, revers du portail★ Z – Musée national de l'Automate et de la Robotique★ Z.

du Mas del Teil ✆ 65 37 01 48, par : ① 8 km.

Office de Tourisme bd L.-J. Malvy ✆ 65 37 81 56.

Paris 522 ① – Brive-la-Gaillarde 37 ① – Sarlat-la-Canéda 29 ③ – Cahors 63 ② – Figeac 67 ② – Gourdon 27 ②.

Plan page précédente

Vieille Auberge M, pl. Minoterie ✆ 65 32 79 43, Fax 65 32 65 19, – TV ☎ – 30. AE ⊕ GB JCB Y b
fermé lundi soir et mardi du 15 nov. au 30 mars – **R** 135/250, enf. 55 – ☕ 35 – **19 ch** 265/330 – ½ P 350.

Les Granges Vieilles, av. Sarlat : 1,5 km par ③ ✆ 65 37 80 92, , parc – ☎ P. GB.
fermé 2 janv. au 15 fév. – **R** 80/250 – ☕ 33 – **11 ch** 280/440 – ½ P 303/383.

Gd Hôtel, 1 allée Verninac ✆ 65 32 78 30, Fax 65 32 66 34, – rest TV ☎. AE GB
1er avril-31 oct. et fermé merc. en avril, mai et oct. – **R** 70/220 – ☕ 30 – **30 ch** 210/350 – ½ P 230/300. Z e

Le Quercy sans rest, 1 r. Récège ✆ 65 37 83 56, Fax 65 37 07 22, , – ☎ . GB Y d
20 mars-1er déc. – ☕ 30 – **25 ch** 240/260.

Puy d'Alon sans rest, av. J. Jaurès Y ✆ 65 37 89 79, Fax 65 32 69 10, – ch TV ☎ . AE GB
☕ 35 – **11 ch** 210/350.

Ambassadeurs, 12 av. Gén. de Gaulle ✆ 65 32 78 36, Fax 65 32 72 70 – TV ☎ . GB Y f
fermé 20 déc. au 20 janv. – **R** 80/210 – ☕ 32 – **28 ch** 195/320 – ½ P 181/203.

Périgord, 31 av. Gén. de Gaulle ✆ 65 32 78 28, Fax 65 32 75 28, – ☎ P. GB Y g
R *(fermé merc.)* 65/140 , enf. 40 – ☕ 30 – **36 ch** 150/270 – ½ P 160/250.

Aub. du Puits, 5 pl. Puits ✆ 65 37 80 32, Fax 65 37 07 16, – TV ☎. GB Y k
fermé nov., déc., dim. soir et lundi hors sais. sauf fêtes – **R** 68/250 – ☕ 28 – **20 ch** 132/250 – ½ P 181/235.

Belle Vue sans rest, 68 av. J. Jaurès - Y ✉ 46200 ✆ 65 32 78 23, Fax 65 37 03 89, , , – ☎ P. GB
fermé 15 déc. au 15 janv. – ☕ 27 – **25 ch** 155/220.

Le Redouillé, 28 av. Toulouse par ② ✆ 65 37 87 25, Fax 65 37 09 09, – P. AE GB
fermé merc. sauf juil.-août – **R** 90/350, enf. 60.

PEUGEOT-TALBOT Gar. Cadier, rte de Sarlat ✆ 65 37 82 72
RENAULT Sanfourche, rte de Sarlat ✆ 65 32 73 03 N
Pneus-Service, 19 av. J.-Jaurès ✆ 65 37 81 88

SOULAC-SUR-MER **33780** Gironde 71 ⑯ **G. Pyrénées Aquitaine** – 2 790 h alt. 8 – Casino de la Plage.

Office de Tourisme r. Plage ✆ 56 09 86 61.

Paris 516 – Royan 10 – ♦Bordeaux 95 – Lesparre-Médoc 29.

à l'Amélie-sur-Mer SO : 4,5 km par VO – ✉ **33780** Soulac-sur-Mer :

Pins, ✆ 56 09 80 01, Télex 571398, Fax 56 73 60 39, , – ☎ P. GB. ch
13 mars-14 nov. – **R** 110/250 , enf. 52 – ☕ 37 – **34 ch** 210/380 – ½ P 245/360.

RENAULT Gar. Merlin ✆ 56 09 80 44

SOULAGES-BONNEVAL **12** Aveyron 76 ⑬ – rattaché à Laguiole.

SOUMOULOU **64420** Pyr.-Atl. 85 ⑦ – 1 022 h alt. 296.

Paris 782 – Pau 17 – Lourdes 25 – Nay 15 – Pontacq 10,5 – Tarbes 23.

Béarn, ✆ 59 04 60 09, Fax 59 04 63 33, , – TV ☎ P. AE ⊕ GB
fermé 5 janv. au 5 fév., dim. soir et lundi d'oct. à juil. – **R** 70/195 – ☕ 35 – **14 ch** 230/310 – ½ P 225/240.

RENAULT Gar. Grimaud, à Espoey ✆ 59 04 65 17 N

SOUPPES-SUR-LOING 77460 S.-et-M. 61 ⑫ – 4 851 h alt. 69.

Paris 89 – Fontainebleau 26 – Melun 42 – Montargis 24 – ◆Orléans 84 – Sens 48.

France Ⓜ, av. Mar. Leclerc (N 7) ✆ (1) 64 29 81 88, Fax (1) 64 29 82 21, – ☎ & Ⓟ – 60. AE ⓓ GB
fermé 2 au 23 août – **R** *(fermé dim. soir et lundi)* 115/155, enf. 50 – ☕ 40 – **26 ch** 200/330.

La Cassolette, r. P. Rollin (face gare) ✆ (1) 64 29 88 77 – GB
fermé 25 août au 7 sept., 12 au 27 fév., dim. soir et lundi – **R** 98/168, enf. 70.

RENAULT Souppes Autom., Gar. Cornut, 115 av. Mar.-Leclerc ✆ 64 29 70 32 N

Le SOUQUET 40 Landes 78 ⑤ – ✉ 40260 Castets.

Paris 702 – Mont-de-M. 53 – ◆Bordeaux 113 – Castets 12 – Mimizan 39 – St-Julien-en-Born 19 – Tartas 26.

Paris-Madrid, ✆ 58 89 60 46, – ☎ Ⓟ. GB.
1er mars-31 oct. – **R** *(fermé lundi midi sauf juil.-août)* 99/190, enf. 52 – ☕ 30 – **16 ch** 230/310 – ½ P 290/310.

SOURDEVAL 50150 Manche 59 ⑨ – 3 211 h alt. 220.

Voir Vallée de la Sée★ O, G. Normandie Cotentin.

Paris 269 – St-Lô 53 – Avranches 37 – Domfront 29 – Flers 30 – Mayenne 63 – St-Hilaire-du-Harcouët 24 – Vire 13.

Le Temps de Vivre, pl. Rex ✆ 33 59 60 41 – Ⓟ. GB
fermé 1er au 7 juil., vacances de fév. et lundi – **R** 46/140 ₰, enf. 32.

PEUGEOT-TALBOT Gar. Postel ✆ 33 59 60 35 N

SOUSCEYRAC 46190 Lot 75 ⑳ – 1 064 h alt. 559.

Paris 555 – Aurillac 48 – Cahors 91 – Figeac 40 – Mauriac 73 – St-Céré 17.

Au Déjeuner de Sousceyrac (Piganiol) avec ch, ✆ 65 33 00 56, Fax 65 33 04 37 – TV. GB
fermé fév., dim. soir et lundi sauf en été – **Repas** 100/190 et carte 210 à 300, enf. 65 – ☕ 30 – **10 ch** 140/200 – ½ P 175
Spéc. Terrine de foie frais de canard. Pigeonneau fermier rôti au jus. Délice aux noix.

SOUS-LA-TOUR 22 C.-d'Armor 59 ③ – rattaché à St-Brieuc.

SOUSMOULINS 17 Char.-Mar. 71 ⑦ – rattaché à Montendre.

SOUSTONS 40140 Landes 78 ⑯ – 5 283 h alt. 5.

Voir Étang de Soustons★ O : 1 km, G. Pyrénées Aquitaine.

de la Côte d'Argent ✆ 58 48 54 65 NO par D 652 puis D 117 : 18 km.

Maison du Tourisme "La Grange de Labouyrie" ✆ 58 41 52 62.

Paris 738 – Biarritz 47 – Mont-de-Marsan 77 – Castets 22 – Dax 26 – St-Vincent-de-Tyrosse 13.

Pavillon Landais, av. Lac ✆ 58 41 14 49, Fax 58 41 26 03, ←, « Au bord du lac », – TV ☎ & Ⓟ – 40. AE ⓓ GB
R *(fermé janv., dim. soir et lundi)* 100/220 ₰, enf. 80 – ☕ 40 – **27 ch** 280/480 – ½ P 310/390.

Château Bergeron, r. du Vicomte ✆ 58 41 58 14, parc, – ch ☎ Ⓟ. GB.
1er juin- 30 sept. – **R** (résidents seul.) (dîner seul.) – ☕ 40 – **9 ch** 300/380, 4 appart. – ½ P 380.

La Bergerie, av. Lac ✆ 58 41 11 43, « Demeure landaise dans un parc » – ch ☎ Ⓟ. GB.
1er mars-15 nov. – **R** (résidents seul.) (dîner seul.) – ☕ 40 – **12 ch** 380 – ½ P 380.

CITROEN Lartigau, 12 av. Mar.-Leclerc ✆ 58 41 14 80
PEUGEOT-TALBOT Desbieys, 7 r. d'Aste ✆ 58 41 10 57
PEUGEOT-TALBOT Gar. Bouyrie, 6 av. Gén.-de-Gaulle ✆ 58 41 51 75

La SOUTERRAINE 23300 Creuse 72 ⑧ G. Berry Limousin – 5 459 h alt. 366.

Voir Église★ – Syndicat d'Initiative pl. Gare (fermé après-midi hors saison) ✆ 55 63 10 06.

Paris 345 – ◆Limoges 57 – Bellac 40 – Châteauroux 74 – Guéret 34.

Porte Saint-Jean, r. Bains ✆ 55 63 90 00, Fax 55 63 77 27 – TV ☎. AE ⓓ GB. rest
R 83/189 ₰, enf. 43 – ☕ 34 – **32 ch** 190/289 – ½ P 225/285.

A l'Est : 7 km par N 145, D 74 et VO – ✉ 23300 Noth :

Château de la Cazine Ⓜ, ✆ 55 89 61 11, Fax 55 89 61 10, parc, – TV ☎ & Ⓟ – 30. AE ⓓ GB
fermé 4 au 31 janv. – **R** *(fermé lundi)* 190/440 – ☕ 55 – **22 ch** 480/1070 – ½ P 450/745.

à St-Étienne-de-Fursac S : 11 km par D 1 – ✉ 23290 :

Nougier, ✆ 55 63 60 56, Fax 55 63 65 47, « Intérieur rustique », – TV ☎ Ⓟ. ⓓ GB
fermé 1er déc. au 28 fév., lundi midi en juil.-août, dim. soir et lundi de sept. à juin sauf fêtes – **R** 100/250, enf. 70 – ☕ 36 – **12 ch** 260/360 – ½ P 265.

CITROEN Chambraud ✆ 55 63 08 89
PEUGEOT TALBOT Gar. Laville, 7 av. République ✆ 55 63 01 63
G.P. Pneus, bd de Belmont ✆ 55 63 78 23
Pneus et Caoutchouc, 22 à 26 r. de Lavaud ✆ 55 63 00 25

SOUVIGNY **03210** Allier 69 ⑭ G. Auvergne – 2 024 h alt. 242.

Voir Prieuré St-Pierre★★ – Calendrier★★ dans l'église-musée St-Marc.

Paris 298 – Moulins 12 – Bourbon-l'Archambault 14 – Montluçon 63.

✗ **Aub. des Tilleuls,** ✆ 70 43 60 70 – GB
fermé 2 au 20 janv., dim. soir du 1er nov. à Pâques et lundi – **R** 110/215, enf. 55.

SOUVIGNY-EN-SOLOGNE **41600** L.-et-Ch. 64 ⑩ – 440 h alt. 143.

Paris 175 – ◆ Orléans 37 – Gien 48 – Lamotte-Beuvron 14 – Montargis 63.

✗✗ **Perdrix Rouge,** ✆ 54 88 41 05, Fax 54 88 05 56, « Jardin » – GB
fermé 22 fév. au 16 mars, 30 août au 7 sept., 3 au 11 janv., lundi sauf le midi d'avril à oct. et mardi sauf férié – **Repas** (dim. et fêtes prévenir) 80/320, enf. 100.

✗✗ **Aub. Croix Blanche** avec ch, ✆ 54 88 40 08, Fax 54 88 91 06 – ☎ P. GB
fermé mi-janv. à début mars, mardi soir et merc. – **R** 75/240 – ☕ 35 – **9 ch** 180/300 – ½ P 220/260.

RENAULT Gar. Paret ✆ 54 88 43 18

SOYONS **07** Ardèche 77 ⑪ ⑫ – rattaché à St-Péray.

SPEZET **29540** Finistère 58 ⑯ – 2 038 h alt. 111.

Voir Chapelle N.-D.-du-Crann★ : vitraux★★ S : 1 km, G. Bretagne.

ℹ Syndicat d'Initiative à la Mairie ✆ 98 93 80 03.

Paris 520 – Carhaix-Plouguer 15 – Châteaulin 32 – Concarneau 46 – Pontivy 67 – Quimper 42.

STAINS **93** Seine-St-Denis 56 ⑪, 101 ⑯ – voir à Paris, Environs.

STAINVILLE **55500** Meuse 62 ① – 380 h alt. 209.

Paris 228 – Bar-le-Duc 18 – Commercy 35 – Joinville 35 – Neufchâteau 69 – St-Dizier 20 – Toul 57.

✗✗ ✿ **La Petite Auberge,** ✆ 29 78 60 10 – AE ⓓ GB
fermé 19 juil. au 14 août, dim. soir, vend. soir et sam. – **R** (nombre de couverts limité - prévenir) 145/250 et carte 190 à 290
Spéc. Saumon à l'oseille. Filet de boeuf aux pleurotes. Gâteau au chocolat. **Vins** Côtes de Toul gris et rouge.

✗ **La Grange** ⛰ avec ch, ✆ 29 78 60 15, Fax 29 78 67 28, ☂, ⛱ – 🚗. GB
R *(fermé lundi)* 120/170 – ☕ 35 – **9 ch** 170/240 – ½ P 220/250.

STEENBECQUE **59189** Nord 51 ④ – 1 553 h.

Paris 239 – ◆ Calais 66 – Arras 58 – Dunkerque 49 – ◆ Lille 53.

✗ **Aub. de la Belle Siska,** rte St-Venant E : 4 km sur D 916 ✆ 28 43 61 77 – P. GB
fermé mardi du 15 nov. au 15 mars et dim. soir – **R** 125/210.

STEINBRUNN-LE-BAS **68** H.-Rhin 66 ⑩ – rattaché à Mulhouse.

STELLA-PLAGE **62** P.-de-C. 51 ⑪ – rattaché au Touquet.

STIRING-WENDEL **57** Moselle 57 ⑥ – rattaché à Forbach.

Write us...

If you have any comments on the contents of this Guide.
Your praise as well as your criticisms will receive careful consideration and, with your assistance, we will be able to add to our stock of information and, where necessary, amend our judgments.

Thank you in advance!

STRASBOURG **P** **67000** B.-Rhin 62 ⑩ **G. Alsace Lorraine** – 252 338 h Communauté urbaine 429 880 h alt. 140.

Voir Cathédrale★★★ : horloge astronomique★ CX – La Petite France★★ BX : rue du Bain-aux-Plantes★★ BX **7** – Barrage Vauban ※★★ BX – Ponts couverts★ BX – Place de la cathédrale★ CX **17** : maison Kammerzell★ CX **e** – Mausolée★★ dans l'église St-Thomas CX – Place Kléber★ CV – Hôtel de Ville★ CV **H** – Palais de l'Europe★ DU – Orangerie★ DEU – Promenades sur l'Ill et les canaux★ CX – Musées : Oeuvre N.-Dame★★ CX **M**[1], musées★★ au palais Rohan★ CX, Alsacien★★ CX **M**[2], Historique★ CX **M**[3] – Visite du port★ en bateau CY.

9 9 9 à Illkirch-Graffenstaden (privé) ✆ 88 66 17 22 FS ; 18 de la Wantzenau à Wantzenau ✆ 88 96 37 73, N par D 468 : 12 km ; 18 de Kempferhof à Plosheim ✆ 88 98 72 72, S par D 468 : 15 km.

de Strasbourg-International : ✆ 88 64 67 67, par D 392 : 12 km FR.

✆ 88 22 50 50.

i Office de Tourisme et Accueil de France (Informations et réservations d'hôtels, pas plus de 5 jours à l'avance) 17 place de la Cathédrale ✆ 88 52 28 28, Télex 870860, Fax 88 52 28 29 annexes : pl. Gare ✆ 88 32 51 49 et Pont de l'Europe ✆ 88 61 39 23 – A.C. 5 av. Paix ✆ 88 36 04 34.

Paris 490 ① – ♦Basel 137 ③ – Bonn 305 ③ – ♦Bordeaux 1061 ① – Frankfurt 218 ③ – Karlsruhe 81 ③ – ♦Lille 525 ① – Luxembourg 223 ① – ♦Lyon 485 ④ – Stuttgart 146 ③.

Plans : Strasbourg p. 2 à 6

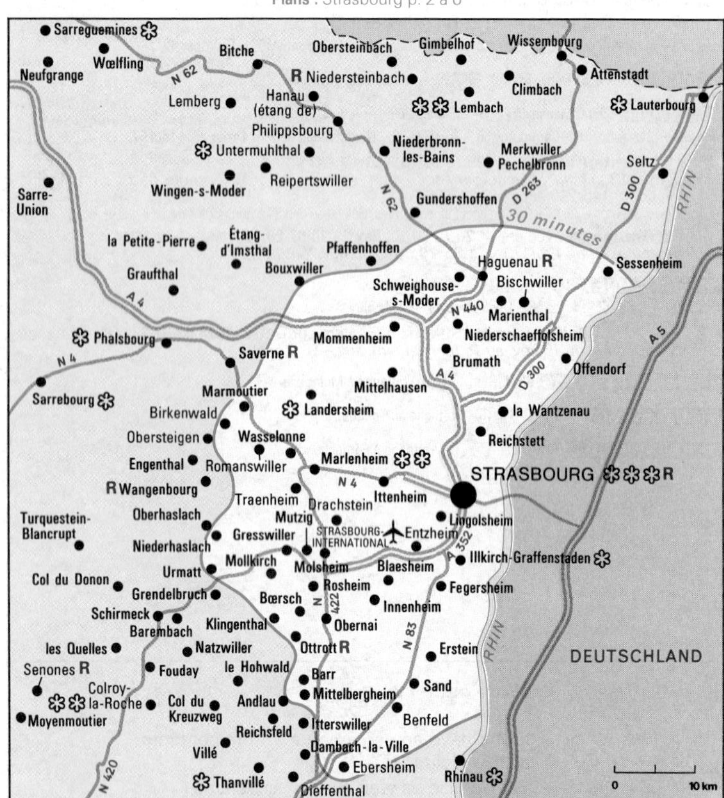

Hilton M, av. Herrenschmidt ✆ 88 37 10 10, Télex 890363, Fax 88 36 83 27, – cuisinette ch ☎ & – 30 à 350. AE GB. rest p. 4 CT **e**
La Maison du Boeuf ✆ 88 37 10 06 *(fermé août, sam. midi et dim.)* **R** 165/280, enf. 60 – **Le Jardin** ✆ 88 37 10 05 **R** 149/162 , enf. 50 – 90 – **241 ch** 990/1090, 5 appart.

Régent Petite France M , 5 r. Moulins ✆ 88 76 43 43, Télex 880418, Fax 88 76 43 76, <, , « Anciennes glacières au bord de l'Ill » – ch ☎ & – 60. AE GB p. 6 BX **z**
R carte 250 à 330 – 80 – **61 ch** 800/1200, 7 appart., 4 duplex.

Sofitel M, pl. St-Pierre-le-Jeune ✆ 88 32 99 30, Télex 870894, Fax 88 32 60 67, , patio – ch rest – 120. AE GB p. 6 CV s
L'Alsace Gourmande ✆ 88 75 11 10 **R** carte 130 à 210 – 75 – **155 ch** 650/750, 3 appart..

Holiday Inn M, 20 pl. Bordeaux ✆ 88 37 80 00, Télex 890515, Fax 88 37 07 04, , – ch – 50 à 600. AE GB JCB p. 4 CT n
La Louisiane R 170, enf. 90 – 75 – **170 ch** 850.

Régent Contades M sans rest, 8 av. Liberté ✆ 88 36 26 26, Télex 890641, Fax 88 37 13 70, – ch . AE GB p. 6 CV f
80 – **36 ch** 750/1200, 8 appart..

Beaucour M sans rest, 5 r. Bouchers ✆ 88 76 72 00, Fax 88 76 72 60, « Bel aménagement intérieur » – – 40. AE GB p. 6 CX k
60 – **49 ch** 550/750.

H. Maison Rouge sans rest, 4 r. Francs-Bourgeois ✆ 88 32 08 60, Télex 880130, Fax 88 22 43 73, « Belle décoration et mobilier ancien » – – 40. AE GB
55 – **140 ch** 540/580. p. 6 CX g

Terminus-Plaza, 10 pl. Gare ✆ 88 32 87 00, Télex 870998, Fax 88 32 16 46 – – 60. AE GB JCB p. 6 BV m
R 160 - **La Brasserie R** 90 – 58 – **66 ch** 250/580, 12 appart. – ½ P 350/480.

Monopole-Métropole sans rest, 16 r. Kuhn ✆ 88 32 11 94, Télex 890366, Fax 88 32 82 55, « Décor alsacien et contemporain » – . AE GB JCB
fermé Noël au Jour de l'An – 60 – **94 ch** 360/580. p. 6 BV p

Europe sans rest, 38 r. Fossés des Tanneurs ✆ 88 32 17 88, Télex 890220, Fax 88 75 65 45, « Maison alsacienne à colombages » – ch . GB JCB
fermé 22 au 29 déc. – 30 – **60 ch** 310/480. p. 6 BX g

Novotel M, quai Kléber ✆ 88 22 10 99, Télex 880700, Fax 88 22 20 92, – ch rest – 30 à 200. AE GB p. 6 BV k
R carte environ 150 , enf. 50 – 50 – **97 ch** 530/550.

Mercure M sans rest, 25 r. Thomann ✆ 88 75 77 88, Télex 880955, Fax 88 32 08 66 – ch . AE GB p. 6 CV a
55 – **98 ch** 530/650.

Gd Hôtel sans rest, 12 pl. Gare ✆ 88 32 46 90, Télex 870011, Fax 88 32 16 50 – ch – 25. AE GB p. 6 BV m
65 – **80 ch** 380/560.

France M sans rest, 20 r. Jeu des Enfants ✆ 88 32 37 12, Télex 890084, Fax 88 22 48 08 – – 30. AE GB JCB p. 6 BV v
50 – **66 ch** 390/595.

des Rohan sans rest, 17 r. Maroquin ✆ 88 32 85 11, Télex 870047, Fax 88 75 65 37 – ch . AE GB p. 6 CX u
52 – **36 ch** 350/595.

Cathédrale M sans rest, 12 pl. Cathédrale ✆ 88 22 12 12, Télex 871054, Fax 88 23 28 00 – – 25. AE GB JCB p. 6 CX n
48 – **32 ch** 420/750, 3 duplex.

Royal M sans rest, 3 r. Maire Kuss ✆ 88 32 28 71, Télex 871067, Fax 88 23 05 39, – – 40. AE GB JCB. p. 6 BV e
59 – **52 ch** 370/505.

Forum H. M, 50 rte Bischwiller à Schiltigheim ✉ 67300 ✆ 88 62 55 55, Télex 871253, Fax 88 62 66 02, – ch – 120. AE GB. rest p. 4 CT s
R *(fermé 24 au 31 déc. et sam. midi)* 160/200 – 50 – **85 ch** 410.

Villa d'Est M, 12 r. J. Kablé ✆ 88 36 69 02, Fax 88 37 13 71, – ch – 25. AE GB JCB. rest p. 4 CU s
R *(fermé sam. et dim.)* 85/150 – 60 – **48 ch** 510/590.

Dragon M sans rest, 2 r. Écarlate ✆ 88 35 79 80, Télex 871102, Fax 88 25 78 95 – ch . GB. p. 6 CX d
52 – **30 ch** 420/590.

Hannong sans rest, 15 r. 22-Novembre ✆ 88 32 16 22, Télex 890551, Fax 88 22 63 87 – – 30. AE GB p. 6 BV a
fermé 23 au 30 déc. – 58 – **72 ch** 371/517.

Princes sans rest, 33 r. Geiler ✆ 88 61 55 19, Fax 88 41 10 92 – . AE GB
38 – **43 ch** 370/440. p. 4 DV n

Saint-Christophe sans rest, 2 pl. Gare ✆ 88 22 30 30, Télex 880136, Fax 88 32 17 11 – . AE GB JCB p. 6 BV t
fermé Noël au Jour de l'An – 35 – **70 ch** 250/350.

La Dauphine sans rest, 30 r. 1e Armée ✆ 88 36 26 61, Télex 880766, Fax 88 35 50 07 – . GB p. 5 CY a
fermé 23 déc. au 2 janv. – 50 – **45 ch** 415/475.

Relais de Strasbourg sans rest, 4 r. Vieux Marché aux Vins ✆ 88 32 80 00, Télex 871353, Fax 88 23 08 85 – ch – 150. AE GB p. 6 BV n
44 – **72 ch** 330/370.

RÉPERTOIRE DES RUES

Rue	Page	Carré	N°
Division Leclerc (R.)	p. 6	**CX**	
Gdes Arcades (R. des)	p. 6	**CV**	
Kléber (Pl.)	p. 6	**CV**	
Maire Kuss (R. du)	p. 6	**BV**	48
Mésange (R. de la)	p. 6	**CV**	54
Nuée-Bleue (R. de la)	p. 6	**CV**	
Vieux-Marché-aux Poissons (R. du)	p. 6	**CX**	94
22-Novembre (R. du)	p. 6	**BV**	
Alpes (Quai des)	p. 5	**DY**	
Alsace (Av. d')	p. 4	**DV**	2
Anvers (Bd d')	p. 4	**EV**	
Anvers (Pont d')	p. 5	**EX**	
Arc-en-ciel (R. de l')	p. 6	**CV**	3
Arnold (Pl.)	p. 4	**DV**	
Austerlitz (Pl.)	p. 6	**CX**	
Austerlitz (R.)	p. 6	**CX**	4
Bach (Bd J. S.)	p. 4	**EV**	6
Bain-aux-Plantes (R.)	p. 6	**BX**	7
Bâle (R. de)	p. 5	**DZ**	
Bateliers (Quai des)	p. 6	**CX**	
Belges (Quai des)	p. 5	**EY**	
Bischwiller (Rte de) **SCHILTIGHEIM**	p. 4	**CT**	
Bischwiller (R. de)	p. 4	**BU**	10
Bœckin (R.)	p. 4	**ET**	
Bordeaux (Pl. de)	p. 4	**CU**	
Boston (R. de)	p. 5	**DY**	
Bouchers (R. des)	p. 6	**CX**	
Boussingault (R.)	p. 4	**EU**	14
Briand (Av. A.)	p. 5	**EZ**	
Brigade Alsace-Lorraine (R. de la)	p. 5	**CY**	15
Broglie (Pl.)	p. 6	**CV**	
Brûlée (R.)	p. 6	**CV**	
Castelnau (R. Gén. de)	p. 6	**CV**	16
Cathédrale (Pl. de la)	p. 6	**CX**	17
Château (Pl. du)	p. 6	**CX**	
Clemenceau (Bd)	p. 4	**CU**	
Colmar (Rte de)	p. 3	**FR**	
Conrad (R. du Gén.)	p. 4	**EV**	
Conseil-des-Quinze (R.)	p. 4	**EU**	
Contades (R. du)	p. 4	**CT**	
Corbeau (Cour du)	p. 6	**CX**	

Rue	Page	Carré	N°
Kuss (Pont)	p. 6	**BV**	46
Landsberg (R. du)	p. 5	**DY**	
Lattre-de-Tassigny (Pl. Mar. de)	p. 5	**CY**	
Lauth (R.)	p. 4	**DU**	
Leblois (Bd)	p. 5	**DX**	
Liberté (Av. de la)	p. 6	**CV**	
Lyon (Bd de)	p. 5	**BY**	
Marne (Bd de la)	p. 4	**EV**	
Marseillaise (Av. de la)	p. 6	**CV**	
Massenet (R.)	p. 4	**DU**	52
Mercière (R.)	p. 6	**CX**	53
Metz (Bd de)	p. 6	**BV**	
Mineurs (R. des)	p. 6	**CV**	
Mittelhausbergen (Route de)	p. 2	**FQ**	
Molsheim (R. de)	p. 6	**BX**	
Montagne Verte (R.)	p. 5	**AY**	
Mulhouse (R. de)	p. 5	**CZ**	
Nancy (Bd de)	p. 5	**AX**	
National (R. du Fg)	p. 6	**BX**	
Neuhof (Rte du)	p. 3	**GR**	
Noyer (R. du)	p. 6	**BV**	55
Oberhausbergen (Rte d')	p. 2	**FQ**	56
Oberlin (R.)	p. 4	**CU**	
Ohmacht (R.)	p. 4	**DU**	57
Orangerie (Bd de l')	p. 4	**EU**	
Orphelins (R. des)	p. 6	**CX**	
Paix (Av. de la)	p. 4	**CU**	
Parchemin (R. du)	p. 6	**CV**	60
Paris (Q. de)	p. 6	**BV**	61
Pasteur (Quai L.)	p. 5	**CY**	
Pasteur (R. L.)	p. 6	**CT**	
Pêcheurs (Q. des)	p. 6	**CV**	
Petit-Rhin (Rte du)	p. 5	**EY**	
Picquart (R. du Gén.)	p. 4	**EV**	
Pierre (R. du Fg de)	p. 6	**CV**	62
Plaine-des-Bouchers (R. de la)	p. 5	**BZ**	
Polygone (Rte du)	p. 5	**CZ**	
Pont (R. du)	p. 3	**GR**	63
Pont-de-l'Europe (Av.)	p. 3	**GR**	64
Preiss (Bd J.)	p. 4	**DU**	
Prés. Edwards (Bd du)	p. 4	**DU**	67
Prés. Poincaré (Bd)	p. 4	**BU**	68
Prés. Wilson (Bd du)	p. 6	**BV**	

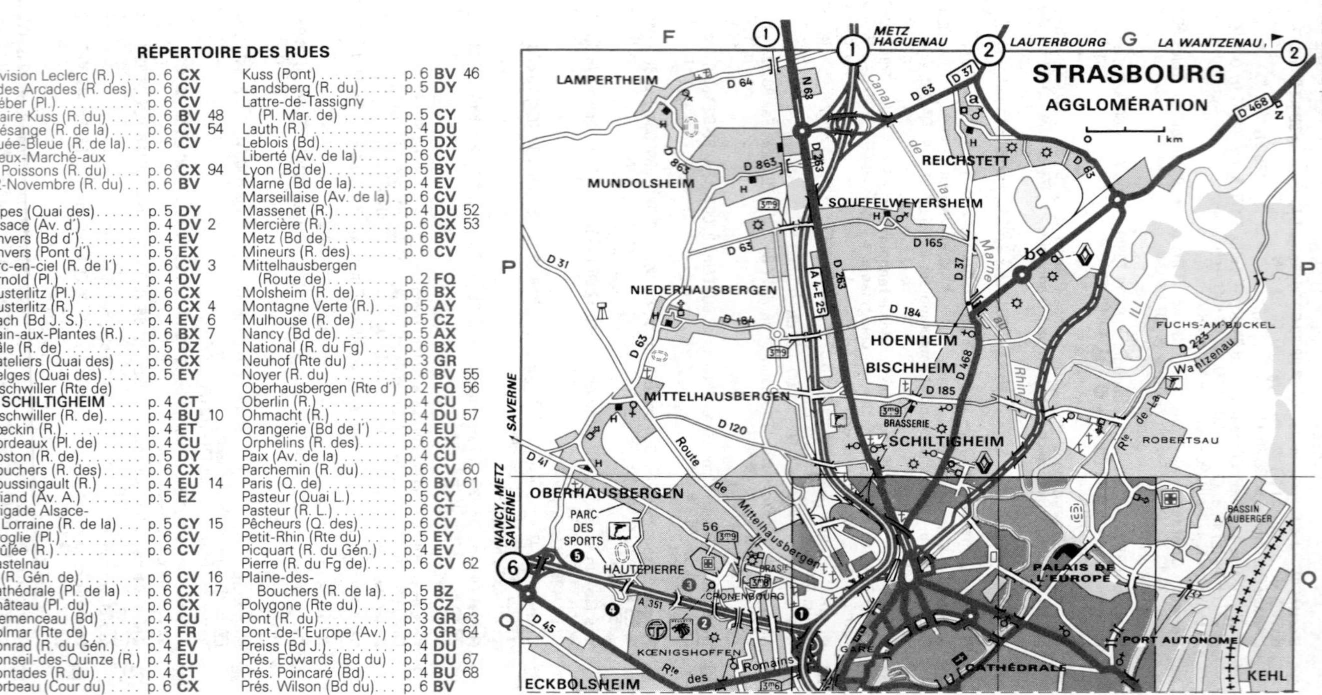

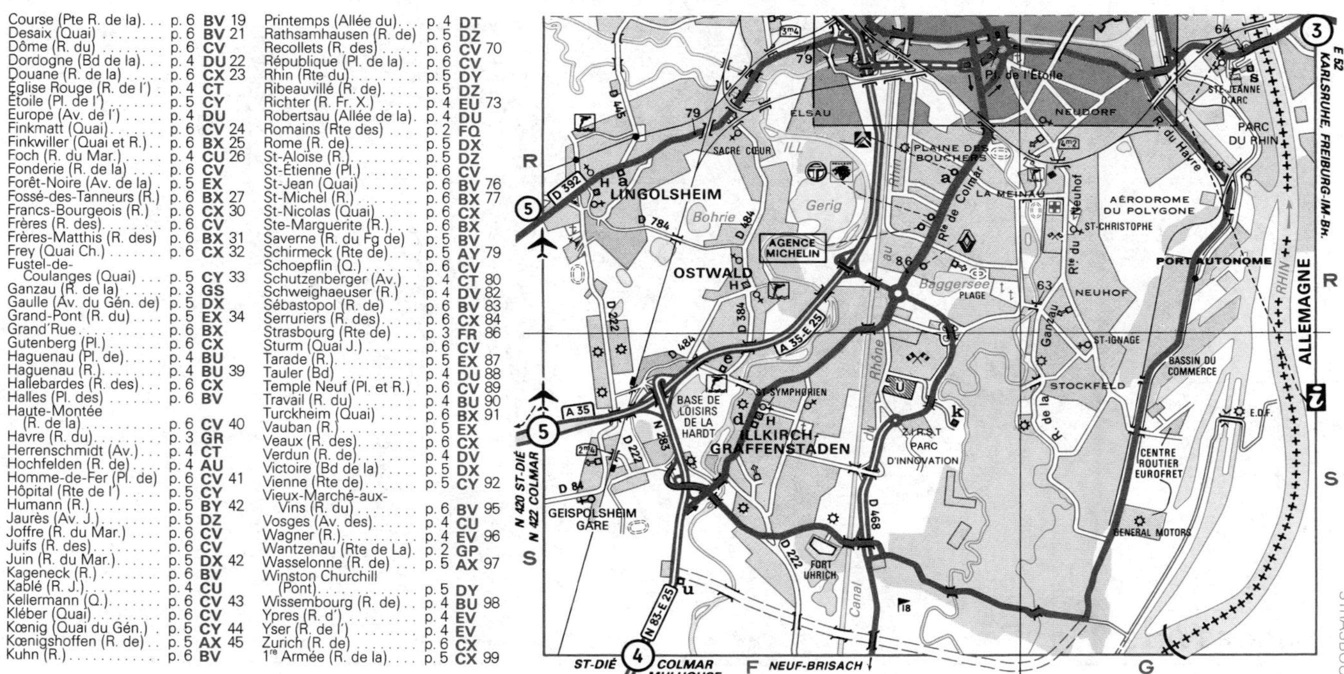

E 52
KARLSRUHE, FREIBURG-IM-Br.
ALLEMAGNE
RHIN
PORT AUTONOME
AÉRODROME DU POLYGONE
PARC DU RHIN
STE JEANNE D'ARC
NEUDORF
R. du Havre
Pl. de l'Étoile
ELSAU
PLAINE DES BOUCHERS
LA MEINAU
ST-CHRISTOPHE
Rte du Neuhof
NEUHOF
ST-IGNAGE
STOCKFELD
BASSIN DU COMMERCE
E.D.F.
CENTRE ROUTIER EUROFRET
GENERAL MOTORS
LINGOLSHEIM
SACRÉ CŒUR
ILL
Gerig
Bohrie
AGENCE MICHELIN
OSTWALD
Rte de Colmar
Baggersee
PLAGE
Ganzau
A 35-E 25
ST-SYMPHORIEN
BASE DE LOISIRS DE LA HARDT
ILLKIRCH-GRAFFENSTADEN
Z.I.R.S.T PARC D'INNOVATION
Rhône
Canal
D 468
D 222
FORT UHRICH
GEISPOLSHEIM GARE
N 283
D 84
D 392
D 445
D 784
D 484
D 384
A 35
N 83-E 25
N 420 ST-DIÉ
N 422 COLMAR
ST-DIÉ
COLMAR MULHOUSE
NEUF-BRISACH

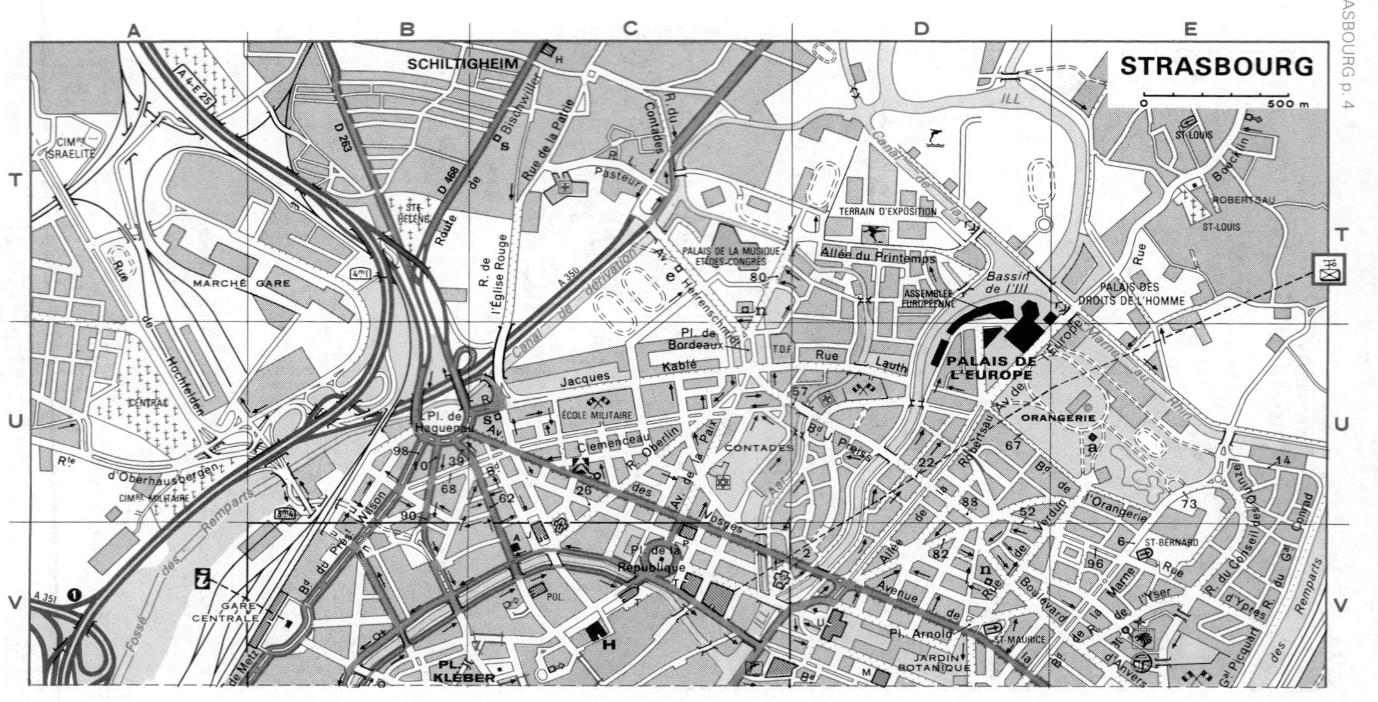
STRASBOURG
0
500 m
A
B
C
D
E
T
U
V
SCHILTIGHEIM
CIMre ISRAÉLITE
A 4-E 25
D 263
D 468
Route de Bischwiller
Rue de la Patrie
R. du Contades
R. Pasteur
STE HÉLÈNE
MARCHÉ GARE
Rue de Hochfelden
R. de l'Église Rouge
A 350
Canal de dérivation
PALAIS DE LA MUSIQUE ET DES CONGRÈS
Av. Herrenschmidt
80
Pl. de Bordeaux
T.D.F.
Rue Lauth
Rue Jacques Kablé
TERRAIN D'EXPOSITION
Allée du Printemps
Bassin de l'Ill
ASSEMBLÉE EUROPÉENNE
PALAIS DE L'EUROPE
PALAIS DES DROITS DE L'HOMME
ILL
Canal de la Marne au Rhin
ST-LOUIS
ROBERTSAU
R. Boecklin
Av. de l'Europe
ORANGERIE
CENTRAL
Rte d'Oberhausbergen
CIMre MILITAIRE
Pl. de Haguenau
ÉCOLE MILITAIRE
Av. Clemenceau
R. Oberlin
Av. de la Paix
CONTADES
Bd J. Preiss
Av. des Vosges
57
98
10
39
68
62
26
90
22
67
88
52
82
2
73
14
6
96
Allée de la Robertsau
Bd de l'Orangerie
Av. de Verdun
ST-BERNARD
Rue de l'Yser
R. du Conseil des Quinze
R. d'Ypres
R. du Gal Conrad
Remparts
Fossé des Remparts
Bd du Prés. Wilson
A 351
GARE CENTRALE
Bd de Metz
Pl. de la République
POL.
H
PL. KLÉBER
ILL
Avenue de la Forêt Noire
Pl. Arnold
ST-MAURICE
JARDIN BOTANIQUE
Boulevard de la Marne
Bd de la
Bd d'Anvers
Gal Picquart
M

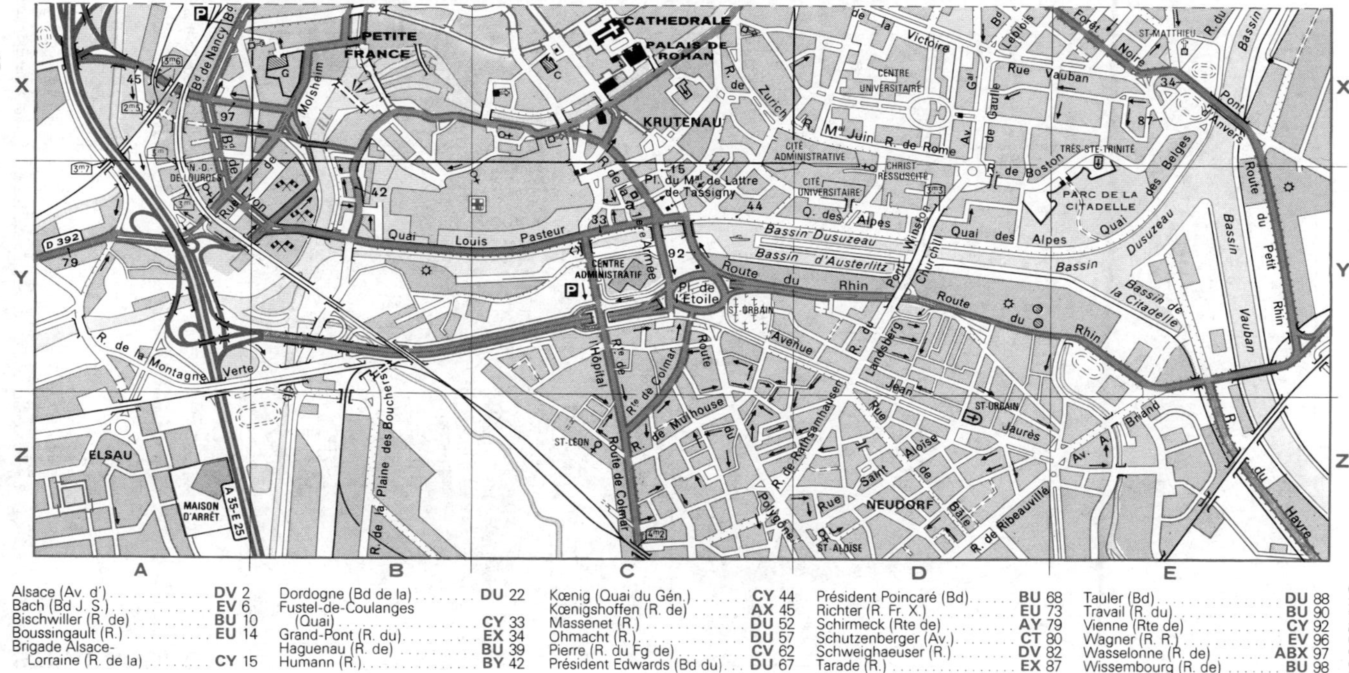

Alsace (Av. d') .... DV 2
Bach (Bd J. S.) .... EV 6
Bischwiller (R. de) .... BU 10
Boussingault (R.) .... EU 14
Brigade Alsace-Lorraine (R. de la) .... CY 15
Dordogne (Bd de la) .... DU 22
Fustel-de-Coulanges (Quai) .... CY 33
Grand-Pont (R. du) .... EX 34
Haguenau (R. de) .... BU 39
Humann (R.) .... BY 42
Kœnig (Quai du Gén.) .... CY 44
Kœnigshoffen (R. de) .... AX 45
Massenet (R.) .... DU 52
Ohmacht (R.) .... DU 57
Pierre (R. du Fg de) .... CV 62
Président Edwards (Bd du) .... DU 67
Président Poincaré (Bd) .... BU 68
Richter (R. Fr. X.) .... EU 73
Schirmeck (Rte de) .... AY 79
Schutzenberger (Av.) .... CT 80
Schweighaeuser (R.) .... DV 82
Tarade (R.) .... EX 87
Tauler (Bd) .... DU 88
Travail (R. du) .... BU 90
Vienne (Rte de) .... CY 92
Wagner (R. R.) .... EV 96
Wasselonne (R. de) .... ABX 97
Wissembourg (R. de) .... BU 98

STRASBOURG

Division Leclerc (R.)	**CX**	
Gdes Arcades (R. des)	**CV**	
Kléber (Pl.)	**CV**	
Maire Kuss (R. du)	**BV**	48
Mésange (R. de la)	**CV**	54
Nuée-Bleue (R. de la)	**CV**	
Vieux-Marché-aux-Poissons (R. du)	**CX**	94
22-Novembre (R. du)	**BV**	
Arc-en-ciel (R. de l')	**CV**	3
Austerlitz (R. d')	**CX**	4
Bain-aux-Plantes (R.)	**BX**	7
Castelnau (R. Gén. de)	**CV**	16
Cathédrale (Pl. de la)	**CX**	17
Course (Pte R. de la)	**BV**	19
Desaix (Q.)	**BV**	21
Douane (R. de la)	**CX**	23
Finkmatt (Q.)	**CV**	24
Finkwiller (Q. et R.)	**BX**	25
Fossé-des-Tanneurs (R. du)	**BX**	27
Francs-Bourgeois (R. des)	**CX**	30
Frères Matthis (R. des)	**BX**	31
Frey (Q. Ch.)	**CX**	32
Haute-Montée (R.)	**CV**	40
Homme-de-Fer (Pl.)	**CV**	41
Kellermann (Q.)	**CV**	43
Kuss (Pont)	**BV**	46
Mercière (R.)	**CX**	53
Noyer (R. du)	**BV**	55
Parchemin (R. du)	**CV**	60
Paris (Q. de)	**BV**	61
Pierre (R. du Fg de)	**CV**	62
Récollets (R. des)	**CV**	70
St-Jean (Q.)	**BV**	76
St-Michel (R.)	**BX**	77
Sébastopol (R. de)	**BV**	83
Serruriers (R. des)	**CX**	84
Temple Neuf (Pl. et R.)	**CV**	89
Turckheim (Q.)	**BX**	91
Vieux-Marché-aux-Vins (R. du)	**BV**	95
1re Armée (R.)	**CX**	99

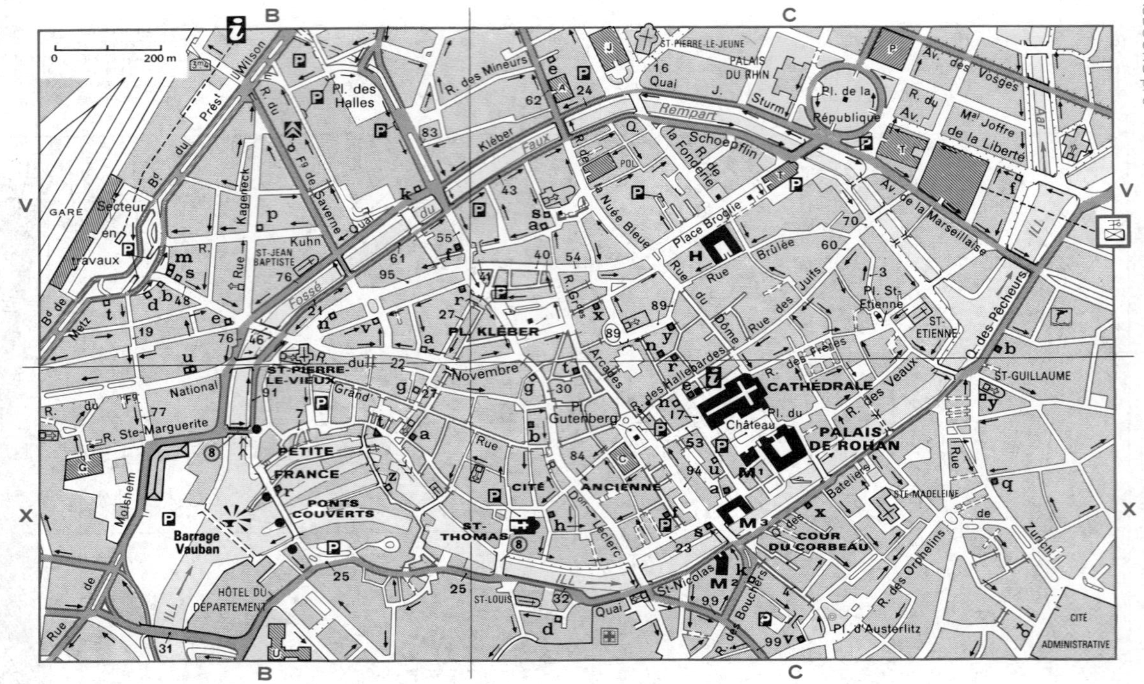

Aux Trois Roses M sans rest, 7 r. Zürich ✆ 88 36 56 95, Fax 88 35 06 14, – AE GB. p. 6 CX **y**
45 – **33 ch** 280/465.

Ibis M sans rest, 18 r. fg National ✆ 88 75 10 10, Télex 871107, Fax 88 75 79 60 – ch. AE GB p. 6 BVX **u**
35 – **98 ch** 330/360.

Pax, 24 r. Fg National ✆ 88 32 14 54, Télex 880506, Fax 88 32 01 16, – – 25 à 100. AE GB JCB p. 6 BVX **u**
hôtel : fermé Noël au Jour de l'An ; rest. : fermé dim. de nov. à mars – **R** 90/190 – 34 – **106 ch** 315/335.

Continental sans rest, 14 r. Maire Kuss ✆ 88 22 28 07, Fax 88 32 22 25 – AE GB JCB p. 6 BV **s**
38 – **48 ch** 307/350.

Rhin sans rest, 8 pl. Gare ✆ 88 32 35 00, Télex 880466, Fax 88 23 51 92 – – 30. GB p. 6 BV **d**
fermé 20 déc. au 5 janv. – 30 – **61 ch** 180/360.

Vendôme sans rest, 9 pl. Gare ✆ 88 32 45 23, Télex 890850, Fax 88 32 23 02 – AE GB p. 6 BV **b**
30 – **48 ch** 250/330.

Couvent du Franciscain sans rest, 18 r. Fg de Pierre ✆ 88 32 93 93, Fax 88 75 68 46 – AE GB p. 6 CV **e**
fermé 23 déc. au 3 janv. – 32 – **43 ch** 250/280.

XXXXX ✿✿✿ **Le Crocodile** (Jung), 10 r. Outre ✆ 88 32 13 02, Fax 88 75 72 01 – AE GB. p. 6 CV **x**
fermé 11 juil. au 2 août, 24 déc. au 3 janv., dim. et lundi – **R** 380 et carte 450 à 560, enf. 100
Spéc. Flan de cresson aux cuisses de grenouilles. Sandre rôti à l'anguille fumée et laitance de carpe. Streusel aux Granny Smith et fruits épicés. **Vins** Riesling, Tokay-Pinot gris.

XXXX ✿✿ **Buerehiesel** (Westermann), dans le parc de l'Orangerie ✆ 88 61 62 24, Fax 88 61 32 00, « Belle demeure alsacienne dans le parc » – AE GB JCB p. 4 EU **a**
fermé 11 au 26 août, 23 déc. au 5 janv., vacances de fév., mardi (sauf le midi de mai à oct.) et merc. – **R** 280 (déj.)/530 et carte 380 à 550, enf. 100
Spéc. Langue, cervelle et fritot de tête de veau en vinaigrette. Schniederspäetle et cuisses de grenouilles poêlées au cerfeuil. Noisettes de chevreuil au jus de vin rouge et späetzle (juin à fin janv.). **Vins** Pinot Auxerrois, Riesling.

XXX **Maison Kammerzell et H. Baumann** M avec ch, 16 pl. Cathédrale ✆ 88 32 42 14, Télex 891012, Fax 88 23 03 92, « Belle maison alsacienne du 16e siècle » – ch – 120. AE GB p. 6 CX **e**
R 190/260, enf. 80 – 55 – **9 ch** 420/630.

XXX **Valentin Sorg,** 6 pl. Homme de Fer (14e étage) ✆ 88 32 12 16, Fax 88 32 40 62, ≤ Strasbourg – AE GB p. 6 BV **r**
fermé sam. midi et dim. – **R** 170/380, enf. 60.

XXX **Maison des Tanneurs dite "Gerwerstub",** 42 r. Bain aux Plantes ✆ 88 32 79 70, « Vieille maison alsacienne au bord de l'Ill » – AE GB p. 6 BX **t**
fermé 18 juil. au 3 août, 24 déc. au 25 janv., dim. et lundi – **R** carte 200 à 290.

XXX **Zimmer,** 8 r. Temple Neuf ✆ 88 32 35 01, Fax 88 32 42 28, – AE GB p. 6 CV **y**
fermé 1er au 22 août, 1er au 8 janv., sam. midi et dim. – **R** 135/390.

XXX **Estaminet Schloegel,** 19 r. Krutenau ✆ 88 36 21 98 – AE GB p. 6 CX **q**
fermé 10 au 24 juil., dim. et lundi – **R** 190/280, enf. 50.

XX ✿ **Julien,** 22 quai Bateliers ✆ 88 36 01 54, Fax 88 35 40 14 – AE GB p. 6 CX **x**
fermé 1er au 22 août, 24 déc. au 2 janv., sam. midi et dim. – **R** 190 (déj.)/420 et carte 290 à 400
Spéc. Foie de canard gras d'Alsace poêlé à la rhubarbe (avril à oct.). Croustillant de saumon au beurre rouge. Lotte en croûte de saumon fumé au jus de viande. **Vins** Tokay-Pinot gris.

XX **Zeyssolff,** 8 pl. Austerlitz ✆ 88 35 55 75, Fax 88 25 11 42 – AE GB p. 6 CX **v**
fermé 3 au 24 août, lundi sauf fériés et dim. soir – **R** 135/290.

XX **Au Gourmet Sans Chiqué,** 15 r. Ste Barbe ✆ 88 32 04 07, Fax 88 22 42 40 – AE GB p. 6 CX **b**
fermé 1er au 18 août, lundi midi et dim. – **R** 240/350.

XX **La Vieille Enseigne,** 9 r. Tonneliers ✆ 88 32 58 50, Fax 88 75 63 80 – AE GB JCB p. 6 CX **f**
fermé dim. – **R** 240/340.

XX **Buffet Gare,** pl. Gare ✆ 88 32 68 28, Fax 88 32 88 34 – AE GB p. 6 BV
L'Argentoratum R 90/150, enf.30 – **L'Assiette R** 66, enf.30.

XX **Bec Doré,** 8 quai Pêcheurs ✆ 88 35 39 57 – AE GB p. 6 CV **b**
fermé lundi et mardi – **R** 150, enf. 50.

XX **Au Boeuf Mode,** 2 pl. St-Thomas ✆ 88 32 39 03, Fax 88 21 90 80, (spéc. : viandes) – AE GB JCB p. 6 CX **h**
fermé dim. – **R** 170/210.

XX **La Cambuse,** 1 r. Dentelles ✆ 88 22 10 22, « Joli décor bateau » – GB. ⚘ p. 6 BX **a**
fermé 18 avril au 3 mai, 8 au 23 août, 19 déc. au 3 janv., dim. et lundi – **R** (prévenir) carte 210 à 300 ♁.

XX **Au Romain,** 6 r. Vieux Marché aux Grains ✆ 88 32 08 54, Télex 871036, Fax 88 23 51 65, ☂ – AE ① GB JCB p. 6 CX **t**
fermé 22 déc. au 2 janv., et dim. soir – **R** 90/200 ♁, enf. 52.

X **Ami Schutz,** 1 r. Ponts Couverts ✆ 88 32 76 98, Fax 88 32 38 40, ☂ – AE GB
R 155/179 bc. p. 6 BX **r**

X **A l'Ancienne Douane,** 12 r. Douane ✆ 88 32 42 19, Télex 870155, Fax 88 22 45 64, ☂ – AE ① GB JCB p. 6 CX **s**
fermé 17 au 30 janv. – **R** brasserie 67/155 ♁, enf. 45.

X **Au Rocher du Sapin,** 6 r. Noyer ✆ 88 32 39 65, ☂ – GB p. 6 BV **f**
fermé 1er au 22 août, dim. et lundi – **Repas** spécialités alsaciennes – carte 85 à 175 ♁.

Les winstubs : Dégustation de vins et cuisine du pays, ambiance typiquement alsacienne

X **Zum Strissel,** 5 pl. Gde Boucherie ✆ 88 32 14 73, Fax 88 32 70 24, cadre rustique – ▤. GB p. 6 CX **a**
fermé 8 juil. au 2 août, 25 fév. au 8 mars, dim. et lundi – **R** 56/130 ♁, enf. 42.

X **S'Burjerstuewel (Chez Yvonne),** 10 r. Sanglier ✆ 88 32 84 15 – GB p. 6 CVX **r**
fermé 12 juil. au 10 août, lundi midi et dim. – **R** (prévenir) carte 145 à 190 ♁.

X **Le Clou,** 3 r. Chaudron ✆ 88 32 11 67 – ▤. GB p. 6 CV **n**
fermé 15 au 31 août, 1er déc. au 7 janv. et dim. – **R** (dîner seul.) carte 160 à 260.

à Reichstett : N du plan par D 468 et D 37 : 7 km – 4 640 h. – ✉ **67116** :

Paris M, sur D 63 ✆ 88 20 00 23, Fax 88 20 30 60, ⛱, ⛱ – ⇔ ch ▤ rest TV ☎ P – 🕴 45. GB. ⚘ rest
R *(fermé 1er au 22 août, Noël au Jour de l'An, dim. soir et sam.)* 84/350 ♁ – ☕ 32 – **17 ch** 252/305 – ½ P 240.

Aigle d'Or sans rest, ✆ 88 20 07 87, Fax 88 81 83 75 – TV ☎. AE ① GB p. 2 FP **a**
☕ 34 – **18 ch** 240/340.

au Nord-Est d'Hoenheim par D 468 : 7 km – ✉ **67800** Hoenheim :

East Hôtel M sans rest, rte Wantzenau ✆ 88 81 02 10, Fax 88 81 40 93 – ⇔ ch TV ☎ ♿ P – 🕴 30. AE ① GB p. 2 GP **b**
☕ 25 – **32 ch** 275.

à La Wantzenau NE du plan par D 468 : 12 km – 4 394 h. – ✉ **67610** :

Hôtel Le Moulin M ⛰, S : 1,5 km par D 468 ✆ 88 96 27 83, Fax 88 96 68 32, ≼, « Ancien moulin sur un bras de l'Ill », ⛱ – |⇕| TV ☎ P. AE GB p. 2 GP **z**
fermé 24 déc. au 2 janv. – **R** voir rest. **Au Moulin** ci-après – ☕ 42 – **19 ch** 290/390.

A la Gare sans rest, 32 r. Gare ✆ 88 96 63 44 – TV ☎ P. GB
fermé 8 au 22 août – ☕ 28 – **18 ch** 200/260.

XXX **Relais de la Poste** M avec ch, 21 r. Gén. de Gaulle ✆ 88 96 20 64, Fax 88 96 36 84, ☂, ⛱ – |⇕| ▤ TV ☎ ♿ P. AE ① GB
fermé 23 déc. au 15 janv. – **R** *(fermé 31 juil. au 12 août, sam. midi, lundi midi et dim. soir)* 215/380 ♁ – ☕ 50 – **17 ch** 250/400 – ½ P 600.

XXX **A la Barrière,** 3 rte Strasbourg ✆ 88 96 20 23, Fax 88 96 25 59, ☂ – P. AE ① GB
fermé 11 août au 3 sept., 23 fév. au 10 mars, mardi soir et merc. – **R** (dim. prévenir) 175/250 ♁.

XXX **Zimmer,** 23 r. Héros ✆ 88 96 62 08 – AE ① GB
fermé 18 juil. au 11 août, 17 janv. au 3 fév., dim. soir et lundi – **R** 135/330 ♁.

XX **Rest. Au Moulin** - Hôtel Au Moulin, S : 1,5 km par D 468 ✆ 88 96 20 01, Fax 88 96 68 32, ☂, « Jardin fleuri » – ▤ P. AE ① GB
fermé 26 juin au 20 juil., 15 au 30 janv., dim. soir, fériés le soir et merc. – **R** 140/345 ♁, enf. 80.

XX **Schaeffer,** 1 quai Bateliers ✆ 88 96 20 29, ☂ – P. AE ① GB
fermé 12 au 27 juil., 23 déc. au 11 janv., dim. soir et lundi – **R** 135/260 ♁.

X **Pont de l'Ill,** 2 r. Gén. Leclerc ✆ 88 96 29 44, Fax 88 96 21 18, ☂ – ▤. GB
fermé 18 août au 8 sept., merc. soir et sam. midi – **R** 110/190 ♁, enf. 40.

au pont de l'Europe

Mercure Pont de l'Europe M ⛰, ✆ 88 61 03 23, Télex 870833, Fax 88 60 43 05, ☂ – TV ☎ P – 🕴 100 à 350. AE ① GB p. 3 GR **s**
Le Liseron R 75/210 ♁ enf. 55 – ☕ 48 – **88 ch** 435/520.

à Illkirch-Graffenstaden par ④ et N 83 : 5 km – 22 307 h. – ✉ **67400** :

Alsace M, 187 rte Lyon ✆ 88 66 41 60, Télex 870706, Fax 88 67 04 64, ☂ – |⇕| TV ☎ P – 🕴 60. GB p. 3 FS **d**
fermé 30 juil. au 15 août et 23 déc. au 2 janv. – **R** *(fermé sam. midi et dim.)* carte environ 200 ♁ – ☕ 30 – **40 ch** 270/290 – ½ P 230.

XX ✿ **Au Foyer des Pêcheurs** (Sohn), chemin du Routoir, 1,2 km ☏ 88 66 14 85, Fax 88 67 49 81, ☂ – P. AE GB p. 3 FS **k**
fermé 15 août au 1er sept., 21 fév. au 2 mars, dim. soir et lundi – **R** (nombre de couverts limité, prévenir) carte 335 à 410 ♁
Spéc. Presskopf de saumon, homard et huîtres. Pigeonneau au foie gras grillé. Pied de porc farci aux truffes (déc. à mars). **Vins** Tokay-Pinot gris, Riesling.

près de l'échangeur de Colmar A 35 10 km - FS

Novotel M, ✉ 67400 Illkirch-Graffenstaden ☏ 88 66 21 56, Télex 890142, Fax 88 67 21 63, ☂, ⛱, ⚘ – ⇆ ch ▤ rest TV ☎ ♿ P – 🏛 25 à 120. AE ⓓ GB
R carte environ 160 ♁, enf. 50 – ☕ 48 – **76 ch** 390/440. p. 3 FS **u**

Mercure M, ✉ 67540 Ostwald ☏ 88 67 32 00, Télex 890277, Fax 88 67 11 26, ☂, ⛱ – ⇕ ▤ rest TV ☎ ♿ P – 🏛 25 à 150. AE ⓓ GB p. 3 FS **e**
R carte environ 160 ♁, enf. 45 – ☕ 52 – **98 ch** 420/540.

à Fegersheim par ④ : 13 km – 3 953 h. – ✉ **67640** :

Aub. Au Chasseur, 19 r. Liberté ☏ 88 64 03 78, Fax 88 64 05 49, ⚘ – ▤ rest TV ☎ P. AE GB
fermé 30 juil. au 22 août et 24 au 31 déc. – **R** *(fermé vend. soir et sam.)* 55/280 ♁ – ☕ 30 – **24 ch** 260 – ½ P 215.

XXX **La Table Gourmande,** 43 rte Lyon ☏ 88 68 53 54, Fax 88 64 94 95 – AE GB
fermé août, vacances de fév., dim. soir et lundi – **R** 250/550 bc.

à Entzheim par ⑤ et D 392 : 12 km – ✉ **67960** :

Père Benoit, 34 rte Strasbourg ☏ 88 68 98 00, Télex 880378, Fax 88 68 64 56, ☂, ⚘ – ⇕ TV ☎ ♿ P – 🏛 30. GB. ✻ rest
hôtel : fermé 24 au 31 déc. ; rest. : fermé 1er au 15 juil., Noël au Jour de l'An, lundi midi, sam. midi et dim. – **R** 70/150 ♁ – ☕ 35 – **60 ch** 250/360.

à Lingolsheim O : 4,5 km – 16 480 h. – ✉ **67380** :

Ramses M sans rest, 59 r. Mar. Foch ☏ 88 76 11 00, Télex 870045, Fax 88 77 39 31 – ⇕ TV ☎ ♿ P – 🏛 30. AE ⓓ GB. ✻ p. 3 FR **a**
☕ 35 – **41 ch** 290/340.

à Ittenheim par ⑥ : 12,5 km – ✉ **67117** :

Au Bœuf, ☏ 88 69 01 42, Fax 88 69 08 28, ⚘ – ▤ rest TV ☎ P. GB. ✻
fermé 5 au 19 juil. et 2 au 22 janv. – **R** *(fermé jeudi soir et lundi du 15 sept. au 1er juil.)* 80/180 ♁ – ☕ 28 – **11 ch** 210/250 – ½ P 250.

MICHELIN, Agence régionale, 9 r. Livio, Strasbourg-Meinau FR ☏ **88 39 39 40**

ALFA ROMEO Gar. Boulevards, 42 bd d'Anvers ☏ 88 61 10 38 **N** ☏ 88 76 50 50
BMW Gar. Le Building Socoma, 27-29 r. de Wasselonne ☏ 88 75 37 53 **N** ☏ 88 84 08 40
CITROEN Succursale, 200 rte de Colmar FR a ☏ 88 79 99 10
CITROEN Gar. Astoria, 46 av. des Vosges CU ☏ 88 35 27 04
FIAT-LANCIA Gar. des Halles, 60 r. Marché-Gare ☏ 88 28 26 10
MERCEDES Kroely, 17 r. Fossé-des-Treize ☏ 88 32 31 31 **N**
PEUGEOT Gar. Werle, 4 rte de Paris à Ittenheim par ⑥ ☏ 88 69 00 20
PEUGEOT-TALBOT Strasbourg Hautepierre Autom., av. P.-Corneille FQ ☏ 88 28 90 28 **N** ☏ 88 76 50 50
PEUGEOT-TALBOT Strasbourg Meinau Autom., 270 rte de Colmar FR ☏ 88 79 46 46 **N** ☏ 88 64 01 70
PEUGEOT-TALBOT Gar. du Quinze, 1 pl. Albert 1er EV ☏ 88 61 52 19
RENAULT Succursale, ZAC Hautepierre r. Peguy FQ ☏ 88 30 85 30 **N** ☏ 05 05 15 15
RENAULT Gar. Wernert, 67 r. Boecklin ET ☏ 88 31 11 25
SAAB K 67, 15 r. du Fossé des Treize ☏ 88 22 40 50 **N** ☏ 88 81 20 00
VOLVO Bergmann, 48 rte de l'Hôpital ☏ 88 34 29 51
Gar. Sengler 59 r. Jean Giraudoux ☏ 88 30 00 75 **N** ☏ 88 84 08 40

Ⓟ Kautzmann, 280 rte de Colmar ☏ 88 79 99 20
Louis, 24 r. Mar.-Lefebvre ☏ 88 39 02 93
Metzger, 34 r. Fg-de-Pierre ☏ 88 32 39 20
Vulca-Moderne, 15/17 r. Saglio ☏ 88 39 03 54

Périphérie et environs

RENAULT Succursale, 4 rte de Strasbourg à Illkirch-Graffenstaden FR ☏ 88 40 82 40 **N** ☏ 05 05 15 15
RENAULT Gar. Simon, 1 r. Pompiers à Schiltigheim FP ☏ 88 33 62 22 **N** ☏ 88 68 46 07
RENAULT Simon, av. Énergie à Bischeim GP ☏ 88 83 56 42 **N** ☏ 88 68 46 07
V.A.G Gd Gar. du Polygone, N 83 à Illkirch-Graffenstaden ☏ 88 66 66 99
V.A.G Gd Gar. du Polygone, 33 rte de Brumath à Hoenheim ☏ 88 83 76 40

Ⓟ Euromaster PAD, 1 r. Hoelzel à Illkirch-Graffenstaden ☏ 88 66 21 30
Metzger, 121 r. Gén.-Leclerc à Ostwald ☏ 88 30 22 72
Pneus et Services D.K, 2 rte de Strasbourg à Illkirch-Graffenstaden ☏ 88 39 21 10
Vulcastra, 58 rte de Brumath à Souffelweyersheim ☏ 88 20 22 75

SUBLIGNY **89** Yonne **61** ⑭ – rattaché à Sens.

SUC-AU-MAY **19** Corrèze **72** ⑲ **G. Berry Limousin.**

Voir ✻★★★ 15 mn.

SUCÉ-SUR-ERDRE 44 Loire-Atl. 63 ⑰ – rattaché à Nantes.

SUCY-EN-BRIE 94 Val-de-Marne 61 ①, 101 ㉘ – voir à Paris, Environs.

SULLY-SUR-LOIRE 45600 Loiret 65 ① G. Châteaux de la Loire – 5 806 h alt. 119.

Voir Château★ : charpente★★.

🏌 ✆ 38 36 52 08, par ⑥ : 4 km.

🅸 Office Municipal de Tourisme pl. Gén.-de-Gaulle ✆ 38 36 23 70.

Paris 140 ① – ♦ Orléans 41 ① – Bourges 85 ④ – Gien 26 ① – Montargis 41 ① – Vierzon 79 ④.

SULLY-SUR-LOIRE

Grand-Sully (R. du) . . 6
Porte-de-Sologne (R.) . . . 12

Abreuvoir (R. de l') . . 2
Champ-de-Foire (Bd du) 3
Chemin-de-Fer (Av. du) 4
Jeanne-d'Arc (Bd) . . . 7
Maronniers (R. des) 9
Porte-Berry (R.) 10
St-François (R. du Fg) 15
St-Germain (R. du Fg) 16

Utilisez le guide de l'année.

🏨 **Poste,** 11 r. Fg St-Germain **(e)** ✆ 38 36 26 22, Fax 38 36 39 35, ☂, ⛱ – 📺 ☎ 🚗 🅿 – 🏢 40. AE GB
R 96/165 – ☕ 30 – **28 ch** 130/250 – ½ P 220.

🏨 **Pont de Sologne,** r. Porte de Sologne **(a)** ✆ 38 36 26 34, Fax 38 36 37 86 – 📺 ☎ 🅿. GB
R 90/195 🍷 – ☕ 25 – **27 ch** 120/260 – ½ P 200/300.

XXX **Host. Grand Sully** avec ch, bd Champ de Foire **(u)** ✆ 38 36 27 56, Fax 38 36 44 54 – 📺 ☎ 🚗 🅿. AE ⓓ GB
R *(fermé dim. soir)* 150/210 – ☕ 38 – **10 ch** 200/300 – ½ P 250/320.

aux Bordes par ①, D 948 et D 961 : 6 km – ✉ **45460** :

X **La Bonne Étoile,** rte Gien ✆ 38 35 52 15 – GB
fermé 13 au 24 sept., fév., dim. soir et lundi – **R** 68/178 🍷.

SUPER-BESSE 63 P.-de-D. 73 ⑬ – rattaché à Besse-en-Chandesse.

SUPER-LIORAN 15 Cantal 76 ③ – rattaché au Lioran.

SUPER-SAUZE 04 Alpes-de-H.-P. 81 ⑧ – rattaché à Barcelonnette.

Le SUQUET 06 Alpes-Mar. 84 ⑲ 115 ⑯ – alt. 400 – ✉ **06450** Lantosque.

Paris 884 – Levens 17 – ♦Nice 45 – Puget-Théniers 46 – Roquebillière 10,5 – St-Martin-Vésubie 20.

🏨 **Aub. Bon Puits,** ✆ 93 03 17 65, ☂ – |♦| ⛔ ch ▤ 📺 ☎ 🚗 🅿
fermé 15 déc. à mars et mardi hors sais. – **R** 92/140, enf. 70 – ☕ 30 – **10 ch** 210/320 – ½ P 290/320.

SURESNES 92 Hauts-de-Seine 55 ⑳, 101 ⑭ – voir à Paris, Environs.

SURGÈRES 17700 Char.-Mar. 71 ③ G. Poitou Vendée Charentes – 6 049 h alt. 25.

Voir Église Notre-Dame★.

🅸 Syndicat d'Initiative angle r. Gambetta/Audry-de-Puyravault (mai-oct.) ✆ 46 07 20 02.

Paris 441 – La Rochelle 34 – Niort 34 – Rochefort 26 – St-Jean-d'Angély 29 – Saintes 55.

XX **Vieux Puits,** 6 r. P. Bert ✆ 46 07 50 83 – GB
fermé 1er au 15 mars, 15 au 30 sept., dim. soir et jeudi – **R** 95/165, enf. 45.

X **Ronsard** avec ch, pl. Château ✆ 46 07 00 63, Fax 46 07 06 61 – 📺 ☎ 🚗. GB. ⛔ ch
fermé 18 au 27 déc. – **R** *(fermé vend. soir et dim. soir)* 78/138 🍷 – ☕ 26 – **11 ch** 145/230 – ½ P 155/165.

CITROEN Gar. Dupont, 9 rte de La Rochelle ✆ 46 07 01 71
FORD Gar. Thomer, 36 av. St-Pierre ✆ 46 07 10 98
PEUGEOT TALBOT Gar. Glénaud, 1 r. Brillouet ✆ 46 07 01 16

SURVILLIERS-ST-WITZ **95470** Val-d'Oise 56 ⑪ 106 ⑧ – 3 661 h alt. 140.

Paris 35 – Compiègne 47 – Chantilly 14 – Lagny-sur-Marne 36 – Luzarches 10 – Meaux 38 – Pontoise 39 – Senlis 14.

Mercure M, sur D 10 près échangeur A1 Survilliers ☎ (1) 34 68 28 28, Télex 605917, Fax (1) 34 68 22 81, – rest – 25 à 180. AE GB
R 110 bc/150, enf. 50 – 52 – **115 ch** 470/590.

Novotel M, sur D 16 par échangeur A1 Survilliers ☎ (1) 34 68 69 80, Télex 605910, Fax (1) 34 68 64 94, – ch rest – 150. AE GB
R carte environ 160, enf. 50 – 50 – **79 ch** 470/510.

SURY-AUX-BOIS **45530** Loiret 65 ① – 433 h.

Paris 119 – ◆Orléans 40 – Châteauneuf-sur-Loire 16 – Gien 44 – Montargis 30 – Pithiviers 27.

Domaine de Chicamour , S : 3,5 km N 60 ☎ 38 55 85 42, Fax 38 55 80 43, , « Château du 19e siècle dans un parc », – GB. rest
1er mars-26 nov. – **R** 95/350 bc, enf. 75 – 45 – **12 ch** 315/350 – ½ P 360.

SUZE-LA-ROUSSE **26790** Drôme 81 ② **G. Provence** – 1 422 h alt. 129.

Paris 646 – Avignon 60 – Bollène 7,5 – Nyons 28 – Orange 20 – Valence 85.

Relais du Château M , ☎ 75 04 87 07, Fax 75 98 26 00, ←, , – – 80. AE GB. rest
R *(fermé sam. soir et dim. de nov. à fév.)* 85/195 , enf. 45 – 32 – **39 ch** 285/345 – ½ P 280.

TAILLECOURT **25** Doubs 66 ⑧ – rattaché à Audincourt.

TAIN-L'HERMITAGE

Jaurès (Av. J.)	BC
Taurobole (Pl. du)	BC
Batie (Quai de la)	C 3
Defer (Pl. H.)	C 8
Église (Pl. de l')	C 12
Gaulle (Q. Gén. de)	C 14
Grande-Rue	B 16
Michel (R. E.)	C 21
Peala (R. J.)	B 24
Prés.-Roosevelt (Av.)	C 29
Rostaing (Q. M.)	C 30
Seguin (Q. M.)	B 32
Souvenir-Français (Pl. du)	C 33
8-Mai-1945 (Pl. du)	BC 39

TOURNON-SUR-RHÔNE

Grande-Rue	B
Dumaine (R. A.)	B 9
Faure (R. G.)	B 13
Juventon (Av. M.)	B 19
Thiers (R.)	B 35

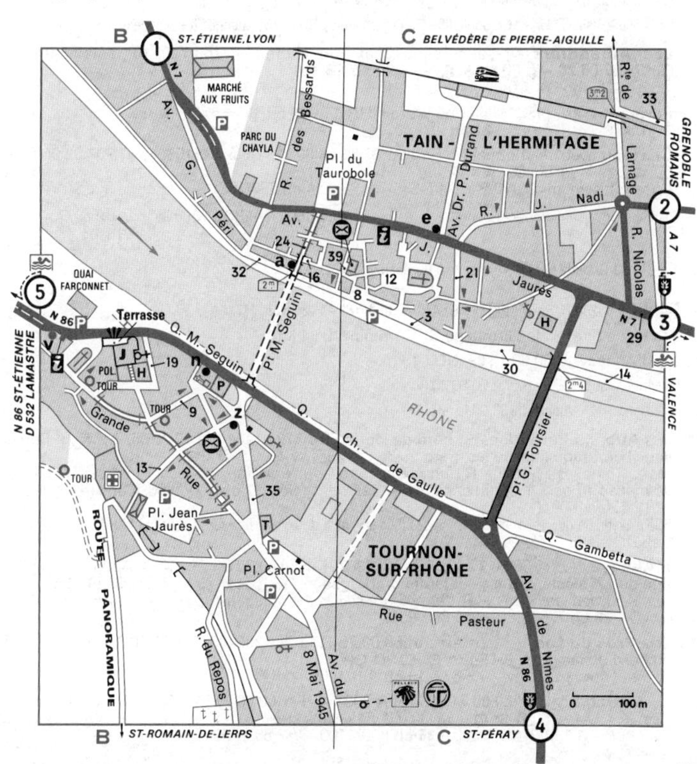

TAIN-TOURNON 77 ① ② G. Vallée du Rhône.

Voir Terrasses★ du château B D.

voir à Tain-l'Hermitage et à Tournon.

Plan page précédente

Tain-l'Hermitage 26 Drôme – 5 003 h alt. 124 – ✉ 26600.

Voir Belvédère de Pierre-Aiguille★ N : 4 km par D 241.

Office de Tourisme 70 av. J.-Jaurès ☎ 75 08 06 81.

Paris 549 – Valence 16 – ◆Grenoble 98 – Le Puy-en-Velay 107 – ◆St-Étienne 77 – Vienne 59.

Mercure M, 1 av. P. Durand ☎ 75 08 65 00, Télex 345573, Fax 75 08 66 05, – ch rest – 50. AE GB JCB C e
R 120/260, enf. 55 – 54 – **48 ch** 470/535.

Deux Coteaux sans rest, 18 r. J. Péala ☎ 75 08 33 01, Fax 75 08 44 20 – . AE GB B a
fermé 1er au 21 fév. – 28 – **22 ch** 155/275.

XXX **Reynaud** M avec ch, par ③ rte Valence ☎ 75 07 22 10, Fax 75 08 03 53, ←, – . AE GB. rest
fermé 15 au 24 août, 10 au 30 janv., dim. soir et lundi – **R** 160/350, enf. 80 – 50 – **10 ch** 320/400.

rte de Romans par ② : 4 km – ✉ 26600 Tain-l'Hermitage :

L'Abricotine , ☎ 75 07 44 60, – ch . GB
fermé 20 nov. au 6 déc. et dim. de nov. à mars – **R** (dîner seul.)(résidents seul.) 60/75 – 30 – **9 ch** 258/288.

Tournaire-Pneus, 8 av. Prés.-Roosevelt ☎ 75 08 28 97

Tournon-sur-Rhône SP 07 Ardèche – 9 546 h – ✉ 07300.

Voir Terrasses★ du château B.

Office de Tourisme Hôtel Tourette ☎ 75 08 10 23.

Paris 550 – Valence 17 – ◆Grenoble 99 – Le Puy-en-Velay 107 – ◆St-Étienne 76 – Vienne 59.

Les Amandiers M sans rest, 13 av. de Nîmes ☎ 75 07 24 10, Télex 346971, Fax 75 07 06 30 – – 25. AE GB
30 – **25 ch** 260/320.

Paris sans rest, pl. S. Mallarmé ☎ 75 08 01 11 – . AE GB B z
1er mai-1er oct. – 38 – **21 ch** 250/350.

XX **Château** avec ch, 12 quai M. Seguin ☎ 75 08 60 22, Télex 345156, Fax 75 07 02 95, ← – – 50. AE GB B n
R *(fermé sam. midi)* 110/310, enf. 55 – 38 – **14 ch** 280/350.

CITROEN Gélibert, quai Farconnet par ⑤ ☎ 75 07 11 75

PEUGEOT-TALBOT Fournier, r. V.-d'Indy C ☎ 75 08 11 22

TALENCE 33 Gironde 71 ⑨ – rattaché à Bordeaux.

TALLOIRES 74290 H.-Savoie 74 ⑥ G. Alpes du Nord – 1 287 h alt. 447.

Voir Site★★★ – Site★★ de l'Ermitage St-Germain★ E : 4 km.

18 du lac d'Annecy ☎ 50 60 12 89, NO : 1 km.

Office Municipal de Tourisme ☎ 50 60 70 64.

Paris 550 – Annecy 12 – Albertville 33 – Megève 49.

✿✿ **Aub. du Père Bise** , bord du lac ☎ 50 60 72 01, Fax 50 60 73 05, ←, , « Repas sous l'ombrage face au lac, parc », – . AE GB
fermé 15 nov. au 13 fév. – **R** *(fermé merc. midi du 15 oct. au 15 mai et mardi sauf le soir du 15 mai au 15 oct.)* 450/700 et carte 500 à 800 – 90 – **27 ch** 800/1800, 4 appart., 3 duplex – ½ P 1200/1900
Spéc. Gratin de queues d'écrevisses "pattes rouges". Tatin de pommes de terre, truffes et foie d'oie. Poularde de Bresse braisée.

L'Abbaye , ☎ 50 60 77 33, Télex 385307, Fax 50 60 78 81, ←, , « Abbaye bénédictine du 17e siècle, terrasse et jardin ombragés », , – – 25. AE GB
fermé 21 déc. au 5 janv. – **R** *(fermé dim. soir et lundi midi du 15 oct. au 15 mai)* 250/495 – 65 – **28 ch** 770/1380 – ½ P 690/995.

Les Prés du Lac sans rest, ☎ 50 60 76 11, Télex 309288, Fax 50 60 73 42, ←, « Parc au bord du lac », – . AE GB
fermé 2 nov. au 15 fév. – 67 – **16 ch** 810/1050.

Le Cottage , ☎ 50 60 71 10, Télex 309454, Fax 50 60 77 51, , « Terrasse ombragée, ← », – – 30. AE GB. rest
avril-oct. – **R** 180/270 – 65 – **35 ch** 600/1100 – ½ P 500/790.

Hermitage ⑤, chemin de la cascade d'Angon ✆ 50 60 71 17, Fax 50 60 77 85, ≤ lac et montagnes, ⛱, « Parc en terrasses surplombant le lac », Fδ, ⛱, ✗ – |♦| TV ☎ P – ⚐ 50. AE ⓓ GB. ✻
1er avril-1er nov. – **R** 135/245 – ☐ 50 – **40 ch** 560/1400.

Lac ⑤, ✆ 50 60 71 08, Télex 309274, Fax 50 60 72 99, ≤, ⛱, ⛱, ⛱ – |♦| TV ☎ P. AE ⓓ GB JCB
28 mai-30 sept. – **R** 160/295 – ☐ 45 – **45 ch** 805 – ½ P 555/640.

Beau Site ⑤, ✆ 50 60 71 04, Fax 50 60 79 22, ≤, « Jardin », ⛱, ✗ – |♦| TV ☎ P. AE ⓓ GB. ✻ rest
14 mai-11 oct. – **R** 150/170 – ☐ 50 – **29 ch** 400/900 – ½ P 420/650.

La Charpenterie, ✆ 50 60 70 47, Fax 50 60 79 07, ⛱ – |♦| TV ☎. AE ⓓ GB JCB
fermé 6 déc. au 13 fév. – **R** 115/165, enf. 45 – ☐ 42 – **18 ch** 370/420 – ½ P 300/360.

XX **Villa des Fleurs** ⑤ avec ch, ✆ 50 60 71 14, Fax 50 60 74 06, ⛱, ⛱ – TV ☎ P. GB
fermé 15 nov. au 15 déc., 15 janv. au 15 fév., dim. soir et lundi – **R** 100/310, enf. 90 – ☐ 45 – **8 ch** 440 – ½ P 370/400.

à Angon S : 2 km par D 909a – ✉ **74290** Veyrier-du-Lac :

Les Grillons ⑤, ✆ 50 60 70 31, Fax 50 60 72 19, ≤, ⛱, ⛱, ⛱ – TV ☎ P. AE GB. ✻ rest
1er avril-12 nov. – **R** 120/180 – ☐ 35 – **34 ch** 400/580 – ½ P 360/395.

La Bartavelle ⑤, ✆ 50 60 70 68, ⛱
15 mai-20 sept. – **R** (dîner seul.) carte 130 à 200 – ☐ 30 – **9 ch** 190/230 – ½ P 200/220.

TALMONT 17120 Char.-Mar. 71 ⑮ **G. Poitou Vendée Charentes** – 83 h alt. 23.

Voir Site★ de l'église Ste-Radegonde★.

Paris 501 – Royan 16 – Blaye 66 – La Rochelle 90 – Saintes 35.

XX **L'Estuaire** avec ch, au Caillaud ✆ 46 90 43 85, ≤, ⛱ – P. GB. ✻ ch
fermé mardi soir et merc. hors sais. et hôtel : ouvert 1/4-1/10 ; rest. : fermé 1 au 8/10 et 15/1 au 28/2 – **R** 85/180 – ☐ 28 – **7 ch** 200/220 – ½ P 220/240.

TALMONT-ST-HILAIRE 85440 Vendée 67 ⑬ **G. Poitou Vendée Charentes** – 4 409 h alt. 5.

Paris 478 – La Roche-sur-Yon 30 – Luçon 36 – Les Sables-d'Olonne 13.

rte de la plage du Veillon SO par D 949 et D 4A : 7 km – ✉ **85440** Talmont-St-Hilaire :

X **St-Hubert** avec ch, ✆ 51 22 24 04, ⛱ – ☎. GB
fermé 1er au 15 oct., 2 janv. au 1er fév., dim. soir et lundi d'oct. à mai – **R** 80/240, enf. 48 – ☐ 28 – **10 ch** 140/240 – ½ P 195/220.

CITROEN Gar. Le Biller, 615 av. des Sables ✆ 51 90 60 21

LA TAMARISSIÈRE 34 Hérault 83 ⑮ – rattaché à Agde.

TAMNIÈS 24620 Dordogne 75 ⑰ – 313 h alt. 193.

Paris 513 – Brive-la-Gaillarde 54 – Périgueux 57 – Sarlat-la-Canéda 14 – Les Eyzies-de-Tayac 12.

Laborderie ⑤, ✆ 53 29 68 59, Fax 53 29 65 31, ≤, ⛱, parc, ⛱ – ☎ P. GB. ✻ rest
28 mars-7 nov. – **Repas** 100/255 – ☐ 30 – **35 ch** 250/460 – ½ P 290/355.

TANCARVILLE (Pont routier de) ★ 76430 S.-Mar. 55 ④ **G. Normandie Vallée de la Seine** – 1 326 h alt. 48.

Voir ≤★ sur estuaire.

Péage en 1992 : auto 11 F (conducteur et passagers compris), remorque 2,50 F, camions et autocars : 17 ou 32,50 F, gratuit pour piétons et deux-roues.

Paris 176 – ◆Caen 81 – ◆Le Havre 28 – Pont-Audemer 20 – ◆Rouen 58.

XXX **Marine** M avec ch, au pied du pont D 982 ✆ 35 39 77 15, Fax 35 38 03 30, ≤ pont suspendu et la Seine, ⛱, ⛱ – TV ☎ P. AE GB. ✻ ch
R *(fermé dim. soir et lundi)* 135/280 – ☐ 45 – **8 ch** 280/400 – ½ P 320/450.

La TANIA 73 Savoie 74 ⑱ – alt. 1400 – ✉ **73125** Courchevel.

Paris 626 – Albertville 45 – Bourg-St-Maurice 43 – Courchevel (1850) 10.

Le Montana M ⑤, ✆ 79 08 80 08, Fax 79 08 80 01, ≤, ⛱, Fδ – |♦| ▤ rest TV ☎ ♿ ⛱ – ⚐ 80. AE ⓓ GB. ✻ rest
19 déc.-24 avril – **R** 100/160 ♁, enf. 35 – ☐ 45 – **71 ch** (½ pens. seul.) – ½ P 480.

TANINGES 74440 H.-Savoie 74 ⑦ **G. Alpes du Nord** – 2 791 h alt. 640.

ℹ Office de Tourisme av. Thézières ✆ 50 34 25 05.

Paris 573 – Chamonix-Mont-Blanc 50 – Thonon-les-Bains 48 – Annecy 60 – Bonneville 19 – Cluses 10 – ◆Genève 44 – Megève 35 – Morzine 18.

XX **La Crémaillère,** à Flérier SO : 1 km ✆ 50 34 21 98, ⛱, ⛱ – P. GB
fermé 1er au 7 sept., 3 janv. au 9 fév., dim. soir et merc. sauf juil.-août – **R** 100/260, enf. 75.

RENAULT Gar. Delfante ✆ 50 34 20 71 N

TANUS 81190 Tarn 80 ⑪ – 464 h alt. 440.

Paris 678 – Rodez 46 – Albi 32 – St-Affrique 66.

XX **Voyageurs** avec ch, ✆ 63 76 30 06, Fax 63 76 37 94, – TV ☎ . GB
fermé 1er au 8 nov., 2 au 15 janv. et dim. soir sauf juil.-août – **R** 75/260 ♌, enf. 45 – ☕ 35 – **14 ch** 210/260 – ½ P 260/280.

TAPONAS 69 Rhône 73 ⑩ – rattaché à Belleville.

TARARE 69170 Rhône 73 ⑨ **G. Vallée du Rhône** – 10 720 h alt. 375.

Office de Tourisme pl. Madeleine ✆ 74 63 06 65.

Paris 469 – Roanne 41 – ♦Lyon 45 – Montbrison 58 – Villefranche-sur-Saône 33.

Git'Otel, E par N 7 : 1,5 km ✉ 69490 Pontcharra-sur-Turdine ✆ 74 63 44 01, Fax 74 05 08 52, – TV ☎ P – 40. AE ⓓ GB
fermé 23 déc. au 3 janv. – **R** *(fermé dim.)* 65/220 ♌, enf. 40 – ☕ 30 – **34 ch** 205/275.

XXX ✿ **Jean Brouilly**, 3 ter r. Paris ✆ 74 63 24 56, Fax 74 05 05 48, , parc – P. AE ⓓ GB
fermé 8 au 24 août, vacances de fév., dim. et lundi sauf fêtes le midi – **R** 150/360 et carte 210 à 330, enf. 80
Spéc. Pigeonneau en gelée de vin de presse. Tournedos "Milotier". Millefeuille. **Vins** Beaujolais blanc, Saint-Véran.

CITROEN Central Gar., 28 r. République ✆ 74 63 06 10
FORD Beylier, 17 r. Serroux ✆ 74 05 20 21 N
PEUGEOT-TALBOT Dubois, N 7 ✆ 74 63 03 80 N
RENAULT Laurent, rte de Valsonne ✆ 74 63 04 07
RENAULT Gar. Vericel, 46-48 av. Ed.-Herriot ✆ 74 63 15 92
RENAULT Gar. du Mortier, RN 7 à Pontcharra-sur-Turdine ✆ 74 05 73 08

Pneumatech, bd de la Turdine ✆ 74 63 44 00
Tarare Pneus, 50 bd Voltaire ✆ 74 63 38 12

Découvrez la France avec les ***guides Verts Michelin*** *:*
24 titres illustrés en couleurs.

TARASCON 13150 B.-du-R. 81 ⑪ **G. Provence** – 10 826 h alt. 9.

Voir Château★★ : ※★★ Y – Église Ste-Marthe★ Y.

Office de Tourisme 59 r. Halles ✆ 90 91 03 52.

Paris 708 ⑥ – Avignon 22 ① – Arles 17 ③ – ♦Marseille 96 ③ – Nîmes 25 ⑤.

TARASCON

Halles (R. des) . . . . . YZ
Mairie (Pl. de la) . . . . . Y 15
Monge (R.) . . . . . Y
Pelletan (R. E.) . . . . . Z 19
Proudhon (R.) . . . . . Z 20
Victor-Hugo (Bd) . . . . . Z

Aqueduc (R. de l') . . . . . Y 2
Berrurier (Pl. Colonel) . . . . . Z 3
Blanqui (R.) . . . . . Z 4
Briand (Crs Aristide) . . . . . Z 5
Château (Bd du) . . . . . Y 6
Château (R. du) . . . . . Y 7
Hôpital (R. de l') . . . . . Z 9
Jaurès (R. Jean) . . . . . Y 12
Jeu-de-Paume (R. du) . . . . . YZ 14
Millaud (R. Ed.) . . . . . YZ 16
Mistral (R. Frédéric) . . . . . Z 18
Raffin (R.) . . . . . Y 23
République (Av. de la) . . . . . Z 24
Salengro (Av. R.) . . . . . Y 25

Le Guide change, changez de guide tous les ans.

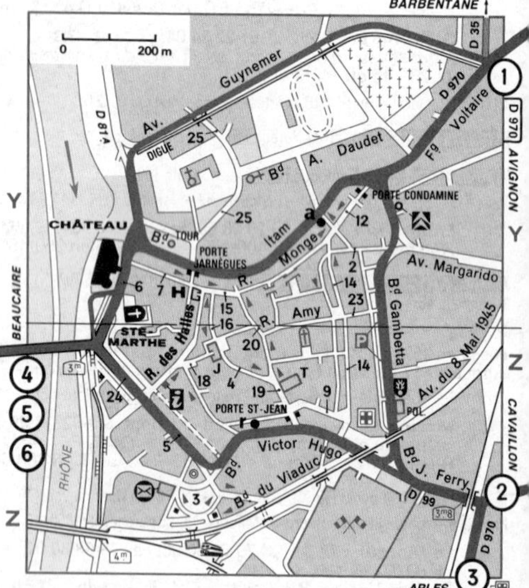

Provence sans rest, 7 bd V. Hugo ✆ 90 91 06 43, Fax 90 43 58 13 – TV ☎. AE ⓓ GB
fermé 21 déc. au 5 janv. et vend. de nov. à fév. – ☕ 55 – **11 ch** 340/480. Z r

Échevins et rest. Mistral, 26 bd Itam ✆ 90 91 01 70 – rest ☎ . GB. rest Y a
fermé janv., fév., dim. soir (sauf hôtel de Pâques à oct.), lundi midi et sam. midi – **R** 85/120 – ☕ 30 – **39 ch** 230/280 – ½ P 215/230.

CITROEN Gar. Chabas, 8 bd Gambetta ✆ 90 91 12 71

Tarascon-Pneus, 1 pl. E.-Combe ✆ 90 43 54 36

TARASCON-SUR-ARIÈGE **09400** Ariège 86 ④ ⑤ **G. Pyrénées Roussillon** – 3 533 h alt. 474.

Voir Grotte de Niaux★★ (dessins préhistoriques) SO : 4 km.

Office de Tourisme pl. 19 Mars 1962 ☏ 61 05 63 46.

Paris 796 – Foix 16 – Ax-les-Thermes 26 – Lavelanet 28.

Confort sans rest, quai A. Sylvestre ☏ 61 05 61 90 – ☎ ⇔ Ⓟ. GB
☕ 32 – **14 ch** 160/220.

CITROEN Gar. du Stade ☏ 61 05 89 20

TARBES Ⓟ **65000** H.-Pyr. 85 ⑧ **G. Pyrénées Aquitaine** – 47 566 h alt. 304.

Voir Jardin★ et Musée Massey (musée international des Hussards★ ABY **M**).

de Laloubère ☏ 62 96 11 14, par ③ : 3 km.

de Tarbes-Ossun-Lourdes : ☏ 62 32 92 22, par ④ : 9 km.

☏ 62 37 50 50.

Syndicat d'Initiative 3 cours Gambetta ☏ 62 51 30 31.

Paris 794 ① – Pau 42 ⑤ – ♦Bordeaux 214 ① – Lourdes 19 ④ – ♦Toulouse 152 ②.

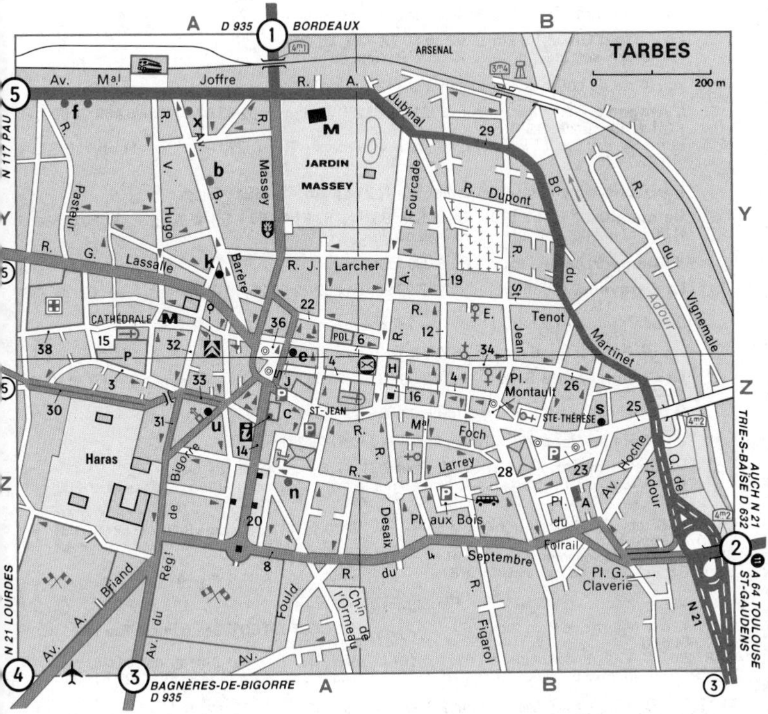

Foch (R. Maréchal) ...... **ABZ**	Clemenceau (R. G.) ..... **ABY** 6	Marcadieu (Pl.) .... **BZ** 23
Fourcade (R. A.) .... **BY**	Cronstadt (R. de) .... **AZ** 8	Marne (Av. de la) .... **BZ** 25
Larcher (R. J.) .... **ABY**	Deville (R.) .... **BY** 12	Michelet (R.) .... **BZ** 26
Pyrénées (R. des) .... **AZ** 31	Gambetta (Cours) .... **AZ** 14	Parmentier (Pl.) .... **BZ** 28
Ramond (R.) .... **AYZ** 32	Gaulle (Pl. Gén. de) .... **AY** 15	Péreire (R.) .... **BY** 29
Verdun (Pl. de) .... **AYZ** 38	Jaurès (Pl. Jean) .... **BZ** 16	Pradeau (Prom. du) .... **AZ** 30
	Laporte (R. H.) .... **BY** 19	Reffye (Cours) .... **AZ** 33
Bigorre (R. de la) .... **AZ** 3	Leclerc (Allées Gén.) ...... **AZ** 20	St-Frai (R. Marie) .... **BYZ** 34
Brauhauban (R.) .... **ABZ** 4	Magnoac (R. G.) .... **AY** 22	Sède (R. de la) .... **AY** 36

Président, r. A. Briand par ④ ☏ 62 93 98 40, Télex 530522, Fax 62 93 64 19, ≤, 🌳, 🏊 – 🛗 ▤ rest 📺 ☎ Ⓟ – 🏛 80. AE ⓓ GB JCB. ✂ rest
Le Toit de Bigorre (au 9e étage ≤) **R** 100/150, enf. 50 – ☕ 35 – **57 ch** 280/380.

Foch sans rest, 18 pl. Verdun ☏ 62 93 71 58, Fax 62 93 34 59 – 🛗 📺 ☎. AE GB AYZ **e**
fermé 24 déc. au 1er janv. et dim. – ☕ 35 – **30 ch** 275/375.

Henri IV sans rest, 7 av. B. Barère ☎ 62 34 01 68, Fax 62 93 71 32 – TV ☎ AE GB — AY k
36 – **24 ch** 240/320.

Blason sans rest, 26 r. Régt de Bigorre ☎ 62 34 48 88 – ☎ — AZ u
15 ch.

Marne sans rest, 4 av. Marne ☎ 62 93 03 64 – TV ☎. AE GB — BZ s
25 – **26 ch** 170/280.

XX **L'Ambroisie,** 38 r. Larrey ☎ 62 93 09 34 – GB — AZ n
fermé 1er au 25 août, dim., lundi et fériés – **R** 150/250.

XX **L'Isard** avec ch, 70 av. Mar. Joffre ☎ 62 93 06 69, – TV ☎. AE GB. — AY f
R *(fermé dim. soir et sam.)* 60/200 – 25 – **8 ch** 150/200 – ½ P 185.

XX **Toup' Ty,** 86 av. B. Barère ☎ 62 93 32 08 – GB — AY x
fermé 15 juil. au 15 août, dim. soir et lundi – **R** 80/180, enf. 45.

XX **Panier Fleuri,** 74 av. Mar. Joffre ☎ 62 93 10 80 – . AE GB — AY f
fermé lundi (sauf le midi de sept. à juin) et mardi – **R** 65/135, enf. 45.

X **Le Petit Gourmand,** 62 av. B. Barère ☎ 62 34 26 86, – AE GB
fermé sam. midi et lundi – **R** 98/160. — AY b

rte d'Auch par ② – ✉ **65800** Aureilhan :

XX **La Patte d'Oie,** à 1,5 km ☎ 62 36 40 52 – P. AE GB
fermé dim. soir et lundi soir – **R** 120/198, enf. 85.

par ④ rte de Lourdes par Juillan :

XX **L'Aragon** avec ch, à 4 km sur D 921 ✉ 65290 Juillan ☎ 62 32 07 07, Fax 62 32 92 50, – TV ☎ P. AE GB
fermé 11 déc. au 11 janv. et lundi de nov. à mars – **R** 110/220 – 35 – **11 ch** 210/320 – ½ P 230/245.

par ④ près échangeur A 64 Ouest, sur N 21 : 4 km – ✉ **65000** Tarbes :

Campanile, ☎ 62 51 19 15, Télex 533798, Fax 62 51 34 67 – TV ☎ P – 25. AE GB
R 80 bc/102 bc, enf. 39 – 29 – **50 ch** 268.

à l'Aéroport par ④ : 9 km – ✉ **65290** Juillan :

XXX **La Caravelle,** (1er étage) ☎ 62 32 99 96, Fax 62 32 05 25, ≤ Pyrénées – . AE GB JCB
fermé 27 juil. au 13 août, 11 janv. au 2 fév., dim. soir et lundi – **R** 155/250.

rte de Pau par ⑤ : 6 km – ✉ **65420** Ibos :

La Chaumière du Bois , ☎ 62 90 03 51, Fax 62 90 05 33, , parc, – TV ☎ P. GB
R *(fermé dim. soir et lundi)* 60/130 – 35 – **22 ch** 290/360 – ½ P 310.

à la Côte de Ger par ⑤ : 10 km sur N 117 – ✉ **65420** Ibos :

XX **Vieille Auberge,** ☎ 62 31 51 54, Fax 62 31 55 59 – P. AE GB
fermé 19 au 31 juil., sam. (sauf le soir d'oct. à avril), dim. soir et fériés le soir – **R** 85/260, enf. 50.

CITROEN Garoby, 23 r. Lassalle ☎ 62 93 31 36
FORD C.-Fabre, bd Kennedy ☎ 62 51 15 11
NISSAN Raoux, bd Kennedy ☎ 62 93 28 97
V.A.G Gar. Tolsan, rte de Pau ☎ 62 34 35 83

Dours, 13 bis cours de Reffye ☎ 62 93 01 84
Euromaster Central Pneu Service, 1 bd Mar.-de-Lattre-de-Tassigny ☎ 62 34 74 96
Saliot, 10 r. Clément ☎ 62 34 52 01

Périphérie et environs

BMW Tarbes-Auto, rte de Pau à Ibos ☎ 62 90 06 00
CITROEN T.D.A., 28 rte de Lourdes à Odos par ④ ☎ 62 93 94 95 N ☎ 62 51 11 00

PEUGEOT-TALBOT Benoît, rte de Pau à Ibos par ⑤ ☎ 62 90 09 00
RENAULT Pyrénées-Autom., rte de Lourdes à Odos par ④ ☎ 62 34 38 83 N ☎ 62 51 11 00

TARDETS-SORHOLUS 64470 Pyr.-Atl. 85 ⑤ – 704 h alt. 216.

Paris 821 – Pau 62 – Mauléon-Licharre 13 – Oloron-Ste-Marie 27 – St-Jean-Pied-de-Port 52.

XX **Pont d'Abense** avec ch, à Abense-de-Haut ☎ 59 28 54 60, , « Jardin fleuri » – ☎ P. GB.
fermé 1er déc. au 15 janv. et jeudi hors sais. – **R** 70/200, enf. 55 – 33 – **11 ch** 160/240 – ½ P 220/240.

PEUGEOT Gar. Larragneguy ☎ 59 28 53 21

Gar. Carrère ☎ 59 28 53 59

TARGASONNE 66 Pyr.-Or. 86 ⑯ – rattaché à Font-Romeu.

Les **guides Rouges**, les **guides Verts** et les **cartes Michelin**
sont complémentaires.
Utilisez-les ensemble.

TARNAC **19170** Corrèze 72 ⑳ **G. Berry Limousin** – 403 h alt. 700.

Paris 441 – ◆Limoges 66 – Aubusson 48 – Bourganeuf 43 – Eymoutiers 24 – Tulle 62 – Ussel 46.

Voyageurs, ✆ 55 95 53 12, Fax 55 95 40 07 – rest TV ☎. GB. rest
fermé 20 déc. au 10 janv., vacances de fév., dim. soir et lundi d'oct à mai sauf vacances scolaires et fêtes – **Repas** 80/155, enf. 55 – ☕ 30 – **17 ch** 145/230 – ½ P 200/245.

TASSIN-LA-DEMI-LUNE **69** Rhône 73 ⑳ – rattaché à Lyon.

TAULÉ **29670** Finistère 58 ⑥ – 2 796 h alt. 90.

Paris 546 – ◆Brest 61 – Morlaix 7,5 – Quimper 83 – St-Pol-de-Léon 13.

Relais des Primeurs, à la gare N : 1,5 km ✆ 98 67 11 03, – TV ☎ P. GB. ch
fermé sept., vend. soir et sam. midi sauf juil.-août – **R** 64/170, enf. 50 – ☕ 26 – **16 ch** 142/240 – ½ P 200/245.

TAURINYA **66** Pyr.-Or. 86 ⑱ – rattaché à Prades.

TAUSSAT **33148** Gironde 78 ②.

Paris 629 – ◆Bordeaux 48 – Andernos-les-Bains 4 – Arcachon 36.

Plage, ✆ 56 82 06 01, – ☎ P. GB
fermé 15 au 30 oct., vacances de fév. et lundi d'oct. à Pâques – **R** 65/100, enf. 45 – ☕ 28 – **15 ch** 180/250 – ½ P 220/250.

TAVEL **30126** Gard 81 ⑪ – 1 439 h alt. 80.

Paris 678 – Avignon 15 – Alès 68 – Nîmes 39 – Orange 21 – Pont-St-Esprit 33 – Roquemaure 9.

XXX **Aub. de Tavel** avec ch, ✆ 66 50 03 41, , – TV ☎. AE GB
fermé 15 au 30 nov. et 15 au 28 fév. – **R** *(fermé dim. soir et lundi de sept. à juin)* 180/250 – ☕ 65 – **11 ch** 420/480 – ½ P 380/410.

TAVERNY **95** Val-d'Oise 55 ⑳, 101 ④ – voir à Paris, Environs.

TAVERS **45** Loiret 64 ⑧ – rattaché à Beaugency.

Le TEIL **07400** Ardèche 80 ⑩ **G. Vallée du Rhône** – 7 779 h alt. 73.

Voir Baptistère★ de l'église de Mélas.

Office de Tourisme pl. P.-Sémard "Les Sablons" ✆ 75 49 10 46.

Paris 611 – Valence 50 – Aubenas 36 – Montélimar 6 – Privas 31.

XX **L'Ardéchois,** N 86 sortie Sud ✆ 75 49 21 39 – GB
fermé 15 juil. au 14 août, dim. soir et lundi soir – **R** 85/150, enf. 55.

Le TEILLEUL **50640** Manche 59 ⑨ – 1 433 h alt. 205.

Paris 272 – Avranches 44 – Domfront 20 – Fougères 36 – Mayenne 38 – St-Lô 77.

Clé des Champs, E : 1 km sur N 176 ✆ 33 59 42 27 – TV ☎ P. AE GB
fermé 12 fév. au 4 mars et dim. soir du 1er oct. au 1er avril – **R** 73/178 – ☕ 32 – **20 ch** 126/288 – ½ P 210/270.

RENAULT Gar. Bonsens ✆ 33 59 40 28 N

TELGRUC-SUR-MER **29560** Finistère 58 ⑭ – 1 811 h alt. 80.

Paris 569 – Quimper 41 – Châteaulin 22 – Douarnenez 32.

XX **Aub. du Gerdann,** E : 2 km sur D 887 ✆ 98 27 78 67, – P. GB.
fermé 4 au 26 oct., 1er au 8 fév., lundi soir sauf juil.-août et mardi – **R** 75/220, enf. 40.

TEMPLERIE **35** I.-et-V. 59 ⑲ – rattaché à Fougères.

Le-TEMPLE-SUR-LOT **47110** Lot-et-Gar. 79 ⑤ – 933 h alt. 43.

Paris 609 – Agen 33 – Duras 50 – Fumel 42 – Miramont-de-Guyenne 32.

Host. du Plantié M, NO : 3 km par D 911 et D 13 ✆ 53 84 37 48, Fax 53 84 76 32, , parc, – TV ☎ P. AE GB
R 80/180, enf. 60 – **10 ch** ☕ 320/360 – ½ P 280.

TENCE **43190** H.-Loire 76 ⑧ **G. Vallée du Rhône** – 2 788 h alt. 840.

Office de Tourisme pl. Chatiagne ✆ 71 59 81 99.

Paris 569 – Le Puy-en-Velay 45 – Lamastre 38 – ◆St-Étienne 51 – Yssingeaux 19.

Gd H. Placide, av. Gare ✆ 71 59 82 76, Fax 71 65 44 46, – TV ☎ P. GB. rest
fermé mi-nov. à mi-fév., dim. soir et lundi hors sais. – **R** 110/350 – ☕ 40 – **17 ch** 290/380 – ½ P 350.

PEUGEOT Gar. Bachelard, ✆ 71 59 80 20 N ✆ 71 59 83 30

TENDE **06430** Alpes-Mar. 84 ⑳ **G. Côte d'Azur** – 2 089 h alt. 830.

9 de Vievola ✆ 93 04 61 02, N par N 204 : 4,5 km.

Paris 878 – Cuneo 45 – Menton 52 – ◆Nice 77 – Sospel 37.

Centre sans rest, ✆ 93 04 62 19 – GB
fermé 15 nov. au 15 déc. – **17 ch** ☕ 155/210.

à St-Dalmas-de-Tende S : 4 km par N 204 – ✉ **06430** :

Le Prieuré M (Centre d'Aide par le Travail), ✆ 93 04 75 70, Fax 93 04 71 58, – TV ☎ P – 60. AE GB
1er mai-31 oct. – **R** 75/150, enf. 50 – 32 – **16 ch** 265/320.

à la Brigue SE : 6,5 km par N 204 et D 43 – ✉ **06430** :

Voir Collégiale St-Martin★ – Fresques★★ de la chapelle N.-D.-des-Fontaines E : 4 km.

Mirval, ✆ 93 04 63 71, ≤, – ☎ P. AE GB. ch
1er avril-1er nov. – **R** 90/140, enf. 50 – 30 – **18 ch** 220/280 – ½ P 220/260.

La Cassolette, ✆ 93 04 63 82, rest. non-fumeurs
fermé 1er au 15 mars, dim. soir et merc. – **R** 105/265.

TENDU **36** Indre 68 ⑱ – rattaché à Argenton-sur-Creuse.

TERMES D'ARMAGNAC **32400** Gers 82 ② **G. Pyrénées Aquitaine** – 190 h.

Voir ✻★ du donjon.

Paris 745 – Mont-de-Marsan 52 – Aire-sur-l'Adour 21 – Auch 62 – Condom 57 – Pau 71 – Tarbes 52.

Relaisde la Tour, ✆ 62 69 22 77, , – ☎. GB
fermé fév., dim. soir et lundi – **R** 62/200 – 24 – **11 ch** 210/230 – ½ P 190/220.

TERTENOZ **74** H.-Savoie 74 ⑰ – rattaché à Faverges.

TESSÉ-LA-MADELEINE **61** Orne 60 ① – rattaché à Bagnoles-de-l'Orne.

La TESSOUALE **46** M.-et-L. 67 ⑤ ⑥ – rattaché à Cholet.

La TESTE **33260** Gironde 78 ② ⑫ – 20 331 h alt. 5.

Voir Parc de loisirs de la Hume : marinoscope (port miniature★) E : 3 km par N 250, **G. Pyrénées Aquitaine.**

18 ✆ 56 54 44 00, O : 2 km ; 9 18 de Gujan-Mestras ✆ 56 66 86 36, S par N 250 puis D 652 : 6 km.

Office de Tourisme pl. J.-Hameau et pl. Marché (juil.-août) ✆ 56 66 45 59.

Paris 648 – ◆ Bordeaux 59 – Andernos-les-Bains 35 – Arcachon 3,5 – Belin-Beliet 43 – Biscarrosse 33.

Aub. Basque, 36 r. Mar. Foch ✆ 56 66 26 04, – ☎. GB
fermé 1er oct. au 30 nov. – **R** *(fermé dim. soir et lundi du 1er déc. au 1er juil.)* 69/220 , enf. 45 – 30 – **8 ch** 232/330 – ½ P 246/300.

Chez Diégo, Centre Captal La Teste ✆ 56 54 44 32, Fax 56 54 28 20, – AE GB
fermé 10 oct. au 27 déc. – **R** 90/130 carte le dim.

CITROEN S.A.C.A., RN 650, entrée d'Arcachon ✆ 56 54 86 01
RENAULT Gar. de la Côte, 36 bis av. Gén.-de-Gaulle ✆ 56 66 31 98
RENAULT Cote d'Argent Autom., rte de Bordeaux ✆ 57 52 52 52 N ✆ 56 22 03 29

Euromaster Central Pneu Service, 62 av. Gén.-Leclerc ✆ 56 54 81 16

TÉTEGHEM **59** Nord 51 ④ – rattaché à Dunkerque.

Le TEULET **19** Corrèze 75 ⑳ – ✉ **19430** Mercoeur.

Paris 540 – Aurillac 31 – Argentat 24.

Relais du Teulet, N 120 ✆ 55 28 71 09, , – ☎ P. AE GB
R 58/150 – 24 – **18 ch** 140/250 – ½ P 180/190.

THANN SP **68800** H.-Rhin 66 ⑨ **G. Alsace Lorraine** (plan) – 7 751 h alt. 340.

Voir Collégiale St-Thiébaut★★.

Office de Tourisme 6 pl. Joffre ✆ 89 37 96 20.

Paris 458 – ◆ Mulhouse 20 – Belfort 39 – Colmar 41 – Épinal 85 – Guebwiller 20.

Kléber, 39 r. Kléber ✆ 89 37 13 66, Fax 89 37 39 67, – ch TV ☎ P. GB. rest
R *(fermé 3 au 25 juil., 24 déc. au 9 janv., sam. midi et dim.)* 70/250 – 45 – **26 ch** 135/275 – ½ P 250.

FIAT, LANCIA Boeglin, 64 rte de Mulhouse, Vieux-Thann ✆ 89 37 04 03 N

PEUGEOT-TALBOT Jeker, 16 rte de Roderen par D 103 et D 35 ✆ 89 37 81 72

THANNENKIRCH **68590** H.-Rhin 62 ⑲ **G. Alsace Lorraine** – 336 h alt. 510.

Voir Route★ de Schaentzel (D 48¹) N : 3 km.

Paris 430 – Colmar 24 – St-Dié 39 – Sélestat 15.

Touring, ✆ 89 73 10 01, Fax 89 73 11 79, ≤ – ☎ P. GB
3 avril-11 nov. – **R** 69/180 , enf. 48 – 33 – **48 ch** 237/360 – ½ P 262/313.

Aub. la Meunière, ✆ 89 73 10 47, Fax 89 73 12 31, , – ☎ P. AE GB
Pâques-11 nov. – **R** 95/180 , enf. 45 – 25 – **14 ch** 250/350 – ½ P 220/250.

THANVILLÉ **67** B.-Rhin 62 ⑲ – rattaché à Villé.

Le THEIL **15** Cantal 76 ② – rattaché à Salers.

THEIX **56** Morbihan 63 ③ – rattaché à Vannes.

THÈMES **89** Yonne 61 ⑭ – ✉ **89410** Cézy.

Paris 139 – Auxerre 33 – La Celle-St-Cyr 4 – Joigny 6,5 – Montargis 52 – Sens 25.

XX **P'tit Claridge** avec ch, ☎ 86 63 10 92, Fax 86 63 01 34, ☂, ☂ – TV ☎ P. AE GB
fermé 12 au 27 sept., 12 au 28 fév., dim. soir et lundi – **R** 90/260 – ☕ 30 – **13 ch** 90/200 – ½ P 150/260.

THÉOULE-SUR-MER **06590** Alpes-Mar. 84 ⑧ 115 ㉞ **G. Côte d'Azur** – 1 216 h.

ℹ Office de Tourisme résidence Corniche, av. Lerins ☎ 93 49 28 28 et av. Miramar (juil.-août) ☎ 93 75 48 48.

Paris 901 – Cannes 11 – Draguignan 58 – ♦Nice 42 – St-Raphaël 29.

Gd Hôtel sans rest, ☎ **93 49 96 04** – ☎ ⇔. GB. ✻
1er avril-10 oct. – ☕ 35 – **24 ch** 330/470.

THÉRONDELS **12600** Aveyron 76 ⑬ – 505 h alt. 960.

Paris 568 – Aurillac 47 – Chaudes-Aigues 47 – Espalion 63 – Murat 45 – Rodez 98 – St-Flour 50.

Miquel M, ☎ 65 66 02 72, ☂, ⛱ – TV ☎ P. GB
fermé 3 janv. au 15 fév., lundi (sauf le midi du 16 mai au 30 sept.) et dim. soir d'oct. au 15 mai – **R** 55/180 ♂ – ☕ 30 – **22 ch** 190/230 – ½ P 210/230.

THÉSÉE **41140** L.-et-Ch. 64 ⑰ **G. Châteaux de la Loire** – 1 074 h alt. 68.

Paris 218 – ♦Tours 52 – Blois 40 – Châteauroux 76 – Montrichard 10,5 – Romorantin-Lanthenay 39 – Vierzon 64.

Host. Moulin de la Renne, ☎ 54 71 41 56, ☂ – ☎ P. GB
fermé mi-janv. à mi-mars, dim. soir et lundi hors sais. – **R** 86/220, enf. 50 – ☕ 32 – **15 ch** 135/272 – ½ P 248.

En juin et en septembre,
les hôtels sont moins chers qu'en pleine saison, le service est plus soigné.

THIBERVILLE **27230** Eure 55 ⑭ – 1 610 h alt. 169.

Paris 161 – Bernay 13 – Brionne 23 – Évreux 57 – Lisieux 17 – Orbec 16 – Pont-Audemer 26.

Levrette, ☎ 32 46 80 22 – P. GB
fermé 16 au 29 août, 15 janv. au 15 fév., dim. soir et jeudi – **R** 65/180 ♂ – ☕ 20 – **7 ch** 160/220.

THIÉBLEMONT-FARÉMONT **51** Marne 61 ⑨ – rattaché à Vitry-le-François.

THIERS SP **63300** P.-de-D. 73 ⑯ **G. Auvergne** – 14 832 h alt. 436.

Voir Site★★ – Le Vieux Thiers★ : Maison du Pirou★ YZ **E** – Terrasse du Rempart ✻★ Y – Rocher de Borbes ≤★ S : 3,5 km par D 102.

⛳9 ☎ 73 51 37 17 à la base de Loisirs de Courty, par ② : 7 km.

ℹ Office de Tourisme pl. Pirou ☎ 73 80 10 74.

Paris 461 ③ – ♦Clermont-Ferrand 44 ② – Issoire 57 ② – ♦Lyon 131 ① – Le Puy-en-Velay 125 ② – Roanne 59 ① – ♦St-Étienne 107 ① – Vichy 34 ③.

Plan page suivante

rte de Clermont par ② : 5 km sur N 89 – ✉ **63300** Thiers :

Parc de Geoffroy M, ☎ 73 80 58 88, Fax 73 51 36 28, ≤, ☂, parc, ✻ – ⛶ TV ☎ ♿ P – 🏛 60. AE ⓓ GB JCB. ✻ rest
fermé lundi midi et dim. – **Noël Denier R** 180/250 – **Bistrot du Parc R** 125 – ☕ 50 – **31 ch** 330/450.

Fimotel M, ☎ 73 80 64 40, Fax 73 80 27 83 – ⛶ TV ☎ ♿ P – 🏛 30. AE ⓓ GB
R 76/105 ♂, enf. 34 – ☕ 34 – **40 ch** 275/290.

à Pont-de-Dore par ② : 6 km par N 89 – ✉ **63920** Peschadoires :

Éliotel M, rte Maringues ☎ 73 80 10 14, ☂ – TV ☎ P. GB. ✻
hôtel : fermé 20/12 au 10/1 et dim. sauf juil.-août ; rest. : fermé 16 au 23/8, 20/12 au 10/1, dim. soir et sam. – **R** 78/195 ♂ – ☕ 30 – **13 ch** 260.

XX **Mère Dépalle** M avec ch, ☎ 73 80 10 05 – TV ☎ ⇔ P. GB
fermé 18 déc. au 2 janv., dim. soir et sam. d'oct. à mars – **R** 95/245 ♂ – ☕ 32 – **10 ch** 260/300.

CITROEN Sauvagnat, Gar. des Molles, 57 av. L.-Lagrange par ② ☎ 73 80 67 66
FORD Dugat, 50 av. L.-Lagrange ☎ 73 80 50 22
PEUGEOT-TALBOT Thiers-Autom., 52 av. L.-Lagrange par ② ☎ 73 80 57 54 N ☎ 73 51 08 32
RENAULT Ricoux, ZI du Felet par ② ☎ 73 80 55 10

V.A.G Gar. Perron, 79 av. L.-Lagrange ☎ 73 80 20 49

Euromaster Estager Pneu, Zone des Molles, av. L.-Lagrange ☎ 73 80 15 97

THIERS

Bourg (R. du)	Y 2
Conchette (R.)	Y 5
Grenette (R.)	Z 14
Nationale (R.)	Y 15
Pirou (R. du)	Y 16
Terrasse du Rempart	Y 18
Clermont (R. de)	Z 3
Chabot (R. M.)	Z 4
Coutellerie (R. de la)	Z 8
Dr.-Dumas (R. A.)	Y 9
Duchasseint (Pl.)	Y 10
Grammonts (R. des)	Y 12
Voltaire (Av.)	Z 20
4-Septembre (Av. du)	Z 22

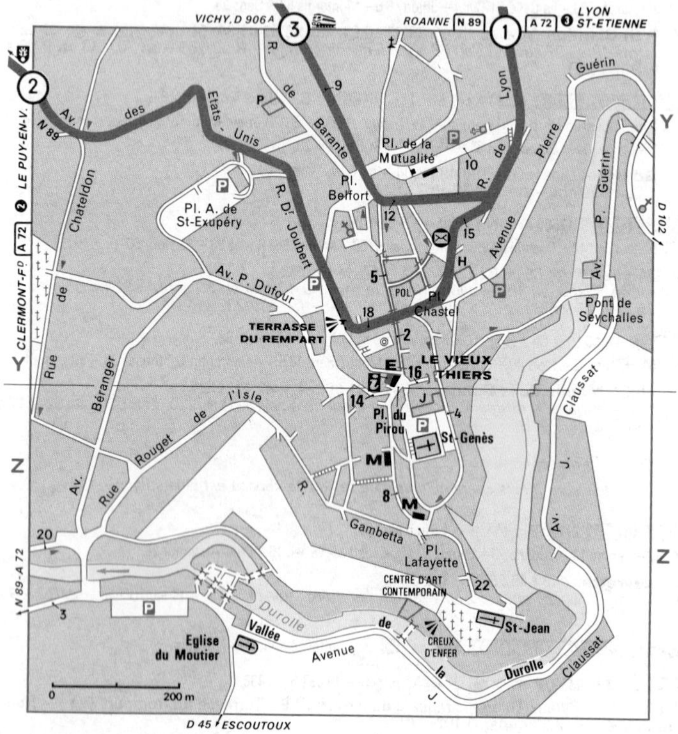

Les prix Pour toutes précisions sur les prix indiqués dans ce guide, reportez-vous aux pages explicatives.

THIÉZAC **15450** Cantal 76 ⑫ ⑬ **G. Auvergne** – 693 h alt. 805.

Voir Pas de Compaing★ NE : 3 km.

Syndicat d'Initiative à la Mairie ✆ 71 47 01 21.

Paris 549 – Aurillac 26 – Murat 23 – Vic-sur-Cère 6.

- **Casteltinet** M, ✆ 71 47 00 60, ≤, – TV ☎ P. GB. rest
  4 avril-10 oct. et Noël-Pâques – **R** 85/250, enf. 45 – ☐ 28 – **23 ch** 220/300 – ½ P 210/240.
- **Elancèze** (annexe Belle Vallée 14 ch), ✆ 71 47 00 22, Fax 71 47 02 08, ≤ – ☎ ♿ P. GB
  fermé 12 nov. au 23 déc. – **Repas** 80/175 – ☐ 28 – **41 ch** 200/250 – ½ P 195/235.

Le THILLOT **88160** Vosges 66 ⑧ **G. Alsace Lorraine** – 4 246 h alt. 500.

Paris 421 – Belfort 44 – Colmar 73 – Épinal 48 – ◆Mulhouse 57 – St-Dié 63 – Vesoul 64.

au Ménil NE : 3,5 km par D 486 – alt. 525 – ✉ **88160** Le Thillot :

- **Les Sapins**, ✆ 29 25 02 46, – ☎ P. GB. rest
  fermé 12 nov. au 20 déc. – **R** 90/175, enf. 55 – ☐ 30 – **23 ch** 205/225 – ½ P 220/245.

au col des Croix SO : 4 km par D 486 – alt. 678 – ✉ **88160** Le Thillot :

- **Perce-Neige**, ✆ 29 25 02 63, Fax 29 25 13 51 – TV ☎ P. GB
  fermé 5 janv. au 2 fév., dim. soir et lundi du 15 sept. au 1er juil. – **R** 90/170 – ☐ 40 – **14 ch** 160/245 – ½ P 200/230.

RENAULT Gar. du Centre, 20 av. de Verdun ✆ 29 25 01 17 N

THIONVILLE ⟨SP⟩ **57100** Moselle 57 ③ ④ **G. Alsace Lorraine** – 39 712 h alt. 155.

Voir Château de la Grange★ par ① : 2 km.

Office de Tourisme 16 r. Vieux-Collège ✆ 82 53 33 18.

Paris 335 ③ – ♦Metz 30 ③ – Luxembourg 35 ⑥ – ♦Nancy 81 ③ – Trier 66 ② – Verdun 87 ③.

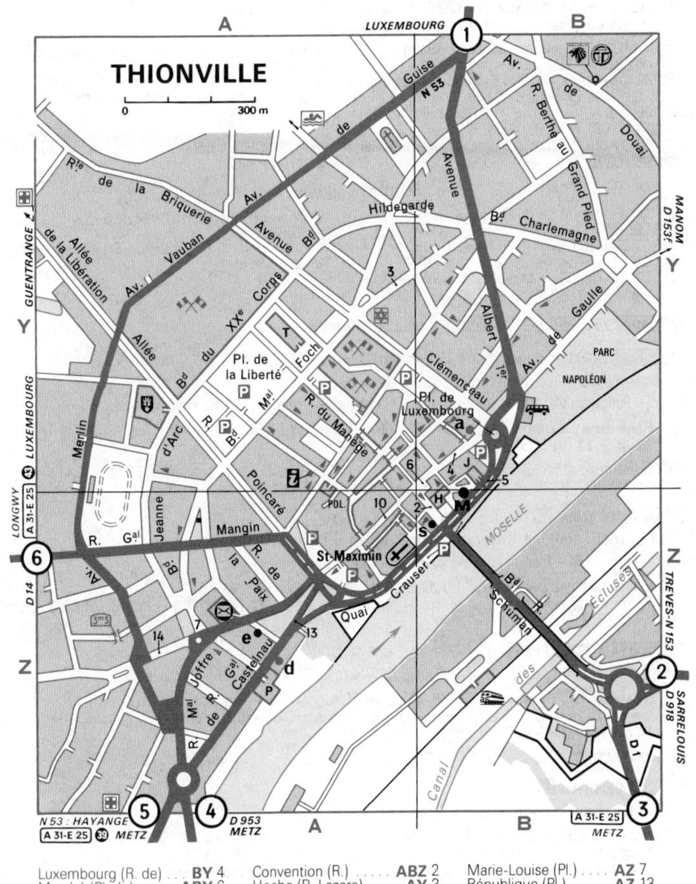

Luxembourg (R. de) . . . **BY** 4
Marché (Pl. du) . . . . . . **ABY** 6
Paris (R. de) . . . . **AZ** 10
Convention (R.) . . . . . . **ABZ** 2
Hoche (R. Lazare) . . . . . **AY** 3
Marchal (Quai P.) . . . . . **BY** 5
Marie-Louise (Pl.) . . . . . **AZ** 7
République (Pl.) . . . . . . **AZ** 13
St-Pierre (R. de) . . . . . **AZ** 14

Saint-Hubert M sans rest, 2 r. Convention ✆ 82 51 84 22, Fax 82 53 99 61 – ⊞ ⋟ ch ▤ TV ☎ ♿. AE ⓞ GB JCB — BZ **s**
☕ 35 – **45 ch** 260/320.

Parc sans rest, 10 pl. République ✆ 82 82 80 80, Fax 82 82 71 82 – ⊞ TV ☎. AE GB — AZ **e**
☕ 37 – **42 ch** 230/320.

Concorde avec ch, 6 pl. Luxembourg (14e étage) ✆ 82 53 83 18, Fax 82 53 40 41, ✳ Thionville – ⊞ TV ☎. AE GB — BY **a**
R *(fermé 1er au 15 août, 1er au 7 janv. et dim. soir)* 190/370 – ☕ 35 – **25 ch** 300/340.

Noël, 2 r. Gén. de Castelnau ✆ 82 82 88 22, Fax 82 34 04 15, 🏠 – Ⓟ. AE GB — AZ **d**
fermé 16 au 23 août, dim. soir et lundi – **R** 200/230, enf. 60.

à Yutz par ② : 2 km – 13 920 h. – ✉ **57110** :

Campanile, 57 rte de Thionville ✆ 82 56 10 10, Télex 861306, Fax 82 56 71 96, 🏠 – TV ☎ ♿ Ⓟ – 🏃 35. AE GB
R 80 bc/102 bc, enf. 39 – ☕ 29 – **48 ch** 268.

au Crève-Coeur : NO par allée de la Libération et allée Bel Air - AY - ✉ **57100** Thionville :

Horizon , 50 rte Crève Coeur ✆ 82 88 53 65, Fax 82 34 55 84, ←, , – TV ☎ P. AE ⓓ GB. ✻ rest
fermé janv. et sam. midi – **R** 225/345 – ▭ 58 – **10 ch** 480/780 – ½ P 530/628.

Aub. Crève-Coeur, ✆ 82 88 50 52, – P. AE ⓓ GB
fermé dim. soir et lundi soir – **R** 135/235 ♁.

ALFA-ROMEO François Automobiles, 48 r. de Verdun ✆ 82 88 09 08
CITROEN DM Autos, 36 rte d'Esch-sur-Alzette par ⑥ ✆ 82 88 10 15 N ✆ 82 53 32 46
FORD Central Auto, 1 r. Digue et 62 rte de Metz ✆ 82 82 42 03 N ✆ 82 53 32 46
PEUGEOT-TALBOT Gar. Moderne, 10 av. de Douai ✆ 82 53 30 08 N
ROVER Gar. du Fort, rte de Yutz, Percée Sud ✆ 82 56 11 74
V.A.G Gar. Diettert, rte de Metz 2-4 allée du Château de Gassion ✆ 82 34 34 34 N ✆ 82 53 32 46

Leclerc-Pneu, boucle du Ferronnier ZI du Linkling 2 ✆ 82 88 43 28

Périphérie et environs

BMW Gar. Burlet, 27 rte de Verdun à Terville ✆ 82 88 58 83
PEUGEOT-TALBOT Gar. de la Fensch, 14 r. de Verdun à Florange par ⑤ ✆ 82 58 46 21 N
RENAULT Gd Gar. de la Moselle, 25 r. de Verdun à Terville par ⑤ ✆ 82 88 49 60 N ✆ 05 05 15 15

Becker Pneus, 22 rte de Metz à Florange ✆ 82 88 45 45
Pneu Jacque, 39 B Ferronnier, ZI Linkling à Terville ✆ 82 88 44 89

THIVARS 28 E.-et-L. 60 ⑰, 106 ㊲ – rattaché à Chartres.

THIVIERS 24800 Dordogne 75 ⑥ **G. Périgord Quercy** – 3 590 h alt. 253.

Syndicat d'Initiative pl. Mar.-Foch ✆ 53 55 12 50.

Paris 459 – Périgueux 34 – Brive-la-Gaillarde 79 – ♦Limoges 64 – Nontron 31 – St-Yrieix-la-Perche 32.

France et Russie sans rest, 51 r. Gén. Lamy ✆ 53 55 17 80, – ch TV ☎ P
▭ 45 – **11 ch** 265/360.

CITROEN Bardon, ✆ 53 55 00 74
PEUGEOT-TALBOT Boucher ✆ 53 55 00 86 N
RENAULT Gar. Joussely ✆ 53 55 01 24

THIZY 89420 Yonne 65 ⑥ ⑦ – 145 h alt. 303.

Voir Montréal : stalles★ et retable★ de l'église S : 5 km, **G. Bourgogne.**

Paris 217 – Auxerre 54 – Avallon 16 – Montbard 26 – Tonnerre 42.

L'Atelier avec ch, ✆ 86 32 11 92, – ☎ P. GB. ✻ ch
1er mars-30 nov. et fermé merc. et jeudi sauf fériés – **R** 110/220 ♁ – ▭ 40 – **8 ch** 210/350 – ½ P 275/315.

THOIRETTE 39240 Jura 70 ⑭ – 427 h alt. 292.

Paris 459 – Bourg-en-Bresse 33 – Lons-le-Saunier 52 – Nantua 19 – Oyonnax 16 – St-Claude 39.

Source, SO : 1 km sur D 936 ✆ 74 76 80 42, , – ☎ P. GB
fermé 15 nov. au 15 déc., dim. soir et lundi sauf juil.-août – **R** 65/190 ♁, enf. 40 – ▭ 24 – **10 ch** 130/200 – ½ P 150/170.

PEUGEOT-TALBOT Gar. Sottil ✆ 74 76 83 53 N ✆ 74 76 83 95

THOIRY 01710 Ain 74 ⑤ – 3 015 h.

Paris 523 – Bellegarde-sur-Valserine 25 – Bourg-en-Bresse 94 – Gex 13.

✿ **Les Cépages** (Delesderrier), ✆ 50 20 83 85, Fax 50 41 24 58, , – GB
fermé dim. soir et lundi – **R** 220/340 et carte 260 à 425, enf. 120
Spéc. Marbré de foie gras et pigeon fumé. Panaché de Concarneau en nage d'herbettes. Blanc de poularde farci aux petits légumes. **Vins** Roussette de Seyssel, Vin du Bugey.

PEUGEOT Gar. Pecora ✆ 50 41 20 91

THOISSEY 01140 Ain 74 ① – 1 306 h alt. 175.

Paris 412 – Mâcon 16 – Bourg-en-Bresse 33 – Chauffailles 52 – ♦Lyon 57 – Villefranche-sur-Saône 24.

✿ **Chapon Fin et rest. Paul Blanc** , ✆ 74 04 04 74, Télex 305728, Fax 74 04 94 51, , – TV ☎ P. AE ⓓ GB
fermé début janv. à début fév., et mardi sauf le soir de juil. à sept. – **R** 180 (déj.)/520 et carte 320 à 440 – ▭ 50 – **22 ch** 400/650
Spéc. Raviole d'écrevisses au beurre de nage (juin à déc.). Rouelles de sole au saumon fumé. Fricassée de volaille aux morilles et à la crème. **Vins** Macon-Viré, Saint-Amour.

THOLLON 74500 H.-Savoie 70 ⑱ **G. Alpes du Nord** – 533 h alt. 992 – Sports d'hiver : 1 000/1 960 m 1 17.

Voir Pic de Mémise ✻★★ 30 mn.

Syndicat d'Initiative ✆ 50 70 90 01.

Paris 588 – Thonon-les-Bains 18 – Annecy 93 – Évian-les-Bains 12.

Bon Séjour , ✆ 50 70 92 65, , ✻ – ☎ P. GB
fermé 1er nov. au 19 déc. – **R** 98/200 ♁ – ▭ 30 – **22 ch** 200/300 – ½ P 260/280.

Les Gentianes, au télécabine E : 2 km ☏ 50 70 92 39, Fax 50 70 95 51, ≤ lac et montagnes – ☎ P. AE GB
1er juin-25 sept. et 15 déc.-25 avril – **R** 65/170 – 30 – **22 ch** 320/330 – ½ P 310.

Le THOLY 88530 Vosges 62 ⑰ – 1 541 h alt. 600.

Voir Grande Cascade de Tendon★ NO : 5 km, G. Alsace Lorraine.

Syndicat d'Initiative à la Mairie ☏ 29 61 81 18.

Paris 405 – Épinal 33 – Bruyères 21 – Gérardmer 10 – Remiremont 17 – St-Amé 11 – St-Dié 37.

Gérard, ☏ 29 61 81 07, Fax 29 61 82 92, ≤, , – rest ☎ – P – 25. AE GB.
rest
fermé 1er oct. au 5 nov. – **R** *(fermé dim. soir et sam. sauf vacances scolaires)* 65/150 – 28 – **23 ch** 160/280 – ½ P 260/270.

Grande Cascade, NO : 5 km sur D 11 ☏ 29 33 21 08, Fax 29 66 37 17, ≤ – ☎ P. AE GB JCB
fermé 13 au 25 déc. – **R** 65/200 – 28 – **33 ch** 180/310 – ½ P 210/260.

THOMERY 77 S.-et-M. 61 ⑫ – rattaché à Fontainebleau.

THONES 74230 H.-Savoie 74 ⑦ G. Alpes du Nord – 4 619 h alt. 626.

Voir Vallée de Manigod★★ S : 3 km.

Office de Tourisme pl. Avet ☏ 50 02 00 26.

Paris 556 – Annecy 20 – Albertville 36 – Bonneville 31 – Faverges 20 – Megève 40.

Nouvel H. Commerce, r. Clefs ☏ 50 02 13 66, Fax 50 32 16 24 – TV ☎ . GB
fermé 25 oct. au 27 nov. – **Repas** *(fermé dim. soir et lundi hors sais.)* 70/300 , enf. 50 – 35 – **25 ch** 200/385 – ½ P 229/310.

Hermitage, av. Vieux Pont ☏ 50 02 00 31 – ☎ P. GB.
fermé 1er au 10 mai et 20 oct. au 15 nov. – **R** 60/150 , enf. 40 – 25 – **45 ch** 150/220 – ½ P 160/180.

Évitez de fumer au cours du repas :
vous altérez votre goût et vous gênez vos voisins.

THONON-LES-BAINS 74200 H.-Savoie 70 ⑰ G. Alpes du Nord – 29 677 h alt. 426 – Stat. therm. (2 janv.-30 déc.).

Voir Les Belvédères★★ ABY – Voûtes★ de l'église St-Hippolyte AY – Domaine de Ripaille★ N : 2 km AY.

Env. Gorges du Pont du Diable★★ 15 km par ②.

Office de Tourisme pl. Marché ☏ 50 71 55 55.

Paris 569 ③ – Annecy 74 ③ – Chamonix-Mont-Blanc 99 ③ – ♦Genève 37 ④.

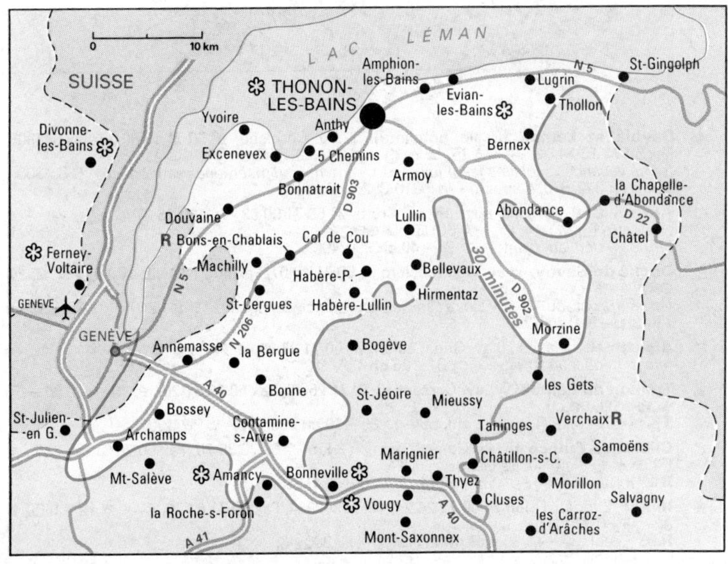

THONON-LES-BAINS

Arts (R. des) .... AZ 4
Grande-Rue .... AYZ
Allobroges (Av. des) .... AZ 2
Granges (R. des) .... BY 5
Léman (Av. du) .... BY 6
Marché (R. du) .... AY 8
Michaud (R.) .... AY 10
Ratte (Ch^in de la) .... BZ 12
Sous-Préfecture (Pl. de la) .... AY 13
Trolliettes (Bd des) .... AZ 15
Ursules (R. des) .... BY 16
Vallées (Av. des) .... BZ 18

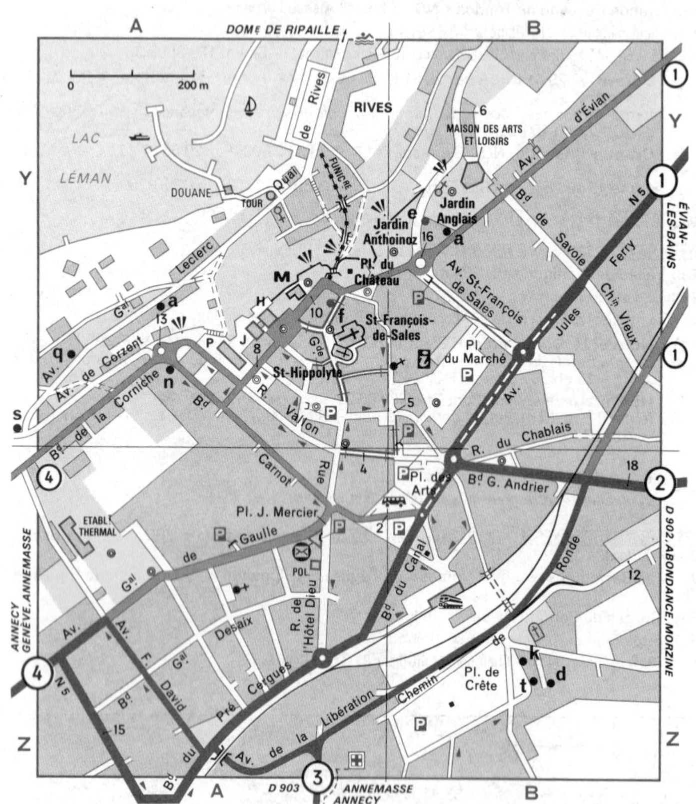

Savoie et Léman (École hôtelière), 2 bd Corniche ☏ 50 71 13 80, Télex 385905, Fax 50 71 16 14, ≤, 🌳 – 🛗 📺 ☎ ♿ Ⓟ – 🏛 60. AE ⓞ GB JCB. ✂ rest — AY **n**
fermé vacances scolaires (sauf juil.-août), sam. midi, dim. et fériés sauf en été – **R** 85/300 – **31 ch** ☕ 322/570, 4 appart. – ½ P 310/352.

Arc en Ciel Ⓜ sans rest, 18 pl. Crête ☏ 50 71 90 63, Fax 50 26 27 47, 🏊, 🌳 – 🛗 cuisinette 📺 ☎ 🚗 Ⓟ – 🏛 80. AE ⓞ GB. ✂ — BZ **k**
fermé 24 déc. au 3 janv. – ☕ 38 – **40 ch** 390/490.

Duché de Savoy, 43 av. Gén.-Leclerc ☏ 50 71 40 07, Fax 50 71 14 00, 🍽 – 📺 ☎. AE ⓞ GB — AY **a**
fermé 10 oct. au 15 nov., dim. soir et lundi d'oct. à Pâques – **R** 100/240 – ☕ 30 – **15 ch** 230/300 – ½ P 260/290.

Alpazur H. sans rest, 8 av. Gén. Leclerc ☏ 50 71 37 25, ≤, 🌳 – 🛗 ☎. GB. ✂ — AY **q**
fermé 1er déc. au 31 janv. – ☕ 31 – **26 ch** 165/270.

Trianon du Léman 🐌, av. Corzent ☏ 50 71 25 78, Fax 50 26 51 26, ≤, 🍽, 🌳, 🎾 – 📺 ☎ Ⓟ. GB. ✂ ch — AY **s**
3 avril-25 sept. – **R** 90/260, enf. 55 – ☕ 35 – **16 ch** 290/340 – ½ P 242/325.

Climat de France Ⓜ, rte Genève par ④ : 3 km ☏ 50 70 36 70, Fax 50 70 31 05, 🍽 – 🛗 📺 ☎ ♿ Ⓟ – 🏛 40. AE GB
R 85/150 🍷, enf. 50 – ☕ 35 – **50 ch** 310/360 – ½ P 230/270.

Ibis Ⓜ, 2 ter av. Evian ☏ 50 71 24 24, Télex 309934, Fax 50 71 87 76, 🍽 – 🛗 🚭 ch 📺 ☎ ♿ – 🏛 30. AE GB — BY **a**
R 83 🍷, enf. 39 – ☕ 35 – **67 ch** 275/300 – ½ P 300.

Villa des Fleurs sans rest, 4 av. Jardins 50 71 11 38, – TV ☎ P. AE GB.
juin-sept. et vacances de fév. – 30 – **11 ch** 250/320. BZ **d**

A l'Ombre des Marronniers, 17 pl. Crête 50 71 26 18 – TV ☎. AE GB. BZ **t**
R *(fermé nov., dim. soir et lundi du 1er oct. au 15 mai)* 70/190, enf. 50 – 28 – **20 ch** 250/280 – ½ P 220/243.

XXX ✿ **Le Prieuré** (Plumex), 68 Gde rue 50 71 31 89, Fax 50 71 31 09, « Belle décoration intérieure » – AE GB AY **f**
fermé lundi sauf le soir en juil.-août et dim. soir – **R** 200 bc/350 et carte 250 à 400
Spéc. Poissons du lac Léman (saison). Pigeon farci aux graines d'anis. Marquise de trois chocolats. **Vins** Marin, Ripaille.

X **Le Scampi,** 1 av. Léman ( ) 50 71 10 04, Fax 50 71 31 09, ←, – AE GB BY **e**
R carte 180 à 280.

à Armoy SE : 7 km par ② et D 26 – alt. 620 – ✉ **74200** :

A l'Écho des Montagnes, 50 73 94 55, Fax 50 70 54 07, – TV ☎ P. GB
fermé 13 déc. au 7 fév. – **R** *(fermé dim. soir et lundi sauf de juin à sept.)* 90/200 – 35 – **47 ch** 160/250 – ½ P 250.

Carlina, 50 73 94 94, Fax 50 70 58 56, ←, , – ☎ P – 60. AE GB
R *(fermé merc. en hiver)* 95/190, enf. 50 – 30 – **18 ch** 210/240 – ½ P 245/250.

à Anthy-sur-Léman par ④ : 6 km par N 5 et D 33 – ✉ **74200** Thonon-les-Bains :

Aub. d'Anthy, 50 70 35 00, Fax 50 70 40 90, – TV ☎. AE GB
fermé 1er au 15 mars, 25 au 31 oct., dim. soir et mardi soir sauf juil.-août – **R** 140/190, enf. 65 – 30 – **7 ch** 242/292 – ½ P 224/240.

aux Cinq Chemins par ④ : 7 km – ✉ **74200** Thonon-les-Bains :

des Cinq Chemins, 50 72 63 45, Fax 50 72 30 69, , , – ch TV ☎ P – 25. GB
fermé 8 au 21 juin, 21 déc. au 17 janv., dim. soir et lundi midi sauf juil.-août – **R** 100/150, enf. 47 – 32 – **29 ch** 260/380 – ½ P 260/330.

à Bonnatrait par ④ : 9 km **G. Alpes** – ✉ **74140** Douvaine :

Hôtellerie Château de Coudrée, 50 72 62 33, Télex 309047, Fax 50 72 57 28, , « Château médiéval dans un parc au bord du lac », , , – TV ☎ P – 100. AE GB JCB
1er mai-31 oct. – **R** 200/350 – 75 – **20 ch** 750/1600 – ½ P 1050/1150.

ALFA-ROMEO/LANCIA,TOYOTA-HONDA Gar. Grillet, av. de Senevulaz 50 71 37 43
CITROEN Sadal, RN 5 à Anthy par ④ 50 70 12 12
FORD Gar. de Thuyset, 16 av. Prés-Verts 50 71 31 50
MAZDA Gar. de la Source, 5 chemin de Morcy 50 71 39 78 N 50 26 27 99
OPEL Gar. Ricaud, av. Abattoirs 50 71 02 11
PEUGEOT-TALBOT Lemuet-Automobiles, RN 5 Croisée d'Anthy à Anthy-sur-Léman par ④ 50 70 34 58 N
RENAULT Florin, ZI Marclaz par ④ 50 26 74 00 N 50 87 90 66
SEAT Espace Automobile, ZA les 5 Chemins à Margencel 50 72 51 43
V.A.G Alp'gge, 21 av. de la Fontaine Couverte 50 71 17 64

Quiblier-Pneus, 3 av. de la Dranse 50 71 38 72

THORAME-HAUTE-GARE 04170 Alpes-de-H.-P. 81 ⑱ – alt. 1 014.

Paris 803 – Digne-les-Bains 54 – Beauvezer 12 – Castellane 32 – Colmars 17 – Manosque 112 – Puget-Th. 55.

Gare, 92 89 02 54, ←, , – ☎. GB
1er mai-30 sept. – **R** 57/150 – 25 – **15 ch** 106/270.

THORENC 06 Alpes-Mar. 81 ⑲ 115 ㉓ – alt. 1 250 – ✉ 06750 Andon.

Voir Col de Bleine ←** N : 4 km, **G. Alpes du Sud.**

Paris 838 – Castellane 36 – Draguignan 65 – Grasse 40 – ♦Nice 57 – Vence 41.

Voyageurs, 93 60 00 18, ←, , – P. GB
1er fév.-1er nov. et fermé jeudi hors sais. – **R** 91/145 – 35 – **14 ch** 150/300 – ½ P 300/320.

THORIGNÉ-SUR-DUÉ 72 Sarthe 60 ⑭ – rattaché à Connerré.

Le THORONET 83 Var 84 ⑥ – 1 163 h alt. 142 – ✉ 83340 Le Luc.

Voir Abbaye du Thoronet** O : 4,5 km, **G. Côte d'Azur.**

Paris 844 – Brignoles 25 – Draguignan 20 – St-Raphaël 46 – ♦Toulon 62.

THOUARCÉ 49380 M.-et-L. 64 ⑪ – 1 546 h alt. 29.

Paris 318 – Angers 28 – Cholet 43 – Saumur 37.

XX **Relais de Bonnezeaux,** rte Angers : 1 km 41 54 08 33, ← – P. GB
fermé 15 au 31 déc., vacances de fév. et merc. – **R** 100/250, enf. 60.

Repas 100/130 Sorgfältig zubereitete, preiswerte Mahlzeiten.

THOUARS 79100 Deux-Sèvres 67 ⑧ G. Poitou Vendée Charentes (plan) – 10 905 h alt. 87.

Voir Façade★★ de l'église St-Médard★ – Site★ – Maisons anciennes★.

Office de Tourisme 17 pl. St-Médard ✆ 49 66 17 65.

Paris 328 – Angers 68 – Bressuire 29 – Châtellerault 69 – Cholet 57.

Château, rte Parthenay ✆ 49 96 12 60, ← – TV ☎ P. GB. ✻ ch
fermé dim. soir – **R** 60/180 ₰ – ☕ 26 – **20 ch** 200/225 – ½ P 220.

Le Relais sans rest, N : 3 km par rte Saumur ✆ 49 66 29 45, Fax 49 66 29 33 – TV ☎ P. GB
☕ 20 – **15 ch** 175/195.

XXX **Clos St Médard** M avec ch, 14 pl. St-Médard ✆ 49 66 66 00, Fax 49 96 15 01, ←, ☂ – TV ☎. AE GB
fermé 3 au 20 août, vacances de fév., dim. soir et lundi – **R** 98/310, enf. 60 – ☕ 35 – **4 ch** 230/270 – ½ P 275.

CITROEN Papin, 56 av. V.-Leclerc ✆ 49 66 21 45
RENAULT Salvra, 41 bd P.-Curie ✆ 49 66 21 78 N ✆ 49 94 70 42
Thouars-Pneus, 24-26 pl. Lavault ✆ 49 66 06 52

THOURON 87140 H.-Vienne 72 ⑦ – 431 h alt. 374.

Paris 385 – ♦Limoges 21 – Bellac 22 – Guéret 77.

XX **Pomme de Pin** ⛰ avec ch, étang de Tricherie NE : 2,5 km par VO ✆ 55 53 43 43, ☂, 🌳 – TV ☎. GB
fermé 10 au 20 juin, 10 au 20 sept., janv., mardi midi et lundi – **R** 99/230, enf. 45 – ☕ 25 – **4 ch** 250/300.

THUEYTS 07330 Ardèche 76 ⑱ G. Vallée du Rhône (plan) – 945 h alt. 462.

Voir Coulée basaltique★.

Syndicat d'Initiative pl. Champ-de-Mars ✆ 75 36 46 79.

Paris 612 – Le Puy-en-Velay 71 – Privas 45.

Marronniers, ✆ 75 36 40 16, Fax 75 36 48 02, ☂, 🏊, 🌳 – ☎ P. GB. ✻ rest
fermé 20 déc. au 5 mars – **R** 80/180, enf. 50 – ☕ 27 – **19 ch** 170/250 – ½ P 245.

Platanes, N 102 ✆ 75 93 78 66, 🌳 – |♦| ▤ rest TV ☎ 🚗 P. GB
12 fév.-1er nov. – **R** 75/150 ₰, enf. 50 – ☕ 28 – **28 ch** 140/250 – ½ P 200/240.

THUIR 66300 Pyr.-Or. 86 ⑲ – 6 638 h alt. 99.

Paris 921 – Céret 23 – ♦Perpignan 14 – Prades 32.

XX **La Gibecière,** 4 pl. Gén. de Gaulle ✆ 68 53 12 54, ☂ – AE GB
fermé 2 au 11 oct., fév., dim. soir et lundi hors sais. – **R** 70/160 ₰, enf. 40.

THURY-HARCOURT 14220 Calvados 55 ⑪ G. Normandie Cotentin – 1 803 h alt. 46.

Voir Parc et jardins du château★ – Boucle du Hom★ NO : 3 km.

18 de Clécy-Cantelou ✆ 31 69 72 72, S par D 562 et D 133A : 11 km.

Office de Tourisme pl. St-Sauveur (Ascension-15 sept.) ✆ 31 79 70 45.

Paris 261 – ♦Caen 27 – Condé-sur-Noireau 19 – Falaise 27 – Flers 31 – St-Lô 54 – Vire 45.

XX **Relais de la Poste** avec ch, ✆ 31 79 72 12, Fax 31 39 53 55, ☂, 🌳 – ☎ P. AE GB
fermé 1er au 30 janv., dim. soir et lundi de nov. à mars – **R** 130/400 – ☕ 40 – **11 ch** 250/400 – ½ P 325/400.

à Goupillières N : 8,5 km par D 6 et D 212 – ✉ **14210** :

XX **Aub. du Pont de Brie** ⛰ avec ch, Halte de Grimbosq E : 1,5 km par D 171 ✆ 31 79 37 84, Fax 31 79 87 22, ← – ☎ P. GB. ✻
fermé 15 nov. au 2 déc., 3 au 20 janv., merc. de sept. à juin et dim. soir de nov. à fév. – **R** 90/220, enf. 45 – ☕ 30 – **10 ch** 150/350 – ½ P 250/360.

THYEZ 74300 H.-Savoie 74 ⑦ – 4 109 h alt. 497.

Paris 568 – Chamonix-Mont-Blanc 46 – Thonon-les-Bains 52 – Annecy 51 – Bonneville 10 – Cluses 6 – Megève 31 – Morzine 29.

Savoyard, D 19 ✆ 50 98 60 54, ←, ☂, 🌳 – P. ✻
fermé sam. – **R** 75/130 ₰ – ☕ 19 – **25 ch** 190/200 – ½ P 190.

FIAT Arve Automobiles ✆ 50 34 08 50
MERCEDES Gar. Vallée de l'Arve ✆ 50 98 41 16

TIFFAUGES 85130 Vendée 67 ⑤ G. Poitou Vendée Charentes – 1 208 h alt. 72.

Paris 371 – Angers 79 – La Roche-sur-Yon 55 – ♦Nantes 49 – Cholet 20 – Clisson 19 – Montaigu 16.

La Barbacane M ⛰ sans rest, pl. Église ✆ 51 65 75 59, Fax 51 65 71 91, 🏊, 🌳 – TV ☎ ♿ 🚗. GB
☕ 27 – **16 ch** 220/325.

TIGNES 73320 Savoie 74 ⑲ G. Alpes du Nord – 2 005 h alt. 2 100 – Sports d'hiver : 1 550/3 460 m 9 44.
Voir Site★★ – Barrage★★ NE : 5 km – Panorama de la Grande Motte★★ SO.
18 ✆ 79 06 37 42 (✆ 79 06 34 66 hors saison), S : 2 km.
Altiport ✆ 79 06 46 06, E : 3 km.
Office de Tourisme au Lac ✆ 79 06 15 55, Télex 980030.
Paris 665 – Albertville 83 – Bourg-St-Maurice 30 – Chambéry 129 – Val-d'Isère 13.

Campanules ✆ 79 06 34 36, Fax 79 06 35 78, ←, – . GB. rest
27 juil.-31 août et 15 nov.-7 mai – **R** 140/150 – 50 – **36 ch** 490/680 – ½ P 480/510.

Aiguille Percée ✆ 79 06 52 22, Fax 79 06 35 69, ← – . GB
R 130/160 – **37 ch** 440/540 – ½ P 430.

Le Refuge [M] sans rest, ✆ 79 06 36 64, Fax 79 06 33 78, ← – . GB
21 ch 500/735, 3 appart.

Terril Blanc, rte Val Claret ✆ 79 06 32 87, Fax 79 06 58 17, ←, – . GB
juil.-août et 20 déc.-10 mai – **R** 140 – 55 – **26 ch** 520/640 – ½ P 500.

Gentiana ✆ 79 06 52 46, Fax 79 06 35 61, ← – . GB. rest
hôtel: 26 juin-29 août et 23 oct.-3 mai ; rest.: 26 juin-29 août et 15 déc.-3 mai – **R** 95/185 – 45 – **31 ch** 405/620 – ½ P 475/525.

Neige et Soleil, ✆ 79 06 32 94, Fax 79 06 33 18, ←, – . GB. rest
1er nov.-10 mai – **R** 130/160 – **26 ch** 370/550 – ½ P 340/460.

au Val Claret SO : 2 km – ✉ 73320 Tignes.
Office de Tourisme (15 nov.-12 mai) ✆ 79 06 50 09.

Ski d'Or [M] ✆ 79 06 51 60, Télex 306254, Fax 79 06 45 49, ←, – . AE GB
1er déc.-1er mai – **R** 225/295 – **22 ch** (½ pens. seul.) – ½ P 1025.

Curling sans rest, ✆ 79 06 34 34, Télex 309605, Fax 79 06 46 14, ← – . AE GB
10 juil.-29 août et 23 oct.-9 mai – **35 ch** 750/850.

Nevada [M] ✆ 79 06 50 33, Fax 79 06 45 04, ← – . AE GB. rest
R *(26 juin-28 août et 27 nov.-2 mai)* (résidents seul.) 160 – **28 ch** 400/645 – ½ P 440/480.

Vanoise ✆ 79 06 31 90, Fax 79 06 37 06, ←, – . GB JCB
R *(1er nov.-15 mai)* 121/168 – **21 ch** 350/550 – ½ P 410/485.

Un conseil Michelin :
pour réussir vos voyages, préparez-les à l'avance.
Les **cartes** *et* **guides Michelin,** *vous donnent toutes indications utiles sur :*
itinéraires, visite des curiosités, logement, prix, etc.

TIL-CHÂTEL 21120 Côte-d'Or 66 ⑫ G. Bourgogne – 768 h alt. 284.
Paris 336 – ♦Dijon 26 – Châtillon-sur-Seine 75 – Dole 61 – Gray 42 – Langres 47.

Poste [M], ✆ 80 95 03 53, Fax 80 95 19 90 – . GB.
fermé vacances de nov., de Noël, 19 fév. au 6 mars, dim. soir de nov. à mars et sam. (sauf le soir d'avril à oct.) – **R** 63/160 – 23 – **9 ch** 190/300 – ½ P 179/225.

TILLÉ 60 Oise 52 ⑰ – rattaché à Beauvais.

TILQUES 62 P.-de-C. 51 ③ – rattaché à St-Omer.

TINQUEUX 51 Marne 56 ⑥ – rattaché à Reims.

TINTÉNIAC 35190 I.-et-V. 59 ⑯ G. Bretagne – 2 163 h alt. 56.
Voir Château de Montmuran★ et église des Iffs★ SO : 5 km.
Paris 373 – ♦Rennes 28 – St-Malo 39 – Avranches 62 – Dinan 22 – Dol-de-Bretagne 29 – Fougères 53.

XX **Voyageurs** avec ch, ✆ 99 68 02 21, – . AE GB
fermé 19 déc. au 17 janv., dim. soir et lundi sauf juil.-août – **R** 98/190 , enf. 47 – 32 – **15 ch** 170/260 – ½ P 200/255.

TOCQUEVILLE-SUR-EU 76910 S.-Mar. 52 ⑤ – 156 h alt. 84.
Paris 175 – ♦Amiens 91 – Dieppe 17 – Eu 13 – Neufchâtel-en-Bray 41 – ♦Rouen 81 – Le Tréport 12.

X **Le Quatre Pain,** près église ✆ 35 86 75 40 – GB.
fermé 28 août au 28 sept., dim. soir et lundi – **R** 100/200, enf. 50.

TONNAY-BOUTONNE 17380 Char.-Mar. 71 ③ G. Poitou Vendée Charentes – 1 088 h alt. 24.
Paris 454 – La Rochelle 52 – Niort 52 – Rochefort 21 – Saintes 27 – St-Jean-d Angély 18.

Le Prieuré ✆ 46 33 20 18, – . GB. rest
fermé 20 déc. au 5 janv. – **R** 140/180 – 45 – **16 ch** 250/450 – ½ P 300/370.

Beau Rivage, ✆ 46 33 20 01
fermé 26 mars au 4 avril, 17 sept. au 16 oct. et lundi – **R** 70/170 , enf. 45 – 30 – **7 ch** 130/240 – ½ P 160/220.

TONNEINS 47400 L.-et-G. 79 ④ – 9 334 h alt. 39.

Office de Tourisme 3 bd Charles-de-Gaulle ✆ 53 79 22 79.

Paris 661 – Agen 41 – Nérac 39 – Villeneuve-sur-Lot 34.

Fleurs M sans rest, ✆ 53 79 10 47, Fax 53 79 46 37 – TV ☎ ♿ P – 🏛 25. GB
☕ 28 – **27 ch** 155/260.

CITROEN Sovat, rte de Bordeaux ✆ 53 79 02 16
PEUGEOT-TALBOT Garonne-Auto, rte de Bordeaux ✆ 53 79 14 75

RENAULT Dupouy, rte de Bordeaux ✆ 53 84 50 84 N

Delapierre, 46 bd M.-Dormoy ✆ 53 79 02 85

TONNERRE 89700 Yonne 65 ⑥ G. Bourgogne – 6 008 h alt. 145.

Voir Ancien hôpital : charpente★ et Mise au tombeau★.

Office de Tourisme r. du Collège ✆ 86 55 14 48.

Paris 198 ③ – Auxerre 35 ③ – Châtillon-sur-Seine 48 ② – Joigny 55 ① – Montbard 46 ② – Troyes 60 ①.

TONNERRE

Hôpital (R. de l') 9
Hôtel-de-Ville (R. de l') 10
St-Pierre (R.) 23

Campenon (R. Gén.) 2
Colin (R. Armand) 3
Fontenilles (R. des) 4
Fosse-Dionne (R. de la) 6
Garnier (R. Jean) 7
Marguerite-de-Bourgogne (Pl.) 12
Pompidou (Av. G.) 14
Pont (R. du) 16
République (Pl. de la) 17
St-Michel (R.) 18
St-Nicolas (R.) 20

Dans la liste des rues des plans de ville, les noms en rouge indiquent les principales voies commerçantes.

Les plans de villes sont orientés le Nord en haut.

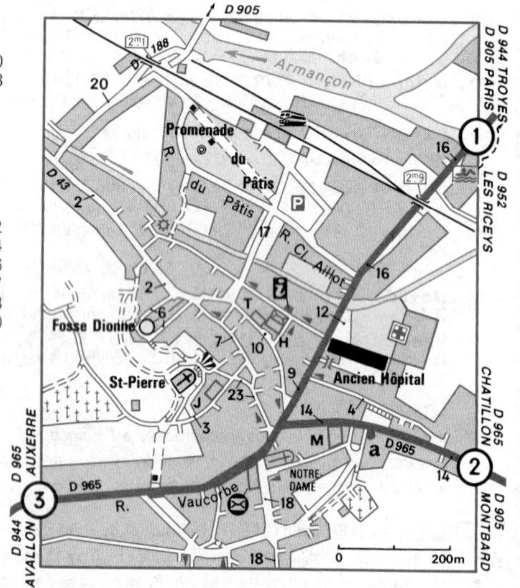

❀❀ **Abbaye St-Michel** (Cussac) M, r. St-Michel, sud du plan, ✆ 86 55 05 99, Télex 801356, Fax 86 55 00 10, ←, « Ancienne abbaye du 10e siècle dans un parc fleuri », – TV ☎ P. AE ⓓ GB
fermé 2 janv. au 8 fév., mardi midi et lundi de nov. à avril – **R** 300/630 et carte 440 à 580 – ☕ 85 – **9 ch** 700/1350, 5 appart.
Spéc. Ailerons de volaille aux champignons et ravioli d'Epoisses. Haddock et haricots cocos à la gentiane. Tête de veau aux simples du potager. Vins Epineuil, Irancy.

Host. Mont Sarra M, par ② et rte Dijon : 2 km ✆ 86 54 41 41, Fax 86 54 48 28 – rest TV ☎ ♿ P – 🏛 40. GB
R *(fermé dim. soir et lundi du 1er sept. au 1er mai)* 95/210, enf. 50 – ☕ 35 – **40 ch** 210/280 – ½ P 260.

XX **Le Saint Père,** 2 av. G. Pompidou **(a)** ✆ 86 55 12 84, – GB
fermé 11 au 25 mars, 4 au 26 sept., mardi soir, merc. soir, jeudi soir de nov. à mars, dim. soir et lundi – **R** 103/198 ⅄, enf. 55.

OPEL Gar. Maupois, 83 r. G.-Pompidou ✆ 86 55 14 11
PEUGEOT-TALBOT Hérault-Autos, 22 r. Chevalier-d'Éon par ① ✆ 86 55 08 98
RENAULT Perrot, rte de Paris par ① ✆ 86 55 38 18 N ✆ 05 05 15 15

V.A.G Gar. Lambert, 61 r. Vaucorbe ✆ 86 55 01 48

SOVIC, r. G.-Pompidou ✆ 86 55 16 29

TORCY 71 S.-et-L. 69 ⑧ – rattaché au Creusot.

TORCY 77 S.-et-M. 56 ⑫, 101 ⑳ – Voir à Paris, Environs (Marne-la-Vallée).

TORIGNI-SUR-VIRE 50160 Manche 54 ⑭ G. Normandie Cotentin – 2 659 h alt. 89.

Paris 296 – St-Lô 14 – ◆Caen 55 – Villedieu-les-Poêles 33 – Vire 25.

XX **Aub. Orangerie,** ✆ 33 56 70 64.

CITROEN Lemoine ✆ 33 56 71 53 N

TORNAC 30 Gard 80 ⑰ – rattaché à Anduze.

TOUCY **89130** Yonne 65 ④ G. Bourgogne – 2 590 h alt. 202.

Syndicat d'Initiative pl. Frères-Genêt (15 juin-15 sept. après-midi seul.) ✆ 86 44 15 66.

Paris 158 – Auxerre 23 – Avallon 68 – Clamecy 45 – Cosne-sur-Loire 53 – Joigny 29 – Montargis 61.

✕ **Lion d'Or,** r. L. Cormier ✆ 86 44 00 76 – GB
fermé 1er au 20 déc., dim. soir et lundi – **R** 90/180 ꝸ.

CITROEN Degret ✆ 86 44 11 99 RENAULT Gar. Massot ✆ 86 44 14 63

TOUËT-SUR-VAR **06710** Alpes-Mar. 81 ⑲ ⑳ 115 ⑭ G. Alpes du Sud – 342 h alt. 350.

Voir Gorges inférieures du Cians★★ N : 2 km.

Env. Villars-sur-Var : Mise au tombeau★★ du retable du maître-autel★, retable de l'Annonciation★ dans l'église E : 8,5 km – Gorges supérieures du Cians★★★ N : 13 km.

Paris 848 – ◆Nice 53 – Puget-Théniers 10 – St-Étienne-de-Tinée 71 – St-Martin-Vésubie 56.

✕ **Chasseurs,** ✆ 93 05 71 11, 🏞 – AE ⓞ GB
fermé fév. et mardi – **R** 110/190 ꝸ, enf. 40.

TOUL ⟨SP⟩ **54200** M.-et-M. 62 ④ G. Alsace Lorraine – 17 281 h alt. 220.

Voir Cathédrale St-Étienne★★ et cloître★ BZ – Église St-Gengoult★ et cloître★★ BZ – Façade★ de l'ancien palais épiscopal BZ **H** – Musée municipal★ : salle des malades★ BY **M.**

Office de Tourisme parvis Cathédrale ✆ 83 64 11 69.

Paris 283 ⑤ – ◆Nancy 23 ② – Bar-le-Duc 59 ⑤ – ◆Metz 74 ① – St-Dizier 76 ⑤ – Verdun 83 ①.

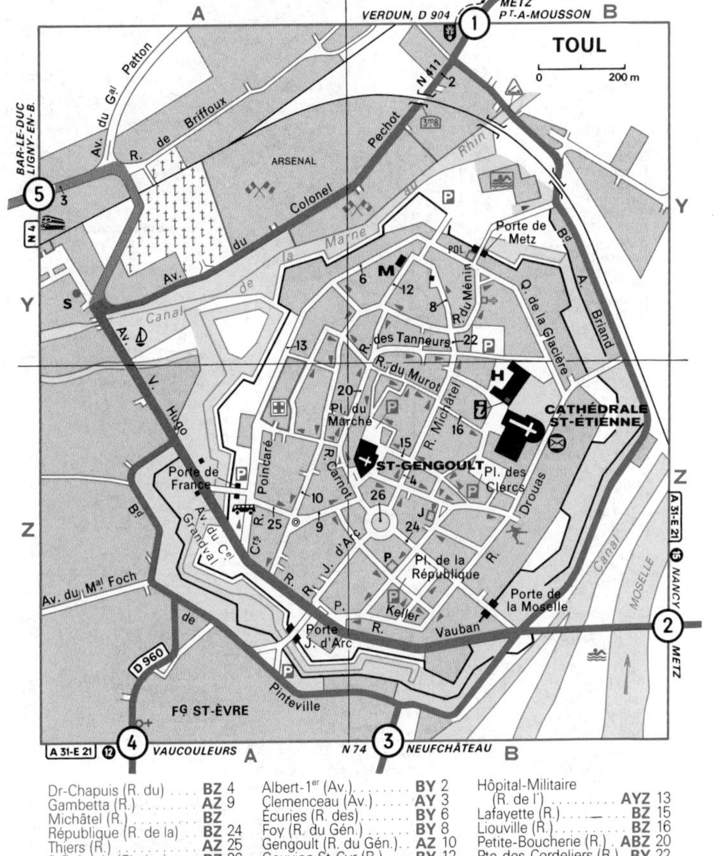

Dr-Chapuis (R. du)	BZ 4
Gambetta (R.)	AZ 9
Michâtel (R.)	BZ
République (R. de la)	BZ 24
Thiers (R.)	AZ 25
3-Évêchés (Pl. des)	BZ 26
Albert-1er (Av.)	BY 2
Clemenceau (Av.)	AY 3
Écuries (R. des)	BY 6
Foy (R. du Gén.)	BY 8
Gengoult (R. du Gén.)	AZ 10
Gouvion St-Cyr (R.)	BY 12
Hôpital-Militaire (R. de l')	AYZ 13
Lafayette (R.)	BZ 15
Liouville (R.)	BZ 16
Petite-Boucherie (R.)	ABZ 20
Pte-des-Cordeliers (R.)	BY 22

XX **La Belle Époque,** 31 av. V. Hugo ✆ 83 43 23 71 – GB — AY **s**
fermé 15 août au 5 sept., 24 déc. au 4 janv., sam. midi et dim. – **R** (nombre de couverts limité - prévenir) 115/250.

à la Z. I. Croix de Metz par ① et rte Villey-St-Etienne : 6 km – ✉ **54200** Toul :

XXX ✿ **Le Dauphin** (Vohmann), ✆ 83 43 13 46, Fax 83 64 37 01, ⛱, 🏞 – **P**. AE ⓓ GB
fermé vacances de fév., dim. soir et lundi – **R** 185/330, enf. 80
Spéc. Tête, ris et langue de veau pressés en terrine. Foie gras rôti entier aux pommes de terre. Feuillet mousse chocolat-badiane. **Vins** Côtes de Toul.

CITROEN Michel, N 411 ZI Croix-d'Argent par ① ✆ 83 43 08 61
PEUGEOT-TALBOT Mathiot-Meny, av. 1ère-Armée-Française, rte de Troyes par ④ ✆ 83 43 00 74

RENAULT Frémont, rte de Paris à Écrouves par ⑤ ✆ 83 43 30 30 **N** ✆ 83 43 43 20
V.A.G Gar. St-Martin, rte de Nancy à Dommartin-les-Toul ✆ 83 64 55 05

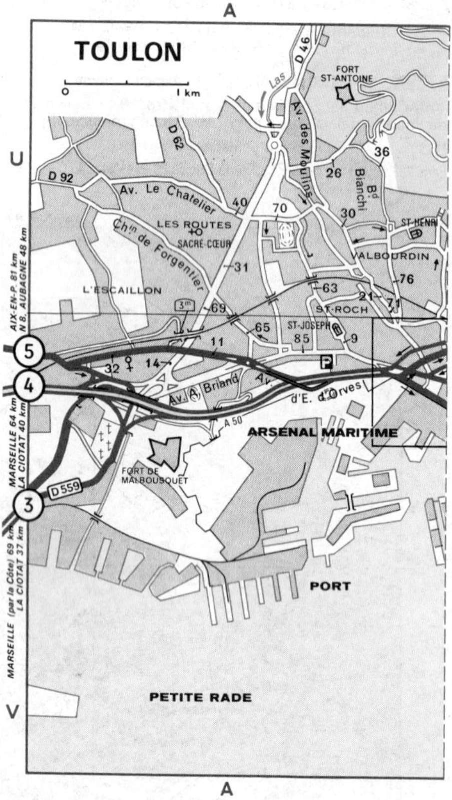

RÉPERTOIRE DES RUES DU PLAN DE TOULON

Alger (R. d') **FY**
Audéoud (R.) **CV** 4
Clemenceau (Av. G.) **GXY**
Hoche (R.) **FY**
Jaurès (R. Jean) **EFX**
Lafayette (Cours) **FY**
Landrin (R. P.) **FXY**
Pastoureau (R. H.) **FX** 55
Seillon (R. H.) **FY** 74
Strasbourg (Bd de) **FX**
XVe-Corps (Av. du) **AV** 85

Abel (Bd J.-B.) **CV**
Albert-1er (Pl.) **EX**
Anatole-France (R.) **EXY**
Armaris (Bd des) **CV**
Armes (Pl. d') **EX**
Baron (R. M.) **GZ**
Baudin (R.) **FY**
Bazeilles (Bd de) **BV** 6
Berthelot (R.) **FX** 7
Besagne (Av. de) **FGY** 8
Bianchi (Bd) **AU**
Bidouré (Pl. M.) **AV** 9
Bir-Hakeim (Rd-Pt) **GY**
Blache (Pl. N.) **GX**
Blum (Pl. L.) **DX**
Bonaparte (Rd-Pt) **GZ**
Boucheries (R. des) **FY** 10
Bozzo (Av. L.) **GX**
Briand (Av. A.) **AV**
Brosset (Bd Gén.) **AV** 11
Brunetière (R. F.) **FY** 12
Carnot (Av. L.) **DX**
Cathédrale (Traverse de la) **FY** 13
Chalucet (R.) **EX**
Charcot (Q. J.) **AV** 14
Churchill (Av. W.) **DX** 15
Clappier (R. V.) **FX**
Colbert (Av.) **FX**
Collet (Av. Amiral) **DX**
Corderie (R. de la) **EXY**
Cuzin (Av. F.) **CV** 19
Dardanelles (Av. des) **DX**
Daudet (R. Alphonse) **GX** 20
Delpech (R.) **GX**
Démocratie (Bd de la) **GX**
Dr-Barrois (R.) **CU**
Dr-Fontan (R.) **AU** 21
Escartefigue (Bd M.) **BCU**
Esclangeon (R. V.) **BCU** 22
Estienne-d'Orves (Av. d') **AV, DX** 23
Fabié (R. F.) **FGX**
Faron (Bd du) **BU**
Farrère (Av. Cl) **CV** 24
Foch (Av. Mar.) **DX**
Forbin (Av.) **CV** 25
Forgentier (Ch. de) **AU**
Fort-Rouge (Ch. du) **AU** 26
Gambetta (Pl.) **FY** 27
Garibaldi (R.) **FY** 28
Gasquet (Av. J.) **CV**
Gaulle (Corniche Gén.-de) **CV**
Gouraud (Av. Gén.) **AU** 30

Grenier (Q. E.) **AU** 31
Grignan (Bd) **BV**
Guillemard (R. R.) **DX**
Herriot (Av. E.) **AV** 32
Huile (Pl. à l') **FY** 35
Inf.-de-Marine (Av. de l') **FZ**
Infernet (R. Cdt) **GZ**
Jacquemin (Bd E.) **AU** 36
Jaujard (R. Amiral) **GZ**
Joffre (Bd Mar.) **CV**
Juin (Av. Mar.) **CV, GY** 37
Lattre-de-T. (Av. Mar.) **GZ**
Le-Chatelier (Av. A.) **AU**
Lebon (R. Ph.) **GX**
Leclerc (Av. Gén.) **EX**
Le Bellegou (Av. E.) **GZ**
Lesseps (Bd F. de) **GX**

Liberté (Pl. de la) **FX**
Lices (Ch. des) **GX**
Lorgues (R. de) **FXY**
Loti (Av. P.) **CV**
Loubière (Ch. de la) **GX**
Louis-Blanc (Pl.) **FY** 39
Louvois (Bd) **EFX**
Lyautey (Av. Mar.) **DX**
Macé (Pl.) **AU** 40
Marceau (Av.) **CV**
Marchant (Av. Cdt) **GX**
Méridienne (R.) **FY** 41
Michelet (Bd J.) **CV** 42
Micholet (Av. V.) **EY** 43
Mistral (Littoral F.) **CV** 44
Monsenergue (Pl. Ingénieur-gén.) **EY** 45
Moulin (Av. J.) **EX** 48

TOULON **P** 83000 Var 84 ⑮ G. Côte d'Azur – 167 619 h alt. 1.

Voir Rade★★ – Corniche du Mont Faron★★ : ≤★ BCU – Vieille ville★ FY : Atlantes★ de l'ancien hôtel de ville FY **F**, Musée naval★ EY **M** – Port★.

Env. Tour Beaumont (Mémorial du Débarquement★ et ✵★★★) au Nord – Baou de 4 Oures ✵★★ NO : 7 km par D 62 AU et D 262 – Mont Caume ✵★★ NO : 15 km par D 62 AU – Fort de la Croix-Faron ≤★ N : 7 km CU.

✈ de Toulon-Hyères : ☎ 94 38 57 57, par ① : 21 km – 🚗 ☎ 94 91 50 50.

⛴ pour la Corse (1er avril-30 sept.) : S.N.C.M/C.M.T., 49 av. Infanterie de Marine ☎ 94 41 25 76 FZ.

i Office de Tourisme et Accueil de France (Informations et réservations d'hôtels, pas plus de 5 jours à l'avance) 8 av. Colbert ☎ 94 22 08 22, Télex 400479 et pl. Albert-1er, hall gare SNCF ☎ 94 62 73 87, Télex 430307 – A.C. 1 av. H.-Dunant ☎ 94 93 01 18.

Paris 837 ④ – Aix-en-Provence 80 ④ – ♦Marseille 64 ④.

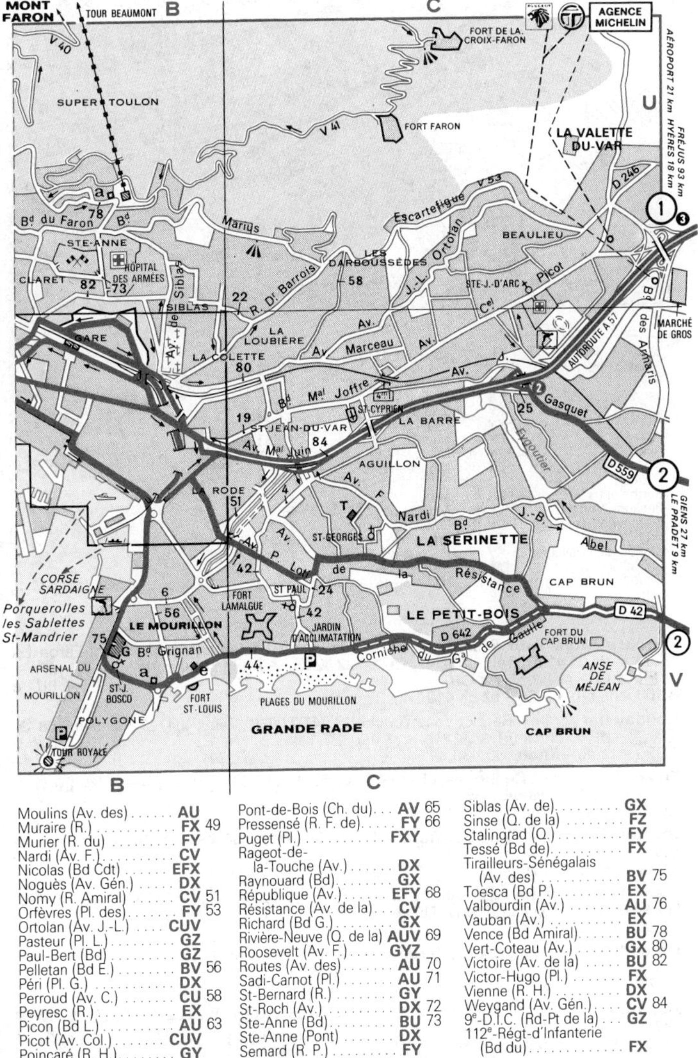

Moulins (Av. des) . . . . . . **AU**
Muraire (R.) . . . . **FX** 49
Murier (R. du) . . . . **FY**
Nardi (Av. F.) . . . . **CV**
Nicolas (Bd Cdt) . . . . . . **EFX**
Noguès (Av. Gén.) . . . . . **DX**
Nomy (R. Amiral) . . . . . . **CV** 51
Orfèvres (Pl. des) . . . . . . **FY** 53
Ortolan (Av. J.-L.) . . . . **CUV**
Pasteur (Pl. L.) . . . . **GZ**
Paul-Bert (Bd) . . . . **GZ**
Pelletan (Bd E.) . . . . **BV** 56
Péri (Pl. G.) . . . . **DX**
Perroud (Av. C.) . . . . **CU** 58
Peyresc (R.) . . . . **EX**
Picon (Bd L.) . . . . **AU** 63
Picot (Av. Col.) . . . . **CUV**
Poincaré (R. H.) . . . . **GY**
Pont-de-Bois (Ch. du) . . . **AV** 65
Pressensé (R. F. de) . . . . **FY** 66
Puget (Pl.) . . . . **FXY**
Rageot-de-la-Touche (Av.) . . . . . . **DX**
Raynouard (Bd) . . . . **GX**
République (Av.) . . . . . . **EFY** 68
Résistance (Av. de la) . . . **CV**
Richard (Bd G.) . . . . **GX**
Rivière-Neuve (Q. de la) **AUV** 69
Roosevelt (Av. F.) . . . . . **GYZ**
Routes (Av. des) . . . . . . **AU** 70
Sadi-Carnot (Pl.) . . . . . . **AU** 71
St-Bernard (R.) . . . . **GY**
St-Roch (Av.) . . . . **DX** 72
Ste-Anne (Bd) . . . . **BU** 73
Ste-Anne (Pont) . . . . **DX**
Semard (R. P.) . . . . **FY**
Siblas (Av. de) . . . . **GX**
Sinse (Q. de la) . . . . **FZ**
Stalingrad (Q.) . . . . **FY**
Tessé (Bd de) . . . . **FX**
Tirailleurs-Sénégalais (Av. des) . . . . **BV** 75
Toesca (Bd P.) . . . . **EX**
Valbourdin (Av.) . . . . **AU** 76
Vauban (Av.) . . . . **EX**
Vence (Bd Amiral) . . . . . **BU** 78
Vert-Coteau (Av.) . . . . . . **GX** 80
Victoire (Av. de la) . . . . . **BU** 82
Victor-Hugo (Pl.) . . . . . . **FX**
Vienne (R. H.) . . . . **DX**
Weygand (Av. Gén.) . . . . **CV** 84
9e-D.I.C. (Rd-Pt de la) . . . **GZ**
112e-Régt-d'Infanterie (Bd du) . . . . **FX**

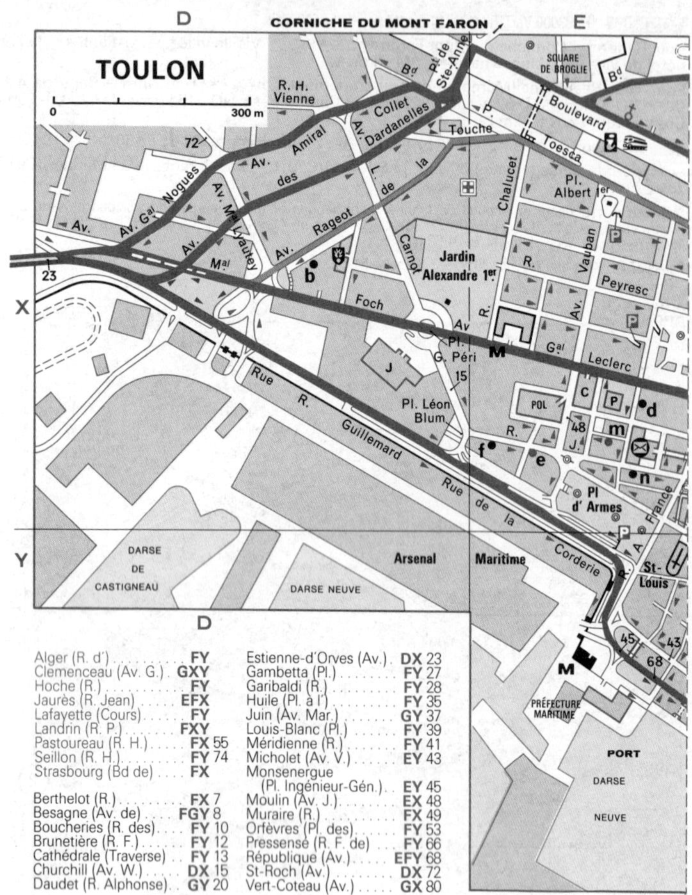

Alger (R. d')	FY		Estienne-d'Orves (Av.)	DX	23
Clemenceau (Av. G.)	GXY		Gambetta (Pl.)	FY	27
Hoche (R.)	FY		Garibaldi (R.)	FY	28
Jaurès (R. Jean)	EFX		Huile (Pl. à l')	FY	35
Lafayette (Cours)	FY		Juin (Av. Mar.)	GY	37
Landrin (R. P.)	FXY		Louis-Blanc (Pl.)	FY	39
Pastoureau (R. H.)	FX	55	Méridienne (R.)	FY	41
Seillon (R. H.)	FY	74	Micholet (Av. V.)	EY	43
Strasbourg (Bd de)	FX		Monsenergue (Pl. Ingénieur-Gén.)	EY	45
Berthelot (R.)	FX	7	Moulin (Av. J.)	EX	48
Besagne (Av. de)	FGY	8	Muraire (R.)	FX	49
Boucheries (R. des)	FY	10	Orfèvres (Pl. des)	FX	53
Brunetière (R. F.)	FY	12	Pressensé (R. F. de)	FY	66
Cathédrale (Traverse)	FY	13	République (Av.)	EFY	68
Churchill (Av. W.)	DX	15	St-Roch (Av.)	DX	72
Daudet (R. Alphonse)	GY	20	Vert-Coteau (Av.)	GX	80

Mercure-Altéa Tour Blanche [M], près gare départ teléphérique du Mont-Faron 83200 94 24 41 57, Télex 400347, Fax 94 22 42 25, ≤ Toulon et la rade, – 80. BU **a**
R 150, enf. 50 – 50 – **92 ch** 410/540, 3 appart.

Holiday Inn [M], 1 av. Rageot de la Touche 94 92 00 21, Télex 404723, Fax 94 62 08 15, – ch – 100. DX **b**
R 120 – 45 – **81 ch** 380/430.

Palais [M] sans rest, Centre Mayol 94 03 83 83, Fax 94 03 83 55 – ch – 400. FY **d**
45 – **148 ch** 320/720.

Gd Hôtel sans rest, 4 pl. Liberté 94 22 59 50, Télex 430048 – FX **k**
48 – **45 ch** 395/510.

New H. Amirauté [M] sans rest, 4 r. A. Guiol 94 22 19 67, Télex 404700, Fax 94 09 34 72 – EX **d**
48 – **58 ch** 395/450.

Nouvel H. sans rest, 224 bd Tessé 94 89 04 22, Fax 94 92 13 06 – FX **f**
27 – **29 ch** 168/300.

Acanthid [M] sans rest, 21 av. Colbert 94 09 10 63, Fax 94 09 20 62 – FX **a**
25 – **38 ch** 190/280.

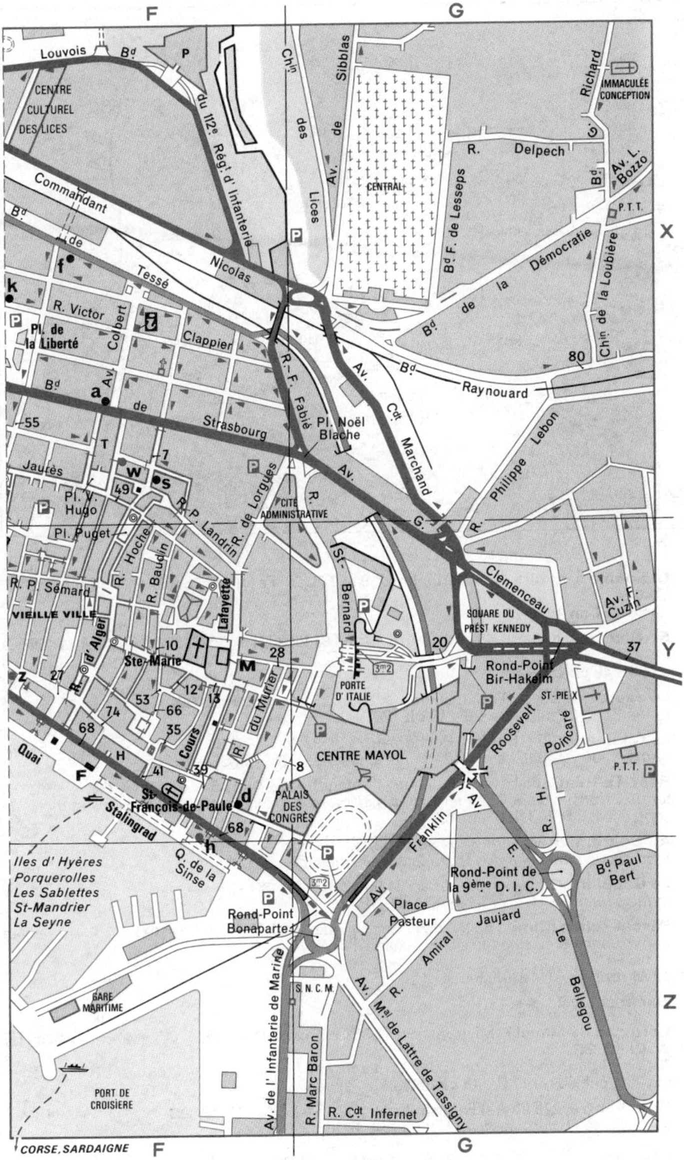

Participez à notre effort permanent
de mise à jour

Adressez-nous vos remarques
et vos suggestions.

Cartes et guides Michelin

46 avenue de Breteuil - 75324 Paris Cedex 07

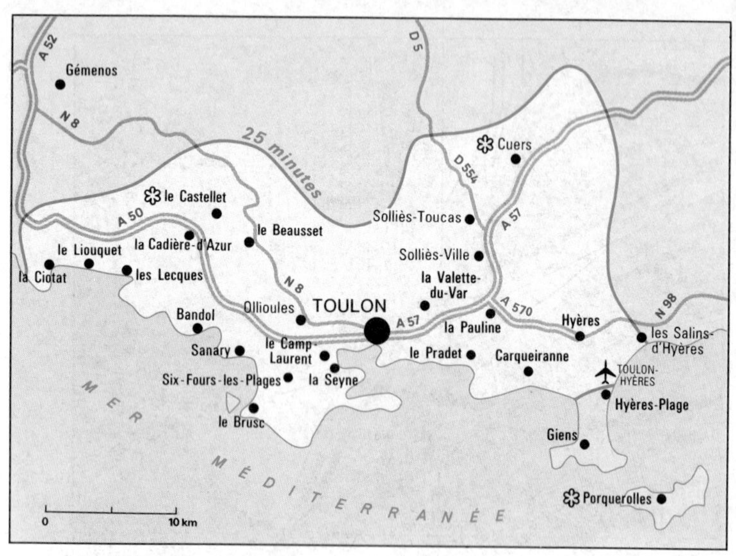

Dauphiné sans rest, 10 r. Berthelot ✆ 94 92 20 28, Fax 94 62 16 69 – ch. AE GB FX **s**
☐ 26 – **57 ch** 180/275.

St-Nicolas sans rest, 49 r. J. Jaurès ✆ 94 91 02 28, Fax 94 62 29 08 – . AE GB EX **n**
☐ 35 – **40 ch** 185/286.

Le Jaurès sans rest, 11 r. J. Jaurès ✆ 94 92 83 04 – . AE GB EX **f**
fermé 21 au 27 déc. – ☐ 20 – **16 ch** 120/180.

Le Chamade, 25 r. Denfert-Rochereau ✆ 94 92 28 58 – GB EX **m**
fermé 1er au 29 août, sam. midi et dim. sauf fériés – **R** 125/350, enf. 70.

Rest. La Réale, 364 av. République (1er étage) ✆ 94 41 61 64, ≤ – AE GB FYZ **h**
fermé vacances de nov., de fév., lundi midi et merc. midi en juil.-août, dim. soir et merc. de sept. à juin – **R** 103/195, enf. 52.

Au Sourd, 10 r. Molière ✆ 94 92 28 52, – GB FX **w**
fermé août, dim. et lundi – **R** produits de la mer 150.

Le Dauphin, 21 bis r. J. Jaurès ✆ 94 93 12 07 – . GB EX **e**
fermé sam. midi, dim. et fériés – **R** 135/195.

Pascal "chez Mimi", 83 av. de la République ✆ 94 92 79 60 – . GB FY **z**
fermé lundi – **R** cuisine tunisienne – carte 120 à 170.

au Mourillon – ✉ **83000** Toulon.

Voir Tour royale ✱★.

Corniche, 17 littoral F. Mistral ✆ 94 41 35 12, Fax 94 41 24 58, ≤, – ch ch . AE GB BV **a**
R *(fermé dim. soir et lundi)* 160/400 - **Le Bistrot** *(fermé lundi midi et dim.)* **R** carte environ 200, enf. 50 – ☐ 40 – **19 ch** 350/490, 4 appart.

Gros Ventre, 279 littoral F. Mistral ✆ 94 42 15 42, – AE GB BV **e**
fermé 20 au 25 déc., jeudi midi et merc. – **R** 138/210 🍷, enf. 58.

à la Valette-du-Var par ① : 7 km – 20 687 h. – ✉ **83160** :

Yan's H. [M], échangeur La Valette-nord, Z.A. des Espaluns ✆ 94 08 38 08, Fax 94 08 48 60, , – – 30. AE GB
fermé sam. et dim. – **R** 85/150 🍷 – ☐ 40 – **42 ch** 315/345 – ½ P 233.

Saint-Clair [M], échangeur La Valette-nord, Z.A. des Espaluns ✆ 94 08 03 32, Fax 94 08 35 08 – rest – 50. AE GB
R 80/120 🍷 – ☐ 45 – **55 ch** 242/345 – ½ P 210/250.

Campanile, échangeur La Valette-nord, Z.A. des Espaluns ✆ 94 21 13 01, Télex 430978, Fax 94 08 56 54, – rest – 25. AE GB
R 80 bc/102 bc, enf. 39 – ☐ 29 – **50 ch** 268.

à La Pauline par ① et N 98 : 10 km – ✉ **83130** La Garde :

🏠 **Gardotel** Ⓜ, ✆ 94 75 82 25, Fax 94 08 42 98, ☂, 🏊 – 🛗 ⊭ ch ▤ 📺 ☎ ♿ Ⓟ – 🧑‍🏫 30. AE ⓓ GB
R 88/108 ♁, enf. 48 – ☕ 40 – **41 ch** 290/320 – ½ P 308.

au Camp-Laurent par ④ autoroute A50 sortie Ollioules : 7,5 km – ✉ **83500** La Seyne :

🏨 **Novotel** Ⓜ, ✆ 94 63 09 50, Télex 400759, Fax 94 63 03 76, ☂, 🏊, 🌳 – 🛗 ⊭ ch ▤ rest 📺 ☎ ♿ Ⓟ – 🧑‍🏫 40 à 150. AE ⓓ GB
R carte environ 170 ♁, enf. 52 – ☕ 48 – **86 ch** 445/475.

🏠 **Campanile**, ✉ 83140 La Seyne ✆ 94 63 30 30, Télex 404545, Fax 94 63 23 10 – ▤ rest 📺 ☎ ♿ Ⓟ – 🧑‍🏫 25. AE GB
R 80 bc/102 bc, enf. 39 – ☕ 29 – **50 ch** 268.

MICHELIN, Agence, 1824 av. Col.-Picot à La-Valette-du-Var CU ✆ **94 27 01 67**

ALFA-ROMEO St-Roch-auto-Sport, 8 av. Gén.-Pruneau ✆ 94 42 53 08
OPEL Champ-de-Mars Autom., Palais Réaltor, pl. Champ-de-Mars ✆ 94 41 74 21
PEUGEOT-TALBOT Gds Gar. du Var, bd Armaris Ste-Musse Aut. Toulon-Est CU ✆ 94 61 75 00 🅽 ✆ 91 97 34 40
ROVER Autorex, 13 av. Gén.-Pruneau ✆ 94 41 18 14

⦿ Aude, chemin Belle-Visto ✆ 94 24 27 60
Escoffier-Pneus, 704 av. Col.-Picot ✆ 94 20 20 63
Marcel-Pneus, 126 r. Dr-Gibert ✆ 94 42 41 42
Mega Sce, bd Cdt Nicolas ✆ 94 93 04 51

Périphérie et environs

BMW Bavaria-Motors, ZAC des 4 Chemins RN 98 à La Garde ✆ 94 08 03 94
CITROEN SOCA, av. A.-Citröen à La Valette-du-Var par ① ✆ 94 21 90 90
FIAT D.I.A.T., La Coupiane à La Valette-du-Var ✆ 94 61 78 78
FORD Gar. d'Azur, av. Université à La Valette-du-Var ✆ 94 21 04 00 🅽 ✆ 94 21 11 83
LANCIA Gar. Cuzin, ZAC des 4 Chemins à la Garde ✆ 94 08 49 49
RENAULT Succursale, ZAC les Espaluns à La Valette-du-Var par ① ✆ 94 61 50 50 🅽 ✆ 05 05 15 15
V.A.G Gar. Foch, 1 allée des 4 Chemins à la Garde ✆ 94 08 44 55 🅽

⦿ Aude, Les Espaluns, r. Bertholet à La Valette-du-Var ✆ 94 21 58 02
Euromaster Piot Pneu, Domaine Ste-Claire, r. P.-et-M.-Curie à La Valette-du-Var ✆ 94 23 23 46
Mega Service ZI Toulon Est à la Garde ✆ 94 75 83 97
Mendez-Pneus, 101 av. Ed.-Herriot, L'Escaillon ✆ 94 24 54 25

TOULOUSE P 31000 H.-Gar. 82 ⑧ **G. Pyrénées Roussillon** – 358 688 h alt. 146.

Voir Basilique St-Sernin*** FX – Les Jacobins** : vaisseau de l'église*** FY – Hôtel d'Assézat* FY **B** – Cathédrale* GY – Capitole* FY – Tour d'escalier* de l'hôtel de Bernuy FY **S** – Musées : Augustins** (sculptures***) GY **M**[1], Histoire naturelle** GY **M**[2], St-Raymond** FX **M**[3], Paul Dupuy* GZ **M**[4].

18 (privé) ℘ 61 73 45 48, S : 10 km par D 4 BV ; 9 Saint-Gabriel ℘ 61 84 16 65, par ④ : 10 km ; 18 18 de Toulouse-Seilh ℘ 61 42 59 30, par ⑪ sur D 2 : 15,5 km ; 18 9 de la Ramée ℘ 61 07 09 09, SO : 10 km par D 50 AV ; 9 de Toulouse-Borde-Haute ℘ 61 83 60 28, par ⑤ : 15 km.

de Toulouse-Blagnac : ℘ 61 42 44 00 AT.

℘ 61 62 50 50.

Office de Tourisme et Accueil de France (Informations et réservations d'hôtels, pas plus de 5 jours à l'avance) Donjon du Capitole ℘ 61 11 02 22, Télex 531508 A.C. du Midi, 17 allées J.-Jaurès ℘ 61 62 76 21.

Paris 700 ① – Barcelona 387 ⑦ – ◆Bordeaux 245 ① – ◆Lyon 537 ⑦ – ◆Marseille 401 ⑦.

Plans : Toulouse p. 2 à 5

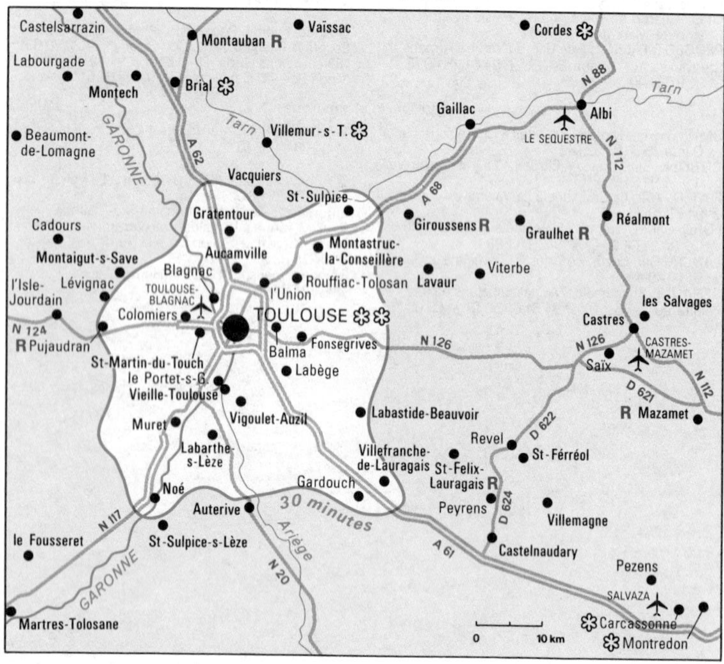

Sofitel Centre M, 84 allées J. Jaurès ℘ 61 10 23 10, Télex 533361, Fax 61 10 23 20 – ch – 30 à 150. AE GB p. 5 HX **v**
R 155 bc – 70 – **105 ch** 790, 14 appart.

Holiday Inn Crowne Plaza M, 7 pl. Capitole ℘ 61 61 19 19, Télex 520348, Fax 61 23 79 96, – ch – 50 à 100. AE GB JCB p. 5 FY **t**
R 140/265, enf. 45 – 75 – **160 ch** 810/880.

Gd H. de l'Opéra M, 1 pl. Capitole ℘ 61 21 82 66, Télex 521998, Fax 61 23 41 04, – 100. AE GB JCB p. 5 FY **q**
R voir rest. **Les Jardins de l'Opéra** ci-après - **Gd Café de l'Opéra** ℘ 61 21 37 03 *(fermé 1er au 16 août)* **R** carte 150 à 320, enf. 80 – 82 – **40 ch** 850/1300, 9 appart..

Gd H. Capoul M, 13 pl. Wilson ℘ 61 10 70 70, Télex 533077, Fax 61 21 96 70 – – 30 à 100. AE GB p. 5 GY **n**
R brasserie – carte environ 190 – 55 – **130 ch** 550/1000 – ½ P 640/720.

Novotel M, pl. A. Jourdain ℘ 61 21 74 74, Télex 532400, Fax 61 22 81 22, – ch – 60 à 120. AE GB p. 4 EX **u**
R carte environ 150, enf. 50 – 47 – **125 ch** 560/600.

Mercure Atria M, 8 espl. Compans Caffarelli ℘ 61 11 09 09, Fax 61 23 14 12 – ch – 200. AE GB p. 4 EX **k**
R 100, enf. 45 – 50 – **136 ch** 650.

Mermoz sans rest, 50 r. Matabiau ☎ 61 63 04 04, Télex 532427, Fax 61 63 15 64 – cuisinette – 40. AE GB p. 5 GX **f**
50 – **52 ch** 480/520.

Mercure St Georges, r. St-Jérome (pl. Occitane) ☎ 61 23 11 77, Télex 520760, Fax 61 23 19 38, – ch rest – 25 à 200. AE GB p. 5 GY **s**
R 108 bc/140 bc, enf. 45 – 50 – **170 ch** 530/650.

Victoria sans rest, 76 r. Bayard ☎ 61 62 50 90, Télex 521748, Fax 61 99 21 02 – – 30. AE GB JCB p. 5 GX **s**
fermé 25 déc. au 1er janv. – 45 – **73 ch** 305/400.

Brienne sans rest, 20 bd Mar. Leclerc ☎ 61 23 60 60, Télex 533031, Fax 61 23 18 94 – – 30. AE GB p. 4 EX **n**
48 – **68 ch** 380/480, 3 appart.

Mercure-Altéa Wilson sans rest, 7 r. Labéda ☎ 61 21 21 75, Télex 530550, Fax 61 22 77 64 – – 30. AE GB p. 5 GY **y**
57 – **94 ch** 560/650, 4 appart.

Mercure-Altéa Les Capitouls sans rest, 29 allées J. Jaurès ☎ 61 62 63 33, Télex 533363, Fax 61 63 15 17 – ch – 35. AE GB p. 5 GY **g**
55 – **50 ch** 565/655.

Grande Bretagne, 300 av. Grande Bretagne ✉ 31300 ☎ 61 31 84 85, Télex 533116, Fax 61 31 87 12 – – 50. AE GB p. 2 AU **r**
R *(fermé dim.)* 99/300 – 47 – **41 ch** 370/450.

Mercure-Altéa Matabiau sans rest, gare Matabiau ✉ 31500 ☎ 61 62 84 93, Télex 533888, Fax 61 99 27 78 – – 30. AE GB p. 5 HX **k**
50 – **61 ch** 390/640.

Athénée sans rest, 13 r. Matabiau ☎ 61 63 10 63, Fax 61 63 87 80 – – 40. AE GB JCB p. 5 GX **a**
37 – **35 ch** 360/420.

Vidéotel, 77 bd Embouchure ✉ 31200 ☎ 61 57 34 77, Fax 61 23 54 74, – ch – 45. AE GB p. 4 DX **e**
R *(fermé sam. et dim.)* 75 bc/100, enf. 39 – 31 – **91 ch** 275 – ½ P 191/203.

Président sans rest, 45 r. Raymond IV ☎ 61 63 46 46, Fax 61 62 83 60 – . AE GB p. 5 GX **k**
32 – **31 ch** 260/330.

Raymond IV sans rest, 16 r. Raymond IV ☎ 61 62 89 41, Télex 533696, Fax 61 62 38 01 – . AE GB p. 5 GX **d**
45 – **38 ch** 310/380.

Orsay sans rest, 8 bd Bonrepos ☎ 61 62 71 61, Fax 61 62 64 46 – . AE GB p. 5 GX **n**
29 – **40 ch** 238/305.

Albion sans rest, 28 r. Bachelier ☎ 61 63 60 36, Fax 61 62 66 95 – . AE GB p. 5 GY **a**
30 – **27 ch** 240/260.

Ours Blanc-Victor Hugo sans rest, 25 pl. V. Hugo ☎ 61 23 14 55, Fax 61 23 62 34 – . GB p. 5 GY **u**
40 – **38 ch** 250/300.

Le Capitole sans rest, 10 r. Rivals ☎ 61 23 21 28, Fax 61 23 67 48 – . AE GB p. 5 FY **n**
30 – **33 ch** 210/350.

Gascogne sans rest, 25 allées Ch. de Fitte ✉ 31300 ☎ 61 59 27 44, Fax 61 42 25 52 – . AE GB p. 4 EZ **k**
35 – **41 ch** 250/300.

Bordeaux, 4 bd Bonrepos ☎ 61 62 41 09, Fax 61 63 06 65 – . AE GB p. 5GHX **e**
R *(fermé le soir en août, sam. et dim.)* 65 – 30 – **31 ch** 220/295 – ½ P 167.

Victor Hugo sans rest, 26 bd Strasbourg ☎ 61 63 40 41, Fax 61 62 45 41 – . AE GB p. 5 GY **b**
fermé 7 au 16 août – 30 – **32 ch** 210/280.

Garden, 81 bd Koenigs ☎ 62 21 02 22, Fax 62 21 02 63 – . GB p. 4 DZ **b**
R snack *(fermé dim. et fêtes le midi)* 65/85 – 30 – **24 ch** 230/270 – ½ P 235.

Ours Blanc Wilson sans rest, 2 r. V. Hugo ☎ 61 21 62 40, Fax 61 23 62 34 – . GB p. 5 GY **p**
35 – **37 ch** 250/350.

Castellane sans rest, 17 r. Castellane ☎ 61 62 18 82, Fax 61 62 58 04 – ch – 50. AE GB p. 5 GY **v**
30 – **46 ch** 250.

Prado sans rest, 26 r. Prado par rte St-Simon ✉ 31100 ☎ 61 40 49 29, Fax 62 14 11 75 – . AE GB p. 2 AU **f**
22 – **23 ch** 220/255.

RÉPERTOIRE DES RUES

Alsace-Lorr. (R. d') . . p. 5 **FY** 2
Capitole (Pl. du) . . . . p. 5 **FY** 25
Lafayette (R.) . . . . p. 5 **GY** 83
Metz (R. de) . . . . p. 5 **GY**
Rémusat (R. de) . . . . . p. 5 **FY**
St-Antoine du T. (R.) p. 5 **GY** 132
Saint-Rome (R.) . . . . p. 5 **FY**
Wilson (Pl.) . . . . p. 5 **GY** 160

Agde (Rte d') . . . . . . p. 3 **CT**
Albi (Rte d') . . . . p. 3 **CT**
Alsace-Lorr. (R. d') . . p. 5 **FY** 2
Arcole (Bd) . . . . p. 5 **FX**
Arcs St-Cypr. (R.) . . . p. 4 **EZ**
Arènes Rom. (Av.) . . p. 2 **AU** 3
Armes (Pl. d') . . . . . . p. 4 **EX**
Arnaud-Bern. (Pl.) . . p. 5 **FX**
Arnaud-Bern. (R.) . . . p. 5 **FX** 4
Barcelone (Allée) . . . p. 4 **EY**
Barrière de Paris . . . . p. 3 **BT** 10
Bayard (R. de) . . . . . . p. 5 **GX**
Bayonne (Rte de) . . . p. 2 **AU**
Béarnais (R. du) . . . . p. 4 **EX**
Billières (Av. E.) . . . . p. 4 **EZ**
Blagnac (Rte de) . . . . p. 2 **ATU**
Bonnefoy (R. Fg) . . . p. 3 **BT** 15
Bonrepos (Bd) . . . . . p. 5 **GX** 16
Boulbonne (R.) . . . . . p. 5 **GY** 18
Brienne (Allée de) . . p. 4 **EY**
Brunaud (Av.) . . . . . . p. 3 **CU**
Brunhes (Bd J.) . . . . p. 4 **DY**
Capitole (Pl. du) . . . . p. 5 **FY** 25
Castres (Av. de) . . . . p. 3 **CU**
Chaîne (R. de la) . . . . p. 5 **FX**
Changes (R. des) . . . p. 5 **FY** 32
Chaubet (Av. Jean) . . p. 3 **CU**
Coll (R. Adolphe) . . . p. 4 **DY**
Collignon (Av.) . . . . . p. 5 **FX**
Concorde (R. de la) . . p. 5 **GX**
Crêtes (Bd des) . . . . . p. 3 **CU**
Cugnaux (R. de) . . . . p. 4 **EZ**
Daurade (Pl. de la) . . p. 5 **FY** 37
Delacourtie (Bd) . . . . p. 3 **BV** 40
Demoiselles (Allée) . . p. 5 **HZ**
Déodat de Sév. (Bd) . p. 3 **BV** 43
Desbals (R. H.) . . . . . p. 3 **BV** 45
Dillon (Cours) . . . . . . p. 4 **EZ**
Dr-Baylac (Pl. du) . . . p. 2 **AU** 47
Duméril (R. Alfred) . . p. 5 **GZ**
Duportal (Bd A.) . . . . p. 4 **EX**
Dupuy (Pl.) . . . . p. 5 **HY** 49
Embouchure (Bd) . . . p. 4 **EX**
Embouchure (Port) . . p. 3 **BU** 53
Espagne (Rte d') . . . . p. 3 **BV**
Esquirol (Pl.) . . . . p. 5 **FY**
États-Unis (Av. des) . p. 3 **BT** 55
Fer-à-Cheval (Pl.) . . . p. 4 **EZ**
Feuga (Allée P.) . . . . p. 5 **FZ** 57
Fitte (Allée Ch. de) . . p. 4 **EZ**
Fontaines (R. des) . . . p. 4 **DY**
Frères Lion (R. des) . p. 5 **GY** 62
Frizac (Av.) . . . . p. 5 **GZ**
Fronton (Av. de) . . . . p. 3 **BT**
Gambetta (R.) . . . . . . p. 5 **FY** 64
Gare (Bd de la) . . . . . p. 5 **HY**
Genève (Bd de) . . . . . p. 4 **DX**
Gloire (Av. de la) . . . . p. 3 **CU**
Gde-Bretagne (Av.) . . p. 2 **AU** 67
Grand Rond . . . . p. 5 **GZ**
Griffoul Dor. (Bd) . . . p. 5 **HZ** 72
Guesde (Allée J.) . . . p. 5 **GZ** 73
Hauriou (Av. M.) . . . . p. 5 **FZ** 75
Jaurès (Allées J.) . . . p. 5 **GX**
Jeanne-d'Arc (Pl.) . . . p. 5 **GX**
Jourdain (Pl. A.) . . . . p. 4 **EX**
Julien (Av. Jules) . . . p. 3 **BV** 80
Kœnigs (Bd G.) . . . . . p. 4 **DZ**
Lafayette (R.) . . . . . . p. 5 **GY** 83
Lafourcade (Pl. A.) . . p. 5 **FZ**
Laganne (R.) . . . . p. 4 **EZ**
Langer (Av. M.) . . . . . p. 3 **BV** 84
Languedoc (R. du) . . p. 5 **GY**
Lardenne (Av. de) . . . p. 2 **AU**
Lascrosses (Bd) . . . . p. 4 **EX**
Laz.-Carnot (Bd) . . . . p. 5 **GY**
Lois (R. des) . . . . p. 5 **FY**
Lombez (Av. de) . . . . p. 3 **BU** 88
Lyon (Av. de) . . . . . . p. 5 **GX**
Male (Pl. E.) . . . . p. 4 **DZ**
Marquette (Bd) . . . . . p. 4 **EX**

Matabiau (Bd) . . . . . p. 5 **GX**
Matabiau (R.) . . . . . . p. 5 **GX**
Metz (R. de) . . . . p. 5 **FY**
Minimes (Av. des) . p. 3 **BT** 104
Minimes (Bd des) . p. 5 **GX**
Mirail (Av. du) . . . . . p. 2 **AV** 105
Mistral (Allées F.) . p. 5 **GZ**
Muret (Av. de) . . . . . p. 3 **BV** 107
Narbonne (Rte de) . p. 3 **CV**
Occitane (Pl.) . . . . . p. 5 **GY**
Ozenne (R.) . . . . p. 5 **GZ**
Pargaminières (R.) . p. 5 **FY** 109
Patte d'Oie (Pl.) . . . p. 4 **DZ** 110
Péri (R. Gabriel) . . . p. 5 **HY**
Pompidou (Allée) . . p. 5 **HX** 118
Pt Guilheméry (R.) . p. 5 **HY** 119
Pujol (Av. C.) . . . . . p. 3 **CU** 121
Ravelin (Pl. du) . . . . p. 4 **EY**
Recollets (Bd) . . . . . p. 3 **BV** 123
Rémusat (R. de) . . . p. 5 **FY**
République (R.) . . . p. 4 **EY**
Revel (Rte de) . . . . . p. 3 **CV** 125
Rieux (Av. J.) . . . . . p. 3 **CV**
Riquet (Bd) . . . . p. 5 **HY**
Riquet (R.) . . . . p. 5 **HY**
Romiguières (R.) . . p. 5 **FY** 129
Sabatier (Allées) . . . p. 5 **HZ** 131
St-Antoine du T. (R.) p. 5 **GY** 132
St-Étienne (Port) . . . p. 5 **HY** 133
Saint-Exupéry (Av.) p. 3 **CV**
St-Michel (Grande-Rue) . . . p. 5 **FZ**
St-Pierre (Pl.) . . . . . p. 4 **EY**
Saint-Rome (R.) . . . p. 5 **FY**
St-Sauveur (Port) . . p. 5 **HZ** 135
St-Simon (Rte de) . . p. 2 **AV** 136
Ste-Lucie (R.) . . . . . p. 4 **EZ**
Salin (Pl. du) . . . . . . p. 5 **FZ**
Sarraut (Allée M.) . . p. 4 **DZ**
Sébastopol (R.) . . . . p. 4 **EX**
Ségoffin (Av. V.) . . . p. 3 **BV** 140
Séjourné (Av. P.) . . . p. 4 **EY**
Sémard (Bd P.) . . . . p. 5 **GX** 142
Serres (Av. H.) . . . . p. 4 **EX**
Seysses (Rte de) . . . p. 2 **AV**
Strasbourg (Bd) . . . p. 5 **FGX**
Suau (R. J.) . . . . p. 5 **FY** 145
Suisse (Bd de) . . . . . p. 3 **DX**
Tounis (Quai de) . . . p. 5 **FZ**
Trentin (Bd Silvio) . . p. 3 **BT** 148
URSS (Av. de l') . . . p. 3 **BV** 154
Verdier (Allées F.) . . p. 5 **GZ**
Wilson (Pl.) . . . . p. 5 **GY** 160

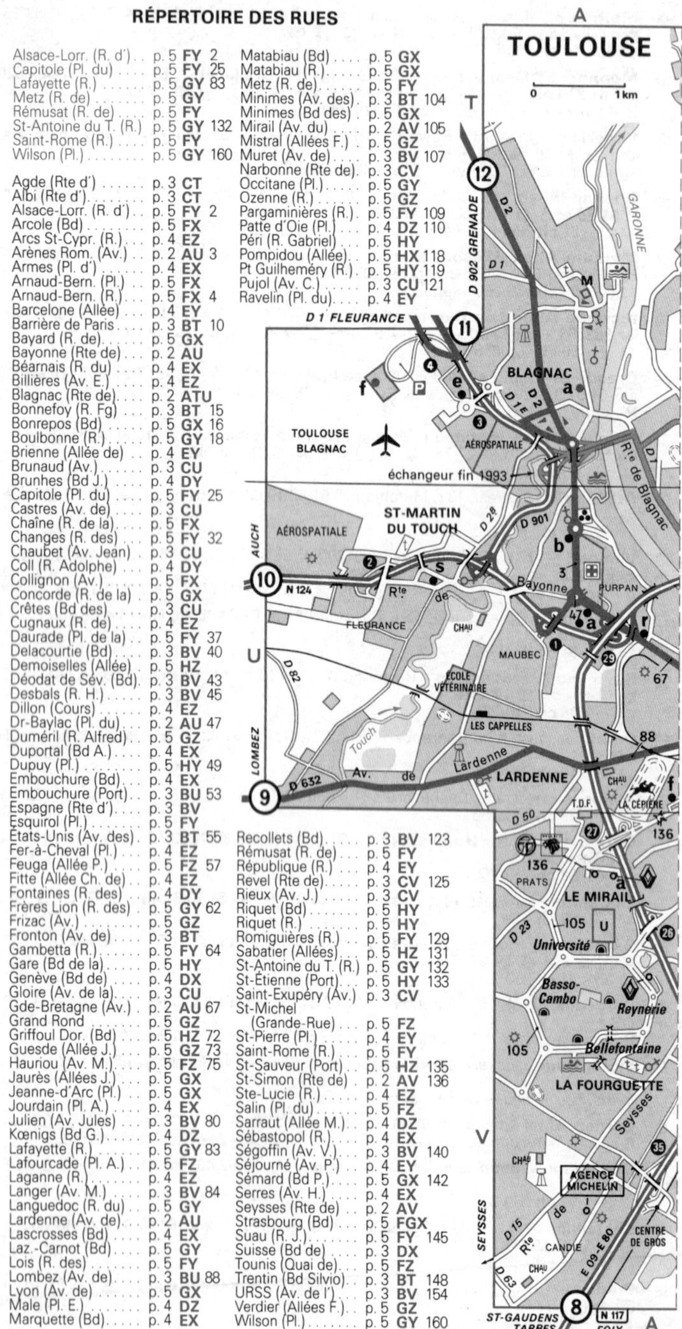

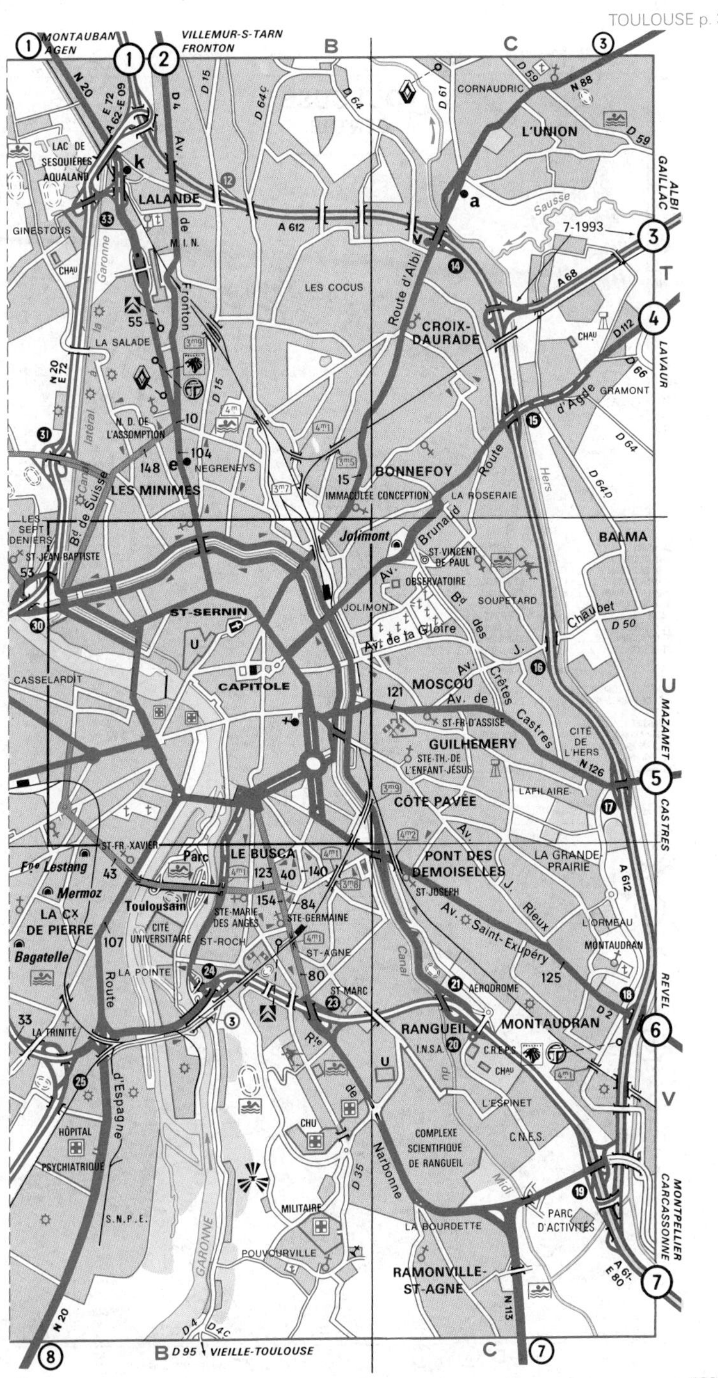
MONTAUBAN
AGEN
VILLEMUR-S-TARN
FRONTON
CORNAUDRIC
L'UNION
LAC DE SESQUIÈRES AQUALAND
LALANDE
GINESTOUS
A 612
ALBI
GAILLAC
7-1993
A 68
LES COCUS
Route d'Albi
CROIX-DAURADE
LAVAUR
GRAMONT
LA SALADE
N. D. DE L'ASSOMPTION
NEGRENEYS
LES MINIMES
BONNEFOY
IMMACULÉE CONCEPTION
LA ROSERAIE
LES SEPT DENIERS
ST-JEAN-BAPTISTE
Jolimont
BALMA
ST-VINCENT DE PAUL
OBSERVATOIRE
SOUPETARD
ST-SERNIN
JOLIMONT
Av. de la Gloire
CASSELARDIT
CAPITOLE
MOSCOU
ST-FR-D'ASSISE
GUILHEMERY
CITÉ DE L'HERS
MAZAMET
CASTRES
STE-TH.-DE L'ENFANT-JÉSUS
LAFILAIRE
CÔTE PAVÉE
ST-FR.-XAVIER
Parc
LE BUSCA
PONT DES DEMOISELLES
LA GRANDE PRAIRIE
Fne Lestang
Mermoz
Toulousain
ST-JOSEPH
LA Cx DE PIERRE
CITÉ UNIVERSITAIRE
STE-MARIE DES ANGES
STE-GERMAINE
ST-ROCH
ST-AGNE
L'ORMEAU
MONTAUDRAN
Bagatelle
LA POINTE
Route
AERODROME
REVEL
ST-MARC
LA TRINITÉ
RANGUEIL
MONTAUDRAN
I.N.S.A.
C.R.E.P.S.
L'ESPINET
d'Espagne
HÔPITAL PSYCHIATRIQUE
CHU
COMPLEXE SCIENTIFIQUE DE RANGUEIL
C.N.E.S.
Narbonne
MILITAIRE
PARC D'ACTIVITÉS
MONTPELLIER
CARCASSONNE
S.N.P.E.
LA BOURDETTE
POUVOURVILLE
GARONNE
RAMONVILLE-ST-AGNE
D 95
VIEILLE-TOULOUSE

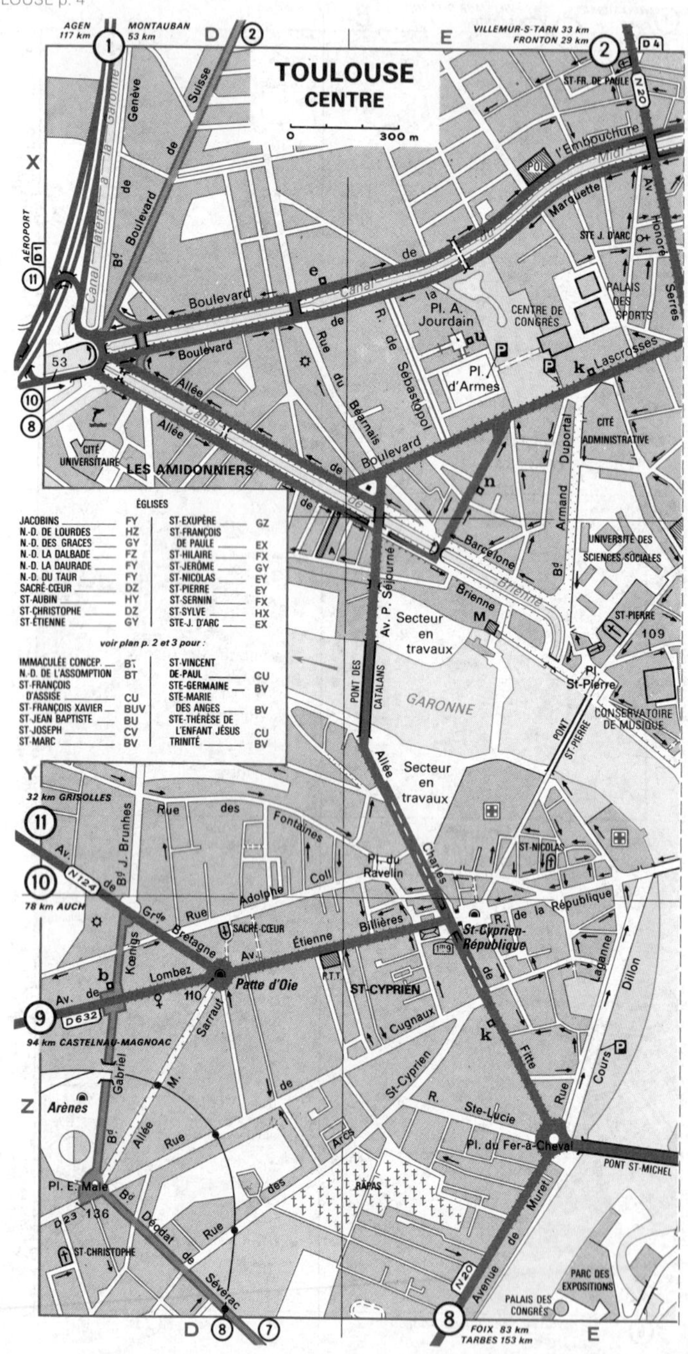
TOULOUSE
CENTRE
0 300 m
AGEN 117 km
MONTAUBAN 53 km
VILLEMUR-S-TARN 33 km
FRONTON 29 km
AÉROPORT D1
32 km GRISOLLES
78 km AUCH
94 km CASTELNAU-MAGNOAC
FOIX 83 km
TARBES 153 km
ÉGLISES
JACOBINS FY
N.-D. DE LOURDES HZ
N.-D. DES GRACES GY
N.-D. LA DALBADE FZ
N.-D. LA DAURADE FY
N.-D. DU TAUR FY
SACRÉ-CŒUR DZ
ST-AUBIN HY
ST-CHRISTOPHE DZ
ST-ÉTIENNE GY
ST-EXUPÈRE GZ
ST-FRANÇOIS DE PAULE EX
ST-HILAIRE FX
ST-JERÔME GY
ST-NICOLAS EY
ST-PIERRE EY
ST-SERNIN FX
ST-SYLVE HX
STE-J. D'ARC EX
voir plan p. 2 et 3 pour :
IMMACULÉE CONCEP. BT
N.-D. DE L'ASSOMPTION BT
ST-FRANÇOIS D'ASSISE CU
ST-FRANÇOIS XAVIER BUV
ST-JEAN BAPTISTE BU
ST-JOSEPH CV
ST-MARC BV
ST-VINCENT DE-PAUL CU
STE-GERMAINE BV
STE-MARIE DES ANGES BV
STE-THÉRÈSE DE L'ENFANT JÉSUS CU
TRINITÉ BV
Canal latéral à la Garonne
Bd de Genève
Boulevard de Suisse
Canal du Midi
Boulevard de l'Embouchure
Boulevard de la Marquette
Allée de Barcelone
Canal de Brienne
Allée de Brienne
Rue du Béarnais
R. de Sébastopol
Pl. A. Jourdain
Pl. d'Armes
CENTRE DE CONGRÈS
PALAIS DES SPORTS
Av. Honoré Serres
ST-FR. DE PAULE
STE J. D'ARC
POL
Lascrosses
CITÉ ADMINISTRATIVE
Bd Armand Duportal
UNIVERSITÉ DES SCIENCES SOCIALES
ST-PIERRE
Pl. St-Pierre
CONSERVATOIRE DE MUSIQUE
PONT ST-PIERRE
CITÉ UNIVERSITAIRE
LES AMIDONNIERS
Av. P. Séjourné
PONT DES CATALANS
Secteur en travaux
GARONNE
Allée Charles de Fitte
Rue des Fontaines
Coll
Pl. du Ravelin
ST-NICOLAS
R. de la République
St-Cyprien-République
Bd J. Brunhes
Av. de Grde Bretagne
Rue Adolphe
SACRÉ-CŒUR
Av. Étienne Billières
P.T.T.
ST-CYPRIEN
Patte d'Oie
Av. de Lombez
Kœnigs
Sarraut
Rue de Cugnaux
St-Cyprien
R. Ste-Lucie
Rue Laganne
Cours Dillon
Pl. du Fer-à-Cheval
PONT ST-MICHEL
Avenue de Muret
Bd Gabriel
Arènes
Allée M.
Rue des Arcs
RAPAS
Pl. E. Male
Bd Déodat de Séverac
ST-CHRISTOPHE
PARC DES EXPOSITIONS
PALAIS DES CONGRÈS
N20
N124
D632
D23
D4
53
109
110
136
X
Y
Z
D
E

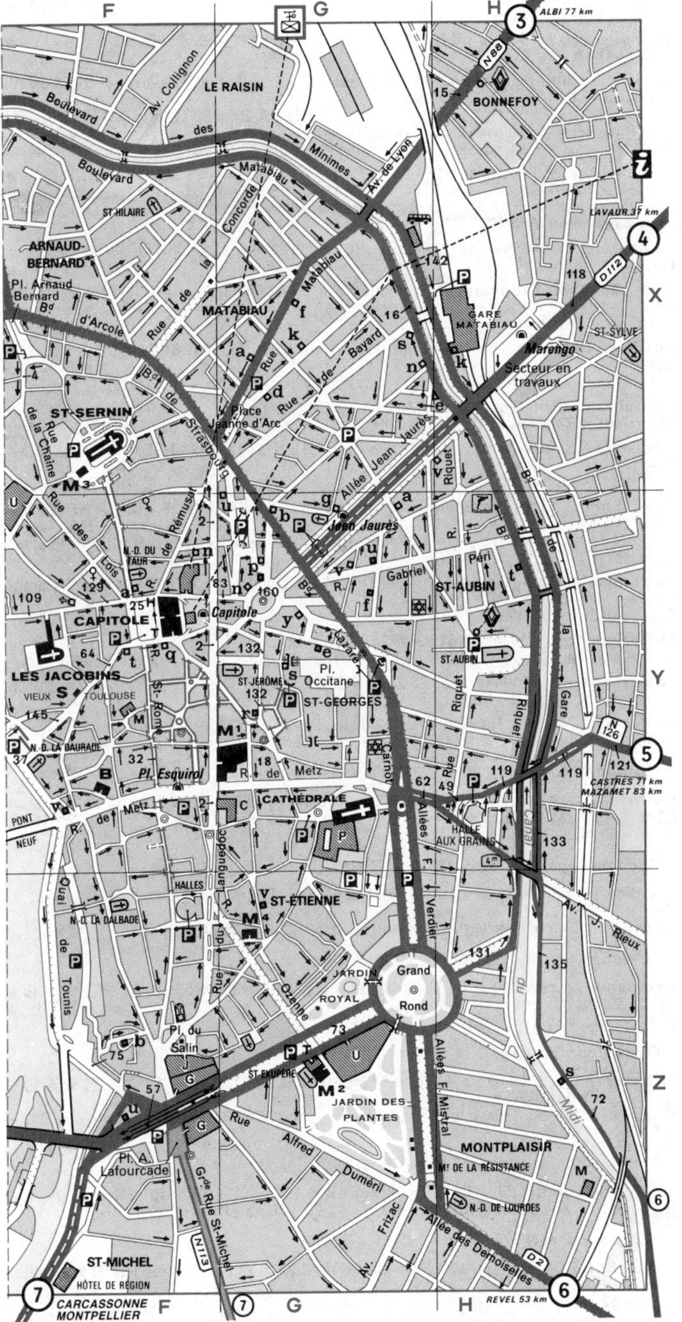

ALBI 77 km
LAVAUR 37 km
CASTRES 71 km
MAZAMET 83 km
REVEL 53 km
CARCASSONNE
MONTPELLIER
LE RAISIN
BONNEFOY
ARNAUD-BERNARD
MATABIAU
GARE MATABIAU
ST-SERNIN
CAPITOLE
LES JACOBINS
ST-AUBIN
ST-GEORGES
CATHÉDRALE
ST-ÉTIENNE
JARDIN ROYAL
Grand Rond
JARDIN DES PLANTES
MONTPLAISIR
ST-MICHEL
HÔTEL DE RÉGION

Star sans rest, 17 r. Baqué ✉ 31200 ☎ 61 47 45 15 – TV ☎. GB p. 3 BT **e**
☐ 25 – **17 ch** 192/260.

Taur sans rest, 2 r. Taur ☎ 61 21 17 54, Télex 520643 – |‡| TV ☎. AE ⓓ GB p. 5 FY **a**
☐ 25 – **41 ch** 225/320.

XXXX ✿✿ **Les Jardins de l'Opéra** -Gd H. de l'Opéra- (Toulousy), 1 pl. Capitole ☎ 61 23 07 76, Fax 61 23 41 04, 🌴 – ▤. AE ⓓ GB p. 5 FY **q**
fermé 7 août au 1er sept., 1er au 6 janv., dim. et fériés – **R** 280/480 et carte 400 à 600
Spéc. Ravioli de foie gras au jus de truffes. Canette de Barbarie, aile rôtie à l'estragon et cuisse sauce salmis. Figues rôties au Banuyls et farcies de glace vanille. **Vins** Pacherenc-du-Vic-Bilh, Fronton.

XXX ✿ **Vanel,** 22 r. M. Fontvieille ☎ 61 21 51 82, Fax 61 23 69 04 – ▤. AE ⓓ GB p. 5 GY **e**
fermé 8 au 16 août et dim. – **R** 200/450 et carte 270 à 510, enf. 120
Spéc. Huîtres gratinées au foie gras (nov. à mars). Pied de cochon farci aux ris de veau et foie gras. Gibier et champignons (saison). **Vins** Côtes du Frontonnais, Gaillac.

XXX **La Frégate,** 1 r. d'Austerlitz (2e étage) ☎ 61 21 59 61, Fax 61 22 58 41 – ▤. AE ⓓ GB
R 135/150. p. 5 GY **p**

XX **Orsi "Bouchon Lyonnais",** 13 r. Industrie ☎ 61 62 97 43, Fax 61 63 00 71 – ▤. AE ⓓ GB p. 5 GY **f**
fermé sam. midi et dim. – **R** 135/180.

XX **Pavillon Gabriel's,** 9 r. Gabriel Péri ☎ 61 62 70 44, Fax 61 99 03 23 – ▤. AE GB p. 5 GY **u**
fermé 1er juil. au 15 août, sam. (sauf le soir d'oct. à mars) et dim. – **R** 170/280.

XX **Al Makram,** 22 bd Riquet ☎ 61 63 11 63, 🌴 – AE GB p. 5 HY **t**
fermé dim. – **R** cuisine libanaise 116/148.

XX **Brasserie "Beaux Arts",** 1 quai Daurade ☎ 61 21 12 12, Fax 61 21 14 80 – ▤. AE ⓓ GB p. 5 FY **v**
R 99 bc/135 bc, enf. 55.

XX **Chez Emile,** 13 pl. St-Georges ☎ 61 21 05 56, Fax 61 21 42 26, 🌴 – ▤. AE ⓓ GB p. 5 GY **r**
fermé Noël au Jour de l'An, dim. et lundi – **Rez-de-Chaussée** (poissons) **R** 210 🍷 – **1er étage** (viandes) **R** 190 🍷.

XX **La Jonque du Yang Tsé,** bd Griffoul-Dorval ✉ 31400 ☎ 61 20 74 74, « Péniche aménagée » – ▤. AE GB. ✻ p. 5 HZ **s**
R cuisine chinoise 196, enf. 80.

XX **La Barigoude,** 8 r. Mage ☎ 61 53 07 24 – AE ⓓ GB p. 5 GZ **v**
fermé 26 juil. au 8 août, 1er au 8 fév. et dim. – **R** 95/150, enf. 50.

X **Le Barreau,** 10 r. Moulins ☎ 61 25 25 52 – AE ⓓ GB p. 5 FZ **b**
fermé août et dim. – **R** 140/230, enf. 55.

X **La Bascule,** 14 av. M. Hauriou ☎ 61 52 09 51, Fax 61 55 06 32 – GB p. 5 FZ **u**
fermé août, 24 déc. au 2 janv., lundi soir et dim. – **R** 88 bc/160, enf. 50.

à Lalande N : 6 km sur N 20 – ✉ **31200** Toulouse :

Hermès M sans rest, 49 av. J. Zay ☎ 61 47 60 47, Télex 533040, Fax 61 47 56 08 – |‡| ▤ TV ☎ ♿ P – 🏛 25. AE ⓓ GB JCB p. 3 BT **k**
☐ 30 – **68 ch** 280/340.

à Aucamville par ① : 7 km – 3 807 h. – ✉ **31140** :

Les Pins, 94 rte Fronton ☎ 61 70 26 04, Fax 61 70 82 85, 🌴 – |‡| TV ☎ ♿ P – 🏛 30 à 80. GB
fermé 14 au 22 août – **R** *(fermé dim. soir)* 95/195 – ☐ 30 – **36 ch** 220/270.

à l'Union NE : 6 km – 11 751 h. – ✉ **31240** :

Campanile M, sur N 88 ☎ 61 74 00 40, Télex 533884, Fax 61 09 53 38, 🌴 – TV ☎ ♿ P – 🏛 40. AE GB p. 3 CT **a**
R 80 bc/102 bc, enf. 39 – ☐ 29 – **72 ch** 268.

à Gratentour : par ② et D 14 : 15 km – ✉ **31150** :

Le Barry M 🐎, ☎ 61 82 22 10, Télex 532453, Fax 61 82 22 38, 🌴, 🏊, 🌳 – TV ☎ ♿ P – 🏛 45. AE ⓓ GB JCB
R *(fermé 15 au 30 août, vacances de fév. et dim.)* 85/250 – ☐ 30 – **22 ch** 265/350 – ½ P 215.

à Rouffiac-Tolosan par ③ : 12 km – ✉ **31180** :

Le Clos du Loup, N 88 ☎ 61 09 28 39, Fax 61 35 13 97, 🌴 – TV ☎ P. GB
R *(fermé dim. soir et lundi)* 95/200, enf. 35 – ☐ 25 – **20 ch** 215 – ½ P 180/210.

à Balma par ⑤ et N 126 : 6 km – 9 506 h. – ✉ **31138** :

Espacehôtel M sans rest, 17 av. St-Martin de Boville ☎ 61 24 33 99, Fax 61 24 46 40 – TV ☎ ♿ P. GB
☐ 28 – **57 ch** 240/270.

à Fonsegrives par ⑤ : 8 km – ✉ 31130 Balma :

XX **La Grange,** ✆ 61 24 00 55, Fax 61 24 08 73, ☂ – 🅿. GB
R 105/195.

à Labège Innopole par ⑥ et D 16 : 12 km – ✉ 31676 :

Le Patio Ⓜ, ✉ 31328 ✆ 61 39 29 00, Télex 532057, Fax 61 39 84 38, ☂, Fö, ☼, ✂ – |‡| TV ☎ ♿ 🅿 – 🔊 30
82 ch.

XX **Aub. de Pouchalou,** ✆ 61 39 89 40, Fax 61 39 23 47, ☂ – 🅿. AE GB
fermé dim. de juil. à mars et sam. midi – **R** 100/175, enf. 45.

à Vigoulet-Auzil par ⑦ sortie Ramonville et D 35 : 12 km – ✉ 31320 :

XXX **Aub. de Tournebride,** ✆ 61 73 34 49, Fax 62 19 11 06, ☂ – 🅿. GB
fermé 8 au 16 mars, 9 au 25 août, dim. soir et lundi – **R** 140/220, enf. 80.

à Vieille-Toulouse S : 9 km par D 4 – ✉ 31320 :

La Flânerie Ⓜ ⛰ sans rest, rte Lacroix-Falgarde ✆ 61 73 39 12, Fax 61 73 18 56, ≤ vallée, parc, ⛱ – TV ☎ ⇔ 🅿. AE ⓓ GB
fermé 23 déc. au 6 janv. – ☕ 40 – **12 ch** 240/550.

à Portet-sur-Garonne S : 10 km par N 20 – 8 030 h. – ✉ 31120 :

L'Hotan Ⓜ, 80 rte d'Espagne ✆ 62 20 06 06, Télex 533929, Fax 62 20 02 36, ☂ – |‡| ⊁ ch ▤ TV ☎ ♿ 🅿 – 🔊 80. AE ⓓ GB
R *(fermé dim. midi)* 110/200 ♁ – ☕ 45 – **53 ch** 365/400 – ½ P 350.

au Sud-Ouest : 8 km par D 23 -AV – ✉ 31100 Toulouse :

Diane, 3 rte St-Simon ✆ 61 07 59 52, Télex 530518, Fax 61 86 38 94, ☂, ⛱, ☼ – ▤ rest TV ☎ 🅿 – 🔊 30. AE ⓓ GB JCB
R *(fermé sam. midi et dim.)* 150/210, enf. 60 – ☕ 48 – **35 ch** 390/515 – ½ P 370/450.

XXX **Les Ombrages,** 48 bis rte St Simon ✆ 61 07 61 28, ☂ – 🅿. AE ⓓ GB JCB
fermé 9 au 25 août, 23 déc. au 5 janv., sam. midi et lundi – **R** 130/240, enf. 80.

à Colomiers par ⑩ : 12 km – 26 979 h. – ✉ 31770 :

Castella et rest. Le Columerin, près église ✆ 61 78 68 68, Télex 530893 – ⊁ ch TV ☎ ♿ 🅿 – 🔊 25. GB
hôtel : fermé août ; rest. : fermé 1er au 7 mai, août, dim. soir et lundi – **R** 65/200 ♁, enf. 35 – ☕ 20 – **33 ch** 220/250 – ½ P 180.

à Purpan O : 6 km par N 124 – ✉ 31300 Toulouse :

Palladia Ⓜ, 271 av. Grande-Bretagne ✆ 62 12 01 20, Fax 62 12 01 21, ☂, ⛱ – |‡| ⊁ ch ▤ TV ☎ ♿ ⇔ 🅿 – 🔊 25 à 250. AE ⓓ GB — p. 2 AU **a**
Brasserie du May R carte 130 à 220 ♁ – **Le Bernuy R** 160/350 – ☕ 70 – **82 ch** 650, 4 appart..

Novotel Ⓜ, ✆ 61 49 34 10, Télex 520640, Fax 61 49 63 37, ☂, ⛱, ☼, ✂ – |‡| ⊁ ch ▤ TV ☎ ♿ 🅿 – 🔊 150. AE ⓓ GB — p. 2 AU **a**
R carte environ 150, enf. 50 – ☕ 47 – **123 ch** 445/470.

Dotel Ⓜ, av. Arènes Romaines ✆ 61 31 83 83, Fax 61 31 00 10, ☂ – |‡| ⊁ ch ▤ TV ☎ ♿ 🅿 – 🔊 45. AE ⓓ GB — AU **b**
R carte 110 à 250 ♁ – ☕ 45 – **87 ch** 380.

à St-Martin-du-Touch O : 8 km par N 124 – ✉ 31300 Toulouse :

Airport H. Ⓜ sans rest, 176 rte Bayonne ✆ 61 49 68 78, Télex 521752, Fax 61 49 73 66 – |‡| TV ☎ ⇔ 🅿. AE ⓓ GB — p. 2 AU **s**
☕ 29 – **48 ch** 279/309.

à Blagnac NO : 7 km - AT – 17 209 h. – ✉ 31700 :

Sofitel Ⓜ, accès aéroport ✆ 61 71 11 25, Télex 520178, Fax 61 30 02 43, ☂, ☼, ✂ – |‡| ⊁ ch ▤ TV ☎ 🅿 – 🔊 25 à 250. AE ⓓ GB JCB — p. 2 AT **e**
Le Caouec R 145bc/180bc – ☕ 70 – **100 ch** 720.

Le Grand Noble Ⓜ, accès aéroport ✆ 61 30 48 49, Télex 533953, Fax 61 71 85 60, ☂ – |‡| ⊁ ch ▤ TV ☎ ♿ 🅿 – 🔊 30. AE GB
R 85/200, enf. 45 – ☕ 40 – **44 ch** 290/315 – ½ P 260.

XXX **Pujol,** 21 av. Gén. Compans ✆ 61 71 13 58, Fax 61 71 69 32, parc, ☂ – 🅿. AE ⓓ GB JCB — p. 2 AT **a**
fermé 9 au 31 août, vacances de fév., dim. (sauf le midi de sept. à juin) et sam. – **R** 165/235.

XXX **Horizon,** à l'aéroport par D 1E ✆ 61 30 02 75, Fax 61 30 07 36, ≤ – ▤. AE ⓓ GB — p. 2 AT **f**
R 150/170.

MICHELIN, Agence régionale, ZI, 30 bd de Thibaud AV ✆ 61 41 11 54

BMW Pelras, 145 r. N.-Vauquelin ✆ 61 41 53 53
BMW Soulié, 15 Gde-Rue-St-Michel ✆ 61 52 93 75
CITROEN Citroën, 142 av. des États-Unis BT **e** ✆ 61 47 67 01 **N**
CITROEN France Auto, ZI Montaudran, av. Didier Daurat CV ✆ 61 73 81 73
CITROEN Samazan, 29 av. 14ᵉ-R.I. BV ✆ 61 52 90 17
CITROEN Carrière, rte de Castres, Lasbordes par ⑤ ✆ 61 24 24 27
FIAT, LANCIA AUTO NORD, 127 av. des États-Unis ✆ 61 47 14 00
FIAT, LANCIA S.O.M.E.D.A., 58 rte de Bayonne ✆ 61 49 11 12
FORD Auto-Services, 134 rte de Revel ✆ 61 36 86 86
FORD S.L.A.D.A., 83 bd Silvio-Trentin ✆ 61 13 54 54
FORD Auto-Services, 226 rte de Narbonne ✆ 62 19 18 20
JAGUAR Bayard Autos, 81 r. J. Babinet ✆ 61 76 18 18
LADA Castel Auto, ZA Babinet, 4 r. E. Baudot ✆ 61 44 95 55
MERCEDES BENZ Antras Autos, 231 rte d'Albi ✆ 61 61 33 33 **N**
MITSUBISHI-PORSCHE, Alpas, 191 rte d'Albi ✆ 61 11 93 50
NISSAN Fittante, 6 r. 8 Mai 45 à Ramonville-St-Agne ✆ 61 75 82 42
NISSAN Fittante, 24 bd Matabiau ✆ 61 62 86 48
OPEL Général Autom., 16 allée Ch.-de-Fitte ✆ 61 42 91 36
OPEL Auto Plus Mirail, 123 r. N.-Vauquelin ✆ 61 44 22 99
OPEL GM Autefage et Magnoler, ZA r. Branly à Ramonville-St-Agne ✆ 61 73 00 00
PEUGEOT-TALBOT Ramonville Auto, 9 av. Crêtes à Ramonville-St-Agne par N 113 CV ✆ 61 73 23 21
PEUGEOT-TALBOT S.I.A.L., 105 av. des États-Unis BT **a** ✆ 61 47 67 67 **N** ✆ 61 54 60 60
PEUGEOT-TALBOT S.I.A.L., 28 av. Daurat CV ✆ 61 54 52 52
PEUGEOT-TALBOT S.I.A.L., r. L.-N.-Vauquelin AV ✆ 61 41 23 33 **N** ✆ 05 44 24 24
RENAULT Renault St Aubin, 32 r. Riquet HY ✆ 61 62 62 21
RENAULT Succursale, 75 av. des États-Unis BT ✆ 61 10 75 75 **N** ✆ 61 28 79 79
RENAULT Succursale, r. L.-N.-Vauquelin AV **a** ✆ 61 41 11 44 **N** ✆ 05 05 15 15
RENAULT Gar. Bonnefoy, 22 fg Bonnefoy HX ✆ 61 48 84 82
RENAULT Puel, 2 r. J.-Babinet AV ✆ 61 40 41 40
RENAULT Toulouse Montaudran Autom., 125 rte de Revel par ⑥ ✆ 61 54 42 54
RENAULT Stecav, che. de la Violette à l'Union CT ✆ 61 74 45 00 **N** ✆ 61 09 86 28
ROVER Sterling Autom., 7 rte de Labège à Labège ✆ 61 20 90 33
SAAB Central Garage, 8 r. G.-Péri ✆ 61 62 60 45
SEAT Arquier, rte de Castres, Lasbordes ✆ 61 24 05 92 **N** ✆ 61 42 99 11
SEAT Mondial Auto, 109 av. des États-Unis ✆ 61 57 40 52
TOYOTA Laville, 2 r. Maurice Caunes ✆ 61 61 05 00
V.A.G Capitole Automobiles, ZA Babinet ✆ 61 44 44 44
V.A.G Toulouse Autos, à Labège ✆ 61 80 30 40 **N** ✆ 61 54 03 95
V.A.G S.C.A.U., 71 av. de Toulouse à l'Union ✆ 61 74 14 45
V.A.G Toulouse-Automobile, 34 Gde-R.-St-Michel ✆ 61 52 64 08
V.A.G. Toulouse Auto, 187 av. des Etats-Unis ✆ 61 57 42 80
Gar. Vignard, r. E.-Branly à Ramonville-St-Agne ✆ 61 73 04 91

Bellet-Pneus, 63 bd de Thibault ✆ 61 40 11 12
Escoffier-Pneus, 205 av. des États-Unis ✆ 61 47 80 80
Espace Pneu, 45 rte de Paris à Aucamville ✆ 61 37 10 10
Euromaster Central Pneu Service, 71 bd Marquette ✆ 61 21 68 13
Euromaster Central Pneu Service, 19 av. Thibaud ✆ 61 40 28 72
Euromaster Central Pneu Service, 82 r. N.-Vauquelin ✆ 61 40 36 86
Euromaster Central Pneu Service, ZI Montaudran, 10 av. Daurat ✆ 61 80 19 98
Euromaster Central Pneu Service, 336 av. Fronton ✆ 61 47 59 59
Euromaster Central Pneu Service, av. E.-Serres à Colomiers ✆ 61 78 15 50
Le Pneu, 1 rte de Bessières à l'Union ✆ 61 74 23 33
Martignon-Pneus, ZA du Moulin à Aussonne ✆ 61 85 03 53
Pons Pneus, ZA Ribaute à Quint ✆ 61 24 40 94
Toulouse-Pneu, ZI de Prat-Gimont, Balma ✆ 61 48 62 04

TOUQUES **14 Calvados 55 ③ – rattaché à Deauville.**

Le TOUQUET-PARIS-PLAGE **62520** P.-de-C. **51** ⑪ **G. Flandres Artois Picardie** – **5 596 h alt. 10** – Casinos La Forêt BZ, Quatre saisons AY.

Voir Phare ⋞★★ BY **R** – **Vallée de la Canche★** par ①.

✆ **21 05 68 47, S : 2,5 km par ②.**

Office de Tourisme Palais de l'Europe ✆ 21 05 21 65, Télex 134955.

Paris 249 ① – ♦Calais 63 ① – Abbeville 56 ① – Arras 98 ① – Boulogne-sur-Mer 31 ① – ♦Lille 128 ① – St-Omer 69 ①.

Plan page suivante

Westminster, av. Verger ✆ **21 05 48 48, Télex 160439, Fax 21 05 45 45,** – 25 à 200. AE GB BZ **a**
Le Pavillon R (dîner seul.) 210/450 enf. 100 – **Coffee Shop R** 150 bc enf. 65 – ☐ 65 – **114 ch** 725/985 – ½ P 625.

Grand Hôtel M, bd Canche ✆ **21 06 88 88, Télex 135765, Fax 21 06 87 87,** – rest – 160. AE GB BY **s**
La Croisette R 200/340, enf. 65 – **Les Dauphins** (brasserie) **R** 95bc/150bc, enf. 65 – ☐ 65 – **128 ch** 830/1100, 7 appart. – ½ P 625.

Le Picardy M, av. Mar. Foch ✆ **21 06 85 85, Télex 135726, Fax 21 06 85 00,** – 80. AE GB. rest BZ **n**
Le Touquet's *(fermé 15 nov. au 5 déc., 4 janv. au 4 fév., jeudi midi et merc.)* **R** carte 220 à 380 – **La Mer R** 75/120 – ☐ 65 – **88 ch** 670/870 – ½ P 500.

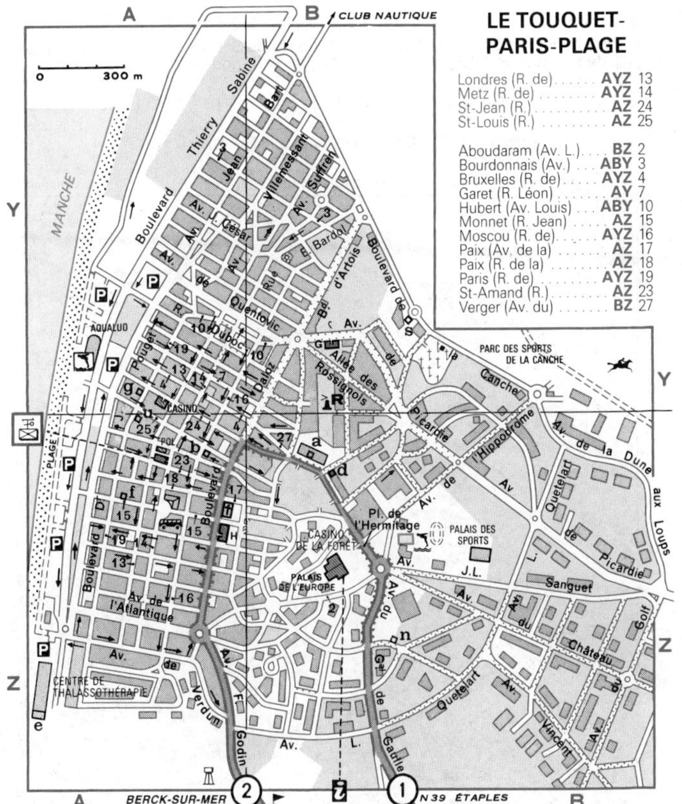

Manoir H. ⛰, au Golf par ② : 2,5 km ☎ 21 05 20 22, Fax 21 05 31 26, ≤, ⛰, ⛰, 🎾 – 📺 ☎ 🅿. AE GB. ✱ rest
fermé janv. – **R** 180, enf. 70 – **41 ch** ☐ 690/1110 – ½ P 555/735.

Novotel M ⛰, sur la plage ☎ 21 09 85 00, Télex 160480, Fax 21 09 85 10, ≤, centre de thalassothérapie, ⛰ – 🛗 ⛔ ch ▤ rest 📺 ☎ ♿ 🅿 – 🏛 25 à 120. AE ⓞ GB. ✱ rest — AZ **e**
fermé janv. – **R** 140/170 🍷, enf. 70 – ☐ 55 – **149 ch** 470/715, 12 appart..

Bristol sans rest, r. J. Monnet ☎ 21 05 49 95, Télex 135506, Fax 21 05 90 93 – 🛗 📺 ☎ 🅿 – 🏛 40. AE ⓞ GB — AZ **f**
☐ 50 – **46 ch** 450/700.

Forêt sans rest, 73 r. Moscou ☎ 21 05 09 88 – 📺 ☎. GB. ✱ — AZ **b**
fermé vacances de nov. et 15 au 31 janv. – ☐ 25 – **10 ch** 220/245.

Nouvel H. sans rest, 89 r. Paris ☎ 21 05 87 61 – 📺 ☎. GB — AYZ **u**
15 mars-15 déc. – ☐ 30 – **20 ch** 150/320.

XXXX ✿ **Flavio-Club de la Forêt,** av. Verger ☎ 21 05 10 22, Fax 21 05 91 55, ⛰ – AE ⓞ GB JCB — BZ **d**
fermé 10 janv. au 28 fév. et lundi (sauf juil.-août et fériés) – **R** 250/720 et carte 330 à 650
Spéc. Foie gras. Poêlée de langoustines et Saint-Jacques aux artichauts (oct. à mai). Carte des homards.

XX **Café des Arts,** 80 r. Paris ☎ 21 05 21 55 – AE ⓞ GB — AY **g**
fermé 22 déc. au 31 janv., mardi sauf vacances scolaires et lundi – **R** 135/350, enf. 90.

à l'Aéroport E : 2,5 km BZ :

XX **L'Escale,** ☎ 21 05 23 22, Fax 21 05 84 56 – 🅿. AE ⓞ GB
fermé jeudi soir – **R** 170 - **Brasserie R** 70bc/110 🍷 enf. 38.

à Stella-Plage par ② : 7 km – ✉ **62780** Cucq :

Dell'Hôtel, bd E. Labrasse ☎ 21 94 60 86, Fax 21 94 10 11 – 🛗 ☎ 🅿. GB
fermé janv. – **R** *(fermé dim. soir et lundi hors sais.)* 72/140 🍷, enf. 45 – ☐ 25 – **30 ch** 120/280 – ½ P 170/230.

RENAULT G.C.R. "Renault le Touquet" centre commercial de la Canche ☎ 21 94 91 00 **N** ☎ 21 84 13 13

TOURCOING 59200 Nord 51 ⑥ G. Flandres Artois Picardie – 93 765 h alt. 42.

des Flandres (privé) ℘ 20 72 20 74, par ① : 9,5 km ; du Sart (privé) ℘ 20 72 02 51, par ① : 12 km ; de Bondues ℘ 20 23 20 62, SO : 7 km ; de Brigode à Villeneuve d'Ascq ℘ 20 91 17 86 par ⑦ : 16 km.

Syndicat d'Initiative Parvis St-Christophe, pl. République ℘ 20 26 89 03 – A.C. 13 r. Desurmont ℘ 20 26 56 37.

Paris 234 ⑦ – ♦ Lille 13 ⑦ – Kortrijk 19 ⑥ – Gent 61 ⑥ – Oostende 79 ⑥ – Roubaix 4 ②.

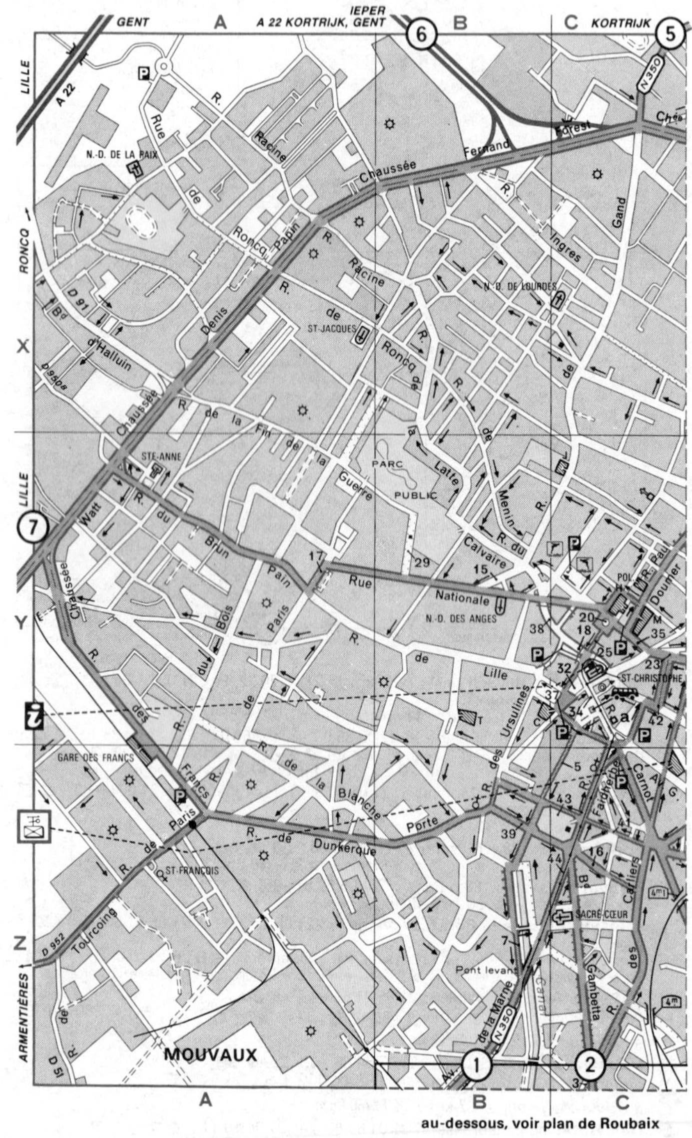

Les **cartes Michelin** sont constamment tenues à jour.

Novotel M, au Nord près échangeur de Neuville-en-Ferrain ✉ 59535 Neuville-en-Ferrain ☎ 20 94 07 70, Télex 131656, Fax 20 94 08 80, ☂, ☒, ☒ – |♦| ✈ ch ▤ rest TV ☎ ♿ P – ☒ 30 à 300. AE ◐ GB plan Lille KR **e**
R carte environ 150 ⚲, enf. 55 – ☐ 50 – **118 ch** 420/440.

Ibis M, r. Carnot ☎ 20 24 84 58, Télex 132695, Fax 20 26 29 58 – |♦| ✈ ch TV ☎ ⛟ – ☒ 25. AE GB – **R** 80/120 ⚲, enf. 35 – ☐ 33 – **102 ch** 280/300. CY **a**

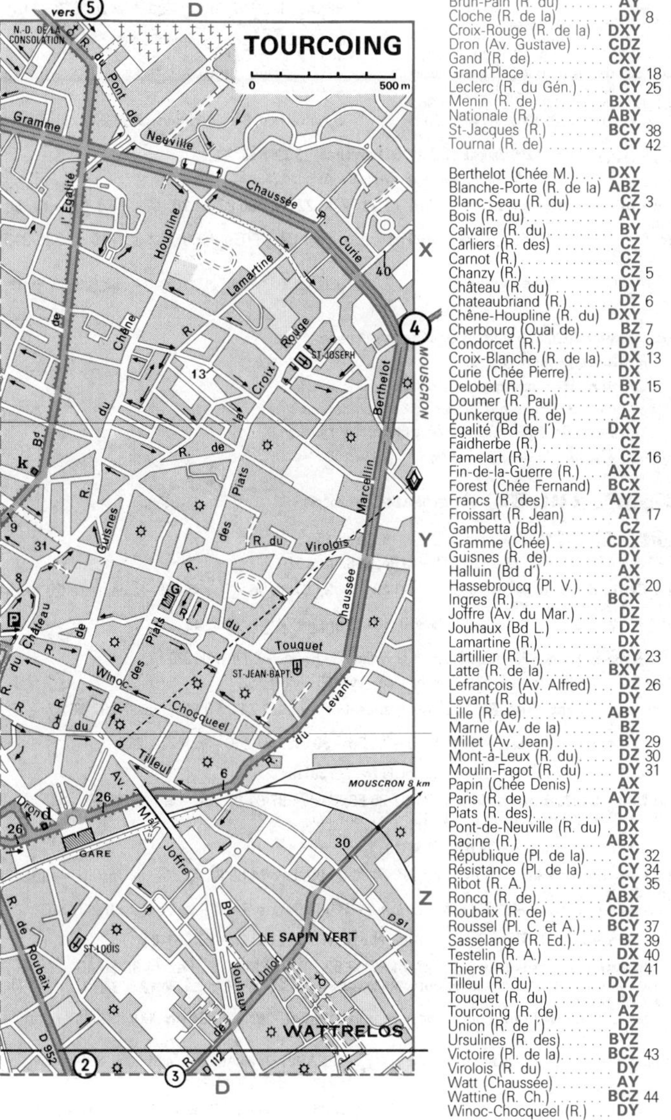

Brun-Pain (R. du) . . . . **AY**
Cloche (R. de la) . . . . **DY** 8
Croix-Rouge (R. de la) . **DXY**
Dron (Av. Gustave) . . . . **CDZ**
Gand (R. de) . . . . **CXY**
Grand'Place . . . . **CY** 18
Leclerc (R. du Gén.) . . . . **CY** 25
Menin (R. de) . . . . **BXY**
Nationale (R.) . . . . **ABY**
St-Jacques (R.) . . . . **BCY** 38
Tournai (R. de) . . . . **CY** 42

Berthelot (Chée M.) . . . . **DXY**
Blanche-Porte (R. de la) **ABZ**
Blanc-Seau (R. du) . . . . . . **CZ** 3
Bois (R. du) . . . . **AY**
Calvaire (R. du) . . . . **BY**
Carliers (R. des) . . . . **CZ**
Carnot (R.) . . . . **CZ**
Chanzy (R.) . . . . **CZ** 5
Château (R. du) . . . . **DY**
Chateaubriand (R.) . . . . . **DZ** 6
Chêne-Houpline (R. du) **DXY**
Cherbourg (Quai de) . . . . **BZ** 7
Condorcet (R.) . . . . **DY** 9
Croix-Blanche (R. de la) . . **DX** 13
Curie (Chée Pierre) . . . . . **DX**
Delobel (R.) . . . . **BY** 15
Doumer (R. Paul) . . . . . . **CY**
Dunkerque (R. de) . . . . . . **AZ**
Égalité (Bd de l') . . . . . . **DXY**
Faidherbe (R.) . . . . **CZ**
Famelart (R.) . . . . **CZ** 16
Fin-de-la-Guerre (R.) . . . **AXY**
Forest (Chée Fernand) . **BCX**
Francs (R. des) . . . . **AYZ**
Froissart (R. Jean) . . . . . . **AY** 17
Gambetta (Bd) . . . . **CZ**
Gramme (Chée) . . . . **CDX**
Guisnes (R. de) . . . . **DY**
Halluin (Bd d') . . . . **AX**
Hassebroucq (Pl. V.) . . . . **CY** 20
Ingres (R.) . . . . **BCX**
Joffre (Av. du Mar.) . . . . . **DZ**
Jouhaux (Bd L.) . . . . **DZ**
Lamartine (R.) . . . . **DX**
Lartillier (R. L.) . . . . **CY** 23
Latte (R. de la) . . . . **BXY**
Lefrançois (Av. Alfred) . . . **DZ** 26
Levant (R. du) . . . . **DY**
Lille (R. de) . . . . **ABY**
Marne (Av. de la) . . . . **BZ**
Millet (Av. Jean) . . . . **BY** 29
Mont-à-Leux (R. du) . . . . . **DZ** 30
Moulin-Fagot (R. du) . . . . **DY** 31
Papin (Chée Denis) . . . . . **AX**
Paris (R. de) . . . . **AYZ**
Piats (R. des) . . . . **DY**
Pont-de-Neuville (R. du) . **DX**
Racine (R.) . . . . **ABX**
République (Pl. de la) . . . . **CY** 32
Résistance (Pl. de la) . . . . **CY** 34
Ribot (R. A.) . . . . **CY** 35
Roncq (R. de) . . . . **ABX**
Roubaix (R. de) . . . . **CDZ**
Roussel (Pl. C. et A.) . . . **BCY** 37
Sasselange (R. Ed.) . . . . . **BZ** 39
Testelin (R. A.) . . . . **DX** 40
Thiers (R.) . . . . **CZ** 41
Tilleul (R. du) . . . . **DYZ**
Touquet (R. du) . . . . **DY**
Tourcoing (R. de) . . . . **AZ**
Union (R. de l') . . . . **DZ**
Ursulines (R. des) . . . . . **BYZ**
Victoire (Pl. de la) . . . . . **BCZ** 43
Virolois (R. du) . . . . **DY**
Watt (Chaussée) . . . . **AY**
Wattine (R. Ch.) . . . . **BCZ** 44
Winoc-Chocqueel (R.) . . . **DY**

XXX **P'tit Bedon,** 5 bd Égalité ✆ 20 25 00 51, Fax 20 25 00 51 – AE ⓓ GB DY **k**
fermé 15 au 30 juil., 1er au 7 sept., 20 fév. au 8 mars et lundi – **R** 250 bc/450 bc, enf. 40.

XX **La Baratte,** 395 r. Clinquet (par D 950b) ✆ 20 94 45 63, Fax 20 03 41 84 – ▤. AE GB plan de Lille JR **a**
fermé 1er au 25 août, vacances de fév., sam. et dim. – **R** 97/280.

XX **Le Plessy,** 31 av. Lefrançois ✆ 20 25 07 73 – ▤. AE ⓓ GB DZ **d**
fermé août, 1er au 7 janv., dim. soir et lundi – **R** 98/160.

CITROEN Gar. Devernay, 203 r. de Dunkerque ✆ 20 26 80 28 **N** ✆ 05 05 24 24
FORD Ponthieux Automobiles, 147 bis r. Dronckaert à Roncq ✆ 20 94 14 00 **N** ✆ 20 75 40 03
PEUGEOT Gar. de L'Autoroute, 13 r. Dronckaert à Roncq par D 91 AX ✆ 20 94 33 00
RENAULT D.I.A.N.O.R., 53 r. Dronckaert à Roncq par D 91 AX ✆ 20 69 02 02 **N** ✆ 28 40 36 96
RENAULT SNAT, 95 r. Tilleul DZ ✆ 20 26 74 18 **N** ✆ 20 85 33 92
RENAULT Schoon Automobiles, 88 r. du Blanc Seau ✆ 20 26 88 60
V.A.G. Valauto Roncq bd d'Halluin à Roncq ✆ 20 25 63 00

Ⓜ Nord-Pneu, 9 bis r. F.-Buisson ✆ 20 25 31 78

La TOUR D'AIGUES **84240** Vaucluse 81 ⑭ **G. Provence** – 3 328 h alt. 268.

Paris 752 – Digne-les-Bains 90 – Aix-en-Provence 28 – Apt 40 – Avignon 76.

Fenouillets, rte de Pertuis : 1 km ✆ 90 07 48 22, Fax 90 07 34 26, 🏠 – TV ☎ ♿ Ⓟ. AE GB
R *(fermé 1er au 15 mars, 10 oct. au 5 nov. et merc.)* 150/190, enf. 50 – ☕ 30 – **10 ch** 220/310 – ½ P 235/270.

PEUGEOT TALBOT Gar. Notre-Dame, ✆ 90 07 42 18
RENAULT Félines, ✆ 90 07 40 47 **N** ✆ 90 07 45 19

Les nouveaux ***Guides Verts*** *touristiques* ***Michelin****, c'est :*
– un texte descriptif plus riche,
– une information pratique plus claire,
– des plans, des schémas et des photos en couleurs,
– ... et, bien sûr, une actualisation détaillée et fréquente.
Utilisez toujours la dernière édition.

TOUR-DE-FAURE **46** Lot 79 ⑨ – rattaché à St-Cirq-Lapopie.

Le TOUR-DU-PARC **56370** Morbihan 63 ⑬ – 672 h alt. 16.

Paris 475 – Vannes 22 – Muzillac 22 – Redon 59 – La Roche-Bernard 37.

La Croix du Sud M 🐕, ✆ 97 67 30 20, Fax 97 67 36 06, 🏊, 🏠, 🎾 – cuisinette TV ☎ ♿ Ⓟ – 🏛 30. AE ⓓ GB
R 139 bc/389 bc – ☕ 34 – **33 ch** 360/404, 3 appart. – ½ P 336/347.

La TOUR-DU-PIN ⟨SP⟩ **38110** Isère 74 ⑭ **G. Vallée du Rhône** – 6 770 h alt. 339.

Paris 523 – ◆ Grenoble 66 – Aix-les-B. 53 – Chambéry 48 – Lyon 55 – Vienne 52.

France et rest. Bec Fin, 12 av. Alsace-Lorraine ✆ 74 97 00 08, Fax 74 97 36 47 – 🚗. GB
R *(fermé dim. soir)* 65/220 🍷, enf. 45 – ☕ 25 – **30 ch** 150/240 – ½ P 210/230.

à St-Didier-de-la-Tour E : 3 km par N 6 – ✉ **38110** :

XX **du Lac - Christian Poulet,** ✆ 74 97 25 53, Fax 74 97 01 93, 🏠 – ▤ Ⓟ. AE ⓓ GB
fermé 1er au 15 fév. et merc. – **R** 130/230, enf. 80.

à Cessieu O : 6 km par N 6 – ✉ **38110** :

XX **La Gentilhommière** 🐕 avec ch, ✆ 74 88 30 09, Fax 74 88 32 61, 🏠, « Jardin » – TV ☎ Ⓟ. AE ⓓ GB. 🚫 ch
fermé 15 nov. au 5 déc., dim. soir et lundi – **R** 140/280, enf. 60 – ☕ 28 – **7 ch** 240/300.

à Faverges-de-la-Tour E : 10 km par N 516, N 75 et D 145 – ✉ **38110** :

Château de Faverges 🐕, ✆ 74 97 42 52, Télex 300372, Fax 74 88 86 40, ≤, 🏠, « Beaux aménagements intérieurs, parc, golf, 🏊, 🎾 », 🏋 – TV ☎ Ⓟ – 🏛 30 à 100. AE ⓓ GB. 🚫 rest
8 mai-17 oct. – **R** *(fermé dim. soir et mardi)* 310/490 – ☕ 85 – **34 ch** 900/1600, 4 appart. – ½ P 870/1230.

CITROEN Gar. Vial, N 6 ZI à St-Jean-de-Soudain ✆ 74 97 30 34
CITROEN Monin, à St-Clair-de-la-Tour ✆ 74 97 10 82
OPEL Gar. du Centre, 1 r. P.-Vincendon ✆ 74 97 04 57
PEUGEOT-TALBOT Brochier, 9 r. Bruyères ✆ 74 97 03 68
RENAULT Tour-Autos, ZI à St-Jean-de-Soudain ✆ 74 97 25 63

Ⓜ Bargeon-Pneus, 60 av. Alsace-Lorraine ✆ 74 97 32 05

TOURMALET (Col du) 65 H.-Pyr. 85 ⑱ G. Pyrénées Aquitaine – alt. 2 114.

Voir ☼★★.

Env. Pic du Midi de Bigorre ☼★★★, accès par le col du Tourmalet 5,5 km par route à péage ouverte en été.

Paris 845 – Luz-St-Sauveur 18 – La Mongie 4.

TOURNAN-EN-BRIE 77220 S.-et-M. 61 ② – 5 528 h alt. 99.

Paris 44 – Brie-Comte-Robert 13 – Meaux 29 – Melun 26 – Provins 48.

XX **Aub. La Tourelle,** 1 r. Melun ✆ (1) 64 25 32 23, – GB
fermé août, 15 au 28 fév., et merc. – **R** (déj. seul.) carte 170 à 250.

CITROEN Gar. de la Brie 25 r. Industrie ZI ✆ 64 07 19 24
FORD Gar. de l'Égalité ✆ 64 07 01 60

TOURNOISIS 45310 Loiret 60 ⑱ – 332 h.

Paris 125 – ♦Orléans 27 – Châteaudun 23 – Beaugency 33 – Blois 63.

XX **Relais St-Jacques** avec ch, ✆ 38 80 87 03, Fax 38 80 81 46 – **P**. GB
fermé vacances de fév., dim. soir et lundi sauf juil.-août – **R** 69/172, enf. 48 – ☕ 28 – **5 ch** 160/220 – ½ P 210/310.

TOURNON-D'AGENAIS 47370 L.-et-G. 79 ⑥ G. Pyrénées Aquitaine – 839 h alt. 167.

Voir Site★.

Paris 613 – Agen 42 – Cahors 45 – Castelsarrasin 50 – Montauban 63 – Villeneuve-sur-Lot 25.

Midi , ✆ 53 40 70 08, –
fermé 30 août au 23 sept., 27 au 6 fév., vend. soir et sam. sauf juil.-août – **R** 70/100 – ☕ 22 – **12 ch** 100/160 – ½ P 180/220.

X **Petite Auberge,** ✆ 53 40 72 51, <
fermé 1er au 7 juin, 5 au 25 oct., le soir de nov. à Pâques, dim. soir et lundi – **R** 100/170.

RENAULT Gar. Mirabel ✆ 53 40 72 07 **N**

TOURNON-SUR-RHÔNE 07 Ardèche 77 ① – rattaché à Tain-Tournon.

TOURNUS 71700 S.-et-L. 69 ⑳ G. Bourgogne – 6 568 h alt. 193.

Voir Ancienne abbaye★ : église St-Philibert★★.

Office de Tourisme 2 pl. Carnot (mars-oct.) ✆ 85 51 13 10.

Paris 362 ① – Chalon-sur-Saône 27 ① – Bourg-en-Bresse 51 ② – Charolles 60 ③ – Lons-le-Saunier 56 ② – Louhans 29 ② – ♦Lyon 103 ② – Mâcon 35 ② – Montceau-les-Mines 65 ①.

Le Rempart M, 2 av. Gambetta **(x)** ✆ 85 51 10 56, Fax 85 51 77 22 – **P** – 60. AE GB
R 155/398 et carte 320 à 410, enf. 88 – ☕ 50 – **31 ch** 380/790, 6 appart. – ½ P 420/580
Spéc. Emincé de turbot en salade (juin à oct.). Volaille de Bresse. Meringue glacée à la vanille et aux fraises. Vins Mâcon-Igé blanc et rouge.

H. de Greuze M sans rest, 5 r. A. Thibaudet **(e)** ✆ 85 51 77 77, Fax 85 51 77 23 – ch **P**. AE GB JCB
fermé 28 nov.au 10 déc. – ☕ 85 – **19 ch** 640/1240.

Le Sauvage M, pl. Champ de Mars **(u)** ✆ 85 51 14 45, Télex 800726, Fax 85 32 10 27 – rest . AE GB JCB
fermé 12 nov. au 19 déc. – **R** 85/250, enf. 45 – ☕ 39 – **30 ch** 292/430 – ½ P 345.

Paix, 9 r. J. Jaurès **(k)** ✆ 85 51 01 85, Fax 85 51 02 30 – . AE GB
fermé 24 avril au 4 mai, 16 au 26 oct., 11 janv. au 5 fév., merc. midi et mardi sauf juil.-août – **R** 80/220, enf. 46 – ☕ 38 – **23 ch** 252/312 – ½ P 254/283.

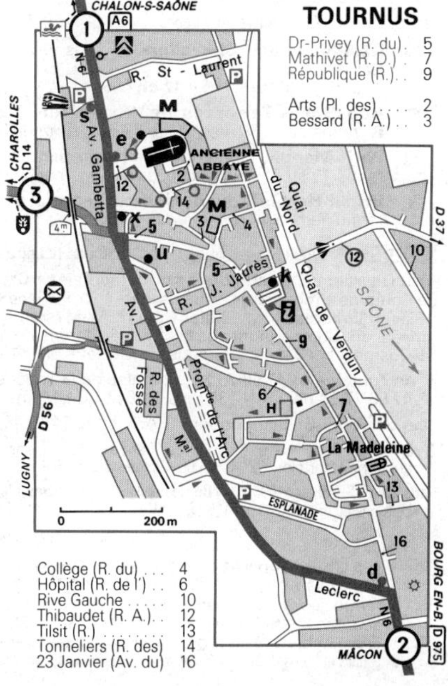

XXX ✿✿ **Rest. Greuze** (Ducloux), 1 r. A. Thibaudet **(e)** ☎ 85 51 13 52, Fax 85 51 75 42 – ▤. AE GB
fermé 29 nov. au 10 déc. – **R** 260/490 et carte 370 à 500
Spéc. Pâté en croûte "Alexandre Dumaine". Quenelle de brochet "Henri Racouchot". Poulet sauté "Jean Ducloux". **Vins** Beaujolais Villages, Mâcon Villages.

XX **Terminus** M avec ch, 21 av. Gambetta **(s)** ☎ 85 51 05 54, Fax 85 32 55 15, – ▤ rest TV ☎ P. GB
fermé 4 au 28 janv., mardi soir de sept. à juin et merc. sauf le soir en juil.-août – **Repas** 78/280 ♨, enf. 45 – ☐ 30 – **13 ch** 200/275.

XX **Terrasses** M avec ch, 18 av. 23-Janvier **(d)** ☎ 85 51 01 74, Fax 85 51 09 99 – ▤ TV ☎ P. GB
fermé 4 janv. au 4 fév., 21 au 28 juin, dim. soir et lundi – **Repas** 80/220, enf. 48 – ☐ 30 – **18 ch** 250/280.

à Lacrost E : 2 km par D 37 – ✉ **71700** :

X **Petite Auberge,** ☎ 85 51 18 59 – GB
fermé 22 mars au 2 avril, 30 août au 15 sept., 24 déc. au 5 janv., dim. soir et lundi – **R** 68/172 ♨.

à Brancion par ③ D 14 : 14 km – ✉ **71700** Tournus.
Voir Donjon du château ≤★.

Montagne de Brancion M, au col de Brancion ☎ 85 51 12 40, Fax 85 51 18 64, ≤ monts du Mâconnais, – ☎ P – 50. AE GB
15 mars-début oct. – **R** (dîner seul.) 165 – ☐ 60 – **20 ch** 420/650.

CITROEN Gar. Guillemaut, 4 av. Pasteur ☎ 85 51 03 17
FORD Gar. Pagneux, 3 av. Gambetta ☎ 85 51 06 45
N ☎ 85 51 02 03
RENAULT Gar. Pageaud, 3 rte de Paris par ① ☎ 85 51 07 05
Bayle Pneumatiques, r. Georges Mazoyer ☎ 85 51 14 14

TOURRETTES 83440 Var 84 ⑧ G. Côte d'Azur – 1 375 h.

Paris 898 – Castellane 56 – Draguignan 34 – Fréjus 33 – Grasse 25.

Les Pins, Domaine Le Chevalier, S : 2 km sur D 19 ☎ 94 76 06 36, Fax 94 47 77 67, – cuisinette TV ☎ P. GB
R *(fermé 4 au 26 oct. et mardi)* 75/170 ♨ – ☐ 28 – **8 ch** 270/300 – ½ P 230/265.

TOURRETTES-SUR-LOUP 06140 Alpes-Mar. 84 ⑨ 115 ㉕ G. Côte d'Azur – 3 449 h alt. 400.

Voir Vieux village★.

Paris 934 – Nice 26 – Grasse 20 – Vence 5.

Résidence des Chevaliers sans rest, rte Caire ☎ 93 59 31 97, ≤, – ☎ P. GB.
1er avril-1er oct. – ☐ 55 – **12 ch** 680.

Aub. Belles Terrasses, rte Vence : 1 km ☎ 93 59 30 03, ≤ – ☎ P. GB
R *(fermé 12 au 30 nov., 15 au 23 janv. et lundi)* 85/135 ♨ – ☐ 28 – **14 ch** 200/230 – ½ P 225.

XX **Petit Manoir,** 21 Grande Rue (accès piétonnier) ☎ 93 24 19 19 – AE GB
fermé 15 au 30 nov., vacances de fév., merc. en juil.-août et dim. soir – **R** 135/215.

X **Brin d'Herbe Provençal,** 15 rte Vence ☎ 93 24 14 44 – GB
fermé déc., dim. soir et lundi – **R** 130.

TOURS P 37000 I.-et-L. 64 ⑮ G. Châteaux de la Loire – 129 509 h alt. 48.

Voir Quartier de la cathédrale★★ : Cathédrale★★ CY, musée des Beaux-Arts★★ CY **M2**, Historial de Touraine★ (château) CY, La Psalette★ CY **F**, Place Grégoire de Tours★ CY **20** – Vieux Tours★★ : Place Plumereau★ AY , hôtel Gouin★ AY **M4**, rue Briçonnet★ AY 3 – Quartier de St-Julien★ : musée du Compagnonnage★★ BY **M5**, Jardin de Beaune-Semblançay★ BY **B** – Prieuré de St-Cosme★ O : 3 km V – Grange de Meslay★ NE : 10 km par ②.

18 de Touraine ☎ 47 53 20 28 ; domaine de la Touche à Ballan-Miré par ⑪ : 14 km ; 18 d'Ardrée ☎ 47 56 77 38 par ⑭, N 138 puis D 76 et VC : 14 km.

de Tours-St-Symphorien : T.A.T. ☎ 47 54 19 46, NE : 7 km U.

Office de Tourisme et Accueil de France (Informations et réservations d'hôtels, pas plus de 5 jours à l'avance) bd Heurteloup ☎ 47 05 58 08, Télex 750008 – A.C. 4 pl. J.-Jaurès ☎ 47 05 50 19.

Paris 237 ③ – Angers 109 ⑬ – Bordeaux 346 ⑩ – Chartres 140 ② – Clermont-Ferrand 335 ⑦ – Limoges 220 ⑩ – Le Mans 80 ⑭ – Orléans 115 ③ – Rennes 219 ⑭ – St-Étienne 474 ⑦.

Plan page suivante

✿✿ **Jean Bardet** M, 57 r. Groison ✉ 37100 ☎ 47 41 41 11, Télex 752463, Fax 47 51 68 72, ≤, « Parc », – ▤ TV ☎ P. AE GB JCB. U **k**
fermé 20 fév. au 9 mars – **R** *(fermé lundi sauf le soir d'avril à oct. et dim. soir de nov. à mars sauf fériés)* 300/850 et carte 500 à 800, enf. 150 – ☐ 110 – **16 ch** 700/1300, 5 appart.
Spéc. Symphonie de champignons au sot-l'y-laisse. Pintadeau fermier truffé et Parmentier de charlotte. Gésier de canard et homard rôti au vin de Graves. **Vins** Vouvray moelleux, Saint Nicolas de Bourgueil.

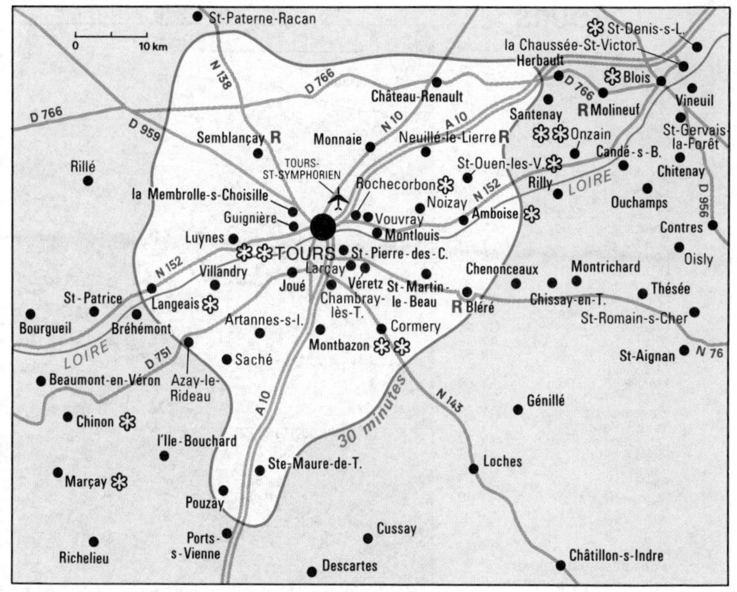

Univers et rest. La Touraine, 5 bd Heurteloup ✆ 47 05 37 12, Télex 751460, Fax 47 61 51 80, « Fresques des visiteurs célèbres de l'hôtel de 1846 à nos jours » – ch – 70. AE GB — BZ **u**
R *(fermé sam.)* 180/220 – 60 – **84 ch** 650/750, 8 appart.

H. de Groison et rest. Jardin du Castel, 16 r. Groison ✉ 37100 ✆ 47 41 94 40, Fax 47 51 50 28, « Ancien hôtel particulier du 18e siècle », – . AE GB JCB — U **f**
fermé 21 nov. au 5 déc. et 10 au 31 janv. – **R** *(fermé lundi midi et dim. du 15/11 au 15/4 et mardi midi et lundi du 15/4 au 15/11)* 235/450 – 85 – **10 ch** 490/910 – ½ P 890/1310.

Alliance, 292 av. Grammont ✉ 37200 ✆ 47 28 00 80, Télex 750922, Fax 47 27 77 61, – ch – 200. AE GB JCB — X **s**
R carte 170 à 320, enf. 60 – 60 – **119 ch** 440/515, 6 appart.

Harmonie M, 15 r. F. Joliot-Curie ✆ 47 66 01 48, Télex 752587, Fax 47 61 66 38 – – 40. AE GB JCB — CZ **b**
fermé mi-déc. à mi-janv., sam. et dim. sauf hôtel de fin fév. au 15 nov. – **R** (dîner seul.) 110, enf. 45 – 50 – **48 ch** 400/450, 6 appart. – ½ P 370.

Royal M sans rest, 65 av. Grammont ✆ 47 64 71 78, Télex 752006, Fax 47 05 84 62 – – 60. AE GB — V **s**
38 – **50 ch** 322/382.

Holiday Inn M, 15 r. Ed. Vaillant ✆ 47 31 12 12, Fax 47 38 53 35 – ch – 30. AE GB. rest — CZ **m**
R 75/180 – 50 – **104 ch** 460/515.

Bordeaux, 3 pl. Mar. Leclerc ✆ 47 05 40 32, Télex 750414, Fax 47 64 05 72 – – 35. AE GB — BZ **t**
R 140/162 – 39 – **55 ch** 310/485 – ½ P 360/390.

Mercure M, 4 pl. Thiers ✆ 47 05 50 05, Télex 752740, Fax 47 20 22 07 – ch – 70. AE GB — V **z**
R carte 185 à 305, enf. 50 – 50 – **120 ch** 430/600.

Le Francillon M, 9 r. Bons Enfants ✆ 47 66 44 66, Fax 47 66 17 18, – . AE GB — AY **s**
R *(fermé sam. midi)* 190/390 – 45 – **10 ch** 380/440 – ½ P 700.

Mirabeau sans rest, 89 bis bd Heurteloup ✆ 47 05 24 60, Fax 47 05 31 09 – . AE GB JCB — CZ **e**
30 – **25 ch** 250/310.

Le Manoir sans rest, 2 r. Traversière ✆ 47 05 37 37, Fax 47 20 10 42 – . AE GB — CY **h**
30 – **20 ch** 240/320.

Central H. sans rest, 21 r. Berthelot ✆ 47 05 46 44, Télex 751173, Fax 47 66 10 26 – . AE GB — BY **k**
40 – **41 ch** 300/400.

TOURS

Bordeaux (R. de) . . . . BZ
Commerce (R. du) . . . . AY 22
Grammont (Av. de) . . . . . . BZ
Halles (Pl. et R.) . . . . AY
Marceau (R.) . . . . ABYZ
Nationale (R.) . . . . BYZ
Scellerie (R. de la) . . . . BY

Bretonneau (R.) . . . . AY 10
Briçonnet (R.) . . . . AY 12
Carmes (Pl. des) . . . . AY 16
Châteauneuf (R. de) . . . . . AY 18
Constantine (R. de) . . . . . . AY 23
Courrier (R. L.) . . . . AY 25
Courteline (R. G.) . . . . AY 27
Cygne (R. du) . . . . BY 28
Descartes (R.) . . . . AZ 32
Grand-Marché (Pl. du) . . . AY 43
Grand-Marché (R. du) . . . . AY 44
Grégoire-de-Tours (Pl.) . . . CY 46
Grosse-Tour (R. de la) . . . . AY 49
Lavoisier (R.) . . . . BY 57
Marceau (R.) . . . . CY 59
Merville (R. du Prés.) . . . . . AY 65
Meunier (R. Gén.) . . . . CY 66
Monnaie (R. de la) . . . . AY 68
Paix (R. de la) . . . . AY 73
Petit-Cupidon (R. du) . . . . CY 77
Picou (Pl. R.) . . . . AY 78
Racine (R.) . . . . CY 82
Rapin (R.) . . . . AZ 83
Victoire (Pl. de la) . . . . AY 102

*Pour aller loin rapidement, utilisez les **cartes Michelin** à 1/1 000 000.*

*To go a long way quickly, use **Michelin maps** at a scale of 1:1 000 000.*

*Utilizzate, per lunghi percorsi, la **carte stradali Michelin** in scala 1/1 000 000.*

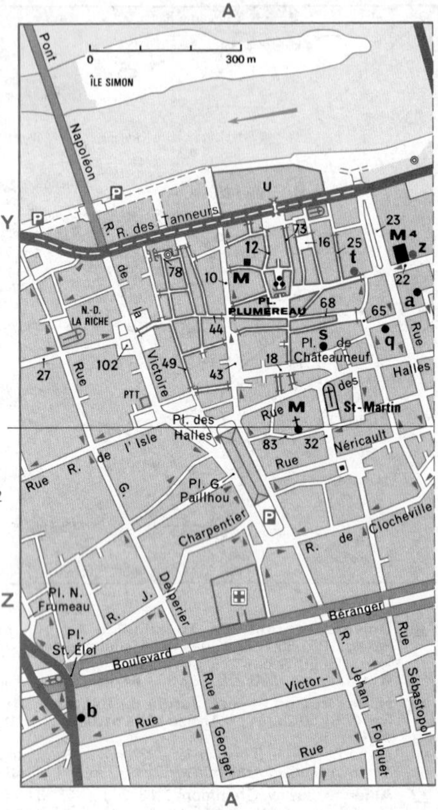

Criden sans rest, 65 bd Heurteloup ☎ 47 20 81 14, Fax 47 39 05 12 – |♦| TV ☎. AE ① GB JCB — CZ **g**
☕ 33 – **33 ch** 273/337.

Châteaux de la Loire sans rest, 12 r. Gambetta ☎ 47 05 10 05, Fax 47 20 20 14 – |♦| TV ☎. AE ① GB — BZ **x**
fermé 15 déc. au 15 fév., sam. et dim. de nov. à fév. – ☕ 31 – **31 ch** 189/276.

Otelinn M, bd Mar. Juin ✉ 37100 ☎ 47 41 67 67, Fax 47 49 02 21 – TV ☎ ♿ P – 🏛 50. AE ① GB — U **m**
R 75/130 – ☕ 40 – **50 ch** 270/285 – ½ P 240.

Relais Bleus M, 8 r. Giraudeau ☎ 47 38 18 19, Télex 752394, Fax 47 39 05 38 – |♦| ≡ rest TV ☎ ♿ 🚗 – 🏛 30. AE GB — AZ **b**
fermé 20 au 31 déc. – **R** *(fermé sam. et dim. du 1er nov. au 15 mars)* 78/170 – ☕ 40 – **56 ch** 310/350 – ½ P 300.

Colbert sans rest, 78 r. Colbert ☎ 47 66 61 56 – TV ☎. AE ① GB — BY **f**
fermé sam. et dim. de nov. à mars – ☕ 32 – **18 ch** 145/305.

Fimotel M, 247 r. Giraudeau ☎ 47 37 00 36, Fax 47 38 50 91 – |♦| TV ☎ ♿ P – 🏛 40. AE ① GB — V **g**
R 75/105 🍷, enf. 36 – ☕ 34 – **47 ch** 280/350 – ½ P 230/250.

Italia sans rest, 19 r. Devilde ✉ 37100 ☎ 47 54 43 01 – TV ☎ P. AE GB — U **n**
☕ 25 – **20 ch** 176/236.

Cygne sans rest, 6 r. Cygne ☎ 47 66 66 41, Fax 47 20 18 76 – TV ☎ 🚗. AE ① GB — BY **a**
☕ 27 – **19 ch** 120/340.

Théâtre sans rest, 57 r. Scellerie ☎ 47 05 31 29, Fax 47 61 12 72 – TV ☎. AE ① GB — BY **v**
☕ 32 – **14 ch** 195/260.

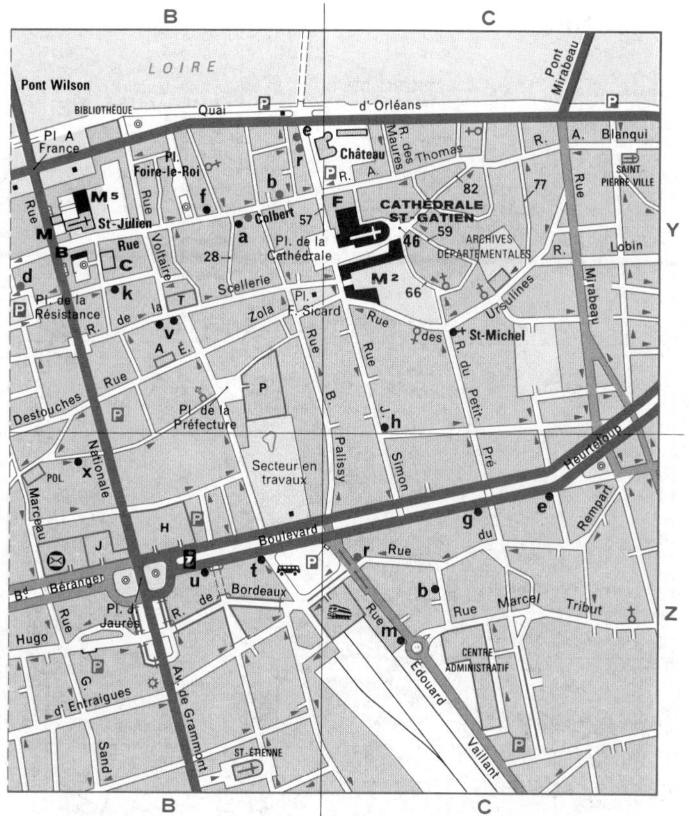

🏨	**Foch** sans rest, 20 r. Mar. Foch ✆ 47 05 70 59, Fax 47 20 95 10 – TV ☎. GB ☕ 30 – **15 ch** 170/280.	AY **q**
🏨	**Mondial** sans rest, 3 pl. Résistance ✆ 47 05 62 68 – TV ☎. AE ⓓ GB ☕ 25 – **18 ch** 120/270.	AY **a**
🏨	**Balzac** sans rest, 47 r. Scellerie ✆ 47 05 40 87 – TV ☎. GB ☕ 29 – **20 ch** 95/265.	BY **v**
XXXX	✿✿ **Charles Barrier,** 101 av. Tranchée ✉ 37100 ✆ 47 54 20 39, Fax 47 41 80 95 – ▤ ⓟ. GB *fermé dim. soir* – **R** 230/560 et carte 360 à 530, enf. 90 **Spéc.** Matelote d'anguille de Loire au Chinon. Canette rôtie au miel. Pied de cochon farci au ris d'agneau et truffes. **Vins** Vouvray, Bourgueil.	U **e**
XXX	✿ **La Roche Le Roy** (Couturier), 55 rte St Avertin ✉ 37200 ✆ 47 27 22 00, Fax 47 28 08 39, 🏡 – ⓟ. AE GB *fermé 29 juil. au 23 août, vacances de fév., sam. midi et dim.* – **R** 150/285 (déj.) et carte 230 à 340, enf. 65 **Spéc.** Homard breton à la vinaigrette de corail (saison). Pied de porc farci. Soufflé chaud aux fruits et liqueurs. **Vins** Montlouis, Chinon.	X **r**
XXX	**La Rôtisserie Tourangelle,** 23 r. Commerce ✆ 47 05 71 21, 🏡 – AE ⓓ GB **R** *(fermé dim. soir et lundi)* 140/180, enf. 75.	AY **z**
XX	**Les Tuffeaux,** 19 r. Lavoisier ✆ 47 47 19 89 – ▤. GB *fermé lundi midi et dim.* – **R** 110/200, enf. 40.	BY **r**
XX	**L'Atlantic,** 59 r. Commerce ✆ 47 64 78 41 – ▤. GB *fermé août, dim. soir et lundi* – **R** poissons et fruits de mer carte 170 à 270.	AY **t**
XX	**Le Lys,** 63 r. B. Pascal ✆ 47 05 27 92 – GB *fermé 1er au 23 août, 19 déc. au 3 janv., dim. soir et lundi* – **R** 100/280, enf. 70.	V **n**
XX	**L'Odéon,** 10 pl. Mar. Leclerc ✆ 47 20 12 65 – AE ⓓ GB *fermé dim.* – **R** 95/150 🍷, enf. 55.	CZ **r**

TOURS

Alouette (Av. de l') . . . . . . X 2
Bordeaux (Av. de) . . . . . . X 4
Bordiers (R. des) . . . . . . U 8
Boyer (R. Léon) . . . . V 9
Brulon (R. Léon)
ST AVERTIN . . . . X 14
Chevallier (R. A.) . . . . V 19
Churchill
(Bd Winston) . . . . V 20
Delaroche (R.) . . . . U 30
Eiffel (Av. Gustave) . . . . . U 33
Entraigues (R. d') . . . . V 35
Gaulle (Av. Gal de) . . . . . V 38
Giraudeau (R.) . . . . V 39
Grammont (Av. de) . . . . . V 41
Groison (R.) . . . . U 47
Jaurès (Bd Jean)
ST PIERRE-DES-C. . . . . V 51
Lac (Av. du)
ST AVERTIN . . . . X 53
Larçay (R. de)
ST AVERTIN . . . . X 54
Marmoutier (Q. de) . . . . . U 60
Martyrs (R. des)
JOUÉ-LÈS-T. . . . . X 63
Moulin (R. Jean)
ST PIERRE-DES-C. . . . . V 70
Pas-Notre-Dame
(R. du) . . . . U 75
Paul-Bert (Q.) . . . . U 76
Portillon (Q. de) . . . . U 79
Proud'hon (Av.) . . . . V 81
République (Av. de la) . U 84
République (Av. de la)
CHAMBRAY-LÈS-T. . . X 85
St-Avertin (Rte de) . . . . X 87
St-Cyr (Q. de)
ST CYR-SUR-L. . . . . . V 88
St-Sauveur (Pont) . . . . . V 90
Sanitas (Pont du) . . . . VX 93
Tranchée (Av. de la) . . . U 96
Vaillant (R. E.) . . . . V 98
Verdun (Bd de)
JOUÉ-LÈS-T. . . . . X 100
Wagner (Bd R.) . . . . V 105

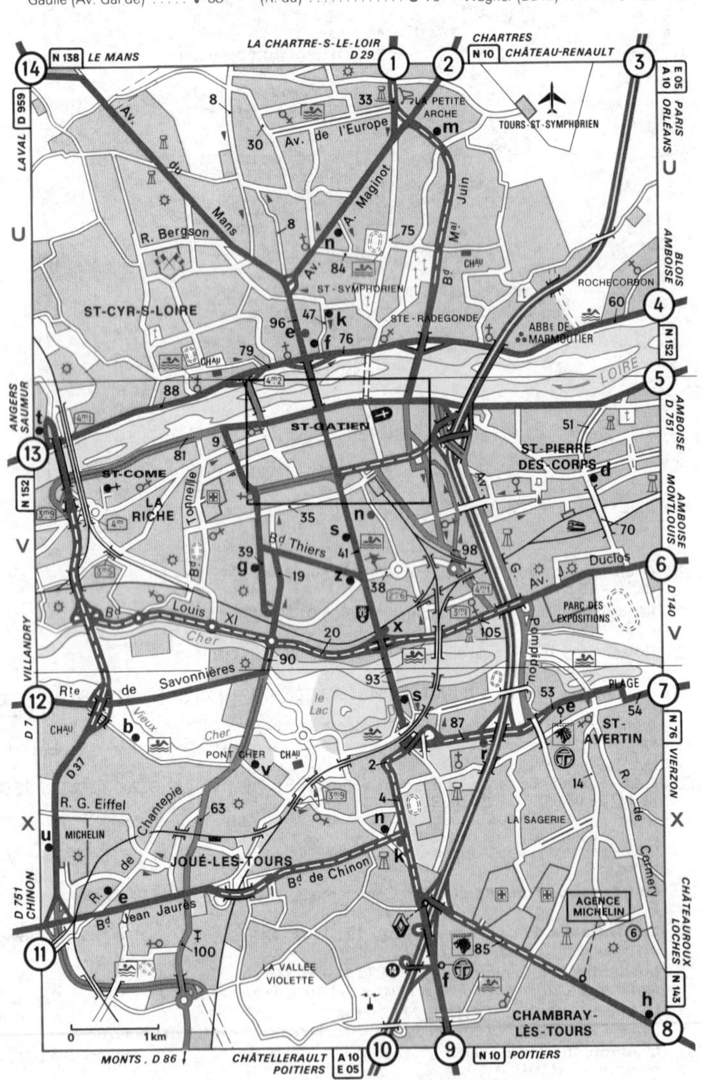

XX **Les Gais Lurons,** 15 r. Lavoisier ☎ 47 64 75 50 – GB — BY **e**
fermé 8 au 15 mai, 15 au 31 août, sam. midi et dim. – **R** 98/190, enf. 65.

XX **La Ruche,** 105 r. Colbert ☎ 47 66 69 83 – GB JCB — BY **a**
fermé 24 déc. au 15 janv., lundi midi et dim. – **R** 80/135 ₰, enf. 60.

XX **Coq d'Or,** 272 av. Gramont ☎ 47 20 39 51 – GB — V **x**
fermé 1er au 15 août, dim. soir et lundi – **R** 95/250, enf. 45.

X **Bigarade,** 122 r. Colbert ☎ 47 05 48 81 – GB — BY **b**
fermé 1er au 15 août, merc. midi et mardi – **R** 95/175, enf. 60.

X **Le Canotier,** 6 r. Fusillés ☎ 47 61 85 81 – AE GB — BY **d**
fermé 19 déc. au 5 janv., lundi midi, dim. et fériés – **R** 100/145.

au Nord par ② – ✉ **37100** Parçay-Meslay :

Mercure M, Z.I. Milletière ☎ 47 49 55 00, Télex 752222, Fax 47 49 55 25, 斎, ⛱ – 🛗 ⇆ ch ≡ TV ☎ ♿ P – 🏛 25. AE ⓓ GB
R carte 155 à 235 ₰, enf. 45 – ☕ 50 – **93 ch** 435/495.

à Rochecorbon NE : rte de Blois par ④ – ✉ **37210** :

✿ **Les Hautes Roches** M ⛲, 86 quai Loire ☎ 47 52 88 88, Télex 300121, Fax 47 52 81 30, ←, 斎, « Anciennes habitations troglodytiques aménagées avec élégance » – 🛗 TV ☎ P. AE GB
fermé fin janv. à mi mars – **R** *(fermé dim. soir et lundi de nov. à mars)* 220/300 et carte 250 à 350 – ☕ 70 – **8 ch** 580/1100, 3 appart. – ½ P 630/990
Spéc. Vapeur de sandre au beurre blanc nantais. Dos de rouget à la lie de vin. Mousse au caramel de vieux Vouvray en croustilles de pomme. **Vins** Chinon, Vouvray.

XX **L'Oubliette,** rte Parcey-Meslay ☎ 47 52 50 49, 斎 – P. GB
fermé 25 août au 7 sept., dim. soir et lundi – **R** 118 (sauf sam. soir)/258.

XX **La Lanterne,** 48 quai Loire ☎ 47 52 50 02, Fax 47 52 54 46, 斎 – P. AE GB JCB
fermé 12 au 31 janv., dim. soir et lundi sauf fériés – **R** 130/250.

à St-Pierre-des-Corps E : 3,5 km - V – 17 947 h. – ✉ **37700** :

Dancotel, 10 r. J.-Moulin ☎ 47 44 44 67, Télex 752116, Fax 47 63 19 47 – 🛗 ≡ rest TV ☎ P – 🏛 40. AE ⓓ GB — V **d**
R *(fermé dim. soir en hiver)* 75 bc/152 bc ₰, enf. 37 – ☕ 29 – **32 ch** 261/272 – ½ P 270/340.

à Joué-lès-Tours SO : 5 km par rte de Chinon - X – 36 798 h. – ✉ **37300** :

Château de Beaulieu ⛲, rte Villandry ☎ 47 53 20 26, Fax 47 53 84 20, ←, parc, 斎 – TV ☎ P – 🏛 30. AE GB — X **b**
R 195/420 – ☕ 48 – **19 ch** 440/670 – ½ P 390/550.

H. Espace et rest. les Bretonnières M ⛲, parc des Bretonnières ☎ 47 67 54 54, Télex 752758, Fax 47 67 54 70, 斎, Fō, ⛱ – 🛗 ⇆ ch ≡ TV ☎ ♿ P – 🏛 150. AE ⓓ GB JCB
R 165 bc, enf. 65 – ☕ 55 – **74 ch** 540/680. — X **u**

Parc M sans rest, 17 bd Chinon ☎ 47 25 15 38, Fax 47 25 11 43 – 🛗 TV ☎ P. GB — X **n**
☕ 35 – **30ch** 265/285.

Escurial M, 4 r. E. Branly ☎ 47 53 60 00, Télex 752553, Fax 47 67 75 33 – 🛗 TV ☎ ♿ P. AE GB — X **v**
R *(fermé dim. soir en hiver)* 70/185 ₰, enf. 46 – ☕ 30 – **60 ch** 240/280 – ½ P 250/290.

Chantepie sans rest, r. Chantepie ☎ 47 53 06 09, Fax 47 67 89 25 – TV ☎ P. GB — X **e**
fermé 23 déc. au 5 janv. – ☕ 28 – **28 ch** 259/279.

Ariane sans rest, 8 av. Lac par ⑪ ☎ 47 67 67 60, Fax 47 67 33 36 – TV ☎ ♿ P – 🏛 25. AE GB
fermé 23 déc. au 2 janv. – ☕ 29 – **32 ch** 259/279.

Lac, av. Lac par ⑪ ☎ 47 67 37 87, Fax 47 67 85 43 – TV ☎ ♿ P – 🏛 25. AE GB
R 74/105 ₰, enf. 42 – ☕ 32 – **21 ch** 280 – ½ P 240.

XX **Le Ronsard,** 47 av. Bordeaux (N 10) ☎ 47 25 13 44, Fax 47 48 01 68 – P. GB — X **k**
fermé 2 au 31 août, vacances de fév., dim. soir et lundi – **R** 133/205, enf. 48.

à Chambray-lès-Tours S : 6,5 km par rte de Poitiers - X – 8 190 h. – ✉ **37170** :

Novotel M, Z.I. La Vrillonnerie - N 10 ☎ 47 27 41 38, Télex 751206, Fax 47 27 60 03, 斎, ⛱ – 🛗 ⇆ ch ≡ rest TV ☎ ♿ P – 🏛 25 à 180. AE ⓓ GB
R carte environ 160, enf. 50 – ☕ 48 – **127 ch** 420/490.

Afitel M, rte Châteauroux N 143 : 1,5 km ☎ 47 48 17 17, Télex 752014, Fax 47 28 87 43, 斎 – TV ☎ ♿ P – 🏛 40. AE ⓓ GB. ✻ rest — X **h**
fermé 20 déc. au 4 janv. – **R** *(fermé sam. midi et dim. midi)* 68/190 ₰ – ☕ 34 – **34 ch** 280/310 – ½ P 275.

à Larçay par ⑦ : 9 km sur rte de Vierzon – ✉ **37270** :

XX **Chandelles Gourmandes,** ☎ 47 50 50 02, Fax 47 50 55 94 – AE GB
fermé 24 au 29 déc., dim. soir et lundi – **R** 130/290, enf. 75.

rte de Savonnières par ⑫ : 12 km sur D 7 – ✉ **37510** Joué-lès-Tours :

Cèdres sans rest, ✆ 47 53 00 28, Fax 47 80 03 84, « Parc fleuri », – TV ☎ P. AE GB
☐ 41 – **38 ch** 357/579.

Rest. des Cèdres, ✆ 47 53 37 58, Fax 47 67 26 20, – P. GB
R 125/200.

à Guignière O : rte de Saumur par ⑬ – ✉ **37230** Luynes :

Le Manoir sans rest, ✆ 47 42 04 02, ≤ – TV ☎. GB V t
fermé vacances de fév. – ☐ 22 – **16 ch** 175/215.

à La Membrolle-sur-Choisille NO : 6 km par ⑭ – ✉ **37390** :

Host. du Château de l'Aubrière, rte Fondettes ✆ 47 51 50 35, Fax 47 51 34 69, ≤, , parc, – TV ☎ P – 50. GB. rest
R 150/280 – ☐ 50 – **9 ch** 450/650, 3 appart. – ½ P 500/600.

MICHELIN, Agence régionale, ZI Chambray-lès-Tours X ✆ **47 28 60 59**

CITROEN Citroën Normandie, 151 bd de Chinon à Joué-les-Tours ✆ 47 67 35 83
CITROEN Citroën Normandie, 2O av. Gustave Eiffel ✆ 47 41 27 63
FIAT Gd. Gar. Ouest, 150 bd Thiers ✆ 47 38 57 10
FORD Leu Autom., 260 av. Maginot ✆ 47 41 00 15
HONDA Gar. Vallet, 19 r. Couvrat Desvergnes ✆ 47 46 13 00
MAZDA Gar. Nouveau Tours, 181 bd Thiers ✆ 47 37 96 51
MERCEDES SCA Touraine, Gd Sud Avenue, RN 10 à Chambray-les-Tours ✆ 47 28 18 10
OPEL Touraine Automobiles, 82 r. Charles Coulomb à Chambray-les-Tours ✆ 47 28 08 08
RENAULT Succursale, 1 Grand Sud Avenue à Chambray-lès-Tours X ✆ 47 28 02 37 N ✆ 47 48 10 44

Euromaster Perry Pneu Service, 16 r. Ch.-Huygens ZI La Milletière ✆ 47 51 03 03
Super-Pneus, 55 r. Voltaire ✆ 47 05 74 83
Super-Pneus, 76 av. G. Eiffel ✆ 47 54 19 92
Tours-Pneus, 145 av. Maginot, N 10 ✆ 47 54 57 50 et 20 r. E.-Vaillant ✆ 47 05 41 29

Périphérie et environs

ALFA ROMEO Gar. Stela, à Chambray-les-Tours ✆ 47 48 21 00 N
BMW Gar. St-Simon, av. Fontaines à St-Avertin ✆ 47 27 89 89 N ✆ 43 96 31 23
FORD Gar. Pont, r. Coulomb-la-Vrillonnerie à Chambray-les-Tours ✆ 47 48 69 00 N ✆ 47 41 15 15
NISSAN SDA 64 rue Charles-Coulomb ✆ 47 48 08 16
OPEL Touraine Automobiles, 240 av. Mans à St-Cyr-sur-Loire ✆ 47 49 12 12
PEUGEOT-TALBOT Gds Gar. de Touraine, 207 bd Charles-de-Gaulle V ✆ 47 51 52 53 N ✆ 47 41 15 15 et 51 Grand Sud-Avenue à Chambray-lès-Tours X f ✆ 47 27 66 66 N ✆ 43 96 38 31
PEUGEOT-TALBOT Gar. Cazin, 31 r. Grandmont à St-Avertin X e ✆ 47 27 02 44

Euromaster Perry Pneu Service, 14 r. J.-Perrin à Chambray-lès-Tours ✆ 47 28 18 55
La Maison du Pneu, 55 bd de Chinon à Joué-lès-Tours ✆ 47 25 13 66
Tours-Pneus, 193 Grand Sud Avenue, Chambray-lès-Tours ✆ 47 28 25 89

TOURS-SUR-MARNE **51150** Marne 56 ⑯ ⑰ – 1 152 h alt. 79.

Paris 156 – ◆Reims 28 – Châlons-sur-Marne 22 – Épernay 12.

Touraine Champenoise, r. du Pont ✆ 26 58 91 93, Fax 26 58 95 47 – ☎. AE GB
R 89/250 – ☐ 35 – **10 ch** 190/285 – ½ P 219/267.

RENAULT Gar. Croizy av. de Champagne ✆ 26 58 90 99

TOURTOIRAC **24** Dordogne 75 ⑥ ⑦ **G. Périgord Quercy** – 654 h alt. 140 – ✉ **24390** Hautefort.

Env. Château de Hautefort★★ : charpente★★ de la tour du Sud-Ouest E : 9,5 km.

Paris 471 – Brive-la-Gaillarde 56 – Lanouaille 19 – ◆Limoges 74 – Périgueux 33 – Uzerche 56.

CITROEN Bourrou ✆ 53 51 12 16

TOURTOUR **83690** Var 84 ⑥ **G. Côte d'Azur** – 472 h alt. 633.

Voir Église ※★.

Paris 831 – Aups 10 – Draguignan 20 – Salernes 11.

La Bastide de Tourtour M, rte Draguignan ✆ 94 70 57 30, Fax 94 70 54 90, ≤ massif des Maures, , parc, , – TV ☎ P – 30. AE GB
6 mars-1er nov. – **R** *(fermé lundi sauf le soir en sais. et mardi midi)* 280/390, enf. 120 – ☐ 70 – **25 ch** 630/1325 – ½ P 665/1010.

Aub. St-Pierre , E : 3 km par D 51 et VO ✆ 94 70 57 17, ≤, « Sur un domaine agricole », , – ☎ P
1er avril-15 oct. – **R** *(fermé merc.)* (dîner pour résidents seul.) 170/240 – ☐ 50 – **18 ch** 380/520 – ½ P 410/500.

Le Mas des Collines M, O : 2 km par rte Villecroze et chemin privé ✆ 94 70 59 30, Fax 94 70 57 62, ≤, ... – TV ☎ P. GB
R *(fermé 22 au 31 mars et 22 au 30 nov.)* 120/160 – ☐ 35 – **7 ch** 300/350 – ½ P 335.

Petite Auberge, S : 1,5 km par D 77 ✆ 94 70 57 16, Fax 94 70 54 52, ≤ massif des Maures, ... – TV ☎ P. GB
1er avril-1er nov. – **R** (½ pens. seul.) – ☐ 40 – **11 ch** 340/420 – ½ P 340/390.

XXX ✿ **Les Chênes Verts** (Bajade), O : 2 km sur rte Villecroze ✆ 94 70 55 06, ... – P
fermé du 1er janv. au 15 fév., mardi soir et merc. – **R** (nombre de couverts limité, prévenir) 230/680 et carte 340 à 450
Spéc. Truffes fraîches (15 nov. au 15 mars). Gratin de queues d'écrevisses (juil. à déc.). Canette rôtie au fumet de vin rouge. **Vins** Bandol, Côtes de Provence.

TOURVES 83170 Var 84 ⑮ – 2 788 h alt. 290.

Paris 803 – Aix-en-Pr. 46 – Aubagne 36 – Brignoles 11 – Draguignan 62 – Rians 30 – ♦Toulon 48.

XX **Lou Paradou,** E : 2 km sur N 7 ✆ 94 78 70 39, Fax 94 78 71 38, ... – P. GB
fermé vacances de nov., de fév., dim. soir et lundi – **R** 110/165, enf. 60.

TOURVILLE-LA-RIVIÈRE 76410 S.-Mar. 55 ⑥ – 1 886 h alt. 9.

Paris 125 – ♦Rouen 15 – Les Andelys 37 – Elbeuf 11 – Gournay-en-Bray 59 – Louviers 20.

XX **Le Tourville,** ✆ 35 77 58 79 – P. GB
fermé vacances de printemps, août, le soir (sauf vend. et sam.) et lundi – **R** carte 220 à 400.

RENAULT Mr. Grison 92 r. Jean-Jaurès ✆ 35 77 15 53 N

TOURY 28390 E.-et-L. 60 ⑲ – 2 640 h alt. 134.

Paris 82 – Chartres 47 – ♦Orléans 39 – Châteaudun 50 – Étampes 32 – Pithiviers 27 – Voves 29.

Parc, ✆ 37 90 50 06, ... – ... GB
fermé 10 au 30 sept., vacances de fév. et merc. – **R** 65/180 – ☐ 28 – **9 ch** 130/200.

CITROEN Denizet ✆ 37 90 50 25
RENAULT Gar. Georges ✆ 37 90 50 35
Euromaster La Centrale du Pneu, ✆ 37 90 51 61

La TOUSSUIRE 73 Savoie 77 ⑥ ⑦ G. Alpes du Nord – alt. 1 690 – Sports d'hiver : 1 800/2 200 m 18 – ✉ 73300 Fontcouverte-la-Toussuire.

Office de Tourisme ✆ 79 56 70 15.

Paris 634 – Albertville 80 – Chambéry 90 – St-Jean-de-Maurienne 16.

Les Soldanelles, ✆ 79 56 75 29, Fax 79 56 71 56, ≤, ... – TV ☎ P. GB. rest
juil.-août et 20 déc.-30 avril – **R** 90/210, enf. 51 – ☐ 34 – **39 ch** 195/230 – ½ P 270/290.

Les Airelles, ✆ 79 56 75 88, Fax 79 83 03 48, ≤ – TV ☎ P. GB. rest
juil.-août et 15 déc.-25 avril – **R** 90/170, enf. 52 – ☐ 35 – **31 ch** 185/210 – ½ P 320/335.

TOUZAC 46 Lot 79 ⑥ – rattaché à Puy-l'Évêque.

TRAENHEIM 67310 B.-Rhin 87 ⑮ – 496 h alt. 200.

Paris 469 – ♦Strasbourg 25 – Haguenau 39 – Molsheim 8 – Saverne 21.

XX **Zum Loejelgucker,** 17 r. Principale ✆ 88 50 38 19, Fax 88 50 50 49, « Vieille demeure alsacienne », ... – GB
fermé vacances de fév., lundi et mardi – **R** 135/225.

RENAULT Gar. Ostermann ✆ 88 50 38 46

La TRANCHE-SUR-MER 85360 Vendée 71 ⑪ G. Poitou Vendée Charentes – 2 065 h alt. 7.

Office de Tourisme pl. Liberté ✆ 51 30 33 96.

Paris 455 – La Rochelle 62 – La Roche-sur-Yon 39 – Luçon 29 – Niort 90 – Les Sables-d'Olonne 38.

Océan, ✆ 51 30 30 09, Fax 51 27 70 10, ≤, ... – ☎ P. AE GB
1er avril-30 sept. – **R** 115/280, enf. 60 – ☐ 35 – **50 ch** 185/460 – ½ P 290/375.

Dunes, ✆ 51 30 32 27, Fax 51 27 78 30 – ☎ P. GB.
1er avril-25 sept. – **R** 75/165, enf. 50 – ☐ 32 – **50 ch** 200/395 – ½ P 222/370.

X **Milouin,** av. M. Samson ✆ 51 27 49 49, ... – AE GB
15 mars-15 oct. et fermé mardi sauf juil.-août – **R** 95/350, enf. 45.

à la Grière E : 2 km par D 46 – ✉ 85360 La Tranche-sur-Mer :

Marinotel M sans rest, ✆ 51 27 44 20, Fax 51 27 77 87, ... – TV ☎ P. GB.
Pâques-15 sept. – ☐ 39 – **18 ch** 463.

Cols Verts, ✆ 51 27 49 30, Fax 51 30 11 42, ... – ☎. AE GB
2 avril-1er nov. et fermé lundi en oct. – **R** 70/230, enf. 44 – ☐ 35 – **40 ch** 200/370 – ½ P 251/335.

Mer, ✆ 51 30 30 37 – GB
1er avril-30 sept. – **R** 70/180, enf. 39 – ☐ 35 – **36 ch** 200/280 – ½ P 240/290.

CITROEN Gar. du Château d'Eau, 14 rte de La Roche-sur-Yon à Angles ✆ 51 97 53 34
PEUGEOT-TALBOT Gar. Vrignaud, rte de la Tranche à Angles ✆ 51 97 52 27
RENAULT Gar. Byrotheau, à Angles ✆ 51 97 50 57 N
V.A.G Gar. du Maupas ✆ 51 30 38 43

Le TRAYAS 83 Var 84 ⑧ 115 ㉞ G. Côte d'Azur – ✉ 83700 St-Raphaël.

Voir Pointe de l'Observatoire ≤★ S : 2 km – Rocher de St-Barthélemy ≤★★ SO : 4 km puis 30 mn.

Paris 897 – Fréjus 23 – Cannes 20 – Draguignan 52 – St-Raphaël 20.

TRÉBEURDEN 22560 C.-d'Armor 59 ① G. Bretagne – 3 094 h alt. 80.

Voir Le Castel ≤★ 30 mn – Pointe de Bihit ≤★ SO : 2 km.

18 de St-Samson ✆ 96 23 87 34, NE : 7 km.

Office de Tourisme pl. Crech'Héry (fermé après-midi oct.-déc.) ✆ 96 23 51 64.

Paris 525 – St-Brieuc 72 – Lannion 9 – Perros-Guirec 12.

Ti al-Lannec ⓢ, ✆ 96 23 57 26, Télex 740656, Fax 96 23 62 14, ≤, parc, – TV ☎ ♿ P – 30. AE ① GB. rest
20 mars-12 nov. – **R** 190/370, enf. 85 – ☕ 60 – **29 ch** 410/950 – ½ P 535/720.

Manoir de Lan-Kerellec M ⓢ, ✆ 96 23 50 09, Télex 741172, Fax 96 23 66 88, ≤, – TV ☎ P – 40. AE ① GB JCB
20 mars-15 nov. – **R** *(fermé lundi midi et mardi midi sauf du 15 juin au 15 sept.)* 180/420, enf. 90 – ☕ 60 – **18 ch** 780/1500 – ½ P 650/1030.

Du Toëno, rte Trégastel NO : 2 km sur D 788 ✆ 96 23 68 78, ≤ – ☎ ♿ P. AE GB
R (diner seul.)(résidents seul.) 80/120 – ☕ 30 – **17 ch** 260 – ½ P 260/275.

Family, ✆ 9623 50 31, Fax 96 47 41 84 – ☎ P. AE GB. rest
fermé nov. – **R** *(15 mars-30 oct. et fermé lundi hors sais.)* 85/170 – ☕ 35 – **25 ch** 160/280 – ½ P 350/390.

Glann Ar Mor avec ch, 12 r. Kerariou, au bourg ✆ 96 23 50 81, – P. ① GB
fermé merc. sauf du 15 juin au 20 sept. – **R** 95/200, enf. 65 – ☕ 32 – **8 ch** 130 – ½ P 207.

TRÉBOUL 29 Finistère 58 ⑭ – rattaché à Douarnenez.

TREFFORT 38650 Isère 77 ⑭ – 78 h.

Paris 603 – ◆ Grenoble 34 – Monestier-de-Clermont 9 – La Mure 40.

au bord du lac S : 3 km par D 110[E] – ✉ 38650 Treffort :

Château d'Herbelon ⓢ, ✆ 76 34 02 03, Fax 76 34 05 44, ≤, – TV ☎ P. GB. ch
fermé janv., fév., lundi soir (sauf rest.) et mardi de sept à fin mai – **R** 95/255, enf. 55 – ☕ 34 – **9 ch** 285/410 – ½ P 280/340.

TRÉGASTEL-PLAGE 22730 C.-d'Armor 59 ① G. Bretagne (plan) – 2 201 h.

Voir Rochers★★ – Ile Renote★★ NE – Table d'Orientation ≤★.

18 de St-Samson ✆ 96 23 87 34, S : 3 km.

Office de Tourisme pl. Ste-Anne ✆ 96 23 88 67.

Paris 529 – St-Brieuc 76 – Lannion 13 – Perros-Guirec 7 – Trébeurden 11 – Tréguier 27.

Armoric, ✆ 96 23 88 16, Fax 96 23 83 75, ≤, – ☎ P – 30. GB. rest
1er mai-30 sept. – **R** 110/260, enf. 70 – ☕ 40 – **48 ch** 440/480 – ½ P 340/460.

Belle Vue ⓢ, ✆ 96 23 88 18, Fax 96 23 89 91, ≤, « Jardin fleuri » – ☎ P. AE GB
hôtel : 9 avril-15 oct. ; rest. : 9 avril-8 oct. – **R** *(fermé lundi midi)* 105/295, enf. 65 – ☕ 50 – **31 ch** 370/460 – ½ P 350/485.

Mer et Plage, ✆ 96 23 88 03, Fax 96 47 31 11, ≤ – TV ☎ P. GB
1er avril-15 nov. – **R** 95/175 – ☕ 35 – **20 ch** 280/370 – ½ P 320/350.

Aub. Vieille Église, à Trégastel-Bourg S : 2,5 km ✆ 96 23 88 31 – P. GB
fermé fév., dim. soir et lundi de sept. à juin – **R** (prévenir) 70/280, enf. 60.

au golf de St-Samson S : 3 km par D 788 et VO – ✉ 22560 Pleumeur-Bodou :

Golf H. M ⓢ, ✆ 96 23 87 34, Fax 96 23 84 59, ≤, – ch TV ☎ ♿ P – 25 à 70. AE ① GB. rest
R 80/180 – ☕ 40 – **54 ch** 350/425 – ½ P 340.

Gar. de la Corniche, ✆ 96 23 88 70

TRÉGUIER 22220 C.-d'Armor 59 ② G. Bretagne (plan) – 2 799 h alt. 46.

Voir Cathédrale St-Tugdual★★.

Env. chapelle St-Gonéry★ N : 6 km – Le Gouffre★ N : 10 km puis 15 mn.

Syndicat d'Initiative à la Mairie (Pâques, Ascencion, 1er Mai, Pentecôte, 15 juin-10 sept.) ✆ 96 92 30 19.

Paris 506 – St-Brieuc 55 – Guingamp 28 – Lannion 19 – Paimpol 15.

sur le port :

Aigue Marine M, 5 r. M. Berthelot ☎ 96 92 39 39, Fax 96 92 44 48, ←, Ls, 🏊, 🌳 – 🛗 cuisinette ▤ rest TV ☎ ♿ P – 🔬 25 à 80. AE GB
R 75/225, enf. 40 – ☕ 40 – **31 ch** 348/398, 18 studios – ½ P 294/345.

Roches Douvres M sans rest, 17 r. M. Berthelot ☎ 96 92 27 27, ←, 🌳 – TV ☎ ♿ P. GB
fermé 4 au 17 oct. – ☕ 30 – **20 ch** 250/290.

Estuaire avec ch, pl. Gén.-de-Gaulle ☎ 96 92 30 25 – ☎. GB. ✻ ch
fermé dim. soir et lundi sauf juil.-août – **R** 85/215 ⚲, enf. 55 – ☕ 25 – **15 ch** 120/250 – ½ P 160/200.

au SO : 2 km par rte Lannion et VO – ✉ **22220** Tréguier :

Kastell Dinec'h ⛰, ☎ 96 92 49 39, Fax 96 92 34 03, « Jardin », 🏊 – ☎ P. GB. ✻ rest
fermé 10 au 27 oct., 31 déc. au 15 mars, mardi soir et merc. hors sais. – **Repas** (dîner seul.) 120/300 – ☕ 49 – **15 ch** 380/470 – ½ P 385/450.

PEUGEOT-TALBOT Sté de Vente Automobile du Trégor, 1 r. Gambetta ☎ 96 92 32 52

TRÉGUNC 29910 Finistère 58 ⑪ ⑯ – 6 130 h alt. 41.

Paris 537 – Quimper 31 – Concarneau 6,5 – Pont-Aven 8,5 – Quimperlé 26.

Aub. Les Gdes Roches ⛰, NE : 0,6 km par V 3 ☎ 98 97 62 97, « Fermes aménagées dans un parc fleuri » – ☎ ♿ P – 🔬 30. GB. ✻ ch
hôtel : fermé 15 déc. au 15 janv. et vacances de fév. ; rest. : ouvert Pâques à nov. et fermé merc. midi et lundi – **R** 95/240, enf. 55 – ☕ 40 – **19 ch** 230/365, 3 appart. – ½ P 290/345.

Le Menhir, ☎ 98 97 62 35 – ☎ P. GB. ✻ ch
1er avril-1er oct. et fermé lundi (sauf hôtel en juil.-août) et dim. soir de sept. à juin – **R** 82/225 – ☕ 36 – **28 ch** 150/300 – ½ P 220/270.

TRÉLISSAC 24 Dordogne 75 ⑥ – rattaché à Périgueux.

TRELLY 50660 Manche 54 ⑫ – 478 h.

Paris 337 – St-Lô 35 – Avranches 43 – Bréhal 12 – Coutances 12 – Granville 22 – Villedieu-les-P. 24.

Verte Campagne ⛰ avec ch, SE : 1,5 km par D 539 et VO ☎ 33 47 65 33, « Ferme normande ancienne », 🌳 – ☎ P. GB. ✻
fermé 1er au 20 déc., 6 au 31 janv., dim. soir et lundi hors sais. – **R** 140/320 – ☕ 30 – **7 ch** 200/350 – ½ P 270/345.

La TREMBLADE 17390 Char.-Mar. 71 ⑭ G. Poitou Vendée Charentes – 4 623 h alt. 8.

ℹ Office Municipal de Tourisme bd Pasteur ☎ 46 36 37 71.

Paris 501 – Royan 22 – Marennes 11 – Rochefort 31 – La Rochelle 65.

Mounière sans rest, rte Ronce-les-Bains : 1,5 km ☎ 46 36 09 19 – ☎ ♿ P. GB. ✻
☕ 28 – **16 ch** 270/320.

Phoébus sans rest, 13ter r. Foran ☎ 46 36 29 85 – TV ☎. GB
fermé janv. et lundi d'oct. à juin – ☕ 28 – **10 ch** 220/270.

CITROEN Gar. Molle bd Joffre ☎ 46 36 09 54

PEUGEOT TALBOT Gar. Horseau, 62 bd Joffre ☎ 46 36 13 23

TREMBLAY 35460 I.-et-V. 59 ⑰ G. Bretagne – 1 453 h alt. 82.

Paris 348 – St-Malo 54 – Combourg 24 – Fougères 23 – ♦Rennes 41.

Roc-Land ⛰, ☎ 99 98 20 46, Fax 99 98 29 00, parc, 🎾 – TV ☎ P – 🔬 30. GB. ✻ ch
fermé 15 au 30 oct., 15 au 28 fév., dim. soir et lundi – **R** 108/198 – ☕ 35 – **25 ch** 240/380 – ½ P 320/350.

TREMBLAY-EN-FRANCE 93 Seine-St-Denis 56 ⑪, 101 ⑧ – voir à Paris, Environs.

Le TREMBLAY-SUR-MAULDRE 78490 Yvelines 60 ⑨ 106 ㉘ – 668 h alt. 110.

⛳ du Château de Tremblay-sur-Mauldre ☎ 34 87 81 09 ; dans le parc du Château-H.

Paris 41 – Houdan 23 – Mantes 31 – Rambouillet 19 – Versailles 21.

Château H. du Tremblay ⛰, ☎ (1) 34 87 92 92, Fax (1) 34 87 86 27, ←, « Demeure du 17e siècle dans un parc » – TV ☎ P – 🔬 40. AE ⓓ GB. ✻ rest
fermé août et 20 au 26 déc. – **R** *(fermé dim. soir)* 190/290 bc – **30 ch** ☕ 580/1200 – ½ P 555/595.

✿ **La Gentilhommière** (Brun), ☎ (1) 34 87 80 96 – AE ⓓ GB
fermé 1er au 9 mars, 2 au 26 août, lundi soir et mardi – **R** 160/350 et carte 250 à 450
Spéc. Parmentière de moules aux poireaux. Saint-Pierre au jus de carotte. Ris de veau en croûte de sel.

TREMEUR 22250 C.-d'Armor 59 ⑮ – 613 h alt. 75.

Paris 411 – ♦Rennes 59 – Saint-Malo 52 – Dinan 24 – Loudéac 52 – St-Brieuc 46.

Les Dineux M, voie express N 12, sortie Trémeur ☎ 96 84 65 80, Fax 96 84 76 35, 🍽 – ⚡ ch TV ☎ ♿ P – 🔬 25. GB
fermé 1er fév. au 1er mars – **R** *(fermé dim. soir et sam. de sept. à juin)* 78/142 ⚲, enf. 60 – ☕ 40 – **15 ch** 240/350 – ½ P 305.

TRÉMINIS **38710** Isère 77 ⑮ **G. Alpes du Nord** – 173 h alt. 959.

Voir Site★.

Paris 635 – Gap 73 – ◆Grenoble 69 – Monestier-de-Clermont 36 – La Mure 32 – Serres 57.

Alpes ⑤, à Château-Bas ☎ 76 34 72 94, ≤ – Ⓟ. ✻ rest
fermé nov. – **R** 62/105 – ☐ 21 – **13 ch** 100/140 – ½ P 160/170.

TRÉMOLAT **24510** Dordogne 75 ⑯ **G. Périgord Quercy** – 625 h.

Voir Belvédère de Racamadou★★ N : 2 km.

Paris 544 – Périgueux 54 – Bergerac 33 – Brive-la-Gaillarde 86 – Sarlat-la-Canéda 44.

⊛ **Vieux Logis** ⑤, ☎ 53 22 80 06, Fax 53 22 84 89, ≤, ☂, « Jardin fleuri ouvert sur la campagne », ⛱ – TV ☎ ♿ Ⓟ – 🏛 30. AE ⊙ GB
R 230/370 et carte 280 à 470, enf. 85 – ☐ 72 – **16 ch** 680/990, 7 appart. – ½ P 722/957
Spéc. Tarte aux cèpes rôtis. Grosse pomme de terre farcie de ris de veau à la truffe. Millas sarladais. **Vins** Bergerac.

rte du Cingle de Trémolat NO : 2 km par D 31[E] – ✉ **24510** Ste-Alvère.

Voir Cingle★★.

Le Panoramic ⑤, ☎ 53 22 80 42, Fax 53 22 80 51, ≤, ☂ – ☎ Ⓟ. GB. ✻ rest
fermé 4 janv. au 20 fév. – **R** *(fermé dim. soir et lundi de nov. à mars)* 88/230, enf. 48 – ☐ 35 – **23 ch** 200/290 – ½ P 250/330.

CITROEN Gar. Imbert, rte du Cingle ☎ 53 22 80 10

TRÉMONT-SUR-SAULX **55** Meuse 61 ⑩ – rattaché à Bar-le-Duc.

TRÉPASSÉS (Baie des) **29** Finistère 58 ⑬ – rattaché à Raz (Pointe du).

Le TRÉPORT **76470** S.-Mar. 52 ⑤ **G. Normandie Vallée de la Seine** – 6 227 h alt. 6 – Casino .

Voir Calvaire des Terrasses ≤★.

ℹ Office de Tourisme Esplanade de la Plage L.-Aragon ☎ 35 86 05 69.

Paris 169 – ◆Amiens 80 – Abbeville 35 – Blangy-sur-Bresle 24 – Dieppe 29 – ◆Rouen 93.

XX **Le Homard Bleu,** 45 quai François 1er ☎ 35 86 15 89, Fax 35 86 49 21 – AE ⊙ GB
fermé mi-déc. à mi-fév. – **R** 92/280.

XX **Le St Louis,** 43 quai François 1er ☎ 35 86 20 70, Fax 35 50 67 10 – ▤. AE ⊙ GB
fermé 12 nov. au 15 déc. et merc. soir du 1er oct. au 30 fév. – **R** 95/280.

PEUGEOT Gar. Lemercier, 23, r. Falaise ☎ 35 86 30 67

RENAULT Gar. Moderne, 9 quai S.-Carnot ☎ 35 86 13 90

TRETS **13530** B.-du-R. 84 ④ – 7 900 h alt. 242.

Paris 781 – ◆Marseille 43 – Aix-en-Provence 24 – Brignoles 36 – ◆Toulon 69.

Vallée de l'Arc sans rest, 1 r. J. Jaurès ☎ 42 61 46 33, Fax 42 61 46 87 – ☎ 🚗 Ⓟ. GB
☐ 30 – **22 ch** 160/300.

FIAT Gar. Icardi, av. Gén.-de-Gaulle ☎ 42 29 20 36

PEUGEOT-TALBOT Gar. Arnaud et Mège, 15 bis av. Mirabeau ☎ 42 29 20 23

TRÉVEZEL (Roc) **29** Finistère 58 ⑥ **G. Bretagne.**

Voir ☼★★ du D 785 : 30 mn.

Env. Église★ de Commana O : 6 km – Allée Couverte★ de Mougau-Bian O : 6 km.

Paris 562 – Huelgoat 18.

TRÉVOU-TRÉGUIGNEC **22660** C.-d'Armor 59 ① – 1 210 h alt. 70.

Paris 513 – St-Brieuc 62 – Guingamp 35 – Lannion 14 – Paimpol 27 – Perros-Guirec 12 – Tréguier 13.

Ker Bugalic ⑤, ☎ 96 23 72 15, ≤, « Jardin fleuri » – ☎ Ⓟ. GB. ✻ rest
3 avril-30 sept. et vacances de nov. – **Repas** (prévenir) 100/320, enf. 60 – ☐ 35 – **18 ch** 235/390 – ½ P 310/380.

TRIE-SUR-BAÏSE **65220** H.-Pyr. 85 ⑨ – 1 011 h alt. 240.

Paris 800 – Auch 49 – Lannemezan 25 – Mirande 24 – Tarbes 30.

Tour, ☎ 62 35 52 12, Fax 62 35 59 92, ☂ – TV ☎. GB
R *(fermé lundi midi)* 63/100 – ☐ 26 – **11 ch** 160/230 – ½ P 200/215.

TRIGANCE **83840** Var 84 ⑥ ⑦ – 120 h alt. 734.

Paris 822 – Digne-les-Bains 73 – Castellane 20 – Comps-sur-Artuby 12 – Draguignan 43 – Grasse 71 – Manosque 86.

Château de Trigance ⑤, accès par voie privée ☎ 94 76 91 18, Fax 94 47 58 99, « Cadre médiéval, terrasse avec ≤ vallée et montagnes » – TV ☎ Ⓟ. AE ⊙ GB JCB
20 mars-11 nov. et fermé merc. midi sauf de mai à août – **R** 190/350 – ☐ 60 – **10 ch** 560/840 – ½ P 510/680.

Ma Petite Auberge ⑤, ☎ 94 76 92 92, Fax 94 47 58 65, ≤, ☂, ⛱ – TV ☎ ♿ Ⓟ. GB
fermé 1er déc. au 15 fév. – **R** 90/230, enf. 45 – ☐ 35 – **12 ch** 300 – ½ P 250/280.

La TRINITÉ-SUR-MER 56470 Morbihan 63 ⑫ G. Bretagne – 1 433 h alt. 3.

Voir Pont de Kerisper ≤★.

Office de Tourisme Môle L.-Caradec ✆ 97 55 72 21.

Paris 485 – Vannes 30 – Auray 12 – Carnac 4,5 – Lorient 48 – Quiberon 23 – Quimperlé 63.

Le Rouzic, ✆ 97 55 72 06, Fax 97 55 82 25, ≤ – |♦| TV ☎. AE ⓓ GB
fermé 15 nov. au 15 déc. et 1ᵉʳ au 15 janv. – **R** *(fermé dim. soir et lundi de fin sept. à début juin)* 90/120 – ☐ 32 – **32 ch** 295/315 – ½ P 303/313.

XXX **L'Azimut,** ✆ 97 55 71 88, 余 – GB
fermé 15 au 28 fév. et merc. de nov. à fév. – **R** 95/195, enf. 65.

XX **Les Hortensias,** ✆ 97 55 73 69, ≤, 余 – GB
fermé 2 janv. au 15 fév., mardi et merc. du 15 sept. au 15 juin – **R** 150/280.

XX **Ostréa** avec ch, ✆ 97 55 73 23, Fax 97 55 86 43, ≤, 余 – TV ☎ P. GB
1ᵉʳ avril-20 sept. et fermé mardi sauf juil.-août – **R** 135/195, enf. 58 – ☐ 38 – **10 ch** 250/360 – ½ P 340/360.

TRIZAC 15400 Cantal 76 ② – 754 h alt. 935.

Office de Tourisme à la Mairie ✆ 71 78 60 37.

Paris 529 – Aurillac 68 – Mauriac 23 – Murat 51.

Les Cimes, ✆ 71 78 60 30, 余 – ⇔. ✻ ch
R 55/110 – ☐ 25 – **12 ch** 150/220 – ½ P 200.

Les TROIS-ÉPIS 68410 H.-Rhin 62 ⑱ G. Alsace Lorraine – alt. 658.

Office de Tourisme (fermé matin hors saison) ✆ 89 49 80 56.

Paris 443 – Colmar 14 – Gérardmer 45 – Munster 16 – Orbey 12.

Grand Hôtel ⑤, ✆ 89 49 80 65, Fax 89 49 89 00, ≤ forêt vosgienne et plaine d'Alsace, 余, parc, Ⅰ₅, ☒ – |♦| TV ☎ P – 🔺 80. AE ⓓ GB
R 230/410 – ☐ 70 – **45 ch** 540/880, 6 appart. – ½ P 530/700.

Marchal ⑤, ✆ 89 49 81 61, Fax 89 78 90 48, ≤ forêt vosgienne et plaine d'Alsace, 余, parc – |♦| TV ☎ P – 🔺 30. GB. ✻
fermé 5 déc. au 15 janv. – **R** 165/300 ♁, enf. 52 – ☐ 40 – **40 ch** 320/470 – ½ P 335/450.

La Chêneraie ⑤ sans rest, ✆ 89 49 82 34, Fax 89 49 86 70, parc – ☎ P. GB. ✻
fermé 24 déc. au 1ᵉʳ fév. et merc. – ☐ 45 – **20 ch** 200/280.

Croix d'Or, ✆ 89 49 83 55, Fax 89 49 87 14, ≤, 余 – TV ☎ P. GB
fermé 15 nov. au 15 déc. et merc. – **R** 70/230 ♁, enf. 45 – ☐ 30 – **12 ch** 160/270 – ½ P 190/230.

Villa Rosa, ✆ 89 49 81 19, ≤, ☒, 余 – ☎. GB. ✻
14 fév.-1ᵉʳ janv. et fermé jeudi soir – **R** (dîner seul.) 95/135 ♁ – ☐ 45 – **6 ch** 230/270 – ½ P 240/270.

XX **L'Auberge,** ✆ 89 49 80 65, Fax 89 49 89 00, 余 – P. AE ⓓ GB
R 95/180 ♁, enf. 55.

TROISGOTS 50420 Manche 54 ⑬ G. Normandie Cotentin – 316 h alt. 128.

Voir Roches de Ham ≤★★ NE : 5 km puis 15 mn.

Paris 304 – St-Lô 15 – Avranches 48 – ♦Caen 63 – Vire 30.

XX **Aub. de la Chapelle-sur-Vire,** à la Chapelle-sur-Vire SE : 2 km ✆ 33 56 32 83 – GB
fermé 1ᵉʳ au 15 fév. et merc. – **R** 60/170.

TRONÇAIS 03 Allier 69 ⑫ – ✉ 03360 St-Bonnet-Tronçais.

Voir Forêt de Tronçais★★★ – Étang de St-Bonnet★ NO : 4 km – Étang de Saloup★ S : 5 km, G. Auvergne.

Paris 311 – Moulins 56 – Bourges 60 – Montluçon 40 – St-Amand-Montrond 23.

Le Troncais ⑤, ✆ 70 06 11 95, Fax 70 06 16 15, « Dans un parc au bord d'un étang », ✻ – TV ☎ P – 🔺 40. GB. ✻ rest
15 mars-15 déc. et fermé dim. soir et lundi hors sais. – **R** 98/175, enf. 60 – ☐ 27 – **12 ch** 184/312 – ½ P 220/258.

Le TRONCHET 35540 I.-et-V. 59 ⑯ – 818 h alt. 46.

Paris 381 – St-Malo 26 – Dinan 19 – ♦Rennes 52.

Host. Abbatiale ⑤, ✆ 99 58 93 21, Télex 741629, Fax 99 58 11 08, ☒, 余, ✻ – TV ☎ ♿ P – 🔺 30 à 60. AE GB. ✻ rest
R 95/180, enf. 50 – ☐ 45 – **71 ch** 400/700 – ½ P 370/390.

TRONGET 03 Allier 69 ⑬ – 1 058 h alt. 470 – ✉ 03240 Le Montet.

Paris 365 – Moulins 27 – Bourbon-l'Archambault 23 – Montluçon 47.

Commerce, ✉ 03240 ✆ 70 47 12 95, Fax 70 47 32 53 – TV ☎ ♿ ⇔ P. ⓓ GB
R 68/170 ♁ – ☐ 28 – **11 ch** 190/280 – ½ P 220.

TROO 41800 L.-et-Ch. 64 ⑤ G. Châteaux de la Loire – 320 h alt. 65.

Voir La "butte" ✲★ – St-Jacques des Guérets : peintures murales★ de l'église S : 1 km.

Syndicat d'Initiative ✆ 54 72 58 74.

Paris 197 – ◆ Le Mans 62 – Château-du-Loir 33 – ◆Tours 54 – Vendôme 27.

XX **Cheval Blanc** M avec ch, r. A.-Arnault ✆ 54 72 58 22, Fax 54 72 55 44, – TV ☎. GB
R *(fermé mardi midi et lundi)* 110/260 – 35 – **9 ch** 270/360 – ½ P 600.

TROSLY-BREUIL 60 Oise 56 ③, 106 ⑪ – rattaché à Compiègne.

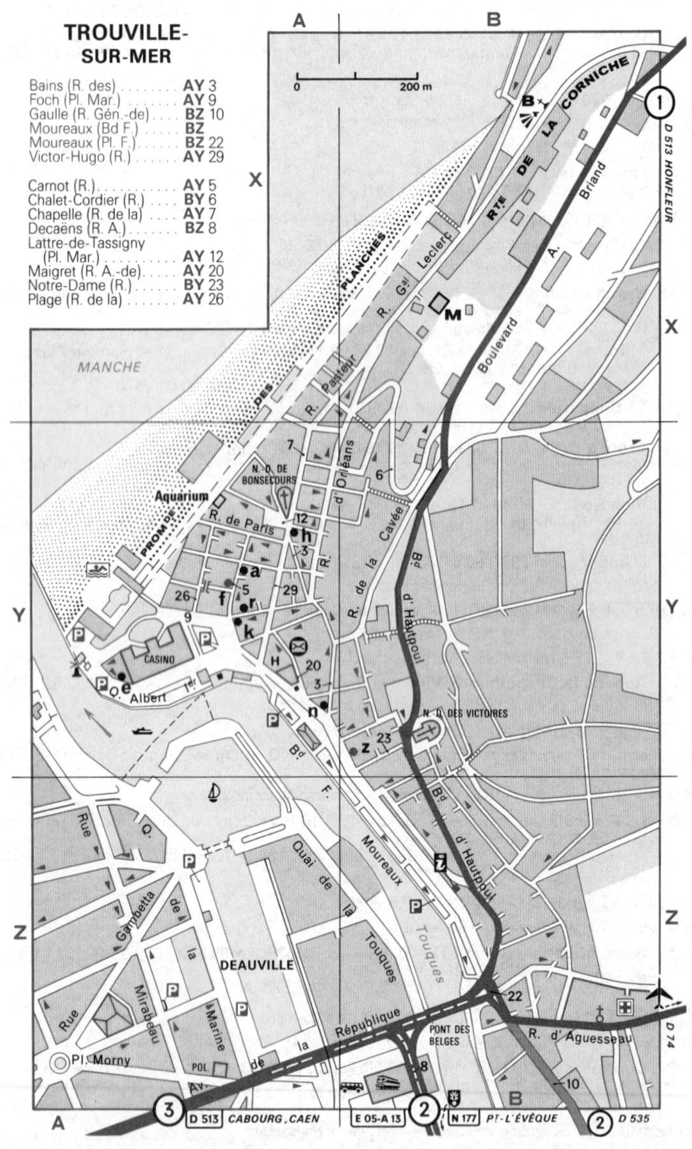

TROUVILLE-SUR-MER **14360** Calvados 55 ③ **G. Normandie Vallée de la Seine** – 5 607 h alt. 5 – Casino AY – **Voir** Corniche ≤★ BX **B.**

de St-Gatien-Deauville ☎ 31 65 19 99, E : 9 km par D 74 BZ.

de Deauville-St-Gatien : ☎ 31 88 31 28, par D 74 : 7 km BZ.

Office de Tourisme 32 bd F.-Moureaux ☎ 31 88 36 19.

Paris 206 ② – ◆Caen 47 ③ – ◆Le Havre 75 ② – Lisieux 29 ② – Pont-L'Évêque 11 ②.

Plan page précédente

Beach H. M, 1 quai Albert 1er ☎ 31 98 12 00, Télex 171269, Fax 31 87 30 29, ≤, – ☎ ♿ – 40. AE GB. rest — AY **e**
fermé janv. – **R** 140/160, enf. 50 – ☕ 50 – **102 ch** 555/680, 8 appart. – ½ P 515.

Mercure M, pl. Foch ☎ 31 87 38 38, Télex 772494, Fax 31 87 35 41, – ch rest TV ☎ ♿ – 25 à 80. AE GB — AY **k**
R 140, enf. 45 – ☕ 55 – **80 ch** 600/700.

Central, 158 bd F.-Moureaux ☎ 31 88 80 84, Fax 31 88 42 22, – TV ☎ ♿. GB
fermé 15 au 25 déc. et jeudi sauf vacances scol. – **R** 120 – ☕ 35 – **20 ch** 265/370. — AY **n**

Les Sablettes sans rest, 15 r. P.-Besson ☎ 31 88 10 66 – ☎. GB. — AY **r**
fermé déc. et janv. – ☕ 26 – **18 ch** 180/320.

Maison Normande sans rest, 4 pl. Mar. de Lattre de Tassigny ☎ 31 88 12 25 – TV ☎. GB. — AY **h**
1er mars-fin sept., vacances scolaires, week-ends d'oct. à fév. et fermé mardi hors sais. – ☕ 35 – **20 ch** 280/440.

Carmen, 24 r. Carnot ☎ 31 88 35 43, Fax 31 88 08 03 – rest TV ☎. AE GB.
fermé 8 au 14 oct., et 1er janv. au 7 fév. – **R** *(fermé lundi soir et mardi sauf vacances scolaires)* 95/180, enf. 55 – ☕ 32 – **14 ch** 180/360 – ½ P 210/300. — AY **a**

XXX **La Régence,** 132 bd F. Moureaux ☎ 31 88 10 71 – AE GB JCB — BY **z**
fermé 1er au 28 déc. et lundi hors sais. – **R** 130 (sauf sam. soir)/310.

XX **La Petite Auberge,** 7 r. Carnot ☎ 31 88 11 07 – AE GB — AY **f**
fermé 2 au 14 janv., mardi et merc. hors sais. sauf vacances scolaires – **R** (prévenir) 105/160.

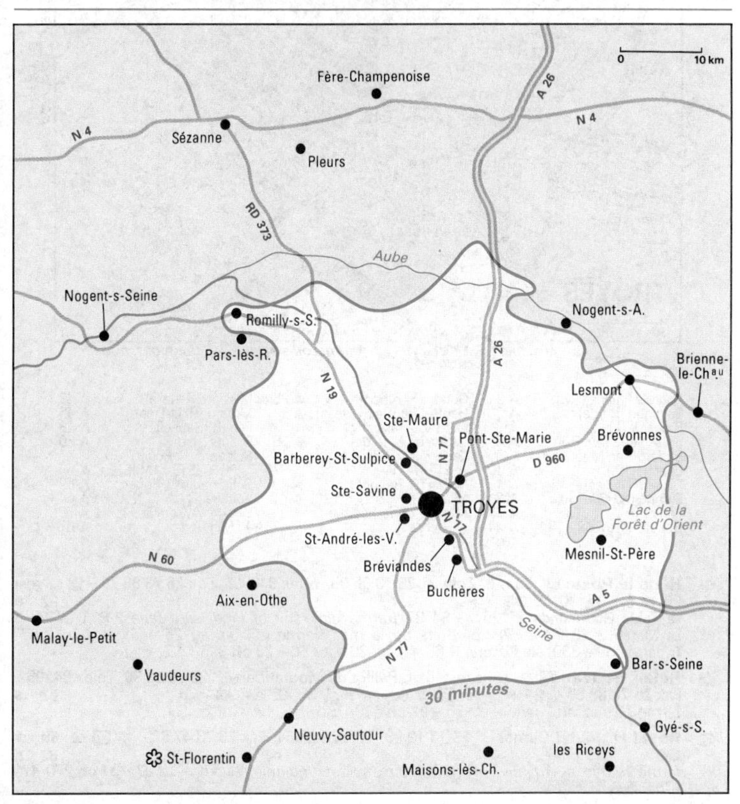

TROYES P 10000 Aube 61 ⑯ ⑰ G. Champagne – 59 255 h alt. 113.

Voir Cathédrale★★ : trésor★ CY – Le vieux Troyes★★ BZ – Jubé★★ de l'église Ste-Madeleine★ BZ **D** – Basilique St-Urbain★ BYZ **B** – Église St-Pantaléon★ BZ **E** – Pharmacie★ de l'Hôtel-Dieu CY **M4** – Musée d'Art Moderne★★ CY **M5** – Maison de l'outil et de la pensée ouvrière★★ dans l'hôtel de Mauroy★ BZ **M2** – Musée historique de Troyes et de Champagne★ dans l'hôtel de Vauluisant★ BZ **M1** – Musée des Beaux-Arts et d'archéologie★ CY **M3**.

18 de Troyes-La Cordelière, près Chaource ✆ 25 40 18 76 par ④ : 31 km.

Office de Tourisme et Accueil de France (Informations, change et réservations d'hôtels, pas plus de 5 jours à l'avance) 16 bd Carnot ✆ 25 73 00 36, Télex 840216 et 24 quai Dampierre (juil.-15 sept.) ✆ 25 73 36 88 – A.C. 24 quai Dampierre ✆ 25 73 42 28.

Paris 155 ⑦ – ◆Dijon 179 ④ – ◆Nancy 184 ②.

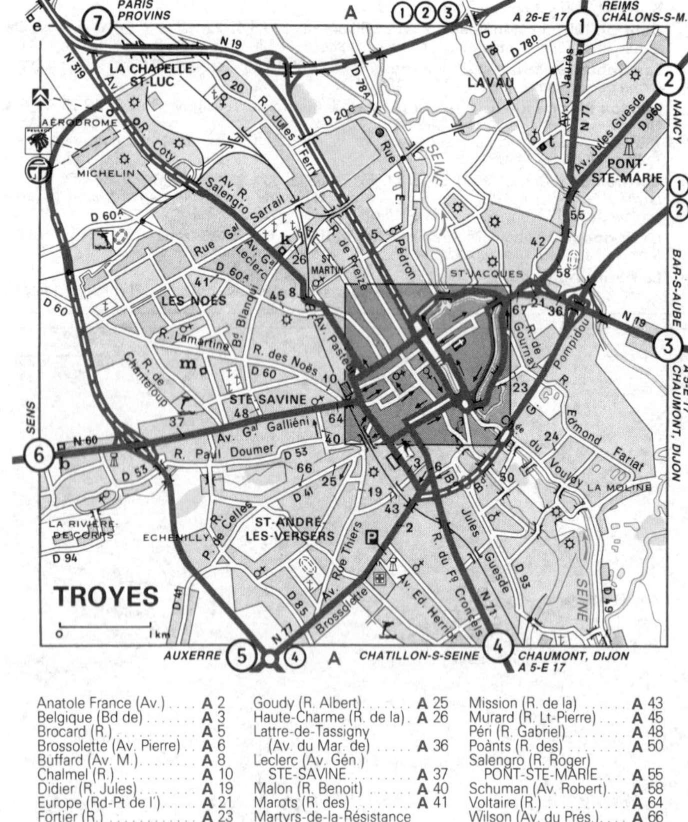

Anatole France (Av.) . . . . A 2
Belgique (Bd de) . . . . A 3
Brocard (R.) . . . . A 5
Brossolette (Av. Pierre) . . A 6
Buffard (Av. M.) . . . . A 8
Chalmel (R.) . . . . A 10
Didier (R. Jules) . . . . A 19
Europe (Rd-Pt de l') . . . . . . A 21
Fortier (R.) . . . . A 23
Godard-Pillaveinne (R.) . . A 24
Goudy (R. Albert) . . . . A 25
Haute-Charme (R. de la) . A 26
Lattre-de-Tassigny (Av. du Mar. de) . . . . . A 36
Leclerc (Av. Gén.) STE-SAVINE . . . . A 37
Malon (R. Benoit) . . . . A 40
Marots (R. des) . . . . A 41
Martyrs-de-la-Résistance (Av. des) . . . . A 42
Mission (R. de la) . . . . A 43
Murard (R. Lt-Pierre) . . . . A 45
Péri (R. Gabriel) . . . . A 48
Poånts (R. des) . . . . A 50
Salengro (R. Roger) PONT-STE-MARIE . . . . . . A 55
Schuman (Av. Robert) . . . A 58
Voltaire (R.) . . . . A 64
Wilson (Av. du Prés.) . . . . A 66
1er Mai (Av. du) . . . . A 67

H. de la Poste M, 35 r. E. Zola ✆ 25 73 05 05, Télex 840995, Fax 25 73 80 76 – ⧆ ▤ rest TV ☎ ♿ – 🏛 30. AE GB JCB BZ **a**
La Table Gourmande ✆ 25 73 84 37 *(fermé dim. soir et lundi sauf fériés)* **R** 135/185 – **La Marée** ✆ 25 73 80 78, produits de la mer *(fermé 25 juil. au 25 août et sam. midi)* **R** carte 180 à 330 – **la Pizzeria R** 65 &, enf. 36 – ☕ 50 – **28 ch** 395/550.

Relais St Jean M 🐕 sans rest, 51 r. Paillot de Montaubert ✆ 25 73 89 90, Télex 842962, Fax 25 73 88 60 – ⧆ ⚹ ch ▤ TV ☎ ♿ 🚗 – 🏛 35. AE ⓓ GB JCB BZ **s**
fermé 20 déc. au 2 janv. – ☕ 55 – **22 ch** 410/650.

Royal H., 22 bd Carnot ✆ 25 73 19 99, Télex 842964, Fax 25 73 47 85 – ⧆ TV ☎. AE ⓓ GB BZ **n**
fermé 19 déc. au 10 janv. – **R** *(fermé dim. soir et lundi midi)* 89/170 – ☕ 37 – **37 ch** 270/470 – ½ P 265.

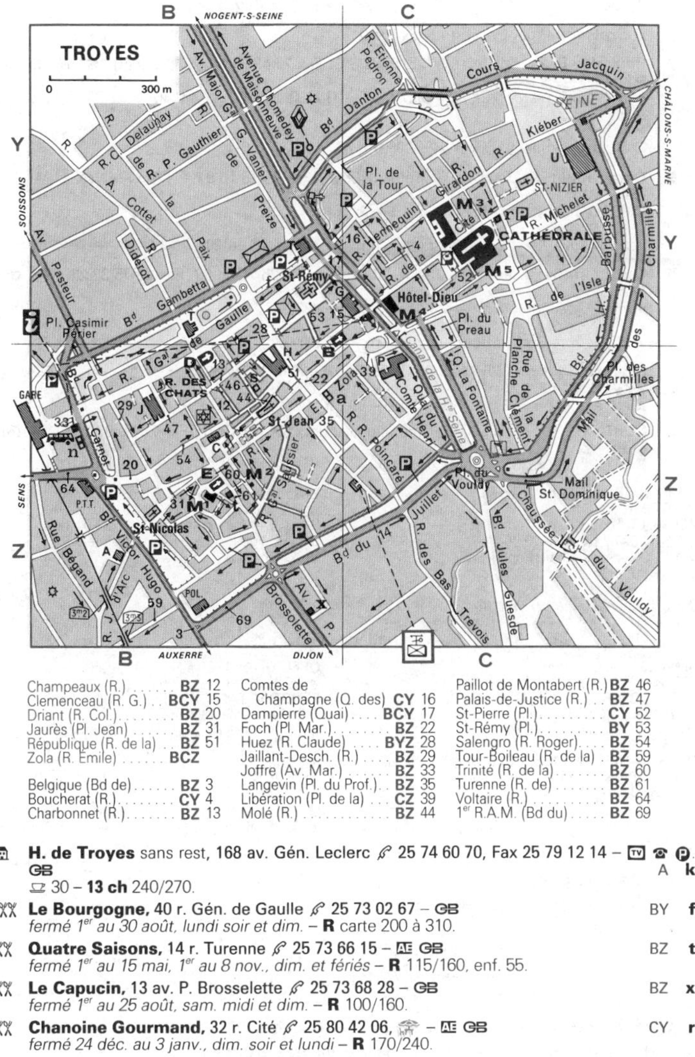

Champeaux (R.) . . . . . . BZ 12
Clemenceau (R. G.) . . BCY 15
Driant (R. Col.) . . . . BZ 20
Jaurès (Pl. Jean) . . . . . . BZ 31
République (R. de la) . . BZ 51
Zola (R. Émile) . . . . . . BCZ

Belgique (Bd de) . . . . . . BZ 3
Boucherat (R.) . . . . CY 4
Charbonnet (R.) . . . . BZ 13
Comtes de Champagne (Q. des) CY 16
Dampierre (Quai) . . . . BCY 17
Foch (Pl. Mar.) . . . . BZ 22
Huez (R. Claude) . . . . . BYZ 28
Jaillant-Desch. (R.) . . . . BZ 29
Joffre (Av. Mar.) . . . . . . BZ 33
Langevin (Pl. du Prof.) . . BZ 35
Libération (Pl. de la) . . . CZ 39
Molé (R.) . . . . BZ 44
Paillot de Montabert (R.) BZ 46
Palais-de-Justice (R.) . . BZ 47
St-Pierre (Pl.) . . . . CY 52
St-Rémy (Pl.) . . . . BY 53
Salengro (R. Roger) . . . . BZ 54
Tour-Boileau (R. de la) . BZ 59
Trinité (R. de la) . . . . . . BZ 60
Turenne (R. de) . . . . BZ 61
Voltaire (R.) . . . . BZ 64
1er R.A.M. (Bd du) . . . . . BZ 69

H. de Troyes sans rest, 168 av. Gén. Leclerc ☎ 25 74 60 70, Fax 25 79 12 14 – TV ☎ P. GB — A **k**
☐ 30 – **13 ch** 240/270.

XXX **Le Bourgogne,** 40 r. Gén. de Gaulle ☎ 25 73 02 67 – GB — BY **f**
fermé 1er au 30 août, lundi soir et dim. – **R** carte 200 à 310.

XX **Quatre Saisons,** 14 r. Turenne ☎ 25 73 66 15 – AE GB — BZ **t**
fermé 1er au 15 mai, 1er au 8 nov., dim. et fériés – **R** 115/160, enf. 55.

XX **Le Capucin,** 13 av. P. Brosselette ☎ 25 73 68 28 – GB — BZ **x**
fermé 1er au 25 août, sam. midi et dim. – **R** 100/160.

XX **Chanoine Gourmand,** 32 r. Cité ☎ 25 80 42 06, ☂ – AE GB — CY **r**
fermé 24 déc. au 3 janv., dim. soir et lundi – **R** 170/240.

à Pont-Ste-Marie N : 3 km par N 77 - A – 4 856 h. – ✉ **10150** :

XX **Host. de Pont-Ste-Marie,** près église ☎ 25 81 13 09, ☂ – AE GB — A **t**
fermé 25 janv. au 15 fév., dim. soir et lundi – **R** 105/160.

à Ste-Maure N : 7 km par D 78 – ✉ **10150** :

XXX **Aub. de Ste Maure,** ☎ 25 76 90 41, ☂, « En bordure de rivière » – P. AE GB
fermé 20 déc. au 4 janv., dim. soir et lundi – **R** 145/250, enf. 90.

à Ste-Savine O : 3 km par N 60 - A – 9 495 h. – ✉ **10300** :

Chantereigne M sans rest, N 60 ☎ 25 74 89 35, Fax 25 74 47 78 – TV ☎ ♿ P. GB — A **b**
fermé 1er au 15 août et 25 déc. au 1er janv. – ☐ 35 – **30 ch** 240/280.

Motel Savinien, 87 r. La Fontaine ☎ 25 79 24 90, Télex 842504, ⛹, 🏊, 🎾 – TV ☎ ♿ P – 🏃 30. GB JCB — A **m**
R *(fermé 19 déc. au 17 janv. et dim. d'oct. à avril)* 75/100 🍷, enf. 45 – ☐ 32 – **90 ch** 200/230 – ½ P 220.

à Bréviandes par ④ : 5 km – ✉ **10450** :

🏨 **Pan de Bois** Ⓜ 🐎, ✆ 25 75 02 31, Fax 25 49 67 84, 🌳 – 📺 ☎ ♿ Ⓟ. GB. 🚭 ch
fermé lundi (sauf hôtel) et dim. soir – **Grill R** 85/160 🍷, enf. 45 – ☕ 33 – **31 ch** 230/270.

à Buchères par ④ : 7 km – ✉ **10800** :

🏨 **Campanile,** ✆ 25 49 67 67, Télex 840840, Fax 25 75 15 97 – 📺 ☎ ♿ Ⓟ – 🎤 25. AE GB
R 80 bc/102 bc, enf. 39 – ☕ 29 – **54 ch** 268.

à St-André-les-Vergers par ⑤ : 5 km – 11 329 h. – ✉ **10120** :

🏨 **Les Épingliers** sans rest, 180 rte d'Auxerre ✆ 25 75 05 99, Fax 25 75 32 22 – 📺 ☎ Ⓟ. GB
fermé 26 déc. au 6 janv. – ☕ 30 – **15 ch** 198/238.

à Barberey-St-Sulpice par ⑦ : 5 km – ✉ **10600** :

🏨 **Novotel** Ⓜ 🐎, ✆ 25 74 59 95, Télex 840759, Fax 25 78 05 73, 🌳, 🏊 – 🚭 ch 📺 ☎ ♿ Ⓟ – 🎤 60. AE ⓓ GB A **e**
R carte environ 160, enf. 50 – ☕ 46 – **83 ch** 395/405.

🏨 **Confortel** Ⓜ, ✉ 10600 La Chapelle-St-Luc ✆ 25 78 12 75, Fax 25 79 93 13, 🌳 – 📺 ☎ ♿ Ⓟ – 🎤 30. AE GB
R 81/125 🍷 – ☕ 32 – **39 ch** 260/280.

FORD Est-Autos, 19 bd Danton ✆ 25 80 02 70
RENAULT STAR, 15 bd Danton BY ✆ 25 80 02 87 🅽 ✆ 25 75 99 71
V.A.G Gar. Scala, 20 bd Pompidou ✆ 25 81 36 30

Ⓜ Devliegher, 8 bd V.-Hugo ✆ 25 73 19 94

Euromaster Centrale du Pneu, 11 r. Paix ✆ 25 73 35 24
Rémy, 94 Mail Charmilles ✆ 25 81 04 10
Sovic Guiguet, 71 av. P.-Brossolette ✆ 25 73 19 23

Périphérie et environs

BMW Gar. Sud-Autom., 132 bd de Dijon à St-Julien-les-Villas ✆ 25 82 03 76
CITROEN La Cité de l'Auto, N 319 à La Chapelle-St-Luc A ✆ 25 74 46 98
DATSUN-NISSAN-MERCEDES-BENZ Ets Craeye, 50 av. Martyrs-du-24-Août à Buchères ✆ 25 82 38 78

OPEL Girost, N 60 à Pont-Ste-Marie ✆ 25 81 26 26
PEUGEOT-TALBOT Gds Gar. de l'Aube, N 319 à La Chapelle-St-Luc A ✆ 25 79 09 56 🅽 ✆ 25 41 12 60
SAAB SEAT Gar. Bruillon, rte d'Auxerre N 77 à Rosières ✆ 25 75 69 50

Ⓜ Sovic Guiguet, N 77 à St-Germain ✆ 25 75 68 54

Dans ce guide
un même symbole, un même caractère,
imprimé en couleur ou en **noir**, *en maigre ou en* ***gras***,
n'ont pas tout à fait la même signification.
Lisez attentivement les pages explicatives.

TULLE Ⓟ **19000** Corrèze 75 ⑨ G. Berry Limousin – 17 164 h alt. 212.

Voir Maison de Loyac★ B **B** – Clocher★ de la cathédrale B **D**.

Env. Ste-Fortunade : chef reliquaire★ dans l'église 9 km par ③.

ℹ Office de Tourisme quai Baluze ✆ 55 26 59 61.

Paris 484 ① – Brive-la-Gaillarde 28 ⑤ – Aurillac 87 ③ – ◆Clermont-Ferrand 140 ② – Guéret 135 ① – ◆Limoges 87 ① – Montluçon 167 ② – Périgueux 102 ⑤ – Rodez 158 ③.

Plan page suivante

🏨 **Gare,** 25 av. W. Churchill ✆ 55 20 04 04, Fax 55 20 15 87 – 📺 ☎. GB A **k**
fermé 1er au 15 sept. et 7 au 14 fév. – **R** 90/130 🍷 – ☕ 28 – **13 ch** 140/250 – ½ P 210.

🏨 **Royal** sans rest, 70 av. V. Hugo ✆ 55 20 04 52, Fax 55 20 93 63 – 📺 ☎ Ⓟ. AE ⓓ GB JCB. 🚭 A **e**
☕ 26 – **14 ch** 140/250.

🏨 **Bon Accueil,** 10 r. Canton ✆ 55 26 70 57 – ☎ B **y**
fermé 26 avril au 2 mai, 24 déc. au 3 janv., vacances de fév., sam. soir (sauf juil.-août) et dim. – **R** 70/130 🍷 – ☕ 25 – **13 ch** 120/180 – ½ P 160/180.

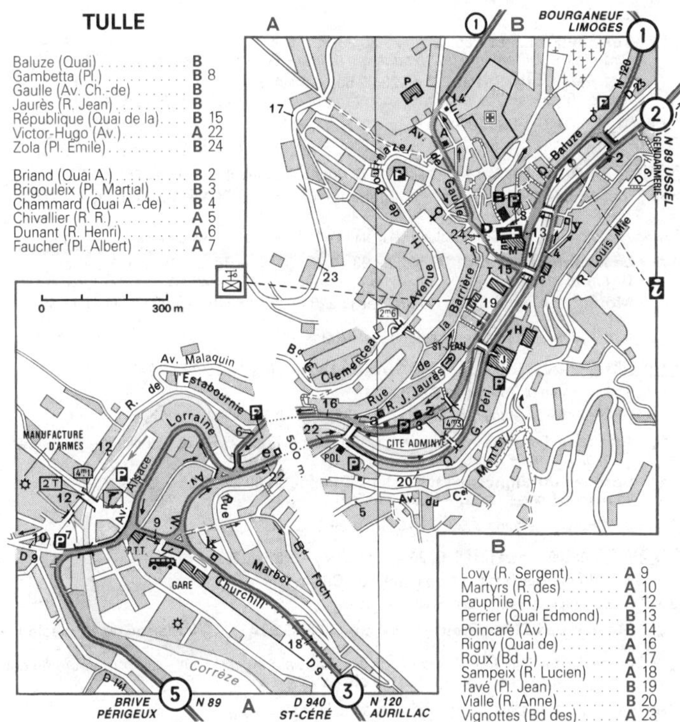

XXX **Toque Blanche** avec ch, pl. M. Brigouleix ℘ 55 26 75 41, Fax 55 20 93 95 – ▤ rest TV ☎. AE GB — B z
fermé 15 janv. au 15 fév. et dim. hors sais. sauf fêtes – **R** 125/195 ♁, enf. 50 – ☐ 28 – **10 ch** 150/190 – ½ P 250.

XXX **Central,** 32 r. J. Jaurès (1er étage) ℘ 55 26 24 46 – ▤. GB — AB a
fermé 19 juil. au 11 août., dim. soir et sam. – **R** 130/260.

CITROEN Bru, r. A.-Audubert par ③ ℘ 55 26 18 82
FORD Éts Carles, rte de Brive ℘ 55 20 08 05
MERCEDES-BENZ, **OPEL** Gar. de l'Oasis, rte de Brive ℘ 55 20 10 61
PEUGEOT-TALBOT Gar. Bigeargeas, rte de Limoges par av. Poincaré B ℘ 55 20 22 18 N ℘ 55 21 93 14

V.A.G Gar. de St-Abrian, ZI Est ℘ 55 20 03 31
Cammas Vidalie, 3 av. Alsace-Lorraine ℘ 55 20 06 48

TULLINS 38210 Isère 77 ④ – 6 269 h alt. 201.

ℹ Syndicat d'Initiative à la Mairie ℘ 76 07 00 05.

Paris 552 – ♦Grenoble 30 – Bourgoin-Jallieu 43 – La Côte-St-André 27 – St-Marcellin 23 – Voiron 12.

Aub. de Malatras, S : 2 km sur N 92 ℘ 76 07 02 30, Fax 76 07 76 48, 斎 – ☎ ℗ – 🏔 30. GB
fermé vacances de fév. et merc. – **R** 108/295, enf. 75 – ☐ 38 – **19 ch** 170/280 – ½ P 240/285.

CITROEN Roudet ℘ 76 07 03 40
OPEL Gar. de la Plaine ℘ 76 07 03 67
PEUGEOT-TALBOT Gar. Penon ℘ 76 07 01 25
RENAULT Baboulin ℘ 76 07 02 74

La TURBALLE 44420 Loire-Atl. 63 ⑭ G. Bretagne – 3 587 h alt. 7.

ℹ Office de Tourisme pl. de Gaulle ℘ 40 23 32 01.

Paris 461 – ♦Nantes 84 – La Baule 14 – Guérande 7 – La Roche-Bernard 30 – St-Nazaire 26.

Chants d'Ailes, 11 bd Bellanger ℘ 40 23 47 28, ≤ – TV ☎ ℗. GB
fermé 15 au 30 nov. – **R** *(fermé dim. soir d'oct. à mars)* 78/210 – ☐ 32 – **17 ch** 235/340 – ½ P 219/272.

XX **Terminus,** quai St-Paul ✆ 40 23 30 29, ← – GB
fermé dim. soir et lundi du 15 sept. au 15 juin – **R** carte 130 à 200 ♂, enf. 65.

X **L'Horizon,** quai St-Paul ✆ 40 23 32 59, ← – ◑ GB
fermé 15 nov. au 10 déc., lundi soir et mardi sauf juil.-août – **R** 80/270, enf. 50.

PEUGEOT-TALBOT Gar. Palais, r. de la Frégate ✆ 40 23 32 23

RENAULT Gar. Pereon, ZA la Marjolaine ✆ 40 23 35 16 N

La TURBIE 06320 Alpes-Mar. 84 ⑩ 115 ㉗ G. Côte d'Azur (plan) – 2 609 h alt. 480.

Voir Trophée des Alpes★ : ☼★★★ – Intérieur★ de l'église St-Michel-Archange – Place Neuve ←★.

Paris 948 – Monaco 7,5 – Eze 4,5 – Menton 15 – Monte-Carlo 7 – ◆Nice 16 – Roquebrune-Cap-Martin 7,5.

Le Napoléon, ✆ 93 41 00 54, Fax 93 41 28 93, ☂ – TV ☎. AE ◑ GB. ✻ ch
R *(fermé mardi du 1er oct. au 20 mars)* 115/190 – ☕ 28 – **24 ch** 300/400 – ½ P 300.

X **Moulin d'Alsace,** NO : 1,5 km par D 2204 A ✉ 06340 Laghet ✆ 93 41 11 60, ☂ – P. GB
fermé jeudi – **R** cuisine alsacienne 110/200.

TURCKHEIM 68230 H.-Rhin 62 ⑱ ⑲ G. Alsace Lorraine (plan) – 3 567 h alt. 225.

🅸 Office de Tourisme pl. Turenne ✆ 89 27 38 44.

Paris 444 – Colmar 6 – Gérardmer 45 – Munster 12 – St-Dié 54 – le Thillot 66.

Au Vieux Turckheim sans rest, r. Vignerons ✆ 89 27 50 78 – cuisinette ☎ P. GB
1er avril-11 nov. – ☕ 45 – **11 ch** 330/490.

Berceau du Vigneron sans rest, pl. Turenne ✆ 89 27 23 55 – ☎. GB. ✻
1er mars-31 oct. – ☕ 28 – **16 ch** 210/370.

PEUGEOT-TALBOT Bertrand ✆ 89 27 00 56 N ✆ 89 27 22 11

TURENNE 19500 Corrèze 75 ⑧ G. Périgord Quercy – 740 h alt. 350.

Voir Site★ du château et ☼★★ de la tour de César.

Paris 504 – Brive-la-Gaillarde 16 – Cahors 89 – Figeac 75.

X **Maison des Chanoines** ⛰ avec ch, ✆ 55 85 93 43, ☂, « Maison du 16e siècle » – GB. ✻ ch
fermé 12 nov., au 10 fév., mardi soir et merc. sauf en juil.-août – **Repas** (nombre de couverts limité-prévenir) 132/188 – ☕ 35 – **3 ch** 290/360 – ½ P 330/380.

TURINI (Col de) 06440 Alpes-Mar. 84 ⑲ 115 ⑰ G. Côte d'Azur.

Voir Forêt de Turini★★ – Monument aux Morts ☼★ NE : 4 km.

Env. Pointe des 3-Communes ☼★★ NE : 6,5 km – Pierre Plate ☼★★ S : 7 km – Cime de Peira Cava ☼★★ S : 8,5 km puis 30 mn.

Paris 979 – L'Escarène 26 – ◆Nice 47 – Roquebillière 18 – St-Martin-Vésubie 28 – Sospel 23.

Trois Vallées ⛰, ✆ 93 91 57 21, Fax 93 79 53 62, ←, ☂ – TV ☎ P. AE ◑ GB
R 158/320, enf. 70 – ☕ 40 – **20 ch** 280/460 – ½ P 320/440.

Les Chamois ⛰, ✆ 93 91 57 42, Fax 93 79 53 62, ←, ☂ – P. GB
◆ *fermé 15 au 27 mars et 16 au 28 nov.* – **R** *(fermé vend. et le soir du lundi au jeudi sauf vacances scolaires)* 70/160 ♂, enf. 45 – ☕ 32 – **11 ch** 260/300 – ½ P 230/250.

TURQUESTEIN-BLANCRUPT 57560 Moselle 62 ⑧ – 22 h alt. 365.

Paris 396 – ◆Strasbourg 70 – Lunéville 58 – ◆Metz 108 – Sarrebourg 25 – Saverne 52.

Aub. du Kiboki ⛰, sur D 993 ✆ 87 08 60 65, Fax 87 08 65 26, ←, ☂, parc, 🏊, ✂ – TV ☎ P. GB. ✻
fermé 23 au 28 nov., 1er fév. au 6 mars et mardi – **R** carte 170 à 220 ♂, enf. 50 – ☕ 40 – **15 ch** 300/350 – ½ P 300/350.

TURRIERS 04250 Alpes-de-H.-P. 81 ⑥ – 276 h alt. 1 040.

Paris 709 – Gap 35 – Digne-les-Bains 65 – Sisteron 38.

Roche Cline ⛰, ✆ 92 55 11 38, ←, 🏊, ☂ – ☎ P. GB. ✻
fermé 22 déc. au 10 janv. et lundi d'oct. à mai – **R** 85/115, enf. 55 – ☕ 30 – **22 ch** 165/230 – ½ P 230.

Gar. Auto Turriers ✆ 92 55 14 66 N

TY-SANQUER 29 Finistère 58 ⑮ – rattaché à Quimper.

Les ULIS 91 Essonne 60 ⑩, 101 ㉝ – voir à Paris, Environs.

UNAC 09 Ariège 86 ⑮ – rattaché à Ax-les-Thermes.

L'UNION 31 H.-Garonne 82 ⑧ – rattaché à Toulouse.

UNTERMUHLTHAL 57 Moselle 57 ⑱ – rattaché à Niederbronn-les-Bains.

URÇAY 03360 Allier 69 ⑪ ⑫ – 294 h alt. 169.

Paris 304 – Moulins 66 – La Châtre 55 – Montluçon 33 – St-Amand-Montrond 15.

Étoile d'Or avec ch, ✆ 70 06 92 66 – Ⓟ. GB. ✻
fermé fév., dim. soir et merc. – **R** 65/155 – 22 – **6 ch** 120/145 – ½ P 160.

Lion d'Or, ✆ 70 06 92 04 – GB
fermé 15 au 30 nov., lundi soir et mardi – **R** 65/200.

URCEL 02000 Aisne 56 ⑤ – 502 h alt. 88.

Paris 127 – ♦Reims 70 – Fère-en-Tardenois 42 – Laon 11 – Soissons 24 – Vailly-sur-Aisne 12.

Host. de France, rte Nationale ✆ 23 21 60 08 – Ⓟ. GB
fermé 16 août au 3 sept., 18 fév. au 5 mars, mardi soir et merc. – **R** 130/165.

URCUIT 64990 Pyr.-Atl. 85 ③ – 1 688 h alt. 32.

Paris 767 – Biarritz 19 – ♦Bayonne 14 – Dax 43 – Orthez 58 – Pau 100.

Au Goût des Mets, O : 4 km sur D 261 ✆ 59 42 95 64, – Ⓟ. GB
fermé vacances de fév., mardi soir en hiver et merc. – **R** 100/140, enf. 45.

URDOS 64490 Pyr.-Atl. 85 ⑯ – 162 h alt. 760.

Env. Col du Somport★★ SE : 14 km, G. Pyrénées Aquitaine.

Paris 865 – Pau 77 – Jaca 46 – Oloron-Ste-Marie 41.

Voyageurs-Somport, ✆ 59 34 88 05, – ☎ Ⓟ. GB
fermé nov. – **R** 65/135 – 27 – **41 ch** 140/240 – ½ P 180/220.

URIAGE-LES-BAINS 38410 Isère 77 ⑤ G. Alpes du Nord – alt. 414 – Stat. therm. (avril-nov.).

Voir Forêt de Prémol★ SE : 5 km par D 111.

de Grenoble ✆ 76 89 03 47, S : 1 km par D 524.

Paris 589 – ♦Grenoble 12 – Vizille 9.

Grand Hôtel M, ✆ 76 89 10 80, Fax 76 89 04 62, ≤, – TV ☎ Ⓟ – 30. AE GB. ✻ ch
fermé janv. – **R** *(fermé sam. midi, dim. soir et lundi sauf juil.-août)* 180/350, enf. 110 – 45 – **44 ch** 395/530 – ½ P 408/475.

Les Mésanges, rte St-Martin-d'Uriage et rte Bouloud : ✆ 76 89 70 69, Fax 76 89 56 97, ≤, – TV ☎ Ⓟ. AE GB. ✻
2 mai-23 oct., vacances de fév. et week-ends de fév. à Pâques – **R** 75/195, enf. 50 – 32 – **39 ch** 160/265 – P 225/280.

Le Manoir, ✆ 76 89 10 88, – TV ☎ Ⓟ. GB
fermé 21 nov. au 10 fév., dim. soir et lundi en fév.-mars – **R** 95/210, enf. 55 – 30 – **15 ch** 120/360 – ½ P 230/350.

URMATT 67280 B.-Rhin 62 ⑧ ⑨ – 1 243 h alt. 240.

Voir Église★ de Niederhaslach NE : 3 km, G. Alsace Lorraine.

Paris 484 – ♦Strasbourg 39 – Molsheim 13 – Saverne 35 – Sélestat 40 – Wasselonne 21.

Clos du Hahnenberg M, ✆ 88 97 41 35, Fax 88 47 36 51, – ch TV ☎ Ⓟ – 25. AE GB
R *(fermé lundi soir)* 55/350 – 37 – **47 ch** 215/295 – ½ P 199/275.

Poste, ✆ 88 97 40 55, Fax 88 47 38 32, – TV ☎ Ⓟ. AE GB. ✻ ch
fermé 23 au 29 mars, 1er au 12 juil. et 21 au 31 déc. – **R** 85/330 – 26 – **13 ch** 190/240 – ½ P 225/250.

A la Chasse, ✆ 88 97 42 64 – TV ☎ Ⓟ. GB
fermé fév. et vend. – **R** 60/180 – 28 – **9 ch** 150/210 – ½ P 180/195.

URRUGNE 64122 Pyr.-Atl. 85 ② G. Pyrénées Aquitaine – 6 098 h alt. 33.

Paris 798 – Biarritz 21 – ♦Bayonne 26 – Hendaye 8,5 – San Sebastián 30.

Chez Maïté, ✆ 59 54 30 27 – AE GB
fermé janv., dim. soir sauf juil.-août et lundi – **R** carte 180 à 280, enf. 80.

URT 64270 Pyr.-Atl. 78 ⑱ – 1 583 h alt. 42.

Paris 762 – Biarritz 21 – ♦Bayonne 16 – Cambo-les-Bains 28 – Pau 95 – Peyrehorade 27 – Sauveterre-de-Béarn 42.

✿ **Aub. de la Galupe** (Parra), au port de l'Adour ✆ 59 56 21 84, Fax 59 56 28 66 – GB. ✻
fermé 17 janv. au 28 fév., dim. soir sauf juil.-août et lundi – **R** (nombre de couverts limité - prévenir) 240 et carte 250 à 390
Spéc. Saumon sauvage de l'Adour (mars à août). Joues et pieds de porc au Xérès et à la truffe. Boudin du pays "maison". Vins Jurançon sec, Madiran.

URY 77 S.-et-M. 61 ⑪ ⑫ – rattaché à Fontainebleau.

USSAC 19 Corrèze 75 ⑧ – rattaché à Brive-La-Gaillarde.

USSEL 19200 Corrèze 73 ⑪ G. Berry Limousin – 11 448 h alt. 631.

Office de Tourisme pl. Voltaire ✆ 55 72 11 50.

Paris 452 – Aurillac 99 – ◆Clermont-Ferrand 82 – Guéret 103 – Tulle 58.

Gd H. Gare, av. P. Sémard (près gare) ✆ 55 72 25 98 – TV ☎ P. GB
fermé 1er au 15 sept., vacances de fév., lundi (sauf hôtel) et dim. soir – **R** 85/150 – ☕ 26 – **23 ch** 230/250 – ½ P 260.

à St-Dézery NE ; 4 km par N 89 – ✉ 19200 :

Les Gravades, rte Clermont-Ferrand ✆ 55 72 21 53, Fax 55 72 82 49, – TV ☎ P. GB
R *(fermé 20 déc. au 5 janv., vend. soir et sam. midi hors sais.)* 120/160 – ☕ 35 – **20 ch** 270/370.

CITROEN N.G.A., 6 rte de Clermont ✆ 55 72 17 81
FIAT, LANCIA Gar. du Centre, 5 r. A.-Chavagnac ✆ 55 72 11 54
PEUGEOT Gar. du Collège, RN 89 Eybrail ✆ 55 96 10 68
RENAULT Ussel Autom., N 89 Eybrail ✆ 55 72 40 11 N
V.A.G Gar. du Stade, 23 bd Dr-Goudounèche ✆ 55 72 12 66
Gar. Salagnac, 56 av. Gén.-Leclerc ✆ 55 96 23 23
Euromaster Estager Pneu, 61 av. Gén.-Leclerc ✆ 55 72 15 83

USSON-EN-FOREZ 42550 Loire 76 ⑦ G. Vallée du Rhône – 1 265 h alt. 910.

Paris 523 – ◆St-Étienne 49 – Ambert 34 – Montbrison 41 – Le Puy-en-Velay 51 – St-Bonnet-le-Château 14.

Rival, ✆ 77 50 63 65 – ☎. AE GB
fermé 1er au 10 juil., vacances de fév. et lundi hors sais. – **R** 62/220 – ☕ 23 – **12 ch** 130/280 – ½ P 163/220.

RENAULT Gar. Colombet ✆ 77 50 60 53

USTARITZ 64480 Pyr.-Atl. 85 ② – 4 263 h alt. 14.

Syndicat d'Initiative ✆ 59 93 20 81.

Paris 784 – Biarritz 15 – ◆Bayonne 12 – Cambo-les-Bains 8 – Pau 119 – St-Jean-de-Luz 25.

XX **La Patoula** avec ch, ✆ 59 93 00 56, Fax 59 93 16 54, , « Terrasse en bordure de rivière », – TV ☎ P. GB
fermé 4 janv. au 14 fév., dim. soir et lundi du 15 sept. au 15 juin – **R** 130/240, enf. 80 – ☕ 55 – **9 ch** 330/450 – ½ P 350/400.

RENAULT Gar. Etchegaray, à Larressore ✆ 59 93 04 37 N ✆ 59 29 80 02

UTELLE 06 Alpes-Mar. 84 ⑲ 115 ⑯ G. Côte d'Azur – 456 h alt. 800 – ✉ 06450 Lantosque.

Voir Retable★ de l'église.

Env. Madone d'Utelle ★★★ SO : 6 km – Saut des Français ★★ SE : 14 km.

UZERCHE 19140 Corrèze 75 ⑧ G. Berry Limousin (plan) – 2 813 h alt. 333.

Voir Ste-Eulalie ★ E : 1 km.

Office de Tourisme pl. Lunade (avril-oct.) ✆ 55 73 15 71.

Paris 453 – Brive-la-Gaillarde 34 – Aubusson 96 – Bourganeuf 80 – Limoges 56 – Périgueux 91 – Tulle 30.

Teyssier, r. Pont Turgot ✆ 55 73 10 05, Fax 55 98 43 31 – TV ☎ P. AE GB JCB
fermé 16 au 24 juin, 17 nov. au 1er déc., mi-janv. à mi-fév. et merc. sauf le soir en août-sept. – **Repas** 120/500, enf. 63 – ☕ 35 – **17 ch** 145/350 – ½ P 225/300.

à Vigeois SO : 9 km par N 20 et D 3 – ✉ 19410 :

XX **Les Semailles** avec ch, rte Brive-la-Gaillarde ✆ 55 98 93 69 – ☎. GB. ch
fermé 1er déc. au 28 fév., dim. soir et lundi sauf juil.-août – **R** 90/290 – ☕ 30 – **7 ch** 150/280 – ½ P 220/280.

PEUGEOT-TALBOT Gar. Mériguet ✆ 55 73 26 35
RENAULT Gar. Bachellerie ✆ 55 73 15 75 N

UZÈS 30700 Gard 80 ⑲ G. Provence – 7 649 h alt. 138.

Voir Ville ancienne★★ – Duché★ : ★★ de la Tour Bermonde A – Tour Fenestrelle★★ B – Place aux Herbes★ A – Orgues★ de la Cathédrale B **V.**

Office de Tourisme av. Libération ✆ 66 22 68 88.

Paris 685 ② – Alès 34 ④ – ◆Montpellier 85 ② – Arles 52 ② – Avignon 39 ② – Montélimar 76 ① – Nîmes 25 ②.

Plan page suivante

d'Entraigues , pl. Évêché ✆ 66 22 32 68, Fax 66 22 57 01, « Ancien hôtel particulier du 15e siècle », – TV ☎ – 40. AE GB JCB B **s**
R voir rest. **Jardins de Castille** ci-après – ☕ 40 – **19 ch** 320/450 – ½ P 370/435.

St-Géniès sans rest, rte St-Ambroix par ⑤ : 1,5 km ✆ 66 22 29 99, , – ☎ P. GB
1er mars-15 nov. – ☕ 30 – **18 ch** 230/400.

XX **Jardins de Castille - Hôtel d'Entraigues,** pl. Évêché ✆ 66 22 32 68, Fax 66 22 57 01, – . AE GB B **a**
R 180, enf. 75.

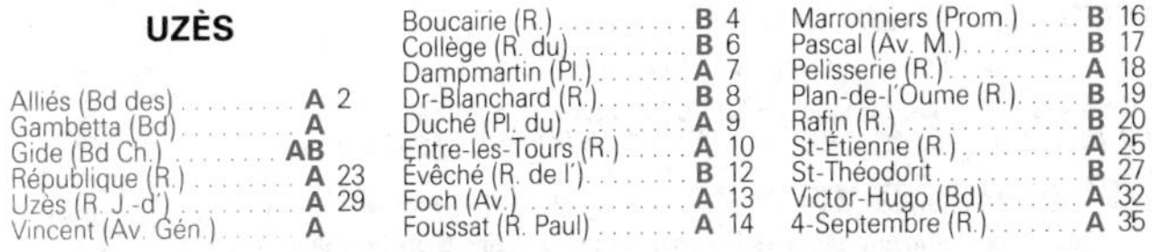

UZÈS

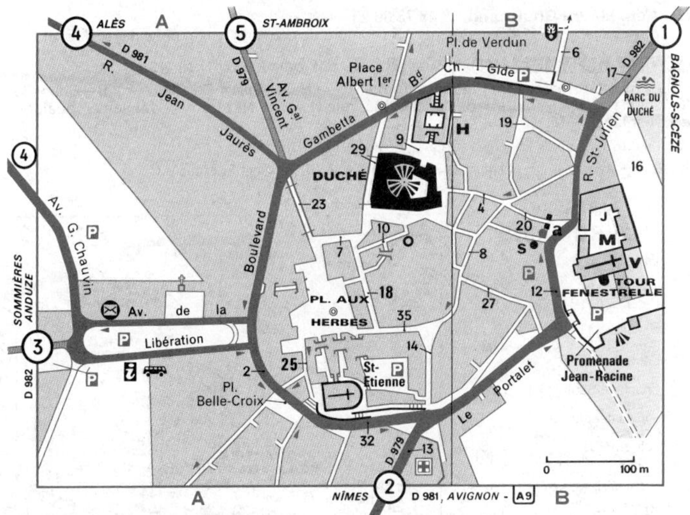

à St-Victor-des-Oules NE : 8 km par ① et D 125 – ✉ **30700** :

Château de St-Victor-des-Oules 🐌, ☎ 66 22 76 10, Fax 66 22 46 87, ←, 🍽, parc, 🏊, 🎾 – ▮ 📺 ☎ 🅟 – 🏫 25. AE ① GB
fermé dim. soir et lundi du 10 oct. à Pâques – **R** 220/350, enf. 85 – ☕ 60 – **15 ch** 580/1800 – ½ P 570/1180.

à St-Maximin par ② et D 981 : 5,5 km – ✉ **30700** :

Aub. St-Maximim, ☎ 66 22 26 41, Fax 66 22 90 71, 🍽 – AE ① GB
avril-oct. et fermé le midi du lundi au vend. – **R** 160/300, enf. 70.

à Arpaillargues-et-Aureillac par ③ : 4,5 km – ✉ **30700** :

H. d'Agoult, Château d'Arpaillargues 🐌, ☎ 66 22 14 48, Fax 66 22 56 10, 🍽, « Demeure du 18e siècle, parc, 🎾, 🏊 » – 📺 ☎ 🅟 – 🏫 50. AE ① GB. 🚫 rest
15 mars-15 nov. – **R** 210, enf. 100 – ☕ 55 – **26 ch** 750/850 – ½ P 490/665.

CITROEN Gar. Mandon, Champs-de-Mars par ② ☎ 66 22 22 64
PEUGEOT-TALBOT Laborie, av. Gare par ③ ☎ 66 22 59 01

RENAULT SUVRA, rte d'Alès par ④ ☎ 66 22 60 99
Ⓜ Rome-Pneus, rte Remoulins pt des Charrettes ☎ 66 22 26 65

VACQUEYRAS 84190 Vaucluse 81 ⑫ – 943 h alt. 117.

Paris 667 – Avignon 34 – Nyons 35 – Orange 21 – Vaison-la-Romaine 19.

Le Pradet Ⓜ 🐌 sans rest, ☎ 90 65 81 00, Fax 90 65 80 27 – ☎ ♿ 🅟. AE GB
☕ 30 – **20 ch** 200/310.

VACQUIERS 31340 H.-Gar. 82 ⑧ – 916 h alt. 230.

Paris 679 – ♦Toulouse 23 – Albi 66 – Castres 73 – Montauban 33.

Villa des Pins Ⓜ 🐌, O : 2 km par D 30 ☎ 61 84 96 04, Fax 61 84 28 54, ←, 🍽, parc – 📺 ☎ 🅟 – 🏫 60. GB
R 80/215 🍷, enf. 40 – ☕ 35 – **16 ch** 120/275 – ½ P 200/315.

VAIGES 53480 Mayenne 60 ⑪ – 1 019 h alt. 91.

Paris 254 – Château-Gontier 38 – Laval 23 – ♦Le Mans 59 – Mayenne 32.

Commerce Ⓜ, ☎ 43 90 50 07, Télex 722520, Fax 43 90 57 40, 🍽 – ▮ 📺 ☎ 🅟 – 🏫 30. AE ① GB. 🚫
R 98/220 🍷, enf. 65 – ☕ 45 – **30 ch** 280/495 – ½ P 330.

VAILLY-SUR-AISNE 02370 Aisne 56 ④ ⑤ – 1 980 h alt. 48.
Paris 118 – ◆ Reims 48 – Fère-en-Tardenois 29 – Laon 23 – Soissons 17.

X **Cheval d'Or** avec ch, ✆ 23 54 70 56, Fax 23 54 04 54 – GB
R *(fermé dim. soir)* 65/195 – ⊒ 25 – **21 ch** 90/140 – ½ P 150/170.

VAILLY-SUR-SAULDRE 18260 Cher 65 ⑫ G. Berry Limousin – 865 h alt. 200.
Paris 182 – Bourges 55 – Aubigny-sur-Nère 17 – Cosne-sur-Loire 23 – Gien 35 – Sancerre 24.

XX **Aub. Lièvre Gourmand,** ✆ 48 73 80 23 – GB
fermé 2 janv. au 28 fév. et merc. – **R** (nombre de couverts limité, prévenir) 90/195, enf. 65.

VAISON-LA-ROMAINE 84110 Vaucluse 81 ② ③ G. Provence – 5 663 h alt. 200.
Voir Les ruines romaines★★ Y : théâtre romain★ Y – Haute Ville★ Z – Cloître★ Y **B** – Chapelle de St-Quenin★ Y – Maître-autel★ de l'anc. cathédrale N.-D. de Nazareth Y – Musée archéologique Théo Desplans★ Y **M.**

Maison du Tourisme pl. Chanoine Sautel ✆ 90 36 02 11.

Paris 670 ④ – Avignon 47 ③ – Carpentras 27 ② – Montélimar 62 ④ – Pont-St-Esprit 41 ④.

VAISON-LA-ROMAINE

Fabre (Cours H.) ..... Y 13
Grande-Rue ..... Y 18
Montfort (Pl. de) ..... Y 25
République (R.) ..... Y 32

Aubanel (Pl.) ..... Z 3
Burrus (R.) ..... Y 4
Cathédrale (Square de la) ..... Y 5
Chanoine-Sautel (Pl.) . Y 6
Château (Montée du) ..... Z 7
Coudray (Av.) ..... Y 9
Église (R. de l') ..... Z 10
Évêché (R. de l') ..... Z 12
Foch (Quai Maréchal) ..... Z 14
Gontard (Quai P.) ..... Z 17
Horloge (R. de l') ..... Z 21
Jaurès (R. Jean) ..... Y 22
Mazen (Av. J.) ..... Y 23
Mistral (R. Frédéric) ..... Y 24
Noël (R. B.) ..... Y 27
Poids (Pl. du) ..... Z 29
St-Quenin (Av.) ..... Y 34
Taulignan (Crs) ..... Y 35
Victor-Hugo (Av.) ..... Y 36
Vieux-Marché (Pl. du) ..... Z 38
11-Novembre (Pl. du) ..... Y 40

Michelin n'accroche pas de panonceau aux hôtels et restaurants qu'il signale.

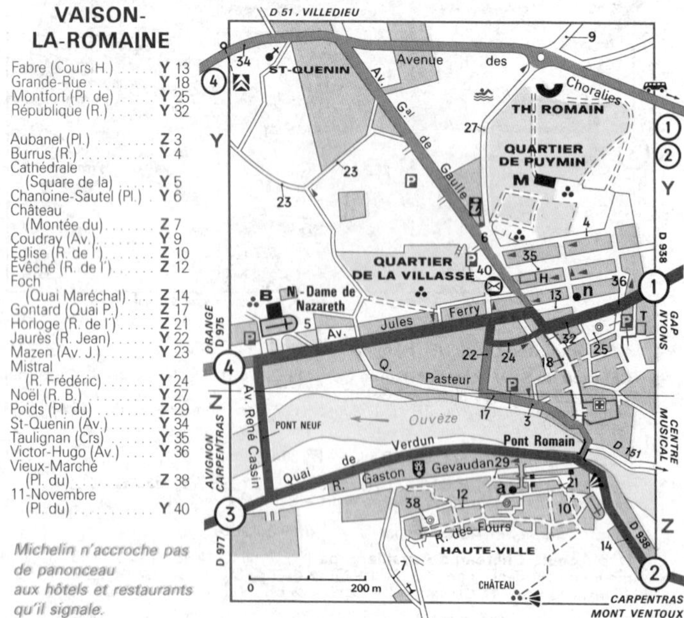

Le Beffroi ⛭, Haute Ville ✆ 90 36 04 71, Télex 306022, Fax 90 36 24 78, ←, « Belles demeures des 16e et 17e siècles », – TV ☎ ⇔ P. AE ⓓ GB JCB. ✻ rest — Z **a**
15 mars-30 nov. – **R** *(fermé lundi midi, mardi midi et merc. midi)* 185, enf. 55 – ⊒ 44 – **19 ch** 350/670 – ½ P 490/600.

Logis du Château, Les Hauts de Vaison ✆ 90 36 09 98, Fax 90 36 10 95, ←, ⛱, ⛷, ✂ – TV ☎ ♿ P. GB — Z **s**
fin mars-fin oct. – **R** 95/158, enf. 50 – ⊒ 38 – **45 ch** 295/430 – ½ P 240/343.

Les Aurics sans rest, rte Avignon par ③ : 2 km ✆ 90 36 03 15, ⛷ – ☎ P. AE GB. ✻
1er avril-11 nov. et fermé merc. d'oct. à juin – ⊒ 28 – **14 ch** 240/300.

Burrhus et annexe Le Lis, 2 pl. Montfort ✆ 90 36 00 11, Fax 90 36 39 05, ⛱ – TV ☎. AE ⓓ GB. ✻ — Y **n**
fermé 17 nov. au 21 déc. et dim. en janv. et fév. – **R** *(15 juin-16 sept.)* (dîner seul. table d'hôtes) 95 ⅓ – ⊒ 34 – **22 ch** 270/550.

X **Le Bateleur,** pl. Th. Aubanel ✆ 90 36 28 04 – GB — Z **k**
fermé oct., dim. soir et lundi – **R** (prévenir) 115/180, enf. 60.

à St-Romain-en-Viennois par ① et D 71 : 4 km – ✉ 84110 :

X **L'Amourié** avec ch, ✆ 90 46 43 72, ⛱ – TV. GB
fermé 15 déc. au 31 janv., lundi soir et mardi du 15 sept. au 15 juin – **R** 80/165, enf. 50 – ⊒ 25 – **5 ch** 200/240 – ½ P 230.

à Entrechaux par ② et D 54 : 7 km G. Alpes du Sud – ✉ **84340** :

XX **St-Hubert,** ☎ 90 46 00 05, Fax 90 46 00 06, terrasse, jardin – parking. GB. ✻
fermé 27 sept. au 9 oct., fév., lundi soir d'oct. à janv., mardi soir et merc. – **R** 65/260 ♁, enf. 55.

à Séguret par ③ et D 88 : 10 km – ✉ **84110** :

Domaine de Cabasse ⑤, rte Sablet ☎ 90 46 91 12, Fax 90 46 94 01, ≤, terrasse, piscine, jardin – TV ☎ parking. AE ① GB. ✻
fermé 3 janv. au 28 mars – **R** *(fermé lundi sauf juil.-août)* 110 bc/160 – ☐ 45 – **11 ch** 350/650 – ½ P 450/500.

XXX ✿ **La Table du Comtat** (Gomez) ⑤ avec ch, ☎ 90 46 91 49, Fax 90 46 94 27, ≤ plaine, piscine – ▤ rest ☎ parking. AE ① GB
fermé 24 nov. au 9 déc., fév., mardi soir et merc. hors sais. sauf fériés – **R** 150 (déj.)/450 et carte 260 à 420, enf. 120 – ☐ 65 – **8 ch** 480/600
Spéc. Truffe du pays en coque d'oeuf. Poissons de la Méditerranée. Côtelette de pigeonneau aux figues (été). **Vins** Côtes du Rhône.

à Rasteau par ④ et D 69 : 9 km – ✉ **84110** :

Bellerive M ⑤, sur D 69, rte Violès ☎ 90 46 10 20, Fax 90 46 14 96, ≤, terrasse, « Au milieu des vignes », piscine, jardin – TV ☎ parking. GB
2 avril-16 nov. et 11 déc.-2 janv. – **R** 128/295, enf. 65 – ☐ 48 – **20 ch** 450/490 – ½ P 385/400.

CITROEN Gar. de France, la Rocade ☎ 90 36 10 90
OPEL-GM Adage, 7 cours Taulignan ☎ 90 36 01 50
PEUGEOT, TALBOT, RENAULT Gar. Lagneau, à Entrechaux par ② ☎ 90 36 07 95
PEUGEOT-TALBOT De Luca, rte de Nyons par ① ☎ 90 36 24 33 N

Valerian Pneus, ZA de la Gravière ☎ 90 36 34 89
N ☎ 90 51 55 65

Repas 100/130 A good moderately priced meal.

VAÏSSAC **82800** T.-et-G. 79 ⑱ – 636 h alt. 142.

Paris 640 – ♦Toulouse 74 – Albi 58 – Montauban 22 – Villefranche-de-Rouergue 65.

Terrassier, ☎ 63 30 94 60, terrasse, piscine – ascenseur ☎ parking. GB
fermé 21 au 28 nov., 2 au 16 janv., vend. soir et dim. soir sauf juil.-août – **R** 70/210 ♁, enf. 38 – ☐ 30 – **12 ch** 135/245 – ½ P 185/235.

Le VAL **83143** Var 84 ⑤ – 2 893 h alt. 240.

Paris 817 – Aix-en-Provence 63 – Draguignan 40 – ♦Toulon 26.

X **La Crémaillère,** rte de Carcès ☎ 94 86 40 00 – GB
fermé 21 oct. au 5 nov., 18 fév. au 7 mars et merc. – **R** 78/235 ♁, enf. 55.

VALADY **12330** Aveyron 80 ② – 1 014 h alt. 340.

Paris 648 – Rodez 18 – Decazeville 19.

Combes, ☎ 65 72 70 24, Fax 65 72 68 15, jardin – TV ☎. GB
fermé 5 au 20 janv. – **R** *(fermé lundi du 15 sept. au 31 juil. sauf fériés)* 78/140 ♁ – ☐ 24 – **16 ch** 140/250 – ½ P 195/220.

à Nuces SE : 2,5 km – ✉ **12330** Valady :

XXX **La Diligence,** ☎ 65 72 60 20 – parking. GB. ✻
fermé 6 au 11 juin, 1er au 8 sept., 1er au 26 janv., dim. soir et lundi sauf juil.-août et fériés – **Repas** 125/290, enf. 50.

Le VAL-ANDRÉ **22** C.-d'Armor 59 ④ – voir à Pléneuf-Val-André.

VALAURIE **26230** Drôme 81 ① ② – 386 h.

Paris 625 – Montélimar 20 – Nyons 31 – Pierrelatte 13.

XXX **Valle Aurea** ⑤ avec ch, rte Grignan ☎ 75 98 56 40, Fax 75 98 59 59, terrasse, jardin – TV ☎ parking. GB. ✻ ch
fermé 10 janv. au 28 fév., mardi sauf fériés et dim. soir hors sais. – **R** 155/195 – ☐ 65 – **5 ch** 280/370 – ½ P 410/425.

VALBERG **06** Alpes-Mar. 81 ⑨ ⑲ 115 ④ G. Alpes du Sud – alt. 1 669 – Sports d'hiver : 1 430/2 100 m ⚡27 ⛷ – ✉ **06470** Péone.

Voir Intérieur★ de la chapelle N.-D.-des-Neiges.

ℹ Office de Tourisme ☎ 93 02 52 77.

Paris 815 – Barcelonnette 76 – Castellane 71 – Digne-les-Bains 109 – ♦Nice 84 – St-Martin-Vésubie 58.

Adrech de Lagas, ☎ 93 02 51 64, Fax 93 02 52 33, ≤, terrasse – ascenseur TV ☎ parking. AE ① GB. ✻
10 juil.-15 sept. et 20 déc.-10 avril – **R** 150/220 – ☐ 40 – **20 ch** 495 – ½ P 410/450.

La Clé des Champs, ☎ 93 02 51 45, Fax 93 02 62 52, ≤, terrasse – TV ☎ parking. GB. ✻ ch
12 juil.-25 sept. et 20 déc.-15 avril – **R** 110/120 – ☐ 45 – **18 ch** 320/340 – ½ P 340/350.

VALBONNE 06560 Alpes-Mar. 84 ⑨ 115 ㉔ ㉕ G. Côte d'Azur – 9 514 h alt. 202.

Opio-Valbonne ✆ 93 42 00 08, NE : 2 km ; du Val Martin ✆ 93 42 07 98, S : 4 km par D 3 puis D 103.

Office de Tourisme bd Gambetta (transfert prévu 11 av. St-Roch) ✆ 93 42 04 16.

Paris 912 – Cannes 12 – Antibes 15 – Grasse 10 – Mougins 8,5 – ♦Nice 27 – Vence 24.

Armoiries M sans rest, pl. Arcades ✆ 93 12 90 90, Fax 93 12 90 91, « Belle décoration intérieure » – ch TV ☎. AE GB JCB
50 – **16 ch** 600/800.

La Cigale, rte Opio ✆ 93 12 24 43, – TV ☎ P. GB
fermé merc. sauf juil.-août – **R** 100/150 – 32 – **14 ch** 285/400 – 1/2 P 290.

Bistro de Valbonne, 11 r. Fontaine ✆ 93 12 05 59 – . AE GB
fermé nov., mars, dim. et lundi – **R** 155/250.

Lou Cigalon, 4 bd Carnot ✆ 93 12 27 07, – . GB
fermé août, lundi et mardi – **R** (nombre de couverts limité, prévenir) 110/185, enf. 75.

au val de Cuberte SO : 1,5 km sur D 3 – ✉ 06560 Valbonne :

Aub. Fleurie, ✆ 93 12 02 80, Fax 93 40 22 27, – P. GB
fermé 15 déc. au 30 janv. et merc. – **Repas** 105/170 .

Val de Cuberte, ✆ 93 12 01 82, – P. AE GB
fermé 15 nov. au 12 déc. et lundi sauf le soir en juil.-août – **R** 125/210, enf. 85.

au Sud : 3 km par D 3 et D 103 – ✉ 06560 Valbonne :

Bois Doré, rte Antibes ✆ 93 12 26 25, Fax 93 12 28 73, , – P. AE GB
fermé 10 janv. au 21 fév. et lundi – **R** 115/170, enf. 75.

à Sophia-Antipolis SE : 7 km par D 3 et D 103 – ✉ 06560 Valbonne :

Pullman M , rte Dolines ✆ 92 96 68 78, Télex 462130, Fax 92 96 68 96, , , , – ch TV ☎ P – 400. AE GB
L'Arlequin R 120/160 – 80 – **100 ch** 590/690 – 1/2 P 550.

Mercure M , Les Lucioles 2, rue A. Caquot ✆ 92 96 04 04, Télex 462624, Fax 92 96 05 05, , , – ch TV ☎ P – 25 à 200. AE GB
R 150, enf. 45 – 60 – **104 ch** 590/650.

Novotel M , les Lucioles 1, 290 r.Dostoievski ✆ 93 65 40 00, Télex 970914, Fax 93 95 80 12, , , , – ch TV ☎ P – 25 à 150. AE GB.
rest
R grill carte environ 160, enf. 50 – 45 – **97 ch** 455/545.

Médiathel M, rte Crêtes ✆ 92 94 68 00, Télex 461072, Fax 93 65 43 41, , , , – ch TV ☎ P – 25 à 150. AE GB
le Bellet *(fermé 12 juil. au 29 août, dim. soir, vend. soir et sam.)* **R** 175/320, enf. 120 – **l'Ensoleïade** grill **R** 98 /180 , enf.68 – 55 – **100 ch** 480/650 – 1/2 P 400.

Ibis, Les Lucioles 2, r.A. Caquot ✆ 93 65 30 60, Télex 461363, Fax 93 95 83 99, , , – ch TV ☎ P – 25 à 40. AE GB
R 93 , enf. 35 – 35 – **99 ch** 340/390.

RENAULT Gar. Cuberte ✆ 93 12 02 24

VALCEBOLLÈRE 66340 Pyr.-Or. 86 ⑯ – 37 h alt. 1 470.

Paris 888 – Font-Romeu 27 – Bourg-Madame 9 – ♦Perpignan 106 – Prades 62.

Les Ecureuils , ✆ 68 04 52 03, – ☎. AE GB
ouvert week-ends de mai, 25 mai-6 nov. et 20 déc.-20 avril – **R** 115/260 – 37 – **9 ch** 190/300 – 1/2 P 220/280.

VAL CLARET 73 Savoie 74 ⑲ – rattaché à Tignes.

VALDAHON 25800 Doubs 66 ⑯ – 3 534 h alt. 649.

Paris 441 – ♦Besançon 32 – Morteau 31 – Pontarlier 30.

Relais de Franche Comté M , ✆ 81 56 23 18, Fax 81 56 44 38, ←, – TV ☎ P – 30. AE GB
fermé 20 déc. au 15 janv., vend. soir et sam. midi sauf juil.-août – **Repas** 60/250 – 32 – **20 ch** 198/250 – 1/2 P 225/260.

à Chevigney-lès-Vercel NE : 3 km par D 50 – ✉ 25530 :

Promenade, ✆ 81 56 24 76, – ☎ P – 30. GB. rest
fermé 1er au 15 nov., dim. soir et lundi d'oct. à fin avril – **R** 48/165 , enf. 36 – 30 – **11 ch** 150/190 – 1/2 P 140.

CITROEN Gar. Pétot ✆ 81 56 27 12 N ✆ 81 56 26 19
PEUGEOT Gar. de la Croisée, ✆ 81 56 22 84 N ✆ 81 67 08 12
RENAULT Gar. Duquet, 62 Grande-Rue ✆ 81 56 23 07 N ✆ 81 56 41 56

Le VAL-D'AJOL 88340 Vosges 62 ⑯ G. Alsace Lorraine – 4 877 h alt. 346.

Office de Tourisme 93 Grande-Rue ☎ 29 30 66 69 et pl. Hôtel de Ville (15 juin-15 sept.) ☎ 29 30 61 55.

Paris 373 – Épinal 43 – Luxeuil-les-Bains 17 – Plombières-les-Bains 9 – Remiremont 17 – Vittel 70.

Résidence, r. Mousses ☎ 29 30 68 52, Fax 29 66 53 00, « Parc », – 25 à 80. AE GB
R 95/300, enf. 40 – 35 – **60 ch** 110/360 – ½ P 210/320.

VALDEBLORE (Commune de) 06420 Alpes-Mar. 84 ⑱ ⑲ 115 ⑥ G. Côte d'Azur – 664 h alt. 1 100 – Sports d'hiver à la Colmiane : 1 400/1 800 m 8.

Paris 847 – Cannes 89 – ♦Nice 70 – St-Étienne-de-Tinée 46 – St-Martin-Vésubie 11.

à La Bolline : – 06420 St-Sauveur-de-Tinée

Valdeblore, ☎ 93 02 81 05, ← – AE GB
fermé 15 nov. au 26 déc., dim. soir et lundi – **R** 90/130 – 25 – **16 ch** 190/270 – ½ P 210/250.

à St-Dalmas-Valdeblore – alt. 1300 – 06420 St-Sauveur-de-Tinée.

Voir Pic de Colmiane ** E 4,5 km accès par télésiège.

Aub. des Murès, ☎ 93 02 80 11, ←, AE GB JCB. rest
R 85/125, enf. 60 – 30 – **9 ch** 290/310 – ½ P 300/330.

Lou Mercantour, ☎ 93 02 80 21, ←
15 juin-15 sept. et vacances scolaires – **R** 110/150 – 30 – **22 ch** 220/350 – ½ P 230/300.

VAL-D'ISÈRE 73150 Savoie 74 ⑲ G. Alpes du Nord – 1 701 h alt. 1 840 – Sports d'hiver : 1 750/3 300 m 5 43.

Voir Rocher de Bellevarde *** par téléphérique.

Office de Tourisme Maison de Val d'Isère ☎ 79 06 10 83 avec Val Hôtel (Réservations d'hôtels) ☎ 79 06 18 90, Télex 980077.

Paris 666 – Albertville 83 – Briançon 133 – Chambéry 130.

Christiania M, ☎ 79 06 08 25, Télex 309782, Fax 79 41 11 10, ←, – 40. GB. rest
hôtel : 1er déc.-1er mai ; rest. : 20 déc.-20 avril – **R** 250 (dîner) et carte 230 à 400 – **57 ch** 1316/1802, 11 appart. – ½ P 896/1056.

Sofitel M, ☎ 79 06 08 30, Télex 980558, Fax 79 06 04 41, ←, ch – 50. AE GB
4 juil.-23 août et 1er déc.-4 mai – **R** 260/290 – **48 ch** 1020/1580, 5 appart. – ½ P 870/930.

Latitudes M, ☎ 79 06 18 88, Télex 319113, Fax 79 06 18 87, – 80
saisonnier – **95 ch.**

Tsanteleina M, ☎ 79 06 12 13, Fax 79 41 14 16, ←, AE GB JCB. rest
26 juin-29 août et 4 déc.-10 mai – **R** 200/400 – 65 – **32 ch** 560/790, 37 appart. – ½ P 570/870.

Blizzard M, ☎ 79 06 02 07, Fax 79 06 04 94, ←, – 50. AE GB. rest
9 juil.-29 août et 1er déc.-2 mai – **R** 170/270 – **70 ch** 1150, 10 appart. – ½ P 560/710.

Gd Paradis, ☎ 79 06 11 73, Télex 309731, Fax 79 41 11 13, ←, ch – 25. AE GB. rest
1er juil.-30 août et 1er déc.-10 mai – **R** 160/330, enf. 85 – 75 – **40 ch** 600/1000, 4 appart. – ½ P 700/950.

Mercure Village M, ☎ 79 06 12 93, Télex 309150, Fax 79 41 11 12, ← – 40. AE GB. rest
fermé 10 mai au 15 juin – **R** carte 150 à 210 – **41 ch** 520/1100 – ½ P 620/710.

Altitude M, ☎ 79 06 12 55, Fax 79 41 11 09, ←, AE GB.
3 juil.-29 août et 3 déc.-5 mai – **R** 150, enf. 80 – **40 ch** 600/900 – ½ P 560/600.

La Galise M, ☎ 79 06 05 04, Fax 79 41 16 16 – GB. rest
1er déc.-30 avril – **R** (dîner seul.) 120/170 – 60 – **30 ch** 480/720 – ½ P 500/550.

Bellier, ☎ 79 06 03 77, Fax 79 41 14 11, ←, AE GB JCB
1er juil.-25 août et 1er nov.-1er mai – **R** (dîner seul.) carte 170 à 210 – 58 – **20 ch** 500/870 – ½ P 460/750.

Chamois d'Or, ☎ 79 06 00 44, Fax 79 41 16 58, ← – GB.
1er juil.-31 août et 19 déc.-2 mai – **R** 95/135 – **24 ch** (½ pens. seul.) – ½ P 270/420.

L'Avancher, rte Fornet ☎ 79 06 02 00, Fax 79 41 16 07, – GB
1er juil.-30 août et 1er déc.-8 mai – **R** (dîner seul. en hiver) 130/160 – 42 – **16 ch** 260/550 – ½ P 430.

Le Solaise, ☎ 79 06 08 10 – AE GB
20 déc.-1er avril et fermé mardi – **R** (dîner seul.) 250/500.

à la Daille NO : 2 km – ✉ **73150** Val-d'Isère.

ℹ Office de Tourisme (déc.-fin avril) ✆ 79 06 14 93.

Samovar, ✆ 79 06 13 51, Fax 79 41 11 08, ← – TV ☎ 🚗. GB. rest
hôtel : 1er déc.-30 avril ; rest. : 20 déc.-30 avril – **R** (dîner seul.) 200/250 – ☕ 84 – **18 ch** 680/740 – ½ P 640/740.

VALDOIE **90** Ter.-de-Belf. 66 ⑧ – rattaché à Belfort.

VALENÇAY **36600** Indre 64 ⑱ **G. Châteaux de la Loire** (plan) – 2 912 h alt. 140.

Voir Château★★.

ℹ Office de Tourisme à l'Hôtel de Ville ✆ 54 00 14 33 et av. Résistance (15 juin-15 sept.) ✆ 54 00 04 42.

Paris 237 – Blois 55 – Bourges 72 – Châteauroux 42 – Loches 48 – Vierzon 49.

✿ **Espagne** (Fourré) 🌿, 9 r. du Château ✆ 54 00 00 02, Télex 751675, Fax 54 00 12 63, 🍽, « Terrasse fleurie » – TV ☎ P. AE ⓓ GB
fermé 3 janv. au 15 fév., dim. soir et lundi en nov.-déc. – **R** 180/300 et carte 300 à 450, enf. 120 – ☕ 75 – **8 ch** 450/650, 6 appart. – ½ P 850/950
Spéc. Escalope de foie gras de canard aux raisins. Pigeon rôti à l'ail en chemise. Bombe "Talleyrand". **Vins** Valençay, Reuilly.

Médiathel M, 94 r. Nationale ✆ 54 00 38 00, Fax 54 00 38 38, 🍽, 🏋, 🏊 – 🛗 ⊁ ch TV ☎ ♿ P – 🎪 25 à 150. AE ⓓ GB. rest
Le Jacques Coeur R 130/180 – ☕ 45 – **54 ch** 350/450 – ½ P 375.

à Veuil S : 6 km par D 15 et VO – ✉ **36600** :

XX **St Fiacre,** ✆ 54 40 32 78, 🍽, intérieur rustique – GB
fermé 10 au 20 janv., mardi soir et merc. sauf fériés – **R** 170, enf. 70.

à Vicq-sur-Nahon S : 7,5 km par D 15 – ✉ **36600** :

XX **Aub. du Nahon,** ✆ 54 40 35 26, 🍽 – GB.
fermé 12 fév. au 6 mars, dim. soir et lundi sauf fériés – **R** 110/200, enf. 50.

CITROEN Huard ✆ 54 00 05 35 🅽
PEUGEOT-TALBOT Debrais ✆ 54 00 17 99
RENAULT Brault Gar. du Château ✆ 54 00 02 24

VALENCE P **26000** Drôme 77 ⑫ **G. Vallée du Rhône** – 63 437 h alt. 123.

Voir Maison des Têtes★ CY – Intérieur★ de la cathédrale BZ – Champ de Mars ←★ BZ – Sanguines de Hubert Robert★★ au musée BZ **M.**

⛳9 des Chanalets ✆ 75 55 16 23, par ① : 6 km ; ⛳18 de St-Didier ✆ 75 59 67 01, E : 14 km par D 119.

✈ de Valence-Chabeuil : ✆ 75 85 26 26, par ③ : 5 km B YZ.

ℹ Office de Tourisme pl. Leclerc ✆ 75 43 04 88 A.C. de la Drôme, 33 bis av. F.-Faure ✆ 75 43 61 07.

Paris 561 ① – Avignon 127 ⑤ – ♦Grenoble 92 ② – ♦Marseille 212 ⑤ – Nîmes 150 ⑤ – Le Puy-en-Velay 114 ⑦ – ♦St-Étienne 118 ①.

Plan page suivante

Novotel M, 217 av. Provence ✆ 75 42 20 15, Télex 345823, Fax 75 43 56 29, 🍽, 🏊, 🌳, 🎾 – 🛗 ⊁ ch ▤ rest TV ☎ ♿ P – 🎪 25 à 250. AE ⓓ GB — AX **a**
R carte environ 150 🍷, enf. 55 – ☕ 49 – **107 ch** 450/470.

Yan's H. M sans rest, près centre hospitalier ✆ 75 55 52 52, Fax 75 42 27 37, 🏊, 🌳 – ▤ TV ☎ ♿ P – 🎪 50. AE GB — AX **b**
☕ 40 – **38 ch** 310/410.

Valsud M, sortie autoroute Valence-Sud ✆ 75 40 80 70, Télex 346506, Fax 75 44 39 20, 🏊 – 🛗 ▤ TV ☎ ♿ P – 🎪 30 à 80. AE ⓓ GB — AX **d**
R 82 🍷, enf. 40 – ☕ 32 – **75 ch** 285/320.

Ibis, 355 av. Provence ✆ 75 44 42 54, Télex 345384, Fax 75 44 48 80, 🍽, 🏊 – 🛗 ⊁ ch ▤ rest TV ☎ P – 🎪 25. AE GB — AX **n**
R 90/120 🍷, enf. 39 – ☕ 35 – **86 ch** 305/350.

France sans rest, 16 bd Gén. de Gaulle ✆ 75 43 00 87, Fax 75 55 90 51 – 🛗 ▤ TV ☎ 🚗 – 🎪 25. AE ⓓ GB — CZ **w**
☕ 29 – **34 ch** 226/315.

Park-H. sans rest, 22 r. J. Bouin ✆ 75 43 37 06, Fax 75 42 43 55 – TV ☎ 🚗. AE ⓓ GB
fermé 23 déc. au 11 janv. – ☕ 28 – **21 ch** 225/285. — BY **u**

Europe sans rest, 15 av. F. Faure ✆ 75 43 02 16 – TV ☎ 🚗. AE ⓓ GB — DY **r**
☕ 28 – **26 ch** 110/295.

Paris sans rest, 30 av. P. Sémard ✆ 75 44 02 83, Fax 75 41 49 61 – 🛗 ⊁ ch TV ☎. AE ⓓ GB JCB — CZ **h**
fermé 24 déc. au 2 janv. – ☕ 25 – **36 ch** 180/280.

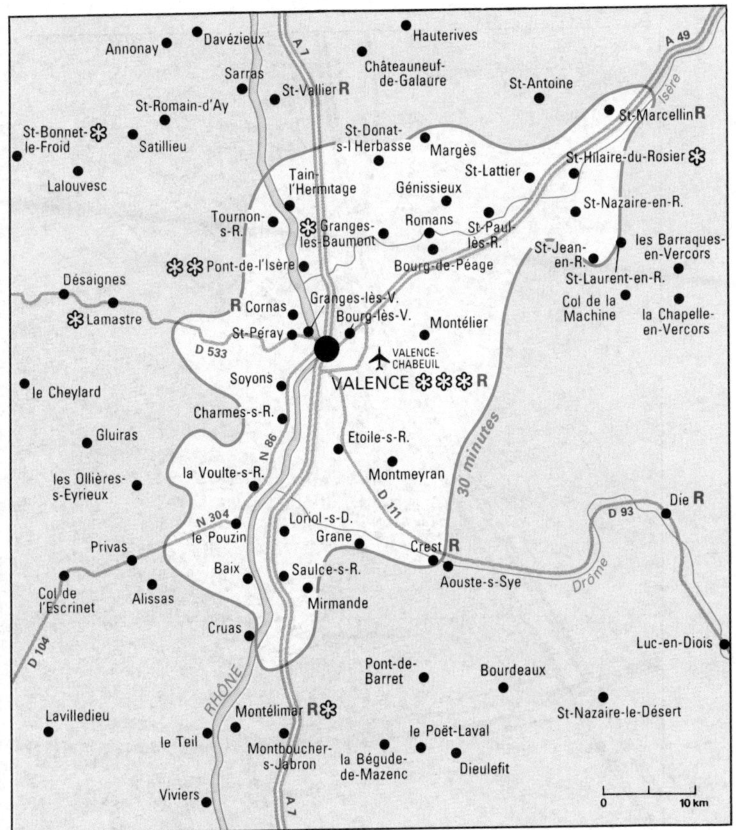

Primevère M, rte Romans, Z.A. des Couleures ✆ 75 56 50 00, Télex 651530, Fax 75 56 40 90, – TV ☎ ♿ P – 50 — AV e
54 ch.

Lyon sans rest, 23 av. P. Sémard ✆ 75 41 44 66, Fax 75 44 72 32 – TV ☎ – 50. GB — CZ e
26 – **56 ch** 150/255.

Négociants, 27 av. P. Sémard ✆ 75 44 01 86, Télex 305551, Fax 75 44 77 57 – TV ☎ — CZ f
AE GB JCB
fermé 20 déc. au 4 janv. – **R** *(fermé dim.)* 55/160, enf. 52 – 32 – **36 ch** 260/290 – ½ P 225/240.

St-Jacques, 9 fg St-Jacques ✆ 75 42 44 60, Fax 75 42 70 88 – ☎ P. AE GB — DY n
R *(fermé dim. soir d'oct. à mai)* 70/188, enf. 50 – 35 – **32 ch** 215/265 – ½ P 195.

XXXXX ✿✿✿ **Pic** avec ch, 285 av. V. Hugo ✆ 75 44 15 32, Fax 75 40 96 03, « Jardin ombragé » – TV ☎ P. AE GB. — AX f
fermé 2 au 26 août, dim. soir et merc. – **R** (dim. prévenir) 250 (déj.)/600 et carte 560 à 700 – 80 – **5 ch** 650/1000
Spéc. Galette de truffes et céleri au foie de canard. Filet de loup au caviar. Strate de boeuf au Cornas. **Vins** Condrieu, Hermitage.

XX **Le Saint Ruf,** 9 r. Sabaterie ✆ 75 43 48 64 – AE GB — BY b
fermé 8 au 23 août, 1er au 10 janv., dim. (sauf le midi d'oct. à juin) et lundi – **R** 145/250, enf. 55.

XX **La Licorne,** 13 r. Chalamet ✆ 75 43 76 83 – AE GB — CZ s
fermé 14 juil. au 15 août, sam. midi et dim. – **Repas** (prévenir) 78/160, enf. 50.

XX **La Petite Auberge,** 1 r. Athènes ✆ 75 43 20 30 – AE GB — DY t
fermé 9 au 22 août, merc. soir et dim. sauf fériés – **R** 98/215, enf. 60.

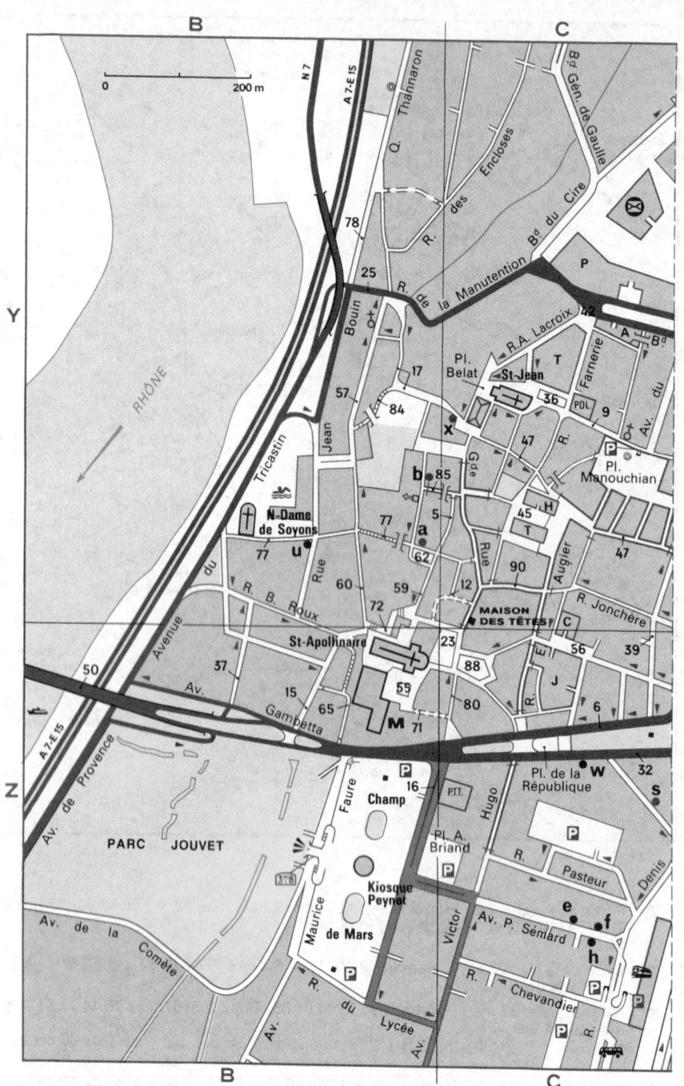

XX **L'Épicerie,** 18 pl. Belat ✆ 75 42 74 46, 🏕 – AE ⓓ GB — BCY **x**
fermé 8 au 22 août, vacances de fév., sam. midi et dim. – **R** 88/298 ♁.

X **Le Coelacanthe,** 3 pl. de la Pierre ✆ 75 42 30 68, 🏕 – ▤. AE ⓓ GB — BY **a**
fermé vacances de nov., de fév., lundi midi, sam. midi et dim. – **R** 85/180 ♁, enf. 55.

à Bourg-lès-Valence – 18 230 h. – ✉ **26500** :

🏨 **Seyvet,** 24 av. Marc-Urtin ✆ 75 43 26 51, Fax 75 55 61 49 – |♦| ▤ rest TV ☎ **P** – 🧑‍🏫 30. AE ⓓ GB — AV **g**
R *(fermé dim. soir du 15 oct. à Pâques)* 90/210 ♁, enf. 50 – ☕ 34 – **34 ch** 220/305 – ½ P 235.

🏨 **Relais Inn** Ⓜ, 159 av. Lyon ✆ 75 82 91 91, Fax 75 82 91 06 – ⇔ ch ▤ TV ☎ ♿ **P** – 🧑‍🏫 50. AE ⓓ GB — AV **t**
R *(fermé dim.)* 69/120 ♁, enf. 39 – ☕ 50 – **45 ch** 215 – ½ P 195.

VALENCE

Les pastilles numérotées des plans de villes ①, ②, ③ sont répétées sur les cartes Michelin à 1/200 000. Elles facilitent ainsi le passage entre les cartes et les guides Michelin.

à Pont de l'Isère par ① : 9 km – ✉ **26600** :

XXXX ✿✿ **Chabran** Ⓜ avec ch, N 7 ✆ 75 84 60 09, Fax 75 84 59 65, 斎 – ▤ TV ☎. AE ⓓ GB
fermé dim. soir (sauf fêtes et vacances scolaires) – **R** 255/525 et carte 380 à 550, enf. 150 – ☕ 70 – **12 ch** 350/660
Spéc. Millefeuille de foie gras aux artichauts et aux courgettes. Nage de sole et langoustines aux "Creuses" de Bretagne. Dos d'agneau cuit à l'os, aux gousses d'ail. **Vins** Crozes-Hermitage, Hermitage.

XXX **Aub. Chalaye,** 17 r. 16-août-1944 ✆ 75 84 59 40, 斎, ⛱, 🌳 – Ⓟ. AE GB
fermé 1er au 14 sept., 6 au 15 janv., lundi soir et mardi – **R** 145/260, enf. 60.

à Granges-lès-Valence (Ardèche) – ✉ **07500** :

🏨 **National,** sur D 533 : 2 km ✆ 75 41 65 33, Fax 75 41 69 05, 斎 – |‡| ▤ rest TV ☎ 🚗 Ⓟ – 🎤 30 à 100. GB. ✻ rest AX **h**
R 78/210 🍷, enf. 45 – ☕ 35 – **52 ch** 220/278 – ½ P 220/250.

VALENCE

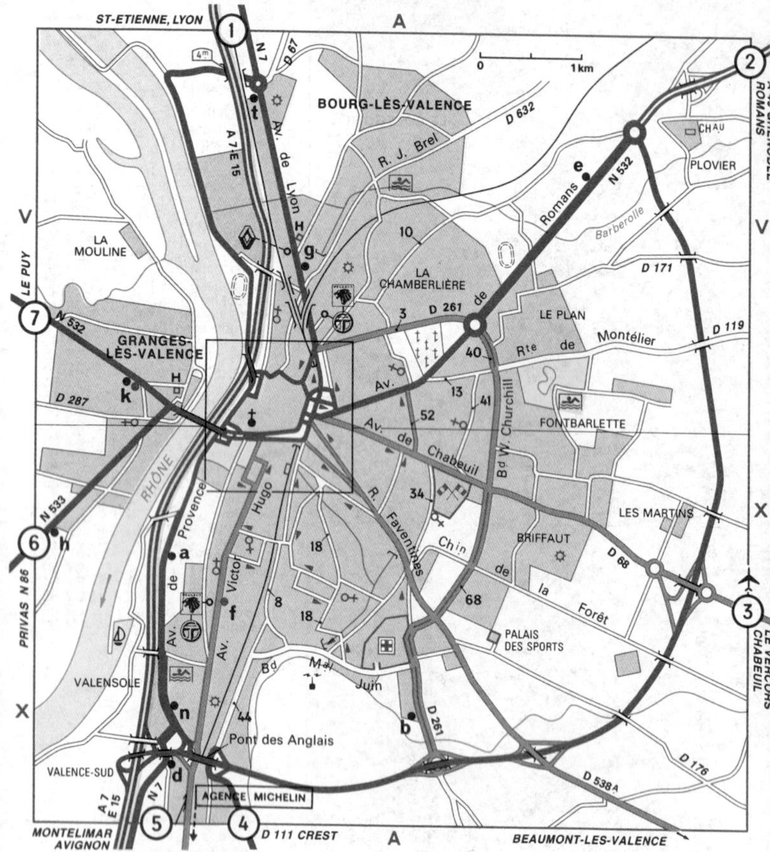

Alpes-Cévennes sans rest, **641 av. République** ℘ **75 44 61 34** – |♦| TV ☎ 🚗. AE GB
☕ 29 – **28 ch** 185/255. AV **k**

XX **Les Trois Canards,** 565 av. République ℘ **75 44 43 24,** – AE ⓓ GB JCB
fermé 7 au 21 août, 2 au 8 janv., dim. soir et lundi – **R** 80/250, enf. 60. AV **k**

MICHELIN, Agence, allée Joule, ZI des Auréats par ⑤ ℘ **75 81 11 11**

BMW Fourel, 37 av. de Marseille ℘ 75 44 20 97
CITROEN Minodier, 126 rte de Beauvallon par ④ ℘ 75 44 31 24 **N**
PEUGEOT-TALBOT SOVACA, 125 av. M.-Faure et 268 av. V.-Hugo **AX** ℘ 75 44 11 66 **N** ℘ 75 81 90 35

Ⓜ Barrial-Pneus, 106 av. V.-Hugo ℘ 75 44 24 43
Dorcier Ayme Pneus, 15 à 19 av. des Beaumes ℘ 75 44 11 40
Euromaster Piot Pneu, av. de Provence, Pont-des-Anglais ℘ 75 44 13 40

Périphérie et environs

CITROEN Gar. Pélissier, 82 av. J.-Jaurès à Portes-lès-Valence par ⑤ ℘ 75 57 30 00 **N**
PEUGEOT-TALBOT Vinson et Verd, 35 r. Cartoucherie à Bourg-lès-Valence **AV** ℘ 75 43 01 92

RENAULT Succursale, av. de Lyon à Bourg-lès-Valence **AV** ℘ 75 79 01 01 **N** ℘ 75 84 22 08

VALENCE 82400 T.-et-G. 79 ⑯ – 4 901 h alt. 69.

Golf Club d'Espalais ✆ 63 29 04 56, S par D 11 : 3 km.

Paris 653 – Agen 25 – Cahors 66 – Castelsarrasin 29 – Moissac 17 – Montauban 48.

Tout va bien, 35 r. République ✆ 63 39 54 83, Fax 63 39 08 30 – TV ☎. AE GB
fermé 21 au 31 déc. – **R** *(fermé dim. soir et lundi midi)* 90/200, enf. 60 – ☐ 30 – **21 ch** 150/300 – ½ P 160/315.

La Campagnette, NE : 2 km par rte Cahors (D 953) ✆ 63 39 65 97, ☂, – P. GB
fermé 1er au 7 juin, 1er au 7 sept., dim. soir et lundi – **R** 150/300.

RENAULT Mosconi ✆ 63 39 52 42

RENAULT Semenadisse ✆ 63 29 03 03 N ✆ 63 39 67 54

VALENCE-SUR-BAÏSE 32310 Gers 82 ④ – 1 157 h alt. 110.

Voir Abbaye de Flaran★ NO : 2 km, G. Pyrénées Aquitaine.

Paris 738 – Auch 36 – Agen 47 – Condom 8.

Ferme de Flaran, rte Condom ✆ 62 28 58 22, Fax 62 28 56 89, ☂, ⛱, – ☎ P – 25. GB
fermé 3 janv. au 2 fév., lundi soir et mardi – **R** 85/200, enf. 65 – ☐ 35 – **13 ch** 220/250 – ½ P 280.

VALENCIENNES ⟨SP⟩ 59300 Nord 53 ④ ⑤ G. Flandres Artois Picardie – 38 441 h alt. 22.

Voir Musée des Beaux-Arts★ BY **M.**

✆ 27 46 30 10, E : 1,5 km CV.

Office de Tourisme 1 r. Askièvre (fermé matin hors saison) ✆ 27 46 22 99 – A.C. 2 r. Mons ✆ 27 46 34 32.

Paris 209 ⑤ – ♦ Lille 50 ⑥ – ♦Amiens 109 ⑤ – Arras 64 ⑤ – Bruxelles 98 ② – Charleroi 77 ② – Charleville-Mézières 127 ③ – ♦Reims 173 ③ – St-Quentin 79 ⑤.

Plans page suivante

Grand Hôtel, 8 pl. Gare ✆ 27 46 32 01, Télex 110701, Fax 27 29 65 57 – TV ☎ – 25 à 100. AE GB — AX **d**
R 98/220 – ☐ 45 – **93 ch** 350/570, 5 appart.

Aub. du Bon Fermier, 66 r. Famars ✆ 27 46 68 25, Télex 810343, Fax 27 33 75 01, « Maison du 16e siècle, décor rustique original » – TV ☎. AE GB — AY **a**
R 160/200 – ☐ 45 – **16 ch** 380/580 – ½ P 365/490.

Notre Dame sans rest, 1 pl. Abbé Thellier de Poncheville ✆ 27 42 30 00, Fax 27 45 12 68 – ch TV ☎. GB — BY **s**
☐ 40 – **36 ch** 270/320.

Bristol sans rest, 2 av. de Lattre-de-Tassigny ✆ 27 46 58 88 – TV ☎ — AX **u**
20 ch.

H. La Coupole sans rest, pl. Gare ✆ 27 46 37 12, Fax 27 33 65 97 – TV ☎. AE GB — AX **e**
☐ 29 – **38 ch** 140/235.

L'Alberoi (Buffet-Gare), ✆ 27 46 86 30, Fax 27 29 80 26 – AE GB — AX
R 120/280, enf. 60.

La Potée, 224 av. Dampierre ✆ 27 41 84 73, ☂ – AE GB — BV **r**
R *(fermé dim. soir, lundi et fériés le soir)* 80/280, enf. 50.

à Quiévrechain par ② et N 30 : 12 km – 6 456 h. – ✉ 59920 :

Au Petit Restaurant, 182 r. J.-Jaurès ✆ 27 45 43 10, ☂ – P. GB
fermé août et lundi – **R** 85/210, enf. 55.

à Sebourg par ③, D 934 et D 250 : 11 km – ✉ 59990 :

H. Jardin Fleuri , ✆ 27 26 53 31, Fax 27 26 50 08, « Parc » – TV ☎ P. GB
fermé 1er au 15 sept. et vacances de fév. – **R** voir rest. Jardin Fleuri ci-après – ☐ 30 – **13 ch** 180/250.

Clos de la Perrière, ✆ 27 26 53 33, ☂, – P. GB
fermé 15 août au 7 sept., vacances de fév. et lundi sauf fériés – **R** 100/170.

Rest. Jardin Fleuri, D 250 ✆ 27 26 53 44, Fax 27 26 52 26, ☂, « Terrasses fleuries », – AE GB
fermé 20 fév. au 8 mars, dim. soir, fériés le soir et merc. – **R** 110/235, enf. 60.

à la Z.I. de Prouvy-Rouvignies par ⑤ et N 30 : 5 km – ✉ 59300 Valenciennes :

Novotel M, ✆ 27 21 12 12, Télex 120970, Fax 27 21 06 02, ☂, ⛱, – ch TV ☎ P – 200. AE GB
R carte environ 150, enf. 50 – ☐ 50 – **76 ch** 425/475.

Campanile, ✆ 27 21 10 12, Télex 810288, Fax 27 21 08 55 – TV ☎ P – 60. AE GB
R 80/102, enf. 39 – ☐ 29 – **105 ch** 268.

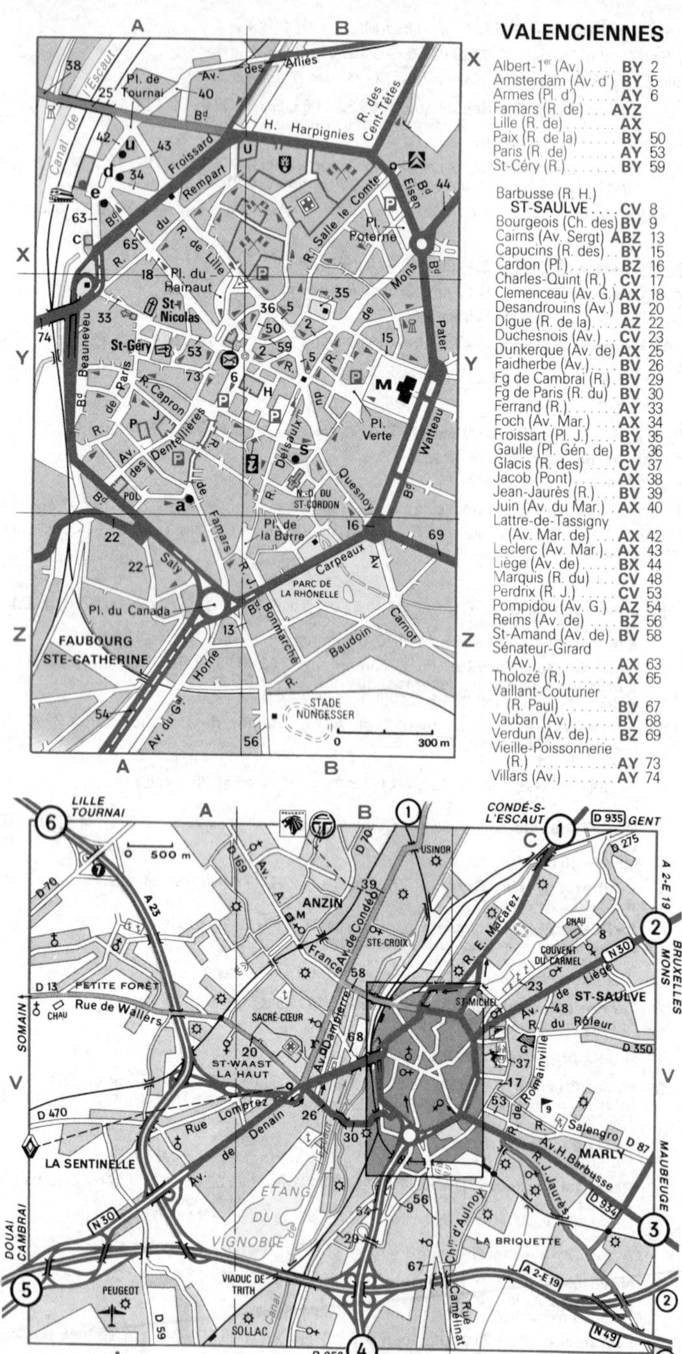
VALENCIENNES
Albert-1er (Av.) . . . BY 2
Amsterdam (Av. d') BY 5
Armes (Pl. d') . . . . AY 6
Famars (R. de) . . . AYZ
Lille (R. de) . . . . . . AX
Paix (R. de la) . . . . BY 50
Paris (R. de) . . . . . AY 53
St-Céry (R.) . . . . . . BY 59
Barbusse (R. H.)
ST-SAULVE . . . . CV 8
Bourgeois (Ch. des) BV 9
Cairns (Av. Sergt) ABZ 13
Capucins (R. des) . . BY 15
Cardon (Pl.) . . . . . BZ 16
Charles-Quint (R.) . CV 17
Clemenceau (Av. G.) AX 18
Desandrouins (Av.) BV 20
Digue (R. de la) . . . AZ 22
Duchesnois (Av.) . . CV 23
Dunkerque (Av. de) AX 25
Faidherbe (Av.) . . . BV 26
Fg de Cambrai (R.) . BV 29
Fg de Paris (R. du) . BV 30
Ferrand (R.) . . . . . . AY 33
Foch (Av. Mar.) . . . AX 34
Froissart (Pl. J.) . . . BY 35
Gaulle (Pl. Gén. de) BY 36
Glacis (R. des) . . . CV 37
Jacob (Pont) . . . . . AX 38
Jean-Jaurès (R.) . . . BV 39
Juin (Av. du Mar.) . AX 40
Lattre-de-Tassigny
(Av. Mar. de) . . . AX 42
Leclerc (Av. Mar.) . . AX 43
Liège (Av. de) . . . . . BX 44
Marquis (R. du) . . . CV 48
Perdrix (R. J.) . . . . CV 53
Pompidou (Av. G.) . AZ 54
Reims (Av. de) . . . . BZ 56
St-Amand (Av. de) . BV 58
Sénateur-Girard
(Av.) . . . . AX 63
Tholozé (R.) . . . . . . AX 65
Vaillant-Couturier
(R. Paul) . . . . . . BV 67
Vauban (Av.) . . . . . . BV 68
Verdun (Av. de) . . . . BZ 69
Vieille-Poissonnerie
(R.) . . . . AY 73
Villars (Av.) . . . . . . AY 74
FAUBOURG
STE-CATHERINE
PARC DE
LA RHÔNELLE
STADE
NUNGESSER
Pl. du Canada
Pl. Verte
Pl. Poterne
Pl. de la Barre
N.-D. DU
ST-CORDON
St-Nicolas
St-Géry
300 m
LILLE
TOURNAI
CONDÉ-S-
L'ESCAUT
GENT
BRUXELLES
MONS
MAUBEUGE
SOMAIN
DOUAI
CAMBRAI
LE CATEAU-CAMBRÉSIS
ANZIN
STE-CROIX
SACRÉ-CŒUR
ST-WAAST
LA HAUT
PETITE FORÊT
Rue de Wallers
LA SENTINELLE
ÉTANG
DU
VIGNOBLE
VIADUC DE
TRITH
PEUGEOT
SOLLAC
USINOR
ST-MICHEL
COUVENT
DU CARMEL
ST-SAULVE
MARLY
LA BRIQUETTE
500 m

à Haulchin SO : 10 km par ⑤ et N 30 – ✉ **59121** :

XXX **Clos St Hugues,** 3 r. P. Vaillant-Couturier ✆ 27 43 80 83, Fax 27 31 49 52, 🏠, ⛱ – **P**. AE GB
fermé vacances de fév., dim. soir et merc. – **R** 90/250, enf. 68.

à Raismes NO : 5 km par D 169 – 14 099 h. – ✉ **59590** :

XXX **La Grignotière,** ✆ 27 36 91 99 – AE ⓓ GB
fermé 4 au 25 août, 5 au 12 fév., dim. soir et lundi sauf fériés le midi – **R** 110/220, enf. 50.

BMW MDA Automobiles, Parc d'Activités Lavoisier à Petite-Forêt ✆ 27 41 01 00 **N** ✆ 27 44 04 00
CITROEN Filiale Citroën Nord, bd Eisen ✆ 27 46 56 80 **N** ✆ 27 29 47 77
LANCIA-AUTOBIANCHI Gar. du Centre, ZI n° 4, 200 r. Pdt Lecuyer à St-Saulve ✆ 27 46 09 92
MERCEDES Marty et Lecourt 147 av. de Liège ✆ 27 28 00 00
NISSAN Le Relais, 17 r. W.-Rousseau à Anzin ✆ 27 29 03 49
PEUGEOT-TALBOT Caffeau et Ruffin, 136 à 162 r. J.-Jaurès à Anzin ✆ 27 46 02 03
RENAULT Succursale, 20 av. Denain ✆ 27 14 70 70 **N**
ROVER Service Auto Européen, ZI à St-Saulve ✆ 27 33 08 96
SEAT Car Services, r. Vieux Prés, ZI n° 4 à St-Saulve ✆ 27 29 87 13
V.A.G S.A.D.I.A.V., 114 rte Nationale à Aulnoy ✆ 27 29 03 03

Ⓜ Euromaster Fischbach Pneu Service, ZI n° 2 Rouvignies à Prouvy ✆ 27 21 02 54
Joncourt Pneus, 152 av. de Denain ✆ 27 29 74 10
Lotterie, 4 bd Saly, sortie Valenciennes Sud ✆ 27 46 41 06
Pneus et Services D.K., 317 av. Dampierre ✆ 27 46 47 03

Ne prenez pas la route au hasard !
Michelin vous apporte à domicile
ses conseils routiers, touristiques, hôteliers :
36.15 MICHELIN sur votre Minitel !

VALENSOLE **04210** Alpes-de-H.-P. 81 ⑯ **G. Alpes du Sud** – 2 202 h alt. 569.

Paris 764 – Digne-les-Bains 46 – Brignoles 71 – Castellane 72 – Forcalquier 30 – Manosque 19 – Salernes 60.

Piès, ✆ 92 74 83 13, 🏠, ⛱ – TV ☎ **P**. GB
fermé 6 janv. au 6 fév. et merc. du 1er nov. au 31 mars – **Repas** 75/180 ♁, enf. 50 – ☕ 35 – **16 ch** 240/280 – ½ P 280.

CITROEN Tardieu ✆ 92 74 80 43
PEUGEOT TALBOT Meyer ✆ 92 74 92 21
RENAULT Taix ✆ 92 74 80 15

VALENTIGNEY **25700** Doubs 66 ⑱ – 13 133 h alt. 340.

Paris 484 – ◆Basel 69 – Belfort 25 – ◆Besançon 85 – Montbéliard 12 – Morteau 67.

Voir plan de Montbéliard agglomération.

OPEL S.A.C.M.A., 1 rte de Belchamp ✆ 81 30 66 11
CONSTRUCTEUR : S.A. Peugeot Motocycles, à Beaulieu-Mandeure CZ ✆ **81 91 83 21**

La VALETTE-DU-VAR **83** Var 84 ⑮ – rattaché à Toulon.

VALGORGE **07110** Ardèche 80 ⑧ **G. Vallée du Rhône** – 430 h alt. 561.

Paris 621 – Alès 75 – Aubenas 40 – Langogne 51 – Privas 70 – Le Puy-en-Velay 80 – Vallon-Pont-d'Arc 45.

Le Tanargue 🐌, ✆ 75 88 98 98, Fax 75 88 96 09, ≤, parc – |♦| ☎ 🚗 **P**. ⓓ GB
fermé 1er janv. au 10 mars – **R** (en saison prévenir) 92/185, enf. 50 – ☕ 35 – **25 ch** 270/350 – ½ P 260/340.

VALLAURIS **06** Alpes-Mar. 84 ⑨, 115 ㉟ ㊴ – rattaché à Cannes.

VALLERAUGUE **30570** Gard 80 ⑯ **G. Gorges du Tarn** – 1 091 h alt. 438.

Paris 696 – Mende 99 – Millau 73 – Nîmes 86 – Le Vigan 21.

Host. Les Bruyères, ✆ 67 82 20 06, 🏊 – ☎ 🚗. ⓓ GB
15 mai-30 sept. – **R** (résidents seul.) 85/150, enf. 50 – ☕ 26 – **28 ch** 180/280 – ½ P 180/210.

XX **Petit Luxembourg** avec ch (annexe 🏠 10 ch), ✆ **67 82 20 44** – TV ☎. AE GB
fermé janv., dim. soir et lundi hors sais. – **R** 75/198 ♁, enf. 45 – ☕ 30 – **8 ch** 240/280 – ½ P 250.

VALLET **44330** Loire-Atl. 67 ④ – 6 116 h alt. 53.

i Syndicat d'Initiative 4 pl. Ch.-de-Gaulle (15 avril-sept.) ✆ 40 36 35 87.

Paris 374 – ◆Nantes 26 – Ancenis 26 – Cholet 34 – Clisson 10.

XX **Don Quichotte** M avec ch, **35 rte Clisson** ✆ **40 33 99 67,** 🏠, ⛱ – TV ☎ ♿ **P**. ⓓ GB
fermé 1er au 17 janv. – **R** *(fermé dim. soir et les soirs fériés)* 110/235 – ☕ 32 – **12 ch** 265/295 – ½ P 320.

CITROEN Gar. Herbreteau ✆ 40 33 92 39
RENAULT Gar. Leray ✆ 40 36 24 11 **N**

VALLOIRE **73450** Savoie 77 ⑦ **G. Alpes du Nord** – 1 012 h alt. 1 430 – Sports d'hiver : 1 430/2 600 m 1 31.

Voir Col du Télégraphe ≤★ N : 5 km.

Altiport de Bonnenuit ✆ **79 59 02 00.**

Office de Tourisme (saison) ✆ 79 59 03 96, Télex 980553.

Paris 647 – Albertville 93 – Briançon 52 – Chambéry 103 – Lanslebourg-Mont-Cenis 57 – Col du Lautaret 24 – St-Jean-de-Maurienne 31.

La Sétaz et rest. Le Gastilleur, ✆ 79 59 01 03, Fax 79 59 00 63, ≤, – ☎ . AE GB. rest
5 juin-22 sept. et 18 déc.-vacances de printemps – **Repas** 105/185, enf. 38 – 38 – **22 ch** 280/380 – ½ P 385/415.

Gd Hôtel Valloire et Galibier, ✆ 79 59 00 95, Fax 79 59 09 41, ≤, – ☎ – 40. AE GB
15 juin-12 sept. et 18 déc.-16 avril – **R** 85/182, enf. 50 – 42 – **46 ch** 320/440 – ½ P 430/495.

Christiania, ✆ 79 59 00 57, Fax 79 59 00 06 – ☎. GB. rest
20 juin-10 sept. et 10 déc.-25 avril – **R** 90/175 – 35 – **26 ch** 250/340 – ½ P 350/380.

Club les Carrettes, ✆ 79 59 00 99, Fax 79 59 05 60, ≤, , – ch ☎ . GB. ch
juil.-août et 20 déc.-10 avril – **R** 88/108, enf. 38 – 34 – **30 ch** 280/340.

Gentianes, ✆ 79 59 03 66, – . GB
3 juil.-20 sept. et 20 déc.-31 mars – **R** 85/125 – 30 – **24 ch** 145/290 – ½ P 215/290.

aux Verneys S : 2 km – ✉ **73450** Valloire :

Relais du Galibier, ✆ 79 59 00 45, Fax 79 83 31 89, ≤, – ☎ . GB
20 juin-20 sept et 1er déc.-15 avril – **R** 90/185, enf. 45 – 32 – **26 ch** 190/330 – ½ P 255/355.

Crêt Rond, ✆ 79 59 01 64 – ☎ . GB
1er juil.-30 sept. et 20 déc.-30 avril – **R** 80/140, enf. 35 – 32 – **19 ch** 175/250 – ½ P 250/290.

Gar. Bouvet ✆ 79 59 02 40

En juin et en septembre,
les hôtels sont moins chers qu'en pleine saison, le service est plus soigné.

VALLON-PONT-D'ARC **07150** Ardèche 80 ⑨ **G. Provence** – 1 914 h alt. 118.

Voir Gorges de l'Ardèche★★★ au SE – Arche★★ de Pont d'Arc SE : 5 km.

Env. Aven de Marzel★★ SE : 19 km.

Paris 657 – Alès 46 – Aubenas 28 – Avignon 79 – Carpentras 87 – Mende 114 – Montélimar 48.

SE par rte des gorges : 6,5 km – ✉ **07150** Vallon pont d'Arc :

Chames , ✆ 75 88 11 33, Fax 75 88 10 20, ≤, , – ☎ . GB
1er avril-30 sept. – **R** 95/165 , enf. 50 – 35 – **28 ch** 250/300 – ½ P 280.

VALLORCINE **74660** H.-Savoie 74 ⑨ **G. Alpes du Nord** – 329 h alt. 1 261 – Sports d'hiver : 1 260/1 500 m 2.

Syndicat d'Initiative pl. Gare (saison) ✆ 50 54 60 71.

Paris 628 – Chamonix-Mont-Blanc 16 – Annecy 110 – Thonon-les-Bains 97.

Ermitage , au **Buet** SO : 2 km par N 506 et VO ✆ 50 54 60 09, ≤, , – ☎ . GB. rest
mi-juin-fin sept., vacances de Noël et 1er fév.-31 mai – **R** *(fermé merc. midi en sept. et d'avril à juin)* 120/180, enf. 70 – 43 – **15 ch** 340 – ½ P 330.

Mont-Blanc, ✆ 50 54 60 02, ≤, – ☎ . GB
26 mai-1er juin, 19 juin-19 sept., 22 déc.-3 janv. et 29 janv.-27 mars – **R** 75/125 – 29 – **24 ch** 184/340 – ½ P 200/270.

VALLOUX **89** Yonne 65 ⑯ – rattaché à Avallon.

VALMOREL **73** Savoie 74 ⑰ **G. Alpes du Nord** – alt. 1 400 – Sports d'hiver : 1 270/2 403 m 2 28 – ✉ **73260** Aigueblanche.

Paris 622 – Albertville 40 – Chambéry 86 – Moutiers 19.

Planchamp , ✆ 79 09 83 91, Fax 79 09 83 93, ≤ – ☎. GB. rest
9 juil.-30 août et 15 déc.-15 avril – **R** 115/450 – 69 – **30 ch** 560 – ½ P 565.

VALOGNES **50700** Manche 54 ② **G. Normandie Cotentin** – 7 412 h alt. 35.

9 de Fontenay-en-Cotentin ✆ 33 21 44 27, par ② : 11 km.

de Cherbourg-Maupertus : ✆ 33 22 91 32, par ① : 18 km par D 24.

Syndicat d'Initiative pl. Château (juil.-août) ✆ 33 40 11 55.

Paris 341 ② – Cherbourg 19 ⑤ – ◆Caen 103 ② – Coutances 56 ③ – St-Lô 57 ②.

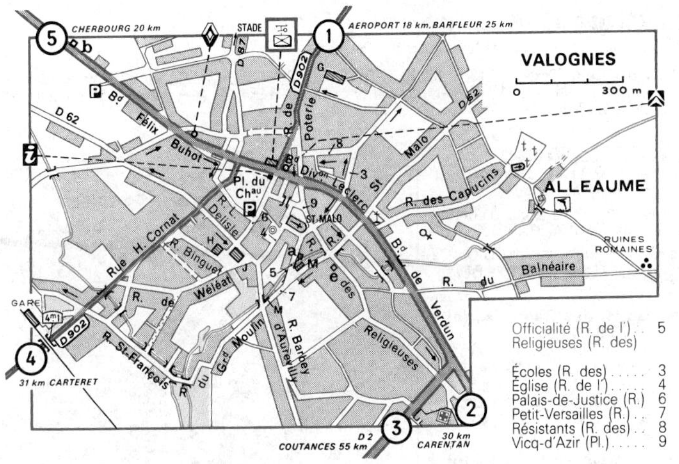

Haut Gallion [M], rte Cherbourg **(b)** ✆ 33 40 40 00, Fax 33 95 20 20 – TV ☎ ♿ P – 🅰 50. AE ⓓ GB
fermé 17 déc. au 3 janv. – **R** *(fermé vend. soir du 1er oct. au 1er mai et sam. midi)* 70/230, enf. 47 – ☕ 31 – **40 ch** 260.

Louvre, 28 r. Religieuses **(e)** ✆ 33 40 00 07 – ☎ 🚗 P. GB
fermé 1er déc. au 5 janv. et sam. sauf juil. à sept. – **R** 56/90 🍷 – ☕ 22 – **20 ch** 95/240 – ½ P 200.

Le Carillon, 13 r. Officialité **(a)** ✆ 33 40 30 40 – GB
fermé 12 au 28 juil., 20 déc. au 4 janv., dim. (sauf le midi de sept. à juin) et lundi – **R** (prévenir) 85/250.

CITROEN Gar. Jacqueline, bd Division-Leclerc ✆ 33 40 17 59
OPEL Gar. Luce, Tapotin à Yvetot-Bocage ✆ 33 40 29 09
PEUGEOT-TALBOT Valognes Autom., N 13 par ② ✆ 33 40 09 38
RENAULT Gar. Mangon, 10 bd F.-Buhot ✆ 33 95 05 20 N ✆ 05 05 15 15

VALRAS-PLAGE 34350 Hérault 83 ⑮ G. Gorges du Tarn – 3 043 h – Casino.

Office de Tourisme pl. R.-Cassin ✆ 67 32 36 04.

Paris 828 – ♦ Montpellier 71 – Agde 24 – Béziers 14.

Albizzia [M] sans rest, bd Chemin Creux ✆ 67 37 48 48, 🏖 – ☎ ♿ P. GB
☕ 37 – **28 ch** 310/400.

Moderne, pl. Gén. de Gaulle ✆ 67 32 25 86, Fax 67 32 51 21, 🍽 – ▤ ch ☎. AE GB. ✂ rest
15 mai-20 sept. – **R** 63/135, enf. 40 – ☕ 40 – **31 ch** 195/360 – ½ P 240/290.

La Chaumière, ✆ 67 32 04 78, 🍽 – ☎. GB
fermé 15 janv. à fin fév., lundi soir et mardi de nov. à mi-avril – **R** 55/200, enf. 35 – ☕ 30 – **14 ch** 240/245 – ½ P 240.

Au Fer à Cheval, av. des Elysées ✆ 67 37 44 00, Fax 67 37 45 00, 🍽
saisonnier.

Méditerranée avec ch, ✆ 67 32 38 60, Fax 67 32 30 91 – ▤ rest ☎. AE GB
hôtel : Pâques-fin oct. ; rest. : fermé 12 au 30 nov. et vacances de fév. – **R** *(fermé le soir du 11 nov. à Pâques)* 80/250 – ☕ 30 – **12 ch** 230/260 – ½ P 240.

VALRÉAS 84600 Vaucluse 81 ② G. Provence (plan) – 9 069 h alt. 270.

Office de Tourisme, pl. A.-Briand ✆ 90 35 04 71.

Paris 642 – Avignon 70 – Crest 52 – Montélimar 34 – Nyons 14 – Orange 35 – Pont-St-Esprit 38.

Grand Hôtel, 28 av. Gén. de Gaulle ✆ 90 35 00 26, Fax 90 35 60 93, 🍽, 🌳 – TV ☎ 🚗. GB. ✂ rest
fermé 23 déc. au 28 janv., dim. (sauf hôtel en sais.) et sam. soir de nov. à mars – **R** 100/300 🍷 – ☕ 35 – **13 ch** 250/390 – ½ P 280/340.

CITROEN Gar. Giai, rte d'Orange ✆ 90 35 14 60
PEUGEOT TALBOT Ets Ginoux rte d'Orange ✆ 90 35 01 53
Ayme Pneus, 3 r. Marie-Vierge ✆ 90 35 19 08

Les prix Pour toutes précisions sur les prix indiqués dans ce guide, reportez-vous aux pages explicatives.

VALROS 34290 Hérault 83 ⑮ – 1 021 h alt. 75.

Paris 761 – ♦ Montpellier 57 – Agde 19 – Béziers 16 – Pézenas 7.

Aub. de la Tour, N 113 ✆ 67 98 52 01, Fax 67 98 65 31, – GB
fermé 15 déc. au 1er fév. et merc. hors sais. – **R** 95/224 – 32 – **18 ch** 240/280 – ½ P 247/267.

VALS-LES-BAINS 07600 Ardèche 76 ⑲ **G. Vallée du Rhône** – 3 661 h alt. 248 – Stat. therm. – Casino.

Office de Tourisme et du Thermalisme r. J.-Jaurès ✆ 75 37 49 27.

Paris 634 ② – Le Puy-en-Velay 86 ③ – Aubenas 5 ③ – Langogne 57 ③ – Privas 33 ②.

Gd H. des Bains, **(a)** ✆ 75 94 65 55, Fax 75 37 67 02, parc – 40. AE GB JCB
fermé 31 déc. au 15 mars – **R** 150/280 – 50 – **63 ch** 350/630 – P 430/580.

Vivarais, av. C. Expilly **(e)** ✆ 75 94 65 85, Fax 75 37 65 47, – AE GB JCB
R *(fermé 1er fév. au 15 mars)* 130/350 bc – 48 – **47 ch** 320/600 – P 450/600.

Lyon, av. P. Ribeyre **(s)** ✆ 75 37 43 70, Fax 75 37 59 11, – AE GB
3 avril-5 oct. – **R** 100/190, enf. 50 – 38 – **35 ch** 290/380 – ½ P 280/380.

Europe sans rest, r. J. Jaurès **(r)** ✆ 75 37 43 94, Fax 75 94 66 62 – AE GB
1er mai-30 sept. – 35 – **32 ch** 200/350.

St-Jean, r. J. Jaurès **(u)** ✆ 75 37 42 50, Fax 75 37 54 77 – GB. rest
fin avril-2 nov. – **R** 84/170, enf. 50 – 30 – **32 ch** 220/280 – P 298/328.

Runel, r. J. Jaurès **(b)** ✆ 75 37 48 57, – AE GB
fermé vacances de fév., dim. soir et lundi (sauf fériés) de sept. à juin – **R** 125/250, enf. 70.

VAL-SUZON 21121 Côte-d'Or 66 ⑪ **G. Bourgogne** – 194 h alt. 363.

Paris 301 – ♦ Dijon 18 – Auxerre 138 – Avallon 94 – Châtillon-sur-S. 68 – Montbard 59 – Saulieu 71.

Host. Val-Suzon avec ch, N 71 ✆ 80 35 60 15, Fax 80 35 61 36, « Jardin fleuri avec volière » – AE GB. rest
fermé 15 déc. au 2 janv., jeudi midi et merc. sauf juil.-août – **R** (nombre de couverts limité, prévenir) 180/380, enf. 85 – 48 – **7 ch** 350/370 – ½ P 378/423.

Annexe Chalet de la Fontaine aux Geais M, ✆ 80 35 61 19, Télex 351454, Fax 80 35 61 36 – AE GB. rest
fermé 15 déc. au 2 janv. et merc. sauf juil.-août – 48 – **9 ch** 450/490 – ½ P 453/473.

VAL-THORENS 73 Savoie 77 ⑧ **G. Alpes du Nord** – alt. 2 300 – Sports d'hiver : 1 800/3 300 m 4 31 – ✉ 73440 St-Martin-de-Belleville.

Office de Tourisme (saison) ✆ 79 00 08 08, Télex 980572.

Paris 644 – Albertville 61 – Chambéry 108 – Moûtiers 34.

Fitz Roy H. M 🐎, ☎ 79 00 04 78, Télex 309707, Fax 79 00 06 11, ≤, 🍽, 🏋, ⛱ – 🛗 ▤ rest TV ☎ ♿. AE ⓪ GB. ✗ rest
1er déc.-10 mai – **R** 220/500 – **30 ch** (1/2 pens. seul.), 3 appart., 3 duplex – 1/2 P 1100/1300.

Le Val Thorens M 🐎, ☎ 79 00 04 33, Télex 309142, Fax 79 00 09 40, ≤, 🍽, 🏋 – 🛗 TV ☎. AE ⓪ GB. ✗ rest
1er déc.-1er mai – **R** 120/195 – **81 ch** ☕ 822/1204 – 1/2 P 722/759.

Novotel M 🐎, ☎ 79 00 04 04, Télex 980230, Fax 79 00 05 93, ≤, 🍽 – 🛗 TV ☎ – 🏛 100. AE ⓪ GB. ✗ rest
1er déc.-2 mai – **R** carte environ 160 🍷, enf. 70 – ☕ 48 – **104 ch** 910 – 1/2 P 638.

Bel Horizon M 🐎, ☎ 79 00 04 77, Fax 79 00 06 08, ≤, 🍽, 🏋 – 🛗 TV ☎. AE GB. ✗
15 déc.-5 mai – **R** 150 🍷 – **31 ch** (1/2 pens. seul.) – 1/2 P 650/705.

Le Sherpa M 🐎, ☎ 79 00 00 70, Télex 309279, Fax 79 00 08 03, ≤, 🏋 – 🛗 TV ☎. ✗ rest
12 déc.-3 mai – **R** 165 – ☕ 58 – **40 ch** (1/2 pens. seul.) – 1/2 P 600.

Trois Vallées 🐎, ☎ 79 00 01 86, Fax 79 00 04 08, ≤ – TV ☎. GB. ✗ rest
25 oct.-15 mai – **R** (dîner seul.) 100/145, enf. 49 – ☕ 55 – **28 ch** 500/550 – 1/2 P 510.

Le VALTIN 88230 Vosges 62 ⑱ – 101 h alt. 760.

Paris 417 – Colmar 45 – Épinal 58 – Guebwiller 53 – St-Dié 27 – Col de la Schlucht 8,5.

Le Vétiné 🐎 sans rest, S sur D 23H ☎ 29 60 99 44, Fax 29 60 80 95, ≤ – cuisinette ☎ Ⓟ – 🏛 25. AE GB
fermé 21 mars au 2 avril, 15 nov. au 17 déc. et merc. sauf vacances scolaires – ☕ 26 – **14 ch** 160/210.

Aub. Val Joli 🐎 avec ch, ☎ 29 60 91 37, Fax 29 60 81 73, 🍽 – TV ☎ Ⓟ. GB
fermé 15 nov. au 15 déc., dim. soir et lundi sauf vacances scolaires – **R** 55/230 🍷, enf. 35 – ☕ 30 – **12 ch** 138/260 – 1/2 P 156/213.

VANNES P 56000 Morbihan 63 ③ G. Bretagne – 45 644 h alt. 22.

Voir Vieille ville★ AZ : Place Henri-IV★ AZ 10, Cathédrale★ AZ B, Remparts★, Promenade de la Garenne ≤★★ BZ – Musée archéologique★ dans le château Gaillard AZ **M** – Aquarium océanographique et tropical★ au Sud – Golfe du Morbihan★★ en bateau.

⛳18 de Baden ☎ 97 57 18 96, par ④ puis D 101 : 14 km.

ℹ Office de Tourisme avec A.C. 1 r. Thiers ☎ 97 47 24 34.

Paris 457 ② – Quimper 120 ④ – ✦Rennes 108 ② – St-Brieuc 109 ① – St-Nazaire 75 ③.

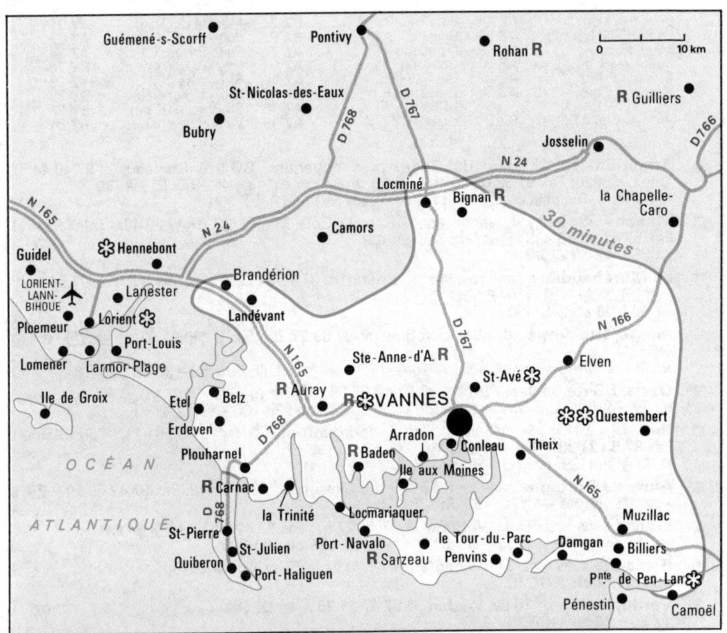

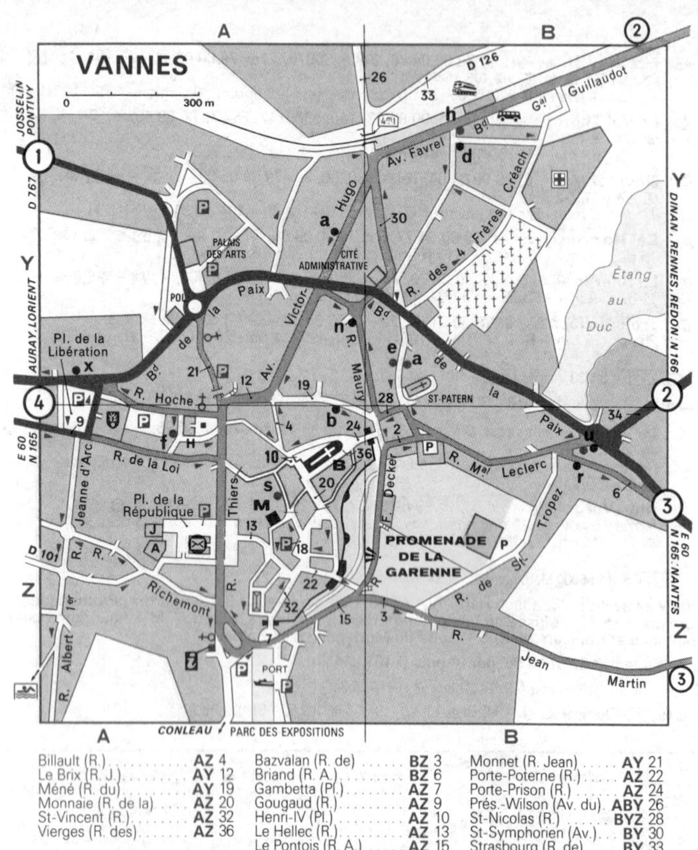

Billault (R.) . . . . AZ 4
Le Brix (R. J.) . . . . AY 12
Méné (R. du) . . . . AY 19
Monnaie (R. de la) . . . . AZ 20
St-Vincent (R.) . . . . AZ 32
Vierges (R. des) . . . . . . AZ 36

Alain-le-Grand (R.) . . . . BZ 2

Bazvalan (R. de) . . . . . . BZ 3
Briand (R. A.) . . . . BZ 6
Gambetta (Pl.) . . . . AZ 7
Gougaud (R.) . . . . AZ 9
Henri-IV (Pl.) . . . . AZ 10
Le Hellec (R.) . . . . AZ 13
Le Pontois (R. A.) . . . . . AZ 15
Lices (Pl. des) . . . . AZ 18

Monnet (R. Jean) . . . . . AY 21
Porte-Poterne (R.) . . . . AZ 22
Porte-Prison (R.) . . . . . AZ 24
Prés.-Wilson (Av. du) . ABY 26
St-Nicolas (R.) . . . . . . BYZ 28
St-Symphorien (Av.) . . . BY 30
Strasbourg (R. de) . . . . . BY 33
Verdun (Av. de) . . . . BZ 34

Aquarium H. M, parc du Golfe, près aquarium, SO rte Conleau ☎ 97 40 44 52, Télex 950826, Fax 97 63 03 20, ≤ – |≑| TV ☎ ♿ ⇔ P – 🎯 40 à 60. AE ⓓ GB
R voir rest. **Dauphin** ci-après – ☐ 46 – **48 ch** 380/445 – ½ P 380.

Manche Océan M sans rest, 31 r. Lt-Col. Maury ☎ 97 47 26 46, Télex 951811, Fax 97 47 30 86 – |≑| TV ☎ ⇔. AE ⓓ GB — AY **n**
☐ 35 – **42 ch** 215/310.

La Marébaudière sans rest, 4 r. A. Briand ☎ 97 47 34 29, Télex 951975, Fax 97 54 14 11 – |≑| TV ☎ P – 🎯 150. AE GB — BZ **r**
☐ 34 – **40 ch** 245/400.

Image Ste-Anne, 8 pl. Libération ☎ 97 63 27 36, Fax 97 40 97 02 – |≑| TV ☎ P. GB — AY **x**
R *(fermé dim. soir du 1er nov. à Pâques)* 78/158 ♮, enf. 45 – ☐ 38 – **30 ch** 270/320.

Oasis, SO rte Conleau, 1,5 km ☎ 97 40 82 05 – TV ☎ P. GB
fermé 24 déc. au 5 janv. – **R** 85/180 – ☐ 32 – **37 ch** 235/330 – ½ P 232.

Ibis M, Z.U.P de Ménimur (r. E.-Jourdan) par ① ☎ 97 63 61 11, Télex 950521, Fax 97 63 21 33 – ⇎ ch TV ☎ P – 🎯 50. AE GB
R 90 ♮, enf. 39 – ☐ 35 – **59 ch** 305/370 – ½ P 270.

Anne de Bretagne sans rest, 42 r. O. de Clisson ☎ 97 54 22 19, Fax 97 42 69 10 – TV ☎ ⇔. AE ⓓ GB – ☐ 30 – **20 ch** 175/270. — BY **d**

France sans rest, 57 av. V. Hugo ☎ 97 47 27 57, Fax 97 42 59 17 – TV ☎. GB
fermé dim. soir du 15 nov. au 10 fév. – ☐ 35 – **25 ch** 190/300. — AY **a**

Bretagne sans rest, 34 r. Méné ☎ 97 47 20 21 – TV ☎. AE ⓓ GB — AYZ **b**
☐ 25 – **12 ch** 150/210.

Verdun sans rest, 10 av. Verdun ☎ 97 47 21 23 – ☎. AE GB — BZ **u**
☐ 26 – **24 ch** 110/220.

XXX ❀ **Régis Mahé**, pl. Gare ✆ 97 42 61 41 – AE GB BY **h**
fermé 15 au 29 nov., 14 au 28 fév., dim. et lundi sauf fériés – **R** 120 (déj.)/350 et carte 275 à 400, enf. 100
Spéc. Chaud-froid de rouget et maquereau. Bouillon de sole et coquillages au thym. Gâteau breton pommes et rhubarbe.

XX **Dauphin** -Aquarium Hôtel-, **parc du Golfe, près aquarium, SO rte Conleau** ✆ **97 40 68 08, Fax 97 63 03 20** – |‡| ▤ **P**. AE ⓓ GB
fermé dim. soir du 1er oct. au 15 avril – **R** 136/250, enf. 75.

XX **Au Soufflé Vannetais**, 6 r. Lesage ✆ 97 47 09 66 – GB AZ **f**
fermé dim. sauf le midi de sept. à juin et lundi sauf le soir en juil.-août – **Repas** 95/225, enf. 50.

XX **La Marée Bleue**, 8 pl. Bir-Hakeim ✆ 97 47 24 29, Fax 97 47 84 16 – **P**. AE GB BZ **u**
fermé 20 déc. au 6 janv. – **R** 75 bc/282 ♂.

X **Le Pavé des Halles**, 17 r. Halles ✆ 97 47 15 96, 🏠 – AE ⓓ GB AZ **s**
fermé 1er au 15 fév., lundi d'oct. à juin et dim. soir – **Repas** 69/150, enf. 38.

X **La Varende**, 22 r. La Fontaine ✆ 97 47 57 52 – AE GB BY **a**
fermé mardi midi et lundi – **R** 82/205 ♂, enf. 45.

X **La Morgate**, 21 r. La Fontaine ✆ 97 42 42 39 – GB BY **e**
fermé 1er au 15 nov., dim. soir hors sais. et lundi – **Repas** 94/210, enf. 62.

à St-Avé NE : 5 km par ① D 767 et D 135 près centre hospitalier – 6 929 h. – ✉ **56890** :

XXX ❀ **Pressoir** (Rambaud), 7 r. Hôpital ✆ 97 60 87 63, Fax 97 44 59 15 – **P**. AE ⓓ GB
fermé 2 au 11 mars, 29 juin au 6 juil., 5 au 20 oct., dim. soir et lundi – **R** 175/375 et carte 230 à 320, enf. 100
Spéc. Huîtres tièdes aux oeufs de caille et caviar. Galette de rougets aux pommes de terre et romarin. Homard rôti au beurre de corail (avril à sept.).

rte Plumelec NE : 5 km par D 126 BY et VO – ✉ **56890** St-Avé :

Moulin de Lesnuhé Ⓜ sans rest, ✆ 97 60 77 77, 🌳 – ☎ **P**. GB
fermé 15 déc. au 15 janv. – ☕ 30 – **12 ch** 240.

à Theix par ③ : 9,5 km – 4 435 h. – ✉ **56450** :

Poste sans rest, centre bourg ✆ 97 43 01 18 – ☎. GB. ✗
fermé fév. – ☕ 25 – **18 ch** 100/260.

à Conleau SO : 4,5 km – ✉ **56000** Vannes.

Voir Ile Conleau★ 30 mn.

Le Roof Ⓜ, ✆ 97 63 47 47, Télex 951843, Fax 97 63 48 10, ≤, 🏠, 🌳 – |‡| TV ☎ ♿ **P** – 🎤 100. AE ⓓ GB
R 140/350 – ☕ 45 – **41 ch** 350/620 – ½ P 315/430.

à Arradon par ④ : 7 km ou par D 101 – 4 317 h. – ✉ **56610**.

Voir ≤★.

Les Vénètes, à la pointe : 2 km ✆ 97 44 03 11, ≤ golfe et les îles – TV ☎. GB. ✗
3 avril-27 sept. – **R** *(fermé sam. midi sauf fériés et mardi)* 142/195, enf. 95 – ☕ 40 – **12 ch** 295/450 – ½ P 368/445.

Le Stivell Ⓜ, r. Plessis Arradon ✆ 97 44 03 15, Fax 97 44 78 90, 🏠 – TV ☎ **P** – 🎤 25. ⓓ GB
fermé 15 nov. au 20 déc., 4 janv. au 13 fév. et lundi du 15 sept. au 15 juin – **R** 75/230 ♂ – ☕ 28 – **25 ch** 305/415 – ½ P 240/255.

XX **Les Logoden**, face Poste ✆ 97 44 03 35 – GB
fermé merc. soir et jeudi sauf juil.-août – **R** 78/184.

XX **Le Médaillon**, 10 r. Bouruet Aubertot ✆ 97 44 77 28 – **P**. GB
R *(fermé dim. soir et merc. sauf juil.-août)* 72/168, enf. 50.

BMW Auto-Diffusion, ZA de Parc Lann, rte de Ste-Anne-d'Auray ✆ 97 40 74 75
CITROEN S.A.V.V.A., rte de Nantes à Séné par ③ ✆ 97 54 22 74 **N** ✆ 97 63 23 45
CITROEN Gar. Borgat, rte de Pontivy par ① ✆ 97 47 43 77
FIAT Patrick Gimbert Auto, 13 r. A.-Briand ✆ 97 54 03 25 **N** ✆ 97 63 23 45
FORD Autorep, 41 r. du Vincin ✆ 97 63 10 35 **N** ✆ 97 63 23 45
MERCEDES Allanic Frères, ZA Parc Lann Sud ✆ 97 46 03 20 **N** ✆ 97 63 23 45
OPEL Gar. Mahéo, ZC Kerthomas ✆ 97 40 78 78 **N** ✆ 97 63 23 45
PEUGEOT-TALBOT Gar. Lainé, 9 av. Marne par ④ ✆ 97 63 27 27 **N** ✆ 99 24 19 77

RENAULT S.V.D.A., 95 av. E.-Herriot par ③ ✆ 97 54 20 70
RENAULT Gar. Le Goff, rte d'Auray par ④ ✆ 97 63 14 73
TOYOTA Gar. Auto Loisirs, rte de Nantes à Séné ✆ 97 42 77 49 **N** ✆ 97 63 23 45
V.A.G Golfe, 8 bd de Montsabert ✆ 97 63 81 81 **N** ✆ 97 63 23 45

Ⓜ Foucaud, 13 r. 5e Cuir ✆ 97 47 42 57
Jahier Pneus, r. Nicéphore Niepce, ZI du Prat ✆ 97 47 64 65
Jahier, 2 r. 65e-R.I., rte de Pontivy ✆ 97 47 18 50

VANNES-SUR-COSSON 45510 Loiret 64 ⑩ – 455 h alt. 120.

Paris 150 – ♦ Orléans 33 – Gien 35 – Lamotte-Beuvron 22 – Montargis 61.

XX **Vieux Relais,** ☎ 38 58 04 14 – GB
fermé 1er au 13 sept., 20 déc. au 10 janv., dim. soir de sept. à mai et lundi – **R** 98/195.

Les VANS 07140 Ardèche 80 ⑧ G. Gorges du Tarn – 2 668 h alt. 175.

Office de Tourisme pl. Ollier (fermé après-midi hors saison) ☎ 75 37 24 48.

Paris 667 – Alès 43 – Aubenas 36 – Pont-St-Esprit 65 – Privas 66 – Villefort 24.

XX **Le Grangousier,** ☎ 75 94 90 86, « Maison du 16e siècle » – GB
1er mars-15 nov. et fermé dim. soir et merc. sauf juil.-août – **R** (nombre de couverts limité-prévenir) 130/270, enf. 60.

X **Cévennes,** ☎ 75 37 23 09 – GB
fermé 27 sept. au 11 oct., fév., dim. soir et lundi sauf juil.-août – **R** (dim. prévenir) 85/165 ₰, enf. 55.

au SE : 6 km par D 901 – ✉ 07140 Les Vans :

Mas de l'Espaïre, ☎ 75 94 95 01, Fax 75 37 21 00, 斎, ⛱, 🛋 – TV ☎ ♿ P – 🏛 30. AE ⓓ GB JCB
1er mars-30 nov. – **R** 100/180 – ☕ 38 – **35 ch** 494 – ½ P 375.

CITROEN Brueyre ☎ 75 37 22 39 **N** ☎ 75 37 35 76 RENAULT Coste ☎ 75 37 21 19
PEUGEOT-TALBOT Boissin ☎ 75 37 21 41

VANVES 92 Hauts-de-Seine 60 ⑩, 101 ㉕ – voir à Paris, Environs.

VARCES 38 Isère 77 ④ – rattaché à Grenoble.

VARENGEVILLE-SUR-MER 76119 S.-Mar. 52 ④ G. Normandie Vallée de la Seine – 1 048 h alt. 83.

Voir Site★ de l'église – Parc des Moustiers★ – Ste-Marguerite : arcades★ de l'église O : 4,5 km – Phare d'Ailly ≤★ NO : 4 km.

Paris 176 – Dieppe 11 – Fécamp 59 – Fontaine-le-Dun 18 – ♦ Rouen 63 – St-Valéry-en-Caux 26.

à Vasterival NO : 3 km par D 75 et VO – ✉ 76119 Varengeville-sur-Mer :

De la Terrasse ⛰, ☎ 35 85 12 54, Fax 35 85 11 70, ≤, « Jardin ombragé », 🎾 – ☎ P. GB. ✗ rest
15 mars-10 oct. – **R** 78/160, enf. 40 – ☕ 30 – **22 ch** 240/280 – ½ P 220/235.

La VARENNE-ST-HILAIRE 94 Val-de-Marne 61 ①, 101 ㉘ – voir à Paris, Environs.

VARENNES-EN-ARGONNE 55270 Meuse 56 ⑩ ⑳ G. Champagne – 679 h alt. 155.

Paris 244 – Bar-le-Duc 60 – Dun-sur-Meuse 25 – Ste-Menehould 24 – Verdun 37 – Vouziers 38.

Gd Monarque, ☎ 29 80 71 09 – GB
fermé fév. – **R** *(fermé dim. soir et lundi)* 55/180 ₰ – ☕ 22 – **10 ch** 110/140 – ½ P 115/125.

VARENNES-JARCY 91480 Essonne 61 ① 106 ㉜ ㉝ 101 ㊳ – 1 687 h alt. 55.

Paris 31 – Brunoy 6 – Évry 14 – Melun 20.

XX **Host. de Varennes,** ☎ (1) 69 00 97 03, 斎, parc – P. AE GB
fermé 1er au 8 janv., août, mardi soir et merc. – **R** 195.

XX **Moulin de Jarcy** ⛰ avec ch, au NO : 1 km ☎ (1) 69 00 89 20, ≤, 斎, « Ancien moulin, terrasse au bord de l'eau » – P. GB. ✗ ch
fermé 1er au 21 août, 18 déc. au 14 janv., lundi et mardi (sauf rest.), merc. et jeudi – **R** (dim. prévenir) 130/180 – ☕ 45 – **5 ch** 150/180.

VARENNES-LE-GRAND 71240 S.-et-L. 70 ① – 1 298 h alt. 127.

Paris 347 – Chalon-sur-Saône 10 – Lons-le-Saunier 60 – Tournus 20.

Le Virage Fleuri, S : 3 km sur N 6 ☎ 85 44 21 07, Fax 85 44 17 02, ⛱ – TV ☎ ♿ P – 🏛 40. GB
fermé 1er au 15 nov. – **R** 96/135 – ☕ 30 – **21 ch** 210/290 – ½ P 260.

VARENNES-SUR-ALLIER 03150 Allier 69 ⑭ – 4 413 h alt. 248.

Syndicat d'Initiative à la Mairie (15 juin-15 sept.) ☎ 70 45 84 37.

Paris 323 – Moulins 29 – Digoin 58 – Lapalisse 19 – St-Pourçain-sur-Sioule 11 – Vichy 26.

Aub. de l'Orisse, SE : 2 km sur N 7 ☎ 70 45 05 60, Fax 70 45 18 55, ≤, 斎, parc, ⛱, 🎾 – TV ☎ P – 🏛 50. AE ⓓ GB
fermé 20 déc. au 15 janv., vend. soir, sam. midi et dim. soir de nov. à Pâques – **R** 95/195, enf. 60 – ☕ 30 – **23 ch** 250/300 – ½ P 285/310.

à St-Loup N : 3,5 km sur N 7 – ✉ 03150 :

Route Bleue, ☎ 70 45 07 73, Fax 70 45 06 36 – TV ☎ P – 🏛 40. ⓓ GB
fermé 15 déc. au 15 janv. et dim. du 20 oct. à fin mars – **R** 79/155 ₰, enf. 40 – ☕ 28 – **22 ch** 135/230 – ½ P 165/215.

XX **La Locaterie,** N : 1 km par N 7 ☎ 70 45 13 90, « Auberge rustique », 🛋 – P
fermé 2 au 31 janv. et dim. soir – **R** 125/300.

au SE : 8,5 km par N 209 et D 214 – ✉ **03150** Varennes-sur-Allier :

Château de Theillat Ⓜ, ✆ 70 99 86 70, Fax 70 99 86 33, ≤, « Château du 19e siècle dans un parc », ⛱, ✂ – 🛗 📺 ☎ ♿ Ⓟ – 25 à 100. AE ⓓ GB
R 170/380 – ☕ 70 – **18 ch** 728/1230 – ½ P 810/1035.

CITROEN Muet, 37 av. de Lyon ✆ 70 45 00 19 N
FORD Mantin, 58 av. de Chazeuil ✆ 70 45 06 08
PEUGEOT-TALBOT Central Gar., 26 r. 4-Septembre ✆ 70 45 05 02 N
RENAULT Sabot, 13 r. Hôtel de Ville ✆ 70 45 05 23

VARETZ 19 Corrèze 75 ⑧ – rattaché à Brive-la-Gaillarde.

VARREDDES 77 S.-et-M. 56 ⑬, 106 ㉓ – rattaché à Meaux.

VARS 05560 H.-Alpes 77 ⑱ G. Alpes du Sud – 941 h alt. 1 639.
Paris 732 – Briançon 45 – Gap 70 – Barcelonnette 42 – Digne-les-Bains 125.

à Ste-Marie-de-Vars – alt. 1 658 – ✉ **05560** Vars :

Le Vallon 🐦, ✆ 92 46 54 72, Fax 92 46 61 62, ≤, – ☎ Ⓟ – 30. GB. ✻ rest
juil.-août et 21 déc.-20 avril – **R** 95, enf. 55 – ☕ 35 – **34 ch** 330/400 – ½ P 290/330.

La Mayt 🐦, ✆ 92 46 50 07, ≤ – ☎ Ⓟ. GB. ✻ rest
juil.-août et 20 déc.-10 avril – **R** 90/115, enf. 60 – ☕ 38 – **21 ch** 250/300 – ½ P 300/340.

L'Edelweiss, ✆ 92 46 50 51, Fax 92 46 54 16, ≤ – ☎ Ⓟ. AE GB. ✻ rest
hôtel : 19 juin-19 sept. et 18 déc.-20 avril ; rest. : 19 juin-10 juil., 1er au 19 sept. et 18 déc. au 20 avril – **R** (dîner seul. en été) 95 – ☕ 34 – **19 ch** 250/330 – ½ P 255/305.

aux Claux – alt. 1 900 – Sports d'hiver : 1 650/2 750 m 2 51 – ✉ **05560** Vars.

ℹ Office de Tourisme cours Fontanarosa ✆ 92 46 51 31, Télex 420671.

Le Caribou, ✆ 92 46 50 43, Fax 92 46 59 92, ≤, – 🛗 📺 ☎ Ⓟ. GB. ✻ rest
15 juin-12 sept. et 10 déc.-30 avril – **R** 150/170 – ☕ 45 – **37 ch** 400/750 – ½ P 530/640.

L'Écureuil Ⓜ 🐦 sans rest, ✆ 92 46 50 72, Fax 92 46 62 51, ≤ – 📺 ☎ ♿ Ⓟ. GB
1er juil.-5 sept. et 10 déc.-25 avril – ☕ 38 – **19 ch** 320/390.

Les Escondus, ✆ 92 46 50 35, Fax 92 46 50 47, ≤, ✂ – ☎ Ⓟ. AE GB. ✻ rest
1er juil.-9 sept. et 19 déc.-25 mai – **R** 65/156 – ☕ 38 – **22 ch** 390/440 – ½ P 405/445.

Chez Plumot, ✆ 92 46 52 12, – GB
7 juil.-7 sept. et 15 déc.-1er mai – **R** (dîner seul. en été) 130/190, enf. 60.

VARZY 58210 Nièvre 65 ⑭ G. Bourgogne – 1 455 h alt. 229.
Paris 211 – La Charité-sur-Loire 36 – Clamecy 16 – Cosne-sur-Loire 41 – Nevers 51.

Aub. de la Poste, ✆ 86 29 41 72, Fax 86 29 72 67, – Ⓟ. AE GB
fermé dim. soir et lundi hors sais. – **R** 100/270, enf. 60.

RENAULT Gar. Moreau ✆ 86 29 42 10
Gar. Lebault ✆ 86 29 43 41

VASSIVIÈRE (Lac de) 87 H.-Vienne 72 ⑲ – rattaché à Peyrat-le-Château.

VASTERIVAL 76 S.-Mar. 52 ④ – rattaché à Varengeville-sur-Mer.

VATAN 36150 Indre 68 ⑧ ⑨ G. Berry Limousin – 2 022 h alt. 132.
ℹ Syndicat d'Initiative (juil.-août) ✆ 54 49 71 69 et à la Mairie (hors saison) ✆ 54 49 76 31.
Paris 237 – Bourges 49 – Blois 76 – Châteauroux 32 – Issoudun 21 – Vierzon 26.

France avec ch, ✆ 54 49 74 11, – 📺 ☎ Ⓟ. GB
fermé 1er au 8 sept., 9 fév. au 11 mars, mardi soir et merc. sauf fériés – **R** 80/200 – ☕ 28 – **12 ch** 120/355.

CITROEN Thibault ✆ 54 49 75 27 N
Leseche ✆ 54 49 74 02

VAUCHOUX 70 H.-Saône 66 ⑤ – rattaché à Port-sur-Saône.

VAUCIENNES 51 Marne 56 ⑯ – rattaché à Épernay.

VAUCLAIX 58140 Nièvre 65 ⑯ – 145 h alt. 286.
Paris 250 – Autun 61 – Avallon 36 – Clamecy 40 – Nevers 68.

La Poste, ✆ 86 22 71 38, Fax 86 22 76 00, – ch 📺 ☎ Ⓟ. GB
R 70/250 – ☕ 40 – **19 ch** 170/300 – ½ P 210/280.

VAUCOULEURS 55140 Meuse 62 ③ G. Alsace Lorraine – 2 401 h alt. 254.
ℹ Office de Tourisme (saison) ✆ 29 89 51 82.
Paris 272 – ◆ Nancy 46 – Bar-le-Duc 48 – Commercy 19 – Neufchâteau 31.

Relais de la Poste avec ch, ✆ 29 89 40 01, Fax 29 89 40 93 – 📺 ☎. GB. ✻
fermé 24 déc. au 25 janv., dim. soir et lundi – **R** (prévenir) 78/155 – ☕ 27 – **10 ch** 210/250 – ½ P 220/280.

VAUCRESSON 92 Hauts-de-Seine 60 ⑩, 101 ㉓ – voir à Paris, Environs.

VAUDEURS 89320 Yonne 61 ⑮ – 478 h alt. 160.

Paris 143 – Troyes 50 – Auxerre 45 – Sens 23.

XX **La Vaudeurinoise** avec ch, ✆ 86 96 28 00, Fax 86 96 28 03, – **P**. GB. *fermé 2 au 15 janv., 15 fév. au 5 mars, mardi soir et merc. sauf juil.-août* – **R** (dim. prévenir) 95/220 – ▭ 30 – **7 ch** 175/250 – ½ P 250/280.

VAUGINES 84160 Vaucluse 81 ⑭ – 325 h.

Paris 739 – Digne-les-Bains 110 – Aix-en-Provence 37 – Apt 23 – Avignon 62 – Manosque 39.

Host. du Luberon, ✆ 90 77 27 19, Fax 90 77 13 08, ≤, , , – ☎ ♿ **P** – 25. AE GB
fermé fév. – **R** *(fermé merc. midi et mardi hors sais.)* 85/160, enf. 50 – ▭ 40 – **16 ch** 320 – ½ P 275.

VAUGNERAY 69670 Rhône 73 ⑲ – 3 553 h alt. 430.

Paris 466 – ◆Lyon 17 – L'Arbresle 19 – Montbrison 56 – Roanne 78 – Thiers 113.

au col de Malval O : 7 km par D 50 – ✉ 69670 Vaugneray :

Voir Col de la Luère★ NE : 2,5 km, G. Vallée du Rhône.

XX **Au Petit Malval**, ✆ 78 45 82 66, Fax 78 45 93 71, ≤, , « Jardin » – **P**. GB
fermé 2 au 30 janv., dim. soir et lundi – **R** 130/290 , enf. 70.

VAUJANY 38114 Isère 77 ⑥ G. Alpes du Nord – 242 h alt. 1 253.

Voir Site★ – Cascade de la Fare★ E : 1 km – Collet de Vaujany ≤★★ NO : 5 km.

Paris 623 – ◆Grenoble 53 – Allemont 10 – Le Bourg-d'Oisans 18 – Vizille 35.

VAULT DE LUGNY 89 Yonne 65 ⑯ – rattaché à Avallon.

VAUVERT 30600 Gard 83 ⑧ – 10 296 h alt. 32.

Syndicat d'Initiative pl. E.-Renan ✆ 66 88 28 52.

Paris 731 – ◆Montpellier 39 – Aigues-Mortes 19 – Arles 34 – Beaucaire 40 – Nîmes 21.

rte de Lunel O : 4 km par N 572 – ✉ 30740 Le Cailar :

Mas Sauvage, ✆ 66 88 05 40, Fax 66 88 01 33, , , – ☎ **P** – 30. AE GB.
hôtel : 1er mars-1er nov. ; rest. : fermé janv., dim. soir et lundi d'oct. à avril – **R** 150/195 – ▭ 55 – **28 ch** 290/360 – ½ P 290.

FIAT Gar. Domergue, Parking du cimetière ✆ 66 88 24 18 N
PEUGEOT Gar. Charbois, rte de Nîmes ✆ 66 88 21 34
RENAULT Gar. Victorion r. Pasteur ✆ 66 88 22 09
Velasquez, 92 r. Carnot ✆ 66 88 42 78

VAUX 89 Yonne 65 ⑤ – rattaché à Auxerre.

VAUX-LE-PÉNIL 77 S.-et-M. 61 ②, 106 ⑤ – rattaché à Melun.

VAUX-SUR-MER 17 Char.-Mar. 71 ⑮ – rattaché à Royan.

VEAUCHE 42340 Loire 73 ⑱ G. Vallée du Rhône – 7 282 h alt. 387.

Voir Bras reliquaire★ dans l'église.

Paris 506 – ◆St-Étienne 18 – ◆Lyon 78 – Montbrison 19 – Roanne 59.

XX **Relais de l'Etrier**, N 82 ✆ 77 54 60 11, Fax 77 94 87 74, – **P**. GB
fermé 1er au 22 août, dim. soir et lundi – **R** 140/390 **Grill R** carte 130 à 190, enf. 50.

VEILLAC 15 Cantal 76 ② – rattaché à Bort-les-Orgues.

VELARS-SUR-OUCHE 21 Côte-d'Or 66 ⑪ – rattaché à Dijon.

VELIZY-VILLACOUBLAY 78 Yvelines 60 ⑩, 101 ㉓ – voir à Paris, Environs.

VELLUIRE 85 Vendée 71 ⑪ – rattaché à Fontenay-le-Comte.

VENAREY-LES-LAUMES 21150 Côte-d'Or 65 ⑧ ⑱ G. Bourgogne – 3 544 h alt. 248.

Voir Mont Auxois★ : ★ E : 4 km.

Paris 260 – ◆Dijon 68 – Avallon 53 – Montbard 14 – Saulieu 42 – Semur-en-Auxois 13 – Vitteaux 20.

Gare, ✆ 80 96 00 46, – TV ☎ . GB
R *(fermé vend.)* 100/150, enf. 60 – ▭ 35 – **18 ch** 200/230 – ½ P 195.

VENASQUE 84210 Vaucluse 81 ⑬ G. Provence – 785 h alt. 320.

Voir Baptistère★ – Gorges★ E : 5 km par D 4.

Paris 691 – Avignon 36 – Apt 33 – Carpentras 12 – Cavaillon 31 – Orange 36.

Aub. La Fontaine M , ✆ 90 66 02 96, Fax 90 66 13 14, ambiance guest house – cuisinette ch TV ☎. GB
R *(fermé mi-nov. à mi-déc., merc. et le midi sauf dim.)* (nombre de couverts limité, prévenir) 200 – ▭ 50, 5 appart.700.

🏠 **La Garrigue** 🌿, ✆ 90 66 03 40, ☂, 🏊, 🌳 – ch ☎ Ⓟ. GB. ✕ ch
3 avril-31 oct. et fermé mardi de sept. à mai – **R** (dîner seul.)(résidents seul.) – ☕ 35 – **16 ch** 280/380 – ½ P 290/350.

VENCE **06140** Alpes-Mar. 84 ⑨ 115 ㉕ **G. Côte d'Azur** – 15 330 h alt. 325.

Voir Chapelle du Rosaire★ (chapelle Matisse) A – Place du Peyra★ B **13** – Stalles★ de la cathédrale B **E** – ≤★ de la terrasse du château N. D. des Fleurs NO : 2,5 km par D 2210.

Env. Col de Vence ✲★★ NO : 10 km par D 2 A.

ℹ Office de Tourisme pl. Grand-Jardin ✆ 93 58 06 38.

Paris 929 ① – ◆Nice 21 ① – Antibes 19 ① – Cannes 30 ① – Grasse 25 ②.

Alsace-Lorr. (R.) . **B** 3
Évêché (R. de l') . **B** 5
Hôtel-de-Ville (R.) **B** 6
Place-Vieille (R.) . **B** 14
Résistance (Av.) . . . . . . **A, B** 17
Juin (Pl. Mar.) . . . **A** 8
Marché (R. du) . . **B** 10
Meyère (Av. Col.) **B** 12
Peyra (Pl. du). . . . **B** 13
Poilus (Av. des) . . **A** 15
Portail-Levis (R.) . **B** 16
Rhin-et-Dan. (Bd) **A** 18
St-Lambert (R.) . . **B** 19
Tuby (Bd) . . . . . . **A** 21

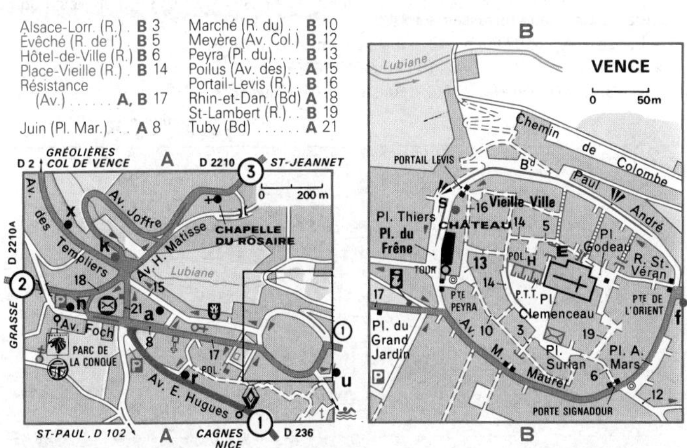

🏰 ✿ **Château du Domaine St-Martin** 🌿, N : 2,5 km rte Coursegoules par D 2 - A - ✆ 93 58 02 02, Télex 470282, Fax 93 24 08 91, ≤ Vence et littoral, ☂, parc, 🏊, 🎾 – 📺 ☎ ♿ Ⓟ. AE ⓓ GB
15 mars-15 nov. – **R** *(fermé merc. hors sais.)* 390/450 et carte 400 à 580 – ☕ 105 – **14 ch** 1560/2250, 10 appart. – ½ P 1740/1925
Spéc. Fleurs de courgettes farcies aux truffes. Suprême de St-Pierre aux courgettes, à l'ail. Canette laquée au miel de Provence et au soja. **Vins** Côtes de Provence, Bandol.

🏨 **Relais Cantemerle** Ⓜ 🌿, 258 chemin Cantemerle par av. Col. Meyère B ✆ 93 58 08 18, Fax 93 58 32 89, ☂, 🏊, 🌳 – 📺 ☎ Ⓟ. AE ⓓ GB JCB
15 mars-15 nov. – **R** 210 – ☕ 65, 19 duplex 890.

🏨 **Floréal** Ⓜ sans rest, 440 av. Rhin et Danube par ② ✆ 93 58 64 40, Télex 461613, Fax 93 58 79 69, 🏊, 🌳 – 🛗 📺 ☎ Ⓟ – 🏛 25. GB
☕ 50 – **43 ch** 495/570.

🏨 **Diana** sans rest, av. Poilus ✆ 93 58 28 56, Fax 93 24 64 06 – 🛗 cuisinette 📺 ☎ 🚗. AE ⓓ GB. ✕ — A **a**
☕ 35 – **26 ch** 370/400.

🏨 **Mas de Vence** Ⓜ, 539 av. E. Hugues par ① ✆ 93 58 06 16, Fax 93 24 04 21, ☂, 🏊, 🌳 – 🛗 📺 ☎ ♿ 🚗 Ⓟ. AE ⓓ GB. ✕ rest — A **r**
R 125/155 🧒, enf. 85 – ☕ 34 – **41 ch** 320/410 – ½ P 350/360.

🏨 **Miramar** 🌿 sans rest, plateau St-Michel ✆ 93 58 01 32, ≤, 🌳 – ☎ Ⓟ. AE GB — A **u**
10 mars-25 oct. – ☕ 35 – **17 ch** 320/380.

🏠 **La Roseraie** sans rest, rte de Coursegoules ✆ 93 58 02 20, Fax 93 58 99 31, 🏊, 🌳 – 📺 ☎ Ⓟ. AE GB — A **x**
fermé janv. – ☕ 45 – **12 ch** 370/470.

🏠 **Parc H.** sans rest, 50 av. Foch ✆ 93 58 27 27, 🌳 – ☎. AE GB. ✕ — A **n**
Pâques-15 oct. – ☕ 38 – **13 ch** 250/350.

✕✕✕ **Le Vieux Couvent,** 37 av. Alphonse Toreille ✆ 93 58 78 58 – GB — B **f**
fermé début janv. à mi-fév. et merc. – **R** (nombre de couverts limité, prévenir) 190/355.

✕✕ **Aub. des Seigneurs** avec ch, pl. Frêne ✆ 93 58 04 24, Fax 93 24 08 01, auberge provençale – ☎. AE ⓓ GB — B **s**
R *(fermé 1er au 15 juil., 15 nov. au 15 déc., dim. soir et lundi)* 190/400 – ☕ 48 – **10 ch** 270/310.

✕✕ **Aub. des Templiers,** 39 av. Joffre ✆ 93 58 06 05, ☂ – AE GB — A **k**
fermé 10 au 25 mars, 20 déc. au 17 janv., dim. soir et lundi hors sais. – **R** 140/310.

CITROEN Gar. Jouve, 129 av. Gén.-Leclerc ℘ 93 58 07 29
MERCEDES-BENZ, PEUGEOT TALBOT Gar. Simondi, 39 av. Foch ℘ 93 58 01 21 **N**

RENAULT Gar. de la Rocade, 840 av. E.-Hugues, la Rocade ℘ 93 58 00 29
RENAULT Gar. Mistral, 711 rte de Grasse par ②
℘ 93 24 03 60

VENDEUIL **02800** Aisne **53** ⑭ – 881 h alt. 76.

Paris 138 – Compiègne 57 – Saint-Quentin 16 – Laon 30 – Soissons 48.

Aub. de Vendeuil, ℘ 23 07 85 85, Fax 23 07 88 58, – **TV** ☎ ♿ **P** – 25. **AE** **O** **GB**
R 90/190 – 45 – **22 ch** 285/335 – ½ P 285/365.

VENDÔME **41100** L.-et-Ch. **64** ⑥ **G. Châteaux de la Loire** – 17 525 h alt. 82.

Voir Anc. abbaye de la Trinité★ : église abbatiale★★ BZ – Musée★ dans les bâtiments conventuels – Château : terrasses ≤★ ABZ.

de la Bosse ℘ 54 23 02 60, par ② D 917 : 20 km.

Office de Tourisme le Saillant 47/49 r. Poterie ℘ 54 77 05 07.

Paris 168 ① – Blois 33 ③ – ◆Le Mans 77 ⑥ – ◆Orléans 76 ① – ◆Tours 58 ④.

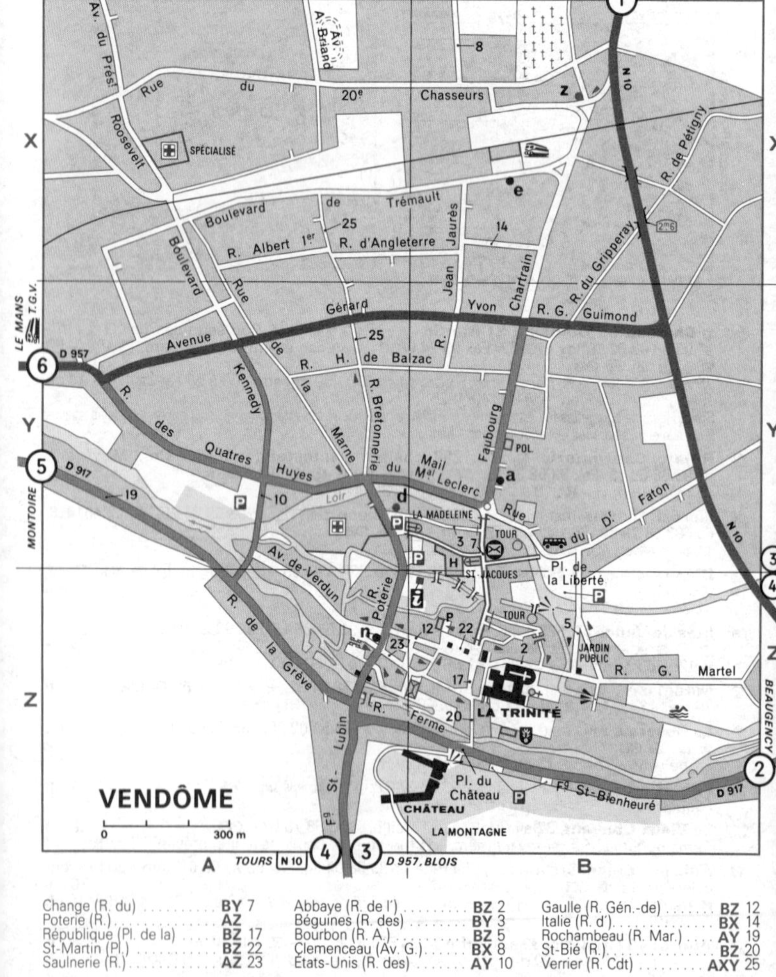

Change (R. du)	**BY** 7	Abbaye (R. de l')	**BZ** 2	Gaulle (R. Gén.-de)	**BZ** 12
Poterie (R.)	**AZ**	Béguines (R. des)	**BY** 3	Italie (R. d')	**BX** 14
République (Pl. de la)	**BZ** 17	Bourbon (R. A.)	**BZ** 5	Rochambeau (R. Mar.)	**AY** 19
St-Martin (Pl.)	**BZ** 22	Clemenceau (Av. G.)	**BX** 8	St-Bié (R.)	**BZ** 20
Saulnerie (R.)	**AZ** 23	États-Unis (R. des)	**AY** 10	Verrier (R. Cdt)	**AXY** 25

Vendôme M, 15 fg Chartrain ✆ 54 77 02 88, Fax 54 73 90 71 – ascenseur TV ☎ garage. GB BY **a**
hôtel : fermé 15 déc. au 5 janv. et dim. soir du 1er nov. au 15 mars – **R** *(fermé déc., janv. et dim. soir du 1er nov. au 15 mars)* 100/300, enf. 60 – 50 – **35 ch** 270/455 – ½ P 350/410.

Capricorne, face gare ✆ 54 80 27 00, Télex 750147, Fax 54 77 30 63, – ch TV ☎ ♿ P. AE ① GB BX **e**
R 140 bc/189 - **Resto 7** snack **R** 65/96 ♁, enf. 55 – 32 – **31 ch** 185/280 – ½ P 230/280.

Grand H. St-Georges, 14 r. Poterie ✆ 54 77 25 42, Fax 54 80 66 03 – ascenseur TV ☎ – 40. AE GB AZ **n**
R *(fermé sam. midi)* 85/170 – 30 – **27 ch** 120/280 – ½ P 240/250.

Climat de France, rte Blois par ③ : 1,5 km ✆ 54 72 28 38, Télex 750496, Fax 54 77 73 88 – TV ☎ ♿ P – 40 à 150. GB
R 80/115 ♁, enf. 35 – 30 – **51 ch** 269.

XX **Le Paris,** 1 r. Darreau ✆ 54 77 02 71, Fax 54 73 17 71 – GB BX **z**
fermé 16 août au 7 sept., 25 janv. au 2 fév., mardi soir, dim. soir et lundi – **R** 86/210, enf. 50.

XX **Aub. de la Madeleine** avec ch, pl. Madeleine ✆ 54 77 20 79, – TV ☎. GB AY **d**
fermé vacances de fév. – **R** *(fermé merc.)* 78/200, enf. 40 – 28 – **9 ch** 210/250 – ½ P 195/210.

XX **Petit Bilboquet,** rte de Tours par ④ : 1 km ✆ 54 77 16 60, – P. AE GB
fermé fév., dim. soir et lundi – **R** 110/167, enf. 80.

par ① : 3 km sur N 10 – ✉ **41100** Vendôme :

Bel air, ✆ 54 72 20 20, Fax 54 73 24 41 – TV ☎ ♿ P – 30. GB
fermé 20 déc. au 2 janv. et dim. soir de nov. à mars – **R** 74/99 ♁, enf. 39 – 26 – **32 ch** 179/218 – ½ P 200.

aux Fontaines par ① et N 10 : 15 km – ✉ **41100** Vendôme :

XX **Aub. de la Sellerie,** ✆ 54 23 41 43, Fax 54 23 48 00, – P. GB
fermé lundi soir et mardi – **R** 140/240.

CITROEN Gar. Granger, N 10, St-Ouen par ① ✆ 54 77 13 06
FORD Coutrey, 19 rte de Paris, St-Ouen ✆ 54 77 14 40
PEUGEOT-TALBOT Nlle Sté Automobile-Vendômoise, 33 rte de Paris, St-Ouen par ① ✆ 54 77 13 50 N ✆ 54 73 02 51

RENAULT Vendôme Automobiles, N 10 Les Grouets à St-Ouen par ① ✆ 54 77 16 38 N ✆ 54 73 01 14

Euromaster Perry Pneu Service, 10 r. d'Italie ✆ 54 77 77 35
Moreau, 192 fg Chartrain ✆ 54 77 58 04

VENEUX-LES-SABLONS **77** S.-et-M. 61 ⑫, 106 ㊻ – rattaché à Moret-sur-Loing.

VÉNISSIEUX **69** Rhône 74 ⑪ ⑫ – rattaché à Lyon.

VENOY **89** Yonne 65 ⑤ – rattaché à Auxerre.

VENTABREN **13122** B.-du-R. 84 ② *G. Provence* – 3 742 h alt. 218.

Voir <★ des ruines du Château.

Paris 753 – ◆ Marseille 32 – Aix-en-Provence 15 – Salon-de-Provence 27.

XX **Petite Auberge,** ✆ 42 28 80 01, <, – AE
fermé 1er au 15 sept. et 1er au 15 janv. – **R** 145.

X **L'Alizé,** 2 r. Cézanne ✆ 42 28 79 33, , « Terrasse avec < étang de Berre » – GB
fermé 15 au 31 oct., 7 au 21 janv., merc. midi et mardi – **R** (nombre de couverts limité, prévenir) 146/280, enf. 80.

VENTRON **88310** Vosges 62 ⑰ – 900 h alt. 680.

Env. Grand Ventron ★★ NE : 7 km, *G. Alsace Lorraine.*

Paris 427 – Épinal 54 – ◆ Mulhouse 50 – Gérardmer 26 – Remiremont 29 – Thann 30 – Le Thillot 13.

Les Bruyères, ✆ 29 24 18 63, Fax 29 24 23 15, – ch ☎ P – 25. AE GB
fermé 1er au 26 déc. – **R** *(fermé dim. soir et lundi hors sais.)* 78/160 ♁ – 25 – **19 ch** 160/200 – ½ P 220.

X **Frère Joseph** avec ch, ✆ 29 24 18 23 – AE ① GB
R 75/120 ♁ – 28 – **11 ch** 150 – ½ P 200.

à l'Ermitage du Frère Joseph S : 5 km par D 43 et D 43E – alt. 850 – Sports d'hiver : 900/1 150 m 8 – ✉ **88310** Cornimont :

Les Buttes , ✆ 29 24 18 09, Fax 29 24 21 96, <, , – ascenseur TV ☎ garage P – 50. AE GB. rest
fermé 15 nov. au 15 déc. – **R** 130/230 ♁, enf. 68 – 38 – **30 ch** 315/450 – ½ P 333/385.

Ermitage , ✆ 29 24 18 29, Fax 29 24 16 57, <, – ascenseur cuisinette TV ☎ garage P – 25 à 80. AE GB
fermé 15 oct. au 15 nov. – **R** 100/160 ♁, enf. 62 – 34 – **25 ch** 240/420, 35 studios – ½ P 225/336.

VERBERIE **60410** Oise 56 ② 106 ⑩ – 2 627 h alt. 33.

Paris 68 – Compiègne 15 – Beauvais 55 – Clermont 30 – Senlis 17 – Villers-Cotterêts 31.

XX **Aub. de Normandie,** ☎ 44 40 92 33, Fax 44 40 50 62 – Ⓟ. GB
fermé 16 août au 5 sept., 15 au 28 fév., lundi (sauf hôtel) et dim. soir – **R** 118/200.

VERCHAIX **74** H.-Savoie 74 ⑧ – rattaché à Samoëns.

VERDON (Grand Canyon du) ★★★ **04** Alpes-de-H.-P. 81 ⑰ G. Alpes du Sud.

Ressources hôtelières : voir à ***Aiguines, Cavaliers (Falaise des), Trigance, Point Sublime, La Palud-sur-Verdon.***

Le VERDON-SUR-MER **33123** Gironde 71 ⑮ G. Pyrénées Aquitaine – 1 344 h alt. 10.

Voir Pointe de Grave : dune <★ N : 4 km.

Bac: pour Royan : renseignements ☎ 56 09 60 84.

🅸 Syndicat d'Initiative r. F.-Lebreton ☎ 56 09 61 78 et à la Pointe de Grave (juil.-août) ☎ 56 09 65 56.

Paris 510 – ◆Bordeaux 99 – Lesparre-Médoc 33 – Royan 3,5.

XX **Côte d'Argent,** ☎ 56 09 60 45, ⛱ – Ⓟ. AE ⓓ GB
✦ *mars-oct. et fermé lundi soir et mardi soir du 15 oct. au 30 avril* – **R** 75/195 ♨, enf. 40.

VERDUN ⟨SP⟩ **55100** Meuse 57 ⑪ G. Alsace Lorraine – 20 753 h alt. 199.

Voir Ville Haute★ : Cathédrale★ (cloître★) Z **E**, Palais épiscopal★ Z **R** – Les champs de bataille à l'Est par ②.

🅸 Office de Tourisme pl. Nation ☎ 29 86 14 18, Télex 961976.

Paris 262 ④ – ◆Metz 79 ③ – Châlons-sur-M. 87 ④ – ◆Nancy 93 ③.

VERDUN

Foch (Pl. Mar.) .... **Z** 15
Mazel (R.) .... **Y** 29

Belle-Vierge (R.) .... **Y** 2
Boulhaut (R. Frères) .... **Y** 5
Chaussée (R. et P.) .... **Y** 6
Douaumont (Av. de) .... **YZ** 8
Driant (Av. du Col.) .... **Y** 10
Fort-de-Vaux (R. du) .... **Z** 16
Jeanne-d'Arc (Pl.) .... **Y** 22
Lattre-de-T. (R. de) .... **Y** 24
Legay (Pont-F.) .... **Z** 25
Mautroté (R.) .... **YZ** 27
Montgaud (R.) .... **YZ** 33
Pont Lilette (R. du) .... **Z** 35
Prés.-Poincaré (R. du) .... **Z** 36
République (Quai) .... **YZ** 39
St-Paul (R.) .... **Y** 42
Victoire (Av. de la) .... **Y** 47
7e-Div.-Blindée-U.S.A. (R. de la) .... **Y** 50

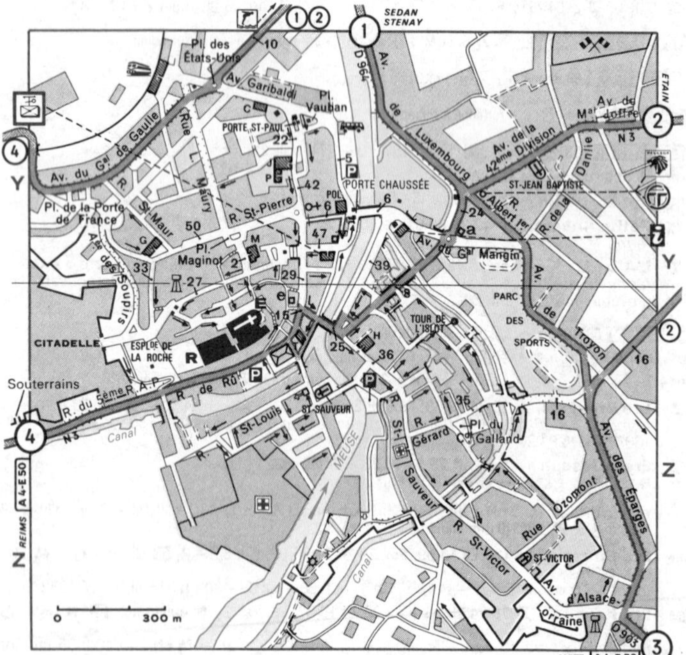

🏨 ❀ **Host. Coq Hardi,** 8 av. Victoire ✆ 29 86 36 36, Télex 860464, Fax 29 86 09 21 – |≑| TV ☎ ♿ – 🏛 40. AE ⓓ GB Y v
R *(fermé 2 au 31 janv. et vend.)* 195/440 et carte 300 à 450, enf. 95 – ☕ 48 – **33 ch** 320/650, 3 appart.
Spéc. Salade "Coq Hardi". Canard de Challans au vinaigre de framboises. Mirabelles flambées au caramel. **Vins** Côte de Toul.

🏨 **Bellevue,** rd-pt de Lattre-de-Tassigny ✆ 29 84 39 41, Télex 860464, Fax 29 86 09 21 – |≑| TV ☎ 🚗 🅟 – 🏛 100 à 500. AE ⓓ GB Y a
hôtel : Pâques-31 oct. et janv. ; rest. : Pâques-31 oct. – **R** 95/160, enf. 80 – ☕ 38 – **72 ch** 160/350.

🏨 **Orchidées** [M], Z.I. Etain par ② : 2 km ✆ 29 86 46 46, Télex 850196, Fax 29 86 10 20, 🌳, ✈ 🏋, 🏊, 🎾 – TV ☎ ♿ 🅟. AE GB
R *(fermé sam. midi et dim. soir de nov. à fév.)* 70/200 🍷 – ☕ 35 – **43 ch** 250/270 – ½ P 250/300.

🏨 **Montaulbain** sans rest, 4 r. Vieille-Prison ✆ 29 86 00 47 – TV ☎. GB Z e
☕ 25 – **10 ch** 125/195.

aux Monthairons par ④ et D 34 : 13 km – ✉ **55320** :

🏨 **Host. du Château des Monthairons** 🐌, ✆ 29 87 78 55, Télex 850552, Fax 29 87 73 49, ←, 🌳, parc, 🚣 – TV ☎ ♿ 🚗 🅟 – 🏛 25. AE ⓓ GB JCB
1er mars-15 nov. – **R** *(fermé lundi midi)* 165/380, enf. 100 – ☕ 55 – **9 ch** 450/750, 3 appart. – ½ P 450/550.

AUSTIN-ROVER Gar. Trévisan, bd de l'Europe à Haudainville ✆ 29 84 41 79
CITROEN Gd Gar. de la Meuse, av. Col.-Driant Y ✆ 29 86 44 05
FIAT-LANCIA Gar. du Rozelier, bd J. Monnet à Haudainville ✆ 29 84 33 47 🅽
PEUGEOT-TALBOT Verdun Auto Loisirs, 2 av. 42e Division ✆ 29 84 32 63

RENAULT Friob, av. d'Étain par ② ✆ 29 84 40 72 🅽 ✆ 05 05 15 15
V.A.G Gar. Voie Sacrée, N 3 Regret ✆ 29 86 04 51

Ⓜ Frattini, 21 av. Douaumont ✆ 29 86 04 36
Leclerc-Pneu, 13 av. Col.-Driant ✆ 29 86 29 55
Legros Marceau et Cie, 21 r. Fort de Vaux ✆ 29 84 61 70

Halten Sie beim Betreten des Hotels oder des Restaurants den Führer in der Hand.
Sie zeigen damit, daß Sie aufgrund dieser Empfehlung gekommen sind.

VERDUN-SUR-LE-DOUBS 71350 S.-et-L. 70 ② G. Bourgogne – 1 065 h alt. 180.

🅸 Syndicat d'Initiative Capitainerie (fermé matin sauf mai-sept.) ✆ 85 91 87 52.

Paris 333 – Chalon-sur-Saône 22 – Beaune 24 – Chagny 24 – Dole 45 – Lons-le-Saunier 57 – Mâcon 79.

XXX **Host. Bourguignonne** avec ch, rte Ciel ✆ 85 91 51 45, Fax 85 91 53 81, 🌳, 🍽 – ☎ 🅟. AE ⓓ GB. ✻ ch
fermé 1er au 7 oct., début fév. au 13 mars, mardi soir sauf juil.-août et merc. – **R** 120/360 – ☕ 45 – **14 ch** 240/410 – ½ P 380.

à Chaublanc NO : 10 km par D 184 et D 183 – ✉ **71350** St-Gervais-en-Vallière :

🏨 **Moulin d'Hauterive** 🐌, ✆ 85 91 55 56, Fax 85 91 89 65, 🌳, parc, 🏋, 🏊, 🎾 – TV ☎ 🅟 – 🏛 50. AE ⓓ GB. ✻ rest
fermé 19 déc. au 1er fév., lundi sauf le soir en juil.-août et dim. soir de sept. à juin – **R** 240/350, enf. 80 – ☕ 70 – **10 ch** 530/650, 6 appart., 5 duplex – ½ P 570/630.

CITROEN Gar. Guenot ✆ 85 91 51 70 🅽
RENAULT Gar. du Port ✆ 85 91 52 67

VÉRETZ 37270 I.-et-L. 64 ⑮ G. Châteaux de la Loire – 2 709 h alt. 45.

Paris 240 – ♦Tours 12 – Bléré 15 – Blois 52 – Chinon 55 – Montrichard 31.

🏨 **Grand Repos** 🐌 sans rest, 18 chemin Acacias ✆ 47 50 35 34, Fax 47 50 58 58, 🏊 – ☎ 🚗 🅟. GB. ✻
1er avril-30 sept. – ☕ 25 – **24 ch** 190/200.

XX **St-Honoré** avec ch, ✆ 47 50 30 06 – TV ☎. GB
fermé janv., dim. soir et lundi sauf juil.-août – **R** 90/190 🍷 – ☕ 25 – **9 ch** 160/200 – ½ P 180/200.

VERGÈZE 30310 Gard 83 ⑧ – 3 135 h alt. 20.

Paris 728 – ♦Montpellier 36 – Nîmes 18.

🏨 **Passiflore** 🐌, ✆ 66 35 00 00, 🌳 – ▤ ch ☎. AE GB
R *(ouvert avril-10 oct. et fermé mardi sauf juil.-août)* (dîner seul.) 130, enf. 40 – ☕ 35 – **11 ch** 265/300 – ½ P 250/300.

X **Au Veri Gourmand,** pl. République ✆ 66 35 36 68 – ▤. AE GB
fermé vacances de nov., de fév., dim. soir et lundi soir – **R** 78/195 🍷, enf. 38.

VERMELLES 62980 P.-de-C. 53 ② – 4 584 h.

Paris 210 – ♦Lille 34 – Arras 29 – Béthune 10,5 – Lens 10,5.

XXX **Le Socrate,** N 43 ✆ 21 26 24 63 – 🅟. GB
fermé 5 au 25 août, dim. soir et lundi – **R** 94/250.

VERMENTON 89270 Yonne 65 ⑤ G. Bourgogne – 1 105 h alt. 125.

Paris 192 – Auxerre 23 – Avallon 27 – Vézelay 27.

Aub. Espérance, ✆ 86 81 50 42 – GB
fermé 1er janv. au 6 fév., dim. soir et lundi – **R** 82/220, enf. 45.

VERNET-LES-BAINS 66820 Pyr.-Or. 86 ⑰ G. Pyrénées Roussillon – 1 489 h alt. 650 – Stat. therm. (27 janv.-19 déc.).

Voir Site★ – Église★ de Corneilla-de-Conflent 2,5 km par ①.

Office de Tourisme pl. Mairie ✆ 68 05 55 35.

Paris 965 ① – ◆Perpignan 55 ① – Mont-Louis 35 ① – Prades 12 ①.

Résidence des Baüs et Mas Fleuri M sans rest, bd Clémenceau **(a)** ✆ 68 05 51 94, Fax 68 05 50 77, « Parc ombragé », – TV ☎ P. AE GB.
1er avril-31 oct. – 40 – **35 ch** 300/680.

Princess, r. Lavandières **(k)** ✆ 68 05 56 22, Fax 68 05 62 45, ←, – rest TV ☎ & P. AE GB. rest
fermé 3 janv. au 3 fév. – **R** 80/195 – 30 – **40 ch** 220/320 – ½ P 255/270.

Eden, prom. Cady **(n)** ✆ 68 05 54 09, Fax 68 05 60 50, – TV ☎ P. GB
1er avril-31 oct. – **R** *(fermé lundi)* 72/150 bc, enf. 48 – 30 – **23 ch** 160/280 – ½ P 205/260.

Angleterre, av. Burnay **(f)** ✆ 68 05 50 58, – GB. ch
2 mai-5 nov. – **R** 85 – 20 – **20 ch** 100/220 – ½ P 170/200.

Comte Guifred de Conflent avec ch (collège d'application hôt.), av. Thermes **(u)** ✆ 68 05 51 37, Fax 68 05 64 11, – TV ☎ – 40. AE GB
fermé fin nov. à fin déc. – **R** 80/200, enf. 50 – 35 – **10 ch** 290/350 – ½ P 306.

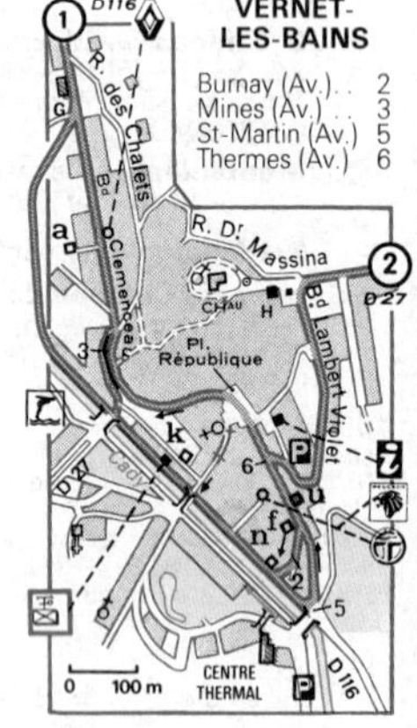

à Casteil S : 2 km par D 116 – alt. 730 – ✉ 66820 :

Molière, ✆ 68 05 50 97, ←, – P. GB
fermé 23 oct. au 30 nov., 3 au 31 janv., mardi soir et merc. hors sais. – **R** 85/150, enf. 42 – 30 – **12 ch** 120/220 – ½ P 185/250.

à Sahorre SO : 3,5 km par D 27 – ✉ 66360 :

Châtaigneraie, ✆ 68 05 51 04, ←, – ☎ P. GB. ch
1er mai-début oct. – **R** 72/120 – 26 – **10 ch** 160/248 – ½ P 185/225.

PEUGEOT-TALBOT Gar. Villacèque ✆ 68 05 51 14
RENAULT Gar. Pous ✆ 68 05 52 81

When looking for a hotel or restaurant use the most efficient method.
Look for the names of towns underlined in red
on the Michelin maps scale: 1:200 000.
But make sure you have an up-to-date map!

VERNEUIL-SUR-AVRE 27130 Eure 60 ⑥ G. Normandie Vallée de la Seine – 6 446 h alt. 175.

Voir Église de la Madeleine★ – Statues★ de l'église N.-Dame.

9 de Center Parcs ✆ 32 23 50 02, par ④ : 9 km.

Syndicat d'Initiative 129 pl. Madeleine (fermé matin) ✆ 32 32 17 17.

Paris 117 ② – Alençon 75 ④ – Argentan 78 ⑤ – Chartres 56 ③ – Dreux 36 ② – Évreux 39 ①.

Plan page suivante

Host. du Clos, 98 r. Ferté-Vidame **(n)** ✆ 32 32 21 81, Télex 172770, Fax 32 32 21 36, – TV ☎ & P. AE GB
fermé déc. et janv. – **R** *(fermé lundi sauf fêtes)* 180/330, enf. 80 – 80 – **8 ch** 600/880, 3 appart. – ½ P 700/925.

Saumon (annexe M), 89 pl. Madeleine **(a)** ✆ 32 32 02 36 – TV ☎ & – 25. GB
fermé 23 déc. au 5 janv. – **R** 80/235, enf. 60 – 40 – **29 ch** 210/280.

Gare, pl. Gare **(r)** ✆ 32 32 12 72, – ☎ & P. GB
R 75/250 – 25 – **6 ch** 250 – ½ P 200/220.

Gd Sultan, 30 r. Poissonnerie **(v)** ✆ 32 32 13 41 – GB
fermé lundi – **R** 76/98.

CITROEN Heurtaux, rte de Paris par ② ✆ 32 32 14 83
RENAULT Gar. Poilvez, 228 av. R.-Zaigue par ① ✆ 32 32 17 54 N
VOLVO Gar. Moderne, rte de Paris ✆ 32 32 00 45
Marsat Pneus, r. Porte de Mortagne ✆ 32 32 39 38

VERNEUIL-S-AVRE

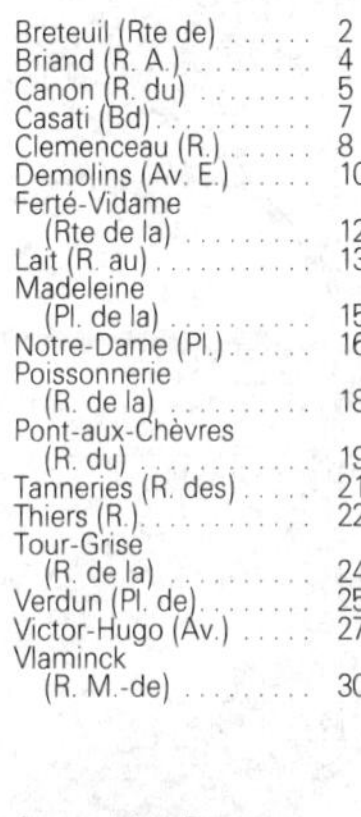

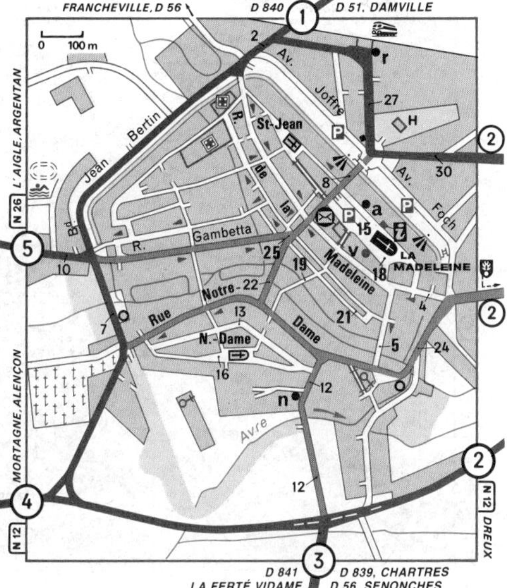

Les guides Rouges, les guides Verts, et les cartes Michelin sont complémentaires. Utilisez-les ensemble.

Circulez en Banlieue de Paris avec les Plans Michelin à 1/15 000.

17 Plan Nord-Ouest	18 Plan et répertoire des rues Nord-Ouest
19 Plan Nord-Est	20 Plan et répertoire des rues Nord-Est
21 Plan Sud-Ouest	22 Plan et répertoire des rues Sud-Ouest
23 Plan Sud-Est	24 Plan et répertoire des rues Sud-Est

VERNIERFONTAINE **25580** Doubs 66 ⑯ – 321 h alt. 730.

Paris 441 – ◆Besançon 32 – Baume-les-Dames 36 – Morteau 37 – Pontarlier 28.

Fontaine ⚘, ✆ 81 60 04 64, Fax 81 60 05 36 – ☎ Ⓟ. GB. ✻ ch
fermé lundi du 1er oct. au 30 avril – **R** 68/190 ♁, enf. 35 – ☕ 25 – **10 ch** 151/240 – ½ P 140/176.

VERNON **27200** Eure 55 ⑰ ⑱ 106 ① ② **G. Normandie Vallée de la Seine** – 23 659 h alt. 16.

Voir Église N.-Dame★ BY – Château de Bisy★ 2 km par ③.

ℹ Office de Tourisme 36 r. Carnot ✆ 32 51 39 60.

Paris 80 ② – ◆Rouen 62 ③ – Beauvais 67 ⑤ – Évreux 31 ③ – Mantes-la-Jolie 23 ②.

Plan page suivante

Arianotel M, rte de Rouen à St-Marcel par ④ ✉ 27950 ✆ 32 21 55 56, Fax 32 51 11 18 – TV ☎ ♿ Ⓟ – 🏛 50. GB
R *(fermé lundi midi et dim.)* 75/150 ♁, enf. 41 – ☕ 30 – **37 ch** 245/260.

Haut Marais sans rest, 2 rte Rouen à St-Marcel par ④ ✉ 27950 ✆ 32 51 41 30, Fax 32 21 11 32 – TV ☎ Ⓟ. GB
☕ 25 – **33 ch** 130/250.

XX **Les Fleurs,** 71 r. Carnot ✆ 32 51 16 80, Fax 32 21 30 51 – GB. ✻ BX **a**
fermé 20 juil. au 20 août, 28 fév. au 8 mars, dim. soir et lundi – **Repas** 100 bc/260 bc.

à Port-Villez par ② : 4 km – ✉ **78270**.

Voir N.-D. de la mer ≤★ S : 2 km – Signal des Coutumes ≤★ S : 3 km.

XXX **La Gueulardière,** ✆ (1) 34 76 22 12, 🏡, 🌳 – Ⓟ. GB
fermé août, dim. soir et lundi sauf fériés – **R** carte 230 à 390.

CITROEN S.C.A.E., N 15 à St-Just par ④ ✆ 32 51 74 51 **N** ✆ 32 51 99 26
FORD Auto-Normandie, r. Industrie, ZI ✆ 32 51 59 39
PEUGEOT-TALBOT Gervilliers, 10 av. de Paris par ② ✆ 32 51 50 14

Sube-Pneurama, 11 bd Isambard ✆ 32 51 08 95
Ⓜ Marsat Pneus, ZI 11 r. de la Garenne à St-Marcel ✆ 32 21 68 04
Marsat-Pneus Vernon-Pneus, 121 r. Carnot ✆ 32 21 26 52

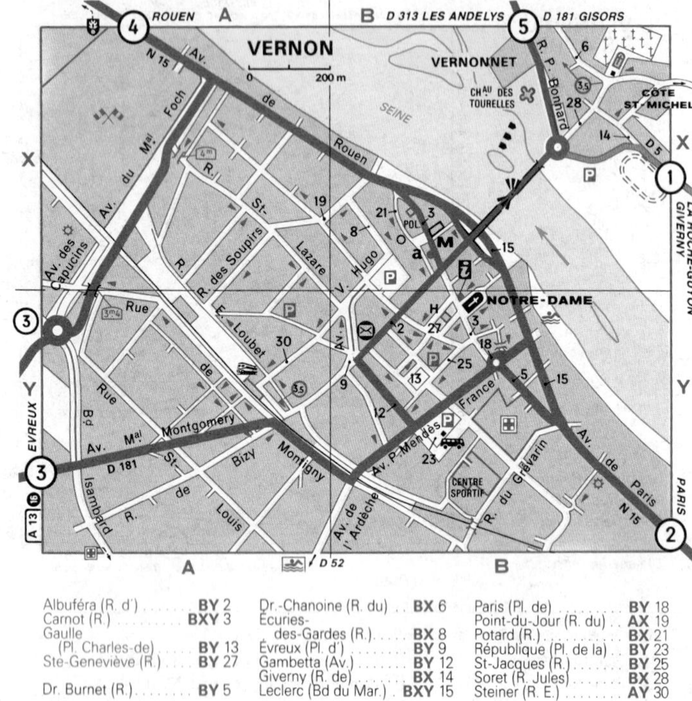

Albuféra (R. d') .... BY 2
Carnot (R.) .... BXY 3
Gaulle (Pl. Charles-de) ..... BY 13
Ste-Geneviève (R.) .... BY 27

Dr. Burnet (R.) .... BY 5
Dr.-Chanoine (R. du) .. BX 6
Écuries-des-Gardes (R.) ..... BX 8
Évreux (Pl. d') .... BY 9
Gambetta (Av.) .... BY 12
Giverny (R. de) .... BX 14
Leclerc (Bd du Mar.) . BXY 15
Paris (Pl. de) .... BY 18
Point-du-Jour (R. du) .. AX 19
Potard (R.) .... BX 21
République (Pl. de la) .. BY 23
St-Jacques (R.) .... BY 25
Soret (R. Jules) .... BX 28
Steiner (R. E.) .... AY 30

VERNOUILLET **78540** Yvelines 55 ⑲ **G. Ile de France** – 8 676 h alt. 39.

Voir Clocher★ de l'église.

Paris 41 – Mantes-la-Jolie 23 – Pontoise 19 – Rambouillet 52 – St-Germain-en-Laye 16 – Versailles 27.

Aub. les Charmilles sans rest, 38 r. P. Doumer ☎ (1) 39 71 64 02, – ☎ **P**. GB
30 – **10 ch** 190/320.

Marsat Pneus, ZI Plein Sud, r. de Rome ☎ (1) 37 42 02 98

VERQUIÈRES **13** B.-du-R. 84 ① – rattaché à St-Rémy-de-Provence.

La VERRIE **85130** Vendée 67 ⑤ – 3 497 h alt. 125.

Paris 365 – Angers 73 – La Roche-sur-Yon 51 – Bressuire 44 – Cholet 14 – ◆Nantes 67.

La Malle Poste, pl. Ch. de Gaulle ☎ 51 65 46 14, Fax 51 65 47 18 – **P**. GB.
fermé 1er au 15 août, 15 au 28 fév., dim. soir et lundi – **R** 54/120, enf. 41.

VERS **46090** Lot 79 ⑧ – 390 h alt. 132.

Paris 582 – Cahors 13 – Villefranche-de-Rouergue 53.

les Chalets M, ☎ 65 31 40 83, Fax 65 31 46 96, – TV ☎ & **P** – 25. AE GB
fermé 15 janv. au 1er mars, dim. soir et lundi hors sais. – **R** 85/250, enf. 50 – 30 – **23 ch** 215/280 – ½ P 250/290.

VERSAILLES **78** Yvelines 60 ⑨ ⑩, 101 ㉒ – voir à Paris, Environs.

VER-SUR-LAUNETTE **60** Oise 56 ⑫ – rattaché à Ermenonville.

VERTOLAYE **63480** P.-de-D. 73 ⑯ – 609 h alt. 512.

Paris 497 – ◆Clermont-Ferrand 70 – Ambert 14 – Cunlhat 18 – Feurs 61 – Issoire 58 – Thiers 43.

Voyageurs, près gare ☎ 73 95 20 16, Fax 73 95 23 85, , – TV ☎ **P**. GB. rest
fermé 1er au 24 oct., vend. soir et sam. sauf juil-août – **R** 75/190, enf. 50 – 30 – **28 ch** 110/280 – ½ P 190/230.

VERTOU **44** Loire-Atl. 67 ③ – rattaché à Nantes.

VERTUS 51130 Marne 56 ⑯ **G. Champagne** – 2 495 h alt. 107.

Voir Mont Aimé★ S : 5 km.

Paris 138 – ◆Reims 47 – Châlons-sur-Marne 29 – Épernay 21 – Fère-Champenoise 17 – Montmirail 38.

Host. Reine Blanche, av. Louis Lenoir ☎ 26 52 20 76, Fax 26 52 16 59, – (TV) ☎ – 45. AE GB
R 135/290 – ☐ 50 – **28 ch** 395/430 – ½ P 370.

à Bergères-les-Vertus S : 3,5 km par D 9 – ✉ **51130** Vertus :

Mont-Aimé , ☎ 26 52 21 31, Fax 26 52 21 39, , , – (TV) ☎ – 50. AE GB
R 90/350 , enf. 50 – ☐ 45 – **29 ch** 200/350 – ½ P 300.

CITROEN Dieryckxvisschers, 15 pl. Grande Fontaine ☎ 26 52 13 31

Les VERTUS 76 S.-Mar. 52 ④ – rattaché à Dieppe.

VERVINS <SP> 02140 Aisne 53 ⑯ **G. Flandres Artois Picardie** – 2 663 h alt. 174.

Office de Tourisme pl. Gén.-de-Gaulle (fermé après-midi) ☎ 23 98 11 98.

Paris 175 – St-Quentin 49 – Charleville-Mézières 68 – Laon 35 – ◆Reims 85 – Valenciennes 75.

Tour du Roy (Mme Desvignes), ☎ 23 98 00 11, Fax 23 98 00 72, , – ch (TV) ☎ . AE GB
fermé 15 janv. au 15 fév. – **R** *(fermé dim. soir et lundi midi hors sais.)* (dim. et fêtes prévenir) 160/400 bc et carte 280 à 400 – ☐ 60 – **12 ch** 350/600, 3 appart. – ½ P 370/500
Spéc. Chaud-froid de foie gras. Lasagnettes de homard, sole et saumon. Crêpes craquantes aux fruits rouges. **Vins** Champagne.

CITROEN M. Renaud, La Chaussée de Fontaine ☎ 23 98 00 08 N
OPEL Legoc Macogne, N 2 à Fontaine-lès-Vervins ☎ 23 98 10 49

Euromaster Fischbach Pneu Service, rte de Guise à Fontaine-lès-Vervins ☎ 23 98 30 79

Le VÉSINET 78 Yvelines 55 ⑳, 101 ⑬ – voir à Paris, Environs.

VESOUL P 70000 H.-Saône 66 ⑤ ⑥ **G. Jura** – 17 614 h alt. 220.

Voir Colline de la Motte ✻★ 30 mn.

Office de Tourisme r. Bains ☎ 84 75 43 66 A.C. du Haut-Saônois, 6 av. Mairie à Frotey-lès-Vesoul ☎ 84 76 08 23.

Paris 352 ① – ◆Besançon 47 ② – Belfort 64 ① – Épinal 89 ① – Langres 75 ① – Vittel 85 ①.

VESOUL

Alsace-Lorraine (R. d')	3
Gaulle (Bd Ch.-de)	14
Genoux (R. Georges)	15
Girardot (R. du Cdt)	20
Leblond (R.)	25
Morel (R. Paul)	26
Aigle-Noir (R. de l')	2
Annonciades (R. des)	4
Bains (R. des)	6
Faure (R. Edgar)	10
Fleurier (R.)	12
Gevrey (R.)	16
Grand-Puits (Pl. du)	21
Grandes-Faulx (R. des)	22
Kennedy (Bd)	24
Moulin-des-Prés (Pl. du)	27
République (Pl. de la)	29
St-Georges (R.)	30
Salengro (R. Roger)	31
Tanneurs (R. des)	32
Vendémiaire (R.)	33
Verlaine (R.)	35

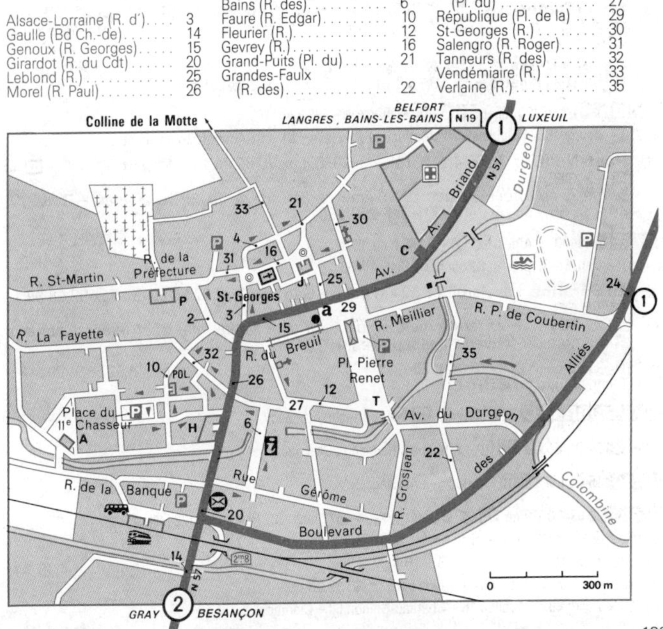

Relais N 19, rte Paris par ① : NO 3 km ✆ 84 76 42 42, Télex 361766, Fax 84 76 81 94, ... – ... ☎ ... Ⓟ. GB
fermé 23 déc. au 8 janv., sam. et dim. en hiver – **R** 90/150 – ☐ 39 – **22 ch** 260/390.

Lion Ⓜ sans rest, 4 pl. République **(a)** ✆ 84 76 54 44, Fax 84 75 23 31 – ... ☎ Ⓟ. AE GB
☐ 24 – **19 ch** 157/248.

à Frotey-lès-Vesoul par ① : 2 km – ✉ 70000 :

Eurotel, rte Luxeuil ✆ 84 75 49 49, Fax 84 76 55 78, ... – ... ☎ Ⓟ. ⓓ GB
R *(fermé dim. soir)* 82/250 – ☐ 30 – **20 ch** 280/295 – ½ P 200.

à Pusey NO par ① : 4 km – ✉ 70000 :

Eric H. Ⓜ, ✆ 84 75 01 02, Fax 84 75 28 11, ... – ... ☎ ♿ Ⓟ – 🏛 30. ⓓ GB
R 65/150 , enf. 35 – ☐ 25 – **40 ch** 200/260 – ½ P 190/210.

CITROEN Carré à Frottey-les-Vesoul ✆ 84 75 76 77
FORD Dormoy, rte de Paris ✆ 84 75 46 34
OPEL Garage de la Rocade, N 19 ✆ 84 76 50 30
PEUGEOT Succursale, rte de Gray à Noidans-lès-Vesoul par ② ✆ 84 76 51 52 **N** ✆ 80 61 53 03
RENAULT Gar. Bougueret, ZI à Noidans-lès-Vesoul par ② ✆ 84 76 27 11
TOYOTA Gar. Konecny, Espace de la Motte, r. du Talerot ✆ 84 75 67 96

Euromaster PAD, 22 bd Charles-de-Gaulle ✆ 84 75 34 32
Goudey, 1 r. Gén.-Leclerc à Navenne ✆ 84 75 21 79
Hyper-Pneus, av. Gare ✆ 84 76 46 47
Pneus et Services D.K., N 19 ZAC Petit Montmarin ✆ 84 75 23 29

VEUIL 36 Indre 68 ⑧ – rattaché à Valençay.

VEULES-LES-ROSES 76980 S.-Mar. 52 ③ **G. Normandie Vallée de la Seine** – 753 h alt. 42 – Casino

Syndicat d'Initiative r. Dr-Girard (juil.-août) ✆ 35 97 63 05.

Paris 199 – Dieppe 26 – Fontaine-le-Dun 8 – ♦Rouen 58 – St-Valéry-en-Caux 8.

XXX ✿ **Les Galets** (Plaisance), à la plage ✆ 35 97 61 33, Fax 35 57 06 23 – AE ⓓ GB
fermé 5 janv. au 5 fév., mardi soir et merc. – **R** (nombre de couverts limité - prévenir) 180/380 et carte 310 à 480, enf. 130
Spéc. Tian de coquilles Saint-Jacques sur purée de pommes de terre (saison). Omelette fine de homard. Assiette gourmande du pâtissier.

VEULETTES-SUR-MER 76450 S.-Mar. 52 ② ③ **G. Normandie Vallée de la Seine** – 299 h alt. 2 – Casino.

Syndicat d'Initiative esplanade du Casino (juil.-août) ✆ 35 97 51 33.

Paris 208 – Fécamp 26 – ♦Rouen 65 – Yvetot 30.

XX **Les Frégates** avec ch, ✆ 35 97 51 22, Fax 35 57 05 60, ← – ... ☎ – 🏛 25. ⓓ GB
R *(fermé dim. soir et lundi midi d'oct. à mai)* 90/182 , enf. 45 – ☐ 29 – **16 ch** 205/290 – ½ P 235/255.

Annexe Bains ..., – ... ☎ ♿ Ⓟ. ⓓ GB,
R voir **Les Frégates** – ☐ 29 – **20 ch** 205/290 – ½ P 235/255.

Le VEURDRE 03320 Allier 69 ③ **G. Auvergne** – 595 h alt. 190.

Paris 270 – Bourges 68 – Moulins 34 – Montluçon 67 – Nevers 31 – St-Amand-Montrond 48.

Pont-Neuf, ✆ 70 66 40 12, Télex 392978, Fax 70 66 44 15, ..., parc, ..., ... – ... ☎ ♿ Ⓟ. AE ⓓ GB
fermé 25 au 31 oct., 18 déc. au 15 janv. et dim. soir du 15 oct. au 30 mars – **R** 75/210 , enf. 40 – ☐ 36 – **36 ch** 240/300 – ½ P 250/280.

VEYNES 05400 H.-Alpes 81 ⑤ – 3 148 h alt. 814.

Paris 667 – Gap 25 – Aspres-sur-Buëch 9 – Sisteron 50.

X **La Sérafine,** Les Paroirs E : 2 km par rte Gap et VO ✆ 92 58 06 00, Fax 92 58 09 11, ... – AE ⓓ GB
16 avril-21 nov. et fermé merc. midi, jeudi midi, vend. midi (sauf fêtes), lundi et mardi – **R** (nombre de couverts limité, prévenir) 120/200.

CITROEN Gar. Ribeiro ✆ 92 58 01 41 **N**
FORD Technic Auto, ✆ 92 58 02 23
RENAULT Gar. Central, ✆ 92 58 01 39

VEYRIER-DU-LAC 74 H.-Savoie 74 ⑥ – rattaché à Annecy.

VÉZAC 24 Dordogne 75 ⑰ – rattaché à Beynac et Cazenac.

VÉZAC 15 Cantal 76 ⑫ – rattaché à Aurillac.

VÉZELAY 89450 Yonne 65 ⑮ **G. Bourgogne** – 571 h alt. 302 Pèlerinage (22 juillet).

Voir Basilique Ste-Madeleine★★★ : tour ✻★.

Env. Site★ de Pierre-Perthuis SE : 6 km.

Syndicat d'Initiative r. St-Pierre (avril-oct.) ✆ 86 33 23 69.

Paris 223 – Auxerre 51 – Avallon 15 – Château-Chinon 60 – Clamecy 22.

Poste et Lion d'Or, ☎ 86 33 21 23, Télex 800949, Fax 86 32 30 92, ←, ⛱, 🌳 – TV ☎ P. AE GB
2 avril-1er nov. – **R** *(fermé mardi midi et lundi)* 112/295, enf. 60 – ☕ 42 – **48 ch** 240/580 – ½ P 270/440.

Le Pontot 🐦 sans rest, ☎ 86 33 24 40, ←, 🌳 – ☎. ⓓ GB JCB
2 avril-2 nov. – ☕ 60 – **10 ch** 550/800.

Compostelle M sans rest, pl. Champ de Foire ☎ 86 33 28 63, Fax 86 33 34 34 – TV ☎ ♿. AE ⓓ GB
fermé janv. et dim. soir du 1er déc. au 1er mars – ☕ 32 – **18 ch** 260/310.

à St-Père SE : 3 km par D 957 – alt. 148 – ✉ **89450**.

Voir Église N.-Dame★.

✿✿✿ **L'Espérance** (Meneau) 🐦, ☎ 86 33 20 45, Télex 800005, Fax 86 33 26 15, ←, « Jardin dans la campagne », 🏋, 🏊, 🎾 – ▤ TV ☎ P. AE ⓓ GB
fermé mi-janv. à mi-fév. – **R** *(fermé merc. sauf le soir de mai à nov. et mardi)* (prévenir) 330 (déj.)/790 et carte 480 à 850 – ☕ 100 – **34 ch** 400/1300, 6 appart.
Spéc. Chaud-froid de homard en gelée. Tourte d'asperges au foie gras (saison). Pillette rôtie aux truffes. **Vins** Irancy, Vezelay.

La Renommée M sans rest, ☎ 86 33 21 34, Fax 86 33 34 17 – ☎ P. AE GB
fermé 1er au 15 janv. – ☕ 26 – **19 ch** 150/290.

Le Pré des Marguerites, Grande Rue ☎ 86 33 33 33, Fax 86 33 34 73, ←, ⛱, 🌳 – ▤ P. AE ⓓ GB
R 80 bc/125, enf. 54.

à Fontette E : 5 km par D 957 – ✉ **89450** Vézelay :

Crispol M, rte Autun ☎ 86 33 26 25, Fax 86 33 33 10, ← colline de Vézelay, ⛱, « Décor contemporain original », 🌳 – ☎ ♿ 🚗 P. AE GB
fermé 15 janv. au 28 fév. et lundi – **R** 110/270 – ☕ 45 – **12 ch** 350/600 – ½ P 400/450.

Den Katalog der Michelin-Veröffentlichungen erhalten Sie bei Ihrem Buchhändler.

VEZELS-ROUSSY **15130** Cantal 76 ⑫ – 120 h alt. 630.
Paris 587 – Aurillac 22 – Entraygues-sur-Truyère 27.

La Bergerie 🐦, ☎ 71 49 42 90, Fax 71 49 44 70, ←, 🏋, 🏊 – ☎ P. GB
R 65/110 🍷 – ☕ 25 – **15 ch** 160 – ½ P 200.

VÉZÉNOBRES **30360** Gard 80 ⑱ **G. Gorges du Tarn** – 1 312 h alt. 219.
Voir ✳★ du sommet du village.
🅘 Syndicat d'Initiative à la Mairie ☎ 66 83 62 02.
Paris 710 – Alès 12 – Nîmes 33 – Uzès 30.

Le Sarrasin, N 106 ☎ 66 83 55 55, Fax 66 83 66 83, ⛱, 🌳 – |♦| TV ☎ P. AE ⓓ GB
R carte 120 à 220, enf. 35 – ☕ 30 – **26 ch** 190/220 – ½ P 220/250.

VIA **66** Pyr.-Or. 86 ⑯ – rattaché à Font-Romeu.

VIALAS **48220** Lozère 80 ⑦ – 384 h alt. 607.
Paris 652 – Alès 40 – Florac 41 – Mende 64.

✿ **Chantoiseau** (Pagès) 🐦 avec ch, ☎ 66 41 00 02, Fax 66 41 04 34, ←, 🏊 – ⇆ ch TV ☎. AE ⓓ GB. ⚘
20 mars-31 oct. et fermé mardi soir et merc. d'oct. à mai – **R** 130/690 et carte 210 à 410, enf. 70 – ☕ 50 – **15 ch** 450/500 – ½ P 400/490
Spéc. Truite rose du pays à la moutarde violette. Croustillant d'agneau de Lozère en aïgue bouillide. Cassoulette aux lentilles vertes. **Vins** Costières de Nîmes, Coteaux du Languedoc.

VIAUR (Viaduc du) ★ **12** Aveyron 80 ⑪ **G. Gorges du Tarn** - NE de Carmaux 27 km – alt. 500 – ✉ **12800** Naucelle.
Paris 673 – Rodez 41 – Albi 44 – Millau 96 – St-Affrique 73 – Villefranche-de-Rouergue 50.

Host. du Viaduc du Viaur 🐦, par D 574 ☎ 65 69 23 86, ← viaduc et vallée, ⛱, 🏊 – ☎ 🚗 P. AE GB. ⚘ rest
10 avril-1er oct. et fermé merc. midi et mardi hors sais. – **R** 100/200 🍷, enf. 60 – ☕ 25 – **10 ch** 270 – ½ P 260.

VIBRAC **16** Charente 72 ⑬ – rattaché à Jarnac.

VIBRAYE **72320** Sarthe 60 ⑯ – 2 609 h alt. 124.
Paris 171 – ◆Le Mans 43 – Brou 41 – Châteaudun 52 – Mamers 48 – Nogent-le-R. 38 – St-Calais 16.

Chapeau Rouge avec ch, pl. H. de Ville ☎ 43 93 60 02, Fax 43 71 52 18 – ☎ P. GB. ⚘ ch
fermé 15 au 30 août, 15 au 30 janv., dim. soir et lundi – **R** 75/275 🍷, enf. 65 – ☕ 40 – **10 ch** 220/260 – ½ P 270/320.

VIC-EN-BIGORRE **65500** H.-Pyr. 85 ⑧ – 4 893 h alt. 215.

Paris 776 – Auch 62 – Pau 43 – Aire-sur-l'Adour 52 – Mirande 37 – Tarbes 17.

Le Tivoli, pl. Gambetta ☎ 62 96 70 39, Fax 62 96 29 74, – TV ☎. GB
R *(fermé 6 au 20 sept., 21 janv. au 5 fév. et lundi sauf fériés)* 60/200 , enf. 40 – ☐ 22 – **27 ch** 110/220 – ½ P 136/237.

Le Réverbère M avec ch, r. Alsace ☎ 62 96 78 16, – TV ☎. AE GB
fermé 1er au 15 janv. – **R** *(fermé dim. soir du 15 sept. au 15 juin et lundi)* 63/260 – ☐ 22 – **10 ch** 200 – ½ P 185.

VICHY **03200** Allier 73 ⑤ **G. Auvergne** – 27 714 h alt. 264 – Stat. therm. (fév.-nov.) – Casino Grand Casino BZ.

Voir Parc des Sources★ BYZ – Parcs de l'Allier★ BZ – Site des Hurlevents ≤★ 4,5 km par ②.

18 ☎ 70 32 39 11 A.

Office de Tourisme et de Thermalisme et Accueil de France (Informations, change et réservations d'hôtels, pas plus de 5 jours à l'avance) 19 r. Parc ☎ 70 98 71 94, Télex 990278.

Paris 409 ① – ◆Clermont-Ferrand 54 ③ – Montluçon 92 ⑥ – Moulins 55 ① – Roanne 72 ①.

Plans page suivante

Aletti Palace H., 3 pl. Jospeh Aletti ☎ 70 31 78 77, Fax 70 98 13 82, , , – ch TV ☎ & P – 40. AE GB BZ **u**
R *(fermé dim. soir et lundi d'oct. à avril)* 180/400 – ☐ 70 – **126 ch** 780/1100, 7 appart. – ½ P 625/665.

❀ **Pavillon Sévigné,** 50 bd Kennedy ☎ 70 32 16 22, Télex 392370, Fax 70 59 97 37, , « Dans un jardin à la française, ancienne demeure de Madame de Sévigné » – TV ☎ P – 25 à 60. AE GB BZ **s**
R 210/360 et carte 230 à 430 – ☐ 75 – **45 ch** 710/1200 – P 765/1050
Spéc. Vichyssoise de homard (mai à oct.). Coeur de Charolais au fumet de Graves. Symphonie des douceurs de la Marquise (mai à oct.). **Vins** Saint-Pourçain.

Régina, 4 av. Thermale ☎ 70 98 20 95, Fax 70 98 60 05, – rest TV ☎. AE GB. rest BY **v**
26 avril-30 sept. – **R** 130/200 – ☐ 45 – **80 ch** 350/550 – ½ P 400/500.

Novotel Thermalia M, 1 av. Thermale ☎ 70 31 04 39, Télex 990547, Fax 70 31 08 67, , – ch TV ☎ & P – 100 à 200. AE GB BY **q**
R carte environ 160 , enf. 50 – ☐ 46 – **128 ch** 500/552.

Magenta, 23 av. W. Stucki ☎ 70 31 80 99, Fax 70 31 83 40 – TV ☎. AE GB. rest BY **r**
début mai-fin sept. – **R** 130/180 – ☐ 38 – **62 ch** 340/450 – P 465.

Portugal, 121 bd États-Unis ☎ 70 31 90 66, Fax 70 31 04 38 – ch TV ☎. GB JCB. rest BY **t**
26 avril-3 oct. – **R** 120/210, enf. 65 – ☐ 38 – **50 ch** 340/460 – P 457/498.

Pavillon d'Enghien M, 32 r. Callou ☎ 70 98 33 30, Fax 70 31 67 82, , – TV ☎ – 25. AE GB BY **b**
fermé 20 déc. au 1er fév. – **Jardins d'Enghien** *(fermé dim. soir et lundi)* **R** 100/150 – ☐ 36 – **22 ch** 320/450 – P 340/400.

Lutétia, 5 r. Belgique ☎ 70 97 45 45, Fax 70 97 69 34 – TV ☎ – 30 à 50. AE GB
fermé 5 au 31 janv. – **R** 95/175 , enf. 45 – ☐ 45 – **50 ch** 370/410 – P 430. BZ **x**

de Grignan M, 7 pl. Sévigné ☎ 70 32 08 11, Fax 70 32 47 07 – rest TV ☎ & P – 30. AE GB JCB. BZ **v**
fermé 15 oct. au 14 nov. – **R** 70/130, enf. 40 – ☐ 30 – **121 ch** 210/330 – P 290/320.

Chambord et rest. Escargot qui Tête, 82 r. Paris ☎ 70 31 22 88, Fax 70 31 54 92 – ch TV ☎. AE GB JCB CY **k**
fermé vacances de fév. – **R** *(fermé dim. soir et lundi sauf juil.-août)* 95/250, enf. 55 – ☐ 30 – **32 ch** 170/260 – ½ P 205/247.

Venise sans rest, 25 av. A. Briand ☎ 70 31 83 23, Télex 392362, Fax 70 31 02 97 – cuisinette ch TV ☎ – 50. AE GB BZ **e**
☐ 30 – **25 ch** 260/360.

Brest et St Georges, 27 r. Paris ☎ 70 98 22 18, Fax 70 98 28 70 – TV ☎ P. GB. rest CY **m**
fermé fév. – **R** *(fermé vend. de nov. à mars)* 110/350 – ☐ 28 – **39 ch** 230/295 – P 275/350.

Moderne, 8 r. M. Durand-Fardel ☎ 70 31 20 21, Fax 70 97 48 03 – ☎. GB. BY **s**
26 avril-4 oct. – **R** 100 – ☐ 30 – **40 ch** 180/260 – P 265/390.

Arverna H. M sans rest, 12 r. Desbrest ☎ 70 31 31 19, Fax 70 97 86 43 – TV ☎ – 25. AE GB JCB CY **g**
fermé 23 au 28 oct. et 18 déc. au 3 janv. – ☐ 30 – **26 ch** 220/340.

Vichy Tonic sans rest, 6 av. Prés. Doumer ☎ 70 31 45 00, Fax 70 32 64 97 – TV ☎. AE GB CZ **h**
☐ 28 – **36 ch** 230/270.

Arcade M sans rest, 11 av. P. Coulon ☎ 70 98 18 48, Fax 70 97 72 63 – TV ☎ & P – 25. AE GB BY **f**
☐ 35 – **48 ch** 275/300.

VICHY

Clemenceau (Av.) . . . . BZ 6
Hôtel-des-Postes (R.) . . CY 13
Lucas (R.) . . . . . BY 18
Paris (R. de) . . . . CY
Prés.-Wilson (R.) BZ 25

Ailes (R. des) . . . A 2
Auberger (Av. F.) A 3
Briand (Av. A.) . . BZ 4
Casino (R. du) . . BZ 5
Foch (Av. Mar.) CZ 7
Gramont (Av. de) A 8
Grange-au-Grain (R.) . . . . A 9
Hauterive (Av. d') A 10
Hôpital (Bd de l') A 12
Jaurès (Av. J.) . . . A 14
Lattre-de-T. (Bd Mar. de) . BY 15
Léger (Pl. P.-V.) CY 16
Lyautey (R. Mar.) A 19
Mutualité (Bd) . CY 20
Parc (R. du) . . . . BZ 22
Poincaré (Av.) . . . A 24
République (Av.) . A 26
République (Av.) BELLERIVE . . . A 27
Russie (Bd de) . BZ 30
Victoire (Pl. de) . CZ 32
Victor-Hugo (Pl.) BZ 34

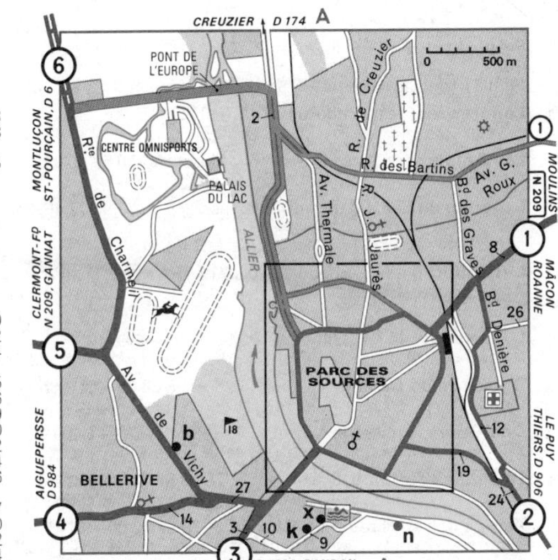

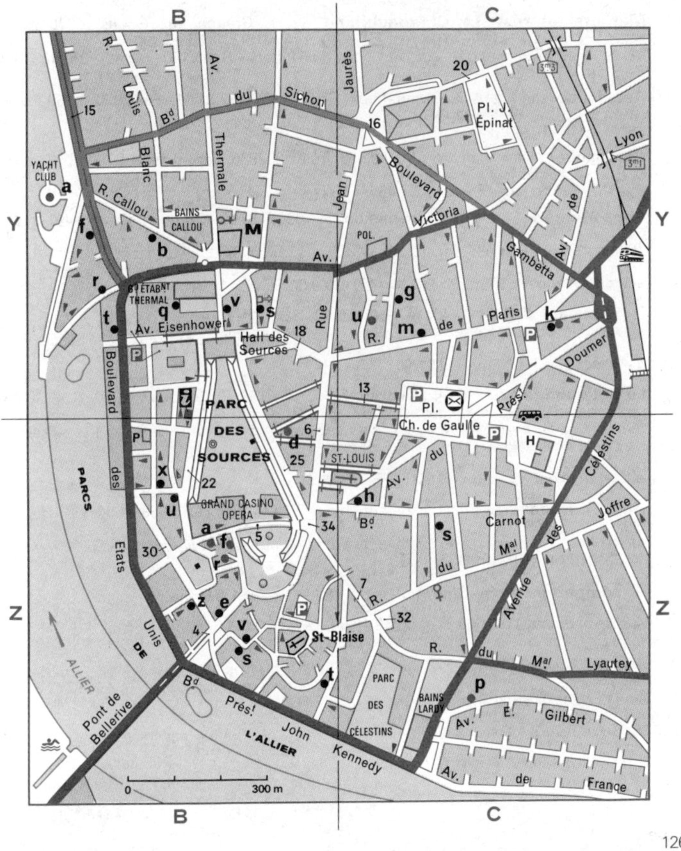

Fréjus , 6 r. Presbytère 70 32 17 22, Fax 70 32 42 10, – TV. AE GB — BZ t
fermé 16 oct. au 1er mars – **R** 58/160 , enf. 50 – 25 – **31 ch** 183/291 – P 253/298.

Londres sans rest, 7 bd Russie 70 98 28 27 – . GB — BZ z
27 mars-23 oct. – 26 – **20 ch** 115/260.

Les Amandiers sans rest, 16 r. Masset 70 59 96 92 – cuisinette . GB — CZ s
fermé vacances de Noël – 25 – **18 ch** 190/250.

Rotonde du Lac, bd de Lattre de Tassigny 70 98 72 46, Fax 70 31 01 04, – . AE GB — BY a
fermé dim. soir et lundi d'oct. à mars – **R** 155/215.

L'Alambic, 8 r. N. Larbaud 70 59 12 71 – GB — CY u
fermé 22 août au 8 sept., 18 fév. au 11 mars, mardi midi et lundi – **R** (nombre de couverts limité, prévenir) 160/280, enf. 90.

L'Inattendu, 44 r. E. Gilbert 70 59 93 93 – GB — CZ p
fermé 1er au 14 mars, 27 juil. au 16 août, dim. soir et lundi – **R** 145/240, enf. 55.

Brasserie du Casino, 4 r. Casino 70 98 23 06 – AE GB — BZ a
fermé nov., 21 au 28 fév., jeudi midi et merc. – **R** 135 .

De l'Opéra, 6 passage Noyer 70 98 36 17, – GB. — BZ r
1er mai-30 sept. et fermé lundi – **R** carte 230 à 320 .

La Table d'Antoine, 8 r. Burnol 70 98 99 71 – . GB — BZ d
fermé 5 au 20 janv., dim. soir et lundi – **R** 150/280, enf. 65.

Temps des Cerises, 13 r. Banville 70 97 72 00 – GB — BZ f
fermé 5 au 20 oct., 1er au 22 fév., vend. midi et jeudi – **R** 110/210, enf. 35.

à Bellerive-sur-Allier : rive gauche - A – 8 543 h. – **03700** :

Marcotel et rest. Le Châteaubriand , r. Grange aux Grains 70 32 34 00, Fax 70 32 54 10, , – rest TV – 40 à 200. AE GB — A x
fermé 20 au 28 déc. et dim. soir du 17 oct. au 31 mars – **R** 120/180 – 40 – **35 ch** 310/426, 3 appart. – ½ P 353.

Résidence sans rest, r. Grange aux Grains 70 32 37 11, Fax 70 32 36 59, – cuisinette TV . AE GB — A k
35 – **114 ch** 240/340.

Campanile, 74 av. Vichy 70 59 32 33, Télex 392985, Fax 70 59 81 90, , – TV – 40. AE GB — A b
R 80 bc/102 bc, enf. 39 – 29 – **46 ch** 268.

Chez Mémère avec ch, Chemin de Halage 70 59 89 00, , , – TV . AE GB — A n
10 avril-12 sept. – **R** 98/194, enf. 50 – 30 – **8 ch** 200/230.

à Vichy-Rhue N : 5 km par D 174 – **03300** Cusset :

La Fontaine, 70 31 37 45, – . AE GB
fermé 15 au 30 oct., 23 déc. au 20 janv., mardi soir et merc. – **R** 155 .

à Abrest par ② : 4 km – **03200** :

La Colombière avec ch, SE : 1 km sur D 906 70 98 69 15, Fax 70 31 50 89, , « Jardin ombragé en terrasses » – rest TV – 30. AE GB
fermé mi-janv. à mi-fév., dim. soir hors sais. et lundi sauf le midi en saison – **R** 95/270 – 27 – **4 ch** 150/260.

à St-Yorre par ② : 8 km – 3 003 h. – **03270** :

Aub. Bourbonnaise avec ch, 2 av. Vichy 70 59 41 79, Fax 70 59 24 94, – TV . GB
fermé 1er au 21 mars, 1er au 21 fév., dim. soir et lundi sauf juil.-août – **R** 95/230, enf. 40 – 26 – **10 ch** 160/340 – P 270/330.

à l'aéroport de Vichy-Charmeil par ⑥ : 8 km – **03110** Charmeil :

Aéroport, dans l'aérogare 70 32 48 09, – . GB
fermé 20 sept. au 12 oct., 14 au 28 fév., dim. soir et lundi – **Repas** 75/190, enf. 40.

ALFA-ROMEO Vichy Automobile, 6 r. de Paris 70 98 62 73
BMW Auto-Contrôle, ZI Vichy Rhue à Creuzier-le-Vieux 70 98 65 80
CITROEN Vichy Thermal Automobiles, rte de Paris à Cusset par ① 70 59 16 55
LANCIA, MERCEDES-BENZ Perfect-Gar., rte de l'Aéroport à Charmeil 70 32 51 34
NISSAN Gar. Jean-Jaurès, 63/65 r. J.-Jaurès 70 31 42 00

PEUGEOT TALBOT Olympic Garage, rte de St-Pourçain à Charmeil par ⑥ 70 32 42 84
RENAULT Sodavi, 18 av. de Vichy à Bellerive-sur-Allier 70 32 22 77 N
V.A.G Vichy Auto Sport, rte Aéroport Vichy à Charmeil 70 31 05 75

Euromaster Briday Pneus, 40 bd Hôpital 70 98 10 69
Métifiot, 46 bd Gambetta 70 31 18 41

VIC-LE-COMTE 63270 P.-de-D. 73 ⑮ **G. Auvergne** – 4 155 h alt. 473.

Voir Ste-Chapelle★.

Paris 444 – ♦Clermont-Ferrand 26 – Ambert 53 – Issoire 18 – Thiers 39.

à Longues NO : 4 km par D 225 – ✉ **63270** Vic-le-Comte :

XX **Le Comté,** ☎ 73 39 90 31, Fax 73 39 24 58, 🍽 – 🅟. GB
fermé 19 juil. au 3 août, vacances de fév., dim. soir et lundi – **R** 95/300, enf. 65.

à Parent-Gare SO : 5 km – ✉ **63270** Vic-le-Comte :

Mon Auberge, ☎ 73 96 62 06 – TV ☎. GB
fermé 29 nov. au 31 déc. et lundi – **R** 75/240 ♂ – ☕ 25 – **7 ch** 120/240 – ½ P 160/220.

VICQ-SUR-NAHON 36 Indre 68 ⑧ – rattaché à Valençay.

VIC-SUR-AISNE 02290 Aisne 56 ③ – 1 775 h alt. 50.

Paris 97 – Compiègne 23 – Laon 54 – Noyon 26 – Soissons 17.

XX **Lion d'Or,** ☎ 23 55 50 20, Fax 23 55 59 09 – ◑ GB
fermé lundi (sauf le midi de sept. à juin) et dim. soir – **R** 95/190, enf. 60.

VIC-SUR-CÈRE 15800 Cantal 76 ⑫ **G. Auvergne** (plan) – 1 968 h alt. 681.

ℹ Office de Tourisme av. Mercier ☎ 71 47 50 68, Fax 71 49 60 63.

Paris 555 – Aurillac 20 – Murat 29.

Le Castel Blanc ♨, ☎ 71 49 63 63, Fax 71 49 60 64, ≤, 🌳 – TV ☎ 🅟. AE ◑ GB JCB. ✂ rest
15 fév.-15 oct. – **R** (dîner seul.)(table d'hôtes-résidents seul.) 220 bc – ☕ 60 – **8 ch** 450/550 – ½ P 470/520.

Family H. Ⓜ, ☎ 71 47 50 49, Fax 71 47 51 31, ≤, parc, 🏊, 🎾 – 🛗 cuisinette ☎ ♿ 🅟. AE ◑ GB. ✂ rest
R 75/110, enf. 36 – ☕ 35 – **55 ch** 410 – ½ P 250/315.

Bains ♨, ☎ 71 47 50 16, Fax 71 49 63 82, ≤, 🍽, 🏊, 🌳 – ☎ 🅟. GB
25 avril-1er nov., vacances scolaires et week-ends – **R** 90/170 – ☕ 32 – **40 ch** 270/290, 17 appart. – ½ P 280.

Vic H., ☎ 71 47 50 22, Fax 71 45 43 99, 🏊, 🌳 – 🛗 ☎ 🚗 🅟 – 🏛 50. AE GB. ✂ rest
fermé 26 oct. au 15 déc. – **R** 80/150 – ☕ 35 – **47 ch** 200/220.

Beauséjour, ☎ 71 47 50 27, Fax 71 49 60 04, parc, 🏊 – 🛗 ☎ 🅟. AE GB. ✂ rest
début mai-fin sept. – **R** 72/130 ♂ – ☕ 30 – **70 ch** 200/320 – ½ P 200/270.

Bel Horizon, ☎ 71 47 50 06, Fax 71 49 63 81, ≤, 🌳 – 🛗 ☎ 🅟. GB
fermé 5 nov. au 10 déc. – **Repas** 70/250 – ☕ 26 – **30 ch** 200/250 – ½ P 240/250.

Sources, ☎ 71 47 50 30, Fax 71 49 63 55 – ☎ 🅟. GB. ✂ rest
15 mai-30 sept., 26 déc.-2 janv. et week-ends du 15 janv. au 15 mars – **R** 79/160, enf. 52 – ☕ 32 – **36 ch** 210/250 – ½ P 185/235.

au Col de Curebourse SE : 6 km par D 54 – ✉ **15800** Vic-sur-Cère :

Aub. du Col ♨, ☎ 71 47 51 71, Fax 71 49 63 30, ≤ montagne et vallée, 🍽, parc – ☎ 🅟. GB. ✂ rest
fermé 10 nov. au 26 déc., dim. soir et lundi hors sais. (sauf vacances scolaires et fériés) – **R** 85/135 – ☕ 35 – **30 ch** 320/420 – ½ P 300.

RENAULT Dameron ☎ 71 47 50 32 N

VIDAUBAN 83550 Var 84 ⑦ – 5 460 h alt. 56.

ℹ Syndicat d'Initiative pl. F.-Maurel (15 juin-15 sept.) ☎ 94 73 00 07.

Paris 844 – Fréjus 28 – Cannes 60 – Draguignan 17 – ♦Toulon 62.

Château les Lonnes Ⓜ ♨ sans rest, O : 3,5 km par D84 ☎ 94 73 65 76, Fax 94 73 14 97, ≤, parc, 🏋, 🏊, 🎾 – 🛗 ⇔ ch TV ☎ ♿ 🅟 – 🏛 25 à 60. AE ◑ GB
☕ 100 – **14 ch** 1200/1650.

XX **Concorde,** pl. G. Clemenceau ☎ 94 73 01 19, 🍽 – GB
fermé 23 au 31 mars, 28 juin au 9 juil., 16 nov. au 2 déc., mardi soir du 15 sept. au 30 juin et merc. – **R** 125/280.

VIEILLE-BRIOUDE 43 H.-Loire 76 ⑤ – rattaché à Brioude.

VIEILLE-TOULOUSE 31 H.-Gar. 82 ⑱ – rattaché à Toulouse.

VIEILLEVIE 15120 Cantal 76 ⑫ **G. Gorges du Tarn** – 146 h alt. 212.

Paris 617 – Aurillac 45 – Rodez 51 – Entraygues-sur-Truyère 18 – Figeac 42 – Montsalvy 13.

Terrasse Ⓜ, ☎ 71 49 94 00, Fax 71 49 92 23, 🍽, 🏊, 🌳, 🎾 – ☎ ♿ 🅟. AE ◑ GB
1er avril-1er nov. – **R** 67/180 ♂ – ☕ 35 – **32 ch** 210/230 – ½ P 200/260.

VIELLE-AURE 65 H.-Pyr. 85 ⑲ – rattaché à St-Lary-Soulan.

VIENNE <SP> **38200** Isère 74 ⑪ ⑫ **G. Vallée du Rhône** – 29 449 h alt. 158.

Voir Site★ – Cathédrale St-Maurice★★ BY – Temple d'Auguste et de Livie★★ B **B** – Théâtre romain★ CY – Église★ et cloître★ de St-André-le-Bas BY – Esplanade du Mont Pipet ⩽★ CY – Anc. église St-Pierre★ : musée lapidaire★ AZ – Groupe sculpté★ de l'église de Ste-Colombe AY.

Office de Tourisme 3 cours Brillier ☏ 74 85 12 62.

Paris 491 ① – ◆Lyon 31 ① – Chambéry 99 ② – ◆Grenoble 87 ② – ◆St-Étienne 49 ① – Valence 70 ⑤.

✿✿ **La Pyramide** M, 14 bd F. Point par ④ ☏ 74 53 01 96, Télex 308058, Fax 74 85 69 73, , – 25. AE GB
fermé 1er au 7 mars et fév. – **R** *(fermé jeudi midi et merc.)* 270 et carte 550 à 650, enf. 105 – ☕ 80 – **22 ch** 750/850, 4 appart.
Spéc. Gratin de queues d'écrevisses (15 juin au 15 oct.). Poularde truffée en vessie. Les trois gourmandises de la Pyramide. **Vins** Condrieu, Côtes du Rhône rouge.

VIENNE

Éperon (R. de l') ...... **BY** 12
Marchande (R.) ...... **BY**
Miremont (Pl. de) ..... **BY** 18
Orfèvres (R. des) ..... **BY** 20
Ponsard (R.) .... **BY** 28
Romestang (Cours) .... **BZ**

Allmer (R.) .... **BZ** 2
Allobroges (Pl. des) .... **AZ**
Alpes (Bd des) .... **CY**
Asiaticus (Bd) .... **AZ**
Boson (R.) .... **AZ**
Bourgogne (R. de) .... **BY**
Brenier (R. J.) .... **BY**
Briand (Pl. A.) .... **BY** 3
Brillier (Cours) .... **ABZ**
Capucins (Pl. des) ... **BCY**
Célestes (R. des) ...... **CY** 4
Chantelouve (R.) ...... **BY** 5
Charité (R. de la) .... **BCY** 6
Cirque (R. du) .... **CY** 7
Clémentine (R.) ...... **BY** 8
Clercs (R. des) .... **BY** 9
Collège (R. du) .... **BY** 10
Coupe-Jarret (Montée) . **BZ**
France (Quai Anatole) **BCY**
Gère (R. de) .... **CY**
Hôtel-de-Ville (Pl. de l'). **BY** 13
Jacquier (R. H.) .... **BY** 14
Jaurès (Q. Jean) ..... **AYZ**
Jeu-de-Paume (Pl. du) . **BY** 15
Jouffray (Pl. C.) .... **AZ**
Juiverie (R. de la) ..... **BZ** 16
Pajot (Quai) .... **BY** 22
Palais (Pl. du) .... **BY** 23
Peyron (R.) .... **BZ** 24
Pilori (Pl. du) .... **BY** 25
Pipet (R.) .... **CY**
République (Bd et Pl.) **ABZ** 29
Riondet (Quai) .... **AZ**
Rivoire (Pl. A.) .... **CY**
St-André-le-Haut (R.) .. **CY** 34
St-Louis (Pl.) .... **BY**
St-Marcel (Montée) .. **CYZ**
St-Maurice (Pl.) .... **AY**
St-Paul (Pl.) .... **BY**
St-Pierre (Pl.) .... **AZ**
Schneider (R.) .... **CY** 37
Sémard (Pl. P.) .... **BZ**
Table-Ronde (R. de la) . **BY** 38
Thomas (R. A.) .... **CY**
Ursulines (R. des) ..... **CY** 39
Verdun (Cours de) ..... **AZ**
Victor-Hugo (R.) .... **BCYZ**
11-Novembre (R. du) .... **AZ** 43

STE-COLOMBE (RHÔNE)

Briand (Pl. A.) .... **AY**
Cochard (R.) .... **AY**
Égalité (Pl. de l') ...... **AY**
Garon (R.) .... **AY**
Herbouville (Q. d') .... **AY**
Joubert (Av.) .... **AY**
Nationale (R.) .... **AY**

Pas de publicité payée dans ce guide.

🏨 **Central** sans rest, 7 r. Archevêché ☎ 74 85 18 38, Fax 74 31 96 33 – |‡| TV ☎ 🚗. AE GB JCB — BY **u**
fermé 24 déc. au 3 janv. – ☕ 28 – **25 ch** 280/330.

🏨 **Poste,** 47 cours Romestang ☎ 74 85 02 04, Fax 74 85 16 17 – |‡| TV ☎ 🚗 – 🏰 50. AE ① GB — BZ **a**
R *(fermé janv., sam. midi et dim. midi)* 75/115 – ☕ 28 – **39 ch** 260/320 – ½ P 200/245.

XXX **Bec Fin,** 7 pl. St-Maurice ☎ 74 85 76 72 – ▤. GB — AY **r**
fermé vacances de Noël, dim. soir et lundi – **R** 98/360.

XX **Magnard,** 45 cours Brillier ☎ 74 85 10 43, 🏖 – ▤. GB — BZ **e**
fermé lundi soir et mardi – **R** 78/295, enf. 60.

à St Romain-en-Gal (69 Rhône) – ✉ **69560** – **Voir** Cité gallo-romaine★ AY.

XXX **Gallo Romain,** rive droite ☎ 74 53 19 72, Fax 74 78 09 87 – ▤ Ⓟ. AE ① GB — AY **z**
fermé août, 2 au 11 janv., dim. soir et lundi – **R** 100/260.

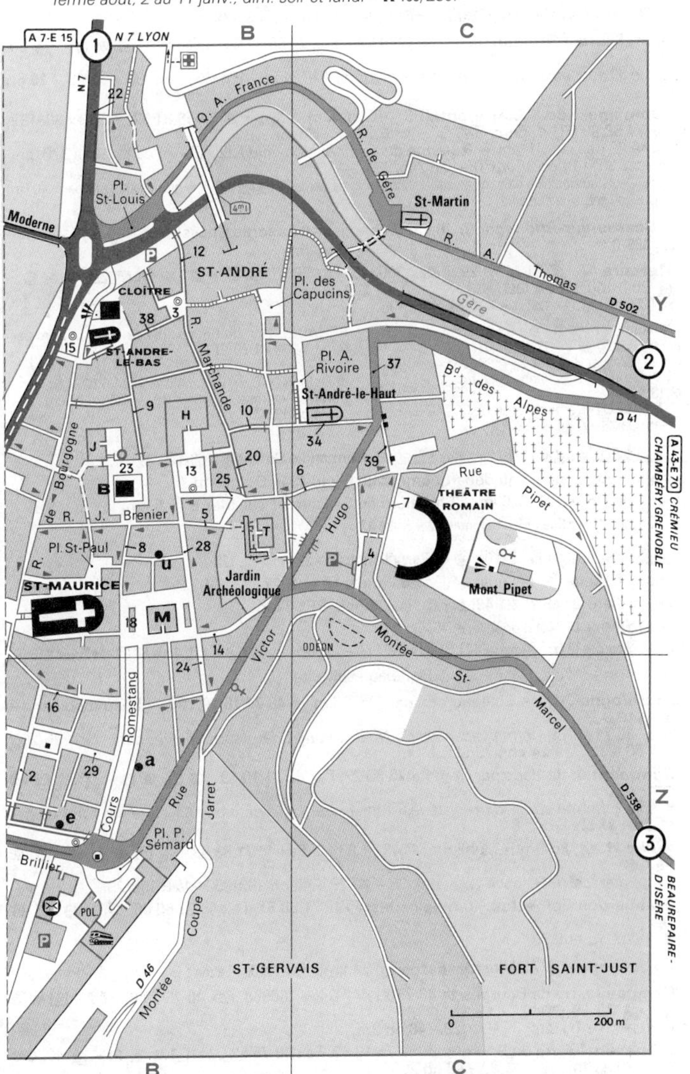

à Pont-Évêque par ② : 4 km – 5 385 h. – ✉ 38780 :

Midi ⛰, pl. Église ☎ 74 85 90 11, Fax 74 57 24 99, 🏞, 🍽 – 📺 ☎ 🅟. AE ⓞ GB
fermé 23 déc. au 6 janv. – **R** snack *(fermé dim.)* (dîner seul.) 85/100 🍷 – ☕ 30 – **17 ch** 285/365 – ½ P 200/220.

à Estrablin par ② : 9 km – ✉ 38780 :

La Gabetière sans rest, sur D 502 ☎ 74 58 01 31, parc, 🏊 – 📺 ☎ 🅟. AE ⓞ GB
☕ 30 – **12 ch** 200/320.

à Reventin-Vaugris (village) par ④, N 7 et D 131 : 9 km – ✉ 38121 :

XX **La Maison de l'Aubressin,** N : 1 km par VO ☎ 74 58 83 02, ≤, « Cadre soigné » – AE GB
fermé 15 au 31 mars, 1er au 15 oct., dim. soir et mardi – **R** 180 bc/420 bc, enf. 80.

à Chonas l'Amballan au Sud par ④ et N 7 : 9 km – ✉ 38121 :

Host. Marais St Jean ⛰, ☎ 74 58 83 28, Fax 74 58 81 96, 🏞, 🍽 – 📺 ☎ 🅟 – 🏛 30. GB
fermé 1er fév. au 31 mars – **R** *(fermé jeudi midi et merc.)* 165/350, enf. 85 – ☕ 65 – **10 ch** 570.

✿ **Domaine de Clairefontaine** (Girardon) ⛰, ☎ 74 58 81 52, Télex 308132, Fax 74 58 80 93, ≤, parc, 🏞, 🎾 – ☎ 🅟. GB. 🚫 rest
fermé 20 déc. au 31 janv. – **R** *(fermé dim. soir et lundi midi)* 120/350 et carte 210 à 370, enf. 75 – ☕ 35 – **14 ch** 180/370 – ½ P 245/335
Spéc. Oeufs du Domaine brouillés au caviar. Millefeuille de pommes de terre au foie gras chaud et ris de veau. Pain d'épices au coulis de rhubarbe.

à Chasse-sur-Rhône par ① : 8 km (Échangeur A7 - sortie Chasse-sur-Rhône) – 4 566 h. – ✉ 38670 :

Mercure Ⓜ, ☎ 72 24 29 29, Télex 300625, Fax 78 07 04 43 – 🛗 ⇆ ch ▤ 📺 ☎ ♿ 🅟 – 🏛 25 à 180. AE ⓞ GB
R 100, enf. 45 – ☕ 51 – **115 ch** 430/495.

CITROEN Automobiles Vienne Sud, 163 av. Gén.-Leclerc par ④ ☎ 74 53 16 07 🅽
FIAT, R.V.L., 27 quai Riondet ☎ 74 53 05 54
FORD Gar. Central, 76 av. Gén.-Leclerc ☎ 74 53 13 44
PEUGEOT-TALBOT Barbier Automobile, 140 av. Gén.-Leclerc par ④ ☎ 74 53 22 75

RENAULT Gar. du Rhône, 151 av. Gén.-Leclerc par ④ ☎ 74 31 44 70 🅽

Ⓜ Delphis, 4-6 av. Beauséjour ☎ 74 53 23 05
Euromaster Tessaro Pneus 93 av. Gén.-Leclerc ☎ 74 53 19 17

VIERVILLE-SUR-MER 14710 Calvados 54 ④ **G. Normandie Cotentin** – 256 h alt. 39.

Voir Omaha Beach : plage du débarquement du 6 juin 1944 E : 2,5 km.

Env. Pointe du Hoc★★ O : 7,5 km – Cimetière de St-Laurent-sur-Mer E : 7,5 km.

Paris 289 – Bayeux 21 – ♦Caen 51 – Carentan 32 – St-Lô 42.

VIERZON <SP> 18100 Cher 64 ⑲ ⑳ **G. Berry Limousin** – 32 235 h alt. 122.

Env. Brinay : fresques★ de l'église SE : 7,5 km par ④ et D 27.

⛳18 de la Picardière ☎ 48 75 21 43, par ②, D 926 puis RF : 8 km.

🅘 Office de Tourisme pl. Hôtel de Ville ☎ 48 75 20 03.

Paris 210 ① – Bourges 36 ③ – Auxerre 141 ② – Blois 74 ⑤ – Châteauroux 59 ④ – ♦Orléans 86 ① – ♦Tours 116 ⑤.

Plan page suivante

Le Sologne ⛰, rte Châteauroux par ④ : 2 km ☎ 48 75 15 20, 🏞, « Beau mobilier » – ☎ 🅟. GB
R ☎ 48 71 01 89 *(fermé vacances de Noël, 14 au 28 fév., sam. midi et dim. soir)* 125/205, enf. 50 – ☕ 30 – **24 ch** 220/320.

Continental, rte Paris par ① ☎ 48 75 35 22, Fax 48 71 10 39 – 🛗 📺 ☎ 🅟 – 🏛 35. AE ⓞ GB
R snack *(fermé sam., dim. et fériés)* (dîner seul.) (résidents seul.) carte environ 110 🍷 – ☕ 28 – **37 ch** 170/255.

Arche H. Ⓜ, Forum République ☎ 48 71 93 10, Fax 48 71 83 63 – 🛗 📺 ☎ ♿ 🚗 🅟. AE ⓞ GB — A **b**
fermé dim. soir – **R** snack 75 🍷, enf. 35 – ☕ 28 – **40 ch** 192/350 – ½ P 195/233.

XX **Grange des Epinettes,** 40 r. Épinettes ☎ 48 71 68 81, Fax 48 71 69 06, 🏞 – 🅟. AE ⓞ GB — B **e**
R 70/200 🍷, enf. 50.

à l'échangeur A 71-Vierzon-Est par ③ : 4 km – ✉ 18100 Vierzon :

Campanile, rte de Bourges ☎ 48 75 21 44, Télex 780368, Fax 48 75 70 63, 🏞 – 📺 ☎ ♿ 🅟 – 🏛 30. AE GB
R 80 bc/102 bc, enf. 39 – ☕ 29 – **48 ch** 268.

Primevère Ⓜ, rte de Bourges ☎ 48 75 19 42, Fax 48 75 22 02 – 📺 ☎ ♿ 🅟 – 🏛 40. GB
R 75/99 🍷, enf. 39 – ☕ 30 – **42 ch** 290.

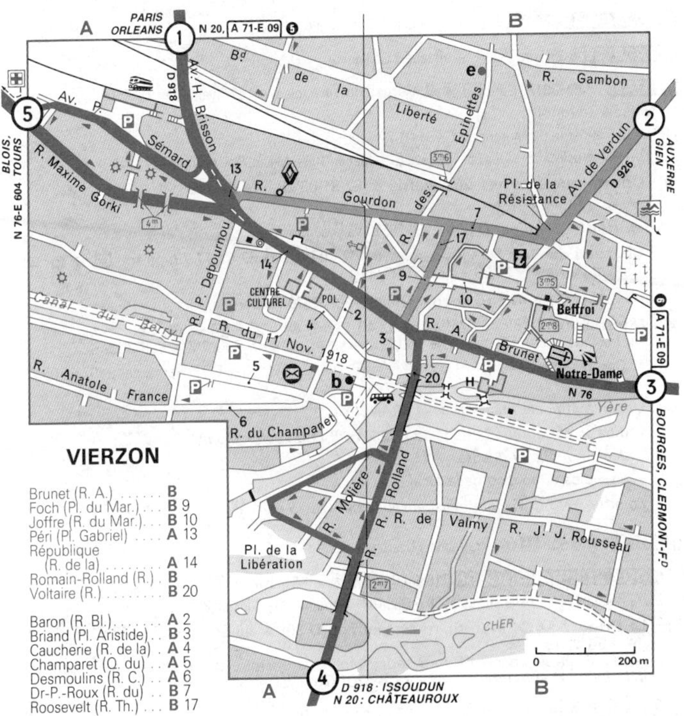

rte de Tours par ⑤ : 3 km – ✉ **18100** :

XX **Champêtre,** ℘ 48 75 87 18 – P. GB
fermé 1er au 15 août, 15 au 28 fév., dim. soir et lundi – **R** 90/185, enf. 60.

CITROEN Gén. Autom. de Vierzon, 47 av. 14-Juillet par ④ ℘ 48 71 43 22 N ℘ 48 71 45 13
FORD Gar. Delouche, 50 r. Breton ℘ 48 71 00 32
PEUGEOT Paris-Gar., 6 av. E.-Vaillant par ① ℘ 48 71 23 56 N ℘ 48 52 55 24
RENAULT Gar. du Centre, 41 r. Gourdon ℘ 48 71 03 33 N ℘ 05 05 15 15

ROVER Gar. Panarioux, 18 r. Pasteur ℘ 48 75 33 71

Euromaster Estager Pneu, 24 r. Pasteur ℘ 48 75 15 02
Pneus Europe Service, 24 rte de Brinay ℘ 48 75 06 34

VIEUX-BOUCAU-LES-BAINS **40480** Landes 78 ⑯ **G. Pyrénées Aquitaine** – 1 210 h alt. 4.

9 18 de la Côte d'Argent ℘ 58 48 54 65 N par D 652 puis D 117 : 10 km.

Office de Tourisme Le Mail ℘ 58 48 13 47.

Paris 746 – Biarritz 47 – Mont-de-Marsan 85 – ♦Bayonne 37 – Castets 28 – Dax 34 – Mimizan 55.

Côte d'Argent, ℘ 58 48 13 17, Fax 58 48 01 15, – TV ☎ P. GB. ch
fermé 1er oct. au 15 nov. et lundi du 15 nov. au 31 mai – **R** 92/180 – 25 – **36 ch** 250/320 – 1/2 P 260/300.

La Maremne, ℘ 58 48 12 70, – ☎ P. GB
15 mars-1er nov. – **R** 80/230 – 30 – **38 ch** 250/300 – 1/2 P 310/330.

CITROEN Duchon ℘ 58 48 10 42
PEUGEOT-TALBOT Gar. Lafarie ℘ 58 48 10 82

RENAULT Gar. Canicas ℘ 58 48 15 31

VIEUX-MAREUIL **24340** Dordogne 75 ⑤ **G. Périgord Quercy** – 350 h alt. 125.

Paris 489 – Angoulême 44 – Périgueux 43 – Brantôme 15 – ♦Limoges 93 – Ribérac 32.

Château de Vieux Mareuil M, SE : 1 km par D 939 ℘ 53 60 77 15, Fax 53 56 49 33, <, « Demeure du 15e siècle dans un parc », – TV ☎ P. AE GB. ch
fermé 17 janv. au 1er mars, dim. soir et lundi de nov. à Pâques – **R** 130/320 – 50 – **13 ch** 500/1000 – 1/2 P 550/750.

L'Étang Bleu, N : 2 km par D 93 ℘ 53 60 92 63, Fax 53 56 33 20, <, , parc, – ☎ P. AE GB
fermé 15 janv. au 1er avril, dim. soir d'oct. à Pâques et lundi d'oct. à mai – **R** 85/300, enf. 75 – 40 – **11 ch** 340/380 – 1/2 P 360/370.

VIEUX-MOULIN 60 Oise 56 ③ – rattaché à Compiègne.

VIEUX-VILLEZ 27 Eure 55 ⑰ – rattaché à Gaillon.

Le VIGAN 30120 Gard 80 ⑯ **G. Gorges du Tarn** (plan) – 4 523 h alt. 231.

Voir Musée Cévenol★.

Office de Tourisme pl. Marché ✆ 67 81 01 72.

Paris 703 – ♦Montpellier 62 – Alès 66 – Lodève 51 – Mende 106 – Millau 72 – ♦Nîmes 77.

Commerce sans rest, 26 r. Barris ✆ 67 81 03 28 – ☎ P. GB. ✈
☕ 25 – **15 ch** 90/250.

au Rey E : 5 km par D 999 – ✉ 30570 Valleraugue :

Château du Rey sans rest, ✆ 67 82 40 06, Fax 67 82 47 79, parc – TV ☎ P. GB
15 avril-30 nov. – ☕ 39 – **12 ch** 298/410.

à Pont d'Hérault E : 6 km par D 999 – ✉ 30570 Valleraugue :

Maurice, ✆ 67 82 40 02, Fax 67 82 46 12, ←, ⛱, 🎾 – TV ☎ P. GB. ✈ ch
fermé dim. soir hors sais. – **R** 160/380 – ☕ 40 – **18 ch** 230/290 – ½ P 280/320.

CITROEN Gar. Teissonnière ✆ 67 81 03 11 PEUGEOT-TALBOT Gar. Arnal ✆ 67 81 03 77

VIGEOIS 19 Corrèze 75 ⑧ – rattaché à Uzerche.

VIGNOUX-SUR-BARANGEON 18500 Cher 64 ⑳ – 1 844 h alt. 108.

Paris 217 – Bourges 24 – Cosne-sur-Loire 68 – Gien 70 – Issoudun 36 – Vierzon 8.

XX **Le Prieuré** M avec ch, rte St-Laurent (D 30) ✆ 48 51 58 80, Fax 48 51 56 01, ⛱, 🏊, 🐎 – TV ☎ P. GB
fermé 1er au 10 mars, 1er au 8 sept., vacances de fév., mardi soir et merc. sauf hôtel en juil.-août – **R** 155/185 – ☕ 37 – **7 ch** 320/370 – ½ P 275.

VIGOULET-AUZIL 31 H.-Gar. 82 ⑱ – rattaché à Toulouse.

VIHIERS 49310 M.-et-L. 67 ⑦ – 4 131 h alt. 96.

Paris 333 – Angers 42 – Cholet 28 – Saumur 39.

X **Le Régent,** 2 r. Marquis de Contades ✆ 41 56 12 16 – GB
fermé vacances de fév., dim soir et lundi – **R** 65/155, enf. 50.

PEUGEOT-CITROEN Gar. Menis, 1 r. Nationale ✆ 41 75 80 94 N

VILLAGE-NEUF 68 H.-Rhin 66 ⑩ – rattaché à St-Louis.

VILLAINES-LA-JUHEL 53700 Mayenne 60 ⑫ – 3 171 h.

Paris 223 – Alençon 31 – ♦Le Mans 57 – Bagnoles-de-l'Orne 30 – Mayenne 28.

Le Jardin Gourmand, rte Evron ✆ 43 03 22 20, Fax 43 03 38 97 – |‡| ▤ rest TV ☎ ♿ P – 🏃 50. AE GB
R *(fermé dim. soir)* 46/185 🍷 – ☕ 35 – **23 ch** 165/270.

VILLANDRAUT 33730 Gironde 79 ① **G. Pyrénées Aquitaine** – 777 h alt. 31.

Voir Château★ – Collégiale d'Uzeste★ SE : 5 km.

Paris 635 – ♦Bordeaux 55 – Arcachon 84 – Bazas 13 – Langon 17.

Goth, ✆ 56 25 31 25, ⛱ – ☎. GB. ✈ ch
fermé 15 déc. au 15 janv. – **R** 70/185 – ☕ 30 – **8 ch** 200/275 – ½ P 235.

VILLANDRY 37510 I.-et-L. 64 ⑭ – 776 h alt. 94.

Voir Château★★ : jardins★★★, **G. Châteaux de la Loire.**

Paris 254 – ♦Tours 17 – Azay-le-Rideau 11 – Chinon 31 – Langeais 11 – Saumur 53.

Cheval Rouge, ✆ 47 50 02 07, Fax 47 50 08 77 – ▤ rest ☎ P. GB
fermé 15 janv. au 15 mars, dim. soir et lundi d'oct. à avril – **R** 80/150, enf. 50 – ☕ 35 – **20 ch** 295/305 – ½ P 370/380.

VILLAR-D'ARÈNE 05480 H.-Alpes 77 ⑦ – 178 h alt. 1 650.

Paris 650 – Briançon 36 – Le Bourg-d'Oisans 31 – Gap 124 – La Grave 3 – ♦Grenoble 81 – Col du Lautaret 8.

Le Faranchin, N 91 ✆ 76 79 90 01, Fax 76 79 92 88, ←, ⛱ – ☎ P. GB
fermé 20 mai au 15 juin et 2 nov. au 20 déc. – **R** 65/160 🍷, enf. 42 – ☕ 32 – **39 ch** 115/275 – ½ P 165/250.

VILLARD-DE-LANS 38250 Isère 77 ④ G. Alpes du Nord – 3 346 h alt. 1 023 – Sports d'hiver : 1 150/2 170 m 2 35.

Voir Gorges de la Bourne★★★ – Route de Valchevrière★ O par D 215c.

Office de Tourisme pl. Mure-Ravaud ✆ 76 95 10 38, Télex 320125.

Paris 594 ① – ♦Grenoble 34 ① – Die 65 ② – ♦Lyon 126 ① – Valence 67 ② – Voiron 49 ①.

VILLARD-DE-LANS

Adret (R. de l')	2
Chabert (Pl. P.)	4
Chapelle-en-Vercors (Av.)	5
Dr-Lefrançois (Av.)	6
Francs-Tireurs (Av. des)	8
Galizon (R. de)	9
Gambetta (R.)	10
Gaulle (Av. Gén. de)	12
Libération (Pl. de la)	13
Lycée Polonais (R. du)	14
Martyrs (Pl. des)	15
Moulin (Av. Jean)	16
Mure-Ravaud (Pl. R.)	17
Pouteil-Noble (R. P.)	19
Prof. Nobecourt (Av.)	20
République (R. de la)	22
Roux-Fouillet (R. A.)	23
Victor-Hugo (R.)	26

Les plans de villes sont orientés le Nord en haut.

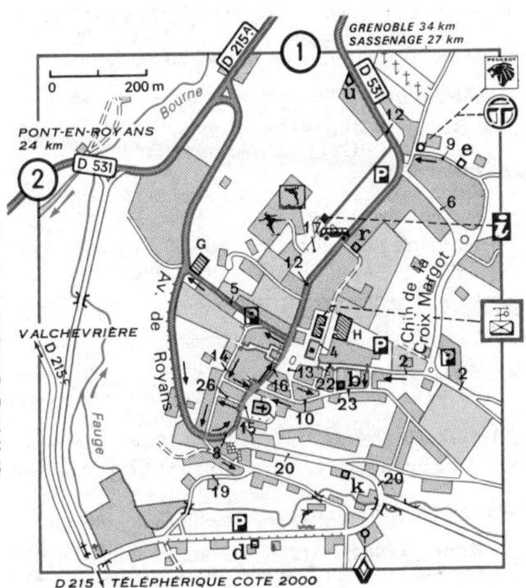

Christiania et rest. Le Tétras, av. Prof. Nobecourt **(k)** ✆ 76 95 12 51, Fax 76 95 00 75, ←, – AE GB JCB. rest
hôtel : 3 mai-1er nov. et 15 déc.-Pâques ; rest. : 3 mai-1er oct. et 15 déc.-Pâques – **R** *(fermé dim. soir et lundi hors sais.)* 170/350, enf. 73 – 52 – **24 ch** 356/600 – ½ P 435/520.

Eterlou, **(e)** ✆ 76 95 17 65, Fax 76 95 91 41, ←, – AE GB JCB. rest
12 juin-5 sept. et 18 déc.-31 mars – **R** 160/295, enf. 90 – 40 – **24 ch** 300/850 – ½ P 450/500.

Pré Fleuri, rte Cochettes **(t)** ✆ 76 95 10 96, Fax 76 95 56 23, ←, – GB.
1er juin-1er oct. et 20 déc.-25 avril – **R** 100/190 – 36 – **20 ch** 300/350 – ½ P 310.

Le Dauphin, av. Gén. de Gaulle **(r)** ✆ 76 95 11 43, Fax 76 95 55 89, – 25. AE GB
R 98/345, enf. 60 – 37 – **21 ch** 300/380 – ½ P 327.

Georges, av. Gén. de Gaulle **(u)** ✆ 76 95 11 75, Fax 76 95 92 66, – GB. rest
1er juin-30 sept. et 20 déc.-30 avril – **R** (dîner seul.) 95/180, enf. 60 – 35 – **20 ch** 220/340 – ½ P 280.

Villa Primerose sans rest, quartier Bains **(d)** ✆ 76 95 13 17, ←, – GB
fermé 1er nov. au 20 déc. – 35 – **18 ch** 176/260.

Petite Auberge, r. J. Masson **(b)** ✆ 76 95 11 53, – GB
fermé 10 mai au 20 juin, 15 oct. au 15 déc. et merc. – **R** 85/200, enf. 46.

au Balcon de Villard - rte Côte 2000 SE : 4 km par D 215 et D 215B – ✉ **38250** Villard-de-Lans :

Playes, ✆ 76 95 14 42, Fax 76 95 58 38, ←, – GB. ch
1er mai-15 sept. et 20 déc-15 avril – **R** 110/170, enf. 50 – 37 – **22 ch** 230/370 – ½ P 330/345.

à Corrençon-en-Vercors S : 6 km par D 215 – alt. 1 110 – ✉ **38250** :

du Golf M, Les Ritons ✆ 76 95 84 84, Fax 76 95 82 85, ←, – GB. rest
1er juin-30 sept. et 15 déc.-15 avril – **R** 150/250, enf. 80 – 50 – **8 ch** 500/600, 4 duplex – ½ P 500.

PEUGEOT-TALBOT Rolland, à la Conterie ✆ 76 95 12 69
RENAULT Chavernoz, av. Professeur Nobecourt ✆ 76 95 15 61

V.A.G Stat. des Olympiades ✆ 76 95 11 49

VILLARD-ST-SAUVEUR 39 Jura 70 ⑮ – rattaché à St-Claude.

VILLARS-LES-DOMBES 01330 Ain 74 ② **G. Vallée du Rhône** – 3 415 h alt. 286.

Voir Vierge à l'Enfant★ dans l'église – Parc ornithologique★ S : 1 km.

18 du Clou ℘ 74 98 19 65, S : 3 km par N 83.

Paris 433 – ◆Lyon 37 – Bourg-en-Bresse 28 – Villefranche-sur-Saône 27.

Ribotel, rte Lyon ℘ 74 98 08 03, Fax 74 98 29 55, – TV ☎ & P – 90. AE ① GB
Jean-Claude Bouvier ℘ 74 98 11 91 *(fermé 22 déc. au 6 janv., dim. soir et lundi)*
R 130/330, enf. 70 – 38 – **49 ch** 240/280 – ½ P 265.

à Bouligneux NO : 4 km par D 2 – ✉ 01330 :

XX ✿ **Aub. des Chasseurs** (Dubreuil), ℘ 74 98 10 02, – P. GB
fermé 8 au 15 sept., 20 déc. au 20 janv., mardi soir et merc. – **R** (nombre de couverts limité - prévenir) 120/300 et carte 250 à 370, enf. 85
Spéc. Fricassée de chanterelles aux écrevisses (mai à nov.). Petites grenouilles cuisinées comme en Dombes. Canard sauvage aux petits navets (1er oct. au 20 déc.). **Vins** Vins du Bugey.

X **Host. des Dombes,** ℘ 74 98 08 40, Fax 74 98 16 63, – P. GB
fermé 4 au 12 juil., 15 déc. au 15 janv., mardi soir et merc. – **R** 108/175 ♨, enf. 60.

VILLARS-SOUS-DAMPJOUX 25190 Doubs 66 ⑱ – 422 h alt. 363.

Paris 480 – ◆Besançon 81 – Baume-les-Dames 42 – Montbéliard 23 – Morteau 48.

XX **Sur les Rives du Doubs,** à Dampjoux S : 1 km ℘ 81 96 93 82, ≤ – P. GB.
fermé 12 déc. au 12 janv., mardi soir et merc. – **R** carte 170 à 240.

VILLÉ 67220 B.-Rhin 62 ⑧ ⑨ **G. Alsace Lorraine** – 1 550 h.

🅸 Office de Tourisme à la Mairie ℘ 88 57 11 57 et pl. Marché (vacances scolaires, 15 juin-10 sept.) ℘ 88 57 11 69.

Paris 420 – ◆Strasbourg 53 – Lunéville 82 – St-Dié 38 – Ste-Marie-aux-Mines 25 – Sélestat 15.

Bonne Franquette, 6 pl. Marché ℘ 88 57 14 25 – ☎. GB.
fermé 24 déc. au 2 janv., 9 fév. au 16 mars, merc. soir et jeudi – **R** 55/165 ♨ – 30 – **10 ch** 195/260 – ½ P 220/260.

à Thanvillé SE : 6 km sur D 424 – ✉ 67220 :

XX ✿ **Au Valet de Coeur,** ℘ 88 85 67 51, Fax 88 85 67 84 – P. AE ① GB
fermé dim. soir et lundi – **R** (nombre de couverts limité - prévenir) 160/365 et carte 290 à 380 ♨
Spéc. Baeckaoffa de ris de veau aux champignons. Papillote de St-Jacques et foie gras au fumet de truffes (oct. à avril). Colvert caramélisé au miel de sapin. **Vins** Tokay-Pinot gris, Riesling.

CITROEN Gar. Jost ℘ 88 57 15 44

La VILLE-AUX-CLERCS 41160 L.-et-Ch. 64 ⑥ – 1 114 h alt. 143.

Paris 157 – Brou 36 – Châteaudun 27 – ◆Le Mans 73 – ◆Orléans 71 – Vendôme 15.

Manoir de la Forêt ⑤, à Fort-Girard E : 1,5 km par VO ℘ 54 80 62 83, Fax 54 80 66 03, ≤, parc – TV ☎ P – 30. GB
fermé dim. soir et lundi d'oct. à mi-mars – **R** 140/260 – 40 – **19 ch** 250/450 – ½ P 459/522.

VILLEBOIS 01820 Ain 74 ③ – 924 h alt. 243.

Paris 476 – Belley 41 – Bourg-en-Bresse 50 – ◆Lyon 61 – Nantua 59.

X **L'Octave,** ℘ 74 36 61 68 – P. GB.
fermé dim. soir et lundi – **R** 110/185, enf. 75.

VILLECIEN 89 Yonne 61 ⑭ – rattaché à Joigny.

VILLECOMTAL-SUR-ARROS 32730 Gers 82 ⑬ – 773 h alt. 177.

Paris 789 – Auch 49 – Pau 56 – Aire-sur-l'Adour 65 – Tarbes 26.

XX **Rive Droite,** ℘ 62 64 83 08, Fax 62 64 84 02, – AE ① GB
fermé 2 janv. au 1er fév., dim. soir et lundi soir – **R** 70/200.

VILLECROZE 83690 Var 84 ⑥ **G. Côte d'Azur** – 1 029 h alt. 350.

Voir Belvédère★ N : 1 km.

Paris 842 – Aups 8 – Brignoles 37 – Draguignan 21.

XX **Le Colombier,** rte Draguignan ℘ 94 70 63 23, – P. GB
fermé 20 nov. au 15 déc. et lundi sauf juil.-août – **R** 100/260, enf. 70.

au SE : 3,5 km par D 557 et VO – ✉ 83690 Salernes :

X **Au Bien Être** ⑤ avec ch, ℘ 94 70 67 57, – TV ☎ P. GB.
fermé vacances de nov. et de fév. – **R** *(fermé dim. soir et lundi sauf juil.-août)* 103/165, enf. 55 – 35 – **7 ch** 300/650 – ½ P 285.

VILLEDIEU-LES-POÊLES **50800** Manche 59 ⑧ **G. Normandie Cotentin** (plan) – 4 356 h alt. 103.

Office de Tourisme pl. Costils (mai-nov.) ☎ 33 61 05 69.

Paris 318 – St-Lô 35 – Alençon 121 – Avranches 22 – ◆Caen 77 – Flers 57.

Le Fruitier M, pl. Costils ☎ 33 90 51 00, Fax 33 90 51 01 – ch
fermé 20 déc. au 2 janv. et vacances de fév. (sauf hôtel) – **R** 70/180, enf. 45 – 34 – **48 ch** 195/285 – ½ P 230/257.

St-Pierre et St-Michel, pl. République ☎ 33 61 00 11, Fax 33 61 06 52 – – 80. GB
fermé 3 au 28 janv. et vend. du 7 nov. au 30 mars – **Repas** 95/175, enf. 45 – 30 – **23 ch** 255/320 – ½ P 270/290.

Manoir de l'Acherie avec ch, à l'Acherie E : 3,5 km par déviation N 175 et D 554 ☎ 33 51 13 87, Fax 33 61 89 07, « Dans la campagne », – – 100. GB.
fermé 28 juin au 12 juil., vacances de fév., lundi (sauf hôtel en juil.-août) et dim. soir de nov. à Pâques – **R** 80/200, enf. 45 – 38 – **14 ch** 220/330 – ½ P 300/320.

CITROEN Pichon, av. Mar.-Leclerc ☎ 33 61 06 20
PEUGEOT Jouenne, ZA les Monts Havards ☎ 33 61 00 35 N ☎ 33 61 09 60
RENAULT Villedieu Garages, rte d'Avranches ☎ 33 61 00 70

Les noms des localités citées dans ce guide

sont soulignés de rouge

sur les **cartes Michelin** à 1/200 000.

VILLE-EN-TARDENOIS **51170** Marne 56 ⑮ **G. Champagne** – 530 h alt. 147.

Paris 125 – ◆Reims 20 – Châlons-sur-Marne 56 – Château-Thierry 39 – Épernay 24 – Fère-en-Tardenois 25 – Soissons 50.

Le Postillon, D 380 ☎ 26 61 83 67 – AE GB
fermé 23 août au 8 sept., vacances de fév., mardi soir et merc. – **R** 85/210, enf. 45.

VILLEFORT **48800** Lozère 80 ⑦ **G. Gorges du Tarn** – 700 h alt. 605.

Env. Belvédère du Chassezac★★ N : 9 km puis 15 mn.

Office de Tourisme r. Église (juil.-août) ☎ 66 46 87 30.

Paris 627 – Alès 53 – Aubenas 60 – Florac 66 – Mende 58 – Pont-St-Esprit 89 – Le Puy-en-Velay 86.

Balme, ☎ 66 46 80 14, Fax 66 46 85 26, – . AE GB
fermé 1er au 5 oct., 15 nov. au 31 janv., dim. soir et lundi hors sais. – **R** 100/240, enf. 55 – 32 – **20 ch** 140/270 – ½ P 210/290.

à la Garde Guérin N : 8 km par D 906 – ✉ **48800** Villefort.

Voir Donjon ★.

Aub. Regordane , ☎ 66 46 82 88, – . GB
début avril-1er nov. – **R** 85/160, enf. 50 – 27 – **16 ch** 180/255 – ½ P 225/250.

CITROEN Bedos ☎ 66 46 80 07 N

VILLEFRANCHE-D'ALLIER **03430** Allier 69 ⑫ **G. Auvergne** – 1 360 h alt. 277.

Paris 343 – Moulins 50 – Bourbon-l'Archambault 31 – Montluçon 24 – Montmarault 12.

Le Relais Bourbonnais, 1 r. Gare ☎ 70 07 40 01, Fax 70 07 48 36, – . GB
fermé 13 au 29 déc. et dim. soir hors sais. – **R** 62/205, enf. 40 – 25 – **14 ch** 210/250 – ½ P 230/250.

VILLEFRANCHE-DE-CONFLENT **66500** Pyr.-Or. 86 ⑰ **G. Pyrénées Roussillon** – 261 h alt. 432.

Voir Ville forte★ – Fort Liberia★.

Syndicat d'Initiative pl. Église (15 juin-15 sept.) ☎ 68 96 22 96.

Paris 959 – ◆Perpignan 49 – Mont-Louis 30 – Olette 10 – Prades 6 – Vernet-les-Bains 5,5.

Aub. Saint-Paul, 7 pl. Eglise ☎ 68 96 30 95, – GB
fermé vacances de nov., 3 janv. au 11 fév., mardi soir, merc. soir, jeudi soir et dim. soir d'oct. à mars et lundi – **R** 120/290.

Au Grill, r. St-Jean ☎ 68 96 17 65 – GB
fermé 15 nov. au 15 fév., dim. soir et lundi – **R** 75/120, enf. 42.

VILLEFRANCHE-DE-LAURAGAIS **31290** H.-Gar. 82 ⑲ – 3 316 h alt. 176.

Paris 740 – ◆Toulouse 33 – Auterive 26 – Castelnaudary 22 – Castres 56 – Gaillac 67 – Pamiers 40.

France, r. République ☎ 61 81 62 17 – . AE GB
fermé 5 au 26 juil., 21 janv. au 3 fév. et lundi sauf fériés – **R** 70 bc/140 – 19 – **20 ch** 145/200 – ½ P 160/190.

à Gardouch SO : 2 km – ✉ 31290 :

✗ **La Marotte,** ☏ 61 27 19 46, 🏠 – AE GB. 🐕
fermé 24 août au 10 sept., mardi soir et merc. – **R** 110/160.

PEUGEOT-TALBOT Gar. Moderne ☏ 61 81 60 41 N RENAULT Fontez ☏ 61 81 60 08
☏ 61 27 03 31

VILLEFRANCHE-DE-ROUERGUE SP **12200** Aveyron 79 ⑳ **G. Gorges du Tarn** – 12 291 h alt. 254.

Voir La Bastide★ : place Notre-Dame★, église Notre-Dame★ – Ancienne chartreuse St-Sauveur★ par ③.

ℹ Office de Tourisme Promenade Guiraudet ☏ 65 45 13 18, Télex 530315.

Paris 613 ① – Rodez 57 ① – Albi 68 ③ – Cahors 61 ④ – Montauban 73 ④.

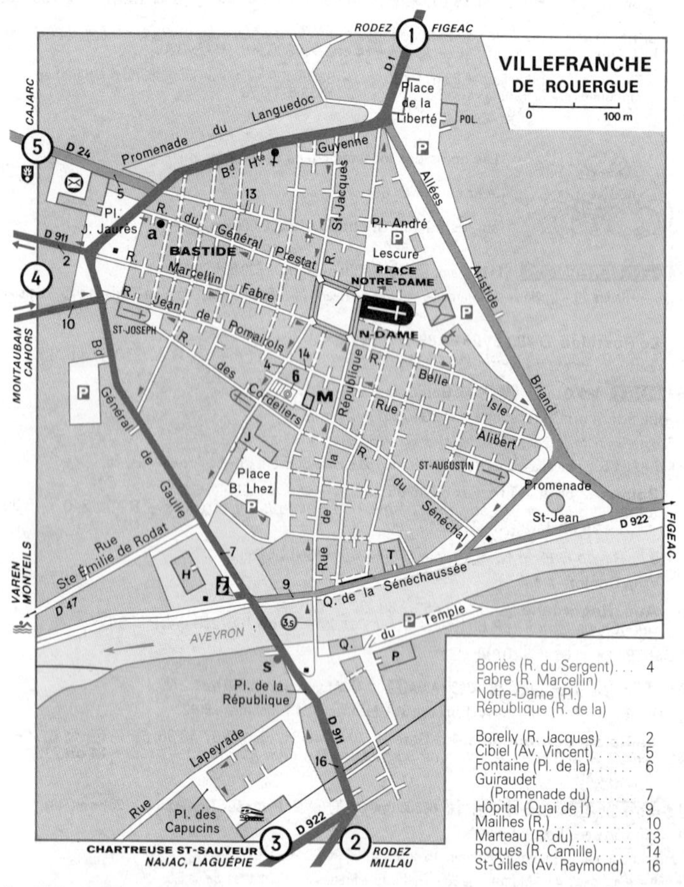

🏨 **Univers** M, pl. République (1er étage) **(s)** ☏ 65 45 15 63, Fax 65 45 02 21, ≤ – |‡| TV ☎. AE GB
Repas *(fermé 19 mars au 3 avril, 11 au 19 juin, 12 au 27 nov., vend. soir et sam. d'oct. à juin sauf fêtes)* 75/290 🍷, enf. 65 – ☕ 35 – **30 ch** 185/340 – ½ P 240/280.

🏨 **Francotel** M sans rest, Centre Escale par ① et D1E : 1 km ☏ 65 81 17 22, Fax 65 45 56 09, 🏊 – |‡| ⚟ ch ▤ TV ☎ ♿ P – 🏛 100. AE GB
☕ 32 – **43 ch** 240/285.

🏨 **Poste,** 45 r. Gén. Prestat **(a)** ☏ 65 45 13 91 – GB
fermé dim. du 1er nov. au 30 mars – **R** 75/140 🍷, enf. 55 – ☕ 30 – **23 ch** 170/270 – ½ P 180/240.

✗ **Bellevue,** 5 av. du Ségala par ② ☏ 65 45 23 17 – 🚗. GB
fermé 15 au 31 janv. et merc. du 15 sept. au 15 juin – **R** 80/235, enf. 45.

au Farrou par ① : 4 km – ✉ 12200 Villefranche-de-Rouergue :

Relais de Farrou Ⓜ, ✆ 65 45 18 11, Fax 65 45 32 59, ☂, ℓ₆, ⛱, ⛟, ✂ – TV ☎ ♿ Ⓟ. GB
hôtel : fermé 20 au 27/12 ; rest. : fermé 17/10 au 2/11, 20 au 27/12, 1er au 15/3, dim. soir et lundi hors sais. – **R** 100/350, enf. 68 – ☕ 38 – **25 ch** 280/385 – ½ P 300/320.

CITROEN Lizouret, rte de Toulonjac par ⑤ ✆ 65 45 01 74
FIAT-LANCIA, MERCEDES Gaubert Ch., rte de Montauban ✆ 65 45 19 65 🅽 ✆ 65 45 33 11

Ⓜ Escoffier Pneus, av. du 8 Mai 1945 ✆ 65 45 14 67
Escoffier-Pneus, rte de Toulouse ✆ 65 45 05 44
Euromaster Central Pneu Service, Les Plantades, rte Hte du Farrou ✆ 65 81 10 03

VILLEFRANCHE-DU-PÉRIGORD 24550 Dordogne 75 ⑰ G. Périgord Quercy – 827 h alt. 270.

Paris 573 – Agen 78 – Cahors 40 – Sarlat-la-Canéda 45 – Bergerac 65 – Périgueux 85 – Villeneuve-sur-Lot 49.

Commerce, ✆ 53 29 90 11, ☂ – ☎ – 🏊 40. AE ⓓ GB
1er avril-15 nov. – **R** 65/260 – ☕ 34 – **20 ch** 225/300 – ½ P 265.

VILLEFRANCHE-SUR-CHER 41200 L.-et-Ch. 64 ⑱ G. Châteaux de la Loire – 2 298 h alt. 98.

Paris 204 – Bourges 63 – Blois 48 – Châteauroux 60 – Montrichard 48 – Romorantin-Lanthenay 8 – Vierzon 26.

Les Deux Pierrots, à St-Julien-sur-Cher, S : 1 km par D 922 ✉ 41320 Mennetou-sur-Cher ✆ 54 96 40 07 – GB
fermé 22 juin au 10 juil., 16 nov. au 1er déc., lundi soir et mardi – **R** 130/280, enf. 60.

VILLEFRANCHE-SUR-MER 06230 Alpes-Mar. 84 ⑨ ⑩ 115 ㉗ G. Côte d'Azur – 8 080 h alt. 22.

Voir Rade★★ – Vieille ville★ – Chapelle St-Pierre★ **B** – Musée Volti★ **M**1.

🅸 Office de Tourisme square F.-Binon ✆ 93 01 73 68.

Paris 939 ⑤ – ♦Nice 7 – Beaulieu-sur-Mer 4 ③.

Accès et sorties : Voir plan de Nice.

VILLEFRANCHE-SUR-MER

Les cartes Michelin sont constamment tenues à jour.

Michelin maps are kept up to date.

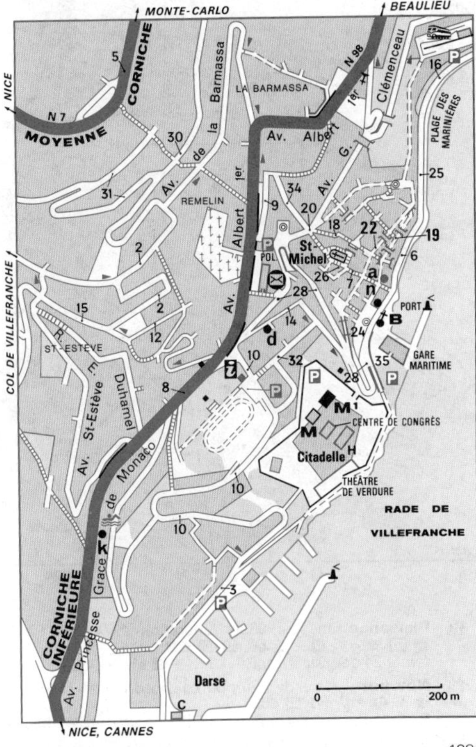

Welcome et rest. St-Pierre, quai Courbet **(n)** 93 76 76 93, Fax 93 01 88 81, <, – ch . AE GB JCB
fermé 22 nov. au 22 déc. – **R** *(fermé lundi hors sais. et le midi du 15 juin au 15 sept. sauf week-ends)* 170/320 – 50 – **32 ch** 630/810.

Bahia M, av. Albert 1er par N 98(N du plan) 93 01 32 32, Fax 93 01 29 77, <, , « Piscine panoramique » – ch . AE GB JCB. rest
R 140/300 – 65 – **58 ch** 710/1350 – ½ P 510.

Versailles, av. Princesse Grace **(k)** 93 01 89 56, Télex 970433, Fax 93 01 97 48, < rade, , – ch . AE GB
hôtel : fermé fin oct. à fin déc. ; rest. : fermé 1er nov. au 31 janv. et lundi d'oct. à juin – **R** 145/255, enf. 100 – 50 – **49 ch** 580/860 – ½ P 505/615.

Provençal, 4 av. Mar. Joffre **(d)** 93 01 71 42, Fax 93 76 96 00, <, – . AE GB
fermé 1er nov. au 20 déc. – **R** 70/125 – 42 – **46 ch** 280/420 – ½ P 240/370.

Mère Germaine, quai Courbet **(a)** 93 01 71 39, Fax 93 76 94 28, <, – AE GB
fermé 22 nov. au 31 déc. et merc. d'oct. à avril – **R** 195/290.

VILLEFRANCHE-SUR-SAÔNE

SP 69400 Rhône 74 ① **G. Vallée du Rhône** – 29 542 h alt. 191.

Office de Tourisme avec A.C. 290 rte Thizy 74 68 05 18.

Paris 434 ⑦ – ♦Lyon 33 ⑤ – Bourg-en-Bresse 51 ③ – Mâcon 41 ⑤ – Roanne 75 ⑥.

VILLEFRANCHE-SUR-SAÔNE

Barbusse (Bd Henri) . . . . **CX** 2
Beaujolais (Av. du) . . . . **CX** 3
Berthier (R. Pierre) . . . . **DX** 7
Chabert (Ch. du) . . . . **CX** 12
Charmilles (Av. des) . . . . **CX** 14
Desmoulins (R. Camille) . . . **DX** 17
Joux (Av. de) . . . . **DX** 25
Leclerc (Bd du Gén.) . . . . . . **CX** 27
Libération (Av. de la) . . . . . . **CX** 28
Maladière (R. de la) . . . . **CX** 30
Nizerand (R. du) . . . . **CX** 35
Paradis (R. du) . . . . **CX** 37
Pasquier (Bd Pierre) . . . . **DX** 39
St-Roch (Montée) . . . . **CX** 43
Salengro (Bd Roger) . . . . **CX** 46
Tarare (R. de) . . . . **CX** 54

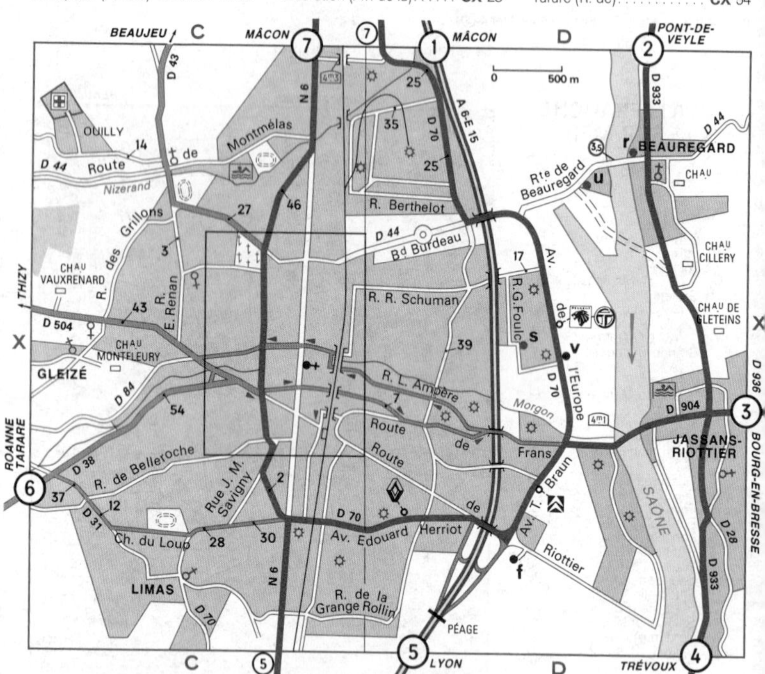

Plaisance sans rest, 96 av. Libération 74 65 33 52, Télex 375746, Fax 74 62 02 89 – – 50. AE GB AZ **n**
fermé 24 déc. au 1er janv. – 34 – **68 ch** 290/380.

Newport M, av. de l'Europe Z.I. Nord-Est 74 68 75 59, Fax 74 09 08 89, , – – 60. AE GB DX **v**
R *(fermé sam. midi et dim.)* 68/245 – 28 – **34 ch** 225/250 – ½ P 192.

VILLEFRANCHE-SUR-SAÔNE

Nationale (R.) . . . . **BYZ**

Belleville (R. de) . . . . . . **BY** 5
Carnot (Pl.) . . . . **BZ** 9
Faucon (R. du) . . . . **BY** 19
Fayettes (R. des) . . . . . . **BZ** 20
Grange-Blazet (R.) . . . . . **BZ** 23
Marais (Pl. des) . . . . **BZ** 32

République (R. de la) . . **AZ** 41
Salengro (Bd Roger) . . . **AY** 46
Savigny (R. J. M.) . . . . . . **AZ** 47
Sous-Préfecture (Pl.) . . . **AZ** 49
Sous-Préfecture (R.) . . . **AZ** 50
Stalingrad (R. de) . . . . . **BZ** 52

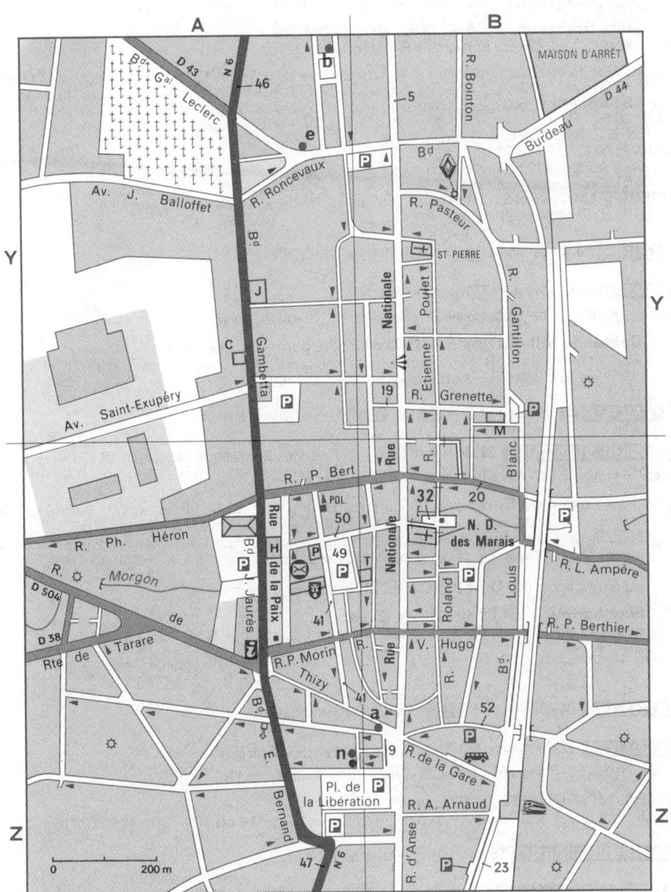

Ibis Ⓜ, échangeur A 6 (péage Villefranche) ☎ 74 68 22 23, Télex 370777, Fax 74 60 41 67, 🍽 – 🛗 ch 📺 ☎ 🅿 – 🏛 25 à 70. AE GB — DX **f**
R 79 🍷, enf. 39 – ☕ 33 – **116 ch** 270/300.

Aub. Faisan-Doré, Pont de Beauregard ☎ 74 65 01 66, Fax 74 09 00 81, 🍽 – 🅿. AE ⓓ GB — DX **u**
fermé lundi (sauf fériés) et dim. soir – **R** 150/350, enf. 90.

Ferme du Poulet avec ch, 180 r. Mangin, Z.I. Nord-Est ☎ 74 62 19 07, Fax 74 09 01 89, 🍽 – 🅿. AE GB — DX **s**
R *(fermé dim. soir et lundi)* 175/340, enf. 90 – ☕ 60 – **9 ch** 480/650.

La Fontaine Bleue, 18 r. J. Moulin ☎ 74 68 10 37, Fax 74 62 02 89, 🍽 – 🅿. AE ⓓ GB. — AZ **n**
fermé 22 déc. au 4 janv., dim. midi en juil.-août et sam. de sept. à juin – **R** 97/300 🍷, enf. 50.

Au Vieux St-Pierre, 16 pl. Oran ☎ 74 68 34 94, 🍽 – AE ⓓ GB — AY **b**
fermé lundi soir et mardi soir – **R** 63/180 🍷, enf. 42.

Le Cèdre, 196 r. Roncevaux ☎ 74 68 03 69, 🍽 – GB — AY **e**
fermé mardi soir et dim. sauf fêtes – **R** 85/250, enf. 60.

X **Colonne** avec ch, 6 pl.Carnot ✆ 74 65 43 69 – GB — BZ **a**
fermé déc., sam. midi et dim. midi en été, dim. soir et sam. en hiver – **R** 68/145 ♁, enf. 45 – ☕ 25 – **13 ch** 100/160 – ½ P 170.

à Beauregard NE : 3 km par D 44 - DX – ✉ 01480

XX **Aub. Bressane,** ✆ 74 60 93 92, ☂ – Ⓟ. ⓓ GB — DX **r**
fermé 1er au 20 avril et mardi – **R** 78/180 ♁, enf. 45.

ALFA-ROMEO Devaux, 361 r. d'Anse ✆ 74 65 12 00
BMW AB Automobiles, 680 av. de l'Europe ✆ 74 60 30 60
CITROEN Gar. Thivolle, 695 av. T.-Braun ✆ 74 65 26 09 N ✆ 74 65 27 10
OPEL Brun-Autom., 710 av. de l'Europe ✆ 74 65 51 30
PEUGEOT-TALBOT Nomblot, 1 193 av. de l'Europe ✆ 74 65 22 50 N ✆ 74 68 87 03
RENAULT Gar. Longin 15 r. Bointon ✆ 74 65 25 66
RENAULT Villefranche Automobile, 19 av. E.-Herriot à Limas ✆ 74 65 33 02 N ✆ 74 65 27 10
V.A.G Gar. de l'Europe, 1050 r. Ampère ✆ 74 65 50 59

Ⓜ Euromaster Piot Pneu, ZI, av. E.-Herriot ✆ 74 65 29 75
Métifiot, av. de Joux, ZI Nord à Arnas ✆ 74 65 21 92

VILLEJUIF 94 Val-de-Marne 61 ①, 101 ㉖ – voir à Paris, Environs.

VILLEMAGNE 11310 Aude 82 ⑳ – 192 h alt. 450.
Paris 770 – ♦Toulouse 70 – Carcassonne 29 – Castelnaudary 15 – Mazamet 42.

Castel de Villemagne ⛰, ✆ 68 94 22 95, parc – ☎. GB. ✂ rest
15 mars-15 nov. – **R** (dîner seul) (résidents seul. du 15 au 31 mars et du 1er oct. au 15 nov.) 98/185 – ☕ 38 – **7 ch** 245/415 – ½ P 283/340.

VILLEMOMBLE 93 Seine-St-Denis 56 ⑪, 101 ⑱ – voir à Paris, Environs.

VILLEMUR-SUR-TARN 31340 H.-Gar. 82 ⑧ **G. Pyrénées Roussillon** – 4 840 h alt. 99.
Paris 667 – ♦Toulouse 36 – Albi 63 – Castres 72 – Montauban 24.

XXX ✿ **La Ferme de Bernadou** (Voisin), rte Toulouse ✆ 61 09 02 38, ≤, ☂, parc – Ⓟ. GB
fermé 2 au 20 janv., dim. soir et lundi – **R** 165/320 et carte 300 à 400, enf. 100
Spéc. Noix de Saint-Jacques en beignet de légumes (automne-hiver). Gratin de terrine de pieds d'agneau aux cèpes (saison). Colvert au sang, à la presse (saison). **Vins** Côtes du Frontonnais.

au Sud : 5 km par D 14 et VO – ✉ 31340 Villemur sur Tarn :

X **Flambadou,** ✆ 61 09 40 72 – Ⓟ. AE GB
fermé 1er au 11 sept., 15 au 22 janv., mardi soir et merc. – **R** 85/185, enf. 50.

CITROEN Vacquie ✆ 61 09 01 60
PEUGEOT-TALBOT Terral, à Pechnauquié ✆ 61 09 00 70

VILLENEUVE 04 Alpes-de-H.-P. 81 ⑮ – rattaché à Manosque.

VILLENEUVE 12260 Aveyron 79 ⑩ **G. Gorges du Tarn** – 1 891 h alt. 421.
Paris 601 – Rodez 52 – Cahors 60 – Figeac 25 – Villefranche-de-Rouergue 11.

Poste, ✆ 65 81 62 13, ☂ – ☎ 🚗
fermé 15 déc. au 15 janv. – **R** 60 bc/120 bc – ☕ 22 – **14 ch** 100/220 – ½ P 135/180.

VILLENEUVE D'ASCQ 59 Nord 51 ⑯ – rattaché à Lille.

VILLENEUVE-DE-MARSAN 40190 Landes 82 ① ② – 2 107 h alt. 90.
Paris 702 – Mont-de-Marsan 18 – Aire-sur-l'Adour 21 – Auch 89 – Condom 63 – Roquefort 16.

✿ **Francis Darroze** M ⛰, ✆ 58 45 20 07, Fax 58 45 82 67, ☂, ⛱, 🌳 – TV ☎ Ⓟ – 🏠 25. AE ⓓ GB JCB
fermé 2 au 23 janv., dim. soir et lundi d'oct. à juin sauf fériés – **R** 160/360 et carte 260 à 400 – ☕ 70 – **25 ch** 500/750, 3 appart. – ½ P 600/650
Spéc. Civet de homard au Jurançon moelleux. Foie de canard aux pommes caramélisées. Feuilleté landais à l'Armagnac. **Vins** Madiran, Montagne-Saint-Emilion.

Europe, ✆ 58 45 20 08, Fax 58 45 34 14, ⛱, 🌳 – TV ☎ Ⓟ. AE ⓓ GB
fermé 2 au 23 janv. – **R** 120/300 – ☕ 38 – **14 ch** 160/420 – ½ P 260.

CITROEN Roumégoux ✆ 58 45 22 05
RENAULT Avezac ✆ 58 45 80 39

VILLENEUVE-DE-RIVIÈRE 31 H.-Gar. 85 ⑩ – rattaché à St-Gaudens.

VILLENEUVE-DES-ESCALDES 66760 Pyr.-Or. 86 ⑯ – alt. 1 350.
Paris 878 – Font-Romeu 14 – Ax-les-Thermes 56 – Bourg-Madame 6 – Perpignan 102 – Prades 59.

Relais du Belloch, ✆ 68 30 07 24, ≤, 🌳 – Ⓟ. GB
fermé 1er nov. au 20 déc. – **R** 68/130, enf. 45 – ☕ 26 – **26 ch** 180/230 – ½ P 186/206.

VILLENEUVE-LA-DONDAGRE **61** Orne 61 ⑬ – rattaché à Sens.

VILLENEUVE-LA-GARENNE **92** Hauts-de-Seine 55 ⑳, 101 ⑮ – voir à Paris, Environs.

VILLENEUVE-LA-SALLE **05** H.-Alpes 77 ⑧ ⑱ – voir à Serre-Chevalier.

VILLENEUVE-LE-COMTE **77174** S.-et-M. 61 ② 106 ㉒ – 1 297 h alt. 126.

Paris 40 – Lagny-sur-Marne 12 – Meaux 18 – Melun 37.

XXX **Bonne Marmite,** ✆ (1) 60 25 00 10, Fax (1) 60 43 11 01, 🏞, 🌳 – 🅟. AE ⓪ GB
fermé 10 au 26 août, vacances de fév., mardi et merc. – **R** 150/340, enf. 85.

VILLENEUVE-LÈS-AVIGNON **30400** Gard 81 ⑪ ⑫ **G. Provence** (plan) – 10 730 h alt. 24.

Voir Fort St-André★ : ←★★ AV – Tour Philippe-le-Bel ←★★ AV – Vierge en ivoire★★ et couronnement de la Vierge★★ au musée municipal AV **M** – Chartreuse du Val-de-Bénédiction★ AV.

🅘 Office de Tourisme 1 pl. Ch.-David ✆ 90 25 61 33.

Paris 684 ② – Avignon 5 – Nîmes 45 ⑥ – Orange 22 ⑦ – Pont-St-Esprit 41 ⑥.

Plan : voir à Avignon.

⌂⌂⌂ ❀ **Le Prieuré,** pl. Chapître ✆ 90 25 18 20, Télex 431042, Fax 90 25 45 39, 🏞, parc, « Jardins et terrasse ombragés », 🏊, 🎾 – |♦| ▤ rest 📺 ☎ 🅟 – 🏛 50. AE ⓪ GB. ✂ rest
13 mars-2 nov. – **R** 310/420 et carte 290 à 460 – ☕ 80 – **26 ch** 520/1200, 10 appart.
Spéc. Poêlée de foie gras, Carré d'agneau rôti, Pâtisseries. Vins Tavel, Cairanne. AV **t**

⌂⌂ **La Magnaneraie** [M] 🐦, 37 r. Camp de Bataille ✆ 90 25 11 11, Télex 432640, Fax 90 25 46 37, 🏞, « Beaux aménagements dans une ancienne demeure du 15e siècle », 🏊, 🌳, 🎾 – ▤ 📺 ☎ 🅟 – 🏛 25. AE ⓪ GB JCB AV **b**
R 170/450, enf. 90 – ☕ 65 – **25 ch** 500/950 – ½ P 650/800.

⌂ **Atelier** sans rest, 5 r. Foire ✆ 90 25 01 84, Fax 90 25 80 06, « Maison du 16e siècle, patio » – 📺 ☎. AE ⓪ GB AV **e**
15 mars-6 nov. – ☕ 30 – **19 ch** 230/400.

⌂ **Résidence Les Cèdres,** à Bellevue, 39 av. Pasteur ✉ 30400 Villeneuve-lès-Avignon ✆ 90 25 43 92, Télex 432868, Fax 90 25 14 66, 🏞, 🏊, 🌳 – 📺 ☎ 🅟. GB AV **a**
15 mars-15 nov. – **R** (dîner seul.) 124 – ☕ 36 – **24 ch** 330/380 – ½ P 285/325.

XXX **Aubertin,** 1 r. de l'Hôpital ✆ 90 25 94 84, Fax 90 26 30 71, 🏞 – ▤. GB AV **n**
fermé lundi – **R** 220/360, enf. 90.

X **Le St-André,** 4bis Montée du Fort ✆ 90 25 63 23 – GB AV **u**
fermé le midi en juil., mardi midi et lundi – **R** 119/149.

VILLENEUVE-LOUBET **06270** Alpes-Mar. 84 ⑨ 115 ㉕ **G. Côte d'Azur** – 11 539 h alt. 11.

Voir Musée de l'Art culinaire★ (fondation Auguste Escoffier) Y **M2**.

Paris 920 ⑤ – Cannes 20 ⑤ – ♦Nice 14 ③ – Antibes 10 ④ – Cagnes-sur-Mer 3 ③ – Grasse 21 ⑥ – Vence 12 ①.

Voir plan de Cagnes-sur-Mer-Villeneuve-Loubet.

⌂ **Hamotel** 🐦 sans rest, Hameau du Soleil, rte La Colle-sur-Loup ✆ 93 20 86 60, Fax 93 73 33 94 – |♦| 📺 ☎ 🚗 🅟 – 🏛 25. AE ⓪ GB JCB
☕ 35 – **30 ch** 350/400.

⌂ **Green Sea** [M], S : 1 km sur D 2 ✆ 93 22 47 39, Fax 93 22 91 94, 🏞, 🏊 – |♦| ⚡ ch ▤ 📺 ☎ ♿ 🅟 – 🏛 60. AE GB Y **m**
R 85/115 🍷 – ☕ 42 – **57 ch** 380/470 – ½ P 325/355.

⌂ **Aub. Franc-Comtoise** 🐦, Grange Rimade, rte La Colle-sur-Loup ✆ 93 20 97 58, Télex 462852, Fax 92 02 74 76, 🏞, 🏊, 🌳 – |♦| 📺 ☎ 🅟. GB. ✂ ch
fermé 15 oct. au 1er déc. et merc. d'oct. à juin – **R** 130/145, enf. 50 – ☕ 25 – **30 ch** 305/345 – ½ P 284.

X **Mail-Post,** 12 av. Libération ✆ 93 20 89 53 – ▤. GB Y **u**
fermé 8 mars au 3 avril, 25 sept. au 30 oct. et mardi midi de juin à sept. – **R** 98/140.

à Villeneuve-Loubet-Plage :

⌂ **Bahia** sans rest, rte bord de mer ✆ 93 20 21 21, Fax 93 20 96 96, 🏊, 🏖 – |♦| ▤ 📺 ☎ 🚗 🅟. AE ⓪ GB Z **a**
48 ch ☕ 480/760.

⌂ **Syracuse** sans rest, av. Batterie ✆ 93 20 45 09, Fax 93 20 29 30, ←, 🏖 – |♦| cuisinette 📺 ☎ 🅟. GB. ✂ Z **x**
fermé 15 déc. au 15 janv. – ☕ 38 – **27 ch** 325/520.

MERCEDES-BENZ Succursale, av. Baumettes, N 7 ✆ 93 73 06 11 🅽 ✆ 05 24 24 30

VILLENEUVE-SUR-LOT ⟨SP⟩ **47300** L.-et-G. **79** ⑤ **G. Pyrénées Aquitaine** – 22 782 h alt. 55.

⛳ de Castelnaud ✆ 53 01 74 64, par ① N 21 : 12,5 km.

ℹ Office de Tourisme bd République ✆ 53 70 31 37.

Paris 605 ① – Agen 31 ⑤ – Bergerac 60 ① – ♦Bordeaux 143 ⑥ – Brive-la-Gaillarde 144 ③ – Cahors 74 ③ – Libourne 109 ⑥ – Mont-de-Marsan 124 ⑥ – Pau 185 ⑥.

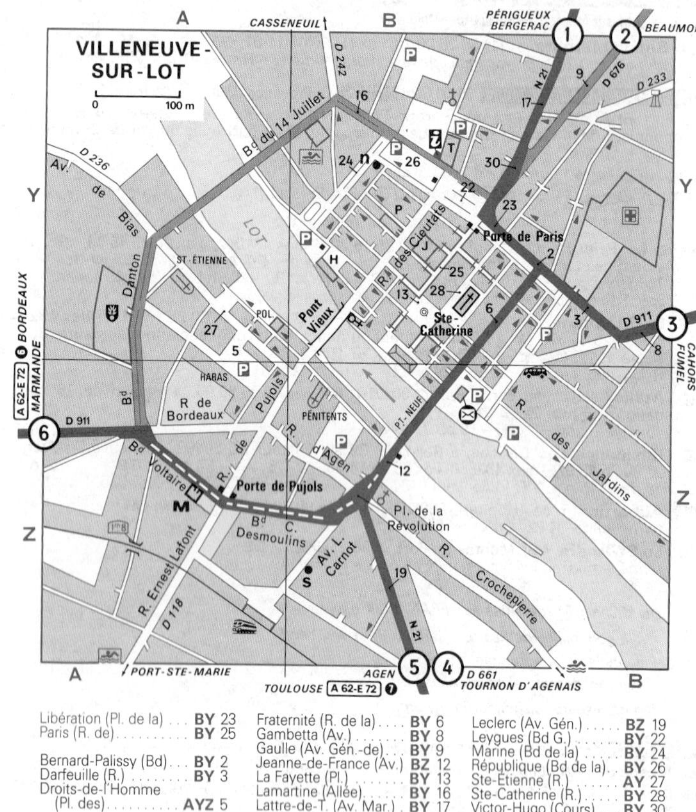

Libération (Pl. de la) . . . **BY** 23
Paris (R. de) . . . . **BY** 25

Bernard-Palissy (Bd) . . . **BY** 2
Darfeuille (R.) . . . . **BY** 3
Droits-de-l'Homme (Pl. des) . . . . **AYZ** 5

Fraternité (R. de la) . . . . **BY** 6
Gambetta (Av.) . . . . **BY** 8
Gaulle (Av. Gén.-de) . . . **BY** 9
Jeanne-de-France (Av.) **BZ** 12
La Fayette (Pl.) . . . . **BY** 13
Lamartine (Allée) . . . . . . **BY** 16
Lattre-de-T. (Av. Mar.) . **BY** 17

Leclerc (Av. Gén.) . . . . . **BZ** 19
Leygues (Bd G.) . . . . **BY** 22
Marine (Bd de la) . . . . . **BY** 24
République (Bd de la) . . **BY** 26
Ste-Étienne (R.) . . . . **AY** 27
Ste-Catherine (R.) . . . . . **BY** 28
Victor-Hugo (Cours) . . . **BY** 30

🏨 **La Résidence** sans rest, 17 av. L. Carnot ✆ 53 40 17 03, Fax 53 01 57 34 – 📺 ☎ 🚗. GB BZ **s**
☕ 27 – **18 ch** 120/275.

🏨 **Les Platanes** sans rest, 40 bd Marine ✆ 53 40 11 40 – ☎. GB BY **n**
fermé 20 déc. au 3 janv. – ☕ 24 – **21 ch** 140/240.

XXX **Host. du Rooy,** chemin de Labourdette par ④ ✆ 53 70 48 48, Fax 53 49 17 74, 🌳, parc – **P**. AE GB
fermé dim. soir et lundi – **R** 115/230, enf. 70.

à Pujols SO : 4 km par D 118 et CC 207 - AZ – 3 608 h. – ✉ **47300**.
Voir ≤★.

🏨 **Chênes** 🔇 sans rest, ✆ 53 49 04 55, Fax 53 49 22 74, ≤, 🏊 – 📺 ☎ **P** – 🏛 25. AE ⓓ GB
☕ 45 – **21 ch** 320/380.

XXX ✿ **La Toque Blanche** (Lebrun), ✆ 53 49 00 30, Fax 53 70 49 79, ≤, 🌳 – ▤ **P**. AE ⓓ GB
fermé 21 au 28 juin, 22 nov. au 6 déc., dim. soir et lundi sauf juil.-août et fêtes – **R** 145/450 et carte 270 à 450, enf. 85
Spéc. Escalope de foie gras de canard à l'échalote. Daube de cèpes au vin rouge de Buzet. Lièvre à la royale (oct. à déc.). **Vins** Buzet, Côtes de Duras.

XX **Aub. Lou Calel,** ✆ 53 70 46 14, Fax 53 70 49 79, ≤ Villeneuve, 🌳 – GB
fermé 8 au 16 juin, 5 au 20 janv., mardi soir et merc. sauf août et fêtes – **Repas** 125/200, enf. 70.

à Castelnaud-de-Gratecambe par ① : 10 km – ✉ **47290** :

du Golf Ⓜ, SE : 2 km ✆ 53 01 60 19, Télex 572786, Fax 53 01 78 99, ←, parc, – rest TV ☎ ♿ P – 40. AE GB
fermé 4 au 25 janv. – **R** *(fermé dim. soir et lundi midi du 15 oct. au 15 mars)* 120/290, enf. 65 – ☐ 45 – **40 ch** 360/430 – ½ P 355/380.

à St-Sylvestre-sur-Lot par ③ : 9 km sur D 911 – ✉ **47140** :

Château Lalande Ⓜ, ✆ 53 36 15 15, Fax 53 36 15 16, « Château des 13e et 18e siècles dans un parc », – rest TV ☎ ♿ P – 35. GB. ch
R 190/250 – ☐ 75 – **22 ch** 850/1200 – ½ P 690/865.

AUSTIN, ROVER, TOYOTA, VOLVO Gar. Franco, 68 av. de Fumel ✆ 53 70 14 54
PEUGEOT-TALBOT Gar. de Bordeaux, rte de Bordeaux à Bias par ⑥ ✆ 53 40 56 05 N ✆ 53 01 90 55
RENAULT Villeneuve-Auto, 33 av. d'Agen par ⑤ ✆ 53 40 55 55

Euromaster Central Pneu Service, rte de Fumel, ZAC de Parasol ✆ 53 70 12 57
Stat. Moderne du Pneu, 7 av. de Bordeaux ✆ 53 70 65 75
Villeneuve Pneus, rte de Bordeaux à Bias ✆ 53 40 28 55

VILLENEUVE-SUR-YONNE **89500** Yonne 61 ⑭ **G. Bourgogne** (plan) – 5 054 h alt. 74.
Paris 135 – Auxerre 44 – Joigny 17 – Montargis 48 – Nemours 58 – Sens 13 – Troyes 71.

Le Dauphin avec ch, ✆ 86 87 18 55 – ☎.
fermé 1er au 20 mars, 2 au 20 nov., vacances de fév., dim. soir et lundi hors sais. – **R** 98/240 – ☐ 40 – **11 ch** 220/580 – ½ P 350/420.

PEUGEOT-TALBOT Lesellier, 23 fg St-Nicolas ✆ 86 87 04 24

VILLENY **41220** L.-et-Ch. 64 ⑧ – 324 h alt. 131.
Paris 163 – Orléans 38 – Blois 37 – Romorantin-Lanthenay 33.

SO rte de Bracieux par D 18 et VO – ✉ **41220** Villeny :

Les Chênes Rouges, ✆ 54 98 23 94, Fax 54 98 23 99, « Dans la forêt, en bordure d'un étang », – TV ☎ P. GB
fermé 25 janv. à fin fév. et mardi sauf de mai à sept. – **R** 170 – ☐ 72 – **10 ch** 600/700 – ½ P 500/600.

VILLEPINTE **93** Seine-St-Denis 56 ⑪ – voir à Paris, Environs.

VILLEQUIER **76490** S.-Mar. 55 ⑤ **G. Normandie Vallée de la Seine** – 822 h alt. 60.
Voir Site★ – Musée Victor-Hugo★.
Paris 172 – Rouen 39 – Bourg-Achard 29 – Lillebonne 13 – Yvetot 16.

Grand Sapin avec ch, ✆ 35 56 78 73, ←, « Terrasse au bord de la Seine », – TV ☎ P. GB. ch
fermé 15 au 30 nov., vacances de fév., mardi soir et merc. sauf juil.-août – **R** 65/180 – ☐ 24 – **5 ch** 240/290.

VILLERAY **61** Orne 60 ⑮ – rattaché à Nogent-le-Rotrou.

VILLERÉAL **47210** L.-et-G. 79 ⑤ **G. Pyrénées Aquitaine** – 1 195 h alt. 120.
Maison du Tourisme pl. Halle ✆ 53 36 09 65.
Paris 575 – Agen 61 – Bergerac 35 – Cahors 75 – Marmande 57 – Sarlat-la-Canéda 64 – Villeneuve-sur-Lot 30.

Lac, rte Issigeac ✆ 53 36 01 39, – ☎ P. GB
1er mai-30 sept. – **R** *(fermé le midi sauf du 15 juil. au 30 août)* 80/130, enf. 50 – ☐ 30 – **26 ch** 200/220 – ½ P 200/220.

VILLEROY **89** Yonne 61 ⑬ – rattaché à Sens.

VILLERS-BOCAGE **14310** Calvados 54 ⑮ **G. Normandie Cotentin** – 2 845 h alt. 140.
Syndicat d'Initiative pl. Gén.-de-Gaulle (15 juin-15 sept.) ✆ 31 77 16 14.
Paris 267 – Caen 26 – Argentan 71 – Avranches 73 – Bayeux 26 – Flers 42 – St-Lô 36 – Vire 34.

Trois Rois avec ch, ✆ 31 77 00 32, Fax 31 77 93 25, – TV ☎ P. AE GB
fermé 22 au 28 juin, fév., dim. soir et lundi sauf fériés – **Repas** 120/280 – ☐ 35 – **14 ch** 200/400.

CITROEN Gar. Breville ✆ 31 77 17 98

VILLERS-COTTERÊTS **02600** Aisne 56 ③ **G. Flandres Artois Picardie** – 8 867 h alt. 133.
Voir Grand escalier★ du château – Forêt de Retz★ E par D 973.
Syndicat d'Initiative 2 pl. A.-Briand ✆ 23 96 30 03.
Paris 78 – Compiègne 31 – Laon 59 – Meaux 41 – Senlis 36 – Soissons 22.

Régent sans rest, 26 r. Gén. Mangin ✆ 23 96 01 46, Fax 23 96 37 57 – TV ☎ P. AE GB
☐ 29 – **16 ch** 205/365.

Commerce, 17 r. Gén. Mangin ✆ 23 96 19 97, Fax 23 96 43 72, – GB
fermé 17 au 31 août, 15 janv. au 8 fév., dim. soir et lundi – **R** (dim. prévenir) 85/135, enf. 45.

CITROEN Gar. des Sablons, 52 av. de la Ferté-Milon ✆ 23 96 04 96
PEUGEOT-TALBOT Féry, 75 r. Gén.-Leclerc ✆ 23 96 19 64 N
V.A.G Vag France Services, rte de la Ferté-Milon ✆ 23 73 51 40

Euromaster Fischbach Pneu Service, 6 r. V.-Hugo ✆ 23 96 13 64
Hurand-Pneu, av. de la Ferté-Milon ✆ 23 96 13 84

CONSTRUCTEUR : V.A.G-France, à Pisseleux, par av. de la Gare ✆ **23 96 08 03**

VILLERSEXEL **70110** H.-Saône 66 ⑥ ⑦ – 1 460 h alt. 265.

Paris 378 – ◆ Besançon 64 – Belfort 38 – Lure 18 – Montbéliard 31 – Vesoul 27.

Terrasse, rte Lure ✆ 84 20 52 11, Fax 84 20 56 90, – TV ☎ P. GB
fermé 19 déc. au 4 janv. – **R** *(fermé vend. soir et dim. soir hors sais.)* 60/240, enf. 37 – 26 – **15 ch** 220/250 – ½ P 220/250.

Commerce avec ch, ✆ 84 20 50 50, Fax 84 20 59 57 – TV ☎ P. GB
fermé 1er au 15 janv., 2 au 11 oct. et dim. soir d'oct. à mars – **R** 52/220, enf. 35 – 28 – **17 ch** 160/210 – ½ P 250.

à Cubry S : 11 km par D 486 et VO – ✉ **25680** :

Château de Bournel M, ✆ 81 86 00 10, Fax 81 86 01 06, « Parc et golf » – TV ☎ P – 40. AE GB
fermé janv. et fév. – **Le Maugré** ✆ 81 86 97 43 *(fermé lundi soir et mardi)* **R** carte 350 à 440 – 40 – **12 ch** 805/950 – ½ P 790.

VILLERS-LE-LAC **25130** Doubs 70 ⑦ **G. Jura** – 4 203 h alt. 746.

Voir Saut du Doubs★★★ NE : 5 km – Lac de Chaillexon★ NE : 2 km.

Syndicat d'Initiative r. Berçot (juin-sept.) ✆ 81 68 00 98.

Paris 478 – ◆ Besançon 69 – ◆Basel 115 – La Chaux-de-Fonds 16 – Morteau 6 – Pontarlier 37.

❀ **France** (Droz), pl. Nationale ✆ 81 68 00 06, Fax 81 68 09 22 – TV ☎ – 30. AE GB
fermé 1er déc. au 15 janv. – **R** *(fermé dim. soir et lundi)* 150/500 et carte 240 à 360 – 50 – **14 ch** 280/300 – ½ P 300/310
Spéc. "Petits gris" à l'infusion d'absinthe. Poêlée de rougets aux agrumes. Jambonnette de pintade farcie de morilles au Vin Jaune. Vins Arbois, Etoile.

PEUGEOT-TALBOT Gar. Franco-Suisse, Les Terres Rouges ✆ 81 68 03 47 N

VILLERS-LES-POTS **21** Côte-d'Or 66 ⑬ – rattaché à Auxonne.

VILLERS-SEMEUSE **08** Ardennes 53 ⑲ – rattaché à Charleville-Mézières.

VILLERS-SUR-MER **14640** Calvados 55 ③ **G. Normandie Vallée de la Seine** – 2 019 h alt. 38 – Casino.

Office de Tourisme pl. Mermoz (vacances scolaires, 21 mars-15 nov.) ✆ 31 87 01 18.

Paris 213 – ◆ Caen 40 – Cabourg 11 – Deauville 7 – Lisieux 31 – Pont-l'Évêque 18.

Bonne Auberge, ✆ 31 87 04 64 – TV ☎ P. GB
fin mars-30 sept. et week-ends – **R** 120/180 – **15 ch** 400/500 – ½ P 350/383.

PEUGEOT TALBOT Gar. du Méridien ✆ 31 87 02 13

VILLEURBANNE **69** Rhône 74 ⑪ ⑫ – rattaché à Lyon.

VILLEVALLIER **89330** Yonne 61 ⑭ – 359 h alt. 90.

Paris 135 – Auxerre 36 – Montargis 49 – Sens 22 – Troyes 81.

Pavillon Bleu, ✆ 86 91 12 17, Fax 86 91 17 74 – ☎ P – 25. GB
fermé 3 au 25 janv., dim. soir et lundi midi du 15 sept. au 31 mars – **R** 78/195 – 40 – **20 ch** 150/260 – ½ P 193/248.

VILLIÉ-MORGON **69910** Rhône 74 ① – 1 522 h alt. 290.

Paris 414 – Mâcon 21 – ◆Lyon 55 – Villefranche-sur-Saône 22.

Le Villon M, ✆ 74 69 16 16, Fax 74 69 16 81, – TV ☎ P – 40. GB
fermé 22 déc. au 26 janv. – **R** *(fermé dim. soir et lundi hors sais.)* 110/160 – 40 – **45 ch** 280/380 – ½ P 305/320.

Parc sans rest, ✆ 74 04 22 54 – ☎
fermé 15 au 31 oct. – 25 – **8 ch** 120/160.

PEUGEOT-TALBOT Granger ✆ 74 04 23 24 N

VILLIERS-LE-BÂCLE **91** Essonne 60 ⑩, 101 ㉝ – voir à Paris, Environs.

VIMOUTIERS 61120 Orne 55 ⑬ **G. Normandie Vallée de la Seine** – 4 723 h alt. 100.

Office de Tourisme 10 av. Gén.-de-Gaulle (fermé janv.-fév.) ✆ 33 39 30 29.

Paris 184 – ◆ Caen 59 – L'Aigle 44 – Alençon 66 – Argentan 31 – Bernay 37 – Falaise 37 – Lisieux 27.

H. Escale du Vitou , centre de loisirs, rte Argentan : 2 km par D 916 ✆ 33 39 12 04, Fax 33 36 13 34, ←, , parc, – TV ☎ P – 25 à 80. GB
Le Vitou ✆ 33 39 12 37 *(fermé janv., dim. soir et lundi)* **R** 68/198 , enf. 45 – 27 – **17 ch** 170/250 – ½ P 170/195.

CITROEN Goubin, 8 av. Foch ✆ 33 39 01 95
PEUGEOT Noël-Gérard, 15 av. Dr-Dentu ✆ 33 39 00 27
RENAULT Letourneur, 17 r. d'Argentan ✆ 33 39 03 65

VINAY 51 Marne 56 ⑯ – rattaché à Épernay.

VINCELOTTES 89 Yonne 65 ⑤ – rattaché à Auxerre.

VINCENNES 94 Val-de-Marne 56 ⑪, 101 ⑰ – voir à Paris, Environs.

VINCEY 88 Vosges 62 ⑮ – rattaché à Charmes.

VINEUIL 41 L.-et-Ch. 64 ⑦ – rattaché à Blois.

VINON-SUR-VERDON 83560 Var 84 ④ – 2 752 h alt. 284.

Paris 779 – Digne-les-Bains 67 – Aix-en-Provence 44 – Brignoles 57 – Castellane 86 – Cavaillon 77 – Draguignan 73.

Olivier M , rte aérodrome : 1,5 km ✆ 92 78 86 99, Fax 92 78 89 65, ←, , , , – cuisinette TV ☎ P. AE GB
1er mars-31 oct. – **R** 90/165, enf. 70 – 50 – **30 ch** 380/450 – ½ P 420.

Relais des Gorges, av. République ✆ 92 78 80 24, Fax 92 78 96 47, – TV ☎. GB
fermé 20 au 30 déc. – **R** 90/220 – 30 – **10 ch** 200/250 – ½ P 200/225.

RENAULT Gar. Ramu ✆ 92 78 80 35 N ✆ 92 78 83 87

VIOLAY 42780 Loire 73 ⑱ – 1 425 h alt. 825.

Paris 480 – Roanne 40 – L'Arbresle 29 – Montbrison 48 – ◆Saint-Étienne 64.

Perrier avec ch, pl. Église ✆ 74 63 91 01, Fax 74 63 91 77 – rest ☎ – 25. GB
R 55/195 , enf. 50 – 30 – **10 ch** 160/250 – ½ P 210/305.

RENAULT Gar. Blein, ✆ 74 63 90 62 N

VIOLÈS 84150 Vaucluse 81 ② – 1 360 h alt. 96.

Paris 664 – Avignon 31 – Carpentras 17 – Nyons 32 – Orange 15 – Vaison-la-Romaine 16.

Mas de Bouvau avec ch, N : 2 km rte Cairanne ✆ 90 70 94 08, , – TV ☎ P. GB. ch
fermé 23 août au 6 sept., 20 au 30 déc., 22 fév. au 8 mars, dim soir et lundi sauf fêtes – **R** 120/240 – 38 – **4 ch** 270/350.

VIRAZEIL 47 L.-et-G. 79 ③ – rattaché à Marmande.

VIRE SP 14500 Calvados 59 ⑨ **G. Normandie Cotentin** – 12 895 h alt. 134.

9 au lac de la Dathée ✆ 31 67 71 01, 8 km SO par D 150 – Office Municipal de Tourisme square Résistance ✆ 31 68 00 05.

Paris 301 ③ – St-Lô 39 ① – ◆Caen 60 ① – Flers 29 ③ – Fougères 66 ④ – Laval 98 ④ – Rennes 114 ④.

Plan page suivante

France, 4 r. Aignaux ✆ 31 68 00 35, Fax 31 68 22 65 – ch TV ☎ – 50 GB — A **a**
fermé 20 déc. au 10 janv. – **R** 68/180 , enf. 48 – 30 – **20 ch** 220/350 – ½ P 260/300.

St-Pierre M sans rest, 20 r. Gén. Leclerc ✆ 31 68 05 82 – TV ☎ . GB — B **n**
fermé 20 déc. au 10 janv. – 30 – **29 ch** 155/270.

Voyageurs, av. Gare ✆ 31 68 01 16 – TV ☎ P. GB — B **k**
R 45/95 – 30 – **13 ch** 132/200 – ½ P 180/250.

Manoir de la Pommeraie, par ③ : 2,5 km sur D 524 ✆ 31 68 07 71, Fax 31 67 54 21, « Jardin » – P. AE GB
fermé 1er au 15 mars, dim. soir et lundi – **R** 115/310, enf. 75.

à St-Germain-de-Tallevende par ④ : 5 km – ✉ **14500** :

Aub. St.-Germain, pl. Église ✆ 31 68 24 13 – GB
fermé 1er au 15 sept., dim. soir et lundi – **R** 68/185 , enf. 38.

CITROEN Gar. Prunier, rte de Caen par ① ✆ 31 68 33 87
FIAT-LANCIA B.M.J. Onésime, 1 rte de Caen ✆ 31 68 09 98
PEUGEOT-TALBOT Gournay, 19 rte de Granville ✆ 31 68 11 86 N ✆ 31 25 98 63
RENAULT S.N.A.V., rte de Caen par ① ✆ 31 68 02 33 N ✆ 31 25 93 44
V.A.G Gar. Lemauviel, 12 r. d'Aunay ✆ 31 68 00 78
Gar. Duchemin, 1 r. E.-Desvaux ✆ 31 68 01 46

Clabeaut Pneus, rte d'Aunay ✆ 31 68 56 57
Colin-Pneus, 77 rte d'Aunay ✆ 31 68 38 65
Vire-Pneus, 28 rte d'Aunay ✆ 31 68 26 75

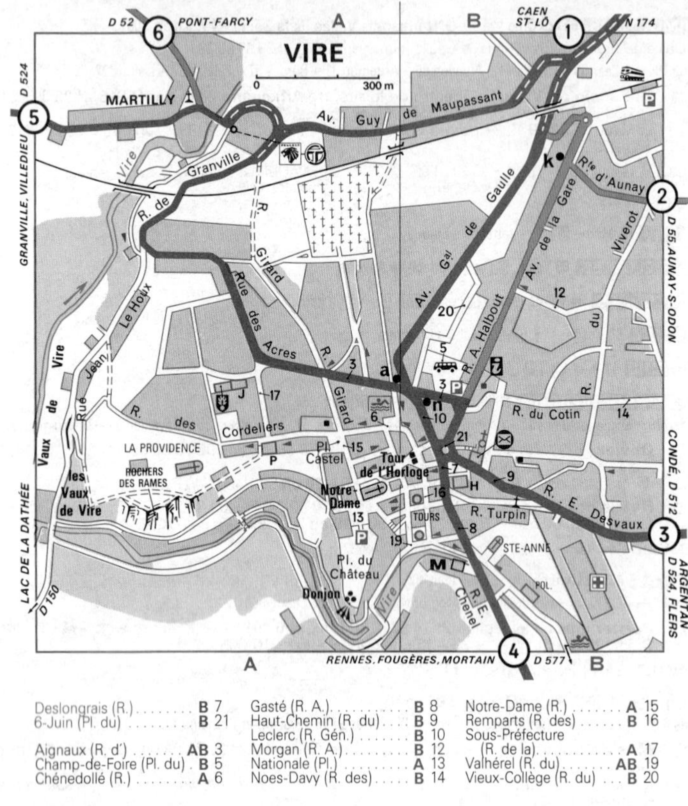

VIROFLAY **78** Yvelines **60** ⑩, **106** ⑯ – voir à Paris, Environs.

VIRONVAY **27** Eure **55** ⑰ – rattaché à Louviers.

VIRY **71** S.-et-L. **69** ⑱ – rattaché à Charolles.

VIRY-CHATILLON **91** Essonne **61** ①, **101** ㊱ – voir à Paris, Environs.

VITERBE **81** Tarn **82** ⑩ – rattaché à St-Paul-Cap-de-Joux.

VITRAC **24200** Dordogne **75** ⑰ – 743 h alt. 150.

Voir Site★ du château de Montfort NE : 2 km – Cingle de Montfort★ NE : 3,5 km, **G. Périgord Quercy.**

Paris 530 – Brive-la-Gaillarde 60 – Sarlat-la-Canéda 8 – Cahors 54 – Gourdon 21 – Lalinde 51 – Périgueux 75.

Plaisance, au port ☎ 53 28 33 04, Fax 53 28 19 24, ☂, ⛱, ⌂, 🎾 – |‡| TV ☎ ♿ Ⓟ. AE GB
fermé 15 nov. au 6 fév. – **R** *(fermé vend. sauf de Pâques au 15 oct.)* 70/230 – ☕ 32 – **42 ch** 200/350 – ½ P 250/280.

à Caudon-de-Vitrac E : 3 km par D 703 et VO – ✉ **24200** Sarlat-la-Canéda :

✕ **La Ferme,** ☎ 53 28 33 35 – ▤ Ⓟ. GB
fermé oct., 20 déc. au 15 janv., dim. soir hors sais. et lundi – **R** 78/155, enf. 48.

au NO : 3 km par rte La Roque Gageac et VO – ✉ **24200** Vitrac :

✕✕ **La Sanglière,** ☎ 53 28 33 51, Fax 53 28 52 31, ⛱, ⌂ – Ⓟ. GB
12 avril-30 nov. et fermé dim. soir et lundi sauf juil.-août – **Repas** 90/290, enf. 45.

VITRAC 15220 Cantal 76 ⑪ – 294 h alt. 550.

Paris 598 – Aurillac 25 – Figeac 43 – Rodez 79.

Aub. de la Tomette, ☎ 71 64 70 94, Fax 71 64 77 11, ☂, 🏊, 🌳 – cuisinette ☎. AE GB.
✱ rest
1er avril-31 déc. – **Repas** 60/170 🍷, enf. 50 – ☕ 30 – **21 ch** 230/280 – ½ P 260/270.

VITRÉ 35500 I.-et-V. 59 ⑱ **G. Bretagne** – 14 486 h alt. 90.

Voir ≤★★ des D178 B et D857 A – Château★★ : tour de Montalifant ≤★ A – La Ville★ : rue Beaudrairie★★ A 5, remparts★ B, église Notre-Dame★ B – Tertres noirs ≤★★ par ⑤ – Jardin public★ par ④.

Env. Champeaux : place★, stalles★ et vitraux★ de l'église 9 km par ⑤.

ℹ Office de Tourisme promenade St-Yves ☎ 99 75 04 46.

Paris 310 ② – Châteaubriant 51 ④ – Fougères 30 ⑥ – Laval 37 ② – ◆Rennes 38 ⑤.

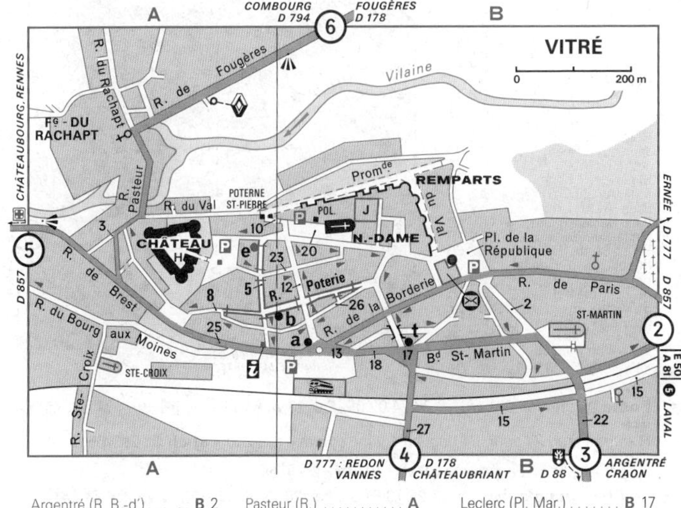

Argentré (R. B.-d') ...... B 2	Pasteur (R.) .... A	Leclerc (Pl. Mar.) .... B 17
Augustins (R. des) ...... A 3	Poterie (R.) .... B	Liberté (R. de la) .... B 18
Borderie (R. de la) ...... B		Rochers (Bd des) .... B 22
En Bas (R. d') .... A 8	Beaudrairie (R.) .... A 5	St-Louis (R.) .... AB 23
Garangeot (R.) .... B 12	Four (R. du) .... A 10	St-Yves (Prom.) .... A 25
Notre-Dame (Pl. et R.) ... B 20	Gaulle (Pl. Gén.-de) ..... B 13	Sévigné (R.) .... B 26
Paris (R. de) .... B	Jacobins (Bd des) ...... B 15	70e-R.I. (R. du) .... B 27

Minotel M sans rest, 47 r. Poterie ☎ 99 75 11 11, Fax 99 75 81 26 – TV ☎. AE GB
☕ 30 – **17 ch** 210/290. AB **b**

H. Petit-Billot sans rest, 5 pl. Mar. Leclerc ☎ 99 75 02 10, Fax 99 74 72 96 – TV ☎. GB
fermé 24 déc. au 2 janv. et dim. hors sais. – ☕ 32 – **22 ch** 160/260. B **t**

Chêne Vert, pl. Gén. de Gaulle ☎ 99 75 00 58 – TV ☎ 🚗. GB. ✱ ch B **a**
fermé 22 sept. au 22 oct., vend. soir hors sais. et sam. – **R** 70/170, enf. 40 – ☕ 28 – **22 ch** 110/290.

Le Pichet, 17 bd Laval par ② ☎ 99 75 24 09, 🌳 – GB
fermé dim. soir et lundi – **R** 95/160 🍷, enf. 50.

Taverne de l'Écu, 12 r. Beaudrairie ☎ 99 75 11 09, Fax 99 75 82 97, « Vieille maison du 17e siècle » – GB A **e**
fermé dim. soir et lundi – **R** 70/150.

Rest. Petit-Billot, 5 pl. Mar. Leclerc ☎ 99 74 68 88 – GB B **t**
fermé 15 déc. au 15 janv., vend. soir hors sais. et sam. – **Repas** 70/120 🍷.

par ② : 10 km, aire d'Erbrée sur E 50 – ✉ 35500 Vitré :

Perceval M sans rest, ☎ 99 49 49 99, Fax 99 49 30 22 – TV ☎ ♿ P. AE ⓓ GB
☕ 30 – **48 ch** 200/270.

CITROEN Gar. Pinel, rte de Laval par ②
☎ 99 75 06 52
PEUGEOT-TALBOT Gar. Gendry, av. d'Helmstedt par ③ ☎ 99 75 00 57
RENAULT Gar. Martin, 18 r. de Fougères
☎ 99 75 01 74

RENAULT Gar. Guilmault, rte de Laval par ②
☎ 99 75 00 53 N ☎ 99 74 91 55
V.A.G Mouton, rte de la Guerche ☎ 99 74 54 00

Ⓜ Euromaster Vallée Pneus, av. d'Helmstedt
☎ 99 75 17 75

VITROLLES 13 B.-du-R. 84 ② – rattaché à Marignane.

VITRY-LE-FRANÇOIS 51300 Marne 61 ⑧ **G. Champagne** – 17 033 h alt. 105.

Office de Tourisme pl. Giraud ☎ 26 74 45 30.

Paris 177 ⑤ – Bar-le-Duc 54 ② – Châlons-sur-Marne 30 ① – Troyes 79 ⑤ – Verdun 96 ②.

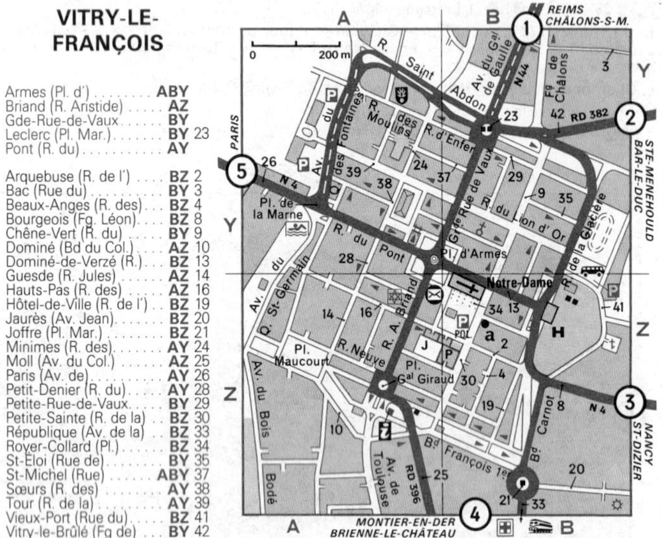

Poste, pl. Royer-Collard ☎ 26 74 02 65, Fax 26 74 54 71 – 60. AE GB JCB — BZ **a**
R *(fermé 8 au 24 août, 24 déc. au 4 janv. et dim.)* 108/240 – **31 ch** 290/650.

*à **Thiéblemont-Farémont*** par ③ : 10 km – ✉ **51300** :

XXX **Le Champenois** avec ch, ☎ 26 73 81 03, Fax 26 73 80 95 – AE GB
fermé 1er au 15 oct., 1er au 15 fév., dim. soir et lundi sauf fêtes – **R** 155/335, enf. 75 – 33 – **9 ch** 180/330 – ½ P 280/310.

CITROEN Blacy Auto., N 4 à Blacy par ⑤ ☎ 26 74 15 29
OPEL-GM Gar. Labroche, 201 av. de Champagne à Frignicourt ☎ 26 74 13 58
PEUGEOT-TALBOT Vitry-Champagne-Autom., 2 av. de Paris par ⑤ ☎ 26 74 11 47
V.A.G Gar. Ruffo, 10 fg St-Dizier ☎ 26 74 39 33
Auto-Pneu-Marché, 14 av. de Paris ☎ 26 74 04 14
Euromaster Fischbach Pneu Service, 138 av. Gén.-Leclerc à Frignicourt ☎ 26 72 27 33

VITTEAUX 21350 Côte-d'Or 65 ⑱ **G. Bourgogne** – 1 064 h alt. 325.

Paris 260 – Dijon 48 – Auxerre 97 – Avallon 53 – Beaune 66 – Montbard 34 – Saulieu 34.

X **Vieille Auberge,** ☎ 80 49 60 88 – AE GB
fermé 15 au 26/6, 12 au 26/11, 18 au 27/2, lundi soir en hiver, merc. sauf le midi du 14/7 au 31/8 et mardi soir – **R** 68/160, enf. 45.

VITTEL 88800 Vosges 62 ⑭ **G. Alsace Lorraine** – 6 296 h alt. 324 – Stat. therm. (10 fév.-déc.) – Casino AY – **Voir** Parc★ BY.

9 18 18 ☎ 29 08 18 80 BY.

Syndicat d'Initiative av. Bouloumié ☎ 29 08 08 88.

Paris 334 ② – Épinal 41 ① – Belfort 122 ① – Chaumont 83 ② – Langres 72 ② – Nancy 70 ①.

Plan page suivante

Castel Fleuri, r. Metz ☎ 29 08 05 20, GB — BZ **k**
hôtel : 20 mai-22 sept. ; rest. : 1er juin-21 sept. – **R** 99/115 – 26 – **42 ch** 147/298 – ½ P 175/222.

Bellevue, 503 av. Châtillon ☎ 29 08 07 98, Fax 29 08 41 89, ch AE GB — AYZ **b**
mars-nov. – **R** 100/190 – 32 – **39 ch** 230/350 – ½ P 270/300.

Beauséjour, 160 av. Tilleuls ☎ 29 08 09 34, Fax 29 08 29 84 – GB. ch — AY **a**
1er avril-20 oct. – **R** 68/130, enf. 38 – 25 – **37 ch** 145/305 – ½ P 235/405.

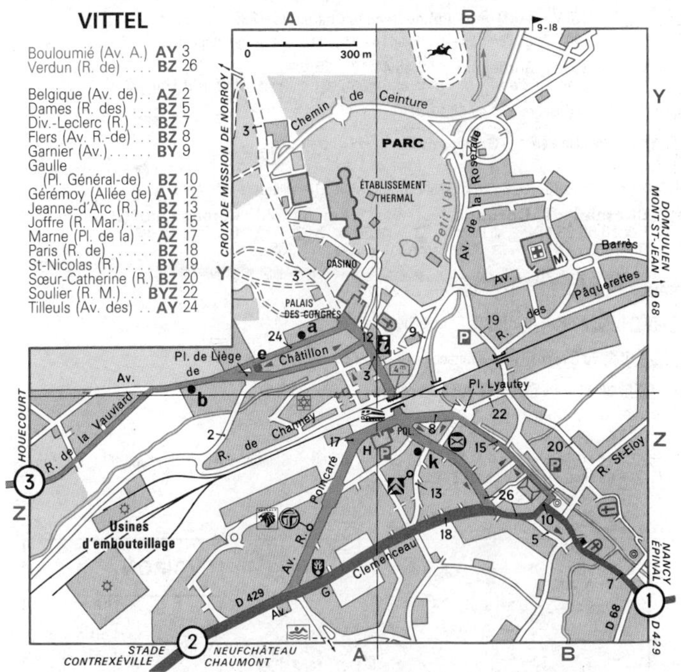

XXX **L'Aubergade** M avec ch, 265 av. Tilleuls ✆ 29 08 04 39 – TV ☎. AE GB — AY **e**
fermé 25 déc. au 8 janv., dim. soir et lundi sauf juil.-août – **R** 180/300 – ☐ 38 – **9 ch** 250/390 – ½ P 350/500.

par ③ : 3 km rte Hippodrome – ✉ **88800** Vittel :

Orée du Bois, ✆ 29 08 88 88, Fax 29 08 01 61, ≤, ☂, ☂, % – |‡| ☎ **P** – 🏃 40. AE GB. ✂ ch
fermé dim. soir de nov. à avril – **Repas** 58/165 ♁, enf. 37 – ☐ 32 – **36 ch** 221/252 – ½ P 233/263.

CITROEN Villeminot, 106 av. Jeanne-d'Arc ✆ 29 08 19 44 **N**

PEUGEOT-TALBOT Rambaud, 288 av. Poincaré ✆ 29 08 05 24 **N** ✆ 29 08 19 44

VIVÈS **66** Pyr.-Or. 86 ⑲ – rattaché au Boulou.

VIVIERS **07220** Ardèche 80 ⑩ **G. Vallée du Rhône** (plan) – 3 407 h alt. 71.

Voir Vieille ville★ – Cathédrale St-Vincent : réseau★ des nervures du choeur – Sommet de la colline la "Jouannade" ≤★ 15 mn – Défilé de Donzère★★ au S.

Paris 618 – Valence 57 – Aubenas 40 – Montélimar 11 – Pont-St-Esprit 29 – Privas 41 – Vallon-Pont-d'Arc 37.

X **Relais du Vivarais** avec ch, NO : 2 km sur N 86 ✆ 75 52 60 41, ☂, ☂ – **P**. GB
fermé 20 déc. au 1er mars et merc. – **R** (prévenir) 75/150 ♁, enf. 50 – ☐ 25 – **10 ch** 120/250 – ½ P 200.

PEUGEOT-TALBOT Sabadel ✆ 75 52 62 70 **N**

VIVIERS-DU-LAC **73** Savoie 74 ⑮ – rattaché à Aix-les-Bains.

Le VIVIER-SUR-MER **35960** I.-et-V. 59 ⑥ – 1 012 h.

Paris 383 – St-Malo 21 – Dinan 30 – Dol-de-Bretagne 8 – Fougères 59 – Le Mont-St-Michel 31.

Bretagne, ✆ 99 48 91 74, Fax 99 48 81 10 – ☎ **P**. AE ⓞ GB
1er mars-1er déc. et fermé lundi (sauf le soir en sais. et fériés) et dim. soir – **R** 100/250, enf. 55 – ☐ 32 – **26 ch** 250/270 – ½ P 270/300.

VIVONNE **86370** Vienne **68** ⑬ **G. Poitou Vendée Charentes** – 2 955 h alt. 83.

Paris 355 – Poitiers 20 – Angoulême 90 – Confolens 60 – Niort 63 – St-Jean-d'Angély 88.

✕ **La Treille,** av. Bordeaux ✆ 49 43 41 13 – AE GB
fermé vacances de fév. et merc. sauf le midi en sais. – **R** 68/199, enf. 42.

PEUGEOT-TALBOT Babeau ✆ 49 43 41 29 **N**

VIZILLE **38220** Isère **77** ⑤ **G. Alpes du Nord** – 7 094 h alt. 278.

Voir Château★.

Paris 586 – ◆Grenoble 18 – Le Bourg-d'Oisans 31 – La Mure 21 – Villard-de-Lans 47.

Château de Cornage ⛰, N : 1 km par Z.I. Cornage et VO ✆ 76 68 28 00, Fax 76 68 23 50, ←, « Parc », 🏊 – |🛗| TV ☎ ♿ 🅿 – 🏟 30 à 100. AE ⓓ GB
R 95/295, enf. 80 – ☕ 39 – **17 ch** 250/300 – ½ P 255.

CITROEN Chabriel ✆ 76 68 29 80
RENAULT Muzet ✆ 76 68 11 68 **N** ✆ 76 68 28 28
RENAULT Rostaing ✆ 76 68 05 36

VOGELGRUN **68** H.-Rhin **62** ⑳ – rattaché à Neuf-Brisach.

VOGLANS **73** Savoie **74** ⑮ – rattaché à Chambéry.

VOIRON **38500** Isère **77** ④ **G. Alpes du Nord** – 18 686 h alt. 290.

Voir Caves de la Chartreuse★ BZ.

i Office de Tourisme 3 r. P.-Vial ✆ 76 05 00 38.

Paris 552 ① – ◆Grenoble 27 ④ – Bourg-en-Bresse 109 ① – Chambéry 44 ② – ◆Lyon 89 ① – Romans-sur-Isère 73 ④ – Valence 85 ④ – Vienne 68 ④.

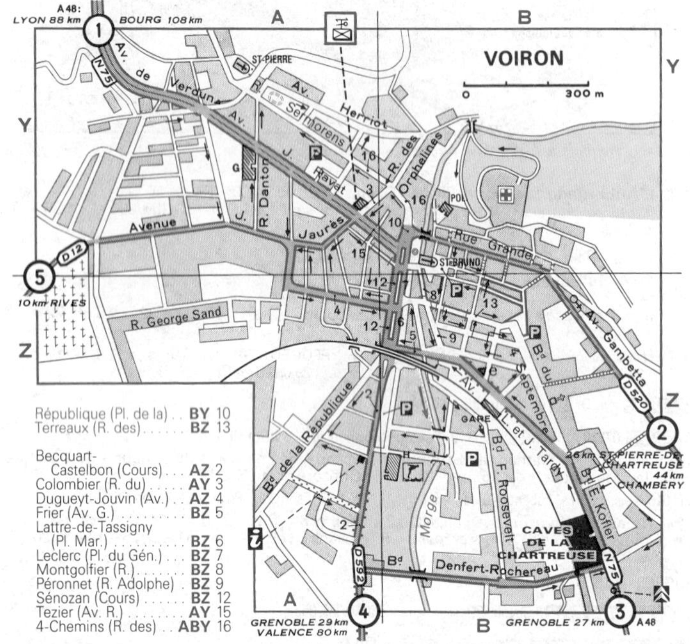

Castel Anne, par ④ : 2 km ✆ 76 05 86 00, Fax 76 05 60 29, 🌳, parc – TV ☎ 🚗 🅿 – 🏟 60. AE ⓓ GB
R *(fermé merc.)* 110/185 – ☕ 35 – **18 ch** 275/315.

Relais Bleus **M**, 72 cours Becquart Castelbon ✆ 76 65 90 00, Télex 308475, Fax 76 65 71 22 – |🛗| ▤ TV ☎ ♿ – 🏟 60 AZ **a**
42 ch.

La Chaumière, r. Chaumière (par bd République - AZ -dir. Criel) ✆ 76 05 16 24, Fax 76 05 13 27, 🌳 – ⇆ ch TV ☎ 🅿. GB.
fermé 27 déc. au 9 janv., vend. soir et sam. hors sais. – **R** 75/180 🍷, enf. 50 – ☕ 35 – **24 ch** 120/280 – ½ P 150/280.

XXX **Serratrice,** 3 av. Tardy ✆ 76 05 29 88, Fax 76 05 45 62 – AE ⓓ GB BZ **e**
fermé 20 juin au 10 sept., dim. soir et lundi – **R** produits de la mer 140/480 ₰, enf. 70.

XX **Eden,** par ② : 1 km sur D 520 ✆ 76 05 17 40, Fax 76 05 70 32, ≤, 斎, 🌳 – 🅿. AE ⓓ GB
fermé 1er au 14 mars, 1er au 12 sept., dim. soir et lundi – **R** 96/330.

CITROEN Gar. de Chartreuse, 22 bd E.-Kofler ✆ 76 05 03 16
CITROEN Gar. de la Gare, 5 bis av. Tardy ✆ 76 05 03 49
FORD SA Gauduel ZI Blanchisseries ✆ 76 05 06 99
PEUGEOT-TALBOT Guilmeau, ZI des Blanchisseries, N 75 par ① ✆ 76 05 85 33
RENAULT SA Roussillon, ZI les Blanchisseries par ① ✆ 76 65 92 33
Ⓜ Euromaster Piot Pneu, bd Denfert-Rochereau ✆ 76 05 06 39

VOISINS-LE-BRETONNEUX 78 Yvelines 60 ⑨ – voir à St-Quentin-en-Yvelines.

VONNAS 01540 Ain 74 ② – 2 381 h alt. 189.

Paris 409 – Mâcon 19 – Bourg-en-Bresse 24 – ◆Lyon 69 – Villefranche-sur-Saône 40.

🏨 ✿✿✿ **Georges Blanc** Ⓜ 🐦, ✆ 74 50 00 10, Télex 380776, Fax 74 50 08 80, « Elégante hostellerie au bord de la Veyle, jardin fleuri », 🏊, 🎾 – |¤| ▤ 📺 ☎ 🚗 🅿. AE ⓓ GB
fermé 3 janv. au 11 fév. – **R** *(fermé jeudi sauf le soir du 15 juin au 15 sept. et merc. sauf fériés)* (nombre de couverts limité - prévenir) 440/650 et carte 500 à 650, enf. 150 – ☕ 85 – **34 ch** 800/1700, 7 appart.
Spéc. Crêpe parmentière au saumon et caviar. Saint-Jacques rôties aux cèpes (oct. à avril). Pigeon de Bresse au foie gras. **Vins** Mâcon-Azé, Chiroubles.

🏨 **La Résidence des Saules** Ⓜ 🐦 sans rest, ✆ 74 50 11 13, Télex 380776, Fax 74 50 08 80 – 📺 ☎. AE ⓓ GB
fermé 3 janv. au 11 fév – **R** voir rest. **L'Ancienne Auberge** ci-après – ☕ 85 – **6 ch** 550/700, 4 appart..

X **L'Ancienne Auberge,** ✆ 74 50 11 13, Télex 380776, Fax 74 50 08 80, 斎 – AE ⓓ GB
fermé 3 janv. au 11 fév., dim. soir et lundi sauf fériés – **R** 150/210.

PEUGEOT-TALBOT Mousset ✆ 74 50 06 02
RENAULT Morel ✆ 74 50 15 66 **N**

Avant de prendre la route, consultez la carte Michelin
n° **911** *"FRANCE – Grands Itinéraires".*

Vous y trouverez :
- *votre kilométrage,*
- *votre temps de parcours,*
- *les zones à "bouchons" et les itinéraires de dégagement,*
- *les stations-service ouvertes 24 h/24...*

Votre route sera plus économique et plus sûre.

VOUGEOT 21640 Côte-d'Or 66 ⑫ – 176 h alt. 225.

Voir Château du Clos de Vougeot★ O, **G. Bourgogne.**

Paris 326 – ◆Dijon 17 – Beaune 26.

à Gilly-lès-Cîteaux E : 2 km par D 251 – ✉ **21640** :

🏨 **Château de Gilly** Ⓜ 🐦, ✆ 80 62 89 98, Télex 351467, Fax 80 62 82 34, « Ancien palais abbatial cistercien, jardins à la française », 🎾 – |¤| 📺 ☎ 🅿 – 🏛 150. GB. ✗ rest
fermé 30 janv. au 4 mars – **R** 190/390, enf. 100 – ☕ 80 – **39 ch** 630/1360, 8 appart. – ½ P 795/1160.

VOUGY 74130 H.-Savoie 74 ⑦ – 867 h alt. 351.

Paris 565 – Chamonix-Mont-Blanc 47 – Thonon-les-Bains 53 – Annecy 48 – Bonneville 7 – Cluses 7 – ◆Genève 38.

XXX ✿ **Capucin Gourmand** (Barbin), rte Bonneville ✆ 50 34 03 50, Fax 50 34 57 57, 斎 – 🅿. AE ⓓ GB
fermé 16 au 31 août, 2 au 8 janv., dim. soir et lundi – **R** 190/350 et carte 280 à 360
Spéc. Filet de féra à la sarriette et julienne d'endives (mai à oct.). Feuilleté de foie gras à l'essence de truffe. Fondant truffé aux noix et sorbet au cacao. **Vins** Roussette de Savoie, Mondeuse.

VOUILLÉ 86190 Vienne 68 ⑬ – 2 574 h alt. 107.

Paris 340 – Poitiers 19 – Châtellerault 39 – Parthenay 34 – Saumur 83 – Thouars 54.

X **Cheval Blanc** avec ch, ✆ 49 51 81 46, Fax 49 51 96 31 – 🅿. AE ⓓ GB. ✗
➤ **R** 65/200 ₰, enf. 45 – ☕ 30 – **12 ch** 100/180 – ½ P 160/180.

Annexe Le Clovis 🏨 Ⓜ, – 📺 ☎ ♿ – 🏛 30. AE ⓓ GB. ✗
R voir **Cheval Blanc** – ☕ 30 – **25 ch** 210/270 – ½ P 190.

VOULAINES-LES-TEMPLIERS 21290 Côte-d'Or 65 ⑨ – 383 h alt. 280.

Paris 265 – Chaumont 54 – Châtillon-sur-Seine 19 – ◆Dijon 76.

🏠 **La Forestière** 🐦 sans rest, ✆ 80 81 80 65, 🌳 – ☎ 🅿. GB
☕ 25 – **10 ch** 180/215.

La VOULTE-SUR-RHÔNE 07800 Ardèche 77 ⑪ G. Vallée du Rhône – 5 116 h alt. 92.

Voir Corniche de l'Eyrieux★★★ NO : 4,5 km – Plan d'eau du Rhône★.

Paris 580 – Valence 19 – Crest 24 – Montélimar 32 – Privas 20.

Vallée, quai A. France ✆ 75 62 41 10, ≤, – ☎ Ⓟ. GB
fermé 22 au 31 oct., 24 déc. au 17 janv., sam. soir de sept. à juin (sauf rest.) et sam. midi – **R** 68/220 – 27 – **17 ch** 130/270 – ½ P 210/250.

CITROEN Gar. Coutton ✆ 75 62 00 82

VOUVANT 85120 Vendée 67 ⑯ G. Poitou Vendée Charentes – 829 h alt. 70.

Voir Eglise★ – Château : tour Mélusine★ (✲★).

Paris 399 – Bressuire 44 – Fontenay-le-Comte 15 – Parthenay 48 – La Roche-sur-Yon 61.

Aub. Maître Pannetier avec ch, ✆ 51 00 80 12 – ☎. GB
fermé 15 fév. au 15 mars, dim. soir et lundi sauf juil.-août – **R** 62/300 – 25 – **8 ch** 200/270 – ½ P 250/270.

VOUVRAY 37210 I.-et-L. 64 ⑮ G. Châteaux de la Loire – 2 933 h alt. 60.

Paris 237 – ◆Tours 9,5 – Amboise 15 – Blois 49 – Château-Renault 26.

Le Grand Vatel avec ch, av. Brûlé ✆ 47 52 70 32, Fax 47 52 74 52, – ☎ Ⓟ. GB. ch
fermé 1er au 15 déc., 1er au 15 mars, dim. soir (sauf juil.-août) et lundi – **R** 125/220 – 38 – **7 ch** 200/260 – ½ P 250/280.

Au Virage Gastronomique, 25 av. Brûlé ✆ 47 52 70 02, – Ⓟ. GB
fermé 15 au 24 juil., vacances de Noël, de fév. et merc. – **R** 114/250, enf. 79.

à Noizay E : 8,5 km par D 46 et D 1 – ✉ 37210 :

Château de Noizay , ✆ 47 52 11 01, Télex 752715, Fax 47 52 04 64, ≤, , parc, « Château du 16e siècle », , – ☎ Ⓟ – 30. AE GB
mi-mars-mi-nov. – **R** 220/300 – 65 – **14 ch** 795/1100 – ½ P 670/890.

RENAULT Gar. des Sports ✆ 47 52 73 36

VOUZERON 18330 Cher 64 ⑳ – 441 h alt. 226.

Paris 215 – Bourges 27 – Gien 61 – ◆Orléans 90 – Vierzon 16.

Relais de Vouzeron , ✆ 48 51 61 38, , « Bel intérieur » – Ⓟ. AE GB
fermé 1er au 15 août, dim. soir et lundi – **R** 145/190 – 39 – **10 ch** 250/390 – ½ P 300/360.

VOVES 28150 E.-et-L. 60 ⑱ – 2 785 h alt. 145.

Paris 98 – Chartres 23 – Ablis 34 – Bonneval 22 – Châteaudun 36 – Étampes 48 – ◆Orléans 58.

Quai Fleuri , rte Auneau ✆ 37 99 15 15, Fax 37 99 11 20, , parc – ch ☎ Ⓟ – 40. AE GB
fermé 20 déc. au 10 janv., vend. soir de nov. à avril, dim. soir et fériés le soir – **R** 79/250, enf. 52 – 34 – **17 ch** 215/570 – ½ P 255/305.

CITROEN Jeannot ✆ 37 99 01 70 N
PEUGEOT-TALBOT Poupaux ✆ 37 99 10 55 N
RENAULT Nadler ✆ 37 99 17 82

La VRINE 25 Doubs 70 ⑥ – alt. 836 – ✉ 25520 Goux-les-Usiers.

Paris 458 – ◆Besançon 49 – Morteau 27 – Mouthier-Hte-Pierre 11 – Pontarlier 9,5 – Salins-les-Bains 43.

Ferme H., ✆ 81 39 47 74, Fax 81 39 21 87 – ☎ Ⓟ. GB
R *(fermé dim. soir et lundi)* 80/220, enf. 40 – 25 – **33 ch** 190/210 – ½ P 230.

WAHLBACH 68 H.-Rhin 66 ⑩ – rattaché à Altkirch.

WANGENBOURG 67710 B.-Rhin 62 ⑧ ⑨ G. Alsace Lorraine – 1 159 h alt. 452.

Voir Site★.

Env. Château et cascade du Nideck★★ SO : 9 km puis 1 h 15.

Syndicat d'initiative rte Gén.-de-Gaulle (juil.-août) ✆ 88 87 32 44.

Paris 469 – ◆Strasbourg 41 – Molsheim 30 – Sarrebourg 37 – Saverne 20 – Sélestat 59.

Parc , ✆ 88 87 31 72, Fax 88 87 38 00, ≤, « Joli parc ombragé », , – ☎ Ⓟ – 50. GB.
fermé 2 nov. au 22 déc. et 2 janv. au 20 mars – **Repas** 116/275, enf. 62 – 48 – **34 ch** 255/376 – ½ P 309/340.

à Engenthal N : 2 km carrefour D 218 - D 224 – ✉ 67710 Wangenbourg-Engenthal :

Vosges avec ch, ✆ 88 87 30 35, ≤, , – ☎ Ⓟ. GB
fermé mardi soir et merc. hors sais. – **R** 100/165 – 26 – **11 ch** 100/250 – ½ P 175/240.

La WANTZENAU 67 B.-Rhin 62 ⑩ – rattaché à Strasbourg.

WASSELONNE 67310 B.-Rhin 62 ⑨ G. Alsace Lorraine – 4 916 h alt. 200.

Office de Tourisme pl. Gén.-Leclerc (15 juin-15 sept.) ✆ 88 87 17 22 et à la Mairie (hors saison) ✆ 88 87 03 28.

Paris 463 – ◆Strasbourg 26 – Haguenau 39 – Molsheim 15 – Saverne 14 – Sélestat 51.

XX **Au Saumon** avec ch, r. Gén. de Gaulle ✆ 88 87 01 83, Fax 88 87 46 69 – TV ☎ P. AE ⓓ GB
fermé vacances de Noël, de fév., dim. soir du 15 oct. au 15 mars et lundi – **R** 95/280 ♗, enf. 45 – ☕ 30 – **16 ch** 120/220 – ½ P 180/230.

à Romanswiller E : 3,5 km par D 224 – ✉ **67310** :

X **Aux Douceurs Marines,** 2 rte Wangenbourg ✆ 88 87 13 97 – AE GB. ✻
fermé 8 au 17 mars, 14 au 22 sept., lundi soir d'oct. à avril et mardi – **R** 60/240 ♗, enf. 30.

CITROEN Gar. Bohnert ✆ 88 87 03 72

RENAULT Gar. Kern ✆ 88 87 01 92 N ✆ 88 87 27 27

WESTHALTEN 68250 H.-Rhin 62 ⑱ G. Alsace Lorraine – 770 h alt. 240.

Paris 464 – Colmar 20 – Guebwiller 9 – ◆Mulhouse 27 – Thann 26.

XXX ✿ **Aub. Cheval Blanc** (Koehler) M ⛰ avec ch, ✆ 89 47 01 16, Fax 89 47 64 40 – ⇕ TV ☎ ♿ P – 🏛 30. GB
fermé 19 au 29 juil. et 8 fév. au 3 mars – **R** *(fermé dim. soir et lundi)* 170/420 et carte 220 à 360 ♗, enf. 65 – ☕ 55 – **12 ch** 320/450 – ½ P 420/450
Spéc. Foie gras d'oie. Blanc de turbot aux truffes. Médaillon de chevreuil (1er juin au 1er fév.). Vins Tokay-Pinot gris, Riesling.

WETTOLSHEIM 68 H.-Rhin 62 ⑲ – rattaché à Colmar.

WIHR-AU-VAL 68230 H.-Rhin 62 ⑱ – 1 089 h alt. 320.

Voir Soultzbach-les-Bains : autels★★ dans l'église S : 2 km, G. Alsace Lorraine.

Paris 450 – Colmar 14 – Gérardmer 37 – Guebwiller 23 – Munster 5.

🏠 **Motel la Prairie** sans rest, E sur D 417 : 2 km ✉ 68230 Turckeim ✆ 89 71 10 00, Fax 89 71 02 70 – ⇆ ch ☎ P. AE ⓓ GB
☕ 30 – **20 ch** 230/250.

RENAULT Meyer et Philippe ✆ 89 71 11 09

WIMEREUX 62930 P.-de-C. 51 ① G. Flandres Artois Picardie – 7 109 h.

⛳18 ✆ 21 32 43 20, N : 2 km.

Paris 297 – ◆Calais 29 – Arras 117 – Boulogne-sur-Mer 6 – Marquise 9,5.

🏠 **Centre,** 78 r. Carnot ✆ 21 32 41 08, Fax 21 33 82 48, 🍴 – TV ☎ P. GB
fermé 7 au 13 juin et 20 déc. au 20 janv. – **R** *(fermé lundi)* 91/160 ♗ – ☕ 29 – **25 ch** 215/290 – ½ P 270.

🏠 **Paul et Virginie,** 19 r. Gén. de Gaulle ✆ 21 32 42 12, Fax 21 87 65 85, 🌳 – ☎. AE ⓓ GB
fermé 14 déc. au 19 janv. – **R** *(fermé dim. soir sauf juil.-août)* 95/250, enf. 68 – ☕ 34 – **15 ch** 185/400 – ½ P 225/277.

XXX **Atlantic H.** avec ch, digue de mer (1er étage) ✆ 21 32 41 01, Fax 21 87 46 17, ← – ⇕ TV ☎ P – 🏛 90. GB. ✻
1er mars-30 nov. – **R** *(fermé dim. soir et lundi sauf juil.-août)* 110/190, enf. 80 – ☕ 40 – **11 ch** 400/420 – ½ P 425/450.

XX **Epicure,** 1 r. Gare ✆ 21 83 21 83 – GB
fermé dim. soir et merc – **R** (nombre de couverts limité, prévenir) 140/220, enf. 90.

RENAULT Coquart, 5 pl. O.-Dewavrin ✆ 21 32 40 02

WIMILLE 62 P.-de-C. 51 ① – rattaché à Boulogne-sur-Mer.

WINGEN-SUR-MODER 67290 B.-Rhin 57 ⑱ – 1 551 h alt. 220.

Paris 433 – ◆Strasbourg 56 – Bitche 19 – Haguenau 40 – Sarreguemines 43 – Saverne 33.

🏠 **Wenk,** ✆ 88 89 71 01, 🍴 – ☎ 🚗 P. GB. ✻ rest
fermé 1er janv. au 6 fév., merc. soir et lundi – **R** 60/165 ♗ – ☕ 35 – **19 ch** 150/220 – ½ P 250.

PEUGEOT Gar. Schmitt, 10 r. Gare à Wimmenau ✆ 88 89 71 39 N

WISEMBACH 88520 Vosges 62 ⑱ – 370 h alt. 475.

Paris 405 – Colmar 44 – Épinal 65 – St-Dié 14 – Ste-Marie-aux-Mines 10,5 – Sélestat 32.

XX **Blanc Ru** ⛰ avec ch, ✆ 29 51 78 51, 🌳, 🍴 – ☎ P. ⓓ GB
fermé 20 au 29 sept., fév., dim. soir de sept. à juin et lundi (sauf hôtel en sais.) – **R** 95/180 ♗ – ☕ 32 – **7 ch** 248/310 – ½ P 210/240.

WISSEMBOURG <SP> 67160 B.-Rhin 57 ⑲ G. Alsace Lorraine – 7 443 h alt. 160.

Voir Vieille ville★ : église St-Pierre et St-Paul★ A – Col du Pigeonnier ←★ 5 km par ④.

Env. Village★★ d'Hunspach 11 km par ②.

Office de Tourisme pl. République ✆ 88 94 10 11.

Paris 494 ④ – ◆Strasbourg 60 ② – Haguenau 31 ② – Karlsruhe 42 ② – Sarreguemines 82 ④.

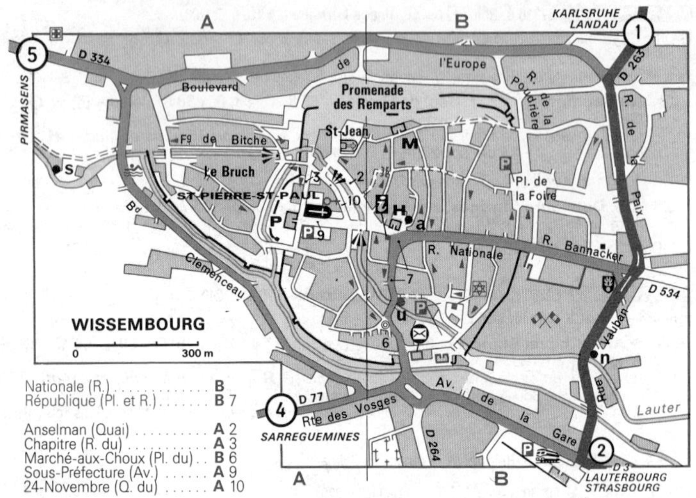

Nationale (R.) . . . . B
République (Pl. et R.) . . . . B 7

Anselman (Quai) . . . . A 2
Chapitre (R. du) . . . . A 3
Marché-aux-Choux (Pl. du) . . B 6
Sous-Préfecture (Av.) . . . . . . A 9
24-Novembre (Q. du) . . . . . . A 10

Cygne, 3 r. Sel ℘ 88 94 00 16, Fax 88 54 38 28, – TV ☎. GB. ch — B **a**
fermé 1er au 15 juil., 1er au 28 fév., jeudi midi et merc. – **R** 120/220, enf. 65 – 35 – **16 ch** 275/350 – ½ P 300/310.

Alsace M sans rest, 16 r. Vauban ℘ 88 94 98 43, Fax 88 94 19 60 – TV ☎ & P. AE GB — B **n**
fermé 24 déc. au 10 janv. – 27 – **41 ch** 208/262.

Walck, 2 r. Walk ℘ 88 94 06 44, Fax 88 54 38 03, , – TV ☎ P – 40. GB. ch — A **s**
fermé 14 au 28 juin, 8 au 31 janv., dim. soir et lundi – **R** 140/250 – 35 – **25 ch** 260/330 – ½ P 300/320.

L'Ange, 2 r. République ℘ 88 94 12 11 – AE GB — B **u**
fermé 1er au 15 août, vacances de fév., mardi soir et merc. – **R** 225/310.

à Altenstadt par ② : 2 km – ✉ **67160** Wissembourg :

Rôtisserie Belle Vue, ℘ 88 94 02 30 – P. GB
fermé 7 au 30 août, lundi et mardi – **R** 90/165.

RENAULT Gar. Grasser, allée Peupliers par ② ℘ 88 94 96 00 N ℘ 88 68 74 56

Gar. Badina ℘ 88 94 00 25

WOELFLING-LÈS-SARREGUEMINES 57 Moselle 57 ⑰ – rattaché à Sarreguemines.

YENNE 73170 Savoie 74 ⑮ **G. Alpes du Nord** – 2 449 h alt. 231.

Paris 519 – Aix-les-B. 21 – Bellegarde-sur-Valserine 57 – Belley 12 – Chambéry 26 – La Tour-du-Pin 35.

La Diligence, ℘ 79 36 80 78 – GB
fermé 15 au 30 nov., 15 au 31 janv., dim. soir et lundi sauf fêtes – **R** 65/200, enf. 35.

CITROEN Gar. Gache ℘ 79 36 90 08
PEUGEOT-TALBOT Gar. Berger ℘ 79 36 70 20

RENAULT Gar. Clément ℘ 79 36 72 32 N ℘ 79 36 86 83

YERVILLE 76760 S.-Mar. 52 ⑭ – 1 948 h.

Paris 170 – ◆ Rouen 33 – Dieppe 41 – Fécamp 48 – ◆ Le Havre 64.

Voyageurs avec ch, ℘ 35 96 82 55, Fax 35 96 16 86, – TV P. GB
fermé dim. soir et lundi – **R** 70/185 – 30 – **10 ch** 170/220.

YEU (Ile d') ★★ 85 Vendée 67 ⑪ **G. Poitou Vendée Charentes** – 4 941 h.

Voir Côte Sauvage★★ : ≤★★ E et O – Pointe de la Tranche★ SE.

Accès par transports maritimes, pour **Port-Joinville.**

depuis **Fromentine.** 1 ou 2 services quotidiens (2 ou 3 en saison) - Traversée 1 H 15 mn - réservation obligatoire – Renseignements à Régie Départementale des Passages d'Eau de la Vendée, B.P. 16, 85550 La Barre-de-Monts ℘ 51 68 52 32.

depuis **Fromentine** 2 rotations quotidiennes (excepté en nov.) par vedette - Traversée : 35 mn – Renseignements : voir ci-dessus.

depuis **Barbâtre (la Fosse) et St-Gilles-Croix-de-Vie** : services saisonniers – Renseignements à Navix Atlantique, 85630 Barbâtre ℘ 51 39 00 00.

Port-de-la-Meule – ✉ **85530** L'Ile d'Yeu.

Voir Côte Sauvage★★ : ≤★★ E et O – Pointe de la Tranche★ SE.

Port-Joinville – alt. 5 – ✉ **85530** L'Ile d'Yeu.

Voir Vieux Château★ : ≤★★ SO : 3,5 km – Grand Phare ≤★ SO : 3 km.

ℹ Office de Tourisme pl. Marché ✆ 51 58 32 58.

Atlantic H. M sans rest, quai Carnot ✆ 51 58 38 80, ≤ – TV ☎. GB.
fermé 9 au 31 janv. – ☕ 33 – **15 ch** 330/385.

Flux H. , 27 r. P.-Henry ✆ 51 58 36 25, ≤, – TV ☎ P. GB
fermé 20 nov. au 5 janv. – **R** *(fermé dim. soir hors sais.)* 75/180, enf. 50 – ☕ 32 – **15 ch** 260/280 – ½ P 240/290.

RENAULT Gar. Cantin 55 r. de la Saulzaie ✆ 51 58 33 80 N

YFFINIAC 22 C.-d'Armor 59 ③ – rattaché à St-Brieuc.

Comment s'y retrouver dans la banlieue parisienne?

Utilisez la carte et les plans Michelin
n^os **101**, **17**-**18**, **19**-**20**, **21**-**22**, **23**-**24** *: clairs, précis, à jour.*

YSSINGEAUX SP **43200** H.-Loire 76 ⑧ **G. Vallée du Rhône** – 6 118 h alt. 860.

ℹ Office de Tourisme pl. Carnot ✆ 71 59 10 76.

Paris 569 – Le Puy-en-Velay 26 – Ambert 72 – Privas 98 – ♦St-Étienne 51 – Valence 96.

H. et rest. Cygne, 7 et 8 r. Alsace-Lorraine ✆ 71 59 01 87, Fax 71 65 17 82, – TV ☎ P. GB
fermé 29 août au 2 sept., 15 au 23 nov., fév., dim. soir et lundi sauf juil.-août – **R** 78/188 – ☕ 32 – **18 ch** 195/225 – ½ P 190/210.

Le Bourbon avec ch, 5 pl. Victoire ✆ 71 59 06 54, Fax 71 59 00 70 – TV ☎ – 25. AE GB
fermé 4 au 14 mars, 25 juin au 5 juil., 1er au 24 oct., dim. soir et lundi – **R** 90/320 – ☕ 40 – **10 ch** 250/360 – ½ P 230/279.

CITROEN Gar. de Bellevue, rte de Retournac ✆ 71 59 00 68 N
CITROEN Gar. Surrel, r. de Verdun Sud par D 7 ✆ 71 59 07 46 N ✆ 71 59 09 44
PEUGEOT-TALBOT Gar. Berlier, rte de Saint-Étienne ✆ 71 59 06 65 N
RENAULT Renault Yssingeaux, La Guide ✆ 71 59 13 31

Chapuis, av. Mar.-de-Vaux ✆ 71 59 05 24 N ✆ 71 59 15 80
Gar. Sagnard ZI La Guide, ✆ 71 59 03 39

Ripa à Ste Sigolène ✆ 71 66 19 73

YUTZ 57 Moselle 57 ④ – rattaché à Thionville.

YVETOT **76190** S.-Mar. 52 ⑬ **G. Normandie Vallée de la Seine** – 10 807 h alt. 144.

Voir Verrières★★ de l'église E.

ℹ Syndicat d'Initiative pl. V.-Hugo ✆ 35 95 08 40.

Paris 177 ② – ♦Rouen 36 ② – Dieppe 54 ② – Fécamp 34 ⑤ – ♦Le Havre 50 ⑤ – Lisieux 86 ⑤.

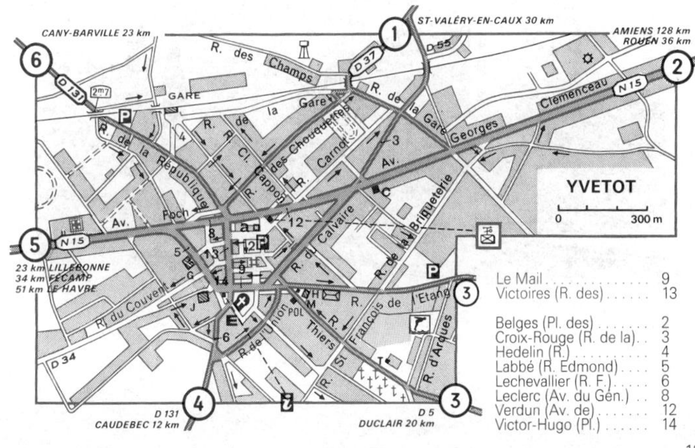

Havre, pl. Belges (a) ✆ 35 95 16 77, Fax 35 95 21 18 – TV ☎ . AE GB
R *(fermé dim. soir)* 110/160 – ▭ 40 – **28 ch** 250/295 – ½ P 245/260.

à Croix-Mare par ② et N 15 : 8 km – ✉ **76190** Yvetot :

XX **Aub. de la Forge,** ✆ 35 91 25 94, « Cadre rustique », – P. AE GB
fermé mardi soir et merc. – **Repas** 96/260 bc, enf. 70.

FIAT Guillot, ZA RN 15 à Ste-Marie-des-Champs ✆ 35 95 18 44
FORD Viking Auto, av. Gén.-Leclerc ✆ 35 95 12 99
PEUGEOT-TALBOT Leroux N 15 bis à Valliquerville par ⑤ ✆ 35 95 16 66

Aubé Pneus, ZI ✆ 35 56 89 89
Euromaster Central Pneu, 58 r. F.-Lechevalier ✆ 35 95 42 13
Rouen Pneus Caux, à Ourville-en-Caux ✆ 35 27 60 35

YVOIRE **74140** H.-Savoie 70 ⑯ ⑰ G. Alpes du Nord – 432 h alt. 390.

Voir Village médiéval★★.

Syndicat d'Initiative pl. Mairie ✆ 50 72 80 21 et au Port de Plaisance (juin-sept.) ✆ 50 72 87 06.

Paris 567 – Thonon-les-Bains 16 – Annecy 72 – Bonneville 43 – ♦Genève 30.

Pré de la Cure M, ✆ 50 72 83 58, Fax 50 72 91 15, ≤, , – TV ☎ P. GB
27 mars-1er nov. – **R** *(fermé merc. hors sais.)* 90/250 – ▭ 35 – **20 ch** 300 – ½ P 320.

Vieux Logis, ✆ 50 72 80 24, Fax 50 72 90 76, – ☎. AE GB
1er avril-31 oct. – **R** *(fermé lundi)* 95/180, enf. 55 – ▭ 35 – **11 ch** 260.

XX **Port** M avec ch, ✆ 50 72 80 17, Fax 50 72 90 71, ≤, , « Terrasse au bord du lac » – ch TV ☎. AE GB. ch
15 mars-20 oct. – **R** 140/250 – ▭ 40 – **4 ch** 500/750.

XX **Flots Bleus** avec ch, ✆ 50 72 80 08, Fax 50 72 84 28, ≤, , « Terrasse ombragée face au port » – TV ☎. GB
1er avril-fin sept. – **R** 94/220 – ▭ 40 – **11 ch** 280/330.

XX **A la Vieille Porte,** ✆ 50 72 80 14, Fax 50 72 92 04, ≤, , – GB
début mars-fin nov. et fermé lundi hors sais. – **R** 120/290, enf. 48.

YZEURES-SUR-CREUSE **37290** I.-et-L. 68 ⑤ – 1 747 h alt. 80.

Paris 317 – Poitiers 66 – Châteauroux 72 – Châtellerault 29 – ♦Tours 84.

La Promenade, ✆ 47 94 55 21 – TV ☎. GB
fermé 15 janv. au 1er mars et mardi en hiver – **R** 97/295, enf. 65 – ▭ 41 – **17 ch** 215/285 – ½ P 257.

ZELLENBERG **68** H.-Rhin 62 ⑲ – rattaché à Riquewihr.

ZOUFFTGEN **57330** Moselle 57 ③ – 597 h alt. 250.

Paris 342 – Luxembourg 28 – ♦Metz 48 – Thionville 17.

XX **La Lorraine,** ✆ 82 83 40 46, Fax 82 83 48 26 – P. GB
fermé mardi soir et merc. – **R** 160/360, enf. 70.

D'OÙ VIENT CETTE AUTO ?
WHERE DOES THAT CAR COME FROM ?

Voitures françaises :

Le régime normal d'immatriculation en vigueur comporte :
- un numéro d'ordre dans la série (1 à 3 ou 4 chiffres)
- une, deux ou trois lettres de série (1re série : A, 2e série : B,... puis AA, AB,... BA,...)
- un numéro représentant l'indicatif du département d'immatriculation.

Exemples : 854 BFK **75** : Paris – 127 HL **63** : Puy-de-Dôme.

Voici les numéros correspondant à chaque département :

01 Ain
02 Aisne
03 Allier
04 Alpes-de-H.-Pr.
05 Alpes (Hautes)
06 Alpes-Mar.
07 Ardèche
08 Ardennes
09 Ariège
10 Aube
11 Aude
12 Aveyron
13 B.-du-Rhône
14 Calvados
15 Cantal
16 Charente
17 Charente-Mar.
18 Cher
19 Corrèze
2A Corse-du-Sud
2B Hte-Corse
21 Côte-d'Or
22 Côtes d'Armor
23 Creuse
24 Dordogne
25 Doubs
26 Drôme
27 Eure
28 Eure-et-Loir
29 Finistère
30 Gard
31 Garonne (Hte)
32 Gers
33 Gironde
34 Hérault
35 Ille-et-Vilaine
36 Indre
37 Indre-et-Loire
38 Isère
39 Jura
40 Landes
41 Loir-et-Cher
42 Loire
43 Loire (Hte)
44 Loire-Atl.
45 Loiret
46 Lot
47 Lot-et-Gar.
48 Lozère
49 Maine-et-Loire
50 Manche
51 Marne
52 Marne (Hte)
53 Mayenne
54 Meurthe-et-M.
55 Meuse
56 Morbihan
57 Moselle
58 Nièvre
59 Nord
60 Oise
61 Orne
62 Pas-de-Calais
63 Puy-de-Dôme
64 Pyrénées-Atl.
65 Pyrénées (Htes)
66 Pyrénées-Or.
67 Rhin (Bas)
68 Rhin (Haut)
69 Rhône
70 Saône (Hte)
71 Saône-et-Loire
72 Sarthe
73 Savoie
74 Savoie (Hte)
75 Paris
76 Seine-Mar.
77 Seine-et-M.
78 Yvelines
79 Sèvres (Deux)
80 Somme
81 Tarn
82 Tarn-et-Gar.
83 Var
84 Vaucluse
85 Vendée
86 Vienne
87 Vienne (Hte)
88 Vosges
89 Yonne
90 Belfort (Ter.-de)
91 Essonne
92 Hauts-de-Seine
93 Seine-St-Denis
94 Val-de-Marne
95 Val d'Oise

Voitures étrangères :

Des lettres distinctives variant avec le pays d'origine, sur plaque ovale placée à l'arrière du véhicule, sont obligatoires (F pour les voitures françaises circulant à l'étranger).

A Autriche
AND Andorre
AUS Australie
B Belgique
BG Bulgarie
BR Brésil
CDN Canada
CH Suisse
CS Tchécoslovaquie
D Allemagne
DK Danemark
DZ Algérie
E Espagne
F France
FL Liechtenstein
GB Gde-Bretagne
GR Grèce
H Hongrie
I Italie
IL Israël
IR Iran
IRL Irlande
L Luxembourg
MA Maroc
MC Monaco
MEX Mexique
N Norvège
NL Pays-Bas
P Portugal
PE Pérou
PL Pologne
RO Roumanie
RA Argentine
RCH Chili
RL Liban
S Suède
SF Finlande
TN Tunisie
TR Turquie
ROU Uruguay
USA États-Unis
ZA Afrique du Sud

Immatriculations spéciales :

CMD Chef de mission diplomatique (orange sur fond vert)
CD Corps diplomatique ou assimilé (orange sur fond vert)
D Véhicules des Domaines
C Corps consulaire (blanc sur fond vert)
K Personnel d'ambassade ou de consulat ou d'organismes internationaux (blanc sur fond vert)
TT Transit temporaire (blanc sur fond rouge)
W Véhicules en vente ou en réparation
WW Immatriculation de livraison

Distances
entre principales villes

QUELQUES PRÉCISIONS

Au texte de chaque localité vous trouverez la distance des villes environnantes et celle de Paris. Lorsque ces villes sont celles du tableau ci-contre, leur nom est précédé d'un losange ♦.

Les distances sont comptées à partir du centre-ville et par la route la plus pratique, c'est-à-dire celle qui offre les meilleures conditions de roulage, mais qui n'est pas nécessairement la plus courte.

Distances
between major towns

COMMENTARY

The text on each town includes its distance from its immediate neighbours and from Paris. Those cited opposite are preceded by a lozenge ♦ in the text.

Distances are calculated from centres and along the best roads from a motoring point of view – not necessarily the shortest.

	Amiens	Bâle	Bayonne	Besançon	Bordeaux	Brest	Caen	Calais	Clermont-Ferrand	Dijon	Genève	Grenoble	Le Havre	Lille	Limoges	Lyon	Le Mans	Marseille	Metz	Montpellier	Mulhouse	Nancy	Nantes	Nice	Orléans	Paris	Perpignan	Reims	Rennes	Rouen	Saint-Étienne	Strasbourg	Toulon	Toulouse
Bâle	578																																	
Bayonne	921	1023																																
Besançon	487	151	868																															
Bordeaux	727	831	185	683																														
Brest	611	1096	815	963	621																													
Caen	237	783	749	639	555	372																												
Calais	148	684	1063	589	869	706	333																											
Clermont-Ferrand	574	478	543	328	358	808	555	716																										
Dijon	461	244	816	83	622	868	544	549	266																									
Genève	684	259	951	177	682	1081	767	742	310	199																								
Grenoble	715	403	831	284	656	1122	798	857	296	297	144																							
Le Havre	178	746	817	603	623	482	109	267	578	508	730	762																						
Lille	116	611	992	518	798	726	353	114	645	480	669	786	294																					
Limoges	548	614	414	467	220	597	452	690	176	406	488	472	551	619																				
Lyon	611	401	722	255	538	1018	694	753	178	193	151	105	658	682	354																			
Le Mans	333	704	621	571	427	402	151	496	405	476	687	730	219	425	301	626																		
Marseille	921	711	698	565	648	1211	1005	1063	411	504	452	272	969	992	587	313	808																	
Metz	359	267	1098	268	904	922	572	463	534	265	424	565	536	368	643	461	530	771																
Montpellier	908	698	535	552	486	1107	992	1050	354	491	439	300	956	979	429	300	751	166	758															
Mulhouse	542	35	1009	136	815	1094	692	646	460	229	294	443	656	602	599	387	703	697	236	684														
Nancy	380	209	1046	210	852	885	546	484	483	214	366	514	510	420	622	410	493	720	54	707	178													
Nantes	512	847	517	750	323	297	282	675	461	655	726	717	402	604	303	613	185	972	709	809	878	672												
Nice	1081	737	857	603	808	1370	1164	1223	570	663	478	332	1128	1152	746	472	967	189	931	326	668	880	1131											
Orléans	279	538	650	395	456	545	260	421	301	301	522	555	283	350	275	451	142	709	456	647	523	372	303	868										
Paris	150	554	773	407	579	597	240	292	426	312	538	566	204	221	399	462	205	773	333	760	455	307	384	932	131									
Perpignan	1058	846	433	702	451	1072	1006	1200	455	640	587	449	1025	1129	509	449	878	316	908	153	830	857	774	475	749	909								
Reims	170	412	909	317	715	733	383	274	562	279	470	579	347	203	536	475	342	786	191	770	374	212	521	945	267	144	920							
Rennes	413	849	624	713	430	245	175	509	558	618	833	872	285	567	385	768	152	966	672	916	841	635	107	1125	296	347	881	484						
Rouen	115	682	810	536	616	495	122	211	511	441	666	695	86	231	484	591	194	902	469	889	664	443	377	1061	216	137	958	280	298					
Saint-Étienne	669	458	691	313	507	946	694	811	147	251	199	149	716	740	323	60	543	330	519	317	441	468	608	489	440	520	466	531	697	649				
Strasbourg	516	145	1113	239	919	1079	729	620	563	332	404	548	693	526	703	490	688	801	162	788	112	146	867	773	613	490	937	348	830	626	548			
Toulon	986	776	762	630	713	1275	1069	1128	475	568	517	324	1033	1057	651	377	872	64	836	231	758	785	1036	153	769	837	380	848	1026	966	394	861		
Toulouse	847	934	299	790	245	864	799	989	373	728	675	537	850	918	301	537	670	404	996	241	918	945	567	563	574	698	206	835	674	783	439	1021	468	
Tours	385	656	540	514	346	469	232	527	336	420	528	561	299	456	220	457	81	743	562	682	642	510	197	903	114	237	797	373	219	274	474	719	808	592

801 km

Marseille – Strasbourg

1 PRINCIPALES ROUTES

N 4 Numéro de route

14 Distances partielles

Distances entre principales villes : *voir tableau page précédente*

Carte de voisinage : *voir à la ville choisie*

MAIN ROADS

N 4 Road number

14 Intermediary distances

Distances between major towns : *see table on preceding page*

Town with a local map

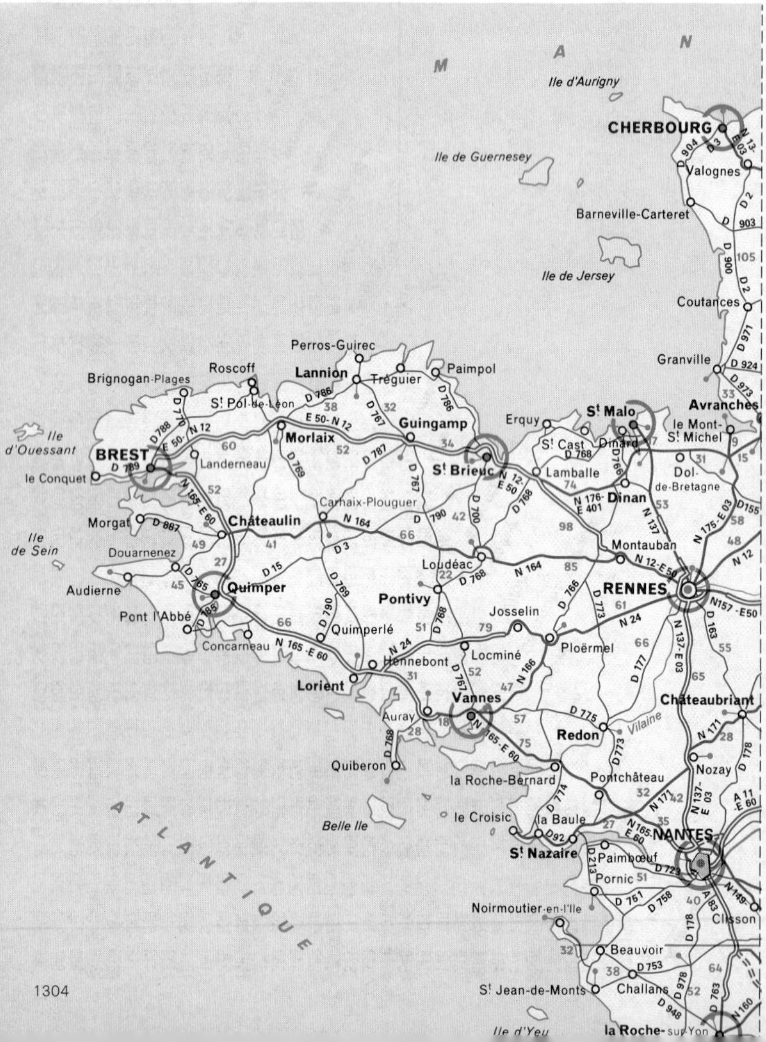

2
1
2
3
4
PARIS
Rennes
Tours
Strasbourg
Lyon
Bordeaux
5
6
7
Toulouse
Marseille
Dover
Folkestone
Dunkerque
CALAIS
Cassel
Boulogne
St Omer
Hazebr
le Touquet-Paris-Plage
Montreuil
Lillers
St Pol-sur-Ternoise
Berck-Plage
Hesdin
Doullens
Abbeville
le Tréport
Blangy
AMIENS
Dieppe
St Valéry-en-Caux
Fécamp
Etretat
Yvetot
Bolbec
Neufchâtel-en-Bray
Poix
Forges-les-Eaux
Montdidier
Breteuil
LE HAVRE
ROUEN
Gournay-en-Bray
Beauvais
Ste Mère-Eglise
Isigny
Arromanches
Honfleur
Trouville
Deauville
Pont-Audemer
Clermont
Gisors
Carentan
Bayeux
Cabourg
Pont-l'Évêque
Chantilly
CAEN
St Lô
Lisieux
Louviers
les Andelys
Vernon
Bernay
Pontoise
Mantes
Villedieu-les-Poêles
Vire
Falaise
Vimoutiers
Evreux
PARIS
Flers
Gacé
l'Aigle
Versailles
Mortain
Argentan
Dreux
Domfront
Verneuil-sur-Avre
Sées
Rambouillet
St Hilaire-du-Harcouët
Bagnoles-de-l'Orne
Mortagne-au-Perche
Evry
Fougères
Alençon
Chartres
Ablis
Étampes
Mayenne
Bellême
Mamers
Nogent-le-Rotrou
la Ferté-Bernard
Pithiviers
Nemours
Vitré
Laval
Châteaudun
LE MANS
Artenay
ORLÉANS
St Calais
Château-Gontier
Vendôme
Châteauneuf-sur-Loire
Segré
Beaugency
la Flèche
Château-Renault
Blois
Gien
Lamotte-Beuvron
Angers
Ancenis
TOURS
Amboise
Salbris
Saumur
Romorantin-Lanthenay
Cholet
Chinon
Vierzon
Loches
Mortagne
Loudun
Thouars
Issoudun
Bressuire
Châtellerault
Châteauroux
Chantonnay
Bour
LOIRE
Loire
Loir
Cher
Indre
Sarthe
Mayenne
Orne
Eure
Seine
Somme
Sèvre Nantaise
C
H
E

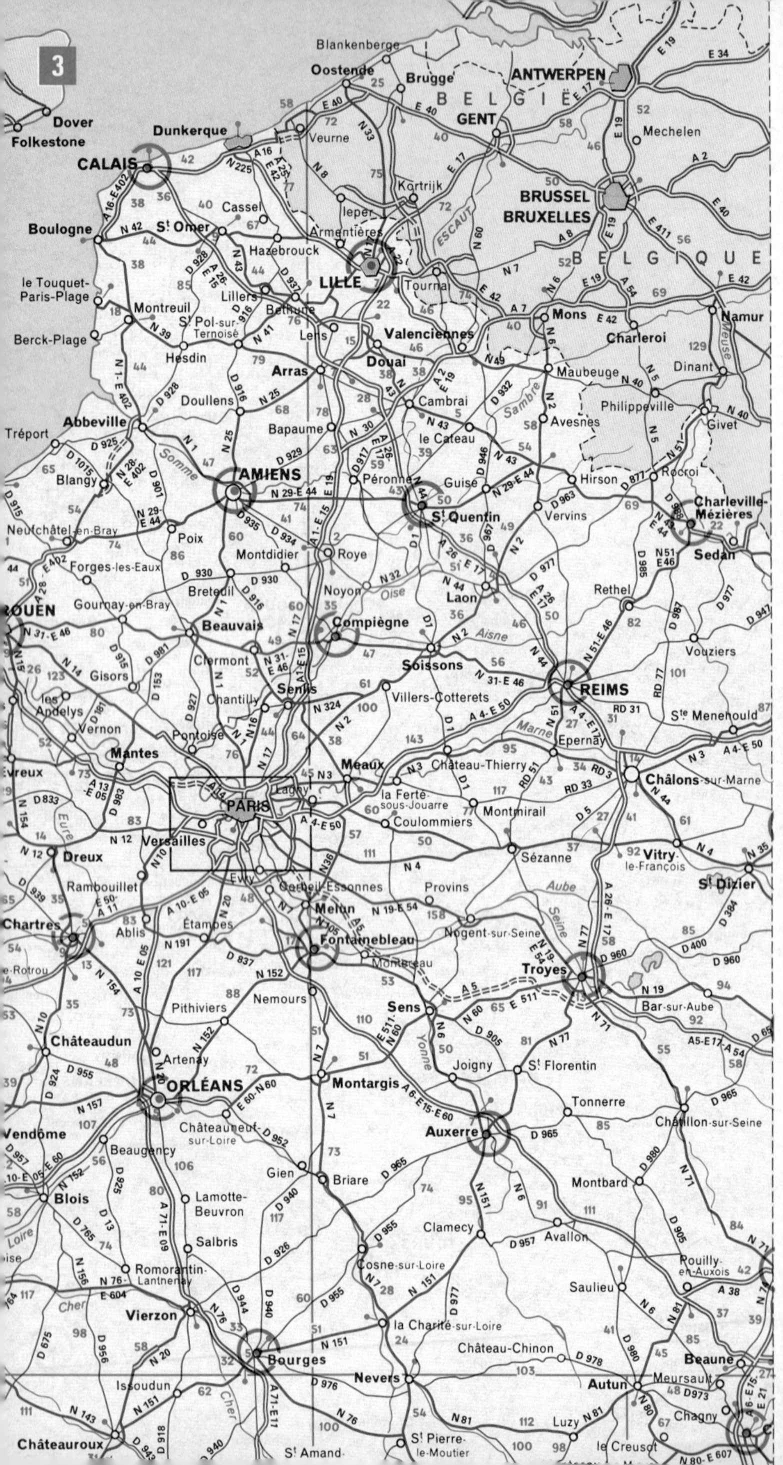
3
Blankenberge
Oostende
Brugge
ANTWERPEN
BELGIË
GENT
Mechelen
Dover
Folkestone
Dunkerque
Veurne
CALAIS
Kortrijk
BRUSSEL
BRUXELLES
Cassel
Ieper
St Omer
Boulogne
Armentières
Hazebrouck
ESCAUT
BELGIQUE
LILLE
Tournai
le Touquet-Paris-Plage
Lillers
Béthune
Montreuil
St Pol-sur-Ternoise
Lens
Mons
Namur
Berck-Plage
Hesdin
Valenciennes
Charleroi
Douai
Arras
Maubeuge
Dinant
Meuse
Doullens
Cambrai
Sambre
Philippeville
Abbeville
Bapaume
Avesnes
Givet
Tréport
le Cateau
Somme
Blangy
AMIENS
Péronne
Guise
Hirson
Rocroi
Charleville-Mézières
St Quentin
Vervins
Neufchâtel-en-Bray
Poix
Montdidier
Roye
Sedan
Forges-les-Eaux
Breteuil
Noyon
Oise
Laon
Rethel
ROUEN
Gournay-en-Bray
Beauvais
Compiègne
Aisne
Vouziers
Clermont
Soissons
Gisors
REIMS
les Andelys
Senlis
Villers-Cotterets
Chantilly
Ste Menehould
Vernon
Pontoise
Marne
Épernay
Mantes
Meaux
Château-Thierry
Évreux
Châlons-sur-Marne
Lagny
PARIS
la Ferté-sous-Jouarre
Montmirail
Coulommiers
Eure
Versailles
Sézanne
Vitry-le-François
Dreux
St Dizier
Évry
Corbeil-Essonnes
Provins
Rambouillet
Aube
Melun
Chartres
Étampes
Nogent-sur-Seine
Seine
Ablis
Fontainebleau
Montereau
Troyes
Nemours
Bar-sur-Aube
Pithiviers
Sens
Châteaudun
Artenay
Yonne
Montargis
Joigny
St Florentin
ORLÉANS
Tonnerre
Châtillon-sur-Seine
Vendôme
Châteauneuf-sur-Loire
Auxerre
Beaugency
Gien
Briare
Montbard
Blois
Lamotte-Beuvron
Loire
Salbris
Clamecy
Avallon
Cosne-sur-Loire
Pouilly-en-Auxois
Romorantin-Lanthenay
Saulieu
Cher
Vierzon
la Charité-sur-Loire
Château-Chinon
Bourges
Beaune
Issoudun
Nevers
Autun
Meursault
Chagny
Châteauroux
St Amand-
St Pierre-le-Moutier
Luzy
le Creusot

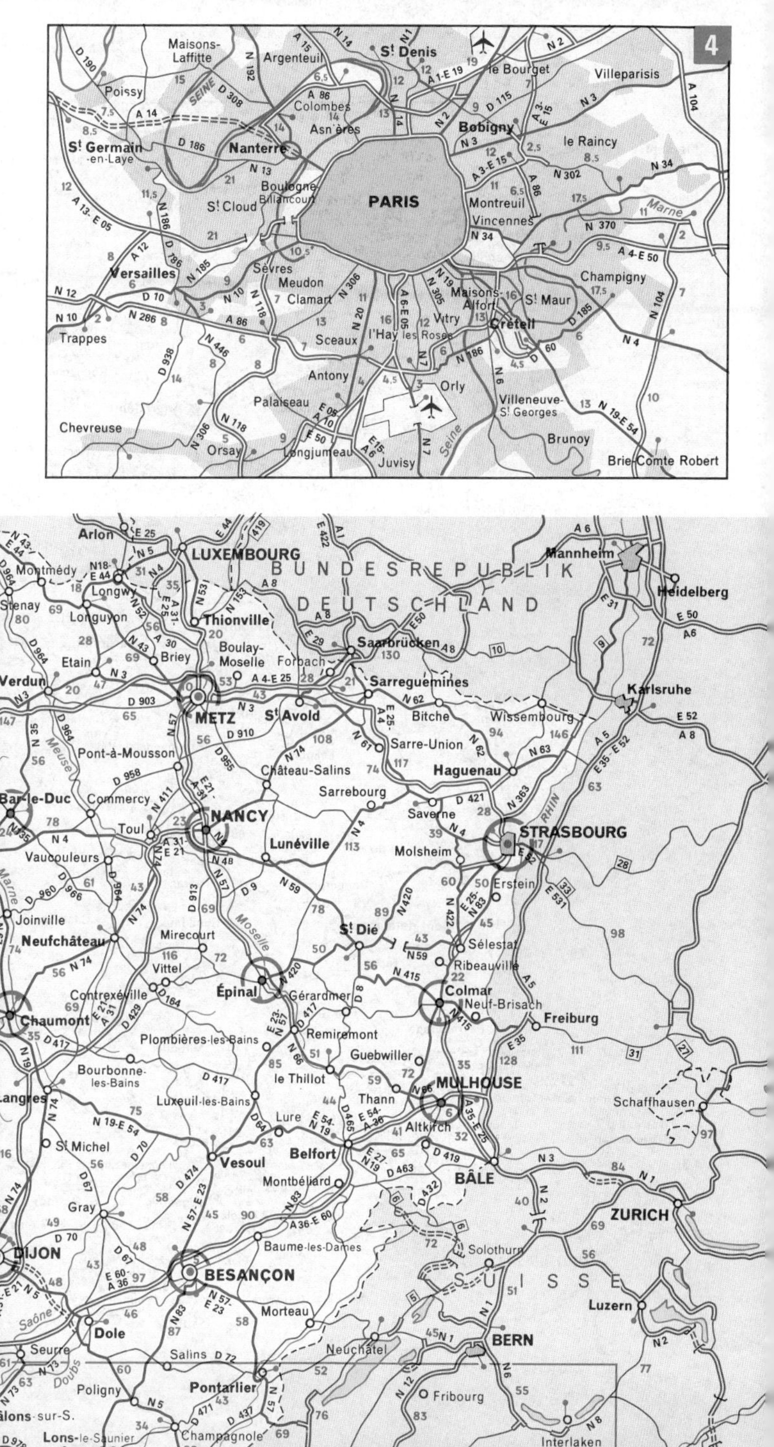
4
PARIS
St Denis
Argenteuil
Maisons-Laffitte
Poissy
St Germain-en-Laye
Nanterre
Colombes
Asnières
le Bourget
Villeparisis
Bobigny
le Raincy
Boulogne-Billancourt
St Cloud
Montreuil
Vincennes
Versailles
Sèvres
Meudon
Clamart
Maisons-Alfort
St Maur
Champigny
Créteil
Vitry
L'Hay les Roses
Sceaux
Trappes
Antony
Orly
Palaiseau
Villeneuve-St Georges
Chevreuse
Orsay
Longjumeau
Juvisy
Brunoy
Brie-Comte Robert
Seine
Marne
BUNDESREPUBLIK DEUTSCHLAND
LUXEMBOURG
Arlon
Montmédy
Longwy
Stenay
Longuyon
Thionville
Mannheim
Heidelberg
Saarbrücken
Forbach
Boulay-Moselle
Briey
Etain
Verdun
METZ
St Avold
Sarreguemines
Bitche
Wissembourg
Karlsruhe
Sarre-Union
Haguenau
Pont-à-Mousson
Château-Salins
Sarrebourg
Saverne
Bar-le-Duc
Commercy
NANCY
STRASBOURG
Toul
Lunéville
Molsheim
Vaucouleurs
Erstein
Joinville
St Dié
Sélestat
Neufchâteau
Mirecourt
Ribeauvillé
Vittel
Épinal
Gérardmer
Colmar
Contrexéville
Neuf-Brisach
Freiburg
Chaumont
Plombières-les-Bains
Remiremont
Guebwiller
Bourbonne-les-Bains
le Thillot
MULHOUSE
Langres
Luxeuil-les-Bains
Thann
Schaffhausen
Lure
Altkirch
St Michel
Vesoul
Belfort
BÂLE
Montbéliard
ZURICH
Gray
Baume-les-Dames
Solothurn
DIJON
BESANÇON
SUISSE
Luzern
Dole
Morteau
Neuchâtel
BERN
Seurre
Salins
Pontarlier
Fribourg
Poligny
Châlons-sur-S.
Lons-le-Saunier
Champagnole
Interlaken
Meuse
Moselle
RHIN
Saône
Doubs

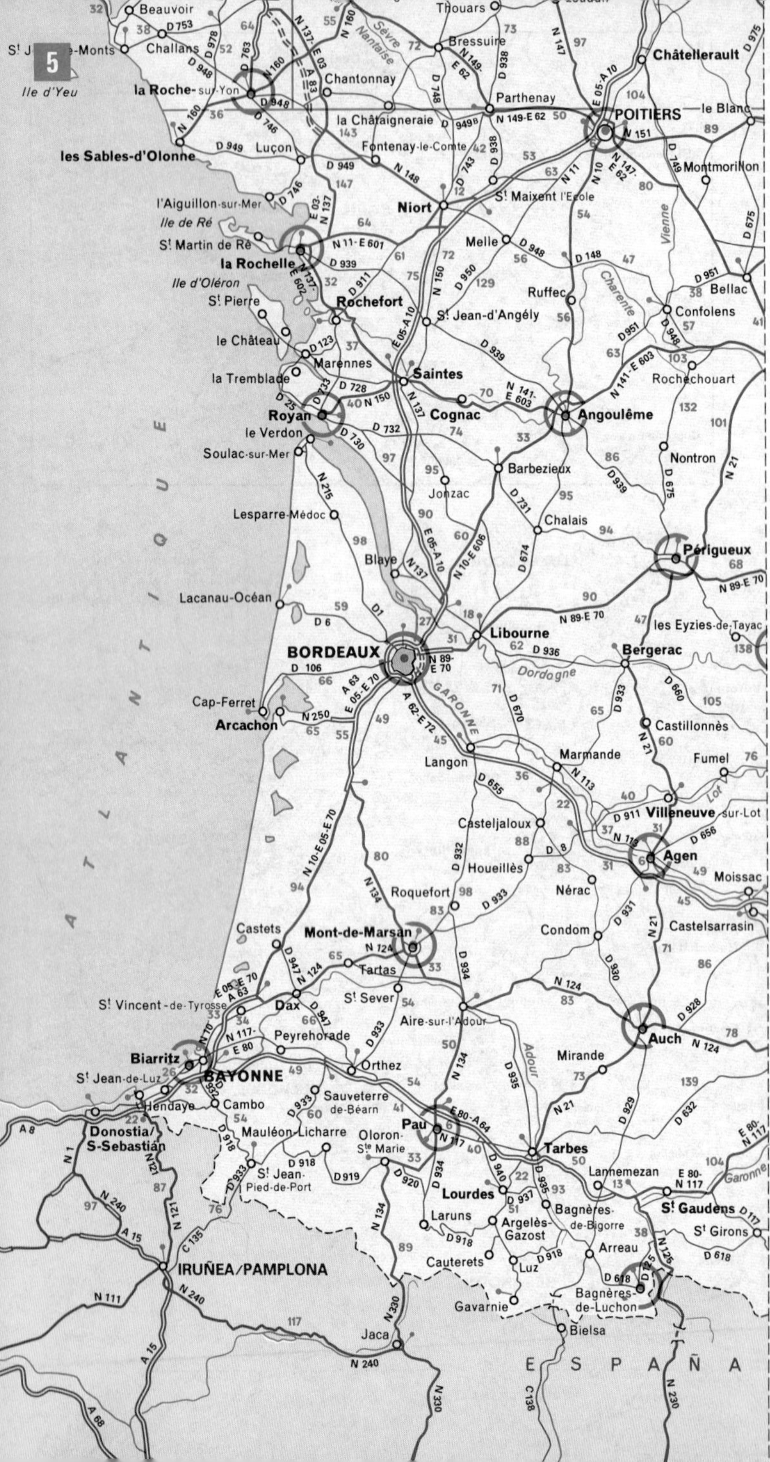

5
Ile d'Yeu
Beauvoir
Challans
la Roche-sur-Yon
les Sables-d'Olonne
Luçon
Chantonnay
la Châtaigneraie
Fontenay-le-Comte
Thouars
Bressuire
Parthenay
Sèvre Nantaise
Châtellerault
POITIERS
le Blanc
Montmorillon
l'Aiguillon-sur-Mer
Ile de Ré
St Martin de Ré
la Rochelle
Ile d'Oléron
St Pierre
le Château
la Tremblade
Marennes
Rochefort
Niort
St Maixent l'Ecole
Melle
St Jean-d'Angély
Ruffec
Charente
Vienne
Bellac
Confolens
Rochechouart
Saintes
Cognac
Angoulême
Royan
le Verdon
Soulac-sur-Mer
Barbezieux
Jonzac
Nontron
Chalais
Périgueux
Lesparre-Médoc
Blaye
Lacanau-Océan
Libourne
les Eyzies-de-Tayac
BORDEAUX
Bergerac
Dordogne
GARONNE
Cap-Ferret
Arcachon
Castillonnès
Langon
Marmande
Fumel
Lot
Villeneuve-sur-Lot
Casteljaloux
Agen
Houeillès
Nérac
Moissac
Roquefort
Castelsarrasin
Condom
Castets
Mont-de-Marsan
Tartas
St Sever
Aire-sur-l'Adour
Dax
St Vincent-de-Tyrosse
Peyrehorade
Auch
Orthez
Mirande
Adour
Biarritz
BAYONNE
St Jean-de-Luz
Hendaye
Cambo
Sauveterre-de-Béarn
Pau
Tarbes
Donostia/S-Sebastián
Mauléon-Licharre
Oloron-Ste Marie
St Jean-Pied-de-Port
Lourdes
Lannemezan
St Gaudens
Garonne
Laruns
Argelès-Gazost
Bagnères-de-Bigorre
St Girons
Cauterets
Luz
Arreau
Bagnères-de-Luchon
Gavarnie
IRUÑEA/PAMPLONA
Bielsa
Jaca
ATLANTIQUE
ESPAÑA

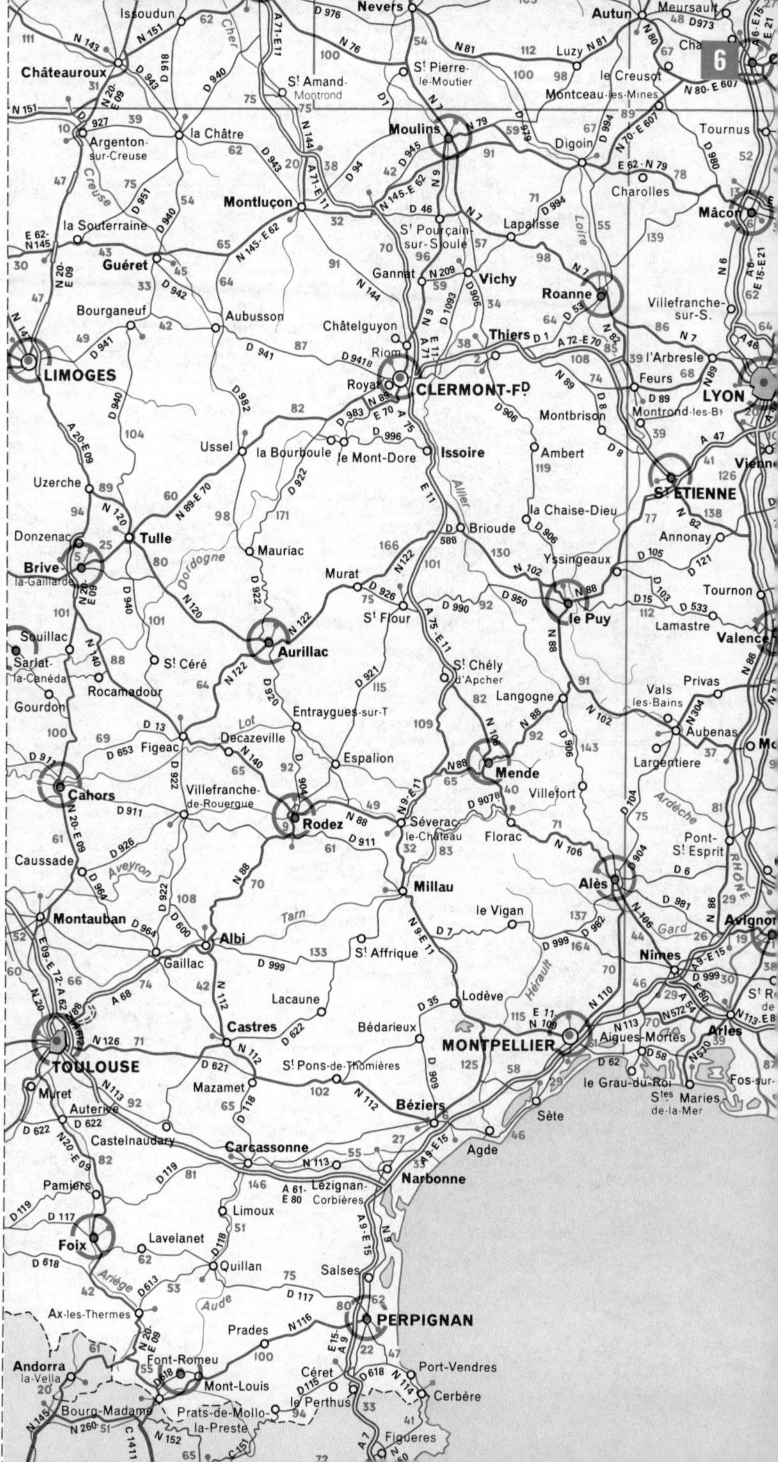
6
Nevers
Autun
Meursault
Issoudun
Châteauroux
St Pierre-le-Moutier
Luzy
le Creusot
St Amand-Montrond
Montceau-les-Mines
Argenton-sur-Creuse
la Châtre
Moulins
Digoin
Tournus
Charolles
Montluçon
Mâcon
la Souterraine
St Pourçain-sur-Sioule
Lapalisse
Guéret
Gannat
Vichy
Roanne
Bourganeuf
Aubusson
Villefranche-sur-S.
Châtelguyon
Thiers
Riom
l'Arbresle
LIMOGES
Royat
CLERMONT-FD
Feurs
LYON
Montbrison
Montrond-les-Bs
Ussel
la Bourboule
le Mont-Dore
Issoire
Ambert
Vienne
Uzerche
ST ETIENNE
la Chaise-Dieu
Donzenac
Tulle
Brioude
Annonay
Brive-la-Gaillarde
Mauriac
Yssingeaux
Murat
Tournon
St Flour
le Puy
Lamastre
Souillac
Aurillac
Valence
Sarlat-la-Canéda
St Céré
St Chély d'Apcher
Privas
Rocamadour
Langogne
Vals-les-Bains
Gourdon
Entraygues-sur-T
Aubenas
Figeac
Decazeville
Espalion
Largentière
Cahors
Mende
Villefranche-de-Rouergue
Villefort
Rodez
Séverac-le-Château
Florac
Pont-St Esprit
Caussade
Millau
Alès
Montauban
le Vigan
Avignon
Albi
St Affrique
Nîmes
Gaillac
Lacaune
Lodève
Arles
Castres
Bédarieux
MONTPELLIER
Aigues-Mortes
TOULOUSE
St Pons-de-Thomières
Muret
Mazamet
le Grau-du-Roi
Stes Maries-de-la-Mer
Fos-sur-
Auterive
Béziers
Sète
Castelnaudary
Carcassonne
Agde
Narbonne
Lézignan-Corbières
Pamiers
Limoux
Foix
Lavelanet
Quillan
Salses
Ax-les-Thermes
PERPIGNAN
Prades
Andorra la-Vella
Font-Romeu
Port-Vendres
Mont-Louis
Céret
Cerbère
Bourg-Madame
Prats-de-Mollo-la-Preste
le Perthus
Figueres
Cher
Creuse
Loire
Allier
Dordogne
Lot
Aveyron
Tarn
Ardèche
Gard
Hérault
Aude
Ariège
RHÔNE

7
Meursault
Chalons-sur-S.
Poligny
Pontarlier
Fribourg
Interlaken
Lons-le-Saunier
Champagnole
Louhans
Tournus
Lausanne
SUISSE
Morez
Montreux
St Claude
LAC LÉMAN
Evian-les-Bains
Thonon
Rhône
Brig
Sion
Gex
Mâcon
Bourg-en-Bresse
Nantua
GENÈVE
Annemasse
Martigny
Bonneville
St Julien
Cluses
Pont-d'Ain
Bellegarde-sur-Valserine
Chamonix
Villefranche-sur-S.
Annecy
Megève
les Houches
Tunnel du Grand St Bernard
Tunnel du Mont Blanc
l'Arbresle
Aosta
Feurs
Belley
LYON
Bourgoin-Jallieu
Aix-les-Bains
Albertville
Montrond-les-Bs
Chambéry
Bourg-St Maurice
la Tour-du-Pin
les Abrets
Vienne
Voiron
Moutiers
Val d'Isère
ST ETIENNE
St Jean-de-Maurienne
Lanslebourg-Mont-Cenis
Annonay
St Marcellin
GRENOBLE
Tunnel du Fréjus
TORINO
Susa
le Bourg-d'Oisans
Tournon
Vizille
Romans-sur-Isère
Lamastre
la Mure
Valence
Briançon
Clelles
Aiguilles
Privas
Crest
Die
Vals-les-Bains
Drôme
Guillestre
Aubenas
Embrun
Gap
ITALIA
Montélimar
Largentière
Aspres-sur-Buech
Barcelonnette
Cuneo
Serres
Nyons
St Etienne-de-Tinée
Pont-St Esprit
Colmars
Sisteron
Orange
Digne
Tende
Carpentras
Puget-Théniers
Sospel
San Remo
Forcalquier
Avignon
Barrême
Castellane
Nîmes
Apt
Cavaillon
NICE
Menton
Monte-Carlo
Monaco
Manosque
St Rémy-de-P.
Grasse
Salon-de-Provence
Antibes
Arles
Aix-en-P.
Draguignan
Cannes
Fréjus
St Raphaël
Fos-sur-Mer
Stes Maries-de-la-Mer
Martigues
Brignoles
le Luc
Ste Maxime
MARSEILLE
Aubagne
St Tropez
Bastia
la Ciotat
Bandol
TOULON
Hyères
le Lavandou
Calvi
Corte
MÉDITERRANÉE
Ajaccio
Propriano
Sartène
Porto-Vecchio

CALENDRIER DES VACANCES SCOLAIRES

Voir pages suivantes

SCHOOL HOLIDAYS CALENDAR

See next pages

ACADÉMIES ET DÉPARTEMENTS

Zone A

Caen (14-50-61), Clermont-Ferrand (03-15-43-63), Grenoble (07-26-38-73-74), Lyon - *année scolaire* 93/94 - (01-42-69), Montpellier (11-30-34-48-66), Nancy-Metz (54-55-57-88), Nantes (44-49-53-72-85), Rennes (22-29-35-56), Toulouse (09-12-31-32-46-65-81-82).

Zone B

Aix-Marseille (04-05-13-84), Amiens (02-60-80), Besançon (25-39-70-90), Dijon (21-58-71-89), Lille (59-62), Limoges (19-23-87), Lyon - *année scolaire* 92/93 - (01-42-69), Nice (06-83), Orléans-Tours (18-28-36-37-41-45), Poitiers (16-17-79-86), Reims (08-10-51-52), Rouen (27-76), Strasbourg (67-68).

Zone C

Bordeaux (24-33-40-47-64), Créteil (77-93-94), Paris-Versailles (75-78-91-92-95).

Nota : La Corse bénéficie d'un statut particulier.

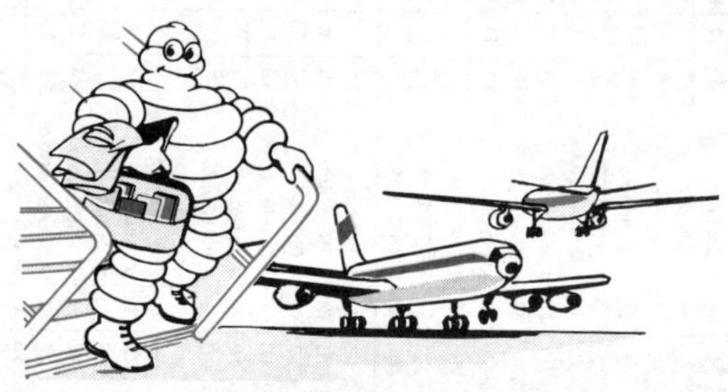